Neuhaus · Handbuch der Geschäftsraummiete

Handbuch der
Geschäftsraummiete

- Recht
- Praxis
- Verwaltung

von

Rechtsanwalt Kai-Jochen Neuhaus, Dortmund

4., überarbeitete und wesentlich erweiterte Auflage

Luchterhand 2011

Bibliografische Information der Deutschen Nationalbibliothek

Die Deutsche Nationalbibliothek verzeichnet diese Publikation in der Deutschen Nationalbibliografie; detaillierte bibliografische Daten sind im Internet über http://dnb.d-nb.de abrufbar.

ISBN: 978-3-472-07998-9

www.wolterskluwer.de
www.luchterhand.de

Alle Rechte vorbehalten.
© 2011 Wolters Kluwer Deutschland GmbH, Luxemburger Straße 449, 50939 Köln.
Luchterhand – eine Marke von Wolters Kluwer Deutschland GmbH.

Das Werk einschließlich aller seiner Teile ist urheberrechtlich geschützt. Jede Verwertung außerhalb der engen Grenzen des Urheberrechtsgesetzes ist ohne Zustimmung des Verlages unzulässig und strafbar. Das gilt insbesondere für Vervielfältigungen, Übersetzungen, Mikroverfilmungen und die Einspeicherung und Verarbeitung in elektronischen Systemen.

Verlag und Autor übernehmen keine Haftung für inhaltliche oder drucktechnische Fehler.

Umschlagkonzeption: Martina Busch, Grafikdesign, Fürstenfeldbruck
Satz: Wolters Kluwer Deuschland Information Services GmbH, Münster
Druck und Weiterverarbeitung: Bercker, Kevelaer

Gedruckt auf säurefreiem, alterungsbeständigem und chlorfreiem Papier.

Vorwort

Gewerberaummietrecht ist Wirtschaftsrecht!

Das bekam die Branche kurz nach Erscheinen der 3. Auflage ab Ende 2008 durch die Weltwirtschaftskrise deutlich zu spüren. Ob dies ein Grund war, warum Gerichtsentscheidungen im gewerblichen Miet- und Pachtrecht in den letzten Jahren fast schon inflationär zugenommen haben, vermag ich nicht zu sagen. Ebenso wenig kann ich abschließend beurteilen, ob auch die tatsächliche Menge der juristischen Probleme gestiegen ist oder ob sich nur mehr Leute damit beschäftigen.

Jedenfalls führt die hohe Anzahl von Gerichtsentscheidungen, Publikationen etc. bei Gewerberaumvermietern und -mietern sowie Ihren Beratern immer häufiger zu dem Gefühl, dass – wie Eckhard von Hirschhausen es einmal so schön formuliert hat – jemand unter Ausnutzung einer winzigen Lücke im Vertrag etwas ganz Furchtbares machen könnte.

Die Neuauflage verfolgt keinen psychotherapeutischen Ansatz, will aber dennoch diese Furcht soweit wie möglich abmildern oder möglichst gar nicht erst entstehen lassen. Dazu wurden über 500 höchstrichterliche Entscheidungen neu eingearbeitet, maßgebliche Literaturmeinungen eingefügt und ein völlig neuer Aufbau gewählt, der durch seine stringente Strukturierung den Bedürfnissen der Praxis noch mehr als zuvor entspricht. In vielen Kapiteln identische Rubriken wie bspw. Verjährung und Verwirkung, Gerichtsverfahren und Vertragsgestaltung ermöglichen einen komprimierten Zugriff auf „klassische" und aktuelle Probleme und deren Lösungen. Tabellen mit aktueller und grundsätzlicher Rechtsprechung ermöglichen einen schnellen Überblick.

Die Neuauflage richtet sich an Personen aus der Immobilienbranche, die mit der Vertragsgestaltung und -umsetzung zu tun haben, nach wie vor ist sie aber auch für Rechtsanwälte und Richter sowie Verwalter von Immobilien und Makler gedacht, kurz: für alle, die „fit im Gewerberaummietrecht" sein wollen.

Für die zahlreichen Anregungen, die ich für die Neuauflage erhalten habe, möchte ich mich herzlich bedanken. Mein besonderer Dank gilt auch dem Lektorat im Verlag, speziell Frau Hansen (auch für ihre Geduld…). Geduldig war auch meine Lebensgefährtin Ina, die mich viel zu oft im Arbeitszimmer verschwinden sah. Dafür, dass sie dies kritiklos duldete, gebührt ihr meine besondere Anerkennung. Und damit dies auch einmal schwarz auf weiß irgendwo steht, gelobe ich hiermit ausdrücklich zeitliche Besserung!

Dortmund, im März 2011

Kai-Jochen Neuhaus
Rechtsanwalt
Fachanwalt für Miet- und WEG-Recht
Fachanwalt für Versicherungsrecht

Hinweise zur Benutzung der CD-ROM

Zur Übernahme der Muster in Ihre Textverarbeitung legen Sie die CD-ROM in das CD-ROM-Laufwerk ein. Bei aktiviertem „Autostart" auf Ihrem Rechner öffnet sich das Programm von selbst.

Sollte der „Autostart" deaktiviert sein, können Sie über das Icon „Arbeitsplatz" durch Doppelklick auf das Symbol des CD-ROM-Laufwerks Zugriff auf die CD-ROM erhalten.

Durch Doppelklick auf die Datei „Browser.exe" startet das Programm.

Über den Menüpunkt „Mustervorlagen öffnen" gelangen Sie auf sämtliche Word-Dateien der CD-ROM.

Inhaltsübersicht

	Seite
Vorwort	V
Hinweise zur Benutzung der CD-ROM	VI
Inhaltsverzeichnis	VII
Literaturverzeichnis	XIX
Abkürzungsverzeichnis	XXIX

		Rn.
Teil 1: Systematische Erläuterungen		1
§ 1	**Mietarten und ihre Abgrenzung**	1
I.	Überblick	1
II.	Abgrenzung Wohnraum – Geschäftsraum – sonstige Räume	3
III.	Abgrenzung Miete und Pacht	5
IV.	Mischmietverhältnisse/teilgewerbliche Nutzung	9
V.	Gewerbliche Zwischenvermietung	19
VI.	Anmietung von Räumen durch Unternehmen für Mitarbeiter	23
VII.	Unentgeltliche Überlassung von Räumen („Haus-Wächter", „House-Sitting")	24
VIII.	Besonderheiten des Wohnungs- bzw. Teileigentums	40
IX.	Streitwert	81
X.	Gerichtsverfahren	84
XI.	Vertragsgestaltung	89
XII.	Arbeits- und Beratungshilfen	90
§ 2	**Schnittstellen von Öffentlichem Recht und gewerblichem Miet-/Pachtrecht**	96
I.	Überblick	96
II.	Grundsätzliches zum Öffentlichen Baurecht	100
III.	Öffentlich-rechtliche Rechtsverhältnisse der Beteiligten untereinander	112
IV.	Standardfall: Nutzungsänderung	118
V.	Vorgehen der Behörde bei Verstößen gegen öffentliches Recht	130
VI.	Beendigung von Miet- und Pachtverträgen durch Verwaltungsakt	140
VII.	Objekte in Sanierungsgebieten: Genehmigung von Mietverträgen	145
VIII.	Haftung des Grundstückseigentümers für Abfallgebühren des Mieters	146
IX.	Zweckentfremdungsverbot	147
X.	Rechtsnatur und Rechtsfolgen behördlicher Beanstandungen oder Gebrauchsbeschränkungen im gewerblichen Miet- oder Pachtverhältnis	167
XI.	Arbeitshilfen	168
§ 3	**Allgemeine Geschäftsbedingungen in der Geschäftsraummiete**	172
I.	Überblick	172
II.	Verwender von AGB	175
III.	Prüfungsreihenfolge	178
IV.	Prüfungsmaßstäbe, Abgrenzung Unternehmer – Verbraucher	183
V.	Wann handelt es sich um eine Individualvereinbarung?	187
VI.	Überraschende oder mehrdeutige Klauseln	200

		Rn.
VII.	Generalklausel, § 307 Abs. 1 Satz 1, Abs. 2 BGB	203
VIII.	Transparenzgebot, § 307 Abs. 1 Satz 2 BGB	206
IX.	Der AGB-Kontrolle entzogene Preisklauseln	208
X.	Rechtsfolgen unwirksamer Formularklauseln, Verbot der geltungserhaltenden Reduktion	209
XI.	Vertrauensschutz bei unwirksamen AGB aufgrund geänderter Rechtsprechung	214
XII.	Streitwert	216
XIII.	Gerichtsverfahren, Beweislast	217
XIV.	Vertragsgestaltung, insb. Salvatorische Klauseln	219
XV.	Arbeits- und Beratungshilfen	225
§ 4	**Anbahnung des Mietverhältnisses**	227
I.	Letter of Intent	227
II.	Vorvertrag	232
III.	Rahmenmietvertrag	237
IV.	Vormietrecht	238
V.	Aufklärungs- und Informationspflichten	241
VI.	Ansprüche aus Verschulden bei Vertragsverhandlungen	247
VII.	Ansprüche aus dem AGG bei gescheitertem Vertragsabschluss	252
VIII.	Verjährung und Verwirkung	255
IX.	Gerichtsverfahren	256
X.	Streitwert	263
XI.	Vertragsgestaltung	264
§ 5	**Abschluss des Mietvertrages**	265
I.	Vertragsabschluss und Eigentümerstellung des Vermieters	265
II.	Vertragsangebot und -annahme	266
III.	Genehmigung von Sanierungsgebiet-Verträgen als Wirksamkeitsvoraussetzung	277
IV.	Doppelvermietung	278
V.	Gerichtsverfahren	279
VI.	Streitwert	285
VII.	Vertragsgestaltung	286
VIII.	Arbeits- und Beratungshilfen	287
§ 6	**Form des Mietvertrages**	291
I.	Einführung in die Problematik des § 550 BGB	291
II.	Sinn und Zweck der gesetzlichen Schriftform	295
III.	Rechtsfolgen eines Formmangels	299
IV.	Voraussetzungen der gesetzlichen Schriftform	303
V.	Nachträgliche Änderungen/Ergänzungen des ursprünglich formwirksamen Vertrages, Nachträge	377
VI.	Kein Schriftform-Thema: Zustandekommen des Vertrages	417
VII.	Heilung eines Schriftformmangels, einvernehmliche Nachholung der Schriftform	419
VIII.	Schriftformverletzung durch Verlust der Vertragsurkunden	423
IX.	Treuwidrige Berufung auf den Formmangel, unzulässige Kündigung nach Treu und Glauben	428

		Rn.
X.	Anspruch auf Herbeiführung bzw. Nachholung der Schriftform, „Heilungsklauseln".	439
XI.	Treuwidrigkeit der Kündigung trotz wirksamer Mitwirkungs-/Heilungsverpflichtung.	463
XII.	Vertraglich vereinbarte Form des Vertrages, § 127 BGB und Schriftformklauseln	471
XIII.	Notarielle Beurkundung	480
XIV.	Gerichtsverfahren	483
XV.	Streitwert	488
XVI.	Vertragsgestaltung	490
XVII.	Arbeits- und Beratungshilfen.	495
§ 7	**Parteien des Mietvertrages**	**499**
I.	Überblick	499
II.	Einzelperson/Einzelkaufmann	504
III.	Personenmehrheiten (mehrere Mieter oder Vermieter)	508
IV.	Gesellschaft bürgerlichen Recht/BGB-Gesellschaft	512
V.	KG/OHG	531
VI.	Juristische Personen (GmbH, AG).	537
VII.	Limited.	540
VIII.	Wohnungseigentümer- und Erbengemeinschaft	545
IX.	Vereine	547
X.	Durchgriffshaftung, persönliche Haftung des Geschäftsinhaber oder der Gesellschafter/Geschäftsführer	548
XI.	Änderung und Umwandlung der Rechtsform beim Mieter.	555
XII.	Vermieterwechsel.	563
XIII.	Gerichtsverfahren	565
XIV.	Streitwert.	572
XV.	Vertragsgestaltung	573
XVI.	Arbeits- und Beratungshilfen.	576
§ 8	**Mietobjekt**	**580**
I.	Gebrauchsüberlassungs- und -erhaltungspflicht	580
II.	Vertragsgemäßer Gebrauch und Mietzweck	586
III.	Mietfläche	631
IV.	Vermietung vom Reißbrett/Vermietung vor Bezugsfertigkeit: Besondere Praxisprobleme	669
V.	Verkehrssicherungspflichten	684
VI.	Beschädigung des Mietobjekts durch den Mieter	704
VII.	Gerichtsverfahren	710
VIII.	Streitwert.	711
IX	Vertragsgestaltung	712
X.	Arbeits- und Beratungshilfen.	715
§ 9	**Mietzeit**	**724**
I.	Verträge von bestimmter und unbestimmter Dauer.	724
II.	Verträge mit einer Dauer von mehr als 30 Jahren	731

		Rn.
III.	Vertragsverlängerung, Verlängerungsklauseln, Option	733
IV.	Stillschweigende Vertragsverlängerung, § 545 BGB	766
V.	Gerichtsverfahren	774
VI.	Streitwert	775
VII.	Vertragsgestaltung	776
VIII.	Arbeits- und Beratungshilfen	781
§ 10	**Miethöhe und Mietzahlung**	**790**
I.	Überblick	790
II.	Mietarten	792
III.	Mietgarantie	807
IV.	Grenzen der Miethöhe, insb. sittenwidrig überhöhte Miete	808
V.	Umsatzsteuer	833
VI.	Zahlung der Miete/Pacht, Fälligkeit, Verzug, Lastschrift	866
VII.	Aufrechnung, Aufrechnungsklauseln	888
VIII.	Abtretung von Mietforderungen, Abtretungsverbote	894
IX.	Verjährung und Verwirkung	897
X.	Gerichtsverfahren	898
XI.	Streitwert	904
XII.	Vertragsgestaltung	905
XIII.	Arbeits- und Beratungshilfen	920
§ 11	**Betriebskosten**	**929**
I.	Begriff und anwendbare Rechtsvorschriften	929
II.	Verschiedene Mietarten/Begriffe/Definitionen	937
III.	Umlage der Betriebskosten auf den Mieter	950
IV.	Wirtschaftlichkeitsgebot	985
V.	Einzelne „streitanfällige" Betriebskosten	992
VI.	Umlageschlüssel, Umlagemaßstab	1039
VII.	Betriebskostenabrechnung	1045
VIII.	Verjährung und Verwirkung	1104
IX.	Gerichtsverfahren	1110
X.	Streitwert	1122
XI.	Vertragsgestaltung	1124
XII.	Arbeits- und Beratungshilfen	1126
§ 12	**Mieterhöhung**	**1135**
I.	Überblick	1135
II.	Mieterhöhung durch nachträgliche Vereinbarung	1137
III.	Mieterhöhung durch Änderungskündigung	1141
IV.	Automatische Wertsicherungsklausel	1143
V.	Staffelmiete	1203
VI.	Leistungsvorbehalts- bzw. Anpassungsklausel	1212
VII.	Marktmietklauseln	1227
VIII.	Spannungsklausel	1230
IX.	Umsatz- und Gewinnbeteiligungsklausel	1232

		Rn.

X.	Preis- und Kostenelementeklausel	1235
XI.	Neuverhandlungsklausel	1236
XII.	Mieterhöhung wegen Modernisierungsmaßnahmen	1237
XIII.	Mieterhöhung und Schriftform nach § 550 BGB	1241
XIV.	Verjährung und Verwirkung	1244
XV.	Gerichtsverfahren	1247
XVI.	Streitwert	1249
XVII.	Vertragsgestaltung	1252
XVIII.	Arbeits- und Beratungshilfen	1260

§ 13 Betriebspflicht ... 1275
I.	Begriff und Umfang der Betriebspflicht	1275
II.	Erfordernis der Vereinbarung einer Betriebspflicht	1279
III.	Risiken bei der Vereinbarung als AGB	1285
IV.	Ansprüche bei Verletzung der Betriebspflicht	1299
V.	Entfall der Betriebspflicht durch Kündigung, Insolvenz oder andere Gründe	1301
VI.	Gerichtsverfahren	1308
VII.	Streitwert	1315
VIII.	Vertragsgestaltung	1316
IX.	Arbeits- und Beratungshilfen	1319

§ 14 Konkurrenzschutz ... 1324
I.	Überblick	1324
II.	Schutzrichtung (Wer wird geschützt bzw. verpflichtet?)	1333
III.	Inhalt und Umfang des Schutzes	1344
IV.	Rechtsfolgen einer Konkurrenzschutzverletzung, Ansprüche der Parteien	1372
V.	Gerichtsverfahren	1393
VI.	Streitwert	1406
VII.	Vertragsgestaltung	1408
VIII.	Arbeits- und Beratungshilfen	1420

§ 15 Schönheitsreparaturen ... 1491
I.	Ausgangslage	1491
II.	Begriff der Schönheitsreparatur	1492
III.	Vertragliche Vereinbarungen	1496
IV.	Wann muss renoviert werden?	1500
V.	Wie muss renoviert werden: Art und Qualität der Ausführung, Selbstvornahme	1513
VI.	Rechtsfolgen unwirksamer Schönheitsreparaturklauseln	1518
VII.	Ansprüche des Vermieters bei unterlassenen Arbeiten	1530
VIII.	Besonderheiten bei vom Vermieter durchzuführenden Schönheitsreparaturen	1539
IX.	Verjährung und Verwirkung	1541
X.	Gerichtsverfahren	1544
XI.	Streitwert	1546
XII.	Vertragsgestaltung	1547
XIII.	Arbeits- und Beratungshilfen	1554

§ 16 Instandhaltung und Instandsetzung ... 1559

		Rn.
I.	Begriff und Vereinbarung	1559
II.	Grenzen der Abwälzung, AGB-Problematiken	1566
III.	Besonderheiten bei „Dach und Fach"-Klauseln	1591
IV.	Besonderheiten bei vom Vermieter durchzuführenden Maßnahmen	1604
V.	Verjährung und Verwirkung	1606
VI.	Gerichtsverfahren	1608
VII.	Streitwert	1609
VIII.	Vertragsgestaltung	1610
IX.	Arbeits- und Beratungshilfen	1613
§ 17	**Bauliche Veränderungen durch den Mieter**	**1616**
I.	Ausgangslage	1616
II.	Zustimmung des Vermieters	1619
III.	Ansprüche im laufenden Miet-/Pachtverhältnis	1625
IV.	Ansprüche beim beendeten Miet-/Pachtverhältnis	1629
V.	Verjährung und Verwirkung	1647
VI.	Gerichtsverfahren	1650
VII.	Streitwert	1651
VIII.	Vertragsgestaltung	1652
IX.	Arbeits- und Beratungshilfen	1655
§ 18	**Untermiete**	**1660**
I.	Begriff und Gesetzeslage	1660
II.	Erlaubnis des Vermieters erforderlich	1662
III.	Sonderkündigungsrecht gem. § 540 Abs. 1 Satz 2 BGB	1669
IV.	Untermietzuschlag	1684
V.	Rechtsverhältnis Mieter – Untermieter	1687
VI.	Rechtsverhältnis Hauptvermieter – Untermieter	1698
VII.	Gerichtsverfahren	1701
VIII.	Streitwert	1706
IX.	Vertragsgestaltung	1707
X.	Arbeits- und Beratungshilfen	1716
§ 19	**Bürgschaft, Kaution, andere Sicherheiten und Vertragsstrafe**	**1722**
I.	Varianten der Sicherheitsstellung und Umfang der Absicherung	1722
II.	Kaution	1724
III.	Bürgschaften	1759
IV.	Sonstige Sicherungsmöglichkeiten	1779
V.	Verjährung und Verwirkung	1797
VI.	Gerichtsverfahren	1805
VII.	Streitwert	1807
VIII.	Vertragsgestaltung	1811
IX.	Arbeits- und Beratungshilfen	1818
§ 20	**Vermieterpfandrecht**	**1829**
I.	Umfang des Pfandrechts	1829
II.	Entstehen des Pfandrechts	1834

		Rn.
III.	Untergang des Pfandrechts, Ausschlussfrist	1837
IV.	Schutzmöglichkeiten des Vermieters/Verpächters	1840
V.	Geltendmachung des Pfandrechts	1844
VI.	Verwertung	1849
VII.	Verjährung und Verwirkung	1852
VIII.	Gerichtsverfahren	1853
IX.	Streitwert	1859
X.	Vertragsgestaltung	1860
XI.	Arbeits- und Beratungshilfen	1861
§ 21	**Versicherungen für gewerbliche Immobilien**	**1864**
I.	Überblick	1864
II.	VVG als Grundlage des Immobilienversicherungsrechts	1869
III.	Praxisrelevante Versicherungen für Gewerbeimmobilien	1909
IV.	Umlagefähigkeit von Versicherungsprämien als Betriebskosten	1961
V.	Regressansprüche des Versicherungsnehmers und des Versicherers gegen den Mieter in der Gebäudeversicherung	1962
VI.	Veräußerung der Immobilie und Versicherungsschutz	1981
VII.	Verjährung und Verwirkung	1992
VIII.	Gerichtsverfahren	1993
IX.	Streitwert	1994
X.	Vertragsgestaltung	1995
XI.	Arbeits- und Beratungshilfen	2000
§ 22	**Gewährleistung und Mängel**	**2004**
I.	Systematik der mietrechtlichen Gewährleistung	2004
II.	Begriff des Mangels	2019
III.	Zurückbehaltungsrecht/Druckzuschlag	2033
IV.	Berechnung und Höhe einer Mietminderung	2038
V.	Ausschluss/Verwirkung der Gewährleistungsrechte	2044
VI.	Mangelbeseitigungs- und Wiederherstellungsanspruch und Opfergrenze (Zerstörung des Mietobjekts, unverhältnismäßiger Aufwand)	2057
VII.	Taktische Hinweise zum Zurückbehaltungs- und Minderungsrecht	2076
VIII.	Häufige Praxisprobleme	2082
IX.	Schäden an Rechtsgütern des Mieters	2175
X.	Regress des Vermieters gegen Dritte	2182
XI.	Verjährung und Verwirkung	2187
XII.	Gerichtsverfahren	2193
XIII.	Darlegungs- und Beweislast	2200
XIV.	Streitwert	2209
XV.	Vertragsgestaltung	2212
XVI.	Arbeits- und Beratungshilfen	2248
§ 23	**Kündigung des Miet- oder Pachtverhältnisses**	**2259**
I.	Einführung	2259
II.	Allgemeines zur Kündigung	2262

		Rn.
III.	Ordentliche Kündigung	2321
IV.	Fristlose Kündigung	2336
V.	Gesetzliche Sonderkündigungsrechte	2420
VI.	Verjährung und Verwirkung	2428
VII.	Gerichtsverfahren	2429
VIII.	Streitwert	2431
IX.	Vertragsgestaltung	2447
X.	Arbeits- und Beratungshilfen	2456

§ 24 Gewährleistungsrecht und behördliche Beanstandungen oder Gebrauchsbeschränkungen im gewerblichen Miet- oder Pachtverhältnis 2459

I.	Öffentlich-rechtliche Beschränkungen und Hindernisse als Mangel i.S.v. § 536 BGB	2459
II.	Mitverschulden des Mieters/Pächters	2470
III.	Nachträgliche Gesetzesänderungen (Nichtrauchergesetze u.ä.)	2471
IV.	Vertragsgestaltung	2474
V.	Arbeitshilfen	2479

§ 25 Beendigungsgründe außerhalb der Kündigung 2481

I.	Zeitablauf	2481
II.	Beendigung des Miet- oder Pachtvertrages durch Verwaltungsakt	2483
III.	Anfechtung des Miet- oder Pachtvertrages	2484
IV.	Aufhebungsvertrag	2502
V.	Tod des Mieters	2512
VI.	Verjährung und Verwirkung	2513
VII.	Gerichtsverfahren	2514
VIII.	Streitwert	2515
IX.	Vertragsgestaltung	2516
X.	Arbeits- und Beratungshilfen	2517

§ 26 Selbsthilfe bei ausbleibenden Zahlungen, Versorgungssperre, „kalte Räumung" u.ä. 2520

I.	Übersicht: Recht zur Selbsthilfe im Miet- und Pachtrecht	2520
II.	Maßnahmen des Vermieters im noch laufenden Mietverhältnis	2522
III.	Maßnahmen des Vermieters nach Beendigung des Mietverhältnisses	2524
IV.	Verjährung und Verwirkung	2532
V.	Gerichtsverfahren	2533
VI.	Streitwert	2537
VII.	Vertragsgestaltung	2538
VIII.	Arbeits- und Beratungshilfen	2539

§ 27 Abwicklung des beendeten Miet- oder Pachtverhältnisses, Rückgabe, Nutzungsentschädigung 2541

I.	Fristgerechte Rückgabe des Miet- oder Pachtobjekts	2541
II.	Verspätete oder nicht vollständige Rückgabe des Mietobjekts	2555
III.	Mögliche Ansprüche bei vorzeitiger Vertragsbeendigung und Mietausfallschaden	2585
IV.	Auszug ohne Kündigung oder anderweitige Vertragsbeendigung	2598

		Rn.
V.	Schadensbeseitigungspflicht des Mieters	2600
VI.	Unvollständige Räumung, Entsorgung von Sachen durch den Vermieter	2603
VII.	Investitionen des Mieters und Ausgleichsanspruch	2608
VIII.	Nachmieter, Ersatzmieter, Mietnachfolger	2609
IX.	Verjährung und Verwirkung	2616
X.	Gerichtsverfahren	2617
XI.	Streitwert	2621
XII.	Vertragsgestaltung	2622
XIII.	Arbeits- und Beratungshilfen	2624
§ 28	**Veräußerung des Mietobjekts**	**2627**
I.	Kauf bricht nicht Miete, § 566 BGB	2627
II.	Welche Rechte und Pflichten gehen auf den Erwerber/Käufer über?	2633
III.	Sonderprobleme des § 566 BGB	2637
IV.	Erlöschen sonstiger Ansprüche durch Veräußerung des Grundstücks	2657
V.	Verjährung und Verwirkung	2658
VI.	Gerichtsverfahren	2659
VII.	Streitwert	2660
VIII.	Vertragsgestaltung	2661
IX.	Arbeits- und Beratungshilfen	2665
§ 29	**Verjährung und Verwirkung**	**2670**
I.	Überblick	2670
II.	Verjährung von Vermieteransprüchen	2674
III.	Verjährung von Mieteransprüchen	2676
IV.	Rechtsfolgen der Verjährung/Einrede der Verjährung	2678
V.	Verjährungstatbestände	2686
VI.	Hemmung und Neubeginn (Unterbrechung) der Verjährung	2711
VII.	Demnächst-Zustellung, § 167 ZPO	2735
VIII.	Vereinbarungen über die Verjährung, § 202 BGB	2739
IX.	Verwirkung	2744
X.	Arbeits- und Beratungshilfen	2748
§ 30	**Gerichtsverfahren und Prozessrecht**	**2753**
I.	Anwendung deutschen Rechts	2753
II.	Gerichtliche Zuständigkeit	2755
III.	Allgemeines zu bestimmten Klagearten und Anträgen	2765
IV.	Darlegungs- und Beweislast: Grundsätze	2807
V.	Einstweiliger Rechtsschutz	2810
VI.	Wichtige Einzelfragen des Zivilprozesses	2817
VII.	Streitwert, Zuständigkeits- und Rechtsmittelwert (Beschwer) – Überblick	2823
VIII.	Arbeits- und Beratungshilfen	2831
§ 31	**Zwangsvollstreckung, Zwangsversteigerung und Vollstreckungsschutz**	**2841**
I.	Räumungsvollstreckung, § 885 ZPO	2841
II.	Zwangsversteigerung	2855
III.	Vollstreckungsschutz	2866

		Rn.
IV.	Vertragsgestaltung	2892
V.	Arbeits- und Beratungshilfen	2893
§ 32	**Zwangsverwaltung**	2901
I.	Überblick	2901
II.	Aufgaben und Befugnisse des Zwangsverwalters	2903
III.	Zahlungen des Mieters	2909
IV.	Sonderproblem: Abrechnung der Nebenkosten	2911
V.	Sonderproblem: Anlage, Abrechnung und Herausgabe der Kaution	2914
VI.	Verteilung der Erträge	2917
VII.	Aufhebung der Zwangsverwaltung	2918
VIII.	Verwaltervergütung	2919
IX.	Arbeits- und Beratungshilfen	2928
§ 33	**Insolvenz**	2930
I.	Einführung	2930
II.	Beteiligte	2937
III.	Ablauf des Insolvenzverfahrens	2952
IV.	Vermieterinsolvenz	3006
V.	Mieterinsolvenz	3011
VI.	Vermieterpfandrecht in der Insolvenz	3031
VII.	An die Gesellschaft vermietender Gesellschafter	3036
VIII.	Zwangsvollstreckung in der Insolvenz	3037
IX.	Prozessuale Auswirkungen der Insolvenz	3048
X.	Streitwert	3052
XI.	Vertragsgestaltung	3053
XII.	Arbeits- und Beratungshilfen	3056
§ 34	**Spezielle Miet- und Pachtobjekte**	3060
I.	Apotheken	3061
II.	Heilberufler (Arzt- und Zahnarztpraxen etc.)	3074
III.	Einkaufszentren, Shopping-Center	3100
IV.	Factory-Outlet-Center	3130
V.	Gaststätten, Gastronomie	3140
VI.	Hotels, Pensionen, Beherbergungsimmobilien	3147
VII.	Kfz-Schilderpräger	3158
VIII.	Logistikimmobilien	3161
IX.	Messeflächen und Messestände	3170
X.	Mobilfunkanlagen	3178
XI.	Tankstellen	3186
XII.	Triple-Net-Vertrag	3192
XIII.	Warenautomaten	3193
XIV.	Waschstraßen	3194
XV.	Werbeflächen/Außenwerbung	3195
§ 35	**Immobilienverwalter und Geschäftsraummiete**	3200
I.	Verwalter als Gebäudemanager	3200

		Rn.
II.	Verwaltervertrag	3205
III.	Verwalter als Makler	3215
IV.	Rechtsberatung durch den Verwalter	3216
V.	Prozessführungsbefugnis des Immobilienverwalters	3219
VI.	Pflichten und Haftung des Immobilienverwalters	3224
VII.	Arbeitshilfen	3244
§ 36	**Immobilienmakler und Geschäftsraummiete**	3251
I.	Berufsbild des Maklers	3251
II.	Erlaubnispflicht	3254
III.	Maklervertrag	3262
IV.	Arbeits- und Beratungshilfen	3308
§ 37	**Rechtsanwalt und Geschäftsraummiete**	3310
I.	Bearbeitung eines Vertragsmandats – Grundlagen	3310
II.	Honorar des Rechtsanwalts – Überblick	3313
III.	Streitwertbestimmung	3316
IV.	Spezialfragen zum Anwaltshonorar bei der Geschäftsraummiete	3326
V.	Fachanwalt für Miet- und WEG-Recht	3343
VI.	Spezielle Pflichten und Haftung des Anwalts im Mietrecht	3348
§ 38	**Praxistipps zur vertraglichen Sicherung von Mietforderungen, Mandatsbearbeitung und Vertragsgestaltung, Durchsetzung von Mietforderungen**	3352
I.	Vertragliche Sicherung von Mietforderungen	3352
II.	Checkliste: Vor Abschluss des Mietvertrages	3354
III.	Checkliste: Abschluss des Mietvertrages/Vertragsgestaltung	3355
IV.	Checklisten Vertragsgestaltung	3356
V.	Durchsetzung von Mietforderungen	3363

Teil 2: Vertrags- und Prozessformulare

I.	Mietverträge	3365
II.	Mietverwalter-Vertrag	3373
III.	Musterschreiben	3374
IV.	Musterklagen des Vermieters/Verpächters	3378
V.	Musterklagen des Mieters/Pächters	3384

		Seite
Stichwortverzeichnis		1513

Literaturverzeichnis

Handbücher und Kommentare:

Blank/Börstinghaus, Miete, 3. Aufl.

Börstinghaus (Hrsg.), MietPrax – Mietrecht in der Praxis, Stand Februar 2011 (zitiert: Börstinghaus-Bearbeiter, MietPrax)

ders., Miethöhe-Handbuch, 2009 (zitiert: Börstinghaus, Miethöhe-Handbuch)

Bub/Treier, Handbuch der Geschäfts- und Wohnraummiete, 3. Aufl. (zitiert: Bearbeiter, in: Bub/Treier)

Emmerich/Sonnenschein, Miete, 9. Aufl.

Enders, RVG für Anfänger, 14. Aufl.

Erbs/Kohlhaas, Strafrechtliche Nebengesetze, Loseblatt, Stand 11/2010

Fritz, Gewerberaummietrecht, 5. Aufl.

Gottwald, Verjährung im Zivilrecht, 2005

Hannemann/Wieck/Emmert/Moersch, Handbuch des Mietrechts, 4. Aufl.

Hannemann/Wiegner, Münchener Anwaltshandbuch Mietrecht, 3. Aufl. (zitiert: Bearbeiter, in: Hannemann/Wiegner, MAH Mietrecht)

Herrlein/Kandelhard, Mietrecht, Kommentar, 4. Aufl.

Horst, Rechtshandbuch Nachbarrecht, 2. Aufl.

König, S., Mietmängellexikon, 2004

König, H./Roeser/Stock, Baunutzungsverordnung, 2. Aufl.

Kossmann, Der Wohnraummietvertrag, 2. Aufl.

Langenberg, Betriebskostenrecht der Wohn- und Gewerberaummiete, 5. Aufl. (zitiert: Langenberg, Betriebskostenrecht)

ders., Schönheitsreparaturen, 3. Aufl.

Lindner-Figura/Oprée/Stellmann, Geschäftsraummiete, 2. Aufl. (zitiert: Bearbeiter, in: Lindner-Figura/Oprée/Stellmann)

Lützenkirchen/Dickersbach, Vertragsstörungen im Mietrecht, 2007

Münchener Kommentar zum Bürgerlichen Gesetzbuch, BGB, Band 3, 5. Auflage (zitiert: Bearbeiter, in: MüKo, § Rn.)

Neuhaus/Kloth, Das neue VVG in der Praxis – Arbeitsbuch für Versicherer und Vermittler, 2. Aufl. (zitiert: Neuhaus/Kloth, Praxis des neuen VVG)

Palandt, Bürgerliches Gesetzbuch, 70. Aufl. (zitiert: Bearbeiter, in: Palandt)

Schmid, Michael J.: Handbuch der Mietnebenkosten, 11. Aufl.

Schmidt-Futterer, Mietrecht, 9. Aufl. (zitiert: Bearbeiter, in: Schmidt-Futterer)

Schwintowski/Brömmelmeyer, Praxiskommentar zum Versicherungsvertragsrecht, 2. Aufl. (zitiert: Bearbeiter, in: Schwintowski/Brömmelmeyer)

Staudinger, BGB – Buch 2: Recht der Schuldverhältnisse, 13. Bearb. 2005 (zitiert Staudinger/Bearbeiter)

Sternel, Mietrecht aktuell, 4. Aufl. (zitiert Sternel, Mietrecht aktuell)

Vorwerk (Hrsg.), Das Prozessformularbuch, 9. Aufl.

Wolf/Eckert/Ball, Handbuch des gewerblichen Miet-, Pacht- und Leasingrechts, 10. Aufl.

Aufsätze:

Artz, Änderung des Mietvertrags durch konkludentes Verhalten, NZM 2005, 367

Aufderhaar/Jaeger, Praxisrelevante Probleme beim Umgang mit Preisklauseln im Gewerberaummietrecht: Wertsicherung der Miete in Zeiten drohender Inflation als Folge der Finanzmarktkrise, NZM 2009, 564

Beisbart, Stellvertretung bei Abschluss von Mietverträgen und Schriftform, NZM 2004, 293

Beyer, Die Anpassung des Mietvertrags an erhebliche und unerhebliche Flächenabweichungen, NZM 2010, 417

Blank, Zahlungsrückstände bei „schleppender" Zahlungsweise, NZM 2009, 114

ders., Mietrechtsberatung und Mieterrisiko, NZM 2007, 788

ders., Der Urkundsprozess in Mietsachen, NZM 2000, 1083

Boettcher/Menzel, Übergabeabhängige Laufzeiten in Mietverträgen: Nicht nur ein Schriftformproblem!?, NZM 2006, 286

Börstinghaus, Vermieterwechsel kraft Gesetzes, NZM 2004, 482

ders., Rechtsprechungs- und Literaturübersicht zum Wohnraummietrecht – II. Quartal 1999, ZAP, Fach 4 R, S. 343

ders., Die Geltendmachung rückständiger Wohnraummiete im Urkundsverfahren, NZM 1998, 89

ders., Klageanträge im Zusammenhang mit der Mietminderung, NZM 1998, 656

Borzutzki-Pasing, Klauselkontrolle in der Gewerberaummiete, NZM 2004, 161

Both, Ansprüche aus dem Mietverhältnis im Urkundenprozess, NZM 2007, 156

Bub, Gewerberaummietvertrag und AGB-Gesetz, NZM 1998, 789

Buch, Zugangsbehinderung als „Umweltfehler", NZM 2000, 693

Bussmann, Die Klage auf zukünftige Leistungen im Urkundenprozess, MDR 2004, 675

Derleder, Individuelle Abreden bei Vertragsdurchführung zur Rettung unwirksamer Schönheitsreparaturklauseln, NZM 2009, 227

ders., Miete und Insolvenz, ZAP Fach 14, 513 – 518

ders., Die Rechtsstellung des Wohn- und Gewerberaummieters in der Insolvenz des Vermieters, NZM 2004, 567

Dickersbach, Forderungseinzug durch den Haus- bzw. Mietverwalter, NZM 2009, 726

Dose, Gewerberaummiete: Grenzen der Abwälzung der Instandhaltungspflicht, NZM 2009, 381

Durst/v. Zitzewitz, Flächenberechnung bei Gewerbe- und Wohnraum, NZM 1999, 605

Durst, Die Bankbürgschaft als Mietsicherheit und die Verjährung gesicherter Ansprüche, NZM 1999, 65, 66

Eckert, Ausgleich werterhöhender Mieterinvestitionen bei vorzeitigem Vertragsende, NZM 2009, 768

ders., Mietforderungen im vorläufigen Insolvenzverfahren, NZM 2003, 41

ders., Das Vermieterpfandrecht im Konkurs des Mieters, ZIP 1984, 663

Emmerich, Automatische Nutzungsentschädigung bei pflichtwidriger Nichtrückgabe (ortsüblicher Zins), NZM 1999, 929

ders., Nichtigkeit und Anfechtung von Mietverträgen, NZM 1998, 692

Fischer, Die Bürgschaft auf erstes Anfordern als formularmäßige Mietsicherheit, NZM 2003, 497

Fodor, Praxishinweise zu AG Berlin-Tiergarten, 14.01.2010 – 7 C 41/09, IMR 2011, 13

Fölsch, Die Berufungszuständigkeit des OLG bei Fällen mit Auslandsberührung, MDR 2008, 301

Friedrich, Der Beweiswert des Einwurfeinschreibens der Deutschen Post AG, VersR 2001, 1090

Gather, Konkurrenzschutz und Betriebspflicht bei der Geschäftsraummiete, DWW 2007, 94

ders, Abrechnung der Betriebskosten – Beachtung von Ausschlussfristen, AIM 2003, 230

ders., Fragen des mietrechtlichen Konkurrenzschutzes, DWW 1998, 302

ders., Rechtsfragen des gewerblichen Mietrecht, ZAP, Fach 4, S. 293

Geldmacher, Mietbürgschaft und Einrede der Verjährung der Hauptschuld, NZM 2003, 502

Gerber, Überraschende Regelungen im neuen Preisklauselgesetz – Ein Zwischenruf anlässlich des „Bürokratieabbaus" in der gewerblichen Miete und zu den Implikationen der §§ 305ff. BGB, NZM 2008, 152

Groh, Räumungsvollstreckung aufgrund notarieller Urkunde nach Beendigung der Mietzeit bei gewerblich genutzten Immobilien, NZM 1999, 698

Grooterhorst/Burbulla, Zur Anwendbarkeit von § 566 BGB bei Vermietung durch Nichteigentümer, NZM 2006, 246

Gross, Umsatzsteuer auf Mietgarantie, NZM 2003, 227

Gruber, Gaststättenpacht und Getränkebezugsverpflichtung, NZM 1999, 1073

Gsell, Schadensersatz und Aufwendungsersatz im Mietrecht, NZM 2010, 71

Hamann, Die Betriebspflicht des Mieters bei Geschäftsraummietverhältnissen, ZMR 2001, 581

Hansens, Die BGB-Gesellschaft in Mietsachen, AIM 2003, 9

ders., Haftungsfallen im Mietrecht durch Änderung des Instanzenzuges gem. § 119 Abs. 1 b) GVG, AIM 2003, 29

Heintzmann, Die gewerbliche Untermiete, NJW 1994, 1177

Hellner/Rousseau, Preisklauseln in der Legal Due Diligence, NZM 2009, 301

Herrlein, Sommerliche Aufheizung von Geschäftsräumen als Mangel der Mietsache?, NZM 2007, 719

Hinz, Kündigung des Mietverhältnisses bei Verletzung von Pflichten aus der Betriebskostenabrede, NZM 2010, 57

ders., Außergerichtliche und prozessuale Darlegungspflichten bei Betriebskostenstreitigkeiten – „Problemkind" Hauswart, NZM 2009, 97

ders., Im Überblick: Einstweiliger Rechtsschutz im Mietprozess, NZM 2005, 841

ders., Pauschale Abwälzungen von Betriebskosten und Schönheitsreparaturen nach neuem Schuldrecht, AIM 2003, 2

Hoffmann, Investitionsmiete als miet- oder darlehensvertragliche Verpflichtung, NZM 2007, 638

Holtfester, Die Kündigung des gewerblichen Mietverhältnisses, MDR 2000, 421

Hörndler/Hoisl, Auswirkungen des MoMiG auf das Mietrecht – Wegfall der eigenkapitalersetzenden Nutzungsüberlassung, NZM 2009, 381

Horst, Vertrauensschutz als Grenze der Inhaltskontrolle von Miet-AGB – Das Lehrstück von den „Quotenklauseln", NZM 2007, 185

ders., Abwehrstrategien gegen Mietansprüche aus unwirksamen Renovierungsklauseln, DWW 2007, 48

ders., Mietrechtliche Auswirkungen des Allgemeinen Gleichbehandlungsgesetzes, MDR 2006, 1266

ders., Auswirkungen der Schadensersatzrechtsreform auf das Mietrecht, NZM 2003, 537

ders., Schnee- und Eisglätte – Praxisrelevante Haftungsfragen, MDR 2001, 187

Hunke, Das Einschreiben im Versicherungsrecht, VersR 2002, 660

Lindner-Figura, Gestaltung von Mietgarantieverträgen, NZM 2002, 516

Jaeger, Einfluss des 2. Gesetzes zur Änderung schadensersatzrechtlicher Vorschriften auf die Haftung des Vermieters, AIM 2003, 22

Jänich, Übermittlung empfangsbedürftiger Willenserklärungen im Versicherungsvertragsrecht – Übergabe-Einschreiben contra Einwurf-Einschreiben, VersR 1999, 537

Jendrek, Mietvertraglicher Konkurrenzschutz, NZM 2000, 1116

ders., Verjährungsfragen im Mietrecht, NZM 1998, 593

Joachim, Nutzungsänderungen in der Gewerberaummiete – Die Verschränkung von Miet- und öffentlichem Recht, NZM 2009, 801

ders., Formularmäßige Risikoverteilung bei der Gewerbeflächenvermietung im Einkaufszentrum vgl. Joachim, NZM 2006, 368

ders., Schadens- und Haftungsbegrenzungen in der Gewerberaummiete, AIM 2004, 142

ders., Haftungsfreizeichnung im modernen Mietrecht, NZM 2003, 387

ders., Wirklichkeit und Recht des Shopping-Centers bzw. Einkaufszentrums, NZM 2000, 785

ders., Konkurrenzschutz im gewerblichen Mietrecht, BB 1986, Beilage 6, S. 5

Kandelhard, Die Verlängerung der Verjährung zum Ende des Mietverhältnisses, NZM 2002, 929

Kappus, Abgrenzung von Individual- und Formularverträgen, NZM 2010, 529

Keckemeti, Einkaufszentren: Verteilung der Ertragsrisiken durch Vertragsgestaltung, NZM 1999, 115

dies., Mietwucher bei Gewerbemieträumen, NZM 2000, 598

Kinne, Betriebskostenarten und deren Abwälzung, ZMR 2001, 1

Klimke/Lehmann-Richter, Unwirksame starre Abgeltungsklauseln und ihre Folgen, WuM 2006, 653

Kluth/Böckmann/Freigang, Mietausfallschaden in der Gewerberaummiete, NZM 2004, 446

Kluth/Grün, Anselm: Kautionsverrechnung im laufenden Mietverhältnis, NZM 2002, 1015

dies., Mieterrechte bei Doppelvermietung, NZM 2002, 473

Kraemer, Die Gesellschaft bürgerlichen Rechts als Partei gewerblicher Mietverträge, NZM 2002, 465

Lames, Technische Standards und Sollbeschaffenheit der Mietsache, NZM 2007, 465

Lämmer/Muckle, Die „Schutzschrift" in der Räumungsvollstreckung, NZM 2008, 69

Lange, Geschäftsführung ohne Auftrag bei nicht geschuldeten Schönheitsreparaturen?, NZM 2007, 785

Langenberg, Kontrollrechte des Mieters nach der Grundsatzentscheidung, BGH, NZM 2006, 340, NZM 2007, 105

ders., Die neuen Verordnungen zur Berechnung der Wohnfläche und zu den Betriebskosten, NZM 2004, 41

ders., Erstattung von Nebenkostenvorauszahlungen bei unklarer Formularvertragslage, NZM 2000, 801

Lattka, Terrorversicherungen als Mietnebenkosten, ZMR 2008, 929

Lebek, Forthaftung des Veräußerers eines Mietobjekts für an den Erwerber ausgehändigte Mietsicherheiten, NZM 2000, 1211

Leo, Sind Schriftformheilungsklauseln in Gewerberaummietverträgen wirksam?, NZM 2006, 815

Leo/Ghassemi-Tabar, Konkurrenzschutz in der Gewerberaummiete, NZM 2009, 337

Leo/Schmitz, Die Durchführung der Mietminderung im Gewerberaummietrecht auf der Grundlage der neueren BGH-Rechtsprechung, NZM 2005, 858

Lindner-Figura, Der Letter of Intent im gewerblichen Mietrecht, NZM 2000, 1194

ders., Besonderheiten bei der Vereinbarung einer Umsatzmiete, NZM 1999, 492

ders., Die Werbegemeinschaft in Einkaufszentren, NZM 1999, 738

Lögering, Rückforderung überzahlter Miete nach Minderung, NZM 2010, 113

Lüth, Untermietvertragsgestaltung, NZM 2004, 241

Lützenkirchen, Pflicht zur Heilung eines Schriftformmangels, MietRB 2004, 305

Manger, Der Energieausweis für Gebäude – Rechtliche Auswirkungen im Miet- und Wohnungseigentumsrecht, ZAP, Fach 7, S. 375

Mankowski/Höpker, Die Hemmung der Verjährung bei Verhandlungen gem. § 203 BGB, MDR 2004, 721

Mehrings, Typische Beratungsfallen im Mietrecht – Haftungsklauseln, Schriftform, Untervermietung, NZM 2009, 386

Meier/Grünebaum, Die Höhe des Verzugszinses nach dem Schuldrechtsmodernisierungsgesetz, MDR 2002, 746

Minuth/Wolf, W., Kündigung und Gestaltung von Mietverträgen im Hinblick auf die Insolvenzordnung, NZM 1999, 289

Möller/Rupietta, Abtretungsverbote in Gewerbemietverträgen, NZM 2009, 225

Neuhaus, Terrorversicherung und mietrechtliches Wirtschaftlichkeitsgebot – Neue Kriterien des BGH für die Umlage „exotischer" Versicherungsprämien als Betriebskosten im gewerblichen Mietrecht, NZM 2011, 65

ders., Betriebspflicht bei Ladengeschäften – Risiken der Vereinbarung als Allgemeine Geschäftsbedingungen, IMR 2010, 407

ders., Indexklauseln in gewerblichen Mietverträgen – Kernprobleme des neuen Preisklauselgesetzes, MDR 2010, 848

ders., Mietpreisüberhöhung nach § 4 WiStrG in der gewerblichen Miete, NZM 2009, 646

ders., Neues VVG: Überlebt die Klagefrist des § 12 Abs. 3 VVG trotz Streichung im Gesetz?", r+s –2007, 177

ders., Vertragsstrafenregelungen im privaten Baurecht, ZAP Fach 5, S. 171 ff.

ders., Die Bürgschaft als Mietsicherheit im gewerblichen Mietrecht, GuT 2003, 163

ders., Dreißig Jahre Gewährleistungshaftung im Baurecht – Vor und nach der Schuldrechtsmodernisierung, MDR 2002, 22

ders., Grundsteuer, Fahrstuhl & Co. – Nebenkriegsschauplätze bei den Betriebskosten, AIM 12/2002, 4

ders., Richterliche Hinweis- und Aufklärungspflicht der alten und neuen ZPO – Überblick und Praxishilfen", MDR 2002, 438

ders., Hoffentlich versichert – Private Risikovorsorge für selbständige Anwälte, Teil 2, Die Kanzlei, 2000, 208

ders., Die private Berufsunfähigkeitsversicherung, ZAP Fach 10, S. 137

ders., Konkurrenzschutz im Gewerberaummietrecht – Rechtslage, Rechtsprechungs- und Klausellexikon, taktische Hinweise, Checklisten, ZAP Fach 4, S. 269

ders., Malerarbeiten im Mietverhältnis – Anstriche als Streitpunkt, NZM 2000, 220

ders., Welchen Gegenstandswert können Sie bei der Prüfung von Nebenkostenabrechnungen ansetzen), AIM 1/2001, 15

Nies, Mietminderung und Geltendmachung des Zurückbehaltungsrechts gem. § 320 BGB ohne Gefahr für den Bestand des Mietverhältnisses, NZM 2000, 1133 *ders.*, Zwangsräumung unter Berücksichtigung des neuen Vollstreckungsrechts, MDR 1999, 1113

ders., Fallstricke bei Abgabe von Willenserklärungen bei Personenmehrheit und Stellvertretung: Abmahnung, einseitige Willenserklärung, Mieterhöhung, NZM 1998, 221

Ormanschick/Riecke, Schriftformerfordernis für Langzeitmietverträge, MDR 2002, 247

Paschke, Rückforderungsansprüche des Mieters für durchgeführte Schönheitsreparaturen bei unwirksamer Klausel im Mietvertrag, WuM 2008, 647

Peter, M., Kündigung des Mietvertrages und Räumungsrechtsstreit, AnwBl 2007, 142

ders., Viel mehr als „nur" Mietrecht: Der BGH und die Geschäfts-/Verfahrensgebühr bei Kündigung/Räumungsklage, NJW 2007, 2298

ders., Anwalts Gebühren für Kündigung und Räumung – Keine Anrechnung, NZM 2006, 801

Pfeifer, Frank-Georg, Die neue Betriebskostenverordnung, AIM 2003, 210

Prasse, Existenzgründer als Unternehmer oder Verbraucher – Die neue BGH-Rechtsprechung, MDR 2005, 961

Pützenbacher/Kupjetz, Wirtschaftliche „Not" des Gewerberaummieters als Grund außerordentlicher Kündigung, NZM 2003, 140

Rademacher, Vertragsgestaltung im Gewerberaummietrecht, MDR 2000, 57

Reichenbach, Tenor und Klageantrag bei gesetzlichen Zinssätzen mit variablen Bezugsgrößen, MDR 2001, 13

Riecke, „Geiz ist geil" oder: Ein „zeitgeistiges", aber trügerisches Motto bei der Räumungsvollstreckung?, NZM 2006, 919

Roth, Die Verjährung von Aufwendungsersatzansprüchen des Mieters wegen rechtsgrundloser Schönheitsreparatur, NZM 2011, 61

Ruess, Einklagbarkeit der vollen Geschäftsgebühr, MDR 2007, 1401

Salten, Die Bezeichnung der Hauptforderung im Mahnverfahren, MDR 1998, 1144

Scheffler, Flächenabweichungen des Gewerbeobjekts als wichtiger Kündigungsgrund, NZM 2003, 17

Scheidacker, Der Zutritt zu Räumen zwecks Durchführung einer Versorgungssperre, NZM 2007, 591

Schmid, K., Der Beginn der Regelverjährung nach §§ 195, 199 BGB bei juristischen Personen, ZGS 2002, 180

Schmid, M.J., Auf den Mieter umlegbare Versicherungskosten, VersR 2010, 1564

ders., Formelle Anforderungen an die Betriebskostenabrechnung Oder: Ist es Zeit für ein „neues Denken" bei der Beurteilung von Abrechnungen?, NZM 2010, 264

ders., Novellierung der Heizkosten – Darstellung des neuen Rechts und kritische Analyse, NZM 2009, 104

ders., Urkundenprozess für Mietnebenkosten und Wohngeldzahlungen, DWW 2007, 324

ders., Miete und Umsatzsteuer, NZM 1999, 292

Schmidt, J., „Neues Gesicht" für gewerbliche Mietverträge – Definitionen, Standards, Bezugnahmen, Transparenz, NZM 2003, 505

Schmitz, N., Gestaltung von Untervermietungsklauseln im Gewerberaummietvertrag, NZM 2003, 268

Schmitz, N./Reischauer, Haftungsausschluss des Vermieters für leichte Fahrlässigkeit bei der Gewerberaummiete, NZM 2002, 1019

Schneehain/Stütze, Verlängerung von Gewerberaummietverträgen infolge „Optionsautomatik" – Hürden des AGB-Rechts?, NZM 2010, 881

Schneider, N., Anrechnung der Geschäftsgebühr für Mietvertragskündigung auf Verfahrensgebühr für Räumungsklage – Gegenstandswert und Kosten der Kündigung, NZM 2006, 252

ders., Gebührenrechnung bei Mietrechtsmandaten – Der Umfang der Angelegenheit i.S.d. § 13 BRAGO, MDR 2003, 1162

ders., Gegenstandswert des Verlangens auf Rückzahlung der Mietkaution, AIM 2003, 49

ders., Hinweise zur richtigen Abrechnung der Umsatzsteuer in der Betriebskostenabrechnung, AIM 2003, 25

ders., Schriftliche Kündigung eines Mietverhältnisses durch den Anwalt – Gebührentatbestand, Gegenstandswert und Streitwert, MDR 2000, 685

Schultz, M., Die Annahmeerklärung als „casus belli" der gesetzlichen Schriftform gewerblicher Mietverträge, NZM 2007, 509

ders., Wertsicherung in Gewerberaummietverträgen nach Wegfall des § 3 WährG durch das EuroEG, NZM 1998, 905

Schultz, M./Bujewski-Crawford, Das Verbot der Zweckentfremdung von Wohnraum – Grundlage und Anwendbarkeit der Zweckentfremdungsvorschriften, NZM 1998, 385

Schuschke, Zwangsräumung ohne Räumung (im „Berliner Modell")?, NZM 2006, 284

ders., Kostensenkungsmodelle bei der Zwangsräumung sowie Räumungsvollstreckung gegen Mitbewohner, NZM 2005, 681

Selk, Neues Forderungssicherungsgesetz und Höhe des Zurückbehaltungsrechts bei Mietmängeln, NZM 2009, 142

Stapenhorst, Grenzen der Sacherhaltungspflicht des Geschäftsraummieters, NZM 2007, 17

Stapenhorst /Voß, S., Mieterdienstbarkeiten als dingliche Absicherung gewerblicher Mietverträge, NZM 2003, 873

Sternel, Folgen unwirksamer Schönheitsreparaturklauseln und Handlungsmöglichkeiten für den Vermieter, NZM 2007, 545

Stiegele, Verspätete Annahme eines Mietvertragsangebotes, NZM 2004, 606

Stobbe/Tachezy, Mietvertragsgestaltung im Einkaufszentrum: Betriebspflicht nebst Sortimentsbindung und Konkurrenzschutzausschluss?, NZM 2002, 557

Streppel, Die Anrechnung der Geschäftsgebühr auf die Verfahrensgebühr, MDR 2007, 929

Streyl, Zur Bedeutung von Flächenangaben vor Abschluss des Mietvertrags, NZM 2010, 606 *ders.*, Alles vergeblich? Zur Rettung von Formverstößen durch qualifizierte Schriftformklauseln, NZM 2009, 261

ders., Darlegungs- und Beweislast bei Verletzung des Wirtschaftlichkeitsgebots, NZM 2008, 23

Thaler/Hosenfeld, „Mietzins auf Risiko" oder Open-Book-Verfahren? Investitionskostenmiete bei gewerblichen Mietverträgen, NZM 2001, 225

Thaler/Tachezy, Abgerissen, abgebrannt – Rechtsfolgen bei Zerstörung und Untergang der Mietsache und Wiederherstellungsklauseln im Mietvertrag, NZM 2000, 749

dies., Wirksamkeit von Vorausabtretungen von Untermietzinsforderungen in Formularmietverträgen, NZM 2000, 1043

Timme/Hülk, Schriftformmangel trotz Schriftformheilungsklause, NZM 2008, 764

dies., Schriftform bei langfristigen Mietverträgen – ein Dauerproblem, NJW 2007, 3314

Törnig, Tobias: Minderungs- und Aufrechnungsverbots-AGB im Gewerberaummietvertrag, NZM 2009, 847

Usinger, Zulässige und unzulässige Wertsicherungsklauseln in Gewerbemietverträgen – Eine Darstellung anhand von Beispielen und Mustern, NZM 2009, 297

Vogt, Durchgriffsanspruch des gewerblichen Mieters gegen Mitmieter bei Konkurrenzschutz? MDR 1993, 498

Walterspiel, Die Ermittlung des „Objektiven Werts" der Pacht eines gastgewerblich genutzten Ertragsobjekts, NZM 2000, 70

Wieck, Die Schriftform bei Vertretung einer AG, Gut 2009, 365

Wetekamp, Riskanter Einsatz von Mietvertragsformularen, NZM 1998, 907

Wodicka, Instandhaltungs- und Instandsetzungsvereinbarung bei Geschäftsraummiete und AGB-gesetzliche Inhaltskontrolle, NZM 1999, 1081

Abkürzungsverzeichnis

A

a.A.	anderer Ansicht
a.a.O.	am angegebenen Ort
Abs.	Absatz
a.F.	alte Fassung
AG	Amtsgericht
AGBG	Gesetz zur Regelung des Rechts der Allgemeinen Geschäftsbedingungen
AGS	Anwaltsgebühren Spezial (Zs.)
AIM	AnwaltInfo Mietrecht (Zs.)
AktG	Aktiengesetz
Anm.	Anmerkung
ApoG	Gesetz über das Apothekenwesen
ARGE	Arbeitsgemeinschaft
Art.	Artikel
Aufl.	Auflage

B

BaeA	Bürgschaft auf erstes Anfordern
BauGB	Baugesetzbuch
BauNVO	Baunutzungsverordnung
BauO	Bauordnung
BauR	Baurecht (Zs.)
BayVBL	Bayerisches Verwaltungsblatt (Zs.)
BayVGH	Bayerischer Verwaltungsgerichtshof
BB	Der Betriebsberater (Zs.)
Beschl.	Beschluss
BetrKV	Betriebskostenverordnung
BGB	Bürgerliches Gesetzbuch
BGBl.	Bundesgesetzblatt
BGH	Bundesgerichtshof
BGHReport	Schnelldienst zur Zivilrechtsprechung (Zs.)
BGHZ	Entscheidungssammlung des Bundesgerichtshofs in Zivilsachen
BMJ	Bundesministerium der Justiz
BRAGO	Bundesgebührenordnung für Rechtsanwälte
BRAGOprof.	BRAGO professionell (Zs.)
BStBl.	Bundessteuerblatt
BT-Drucks.	Bundestags-Drucksache
BV	Berechnungsverordnung

BVerfG	Bundesverfassungsgericht
BVerfGE	Entscheidungen des Bundesverfassungsgerichts (amtliche Sammlung)
BVerwG	Bundesverwaltungsgericht
BVerwGE	Entscheidungen des Bundesverwaltungsgerichts (amtliche Sammlung)
bzw.	beziehungsweise

C

ca.	circa
c.i.c.	culpa in contrahendo (Verschulden bei Vertragsschluss)

D

ders.	derselbe
d.h.	das heißt
dies.	dieselbe/n
DWW	Deutsche Wohnungswirtschaft (Zs.)

E

EGBGB	Einführungsgesetz zum Bürgerlichen Gesetzbuch
etc.	et cetera
evtl.	eventuell
EVU	Energieversorgungsunternehmen
EWiR	Entscheidungen zum Wirtschaftsrecht (Zs.)

F

f.	folgende
ff.	fortfolgende
Fn.	Fußnote

G

GbR	Gesellschaft bürgerlichen Rechts
GE	Das Grundeigentum (Zs.)
gem.	gemäß
GenG	Gesetz betreffend die Erwerbs- und Wirtschaftsgenossenschaften
GF	Geschäftsführer
GG	Grundgesetz
ggf.	gegebenenfalls
GKG	Gerichtskostengesetz
GmbHG	GmbH-Gesetz
GoA	Geschäftsführung ohne Auftrag
grds.	grundsätzlich
GuT	Gewerbemiete und Teileigentum (Zs.)
GWB	Gesetz gegen Wettbewerbsbeschränkungen
GV	Gerichtsvollzieher

H

Halbs.	Halbsatz
HeizkostenVO	Verordnung über die verbrauchsabhängige Abrechnung der Heiz- und Warmwasserkosten
HGB	Handelsgesetzbuch
h.M.	herrschende Meinung
Hrsg.	Herausgeber

I

IBR	Immobilien & Baurecht (Zs.)
i.d.R.	in der Regel
i.H.v.	in Höhe von
InfoM	offizielles Organ der ARGE Mietrecht und WEG (Zs.)
insb.	insbesondere
InsO	Insolvenzordnung
i.R.d.	im Rahmen des
i.S.d.	im Sinne der/des/dieser
i.S.v.	im Sinne von
i.V.m.	in Verbindung mit
i.W.	im Wesentlichen

K

Kfz	Kraftfahrzeug
KG	Kammergericht/Kommanditgesellschaft
KrsG	Kreisgericht

L

LG	Landgericht
LS	Leitsatz

M

m.	mit
MDR	Monatsschrift für deutsches Recht (Zs.)
MünchKomm	Münchener Kommentar zum Bürgerlichen Gesetzbuch
MRVerbG	Gesetz zur Verbesserung des Mietrechts und zur Begrenzung des Mietanstiegs sowie zur Regelung von Ingenieur- und Architektenleistungen
m.w.N.	mit weiteren Nachweisen

N

n.F.	neue Fassung
NJW	Neue Juristische Wochenschrift (Zs.)
NJWE-MietR	NJW-Entscheidungsdienst Mietrecht (Zs.)
NJW-RR	NJW-Rechtsprechungsreport (Zs.)

NRW	Nordrhein-Westfalen
n.v.	nicht veröffentlicht
NVersZ	Neue Zeitschrift für Versicherungsrecht
NZBau	Neue Zeitschrift für Baurecht
NZM	Neue Zeitschrift für Miet- und Wohnungsrecht (Zs.)

O

o.Ä.	oder Ähnliches
o.g.	oben genannt
OHG	Offene Handelsgesellschaft
OLG	Oberlandesgericht
OLGR	OLG-Report (Zs.)
OLGZ	Entscheidungen der Oberlandesgerichte in Zivilsachen
OWiG	Ordnungswidrigkeitengesetz

P

PaPkG	Preisangaben- und Preisklauselgesetz
PartGG	Partnerschaftsgesellschaftsgesetz
PKH	Prozesskostenhilfe
Pkw	Personenkraftwagen
PrkG	Preisklauselgesetz
PrKV	Preisklauselverordnung
pVV	Positive Vertragsverletzung

R

RE	Rechtsentscheid
RGZ	Entscheidungen des Reichsgerichts in Zivilsachen
Rn.	Randnummer
Rspr.	Rechtsprechung
RVG	Rechtsanwaltsvergütungsgesetz

S

S.	Seite
s.	siehe
s.o.	siehe oben
sog.	sogenannt/e/er/es
s.u.	siehe unten
st.	ständig(e/r)
str.	strittig

U

u.Ä.	und Ähnliches
UmwG	Umwandlungsgesetz

Urt.	Urteil	
UStG	Umsatzsteuergesetz	
usw.	und so weiter	

V

v.	vom	
v.a.	vor allem	
VersR	Versicherungsrecht (Zs.)	
VGB	Verbundene Gebäudeversicherung	
VGB 88	Allgemeine Bedingungen für die Neuwertversicherung von Wohngebäuden gegen Feuer-, Leitungswasser- und Sturmschäden	
vgl.	vergleiche	
VO	Verordnung	
VV	Vergütungsverzeichnis	
VVG	Versicherungsvertragsgesetz	

W

WährG	Währungsgesetz	
WertV	Wertermittlungsverordnung	
WoBindG	Wohnungsbindungsgesetz	
WPM	Wertpapier-Mitteilungen (Zs.)	
WuM	Wohnungswirtschaft und Mietrecht (Zs.)	

Z

ZAP	Zeitschrift für Anwaltspraxis	
ZAP-EN	ZAP-Eilnachrichten	
z.B.	zum Beispiel	
ZfIR	Zeitschrift für Immobilienrecht	
Ziff.	Ziffer	
ZIP	Zeitschrift für Wirtschaftsrecht	
ZMR	Zeitschrift für Miet- und Raumrecht	
ZPO	Zivilprozessordnung	
Zs.	Zeitschrift	
z.T.	zum Teil	
ZVG	Zwangsversteigerungsgesetz	
zzgl.	zuzüglich	
z.Zt.	zur Zeit	

Teil 1: Systematische Erläuterungen

§ 1 Mietarten und ihre Abgrenzung

		Rn.
I.	Überblick	1
II.	Abgrenzung Wohnraum – Geschäftsraum – sonstige Räume	3
III.	Abgrenzung Miete und Pacht	5
IV.	Mischmietverhältnisse/teilgewerbliche Nutzung	9
	1. Differenzierung Wohn- und Geschäftsraummiete	9
	a) Ausgangssituation	9
	b) Einheitlicher Vertrag	11
	c) Prüfung der Rechtsnatur	14
	d) Kündigung von Mischmietverhältnissen	17
V.	Gewerbliche Zwischenvermietung	19
VI.	Anmietung von Räumen durch Unternehmen für Mitarbeiter	23
VII.	Unentgeltliche Überlassung von Räumen („Haus-Wächter", „House-Sitting")	24
	1. Neue Dienstleistung: faktisches Bewachen durch unentgeltliche Nutzung von leeren Gebäude zu Wohnzwecken	24
	2. Mietvertrag oder atypischer Vertrag?	27
	a) Überblick	27
	b) Entgelt	29
	aa) Grundsätze	29
	bb) Entgelt durch Übernahme von Erhaltungskosten?	30
	cc) Entgelt durch Zahlung von Betriebskosten?	31
	cc) Entgelt durch Dienstleistung „Wohnen" bzw. Aufenthalt in den Räumen?	33
	c) Vertragszweck	35
	3. Atypischer Vertrag ohne mietrechtlichen Schutz?	36
VIII.	Besonderheiten des Wohnungs- bzw. Teileigentums	40
	1. Begriffsbestimmung und Begründung	40
	2. Nutzungsänderungen	50
	a) Überblick	50
	b) Zweckbestimmung	52
	c) Ansprüche der anderen Eigentümer	62
	d) Typische Streitfälle	63
	aa) Bezeichnung als „Laden", Nutzung als Gaststätte	63
	bb) Betreuung oder Pflege Dritter	65
	cc) Prostitution in Eigentumswohnungen	69
	dd) Sonstige Praxisfälle	78
	e) Gesamtschuldnerische Haftung der Eigentümer	79
IX.	Streitwert	81
X.	Gerichtsverfahren	84
	1. Sachliche Zuständigkeit, Mischmietverhältnisse	84
	2. WEG-Verfahren	85
XI.	Vertragsgestaltung	89
XII.	Arbeits- und Beratungshilfen	90
	1. Schnellüberblick Grundsatz-Rechtsprechung des BGH	90
	2. Schnellüberblick aktuelle Rechtsprechung der Instanzgerichte	91
	3. Tabellarische Darstellung wesentlicher Unterschiede zwischen Geschäftsraum- und Wohnraummiete	92
	4. Checkliste: Prüfung des Vertragstyps bei Mischmietverhältnissen	93
	5. Formulierungsvorschlag zum Mischmietverhältnis bei überwiegend beruflicher Nutzung	94

I. Überblick

Das Gesetz, v.a. die §§ 578, 580a BGB, differenziert grds. zwischen folgenden Verwendungen: 1

- Grundstücksmiete (vgl. § 580a Abs. 1 BGB),
- Raummiete (vgl. § 580a Abs. 1 BGB),
- Geschäftsraummiete (vgl. § 580a Abs. 2 BGB),
- Wohnraummiete (vgl. §§ 549 ff. BGB).

- Pachtverhältnisse (§§ 581 ff. BGB).

> **Hinweis:**
> Nach § 581 Abs. 2 BGB sind die Regelungen des Mietrechts auf Pachtverträge entsprechend anzuwenden, soweit sich nicht aus den §§ 582 bis 584b BGB etwas anderes ergibt (Ausnahme: Landpachtvertrag, §§ 585 ff. BGB).

2 Häufig ist der **Vertragstyp** nicht eindeutig identifizierbar. Während ein Wohnraummietvertrag i.d.R. sofort als solcher erkennbar ist, können sich hinter einem Vertragsschluss über Geschäftsräume **unterschiedliche Vertragsarten** verbergen: Pacht, Wohnraummiete (z.B. bei Mischmietverhältnissen), gestufte Mietverhältnisse, gewerbliche Zwischenvermietung und Leasing. Außer beim Leasing (das hier nicht behandelt wird) sind die Rechtsfolgen durch den vorgegebenen Rahmen des Miet- und Pachtrechts zwar größtenteils identisch, trotzdem steckt auch hier der Teufel im Detail, was im Mandatsalltag bedeuten kann, dass eine falsche Bewertung des Vertrages zu einer fehlerhaften Beratung des Mandanten führen kann.

II. Abgrenzung Wohnraum – Geschäftsraum – sonstige Räume

3 Der Begriff **Wohnraum** umfasst Räume, die zum Wohnen – also v.a. zum Schlafen, Essen, dauernder privater Nutzung – bestimmt und Innenteil eines Gebäudes sind. Eine Wohnung bildet die Summe der Räume, die die Führung eines Haushalts ermöglichen. Dazu gehört daher eine Kochgelegenheit sowie Wasserversorgung, Abfluss und WC. Eine Wohnung dient dem Menschen dazu, seinen Lebensmittelpunkt zu gestalten.[1]

4 **Geschäftsräume** sind dagegen alle Räume, die zu Zwecken des Erwerbs angemietet werden, also für gewerbliche oder andere selbstständige Tätigkeiten. Daneben verwendet das Gesetz in §§ 578 Abs. 2, 580a Abs. 1 BGB noch die Formulierung „**Räume**, die keine Geschäftsräume sind", womit z.B. private Garagen, Hobbyräume und von Vereinen selbst genutzte Sporthallen gemeint sind.

Der Begriff des Geschäftsraums ist also enger als der des Raums und darf nicht mit diesem verwechselt werden. **Abgrenzungskriterium** ist die private oder geschäftliche **Nutzung**: Was privat angemietet wird, sind Räume, alles andere sind Geschäftsräume.

In §§ 578 Abs. 1, 580a Abs. 1 BGB werden weiter Mietverhältnisse über Grundstücke erwähnt. Hierunter fallen unbebaute und bebaute Grundstücke und Grundstücksteilen, bspw. individualisierbare Teilflächen wie Stellplätze, Lagerflächen im Außenbereich, Rasenflächen, aber auch Gebäudeteilen zur Anbringung von Werbung und Automaten.

III. Abgrenzung Miete und Pacht

5 Die gesetzlichen Grundlagen für die Pacht finden sich in den §§ 581 bis 597 BGB. Nach § 581 Abs. 1 BGB wird dem Pächter der gepachtete Gegenstand nicht nur zum Gebrauch, sondern auch zum „Genuss der Früchte" überlassen. Der Pächter kann daher den Gegenstand zu seinem

---

[1] BayObLG, 10.11.2004 – 2 Z BR 169/04, FGPrax 2005, 11; BayObLG, 02.06.2004 – 2 Z BR 029/04, OLGR 2004, 390 (LS).

wirtschaftlichen Vorteil einsetzen. Wer also etwa ein landwirtschaftlich genutztes Grundstück pachtet, ist berechtigt, die Ernte auf eigene Rechnung zu verkaufen.

In der Praxis finden sich nicht selten Abgrenzungsprobleme zwischen den Vertragstypen Miete und Pacht. „Betroffene" Objekte sind häufig Gaststätten, Imbissbetriebe, komplett eingerichtete Büros u.Ä. Obwohl nach § 581 Abs. 2 BGB das Mietrecht entsprechend für die Pacht gilt, kann es wegen z.T. unterschiedlicher Rechtsfolgen große Bedeutung haben, um welche Art von Vertrag es sich tatsächlich handelt.

Wichtige Unterschiede in den Rechtsfolgen zwischen Miete und Pacht sind:

- Die gesetzliche Kündigungsfrist für Geschäftsraummiete und Pacht beträgt ein halbes Jahr (§ 584 Abs. 1 BGB). Pachtverträge sind aber nur zum Ende des Pachtjahres kündbar, Geschäftsraummietverträge hingegen zum Ende eines jeden Vierteljahres.
- Der Pächter hat kein besonderes Kündigungsrecht, wenn der Verpächter die Unterverpachtung verweigert (§ 584a Abs. 1 BGB), der Mieter schon (§ 540 Abs. 1 Satz 2 BGB).
- Nach § 584a Abs. 2 BGB dürfen nur die Erben des Pächters bei dessen Tod, nicht aber der Verpächter außerordentlich kündigen.

6

Für die Unterscheidung der Pacht von der Geschäftsraummiete ist die **Rechtsprechung des BGH** praxisrelevant. Danach spricht für die Annahme eines Pachtvertrages, wenn nicht nur Räume zur Verfügung gestellt, sondern daneben andere Leistungen erbracht werden, die geeignet sind, das Gewerbe dauerhaft zu fördern.[2]

7

Das liegt dann vor, wenn **Räume mit Einrichtung** oder ein **komplett betriebsbereites Objekt** (z.B. eine Gaststätte) zur Verfügung gestellt werden. Der BGH legt dies weit aus und lässt bereits den Nachweis einer günstigen Bezugsquelle für Inventar oder die Bereitstellung eines Kredits zur Anschaffung genügen.[3]

8

Beispiele für Pacht:

Eine Gaststätte wird mit kompletter Einrichtung, also Theke, Schankbereich, Bestuhlung etc. überlassen.

Komplett ausgestattete Büroräume mit Schreibtischen, EDV, Telefonanlage werden übergeben.

Entgeltliche Überlassung eines Golfplatzbetriebs.[4]

Vertrag über die Reinigung und Kontrolle der Kundensanitäranlagen eines Einkaufszentrums gegen Zahlung eines monatlichen Betrags für die Nutzung der Toilettenräume bei gleichzeitigem Einbehalt des Trinkgeldes.[5]

---

2   BGH, 27.03.1991 – XII ZR 136/90, WuM 1991, 1480 = ZMR 1991, 257 = NJW-RR 1991, 906 = MDR 1991, 1063.
3   BGH, 27.03.1991 – XII ZR 136/90, WuM 1991, 1480 = ZMR 1991, 257 = NJW-RR 1991, 906 = MDR 1991, 1063.
4   OLG Düsseldorf, 24.06.2008 – 24 U 74/08, IMR 2008, 323.
5   OLG Frankfurt am Main, 30.05.2008 – 2 U 26/08, NZM 2009, 334: atypischer Pachtvertrag.

> **Hinweis:**
> Immer dann wenn der Nutzer „sofort loslegen", d.h. seine Arbeit ohne weitere besondere Ergänzung an der Einrichtung/Ausstattung aufnehmen kann, wird eher ein Pacht- als ein Geschäftsraummietverhältnis vorliegen.

Für die Pacht von Kleingärten gelten besondere Bestimmungen nach dem Bundeskleingartengesetz. Danach gilt bspw. ein recht umfassender Kündigungsschutz, was bei Grundstücksgeschäften, die Kleingartenanlagen umfassen, zu beachten ist.

IV. Mischmietverhältnisse/teilgewerbliche Nutzung

1. Differenzierung Wohn- und Geschäftsraummiete

a) Ausgangssituation

9 Ein in der Praxis nicht seltenes **Mischmietverhältnis** liegt vor, wenn die Parteien (nur) einen einzigen Vertrag über Wohn- und Geschäftsraum geschlossen haben, das Objekt aber abweichend davon zusätzlich auch zu Wohn- bzw. Geschäftszwecken genutzt wird. Anders als man zunächst vermuten könnte, handelt es sich nicht um mehrere Mietverhältnisse mit womöglich unterschiedlichen Rechtsfolgen, sondern es bleibt bei einem **einheitlichen Mietverhältnis**, und es ist zu klären, wie dieses rechtlich einzuordnen ist. Bei Mischmietverhältnissen muss besonders sorgfältig differenziert werden, ob es sich um Wohn- oder Geschäftsraum handelt. Wird hier eine falsche Einordnung vorgenommen, kann dies fatale Folgen haben, bspw. wegen des unterschiedlichen Gerichtsstands von Wohn- und Geschäftsraummiete. Es handelt sich um ein Mischmietverhältnis, wenn der Mieter das Mietobjekt aufgrund eines einzigen Mietvertrages sowohl privat, also zu Wohnzwecken, als auch gewerblich nutzt. Dies kann in der Form geschehen, dass ein einzelnes Objekt anteilig gewerblich genutzt wird (Beispiel: Heimbüro) oder dass mehrere Objekte durch einen einheitlichen Mietvertrag miteinander verbunden sind

> *Beispiele:*
> *Der Gaststättenpächter bewohnt auf Basis eines einheitlichen Vertrages auch eine Wohnung im gleichen Haus („Wirtewohnung").[6]*
>
> *Ein Freiberufler (Architekt, Anwalt) hat in der Privatwohnung sein Büro.*
>
> *Eine Mutter betreibt gewerblich die Betreuung von Kindern in der Mietwohnung (Tagesmutter).*

10 Besonders aus folgenden Gründen ist es wichtig, die Frage, ob es sich um Wohn- oder Geschäftsraum handelt, eindeutig zu klären:

- Wegen des unterschiedlichen Gerichtsstands der Wohn- und Geschäftsraummiete (→ *Rn. 2759 ff.*) ist eine genaue Klassifizierung unumgänglich, damit nicht das falsche Gericht angerufen wird.
- Es gelten unterschiedliche Kündigungsfristen.

---

6 Vgl. zur Differenzierung dort: OLG Düsseldorf, 02.03.2006 – I-10 U 120/05, GuT 2006, 154 (LS) = IMR 2006, 79.

- Die Schutzvorschrift des § 569 Abs. 3 BGB ist bei einem gewerblichen Mietverhältnis nicht anwendbar.[7]
- Es gelten z.T. deutlich schärfere gesetzliche Bestimmungen bei Wohnraum, vgl. etwa § 556 Abs. 3 Satz 2 BGB (Ausschlussfrist für Betriebskostennachforderungen, wenn Abrechnungsfrist von einem Jahr überschritten).
- Es liegen unterschiedliche bzw. fehlende gesetzliche Regelungen zur Mieterhöhung, Vollstreckungsschutz etc. vor.

> **Praxistipp:**
> Offene Mieten geltend zu machen, gehört zu den Standardaufgaben eines Hausverwalters oder eines im Mietrecht tätigen Anwalts. Probleme können schon so banale Tätigkeiten wie das Ausfüllen eines Antrags auf Erlass eines Mahnbescheides bzgl. offener Miete bereiten. Zum einen ist hier die Art des Vertragsverhältnisses anzugeben, wobei der Katalog zunächst nur Wohn- oder Geschäftsraummiete vorsieht; zu wählen ist deshalb die Katalog-Nummer für „Sonstiges" mit der individuellen Bezeichnung. Zum anderen muss natürlich das zuständige Gericht sorgfältig ausgewählt werden. Um Beschwerden und damit Verzögerungen und Mehrarbeit zu vermeiden, sollte ggf. dem Mahngericht auf einem Zusatzblatt ein erläuternder Hinweis gegeben werden.

b) Einheitlicher Vertrag

Ein Mischmietverhältnis setzt grds. einen einheitlichen Mietvertrag voraus. Bei separaten Verträgen, die auch räumlich getrennte Flächen betreffen, liegen grds. auch gesondert zu beurteilende Mietverhältnisse vor. Ausnahmsweise kann nach dem immer maßgeblichen Parteiwillen (s. nachfolgend) auch bei unterschiedlichen Verträgen ein einheitliches Mietverhältnis bestehen, wenn 11

- zwei Verträge vorliegen, die aber in wesentlichen Bereichen miteinander verknüpft sind;

Beispiel:

Gekoppelte Vermietung von Stellplätzen, Garagen mit nur einheitlicher Kündigung, Bezugnahmen als Wirksamkeitsvoraussetzungen;

- es sich um eine einheitliche Mietfläche handelt, die nur künstlich „gesplittet" wurde;

Beispiel:

Nur ein Zugang/Eingang, keine Abgeschlossenheit der Bereiche.

Es erfolgt dann keine Aufspaltung in verschiedene Verträge. Nach dem Motto „Es kann nur einen geben" ist vielmehr entweder Wohnraum oder Geschäftsraum zu ermitteln. 12

Bei der Vermietung innerhalb von **Wohnungseigentumsanlagen** können sich aus der Teilungserklärung, dem Aufteilungsplan oder den Beschlüssen der Eigentümergemeinschaft Nutzungsbeschränkungen ergeben. Grds. sind Mischmietverhältnisse aber zulässig, außer wenn die teil- 13

---

7   OLG Frankfurt am Main, 16.06.2010 – 2 U 220/09, IMR 2010, 376.

gewerbliche Nutzung für die Miteigentümer mit unzumutbaren Störungen oder einer erhöhten Abnutzung des Mietobjekts verbunden ist.[8]

> **Praxistipp:**
> In der Praxis empfiehlt es sich zur Streitvermeidung, vor Vertragsabschluss die Zustimmung zur Vermietung bei allen Miteigentümern einzuholen, auch wenn dies in der Teilungserklärung nicht vorgeschrieben ist.

c) Prüfung der Rechtsnatur

14 Dass der Mieter Wohnraum zu gewerblichen Zwecken (mit-) benutzt, lässt für sich allein nicht den Schluss auf eine gewerbliche Vermietung zu. Ein Wohnraummietverhältnis bleibt also auch dann ein solches, wenn der Mieter in der vermieteten Wohnung – vertragswidrig – eine gewerbliche Tätigkeit ausübt.[9] Dies gilt auch im umgekehrten Fall.

Für die Beurteilung des Vertragstyps (Wohnen/Gewerbe) ist nicht die Vertragsbezeichnung maßgebend, sondern der Zweck, den der Mieter mit der Anmietung verfolgt.[10] Entscheidend ist **der wahre, das Rechtsverhältnis prägende Vertragszweck**, d.h. das, was dem tatsächlichen und übereinstimmenden Willen der Parteien entspricht.[11] Der Wille der Parteien ist notfalls nach allgemeinen Auslegungsregeln gem. §§ 133, 157 BGB zu ermitteln.[12] Dabei ist immer auf den Zeitpunkt des Vertragsabschlusses abzustellen. Der zu dieser Zeit maßgebliche Vertragszweck ändert sich nicht durch eine spätere andere Nutzung. Zu fragen ist: Wollten die Parteien einen Wohn- oder einen Geschäftsraummietvertrag schließen? Kriterien dafür sind bspw. die Vertragsbezeichnung, das Verhalten bei Vertragsabschluss und die überwiegende Nutzungsart.[13] Faktisch spielen hier i.d.R. die **Flächenanteile der jeweiligen Nutzung** die ausschlaggebende Rolle. Diese können ein Indiz für die Ermittlung des Parteiwillens sein, sie sind aber nicht allein maßgeblich.[14] Ausschließlich kann jedoch nicht auf objektive Kriterien hingegen nicht abgestellt werden,[15] weil in erste Linie der Parteiwille, also die gemeinsamen und übereinstimmenden Vorstellungen der Parteien darüber, wie der Mieter das Objekt nutzen soll und welche Nutzung im Vordergrund steht, entscheidend sind.[16] Damit der von einer Partei

---

8 LG Hamburg, 12.01.1993 – 316 S 179/92, WuM 1993, 188.
9 OLG Düsseldorf, 19.04.2007 – 10 U 69/03, GuT 2007, 315 = NZM 2007, 799.
10 KG, 17.06.2010 – 12 U 51/09, GuT 2010, 250 Ls. = MDR 2010, 1446; OLG Frankfurt am Main, 16.06.2010 – 2 U 220/09, IMR 2010, 376.
11 KG, 17.06.2010 – 12 U 51/09, GuT 2010, 250 Ls. = MDR 2010, 1446; OLG Düsseldorf, 16.04.2002 – 24 U 199/01, NZM 2002, 739 = GuT 2002, 104 = WuM 2002, 481.
12 OLG Düsseldorf, 16.04.2002 – 24 U 199/01, NZM 2002, 739 = GuT 2002, 104 = WuM 2002, 481.
13 BGH, 15.11.1978 – VIII ZR 14/78, NJW 1979, 307 = WuM 1979, 14; OLG Hamburg, 31.05.2006 – 13 AR 16/06, GuT 2006, 147; OLG Düsseldorf, 02.03.2006 – I-10 U 120/05, GuT 2006, 154 Ls. = IMR 2006, 79; OLG München, 02.07.1993 – 21 U 6514/90, ZMR 1995, 295.
14 KG, 17.06.2010 – 12 U 51/09, GuT 2010, 250 Ls. = MDR 2010, 1446; OLG Stuttgart, 31.03.2008 – 5 U 199/07, IMR 2008, 235 = NZM 2008, 726 = ZMR 2008, 795 = MDR 2008, 1091.
15 KG, 17.06.2010 – 12 U 51/09, GuT 2010, 250 Ls. = MDR 2010, 1446; Reinstorf, in: Bub/Treier, Handbuch der Geschäftsraummiete, Kap. I, Rn. 105.
16 KG, 17.06.2010 – 12 U 51/09, GuT 2010, 250 Ls. = MDR 2010, 1446; OLG Stuttgart, 31.03.2008 – 5 U 199/07, IMR 2008, 235 = NZM 2008, 726 = ZMR 2008, 795 = MDR 2008, 1091; Blank, in: Schmidt-Futterer, Mietrecht, vor § 535 BGB Rn. 98.

behauptete Parteiwille aber berücksichtigt werden kann, ist es erforderlich, dass er sich irgendwie vor oder bei Vertragsabschluss in einem Verhalten manifestiert hat, dies für die andere Seite erkennbar war und sie dies zumindest konkludent gebilligt hat.

Auslegungs- und Abgrenzungskriterien dafür sind v.a. die Kriterien folgender 15

Checkliste: Auslegung und Abgrenzung des Vertragszwecks

- ☐ **„Vertragsschwerpunkt"**, der sich wiederum primär nach der überwiegenden Nutzungsart bestimmt (sog. Übergewichtstheorie).[17] Unterpunkte dieser Prüfung sind: der Vertragszweck, Flächenanteile wie im Mietvertrag oder der Nebenkostenabrechnung ausgewiesen, tatsächlich genutzte Flächen, Aufteilung der Miete oder Pacht (s.u.).
- ☐ **Vertragsbezeichnung:** (praktisch bedeutet dies: Welches Formular wurde verwendet?); allein der Umstand, dass ein Wohnraummietvertragsformular verwendet wurde, spricht aber nicht dafür, dass ein Wohnraummietverhältnis begründet werden sollte.[18] Dies gilt umgekehrt ebenso für den Fall, dass die Parteien ein Gewerberaumformular verwenden.
- ☐ **Schriftverkehr** der Parteien vor oder bei Vertragsabschluss.
- ☐ **Aufteilung der Miete/Pacht.**[19] Aber: Werden in einem einheitlichen, von den Parteien als Pachtvertrag bezeichneten Vertrag Gewerberäume – hier: Pensionsräume – mit angeschlossenen Wohnräumen zur Nutzung überlassen, so kann das Vertragsverhältnis auch dann nach den näheren Umständen als Pachtvertrag anzusehen sein, wenn der auf die Wohnräume entfallende Teil des Bruttonutzungsentgelts überwiegt.[20]
- ☐ **Primärer Zweck der Nutzung**; d.h. gewerbliche Nutzung wird immer dann eher anzunehmen sein, wenn der Gewerberaumanteil der vornehmlichen Erwirtschaftung des Lebensunterhalts dient; handelt es sich um einen Nebenerwerb, wird das Wohnraummietverhältnis im Vordergrund stehen.[21] Aus dem Fehlen des Merkmals „Verdienen des Lebensunterhalts" kann aber nicht geschlossen werden, dass es sich dann um ein Wohnraummietverhältnis handeln müsse. Die Annahme eines Geschäftsraummietverhältnisses setzt nämlich keineswegs voraus, dass der Nutzer dort seinen Lebensunterhalt zu verdienen versucht.[22]

Beispiel:

Bei der Vermietung von mit einem Laden verbundenen Räumlichkeiten liegt der Schwerpunkt des Mietverhältnisses im gewerblichen Bereich, wenn die Räume zum Betrieb einer Änderungsschneiderei ver-

---

17 BGH, 15.11.1978 – VIII ZR 14/78, NJW 1979, 307 = WuM 1979, 14; BGH, 30.03.1977 – VIII ZR 153/75, NJW 1977, 1394; KG, 17.06.2010 – 12 U 51/09, GuT 2010, 250 Ls. = MDR 2010, 1446; OLG Düsseldorf, 28.09.2006 – 10 U 61/06, NZM 2007, 923; OLG Düsseldorf, 02.03.2006 – I-10 U 120/05, GuT 2006, 154 (LS) = IMR 2006, 79; OLG München, 02.07.1993 – 21 U 6514/90, ZMR 1995, 295.
18 KG, 03.05.1999 – 8 U 5702/97, KGR 1999, 346.
19 Beispiel: Gewerbliche Pacht bei 4.900,00 DM für die gewerblichen Räume, 800,00 DM für die Pächterwohnung bei einer Gaststättenpacht mit Wirtewohnung, OLG Köln, 19.12.2000 – 3 U 56/00, ZMR 2001, 532.
20 OLG Köln, 10.10.2006 – 22 U 74/06, GuT 2007, 14 = NJOZ 2007, 1097.
21 KG, 11.03.2002 – 8 U 6289/00, AIM 2003, 83 = KGR 2002, 300.
22 KG, 17.06.2010 – 12 U 51/09, GuT 2010, 250 Ls. = MDR 2010, 1446.

mietet und auch genutzt werden und das Gewerbe zum Lebensunterhalt dienen soll; dies gilt selbst dann, wenn der größere Teil der Mietfläche zu Wohnzwecken genutzt wird.[23]

Bei einem Betriebspachtvertrag über eine Tankstelle liegt nur im Einzelfall der Schwerpunkt des Pachtvertrags auf Raumüberlassung.[24]

> **Praxistipp:**
> Die **Flächenanteile** sind nicht allein maßgeblich. Grds. sind alle Indizien, die geeignet sind, den Parteiwillen zu bestimmen, gleichrangig. In der Praxis ist die Größe der genutzten Flächen aber meist das markanteste Abgrenzungskriterium.

16 Lässt sich anhand der vorgenannten Punkte nicht ermitteln, welche Vertragsart vorliegt, soll Wohnraummietrecht zugrunde zu legen sein.[25] Diese automatische Qualifizierung als Wohnraum ist jedoch abzulehnen, weil das Gesetz einen solchen Automatismus wegen des Grundsatzes der Vertragsfreiheit nicht vorsieht. In Streitigkeiten hat dann vielmehr eine Beweislastentscheidung im Hinblick auf den geltend gemachten Anspruch zu erfolgen.

Beispiel:

Macht der Vermieter eine Mieterhöhung gemäß einer gewerblichen Indexklausel im mit „Gewerberaummietvertrag" bezeichneten Mietvertrag geltend und besinnt sich der Mieter darauf, man habe doch eigentlich Wohnraummiete vereinbaren wollen, so muss der Mieter die ihm günstige Wohnraumabrede beweisen. Kann er dies nicht, wird die Erhöhung grds. greifen.

d) Kündigung von Mischmietverhältnissen

17 Die **Kündigung eines Mischmietverhältnisbereiches** (Teilkündigung/isolierte Kündigung) ist grds. nicht zulässig.[26] Eine Teilkündigung kann aber vertraglich vereinbart werden (ausführlich zur Teilkündigung → *Rn. 2283 ff.*).

18 Für den Mieter ist zumindest aus dem Gesichtspunkt des **Kündigungsschutzes** meist die Vereinbarung eines Wohnraummietverhältnisses günstiger. Bei verbundenen Mietverhältnissen, bei denen der gewerbliche Teil überwiegt (etwa Gaststätte mit verbundener Wohnung des Wirtes, Werkswohnung) kann durch Wegfall des Gewerberaummietvertrages, etwa wegen berechtigter Kündigung, die Geschäftsgrundlage des Mietvertrages über die im Betriebsgrundstück belegene Wohnung entfallen.[27]

Zur Änderung der Nutzungsart (Wohnraum wird nach Anmietung – teilweise – beruflich genutzt etc. (→ *Rn. 50 ff.*).

---

23 OLG Stuttgart, 31.03.2008 – 5 U 199/07, IMR 2008, 235 = NZM 2008, 726 = ZMR 2008, 795 = MDR 2008, 1091.
24 OLG Hamburg, 31.05.2006 – 13 AR 16/06, GuT 2006, 147.
25 LG Frankfurt am Main, 19.03.1991 – 2/11 S 349/90, WuM 1992, 112 zur fehlenden Feststellung der überwiegenden Nutzungsart; a.A. LG Mannheim, WuM 1966, 41.
26 BGH, 05.11.1992 – IX ZR 200/91, NJW 1993, 1320 = VersR 1992, 743; OLG Düsseldorf, 07.12.2006 – I-10 U 115/06, IMR 2007, 279 = InfoM 2007, 111 zum verbundenen Garagenmietvertrag; OLG Schleswig, 18.06.1982 – 6 RE-Miet 3/81, WuM 1982, 266.
27 AG Altenburg, 31.08.2000 – 1 C 1058/98, GuT 2002, 46.

V. Gewerbliche Zwischenvermietung

Eine gewerbliche Zwischenvermietung liegt vor, wenn Vertragszweck das **Weitervermieten der Räume** ist. Der Mieter will die Räume also nutzen, um sie Dritten mit Gewinnerzielungsabsicht weiterzuvermieten, i.d.R. als Wohnraum. Der **Unterschied zum Untermietverhältnis** besteht darin, dass der Zwischenmieter das von ihm angemietete Objekt nicht zur Nutzung für sich selbst anmietet, sondern das Objekt aus eigenen – meist wirtschaftlichen – Gründen an einen Dritten weitervermietet, ohne selbst unmittelbaren Besitz an dem Mietobjekt zu haben. Diese Konstruktion war eine Zeit lang aus steuerlichen Gründen (Stichwort: Vorsteuerabzug der USt) relativ populär, hat aber heute durch Änderung des UStG an Brisanz verloren. Auch wenn der Endmieter die Räume zu Wohnzwecken nutzt, handelt es sich hierbei um Geschäftsraummiete, da Vertragszweck die Weitervermietung ist.[28] Dies gilt auch dann, wenn **keine Gewinnerzielungsabsicht**, sondern nur **soziale Zwecke** Grund der Weitervermietung sind.[29] Der **Vertrag mit dem Endmieter** unterliegt aber natürlich dem Wohnraummietrecht.

19

Eine durch § 565 BGB überholte Problematik lag darin, dass der Hauptvermieter bei Kündigung des Zwischenmietvertrages nach § 556 Abs. 3 BGB a.F.[30] einen Herausgabeanspruch hatte, der bis auf den somit schutzlosen Endmieter durchgriff. Nachdem einige dieser Fälle früher vom BGH und vom BVerfG über § 242 BGB gelöst werden mussten, reagierte der Gesetzgeber und führte § 549a BGB a.F.[31] (= § 565 BGB) ein. Danach gilt Folgendes:

20

Soll der Mieter nach dem Mietvertrag gemieteten Wohnraum gewerblich einem Dritten zu Wohnzwecken weitervermieten, so tritt nach § 565 Abs. 1 Satz 1 BGB der Vermieter bei der Beendigung des Mietverhältnisses in die Rechte und Pflichten aus dem Mietverhältnis zwischen dem Mieter und dem Dritten ein. Schließt der Vermieter erneut einen Mietvertrag zur gewerblichen Weitervermietung ab, so tritt gem. § 565 Abs. 1 Satz 2 BGB der **Mieter anstelle der bisherigen Vertragspartei** in die Rechte und Pflichten aus dem Mietverhältnis mit dem Dritten ein. Die Vorschrift greift mangels Verweisung in § 578 BGB nicht bei Vermietung von gewerblich zu nutzenden Räumen und zwar auch dann nicht, wenn diese als Wohnraum weitervermietet werden.

21

Das **Recht zur außerordentlichen fristlosen Kündigung** wegen gesundheitsgefährdender Beschaffenheit der Mieträume steht grds. auch dem gewerblichen Zwischenmieter im Verhältnis zum Hauptvermieter zu.[32] Der gewerbliche Hauptmieter von Wohnraum, der sich im Mietvertrag verpflichtet hat, den Wohnraum nur mit den bei ihm jeweils üblichen, gemeinnützigkeitsrechtlich vorgeschriebenen Mietverträgen weiterzuvermieten, kann sich ggü. einer Mieterhöhung des Vermieters weder mit Erfolg auf § 8 WoBindG (Kostenmiete) noch auf § 5 WiStrG (Mietpreisüberhöhung) berufen, denn er ist weder wohnberechtigte Person i.S.d. Wo-

22

---

28 BGH, 15.11.1978 – VIII ZR 14/78, NJW 1979, 307 = WuM 1979, 148; BGH, 13.02.1985 – VIII ZR 36/84, BGHZ 94, 11 = NJW 1985, 1772.
29 BGH, 03.07.1996 – VIII ZR 278/95, BGHZ 133, 142 = NJW 1996, 2862 = ZMR 1996, 537.
30 I.d.F. vor 2001.
31 I.d.F. vor 2001.
32 BGH, 17.12.2003 – XII ZR 308/00, GuT 2004, 102 = WuM 2004, 206 = NZM 2004, 222.

BindG noch liegt ein Fall der Vermietung von Räumen zum Wohnen (durch den Mieter) i.S.d. WiStrG vor[33]

VI. Anmietung von Räumen durch Unternehmen für Mitarbeiter

23 Bei der Frage, ob ein Mietverhältnis über Wohnraum vorliegt, ist nach der Rechtsprechung des BGH auf den Zweck abzustellen, den der Mieter mit der Anmietung des Mietobjekts vertragsgemäß verfolgt. Geht der Zweck des Vertrages dahin, dass der Mieter die Räume weitervermietet oder sonst Dritten – auch zu Wohnzwecken – überlässt, sind die Vorschriften des Wohnraummietrechts auf das (Haupt-) Mietverhältnis nicht anwendbar.[34] Entscheidend ist mithin, ob der Mieter die Räume nach dem Vertrag zu eigenen Wohnzwecken anmietet.

Auch die **Überlassung von Räumen als Wohnräume an einen Geschäftsführer** persönlich ist kein Wohnzweck, sondern geschäftliche Nutzung.[35] Eine juristische Person kann Räume schon begrifflich nicht zu (eigenen) Wohnzwecken anmieten; ebenso kann sie als Vermieterin nicht geltend machen, dass sie von ihr vermietete Räume als Wohnung für sich oder Angehörige im Rahmen von Eigenbedarf benötigt.[36]

VII. Unentgeltliche Überlassung von Räumen („Haus-Wächter", „House-Sitting")

1. Neue Dienstleistung: faktisches Bewachen durch unentgeltliche Nutzung von leeren Gebäude zu Wohnzwecken

24 Seit einiger Zeit etabliert sich das bereits im Ausland erfolgreich betriebene Geschäftsmodell einer speziellen „Gebäude-Bewachung" auch in Deutschland: sog. Haus-Wächtern werden in **leer stehenden gewerblichen Immobilien** (Büro- und Verwaltungsgebäude, aber auch Museen, Kasernen u.ä.) kostenlos „Wohn-Flächen" zur Verfügung gestellt, ohne dass ein Mietvertrag geschlossen wird. Bei diesem „House-Sitting" verpflichten sich die Wächter im Gegenzug zum regelmäßigen Aufenthalt im Gebäude, damit dieses „belebt" erscheint und dadurch Kriminelle und andere Störer (Obdachlose, Randalierer) abgeschreckt werden; sie verpflichten sich ferner, nach Aufforderung die Fläche innerhalb eines kurzen Zeitraumes (meist drei Tage bis zwei Wochen) zu räumen, damit diese ggf. schnell wieder zur Vermietung etc. zur Verfügung stehen. Die praktische Umsetzung des Wohnstandards erfolgt ggf. durch Bereitstellung von mobilen Trennwänden, Sanitärzellen und Küchen in den Räumen.

25 Der Immobilien-Eigentümer oder -Betreiber schließt dabei **keinen direkten Vertrag mit dem Wächter**, sondern mit einem darauf spezialisierten Unternehmen, das Wächter „anwirbt" (häufig Studenten, die dankbar für kostenlosen Wohnraum sind) und während ihres Aufenthaltes im Gebäude gegen Zahlung einer geringen Verwaltungspauschale betreut. Dieser Betrag, meist ca. 40,00 – 50,00 € pro Woche, wird ausdrücklich nicht für die Überlassung der Fläche etc. gezahlt,

---

33 OLG München, 27.09.2006 – 8 U 3250/06, NZM 2007, 685.
34 BGH, 16.07.2008 – VIII ZR 282/07; BGH, BGHZ 94, 11, 14; BGHZ 135, 269, 272 m.w.N.; BGH, 11.02.1981 – VIII ZR 323/79, NJW 1981, 1377, unter 2b cc).
35 BGH, 16.07.2008 – VIII ZR 282/07.
36 BGH, 16.07.2008 – VIII ZR 282/07; KG, 16.03.2009 – 8 U 131/08, IMR 2009, 343; zur KG als Vermieterin vgl. BGH, 23.05.2007 – VIII ZR 122/06, NJW-RR 2007, 1460 und VIII ZR 113/06, NJW-RR 2007, 1516.

sondern für die Dienstleistung des Wächter-Unternehmens, das sämtliche organisatorischen Maßnahmen ggü. dem Eigentümer und Dritten übernimmt. Nebenkosten werden nicht abgerechnet, diese trägt der Eigentümer. Für den Immobilien-Eigentümer hat dies den Vorteil, nur einen einzigen Ansprechpartner zu haben, ggf. Wachpersonal einsparen und möglicherweise sogar Prämienzuschläge des Gebäudeversicherers wegen einer Gefahrerhöhung durch Leerstand vermeiden zu können.

Die Präambel eines solchen **Gebrauchsüberlassungsvertrages** zwischen dem Wächter-Unternehmen und dem Nutzer (= Wächter) kann bspw. wie folgt aussehen: 26

Formulierungsvorschlag: Präambel Gebrauchsüberlassungsvertrag

> Der Überlasser ist der durch den Eigentümer der Liegenschaft (Ort, Adresse etc.) vertraglich beauftragte Verwalter bzw. Interessenwahrnehmer. Er ist berechtigt, für den Eigentümer die im Zusammenhang mit der Verwaltung stehenden notwendigen Willenserklärungen abzugeben.
>
> Die Liegenschaft steht vorübergehend leer und wird für einen eventuellen Verkauf, eine eventuelle Vermietung, Renovierung oder einen eventuellen Abriss oder sonstige Verwendung vorgehalten.
>
> Der Überlasser beabsichtigt, die Liegenschaft dem Nutzer zeitlich begrenzt unentgeltlich für vorübergehende Aufenthalts- und Erhaltungszwecke zur Verfügung zu stellen. Die Verfügungsstellung dient dem Zweck, schädigende Ereignisse zu verhindern, insbesondere zu verhindern, dass sich unberechtigte Dritte Zugang zur Liegenschaft verschaffen. Hauptzweck des Überlassungsvertrages ist es, nach außen Dritten gegenüber den Eindruck einer bewohnten bzw. genutzten Liegenschaft zu erwecken. Es soll durch geregelte Anwesenheit des Nutzers der Eindruck von Leerständen vermieden werden. Die Liegenschaft wird durch reines Nutzen bzw. die Anwesenheit des Nutzers gesichert.
>
> Überlasser und Nutzer sind sich der zeitlichen Begrenztheit und jederzeitigen gegenseitigen Kündbarkeit des Vertrages bewusst. Dem Nutzer ist bewusst, dass der Überlasser die Liegenschaft im Fall einer sich abzeichnenden Vermietung, eines Verkaufs unverzüglich nach Aufforderung wieder freigezogen zurück erhalten muss.
>
> Aus dem Vertrag sind deshalb keine weiter gehenden Ansprüche abzuleiten, insbesondere vermittelt der Vertrag kein Wohnrecht.

2. Mietvertrag oder atypischer Vertrag?

a) Überblick

Diese Konstruktionen sind zumindest im deutschen Recht neu, sodass sich die Frage stellt, ob mit den Wächtern ein **(Wohnraum-) Mietverhältnis** mit den aus Sicht des Wächter-Unternehmens und der Immobilieneigentümer möglicherweise fatalen Konsequenzen eines Kündigungs- und Räumungsschutzes zustande kommt. Insgesamt wird man dies jedoch verneinen müssen, da – je nach Vertragsgestaltung zwischen Wächter und Wächter-Unternehmen – grds. 27

ein **atypischer Vertrag mit dienst- und mietvertraglichen Elementen** vorliegen wird, bei dem die mietvertraglichen Elemente in den Hintergrund treten, sodass entweder Wohnraummietrecht überhaupt nicht anwendbar ist oder zumindest die Anwendung der Kündigungsschutzvorschriften etc. entfällt. Dies ergibt sich aus folgenden Überlegungen:

28 Nach der Legaldefinition in § 535 BGB ist unter einem Mietvertrag ein Vertrag über die Überlassung einer beweglichen oder unbeweglichen Sache gegen Zahlung eines Entgelts zu verstehen. Miete ist damit die **entgeltliche Gebrauchsüberlassung**. Es kommt nicht darauf an, wie die Parteien das Vertragsverhältnis bezeichnen.[37] Maßgeblich ist nur, dass die Sache gegen ein Entgelt überlassen wird. Je nachdem, ob eine entgeltliche oder unentgeltliche Gestaltung vorliegt, ist die dann Abrede als Leihe oder Miete einzuordnen.[38] Die Bezeichnung als „unentgeltlich" ist dafür unerheblich.[39] Unentgeltlich ist eine Zuwendung, wenn sie unabhängig von einer Gegenleistung erfolgt.[40] Alle Verträge ohne eine solche Gegenleistung sind keine Mietverträge, sondern i.d.R. Leihverträge.[41] Ein solcher Wohnungsleihvertrag ist formlos gültig, die analoge Anwendung von mietrechtlichen Vorschriften kommt nicht in Betracht.[42]

Erstes Kriterium zur Abgrenzung von anderen Verträgen ist das **Entgelt**, also die Gegenleistung des Mieters. Das zweite Kriterium zur Abgrenzung von anderen Rechtsgebieten ist der **Vertragszweck**.

b) Entgelt

aa) Grundsätze

29 Mit Entgelt ist nicht nur Zahlung eines Geldbetrages gemeint. Der BGH bezeichnet als Entgelt einen im Gegenseitigkeitsverhältnis stehenden Austausch von Leistungen mit Abhängigkeit der einen von der anderen Leistung.[43] Auch wenn der Nutzer nur ein sehr niedriges Entgelt zahlt, das weit hinter dem üblichen Entgelten zurückbleibt, handelt es sich um Miete, und zwar ggf. um eine Gefälligkeitsmiete, und nicht um Leihe.[44] Ferner kann ein Mietvertrag auch ohne jegliche Vereinbarung über die Zahlung einer Miete zustande kommen, wenn sich die Parteien über eine entgeltliche Überlassung des Gebrauchs einigen. Es ist zwar absolut üblich, aber nicht zwingend, dass eine periodisch wiederkehrende Geldleistung erbracht wird. Möglich ist es aber ebenfalls, dass das Mietentgelt in **Leistungen jeglicher Art als Gegenleistung** besteht, etwa

---

37 Blank, in: Schmidt-Futterer, Mietrecht, Vorbem. § 535 Rn. 3.
38 BGH, 05.11.1997 – VIII ZR 55/97, NZM 1998, 105 = WuM 1998, 104 = NJW 1998, 595.
39 BGH, 05.11.1997 – VIII ZR 55/97, NZM 1998, 105 = WuM 1998, 104 = NJW 1998, 595.
40 BGH, NJW 1982, 436 zur Schenkung, deren Grundsätze aber hier entsprechend angewendet werden, vgl. Weidenkaff, in: Palandt, § 598 Rn. 2; Häublein, in: MüKO BGB, § 598 Rn. 21.
41 BGH, 11.12.1981 – V ZR 247/80, NJW 1982, 20; OLG Dresden, ZMR 2003, 250; OLG Köln, WuM 1994, 332 = NJW-RR 1994, 835.
42 OLG Köln, WuM 1994, 332 = NJW-RR 1994, 835.
43 BGH, 20.05.1994 – V ZR 292/92, ZMR 1994, 457 = NJW-RR 1994, 971 = MDR 1994, 796.
44 BGH, 04.05.1970 – VIII ZR 179/68, MDR 1970, 1004.

einer Sach-, Dienst- oder Werkleistung.[45] Die Darlegungs- und Beweislast für die Entgeltlichkeit der Gebrauchsüberlassung trägt grds. der Vermieter als der den Gebrauch Überlassende (Ausnahme: Verträge unter Kaufleuten). Entsprechendes hat dann zu gelten, wenn sich der Überlassende auf eine Unentgeltlichkeit beruft.

bb) Entgelt durch Übernahme von Erhaltungskosten?

Legt der Vertrag dem Nutzer/Wächter (nur) eine Kostentragungspflicht für die **gewöhnlichen Kosten der Erhaltung** (insb. die Kosten der Beseitigung von Schäden oder Abnutzungen durch die vorübergehende Nutzung der Liegenschaft) auf, so ist bereits klargestellt, dass es nicht um Miete, sondern unentgeltliche Leihe geht. Nach § 601 BGB hat der Entleiher die gewöhnlichen Kosten der Erhaltung der geliehenen Sache zu tragen. Eine Definition enthält das Gesetz nicht.[46]

cc) Entgelt durch Zahlung von Betriebskosten?

Soll der Nutzer auch **Betriebskosten tragen**, stellt sich die Frage der Entgeltlichkeit in besonders starkem Maße. In Rechtsprechung und Literatur ist die Frage, ob Entgeltlichkeit/Miete vorliegt, wenn der **Nutzer lediglich Betriebskosten oder andere Lasten des Objekts zu tragen hat**, nicht völlig geklärt.

Nach einer Auffassung reicht es für die Annahme eines Mietverhältnisses (und damit für die Verneinung einer Leihe) aus, wenn dem Vertragspartner ein schuldrechtliches Wohnrecht eingeräumt wird.[47] Das Entgelt kann hiernach schon in der reinen Übernahme der Betriebskosten (bei einer Eigentumswohnung in der Übernahme des Wohngeldes) oder sonstiger Lasten wie Schönheitsreparaturen liegen.[48] Werden dagegen alle Kosten vom Wohnungsgeber übernommen oder stellt das Entgelt keine adäquate Bewertung des Nutzungsinteresses dar (lediglich symbolische Bedeutung), liegt eine Leihe vor.[49] Diese „symbolische Bedeutung" wird nicht weiter spezifiziert, sodass diesbezüglich von einer Grauzone auszugehen ist. Da aber bereits die Übernahme der Betriebskosten als Entgelt angesehen wird, kann mit der „symbolische Bedeutung" nur gemeint sein, dass das Entgelt deutlich unterhalb der Betriebskosten liegen muss.

Nach einer weniger strengen Ansicht liegt eine Gegenleistung und damit eine Miete nicht vor, wenn die Ausgaben für die überlassene Wohnung nicht auf den Nutzer übertragen werden,

---

45 BGH, 17.07.2002 – XII ZR 86/01, GuT 2003, 15, 17; BGH, 20.05.1994 – V ZR 292/92, ZMR 1994, 457 = NJW-RR 1994, 971 = MDR 1994, 796: Gebrauchsüberlassung eines Grundstücks; BGH, 01.02.1989 – VIII ZR 126/88, NJW-RR 1989, 589 unter II.1. b: Gewährung eines Überfahrtrechts; LG Hamburg, 01.04.1993 – 307 S 1/93, WuM 1993, 667: Dienstleistungen wie Verwaltertätigkeit, Bauaufsicht; Blank, in: Schmidt-Futterer, Mietrecht, Vorbem. § 535 Rn. 8.

46 Nach Weidenkaff, in: Palandt, § 601 Rn. 1 sowie Bassenge, in: Palandt, a.a.O., § 994 Rn. 7 handelt es sich dabei bspw. um Kosten für Kfz-Inspektionen einschließlich Ersatz von normalem Verschleiß oder die Beseitigung von Schäden infolge bestimmungsgemäßer Nutzung.

47 Blank, in: Schmidt-Futterer, Mietrecht, Vorbem. § 535 Rn. 3.

48 BGH, 04.05.1970 – VIII ZR 179/68, MDR 1970, 1004 = BB 1970, 1197; OLG Celle, 13.04.1994 – 2 U 47/93, OLGR Celle 1994, 220 = WE 2000, 22; Blank, in: Schmidt-Futterer, Mietrecht, Vorbem. § 535 Rn. 3, 8; Sternel, Mietrecht aktuell, I Rn. 13.

49 Blank, in: Schmidt-Futterer, Mietrecht, Vorbem. § 535 Rn. 3; Häublein, in: MüKO BGB, § 598 Rn. 21.

sondern dieser lediglich die Kosten übernehmen soll, die durch den Gebrauch anfallen.[50] Soll deshalb der Nutzer an den Überlassenden lediglich ein Entgelt i.H.d. beim Nutzer anfallenden „Selbstkosten" zahlen, fehlt es an einem Mietverhältnis, weil für die Gebrauchsüberlassung ein Entgelt i.S.v. § 535 Abs. 2 BGB nicht vereinbart ist.[51] Übernimmt der Nutzer deshalb nur diejenigen Kosten, die durch seinen eigenen Gebrauch entstehen und nicht auch die Ausgaben für das Grundstück, scheidet nach dieser Auffassung eine entgeltliche Gegenleistung aus. Sternel[52] hält dies für bedenklich, weil damit der Charakter des Entgelts verkannt und der Kreis der übernommenen Leistungen zu gezogen werde; als Entgelt sei jede Gegenleistung zu verstehen, die für die Nutzung aufzuwenden ist, sodass Miete bspw. auch dann vorliegen soll, wenn lediglich die bloßen Betriebskosten bezahlt werden (s.o.).

32 Nach meiner Meinung liegt keine Miete vor, wenn nur **„durchlaufende Posten"** oder auch nur eine Abnutzungsgebühr o.ä. gezahlt wird, da dem Begriff des Entgelts und der Gegenleistung ein „Bezahlen" i.S.e. wirtschaftlichen Verdienstes für den Überlasser enthalten ist. Wer aber Räume nur gegen Zahlung von durchlaufenden Posten zur Verfügung stellt, macht dies faktisch kostenlos und damit gerade nicht entgeltlich. Selbst wenn also ein Wächter nach der vertraglichen Absprache Betriebskosten zahlen würde, führt dies nicht zu einem Entgelt. Üblicherweise sehen die Wächter-Verträge aber keine Zahlungspflicht dafür vor.

cc) Entgelt durch Dienstleistung „Wohnen" bzw. Aufenthalt in den Räumen?

33 Das Wächter-Prinzip basiert darauf, dass sich der Wächter verpflichtet, die Liegenschaft während der Vertragsdauer ganz oder teilweise **selbst zu bewohnen** oder aber nach außen einen entsprechenden Eindruck zu erwecken. Üblicherweise wird geregelt, dass der Wächter es anzuzeigen hat, wenn er der Liegenschaft länger als drei Tage fern bleiben möchte, woraus sich die grundsätzliche Verpflichtung entnehmen lässt, sich regelmäßig in den Räumen aufzuhalten.

Fraglich ist, ob aufgrund dieser Pflichten eine Unentgeltlichkeit vorliegt. Unentgeltlich ist eine Zuwendung, wenn sie **unabhängig von einer Gegenleistung** erfolgt.[53] Entscheidend ist, ob der Gebrauch gerade deswegen überlassen wird, damit der Überlassende in den Genuss der Leistung des anderen gelangt.[54] Nicht Leihe, sondern Miete soll anzunehmen sein, wenn sich der Nutzer von Räumen zu einer atypischen Gegenleistung verpflichtet und der Überlassende sich bindet, um in deren Genuss zu kommen.[55] Insb. bei der Überlassung von Wohnräumen soll im Zweifel davon auszugehen sein, dass das gesamte Vertragsverhältnis dem (sozialen) Mietrecht unterliegt.[56]

---

50 Hinz, in: Börstinghaus (Hrsg.), MietPrax, Fach 1, 34. EL., Rn. 3; Häublein, in: MüKO BGB, vor § 535 Rn. 11.
51 OLG Dresden, 22.07.1998 – 12 U 2401/97, NZM 2003, 496 = ZMR 1999, 169; OLG Dresden, 07.11.2002 – 4 W 1324/02, ZMR 2003, 250: Übernahme der „anfallenden Betriebskosten (ohne Grundsteuer, Gebäudeversicherung, Schönheitsreparatur und Instandhaltung)".
52 Mietrecht aktuell, I Rn. 13.
53 BGH, NJW 1982, 436 zur Schenkung, deren Grundsätze aber hier entsprechend angewendet werden, vgl. Weidenkaff, in: Bearb. in: Palandt, § 598 Rn. 2; Häublein, in: MüKO BGB, § 598 Rn. 21.
54 Häublein, in: MüKO BGB, § 598 Rn. 22.
55 Häublein, in: MüKO BGB, § 598 Rn. 21.
56 Häublein, in: MüKO BGB, § 598 Rn. 21; einschränkend Reuter in: Staudinger, BGB, 2005, § 598 Rn. 3: keine Anwendung der §§ 558 ff. BGB.

Wird dem Wächter keine Vergütung für seinen Aufenthalt gezahlt, und liegt der Zweck des Gebrauchsüberlassungsvertrages gerade darin, dass nach außen zumindest der Anschein eines Gebrauches der Räumlichkeiten erweckt wird, so stellen die Tätigkeiten des Wächters (also mindestens das Einbringen von Gegenständen sowie das teilweise Sich-Aufhalten in den Räumen) ggf. eine Gegenleistung dafür dar, dass er die Räume benutzen darf. Ohne einen regelmäßigen Aufenthalt in den Räumen soll der Wächter diese nicht nutzen dürfen, da ansonsten der Vertragszweck gefährdet bzw. nicht erfüllt würde. Dem Immobilien-Eigentümer im Hintergrund und dem Wächter-Unternehmen im Vordergrund (als Vertragspartner des Eigentümers und des Wächters) ist es also nicht gleichgültig, ob und wie der Wächter mit den Räumen verfährt, sodass ein **gegenseitiges Abhängigkeitsverhältnis zwischen der Gebrauchsüberlassung und der Nutzung** besteht. Die tatsächliche Anwesenheit des Wächters stellt die Gegenleistung „in natura" für die Überlassung dar, weshalb im Ergebnis von einer entgeltlichen Gebrauchsgewährung auszugehen ist (Nutzung/Bewohnen als Mietentgelt).

34

c) Vertragszweck

Wie oben ausgeführt, ist neben der Entgeltlichkeit zweite Voraussetzung für eine Eingruppierung als Mietverhältnis, dass die Überlassung der Sache eine Hauptpflicht des Vertragsverhältnisses sein muss.[57]

35

Bei einem Wächter-Vertrag liegt der Vertragszweck darin, durch geregelte Anwesenheit des Wächters nach außen den **Eindruck von Leerständen zu vermeiden**, damit schädigende Ereignisse verhindert werden und insb. verhindert wird, dass sich unberechtigte Dritte Zugang zu Liegenschaft verschaffen (vgl. die oben beispielhaft zitierte Präambel). Wird dies im Vertrag geregelt, steht nach dessen Sinn und Zweck, der sich bereits aus dem Wortlaut ableitet, nicht mehr die Gebrauchsüberlassung im Vordergrund sondern das Erzeugen eines äußeren Eindrucks bzw. Anscheins (kein Leerstand). Damit ist die Überlassung der Räume zwar tatsächliche zwingende Voraussetzung zur Erfüllung des Vertragszwecks. Kern einer mietrechtlichen Überlassung ist aber die Gebrauchsgewährung, und diese tritt hier ggü. dem eigentlichen Vertragszweck in den Hintergrund. Wie der o.g. Vertragszweck realisiert wird (also durch „echtes" Bewohnen oder „Vortäuschen" desselben) tritt eher in den Hintergrund, in der Natur der Sache liegt es aber, dass die Realisierung zumindest den Anschein eines Bewohnens voraussetzt. Wenn aber beim Vertragszweck die Gebrauchsüberlassung nicht mehr im Vordergrund steht, so handelt es sich um einen **atypischen gemischten Vertrag**, bei dem zu prüfen ist, ob die mietvertraglichen Komponenten derart überwiegen, dass Mietrecht/Wohnraummietrecht (uneingeschränkt) anzuwenden ist.

3. Atypischer Vertrag ohne mietrechtlichen Schutz?

Selbst wenn man abweichend von der vorgenannten Ansicht beim „Wächter-Vertrag" ein Mietverhältnis annehmen will, sind aufgrund der atypischen Ausgestaltung die Schutzvorschriften des Wohnraummietrechts, insb. Kündigungsschutzvorschriften und Räumungsschutz, wegen

36

---

57 Blank, in: Schmidt-Futterer, Mietrecht, Vorbem. § 535 Rn. 6.

der besonderen Ausgestaltung als **gemischter Vertrag**, bei dem der Schwerpunkt nicht im Mietrecht liegt, nicht anwendbar. Bei Mischverträgen wird grds. wie folgt unterschieden:[58]

- Mietverträge, die andersartige Leistungspflichten als Nebenabreden enthalten und umgekehrt. Hier setzt sich das Recht der Hauptleistung regelmäßig durch.
- Verträge, die die Miete mit einem andern Vertragstyp zu einem einheitlichen Vertrag verbinden (sog. zusammengesetzte Verträge); z.B. Miete/Pacht einer Gaststätte mit dem Darlehen einer Brauerei oder Miete und Arbeitnehmerüberlassung.
- Verträge, die mietrechtliche mit anderen Elementen – ggf. zu einem eigenen Vertragstyp – verschmelzen (typengemischte Verträge oder Mischverträge i.e.S.). Selbst wenn die Miete das Vertragsverhältnis prägen sollte, ist nicht ausschließlich auf die §§ 535 ff. BGB zurückzugreifen.

37 Die Abgrenzung in diesem Bereich ist schwierig. So wird in der Literatur[59] bspw. bei einem Hotel- oder Beherbergungsvertrag angenommen, dass zwar mietvertragliche Elemente vorliegen, die besonderen Schutzvorschriften des Wohnraummietrechts aber nicht anwendbar sind; ähnlich wird dies bei Gaststättenverträgen etc. gesehen. Eine Wohnungsüberlassung mit der Pflicht des Mieters zu atypischen Dienst- oder Werkleistungen wird als Beispielsfall für atypische Pflichten des Mieters genannt, die dem Vertragsverhältnis *nicht* die Rechtsnatur des Mietvertrages nehmen sollen.[60]

38 Auf die jeweiligen Leistungen ist dann das für sie **typische (besondere) Schuldrecht** angewendet werden (Kombination von Regelungen). Im **Kollisionsfall** ist nach dem (wirtschaftlichen) Schwergewicht des Vertragswerks bzw. nach einer Vorschrift zu suchen, die eine Auflösung des Gesamtvertrages unter Berücksichtigung der Interessen beider Parteien sinnvoll ermöglicht und daher auf den Gesamtvertrag anwendbar ist.[61] Sind die Dienstleistungen – wie bspw. bei einem ganztägig verpflichteten Hausmeister – Hauptpflicht, wird ein Dienstvertrag anzunehmen sein; die Überlassung der Wohnung ist dann Vergütung für die Dienstleistung, ggf. Teil dieser Vergütung mit der Folge einer Werkdienstwohnung, § 576b BGB.[62]

39 Bei dem Wächter-Vertrag liegt der **Schwerpunkt der Dienstleistung** darin, nach außen den Eindruck von Leerständen zu vermeiden. Dies macht deutlich, dass es sich um eine zweckgebundene Art und Weise der Nutzung durch den Wächter handelt, bei der es anders als bei der Miete nicht darum geht, unmittelbar aus der Gebrauchsüberlassung der Immobilie einen wirtschaftlichen Vorteil zu ziehen. Abweichend von „normalen" Mietverhältnissen dient die Gebrauchsüberlassung vielmehr nicht dazu, die Anschaffung der Immobilie zu amortisieren oder Gewinn zu erwirtschaften, sondern soll es erst ermöglichen, das Gebäude so zu sichern, dass in Zukunft die neue gewerbliche Mietverträge mit „echten" Mietern geschlossen werden können, die dem wirtschaftlichen Interesse des Eigentümers entsprechen. Wenn aber die Gebrauchsüberlassung im Kern dem Eigentümer/Verleiher keinen originären wirtschaftlichen

---

58 Häublein, in: MüKO BGB, vor § 535 Rn. 21.
59 Häublein, in: MüKO BGB, vor § 535 Rn. 24.
60 Häublein, in: MüKO BGB, vor § 535 Rn. 23: „Die Miete oder ein Teil derselben wird hier durch entsprechende Leistungen „in natura" abgegolten".
61 Häublein, in: MüKO BGB, vor § 535 Rn. 23 unter Verweis auf BAGE 21, 340 = NJW 1969, 1192.
62 Häublein, in: MüKO BGB, vor § 535 Rn. 23 unter Verweis auf BAGE 21, 340 = NJW 1969, 1192.

Vorteil i.S.v. Miete verschaffen soll, so liegt der Schwerpunkt des Vertrages nicht mehr im Bereich des Mietrechts, sondern bei den Dienstleistungen, zu denen sich der Entleiher verpflichtet. Folge ist dann, dass sich der Wächter nicht auf Schutzvorschriften des Wohnraummietrechts berufen kann und auch die vertraglich vereinbarte Kündigungsfrist uneingeschränkt selbst dann gilt, wenn sich die Frist nur auf wenige Tage beläuft.

VIII. Besonderheiten des Wohnungs- bzw. Teileigentums

1. Begriffsbestimmung und Begründung

Bei der gewerblichen Nutzung bzw. Vermietung/Verpachtung von Flächen in Wohnungseigentumsanlagen gelten Besonderheiten. Gewerblich genutzt werden darf nur sog. Teileigentum mit entsprechender Zweckbestimmung. Umgekehrt darf Teileigentum nicht Wohnzwecken dienen. Wichtig ist es deshalb zunächst, die verschiedenen Begrifflichkeiten zu unterscheiden: 40

Wohnungseigentum ist gem. § 1 Abs. 2 WEG das Sondereigentum an einer Wohnung i.V.m. dem Miteigentumsanteil an dem gemeinschaftlichen Eigentum, zu dem es gehört. 41

Teileigentum ist gem. § 1 Abs. 3 WEG das Sondereigentum an nicht Wohnzwecken dienenden Räumen eines Gebäudes i.V.m. dem Miteigentumsanteil an dem gemeinschaftlichen Eigentum, zu dem es gehört. 42

Gemeinschaftliches Eigentum sind gem. § 1 Abs. 5 WEG das Grundstück sowie die Teile, Anlagen und Einrichtungen des Gebäudes, die nicht im Sondereigentum oder im Eigentum eines Dritten stehen. 43

Wohnungseigentum und Teileigentum unterscheiden sich damit nur durch die vom teilenden Eigentümer in der Teilungserklärung bzw. der dieser angeschlossenen Gemeinschaftsordnung oder von den Miteigentümern durch Vereinbarung getroffene Zweckbestimmung und durch die bauliche Ausgestaltung der betroffenen Räume.[63]

Für das Teileigentum gelten nach § 1 Abs. 6 WEG die Vorschriften über das Wohnungseigentum entsprechend. Zum Teileigentum gehören daher das Eigentum an nicht zu Wohnzwecken dienenden Räumen (Sondereigentum), ein Miteigentumsanteil am gemeinschaftlichen Eigentum sowie eine Verbindung dieser beiden Elemente. **Gegenstand des Teileigentums** sind nicht Wohnungen i.S.d. § 3 Abs. 2 WEG, sondern Räume, die nicht zu Wohnzwecken genutzt werden, also primär **gewerblich genutzte Räume** wie Läden, Büros, Praxisräume für Freiberufler. Bei einem Teileigentum kann es sich aber auch um eine zwar zur Wohnung gehörende, aber nicht zum dauerhaften Aufenthalt von Menschen bestimmte, sondern nur mit der Wohnnutzung im Zusammenhang stehende, untergeordneten Zwecken dienende Räumlichkeit handeln, etwa einen Abstellraum, einen Hobbyraum, einen Lagerraum oder eine Werkstatt. 44

Teileigentum kann grds. an jeder Art von Gebäude, bspw. an Mehrfamilienhäusern, begründet werden, auch für bereits bestehende Gebäude. Nach § 2 WEG kann dies entweder durch **Vertrag der Miteigentümer** über die Entstehung von Sondereigentum oder eine **Teilung** durch 45

---

63 KG, 03.12.2007 – 24 U 71/07, GuT 2008, 59 = IMR 2008, 202.

den bisherigen Alleineigentümer des Grundstücks erfolgen. Im Grundbuch wird nach § 7 Abs. 1 Satz 1 WEG für jedes Teileigentum ein eigenes Grundbuchblatt (Teileigentumsgrundbuch) angelegt.

46 Ist Teileigentum wie üblich in der Teilungserklärung zugeordnet, berühren **Änderungen** (also die Umwandlung in Wohnungseigentum) das Grundverhältnis der Eigentümer untereinander, sodass grds. eine Vereinbarung erforderlich ist und ein Mehrheitsbeschluss nicht ausreicht.[64] Dies gilt auch umgekehrt für die Umwidmung von Wohnungs- in Teileigentum. Abzugrenzen ist dies von einer bloßen Gebrauchsregelung, die sich noch innerhalb der grds. Aufteilung bewegt.

47 Der Inhaber von Teileigentum wird als Teileigentümer bezeichnet. Der Begriff „Wohnungseigentümer" in einer Teilungserklärung umfasst aber nicht nur die Wohnungseigentümer, sondern auch die Teileigentümer, wenn es nach der Teilungserklärung nur eine Eigentumsgemeinschaft gibt, die aus den Eigentümern der Wohnungen, des Gewerberaums und der Garagen besteht.[65]

48 Die zulässige **gewerbliche Nutzung von Teileigentum** ergibt sich nicht automatisch aus der **Zweckbestimmung** „Teileigentum", denn in der die gesetzliche Beschreibung des Teileigentums (§ 1 Abs. 3 WEG) wiederholenden Bezeichnung eines Raums in der Teilungserklärung als „nicht Wohnzwecken dienender Raum" liegt lediglich eine Zweckbestimmung mit Vereinbarungscharakter des Inhalts, dass der Raum zwar nicht zu Wohnzwecken, aber grds. zu jedem anderen beliebigen Zweck genutzt werden darf.[66] Für die weitergehende Frage, ob eine bestimmte Nutzung zulässig ist, sind neben etwaigen Regelungen in der hierzu auszulegenden Teilungserklärung nach den in § 15 Abs. 2 WEG zum Ausdruck kommenden Rechtsgedanken auch Lage und Beschaffenheit des Raums von Bedeutung. Welche Art der Nutzung nach der **in der Teilungserklärung enthaltenen Zweckbestimmung** zulässig ist, ist durch Auslegung der jeweiligen Regelung der Teilungserklärung festzustellen, die den Inhalt des im Grundbuch eingetragenen Sondereigentums bestimmt.[67] Diese Auslegung hat allein nach dem objektiven Sinn zu erfolgen, wie er sich für den unbefangenen Betrachter als nächstliegende Bedeutung aus dem Wortlaut der Teilungserklärung ergibt (ausführlich → *Rn. 52 ff.*).[68] Bauordnungsrechtliche Bestimmungen sind einzuhalten.[69]

49 Um verschiedene – möglichst weitgehende – Nutzungsmöglichkeiten zuzulassen, ohne dass es der im Fall nachträglicher Umwandlung von Wohnungs- in Teileigentum und umgekehrt erforderlichen Zustimmung aller Wohnungseigentümer bedarf, ist es möglich, **eine Bestimmung der Nutzungsart** in der Teilungserklärung bzw. der Gemeinschaftsordnung **zu unterlassen**, sodass die Auslegung der Zweckbestimmung einer Sondereigentumseinheit als „Gewerbewohnung" ergeben kann, dass sowohl eine gewerbliche Nutzung als auch eine Nutzung als Woh-

---

[64] OLG Frankfurt am Main, 12.07.2004 – 20 W 92/02, LNR 2004, 19403: Schwimmbad soll zu Wohnräumen umgebaut werden.
[65] OLG Hamm, 22.02.2007 – 15 W 322/06, IMR 2007, 257.
[66] KG, 22.12.2006 – 24 W 126/05, GuT 2007, 44.
[67] BGH, NJW 1998, 3713, 3714; OLG Hamm, 09.01.2009 – 15 Wx 142/08, IMR 2009, 170 = GuT 2009, 218.
[68] BGH, 05.10.1998 - II ZR 182/97, NJW 1998, 3713, 3714; OLG Hamm, 09.01.2009 – 15 Wx 142/08, IMR 2009, 170 = GuT 2009, 218.
[69] OLG Hamm, 09.01.2009 – 15 Wx 142/08, IMR 2009, 170 = GuT 2009, 218.

nung zulässig ist.⁷⁰ Es besteht ebenfalls die Möglichkeit, eine Sondereigentumseinheit (ausdrücklich) zur gemischten oder alternativen Nutzung, nämlich zur Nutzung zu Wohnzwecken und/oder nicht zu Wohnzwecken, zu bestimmen.⁷¹

Auch ein Nießbrauchberechtigter ist unmittelbar an Vereinbarungen der Teilungserklärung gebunden.⁷²

2. Nutzungsänderungen

a) Überblick

Nach § 15 Abs. 1 WEG können die Wohnungseigentümer den Gebrauch des Sondereigentums und des gemeinschaftlichen Eigentums durch **Vereinbarung** regeln. Probleme bereiten in der Praxis immer wieder Nutzungsänderungen, also Änderungen der konkreten Nutzung des Teileigentums.

Beispiel:

Der Teileigentümer einer in der Teilungserklärung auch so bezeichneten Gaststätte verpachtet die Flächen neu als Diskothek mit erheblich größerer Lärmbelästigung. Oder: Aus einem bisher als Verkaufsgeschäft genutzten Laden wird eine Kneipe gemacht.

Auch umgekehrte Nutzungsänderungen von Gewerbe- in Wohnnutzung können problematisch sein:

*Beispiel:*⁷³

Wird ein bisher einheitlich genutztes gewerbliches Teileigentum, das Teil einer Wohnanlage ist, baulich so umgestaltet, dass in ihm 47 in sich abgeschlossene Wohnappartements geschaffen werden, die der nicht nur kurzzeitigen Aufnahme wohnsitzloser, psychisch erkrankter Personen dienen, ist die vorgesehene Nutzung eine solche zu Wohnzwecken. Ein derartiger Gebrauch kann infolge der damit i.d.R. verbundenen intensiveren Nutzung von Gemeinschaftsflächen mehr stören als eine gewerbliche Nutzung. Für diese Beurteilung kommt es auch auf den Charakter und das Umfeld der Wohnanlage an.

b) Zweckbestimmung

Ausgangspunkt jeder Prüfung einer zulässigen Nutzungsänderung ist, welche Nutzung der im Streit stehenden Flächen die Wohnungseigentümergemeinschaft gestattet. Grds. darf gem. § 13 Abs. 1 WEG jeder Wohnungs-/Teileigentümer mit den im Sondereigentum stehenden Gebäudeteilen nach seinem Belieben verfahren, sie also vermieten, verpachten oder in sonstiger Weise nutzen und andere von Einwirkungen ausschließen, sofern nicht das Gesetz oder Rechte Dritter entgegenstehen. Das WEG erlaubt den Wohnungseigentümern in §§ 10 Abs. 2 Satz 2, 15 Abs. 1, die Grenzen des zulässigen Gebrauchs zu regeln. Dies erfolgt entweder durch die in der Praxis üblichen Zweckbestimmungen oder durch ausdrückliche Gebots-/Verbotsregelungen.

---

70 KG, 03.12.2007 – 24 U 71/07, GuT 2008, 59.
71 KG, 03.12.2007 – 24 U 71/07, GuT 2008, 59.
72 OLG München, 23.03.2009 – 19 U 5448/08.
73 BayObLG, 10.11.2004 – 2 Z BR 169/04, FGPrax 2005, 11.

In Gemeinschaftsordnungen/Teilungserklärungen finden sich üblicherweise **Regelungen zum Nutzungszweck**, die zum Schutz der Gemeinschaft so konkret wie möglich verankert werden sollten. Die dort vorgenommene Zweckbestimmung des Teileigentums ist eine Vereinbarung der Wohnungseigentümer über ihr Verhältnis untereinander i.S.d. § 10 Abs. 2 Satz 2 WEG (§ 10 Abs. 1 Satz 2 WEG a.F.). Sie bedarf grds. keiner besonderen Form und kann auch durch **schlüssiges Verhalten** zustande kommen, wenn es den Wohnungseigentümern bewusst ist, eine dauerhafte Regelung über eine Änderung der Zweckbestimmung eines Teileigentums zu treffen.[74]

Wenn die **Teilungsklärung nichts anderes bestimmt** und die Wohnungseigentümer nichts anderes vereinbart haben, ist die Vermietung einer Eigentumswohnung an täglich oder wöchentlich wechselnde Feriengäste Teil der zulässigen Wohnnutzung.[75]

53 Schon die Bezeichnung des Teileigentums in der Teilungserklärung als „Laden" reicht für eine **Zweckbestimmung mit Vereinbarungscharakter** aus.[76] Sie hat aber ausnahmsweise nicht die Bedeutung einer Nutzungsbeschränkung mit Vereinbarungscharakter, wenn sich aus der Gemeinschaftsordnung ergibt, dass sämtliche Sondereigentumseinheiten nicht von vornherein ausschließlich der Nutzung als Wohnraum oder als gewerbliche Räume zugeordnet werden.[77]

> **Hinweis:**
> Eine Zweckbestimmung mit Vereinbarungscharakter i.S.d. § 10 Abs. 2 Satz 2 WEG n.F. ist grds. so auszulegen, dass eine zweckbestimmungswidrige Nutzung nur dann zulässig ist, wenn sie nicht mehr stören kann als eine zweckbestimmungsgemäße Nutzung, sodass es auf das tatsächliche Ausmaß einer Störung im Regelfall nicht ankommt.

Die Bezeichnung einzelner Räume des Teileigentums in einem **Aufteilungsplan** ist noch keine Zweckbestimmung.[78] Eintragungen des planenden Architekten in den Genehmigungsplänen (hier: „Cafe" im Plan – tatsächliche Nutzung als Speiselokal) kommt i.d.R. nicht dadurch die Bedeutung einer Zweckbestimmung mit Vereinbarungscharakter zu, dass diese Pläne für den Aufteilungsplan benutzt werden.[79]

54 Auslegungsfähige Bezeichnungen sind ein häufiger Anlass für Streit unter den Eigentümern. Sehr oft finden sich nur **Ober- oder Gattungsbegriffe** (Laden, Ladengeschäft, Praxis, Gewerberaum), und es fehlt es an Konkretisierungen. Gestritten wird dann bspw. darüber, ob eine Gaststätte ein Laden oder ein Pizza-Service („Pizza-Taxi") noch eine Gaststätte ist.

---

74 BayObLG, 07.06.2001 – 2 Z BR 60/01.
75 BGH, 15.01.2010 – V ZR 72/09, GuT 2010, 44 = IMR 2010, 103.
76 BayObLG, 06.03.2003 – 2 Z BR 9/03, GuT 2004, 28.
77 OLG München, 25.04.2007 – 32 Wx 137/06, NJOZ 2007, 4196.
78 BayObLG, 06.03.2003 – 2 Z BR 6/03, GuT 2004, 27: Bezeichnung als „Gang", „Teeküche" und „Büro".
79 BGH, 15.01.2010 – V ZR 40/09, GuT 2010, 129 = NZM 2010, 407.

Beispiele:[80]

Sieht die Teilungserklärung der Wohnungseigentümergemeinschaft die uneingeschränkte Nutzung als „Gewerbe" in den Räumlichkeiten des Erdgeschosses vor, so umfasst dies auch die Nutzung der Räume als Spielothek.[81]

Eine Teilungserklärung, nach der „Sondereigentum an dem im Erdgeschoss gelegenen Ladenraum samt Ladenkeller und Nebenräumen im Kellergeschoss" begründet wird, ermöglicht nicht die selbstständige gewerbliche Nutzbarkeit der Kellerräume.

Der Betrieb einer Begegnungsstätte für Senioren (Öffnung an fünf Wochentagen zwischen 12 Uhr und 14 Uhr für Publikum) durch einen gemeinnützigen Verein überschreitet nicht den mit der Zweckbestimmung „Gewerbeeinheit" für das Teileigentum eröffneten Nutzungsrahmen.[82] *Der Nutzung des Teileigentums als gaststättenähnliche Einrichtung über die Mittagszeit steht die Zweckbestimmung „Gewerbeeinheit" nicht entgegen, weil diese sogar die Führung einer „echten" Gaststätte erlaubt.*[83]

Umgekehrt können auch konkrete Beschreibungen immer noch Anlass zur Auslegung bieten, weil mit jeder Konkretisierung auch ein genereller Zweck erfasst wird. 55

Beispiel:[84]

Einem Teileigentum, in dessen Räumen nach der Gemeinschaftsordnung ein Café/eine Konditorei auch ohne Einschränkungen zeitlicher oder sachlicher Natur betrieben werden darf, widerspricht regelmäßig die Nutzung als griechisches Spezialitätenrestaurant.

Die bloße Bezeichnung als Laden oder Ladenlokal beinhaltet begrifflich auch eine mittelbare **Festlegung der Betriebs- bzw. Öffnungszeiten** nach dem LadenSchlG. Für ein in der Teilungserklärung als „Laden" bezeichnetes Teileigentum sind diese öffentlich-rechtlichen Ladenöffnungszeiten einzuhalten, ohne dass es auf das Auftreten konkreter Störungen ankäme.[85] Hierbei ist zunächst zu berücksichtigen, dass die früheren strengen gesetzlichen Regelungen gelockert wurden und sich im Wesentlichen auf das Verbot von Öffnungszeiten an Sonn- und Feiertagen beschränken. 56

Beispiel:

Der Eigentümer einer Wohnung fühlt sich durch den Betrieb eines Sonnenstudios – in der Teilungserklärung als „Ladenlokal" bezeichnet – in einem Teileigentum belästigt. Das Studio hat an Wochentagen von 7:45 Uhr bis 23:00 Uhr, an Samstagen bis 22:00 Uhr und an Sonn- und Feiertagen von 10:00 Uhr bis 22:00 Uhr geöffnet. Der Eigentümer will ein gerichtliches Verbot der Nutzung des „Ladens" als Sonnenstudio außerhalb der allgemeinen landesrechtlichen Ladenschlusszeiten durchsetzen. Während des Verfahrens vor dem OLG entfallen diese wegen gesetzlicher Änderung, mit Ausnahme an Sonn- und Feiertagen.

Vom OLG Hamm wurde der Betrieb nur an Sonn- und Feiertagen untersagt. Ist in der Teilungserklärung ein Teileigentum als Laden oder Ladenlokal bezeichnet, so ist die damit begrifflich verbundene **Verweisung auf die öffentlich-rechtlichen Ladenöffnungszeiten** dynamisch 57

---

80 OLG München, 05.07.2006 – 34 Wx 63/06, NZM 2006, 933 = IMR 2006, 199.
81 LG Karlsruhe, 26.10.2010 - 11 S 200/09, IMR 2011, 68.
82 OLG Düsseldorf, 06.05.2008 – 3 Wx 162/07, IMR 2008, 251 = GuT 2008, 219.
83 OLG Düsseldorf, 06.05.2008 – 3 Wx 162/07, IMR 2008, 251 = GuT 2008, 219.
84 BayObLG, 22.09.2004 – 2 Z BR 103/04, GuT 2006, 339.
85 OLG München, 23.03.2009 – 19 U 5448/08.

zu verstehen:[86] Im Umfang der landesrechtlichen Aufhebung der Ladenschlusszeiten ist auch wohnungseigentumsrechtlich eine Nutzung des Teileigentums zulässig. Inwieweit auch abweichende gewerbliche Nutzungsarten innerhalb der erweiterten allgemeinen Ladenöffnungszeiten zulässig sein können, sofern von dem Betrieb als solchen nicht höhere Beeinträchtigungen ausgehen als von einem Ladengeschäft, wurde offengelassen.

Enthalten die Teilungserklärung und die Gemeinschaftsordnung hinsichtlich der Zweckbestimmung eines Teileigentums **widersprüchliche Angaben**, so geht grds. die Regelung in der Gemeinschaftsordnung vor.[87] Wird ein Teileigentum bereits zum Zeitpunkt der Errichtung der Teilungserklärung wie dann festgeschrieben genutzt, danach veräußert, und fassen die (anderen) Wohnungseigentümer später mehrheitlich den Beschluss, diese Nutzung zu untersagen, ist der Beschluss unwirksam, weil der Erwerber bei Erwerb des Teileigentums darauf vertrauen darf, dass die Räume wie bisher genutzt werden können, weil bereits eine solche Nutzung tatsächlich stattfand.[88]

58 Ein vereinbarter Zweck ist für die Wohnungseigentümer verbindlich und lässt solche neuen Nutzungen nicht zu, die mehr stören oder beeinträchtigen als die in der Teilungserklärung nach der Zweckbestimmung vorgesehene Nutzung. **Nutzungsänderungen** sind also nur dann zulässig, wenn sie der ursprünglichen Zweckbestimmung der Flächen im „Umfang" nicht widersprechen.

Beispiel:[89]

Der Betrieb einer Begegnungsstätte für Senioren (Öffnung an fünf Wochentagen zwischen 12 Uhr und 14 Uhr für Publikum) durch einen gemeinnützigen Verein überschreitet nicht den mit der Zweckbestimmung „Gewerbeeinheit" für das Teileigentum eröffneten Nutzungsrahmen. Der Nutzung des Teileigentums als gaststättenähnliche Einrichtung über die Mittagszeit steht die Zweckbestimmung „Gewerbeeinheit" nicht entgegen, weil diese sogar die Führung einer „echten" Gaststätte erlaubt. Von der Einrichtung ausgehende Geruchsbeeinträchtigungen können nur dann einen Unterlassungsanspruch der Miteigentümer begründen, wenn die Geruchsbeeinträchtigungen die im Fall des Betreibens einer Gaststätte hinzunehmenden überschreiten.

Die zweckbestimmungsgemäße Nutzung bildet für das **Störungsmoment** die obere Messlatte.[90] Eine **typisierende bzw. generalisierende Betrachtung** ist entscheidend,[91] sodass nicht zwingend nur die örtlichen Gegebenheiten verglichen werden müssen. Es ist aber zulässig, den Gebrauch nach seiner Art und Durchführung zu konkretisieren und auf die örtlichen (Umfeld, Lage im Gebäude) und zeitlichen (etwa Öffnungszeiten) Verhältnisse zu beziehen.[92] Im Einzel-

---

86 OLG Hamm, 23.07.2007 – 15 W 205/06, GuT 2007, 386 = IMR 2007, 397 = NZM 2007, 805.
87 BayObLG, 28.10.1997, WE 1998, 158: „Laden mit Lager" in Teilungserklärung, „Nutzung als Gewerbe" in Gemeinschaftsordnung.
88 BayObLG, 31.10.2002 – 2 Z BR 95/02, GuT 2003, 101.
89 OLG Düsseldorf, 06.05.2008 – 3 Wx 162/07, IMR 2008, 251 = GuT 2008, 219.
90 BayObLG, 22.01.2004 – 2 Z BR 229/03, ZMR 2004, 685: Einem als Praxis beschriebenen Teileigentum widerspricht dessen Nutzung als Gaststätte.
91 BayObLG, 06.03.2003 – 2 Z BR 9/03, GuT 2004, 28 m.w.N.; OLG Hamm, 12.04.2005 – 15 W 29/05 zur Umwandlung eines Ladens in Räume eines religiösen Vereins; OLG Frankfurt am Main, 21.07.2005 – 20 W 284/03, NZM 2006, 144; LG Wiesbaden, 20.12.2007 – 4 T 300/07, IMR 2008, 1023: Nutzung eines Supermarktes als religiöses Zentrum.
92 OLG Frankfurt am Main, 21.07.2005 – 20 W 284/03, NZM 2006, 144.

fall ist zu prüfen, ob die konkrete **Art und Weise der Nutzung noch von der Zweckbestimmung gedeckt** ist. Somit ist im Sondereigentum dem Antragsteller einerseits jede Nutzung verboten, die bei generalisierender Betrachtungsweise mehr stört als der Betrieb zum ursprünglichen Zweck, andererseits jede Nutzung erlaubt, die gleichermaßen oder weniger störend ist.

Zweckbestimmungen beziehen sich grds. nur auf die Nutzung und umfassen kein Recht, Gemeinschaftseigentum zu beeinträchtigen.

Beispiel:[93]

Eine Gebrauchsregelung in der Teilungserklärung, wonach Teileigentum zu beliebigen gewerblichen Zwecken genutzt werden darf, ermächtigt den Teileigentümer nicht zur Vornahme baulicher Veränderungen, die ein etwaiges Gewerbe erfordert (hier: Abluftrohr zum Betrieb einer Cocktailbar).

Aus **§ 10 WEG** ergibt sich, dass in Gemeinschaftsordnungen/Teilungserklärungen geregelt werden darf, dass Nutzungsänderungen bei der Vermietung von Teileigentum der **Zustimmung eines Dritten** – z.B. eines Verwalters – bedürfen. Solche Klauseln können wie folgt aussehen:[94]

59

Formulierungsvorschlag: Nutzungsänderung bei der Vermietung von Teileigentum

60

> § 3 Zweckbestimmung des Gebäudes
>
> Ein Teileigentümer, der in den zum Gesamtobjekt gehörenden Ladenräumen einen Beruf oder ein Gewerbe ausübt, bedarf bei einer Änderung seines Berufs oder seines Gewerbezweigs, die nach dem ersten Erwerb des Teileigentums eintritt, der schriftlichen Zustimmung des Verwalters zur Ausübung des geänderten Berufs oder Gewerbezweigs in den dem Teileigentum unterliegenden Räumen. Ebenso ist die Zustimmung des Verwalters für eine Vermietung oder Verpachtung des Teileigentums erforderlich. Der Verwalter kann die Zustimmung verweigern oder widerrufen, insbesondere wenn die Ausübung des geänderten Berufs oder Gewerbezweigs mit den Belangen der übrigen Wohn- bzw. Teileigentümer nicht zu vereinbaren ist.

Eine danach erforderliche Zustimmung verdrängt die Verwaltungsbefugnis der Wohnungseigentümer für diese Zustimmung nicht,[95] sodass diese weiterhin ablehnungs- oder zustimmungsbefugt bleiben. Der Verwalter bleibt also – obwohl ihm die Teilungserklärung/Gemeinschaftsordnung die entsprechende Zustimmungsbefugnis gewährt – an die Beschlüsse der Wohnungseigentümer gebunden.

61

Bei Nutzung einer Teileigentumseinheit in Widerspruch zur Teilungserklärung ist ein daraus folgender Unterlassungsanspruch dann nicht durchsetzbar gegeben, wenn der Eigentümer diesen **Anspruch langjährig nicht erhoben** hat, sondern ein Einverständnis mit der Nutzung gezeigt und sich der Anspruchsgegner darauf eingerichtet hat; die Ansprüche des Eigentümers sind dann verwirkt.[96]

---

93   OLG München, 18.07.2006 – 32 Wx 90/06, IMR 2007, 17.
94   Vgl. BayObLG, 25.09.2003 – 2 Z BR 137/03, GuT 2004, 31 = ZMR 2004, 133.
95   BayObLG, 25.09.2003 – 2 Z BR 137/03, GuT 2004, 31 = ZMR 2004, 133.
96   BGH, 25.03.2010 – V ZR 159/09: langjährige Nutzung als Gaststätte.

c) Ansprüche der anderen Eigentümer

62 Anspruchsgrundlage bei Verstößen gegen die vereinbarte Nutzung ist § 15 Abs. 3 WEG.[97] Danach kann jeder Wohnungseigentümer einen Gebrauch der im Sondereigentum stehenden Gebäudeteile und des gemeinschaftlichen Eigentums verlangen, der dem Gesetz, den Vereinbarungen und Beschlüssen und, soweit sich die Regelung hieraus nicht ergibt, dem Interesse der Gesamtheit der Wohnungseigentümer nach billigem Ermessen entspricht. Daneben ist oft auch § 1004 Abs. 1 Satz 2 BGB anwendbar.[98] Der Anspruch, die Nutzung eines in der Teilungserklärung als Laden ausgewiesenen Teileigentums als Gaststätte zu unterlassen, kann auch dann gegen den Teileigentümer geltend gemacht werden, wenn das Teileigentum vermietet ist.[99]

d) Typische Streitfälle

aa) Bezeichnung als „Laden", Nutzung als Gaststätte

63 Ausgangspunkt ist hier die Situation, dass die Teilungserklärung den (nicht näher definierten) Betrieb eines „Ladens" erlaubt. Nach allgemeinem Sprachgebrauch wird unter einem Laden eine Verkaufsstätte zum Vertrieb von Waren an jedermann verstanden.[100] Der Charakter einer (bloßen) Verkaufsstätte steht dabei im Vordergrund.[101] Rechtsprechung und Literatur halten folgende Formen von Gaststätten für **unvereinbar mit der Definition des Begriffs „Laden":**[102]

- Die Nutzung als „Geschäfts- und Vereinsheim" für einen Dartclub.[103]
- Die Nutzung als „Begegnungsstätte für Menschen", wenn bei einer typisierenden Betrachtungsweise die von der Begegnungsstätte ausgehenden Geräuschemissionen die anderen Wohnungseigentümer in stärkerem Maß beeinträchtigen, als dies bei einer Ladennutzung der Fall wäre,[104]
- die Führung eines Cafés,[105]
- die Führung eines Cafés mit Bierbar,[106]
- der Betrieb einer Bäckerei mit Stehcafé,[107]
- der Betrieb eines Cafés und Eisdiele,[108]

---

97 Es handelt sich um ein „normales" WEG-Verfahren nach dem Gesetz zur Änderung des Wohnungseigentumsgesetzes (WEG-Novelle) v. 26.03.2007 (BGBl. I, S. 370), dessen Einzelheiten hier aus Platzgründen nicht dargestellt werden können. Wichtig: Prozessual gilt seit dem 01.07.2007 die ZPO.
98 Vgl. BayObLG, 06.03.2003 – 2 Z BR 9/03, GuT 2004, 28 = LNR 2003, 27892.
99 BayObLG, 23.05.1997, WE 1998, 76.
100 KG, 13.02.2007 – 24 W 347/06, GuT 2007, 102 = IMR 2007, 225 = NJOZ 2007, 2393 = MDR 2007, 770 (LS).
101 OLG Köln, 25.03.2004 – 16 Wx 52/04, WuM 2005, 71 = LNR 2004, 17003.
102 Vgl. auch LEXsoft Professional – Mietrechtsbibliothek, Stichwort „Gaststätten – Ladenrechtsprechung".
103 AG Siegburg, 13.11.2009 – 150 C 47/09, IMR 2010, 109.
104 KG, 13.02.2007 – 24 W 347/06, GuT 2007, 102 = IMR 2007, 225 = NJOZ 2007, 2393 = MDR 2007, 770 (LS).
105 Augustin in: RGRK, § 15 Rn. 12.
106 Müller, Praktische Fragen des Wohnungseigentums, Rn. 241, Fn. 20.
107 BayObLG, 06.03.2003 – 2 Z BR 6/03.
108 Müller, Praktische Fragen des Wohnungseigentums, Rn. 241, Fn. 20a.

- der Betrieb eines Döner-Schnellimbisses,[109]
- die Nutzung mit einem (Fisch-) Großhandelsgeschäft,[110]
- der Betrieb einer Gaststätte,[111]
- die Führung einer Gastwirtschaft generell,[112]
- der Betrieb eines Kiosks mit zusätzlicher Zubereitung und Verkauf von warmen Speisen und Getränken (Stehcafé),[113]
- die Nutzung als Imbiss-Stube bzw. Steh-Imbiss,[114]
- Verkauf von Speisen samt Aufstellung von Tischen in bzw. vor dem Laden.[115]
- der Betrieb einer „Pilsbar" mit Öffnungszeiten bis zur Sperrstunde sowie der Betrieb einer „Weinstube" mit Billardtischen, Spiel- und Geldautomaten,[116]
- der Betrieb einer Pilsstube,[117]
- der Betrieb eines „Pilslokals mit Speisegaststätte" (Pizzeria),
- Betrieb einer Pizzeria[118] oder eines Pizza-Liefer-Services,[119]
- die Führung einer Probierstube,[120]
- der Betrieb eines Salat-Restaurants ohne Alkoholausschank,[121]
- der Betrieb eines Spielsalons mit Automatenvertrieb innerhalb der Zeiten des Ladenschlussgesetzes,[122]
- der Betrieb einer Sportvereinskantine,[123]
- der Betrieb eines „Tagescafés",[124]
- der Betrieb eines Tanzcafés,[125]

---

109 OLG Zweibrücken, 06.12.2005 – 3 W 150/05, GuT 2006, 157: keine Vergleichbarkeit wegen Geräusch- und Geruchsbelästigungen.
110 OLG München, 08.12.2006 – 34 Wx 111/06, GuT 2007, 40 = IMR 2007, 226 = MDR 2007, 513 = NJOZ 2007, 1106.
111 BayObLG, WuM 1985, 237; BayObLG, ZMR 1985, 206; LG München, 27.07.1993, DWE 1994, 74.
112 OLG Celle, 24.09.2003 – 4 W 138/03, GuT 2006, 339.
113 OLG Köln, 25.03.2004 – 16 Wx 52/04, WuM 2005, 71 = LNR 2004, 17003.
114 OLG Köln, 13.09.1999 – 16 Wx 65/99, NZM 2000, 390 = LNR 1999, 14833.
115 OLG München, 30.04.2008 – 32 Wx 35/08, IMR 2008, 252 = GuT 2008, 218.
116 AG Dachau, DWE 1986, 93.
117 Müller, Praktische Fragen des Wohnungseigentums, Rn. 241, Fn. 19.
118 BayObLG, 06.03.2003 – 2 Z BR 9/03, GuT 2004, 28 = LNR 2003, 27892; LG Bremen, 11.02.1992 – 2 T 10/1992.
119 BayObLG, 17.02.1998, WE 1998, 507.
120 BayObLG, Rpfleger 1980, 348; BayObLG, MittBayNot 1981, 29, 30.
121 KG, MDR 1985, 675 = WuM 1985, 236 = ZMR 1985, 297.
122 OLG Zweibrücken, 06.10.1987 – 3 W 99/87, MDR 1988, 147 = NJW-RR 1988, 141 und OLG Zweibrücken, 09.01.1987 – 3 W 198/86, MDR 1987, 410 = NJW-RR 1987, 464; KG, 14.03.1990 – 24 W 6087/89, WuM 1990, 317.
123 KG, DWE 1986, 703.
124 BayObLG, DWE 1986, 126.
125 BayObLG, Rpfleger 1078, 410 = ZMR 1980, 251.

- der Betrieb einer Teestube mit Spielsalon,[126]
- der Betrieb eines Bistros,[127]
- die Nutzung als Verkaufskiosk.[128]

64 Zulässig ist bspw. die Einrichtung einer Postfiliale.[129] Ist in der Teilungserklärung das Teileigentum als „gewerbliche Räume" und in dem Aufteilungsplan als „Ladenlokal/Imbiss" bezeichnet. Deckt dies den Betrieb eines Restaurants in der Form einer Pizzeria, sodass die anderen Eigentümer Geruchsbeeinträchtigungen, die im Rahmen eines ordnungsgemäßen Betriebes der Pizzeria entstehen, hinnehmen müssen.[130]

Üblicherweise stellen die Gerichte für die Vergleichbarkeit v.a. auf Ladenöffnungszeiten ab,[131] die bei Gaststätten erheblich von anderen Geschäften abweichen. Die damit verbundene Verweisung auf die öffentlich-rechtlichen Ladenöffnungszeiten ist aber dynamisch zu verstehen, sodass im Umfang der landesrechtlichen Aufhebung der Ladenschlusszeiten auch wohnungseigentumsrechtlich eine Nutzung des Teileigentums zulässig ist bzw. wieder zulässig werden kann.[132]

bb) Betreuung oder Pflege Dritter

65 Die Aufnahme betreuungs- oder pflegebedürftiger Personen kann der Zweckbestimmung als Wohnung widersprechen und eine unzulässige **gewerbliche Tätigkeit** sein, die nur in entsprechend gewidmetem Teileigentum ausgeübt werden darf. Dieses Thema wird wegen der Überalterung der deutschen Bevölkerung künftig immer öfter die Gerichte beschäftigen. Die bisherigen Grundsätze lauten wie folgt:

66 Es steht dem teilenden Eigentümer zunächst frei, in der Teilungserklärung eine Gebrauchsregelung vorzugeben, wonach Wohnungen nur im Sinne **betreuten Wohnens** genutzt werden dürfen.[133] Entsprechende Regelungen sind ebenfalls vollumfänglich zulässig. Fehlt es daran, gilt Folgendes:

67 **Soziale Daseinsfürsorge** ist grds. erlaubt und von den Miteigentümern hinzunehmen. Maßgeblich ist aber die Intensität der Beeinträchtigung. Nutzungen, die mit denen durch eine Familie oder Partnerschaft vergleichbar sind, entsprechen grds. der Zweckbestimmung „Wohnen".[134] Primäres Abgrenzungskriterium ist dabei eine gedachte „**Familiennutzung**" als Leitbild für die Art der Nutzung und die Intensität möglicher Beeinträchtigungen der anderen Wohnungs-

---

126 BayObLG, Rpfleger 1984, 269 = WuM 1985, 235.
127 BayObLG, ZMR 1993, 427.
128 OLG Düsseldorf, 01.12.1995, WE 1996, 276.
129 OLG München, 30.04.2008 – 32 Wx 35/08, IMR 2008, 252 = GuT 2008, 218.
130 OLG Hamm, 09.01.2009 – 15 Wx 142/08, IMR 2009, 170 = GuT 2009, 218.
131 BayObLG, 06.03.2003 – 2 Z BR 9/03, GuT 2004, 28 = LNR 2003, 27892.
132 OLG Hamm, 23.07.2007 – 15 W 205/06, GuT 2007, 386 = IMR 2007, 397 = NZM 2007, 805: Nutzung eines „Ladens" als Sonnenstudio innerhalb erweiterter Ladenöffnungszeiten.
133 BGH, 13.10.2006 – V ZR 289/05, NZM 2007, 90 = InfoM 2007, 25 = NJW 2007, 213.
134 OLG Hamm, 18.02.1999 – 15 W 234/98, NZM 2000, 350 m.w.N.

eigentümer.¹³⁵ Hält sich die beabsichtigte Nutzung in diesem Rahmen, ist sie zulässig. Werden Kinder und Jugendliche z.B. langfristig in familienähnlichen Gruppen untergebracht („betreutes Wohnen"), wird i.d.R. Wohnnutzung vorliegen. Indizien können v.a. die Personenzahl und Dauer des Aufenthaltes sein, d.h. bei einem „ständigen Wechsel" der Personen liegt kein Wohnen vor. Einen Aufenthalt von mindestens zwei bis drei Jahren und eine maximale „Belegung" von ca. fünf bis sieben Personen, abhängig von der Wohnungsgröße, wird man verlangen müssen. Bei einer heutzutage unüblichen Personenzahl scheidet Wohnnutzung wegen des **heimähnlichen Charakters** aus.

*Beispiel:*¹³⁶

Das Wohnen von acht Mädchen, die von vier vollzeitbeschäftigten pädagogischen Mitarbeitern, von denen jeweils einer in der Wohnung nächtigt, betreut werden. Zusätzlich ist eine Hauswirtschafterin eingestellt, die jeweils fünf Tage in der Woche während der Vormittagsstunden in die Wohnung kommt.

Bei einer solchen heimartigen Einrichtung liegt ein ständiger Wechsel der Bewohner nach Art einer Pension oder das Zusammenleben einer Vielzahl nicht familiär oder sonst wie verbundener Personen nach Art eines Heimes vor.¹³⁷ Die Einrichtung eines Pflegeheimes in einer der Eigentumswohnungen in einer Wohnungseigentumsanlage kann deshalb unterbunden werden.¹³⁸ 68

cc) Prostitution in Eigentumswohnungen

Eigentümergemeinschaften werden oft mit dem gewerblichen Mietrecht in der Form konfrontiert, dass der Vermieter/Eigentümer einer Wohnung an Personen aus „dem Milieu" vermietet und in der Wohnung „das älteste Gewerbe der Welt" ausgeübt wird. Solche Vermietungen sind lukrativ, da sich i.d.R. mehrere Personen im „Schichtdienst" die Räume teilen, wodurch ein Vielfaches der Miete erzielt werden kann. In diesem Bereich sind zahlreiche **öffentlich-rechtliche und privatrechtliche Aspekte** miteinander vermengt. 69

Zu beachten ist, dass mit Inkrafttreten des **Gesetzes zur Regelung der Rechtsverhältnisse der Prostituierten** v. 20.12.2001¹³⁹ grds. nicht mehr von einer generellen Verwerflichkeit bzw. Sittenwidrigkeit der Prostitution auszugehen ist. Prostitution ist danach grds. eine **legale Tätigkeit**. Sämtliche bisherigen Wertungen der Rechtsprechung sind daher kritisch zu reflektieren. 70

> **Praxistipp:**
>
> Dies bedeutet v.a., dass es in gerichtlichen Verfahren nicht (mehr) ausreicht, nur generell auf die Verwerflichkeit der Prostitutionsausübung abzustellen. Es muss dargelegt werden, inwieweit einzelne Wohnungs-/Teileigentümer oder Mieter mit der Prostitutionsausübung konfrontiert worden sind.

---

135 OLG Hamm, 18.02.1999 – 15 W 234/98, NZM 2000, 350 m.w.N.
136 OLG Hamm, 18.02.1999 – 15 W 234/98, NZM 2000, 350 m.w.N.
137 KG, 28.02.2001 – 24 W 2632/00, NZM 2001, 531 = WuM 2001, 249.
138 OLG Köln, 04.07.2006 – 16 Wx 122/06, NZM 2007, 572 = NJW-RR 2007, 87.
139 BGBl. I, S. 3983.

71 **Öffentlich-rechtlich** gilt: Wohnungsprostitution ist eine typischerweise mit einem Wohngebiet unvereinbare gewerbliche Nutzung und kann behördlich untersagt werden.[140] Geht eine Mieterin in einem Haus, das in einem reinen Wohngebiet liegt, der Prostitution nach, kann es sich um eine gewerbliche Nutzung im bauplanungsrechtlichen Sinne und deshalb um eine genehmigungsbedürftige Änderung der Zweckbestimmung der Räume handeln.[141] Werden Wohnräume durch drei Prostituierte ausschließlich zur Prostitutionsausübung genutzt (kein Wohnen), liegt keine Wohnungsprostitution, sondern ein bordellartiger Betrieb vor, der in einem Mischgebiet typischerweise unzulässig ist.[142]

72 In **Wohn- und Teileigentumsanlagen** ist die Ausübung der Prostitution in den Wohnungen grds. unzulässig.[143] Dies gilt auch dann, wenn die Gemeinschaftsordnung bestimmt, dass die Ausübung eines Berufes oder Gewerbes in den Wohnungen der schriftlichen Zustimmung des Verwalters bedarf, die nur verweigert werden kann, wenn eine erhebliche Belästigung der übrigen Wohnungseigentümer zu befürchten ist.[144] Ein Wohnungseigentümer grds. nicht berechtigt, die Wohnung zur Ausübung der Prostitution zu überlassen. Ein anderer Wohnungseigentümer darf ihn deshalb auf Unterlassung in Anspruch nehmen.[145] Diskutiert wird, ob das Gesetz zur Regelung der Rechtsverhältnisse der Prostituierten eine andere Bewertung rechtfertigt, da es zumindest zweifelhaft erscheint, ob eine in der Rechtsgemeinschaft eindeutig herrschende Auffassung über die nicht nur individualethische, sondern auch sozialethische Verwerflichkeit der Prostitutionsausübung festgestellt werden kann.[146] Nach a.A. hat das Prostitutionsgesetz nichts geändert.[147] Fraglich sei auch, ob in einem Anwesen, das ausschließlich gewerblich genutzt wird, eine **Wertminderung** der übrigen Teileigentumseinheiten anzunehmen ist, wenn in einer Teileigentumseinheit der Prostitution nachgegangen wird.[148] Nach a.A. ist Prostitutionsausübung in einer Wohnungseigentumsanlage allgemein geeignet, die Interessen der übrigen Eigentümer zu schädigen, denn dies führt i.d.R. zu einer Wertminderung.[149]

Beispiel:

Wird in einer Wohnanlage mit 42 Eigentumswohnungen in einer Wohnung Prostitution ausgeübt, so mindert sich dadurch der Miet- und Wohnwert der gesamten Anlage – auch entfernt liegender Wohnungen (hier: um 500,00 DM je Wohnung).[150]

---

140 VGH Baden-Württemberg, 04.08.1995 – 5 S 846/95, NJWE-MietR 1996, 136.
141 OLG Celle, 08.04.1986 – 2 Ss (OWi) 33/86, NJW 1987, 1563.
142 VGH Baden-Württemberg, 13.02.1998 – 5 S 2570/96, NZM 1999, 184 (LS) = DÖV 1998, 654.
143 OLG Zweibrücken, 30.01.2009 – 3 W 182/08, IMR 2009, 279.
144 OLG Zweibrücken, 30.01.2009 – 3 W 182/08, IMR 2009, 279.
145 OLG Frankfurt am Main, 05.03.2002 – 20 W 508/01, GuT 2002, 187 = KGR 2002, 49 = ZMR 2002, 616; LG Tübingen, 29.12.1999 – 5 T 338/99, MDR 2000, 386.
146 BayObLG, 08.09.2004 – 2 Z BR 137/04, GuT 2004, 239 = NZM 2004, 949 = ZMR 2005, 67.
147 OLG Frankfurt am Main, 07.06.2004 – 20 W 59/03, NZM 2004, 950.
148 BayObLG, 08.09.2004 – 2 Z BR 137/04, GuT 2004, 239 = NZM 2004, 949 = ZMR 2005, 67; krit. OLG Hamburg, 14.03.2005 – 2 Wx 19/05, ZMR 2005, 644 wegen generell erschwerter Vermietbarkeit und Verkäuflichkeit der Wohnung und AG Nürnberg, 04.11.2004 – 1 UR II 158/04, ZMR 2005, 661.
149 OLG Hamburg, 09.10.2008 – 2 Wx 76/08, IMR 2009, 18 = InfoM 2009, 21: Massagepraxis zur sexuellen Entspannung; LG Nürnberg-Fürth, 14.07.1999 – 14 T 1899/98, NZM 2000, 54.
150 OLG Karlsruhe, 22.06.1999 – 14 Wx 35/99, NJW-RR 2000, 89 = NZM 2000, 194.

Auch nach nunmehr längerer Legalisierung der Prostitution dürfte aber dennoch der üblicherweise damit verbundene „negative Touch" (Rotlichtmilieu, An- und Abfahrten von Freiern, Kriminalitätsrisiko etc.) zu einer Wertminderung, also negativen Auswirkungen auf den Verkehrswert, führen. Ausnahme: Das Teileigentum liegt ohnehin in einem Rotlichtviertel.[151]

73

Kommt es in dem Anwesen zu ungewollten Konfrontationen mit der Prostitutionsausübung in einer Teileigentumseinheit, die als anstößig zu bezeichnen sind, ist dies für die übrigen Teileigentümer nachteilig.[152] Überlässt ein Wohnungseigentümer seine Wohnung einer Prostituierten, die ihre Dienste in Zeitungsanzeigen unter Angabe der vollen Anschrift anbietet, brauchen die übrigen Wohnungseigentümer diese Nutzung der Wohnung ebenfalls nicht zu dulden.[153] Entsprechendes gilt auch, wenn die anderen Hausbewohner der Wohnungseigentumsanlage vorwiegend Studenten sind und lediglich „Hausfrauensex" angeboten wird.[154]

74

Maßgeblich ist die **Auslegung der Teilungserklärung**/Gemeinschaftsordnung und die Störung im Einzelfall. Dürfen die Wohnungseigentümer nach der Teilungserklärung ihre Wohnung zu „gewerblichen oder beruflichen Zwecken" nutzen, so ist Prostitution damit zumindest dann vereinbar, wenn sie nicht in einer Weise nach außen hervortritt, dass Außenstehende daran Anstoß nehmen müssen.[155] Das kann der Fall sein, wenn die Verabredungen mit den Freiern nur telefonisch erfolgen („Callgirl")[156] und sich das Teileigentum bei einer Gesamtschau der Umstände ohnehin in einer Anlage und Gegend befindet, in der ähnliche Situationen vorkommen.[157]

Zur ausnahmsweisen Zulässigkeit der Ausübung der Prostitution in einer großen Wohnungseigentumsanlage mit 70 Einzimmerwohnungen ohne Kinder und konkrete Beeinträchtigungen.

Sich **gestört fühlende Mieter** oder Miteigentümer müssen grds. den „normalen" Rechtsweg beschreiten, wenn sie gegen die Prostitution vorgehen wollen. Das Aufstellen einer Kameraattrappe mit dem Ziel, mögliche Freier einer in einer Mietwohnung der Anlage rechtswidrig der Prostitution nachgehenden Mieterin abzuschrecken bzw. diese zum schnelleren Auszug zu bewegen, verletzt die Mieterin rechtswidrig in ihrem allgemeinen Persönlichkeitsrecht und ist daher zu unterlassen.[158]

75

Grundstücksnachbarn können nur bei konkreten, nicht unerheblichen Beeinträchtigungen Ansprüche geltend machen. Eine (nur) das sittliche Empfinden von Nachbarn verletzende Nut-

76

---

151 KG, 16.02.2000 – 24 W 3925/98 zu einem Sex-Shop.
152 BayObLG, 08.09.2004 – 2 Z BR 137/04, GuT 2004, 239 = NZM 2004, 949 = ZMR 2005, 67.
153 BayObLG, 22.06.1995 – 2 Z BR 40/95, NJW-RR 1995, 1228 = MDR 1995, 1117.
154 OLG Zweibrücken, 08.01.2008 – 3 W 257/07, IMR 2008, 169 und IMR 2009, 129.
155 OLG Köln, 25.08.2008 – 16 Wx 117/08, IMR 2009, 130 = GuT 2009, 44 = InfoM 2009, 124; LG Nürnberg, 18.04.1990 – 14 T 214/90, NJW-RR 1990, 1355.
156 OLG Köln, 25.08.2008 – 16 Wx 117/08, IMR 2009, 130 = GuT 2009, 44 = InfoM 2009, 124; LG Nürnberg, 18.04.1990 – 14 T 214/90, NJW-RR 1990, 1355.
157 OLG Köln, 25.08.2008 – 16 Wx 117/08, IMR 2009, 130 = GuT 2009, 44 = InfoM 2009, 124: 70 Einzimmerwohnungen ohne Kinder, fünf Wohnungen zur Wiedereingliederung von Obdachlosen genutzt, eine Wohngemeinschaft mit jugendlichen Drogensüchtigen, Wohnanlage in einer Straße von Köln, in der auch „randständige Menschen" Unterkunft finden.
158 LG Darmstadt, 17.03.1999 – 8 O 42/99, NZM 2000, 360; vgl. zur Beeinträchtigung des Persönlichkeitsrechts durch eine Videoanlage auch OLG Köln, 09.05.2007 – 16 Wx 13/07, IMR 2008, 56.

zung eines Grundstücks durch einen Mieter, die nach außen nicht wahrnehmbar ist, begründet keinen Beseitigungs- oder Unterlassungsanspruch nach §§ 1004, 906 BGB gegen den Vermieter.[159]

77 Es liegt kein Wegfall bzw. Störung der Geschäftsgrundlage und Rückgängigmachung eines Kaufvertrages vor, wenn die beim **Kauf einer Eigentumswohnung** vorliegende überdurchschnittlich auf Prostitution in der Wohnung basierende Miete wegfällt, weil die Prostituierte wegen behördlichen Einschreitens auszieht.[160]

→ *Zur* **Prostitution in Mietwohnungen** s. Rn. 622.

dd) Sonstige Praxisfälle

78

Bestehende Zweckbestimmung	Beabsichtigte bzw. tatsächliche Nutzung	Zulässig? Ja/Nein	Entscheidung/Fundstelle
Büro	Arztpraxis	Nein	OLG Stuttgart, 04.11.1986 – 8 W 357/86, WuM 1987, 34 = MDR 1987, 236 = NJW 1987, 385
Café mit Schnellimbiss	Über 21:00 Uhr hinaus für einen ausländischen Kulturverein Getränke ausschenken und Speisen zuzubereiten	Nein	BayObLG, 15.05.2003 – 2 Z BR 41/03, GuT 2006, 339
Freiberufliche Tätigkeit	Digital-Druckerei	Ja	OLG Düsseldorf, 14.11.2007 – 3 Wx 40/07, GuT 2007, 450 = IMR 2008, 22 = NJOZ 2008, 1071
Gewerbliche Räume	Tagesstätte mit Kontakt- und Informationsstellenfunktion für Menschen mit psychischer Behinderung	Ja	OLG Zweibrücken, 11.08.2005 – 3 W 21/05, GuT 2005, 262 = NZM 2005, 868 = InfoM 2005, 310
Keller	Wohnen	Nein	OLG Zweibrücken, 14.12.2005 – 3 W 196/05, GuT 2006, 89 = WuM 2006, 459 = MDR 2006, 7

---

159 BGH, 12.07.1985 – V ZR 172/84, BGHZ 95, 307 = NJW 1985, 2823.
160 OLG Hamm, 30.09.1999 – 22 U 174/98, OLGR 2000, 83.

| Praxis | Gaststätte | Nein | BayObLG, 22.01.2004 – 2 Z BR 229/03, GuT 2006, 339 |
| Wohnung | Arbeitsvermittlung oder Schülernachhilfe | Nein | OLG Köln, 23.07.2007 – 16 Wx 25/07, GuT 2008, 158 = IMR 2008, 85 |

e) Gesamtschuldnerische Haftung der Eigentümer

Insb. bei größeren Wohnanlagen kommt es häufig vor, dass einzelne Eigentümer als Gesamtschuldner für Forderungen gegen die Eigentümergemeinschaft in Anspruch genommen werden. Besonders oft betroffen sind „**Schrottimmobilien**", also Einheiten in größeren Komplexen, die aus Gründen vermeintlicher Steuerersparnis gekauft wurden und dann von den Eigentümern nicht mehr finanziert werden können, sodass Forderungen Dritter gegen die Gemeinschaft (z.B. öffentliche Abgaben) mangels Einzahlung in den gemeinsamen Topf nicht mehr bedient werden können. Nach der Rechtslage vor Inkrafttreten des neuen WEG am 01.07.2007 konnten derartige Ansprüche völlig problemlos auch gegen einzelne Eigentümer geltend gemacht werden. Es existieren lediglich vereinzelt Gerichtsentscheidungen, die den Entscheidungsspielraum der Behörde aus Gründen der „offenbaren Unbilligkeit" dahin einschränken, dass die einzelnen Mitglieder der Wohnungseigentümergemeinschaft nur entsprechend ihrem ideellen Anteil am Wohnungseigentum in Anspruch genommen werden dürfen.[161]

79

Die Annahme einer gesamtschuldnerischen vertraglichen **Außenhaftung einzelner Wohnungseigentümer** für die von der Wohnungseigentümergemeinschaft insgesamt, d.h. gemeinschaftlich bezogenen Leistungen kommt seit der Entscheidung des BGH zur – nunmehr bejahten – Teilrechtsfähigkeit der Wohnungseigentümergemeinschaft[162] und aufgrund des zum 01.07.2007 geänderten Wohnungseigentumsgesetzes grds. nicht mehr in Betracht.[163] Die Regelung in § 10 Abs. 8 WEG über eine Außenhaftung jedes Wohnungseigentümers nach dem Verhältnis seines Miteigentumsanteils ist auch auf vor dem 01.07.2007 begründete Verbindlichkeiten der Wohnungseigentümergemeinschaft anzuwenden.[164] Dies bedeutet eine grundlegende Änderung der Rechtsprechung dahin, dass für bestimmte Forderungen nun zumindest die Inanspruchnahme einzelner Eigentümer eingeschränkt werden kann.

80

Dem entsprechend hat der BGH entschieden, dass einzelne Eigentümer **nicht mehr zwingend als Gesamtschuldner** für die gesamte Forderung aus einem Kaufvertrag haften.[165] Die Gesamtschuldnerhaftung der Wohnungseigentümer kommt nur in Betracht, wenn sie sich ausdrücklich selbst verpflichtet haben oder wenn es sich um persönliche Verbindlichkeiten handelt, die wirksam durch Gesetz oder kommunale Satzung (Entwässerung, Abfallentsorgung

---

161 OVG Hamburg, 24.10.2003 – 1 Bf 265/03.
162 BGH, 02.06.2005 - V ZB 32/05, IBR 2005, 517.
163 KG, 12.02.2008 – 27 U 36/07, IMR 2008, 167: Wasserver- und -entsorgung über ein gemeinschaftliches Leitungsnetz.
164 KG, 12.02.2008 – 27 U 36/07, IMR 2008, 167.
165 BGH, 07.03.2007 – VIII ZR 125/06, ZMR 2007, 472.

etc.) begründet werden.¹⁶⁶ Dies beruht darauf, dass in diesen Fällen die Haftung nicht auf der Mitgliedschaft in der Eigentümergemeinschaft basiert, sondern auf der grundstücksrechtlichen Eigentümerstellung.

IX. Streitwert

81   Besonderheiten bestehen nicht. Der Streitwert richtet sich nach der Natur des geltend gemachten Anspruchs.

82   Der Streitwert in **WEG-Sachen** ist nach § 49a Abs. 1 GKG auf 50 % des Interesses der Parteien und aller Beigeladenen an der Entscheidung festzusetzen. Er darf das Interesse des Klägers und der auf seiner Seite Beigetretenen an der Entscheidung nicht unterschreiten und das Fünffache des Wertes ihres Interesses nicht überschreiten. Der Wert darf in keinem Fall den Verkehrswert des Wohnungseigentums des Klägers und der auf seiner Seite Beigetretenen übersteigen. In der Praxis fehlen meist echte materielle Anknüpfungspunkte für die Bewertung des Interesses. Es darf dann auf den Regelstreitwert des § 52 Abs. 2 GKG, § 23 Abs. 3 RVG, § 30 Abs. 2 KostO zurückgegriffen werden, also 4.000,00 € als Mittelwert und davon 50 % also 2.000,00 €.

83   Nach § 49a Abs. 2 GKG darf der Streitwert bei einer **Klage gegen einzelne Wohnungseigentümer** das Fünffache des Wertes ihres Interesses sowie des Interesses der auf ihrer Seite Beigetretenen nicht übersteigen. Bei wiederkehrenden Nutzungen und Leistungen gem. § 9 ZPO gilt § 49a GKG nicht. Streiten die Parteien über einen neuen Kostenverteilungsschlüssel für Maßnahmen der Instandhaltung und Instandsetzung gemeinschaftlichen Eigentums, so ist nicht die – fiktive – Kostenmehrbelastung eines Jahres streitwertbildend, sondern der 3,5-fache Wert der voraussichtlichen, durchschnittlichen Jahresmehrbelastung.¹⁶⁷

X. Gerichtsverfahren

1. Sachliche Zuständigkeit, Mischmietverhältnisse

84   Bei Mischmietverhältnissen muss nach der oben beschrieben Rechtsprechung eine Klärung stattfinden, um welche Art von Mietverhältnis es sich handelt, damit das sachlich zuständige Gericht bestimmt werden kann. Handelt es sich um Wohnraum, gilt die ausschließliche, den Streitwert unberücksichtigt lassende Zuständigkeit des AG nach § 23 Nr. 2a GVG. Bei Mietverhältnissen über Geschäftsräume sind nach § 23 Nr. 1 GVG für alle Streitigkeiten zwischen den Mietparteien die AG sachlich nur zuständig, wenn der Streitwert 5.000,00 € nicht übersteigt; ansonsten sind die Landgerichte zuständig.

Beruft sich der auf Räumung und Zahlung einer Nutzungsentschädigung verklagte Mieter auf einen (mündlich geschlossenen) Wohnraummietvertrag, so ist für diese Rechtsstreitigkeit ausschließlich das AG zuständig, in dessen Bezirk der Wohnraum gelegen ist.¹⁶⁸

---

166   Vgl. auch BVerwG, 11.11.2005 – 10 B 65.05.
167   LG München I, 22.01.2010 – 36 T 22766/09.
168   OLG Düsseldorf, 08.11.2007 – 24 U 117/07, IMR 2008, 220.

2. WEG-Verfahren

Das WEG-Verfahren ist ein normaler Zivilrechtsstreit nach Maßgabe der ZPO. Allein die Parteien verfügen über den Streitgegenstand und damit über Gang und Inhalt des Verfahrens. Nach § 10 Abs. 6 Satz 1 WEG ist die Wohnungseigentümergemeinschaft (teil-) rechtsfähig, woraus deren (Teil-) Parteifähigkeit folgt. § 10 Abs. 6 WEG bestimmt, dass die Gemeinschaft der Wohnungseigentümer („der Verband") i.R.d. Verwaltung des gemeinschaftlichen Eigentums ggü. Dritten und auch ggü. einzelnen Wohnungseigentümern selber Rechte erwerben und Pflichten eingehen kann. Die Eigentümergemeinschaft ist daher selber Inhaberin der als Gemeinschaft gesetzlich begründeten und rechtsgeschäftlich erworbenen Rechte und Pflichten. Und kann aus solchen Rechten/Pflichten vor Gericht klagen bzw. verklagt werden. Damit gibt es neben den Wohnungseigentümern, dem Verwalter und außenstehenden Dritten eine weitere (potenzielle) Partei im WEG-Prozess.

85

Gem. § 50 Abs. 1 ZPO ist **parteifähig**, wer rechtsfähig ist. Dies ergibt sich für die WEG aus § 10 Abs. 6 Satz 5 WEG. Es klagen nicht die einzelnen Wohnungseigentümer in notwendiger Streitgenossenschaft, sondern nur die „Wohnungseigentümergemeinschaft XY". Da die Wohnungseigentümergemeinschaft selbst Partei eines Zivilprozesses ist, spielen Änderungen im Wohnungseigentümerbestand für den Prozessverlauf keine Rolle. Wenn die Wohnungseigentümer und der Verband prozessieren, sind sie (nur) einfache Streitgenossen (§§ 59, 60 ZPO), sodass jeder Eigentümer der Wohnungseigentümergemeinschaft als Nebenintervenient (§§ 66 ff. ZPO) beitreten kann.

86

Die Wohnungseigentümergemeinschaft als solche ist nicht geschäfts- und damit auch nicht **prozessfähig** (§§ 51 Abs. 1, 52 ZPO), weil sie nur durch einen gesetzlichen Vertreter handeln kann, weshalb nach § 27 Abs. 3 Satz 1 Nr. 2 WEG der Verwalter in Passivprozessen ihr gesetzlicher Vertreter ist. Für einen Aktivprozess muss der Verwalter durch einen Beschluss der Wohnungseigentümer zur Vertretung ermächtigt werden, § 27 Abs. 3 Satz 1 Nr. 7 WEG. Fehlt ein Verwalter oder ist er nicht vertretungsberechtigt ist, vertreten nach § 27 Abs. 3 WEG alle Wohnungseigentümer die Gemeinschaft, es sei denn, es wurden Einzelne zur Vertretung ermächtigt.

87

Für die **sachliche Zuständigkeit** des Gerichts gilt: Nach § 23 Nr. 2c) GVG umfasst die Zuständigkeit der AG auch Streitigkeiten nach § 43 Nr. 1 bis Nr. 4 und Nr. 6 WEG (ausschließliche Zuständigkeit). Da § 43 Nr. 5 WEG nicht genannt wird, ist die sachliche Zuständigkeit des AG keine ausschließliche, sondern richtet sich nach § 23 Nr. 1 GVG (Streitwert). Für alle Wohnungseigentumssachen des § 43 WEG ist das Gericht **örtlich zuständig**, in dessen Bezirk das Grundstück liegt (ausschließliche Zuständigkeit).

88

XI. Vertragsgestaltung

Wünschen die Parteien von vornherein ein Mischmietverhältnis, kann ausdrücklich **vereinbart werden**, dass sich das gesamte Vertragsverhältnis nach **Geschäftsraummietrecht** richten soll, selbst wenn die Wohnfläche überwiegt. Umgekehrt ist dies ebenfalls zulässig. Haben die Parteien eine Klausel wie die Folgende vereinbart:

89

„Es besteht Einvernehmen, dass es sich um einen Geschäftsraumpachtvertrag handelt, in welchem die dazugehörigen Wohnräume untergeordnete Bedeutung haben und somit die gesetzlichen Schutzbestimmungen, wie sie für Mietwohnungen bestehen, nicht anzuwenden sind",

ist nicht nur die Anwendung der Kündigungsschutzvorschriften ausgeschlossen worden, sondern aller gesetzlicher Schutzbestimmungen für Wohnräume.[169] Dies ist jedoch unzulässig, wenn damit in Kenntnis der eigentlichen Rechtsnatur des Vertrages als Wohnraummietverhältnis die **Schutzbestimmungen des sozialen Mietrechts ausgehebelt** werden sollen. Eine solche Umgehung ist unwirksam. Folge ist aber nicht die Nichtigkeit oder Unwirksamkeit des Vertrages, sondern die Qualifizierung als Wohnraummietverhältnis. Haben die Parteien eine Nutzungsart vertraglich vereinbart, also z.B. gewerbliche Nutzung festgeschrieben, bleibt dies auch dann maßgeblich, wenn der Mieter die Nutzungsart ändert.[170]

> **Praxistipp:**
>
> Bei der **Vertragsgestaltung von Mischmietverhältnissen** sind die **steuerlichen Folgen** für die Parteien im Auge zu behalten, da sonst Ärger vorprogrammiert ist. Die unterschiedlichen Bereiche sollten flächen- und betragsmäßig so deutlich wie möglich herausgearbeitet werden, da das FA ansonsten z.B. eine Schätzung des jeweiligen Miet- und Nebenkostenanteils vornehmen könnte.
>
> Öffentlich-rechtliche Aspekte, etwa die bauplanungs- oder bauordnungsrechtliche Zulässigkeit einer Nutzung, werden durch eine Parteivereinbarung nicht außer Kraft gesetzt.

---

169 LG Wiesbaden, 29.03.1993 – 8 T 15/93, NJW-RR 1993, 1293 = WuM 1994, 447.
170 OLG Düsseldorf, 29.01.2004 – I-10 U 105/03, NZM 2004, 743.

XII. Arbeits- und Beratungshilfen

1. Schnellüberblick Grundsatz-Rechtsprechung des BGH

Thema/Normen	Leitsatz	Entscheidung, Fundstelle
Gewerbeausübung in zu Wohnzwecken vermieteter Wohnung kann zur Kündigung berechtigen	Die Ausübung eines Gewerbes in einer zu Wohnzwecken vermieteten Wohnung kann eine Pflichtverletzung darstellen, die eine Kündigung des Mietverhältnisses rechtfertigt. Der Vermieter muss geschäftliche Aktivitäten seines Mieters freiberuflicher oder gewerblicher Art, die nach außen hin in Erscheinung treten, mangels entsprechender Vereinbarung - auch ohne ausdrücklichen Vorbehalt - nicht dulden. Dies gilt zumindest dann, wenn der Mieter für seine geschäftliche Tätigkeit Mitarbeiter in der angemieteten Wohnung beschäftigt. Der Vermieter kann im Einzelfall nach Treu und Glauben verpflichtet sein, eine Erlaubnis zu einer teilgewerblichen Nutzung zu erteilen, wenn es sich nach Art und Umfang um eine Tätigkeit handelt, von der auch bei einem etwaigen Publikumsverkehr keine weitergehenden Einwirkungen auf die Mietsache oder die Mitmieter ausgehen als bei einer üblichen Wohnungsnutzung.	BGH, 14.07.2009 – VIII ZR 165/08, IMR 2009, 336 = WuM 2009, 517
Mischmietverhältnis § 580a Abs. 2 BGB	Bei der Frage, ob ein Mietverhältnis über Wohnraum vorliegt, ist nach der Rechtsprechung des Bundesgerichtshofs auf den Zweck abzustellen, den der Mieter mit der Anmietung des Mietobjekts vertragsgemäß verfolgt. Geht der Zweck des Vertrages dahin, dass der Mieter die Räume weitervermietet oder sonst Dritten - auch zu Wohnzwecken - überlässt, sind die Vorschriften des Wohnraummietrechts auf das (Haupt-) Mietverhältnis nicht anwendbar (BGHZ 94, 11, 14; 135, 269, 272 m.w.N.; Senatsurteil vom 11. Februar .1981 - VIII ZR 323/79, NJW 1981, 1377, unter 2 b cc). Entscheidend ist mithin, ob der Mieter die Räume nach dem Vertrag zu eigenen Wohnzwecken anmietet. Mietet eine juristische Person ein Reihenhaus an, um es teils als Büroraum für ihren Geschäftsbetrieb zu nutzen und teils ihrem Geschäftsführer als Wohnung zur Verfügung zu stellen, handelt es sich um einen der Kündigungsfrist des § 580a Abs. 2 BGB unterliegenden Mietvertrag über Geschäftsräume.	BGH, 16.07.2008 – VIII ZR 282/07
Pacht	Pacht ist gegeben, wenn für den Geschäftsbetrieb geeignetes Inventar in den Räumen vorhanden ist und der Vertragspartner dazu wesentlich beigetragen hat, z.B. durch Nachweis einer günstigen Bezugsquelle oder Bereitstellung eines günstigen Anschaffungskredits.	BGH, 27.03.1991 – XII ZR 136/90, MDR 1991, 1063

90

Wohnraummiete oder andere Nutzungsart	Im Rahmen der Prüfung, ob nach dem Vertragszweck überwiegend Wohnraummiete oder eine andere Nutzungsart anzunehmen ist, sind alle Umstände des Einzelfalles zu würdigen und sind daher auch die auf die verschiedenen Nutzungsarten entfallenden Flächen und deren Mietwerte zu berücksichtigen, soweit sich nicht bereits aus anderen Gründen ein Übergewicht eines bestimmten Gebrauchszwecks ergibt. Maßgebend ist stets der wahre Vertragszweck.	BGH, 16.04.1986 – VIII ZR 60/85, NJW-RR 1986, 877

2. Schnellüberblick aktuelle Rechtsprechung der Instanzgerichte

91

Thema/Normen	Leitsatz	Entscheidung, Fundstelle
„Gewerbe": Kein Anspruch auf Unterlassung des Betriebs einer Spielothek!	Sieht die Teilungserklärung der Wohnungseigentümergemeinschaft die uneingeschränkte Nutzung als „Gewerbe" in den Räumlichkeiten des Erdgeschosses vor, so umfasst dies auch die Nutzung der Räume als Spielothek.	LG Karlsruhe, 26.10.2010 - 11 S 200/09, IMR 2011, 68
Beurteilung des Vertragstyps	Für die Beurteilung des Vertragstyps (Wohnen/Gewerbe) ist nicht die Vertragsbezeichnung maßgebend, sondern der Zweck, den der Mieter mit der Anmietung verfolgt.	OLG Frankfurt am Main, 16.06.2010 – 2 U 220/09, IMR 2010, 376
Abgrenzung zum Leihvertrag	Ein Mietvertrag liegt in Abgrenzung zur Leihe schon dann vor, wenn der Nutzer nur die Betriebskosten der genutzten Räume zu tragen hat.	OLG Stuttgart, 20.08.2009 – 6 W 44/09, IMR 2009, 376 = NZM 2010, 579
Abgrenzung Wohn-/Gewerberaummiete: Juristische Person kann nicht wohnen	Vereinbaren die Parteien eines Mietvertrags (auch) die Nutzung von Räumen zu Wohnzwecken als Mietzweck, scheidet bei einer juristischen Person als Mieter die Anwendung des Wohnraummietrechts schon deshalb aus, weil eine juristische Person schon begrifflich nicht zu eigenen Wohnzwecken Räume anmieten kann (hier: Anmietung einer Kindertagesstätte mit Weitervermietung von Teilen des Gebäudes zu Wohnzwecken).	KG, 16.03.2009 – 8 U 131/08, IMR 2009, 343
Golfplatz und Pacht	Die entgeltliche Überlassung eines Golfplatzbetriebs ist als Pachtvertrag einzuordnen.	OLG Düsseldorf, 24.06.2008 – 24 U 74/08, IMR 2008, 323
Qualifikation eines Toilettenreinigungsvertrags als Pachtvertrag §§ 580a, 581, 305, 307 BGB	Ein Vertrag über die Reinigung und Kontrolle der Kundensanitäranlagen eines Einkaufszentrums gegen Zahlung eines monatlichen Betrags für die Nutzung der Toilettenräume bei gleichzeitigem Einbehalt des Trinkgeldes ist als atypischer Pachtvertrag zu qualifizieren.	OLG Frankfurt am Main, 30.05.2008 – 2 U 26/08, NZM 2009, 334

3. Tabellarische Darstellung wesentlicher Unterschiede zwischen Geschäftsraum- und Wohnraummiete

Thema	Sachverhalt/Problem G = Geschäftsraummiete W = Wohnraummiete	§§ BGB G = Geschäftsraummiete W = Wohnraummiete
AGB	Bei G finden die §§ 305 Abs. 2 und Abs. 3, 308, 309 BGB keine Anwendung auf AGB, die ggü. einem Unternehmer (§ 14 BGB) gestellt werden.	§ 310 Abs. 1 Satz 1
Anwendbare Vorschriften	Das Gesetz unterteilt in W und „Mietverhältnisse über andere Sachen", §§ 578 bis 580a BGB und Pacht, §§ 581 ff. BGB. Auf G sind nur diejenigen Normen aus der W anwendbar, die in § 578 BGB ausdrücklich erwähnt werden.	§§ 578 ff.
Befristeter Mietvertrag	→ s. Zeitmietvertrag	
Betriebskosten	G: frei vereinbar; keine Verweisung des § 578 BGB auf § 556 BGB. Analoge Anwendung des § 556 Abs. 3 BGB (Ausschlussfrist) ist umstritten (h.M. mittlerweile: keine Anwendung).	G: Mietvertrag W: § 556
Betriebspflicht	Eine Betriebspflicht gibt es naturgemäß nur in der G.	Vertragliche Vereinbarung
Kaution	Anders als bei W keine gesetzliche Regelung des Kautionsrechts = freie Vereinbarung.	G: Mietvertrag W: § 551

Konkurrenzschutz	Einen Konkurrenzschutz gibt es naturgemäß nur in der G. Der sog. vertragsimmanente Konkurrenzschutz wird abgeleitet aus der Pflicht des Vermieters zur Überlassung und Erhaltung des Mietobjekts in einem zum vertragsgemäßen Gebrauch geeigneten Zustand.	§ 535
Kündigung, Form	G: formlos möglich. W: Schriftform.	W: § 568
Kündigung, Zahlungsverzug	Die „Wohltat" § 569 Abs. 3 Nr. 2 BGB – Nachzahlung offener Beträge binnen eines Monats nach Klagezustellung bewirkt Unwirksamkeit der fristlosen Kündigung – gilt nur für W.	G: § 543 W: § 543, § 569
Kündigungsfristen, ordentliche Kündigung		G: § 580a W: § 573c
Mahnbescheid	Es ist zu differenzieren zwischen G und W und der entsprechenden gerichtlichen Zuständigkeit.	G: Mietvertrag W: §§ 557 ff.
Mieterhöhung	In der W an die gesetzlichen Voraussetzungen geknüpft. In der G keine gesetzliche Regelung, stattdessen immer vertragliche Vereinbarung erforderlich.	
Mieterhöhung, Eintritt der Erhöhung	In der W setzt eine Mieterhöhung immer ein Erhöhungsverlangen voraus. In der G kann auch eine automatische Erhöhung vereinbart werden. Der Vermieter kann dann auch für vergangene Zeiträume erhöhte Miete nachfordern.	

Mieterhöhung, Modernisierung	§ 578 Abs. 2 BGB verweist auf die §§ 559 Abs. 1 und Abs. 2 BGB, nicht aber auf § 559 Abs. 3 BGB (Unzulässigkeit abweichender Vereinbarungen). Ergo: über § 559 Abs. 1 und Abs. 2 BGB hinausgehende Vereinbarungen sind in der G zulässig.	§ 559
Mietwucher	Gilt aufgrund des Gesetzestextes nur für W.	§ 291 StGB
Nebenkosten	→ s. Betriebskosten	
Staffelmiete	Keine inhaltlichen Beschränkungen in der G, wenn wirksame vertragliche Vereinbarung.	G: Mietvertrag W: § 557a
Vertragsstrafe	In der W unzulässig, in der G zulässig.	G: Mietvertrag W: § 555
Zeitmietvertrag	In der G frei möglich. In der W nur unter bestimmten Voraussetzungen (qualifizierter Zeitmietvertrag).	W: § 575
Zuständigkeit, gerichtliche	Sachliche Zuständigkeit: G: streitwertabhängig W: AG	G: § 23 Nr. 1 GVG W: § 23 Nr. 2a GVG
Zweckentfremdungsverbot	Untersagt ist ggf. nur die Änderung von W in G, nicht umgekehrt.	

4. Checkliste: Prüfung des Vertragstyps bei Mischmietverhältnissen

Checkliste: Art der Räume

- ☐ Gaststätte mit Wohnung
- ☐ Praxis mit Wohnung
- ☐ Sonstiges: ...
- ☐ Vertragstyp ausdrücklich vereinbart?
- ☐ Wirksame vertragliche Vereinbarung?
- ☐ Unwirksamkeit evtl. bei marktunüblicher Erhöhung der Geschäftsraummiete nebst Senkung der Wohnraummiete

- ☐ Jeweilige Mietanteile weichen deutlich von den tatsächlichen Flächen, Nutzungen etc. ab

Abgrenzungskriterien

- ☐ Vertragsbezeichnung: Ist der Vertragstyp im Vertrag definiert?
- ☐ Parteiwille: Was war gewollt?
- ☐ Vertragstext: Beschreibung im Text, Aufspaltung von Mietbeträgen, was dominiert?
- ☐ Vorverhandlungen (Schriftverkehr, Protokolle, Gespräche etc.)
- ☐ Schriftverkehr u.Ä. während des Mietverhältnisses
- ☐ Beabsichtigte Nutzungsdauer (Wohnung nur als Übergangslösung gewollt etc.?)
- ☐ Tatsächliche Nutzung (maßgebliches Kriterium nach BGH)
- ☐ Flächenanteile: Was überwiegt?
- ☐ Wo liegt – bezogen auf das Objekt als Ganzes – der Lebensmittelpunkt?
- ☐ Investitionen des Mieters
- ☐ Räumliche Kriterien (z.B. Zugang zur Wohnung nur durch Gaststättenraum)

5. Formulierungsvorschlag zum Mischmietverhältnis bei überwiegend beruflicher Nutzung

Hinweis:

Die folgenden Klauseln sind als Ergänzung zum übrigen Vertragstext und den vorgeschlagenen Mustern zu verwenden, wenn ein Mischmietverhältnis besteht.

Formulierungsvorschlag: Mischmietverhältnis bei überwiegend beruflicher Nutzung

§ 1

Mietobjekt

1. Beschreibung

Der Vermieter vermietet an den Mieter die in Anlage 1 eingezeichneten Flächen im ..... Geschoss links/rechts/Mitte des Hauses ..... Straße in ..... Das Objekt beinhaltet folgende Räume und Nebenflächen: .....

Flächenbestimmung: .....

Garage/Stellplätze u.Ä.: .....

2. Vertragszweck

Die Miträume werden zum Betrieb eines Architektenbüros und zu Wohnzwecken vermietet. Diejenigen Flächen, die zu Wohnzwecken genutzt werden (ca. ..... m²) sind in der Anlage 1 grün markiert, die blau markierten Flächen (ca. ..... m²) werden zum Betrieb des Architektenbüros genutzt. Die übrigen – nicht markierten Flächen – werden gemischt genutzt. Die Vertragspartner sind sich einig, dass der Schwerpunkt des Vertragszweckes die Nutzung als Architektenbüro ist, weil der Mieter seine Einkünfte überwiegend aus dieser Tätigkeit erwirtschaftet und die für die berufliche Tätigkeit genutzte Fläche überwiegt.

Der Mieter wird die Nutzung der jeweiligen Flächen (Wohn-/Geschäftsraum) nicht ohne Zustimmung des Vermieters vergrößern, verringern oder anderweitig ändern. Dem Mieter ist bekannt, dass eine Vergrößerung der beruflich genutzten Flächen dazu führen kann, dass Zweckentfremdungsrecht Anwendung findet und die Änderung der Wohnraumnutzung einer behördlichen Erlaubnis bedarf. Folge kann die Untersagung der geschäftlichen Nutzung, ein Bußgeld bis zu ca. 50.000,00 € oder eine behördlich festgesetzte Ausgleichsabgabe sein. Der Mieter verpflichtet sich, derartigen behördlichen Auflagen nachzukommen, Zahlungsverpflichtungen zu übernehmen bzw. den Vermieter davon freizustellen und etwaige weitere Konsequenzen zu tragen.

§ 2 Schnittstellen von Öffentlichem Recht und gewerblichem Miet-/Pachtrecht

		Rn.
I.	Überblick	96
II.	Grundsätzliches zum Öffentlichen Baurecht	100
	1. Bauordnungsrecht	101
	2. Bauplanungsrecht/Baunutzungsverordnung	102
	3. Art der baulichen Nutzung nach der BauNVO, Grundsätzliches zu Nutzungsänderungen	106
	4. Typische Problemfälle	110
III.	Öffentlich-rechtliche Rechtsverhältnisse der Beteiligten untereinander	112
	1. Rechtsverhältnis Bauherr/Vermieter zur Behörde	112
	2. Rechtsverhältnis Bauherr/Vermieter zum Nachbar	114
	3. Rechtsverhältnis Nachbar zur Behörde	115
IV.	Standardfall: Nutzungsänderung	118
	1. Grundsätze	118
	2. Maßgebliche Vorschriften der Bundesländer	122
	3. Zulässigkeit der Nutzungsänderung	123
	4. Beispiele für Nutzungsänderungen	125
	5. Nutzungsänderung durch neuen Bebauungsplan	128
	6. Miet- und pachtrechtliche Aspekte	129
V.	Vorgehen der Behörde bei Verstößen gegen öffentliches Recht	130
	1. Grundsätze	130
	2. Adressat eines Nutzungsverbotes	132
	3. Sofortige Vollziehbarkeit	136
	4. Duldung durch die Behörde	137
	5. Formulierungsvorschlag zu einem Nutzungsverbotes	139
VI.	Beendigung von Miet- und Pachtverträgen durch Verwaltungsakt	140
VII.	Objekte in Sanierungsgebieten: Genehmigung von Mietverträgen	145
VIII.	Haftung des Grundstückseigentümers für Abfallgebühren des Mieters	146
IX.	Zweckentfremdungsverbot	147
	1. Rechtsgrundlagen	147
	2. Zweckentfremdung	152
	3. Checkliste: Wann unterfallen Räume dem Verbot?	155
	4. Mischnutzung	156
	5. Erlaubniserteilung	157
	a) Voraussetzungen	157
	b) Schaffung von Ersatzwohnraum	161
	6. Folgen eines Verstoßes gegen das Zweckentfremdungsverbot	163
X.	Rechtsnatur und Rechtsfolgen behördlicher Beanstandungen oder Gebrauchsbeschränkungen im gewerblichen Miet- oder Pachtverhältnis	167
XI.	Arbeitshilfen	168
	1. Schnellüberblick Rechtsprechung zur typischen öffentlich-rechtlichen Problematik „Discounter"	168
	2. Schnellüberblick Rechtsprechung zur typischen öffentlich-rechtlichen Problematik „Mobilfunkanlagen"	169
	3. Schnellüberblick Rechtsprechung zur typischen öffentlich-rechtlichen Problematik „Spielhallen/Wettbüros"	170
	4. Schnellüberblick Rechtsprechung zur typischen öffentlich-rechtlichen Problematik „Zweckentfremdung"	171

I. Überblick

96 Die gewerbliche Vermietung oder Verpachtung hat zahlreiche Berührungspunkte mit dem öffentlichen Baurecht. Dies gilt nicht nur für die Errichtung oder den Umbau gewerblicher Objekte, sondern auch für die Bestandsnutzung. Bei vielen Miet- und Pachtobjekten sind behördliche Genehmigungen erforderlich, damit der Mieter seinen Geschäftsbetrieb aufnehmen darf, – sei es bei Beginn der Geschäftstätigkeit oder nach Änderungen (etwa Umbauten des Mietobjekts oder einer Änderung der Nutzungsart). In der Praxis besonders wichtig sind **Nutzungsänderungen**, die genehmigungspflichtig sein können. Diese Umwidmungen kommen in der Praxis auch dann vor, wenn die ursprünglich geplante Nutzung sich nicht rentiert. D.h. aus Büros werden Seniorenwohnungen, aus Arztpraxen eine Ladenzeile oder Ähnliches. Das bedeutet, dass der Bauherr im Fall einer Nutzungsänderung bei der Baubehörde einen Bauantrag

stellen und die entsprechenden Unterlagen einreichen muss. Die Behörde prüft dann, ob die Nutzungsänderung zulässig, also ob sich das Vorhaben in den lokalen Bebauungsplan und den Charakter der Umgebung einfügt, ob alle relevanten Vorschriften (z.B. für Gewerbebetriebe, Brandschutz) eingehalten und ob nicht Nachbarn unangemessen beeinträchtigt werden.

Der Genehmigung steht die Versagung ggü., also ein von der Behörde ausgesprochenes Verbot. Solche Genehmigungen und Versagungen sind **Verwaltungsakte** und gehören dogmatisch zum Öffentlichen Recht, da auf der einen Seite ein Privater (Gewerberaummieter oder -vermieter) und der anderen Seite ein Hoheitsträger tätig wird. Daher betrifft dieser Bereich das Verwaltungsrecht, sodass sich auch die Rechtsmittel gegen Versagungen nach dem Verwaltungsrecht richten. Es ist deshalb immer wie folgt zu differenzieren:

- Verhältnis Gewerberaummieter oder -vermieter versus Behörde und umgekehrt = Verwaltungsrecht.
- Verhältnis Gewerberaummieter versus Vermieter und umgekehrt = Zivilrecht.

Die Schnittstelle des Verwaltungsrechts zum Gewerberaummietrecht liegt meistens im sog. Öffentlichen Baurecht[171] und dort wiederum in den Teilbereichen „Bauordnungsrecht" und bauplanungsrechtlich in der Beachtung der **Baunutzungsverordnung**, die erhebliche Auswirkung auf die öffentlich-rechtliche Zulässigkeit der konkreten Nutzung von Mieträumen haben kann. Ferner muss der Vermieter vor der Vermietung von Geschäftsräumen u.U. eine behördliche Erlaubnis, die sog. **Zweckentfremdungsgenehmigung**, einholen, wenn die Räume zuvor „lediglich" zu Wohnzwecken genutzt wurden (→ *Rn. 152 ff.*).

97

Vermieter versuchen regelmäßig, im Mietvertrag jegliche behördliche Verpflichtung ggü. dem Mieter auf diesen abzuwälzen. Das Risiko der Einholung behördlicher Genehmigungen bei personen- und betriebsbezogenen Umständen kann individualvertraglich in den Grenzen der §§ 242, 138 BGB und z.T. auch formularmäßig im Mietvertrag auf den Mieter abgewälzt werden. Solche Formularklauseln müssen allerdings unbedingt differenzieren, aus welchen Gründen Erlaubnisse etc. versagt werden.[172]

Die Schnittstelle kann aber auch außerhalb des öffentlichen Baurechts in allen anderen Bereichen des öffentlichen Rechts liegen, in denen es um Genehmigungen und Versagungen geht. Die erforderlichen Genehmigungen können **personenbezogen**, aber auch von der **Beschaffenheit des Objekts abhängig** sein.

98

Beispiel:

Sog. Schankerlaubnis für Gastwirte nach dem GaststättenG bzgl. der immer wieder problematischen Zuverlässigkeit von Gastwirten.

Insb. in der Gastronomie kommt es hier immer wieder zu Problemen, da die Gesundheitsämter etc. natürlich bestimmte bauliche Voraussetzungen der Lokale verlangen.

---

171 Das Private Baurecht bezieht sich auf die Rechtsbeziehungen zwischen den privaten Beteiligten, also dem Bauherrn und dem Unternehmer/Architekten.
172 BGH, 22.06.1988 – VIII ZR 232/87, ZIP 1988, 1197.

99 Streitigkeiten zwischen dem Vermieter/Gebäudeeigentümer und der Behörde, die Verwaltungsakte betreffen, gehören zum öffentlichen Recht und sind deshalb ggf. vor den VG auszufechten.

> **Praxistipp:**
> Die Dauer der Gerichtsverfahren an VG ist immens und kann bei Ausschöpfung des Instanzenzugs mehrere Jahre betragen. Bauherren, Eigentümer und Investoren sollten deshalb öffentlich-rechtliche Gesichtspunkte im Voraus soweit wie möglich unter Beiziehung von Fachleuten (Architekt etc.) abklären.

II. Grundsätzliches zum Öffentlichen Baurecht

100 Das Öffentliche Baurecht setzt sich aus mehreren Bereichen zusammen.[173] Das Bauordnungsrecht ist als **objektbezogenes Landesbaurecht** von dem **bundesgesetzlich geregelten, flächenbezogenen Bauplanungsrecht** abzugrenzen. Während das Bauordnungsrecht v.a. die Anforderungen an Konstruktion und Gestaltung baulicher Anlagen zum Gegenstand hat, betrifft das Bauplanungsrecht die Nutzung von Grund und Boden.

1. Bauordnungsrecht

101 Das Bauordnungsrecht zielt darauf ab, bauliche Anlagen so zu errichten oder zu ändern, dass die öffentliche Sicherheit oder Ordnung, insb. Leben und Gesundheit, nicht gefährdet werden. Im Bauordnungsrecht sind die Aufgaben der am Bau Beteiligten und der Baurechtsbehörden festgelegt. Es bestimmt weiterhin die Verfahren, die bei der Errichtung baulicher Anlagen gelten, und legt fest, welche Bauvorhaben ohne Genehmigungsverfahren durchgeführt werden können. Schwerpunkte des Bauordnungsrechts sind die Anforderungen an das Grundstück und seine Bebauung (z.B. Abstandsflächen, verkehrsmäßige Erschließung), an einzelne Räume, Wohnungen und besondere Anlagen (z.B. Stellplätze) sowie grundsätzliche Anforderungen an die Ausführung baulicher Anlagen und die wichtigsten Gebäudeteile (z.B. Standsicherheit, Verkehrssicherheit, Brandschutz). Die Einzelheiten sind in den **Landesbauordnungen** der Bundesländer festgelegt.

2. Bauplanungsrecht/Baunutzungsverordnung

102 Der Bebauungsplan gibt i.V.m. der Baunutzungsverordnung (BauNVO) Auskunft darüber, ob der beabsichtigte Gewerbebetrieb an dem Standort öffentlich-rechtlich zulässig ist oder nicht. Das Baugesetzbuch enthält in § 2 Abs. 5 BauGB eine Verordnungsermächtigung zum Erlass einer Baunutzungsverordnung. Die **BauNVO** ergänzt und konkretisiert insoweit die Bestimmungen der Bauleitplanung im Baugesetzbuch (§§ 1 bis 13 BauGB). Daneben ergänzt und konkretisiert sie die Vorschriften des BauGB über die Zulässigkeit von Vorhaben (§§ 29 bis 38 BauGB) und stellt der planenden Stadt oder Gemeinde umfangreiche Gliederungs- und Ausschlussmöglichkeiten i.S.e. planerischen Modifizierung und Feinsteuerung zur Verfügung, mit denen die Nutzungen differenziert und den speziellen örtlichen Verhältnissen angepasst werden können.

---

173 Die folgenden Ausführungen sind teilweise zitiert aus LEXsoft Professional Baurecht, Stichwort Bauordnungsrecht und Baunutzungsverordnung.

Beispiele:

- *In einem Mischgebiet ist ein bordellähnlicher Betrieb unzulässig, da die damit einhergehenden Belästigungen die Nachbarn erheblich beeinträchtigen und für diese nicht zumutbar sind.*[174]
- *Ein in einem allgemeinen Wohngebiet einzigartiger kleiner produzierender Gewerbebetrieb wird regelmäßig als Fremdkörper anzusehen sein, der seine Umgebung nicht mitprägt.*[175]
- *Ein gewerblicher Betrieb wie das Büro eines Heizungs- und Sanitärbetriebs ist im reinen Wohngebiet grds. unzulässig.*[176]
- *Eine offene Anstalt des Justizvollzuges, sog. Freigängerhaus, ist seiner Nutzungsart nach weder Wohnnutzung, noch eine Anlage für soziale Zwecke oder Anlage für Verwaltung und deshalb weder in einem allgemeinen Wohngebiet noch in einem Mischgebiet bauplanungsrechtlich zulässig.)*[177]
- *Die Nutzung von Außenflächen eines Hotelbetriebs als gastronomische Freifläche in einem allgemeinen Wohngebiet ist unzulässig, da dies durch zu erwartende Lärmimmissionen bodenrechtliche Spannungen auslösen kann.*[178]

In der deshalb in der Praxis sehr bedeutsamen BauNVO sind für das **Maß der baulichen Nutzung** durch die Grundflächenzahl (GRZ), die Geschossflächenzahl (GFZ) und die Baumaßzahl (BMZ) juristisch praktizierbare und vergleichbare Wertrelationen enthalten. Diese Wertrelationen ermöglichen eine planerische Steuerung der Bautätigkeit, um einerseits maßlose Überbauung und Versiegelung und andererseits eine Zersiedelung und Unterausnutzung zu verhindern.

103

Unter dem Begriff der **Art der baulichen Nutzung** enthält die BauNVO Flächen- und Gebietskategorien (speziell §§ 2 bis 10 BauNVO), die z.B. durch ihre unterschiedlichen Möglichkeiten gewerblicher Nutzungen mit allgemeiner oder ausnahmsweiser Zulässigkeit die Eigenart des Ortes bestimmbar machen, wobei insb. der Störungsgrad Entscheidungskriterium ist.

104

Beispiele:

- *Die Gemeinde kann die Zulässigkeit oder Unzulässigkeit von Vergnügungsstätten gem. § 1 Abs. 9 BauNVO regeln. Derartige Festsetzungen können auch im Geltungsbereich eines nach § 173 Abs. 3 Satz 1 BBauG übergeleiteten Bebauungsplans getroffen werden.*[179]
- *Eine Spielhalle mit einer Nutzfläche von 127 m², in der nach der Neufassung der SpielVO v. 01.01.2006*[180] *die Aufstellung von (nicht gerundet) zehn Geldspielgeräten gewerberechtlich zulässig ist, gehört i.d.R. zu den kerngebietstypischen Vergnügungsstätten, die in einem Mischgebiet nicht zulässig sind.*[181]

Nach § 11 Abs. 1 BauNVO sind als sonstige Sondergebiete solche Gebiete darzustellen und festzusetzen, die sich von den Baugebieten nach den §§ 2 bis 10 BauNVO wesentlich unterscheiden. Nach § 11 Abs. 3 BauNVO sind **Einkaufszentren, großflächige Einzelhandels-**

105

---

[174] VG Neustadt, 10.02.2009 – 3 L 1448/08.
[175] BVerwG, 07.12.2006 – 4 C 11.05, IBR 2007, 336.
[176] VGH Bayern, 10.06.2010 – 15 BV 09.1491, IBR 2010, 529.
[177] OVG Sachsen, 03.03.2005 – 1 B 120/04.
[178] OVG Sachsen, 22.03.2010 – 1 A 517/09, IBR 2010, 422.
[179] VGH Baden-Württemberg, 02.11.2006 – 8 S 1891/05 im Anschluss an VGH Baden-Württemberg, 16.12.1991 – 8 S 14/89, NVwZ-RR 1993, 122 ff.
[180] BGBl. I 2005, S. 3495.
[181] VGH Baden-Württemberg, 02.11.2006 – 8 S 1891/05 im Anschluss an VGH Baden-Württemberg, 20.08.1991 – 5 S 2881/90 und VGH Baden-Württemberg, 12.09.2002 – 8 S 1571/02, DÖV 2003, 642 f.

betriebe und sonstige großflächige Handelsbetriebe außer in Kerngebieten nur in für sie festgesetzten Sondergebieten zulässig. Hierbei stellt sich in der Praxis oft das Problem, ob sich Discounter in Wohn- oder Mischgebieten ansiedeln dürfen.

3. Art der baulichen Nutzung nach der BauNVO, Grundsätzliches zu Nutzungsänderungen

106 Die Art der baulichen Nutzung wird durch Flächen- und Gebietstypen für die Bauleitpläne näher bestimmt. Die Kommune muss sich innerhalb der Bauleitplanung grds. dieser Flächen- und Gebietstypen des § 1 BauNVO bedienen und darf keine eigenen Nutzungsarten außerhalb dieses Typenkatalogs definieren. Im Flächennutzungsplan können gem. § 1 Abs. 1 BauNVO die für die Bebauung vorgesehenen Flächen nach der allgemeinen Art ihrer baulichen Nutzung (Bauflächen) dargestellt werden als

- Wohnbauflächen (W),
- gemischte Bauflächen (M),
- gewerbliche Bauflächen (G),
- Sonderbauflächen (SO).

Der Flächennutzungsplan kann auch Aussagen zur **besonderen Art der baulichen Nutzung (Baugebiete)** enthalten, i.d.R. entspricht dieser Detaillierungsgrad jedoch der Ebene des Bebauungsplanes. Die besondere Art der baulichen Nutzung wird in § 1 Abs. 2 BauNVO festgelegt als:

- Kleinsiedlungsgebiete (WS, § 2 BauNVO),
- reine Wohngebiete (WR, § 3 BauNVO),
- allgemeine Wohngebiete (WA, § 4 BauNVO),
- besondere Wohngebiete (WB),
- Dorfgebiete (MD, § 5 BauNVO),
- Mischgebiete (Ml, § 6 BauNVO),
- Kerngebiete (MK, § 7 BauNVO),
- Gewerbegebiete (GE, § 8 BauNVO),
- Industriegebiete (GI, § 9 BauNVO),
- Sondergebiete (SO; s. dazu insb. § 11 BauNVO z.B. für Einkaufszentren und großflächige Einzelhandelsgebiete).[182]

107 Ein immer wiederkehrendes Problem im Bereich der Geschäftsraummiete sind **Nutzungsänderungen**. Ändert sich die Nutzungsart eines gewerblichen Objekts, was grds. auch bei der Umwandlung von Wohnraum in Geschäftsraum und umgekehrt der Fall ist, kann eine **behördliche Genehmigung erforderlich** werden. Grds. bedürfen Nutzungsänderungen einer Baugenehmigung, der sogenannten Nutzungsänderungsgenehmigung. Dies basiert auf § 29 BauGB und den meisten Landesbauordnungen, so z.B. § 63 Abs. 1 BauONW. Die Prüfung der Frage,

---

[182] Zur Ortskerngefährdung durch großflächigen Einzelhandel vgl. bspw. OVG Saarland, 19.02.2009 – 2 A 254/08, IBR 2010, 361.

ob die Nutzungsänderung verwaltungsrechtlich zulässig ist, erfolgt grds. anhand der BauNVO anhand der dortigen bauplanungsrechtlichen Ausweisung des Gebietes. Die verwaltungsrechtliche Zulässigkeit der Ausübung einer beruflichen Tätigkeit in Mieträumen richtet sich dann vereinfacht gesagt danach, um was für ein Baugebiet es sich handelt und ob dort ggf. Ausnahmen gesetzlich vorgesehen sind.

Der Bebauungsplan gibt i.V.m. der BauNVO Auskunft, ob der beabsichtigte Gewerbebetrieb an dem Standort öffentlich-rechtlich zulässig ist oder nicht. Die konkreten Begrifflichkeiten, die z.T. auch Ausnahmen zulassen (etwa ausnahmsweise Läden und nicht störende Handwerksbetriebe in reinen Wohngebieten, § 3 Abs. 2 BauNVO), sind genau zu prüfen. Ist danach die Nutzungsänderung unter die bauplanungsrechtlichen Gegebenheiten subsumierbar, bedarf sie keiner Genehmigung. **Ältere Fassungen der BauNVO** gelten für diejenigen Bebauungspläne, die unter der Gültigkeitsdauer dieser Baunutzungsverordnung angelegt wurden. Die Vorschriften der §§ 4 bis 14 der jeweils maßgeblichen Baunutzungsverordnung werden gem. § 1 Abs. 3 Satz 2 BauNVO Bestandteil des Bebauungsplans (Ausnahmen: § 1 Abs. 6 BauNVO). 108

Widerspricht die beabsichtigte Nutzung den Festsetzungen des Bebauungsplans und ist sie auch nach der BauNVO nicht ausnahmsweise zulässig, so kann sie evtl. noch nach § 31 Abs. 2 BauGB dispensiert werden. 109

4. Typische Problemfälle

Discounter: 110

Nach § 34 Abs. 2 BauGB (unbeplanter Innenbereich = kein Bebauungsplan) ist ein Bauvorhaben zulässig, wenn es nach der BauNVO in dem Baugebiet allgemein oder jedenfalls ausnahmsweise zulässig wäre. In einem allgemeinen Wohngebiet sind nach § 4 Abs. 2 Nr. 2 BauNVO u.a. die der Versorgung des Gebietes dienenden Läden zulässig. Für Gebiete mit Bebauungsplan gilt: In Wohngebieten können Discountmärkte zugelassen werden, wenn sie als Läden einzuordnen sind, die der Gebietsversorgung dienen. In Gewerbe- und Mischgebieten kann jeglicher Einzelhandel gem. § 1 Abs. 5 BauNVO ausgeschlossen werden, etwa um das Gewerbegebiet allein für den gewerblichen Bereich (z.B. Produktion) zu sichern.

Mobilfunkanlagen: 111

Mobilfunkanlagen mit ihren z.T. meterhohen Sendemasten auf Häuserdächern gehören zum Alltagsbild. Zu diesen Anlagen zählen primär GSM-Antennen (für Mobilfunk) und UMTS-Antennen (für das mobile Internet). Zur Errichtung der Sendemasten ist grds. immer eine Baugenehmigung erforderlich. Zum einen, weil es sich wegen der Größe etc. häufig um **genehmigungspflichtige bauliche Anlagen** handelt, zum anderen aber auch, weil oft eine Nutzungsänderung vorliegt. Handelt es sich um ein Wohnhaus, ändert sich die Nutzung dadurch, dass der Vermieter einen Teil davon zur gewerblichen Nutzung vermietet und dazu mit dem Mobilfunkbetreiber auch einen gewerblichen Mietvertrag schließt.

Beispiel:

Die Errichtung einer Mobilfunkantenne auf einem bereits gewerblich genutzten Gebäude (Sparkassengebäude) stellt eine genehmigungspflichtige Nutzungsänderung dar.[183] Die neue Nutzung unterscheidet sich derart von der bisherigen Nutzung, dass eine bauordnungs- und bauplanungsrechtliche Prüfung anzustellen ist.

Soll auf einem Wohngebäude eine Basisstation für Mobilfunk errichtet werden, ist dies eine genehmigungspflichtige Nutzungsänderung.[184] Seit dem 07.08.2003 sind Mobilstationen mit einer Mastenhöhe bis 10 m in Nordrhein-Westfalen genehmigungsfrei, s. § 65 Abs. 1 Nr. 18 und § 9a BauO NW. In reinen oder allgemeinen Wohngebieten muss weiterhin eine Ausnahme oder Befreiung von der Baugenehmigungspflicht beantragt werden, § 74a BauO NW. Wer an oder auf einem Baudenkmal eine Mobilfunkanlage errichten will, braucht immer eine Erlaubnis, da die Anlage das Baudenkmal verändert (s. bspw. § 9 Abs. 1a DenkmalschutzG NRW). Sendeanlagen eines Mobilfunkbetreibers, die nicht nur dem Nutzungszweck des Baugebiets dienen, in dem sie errichtet werden sollen, sind gewerbliche Nutzungen; in einem allgemeinen Wohngebiet sind sie nicht allgemein zulässig.[185]

Hinweis:
Vermieter sollten darauf achten, dass Verträge mit Mobilfunkbetreibern unter der aufschiebenden Bedingung der Erteilung einer Baugenehmigung geschlossen werden.

III. Öffentlich-rechtliche Rechtsverhältnisse der Beteiligten untereinander

1. Rechtsverhältnis Bauherr/Vermieter zur Behörde

112 Für die Errichtung, Abriss, Umbau oder Änderung einer baulichen Anlage, aber auch für die Nutzungsänderung eines bestehenden Mietobjekts benötigt der Bauherr/Vermieter grds. eine **Baugenehmigung**. Das Baugenehmigungsverfahren ist ein Verwaltungsverfahren, dessen Regelung **Ländersache** ist (Landesbauordnungen mit diversen Genehmigungsverfahren). Eine Baugenehmigung wird mittels eines Bauantrages beantragt. Die Erteilung oder die Ablehnung von Baugenehmigungen, Teilbaugenehmigungen oder Bauvorbescheiden obliegt den Bauaufsichtsbehörden. Die bauplanungsrechtliche Zulässigkeit eines Vorhabens wird von den unteren Bauaufsichtsbehörden bei der Stellung eines Bauantrages mit geprüft. Möglich ist aber auch die Beantragung eines Vorbescheides. Die planungsrechtliche Zulässigkeit eines Vorhabens richtet sich danach, in welchem Bereich das betroffene Grundstück liegt.

113 Ist der Bauherr/Vermieter nicht mit der Baugenehmigung einverstanden, weil diese nur bedingt oder gar nicht erteilt wird, kann er – je nach Bundesland – entweder **Widerspruch** einlegen (sog. Widerspruchsverfahren, Vorverfahren) oder direkt vor dem VG klagen. Nach § 68 Abs. 1 VwGO sind vor Erhebung der Klage die Rechtmäßigkeit und Zweckmäßigkeit des Verwaltungsaktes in einem Vorverfahren nachzuprüfen. Einer solchen Nachprüfung bedarf es gem. § 68 Abs. 1 Satz 2 VwGO u.a. nicht, wenn ein Gesetz dies bestimmt. Solche Bestimmungen fin-

---

[183] VGH Hessen, 19.12.2000 – 4 TG 3639/00, IBR 2001, 455.
[184] VGH Baden-Württemberg, 26.10.1998 – 8 S 1848/98, DöV 2000, 82 = BauR 2000, 712.
[185] OVG Nordrhein-Westfalen, 09.01.2004 – 7 B 2482/03, BauR 2004, 792 = NVwZ-RR 2004, 481.

den sich seit 2007/08 in mehreren Landesgesetzen, z.B. § 6 AG VwGO NRW n.F., wonach ein **Vorverfahren abweichend von § 68 Abs. 1 Satz 1 VwGO entfällt**, wenn der Verwaltungsakt zwischen dem 01.11.2007 und 31.10.2012 bekannt gegeben worden ist. Entsprechendes ist in Art. 15 Abs. 2 AGVwGO Bayern n.F. geregelt. Die Ausführungsgesetze anderer Bundesländer zur VwGO enthalten nicht notwendig entsprechende Vorschriften.

> **Hinweis:**
>
> Nach dem Bürokratieabbaugesetz II NRW – in Kraft getreten am 01.11.2007 – ist für Bescheide, die in der Zeit v. 01.11.2007 bis zum 31.10.2012 bekannt gegeben werden, ein Widerspruchsverfahren nur in den gesetzlich ausdrücklich genannten Fällen zulässig. In nicht ausdrücklich erwähnten Fällen kann ein Betroffener gegen behördliche Bescheide keinen Widerspruch mehr einlegen, sondern muss direkt vor dem zuständigen VG Klage erheben. D.h.: Das bisher dreigliedrige Verfahren (Bescheid, Widerspruchsbescheid, Klage) ist aufgehoben worden zugunsten eines Regel-Ausnahme-Prinzips mit der Klage als Regel und den im Gesetz aufgezählten Fällen eines Widerspruchsverfahrens als Ausnahme.

Diese Regelungen werden so interpretiert, dass ein Widerspruchsverfahren nicht zulässig und damit ausgeschlossen ist.[186] Der Betroffene ist damit gezwungen, innerhalb der Klagefrist von einem Monat Klage zum VG zu erheben.

2. Rechtsverhältnis Bauherr/Vermieter zum Nachbar

Nachbarschutz kann öffentlich-rechtlich oder auch zivilrechtlich gewährt werden. Beim Nachbarschutz im öffentlichen Baurecht geht es um den Ausgleich gegenläufiger Interessen, geschützt wird das Grundeigentum. Es ist grds. zwischen privatem (z.B. §§ 906, 1004 BGB) und öffentlichem Baurecht zu trennen, die Ansprüche stehen gleichrangig nebeneinander, haben aber eine andere Zielrichtung. Der Nachbar ist **nicht Adressat im bauaufsichtlichen Verfahren**, er ist Dritter. Zivilrechtlich kann der Nachbar gegen den Bauherrn/Vermieter vorgehen, wenn er Ansprüche aus §§ 906, 1004 BGB oder § 823 BGB belegen kann. Er kann bspw. vor dem Zivilgericht Auflagen für Lärmschutz, die sich aus der Baugenehmigung ergeben, im Wege der Unterlassungsklage durchsetzen.[187]

114

3. Rechtsverhältnis Nachbar zur Behörde

Der Nachbar kann u.U. einen eigenen Anspruch gegen die Behörde, die den Verwaltungsakt (z.B. Nutzungsänderung) erlässt, auf Unterlassung oder Änderung haben. Sieht der Nachbar sich in seinen rechtlichen Belangen verletzt, hat er ein Interesse an der Abwehr einer Bauerlaubnis bzw. eines baurechtswidrigen Zustandes. **Nachbarschützende Normen** des öffentlichen Baurechts sind z.B. § 31 Abs. 2 BauGB, §§ 2 bis 9, 15 BauNVO und §§ 3, 6, 14 bis 18, 42 Abs. 3, 45 Abs. 1, 51 Abs. 7 BauO NRW. Schnittstelle ist die Baugenehmigung, bei der es sich um einen **Verwaltungsakt mit sog. Doppel- bzw. Drittwirkung** handelt. Doppelwirkung besteht, weil die Baugenehmigung einerseits den Rechtskreis des Bauherrn erweitert und ihn

115

---

186 Kopp/Schenke, VwGO, § 68 Rn. 16; Schoch/Schmidt-Aßmann/Pietzner, VwGO, 14. Erg.Lfg. 2007, § 68 Rn. 11.
187 BGH, 26.02.1993, WuM 1993, 275.

damit begünstigt, andererseits aber der Nachbar dadurch belastet werden kann. Auch die bauaufsichtliche Zustimmung ist ein Verwaltungsakt mit Doppelwirkung.[188]

116 Dem Nachbarn steht gegen ein Bauvorhaben **kein unbeschränktes Abwehrrecht** zu. Eine Baugenehmigung verletzt einen Nachbarn nur dann in seinen Rechten, wenn diese Erlaubnis gegen gesetzliche Vorschriften verstößt, die nicht nur im öffentlichen Interesse, sondern auch oder ausschließlich dem Schutze der Nachbarn zu dienen bestimmt sind und auf deren Einhaltung der Nachbar ein subjektiv-öffentliches Recht hat.[189] Die gesetzliche Vorschrift, auf die sich der Nachbar beruft, muss deshalb **drittschützend** sein.

> *Beispiele:*
> - *Die Festsetzungen eines Bebauungsplans über die Art der baulichen Nutzung sind nachbarschützend. Ein Nachbar kann sich gegen die Genehmigung einer gebietsfremden Nutzung wehren (Gebietserhaltungsanspruch). Dies umfasst auch die „schleichende Umwandlung" eines Baugebiets durch die Zulassung einer gebietsfremden Nutzung, also wenn die eine gebietsfremde Nutzung erstmalig oder nur vereinzelt als Ausnahme stattfindet.*[190]
> - *Kein genereller Gebietserhaltungsanspruch des Nachbarn: Einem Nachbarn steht nicht schon deshalb ein allein auf die Art der baulichen Nutzung zu beziehender Gebietserhaltungsanspruch zu, weil das von ihm bekämpfte Vorhaben nach dem Maß der baulichen Nutzung des Baugrundstücks typischerweise in ein anderes Baugebiet gehört.*[191]
> - *Wertminderungen in der Folge der Bebauung des Nachbargrundstückes sind allein keine Grundlage für einen begründeten Drittwiderspruch.*[192]
> - *§ 5 Abs. 1 Nr. 1 BImSchG ist für die Nachbarn einer immissionsschutzrechtlich genehmigungsbedürftigen Anlage (hier: Müllverbrennungsanlage) drittschützend und vermittelt diesen daher die nach § 42 Abs. 2 VwGO (in entsprechender Anwendung) für einen Eilantrag erforderliche Antragsbefugnis.*[193]

117 Es gilt der Grundsatz, dass ein Nachbar keinen Anspruch auf Aufhebung einer Baugenehmigung hat, wenn diese zu nachbarschaftlichen – privatrechtlichen – Rechtsbeziehungen keine Aussage trifft.[194] Allein die Rechtswidrigkeit einer Baugenehmigung reicht daher nicht aus, um einen Anspruch auf Rücknahme zu begründen.[195] Formelle Illegalität allein begründet daher keine nachbarlichen Abwehrrechte.[196] Eine Baugenehmigung ist jedoch rechtswidrig und verletzt den Nachbarn in seinen Rechten, wenn die genehmigten Bauvorlagen hinsichtlich nachbarrechtsrelevanter Baumaßnahmen unbestimmt oder in sich widersprüchlich sind und infolgedessen bei der Ausführung des Vorhabens eine Verletzung nachbarschützender Rechte nicht auszuschließen ist.[197]

---

188 VGH Hessen, 30.12.1994 – 4 TH 2064/94, BRS 56, Nr. 175.
189 BVerwG, 28.10.1993 – 4 C 5.93, BRS 55, Nr. 168.
190 VGH Bayern, 10.06.2010 – 15 BV 09.1491, IBR 2010, 529: Nutzungsänderung eines Raums in einem Wohngebäude als Büro für gewerblichen Heizungs- und Sanitätsservice.
191 VGH Baden-Württemberg, 30.12.2008 – 8 S 2604/08.
192 BVerwG, 06.12.1996 – 4 B 215/96, BRS 58, Nr. 164, BVerwG, 13.11.1997 – 4 B 195.97, BRS 59, Nr. 177.
193 OVG Thüringen, 22.02.2006 – 1 EO 708/05.
194 BVerwG, 10.11.1998 – 4 B 107.98, BRS 60, Nr. 175.
195 VGH Hessen, 06.07.1995 – 4 UE 3407/90, BRS 57, Nr. 234.
196 OVG Nordrhein-Westfalen, 10.03.1997 – 7 B 192/97, BRS 59, Nr. 201.
197 OVG Hamburg, 14.07.2008 – 2 Bf 277/03, IBR 2009, 113.

Die Bauaufsichtsbehörde kann einen Nachbarn jedenfalls dann Ermessenfehler frei auf das **Beschreiten des Zivilrechtswegs** gegen den unmittelbaren Störer (hier: Tischlereinutzung) verweisen, wenn ihrer Einschätzung nach keine Gesundheitsgefahren, sondern nur Belästigungen in Rede stehen, das Gewerbeaufsichtsamt in seinem Zuständigkeitsbereich stärker betroffen ist als die Bauaufsichtsbehörde selbst und die beanstandeten Störungen weniger durch eine typische Nutzung der Anlage als durch (behauptetes) rücksichtsloses Verhalten verursacht werden, das einer eigenen Beobachtung durch die Bauaufsichtsbehörde und damit ihrer Beweisführung im Prozess wenig zugänglich ist.[198]

IV. Standardfall: Nutzungsänderung

1. Grundsätze

Der Begriff „Nutzungsänderung" wird sowohl im Bauordnungsrecht der verschiedenen Landesbauordnungen als auch im Bauplanungsrecht (§ 29 BauGB) verwendet. Eine bauordnungsrechtlich genehmigungspflichtige Nutzungsänderung ist dann anzunehmen, wenn sich die neue Nutzung von der bisherigen (legalen) dergestalt unterscheidet, dass die Zulässigkeit der geänderten Vorhabens nach den Bauvorschriften anders beurteilt werden kann. In planungsrechtlicher Hinsicht liegt eine Nutzungsänderung vor, wenn die **rechtliche Qualität der bisherigen Nutzung** so verändert wird, dass sich die Genehmigungsfrage neu stellt (Änderung der genehmigten Benutzungsart); dies ist insb. der Fall, wenn die Änderung die in § 1 Abs. 5 BauGB genannten Belange (soziale, wirtschaftliche und umweltschützende Anforderungen, Klimaschutz, städtebauliche Gestalt u.ä.) berühren kann.[199]

118

Jede **Baugenehmigung** legt eine bestimmte Nutzung fest bzw. geht von einer bestimmten Nutzung aus. Nur die der Baugenehmigung ursprünglich zugrunde liegende Nutzung ist legal. Der Gesetzgeber behandelt deshalb die andere Nutzung wie die **Neuerrichtung eines Gebäudes**. Grds. ist die Nutzungsänderung „Vorhaben" i.S.v. § 29 BauGB, sodass die Normen über die planungsrechtliche Zulässigkeit einschlägig sind, §§ 30 bis 37 BauGB. Ferner besteht für die Nutzungsänderung das Erfordernis einer Baugenehmigung nach den maßgeblichen Vorschriften der Landesbauordnungen, wobei danach jedoch eine Vielzahl von Änderungen genehmigungsfrei ist.

Eine **Genehmigungspflicht** besteht immer dann, wenn für die neue Nutzung des Gebäudes andere bauordnungsrechtliche oder bauplanungsrechtliche Bestimmungen angewendet werden müssen.[200] Eine Nutzungsänderung ist – unabhängig davon, ob mit ihr bauliche Veränderungen verbunden sind – die **Änderung der genehmigten Benutzungsart** einer baulichen Anlage. Daher ist nicht zwingend die Änderung der Bausubstanz für das Vorliegen einer Nutzungsänderung erforderlich. Nutzungsänderungen sind damit zum einen handfeste bauliche Maßnahmen, bspw. geplante neue **Mobilfunkantennen** auf Häuserdächern (→ *ausführlich zu Mobilfunkanlagen Rn. 111*). Zum anderen kann eine Nutzungsänderung auch dann gegeben sein, wenn für die vorhandene bauliche Anlage „nur" eine **neue Nutzungsart** beabsichtigt ist und diese

119

---

198 OVG Niedersachsen, 09.10.2007 – 1 LB 5/07.
199 OVG Nordrhein-Westfalen, 13.11.1995 – 11 B 2161/95, BauR 1996, 375.
200 BVerwG, 14.04.2000 – 4 B 28.00, NVwZ-RR 2000, 758.

neue Nutzungsart durch das öffentliche Baurecht unter weitergehende Anforderungen gestellt ist. Letzteres gilt, sobald Wohnungen als Büroräume genutzt werden sollen.[201] Eine bloße Nutzungsintensivierung ist keine Nutzungsänderung.[202] Die Änderung oder Nutzungsänderung von baulichen Anlagen ist zudem abzugrenzen von bauplanungsrechtlich irrelevanten Veränderungen, die grds. keiner zusätzlichen Baugenehmigung bedürfen.[203]

Beispiele für Nutzungsänderungen:
- *Wohnung wird zu Arztpraxis.*
- *Ein Raum in einem Wohngebäude im reinen Wohngebiet wird als Büro für einen gewerblichen Heizungs- und Sanitätsservice genutzt.*[204]
- *Umwandlung von Betriebswohnungen in allgemeine, frei verfügbare Wohnungen (Nutzungsänderung i.S.d. § 29 BauGB).*[205]
- *Tankstelle wird zur Autowerkstatt.*
- *Bürohaus wird zu Swinger-Club/Bordell.*
- *Solarenergieanlage wird auf dem Dach einer Reithalle installiert, was dazu führt, das zu der landwirtschaftlichen Nutzung der Reithalle eine gewerbliche Nutzung der Dachfläche tritt.*[206]

120 Durch die neue Nutzungsart kann bspw. eine Anpassung der Raumhöhe, der Notausgänge, der sanitären Anlagen, der Brand- und Schallschutzbestimmungen erforderlich werden. In der Praxis ändert sich häufig der Stellplatzbedarf. Daraus folgt, dass der Bauherr im Fall einer Nutzungsänderung bei der Baubehörde einen Bauantrag zu stellen und die entsprechenden Unterlagen einzureichen hat. Wer ein Gebäude oder Teile davon anders als bisher nutzen möchte, muss grds. bei der zuständigen Behörde eine neue Baugenehmigung beantragen (sog. **Nutzungsänderungsgenehmigung**). Die Behörde muss dann prüfen, ob die Nutzungsänderung akzeptabel ist, also ob sich das Vorhaben in den Bebauungsplan und den Charakter der Umgebung einfügt, ob alle relevanten Vorschriften (z.B. für Gewerbebetriebe, Feuerschutzverordnung etc.) eingehalten werden und ob Nachbarn nicht unangemessen beeinträchtigt werden. Allerdings ist stets zu prüfen, ob die veränderte Nutzung die jeder Nutzung **eigene tatsächliche Variationsbreite** auch wirklich verlassen hat, erst dann liegt nämlich eine baurechtlich relevante Nutzungsänderung vor.[207] Durch eine Nutzungsänderung können sich viele bauliche Voraussetzungen ändern, die von den Behörden im Genehmigungsverfahren neu überprüft werden müssen.

Beispiel:

Es kann sich durch die neue Nutzungsart der Stellplatzbedarf ändern, es können Änderungen bzgl. der Brand- und Schallschutzbestimmungen, der Notausgänge, der Raumhöhe, der sanitären Anlagen, erforderlich werden.

---

201 Fall: VGH Bayern, 10.06.2010 – 15 BV 09.1491, IBR 2010, 529: unzulässige Nutzungsänderung eines Raums in einem Wohngebäude als Büro für gewerblichen Heizungs- und Sanitätsservice wegen Verstoßes gegen § 3 BauNVO.
202 BVerwG, 29.10.1998 – 4 C 9/97, NZM 1999, 426 = NVwZ 1999, 417.
203 Joachim, NZM 2009, 801, 806.
204 VGH Bayern, 10.06.2010 – 15 BV 09.1491, IBR 2010, 529: unzulässige Nutzungsänderung wegen Verstoßes gegen § 3 BauNVO.
205 BVerwG, 27.05.1983 – 4 C 67/78, BauR 1983, 443.
206 OVG Nordrhein-Westfalen, 20.09.2010 – 7 B 985/10, IBR 2010, 657.
207 BVerwG, 14.04.2000 – 4 B 28.00, NVwZ-RR 2000, 758.

> **Praxistipp:**
> - Nutzungsänderungen können auch einen **baurechtlichen Bestandsschutz**, also die zwingende Duldung eigentlich nach heutigem Recht unzulässiger Maßnahmen, tangieren. Wurde eine Änderung der Benutzungsart einer baulichen Anlage vorgenommen, die mit der ursprünglichen Nutzung nicht wesensverwandt ist, also jenseits der jeder Nutzungsart eigenen Variationsbreite liegt, geht ein Bestandsschutz regelmäßig unter. Eine jenseits des Bestandsschutzes liegende und damit genehmigungsbedürftige Nutzungsänderung führt damit grds. zur materiellen Neubetrachtung der vorhandenen baulichen Anlage.
> - Soll ein **Baudenkmal** umgebaut, modernisiert oder abgebrochen werden, so ist eine gesonderte Genehmigung der Denkmalschutzbehörde erforderlich. Die allgemeine Bau- oder Abbruchgenehmigung enthält nicht zwingend auch die denkmalschutzrechtliche Genehmigung. Sicherheitshalber rechtzeitig bei der zuständigen unteren Denkmalschutzbehörde (bei der Stadtverwaltung bzw. Landratsamt) nachgefragt werden.

War die **bisherige Nutzung nicht genehmigt** bzw. nicht wenigstens materiell legal (genehmigungsfähig), wird bzgl. einer eventuellen Nutzungsänderung auf die einmal genehmigte Nutzung abgestellt. Liegt keine Genehmigung für die aktuelle Nutzung vor, ist der Vorgang wie eine Neuerrichtung einer baulichen Anlage mit der momentanen Nutzung zu behandeln.

121

> **Praxistipp Immobilienverwalter:**
> Es ist daher vom Verwalter, der mit der Problematik „Wohnung wird zu Geschäftsraum" konfrontiert wird, zu prüfen, ob die neue gewerbliche Nutzung eine Nutzungsänderung i.S.d. Bauplanungsrechts ist. Trifft dies – was meistens der Fall ist, s.o. – zu, ist weitergehend zu prüfen, ob die Änderung zulässig und eine Baugenehmigung erforderlich ist.

2. Maßgebliche Vorschriften der Bundesländer

Maßgeblich sind neben § 29 BauGB folgende Landesnormen:

122

Bundesland	Norm	Bundesland	Norm
Baden-Württemberg	§ 49 Abs. 1 LBO	Niedersachsen	§ 68 NBauO
Bayern	Art. 62 BO	Nordrhein-Westfalen	§ 63 BauO
Berlin	§ 60 Abs. 1 BauO	Rheinland-Pfalz	§ 61 LBauO
Brandenburg	§ 54 BO	Sachsen	§ 62 SächsBO
Bremen	§ 64 Abs. 1 LBO	Sachsen-Anhalt	§ 58 Abs. 1 BauO
Hamburg	§ 59 Abs. 1 BauO	Schleswig-Holstein	§ 68 Abs. 1 LBO
Hessen	§ 54 Abs. 1 HBO	Thüringen	§ 54 BauO
Meckl.-Vorpommern	§ 59 Abs. 1 LBauO		

3. Zulässigkeit der Nutzungsänderung

123 Die Frage der Zulässigkeit bestimmt sich nach der **bauplanungsrechtlichen Ausweisung des Gebietes**. Die Behörde muss v.a. prüfen, ob sich die neue Nutzungsart mit dem für das betroffene Gebiet geltenden **Bebauungsplan** vereinbaren lässt. In den von den Gemeinden festgelegten Bebauungsplänen ist vermerkt, welche Nutzung für ein bestimmtes Gebiet vorgesehen ist. Die neue Nutzungsart muss einer der planerisch vorgesehenen Nutzungsarten zugeordnet werden können. In einem reinen Wohngebiet dürfen z.B. keine Gewerbebetriebe angesiedelt werden. In einem Industriegebiet sind Wohnungen nur für Firmeneigentümer, manchmal für Angestellte erlaubt und Ähnliches mehr. Im Wesentlichen wird der Inhalt des Bebauungsplans in der für die Gemeinden bindenden BauNVO geregelt. Anhand der dortigen gesetzlichen Definitionen lassen sich die Möglichkeiten einer gewerblichen Nutzung prüfen. Der **Bebauungsplan** wiederum weist in einer Gemeinde die Art der Gebietsform anhand dieser Normen aus.

124 Z.B. sind gem. § 3 Abs. 2 BauNVO in **reinen Wohngebieten** nur „Wohngebäude" zulässig. Anhand des Wortlautes liegt nahe, dass „Wohngebäude" nicht der gewerblichen Nutzung der dortigen Räumlichkeiten dienen sollen. Ausnahmsweise aber können nach § 3 Abs. 3 Nr. 1 Halbs. 1 BauNVO

> „Läden und nicht störende Handwerksbetriebe, die zur Deckung des täglichen Bedarfs für die Bewohner des Gebietes dienen, sowie kleine Betriebe des Beherbergungsgewerbes"

zugelassen werden. Hier sieht das Gesetz also ausdrücklich die Möglichkeit der ganz bestimmten gewerblichen Nutzung in reinen Wohngebieten des § 3 BauNVO vor. Eine Fräserei wäre aber danach keinesfalls möglich. Es kommt immer auf den konkreten Einzelfall an. Bspw. ist der Begriff des kleinen Beherbergungsbetriebes objektiv baugebietstypisch und bezogen auf das konkrete Baugebiet auszulegen, wofür die Einwirkungen der gesamten Einrichtungen auf das Baugebiet maßgeblich sind.

Beispiele:

Der Betrieb mit 14 Betten, Essraum mit 26 Plätzen und weiteren Esstischen in anderen Bereichen sowie Wellness-Bereich ist unzulässig.[208]

Die Nutzung eines Raums in einem Wohngebäude im reinen Wohngebiet als Büro für einen gewerblichen Heizungs- und Sanitätsservice ist nicht zulässig.[209]

Obwohl § 3 Abs. 3 BauNVO Lockerungen vorsieht, sind die meisten gewerblichen Nutzungen wie Einzelhandelsbetriebe, Schank- und Speisewirtschaften, Vergnügungsstätten (z.B. Spielhallen)[210] unzulässig.[211] Das bedeutet bspw., dass die **Änderung von Wohnraum in Gewerberaum** wie folgt zu prüfen ist:

- Ist die Nutzungsänderung mit den bauplanungsrechtlichen Gegebenheiten vereinbar? Dies richtet sich allein nach öffentlichem Recht.

---

208 VGH Hessen, 24.01.2007 – 4 TG 2870/06, IBR 2007, 281.
209 VGH Bayern, 10.06.2010 – 15 BV 09.1491, IBR 2010, 529: unzulässige Nutzungsänderung wegen Verstoßes gegen § 3 BauNVO.
210 VGH BW, 27.04.1990 – 8 S 2906/89, BRS 50 Nr. 163.
211 König/Roeser/Stock, Baunutzungsverordnung, § 3 Rn. 35.

- Wenn nein, ist sie nicht zulässig. Wenn ja, bedarf es einer Genehmigung.

4. Beispiele für Nutzungsänderungen

Beispiele für bauordnungsrechtlich/bauplanungsrechtlich relevante Nutzungsänderungen:[212]   125
- *Die Umwandlung von in einem Gewerbegebiet gelegenen Betriebswohnungen i.S.d. § 8 Abs. 3 Nr. 1 BauNVO in allgemeine Wohnungen ist eine Nutzungsänderung i.S.d. § 29 Abs. 1 BauGB.*[213]
- *Wird ein Wochenendhaus dauerhaft als Lebensmittelpunkt der betreffenden Bewohner und damit als Wohngebäude genutzt, liegt eine Nutzungsänderung i.S.v. § 29 Abs. 1 BauGB vor.*[214]
- *Aufnahme einer Wohnnutzung in einer Grenzgarage.*[215]
- *Einbau einer Wagenhebeanlage in einer in einem Wohngebiet gelegenen Garage.*[216]
- *Zweckentfremdung von notwendigen Stellplätzen bzw. Garagen, z.B. Umnutzung in einen Abstellraum oder in einen Taubenschlag, ebenso der ersatzlose Abbruch einer Garage.*[217]
- *Nach § 7 Abs. 2 BauNVO können in Kerngebieten und nach § 8 Abs. 3 BauNVO in Gewerbegebieten „Wohnungen für Aufsichts- und Bereitschaftspersonen sowie für Betriebsinhaber und Betriebsleiter" zugelassen werden. Werden diese Wohnungen in frei verfügbare Wohnungen aber nun von betriebsfremden Personen genutzt werden, hat sich die durch den Bebauungsplan festgelegte Funktion geändert, weshalb dies eine „auch städtebaulich erhebliche Nutzungsänderung" i.S.d. § 29 Abs. 1 BauGB darstellt.*[218]
- *Ehemaliges Wohnhaus wird als gewerblicher Kfz-Stützpunkt (Lastwagen) genutzt.*[219]
- *Umnutzung Wohnung in Bierbar.*[220]
- *Umnutzung Modegeschäft in Arztpraxis.*[221]
- *Umnutzung Kino in Tanzlokal.*[222]
- *Ergänzung einer Tankstelle um eine Kfz-Reparaturwerkstatt, die mehr als die üblichen Pflegedienste anbietet.*[223]
- *Ergänzung einer Tankstelle um einen Kfz-Handel.*[224]
- *Die Baugenehmigung für eine Gaststätte deckt die Nutzung als Partyraum für Dritte nicht ab.*[225]
- *Umwandlung einer Dorfgaststätte mit Tanzsaal in eine Diskothek.*[226]
- *Umwandlung einer Betriebsinhaberwohnung in frei verfügbaren Wohnraum.*[227]

---

212 Vgl. LEXsoft Professional – Baurecht, Handbuch Bauordnungsrecht, Stichwort „Nutzungsänderung".
213 OVG Nordrhein-Westfalen, 17.03.2008 – 8 A 929/07.
214 OVG Nordrhein-Westfalen, 23.10.2006 – 7 A 4947/05.
215 BRS 27, Nr. 97.
216 OVG Hamburg, 20.08.1964 – Bf. II 45/64, BRS 15, Nr. 85.
217 BRS 40, Nr. 182.
218 BVerwG, 27.05.1983 – 4 C 67/78; OVG Niedersachsen, OVGE 28, 470.
219 BRS 20, Nr. 13.
220 BRS 35, Nr. 219.
221 BRS 35, Nr. 125.
222 BRS 33, Nr. 127.
223 BRS 33, Nr. 128.
224 OVG Nordrhein-Westfalen, 04.06.1987 – 7 B 268/87.
225 OVG Nordrhein-Westfalen, 12.07.2007 – 7 E 664/07, IBR 2007, 712.
226 BRS 40, Nr. 166.
227 BRS 40, Nr. 56.

- Änderung bisher privilegierter Nutzungen im Außenbereich in ein Getränkegroßlager,[228] Geflügelstall in Möbellager,[229] Scheune in Restaurant.[230]
- Umnutzung des Lagerplatzes eines Bauunternehmers zu einem Sammel- und Umschlagsplatz für gebrauchte Maschinen- und Kfz-Teile einschließlich Verkauf.[231]
- Die Erweiterung der Verkaufsfläche eines Einzelhandels stellt i.d.R. eine genehmigungsbedürftige Nutzungsänderung gem. § 29 BauGB dar. Die Nutzungsänderung bezieht sich dann nicht nur auf den neuen Teil, also die Erweiterung der Anlage, sondern auf die Gesamtanlage, da i.d.R. die Erweiterung den Bestand dieser Anlage ändert.

126 *Beispiele für unzulässige Nutzungsänderungen:*
- Im (faktischen) Dorfgebiet ist eine Bauschlosserei als wesentlich störender Gewerbebetrieb grds. unzulässig.)[232]
- Kindertagesstätte in reinem Wohngebiet: unzulässig.[233]
- Ein Appartement, das im Geltungsbereich eines Bebauungsplans für ein Gewerbe- und Industriegebiet liegt, darf nicht zu allgemeinen Wohnzwecken genutzt werden.[234]
- Nutzung einer Wohnung zu Prostitutionszwecken.[235]

127 *Beispiele für zulässige Nutzungsänderungen:*
- Kleintierpraxis in reinem Wohngebiet: zulässig, weil es sich um eine freiberufliche Nutzung handelt.[236]
- Generalkonsulat in reinem Wohngebiet: zulässig.[237]
- Liegt die Einrichtung einer freiberuflichen Nutzung in als Wohnung genehmigten Räumen vor dem Inkrafttreten der BauO NW innerhalb der Bandbreite einer zu Wohnzwecken erteilten Baugenehmigung, so besteht auch nach Inkrafttreten der BauO NW eine formell legale Nutzung. Sofern hieran seitdem nichts geändert wurde, liegt keine genehmigungsbedürftige Nutzungsänderung vor.[238]
- Die Nutzung eines baurechtlich nur als Schank- und Speisewirtschaft genehmigten Lokals für Musik- und Tanzveranstaltungen ist bauplanungsrechtlich nicht zulässig.[239]

5. Nutzungsänderung durch neuen Bebauungsplan

128 Bei den bauplanungsrechtlichen Vorschriften taucht ein weiteres Problem auf, wenn für ein Gebiet ein Bebauungsplan noch nicht wirksam geworden, aber beschlossen ist und u.U. schon ein **Planaufstellungsbeschluss** vorliegt und aufgrund dieser Umstände eine Baugenehmigung (neu) erforderlich wird.

---

228 BRS 40, Nr. 96.
229 BRS 33, Nr. 182.
230 OVG Nordrhein-Westfalen, 02.02.1989 – 11 A 1255/87.
231 BVerwG, 14.04.2000 – 4 B 28/00, NVwZ-RR 2000, 758.
232 VGH Bayern, 13.12.2006 – 1 ZB 04.3549.
233 OVG Nordrhein-Westfalen, 07.06.1994, DWW 1995, 23.
234 VG Neustadt, 25.10.2002 – 4 K 701/02.
235 OVG Rheinland-Pfalz, Beschl. v. 13.07.2010 - 8 A 10623/10, IMR 2011, 79 = BauR 2010, 2099.
236 OVG Nordrhein-Westfalen, 24.02.1993, DWW 1993, 110.
237 VGH Bayern, 26.06.1997, DWW 1998, 25.
238 OVG Nordrhein-Westfalen, 18.01.2005 – 10 B 1565/04.
239 OVG Berlin, 10.11.2004 – OVG 2 S 50.04.

Beispiel:

Bislang wurden Gewerberäume in einem Gebiet außerhalb des Geltungsbereichs des Bebauungsplans vermietet. Diese gewerbliche Nutzung war materiell rechtmäßig. Einer Baugenehmigung bedurfte es nicht. Die gewerbliche Nutzung wäre aber genehmigt worden, hätte es einer Genehmigung bedurft. Nunmehr wird ein Bebauungsplan für das betreffende Gebiet beschlossen. Hiermit ist die vorhandene gewerbliche Nutzung nicht mehr vereinbar und wird damit materiell rechtswidrig. Es stellt sich die Frage, ob damit die gewerbliche Nutzung durch die Behörde untersagt wird.

Die Antwort ist recht einfach: Materiell rechtmäßig ausgeführte bauliche Anlagen genießen den **Bestandsschutz** des Art. 14 GG ggü. nachfolgenden Rechtsänderungen. Eine Nutzungsuntersagung ist den Behörden nicht möglich.

> **Hinweis:**
>
> Bestandsschutz besteht nur solange, wie der Betrieb auch tatsächlich besteht. Wird er – wenn auch nur vorübergehend – stillgelegt, besteht keine Chance mehr.[240]

> **Praxistipp:**
>
> Zwar besteht ggü. der zuständigen Behörde kein Anspruch auf nachträgliche Genehmigung. Die Behörde ist aber zur Duldung der gewerblichen Nutzung verpflichtet. Es ist einen Versuch wert, eine entsprechende Baugenehmigung zu beantragen. Der Vorteil ist, dass auch bei künftiger, ausgedehnterer gewerblicher Nutzung eine bessere Ausgangsbasis vorliegt.

6. Miet- und pachtrechtliche Aspekte

Das Risiko der **Genehmigungsfähigkeit** des Mietobjekts einschließlich damit verbundener Nutzungsänderungen trägt regelmäßig der Vermieter. Dieses Risiko kann im **Formularmietvertrag** i.d.R. nicht auf den Mieter abgewälzt werden.[241] Das Fehlen der erforderlichen behördlichen Genehmigung zur vertragsgemäßen Nutzung von Mieträumen stellt einen Mangel i.S.v. § 536 BGB dar.

Geht die Nutzungsänderung mit baulichen Veränderungen einher (z.B. vom Mieter beabsichtigte Einbauten, Installationen oder Umbauten), bedarf es dazu regelmäßig der vorherigen Zustimmung des Vermieters. Jede erhebliche Nutzungsänderung – also nicht die bloße Nutzungserweiterung – bedarf als Vertragsänderung der Zustimmung des Vermieters, es sei denn, die Parteien haben keine spezifische Nutzungsart vereinbart oder die geänderte Nutzung stört nicht mehr als die ursprünglich vereinbarte.[242] Regelmäßig taucht die Frage auf, ob die vom Mieter begehrte Nutzungsänderung dem Vermieter zumutbar ist.[243] Der Vermieter muss berücksichtigen, ob er mit der Zustimmung eine Konkurrenzschutzpflicht ggü. einem anderen Mieter verletzt oder ob eine Belästigung anderer Mieter oder Nachbarn zu befürchten ist.

---

240 Vgl. OLG Düsseldorf, ZMR 1994, 559 zum Wegfall des Bestandsschutzes für eine veraltete Tankstelle nach vorübergehender Stilllegung.
241 BGH, 22.06.1988 – VIII ZR 232/87, NJW 1988, 2664, 2665 = WuM 1988, 302 = ZIP 1988, 1197.
242 Joachim, NZM 2009, 801, 803.
243 Joachim, NZM 2009, 801, 803.

V. Vorgehen der Behörde bei Verstößen gegen öffentliches Recht

1. Grundsätze

130 Anordnungen der Ordnungsbehörden, also bspw. der Bauaufsichtsbehörden, durch die vom Adressaten ein Handeln, Tun oder Unterlassen verlangt oder die Versagung, Einschränkung oder Zurücknahme einer rechtlich vorgesehenen ordnungsbehördlichen Erlaubnis oder Bescheinigung ausgesprochen wird, werden durch schriftliche **Ordnungsverfügungen** erlassen (Verwaltungsakt). Dazu gehören auch Nutzungsuntersagungen/-verbote oder Genehmigungen mit einschränkenden Auflagen. Inhaltlich gilt das Bestimmtheitsgebot (vgl. bspw. § 37 VwVfG und VwVfg der Länder) und der Verhältnismäßigkeitsgrundsatz.

Die Bauaufsichtsbehörden sind grds. zur Durchführung ihrer Aufgaben verpflichtet, ihnen ist aber hinsichtlich des „Ob" und des „Wie" des Einschreitens ein Handlungsspielraum eingeräumt, also ein **Ermessen** (Entschließungs- und ein Auswahlermessen). Bei der Ermessensbetätigung müssen sich die Behörde von sachlichen Gesichtspunkten leiten lassen und den Gleichbehandlungsgrundsatz beachten (Willkürverbot, Art. 3 Abs. 1 GG), wonach gleich gelagerte Fälle nicht ohne sachliche Rechtfertigung unterschiedlich behandelt werden.

131 Die Behörde führt zunächst, wenn keine Eilbedürftigkeit vorliegt, ein Anhörungsverfahren durch und ordnet dann – um beim Beispiel der Nutzungsänderung zu bleiben – ein **Nutzungsverbot** an und vollstreckt dieses, wenn dem nicht nachgekommen wird. Ein Nutzungsverbot ist die auf einer Ermächtigungsgrundlage[244] basierende und regelmäßig ggü. dem Nutzer ausgesprochene bauaufsichtliche Untersagung der Fortführung einer bestimmten ungenehmigten Nutzung. I.d.R. wird die Nutzungsuntersagung mit einer **Androhung eines Zwangsgeldes** verbunden. Andere Zwangsmittel scheiden i.d.R. aus, da es sich bei der Aufgabe der Nutzung nicht um eine vertretbare Handlung handelt. Nur im Einzelfall ist die Versiegelung der entsprechenden Räumlichkeit zulässig.

Ein Nutzungsverbot ist nach herrschender Meinung bereits bei einem **Verstoß gegen formelles Recht** zulässig.[245] Ein Nutzungsverbot allein wegen formeller Illegalität auszusprechen, ist nur dann unverhältnismäßig, wenn der Behörde ein genehmigungsfähiger Bauantrag vorliegt und der Erteilung der erforderlichen Baugenehmigung auch sonst keine Hinderungsgründe entgegenstehen.[246] Allein aufgrund formeller Baurechtswidrigkeit ist eine Nutzungsuntersagung zudem dann nicht gerechtfertigt, wenn die materielle Legalität des Vorhabens offensichtlich

---

[244] § 61 Abs. 1 Satz 2 BauO NRW; 65 LBO BW; Art. 82 BO, BY; § 79 BauO BE; § 73 Abs. 3 BO BB; § 82 Abs. 2 LBO HB; § 76 Abs. 1 BauO HH; § 72 Abs. 1 HBO HE; § 80 Abs. 1 LBauO MV; § 89 Abs. 1 Nr. 5 NBauO NI; § 81 LBauO RP; § 82 Abs. 2 LBO SL; § 80 Satz 2 SächsBO SN; § 79 BauO ST; § 86 Abs. 1 LBO SH; § 77 Abs. 1 BauO TH.

[245] VGH Hessen, 26.03.1994 – 4 TH 1779/93, BRS 56, Nr. 212; OVG Saarland, 09.03.1984 – 2 R 175/82, BRS 42, Nr. 227, BRS 48, Nr. 134; VGH Hessen, 10.11.1994 – 4 TH 3115/94, BRS 57, Nr. 259; OVG Rheinland-Pfalz, 22.05.1996 – 8 A 1180/95, BRS 58, Nr. 202; a.A. VGH Bayern, 05.12.2005 – 1 B 03.2608, BauR 2006, 1882: zusätzlich materielle Illegalität erforderlich.

[246] OVG Nordrhein-Westfalen, 11.08.1998 – 7 B 1489/98 und OVG Nordrhein-Westfalen, 13.01.2003 – 10 B 1617/02; VG Münster, 23.06.1995 – 2 L 566/95.

ist,[247] ein Vertrauenstatbestand geschaffen wurde, trotz gleicher Sachverhalte der Betroffene willkürlich herausgegriffen wird oder die Behörde schikanös handelt.

2. Adressat eines Nutzungsverbotes

Die Ordnungsverfügung ist ggü. demjenigen bekannt zu geben, für den sie bestimmt ist, §§ 41, 43 VwVfG. Erweist sich eine bauliche Anlage oder deren Nutzung als baurechtswidrig, so hat sich die **Störerauswahl** in erster Linie daran zu orientieren, wie die Gefahr am effektivsten abzuwehren ist.[248] Im Fall der baurechtswidrigen Nutzung von Räumen kommt als Adressat einer Verfügung deshalb immer auch der **unmittelbare Nutzer** in Betracht. Ist nach den Umständen des Falles damit zu rechnen, dass den baurechtswidrigen Zuständen mit einem Vorgehen gegen den unmittelbaren Nutzer dauerhaft begegnet werden kann, dürfte er vorrangig in Anspruch zu nehmen sein.[249] Ist hingegen – etwa wegen häufig wechselnder Nutzungsverhältnisse – nicht hinreichend sicher, ob allein durch die Inanspruchnahme der Nutzungsberechtigten dauerhaft baurechtmäßige Zustände hergestellt werden können, so bleibt nur die Inanspruchnahme des Grundstückseigentümers, da nur er es in der Hand hat, zukünftig für eine ordnungsgemäße Nutzung der Räumlichkeiten zu sorgen.[250] Die Inanspruchnahme des Eigentümers erweist sich jedenfalls dann als geeignetes und verhältnismäßiges Mittel der Gefahrenabwehr, wenn er zuvor bereits zu erkennen gegeben hat, selbst an der Einstellung der rechtswidrigen Nutzung interessiert zu sein und über die faktischen Möglichkeiten zu deren Durchsetzung zu verfügen.[251] Die Behörde kann sich danach sowohl an den Mieter als auch an den Eigentümer/Vermieter halten und ihm ggü. den entsprechenden Verwaltungsakt erlassen.

132

Beispiel:

Die Bauaufsichtsbehörde darf eine sofort vollziehbare Nutzungsuntersagung wegen der planungsrechtlichen Unzulässigkeit einer bordellartigen Nutzung von Räumlichkeiten ermessensfehlerfrei an den Grundstückseigentümer richten und muss diese nicht vorrangig ggü. dem Mieter erlassen.[252]

Besteht die Baurechtswidrigkeit lediglich in der Art und Weise der Nutzung von Räumen (Bsp.: Prostitutionsausübung), so stehen dem Eigentümer und Vermieter als zivilrechtliche Einwirkungsmöglichkeiten etwa eine Abmahnung oder eine Unterlassungsklage nach § 541 BGB zur Verfügung.[253]

Die Nutzungsuntersagung einer vermieteten Baulichkeit ist aber, wenn der Zweck erreicht werden kann, an den **Mieter als Nutzer** zu richten. Dieser kann aber grds. nicht Adressat einer

133

---

247 OVG Nordrhein-Westfalen, 11.08.1998 – 7 B 1489/98; OVG Sachsen, 28.03.1996 – 1 S 139/95, BRS 58, Nr. 203; OVG Nordrhein-Westfalen, 07.07.1988 – 10 B 1232/88.
248 OVG Rheinland-Pfalz, 13.07.2010 – 8 A 10623/10, IMR 2011, 79 = BauR 2010, 2099.
249 OVG Rheinland-Pfalz, 13.07.2010 – 8 A 10623/10, IMR 2011, 79 = BauR 2010, 2099.
250 OVG Rheinland-Pfalz, 13.07.2010 – 8 A 10623/10, IMR 2011, 79 = BauR 2010, 2099 m.w.N.; OVG Hamburg, 10.06.2005, NVwZ-RR 2006, 169.
251 OVG Rheinland-Pfalz, 13.07.2010 – 8 A 10623/10, IMR 2011, 79 = BauR 2010, 2099.
252 OVG Hamburg, 10.06.2005 – 2 Bs 144/05, BRS 68, Nr. 187 = BauR 2005, 1911: Bordellnutzung.
253 OVG Rheinland-Pfalz, 13.07.2010 – 8 A 10623/10, IMR 2011, 79 = BauR 2010, 2099; OVG Rheinland-Pfalz, 05.11.2008 – 8 B 11031/08.OVG.

Beseitigungsverfügung (Bsp.: Abriss des illegal errichteten Gebäudes) sein.[254] Den Eigentümer trifft eine Auskunftspflicht ggü. der Bauaufsichtsbehörde über Mieter bzw. Pächter.

134 Das Verlangen der Behörde vom **Vermieter**, dem Mieter zu kündigen, wird z.T. als rechtswidrig angesehen,[255] nach anderer Ansicht nicht.[256] Richtig dürfte Ersteres sein, da das Verlangen einen Verwaltungsakt zulasten Dritter darstellt. Richtet sich die Verfügung nicht gegen den unmittelbaren Nutzer des Anwesens, sondern gegen den Eigentümer, so soll sie darüber hinaus noch ein Handlungsgebot zum aktiven Tätigwerden in der Form enthalten, die zur Verfügung stehenden eigentumsrechtlichen oder mietvertraglichen Möglichkeiten zu ergreifen, um die rechtswidrige Nutzung abzustellen.[257]

135 Kann die Nutzungsuntersagung auch direkt an den Mieter gerichtet werden, wäre der Vermieter aber für eine solch weitreichende Auslegung der falsche Adressat. Unzweifelhaft darf die Bauaufsichtsbehörde aber ein Weitervermietungsverbot nach Räumung anordnen[258] oder dieses mit Auflagen verbinden (etwa dem Einbau neuer Brandschutzanlagen und deren Genehmigung).

Bei einem Verfahren wegen einer ggü. einem Mieter ausgesprochenen Nutzungsuntersagung muss der Eigentümer bzw. Vermieter nicht notwendig beigeladen werden.

3. Sofortige Vollziehbarkeit

136 Oft wird mit der bauaufsichtlichen Grundverfügung auch die Anordnung der sofortigen Vollziehung gem. § 80 Abs. 2 Nr. 4 VwGO verbunden. Dadurch entfällt die aufschiebende Wirkung eines etwaigen Widerspruches.

Eine für **sofort vollziehbar erklärte Nutzungsuntersagung** darf bereits dann ausgesprochen werden, wenn eine Baugenehmigung fehlt.[259] Auch hier genügt also die bloße formelle Illegalität.[260] Das öffentliche Interesse an der sofortigen Vollziehbarkeit eines solchen Nutzungsverbotes wiegt dabei grds. schwerer als das private Interesse an dessen Aufschub. Zögert oder wartet die Bauaufsichtsbehörde aber zu lange, entwertet sie die Ordnungsfunktion des formellen Baurechts, sodass die sofortige Vollziehung eines Nutzungsverbots nicht mehr zulässig ist.[261] Dauert die illegale Nutzung mit Wissen der Behörde schon längere Zeit an und benötigt der Nutzer, der sich darauf eingerichtet hat, etwas Zeit zur Umstellung, so kann dies zur Folge haben, dass die zur Beendigung der illegalen Nutzung zu setzende Frist eher großzügig zu

---

254 VGH Bayern, 09.06.1986 – Nr. 2 CB A. 1564, BRS 46, Nr. 198, VGH Hessen, 26.09.1983 – 4 TH 48/83, BRS 40, Nr. 229.
255 VG Neustadt, 23.07.2004 – 4 L 1673/04.
256 OVG Nordrhein-Westfalen, 24.10.1997 – 7 2565/92, BRS 59, Nr. 220.
257 OVG Rheinland-Pfalz, 13.07.2010 – 8 A 10623/10, IMR 2011, 79 = BauR 2010, 2099; OVG Rheinland-Pfalz, 05.11.2008 – 8 B 11031/08.OVG; OVG Rheinland-Pfalz, 23.03.2009 – 8 B 10183/09.OVG.
258 OVG Nordrhein-Westfalen, 27.08.2002 – 10 B 1233/02, BauR 2003, 677; OVG Nordrhein-Westfalen, 24.10.1997 – 7 B 2565/97, BRS 59, Nr. 220; VG Münster, 08.12.1997 – 2 L 1496/97.
259 OVG Nordrhein-Westfalen, 12.07.2007 – 7 E 664/07, IBR 2007, 712; OVG Nordrhein-Westfalen, 29.04.2002 – 10 B 78/02, BRS 65, Nr. 202; VGH Hessen, 02.04.2002 – 4 TG 575/02, BRS 65, Nr. 201; OVG Nordrhein-Westfalen, 25.06.1987 – 7 B 1183/87, BRS 47, Nr. 198.
260 VGH Hessen, 04.11.1993 – 4 TH 2109/92.
261 OVG Nordrhein-Westfalen, 25.06.1987 – 7 B 1183/87, BRS 47, Nr. 198.

bemessen ist.²⁶² Die Anordnung der sofortigen Vollziehung muss gesondert begründet werden (§ 80 Abs. 3 VwGO).

4. Duldung durch die Behörde

Der Verzicht auf bauaufsichtliches Einschreiten entweder faktisch oder auch durch Duldungsverwaltungsakt (oder im Rahmen eines gerichtlichen Vergleichs) stellt eine sog. **Duldung** dar. Eine Duldung wird zum einen nur ausnahmsweise infrage kommen, zum anderen regelmäßig nur zeitlich begrenzt ausgesprochen. Das längere Hinnehmen eines formell bauordnungswidrigen Zustands durch die Bauordnungsbehörde begründet keinen Vertrauenstatbestand.²⁶³ Untätigkeit der Behörde führt allein nicht zur Duldung eines illegalen baulichen Zustandes,²⁶⁴ vielmehr muss bei dem Betroffenen ein schutzwürdiges gegenläufiges Vertrauen begründet worden sein.²⁶⁵ Daraus folgt, dass auch eine **längere Duldung eines baurechtswidrigen Zustandes** nicht die spätere bauaufsichtliche Forderung nach Beseitigung des baurechtswidrigen Zustandes verhindert. Anders ist dies nur dann, wenn die Baubehörde in Kenntnis der formellen und eventuellen materiellen Illegalität eines Vorhabens zu erkennen gibt, dass sie sich auf Dauer mit dessen Existenz abfindet.²⁶⁶ Werden illegale Nutzungen nur in der Form geduldet, dass die Duldung an die Person des jeweiligen Nutzers gebunden und mit dem Vorbehalt einer anderweitigen Entscheidung bei geänderter Sachlage verbunden ist, hat sich die Behörde nicht auf Dauer mit diesen Nutzungen abgefunden.²⁶⁷ Eine Nutzungsuntersagung bleibt jederzeit möglich.

137

Hat eine ungenehmigte Nutzung bereits **Jahrzehnte** „unter den Augen der Bauaufsicht" stattgefunden, sind besondere Ermessenserwägungen bei einem bauaufsichtlichen Einschreiten anzustellen.²⁶⁸ Bezieht sich ein bauaufsichtlichen Nutzungsverbot (mit Anordnung der sofortigen Vollziehung) auf eine seit längerer Zeit unbeanstandet genutzte bauliche – formell illegale – gewerbliche Anlage, muss die Behörde gewerblichen Interessen an einer weiteren vorläufigen Nutzung mit den privaten und öffentlichen Interessen ausdrücklich abwägen, sonst liegt ein Ermessensfehler vor.²⁶⁹

138

---

262 VGH Hessen, 04.11.1993 – 4 TH 2109/92.
263 OVG Nordrhein-Westfalen, 12.07.2007 – 7 E 664/07, IBR 2007, 712.
264 OVG Nordrhein-Westfalen, 20.05.1994 – 10 a D 104/93.NE, BRS 56, Nr. 32.
265 OVG Nordrhein-Westfalen, 25.09.1990 – 11 A 1938/87, BRS 52, Nr. 149.
266 OVG Nordrhein-Westfalen, 12.07.2007 – 7 E 664/07, IBR 2007, 712.
267 OVG Nordrhein-Westfalen, 23.10.2006 – 7 A 4947/05.
268 OVG Niedersachsen, 18.02.1994 – 1 M 5097/93, BauR 1994, 613.
269 OVG Schleswig-Holstein, 01.03.1993 – 1 M 3/93.

5. Formulierungsvorschlag zu einem Nutzungsverbot

139 Formulierungsvorschlag: Nutzungsverbot gegenüber einem Mieter

> Sehr geehrte Frau/Herr .....,[270]
>
> 1. ich fordere Sie auf, innerhalb von 6 Monaten nach Zustellung dieser Ordnungsverfügung die Nutzung des o.g. Gebäudes zum Zwecke des Verkaufes von Textilien zu unterlassen.
> 2. Für den Fall, dass Sie der Aufforderung nicht, nicht vollständig oder nicht fristgerecht nachkommen, drohe ich Ihnen zu Ziffer 1. ein Zwangsgeld in Höhe von 3.000,00 € an.
> 3. Ferner ordne ich hinsichtlich der Ziffer 1. die sofortige Vollziehung gem. § 80 Abs. 2 Nr. 4 VwGO an, d.h., dass Sie meine vorstehende Forderung auch dann erfüllen müssen, wenn Sie einen Widerspruch einlegen.
>
> Begründung zu Ziffer 1:
>
> Bei einem Ortstermin auf dem o.g. Grundstück am ..... 2004 habe ich festgestellt, dass das auf dem o.g. Grundstück aufstehende Gebäude (= Halle) zum Verkauf von Textilien genutzt wurde („Großer Textil- Verkauf"). Das Gebäude wurde zuletzt durch die (Nachtrags-) Baugenehmigung vom (Datum) als Motorrad- und Kfz-Haus genehmigt.
>
> Die erfolgte Umnutzung ist eine genehmigungspflichtige Nutzungsänderung (§ 63 Abs. 1 BauO NRW). Eine Baugenehmigung habe ich nicht erteilt, insofern ist die damals festgestellte Nutzung formell illegal. Die Nutzung der besagten Halle zum Textil-Verkauf ist auch nicht nachträglich genehmigungsfähig, da der Bebauungsplan Nr. ..... in dem festgesetzten Gewerbegebiet Einzelhandel ausschließt. Damit verstößt die in Rede stehende Nutzung auch gegen materielles Recht. Die Frage der Genehmigungsfähigkeit kann hierbei allerdings offenbleiben, da bereits die formelle Illegalität einer Nutzung ein sofort vollziehbares Nutzungsverbot rechtfertigt.
>
> In meiner Eigenschaft als untere Bauaufsichtsbehörde habe ich über die Einhaltung der Vorschriften des öffentlichen Baurechts zu wachen (§ 61 Abs. 1 S. 1 BauO NRW). In Wahrnehmung dieser Aufgabe habe ich die erforderlichen Maßnahmen zu treffen. Ein Nutzungsverbot bzw. Weitervermietungsverbot ist bereits schon bei Verstoß gegen formelles Recht – wie hier – zulässig. Dies ist mit der Bedeutung der Ordnungsfunktion des formellen Baurechts zu rechtfertigen. An der Beachtung und strikten Durchführung des formellen Verfahrens besteht ein öffentliches Interesse.
>
> Als Mieter und Nutzer der Halle sind Sie ordnungsrechtlich verantwortlich (§ 18 Abs. 2 OBG) und der richtige Adressat dieser Verfügung.
>
> Begründung zu Ziffer 2:
>
> Ein Verwaltungsakt, der auf die Vornahme einer Handlung oder auf Duldung oder Unterlassung gerichtet ist, kann mit Zwangsmitteln durchgesetzt werden, wenn er unanfechtbar

---

[270] Zitiert aus LEXsoft Professional Baurecht, Handbuch Bauordnungsrecht, Stichwort Nutzungsverbot – Mustertext Nr. 1.

oder – wie hier – die Anordnung der sofortigen Vollziehung mit der Grundverfügung verbunden ist. Von den möglichen Zwangsmitteln habe ich hier das Zwangsgeld ausgewählt und angedroht. Das Zwangsgeld ist am geeignetsten, meine getroffene Anordnung durchzusetzen. Eine Festsetzung des Zwangsgeldes können Sie vermeiden, wenn Sie meiner o.g. Aufforderung fristgerecht nachkommen.

Begründung zu Ziffer 3:

Mit der o.g. Forderung habe ich die Anordnung der sofortigen Vollziehung gem. § 80 Abs. 2 Nr. 4 VwGO verbunden. Die Anordnung der sofortigen Vollziehung verhindert die aufschiebende Wirkung eines Anfechtungswiderspruches. Im vorliegenden Fall ist die Anordnung der sofortigen Vollziehung erforderlich, damit die ungenehmigte Nutzung nicht bis zum Abschluss eines Hauptsacheverfahrens andauert und damit die formelle Ordnungsfunktion des Bauordnungsrechtes entwertet. Ferner soll eine negative Vorbildwirkung der ungenehmigten Nutzung vermieden werden. Es ist Ihnen wie jedem Bürger zuzumuten, für eine genehmigungsbedürftige Nutzung zuvor den erforderlichen Bauantrag zu stellen und die Entscheidung im Baugenehmigungsverfahren zunächst abzuwarten, bevor die geplante Nutzung aufgenommen wird. Mit der Aufnahme der genehmigungsbedürftigen Nutzung bzw. mit der entsprechenden Untervermietung haben Sie sich eine Rechtsposition angemaßt, die nicht schützenswert ist und ein sofort vollziehbares Nutzungsverbot rechtfertigt.

Ihre Rechte:

Gegen diesen Bescheid ist der Widerspruch zulässig. Er ist innerhalb eines Monats nach Bekanntgabe schriftlich oder zur Niederschrift bei (Bezeichnung und Postanschrift der Behörde) einzulegen. Der Nachtbriefkasten befindet sich ..... Sie können den Widerspruch auch direkt beim Bauordnungsamt erheben (Postanschrift der Dienststelle).

Alternativ:[271]

Gegen diesen Bescheid kann nunmehr innerhalb einer Frist von einem Monat nach Zustellung Klage erhoben werden. Die Klage ist bei dem Verwaltungsgericht in (Anschrift) schriftlich einzureichen oder zur Niederschrift des Urkundsbeamten der Geschäftsstelle zu erklären. Wird die Klage schriftlich erhoben, so sollen ihr zwei Abschriften beigefügt werden. Falls die Frist durch das Verschulden einer von Ihnen bevollmächtigten Person versäumt werden sollte, so würde deren Verschulden Ihnen zugerechnet werden.

Dieser Bescheid ist gebührenpflichtig. Bitte beachten Sie den beigefügten Gebührenbescheid.

Mit freundlichen Grüßen

Im Auftrag

---

271 In Bundesländern, in denen das Vorverfahren abgeschafft wurde, z.B. NRW, Bürokratieabbaugesetz I v. 13.03.2007, Gesetz- und Verordnungsblatt NRW v. 30.03.2007, S. 133 ff.

VI. Beendigung von Miet- und Pachtverträgen durch Verwaltungsakt

140 Das Mietverhältnis kann auf unterschiedliche Art und Weise enden: durch den vertraglich vereinbarten Zeitablauf, durch Kündigung einer der Parteien, durch einen Aufhebungsvertrag oder auch (selten) durch hoheitlichen Verwaltungsakt. Nach den **§§ 61 Abs. 1, 86 Abs. 1 Nr. 3 und §§ 182, 183 BauGB** kann das Miet- oder Pachtverhältnis durch Verwaltungsakt beendet werden.

141 Zur **Erschließung oder Neugestaltung von Gebieten** können nach § 45 BauGB bebaute und unbebaute Grundstücke durch Umlegung in der Weise neu geordnet werden, dass nach Lage, Form und Größe für die bauliche oder sonstige Nutzung zweckmäßig gestaltete Grundstücke entstehen. Sollen dazu Miet- und Pachtverhältnisse gem. § 61 BauGB aufgehoben werden, kann nach § 180 BauGB die Aufstellung eines Sozialplans erforderlich sein. Der Abschluss eines langfristigen Mietvertrages (hier: 20 Jahre) über ein bisher als Familienwohnhaus genutztes Hausgrundstück mit einer sozialen Einrichtung, die darin nach Innenumbauten ein Behindertenwohnheim betreiben will, ist im Umlegungsverfahren mit Veränderungssperre nicht nach § 51 Abs. 2 BauGB von der Genehmigungspflicht ausgenommen.[272]

142 Im **Enteignungsverfahren** nach den §§ 85 ff. BauGB können **gem. 86 Abs. 1 Nr. 3 BauGB Miet- und Pachtrechte entzogen** werden. Mieter und Pächter können unmittelbar gegen die enteignende Maßnahme, etwa einen Planfeststellungsbeschluss der Gemeinde für einen Autobahnbau, klagen.[273] Die Antragsbefugnis eines Wohnungsmieters kann sich im Normenkontrollverfahren gegen eine Entwicklungssatzung aus seinem Interesse ergeben, eine Aufhebung des Mietverhältnisses auf der Grundlage der Satzung i.V.m. § 182 BauGB zu verhindern.[274]

Die Mietparteien sind grds. zu **entschädigen**, ggf. auch bereits für die mangelnde Vermietbarkeit des Objekts wegen drohender Enteignung.[275] Dafür ist – ggf. durch einen Sachverständigen – der Verkehrswertes des Mietrechts zu ermitteln. Steht fest, dass der Mieter auch ohne die Enteignungsmaßnahme die Mietsache – wenn auch zu einem späteren Zeitpunkt – hätte räumen müssen, so beschränkt sich die zu leistende Entschädigung grds. auf den Zwischenzins der dadurch erforderlich gewordenen Aufwendungen.[276] Bei der Enteignung eines Mietrechts, das nach dem Mietvertrag jeweils zum Jahresende kündbar war, ist **Entschädigung** wegen anderer Nachteile der Enteignung (§ 96 BBauG) nur insoweit zu leisten, als in die rechtlich gesicherten Erwartungen des Mieters auf Fortsetzung des Vertrages eingegriffen worden ist.[277]

143 Nach § 182 BauGB kann die Gemeinde Miet- und Pachtverhältnisse aufheben, wenn es zur Verwirklichung der Ziele und Zwecke von **Sanierungs- oder Entwicklungsmaßnahmen** oder von städtebaulichen Geboten erforderlich ist. Die Aufhebung muss zur Verwirklichung der Ziele und Zwecke einer Sanierungs- oder Entwicklungsmaßnahme oder eines städtebaulichen Gebots nach den §§ 176 bis 179 BauGB erforderlich sein.

---

272 OLG Celle, 30.09.2004 – 4 U 53/04, BauR 2004, 1989 Ls. = JWO-MietR 2004, 378.
273 BVerwG, 01.09.1997 – 4 A 36/96, BVerwGE 105, 178 = NZM 1998, 535.
274 OVG Nordrhein-Westfalen, 18.12.2008 – 10 D 104/06.
275 BGH, 28.11.2007 – III ZR 114/07, IMR 2008, 64: Enteignung wegen Straßenbau.
276 BGH, 15.11.1971 – III ZR 162/69, MDR 1972, 306 = NJW 1972, 528.
277 BGH, 07.01.1982 – III ZR 114/80, BGHZ 83, 1 = MDR 1982, 464 = NJW 1982, 2181.

Beispiel:

Es soll eine vollständige Beseitigung eines Gebäudes oder dessen umfassende Sanierung erfolgen.

Reicht eine vorübergehende Räumung aus, ist die Aufhebung unzulässig.[278] Die Aufhebung erfolgt durch Verwaltungsakt mit einer **Frist von mindestens sechs Monaten** nach Bekanntgabe. Bei land- und forstwirtschaftlich genutzten Grundstücken kann die Aufhebung nur zum Schluss eines Pachtjahres erfolgen; auch in diesem Fall ist die Mindestfrist von sechs Monaten einzuhalten. Bei Geschäftsraum soll (nicht: muss) nach § 182 Abs. 2 Satz 2 BauGB die Aufhebung erst erfolgen, wenn anderweitige Unterbringungsmöglichkeit besteht. Ist nach den Festsetzungen des Bebauungsplans für ein unbebautes Grundstück eine andere Nutzung vorgesehen und ist die alsbaldige Änderung der Nutzung beabsichtigt, kann die Gemeinde nach § 183 BauGB auf Antrag des Eigentümers Miet- oder Pachtverhältnisse aufheben, die sich auf das Grundstück beziehen und der neuen Nutzung entgegenstehen. Die Sanierungsbehörde darf eine sanierungsrechtliche Genehmigung von Modernisierungs- und Instandsetzungsmaßnahmen nicht mit der Auflage verbinden, dass der Eigentümer nach Abschluss der Sanierungsarbeiten bestimmte Mietobergrenzen einzuhalten hat.[279]

144

VII. Objekte in Sanierungsgebieten: Genehmigung von Mietverträgen

Mietverträge über Grundstücke und Räume, die in einem **förmlich festgelegten Sanierungsgebiet** liegen, und **für mehr als ein Jahr geschlossen** oder verlängert werden, bedürfen nach § 144 Abs. 1 Nr. 2 BauGB der Genehmigung der Gemeinde und sind ohne diese unwirksam. Ein Vertragsverhältnis von mehr als einem Jahr ist auch gegeben, wenn die Vertragsdauer unbestimmt ist, die Kündigungsfrist aber mehr als ein Jahr beträgt. Auch Verträge über noch zu genehmigende und zu errichtende Gebäude sind genehmigungsbedürftig.[280] Die **Genehmigung ist aber nur dann erforderlich**, wenn der **Mietvertrag nach Abschluss des förmlichen Verfahrens** zur Festlegung des Sanierungsgebietes geschlossen wurde.[281] Die Genehmigung kann nur versagt werden, wenn die Sanierungsziele in ihren Grundzügen konkretisiert sind.[282] Das Maß der Konkretisierung richtet sich nach den zunehmenden Konkretisierungsanforderungen im Laufe des fortschreitenden Sanierungsverfahrens.

145

VIII. Haftung des Grundstückseigentümers für Abfallgebühren des Mieters

Sieht die Abfallgebührensatzung einer Gemeinde ausdrücklich vor, dass auch der Eigentümer eines Grundstücks für Abfallgebühren haftet, kann auch der Vermieter eines Hausgrundstücks für die Abfallgebühren seines Mieters in Anspruch genommen werden.[283] Die Gebührenverantwortlichkeit des Grundstückseigentümers stellt sich weder als **Enteignung** (Art. 14 GG) dar, noch ist sie **unverhältnismäßig** (Art. 20 Abs. 2 GG) oder **willkürlich** (Art. 3 GG), da der Grundstückseigentümer auch im Fall der Vermietung in abfallrechtlicher Hinsicht für sein

146

---

278 VGH Baden-Württemberg, 28.12.1983 – 3 S 2695/83, BRS 40, Nr. 231.
279 BVerwG, 24.05.2006 – 4 C 9.4, InfoM 2006, 203.
280 BVerwG, 07.09.1984 – 4 C 20/81, BVerwGE 70, 83 = BauR 1985, 189 = NJW 1985, 278.
281 BGH, 23.09.1992 – XII ZR 18/91, NJW-RR 1993, 13.
282 BVerwG, 07.09.1984 – 4 C 20/81, BVerwGE 70, 83 = BauR 1985, 189 = NJW 1985, 278.
283 VG Koblenz, 24.06.2010 – 7 K 1230/09, IMR 2010, 401 zu §§ 7, 8 KAG-RP; § 3 KrW-/AbfG; § 5 LAbfWG-RP.

Grundstück verantwortlich bleibt und die Möglichkeit hat, durch den Abschluss eines entsprechenden Vertrages seine Aufwendungen für die Entsorgung des Mülls der Mieter oder Pächter ersetzt zu bekommen.[284] Das **Risiko der wirtschaftlichen Leistungsfähigkeit des Mieters oder Schuldners ist i.d.R. der Rechtssphäre des Eigentümers zuzurechnen und nicht von der Allgemeinheit zu tragen.**[285] Es ist rechtlich nicht zu beanstanden, wenn ein Grundstückseigentümer zur Zahlung von Gebühren für die Abfallentsorgung mit einem Absetzcontainer herangezogen wird und es sich um Abfälle handelt, die von dem Grundstück des in Anspruch genommenen Eigentümers stammen, auch wenn der betreffende Container von einem Mieter oder Pächter bestellt worden ist.[286] Die Gebührenschuldnerschaft des Eigentümers stellt sich als Inhaltsbestimmung des Eigentums (Art. 14 Abs. 1 Satz 2, Abs. 2 GG) dar, weil sie eine finanzielle Fortsetzung der in § 13 des Kreislaufwirtschafts- und Abfallgesetzes – KrW-/AbfG – v. 27.09.1994[287] normierten Überlassungspflicht ist. Denn auch der Grundstückseigentümer ist – ggf. neben seinen Mietern, Pächtern oder ähnlichen Nutzern – als **Zustandsverantwortlicher** öffentlich-rechtlicher Abfallbesitzer, da er aufgrund ihm zustehender zivilrechtlicher Rechte das erforderliche Mindestmaß an tatsächlicher Sachherrschaft innehat.[288]

IX. Zweckentfremdungsverbot

1. Rechtsgrundlagen

147 Geschäftsraumvermietung ist problematisch, wenn die Räume vorher zu Wohnzwecken genutzt wurden. Der Vermieter benötigt dann meistens eine **behördliche Erlaubnis**. Wohnraum kann bspw. zweckentfremdet werden, indem

- eine Wohnung in Geschäftsräume umgewandelt wird,
- eine Wohnung dauerhaft als Fremdenherberge dient,
- eine Wohnung dauerhaft leer steht,
- Wohnraum abgerissen oder anderweitig unbrauchbar gemacht wird.

148 Das Zweckentfremdungsverbot in weiten Bereichen ein Auslaufmodell.[289] In NRW ist es am 31.12.2006 außer Kraft getreten, in Berlin am 01.09.2000,[290] in Bremen 1998, in Sachsen 1997, in Schleswig-Holstein zum 31.12.1999, in Niedersachsen zum 01.01.2004, in Hessen ebenfalls 2004. Derzeit finden sich ZweckentfremdungsVO wohl nur noch in Bayern und Hamburg. Zu den **Sachmängeln** i.S.d. § 536 BGB aufgrund öffentlich-rechtlicher Gebrauchsbeschränkungen oder anderer Maßnahmen zählt auch eine fehlende Zweckentfremdungsgenehmigung.[291]

---

284 VG Koblenz, 24.06.2010 – 7 K 1230/09, IMR 2010, 401; Bay. VGH, 16.04.1998 – 4 N 95.2760.
285 VG Koblenz, 24.06.2010 – 7 K 1230/09, IMR 2010, 401; OVG Rheinland-Pfalz, 19.03.2002 – 12 A 10107/02.
286 BVerwG, 13.08.1996 – 8 B 23/96; OVG Rheinland-Pfalz, 16.11.1995 – 12 A 11643/95.OVG.
287 BGBl. I, S. 2705.
288 BVerwG, 19.01.1989 – 7 C 82/87, NJW 1989, 1295; VG Koblenz, 24.06.2010 – 7 K 1230/09, IMR 2010, 401.
289 So die Bezeichnung von Fritz, Gewerberaummietrecht, Rn. 241.
290 OVG Berlin, 13.06.2002, NZM 2002, 830; bestätigt durch BVerwG, 13.03.2003, NZM 2003, 606 = NJW 2003, 3217 (LS).
291 Blank, in: Blank/Börstinghaus, Miete, § 536 Rn. 16, unter Verweis auf KG, GE 1991, 1195; OLG Düsseldorf, OLGR Düsseldorf 1994, 46; OLG Hamm, NJWE-MietR 1997, 201; LG Berlin, MM 1991, 364; LG Mannheim, MDR 1978, 406.

Durch Art. 6 des Gesetzes zur Verbesserung des Mietrechtes und zur Begrenzung des Mietanstiegs, sowie zur Regelung von Ingenieur- und Architektenleistungen v. 04.11.1971 (**MRVerbG**)[292] sind die Landesregierungen ermächtigt worden, in Gemeinden mit erhöhtem Wohnbedarf Zweckentfremdungsverbote zu erlassen. Es handelt sich um eine bundeseinheitliche Ermächtigungsgrundlage, die ein verfassungsgemäßes repressives Verbot mit Befreiungsvorbehalt enthält.[293] Die Bundesländer haben nach Art. 6 MRVerbG das Recht, für Regionen mit einer nicht ausreichenden Wohnraumversorgung der Bürger eine Rechtsverordnung zu erlassen, wonach die Nutzung von Wohnraum zu anderen als zu Wohnzwecken von der Zustimmung der betreffenden Gemeinde abhängig ist. Eine solche Situation entsteht bspw., wenn eine Wohnung ab einem bestimmten Zeitpunkt gewerblich genutzt werden soll. Die **konkrete Ausgestaltung** ist den Landesregierungen überlassen, die in seit Anfang der siebziger Jahre überwiegend auch davon Gebrauch gemacht hatten. Z.T. sind erlassene Zweckentfremdungsverordnungen auch schon wieder außer Kraft getreten, da sich die Lage am Wohnungsmarkt deutlich entspannt hat (vgl. VO für Rheinland-Pfalz). Die materiell-rechtlichen Voraussetzungen, unter denen eine **Zweckentfremdungsgenehmigung** erteilt werden darf, sind aber abschließend dem Bundesrecht zu entnehmen, die Befugnis der Landesregierungen ist auf die verwaltungsverfahrensrechtliche Ausgestaltung des Genehmigungsverfahrens beschränkt.[294]

149

Die Versorgung der Bevölkerung mit ausreichend Wohnraum zu angemessenen Bedingungen ist i.S.d. Art. 6 § 1 MRVerbG dort „**besonders gefährdet**", wo ein Zustand unzureichender Wohnraumversorgung der breiteren Bevölkerungsschichten mindestens latent vorhanden ist und dies mit Umständen zusammenhängt, die in dem jeweiligen Ort den Wohnungsmarkt belasten.[295]

Werden Zweckentfremdungsverordnungen vom Verordnungsgeber nicht aufgehoben, verlieren sie ihre Gültigkeit nur dann, wenn ein **Ende der Mangellage** auf dem Wohnungsmarkt insgesamt deutlich in Erscheinung tritt und das Zweckentfremdungsverbot daher offensichtlich entbehrlich geworden ist.[296] Eine Mangellage auf dem Wohnungsmarkt ist allenfalls dann deutlich erkennbar beseitigt, wenn mindestens 3 – 4 % aller Wohnungen leer stehen und der Wohnungsleerstand auf alle wesentlichen Marktsegmente annähernd gleichmäßig verteilt ist.[297]

150

Nicht unter das Verbot fallen Wohnungen, die zu einer Zeit **vor Inkrafttreten** der entsprechenden Verordnung ununterbrochen zu anderen als Wohnzwecken genutzt wurden. Wohnraum, der nach dem 31.05.1990 entstanden ist, unterliegt seit dem 01.06.1990 nicht dem Zweckentfremdungsverbot, wenn er aus nicht Wohnzwecken dienenden Räumen geschaffen wurde (Art. 6 Abs. 1 Satz 3 MRVerbG).

---

292 BGBl. I 1971, S. 1745.
293 BVerfG, 04.09.1995 – 2 BvR 1106/94, LNR 1995, 13175.
294 BVerwG, 22.04.1994 – 8 C 29/92, WuM 1994, 615 = BVerwGE 95, 341 = NJW 1995, 542.
295 BVerwG, 11.03.1983 – 8 C 102/81, WuM 1984, 139 = NJW 1983, 2893 – 2895.
296 OVG Niedersachsen, 13.03.2003 – 8 K 4496/99, DWW 2003, 263 = WuM 2003, 393; Schultz/Bujewski-Crawford, NZM 1998, 385 ff.
297 OVG Niedersachsen, 13.03.2003 – 8 K 4496/99, DWW 2003, 263 = WuM 2003, 393.

Beispiel:[298]

Der Eigentümer X verwandelt bis zu diesem Zeitpunkt gewerblich genutzte Räume in Wohnungen. Einige Jahre später beschließt er aber, die Wohnungen wieder in Gewerberäume umzuwandeln. Somit läge eine Zweckentfremdung vor, selbst wenn die Räume ursprünglich gewerblichen Zwecken dienten. Die Neuregelung v. 01.06. garantiert nun dem Eigentümer, seine Wohnräume später auch wieder gewerblich nutzen zu können.

151 Die Räume müssen objektiv zu Wohnzwecken geeignet und subjektiv dazu bestimmt gewesen sein.[299] Altenwohn- und Pflegeheime unterfallen dem allgemeinen Wohnraumbegriff.[300] Die **materielle Beweislast** trägt der Vermieter. Den Nachweis kann er z.B. führen durch Vorlage der Mietverträge und Bestätigungen von Mietern.

2. Zweckentfremdung

152 Wann in welchen Gemeinden ein „Zuführen zu anderen als Wohnzwecken" i.S.v. Art. 6 Abs. 1 Satz 1 MRVG vorliegt, regeln die Landesverordnungen. Eine Zweckentfremdung ist nicht nur die **Umwidmung** von Wohnraum, sondern grds. auch **jedes Unterlassen**, das ein normales Wohnen verhindert (Verfallenlassen etc.). Für einen einheitlichen Vollzug des Verbots existieren in manchen Bundesländern Bekanntmachungen, etwa die bayerische Bekanntmachung zum Vollzug des Verbots der Zweckentfremdung von Wohnraum (VollzBekZwE).[301] Danach (Ziff. 3) wird Wohnraum durch den Verfügungsberechtigten und den Mieter anderen als Wohnzwecken zugeführt, wenn er

- für gewerbliche oder berufliche Zwecke verwendet oder überlassen wird,
- zum Zwecke einer dauernden Fremdenbeherbergung, insb. einer gewerblichen Zimmervermietung oder der Einrichtung von Schlafstellen, verwendet oder überlassen oder sonst durch eine Nutzung i.S.d. Nr. 2.5 dem allgemeinen Wohnungsmarkt entzogen wird,[302]
- baulich derart verändert wird, dass er für Wohnzwecke nicht mehr geeignet ist,
- länger als drei Monate leer steht,
- abgebrochen wird,
- zerstört oder dem Verfall preisgegeben wird, z.B. weil nach dem Inkrafttreten des Verbots objektiv gebotene Erhaltungs- und Unterhaltungsmaßnahmen unterbleiben.

153 **Keine Zweckentfremdung** liegt nach Ziff. 4 der Bekanntmachung vor, wenn

- Wohnraum leer steht, weil er trotz nachweislicher geeigneter Bemühungen noch nicht wieder vermietet werden konnte,
- Wohnraum nachweislich zügig umgebaut, instand gesetzt oder modernisiert wird oder alsbald veräußert werden soll und deshalb vorübergehend unbewohnbar ist oder leer steht,

---

298 Vgl. LEXsoft Professional – Immobilienpraxis, Mietlexikon, Stichwort „Zweckentfremdung".
299 BVerwG, 18.05.1977 – VIII C 44.76, NJW 1977, 2280.
300 VG Berlin, 16.08.2005 – 10 A 119/00, NJOZ 2006, 1316.
301 V. 06.12.2001 Nr. II C 5-4709.17-006/01 (AllMBl., S. 841, Glied-Nr. 2330-I).
302 Vgl. auch VG Berlin, 28.05.1993 – 5 S 24/93, WuM 1994, 95 = GE 1993, 813 = NVwZ 1994, 799: Die Kombination von gewerblicher Zimmervermietung und Schlafstellenvermietung verstößt gegen das Zweckentfremdungsverbot; ferner VG Berlin, 10.03.1993 – 10 A 19.93.

- eine Wohnung durch den Verfügungsberechtigten oder Mieter zu gewerblichen oder beruflichen Zwecken mitbenutzt wird, insgesamt jedoch die Wohnnutzung überwiegt (über 50 % der Fläche) und Räume nicht i.S.d. Nr. 3.3 baulich verändert werden,
- Wohnraum nicht ununterbrochen genutzt wird, weil er bestimmungsgemäß dem Verfügungsberechtigten als Zweit- oder Ferienwohnung dient,
- der Wohnraum mit anderem Wohnraum zu weiterer Wohnnutzung zusammengelegt wird oder geteilt wird.

Art. 6 MRVerbG ist anwendbar auf **unbewohnbaren Wohnraum**, der mit vertretbarem, dem Verfügungsberechtigten objektiv zumutbarem Modernisierungs- oder Renovierungsaufwand in einen bewohnbaren Zustand versetzt werden kann.[303] Zumutbar ist ein Aufwand, der innerhalb von zehn Jahren durch eine erzielbare Rendite ausgeglichen werden kann.[304] Eine Zweckentfremdung liegt auch dann vor, wenn der selbstnutzende Eigentümer von Wohnraum die Art der Benutzung des Raumes ändert.[305]

3. Checkliste: Wann unterfallen Räume dem Verbot?

Die folgende Checkliste ermöglicht die Prüfung, in welchen Fällen Räumlichkeiten vom Zweckentfremdungsverbot betroffen sind:

Checkliste: Zweckentfremdungsverbot

- ☐ Existiert für das relevante Bundesland eine ZweckentfremdungsVO? Ist diese noch in Kraft?
- ☐ Liegt bereits eine behördliche Erlaubnis vor? Falls ja, so stellt die Nutzung als Geschäftsraum kein Problem dar.
- ☐ Ist die Gemeinde in der ZweckentfremdungsVO ausdrücklich als „Notstandsgebiet" genannt?
- ☐ Ist das konkrete Gebiet, in dem die Wohnung liegt, bauplanungsrechtlich überhaupt zu Wohnzwecken ausgewiesen?
- ☐ Wenn nein, kann auch das Zweckentfremdungsverbot nicht greifen.
- ☐ Wann ist die für die Gemeinde relevante ZweckentfremdungsVO in Kraft getreten? Wurden die Räume nämlich bereits vorher als Geschäftsräume genutzt, unterliegen sie nicht dem Verbot. Dies gilt selbst dann, wenn für Büronutzung keine Baugenehmigung eingeholt worden war.[306] Aber: Lag eine zwischenzeitliche Wohnungsnutzung vor, gilt die VO.[307]
- ☐ Liegt eine der in Art. 6 § 1 MRVerbG genannten Ausnahmen vor? Einer Genehmigung bedarf es danach nicht für die Umwandlung eines Wohnraumes in einen Nebenraum (insb. einen Baderaum) und für die anderweitige Verwendung von Wohnraum, der nach

---

303 VG Gießen, 02.08.1999 – 6 G 954/98, NZM 2000, 628 = NVwZ 2000, 1075.
304 VG Gießen, 02.08.1999, a.a.O.
305 BVerwG, 22.11.1996 – 8 B 206.96, LNR 1996, 22772.
306 VGH Bayern, 25.01.1955 – 24 CS 94.3282, ZMR 1995, 278 f.
307 VG Berlin, GE 1994, 1325.

dem 31.05.1990 unter wesentlichem Bauaufwand aus Räumen geschaffen wurde, die anderen als Wohnzwecken dienten.
- ☐ Handelt es sich um eine Sozialwohnung? Dann ist unabhängig von der ZweckentfremdungsVO eine besondere Genehmigung der Wohnungsbehörde erforderlich, da Sozialwohnungen nicht zu anderen als Wohnzwecken verwendet werden dürfen (§ 12 WoBindG).
- ☐ Handelt es sich überhaupt (noch) um Wohnraum?
- ☐ Sind die Räume objektiv zu Wohnzwecken geeignet und subjektiv dazu bestimmt?
- ☐ Ist das Bewohnen möglicherweise aus bebauungs- oder bauordnungsrechtlichen Gründen, wegen Mängeln oder aus anderen Gründen nicht mehr möglich oder zulässig?[308] Aber: Schlechter Zustand genügt nicht, wenn der Wohnraum mit zumutbarem Modernisierungsaufwand wiederhergestellt werden kann;[309] die Kosten müssen sich aber spätestens in zehn Jahren wieder als Rendite hereingespielt haben.[310]
- ☐ Stehen die Räume wegen besonderer Umstände nicht dem allgemeinen Wohnungsmarkt zur Verfügung, sodass sie nicht unter das Verbot fallen (Beispiele: nur von einem Betriebsleiter bzw. -eigentümer genutzte Betriebswohnung in einem Gewerbegebiet;[311] ausgesprochene Luxuswohnung).[312]
- ☐ Liegt ein bewusstes Leerstehenlassen der Wohnräume oder ein Abbruch vor?[313] Beim Abbruch ist neben der Abbruchgenehmigung auch eine Zweckentfremdungsgenehmigung erforderlich.
- ☐ Werden die Räume ausschließlich zu anderen als Wohnzwecken verwendet oder überlassen? Der Gesetzgeber will letztlich nur die Vernichtung von Wohnraum verhindern, sodass Mischnutzungen, die noch mindestens „hälftiges" Wohnen ermöglichen, grds. nicht dem Verbot unterliegen (s. nachfolgend).

Praxistipp:

Liegen Anhaltspunkte vor, dass die Wohnung nicht dem Verbot unterfallen könnte, sollte möglichst vor Abschluss des Geschäftsraummietvertrages ein sog. Negativattest der zuständigen Behörde eingeholt werden. Zuständig für die Erlaubniserteilung ist i.d.R. das Wohnungsamt der Kreisverwaltungsbehörde (kreisfreie Städte, Landkreise).

---

308 BayObLG, 24.01.1995 – 3 ObOWi 2/95, DWW 1995, 110; BVerwG, 02.12.1983 – 8 C 155/81, NJW 1984, 2901.
309 BVerwG, 10.05.1985 – 8 C 35/83, ZMR 1985, 423.
310 BVerwG, 14.12.1990 – 8 C 38/89, NJW 1991, 1966.
311 VG Köln, 16.09.1993 – 16 K 838/93, WuM 1994, 488.
312 VG Berlin, GE 1996, 483.
313 BVerfG, 04.02.1975 – 2 BvL 5/74, NJW 1975, 727 und BVerwG, 18.05.1977 – VIII C 44.76, BayVBL 1977, 607.

4. Mischnutzung

Mischnutzung ist grds. keine Zweckentfremdung. Die bloße **Mitbenutzung von Wohnraum** zu freiberuflichen Zwecke stellt keine Zweckentfremdung dar.[314] Die Wohnungsämter erlauben oft eine gewerbliche Nutzung bis zu ca. 1/3 der Gesamtfläche der Wohnung, manchmal auch mehr. Dem Verbot der Zweckentfremdung von Wohnraum unterliegen für sog. Mischraum (z.B. Ladenwohnung) nur diejenigen Einzelräume, die zu Wohnzwecken genutzt worden sind; ihre Umwandlung in Geschäftsräume bedarf keiner Zweckentfremdungsgenehmigung, wenn sie nicht isoliert als Wohnraum vermietet werden können, weil sie nur zusammen mit den bislang schon gewerblich genutzten Räumen genutzt werden können.[315] Damit kommt es also auf die Nutzung der einzelnen Räume an. Zweckentfremdung liegt nur dann vor, wenn ein Raum ausschließlich gewerblich genutzt wird und nicht automatisch, wenn die gewerbliche Nutzung überwiegt.[316] Bei einem Büro mit Wohnmöglichkeit soll Zweckentfremdung vorliegen,[317] nicht aber, wenn eine Modeausstellung in einer Wohnung an neun Tagen im Jahr stattfindet.[318] Vertreten wird auch die Auffassung, dass die Räume erst bei ausschließlicher Nutzung zu anderen als Wohnzwecken zweckentfremdet werden.[319]

156

5. Erlaubniserteilung

a) Voraussetzungen

Die Zweckentfremdungserlaubnis ist zu erteilen, wenn dem öffentlichen Interesse an der Erhaltung des Wohnungsbestandes überwiegend anderweitige Interessen gegenüberstehen, was unter Beachtung des Verhältnismäßigkeitsgebotes und des Übermaßverbotes zu prüfen ist. **Vorrangige öffentliche Belange** (z.B. städtebauliche Maßnahmen, aber auch Errichtung einer Arztpraxis) **und schutzwürdige Interessen des Verfügungsberechtigten** können die Erlaubnis rechtfertigen. Letzteres kann bei einer „unausweichlich ernsthaften" Existenzgefährdung vorliegen, wofür nach der strengen Rechtsprechung als Folge des Zweckentfremdungsverbotes aufgrund einer umfassenden Würdigung der Verhältnisse des Einzelfalles aber eine so überwiegende Wahrscheinlichkeit bestehen muss, dass ernstliche Zweifel an einem solchen Kausalverlauf auszuschließen sind.[320] Ein schutzwürdiges Interesse an der Zweckentfremdung einer Mietwohnung hat deren Eigentümer nicht, wenn er seinen persönlichen beruflichen Raumbedarf durch eine ihm ausnahmsweise zuzumutende Mitbenutzung eines Teils der Wohnfläche seiner eigenen Wohnung zu beruflichen oder gewerblichen Zwecken decken kann und wenn dies zur Erhaltung seiner wirtschaftlichen Existenz genügt.[321] Es gibt auch keinen Erfahrungssatz des Inhalts, dass der Rückgang des Ertrages einer gewerblichen oder (frei-) beruflichen Tätigkeit namentlich einer Rechtsanwalts- und Steuerberatungskanzlei oder einer Arztpraxis- auf

157

---

314 LG Frankfurt am Main, 12.06.2001 – 2 Ws (B) 191/01.
315 OVG Bremen, 20.01.1998 – 1 BA 21/97, NZM 1998, 933 = ZMR 1998, 664 = NVwZ 1999, 211.
316 BVerwG, 22.04.1994 – 8 C 29/92, WuM 1994, 615 = BVerwGE 95, 341 = NJW 1995, 542; VG Berlin, GE 1997, 499.
317 OLG Düsseldorf, 29.08.1995, DWW 1996, 19.
318 AG Düsseldorf, 09.08.1995, DWW 1996, 56.
319 BayObLG, 25.05.1994 – 3 ObOwi 44/94, NJW-RR 1994, 1423.
320 BVerwG, 22.04.1994 – 8 C 29/92, WuM 1994, 615 = BVerwGE 95, 341 = NJW 1995, 542.
321 BVerwG, 22.04.1994 – 8 C 29/92, WuM 1994, 615 = BVerwGE 95, 341 = NJW 1995, 542.

158 Die **Erlaubnis** kann nach Art. 6 § 1 Abs. 2 MRVerbG **befristet, bedingt** und mit **Auflagen** erteilt werden. Letzteres kann die Zahlung eines Ausgleichsbetrages sein, der oft als monatliche Abgabe ausgestaltet ist. Das ist nicht zulässig bei Schaffung gleichwertigen Ersatzwohnraums.[323]

> **Praxistipp:**
> Im Geschäftsraummietvertrag sollte geregelt werden, wer die Ausgleichsabgabe und etwaige Erhöhungen zu tragen hat. Dies ist auch formularmäßig möglich.[324]

159 Eine Zweckentfremdungsgenehmigung darf nicht mit einer Nebenbestimmung des Inhalts versehen werden, dass der Eigentümer oder sonstige Verfügungsberechtigte den von der beabsichtigten Zweckentfremdung betroffenen Mieter zuvor anderweitig angemessen unterzubringen hat („Mieterschutzklausel").[325] Ordnet die Behörde Maßnahmen an, die Verhinderung einer Zweckentfremdung dienen sollen, müssen diese – wie jedes Verwaltungshandeln – angemessen sein.

> *Beispiel:*[326]
> *Die Beseitigung eines zur Unbewohnbarkeit von Räumen führenden Mangels oder Missstands ist zweckentfremdungsrechtlich nicht zumutbar, wenn die dafür aufzuwendenden Mittel entweder nicht innerhalb eines Zeitraums von zehn Jahren durch eine erzielbare Rendite ausgeglichen werden können oder die Kosten des Abbruchs zuzüglich der Neuerrichtung eines vergleichbaren Gebäudes erreichen.*

160 Die Wirksamkeit einer Zweckentfremdungsgenehmigung endet mit der Beendigung der genehmigten zweckfremden Nutzung.[327] Die **Versagung der Erlaubnis** kann auf dem Verwaltungsrechtsweg mit den Rechtsmitteln der VwGO (Widerspruch, Klage) angefochten werden. Ein Mieter kann eine erteilte Genehmigung mangels Klagebefugnis nicht anfechten.[328]

b) Schaffung von Ersatzwohnraum

161 Vermieter bzw. Investoren bitten manchmal um Prüfung, wie sie bei bestimmten Objekten eine Erlaubnis zur gewerblichen Nutzung erhalten können. Hier kann bei solventen Vermietern die **Schaffung von Ersatzwohnraum** empfohlen werden, was nach der Rechtsprechung des BVerwGs[329] unter bestimmten Voraussetzungen ein berechtigtes Interesse an der Erlaubniserteilung begründen kann.

---

322 BVerwG, 22.04.1994 – 8 C 29/92, WuM 1994, 615 = BVerwGE 95, 341 = NJW 1995, 542.
323 BVerfG, 02.12.1980 – 1 BvR 436/78, DWW 1981, 45.
324 KG, 15.01.1996 – 8 U 6509/94, NJW-RR 1996, 1224 = GE 1996, 413.
325 BVerwG, 22.04.1994 – 8 C 29/92, WuM 1994, 615 = BVerwGE 95, 341 = NJW 1995, 542.
326 BVerwG, 20.08.1986 – 8 C 16.84, ZMR 1987, 70 = NJW-RR 1987, 586.
327 OVG Nordrhein-Westfalen, 01.07.2008 – 14 A 4716/05, IMR 2009, 33.
328 BVerwG, 22.04.1994 – 8 C 29/92, WuM 1994, 615 = BVerwGE 95, 341 = NJW 1995, 542.
329 BVerwG, 12.03.1982 – 8 C 23/80, NJW 1982, 2269.

> **Hinweis:**
> Einen Musterfall dazu stellt BVerwG, 20.08.1986 – 8 C 16.84, ZMR 1987, 70 = NJW-RR 1987, 586 dar.

Checkliste: Schaffung von Ersatzwohnraum: 162

- [ ] Der Ersatzwohnraum muss im Gebiet der Gemeinde geschaffen werden, wo die Zweckentfremdung vorgenommen werden soll.
- [ ] Der Ersatzwohnraum muss in zeitlichem Zusammenhang mit der Zweckentfremdung geschaffen werden oder geschaffen worden sein (ansonsten Gefahr der „Vorratshaltung" bei Neubauten).
- [ ] Der Antragsteller muss über beide Objekte (zweckentfremdete Wohnung/Ersatzwohnraum) wirtschaftlich verfügungsberechtigt sein.
- [ ] Der Ersatzwohnraum darf nicht kleiner sein als der zweckentfremdete Raum.
- [ ] Er darf auch im Standard nicht wesentlich abweichen, weder nach oben noch nach unten.
- [ ] Der Ersatzwohnraum muss dem allgemeinen Wohnungsmarkt ebenso wie der zweckentfremdete Wohnraum zur Verfügung stehen. Faktisch bedeutet dies nicht automatisch dieselbe Miethöhe.[330]
- [ ] Der angebotene Ersatzwohnraum darf nicht lediglich in der Sanierung, Modernisierung und Erweiterung bereits bestehenden, geschützten Wohnraumes bestehen.[331]

6. Folgen eines Verstoßes gegen das Zweckentfremdungsverbot

Ordnungswidrig im öffentlich-rechtlichen Sinne handelt, wer ohne die erforderliche Genehmigung Wohnraum für andere als Wohnzwecke verwendet oder überlässt, was nach Art. 6 § 2 Abs. 1 MRVerbG mit einer **Geldbuße bis 50.000,00 €** geahndet werden kann. Die wiederholte Festsetzung ist zulässig, da es sich um ein Dauerdelikt handelt. Dies kann Mieter und Vermieter gleichermaßen treffen. 163

Zivilrechtlich gilt Folgendes: Die Zweckentfremdungsvorschriften sind kein Verbotsgesetz i.S.d. § 134 BGB. Ein **Mietvertrag**, der gegen das Zweckentfremdungsverbot verstößt, ist nach herrschender Meinung **wirksam**,[332] sodass auch eine Umdeutung in einen Wohnraummietvertrag ausscheidet. Der Vermieter macht sich **schadensersatzpflichtig**, wenn er die Räume dem Mieter wegen eines Verstoßes gegen das Verbot nicht mehr überlassen kann (Hauptleistungspflicht!). In dem Verwaltungsrechtsstreit des Eigentümers, der von der zuständigen Behörde eine Zweckentfremdungsgenehmigung begehrt, ist der von der Zweckentfremdung betroffene Mieter nicht notwendig beizuladen.[333] Bei fehlender Zweckentfremdungsgenehmigung gilt hinsichtlich der Gewährleistungsrechte Folgendes: 164

---

330 BVerwG, 17.10.1997 – 8 C 18/96, NZM 1998, 45.
331 VGH Hessen, 20.09.2001 – 4 UE 1212/96, ZMR 2002, 551.
332 BGH, 10.11.1993 – XII ZR 1/92, WuM 1994, 218 = NJW 1994, 320 = DWW 1994, 246.
333 BVerwG, 22.04.1994 – 8 C 29/92, WuM 1994, 615 = BVerwGE 95, 341 = NJW 1995, 542.

165 Nutzt der Mieter die Räume bereits, ist fraglich, ob er **Gewährleistungsrechte** hat. Grds. stellt eine fehlende Zweckentfremdungsgenehmigung zwar einen Mangel dar.[334] Maßgeblich ist aber, ab wann dieser den Mieter berechtigt, die Miete zu mindern oder gar zu kündigen. Es gelten hier die allgemeinen Grundsätze zum **Fehlen öffentlich-rechtlicher Genehmigungen**. Daher ist darauf abzustellen, ob die vertraglichen Rechte des Mieters durch die fehlende Genehmigung beeinträchtigt werden, was i.d.R. nicht der Fall sein wird, solange die Behörde nicht oder nur ggü. dem Vermieter ohne Auswirkung auf den Mieter tätig wird. Schreitet die Behörde aber ein und will die Räume wieder der Wohnnutzung zuführen, so ist der Mieter ohne Weiteres – nach Fristsetzung – zur fristlosen Kündigung berechtigt.

166 Erfolgt eine Vermietung zu gewerblichen Zwecken unter Missachtung des Zweckentfremdungsverbots, und vermietet der gewerbliche Mieter dann die Räume als Wohnung weiter, ist dem Untermieter, der die Räume zur Nutzung als Wohnung gemietet hat, der Schutz des sozialen Mietrechts ggü. dem Eigentümer nicht zu versagen.[335]

X. Rechtsnatur und Rechtsfolgen behördlicher Beanstandungen oder Gebrauchsbeschränkungen im gewerblichen Miet- oder Pachtverhältnis

167 Ob und wann öffentlich-rechtliche Beschränkungen und Hindernisse als Mangel i.S.v. § 536 BGB zu qualifizieren sind und welche Rechtsfolgen sich daraus ergeben, betrifft schwerpunktmäßig die Thematik des Gewährleistungsrechts und wird deshalb ausführlich in → *Rn. 2026 ff.* in einem eigenen Kapitel dargestellt.

XI. Arbeitshilfen

1. Schnellüberblick Rechtsprechung zur typischen öffentlich-rechtlichen Problematik „Discounter"

168

Thema/Normen	Leitsatz	Entscheidung, Fundstelle
Großflächiger Einzelhandelsbetrieb im Gewerbegebiet	1. Bei dem gegebenenfalls lediglich eine widerlegbare Vermutung negativer Auswirkungen im Sinne des § 11 Abs. 3 Satz 2 BauNVO 1977 begründenden Schwellenwert des § 11 Abs. 3 Satz 3 BauNVO 1977 hinsichtlich der Geschossfläche (damals: 1.500 qm) handelt es sich nicht um einen festen „Grenzwert", dessen Unter- beziehungsweise Überschreitung gleichsam „automatisch" eine Aussage zur (Un-) Zulässigkeit eines Vorhabens entnommen werden könnte. 2. Bei Unterschreitung und dementsprechend Fehlen einer solchen Vermutungsvorgabe ist eine auf den Einzelfall bezogene Prüfung einerseits des Merkmals der „Großflächigkeit" in § 11 Abs. 3 Satz 1 Nr. 2 BauNVO 1977 und andererseits der (möglichen) negativen städtebaulichen Auswirkungen im Sinne des § 11 Abs. 3 Satz 2 BauNVO 1977 vorzunehmen.	OVG Saarland, 19.02.2009 – 2 A 254/08

---

334 KG, 15.01.1996 – 8 U 6509/94, NJW-RR 1996, 1224 = GE 1996, 413.
335 BVerfG, 06.08.1993 – 1 BvR 596/93, WuM 1994, 123 = NJW 1993, 2601.

	3. Bei der Ausfüllung des selbständigen und von der Vermutungsgrenze zu unterscheidenden Tatbestandsmerkmals der „Großflächigkeit" in § 11 Abs. 3 Satz 1 Nr. 2 BauNVO 1977 ist auf die Verkaufsfläche des Marktes (hier konkret 967,74 qm) abzustellen, wobei Großflächigkeit bei Einzelhandelsbetrieben anzunehmen ist, wenn deren Verkaufsfläche 800 qm überschreitet. 4. Bei kleinen Gemeinden ist eine potentielle „Ortskerngefährdung" hinsichtlich der verbrauchernahen Versorgung durch dezentral in Ortsrandlagen errichtete großflächige Einzelhandelsbetriebe im Sinne des § 11 Abs. 3 Satz 1 Nr. 3 BauNVO 1977 am stärksten.	
Nicht großflächiger Lebensmitteldiscounter	1. Auch nicht großflächige Lebensmitteldiscounter (hier: 711,84 qm) können Vorhaben im Sinne des § 34 Abs. 3 BauGB sein. 2. Von nicht großflächigen Einzelhandelsbetrieben können schädliche Auswirkungen auf zentrale Versorgungsbereiche, zu denen auch Grund- und Nahversorgungszentren gehören können, nur in besonderen Fallgestaltungen ausgehen. 3. Ob schädliche Auswirkungen zu erwarten sind, muss die Bauaufsichtsbehörde im Rahmen ihrer Amtsermittlungspflicht aufklären, so dass es im Regelfall auf Fragen der Darlegungs- und Beweislast bei dieser Prognoseentscheidung nicht ankommt.	OVG Nordrhein-Westfalen, 13.06.2007 – 10 A 2439/06, IBR 2007, 711
Errichtung eines Lebensmittel-Discounters	1. Bei der Beurteilung der Frage, ob die Umgebung eines (Bau-) Grundstücks in einem nicht beplanten Baugebiet einem der Baugebiete der §§ 2 ff. BauNVO entspricht, ist in erster Linie ist auf die nach den Bestimmungen der BauNVO in den verschiedenen Baugebieten allgemein zulässigen Nutzungen abzustellen; Nutzungen die in einem Baugebiet nach der BauNVO nur ausnahmsweise zulässig sind, stehen der Einordnung in ein solches Baugebiet entgegen, wenn sie sich nicht auf Ausnahmefälle beschränken und eine prägende Wirkung auf die Umgebung ausüben. Unzulässig ist es hingegen, eine vorhandene Bebauung in Zielrichtung auf eine scharfe Trennung von Gebietscharakter und zulässiger Bebauung geradezu gewaltsam in ein Baugebiet der in den §§ 2 bis 11 BauNVO bezeichneten Art zu pressen; dies schließt allerdings nicht aus, dass bestimmte Arten von Nutzungen außer Betracht bleiben, weil sie entweder nicht wesentlich sind oder so genannte Fremdkörper darstellen. 2. Ein Lebensmittel-Discounter kann grundsätzlich nicht mehr als „Nachbarschaftsladen" zur wohnungsnahen Versorgung eingeordnet werden, wenn er „großflächig" im Sinne von § 11 Abs. 3 BauNVO ist.	OVG Sachsen-Anhalt, 14.11.2006 – 2 L 504/02

	3. Auch wenn die Schwelle der Großflächigkeit nicht überschritten wird, kann ein der Versorgung des Gebiets dienender Laden nicht gegeben sein, wenn der Lebensmittelmarkt verkehrsgünstig in der Nähe einer Straße mit bedeutender innerörtlicher Verkehrsfunktion errichtet wird und dadurch Kunden außerhalb des Gebiets eine gute Erreichbarkeit mit dem PKW gewährleistet.	
Lebensmitteldiscounter steht Lebensmittelsupermarkt (Vollsortimenter) gleich	Ein Lebensmitteldiscounter - gekennzeichnet durch Verzicht auf Dienstleistungen und ein reduziertes Warensortiment - ist im Rahmen von § 11 Abs. 3 BauNVO einem Lebensmittelsupermarkt (Vollsortimenter) gleichgestellt. Auch in städtebaulicher Sicht ist eine Gleichbehandlung geboten.	VGH Baden-Württemberg, 12.07.2006 – 3 S 1726/05
Konfliktlage durch großflächigen Einzelhandelsbetrieb?	1. Der großflächige Einzelhandelsbetrieb begründet allein aufgrund seiner allgemeinen Betriebsart und -größe noch keine Konfliktlage, die bei einem Aufeinandertreffen mit einer Wohnnutzung zwingend zu einem Verzicht auf den Standort führen muss; es kommt stets maßgeblich auf die örtlichen Gegebenheiten an.

2. Nach der Rspr. des Senats sind Kerngebiete i.S.v. § 7 Abs. 1 BauNVO nicht allgemeingültig umschreibbar. Sie können in der Innenstadt von Großstädten anders beschaffen sein als in kleineren Städten (Beschl. v. 16.09.1996 - B 2 S 271/96 -).

3. Für Baugebiete, die im Geltungsbereich des Planungsrechts der DDR entstanden sind, kann daher etwas anderes gelten, als beispielsweise für Kerngebiete, die in der Bundesrepublik Deutschland vor dem 03.10.1990 gewachsen sind.

4. Nur wenn sich bereits im Bebauungsplanverfahren Betroffenheiten abzeichnen, die sich im nachfolgenden Baugenehmigungsverfahren durch Nach- und Feinsteuerung nicht mehr sachgerecht lösen lassen, kann das Abwägungsgebot verletzt sein. | OVG Sachsen-Anhalt, 11.05.2006 – 2 K 1/05 |
| Bemessung der Verkaufsfläche eines Einzelhandelsbetriebs | 1. In die Verkaufsfläche eines Einzelhandelsbetriebs sind auch der Kassenvorraum (einschließlich eines Bereichs zum Einpacken der Ware und Entsorgen des Verpackungsmaterials) sowie ein geplanter Windfang einzubeziehen.

2. Auch wenn die Schwelle zur Großflächigkeit, die bei 800 m² liegt, unterschritten ist, kann ein Vorhaben vom Vorhabenbegriff des § 34 Abs. 3 BauGB umfasst sein, da der Wortlaut der Regelung ganz allgemein von „Vorhaben nach Abs. 1 oder 2" spricht.

3. Der Begriff der „zentralen Versorgungsbereiche", auf die keine schädlichen Auswirkungen zu erwarten sein dürfen, ist nicht eng im Sinne eines Hauptzentrums zu verstehen, vielmehr soll er auch Nebenzentren, die nicht den Charakter von Kerngebieten im Sinne von § 7 BauNVO haben, erfassen. | VG Gelsenkirchen, 03.05.2006 – 10 K 6950/0 |

	4. Die Schädlichkeit für zentrale Versorgungsbereiche ist anhand verschiedener Anhaltspunkte im jeweiligen Einzelfall zu beurteilen, wobei als Prüfkriterien insbesondere das Einzugsgebiet des Vorhabens, die Zentrenrelevanz der angebotenen Sortimente, in den betroffenen zentralen Versorgungsbereichen vorhandene Leerstände und der dort durch das Vorhaben zu erwartende Kaufkraftabfluss heranzuziehen sind. Der durch ein Vorhaben bedingte Kaufkraftentzug muss allerdings deutlich spürbar sein, um die Grenze der Schädlichkeit im Sinne von § 34 Abs. 3 BauGB zu überschreiten. Dies ist nur dann der Fall, wenn das Vorhaben eine Umsatzverlagerung von wenigstens 10 % zu Lasten des betroffenen zentralen Versorgungsbereichs erwarten lässt. 5. Die Begründungspflicht dafür, dass vom geplanten Vorhaben keine schädlichen Auswirkungen auf zentrale Versorgungsbereiche im Sinne von § 34 Abs. 3 BauGB ausgehen, trifft den Bauherren. Er muss dazu nach § 69 Abs. 1 Satz 1 BauO NW einen schriftlichen Bauantrag mit allen für seine Bearbeitung sowie für die Beurteilung des Bauvorhabens erforderlichen Unterlagen (Bauvorlagen) in ausreichender Anzahl bei der Bauaufsichtsbehörde einreichen.	
Größe des Einzelhandelsbetriebs	Die Einordnung eines Einzelhandelsbetriebs (hier: ALDI) als großflächig beginnt ab einer Verkaufsfläche von 800 qm.	BVerwG, 24.11.2005 – 4 C 10/04
Summierung von Verkaufsflächen	Die Verkaufsflächen nebeneinanderliegender Einkaufszentrum dürfen nicht summiert werden, wenn diese Betriebe kein Einkaufszentrum im Sinne von § 11 Abs. 3 Satz 1 Nr. 2 BauNVO darstellen (hier Getränkemarkt neben Aldi).	OVG Nordrhein-Westfalen, 25.04.2005 – 10 A 2861/04
Großflächiger Einzelhandelsbetrieb im Mischgebiet?	Ein großflächiger Einzelhandelsbetrieb im Sinne von § 11 Abs. 3 Satz 1 Nr. 2 BauNVO ist im Mischgebiet zulässig, wenn im Einzelfall hinreichende Anhaltspunkte dafür vorliegen, dass nicht mit nachteiligen Auswirkungen im Sinne des § 11 Abs. 3 Satz 2 BauNVO zu rechnen ist (im Anschluss an BVerwG, Beschl. v. 22.07.2004 - 4 B 29/04).	VGH Baden-Württemberg, 23.11.2004 – 3 S 2504/04
Verkaufsflächen-Obergrenze für Einzelhandelsbetriebe	1. Die Verkaufsflächen-Obergrenze für Einzelhandelsbetriebe der wohnungsnahen Versorgung liegt auch unter Berücksichtigung der veränderten Verhältnisse im Einzelhandelsbereich weiterhin nicht wesentlich über 700 m2 (im Anschluss an die Rechtsprechung des Bundesverwaltungsgerichts). 2. Zur „Verkaufsfläche" zählen grundsätzlich alle Flächen, die nicht Lager, sondern dazu bestimmt sind, Kunden sich dort mit dem Ziel aufhalten zu lassen, Verkaufsabschlüsse zu fördern.	OVG Brandenburg, 03.11.2004 – 3 A 449/01

	3. Bei der Bestimmung der für das Merkmal der „Großflächigkeit" relevanten Verkaufsfläche sind die Verkaufsflächen benachbarter, bautechnisch selbständiger Einzelhandelsbetriebe unter bestimmten Voraussetzungen unter dem Gesichtspunkt der Funktionseinheit zusammenzurechnen. Dabei muss erstens das bauliche Merkmal einer für den Kunden erkennbaren wechselseitigen Nutzung betrieblicher Kapazitäten, etwa eines äußerlich einheitlichen Gebäudes und eines gemeinsamen Parkplatzes mit einer einzigen Zufahrt, erfüllt sein. Zweitens muss das betriebliche Merkmal eines gemeinsamen Nutzungskonzepts vorliegen, aufgrund dessen die Betriebe wechselseitig voneinander profitieren und das die Betriebe nicht als Konkurrenten, sondern als gemeinschaftlich verbundene Teilnehmer am Wettbewerb erscheinen lässt Letzteres ist anzunehmen, wenn sich die Sortimente in der Weise ergänzen, dass sie auf eine konkrete identische Zielgruppe hin orientiert und auf unterschiedliche Aspekte eines bestimmten Bedarfs - z.B. an Waren der täglichen Versorgung - abgestimmt sind.	
Gemengelage, Abwehranspruch des Nachbarn, Schwelle zur Großflächigkeit	1. In einer Gemengelage von Wohnen und Gewerbe kann ein Nachbar baunachbarrechtlich nicht mit Erfolg gegen einen typischen Lidl-Markt mit 700 qm Verkaufsfläche vorgehen. 2. Die Schwelle zur Großflächigkeit im Sinne des § 11 Abs. 3 BauNVO liegt weiterhin bei etwa 700 qm Verkaufsfläche. 3. Kann die in einer unbeplanten Ortslage bereits vorhandene Bebauung keinem Baugebietstyp der BauNVO eindeutig zugeordnet werden, so beurteilt sich die Zulässigkeit eines Vorhabens nach § 34 Abs. 1 BauGB. 4. In einer Gemengelage im Sinne des § 34 Abs. 1 BauGB kann die Ansiedlung eines Einzelhandelsbetriebs nicht mit der Begründung verhindert werden, dass durch dieses Vorhaben der Gebietscharakter im Sinne der BauNVO verändert wird.	VGH Hessen, 15.10.2004 – 3 TG 2938/04, IBR 2005, 174 = UPR 2005, 154
Nahversorgereigenschaft	Die Nahversorgereigenschaft eines Aldi-Marktes liegt auch bei beantragten 98 Stellplätzen vor, so dass das Vorhaben auch in einem allgemeinen Wohngebiet zulässig ist.	OVG Sachsen, 30.08.2004 – 1 BS 297/04, BauR 2005, 354
Verkaufsflächenmaß ist nur Orientierungshilfe	Der vom Bundesverwaltungsgericht im Jahr 1987 eingenommene Standpunkt, die „Schwelle zur Großflächigkeit" liege nicht wesentlich unter 700 qm, aber auch nicht wesentlich darüber, gilt fort. Es handelt sich nur um einen Richtwert zur Abgrenzung von großflächigen zu sonstigen Einzelhandelsbetrieben, bei dem die Vermutung der nachteiligen Auswirkungen im Sinne von § 11 Abs. 3 Satz 1 BauNVO widerlegt werden kann, so dass genügend Raum für eine flexible Handhabung bleibt.	BVerwG, 22.07.2004 – 4 B 29/04

Nachbarklage bei Teilfläche im Wohngebiet	Ein Nachbar kann sich auch dann erfolgreich gegen einen Discounter (hier: ein Plus-Markt) wehren, wenn dieses nur mit einer Teilfläche von 109 qm (von insgesamt 692 qm) im schützwürdigen Gebiet liegt. Denn ein Bauvorhaben und dessen Auswirkungen müssen einheitlich beurteilt werden.	OVG Niedersachsen, 19.07.2004 – 1 ME 116/04
Gebietsversorgungscharakter	Ein ALDI mit einer Verkaufsfläche von 700 qm ist zwar noch ein Einzelhandelsbetrieb im Sinne von § 4 Abs. 2. BauNVO, im allgemeinen Wohngebiet aber wegen des fehlenden Gebietsversorgungscharakters in der Regel unzulässig.	OVG Nordrhein-Westfalen, 19.08.2003 – 7 B 1040/03, BauR 2004, 788
Wohngebietsversorgung	Ein ALDI-Markt an verkehrsgünstiger Lage mit 45 Stellplätzen dient regelmäßig nicht mehr der Wohngebietsversorgung. Es ist daher in einem allgemeinen Wohngebiet nicht zulässig.	OVG Nordrhein-Westfalen, 28.11.2000 – 10 B 1428/99

2. Schnellüberblick Rechtsprechung zur typischen öffentlich-rechtlichen Problematik „Mobilfunkanlagen"

Thema/Normen	Leitsatz	Entscheidung, Fundstelle
Befreiung zugunsten einer Mobilfunkanlage	1. Die Befreiung von den Festsetzungen eines Bebauungsplans für ein „kompromisslos" reines Wohngebiet zugunsten einer Mobilfunkanlage kann Grundzüge der Planung berühren. 2. Die Ablehnung einer Befreiung kann sich auch auf Ermessenserwägungen stützen, die öffentliche Belange oder private Interessen betreffen, die schon im Befreiungstatbestand zu prüfen sind.	VGH Bayern, 09.08.2007 – 25 B 05.3055
Ist Mobilfunkstation im reinen Wohngebiet zulässig?	1. Eine Mobilfunkstation ist in aller Regel keine Nebenanlage im Sinne von § 14 Abs. 1 Satz 1 BauNVO, sondern eine fernmeldetechnische Nebenanlage im Sinne von § 14 Abs. 2 Satz 2 BauNVO. 2. Eine Mobilfunkstation kann in einem reinen Wohngebiet (§ 3 BauNVO bzw. § 34 Abs. 2 BauGB i.V.m. § 3 BauNVO) ausnahmsweise zulässig sein. 3. Bei der Ermessensentscheidung über die Erteilung einer Ausnahme ist neben der Wertung des Verordnungsgebers in § 14 Abs. 2 Satz 2 BauNVO zu berücksichtigen, dass der Nutzungszweck des reinen Wohngebiets als Regelfall erhalten bleiben und der gewerbliche Nutzungszweck der Mobilfunkstation den Charakter einer Ausnahmeerscheinung in dem betroffenen Gebiet behalten muss. 4. Betroffene Nachbarn können zwar nicht die Beeinträchtigung des Ortsbildes durch eine Mobilfunkstation, ggf. aber die Veränderung des Gebietscharakters durch die - auch optischen - Auswirkungen einer solchen Station erfolgreich geltend machen.	OVG Nordrhein-Westfalen, 06.05.2005 – 10 B 2622/04

Mobilfunkstation in reinem Wohngebiet?	1. Zur Eigenschaft von Mobilfunkstationen (hier: Basisstation des UMTS-Netzes) als fernmeldetechnische Nebenanlagen im Sinne von § 14 Abs. 2 Satz 2 BauNVO. 2. Fernmeldetechnische Nebenanlagen können in allen Baugebieten - auch reinen Wohngebieten - als Ausnahme zugelassen werden. 3. Die Versagung einer Ausnahme kommt nur aus städtebaulichen Gründen in Betracht.	OVG Nordrhein-Westfalen, 06.05.2005 – 7 B 2752/04
UMTS-Basisstation in reinem Wohngebiet genehmigungsfähig	1. Das Rechtsschutzbedürfnis für einen Nachbar-Eilantrag gegen eine UMTS-Basisstation besteht trotz deren (weitgehender) Fertigstellung fort, weil diese unter Umständen ohne wesentlichen Substanzverlust einstweilen wieder abgebaut werden kann. Das Rechtsschutzbedürfnis besteht erst recht, wenn er sich auch gegen deren Nutzung wendet. 2. Eine UMTS-Basisstation mit einem knapp 10 m hohen Antennenmast und Technikschränken ist nach derzeitigem niedersächsischen Baurecht nicht von der Genehmigungspflicht freigestellt. 3. Wird eine solche Station auf das Flachdach eines Bunkers gestellt, ist Gegenstand der baurechtlichen Beurteilung nur die hinzutretende Anlage. 4. Zu den gebäudegleichen Auswirkungen, welche von einer solchen Station ausgehen können. 5. Für eine solche Anlage kann die Bauaufsichtsbehörde gem. § 13 Abs. 1 Nr. 6 NBauO eine Ausnahme von der Einhaltung der Grenzabstandsvorschriften erteilen. 6. Nach dem derzeitigen Stand der Dinge gehen von einer solchen Anlage bei Einhaltung der 26. BImSchV keine nachteiligen athermischen Wirkungen aus. 7. UMTS-Basisstationen sind städtebaurechtlich relevante Vorhaben. 8. Sie können in einem reinen Wohngebiet nach § 14 Abs. 2 Satz 2 BauNVO 1990 ausnahmsweise zugelassen werden. Für sie kann grundsätzlich auch gem. § 31 Abs. 2 Nr. 1 BauGB eine Befreiung erteilt werden. 9. Zum Ortsbild im Sinne des § 34 Abs. 1 BauGB.	OVG Niedersachsen, 06.12.2004 – 1 ME 256/04
Zulässigkeit einer Mobilfunkbasis in reinem Wohngebiet	Eine Mobilfunkbasisstation kann ausnahmsweise in einem reinen Wohngebiet als Nebenanlage im Sinne des § 14 Abs. 2 BauNVO zugelassen werden, wenn sie sich räumlich-gegenständlich (optisch) den im Baugebiet vorhandenen Hauptanlagen unterordnet.	VGH Hessen, 06.12.2004 – 9 UE 2582/03

	Sind keine städtebaulichen Gesichtspunkte ersichtlich, die einer ausnahmsweisen Zulassung einer Mobilfunkbasisstation in einem reinen Wohngebiet entgegenstehen könnten, besteht ein Anspruch auf Genehmigung.	
Verfahrensfreiheit von Mobilfunksendeanlagen	1. Seit dem Inkrafttreten des Gesetzes zur Änderung der Landesbauordnung vom 29.10.2003 (GBl., S. 695) am 08.11.2003 ist die Frage der Verfahrensfreiheit von Mobilfunksendeanlagen, welche die Voraussetzungen von Nr. 30 des Anhangs zu § 50 Abs. 1 LBO n.F. erfüllen, allein nach dieser Vorschrift und nicht mehr auch nach Nr. 26 des Anhangs zu beurteilen. 2. Jedenfalls kleine Mobilfunksendeanlagen sind nicht störende Gewerbebetriebe im Sinne von § 4 Abs. 3 Nr. 2 BauNVO. 3. Dass die Wirkungen elektromagnetischer Felder von Mobilfunksendeanlagen gegenwärtig weiter erforscht werden und etwaige Gesundheitsgefährdungen nicht mit absoluter Sicherheit ausgeschlossen werden können und in Teilen der Bevölkerung deshalb eine erhebliche Unsicherheit besteht, berechtigt für sich allein eine Gemeinde noch nicht, solche Anlagen mit Mitteln des Städtebaurechts von allgemeinen Wohngebieten fernzuhalten. 4. Gibt es keine städtebaulichen Gründe, die der Zulassung eines Vorhabens im Wege einer Ausnahme widersprechen könnten, bleibt für eine ablehnende Ermessensentscheidung kein Raum (wie VGH Bad.-Württ., Urt. v. 31.01.1997 - 8 S 3167/96 -, BRS 59 Nr. 58).	VGH Baden-Württemberg, 19.11.2003 – 5 S 2726/02

3. Schnellüberblick Rechtsprechung zur typischen öffentlich-rechtlichen Problematik „Spielhallen/Wettbüros"

Thema/Normen	Leitsatz	Entscheidung, Fundstelle
Errichtung einer Spielhallenmehrheit	1. Die Errichtung einer Spielhallenmehrheit innerhalb eines Gebäudes mit gemeinsamen Eingang, Nebenräumen und Thekenbereich (Spielcenter) ist unabhängig von der gewerberechtlichen Unterscheidung ein einheitlich zu beurteilendes Bauvorhaben, wenn es nach dem Inhalt des Bauantrags als betriebliche Einheit zur Genehmigung gebracht wird. 2. Ein Spielcenter mit vier Spielhallen und einer Gesamtspielfläche von 600 m² ist eine kerngebietstypische Vergnügungsstätte von so beträchtlicher Größe, dass es regelmäßig wegen eines zu befürchtenden „trading-down"-Effekts auch nicht ausnahmsweise im Gewerbegebiet nach § 8 Abs. 3 Nr. 3 BauNVO bauplanungsrechtlich zulässig ist.	VG Neustadt, 09.02.2009 – 4 K 1199/08

170

Wettbüro im unbeplanten Innenbereich	1. Wettbüros fallen unter den Begriff der „Vergnügungsstätte", wobei für deren bauplanungsrechtliche Einordnung keine Differenzierung danach erforderlich ist, ob es sich um Pferdewettbüros oder sonstige Wettbüros handelt. 2. Handelt es sich bei der maßgeblichen näheren Umgebung um ein Kerngebiet im Sinne des § 7 BauNVO, kann gemäß § 34 Abs. 2 BauGB i.V.m. § 15 Abs. 1 BauNVO die Ansiedlung eines weiteren Wettbüros wegen der dort anzutreffenden Anzahl derartiger Anlagen der Eigenart des Baugebiets widersprechen. 3. Die in § 15 Abs. 1 BauNVO für Gebiete nach § 34 Abs. 2 BauGB vorgesehene Feinsteuerung findet für Gebiete nach § 34 Abs. 1 BauGB (Gemengelagen) ihre Entsprechung im Gebot der Rücksichtnahme. 4. Die weitere Ansiedlung eines Wettbüros in einem nach § 34 Abs. 1 BauGB zu beurteilenden Gebiet kann gegen das Gebot der Rücksichtnahme verstoßen, wenn sie wegen der dort bereits vorhandenen und schutzwürdigen anderen Nutzungen, insbesondere von Wohnnutzung, aber auch von Büro- und Ladenlokalnutzung, unverträglich ist.	VGH Hessen, 25.08.2008 – 3 UZ 2566/07
Spielhalle in Mischgebiet	Eine Spielhalle mit einer Nutzfläche von 127 qm, in der nach der Neufassung der SpielVO vom 1.1.2006 (BGBl. I 2005, S. 3495) die Aufstellung von (nicht gerundet) zehn Geldspielgeräten gewerberechtlich zulässig ist, gehört in der Regel zu den kerngebietstypischen Vergnügungsstätten, die in einem Mischgebiet nicht zulässig sind.	VGH Baden-Württemberg, 02.11.2006 – 8 S 1891/05 im Anschluss an VGH Baden-Württemberg, 20.08.1991 – 5 S 2881/90 und VGH Baden-Württemberg, 12.09.2002 – 8 S 1571/02, DÖV 2003, 642 f.

4. Schnellüberblick Rechtsprechung zur typischen öffentlich-rechtlichen Problematik „Zweckentfremdung"

171

Thema/Normen	Leitsatz	Entscheidung, Fundstelle
Wann endet Wirksamkeit einer Zweckentfremdungsgenehmigung?	Die Wirksamkeit einer Zweckentfremdungsgenehmigung endet mit der Beendigung der genehmigten zweckfremden Nutzung.	OVG Nordrhein-Westfalen, 01.07.2008 – 14 A 4716/05, IMR 2009, 33

Zweckentfrem-dung von Wohn-raum	Ein Mietvertrag, durch den Wohnraum zweckentfremdet wird, ist allein wegen des Fehlens der Genehmigung der zuständigen Behörde noch nicht nichtig.	BGH, 10.11.1993 – XII ZR 1/92, NJW 1994, 320 = DWW 1994, 246 = ZMR 1994, 255

§ 3 Allgemeine Geschäftsbedingungen in der Geschäftsraummiete

		Rn.
I.	Überblick	172
II.	Verwender von AGB	175
III.	Prüfungsreihenfolge	178
	1. Auslegung	179
	2. Hält das Auslegungsergebnis den gesetzlichen Vorgaben stand?	181
IV.	Prüfungsmaßstäbe, Abgrenzung Unternehmer – Verbraucher	183
V.	Wann handelt es sich um eine Individualvereinbarung?	187
VI.	Überraschende oder mehrdeutige Klauseln	200
VII.	Generalklausel, § 307 Abs. 1 Satz 1, Abs. 2 BGB	203
VIII.	Transparenzgebot, § 307 Abs. 1 Satz 2 BGB	206
IX.	Der AGB-Kontrolle entzogene Preisklauseln	208
X.	Rechtsfolgen unwirksamer Formularklauseln, Verbot der geltungserhaltenden Reduktion	209
	1. Grundsatz: Gesetzliche Regelung gilt	209
	2. Verbot der geltungserhaltenden Reduktion und Kritik	210
	3. Sonstiges	212
XI.	Vertrauensschutz bei unwirksamen AGB aufgrund geänderter Rechtsprechung	214
XII.	Streitwert	216
XIII.	Gerichtsverfahren, Beweislast	217
XIV.	Vertragsgestaltung, insb. Salvatorische Klauseln	219
XV.	Arbeits- und Beratungshilfen	225
	1. Schnellüberblick Grundsatz-Rechtsprechung des BGH	225
	2. Schnellüberblick aktuelle Rechtsprechung der Instanzgerichte	226

I. Überblick

172 Das BGB regelt die Ausgestaltung der Allgemeinen Geschäftsbedingungen (AGB). Nach § 305 Abs. 1 BGB sind Allgemeine Geschäftsbedingungen alle für eine **Vielzahl von Verträgen vorformulierten Vertragsbedingungen**, die eine Vertragspartei der anderen Vertragspartei bei Abschluss eines Vertrages stellt. Die §§ 305 ff. BGB (vor dem 01.01.2002: AGBG) gelten grds. für alle AGB in Formularverträgen. Wurde der Vertrag hingegen individuell ausgehandelt, unterliegt er nicht der Inhaltskontrolle nach den §§ 305 ff. BGB. AGB-Probleme gehören zum Tagesgeschäft, da die Mietparteien i.d.R. Formularverträge und/oder -klauseln verwenden. Die Rechtsprechung „kippt" immer wieder Formularklauseln, auch z.T. Jahrzehnte lang verwendete, sodass in diesem Bereich erhebliche Risiken liegen und extremes Konfliktpotenzial besteht.

173 Sind Vereinbarungen als Geschäftsbedingung zu qualifizieren, richtet sich ihre Wirksamkeit nach den §§ 305 ff. BGB. Danach ist eine Klausel bereits dann unwirksam, wenn sie den Vertragspartner i.S.d. Generalklausel des § 307 BGB **unangemessen benachteiligt**. Bei Geschäftsraummietverträgen ist dies meistens über § 310 Abs. 1 Satz 1 BGB auch der **einzige Prüfungsmaßstab**.

174 Nach § 307 Abs. 3 BGB gelten § 307 Abs. 1 und Abs. 2 sowie die §§ 308, 309 BGB nur für AGB, durch die von Rechtsvorschriften abweichende oder diese ergänzende Regelungen vereinbart werden. Damit sind zum einen Regelungen gemeint, die den bloßen Gesetzesinhalt wiederholen, aber auch AGB, die den Leistungsinhalt oder das zu zahlende Entgelt festlegen, wie etwa grds. Leistungsbeschreibungen im Baurecht, Preisvereinbarungen oder Klauseln, die Entgelte für Neben- oder Zusatzleistungen regeln.

II. Verwender von AGB

Verwender des Formulartextes ist derjenige, der den Text stellt, indem er ihn dem anderen **einseitig auferlegt**. Ist an einem Vertrag ein Unternehmer beteiligt, so wird nach § 310 Abs. 3 Nr. 1 BGB vermutet, dass die Vertragsbedingungen von ihm gestellt worden sind. Diese Vermutung ist widerlegbar (Beweislast: Unternehmer). Vertragsbedingungen sind nicht gestellt, wenn die Einbeziehung vorformulierter Bedingungen auf einer freien Entscheidung desjenigen beruht, der vom anderen Vertragsteil mit dem Verwendungsvorschlag konfrontiert wird.[336] Bei einer **einvernehmlichen** Verwendung eines bestimmten von einem Dritten stammenden Formulartextes zwischen Verbrauchern sind die §§ 305 ff. BGB nicht anzuwenden.[337]

175

§ 310 Abs. 3 BGB, nach dessen Nr. 1 AGB als **vom Unternehmer gestellt gelten**, es sei denn, dass sie durch den Verbraucher in den Vertrag eingeführt worden sind, sowie dessen Nr. 2, wonach §§ 307 bis 309 BGB auf vorformulierte Vertragsbedingungen auch dann Anwendung finden, wenn diese vom Unternehmer nur zur einmaligen Verwendung bestimmt worden sind und der Verbraucher aufgrund der Vorformulierung auf ihren Inhalte keinen Einfluss nehmen konnte, gelten schon nach dem Wortlaut nur für **Verträge zwischen Unternehmern und Verbrauchern** und sind daher im gewerblichen Miet- und Pachtrecht grds. nicht anwendbar. Zur Einordnung als Verbraucherhandeln s.u.

176

Erstellen oder besorgen **Dritte** (Immobilienverwalter, Anwalt, Notar, Makler) den Text für eine der Parteien, ist entscheidend, wer diese Person beauftragt hat bzw. aus wessen Pflichtenkreis sie stammt. Diese Eingruppierung legt fest, aus welcher Blickrichtung die Prüfung erfolgt und welche Vorschriften anwendbar sind, denn wer Verwender ist, darf sich nicht auf die Unwirksamkeit von AGB berufen, geschützt wird nur der Vertragspartner.

Anders als bei der Wohnraummiete ist es bei Geschäftsräumen durch die marktbeherrschende Stellung mancher Großunternehmen nicht typisch, dass der Vermieter die Mietverträge (und damit AGB) stellt. **Verwender der Geschäftsbedingungen** sind daher oft auch die **Mieter**. Die AGB gelten auch als vom Mieter gestellt, wenn der Vermieter Privatperson (= Verbraucher) ist und den Text nicht selbst in den Vertrag eingeführt hat, vgl. § 310 Abs. 3 Nr. 1 BGB (Zur Einordnung als Verbraucherhandeln s.u.).

177

Schließt eine Vertragspartei i.d.R. Verträge unter Einbeziehung von bestimmten AGB ab, ist sie auch dann Verwenderin, wenn ihr Vertragspartner diese Vertragsbedingungen im Hinblick darauf bereits in sein Angebot aufgenommen und damit formal in den Vertragsabschluss eingeführt hat.[338]

---

336 BGH, 17.02.2010 – VIII ZR 67/09, IBR 2010, 253 = MDR 2010, 733 = NJW 2010, 1131 (Pkw-Kauf).
337 BGH, 17.02.2010 – VIII ZR 67/09, IBR 2010, 253 = MDR 2010, 733 = NJW 2010, 1131 (Pkw-Kauf: Parteien vereinbaren, dass das Kaufvertragsformular eines Dritten verwendet werden soll).
338 BGH, 09.03.2006 – VII ZR 268/04, GuT 2006, 154; BGH, 04.03.1997 – X ZR 141/95, NJW 1997, 2043.

III. Prüfungsreihenfolge

178 AGB sind zunächst von einer Individualvereinbarung i.S.v. § 305b BGB abzugrenzen. Handelt es sich um eine AGB, ist sie **inhaltlich auszulegen** und dann an den gesetzlichen Bestimmungen zu messen.

1. Auslegung

179 Die Auslegung geschieht wie folgt: Nach den §§ 133, 157 BGB ist bei der Auslegung von Willenserklärungen und Verträgen der wirkliche Wille der Erklärenden zu erforschen. Dabei ist zunächst vom **Wortlaut der Erklärung** auszugehen.[339] Die Auslegung von AGB erfolgt dabei gemäß ihrem Inhalt und typischen Sinn so, wie sie von einem verständigen und redlichen Vertragspartner unter Abwägung der Interessen der **normalerweise beteiligten Verkehrskreise** verstanden werden, wobei die Verständnismöglichkeiten des durchschnittlichen Vertragspartners des Verwenders zugrunde zu legen sind.[340] In einem zweiten Auslegungsschritt sind sodann die außerhalb des Erklärungsaktes liegenden **Begleitumstände** in die Auslegung einzubeziehen, soweit sie einen Schluss auf den Sinngehalt der Erklärung zulassen. Für die Auslegung sind nur solche Umstände heranzuziehen, die dem Erklärungsempfänger bekannt oder erkennbar waren.[341] Allerdings hat der Tatrichter bei seiner Willenserforschung insb. den mit der Absprache verfolgten Zweck,[342] die Interessenlage der Parteien[343] und die sonstigen Begleitumstände zu berücksichtigen, die den Sinngehalt der gewechselten Erklärungen erhellen können.[344] Ein von dem objektiven Erklärungsinhalt einer Formulierung übereinstimmend abweichendes Verständnis der Vertragsparteien nach §§ 133, 157 BGB geht dem objektiven Erklärungsinhalt vor. Dazu reicht es aus, wenn die eine Vertragspartei ihrer Erklärung einen von dem objektiven Erklärungsinhalt abweichenden Inhalt beimisst und die andere dies erkennt und hinnimmt.[345] Das nachträgliche Verhalten der Parteien im Prozess kann zwar den objektiven Vertragsinhalt nicht mehr beeinflussen, hat aber Bedeutung für die Ermittlung des tatsächlichen Willens und das tatsächliche Verständnis der an dem Rechtsgeschäft Beteiligten.[346]

180 Die **Auslegungsalternativen** sind herauszuarbeiten. Im Anschluss bedarf es einer Auseinandersetzung, für welche der denkbaren Alternativen die besseren Gründe sprechen.[347] Hierbei kommt der beiderseitigen Interessenlage eine überragende Bedeutung zu. Eine – der Inter-

---

339 BGH, 18.05.1998 – II ZR 19/97, WM 1998, 1535; BGH, 31.01.1995 – XI ZR 56/94, MDR 1995, 563 = WM 1995, 743 = NJW 1995, 1212; BGH, 03.11.1993 – VIII ZR 106/93, BGHZ 124, 39, 45 = MDR 1994, 136; BGH, 10.12.1992 – I ZR 186/90, BGHZ 121, 13, 16 = MDR 1993, 635.
340 BGH, 09.06.2010 – VIII ZR 294/09, IMR 2010, 317 = InfoM 2010, 269 (Wohnraum); BGH, 23.06.2004 – VIII ZR 361/03, AIM 2004, 177 = NZM 2004, 653: st. Rspr.
341 BGH, 05.10.2006 – III ZR 166/05, BGHR 2006, 1509.
342 BGH, 10.10.1989 – VI ZR 78/89, BGHZ 109, 19, 22.
343 BGH, 13.03.2003 – IX ZR 199/00, NJW 2003, 2235, 2236; BGH, 09.05.2003 – V ZR 240/02, NJW-RR 2003, 1053, 1054.
344 BGH, 02.02.2007 – V ZR 34/06, juris; BGH, 05.07.2002 – V ZR 143/01, NJW 2002, 3164, 3165.
345 BGH, 19.05.2006 – V ZR 264/05, BGHR 2006, 1141 m.w.N.
346 BGH, 07.12.2006 – VII ZR 166/05, NZBau 2007, 241; BGH, 24.06.1988 – V ZR 49/87, NJW 1988, 2878; BGH, 24.11.1993 – BLw 57/93, WM 1994, 267; BGH, 16.10.1997 – IX ZR 164/96, NJW-RR 1998, 259 = WM 1997, 2305.
347 BGH, 04.11.1999 – III ZR 223/98, MDR 2000, 203.

essenlage entsprechende – Erwartung der einen Seite, die für die andere Seite bei objektiver Betrachtung erkennbar gewesen ist, ist unbedingt zu beachten.[348]

Nach § 305c Abs. 2 BGB gehen **Zweifel bei der Auslegung** von AGB zulasten des Verwenders. Lässt der Text also mehrere Auslegungsmöglichkeiten zu, gilt die für den Vertragspartner günstigere. Juristische Detailkenntnisse sind damit aber nicht gemeint. Eine Klausel fällt daher nicht unter § 305c Abs. 2 BGB, wenn sie für jeden durchschnittlich gebildeten Mieter eindeutig ist und unmissverständlich ausgelegt werden kann.

2. Hält das Auslegungsergebnis den gesetzlichen Vorgaben stand?

Ist ermittelt, was der durchschnittliche Vertragspartner unter der Klausel zu verstehen hat, wird diese in einem zweiten Schritt an den gesetzlichen Vorgaben gemessen.

181

Dabei ist zunächst entsprechend der gesetzlichen Reihenfolgen zu prüfen, ob es sich um eine **überraschende Klausel** i.S.d. § 305c BGB handelt. Danach erfolgt die **Inhaltskontrolle** nach den §§ 307 bis 309 BGB, die den eigentlichen Schwerpunkt des AGB-Rechts bilden. Liegt keines der speziellen Klauselverbote vor (was im gewerblichen Miet- und Pachtrecht mangels direkter Anwendbarkeit der Vorschriften gem. § 310 BGB die Regel ist), findet die Generalklausel des § 307 BGB Anwendung, die neben einer Transparenzkontrolle (§ 307 Abs. 1 Satz 2 BGB) insb. eine Angemessenheitsprüfung verlangt (§ 307 Abs. 1 Satz 1, § 307 Abs. 2 BGB).

Mittelbar können die Wertungen der §§ 308, 309 BGB aber in die Prüfung einer unangemessenen Benachteiligung nach § 307 BGB einfließen.[349] Die Unwirksamkeit einer Klausel bei Verwendung ggü. einem Verbraucher spricht daher indiziell für die Unwirksamkeit auch ggü. einem Unternehmer (sog. **Gleichschritt-Rechtsprechung**).[350] Modifikationen finden lediglich dann statt, wenn gem. § 310 Abs. 1 Satz 2 BGB auf die im Handelsverkehr geltenden Gewohnheiten und Gebräuche angemessen Rücksicht zu nehmen ist. Der BGH sieht dies aber als Ausnahme und die Ausstrahlung der Klausverbote als die Regel an.[351] Nach meiner Meinung geht diese Gleichschritt-Rechtsprechung zu weit, da dadurch die gesetzliche Vorgabe des § 310 Abs. 1 Satz 1 BGB (die bereits aufgrund ihrer systematischen Stellung die Grundregelung sein soll) übermäßig ausgehöhlt wird.

182

IV. Prüfungsmaßstäbe, Abgrenzung Unternehmer – Verbraucher

Die Generalklausel des § 307 BGB ist i.d.R. der einzige Prüfungsmaßstab im gewerblichen Miet- und Pachtrecht, da nach § 310 Abs. 1 Satz 1 BGB die Vorschriften der §§ 305 Abs. 2 und 3 sowie die §§ 308, 309 keine Anwendung auf AGB finden, die **ggü. einem Unternehmer verwendet** werden. Die §§ 308 und 309 BGB enthalten typische Klauseln, die in AGB unwirksam sind. Die in § 308 BGB genannten Klauseln verwenden unbestimmte Rechtsbegriffe, die eine

183

---

348 BGH, 05.10.2006 – III ZR 166/05, BGHR 2006, 1509.
349 BGH, 19.09.2007 – VIII ZR 141/06, GuT 2008, 29 = MDR 2008, 16 = NJW 2007, 3774.
350 BGH, 19.09.2007 – VIII ZR 141/06, GuT 2008, 29 = MDR 2008, 16 = NJW 2007, 3774.
351 BGH, 19.09.2007 – VIII ZR 141/06, GuT 2008, 29 = MDR 2008, 16 = NJW 2007, 3774; zur lebhaften Diskussion dieser Rspr. im Schrifttum vgl. Kappus, NZM 2010, 529, 542 (unter IX.).

richterliche Wertung erfordern, während die Klauseln in § 309 BGB grds. unabhängig von einer Wertung unwirksam sind.

184 **Unternehmer** ist nach § 14 BGB eine natürliche oder juristische Person oder eine rechtsfähige Personengesellschaft, die bei Abschluss des Rechtsgeschäfts in Ausübung ihrer gewerblichen oder selbstständigen beruflichen Tätigkeit handelt. Unternehmer- (§ 14 BGB) und nicht Verbraucherhandeln (§ 1031 Abs. 5 Satz 1 ZPO i.V.m. § 13 BGB) liegt schon dann vor, wenn das betreffende Geschäft im Zuge der Aufnahme einer gewerblichen oder selbstständigen beruflichen Tätigkeit (so gen. Existenzgründung) geschlossen wird; das gilt für den Erwerb eines Anteils an einer freiberuflichen Gemeinschaftspraxis ebenso wie für die Anmietung von Geschäftsräumen.[352] Unternehmer ist also bereits, wer seinen Geschäftsbetrieb vorbereitet oder gründet.

185 Der **private Vermögensverwalter**, der nur eigenes – durchaus auch beträchtliches – Vermögen verwaltet, ist grds. kein Unternehmer. In diesem Fall ergibt sich dann die Besonderheit, dass § 305 Abs. 2, 3 und §§ 308, 309 BGB ausnahmsweise doch wieder für die Prüfung der AGB anwendbar sind, vgl. § 310 Abs. 1 Satz 1 BGB. Unternehmer ist er aber ausnahmsweise, wenn der mit der Vermögensverwaltung verbundene organisatorische und zeitliche Aufwand insgesamt nach den Umständen des Einzelfalls das **Bild eines planmäßigen Geschäftsbetriebs** vermittelt.[353] Eine gewerbliche Tätigkeit ist eine planmäßige und auf Dauer angelegte wirtschaftlich selbstständige Tätigkeit unter Teilnahme am Wettbewerb.[354] Die Aufnahme von Fremdmitteln kann insb. beim Immobilienerwerb zur ordnungsgemäßen Verwaltung gehören und lässt daher nicht zwangsläufig auf ein Gewerbe schließen.[355] Für eine berufsmäßig betriebene Vermögensverwaltung spricht die Unterhaltung eines Büros oder einer Organisation. Dagegen spricht es, wenn mit der Verwaltung der Immobilie ein Dritter beauftragt wird.[356]

186 Die Qualifizierung als Privatperson (= **Verbraucher**) wird daher i.d.R. bei „Kleinvermietern" berechtigt sein. Die Verwaltung eigenen Vermögens durch eine GbR ist unabhängig von der Höhe der verwalteten Werte grds. keine gewerbliche Tätigkeit, es sei denn, es ist im Einzelfall ein planmäßiger Geschäftsbetrieb erforderlich.[357] Ein Vermieter handelt nicht als Unternehmer, wenn er seine Vermietungstätigkeit auf die Vermietung eines einzigen Wohnhauses mit acht Wohnungen beschränkt.[358] Verbraucher soll ein Testamentsvollstrecker einer Erbengemeinschaft, der er selbst angehört, sein, wenn er mit der Vermietung von acht Raumeinheiten, davon drei Gewerberaumeinheiten, betraut war.[359]

---

352 BGH, 24.02.2005 – III ZB 36/04, NZM 2005, 342; dazu Prasse, Existenzgründer als Unternehmer oder Verbraucher – Die neue BGH-Rechtsprechung, MDR 2005, 961.
353 BGH, 23.10.2001 – XI ZR 63/01, BGHZ 149, 80 = MDR 2002, 222 = NJW 2002, 368 (noch zu § 1 VerbrKrG); BGH, 23.09.1992 – IV ZR 196/91, BGHZ 119, 252, 256; BGH, 25.04.1988 – II ZR 185/87, BGHZ 104, 205, 208; BGH, 25.09.1967 – VII ZR 46/65, NJW 1967, 2353; OLG Düsseldorf, GE 2010, 845 = MDR 2010, 858.
354 BGH, 23.10.2001 – XI ZR 63/01, BGHZ 149, 80 = MDR 2002, 222 = NJW 2002, 368.
355 BGH, 23.10.2001 – XI ZR 63/01, BGHZ 149, 80 = MDR 2002, 222 = NJW 2002, 368 m.w.N.
356 OLG Celle, 27.11.2007 – 2 W 116/07, IMR 2008, 8 = ZMR 2008, 120 = NZM 2008, 488 unter II. 5.
357 BGH, 23.10.2001 – XI ZR 63/01, BGHZ 149, 80 = MDR 2002, 222 = NJW 2002, 368; OLG Celle, 27.11.2007 – 2 W 116/07, IMR 2008, 8 = ZMR 2008, 120 = NZM 2008, 488 unter II.5.
358 LG Waldshut-Tiengen, 30.04.2008 – 1 S 27/07, DWW 2008, 259 = InfoM 2008, 472.
359 OLG Düsseldorf, GE 2010, 845 = MDR 2010, 858.

Fällt eine Klausel, die wegen der Unternehmerbeteiligung eigentlich nur anhand von § 307 BGB zu überprüfen ist, objektiv in den Anwendungsbereich der § 305 Abs. 2, 3 und §§ 308, 309 BGB, ist dies ein Indiz dafür, dass sie i.R.d. § 307 BGB auch ggü. einem Unternehmer zu einer unangemessenen Benachteiligung führt.[360] D.h.: Die Grundsätze der „Verrbauchernormen" gelten mittelbar auch für § 307 BGB.

V. Wann handelt es sich um eine Individualvereinbarung?

Nach § 305 Abs. 1 Satz 1 BGB sind Allgemeine Geschäftsbedingungen alle für eine Vielzahl von Verträgen vorformulierten Vertragsbedingungen, die eine Vertragspartei (Verwender) der anderen Vertragspartei bei Abschluss eines Vertrages stellt. AGB liegen nach § 305 Abs. 1 Satz 3 BGB nicht vor, soweit die Vertragsbedingungen zwischen den Vertragsparteien im Einzelnen ausgehandelt sind. **Individuelle Absprachen** gehen damit grds. vor, vgl. § 305b BGB. Individuelle Regelungen sind grds. nur dann unwirksam, wenn sie gegen zwingendes Recht, gegen die guten Sitten (§ 138 BGB) oder gegen Treu und Glauben (§ 242 BGB) verstoßen.

187

Praxistipp:

Die Unterscheidung zwischen AGB und Individualvereinbarung ist enorm wichtig, weil die §§ 305 ff. BGB nicht mehr eingreifen, wenn es sich um individuelle Abreden handelt. Das Risiko einer AGB-Prüfung in einem Rechtsstreit ist extrem hoch. Gelingt dem Verwender also der Nachweis der Individualität, so entzieht er sich der gefährlichen Prüfung, die eine völlige Unwirksamkeit der Klausel zur Folge haben kann. Wird z.B. eine Nebenkostenumlageklausel gerichtlich „gekippt", kann der Vermieter für die Dauer des Mietverhältnisses keine Nebenkosten mehr umlegen und der Mieter Zahlungen zurückfordern. Vermieter unterschätzen die Relevanz einer „sauberen" Vertragsverhandlungsdokumentation oft völlig.

Erste Voraussetzung einer AGB ist damit die **Vorformulierung**.

188

Beispiele für vorformulierte Bedingungen:
- *Vorgedruckte Klauseln eines Formularmietvertrages, auch wenn sie nur elektronisch gespeichert sind.*
- *Einzutragende unselbstständige Ergänzungen in ergänzungsbedürftige Formulare[361] oder Ausfüllen von vorgesehenen Leerstellen.*
- *Mehrere anzukreuzende bzw. durchzustreichende Alternativen.*

Die Rechtsprechung lässt sogar ein „Verdrängen" anderer Alternativen genügen, z.B. wenn ein vorformulierter Vorschlag durch die Gestaltung des Formulars im Vordergrund steht und die anderen Wahlmöglichkeiten überlagert.[362]

189

Formelle Voraussetzung einer Individualvereinbarung ist es, dass der Text nicht schon vorher verwendet wurde und bei Vertragsschluss auch nicht beabsichtigt war, ihn häufiger zu

190

---

360 BGH, 19.09.2007 – VIII ZR 141/06, MDR 2008, 16.
361 BGH, 02.03.1994 – XII ZR 175/92, DWW 1994, 248.
362 BGH, 07.02.1996 – IV ZR 16/95, NJW 1996, 1208.

verwenden.³⁶³ Letzteres liegt vor, wenn der Vertrag oder die Klauseln für eine „**Vielzahl von Verträgen**" i.S.v. § 305 Abs. 1 Satz 1 BGB bestimmt sind, wofür die Gerichte bereits drei bis fünf Verwendungen ausreichen lassen.³⁶⁴ Selbst die erstmalige Verwendung kann ausreichen, wenn weitere Verwendungen bereits beabsichtigt sind.³⁶⁵ So liegen AGB auch dann vor, wenn sie von einem Dritten für eine Vielzahl von Verträgen vorformuliert sind, und die Vertragspartei, die die Klausel stellt, sie nur in einem einzigen Vertrag verwenden will.³⁶⁶

191 Maßgeblich ist die **Inhaltsgleichheit der Texte**.³⁶⁷ Aus Inhalt, Gestaltung und Verwendung einer Klausel kann der äußere Anschein folgen, dass die Klausel zur mehrfachen Verwendung vorformuliert wurde.³⁶⁸ Wenn formelhafte Klauseln allerdings in eine individuelle Gestaltung eines Vertrags eingebettet sind (Beispiele: Vertragsparteien im Vertragstext namentlich genannt, zudem individuelle organisatorische Regelungen, den Verwender der vorformulierten Klausel belastende Regelungen) kann der Anschein für Mehrfachverwendungsabsicht fehlen.³⁶⁹ **Nachträgliche mehrfache Verwendung** einer Individualklausel macht diese nicht rückwirkend, aber möglicherweise für die Zukunft zu AGB.

192 Eine individuelle Vereinbarung (hier: mündliche Reduzierung der Miete) hat nach § 305b BGB auch Vorrang vor einer in allgemeinen Geschäftsbedingungen eines langfristigen gewerblichen Mietvertrages enthaltenen qualifizierten Schriftformklausel, wonach auch Änderungen der Schriftformklausel der Schriftform bedürfen.³⁷⁰ Dies gilt auch für nachträgliche mündliche Individualabreden.³⁷¹

193 **Materielle Voraussetzung** der Individualvereinbarung und Gegenteil des „Stellens" ist ein **Aushandeln**. Die Hürden hierzu sind wegen der strengen Rechtsprechung des BGH extrem hoch. Ein Aushandeln ist mehr als bloßes Verhandeln oder Absprechen. Es liegt vor, wenn der Verwender den in seinen AGB enthaltenen „gesetzesfremden Kerngehalt", also die den wesentlichen Inhalt der gesetzlichen Regelung ändernden oder ergänzenden Bestimmungen, inhaltlich **ernsthaft zur Disposition stellt** und dem Vertragspartner Gestaltungsfreiheit zur Wahrung eigener Interessen einräumt.³⁷²

---

363 BGH, 02.03.1994 – XII ZR 175/92, DWW 1994, 248.
364 BGH, 27.09.2001 – VII ZR 388/00, NJW 2002, 138 = NZBau 20.02, 25: drei beabsichtigte Verwendungen; BGH, 29.06.1981 – VII ZR 259/80, NJW 1981, 2344.
365 BGH, 13.09.2001 – VII ZR 487/99, NJW-RR 2002, 13 = NZBau 2001, 682 = BauR 2001, 1895.
366 BGH, 24.11.2005 – VII ZR 87/04, IBR 2006, 78.
367 BGH, 26.02.1992 – XII ZR 129/90, NJW 1992, 2283.
368 OLG Hamburg, 12.12.2008 – 1 U 143/07, IBR 2010, 254, 255 (Anlagenbauvertrag); BGH, 04.03.2010 – VII ZR 21/09 (Nichtzulassungsbeschwerde zurückgewiesen).
369 OLG Hamburg, 12.12.2008 – 1 U 143/07, IBR 2010, 254, 255(Anlagenbauvertrag); BGH, 04.03.2010 – VII ZR 21/09 (Nichtzulassungsbeschwerde zurückgewiesen).
370 OLG Düsseldorf, 01.06.2006 – I-10 U 1/06, GuT 2006, 188 = IMR 2007, 47.
371 BGH, 21.09.2005 – XII ZR 312/02, GuT 2006, 7 = ZGS 2006, 4 = NZM 2006, 59 = NJW 2006, 138 = GE 2005, 1546 = MDR 2006, 508.
372 BGH, 18.03.2009 – XII ZR 200/06, IMR 2009, 198 = InfoM 2009, 121 = GuT 2009, 99 = NZM 2009, 397; BGH, 14.04.2005 – VII ZR 56/04, IBR 2005, 460 = NZBau 2005, 460; st. Rspr. vgl. BGH, 16.07.1998 – VII ZR 9/97, MDR 1998, 1339; BGH, 25.06.1992 – VII ZR 128/91, NJW 1992, 2759, 2760; LG Berlin, 02.11.2007 – 63 S 407/06, GE 2008, 869 = InfoM 2008, 351.

Dazu bedarf es einer realen Möglichkeit, die inhaltliche Ausgestaltung **der Vertragsbedingungen zu beeinflussen**.[373] Nicht ausreichend ist es, wenn der Vermieter als Verwender bei Vertragsunterzeichnung eine vorformulierte Klausel mit dem Mieter „abspricht" und dann in den Formularvertrag einfügt.[374] Es reicht auch nicht festzustellen, dass der Verwender der anderen Vertragspartei die Unterzeichnung „freigestellt" habe; Voraussetzung für ein „Aushandeln" ist – jedenfalls bei einem nicht ganz leicht verständlichen Text –, dass der Verwender die andere Vertragspartei über den Inhalt und die Tragweite der Zusatzvereinbarung belehrt hat oder sonst wie erkennbar geworden ist, dass der andere deren Sinn wirklich erfasst hat.[375]

Beispiele für Individualvereinbarungen: 194
- *Wenn das Formular nur offene Stellen enthält, die vom Vertragspartner nach seiner freien Entscheidung als selbstständige Ergänzung auszufüllen sind und vom Verwender keine vorformulierten Entscheidungsvorschläge hinzugefügt wurden.[376]*
- *Bei hand- oder maschinenschriftlichen Zusätzen;[377] diese sind aber doch AGB, wenn sie für eine Vielzahl von Verwendungen vorgesehen sind.*
- *Soweit die in einem Mietvertrag vorformulierte Verlängerungsklausel erst noch in eine Textlücke einzutragen ist, wird diese damit zu einer Individualvereinbarung.[378]*

Eine **Änderung des Textes** als Voraussetzung des Aushandelns ist nach Ansicht des BGH erforderlich. Es soll nicht ausreichen, dass die Vertragsklauseln alle durchgesprochen und jeweils intensiv erörtert wurden, aber letztlich keine Klausel geändert wurde.[379] Z.T. wird – derzeitige Ausnahme von der Regel – aber auch vertreten, dass von einem individuellen Aushandeln im kaufmännischen Geschäftsverkehr dann ausgegangen werden kann, wenn Klauseln nach vorangegangener Auseinandersetzung über sie entsprechend dem Vorschlag einer Vertragspartei unverändert übernommen werden.[380] Der Verwender muss aber in einem solchen Fall seine AGB zur Disposition gestellt, und der Vertragspartner muss diese dennoch akzeptiert haben.[381] Diese Auffassung ist entgegen der BGH-Rechtsprechung richtig, weil sie lebensnah ist und dem Willen der Parteien entspricht, wenn diese Klauseln intensiv erörtert haben. Ein echter Unterschied zwischen Verhandeln und Aushandeln besteht in einem solchen Fall nicht mehr. 195

Teilweise werden – auch für Unternehmer – **sehr hohe Anforderungen** an ein Aushandeln gestellt. Vertreten wird, dass der Vermieter das folgende **Verhandlungsschema** ggü. Mietern befolgen und erforderlichenfalls beweisen muss, damit eine Individualvereinbarung zustande kommt:[382] 196

---

373 LG Berlin, 02.11.2007 – 63 S 407/06, GE 2008, 869 = InfoM 2008, 351.
374 LG Berlin, 02.11.2007 – 63 S 407/06, GE 2008, 869 = InfoM 2008, 351.
375 BGH, 19.05.2005 – III ZR 437/04, NJW 2005, 2543 = NZM 2006, 313 LS.
376 BGH, 07.02.1996 – IV ZR 16/95, NJW 1996, 1208.
377 BGH, 02.03.1994 – XII ZR 175/92, DWW 1994, 248.
378 OLG Düsseldorf, 03.05.2005 – 24 U 223/04, DWW 2006, 33.
379 BGH, 09.10.1986 – VII ZR 245/85, WM 1987, 42: kein „Aushandeln", sondern lediglich ein „Verhandeln".
380 OLG Hamburg, 12.12.2008 – 1 U 143/07, IBR 2010, 254, 255 (Anlagenbauvertrag); BGH, 04.03.2010 – VII ZR 21/09 (Nichtzulassungsbeschwerde zurückgewiesen).
381 OLG Rostock, 10.09.2009 – 3 U 287/08, NZM 2010, 42 = MDR 2010, 141.
382 Kappus, Abgrenzung von Individual- und Formularverträgen, NZM 2010, 529, 535 – 538, 542 – Zusammenfassung des Aufsatzes durch von Seldeneck, InfoM 2010, 330.

- Der Vermieter hat den gesetzesfremden Kerngehalt der Klausel zu erläutern.
- Er muss den Mieter bei „nicht ganz einfachen" Klauseln über die rechtliche und wirtschaftliche Tragweite belehren und anschließend kontrollieren, ob der Mieter das auch richtig verstanden hat. Dazu fordert er ihn auf, noch einmal mit eigenen Worten zu rekapitulieren und korrigiert notfalls ein etwaiges Fehlverständnis des Mieters.
- Er soll den Mieter ermuntern, eigene Vorschläge für den Klausel- bzw. Vertragsinhalt zu formulieren, wofür es nicht genügen soll, für den Klauselvorteil einen Preisnachlass zu gewähren.
- Beide Parteien tasten sich an eine beiderseits passende Lösung heran.

Abgeleitet wird dies u.a. daraus, dass nach Rechtsprechung des BGH der Verwender einen Verbraucherkunden bei einem „nicht ganz leicht verständlichen" Text über die rechtliche und wirtschaftliche Tragweite belehren muss.[383] Eine Auflockerung der strengen Anforderungen für Unternehmer wird abgelehnt, weil § 310 Abs. 1 Satz 1 BGB die Grenzen der Individualvereinbarung auch dann nicht erweitert, wenn es sich bei dem Vertragspartner um einen Unternehmer handelt.[384]

197 Diese äußerst strengen Anforderungen sind im Rechtsverkehr zwischen Unternehmern und damit im gewerblichen Miet- und Pachtrecht abzulehnen. Es ist zwar richtig, dass **verschiedene Senate des BGH** zu verschiedenen Ausgangsfällen bestimmte Anforderungen aufgestellt und entsprechende Formulierungen in ihren Urteilen gefunden haben. Dies kann aber nicht dazu führen, dass eine „senatsübergreifende" Dogmatik entsteht, in der sämtliche (im Detail durchaus unterschiedlich formulierten) Anforderungen der verschiedenen BGH-Senate so gebündelt werden, dass dadurch in der Praxis nicht mehr umsetzbare Anforderungen entstehen. Die vorgenannten Thesen hätten zur Konsequenz, dass der Vermieter in der Praxis ggü. dem Mieter zum **Bittsteller** werden müsste und damit die grds. vom Gesetz vorgesehene Individualvereinbarung durch bei normalen Vertragsverhandlungen praktisch nicht mehr erfüllbare Anforderungen unmöglich gemacht würde. Es sind auch in der Rechtsprechung des BGH (gerade im Mietrecht) durchaus Tendenzen erkennbar, eine Individualvereinbarung unter deutlich gelockerten Anforderungen zuzulassen. So wurde entschieden, dass die Abänderung einzelner Modalitäten bei einer Schönheitsreparaturklausel dazu führen kann, dass die ganze Klausel zu einer Individualvereinbarung wird;[385] auch für die Vereinbarung einer Endrenovierungspflicht im Übergabeprotokoll als Individualvereinbarung wurden weniger strenge Anforderungen aufgestellt.[386]

198 Zu berücksichtigen ist auch, dass regelmäßig in der Rechtsprechung – auch beim BGH – betont wird, dass im gewerblichen Miet- und Pachtrecht **Unternehmer im Vergleich zu Wohnraummietern weniger schutzwürdig** sind und letztlich eine höhere Selbstverantwortung tragen. Spiegelbildlich müssen dann auch gelockerte Anforderungen an eine Individualvereinbarung

---

383 Kappus, NZM 2010, 529, 535 – 538, 542 (Zusammenfassung des Aufsatzes durch von Seldeneck, InfoM 2010, 330) unter Verweis auf BGH, 19.05.2005 – III ZR 437/04, NJW 2005, 2543: Partnervermittlungsvertrag; BGH, 07.05.2009 – VIII ZR 302/07, NZM 2009, 5441: Endrenovierungsklausel.
384 Kappus, NZM 2010, 529, 535 – 538, 542.
385 BGH, 18.03.2009 – XII ZR 200/06, IMR 2009, 198 = InfoM 2009, 121 = GuT 2009, 99 = NZM 2009, 397.
386 BGH, 14.01.2009 – VIII ZR 71/08, NZM 2009, 233 = InfoM 2009, 63.

gestellt werden. Hinzu kommt, dass der Grundsatz der Vertragsfreiheit im gewerblichen Miet- und Pachtrecht eine ggü. dem Wohnraummietrecht grds. höhere Bedeutung haben muss, weil konkrete gesetzliche Regelungen, die die gewerbliche Miete und Pacht betreffen, weitestgehend fehlen (Beispiele: Mieterhöhung, Kündigungsschutz). Da der Gesetzgeber insofern durch die fehlenden gesetzlichen Regelungen deutlich gemacht hat, dass er das Spielfeld zu großen Teilen den Parteien überlassen möchte, bedingt dies, dass die Rechtsprechung nicht durch die Hintertür Kriterien aufstellen darf, die den kaufmännischen Verkehr behindern.

Praxistipp für Immobilienverwalter, Mieter und Vermieter:

Wenn individuell verhandelt wurde, sollte als Nachweis ein Protokoll verfasst werden, das beide Parteien unterzeichnen. Im Idealfall wird erst danach der Mietvertrag unterschrieben.

Handschriftliche Änderungen im Vertragsvordruck sollten mit Datum versehen und von beiden Vertragspartnern zumindest paraphiert werden.

Praxistipp RA:

Der Mandant sollte unbedingt ein möglichst ausführliches Gedächtnisprotokoll über den Ablauf und den Inhalt der Vertragsverhandlungen erstellen. Nur durch eine sorgfältige Rekonstruktion kann – wenn sich dies nicht aus den Unterlagen ergibt – geklärt werden, ob es sich tatsächlich um eine ausgehandelte Individualvereinbarung handelt.

Nachträgliche mehrfache Verwendung einer Individualklausel macht diese nicht rückwirkend, aber möglicherweise für die Zukunft zu AGB. Zur → *Beweislast vgl. Rn. 217.* 199

VI. Überraschende oder mehrdeutige Klauseln

Nach § 305c BGB werden überraschende oder mehrdeutige Klauseln nicht Vertragsbestandteil. Dies ist der Fall, wenn der Mieter nach den Gesamtumständen des Mietvertrages wegen der Ungewöhnlichkeit der Klausel mit einer solchen Regelung nicht zu rechnen brauchte.[387] Für den **Überraschungseffekt** kommt es nicht darauf an, an welcher Stelle des Klauselwerks die entsprechende Klausel steht, weil alle Bestimmungen grds. gleich bedeutsam sind und nicht durch die Platzierung einer Vorschrift im Klauselwerk auf deren Bedeutung geschlossen werden kann.[388] Aus der Stellung der Klausel kann sich ein Überraschungseffekt vielmehr dann ergeben, wenn diese in einem **systematischen Zusammenhang** steht, in dem der Vertragspartner sie nicht zu erwarten braucht..[389] Dabei darf nicht nur auf das äußere Erscheinungsbild des Vertrages und die allgemeine Üblichkeit der Regelung abgestellt werden, denn die Klausel 200

---

[387] BGH, 21.07.2010 – XII ZR 189/08, IMR 2010, 424/425 = NZM 2010, 668 = MDR 2010, 1103.
[388] BGH, 21.07.2010 – XII ZR 189/08, IMR 2010, 424/425 = NZM 2010, 668 = MDR 2010, 1103: Arbeitnehmer wird durch ein wegen einem Konstruktionsmangel herausfallendes Fenster verletzt; Unwirksamkeit der Klausel ergab sich hier jedoch aus einem Überraschungseffekt wegen ungewöhnlicher Stellung der Klausel im Mietvertrag.
[389] BGH, 21.07.2010 – XII ZR 189/08, IMR 2010, 424/425 = NZM 2010, 668 = MDR 2010, 1103; BGH, 09.12.2009 – XII ZR 109/08, GuT 2010, 23 = IMR 2010, 92 – 94 = NZM 2010, 123 = MDR 2010, 313 (Verwaltungskosten als Betriebskosten).

kann auch dann überraschen, wenn sie von dem abweicht, was in den Verhandlungen zwischen den Parteien festgestellt worden ist.[390]

201 Folge ist, dass auch eine Klausel, die eigentlich für sich betrachtet in Ordnung wäre, unwirksam sein kann. **Anhaltspunkte** dafür können sein:
- Verknüpfung mit Umständen/Verpflichtungen, die nichts mit dem Mietverhältnis zu tun haben: z.B. Kauf von Gegenständen,
- Wiedergabe an unsystematischer Stelle (Beispiel: Ausschluss der Garantiehaftung für anfängliche Mängel gem. § 536 Abs. 1, 1. Alt. BGB ist in einer Klausel des Formularmietvertrages geregelt, die mit „§ 6 Aufrechnung, Zurückbehaltung" überschrieben ist),[391]
- besonders wichtige Punkte sind im Text „versteckt" (z.B.: ein Wettbewerbsverbot, das dem Mieter von zum Betrieb einer Apotheke in einem Einkaufszentrum angemieteten Räumen auferlegt wird, verstößt gegen § 305c Abs. 1 BGB, wenn es in einem vom Vermieter gestellten 25 Seiten langen Formularmietvertrag auf der vorletzten Seite unter „Sonstiges" geregelt ist),[392]
- die Regelung steht im Widerspruch zum übrigen Vertragsinhalt.

202 Die Einbeziehung mehrerer Klauselwerke in ein und denselben Vertrag ist grds. zulässig. Führt die **Verwendung mehrerer Klauselwerke** jedoch dazu, dass unklar ist, welche der darin enthaltenen konkurrierenden Regelungen gelten soll, kann keine der Bestimmungen angewendet werden mit der Folge, dass die gesetzlichen Vorschriften zur Anwendung kommen.[393]

VII. Generalklausel, § 307 Abs. 1 Satz 1, Abs. 2 BGB

203 Nach § 307 Abs. 1 Satz 1 BGB sind Bestimmungen in AGB unwirksam, wenn sie den Vertragspartner des Verwenders entgegen den Geboten von Treu und Glauben unangemessen benachteiligen. Das ist nach § 307 Abs. 2 BGB im Zweifel anzunehmen, wenn eine Bestimmung mit **wesentlichen Grundgedanken** der gesetzlichen Regelung, von der abgewichen wird, nicht zu vereinbaren ist, oder wesentliche Rechte oder Pflichten, die sich aus der Natur des Vertrages ergeben, so einschränkt werden, dass die Erreichung des Vertragszweckes gefährdet ist. Im Kern geht es darum zu prüfen, ob die angegriffene Klausel sich soweit vom sog. **gesetzlichen Leitbild** entfernt, dass es nicht mehr zumutbar ist. Das Gesetz stellt in § 307 Abs. 2 BGB Regelbeispiele auf, deren Vorliegen immer zu einer unangemessenen Benachteiligung führt. Dies führt auch zur Vorgabe einer Prüfungsreihenfolge: Zunächst ist zu prüfen, ob eine der Varianten des § 307 Abs. 2 BGB greift; ist dies nicht der Fall, sind andere Gründe für eine unangemessene Benachteiligung zu untersuchen.

204 Ausgangspunkt für die Prüfung einer **unangemessenen Benachteiligung** ist i.d.R., ob sich die Klausel zu weit zulasten des Klauselgegners von der gesetzlichen Regelung entfernt. Maßgeblich ist hier das gesetzliche Leitbild. Es kommt deshalb darauf an, was der Gesetzgeber als **Kernbereich des Mietverhältnisses** ansieht. Was davon – vereinfacht gesagt – extrem ab-

---

[390] OLG Köln, 20.04.2000 – 1 U 101/99, MDR 2000, 1365.
[391] BGH, 21.07.2010 – XII ZR 189/08, IMR 2010, 424/425 = NZM 2010, 668 = MDR 2010, 1103.
[392] OLG Dresden, 03.01.2006 – 5 U 1451/05, GuT 2006, 86.
[393] BGH, 16.03.2006 – I ZR 65/03, GuT 2006, 202.

weicht, ist unwirksam. Ist einer der Tatbestände der §§ 308, 309 BGB erfüllt, stellt dies ein Indiz für eine unangemessene Benachteiligung dar.[394] **Unangemessen ist eine Benachteiligung**, wenn der Verwender durch einseitige Vertragsgestaltung missbräuchlich eigene Interessen auf Kosten des Vertragspartners durchzusetzen versucht, ohne von vornherein auch dessen Belange hinreichend zu berücksichtigen.[395] Bei der vorzunehmenden Prüfung bedarf es einer umfassenden Würdigung, in die die Interessen beider Parteien und die Anschauungen der beteiligten Verkehrskreise einzubeziehen sind.[396]

Beispiel:

Die Überlassung der Mietsache in einem zum vertragsgemäßen Gebrauch geeigneten Zustand ist eine Kardinalpflicht des Vermieters.[397] Will sich der Vermieter z.B. durch eine Formularklausel generell davon freizeichnen, für die bautechnische Sicherheit der Räume verantwortlich zu sein, weicht dies eklatant von seiner gesetzlichen Grundverpflichtung als Eigentümer/Vermieter ab und ist unwirksam.

Selbst eine für sich betrachtete erhebliche Abweichung muss aber nicht unangemessen sein. Der Vertrag ist **in seiner Gesamtheit** zu würdigen. Mehrere einseitig nachteilige Klauseln können sich gegenseitig verstärken. Es kann aber auch zu einem Ausgleich günstiger und belastender Regelungen kommen, z.B. wenn aufwendige Instandhaltungspflichten durch eine niedrige Miete kompensiert werden. 205

VIII. Transparenzgebot, § 307 Abs. 1 Satz 2 BGB

Durch das SchModG ist das früher in ständiger Rechtsprechung ausgeprägte **Transparenzgebot**, wonach sich eine unangemessene Benachteiligung auch daraus ergeben kann, dass die betreffende Bestimmung nicht klar und verständlich ist, in § 305 Abs. 1 Satz 2 BGB kodifiziert worden.[398] Das in § 307 Abs. 1 Satz 2 BGB normierte Transparenzgebot gebietet es, tatbestandliche Voraussetzungen und Rechtsfolgen in Formularbedingungen so genau zu beschreiben, dass einerseits für den Verwender keine ungerechtfertigten Beurteilungsspielräume entstehen und andererseits der Vertragspartner seine Rechte und Pflichten ohne fremde Hilfe möglichst klar und einfach feststellen kann.[399] Dazu gehört auch, dass AGB wirtschaftliche Nachteile und Belastungen soweit erkennen lassen, wie dies nach den Umständen gefordert werden kann.[400] Abzustellen ist auf die **Erkenntnismöglichkeiten eines durchschnittlichen Vertragspart-** 206

---

394 BGH, 19.09.2007 – VIII ZR 141/06, MDR 2008, 16.
395 BGHZ 90, 280; BGH, NJW 2000, 1110; BGH, NJW 2005, 1774; KG, 05.03.2009 – 8 U 177/08, IMR 2009, 424 = GuT 2010, 22 = InfoM 2010, 126.
396 KG, 05.03.2009 – 8 U 177/08, IMR 2009, 424 = GuT 2010, 22 = InfoM 2010, 126; Grüneberg, in: Palandt, § 307 Rn. 8.
397 Vgl. Bub, NZM 1998, 789, 792.
398 Ausführlich zum Transparenzgebot und dazu ergangener Rspr., speziell im gewerblichen Mietrecht: Borzutzki-Pasing, NZM 2004, 161 und Schmidt, NZM 2003, 505.
399 Vgl. z.B. BGH, 09.12.2009 – XII ZR 109/08, GuT 2010, 23 = IMR 2010, 92 – 94 = NZM 2010, 123 = MDR 2010, 313 zur (zulässigen) Umlage von Verwaltungskosten durch AGB; BGH, 05.03.2008 – VIII ZR 95/07, IMR 2008, 148 = GuT 2008, 198 = NZM 2008, 363 = WuM 2008, 278 = NJW 2008, 1438 zur Unwirksamkeit einer Schönheitsreparatur-Abgeltungsklausel.
400 BGH, 21.07.2010 – XII ZR 189/08, IMR 2010, 424/425 = NZM 2010, 668 = MDR 2010, 1103; BGH, 09.12.2009 – XII ZR 109/08, GuT 2010, 23 = IMR 2010, 92 – 94 = NZM 2010, 123 = MDR 2010, 313 zur (zulässigen) Umlage von Verwaltungskosten durch AGB.

ners.[401] Dabei sind AGB nach ihrem objektiven Inhalt und typischen Sinn einheitlich so auszulegen, wie sie von verständigen und redlichen Vertragspartnern unter Abwägung der Interessen der normalerweise beteiligten Kreise verstanden werden.[402]

207 Das Transparenzgebot ist im Geschäftsverkehr mit Unternehmen nicht in gleicher Strenge wie ggü. Verbrauchern anzuwenden, sodass bspw. bei Unternehmen aufgrund ihrer Geschäftserfahrung sowie aufgrund der Maßgeblichkeit von Handelsgewohnheiten und Handelsbräuchen von einer besseren Erkenntnis- und Verständnismöglichkeit ausgegangen werden kann.[403] Deswegen kann ihnen aber nicht zugleich ein umfassendes juristisches Verständnis unterstellt werden.[404]

Probleme mit dem Transparenzgebot sind denkbar, wenn der Vertrag mit einem „Federstrich" auf bestimmte sehr komplexe Rechtsnormen verweist, etwa wenn das Sonderkündigungsrecht des § 540 Abs. 1 Satz 2 BGB bei verweigerter Untermieterlaubnis ausgeschlossen wird.[405] Der BGH hat allerdings auch klargestellt, dass das Transparenzgebot dort seine Grenze findet, wo komplexe Regelungsgehalte nicht mehr für jeden klar und verständlich dargestellt werden können.[406]

IX. Der AGB-Kontrolle entzogene Preisklauseln

208 Da die Vertragsparteien nach dem im bürgerlichen Recht geltenden Grundsatz der Vertragsfreiheit Leistung und Gegenleistung grds. frei regeln können, sind formularmäßige Abreden, die **Art und Umfang der Hauptleistung** oder der hierfür zu erbringenden Vergütung unmittelbar bestimmen (also das Ob und den Umfang von Entgelten), von der gesetzlichen Inhaltskontrolle nach §§ 307 ff. BGB ausgenommen.[407] Ihre Festlegung ist grds. Sache der Vertragsparteien, denn es gibt häufig keine gesetzliche Preisregelung, die bei Unwirksamkeit der vertraglichen Abrede gem. § 306 Abs. 2 BGB an deren Stelle treten könnte. Zu den einer richterlichen Inhaltskontrolle nach §§ 307 ff. BGB entzogenen Preisbestimmungen zählen auch solche Klauseln, die den Preis bei Vertragsschluss zwar nicht unmittelbar beziffern, jedoch die für die Ermittlung des Preises maßgeblichen Bewertungsfaktoren und das hierbei einzuhaltende Verfahren festlegen, denn auch die vertragliche Festlegung preisbildender Faktoren gehört zum Kernbereich privatautonomer Vertragsgestaltung.[408] Damit ist die **Höhe der Miete** auch dann

---

401 BGH, 21.07.2010 – XII ZR 189/08, IMR 2010, 424/425 = NZM 2010, 668 = MDR 2010, 1103; BGH, 24.03.2010 – VIII ZR 304/08, MDR 2010, 681 Rn. 22 zur Unwirksamkeit einer Preisanpassungsklausel in einem Erdgassondervertrag; BGH, 09.12.2009 – XII ZR 109/08, GuT 2010, 23 = IMR 2010, 92 – 94 = NZM 2010, 123 = MDR 2010, 313; BGH, 16.05.2007 – XII ZR 13/05, NZM 2007, 516 m.w.N.
402 BGH, 21.07.2010 – XII ZR 189/08, IMR 2010, 424/425 = NZM 2010, 668 = MDR 2010, 1103 m.w.N.
403 BGH, 21.07.2010 – XII ZR 189/08, IMR 2010, 424/425 = NZM 2010, 668 = MDR 2010, 1103; BGH, 16.05.2007 – XII ZR 13/05, NZM 2007, 516.
404 BGH, 21.07.2010 – XII ZR 189/08, IMR 2010, 424/425 = NZM 2010, 668 = MDR 2010, 1103.
405 Zu risikoreichen Klauseln mit Gestaltungsalternativen: Schmidt, NZM 2003, 505.
406 BGH, 03.06.1998 – VIII ZR 317/97, NZM 1998, 710 = WuM 1998, 592 = MDR 1998, 1155 = NJW 1998, 3114.
407 BGH, 24.03.2010 – VIII ZR 304/08, MDR 2010, 681 zur Unwirksamkeit einer Preisanpassungsklausel in einem Erdgassondervertrag (Inhaltskontrolle bejaht); BGHZ 93, 358, 360 f.; BGHZ 143, 128, 139 f.; BGHZ 146, 331, 338 f.; BGH, 17.03.1999 – IV ZR 137/98, NJW 1999, 3411 unter II 2b.
408 BGH, 24.03.2010 – VIII ZR 304/08, MDR 2010, 681; BGHZ 93, 358, 362; BGHZ 143, 128, 139 f.; BGHZ 146, 331, 338 f.

der AGB-Kontrolle entzogen, wenn der Vermieter sie klauselartig in mehreren Mietverhältnissen verwendet.

Hiervon zu unterscheiden sind **die kontrollfähigen (Preis-) Nebenabreden**, also Abreden, die zwar mittelbare Auswirkungen auf Preis und Leistung haben, an deren Stelle aber, wenn eine wirksame vertragliche Regelung fehlt, dispositives Gesetzesrecht treten kann.[409] Diese treten nur „neben" eine bereits bestehende Preishauptabrede und weichen von dem das dispositive Recht beherrschenden Grundsatz ab, nach dem die Preisvereinbarung der Parteien bei Vertragsschluss für die gesamte Vertragsdauer bindend ist, sodass sie einer Inhaltskontrolle unterworfen sind (§ 307 Abs. 3 Satz 1 BGB).

X. Rechtsfolgen unwirksamer Formularklauseln, Verbot der geltungserhaltenden Reduktion

1. Grundsatz: Gesetzliche Regelung gilt

§ 306 Abs. 1 BGB bestimmt, dass der Vertrag trotz Unwirksamkeit einzelner Klauseln grds. wirksam bleibt. Nach § 306 Abs. 2 BGB wird die unwirksame Formularvereinbarung durch die gesetzliche Regelung ersetzt. Die in Verträgen häufig zu findende Klausel:

209

> „Wenn und insoweit eine der Bestimmungen dieses Vertrages gegen zwingende gesetzliche Vorschriften verstößt, tritt an ihre Stelle die entsprechende gesetzliche Regelung."

ist daher wirksam,[410] weil sie nur die gesetzliche Regelung widerspiegelt.

> **Hinweis:**
>
> Je weiter sich der AGB-Verwender durch seine Klausel vom gesetzlichen Leitbild entfernt, desto unangenehmer kann der Rückschlag sein, wenn vor Gericht die Unwirksamkeit attestiert wird. U.U. kann sich der gewünschte Erfolg völlig ins Gegenteil verkehren. Z.B.: Instandhaltungspflichten des Mieters wurden so erweitert, dass die gesamte Klausel unwirksam ist mit der Folge, dass nun der Vermieter (wieder) alle Arbeiten ausführen lassen und alle Kosten tragen muss. Anwälte, die für ihre Mandanten entsprechende Verträge fertigen, sollten dies im Auge behalten.

2. Verbot der geltungserhaltenden Reduktion und Kritik

Eine Klausel ist grds. nicht ein „bisschen", sondern **völlig unwirksam**. Es erfolgt grds. keine Reduzierung auf einen noch zulässigen, der Klausel möglichst nahestehenden Inhalt (**Verbot der geltungserhaltenden Reduktion**). So kann bspw. eine unzulässig ausgestaltete Verpflichtung des Mieters zur Vornahme von Schönheitsreparaturen nicht im Wege der Klauselkontrolle in eine zulässige Verpflichtung inhaltlich umgestaltet werden.[411]

210

---

409   BGH, 24.03.2010 – VIII ZR 304/08, MDR 2010, 681 m.w.N.
410   BGH, 15.05.1991 – VIII ZR 38/90, NJW 1991, 1750.
411   BGH, 10.02.2010 – VIII ZR 222/09 unter II. 2.; BGH, 13.01.2010 – VIII ZR 48/09 unter II. 2., IMR 2010, 81 = NZM 2010, 157 = InfoM 2010, 108 = MDR 2010, 312 (Wohnraum); BGH, 18.02.2009 – VIII ZR 210/08, WuM 2009, 286 = InfoM 2009, 105.

Eine **Ausnahme vom Grundsatz** ist möglich, wenn sich eine Formularklausel, die mehrere sachliche, nur formal verbundene Regelungen enthält, aus ihrem Wortlaut heraus verständlich und sinnvoll (also inhaltlich und sprachlich) in einen wirksamen und unwirksamen Teil splitten lässt, der jeweils noch sinnvoll ist.[412] Es darf keine „konzeptionelle Einheit" bestehen, da diese zu einer einheitlichen, die wirtschaftlichen Interessen der Vertragsparteien berücksichtigenden Gesamtbeurteilung des Regelungsgefüges zwingt.[413] Diese Abtrennbarkeit setzt voraus, dass der unwirksame Klauselteil ohne Weiteres gestrichen werden kann (sog. **blue-pencil-Test**). Ist eine Teilung nicht möglich, führt die Teilunwirksamkeit zur Gesamtunwirksamkeit. Der BGH geht in seiner jüngeren Rechtsprechung immer öfter von einer **Gesamtunwirksamkeit** aus und prüft, ob das Streichen der missbilligten Teilregelung zu einer inhaltlichen Umgestaltung führt, weil bspw. eine vormalige Konkretisierung für Umfang, Art oder Fälligkeit der Verpflichtung (Beispiel: Schönheitsreparaturen) entfällt.[414]

211　Welche **objektiven Kriterien für eine Teilbarkeit** gelten sollen, legt der BGH (bisher) nicht nachvollziehbar fest. Im Kern geht es um die Frage, ob das Abtrennen einer trennbaren Mehrforderung ggü. der „Standardleistung" eine inhaltliche Umgestaltung bewirkt. Das Verbot der geltungserhaltenden Reduktion soll verhindern, dass Verwender von AGB nicht ohne weiteres Übermaßklauseln mit dem Gedanken verwenden, diese würden im schlimmsten Fall ohnehin im Rahmen einer AGB-Inhaltskontrolle auf das rechtlich zulässige Maß „gestutzt". Der Gedanke ist richtig, kann jedoch nicht dazu führen, dass der Grundsatz restriktiv gehandhabt wird, da nach ständiger Rechtsprechung des BGH auch eine ergänzende Vertragsauslegung von AGB zulässig ist (was sozusagen eine „Reduktion durch die Hintertür" darstellt) und i.R.d. Gebotes der Rücksichtnahme bei wechselseitigen Verträgen nach § 242 BGB auch zu berücksichtigen ist, ob die Unwirksamkeit einer ganzen Klausel dem Interessenausgleich zwischen den Parteien widerspricht oder einer anderen Vertragspartei unberechtigte Vorteile verschafft, von der sie bei Vertragsabschluss nie ausgegangen ist. Da juristische Bewertungen zudem nicht im Elfenbeinturm wurzeln, sondern handfest an tatsächliche Gegebenheiten und den gesunden Menschenverstand anknüpfen sollten, spricht viel dafür, eine Verpflichtung des Mieters, die objektiv von den übrigen Verpflichtungen getrennt, also sozusagen davon subtrahiert werden kann auch bzgl. der Klauselwirksamkeit als trennbar zu behandeln und somit durch **einfache Subtraktion** auch außerhalb einer sprachlich klaren Abtrennbarkeit zu einer wirksamen Restklausel zu gelangen.

Beispiel:

Verpflichtet eine Klausel den Mieter bei den Schönheitsreparaturen zum „Streichen der Türen und Fenster", so lässt sich dies objektiv, d.h. handwerklich und lebensnah, ohne Weiteres in die Bereiche

---

[412] BGH, 10.02.2010 – VIII ZR 222/09 unter II. 2. (Schönheitsreparaturklausel Wohnraum, Außenanstrich von Türen – geltungserhaltende Reduktion verneint); BGH, 15.05.1991 – VIII ZR 38/90, NJW 1991, 1750; OLG Hamburg, 13.09.1991 – 4 U 201/90, NJW-RR 1992, 10 = WuM 1991, 523 = MDR 1991, 1166 = ZMR 1991, 469; KG, 05.03.2009 – 8 U 177/08, IMR 2009, 424 = GuT 2010, 22 = InfoM 2010, 126; OLG Naumburg, 15.07.2008 – 9 U 18/08, IMR 2008, 339 = NZM 2008, 772.

[413] BGH, 16.06.2009 – XI ZR 145/08; BGH, 12.02.2009 – VII ZR 39/08, WM 2009, 643.

[414] BGH, 20.01.2010 – VIII ZR 50/09, InfoM 2010, 111 = NZM 2010, 236 = MDR 2010, 564; BGH, 13.01.2010 – VIII ZR 48/09 unter II. 2., IMR 2010, 81 = NZM 2010, 157 = InfoM 2010, 108 = MDR 2010, 312; BGH, 18.02.2009 – VIII ZR 210/08, WuM 2009, 286 = InfoM 2009, 105; BGH, 28.03.2007 – VIII ZR 199/06, InfoM 2007, 108 (jeweils Wohnraum).

Malerarbeiten an den Innentüren/-fenstern und Malerarbeiten an den Außentüren/-fenstern aufteilen. Wenn aber eine solche objektive Teilung möglich ist, sollte bei der juristischen Bewertung nicht von einer einheitlichen Rechtspflicht, die sich nicht in Einzelmaßnahmen aufspalten lasse, ausgegangen und als Rechtsfolge Gesamtunwirksamkeit angenommen werden.[415]

Das Verbot der geltungserhaltenden Reduktion kann auch auf dieser Basis weiterhin als Grundsatz angewendet werden, allerdings in einer praxisnäheren Ausgestaltung.

3. Sonstiges

Möglich ist auch ein sog. **Summierungseffekt**, d.h. von mehreren grds. separaten, aber zur gleichen Thematik gehörenden Klauseln (etwa Schönheitsreparaturen) „infiziert" eine unwirksame die anderen und macht alle unwirksam. Ein solcher Summierungseffekt aufgrund des Zusammentreffens zweier – jeweils für sich genommen – unbedenklicher Klauseln kann auch dann vorliegen, wenn nur eine der beiden Klauseln formularmäßig, die andere dagegen individuell vereinbart worden ist.[416]

212

Die **komplette Unwirksamkeit des Miet- oder Pachtvertrages** kann sich auch aus § 306 Abs. 3 BGB ergeben und liegt ausnahmsweise dann vor, wenn ein Festhalten eine unzumutbare Härte für einen Vertragspartner darstellen würde. Bei Geschäftsraummiete kommt die Anwendung dieser Vorschrift generell eher in Betracht als bei Wohnraummiete (Schutz der Wohnung).

213

XI. Vertrauensschutz bei unwirksamen AGB aufgrund geänderter Rechtsprechung

Nach derzeitigem Stand der Rechtsprechung erfolgt die Inhaltskontrolle von Klauseln **ohne Begrenzung rückwirkend** und erfasst damit alle bestehenden Verträge (sog. unechte Rückwirkung). Dem Verwender Allgemeiner Geschäftsbedingungen, die sich aufgrund einer Änderung der höchstrichterlichen Rechtsprechung als unwirksam erweisen, ist nach Auffassung des BGH grds. **kein Vertrauensschutz zuzubilligen**.[417] Auch wenn es bei Abschluss eines Mietvertrags für die Parteien nicht absehbar war, dass starr ausgestaltete Schönheitsreparaturfristenpläne Jahrzehnte später von der Rechtsprechung als unwirksam erachtet werden würden, soll es mit den Grundsätzen von Treu und Glauben durchaus vereinbar sein, die neue Rechtsprechungserkenntnis auch auf Altverträge zu erstrecken.[418] Diese **Rückwirkung** ist äußerst bedenklich und aus Gründen der Rechtssicherheit einzuschränken, schon weil der „normale Bürger" nicht versteht, warum wichtige Praktiken, die womöglich jahrelang zulässig waren, plötzlich für unwirksam erklärt werden.[419] Der BGH hat auch in anderen Bereichen, etwa im Baurecht bei der

214

---

[415] So aber BGH, 13.01.2010 – VIII ZR 48/09, IMR 2010, 81 = NZM 2010, 157 = InfoM 2010, 108 = MDR 2010, 312 zum erwähnten Anstrich-Fall; im Ergebnis ebenso BGH, 20.01.2010 – VIII ZR 50/09, InfoM 2010, 111 = NZM 2010, 236 = MDR 2010, 564; BGH, 18.02.2009 – VIII ZR 210/08, WuM 2009, 286 = InfoM 2009, 105; BGH, 28.03.2007 – VIII ZR 199/06, InfoM 2007, 108 (jeweils Wohnraum).
[416] BGH, 05.04.2006 – VIII ZR 163/05, NZM 2006, 623 = MDR 2006, 1094 zur Formular- und Individualklausel bzgl. laufender Dekoration und Arbeiten am Mietende bei Wohnraummiete.
[417] BGH, 05.03.2008 – VIII ZR 95/07, IMR 2008, 148 = GuT 2008, 198 = NZM 2008, 363 = WuM 2008, 278 = NJW 2008, 1438 zur Unwirksamkeit einer Schönheitsreparatur-Abgeltungsklausel.
[418] LG Lüneburg, 16.05.2007 – 6 S 2/07, NZM 2007, 770 (Wohnraum): Abschluss des Vertrags im Jahr 1983.
[419] A.A. Sternel, NZM 2007, 545.

Prüfung einer angemessenen Höhe von Vertragsstrafen-Klauseln, ausdrücklich **Vertrauensschutz** für Verträge gewährt, die vor Bekanntwerden seiner Entscheidung geschlossen wurden.[420]

215 Der BGH hat in einem Fall, in dem es um einen unwirksamen Treuhandvertrag wegen des Verstoßes gegen das Rechtsberatungsgesetz ging, dem Kläger, der wegen der Nichtigkeit auf Rückzahlung der geleisteten Treuhändervergütung gem. § 812 Abs. 1 Satz 1, 1. Alt. BGB klagte, den Rückgriff mit dem Einwand unzulässiger Rechtsausübung (§ 242 BGB) versagt.[421] Dies wurde damit begründet, dass die Nichtigkeit sich erst aus einer ab dem Jahr 2000 entwickelten BGH-Rechtsprechung ergebe und der Vertrag vorher geschlossen und abgewickelt worden sei. Der BGH hat dazu ausgeführt:

> „Dementsprechend durfte auch die Beklagte des vorliegenden Rechtsstreits zum Zeitpunkt des Vertragsschlusses darauf vertrauen, dass sich das Vertragswerk im Rahmen des gesetzlich Zulässigen hielt. Dieses Vertrauen ist schutzwürdig. Die höchstrichterliche Rechtsprechung hat zu diesem Zweck eine Reihe von Rechtsinstituten (z.B. unzulässige Rechtsausübung, Fehlen und Wegfall der Geschäftsgrundlage, Verwirkung) erarbeitet, die es im Allgemeinen ermöglichen, die berechtigten Belange beider Parteien ausreichend zu berücksichtigen, wenn die bisherige Rechtslage durch eine Änderung der höchstrichterlichen Rechtsprechung modifiziert wird (BGHZ 132, 119, 130; s. auch Senatsurteil vom 11. Oktober 2001 – III ZR 182/00 = NJW 2002, 66, 67)."

Warum soll dies im Mietrecht nicht bspw. auch für Vermieter gelten, die Jahrzehnte auf eine gefestigte Rechtsprechung des BGH zu Schönheitsreparaturklauseln vertrauen durften, bis im VIII. Senat jemand die Richterkollegen von der Bedenklichkeit starrer Fristen überzeugte? Das Argument, dass Vertrauensschutz nur dann zuzubilligen sei, wenn – wie etwa bei der oben genannten Vertragsstrafenklausel – bei einer Unwirksamkeit kein dispositives Gesetzesrecht als „Ersatzrecht" an die Stelle der unzulässigen Klausel treten kann, überzeugt nicht, weil das Bewusstsein der Parteien sich bei Vertragsabschluss sich nicht darauf richtet, ob es eine gesetzliche Regelung gibt, sondern darauf, welche Vereinbarungen die Rechtsprechung für zulässig erachtet oder nicht. Es geht damit um das Vertrauen in die Rechtsprechung.

XII. Streitwert

216 Maßgeblich für den Streitwert bei AGB-Problematiken ist der verfolgte Anspruch. Allein aus der Tatsache, dass in einen Streit eine AGB involviert ist, ergibt sich keine besondere Streitwertbemessung. Geht der Mieter bspw. aufgrund der behaupteten Unwirksamkeit einer Schönheitsreparaturklausel davon aus, nicht renovieren zu müssen, so geht es um den Wert dieses „Nicht-Renovierens".

XIII. Gerichtsverfahren, Beweislast

217 Die Beweislast dafür, dass es sich bei Vereinbarungen um für eine Vielzahl von Verträgen vorformulierte Vertragsbedingungen handelt, trägt **derjenige, der sich auf die Unwirksamkeit**

---

420 BGH, 23.01.2003 – VII ZR 210/01, NZBau 2003, 321 = IBR 2003, 291 – 293 = BauR 2003, 870.
421 BGH, 01.02.2007 – III ZR 281/05, DWW 2007, 214 = NZM 2007, 260 = BB 2007, 517 = MDR 2007, 702 = NJW 2007, 1130.

beruft. Denn wer sich auf den Schutz der §§ 305 ff. BGB beruft, muss darlegen und beweisen, dass die zum Vertragsbestandteil gemachten Klauseln AGB i.S.v. § 305 Abs. 1 BGB sind.[422]

In der Praxis ist dies eine erhebliche Hürde, da i.d.R. mit Dritten geschlossene Verträge vorgelegt werden müssen oder zumindest konkret dazu vorzutragen ist. Die **Verwendung vorgedruckter Muster** lässt nicht bereits den Rückschluss zu, dass der Vermieter diese mehrfach verwenden wollte. Denn heute arbeitet so gut wie jeder mit EDV und Textverarbeitung, sodass daraus keine Rückschlüsse mehr gezogen werden können. Bedenklich ist daher die Ansicht, dass die **Beweislast für eine Individualvereinbarung** den Vermieter treffe, wenn die Klausel insgesamt den äußeren Anschein einer AGB erweckt,[423] da dies nicht zu sehr generalisiert werden darf. Je allgemeiner aber der Vertrag ist (Auswahlmöglichkeiten, Ankreuzfelder etc.), desto eher wird er nur ein Muster und keine Individualvereinbarung sein. Ist bspw. dem Mieter der Beweis der mehrfachen Verwendung gelungen, muss der Vermieter – wenn er sich darauf berufen will – darlegen und beweisen, dass die **Vereinbarung individuell ausgehandelt** wurde und daher nach § 305b BGB keine Geschäftsbedingung darstellt. 218

XIV. Vertragsgestaltung, insb. Salvatorische Klauseln

Unabhängig davon, ob Immobilienverwalter, Anwälte oder die Vertragsparteien selbst **vorgefertigte Muster** verwenden, bergen diese aus AGB-rechtlichen Gesichtspunkten immer Gefahren. Muster, die heute vorliegen, können morgen durch neue Rechtsprechung überholt sein. Da sie eigentlich immer zahlreiche Varianten abdecken sollen, besteht ständig das Risiko, dass zu wenig oder zu viel geregelt wird. Besonders deutlich wird dies bei Wahlmöglichkeiten und Ankreuzen an der falschen Stelle oder vergessenen Streichungen. Für Berater können (auch eigene) Muster daher eine Haftungsfalle sein. 219

Einzelne Klauseln, bspw. Aufrechnungs- oder Minderungsverbote, werden in den jeweiligen Kapiteln (hauptsächlich in der Rubrik „Vertragsgestaltung") besprochen.

Bei der Durchsetzung oder Abwehr möglicher Ansprüche des Mandanten hat der Anwalt die §§ 305 ff. BGB immer zu berücksichtigen. Oft birgt der Mietvertrag echte Überraschungen in dem Sinne, dass sich die Gegenseite auf Klauseln beruft, die unwirksam sind. Hierbei ist aber immer die Gefahr zu beachten, dass unwirksame Teile des Mietvertrags sich auch für den Mandanten nachteilig auswirken können (vgl. oben: Verbot einer geltungserhaltenden Reduktion und § 139 BGB). 220

In gewerblichen Miet- und Pachtverträgen finden sich üblicherweise so gen. **salvatorische Klauseln** oder entsprechende Varianten mit folgenden oder ähnlichen Formulierungen: 221

„Sollte eine der Bestimmungen dieses Vertrages ganz oder teilweise rechtsunwirksam sein oder werden, so wird die Gültigkeit der übrigen Bestimmungen dadurch nicht berührt. In einem solchen Fall ist der Vertrag vielmehr seinem Sinne gemäß zur Durchführung zu bringen."

„Sollten einzelne Bestimmungen dieses Vertrages ganz oder teilweise gegen zwingendes Recht verstoßen oder aus anderen Gründen nichtig oder unwirksam sein, so bleibt die Gültigkeit der übrigen

---

[422] OLG Düsseldorf, 29.10.2007 – 24 U 94/07, GuT 2008, 34.
[423] So AG Borken, 04.01.2008 – 15 C 582/07; Heinrichs, in: Palandt, § 305 Rn. 18.

Bestimmungen unberührt. Die nichtige oder unwirksame Bestimmung ist durch eine solche zu ersetzen, die dem wirtschaftlich Gewollten in zulässiger Weise am nächsten kommt."

Grds. könnte man meinen, mit derartigen Klauseln andere nach AGB-Recht unwirksame Klauseln zu „heilen" und damit die Rechtsfolge des § 306 Abs. 2 BGB auszuschalten. Allerdings sollte der Verwender der unwirksamen AGB nicht allzu viel Hoffnung auf diese Auffang-Versuche setzen. Der BGH führt dazu Folgendes aus:[424]

Der erste Teil der Klausel dient der Erhaltung des Vertrages. Mit dieser sog. **Erhaltungsklausel** soll die gem. § 139 BGB im Zweifel aus der Teilnichtigkeit folgende Gesamtnichtigkeit des Vertrages verhindert werden. Bei der gesetzlichen Bestimmung in § 139 BGB, wonach im Zweifel das Rechtsgeschäft im Ganzen als nichtig anzusehen ist, wenn ein Teil nichtig ist, handelt es sich um abänderbares Recht.[425] Eine Erhaltungsklauseln, wonach das Rechtsgeschäft auch ohne die nichtige Regelung wirksam sein soll, entbindet deshalb i.d.R. nicht von der Ermittlung des mutmaßlichen Willens durch ergänzende Vertragsauslegung,[426] weist aber demjenigen die Beweislast zu, der sich auf die Gesamtnichtigkeit des Rechtsgeschäfts beruft. Die Klausel regelt also die **Verteilung der Darlegungs- und Beweislast** i.R.d. bei § 139 BGB stets vorzunehmenden Prüfung, ob die Parteien das teilnichtige Geschäft als Ganzes verworfen hätten oder aber den Rest hätten gelten lassen.[427] Während bei Fehlen einer salvatorischen Erhaltensklausel die Vertragspartei, welche das teilnichtige Geschäft aufrechterhalten will, darlegungs- und beweispflichtig ist, trifft die entsprechende Pflicht, wenn eine solche Klausel vereinbart ist, denjenigen, der den ganzen Vertrag verwerfen will. Nur bei diesem Verständnis salvatorischer Vertragsklauseln erhält der Gesichtspunkt die ihm zukommende Beachtung, dass es auf die Bedeutung der nichtigen Bestimmung für den ganzen Vertrag ankommt, ob dieser auch ohne dieselbe noch eine sinnvolle und ausgewogene Regelung der beiderseitigen Interessen enthält und deswegen anzunehmen ist, er solle nach dem übereinstimmenden Willen beider Beteiligten auch ohne die nichtige Bestimmung wirksam sein.[428] Die Aufrechterhaltung des Restgeschäfts ist u.U. nur dann nicht mehr durch den Parteiwillen gedeckt, wenn Bestimmungen von grundlegender Bedeutung sittenwidrig oder sonst nichtig sind.[429] Auch Ersetzungsklauseln (dazu nachfolgend), die festlegen, welche Regelung an die Stelle der möglicherweise unwirksamen treten soll, können § 139 BGB verdrängen.[430]

222 **Erhaltungsklauseln** – hier jeweils Satz 1 der obigen Beispiele – sind generell als AGB unbedenklich, weil sie nur § 306 Abs. 1 BGB und damit die Gesetzeslage wiedergeben. Sie sind auch in gewerbemietrechtlichen AGB unbedenklich und zwar auch dann, wenn die Klausel im

---

424 BGH, 25.07.2007 – XII ZR 143/05, IMR 2007, 320 = GuT 2007, 299 = NZM 2007, 730 = InfoM 2007, 261 = MDR 2008, 18.
425 BGH, 09.10.1975 – III ZR 31/73, NJW 1977, 40.
426 BGH, 22.05.1996 – VIII ZR 194/95, NJW 1996, 2088; BGH, 13.03.1986 – III ZR 114/84, NJW 1986, 2577.
427 BGH, 06.04.2005 – XII ZR 132/03, NZM 2005, 502 = GuT 2005, 143 = Info M 2005, 146 = MDR 2005, 1040 = NJW 2005, 2225; OLG Brandenburg, 11.03.2008 – 3 U 148/07, GuT 2009, 182.
428 BGH, 24.09.2002 – KZR 10/01, NJW 2003, 347; OLG Rostock, 08.10.2009 – 3 U 137/08, IMR 2010, 282.
429 BGH, 11.10.1995 – VIII ZR 25/94, NJW 1996, 774; KG, 09.10.1995 – 12 U 1926/92, NJW-RR 1996, 431.
430 OLG Rostock, 08.10.2009 – 3 U 137/08, IMR 2010, 282.

Zusammenhang mit einer salvatorischen Ersetzungsklausel steht.[431] Sind die Klauseln sprachlich getrennt, wird die Erhaltungsklausel nicht von der Unwirksamkeit der anderen Klausel infiziert.[432] Erhaltungsklauseln besagen nicht, dass die von dem Nichtigkeitsgrund nicht unmittelbar erfassten Teile des Geschäfts unter allen Umständen als wirksam behandelt werden sollen. Sie enthalten vielmehr nur eine Bestimmung über die **Verteilung der Darlegungs- und Beweislast** i.R.d. bei § 139 BGB stets vorzunehmenden Prüfung, ob die Parteien das teilnichtige Geschäft als Ganzes verworfen hätten oder aber den Rest hätten gelten lassen. Während bei Fehlen einer salvatorischen Erhaltensklausel die Vertragspartei, welche das teilnichtige Geschäft aufrechterhalten will, darlegungs- und beweispflichtig ist, trifft die entsprechende Pflicht, wenn eine solche Klausel vereinbart ist, denjenigen, der den ganzen Vertrag verwerfen will.[433] Diese Klausel bewirkt also eine **Umkehr der Vermutung des § 139 BGB** dahin, dass derjenige, der sich auf die Gesamtnichtigkeit des Vertrages beruft, die Darlegungs- und Beweislast dafür trägt, dass die Parteien den Vertrag ohne den nichtigen Teil nicht abgeschlossen hätten.[434]

Ersetzungsklauseln – hier jeweils Satz 2 der obigen Beispiele – sind grds. als AGB unwirksam, da sie gegen § 306 Abs. 2 BGB verstoßen.[435] Der zweite Teil der Klauseln knüpft an den ersten Teil an und ist nach Sinn und Zweck dahin auszulegen, dass die Parteien verpflichtet sein sollen, den Vertrag so durchzuführen, als wäre die unwirksame Bestimmung durch eine ihr sinngemäß am besten entsprechende, gültige ersetzt worden. Dieser Teil der Klausel bezweckt somit die Schließung der durch die Nichtigkeit einzelner vertraglicher Regelungen entstandenen Lücken. Solche Rettungsversuche sind aber zulässig, wenn sie individuell vereinbart werden. Allerdings wird daraus i.d.R. nur die Pflicht der Mietvertragspartner folgen, den **Versuch einer neuen Einigung** zu unternehmen, einklagbar dürfte dies hingegen in den seltensten Fällen sein, da das Gericht ansonsten seinen Willen anstelle der Dispositionsbefugnis der Parteien setzen müsste.

223

> **Hinweis:**
>
> Eine allgemeine salvatorische Klausel (Erhaltungs- und Ersetzungsklausel) in einem auf längere Zeit als ein Jahr geschlossenen Mietvertrag über Gewerberäume verpflichtet die Vertragsparteien nicht zur Nachholung der nicht gewahrten Schriftform gem. § 550 BGB.[436]

---

431 BGH, 06.04.2005 – XII ZR 132/03, NZM 2005, 502 = GuT 2005, 143 = Info M 2005, 146 = MDR 2005, 1040 = NJW 2005, 2225.
432 BGH, 06.04.2005 – XII ZR 132/03, NZM 2005, 502 = GuT 2005, 143 = Info M 2005, 146 = MDR 2005, 1040 = NJW 2005, 2225 unter II. 1. b).
433 BGH, 15.06.2005 – VIII ZR 271/04, NZM 2005, 779 = WuM 2005, 660 = MDR 2006, 79.
434 BGH, 17.12.2008 – XII ZR 57/07, IMR 2009, 92 = GuT 2009, 29 (im Volltext unter 2.): vereinbarte Kaufoption nicht notariell beurkundet gem. § 311b BGB; BGH, 21.11.2007 – XII ZR 149/05, GuT 2008, 38, 39; BGH, 25.07.2007 – XII ZR 143/05, IMR 2007, 320 = GuT 2007, 299 = NZM 2007, 730 = InfoM 2007, 261 = MDR 2008, 18 = NJW 2007, 3202, 3203 m.w.N.
435 BGH, 06.04.2005 – XII ZR 132/03, NZM 2005, 502 = GuT 2005, 143 = Info M 2005, 146 = MDR 2005, 1040 = NJW 2005, 2225.
436 BGH, 25.07.2007 – XII ZR 143/05, IMR 2007, 320 = GuT 2007, 299 = NZM 2007, 730 = InfoM 2007, 261 = MDR 2008, 18 = NJW 2007, 3202, 3203.

224 Obwohl die praktische Bedeutung salvatorischer Klauseln damit gering ist, kann die Aufnahme in Verträge nicht schaden (maximale Folge: Unwirksamkeit der Klausel ohne konkrete Auswirkung auf andere Vertragsbestimmungen), sondern zumindest psychologisch nur nützen, da evtl. der Vertragspartner durch Hinweis auf die Klausel an den Verhandlungstisch „gezwungen" werden kann, wenn er die Unwirksamkeit der Klausel nicht kennt.

Unbenommen ist es den Parteien selbstverständlich auch, eine **salvatorische Klausel individuell zu vereinbaren**. In der Praxis dürfte dies aber so gut wie nie vorkommen. Folge des Aushandelns wäre eine wirksame Ersetzungsklausel. Der Verwender der unwirksamen AGB kann dann eine Vertragsanpassung entsprechend § 313 Abs. 1, 2 BGB verlangen oder – wenn eine Anpassung des Vertrags nicht möglich oder ihm nicht zumutbar ist – entsprechend § 313 Abs. 3 Satz 2 BGB (ordentlich) kündigen.

XV. Arbeits- und Beratungshilfen

1. Schnellüberblick Grundsatz-Rechtsprechung des BGH

225

Thema/Normen	Leitsatz	Entscheidung, Fundstelle
Einvernehmliche Einbeziehung eines Formularvertrages: Keine AGB!	1. Vertragsbedingungen sind nicht gestellt, wenn die Einbeziehung vorformulierter Bedingungen auf einer freien Entscheidung desjenigen beruht, der vom anderen Vertragsteil mit dem Verwendungsvorschlag konfrontiert wird. 2. Bei einer einvernehmlichen Verwendung eines bestimmten Formulartextes sind die §§ 305 ff. BGB nicht anzuwenden.	BGH, 17.02.2010 – VIII ZR 67/09, IBR 2010, 253 = MDR 2010, 733 = NJW 2010, 1131 (Pkw-Kauf)
Abgrenzung von Verbraucher- und Unternehmerhandeln § 13 BGB	Schließt eine natürliche Person ein Rechtsgeschäft objektiv zu einem Zweck ab, der weder ihrer gewerblichen noch ihrer selbstständigen beruflichen Tätigkeit zugerechnet werden kann, so kommt eine Zurechnung entgegen dem mit dem rechtsgeschäftlichen Handeln objektiv verfolgten Zweck nur dann in Betracht, wenn die dem Vertragspartner erkennbaren Umstände eindeutig und zweifelsfrei darauf hinweisen, dass die natürliche Person in Verfolgung ihrer gewerblichen oder selbstständigen beruflichen Tätigkeit handelt.	BGH, 30.09.2009 – VIII ZR 7/09, MDR 2010, 71
Individualabrede	Eine Individualabrede liegt nach ständiger Rechtsprechung des BGH bei einem von einer Partei gestellten Vertragstext dann vor, wenn der Verwender den in seinen Allgemeinen Geschäftsbedingungen enthaltenen gesetzesfremden Kerngehalt inhaltlich ernsthaft zur Disposition stellt und dem Verhandlungspartner einen Einfluss auf die inhaltliche Ausgestaltung der Vertragsbedingungen tatsächlich einräumt.	BGH, 18.03.2009 – XII ZR 200/06, IMR 2009, 198 = InfoM 2009, 121 = GuT 2009, 99 = NZM 2009, 397

Aushandeln einer Schönheitsreparaturklausel	Verlangt der Mieter im Rahmen der Vertragsverhandlungen vom Vermieter, dass in den von diesem gestellten Vertragstext zusätzlich eine Klausel aufgenommen wird, nach der der Mieter bei Beendigung des Mietvertrages nicht verpflichtet ist, den Teppichboden durch einen neuen zu ersetzen, sondern nur etwaige Beschädigungen, die durch unsachgemäße Behandlung entstanden sind, zu beseitigen und einigen sich die Parteien auf eine solche Klausel, liegt ein Verhandeln der Schönheitsreparaturklausel und damit eine Individualvereinbarung vor.	BGH, 18.03.2009 – XII ZR 200/06, IMR 2009, 198 = InfoM 2009, 121 = GuT 2009, 99 = NZM 2009, 397
Vertrauensschutz bei Allgemeinen Geschäftsbedingungen? § 306 Abs. 2, § 307 Abs. 1 BGB	Dem Verwender Allgemeiner Geschäftsbedingungen, die sich aufgrund einer Änderung der höchstrichterlichen Rechtsprechung als unwirksam erweisen, ist grundsätzlich kein Vertrauensschutz zuzubilligen.	BGH, 05.03.2008 – VIII ZR 95/07, IMR 2008, 148 = NZM 2008, 363
AGB: Unverständliche Abgeltungsklausel führt zur Unwirksamkeit! § 306 Abs. 2, § 307 Abs. 1 Satz 2 BGB	Das in § 307 Abs. 1 Satz 2 BGB normierte Transparenzgebot gebietet es, tatbestandliche Voraussetzungen und Rechtsfolgen in Formularbedingungen so genau zu beschreiben, dass einerseits für den Verwender keine ungerechtfertigten Beurteilungsspielräume entstehen und andererseits der Vertragspartner seine Rechte und Pflichten ohne fremde Hilfe möglichst klar und einfach feststellen kann.	BGH, 05.03.2008 – VIII ZR 95/07, IMR 2008, 147: Unwirksamkeit einer Schönheitsreparatur-Abgeltungsklausel.
Salvatorische Klausel	Eine allgemeine salvatorische Klausel (Erhaltungs- und Ersetzungsklausel) in einem auf längere Zeit als ein Jahr geschlossenen Mietvertrag über Gewerberäume verpflichtet die Vertragsparteien nicht zur Nachholung der nicht gewahrten Schriftform.	BGH, 27.07.2007 – XII ZR 143/05, IMR 2007, 320 = GuT 2007, 299 = NZM 2007, 730 = InfoM 2007, 261
Summierungseffekt	Ein zur Unwirksamkeit einer Formularklausel führender so genannter Summierungseffekt auf Grund des Zusammentreffens zweier – jeweils für sich genommen – unbedenklicher Klauseln kann auch dann vorliegen, wenn nur eine der beiden Klauseln formularmäßig, die andere dagegen individuell vereinbart worden ist (Bestätigung von Senat, NJW 1993, 532).	BGH, 05.04.2006 – VIII ZR 163/05, NZM 2006, 623 = MDR 2006, 1094 (Wohnraummiete)
Mehrere Klauselwerke	Die Einbeziehung mehrerer Klauselwerke in ein und demselben Vertrag ist grundsätzlich zulässig. Führt die Verwendung mehrerer Klauselwerke jedoch dazu, dass unklar ist, welche der darin enthaltenen konkurrierenden Regelungen gelten soll, kann keine der Bestimmungen angewendet werden mit der Folge, dass die gesetzlichen Vorschriften zur Anwendung kommen.	BGH, 16.03.2006 – I ZR 65/03, GuT 2006, 202

Aushandeln	Es reicht nicht die Feststellung aus, dass der Verwender der anderen Vertragspartei die Unterzeichnung „freigestellt" habe; Voraussetzung für ein „Aushandeln" ist - jedenfalls bei einem nicht ganz leicht verständlichen Text -, dass der Verwender die andere Vertragspartei über den Inhalt und die Tragweite der Zusatzvereinbarung belehrt hat oder sonst wie erkennbar geworden ist, dass der andere deren Sinn wirklich erfasst hat.	BGH, 19.05.2005 – III ZR 437/04, NJW 2005, 2543 = NZM 2006, 313 LS
Verbraucherschutz für Existenzgründer – Mietvertragsabschluss, §§ 13, 14, 507 BGB; Richtlinie 93/13/EWG Art. 2; EuGVÜ Art. 13, 14; § 1031 Abs. 5 Satz 1 ZPO	Unternehmer- (§ 14 BGB) und nicht Verbraucherhandeln (§ 1031 V 1 ZPO i.V. mit § 13 BGB) liegt schon dann vor, wenn das betreffende Geschäft im Zuge der Aufnahme einer gewerblichen oder selbstständigen beruflichen Tätigkeit (so genannte Existenzgründung) geschlossen wird. Das gilt für den Erwerb eines Anteils an einer freiberuflichen Gemeinschaftspraxis ebenso wie für die Anmietung von Geschäftsräumen oder den Abschluss eines Franchisevertrags. (Satz 2 des Leitsatzes von der Redaktion)	BGH, 24.02.2005 – III ZB 36/04, NZM 2005, 342
Salvatorische Klausel	Die weit verbreitete, i.d.R. standardmäßig verwendete salvatorische Klausel, nach der ein nichtiges Rechtsgeschäft auch ohne die nichtige Klausel wirksam sein soll, entbindet nicht von der nach § 139 BGB vorzunehmenden Prüfung, ob die Parteien das teilnichtige Geschäft als Ganzes verworfen hätten oder aber den Rest hätten gelten lassen. Bedeutsam ist sie lediglich für die von § 139 BGB abweichende Zuweisung der Darlegungs- und Beweislast; diese trifft denjenigen, der entgegen der Erhaltungsklausel den Vertrag als Ganzen für unwirksam hält (Aufgabe von BGH, NJW 1994, 1651 = WuW/E 2909, 2913 – Pronuptia II).	BGH, 24.09.2002 – KZR 10/01, NZM 2003, 61
Salvatorische Klausel	Aus einer im Mietvertrag enthaltenen salvatorischen Klausel kann für die Frage, ob die Parteien zur Nachholung der Schriftform verpflichtet sind, jedenfalls ohne weiter gehende Anhaltspunkte nichts hergeleitet werden.	BGH, 17.07.2002 – VII ZR 248/99, NZM 2002, 823

2. Schnellüberblick aktuelle Rechtsprechung der Instanzgerichte

Thema/Normen	Leitsatz	Entscheidung, Fundstelle
Ankündigungs-/ Aufrechnungsklausel	1. Eine Klausel in einem Mietvertrag, nach welcher der Mieter bei einem Mangel nur nach vorheriger Ankündigung und dann gegenüber dem Vermieter mindern oder aufrechnen darf, wenn er nicht mit Mietzahlungen im Rückstand ist, ist zulässig. 2. Sinn und Zweck der Klausel gelten auch nach Vertragsbeendigung dahin gehend fort, die noch ausstehenden, einfach nachzuweisenden Mietzinsforderungen des Vermieters durchzusetzen, ohne auf streitige Gegenforderungen des Mieters Rücksicht zu nehmen.	OLG Düsseldorf, 08.10.2009 – 10 U 62/09, IMR 2010, 50

Beurteilung einer Vertragsklausel als überraschend	Zur Beurteilung einer Vertragsklausel als überraschend ist nach § 305 BGB eine Gesamtschau der Regelungen des jeweiligen Vertrages erforderlich.	OLG Köln, 24.06.2008 – 22 U 131/07, NZM 2008, 806
§ 307 Abs. 1, § 367 Abs. 2, § 543 Abs. 2, § 556 BGB	Die Formularklausel in einem gewerblichen Mietvertrag, „Der Vermieter kann Zahlungen nach seiner Wahl zunächst auf die bisherigen Kosten und Zinsen und dann auf die ältesten Rückstände verrechnen. Das gilt auch dann, wenn der Mieter eine anderweitige Bestimmung getroffen hat," ist gemäß § 307 Abs. 1 BGB unwirksam.	OLG Düsseldorf, 08.05.2008 – 10 U 11/08, IMR 2009, 88 = ZMR 2009, 275
Kleinvermieter oder Unternehmer: Wo liegt die Grenze?	Der Vermieter handelt nicht als Unternehmer, wenn er für seine Vermietungstätigkeit keinen planmäßigen Geschäftsbetrieb benötigt (hier: Vermietung eines einzigen Wohnhauses mit 8 Wohnungen). Nur wenn der Vermieter unternehmerisch handelt, darf der Mieter die in der Wohnung getroffenen Vereinbarungen widerrufen.	LG Waldshut-Tiengen, 30.04.2008 – 1 S 27/07, DWW 2008, 259 = InfoM 2008, 472
Haftungsbeschränkung bei Verzug mit der Übergabe im Formularmietvertrag zulässig?	Schadensersatzansprüche des Gewerberaummieters wegen Verzugs mit der Übergabe können in einem Formular-Mietvertrag auf Vorsatz und grobe Fahrlässigkeit beschränkt werden.	OLG Düsseldorf, 24.01.2008 – 24 U 95/07, IMR 2008, 238
§ 307 Abs. 1, 2, § 536 Abs. 1 Satz 2, § 581 Abs. 2 BGB	Eine AGB-Klausel, wonach ein Gaststättenpächter die technischen Anlagen des Gesamtobjekts in Stand halten muss, ist jedenfalls dann unwirksam, wenn der Verpächter das Anwesen mitbewohnt.	LG Coburg, 09.01.2008 – 12 O 231/07
AGB: Wann ist eine Klausel individuell vereinbart?	Ein Aushandeln liegt vor, wenn der Klauselverwender den gesetzesfremden Kerngehalt „inhaltlich ernsthaft zur Disposition stellt" und dem Vertragspartner die „reale Möglichkeit" einräumt, den Inhalt der Vertragsbedingung zu beeinflussen. Nicht ausreichend ist es, wenn der Verwender (hier: Vermieter) bei Vertragsunterzeichnung eine vorformulierte Klausel mit dem Mieter „abspricht" und dann in den Formularvertrag einfügt. „Aushandeln ist mehr als bloßes Verhandeln oder Absprechen."	LG Berlin, 02.11.2007 – 63 S 407/06, GE 2008, 869 = InfoM 2008, 351

§ 4 Anbahnung des Mietverhältnisses

		Rn.
I.	**Letter of Intent**	227
II.	**Vorvertrag**	232
	1. Begriff und Regelungsinhalt	232
	2. Rechtsfolgen	236
III.	**Rahmenmietvertrag**	237
IV.	**Vormietrecht**	238
V.	**Aufklärungs- und Informationspflichten**	241
VI.	**Ansprüche aus Verschulden bei Vertragsverhandlungen**	247
	1. Abbruch von Verhandlungen	247
	2. Falschangaben bei den Vertragsverhandlungen	248
	3. Umfang des Schadensersatzanspruchs	251
VII.	**Ansprüche aus dem AGG bei gescheitertem Vertragsabschluss**	252
VIII.	**Verjährung und Verwirkung**	255
IX.	**Gerichtsverfahren**	256
	1. Ansprüche aus einem Vorvertrag auf Abschluss des Hauptvertrages	256
	2. Klage aus einem Vormietrecht	261
X.	**Streitwert**	263
XI.	**Vertragsgestaltung**	264

I. Letter of Intent

227 Bei komplexen Mietabschlüssen kann die Verwendung eines sonst aus dem wirtschaftsrechtlichen Bereich bekannten „Letter of Intent" sinnvoll sein. In aller Regel wird in der Wirtschaftssprache ein Letter of Intent als **Absichtserklärung** im Vorfeld wirtschaftlich bedeutsamer und komplexer Projekte verstanden, mit der die Bereitschaft signalisiert wird, mit dem Adressaten in ernsthafte Verhandlungen über einen Vertragsabschluss einzutreten, ohne dass damit schon eine verbindliche „Offerte" verbunden ist.[437] Dem steht nicht entgegen, dass ein Letter of Intent bereits eine Fixierung wichtiger Vertragspunkte enthält und ebenfalls eine Bindung der Parteien im Rahmen eines vorvertraglichen Schuldverhältnisses bewirken kann. Eine solche Absichtserklärung kann durchaus Sinn machen, wenn z.B. umfangreiche Vorplanungen oder noch zahlreiche Zwischenschritte bis zum Abschluss des eigentlichen Mietvertrages erforderlich sind. Der Letter of Intent ist grds. **kein rechtlich bindender Vertrag**, kann aber durch (falsche) Gestaltung schnell zu einem verpflichtenden Mietvorvertrag werden oder Pflichten außerhalb eines Mietvertrages begründen.[438] I.d.R. soll der Letter of Intent (nur) den **Stand der Verhandlungen** dokumentieren, im Einzelfall sind auch anspruchsbegründende Vereinbarungen darin enthalten.

228 Dies können z.B. sein:

- Geheimhaltungsvereinbarungen, auch mit Sanktionen,
- Absprachen zur Entwicklung bestimmter Flächen,
- Aus- oder Umbauvereinbarungen,
- Kredit- und Finanzabsprachen zur Begründung der Liquidität eines Vertragspartners.

229 Auf einen anstehenden Mietvertrag bezogen kann der Letter of Intent v.a. eine **Haftung aus § 311 Abs. 2 BGB (c.i.c.)** begründen, da hier bereits ein „Mehr" ggü. bloßen Einstiegsverhandlungen vorliegt. Wer also Verhandlungen ohne ausreichenden Grund abbricht oder scheitern

---

[437] OLG Frankfurt am Main, 09.07.1998 – 3 U 61/97.
[438] Vgl. Lindner-Figura, NZM 2000, 1193, 1194.

lässt, sollte sich dies bei einem vorhandenen Letter of Intent besonders gut überlegen, da dieser das Vertrauen auf das Zustandekommen des Vertrages beweiserleichternd dokumentiert.[439]

In Streitfällen ist nach den §§ 133, 157 BGB auszulegen, ob die Parteien bereits einen Rechtsbindungswillen hatten und wenn ja, mit welchem Inhalt. Allein die Bezeichnung „Letter of Intent" spricht nicht eindeutig gegen eine rechtliche Bindung. Es ist deshalb möglich, dass ein von der Gegenseite angenommener Letter of Intent bereits zu einem verbindlichen **Vorvertrag** führt.[440] Maßgeblich ist immer der Einzelfall, bei dem i.d.R. Indizien, die für oder gegen einen Bindungswillen sprechen, herauszuarbeiten sind. Gegen einen Bindungswillen sprechen z.B. – neben dem Begriff des Letter of Intent – Formulierungen, die auf einen in der Zukunft zu schließenden Vertrag verweisen und darauf hindeuten, dass Art und Höhe der beiderseitigen Leistungen offen sind bzw. nicht dem alleinigen Bestimmungsrecht der Gegenseite überlassen bleiben sollen.[441] 230

Zur Klarstellung, dass noch kein Mietvertrag und auch kein Vorvertrag geschlossen werden soll, kann ein Letter of Intent z.B. mit folgenden Wortlaut eingeleitet werden: 231

> „Die Bestimmungen dieses Letter of Intent begründen keine Verpflichtung der Parteien, die beabsichtigte Zusammenarbeit durchzuführen und den entsprechenden Vertrag zu unterzeichnen. Vielmehr haben die Parteien bis zur Unterzeichnung des Vertrages das Recht, jederzeit ohne Angabe von Gründen von weiteren Verhandlungen Abstand zu nehmen."

II. Vorvertrag

1. Begriff und Regelungsinhalt

Durch den gesetzlich nicht geregelten Vorvertrag verpflichten sich die Parteien, demnächst den Hauptvertrag abzuschließen.[442] Im Immobilienbereich finden sich Vorverträge v.a. bei Großprojekten, etwa wenn der Investor einen Ankermieter für ein neues Einkaufszentrum sucht oder ein Mieter sich einen bestimmten Standort sichern will. 232

Zu unterscheiden sind ausdrücklich als Vorvertrag gewollte Vereinbarungen von **gescheiterten Verhandlungen**, die man möglicherweise bereits als Vorvertrag deuten kann. Letzteres ist aber nur dann gerechtfertigt, wenn besondere Umstände darauf schließen lassen, dass die Parteien sich schon binden wollten, bevor alle Vertragspunkte abschließend geregelt waren und gerade deshalb vom Abschluss des eigentlichen Vertrages abgesehen wurde. Ein **wirksamer Vorvertrag** liegt nur dann vor, wenn die Vereinbarung ein solches Maß an Bestimmtheit oder Bestimmbarkeit und Vollständigkeit enthält, dass im Streitfall der Vertragsinhalt **richterlich festgestellt werden kann**.[443] Beim gewerblichen Mietvertrag ist dafür mindestens die Einigung über die Punkte 233

---

439 Einzelheiten zum Thema und ein Formulierungsvorschlag finden sich bei Lindner-Figura, NZM 2000, 1193, 1194.
440 OLG Frankfurt am Main, 09.07.1998 – 3 U 61/97.
441 OLG Frankfurt am Main, 09.07.1998 – 3 U 61/97.
442 BGH, 18.04.1986 – V ZR 32/85, NJW 1986, 2820.
443 BGH, 20.09.1989 – VIII ZR 143/88, NJW 1990, 1234 zum Unternehmenskaufvertrag.

- Mietobjekt,
- Mietdauer,
- Miethöhe

erforderlich, während die restlichen Vertragsbedingungen auch weiteren Verhandlungen vorbehalten sein können.[444] Die erforderliche **Einigung über die Miete** liegt vor, wenn diese – notfalls mit sachverständiger Hilfe – bestimmbar ist.[445] Die Formulierung, dass Eckpunkte „fest vereinbart" sein sollen, spricht dafür, dass beim Abschluss des Hauptvertrages dafür kein Spielraum mehr besteht.[446] Selbst ohne jegliche Vereinbarung über die Miete kann ein Mietvertrag zustande kommen, sofern sich die Parteien bindend über eine entgeltliche Überlassung des Gebrauchs der Mietsache einigen, denn dann kann im konkreten Fall eine angemessene oder ortsübliche Miete als vereinbart gelten.[447]

234 Sind in einer als „Vormietvertrag" bezeichneten Urkunde aber schon alle für den Abschluss eines Mietvertrages wesentlichen Punkte geregelt und stehen einer sofortigen Nutzung der Mietsache keine Hindernisse entgegen, liegt bereits ein Mietvertrag und nicht lediglich ein Vorvertrag vor.[448] Trotz der **Bezeichnung als Optionsrecht** in einem Mietvertrag kann es sich bei der vertraglichen Regelung über eine in Aussicht genommene Anmietung weiterer, im Zeitpunkt des Vertragsabschlusses noch anderweitig vermieteter Räume um einen **doppelt aufschiebend bedingten Mietvorvertrag** handeln, wenn die Parteien sich schon über den Umfang des Mietobjektes, die Mietdauer und die Miethöhe geeinigt haben.[449]

235 Das **Schriftformerfordernis** des § 550 BGB gilt nicht für Vorverträge.[450] Dies folgt bereits daraus, dass ein Vorvertrag nicht gem. § 566 BGB auf einen Grundstückserwerber übergeht. Auch ein nur mündlich oder konkludent geschlossener Vorvertrag ist deshalb nicht nach § 550 Satz 1 BGB vorzeitig kündbar. Das Schriftformerfordernis verpflichtet die Parteien aber zur Mitwirkung am Zustandekommen des formwirksamen Hauptvertrages und – als Nebenpflicht – alles zu unterlassen, was dem Abschluss des Hauptvertrages entgegenstehen könnte[451] (dazu nachfolgend). Wird der Mietvorvertrag zusammen mit einem Grundstückskaufvertrag geschlossen, ist das Gesamtgeschäft notariell zu beurkunden (§ 313 BGB).

---

444 BGH, 21.10.1992 – XII ZR 173/90, WuM 1993, 388 = NJW-RR 1993, 139.
445 BGH, 03.07.2002 – XII ZR 39/00, NZM 2002, 910, 912; BGH, NJW-RR 1992, 517 = WuM 1992, 312.
446 BGH, 27.01.2010 – XII ZR 148/07: Auslegung eines Mediations-Vergleichs als Vorvertrag oder abschließende Vereinbarung zu einem Pachtvertrag.
447 BGH, 03.07.2002 – XII ZR 39/00, NZM 2002, 910, 912; BGH, NJW-RR 1992, 517 = WuM 1992, 312.
448 OLG Karlsruhe, 12.11.2002 – 17 U 177/00, AIM 2003, 143.
449 Lützenkirchen/Dickersbach, Rn. 100.
450 BGH, 07.03.2007 – XII ZR 40/05, GuT 2007, 126 = NZM 2007, 445 = IMR 2007, 211 = InfoM 2007, 173 = MDR 2007, 1010 unter 14. d); BGH, 04.06.1961 – VIII ZR 132/60, BB 1961, 1027; BGH, 07.10.1953 – VI ZR 20/53, BB 1953, 958; Sternel, Mietrecht Aktuell, Rn. I 160; Blank, in: Schmidt-Futterer, Mietrecht, Vor § 535 Rn. 105.
451 BGH, 07.03.2007 – XII ZR 40/05, GuT 2007, 126 = NZM 2007, 445 = IMR 2007, 211 = InfoM 2007, 173 = MDR 2007, 1010 unter 15.

> **Praxistipp:**
> Da sich Vertragsparteien grds. vollständig einigen wollen, ist und bleibt ein Vorvertrag die Ausnahme von der Regel des vollständigen Vertragsschlusses und stellt deshalb nur in wenigen Fällen ein empfehlenswertes Vorgehen dar. Empfehlenswerter kann deshalb der Abschluss eines Mietvertrages unter einer aufschiebenden Bedingung sein (z.B. Kreditzusage für den Mieter, Auszug des Vormieters, Fertigstellung der Räume zum Fixtermin). Dies setzt aber voraus, dass bereits alle Vertragsbedingungen formulierbar sind.

2. Rechtsfolgen

Der Vorvertrag verpflichtet zunächst beide Parteien zum Abschluss des Hauptvertrages und begründet damit die Pflicht, an dem **Aushandeln der Bedingungen** des abzuschließenden Vertrages mitzuwirken.[452] Durch den Abschluss des Vorvertrages haben beide Vertragsparteien die Pflicht übernommen, sich mit den Vorschlägen der jeweils anderen Partei zum Inhalt des angestrebten Vertrages auseinanderzusetzen. Die Rechtsfolge des Vorvertrages ist daher kein unmittelbarer Anspruch auf Zahlung der entgangenen Miete gem. § 535 Abs. 2 BGB, sondern der Anspruch auf Abschluss des Mietvertrages, mit dem der Antrag auf Leistung nach dem Hauptvertrag verbunden werden kann.[453]

236

Ist im Vorvertrag vereinbart, dass ein **langfristiges Mietverhältnis** begründet werden soll, so sind beide Parteien zur Mitwirkung am Zustandekommen des schriftlichen und damit der Form des § 550 BGB genügenden Hauptvertrages verpflichtet.[454] Daneben bestehen vertragliche Nebenpflichten, insb. dahin, alles zu unterlassen, was dem Abschluss des Hauptvertrages entgegenstehen könnte.[455] Werden diese Verpflichtungen verletzt, kann der andere Vertragsteil **Schadensersatz** verlangen.[456] Die unberechtigte Kündigung des Vorvertrages bzw. die Weigerung, einen formgerechten Hauptvertrag abzuschließen, wären solche zum Schadensersatz führenden Verletzungen des Vorvertrages.[457] Entsprechendes gilt, wenn der angebotene Hauptvertrag Bedingungen enthält, die wesentlich vom Vorvertrag abweichen und ein unverbindlich bleibender Beginn des Mietverhältnisses angeboten wird.[458] Bei der Frage, ob die Vertrauensgrundlage erschüttert ist, ist auch darauf abzustellen, ob die berechtigten Interessen des (potenziellen) Mieters tangiert sind, was zu bejahen sein wird, wenn der Vertrag die nahtlose Fortsetzung des Betriebes des Mieters an einem anderen Standort gewährleisten sollte.[459]

---

452 BGH, 12.05.2006 – V ZR 97/05, GuT 2006, 186 = InfoM 2006, 238 = MDR 2006, 1394; BGH, 18.03.1981 – VIII ZR 66/80, WPM 1981, 695, 697; BGH, 21.09.1958 – VIII ZR 119/57, WPM 1958, 491, 492.
453 OLG Koblenz, 18.07.1997 – 10 U 1238/96, NZM 1998, 405 = NJW-RR 1998, 808.
454 BGH, 07.03.2007 – XII ZR 40/05, GuT 2007, 126 = NZM 2007, 445 = IMR 2007, 211 = InfoM 2007, 173 = MDR 2007, 1010 unter 15; Blank, in: Schmidt-Futterer, Vor § 535 Rn. 107; Stellmann, in: Lindner-Figura/Oprée/Stellmann, Kap. 3, Rn. 20.
455 BGH, 07.03.2007 – XII ZR 40/05, GuT 2007, 126 = NZM 2007, 445 = IMR 2007, 211 = InfoM 2007, 173 = MDR 2007, 1010.
456 BGH, 07.03.2007 – XII ZR 40/05, GuT 2007, 126 = NZM 2007, 445 = IMR 2007, 211 = InfoM 2007, 173 = MDR 2007, 1010.
457 BGH, 07.03.2007 – XII ZR 40/05, GuT 2007, 126 = NZM 2007, 445 = IMR 2007, 211 = InfoM 2007, 173 = MDR 2007, 1010.
458 OLG Koblenz, 18.07.1997 – 10 U 1238/96, NZM 1998, 405 = NJW-RR 1998, 808.
459 Lützenkirchen/Dickersbach, Rn. 102.

Es besteht dann unabhängig vom Verschulden gem. § 242 BGB ein **Rücktrittsrecht** bei Erschütterung der Vertrauensgrundlage.[460] Diese Ausführungen sind so zu verstehen, dass der Anspruch auf Schadensersatz, der aus § 280 BGB folgt, neben den Anspruch auf Vertragserfüllung (Abschluss des Haupt-Mietvertrages) tritt und in dem Umfang erlischt, als dieser Abschluss erfolgt.

III. Rahmenmietvertrag

237 Der Rahmenmietvertrag legt letztlich nur bestimmte Konditionen fest, während sich die konkrete Ausgestaltung nach dem einzelnen Vertrag richtet.[461]

> *Beispiel:*
>
> *Der Rahmenvertrag des Betreibers einer Warenhauskette legt die Bedingungen, unter denen der Vermieter Flächen an Gewerberaummieter, die im Vorraum der Warenhäuser Geschäfte betreiben, fest, während das konkrete Mietverhältnis erst durch Einzelverträge, die auf den Rahmenvertrag Bezug nehmen, ausgestaltet wird.*

Es gelten dieselben Grundsätze wie beim Abschluss eines einzigen Mietvertrages. Macht der Vermieter klageweise Ansprüche geltend, muss er sich i.d.R. auf beide Verträge beziehen. Die Kündigung des Vertrages über eine Einzelfläche bedeutet im Zweifel nicht gleichzeitig die konkludente Kündigung des Rahmenmietvertrages.

IV. Vormietrecht

238 Ein Vormietrecht berechtigt den bisherigen Mieter, in ein vom Vermieter mit einem Dritten neu geschlossen Mietvertrag einzutreten,[462] und zwar wie er steht und liegt. Aufgrund eines Vormietrechts ist der Berechtigte befugt, durch **einseitige Erklärung** ggü. dem Verpflichteten ein Mietverhältnis mit dem Inhalt zu begründen, wie es der Verpflichtete mit dem Dritten abgeschlossen hat.[463] Da eine gesetzliche Regelung fehlt, wendet die Rechtsprechung die §§ 463 ff. BGB (Vorkaufsrecht)[464] analog an.[465] Der **Vormietfall** tritt ein, wenn der Vermieter mit einem Dritten den Mietvertrag schließt. Davon ist der Mieter analog § 469 Abs. 1 Satz 1 BGB zu unterrichten, der nach § 469 Abs. 2 BGB – wenn nichts anderes vereinbart ist – bei Grundstücken und Räumen innerhalb von zwei Monaten das Vormietrecht ausüben muss. Wird der aufgrund des Vormietrechts Berechtigte nicht informiert, hat er analog § 469 BGB ein **Auskunftsrecht ggü. dem Verpflichteten**, um überprüfen zu können, ob die Ausübung des Vormietrechts möglich und sinnvoll ist.[466]

---

460 BGH, 20.06.1958 – I ZR 132/57], NJW 1958, 1531; OLG Koblenz, 18.07.1997 – 10 U 1238/96, NZM 1998, 405 = NJW-RR 1998, 808.
461 Lützenkirchen/Dickersbach, Rn. 99.
462 BGH, 17.05.1967 – V ZR 96/64, WuM 1967, 935.
463 BGH, 03.07.2002 – XII ZR 39/00, NZM 2002, 910, 913; vgl. auch BGHZ 55, 71, 74 = NJW 1971, 422.
464 Vgl. zum Vorkaufsrecht und dessen Formerfordernis nach § 311b BGB: BGH, 21.11.2007 – XII ZR 149/05, InfoM 2008, 171.
465 BGH, 02.12.1970 – VII ZR 77/69; BGHZ 55, 71 = NJW 1971, 422.
466 BGH, 03.07.2002 – XII ZR 39/00, NZM 2002, 910, 913; BGH, NJW 1971, 422, 423.

Die **Vereinbarung** eines Vormietrechts macht in zwei Fällen Sinn: 239
- Der Mieter will neue Räume anmieten, die noch nicht frei sind.
- Die Vertragspartner scheuen vor einer Verlängerungsoption zurück bzw. der Vermieter will nicht im Voraus (also bei Abschluss des ursprünglichen Vertrages mit dem Mieter) die Miete für die Folgezeit festlegen.

Da der Mieter den mit dem Dritten abgeschlossenen Vertrag voll übernimmt, liegt der **Vorteil für den Vermieter** darin, dass er bei einer fehlenden Vereinbarung der Miethöhe für die Verlängerungszeit die mit dem Dritten ausgemachte Miete dem Ursprungsmieter quasi aufdiktiert. Was sich bereits in der Theorie realitätsfremd und kompliziert anhört, kann in der Praxis handfeste Nachteile haben, da sich der Vermieter **schadensersatzpflichtig** macht, wenn er den Dritten nicht über das Vormietrecht informiert. Das Vormietrecht ist unpraktikabel, provoziert Streitereien und bringt keiner Seite völlige Sicherheit, weshalb hier auf eine Musterklausel und weitere Ausführungen verzichtet wird. Für einen **wirksamen Verzicht** auf ein Vormietrecht ist der Abschluss eines **Erlassvertrages** erforderlich.[467] 240

Wird eine vermietete Immobilie durch den **Insolvenzverwalter** veräußert, so erlischt ein im Mietvertrag vereinbartes Vormietrecht, sobald der Erwerber das Sonderkündigungsrecht nach § 111 InsO ausübt.[468]

Zur Klage aus einem Vormietrecht s.u. „Gerichtsverfahren".

V. Aufklärungs- und Informationspflichten

In der Praxis stellt sich v.a. die Frage (meist im Nachhinein bei Vertragsstörungen), ob und ggf. in welchem Umfang der Vermieter den zum Vertragsabschluss bereiten Mieter über bestimmte Umstände informieren muss, etwa vorhandene Mängel, Konkurrenz oder die zwar zeitlich noch entfernte, aber drohende Schließung von Teilen des Einkaufszentrums, in dem sich die Mietfläche befindet. Umgekehrt hat der Vermieter ein Interesse daran, vom Mieter über bestimmte Geschäftsinhalte aufgeklärt zu werden, die möglicherweise nicht ohne Weiteres ersichtlich sind (etwa Verkauf anstößiger Produkte, gesellschaftlich missbilligte Personen als Kunden). 241

Grds. besteht bei Vertragsverhandlungen **keine allgemeine Rechtspflicht**, den anderen Teil über alle Einzelheiten und Umstände aufzuklären, die dessen Willensentschließung beeinflussen könnten.[469] Vielmehr ist grds. jeder Verhandlungspartner für sein rechtsgeschäftliches Handeln selbst verantwortlich und muss sich deshalb die für die eigene Willensentscheidung notwendigen Informationen auf eigene Kosten und eigenes Risiko selbst beschaffen.[470] Allerdings besteht nach der Rechtsprechung eine **Rechtspflicht zur Aufklärung** bei Vertragsverhandlungen **auch ohne Nachfrage** dann, wenn der andere Teil nach Treu und Glauben unter 242

---

467 BGH, 03.07.2002 – XII ZR 39/00, NZM 2002, 910, 913.
468 KG, 23.09.2010 – 8 W 46/10, IMR 2011, 11.
469 BGH, 11.08.2010 – XII ZR 123/09 und XII ZR 192/08, IMR 2010, 473 = MDR 2010, 1306 zum gewerbl. Mietvertrag; BGH, 13.07.1983 – VIII ZR 142/82, NJW 1983, 2493, 2494 und BGH, 12.07.2001 – IX ZR 360/00, NJW 2001, 3331, 3332 zum Kaufvertrag.
470 BGH, 11.08.2010 – XII ZR 123/09 und XII ZR 192/08, IMR 2010, 473 = MDR 2010, 1306 zum gewerbl. Mietvertrag; BGH, 13.07.1988 – VIII ZR 224/87, NJW 1989, 763, 764 m.w.N.

Berücksichtigung der Verkehrsanschauung redlicherweise die Mitteilung von Tatsachen erwarten durfte, die für die Willensbildung des anderen Teils offensichtlich von ausschlaggebender Bedeutung sind,[471] etwa bei Tatsachen, die den Vertragszweck vereiteln oder erheblich gefährden oder dem Vertragspartner wirtschaftlichen Schaden zuzufügen können.[472]

Bei dem beabsichtigten Verkauf von Kleidung aus der rechtsradikalen Szene in einem „Hundertwasser-Haus" soll dies zu bejahen,[473] bei einer Drogenersatztherapie (Substitutionsbehandlung) an Patienten durch einen Psychiater hingegen zu verneinen sein.[474] Eine Aufklärung über eine solche Tatsache kann der Vertragspartner redlicherweise aber nur verlangen, wenn er im Rahmen seiner Eigenverantwortung nicht gehalten ist, **sich selbst über diese Tatsache zu informieren**.[475] In der Gewerberaummiete obliegt es grds. dem Vermieter, sich selbst über die Gefahren und Risiken zu informieren, die allgemein für ihn mit dem Abschluss eines Mietvertrages verbunden sind.[476] Er muss allerdings nicht nach Umständen forschen, für die er keinen Anhaltspunkt hat und die so außergewöhnlich sind, dass er mit ihnen nicht rechnen kann, sodass er bspw. keine Internetrecherchen zum Auffinden solcher etwaiger außergewöhnlicher Umstände durchführen muss.[477] Für die Frage, ob und in welchem Umfang eine Aufklärungspflicht besteht, kommt es danach wesentlich auf die **Umstände des Einzelfalls** an.

243 Der Umfang der Aufklärungspflicht richtet sich nicht zuletzt nach der Person des Mieters, insb. nach dessen für den Vermieter erkennbarer Geschäftserfahrenheit oder Unerfahrenheit.[478] Erforderlich ist eine konkrete Feststellung, ob und inwieweit der Vermieter schuldhaft **über allgemeine, eher unverbindliche Angaben und Anpreisungen hinaus** dem Mieter konkrete Angaben über bestimmte tatsächliche Umstände (bspw. angeblich bereits erfolgte „Vollvermietung" eines Einkaufszentrums), gemacht und hierdurch, für den Vermieter erkennbar, seinen Entschluss zur Eingehung des Mietvertrages maßgeblich beeinflusst hat.[479]

244 Soweit die **Disposition des Vermieters über das Mietobjekt** betroffen ist, etwa Umbauten, Schließungen oder Auswahl anderer Mieter, gilt: Der Vermieter ist in seinen betriebswirtschaftlichen Entscheidungen und somit insb. bei der Auswahl der Mieter und der Gestaltung der Mietverhältnisse frei, sodass er grds. nicht gehindert ist, dass Umfeld des Mieters dadurch zu verändern, indem er die Mieterstruktur ändert,[480] es sei denn, es ist ausdrücklich oder konkludent etwas anderes vereinbart. Die betriebswirtschaftliche Freiheit umfasst auch Überlegungen,

---

471 BGH, 11.08.2010 – XII ZR 123/09 und XII ZR 192/08, IMR 2010, 473 = MDR 2010, 1306; BGH, 15.11.2006 – XII ZR 63/04, NZM 2007, 144; BGH, 28.06.2006 – XII ZR 50/04, NJW 2006, 2618, 2619; BGH, 28.04.2004 – XII ZR 21/02, NJW 2004, 2674; BGH, 16.02.2000 – XII ZR 279/97, NJW 2000, 1714 = NZM 2000, 492 = WuM 2000, 1012 = MDR 2000, 821= IBR 2000, 396; Kramer, in: MüKo BGB, § 123 Rn. 16 bis 18.
472 BGH, 11.08.2010 – XII ZR 123/09 und XII ZR 192/08, IMR 2010, 473 = MDR 2010, 1306 m.w.N.; OLG Köln, 12.11.2010 – 1 U 26/10, IMR 2011, 58: Praxis für Psychiatrie und Psychotherapie führt Drogenersatztherapie durch.
473 BGH, 11.08.2010 – XII ZR 123/09 und XII ZR 192/08, IMR 2010, 473 = MDR 2010, 1306.
474 OLG Köln, 12.11.2010 – 1 U 26/10, IMR 2011, 58.
475 BGH, 11.08.2010 – XII ZR 123/09 und XII ZR 192/08, IMR 2010, 473 = MDR 2010, 1306.
476 BGH, 11.08.2010 – XII ZR 123/09 und XII ZR 192/08, IMR 2010, 473 = MDR 2010, 1306.
477 BGH, 11.08.2010 – XII ZR 123/09 und XII ZR 192/08, IMR 2010, 473 = MDR 2010, 1306.
478 BGH, 18.06.1997 – XII ZR 192/95, BGHZ 136, 102 = WuM 1997, 617 = NJW 1997, 2813.
479 BGH, 18.06.1997 – XII ZR 192/95, BGHZ 136, 102 = WuM 1997, 617 = NJW 1997, 2813.
480 LG Braunschweig, 06.11.2009 – 8 O 856/09, IMR 2010, 332.

das Mietobjekt zu veräußern oder zu schließen. Sind solche Entscheidungen getroffen worden, muss der Mieter auch ungefragt aufgeklärt werden.

Daraus lässt sich aber nicht schlussfolgern, dass der Mieter informiert werden muss, wenn sich der Vermieter noch im „**Überlegungsstadium**" befindet. Für die Frage, welche Aufklärungspflichten den Vermieter im Stadium von Vertragsverhandlungen und beim Vertragsabschluss treffen, ist allein auf die zu diesem Zeitpunkt objektiv vorhandene Situation abzustellen. Wenn es noch keine endgültige Entscheidung über bspw. Schließungen, Baumaßnahmen oder Vermietung an Dritte gibt, bedeutet dies im Umkehrschluss zwangsläufig, dass der Vermieter sich in sämtliche Richtungen entscheiden kann, also bzgl. einer Schließung eines Einkaufszentrums auch derart, dieses weiter zu betreiben. Würde man für ein solches Stadium von Überlegungen einer Aufklärungspflicht des Vermieters bejahen, hätte dies zur Konsequenz, dass der mögliche Mieter in sämtliche unternehmerisch-wirtschaftlichen Überlegungen des Vermieters einzubeziehen wäre. Ein anderes Ergebnis wäre allenfalls dann gerechtfertigt (aber auch nur dann), wenn der Mieter ausdrücklich nachfragt oder er für den Vermieter objektiv erkennbar besondere Aufwendungen tätigt, die vom möglichen Geschäftsverhalten eines anmietenden Unternehmers in besonderem Umfang abweichen. 245

Den Vermieter/Verpächter trifft grds. – auch ungefragt – eine Aufklärungspflicht, wenn er weiß, dass objektbezogene **behördliche Genehmigungen** nicht vorliegen oder eine Zustimmung der Behörde nicht zu erlangen ist. Die bewusste Nichtaufklärung durch den Vermieter im Rahmen von Mietvertragsverhandlungen über den Umstand, dass die Miträume für die vertraglich vorgesehene Nutzung nicht öffentlich-rechtlich genehmigt und auch nicht genehmigungsfähig sind, stellt auch ohne ausdrückliche Nachfrage eine **arglistige Täuschung** des Mieters dar und befähigt diesen zur Anfechtung, sodass der Mietvertrag dann rückwirkend entfällt (§ 142 BGB) und der Vermieter keine Mietzinsansprüche geltend machen kann.[481] 246

Zu Art und Inhalt möglicher Ansprüche wegen Verletzung der Aufklärungspflicht s. nachfolgend.

VI. Ansprüche aus Verschulden bei Vertragsverhandlungen

1. Abbruch von Verhandlungen

Eine Haftung wegen Verschuldens bei Vertragsschluss (§ 311 Abs. 2 BGB, ehemals culpa in contrahendo) bei Scheitern eines Immobilienmietvertrages ist grds. möglich. Generell sind jedoch die Parteien bis zum endgültigen Vertragsschluss i.R.d. Vertragsfreiheit in ihren Entschließungen frei und können auch **bei fortgeschrittenen Vertragsverhandlungen** ohne Weiteres umdisponieren. Für die Ablehnung eines Vertragsangebots wird deshalb i.d.R. nicht gehaftet. Dies gilt auch dann, wenn der andere Teil in Erwartung des Vertrages bereits Aufwendungen gemacht hat.[482] Nur wenn der **Abschluss als sicher anzunehmen** war und in dem hierdurch begründeten Vertrauen Aufwendungen gemacht oder Nutzungen nicht gezogen werden können, können diese vom Vertragspartner zu erstatten sein, wenn er später den Vertragsschluss ohne 247

---

[481] OLG Brandenburg, 11.11.2009 – 3 U 5/03, IMR 2010, 139.
[482] OLG Düsseldorf, 15.06.2009 – 24 U 210/08, IMR 2010, 280 m.w.N. im Volltext; Grüneberg, in: Palandt, § 311 Rn. 30 m.w.N.

triftigen Grund ablehnt.[483] Der Schadensersatzanspruch gem. § 311 Abs. 2 BGB (c.i.c.) wegen **Abbruchs von Vertragsverhandlungen** setzt damit voraus, dass ein Vertragspartner sich mit der Gegenseite über den Inhalt eines noch abzuschließenden Vertrages ganz oder im Wesentlichen einig geworden ist, später aber den beabsichtigten Vertragsabschluss ohne triftigen Grund ablehnt, obwohl er sich vorher so verhalten hat, dass der andere Teil berechtigterweise auf das Zustandekommen des Vertrages vertraut und deshalb wirtschaftliche Nachteile auf sich genommen hat.[484] Tatbestandlich ist eine schuldhafte Pflichtwidrigkeit des die Verhandlungen abbrechenden Vertragspartners erforderlich.[485] Ein **triftiger Grund** liegt vor, wenn die Verhandlungen grundlos, d.h. aus sachfremden Erwägungen abgebrochen werden.

Ein Anspruch scheidet aus, wenn ein **triftiger Grund** bestand, den ins Auge gefassten Vertrag *nicht* abzuschließen.[486]

Beispiel:[487]

Scheitert das Zustandekommen eines Mietvertrages an umfangreichen Änderungswünschen der Mieter, so fehlt es an einem Verschulden des Vermieters bei Vertragsschluss und damit an einem Schadensersatzanspruch der Mieter die Aufwendungen betreffend, die sie im Vertrauen auf das Zustandekommen des Mietvertrages getätigt haben.

Gegenbeispiel:

Führt der Vermieter im Hinblick auf den abzuschließenden Mietvertrag erhebliche Umbauten durch und verweigert der Mieter den Vertragsabschluss, weil er woanders preiswerter anmieten könnte, kann der Mieter nach dem Scheitern der Verhandlungen auf Schadensersatz aus Verschulden bei Vertragsverhandlungen haften.

Da noch keine vertragliche Bindung besteht, sind an das Vorliegen eines triftigen Grundes **keine hohen Anforderungen** zu stellen.[488] Schon ein günstigeres Angebot eines anderen Anbieters oder ein finanzieller Engpass soll für einen triftigen Grund des Mieters ausreichen,[489] was aber nur dann gelten kann, wenn der Vermieter noch keine Aufwendungen getätigt hat, andere Mieter nicht wegen der andauernden Verhandlungen „abgesprungen" sind oder sich die Verhandlungen schon im Unterzeichnungsstadium befinden.

2. Falschangaben bei den Vertragsverhandlungen

Wirkt jemand bei Vertragsverhandlungen pflichtwidrig und schuldhaft durch unzutreffende Informationen auf die Willensbildung seines Vertragspartners ein (Verletzung einer Aufklärungspflicht) und kommt es deshalb zum Abschluss eines wirksamen, aber für den Vertragspartner

---

483 OLG Düsseldorf, 15.06.2009 – 24 U 210/08, IMR 2010, 280 m.w.N. im Volltext; Grüneberg, in: Palandt, § 311 Rn. 32 m.w.N.
484 OLG Düsseldorf, 15.06.2009 – 24 U 210/08, IMR 2010, 280; OLG Köln, 17.08.1994 – 11 U 49/94, OLGR 1995, 151.
485 BGH, 22.02.2006 – XII ZR 48/03, GuT 2006, 140 = IMR 2006, 9 = NZM 2006, 509 = InfoM 2006, 293 = MDR 2006, 739 = NJW 2006, 1963 = NZM 2006, 509 = ZfIR 2006, 579.
486 OLG Düsseldorf, 25.03.2004 – I-10 U 117/03, GuT 2004, 119.
487 AG Besigheim, 28.10.2003 – 7 C 214/03, NZM 2005, 302 (Wohnraum).
488 OLG Düsseldorf, 15.06.2009 – 24 U 210/08, IMR 2010, 280 m.w.N. im Volltext.
489 OLG Düsseldorf, 15.06.2009 – 24 U 210/08, IMR 2010, 280: unvorhergesehenen Steuernachzahlung; Grüneberg, in: Palandt, § 311 Rn. 32.

nachteiligen Miet- oder Pachtvertrages, so verpflichtet dieses Verhalten regelmäßig zum **Schadensersatz** nach den Grundsätzen des Verschuldens bei Vertragsverhandlungen (§ 311 Abs. 2 BGB). Ferner kommt eine **außerordentliche Kündigung**[490] oder eine **Anfechtung** der auf den Abschluss des Vertragsverhältnisses gerichteten Willenserklärung wegen arglistiger Täuschung nach § 123 BGB oder Irrtums nach § 119 BGB in Betracht (ausführlich → *Rn. 2484 ff.*).

Nicht abschließend geklärt ist, in welchem Verhältnis diese Ansprüche zu den mietrechtlichen Vorschriften stehen. Die Gewährleistungsansprüche des Mietrechts (§§ 536 f. BGB) sollen nach früherer BGH-Meinung ggü. den allgemeinen Regeln zum Verschulden beim Vertragsschluss **Sondervorschriften** sein und deshalb im Regelfall Schadensersatzansprüche aus Verschulden beim Vertragsschluss ausschließen, wenn diese Schadensersatzansprüche darauf gestützt werden, dass der Vermieter bei den Vertragsverhandlungen unrichtige Angaben über die Beschaffenheit der Mietsache gemacht hat.[491] Der Ausschluss galt jedoch schon früher nicht ohne Einschränkung und insb. dann nicht, wenn es nicht zu der Übergabe der vermieteten Räume gekommen ist.[492] Der Anspruch ist ferner nicht durch die mietrechtlichen Sonderregelungen ausgeschlossen, wenn diese ohnehin nicht eingreifen.[493] Nach meiner Auffassung haben Ansprüche aus § 311 Abs. 2 BGB **unabhängig von der Überlassung des Objekts** uneingeschränkt zu gelten. Zunächst stellt der BGH für Teilbereiche nicht mehr auf die Überlassung der Mietsache ab: So ist die Anfechtung eines Mietvertrages über Geschäftsräume wegen arglistiger Täuschung auch nach Überlassung der Miträume und Beendigung des Mietvertrages neben der Kündigung zulässig.[494] Außerdem durchbricht die Rechtsprechung selbst den Grundsatz abschließender spezialgesetzlicher Schadensersatzregelungen mehrfach, etwa bei verletzten Aufklärungspflichten beim Kaufvertrag, die sich auf Umstände beziehen, die nicht Eigenschaften der Kaufsache sind.[495] Allerdings ist dies bei der Miete ausdrücklich nicht übernommen worden, etwa für den Fall, dass sich das Verschulden bei den Vertragsverhandlungen darauf bezieht, dass der Vermieter dem Mietinteressenten den unzutreffenden Eindruck vermittelt, er verhandele mit dem wahren Berechtigten und könne im Fall der Einigung ein Recht zum Besitz erwerben, wo ein dem Mieter entstandener Schaden, der nur aus der Entziehung der Sache durch den Drittberechtigten resultieren kann, durch § 536 Abs. 3 BGB zureichend erfasst werde.[496] Unabhängig davon muss der Anspruch aus § 311 BGB aber in jedem Fall für das **Recht auf (ggf. auch fristlose) Kündigung wegen Falschangaben bei Vertragsschluss** bestehen, da dieser Aspekt durch die §§ 536 ff. BGB nicht abschließend geregelt wird.

249

---

490 BGH, 16.02.2000 – XII ZR 279/97, NJW 2000, 1714 = NZM 2000, 492 = WuM 2000, 1012 = MDR 2000, 821= IBR 2000, 396 = ZfIR 2000, 351 unter II 4; BGH, 16.04.1997 – XII ZR 103/95, NJWE-Mietrecht 1997, 150.
491 BGH, 18.06.1997 – XII ZR 192/95, BGHZ 136, 102 = WuM 1997, 617 = NJW 1997, 2813.
492 BGH, 18.06.1997 – XII ZR 192/95, BGHZ 136, 102 = WuM 1997, 617 = NJW 1997, 2813.
493 BGH, 16.02.2000 – XII ZR 279/97, NJW 2000, 1714 = NZM 2000, 492 = WuM 2000, 1012 = MDR 2000, 821= IBR 2000, 396 = ZfIR 2000, 351 unter II 4; BGH, 16.04.1997 – XII ZR 103/95, NJWE-Mietrecht 1997, 150.
494 BGH, 06.08.2008 – XII ZR 67/06, BGHZ 178, 16 = GuT 2008, 330 = NZM 2008, 886 = ZMR 2009, 103 = NJW 2009, 1266; vgl. auch OLG Brandenburg, 11.11.2009 – 3 U 5/03, IMR 2010, 139; LG Itzehoe, 28.03.2008 – 9 S 132/07, WM 2008, 281 = InfoM 2008, 167.
495 BGH, 27.11.1998 – V ZR 344/97, NJW 1999, 638, 639; OLG Saarbrücken, 14.12.2004 – 4 U 478/02: jeweils c. i. c. anwendbar.
496 VGH, 10.07.2008 – IX ZR 128/07, GuT 2008, 282 = NZM 2008, 664 = ZMR 2008, 883 = NJW 2008, 2771.

250 Ansprüche des Mieters setzen voraus, dass der Vermieter dem Mieter entweder schuldhaft **falsche Angaben** über die Mietsache gemacht hat oder unter Verletzung vorvertraglicher **Aufklärungspflichten** schuldhaft unzutreffende Informationen in Bezug auf das Mietobjekt erteilt hat, die keine zusicherungsfähigen Eigenschaften i.S.v. § 536 Abs. 2 BGB betreffen.[497]

> **Praxistipp:**
> Man soll zwar keiner Partei empfehlen, schon bei Vertragsabschluss zu sehr an eine evtl. Kündigung zu denken. Trotzdem ist es für Mieter ratsam, die vom Vermieter im Vorfeld des Vertragsabschlusses erteilten Auskünfte (Exposé, Prospekte, Schreiben, Aktennotizen) sorgfältig zu dokumentieren. Entsprechendes gilt für die vom Mieter geäußerten wesentlichen Motive für die Anmietung.

3. Umfang des Schadensersatzanspruchs

251 Zu ersetzen ist der **Vertrauensschaden**, also das negative Interesse, was auch nutzlose Aufwendungen; der zu ersetzende Schaden ist nicht durch das Erfüllungsinteresse begrenzt.[498]

VII. Ansprüche aus dem AGG bei gescheitertem Vertragsabschluss

252 Das am 18.08.2006 in Kraft getretene AGG[499] gilt auch für Gewerbemietverträge und verbietet eine Benachteiligung aufgrund der Rasse, der ethnischen Herkunft, des Geschlechts, der Religion, einer Behinderung, des Alters oder der sexuellen Identität, vgl. § 1 AGG. Erfasst werden Vertragsabschlüsse nach dem 01.12.2006 (§ 33 Abs. 3 AGG). Die Anwendung auf gewerbliche Mietverhältnisse folgt schon daraus, dass zum Anwendungsbereich des Gesetzes in § 2 Abs. 1 Nr. 8 AGG lediglich von „Dienstleistungen, die der Öffentlichkeit zur Verfügung stehen, einschließlich von Wohnraum" die Rede ist. Vermietungen von Gewerberäumen lassen sich unschwer unter solche **Dienstleistungen** fassen, und die Formulierung zum Wohnraum zeigt, dass dies nur als Hervorhebung gedacht ist.[500]

253 Nach § 19 Abs. 1 AGG (zivilrechtliches Benachteiligungsverbot) ist eine Benachteiligung aus Gründen der Rasse oder wegen der ethnischen Herkunft, wegen des Geschlechts, der Religion, einer Behinderung, des Alters oder der sexuellen Identität bei der Begründung, Durchführung und Beendigung zivilrechtlicher Schuldverhältnisse, die sog. **Massengeschäfte** darstellen oder bei denen das Ansehen der Person nach der Art des Schuldverhältnisses eine nachrangige Bedeutung hat und die zu vergleichbaren Bedingungen in einer Vielzahl von Fällen zustande kommen, unzulässig.

§ 19 Abs. 3 und Abs. 5 AGG lässt für die **Vermietung von Wohnraum** ausdrücklich bestimmte Ausnahmen zu und macht dadurch indirekt erneut deutlich, dass auch gewerbliche Mietverhältnisse in **den Anwendungsbereich des AGG einbezogen** sind. Dies entspricht auch dem

---

[497] BGH, 16.02.2000 – XII ZR 279/97, NJW 2000, 1714 = NZM 2000, 492 = WuM 2000, 1012 = MDR 2000, 821= IBR 2000, 396 = ZfIR 2000, 351 unter II 4; BGH, 16.04.1997 – XII ZR 103/95, NJWE-Mietrecht 1997, 150.
[498] BGH, 18.06.1997 – XII ZR 192/95, BGHZ 136, 102 = WuM 1997, 617 = NJW 1997, 2813 m.w.N.
[499] BGBl. I, S. 1897.
[500] Ähnlich Sternel, Mietrecht Aktuell, Rn. I 302.

Schutzzweck des Gesetzes. Der besondere Rechtfertigungsgrund ungleicher Behandlung beim Abschluss von Mietverträgen in § 19 Abs. 3 und Abs. 5 AGG gilt aber nach dem klaren Wortlaut nur für Wohnraum. Der Abschluss von gewerblichen Mietverträgen unterfällt damit grds. dem „vollen" zivilrechtlichen Benachteiligungsverbot aus § 19 Abs. 1 Nr. 1 AGG und zwar v.a. dann, wenn der Mietvertrag eine Allgemeine Geschäftsbedingung darstellt.[501] Kritisch kann deshalb z.B. die geplante Vermietung von Restaurantflächen in einem Einkaufszentrum werden, wenn bestimmte Nationalitäten (Pizzeria, China-Restaurant) von vornherein ausgeschlossen werden.

Fragen nach der Solvenz eines Mietinteressenten sind nach wie vor zulässig,[502] ebenso Fragen bspw. nach früheren Mietverhältnissen, Beruf und berufliche Historie, Einkommen.

Verletzt der Vermieter seine Pflichten aus dem AGG, ist er gem. § 21 Abs. 2 AGG zum **Ersatz des Vermögensschadens** verpflichtet oder hat eine angemessene Entschädigung für eine Beeinträchtigung, die kein Vermögensschaden ist, zu zahlen. Für eine Benachteiligung gem. § 19 Abs. 1 Nr. 1 AGG in Gestalt der Verweigerung des Abschlusses eines Mietvertrags aufgrund der Rasse und ethnischen Herkunft, ist der allein in Betracht kommende Anspruchsgegner der Vermieter und nicht der (angeblich) diskriminierende Hausverwalter, der lediglich im Auftrag des Vermieters tätig geworden ist.[503] Nach der **Beweislastregel** des § 22 AGG reicht es aus, dass der Mieter Tatsachen nachweist, die seine Benachteiligung indizieren; gelingt ihm dies, muss der Vermieter nachweisen, dass eine Benachteiligung nicht erfolgt ist bzw. berechtigte Gründe dafür vorlagen.[504]

254

VIII. Verjährung und Verwirkung

Schadensersatzansprüche nach § 311 Abs. 2 BGB verjähren in der kurzen mietrechtlichen Verjährungsfrist von sechs Monaten gem. **§ 548 BGB**; ist der Vermieter noch im Besitz der Miträume, beginnt die Frist, wenn die Vertragsverhandlungen zwischen den Parteien endgültig gescheitert sind.[505] Ansonsten gelten keine Besonderheiten.

255

IX. Gerichtsverfahren

1. Ansprüche aus einem Vorvertrag auf Abschluss des Hauptvertrages

Endet ein Streit vor **Gericht**, so muss der den Abschluss des Hauptvertrages verlangende Vertragspartner grds. auf **Abgabe einer Willenserklärung** im Wege der Leistungsklage klagen. Der Klageantrag auf Abschluss eines nach einem Vorvertrag geschuldeten Hauptvertrages muss grds. den gesamten Vertragsinhalt umfassen.[506] Willenserklärung ist hier also der Mietvertrag,

256

---

501 Vgl. auch Horst, MDR 2006, 1266, 1270.
502 Ebenso Sternel, Mietrecht Aktuell, Rn. I 303.
503 LG Aachen, 17.03.2009 – 8 O 449/07, NZM 2009, 318 = ZMR 2009, 685 (Wohnraum); a.A. Sternel, Mietrecht Aktuell, Rn. I 305.
504 Ebenso Sternel, Mietrecht Aktuell, Rn. I 307.
505 BGH, 22.02.2006 – XII ZR 48/03, GuT 2006, 140 = IMR 2006, 9 = NZM 2006, 509 = InfoM 2006, 293 = MDR 2006, 739 = NJW 2006, 1963 = NZM 2006, 509 = ZfIR 2006, 579.
506 BGH, 03.07.2002 – XII ZR 39/00, NZM 2002, 910, 912; BGH, NJW-RR 1994, 1272.

dessen gesamter Text den Antrag darstellt. Ein Klageantrag muss aber bestimmt sein, damit er bei Verurteilung auch vollstreckt werden kann. **Bestimmt genug** ist der Leistungsantrag deshalb nur, wenn er alles enthält, was nach den Vorstellungen des Klägers den Inhalt der Verpflichtung des Beklagten zum Abschluss des gewünschten Vertrages bilden soll.[507]

257 Da im Vorvertrag nur Eckpunkte geregelt sind, stellt sich die Frage, welcher Vertragsinhalt beantragt werden kann. Grds. gilt: Das Gericht kann nicht zur Abgabe von Willenserklärungen verurteilen, die **nie Thema** zwischen den Parteien waren. Weil es keine allgemeine Übung oder Ähnliches gibt, nach der ein Inhalt von Geschäftsraummietverträgen feststeht, hat es deshalb der Kläger bei jedem Punkt, der nicht Bestandteil des Vorvertrages oder durch Auslegung ermittelbar ist, schwer. Der Kläger kann keinen „**Mustermietvertrag**" beantragen, weil es einen solchen nicht gibt. Hier sind zwei Grundsituationen zu unterscheiden:

- Der Glücksfall: Die Parteien haben bereits verhandelt und einen Entwurf gefertigt. Diesen Entwurf kann der Kläger ohne Weiteres zum Gegenstand seines Antrags machen, weil er den Willen der Parteien zum Zeitpunkt der Entwurfsfertigung widerspiegelt.
- Der „Noch-alles-offen-Fall": Der Abbruch der Verhandlungen erfolgt zu einem Zeitpunkt, als noch kein Vertragsentwurf vorliegt. Für diese Variante sieht der BGH eine ungewöhnliche Lösung vor,[508] die nachfolgend dargestellt wird.

258 Jede Partei des Vorvertrages ist nämlich berechtigt, die Erfüllung der übernommenen Verpflichtung durch Klage auf Abgabe einer **von ihr formulierten** Vertragserklärung zu verlangen. Sache der beklagten Partei ist es sodann, einen möglichen Gestaltungsspielraum einwendungsweise durch konkrete Alternativvorschläge geltend zu machen. Kommen Alternativvorschläge, ist es dem Kläger überlassen, die Abweichungen durch Änderungen des Klageantrags – ggf. hilfsweise – zum Gegenstand der Klage zu machen oder aber, mit dem Risiko der Klageabweisung, auf seinem Antrag zu beharren.[509] Das Gericht muss dann prüfen, welcher Vorschlag den Vereinbarungen im Vorvertrag, dessen Auslegung und dem für die Erfüllung der Pflichten aus dem Vorvertrag geltenden Grundsatz von § 242 BGB entspricht. Die dispositiven gesetzlichen Regelungen sind dabei nicht ohne Weiteres maßgebend, sondern nur dann, wenn die Auslegung des Vorvertrages ergibt, dass keine abweichende Regelung beabsichtigt ist.[510] Unterlässt es der Beklagte, seine Vorschläge und Wünsche im Hinblick auf den abzuschließenden Vertrag in das Verfahren einzubringen, ist die Klage begründet, wenn die von dem Kläger formulierten Regelungen des abzuschließenden Vertrages den Vorgaben des Vorvertrages, dessen Auslegung sowie Treu und Glauben entsprechen.

259 Der BGH hält also eine Art **prozessuales Ping-Pong-Spiel** für zulässig, bei dem man sich wechselseitig Vertragsklauseln offeriert. Dies basiert auf der oben dargestellten Überlegung, dass beide Parteien verpflichtet sind, an dem Aushandeln der konkreten Bedingungen mitzuwirken.

---

507 BGH, 03.07.2002 – XII ZR 39/00, NZM 2002, 910, 912; BGH, NJW-RR 1994, 1272.
508 BGH, 12.05.2006 – V ZR 97/05, GuT 2006, 186 = InfoM 2006, 238 = MDR 2006, 1394.
509 BGH, 12.05.2006 – V ZR 97/05, GuT 2006, 186 = InfoM 2006, 238 = MDR 2006, 1394; BGH, 18.11.1993 – IX ZR 256/92, NJW-RR 1994, 317.
510 BGH, 12.05.2006 – V ZR 97/05, GuT 2006, 186 = InfoM 2006, 238 = MDR 2006, 1394; BGH, 21.12.2000 – V ZR 254/99, NJW 2001, 1285, 1287.

> **Praxistipp:**
> Um eine Klageabweisung zu vermeiden, sollte notfalls so viel wie möglich mit Hilfsanträgen gearbeitet werden.

Geht es nicht um Details des Mietvertrages oder ist dem Kläger eine Leistungsklage wegen der Besonderheiten des Falles, etwa wegen fehlender Kenntnis der Details der zu errichtenden Räume, nicht möglich, kann auch eine **Feststellungsklage** zulässig sein (Muster Mietvorvertrag → Rn. 3365).[511]   260

Die Partei eines Mietvorvertrags kann nicht durch einstweilige Verfügung ihren künftigen Besitzüberlassungsanspruch aus dem (Haupt-) Mietvertrag sichern, weil dies zur vollständigen Befriedigung ihres geltend gemachten Unterlassungsanspruchs ggü. dem Mietkonkurrenten führen würde[512] (→ *ausführlich zur Doppelvermietung und einstweilige Verfügung s. Rn. 278 f.*).

2. Klage aus einem Vormietrecht

Der Inhaber eines Vormietrechtes – also auch eines Rechts auf Begründung eines Mietverhältnisses durch einseitige Erklärung – kann zunächst zur Klage auf **Auskunft über den Eintritt des Vormietfalls** berechtigt sein. Dazu ist es erforderlich, den Auskunftsgegenstand und die Auskunftsquelle so genau wie möglich gem. § 253 Abs. 2 Nr. 2 ZPO zu bezeichnen. Die Vollstreckung erfolgt dann nach § 888 ZPO.   261

Der Vormietberechtigte kann ferner Klage auf **Verurteilung zur Vorlage des unterschriftsreifen Mietvertrages** erheben. Dieser Anspruch auf schriftliche Niederlegung des Mietvertrages ergibt sich aus § 550 BGB i.V.m. § 464 Abs. 2 BGB analog. Schließlich kann auch auf Feststellung geklagt werden, dass zwischen den Parteien durch die Ausübung des Vormietrechts ein Mietvertrag zustande gekommen ist. Das dafür erforderliche Feststellungsinteresse gem. § 256 Abs. 2 ZPO besteht, wenn der zukünftige Vermieter das Recht des Vormieters bestreitet.   262

X. Streitwert

Es gelten keine Besonderheiten.   263

XI. Vertragsgestaltung

Hinweise ergeben sich aus den obigen Ausführungen. Ein Muster für einen Vorvertrag findet sich in → Rn. 3365.   264

---

511 BGH, 03.07.2002 – V ZR 97/05, GuT 2006, 186 = InfoM 2006, 238 = MDR 2006, 1394.
512 OLG Celle, 29.09.2008 – 2 W 199/08, ZMR 2009, 113 = InfoM 2008, 498 = MDR 2009, 135.

§ 5 Abschluss des Mietvertrages

		Rn.
I.	Vertragsabschluss und Eigentümerstellung des Vermieters	265
II.	Vertragsangebot und -annahme	266
	1. Einigung über alle wesentlichen Punkte	266
	2. Vertragsabschluss unter Abwesenden	271
	3. Annahme des Angebotes mit Abänderungen	274
	4. Vertragsabschluss und Stellvertretung	276
III.	Genehmigung von Sanierungsgebiet-Verträgen als Wirksamkeitsvoraussetzung	277
IV.	Doppelvermietung	278
V.	Gerichtsverfahren	279
VI.	Streitwert	285
VII.	Vertragsgestaltung	286
VIII.	Arbeits- und Beratungshilfen	287
	1. Schnellüberblick Grundsatz-Rechtsprechung des BGH	287
	2. Schnellüberblick aktuelle Rechtsprechung der Instanzgerichte	288
	3. Checkliste	289
	4. Formulierungsbeispiel bei drohender Doppelvermietung	290

I. Vertragsabschluss und Eigentümerstellung des Vermieters

265 Der Vermieter benötigt zum Abschluss eines Mietvertrages weder Eigentum noch Besitz an der vermieteten Sache.[513] Nach § 535 Abs. 1 Satz 1 BGB hat er dem Mieter lediglich den Gebrauch der Mietsache während der Mietzeit zu gewähren. Wie er dies bewerkstelligt, fällt allein in sein Beschaffungsrisiko, und etwaige entgegenstehende Rechte Dritter führen als Rechtsmangel nach § 536 Abs. 3 BGB erst dann zu einer Gebrauchsentziehung, wenn der Dritte seine Rechte so geltend gemacht, dass der Gebrauch der Mietsache durch den Mieter beeinträchtigt wird.[514]

II. Vertragsangebot und -annahme

1. Einigung über alle wesentlichen Punkte

266 Das wirksame Zustandekommen eines gewerblichen Miet- oder Pachtvertrages richtet sich nach den allgemeinen Regeln über den Abschluss von Verträgen (§§ 145 ff., 130 BGB). Nach der Auslegungsregel von § 154 Abs. 1 Satz 1 BGB kommt ein **bindender Vertrag** erst zustande, wenn sich die Parteien über alle nach ihrer Vorstellung regelungsbedürftigen Punkte geeinigt haben, über die nach der Erklärung auch nur einer Seite eine Vereinbarung getroffen werden soll. D.h.: Haben die Parteien sich nicht über alle Punkte geeinigt, über die nach dem erklärten Willen auch nur einer Partei eine Vereinbarung getroffen werden sollte, so ist der Vertrag im Zweifel nicht zustande gekommen, § 154 Abs. 1 Satz 1 BGB. Ob es sich dabei um für das Rechtsgeschäft wesentliche handelt, spielt keine Rolle.[515] Dies gilt insb. bei **fehlender Einigung über die Miete**.[516]

Der Mietgegenstand ist **hinreichend bestimmt bezeichnet**, wenn die Anschrift der vermieteten Gewerbeeinheit genannt und die vermieteten Flächen mit „im Erdgeschoss" ... „links" ... gelegenes „Ladenlokal vorne, 2 Räume hinten und Souterrain" beschrieben ist.[517]

---

[513] OLG Brandenburg, 03.03.2010 – 3 U 108/09.
[514] OLG Brandenburg, 03.03.2010 – 3 U 108/09; Weidenkaff, in: Palandt, § 536 Rn. 29 m.w.N.
[515] OLG Brandenburg, 25.03.2009 – 3 U 172/07.
[516] KG, 17.05.1999 – 8 U1943/97, NZM 2000, 1229.
[517] OLG Düsseldorf, 30.08.2010 – 24 U 5/10, IMR 2010, 523.

Auch wenn es an einer **Einigung über bestimmte Kernpunkte** (sog. essentialia negotii, hier: Miethöhe) fehlt, muss der Vertrag (hier: Vertragsfortsetzung) ausnahmsweise nicht endgültig scheitern, wenn die Parteien ihre Verhandlungen noch nicht endgültig abgebrochen haben; sie können dann die Einigungslücke auch nachträglich (hier: nach rund neun Monaten) schließen.[518]

Selbst wenn die Vertragsparteien sich bei Vertragsunterzeichnung im Einzelnen noch nicht einig gewesen wären, greift die Auslegungsregel des § 154 Abs. 1 Satz 1 BGB (ohne Einigung über alle Punkte im Zweifel kein Vertrag) nicht, wenn der Vertrag tatsächlich in Vollzug gesetzt und durchgeführt wird.[519]

267

Beispiel:

Die Vertragsparteien setzen einen Hotelpachtvertrag trotz einer fehlenden Inventarliste bei Vertragsabschluss in Vollzug, indem der Pächter den Pachtzins zahlt und baute die oberen Stockwerke des Hotels umbaut; sie schließen eine Zusatzvereinbarung ungeachtet des noch immer nicht erstellten Inventarverzeichnisses; Jahre später sieht der Pächter den Vertrag, wie einem Kündigungsschreiben zu entnehmen ist, lediglich als kündbar und nicht etwa als nicht geschlossen an.

Auch eine salvatorische Klausel im Miet- oder Pachtvertrag, nach der im Fall der Unwirksamkeit einer seiner Bestimmungen der übrige Vertrag unberührt bleiben und eine dem Willen und den wirtschaftlichen Interessen der Vertragsparteien am besten entsprechende Regelung an die Stelle der unwirksamen Bestimmung treten soll, spricht für den Willen der Vertragsparteien, bei einem „gelebten" Vertrag das Zustandekommen des Vertrages nicht von fehlenden Einzelpunkten abhängig zu machen.[520]

Fixieren die Parteien eines Mietvertrags Vereinbarungen schriftlich, in denen ausdrücklich festgehalten ist, dass ein schriftlicher Mietvertrag noch abgeschlossen werden soll, so haben diese Vereinbarungen vor Unterzeichnung der Mietvertragsurkunde keine rechtliche Bindung. Vielmehr handelt es sich hierbei um eine sog. **Punktation** i.S.v. § 154 Abs. 1 Satz 2 BGB, also eine an sich noch unverbindliche Niederschrift betreffend die Verständigung in Einzelfragen während noch laufender Verhandlungen.[521] Wird aber der **unterzeichnete Mietvertrag übersandt**, den der andere noch gegenzeichnen soll, liegt ein verbindliches Angebot vor.[522]

268

Fehlt es an der endgültigen Vereinbarung, und sind die Mietflächen schon übergeben worden, hat der Nutzer dem Eigentümer Geldersatz für den objektiven Gebrauchsvorteil i.H.e. angemessenen **marktüblichen Miete** zu zahlen.[523] Eine Minderung des Geldersatzes kommt nur bei objektiver Beeinträchtigung der rechtsgrundlosen Nutzung in Betracht. Bezieht sich ein Mietvertrag über grundlegend zu sanierende Räume auf eine Baubeschreibung, die dem Vertrag nicht beigefügt ist, liegt kein Einigungsmangel vor, wenn der Mietvertrag vollzogen ist;

---

518   BGH, 08.10.2008 – XII ZR 66/06, InfoM 2009, 14.
519   BGH, 29.09.1999 – XII ZR 313/98, NZM 2000, 36 = NJW 2000, 354 = MDR 2000, 79 = ZMR 2000, 76 unter 2.b); BGH, 24.02.1983 – I ZR 14/81, NJW 1983, 1727, 1728.
520   BGH, 29.09.1999 – XII ZR 313/98, NZM 2000, 36 = NJW 2000, 354 = MDR 2000, 79 = ZMR 2000, 76 unter 2.b).
521   OLG Brandenburg, 25.03.2009 – 3 U 172/07.
522   BGH, 30.05.1962 – VIII ZR 173/61, NJW 1962, 1388.
523   KG, 17.05.1999 – 8 U 1943/97, NZM 2000, 1229.

der vom Vermieter geschuldete Bauzustand ergibt sich dann aus dem vereinbarten Nutzungszweck.[524]

269 Bei der Aufgabe von **Zeitungsinseraten** oder dem **Versand von Exposés** handelt es sich nur um eine Aufforderung zur Abgabe eines Vertragsangebots, da der endgültige Bindungswille fehlt. Auch in der **Präambel** eines zivilrechtlichen Vertrages können schon verbindliche Zusicherungen abgeben können.[525] I.d.R. spricht aber die Aufnahme von Text in eine Präambel nur für unverbindliche Absichtserklärungen.

270 Ein Mietvertragsangebot kann auch durch **schlüssiges Verhalten** angenommen werden[526] (Beispiele: Schlüsselübergabe/-entgegennahme, Überweisung der Miete vor Vertragsunterzeichnung). Dies gilt aber nicht, wenn die Parteien vereinbart haben, den (kommenden) Vertrag schriftlich zu schließen oder dieser von vornherein eine feste Dauer von mehr als einem Jahr haben soll, da dann nach § 550 BGB Schriftform erforderlich ist. Liegt bereits ein **schriftliches Mietvertragsangebot** vor, kann im Zweifel auch nur schriftlich und nicht durch schlüssiges Verhalten angenommen werden.[527] Probleme im Zusammenhang mit einem konkludenten Vertragsabschluss liegen insb. im Bereich der Schriftform nach § 550 BGB und bei Mieterhöhungen i.S.v. § 3 Abs. 1 Nr. 1d) und e) PrkG (für Wertsicherungsklauseln erforderliche zehnjährige Bindung), da der tatsächliche Beginn des Mietverhältnisses möglicherweise von dem vertraglich dokumentieren Beginn abweicht.

2. Vertragsabschluss unter Abwesenden

271 Ein Vertrag unter Abwesenden grds. nur dann rechtswirksam zustande, wenn sowohl der Antrag als auch die Annahme (§§ 145 ff. BGB) dem anderen Vertragspartner zugegangen sind (§ 130 BGB). In der Praxis liegen oft gewisse **Zeiträume zwischen Angebot und Annahme** von Mietvertrags- oder Nachtragsabschlüssen. Dies kann verschiedene, oft banale Gründe haben, etwa Urlaubsabwesenheit eines Zeichnungsbefugten, Prüfung durch weitere Beteiligte, ausdrücklich erbetene weitere Bedenkzeit oder Feiertage. Rechtlich können solche Zeitabstände ein Pulverfass sein, weil ein Angebot nach § 147 Abs. 2 BGB nur bis zu dem Zeitpunkt wirksam angenommen werden kann, in welchem der Antragende den Eingang der Antwort *unter regelmäßigen Umständen* erwarten darf. Wird diese „regelmäßige" – gesetzlich nicht definierte – Zeit oder eine zwischen den Parteien vereinbarte Annahmefrist **überschritten**, ist die verspätete Annahme gem. § 150 Abs. 1 BGB **als neues Angebot** zu sehen, das vom ursprünglich Anbietenden wiederum angenommen werden muss.

Bei der Bemessung der für § 147 Abs. 2 BGB maßgeblich geltenden Frist sind zunächst die besagten „regelmäßigen Umstände", aber auch die besonderen Umstände des Einzelfalles zu berücksichtigen. Die konkrete Berechnung erfolgt anhand der Dauer der Übermittlung des Angebots an den Adressaten, dessen Bearbeitungs- und Überlegungszeit und der Dauer der

---

[524] BGH, 15.06.2005 – XII ZR 82/02, GuT 2005, 206 = NZM 2005, 704 = ZMR 2005, 777 = InfoM 2006, 126: Umbau einer Kaserne zu Schulzwecken.
[525] BGH, 21.09.2005 – XII ZR 66/03, GuT 2006, 19 = NZM 2006, 54 = MDR 2006, 506 = NJW 2006, 899: Spielbank, in: Einkaufscenter; BGH, 26.05.2004 – XII ZR 149/02, NZM 2004, 618.
[526] Zur Abänderung des Mietvertragsinhalts durch konkludentes Verhalten. Artz, NZM 2005, 367.
[527] KG, 29.04.2004 – 8 U 261/03, MietRB 2004, 286.

II. Vertragsangebot und -annahme

Übermittlung der Antwort.[528] Verzögernde Umstände, die der Antragende kannte oder kennen musste, gehören zu den regelmäßigen Umständen und führen zu einer angemessenen Fristverlängerung.[529]

Welcher **Zeitraum noch rechtzeitig** ist, ist umstritten: bis fünf Tage (zwei – drei Tage Bearbeitungs- und Überlegungszeit plus Übersendungszeit) sind noch rechtzeitig,[530] neun Tage sind zu lang,[531] max. vier Tage bei anwesenden Parteien, die den Vertrag nur noch schriftlich fixieren wollen,[532] max. eine Woche,[533] max. zwei – drei Wochen,[534] max. 2 1/2 Wochen nach Angebotsunterbreitung bei Gesellschaften auf beiden Seiten und hoher wirtschaftlicher Bedeutung des Vertragsschlusses,[535] 4 1/2 Wochen zu lang, wenn nur noch Unterzeichnung durch Geschäftsführer des ansonsten komplett durchverhandelten Vertrags,[536] mindestens vier Wochen,[537] fünf Wochen sollen jedenfalls zu spät sein.[538] Die Art der Willensbildung – z.B. in einer Gemeinde, insb. die Beteiligung von ehrenamtlich tätigen Gremien – kann eine Annahmefrist von über 24 Tagen rechtfertigen.[539] 272

Die Diskrepanzen ergeben sich aus der notwendigen Einzelfallbetrachtung, weshalb des auch keine verbindliche Faustregel gibt. Bei großen Gesellschaften kann regelmäßig nicht damit gerechnet werden, dass bedeutende Vertragsangebote innerhalb weniger Tage angenommen werden.[540] **Vier Wochen als Obergrenze** erscheinen im Durchschnittsfall praktikabel.[541] Im Einzelfall kann sich die Frist auf wenige Tage reduzieren.[542] Dies gilt insb. dann, wenn der Mietvertrag bereits völlig ausgehandelt ist.[543] 273

---

528 BGH, 02.11.1995 – X ZR 135/93, NJW 1996, 919, 921; OLG Rostock, 08.10.2009 – 3 U 137/08, IMR 2010, 282; KG, 05.07.2007 – 8 U 182/06, GuT 2007, 316 = IMR 2007, 281 = NZM 2007, 731.
529 OLG Rostock, 08.10.2009 – 3 U 137/08, IMR 2010, 282 unter Bezugnahme auf RG, 10.11.1933 – VII 192/33, RGZ 142, 404.
530 KG, 04.12.2000 – 8 U 304/99, WuM 2001, 111; KG, 22.03.1999 – 23 U 8203/98, WuM 1999, 323 für von einer Hausverwaltung vorformulierten Vertrag.
531 BGH, 02.11.1995 – X ZR 135/93, NJW 1996, 919, 921; KG, 05.07.2007 – 8 U 182/06, GuT 2007, 316 = IMR 2007, 281 = NZM 2007, 731.
532 OLG Düsseldorf, OLGR 2007, 465.
533 Linder-Figura/Hartl, NZM 2003, 750.
534 KG, 13.09.2007 – 12 U 36/07, IMR 2008, 196 = GE 2008, 124; KG, 05.07.2007 – 8 U 182/06, GuT 2007, 316 = IMR 2007, 281 = NZM 2007, 731 = MietRB 2007, 312; OLG Dresden, 31.08.2004 – 5 U 946/04, InfoM 2005, 88 = NZM 2004, 826: 2 1/2 Wochen als problemlos angesehen; LG Stendal, 29.01.2004 – 22 S 107/03, NJW-RR 2005, 97; Heinrichs, in: Palandt, § 147 Rn. 6.
535 OLG Naumburg, 07.09.2004 – 9 U 3/04, NZM 2004, 825.
536 OLG Düsseldorf, 15.06.2009 – I-24 U 210/08, IMR 2010, 230 = GE 2009, 1556 = InfoM 2010, 72 = MDR 2009, 1385.
537 Lindner-Figura, in: Lindner-Figura/Oprée/Stellmann, Kap. 5, Rn. 23.
538 KG, 25.01.2007 – 8 U 129/06, GuT 2007, 87 = IMR 2007, 116 = NZM 2007, 517 = InfoM 2007, 177.
539 BGH, 21.11.1991 – VII ZR 203/90, BGHZ 116, 149.
540 KG, 25.01.2007 – 8 U 129/06, GuT 2007, 87 = IMR 2007, 116 = NZM 2007, 517 = InfoM 2007, 177.
541 So auch Lindner-Figura/Hartl, NZM 2003, 750, 751.
542 KG, 04.12.2000 – 8 U 304/99, GE 2001, 418: Annahmefrist von fünf Tagen; KG, 22.03.1999 – 23 U 8203/98, WuM 1999, 323: zwei – drei Tage pro Schritt.
543 OLG Dresden, 31.08.2004 – 5 U 946/04, InfoM 2005, 88 = NZM 2004, 826 unter 2. b) bb).

> **Praxistipp für Immobilienverwalter/RA:**
>
> Vertritt der Anwalt einen Mieter oder Vermieter bzw. übernimmt die Abwicklung, sollte er schriftlich auf die Zeitproblematik aufmerksam machen und auf zügige Gegenzeichnung drängen. Es droht Haftung! Wichtig: Zwischenräume von mehr als zwei Wochen sind grds. risikoträchtig. Ein zu langes „Hin und Her" ist als Verletzung einer Pflicht aus dem Mandatsauftrag zu bewerten. Bei verspäteter Unterschrift des Mieters sollte der vom Vermieter erneut zu unterschreibende Mietvertrag dem Mieter nochmals zugestellt werden.[544]

Wer sich erst nach Jahren auf eine Verspätung beruft, handelt treuwidrig gem. § 242 BGB.[545]

Für die **Schriftform** gilt: Bei formbedürftigen Verträgen (§ 550 BGB) müssen Angebot und Annahme jeweils in der Form des § 126 BGB erklärt erfolgen.[546] Der einem Abwesenden gemachte Antrag kann nach § 147 Abs. 2 BGB nur bis zu dem Zeitpunkt angenommen werden, in welchem der Antragende den Eingang der Antwort unter regelmäßigen Umständen erwarten darf. Wird die angemessene Zeit überschritten, ist die Annahme nach § 150 Abs. 1 BGB als **neues Angebot** zu sehen, das der ursprünglich Anbietende nicht annehmen muss. Schriftformprobleme (§ 550 BGB) sind nach neuerer Rechtsprechung des BGH nicht mehr zu befürchten.[547] Dies wird ausführlich im Kapitel „Schriftform" erörtert.

3. Annahme des Angebotes mit Abänderungen

274 Nach § 150 Abs. 2 BGB gilt eine **Annahme unter Abänderung** des Angebots als Ablehnung dieses Angebots verbunden mit einem Gegenangebot.

> *Beispiel:*
>
> *Der Vermieter übersendet dem Mieter nach Abschluss der Vertragsverhandlungen den Mietvertrag zur Unterzeichnung. Der Mieter unterschreibt aber nicht nur, sondern fügt noch eine handschriftliche Ergänzung zu einer Klausel hinzu, die mit dem Vermieter nicht abgesprochen ist.*

Ob es sich um wesentliche oder unwesentliche Änderungen handelt, spielt keine Rolle.[548] Auch geringfügige, unwesentliche Änderungsvorschläge ggü. dem unterbreiteten Vertragsangebot führen dazu, dass es für das Zustandekommen des Vertrages einer neuen Erklärung des Vertragspartners bedarf.[549] Eine Ausnahme von diesem Grundsatz gilt lediglich in wenigen, im Gesetz ausdrücklich geregelten Sonderfällen. Im gewerblichen Mietrecht existieren solche Reglungen nicht, eine Analogie ist nicht gerechtfertigt.[550]

---

544 Vgl. auch Schultz, NZM 2007, 509.
545 OLG Dresden, 31.08.2004 – 5 U 946/04, InfoM 2005, 88 = NZM 2004, 826 unter 2. b) bb): nach 12 Jahren.
546 BGH, 18.12.2007 – XI ZR 324/06, NJW-RR 2008, 1436, 1438 f. zu § 4 VerbrKrG a.F.; BGH, 30.06.1997 – VIII ZR 244/96, NJW 1997, 3169, 3170.
547 BGH, 24.02.2010 – XII ZR 120/06, IMR 2010, 180 = GuT 2010, 93 = NZM 2010, 319 = GE 2010, 614 = NJW 2010, 1518 = MDR 2010, 617.
548 BGH, 18.10.2000 – XII ZR 179/98, DWW 2001, 300 = NZM 2001, 42 = WuM 2001, 112 = MDR 2001, 207.
549 BGH, 18.10.2000 – XII ZR 179/98, DWW 2001, 300 = NZM 2001, 42 = WuM 2001, 112 = MDR 2001, 207.
550 BGH, 18.10.2000 – XII ZR 179/98, DWW 2001, 300 = NZM 2001, 42 = WuM 2001, 112 = MDR 2001, 207.

Keine modifizierende, sondern eine **endgültige Annahme** liegt vor, wenn der Annehmende – für den Vertragspartner erkennbar – zwar Ergänzungen vorschlägt, aber klar zum Ausdruck bringt, dass er bei einem Beharren des Antragenden auf dem ursprünglichen Angebot dieses Angebot in der ursprünglichen Form auf jeden Fall annimmt und nicht auf seinen Änderungsvorschlägen beharrt.[551] Es handelt sich dann um eine uneingeschränkte Annahme verbunden mit einem Ergänzungs- oder Änderungsangebot. Ob eine derartige Erklärung des Annehmenden so zu verstehen ist, ist im Wege der Auslegung zu ermitteln.[552]

Nur eine **inhaltliche Abweichung** der Annahmeerklärung vom Angebot kann die Rechtsfolge des § 150 Abs. 2 BGB auslösen. Auf den Fall der bloßen Auswechselung des Vertreters einer Vertragspartei ist die Vorschrift daher nicht anwendbar.[553]

275

> **Praxistipp:**
> Wer solche Unsicherheiten umgehen will, setzt bei Übersendung des Vertragsangebots eine Frist zur Annahme.

4. Vertragsabschluss und Stellvertretung

Mieter und Vermieter können sich vollumfänglich nach den allgemeinen Regeln zur Stellvertretung (§§ 164 ff. BGB) beim Vertragsabschluss und späteren vertraglichen Änderungen vertreten lassen. Schließt jemand **ohne Vertretungsmacht** im Namen eines anderen einen Vertrag, so hängt gem. § 177 Abs. 1 BGB die Wirksamkeit des Vertrages für und gegen den Vertretenen von dessen Genehmigung ab. Diese Genehmigung kann auch durch schlüssiges Handeln erfolgen. Eine Genehmigung durch schlüssiges Verhalten setzt regelmäßig voraus, dass sich der Genehmigende der schwebenden Unwirksamkeit des Vertrages bewusst ist oder zumindest mit ihr gerechnet hat und dass in seinem Verhalten der Ausdruck des Willens zu sehen ist, das bisher als unverbindlich angesehene Geschäft verbindlich zu machen.[554] Ist der gewerbliche Mietvertrag aufseiten einer juristischen Person nicht von vertretungsberechtigten Personen unterzeichnet worden, kann die Genehmigung (§ 177 Abs. 1 BGB) dieses schwebend unwirksamen Vertrages durch den Vertretenen in der jahrelangen Umsetzung des Mietvertrages, jedenfalls aber in der Erhebung einer Zahlungsklage auf Mietzins liegen.[555]

276

Problematisch kann die (nicht erkennbare) Stellvertretung im Zusammenhang mit Schriftform (§ 550 BGB) sein, s. dort.

---

551 BGH, 18.10.2000 – XII ZR 179/98, DWW 2001, 300 = NZM 2001, 42 = WuM 2001, 112 = MDR 2001, 207.
552 BGH, 18.10.2000 – XII ZR 179/98, DWW 2001, 300 = NZM 2001, 42 = WuM 2001, 112 = MDR 2001, 207.
553 OLG Köln, 28.06.2005 – 22 U 34/01, NZM 2005, 705.
554 BGH, 16.11.1987 – II ZR 92/87, NJW 1199, 1200; KG, 30.11.2009 – 12 U 23/09, GuT 2010, 191 = IMR 2010, 186.
555 KG, 30.11.2009 – 12 U 23/09, GuT 2010, 191 = IMR 2010, 186.

III. Genehmigung von Sanierungsgebiet-Verträgen als Wirksamkeitsvoraussetzung

277 Mietverträge über Grundstücke und Räume, die in einem förmlich festgelegten **Sanierungsgebiet** liegen und für mehr als ein Jahr geschlossen oder verlängert werden, bedürfen nach § 144 Abs. 1 Nr. 2 BauGB der Genehmigung der Gemeinde und sind ohne diese unwirksam. Ein Vertragsverhältnis von mehr als einem Jahr ist auch gegeben, wenn die Vertragsdauer unbestimmt ist, die Kündigungsfrist aber mehr als ein Jahr beträgt. Auch Verträge über noch zu genehmigende und zu errichtende Gebäude sind genehmigungsbedürftig.[556] Die Genehmigung ist aber nur dann erforderlich, wenn der Mietvertrag nach Abschluss des förmlichen Verfahrens zur Festlegung des Sanierungsgebietes geschlossen wurde.[557] Die Genehmigung kann nur versagt werden, wenn die Sanierungsziele in ihren Grundzügen konkretisiert sind.[558] Das Maß der Konkretisierung richtet sich nach den zunehmenden Konkretisierungsanforderungen im Laufe des fortschreitenden Sanierungsverfahrens.

IV. Doppelvermietung

278 Eine Doppelvermietung liegt vor, wenn der Vermieter dasselbe Objekt an mindestens zwei unterschiedliche Mieter vermietet. Solche Fälle kommen öfter vor, als man denkt. Alle Verträge sind gültig; die kollidierenden schuldrechtlichen Ansprüche haben denselben Rang, sodass jeder Mieter vom Vermieter **Erfüllung verlangen** kann, ohne Rücksicht darauf, ob er der erste oder zweite Mieter ist.[559] Die Wirksamkeit eines Mietvertrages scheitert nicht daran, dass noch ein weiterer Mietvertrag über die Mietsache besteht.[560] Der Erfüllungsanspruch scheitert jedoch an § 275 Abs. 1 BGB, sofern feststeht, dass der Vermieter die Sache von dem besitzenden Mieter nicht mehr – z.B. durch Kündigung oder Abstandszahlung – zurück erlangen kann.[561] Die Rechtsprechung versagt dem nicht besitzenden Mieter hier die Unterstützung. Wer also den rechtmäßigen Mietbesitz erlangt, darf den Mietgebrauch ungestört ausüben. Derjenige Mieter, dem die Mieträume überlassen werden, ist zum Besitz berechtigt; der andere Mieter ist auf den Schadensersatz verwiesen.[562] Die Doppelvermietung begründet dann Ansprüche des Mieters aus § 536a) Abs. 1 i.V.m. § 536 Abs. 3 BGB wegen eines **Rechtsmangels**.[563] Es handelt sich bei der nicht möglichen Besitzverschaffung um einen anfänglichen Rechtsmangel, sodass der Vermieter auch dann auf Schadensersatz haftet, wenn ihn an der Doppelvermietung kein Verschulden trifft.

Der Erstmieter kann grds. keine Abführung von Mieteinnahmen aus der Doppelvermietung vom Vermieter verlangen.[564]

---

556 BVerwG, 07.09.1984 – 4 C 20/81, BVerwGE 70, 83 = BauR 1985, 189 = NJW 1985, 278.
557 BGH, 23.09.1992 – XII ZR 18/91, NJW-RR 1993, 13.
558 BVerwG, 07.09.1984 – 4 C 20/81, BVerwGE 70, 83 = BauR 1985, 189 = NJW 1985, 278.
559 KG, 25.09.2008 – 8 U 44/08, IMR 2009, 79.
560 Vgl. BGH, 07.12.1984 – V ZR 189/83, NJW 1985, 1025; KG, 22.05.2003 – 8 U 346/01, KGR 2004, 48.
561 KG, 25.09.2008 – 8 U 44/08, IMR 2009, 79.
562 OLG Frankfurt am Main, 28.08.1996 – 17 W 22/96, MDR 1997, 137 = NJW-RR 1997, 77.
563 OLG Brandenburg, 25.02.2009 – 3 U 54/08, IMR 2009, 312.
564 BGH, 10.05.2006 – XII ZR 124/02, GuT 2006, 124 = IMR 2006, 8 = NZM 2006, 538 = InfoM 2006, 186 = MDR 2006, 1396.

Der **besitzende Mieter** hat einen Erfüllungsanspruch, sodass der Vermieter ihm nicht kündigen und der übergangene Mieter keine Herausgabe des Mietobjekts verlangen kann. Im Verhältnis zum Besitzer liegt kein Rechtsmangel vor.

Zu einstweiligem Rechtsschutz s. unter „Gerichtsverfahren".

V. Gerichtsverfahren

Da bei einer **Doppelvermietung** (s. dazu oben) jeder der konkurrierenden Mieter an dem Mietobjekt interessiert ist und nicht kampflos das Feld räumen will, kommt es meist zur beiderseitigen Inanspruchnahme im Wege des **einstweiligen Rechtsschutzes**, um dem Vermieter die Überlassung an den Konkurrenten zu verbieten. Zu unterscheiden sind zwei Situationen: 279

Verhinderung des Mietvertragsabschlusses mit dem Konkurrenten: Einstweiliger Rechtsschutz ist abzulehnen, da ein drohender Vertragsabschluss noch nicht zwangsläufig besagt, dass der andere auch die Räume übergeben bekommt; es fehlt also am Verfügungsgrund.[565] 280

Verhinderung der Besitzverschaffung: Das Vorgesagte gilt nach herrschender Meinung auch für die Verhinderung der Besitzverschaffung/Überlassung durch die einstweilige Verfügung.[566] Begründet wird dies – vereinfacht dargestellt – damit, dass der Vermieter generell frei sei, an wen er sein Eigentum übergebe; ferner sei der Mieter durch mögliche Schadensersatzansprüche ausreichend geschützt. Z.T. wird auch (zu Recht) argumentiert, die einstweilige Verfügung führe zur vollständigen Befriedigung des Unterlassungsanspruchs.[567] Die Mm. hält einstweiligen Rechtsschutz für zulässig.[568] Richtig ist die herrschende Meinung, weil es im Mietrecht keinen Grundsatz der Priorität des Erst-Mietvertragsabschlusses gibt und der Vermieter deshalb selbst entscheiden kann, an wen er zuerst übergibt und bei wem er sich evtl. Schadensersatzansprüchen aussetzt. Zudem würde die Untersagung der Besitzübergabe an den Mietkonkurrenten zu einer vollständigen Befriedigung des Antragstellers führen. 281

Die zeitliche Grenze ist in der Übergabe des Objektes zu sehen: Hat der Konkurrenzmieter bereits Besitz am Mietobjekt erlangt, wird eine einstweilige Verfügung regelmäßig ausscheiden; der andere Mieter muss dann Schadensersatzansprüche geltend machen.

---

565 Kluth/Grün, NZM 2002, 473, 475.
566 OLG Celle, 29.09.2008 – 2 W 199/08, IMR 2008, 498 = ZMR 2009, 113 = InfoM 2008, 498 = MDR 2009, 135; OLG Koblenz, 25.10.2007 – 5 U 1148/07, GuT 2007, 356 = IMR 2007, 386 = NZM 2008, 248 = MDR 2008, 18; KG, 25.01.2007 – 8 W 7/07, InfoM 2007, 281; OLG Hamm, 15.10.2003 – 30 U 131/03, NZM 2004, 192 = NJW-RR 2004, 521 für Anspruch aus Mietvorvertrag; OLG Schleswig, 12.07.2000 – 4 U 76/00, MDR 2000, 1428; OLG Brandenburg, 06.08.1997 – 3 U 72/97, MDR 1998, 98; OLG Frankfurt am Main, 28.08.1996 – 17 W 22/96, MDR 1997, 137 = NJW-RR 1997, 77. **A.A.** OLG Düsseldorf, 04.10.1990 – 10 U 93/90, NJW-RR 1991, 137; Kluth/Grün, NZM 2002, 473, 475.
567 OLG Celle, 29.09.2008 – 2 W 199/08, IMR 2008, 498.
568 OLG Düsseldorf, 04.10.1990 – 10 U 93/90, NJW-RR 1991, 137; Zöller/Vollkommer, ZPO, 25. Aufl. 2005, § 938 Rn. 12; Sternel, Mietrecht, II Rn. 594; Kluth/Grün, NZM 2002, 473, 475 mit ausführlicher Meinungsdiskussion und Antragsformulierungen.

282 Formulierungsvorschlag: Antrag auf Erlass einer einstweiligen Verfügung bei drohender Doppelvermietung[569]

> In dem Verfahren
>
> (Rubrum)
>
> wird beantragt,
>
> durch einstweilige Verfügung wie folgt zu beschließen:
>
> Der Antragsgegnerin wird aufgegeben, es zu unterlassen, die Büroräume im Gebäude ....., Prinz-Friedrich-Karl-Straße ..... in 44135 Dortmund, 2. Stock links, der Firma XY, (bisher) geschäftsansässig Kaiserstraße ....., 44135 Dortmund, zu übergeben oder ihr anderweitig Besitz an diesen Räumen zu verschaffen.

283 Formulierungsvorschlag: Zusätzlicher Antrag auf Erlass einer einstweiligen Verfügung ohne mündliche Verhandlung

> In dem Verfahren
>
> (Rubrum)
>
> wird beantragt,
>
> durch einstweilige Verfügung – wegen der besonderen Dringlichkeit ohne mündliche Verhandlung, hilfsweise mit mündlicher Verhandlung – wie folgt zu beschließen: .....

284 Formulierungsvorschlag: Zusätzlicher Antrag auf Festsetzung eines Ordnungsgeldes

> Dem Antragsgegner wird aufgegeben, zur Vermeidung eines Ordnungsgeldes bis zur Höhe von 250.000,00 € (ersatzweise Ordnungshaft für den Fall, dass das Ordnungsgeld nicht beigetrieben werden kann) oder einer Ordnungshaft bis zu sechs Monaten, es zu unterlassen .....

VI. Streitwert

285 Der Streitwert einer **Klage auf Abschluss eines Mietvertrages** soll sich – weil Klage auf Abgabe einer Willenserklärung – nach einer verbreiteten Auffassung gem. § 48 Abs. 1 Satz 1 GKG i.V.m. §§ 3, 9 ZPO nach dem wirtschaftlichen Interesse des Klägers am angestrebten Vertragsabschluss richten, welches i.d.R. der 3,5-fachen Netto-Jahresmiete zuzüglich USt entspricht.[570] Dabei ist richtig, dass sich der Wert einer Klage auf Abgabe einer Willenserklärung nach § 3 ZPO richtet. Den Wert des angestrebten Vertragsverhältnisses bestimmt aber § 25 KostO (dreifache Jahresmiete bei unbefristeten Verträgen, Miete der gesamten Laufzeit begrenzt auf max. 20 Jahre bei befristeten Miet- und Pachtverträgen), sodass dieses Regelungen vorrangig sind.

---

569 Bitte beachten: nach h.M. unzulässig.
570 OLG Saarbrücken, 26.11.2009 – 8 W 348/09, InfoM 2010, 88 = RVGReport 2010, 239; OLG Bremen, 29.01.1993 – 2 W 166/92, juris; OLG Hamburg, MDR 1970, 333.

Wird in einem **Prozessvergleich ein neues Mietverhältnis begründet** und zugleich das bisherige, bestrittene Mietverhältnis für beendet erklärt, ist die Jahresmiete dieses Vertragsverhältnisses für den Wert maßgebend.[571]

VII. Vertragsgestaltung

Um den oben genannten Problem beim **Vertragsschluss unter Abwesenden** zu entgehen, empfiehlt es sich, gem. § 148 BGB **eine Frist für die Annahme** des Angebotes zu setzen. Wird eine konkrete Annahmefrist bestimmt, gilt diese.[572] Die Frist kann auch in Begleitschreiben gesetzt werden, da dies die Schriftform des § 550 BGB nicht verletzt.[573] Sie kann durch den Antragenden auch verlängert werden.

286

Im Idealfall wird diese Frist direkt als Vereinbarung in den Mietvertrag oder den Nachtrag eingearbeitet. Erfolgt dies **formularvertraglich**, darf die Frist den Vertragspartner nicht unangemessen gem. § 307 BGB benachteiligen. Ist die Frist wesentlich länger als die in § 147 Abs. 1 BGB bestimmte, übersteigt sie also den Zeitraum erheblich, der für die Übermittlung der Erklärungen notwendig ist und eine angemessene Bearbeitungs- und Überlegungsfrist einschließt, so ist die Fristbestimmung nur wirksam, wenn der Verwender daran ein **schutzwürdiges Interesse** hat, hinter dem das Interesse des Kunden an baldigem Wegfall seiner Bindung zurückstehen muss. Eine formularmäßige Bindefrist von über einem Monat über Mieträume in einem noch zu errichtenden Einkaufszentrum ist nicht unangemessen lang.[574] Auch ein Zeitraum von sechs Wochen benachteiligt nicht unangemessen.[575]

VIII. Arbeits- und Beratungshilfen

1. Schnellüberblick Grundsatz-Rechtsprechung des BGH

287

Thema/Normen	Leitsatz	Entscheidung, Fundstelle
Vertragsabschluss und Einigungsmangel: Kann ein Vertrag zustande kommen, obwohl die Miethöhe noch nicht feststeht?	Auch wenn es an einer Einigung über bestimmte essentialia negotii (hier: Miethöhe) fehlt, muss der Vertrag (hier: Vertragsfortsetzung) nicht endgültig scheitern. Solange die Parteien ihre Verhandlungen nicht endgültig abgebrochen haben, können sie die Einigungslücke vielmehr auch nachträglich (hier: nach rund 9 Monaten) schließen.	BGH, 08.10.2008 – XII ZR 66/06, InfoM 2009, 14

---

571 OLG Düsseldorf, 09.06.2008 – 24 W 17/08, NZM 2009, 321 = NJW-RR 2008, 1697.
572 OLG Düsseldorf, 15.06.2009 – I-24 U 210/08, IMR 2010, 230 = GE 2009, 1556 = InfoM 2010, 72 = MDR 2009, 1385.
573 BGH, 24.02.2010 – XII ZR 120/06, IMR 2010, 180 = GuT 2010, 93 = NZM 2010, 319 = GE 2010, 614 = NJW 2010, 1518 = MDR 2010, 617.
574 KG, 27.03.2006 – 8 U 57/05, NZM 2007, 86 = IMR 2007, 119 = InfoM 2007, 72 f.; ebenso OLG Düsseldorf, 08.09.2000 – 22 U 39/00, LNRO 2000, 20034 zum Kauf der Einrichtung einer Zahnarztpraxis und OLG Brandenburg, 30.06.2005 – 5 U 118/03, BauR 2005, 1685 zur Angebotsbindung beim Kauf einer Eigentumswohnung; anders LG Bremen, 09.09.2003 – 1 O 565/03, NJW 2004, 1050: zehn Tage bei Gebrauchtwagenkauf sind zu lang.
575 BGH, 06.03.1986 – III ZR 234/84, MDR 1986, 827 = NJW 1986, 1807; KG, InfoM 2007, 72.

Doppelvermietung	Bei einer Doppelvermietung von Gewerberaum kommt ein Anspruch des nicht besitzenden (Erst-) Mieters gegen den Vermieter auf Herausgabe der durch die weitere Vermietung erzielten Miete nach § 281 BGB a.F. jedenfalls dann nicht in Betracht, wenn der (nicht besitzende) Mieter die Mietsache nicht in der Weise hätte nutzen dürfen wie der Zweitmieter. Insoweit fehlt es an der gemäß § 281 BGB a.F. erforderlichen Identität zwischen geschuldetem Gegenstand und dem, für den Ersatz verlangt worden ist.	BGH, 10.05.2006 – XII ZR 124/02, GuT 2006, 124 = IMR 2006, 8 = NZM 2006, 538 = InfoM 2006, 186 = MDR 2006, 1396
Präambel	Der Vermieter haftet auch für zugesicherte Eigenschaften, die in einer Präambel enthalten sind (Anschl. an BGH v. 26.5.2004 – XII ZR 149/02). Es muss sich allerdings um generell zusicherungsfähige Eigenschaften handeln. Eine quantitativ und qualitativ hochwertige Mieterstruktur ist keine zusicherungsfähige Eigenschaft (Anschl. an BGH v. 16.2.2000 – XII ZR 279/97).	BGH, 21.09.2005 – XII ZR 66/03, InfoM 2006, 23 = MDR 2006, 506
Vormietrecht	Aufgrund eines Vormietrechts ist der Berechtigte befugt, durch einseitige Erklärung gegenüber dem Verpflichteten ein Mietverhältnis mit dem Inhalt zu begründen, wie es der Verpflichtete mit dem Dritten abgeschlossen hat (BGHZ 55, 71, 74 = NJW 1971, 422). Für einen wirksamen Verzicht auf ein Vormietrecht ist der Abschluss eines Erlassvertrages erforderlich. Der aufgrund eines Vormietrechts Berechtigte hat analog § 510 BGB a.F. ein Auskunftsrecht gegenüber dem Verpflichteten um überprüfen zu können, ob die Ausübung des Vormietrechts möglich und sinnvoll ist (BGH, NJW 1971, 422, 423 f.).	BGH, 03.07.2002 – XII ZR 39/00, NZM 2002, 910, 913
Vorvertrag	Die für einen Vorvertrag erforderliche Einigung über die Miete liegt vor, wenn diese – notfalls mit sachverständiger Hilfe – bestimmbar ist. Selbst ohne jegliche Vereinbarung über die Miete kann ein Mietvertrag zustande kommen, sofern sich die Parteien bindend über eine entgeltliche Überlassung des Gebrauchs der Mietsache einigen, denn dann kann im konkreten Fall eine angemessene oder ortsübliche Miete als vereinbart gelten (BGH, NJW-RR 1992, 517 = WuM 1992, 312, 313). Der Klageantrag auf Abschluss eines nach einem Vorvertrag geschuldeten Hauptvertrages muss grds. den gesamten Vertragsinhalt umfassen (BGH, NJW-RR 1994, 1272, 1273). Bestimmt genug ist ein Leistungsantrag nur, wenn er alles enthält, was nach den Vorstellungen des Klägers den Inhalt der Verpflichtung des Beklagten zum Abschluss des gewünschten Vertrages bilden soll. Geht es nicht um Details des Mietvertrages oder ist dem Kläger eine Leistungsklage wegen der Besonderheiten des Falles, etwa wegen fehlender Kenntnis der Details der zu errichtenden Räume, nicht möglich, kann auch eine Feststellungsklage zulässig sein.	BGH, 03.07.2002 – XII ZR 39/00, NZM 2002, 910, 912

Modifizierende Annahme, § 150 Abs. 2 BGB	Im Rahmen des § 150 Abs. 2 BGB ist es ohne Bedeutung, ob es sich um wesentliche oder unwesentliche Änderungen handelt. Auch geringfügige, unwesentliche Änderungsvorschläge gegenüber dem unterbreiteten Vertragsangebot führen dazu, dass es für das Zustandekommen des Vertrages einer neuen Erklärung des Vertragspartners bedarf. Eine Ausnahme von diesem Grundsatz gilt lediglich in wenigen, im Gesetz ausdrücklich geregelten Sonderfällen. Im gewerblichen Mietrecht existieren solche Reglungen nicht, eine Analogie ist nicht gerechtfertigt. Keine modifizierende, sondern eine endgültige Annahme liegt vor, wenn der Annehmende - für den Vertragspartner erkennbar - zwar Ergänzungen vorschlägt, aber klar zum Ausdruck bringt, dass er bei einem Beharren des Antragenden auf dem ursprünglichen Angebot dieses Angebot in der ursprünglichen Form auf jeden Fall annimmt und nicht auf seinen Änderungsvorschlägen beharrt. Es handelt sich dann um eine uneingeschränkte Annahme verbunden mit einem Ergänzungs- oder Änderungsangebot. Ob eine derartige Erklärung des Annehmenden so zu verstehen ist, ist im Wege der Auslegung zu ermitteln.	BGH, 18.10.2000 – XII ZR 179/98, DWW 2001, 300 = NZM 2001, 42 = WuM 2001, 112 = MDR 2001, 207
Abschluss eines neuen Mietvertrags nach fristloser Kündigung	Wird ein auf längere Zeit als ein Jahr geschlossener Mietvertrag über ein Grundstück vorzeitig fristlos gekündigt, einigen sich die Vertragspartner aber später auf eine Fortsetzung des Mietverhältnisses, dann liegt darin der Abschluss eines neuen Mietvertrags. Soll dieser für längere Zeit als ein Jahr gelten, unterliegt er dem Schriftformerfordernis des § 566 BGB (jetzt § 550 BGB) (im Anschluss an BGH, NJW 1974, 1081 = LM § 566 BGB Nr. 22).	BGH, 24.06.1998 – XII ZR 195/96, NZM 1998, 629 = DWW 1998, 276 = ZMR 1998, 612 = MDR 1998, 1216

2. Schnellüberblick aktuelle Rechtsprechung der Instanzgerichte

Thema/Normen	Leitsatz	Entscheidung, Fundstelle
Kein Dissens bei genauer Bezeichnung des Mietobjekts	Der Mietgegenstand ist hinreichend bestimmt bezeichnet, wenn die Anschrift der vermieteten Gewerbeeinheit genannt und die vermieteten Flächen mit „im Erdgeschoss" ... „links" ... gelegenes „Ladenlokal vorne, 2 Räume hinten und Souterrain" beschrieben ist.	OLG Düsseldorf, 30.08.2010 – 24 U 5/10, IMR 2010, 523

Vermieter = Eigentümer?	Der Vermieter benötigt zum Abschluss eines Mietvertrages weder Eigentum noch Besitz an der vermieteten Sache. Nach § 535 Abs. 1 S. 1 BGB hat er dem Mieter lediglich den Gebrauch der Mietsache während der Mietzeit zu gewähren. Wie er dies bewerkstelligt, fällt allein in sein Beschaffungsrisiko und etwaige entgegenstehende Rechte Dritter führen als Rechtsmangel nach § 536 Abs. 3 BGB erst dann zu einer Gebrauchsentziehung, wenn der Dritte seine Rechte so geltend gemacht, dass der Gebrauch der Mietsache durch den Mieter beeinträchtigt wird (vgl. Palandt/Weidenkaff, BGB, 68. Aufl., § 536, Rn. 29 m.w.N.).	OLG Brandenburg, 03.03.2010 – 3 U 108/09
Anspruch auf Mietzins aus Vorvertrag, § 154 Abs. 2 BGB	Aus einem Mietvorvertrag kann der Vermieter nicht allein Anspruch auf den in Aussicht genommenen Mietzins erheben.	OLG Düsseldorf, 22.06.2009 – I-24 U 178/08, MDR 2009, 1333
Annahmefrist § 147 BGB	4 1/2 Wochen sind für die Annahme eines Geschäftsraummietvertrages zu lang, wenn nur noch Unterzeichnung durch Geschäftsführer des ansonsten komplett durchverhandelten Vertrags erfolgen muss. Eine Ausnahme gilt, wenn der Anbieter eine entsprechend lange Annahmefrist bestimmt hat.	OLG Düsseldorf, 15.06.2009 – I-24 U 210/08, IMR 2010, 230 = GE 2009, 1556 = InfoM 2010, 72 = MDR 2009, 1385
Schadensersatzanspruch des Mieters bei Doppelvermietung	Jede Doppelvermietung begründet Ansprüche des Mieters aus § 536 a) Abs. 1 i.V.m. § 536 Abs. 3 BGB wegen eines Rechtsmangels.	OLG Brandenburg, 25.02.2009 – 3 U 54/08, IMR 2009, 312
Vorverhandlungen oder schon Mietvertrag? BGB §§ 154, 249, 280, 539, 546a, 550, 578	1. Nach § 154 Abs. 1 BGB ist ein Vertrag im Zweifel nicht zu Stande gekommen, solange sich die Partner nicht über alle Punkte verständigt haben, über die nach der Erklärung auch nur einer Seite eine Vereinbarung getroffen werden soll; ob es sich dabei um für das Rechtsgeschäft wesentliche handelt, spielt keine Rolle. 2. Fixieren die Parteien eines Mietvertrags Vereinbarungen schriftlich, in denen ausdrücklich festgehalten ist, dass ein schriftlicher Mietvertrag noch abgeschlossen werden soll, so haben diese Vereinbarungen vor Unterzeichnung der Mietvertragsurkunde keine rechtliche Bindung. Vielmehr handelt es sich hierbei um eine sog. Punktation im Sinne von § 154 Abs. 1 Satz 2 BGB, also eine an sich noch unverbindliche Niederschrift betreffend die Verständigung in Einzelfragen während noch laufender Verhandlungen.	OLG Brandenburg, 25.03.2009 – 3 U 172/07
Voraussetzungen für die Annahme eines Scheingeschäfts	Zu den Voraussetzungen für die Annahme eines Scheingeschäfts.	KG, 04.08.2008 – 8 U 49/08, IMR 2009, 235

3. Checkliste

> **Hinweis:**
> Diese Checkliste dient weniger der juristischen als der kaufmännischen Prüfung. Es soll die Rentabilität der Anmietung ermittelt werden, indem dem Mieter ein Überblick über die auf ihn zukommenden Kosten verschafft wird.

289

Checkliste: Kosten einer Anmietung

- ☐ Kosten in der Anmietungsphase.
- ☐ Flächenbeschaffungskosten (Makler- und Beratungskosten; Kosten durch Personalbindung im eigenen Unternehmen bzgl. Spezifikation von Angeboten, Analysen, Objektsuche, interne Abstimmung etc.).
- ☐ Planung der Flächen: Planung durch einen Architekten; kalkulatorische Kosten für Abstimmung/Planung im eigenen Unternehmen.
- ☐ Kosten der Vorbereitung des Vertragsschlusses: Prüfung und Verhandlung des Miet- oder Pachtvertrages durch einen Spezialisten (Fachanwalt für Mietrecht).
- ☐ Betriebsinterne Kosten für Abstimmung/Entscheidungen.
- ☐ Kosten der Standortverlagerung: Umzugskosten, Kosten für Ummeldungen, Umbau- und Entsorgungskosten im bisherigen Standort, Kosten einer möglichen Doppelmiete, Arbeitsausfälle im eigenen Unternehmen.
- ☐ Investitionen am neuen Standort: Einrichtungen der Flächen (Technik, Server, Netzwerk), mieterseitige Ein- und Umbauten, neue Möbel, neue Technik etc.
- ☐ Kosten während der Laufzeit des neuen Vertrages.
- ☐ Miete/Pacht für die Hauptflächen, Nutzungsflächen.
- ☐ Miete/Pacht für Nebenflächen wie Stellplätze, Werbeflächen.
- ☐ Betriebskosten.
- ☐ Kosten für vereinbarte Schönheitsreparaturen/Renovierungsmaßnahmen, Instandhaltungen und Instandsetzungen.
- ☐ Avalkosten für eine Bürgschaft, Zinsausfall für eine Barkaution.
- ☐ Kosten der Rechtsberatung durch einen Spezialisten (Fachanwalt für Mietrecht).
- ☐ Bei größeren Objekten: Kosten der internen Verwaltung.
- ☐ Kosten bei der Beendigung des Mietverhältnisses.
- ☐ Entfernung von Ein- und Umbauten (soweit vereinbart oder für den Vermieter nicht objektiv zur Weitervermietung nutzbar).
- ☐ Abschlussrenovierung.
- ☐ Kosten der Rechtsverfolgung bei streitiger Auseinandersetzung.
- ☐ Weiterlaufende Kosten bei verspäteter Rückgabe der Mietsicherheit (Bürgschaft, Kaution).

- ☐ Endabwicklung der Betriebskosten meist erst einige Monate nach Beendigung des Mietverhältnisses.
- ☐ Optimierung des Mietverhältnisses im laufenden Vertrag.
- ☐ Einmal geschlossene Miet- und Pachtverträge sind zwar für die Dauer ihrer Laufzeit verbindlich, dies hindert den Mieter/Pächter jedoch nicht, mit dem Vermieter ggf. in neue Verhandlungen einzutreten, wenn sich seine Verhältnisse verändern. Möglichkeiten einer wirtschaftlichen Optimierung können z.B. sein:
  - ☐ vorzeitige Beendigung eines Mietvertrages im Einverständnis mit dem Vermieter,
  - ☐ Anpassung/Änderung eines Mietvertrages mit Einverständnis des Vermieters,
  - ☐ Untervermietung aller Flächen oder z.B. nicht benötigter Teilflächen.

4. Formulierungsbeispiel bei drohender Doppelvermietung

Formulierungsvorschlag: Prozessantrag auf Erlass einer einstweiligen Verfügung

In dem Verfahren (Rubrum)

wird beantragt, durch einstweilige Verfügung wie folgt zu beschließen:

Der Antragsgegnerin wird aufgegeben, es zu unterlassen, die Büroräume im Gebäude, Prinz-Friedrich-Karl-Straße..... in 44135 Dortmund, 2. Stock links, der Firma XY, (bisher) geschäftsansässig Kaiserstraße ....., 44135 Dortmund, zu übergeben oder ihr anderweitig Besitz an diesen Räumen zu verschaffen.

[Zusätzlicher Antrag auf Erlass einer einstweiligen Verfügung ohne mündliche Verhandlung:]

In dem Verfahren (Rubrum)

wird beantragt, durch einstweilige Verfügung – wegen der besonderen Dringlichkeit ohne mündliche Verhandlung, hilfsweise mit mündlicher Verhandlung – wie folgt zu beschließen: .....

[Zusätzlicher Antrag auf Festsetzung eines Ordnungsgeldes:]

Dem Antragsgegner wird aufgegeben, zur Vermeidung eines Ordnungsgeldes bis zur Höhe von 250.000,00 € (ersatzweise Ordnungshaft für den Fall, dass das Ordnungsgeld nicht beigetrieben werden kann) oder einer Ordnungshaft bis zu sechs Monaten, es zu unterlassen .....

§ 6 Form des Mietvertrages

				Rn.
I.	Einführung in die Problematik des § 550 BGB			291
II.	Sinn und Zweck der gesetzlichen Schriftform			295
III.	Rechtsfolgen eines Formmangels			299
IV.	Voraussetzungen der gesetzlichen Schriftform			303
	1.	Übersichts-Checkliste		303
	2.	Vertragsdauer von mehr als einem Jahr		305
	3.	Unterzeichnung der gesamten Urkunde		306
		a)	Räumliche Anforderungen	307
		b)	Personelle Anforderungen	309
			aa) Überblick	309
			bb) AG	312
			cc) Eheleute	313
			dd) Erbengemeinschaft	314
			ee) GbR	315
			ff) GmbH	320
			gg) KG	324
			hh) OHG	325
		c)	Förmliche Anforderungen	326
	4.	Beurkundung des wesentlichen Vertragsinhalts		330
		a)	Grundsätze	330
		b)	Parteien des Mietvertrages	336
		c)	Mietobjekt (Größe, Fläche, Lage, Ausstattung etc.)	337
		d)	Höhe der Miete, Betriebskosten, Fälligkeit der Miete, Zahlung	346
		e)	Mietdauer/Mietzeit/Mietbeginn/Zeitpunkt der Übergabe/Optionsvereinbarung	347
		f)	Nicht (ordnungsgemäß) dokumentiert Annahme des Vertragsangebotes als Schriftformmangel?	357
			aa) Verspätete Annahme	357
			bb) Annahme mit Änderungen, § 150 Abs. 2 BGB	362
		g)	Alphabetische Tabelle zur Wesentlichkeit diverser Vertragsinhalte	366
	5.	Einheitliche Urkunde, Anlagen		367
		a)	Körperlich feste Verbindung, Auflockerungsrechtsprechung	367
		b)	Grundsätze zu Anlagen zum Miet-/Pachtvertrag	370
		c)	Einzelheiten	372
V.	Nachträgliche Änderungen~Ergänzungen des ursprünglich formwirksamen Vertrages, Nachträge			377
	1.	Problematik und Grundsätze		377
	2.	Voraussetzungen eines wirksamen Nachtrages		382
		a)	Dokumentation der wesentlichen Änderungen	383
		b)	Unterzeichnung des Nachtrags	385
		c)	Bezugnahme auf den Hauptvertrag	386
	3.	Typische spätere Änderungen und Beurteilung der Wesentlichkeit		388
		a)	Hinzunahme neuer Mietflächen	388
		b)	Änderungen der Vertragslaufzeit	390
		c)	Änderungen bei den Vertragsparteien	391
		d)	Änderungen der Miete bzw. der Zahlungsmodalitäten	397
		e)	Änderung der Betriebskosten	407
		f)	Vertragsverlängerung, insb. durch Optionsausübung	408
VI.	Kein Schriftform-Thema: Zustandekommen des Vertrages			417
VII.	Heilung eines Schriftformmangels, einvernehmliche Nachholung der Schriftform			419
VIII.	Schriftformverletzung durch Verlust der Vertragsurkunden			423
IX.	Treuwidrige Berufung auf den Formmangel, unzulässige Kündigung nach Treu und Glauben			428
	1.	Treuwidrigkeit des Einwands fehlender Schriftform		428
	2.	Fehlende Schutzwürdigkeit wegen Kenntnis des Schriftformmangels bei Vertragsabschluss?		435
X.	Anspruch auf Herbeiführung bzw. Nachholung der Schriftform, „Heilungsklauseln"			439
	1.	Anspruch aus einem Vorvertrag		440
	2.	Anspruch aus einer Salvatorischer Klausel		441
	3.	Anspruch aus Vertrag ohne ausdrückliche Mitwirkungs- oder Heilungsklausel		443
	4.	Anspruch aus Vertrag mit ausdrücklicher Mitwirkungs- oder Heilungsklausel bzw. Kündigungsverzicht		445
		a)	Grundsätze, § 550 BGB als zwingendes Recht	445
		b)	Wirksamkeit bestimmter Klauseln	451
		c)	Ansprüche der Parteien aus wirksamen Klausel	458
		d)	Schädliche Verpflichtung des Grundstückserwerbers?	459
XI.	Treuwidrigkeit der Kündigung trotz wirksamer Mitwirkungs-/Heilungsverpflichtung			463
	1.	Meinung 1 – eine Kündigung trotz vertraglich vereinbarter Schriftform-Heilungsklausel ist treuwidrig:		464
	2.	Meinung 2 – eine sofortige Kündigung ist nicht treuwidrig:		466

XII.	Vertraglich vereinbarte Form § 127 BGB und Schriftformklauseln		471
XIII.	Notarielle Beurkundung		480
XIV.	Gerichtsverfahren		483
XV.	Streitwert		488
XVI.	Vertragsgestaltung		490
	1. Grundsätzliche Hinweise		490
	2. Formulierungsvorschläge		492
		a) Vereinbarte Schriftform	492
		b) Verbindungsklausel	493
		c) Heilungsklausel	494
XVII.	Arbeits- und Beratungshilfen		495
	1. Schnellüberblick Grundsatz-Rechtsprechung des BGH		495
	2. Schnellüberblick aktuelle Rechtsprechung der Instanzgerichte		496
	3. Checklisten		497
		a) Entwurf von langfristigen Verträgen zur Umgehung von Schriftformproblemen	497
		b) Prüfung/Auslegung von bestehenden Verträgen zum Thema Einheitlichkeit der Vertragsurkunde	498

I. Einführung in die Problematik des § 550 BGB

291 Gewerberaummietverträge können grds. formlos durch übereinstimmende Willenserklärungen zustande kommen. Üblich ist es aber, schriftliche Verträge zu schließen. Die Schriftform gem. § 550 BGB geht formal noch über diese Schriftlichkeit hinaus und gehört zu den **größten Praxisproblemen** des gewerblichen Mietrechts. Die Möglichkeit, über eine verletzte Schriftform aus langfristig bindenden Mietverträgen aussteigen zu können, hat in den Jahren seit etwa 1995 zu einer Flut an Gerichtsverfahren geführt („Fundgrube für einen vertragsunwilligen Vermieter oder Mieter").[576] Es handelt sich um eine in höchstem Maße **formal-juristische Problematik**, die für Laien meist noch nicht einmal mehr ansatzweise verständlich ist. Die gesetzliche Schriftform dürfte das Teilrechtsgebiet aus dem gewerblichen Mietrecht sein, mit dem sich der BGH am häufigsten zu befassen hatte. Die Rechtsprechung zur Schriftform ist nahezu unüberschaubar geworden. Zum besseren Verständnis der folgenden Erläuterungen wird zunächst der Gesetzestext von § 550 BGB wiedergegeben:

> „Wird der Mietvertrag für längere Zeit als ein Jahr nicht in schriftlicher Form geschlossen, so gilt er für unbestimmte Zeit. Die Kündigung ist jedoch frühestens zum Ablauf eines Jahres nach Überlassung des Wohnraums zulässig."

292 Ein nicht schriftlich abgeschlossener Gewerberaummietvertrag ist daher keinesfalls nichtig oder ungültig. Der Mietvertrag gilt vielmehr **für unbestimmte Zeit geschlossen** und kann daher nach Ablauf eines Jahres nach Überlassung der Mietsache innerhalb der gesetzlichen Frist gekündigt werden (bei Mietbeginn begrenzt auf den Schluss des ersten Jahres nach dem vertraglich bestimmten Zeitpunkt der Überlassung, § 550 Satz 2 BGB).

293 § 550 BGB ist trotz seiner systematischen Stellung bei Wohnraum über § 578 BGB auch auf Geschäftsräume anzuwenden; für den **Pachtvertrag** gelten inhaltlich identisch §§ 581 Abs. 2, 550 BGB, für den Landpachtvertrag §§ 585a BGB, 594a Abs. 1 Satz 1 BGB. Die Vorschrift gilt wegen der Formulierung des § 578 BGB („Grundstücke") ferner für alle Arten von Mietverträgen von unbebauten und bebauten Grundstücken und Grundstücks- bzw. Gebäudeteilen.

Die gesetzliche Schriftform des § 550 BGB richtet sich inhaltlich nach dem strengen **§ 126 BGB**. Nach § 126 Abs. 1 BGB muss die Urkunde vom Aussteller eigenhändig durch Namens-

---

576 So Wieck, Gut 2009, 365.

unterschrift oder notarielle beglaubigtes Handzeichen unterzeichnet werden, wenn „*durch Gesetz schriftliche Form vorgeschrieben*" ist.[577] Die Textform nach § 126b BGB als ein Minus zur Schriftform des § 126 BGB erfüllt keinen der von § 126 BGB bezweckten klassischen Formzwecke (Warn-, Beweis-, Identifikationsfunktion).

Formbedürftig ist nach der Rechtsprechung des BGH nur der wesentliche Vertragsinhalt. Vereinbarungen, die nach dem Parteiwillen nur unwesentliche Punkte betreffen oder Vereinbarungen, die einen Grundstückserwerber nicht binden, unterliegen nicht der Schriftform (dazu ausführlich nachfolgend). Ob eine Urkunde die Schriftform wahrt oder nicht, ist grds. nur aus der Sicht des **Zeitpunkts ihrer Unterzeichnung** zu beurteilen. Spätere tatsächliche Geschehnisse können die Wahrung der Form nicht mehr infrage stellen.[578] Unerheblich ist daher bspw., ob die Heftung einer Mietvertragsurkunde nach Vertragsschluss an der oberen linken Kante zu einem kleinen Teil gelöst wurde.[579] Der Zeitpunkt, auf den für die Prüfung des Schriftformverstoßes abzustellen ist, ist allein der Abschluss des Ursprungsvertrages oder bei nachträglichen Änderungen die Nachtragsvereinbarung. 294

II. Sinn und Zweck der gesetzlichen Schriftform

Um die schwierigen Problematiken des § 550 BGB verstehen zu können, ist es hilfreich, sich mit Sinn und Zweck der Norm zu befassen, weil dann die lebensfremd erscheinenden strengen formellen Anforderungen der Rechtsprechung transparenter werden. 295

Die Schriftform dient in erster Linie dem **Schutz eines Erwerbers** und nicht den Interessen der Vertragsparteien.[580] Geschützt wird primär das Informationsinteresse eines potenziellen Grundstückserwerbers, der nach dem Grundsatz „Kauf bricht nicht Miete" (§ 566 BGB)[581] durch den Kauf in sämtliche Mietverträge verbindlich eintritt, gleich ob er deren vollständigen Inhalt kennt oder nicht. Bereits das RG hatte den Schutzzweck des § 550 BGB (= § 566 BGB a.F.) dahin beschrieben, dass „*der Erwerber in die Lage versetzt werden sollte, die Mietbelastungen an der Hand der vorhandenen Urkunden zu prüfen und sich so vor nachträglicher Überraschung* 296

---

577 Zum eher theoretischen Streit, ob der durch die Mietrechtsreform 2001 sprachlich leicht modifizierte § 550 BGB ggü. der früheren Version nicht mehr eine gesetzliche, sondern womöglich nur noch eine gewillkürte Schriftform vorschreibt, Neuhaus, Handbuch der Geschäftsraummiete, 2. Aufl., Rn. 131 ff.
578 BGH, 24.02.2010 – XII ZR 120/06, IMR 2010, 180 = GuT 2010, 93 = NZM 2010, 319 = GE 2010, 614 = NJW 2010, 1518 = MDR 2010, 617 unter II. 1.; BGH, 02.05.2007 – XII ZR 178/04, NZM 2007, 443 = IMR 2007, 210 = InfoM 2007, 216 = MDR 2007, 1063 = NJW 2007, 3273, 3274 f.; OLG Düsseldorf, 25.02.2010 – 10 U 40/09, IMR 2011, 18; OLG Jena, 13.03.2008 – 1 U 130/07, InfoM 2009, 224.
579 OLG Düsseldorf, 25.02.2010 – 10 U 40/09, IMR 2011, 18.
580 BGH, 02.06.2010 – XII ZR 110/08, GuT 2010, 231 = NZM 2010, 704; BGH, 27.11.2009 – LwZR 15/09, NZM 2010, 280 = InfoM 2010, 279 = NZG 2010, 314 = MDR 2010, 377 (Landpachtvertrag); BGH, 24.02.2010 – XII ZR 120/06, IMR 2010, 180 = GuT 2010, 93 = NZM 2010, 319 = GE 2010, 614 = NJW 2010, 1518 = MDR 2010, 617 unter II. 2. a); BGH, 04.11.2009 – XII ZR 86/07, GuT 2009, 402 unter 2. b) bb) (1) = IMR 2010, 9 = NZM 2010, 82 = MDR 2010, 133; BGH, 07.05.2008 – XII ZR 69/06, IMR 2008, 231, 232 = GuT 2008, 284 = MDR 2008, 851; BGH, 04.04.2007 – VIII ZR 223/06, NZM 2007, 399; BGH, 02.11.2005 – XII ZR 233/03, GuT 2006, 10, 11 unter 2. a) cc) = NZM 2006, 104; OLG Koblenz, 05.08.2010 – 2 U 159/10; OLG Stuttgart, 26.04.2010 – 5 U 188/09, MDR 2010, 1245; OLG Frankfurt am Main, 02.01.2009 – 15 U 129/08, IMR 2009, 86 = InfoM 209, 168; KG, 28.02.2005 – 12 U 74/03, NZM 2005, 457 = GuT 2005, 151 = ZMR 2005, 618.
581 Auf gewerbliche Miete anwendbar über § 578 Abs. 1 BGB.

durch ihm nicht bekannt gegebene langfristige Mietverträge zu schützen";[582] der Erwerber „soll durch das Gebot der Schriftlichkeit ... in die Lage versetzt werden, den Inhalt der Mietbelastung, soweit sie sich auf länger als 1 Jahr erstreckt, an der Hand schriftlicher Unterlagen zu prüfen".[583] Wer dies nicht kann, soll sich nach dem Willen des Gesetzgebers möglichst schnell wieder vom Mietvertrag lösen können.

297 Sinn und Zweck der Schriftform ist es hingegen nicht, einem Käufer Gewissheit darüber zu verschaffen, ob **der Mietvertrag wirksam zustande gekommen** ist oder noch besteht.[584] § 550 BGB verfolgt nicht den Zweck, es dem Grundstückserwerber zu ermöglichen, sich **allein** anhand der Urkunde Gewissheit über das Zustandekommen oder den Fortbestand eines langfristigen Mietvertrages zwischen dem Veräußerer und dem Mieter zu verschaffen.[585] Eine solche Gewissheit kann eine der Schriftform genügende Mietvertragsurkunde nicht zu erbringen, denn das Zustandekommen eines Mietvertrages hängt von zahlreichen Umständen ab, die sich nicht aus der Urkunde ergeben müssen. Eine nicht in den Anwendungsbereich des § 550 BGB fallende Frage ist es daher, ob ein Grundstückskäufer den Kaufvertrag wegen Täuschung rückgängig machen kann.

298 Darüber hinaus dient die Schriftform des § 550 BGB aber auch dazu, die **Beweisbarkeit** langfristiger Abreden zwischen den ursprünglichen Vertragsparteien sicherzustellen und diese vor der unbedachten Eingehung langfristiger Bindungen zu schützen.[586] Neben dem Schutz des Erwerbers hat § 550 BGB also eine – nachrangige – **Warn- und Beweisfunktion**.[587]

III. Rechtsfolgen eines Formmangels

299 Formmängel ändern nichts an der **Wirksamkeit des Mietvertrages**, sondern machen ihn (nur) vorzeitig kündbar. Denn nach § 550 Abs. 1 Satz 2 BGB gilt der ohne Einhaltung der Schriftform geschlossene Vertrag als auf unbestimmte Zeit geschlossen und ist damit „normal" kündbar. Es gilt die **Kündigungsfrist** des § 580a BGB. Nach § 550 Abs. 1 Satz 2 BGB i.V.m. § 578 BGB ist die Kündigung frühestens zum Ablauf eines Jahres nach Überlassung der Geschäftsräume zulässig. Der Vertrag kann also zum Schluss des ersten Jahres, gerechnet ab Vertragsschluss, gekündigt werden.[588] **Beim nicht vollzogenen Mietvertrag** ist Ausgangspunkt für die Berech-

---

582 RG, 10.01.1922 – III 512/21, RGZ 103, 381, 384.
583 RG, 02.11.1932 – IX 284/32, HRR 1933 Nr. 873.
584 BGH, 24.02.2010 – XII ZR 120/06, IMR 2010, 180 = GuT 2010, 93 = NZM 2010, 319 = GE 2010, 614 = NJW 2010, 1518 = MDR 2010, 617 unter II. 2. a); BGH, 29.04.2009 – XII ZR 142/07, GuT 2009, 173 = IMR 2009, 303 = NZM 2009, 515 = InfoM 2009, 220 = NJW 2009, 2195 = MDR 2009, 1035; BGH, 19.09.2007 – XII ZR 121/05, GuT 2007, 353 = IMR 2007, 347 = InfoM 2007, 313 = MDR 2007, 141; KG, 05.07.2007 – 8 U 182/06, GuT 2007, 316 = IMR 2007, 281 = NZM 2007, 731 unter 2.
585 KG, 05.07.2007 – 8 U 182/06, GuT 2007, 316 = IMR 2007, 281 = NZM 2007, 731 unter 2.
586 BGH, 07.05.2008 – XII ZR 69/06, IMR 2008, 231, 232 = GuT 2008, 284 = MDR 2008, 851; OLG Koblenz, 05.08.2010 – 2 U 159/10.
587 BGH, 02.11.2005 – XII ZR 233/03, GuT 2006, 10, 11 unter 2. a) cc) GuT 2006, 10 = NZM 2006, 104= ZMR 2006, 116 = GE 2006, 184 = NJW 2006, 140; BGH, 18.12.2002 – XII ZR 253/01, GuT 2003, 131 = NZM 2003, 281 = WuM 2003, 417 = NJW 2003, 1248; OLG Koblenz, 05.08.2010 – 2 U 159/10; OLG Stuttgart, 26.04.2010 – 5 U 188/09, MDR 2010, 1245.
588 BGH, 29.10.1986 – VIII ZR 253/85, BGHZ 99, 54 = NJW 1987, 948.

nung des Beginns der Kündigungsfrist der Abschluss des Vertrages, bei Vertragsänderungen der Zeitpunkt der Änderung.[589] **Kündigungsgründe** sind nicht erforderlich.

Wird das Mietverhältnis aufgrund einer Vertragsverletzung des Mieters durch eine Kündigung des Vermieters vorzeitig beendet, kann der Vermieter zwar vom Mieter den ihm hierdurch entstandenen Mietausfall ersetzt verlangen (**Nutzungsausfall**). Kann der Mieter seinerseits das Mietverhältnis wegen Verletzung der Schriftform durch eine ordentliche Kündigung beenden, kann der Vermieter einen Nutzungsausfallschaden nur bis zum Ablauf der nächstmöglichen Kündigungsfrist ab Zugang seiner eigenen Kündigung verlangen.[590]

Schadensersatzansprüche als mittelbare Folge einer Kündigung wegen verletzter Schriftform sind grds. ausgeschlossen, weil es sich um ein berechtigtes Verhalten handelt. Der Vermieter, der auf einem vom Mieter gekauften Grundstück ein Gebäude nach dessen Vorgaben errichtet hat, kann den Mieter, der wegen eines Schriftformfehlers i.S.d. § 550 BGB ordentlich kündigt, nicht erfolgreich auf **Schadensersatz wegen enttäuschten Vertrauens** in Anspruch nehmen; aus dem Grundstückskaufvertrag ergibt sich auch dann kein Schadensersatzanspruch, wenn der Verkäufer den Eindruck erweckt hat, die Immobilie langfristig anmieten zu wollen.[591]

300

301

Ein Schriftformverstoß „infiziert" zudem andere Klauseln, die eine bestimmte Laufzeit des Vertrages voraussetzen. So wird eine **Wertsicherungsklausel**, die nach § 3 PrKG eine Mindestlaufzeit von zehn Jahren voraussetzt, unwirksam.

302

IV. Voraussetzungen der gesetzlichen Schriftform

1. Übersichts-Checkliste

Damit die Schriftform des § 550 BGB gewahrt ist, müssen folgende Voraussetzungen erfüllt werden. Die nachfolgende Checkliste dient auch der Orientierung bei der Prüfung einer Kündigungsmöglichkeit wegen Verletzung der Schriftform:

303

Checkliste: Schriftform

304

- ☐ Vertragsdauer von mehr als einem Jahr?
- ☐ Unterzeichnung der gesamten Vertragsurkunde?
  - ☐ Wurde wirklich unter der Urkunde unterzeichnet?
  - ☐ Haben die richtigen Parteien unterzeichnet?
- ☐ Dokumentation des wesentlichen Vertragsinhalts?
  - ☐ Sind die Essentialia (= vertragswesentliche Umstände) erfasst?
- ☐ Einheitliche Urkunde (= keine Aufsplittung in mehrere separate Teile), § 126 BGB?
  - ☐ Anlagen vorhanden? Einheitlichkeit gewahrt?
  - ☐ Vertragsnachträge als Anlagen vorhanden? Einheitlichkeit gewahrt?

---

589 BGH, 29.10.1986 – VIII ZR 253/85, BGHZ 99, 54 = NJW 1987, 948.
590 OLG Rostock, 02.07.2009 – 3 U 146/08, IMR 2009, 342 = InfoM 2009, 432.
591 OLG Rostock, 23.03.2007 – 3 U 187/06, IMR 2007, 186 = NZM 2007, 733 = MDR 2007, 1187.

2. Vertragsdauer von mehr als einem Jahr

305 § 550 BGB greift nur bei Mietverträgen, die „für längere Zeit als ein Jahr" geschlossen werden. Dies ist unproblematisch bei Zeitmietverträgen, die konkret eine entsprechende Zeit ausweisen. Folgende Grenzfälle werden ebenfalls erfasst:

- Verträge, die auf die Lebenszeit einer der Mietvertragsparteien geschlossen werden. Sie sind Verträge i.S.d. § 544 BGB (Verträge mit mehr als 30 Jahren Laufzeit) und nicht auf unbestimmte Zeit geschlossen, weil sie von beiden Parteien nicht vor Ablauf von 30 Jahren jederzeit gekündigt werden können.
- Verträge, bei denen die Parteien ordentliche Kündigungsrechte für mehr als ein Jahr ausschließen. Die vom BGH gemachten Einschränkungen für Formularklauseln bei Wohnraummiete gelten hier nicht. Erfasst wird sowohl ein genereller Kündigungsverzicht auf alle Kündigungsgründe als auch ein eingeschränkter, einseitiger Kündigungsverzicht, bei dem nur auf bestimmte Gründe verzichtet wird.[592]
- Verträge, bei denen der Mieter die Möglichkeit hat, einseitig im Wege einer Option den Vertrag über ein Jahr hinaus zu verlängern.[593]
- Verträge mit Verlängerungsklauseln, bei denen sich die Laufzeit auf länger als ein Jahr verlängert, wenn nicht eine der Parteien bis zu einem bestimmten Zeitpunkt widerspricht oder kündigt.

3. Unterzeichnung der gesamten Urkunde

306 Die gesamte Vertragsurkunde muss unterzeichnet sein. Die **vollständigen Unterschriften** haben bei der gesetzlichen Schriftform die Funktion der Dokumentation und Bekräftigung des rechtsgeschäftlichen Erklärungswillens; sie sollen abschließend und endgültig belegen, dass der Vertragsinhalt richtig und vollständig ist.

Dies gliedert sich schwerpunktmäßig in einen räumlichen, einen personellen und einen förmlichen Aspekt.

a) Räumliche Anforderungen

307 **Räumlich** setzt die Schriftform zunächst voraus, dass der Vertrag von den Parteien so zu unterschreiben ist, dass die Unterschriften das gesamte Vertragswerk abdecken (vgl. § 126 BGB). Die **Unterschrift** muss daher grds. am Ende der Urkunde stehen, „Zwischen-" und „Oberschriften" sind nicht ausreichend, weil dann der nachfolgend abgedruckte Rest nicht erfasst wird. Nach § 126 Abs. 2 BGB muss die Unterzeichnung der Parteien auf derselben Urkunde erfolgen. **Gegenseitiger Briefwechsel** mit Vertragsänderungen genügt deshalb nicht.[594] Nach § 126 Abs. 2 Satz 2 BGB reicht es aber aus, wenn über den Vertrag mehrere gleichlautende

---

[592] BGH, 09.07.2008 – XII ZR 117/06, IMR 2009, 5 = NZM 2008, 687; BGH, 04.04.2007 – VIII ZR 223/06, NZM 2007, 399 = IMR 2007, 173 (Wohnraum); vgl. auch OLG Düsseldorf, 08.01.2009 – I-24 U 97/08, GuT 2009, 309.
[593] BGH, 24.06.1987 – VIII ZR 225/86, MDR 1988, 45 = NJW-RR 1987, 1227.
[594] BGH, 18.10.2000 – XII ZR 179/98, DWW 2001, 300 = NZM 2001, 42 = WuM 2001, 112 = MDR 2001, 207; BGH, 29.10.1986 – VIII ZR 253/85, BGHZ 99, 54 = NJW 1987, 948.

Urkunden aufgenommen werden und jede Partei die für die andere Partei bestimmte Urkunde unterzeichnet. Es müssen also nicht beide Vertragsexemplare jeweils von Mieter und Vermieter unterzeichnet werden.[595] Das setzt aber voraus, dass jede der beiden Urkunden auch die zum Vertragsschluss notwendige rechtsgeschäftliche Erklärung des Vertragspartners enthält.

Es genügt nicht, wenn eine der unterschriebenen Urkunden nur die Willenserklärung einer Partei enthält und sich die Willensübereinstimmung erst aus der **Zusammenfassung beider Urkunden** ergibt.[596] Ausreichend ist es jedoch, wenn die Vertragsbestimmungen in einem unterzeichneten Schreiben der einen Partei niedergelegt sind, das die andere – mit oder ohne einen das uneingeschränkte Einverständnis erklärenden Zusatz – ihrerseits unterzeichnet hat.[597] Der nochmaligen Unterzeichnung durch die eine Partei unterhalb der Gegenzeichnung der anderen bedarf es nicht.[598] Ob der Vertrag schon zuvor durch mündliche Einigung zustande gekommen war, durch die Gegenzeichnung zustande kommt oder es hierzu erst noch des Zugangs der Gegenzeichnung bedarf, ist für die Frage der Schriftform ohne Belang.[599] Die Schriftform ist auch dann gewahrt, wenn die Vertragsurkunde im Besitz einer Vertragspartei bleibt, während die andere Vertragspartei kein eigenes Exemplar erhält.[600]

308

b) Personelle Anforderungen

aa) Überblick

Personell müssen sämtliche Vertragsparteien die Vertragsurkunde unterzeichnen.[601] Ansonsten fehlt es an dem für die Schriftform erforderlichen Skripturakt, da Unterschriften fehlen oder unvollständig sind. Unterschreibt nur einer von mehreren Mietern oder Vermietern die Urkunde, so ist die Schriftform nicht gewahrt.[602]

309

> **Praxistipp:**
> Weichen die Unterschriften von der Aufzählung im Vertragsrubrum ab, liegt bereits ein Anhaltspunkt für eine Verletzung der Schriftform vor.

Problematisch sind **Vertretungsfälle**, insb. bei Gesellschaften, also wenn bspw. eine GbR aus mehreren Gesellschaftern besteht oder eine GmbH durch mehrere (nicht allein zeichnungsbe-

310

---

[595] BGH, 07.05.2008 – XII ZR 69/06, IMR 2008, 231, 232 = GuT 2008, 284 = MDR 2008, 851.
[596] BGH, 18.10.2000 – XII ZR 179/98, DWW 2001, 300 = NZM 2001, 42 = WuM 2001, 112 = MDR 2001, 207.
[597] BGH, 14.07.2004 – XII ZR 68/02, GuT 2004, 186 = AIM 2004, 176 = NZM 2004, 738 = WuM 2004, 534 = ZMR 2004, 804 = DWW 2004, 293 = GE 2004, 1163 = MDR 2004, 1347 = NJW 2004, 2962.
[598] BGH, 14.07.2004 – XII ZR 68/02, GuT 2004, 186 = AIM 2004, 176 = NZM 2004, 738 = WuM 2004, 534 = ZMR 2004, 804 = DWW 2004, 293 = GE 2004, 1163 = MDR 2004, 1347 = NJW 2004, 2962.
[599] BGH, 14.07.2004 – XII ZR 68/02, GuT 2004, 186 = AIM 2004, 176 = NZM 2004, 738 = WuM 2004, 534 = ZMR 2004, 804 = DWW 2004, 293 = GE 2004, 1163 = MDR 2004, 1347 = NJW 2004, 2962.
[600] KG, 21.12.2006 – 8 U 56/06, InfoM 2007, 178.
[601] BGH, 27.11.2009 – LwZR 15/09, NZM 2010, 280 = InfoM 2010, 279 = NZG 2010, 314 = MDR 2010, 377 (Landpachtvertrag); BGH, 11.09.2002 – XII ZR 187/00, NZM 2002, 950 = AIM 11/2002, 11 = GE 2002, 1326 = NJW 2002, 3389; OLG Nürnberg, 05.08.2004 – 8 U 1809/03, GuT 2005, 4. Krit. dazu, ob fehlende Unterschriften überhaupt den Schutzweck des § 550 BGB betreffen: Wieck, Gut 2009, 365, 366 unter IV. 2.
[602] BGH, 16.07.2003 – XII ZR 65/02, NZM 2003, 801 = NJW 2003, 3053; BGH, 22.02.1994 – LwZR 4/93, NJW 1994, 1649 = BGHZ 125, 175.

fugte) Geschäftsführer vertreten wird. Es geht aber auch um Fälle der Fremdvertretung, etwa Stellvertretung durch eine Hausverwaltung oder einen Anwalt bei Abschluss des Mietvertrags.

311 Die **allgemeinen Grundsätze** lauten wie folgt:
- Ist die Urkunde im Fall einer Personenmehrheit nicht von allen Vermietern oder Mietern unterzeichnet, müssen die vorhandenen Unterschriften deutlich zum Ausdruck bringen, ob sie auch **in Vertretung der nicht unterzeichnenden Vertragsparteien** hinzugefügt wurden.[603] Denn sonst lässt sich der vorliegenden Urkunde nicht eindeutig entnehmen, ob der Vertrag mit den vorhandenen Unterschriften, auch für und in Vertretung der anderen Vertragsparteien, zustande gekommen ist oder ob die Wirksamkeit des Vertrages so lange hinausgeschoben sein soll, bis auch die weiteren Vertragsparteien diesen unterschrieben haben. Der Zusatz „i.V." reicht aus.[604]
- Wird die Vertretung der Vertragspartei durch die den Vertrag unterzeichnende Person allerdings **auf andere Weise deutlich**, z.B. wenn nur **eine** natürliche Person als Mieter oder Vermieter auftritt und eine **andere** Person den Vertrag unterschreibt, ist ein zusätzlicher Vertretungszusatz nicht erforderlich.[605] Es reicht damit aus, wenn sich die Vollmacht des alleinigen Unterzeichners aus objektiven, außerhalb der Urkunde liegenden Umständen ergibt.[606] Nach Auffassung des BGH ist es dann erforderlich, dass die Vertretung „in der Urkunde, wenn auch nur unvollkommen, Ausdruck gefunden hat" bzw. *„in der Urkunde durch einen das Vertretungsverhältnis anzeigenden Zusatz hinreichend deutlich zum Ausdruck"* kommt[607] bzw. *„hinreichend bestimmbar"*[608] ist. Konkretisiert hat der BGH dies nicht. Es wird deshalb auch genügen, wenn mit einem verständlichen Zusatz (etwa: Geschäftsführer) unterzeichnet wird. Der Zusatz „i.A." ist in Ordnung, wenn deutlich wird, dass der Erklärende die Kündigungserklärung auch als eigene mittragen will, also sein eigener Kündigungswille zum Ausdruck kommt.[609]
- Bei **Unterzeichnung ohne Vertretungszusatz** gilt: Sollen die Unterzeichnenden nicht selbst Parteien werden, können ihre Unterschriften in einem Mietvertrag mit „Vermieter-Stempel und rechtsverbindliche Unterschrift(en)" sowie „Mieter-Stempel und rechtsverbindliche Unterschrift(en)" gekennzeichneten Unterschriftzeilen nur bedeuten, dass sie mit

---

[603] BGH, 27.11.2009 – LwZR 15/09, NZM 2010, 280 = InfoM 2010, 279 = NZG 2010, 314 = MDR 2010, 377 (Landpachtvertrag); BGH, 04.11.2009 – XII ZR 86/07 zur AG, GuT 2009, 402 = IMR 2010, 9 = NZM 2010, 82 = MDR 2010, 133 (ausführlich dazu Wieck, Gut 2009, 365); BGH, 07.05.2008 – XII ZR 69/06, IMR 2008, 231 = GuT 2008, 284.

[604] BGH, 04.11.2009 – XII ZR 86/07, GuT 2009, 402 = IMR 2010, 9 = NZM 2010, 82 = MDR 2010, 133.

[605] BGH, 04.11.2009 – XII ZR 86/07 zur AG, GuT 2009, 402 = IMR 2010, 9 = NZM 2010, 82 = MDR 2010, 133; BGH, 07.05.2008 – XII ZR 69/06, IMR 2008, 231 = GuT 2008, 284.

[606] Umkehrschluss aus OLG Rostock, 25.09.2000 – 3 U 75/99, NZM 2001, 46; ähnlich OLG Köln, 14.12.2004 – 22 U 117/04, GuT 2005, 5; angedeutet in BGH, 06.04.2005 – XII ZR 132/03, NZM 2005, 502 = GuT 2005, 143 = InfoM 2005, 146 durch die Formulierung „Derartige Zweifel konnten hier nicht auftreten".

[607] BGH, 15.06.2009 – VIII ZR 307/08, InfoM 2009, 371; BGH, 16.07.2003 – XII ZR 65/02, NZM 2003, 801; BGH, 11.09.2002 – XII ZR 187/00, NZM 2002, 950 = AIM 11/2002, 11 = GE 2002, 1326 = NJW 2002, 3389; BGH, 22.02.1994 – 4-LwZR 4/93, NJW 1994, 1649; s.a. Beisbart, NZM 2004, 293.

[608] BGH, 27.11.2009 – LwZR 15/09, NZM 2010, 280 = InfoM 2010, 279 = NZG 2010, 314 = MDR 2010, 377 (Landpachtvertrag).

[609] BGH, 15.06.2009 – VIII ZR 307/08, InfoM 2009, 371 (Vater kündigt für Sohn i.A. Studentenzimmer: wirksam).

ihren Unterschriften das jeweilige Unternehmen vertreten wollten.[610] Es ist deshalb unerheblich, wenn bspw. ein Prokurist ohne Vertretungszusatz für seine Gesellschaft unterzeichnet: gehört der unterzeichnende Prokurist nicht selbst zu den im Vertrag aufgeführten Mietparteien, ist selbst ohne Vertretungszusatz offensichtlich, dass er nicht im eigenen Namen handelte, sondern den Mietvertrag im Namen der von ihm vertretenen GmbH unterzeichnete, jedenfalls wenn seiner Unterschrift deren Firmenstempel beigefügt ist. Ob der Mietvertrag bereits mit dieser Unterzeichnung wirksam zustande kam oder mangels Vollmacht des Unterzeichnenden erst noch der Genehmigung der von ihm vertretenen GmbH bedurfte, ist keine Frage der Schriftform.[611]

- **Unterzeichnung durch einen vollmachtslosen Vertreter:** Da es nicht Sinn und Zweck der gesetzlichen Schriftform ist, einem Käufer Gewissheit darüber zu verschaffen, ob der Mietvertrag wirksam zustande gekommen ist oder noch besteht,[612] ist die Schriftform nicht verletzt, wenn der Mietvertrag aufseiten einer Partei (nur) von einem als solchen bezeichneten vollmachtslosen Vertreter unterzeichnet wird.[613] Die Urkunde selbst verschafft dem potenziellen Erwerber keine Gewissheit darüber, ob der Vertrag besteht, sondern lediglich darüber, wie die Vertragsbedingungen lauten, in die er eintritt, falls der Vertrag besteht.[614] Das genügt für die Schriftform des § 550 BGB.

Bezogen auf die **verschiedenen Gesellschaftsformen** haben sich folgende Ausprägungen dieser Grundsätze entwickelt:

bb) AG

Nach der gesetzlichen Regelung des § 78 Abs. 2 Satz 1 AktG sind, wenn der Vorstand aus mehreren Personen besteht, sämtliche Vorstandsmitglieder nur gemeinschaftlich zur Vertretung der Gesellschaft befugt. Bei Abschluss eines Mietvertrages durch eine AG ist die Schriftform daher nur gewahrt, wenn alle Vorstandsmitglieder unterzeichnen oder eine Unterschrift den Hinweis enthält, dass das unterzeichnende Vorstandsmitglied auch die Vorstandsmitglieder vertreten will, die nicht unterzeichnet haben.[615] Ob der Vorstand Vertretungsmacht hat und woraus er dies ableitet, ob er also alleinvertretungsberechtigt ist, ist keine Frage der Schriftform, son-

312

---

610 BGH, 15.11.2006 – XII ZR 92/04, NZM 2007, 127 unter 2. b).
611 BGH, 19.09.2007 – XII ZR 121/05, GuT 2007, 353 = IMR 2007, 347 = InfoM 2007, 313 = MDR 2007, 1414; OLG Jena, 13.03.2008 – 1 U 130/07, InfoM 2009, 224; Emmerich, in: Emmerich/Sonnenschein, § 550 BGB Rn. 8 m.w.N.
612 BGH, 24.02.2010 – XII ZR 120/06, IMR 2010, 180 = GuT 2010, 93 = NZM 2010, 319 = GE 2010, 614 = NJW 2010, 1518 = MDR 2010, 617 unter II. 2. a); BGH, 29.04.2009 – XII ZR 142/07, GuT 2009, 173 = IMR 2009, 303 = NZM 2009, 515 = InfoM 2009, 220 = NJW 2009, 2195 = MDR 2009, 1035; BGH, 19.09.2007 – XII ZR 121/05, GuT 2007, 353 = IMR 2007, 347 = InfoM 2007, 313 = MDR 2007, 141; KG, 05.07.2007 – 8 U 182/06, GuT 2007, 316 = IMR 2007, 281 = NZM 2007, 731 unter 2.
613 BGH, 19.09.2007 – XII ZR 121/05, GuT 2007, 353 = IMR 2007, 347 = InfoM 2007, 313 = MDR 2007, 141.
614 BGH, 24.02.2010 – XII ZR 120/06, IMR 2010, 180 = GuT 2010, 93 = NZM 2010, 319 = GE 2010, 614 = NJW 2010, 1518 = MDR 2010, 617 unter II. 2. a).
615 BGH, 04.11.2009 – XII ZR 86/07, GuT 2009, 402 = IMR 2010, 9 = NZM 2010, 82 = MDR 2010, 133: Mieterhöhungsvereinbarung im laufenden Mietverhältnis nur von einem Vorstandsmitglied der Vermieter-AG unterzeichnet (Aufhebung von KG, 24.05.2007 – 8 U 193/06, GuT 2007, 354 = NZM 2007, 803 = IMR 207, 348 = NJOZ 2007, 4878, wonach zur Wahrung der Schriftform ein Vertretungszusatz nicht erforderlich war, wenn nur einer von zwei Vorständen einer AG für diese einen Mietvertrag unterzeichnet); ausführlich dazu Wieck, Gut 2009, 365.

dern der Wirksamkeit des Vertrages; selbst wenn der Vertreter ohne Vertretungsmacht handelt, beeinträchtigt das die Schriftform nicht allein für die Frage, ob die Änderungsvereinbarung überhaupt wirksam zustande gekommen ist.[616] Da aber auch mehrere Vertretungsberechtigte eine Personenmehrheit darstellen, müssen die vorhandenen Unterschriften deutlich zum Ausdruck bringen, dass sie auch in Vertretung der nicht unterzeichnenden Vertragsparteien geleistet worden sind.[617]

> **Praxistipp:**
> Fehlt die Vertretungsbefugnis, ist der Vertrag zunächst schwebend unwirksam. Die Genehmigung des Vertrages kann dann nach § 177 BGB erteilt oder verweigert werden. Dabei ist zu beachten, dass in der Durchführung des Vertrages meist eine stillschweigende Genehmigung liegt, wenn der Vertretene oder ein befugter Vertreter davon Kenntnis hat.[618]

cc) Eheleute

313　Unterschreibt der Ehemann der allein vermietenden Ehefrau den langfristigen Mietvertrag nur mit seinem gleichlautenden Nachnamen und ohne Vertretungszusatz, verletzt dies nicht die Schriftform.[619] Diese Entscheidung ist insb. im Hinblick auf andere Entscheidungen zum Vertretungszusatz und der dortigen Strenge[620] als Ausnahmeentscheidung zu sehen und darf nicht verallgemeinert werden. Grds. gilt nach wie vor: Handelt ein anderer für die Mietvertragspartei, muss die Vertretung deutlich werden. Das gilt auch für Eheleute, was sofort offensichtlich wird, wenn man von einem Fall mit nicht identischen Ehenamen ausgeht.

dd) Erbengemeinschaft

314　Auch ein von einem **Vertreter einer Erbengemeinschaft** abgeschlossener Mietvertrag kann **mangels Rechtsfähigkeit** derselben nicht mit der Erbengemeinschaft als solcher, sondern nur mit den einzelnen Miterben zustande kommen; daher genügt es der Schriftform nicht, wenn als Vermieterin lediglich die Erbengemeinschaft im Vertrag aufgeführt ist, denn diese ist nicht Vertragspartei, da der Vertrag **mit den einzelnen Erben** zustande gekommen ist.[621]

Anders als die GbR ist also eine Erbengemeinschaft nach der Ansicht des BGH **nicht rechtsfähig**.

616　BGH, 04.11.2009 – XII ZR 86/07, GuT 2009, 402 = IMR 2010, 9 = NZM 2010, 82 = MDR 2010, 133; KG, 24.05.2007 – 8 U 193/06, GuT 2007, 354 = NZM 2007, 803 = IMR 207, 348 = NJOZ 2007, 4878.
617　BGH, 04.11.2009 – XII ZR 86/07, GuT 2009, 402 = IMR 2010, 9 = NZM 2010, 82 = MDR 2010, 133 (Aufhebung von KG, 24.05.2007 – 8 U 193/06, GuT 2007, 354 = NZM 2007, 803 = IMR 207, 348 = NJOZ 2007, 4878, wonach zur Wahrung der Schriftform ein Vertretungszusatz nicht erforderlich war, wenn nur einer von zwei Vorständen einer AG für diese einen Mietvertrag unterzeichnet); ausführlich dazu Wieck, Gut 2009, 365.
618　So auch KG, 24.05.2007 – 8 U 193/06, GuT 2007, 354 = NZM 2007, 803 = IMR 207, 348 = NJOZ 2007, 4878.
619　BGH, 07.05.2008 – XII ZR 69/06, IMR 2008, 231, 232 = GuT 2008, 284 = MDR 2008, 851.
620　BGH, 04.11.2009 – XII ZR 86/07, GuT 2009, 402 = IMR 2010, 9 = NZM 2010, 82 = MDR 2010, 133 zur AG; ausführlich dazu Wieck, Die Schriftform bei Vertretung einer AG, Gut 2009, 365.
621　BGH, 11.09.2002 – XII ZR 187/00, NZM 2002, 950 = AIM 11/2002, 11 = GE 2002, 1326 = NJW 2002, 3389.

ee) GbR

Obwohl die GbR eine eigene Rechtspersönlichkeit ist,[622] muss sie nicht zwingend als „GbR" und/oder mit ihrer Firma im Mietvertragsrubrum bezeichnet werden,[623] weil für einen potenziellen Erwerber sogar die Angabe der Gesellschafter vorteilhaft sein kann. Umgekehrt reicht es wegen der Rechtsprechung des BGH zur Aktiv- und Passivlegitimation der GbR aus, sie ohne Nennung der Gesellschafter aufzuführen. In keinem Fall ist also die Schriftform verletzt.

315

Bei der GbR ist nach §§ 709, 714 BGB der gesetzliche Regelfall die **Gesamtvertretung durch alle Gesellschafter**. Unterschreibt von mehreren Vermietern oder Mietern oder von mehreren Gesellschaftern einer GbR lediglich einer, ist zur Wahrung der Schriftform ein **Vertretungszusatz erforderlich**, weil anderenfalls nicht ersichtlich wäre, ob der Unterzeichnende die Unterschrift nur für sich selbst oder aber zugleich in Vertretung der anderen leistet.[624] Man kann nämlich nicht ausschließen, dass der oder die anderen Gesellschafter noch unterschreiben sollten und deren Unterschrift somit noch fehlt.[625] Die Schriftform ist also bspw. verletzt, wenn von zwei vertretungsberechtigten Gesellschaftern nur einer ohne Hinweis auf Einzelvertretungsbefugnis zeichnet.[626] Hier besteht ein sachlicher Unterschied zu den Fällen der Vertretung juristischer Personen (AG, GmbH: s. dort → *Rn. 312, 320*) und Stellvertretung durch Dritte, weil es nicht offensichtlich ist, dass der Unterzeichner nicht selbst Vertragspartner werden will. Bei einer GbR ist daher die Schriftform dann gewahrt, wenn entweder alle Gesellschafter der GbR mit unterzeichnen oder aber die Unterschrift des einen Gesellschafters mit einem die Vertretung der anderen Gesellschafter ausweisenden Zusatz versehen wird[627] oder sich bereits aus dem Vertragsrubrum ergibt, dass die GbR durch den oder die Unterzeichner vertreten wird.[628]

316

Z.T. wird vertreten, dem Schutzzweck des § 550 BGB entsprechend müsse ein potenzieller Erwerber des Mietgrundstücks aus der Vertragsurkunde entnehmen können, „**in welcher Funktion**" der Vertreter einer GbR gehandelt habe.[629]

317

Beispiel:

„*Geschäftsführende Gesellschafter der GbR – Unterschrift*".

---

[622] BGH, 29.01.2001 – II ZR 331/00, NZM 2001, 299 = NJW 2001, 1056 = MDR 2001, 459.
[623] A.A. Both, in: Herrlein/Kandelhard, § 550 Rn. 22.
[624] BGH, 06.04.2005 – XII ZR 132/03, NZM 2005, 502 = GuT 2005, 143 = InfoM 2005, 146; BGH, 05.11.2003 – XII ZR 134/02, GuT 2004, 61 = NZM 2004, 97 = NJW 2004, 1103; BGH, 15.01.2003 – XII ZR 300/99, GuT 2003, 136; BGH, 11.09.2002 – XII ZR 187/00, MDR 2003, 81 = NJW 2002, 3389; BGH, 22.02.1994 – LwZR 4/93, BGHZ 125, 175 = MDR 1994, 579; ähnlich BGH, 16.07.2003 – XII ZR 65/02, GuT 2003, 209 = NZM 2003, 801 = NJW 2003, 3053.
[625] BGH, 05.11.2003 – XII ZR 134/02, GuT 2004, 61 = NZM 2004, 97 = NJW 2004, 1103.
[626] OLG Rostock, 25.02.2002 – 3 U 209/00, AIM 5/2002, 11.
[627] OLG Dresden, 24.01.2006 – 5 U 1744/05, MDR 2006, 1220; OLG Düsseldorf, 02.12.2005 – I – 24 U 46/05, GuT 2006, 9; a.A. Wieck, Gut 2009, 365, 366.
[628] BGH, 04.11.2009 – XII ZR 86/07, GuT 2009, 402, 404 = IMR 2010, 9 = NZM 2010, 82 = MDR 2010, 133 zur AG; BGH, 07.05.2008 – XII ZR 69/06, BGHZ 176, 301, 308 = IMR 2008, 232 = GuT 2008, 284, 286.
[629] Kraemer, NZM 2002, 465.

318 Der BGH hat bislang offengelassen, ob dieser Meinung zu folgen ist.[630] Eine Funktionsangabe zu verlangen, geht zu weit, weil die Prüfung der Mietbelastungen durch den Erwerber nicht dadurch erleichtert wird, dass er dessen gesellschaftsrechtliche Funktion sofort erkennen kann. Zudem spricht die anerkannte Rechtsfähigkeit der Außen-GbR dafür, dass Zusätze nicht erforderlich sind.[631] Auch die Vorlage der Vollmachtsurkunde ist nicht erforderlich,[632] es ist aber empfehlenswert, sie dem Vertrag als Anlage, auf die konkret Bezug genommen wird, beizufügen.

> **Praxistipp:**
> Alle Gesellschafter, die im Rubrum erwähnt werden, sollten mit genauem Namen und Anschrift benannt werden und selbst unterzeichnen. Ansonsten muss im Rubrum klargestellt werden, wer vertretungsberechtigt ist.

Beispiel:

„XYZ GbR, vertreten durch den alleinvertretungsberechtigten Gesellschafter Herrn ...."

319 Stellvertreter, die nicht im Vertrag genannt sind, sollten durch einen deutlichen Zusatz zum Ausdruck bringen, dass sie nicht im eigenen Namen, sondern als Vertreter unterschreiben. Maßgeblich ist, dass ein potenzieller Erwerber das Handeln als Vertreter erkennen kann.

ff) GmbH

320 Die GmbH wird nach § 35 Abs. 2 Satz 1 GmbHG grds. durch alle Geschäftsführer vertreten.

Bei einem Mietvertrag mit einer GmbH als alleiniger Mieterin oder Vermieterin ist es **bei Alleinvertretungsbefugnis** des Unterzeichners (also etwa auch dann, wenn nur ein einziger Geschäftsführer besteht) **nicht erforderlich**, dass die Unterschrift mit einem die Vertretung kennzeichnenden Zusatz versehen wird, denn da die unterzeichnende Person nicht selbst Vertragspartei werden soll, kann ihre Unterschrift nur die Bedeutung haben, dass sie die GmbH vertreten will.[633]

321 Von einer Alleinvertretung ist auszugehen, wenn die Urkunde keine Angaben zu einer anderen Vertretungsregelung enthält.[634] Dementsprechend ist die Schriftform gewahrt, wenn bei einer GmbH der **alleinige Geschäftsführer** ohne Hinweis auf seine Vertreterstellung unterzeichnet.[635] Eines Vertretungszusatzes bedarf es in diesem Falle nicht, weil von vornherein klar ist,

---

[630] BGH, 16.07.2003 – XII ZR 65/02, NZM 2003, 801 = NJW 2003, 3053; BGH, 22.02.1994 – LwZR 4/93, NJW 1994, 1649 = BGHZ 125, 175.
[631] OLG Dresden, 31.08.2004 – 5 U 946/04, InfoM 2005, 88 = NZM 2004, 826.
[632] OLG Köln, 28.06.2005 – 22 U 34/01, NZM 2005, 705.
[633] BGH, 19.09.2007 – XII ZR 121/05, GuT 2007, 353 = IMR 2007, 347 = InfoM 2007, 313 = MDR 2007, 1414; BGH, 06.04.2005 – XII ZR 132/03, NZM 2005, 502 = GuT 2005, 143 = Info M 2005, 146 = MDR 2005, 1040 = NJW 2005, 2225.
[634] Wieck, Gut 2009, 365, 366 unter II. 2.
[635] BGH, 06.04.2005 – XII ZR 132/03, NZM 2005, 502 = GuT 2005, 143 = Info M 2005, 146 = MDR 2005, 1040 = NJW 2005, 2225.

dass der Alleingeschäftsführer nicht für sich, sondern für die Gesellschaft handelt.[636] Dies gilt auch dann, wenn die GmbH satzungsgemäß von zwei Geschäftsführern gemeinsam vertreten wird, die Unterschrift in der für die GmbH vorgesehenen Unterschriftszeile aber (hier: mit dem Zusatz „i.V.") von einem Dritten stammt.[637] Zweifel über die Frage, wer Vertragspartei wird (wie bei der Situation, wenn von mehreren Vermietern oder Mietern oder von mehreren Gesellschaftern einer GbR lediglich einer unterschreibt), können hier trotz fehlender Einzelvertretungsbefugnis und/oder fehlendem Vertretungszusatz nicht auftreten.[638] Eine Kennzeichnung der Art des offen oder konkludent mitgeteilten Vertretungsverhältnisses ist nicht erforderlich.[639]

Bei einer sich aus dem Vertrag ergebenden **Gesamtvertretungsbefugnis** reicht wegen § 35 Abs. 2 Satz 1 GmbHG eine alleinige Unterschrift eines Geschäftsführers oder anderweitig bestellten Vertreters ohne Zusatz auf Vertretung auch des/der anderen nicht aus.[640] Das obiter dictum des BGH im Urteil v. 19.09.2007[641] (Schriftform auch bei bloßer Unterzeichnung mit „i.V." gewahrt *„und zwar gleichgültig, ob der Unterzeichnende Geschäftsführer..., in anderer Weise Bevollmächtigter oder lediglich vollmachtloser Vertreter war"*), darf daher nicht dahin missverstanden werden, die Unterschrift nur eines Geschäftsführers reiche immer aus. 322

Ein Mietvertrag über Geschäftsräume, der nur von einem von zwei Geschäftsführern einer GmbH unterzeichnet wird, ist bei einer im Handelsregister eingetragenen **Gesamtvertretung der beiden GmbH-Geschäftsführer** analog § 177 BGB schwebend unwirksam.[642] Nimmt die GmbH ihre Geschäftstätigkeit in den Mieträumen auf und setzt die Nutzung über einen Zeitraum von mehr als sechs Monaten fort, ist davon auszugehen, dass der zweite Geschäftsführer den Abschluss des Mietvertrages konkludent analog §§ 177 Abs. 1, 182, 184 Abs. 1 BGB genehmigt hat; die konkludente Genehmigung bedarf nicht der Form des § 550 BGB.[643] 323

gg) KG

Im Unterschied zur GbR ergeben sich die Personenverhältnisse aus einem Register mit öffentlichem Glauben, sodass kein besonderer Formschutz erforderlich ist. 324

Unterzeichnen die Vertreter einer KG die Vertragsurkunde ohne weiteren Zusatz oder mit dem Zusatz „ppa.", wird hieraus das Vertretungsverhältnis hinreichend deutlich.[644]

---

636 BGH, 06.04.2005 – XII ZR 132/03, NZM 2005, 502 = GuT 2005, 143 = Info M 2005, 146 = MDR 2005, 1040 = NJW 2005, 2225.
637 BGH, 19.09.2007 – XII ZR 121/05, GuT 2007, 353 = IMR 2007, 347 = InfoM 2007, 313 = MDR 2007, 1414.
638 BGH, 06.04.2005 – XII ZR 132/03, NZM 2005, 502 = GuT 2005, 143 = Info M 2005, 146 = MDR 2005, 1040 = NJW 2005, 2225 in „Abgrenzung" zu Senatsurteilen v. 16.07.2003 – XII ZR 65/02 und v. 05.11.2003 – XII ZR 134/02; OLG Jena, 13.03.2008 – 1 U 130/07, InfoM 2009, 224.
639 BGH, 06.04.2005 – XII ZR 132/03, NZM 2005, 502 = GuT 2005, 143 = Info M 2005, 146 = MDR 2005, 1040 = NJW 2005, 2225 unter II. 2.
640 Wieck, Gut 2009, 365, 366 unter II. 2.
641 BGH, 19.09.2007 – XII ZR 121/05, GuT 2007, 353 = IMR 2007, 347 = InfoM 2007, 313 = MDR 2007, 1414.
642 OLG Düsseldorf, 17.03.2005 – I-10 U 172/03, GuT 2005, 182.
643 OLG Düsseldorf, 17.03.2005 – I-10 U 172/03, GuT 2005, 182; Wieck, Gut 2009, 365, 366 unter II. 2.
644 OLG Köln, 28.04.2005 – 1 W 10/05, GuT 2005, 146 = OLGR 2005, 458 = MDR 2006, 145.

Eines weiteren erläuternden Zusatzes bedarf es zur Wahrung der Schriftform nicht, da Unklarheiten wie bei dem Abschluss durch eine GbR nicht auftreten können.

hh) OHG

325 Im Unterschied zur GbR ergeben sich die Personenverhältnisse aus einem Register mit öffentlichem Glauben, sodass kein besonderer Formschutz erforderlich ist.

c) Förmliche Anforderungen

326 Die Unterschrift muss dem Unterschreibenden zugeordnet werden können. Lesbar muss die Unterschrift dagegen nicht sein. Eine Unterschrift genügt deshalb zur Wahrung des Schriftformerfordernisses, wenn sie individuell ist, sich als Wiedergabe eines Namens darstellt und Andeutungen von Buchstaben enthält.[645] Die Unterschrift unter einen Mietvertrag nach Art einer „Wellenlinie" ist wirksam, wenn die ersten beiden „Wellen" den Buchstaben „W" und damit den Anfangsbuchstaben des Namens ergeben und wenn die weiteren „Wellen" ersichtlich für den Rest dieses Namens stehen.[646]

327 **Fax-Übermittlung** der jeweiligen Unterschriften reicht nicht aus.[647] Der Empfänger erhält hierbei nämlich nur eine Fotokopie der Unterschrift (generelles Problem aller Urkunden, die gesetzliche Schriftform erfordern).

328 Endet ein auf längere Zeit als ein Jahr abgeschlossener Mietvertrag (z.B. durch Kündigung oder Befristung), so unterliegt eine **Verlängerung nach Vertragsende** dem Schriftformerfordernis, da es sich um einen Neuabschluss handelt.[648] Dies gilt nicht, wenn die Vereinbarung vor Vertragsbeendigung getroffen wurde.[649]

329 Die Schriftform wird nicht dadurch verletzt, dass einer der **Original-Mietverträge nicht mehr auffindbar** ist, sofern dieser zum Zeitpunkt des Zustandekommens des Mietvertrags existiert hat.[650]

4. Beurkundung des wesentlichen Vertragsinhalts

a) Grundsätze

330 Um die Schriftform i.S.d. § 126 BGB zu wahren, ist es erforderlich, aber auch ausreichend, wenn sich **alle wesentlichen Absprachen** – insb. Mietgegenstand, Mietzins sowie Dauer und

---

[645] KG, 05.07.2007 – 8 U 182/06, InfoM 2007, 351.
[646] OLG Köln, 28.06.2005 – 22 U 34/01, NZM 2005, 705.
[647] OLG Düsseldorf, 22.01.2004 – I-10 U 102/03, GuT 2/04, 60 = NZM 2004, 143; OLG Celle, 12.07.1995 – 2 U 109/94, ZMR 1996, 26.
[648] BGH, 24.06.1998 – XII ZR 195-96, NZM 1998, 628 = ZMR 1998, 612 = NJW 1998, 2664 = DWW 1998, 276.
[649] BGH, 24.06.1998 – XII ZR 195-96, NZM 1998, 628 = ZMR 1998, 612 = NJW 1998, 2664 = DWW 1998, 276.
[650] BGH, 07.05.2008 – XII ZR 69/06, IMR 2008, 231, 232 = MDR 2008, 851.

Parteien des Mietverhältnisses – aus der Vertragsurkunde ergeben.[651] Im Vertrag enthalten sein müssen mindestens die **„Essentialia" eines Mietvertrages**, also die genaue Bezeichnung des Mietobjekts,[652] der Vertragspartner, der Vertragsdauer und der Miete.[653] Bestehen bereits hier Widersprüche oder Auslegungserfordernisse, ist die Schriftform nicht gewahrt, sodass darüber im Prozess auch kein Beweis erhoben werden darf.[654] Weitere Bestimmungen müssen in die Urkunde aufgenommen werden, wenn sie nach dem Willen der Vertragsparteien wichtige Bestandteile des Vertrages sein sollen.[655]

Vertragsunwesentliche Bestandteile sind in der Praxis eher die Ausnahme. Diese Grundsätze werden von **drei Ausnahmen** durchbrochen:

331

- Aus der Tatsache, dass nur Wesentliches beurkundet werden muss, ergibt sich, dass Unwesentliches nicht der Schriftform genügen muss. Unwesentlich sind nur solche Abreden, denen keine oder nur eine ganz untergeordnete Bedeutung beizumessen ist.[656] Maßgeblich ist die Sicht eines potenziellen Erwerbers, wenn nicht die Parteien selbst (auch konkludent) deutlich gemacht haben, was unwesentlich oder wesentlich sein soll. Bestehen insoweit Zweifel, soll zur Wahrung der Schriftform jede Absprache in die Urkunde aufzunehmen sein,[657] bzw. bei Widersprüchen oder Auslegungserfordernissen soll die Schriftform nicht gewahrt sein, sodass darüber im Prozess auch kein Beweis erhoben werden darf.[658] Dies ist abzulehnen, da die Einstufung als wesentlich oder unwesentlich im Ergebnis eine rechtliche Bewertung darstellt und aus einer nicht sofort ersichtlichen Eindeutigkeit kein Rückschluss auf die Wesentlichkeit gezogen werden kann.

- Nicht der Schriftform unterliegen solche Abreden, die den Vertragsinhalt lediglich erläutern oder veranschaulichen sollen.

- Völlig eindeutige Angaben zu den wesentlichen Absprachen sind nicht erforderlich, nach neuerer Rechtsprechung genügt grds. eine **Bestimmbarkeit aus der Vertragsurkunde heraus**.[659] Der BGH hat mehrfach darauf hingewiesen, dass es zahlreiche Fallgestaltungen gibt, in denen § 550 BGB den Zweck, einem späteren Grundstückserwerber Klarheit über

---

651 BGH, 02.06.2010 – XII ZR 110/08, GuT 2010, 231 = NZM 2010, 704; BGH, 17.12.2008 – XII ZR 57/07, IMR 2009, 92 = Gut 2009, 29 = NZM 2009, 198; BGH, 30.06.1999 – XII ZR 55-97, NZM 1999, 761 = ZMR 1999, 691 = NJW 1999, 2591 = WuM 1999, 516, 691; BGH, 07.07.1999 – XII ZR 15-97, NZM 1999, 962 = ZMR 1999, 810 = NJW 1999, 3257 = MDR 1999, 1374; OLG Düsseldorf, 25.02.2010 – 10 U 40/09, IMR 2011, 18.
652 BGH, 15.11.2006 – XII ZR 92/04, NZM 2007, 127 unter 2. c.
653 BGH, 17.12.2008 – XII ZR 57/07, IMR 2009, 92 = GuT 2009, 29; BGH, 02.11.2005 – XII ZR 233/03, GuT 2006, 10 = NZM 2006, 104= ZMR 2006, 116 = GE 2006, 184 = NJW 2006, 140.
654 OLG Köln, 20.05.1999 – 1 U 123/98, NZM 1999, 1142 = ZMR 1999, 760.
655 BGH, 22.12.1999 – XII ZR 339/97, DWW 2000, 85 = GE 2000, 340 = NZM 2000, 184 = WM 2000, 776 = WuM 2000, 248 = ZfIR 2000, 616 = ZMR 2000, 207; BGH, 07.07.1999 – XII ZR 15/97, NZM 1999, 962 = ZMR 1999, 810 = NJW 1999, 3257 = MDR 1999, 1374 = NJW 1999, 3257; OLG Düsseldorf, 25.02.2010 – 10 U 40/09, IMR 2011, 18; OLG Düsseldorf, 19.04.2007 – I-10 U 112/06; OLG Düsseldorf, 19.04.2007 – I-10 U 12/06, NZM 2007, 643; KG, 13.09.2007 – 12 U 36/07, IMR 2008, 196.
656 OLG Rostock, 02.07.2009 – 3 U 146/08, IMR 2009, 342 = InfoM 2009, 432 unter II 2b (1).
657 OLG Rostock, 02.07.2009 – 3 U 146/08, IMR 2009, 342 = InfoM 2009, 432 unter II 2b (1).
658 OLG Köln, 20.05.1999 – 1 U 123/98, NZM 1999, 1142 = ZMR 1999, 760.
659 BGH, 17.12.2008 – XII ZR 57/07, IMR 2009, 92 = GuT 2009, 29; BGH, 02.05.2007 – XII ZR 178/04, NZM 2007, 443 = IMR 2007, 210 = InfoM 2007, 216 = MDR 2007, 1063 = NJW 2007, 3273; BGH, 30.06.1999 – XII ZR 55-97, NZM 1999, 761 = ZMR 1999, 691 = NJW 1999, 2591 = WuM 1999, 516, 691; OLG Rostock, 08.10.2009 – 3 U 137/08, IMR 2010, 282; OLG München, 10.12.2008 – 7 U 4433/08.

die Bedingungen eines langfristigen Mietvertrages zu verschaffen, in den er kraft Gesetzes eintritt, nicht umfassend gewährleisten kann.[660] Diese praxisnahe und daher zu begrüßende Auflockerung führt bspw. dazu, dass es dem potenziellen Käufer bei bestimmten Sachverhalten (z.B. Vertragsbeginn ab Übergabe, Ausübung einer Verlängerungsoption) zugemutet wird, sich beim Grundstücksverkäufer oder Mieter zu erkundigen. Die Bestimmbarkeit muss im **Zeitpunkt des Vertragsschlusses** gegeben sein, es darf aber auch auf außerhalb der Urkunde liegende Umstände zurückgegriffen werden, wenn diese ebenfalls zum Zeitpunkt des Vertragsschlusses bereits vorlagen.[661]

332 **Ist mündlich etwas anderes vereinbart** worden, als im – ggf. vorrangig anhand des in Bezug genommenen Schriftwechsels auszulegenden – Text der Vertragsurkunde niedergelegt wurde und handelt es sich nicht um eine bloße Erläuterung oder Präzisierung des Vertragstextes, gibt diese den Inhalt des von den Parteien wirklich Gewollten nicht wieder und entbehrt der Schriftform.[662]

333 Alle Vereinbarungen, die der **Vermieter einseitig widerrufen** kann, verletzen die Schriftform nicht, weil das Recht zum Widerruf mit dem Grundstückserwerb auf einen Dritten übergehen würde.[663]

334 Die Bezugnahme auf den Hauptmietvertrag im Untermietvertrag wahrt die **Schriftform für den Untermietvertrag**; eine Beifügung des Hauptmietvertrages ist nicht nötig; da es der Natur eines Untermietverhältnisses entspricht, dass ein und dasselbe Mietobjekt Vertragsgegenstand zweier Mietverträge ist, konnten und können weder für die Parteien noch für einen unbeteiligten Dritten ernstliche Zweifel darüber bestehen, dass sich die Verweisungen in dem zwischen den Parteien geschlossenen Untermietvertrag allein auf den Hauptmietvertrag beziehen.[664] Gleiches gilt, wenn sich die mit einer (hier: nur geduldeten) unerlaubten Untervermietung verbundene Änderung der Nutzung der Miträume nicht wesentlich von der bisherigen Nutzung des Hauptmieters unterscheidet.[665] Lässt aber der Hauptmietvertrag nicht erkennen, dass über mehr als ein Jahr untervermietet wurde, ist dessen Schriftform verletzt, weil das Informationsinteresse eines potenziellen Erwerbers erheblich tangiert wird.

335 Das Wesentlichkeitskriterium betrifft nicht nur den Hauptmietvertrag, sondern auch **Nachträge**. Wird ein Mietvertrag durch einen Nachtragsvertrag modifiziert, erfordert es das Schriftformerfordernis, dass sich aus dem Nachtragsvertrag unter Berücksichtigung der darin in Bezug genommenen Schriftstücke sämtliche wesentlichen vertraglichen Vereinbarungen, insb. Miet-

---

660 BGH, 02.05.2007 – XII ZR 178/04, NZM 2007, 443 = IMR 2007, 210 = InfoM 2007, 216 = MDR 2007, 1063 = NJW 2007, 3273 unter I 3d.
661 BGH, 17.12.2008 – XII ZR 57/07, IMR 2009, 92 = GuT 2009, 29; BGH, 02.05.2007 – XII ZR 178/04, NZM 2007, 443 = IMR 2007, 210 = InfoM 2007, 216 = MDR 2007, 1063 = NJW 2007, 3273; BGH, 02.11.2005 – XII ZR 233/03, GuT 2006, 10 = NZM 2006, 104 = ZMR 2006, 116 = GE 2006, 184 = NJW 2006, 139, 140; BGH, 02.11.2005 – XII ZR 212/03, NZM 2006, 54 = InfoM 2005, 303; OLG Rostock, 08.10.2009 – 3 U 137/08, IMR 2010, 282.
662 BGH, 19.10.2005 – XII ZR 67/02, GuT 2006, 7.
663 BGH, 20.04.2005 – XII ZR 192/01, GuT 2005, 148 = NZM 2005, 456 = DWW 2005, 233 = ZMR 2005, 534 = NJW 2005, 1861.
664 OLG Bremen, 13.09.2006 – 1 U 28/06, NJOZ 2007, 3407.
665 OLG Düsseldorf, 15.11.2001 – 10 U 98/00, NZM 2002, 824.

gegenstand, Mietzins, Dauer und Parteien des Mietverhältnisses, ergeben.[666] Maßgeblicher Zeitpunkt für die insoweit ggf. zu ermittelnde Bestimmbarkeit ist der Abschluss der Nachtragsvereinbarung. S. ausführlich zu nachträglichen Änderungen und Ergänzungen → Rn. 377 ff..

b) Parteien des Mietvertrages

Eine Bestimmbarkeit der Mietvertragsparteien reicht aus und liegt vor, wenn der Sachverhalt, an den die Vertragsparteien die Person des Vermieters/Mieters knüpfen, so genau bestimmt ist, dass bei seiner Verwirklichung **kein Zweifel an der Person** verbleibt.[667] Ein potenzieller Erwerber der Immobilie muss die Möglichkeit haben, durch Einsicht in Schriftstücke Gewissheit über die Parteien und den Inhalt des bestehenden Mietvertrags zu erlangen.[668] Die Schriftform ist daher mit der **Bezeichnung der Vermieterseite mit „Grundstückseigentümer"** im Rubrum des Mietvertrags gewahrt, weil diese anhand des Grundbuchs ermittelt werden können.[669] Insoweit ist es dem potenziellen Erwerber zuzumuten, auch auf außerhalb des Mietvertrags liegende Dokumentationen zuzugreifen, sofern er im Mietvertrag einen Anknüpfungspunkt dafür findet. 336

Zu **nach Vertragsschluss erfolgenden Änderungen** bei den Vertragsparteien, etwa Eintritt eines neuen Vermieters (Erwerbers) nach § 566 BGB oder einer Vertragsübernahme → Rn. 391 f.

c) Mietobjekt (Größe, Fläche, Lage, Ausstattung etc.)

Die Schriftform wird grds. gewahrt, wenn das Miet- oder Pachtobjekt, also – räumlich gesehen – die Flächen, anhand der Beschreibung im Vertrag nach **Größe und Lage vor Ort** von einem potenziellen Erwerber räumlich zugeordnet werden kann. Auch bei ungenauen Angaben kann deshalb eine Schriftformverletzung ausscheiden, wenn die im Streit stehenden Flächen entweder nur unwesentliche Nebenflächen sind oder die wesentlichen Flächen zumindest bestimmbar sind. Knapp zusammengefasst kann wie folgt differenziert werden: 337

- Mietobjekt ist fertiggestellt, vorhandene Räume/Flächen: Für die Bestimmbarkeit darf neben dem Vertragsinhalt auch der tatsächliche Zustand herangezogen werden.
- Vermietung vom Reißbrett: An die Beschreibung im Vertrag sind strengere Anforderungen zu stellen.

Ein Mietobjekt ist hinreichend bestimmbar bezeichnet, wenn es sich zum Zeitpunkt des Vertragsschlusses **grundstücksbezogen** – z.B. durch Angabe der Postadresse oder eine Grundbuchbezeichnung – bestimmen lässt[670] oder wenn die Örtlichkeiten durch präzise Angaben (Bsp.: erstes Obergeschoss und hinterer Hofbereich), ergänzt um die jeweilige Cirka-Angabe 338

---

666 OLG Düsseldorf, 25.02.2010 – 10 U 40/09, IMR 2011, 18; OLG Frankfurt am Main, 02.01.2009 – 15 U 129/08, IMR 2009, 86 = InfoM 209, 168.
667 BGH, 02.11.2005 – XII ZR 233/03, GuT 2006, 10 = NZM 2006, 104 = ZMR 2006, 116 = GE 2006, 184 = NJW 2006, 139, 140.
668 OLG Düsseldorf, 28.01.2010 – 24 U 145/09, IMR 2010, 281.
669 OLG Düsseldorf, 23.01.2007 – 10 U 134/06, IMR 2007, 384.
670 OLG Rostock, 10.07.2008 – 3 U 108/07, ZfIR 2008, 627 = InfoM 2008, 330 = NZM 2008, 646.

der erfassten Flächen, beschrieben sind.[671] Die Anforderungen an die Bestimmbarkeit sinken also, wenn das Objekt bereits **aufgrund der Angaben im Vertrag i.V.m. den örtlichen Verhältnissen eindeutig bestimmt** ist.[672] Dies kann etwa der Fall sein, wenn das künftige Mietobjekt im Vertrag nur umschrieben wird, der Mieter aber (aus dem Vertrag heraus) erkennbar **Alleinmieter des gesamten Objekts** ist oder wenn dem Vertrag konkretisierende Pläne beigefügt sind. Hat bspw. der Mieter ein Gebäude ganz gemietet, so ist es auch bei ungenauen Beschreibungen im Vertrag bestimmbar (**grundstücksbezogene Bestimmbarkeit**).[673]

339 Ist dies nicht der Fall, müssen Lage und Größe der vermieteten Flächen auf andere Weise – z.B. durch Beschreibung – bestimmbar sein, um dem Schriftformgebot zu genügen. Dafür sind in aller Regel zumindest die **ungefähre Lage und Größe** der vermieteten Räume und Fläche im Vertrag zu beschreiben, damit diese vor Ort zugeordnet werden können.[674] Ein Mietgrundstück ist im Vertrag nicht hinreichend bezeichnet, wenn dem Mietvertrag nicht zu entnehmen ist, welcher Teil des Grundstücks Gegenstand des Vertrages ist.[675] Wurde das Mietobjekt bei Abschluss des Mietvertrages in einen **Lageplan** eingezeichnet, wahrt dies nur dann die Schriftform, wenn der Mietvertrag eine Bezugnahme auf einen Lageplan enthält und beide miteinander verbunden sind.[676]

340 Auch mitvermietete Stellplätze, Freiflächen und sonstige Nebenflächen sind bestimmbar zu bezeichnen, wenn diese für das Gesamtobjekt wichtig sind.[677] Garagen und Stellplätze müssen so beschrieben sein, dass es einem potenziellen Erwerber möglich ist, sie mit hinreichender Sicherheit zu ermitteln.[678] Das ist aber insofern einzuschränken, dass dies nicht für völlig nebensächliche oder untergeordnete Flächen gilt, die innerhalb der Gesamtflächen keine besondere Rolle spielen. Ungenaue Bezeichnungen/Zuordnungen von Kellern oder Wegen schaden daher nicht.[679]

341 Abstrakte Beschreibungen im Vertrag können ausreichen. Erforderlich ist aber, dass dieser Sachverhalt dann so genau bestimmt wird, dass bei seiner Verwirklichung keine Zweifel verbleiben und sich insb. aus der Vertragsurkunde und den tatsächlichen Gegebenheiten des vermieteten Objekts erkennbar, eindeutig und nachvollziehbar erschließen lässt, welche Räum-

---

671 BGH, 17.07.2002 – XII ZR 248/99, NZM 2002, 823; vgl. auch BGH, 30.06.1999 – XII ZR 55/97, NJW 1999, 2591 ff.; BGH, 07.07.1999 – XII ZR 15/97, NZM 1999, 962 = ZMR 1999, 810 = NJW 1999, 3257 = MDR 1999, 1374 = NJW 1999, 3257.
672 OLG München, 10.12.2008 – 7 U 4433/08, IMR 2009, 265; LG Gießen, 10.11.2006 – 1 S 221/06 bestätigt durch BGH, 25.09.2007 – VIII ZR 318/06, IMR 2007, 381.
673 BGH, 07.03.2007 – XII ZR 40/05, GuT 2007, 126 = NZM 2007, 445 = IMR 2007, 211 u. 2009, 264 = InfoM 2007, 173 = MDR 2007, 1010; OLG Nürnberg, 10.02.2010 – 12 U 1306/09, IMR 2010, 144 (Pachtvertrag).
674 OLG Rostock, 10.07.2008 – 3 U 108/07, ZflR 2008, 627 = InfoM 2008, 330 = NZM 2008, 646 = NJW 2009, 445.
675 BGH, 02.06.2010 – XII ZR 110/08, GuT 2010, 231 = NZM 2010, 704: im Vertragstext nur m²-Angaben.
676 BGH, 02.06.2010 – XII ZR 110/08, GuT 2010, 231 = NZM 2010, 704.
677 OLG Rostock, 08.10.2009 – 3 U 137/08, IMR 2010, 282; OLG Rostock, 10.07.2008 – 3 U 108/07, ZflR 2008, 627 = InfoM 2008, 330 = NZM 2008, 646 = NJW 2009, 445: Stellplätze und Freiflächen bei einem Baumarkt; Hildebrandt, ZMR 2007, 588; Timme/Hülk, NJW 2007, 3313; Lindner-Figura, NZM 2007, 705.
678 BGH, 27.07.2007 – XII ZR 143/05, IMR 2007, 320 = GuT 2007, 299 = NZM 2007, 730 = InfoM 2007, 261 = MDR 2008, 18.
679 OLG Frankfurt am Main, 21.02.2007 – 2 U 220/06, NJOZ 2007, 2659 = IMR 2007, 321.

lichkeiten dem Mieter im konkreten Fall zur Nutzung überlassen wurden.[680] Es genügt nicht, wenn im Mietvertrag die Flächen lediglich ihrer Funktion nach benannt werden (z.B. „notwendige Flächen" für Anlieferung, Parkplätze und Zufahrten).[681]

Bei einer **Vermietung „vom Reißbrett"** muss die Beschreibung des Mietobjekts besonders genau erfolgen, weil die tatsächliche Ausgestaltung der Räume in diesem Falle bei der Auslegung des Mietvertrags nicht herangezogen werden kann.[682] Werden Objektbeschreibungen aber nicht in die Vertragsurkunde selbst aufgenommen, sondern in andere Schriftstücke auslagert, sodass sich der Gesamtinhalt der mietvertraglichen Vereinbarung erst aus dem Zusammenspiel dieser „verstreuten" Bestimmungen ergibt, muss zur Wahrung der Urkundeneinheit die Zusammengehörigkeit dieser Schriftstücke in geeigneter Weise zweifelsfrei kenntlich gemacht werden.[683] Fehlt es daran, liegt keine ausreichende Individualisierung des Mietobjekts vor. 342

Beispiele für ausreichende Bestimmbarkeit: 343

Beifügung eines Grundrissplans zum Mietvertrag, der zwar weder maßstabsgerecht ist, noch zutreffend die Größe des Objekts bezeichnet, dem aber das Objekt als solches zu entnehmen ist und in dem der Mietgegenstand von benachbarten, anderweitig zu vermietenden Räumen abgegrenzt wird.[684]

In § 1 des Mietvertrages ist das Mietobjekt wie folgt beschrieben: „Die in Bnnn-Mnnn, Wnnnnnn Straße nnnn gelegenen Geschäftsräume werden vom Vermieter an den Mieter vermietet: Fläche im EG: 1.034 qm, UG: 25 qm, OG: 85 qm, Gesamt: 1.144,00 qm ... ", die genaue Lage der gemieteten Flächen in dem noch zu errichtenden Gebäude ergibt sich aus den dem Mietvertrag beigefügten Grundrissplänen: Das Mietobjekt ist damit anhand der Beschreibung im Mietvertrag und den beigefügten Grundrissplänen bestimmbar.[685]

Laut Pachtvertrag darf der Pächter von den vorhandenen 18 Stellplätzen 12 Plätze nutzen; die verbleibenden 6 Plätze stehen den anderen Gewerbemietern zur Verfügung. Da im Vertrag keine feste Platzzuweisung vereinbart ist und die Parteien eine solche Vereinbarung auch nicht behauptet haben, ergibt sich aus dem schriftlichen Vertrag, dass der Pächter von den vorhandenen freien Plätzen nach Wahl 12 Plätze nutzen kann, was für eine Bestimmbarkeit ausreicht.[686]

Haben sich die Parteien über die Mitverpachtung des „gesamten" Inventars geeinigt, spricht dies für eine endgültige Einigung der Parteien unabhängig von der vereinbarten und dann nicht erfolgten Aufnahme eines Inventarverzeichnisses. Letzteres dient lediglich Beweiszwecken, sodass Bestimmbarkeit vorliegt.[687]

Bei Vertragsabschluss noch nicht erstellte vereinbarte „Einrichtungspläne" über die Ausführung von Versorgungs- und Entsorgungsleitungen sind nebensächlich und damit für die Bestimmbarkeit des Mi-

---

680 OLG München, 10.12.2008 – 7 U 4433/08, MietRB 2009, 164 = ZMR 2009, 611.
681 OLG Rostock, 10.07.2008 – 3 U 108/07, ZfIR 2008, 627 = InfoM 2008, 330 = NZM 2008, 646.
682 BGH, 02.11.2005 – XII ZR 233/03, GuT 2006, 10 = NZM 2006, 104 = ZMR 2006, 116 = GE 2006, 184 = NJW 2006, 140; KG, 5.7.2007 – 8 U 182/06, GuT 2007, 316 = IMR 2007, 281 = NZM 2007, 731.
683 BGH, 15.11.2006 – XII ZR 92/04, NZM 2007, 127 unter 2. c.
684 BGH 29.04.2009 – XII ZR 142/07, GuT 2009, 173 = IMR 2009, 303 = NZM 2009, 515 = InfoM 2009, 220 = NJW 2009, 2195 = MDR 2009, 1035; OLG Naumburg, 25.09.2007 - 9 U 89/07, GuT 2008, 54.
685 KG, 05.07.2007 – 8 U 182/06, GuT 2007, 316 = IMR 2007, 281 = NZM 2007, 731.
686 BGH, 17.12.2008 - XII ZR 57/07 (im Volltext unter 1. b) bb), IMR 2009, 92 = GuT 2009, 29.
687 BGH, 17.12.2008 - XII ZR 57/07 (im Volltext unter 1. b) cc), IMR 2009, 92 = GuT 2009, 29; vgl. auch BGH, 29.09.1999 - XII ZR 313/98, NJW 2000, 354, 357.

etobjekts ohne Bedeutung, wenn sie lediglich Ausbauarbeiten konkretisieren, die bereits in einer formwirksamen Bau- und Ausstattungsbeschreibung als Anlage zum Mietvertrag beschrieben sind.[688]

Eine im Mietvertrag falsch angegebene Hausnummer steht dem Schriftformerfordernis nicht entgegen.[689]

344 Nicht abschließend geklärt ist die Frage, ob eine **konkludente Vereinbarung der Größe** die Schriftform verletzt. In diesen Fällen ergibt sich die Vereinbarung der Größe der Miet- oder Pachtfläche nicht unmittelbar aus der Vertragsurkunde. Der BGH hat in einer Entscheidung, die sich nicht mit der Schriftform beschäftigt, die Möglichkeit einer konkludenten Flächenvereinbarung deutlich erweitert und diese auch auf vorvertragliche Umstände erstreckt[690] (ausführlich → *Rn. 635 ff.*). Dabei geht der BGH davon aus, dass bereits vor dem eigentlichen Vertragsabschluss eine Beschaffenheitsvereinbarung über die Größe der Fläche getroffen werden kann. Damit handelt es sich dann dogmatisch um eine „echte" außerhalb der Urkunde liegende Absprache, sodass § 550 BGB verletzt sein kann[691] und es darauf ankommt, ob dies als unwesentlich oder wesentlich zu beurteilen ist. Im Kern geht es damit um die Frage, ob ein potenzieller Erwerber erkennen kann, dass bspw. trotz einer im Mietvertrag vorhandenen AGB-Klausel, nach der Flächenangaben unverbindlich sind, eine außerhalb des Vertrages getroffene und nach § 305b BGB vorrangige Individualabrede existiert. Da im Regelfall die Urkunde dafür keinerlei Anhaltspunkte enthält, spräche dies für einen wesentlichen Gesichtspunkt.

345 Allerdings werden den potenziellen Erwerber solche außervertraglichen Abreden nur dann interessieren, wenn sie auch Auswirkungen auf das Mietverhältnis haben können. Solche Auswirkungen liegen in der Praxis nur bei **Flächenabweichungen von mindestens 10 %** vor, da dann nach ständiger Rechtsprechung des BGH immer ein Mangel des Mietobjekts vorliegt (ausführlich → *Rn. 660*; unter 10 % muss für einen Mangel eine konkrete Gebrauchsbeeinträchtigung vorliegen, die in der Praxis kaum nachgewiesen werden kann). Da somit normalerweise darunter liegende Abweichungen unschädlich sind, verletzt eine konkludente Vereinbarung der Größe die Schriftform nur dann, wenn die tatsächliche und vereinbarte Fläche um mindestens 10 % voneinander abweichen.

d) Höhe der Miete, Betriebskosten, Fälligkeit der Miete, Zahlung

346 Die Höhe der Miete gehört zum Kernbereich des Mietverhältnisses[692] und unterliegt deshalb dem Formerfordernis. Folglich muss auch jede Änderung, die nicht zumindest mehr ganz unwesentlich ist, dem Schriftformerfordernis genügen. Über die Einzelheiten späterer Mietänderungen besteht erheblicher Streit → *Rn. 377 ff.*.

---

688 KG, 05.07.2007 – 8 U 182/06, GuT 2007, 316 = IMR 2007, 281 = NZM 2007, 731.
689 LG Münster, 29.06.2010 - 25 O 173/09, GuT 2010, 232.
690 BGH, 23.06.2010 – VIII ZR 256/09, IMR 2010, 361 = InfoM 2010, 264 (Wohnraum).
691 Ebenso Streyl, Zur Bedeutung von Flächenangaben vor Abschluss des Mietvertrags, NZM 2010, 606.
692 BGH, 02.11.2005 – XII ZR 233/03, GuT 2006, 10 = NZM 2006, 104= ZMR 2006, 116 = GE 2006, 184 = NJW 2006, 140; KG, 13.09.2007 – 12 U 36/07, IMR 2008, 196; OLG Düsseldorf, 23.08.2007 – I-24 U 4/07, GuT 2008, 110 = MDR 2008, 314.

Auch die **Fälligkeit der Miete** ist wesentlicher Bestandteil, wenn sie abweichend von der gesetzlichen Regelung vereinbart wird.[693]

e) Mietdauer/Mietzeit/Mietbeginn/Zeitpunkt der Übergabe/Optionsvereinbarung

Beim Vertrag über **noch zu errichtende Gewerberäume** ist die Schriftform bzgl. der festen Mietzeit auch dann gewahrt, wenn der Vertragsbeginn nicht bestimmt, sondern an die bei Unterzeichnung der Urkunde zeitlich noch nicht feststehende Übergabe oder Fertigstellung des Mietobjekts geknüpft ist (**übergabeabhängige Laufzeitklausel**).[694]   347

> *Beispiel:*
>
> *„Das Mietverhältnis beginnt mit dem 1. des Monats, der auf die Übergabe des bezugsfertigen Mietobjektes folgt, voraussichtlich am 1. Oktober 1993. ... Das Mietverhältnis wird für 15 Jahre Festmiete abgeschlossen..."*

Praktisch bedeutet dies, dass der BGH den **Schutzzweck von § 550 BGB einschränkt**, indem dem potenziellen Erwerber zugemutet wird, sich aus folgenden Gründen beim Verkäufer oder Mieter zu erkundigen:[695]   348

Die **spätere Übergabe** des Mietobjekts stellt keine den Ursprungsvertrag abändernde Vereinbarung dar, etwa dergestalt, dass die Mietzeit nunmehr abweichend von der ursprünglichen Bestimmung festgelegt werden soll. Mit der Übergabe verwirklicht sich vielmehr nur dasjenige Ereignis, das nach dem Ursprungsvertrag den Mietbeginn auslösen sollte.[696] Das gilt auch dann, wenn die Parteien (sinnvollerweise) vereinbart haben, die für den Mietbeginn maßgebliche spätere Übergabe in einem Übergabeprotokoll zu dokumentieren, dies aber unterblieben ist. Unschädlich ist dies, weil ein solches Übergabeprotokoll keine Anlage zum Mietvertrag darstellen soll, in die weitere im Zeitpunkt des Abschlusses des Mietvertrages bereits getroffene Vereinbarungen „ausgelagert" werden sollen.[697] Auch der Schutz des späteren Grundstückserwerbers erfordert keine abweichende Beurteilung. Aus der Mietvertragsurkunde ist für ihn ersichtlich, dass der Mietbeginn und damit auch das Mietende vom Zeitpunkt des Eintritts eines Ereignisses abhängig sind, der bei Abschluss des Vertrages noch ungewiss war. Er weiß daher, dass das Mietverhältnis nicht bereits bspw. 20 Jahre nach Abschluss des Vertrages enden wird, sondern erst zu einem späteren Zeitpunkt, über den er sich erst noch auf andere Weise Gewiss-   349

---

[693] BGH, 19.09.2007 – XII ZR 198/05, GuT 2007, 443 = IMR 2008, 41 = NZM 2008, 84 = InfoM 2008, 71 = NJW 2008, 365.
[694] BGH, 02.05.2007 – XII ZR 178/04, NZM 2007, 443 = IMR 2007, 210 = InfoM 2007, 216 = MDR 2007, 1063 = NJW 2007, 3273; BGH, 07.03.2007 – XII ZR 40/05, GuT 2007, 126 = NZM 2007, 445 = IMR 2007, 211 u. 2009, 264 = InfoM 2007, 173 = MDR 2007, 1010; OLG Hamm, 18.04.2008 – 30 U 120/07, IMR 2008, 303: „Mietobjekt zum 01.02.1992 vollständig fertig gestellt oder geräumt"; OLG Jena, 13.03.2008 – 1 U 130/07, InfoM 2009, 224; **a.A.** OLG Naumburg, 07.09.2004 – 9 U 3/04, NZM 2004, 825 = ZMR 2005, 538.
[695] BGH, 02.05.2007 – XII ZR 178/04, NZM 2007, 443 = IMR 2007, 210 = InfoM 2007, 216 = MDR 2007, 1063 = NJW 2007, 3273 unter I 3d.
[696] OLG Jena, 13.03.2008 – 1 U 130/07, InfoM 2009, 224.
[697] BGH, 02.05.2007 – XII ZR 178/04, NZM 2007, 443 = IMR 2007, 210 = InfoM 2007, 216 = MDR 2007, 1063 = NJW 2007, 3273; OLG Jena, 13.03.2008 – 1 U 130/07, InfoM 2009, 224.

heit verschaffen muss und regelmäßig auch kann.[698] Er ist damit wie bei einer vertraglichen Verlängerungsoption, deren Ausübung der Erwerber der Vertragsurkunde nicht entnehmen kann, „gewarnt".[699]

350 **Beispiel:**

Der Vertrag sieht für den Beginn des Mietverhältnisses „Bezugsfertigkeit" und Zahlung der Miete, Nebenkosten und USt „ab Bezugsfertigstellung" vor, diese ist nicht schriftlich festgehalten worden. Die Schriftform ist nicht verletzt, weil der Beginn und damit die Dauer des Mietverhältnisses durch Vorlage von Überweisungsträgern oder Kontoauszügen potenzielle Grundstückserwerber bestimmbar ist.

351 Ein Verstoß gegen die Schriftform folgt nicht daraus, dass der Beginn des Mietverhältnisses an die **„im Wesentlichen mängelfreie Übergabe"** des Mietobjekts anknüpft, denn diese ist ebenso feststellbar wie eine Übergabe, und zwar insb. aufgrund eines Übergabe- bzw. Abnahmeprotokolls, in welchem auch festzuhalten wäre, dass die Übergabe im Wesentlichen mängelfrei erfolgt ist, oder aber in anderer Weise (bspw. durch Auswertung von Schriftstücken oder Befragung von Zeugen).[700]

352 Lässt sich nur der Endtermin der Laufzeit, nicht aber die **Dauer des Mietverhältnisses** ermitteln, genügt dies der Schriftform jedoch nicht.[701]

353 Differenziert der Mietvertrag in verschiedenen Abschnitten zwischen **„Übergabe" einerseits und „Bezugsfertigkeit" andererseits**, lässt sich bei nicht dokumentierter Übergabe dieser Begriff nicht so auslegen, dass sich zum einen der Übergabezeitpunkt mit dem Zeitpunkt der Bezugsfertigkeit gleichsetzen ließe und zum anderen der Zeitpunkt der spätesten Bezugsfertigkeit zugrunde zu legen sei.[702]

> **Praxistipp:**
>
> Der BGH hat zwar die Bestimmbarkeit des Übergabezeitpunktes i.S.v. § 550 BGB abgesegnet. Es ist aber nicht abschließend geklärt, wie Klauseln AGB-rechtlich im Hinblick auf ein „offenes Ende" zu bewerten sind (Leistungsfrist gem. § 308 Nr. 1 BGB über die Generalklausel des § 307 BGB nicht hinreichend bestimmt?). Es ist daher dringend zu empfehlen, den Mietbeginn in AGB-Mietverträgen so weit wie möglich festzulegen und als „Rettungsanker" mindestens einen spätesten Übergabezeitpunkt anzugeben.[703]

---

698 BGH, 02.05.2007 – XII ZR 178/04, NZM 2007, 443 = IMR 2007, 210 = InfoM 2007, 216 = MDR 2007, 1063 = NJW 2007, 3273; vgl. auch BGH, 02.11.2005 – XII ZR 212/03, NZM 2006, 54 = InfoM 2005, 303 und BGH, 02.11.2005 – XII ZR 212/03, GuT 2006, 11 = NZM 2006, 54 = InfoM 2005, 303 f. = MIETRECHTexpress 2005, 122 = DWW 2006, 62 = ZMR 2006, 115 = NJW 2006, 139 = IBR 2006, 116.
699 BGH, 02.05.2007 – XII ZR 178/04, NZM 2007, 443 = IMR 2007, 210 = InfoM 2007, 216 = MDR 2007, 1063 = NJW 2007, 3273 unter I 3d.
700 OLG Jena, 13.03.2008 – 1 U 130/07, InfoM 2009, 224.
701 OLG Köln, 23.09.2005 – 1 U 43/04, GuT 2006, 14 = NJOZ 2006, 325: Mietverhältnis soll laut Vertrag mit Vertragsschluss beginnen und „15 Jahre nach Übergabe (§ 8)" enden.
702 OLG Köln, 23.09.2005 – 1 U 43/04, GuT 2006, 14 = NJOZ 2006, 325.
703 So auch Boettcher/Menzel, NZM 2006, 286.

Ein später bei Übergabe gefertigtes **Übergabeprotokoll** muss dem Vertrag nicht beigefügt werden.[704] Unschädlich ist es auch, wenn es die Vertragsparteien versäumen, bei Übergabe das im Vertrag vorgesehene Protokoll anzufertigen.[705] Wenn schon die unterbliebene Anfertigung des Protokolls unschädlich ist, so gilt dies erst recht, wenn das Protokoll von einem nicht bevollmächtigten Vertreter aufgenommen und unterzeichnet wurde.[706] Anders ist dies aber, wenn das Übergabeprotokoll nach dem Willen der Parteien bei Unterzeichnung des Mietvertrages eine Anlage zum Mietvertrag darstellen soll, in die weitere im Zeitpunkt des Abschlusses des Mietvertrages bereits getroffene Vereinbarungen „ausgelagert" werden.

354

Hat die Ausübung einer Option zur Folge, dass das Mietverhältnis auf längere Zeit als ein Jahr verlängert wird, so bedarf die **Vereinbarung über die Optionszeit** im Mietvertrag der Schriftform.[707] Solche Optionsvereinbarungen im Miet- oder Pachtvertrag müssen eindeutig sein, um der Schriftform zu genügen. Die in einem Mietvertrag enthaltene Klausel folgenden Inhalts:

355

> „§ Optionszeit Dem Mieter wird eine Option von 5 Jahren eingeräumt, diese ist bis zum 30.06.2008 auszuüben. Diese Option wird nur dann gewährt, wenn der Mieter zwischenzeitlich erhebliche Investitionen tätigt, insbesondere die Geschäftsräume umgebaut und neu möbliert hat."

genügt der Schriftform.[708]

Ungeklärt ist, ob das Schriftformerfordernis auch für die spätere **Ausübung einer Option** gilt, durch die sich das Mietverhältnis um mehr als ein Jahr verlängert, s. dazu → Rn. 408.

356

f) Nicht (ordnungsgemäß) dokumentiert Annahme des Vertragsangebotes als Schriftformmangel?

aa) Verspätete Annahme

In der Praxis liegen oft gewisse **Zeiträume zwischen Angebot und Annahme** von Mietvertrags- oder Nachtragsabschlüssen. Dies kann verschiedene, oft banale Gründe haben, etwa Urlaubsabwesenheit eines Zeichnungsbefugten, Prüfung durch weitere Beteiligte, ausdrücklich erbetene weitere Bedenkzeit oder Feiertage. Rechtlich können solche Zeitabstände ein Pulverfass sein, weil ein Angebot nach § 147 BGB nur bis zu dem Zeitpunkt wirksam angenommen werden kann, in welchem der Antragende den Eingang der Antwort **unter regelmäßigen Umständen** erwarten darf. Wird diese „regelmäßige" – gesetzlich nicht definierte – Zeit oder eine zwischen den Parteien vereinbarte Annahmefrist **überschritten**, ist die verspätete Annahme

357

---

704 BGH, 17.12.2008 – XII ZR 57/07, IMR 2009, 92 = GuT 2009, 29; BGH, 02.05.2007 – XII ZR 178/04, NZM 2007, 443 = IMR 2007, 210 = InfoM 2007, 216 = MDR 2007, 1063 = NJW 2007, 3273; BGH, 02.11.2005 – XII ZR 233/03, GuT 2006, 10 = NZM 2006, 104 = ZMR 2006, 116 = GE 2006, 184 = NJW 2006, 140; OLG Rostock, 08.10.2009 – 3 U 137/08, IMR 2010, 282.
705 OLG Jena, 13.03.2008 – 1 U 130/07, InfoM 2009, 224.
706 OLG Jena, 13.03.2008 – 1 U 130/07, InfoM 2009, 224.
707 BGH, 24.06.1987 – VIII ZR 225/86, MDR 1988, 45 = NJW-RR 1987, 1227; OLG Hamm, 26.10.2005 – 30 U 121/05, OLGR 2006, 138 = MietRB 2006, 123; Blank, in: Blank/Börstinghaus, § 542 Rn. 149; Reinstorf, in: Bub/Treier, 3. Aufl., II Rn. 213.
708 KG, 27.03.2007 – 8 U 163/06, GuT 2007, 299.

gem. § 150 Abs. 1 BGB **als neues Angebot** zu sehen, das vom ursprünglich Anbietenden wiederum angenommen werden muss.

358 In Rechtsprechung und Literatur besteht daher Streit darüber, ob die Schriftform des § 550 BGB gewahrt ist, wenn zwar eine von beiden Mietvertragsparteien unterzeichnete Vertragsurkunde existiert, jedoch eine Partei das formgerechte Angebot der anderen Partei verspätet angenommen hat und ein inhaltsgleicher Vertrag sodann durch Vollzug (Übergabe/Übernahme und Mietzahlung) konkludent abgeschlossen worden ist, da durch diese Handlungen die **Annahme dann nur konkludent**, nicht aber formell in Schriftform erfolgt. Besonders augenfällig wird dies dann, wenn das Mietverhältnis bspw. nach dem Vertrag „mit Übergabe" beginnen und bspw. zehn Jahre danach enden soll, dieser (als wesentlicher Vertragsbestandteil zu qualifizierende) Übergabezeitpunkt aber nie dokumentiert wurde. Die Problematik betrifft sowohl den Abschluss des Mietvertrags als auch Nachtragsvereinbarungen, wenn es dort um die Übernahme weiterer Flächen geht.

359 *Beispiel:*

Die Parteien verhandeln einen Nachtrag über Hinzunahme neuer Flächen mit entsprechend erweiterter Mietzahlung. Die Hausverwaltung des Vermieters übersendet dem Mieter am 21.04.2004 einen ausgefertigten Nachtrag, nachdem der Mieter am 01.03.2004 und der Vermieter am 12.03.2004 unterzeichnet hatte. Diese (Annahme)-erklärung des Vermieters ist dem Mieter aber erst am 23.04.2004 zugegangen. Niemand moniert dies, der Nachtrag wird vielmehr durch Fortsetzung des Mietverhältnisses zu den abgeänderten Bedingungen faktisch in Kraft gesetzt, indem der Mieter die neuen Flächen nutzt und die zusätzliche Miete zahlt.

Damit ergibt sich folgende Situation:

Angebot: 01.03.2004 (Unterzeichnung Mieter).

Annahme: 12.03.2004 (Unterzeichnung Vermieter).

Zugang der Annahmeerklärung v. 12.03.2004: 23.04.2004= nach mehr als fünf Wochen = verspätet gem. § 147 BGB = Umwandlung der Annahme gem. § 150 BGB in ein (neues) Angebot. (Hinweis: eine entsprechende Situation liegt vor, wenn die Parteien eine Annahmefrist vereinbaren und diese überschritten wird).

Annahme des neuen Angebots: durch Nutzung der Flächen/Mietzahlung.

Schriftform der Annahme des neuen Angebots?

360 Zur Wahrung der Schriftform in derartigen „Verspätungsfällen" genügt es nach der jüngeren Rechtsprechung des BGH und herrschender Meinung, wenn die Vertragsbedingungen eines konkludent abgeschlossenen Mietvertrages in einer der **„äußeren Form"** des § 126 Abs. 2

BGB genügenden Urkunde enthalten sind.[709] Bei der Annahmefrist und deren Einhaltung handelt es sich nämlich nicht um wesentliche, den Vertragsinhalt bestimmende Bedingungen, weil sie nur das Zustandekommen des Vertrages betreffen und danach bedeutungslos werden.[710] Die gesetzliche Schriftform ist daher schon dann gewahrt, wenn beide Parteien den Mietvertrag unterzeichnet haben (Einhaltung der „äußeren Form") und er inhaltsgleich mit den in der äußeren Form des § 126 BGB niedergelegten Vertragsbedingungen (nur) konkludent zustande gekommen ist, etwa wenn dem Antragenden die schriftliche Annahme verspätet zugeht und der Mietvertrag deshalb erst durch einvernehmlichen Vollzug durch Bezug der Räume und Mietzahlung zustande kommt.[711] Der **Schutz des Informationsinteresses** eines potenziellen Erwerbers erfordert es nicht, dass dieser urkundlich erkennen kann, wie der Vertrag zustande gekommen ist. Denn anders als in Fällen einer nachträglichen mündlichen Abänderung des Vertrags **inhalts** bleiben in den Verspätungsfällen nicht nur sämtliche Essentialia, sondern alle getroffenen Vereinbarungen identisch.[712]

D.h.: Der prüfende Erwerber hat mit Einhaltung der äußeren Form das vor Augen, was für ihn relevant ist, nämlich die wertbestimmenden Absprachen der Parteien. Auch die zusätzlich mit der Schriftform des § 550 BGB verfolgten Zwecke, die Beweisbarkeit langfristiger Abreden sicherzustellen und die Vertragsparteien vor der unbedachten Eingehung langfristiger Bindungen zu warnen, werden durch die bloße Einhaltung der äußeren Form gewahrt, da die Vertragsbedingungen in der von beiden Parteien unterzeichneten Urkunde verkörpert sind und durch sie in ausreichender Weise bewiesen werden können.[713]

Eine unabsichtliche **Falschbezeichnung bei den Unterzeichnungsdaten** schadet dann nicht der Einhaltung der Schriftform, wenn der Vertragsinhalt zutreffend beurkundet ist und nur das fehlerhafte Datum der Vertragsunterzeichnung durch eine Partei den Anschein einer verspäteten Annahme erweckt.[714]

361

---

709 BGH, 24.02.2010 – XII ZR 120/06, IMR 2010, 180 = GuT 2010, 93 = NZM 2010, 319 = GE 2010, 614 = NJW 2010, 1518 = MDR 2010, 617; OLG Hamm, 23.11.2005 – 30 U 45/05, ZMR 2006, 205 = InfoM 2006, 82; OLG Jena, 13.03.2008 – 1 U 130/07, InfoM 2009, 224 = NZM 2008, 572, 573; so auch bereits Neuhaus, Handbuch der Geschäftsraummiete, 3. Aufl. Rn. 303 (Vorauflage); Pfleister/Ehrich, ZMR 2009, 818; Lützenkirchen, WuM 2008, 119, 130; Schultz, NZM 2007, 509 f.; Stiegele, ZMR 2004, 606, 607; Wichert, ZMR 2005, 593, 594 f.; in diese Richtung gehend, aber letztlich ohne konkrete Beantwortung der Streitfrage in den Urteilsgründen BGH, 29.04.2009 – XII ZR 142/07, GuT 2009, 173 = IMR 2009, 303 = NZM 2009, 515 = InfoM 2009, 220 = NJW 2009, 2195 = MDR 2009, 1035. **A.A.:** KG, 25.01.2007 – 8 U 129/06, GuT 2007, 87 = IMR 2007, 116 = NZM 2007, 517 = InfoM 2007, 177; KG, OLGR 2006, 332, 333; OLG Rostock, 18.04.2005 – 3 U 90/04, MIETRECHTexpress 2005, 98 = MDR 2006, 145; KG, GE 2003, 48, 49; OLG Dresden, ZMR 1999, 104; Wolf/Eckert/Ball, 10. Aufl. Rn. 112; Horst, MDR 2008, 365, 366; Möller, ZfIR 2008, 87, 88; Leo, MietRB 2003, 15; Regenfus, JA 2008, 246, 249; Lindner-Figura/Hartl, NZM 2003, 750, 751. Differenzierend: Bieber, in: MüKo BGB, § 550 Rn. 10.
710 BGH, 24.02.2010 – XII ZR 120/06, IMR 2010, 180 = GuT 2010, 93 = NZM 2010, 319 = GE 2010, 614 = NJW 2010, 1518 = MDR 2010, 617, Rn. 13.
711 BGH, 24.02.2010 – XII ZR 120/06, IMR 2010, 180 = GuT 2010, 93 = NZM 2010, 319 = GE 2010, 614 = NJW 2010, 1518 = MDR 2010, 617.
712 So bereits Vorauflage Rn. 303.
713 BGH, 24.02.2010 – XII ZR 120/06, IMR 2010, 180 = GuT 2010, 93 = NZM 2010, 319 = GE 2010, 614 = NJW 2010, 1518 = MDR 2010, 617.
714 OLG Rostock, 18.04.2005 – 3 U 90/04, MDR 2006, 145 = MIETRECHTexpress 2005, 98 = InfoM 2005, 302.

Praxistipps:

Beruft sich eine Partei des Mietvertrages im Rechtsstreit auf einen Schriftformverstoß wegen zu später Annahme des Angebots auf Abschluss des Mietvertrages, kann und sollte die Gegenseite auf BGH, 24.02.2010 – XII ZR 120/06 verweisen. Folgt das Instanzgericht dieser Rechtsprechung nicht, muss die den Schriftformverstoß behauptende Partei detailliert darlegen und ggf. beweisen, wann das Angebot der anderen Partei zugegangen ist.[715]

Um trotz der neuen BGH-Rechtsprechung einer Schriftform-Diskussion zu entgehen, empfiehlt es sich, gem. § 148 BGB für den Vermieter/Verpächter eine Frist für die Annahme des Angebots zu setzen. Im Idealfall wird diese Frist direkt als Vereinbarung in den Mietvertrag oder den Nachtrag eingearbeitet. Erfolgt dies formularvertraglich, darf die Frist den Vertragspartner nicht unangemessen gem. § 307 BGB benachteiligen. Ist die Frist wesentlich länger als die in § 147 Abs. 1 BGB bestimmte, übersteigt sie also den Zeitraum erheblich, der für die Übermittlung der Erklärungen notwendig ist und eine angemessene Bearbeitungs- und Überlegungsfrist einschließt, so ist die Fristbestimmung nur wirksam, wenn der Verwender daran ein schutzwürdiges Interesse hat, hinter dem das Interesse des Kunden an baldigem Wegfall seiner Bindung zurückstehen muss. Eine formularmäßige Bindefrist von über einem Monat über Miträume in einem noch zu errichtenden Einkaufszentrum ist nicht unangemessen lang.[716]

Die Frist kann aber auch in Begleitschreiben gesetzt werden, ohne dass dies (entgegen BGH, 24.02.2010, a.a.O. und der hier vertretenen Ansicht) die Schriftform verletzen kann. Ein Schriftformmangel des Mietvertrages folgt nicht bereits daraus, dass die vom Anbietenden gewährten Annahmefristen nur in Begleitschreiben und nicht in den Urkunden des Mietvertrages und evtl. Nachträgen selbst enthalten sind, denn die Bindefrist nach § 148 BGB gehört nicht zu den formbedürftigen Punkten eines langfristigen Mietvertrages.[717] Eine nachträgliche, erneute Unterzeichnung beider Parteien heilt eine verstrichene Frist ex tunc.

bb) Annahme mit Änderungen, § 150 Abs. 2 BGB

362 Nicht eindeutig geklärt ist der Fall der **abändernden Annahme des Vertragsangebots nach § 150 Abs. 2 BGB**. Danach gilt eine Annahme unter Erweiterungen, Einschränkungen oder sonstigen Änderungen als Ablehnung verbunden mit einem neuen Antrag.

363 *Beispiel:*
Der Vermieter übersendet dem Mieter einen bereits unterschriebenen Vertragsentwurf zur Gegenzeichnung. Der Mieter ändert einzelne Passagen ab oder ergänzt diese, unterzeichnet und sendet den Vertrag zurück. Damit hat der Mieter das Vertragsangebot nicht so angenommen, wie es ihm gemacht worden

---

715 OLG Frankfurt am Main, 21.02.2007 – 2 U 220/06, NJOZ 2007, 2659 = IMR 2007, 321.
716 KG, 27.03.2006 – 8 U 57/05, NZM 2007, 86 = IMR 2007, 119 = InfoM 2007, 72; ebenso OLG Düsseldorf, 08.09.2000 – 22 U 39/00, LNR 2000, 20034 zum Kauf der Einrichtung einer Zahnarztpraxis und OLG Brandenburg, 30.06.2005 – 5 U 118/03, BauR 2005, 1685 zur Angebotsbindung beim Kauf einer Eigentumswohnung; anders LG Bremen, 09.09.2003 – 1 O 565/03, NJW 2004, 1050: Zehn Tage bei Gebrauchtwagenkauf sind zu lang.
717 KG, 27.03.2006 – 8 U 57/05, NZM 2007, 86 = IMR 2007, 119 = InfoM 2007, 72.

ist, sondern nur mit Modifizierungen. Das bedeutet rechtlich, dass er das Vertragsangebot abgelehnt und dem Vermieter ein neues, geändertes Vertragsangebot unterbreitet hat. Das ursprünglich gemachte Angebot war damit erledigt (§ 150 Abs. 2 BGB).

Keine modifizierende Annahme liegt vor, wenn der Annehmende – für den Vertragspartner erkennbar – zwar Ergänzungen vorschlägt, aber klar zum Ausdruck bringt, dass er bei einem Beharren des Antragenden auf dem ursprünglichen Angebot dieses Angebot in der ursprünglichen Form auf jeden Fall annimmt und nicht auf seinen Änderungsvorschlägen beharrt. Es handelt sich dann um eine uneingeschränkte Annahme verbunden mit einem Ergänzungs- oder Änderungsangebot.[718] Anders als bei § 550 BGB, wo Regelungsmängel bei unwesentlichen Punkten die Schriftform nicht verletzen, führen bei § 150 Abs. 2 BGB auch schon Modifizierungen unwesentlicher Vertragsbestandteile und **geringfügige, unwesentliche Änderungsvorschläge** ggü. dem unterbreiteten Vertragsangebot dazu, dass es für das Zustandekommen des Vertrages einer neuen Erklärung des Vertragspartners bedarf.[719] Wird diese nicht durch erneute Unterzeichnung des Vertrages, sondern außerhalb der Urkunde getätigt (Bestätigungs-E-Mail, Schlüsselübergabe etc.), wäre der eigentliche Zeitpunkt des Zustandekommens nicht dokumentiert. Zwar hat der BGH einen solchen Fall bereits entschieden und eine Schriftformverletzung bejaht, allerdings beruhte dies darauf, dass nach der Übersendung des modifizierten Vertrags die eine Partei das Vertragsexemplar unterschrieben und die andere auf einem separaten Schriftstück dessen Annahme bestätigt hatte, sodass die Voraussetzungen des § 126 BGB nicht erfüllt waren.[720]

364

Zur Wahrung der Schriftform in „Verspätungsfällen" (konkludentes Zustandekommen des Vertrags nach verspäteter Annahme gem. §§ 148, 147 BGB) genügt es nach der jüngeren Rechtsprechung des BGH und herrschender Meinung, wenn die Vertragsbedingungen eines konkludent abgeschlossenen Mietvertrages in einer der „**äußeren Form**" des § 126 Abs. 2 BGB genügenden Urkunde enthalten sind.[721] Wird bei einer Abänderungsannahme die äußere Form gewahrt, kann nichts anderes gelten, etwa wenn beide Parteien nochmals beide Vertragsausfertigungen unterschreiben, aber auch wenn sie vorher unterschrieben waren und der Vertragsabschluss durch Schlüssel- und/oder Flächenüberlassung vollzogen wird (in diesem Fall ist erneut nur der genaue Zeitpunkt des Zustandekommens nicht dokumentiert, aber die äußere Form

365

---

718 BGH, 30.01.1997 – IX ZR 133/96, NJW-RR 1997, 684; BGH, 13.10.1982 – VIII ZR 155/81, WM 1982, 1329, 1330.
719 BGH, 18.10.2000 – XII ZR 179/98, DWW 2001, 300 = NZM 2001, 42 = WuM 2001, 112 = MDR 2001, 207.
720 BGH, 18.10.2000 – XII ZR 179/98, DWW 2001, 300 = NZM 2001, 42 = WuM 2001, 112 = MDR 2001, 207.
721 BGH, 24.02.2010 – XII ZR 120/06, IMR 2010, 180 = GuT 2010, 93 = NZM 2010, 319 = GE 2010, 614 = NJW 2010, 1518 = MDR 2010, 617; OLG Hamm, 23.11.2005 – 30 U 45/05, ZMR 2006, 205 = InfoM 2006, 82; OLG Jena, 13.03.2008 – 1 U 130/07, InfoM 2009, 224 = NZM 2008, 572, 573; Neuhaus, Handbuch der Geschäftsraummiete, 3. Aufl. Rn. 303 (Vorauflage); Pfleister/Ehrich, ZMR 2009, 818; Lützenkirchen, WuM 2008, 119, 130; Schultz, NZM 2007, 509 f.; Stiegele, NZM 2004, 606, 607; Wichert, ZMR 2005, 593, 594 f.; in diese Richtung gehend, aber letztlich ohne konkrete Beantwortung der Streitfrage in den Urteilsgründen BGH, 29.04.2009 – XII ZR 142/07, GuT 2009, 173 = IMR 2009, 303 = NZM 2009, 515 = InfoM 2009, 220 = NJW 2009, 2195 = MDR 2009, 1035. A.A.: KG, 25.01.2007 – 8 U 129/06, GuT 2007, 87 = IMR 2007, 116 = NZM 2007, 517 = InfoM 2007, 177; KG, OLGR 2006, 332, 333; OLG Rostock, 18.04.2005 – 3 U 90/04, MIETRECHTexpress 2005, 98 = MDR 2006, 145; KG, GE 2003, 48, 49; OLG Dresden, ZMR 1999, 104; Wolf/Eckert/Ball, Rn. 112; Horst, MDR 2008, 365, 366; Möller, ZfIR 2008, 87, 88; Leo, MietRB 2003, 15; Regenfus, JA 2008, 246, 249; Lindner-Figura/Hartl, NZM 2003, 750, 751. Differenzierend: Bieber, in: MüKo BGB, § 550 Rn. 10.

gewährt). Anders ist dies jedoch, wenn zwei Exemplare ausgefertigt wurden, sich nur in einem davon die Änderungen befinden und der Vertrag konkludent vollzogen wird, weil dann die Urkunde ihre Funktion, einen Grundstückserwerber über seine Rechte und Pflichten zuverlässig zu unterrichten, nicht mehr erfüllen kann, denn dieser kann nicht wissen, welche der beiden unterschiedlichen Urkunden maßgeblich ist.

g) Alphabetische Tabelle zur Wesentlichkeit diverser Vertragsinhalte

Vertragspflicht bzw. Regelung	Wesentlicher Vertragsinhalt?	Kernaussage/Hinweise	Fundstelle
Einhaltung einer **Annahmefrist** nach §§ 148, 147 BGB (konkludentes Zustandekommen des Vertrags nach verspäteter Annahme)	Nein	Die Einhaltung der Frist betrifft nur das Zustandekommen des Vertrages und wird danach bedeutungslos.	BGH, 24.02.2010 – XII ZR 120/06, IMR 2010, 180 = GuT 2010, 93 = NZM 2010, 319 = GE 2010, 614 = NJW 2010, 1518 = MDR 2010, 617 Rn. 13; KG, 27.03.2006 – 8 U 57/05, NZM 2007, 86 = IMR 2007, 119 = InfoM 2007, 72 f.
Ausbaupflicht des Mieters	grds. Ja	Die Pflicht, die Miträume ab Rohbau selbst auszubauen (sog. „verlorener Baukostenzuschuss"), unterliegt jedenfalls dann der Schriftform, wenn diese Ausbaupflicht sowohl Voraussetzung für die Finanzierung des Rohbaus als auch für die Erteilung der Baugenehmigung ist. Das bedeutet: Verpflichtet sich der Mieter zu Ausbaumaßnahmen, ist diese Vereinbarung im langfristigen Mietvertrag schriftlich zu vereinbaren, wenn sie nach dem Willen der Parteien einen wichtigen Vertragsbestandteil bildet.	OLG Düsseldorf, 19.04.2007 – 10 U 122/06, IMR 2007, 214 = NZM 2007, 643
Außenwirtschaftsflächen in Gastronomie, Hinzunahme	Ja	... weil die Eröffnung einer Außenbewirtschaftung mit erheblichen Beeinträchtigungen der Umgebung verbunden ist und ein solches Nutzungsrecht für den Mieter/Erwerber im Gastronomiebereich erheblich ist.	OLG Frankfurt am Main, 21.11.2008 – 2 U 94/08, IMR 2009, 266 = InfoM 2009, 70

Auswechslung eines Mieters	Ja		BGH, 13.01.2002 – XII ZR 106/99, NZM 2002, 291
Baukostenzuschuss, verlorener	Ja	→ s.a. *Ausbaupflicht des Mieters*	OLG Koblenz, 19.04.2007 – I-10 U 122/06, LNR 2007, 32582 unter II. 1.
Beitritt eines weiteren Mieters	Ja	Es reicht aus, wenn der Mietbeitritt durch einen Nachtrag zwischen Vermieter und Ursprungsmieter dokumentiert wird; die Zustimmung des neuen Mieters muss nicht dokumentiert werden.	OLG Celle, 27.11.2007 – 2 W 116/07, IMR 2008, 8 = ZMR 2008, 120 = NZM 2008, 488
Betriebskosten, Aufzählung der	Nein		BGH, 30.06.1999 – XII ZR 55/97, NJW 1999, 2591 ff.
Betriebskosten, mehrfache Aufnahme neuer Kosten in die Abrechnung	Ja/Nein	Selbst wenn der Mietvertrag durch schlüssiges Handeln dadurch abgeändert wird, dass der Vermieter über Jahre hinweg eine im Mietvertrag nicht genannte Nebenkostenart in die Betriebskostenabrechnung aufnimmt und die Abrechnung vom Mieter beanstandungslos ausgeglichen wurde, entfällt die Schriftform jedenfalls dann nicht, wenn sich die Kosten im Verhältnis zur Gesamtmiete (vorliegend 2 % – 4 %) nur unwesentlich verändern (OLG Naumburg, 25.09.2007, a.a.O.). Abweichungen von mehr als 10 % sind aber schädlich, weil es sich dann um Beträge handelt, die für einen Erwerber bzgl. der Wirtschaftlichkeit des Objekts von Belang sind. Vgl. auch Stichwort „Miethöhe".	OLG Naumburg, 25.09.2007 – 9 U 89/07, GuT 2008, 54 = IMR 2008, 49 = ZMR 2008, 371

Betriebskosten, unwesentliche Modifikation	Nein	Zahlung des Mieters von in einer Nebenkostenabrechnungen enthaltenen Niederschlags- und Schmutzwassergebühr und Gewässergebühr, obwohl diese nach dem Mietvertrag nicht umlegbar waren. Unwesentlich, weil diese Kosten nur 1,16 % der Jahresmiete ausmachten.	LG Münster, 29.06.2010 – 25 O 173/09, GuT 2010, 232
Einmalige Leistungen	Nein		BGH, 30.06.1999 – XII ZR 55/97, NJW 1999, 2591 ff.
Einzugsermächtigung, formlose Vereinbarung einer	Nein	Es handelt sich nur um eine Art und Weise der Zahlung, sodass an den Essentialia des Mietvertrages selbst nichts geändert wird.	Eigene Meinung
Erläuternde Abreden, d.h. die den Vertragsinhalt lediglich erläutern oder veranschaulichen sollen	Nein	Dafür, dass eine Anlage, etwa der Grundrissplan den bereits vereinbarten Mietgegenstand lediglich veranschaulichen soll, spricht, dass die Verweisung auf den Plan erst unter „Sonstiges" des Vertrages erfolgt und nicht bei der Beschreibung des Mietobjekts.	BGH, 17.12.2008 – XII ZR 57/07, IMR 2009, 92 = GuT 2009, 29 m.w.N.: Grundrissplan, Inventarverzeichnis
Fälligkeit der Miete wird abweichend von der gesetzlichen Regelung vereinbart	Ja	Bei einem langfristigen Mietvertrag muss jeder Nachtrag, der eine wesentliche Änderung des Vertragsinhalts beinhaltet, schriftlich vereinbart werden. Auch eine Änderung der Zahlungsfälligkeit (hier: Umstellung von quartalsweise auf monatliche Mietzahlung) ist eine wesentliche, also formpflichtige Vertragsänderung.	BGH, 19.09.2007 – XII ZR 198/05, GuT 2007, 443 = IMR 2008, 41 = NZM 2008, 84 = InfoM 2008, 71 = NJW 2008, 365
Größe der Mietfläche			→ „Mietfläche"
Grundrissplan	Ja/Nein	Ja, wenn die Mietfläche dadurch nicht nur erläutert, sondern erst definiert wird. Nein, wenn nur Veranschaulichung/Erläuterung, der bereits an anderer Stelle im Wesentlichen beschriebenen Fläche.	BGH, 17.12.2008 – XII ZR 57/07, IMR 2009, 92 = GuT 2009, 29 m.w.N.

Hausordnung	Nein		BGH, 30.06.1999 – XII ZR 55/97, NJW 1999, 2591 ff.
Höhe der Miete			→ „Miethöhe"
Inventarverzeichnis	Ja/Nein	Ja, wenn das Inventar dadurch nicht nur erläutert, sondern erst definiert wird. Nein, wenn nur Veranschaulichung/Erläuterung, des bereits an anderer Stelle im Wesentlichen beschriebenen Inventars.	BGH, 17.12.2008 – XII ZR 57/07, IMR 2009, 92 = GuT 2009, 29 m.w.N.
Lage und die Größe eines von mehreren Kellerräumen, der Neben- bzw. Zubehörraum des Mietobjekts, Vereinbarung im Vertrag	Nein		BGH, 12.03.2008 – VIII ZR 71/07, NZM 2008, 362 = WuM 2008, 290 = NJW 2008, 290
Lastschriftverfahren, formlose Vereinbarung	Nein	Es handelt sich nur um eine Art und Weise der Zahlung, sodass an den Essentialia des Mietvertrages selbst nichts geändert wird.	Eigene Meinung
Mietfläche, Hinzunahme neuer und ungenau bezeichnet	Ja/Nein	Maßgeblich ist, ob die aus dem Vertrag herausgenommenen oder neu hinzugenommenen Flächen im Verhältnis zur Gesamtfläche als untergeordnet anzusehen sind (reine Nebenflächen). Beispiel: Hinzunahme beträgt weniger als 5 % der Mietfläche.	BGH, 12.03.2008 – VIII ZR 71/07, NZM 2008, 362 = WuM 2008, 290 = NJW 2008, 290; OLG Jena, 13.03.2008 – 1 U 130/07, InfoM 2009, 224; KG, 17.08.2006 – 8 U 33/06, IMR 2007, 46 = GuT 2006, 330 = NZM 2007, 248
Mietfläche, Verkleinerung aufgrund neuer Vereinbarung	Ja/Nein	Die Wesentlichkeit hängt von der Größe der Verringerung ab; beide Entscheidungen haben einen Formverstoß bejaht.	OLG Düsseldorf, 08.03.2005 – I – 10 U 32/05, GuT 2006, 86; OLG Düsseldorf, 05.11.2002 – 24 U 21/02, AIM 2003, 63 Ls.

Mietfläche, konkludente Vereinbarung als verbindlich	Ja	Nach neuerer Rechtsprechung des BGH wurde die Möglichkeit einer konkludenten Flächenvereinbarung deutlich erweitert und auch auf vorvertragliche Umstände erstreckt. Sind die Parteien vor Abschluss des schriftlichen Mietvertrags übereinstimmend von einer bestimmten Wohnungsgröße ausgegangen, so kann diese stillschweigend vereinbart sein, auch wenn der Mietvertrag hierzu keinerlei Angaben enthält (BGH, 23.06.2010 – VIII ZR 256/09, IMR 2010, 361 = InfoM 2010, 264 (Wohnraum)). Eine konkludent vereinbarte (und damit nicht im Vertragstext dokumentierte) Flächengröße wird im Regelfall als ein wesentlicher Vertragspunkt zu bewerten sein. Damit besteht in diesen Fällen die Gefahr, dass bei langfristigen Verträgen die Schriftform des § 550 BGB verletzt ist. → Rn. 640 ff.	Eigene Meinung
Miethöhe, Änderung aufgrund neuer Vereinbarung	Ja/Nein	Grds. gilt, dass nicht jede nachträgliche, zeitlich nicht beschränkte Änderung der schriftlich vereinbarten Miethöhe „wesentlich" mit der Folge ist, dass die Schriftform verletzt wird. Für die Frage, ob eine Änderung der Miete als wesentliche Vertragsänderung anzusehen ist, ist immer darauf abzustellen, welche Auswirkungen die jeweilige Änderungsvereinbarung für den späteren Grundstückserwerber hat.	BGH, 20.04.2005 – XII ZR 192/01; OLG Jena, 13.03.2008 – 1 U 130/07, InfoM 2009, 224; KG, 28.02.2005 – 12 U 74/03, NZM 2005, 457 = GuT 2005, 151 = ZMR 2005, 618; Timme/Hülk, NJW 2007, 3314, unter II 4.; wohl auch Sternel, Mietrecht aktuell, I Rn. 131; a.A. s. nachfolgend

Miethöhe, Änderung aufgrund neuer Vereinbarung	Ja	Jede Änderung der Miete ist als wesentliche Änderung anzusehen und daher formbedürftig.	OLG Karlsruhe, 22.03.2001 – 9 U 174/00, OLG-Report 2001, 233 f.; OLG Rostock, 25.06.2001 – 3 U 162/00, OLG-Report 2002, 34 ff. (aufgehoben durch BGH, 20.04.2005 – XII ZR 192/01); LG Berlin, NZM 2003, 284; LG Gießen, 12.09.2001 – 1 S 182/01, ZMR 2002, 272
Miethöhe, Änderung aufgrund neuer Vereinbarung	Ja/Nein	Maßgeblich ist nicht der absolute Betrag, um den die Miete gestiegen ist, mag dieser auch hoch sein; vielmehr ist die neue Miete zu der ursprünglich geschuldeten Miete prozentual ins Verhältnis zu setzen, weil es darauf ankommt, in welchem Ausmaß die Mietkosten für ein bestimmtes Objekt ansteigen und dies nur darstellbar ist, wenn man die frühere Miete zu der neuen Miete ins Verhältnis setzt.	OLG Jena, 13.03.2008 – 1 U 130/07, InfoM 2009, 224
Miethöhe, Änderung aufgrund neuer Vereinbarung	Grds. Ja	Eine stillschweigend getroffene Abrede über die Erhöhung der Miete ist regelmäßig eine ohne Einhaltung der Schriftform des § 550 BGB erfolgte wesentliche Vertragsänderung, die zur Folge hat, dass der ursprünglich auf eine feste Laufzeit unter Ausschluss einer ordentlichen Kündigung geschlossene Vertrag nun auf unbestimmte Zeit geschlossen ist; der begünstigte Vermieter darf sich aber nach § 242 BGB nicht auf den infolge der konkludenten Vereinbarung eingetretenen Formmangel berufen und das Mietverhältnis ordentlich kündigen.	OLG Karlsruhe, 10.12.2002 – 17 U 97/02, NZM 2003, 513

Miethöhe, Änderung aufgrund neuer Vereinbarung	Ja/Nein	Wesentlich ab einer Änderung von ca. 10 bis 20 %; darunter unwesentlich.	LG Münster, 29.06.2010 – 25 O 173/09, GuT 2010, 232
Miethöhe: Änderung ist jederzeit zumindest mit Wirkung für die Zukunft widerrufbar	Nein		BGH, 20.04.2005 – XII ZR 192/01, GuT 2005, 148 = NZM 2005, 456 = DWW 2005, 233 = ZMR 2005, 534 = NJW 2005, 1861; OLG Rostock, 25.06.2001 – 3 U 162/00, OLG-Report 2002, 34
Miethöhe, kurzfristige/ befristete nachträgliche Herabsetzung der Miete	nein	Ob eine nachträgliche Herabsetzung der Miete, die für einen Zeitraum von weniger als ein Jahr gilt und die Zeit nach Ablauf des ersten Mietjahres betrifft, die Schriftform verletzt, ist ungeklärt. Der BGH tendiert dazu, keine Verletzung anzunehmen, hat dies aber noch nicht abschließend entschieden (BGH, 20.04.2005 – XII ZR 192/01, GuT 2005, 148 = NZM 2005, 456). Da ein potenzieller Erwerber nur vor langfristigen Bindungen geschützt werden soll, kann eine Zeit von bis zu einem Jahr nicht schädlich sein.	Eigene Meinung
Mieterhöhung, Ersetzung eines nicht mehr existierenden Index durch einen später allein gültigen, neuen Index bei einer Wertsicherungsklausel	Nein	Hinweis: vgl. zur zulässigen Indexersetzung durch ergänzende Vertragsauslegung BGH, 04.03.2009 – XII ZR 141/07, IMR 2009, 197 = GuT 2009, 9292 = NZM 2009, 398 = InfoM 2009, 326.	OLG Jena, 13.03.2008 – 1 U 130/07, InfoM 2009, 224
Mieterhöhung um 2,5 % aufgrund neuer Vereinbarung	nein		OLG Schleswig, 03.06.1971, ZMR 1971, 377

IV. Voraussetzungen der gesetzlichen Schriftform

Mieterhöhung bis 5 % aufgrund neuer Vereinbarung	Nein	Haben die Parteien eine Vereinbarung dahin getroffen, dass nach Ablauf eines Jahres über die angemessene Anhebung der Miete jeweils Einvernehmen zu erzielen ist, und ist der Mieter dann jeweils den Bitten des Vermieters nachgekommen, monatlich eine um zwischen 1,5 % und 5 % erhöhte Miete zu zahlen, so führt die dadurch getroffene Vereinbarung nicht zu einer Schriftformverletzung.	KG, 28.02.2005 – 12 U 74/03, NZM 2005, 457 = GuT 2005, 151 = ZMR 2005, 618
Mieterhöhung um 5 % aufgrund neuer Vereinbarung	Ja		LG Gießen, 12.09.2001 – 1 S 182/01, ZMR 2002, 272
Mieterhöhung um 8,33 % aufgrund neuer Vereinbarung	nein		OLG Jena, 13.03.2008 – 1 U 130/07, InfoM 2009, 224
Mieterhöhung allein aufgrund vertraglich vorgesehener Mieterhöhungsklausel	Nein	Erhöht der Vermieter einseitig aufgrund einer wirksamen Erhöhungsklausel die Miete, so liegt schon begrifflich keine (zweiseitige) abändernde Vereinbarung des ursprünglichen Vertragsinhalts und damit keine Änderung vor, die die Schriftform verletzen könnte. Sieht die Klausel jedoch vor, dass bei Veränderung des Index lediglich Vertragsverhandlungen über eine Mietänderung aufzunehmen sind und wird diese dann zwischen den Parteien vereinbart, liegt eine abändernde Vereinbarung vor, die der Schriftform unterliegt. Allein in der widerspruchslosen Zahlung der erhöhten Miete durch den Mieter kann aber eine solche Einigung nicht gesehen werden.	OLG Jena, 13.03.2008 – 1 U 130/07, InfoM 2009, 224
Mietzahlung			→ „Fälligkeit"

Nachmieter-Vereinbarung	Nein	Die nachträgliche Vereinbarung einer vorzeitigen Beendigung des Mietvertrags bei Stellung eines Nachmieters zählt nicht zu den Essentialia eines Mietvertrages, die dem Schriftformzwang unterliegen.	Eigene Meinung
Nebenflächen, Hinzunahme/Änderung	ja/nein	Die nachträgliche Änderung von wesentlichen Vertragsinhalten bedarf der Schriftform. Die Änderung der Zweckbestimmung von Nebenflächen (Erlaubnis, dass Parkflächen zu gastronomischen Außenwirtschaftsflächen werden) betrifft einen wesentlichen Vertragsinhalt. Hinweis: Es ist aber zu differenzieren, welche Größe die Flächen haben. S.a. „Parkplätze".	OLG Frankfurt am Main, 21.11.2008 – 2 U 94/08, IMR 2009, 266 = InfoM 2009, 70
Nebenkosten			S. „Betriebskosten"
Optionsklauseln, Verlängerung der Mietzeit um mehr als ein Jahr	Ja	Sie müssen eindeutig sein, um der Schriftform zu genügen. Die in einem Mietvertrag enthaltene Klausel folgenden Inhalts: „§ Optionszeit Dem Mieter wird eine Option von 5 Jahren eingeräumt, diese ist bis zum 30.06.2008 auszuüben. Diese Option wird nur dann gewährt, wenn der Mieter zwischenzeitlich erhebliche Investitionen tätigt, insbesondere die Geschäftsräume umgebaut und neu möbliert hat." genügt der Schriftform (KG, 27.03.2007, a.a.O.)	KG, 27.03.2007 – 8 U 163/06, GuT 2007, 299; OLG Köln, 29.11.2005 – 22 U 105/05, OLGR 2006, 65 = InfoM 2006, 81 = NZM 2006, 464 = GuT 2006, 122 = MDR 2006, 925; OLG Frankfurt am Main, 20.05.1998 – 23 U 121-97, NZM 1998, 1006

Option, keine Aufnahme einer tatsächlichen Ausübung per Nachtrag in den Mietvertrag	Nein	Der Erwerber ist durch die aus der Urkunde ersichtliche Option hinreichend gewarnt, sodass es ihm zuzumuten ist, sich bei dem Verkäufer oder dem Vermieter zu erkundigen.	BGH, 02.05.2007 – XII ZR 178/04, NZM 2007, 443 = IMR 2007, 210 = InfoM 2007, 216 = MDR 2007, 1063 = NJW 2007, 3273 unter I 3d; BGH, 07.05.2008 – XII ZR 69/06, GE 2008, 798 = GuT 2008, 284 = NJW 2008, 2178 = NZM 2008, 482 = ZMR 2008, 704; OLG Düsseldorf, 25.02.2010 – 10 U 40/09, IMR 2011, 18
Option, Ausübung einer stillschweigenden	Nein	Die Ausübung einer stillschweigenden Option bedarf nicht der Schriftform, um das Schriftformerfordernis des § 550 BGB für den gesamten Vertrag nicht zu verletzen, denn die Ausübung bzw. Nichtausübung der Option stellt eine auflösende Bedingung dar.	OLG Rostock, 08.10.2009 – 3 U 137/08, IMR 2010, 282
Parkplätze, Zufahrten und Anlieferungsflächen bei einem Baumarkt	Ja	Wichtig: handelt es sich nur um absolute Nebenflächen (Maßstab: Fläche im Verhältnis zur sonstigen Mietfläche), fehlt es an der Wesentlichkeit. S.a. „Nebenflächen".	OLG Rostock, 10.07.2008 – 3 U 108/07, ZflR 2008, 627 = InfoM 2008, 330 = NZM 2008, 646
Pläne	ja/nein	Pläne, denen der Charakter eines Orientierungsbehelfs zukommt, treten in den Hintergrund, vgl. auch BGH, 30.06.1999 – XII ZR 55/97, NJW 1999, 2591 ff.; BGH, 07.07.1999 – XII ZR 15/97, NJW 1999, 3257 ff.	BGH, 17.07.2002 – XII ZR 248/99, NZM 2002, 823
PrkG, § 8 Vorverlegung des Unwirksamkeitszeitpunktes bei Wertsicherungsklausel	Ja	Da die Vorverlegung des Unwirksamkeitszeitpunktes die Miethöhe beeinflusst, also einen der wesentlichen Vertragspunkte, wird bei nur mündlicher Vereinbarung das Schriftformerfordernis nach § 550 BGB verletzt.	Eigene Meinung

Schuldbeitritt zum langfristigen Mietvertrag	Ja		OLG Naumburg, 01.03.2005 – 9 U 111/04, GuT 2005, 209 = MietRB 2005, 200 = OLGR 2005, 617 = InfoM 2005, 249
Untermiete	Ja	Lässt der Hauptmietvertrag nicht erkennen, dass über mehr als ein Jahr untervermietet wurde, ist dessen Schriftform verletzt, weil das Informationsinteresse eines potenziellen Erwerbers erheblich tangiert wird.	Eigene Meinung
„Vergessene" Klauseln	Grds. Nein	Enthält der Vertrag Klauseln, die nach dem Willen der Parteien eigentlich gestrichen werden sollen, ist die Schriftform dennoch gewahrt.	OLG Düsseldorf, 20.04.1995 – 10 U 164/94, ZMR 1995, 404 = NJW-RR 1995, 1417 = MDR 1995, 1009
Wertsicherungsklausel			S. PrkG, § 8
Widerrufsmöglichkeit	Nein	Alle Vereinbarungen, die der Vermieter einseitig widerrufen kann, verletzen die Schriftform nicht, weil das Recht zum Widerruf mit dem Grundstückserwerb auf einen Dritten übergehen würde.	BGH, 20.04.2005 – XII ZR 192/01, GuT 2005, 148 = NZM 2005, 456 = DWW 2005, 233 = ZMR 2005, 534 = NJW 2005, 1861
Zeichnungen			S. „Pläne"
Zustandekommen des Vertrages			S. „Annahmefristen"

5. Einheitliche Urkunde, Anlagen

a) Körperlich feste Verbindung, Auflockerungsrechtsprechung

367 Damit die Schriftform gewahrt wird, muss es sich um eine einheitliche Urkunde handeln (= keine Aufsplittung in mehrere völlig selbstständige Teile), vgl. § 126 BGB. Die Einheitlichkeit der Urkunde ist eines der Hauptprobleme und damit ein absolut praxisrelevanter Punkt, der immer wieder **Fehlerquellen** beinhaltet und zur vorzeitigen Kündbarkeit von Geschäftsraummietverträgen führt.

368 Die ältere Rechtsprechung verlangte noch eine **feste körperliche Verbindung der Vertragsblätter**, deren Aufhebung mit einer Substanzzerstörung einhergehen musste. Diese Rechtsprechung war der wesentliche Grund, warum Mietverträge mit Ösen versehen wurden. Zur Verunsicherung bei Mietparteien und Investoren führte dann Mitte der 90er Jahre eine wahre Welle widersprüchlicher Entscheidungen verschiedener OLG, was zu einer mehr oder weniger klärenden Stellung-

nahme des BGH führte. Danach genügt es, wenn sich die Einheitlichkeit der Urkunde **aus folgenden Merkmalen zweifelsfrei** ergibt (sog. „Auflockerungsrechtsprechung")[722]

- fortlaufende Paginierung,
- fortlaufende Nummerierung der einzelnen Bestimmungen,
- einheitliche grafische Gestaltung,
- inhaltlicher Zusammenhang des Textes.

Die Aufzählung ist nicht abschließend, der BGH lässt ausdrücklich auch vergleichbare Merkmale zu. Eine körperlich feste Verbindung der einzelnen Blätter ist nicht mehr erforderlich. Faktisch kommt es damit auf eine nachweisbare und deutlich erkennbare **gedankliche Einheit** an. 369

b) Grundsätze zu Anlagen zum Miet-/Pachtvertrag

Besteht die Urkunde aus einem Hauptteil und Anlagen (z.B. Übergabeprotokolle, Grundrisse, Hausordnungen, Einzugsermächtigungen), so müssen die Anlagen in der Haupturkunde so genau bezeichnet sein, dass eine zweifelsfreie Zuordnung möglich ist.[723] Der BGH hat hier zur Jahrtausendwende in einer Kette von Urteilen eine grds. Lockerung des Schriftformerfordernisses vorgenommen (sog. Auflockerungs-Rechtsprechung). Die Einheitlichkeit ist in jedem Fall gewahrt, wenn die **Anlagen unterzeichnet** sind und **auf die Haupturkunde verweisen**.[724] Entscheidendes Kriterium bleibt immer die zweifelsfreie Bezugnahme der Haupturkunde auf die Anlage. Wurde das Mietobjekt bei Abschluss des Mietvertrages in einen **Lageplan** eingezeichnet, ohne dass sich im Vertrag nähere Angaben dazu finden, welcher Teil des Grundstücks vermietet ist, wahrt dies nur dann die Schriftform, wenn der Mietvertrag eine Bezugnahme auf einen Lageplan enthält und beide miteinander verbunden sind.[725] 370

Werden **Essentialia des Mietvertrages** – also wesentliche Vertragsbestandteile, insb. rechtsgeschäftliche Vereinbarungen – **in Anlagen** ausgelagert, auf die im Mietvertrag Bezug genommen wird, muss zur Wahrung der Schriftform die Anlage im Mietvertrag so genau bezeichnet werden, dass eine **zweifelsfreie Zuordnung** möglich ist.[726] Wenn die Vertragschließenden wesentliche Bestandteile des Mietvertrags nicht in die Haupturkunde selbst aufnehmen, sondern in andere Schriftstücke auslagern, sodass sich der Gesamtinhalt der mietvertraglichen Vereinbarung erst aus dem Zusammenspiel dieser „verstreuten" Bestimmungen ergibt, muss zur Wahrung der Urkundeneinheit die Zusammengehörigkeit dieser Schriftstücke in geeigneter Weise 371

---

722 St. Rspr., vgl. BGH, 24.09.1997 – XII ZR 243/95, BGHZ 136, 357 = NZM 1998, 25 = NJW 1998, 25; BGH, 21.01.1999 – VII ZR 93/97, NZM 1999, 310 = ZMR 1999, 532 = WuM 1999, 595 = NJW 1999, 1104; BGH, 30.06.1999 – XII ZR 55/97, NZM 1999, 761 = ZMR 1999, 691 = NJW 1999, 2591 = WuM 1999, 516, 691; BGH, 05.07.2000 – XII ZR 70/98, NZM 2000, 907; OLG Düsseldorf, 25.02.2010 – 10 U 40/09, IMR 2011, 18.
723 BGH, 18.12.2002 – XII ZR 253/01, GuT 2003, 131 = NZM 2003, 281 = WuM 2003, 417 = NJW 2003, 1248; OLG Düsseldorf, 25.02.2010 – 10 U 40/09, IMR 2011, 18.
724 BGH, 21.01.1999 – VII ZR 93/97, NZM 1999, 310; OLG Köln, 26.02.1999 – 11 U 163/98, NZM 1999, 619 = NJW-RR 1999, 1313; KG, 05.03.1998 – 8 U 7326/96, NZM 1998, 369 = NJW-RR 1998, 943.
725 BGH, 02.06.2010 – XII ZR 110/08, GuT 2010, 231 = NZM 2010, 704: im Mietvertrag nur m²-Angabe ohne nähere Zuordnung.
726 BGH, 18.12.2002 – XII ZR 253/01, GuT 2003, 131 = NZM 2003, 281 = WuM 2003, 417 = NJW 2003, 1248; OLG Düsseldorf, 25.02.2010 – 10 U 40/09, IMR 2011, 18.

zweifelsfrei kenntlich gemacht werden.[727] Es gelten die Grundsätze der sog. Auflockerungsrechtsprechung (→ *Rn. 367 ff.*).

c) Einzelheiten

372 Die erforderliche **wechselseitige Bezugnahme** ergibt sich besonders leicht und zuverlässig durch übereinstimmende Bezeichnung der Anlagen in der Haupturkunde, sie kann sich aber auch aus anderen Umständen, wie z.B. dem sinnverbundenen Inhalt und der fortlaufenden Paraphierung, ergeben.[728] Dies sollte aber trotz der gelockerten Rechtsprechung vorsichtshalber nicht verallgemeinert werden, da es immer auf die individuellen Schriftstücke ankommt und darauf, inwieweit sich aus diesen eine Einheitlichkeit ergibt.

373 Nach Ansicht des BGH kann u.U. auf eine Verweisung der Anlage auf den Hauptvertrag verzichtet werden. Eine **ausdrückliche Rückverweisung in der Anlage** auf den Hauptvertrag ist nicht erforderlich, wenn der Hauptvertrag auf die Anlage verweist.[729] Zwar ist dann der Anlage selbst nicht zu entnehmen, welchen Vertrag sie ergänzt. Für den Schutzzweck des § 550 BGB reicht es aber aus, wenn ein späterer Grundstückserwerber durch die Verweisung im Hauptvertrag auf die Existenz einer solchen Anlage hingewiesen wird und durch diesen eine sichere gedankliche Verbindung mit der Anlage herstellen kann.[730] Macht der dies trotz des Hinweises nicht, ändert es nichts daran, dass ursprünglich die Schriftform gewahrt wurde. Die Möglichkeit der gedanklichen Verknüpfung ist jedoch zwingend erforderlich; enthält deshalb weder der Ursprungsvertrag noch die Anlage einen Verweis auf die andere Urkunde, ist die Schriftform verletzt.

374 Eine Bezugnahme auf den Hauptmietvertrag im **Untermietvertrag** wahrt das Schriftformerfordernis des § 550 BGB; eine Beifügung der in Bezug genommenen Anlage ist nicht notwendig.[731]

375 Aus dem Hauptkriterium der zweifelsfreien Bezugnahme der Haupturkunde auf die Anlage ergibt sich, dass **bloße (= nur erläuternde) Anlagen** nicht zwingend unterschrieben sein müssen, damit die Schriftform gewahrt wird.[732] Anders ist dies, wenn sich aus der Anlage – ggf. ergänzend durch Beiziehung des Hauptvertragstextes – eine selbstständige vertragliche Regelung, also eine „ausgelagerte" rechtsgeschäftliche Erklärung ergibt. Die Anlage ist lediglich **Anschauungsobjekt oder Orientierungsbehelf** ohne verkörperte Willenserklärung, die von den Vertragspartnern unterzeichnet werden muss, wenn sie bereits im Vertragstext hinlänglich

---

[727] BGH, 04.04.2007 – VIII ZR 223/06, GE 2007, 906 = NZM 2007, 399 = WuM 2007, 272; BGH, 15.11.2006 – XII ZR 92/04, DWW 2007, 64 = GuT 2007, 19 = NZM 2007, 127 = ZMR 2007, 184; BGH, 21.01.2004 – VIII ZR 101/03, = NZM 2004, 253 = GE 2004, 229 m. Anm. Beuermann = GE 2004, 214 = MM 2004, 163 = NJW-RR 2004, 586 = WM 2004, 151; OLG Düsseldorf, 25.02.2010 – 10 U 40/09, IMR 2011, 18.
[728] BGH, 05.07.2000 – XII ZR 70/98, NZM 2000, 907.
[729] BGH, 29.09.1999 – XII ZR 313/98, NZM 2000, 36 = NJW 2000, 354 = MDR 2000, 79 = ZMR 2000, 76.
[730] BGH, 29.09.1999 – XII ZR 313/98, NZM 2000, 36 = NJW 2000, 354 = MDR 2000, 79 = ZMR 2000, 76.
[731] OLG Bremen, 13.09.2006 – 1 U 28/06, NJOZ 2007, 3407.
[732] Ableitbar aus BGH, 18.12.2002 – XII ZR 253/01, GuT 2003, 131 = NZM 2003, 281 = WuM 2003, 417 = NJW 2003, 1248; BGH, 29.09.1999 – XII ZR 313/98, NZM 2000, 36 = NJW 2000, 354 = MDR 2000, 79 = ZMR 2000, 76 unter 3. a) aa) (1): bloße Paraphierung genügt.

beschrieben ist, also keine selbstständige Bedeutung mehr hat.⁷³³ Entsprechendes gilt, wenn die Anlage **nur nebensächliche oder nur die Vereinbarungen im Hauptvertrag erklärende Absprachen** enthält.⁷³⁴

Da Anlagen mit unwesentlichem Vertragsinhalt grds. gar **nicht unterschrieben** werden müssen, reicht auch eine **Paraphierung der Anlagen** aus.⁷³⁵ Die Vertragseinheit kann sich bereits aus einer Verweisung im (korrekt unterzeichneten) Hauptvertrag auf die Anlagen und deren durchgängiger Paraphierung ergeben. Auch bei Anlagen, die rechtsgeschäftliche Erklärungen enthalten, können Paraphen die Einheit zwischen Haupturkunde und Anlage grds. ebenso dokumentieren wie Unterschriften, wenn der Hauptvertrag unterzeichnet ist und die Anlage durch Verweisung zum Vertragsbestandteil macht.⁷³⁶ Es reicht aus, wenn Paraphen nahezu in gleicher Weise wie Unterschriften die zweifelsfreie Identifizierung der Anlage ermöglichen und deren Zusammengehörigkeit mit der Haupturkunde verdeutlichen, zumal wenn die einzelnen Seiten des Hauptvertrages ebenso paraphiert sind.⁷³⁷ Letzteres ist aber, wie die Formulierung der BGH deutlich macht, nicht zwingend erforderlich. Ergibt sich die gedankliche Einheit nicht aus anderen Umständen, scheitert die Schriftform, wenn Anlagen nur vom Mieter, nicht aber vom Vermieter unterschrieben wurden und kein Verweis im eigentlichen Vertragstext auf die Anlagen erfolgt.⁷³⁸

376

Zu Nachträgen s. nachfolgend → *Rn. 377 ff.*

> **Praxistipp:**
>
> **Immer**: Alle Anlagen sollten mit der Überschrift „Anlage zum Mietvertrag vom ..... zwischen ..... (Vermieter) und ..... (Mieter)" versehen werden. Der Mietvertrag sollte eine „Verbindungsklausel" (Muster → *Rn. 493*) enthalten.
>
> **Vertragsabschluss**: Alle Anlagen sollten mit – vom Hauptmietvertrag ausgehenden – Seitenzahlen versehen werden. Im Mietvertrag sollte vor den abschließenden Unterschriftsfeldern ein tabellarisches Anlagenverzeichnis aufgenommen werden (Muster → *Rn. 3370 – § 18 des Mietvertrages*), in dem zum einen die bereits vorhandenen Anlagen aufgelistet und zum anderen mindestens zehn weitere Leerzeilen für neue Anlagen vorgesehen sind.
>
> **Umfangreiche Dokumente**: Eine Lösung für umfangreiche und deshalb schlecht anfügbare Dokumente wie Ausführungszeichnungen könnte darin liegen, diese mit einer auch nach längerer Zeit noch lesbaren Software zu scannen und auf einen Datenträger zu brennen, der im Mietvertrag genau zu bezeichnen und ihm beizufügen ist.⁷³⁹

---

733 BGH, 25.10.2000 – XII ZR 133/98, NZM 2001, 43.
734 BGH, 07.07.1999 – XII ZR 15-97, NZM 1999, 962 = ZMR 1999, 810 = NJW 1999, 3257 = MDR 1999, 1374.
735 BGH, 29.09.1999 – XII ZR 313/98, NZM 2000, 36 = NJW 2000, 354 = MDR 2000, 79 = ZMR 2000, 76 unter 3. a) aa) (1).
736 BGH, 29.09.1999 – XII ZR 313/98, NZM 2000, 36 = NJW 2000, 354 = MDR 2000, 79 = ZMR 2000, 76.
737 BGH, 29.09.1999 – XII ZR 313/98, NZM 2000, 36 = NJW 2000, 354 = MDR 2000, 79 = ZMR 2000, 76.
738 OLG Dresden, 18.02.1998 – 12 U 3202/97, ZMR 1998, 420.
739 Mehrings, NZM 2009, 386.

Nachträgliche Anlagen (Nachträge etc.): Diese sollten in das Anlagenverzeichnis im Mietvertrag aufgenommen und paraphiert werden. Ansonsten sollte eine hand- oder maschinenschriftliche Neuerwähnung in beiden Exemplaren des Original-Mietvertrages vor den Unterschriftsfeldern erfolgen. Die Anlagen sollten immer durch beide Parteien unterzeichnet werden. Die Aufnahme einer Verbindungs- und Heilungsklausel sollte in jeden Nachtrag erfolgen (s.a. → *Rn. 439 ff. 490 ff.*).

V. Nachträgliche Änderungen/Ergänzungen des ursprünglich formwirksamen Vertrages, Nachträge

1. Problematik und Grundsätze

377 In der Praxis spielen Nachträge und andere nachträgliche Vertragsergänzungen oder -änderungen eine erhebliche Rolle.

Beispiele:

Anmietung weiterer Flächen; Hinzunahme von Stellplätzen; Vereinbarung einer höheren oder niedrigeren Miete; Umwandlung der Rechtsform des Mieters; Aufnahme einer Konkurrenzschutzklausel auf Wunsch des Mieters.

378 Im wesentliche betreffen diese Situationen die oben dargestellten Prüfungspunkte „Beurkundung des wesentlichen Vertragsinhalts" und „Einheitlichkeit der Urkunde", sodass zunächst darauf verwiesen wird. Wegen der enormen Praxisrelevanz wird dies hier dennoch als eigener Gliederungspunkt dargestellt.

Praxistipp:

Nachträge bzw. Änderungen können alle Bereiche der Schriftform berühren, also die Unterzeichnung der gesamten Urkunde, die Dokumentation des wesentlichen Vertragsinhalts und die körperliche Einheitlichkeit der Urkunde. Werden hier Fehler gemacht, kann dies den gesamten Vertrag zum Kippen bringen. Vgl. dazu bspw. Fall des KG v. 17.08.2006.[740] Es handelt sich auch um eine **Haftungsfalle für Immobilienverwalter**, weil ein womöglich jahrelang problemlos vollzogener Mietvertrag durch einen Nachtrag zur schwelenden Zeitbombe bzgl. der Laufzeit werden kann.

379 Generell gilt: **Nachträge** sind formal Anlagen zum Mietvertrag, sodass die dortigen Grundsätze auch hier gelten (→ *Rn. 367 ff.*). Für Abänderungen gelten dieselben Grundsätze wie für den Ursprungsvertrag.[741] Sie bedürfen deshalb ebenfalls der Schriftform, es sei denn, dass es sich um unwesentliche Änderungen handelt. Ob eine Urkunde die Schriftform wahrt oder nicht, ist grds. aus **der Sicht des Zeitpunkts ihrer Unterzeichnung** zu beurteilen. Spätere **tatsächliche** Geschehnisse können die Wahrung der Form nicht mehr infrage stellen, sodass allenfalls nachträgliche, nicht formwahrend getroffene **Änderungsvereinbarungen** dazu führen können, dass

---

[740] KG, 17.08.2006 – 8 U 33/06, IMR 2007, 46 = GuT 2006, 330 = NZM 2007, 248.
[741] BGH, 19.09.2007 – XII ZR 198/05, GuT 2007, 443 = IMR 2008, 41 = NZM 2008, 84 = InfoM 2008, 71 = NJW 2008, 365.

die Schriftform von nun an nicht mehr gewahrt ist.[742] Kurz: Wird der Vertragsinhalt modifiziert, greift das Schriftformerfordernis.

Nach ständiger Rechtsprechung und allgemeiner Meinung im Schrifttum entbehrt ein schriftlich geschlossener Mietvertrag, der nachträglich formlos geändert wird, nunmehr insgesamt der Schriftform.[743] Nachträgliche formlose, aber formbedürftige Vertragsänderungen führen damit nicht nur dazu, dass der Änderungsvertrag vorfristig gekündigt werden kann, sondern **wirken auf den Grundvertrag** derart ein, dass auch dieser infolge der formlosen Änderung insgesamt zu einem nicht der Form entsprechenden Vertrag wird, selbst wenn er ursprünglich formgerecht abgeschlossen worden sein sollte.[744] **Ausgenommen von der Formbedürftigkeit** sind allerdings solche Abreden, die einen potenziellen Grundstückserwerber nicht verpflichten können, etwa ein neu eingeräumtes individuelles Sonderkündigungsrecht nur zugunsten des Ursprungsmieters oder die nachträgliche Aufhebung eines solchen Rechts.[745]

380

Zusammengefasst kann man sagen, dass **nachträglich weitergehende Vereinbarungen** auch selbstständig der gesetzlichen Schriftform entsprechen müssen, denn da sie nachträglich erstellt werden, nimmt der ursprüngliche Mietvertrag keinen Bezug auf sie. Daraus folgt, dass ein potenzieller Erwerber durch einen Blick in den alten Mietvertrag nicht erkennen kann, ob noch nachträglich gefertigte Zusatzvereinbarungen bestehen. Ein Nachtragsvertrag wahrt die Schriftform eines Mietvertrags also dann, wenn er eine Bezugnahme auf die Schriftstücke enthält, aus denen sich sämtliche wesentlichen vertraglichen Vereinbarungen ergeben[746] oder wenn sich aus ihm selbst die wesentlichen Vereinbarungen ergeben.

381

> **Hinweis:**
> Bei der Auflockerung des Grundsatzes der Urkundeneinheit darf nicht verkannt werden, dass die Handhabung von Nachträgen nicht zu leger gesehen werden darf. Es gilt der Grundsatz: Da Nachträge in der Praxis ohne Weiteres verschwinden können und oft noch nicht einmal mit der Haupturkunde verbunden sind, sind an die Formwirksamkeit grds. hohe Anforderungen zu stellen.

2. Voraussetzungen eines wirksamen Nachtrages

Für einen wirksamen Nachtrag müssen grds. folgende Voraussetzungen eingehalten werden:

382

---

742 BGH, 24.02.2010 – XII ZR 120/06, IMR 2010, 180 = GuT 2010, 93 = NZM 2010, 319 = GE 2010, 614 = NJW 2010, 1518 = MDR 2010, 617 unter II. 1.; BGH, 02.05.2007 – XII ZR 178/04, NZM 2007, 443 = IMR 2007, 210 = InfoM 2007, 216 = MDR 2007, 1063 = NJW 2007, 3273, 3274 f.; OLG Jena, 13.03.2008 – 1 U 130/07, InfoM 2009, 224.

743 BGH, 02.07.1975 – XIII ZR 223/73, BGHZ 65, 49 ff., 54; OLG Frankfurt am Main, 27.03.2009 – 2 U 72/08, IMR 2009, 106 = InfoM 2009, 383; OLG Celle, 27.11.2007 – 2 W 116/07, IMR 2008, 8 = ZMR 2008, 120 = NZM 2008, 488; Lammel, in: Schmidt-Futterer, § 550 BGB Rn. 60.

744 OLG Celle, 27.11.2007 – 2 W 116/07, IMR 2008, 8 = ZMR 2008, 120 = NZM 2008, 488.

745 OLG Celle, 27.11.2007 – 2 W 116/07, IMR 2008, 8 = ZMR 2008, 120 = NZM 2008, 488; Lammel, in: Schmidt-Futterer, Mietrecht, § 550 BGB Rn. 35.

746 BGH, 09.04.2008 – XII ZR 89/06, IMR 2008, 233 = MDR 2008, 853.

a) Dokumentation der wesentlichen Änderungen

383 Alle **wesentlichen Änderungen** müssen dem Schriftformerfordernis genügen.[747] Beim Abschluss von Nachträgen gelten zu der Frage, ob etwas wesentlich ist oder nicht, dieselben Grundsätze wie beim Abschluss des Ursprungsvertrages (ausführlich zur Wesentlichkeit von Vertragsbestimmungen → *Rn. 330 ff.*). Dies sind z.B. Änderungen der Parteien, Optionseinräumungen, wesentliche Mieterhöhungen. Unwesentliche Änderungen müssen nicht die strengen Anforderungen erfüllen, weil ein potenzieller Erwerber dadurch keine erheblichen Nachteile erleiden kann. Weichen Nachtrag und Mietvertrag hinsichtlich wesentlicher Punkte voneinander ab oder widersprechen sich, wird i.d.R. die Schriftform verletzt sein, weil das Informationsinteresse des potenziellen Dritten nicht mehr gewahrt wird.

Beispiel:

Der Ursprungsmietvertrag nennt zwei Parteien als Mieter, der Nachtrag nur noch eine davon (wer soll nun Mieter sein?)[748]

384 Betroffen sind z.B. Änderungen der Parteien oder Mietflächen, Optionseinräumungen, wesentliche Mieterhöhungen. S. dazu ausführlich oben im Kapitel „Beurkundung des wesentlichen Vertragsinhalts" → *Rn. 330 ff.*

b) Unterzeichnung des Nachtrags

385 Die neuen Urkunden müssen **unterzeichnet** sein.[749] Daraus folgt, dass Ursprungsvertrag und Nachtrag von denselben Parteien unterzeichnet sein müssen.[750] Haben sich die Parteien zwischenzeitlich geändert, ist dies ebenfalls in einem Nachtrag zu dokumentieren. Nachträge, die auf einer bereits unterschriebenen Vertragsurkunde unterhalb der Unterschriften angebracht werden (**Eintragung in den Ursprungsmietvertrag**) und wegen der Regelung eines wesentlichen Punktes formbedürftig sind, müssen zur Wahrung der Schriftform erneut von beiden Vertragsteilen unterzeichnet werden.[751] Wird die neue Vereinbarung oberhalb der alten Unterschriften in den Ursprungsvertrag geschrieben, ist keine neue Unterzeichnung erforderlich. Wenn ein separates Schriftstück gefertigt wird, ist es nicht zwingend erforderlich, im Hauptvertrag einen Hinweis darauf anzubringen, aber empfehlenswert.

c) Bezugnahme auf den Hauptvertrag

386 Nach der sog. **Auflockerungsrechtsprechung** (→ *Rn. 367 ff.*) erübrigt sich eine körperlich feste Verbindung mit der Haupturkunde bei einem Nachtrag, der auf den Hauptvertrag Bezug nimmt, die Vertragsparteien und den Vertragsgegenstand ausweist und neben dieser Bezugnahme die wesentlichen Änderungen sowie die Klausel enthält, dass alle übrigen Bedingungen

---

747　BGH, 19.09.2007 – XII ZR 198/05, GuT 2007, 443 = IMR 2008, 41 = NZM 2008, 84 = InfoM 2008, 71 = NJW 2008, 365; OLG Frankfurt am Main, 27.03.2009 – 2 U 72/08, IMR 2009, 159 = InfoM 2009, 383.

748　OLG Frankfurt am Main, 02.01.2009 – 15 U 129/08, IMR 2009, 86 = InfoM 2009, 168.

749　St. Rspr., BGH, 29.01.1992 – XII ZR 175/90, WuM 1992, 798 = NJW-RR 1992, 654; OLG Frankfurt am Main, 21.11.2008 – 2 U 94/08, InfoM 2009, 70.

750　OLG Naumburg, 31.08.2006 – 2 U 48/06, LNR 2006, 31036.

751　BGH, 24.01.1990 – VIII ZR 296/88, WuM 1990, 140= MDR 1990, 711 = NJW-RR 1990, 518.

der Haupturkunde ausdrücklich aufrechterhalten werden, und der von den gleichen Parteien unterschrieben ist. Dies beinhaltet insb.:

- **Bezugnahme auf den Hauptvertrag:** Ein Nachtragsvertrag wahrt die Schriftform eines Mietvertrags nur dann, wenn er eine Bezugnahme auf die Schriftstücke enthält, aus denen sich sämtliche wesentlichen vertraglichen Vereinbarungen ergeben.[752] Eine Bezugnahme auf einen „zur Zeit bestehenden Pachtvertrag" ist nicht bestimmt genug.[753] Der Hauptvertrag muss individualisierbar bezeichnet werden. Ein vom Mieter gegengezeichnetes Angebot des Vermieters zur Verlängerung des Mietvertrages für längere Zeit als ein Jahr genügt dem Schriftformerfordernis, wenn das Angebot in ausreichender Form auf den ursprünglichen Mietvertrag Bezug nimmt und zum Ausdruck bringt, dass es unter Einbeziehung des Nachtrags bei dem verbleiben soll, was früher formgültig niedergelegt war.[754]

- **Bezugnahme auf ältere Nachträge:** Existieren bereits frühere Nachträge, muss der neue Nachtrag auch auf diese Bezug nehmen (d.h.: sie nennen), da diese Bestandteil des Miet- oder Pachtvertrags sind. Dies ist nicht erforderlich, wenn sich für einen potenziellen Erwerber bspw. aus einer Durchnummerierung zweifelsfrei ergibt, dass noch weitere Nachträge existieren müssen, da er Anhaltspunkte für die Existenz in der Urkunde hat und es ihm zugemutet werden kann, ggf. nachzufragen.

- Eine Nachtragsvereinbarung genügt **auch ohne körperliche Verbindung** mit dem Ausgangsmietvertrag der Schriftform, wenn sie die Parteien bezeichnet, hinreichend deutlich auf den ursprünglichen Vertrag Bezug nimmt, die geänderten Regelungen aufführt und erkennen lässt, dass es i.Ü. bei den Bestimmungen des ursprünglichen Vertrages verbleiben soll.[755]

Beispiel:[756]

387

Die Nachtragsvereinbarung nennt „RA W. als Zwangsverwalter M. & R. GbR, B. 9, 4. D., als Vermieter" und den ursprünglichen Mieter „als Mieterin". Sie verweist darauf, dass zwischen den genannten Parteien der Mietvertrag v. 28.06.2001 besteht und regelt in Nr. 5, dass „Im übrigen sämtliche Vereinbarungen des Mietvertrages vom 28.06.2001 unberührt bleiben". Im Anschluss hieran folgen das Datum und die Unterschriften der Vertragsschließenden. Darauf, ob und wann die Nachtragsvereinbarung an die Ausgangsurkunde v. 28.06.2001 geheftet worden ist, kommt es daher nicht an.

- *Eintragung in den Ursprungsmietvertrag:* Eine solche ist grds. nicht erforderlich. Nachträge, die jedoch auf einer bereits unterschriebenen Vertragsurkunde unterhalb der Unterschriften angebracht werden und wegen der Regelung eines wesentlichen Punktes formbedürftig sind, müssen zur Wahrung der Schriftform erneut von beiden Vertragsteilen unterzeichnet werden.[757] Wird die neue Vereinbarung oberhalb der alten Unterschriften in den Ursprungsvertrag geschrieben, ist

---

752 BGH, 09.04.2008 – XII ZR 89/06, IMR 2008, 233 = MDR 2008, 853 = NZM 2008, 484; OLG Brandenburg, 24.03.2010 – 3 U 117/09, IMR 2010, 229; OLG Rostock, 08.10.2009 – 3 U 137/08, IMR 2010, 282; OLG Frankfurt am Main, 21.11.2008 – 2 U 94/08, InfoM 2009, 70; OLG Dresden, 31.08.2004 – 5 U 946/04, InfoM 2005, 88 = NZM 2004, 826.
753 OLG Naumburg, 31.08.2006 – 2 U 48/06, LNR 2006, 31036.
754 BGH, 16.02.2000 – XII ZR 162/98, NZM 2000, 712.
755 BGH, 14.07.2004 – XII ZR 68/02, GuT 2004, 186 = AIM 2004, 176 = NZM 2004, 738 = WuM 2004, 534 = ZMR 2004, 804 = DWW 2004, 293 = GE 2004, 1163 = MDR 2004, 1347 = NJW 2004, 2962; OLG Düsseldorf, 25.02.2010 – 10 U 40/09, IMR 2011, 18.
756 OLG Düsseldorf, 25.02.2010 – 10 U 40/09, IMR 2011, 18.
757 BGH, 24.01.1990 – VIII ZR 296/88, WuM 1990, 140 = MDR 1990, 711 = NJW-RR 1990, 518.

keine neue Unterzeichnung erforderlich. Wenn ein separater Nachtrag gefertigt wird, ist es nicht zwingend erforderlich, im Hauptvertrag einen Hinweis darauf anzubringen, aber empfehlenswert.

3. Typische spätere Änderungen und Beurteilung der Wesentlichkeit

a) Hinzunahme neuer Mietflächen

388 Erhebliche Vorsicht ist geboten beim Abschluss von Ergänzungsvereinbarungen, durch die **neue Mietflächen hinzugenommen** oder **reduziert** werden. Maßgeblich ist, ob die aus dem Vertrag herausgenommenen oder neu hinzugenommenen Flächen im Verhältnis zur Gesamtfläche als untergeordnet anzusehen sind.[758]

389 *Beispiele:*

In einem gewerblichen Mietvertrag wird vereinbart, dass der Mieter zunächst Räume im Altbau bezieht, um dann etwa zwei Jahre später in einen noch vom Vermieter zu errichtenden Neubau umzuziehen. Die neuen Mietflächen sind bis auf eine Größenangabe von „ca. 400 bis 500 m^2" nicht näher im Mietvertrag beschrieben. Die Parteien geraten über den Fertigstellungstermin des Gebäudes und hohe Nebenkostennachzahlungen in Streit, worauf der Mieter mehrfach mit verschiedenen Begründungen die fristlose Kündigung ausspricht und Klage auf Feststellung erhebt, dass das Mietverhältnis dadurch beendet ist. Die ungenaue Angabe der neuen Flächen mit ca. 400 – 500 m^2 hat hier, weil die Parteien keinen zweiten Vertrag geschlossen haben, den ursprünglichen Mietvertrag „infiziert" und wegen Verletzung der Schriftform vorzeitig kündbar gemacht.[759]

Werden eine nachträgliche Reduzierung der vereinbarten Mietflächen und eine hierauf beruhende Herabsetzung der Miete nicht beurkundet, ist die Schriftform des § 550 BGB nicht (mehr) gewahrt.[760]

Die nachträglich vorgenommene Vertragsänderung über eine erhebliche Verringerung der Mietfläche ist formbedürftig.[761]

b) Änderungen der Vertragslaufzeit

390 Wird nachträglich die Dauer des Miet- oder Pachtverhältnisses geändert, betrifft dies einen der Kernpunkte des Vertrages und muss daher schriftformgemäß dokumentiert werden.

Die nachträgliche Vereinbarung einer vorzeitigen Beendigung des Mietvertrages bei Stellung eines Nachmieters zählt jedoch nicht zu den Essentialia eines Mietvertrages, die dem Schriftformzwang unterliegen, da damit dem Mieter künftig nur eine Möglichkeit zum Ausstieg aus dem Vertrag eingeräumt wird. Kommt es jedoch zum Eintritt des Nachmieters in den Mietvertrag, unterliegt dies grds. der Schriftform (s. nachfolgend zu Vertragsparteien → Rn. 391 ff.).

---

758 OLG Jena, 13.03.2008 – 1 U 130/07, InfoM 2009, 224.
759 KG, 17.08.2006 – 8 U 33/06, IMR 2007, 46 = GuT 2006, 330 = NZM 2007, 248.
760 OLG Düsseldorf, 08.03.2005 – I-10 U 32/05, GuT 2006, 86.
761 OLG Düsseldorf, 05.11.2002 – 24 U 21/02, AIM 2003, 63 (LS).

c) Änderungen bei den Vertragsparteien

Der **Eintritt eines neuen Vermieters** (Erwerbers) nach § 566 BGB, also durch Kauf der Immobilie, in ein langfristiges Mietverhältnis erfolgt nicht rechtsgeschäftlich und setzt daher keine schriftliche Niederlegung der damit verbundenen Änderung voraus.[762]

391

Die rechtsgeschäftliche Vereinbarung eines Vermieter- oder Mieterwechsels, also die **Vertragsübernahme** als solche, ist formbedürftig, während die Zustimmung des Dritten formlos erklärt werden kann.[763] Die Schriftform ist daher gewahrt, wenn der Vermieter mit dem Altmieter schriftlich vereinbart (bspw. durch einen Nachtrag), dass der Neumieter in den Vertrag eintritt und dieser der Vertragsübernahme formlos zustimmt. In Fällen des Mieterwechsels, in denen aber schon im ursprünglichen Vertrag ein Mietnachfolger vorgesehen war und der Vermieter sich dort mit dem Eintritt eines neuen Mieters einverstanden erklärt hat, ist die Einhaltung der gesetzlichen Schriftform jedoch nicht erforderlich, da ein potenzieller Erwerber ausreichend informiert wird.[764] Erfolgt die Übernahme durch zweiseitigen Vertrag zwischen altem und neuem Vermieter mit (notwendiger) Zustimmung des Mieters, so bedarf es zur Wahrung der Schriftform nur einer Vertragsurkunde, die die Unterschriften des ausscheidenden und des übernehmenden Vermieters ausweist, während die Zustimmung des Mieters formfrei erfolgen kann.[765] Die Schriftform ist schon eingehalten, wenn die Übernahme des Vertrags schriftlich niedergelegt ist und in der Urkunde ausdrücklich auf den ursprünglichen Vertrag Bezug genommen wird.[766]

392

Beispiel:

393

„Übernimmt" auf Mieterseite ein Gesellschafter einen Mietvertrag von der GbR nach deren Auflösung, so ist die Schriftform nur gewahrt, wenn die Übernahme des Vertrags schriftlich niedergelegt ist und in der Urkunde ausdrücklich auf den ursprünglichen Vertrag Bezug genommen wird, sofern der Dritte (Vermieter) noch – formlos – zustimmt.[767]

Bei einem dreiseitigen Vermieterwechsel ist die Form gewahrt, wenn die drei Beteiligten ihre Absprache in derselben Urkunde niederlegen und ausdrücklich auf den Ursprungsvertrag Bezug nehmen.[768] Im Fall einer **konkludenten Vertragsübernahme**, die grds. möglich ist,[769] wird man von einer Verletzung der Schriftform ausgehen müssen.

394

---

762   OLG Düsseldorf, 28.01.2010 – 24 U 145/09, IMR 2010, 281 unter I 2.
763   BGH, 20.04.2005 - – XII ZR 29/02, GuT 2005, 154 = NZM 2005, 584 = InfoM 2006, 24 = NJW-RR 2005, 958 = IBR 2005, 451 = ZAP EN-Nr. 651/2005; OLG Düsseldorf, 28.01.2010 – 24 U 145/09, IMR 2010, 281; OLG Celle, 27.11.2007 – 2 W 116/07, IMR 2008, 8 = ZMR 2008, 120 = NZM 2008, 488; Wolf/Eckert/Ball, Rn. 131.
764   RG, JW 1924, 798, zitiert aus BGH, 02.07.1975 – VIII ZR 223/73, BGHZ 65, 49 = MDR 1975, 923 = NJW 1975.
765   BGH, 12.03.2003 – XII ZR 18/00, BGHZ 154, 171 = AIM 2003, 120 Ls. = GuT 2003, 132 = NZM 2003, 476 = ZMR 2003, 647.
766   BGH, 17.09.1997 – XII 296/95, NZM 1998, 29; Wolf/Eckert/Ball, Rn. 131.
767   OLG Düsseldorf, 28.01.2010 – 24 U 145/09.
768   OLG Brandenburg, 24.03.2010 – 3 U 117/09, IMR 2010, 229.
769   BGH, 20.01.2010 – VIII ZR 84/09, NZM 2010, 471 = WuM 2010, 365 = MDR 2010, 739.

395 Im Fall eines formfehlerhaften Mietvertrags (Eintritt des Nachmieters in den Mietvertrag war formfehlerhaft) steht dem Vermieter nach vom Mieter provozierter fristloser Kündigung ein **Mietausfallschaden** nur bis zum Ende der gesetzlichen Kündigungsfrist zu.[770]

396 Ursprungsvertrag und Nachtrag müssen von denselben Parteien unterzeichnet sein.[771] Haben sich die Parteien zwischenzeitlich geändert, ist dies ebenfalls – für einen potenziellen Erwerber erkennbar – in einem Nachtrag zu dokumentieren.

d) Änderungen der Miete bzw. der Zahlungsmodalitäten

397 Die Höhe der Miete gehört zum Kernbereich des Mietverhältnisses[772] und unterliegt deshalb dem Formerfordernis. Folglich muss auch jede Änderung, die nicht zumindest ganz unwesentlich ist, dem Schriftformerfordernis genügen. Darüber besteht in der Rechtsprechung jedoch Streit: Grds. gilt, dass nicht jede nachträgliche, zeitlich nicht beschränkte Änderung der schriftlich vereinbarten Miethöhe „wesentlich" mit der Folge ist, dass die Schriftform verletzt wird.[773] Für die Frage, ob eine Änderung der Miete als **wesentliche Vertragsänderung** anzusehen ist, ist immer darauf abzustellen, welche Auswirkungen die jeweilige Änderungsvereinbarung für den späteren Grundstückserwerber hat. Was wesentlich ist, hängt damit vom Einzelfall ab. Nach **a.A.** ist jede (auch geringfügige oder stillschweigende) Änderung der Miete als wesentliche Änderung anzusehen und daher formbedürftig.[774] Diese Auffassung ist zu formell, da einen potenziellen Erwerber ganz unerhebliche Änderungen der Miethöhe i.d.R. nicht interessieren.

398 Maßgeblich ist daher nicht der absolute Betrag, um den die Miete gestiegen ist, mag dieser auch hoch sein; vielmehr ist die neue Miete zu der ursprünglich geschuldeten Miete prozentual ins Verhältnis zu setzen, weil es darauf ankommt, in welchem Ausmaß die Mietkosten für ein bestimmtes Objekt ansteigen und dies nur darstellbar ist, wenn man die frühere Miete zu der neuen Miete ins Verhältnis setzt.[775]

399 Wesentlich sollen **Änderungen ab ca. 10 % – 20 %** sein,[776] was aber deutlich zu hoch gegriffen ist, da ein vernünftig kalkulierender Erwerber bei solchen Beträgen bereits Probleme mit einer etwaigen Finanzierung bekommen könnte oder eine erwartete Rendite aufgezehrt werden kann. Richtigerweise wird man die Grenze bei ca. 5 % ziehen müssen.[777] Einigen sich

---

770 OLG Düsseldorf, 06.05.2008 – 24 U 188/07, IMR 2008, 236.
771 OLG Naumburg, 31.08.2006 – 2 U 48/06, LNR 2006, 31036.
772 BGH, 02.11.2005 – XII ZR 233/03, GuT 2006, 10 = NZM 2006, 104= ZMR 2006, 116 = GE 2006, 184 = NJW 2006, 140; KG, 13.09.2007 – 12 U 36/07, IMR 2008, 196; OLG Düsseldorf, 23.08.2007 – I-24 U 4/07, GuT 2008, 110 = MDR 2008, 314.
773 BGH, 20.04.2005 – XII ZR 192/01; OLG Jena, 13.03.2008 – 1 U 130/07, InfoM 2009, 224; KG, 28.02.2005 – 12 U 74/03, NZM 2005, 457 = GuT 2005, 151 = ZMR 2005, 618; Vorauﬂ. Rn. 293; Timme/Hülk, Schriftform bei langfristigen Mietverträgen – ein Dauerproblem, NJW 2007, 3314, unter II 4.; wohl auch Sternel, Mietrecht aktuell, I Rn. 131.
774 OLG Karlsruhe, 22.03.2001 – 9 U 174/00, OLG-Report 2001, 233 f.; OLG Rostock, 25.06.2001 – 3 U 162/00, OLG-Report 2002, 34 ff. (aufgehoben durch BGH, 20.04.2005 – XII ZR 192/01); LG Berlin, NZM 2003, 284; LG Gießen, 12.09.2001 – 1 S 182/01, ZMR 2002, 272.
775 OLG Jena, 13.03.2008 – 1 U 130/07, InfoM 2009, 224.
776 LG Münster, 29.06.2010 – 25 O 173/09, GuT 2010, 232.
777 Abweichung von der Vorauﬂage, Rn. 293, wo noch 10 % vertreten wurden; LG Gießen, 12.09.2001 – 1 S 182/01, ZMR 2002, 272: 5 % Abweichung sind schädlich.

die Parteien auf eine Mieterhöhung um 2,5 % ist dies unschädlich.[778] Haben die Parteien eine Vereinbarung dahin getroffen, dass nach Ablauf eines Jahres über die angemessene Anhebung der Miete jeweils Einvernehmen zu erzielen ist, und ist der Mieter dann jeweils den Bitten des Vermieters nachgekommen, monatlich eine um zwischen 1,5 % und 5 % erhöhte Miete zu zahlen, so führt die dadurch getroffene Vereinbarung nicht zu einer Schriftformverletzung.[779]

Ob eine nachträgliche, **zeitlich begrenzte Herabsetzung** der Miete, die für einen Zeitraum von weniger als ein Jahr gilt und die Zeit nach Ablauf des ersten Mietjahres betrifft, die Schriftform verletzt, ist ungeklärt. Der BGH tendiert dazu, keine Verletzung anzunehmen, hat dies aber noch nicht abschließend entschieden.[780] Da ein potenzieller Erwerber nur vor langfristigen Bindungen geschützt werden soll, kann eine Zeit von bis zu einem Jahr nicht schädlich sein, sodass es sich um eine unwesentliche Änderung handelt. Dies gilt sowohl für kurzfristige Erhöhungen als auch für Herabsetzungen. 400

Ist die Änderung jederzeit zumindest **mit Wirkung für die Zukunft widerrufbar**, ist die Schriftform nicht verletzt.[781] 401

Weder zum Schutz des Erwerbers noch aus Klarstellungs-, Beweis- oder Warngründen muss der Mietvertrag oder ein Nachtrag **eine Begründung** darüber enthalten, warum sich die Parteien auf eine bestimmte, von dem Mieter zu zahlende (auch reduzierte) Miete geeinigt haben, sofern diese betragsmäßig festgelegt ist und eine etwaige Änderungsvereinbarung auch i.Ü. die an sie zu stellenden Schriftformanforderungen erfüllt.[782] 402

Für **Mieterhöhungen aufgrund von Erhöhungsklauseln im Vertrag** gilt: Tritt die Erhöhung automatisch ein, also bspw. bei einer automatischen Wertsicherungs-/Indexklausel, bewirkt die neue Miete auch ohne Nachbeurkundung keinen Schriftformverstoß, da für einen potenziellen Erwerber aus der Klausel im Vertrag ersichtlich ist, dass Erhöhungen vorgesehen sind und die Höhe der Miete zum Zeitpunkt des Erwerbs nicht mehr der vertraglich genannten entsprechen muss. Erhöht der Vermieter einseitig aufgrund einer wirksamen Erhöhungsklausel die Miete, so liegt schon begrifflich keine (zweiseitige) abändernde Vereinbarung des ursprünglichen Vertragsinhalts und damit keine Änderung vor, die die Schriftform verletzen könnte.[783] Sieht die Klausel jedoch vor, dass bei Veränderung des Index lediglich Vertragsverhandlungen über eine Mietänderung aufzunehmen sind und wird diese dann zwischen den Parteien vereinbart, liegt eine abändernde Vereinbarung vor, die der Schriftform unterliegt. Allein in der widerspruchslosen Zahlung der erhöhten Miete durch den Mieter kann aber eine solche Einigung nicht gese- 403

---

778 OLG Schleswig, 03.06.1971, ZMR 1971, 377.
779 KG, 28.02.2005 – 12 U 74/03, NZM 2005, 457 = GuT 2005, 151 = ZMR 2005, 618.
780 BGH, 20.04.2005 – XII ZR 192/01, GuT 2005, 148 = NZM 2005, 456 = DWW 2005, 233 = ZMR 2005, 534 = NJW 2005, 1861.
781 BGH, 20.04.2005 – XII ZR 192/01, GuT 2005, 148 = NZM 2005, 456 = DWW 2005, 233 = ZMR 2005, 534 = NJW 2005, 1861, unter 3. a); OLG Rostock, 25.06.2001 – 3 U 162/00, OLG-Report 2002, 34.
782 OLG Düsseldorf, 25.02.2010 – 10 U 40/09, IMR 2011, 18.
783 OLG Jena, 13.03.2008 – 1 U 130/07, InfoM 2009, 224.

hen werden.[784] Wird bei einer Wertsicherungsklausel ein nicht mehr existierender Index durch einen später allein gültigen, neuen Index ersetzt, verletzt dies nicht die Schriftform.[785]

404 Die Unwirksamkeit einer Preisklausel, also einer Wertsicherungs-/Indexklausel zur Mieterhöhung, tritt nach § 8 Satz 1 PrkG zum Zeitpunkt des rechtskräftig festgestellten Verstoßes gegen dieses Gesetz ein, soweit nicht eine **frühere Unwirksamkeit vereinbart** ist (Wirkung ex nunc, s. Kapitel „Mieterhöhung" → *Rn. 1135 ff.*). Das Gesetz sieht also vor, dass die Parteien ggf. bei einer Wertsicherungsklausel einen früheren Unwirksamkeitszeitpunkt vereinbaren, also vertraglich festlegen. Dies muss nicht zwingend schriftlich geschehen. Da dies aber die Miethöhe beeinflusst, also einen der wesentlichen Vertragspunkte, wäre bei nur mündlicher Vereinbarung das Schriftformerfordernis nach § 550 BGB verletzt.

405 Wird eine wesentliche Mieterhöhung zwischen den Parteien **neu ausgehandelt** und vereinbart, unterliegt dies grds. der Schriftform. Dies gilt auch dann, wenn der Vertrag bereits den Anlass für das Aushandeln festlegt. Bei einer **Leistungsvorbehaltsklausel** (Mieterhöhung erfolgt grds. nur durch neue Einigung der Parteien) und entsprechenden Klauseln, die eine Einigung der Vertragspartner voraussetzen, muss daher die Einigung der Parteien über die angepasste (und wesentlich erhöhte) Miete in einer dem Schriftformerfordernis genügenden Form als Nachtrag zum Mietvertrag erfolgen. Ansonsten ist die Schriftform verletzt.

406 Regeln die Parteien die **Fälligkeit der Miete** abweichend von den gesetzlichen Bestimmungen, gehört diese Vereinbarung zu den wesentlichen Vertragsbedingungen und bedarf der Schriftform.[786] Dies gilt dann auch für eine nachträgliche Änderung der Fälligkeit.

e) Änderung der Betriebskosten

407 Bei einer **nachträglichen Änderung der Betriebskosten** kommt es auf den Einzelfall an: Nicht dokumentierte Abweichungen von mehr als 10 % sind grds. schädlich, weil es sich um Beträge handelt, die für einen Erwerber bzgl. der Wirtschaftlichkeit des Objekts von Belang sind. Wenn der Mietvertrag durch schlüssiges Handeln dadurch abgeändert wird, dass der Vermieter über Jahre hinweg eine im Mietvertrag nicht genannte Nebenkostenart in die Betriebskostenabrechnung aufnimmt und die Abrechnung vom Mieter beanstandungslos ausgeglichen wurde, entfällt die Schriftform jedenfalls dann nicht, wenn sich die Kosten im Verhältnis zur Gesamtmiete (vorliegend 2 % – 4 %) nur unwesentlich verändern.[787]

f) Vertragsverlängerung, insb. durch Optionsausübung

408 Hat die Ausübung einer Option zur Folge, dass das Mietverhältnis auf längere Zeit als ein Jahr verlängert wird, so bedarf die **Vereinbarung über die Optionszeit** im Ursprungs-Mietvertrag

---

[784] OLG Jena, 13.03.2008 – 1 U 130/07, InfoM 2009, 224.
[785] OLG Jena, 13.03.2008 – 1 U 130/07, InfoM 2009, 224; vgl. zur zulässigen Indexersetzung durch ergänzende Vertragsauslegung BGH, 04.03.2009 – XII ZR 141/07, IMR 2009, 197 = GuT 2009, 9292 = NZM 2009, 398 = InfoM 2009, 326.
[786] BGH, 19.09.2007 – XII ZR 198/05, GuT 2007, 443 = IMR 2008, 41 = NZM 2008, 84 = InfoM 2008, 71= NJW 2008, 365.
[787] OLG Naumburg, 25.09.2007 – 9 U 89/07, GuT 2008, 54 = IMR 2008, 49 = ZMR 2008, 371.

der Schriftform.⁷⁸⁸ Solche Optionsvereinbarungen im Miet- oder Pachtvertrag müssen eindeutig sein, um der Schriftform zu genügen. Die in einem Mietvertrag enthaltene Klausel folgenden Inhalts:

„§... Optionszeit Dem Mieter wird eine Option von 5 Jahren eingeräumt, diese ist bis zum 30.06.2008 auszuüben. Diese Option wird nur dann gewährt, wenn der Mieter zwischenzeitlich erhebliche Investitionen tätigt, insbesondere die Geschäftsräume umgebaut und neu möbliert hat."

genügt der Schriftform.⁷⁸⁹

Ungeklärt ist, ob das Schriftformerfordernis auch für die spätere **Ausübung einer Option** gilt, durch die sich das Mietverhältnis um mehr als ein Jahr verlängert. Zu unterscheiden ist zunächst zwischen **Schriftlichkeit** und **Schriftform**. Soll die Option nach dem Text der Klausel schriftlich ausgeübt werden, so ist damit im Zweifel nur die vertragliche Schriftform nach § 127 BGB gemeint, sodass auch ein Fax ausreichen kann und das Optionsausübungsschreiben nicht mit dem Miet- oder Pachtvertrag verbunden werden muss, um die Schriftform des § 550 BGB zu wahren. Ob Letzteres bei einem langfristigen Mietvertrag zwingend erforderlich ist, um die Schriftform nicht zu verletzen, ist noch nicht abschließend geklärt. 409

Beispiel: 410

Der Mieter übersendet aufgrund einer Optionsklausel im Vertrag rechtzeitig ein Schreiben, durch das sich der langfristige Mietvertrag um fünf Jahre verlängern soll. Der Vermieter heftet dies in seinem Mietordner ab, ohne dass das Schreiben mit dem Originalvertrag verbunden oder ein Nachtrag zum Mietvertrag gefertigt wird, aus dem die Verlängerung hervorgeht. Kann der Vertrag unter Berufung auf § 550 BGB gekündigt werden?

Teilweise wird das Erfordernis der Schriftform für die Ausübung der Option bejaht.⁷⁹⁰ Hierfür soll v.a. der Zweck des § 550 BGB sprechen:⁷⁹¹ Vermieter und Mieter sollen sich durch die schriftliche Abfassung des Vertrages bewusst werden, dass sie sich über lange Zeit binden, und es sollen durch die Schriftform im Fall des Eigentümerwechsels die wechselseitigen Rechte und Pflichten aus dem Mietverhältnis nachweisbar dokumentiert werden. Eine **identische Interessenlage** liege vor, wenn das Mietverhältnis durch die Ausübung einer Option langfristig fortgesetzt werden soll. Zwar sei der Vermieter bereits durch die Vereinbarung des Optionsrechts, für die ebenfalls die Schriftform erforderlich gewesen sei, gebunden. Dies rechtfertige aber keine andere Beurteilung, da die Verlängerung des Mietvertrags erst durch die Erklärung des Mieters, die Option ausüben zu wollen, eintrete, und es erst mit der schriftlichen Nieder- 411

---

788 BGH, 24.06.1987 – VIII ZR 225/86, MDR 1988, 45 = NJW-RR 1987, 1227; OLG Hamm, 26.10.2005 – 30 U 121/05, OLGR 2006, 138 = MietRB 2006, 123; Blank, in: Blank/Börstinghaus, § 542 Rn. 149; Reinstorf, in: Bub/Treier, II Rn. 213.
789 KG, 27.03.2007 – 8 U 163/06, GuT 2007, 299.
790 OLG Köln, 29.11.2005 – 22 U 105/05, OLGR 2006, 65 = InfoM 2006, 81 = NZM 2006, 464 = GuT 2006, 122 = MDR 2006, 925; OLG Frankfurt am Main, 20.05.1998 – 23 U 121-97, NZM 1998, 1006; Wiegner, in: Hannemann/Wiegner, Münchener Anwaltshandbuch Mietrecht, 3. Aufl., § 53 Rn. 15 (ohne nähere Begründung); Sternel, Mietrecht aktuell, Rn. I 133, 164 (wo missverständlich auf BGH, 24.06.1987 – VIII ZR 225/86, MDR 1988, 45 = NJW-RR 1987, 1227 verwiesen wird, der aber nur die Schriftform für die *Vereinbarung* der Option fordert).
791 OLG Köln, 29.11.2005 – 22 U 105/05, OLGR 2006, 65 = InfoM 2006, 81 = NZM 2006, 464 = GuT 2006, 122 = MDR 2006, 925.

legung dieser Erklärung zu der Dokumentation einer bisher nicht vorhandenen langfristigen mietrechtlichen Bindung komme, die im Fall des Eigentumswechsels Sicherheit biete.[792]

412 **Konsequenz dieser strengen Meinung** ist bspw. auch, dass die Verlängerungsoption nicht wirksam durch **Telefax** ausgeübt werden kann, da es sich um eine gesetzlich vorgeschriebene Schriftform handeln muss.[793] Auch eine an den Mieter gerichtete Bitte des Vermieters, in der Korrespondenz, wenn möglich, Telefax zu benutzen, enthält danach keinen Verzicht auf den Zugang der Optionserklärung in der gesetzlich vorgeschriebenen Schriftform.[794] Folge der Formbedürftigkeit der Optionsausübung ist nicht etwa deren Unwirksamkeit, sondern lediglich, dass der Verlängerungsvertrag gem. § 550 BGB als unbefristet gilt und somit vorzeitig kündbar ist.

413 Dies sind zwar alles gute Argumente, jedoch wird verkannt, dass der primäre Zweck des § 550 BGB der **Erwerberschutz** ist. Dieser kann aber durch die dokumentierte Vereinbarung der Option im Vertrag – sei es nun eine stillschweigende oder ausdrückliche – eindeutig erkennen, dass sich der Vertrag nach Ablauf der ursprünglichen Befristung fortgesetzt haben kann. Da dem Erwerber gewisse Bemühungen zuzumuten sind, kann er durch Nachfrage ohne Weiteres den Vertragsstand klären. Die Fortsetzung des Miet- oder Pachtverhältnisses wird dadurch bestimmbar. Darin liegt ein wesentlicher Unterschied zu Umständen, deren Ermittlung dem Erwerber faktisch unmöglich gemacht wird, weil sich in der Urkunde dazu keine Angaben befinden. Aus diesem Grund hat auch der BGH den **Schutzzweck von § 550 BGB eingeschränkt** und dabei zu Recht ausdrücklich erwähnt, dass es bei einer Optionsvereinbarung im Vertrag dem potenziellen Erwerber zuzumuten ist, sich beim Verkäufer oder Mieter zu erkundigen.[795] Es ist daher keine Aufnahme einer tatsächlichen Ausübung der Option per Nachtrag in den Mietvertrag erforderlich. Teilweise werden in der Rechtsprechung auch **Differenzierungen** vorgenommen, durch die man die Schriftformproblematik gekonnt umschifft: So soll die Verlängerungsklausel

> „Der Mieter kann die Mietzeit zu den Bedingungen dieses Vertrages dreimal um je 5 Jahre verlängern. Diese Optionen treten jeweils stillschweigend in Kraft, wenn der Mieter spätestens 12 Monate vor Ablauf der Mietzeit keine gegenteilige schriftliche Erklärung abgibt"

(**stillschweigende Option**) als eine automatische Verlängerung des Vertrages i.S.e. auflösenden Bedingung i.S.d. § 158 Abs. 2 BGB auszulegen sein, da das dafür erforderliche ungewisse Ereignis gerade der geäußerte Widerspruch sei und der Mieter es allein in der Hand habe, eine Verlängerung des Vertrages zu verhindern.[796] Der Eintritt einer solchen Bedingung sei aber

---

[792] OLG Köln, 29.11.2005 – 22 U 105/05, OLGR 2006, 65 = InfoM 2006, 81 = NZM 2006, 464 = GuT 2006, 122 = MDR 2006, 925; OLG Frankfurt am Main, 20.05.1998 – 23 U 121-97, NZM 1998, 1006; OLG Frankfurt am Main, 20.05.1998 – 23 U 121/97, NZM 1998, 1006.

[793] OLG Köln, 29.11.2005 – 22 U 105/05, OLGR 2006, 65 = InfoM 2006, 81 = NZM 2006, 464 = GuT 2006, 122 = MDR 2006, 925.

[794] OLG Köln, 29.11.2005 – 22 U 105/05, OLGR 2006, 65 = InfoM 2006, 81 = NZM 2006, 464 = GuT 2006, 122 = MDR 2006, 925.

[795] BGH, 02.05.2007 – XII ZR 178/04, NZM 2007, 443 = IMR 2007, 210 = InfoM 2007, 216 = MDR 2007, 1063 = NJW 2007, 3273 unter I 3d; BGH, 07.05.2008 – XII ZR 69/06, GE 2008, 798 = GuT 2008, 284 = NJW 2008, 2178 = NZM 2008, 482 = ZMR 2008, 704; ebenso OLG Düsseldorf, 25.02.2010 – 10 U 40/09, IMR 2011, 18.

[796] OLG Rostock, 08.10.2009 – 3 U 137/08, IMR 2010, 282.

nicht formbedürftig. Diese Auslegung ist abzulehnen, da auch ein vertraglich mögliches Stillschweigen letztlich eine Willenserklärung darstellt und insofern kein Unterschied zu einer ausdrücklichen Optionsausübung besteht; es bleibt damit auch hier bei der grundsätzlichen Frage, ob auf Optionsausübungen § 550 BGB anzuwenden ist.

Schließt man sich abweichend von der hier vertretenen Auffassung der Ansicht des OLG Köln/ OLG Frankfurt am Main an, ergibt sich Folgendes: Die Option muss schriftlich ausgeübt werden, was ohnehin meist im Mietvertrag vorgeschrieben ist. Aus dem Schriftformerfordernis folgt weiter, dass die Übermittlung der Option per Fax nicht der gesetzlichen Schriftform i.S.d. §§ 550, 126 BGB genügt,[797] und schließlich muss das Optionsschreiben wie beschrieben mit dem Vertrag verbunden werden. Die an den Mieter gerichtete Bitte des Vermieters, in der Korrespondenz auch, wenn möglich, Telefax zu benutzen, enthält keinen Verzicht auf den Zugang der Optionserklärung in der gesetzlich vorgeschriebenen Schriftform.[798] **Folge der Formbedürftigkeit der Optionsausübung** ist nicht etwa deren Unwirksamkeit, sondern lediglich, dass der Verlängerungsvertrag gem. § 550 BGB als unbefristet gilt und somit vorzeitig kündbar ist. 414

Praxistipp Anwaltshaftung:

Ist ein RA mit der Ausübung der Option beauftragt, so soll die Nichteinhaltung der gesetzlich vorgeschriebenen Schriftform eine schuldhafte Verletzung der anwaltlichen Sorgfaltspflichten darstellen.[799] Hier ist also ganz besondere Sorgfalt erforderlich, zumal der Postversand oder die persönliche Zustellung deutlich mehr Zeit als das Faxen in Anspruch nimmt, was zu Fristproblemen führen kann.

Praxistipp für Immobilienverwalter:

Das Vorgenannte gilt entsprechend, denn es gehört zumindest zu den vertraglichen Nebenpflichten einer ordnungsgemäßen Verwaltung für Mieter, Optionen fristgerecht und wirksam auszuüben. Dies setzt neben den Formalien auch eine saubere Fristennotierung mit ausreichender Vorfrist voraus. Verletzungen können eine Haftung aus § 280 BGB begründen.

Sieht der Mietvertrag vor, dass das Optionsrecht als ausgeübt gilt, wenn der Mieter nicht mit einer Frist (hier: 12 Monaten zum Ende der Mietzeit) erklärt, dass er auf das Optionsrecht verzichte, so ist kraft der schriftlich vereinbarten Fiktion das Optionsrecht ausgeübt, wenn der Verzicht auf das Optionsrecht nicht fristgerecht erklärt wird. Dies entspricht rechtstechnisch Regelungen bei sog. Verlängerungsklauseln, die greifen, wenn nicht rechtzeitig ein Widerspruch oder Verzicht erklärt wird. Das Schriftsatzerfordernis gem. § 550 BGB gilt dafür nicht.[800] 415

---

[797] OLG Köln, 29.11.2005 – 22 U 105/05, OLGR 2006, 65 = InfoM 2006, 81 = NZM 2006, 464 = GuT 2006, 122 = MDR 2006, 925.
[798] OLG Köln, 29.11.2005 – 22 U 105/05, OLGR 2006, 65 = InfoM 2006, 81 = NZM 2006, 464 = GuT 2006, 122 = MDR 2006, 925.
[799] OLG Köln, 29.11.2005 – 22 U 105/05, OLGR 2006, 65 = InfoM 2006, 81 = NZM 2006, 464 = GuT 2006, 122 = MDR 2006, 925.
[800] OLG Hamm, 26.10.2005 – 30 U 121/05, OLGR 2006, 138 = MietRB 2006, 123.

416 Ein **vom Mieter gegengezeichnetes Angebot der Vermieter** zur Verlängerung des Mietvertrages für längere Zeit als ein Jahr genügt dem Schriftformerfordernis, wenn das Angebot in ausreichender Form auf den ursprünglichen Mietvertrag Bezug nimmt und zum Ausdruck bringt, dass es unter Einbeziehung des Nachtrags bei dem verbleiben soll, was früher formgültig niedergelegt war.[801]

VI. Kein Schriftform-Thema: Zustandekommen des Vertrages

417 Da es nicht Sinn und Zweck der gesetzlichen Schriftform ist, einem Käufer Gewissheit darüber zu verschaffen, ob der Mietvertrag wirksam zustande gekommen ist oder noch besteht,[802] verletzen folgende Fallgestaltungen nicht die Schriftform:

- Der Mietvertrag sieht vor, dass er erst nach Zustimmung eines Dritten wirksam werden soll, ohne dass die Zustimmung schriftlich erfolgen muss (§ 182 Abs. 2 BGB).[803]
- Mangels Vollmacht des Unterzeichnenden ist erst noch die Genehmigung der von ihm vertretenen Partei erforderlich.[804]
- Der Mietvertrag soll nur im Fall des Eintritts einer Bedingung wirksam werden oder wird aufseiten einer Partei von einem als solchen bezeichneten vollmachtlosen Vertreter unterzeichnet.[805]
- Vertrag kommt nur durch konkludentes Handeln zustande, verspätete Annahme eines Vertragsangebotes, gesonderte Einräumung oder Verlängerung einer Annahmefrist nach §§ 148, 147 BGB.[806] Bei der Annahmefrist und deren Einhaltung handelt es sich nicht um den Vertragsinhalt bestimmende Bedingungen. Sie betreffen vielmehr allein das Zustandekommen des Vertrages und werden mit dessen Abschluss bedeutungslos. Zur Wahrung der Schriftform in „Verspätungsfällen" (konkludentes Zustandekommen des Vertrags nach verspäteter Annahme gem. §§ 148, 147 BGB) genügt es nach der jüngeren Rechtsprechung des BGH und herrschender Meinung, wenn die Vertragsbedingungen eines konkludent ab-

---

801 BGH, 16.02.2000 – XII ZR 162/98, NZM 2000, 712.
802 BGH, 24.02.2010 – XII ZR 120/06, IMR 2010, 180 = GuT 2010, 93 = NZM 2010, 319 = GE 2010, 614 = NJW 2010, 1518 = MDR 2010, 617 unter II. 2. a); BGH, 29.04.2009 – XII ZR 142/07, GuT 2009, 173 = IMR 2009, 303 = NZM 2009, 515 = InfoM 2009, 220 = NJW 2009, 2195 = MDR 2009, 1035; BGH, 19.09.2007 – XII ZR 121/05, GuT 2007, 353 = IMR 2007, 347 = InfoM 2007, 313 = MDR 2007, 141; KG, 05.07.2007 – 8 U 182/06, GuT 2007, 316 = IMR 2007, 281 = NZM 2007, 731 unter 2.
803 BGH, 24.02.2010 – XII ZR 120/06, IMR 2010, 180 = GuT 2010, 93 = NZM 2010, 319 = GE 2010, 614 = NJW 2010, 1518 = MDR 2010, 617 unter II. 2. a).
804 OLG Düsseldorf, 25.02.2010 – 10 U 40/09, IMR 2011, 18.
805 BGH, 19.09.2007 – XII ZR 121/05, GuT 2007, 353 = IMR 2007, 347 = InfoM 2007, 313 = MDR 2007, 141.
806 BGH, 24.02.2010 – XII ZR 120/06, IMR 2010, 180 = GuT 2010, 93 = NZM 2010, 319 = GE 2010, 614 = NJW 2010, 1518 = MDR 2010, 617; KG, 27.03.2006 – 8 U 57/05, NZM 2007, 86 = IMR 2007, 119 = InfoM 2007, 72 f.: „Da § 556 BGB a.F. nur das Informationsbedürfnis hinsichtlich des Vertragsinhalts schützt, nicht jedoch betreffend Zustandekommen und Fortbestand des Vertrags, kann er auch nicht bezwecken, allein anhand der Urkunde Gewissheit über die Formwirksamkeit selbst zu verschaffen."; Weidenkaff, in: Palandt, § 550 Rn. 11; Regenfus, JA 2008, 246, 249 f.

geschlossenen Mietvertrages in einer der „**äußeren Form**" des § 126 Abs. 2 BGB genügenden Urkunde enthalten sind.[807] S. dazu ausführlich oben → *Rn. 291 ff.*

- Grds. auch der Fall der abändernden Annahme des Vertragsangebots nach § 150 Abs. 2 BGB, sofern die Modifizierungen in beiden Vertragsexemplaren vorgenommen wurden (oben → *Rn. 362 ff.*).

In allen diesen Fällen verschafft die Urkunde selbst dem Erwerber keine Gewissheit darüber, ob der Vertrag besteht, sondern lediglich darüber wie die Vertragsbedingungen lauten, in die er eintritt, falls der Vertrag besteht. Das genügt für die Schriftform des § 550 BGB. 418

VII. Heilung eines Schriftformmangels, einvernehmliche Nachholung der Schriftform

Grds. hat kein Vertragspartner ohne ausdrückliche Vereinbarung einen Anspruch auf nachträgliche Herbeiführung der Schriftform. Die **Nachholung bzw. Heilung der Formunwirksamkeit** kann aber jederzeit bspw. auf folgende Art und Weise erfolgen, wenn sich die Vertragspartner einig sind: 419

- Herstellung einer körperlich festen Verbindung und erneute Unterzeichnung des Mietvertrags.
- Fehlende vertragliche Regelungen oder Anlagen werden nachträglich mit dem Mietvertrag verbunden.
- Beurkundung einer formgerechten Nachtragsvereinbarung mit ausdrücklichem Hinweis auf die Fortgeltung der bisherigen Vereinbarung.

Wird die Heilung vollzogen, wirkt sie **ex tunc**, also rückwirkend. Dies kann bspw. für die Wirksamkeit einer Wertsicherungsklausel nach dem PrkG entscheidend sein.

Nach der Rechtsprechung des BGH tritt eine **Heilung von Mängeln** bei der Einhaltung der Schriftform ein, wenn die Vertragsparteien eine **Nachtragsvereinbarung formgerecht beurkunden** und ausdrücklich die Fortgeltung der bisherigen Vereinbarung bestimmen.[808] Die 420

---

[807] BGH, 24.02.2010 – XII ZR 120/06, IMR 2010, 180 = GuT 2010, 93 = NZM 2010, 319 = GE 2010, 614 = NJW 2010, 1518 = MDR 2010, 617; OLG Hamm, 23.11.2005 – 30 U 45/05, ZMR 2006, 205 = InfoM 2006, 82; OLG Jena, 13.03.2008 – 1 U 130/07, InfoM 2009, 224 = NZM 2008, 572, 573; Neuhaus, Handbuch der Geschäftsraummiete, 3. Aufl. Rn. 303 (Vorauflage); Pfleister/Ehrich, ZMR 2009, 818; Lützenkirchen, WuM 2008, 119, 130; Schultz, NZM 2007, 509 f.; Stiegele, NZM 2004, 606, 607; Wichert, ZMR 2005, 593, 594 f.; in diese Richtung gehend, aber letztlich ohne konkrete Beantwortung der Streitfrage in den Urteilsgründen BGH, 29.04.2009 – XII ZR 142/07, GuT 2009, 173 = IMR 2009, 303 = NZM 2009, 515 = InfoM 2009, 220 = NJW 2009, 2195 = MDR 2009, 1035. **A.A.:** KG, 25.01.2007 – 8 U 129/06, GuT 2007, 87 = IMR 2007, 116 = NZM 2007, 517 = InfoM 2007, 177; KG, OLGR 2006, 332, 333; OLG Rostock, 18.04.2005 – 3 U 90/04, MIETRECHTexpress 2005, 98 = MDR 2006, 145; KG, GE 2003, 48, 49; OLG Dresden, ZMR 1999, 104; Wolf/Eckert/Ball, Handbuch des gewerblichen Miet-, Pacht- und Leasingrechts, 10. Aufl. Rn. 112; Horst, MDR 2008, 365, 366; Möller, ZfIR 2008, 87, 88; Leo, MietRB 2003, 15; Regenfus, JA 2008, 246, 249; Lindner-Figura/Hartl, NZM 2003, 750, 751. Differenzierend: Bieber, in: MüKo BGB, 5. Aufl., § 550 Rn. 10.

[808] BGH, 29.04.2009 – XII ZR 142/07, GuT 2009, 173 = IMR 2009, 303 = NZM 2009, 515 = InfoM 2009, 220 = NJW 2009, 2195 = MDR 2009, 1035; BGH, 02.05.2007 – XII ZR 178/04, NZM 2007, 443 = IMR 2007, 210 = InfoM 2007, 216 = MDR 2007, 1063 = NJW 2007, 3273, 3274 f.; OLG Naumburg, 07.06.2005 – 9 U 20/05, GuT 2006, 14 = MIETRECHTexpress 2005, 99; OLG Köln, 24.05.2005 – 22 U 184/04, GuT 2005, 153 = MIETRECHTexpress 2005, 100; OLG Dresden, 31.08.2004 – 5 U 946/04, InfoM 2005, 88 = NZM 2004, 826.

wesentlichen Vertragsbestandteile eines Mietvertrags (Vertragspartner, Mietgegenstand, Miethöhe) müssen hinreichend bezeichnet sein,[809] wobei dies bezüglich der Miethöhe dahin einzuschränken ist, dass sie nicht bezeichnet werden muss, wenn an ihr nichts verändert wird. Maßgeblich ist die Sicht des potenziellen Erwerbers. Kann dieser aufgrund nachträglicher Schritte sein Informationsinteresse verwirklichen, ist der Mangel geheilt.

421 *Beispiel:*

Im Ursprungsvertrag ist die Lage der Mieträume nicht ausreichend bezeichnet. Per Nachtrag werden weitere Flächen angemietet. Der Nachtrag enthält auch einen Plan, in dem die bisherigen Flächen eingezeichnet sind. Spätestens dann ist die Schriftform des Vertrages gewahrt, weil sich aus der Gesamtheit der durch Bezugnahme zu einer gedanklichen Einheit verbundenen Vertragsurkunden nunmehr hinreichend bestimmbar ergibt, welche Flächen vermietet sind.

422 Dies gilt erst recht, wenn der Nachtrag die wesentlichen Vertragsbestandteile eines Mietvertrags (Vertragspartner, Mietgegenstand, Miethöhe) hinreichend bezeichnet.[810] Es ist nicht zwingend erforderlich, dass sich im Nachtrag die ausdrückliche Formulierung findet, dass die bisherigen Vereinbarungen fortgelten sollen, wenn sich dies aus dem Sinnzusammenhang von Mietvertrag und Nachtrag bereits schlüssig ergibt. Erforderlich ist jedoch eine **lückenlose Bezugnahme** auf alle Schriftstücke, aus denen sich die wesentlichen vertraglichen Vereinbarungen der Parteien ergeben.[811] Eine solche Urkunde, die ihrerseits dem Schriftformerfordernis genügt, heilt den Mangel vorher errichteter Urkunden, es sei denn der Mangel ist inhaltlicher Natur und wird in der Nachtragsvereinbarung nicht geändert.[812]

VIII. Schriftformverletzung durch Verlust der Vertragsurkunden

423 In der Praxis kommt es vor, dass den Parteien die Originalverträge nicht mehr vorliegen. Es stellt sich die Frage, ob durch diesen nach Vertragsschluss eingetretenen Verlust die Schriftform verletzt wird. Ist nur eines von mehreren Originalen verloren gegangen, kann die Schriftform nicht verletzt sein, da ein potenzieller Erwerber weiter durch das vorhandene Exemplar informiert werden kann.

424 Ob eine Urkunde die Schriftform wahrt oder nicht, ist grds. nur aus der Sicht des **Zeitpunkts ihrer Unterzeichnung** zu beurteilen. Spätere tatsächliche Geschehnisse können die Wahrung der Form daher nicht mehr infrage stellen.[813] *„Dies gilt sogar für die Vernichtung der Urkunde"*, wie der BGH – bisher allerdings ohne nähere Begründung – festgestellt hat.[814] Dem folgend

---

809 OLG Düsseldorf, 23.08.2007 – I-24 U 4/07, GuT 2008, 110 = MDR 2008, 314 m.w.N.
810 OLG Düsseldorf, 23.08.2007 – I-24 U 4/07, MDR 2008, 314 m.w.N.
811 OLG Rostock, 08.10.2009 – 3 U 137/08, IMR 2010, 282; ähnlich OLG Brandenburg, 24.03.2010 – 3 U 117/09, IMR 2010, 229, das eine „gedankliche Einheit" von Ursprungsvertrag und Nachtrag verlangt.
812 BGH, 09.04.2008 – XII ZR 89/06, IMR 2008, 233 = NZM 2008, 484 = MDR 2008, 853; OLG Rostock, 08.10.2009 – 3 U 137/08, IMR 2010, 282.
813 BGH, 24.02.2010 – XII ZR 120/06, IMR 2010, 180 = GuT 2010, 93 = NZM 2010, 319 = GE 2010, 614 = NJW 2010, 1518 = MDR 2010, 617 unter II. 1.; BGH, 02.05.2007 – XII ZR 178/04, NZM 2007, 443 = IMR 2007, 210 = InfoM 2007, 216 = MDR 2007, 1063 = NJW 2007, 3273, 3274 f.; OLG Düsseldorf, 25.02.2010 – 10 U 40/09, IMR 2011, 18; OLG Jena, 13.03.2008 – 1 U 130/07, InfoM 2009, 224.
814 BGH, 02.05.2007 – XII ZR 178/04, NZM 2007, 443 = IMR 2007, 210 = InfoM 2007, 216 = MDR 2007, 1063 = NJW 2007, 3273, 3274 f. unter I. 3. c.

wird vertreten, dass es für den Nachweis der Einhaltung der gesetzlichen Schriftform nicht erforderlich sein soll, die entsprechende Vertragsurkunde dem Gericht vorzulegen, wenn auf andere Weise – etwa durch Zeugen – feststeht, dass die Vertragsurkunde existent ist bzw. existent war und ihr wesentlicher Inhalt nachgewiesen wird.[815]

Richtig daran ist, dass grds. auf den **Zeitpunkt** der **Vertragsunterzeichnung** abzustellen ist. Ausnahmen davon sind nach ganz einhelliger Rechtsprechung und Literatur bspw. nachträgliche Änderungen des ursprünglichen Vertragsinhaltes. Allerdings ist bei Verlust sämtlicher Urkunden zu berücksichtigen, dass die Schriftform in erster Linie dem **Schutz eines Erwerbers**[816] dient (Informationsinteresse) und dieser in die Lage versetzt werden soll, „*die Mietbelastungen an der Hand der vorhandenen Urkunden zu prüfen und sich so vor nachträglicher Überraschung durch ihm nicht bekannt gegebene langfristige Mietverträge zu schützen*".[817] Wo jedoch nichts (mehr) vorhanden ist, kann auch nichts mehr geprüft werden. Der Erwerber wäre damit außerstande, den Vertragsinhalt zu überprüfen und das Informationsinteresse verletzt. Allerdings macht ihm die nicht mögliche Urkundenvorlage auch mehr als deutlich, dass er vorsichtig sein muss und sich – wenn er Wert darauf legt – erkundigen muss. Kurz: Der Erwerber wird deutlich gewarnt, wenn ihm kein Vertrag vorgelegt werden kann. Die **Warn- und Beweisfunktion**[818] der Schriftform wird daher nicht verletzt.

425

Die höchstrichterliche Rechtsprechung hat bereits mehrfach entschieden, dass immer dann, wenn der potenzielle Erwerber der **Vertragsurkunde bereits Anhaltspunkte entnehmen** kann, dass ein wesentlicher Vertragsbestandteil womöglich nicht schriftlich dokumentiert sein könnte, er also „gewarnt" wird, die strenge Handhabung des Schriftformgebots eingeschränkt sein kann. So wurde bspw. zu der Frage, ob eine (nicht dokumentierte) Optionsausübung die Schriftform verletzt, entschieden, dass es bei einer Optionsvereinbarung im Vertrag dem potenziellen Erwerber zuzumuten ist, sich beim Verkäufer oder Mieter zu erkundigen.[819]

426

Liegt eine schriftliche Urkunde nicht mehr vor, ist zwar der durch § 550 BGB beabsichtigte Schutz des Erwerbers, sich vollständig und zuverlässig über die auf ihn übergehenden Rechte und Pflichten aus dem Mietvertrag anhand der Vertragsurkunde zu unterrichten, nicht mehr gewährleistet. Das objektive Fehlen der Urkunde ist aber wie ein **Hinweis** im Vertrag zu behandeln, sodass den Erwerber eine **Erkundigungspflicht** trifft, welchen genauen Inhalt der Ver-

427

---

815 OLG Stuttgart, 26.04.2010 – 5 U 188/09, MDR 2010, 1245.
816 BGH, 02.06.2010 – XII ZR 110/08, GuT 2010, 231 = NZM 2010, 704; BGH, 27.11.2009 – LwZR 15/09, NZM 2010, 280 = InfoM 2010, 279 = NZG 2010, 314 = MDR 2010, 377 (Landpachtvertrag); BGH, 24.02.2010 – XII ZR 120/06, IMR 2010, 180 = GuT 2010, 93 = NZM 2010, 319 = GE 2010, 614 = NJW 2010, 1518 = MDR 2010, 617 unter II. 2. a); BGH, 04.11.2009 – XII ZR 86/07, GuT 2009, 402 unter 2. b) bb) (1) = InfoM 2010, 9 = NZM 2010, 82 = MDR 2010, 133; BGH, 07.05.2008 – XII ZR 69/06, IMR 2008, 231, 232 = GuT 2008, 284 = MDR 2008, 851; BGH, 04.04.2007 – VIII ZR 223/06, NZM 2007, 399; BGH, 02.11.2005 – XII ZR 233/03, GuT 2006, 10, 11 unter 2. a) cc) = NZM 2006, 104; OLG Stuttgart, 26.04.2010 – 5 U 188/09, MDR 2010, 1245; OLG Frankfurt am Main, 02.01.2009 – 15 U 129/08, IMR 2009, 86 = InfoM 209, 168; KG, 28.02.2005 – 12 U 74/03, NZM 2005, 457 = GuT 2005, 151 = ZMR 2005, 618.
817 RG, 10.01.1922 – III 512/21, RGZ 103, 381, 384; RG, 02.11.1932 – IX 284/32, HRR 1933 Nr. 873.
818 BGH, 02.11.2005 – XII ZR 233/03, GuT 2006, 10, 11 unter 2. a) cc) GuT 2006, 10 = NZM 2006, 104= ZMR 2006, 116 = GE 2006, 184 = NJW 2006, 140.
819 BGH, 02.05.2007 – XII ZR 178/04, NZM 2007, 443 = IMR 2007, 210 = InfoM 2007, 216 = MDR 2007, 1063 = NJW 2007, 3273 unter I 3d; BGH, 07.05.2008 – XII ZR 69/06, GE 2008, 798 = GuT 2008, 284 = NJW 2008, 2178 = NZM 2008, 482 = ZMR 2008, 704; ebenso OLG Düsseldorf, 25.02.2010 – 10 U 40/09, IMR 2011, 18.

trag hat. Daher bleibt es auch in einem solchen exotischen Fall dabei, dass § 550 BGB an den Abschluss einer schriftlichen Vereinbarung anknüpft und nicht an die Fortexistenz der Urkunde. Dem Zweck des § 550 BGB, dem Erwerber eine Grundlage für Bestand und Umfang des Mietvertrages verschaffen zu können, ist zudem das Recht des Mieters auf einen tatsächlich abgeschlossenen formgerechten Mietvertrag vertrauen zu können, gegenüberzustellen. Der Mieter kann letztlich nicht für etwaige Nachlässigkeiten des Veräußerers, der etwaige Mietverträge möglicherweise verliert, im Ergebnis haftbar gemacht werden.[820] Wollte man dies anders sehen, wäre auch einen böswilligen Mieter oder Vermieter, der erfährt, dass sein Vertragspartner die Urkunde verloren hat, Tür und Tor für eine vorzeitige Kündigung eröffnet, indem er auch das eigene Exemplar verschwinden lässt und sich dann auf einen Schriftformmangel beruft.

Weder der Verlust einer noch beider Urkunden verletzen daher die Schriftform.

IX. Treuwidrige Berufung auf den Formmangel, unzulässige Kündigung nach Treu und Glauben

1. Treuwidrigkeit des Einwands fehlender Schriftform

428 Der **nachträgliche Einwand des Formmangels** hat einen schalen Beigeschmack, da beide Parteien zunächst vom Bestand des nun einem von ihnen lästig gewordenen Zeitmietvertrages ausgingen. Grds. darf sich dennoch jede Partei – auch ein Erwerber des Grundstücks – darauf berufen, die für einen Vertrag vorgeschriebene Schriftform sei nicht eingehalten und zwar auch nach längerer Durchführung oder aufgrund der Motivation, sich von der lästig gewordenen Bindung lösen zu wollen.[821] Auch derjenige, der den Vertrag gestellt hat, darf sich darauf berufen.[822] Hintergrund ist, dass durch die Form ein nicht am Vertrag beteiligter Dritter (potenzieller Erwerber) geschützt werden soll.[823] Der ursprüngliche Wunsch nach langfristiger Bindung und dessen Attackierung rechtfertigt daher noch nicht die **Annahme des Rechtsmissbrauchs**, sodass grds. kein Verstoß gegen Treu und Glauben gem. § 242 BGB vorliegt.[824] Bis zu einer Kündigung sind beide Parteien verpflichtet, den Vertrag zu erfüllen. Aus dem Umstand, dass sie dieser Verpflichtung über einen längeren Zeitraum nachgekommen sind, lässt sich nicht herleiten, sie hätten darauf vertrauen können, der Vertragspartner werde nicht von der besonderen Kündigungsmöglichkeit Gebrauch machen, die das Gesetz vorsieht, wenn die Schriftform nicht eingehalten ist.[825]

---

820 OLG Stuttgart, 26.04.2010 – 5 U 188/09, MDR 2010, 1245.
821 BGH, 27.07.2007 – XII ZR 143/05, IMR 2007, 320 = GuT 2007, 299 = NZM 2007, 730 = InfoM 2007, 261 = MDR 2008, 18; OLG Düsseldorf, 28.01.2010 – 24 U 145/09, IMR 2010, 281; OLG Frankfurt am Main, 02.01.2009 – 15 U 129/08, IMR 2009, 87 = InfoM 209, 168.
822 OLG Rostock, 10.07.2008 – 3 U 108/07 unter II 3b, InfoM 2008, 330 = NZM 2008, 646 = NZM 2008, 646 = ZflR 2008, 627 m. Anm. Gerber = ZMR 2008, 958 m. Anm. Wichert.
823 BGH, 02.11.2005 – XII ZR 233/03, GuT 2006, 10 = NZM 2006, 104 = InfoM 2005, 305 = NJW 2006, 140.
824 BGH, 05.11.2003 – XII ZR 134/02, GuT 2004, 61 = AIM 2004, 34 = MDR 2004, 325 = ZMR 2004, 106 = NZM 2004, 97 = NJW 2004, 1103; OLG Frankfurt am Main, 02.01.2009 – 15 U 129/08, IMR 2009, 87 = InfoM 209, 168; OLG Düsseldorf, 22.01.2004 – I-10 U 102/03, GuT 2004, 60 = NZM 2004, 143; OLG Düsseldorf, 11.05.2004 – I-24 U 264/03, GuT 2004, 186 = NZM 2005, 147; Sternel, Mietrecht aktuell, Rn. I 146; z.T. a.A. OLG Köln, 23.11.2004 – 22 U 77/04, GuT 2005, 52.
825 OLG Brandenburg, 02.04.2008 – 3 U 80/07, NZM 2008, 406.

IX. Treuwidrige Berufung auf den Formmangel, unzulässige Kündigung

Eine **Ausnahme von diesem Grundsatz** gilt nach ständiger Rechtsprechung nur unter ganz besonderen Umständen[826] und darf erst und nur dann gelten, wenn nach den gesamten Umständen die Rechtsfolgen des formunwirksamen Vertrages mit Treu und Glauben nicht vereinbar wären, wobei daran **strenge Anforderungen** zu stellen sind, da im Interesse der Rechtssicherheit nicht allein aus Billigkeitserwägungen Formvorschriften außer Acht gelassen werden.[827] Ein solcher Ausnahmefall liegt nach der Rechtsprechung insb. dann vor, wenn

- die Parteien aus außerhalb der Urkunde liegenden Gründen zur Erfüllung der Schriftform verpflichtet sind,
- eine Partei den durch eine Vertragsänderung bedingten Formmangel zur vorzeitigen Auflösung eines langjährigen Vertrages missbraucht, obwohl sie durch die Vertragsänderung begünstigt worden ist[828] oder
- die verweigerte Anerkennung des Vertrags nicht nur zu einem harten, sondern schlechterdings **untragbaren Ergebnis** führen würde.[829]

Erforderlich ist eine **besonders schwere, also krasse Treuepflichtverletzung**. Das kommt v.a. in Betracht, wenn der eine Vertragspartner den anderen schuldhaft von der Einhaltung der Schriftform abhält, die Berufung auf den Formverstoß die Existenz des anderen gefährdet oder eine schwere Treuepflichtverletzung darstellt.[830]

Kein untragbares Ergebnis liegt in folgenden Fällen vor:
- Der Mietvertrag wurde jahrelang anstandslos durchgeführt.[831]
- Der Mieter hat (auch erhebliche) Investitionen getätigt.[832]
- „Unterbrechung" der längeren anstandslosen Durchführung des Pachtvertrages durch vorübergehenden Erlass von Teilen der Pacht gegen Übernahme weiterer Sicherheiten wegen wirtschaftlichen Problemen.[833]

---

826 BGH, 02.07.1975 – VIII ZR 223/73, BGHZ 65, 49 = MDR 1975, 923 = NJW 1975, 1653.
827 OLG Düsseldorf, 11.05.2004 – I-24 U 264/03, GuT 2004, 186 = NZM 2005, 147 unter I 2a m.w.N.
828 OLG Düsseldorf, 22.01.2004 – I-10 U 102/03, GuT 2004, 60 = NZM 2004, 143 m.w.N.
829 BGH, 27.07.2007 – XII ZR 143/05, IMR 2007, 320 = GuT 2007, 299 = NZM 2007, 730 = InfoM 2007, 261 = MDR 2008, 18; BGH, 02.11.2005 – XII ZR 233/03, GuT 2006, 10 = NZM 2006, 104 = InfoM 2005, 305 = NJW 2006, 140.
830 BGH, 27.07.2007 – XII ZR 143/05, IMR 2007, 320 = GuT 2007, 299 = NZM 2007, 730 = InfoM 2007, 261 = MDR 2008, 18; OLG Düsseldorf, 28.01.2010 – 24 U 145/09, IMR 2010, 281; OLG Düsseldorf, 22.12.2009 – 21 U 14/09.
831 BGH, 12.07.2006 – XII ZR 178/03, GuT 2006, 241 = NZM 2006, 699 = NJW-RR 2006, 1385 unter I. 2. a; BGH, 05.11.2003 – XII ZR 134/02, GuT 2004, 61 = AIM 2004, 34 = MDR 2004, 325 = ZMR 2004, 106 = NZM 2004, 97 = NJW 2004, 1103; OLG Frankfurt am Main, 02.01.2009 – 15 U 129/08, IMR 2009, 87 = InfoM 209, 168; OLG Brandenburg, 02.04.2008 – 3 U 80/07, NZM 2008, 406; OLG Jena, 13.03.2008 – 1 U 130/07, InfoM 2009, 224; **a.A.** OLG Frankfurt am Main, 27.03.2009 – 2 U 72/08, IMR 2009, 159 = InfoM 2009, 383.
832 BGH, 05.11.2003 – XII ZR 134/02, GuT 2004, 61 = AIM 2004, 34 = MDR 2004, 325 = ZMR 2004, 106 = NZM 2004, 97 = NJW 2004, 1103: aufwendige Sanierung des Grundstücks; OLG Düsseldorf, 22.12.2009 – 21 U 14/09.
833 OLG Brandenburg, 02.04.2008 – 3 U 80/07, NZM 2008, 406.

431 Hingegen wurde in folgenden Fällen ein untragbares Ergebnis bejaht:
- Die Änderung, die zu einer Verletzung der Schriftform des ursprünglich formgerecht geschlossenen Miet- oder Pachtvertrages führt, kommt allein dem Kündigenden zugute: Formlose Reduzierung der Miete auf Wunsch des Mieters,[834] Reduzierung einer ursprünglich vereinbarte Nebenkostenpauschale zugunsten des Mieters;[835] Vermieter kündigt, obwohl die kritisierte Mieterhöhung nur ihn begünstigt.[836] Nach OLG Jena genügt es, dass eine spätere – formlose – Vertragsänderung im Interesse der Partei, wäre, die sich auf den Formverstoß beruft.[837]
- Haben sich die Parteien beim mündlichen Abschluss eines langjährigen Mietvertrages zu dessen schriftlicher Beurkundung verpflichtet, so können sie sich gegenseitig nicht den Mangel der Schriftform entgegen halten.[838] In einem solchen Fall ist jede Partei berechtigt, sich gegen die andere auf den Abschluss eines schriftlichen Vertrages bzw. sich ggü. einer unberechtigten Kündigung auf den Einwand der Arglist zu berufen.
- Kündigung, obwohl eine vertragliche Verpflichtung zur Einhaltung der Schriftform (hier: für eine Nachtragsvereinbarung bzgl. eines im Mietvertrag offengelassenen Punktes) besteht.[839]
- Die Parteien einigen sich vollumfänglich, einen Nachtrag zum Mietvertrag über Hinzunahme von Flächen abzuschließen, der dann nicht abgeschlossen wird; der Mieter nutzt aber die Flächen und zahlt die vereinbarte Zusatzmiete. Er hat sich damit zur Nachholung der Schriftform verpflichtet, weshalb ein Berufen auf eine Schriftformverletzung treuwidrig ist.[840]
- Bestätigung eines formmangelhaften Ursprungsvertrags durch eine formwirksame Nachtragsvereinbarung und danach Berufung auf den Formmangel.[841]
- Vereinheitlichung der Vertragslaufzeiten zweier Mietverträge, Aufnahme der Änderung lediglich in einen der beiden Verträge und deshalb Kündigung des anderen durch den Mieter.[842]
- Der eine Vertragspartner hält den anderen schuldhaft von der Einhaltung der Schriftform ab.[843]

---

834 BGH, 02.07.1975 – VIII ZR 223/73, BGHZ 65, 49 = MDR 1975, 923 = NJW 1975, 1653; OLG Düsseldorf, 28.01.2010 – 24 U 145/09, IMR 2010, 281.
835 BGH, 15.11.2006 – XII ZR 92/04, GuT 2007, 19 = NZM 2007, 127 = ZMR 2007, 184 = MDR 2007, 261 unter 2. b).
836 OLG Karlsruhe, 10.12.2002 – 17 U 97/02, NZM 2003, 513; OLG Koblenz, 14.11.2000 – 3 U 383/00, NZM 2002, 293.
837 OLG Jena, 13.03.2008 – 1 U 130/07, InfoM 2009, 224.
838 OLG Düsseldorf, 22.01.2004 – I-10 U 102/03, GuT 2004, 60 = NZM 2004, 143 m.w.N.: mündlich Nachholung der Schriftform zu einem späteren Zeitpunkt vereinbart.
839 OLG Celle, 22.07.2004 – 13 U 71/04, NZM 2005, 21; LG Hamburg, 08.10.2008 – 307 O 116/08, IMR 2009, 314.
840 OLG Celle, 22.07.2004 – 13 U 71/04, NZM 2005, 219.
841 OLG Köln, 24.05.2005 – 22 U 184/04, GuT 2005, 153.
842 LG Frankfurt am Main, 22.09.2006 – 2-19 O 48/05, NZM 2007, 288 = InfoM 2007, 19.
843 BGH, 27.07.2007 – XII ZR 143/05, IMR 2007, 320 = GuT 2007, 299 = NZM 2007, 730 = InfoM 2007, 261 = MDR 2008, 18; BGH, 24.01.1990 – VIII ZR 296/88, WuM 1990, 140 = NJW-RR 1990, 518.

- Bewusste Herbeiführung des Schriftformfehlers durch den Kündigenden und spätere Ausnutzung des Mangels der Schriftform.[844]
- Bei Formnichtigkeit ist die Existenz der anderen Vertragspartei bedroht.[845]

Die vorstehenden Beispiele zeigen, dass die Instanzgerichte teilweise weniger hart „zur Sache gehen" als der BGH. Es kommt – wie immer bei § 242 BGB – **auf den Einzelfall** an. Hauptfall in der Praxis ist die **Kündigung durch einen eigentlich Begünstigten**, d.h. wenn sich derjenige auf den Formverstoß beruft, der von der davon profitiert hat (z.B. Vermieter: Mieterhöhung, Mieter: Mietreduzierung). In diesen Fällen greift mit dem **Verbot widersprüchlichen Verhaltens** einer der Hauptfälle des § 242 BGB. Hier ist eine weniger strenge Handhabung geboten. Wer also die zum Formverstoß führende Handlung (mit) initiiert oder davon (mit) partizipiert hat, handelt rechtsmissbräuchlich, wenn er vorzeitig kündigt.

432

Der Einwand der Treuwidrigkeit wirkt grds. nur zwischen den Vertragsparteien, im Regelfall nicht ggü. einem in den Mietvertrag eintretenden **Grundstückserwerber**. Der Erwerber kann sich deshalb grds. auch dann auf den Formmangel berufen, wenn dies dem Vermieter oder Mieter nach § 242 BGB verwehrt wäre.[846]

433

Zu der Frage, ob derjenige treuwidrig handelt, der trotz einer vertraglichen Verpflichtung zur Einhaltung der Schriftform, also bspw. einer sog. Heilungs- oder Mitwirkungsklausel kündigt, vgl. unten → *Rn. 463 ff.*

434

2. Fehlende Schutzwürdigkeit wegen Kenntnis des Schriftformmangels bei Vertragsabschluss?

Nur der schutzwürdige Vertragspartner kann sich nach den allgemeinen Grundsätzen des § 242 BGB auf Treuwidrigkeit berufen. **Nicht schutzwürdig** ist, wer den Formmangel bei Vertragsabschluss positiv kennt oder grob fahrlässig nicht kennt.[847] Die Formbedürftigkeit langjähriger Mietverträge soll „*zum allgemeinen Erfahrungsschatz eines gewerblichen Vermieters oder Verpächters*" gehören, ebenso dass eine mündliche Veränderung der Laufzeit und der damit verbundenen Vertragsfristen die Schriftform verfehlt.[848] Einem Anwalt soll sich die Relevanz der Schriftform für eine langfristige Bindung des Vertrages „*unabweisbar aufdrängen*", sodass bei anwaltlicher Vertretung des sich auf den Schriftformmangel Berufenden grobe Fahrlässigkeit vorliegen soll.[849] Hier kommt es auf die Umstände des Einzelfalls an. Keinesfalls kann man feststellen, dass ein gewerblicher Mieter/Vermieter die Schriftformproblematik kennen **muss** und deshalb bei Verstößen grds. grob fahrlässig handelt.

435

---

844 OLG Jena, 13.03.2008 – 1 U 130/07, InfoM 2009, 224; OLG Rostock, 23.03.2007 – 3 U 187/06, IMR 2007, 186 = NZM 2007, 733.
845 BGH, 27.07.2007 – XII ZR 143/05, IMR 2007, 320 = GuT 2007, 299 = NZM 2007, 730 = InfoM 2007, 261 = MDR 2008, 18; BGH, 24.01.1990 – VIII ZR 296/88, WuM 1990, 140 = NJW-RR 1990, 518.
846 OLG Düsseldorf, 11.05.2004 – I-24 U 264/03, GuT 2004, 186 = NZM 2005, 147 m.w.N.; a.A. OLG Koblenz, 14.11.2000 – 3 U 383/00, NZM 2002, 293.
847 OLG Brandenburg, 02.04.2008 – 3 U 80/07, NZM 2008, 406.
848 OLG Brandenburg, 02.04.2008 – 3 U 80/07, NZM 2008, 406.
849 OLG Brandenburg, 02.04.2008 – 3 U 80/07, NZM 2008, 406: Anwalt als Gesellschafter und Geschäftsführer der Verpächterin.

436 Der BGH hat bspw. einem „in Mietsachen bewanderten" Vermieter die Berufung auf den Einwand der Treuwidrigkeit versagt, weil es für ihn nahe lag, den für ihn wichtigen Vertragseintritt eines neuen Mieters dadurch rechtlich abzusichern, dass das mündlich Vereinbarte in der vom Gesetz vorgeschriebenen Schriftform wiederholt wurde.[850] Wenn er hiervon absah, so der BGH, bestehe keine Veranlassung, ihn entgegen der zwingenden gesetzlichen Regelung des § 566 BGB a.F. gegen eine Kündigung des neuen Mieters zu schützen.

437 Das Vorgesagte gilt grds. ausschließlich zwischen den ursprünglichen Vertragspartnern und nicht für den **Grundstückserwerber**. Der Grundstückserwerber tritt nach § 566 BGB nur in solche Rechte und Pflichten ein, die sich aus dem Mietverhältnis ergeben, also im Mietvertrag selbst festgelegt sind oder auf einer Zusatzvereinbarung beruhen, die in einem unlösbaren Zusammenhang mit dem Mietvertrag steht, nicht aber in Vereinbarungen, die lediglich aus Anlass des Mietvertrages getroffen wurden oder in wirtschaftlichem Zusammenhang mit ihm stehen.[851] Einwendungen, die dem Mieter aus einer derartigen Vereinbarung oder aus anderen Gründen gegen den Vermieter zustehen, können gegen den Grundstückserwerber nicht nach § 404 BGB geltend gemacht werden (auch nicht analog über § 412 BGB), weil die Vorschrift nur eine Rechtsnachfolge erfasst, § 566 BGB aber keine Rechtsnachfolge, sondern ein neues, lediglich mit dem alten inhaltsgleiches Mietverhältnis begründet.[852]

438 Kennt der Erwerber die Umstände, die zu einer Treuwidrigkeit der Kündigung des bisherigen Vermieters führen würden, begründet dies keinen eigenen Treuverstoß,[853] da bloße Kenntnis nicht das Arglisterfordernis ersetzen kann. Handelt der Erwerber hingegen selbst treuwidrig (Bsp.: arglistiges Zusammenwirken mit dem bisherigen Vermieter, um die vorzeitige Kündbarkeit herbeizuführen), ist ihm das Berufen auf anderweitige Treuwidrigkeit verwehrt.

X. Anspruch auf Herbeiführung bzw. Nachholung der Schriftform, „Heilungsklauseln"

439 Grds. hat kein Vertragspartner ohne ausdrückliche Vereinbarung einen Anspruch auf nachträgliche Herbeiführung der Schriftform. Nachfolgend werden die in Betracht kommenden Ausnahmen erörtert und diskutiert.

1. Anspruch aus einem Vorvertrag

440 Ein Anspruch kann sich aus einem Vorvertrag ergeben. Die Vereinbarung in einem Vorvertrag, dass ein langfristiges Mietverhältnis begründet werden soll, unterliegt zwar selbst nicht dem Formerfordernis des § 550 BGB, sie verpflichtet die Parteien aber zur Mitwirkung am Zustandekommen des schriftlichen und damit der Form des § 50 BGB genügenden Hauptvertrags.[854]

---

850 BGH, 02.07.1975 – VIII ZR 223/73, BGHZ 65, 49 = MDR 1975, 923 = NJW 1975, 1653.
851 BGH, 02.02.2006 – IX ZR 67/02, BGHZ 166, 125 = GuT 2006, 154 = NZM 2006, 755 = ZMR 2006, 433 = ZInsO 2006, 322 = NJW 2006, 1800 m.w.N.
852 BGH, 02.02.2006 – IX ZR 67/02, BGHZ 166, 125 = GuT 2006, 154 = NZM 2006, 755 = ZMR 2006, 433 = ZInsO 2006, 322 = NJW 2006, 1800 m.w.N.
853 Ebenso Lindner-Figura, in: Lindner-Figura/Oprée/Stellmann, Kap. 6, Rn. 101; a.A. Heile, in: Bub/Treier, III B Rn. 789.
854 BGH, 07.03.2007 – XII ZR 40/05, GuT 2007, 126 = NZM 2007, 445 = IMR 2007, 211 u. 2009, 264 = InfoM 2007, 173 = MDR 2007, 1010.

2. Anspruch aus einer Salvatorischer Klausel

Salvatorische Klauseln splitten sich in sog. Erhaltungs- und Ersetzungsklauseln. Keine der Klauseln verpflichtet jedoch zur Nachholung der nicht gewahrten Schriftform.[855] Dies gründet sich darauf, dass eine Erhaltungsklausel nur davor schützen soll, dass der Vertrag aufgrund einzelner Klauseln nach § 139 BGB insgesamt nichtig wird. Aus § 550 BGB resultiert bei einem Formmangel aber nicht die Unwirksamkeit einzelner Bestimmungen oder des ganzen Vertrages, sondern nur die **Geltung der gesetzlichen Kündigungsfrist**. Eine Ersetzungsklausel ist auf die Fälle ausgerichtet, in denen eine Klausel endgültig unwirksam ist und deshalb durch eine gültige sinngemäße Klausel ersetzt werden soll. Die verletzte Schriftform macht aber keine Klausel unwirksam, sondern gewährt nur das gesetzliche Kündigungsrecht, sodass es nichts Unwirksames zu ersetzen gibt.

441

Wurde im Mietvertrag zudem – wie üblich – ausdrücklich vereinbart, dass nachträgliche Änderungen und Ergänzungen des Vertrags nur bei schriftlicher Vereinbarung gelten, verlöre dieser ausdrücklich vereinbarte Formzwang seinen Sinn, wenn die Ersetzungsklausel bei Nichteinhaltung der Form die Vertragsparteien stets zu deren Nachholung verpflichten würde.[856]

442

3. Anspruch aus Vertrag ohne ausdrückliche Mitwirkungs- oder Heilungsklausel

Eine Verpflichtung der Parteien, Schriftformmängel zu heilen oder zumindest daran mitzuwirken, besteht ohne ausdrückliche Vereinbarung weder als vertraglichen Nebenpflicht noch aus dem Grundsatz von Treu und Glauben (§ 242 BGB). Im Schrifttum wird zwar diskutiert und vertreten, dass § 550 BGB restriktiv gehandhabt werden solle, indem man den Parteien des Ursprungsvertrages eine Nachholpflicht auch ohne ausdrückliche Vereinbarung auferlegt und dem Erwerberschutz auf den Schutz vor „bösen Überraschungen" beschränkt.[857] Die Rechtsprechung hat diese Thesen jedoch zu Recht bisher nicht aufgegriffen.

443

Allerdings kann eine Nachhol- bzw. Heilungspflicht auch **stillschweigend vereinbart** sein,[858] was jedoch restriktiv zu handhaben ist. Für einen entsprechenden Parteiwillen, der durch Auslegung zu ermitteln ist, spricht es bspw., wenn die Parteien besondere, über die normalen Umstände hinausgehende Gründe für eine langfristige Bindung vereinbaren, etwa hohe Investitionen des Vermieters, der dem Mieter das Objekt herrichtet und lange braucht, bis sich diese amortisieren. Allein aus einer salvatorischen Klausel lässt sich eine stillschweigende Vereinbarung nicht ableiten.

444

---

855 BGH, 25.07.2007 – XII ZR 143/05, IMR 2007, 320 = GuT 2007, 299 = NZM 2007, 730 = InfoM 2007, 261 = MDR 2008, 18; BGH, 17.07.2002 – VII ZR 248/99, NZM 2002, 823 = GE 2002, 1190; OLG Jena, 13.03.2008 – 1 U 130/07, InfoM 2009, 224; OLG Rostock, 10.07.2008 – 3 U 108/07 unter II 3c, InfoM 2008, 330 = NZM 2008, 646 = NZM 2008, 646 = ZflR 2008, 627 m. Anm. Gerber = ZMR 2008, 958 m. Anm. Wichert.

856 BGH, 25.07.2007 – XII ZR 143/05, IMR 2007, 320 = GuT 2007, 299 = NZM 2007, 730 = InfoM 2007, 261 = MDR 2008, 18; OLG Jena, 13.03.2008 – 1 U 130/07, InfoM 2009, 224.

857 Wieck, Gut 2009, 365; Blank/Börstinghaus, § 550 Rn. 75; Wichert, ZMR 2006, 257.

858 Sternel, Mietrecht aktuell, Rn. I 145.

4. Anspruch aus Vertrag mit ausdrücklicher Mitwirkungs- oder Heilungsklausel bzw. Kündigungsverzicht

a) Grundsätze, § 550 BGB als zwingendes Recht

445 Die Parteien sind frei darin, im Miet- oder Pachtvertrag oder daneben – auch formlos – eine Verpflichtung zur Nachholung oder Heilung eines Schriftformmangels zu vereinbaren. Diese Vereinbarungen werden üblicherweise Mitwirkungs-, Heilungs- oder Vorsorgeklauseln bezeichnet. Die Frage, ob und wann dies ggf. als AGB wirksam ist,[859] wird nachfolgend erörtert. Die benannten Vereinbarungen binden einen **Grundstückserwerber** nur dann über § 566 BGB, wenn sie im Mietvertrag selbst enthalten sind oder auf einer Zusatzvereinbarung beruhen, die in einem unlösbaren Zusammenhang mit dem Mietvertrag steht, nicht aber in Vereinbarungen, die lediglich aus Anlass des Mietvertrages getroffen wurden oder in wirtschaftlichem Zusammenhang mit ihm stehen.[860] Im Normalfall wird man bei einer entsprechenden Zusatzvereinbarung den geforderten unlösbaren Zusammenhang anzunehmen haben.

446 Zu unterscheiden sind abstrakte **und konkrete Mitwirkungs- bzw. Heilungsklauseln**. Abstrakte (Vorsorge-) Klauseln verpflichten die Parteien bspw., bei der Heilung eines Formverstoßes „mitzuwirken" oder „alle erforderlichen Handlungen vorzunehmen". Konkrete Klauseln verlangen ein bestimmtes Handeln, etwa die feste Verbindung von Nachträgen mit dem Ursprungsvertrag. Beide Arten sind grds. gleich zu behandeln. Alternativ oder ergänzend werden Kündigungsverzichte für den Fall eines Formverstoßes verwendet.

447 *Klauselbeispiele:*

„Den Mietparteien ist bekannt, dass wegen der Langfristigkeit des Mietverhältnisses die besonderen gesetzlichen Schriftformerfordernisse der §§ 550 Satz 1, 126 BGB einzuhalten sind. Sie verpflichten sich gegenseitig, auf jederzeitiges Verlangen einer Partei alle Handlungen vorzunehmen und Erklärungen abzugeben, die erforderlich sind, um den gesetzlichen Schriftformerfordernissen Genüge zu tun, und den Mietvertrag nicht unter Berufung auf die Nichteinhaltung der gesetzlichen Schriftform vorzeitig zu kündigen. Dies gilt nicht nur für den Abschluss des Ursprungs-/Hauptvertrages, sondern auch für Nachtrags-, Änderungs- und Ergänzungsverträge."

„Die Parteien verpflichten sich, ... auf jederzeitiges Verlangen einer Partei alle Handlungen vorzunehmen und Erklärungen abzugeben, um diese Form zu erreichen, zu erhalten und für die Zukunft zu gewährleisten. Für Mietvertragsnachträge gilt Vorstehendes entsprechend."[861]

„Die Parteien verpflichten sich, auf jederzeitiges Verlangen einer Partei alle Handlungen vorzunehmen und Erklärungen abzugeben, die erforderlich sind, um sowohl für diesen Vertrag als auch für alle eventuellen Nachträge und Ergänzungen dem gesetzlichen Schriftformerfordernis Genüge zu tun."[862]

448 Für die Frage, ob solche Klauseln sowohl bei formularmäßiger und auch bei individueller Vereinbarung wirksam sind, ist es entscheidend, ob § 550 BGB überhaupt vertraglich abbedungen

---

859 Dazu bspw. KG, 13.11.2006 – 8 U 51/06, GuT 2007, 25 = IMR 2007, 118 = NZM 2007, 402 = InfoM 2007, 176.
860 BGH, 02.02.2006 – IX ZR 67/02, BGHZ 166, 125 = GuT 2006, 154 = NZM 2006, 755 = ZMR 2006, 433 = ZInsO 2006, 322 = NJW 2006, 1800 m.w.N.
861 So die Klausel in OLG Rostock, 10.07.2008 – 3 U 108/07, InfoM 2008, 330 = NZM 2008, 646 = NZM 2008, 646 = ZflR 2008, 627 m. Anm. Gerber = ZMR 2008, 958 m. Anm. Wichert.
862 So die Klausel in OLG Köln, 23.09.2005 – 1 U 43/04, GuT 2006, 14 = NJOZ 2006, 325.

werden kann. Die Vorschrift wird als **zwingendes Recht** angesehen,[863] was auch wegen des Schutzzwecks (**Schutz des potenziellen Erwerbers**) und der daraus folgenden Drittbezogenheit richtig ist und zu der Konsequenz führt, dass sie weder formularvertraglich noch durch Individualabrede abbedungen werden kann. Die Abbedingung wäre ein unzulässiger Vertrag zulasten Dritter, weil dem Erwerber bei einem Formverstoß seiner Rechtsvorgänger keine Kündigungsmöglichkeit mehr zustehen würde.

§ 550 BGB regelt aber nur, dass bei einem Schriftformverstoß vorzeitig gekündigt werden darf. Es ist daher zwischen Vereinbarungen zu differenzieren, die dieses Kündigungsrecht abbedingen wollen und solchen, die die Parteien nur oder auch „zwingen" wollen, zumindest noch einen Rettungsversuch gemeinsam zu unternehmen, bevor gekündigt werden darf. Die Praxis kennt viele Schattierungen zwischen diesen beiden Polen, sodass ggf. durch Auslegung zu ermitteln ist, was die Parteien bei Vereinbarung der Klausel gewollt haben. 449

Im Regelfall stellen sich den Vertragspartnern drei zu klärende Fragen: 450
- Ist die Vereinbarung wirksam?
- Kann trotz wirksamer Vereinbarung gekündigt werden?
- Falls die Kündigung unwirksam ist: Wie wird der Formmangel beseitigt?

b) Wirksamkeit bestimmter Klauseln

Der vertragliche **Ausschluss des Sonderkündigungsrechts** nach § 550 Satz 2 BGB bzw. ein Verzicht darauf ist als Verstoß gegen zwingendes Recht immer unzulässig.[864] Entsprechendes gilt für jede andere Art der Kündigungshinderung (Kündigungsverzicht u.ä.) und Umschreibungen. Zumindest dieser Teil einer Klausel ist formular- und individualvertraglich unwirksam und hindert keine Partei an einer Kündigung. 451

Eine **typische Klausel** wie 452

> „Den Mietparteien ist bekannt, dass wegen der Langfristigkeit des Mietverhältnisses die besonderen gesetzlichen Schriftformerfordernisse einzuhalten sind. Sie verpflichten sich gegenseitig, auf jederzeitiges Verlangen einer Partei alle Handlungen vorzunehmen und Erklärungen abzugeben, die erforderlich sind, um den gesetzlichen Schriftformerfordernissen Genüge zu tun."

berührt nicht den von § 550 BGB primär bezweckten Erwerberschutz,[865] sodass sie deshalb auch als AGB wirksam ist.[866] Eine unmittelbare Benachteiligung i.S.v. § 307 BGB liegt nicht vor, weil das zwingende Kündigungsrecht nicht abbedungen wird. Gegen die formularmäßig festgelegte Pflicht beider Parteien, an einer **nachträglich notwendig gewordenen Beurkun-**

---

863 RegE zum Mietrechtsreformgesetz, BT-Drucks. 14/4553, S. 47; OLG Frankfurt am Main, 02.01.2009 – 15 U 129/08, IMR 2009, 87 = InfoM 209, 168; OLG Rostock, 10.07.2008 – 3 U 108/07, InfoM 2008, 330 = NZM 2008, 646 = NZM 2008, 646 = ZflR 2008, 627 m. Anm. Gerber = ZMR 2008, 958 m. Anm. Wichert; LG Berlin, 08.03.1991 – 64 S 394/90, WuM 1991, 498; Lützenkirchen, MietRB 2004, 305 f.; Börstinghaus, in: Börstinghaus/Eisenschmid, AK Neues Mietrecht, 2001, S. 157; Both, in: Herrlein-Kandelhard, § 550 Rn. 39; Weidenkaff, in: Palandt, BGB, § 550 Rn. 2; Lindner-Figura, NZM 2007, 705.
864 OLG Düsseldorf, 11.05.2004 – I-24 U 264/03, GuT 2004, 186 = NZM 2005, 147; Streyl, NZM 2009, 261.
865 So auch Sternel, Mietrecht aktuell, Rn. I 145.
866 A.A. wohl Leo, NZM 2006, 815, 816; ähnlich Timme/Hülk, NJW 2007, 3313.

dung mitzuwirken, bestehen daher keine Bedenken.[867] Das gilt grds. für alle Klauseln, in denen sich die Parteien ausdrücklich verpflichten, die gesetzliche Schriftform nachzuholen.[868] Es liegt kein Verstoß gegen §§ 307, 305c BGB bzw. §§ 242, 139 BGB vor und gilt damit erst recht für eine Individualvereinbarung. Durch eine solche Klausel wird dem bei Vertragsschluss zutage getretenen Bestreben beider Parteien, den Vertrag erfolgreich durchzuführen, besonders deutlich Ausdruck verliehen und dem Grundsatz „pacta sunt servanda" in noch weit stärkerem Maße als durch eine salvatorische Klausel Rechnung getragen.

453 Nun könnte man argumentieren, dass eine solche Vereinbarung im Ergebnis dazu führt, dass § 550 Satz 2 BGB quasi „durch die Hintertür" nicht mehr greifen kann, weil beide Parteien den Schriftformmangel heilen müssen und damit der Anlass für eine Kündigung entfällt, was faktisch einem Kündigungsausschluss mit Verstoß gegen das zwingende Recht gleichkäme. Die Klausel enthält jedoch nur die **Pflicht zum Mitwirken**, ohne dass damit die Kündigung vollumfänglich ausgeschlossen sein soll.[869] Das Kündigungsrecht wird durch eine solche Klausel nicht ausgeschlossen, sondern nur in zulässiger Art und Weise so eingeschränkt, dass es nicht für den Fall gilt, dass beide Parteien sich beim Vertragsabschluss und danach vertragstreu bzw. redlich verhalten haben. So bleibt die **Kündigung bspw. in folgenden Fällen zulässig:**

- Der Mieter stellt einen Formverstoß fest und fordert den Vermieter zur Heilung auf, der sich jedoch weigert (Entsprechendes gilt umgekehrt).
- Der Vermieter stellt fest, dass der Mieter bei einer Nachtragsvereinbarung bewusst bzw. arglistig einen Formverstoß herbeigeführt hat, um sich die Kündigungsmöglichkeit offen zu halten: Die Kündigung des Vermieters ist zulässig.
- Eine aufgrund der Mitwirkungsklausel vereinbarte Nachbeurkundung scheitert, weil einer der Vertragspartner die Heilung von Vertragsänderungen abhängig macht: Der andere darf kündigen.
- Der „Heilungsakt" ist demjenigen, der die Nachbeurkundung verlangt, nach Treu und Glauben nicht mehr zumutbar, bspw. aufgrund vom Vertragspartner verschuldeter erheblicher Verzögerungen und einem Interesse des Verlangenden an zügiger Abwicklung.

Beispiel:
Vermieter benötigt schnell Rechtssicherheit wegen Finanzierungsgesprächen mit Banken, die die Finanzierung von der Langfristigkeit des Mietverhältnisses abhängig machen.

454 Übliche Mitwirkungs- bzw. Heilungsklauseln schließen daher die Kündigungsmöglichkeit nicht endgültig aus und enthalten daher auch **keinen zur Unwirksamkeit führenden mittelbaren Ausschluss des Kündigungsrechts**.

---

867 OLG Düsseldorf, 11.05.2004 – I-24 U 264/03, GuT 2004, 186 = NZM 2005, 147; **a.A.** OLG Rostock, 10.07.2008 – 3 U 108/07, InfoM 2008, 330 = NZM 2008, 646 = NZM 2008, 646 = ZflR 2008, 627 m. Anm. Gerber = ZMR 2008, 958 m. Anm. Wichert ohne Problematisierung der AGB-Frage, aber mit grds. Bedenken in der Form, dass nur krasse Ausnahmefälle an einer Kündigung hindern; a.A. wohl auch Leo, NZM 2006, 815, 816; ähnlich Timme/Hülk, NJW 2007, 3313.
868 Sternel, Mietrecht aktuell, Rn. II 248a und I 145.
869 Ähnlich OLG Düsseldorf, 11.05.2004 – I-24 U 264/03, GuT 2004, 186 = NZM 2005, 147 unter I 1.

Die Heilungspflicht bezieht sich grds. auf **alle Schriftformmängel während der Vertragslaufzeit**. D.h.: Der Mieter/Vermieter ist sowohl verpflichtet, den beim Vertragsabschluss verursachten als auch einen durch neue Vereinbarungen bedingten Formmangel zu heilen, es sei denn, die Klausel bezieht sich ausdrücklich auf den Vertragsabschluss (was für die Vertragsgestaltung daher nicht zu empfehlen ist). 455

Wird die oben genannte (oder eine ähnliche) Mitwirkungsklausel **mit einem Kündigungsverzicht/-ausschluss kombiniert** wie bspw. 456

„Die Parteien verpflichten sich, den Mietvertrag nicht unter Berufung auf die Nichteinhaltung der gesetzlichen Schriftform vorzeitig zu kündigen."

und ähnlichen Formulierungen, so ist die Gesamtklausel ohne Weiteres in einen wirksamen und unwirksamen Teil trennbar.[870] Bei AGB greift nicht das Verbot der geltungserhaltenden Reduktion, da eine Reduktion wegen der Trennung nicht erforderlich ist.

Praxistipp Vertragsgestaltung:
Wegen des Verbots der geltungserhaltenden Reduktion kann bei AGB-Klauseln, die auch einen Kündigungsverzicht enthalten, womöglich eingewendet werden, diese seien völlig unwirksam, weil der „Kündigungsteil" räumlich und sprachlich nicht vom Rest getrennt ist. Im Zweifel ist eine solche Unwirksamkeit nach der hier vertretenen Auffassung nicht anzunehmen. Bis zu einer Klärung durch den BGH sollten aber Kündigungsausschlüsse nur völlig separiert in Mietverträge aufgenommen werden.

Formular- und individualvertraglich unbedenklich (kein Verstoß gegen §§ 307, 305c BGB bzw. §§ 242, 139 BGB) ist auch die **Regelung in einem Nachtrag**, einen Mangel des Ursprungsvertrages zu heilen. Der BGH hat die Klausel 457

„Dieser Nachtrag 2 wird Bestandteil des Hauptmietvertrages. Beide Parteien verpflichten sich, diesen Nachtrag 2 dem Hauptmietvertrag als Anlage beizuheften."

für wirksam und bindend erachtet, weil sie ersichtlich nur den Zweck hat, der Wahrung der Schriftform zu dienen.[871] Der BGH sieht in dieser Entscheidung eine Heilungspflicht ohne nähere Begründung als unproblematisch an. Eine solche Klausel ist auch dann wirksam, wenn sie sich in einer Vertragsrubrik „Allgemeine Regelungen" befindet.[872] Denn dabei handelt es sich um eine reine Heilungspflicht, die das Kündigungsrecht aus § 550 BGB unberührt lässt.

c) Ansprüche der Parteien aus einer wirksamen Klausel

Eine wirksame Heilungs-/Nachholungsklausel (die also entweder keinen Kündigungsverzicht enthält oder als AGB mit Verzicht sprachlich/inhaltlich trennbar ist) begründet folgende **Ansprüche bzw. Rechtsfolgen** für beide Parteien: 458

---

[870] Sternel, Mietrecht aktuell, Rn. I 145.
[871] BGH, 06.04.2005 – XII ZR 132/03, NZM 2005, 502 = GuT 2005, 143 = InfoM 2005, 146 = MDR 2005, 1040 = NJW 2005, 2225: Der BGH setzt sich hier aber nicht näher mit der Wirksamkeit solcher Klauseln auseinander.
[872] KG, 13.11.2006 – 8 U 51/06, GuT 2007, 25 = IMR 2007, 118 = NZM 2007, 402 = InfoM 2007, 176.

- Eine Klausel i.S.v. „*Die Parteien verpflichten sich gegenseitig, auf jederzeitiges Verlangen einer Partei alle Handlungen vorzunehmen und Erklärungen abzugeben, die erforderlich sind, um den gesetzlichen Schriftformerfordernissen Genüge zu tun.*" und ähnliche Formulierungen, durch die sich die Parteien – auch formlos – verpflichten, den Mietvertrag schriftformgemäß zu beurkunden oder dies nachzuholen, berechtigt jede Partei, von dem anderen die Nachholung/Heilung zu verlangen, sofern nicht die oben beschriebenen Ausnahmen oder ähnliche Situationen vorliegen. Der Anspruch folgt direkt aus der Klausel und ist auf die Heilung des Formmangels gerichtet.
- Die Klausel kann nicht so interpretiert werden, dass sie quasi wie ein Vorvertrag zum **Abschluss eines *neuen* Mietvertrages** zu den alten Bedingungen verpflichtet.[873]
- Kommt der andere der Aufforderung nicht nach, ist der Verlangende berechtigt, auf Abschluss eines formgerechten Vertrages zu klagen.[874] Voraussetzung ist eine artikulierte Nachhol-/Heilungs-/Mitwirkungsaufforderung und Verzug des Vertragspartners.
- Kommt die andere Partei der geforderten Nachholung bzw. Heilung nicht nach, verstößt eine danach erklärte Kündigung grds. gegen Treu und Glauben (dazu nachfolgend).
- Da der nicht mitwirkende Vertragspartner grds. treuwidrig handelt, kann seine Weigerung Schadensersatzansprüche nach § 280 BGB wegen Verletzung einer vertraglichen Nebenpflicht begründen.

Beispiel:

Der Vermieter entdeckt den Schriftformmangel bei einer due diligence-Prüfung zwecks Veräußerung des Grundstücks und fordert den Mieter zur Nachholung der Schriftform auf. Da dieser sich weigert, springt der Käufer ab, da er das Risiko eines möglicherweise vorzeitig kündbaren Mietvertrages scheut, wodurch der Vermieter/Verkäufer einen finanziellen Schaden erleidet.

Praxistipp:

Derjenige, der am Vertrag festhalten will, sollte dem anderen schnell und nachweisbar (Übersendung per Einschreiben, Zeugen etc.) ein konkretes, ausformuliertes „Heilungsangebot" unterbreiten. Die Nachholung eines formgültigen Vertrags kann etwa dadurch verlangt werden, dass eine entsprechende Urkunde vorbereitet und vorgelegt wird, oder dadurch, dass ein bestimmter Fehler, der zur Formunwirksamkeit führt, angesprochen und dessen Behebung begehrt wird.[875]

d) Schädliche Verpflichtung des Grundstückserwerbers?

459　Der Grundstückserwerber tritt nach dem Grundsatz „Kauf bricht nicht Miete" gem. § 566 BGB (nur) in solche Rechte und Pflichten ein, die sich aus dem Mietverhältnis ergeben, also im Mietvertrag selbst festgelegt sind oder auf einer Zusatzvereinbarung beruhen, die in einem

---

873　OLG Rostock, 10.07.2008 – 3 U 108/07, InfoM 2008, 330 = NZM 2008, 646 = NZM 2008, 646 = ZflR 2008, 627 m. Anm. Gerber = ZMR 2008, 958 m. Anm. Wichert.
874　So wohl auch Sternel, Mietrecht aktuell, Rn. I 145, der aber von der Pflicht, den Vertrag „schriftlich zu beurkunden" spricht und damit womöglich nur mündlich geschlossene Verträge meint.
875　In diesem Sinne auch Streyl, NZM 2009, 261.

unlösbaren Zusammenhang mit dem Mietvertrag steht.[876] Eine Mitwirkungs-/Heilungsklausel im Miet- oder Pachtvertrag verpflichtet daher auch den **Grundstückserwerber nach § 566 BGB**, weil es sich um eine normale vertragliche Vereinbarung zwischen den Ursprungsparteien handelt, deren Handlungspflicht lediglich in die Zukunft verschoben wird. Ähnlich verhält es sich auch mit anderen Pflichten, die für einen Vertragspartner erst nach Vertragsabschluss entstehen können (Bsp.: Schönheitsreparaturen). Allein aus diesem Umstand lässt sich daher kein unwirksamer **Vertrag zulasten eines Dritten** ableiten. Auch eine unangemessene Benachteiligung gem. § 307 BGB liegt deshalb nicht vor.

Lediglich die **Abbedingung des Kündigungsrechts** wäre ein unzulässiger Vertrag zulasten Dritter, weil dem Erwerber bei einem Formverstoß seiner Rechtsvorgänger die gesetzlich vorgesehene Kündigungsmöglichkeit nicht mehr zustehen würde. | 460

Vorgeschlagen wird daher, Heilungsklauseln mit folgendem Zusatz zu versehen:[877] | 461

> „Diese Verpflichtung gilt nicht für einen eventuellen Käufer/Erwerber des Objekts bzw. Nachfolger des Vermieters."

Alternativ:

> „Insbesondere ein in den Vertrag nach Veräußerung der Mietsache auf Vermieterseite eintretender Dritter ist an die vorstehende Vereinbarung nicht gebunden. Ihm stehen die gesetzlichen Rechte zu."

Enthält der Vertrag einen **Kündigungsausschluss bzw. -verzicht**, ist er nach den oben dargestellten Grundsätzen als Verstoß gegen zwingendes Recht aber ohnehin immer unwirksam, sodass es nicht zu einer wirksamen Verpflichtung des Erwerbers kommen kann. Die Aufnahme einer solchen Klausel könnte daher sogar nachteilig sein, indem sie die Mitwirkungs-/Heilungsverpflichtung für den Erwerber erfasst. | 462

> **Praxistipp:**
> Für den Mieter oder Pächter können die vorgenannte Rettungsklausen schädlich sein, wenn dadurch den Erwerber keine Mitwirkungs- bzw. Heilungspflicht mehr trifft. Der Mieter sollte deshalb darauf achten, dass die Formulierung sich ausschließlich auf einen (ohnehin unwirksamen und damit überflüssigen) Kündigungsverzicht bezieht.

XI. Treuwidrigkeit der Kündigung trotz wirksamer Mitwirkungs-/Heilungsverpflichtung

Umstritten ist, ob derjenige treuwidrig handelt, der trotz einer sog. Heilungs- oder Mitwirkungsklausel kündigt (zu deren Wirksamkeit etc. s.o. → *Rn. 445 ff.*): | 463

---

876 BGH, 02.02.2006 – IX ZR 67/02, BGHZ 166, 125 = GuT 2006, 154 = NZM 2006, 755 = ZMR 2006, 433 = ZInsO 2006, 322 = NJW 2006, 1800 m.w.N.
877 Leo, NZM 2006, 815.

1. Meinung 1 – eine Kündigung trotz vertraglich vereinbarter Schriftform-Heilungsklausel ist treuwidrig:

464 Haben sich die Parteien in einem langfristigen Mietvertrag verpflichtet,

> „auf jederzeitiges Verlangen einer Partei alle Handlungen vorzunehmen und Erklärungen abzugeben, die erforderlich sind, um sowohl für diesen Vertrag als auch für alle eventuellen Nachträge und Ergänzungen dem gesetzlichen Schriftformerfordernis Genüge zu tun",

verstößt eine auf die mangelnde Einhaltung der Schriftform gestützte Kündigung (ausnahmsweise) gegen Treu und Glauben, wenn die kündigende Partei nicht zuvor versucht hat, den Anspruch auf formgerechten Abschluss des Vertrages durchzusetzen.[878] Dies ist nicht anders zu bewerten, wenn sich der Kündigungsempfänger stets auf den Standpunkt gestellt hat, der Vertrag sei formwirksam zustande gekommen und die Schriftform sei eingehalten, weil auch unter diesen Umständen es nicht von vornherein sinnlos ist, von ihm die Mitwirkung zur Herstellung der Schriftform zu verlangen.[879] Folge ist die Unwirksamkeit der Kündigung.

465 Differenzierend wird festgestellt, dass die Kündigung trotz vertraglicher Mitwirkungspflicht zur ergänzenden Beurkundung beim Scheitern der Beurkundung zulässig ist, aber die sich auf den Formmangel berufende Partei bis dahin gegen Treu und Glauben verstößt, wenn sie sich vom Vertrag lösen will.[880]

2. Meinung 2 – eine sofortige Kündigung ist nicht treuwidrig:

466 Dies wird damit begründet, dass § 550 BGB zwingendes Recht beinhaltet, welches nur in krassen Ausnahmefällen umgangen werden kann. Eine mietvertragliche Heilungsklausel hindert den Mieter nach Treu und Glauben nicht, den Mietvertrag unter Berufung auf einen Schriftformmangel zu kündigen, ohne ihn zuvor um Heilung des Schriftformmangels ersucht zu haben.[881]

Bereits oben (→ *Rn. 445 ff.*) bei der Erörterung des Rechtsnatur des § 550 BGB etc. ist dargelegt worden, dass der erstgenannten Meinung der Vorzug zu geben ist.

467 Die Verpflichtung zur schriftformwahrenden Herstellung des Mietvertrages besteht nicht lediglich **bis zu einer Kündigungserklärung**.[882] Der Kündigende kann bei einer Mitwirkungsklausel nicht einwenden, sein Vertragspartner dürfe sich nicht auf Treuwidrigkeit der Kündigung berufen, weil er eine Mitwirkung noch nicht gefordert habe, denn eine solche Klausel statuiert für den, der den Schriftformverstoß heilen will, keine Pflicht, sondern nur das Recht, eine formgerechte Beurkundung zu verlangen.[883]

---

878 OLG Köln, 23.09.2005 – 1 U 43/04, GuT 2006, 14 = NJOZ 2006, 325; in diesem Sinne auch LG Hamburg, 08.10.2008 – 307 O 116/08, IMR 2009, 314.
879 OLG Köln, 23.09.2005 – 1 U 43/04, GuT 2006, 14 = NJOZ 2006, 325.
880 OLG Düsseldorf, 11.05.2004 – 24 U 264/03, NZM 2005, 147 = GuT 2004, 186.
881 OLG Rostock, 10.07.2008 – 3 U 108/07, InfoM 2008, 330 = NZM 2008, 646 = NZM 2008, 646 = ZflR 2008, 627 m. Anm. Gerber = ZMR 2008, 958 m. Anm. Wichert; a.A. Timme/Hülk, NZM 2008, 764.
882 So auch OLG Düsseldorf, 11.05.2004 – I-24 U 264/03, GuT 2004, 186 = NZM 2005, 147 unter I 2c.
883 So auch OLG Düsseldorf, 11.05.2004 – I-24 U 264/03, GuT 2004, 186 = NZM 2005, 147 unter I 2c.

Die Bewertung als treuwidrig kann nicht vom **bloßen Scheitern einer vereinbarten Mitwirkung** abhängig sein, dass eine nach dem Scheitern erklärte Kündigung immer wirksam ist. Würde man dem folgen, bräuchte sich bspw. der zur Mitwirkung etc. verpflichtete Mieter nur „einmal an den Tisch setzen", seine Ablehnung bekunden und dürfte dann kündigen. Vielmehr kommt es darauf an, warum die Nachholung scheitert. Gab es dafür echte Gründe, verlangt der Vertragspartner bspw. „in einem Abwasch" Vertragsänderungen, entfällt trotz der grds. Mitwirkungspflicht der Vorwurf der Treuwidrigkeit, da in diesen Fällen das Kündigungsrecht sozusagen wieder „auflebt". 468

Vorgeschlagen wird, die konkrete **zeitliche Grenze für Treuwidrigkeit** wie folgt zu ziehen:[884] Wenn ein Vertragspartner ein konkretes Angebot auf Abschluss eines formwirksamen Vertrags macht bzw. ein konkretes Verlangen stellt, ist das Kündigungsrecht „einstweilen gesperrt". Kündigt der andere Vertragspartner vor einem solchen konkreten Verlangen, dann läuft der Vertrag aus; kündigt er danach, ist die Kündigung treuwidrig. Wird das Verlangen nicht innerhalb angemessener Frist umgesetzt und notfalls eingeklagt, scheitert eine später erklärte Kündigung nicht an der Treuwidrigkeit, das Kündigungsrecht lebt quasi wieder auf. 469

Dieser Vorschlag enthält eine gewisse Beliebigkeit und ist aus Gerechtigkeitsgründen abzulehnen, weil die zeitliche Zäsur allein an das artikulierte Verlangen anknüpft, dieses aber von dem „Entdecken" des Formverstoßes und damit u.U. vom Zufall abhängt, da kein Vertragspartner verpflichtet ist, den Mietvertrag grds. oder sogar in regelmäßigen Abständen auf Schriftformverstöße hin zu überprüfen. Wer also „schneller" ist, dürfte wirksam kündigen, was nicht dem Willen des Gesetzgebers entsprechen kann. Es gibt keinen zeitlichen Wettlauf des Kündigungsausspruchs. 470

XII. Vertraglich vereinbarte Form des Vertrages, § 127 BGB und Schriftformklauseln

Die Parteien können Schriftform vertraglich frei vereinbaren, § 127 BGB. Zur Wahrung der vertraglich bestimmten schriftlichen Form (sog. gewillkürte Form) genügt nach § 127 Abs. 2 BGB, soweit nichts anderes vereinbart ist, die **telekommunikative Übermittlung** und bei einem Vertrag der **Briefwechsel**. Wird eine solche Form gewählt, so kann nachträglich eine § 126 BGB entsprechende Beurkundung verlangt werden. 471

Der Mangel der durch Rechtsgeschäft bestimmten Form hat nach § 125 Satz 2 BGB im Zweifel Nichtigkeit zur Folge. Folge eines Verstoßes gegen die vertragliche Form ist also, dass der Vertrag bzw. die beabsichtigte Vertragsänderung oder eine erforderliche Handlung bei Nichteinhaltung i.d.R. nicht wirksam ist. Das ist immer dann der Fall, wenn die Parteien diese Rechtsfolge **ausdrücklich vereinbart haben**. Ansonsten ist zu prüfen, ob die vereinbarte Form konstitutiven oder nur deklaratorischen Charakter haben soll, ob also der Vertrag damit stehen und fallen oder die mündliche Vereinbarung nur schriftlich bestätigt werden soll. 472

---

884 Streyl, NZM 2009, 261.

Beispiel:

Ist in einem Mietvertrag zur Wirksamkeit einer Kündigung vorgesehen, dass diese schriftlich und per eingeschriebenem Brief zu erfolgen hat, so hat die Schriftform konstitutive Bedeutung, während die Versendung als Einschreibebrief nur den Zugang der Kündigungserklärung sichern soll. Deswegen ist bei einer solchen Klausel regelmäßig nur die Schriftform als Wirksamkeitserfordernis für die Kündigungserklärung vereinbart, dagegen kann ihr Zugang auch in anderer Weise als durch einen Einschreibebrief wirksam erfolgen.[885]

473   Viele Mietverträge sehen Klauseln vor, die für **Änderungen Schriftform** verlangen („*Nachträgliche Änderungen und Ergänzungen dieses Vertrages gelten nur bei schriftlicher Vereinbarung*"), z.T. wird auch für Aufhebung solcher Schriftformklausel die Schriftform vorgeschrieben (s. dazu unten → Rn. 492). Ob damit die gesetzliche Schriftform i.S.d. § 126 BGB begründet werden soll, ist durch Auslegung zu ermitteln und im Zweifel nicht der Fall. Gewollt ist i.d.R. – wie bei der zitierten Klausel – (bloße) Schriftlichkeit.

474   Da nach § 305b BGB individuelle Vertragsabreden Vorrang vor AGB haben, hält ein Großteil der Rechtsprechung eine Formularklausel, die für Änderungen und Ergänzungen die Schriftform verlangt, wegen **Verstoßes gegen das gesetzliche Leitbild** für unwirksam.[886] Nach einer differenzierenden Meinung sollen solche Klauseln zumindest bei langfristigen Mietverträgen im Anwendungsbereich des § 550 BGB zulässig sein.[887] Offengelassen wurde dies von BGH, Urteil v. 21.09.2005,[888] weil jedenfalls spätere individuelle Vertragsabreden immer Vorrang haben (§ 305b BGB). Für den Zeitpunkt des Vertragsabschlusses ist zwar eine **Bestätigungsklausel** wirksam, nach der keine mündlichen Nebenabreden getroffen wurden, Gegenbeweise, dass solche Abreden getroffen wurden, sind aber trotzdem möglich.

475   Die Parteien können eine vertragliche Schriftformklausel auch **formlos abändern** und zwar selbst dann, wenn sie im Ausgangsvertrag das Schriftformerfordernis für Anschlussverträge vereinbaren, den tatsächlich abgeschlossenen Anschlussvertrag aber formlos abschließen, sodass das vereinbarte Schriftformgebot überhaupt nicht zum Zuge kommt.[889] Auch die formularmäßige Vereinbarung der Mietvertragsparteien, eine Verlängerung des Mietverhältnisses i.S.d. § 545 Satz 1 BGB müsse ausdrücklich schriftlich vereinbart werden, kann formfrei aufgehoben werden.[890] Dass die formfreie Absprache gelten soll, muss allerdings klar erkennbar sein, wenn nicht der Zweck der Schriftformvereinbarung, immer Klarheit über den Vertragsinhalt zu haben, völlig ausgehöhlt werden soll.[891]

---

[885] BGH, 21.01.2004 – XII ZR 214/00, NZM 2004, 258 = WuM 2003, 269 = ZMR 2004, 344 = IBR 2004, 282 = GuT 2004, 102 = NJW 2004, 1320.

[886] BGH, 15.02.1995 – VIII ZR 93/94, NJW 1995, 1488, 1489; OLG Karlsruhe, 17.01.1980 – 12 U 111/79, NJW 1981, 405; OLG München, 12.01.1989 – 29 U 2366/88, NJW-RR 1989, 1499.

[887] OLG Rostock, 02.12.2002 – 3 U 162/01, ZfIR 2003, 307; KG, 18.08.2005 – 8 U 106/04, NZM 2005, 908; OLG Karlsruhe, 08.09.2005 – 8 U 57/05, OLGR 2006, 40.

[888] BGH, 21.09.2005 – XII ZR 312/02, BGHZ 164, 133 = GuT 2006, 7 = NZM 2006, 59; BGH, 15.02.1995 – VIII ZR 93/94, NJW 1995, 1488,1489; OLG Karlsruhe, 17.01.1980 – 12 U 111/79, NJW 1981, 405; OLG München, 12.01.1989 – 29 U 2366/88, NJW-RR 1989, 1499.

[889] BGH, 08.10.2008 – XII ZR 66/06, InfoM 2009, 15.

[890] OLG Bremen, 23.08.2006 – 1 U 27/06a, MDR 2007, 515.

[891] OLG Düsseldorf, 19.10.2009 – I-24 U 51/09, Gut 2010, 234.

Haben die Parteien nach Verhandlungen über eine Änderung der Miethöhe sowohl für das Übersenden des Entwurfs der Vereinbarung als auch für das Übermitteln des vom Mieter unterschriebenen Exemplars sowie für das Übermitteln der Unterschrift des Vermieters auf der Vereinbarung den Weg des Telefax gewählt, haben sie eine vertraglich vereinbarte Schriftform für Vertragsänderungen einvernehmlich abgeändert.[892] In einem solchen Fall kann dahinstehen, ob nach § 127 Abs. 2 Satz 1 BGB zur Wahrung der Schriftform jedenfalls eine der Parteien einen unterschriebenen Brief übermitteln muss. 476

Eine **qualifizierte oder doppelte Schriftformklausel** ist eine Klausel, die nicht nur für Vertragsänderungen und -ergänzungen, sondern auch für die Aufhebung der Schriftformklausel die Schriftform vorschreibt. Individualvertraglich ist dagegen nichts einzuwenden.[893] Im Bereich langfristiger, **unter § 550 BGB fallender Mietverträge** wird die Wirksamkeit qualifizierter AGB-Schriftformklauseln teilweise bejaht.[894] Eine solche AGB-Schriftformklausel steht jedoch den obigen Grundsätzen zu § 305b BGB entgegen, sodass nachträgliche mündliche Individualvereinbarungen auch vor doppelten Schriftformklauseln in Formularverträgen Vorrang haben, denn Letztere sind unwirksam nach § 307 Abs. 1 Satz 2 BGB.[895] 477

> **Praxistipp:**
> Die vereinbarte schriftliche Aufhebung des Schriftformerfordernisses für Änderungen und Ergänzungen des Vertrages erscheint zunächst wie eine Lappalie. In der Praxis kommt es aber sehr häufig vor, dass behauptet wird, es seien mündlich oder konkludent Abweichungen vom Vertrag vereinbart worden. Daher sollte eine entsprechende Klausel zur Sicherheit beider Vertragspartner im Vertrag enthalten sein, wenngleich nicht verkannt werden darf, dass ein Aushandeln wohl kaum praktisch umsetzbar ist.

Folgt man der Meinung, dass die qualifizierte AGB-Klausel wirksam ist, oder handelt es sich um eine Individualvereinbarung, kann sie ohne Weiteres ausdrücklich durch eine individuelle Absprache formfrei aufgehoben werden. Die **mündliche Aufhebung einer qualifizierten Schriftformklausel** setzt eine Einigung der Parteien darüber voraus, dass diese Klausel des Mietvertrages abgeändert werden soll.[896] Erforderlich ist daher, dass die Parteien oder deren Vertreter ein entsprechendes rechtsgeschäftliches Erklärungsbewusstsein haben. 478

Hierzu genügt es aber nicht schon, dass die Parteien die mündliche Abrede oder eine Vertragsänderung durch konkludentes Verhalten vornehmen. Vielmehr bedarf es weiterer Erklärungen oder Verhaltensweisen, aus denen sich der Wille auf das Formerfordernis für gerade diesen Fall der Vereinbarung verzichten zu wollen, nachhaltig zum Ausdruck kommt.[897] 479

---

892 KG, 14.12.2009 – 12 U 13/09, GuT 2010, 234 = ZMR 2010, 359 = NZM 2010, 583 = GE 2010, 412.
893 BGH, 02.06.1976 – VIII ZR 97/74, NJW 1976, 1395 zu einem unter Kaufleuten geschlossenen Vertrag; OLG Rostock, 03.06.2010 – 3 U 173/09.
894 KG, 18.08.2005 – 8 U 106/04, NZM 2005, 908.
895 OLG Rostock, 19.05.2009 – 3 U 16/09, IMR 2009, 306 = NZM 2009, 705 = InfoM 2009, 381 = MDR 2010, 22.
896 OLG Düsseldorf, 19.10.2009 – I-24 U 51/09, Gut 2010, 234.
897 BGH, 17.03.2004 – XII ZR 306/00, GuT 2004, 117; BGH, 02.06.1976 – VIII ZR 97/74, MDR 1976, 925; OLG Rostock, 03.06.2010 – 3 U 173/09; OLG Düsseldorf, 01.06.2006 – 10 U 1/06, GuT 2006, 188 = ZMR 2007, 35; anders wohl BGH, 06.03.1986 – III ZR 234/84, NJW 1986, 1807 unter Ziff. II. 2. a), wonach schlüssiges Verhalten ausreichen kann.

XIII. Notarielle Beurkundung

480 **Kombinationen** aus Mietvertrag und Geschäften i.S.d. § 311b BGB (Grundstückskauf, Vorkauf, Grunddienstbarkeit etc.) müssen **notariell beurkundet** werden.[898] Wenn ein Mietvertrag mit dem Grundstücksgeschäft eine rechtliche Einheit bildet, bedarf es der notariellen Beurkundung nach den §§ 125 Satz 1, 311b Abs. 1 Satz 1 BGB. Eine solche Einheit ist dann anzunehmen, wenn die Verträge nach dem Willen der Vertragsparteien derart voneinander abhängen, dass sie miteinander stehen und fallen sollen.[899] Die Erstreckung des Formgebots auf den Mietvertrag ist aber nur dann gerechtfertigt, wenn das Grundstücksgeschäft von ihm abhängt, nicht aber im umgekehrten Fall der einseitigen Abhängigkeit des an sich nicht formbedürftigen Mietvertrages vom Grundstücksgeschäft; im letzteren Fall bleibt der Mietvertrag formfrei gültig.[900]

481 **Rechtsfolge** eines Verstoßes gegen die Beurkundungspflicht ist zunächst einmal die Nichtigkeit der Klausel, im Zweifel nach § 139 BGB auch die Gesamtnichtigkeit des Vertrages von Anfang an, sodass ein damit verbundener Mietvertrag hinfällig ist. Der Gesamtvertrag ist bei einem fehlerhaft vereinbarten Vorkaufsrecht jedoch nur dann nichtig, wenn keine salvatorische Erhaltungsklausel vereinbart wurde und wenn der Mieter darlegen und beweisen kann, dass er den Mietvertrag ohne Vorkaufsrecht nicht geschlossen hätte.[901] Beinhaltet ein Mietvertrag ein **Ankaufsrecht** des Mieters nach Beendigung des auf 20 Jahre abgeschlossenen Mietvertrages, bedarf auch dies der notariellen Beurkundung; fehlt es daran, führt dies gem. § 139 BGB zur Nichtigkeit auch des Mietvertrages, wenn dieser ohne das Ankaufsrecht nicht oder nicht unter diesen Konditionen abgeschlossen worden wäre.[902]

482 Ist der Mietvertrag wegen fehlender notarieller Beurkundung nichtig, kann es dem Mieter gem. § 242 BGB verwehrt sein, sich auf die Nichtigkeit zu berufen, was v.a. in Fällen der **Existenzgefährdung** des einen Teils und der besonders schweren Treuepflichtverletzung des anderen Teils in Betracht kommt.[903] Indiz für die Existenzgefährdung ist die Miete als einzige Einnahmequelle; Indizien für eine besonders schwere Treuepflichtverletzung sind langjähriger Vollzug des Mietvertrages, Untervermietung und eigenhändige Ausarbeitung der Verträge.[904]

XIV. Gerichtsverfahren

483 Wenn die Parteien darüber streiten, ob der Mietvertrag dem Schriftformerfordernis entspricht, also ob die vereinbarte Vertragslaufzeit wirksam ist oder ob der Vertrag auf unbestimmte Zeit läuft, ist eine **Feststellungsklage** zulässig.[905] Hat einer der Beteiligten bereits gekündigt, gilt dies ebenfalls (Klage auf Feststellung des Fortbestehens des Mietvertrages und Unwirksamkeit der Kündigung). Der Vermieter kann bspw. nicht darauf verwiesen werden, eine Leistungskla-

---

[898] BGH, 21.11.2007 – XII ZR 149/05, InfoM 2008, 171 (Vorkaufsrecht); BGH, 04.05.1994 – XII ZR 12/93, DWW 1994, 283.
[899] OLG Saarbrücken, 22.03.2007 – 8 U 602/06-160, IMR 2007, 254.
[900] OLG Saarbrücken, 22.03.2007 – 8 U 602/06-160, IMR 2007, 254.
[901] BGH, 21.11.2007 – XII ZR 149/05, InfoM 2008, 171.
[902] OLG Stuttgart, 14.05.2007 – 5 U 19/07, IMR 2007, 300.
[903] OLG Saarbrücken, 22.03.2007 – 8 U 602/06-160, IMR 2007, 255.
[904] OLG Saarbrücken, 22.03.2007 – 8 U 602/06-160, IMR 2007, 255.
[905] BGH, 07.05.2008 – XII ZR 69/06, IMR 2008, 232 = GuT 2008, 284.

ge auf Zahlung des Mietzinses zu erheben und im Wege der Zwischenfeststellungsklage gem. § 256 Abs. 2 ZPO eine Entscheidung über den unveränderten Fortbestand des Mietverhältnisses herbeizuführen.[906] Da i.d.R. der Mieter kündigt und dann die Zahlungen einstellt, wird (nicht: muss) der Vermieter Zahlungsklage erheben. Zusätzlich sollte der vorgenannte Antrag auf Feststellung des Fortbestehens des Mietvertrages und Unwirksamkeit der Kündigung gestellt werden.

Die **Darlegungs- und Beweislast** für die tatsächlichen Voraussetzungen der Erfüllung der gesetzlichen Schriftform trägt derjenige, der aus einem Mietvertrag, der der gesetzlichen Schriftform der §§ 550, 126 BGB bedarf, Rechte herleitet.[907] Der Beweislast wird durch Vorlage der Originalurkunde genügt, wenn diese nach ihrem äußeren Erscheinungsbild der gesetzlichen Schriftform i.S.d. §§ 550, 126 BGB entspricht, da eine Originalurkunde die Vermutung der Vollständigkeit und Richtigkeit für sich hat.[908] Für den Nachweis der Einhaltung der gesetzlichen Schriftform ist es aber nicht zwingend erforderlich, dass die entsprechende Vertragsurkunde dem Gericht vorgelegt wird; es reicht aus, wenn auf andere Weise – etwa durch Zeugen – feststeht, dass die Vertragsurkunde existent ist bzw. existent war und ihr wesentlicher Inhalt nachgewiesen wird.[909] Ausführlich zum Verlust der Originalurkunde(n) → Rn. 423 ff. Zweifel beim Nachweis der Vereinbarung überhaupt und über Details betreffend den Inhalt der Vereinbarung, namentlich über Beginn und Ende der Laufzeit, gehen ggf. zulasten der beweispflichtigen Partei.[910]

484

Ein **vorsorgliches Bestreiten der Schriftformeinhaltung** genügt ebenso wenig wie bspw. die Behauptung mit dem Antrag, ein Sachverständigengutachten dazu einzuholen, dass es nicht auszuschließen sei, dass die nunmehr vorhandene Heftung erst nachträglich angebracht worden sei, um nachträglich mögliche Formfehler zu heilen. Denn dieser Beweisantritt ist auf Ausforschung gerichtet.[911]

485

Wer sich auf eine mangelhafte Bestimmbarkeit der Mietfläche beruft, das Objekt aber selbst umgebaut und dadurch die Prüfung, ob das Mietobjekt aufgrund der Gegebenheiten vor Ort unter Heranziehung der Angaben im Mietvertrag eindeutig bestimmbar ist, unmöglich gemacht hat, kann den erforderlichen Nachweis für den Mangel der Schriftform nicht führen.[912]

486

Der Schriftformmangel ist **von Amts wegen zu berücksichtigen** ohne Rücksicht darauf, ob sich die Parteien auf den Formmangel berufen haben und ob sie sich des Formmangels bewusst waren.[913]

487

---

906 BGH, 07.05.2008 – XII ZR 69/06, IMR 2008, 232 = GuT 2008, 284.
907 OLG Düsseldorf, 25.02.2010 – 10 U 40/09, IMR 2011, 18; OLG München, 10.12.2008 – 7 U 4433/08; OLG Rostock, 28.12.2001 – 3 U 173/00, NZM 2002, 955.
908 OLG Düsseldorf, 25.02.2010 – 10 U 40/09, IMR 2011, 18.
909 OLG Stuttgart, 26.04.2010 – 5 U 188/09, MDR 2010, 1245.
910 OLG Stuttgart, 26.04.2010 – 5 U 188/09, MDR 2010, 1245.
911 OLG Düsseldorf, 25.02.2010 – 10 U 40/09, IMR 2011, 18.
912 OLG München, 10.12.2008 – 7 U 4433/08.
913 BGH, 22.12.1999 – XII ZR 339/97, DWW 2000, 85 = GE 2000, 340 = NZM 2000, 184 = WM 2000, 776 = WuM 2000, 248 = ZfIR 2000, 616 = ZMR 2000, 207; OLG Düsseldorf, 07.04.2005 – 10 U 191/0, NZM 2005, 823; vgl. auch OLG Rostock, 02.07.2009 – 3 U 146/08, IMR 2009, 342 = InfoM 2009, 432.

XV. Streitwert

488 Streiten die Parteien (nur) darüber, ob bei einem langfristigen Miet- oder Pachtvertrag die Schriftform mit der Folge einer vorzeitigen Kündigungsmöglichkeit verletzt ist, so geht es inhaltlich um die **Dauer eines Miet- oder Pachtverhältnisses**, sodass nach § 41 Abs. 1 Satz 1 GKG der Betrag des auf die streitige Zeit entfallenden Entgelts und, wenn das einjährige Entgelt geringer ist, dieser Betrag für die Wertberechnung maßgebend ist. Streitig ist grds. die restliche (längere) Vertragslaufzeit; ist diese länger als ein Jahr, bemisst sich der Streitwert also nach einer Jahresmiete/-pacht. Der Streitwert einer **Feststellungsklage**, dass das Mietverhältnis wegen Verletzung der Schriftform wirksam gekündigt worden ist (Mieter) oder nicht wirksam gekündigt worden ist/werden kann (Vermieter), richtet sich nach § 41 Abs. 1 GKG abzgl. des nach herrschender Meinung erforderlichen Abschlags von 20 % für Feststellung. Hinzurechnen sind etwaige Beträge aus Zahlungsanträgen.

489 Führt die Auseinandersetzung über die Schriftform zur Kündigung, ohne dass der Vermieter Räumung verlangt, gilt dies ebenfalls. Geht es um die **Räumung des Miet- oder Pachtobjekts** aufgrund der vorzeitigen Kündigung nach §§ 550 Satz 1, 578, 580a BGB, ist nach § 41 Abs. 2 Satz 1 GKG das für die Dauer eines Jahres zu zahlende Entgelt maßgebend, wenn sich nicht nach Abs. 1 ein geringerer Streitwert ergibt.

XVI. Vertragsgestaltung

1. Grundsätzliche Hinweise

490 Die obigen Ausführungen zur Wirksamkeit von Mitwirkungs- und Heilungsklauseln beziehen sich auf die Vertragsgestaltung, s. deshalb zunächst dort → *Rn. 439 ff.*

Nachträgliche mündliche Individualvereinbarungen haben nach § 305b BGB auch vor Schriftformklauseln in Formularverträgen über langfristige Geschäftsraummietverhältnisse Vorrang.[914]

491 Es wird vorgeschlagen, eine Nachholungs-/Heilungsklausel in einen **Vorvertrag** zum Mietvertrag auszulagern,[915] da § 550 BGB nicht für Vorverträge gilt.[916] In der Praxis würde dies i.d.R. bedeuten, dass man gleichzeitig einen Vorvertrag und den Hauptmietvertrag schließt und einen Punkt, der für beide Parteien wichtig ist, bewusst auslagert. Gerade dies könnte aber dann, wenn man die Heilungsverpflichtung nicht nur als unwesentlichen Vertragsbestandteil ansieht, dazu führen, dass nach den allgemeinen Grundsätzen des § 550 BGB die Schriftform des Hauptvertrages verletzt wird, da der Vorvertrag ja gerade **kein** Bestandteil des Hauptvertrages sein soll.

---

914 BGH, 21.09.2005 – XII ZR 312/02, BGHZ 164, 133 = GuT 2006, 7 = NZM 2006, 59.
915 Wenske, Praxishinweis zu BGH, 07.03.2007 – XII ZR 40/05, IMR 2009, 264.
916 BGH, 07.03.2007 – XII ZR 40/05, GuT 2007, 126 = NZM 2007, 445 = IMR 2007, 211 u. 2009, 264 = InfoM 2007, 173 = MDR 2007, 1010.

2. Formulierungsvorschläge

a) Vereinbarte Schriftform

Formulierungsvorschlag: Vereinbarte Schriftform

> Dieser Vertrag enthält alle zwischen den Parteien vereinbarten Regelungen des Mietverhältnisses. Es bestehen keine mündlichen Nebenabreden. Nachträgliche Ergänzungen und Änderungen dieses Vertrages müssen schriftlich erfolgen. Das gilt auch für eine Aufhebung oder einen Verzicht auf das vorgenannte Schriftformerfordernis.

492

b) Verbindungsklausel für Nachträge

Formulierungsvorschlag: Verbindungsklausel für Nachträge[917]

> Die Parteien verpflichten sich, diesen Nachtrag ..... dem Hauptmietvertrag als Anlage beizuheften. *Alternativ:* ..... körperlich fest zu verbinden.

493

c) Heilungsklausel

Formulierungsvorschlag: Heilungsklausel

> Sollte eine Verletzung des Schriftformerfordernisses i.S.d. §§ 578, 581, 550, 126 BGB vorliegen oder auch nur in Betracht kommen, verpflichten sich die Parteien gegenseitig, alle erforderlichen Erklärungen abzugeben und/oder Handlungen vorzunehmen, damit der Schriftformmangel geheilt wird.
>
> *Alternativ:*
>
> Die Vertragsparteien verpflichten sich, jederzeit alle Handlungen vorzunehmen und Erklärungen abzugeben, die erforderlich sind, um die Schriftform der §§ 578, 581, 550, 126 BGB für langfristige Mietverträge, insbesondere im Zusammenhang mit dem Abschluss von Nachtrags-, Änderungs- und Ergänzungsverträgen, zu realisieren.

494

XVII. Arbeits- und Beratungshilfen

1. Schnellüberblick Grundsatz-Rechtsprechung des BGH

> **Hinweis:**
>
> Wegen der Menge von Entscheidungen zu dieser Thematik liegt der Schwerpunkt auf Entscheidungen der letzten Jahre.

495

---

[917] Vorsichtshalber sollte diese Klausel immer mit einer Heilungsklausel kombiniert werden.

Thema/Normen	Leitsatz	Entscheidung, Fundstelle
Lageplan und Bestimmbarkeit des Mietobjekts	Das Mietgrundstück ist im Vertrag nicht hinreichend bezeichnet, wenn dem Mietvertrag nicht zu entnehmen ist, welcher Teil des Grundstücks Gegenstand des Vertrages ist. Wurde das Mietobjekt bei Abschluss des Mietvertrages in einen Lageplan eingezeichnet, wahrt dies nur dann die Schriftform, wenn der Mietvertrag eine Bezugnahme auf einen Lageplan enthält und beide miteinander verbunden sind.	BGH, 02.06.2010 – XII ZR 110/08, GuT 2010, 231 = NZM 2010, 704
Schriftformerfordernis bei Annahmefristüberschreitung	1. Die Verlängerung der Frist zur Annahme der auf den Abschluss eines langfristigen Mietvertrages gerichteten Erklärung bedarf nicht der Schriftform des § 550 BGB. 2. Zur Wahrung der Schriftform des § 550 BGB genügt es, wenn die Vertragsbedingungen eines konkludent abgeschlossenen Mietvertrages in einer der „äußeren Form" des § 126 Abs. 2 BGB genügenden Urkunde enthalten sind.	BGH, 24.02.2010 – XII ZR 120/06, IMR 2010, 180 = GuT 2010, 93 = NZM 2010, 319 = GE 2010, 614 = NJW 2010, 1518 = MDR 2010, 617
Schriftform: Wer unterschreibt für AG?	Bei Abschluss eines Mietvertrages durch eine AG ist die Schriftform des § 550 BGB nur gewahrt, wenn alle Vorstandsmitglieder unterzeichnen oder eine Unterschrift den Hinweis enthält, dass das unterzeichnende Vorstandsmitglied auch die Vorstandsmitglieder vertreten will, die nicht unterzeichnet haben. Denn nach der gesetzlichen Regelung des § 78 Abs. 2 Satz 1 AktG sind, wenn der Vorstand aus mehreren Personen besteht, sämtliche Vorstandsmitglieder nur gemeinschaftlich zur Vertretung der Gesellschaft befugt. Ob der Vorstand Vertretungsmacht hat und woraus er dies ableitet, ob er also alleinvertretungsberechtigt ist, ist keine Frage der Schriftform, sondern der Wirksamkeit des Vertrages; selbst wenn der Vertreter ohne Vertretungsmacht handelt, beeinträchtigt das die Schriftform nicht allein für die Frage, ob die Änderungsvereinbarung überhaupt wirksam zu Stande gekommen ist. Da aber auch mehrere Vertretungsberechtigte eine Personenmehrheit darstellen, müssen die vorhandenen Unterschriften deutlich zum Ausdruck bringen, dass sie auch in Vertretung der nicht unterzeichnenden Vertragsparteien geleistet worden sind. Der Zusatz „i.V." reicht dafür aus.	BGH, 04.11.2009 – XII ZR 86/07, GuT 2009, 402 = IMR 2010, 9 = NZM 2010, 82 = MDR 2010, 133; ausführlich dazu Wieck, Gut 2009, 365
§ 550 BGB	Ist ein formgerechter Mietvertrag mangels rechtzeitiger Annahme zunächst nicht abgeschlossen worden, so kommt durch eine insoweit formgerechte Nachtragsvereinbarung, die auf die ursprüngliche Urkunde Bezug nimmt, ein insgesamt formwirksamer Mietvertrag zustande.	BGH, 29.04.2009 – XII ZR 142/07, GuT 2009, 173 = IMR 2009, 303 = NZM 2009, 515 = InfoM 2009, 220 = NJW 2009, 2195 = MDR 2009, 1035

| §§ 550, 578, 581 BGB | 1. Ein für längere Zeit als ein Jahr geschlossener Miet- oder Pachtvertrag über ein Grundstück genügt bereits dann der Schriftform der §§ 581, 550 BGB, wenn sich die wesentlichen Vertragsbedingungen – insbesondere Mietgegenstand, Mietzins sowie Dauer und Parteien des Mietverhältnisses – aus der Vertragsurkunde ergeben. Der Schriftform bedürfen hingegen nicht solche Abreden, die den Vertragsinhalt lediglich erläutern oder veranschaulichen sollen.

2. Für die Einhaltung der Schriftform ist es ausreichend, dass sich die wesentlichen vertraglichen Vereinbarungen im Zeitpunkt des Vertragsschlusses hinreichend bestimmbar aus der Vertragsurkunde ergeben. Insoweit darf auch auf außerhalb der Urkunde liegende Umstände zurückgegriffen werden, wenn diese zum Zeitpunkt des Vertragsschlusses bereits vorgelegen haben.

3. Der Inhalt ist auch dann hinreichend bestimmbar, wenn der Mieter von den vorhandenen 18 Stellplätzen 12 Plätze nutzen darf, die verbleibenden 6 Plätze den anderen Gewerbemietern zur Verfügung stehen sollen. In diesem Fall ergibt sich aus dem schriftlichen Vertrag, dass der Mieter von den vorhandenen freien Plätzen nach Wahl 12 Plätze nutzen kann.

4. Wird nach dem Mietvertrag die „gesamte Inventarisierung" gemäß Anlage mitverpachtet und liegt diese bei Abschluss des Vertrags noch nicht vor, so ist davon auszugehen, dass sich die Parteien bereits bei Vertragsunterzeichnung darüber einig waren, dass das gesamte am Tag des Vertragsschlusses vorhandene Inventar mitverpachtet werden sollte. Entsprechend ist auch die Form des § 550 BGB gewahrt.

Ls. der NZM-Red.:

Das Schriftformgebot in § 550 BGB ist gewahrt, wenn Anlagen, auf die der schriftliche Miet- bzw. Pachtvertrag verweist, bei Vertragsabschluss fehlen und auch später nicht mehr hergestellt/dem Vertrag hinzugefügt werden, aber aus den Umständen bei Vertragsabschluss erhellt, dass diese Anlagen nur Beweiszwecken (hier: Grundrissplan und Inventarverzeichnis eines Hotels „im laufenden Betrieb", das vermietet worden ist „wie von den Parteien besichtigt" und im Vertrag in Abgrenzung zu anderen Gewerberäumen im Objekt detailreich beschrieben worden ist) dienen sollten. | BGH, 17.12.2008 – XII ZR 57/07, IMR 2009, 92 = GuT 2009, 29 = NZM 2009, 198 |

Schriftformklausel: Ist die Klausel formlos abdingbar?	Die Parteien können eine vertragliche Schriftformklausel auch formlos abändern. Das gilt selbst dann, wenn die Parteien im Ausgangsvertrag das Schriftformerfordernis für Anschlussverträge vereinbaren, den tatsächlich abgeschlossenen Anschlussvertrag aber formlos abschließen, so dass das vereinbarte Schriftformgebot überhaupt nicht zum Zuge kommt.	BGH, 08.10.2008 – XII ZR 66/06, InfoM 2009, 15
Schriftformgebot bei Mietvertrag mit Kündigungsrechtsausschluss – Vertragslaufzeit kraft Amortisationszusammenhangs §§ 550, 242 BGB	Das Schriftformgebot in § 550 BGB findet auch auf Mietverträge mit unbestimmter Dauer Anwendung, wenn die Parteien die ordentliche Kündigung über ein Jahr hinaus ausschließen. (Leitsatz der Redaktion)	BGH, 09.07.2008 – XII ZR 117/06, IMR 2009, 5 = NZM 2008, 687
Schriftformerfordernis: BGH klärt wichtige Detailfragen	1. Die Schriftform wird nicht dadurch verletzt, dass einer der Original-Mietverträge nicht mehr auffindbar ist, sofern dieser zum Zeitpunkt des Zustandekommens des Mietvertrags existiert hat. 2. Der Vermieter darf die Unwirksamkeit einer vorzeitigen Kündigung des Mieters auch im Wege der Feststellungsklage geltend machen. Er kann nicht darauf verwiesen werden, eine Leistungsklage auf Zahlung des Mietzinses zu erheben und im Wege der Zwischenfeststellungsklage gemäß § 256 Abs. 2 ZPO eine Entscheidung über den unveränderten Fortbestand des Mietverhältnisses herbeizuführen. 3. Unterschreibt der Ehemann der allein vermietenden Ehefrau den langfristigen Mietvertrag nur mit seinem gleich lautenden Nachnamen und ohne Vertretungszusatz, verletzt dies nicht die Schriftform des § 550 BGB. 4. Zur Wahrung der Schriftform müssen nicht beide Vertragsexemplare jeweils von Mieter und Vermieter unterzeichnet werden. Es reicht aus, wenn jede Partei die für die andere Partei bestimmte Urkunde unterzeichnet.	BGH, 07.05.2008 – XII ZR 69/06, IMR 2008, 232 = GuT 2008, 284
Nachtrags(miet)verträge: Wann ist die Schriftform des § 550 BGB eingehalten?	Ein Nachtragsvertrag wahrt die Schriftform eines Mietvertrags nur dann, wenn er eine Bezugnahme auf die Schriftstücke enthält, aus denen sich sämtliche wesentlichen vertraglichen Vereinbarungen ergeben.	BGH, 09.04.2008 – XII ZR 89/06, IMR 2008, 233 = NZM 2008, 484 = MDR 2008, 853

Salvatorische Klausel	Eine allgemeine salvatorische Klausel (Erhaltungs- und Ersetzungsklausel) in einem auf längere Zeit als ein Jahr geschlossenen Mietvertrag über Gewerberäume verpflichtet die Vertragsparteien nicht zur Nachholung der nicht gewahrten Schriftform.	BGH, 27.07.2007 – XII ZR 143/05, IMR 2007, 320 = GuT 2007, 299 = NZM 2007, 730 = InfoM 2007, 261
Schriftform: Muss ein Nachtrag zur Änderung der Zahlungsfälligkeit der Schriftform genügen?	Bei einem langfristigen Mietvertrag muss jeder Nachtrag, der eine wesentliche Änderung des Vertragsinhalts beinhaltet, schriftlich vereinbart werden. Auch eine Änderung der Zahlungsfälligkeit (hier: Umstellung von quartalsweise auf monatliche Mietzahlung) ist eine wesentliche, also formpflichtige Vertragsänderung.	BGH, 19.09.2007 – XII ZR 198/05, GuT 2007, 443 = IMR 2008, 41 = NZM 2008, 84 = InfoM 2008, 71 = NJW 2008, 365
GmbH als alleiniger Mieter oder Vermieter	Ist eine GmbH alleiniger Mieter oder Vermieter, so ist die Schriftform auch dann gewahrt, wenn die für die GmbH geleistete Unterschrift nicht mit einem Vertretungszusatz versehen ist, gleichgültig ob der Geschäftsführer oder ein Dritter unterzeichnet (Anschluss an BGH, 6.4.2005 – XII ZR 132/03, InfoM 2005, 146).	BGH, 19.09.2007 – XII ZR 121/05, GuT 2007, 353 = IMR 2007, 347 = InfoM 2007, 313 = MDR 2007, 1414
Herabsetzung der Nebenkosten	Reduzieren die Parteien die ursprünglich vereinbarte Nebenkostenpauschale, ohne diese Vereinbarung schriftlich niederzulegen, wird die Schriftform des § 550 BGB nicht verletzt, weil die Vereinbarung allein dem Mieter zu Gute gekommen ist.	BGH, 15.11.2006 – XII ZR 92/04, NZM 2007, 127 unter 2. b)
Schriftform; Bestimmbarkeit von Vertragsparteien; GbR (Erwerbergemeinschaft) im Entstehen als Vermieterin; Beschreibung des Mietobjekts; gewillkürte Schriftform; Vorenthaltung	Zur Wahrung der Schriftform i.S.d. § 566 BGB a. F., wenn der Vertrag für eine BGB-Gesellschaft geschlossen wird, deren Zusammensetzung bei Vertragsschluss noch nicht namentlich feststeht, genügt die Bestimmbarkeit der Mietvertragsparteien. Bestimmbarkeit liegt vor, wenn der Sachverhalt, an den die Vertragparteien die Person des Vermieters/Mieters knüpfen, so genau bestimmt ist, dass bei seiner Verwirklichung kein Zweifel an der Person verbleibt. Die Regelung in einem Mietvertrag, dass das Mietverhältnis mit der Übergabe der Mietsache beginnt, ist hinreichend bestimmbar und genügt deshalb dem Schriftformerfordernis des § 566 BGB a.F.	BGH, 02.11.2005 – XII ZR 233/03, GuT 2006, 10 = NZM 2006, 104
Schutzzweck	Die Schriftform dient in erster Linie dem Schutz eines Erwerbers. Die Berufung auf einen Formmangel ist vor allem dann treuwidrig, wenn die Existenz des anderen Vertragsteils gefährdet wird oder wenn die Berufung auf den Formverstoß eine schwere Treupflichtverletzung gegenüber dem anderen Teil darstellt.	BGH, 02.11.2005 – XII ZR 233/03, GuT 2006, 10, 11 unter 2. a) cc) = NZM 2006, 104

Abweichende mündliche Vereinbarung	Ist mündlich etwas anderes vereinbart worden, als im Text der Mietvertragsurkunde niedergelegt wurde, gibt diese den Inhalt des von den Parteien wirklich Gewollten nicht wieder und entbehrt der Schriftform.	BGH, 19.10.2005 – XII ZR 67/02, GuT 2006, 7
Vorrang nachträglicher mündlicher Individualvereinbarungen vor Schriftformklausel	Nachträgliche mündliche Individualvereinbarungen haben auch vor Schriftformklauseln in Formularverträgen über langfristige Geschäftsraummietverhältnisse Vorrang.	BGH, 21.09.2005 – XII ZR 312/02, GuT 2006, 7 = NZM 2006, 59
Schriftform; Eintritt eines Neumieters in den Vertrag; Einkaufszentrum	Die Schriftform eines langfristigen Mietvertrages ist gewahrt, wenn der Vermieter mit dem Altmieter schriftlich vereinbart, dass der Neumieter in den Vertrag eintritt und dieser der Vertragsübernahme formlos zustimmt.	BGH, 20.04.2005 – XII ZR 29/02, GuT 2005, 154 = NZM 2005, 584
Schriftform bei widerruflicher Senkung der Miete, § 566 BGB a.F.; § 550 BGB	Auch bei einem für längere Zeit als ein Jahr geschlossenen Mietvertrag bedarf die nachträgliche Vereinbarung der auch unbefristeten Herabsetzung des Mietzinses nicht der Schriftform, wenn der Vermieter sie jederzeit zumindest mit Wirkung für die Zukunft widerrufen darf.	BGH, 20.04.2005 – XII ZR 192/01, GuT 2005, 148 = NZM 2005, 456 = DWW 2005, 233 = ZMR 2005, 534 = NJW 2005, 1861
Herstellung der Schriftform gewerblichen Mietvertrags – „Verklammernder" Anhang/Vertretungszusätze	... 2. Zur Auslegung einer Klausel in einem Nachtrag zu einem langfristigen Mietvertrag, mit der sich die Parteien verpflichten, den Nachtrag dem Mietvertrag anzuheften, wenn dieser selbst aus mehreren nicht miteinander verbundenen Urkunden besteht. 3. Zur Frage, ob der für eine GmbH geleisteten Unterschrift unter einen langfristigen Mietvertrag zur Wahrung der Schriftform ein die Vertretung kennzeichnender Zusatz beizufügen ist (Abgrenzung zu Senat, NZM 2003, 801 = NJW 2003, 3053, 3054; NZM 2004, 97 = NJW 2004, 1103.). 4. Die Schriftform eines langfristigen Mietvertrags ist gewahrt, wenn trotz Fehlens eines Vertretungszusatzes beim Unterzeichner klar ist, dass er eine Gesellschaft als Mietpartei verpflichten will (hier: Unterzeichner ist im Mietvertragsrubrum nicht genannt) und wenn mehrere ursprünglich nicht der gesetzlichen Schriftform entsprechende Urkunden anlässlich einer Nachtragsvereinbarung mit derselben zu einer einheitlichen Urkunde verbunden und auf diese Weise mit Blick auf den Nachtrag aufgekommene Zweifel über die Einhaltung der Schriftform beseitigt werden sollen, was in der Folge nicht geschieht; denn insoweit sind die Mietvertragsparteien verpflichtet, an der nachträglichen Herstellung der gesetzlichen Schriftform mitzuwirken. (Leitsatz 4 von der Redaktion)	BGH, 06.04.2005 – XII ZR 132/03, NZM 2005, 502 = GuT 2005, 143 = Info M 2005, 146

Nochmaligen Unterzeichnung	Die Schriftform eines langfristigen Mietvertrages ist gewahrt, wenn die Vertragsbestimmungen in einem unterzeichneten Schreiben der einen Partei niedergelegt sind, das die andere – mit oder ohne einen das uneingeschränkte Einverständnis erklärenden Zusatz – ihrerseits unterzeichnet hat. Der nochmaligen Unterzeichnung durch die eine Partei unterhalb der Gegenzeichnung der anderen bedarf es nicht (Aufgabe von RGZ 105, 60, 62). Ob der Vertrag schon zuvor durch mündliche Einigung zustande gekommen war, durch die Gegenzeichnung zustande kommt oder es hierzu erst noch des Zugangs der Gegenzeichnung bedarf, ist für die Frage der Schriftform ohne Belang.	BGH, 14.07.2004 – XII ZR 68/02, GuT 2004, 186 = AIM 2004, 176 = NZM 2004, 738 = WuM 2004, 534
Treuwidrige Kündigung	Ist ein Mietvertrag nicht in der für langfristige Mietverträge vorgeschriebenen Schriftform (§ 550 BGB) abgeschlossen worden, so ist eine darauf gestützte vorzeitige Kündigung nicht deshalb treuwidrig, weil der Mietvertrag zuvor jahrelang anstandslos durchgeführt worden ist.	BGH, 05.11.2003 – XII ZR 134/02, GuT 2004, 61 = AIM 2004, 34 = MDR 2004, 325 = ZMR 2004, 106 = NZM 2004, 97
Revisionsgerichtliche Prüfung	Die revisionsgerichtliche Prüfung der Wahrung der Schriftform einer bei den Akten befindlichen Urkunde beschränkt sich auf die getroffenen Feststellungen zu deren Beschaffenheit, wenn das Berufungsurteil nur auf den Tatbestand des erstinstanzlichen Urteils verweist und dieser keine Bezugnahme auf die Urkunde enthält.	BGH, 12.03.2003 – XII ZR 18/00, GuT 2003, 133 = AIM 2003, 120 = NZM 2003, 476 = MDR 2003, 865
Essentialia des Mietvertrages in Anlagen	Werden Essentialia des Mietvertrages in Anlagen ausgelagert, auf die im Mietvertrag Bezug genommen wird, so muss zur Wahrung der Schriftform die Anlage im Mietvertrag so genau bezeichnet werden, dass eine zweifelsfreie Zuordnung möglich ist (Fortführung von Senatsurteilen BGHZ 136, 357 [= WuM 1997, 667]; 142, 158 [= WuM 1999, 516]).	BGH, 18.12.2002 – XII ZR 253/01, GuT 2003, 131
Vertreter der Erbengemeinschaft	Zur Einhaltung der Schriftform ist es erforderlich, dass sämtliche Vertragsparteien die Vertragsurkunde unterzeichnen. Unterzeichnet ein Vertreter den Mietvertrag, muss das Vertretungsverhältnis in der Urkunde durch einen das Vertretungsverhältnis anzeigenden Zusatz hinreichend deutlich zum Ausdruck kommen. Ein von einem Vertreter der Erbengemeinschaft abgeschlossener Mietvertrag kann mangels Rechtsfähigkeit derselben nicht mit der Erbengemeinschaft als solcher, sondern nur mit den einzelnen Miterben zustande kommen. Daher genügt es der Schriftform nicht, wenn als Vermieterin lediglich die Erbengemeinschaft im Vertrag aufgeführt ist, denn diese ist nicht Vertragspartei, da der Vertrag mit den einzelnen Erben zustande gekommen ist.	BGH, 11.09.2002 – XII ZR 187/00, NZM 2002, 950 = GE 2002, 1326 = NJW 2002, 3389

Salvatorischen Klausel Örtlichkeiten des Mietobjekts	Aus einer im Mietvertrag enthaltenen salvatorischen Klausel kann für die Frage, ob die Parteien zur Nachholung der Schriftform verpflichtet sind, jedenfalls ohne weitergehende Anhaltspunkte nichts hergeleitet werden. Ein Mietobjekt ist hinreichend bestimmbar bezeichnet, wenn die Örtlichkeiten durch präzise Angaben (hier: erstes OG und hinterer Hofbereich), ergänzt um die jeweilige Circa-Angabe der erfassten Flächen, beschrieben sind. Demgegenüber treten Pläne, denen der Charakter eines Orientierungsbehelfs zukommt, in den Hintergrund.	BGH, 17.07.2002 – VII ZR 248/99, NZM 2002, 823
Auswechslung eines Mieters	Im Anschluss an die Rechtsprechung des Senats (NZM 1998, 29 = NJW 1998, 62) ist die Auffassung nicht zu beanstanden, dass die vertragliche Auswechslung eines Mieters in einem Mietvertrag, der wegen seiner Laufzeit der Schriftform des § 566 BGB (jetzt § 550 BGB) bedarf, ebenfalls diese Schriftform erfordert, wenn die Laufzeit erhalten bleiben soll.	BGH, 13.01.2002 – XII ZR 106/99, NZM 2002, 291
Anlage zum Mietvertrag	Ist eine Anlage bereits im Vertragstext hinlänglich beschrieben und stellt die Anlage nur noch ein Anschauungsobjekt oder einen Orientierungsbehelf dar, so liegt darin keine verkörperte Willenserklärung, die von den Vertragspartnern unterzeichnet werden muss.	BGH, 25.10.2000 – XII ZR 133/98, NZM 2001, 43
Anlage zum Mietvertrag	Die Schriftform eines Mietvertrages mit Anlagen, die der Mieter Seite für Seite unterschrieben und der Vermieter paraphiert hat, sowie mit einer Nachtragsvereinbarung, mittels derer die tatsächliche Größe der vom Reißbrett vermieteten Bürofläche festgestellt und eine Anpassung des Quadratmetermietzinses vereinbart wird, wird durch ausreichende wechselseitige Bezugnahme gewahrt. Diese ergibt sich besonders leicht und zuverlässig durch übereinstimmende Bezeichnung der Anlagen in der Haupturkunde, sie kann sich aber auch aus anderen Umständen ergeben.	BGH, 05.07.2000 – XII ZR 70/98, NZM 2000, 907
Notariell beurkundete Änderungsvereinbarung	Mit der Auflockerungsrechtsprechung des XII. Zivilsenats des BGH ist es vereinbar, dass eine notariell beurkundete Änderungsvereinbarung zum im Übrigen bestehen bleibenden Mietvertrag geschlossen wird des Wortlauts, dass es bis auf die eingebrachten Änderungen beim bisherigen Vertragstext verbleibt. Die Auflockerungsrechtsprechung ist auch in Fällen anwendbar, in denen der jetzige Vermieter an dem vor seinem Vertragseintritt abgeschlossenen Ausgangsvertrag nicht beteiligt war.	BGH, 23.03.2000 – XII ZR 251/97, NZM 2000, 381 = NJW-RR 2000, 744

Nachtragsvertrag	Auch wenn gesetzliche und gewillkürte Form zusammentreffen, weil die Parteien die Schriftform eines ohnehin nach § 566 BGB (jetzt § 550 BGB) formbedürftigen Vertrages als konstitutiv vereinbart haben, kommt der Vertrag mit Unterzeichnung der Vertragsurkunde regelmäßig zustande, und zwar selbst dann, wenn diese die Form des § 566 BGB (jetzt § 550 BGB) nicht wahrt. Zur Wahrung der Urkundeneinheit zwischen Ursprungsvertrag und Nachtragsvertrag reicht es aus, dass der in sich formgültige, von den ursprünglichen Vertragsparteien und dem sich zum Vertragseintritt verpflichtenden Mieter unterzeichnete Nachtrag hinreichend auf den Ursprungsvertrag Bezug nimmt.	BGH, 16.02.2000 – XII ZR 258/97, NZM 2000, 548
Angebot der Vermieter zur Verlängerung des Mietvertrages	Ein vom Mieter gegengezeichnetes Angebot der Vermieter zur Verlängerung des Mietvertrages für längere Zeit als ein Jahr genügt dem Schriftformerfordernis des § 566 BGB (jetzt § 550 BGB), wenn das Angebot in ausreichender Form auf den ursprünglichen Mietvertrag Bezug nimmt und zum Ausdruck bringt, dass es unter Einbeziehung des Nachtrags bei dem verbleiben soll, was früher formgültig niedergelegt war.	BGH, 16.02.2000 – XII ZR 162/98, NJW-RR 2000, 1108 = NZM 2000, 712 = ZMR 2000, 589

2. Schnellüberblick aktuelle Rechtsprechung der Instanzgerichte

Thema/Normen	Leitsatz	Entscheidung, Fundstelle
Nachweis der Einhaltung der gesetzlichen Schriftform	1. Für den Nachweis der Einhaltung der gesetzlichen Schriftform des § 550 ZPO ist nicht erforderlich, dass die entsprechende Vertragsurkunde dem Gericht vorgelegt wird. 2. Es reicht aus, wenn auf andere Weise – etwa durch Zeugen – feststeht, dass die Vertragsurkunde existent ist bzw. existent war und ihr wesentlicher Inhalt nachgewiesen wird.	OLG Stuttgart, 26.04.2010 – 5 U 188/09, MDR 2010, 1245
Anforderungen an die Form des Vermieterwechsels	1. Die rechtsgeschäftliche Vereinbarung eines Vermieterwechsels ist formbedürftig gem. § 566 BGB. Die Form ist nur gewahrt, wenn alle Beteiligten ihre Absprache in derselben Urkunde niederlegen und ausdrücklich auf den Ursprungsvertrag Bezug nehmen. 2. Ein Nachtragsvertrag wahrt die Schriftform eines Mietvertrages nur dann, wenn sich aus der Gesamtheit der durch Bezugnahme zu einer gedanklichen Einheit verbundenen Vertragsurkunden sämtliche wesentlichen vertraglichen Vereinbarungen ergeben.	OLG Brandenburg, 24.03.2010 – 3 U 117/09, IMR 2010, 229

496

Anforderungen an Schriftform des § 550 Satz 1 BGB	1. Ein für längere Zeit als ein Jahr geschlossener Miet- oder Pachtvertrag über ein Grundstück genügt bereits dann der Schriftform des § 550 Satz 1 BGB, wenn sich die wesentlichen Vertragsbedingungen – insbesondere Mietgegenstand, Mietzins sowie Dauer und Parteien des Mietverhältnisses – aus der Vertragsurkunde ergeben.	OLG Düsseldorf, 25.02.2010 – 10 U 40/09, IMR 2011, 18
	2. Demnach liegt kein Schriftformmangel vor, wenn eine Nachtragsvereinbarung lediglich die neu zu entrichtende Miete enthält, jedoch keine Begründung hierzu.	
	3. Das Erfordernis der Schriftform betrifft grundsätzlich sämtliche Abreden, aus denen sich nach dem Willen der Parteien der Mietvertrag zusammensetzen soll, so dass über die sog. Essentialia hinaus weitere Vertragsbestimmungen jedenfalls dann in die Urkunde aufzunehmen sind, wenn sie nach dem Willen der Parteien einen wichtigen Vertragsbestandteil bilden.	
	4. Eine Nachtragsvereinbarung genügt auch ohne körperliche Verbindung mit dem Ausgangsmietvertrag der Schriftform, wenn sie die Parteien bezeichnet, hinreichend deutlich auf den ursprünglichen Vertrag Bezug nimmt, die geänderten Regelungen aufführt und erkennen lässt, dass es im Übrigen bei den Bestimmungen des ursprünglichen Vertrages verbleiben soll.	
	5. Wenn die Vertragschließenden wesentliche Bestandteile des Mietvertrags nicht in die Vertragsurkunde selbst aufnehmen, sondern in andere Schriftstücke auslagern, so dass sich der Gesamtinhalt der mietvertraglichen Vereinbarung erst aus dem Zusammenspiel dieser „verstreuten" Bestimmungen ergibt, muss zur Wahrung der Urkundeneinheit die Zusammengehörigkeit dieser Schriftstücke in geeigneter Weise zweifelsfrei kenntlich gemacht werden.	
	6. Nach der sog. Auflockerungsrechtsprechung ist die erforderliche Einheit der Urkunde gewahrt, wenn die Zusammengehörigkeit einer aus mehreren Blättern bestehenden Urkunde entweder durch körperliche Verbindung oder sonst in geeigneter Weise erkennbar gemacht worden ist. Letzteres kann durch fortlaufende Seitenzahlen, fortlaufende Nummerierung der einzelnen Bestimmungen, einheitliche graphische Gestaltung, inhaltlichen Zusammenhang des Textes oder vergleichbare Merkmale geschehen, sofern sich hieraus die Zusammengehörigkeit der einzelnen Blätter zweifelsfrei ergibt.	
	7. Ob der Mietvertrag bereits mit der Unterzeichnung wirksam zu Stande kommt oder mangels Vollmacht des Unterzeichnenden erst noch der Genehmigung der von ihm vertretenen Partei bedarf, ist keine Frage der Schriftform, sondern des Vertragsschlusses.	

Es genügt die Benennung des Gesamtanwesens	Es liegt kein Schriftformverstoß vor, wenn zumindest das Gesamtanwesen, das vermietet werden soll, benannt ist, unabhängig davon, welche Größe und Ausstattung es im Einzelnen aufweist. Der Größe und Lage der einzelnen Geschosse, eines Parkplatzes, eines Biergartens und eines Hofraums, kommt keine vertragsbestimmende Bedeutung zu, selbst wenn die Lücken im Text nicht ausgefüllt wurden und keine Anlagen (Pläne) beigefügt sind.	OLG Nürnberg, 10.02.2010 – 12 U 1306/09, IMR 2010, 144 (Pachtvertrag)
Formanforderungen bei Übernahmen eines Mietvertrages einer GbR	„Übernimmt" auf Mieterseite ein Gesellschafter einen Mietvertrag von der BGB-Gesellschaft nach deren Auflösung, so ist die Schriftform nur gewahrt, wenn die Übernahme des Vertrags schriftlich niedergelegt ist und in der Urkunde ausdrücklich auf den ursprünglichen Vertrag Bezug genommen wird, sofern der Dritte (Vermieter) noch – formlos – zustimmt.	OLG Düsseldorf, 28.01.2010 – 24 U 145/09
Anforderungen an die Schriftform, stillschweigende Option	1. Für den Mietgegenstand sind nicht nur die vermieteten Räume bestimmbar zu bezeichnen, sondern auch mitvermietete Stellplätze, Freiflächen und sonstige Nebengelasse. 2. Treffen Vertragsparteien eine Nachtragsvereinbarung zu einem Mietvertrag, bedarf es für die Wahrung der Schriftform einer lückenlosen Bezugnahme auf alle Schriftstücke, aus denen sich die wesentlichen vertraglichen Vereinbarungen der Parteien ergeben. Eine solche Urkunde, die ihrerseits dem Schriftformerfordernis genügt, heilt den Mangel vorher errichteter Urkunden. 3. Die Ausübung einer stillschweigenden Option bedarf nicht der Schriftform, um das Schriftformerfordernis des § 550 BGB für den gesamten Vertrag nicht zu verletzen, denn die Ausübung bzw. Nichtausübung der Option stellt eine auflösende Bedingung dar.	OLG Rostock, 08.10.2009 – 3 U 137/08, IMR 2010, 282
„Umwidmung" von Flächen Nutzungsausfall bei vorzeitiger Beendigung des Mietverhältnisses	Die konkludente Änderung des Vertragszwecks („Umwidmung" einer Nutzung als Cafe in eine Ferienwohnung) verletzt die Schriftform, da ein wesentlicher Vertragsbestandteil betroffen ist. Kann der Mieter seinerseits das Mietverhältnis mangels einer wirksamen Befristung des Vertrages oder eines wirksam vereinbarten Kündigungsausschlusses gem. § 542 BGB durch eine ordentliche Kündigung beenden, kann der Vermieter einen Nutzungsausfallschaden nur bis zum Ablauf der nächstmöglichen Kündigungsfrist ab Zugang seiner eigenen Kündigung verlangen.	OLG Rostock, 02.07.2009 – 3 U 146/08, IMR 2009, 342 = InfoM 2009, 432
Qualifizierte (doppelte) Schriftformklausel	Die in AGB enthaltene doppelte Schriftformklausel ist unwirksam. Nachträgliche mündliche Individualvereinbarungen haben auch vor doppelten Schriftformklauseln in Formularverträgen Vorrang.	OLG Rostock, 19.05.2009 – 3 U 16/09, IMR 2009, 306 = NZM 2009, 705 = InfoM 2009, 381 = MDR 2010, 22

Formunwirksamkeit eines Nachtrags: Folgen	Die Formunwirksamkeit eines Nachtrags zu einem auf bestimmte Zeit geschlossenen gewerblichen Mietvertrag kann dazu führen, dass das Mietverhältnis gemäß § 566 BGB a.F. als auf unbestimmte Zeit geschlossen anzusehen ist und ordentlich zum Ablauf des nächsten Kalendervierteljahres gekündigt werden kann, sofern sich der Nachtrag auf wesentliche Bedingungen des Mietvertrages bezieht.	OLG Frankfurt am Main, 27.03.2009 – 2 U 72/08, IMR 2009, 159 = InfoM 2009, 383
Treu und Glauben	Wird ein langfristiger Mietvertrag nur von dem Präsidenten eines Vereins unterschrieben, obwohl auch der Vorstand schriftlich zustimmen müsste, scheidet eine Schriftformverletzung aus, wenn der Vorstand den Mietvertrag während der gesamten Vertragsdauer als wirksam behandelt, so daß er sich auf eine etwa aus dem Fehlen der Unterschriften ergebende Unwirksamkeit jedenfalls nach Treu und Glauben nicht berufen kann (§ 242 BGB).	OLG Frankfurt am Main, 27.03.2009 – 2 U 72/08, IMR 2009, 159 = InfoM 2009, 383
	Grundsätzlich darf sich jede Partei darauf berufen, daß die für den langfristigen Mietvertrag vorgesehene Form nicht eingehalten ist (vgl. BGH, NJW 2008, 2181 ff. m.w.N.). Auch die jahrelange anstandslose Durchführung des Vertrages führt nicht zur Treuwidrigkeit der Berufung auf den Schriftformmangel (vgl. BGH, NJW 2004, 1103 f.; NJW-RR 2006, 1385 f.; NJW 2008, 2181 ff.). Dies kann nur dann anders sein, wenn die Kündigung des Mietvertrages zu einem schlechthin unerträglichen Ergebnis führen würde.	
Kündigungserklärung in der Erhebung der Räumungsklage §§ 581, 550, 584 BGB	Ein Pachtvertrag, dessen Kündigung die Vertragspartner für länger als ein Jahr ausgeschlossen haben, ist auf unbestimmte Dauer geschlossen und innerhalb gesetzlicher Frist kündbar, wenn er nicht der gesetzlichen Schriftform genügt.	OLG Düsseldorf, 08.01.2009 – I-24 U 97/08, GuT 2009, 309
Nachtrag	Wird ein Mietvertrag durch einen Nachtragsvertrag modifiziert, erfordert es das Schriftformerfordernis daher, dass sich aus dem Nachtragsvertrag unter Berücksichtigung der darin in Bezug genommenen Schriftstücke sämtliche wesentlichen vertraglichen Vereinbarungen, insbesondere Mietgegenstand, Mietzins, Dauer und Parteien des Mietverhältnisses, ergeben.	OLG Frankfurt am Main, 02.01.2009 – 15 U 129/08, IMR 2009, 86 = InfoM 209, 168
	Weichen Nachtrag und Mietvertrag voneinander ab (Ursprungsmietvertrag nennt zwei Parteien als Mieter, der Nachtrag nur noch eine davon) ist unklar, wer Mieter sein soll, so dass die Schriftform verletzt ist.	
	§ 550 BGB ist zwingendes Recht.	

Berufung auf fehlende Schriftform des Mietvertrags durch den Mieter ist nicht treuwidrig	Ein Mieter, der sich nach längerem Vollzug des Mietverhältnisses von dem ihm lästig gewordenen Vertrag lösen will, handelt nicht treuwidrig, wenn er sich dazu auf die fehlende Schriftform des befristeten Mietvertrags beruft.	OLG Frankfurt am Main, 02.01.2009 – 15 U 129/08, IMR 2009, 87 = InfoM 209, 168
Vorzeitige ordentliche Kündigung bei fehlender Schriftform?	1. Die Vermieterin, die ihre vorzeitige ordentliche Kündigung eines auf 10 Jahre geschlossenen Mietvertrags auf das Fehlen der Schriftform stützt und dies damit begründet, dass dem Vertrag nicht zu entnehmen sei, welche Räume vermietet wurden, trägt für den Mangel der Schriftform die Beweislast. 2. Für die Einhaltung der Schriftform ist es ausreichend, wenn die wesentlichen mietvertraglichen Vereinbarungen bestimmbar sind, sich insbesondere aus der Vertragsurkunde und den tatsächlichen Gegebenheiten des vermieteten Objekts erkennbar, eindeutig und nachvollziehbar erschließen lässt, welche Räumlichkeiten dem Beklagten im konkreten Fall zur Nutzung überlassen wurden. 3. Hat die Vermieterin durch von ihr selbst vorgenommenen Umbau der Mietsache eine Prüfung, ob das Mietobjekt aufgrund der Gegebenheiten vor Ort unter Heranziehung der Angaben im Mietvertrag eindeutig bestimmbar ist, unmöglich gemacht, kann der erforderliche Nachweis für den Mangel der Schriftform nicht erbracht werden mit der Folge, dass das Mietverhältnis nicht durch die ordentliche Kündigung vorzeitig beendet wurde und ihr kein Anspruch auf Räumung und Herausgabe der Mietsache zusteht.	OLG München, 10.12.2008 – 7 U 4433/08, IMR 2009, 265
Änderung der Zweckbestimmung von Nebenflächen	Die nachträgliche Änderung von wesentlichen Vertragsinhalten bedarf der Schriftform. Dies umfasst auch die Änderung der Zweckbestimmung von Nebenflächen (Erlaubnis, dass Parkflächen zu gastronomischen Außenwirtschaftsflächen werden). Für die Einhaltung der Schriftform muss die Änderungsvereinbarung mindestens durch eine eindeutige Bezugnahme mit der Haupturkunde verbunden werden und beide Parteien müssen formgültig unterschreiben.	OLG Frankfurt am Main, 21.11.2008 – 2 U 94/08, IMR 2009, 266 = InfoM 2009, 70
Nichtigkeit eines Pachtvertrags mangels notarieller Beurkundung	1. Ein Pachtvertrag bedarf gemäß § 311b BGB der notariellen Beurkundung, wenn er mit einem Angebot zum Abschluss eines Grundstückskaufvertrages eine rechtliche Einheit bildet. 2. Dies ist der Fall, wenn die Vereinbarungen nach dem Willen der Parteien nicht für sich allein gelten, sondern miteinander „stehen und fallen", also eine gegenseitige Abhängigkeit derart besteht, dass die Vereinbarungen nur zusammen gelten sollen.	LG Oldenburg, 29.10.2008 – 13 O 1232/08

Langzeitmietvertrag mit Nachholungsklausel: Keine Kündigung wegen Schriftformmangels	Im Langzeit-Geschäftsraummietvertrag führen mündliche Änderungen der Laufzeit und des Mietbeginns zu einem Schriftformmangel. Eine trotz Nachholklausel erklärte Kündigung wegen Schriftformmängeln bewirkt keine Vertragsbeendigung. Der Kündigende darf sich nicht auf die Kündigung berufen. Der Vertrag bleibt im Erfüllungsstadium. Eine Nachholklausel begründet einen Anspruch auf Nachholung der gesetzlichen Schriftform.	LG Hamburg, 08.10.2008 – 307 O 116/08, IMR 2009, 314

3. Checklisten

a) Entwurf von langfristigen Verträgen zur Umgehung von Schriftformproblemen

Checkliste: Entwurf langfristiger Verträge zur Umgehung von Schriftformproblemen

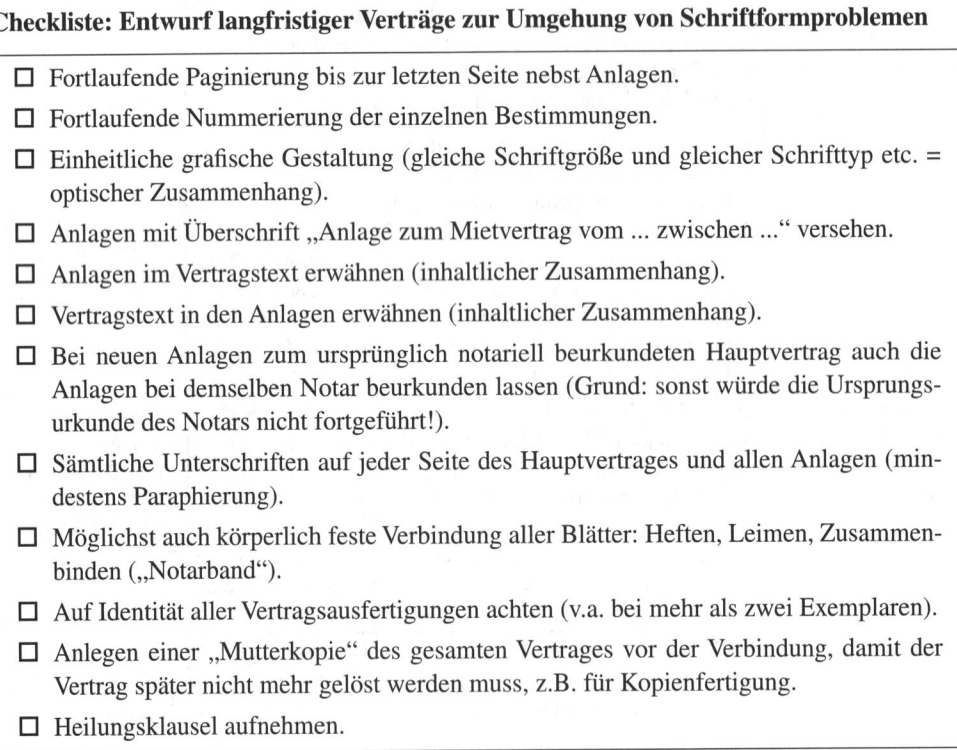

☐ Fortlaufende Paginierung bis zur letzten Seite nebst Anlagen.

☐ Fortlaufende Nummerierung der einzelnen Bestimmungen.

☐ Einheitliche grafische Gestaltung (gleiche Schriftgröße und gleicher Schrifttyp etc. = optischer Zusammenhang).

☐ Anlagen mit Überschrift „Anlage zum Mietvertrag vom ... zwischen ..." versehen.

☐ Anlagen im Vertragstext erwähnen (inhaltlicher Zusammenhang).

☐ Vertragstext in den Anlagen erwähnen (inhaltlicher Zusammenhang).

☐ Bei neuen Anlagen zum ursprünglich notariell beurkundeten Hauptvertrag auch die Anlagen bei demselben Notar beurkunden lassen (Grund: sonst würde die Ursprungsurkunde des Notars nicht fortgeführt!).

☐ Sämtliche Unterschriften auf jeder Seite des Hauptvertrages und allen Anlagen (mindestens Paraphierung).

☐ Möglichst auch körperlich feste Verbindung aller Blätter: Heften, Leimen, Zusammenbinden („Notarband").

☐ Auf Identität aller Vertragsausfertigungen achten (v.a. bei mehr als zwei Exemplaren).

☐ Anlegen einer „Mutterkopie" des gesamten Vertrages vor der Verbindung, damit der Vertrag später nicht mehr gelöst werden muss, z.B. für Kopienfertigung.

☐ Heilungsklausel aufnehmen.

b) **Prüfung/Auslegung von bestehenden Verträgen zum Thema Einheitlichkeit der Vertragsurkunde**

Checkliste: Prüfung bestehender Verträge bzgl. Einheitlichkeit 498

- ☐ Optischer Zusammenhang.
- ☐ Gegenseitige Bezugnahmen im Text.
- ☐ Sinnzusammenhang (wechselseitige Erläuterungen u.Ä.).
- ☐ Unterschriften.
- ☐ Durchgehende Seitenzahlen.
- ☐ Paraphierung.

§ 7 Parteien des Mietvertrages

		Rn.
I.	Überblick	499
II.	Einzelperson/Einzelkaufmann	504
III.	Personenmehrheiten (mehrere Mieter oder Vermieter)	508
IV.	Gesellschaft bürgerlichen Recht/BGB-Gesellschaft	512
	1. Grundsätze	512
	2. Haftung	521
	3. Gesellschafterwechsel und Auswirkungen auf den Miet- oder Pachtvertrag	525
	4. Nachhaftung von Gesellschaftern, Haftung neu eintretender Gesellschafter	529
V.	KG/OHG	531
	1. Grundsätze	531
	2. Gesellschafterwechsel und Auswirkungen auf den Miet- oder Pachtvertrag, Nachhaftung	535
VI.	Juristische Personen (GmbH, AG)	537
VII.	Limited	540
VIII.	Wohnungseigentümer- und Erbengemeinschaft	545
IX.	Vereine	547
X.	Durchgriffshaftung, persönliche Haftung des Geschäftsinhabers oder der Gesellschafter/Geschäftsführer	548
XI.	Änderung und Umwandlung der Rechtsform beim Mieter	555
	1. Überblick	555
	2. Umwandlung nach dem UmwG	557
	3. Änderung der Rechtsform außerhalb der Umwandlung	562
XII.	Vermieterwechsel	563
XIII.	Gerichtsverfahren	565
	1. Allgemeines	565
	2. Besonderheiten bei bestimmten Parteien (GbR etc.)	566
XIV.	Streitwert	572
XV.	Vertragsgestaltung	573
XVI.	Arbeits- und Beratungshilfen	576
	1. Schnellüberblick Grundsatz-Rechtsprechung des BGH	576
	2. Schnellüberblick aktuelle Rechtsprechung der Instanzgerichte	577
	3. Formulierungsvorschlag zur Rechtsformänderung	578
	4. Tabelle zu Vertretungsverhältnissen	579

I. Überblick

499 Mietvertragsparteien können sämtliche natürlichen und juristischen Personen sein, ferner eine OHG (§ 105 HGB), KG (§ 161 HGB), Partnerschaftsgesellschaft (§ 7 PartGG) oder eine GmbH i.G. und nicht rechtsfähige Vereine (§ 54 BGB). Der Grundsatz der **Vertragsfreiheit** verbietet Beschränkungen dahin gehend, wer einen Geschäftsraummietvertrag abschließen darf. Im Einzelfall stellt sich aber die Frage, wer tatsächlich Inhaber der vertraglichen Rechte und Pflichten ist.

500 In der Praxis kommt es vor, dass im **Rubrum des Mietvertrages** und in den Unterschriftsfeldern unterschiedliche Daten enthalten sind (z.B. Personenname im Rubrum, Firmen-Stempel bei Unterschriften). Relevant wird dies bei Frage nach der Haftung, bei der Aktiv- oder Passivlegitimation im Prozess und bei der Prüfung, ob durch fehlende oder falsche Angaben die Schriftform nach § 550 BGB verletzt wird.

> *Beispiele:*
>
> *Zwei Mieter, von denen nur einer im Rubrum auftaucht, haben beide unterschrieben.*
>
> *Im Rubrum des Mietvertrages werden zwei Personen genannt, aber nur eine hat unterzeichnet.*

501 Wer hier wirklich Vertragspartner ist, muss dann durch **Auslegung** ermittelt werden. Wer Mietvertragspartei sein soll, ergibt sich primär aus dem Rubrum des Mietvertrages i.V.m. der spä-

teren Unterschrift unter dem Vertrag.⁹¹⁸ Bei einer erforderlichen Auslegung hilfreich können Bezeichnungen in Zusatzvereinbarungen, vorvertraglicher Schriftverkehr u.Ä. sein.

Auch **Nicht-Eigentümer** können Vermieter sein, denn vermietungsberechtigt ist derjenige, der die Sache aufgrund eines dinglichen oder vertraglichen Rechts einem anderen überlassen darf. Die Wirksamkeit eines Mietvertrags setzt nicht voraus, dass der Vermieter zugleich Eigentümer des Mietobjekts ist.⁹¹⁹ Eine solche Konstellation kann sinnvoll sein, wenn das Objekt nur durch den Dritten vernünftig verwaltet werden kann, z.B. bei einer Vielzahl von Eigentümern. Manchmal liegt auch **Zwischenvermietung** vor. Ein Vertrag mit einem Zwischenvermieter hilft dem Vermieter aber nichts, wenn der Eigentümer seinen Vertrag mit dem Zwischenvermieter kündigt: Der Eigentümer kann dann Räumungsansprüche geltend machen. Ferner soll § 566 BGB (Kauf bricht nicht Miete = Vertragsübergang auf neuen Eigentümer) nur dann gelten, wenn der Mietvertrag **mit dem Eigentümer** geschlossen wurde.⁹²⁰ 502

Ist sich der Vermieter nicht sicher, wer genau sein Mieter ist oder wer Besitzer der Mietfläche ist (bspw. wegen einer Rechtsnachfolge aufseiten des Mieters oder einem Untermietverhältnis), so hat er gegen den Mieter einen aus § 289 BGB als Nebenpflicht folgenden **Auskunftsanspruch**. Entsteht dem Vermieter durch das Schweigen des Mieters auf eine Anfrage ein Schaden, etwa weil er den Falschen verklagt und daher die Kosten des Rechtsstreits tragen soll, hat er gegen den Mieter einen Anspruch auf Zahlung bzw. Freistellung.⁹²¹ 503

II. Einzelperson/Einzelkaufmann

Ist der Mieter oder Vermieter (einzelner) Freiberufler oder **Einzelkaufmann**, so wird der Vertrag mit einer **natürlichen Person** geschlossen. Besonderheiten ergeben sich nicht. Trotz zulässiger Bezeichnung von Einzelfirmen und Verwendung von Geschäftsbezeichnungen sollte auch der Name des Inhabers angegeben werden, da nur dieser Vertragspartner wird. 504

Der **Eintritt eines Gesellschafters in den Betrieb eines Einzelkaufmanns** und die Fortführung des Geschäfts durch die neu gegründete Gesellschaft – z.B. nach Veräußerung des Betriebs – führen wegen der Personenbezogenheit der kaufmännischen Tätigkeit nicht kraft Gesetzes dazu, dass die neue Gesellschaft Vertragspartei eines zuvor von dem Einzelkaufmann abgeschlossenen Mietvertrags über die weiter genutzten Geschäftsräume wird; zu einem solchen Vertragsübergang ist die Mitwirkung des Vermieters erforderlich.⁹²² Diese Zustimmung muss er grds. nicht erteilen, sodass es als Rechtsfolge dann bei der Fortsetzung des Mietverhältnisses mit dem ursprünglichen Mieter verbleibt. S. dazu auch unten zur Umwandlung → *Rn. 555 f.*. 505

Wegen der Personenbezogenheit der kaufmännischen Tätigkeit liegt bei Veräußerung der Firma eines Einzelkaufmanns ein Mieterwechsel vor, der die **Zustimmung des Vermieters** erfor- 506

---

918 LG Berlin, 31.03.2008 – 62 S 428/07, BeckRS 2008, 12687.
919 BGH, 21.11.2007 – XII ZR 149/05, IMR 2008, 80.
920 BGH, 02.12.1970 – XII ZR 77/69, NJW 1971, 422.
921 LG Kiel, 08.03.2010 – 18 O 233/09.
922 BGH, 25.04.2001 – XII ZR 43/99, GuT 2001, 11 = NZM 2001, 621 = MDR 2001, 862.

derlich macht.[923] Diese muss er grds. nicht erteilen. Rechtsfolge ist dann die Fortsetzung des Mietverhältnisses mit dem ursprünglichen Mieter.

507 Bei **Tod des (einzelnen) Mieters** gilt Folgendes: Der Erbe tritt grds. unbeschränkt in den Mietvertrag ein, hat aber nach § 580 BGB ein außerordentliches Kündigungsrecht mit gesetzlicher Frist, das innerhalb eines Monats nach Kenntnis des Todes ausgeübt werden muss. Verbindlichkeiten aus einem Mietverhältnis, welches vom Erblasser begründet wurde und dessen Tod überdauert hat, können im Einzelfall gegen den Erben geltend gemacht werden, wobei jedoch die Möglichkeit der Beschränkung der Haftung auf den Nachlass bestehen kann.[924] Zu der dabei zu klärenden Frage, ob und in welchem Umfang es sich um Eigenverbindlichkeiten des Erben handelt oder um Nachlassverbindlichkeiten (= Beschränkung auf das Nachlassvermögen) vgl. die vorgenannte Entscheidung. Beim Tod des Mieters und unbekannten Erben muss auf Antrag des Vermieters bei Vorliegen der weiteren Voraussetzungen des § 1960 BGB eine Nachlasspflegschaft mit dem Wirkungskreis der Vertretung der unbekannten Erben bei der Beendigung und Abwicklung des Mietverhältnisses mit dem Erblasser angeordnet werden.[925]

III. Personenmehrheiten (mehrere Mieter oder Vermieter)

508 Mehrere Vermieter/Verpächter bilden hinsichtlich der gemeinsamen Miet-/Pachtforderung eine **Bruchteilsgemeinschaft**, §§ 741 ff. BGB,[926] sofern sie sich nicht zu dem Zweck der gemeinsamen Vermietung verbunden haben (dann: GbR). Ist der Zweck des gemeinsamen Handelns die gemeinschaftliche An- oder Vermietung mit dem Ziel, gemeinsam Einnahmen zu erwirtschaften, wird i.d.R. von einer (zumindest konkludent abgeschlossenen) GbR auszugehen sein.

509 Personenmehrheiten, etwa Eheleute,[927] oder andere Vermieter- oder Mietermehrheiten, gleich auf welcher Seite, die nicht als GbR tätig werden, können den Vertrag grds. nur gemeinsam schließen. Ansprüche sind von allen bzw. gegen alle Beteiligten geltend zu machen (Ausnahmen: Abtretung, Bevollmächtigung). Sie haften für alle Vertragspflichten als **Gesamtschuldner**, § 427 BGB. Mehrere Mieter sind Gesamtschuldner, mehrere Vermieter Gesamtgläubiger. Ansprüche sind von und gegen alle Beteiligten geltend zu machen (Ausnahmen: Abtretung, Bevollmächtigung). Gem. § 421 Satz 1 BGB kann der Gläubiger frei wählen, welchen der **Gesamtschuldner** er in Anspruch nehmen will, soweit sich sein Vorgehen nicht als rechtsmissbräuchlich erweist. Dabei ist er grds. dem von ihm in Anspruch genommenen Gesamtschuldner ggü. nicht verpflichtet, auf ausbleibende Zahlungen des anderen Gesamtschuldners hinzuweisen.[928]

510 Eine Pachtforderung mehrerer Verpächter ist ebenso wie die mehrerer Vermieter auf eine im Rechtssinne unteilbare Leistung gerichtet. Auch eine **Realteilung** eines vermieteten oder verpachteten Grundstücks nach Veräußerung eines Grundstücksteils ändert nichts daran, dass es

---

[923] BGH, 25.04.2001 – XII ZR 43/99, NZM 2001, 621.
[924] KG, 09.01.2006 – 8 U 111/05, ZMR 2006, 526 = NJW 2006, 2561 = NJOZ 2006, 2568.
[925] OLG Hamm, 22.06.2010 – 15 W 308/10.
[926] OLG Brandenburg, 09.02.2005 – 3 U 69/04, GuT 2006, 154 m.w.N.
[927] Fall: OLG Saarbrücken, 19.07.2007 – 8 W 143/07, IMR 2008, 115 (Wohnraum).
[928] BGH, 16.12.2009 – XII ZR 146/07, IMR 2001, 95 = InfoM 2010, 70 = NZM 2010, 198.

bei einem einheitlichen Miet-/Pachtverhältnis mit der früheren Personenstruktur bleibt.[929] Ein einzelner Vermieter ist deshalb nicht berechtigt, ohne Ermächtigung des anderen Teilhabers die Mietzinsforderung auch nur anteilig zu fordern.[930] Der Mieter kann deshalb mit befreiender Wirkung nur an alle Gläubiger leisten.[931] Eine Ermächtigung zur Geltendmachung gemeinsamer Mietzinsforderungen kann auch konkludent erteilt werden.

Beispiel:

Im Pachtvertrag wird bestimmt, dass die Zahlung für beide Gläubiger auf ein bestimmtes Konto erfolgen soll. Diese Vertragsbestimmung bedeutet im Außenverhältnis zwischen den Verpächtern und den Pächtern eine Vollmacht (oder Ermächtigung) für den Kontoinhaber zum Empfang der Zahlung auch für den anderen Rechtsinhaber, verbunden mit einer vertraglichen Bestimmung über die Art und Weise der Leistung.[932]

Handelt es sich bei den Vermietern um **Eheleute**, sollen beide Vertragspartner sein, auch wenn nur ein Ehegatte den Vertrag unterzeichnet hat.[933] Dies ist kritisch zu sehen und in dieser Generalität abzulehnen. Für eine gemeinsame Verpflichtung ist es erforderlich, auch wenn im Vertragsrubrum beide Eheleute genannt werden, dass eine wirksame Bevollmächtigung oder zumindest eine Rechtsscheinsvollmacht besteht.[934] Der nicht unterzeichnende Ehegatte kann einen Räumungsanspruch aus § 985 BGB haben. Haben Eheleute eine Gaststätte gemietet oder gepachtet, kann grds. wirksam nur ggü. allen Vertragspartnern gekündigt werden, es sei denn, einer von ihnen ist bereits vor Ausspruch der Kündigung aus dem Miet-/Pachtvertrag ausgeschieden.[935] Dass der Ehemann seiner von ihm getrennt lebenden Ehefrau Hausverbot erteilt und dies der Geschäftsführung der Vermieterin/Verpächterin mitgeteilt haben soll, rechtfertigt ebenso wenig eine Entlassung der Ehefrau aus dem Miet-/Pachtvertrag, wie der Umstand, dass diese schon seit mehr als zwei Monaten nicht mehr in dem Ladenlokal gesehen worden sein soll.[936]

511

> **Hinweis:**
>
> Zur Umwandlung der Rechtsform → Rn. 555 ff. Bei Personenmehrheiten und/oder Vertretungsverhältnissen (etwa Vertretung einer Gesellschaft durch Gesellschafter oder Stellvertretung durch Hausverwaltung/RA) kann es bei langfristigen Mietverträgen wegen „mangelhafter" Vertragsunterzeichnung sehr schnell zu Problemen mit der Schriftform nach § 550 BGB kommen, die dann eine Partei als Ausstiegsmöglichkeit aus dem Vertrag nutzen will (dazu ausführlich → *Rn. 309 ff.*). Zur Kündigung von bzw. ggü. Personenmehrheiten und sog. Bevollmächtigungsklauseln vgl. → *Rn. 2269 ff.*

---

929 OLG Brandenburg, 09.02.2005 – 3 U 69/04, GuT 2006, 154.
930 BGH, 09.02.1983 – IVa ZR 162/81, NJW 1983, 2020; BGH, 11.07.1958 – VIII ZR 108/57, NJW 1958, 1723; BGH, 29.01.1969 – VIII ZR 20/67, NJW 1969, 839.
931 BGH, 09.02.1983 – IVa ZR 162/81, NJW 1983, 2020.
932 BGH, 09.02.1983 – IVa ZR 162/81, NJW 1983, 2020.
933 OLG Düsseldorf, 24.08.1999 – 24 U 23/98, ZMR 2000, 210; LG Heidelberg, 21.10.1994 – 5 S 111/94, WuM 1997, 547.
934 OLG Saarbrücken, 19.07.2007 – 8 W 143/07, IMR 2008, 115 (Wohnraum).
935 OLG Düsseldorf, 29.09.2005 – I-10 U 20/05, GuT 2006, 38.
936 OLG Düsseldorf, 29.09.2005 – I-10 U 20/05, GuT 2006, 38.

IV. Gesellschaft bürgerlichen Recht/BGB-Gesellschaft

1. Grundsätze

512 Die gesetzlichen Regelungen zur Gesellschaft bürgerlichen Rechts bzw. BGB-Gesellschaft (GbR) finden sich in den §§ 705 ff. BGB. Die GbR ist als Gesellschaftsform abzugrenzen von einer Bürogemeinschaft, bei der die Partner keinen über die Nutzung der Räumlichkeiten hinausgehenden Zweck verfolgen.

513 **Gesetzliche Vertreter** der GbR sind nach §§ 709 Abs. 1, 714 BGB alle Gesellschafter, wenn nicht der Gesellschaftsvertrag etwas anderes vorsieht, etwa die Bestellung eines geschäftsführenden Gesellschafters, der dann gem. § 714 BGB ihr alleiniger gesetzlicher Vertreter ist.[937] Fehlen Regelungen über die Vertretungsmacht und die Geschäftsführung, gilt die gesetzlich normierte Gesamtvertretungsregelung, sodass jede Geschäftsführungsmaßnahme der Billigung aller Gesellschafter bedarf (**Grundsatz der Einstimmigkeit**). Für den **Abschluss des Miet- oder Pachtvertrages** durch oder mit einer GbR kommt es, wenn nicht alle Gesellschafter den Vertrag unterzeichnen, darauf an, ob der Unterzeichnende alleinvertretungsberechtigt ist. Bei Bevollmächtigten muss daher eine **entsprechende Vollmacht** zum Abschluss des Mietvertrages vorliegen. Bei der Prüfung, ob das nur von einem der beiden gesamtvertretungsberechtigten Gesellschafter einer GbR – entgegen § 181 BGB – vorgenommene Rechtsgeschäft von dem anderen konkludent genehmigt wurde, ist allein auf dessen Kenntnisstand abzustellen.[938]

514 Grds. werden sämtliche Gesellschafter Vertragspartner und sind daher auch alle im Vertrag anzugeben. Schließt der vollmachtlose, **nicht alleinvertretungsberechtigte Gesellschafter** für die GbR einen Gewerbemietvertrag, kommt der Vertrag nur zustande, wenn alle übrigen Gesellschafter ihn genehmigen oder wenn eine Anscheins- oder Duldungsvollmacht besteht.[939] Scheitert der Vertrag, haftet der Vertreter grds. nach § 179 Abs. 1 BGB auf Schadensersatz, es sei denn, der Vertragspartner muss der Zweifel an der Vertretungsmacht haben oder hatte diese (§ 179 Abs. 3 BGB).[940]

515 Die Außen-**GbR** (§§ 705 ff. BGB) ist als Gesamthandsgemeinschaft ihrer Gesellschafter im Rechtsverkehr **rechts- und parteifähig**, kann also als solche klagen und verklagt werden.[941] Daraus folgt, dass sie eigene Rechte und Pflichten begründen kann und insoweit Rechtsfähigkeit besitzt. Es reicht aber nicht aus, dass zwei oder mehr Personen schlicht gemeinsam auftreten; erforderlich ist, dass die GbR als solche auftritt. Als Abgrenzung zur einfachen Forderungsgemeinschaft muss also zumindest irgendein **Außenauftritt der GbR** erfolgen, und nicht nur der Gesellschafter als gemeinsam Handelnde (etwa in Korrespondenz, Grundbucheintragung). Es muss eine **erkennbare Außengesellschaft** sein. Ein sog. Mietpool kann eine Außen-GbR sein.[942] Praktisch bedeutet dies also: wird nur die GbR unter ihrer Bezeichnung als solche in den Mietvertrag aufgenommen, wird auch nur diese berechtigt und verpflichtet; zur

---

937 BGH, 06.04.2006 – V ZB 158/05, NZM 2006, 559.
938 BGH, 16.12.2009 – XII ZR 146/07, IMR 2001, 95 = InfoM 2010, 70 = NZM 2010, 198.
939 OLG Saarbrücken, 13.11.2008 – 8 U 444/07, InfoM 2010, 16.
940 OLG Saarbrücken, 13.11.2008 – 8 U 444/07, InfoM 2010, 16.
941 BGH, 29.01.2001 – II ZR 331/00, NZM 2001, 299 = NJW 2001, 1056 = MDR 2001, 459.
942 OLG Stuttgart, 12.07.2010 – 5 U 33/10, NZM 2010, 876 = NZG 2010, 1223 (n.rk.).

Vollstreckung in das Gesellschaftsvermögen ist nicht mehr die Erwirkung eines Urteils gegen sämtliche, möglicherweise gar nicht bekannten Gesellschafter erforderlich. Werden zusätzlich oder ausschließlich die Gesellschafter aufgeführt, haften diese daneben bzw. allein. Werden nur die Gesellschafter im Vertragsrubrum als Vertragspartei ohne besonderen Zusatz genannt, spricht dies dagegen, dass Vertragspartei die Außen-GbR sein soll.[943] Die **Haftung des einzelnen Gesellschafters** ist dann grds. nicht auf das Gesellschaftsvermögen der GbR beschränkt.[944]

Konsequenz der Rechtsfähigkeit der GbR ist die Fähigkeit, Eigentümerin eines zum Gesellschaftsvermögen gehörenden Grundstücks bzw. Inhaberin eines Grundstücksrechts, etwa einer Hypothek, zu sein.[945] Faktisch kann die GbR jede dingliche Rechtsposition einnehmen und dadurch auch Partei eines Rechtsgeschäfts, etwa Miet- und Pachtvertragsabschluss als Vermieterin, sein. 516

Zu den prozessualen Auswirkungen vgl. → *Rn. 566 f.*

Die durch die Gesellschaft begründeten Rechte und Pflichten stehen der Gesellschaft und nicht den Gesellschaftern zu.[946] Dies gilt auch für die Rechte und Pflichten aus einem zwischen der Gesellschaft und einem Mieter geschlossenen Mietvertrag; aus einem solchen Mietvertrag ist lediglich die Gesellschaft und sind nicht die Gesellschafter unmittelbar berechtigt und verpflichtet.[947] 517

Auch **bei Kündigungen** und anderen einseitigen Willenserklärungen sind die gesellschaftsrechtlichen Besonderheiten zu berücksichtigen: Anders als bei den Personenhandelsgesellschaften sieht das Gesetz bei der GbR die Gesamtvertretung durch alle Gesellschafter vor, wovon jedoch im Gesellschaftsvertrag abgewichen werden kann. Grds. müssen also alle Gesellschafter eine Kündigung unterschreiben. Eine namens der GbR von einem Gesellschafter abgegebene einseitige empfangsbedürftige Willenserklärung kann vom Empfänger **gem. § 174 Satz 1 BGB zurückgewiesen werden**, wenn ihr weder eine Vollmacht der anderen Gesellschafter noch der Gesellschaftsvertrag oder eine Erklärung der anderen Gesellschafter beigefügt ist, aus der sich die Befugnis des handelnden Gesellschafters zur alleinigen Vertretung der Gesellschaft ergibt.[948] 518

Nach dem **Tod eines Gesellschafters** einer Mieter-GbR steht den übrigen Gesellschaftern kein hierauf gestütztes Sonderkündigungsrecht aus § 580 BGB oder anderen Gründen zu; Entsprechendes gilt für die Auflösung der Gesellschaft (wenn also der vorletzte Gesellschafter stirbt).[949] Nach dem Grundsatz des § 727 Abs. 1 BGB wird die Gesellschaft nach dem Tode eines Gesellschafters aufgelöst. Verbleibt es mangels abweichender Regelungen im Gesellschaftsvertrag hierbei, so besteht sie jedoch als identische Wirkungseinheit in Form der Liqui- 519

---

943 Sternel, Mietrecht aktuell, Rn. I 94.
944 BGH, 24.11.2004 – XII ZR 113/01, NZM 2005, 218.
945 BGH, 25.01.2008 – V ZR 65/07, NJW 2008, 1378.
946 BGH, 29.01.2001 – II ZR 331/00, NZM 2001, 299 = NJW 2001, 1056 = MDR 2001, 459.
947 BGH, 27.06.2007 – VIII ZR 271/06, NZM 2007, 679 = NJW 2007, 2845 unter II. 1.a.
948 BGH, 09.11.2001 – LwZR 4/01, NZM 2002, 164 = IBR 2002, 256 = MDR 2002, 269.
949 OLG Brandenburg, 02.04.2008 – 3 U 103/07, IMR 2007, 274.

dationsgesellschaft fort.⁹⁵⁰ Anstelle des verstorbenen Gesellschafters wird dessen Erbe Mitglied der Liquidationsgesellschaft und zwar mit allen Rechten des Erblassers, die dieser ansonsten in der Abwicklungsgesellschaft eingenommen hätte.⁹⁵¹ Mit der Auflösung ändern sich zwar der Gesellschaftszweck und der rechtliche Status der Gesellschafter, aber Mitgliederbestand, Gesellschaftsvermögen und Rechtsfähigkeit bleiben durch den Eintritt des oder der Erben von der Auflösung unberührt.⁹⁵² Die Abwicklungsgesellschaft besteht bis zur Abwicklung ihrer sämtlichen Vertragsbeziehungen (§ 730 Abs. 2 BGB) fort.⁹⁵³

520 Zu Rechtsform- und Gesellschafteränderungen und dem Ende der GbR z.B. durch Übertragung des Vermögens auf einen Einzelnen → s. *Rn. 525 f.*; zur Wahrung der Schriftform nach § 550 BGB bei einer GbR → s. *Rn. 315 ff.*

2. Haftung

521 Die **Haftung des einzelnen Gesellschafters** ist grds. nicht auf das Gesellschaftsvermögen der GbR beschränkt.⁹⁵⁴ Die Gesellschafter haften zu gleichen Teilen für die Schulden der Gesellschaft neben dem Gesellschaftsvermögen auch mit ihrem Privatvermögen. Daraus folgt, dass ein Vollstreckungstitel, mit dem in das Gesellschaftsvermögen vollstreckt werden soll, an den Geschäftsführer oder, wenn ein solcher nicht bestellt ist, an einen ihrer Gesellschafter zugestellt werden muss.⁹⁵⁵ Umgekehrt haftet das Gesellschaftsvermögen auch für Privatschulden eines einzelnen Gesellschafters, aber nur in Höhe seines Anteils.

522 Gem. § 421 Satz 1 BGB kann der Gläubiger frei wählen, welchen der **Gesamtschuldner** er in Anspruch nehmen will, soweit sich sein Vorgehen nicht als rechtsmissbräuchlich erweist.⁹⁵⁶ Haften die Gesellschafter für die Verbindlichkeiten der GbR analog § 128 HGB neben der Gesellschaft als Gesamtschuldner unbegrenzt, kann der Gläubiger die Leistung nach seinem Belieben von jedem der Schuldner ganz oder z.T. fordern; dies gilt grds. auch hinsichtlich der Verbindlichkeiten ggü. einem (Mit-) Gesellschafter aus einem Drittgeschäft mit der Gesellschaft.⁹⁵⁷ Der Gläubiger ist grds. dem von ihm in Anspruch genommenen Gesamtschuldner nicht verpflichtet, auf ausbleibende Zahlungen des anderen Gesamtschuldners hinzuweisen.⁹⁵⁸

523 Die Gesellschafter können eine **Haftungsbeschränkung** mit Außenwirkung nur durch individuelle Vereinbarung,⁹⁵⁹ nicht aber durch einen bloßen Außenauftritt als „GbR mbH" erreichen.⁹⁶⁰ Für die Annahme einer solchen Vereinbarung ist erforderlich, dass die Haftungsbeschränkung

---

950 OLG München, 07.09.2010 – 34 Wx 100/10, NZM 2010, 878.
951 OLG Brandenburg, 02.04.2008 – 3 U 103/07, IMR 2008, 274.
952 OLG München, 07.09.2010 – 34 Wx 100/10, NZM 2010, 878 m.w.N.
953 OLG Brandenburg, 02.04.2008 – 3 U 103/07, IMR 2008, 274.
954 BGH, 24.11.2004 – XII ZR 113/01, NZM 2005, 218.
955 BGH, 06.04.2006 – V ZB 158/05, NZM 2006, 559.
956 BGH, 16.12.2009 – XII ZR 146/07, IMR 2001, 95 = InfoM 2010, 70 = NZM 2010, 198.
957 OLG Düsseldorf, 29.09.2005 – I-10 U 50/05, GuT 2006, 37.
958 BGH, 16.12.2009 – XII ZR 146/07, IMR 2001, 95 = InfoM 2010, 70 = NZM 2010, 198.
959 BGH, 24.11.2004 – XII ZR 113/04, NZM 2005, 218.
960 BGH, 27.09.1999 – II ZR 371/98, NJW 1999, 3483.

durch eine individuelle Absprache der Parteien in den jeweils einschlägigen Vertrag – hier also den Mietvertrag – einbezogen wird.[961]

Bei Unwirksamkeit des Mietvertrags mit einer GbR trifft die Räumungs- und Rückgabepflicht nicht nur die GbR, sondern auch ihre Gesellschafter.[962] Da es um den **unwirksamen** Mietvertrag geht, meint der BGH wohl den Anspruch aus § 985 BGB oder § 812 BGB (ungerechtfertigte Besitz- oder Nutzungsüberlassung). Beim **wirksamen** Vertrag sollen die Gesellschafter ebenfalls auf Rückgabe haften.[963] Der BGH, Urteil v. 29.10.2008, zitiert die in der vorstehenden Fußnote genannten Fundstellen ohne nähere Differenzierung zur Begründung seiner Meinung in dem knappen obiter dictum und macht damit keinen sachlichen Unterschied mehr. Folge ist, dass immer, insb. bei unklaren Besitzverhältnissen, sowohl die GbR als auch die Gesellschafter nach Vertragsende auf Rückgabe verklagt werden sollten. 524

3. Gesellschafterwechsel und Auswirkungen auf den Miet- oder Pachtvertrag

Wechsel im Mitgliederbestand haben bei einer rechtsfähigen GbR weder auf Mieter- noch auf Vermieterseite einen Einfluss auf den Mietvertrag.[964] Scheidet der vorletzte Gesellschafter aus, führt dies – soweit nichts Abweichendes im Gesellschaftsvertrag geregelt ist – zur Beendigung der GbR mit der Folge des Übergangs des Gesellschaftsvermögens bei dem letzten verbliebenen Gesellschafter.[965] Dies gilt entsprechend, wenn die Gesellschafter das Vermögen auf einen Einzelnen übertragen.[966] Ist er Vermieter, darf er die Mieten vereinnahmen, ist er Mieter, hat er sie zu zahlen. 525

§ 580 BGB ist beim Tod eines GbR-Gesellschafters unanwendbar.[967] Die **Auflösung einer GbR** gibt regelmäßig kein außerordentliches Lösungs- oder Umgestaltungsrecht in Bezug auf ein bestehendes Mietverhältnis.[968] 526

Die am Vertragsschluss beteiligten Gesellschafter sind auch dann Vertragspartner, wenn sie aus der GbR ausscheiden (sog. **Nachhaftung**). Umgekehrt gilt: **Neu eintretende Gesellschafter** werden nicht automatisch in den Mietvertrag einbezogen, sodass eine Abstimmung mit dem Vertragspartner erforderlich ist. D.h., der Vermieter kann (nicht: muss) zustimmen, damit es sich nicht um eine unbefugte Gebrauchsüberlassung handelt. Die gegenteilige Ansicht des BGH,[969] nach der der Vertrag ohne Weiteres mit neuer personeller Zusammensetzung fortgeführt wird, ist abzulehnen, da dem Vermieter dadurch neue natürliche Vertragspartner aufgezwungen werden. Der Unterschied zu einer Umwandlung in eine andere Rechtsform besteht 527

---

961 BGH, 24.11.2004 – XII ZR 113/04, NZM 2005, 218.
962 BGH, 29.10.2008 – XII ZR 165/06, IMR 2009, 93 = GuT 2009, 105 = NZM 2009, 277 = InfoM 2009, 324 (obiter dictum).
963 BGH, 01.04.1987 – VIII ZR 15/86, NJW 1987, 2367, 2369 zur Haftung des Komplementärs einer KG; Gather, in: Schmidt-Futterer, § 546 Rn. 29.
964 OLG Düsseldorf, 13.02.2003 – 10 U 216/01, NJW-RR 2003, 513, 514.
965 BGH, 07.07.2008 – II ZR 37/07, NZM 2008, 739 = NJW 2008, 2992: Gesellschafterinsolvenz bei Zwei-Personen-GbR mit Fortsetzungsklausel („Wem gehört die Miete"?).
966 OLG Brandenburg, 27.05.2009 – 3 U 85/08.
967 OLG Brandenburg, 02.04.2008 – 3 U 103/07, IMR 2008, 274.
968 OLG Brandenburg, 02.04.2008 – 3 U 103/07, IMR 2008, 274.
969 Urt. v. 18.02.1998 – XII ZR 39/96, NJW 1998, 1220.

darin, dass beim Rechtsformwandel die Historie des Mieters identisch bleibt, während bei Hinzutritt neuer Gesellschafter evtl. unerwünschte Personen ins Spiel kommen. Daran ändert sich auch nichts, wenn die GbR nicht unter dem Namen der einzelnen Gesellschafter nach außen auftritt, sondern unter z.B. einem Pseudonym wie „ARGE XY".[970] Für die GbR ist die persönliche Haftung der Gesellschafter typisch, sodass Änderungen dieser Haftung nicht durch bloße Außenauftritte gesteuert werden können.[971]

528 **Vertragliche Vereinbarungen**, durch die sich der Vermieter bei etwaigen Änderungen eine Zustimmung vorbehält, sind ohne Weiteres möglich, selbst in der Form, dass die Überlassung an den „Neuen" als unbefugte Gebrauchsüberlassung definiert wird (auch formularmäßig, da dadurch keine gesetzlichen Grundregelungen tangiert werden). Vor dem Hintergrund der obigen Rechtsprechung bieten sich solche Klauseln v.a. bei Verträgen mit einer GbR an. Als Pendant sind auch Klauseln möglich, nach denen Änderungen im Gesellschafterbestand das Mietverhältnis nicht berühren sollen, was sich v.a. bei Familiengesellschaften anbieten dürfte.

Zur Umwandlung der Rechtsform → *Rn. 555 ff.*

4. Nachhaftung von Gesellschaftern, Haftung neu eintretender Gesellschafter

529 Bei einer **GbR** haften **ausscheidende Gesellschafter** nach § 736 Abs. 2 BGB noch für max. fünf Jahre für die bis zum Ausscheiden begründeten Verbindlichkeiten der Gesellschaft. Die Frist beginnt mit der Mitteilung an den Gläubiger über das Ausscheiden.[972] Der Vermieter kann sich für „Altforderungen" also noch fünf Jahre an die ehemaligen Gesellschafter halten. Dies gilt auch für Mietforderungen, die erst nach dem Ausscheiden nicht bezahlt werden, wenn der Mietvertrag vorher geschlossen wurde.[973] Denn die schuldrechtliche Verpflichtung (Mietzahlung), für die der ehemalige Gesellschafter weiter haftet, ist mit Vertragsabschluss entstanden, was von der jeweiligen **Fälligkeit einzelner Mieten** zu unterscheiden ist. Darauf, dass die Miete erst nach dem Ausscheiden fällig wird, kommt es nicht an.[974] Im Ergebnis genügt es daher, wenn der Rechtsgrund für den Anspruch, also der Abschluss des Mietvertrages, bereits vor dem Ausscheiden gesetzt wurde. Kehrseite ist dann aber auch, dass sich an diesem Rechtsgrund nichts wesentlich ändern darf. Schließt eine GbR einen befristeten Mietvertrag ab und scheidet ein Gesellschafter vor Ablauf der vertraglichen Mietzeit aus, haftet er grds. auch für die Mietforderungen wegen der Zeiträume nach dem Ablauf der vertraglichen Mietzeit, wenn sich das Mietverhältnis wegen einer nicht ausgeübten Option gem. § 545 BGB auf unbestimmte Zeit verlängert.[975]

530 Kommt es deshalb zu **wesentlichen Vertragsänderungen** oder schließen die übrig gebliebenen Gesellschafter einen neuen Vertrag unter Aufhebung des ursprünglichen, scheidet eine Nachhaftung aus. **Neu in die GbR eintretende Gesellschafter** haften auch für bestehende Alt-

---

970 A.A. KG, 13.05.1996 – 20 U 8141/94, ohne Fundstelle.
971 BGH, 27.09.1999 – II ZR 371/98, NJW 1999, 3483 zur GbR mbH.
972 Sternel, Mietrecht aktuell, Rn. I 94.
973 BGH, 29.04.2002 – II ZR 330/00, AIM 7/2002, 11 = NZM 2002, 604 = GuT 2002, 110 = MDR 2002, 1199 = BGHReport 2002, 620 = DB 2002, 1316; OLG Stuttgart, 12.08.2009 – 3 U 112/08, IMR 2010, 49.
974 KG, 15.09.2005 – 8 U 6/05, GuT 2005, 251 = NZM 2006, 19.
975 KG, 25.05.2009 – 8 U 76/09, MDR 2009, 1217.

verbindlichkeiten, die vor dem Eintrittstermin entstanden sind, analog § 130 HGB persönlich und als Gesamtschuldner mit den Altgesellschaftern,[976] wobei keine Haftungsbeschränkung auf das Gesellschaftsvermögen besteht.[977] Dies gilt gem. § 28 HGB analog auch dann, wenn der Neugesellschafter nicht in den Mietvertrag, sondern nur in die GbR eintritt.[978] Der BGH hat in seiner vorgenannten Entscheidung v. 24.11.2004, die eine Abkehr von seiner bisherigen Rechtsprechung darstellte, aber betont, dass dies aus **Gründen des Vertrauensschutzes** nur für Fälle ab Bekanntwerden der Entscheidung v. 07.04.2003 gilt und nicht für Altfälle. Davon wurde dann wiederum eine Ausnahme gemacht (= doch Haftung), wenn der Neugesellschafter die Altverbindlichkeit, für die er in Anspruch genommen wird, bei seinem Eintritt in die Gesellschaft kennt oder wenn er deren Vorhandensein bei auch nur geringer Aufmerksamkeit hätte erkennen können.[979]

V. KG/OHG

1. Grundsätze

Die **KG** ist eine Personengesellschaft, deren Zweck auf den Betrieb eines vollkaufmännischen Handelsgewerbes unter gemeinschaftlicher Firma gerichtet ist und von deren (mindestens zwei) Gesellschaftern wenigstens einer die Stellung eines Komplementärs und wenigstens einer die Stellung eines Kommanditisten innehat. Die KG ist eine Sonderform zur offenen Handelsgesellschaft (OHG). Die Besonderheit der KG ergibt sich aus den unterschiedlichen Haftungsverhältnissen der Gesellschafter. Bei der KG werden zwei Arten von Gesellschaftern unterschieden: als der Komplementär wird der persönlich haftende Gesellschafter, der unbeschränkt haftet, bezeichnet, beim Kommanditisten ist die Haftung auf den Betrag seiner Gesellschaftseinlage beschränkt. 531

Die **offene Handelsgesellschaft (OHG)** ist ebenfalls eine Personengesellschaft, deren Zweck in dem Betrieb eines Handelsgewerbes besteht. Sie führt eine **Firma** als Gesellschaftsnamen und ist bei der die **Haftung** der Gesellschafter **nicht beschränkt**. Rechtsgrundlage sind die §§ 105 ff. HGB. Die Organisationsform der OHG steht allen Gewerbetreibenden (nicht Freiberuflern) offen, unabhängig davon, ob sie ein sog. Grundhandelsgewerbe betreiben oder nicht. Ein Handelsgewerbe betreibt laut § 1 Abs. 2 HGB jeder Gewerbetreibende, es sei denn, dass das Unternehmen nach Art oder Umfang einen in kaufmännischer Weise eingerichteten Geschäftsbetrieb nicht erfordert. 532

Die Gesellschafter haften **gesamtschuldnerisch** neben der Gesellschaft, die unter ihrer Firma (§ 17 HGB) Verträge abschließen und Verbindlichkeiten begründen kann. 533

---

976 BGH, 07.04.2003 – II ZR 56/02, MDR 2003, 756 = NJW 2003, 1803 = VersR 2003, 771 = DB 2003, 1164 = BB 2003, 1081 = BRAK-Mitt. 2003, 188.
977 BGH, 24.11.2004 – XII ZR 113/01, NZM 2005, 218; BGH, 12.12.2005 – II ZR 283/03, NZM 2006, 154 = GuT 2006, 76 = InfoM 2006, 93: Verbindlichkeiten aus Versorgungsverträgen (Gas, Strom, Wasser) für die im Eigentum einer GbR stehenden Mietshäuser.
978 OLG Naumburg, 17.01.2006 – 9 U 86/05, MDR 2006, 1320: Eintritt eines Anwalts als Sozius in eine Sozietät.
979 BGH, 12.12.2005 – II ZR 283/03, NZM 2006, 154 = GuT 2006, 76 = InfoM 2006, 93: Verbindlichkeiten aus Versorgungsverträgen (Gas, Strom, Wasser) für die im Eigentum einer GbR stehenden Mietshäuser.

> **Hinweis:**
> Die Gesellschaft kann selbst klagen und verklagt werden, ein Vollstreckungstitel wirkt gem. § 129 Abs. 4 HGB aber auch nur gegen sie allein.

534 Übt die Gesellschaft kein Handelsgewerbe mehr aus, besteht sie als GbR fort, was auch eine Fortsetzung des Mietverhältnisses mit dieser bedingt. Bei einem vor Eintragung ins Handelsregister eingegangenen Mietverhältnis einer KG haftet nach § 176 HGB jeder zustimmende Kommanditist persönlich für Verbindlichkeiten **bis zur Eintragung**, es sei denn, dem Vertragspartner war die Beteiligung als Kommanditist bekannt.

2. Gesellschafterwechsel und Auswirkungen auf den Miet- oder Pachtvertrag, Nachhaftung

535 Bei **GbR** haften **ausscheidende Gesellschafter** nach § 736 Abs. 2 BGB noch für max. fünf Jahre für die bis zum Ausscheiden begründeten Verbindlichkeiten der Gesellschaft; Entsprechendes gilt bei einer OHG gem. § 160 Abs. 1 und 3 HGB für ausscheidende oder in die Stellung eines Kommanditisten zurückgestufte Gesellschafter. Scheidet ein Gesellschafter während eines bestehenden Mietvertrages aus einer offenen Handelsgesellschaft aus, haftet er nach Maßgabe des § 160 Abs. 1 HGB für die späteren Mietzinsforderungen.[980] S. dazu auch oben zur GbR → Rn. 512 ff.

536 Ändert sich der Gesellschafterbestand einer **KG oder OHG**, erfolgt grds. keine Fortsetzung des Mietverhältnisses mit dem neuen Bestand ohne Zustimmung des Vermieters. Wenn bei einer 2-Personen-OHG einer der Gesellschafter austritt, übernimmt der verbleibende Einzelkaufmann im Wege der Gesamtrechtsnachfolge alle Rechten und Pflichten von der OHG, auch eine vorhandene Mieterstellung.[981] Wird nun durch den Beitritt einer neuen Gesellschafterin aus dem Geschäft des Einzelkaufmanns eine „neue" OHG, bedarf es der Zustimmung des Vermieters, damit die „neue" OHG Mieterin anstelle des Einzelkaufmanns wird.[982] Scheidet der Einzelkaufmann aus der neuen OHG aus und tritt er als Kommanditist mit der Einlage des Einzelunternehmens wieder ein, bedarf es ebenfalls der Zustimmung des Vermieters, damit die neu gegründete KG die Mieterstellung ihres Kommanditisten übernehmen kann.[983]

Zur Umwandlung der Rechtsform → Rn. 555 ff.

VI. Juristische Personen (GmbH, AG)

537 Bei juristischen Personen ist darauf zu achten, dass die **vertretungsberechtigten Personen** den Mietvertrag unterschreiben. Ein Mietvertrag über Geschäftsräume, der nur von einem von zwei Geschäftsführern einer GmbH unterzeichnet wird, ist wegen einer im Handelsregister eingetragenen Gesamtvertretung der beiden GmbH-Geschäftsführer analog § 177 BGB **schwe-**

---

[980] KG, 15.09.2005 – 8 U 6/05, GuT 2005, 251 = NZM 2006, 19.
[981] KG, 13.04.2006 – 8 U 160/05, IMR 2006, 150.
[982] KG, 13.04.2006 – 8 U 160/05, IMR 2006, 150.
[983] KG, 13.04.2006 – 8 U 160/05, IMR 2006, 150.

bend unwirksam.[984] Die Genehmigung (§ 177 Abs. 1 BGB) durch den Vertretenen kann in der jahrelangen Umsetzung des Mietvertrages, jedenfalls aber in der Erhebung einer Zahlungsklage auf Mietzins liegen.[985] Nimmt die GmbH dann ihre Geschäftstätigkeit in den Mieträumen auf und setzt die Nutzung über einen Zeitraum von mehr als sechs Monaten fort, ist davon auszugehen, dass der zweite Geschäftsführer den Abschluss des Mietvertrages konkludent analog §§ 177 Abs. 1, 182, 184 Abs. 1 BGB genehmigt hat; diese Genehmigung bedarf nicht der Form (hier § 550 BGB) des durch den anderen Gesamtvertreter vorgenommen Rechtsgeschäfts.[986]

Werden **juristische Personen veräußert**, ist dies ohne Zustimmung des Vermieters möglich, da Vertragspartner grds. immer die ursprüngliche Gesellschaft bleibt. Messlatte ist hier v.a., ob Rechte des Vermieters überhaupt beeinträchtigt werden, was insb. zu bejahen ist, wenn sich für den Vermieter der Haftende ändert (zu evtl. weiteren Rechtsfolgen, falls die Veräußerung mit einer Änderung der Rechtsform einhergeht, → *Rn. 555 ff.*). 538

> **Hinweis:**
>
> Wenn der Falsche verklagt wurde, kann Rubrumsberichtigung beantragt werden. Grds. gilt: Bei unrichtiger bzw. mehrdeutiger äußerer Parteibezeichnung ist grds. diejenige (juristische) Person als Partei anzusehen, die erkennbar durch die Parteibezeichnung betroffen ist.[987] Als Prozesserklärung ist die Parteibezeichnung dabei der Auslegung zugängig.[988] Maßgeblich kommt es darauf an, welcher Sinn der Erklärung aus Empfängersicht – des Gerichts und des Prozessgegners – zukommt.[989]

Wird die Mieterin im Mietvertrag falsch bezeichnet (hier: GmbH in Gründung, die nicht eingetragen, also nicht errichtet wird), so ist der wahre Rechtsträger (hier: Vorgesellschaft) berechtigt und verpflichtet.[990] 539

VII. Limited

Die Limited Company (Ltd) ist im britischen Gesellschaftsrecht das Pendant zur deutschen GmbH. Ihr vollständiger Name ist „private company limited by shares". Seitdem die Gerichte aufgrund der europäischen Niederlassungsfreiheit auch eine aus einem anderen Mitgliedsland der EU kommende Gesellschaftsform in Deutschland für zulässig erklärt haben, wird insb. die Limited Company auch in Deutschland als Gesellschaftsform gewählt. Eine „Limited" nach Gründungsrecht der Isle of Man wird bei Geschäftstätigkeit in Deutschland als GbR behandelt.[991] 540

---

984 OLG Düsseldorf, 17.03.2005 – I-10 U 172/04, GuT 2005, 182 = NZM 2005, 909.
985 KG, 30.11.2009 – 12 U 23/09, GuT 2010, 191 = IMR 2010, 186.
986 OLG Düsseldorf, 17.03.2005 – I-10 U 172/04, GuT 2005, 182 = NZM 2005, 909.
987 BGH, 28.03.1995 – X ARZ 255/95, NJW-RR 1995, 764 m.w.N.
988 BGH, 12.10.1987 – II ZR 21/87, NJW 1988, 1585, 1587.
989 OLG Düsseldorf, 06.07.2001 – 24 U 214/00, GuT 2001, 18 = ZMR 2002, 189.
990 OLG Düsseldorf, 29.09.2005 – I-10 U 50/05, InfoM 2006, 27 = GE 2006, 54.
991 AG Hagen, 17.06.2010 – 10 C 155/09.

541 Es bestehen u.a. folgende **Vorteile**: geringes Stammkapital (Mindest-Stammkapital: 1 britisches Pfund, ca. 1,43 €), geringer bürokratischer Aufwand, grds. keine persönliche Haftung der Gesellschafter, es kann mit der Gesellschaft jeder gesetzlich zulässige Zweck verfolgt werden, geringe Gründungskosten. Ähnlich wie bei der deutschen GmbH kann eine persönliche Haftung bei der groben Sorgfaltspflichtverletzung der Gesellschafter oder bei strafrechtlichen Handlungen u.ä. begründet werden. Als **Nachteil** ist zu bewerten, dass sich die Führung der Limited Company nach britischem Recht richtet (einschließlich Erbrecht). Zudem entstehen Folgekosten, die von Firmen, die die formale Abwicklung der Gründung einer Limited als Dienstleistung anbieten, gerne verschwiegen werden.

542 **Verpflichteter und damit Haftender** ist grds. die Limited. Schließt eine Partei einen Mietvertrag im Namen einer Limited nach englischem Recht ab, so wird diese verpflichtet, es sei denn, die Limited ist gar nicht existent, da dann analog § 179 BGB eine Eigenhaftung in Betracht kommt.[992] Die **Haftung der Gesellschafter** kann auf das Gesellschaftsvermögen beschränkt werden. Anders als im deutschen Recht ergibt sich die Haftungsbeschränkung nicht automatisch bei der Gründung der Gesellschaft, sondern muss durch eine entsprechende Klausel im Gesellschaftsvertrag niedergelegt werden. Zudem besteht eine engere Haftung des Geschäftsführers bei der Verletzung von Gläubigerinteressen im Rahmen einer Insolvenzvermeidung. Nach der Rechtsprechung des BGH[993] scheidet eine persönliche Haftung des Geschäftsführers aus, auch wenn dieser es entgegen §§ 13d ff. HGB unterlassen hat, die Gesellschaft in das deutsche Handelsregister einzutragen. Die Haftung des Geschäftsführers für rechtsgeschäftliche Verbindlichkeiten einer gemäß Companies Act 1985 in England gegründeten private limited company mit tatsächlichem Verwaltungssitz in der BRD richtet sich nach dem am Ort ihrer Gründung geltenden Recht.[994]

543 Die Streichung einer Limited aus dem britischen Handelsregister führt zu ihrer liquidationslosen Sofortbeendigung, weil das im Vereinigten Königreich belegene Gesellschaftsvermögen als herrenloses Gut (bona vacantia) angesehen wird und regelmäßig der britischen Krone zufällt (sec. 654 CA 1985 = sec. 1012 CA 2006).[995] Eine solche **Löschung einer Limited** aus dem britischen Gesellschaftsregister führt nicht zu einer Haftung ihres Direktors.[996]

544 Ein Mieter, dessen Mietverhältnis nach § 366 BGB mit der Ltd. begründet worden ist, gerät erst dann in Verzug, wenn ihm die ausländischen Rechtsverhältnisse nachvollziehbar und prüffähig auf Deutsch erläutert worden sind.[997]

---

992 OLG Düsseldorf, 29.04.2010 – 24 U 232/09.
993 BGH, 14.03.2005 – II ZR 5/03, NJW 2005, 1648 = MDR 2005, 1000.
994 BGH, 14.03.2005 – II ZR 5/03, NJW 2005, 1648 = MDR 2005, 1000.
995 OLG Brandenburg, 15.07.2009 – 3 U 146/08 = NWB 2009, 3400 = ZAP EN-Nr. 230/2010 (persönliche Haftung des Directors einer Limited britischen Rechts für Ansprüche aus einem mit der Limited geschlossenen Mietvertrag verneint).
996 OLG Düsseldorf, 29.04.2010 – 24 U 232/09; OLG Brandenburg, 15.07.2009 – 3 U 146/08 = NWB 2009, 3400 = ZAP EN-Nr. 230/2010.
997 AG Hagen, 17.06.2010 – 10 C 155/09; s.a. OLG Hamburg, 30.03.2007 – 11 U 231/04, NZG 2007, 597.

VIII. Wohnungseigentümer- und Erbengemeinschaft

Die **Wohnungseigentümergemeinschaft** ist rechtsfähig, soweit sie bei der Verwaltung des gemeinschaftlichen Eigentums am Rechtsverkehr teilnimmt.[998] Daher kann bei Forderungen, die der Gemeinschaft zustehen, die Partei- bzw. Beteiligtenbezeichnung auch in der Rechtsbeschwerdeinstanz noch klargestellt werden, ohne dass hierdurch die Identität der Beteiligten infrage gestellt wird.[999]

545

Die obigen Ausführungen für die GbR gelten nicht für eine **Erbengemeinschaft**: Hier kommt ein Mietvertrag mangels Rechtsfähigkeit derselben nicht mit der Erbengemeinschaft als solcher, sondern nur mit den einzelnen Miterben zustande.[1000] Anders als die GbR ist also eine Erbengemeinschaft nach der Ansicht des BGH nicht rechts- und parteifähig. Die Grundsätze zur Rechtsfähigkeit der GbR und zur Rechtsfähigkeit der Gemeinschaft der Wohnungseigentümer sind nicht zu übertragen.[1001]

546

Die Erben können ein Mietverhältnis über eine zum Nachlass gehörende Sache wirksam mit Stimmenmehrheit kündigen, wenn sich die Kündigung als Maßnahme ordnungsgemäßer Nachlassverwaltung darstellt.[1002]

IX. Vereine

Nach früherer Rechtsprechung des BGH waren nicht rechtsfähige Vereine mit Ausnahme von Gewerkschaften nicht aktiv parteifähig.[1003] Diese Rechtsprechung wurde im Anschluss an die Rechtsprechung zur Parteifähigkeit der GbR aufgegeben, sodass der nicht rechtsfähige Verein nun aktiv parteifähig ist, sodass er im eigenen Namen klagen kann.[1004] Spiegelbildlich muss dann auch die passive Parteifähigkeit anerkannt werden.

547

X. Durchgriffshaftung, persönliche Haftung des Geschäftsinhaber oder der Gesellschafter/Geschäftsführer

Die Frage der Durchgriffs- oder Eigenhaftung natürlicher, hinter der Gesellschaft stehender Personen stellt sich v.a. bei juristischen Personen und neuerdings auch bei der Limited. Die Vertragsgestaltung mit Beteiligung juristischer Personen sollte aus Sicht des Mieters/Pächters auf die exakte Angabe der Firmierung einschließlich der Vertreter geachtet werden, denn bei unklarer Gestaltung kommt möglicherweise eine **persönliche (Durchgriffs-) Haftung** in Betracht. Was sich relativ abstrakt anhört, hat angesichts steigender **Insolvenzzahlen** erhebliche

548

---

[998] BGH, 02.06.2005 – V ZB 32/05, NJW 2005, 2061 = NZM 2005, 543 = WuM 2005, 430 = ZMR 2005, 547 = MietRB 2005, 248 = GE 2005, 921.
[999] OLG München, 13.07.2005 – 34 Wx 61/05, NZM 2005, 673; vgl. zur Abgrenzung Rubrumsberichtigung und Klageänderung bei der WEG-Gemeinschaft auch OLG Brandenburg, 29.03.2007 – 5 U 118/06, IMR 2008, 71.
[1000] BGH, 16.03.2004 – VIII ZB 114/03, GuT 2004, 103 = NZM 2004, 513 = WuM 2004, 298; BGH, 11.09.2002 – XII ZR 187/00, NZM 2002, 950 = AIM 11/2002, 11 = GE 2002, 1326 = NJW 2002, 3389.
[1001] BGH, 17.10.2006 – VIII ZB 94/05, NZM 2006, 944 = InfoM 2007, 45.
[1002] BGH, 11.11.2009 – XII ZR 210/05, IMR 2010, 47 = GuT 2010, 32 = NZM 2010, 161 = MDR 2010, 138: die Entscheidung beschäftigt sich mit der umstrittenen Frage, ob § 2038 BGB dem § 2040 BGB vorgeht, was für den vorliegenden Fall bejaht wird.
[1003] BGH, 06.10.1989 – V ZR 152/88, BGHZ 109, 15 = MDR 1990, 141.
[1004] BGH, 02.07.2007 – II ZR 111/05, MDR 2007, 1446.

549 Bei **erkennbar unternehmensbezogenen Geschäften** scheidet die persönliche Haftung grds. aus. Nach ständiger Rechtsprechung des BGH[1005] geht bei unternehmensbezogenen Geschäften der Wille der Beteiligten im Zweifel dahin, dass Vertragspartei der Inhaber des Unternehmens und nicht der für das Unternehmen Handelnde werden soll. Dies gilt auch dann, wenn der Inhaber falsch bezeichnet wird oder über ihn sonst Fehlvorstellungen bestehen. Die Anwendung dieser Auslegungsregel setzt allerdings voraus, dass der Handelnde sein Auftreten für ein Unternehmen hinreichend deutlich macht.[1006] Der Inhalt des Rechtsgeschäfts muss – ggf. i.V.m. dessen Umständen – die eindeutige Auslegung zulassen, dass ein **bestimmtes Unternehmen berechtigt oder verpflichtet** sein soll. Dies ist angenommen worden, wenn der Ort des Vertragsschlusses oder hinreichende Zusätze im Zusammenhang mit der Unterschrift auf das betreffende Unternehmen hinweisen oder wenn die Vertragsleistung für den Betrieb des Unternehmens bestimmt war.[1007] Ein unternehmensbezogener Mietvertrag liegt vor, wenn die anmietende Person erkennbar für ein bestimmtes Unternehmen und zweifelsfrei nicht in eigenem Namen auftritt.[1008] Für ein Handeln im Namen der Gesellschaft genügt es, dass der Vertretungswille aus den Umständen hervorgeht.[1009]

550 Knackpunkte im Vertragstext sind meist das Rubrum und die Unterschrift. Bei kleineren Gesellschaften – z.B. der sog. Ein-Mann-GmbH – kann es durchaus zweifelhaft sein, wer Vertragspartner ist (die GmbH oder der Ein-Mann-Gesellschafter als GmbH-Geschäftsführer oder als Privatperson). Bei Unklarheiten sind die **allgemeinen Auslegungsregeln** anzuwenden (§§ 133, 157 BGB), sodass es auf die konkreten Umstände des Vertragsabschlusses und die Interessenlage der Vertragspartner ankommt. Findet sich auch danach keine Lösung und liegt keine nach außen objektiv erkennbare Fremdvertretung vor, ist nach § 164 Abs. 2 BGB anzunehmen, dass es sich (auch) um ein **Eigengeschäft des Vertreters** handelt und nicht um ein ausschließlich unternehmensbezogenes Geschäft.

> **Praxistipp für Immobilienverwalter:**
> Sowohl im Vertragsrubrum als auch im Unterschriftenfeld sollten sich Verwalter eindeutig als solche bezeichnen und klarstellen, dass sie nur als Vertreter auftreten. Beispiel Rubrum: (Mietername), *„vertreten durch die Hausverwaltung XY, ABC-Strasse 1, 44... Dortmund"*. Beispiel Unterschrift: (Mieterfeld) *„i.V. Müller, Hausverwaltung XY, für die ABC-GmbH als Mieter"*.

[1005] BGH, 11.12.1996 – IV ZR 285/96, NJW-RR 1997, 527; BGH, 13.10.1994 – IX ZR 25/94, NJW 1995, 43 unter I. 2.; BGH, 15.01.1990 – II ZR 311/88, NJW 1990, 2678 unter II. 1.; BGH, 28.02.1985 – III ZR 183/83, NJW 1986, 1675 unter 1. jeweils m.w.N.
[1006] BGH, 11.12.1996 – IV ZR 285/96, NJW-RR 1997, 527.
[1007] BGH, 11.12.1996 – IV ZR 285/96, NJW-RR 1997, 527.
[1008] OLG Düsseldorf, 11.02.2003 – 24 U 145/02, GuT 2003, 141.
[1009] OLG Düsseldorf, 05.03.2007 – 24 U 144/06, IMR 2007, 215 = InfoM 2007, 308.

X. Durchgriffshaftung, persönliche Haftung Geschäftsinhaber/Gesellschafter/Geschäftsführer

> **Praxistipp für RA:**
> Bei der Vertragsgestaltung hat der beratende Mieter-Anwalt darauf zu achten, dass die hinter seinem Mandanten stehenden Gesellschafter/Geschäftsführer nicht in die persönliche Haftung steuern, wenn der Vertrag mit einer juristischen Person geschlossen wird. Geht es allerdings um die Durchsetzung von Forderungen des Vermieters, ist zu prüfen, ob nicht auch eine persönliche Haftung in Betracht kommt. I.Ü. geltend die vorgenannten Ausführungen für Verwalter, falls der Anwalt einen Vertrag für seinen Mandanten unterzeichnet.

Die Rechtsprechung zur (Mit-) Haftungsproblematik ist nicht einheitlich: 551

Beispiele:

Ein Gründungsgesellschafter einer GmbH i.G., der einen Gewerberaummietvertrag als „mithaftender Gesellschafter" unterschreibt, haftet gesamtschuldnerisch über das Gründungsstadium hinaus.[1010]

Ist eine Privatperson im Vertragsrubrum ausdrücklich mit Namen und Beruf aufgeführt und als Mieter bezeichnet worden, so ist sie auch dann selbst Vertragspartner, wenn der Vertrag mit einem Zusatz „GmbH" unterzeichnet wurde.[1011]

Ist aus dem Rubrum klar entnehmbar, dass Vertragspartner das Unternehmen ist, haftet der Unterzeichner nicht persönlich, wenn er nur mit seinem Namen (ohne Hinweis auf das Unternehmen) unterschreibt.[1012]

Ergibt sich aus dem Rubrum eine gesamtschuldnerische Haftung von Gesellschaft und Geschäftsführer und unterzeichnet dieser nur einmal neben dem Firmenstempel, genügt dies für seine persönliche Haftung.[1013]

Die Durchgriffshaftung kann sich auch aus einem schädlichen **Verhalten des GmbH-Geschäftsführers** ergeben. Betreibt der Gesellschafter und Geschäftsführer der insolvent gewordenen GmbH nach der fristlosen Kündigung des Mietvertrages wegen Zahlungsverzuges in den Räumen die Geschäfte der früheren GmbH als Geschäftsführer und Mitgesellschafter einer GbR, so haftet er wegen Eigennutzung der Miträume auf das Nutzungsentgelt i.H.d. angemessenen Miete.[1014] Für einen Gesellschafterwechsel und die Auswirkungen auf den Miet- oder Pachtvertrag gilt Folgendes: Bei Änderung des Gesellschafterbestandes einer **GmbH** oder **AG** wird das Mietverhältnis mit dieser auch ohne Zustimmung des Vermieters fortgesetzt, da sich an deren Bestand als juristische Person nichts ändert. Zur Umwandlung der Rechtsform → Rn. 555 ff. 552

Die **Auflösung oder Beendigung einer Gesellschaft** (juristische Person oder Limited) führt nicht zu einer Eigenhaftung.[1015]

1010 OLG Brandenburg, 03.07.2002 – 3 U 101/01, NZM 2003, 154.
1011 KG, 11.10.1999 – 8 U 2071/98, MDR 2000, 760.
1012 OLG Hamm, 11.03.1998 – 33 U 89/97, NJW-RR 1999, 232.
1013 OLG Düsseldorf, 10.10.1996 – 10 U 247/95, WuM 1997, 1719.
1014 OLG Köln, 04.07.2006 – 22 U 13/06, GuT 2006, 196.
1015 OLG Düsseldorf, 29.04.2010 – 24 U 232/09 und OLG Brandenburg, 15.07.2009 – 3 U 146/08 = NWB 2009, 3400 = ZAP EN-Nr. 230/2010: Löschung einer Limited aus dem britischen Gesellschaftsregister führt nicht zu einer Haftung ihres Direktors.

553 Die persönliche Mithaftung kann auch ausdrücklich **im Vertrag vereinbart** werden. Sie darf aber in Formularverträgen nicht im Vertragstext „untergehen", sonst ist sie nach § 305c BGB als überraschende Klausel unwirksam. Ein gesondertes Blatt ist nicht erforderlich,[1016] die Klausel muss aber vom übrigen Vertragstext abgehoben und gesondert unterzeichnet werden. V.a. bei Vordrucken müssen Mieter und deren Berater auf solche Klauseln achten und klarstellen, ob dies tatsächlich gewollt ist.

554 Eine Eigenhaftung kommt in Betracht, wenn die **Gesellschaft zum Zeitpunkt des Vertragsschlusses nicht existiert** hat, da dann der den Vertrag Abschließende entsprechend § 179 Abs. 1 BGB als vollmachtloser Vertreter nach deren Wahl auf Erfüllung oder Schadensersatz.[1017]

XI. Änderung und Umwandlung der Rechtsform beim Mieter

1. Überblick

555 Im Miet- und Pachtrecht gilt der Grundsatz, dass eine Auswechslung des Mieters im Regelfall der Zustimmung des Vermieters bedarf, da es sich dabei um die inhaltliche Änderung eines bestehenden Vertrages handelt. Der Vermieter/Verpächter kann diese Zustimmung ausdrücklich oder konkludent erteilen. Fehlt es daran, stellt sich die Frage, ob trotzdem der Mieter „ausgewechselt" wurde. Relevant wird dies insb. dann, wenn der „Neumieter" die Mieten nicht mehr zahlen kann und der Vermieter sich an seinen ursprünglichen Vertragspartner halten will.

556 Es kommt in der Praxis regelmäßig vor, dass die Gesellschaftsform geändert wird, sich also bspw. eine GbR nach einiger Zeit in eine KG umwandelt, was natürlich auch bei einer KG bzw. OHG der Fall sein kann. Die Errichtung von juristischen Personen wie einer GmbH erfolgt häufig, um die persönliche Haftung der Gesellschafter auszuschließen. Änderungen in jede andere Richtung bei diversen Rechtsformen sind ebenfalls normal. Im Einzelnen gilt hier z.B. Folgendes:

2. Umwandlung nach dem UmwG

557 Im Fall der (wirksamen) **Umwandlung von Gesellschaften nach dem Umwandlungsgesetz (UmwG)** tritt der übernehmende Rechtsträger formwechselnd und identitätswahrend in bestehende Miet- und Pachtverträge ein, ohne dass es der Zustimmung des Vertragspartners bedarf. Änderungen in andere Richtungen sind bei diversen Rechtsformen möglich. Ausgeschlossen ist der Übergang nur bei schlechthin nicht übertragbaren Rechtspositionen, wie etwa die Mitgliedschaft in einem Verein oder die Beteiligung an einer GbR.[1018] Eine Umwandlung kann nach § 1 UmwG durch Verschmelzung, Spaltung (Aufspaltung, Abspaltung, Ausgliederung), Vermögensübertragung oder Formwechsel erfolgen.

[1016] BGH, 27.04.1988 – VII ZR 84/87, BGHZ 104, 232 = NJW 1988, 2465.
[1017] OLG Düsseldorf, 29.04.2010 – 24 U 232/09 mit Verweis auf BGH, 20.10.1988 – I ZR 219/87, BGHZ 105, 283 ff. und BGH, 08.07.1974 – II ZR 180/72, BGHZ 63, 45, 49.
[1018] OLG Karlsruhe, 19.08.2008 – 1 U 108/08, NZM 2009, 84 = ZMR 2009, 34 = InfoM 2009, 223 = NJW-RR 2008, 1698.

XI. Änderung und Umwandlung der Rechtsform beim Mieter

Die Änderung der Rechtsform ist ein **Formwechsel** (§ 190 ff. UmwG). Dieser ist zulässig für Personenhandelsgesellschaften (OHG, KG), Partnerschaftsgesellschaften, Kapitalgesellschaften, eingetragene Genossenschaften, rechtsfähige Vereine, Versicherungsvereine auf Gegenseitigkeit oder Körperschaften und Anstalten des öffentlichen Rechts, die sich in GbR, Personenhandelsgesellschaften, Partnerschaftsgesellschaften, Kapitalgesellschaften oder eingetragene Genossenschaften umwandeln (§ 191 UmwG). Nach § 202 Abs. 1 Nr. 1 UmwG berührt der Formwechsel die Identität des Rechtsträgers nicht, sodass im **Außenverhältnis** der Vermieter auch ohne Zustimmung einen neuen Mieter erhält.[1019] Maßgeblicher Zeitpunkt ist die Registereintragung, § 202 Abs. 2 UmwG.

558

Auch eine **Umwandlung durch Verschmelzung** (§ 2 UmwG)[1020] oder durch Ausgliederung[1021] führt zu einem Parteiwechsel einschließlich Übergang der Verbindlichkeiten (§ 20 Abs. 1 Nr. 1 UmwG). Damit gehen kraft Gesetzes und somit unabhängig von der Zustimmung des Vertragspartners die Rechte und Pflichten aus dem Mietvertrag über, und es tritt ein Wechsel in der Person des Mietvertragspartners einschließlich des Übergangs der Verbindlichkeiten ein (**Gesamtrechtsnachfolge** für grds. alle schuldrechtlichen Verträge).[1022] Diese Wirkungen sind vertraglich abdingbar (vgl. § 1 Abs. 3 Satz 2 UmwG).[1023]

559

Ein solcher Vertragseintritt kraft Gesetzes stellt keine zur **fristlosen Kündigung** berechtigende ungenehmigte Gebrauchsüberlassung an einen Dritten (§ 589 Abs. 1 BGB) dar.[1024] Der infolge einer Umwandlung durch Verschmelzung (§ 2 UmwG) eintretende Pächterwechsel rechtfertigt allein nicht eine außerordentliche Kündigung des Verpächters aus wichtigem Grund; eine solche ist nur möglich, wenn die Umwandlung zu einer konkreten Gefährdung der Ansprüche des Verpächters geführt hat; die Darlegungs- und Beweislast dafür obliegt dem Verpächter.[1025]

560

Die Gläubiger des formwechselnden Rechtsträgers werden dadurch geschützt, dass sie unter bestimmten Voraussetzungen einen Anspruch auf Sicherheitsleistung (§§ 204, 22 UmwG), einen **Schadensersatzanspruch** gegen die Mitglieder des Vertretungsorgans bzw. Aufsichtsorgans des formwechselnden Rechtsträgers (§§ 205, 206 UmwG) und einen Nachhaftungsanspruch gegen die ausscheidenden persönlich haftenden Gesellschafter (§ 224 UmwG bei der Umwandlung einer oHG) haben. Nach § 224 Abs. 2 bis 5 UmwG ist die **Nachhaftung auf fünf Jahre befristet** und setzt voraus, dass die Forderung vor dem Ablauf von fünf Jahren nach dem Formwechsel fällig geworden ist (§ 224 Abs. 2 Halbs. 1, 1. Alt. UmwG) und gegen ihn

561

1019 BGH, 27.11.2009 – LwZR 15/09, NZM 2010, 280 = InfoM 2010, 279 = NZG 2010, 314 = MDR 2010, 377 (Landpachtvertrag); BGH, 26.04.2002 – LwZR 20/01, NZM 2002, 660 = MDR 2002, 1055.
1020 BGH, 26.04.2002 – LwZR 20/01, NZM 2002, 660 = MDR 2002, 1055; OLG Jena, 21.06.2001 – Lw U 72/01, NJ 2002, 42.
1021 OLG Karlsruhe, 19.08.2008 – 1 U 108/08, NZM 2009, 84 = ZMR 2009, 34 = InfoM 2009, 223 = NJW-RR 2008, 1698: Einzelhandelskaufmann in GmbH.
1022 OLG Karlsruhe, 19.08.2008 – 1 U 108/08, NZM 2009, 84 = ZMR 2009, 34 = NJW-RR 2008, 1698.
1023 OLG Jena, 21.06.2001 – Lw U 72/01, NJ 2002, 42.
1024 BGH, 27.11.2009 – LwZR 15/09, NZM 2010, 280 = InfoM 2010, 279 = NZG 2010, 314 = MDR 2010, 377 (Landpachtvertrag); BGH, 26.04.2002 – LwZR 20/01, NZM 2002, 660 = MDR 2002, 1055; OLG Jena, 21.06.2001 – Lw U 72/01, NJ 2002, 42.
1025 BGH, 26.04.2002 – LwZR 20/01, NZM 2002, 660 = MDR 2002, 1055.

rechtskräftig festgestellt wird (§ 224 Abs. 2 Halbs. 1, 1. Alt. UmwG i.V.m. § 197 Abs. 1 Nr. 3 BGB).[1026]

3. Änderung der Rechtsform außerhalb der Umwandlung

562
- **GbR wandelt sich in OHG oder KG:** OHG bzw. KG werden auch ohne Zustimmung des Vermieters neue Vertragspartner, wenn lediglich die Rechtsform geändert wird und keine „echte" Neugründung erfolgt.[1027]
- **Einzelkaufmann/GbR wandelt sich in eine GmbH um:** Bei Übergang im Wege der Einzelrechtsnachfolge durch Unternehmensveräußerung oder Sacheinlage in eine bereits bestehende Gesellschaft (§ 5 Abs. 4 GmbHG) erfolgt grds. kein Übergang des Mietvertrages bzw. ein Mieterwechsel, es sei denn, es liegt eine ausdrückliche oder konkludente Zustimmung des Vermieters vor. Macht der Mieter geltend, sein Mietvertrag sei auf die den Gewerbebetrieb fortführende neu gegründete GmbH übertragen und er sei aus dem Vertrag entlassen worden, so hat er dies im Einzelnen darzulegen, denn bei Umwandlung eines Einzelunternehmens in eine GmbH besteht insoweit auch kein auf einem Erfahrungssatz aufbauender Anschein, sondern ein erhebliches Interesse des Vermieters, den persönlich haftenden Mieter nicht aus dem Vertrag zu entlassen.[1028] Bei Personenidentität liegt keine unbefugte Gebrauchsüberlassung an die GmbH vor.[1029] Wird der Einzelhandelsbetrieb im Wege der Gesamtrechtsnachfolge nach dem UmwG übertragen, hängt der Mieterwechsel vom Einzelfall ab (s. dazu oben zum UmwG → *Rn. 557*).[1030]
- **KG wandelt sich in GbR und von dieser in eine weitere Gesellschaft um:** Die Gesellschaft bleibt weiterhin Vertragspartner.[1031]
- **GmbH i.G. erstarkt zur „Voll-GmbH":** Bei einer GmbH i.G. haften die Mitglieder der Vorgründungsgesellschaft auch persönlich. Wurde der Mietvertrag erkennbar für die GmbH geschlossen, entfällt die persönliche Haftung ohne Zustimmung des Vermieters mit Eintragung der GmbH.[1032]

XII. Vermieterwechsel

563
Wird das vermietete oder verpachtete Grundstück veräußert, verschenkt, getauscht oder in der Zwangsversteigerung erstanden (§ 57 ZVG),[1033] tritt der Erwerber nach § 566 BGB („**Kauf bricht nicht Miete**") kraft Gesetzes an die Stelle des bisherigen Eigentümers und wird Vermieter mit allen sich daraus ergebenden Rechten und Pflichten. § 566 BGB, der nur von Wohnraum

---

[1026] BGH, 27.11.2009 – LwZR 15/09, NZM 2010, 280 = InfoM 2010, 279 = NZG 2010, 314 = MDR 2010, 377 (Landpachtvertrag).
[1027] BGH, 27.11.2009 – LwZR 15/09, NZM 2010, 280 = InfoM 2010, 279 = NZG 2010, 314 = MDR 2010, 377 (Landpachtvertrag); BGH, 21.12.1996 – VIII ZR 195/64, NJW 1967, 821 = WuM 1967, 116; BGH, 21.12.1966 – VIII ZR 195/64, NJW 1967, 821.
[1028] KG, 19.06.2008 – 12 U 204/07, IMR 2009, 85 = NZM 2009, 435 = ZMR 2009, 199 = NJW-RR 2009, 805.
[1029] BGH, 22.01.1955 – VI ZR 70/53, NJW 1955, 1066.
[1030] OLG Karlsruhe, 19.08.2008 – 1 U 108/08, NZM 2009, 84 = ZMR 2009, 34 = InfoM 2009, 223 = NJW-RR 2008, 1698: Einzelhandelskaufmann in GmbH.
[1031] KG, 25.06.2001 – 8 RE-Miet 1/01, NZM 2001, 520 = WuM 2001, 230 = ZMR 2001, 454.
[1032] BGH, 09.03.1981 – II ZR 54/80, BGHZ 80, 129, 144 = NJW 1981, 1373, 1376.
[1033] BGH, 04.04.2007 – VIII ZR 219/06, NZM 2007, 441 = InfoM 2007, 169.

spricht, ist über § 578 BGB entsprechend anwendbar und gilt damit auch für andere Räume und Grundstücke. § 566 BGB ist auch auf gemischte Verträge anwendbar, wenn der mietrechtliche Teil überwiegt. S. dazu ausführlich → *Rn. 36 ff.*

Grds. kann der Vermieter das Vertragsverhältnis **nicht ohne Mitwirkung aller Vertragspartner** auf einen Dritten übertragen. Ein rechtsgeschäftlicher Vermieterwechsel kann durch zweiseitigen Vertrag zwischen altem und neuem Vermieter mit (notwendiger) Zustimmung der Mieterin zustande kommen, oder durch dreiseitigen Vertrag zwischen den Vorgenannten.[1034] Bei einer Vertragsdauer von mehr als einem Jahr sind diese Rechtsgeschäfte u.U. formbedürftig i.S.v. § 550 BGB (s. → *Rn. 391*). Die notwendige **Zustimmung des Mieters** zur Vertragsübertragung kann bereits im Mietvertrag, etwa durch die Klausel, dass der Vermieter das Recht hat, *„diesen Vertrag jederzeit auf eine andere Gesellschaft zu übertragen"*, erteilt werden und zwar grds. auch in Form einer AGB.[1035] Dabei ist auf der Vermieterseite ein grundsätzliches Interesse eines gewerblichen, als Gesellschaft organisierten Vermieters anzuerkennen, einen wirtschaftlich für sinnvoll erachteten künftigen Wandel der Rechtsform oder Rechtsinhaberschaft durch die Möglichkeit einer Bestandsübernahme zu erleichtern. Dem wird ein Interesse des Mieters entgegenzuhalten sein, sich über Zuverlässigkeit und Solvenz des Vermieters zu vergewissern. Dieses Mieterinteresse wird um so eher Beachtung fordern, je stärker das Vertragsverhältnis von einem besonderen Interesse des Mieters an der Person eines bestimmten Vermieters (mit-)geprägt wird.[1036]

564

XIII. Gerichtsverfahren

1. Allgemeines

Wenn der **Falsche verklagt** wurde, kann **Rubrumsberichtigung** beantragt werden. Grds. gilt: Bei unrichtiger bzw. mehrdeutiger äußerer Parteibezeichnung ist grds. diejenige Person als Partei anzusehen, die erkennbar durch die Parteibezeichnung betroffen ist.[1037] Als Prozesserklärung ist die Parteibezeichnung dabei der Auslegung zugänglich.[1038] Maßgeblich kommt es darauf an, welcher Sinn der Erklärung aus Empfängersicht – des Gerichts und des Prozessgegners – zukommt.[1039]

565

2. Besonderheiten bei bestimmten Parteien (GbR etc.)

Im Aktivprozess muss die Außen-GbR – soweit Gesamthandsforderungen geltend zu machen sind – **selbst Klägerin** sein, weil nicht die einzelnen Gesellschafter als Streitgenossen be-

566

1034 BGH, 12.03.2003 – XII ZR 18/00, BGHZ 154, 171 = AIM 2003, 120 Ls. = GuT 2003, 132 = NZM 2003, 476 = ZMR 2003, 647; BGH, 20.06.1985 – IX ZR 173/84, BGHZ 95, 88; OLG Brandenburg, 24.03.2010 – 3 U 117/09, IMR 2010, 229.
1035 BGH, 09.06.2010 – XII ZR 171/08, NZM 2010, 705 = GE 2010, 1033 = MDR 2010, 1308 = MietPrax-AK, § 307 BGB Nr. 3 m. Anm. Eisenschmid.
1036 BGH, 09.06.2010 – XII ZR 171/08, NZM 2010, 705 = GE 2010, 1033 = MDR 2010, 1308 = MietPrax-AK, § 307 BGB Nr. 3 m. Anm. Eisenschmid.
1037 BGH, 28.03.1995 – X ARZ 255/95, NJW-RR 1995, 764 m.w.N.
1038 BGH, 12.10.1987 – II ZR 21/87, NJW 1988, 1585, 1587.
1039 OLG Düsseldorf, 06.07.2001 – 24 U 214/00, GuT 2001, 18 = ZMR 2002, 189.

rechtigt, sondern die GbR materiell Rechtsinhaberin ist.[1040] Für die Zulässigkeit einer sog. gewillkürten Prozessstandschaft, mit der Gesellschafter der GbR mit Ermächtigung der übrigen vertretungsberechtigten Gesellschafter eine Forderung der GbR im eigenen Namen geltend machen, besteht seit der Entscheidung des BGH v. 29.01.2001 (II ZR 331/00) kein Bedürfnis mehr.[1041]

567 Die GbR wird gem. § 51 Abs. 1 ZPO i.V.m. § 714 BGB durch alle Gesellschafter gerichtlich und außergerichtlich vertreten, denen die Geschäftsführungsbefugnis zusteht, soweit der Gesellschaftsvertrag keine abweichenden Regelungen enthält.[1042] Die Klage einer GbR, bei der Gesamtvertretung besteht, ist daher unzulässig, wenn nicht alle Gesellschafter der Prozessführung zustimmen.[1043] Ob die Verweigerungshaltung der die Zustimmung verweigernden Gesellschafter rechtsmissbräuchlich ist, ist – von eng begrenzten Ausnahmefällen abgesehen – nicht inzidenter in dem ohne ausreichende Vertretung angestrengten Verfahren gegen den Gegner (hier: Mieter) der GbR zu prüfen, sondern in einem zunächst anzustrengenden gesonderten Verfahren gegen die „Verweigerer", die auf Zustimmung zur Prozessführung zu verklagen sind.[1044] Die Kosten der unzulässigen Klage sind dem Klägervertreter aufzuerlegen, da er ohne ausreichende Prozessvollmacht Klage erhoben hat.[1045]

568 Die Gesellschafter können einen Vertretungsmangel durch Eintritt in den Prozess als gesetzliche Vertreter und **Genehmigung der bisherigen Prozessführung** heilen.[1046]

> **Praxistipp:**
> Im Passivprozess sollten die GbR und die einzelnen Gesellschafter nebeneinander verklagt werden, was wegen der nach wie vor bestehenden persönlichen Gesellschafterhaftung möglich ist.[1047] Im Aktivprozess können neben der GbR auch ihre Gesellschafter als Partei auftreten.[1048] Klagt ein Gesellschafter einer GbR, die Geschäftsräume vermietet hat, auf Feststellung, dass der Mietvertrag fortbestehe, dann ist zu prüfen, ob der Gesellschafter konkludent zur Prozessführung ermächtigt worden ist; hierfür kann sprechen, dass die anderen Gesellschafter ihre Ansprüche aus dem Mietvertrag an den klagenden Gesellschafter abgetreten haben und der Gesellschafter in erster Instanz von einem Gesellschafter anwaltlich vertreten wurde.[1049]

1040 BGH, 14.09.2005 – VIII ZR 117/04, NZM 2005, 942; OLG Dresden, 08.06.2006 – 13 W 0653/06, MDR 2007, 163 = OLGR Dresden 2006, 807; OLG Brandenburg, 14.12.2005 – 4 U 86/05, IBR 2006, 203.
1041 OLG Brandenburg, 14.12.2005 – 4 U 86/05, IBR 2006, 203.
1042 BGH, 19.07.2010 – II ZR 56/09, NZM 2010, 719 = NJW 2010, 2886.
1043 OLG Stuttgart, 12.07.2010 – 5 U 33/10, NZM 2010, 876 = NZG 2010, 1223 (n.rk.).
1044 OLG Stuttgart, 12.07.2010 – 5 U 33/10, NZM 2010, 876 = NZG 2010, 1223 (n.rk.).
1045 OLG Stuttgart, 12.07.2010 – 5 U 33/10, NZM 2010, 876 = NZG 2010, 1223 (n.rk.).
1046 BGH, 19.07.2010 – II ZR 56/09, NZM 2010, 719 = NJW 2010, 2886.
1047 Werden Anwälte als Mieter auf Mietschulden persönlich verklagt und nicht ihre GbR, dürfen sie sich selbst vertreten, im Obsiegensfall ist aber ihr Kostenerstattungsanspruch auf die Kosten eines Anwalts beschränkt, wenn untereinander keine Interessenkonflikte bestanden, vgl. BGH, 02.05.2007 – XII ZB 156/06, NZM 2007, 565.
1048 Hansens, AIM 2003, 9, 11.
1049 BGH, 03.07.2002 – XII ZR 234/99, NZM 2002, 786.

Haben die Gesellschafter einer GbR Klage erhoben ohne Hinweis auf ihre Stellung als Gesellschafter, weil sie der Ansicht waren, die im Urteil des BGH v. 29.01.2001 (II ZR 331/00) festgestellte Rechts- und Parteifähigkeit einer GbR hindere die Einzelgesellschafter nicht, im eigenen Namen Ansprüche der Gesellschaft einzuklagen, dann ist das **Rubrum von Amts wegen dahin zu berichtigen**, dass nicht die Gesellschafter der GbR als Klägerin aufzuführen sind, sondern die GbR selbst Klägerin ist.[1050] Das bedeutet eine Rubrumsberichtigung von Amts wegen. Haben die Gesellschafter geklagt und geht es erkennbar um eine Gesamthandsforderung, so können sie ihren **Eintritt in das Verfahren** erklären, was zur Folge hat, dass die GbR von Anfang an als Partei des Rechtsstreits anzusehen ist.[1051]

569

Soll auch in das **Privatvermögen eines Gesellschafters** vollstreckt werden, muss auch gegen diesen persönlich ein Titel erwirkt werden. Haften die Gesellschafter für die Verbindlichkeiten der GbR analog § 128 HGB neben der Gesellschaft als Gesamtschuldner unbegrenzt, kann der Gläubiger die Leistung nach seinem Belieben von jedem der Schuldner ganz oder z.T. fordern; dies gilt grds. auch hinsichtlich der Verbindlichkeiten ggü. einem (Mit-) Gesellschafter aus einem Drittgeschäft mit der Gesellschaft.[1052] Eine **Mietzinsforderung mehrerer Vermieter** ist auch im Fall einer Bruchteilsgemeinschaft infolge ihrer Zweckgebundenheit auf eine unteilbare Leistung gerichtet.[1053] Besteht die Vermieterpartei aus einer Personenmehrheit, muss die Klage deshalb von allen Vermietern als notwendige Streitgenossenschaft gem. § 62 ZPO erhoben werden.[1054]

570

Da die **Wohnungseigentümergemeinschaft** hinsichtlich der Verwaltung des gemeinschaftlichen Eigentums rechtsfähig ist,[1055] kann bei Forderungen, die der Gemeinschaft zustehen, die Partei- bzw. Beteiligtenbezeichnung auch in der Rechtsbeschwerdeinstanz noch korrigiert werden, ohne dass hierdurch die Identität der Beteiligten infrage gestellt wird.[1056]

571

XIV. Streitwert

Es bestehen grds. keine Besonderheiten. Handelt es sich um mehrere Auftraggeber, greift die Gebührenerhöhung nach Nr. 1008 VV RVG. Nach der Rechtsprechung des BGH ist eine **GbR** rechts- und parteifähig, sofern es sich auch um eine Außengesellschaft handelt.[1057] Beim anwaltlichen Gebührenstreitwert ist Folgendes zu unterscheiden:

572

1050 BGH, 14.09.2005 – VIII ZR 117/04, NZM 2005, 942.
1051 OLG Naumburg, 13.12.2006 – 6 U 74/06, n.v. unter Bezugnahme auf BGH, 15.01.2003 – XII ZR 300/99, GuT 2003, 136 = NJW 2003, 1043, wonach auch bei äußerlich unrichtiger (Selbst-) Bezeichnung grds. das Rechtssubjekt als Partei anzusehen sei, das durch die fehlerhafte Bezeichnung nach dem objektiven Sinn betroffen werden soll.
1052 OLG Düsseldorf, 29.09.2005 – I-10 U 50/05, GuT 2006, 37.
1053 BGH, 28.09.2005 – VIII ZR 399/03, NJW 2005, 3781 f.
1054 OLG Düsseldorf, 09.11.2009 – 24 U 61/09, GuT 2010, 207 = IMR 2010, 141 = InfoM 2010, 174 = GE 2010, 411; LG Marburg, 25.07.2001 – 5 S 233/00, NZM 2003, 394 = WuM 2001, 439.
1055 BGH, 02.06.2005 – V ZB 32/05, NJW 2005, 2061 = NZM 2005, 543 = WuM 2005, 430 = ZMR 2005, 547 = MietRB 2005, 248 = GE 2005, 921.
1056 OLG München, 13.07.2005 – 34 Wx 61/05, NZM 2005, 673; vgl. zur Abgrenzung Rubrumsberichtigung und Klageänderung bei der WEG-Gemeinschaft auch OLG Brandenburg, 29.03.2007 – 5 U 118/06, IMR 2008, 71.
1057 BGH, 29.01.2001 – II ZR 331/00, NZM 2001, 299 = NJW 2001, 1056 = MDR 2001, 459.

- **GbR als Partei**: Wird der Auftrag durch die GbR erteilt (vertreten durch einen Gesellschafter etc.), hat der Anwalt nur einen Auftraggeber, sodass es nicht zu einer Gebührenerhöhung wegen mehrerer Auftraggeber kommt. Anders ist es, wenn die Gesellschafter dem Anwalt in eigenem Namen den Auftrag erteilen. Dies ist möglich, obwohl im Außenauftritt bei der Klage nur die GbR in Erscheinung tritt, was dann zur Folge hat, dass eine Erstattung der Gebührenerhöhung nicht vom Gegner gefordert werden kann.[1058]
- **Gesellschafter als Partei**: Im Aktivprozess kann die Gebührenerhöhung nicht vom Gegner verlangt werden, weil die GbR klagen könnte; anders, wenn die Gesellschafter gemeinsam verklagt werden.[1059]

XV. Vertragsgestaltung

573 Bei der Vertragsgestaltung ist darauf zu achten, dass die hinter einer **juristischen Person** stehenden Gesellschafter/Geschäftsführer nicht in die **persönliche Haftung** steuern. Die persönliche Mithaftung kann ausdrücklich im Vertrag vereinbart werden. Sie darf aber in Formularverträgen nicht im Vertragstext „untergehen", sonst ist sie nach § 305c BGB als überraschende Klausel unwirksam. Ein gesondertes Blatt ist nicht erforderlich,[1060] die Klausel muss aber vom übrigen Vertragstext abgehoben und gesondert unterzeichnet werden. V.a. bei Vordrucken müssen Mieter und deren Berater auf solche Klauseln achten und klarstellen, ob dies tatsächlich gewollt ist.

574 Für die Rechtswirksamkeit einer Erklärung des Vermieters genügt es, dass sie ggü. einem Mieter abgegeben wird, wenn eine entsprechende **Empfangsvollmacht** der Mieter untereinander mit dem Vermieter vereinbart ist, was auch durch AGB bewirkt werden kann.[1061] **Bevollmächtigungsklauseln** in derartigen AGB, durch die sich Mieter gegenseitig zur Abgabe von Willenserklärungen ggü. dem Vermieter bevollmächtigen, ohne den Kreis der in Betracht kommenden Erklärungen einzugrenzen, sind auch in Mietverträgen über Geschäftsraum unwirksam, wenn nicht auf Beendigung des Mietverhältnisses gerichtete Erklärungen wie Kündigung oder das Angebot eines Mietaufhebungsvertrages ausdrücklich ausgenommen sind.[1062]

Beispiel:
Die Klausel „Rechtshandlungen und Willenserklärungen eines Vermieters sind auch für die anderen Vermieter, eines Mieters auch für die anderen Mieter verbindlich." benachteiligt den Mieter unangemessen und ist deshalb unwirksam.[1063]

575 Vertragliche Vereinbarungen, durch die sich der Vermieter bei etwaigen **Rechtsformänderungen** eine Zustimmung vorbehält (sog. Change of Control-Klauseln), sind grds. wirksam, selbst in der Form, dass die Überlassung an den „Neuen" als unbefugte Gebrauchsüberlassung definiert wird (auch formularmäßig, da dadurch keine gesetzlichen Grundregelungen tangiert wer-

---

1058 Hansens, AIM 2003, 9, 10.
1059 Hansens, AIM 2003, 9, 10 m.w.N.
1060 BGH, 27.04.1988 – VII ZR 84/87, BGHZ 104, 232 = NJW 1988, 2465.
1061 KG, 05.01.2004 – 12 U 122/02, GuT 2004, 132.
1062 KG, 05.01.2004 – 12 U 122/02, GuT 2004, 132; vgl. auch BGH, 10.09.1997 – VIII ARZ 1/97, BGHZ 136, 314 = NJW 1997, 3437.
1063 OLG Düsseldorf, 17.10.2006 – I-24 U 7/06, GuT 2007, 293.

den). Solche Klauseln bieten sich v.a. bei Verträgen mit einer GbR an. Als Pendant sind auch Klauseln möglich, nach denen Änderungen im Gesellschafterbestand das Mietverhältnis nicht berühren sollen, was sich v.a. bei Familiengesellschaften anbieten dürfte.

XVI. Arbeits- und Beratungshilfen

1. Schnellüberblick Grundsatz-Rechtsprechung des BGH

Thema/Normen	Leitsatz	Entscheidung, Fundstelle
Haftung der Mieter als Gesamtschuldner	1. Bei der Prüfung, ob das nur von einem der beiden gesamtvertretungsberechtigten Gesellschafter einer Gesellschaft bürgerlichen Rechts – entgegen § 181 BGB – vorgenommene Rechtsgeschäft von dem anderen konkludent genehmigt wurde, ist allein auf dessen Kenntnisstand abzustellen. 2. Gemäß § 421 Satz 1 BGB kann der Gläubiger frei wählen, welchen der Gesamtschuldner er in Anspruch nehmen will, soweit sich sein Vorgehen nicht als rechtsmissbräuchlich erweist. Dabei ist er grundsätzlich dem von ihm in Anspruch genommenen Gesamtschuldner gegenüber nicht verpflichtet, auf ausbleibende Zahlungen des anderen Gesamtschuldners hinzuweisen.	BGH, 16.12.2009 – XII ZR 146/07, IMR 2001, 95 = InfoM 2010, 70 = NZM 2010, 198
Kündigung durch Erben BGB §§ 745, 2038, 2040 Abs. 1	Die Erben können ein Mietverhältnis über eine zum Nachlass gehörende Sache wirksam mit Stimmenmehrheit kündigen, wenn sich die Kündigung als Maßnahme ordnungsgemäßer Nachlassverwaltung darstellt. **Hinweis**: Die Entscheidung beschäftigt sich mit der umstrittenen Frage, ob § 2038 BGB dem § 2040 BGB vorgeht, was für den vorliegenden Fall bejaht wird.	BGH, 11.11.2009 – XII ZR 210/05, IMR 2010, 47 = GuT 2010, 32 = NZM 2010, 161 = MDR 2010, 138
Unwirksamer Mietvertrag mit GbR: sind auch die Gesellschafter zur Heraus- und Rückgabe verpflichtet?	Bei Unwirksamkeit des Mietvertrags mit einer GbR trifft die Räumungs- und Rückgabepflicht nicht nur die GbR, sondern auch ihre Gesellschafter (obiter dictum). (Ls aus InfoM)	BGH, 29.10.2008 – XII ZR 165/06, IMR 2009, 93 = GuT 2009, 105 = NZM 2009, 277 = InfoM 2009, 324
Gesellschafterinsolvenz bei Zwei-Personen-GbR mit Fortsetzungsklausel („Wem gehört die Miete"?) BGB §§ 728, 738, 812 ff.; InsO §§ 80, 110 I 1	Scheidet der vorletzte Gesellschafter aus einer BGB-Gesellschaft aus, für die im Gesellschaftsvertrag bestimmt ist, dass die Gesellschaft unter den verbleibenden Gesellschaftern fortgesetzt wird, führt dies – soweit nichts Abweichendes geregelt ist – zur liquidationslosen Vollbeendigung der Gesellschaft und zur Anwachsung des Gesellschaftsvermögens bei dem letzten verbliebenen Gesellschafter.	BGH, 07.07.2008 – II ZR 37/07, NZM 2008, 739 = NJW 2008, 2992

Klage gegen Gesellschafter der GbR	1. Klagt ein Vermieter rückständigen Mietzins nicht gegen die aus Rechtsanwälten bestehende Gesellschaft bürgerlichen Rechts ein, die seine Vertragspartnerin ist, sondern gegen die drei Mitglieder dieser Sozietät persönlich als Gesamtschuldner, so ist es diesen unbenommen, sich im Verfahren jeweils selbst zu vertreten.	BGH, 02.05.2007 – XII ZB 156/06, NZM 2007, 565
	2. Aus dem Prozessrechtsverhältnis folgt jedoch die Pflicht jeder Partei, die Kosten ihrer Prozessführung, die sie im Falle ihres Obsiegens vom Gegner erstattet verlangen will, so niedrig zu halten, wie sich dies mit der Wahrung ihrer berechtigten Belange vereinbaren lässt.	
	3. Der Kostenerstattungsanspruch der Beklagten kann daher insgesamt auf den Betrag beschränkt sein, der sich ergeben hätte, wenn sie einen gemeinsamen Prozessbevollmächtigten beauftragt hätten. Dies kommt insbesondere in Betracht, wenn hinsichtlich ihrer Rechtsverteidigung Interessenkonflikte zwischen ihnen weder bestanden noch zu erwarten waren.	
Gesellschaft als Eigentümerin des Grundstücks	Sind im Grundbuch die Gesellschafter einer Gesellschaft bürgerlichen Rechts mit dem Zusatz „als Gesellschafter bürgerlichen Rechts" als Eigentümer eingetragen, so ist die Gesellschaft Eigentümerin des Grundstücks. Auf die Frage, ob die Gesellschaft auch selbst in das Grundbuch eingetragen werden könnte, kommt es dabei nicht an.	BGH, 25.09.2006 – II ZR 218/05, GuT 2006, 332 = NZM 2006, 900 = IMR 2007, 197
Vollstreckungstitel-Zustellung: an wen?	Der Vollstreckungstitel, auf Grund dessen die Zwangsvollstreckung in das Vermögen einer Gesellschaft bürgerlichen Rechts erfolgen soll, muss an ihren Geschäftsführer oder, wenn ein solcher nicht bestellt ist, an einen ihrer Gesellschafter zugestellt werden.	BGH, 06.04.2006 – V ZB 158/05, NZM 2006, 559
Haftung für Altverbindlichkeiten	Der Neugesellschafter ist in seinem Vertrauen auf den Fortbestand der vor der Publikation des Senatsurteils vom 7.4.2003 (BGHZ 154, 370 = NJW 2002, 1803) bestehenden Rechtslage nicht geschützt, sondern haftet analog § 130 HGB, wenn er die Altverbindlichkeit, für die er in Anspruch genommen wird, bei seinem Eintritt in die Gesellschaft kennt oder wenn er deren Vorhandensein bei auch nur geringer Aufmerksamkeit hätte erkennen können. Letzteres ist bei einer BGB-Gesellschaft hinsichtlich der Verbindlichkeiten aus Versorgungsverträgen (Gas, Strom, Wasser) für in ihrem Eigentum stehende Mietshäuser der Fall.	BGH, 12.12.2005 – II ZR 283/03, NZM 2006, 154 = GuT 2006, 76 = InfoM 2006, 93

Rubrumsberichtigung bei Einklagen einer GbR-Forderung durch Gesellschafter § 50 ZPO	Für Forderungen einer GbR ist die Gesellschaft selbst materiell Rechtsinhaberin und damit „richtige" Partei eines Rechtsstreits (BGHZ 146, 341 [348] = NJW 2001, 1056 = NZM 2001, 299), nicht aber die Gesellschafter als Streitgenossen. Haben die Gesellschafter einer GbR Klage erhoben ohne Hinweis auf ihre Stellung als Gesellschafter, weil sie der Ansicht waren, die im Urteil BGHZ 146, 341, festgestellte Rechts- und Parteifähigkeit einer BGB-Gesellschaft hindere die Einzelgesellschafter nicht, im eigenen Namen Ansprüche der Gesellschaft einzuklagen, dann ist das Rubrum dahin zu berichtigen, dass nicht die Gesellschafter der GbR als Klägerin aufzuführen sind, sondern die GbR selbst Klägerin ist. (Leitsatz der Redaktion) Das heißt: Rubrumsberichtigung von Amts wegen!	BGH, 14.09.2005 – VIII ZR 117/04, NZM 2005, 942
Teilrechtsfähigkeit der WEG-Gemeinschaft	Die Wohnungseigentümergemeinschaft ist rechtsfähig, soweit sie bei der Verwaltung des gemeinschaftlichen Eigentums am Rechtsverkehr teilnimmt.	BGH, 02.06.2005 – V ZB 32/05, NJW 2005, 2061 = NZM 2005, 543 = WuM 2005, 430 = ZMR 2005, 547 = MietRB 2005, 248 = GE 2005, 921
Gesellschafterhaftung für Miete in der GbR – Haftungsbeschränkung auf GbR-Vermögen, BGB §§ 705, 714	Die Gesellschafter einer GbR haften für die im Namen der Gesellschaft begründeten Verpflichtungen kraft Gesetzes grundsätzlich persönlich. Diese Haftung des Gesellschafters kann nicht durch einen Namenszusatz oder einen anderen den Willen, nur beschränkt für diese Verpflichtung einzustehen, verdeutlichenden Hinweis eingeschränkt werden, sondern nur durch eine individualvertragliche Vereinbarung. Für die Annahme einer solchen Vereinbarung ist erforderlich, dass die Haftungsbeschränkung durch eine individuelle Absprache der Parteien in den jeweils einschlägigen Vertrag einbezogen wird (vgl. BGHZ 142, 315 = NJW 1999, 3483 [3485]).	BGH, 24.11.2004 – XII ZR 113/04, NZM 2005, 218
GbR-Gesellschafter als Streitgenossen	In anhängigen Verfahren, in denen die Gesellschafter einer GbR eine Gesamthandsforderung entsprechend der früheren Rechtsprechung als notwendige Streitgenossen eingeklagt haben, ist nach Änderung dieser Rechtsprechung (BGHZ 146, 341 ff. = WM 2001, 134 ff.) kein Parteiwechsel dahin erforderlich, dass Klägerin nun die GbR ist. Vielmehr ist eine Rubrumsberichtigung der zulässige und richtige Weg.	BGH, 15.01.2003 – XII ZR 300/99, GuT 2003, 136

Verschmelzung (UmwG)	Der infolge einer Umwandlung durch Verschmelzung (§ 2 UmwG) eintretende Pächterwechsel (§ 20 Abs. 1 Nr. 1 UmwG) erfüllt nicht die Voraussetzungen einer Überlassung der Pachtsache an einen Zusammenschluss i.S.d. § 589 Abs. 1 Nr. 2 BGB. Der infolge einer Umwandlung durch Verschmelzung (§ 2 UmwG) eintretende Pächterwechsel (§ 20 Abs. 1 Nr. 1 UmwG) rechtfertigt allein nicht eine außerordentliche Kündigung des Verpächters aus wichtigem Grund. Eine solche ist nur möglich, wenn die Umwandlung zu einer konkreten Gefährdung der Ansprüche des Verpächters geführt hat; die Darlegungs- und Beweislast dafür obliegt dem Verpächter.	BGH, 26.04.2002 – LwZR 20/01, NZM 2002, 660

2. Schnellüberblick aktuelle Rechtsprechung der Instanzgerichte

577

Thema/Normen	Leitsatz	Entscheidung, Fundstelle
Klage auf Zustimmung zur Prozessführung bei diese verweigernden GbR-Gesellschaftern – Räumung/Zahlung der Miete (Mietpool in Form der „Außen-GbR") §§ 709, 714 BGB	1. Die Klage einer GbR, bei der Gesamtvertretung besteht, ist unzulässig, wenn nicht alle Gesellschafter der Prozessführung zustimmen. Ob die Verweigerungshaltung der die Zustimmung verweigernden Gesellschafter rechtsmissbräuchlich ist, ist – von eng begrenzten Ausnahmefällen abgesehen – nicht inzident in dem ohne ausreichende Vertretung angestrengten Verfahren gegen den Gegner (hier: Mieter) der GbR zu prüfen, sondern in einem zunächst anzustrengenden gesonderten Verfahren gegen die „Verweigerer", die auf Zustimmung zur Prozessführung zu verklagen sind. 2. Die Kosten der unzulässigen Klage sind dem Klägervertreter aufzuerlegen, da er ohne ausreichende Prozessvollmacht Klage erhoben hat.	OLG Stuttgart, 12.07.2010 – 5 U 33/10, NZM 2010, 876 = NZG 2010, 1223
Existente Limited als taugliche Mietvertragspartei	Schließt eine Partei einen Mietvertrag im Namen einer Limited nach englischem Recht ab, so wird diese verpflichtet, es sei denn, die Limited ist gar nicht existent.	OLG Düsseldorf, 29.04.2010 – 24 U 232/09
Anforderungen an die Form des Vermieterwechsels	Die rechtsgeschäftliche Vereinbarung eines Vermieterwechsels ist formbedürftig gem. § 566 BGB. Die Form ist nur gewahrt, wenn alle Beteiligten ihre Absprache in derselben Urkunde niederlegen und ausdrücklich auf den Ursprungsvertrag Bezug nehmen.	OLG Brandenburg, 24.03.2010 – 3 U 117/09, IMR 2010, 229
Heilung eines Mietvertrags bei fehlender Vertretungsbefugnis	Ist der gewerbliche Mietvertrag auf Seiten einer juristischen Person nicht von vertretungsberechtigten Personen unterzeichnet worden, kann die Genehmigung (§ 177 I BGB) dieses schwebend unwirksamen Vertrages durch den Vertretenen in der jahrelangen Umsetzung des Mietvertrages, jedenfalls aber in der Erhebung einer Zahlungsklage auf Mietzins liegen.	KG, 30.11.2009 – 12 U 23/09, GuT 2010, 191 = IMR 2010, 186

Beitragspflicht eines GbR-Gesellschafters besteht auch nach Auszug	Ein Gesellschafter einer GbR hat den Mietzins für ein gemeinschaftlich genutztes Objekt auch nach seinem Auszug zu tragen, wenn keine andere Kostentragungspflicht wirksam vereinbart wurde.	OLG Stuttgart, 12.08.2009 – 3 U 112/08, IMR 2010, 49
GbR	Werden sämtliche Anteile einer Zwei-Personen-Gesellschaft bürgerlichen Rechts auf einen Gesellschafter übertragen, hat dies zur Folge, dass die Gesellschaft aufgelöst und ohne Liquidation sofort beendet wird.	OLG Brandenburg, 27.05.2009 – 3 U 85/08
Haftung des ausgeschiedenen GbR für späteren Mietschulden	Schließt eine GbR einen befristeten Mietvertrag ab und scheidet ein Gesellschafter vor Ablauf der vertraglichen Mietzeit aus, haftet er grundsätzlich auch für die Mietforderungen wegen der Zeiträume nach dem Ablauf der vertraglichen Mietzeit, wenn sich das Mietverhältnis wegen einer nicht ausgeübten Option gem. § 545 BGB auf unbestimmte Zeit verlängert.	KG, 25.05.2009 – 8 U 76/09, MDR 2009, 1217
Kommanditisten haften über die geleistete Kapitaleinlage hinaus für Mietforderungen	Haben die Kommanditisten im Mietvertrag die persönliche gesamtschuldnerische Haftung für die Verpflichtungen des Mieters gegenüber dem Vermieter durch die Unterschrift einer entsprechenden Klausel übernommen, begründet diese Haftungsübernahme als Schuldbeitritt einen eigenen Rechtsgrund, der nicht der Haftungsbeschränkung des § 171 Abs. 1 HGB unterliegt.	OLG Frankfurt am Main, 11.12.2008 – 2 U 31/08, IMR 2009, 308

3. Formulierungsvorschlag zur Rechtsformänderung

Formulierungsvorschlag: Rechtsformänderung (Zustimmungsvorbehalt)

> Der Wechsel des Firmeninhabers, das Ausscheiden oder Hinzutreten von Gesellschaftern oder die Änderung der Rechtsform des Unternehmens ist ohne vorherige Zustimmung des Vermieters untersagt, wenn Rechte des Vermieters beeinträchtigt werden. Das ist immer der Fall, wenn ein persönlich haftender Schuldner wegfallen würde. Die Überlassung an Dritte, die bisher nicht Vertragspartner waren, gilt als unberechtigte Gebrauchsüberlassung. Erteilt der Vermieter seine Zustimmung nicht, berechtigt dies den Mieter nicht zur Kündigung, sofern es sich nicht um eine willkürliche Versagung handelt.

4. Tabelle zu Vertretungsverhältnissen

Wer ist Mietpartei, wer muss verklagt werden etc.? Für die Mietvertragsgestaltung und -prüfung ist es wichtig, Vertretungsverhältnisse zu kennen, damit neben der juristischen Person auch der Vertreter benannt werden kann. Hier ein alphabetisch geordneter Überblick, wer durch wen vertreten wird:

Rechtsform	... wird vertreten durch	Norm
AG	Grds. Vorstand; aber auch einzelne durch die Satzung bestimmte Vorstandsmitglieder bzw. den Vorstandsvorsitzenden	§ 78 AktG
GbR	Alle Gesellschafter bzw. geschäftsführende Gesellschafter, wenn dies im Gesellschaftsvertrag bestimmt ist. Aber nach neuer BGH-Rechtsprechung ist die GbR selbst auch parteifähig, wenn sie nach außen aktiv auftritt!	§§ 714, 709 BGB
Genossenschaft	Vorstand	§ 24 GenG
GmbH	Geschäftsführer	§ 35 GmbHG
GmbH i.G./Vor-GmbH	Geschäftsführer, Gesellschafter	§ 164 BGB (Stellvertretung)
GmbH & Co. KG	Die KG durch ihre Komplementär-GmbH, diese wiederum durch den Geschäftsführer	§§ 161, 125 HGB (GmbH für KG), § 25 GmbHG
KG	Komplementär (= persönlich haftender Gesellschafter)	§§ 161, 125 HGB
KG a.A.	Persönlich haftende Gesellschafter	§ 278 AktG, §§ 161, 125 HGB
OHG	Grds. alle Gesellschafter	§ 125 HGB
Stiftung	Vorstand	§§ 86, 26 BGB
Verein	Vorstand bzw. einzelne Vorstandsmitglieder (abhängig von Satzung)	§ 26 Abs. 2 BGB

§ 8 Mietobjekt

		Rn.
I.	Gebrauchsüberlassungs- und -erhaltungspflicht...	580
	1. Überblick..	580
	2. Gebrauchsüberlassung...	583
	3. Gebrauchserhaltung...	585
II.	Vertragsgemäßer Gebrauch und Mietzweck...	586
	1. Grundsätze...	586
	2. Räumlicher und baulicher Umfang der Nutzungsbefugnis (Gemeinschaftsflächen, Nebenflächen, Außenwände etc.)...	594
	3. Geschäftsänderungen und -erweiterungen...	603
	4. Besonderheiten im Einzelhandel/in Einkaufszentren......................................	611
	5. Berufliche Tätigkeit in einer Mietwohnung..	613
	a) Überblick..	613
	b) Grundsatz: keine vertragswidrige Nutzung...	616
	c) Ausnahmsweise Zulässigkeit der Berufsausübung................................	617
	d) Anspruch des Mieters auf Duldung...	618
	e) Checkliste, Rechtsprechungstabelle...	620
	f) Prostitution in einer Mietwohnung..	622
	g) Öffentlich-rechtliche Konsequenzen der zu duldenden beruflichen Tätigkeit.	626
	h) Ansprüche des Vermieters bei nicht zu duldender Nutzungsänderung....	627
	6. Wohnen in Geschäftsräumen..	629
	7. Gebrauchsüberlassung und -erhaltungspflicht bei Zerstörung der Mietsache.	630
III.	Mietfläche..	631
	1. Problem...	631
	2. Vertragliche Vereinbarung der Größe der Mietfläche, Beschaffenheitsvereinbarung.	635
	3. Flächenberechnungsmethoden...	645
	a) Überblick..	645
	b) Wesentliche Inhalte von gif und DIN 277 und Unterschiede................	649
	c) Vertragliche Vereinbarung einer Berechnungsmethode.....................	658
	d) Fehlende Vereinbarung und Bestimmung der Berechnungsmethode.....	661
IV.	Vermietung vom Reißbrett/Vermietung vor Bezugsfertigkeit: Besondere Praxisprobleme.....	669
	1. Ausgangslage..	669
	2. Bestimmbarkeit der Fertigstellung bzw. des Übergabetermins.....................	672
	3. Bestimmbarkeit des Mietobjekts...	677
	4. Bestimmung der Miethöhe und des Beginns der Zahlungspflicht................	680
	5. Sonstiges..	683
V.	Verkehrssicherungspflichten...	684
	1. Begriff, Verpflichtete und tatbestandliche Voraussetzungen.......................	684
	2. Einzelfälle...	693
	3. Praxisbeispiel: Umfang der Räum- und Streupflicht bei Schnee und Glätte.	694
	4. Abwälzung auf den Mieter/Pächter und Haftungsvereinbarungen...........	698
VI.	Beschädigung des Mietobjekts durch den Mieter...	704
VII.	Gerichtsverfahren...	710
VIII.	Streitwert..	711
IX	Vertragsgestaltung..	712
X.	Arbeits- und Beratungshilfen..	715
	1. Schnellüberblick Grundsatz-Rechtsprechung des BGH.................................	715
	2. Schnellüberblick aktuelle Rechtsprechung der Instanzgerichte.................	716
	3. Richtlinie zur Berechnung der Mietfläche für gewerblichen Raum (MF-G)1246	717
	4. Formulierungsvorschläge..	718
	a) Mietzweck...	718
	b) Circa-Flächenvereinbarung mit Anpassungsklausel.............................	719
	c) Exakte Flächenvereinbarung mit Anpassungsklausel.........................	720
	d) Noch nicht errichtetes Objekt..	721
	5. Checkliste: Machbarkeit einer Immobilie vom Reißbrett............................	722

I. Gebrauchsüberlassungs- und -erhaltungspflicht

1. Überblick

580 Das Mietobjekt ist der Teil des Mietverhältnisses, um den sich i.d.R. alles dreht. Trotzdem wird erstaunlich oft in Verträgen vergessen oder übersehen, dass gerade hier klare Regelungen erforderlich sind. Dies zeigt bereits die große Anzahl von Prozessen, in denen um die Mietfläche und deren Verhältnis zur Miethöhe gestritten wird.

581 Nach § 535 Abs. 1 Satz 2 BGB obliegt es dem Vermieter/Verpächter als Hauptpflicht, die vermietete Sache dem Mieter in einem zu dem vertragsmäßigen Gebrauch geeigneten Zustand zu überlassen und sie während der Mietzeit in diesem Zustand zu erhalten. Die **Gebrauchsüberlassung bzw. -gewährung** ist für den Vertragstyp Miete bzw. Pacht unerlässlich und Sache des Vermieters bzw. Verpächters. Er muss die Mietsache so bereitstellen, dass der Mieter in der Lage ist, den üblichen oder vertraglich bestimmten Gebrauch auszuüben. Ebenso hat er die Erhaltungspflicht während der Mietzeit, die die **Hauptpflicht** des Vermieters bzw. Verpächters ergänzt.

582 Diese **Gebrauchsüberlassungs- und Erhaltungspflicht** steht in engem Zusammenhang mit folgenden Bereichen:

- Schönheitsreparaturen, Instandhaltungs- und Instandsetzungsmaßnahmen und Abwälzbarkeit der Pflichten auf den Mieter (dazu → *Rn. 1491 ff.*),
- Umfang des Mängelbeseitigungsanspruches des Mieters/Pächters,
- Kündigungsrecht des Mieters/Pächters wegen Nichtgewährung bzw. Entzug des vertragsgemäßen Gebrauchs gem. § 543 Abs. 2 Nr. 1 BGB oder z.B. wegen Gesundheitsgefährdung (dazu → *Rn. 2367, 2403 ff.*),
- behördlichen Genehmigungen (dazu → *Rn. 96 ff.*),
- Betriebspflicht des Mieters (dazu → *Rn. 1275 ff.*),
- Vermietung vom Reißbrett, also die Begründung eines Mietverhältnisses über ein noch in Planung befindliches Gebäude (dazu → *Rn. 669 ff.*),
- Konkurrenzschutz für den Mieter (dazu → *Rn. 1297 ff., 1324 ff.*),
- Verkehrssicherungspflichten (dazu → *Rn. 684 ff.*).
- Untergang bzw. Zerstörung der Mietsache (dazu → *Rn. 2063 ff.*).

2. Gebrauchsüberlassung

583 Voraussetzung der Gebrauchsüberlassung ist, dass der Vermieter dem Mieter das Mietobjekt übergibt und ihm den Gebrauch der Mietsache einräumt. Dem Mieter muss die Möglichkeit verschafft werden, den vertragsgemäßen Gebrauch an der Mietsache auszuüben (Besitzverschaffung).[1064] Maßgeblicher **Zeitpunkt** ist der vertraglich vereinbarte Beginn des Mietverhältnisses. Zur Besitzeinräumung gehört insb. bei Gewerbeobjekten die kostenlose

---

1064 BGH, 28.07.2004 – XII ZR 153/03, ZMR 2004, 813, 814.

Übergabe einer **angemessenen Anzahl von Schlüsseln** oder Zugangskarten für sämtliche gemieteten Flächen (also ggf. auch Tiefgarage etc.).

Der Anspruch auf Gebrauchsüberlassung und der **Beginn der Mietzahlung** korrespondieren miteinander (vgl. § 320 BGB), sodass formularmäßige Vereinbarungen, nach denen der Mieter auch zahlen soll, wenn ihm die Mietsache nicht zugänglich gemacht wird, gegen § 307 Abs. 2 BGB verstoßen (zum Untergang der Mietsache vgl. → *Rn. 2063 ff.*). Gerät der Vermieter schuldhaft in Verzug, macht er sich gem. §§ 280 Abs. 2, 281 und 286 BGB grds. schadensersatzpflichtig.[1065] Der Entzug der Schlüssel kann die Gebrauchsüberlassung beenden: übernimmt bspw. der Vermieter im laufenden Mietverhältnis von einem Untermieter sämtliche Schlüssel des geräumten Mietobjekts und entzieht hierdurch dem Mieter den Besitz, kommt er seiner Gebrauchsgewährungspflicht nicht nach; der Mieter schuldet danach keine Miete mehr.[1066] **Maßgeblicher Zustand** ist nicht ein gewöhnlicher oder üblicher, sondern derjenige, der den vereinbarten Gebrauch durch den Mieter ermöglicht. Ggf. ist dieser durch Auslegung des Mietvertrages nach den §§ 133, 157 BGB für den Zeitpunkt des Mietvertragsabschlusses zu ermitteln.[1067]

584

3. Gebrauchserhaltung

Der Vermieter muss das Mietobjekt dem Mieter in einem **mangelfreien Zustand** dauernd zur Verfügung stellen. Kurz gesagt: das Objekt muss konkret miettauglich sein. Auch diese Bewertung ist immer abhängig vom Einzelfall des **vereinbarten Mietzwecks** (dazu nachfolgend). Die dem Vermieter obliegende Kardinalpflicht, dem Mieter den Gebrauch der Mietsache zu gewähren, beschränkt sich nicht auf ein bloßes Dulden, sondern umfasst auch die Pflicht, notfalls aktiv tätig zu werden, um dem Mieter den vertragsgemäßen Gebrauch der Mietsache zu ermöglichen.[1068] Er darf also z.B. nicht selbst stören, muss Störungen anderer unterbinden (Stichwort: Konkurrenzschutz), (Gesundheits-) Gefährdungen vermeiden und abstellen und Instandhaltungs- und Instandsetzungsarbeiten ausführen, die aber vertraglich abgewälzt werden können. Das Mietobjekt muss aber nicht dem aktuellen Stand der Technik entsprechen. Die Gebrauchserhaltungspflicht des Vermieters umfasst (auch) **die Gewährleistung eines verkehrssicheren Zustands** der Mieträume und die Beachtung der diesbezüglichen öffentlich-rechtlichen Bauvorschriften.[1069] Insb. hat der Vermieter das vermietete Gebäude im Fall starker Beschädigung in der Weise instand zu setzen, dass es genutzt werden kann, soweit es nicht zum Abriss vorgesehen ist.[1070] Die Gebrauchserhaltung beinhaltet u.U. auch eine Duldungspflicht

585

1065 Zur Auslegung der Klausel eines Pachtvertrags zum Betrieb einer Transformatorenstation mit einem Energieversorgungsunternehmen: „*Für den Fall einer dringend notwendig werdenden anderweitigen Verwendung der für die Stationserrichtung in Anspruch genommenen Grundstücksfläche (Bauvorhaben) während des Pachtverhältnisses stellt die Verpächterin der Pächterin eine andere gleich geeignete Teilfläche ihrer dortigen Grundstücke zur Verfügung.*", wenn nach Teilung des Grundstücks der Zugang zu der für die Station benutzten Parzelle erheblich erschwert ist, vgl. OLG Düsseldorf, 27.08.2007 – 24 U 40/07, NJOZ 2008, 1059.
1066 OLG Rostock, 09.09.2010 – 3 U 50/10, IMR 2010, 525.
1067 BGH, 10.05.2006 – XII ZR 23/04, GuT 2006, 189 = NZM 2006, 582 = InfoM 2006, 239 = MDR 2007, 25.
1068 OLG Naumburg, 27.04.1999 – 13 U 47/98, LNR 1999, 20273 = ZMR 2000, 290.
1069 OLG Düsseldorf, 20.09.2007 – 10 U 46/07, GuT 2007, 363 = IMR 2008, 46.
1070 OLG Düsseldorf, 20.09.2007 – 10 U 46/07, GuT 2007, 363 = IMR 2008, 46.

bzgl. eigener Maßnahmen des Mieters, namentlich Umbauten, die das Mietobjekt nicht dauerhaft wesentlich verändern oder beschädigen bzw. zerstören.

Zum **baulichen und technischen Standard der Räume** bei Anmietung und einem evtl. Anspruch des Mieters auf Anpassung bei Fortentwicklungen vgl. → *Rn. 2169 ff.*

II. Vertragsgemäßer Gebrauch und Mietzweck

1. Grundsätze

586 Der **Miet- bzw. Vertragszweck** richtet sich danach, was die Parteien vereinbart haben. Denn nach dem im Zivilrecht geltenden Prinzip der Privatautonomie bestimmt und begrenzt der Wille der Parteien deren Rechte und Pflichten. I.R.d. Vertragsfreiheit können die Mietvertragsparteien den Vertragszweck weit oder eng fassen sowie spätere Änderungen – einvernehmlich – vornehmen.[1071] Für den Mieter/Pächter steckt der vereinbarte vertragsgemäße Gebrauch den Rahmen dessen ab, was ihm bei der Nutzung des Objekts erlaubt ist; für den Vermieter/Verpächter richtet sich danach die Frage, wann ein Vertragsverstoß vorliegt.

587 Sofern der Vermieter die Mietsache zu gewerblichen Zwecken vermietet, muss sie zu diesem vereinbarten **Vertragszweck geeignet** sein, ansonsten greifen Gewährleistungsrechte bis hin zur Kündigung. Je weiter der Mietzweck abgesteckt wird, desto größer ist für den Vermieter/ Verpächter das Risiko, dass der Mieter die Tätigkeit wechselt und ihm möglicherweise eine fehlende bauliche Eignung oder Ähnliches der Mieträume entgegenhält. Umgekehrt gilt, dass sich der Mieter bzw. Pächter an den vereinbaren Mietzweck halten muss. Ändert der Mieter seine Tätigkeit, muss diese grds. dem bei Vertragsschluss vereinbarten Mietzweck entsprechen, es sei denn, der Vermieter stimmt der Änderung zu.

588 **Schwammige Formulierungen** des Mietzwecks bzw. der Nutzungsart können insb. zu Streitigkeiten über Konkurrenzschutz (ausführlich → *Rn. 1324 ff.*), aber auch die Eignung zum vertragsgemäßen Gebrauch führen, wenn der Mieter bspw. meint, die Räume seien für die von ihm vorgenommene Änderung der Nutzung baulich nicht geeignet. Ist der Mietzweck nicht eingegrenzt, hat der Vermieter jede Zwecktauglichkeit zu gewährleisten.[1072] Zwischen den Parteien sollte also im Vertrag eine **klare Absprache** erfolgen, zu welchem gewerblichen Zweck die Räume angemietet werden.[1073] Dabei ist besondere Sorgfalt auf eine möglichst genaue Beschreibung zu legen, da letztlich nur durch den Mietzweck bestimmt werden kann, wer bspw. in welcher Weise tatsächlich ein Konkurrent ist.

589 Eine ausdrückliche – auch formularmäßig ohne Weiteres zulässige – Vereinbarung ist nicht erforderlich; es genügt für eine **stillschweigende Vereinbarung**, wenn der Vermieter die Geschäftsabsichten des Mieters kennt und ihnen nicht widerspricht.[1074] Bei Abschluss eines Ge-

---

[1071] Joachim, NZM 2009, 801.
[1072] KG, 20.05.2009 – 8 U 38/09, IMR 2010, 10: Kellerräume „für jeden behördlich zulässigen Zweck" – mit Ausnahme eines Bordells – vermietet: der Vermieter darf die Räume als Wellnesszentrum nutzen und bei Feuchtigkeit mindern.
[1073] OLG Frankfurt am Main, 27.08.1981 – 6 U 75/81, NJW 1982, 707.
[1074] Kraemer, in: Bub/Treier, III B Rn. 1241; Jendrek, NZM 2000, 1116; wohl auch Blank/Börstinghaus, § 535 Rn. 209.

werbemietvertrags liegt der Vertragszweck i.d.R. in der vereinbarten Nutzung der Mietsache eben nicht zu Wohnzwecken. Vermietet bzw. verpachtet ist das Objekt dann zu einer **üblichen geschäftlichen Benutzung**[1075] (ausführlich dazu → Rn. 595).

Ist der Mietzweck nicht eindeutig, muss eine **Auslegung** nach den §§ 133, 157 BGB erfolgen, um den Willen der Parteien zu ermitteln. 590

Beispiele:

Der mietvertragliche Nutzungszweck „Grillstube (Gaststätte)" umfasst zwar den Betrieb einer „Pizzeria", nicht aber einen „Pizza-Taxi-Betrieb", wenn nach dem Mietvertrag eine Ausweitung nur erfolgen darf, wenn schwerwiegende Gründe (hier: Lärmbelästigung der Anwohner durch An- und Abfahrten) nicht entgegenstehen.[1076]

Besteht der Mietzweck im „Betrieb eines Lebensmittelverbrauchermarkts mit den für diese Betriebsform üblichen Sortimenten, auch mit den üblichen Non-Food-Artikeln", so fällt der Betrieb eines Geldautomaten nicht darunter.[1077]

Wird der Mietgegenstand im Gewerbemietvertrag bezeichnet mit „Gewerberäume von ca. 74,04 qm zzgl. 51 qm Kellerräume zum Betrieb einer Zahnarztpraxis", so ist dies dahin auszulegen, dass die Kellerräume nicht nur zur Lagerung von gegen Feuchtigkeit unempfindlichen Gegenständen vermietet sind, sondern dass eine Nutzung als Lager, Werkstatt, Aufenthaltsraum, Büro und WC vertragsgemäß ist, wenn die Kellerräume zuvor durch den Vermieter entsprechend ausgebaut worden waren und bereits vom Vormieter i.R.d. Betriebes einer Zahnarztpraxis in ähnlicher Weise genutzt worden sind.[1078]

Eine Drogenersatztherapie (Substitutionsbehandlung) ist von dem vertraglich vereinbarten Gebrauch des Mietobjekts als „Praxis für Psychiatrie und Psychotherapie" gedeckt. Hierfür kommt es maßgeblich darauf an, dass die Substitutionsbehandlung eine Behandlungsform darstellt, die i.R.d. Psychiatrie oder Psychotherapie als üblich oder zumindest absehbar angesehen werden kann.[1079]

In der Gestattung, in Räumen einen **Swinger-Club** zu betreiben, liegt nach Treu und Glauben (§ 242 BGB) zugleich die Hinnahme der typischen Folgen, die sich aus der Verfolgung dieses Betriebszwecks für die unmittelbare Umgebung ergeben.[1080] Solche erwartbaren Folgen sind während der Öffnungszeiten insb. die An- und Abfahrt von Kunden, Gespräche von Kunden oder Neugierigen vor dem Haus, aber auch – in gewissem Maße – das Herausdringen von Party- und anderen Geräuschen aus den Clubräumen in das Haus wie nach draußen, da der Betrieb eines derartigen Etablissements ohne diese Beeinträchtigungen gar nicht möglich sein dürfte.[1081] Derartiges ist damit in einem solchen Fall vom vertragsgemäßen Gebrauch umfasst. 591

Der Mietzweck kann auch durch öffentlich-rechtliche Vorschriften begrenzt sein, da sich die privatrechtlichen Vereinbarungen i.R.d. Erlaubten bewegen müssen. 592

1075 BGH, 10.11.2006 – V ZR 46/06, GuT 2006, 371 = NZM 2007, 37 = WuM 2007, 373 = ZMR 2007, 180 = NJW 2007, 146, 147 unter II 2: Benutzung von Gemeinschaftsflächen; LG Nürnberg-Fürth, 14.01.2010 – 15 S 8642/09: Stellplatznutzung.
1076 OLG Düsseldorf, 29.05.2006 – I-24 U 179/05, GuT 2007, 18.
1077 OLG Düsseldorf, 13.12.2007 – 24 U 185/07, IMR 2008, 243.
1078 KG, 05.07.2010 – 12 U 172/09, GuT 2010, 218 = IMR 2010, 431.
1079 OLG Köln, 12.11.2010 – 1 U 26/10, IMR 2011, 58.
1080 KG, 01.09.2003 – 12 U 20/03, GuT 2004, 90 = ZMR 2004, 261.
1081 KG, 01.09.2003 – 12 U 20/03, GuT 2004, 90 = ZMR 2004, 261.

Haben die Parteien eine Nutzungsart vertraglich vereinbart, also z.B. gewerbliche Nutzung festgeschrieben, bleibt dies auch dann maßgeblich, wenn der Mieter später die Nutzungsart ändert.[1082]

593 Der Vermieter kann vom Mieter Unterlassung gem. § 541 BGB bei nicht dem vereinbarten Mietzweck entsprechenden Tätigkeiten verlangen. Auf ein besonderes Interesse des Vermieters an der Unterlassung kommt es nicht an.[1083]

2. Räumlicher und baulicher Umfang der Nutzungsbefugnis (Gemeinschaftsflächen, Nebenflächen, Außenwände etc.)

594 Maßgeblich ist, was die Parteien vereinbart haben. Bei der Vermietung von Geschäftsräumen erstreckt sich das Recht des Mieters zunächst auf die **Nutzung der gemieteten Räume und ggf. anderer vermieteter Flächen**. Bei Unklarheiten ist der Vertrag auszulegen. Fehlen besondere Vereinbarungen, umfasst das Mitbenutzungsrecht alle Modalitäten, die typischerweise mit der Benutzung der gemieteten Gewerbeflächen verbunden sind. Spricht bspw. der Mietvertrag ohne nähere Konkretisierung allein von einer **Nutzfläche** und gehören zu den Büro- oder Ladenflächen auch Abstell- oder Kellerräume, so ergibt die Auslegung, dass diese i.d.R. (ohne zusätzliche Kosten) mit vermietet sein werden, sodass sie der Mieter zu eigenen Zwecken nutzen kann. Einbauten sind, wenn nicht anders vereinbart ist, von der Nutzung ohne zusätzliches Entgelt umfasst.

595 **Gemeinschaftsflächen**, die der Mieter zwingend benötigt, um überhaupt sein Objekt betreten zu können, sind auch ohne besondere Vereinbarung mitvermietet. Das Recht des Mieters zur Nutzung der gemieteten Räume umfasst auch das Recht zur Mitbenutzung der Grundstücksgemeinschaftsflächen.[1084] Sind keine besonderen Vereinbarungen getroffen, umfasst es die **übliche Benutzung** und deckt alle mit dem Wohnen und der Benutzung von Geschäftsräumen typischerweise verbundenen Umstände.[1085] Die Nutzung zu unüblichen Zwecken, also bspw. Lagerhaltung auf Verkehrsflächen, ist daher unzulässig.

596 Der Mieter von Geschäftsraum ist, soweit keine besonderen Vereinbarungen getroffen worden sind, auch nur zu einer üblichen Benutzung des **mitvermieteten Stellplatzes** berechtigt. Sozialüblich ist bei einem Stellplatz nur dessen Benutzung innerhalb der – hier vom Vermieter gezogenen – Begrenzungen.[1086]

1082 OLG Düsseldorf, 29.01.2004 – I 10 U 105/03, NZM 2004, 743.
1083 LG Bonn, 24.04.2007 – 7 O 333/06, InfoM 2007, 311.
1084 BGH, 10.11.2006 – V ZR 46/06, GuT 2006, 371 = NZM 2007, 37 = WuM 2007, 373 = ZMR 2007, 180 = NJW 2007, 146, 147 unter II 2; OLG Düsseldorf, 05.05.2009 – 24 U 153/08, IMR 2010, 12; Krämer, in: Bub/Treier, III 3 Rn. 1171; Eisenschmid, in: Schmidt-Futterer, § 535 BGB Rn. 25 f., 283 ff.
1085 BGH, 10.11.2006 – V ZR 46/06, GuT 2006, 371 = NZM 2007, 37 = WuM 2007, 373 = ZMR 2007, 180 = NJW 2007, 146; LG Berlin, 16.01.1986 – 61 S 288/85, WuM 1987, 212: spielende Kinder im Hof; AG München, 26.06.1986 – 23 C 2479/86, NJW-RR 1986, 1144: Belieferung mit Tageszeitung.
1086 LG Nürnberg-Fürth, 14.01.2010 – 15 S 8642/09.

Bei Gewerberäumen gehört es regelmäßig zum vertragsgemäßen Gebrauch der Mietsache, dass die **Hauseingangstür zu den gewerblichen Geschäftszeiten geöffnet** ist und den Kunden nicht erst über eine Schließanlage, auf Klingeln, Zugang gewährt werden muss.[1087] 597

Wird in einer **Baubeschreibung** die Ausgestaltung der Mietsache, also auch der Dachfläche, dokumentiert, so ist die Baubeschreibung Bestandteil des Mietvertrags.[1088] Dementsprechend darf die mit roten Dachziegeln einzudeckende und eingedeckte Dachfläche nicht durch die Anbringung einer Fotovoltaik-Anlage überlagert werden.[1089] 598

Der Umfang der Nutzungsbefugnis kann sich auch aus dem **Mietzweck** ergeben. Ist der Mietzweck nicht klar formuliert, muss eine Auslegung nach den §§ 133, 157 BGB erfolgen, um den Willen der Parteien zu ermitteln. Zwischen den Parteien sollte also im Vertrag eine klare Absprache erfolgen, zu welchem gewerblichen Zweck die Räume angemietet werden.[1090] Ist der **Mietzweck nicht eingegrenzt**, soll der Vermieter jede Zwecktauglichkeit zu gewährleisten haben.[1091] D.h., dass die Mietflächen auch baulich für andere als die ursprüngliche Nutzungsart geeignet sein müssen, sodass den Vermieter bei einem Wechsel der Tätigkeit des Mieters sogar Pflichten zum Umbau treffen können oder Gewährleistungsansprüche des Mieters, wenn die Flächen für die neue Tätigkeit nicht geeignet sind. So weit kann man jedoch nur dann gehen, wenn der Vermieter dieses Risiko bei Vertragsabschluss auch erkennen konnte, also etwa wenn er Räume „für jeden behördlich zulässigen Zweck"[1092] vermietet und daher „sehenden Auges" eine spätere Änderung der Nutzung freigibt oder ihm dies ersichtlich gleichgültig ist. Handelt es sich um eine „normale" Vermietung zu einem bestimmten, aber vertraglich nicht näher ausdrücklich eingegrenzten oder freigegebenen Zweck, ergibt die Auslegung des Parteiwillens i.d.R., dass der Vermieter auch nur eine **Nutzung i.R.d. baulichen Möglichkeiten** ermöglichen will. Innerhalb dieser Grenzen darf dann der Mieter entsprechend den oben erläuterten Grundsätzen ggf. seine Tätigkeit ändern. 599

Ob die Vermietung von Geschäftsräumen auch die Nutzung der den Räumen entsprechenden **Außenwände** zu Werbezwecken umfasst, ist, wenn der Mietvertrag hierzu keine ausdrückliche Vereinbarung enthält, im Wege seiner Auslegung gem. den §§ 133, 157, 242 BGB nach Treu und Glauben mit Rücksicht auf die örtliche Verkehrssitte festzustellen.[1093] Zu unterscheiden sind hier drei Grundkonstellationen: will der Mieter nur zur Orientierung auf seinen Standort hinweisen, will er „richtig" werben (Reklameflächen etc.) oder sogar Flächen an Dritte untervermieten, die dann dort werben? 600

1087 LG Itzehoe, 09.07.2009 – 7 O 191/08, IMR 2009, 348 (Zahnarztpraxis).
1088 OLG Bamberg, 25.05.2009/30.07.2009 – 3 U 23/09, GuT 2009, 298 = IMR 2009, 346 = NZM 2009, 859.
1089 OLG Bamberg, 25.05.2009/30.07.2009 – 3 U 23/09, GuT 2009, 298 = IMR 2009, 346 = NZM 2009, 859.
1090 OLG Frankfurt am Main, 27.08.1981 – 6 U 75/81, NJW 1982, 707.
1091 KG, 20.05.2009 – 8 U 38/09, IMR 2010, 10: Kellerräume „für jeden behördlich zulässigen Zweck" – mit Ausnahme eines Bordells – vermietet: der Mieter darf die Räume als Wellnesszentrum nutzen und bei Feuchtigkeit mindern.
1092 KG, 20.05.2009 – 8 U 38/09, IMR 2010, 10.
1093 OLG Saarbrücken, 27.05.2010 – 8 U 448/09, IMR 2010, 328 = InfoM 2010, 281 mit Hinweis auf BGH, ZMR 1957, 225; OLG Hamm, NJW 1958, 1239/KG, GE 1987, 997 ff.: abgelehnt für Giebelmauer; OLG Saarbrücken, 31.03.2005 – 8 U 581/04, MDR 2005, 1283; Fritz, Gewerberaummietrecht, S. 37 Rn. 69; Hübner/Griesbach/Fuerst, in: Lindner-Figura/Oprée/Stellmann, Kap. 14, Rn. 59; Eisenschmid, in: Schmidt-Futterer, § 535 BGB Rn. 27, 464, 534.

601 Z.T. wird vertreten, die Außenwand sei bei Geschäftsräumen grds. mitvermietet.[1094] Dies ist abzulehnen, da es eine entsprechende allgemeine Verkehrssitte nicht gibt. Es ist vielmehr so, dass die Außenwand mangels abweichender Vereinbarung **grds. nicht** mit vermietet ist.[1095] Für die erforderliche Auslegung kommt es allein auf die örtliche, regional unterschiedliche **Verkehrssitte** an, und es ist zumindest in Stadtzentren so, dass die Außenfassade einen Wert darstellt, der ohne besondere Vereinbarung nicht ohne Entgelt überlassen wird.[1096] Bei der Ermittlung der Verkehrssitte ist zu berücksichtigen, dass sich diese im Lauf der Zeit ändern kann, sodass bspw. eine Gerichtsentscheidung zur Berliner Verkehrssitte von 1955 nichts mehr zum aktuellen Stand aussagen muss. Bei der Geschäftsraummiete soll die Benutzung der höher gelegenen Wandteile, auch durch den Mieter des betreffenden Stockwerks, nicht vom Mietgebrauch umfasst sein.[1097] Selbst wenn „das gesamte Haus ohne Kellerräume" vermietet wird, spricht dies nicht ohne Weiteres auch für eine Mitvermietung der Außenflächen.[1098]

602 Dies zugrunde gelegt, ergibt sich für die obigen drei Fallkonstellationen Folgendes:
- **Hinweisschilder u.ä. auf den Standort:** Der Mieter darf Hinweisschilder, im Einzelfall auch Lichtreklame etc., ohne besondere Erlaubnis des Vermieters anbringen, da dies nach allgemeiner Verkehrssitte unter Gewerbetreibenden und Freiberuflern (Architekten, Ärzte, RA, Steuerberater u.a.) üblich ist. Er darf daher grds. **Namens- bzw. Firmenschilder** an der Außenwand oder auf dem Grundstück im Zugangsbereich anbringen, sofern keine abweichenden Regelungen darüber im Mietvertrag vorliegen. Hierbei dürfen neben der reinen Angabe des Namens auch Hinweise, wie etwa Sprech-, oder Geschäftszeiten, zugefügt werden.
- **Echte Werbeflächen** (Plakate, Schaukästen etc. mit Produkt- oder Dienstleistungswerbung): Regelt der Vertrag nichts, und liegt eine entsprechende Verkehrssitte vor, können die Flächen abweichend vom Grundsatz der Nicht-Mitvermietung zu Werbezwecken überlassen sein.
- Ist die Außenfläche ausdrücklich oder konkludent im vorgenannten Sinne zu echten Werbezwecken mit vermietet, gelten die allgemeinen Regeln zur **Untervermietung**, sodass auch die Nutzung durch einen Dritten zulässig sein kann.

Sondernutzungen, die nicht mehr vertraglich gedeckt sind, können **Nutzungsentgeltansprüche** des Vermieters nach Bereicherungsrecht (§§ 812 ff. BGB) auslösen.[1099]

1094 LG Berlin, 17.03.1989 – 65 S 115/88, LNR 1989, 14559 mit Hinweis auf KG, GE 1987, 997.
1095 Ebenso Sternel, Mietrecht aktuell, Rn. VI 157.
1096 OLG Saarbrücken, 27.05.2010 – 8 U 448/09, IMR 2010, 328 = InfoM 2010, 281; Fritz, Gewerberaummietrecht, 4. Aufl., S. 37 Rn. 69; Bub/Treier, III. A. Rn. 989.
1097 OLG Saarbrücken, 31.03.2005 – 8 U 581/04, MDR 2005, 1283; Bub/Treier, III A Rn. 989 und III B Rn. 1224.
1098 OLG Saarbrücken, 27.05.2010 – 8 U 448/09, IMR 2010, 328 = InfoM 2010, 281: ins Mauerwerk eingelassene Werbeflächen in einer Passage.
1099 OLG Düsseldorf, 05.05.2009 – 24 U 153/08, IMR 2010, 12; AG Kamenz, ZMR 2000, 307; a.A. AG Hamburg-Wandsbek, 20.09.2001 – 711 C 157/01, WuM 2003, 29.

3. Geschäftsänderungen und -erweiterungen

Geschäftserweiterungen, -ergänzungen und -ausdehnungen sind grds. zulässig, sofern der ursprüngliche Mietzweck nicht verlassen wird. Der BGH hatte bereits in den 1950er Jahren die bloße Geschäftserweiterung als grds. zulässig angesehen hat (etwa die Erweiterung des Angebots einer Milchbar auf alkoholische Getränke).[1100] Hier kommt es auf den Einzelfall an. Ändert der Mieter das **Kerngeschäft**, wird i.d.R. eine erlaubnispflichtige Abweichung vorliegen.

Beispiel:[1101]

Ist dem Pächter vertraglich gestattet, „Kraft- und Schmierstoffe und sonstige von ihm üblicherweise vertriebene Produkte zu vertreiben sowie eine Tankstelle mit den damit verbundenen Einrichtungen unter Benutzung der Zu- und Abfahrtswege zu errichten und zu betreiben", so darf er Teilflächen nicht zum Betriebe einer Mietwagenagentur nutzen. Denn der Betrieb der Mietwagenagentur kann zu einer qualitativ andersartigen Nutzung des Pachtobjekts führen, u.a. indem Mietfahrzeuge auf dem Grundstück abgestellt werden.

603

Stellt sich die Änderung als ein **Geschäft anderer Qualität** dar, welches über den – bisherigen – Vertragszweck hinausgeht, stehen dem Vermieter Unterlassungs- und sonstige mietrechtliche Ansprüche zu. Voraussetzung ist eine **Abmahnung**. Wann eine faktische Änderung vorliegt, hängt vom vereinbarten Mietzweck ab. In der Praxis wird häufig über folgende Formulierungen gestritten:

604

- Haben die Parteien den „**Betrieb eines Gewerbes**" als Mietzweck vereinbart, ist grds. jedes legale Gewerbe vom Vermieter zu dulden.
- Werden Räume zum „Betrieb eines Ladengeschäfts" oder schlicht als „**Laden**" vermietet, kann auf die umfangreiche Rechtsprechung zu diesen Bezeichnungen in Teilungserklärungen von Wohnungs- und Teileigentümergemeinschaften zurückgegriffen werden. Grds. handelt es sich bei einem Ladenlokal/Ladengeschäft um Geschäftsräume, in denen ständig Waren zum Verkauf an jedermann dargeboten werden und bei denen der Charakter einer bloßen Verkaufsstätte im Vordergrund steht.[1102] Abzugrenzen ist dies von Handwerksbetrieben oder Produktionsstätten und ähnlichen Flächen. Tätigkeiten des Mieters, die nicht mehr überwiegend Verkaufszwecken dienen, entsprechen deshalb grds. nicht der vereinbarten Nutzung.
- Werden Räume „als **Büro**" oder „zu **Bürozwecken**" vermietet, ist dem Mieter grds. jede gewerbliche oder freiberufliche Tätigkeit verwaltender, organisatorischer oder auch geisteswissenschaftlichen Art gestattet, bei der diese Komponenten im Vordergrund stehen. Nicht vom Mietzweck gedeckt sind deshalb Verkaufstätigkeiten, bei denen der Kunde durch optische Wahrnehmung angezogen wird, da dies gerade typisch für einen Laden bzw. ein Einzelhandelsgeschäft ist. Ebenfalls nicht gedeckt ist der Betrieb einer Arztpraxis, weil dies nach allgemeinem Verständnis nicht einer Bürotätigkeit entspricht.
- Begrenzen die Parteien den Mietzweck auf eine Branche, etwa „**zum Betrieb einer Arztpraxis**", darf der Mieter innerhalb der Spannbreite der Branche seine Tätigkeit verändern,

---

1100 Joachim, NZM 2009, 801 unter Verweis auf BGH, 08.10.1957 – VIII ZR 47/56, NJW 1957, 1833.
1101 OLG Hamm, 20.05.1998 – 30 U 193/97, NZM 1999, 1050.
1102 OLG Düsseldorf, 21.12.1992 – 3 Wx 464/92, NJW-RR 1993, 587; OLG Hamm, 16.12.1997 – 7 U 64/97, NZM 1998, 511.

ohne gegen die vereinbarte Nutzung zu verstoßen. Auch nach allgemeinem Verständnis eng damit zusammenhängende Tätigkeiten sind zulässig, etwa wenn der Augenarzt auch Kontaktlinsenpflegemittel verkauft oder der Arzt als Zusatzangebot einen (nichtärztlichen) Logopäden beschäftigt.

605 Bestehen mehrere (ausdrücklich benannte oder durch Auslegung ermittelte) Nutzungsmöglichkeiten/Vertragszwecke, muss die Eignung des Mietobjekts für sämtliche Zwecke gegeben sein.[1103]

606 Ist eine vom Mieter gewünschte Änderung des Mietzwecks nicht von der vereinbarten Nutzungsart gedeckt, stellt sich die Frage, ob er gegen den Vermieter einen **Anspruch auf Zustimmung** der anderweitigen Nutzung oder Duldung hat. Grds. wurde ein solcher Anspruch schon immer bejaht, wenn nach Würdigung aller Umstände des Einzelfalls und den Grundsätzen von Treu und Glauben die Interessen des Vermieters weniger schutzwürdig erscheinen als das Interesse des Mieters an einer Änderung.[1104] Der Vermieter/Verpächter kann in Ausnahmefällen nach Treu und Glauben zur **Duldung der Erweiterung** oder gar Umstellung eines Gewerbebetriebs des Mieters/Pächters verpflichtet sein, wenn diese zur Anpassung an betriebliche Erfordernisse oder an die allgemeine wirtschaftliche Entwicklung erforderlich erscheinen.[1105] Vertragswidrig ist eine solche Änderung dann nicht, wenn deren Duldung dem Vermieter bei Berücksichtigung aller Umstände des Einzelfalls nach Treu und Glauben zumutbar ist.[1106] Entsprechend der neueren Rechtsprechung des BGH[1107] zur Duldungspflicht des Vermieters von Wohnraum bei einer nicht besonders nach außen auftretenden Aufnahme einer beruflichen Tätigkeit in der Wohnung wird man die Grenze dort ziehen müssen, wo zum einen durch den neuen Geschäftszweck keine besondere Änderung der äußeren Abläufe eintritt und zum anderen kein besonderes, sich ggf. auch aus den Umständen ergebendes Interesse des Vermieters an der Aufrechterhaltung des ursprünglichen Mietzwecks besteht.

607 Entgegen der wohl herrschenden Meinung ist dies restriktiv zu handhaben, da das aus dem Eigentumsrecht folgende freie Ermessen des Vermieters, über die Nutzung seines Eigentums zu bestimmen, grds. höher zu bewerten ist als das Interesse des Mieters. Haben die Parteien jedoch durch eine weite Formulierung des Mietzwecks faktisch eine Freigabe der Nutzung vereinbart, besteht kein Anlass mehr für eine restriktive Handhabung. Entsprechendes gilt, wenn der Vermieter ohne eine solche Vereinbarung keine sachlichen Gründe dafür anführen kann, dass dem Mieter die neue Nutzung verboten sein soll.

1103 OLG Düsseldorf, 17.05.2001 – III ZR 283/00, ZMR 2001, 706.
1104 BGH, 24.02.1984 – V ZR 187/82, NJW 1984, 2213; BGH, 19.09.1984 – VIII ZR 351/83, MDR 1985, 665; OLG Düsseldorf, 29.06.1995 – 10 U 44/95, MDR 1996, 467; Eisenschmid, in: Schmidt-Futterer, § 535 Rn. 445.
1105 OLG Hamm, 20.05.1998 – 30 U 193/97, NZM 1999, 1050.
1106 OLG Hamm, 20.05.1998 – 30 U 193/97, NZM 1999, 1050.
1107 BGH, 14.07.2009 – VIII ZR 165/08, IMR 2009, 336 = WuM 2009, 517.

Unzulässig sind nach der Rechtsprechung bspw. folgende Änderungen des Mietzwecks: 608
- Büro in Kinderarztpraxis,[1108]
- Gaststätte zu Pizzeria mit Pizza-Taxi,[1109]
- Tageskaffee ohne Alkohol in Nachtcafè mit Alkohol,[1110]
- Laden in Teestube mit Spielsalon,[1111]
- Laden in Stehpizzeria,[1112]
- Laden in Sex-Shop oder Sex-Kino,[1113]
- Tankstelle in Mietwagenagentur,[1114]
- Laden als Dart-Café in türkischen Imbiss.[1115]

Zulässig sind folgende Änderungen: 609
- orthopädische Praxis stellt eine Krankengymnastin ein,[1116]
- nicht störende Teilnutzung einer Wohnung zu gewerblichen Zwecken,[1117]
- Milchbar verkauft zusätzlich Alkohol,[1118]
- Konzeptions- und Design-Center in Theater,[1119]
- Friseursalon verkauft zusätzlich Sportartikel und Mode- und Kosmetikartikel,[1120]
- Imbiss-Stube mit Gastraum in Kiosk.

Ein Anspruch des Vermieters auf Zustimmung zur neuen Nutzung oder deren Duldung scheidet grds. aus, wenn der Vermieter dadurch in **Konflikt mit anderen Mietern** gerät oder nach üblichem Verständnis auch nur geraten kann, etwa bei zu berücksichtigenden Konkurrenzschutzverpflichtungen. 610

4. Besonderheiten im Einzelhandel/in Einkaufszentren

Im Einzelhandelsbereich erfolgt die Bezeichnung des Mietzwecks i.d.R. nicht nur branchenbezogen, sondern oft auch in Form von **Sortiments- und Markenbindungen**. Solche Regelungen stellen eine Erweiterung bzw. Konkretisierung des Mietzwecks dar, die grds. auch durch AGB wirksam sind und den Mieter nicht unangemessen benachteiligen. 611

1108 OLG Düsseldorf, 20.09.1995 – 3 Wx 259/95, ZMR 1996, 39.
1109 OLG Düsseldorf, OLGR Düsseldorf 2007, 73.
1110 BGH, ZMR 1957, 403.
1111 OLG Zweibrücken, 09.01.1987 – 3 W 198/86, NJW-RR 1987, 464.
1112 OLG Düsseldorf, 21.12.1992 – 3 Wx 464/92, NJW-RR 1993, 587.
1113 LG Passau, 11.01.1983 – 2 T 151/82, NJW 1983, 1683.
1114 OLG Hamm, NZM 1999, 105.
1115 LG Bonn, 24.04.2007 – 7 O 333/06, InfoM 2007, 311.
1116 OLG Hamm, 04.06.1997 – 33 U 11/97, ZMR 1997, 581.
1117 BGH, 14.07.2009 – VIII ZR 165/08, IMR 2009, 336 = WuM 2009, 517.
1118 BGH, 08.10.1957 – VIII ZR 47/56, NJW 1957, 1833.
1119 OLG Düsseldorf, 21.12.1995 – 10 U 142/94, WUM 1996, 410.
1120 OLG Düsseldorf, 29.06.1995 – 10 U 44/95, ZMR 1996, 258.

612 Eine praktisch durchsetzbare Sortimentsbindung setzt eine bestimmbare Begrenzung voraus.[1121] Bei Discount-Ketten sind daran grds. hohe Anforderungen zu stellen, da es für diese Unternehmen typisch ist, auch branchenfremde, aber gerade besonders preisgünstige Angebote in das jeweils aktuelle Sortiment einzubeziehen.[1122] Eine Bezugnahme auf den Firmennamen (hier: „T.-Discount") und die Einbeziehung von „Rand- und Nebensortimenten" lässt nur auf eine diffuse abgrenzbare Sortimentsbeschränkung ohne praktische Bedeutung schließen.[1123] Diese diffuse und damit nicht zu einer Bindung der Mieterin i.S.e. konkretisierten Mietzwecks führende Klausel lautete:

> „Die Vermietung erfolgt zur ausschließlichen Nutzung als: T.-Discount einschließlich der dazugehörigen Rand- und Nebensortimente. Der Mieter verpflichtet sich, das Sortiment entsprechend der oben angeführten Beschränkung einzuhalten. Eine Änderung der genannten Nutzung oder des Sortiments ist dem Mieter ohne vorherige Zustimmung des Vermieters nicht gestattet. Dem Mieter wird keine Sortimentsausschließlichkeit zugesichert. Konkurrenzschutz ist ausgeschlossen."

5. Berufliche Tätigkeit in einer Mietwohnung

a) Überblick

613 Dass Wohnräume nicht zum Arbeiten vermietet werden, besagt schon die Bezeichnung. In Zeiten veränderter Arbeitsstrukturen – Stichworte: Telearbeit, Nebenjobs, Heimbüro – gehen aber immer mehr Mieter aus Kosten- und/oder Komfortgründen dazu über, ihre Arbeit von zu Hause aus zu erledigen. Arbeitgeber lagern häufig bewusst (Teilzeit-) Arbeitsplätze in die Wohnräume der Mitarbeiter aus und stellen ihnen umfangreiche Technik zur Verfügung, mit der sich von zu Hause in die betriebliche Software „eingeloggt" werden kann. Die berühmt-berüchtigte Wohnzimmerkanzlei von Junganwälten ist nur eines von vielen Beispielen. Es stellen sich die Fragen: Was darf der Wohnraummieter? Welche Rechte hat der Vermieter? Ausgangsbasis für alle Überlegungen und erster Prüfungspunkt ist immer die zwischen den Parteien **vereinbarte vertragliche Nutzung** (Vertragszweck).

614 Möglich sind **verschiedene Varianten**:

Beispiel 1:

Es liegt ein ausdrücklich bezeichneter Wohnraummietvertrag vor, in dem nichts über eine berufliche Nutzung niedergelegt ist. Damit ist klar Wohnraummiete als Vertragszweck vereinbart. Folge: Der Mieter verstößt grds. gegen diesen Vertragszweck, wenn er die Wohnung ohne Erlaubnis des Vermieters (auch) gewerblich nutzt, vgl. dazu unten → Rn. 616 f.

Beispiel 2:

Die Parteien haben überhaupt keine besondere Nutzungsart vereinbart (was in der Praxis selten vorkommt): Der Vermieter hat damit grds. auf sein Recht verzichtet, Einwendungen gegen eine Nutzungsänderung des Mieters erheben zu können, weil er dokumentiert hat, dass ihm die Art der Nutzung „egal" ist. Das Bestimmungsrecht für den Nutzungszweck steht in diesem Fall dem Mieter zu.

[1121] BGH, 03.03.2010 – XII ZR 131/08, GuT 2010, 97 = IMR 2010, 279 = NZM 2010, 361 = InfoM 2010, 219.
[1122] BGH, 03.03.2010 – XII ZR 131/08, GuT 2010, 97 = IMR 2010, 279 = NZM 2010, 361 = InfoM 2010, 219.
[1123] BGH, 03.03.2010 – XII ZR 131/08, GuT 2010, 97 = IMR 2010, 279 = NZM 2010, 361 = InfoM 2010, 219.

Beispiel 3:

Dem Mieter ist im (Wohnraummiet-) Vertrag ausdrücklich die Ausübung beruflicher Tätigkeit gestattet: Es liegt grds. keine Vertragsverletzung des Mieters vor. Hier wird der Vermieter allenfalls Rechte aus der Überschreitung der Mieterbefugnisse herleiten können. Parallel stellt sich hier die Frage, ob bei einem solchen Mischmietverhältnis überhaupt Wohnraummiete vorliegt oder vielleicht Geschäftsraummiete. Abgrenzungskriterium ist die überwiegende Nutzungsart.[1124]

Beispiel 4:

Der Mieter beruft sich auf zusätzliche, angeblich neben dem Mietvertrag getroffene mündliche Vereinbarungen. Diese sind trotz eines Vertrages nicht unwirksam. Der Mieter muss aber beweisen, dass die Absprachen existieren, da das Vorliegen eines Vertrages die Vermutung der Vollständigkeit beinhaltet.

Nimmt der Mieter eine berufliche Tätigkeit in Wohnräumen auf, ist dies grds. ohne Zustimmung des Vermieters **unzulässig**, wenn als Vertragszweck nur Wohnen vereinbart wurde. Der Vermieter muss geschäftliche Aktivitäten seines Mieters freiberuflicher oder gewerblicher Art, die nach außen hin in Erscheinung treten, mangels entsprechender Vereinbarung – auch ohne ausdrücklichen Vorbehalt – nicht dulden. Dies gilt zumindest dann, wenn der Mieter für seine geschäftliche Tätigkeit Mitarbeiter in der angemieteten Wohnung beschäftigt.[1125] Der Vermieter kann im Einzelfall nach Treu und Glauben verpflichtet sein, eine **Erlaubnis zu einer teilgewerblichen Nutzung** zu erteilen, wenn es sich nach Art und Umfang um eine Tätigkeit handelt, von der auch bei einem etwaigen Publikumsverkehr keine weitergehenden Einwirkungen auf die Mietsache oder die Mitmieter ausgehen als bei einer üblichen Wohnungsnutzung.[1126]

615

b) **Grundsatz: keine vertragswidrige Nutzung**

Der Mieter darf die Wohnung grds. nicht ohne Zustimmung des Vermieters beruflich nutzen, wenn als Vertragszweck nur „Wohnen" vereinbart ist. Das gilt auch für eine Teilnutzung. Nimmt der Mieter eine berufliche Tätigkeit in Wohnräumen auf, ist dies grds. ohne Zustimmung des Vermieters **unzulässig**, wenn als Vertragszweck nur Wohnen vereinbart wurde. Da es sich um einen vertragswidrigen Gebrauch handelt, darf der Vermieter abmahnen und bei Fortsetzung auch fristlos kündigen. Der BGH hat diese Grundsätze neuerdings eingeschränkt, hält aber daran fest, dass der Vermieter geschäftliche Aktivitäten seines Mieters freiberuflicher oder gewerblicher Art, die nach außen hin in Erscheinung treten, mangels entsprechender Vereinbarung – auch ohne ausdrücklichen Vorbehalt – nicht dulden muss.[1127] Dies gilt zumindest dann, wenn der Mieter für seine geschäftliche Tätigkeit Mitarbeiter in der angemieteten Wohnung beschäftigt.[1128]

616

1124 Sog. Übergewichtstheorie: BGH, 15.11.1978 – VIII ZR 14/78, NJW 1979, 307 = WuM 1979, 14; OLG München, 02.07.1993 – 21 U 6514/90, ZMR 1995, 295; vgl. oben Rn. 15.
1125 BGH, 14.07.2009 – VIII ZR 165/08, IMR 2009, 336 = WuM 2009, 517.
1126 BGH, 14.07.2009 – VIII ZR 165/08, IMR 2009, 336 = WuM 2009, 517.
1127 BGH, 14.07.2009 – VIII ZR 165/08, IMR 2009, 336 = WuM 2009, 517.
1128 BGH, 14.07.2009 – VIII ZR 165/08, IMR 2009, 336 = WuM 2009, 517.

c) Ausnahmsweise Zulässigkeit der Berufsausübung

617 Ausnahmsweise gilt nach der Rechtsprechung des BGH Folgendes: Der Vermieter kann im Einzelfall nach Treu und Glauben verpflichtet sein, eine **Erlaubnis zu einer teilgewerblichen Nutzung** zu erteilen, wenn es sich nach Art und Umfang um eine Tätigkeit handelt, von der auch bei einem etwaigen Publikumsverkehr keine weitergehenden Einwirkungen auf die Mietsache oder die Mitmieter ausgehen als bei einer üblichen Wohnungsnutzung.[1129] Die **Ausnahme** kommt also in Betracht, wenn die konkrete gewerbliche oder freiberufliche Nutzung so untergeordnet ist, dass faktisch der Zweck „Wohnen" nicht gefährdet wird. Liegt eine solche untergeordnete berufliche Tätigkeit vor, besteht eine Duldungspflicht des Vermieters. Dies greift allerdings nur, wenn der Vertragszweck nicht gefährdet wird, also eine Änderung des Charakters des Mietobjekts als Wohnraum ausgeschlossen ist, die Miträume nicht beschädigt oder übermäßig verschlechtert werden und die übrigen Mieter im Haus durch die berufliche Tätigkeit nicht gestört werden. Ist die berufliche Nutzung nicht mehr untergeordnet, stellt dies einen **vertragswidrigen Gebrauch** i.S.d. §§ 541, 543 Abs. 1, 2 Nr. 2, 3 BGB dar, der den Vermieter zur Erhebung einer Unterlassungsklage bzw. fristlosen Kündigung berechtigt, wenn der Mieter den vertragswidrigen Gebrauch nach Abmahnung fortsetzt.[1130]

d) Anspruch des Mieters auf Duldung

618 Nach der Entscheidung des BGH v. 14.07.2009 kann u.U. ein Anspruch des Mieters auf Duldung einer beruflichen Nutzung einer Mietwohnung entstehen. Nicht abschließend geklärt sind folgende Fragen:
- Die Tätigkeit des Mieters **tritt nicht nach außen in Erscheinung**: Der BGH hat festgestellt, dass der Vermieter geschäftliche Aktivitäten des Mieters, **die nach außen hin in Erscheinung treten**, nicht dulden muss.[1131] Damit wird also (ohne dass dies konkret erörtert wurde) gleichzeitig festgestellt, dass nicht nach außen in Erscheinung tretende Berufsausübungen ohnehin vom Vermieter zu dulden sind. Beispiele: reine Telearbeitsplätze, Computer-Recherchen, „Tütenkleben am Wohnzimmertisch".
- Das Recht des Vermieters auf Unterlassung besteht „*zumindest dann, wenn der Mieter für seine geschäftliche Tätigkeit Mitarbeiter in der angemieteten Wohnung beschäftigt*".[1132] Muss der Vermieter also Tätigkeiten des Mieters ohne Mitarbeiter dulden? Einen solchen Grundsatz wollte der BGH sicherlich nicht aufstellen. Richtigerweise ist deshalb auf den Einzelfall und die konkrete Beeinträchtigung nach folgenden Grundsätzen abzustellen:
Zu prüfen ist, ob die konkrete gewerbliche oder freiberufliche Nutzung den Zweck „Wohnen" – aus Sicht des Vermieters – gefährdet. Hintergrund dieser Überlegungen ist, dass eine berufliche Nutzung das Eigentum des Vermieters generell mehr „strapaziert", z.B. durch größeren Kunden- und Lieferverkehr. Bei einer quantitativ oder qualitativ eher geringfügigen Tätigkeit ist diese Gefahr aber auszuschließen. Der Mieter ist deshalb nicht gehindert,

---

[1129] BGH, 14.07.2009 – VIII ZR 165/08, IMR 2009, 336 = WuM 2009, 517.
[1130] BGH, 14.07.2009 – VIII ZR 165/08, IMR 2009, 336 = WuM 2009, 517.
[1131] BGH, 14.07.2009 – VIII ZR 165/08, IMR 2009, 336 = WuM 2009, 517.
[1132] BGH, 14.07.2009 – VIII ZR 165/08, IMR 2009, 336 = WuM 2009, 517.

eine nicht störende oder das Mietobjekt nicht (mehr) strapazierende alleinige berufliche Tätigkeit auszuüben. Auch in diesem Fall besteht eine **Duldungspflicht des Vermieters**.

Für die Prüfung, ob der Zweck des Wohnens gefährdet wird, spielen folgende Gesichtspunkte eine Rolle:[1133]

- **Änderung des Charakters des Mietobjekts als Wohnraum:** berufliche Aktivitäten, die durch ihre „Natur" die Wohnraummiete ohne Weiteres in den Hintergrund drängen (Prostitution, lärmintensive Produktion etc.), sind auch bei nur alleiniger/geringfügiger Ausübung erlaubnispflichtig. Entsprechendes gilt für Tätigkeiten, die nach allgemeinem Verständnis nie in Wohnungen ausgeübt werden, wie z.B. Arzt- und Zahnarzttätigkeiten.
- **Die Mieträume** dürfen **nicht beschädigt** oder **übermäßig verschlechtert** werden; es genügt schon, wenn eine entsprechende konkrete Gefahr besteht. Handwerkliche Tätigkeiten, bei denen viel Abfall anfällt, bergen immer eine Beschädigungsgefahr. Das gilt auch für übermäßig viele Besucher in der Wohnung. Man wird hier bei zehn bis zwölf Kunden pro Tag eine unzulässige Nutzung annehmen können.[1134] Maßstab ist, wie ein Wohnraummieter die Räume üblicherweise nutzt.
- Eine entsprechende Gefahr darf auch nicht durch **übermäßige Beanspruchung** oder **Abnutzung** der **Gemeinschaftsflächen** drohen. Beispiel: tägliche Anlieferung von größeren Mengen Material auf Paletten, Ablage gewerblichen Abfalls außerhalb der vorgesehenen Behälter.
- Die Tätigkeit des Mieters darf die **übrigen Mieter** im Haus bzw. den Vermieter, wenn er selbst dort wohnt, **nicht stören**. Hier geht es grds. um alle nach außen wahrnehmbaren Beeinträchtigungen. Zu prüfen sind die Uhrzeiten, zu denen der Mieter beruflich tätig ist. Der Publikumsverkehr ist ein weiteres Kriterium, ferner natürlich Lärm und andere Immissionen. Nicht mehr geduldet werden müssen auch Tätigkeiten, für die der Mieter bereits Personal beschäftigt.

e) Checkliste, Rechtsprechungstabelle

Zur Prüfung, ob eine nur untergeordnete Tätigkeit vorliegt, verhilft folgende Checkliste:

Checkliste: Berufsausübung des Mieters

☐ Wie viele Mietparteien sind im Haus?
☐ Lage der Wohnung?
☐ Größe der Wohnung?
☐ Berufsbezeichnung des Mieters?
☐ Seit wann wird die Tätigkeit ausgeübt?
☐ Publikumsverkehr? Art, Umfang, wann?

1133 Vgl. LG Hamburg, WuM 1992, 241; LG Stuttgart, 20.02.1992 – 16 S 327/91, WuM 1992, 250 und Horst, Rechtshandbuch Nachbarrecht, Rn. 1769.
1134 Horst, Rechtshandbuch Nachbarrecht, Rn. 1770; vgl. auch LG Hamburg, 23.03.1984 – 11 S 22/84, WuM 1985, 263: „mehr als geringfügige Zahl gewerblicher Besucher".

- ☐ Lieferverkehr? Art, Umfang?
- ☐ Immissionen (Gerüche, Lärm etc.)?

621 **Übersicht: Rechtsprechung zur Vermietererlaubnis (– = unzulässig, kein Duldungsanspruch des Mieters, + = zulässig)**

Konkrete Nutzung der Wohnräume	Zulässig ohne Vermieter-Erlaubnis	Fundstelle
Bewegungstherapeutische Praxis	–	LG Stuttgart, WuM 1997, 215
Buchhaltungs- und Bürotätigkeiten per Computer	+	LG Frankfurt am Main, 28.07.1995 – 2-17 S 42/95, WuM 1996, 532
Büro ohne Publikumsverkehr	+	AG Regensburg, WuM 1991, 678; LG Hamburg, WuM 1992, 241; AG Köln, WuM 1991, 577
Büroarbeiten, nicht störende, geringfügige	+	LG Stuttgart, WuM 1992, 250; LG Mannheim, WuM 1978, 91; Börstinghaus/Ziaja, MietPrax, Fach 7 Rn. 1
Elektrogewerbe im Keller	–	AG Lüdinghausen, WuM 1986, 263
Goldschmiedarbeiten, nicht störende	+	LG Hamburg, WuM 1998, 491
Gutachtenanfertigung	+	Horst, Rechtshandbuch Nachbarrecht, Rn. 1696
Hausschneider	+ bei nicht mehr als zwei Kunden/Tag	LG Hamburg, WuM 1993, 188
Heimarbeiten, geringfügige	+	LG Berlin, WuM 1974, 258
Hellseherin	+	LG Hamburg, WuM 1985, 263
Ingenieurbüro mit Laufkundschaft	–	LG Schwerin, 04.08.1995 – 6 S 96/94, WuM 1996, 214
Kindertagesstätte		→ *Tagesmutter*
Maler	+	Horst, Rechtshandbuch Nachbarrecht, Rn. 1696
Maschinelle Arbeit mit beeinträchtigendem Lärm	–	Horst, Rechtshandbuch Nachbarrecht, Rn. 1771
Musikunterricht für Schüler	+	Börstinghaus/Ziaja, MietPrax, Fach 7 Rn. 14
Psychotherapeutische Praxis, nebenberuflich	+	AG Berlin-Spandau, 06.03.1997 – 2b C 776/96, MM 1997, 242

	−	LG Stuttgart, 22.09.1994 – 6 S 266/94, WuM 1997, 215
Psychotherapeutische Praxis, hauptberuflich	+	OLG Düsseldorf, 07.01.1998 – 3 Wx 500/97, ZMR 1998, 247 zu einer vermieteten Eigentumswohnung
Prostitution	−	LG Hamburg, NJW 1982, 2387; LG Lübeck, NJW-RR 1993, 525
		→ vgl. Rn. 69 ff. zur Prostitution in Eigentumswohnungen und unten hinter dieser Tabelle
	−	LG Lüneburg, WuM 1995, 706
Schreibservice ohne Publikumsverkehr	+	LG Frankfurt am Main, WuM 1996, 532
Schriftsteller	+	Horst, Rechtshandbuch Nachbarrecht, Rn. 1771
Softwareherstellung	+	AG Münster, WuM 1988, 429
Tagesmuttertätigkeit	+	LG Hamburg, NJW 1982, 2387
Tagesmuttertätigkeit bis drei Kinder in der Wohnung	+	AG Hamburg-Altona, Hamburger GE 1982, 463
Tagesmuttertätigkeit bis drei fremde Kinder und ein eigenes in 90 m²-Wohnung	+	LG Hamburg, NJW 1982, 2387
Tagesmuttertätigkeit bis zu fünf Kinder in der Wohnung	+	AG Hamburg, Hamburger GE 1982, 565
Tagesmuttertätigkeit mit fünf Kindern in der Wohnung	−	LG Berlin, WuM 1993, 39 = MDR 1993, 236
Telefontätigkeit (Terminvereinbarung für Hausbesuche bei Kunden)	+	AG Berlin-Charlottenburg, MM 1992, 33
Übersetzungstätigkeit	+	Horst, Rechtshandbuch Nachbarrecht, Rn. 1771
Uhrenreparaturen	+	LG Köln, WuM 1977, 56
Unterricht an einzelne Schüler	+	Börstinghaus/Ziaja, MietPrax, Fach 7 Rn. 14
Vertreter einer Krankenkasse, sofern überwiegend Hausbesuche außerhalb	+	AG Berlin-Charlottenburg, MM 1992, 357

f) Prostitution in einer Mietwohnung

622 Prostitution in einer Mietwohnung ohne Zustimmung des Vermieters ist regelmäßig ein vertragswidriger Gebrauch der Mietsache.[1135] Andere Mieter können nur dann Ansprüche geltend machen, wenn ihr eigener vertragsgemäßer Gebrauch dadurch gestört wird.

> *Beispiele:*
>
> *Mieter können vom Gebäudeeigentümer verlangen, dass er mit der im Haus ausgeübten Prostitution verbundene Lärmstörungen (Streitereien, nächtliches Herausklingeln Dritter) unterbindet.*[1136]
>
> *Wird in einer Nachbarwohnung Prostitution ausgeübt und kommt es insb. durch ständiges Klingeln in der betreffenden Wohnung (im Halbstundenrhythmus bis spät in die Nacht hinein) und durch im Haus herumirrende Besucher zu erheblichen Störungen der Nachbarmieter, berechtigt dies zu einer Mietminderung i.H.v. 20 % der Bruttomiete.*[1137]

623 Kommt der Vermieter dem nicht nach, berechtigt der diskrete Betrieb eines Bordells in der Erdgeschosswohnung eines Mietshauses eine Mieterin zu 10 % Mietminderung, wenn nur die Möglichkeit einer Belästigung durch Freier besteht und ferner lediglich das sittliche Empfinden der Mieterin beeinträchtigt wird.[1138]

624 Sog. Bordellpacht oder -mietverträge sind nicht ohne Weiteres **sittenwidrig**, sondern nur bei Vorliegen bestimmter Anhaltspunkte für eine Ausbeutung der in dem Betrieb tätigen Prostituierten.[1139] Geht eine Mieterin in der Wohnung (100 m², Mehrfamilienhaus) mit Vermieterkenntnis der Prostitution nach (Monatsmiete: 1.940,00 DM), erhöht dann der Käufer des Hauses die Miete auf 3.500,00 DM/Monat und drei Jahre später auf 6.990,00 DM, so ist dieser Betrag sittenwidrig.[1140] Die Zimmervermietung an Prostituierte ist für den Vermieter dann Grundstücksvermietung i.S.v. § 4 Nr. 12a UStG (= umsatzsteuerfreie Vermietung), wenn die Raumüberlassung wesentlicher Inhalt der zu erbringenden Leistung ist.[1141]

625 Weiß der Vermieter bei der Anmietung nichts davon, dass der Prostitution nachgegangen werden soll, kommt eine **Anfechtung nach § 119 Abs. 2 BGB** in Betracht.[1142] Der Vermieter braucht einen neuen Mieter nicht bei Anmietung einer Wohnung in einem Hochhaus darüber zu unterrichten, dass in anderen Wohnungen des Gebäudes Mieter der Prostitution nachgehen.[1143]

g) Öffentlich-rechtliche Konsequenzen der zu duldenden beruflichen Tätigkeit

626 Sämtliche obigen Ausführungen betreffen ausschließlich das zivilrechtliche Verhältnis von Mieter und Vermieter. Ungeklärt (und vom BGH bisher nicht angesprochen) sind die **öffentlich-rechtlichen Konsequenzen**. Die berufliche (Teil-) Nutzung kann eine Zweckentfremdung

---

1135 LG Lübeck, 20.10.1992 – 6 S 48/92, NJW-RR 1993, 525.
1136 AG Stuttgart, 19.10.1994 – 31 C 7635/94, DWW 1995, 54.
1137 AG Wiesbaden, 10.02.1998 – 92 C 3285/97, WuM 1998, 315.
1138 LG Berlin, 21.07.1995 – 64 S 84/95, NJW-RR 1996, 264 = NJWE-MietR 1996, 76 (LS).
1139 VGH Hessen, 03.07.1995 – 11 N 1432/94, NJWE-MietR 1996, 60.
1140 OLG Koblenz, 15.05.1997 – 5 U 289/6, WuM 1998, 720 = NZM 1998, 479.
1141 FG Düsseldorf, 09.10.1996 – 5 K 7121/92 U, NJWE-MietR 1997, 215.
1142 Emmerich, NZM 1998, 692.
1143 Emmerich, NZM 1998, 692.

von Wohnraum und eine genehmigungspflichtige Nutzungsänderung darstellen, wenn sie nicht völlig untergeordnet ist. Beide Regelungen betreffen nämlich gerade die Grundkonstellation, dass sich eine Nutzung ändert, was auch bei einer teilweise anderen Nutzung zunächst einmal objektiv vorliegt. Verpflichteter ggü. der Behörde ist der Vermieter (s. dazu das Kapitel „Schnittstellen von Öffentlichem Recht und gewerblichem Miet-/Pachtrecht" → *Rn. 96 ff.*). Ob der BGH in der Entscheidung v. 14.07.2009 diesen Aspekt bedacht hat, erscheint zweifelhaft. Angemessen ist es, dem Mieter aufgrund seines Anspruchs aus Treu und Glauben im Fall eines behördlichen Tätigwerdens zumindest eine Mitwirkungspflicht nach § 242 BGB ggü. dem Vermieter aufzuerlegen, die bis zur Einstellung der beruflichen Tätigkeit gehen kann, wenn das Einschreiten der Behörde für den Vermieter mit Nachteilen verbunden ist (Beispiel: dem Vermieter werden mit Kosten verbundene Auflagen gemacht, etwa erhöhte Brandschutzanforderungen). Untersagt die Behörde die berufliche Nutzung, entfällt der zivilrechtliche Duldungsanspruch des Mieters, da der Vermieter nicht nach Treu und Glauben verpflichtet werden kann, gegen öffentliches Recht zu verstoßen.

h) Ansprüche des Vermieters bei nicht zu duldender Nutzungsänderung

Steht fest, dass die vom Vermieter nicht gestattete Tätigkeit des Mieters dem Wohnen nicht mehr untergeordnet ist, stellt dies einen vertragswidrigen Gebrauch i.S.d. §§ 541, 543 Abs. 1, Abs. 2 Nr. 2, Abs. 3 BGB dar, der den Vermieter zur Erhebung einer Unterlassungsklage bzw. fristlosen Kündigung berechtigt, wenn der Mieter den vertragswidrigen Gebrauch nach Abmahnung durch den Vermieter fortsetzt. Der Vermieter kann aber die Erlaubniserteilung von der Zahlung eines sog. Gewerbezuschlages abhängig machen, dessen Höhe er nach billigem Ermessen (§§ 315 f. BGB) bestimmen kann.

627

In Gebieten, in denen eine **Zweckentfremdungsverordnung** besteht, darf der Vermieter diese Erlaubnis aber nur erteilen, wenn die Tätigkeit des Mieters keinen Verstoß gegen diese Verordnung darstellt. Dazu sind die konkrete Verordnung, deren Ausführungsbestimmungen und Richtlinien zu prüfen. Bei Vermietung eines Wohnbüros mit Zweckentfremdungsgenehmigung für eine gewerbliche Nutzung handelt es sich um ein Mischmietverhältnis, das keine überwiegende gewerbliche Nutzung ermöglicht und daher nach Wohnraummietrecht zu beurteilen ist.[1144] S. ausführlich → *Rn. 9 ff.*

628

6. Wohnen in Geschäftsräumen

Nach der Rechtsprechung des BGH kann der Vermieter von Wohnraum trotz des Vertragszwecks „Wohnen" im Einzelfall nach Treu und Glauben verpflichtet sein, eine **Erlaubnis zu einer teilgewerblichen Nutzung** zu erteilen, wenn es sich nach Art und Umfang um eine Tätigkeit handelt, von der auch bei einem etwaigen Publikumsverkehr keine weitergehenden Einwirkungen auf die Mietsache oder die Mitmieter ausgehen als bei einer üblichen Wohnungsnutzung.[1145] Nicht geklärt ist die umgekehrte Situation, dass jemand seine gewerblich genutzten Räume (teilweise) zum Wohnen nutzt, also seinen privaten Lebensmittelpunkt darin einrichtet. Da der BGH den Anspruch des Wohnraummieters aus § 242 BGB ableitet, hat dies auch um-

629

1144 Schiedsspruch (Hamburg) v. 01.07.2006, GuT 2007, 319.
1145 BGH, 14.07.2009 – VIII ZR 165/08, IMR 2009, 336 = WuM 2009, 517.

gekehrt für den gewerblichen Mieter oder Pächter zu gelten, wobei zu berücksichtigen ist, dass der Vermieter grds. einen aus vertragswidriger Nutzung folgenden Unterlassungsanspruch hat und der Mieter nur ausnahmsweise Zustimmung/Duldung verlangen kann. Regelmäßig wird bei der Wohnnutzung ein Verstoß gegen öffentlich-rechtliche Bestimmungen vorliegen. Schreitet die Behörde ggü. dem Vermieter ein, entfällt der zivilrechtliche Duldungsanspruch des Mieters, da der Vermieter nicht nach Treu und Glauben verpflichtet werden kann, gegen öffentliches Recht zu verstoßen.

7. Gebrauchsüberlassung und -erhaltungspflicht bei Zerstörung der Mietsache

630 Die vermieteten Räume können aus den verschiedensten Gründen ganz oder z.T. unbrauchbar werden. Zu den häufigsten Ursachen gehören **Wasser- und Feuerschäden**. Nach § 535 Abs. 1 Satz 2 BGB muss der Vermieter die Mietsache in einem zum vertragsgemäßen Gebrauch geeigneten Zustand übergeben und während der gesamten Mietzeit in diesem Zustand erhalten. Ihm obliegt also die Instandhaltungs- und Instandsetzungspflicht. Während das Gesetz diese Pflichten regelt, fehlt aber in den §§ 535 ff. BGB eine Regelung für die Fälle, dass die Mietsache völlig zerstört oder so erheblich beschädigt wird, dass dem Vermieter die Wiederherstellung wirtschaftlich nicht mehr zumutbar ist (sog. „**Opfergrenze**"). Bei **völliger Zerstörung der Mietsache** entspricht es allgemeiner Auffassung, dass die Vorschriften des Allgemeinen Schuldrechts anzuwenden sind und nicht von den Gewährleistungsregelungen der §§ 536 ff. BGB verdrängt werden. Das allgemeine Leistungsstörungsrecht bleibt damit neben den Gewährleistungsvorschriften des Mietrechts anwendbar, soweit es nicht um Mängel, sondern um die in § 275 BGB geregelten Leistungsstörungen geht.[1146] Zu der komplizierten Frage, wann bei Zerstörung die allgemeinen Unmöglichkeitregeln und bei Mängeln die Unzumutbarkeit der Beseitigung eingreifen, s. ausführlich → *Rn. 2004 ff.* im Kapitel „Gewährleistung und Mängel".

III. Mietfläche

1. Problem

631 Die Miete wird i.d.R. an einem bestimmten Quadratmeterpreis festgemacht. Pauschalpreise sind seltener, aber auch dabei erfolgt meistens ebenfalls eine Orientierung am Preis pro Quadratmeter. Die Berechnung der Mietfläche gehört deshalb zu den wichtigen Fragen bei Anmietung des Objekts und wird spätestens wieder aktuell, wenn **Nebenkosten nach Fläche** umgelegt werden.

> **Praxistipp:**
> Zumindest für die Nebenkosten sollte eine konkrete Quadratmeterzahl vereinbart werden. Dies kann im Vertrag auch separat bei der Vereinbarung der Nebenkosten erfolgen, während die Flächengröße in der Rubrik „Mietobjekt" nur mit Circa-Angaben beziffert wird.

632 Ein besonderes Konfliktpotenzial beinhaltet die **Vermietung vom Reißbrett**, da bei der tatsächlichen Ausführung des Projekts häufig noch Änderungen realisiert werden, die sich in der

---

[1146] OLG Stuttgart, 11.01.2010 – 5 U 119/09, GuT 2010, 221 = IMR 2010, 285 = MDR 2010, 261; Weidenkaff, in: Palandt, § 536 Rn. 10 m.w.N.

Größe des Objekts niederschlagen. Es liegt deshalb im Interesse beider Vertragspartner, wenn vertraglich so genau wie möglich definiert wird, wie sich die Größe der Mietfläche berechnet und wofür sie eine Rolle spielen soll.

Aus Mietersicht muss bei der Anmietung eines Gewerbeobjekts die Fläche möglichst effizient genutzt werden können. Faktoren zur Bestimmung der Flächeneffizienz – auch im laufenden Mietverhältnis – können z.B. sein: 633

Checkliste: Flächeneffizienz 634

- ☐ Welche Flächen werden heute und zukünftig gebraucht?
  - ☐ Kennzahlen Flächenverhältnisse: Verhältnis Mietfläche/Bruttogeschossfläche: Effiziente Flächen stehen im Verhältnis von 0,85 oder höher. Verhältnis Hauptnutzfläche/Mietfläche: Verhältnis von 0,75 oder höher.
- ☐ Wie soll welcher Teil der Fläche genutzt werden?
  - ☐ Flächenbedarf pro Mitarbeiter: Als Durchschnittswert werden meist 20 m² – 25 m² je Mitarbeiter angenommen. Gerade bei vielen Mitarbeitern und größeren Flächen können bereits geringe Reduzierungen zu Einsparungen von mehreren Hunderttausend Euro (auf die Mietzeit gerechnet) führen.

Beispiel:

50 Mitarbeiter, Mietvertrag mit Laufzeit fünf Jahre

Flächenbedarf 25 m²/Mitarbeiter, 14,00 €/m² = 1.050.000,00 € über fünf Jahre

Flächenbedarf 20 m²/Mitarbeiter 14,00 €/m² = 840.000,00 € über fünf Jahre

Einsparung: 210.000,00 € über fünf Jahre = 20 %

- ☐ Bauliche Gegebenheiten: Kann frei umgebaut/neu eingeteilt werden oder sind es feste Raumstrukturen, Rastermaße etc.?
- ☐ Was kostet eine fristgemäße Beendigung des Mietverhältnisses und eine anschließende optimierte Neuanmietung?
- ☐ Was kostet eine vorzeitige Beendigung des Mietverhältnisses und eine sofortige optimierte Neuanmietung?
- ☐ Was könnte den Vermieter bewegen, dem Mieter entgegenzukommen?
- ☐ Welche Flächen könnten wann und zu welcher erzielbaren Miete untervermietet werden?

2. Vertragliche Vereinbarung der Größe der Mietfläche, Beschaffenheitsvereinbarung

Abweichungen der tatsächlichen Größe von der vereinbarten Größe können ein Mangel der Mietsache gem. § 536 Abs. 1 BGB oder ein dem gleichstehendes Fehlen einer vertraglich zugesicherten Eigenschaft gem. § 536 Abs. 2 BGB sein (zu den Rechten/Rechtsfolgen dazu → Rn. 2135 ff.). Voraussetzung ist aber, dass die Größe überhaupt zur vertraglichen **Soll-Beschaffenheit** gehört und nicht bloß eine unverbindliche Objektbeschreibung ist. 635

636 Das ist immer der Fall, wenn eine ausdrückliche Zusicherung des Vermieters vorliegt. In der Praxis ist dies aber selten. Die **Zusicherung einer Eigenschaft** setzt voraus, dass eine Partei die Gewähr für das Vorhandensein der Eigenschaft derart übernommen hat, dass sie für diese unbedingt einstehen will (i.S.e. Garantie).[1147] Eine Zusicherung der Größe kann nur dann angenommen werden, wenn der Vermieter durch eine ausdrückliche oder stillschweigende Erklärung zum Ausdruck bringt, dass er für die angegebene Größe und alle Folgen einer nachteiligen Abweichung garantiemäßig, also auch ohne Verschulden, einstehen will. Der Sinn und Zweck einer solchen Zusicherung besteht darin, dem Empfänger ohne eigene Ermittlungen die Gewähr dafür zu geben, dass die Sache diejenigen Eigenschaften besitzt, die der Zusicherung entsprechen.[1148] Auch wenn es dem Mieter beim Abschluss des Mietvertrages gerade auf die Größe ankommt, kann eine Zusicherung des Vermieters erst angenommen werden, wenn er zumindest konkludent erklärt hat, die Haftung dafür übernehmen zu wollen. Selbst die Angabe einer bestimmten Wohnfläche in der Mietvertragsurkunde brächte ein solches Einstehenwollen des Vermieters noch nicht zum Ausdruck. Vielmehr müssen Umstände hinzutreten, die erkennen lassen, dass der Vermieter über die Beschreibung der Mietsache hinaus garantiemäßig haften will. Auch die konkrete Angabe der Mietfläche im Mietvertrag stellt daher grds. **keine Zusicherung einer Eigenschaft** nach § 536 Abs. 2 BGB dar, weil der „Einstandswille" daraus nicht ohne Weiteres deutlich wird. Erst recht fehlt es daran bei Angabe einer ungefähren Größe. Eine Circa-Angabe der Mietfläche enthält daher keine Zusicherung einer Eigenschaft des Mietobjekts.[1149]

637 Eine **Beschaffenheitsvereinbarung** und damit zumindest die **mittelbare vertragliche Vereinbarung** einer bestimmten Größe liegt in folgenden Fällen vor:
- exakte Angabe der Quadratmeter,[1150]
- Circa-Angabe,[1151]
  – Vereinbarung einer m²-Miete,
  – Beschreibung der Räume im Mietvertrag mit Bezugnahme auf die als wesentliche Bestandteile beigefügten Grundrisspläne[1152] (Abweichungen der tatsächlichen Größe von der Größe, die sich aus den Grundrissplänen ergibt, können deshalb Fehler der Mietsache sein),
  – bei Vermietung vom Reißbrett: Eine vertragliche Vereinbarung ergibt sich außerhalb des geschlossenen Vertrages bereits daraus, dass dem Bauantrag eine konkrete Flächenberechnung beigefügt wird. Damit sind diese Flächengrößen auch „vereinbart", wenn sie

---

1147 BGH, 30.11.1990 – V ZR 91/89, NJW 1991, 912.
1148 BGH, 04.05.2005 – XII ZR 254/01, NZM 2005, 500 = GuT 2005, 163 = InfoM 2005, 145 = MDR 2005, 975; LG Gießen, 08.10.2003 – 1 S 243/03, WuM 2004, 89 = ZMR 2004, 114 = MDR 2004, 147 (Wohnraum).
1149 BGH, 04.05.2005 – XII ZR 254/01, NZM 2005, 500 = GuT 2005, 163 = InfoM 2005, 145 = MDR 2005, 975.
1150 BGH, 23.05.2007 – VIII ZR 138/06, NZM 2007, 594 = WuM 2007, 450 = ZMR 2007, 681 = NJW 2007, 2626 (Wohnraum).
1151 KG, 01.11.2005 – 8 U 125/05, NZM 2006, 296.
1152 BGH, 04.05.2005 – XII ZR 254/01, NZM 2005, 500 = GuT 2005, 163 = InfoM 2005, 145 = MDR 2005, 975.

durch eine zum (Miet-/Pacht-) Vertrag gehörende Bau- und Leistungsbeschreibung bzw. die zum Bauantrag gehörenden Pläne maßgeblich sein sollen.[1153]

Keine Beschaffenheitsvereinbarung liegt in folgenden Fällen vor: 638
- Fehlende explizite Angabe der Fläche im Vertrag.[1154]
- Fläche wird außerhalb des Vertrags angegeben (Annoncen, Maklerexposé, sonstige Beschreibungen);[1155] Ausnahme: Vermietung vom Reißbrett, s.u. → *Rn. 669 f.*
- Ergänzung einer Flächenbeschreibung oder m²-Angabe mit folgendem Zusatz: „*Diese Angabe dient wegen möglicher Messfehler nicht zur Festlegung des Mietgegenstandes. Der räumliche Umfang der gemieteten Sache ergibt sich vielmehr aus der Anzahl der vermieteten Räume.*"[1156]

Enthält der **Mietvertrag keine Angaben zur Größe**, kann sich eine Vereinbarung ausnahmsweise auch aus externen Umständen ergeben, wenn die Parteien diese nachweisbar zum Vertragsinhalt gemacht haben. I.d.R. haben solche Umstände aber nur eine Indizwirkung, und es ist erforderlich, dass „aus dem Mietverhältnis heraus" ein weiteres Indiz vorliegt, dass auch der Vermieter von einer bestimmten Größe ausgeht. 639

Beispiele:

Mieter kann vorvertragliche Besprechungen über die Flächengröße durch Zeugen beweisen, und der Vermieter hat Betriebskosten nach Quadratmetern abgerechnet.

Es existiert ein Exposé mit genauen Flächenangaben und Abrechnung der Betriebskosten wie hiervor.

In diesem Sinne hat der BGH in einer neueren Entscheidung die **Möglichkeit einer konkludenten Vereinbarung** deutlich erweitert und diese auch auf vorvertragliche Umstände erstreckt. Sind die Parteien vor Abschluss des schriftlichen Mietvertrags übereinstimmend von einer bestimmten Wohnungsgröße ausgegangen, so kann diese stillschweigend vereinbart sein, auch wenn der Mietvertrag hierzu keinerlei Angaben enthält.[1157] Man muss allerdings berücksichtigen, dass in der BGH-Entscheidung v. 23.06.2010 die Umstände, die für eine konkludente Beschaffenheitsvereinbarung sprachen, außergewöhnlich stark waren, weil die Maklerin des Vermieters nicht nur Angaben zur Fläche in einem Zeitungsinserat gemacht hatte, sondern der Mieter vor Vertragsabschluss auch noch eine Grundrissskizze und eine Wohnflächenberechnung übergeben bekam. Diese zu Wohnraum ergangenen Grundsätze sind auf die gewerbliche Miete und Pacht übertragbar. 640

Es stellt sich die Anschlussfrage, ob wegen der Entscheidung des BGH v. 23.06.2010 auch ohne die dortigen „starken" Argumente eine konkludente Beschaffenheitsvereinbarung allein durch eine konkrete Flächenangabe (etwa in einer Annonce, einem Exposé) zustande kommt. Dies wird i.d.R. der Fall sein, weil einmal mitgeteilte Flächenangaben in der Praxis von bei- 641

1153 BGH, 14.05.1998 – III ZR 229/97, BauR 1998, 1117 (LS) = NJW-RR 1998, 1169, 1170 = NZM 1998, 777 = WM 1998, 1497.
1154 LG Gießen, 08.10.2003 – 1 S 243/03, WuM 2004, 89 = ZMR 2004, 114 = MDR 2004, 147 (Wohnraum).
1155 LG Dortmund, 05.06.2007 – 1 S 96/06, WuM 2007, 503.
1156 BGH, 10.11.2010 – VIII ZR 306/09, MDR 2011, 20 = NJW 2011, 220.
1157 BGH, 23.06.2010 – VIII ZR 256/09, IMR 2010, 361 = InfoM 2010, 264 (Wohnraum).

den Parteien normalerweise als nicht mehr diskussionswürdig und damit „feststehend" behandelt werden, sodass während der **Vertragsverhandlungen** meist schlicht kein Anlass für eine Diskussion über die Größenangabe besteht und der Mieter sie als vertragliche Beschaffenheit hinnimmt.[1158] Anders ist dies, wenn der Vermieter die Fläche ausdrücklich als unverbindlich gekennzeichnet oder beworben hat, wozu auch schon ein **„circa"-Zusatz** ausreichen kann, denn dann können beide Parteien nicht mehr von einer exakten Größe ausgehen. Im Fall einer eindeutigen Angabe brauchen sich die Parteien hingegen nicht mehr ausdrücklich darüber zu einigen, dass Flächenangaben nicht bloß der Beschreibung des Mietobjekts dienen, sondern vielmehr die geschuldete Beschaffenheit festlegen.[1159]

642 Die vor Vertragsunterzeichnung ggf. auch konkludent getroffene Beschaffenheitsangabe kann durch den Miet- oder Pachtvertrag geändert (und damit im Normalfall: aufgehoben) werden. Dies folgt bereits daraus, dass bei einem schriftlichen Mietvertrag grds. die Vermutung der Vollständigkeit besteht und die konkludente Vereinbarung der Fläche sich auf einen Zeitpunkt bezieht, der vor Vertragsunterzeichnung liegt. Erforderlich ist dann, dass der Vertrag ausdrücklich eine Regelung zur Fläche enthält. Findet sich nichts dazu, kann die einmal getroffene Vereinbarung auch nicht geändert werden.[1160] Enthält der Vertrag nur eine **AGB-Regelung** (etwa: „Sämtliche Flächenangaben sind Circa-Werte und damit unverbindlich"), erfolgt keine Änderung der früheren Vereinbarung, weil diese als Individualabrede gem. § 305b BGB Vorrang vor der Formularklausel hat.

643 Dem entsprechend hat der BGH festgestellt, dass **Zweifel an einer konkludenten Vereinbarung** „allenfalls" dann bestehen können, wenn der formularmäßige Vertragstext Angaben zur Wohnfläche vorsähe und die betreffende Textpassage gestrichen oder bewusst nicht ausgefüllt worden wäre.[1161] Dies muss man so interpretieren, dass beim Streichen einer Passage oder dem bewussten Nichtausfüllen (nicht: Übersehen!) eine Erklärung mit dem Inhalt vorliegen kann, eine bestimmte Flächengröße gerade nicht vereinbaren zu wollen. Vertreten wird, dass es sich dabei (trotzdem) um eine formularmäßige Erklärung handeln soll, die gem. § BGB § 305b BGB (Vorrang der Individualabrede) die frühere, konkludent getroffene Beschaffenheitsvereinbarung nicht abändern könnte.[1162] Das ist jedoch abzulehnen, da das **bewusste Streichen oder Nichtausfüllen einer Passage** im Mietvertrag eine auf den Einzelfall bezogene Erklärung darstellt und nicht dadurch AGB-Charakter erlangt, dass die zugrunde liegende Klausel eine AGB ist. Derartige Handlungen heben daher als (neue) Individualvereinbarung die früher getroffene Beschaffenheitsvereinbarung auf. Entsprechendes gilt, wenn die Parteien eine andere Individualabrede zur Fläche im Mietvertrag treffen.

644 Zusammengefasst gilt Folgendes: Man kann heutzutage nicht mehr davon ausgehen, dass die Angabe der Quadratmeter nur eine bloße Beschreibung darstellt.[1163] Die im Mietvertrag auf-

---

1158 Ebenso Streyl, NZM 2010, 606.
1159 Streyl, NZM 2010, 606.
1160 BGH, 23.06.2010 – VIII ZR 256/09, IMR 2010, 361 = InfoM 2010, 264 (Wohnraum).
1161 BGH, 23.06.2010 – VIII ZR 256/09, IMR 2010, 361 = InfoM 2010, 264 (Wohnraum).
1162 Streyl, NZM 2010, 606.
1163 So aber OLG Rostock, 03.12.2001 – 3 U 153/00, NZM 2003, 25.

geführte Größe ist vielmehr grds. verbindlich und nicht nur bloße Objektbeschreibung.[1164] An einer Verbindlichkeit fehlt es nur dann, wenn die Parteien im Vertrag deutlich machen, dass sie die Größe als bloße Schätzung qualifizieren, als unverbindliche Größenordnung verstehen, als Fiktion unabhängig von der tatsächlichen Größe betrachten oder aus sonstigen Gründen als unverbindlich behandeln.[1165] Liegt jedoch bereits eine vorvertragliche (auch konkludente) Flächenvereinbarung vor, kann dies nach neuerer Rechtsprechung[1166] wegen § 305b BGB nur dann gelten, wenn die vertraglichen Regelungen keine AGB sind.

> **Hinweis:**
> Wer eine detaillierte Flächenberechnung übergibt, muss sich nach der neueren Rechtsprechung des BGH, nach der auch konkludente Flächenvereinbarungen möglich sind,[1167] i.d.R. daran festhalten lassen, wenn er sie nicht ausdrücklich als unverbindlich bezeichnet. Indizien für eine konkludente Flächenvereinbarung außerhalb des Mietvertrages können bspw. sein:
> - Übergabe von Plänen/Skizzen mit Flächenangaben,
> - Werbeanzeige mit Flächenangabe,
> - Vorlage früherer Nebenkostenabrechnungen mit Abrechnung nach Fläche vor Vertragsschluss.
>
> Indizien, die gegen eine konkludente Flächenvereinbarung sprechen, sind hingegen:
> - Vereinbarung einer Pauschalmiete,
> - Circa-Angabe der Größe,
> - Keine Bezugnahme auf Pläne und Zeichnungen etc.,
> - Fehlende Besichtigung vor Anmietung,
> - Erklärung des Mieters, auf die genaue Größe komme es ihm nicht an.
>
> Vereinbaren die Parteien eine Pauschalmiete „kombiniert" mit anderen Indizien wie etwa Circa-Angabe, keine Bezugnahme auf Pläne und Zeichnungen etc. oder fehlt sogar eine Besichtigung vor Anmietung, so muss man davon ausgehen, dass die Größe keine Rolle für die Soll-Beschaffenheit spielt.
>
> Der bloße Verzicht auf Flächenangaben im Vertrag stellt nach der neueren Rechtsprechung kein sicheres Mittel mehr dar, um Flächendiskussionen vorzubeugen, wenn Indizien vorliegen, die für eine (zeitlich davor erfolgte) konkludente Festlegung der Größe sprechen. Fehlt es jedoch daran, ist hingegen das Nichtausfüllen von vorgedruckten Flächenangaben im Vertrag ein Indiz für den fehlenden Bindungswillen der Parteien. Um die Annahme einer konkludenten Flächenvereinbarung auszuschließen, kann im Mietvertrag durch Individualabrede ausdrücklich festgehalten werden, dass eine bestimmte Fläche nicht verein-

---

1164 BGH, 28.09.2005 – VIII ZR 101/04, NZM 2005, 861 = WuM 2005, 712 (Wohnraum).
1165 BGH, 28.09.2005 – VIII ZR 101/04, NZM 2005, 861 = WuM 2005, 712 = InfoM 2005, 288 (Wohnraum).
1166 BGH, 23.06.2010 – VIII ZR 256/09, IMR 2010, 361 = InfoM 2010, 264 (Wohnraum).
1167 BGH, 23.06.2010 – VIII ZR 256/09, IMR 2010, 361 = InfoM 2010, 264 (Wohnraum).

bart ist. Aus Sicht des Vermieters sollte dieser Hinweis sogar bereits vorher in den Plänen/Skizzen/Flächenberechnungen enthalten sein, da bei einer formularmäßigen Regelung nur im Mietvertrag mündliche, auch konkludente Vereinbarungen Vorrang vor der formularmäßigen Regelung haben (§ 305b BGB). Daher wäre auch eine Mietvertragsklausel, nach den Angaben zur Fläche in Anzeigen, Exposés usw. unbeachtlich sind, nachrangig.

Eine konkludent vereinbarte (und damit nicht im Vertragstext dokumentierte) Flächengröße wird im Regelfall als ein wesentlicher Vertragspunkt zu bewerten sein. Damit besteht in diesen Fällen die Gefahr, dass bei langfristigen Verträgen die Schriftform des § 550 BGB verletzt ist (ausführlich → *Rn. 344 f.*).

Zu Ausschluss- und Toleranzklauseln → *Rn. 2143 ff.*

Zur Berechnung der Größe und entsprechende Vereinbarungen s. nachfolgend → *Rn. 645 ff.*

3. Flächenberechnungsmethoden

a) Überblick

645 In der Immobilienbranche werden mehrere Berechnungsmethoden für die Flächenberechnung angewendet, die bei demselben Objekt zu unterschiedlichen Ergebnissen führen können. Es existiert weder eine gesetzliche Vorschrift, bestimmte Berechnungsmethoden zu vereinbaren noch eine allgemein übliche Vorgehensweise. Es lassen sich allenfalls bestimmte Tendenzen in der Immobilienwirtschaft festmachen, wonach es aktuell so aussieht, dass die sog. gif-Richtlinien (Abdruck dazu → *Rn. 717*) öfter als andere Berechnungsmethoden angewendet und vereinbart werden. Speziell bei der Vermietung von Bürogebäuden und von Handelsräumen ist die Anwendung der DIN 277 in den letzten Jahren zurückgegangen, da die Richtlinien der gif-Gesellschaft für immobilienwirtschaftliche Forschung e.V. seit Mitte der neunziger Jahre eine starke Verbreitung und Akzeptanz erhalten haben.

646 Für deutsche Gewerbeimmobilien werden v.a. **folgende Berechnungsarten** zur Bestimmung der Fläche angewendet:
- DIN 277 Teil 1 (Grundflächen und Rauminhalte von Bauwerken im Hochbau),
- Flächenberechnungsmethoden der Gesellschaft für immobilienwirtschaftliche Forschung e.V. (gif; im Internet unter *www.gif-ev.de*; die Richtlinie ist mit freundlicher Genehmigung der gif e.V. [Geschäftsstelle, Wilhelmstraße 12, 65185 Wiesbaden, E-Mail *info@gif-ev.de*] unter → *Rn. 717* abgedruckt),
- selten auch die Wohnflächenverordnung (WoFlV),
- selten die DIN 283 (seit 1983 nicht mehr gültig, aber dennoch frei vereinbar und womöglich in Altverträgen noch als Berechnungsmethode aufgeführt),
- Berechnung nach Achsmaß (manchmal bei noch zu errichtenden Gebäuden; sinnvoll bei „einfachen" Grundrissen wie Lagerhallen).

647 Mögliche **andere Vereinbarungen** sind z.B.:
- Bruttogrundfläche (= Summe der Grundflächen aller Grundrissebenen),

- Bodenfläche (mit/ohne Abzug von Seitenwänden und Schrägen),
- Nettogrundfläche (= nutzbare Grundfläche, also nach Abzug von Zwischenwänden, Stützen etc.),
- Verkehrsflächen (= Flächen der Nettogrundfläche, die dem Zugang zum und dem Verkehr im Gebäude dienen),
- Funktionsflächen als Standort betriebstechnischer Anlagen.

> **Hinweis:**
> Für welche Berechnungsmethode man sich auch entscheidet, die vertragliche Fixierung weist bei Differenzen den Weg, den ein Sachverständiger zu beschreiben hat, um die tatsächliche Größe zu klären. Je klarer die Definition, desto weniger Anlass für Streit.

Die folgenden Ausführungen beziehen sich auf die gängigsten Regelungen (Richtlinien der gif, DIN 277).

b) Wesentliche Inhalte von gif und DIN 277 und Unterschiede

Richtlinien der gif (Grundsätzliches):

Ziel der GIF-Richtlinien zur Berechnung der Mietfläche für gewerblichen Raum (MF-G) ist es, klare Vorgaben für die anrechenbaren Flächen von vermietetem Gewerberaum zu haben und eine Bewertung der Mietflächen unter wirtschaftlichen Kriterien zu ermöglichen.[1168] Aufmaß, Berechnung und Dokumentation von Mietflächen erfolgten bis zum 01.11.2004 nach der Richtlinie zur Berechnung der Mietfläche für Büroraum (MF-B, seit 1996) und Handelsraum (MF-H, seit 1997). Diese wurden zum 01.11.2004 durch die Richtlinie zur Berechnung der Mietfläche für gewerblichen Raum (MF-G) ersetzt, die Bezug auf die DIN 277 in der ab 2005 gültigen Fassung nimmt.

Grds. werden die Flächen wie folgt berücksichtigt:

> Bruttogeschoss- bzw. -grundfläche
>
> ./. Konstruktionsfläche (Außenwände + feste Innenwände)
>
> = Nettogeschossfläche
>
> ./. zentrale Funktions- und Technikflächen (Schächte, Treppenhäuser usw.)
>
> = Mietfläche
>
> ./. Verkehrsfläche (Aufzugsvorräume, Flure, Gänge etc.)
>
> ./. Nebennutzfläche (z.B. WC-Anlagen)
>
> = Hauptnutzfläche (Büroräume, Nebenräume etc.)

[1168] LG Hildesheim, 27.08.2009 – 4 O 376/08, InfoM 2010, 276 = MDR 2010, 316; Langenberg, Betriebskostenrecht, F Rn. 33 „Umlageschlüssel".

651　In der Version vom Februar 2005 wird unterschieden zwischen Brutto-Grundfläche (BGF), Konstruktions-Grundfläche (KGF) und Netto-Grundfläche (NGF). Die Netto-Grundfläche gliedert sich in Nutzfläche, Technische Funktionsfläche und Verkehrsfläche.

652　Die MF-G ist in verschiedene Flächenarten gegliedert. Dies sind: MF-0 (keine Mietfläche: technische Funktionsflächen, Verkehrsflächen und Konstruktions-Grundflächen, jeweils wieder weiter definiert), MF-G (Mietfläche nach gif), die wiederum gegliedert ist nach MF-G1 (exklusive Nutzung) und MF-G2 (gemeinschaftliche Nutzung).

653　Die Flächenermittlung nach MF-G erfolgt grds. wie folgt: Die Grundflächen werden direkt über dem Fußboden innerhalb der fertigen Oberflächen erfasst. Fußleisten, Schrammborde sowie nicht raumhohe Vorsatzschalen und Einbauten werden nicht berücksichtigt. Es ist bis an alle raumbegrenzenden Bauteile einschließlich raumhoher Bekleidungen zu messen. Bei Vorhangfassaden mit bodengleichen, waagerechten Tragprofilen ist bis an die Innenseite der Verglasung zu messen. Senkrechte Fassadenprofile bleiben im Grundriss unberücksichtigt. Glasfassaden bis zur Scheibe (bodengleich) und senkrechte Fassadenprofile von Vorhangfassaden zählen zur Mietfläche.

654　In der MF-B war geregelt, dass Flächen mit einer lichten Raumhöhe von 1,50 m oder weniger nicht zur Mietfläche zählen. Diese Regelung gibt es in der MF-G nicht mehr. Flächen mit lichter Raumhöhe von 1,50 m und weniger zählen also zur Mietfläche und sind gesondert auszuweisen.

> **Hinweis:**
> Sowohl bei der Vereinbarung der Berechnungsmethode als auch bei der Überprüfung bestehender Verträge ist darauf zu achten, dass sich die gif-Richtlinien 2004 bzw. 2005 geändert haben und die MF-B (Büroräume) und MF-H entfallen sind. Dies ändert aber nichts daran, dass diese Methoden nach wie vor als Berechnungsgrundlage gehandhabt und vereinbart werden können.

655　**DIN 277**, Grundflächen im Hochbau:

In der DIN 277 wird auch die Berechnung der Grundflächen von Bauwerken oder von Teilen von Bauwerken geregelt. In der Version von 2005 wird unterschieden zwischen Brutto-Grundfläche (BGF), Konstruktions-Grundfläche (KGF) und Netto-Grundfläche (NGF). Letztere gliedert sich in Nutzfläche, Technische Funktionsfläche und Verkehrsfläche.

656　Bei der Ermittlung der Grundflächen sind eine Reihe von Vorgaben zu beachten (z.B. Überdeckungen, Umschließungen). Bei der Berechnung der Nettogrundfläche nach DIN 277-1 ist streitig, ob die Flächen unter nicht tragenden Innenwänden grds. nicht zu berücksichtigen sind, was sich aus dem Wortlaut der DIN selbst allerdings nicht ohne Weiteres ergibt.[1169]

1169　Vgl. hierzu bspw. OLG Düsseldorf, 13.01.1994 – 10 U 62/93, WE 1995, 373 und KG, 17.05.2010 – 12 U 211/08, GuT 2010, 192 = IMR 2010, 426.

Unterschiede in den Berechnungsmethoden (Auszüge):

	Richtlinien der gif (Stand: vor 2004/2005)	DIN 277
Grundfläche	Alle Bauteile innerhalb einer sog. „Mietflächenbegrenzungslinie" (ML), die eine Grundfläche von mehr als 0,25 m² haben, werden gemessen.	Drei Definitionen: Bruttogrundfläche (BGF), Konstruktionsgrundfläche (KGF), Nettogrundfläche (NGF).
		Maßgeblich sind BGF und NGF.
	Die ML bezieht die Grundflächen von Außenflächen mind. zu 50 %, die von Frontwänden zu 100 % ein.	BGF: die Grundfläche aller aufgehenden Bauteile (Wände, Pfeiler etc.) wird mitgerechnet.
	Sonderregelungen für Bedienflächen, Abstandsflächen bei Theken etc.	NGF: Grundflächen aufgehender Bauteile werden nicht erfasst, d.h. nur Grundflächen **zwischen** den Bauteilen werden gemessen.
Raumhöhe	Grundflächen in Räumen oder Raumteilen mit einer Höhe von weniger als 1,50 m sind nicht anzurechnen.	BGF: Alle Flächen werden einbezogen, unabhängig davon, ob es sich um Schrägen oder niedrige Decken handelt.
	Alles, was höher als 1,50 m ist, ist voll anzurechnen.	NGF: Räume oder Raumteile mit Raumhöhe von über 1,50 m bzw. unter 1,50 m müssen getrennt ermittelt werden. Keine Quotenvorgabe, wie Räume unter 1,50 m angerechnet werden (= Parteivereinbarung).
Begrenzungen, Überdeckungen	Alle Flächen, die innerhalb der ML liegen, werden voll angerechnet.	BGF und NGF sind für folgende drei Bereiche separat zu ermitteln.
	Dies gilt auch für nicht mitvermietete Außenflächen, wenn sie überdacht und als Verkaufsfläche geeignet sind.	Überdeckt und von allen Seiten in voller Höhe umschlossen (= i.d.R. normaler Raum).
		Überdeckt, aber nicht allseitig in voller Höhe umschlossen.
		Nicht überdeckt (z.B. Terrasse).
		Keine Quotenvorgabe zur Anrechnung (= Parteivereinbarung).

Nebenräume (Garagen, Abstellräume, Keller etc.)	Differenzierung zwischen Haupt- und Nebennutzfläche, Funktionsfläche und Verkehrsfläche.	Neben- oder Zubehörräume sind in BGF und NGF enthalten.
	Volle Anrechnung, wenn alleinige Nutzung durch Mieter.	Die NGF spaltet sich aber in Nutzfläche (bestehend aus Haupt- und Nebennutzfläche), Funktionsfläche und Verkehrsfläche auf.
		Keine Quotenvorgabe zur Anrechnung (= Parteivereinbarung).
Funktionsflächen	Es wird danach unterschieden, ob sie primär dem Gebäudebetrieb dienen oder individuelle Nutzungsanforderungen des Mieters unterstützen.[1]	Funktionsflächen, die der Unterbringung betriebstechnischer Anlagen dienen, in die Nettoflächenberechnung voll einberechnet, eine Differenzierung im Rahmen einer unterschiedlichen Nutzbarkeit der einzelnen Flächen erfolgt nicht.[2]

[1] LG Hildesheim, 27.08.2009 – 4 O 376/08, InfoM 2010, 276 = MDR 2010, 316; Langenberg, Betriebskostenrecht, F Rn. 33 „Umlageschlüssel".

[2] LG Hildesheim, 27.08.2009 – 4 O 376/08, InfoM 2010, 276 = MDR 2010, 316; Langenberg, Betriebskostenrecht, F Rn. 33 „Umlageschlüssel".

c) Vertragliche Vereinbarung einer Berechnungsmethode

658 Gewerbliche Mietvertragspartner sind vollkommen frei, ob und welche Methode sie vereinbaren. Eine vertragliche Festlegung ist äußerst sinnvoll, um Streit zu vermeiden. Sie kann ausdrücklich oder konkludent erfolgen und ist ggf. durch Auslegung zu ermitteln. Die Parteien sollten eine klare Vereinbarung im Mietvertrag zur Berechnungsmethode treffen. Keiner der Berechnungswege ist ein Muss. Dies gilt sowohl für eine Vermietung vom Reißbrett, bei der die exakte Größe erst nach Fertigstellung bestimmt werden soll, als auch für alle „Risikofaktoren" im laufenden Mietverhältnis, wie Berechnung der Miete und Nebenkosten nach Quadratmetern, geringere Miethöhe für Nebenflächen usw. Zu beachten ist dabei, dass eine falsche Begriffswahl in Verknüpfung mit einem Quadratmeterpreis schnell zu unerfreulichen Ergebnissen für eine der Seiten führen kann.

> *Beispiel:*
>
> *Sind sich die Parteien nicht über den Begriff „Nutzfläche" im Klaren, kann dies für den Vermieter Einbußen bedeuten, wenn der Mieter nur 75 % der Miete bezahlt, weil er auch nur 75 % der Fläche real nutzt, weil die anderen 25 % durch Zwischenwände, Funktionsflächen u.Ä. „verbaut" sind.*

659 Für Vermieter von Einzelhandelsflächen dürfte grds. eher die gif-Methode vorteilhafter sein, während sich für den Mieter in Einzelfällen (viele Schrägen, lichte Raumhöhe unter 1,50 m etc.) Vorteile aus der DIN 277 ergeben können.

Bei noch nicht errichteten Objekten sollte vertraglich vereinbart werden, mit welcher Methode ein künftiges Aufmaß durchgeführt wird (Arbeits- und Beratungshilfen → Rn. 717). Im Fall der Herrichtung der Mietsache nach den Vorgaben des Mieters ist nicht ungewöhnlich, dass die Parteien die gesamte Innenfläche der Mietzahlungspflicht unterstellen wollen.[1170] Der Vermieter sollte darauf achten, dass seine **Gewährleistung für die Flächenangaben vertraglich ausgeschlossen** wird. Erfolgt dies nicht individualvertraglich, empfiehlt sich eine Klausel, die Abweichungen von plus/minus x % für unbeachtlich erklärt. Da die Rechtsprechung bereits bei 10 % Flächenabweichung einen Mangel generell bejaht, ohne dass eine Gebrauchsbeeinträchtigung vorliegen muss, sollte die Zahl nicht zu hoch gegriffen werden. AGB-Klauseln, die Abweichungen von bis zu 5 % für unbeachtlich erklären, sind wirksam, weil bei diesen Abweichungen die dem Vermieter nach § 535 BGB obliegende Pflicht, ein Objekt in einem zum vertragsgemäßen Gebrauch geeigneten Zustand zur Verfügung zu stellen, nur ganz unwesentlich beeinträchtigt wird.

660

> **Praxistipp:**
>
> Es sollte im Mietvertrag klargestellt werden, dass die Flächenangaben und die Berechnungsmethode für alle Berechnungen maßgeblich sind, also bspw. Miethöhe und Berechnung der Nebenkosten (sofern diese ganz oder z.T. nach Fläche erfolgen).

> **Hinweis:**
>
> Für welche Berechnungsmethode man sich auch entscheidet, die vertragliche Fixierung weist bei Differenzen den Weg, den ein Sachverständiger zu beschreiben hat, um die tatsächliche Größe zu klären. Je klarer die Definition, desto weniger Anlass für Streit.

d) Fehlende Vereinbarung und Bestimmung der Berechnungsmethode

Seitdem der BGH in seinen Urteilen aus 2004 und 2005 eine mehr als 10 %ige Flächenabweichung generell als Mangel bewertet (d.h. auch ohne Nachweis einer konkreten Gebrauchsbeeinträchtigung; ausführlich zu den Rechten/Rechtsfolgen → Rn. 2135 ff.), häufen sich die Fälle, in denen Mieter „nachrechnen", sei es um Miete zu sparen und auch gem. § 812 BGB zurückzufordern oder eine Überzahlung gegen die Miete aufzurechnen, sei es um möglicherweise aus langfristigen Mietverträgen mit dem Kündigungsgrund der §§ 543 Abs. 2 Nr. 1, 578 Abs. 2 BGB (Entzug des vertragsgemäßen Gebrauchs) herauszukommen.

661

Enthält der Vertrag eine konkrete Berechnungsmethode und beruft sich eine der Parteien (lediglich) darauf, es sei seinerzeit falsch gerechnet worden (d.h. Kalkulationsfehler oder Außerachtlassung verbindlicher Berechnungsgrundlagen), so kommt ein Rückforderungs- bzw. Mietreduzierungsanspruch in Betracht.[1171] Zugrunde zu legen ist die ausdrücklich oder konkludent vereinbarte Flächenberechnungsmethode.[1172] Ggf. ist durch **Auslegung nach den §§ 133, 145 BGB** zu ermitteln, welche Methode von den Parteien bei Vertragsabschluss als vertragsgemäß

662

1170 KG, 17.05.2010 – 12 U 211/08, GuT 2010, 192 = IMR 2010, 426 unter II 1a: Streit über Flächen unter nicht tragenden Stellwänden.
1171 Zu prüfen sind ggf. Verjährung bzw. Verwirkung.
1172 BGH, 23.05.2007 – VIII ZR 231/06, NZM 2007, 595 (Wohnraum).

gewollt war. Dabei können alle, auch außerhalb des Vertrages liegende Umstände (Verhandlungsprotokolle, Pläne, Schriftverkehr) herangezogen werden.

663 Maßgeblich für die Bestimmung der Fläche ist grds. die **Nutzfläche**, sofern keine ausdrückliche andere Vereinbarung vorliegt. Dies ist die vollnutzbare Betriebsfläche, der auch ein wirtschaftlicher Nutzwert zukommt.[1173] Spricht der Mietvertrag allein von einer Nutzfläche, ist damit nicht die Hauptfläche (bspw. Ladenfläche) als solche allein gemeint, sondern vielmehr die gesamte angemietete Fläche, also bspw. einschließlich der Kellerräume, die der Mieter zu eigenen Zwecken nutzen kann.[1174]

664 Werden **Ladenräume zum Betrieb eines Lebensmitteleinzelhandels** vermietet und dem Mieter zusätzlich nur über das allgemeine Treppenhaus zugängliche Kellerräume zum alleinigen Gebrauch (Heizung, Kühlaggregate) überlassen, so gehören die Kellerräume zur Nutzfläche des Mietobjekts. Das gilt auch dann, wenn es im Mietvertrag heißt: *„Die Nutzfläche beträgt 175 qm²"* und die Objektbeschreibung neben *„Ladenfläche mit Schaufenster"* auch *„Zubehör 2 Kellerräume"* anführt.[1175]

665 Haben die Parteien eines Gewerbemietvertrages die Höhe der Miete an die – nach Fertigstellung endgültig aufzumessende Nettogrundfläche nach DIN 277 geknüpft und sind sie bei Vertragsschluss davon ausgegangen, dass die gesamte in dem Gebäude nutzbare Fläche einschließlich der Flächen unter nicht tragenden Innenwänden die Netto-Grundfläche nach DIN 277 darstellt, so ist diese Fläche für die Höhe der an die Mietfläche geknüpften Miete maßgeblich.[1176]

666 Haben sich die Parteien ersichtlich keine Gedanken gemacht, sodass auch die Auslegung zu keinem Ergebnis führt, kommt ausnahmsweise auch eine **ortsübliche Berechnungsmethode** als verbindlich in Betracht. Eine solche gibt es aber angesichts der unterschiedlichen in der Immobilienwirtschaft gängigen Berechnungsmethoden normalerweise nicht. So wie es keine allgemein verbindliche Mindest- oder Durchschnittsmiete oder einen „Mustermietvertrag" für Gewerberaum gibt, existiert auch keine allgemein verbindliche Flächenberechnungsmethode, die als „Auffang-Vereinbarung" zugrunde zu legen ist.

> *Beispiel:*[1177]
>
> *Für die Berechnung der tatsächlich nutzbaren Fläche von Gewerberäumen sind die Grundsätze der Wohnflächenberechnung nach §§ 43, 44 der II. Berechnungsverordnung nicht einschlägig; es besteht auch keine bundesweit übliche Praxis, Flächen mit einer lichten Höhe von 1,68 m nicht voll und Raumteile mit einer Höhe bis 1,50 m überhaupt nicht oder nur zu 1/2 auf die Nutzfläche von Gewerberäumen anzurechnen.*
>
> *Da bei Vermietung von Gewerberaum nicht eine Wohn-, sondern die Nutzfläche maßgeblich ist, kann der Mieter derartiger Räume nicht erwarten, dass im Vertrag bezeichnete Flächen wie eine „Wohnfläche" berechnet werden (§§ 133, 157 BGB).*

1173 LG Hildesheim, 27.08.2009 – 4 O 376/08, GuT 2010, 194 = InfoM 2010, 276 = MDR 2010, 316.
1174 LG Hildesheim, 27.08.2009 – 4 O 376/08, GuT 2010, 194 = InfoM 2010, 276 = MDR 2010, 316; Langenberg, Betriebskostenrecht, F Rn. 33 „Umlageschlüssel".
1175 LG Hildesheim, 27.08.2009 – 4 O 376/08, GuT 2010, 194 = InfoM 2010, 276 = MDR 2010, 316.
1176 KG, 17.05.2010 – 12 U 211/08, GuT 2010, 192 = IMR 2010, 426.
1177 KG, 30.09.2005 – 12 U 213/04, GuT 2006, 133.

Allein eine häufigere allgemeine Heranziehung einer Methode rechtfertigt noch keine Ortsüblichkeit.[1178] 667

Lässt sich nicht feststellen, welche Methode Vertragsinhalt ist, so ist im Fall einer gerichtlichen Auseinandersetzung i.d.R. eine **Beweislastentscheidung** zu treffen. Denn das Gericht darf keine Methode als verbindlich zugrunde legen, wenn sich dies nicht aus den (ausgelegten) Parteivereinbarungen oder der Ortsüblichkeit ergibt. Die Darlegungs- und Beweislast liegt bei demjenigen, der sich eines von der bisherigen vertraglichen Handhabung abweichenden Anspruches berühmt. 668

Beispiel:

Macht also der Mieter z.B. geltend, er müsse künftig weniger Miete zahlen und/oder könne Miete für die Vergangenheit zurückfordern, weil die DIN 277 maßgeblich sei, wodurch sich erhebliche Abweichungen ergäben, so muss er beweisen, dass die Berechnung nach DIN 277 Vertragsbestandteil ist.

IV. Vermietung vom Reißbrett/Vermietung vor Bezugsfertigkeit: Besondere Praxisprobleme

1. Ausgangslage

Oft steht ein Objekt bereits zur Vermietung an, obwohl der genaue Fertigstellungszeitpunkt einer Baumaßnahme noch offen ist. Die **Vermietung noch zu errichtender Gebäude** ist problematisch, da beide Vertragspartner das Objekt oft nur im Rohbau und manchmal auch nur auf dem Papier kennen. Was auf der einen Seite erhöhten baulichen Gestaltungsspielraum erlaubt, kann andererseits schnell zu Enttäuschungen und Streit führen. Da die meisten Mieter kein „open beginning" akzeptieren, befindet sich der Vermieter in der für ihn unangenehmen Lage, einen halbwegs konkreten Bezugstermin nennen zu müssen. Differenzen entstehen oft dann, wenn der Vermieter das Objekt dann nicht zum vereinbarten Zeitpunkt überlassen kann. Hier besteht wegen Kündigungsrechten und Schadensersatzforderungen ein relativ hohes **Haftungsrisiko für den Vermieter**. Konflikte wurzeln daneben häufig in einer komplett scheiternden Erstellung, im Verhältnis der vereinbarten Miete zur Fläche (das Objekt ist größer/kleiner als geplant ausgefallen, der Mietpreis soll aber gleich bleiben), in einer durch Umplanungen veränderten Nutzbarkeit oder in einer anders avisierten Entwicklung des Umfeldes. Um Haftungsrisiken für beide Seiten bei verspäteter oder scheiternder Fertigstellung des Gebäudes zu verringern oder auszuschließen, empfiehlt es sich, individuell verhandelte Sonderkündigungsrechte im Mietvertrag zu vereinbaren. 669

Die früher im Zusammenhang mit der **Schriftform des § 550 BGB** stehenden erheblichen Risiken (offener Mietbeginn, fehlende Konkretisierung von Flächen etc.) sind inzwischen durch die neuere Rechtsprechung zur Bestimmbarkeit der Mietzeit und des Mietobjekts zumindest abgemildert worden (dazu → *Rn. 330 ff.*). 670

Beim **Immobilien-Leasing** lässt der Vermieter als Leasinggeber das Objekt für den Mieter als Leasingnehmer erstellen, der es dann nach Ablauf des Leasingvertrages übernimmt. Das wirt- 671

1178 BGH, 23.05.2007 – VIII ZR 231/06, NZM 2007, 595 (Wohnraum).

schaftliche Risiko liegt hier überwiegend beim Mieter, während bei der klassischen Vermietung vom Reißbrett der Vermieter das Risiko trägt.

2. Bestimmbarkeit der Fertigstellung bzw. des Übergabetermins

672 Hauptpflicht des Vermieters ist die Überlassung des Mietobjekts (§ 535 BGB). Voraussetzung dafür ist der (zeitliche) Beginn des Mietverhältnisses. Wird dieser nicht vertraglich festgelegt, so ist er **durch Auslegung** zu ermitteln. Dies ist i.d.R. auch möglich, denn kein Mieter mietet „ins Blaue hinein". Ganz überwiegend ist beiden Vertragspartnern bei Abschluss des Mietvertrages bewusst, dass der Mieter gesteigerten Wert auf einen bestimmten Termin legt. Bei der Auslegung einer vertraglichen Bestimmung über den Mietzeitbeginn für ein noch zu erstellendes Gewerbeobjekt („Bezugsfertigstellung") ist maßgeblich auf das Interesse der Beteiligten abzustellen.[1179] Scheitert die Auslegung, besteht mangels Bestimmbarkeit einer Hauptpflicht ein Einigungsmangel nach § 154 BGB und damit kein wirksames Mietverhältnis.

673 Im Hinblick auf die **gesetzliche Schriftform nach § 550 BGB** ist die Schriftform bzgl. der **Mietzeit** auch dann gewahrt, wenn der Vertragsbeginn nicht bestimmt, sondern an die zeitlich noch nicht feststehende Übergabe geknüpft ist.[1180] Dies gilt auch dann, wenn die Vertragsparteien es versäumen, bei Übergabe das im Vertrag vorgesehene Protokoll anzufertigen. Auch die Bezugnahme auf die „Bezugsfertigkeit" als Vertragsbeginn genügt und zwar insb. dann, wenn nach dem Vertrag auch die Miete ab „Bezugsfertigkeit" zu zahlen ist, da sich so Beginn und Dauer des Mietverhältnisses durch Vorlage von Kontoauszügen oder Überweisungsträgern bestimmen lassen.[1181] Die Vereinbarung der Festmietzeit genügt dem Schriftformerfordernis auch dann, wenn der Mietbeginn und der Übergabezeitpunkt nur unter der Bedingung kalendermäßig bestimmt ist, dass das Mietobjekt zum 01.02.1992 vollständig fertiggestellt oder geräumt ist.[1182] Eine solche übergabeabhängige Laufzeitklausel bei Abschluss eines Mietvertrags ist insb. im Hinblick auf das praktische Bedürfnis der Mietparteien, den Mietbeginn bei einer Vermietung vom Reißbrett von einem künftigen Ereignis wie der Fertigstellung oder der Übergabe der Mietsache abhängig zu machen, zulässig. Es genügt nicht, wenn Übergabe und Beginn der Laufzeit im Nachhinein bestimmbar werden.[1183] Lässt sich nur der Endtermin der Laufzeit ermitteln, reicht dies nicht.[1184]

Praxistipp:
Der BGH hat zwar die Bestimmbarkeit des Übergabezeitpunktes i.S.v. § 550 BGB abgesegnet. Es ist aber nicht abschließend geklärt, wie Klauseln AGB-rechtlich im Hinblick auf ein „offenes Ende" zu bewerten sind (Leistungsfrist gem. § 308 Nr. 1 über die Generalklau-

---

1179 BGH, 26.11.1997 – XII ZR 308/95, NZM 1998, 156.
1180 BGH, 02.05.2007 – XII ZR 178/04, NZM 2007, 443 = IMR 2007, 210 = InfoM 2007, 216 = MDR 2007, 1063; vgl. auch BGH, 02.11.2005 – XII ZR 212/03, NZM 2006, 54 = InfoM 2005, 303 und BGH, 02.11.2005 – XII ZR 212/03, GuT 2006, 11 = NZM 2006, 54 = InfoM 2005, 303 = MIETRECHTexpress 2005, 122 = DWW 2006, 62 = ZMR 2006, 115 = NJW 2006, 139 = IBR 2006, 116.
1181 KG, 25.01.2007 – 8 U 129/06, IMR 2007, 115.
1182 OLG Hamm, 18.04.2008 – 30 U 120/07, IMR 2008, 303.
1183 OLG Naumburg, 07.09.2004 – 9 U 3/04, NZM 2004, 825.
1184 OLG Köln, 23.09.2005 – 1 U 43/04, GuT 2006, 14 = NJOZ 2006, 325.

sel des § 307 BGB nicht hinreichend bestimmt?). Es ist daher dringend zu empfehlen, den Mietbeginn in AGB-Mietverträgen so weit wie möglich festzulegen und als „Rettungsanker" mindestens einen spätesten Übergabezeitpunkt anzugeben.[1185]

Leistet der Vermieter nicht fristgerecht, wird der Mieter wegen der **verschuldensunabhängigen Garantiehaftung** des Vermieters grds. von der Mietzahlungspflicht frei und kann nach den dortigen Voraussetzungen Schadensersatz aus §§ 325, 280, 282 BGB verlangen oder – unabhängig davon, ob der Vermieter die Nichtleistung zu vertreten hat – nach §§ 324, 241 Abs. 2 BGB vom Vertrag zurücktreten. Mietrechtliches Gewährleistungsrecht ist – z.B. bei einem Scheitern der Herstellung des Gebäudes – solange nicht anwendbar, wie das Objekt dem Mieter nicht übergeben wurde.[1186]

674

Individualvertraglich kann der Vermieter seine Haftung in den allgemeinen Grenzen (§§ 242, 138 BGB) ausschließen. **Formularmäßig** scheitert dies für Kündigungs- und Schadensersatzansprüche des Mieters an § 307 Abs. 1 Satz 1 BGB unter Berücksichtigung des (i.d.R. nicht direkt anwendbaren) § 309 Nr. 8 BGB – immer vorausgesetzt, der Vermieter ist auch Verwender der Klauseln.[1187] Dies muss auch für leichte und mittlere Fahrlässigkeit gelten, da der Vermieter eine **selbstständige Garantie** übernimmt, die er nicht durch widersprechende Klauseln einschränken kann.

675

> **Praxistipp:**
>
> Reißbrett-Vermietern, die sich „schützen" wollen, kann nur empfohlen werden, den Mietbeginn und etwaige Haftungsausschlüsse individuell auszuhandeln. Alles andere birgt erhebliche Risiken.

Liegen **baurechtliche Hindernisse** für die Fertigstellung der Räume vor, kann der Mieter dem Vermieter schon vor dem vereinbarten Übergabezeitpunkt eine angemessene **Frist** setzen, innerhalb derer der Vermieter klären muss, ob und wann der Vertrag vollzogen werden kann.[1188] Vorsicht ist bei vertraglichen **Indexklauseln zur Mieterhöhung** geboten: Verschiebt sich die Übergabe, ist bei genehmigungsfreien Indexklauseln darauf zu achten, dass im Vertrag kein ausdrücklich bezeichneter Endtermin der Mietzeit angegeben ist bzw. dieser angepasst wird. Ansonsten wird womöglich die für die Genehmigungsfreiheit erforderliche Mindestzeit von zehn Jahren nicht mehr erreicht (dazu → *Rn. 1155 ff., 1179*).

676

> **Praxistipp:**
>
> Wenn die Parteien bereits mit Verzögerungen rechnen, sollten unbedingt individuelle Vereinbarungen getroffen werden, wie und wann der Mieter vom Vertrag zurücktreten kann bzw. welche Kompensation des Vermieters erfolgt.

1185 So auch Boettcher/Menzel, NZM 2006, 286.
1186 BGH, 12.10.1977 – VIII ZR 73/76, NJW 1978, 103.
1187 A.A. OLG Düsseldorf, 24.01.2008 – 24 U 95/07, IMR 2008, 238: Schadensersatzansprüche des Gewerberaummieters wegen Verzugs mit der Übergabe können in einem Formular-Mietvertrag auf Vorsatz und grobe Fahrlässigkeit beschränkt werden.
1188 OLG Hamm, 23.02.1996 – 33 U 67/95, NJW-RR 1996, 1098 = WuM 1996, 466.

3. Bestimmbarkeit des Mietobjekts

677 Veränderungen während der Bauphase sind normal. Um nicht in Gewährleistungsfahrwasser zu geraten, sollte sich der Vermieter daher im Mietvertrag das Recht für bestimmte Umplanungen vorbehalten, zumindest für solche, die baulich zwingend erforderlich sind oder durch behördliche Anordnungen notwendig werden.

678 Bei einer **Vermietung „vom Reißbrett"** muss die Beschreibung des Mietobjekts besonders genau erfolgen, weil die tatsächliche Ausgestaltung der Räume in diesem Falle bei der Auslegung des Mietvertrags nicht herangezogen werden kann[1189] (ausführlich → *Rn. 337*). Die für eine wirksame mietvertragliche Vereinbarung und die Einhaltung der Schriftform gem. § 550 BGB erforderliche Bestimmbarkeit des Mietobjekts kann sich zum einen aus Plänen ergeben, in denen die vermieteten Räume gekennzeichnet sind, zum anderen aber auch aus einer in der Vertragsurkunde selbst enthaltenen, hinreichend genauen Beschreibung der Größe und Lage der Mieträume.[1190] Eine vertragliche Vereinbarung ergibt sich außerhalb des geschlossenen Vertrages bereits daraus, dass dem Bauantrag eine konkrete Flächenberechnung beigefügt wird. Damit sind diese Flächengrößen auch „vereinbart", wenn sie durch eine zum (Miet-/Pacht-)Vertrag gehörende Bau- und Leistungsbeschreibung bzw. die zum Bauantrag gehörenden Pläne maßgeblich sein sollen.[1191]

679 Für **Flächenabweichungen** gilt Folgendes: Die Verpflichtung des Vermieters/Eigentümers/Investors, die einwandfreie Herstellung des Bauwerks (auch) in technischer Hinsicht zu bewirken, umfasst nicht nur die Pflicht, durch ordnungsgemäße Erbringung der in den Bereichen Planung, Vergabe und Überwachung übernommenen Leistungen eine von eigentlichen Baumängeln freie Herstellung des Bauwerks zu bewirken, sondern auch die Pflicht, für die Bereitstellung der vereinbarten Fläche zu sorgen.[1192] Eine Abweichung der Flächengröße von dem im Vertrag versprochenen Maß stellte einen Mangel des Werks dar.[1193]

4. Bestimmung der Miethöhe und des Beginns der Zahlungspflicht

680 Die Klausel in einem Mietvertrag über noch zu erstellende Gewerberäume, nach der sich der Mietzins anhand der noch aufzumessenden Bruttomietfläche bemisst, ist wirksam, insb., wenn der Mieter die Innenaufteilung der angemieteten Räume und somit die Zahl und die Anordnung der Trennwände selbst bestimmen kann und im Mietvertrag der Mietgegenstand als „Bruttomietfläche" ausgewiesen ist.[1194] Da die exakte Plangröße nur selten getroffen wird, sollte der Vertrag eine Regelung enthalten, dass Abweichungen bis zu 5 % unerheblich sind und sich darüber/darunter anteilig die Miete anpasst.

[1189] BGH, 02.11.2005 – XII ZR 233/03, GuT 2006, 10 = NZM 2006, 104 = ZMR 2006, 116 = GE 2006, 184 = NJW 2006, 140.
[1190] BGH, 30.06.1999 – XII ZR 55/97, NZM 1999, 761.
[1191] BGH, 14.05.1998 – III ZR 229/97, BauR 1998, 1117 (LS) = NJW-RR 1998, 1169 – 1170 = NZM 1998, 777 = WM 1998, 1497 unter 2. a).
[1192] BGH, 14.05.1998 – III ZR 229/97, BauR 1998, 1117 (LS) = NJW-RR 1998, 1169 – 1170 = NZM 1998, 777 = WM 1998, 1497; BGH, 25.10.1990 – VII ZR 230/88, WM 1991, 10, 12.
[1193] BGH, 14.05.1998 – III ZR 229/97, BauR 1998, 1117 (LS) = NJW-RR 1998, 1169 – 1170 = NZM 1998, 777 = WM 1998, 1497.
[1194] BGH, 04.10.2000 – XII ZR 44/98, NZM 2001, 243.

Bei Vermietung von Räumen in einem noch zu errichtenden Objekt (hier: Einkaufszentrum) kann in AGB des Vermieters wirksam vereinbart werden, dass die Mietzahlungspflicht mit der Übergabe beginnt, selbst wenn Übergabe der Gewerberäume einerseits und Eröffnung des Einkaufszentrums und Zugänglichkeit der Gewerberäume andererseits zeitlich auseinanderfallen.[1195] 681

> **Praxistipp:**[1196]
>
> Ist absehbar, dass die Übergabe der Räume und die Eröffnung des Einkaufszentrums auseinanderfallen, sollte dies so klar wie möglich im Mietvertrag beschrieben werden. Erfolgt dies, besteht für eine bereits früher einsetzende Mietzahlungsverpflichtung, die aber auch konkret vertraglich vereinbart werden muss, entsprechend LG Osnabrück, IMR 2007, 14 kein Problem. Wird jedoch nichts dazu im Mietvertrag gesagt, kann u.U. auch eine Auslegung nach §§ 133, 145 BGB ergeben, dass die Miete erst ab der Eröffnung des Einkaufszentrums gezahlt werden muss, weil der Mieter erst ab diesem Zeitpunkt „Umsatz fahren" kann.

Zu der Frage, ob bei einer **Mieterhöhung aufgrund einer Wertsicherheitsklausel** die 10-Jahres-Laufzeit nach § 3 Abs. 1 Nr. 1d PrKG bei einer „Vermietung vom Reißbrett" vom Vertragsabschluss an oder ab Übergabe gerechnet wird → *Rn. 1157*. 682

5. Sonstiges

Ändert der Vermieter bei Vermietung vom Reißbrett den zunächst geplanten **Nutzungsmix** in eine Wohn- statt Büronutzung im 1. – 4. OG, hat der Mieter einer Ladeneinheit (Café) weder Mängelrechte noch Ansprüche auf Anpassung an eine geänderte Geschäftsgrundlage.[1197] 683

V. Verkehrssicherungspflichten

1. Begriff, Verpflichtete und tatbestandliche Voraussetzungen

Der Begriff „Verkehrssicherungspflicht" umschreibt die allgemeine Rechtspflicht, im Verkehr Rücksicht auf die Gefährdung anderer zu nehmen (sog. Zustandsverantwortlichkeit). Diese Pflicht basiert auf der Überlegung, dass jeder, der eine **Gefahrenquelle** schafft, die notwendigen Vorkehrungen zum Schutz Dritter zu treffen hat.[1198] Ein vermietetes oder verpachtetes Objekt oder Teile davon können eine solche Gefahrenquelle sein. 684

Bei einem Mietverhältnis über Räume trifft den Vermieter eine Verkehrssicherungspflicht, den Mieter und in den Schutzbereich des Mietvertrages einbezogene Dritte, denen er aufgrund des Abschlusses des Mietvertrages den Zutritt zu den Mieträumen eröffnet hat, davor zu bewahren, dass sie durch den **Zustand der Mieträume** in Ausübung der Rechte aus dem Mietverhältnis 685

1195 LG Osnabrück, 03.11.2006 – 12 O 556/06, IMR 2007, 14.
1196 Vgl. IMR 2007, 14, Praxishinweis.
1197 BGH, 17.03.2010 – XII ZR 108/08, GuT 2010, 100 = IMR 2010, 226 = NZM 2010, 364 = InfoM 2010, 275.
1198 BGH, 17.05.1960 – VI ZR 117/59, VersR 1960, 824.

an Körper und Gesundheit gefährdet oder beschädigt werden.[1199] Die schuldhafte Verletzung dieser Verkehrssicherungspflicht kann neben der Haftung aus Vertrag auch eine deliktsrechtliche Haftung des Vermieters auf Schadensersatz begründen. Welche Sicherheit und welcher Gefahrenschutz i.R.d. Verkehrssicherungspflicht zu gewährleisten sind, richtet sich nicht ausschließlich nach den modernsten Erkenntnissen und nach dem neuesten Stand der Technik, sondern maßgeblich auch nach der Art der Gefahrenquelle.[1200] Je größer die Gefahr und je schwerwiegender die im Fall ihrer Verwirklichung drohenden Folgen sind, um so eher wird eine Anpassung an neueste Sicherheitsstandards geboten sein. Soweit es sich um Gefahren handelt, die nicht so schwerwiegend und für den Verkehr im Allgemeinen erkennbar und mit zumutbarer Sorgfalt und Vorsicht beherrschbar sind, kann dem Verkehrssicherungspflichtigen im Einzelfall eine angemessene Übergangsfrist zuzubilligen sein.[1201]

686 Nach ständiger Rechtsprechung können Verkehrssicherungspflichten mit der Folge eigener Entlastung **delegiert werden**, sodass sich die Verkehrssicherungspflichten des ursprünglich Verantwortlichen dann auf Kontroll- und Überwachungspflichten verkürzen.[1202] Wer sie übernimmt, wird seinerseits deliktisch verantwortlich, wenn die Übertragung klar und eindeutig vereinbart wird.[1203] Wer beauftragt ist, für den Vermieter bestimmte Verkehrssicherungspflichten zu erfüllen, haftet für etwaige Schäden, die sich aus einer unterlassenen Verkehrssicherung ergeben.[1204] Ist der Auftrag an den Dritten unwirksam, haftet der Beauftragte nach Deliktsrecht; ist der Auftrag wirksam, haftet der Beauftragte auch aufgrund des Übertragungsvertrages, wenn der Mieter in den Schutzbereich des Übertragungsvertrages einbezogen ist.[1205]

687 Der Vermieter haftet aber grds. nicht für Schäden, die einer seiner Mieter durch Verletzung von eigenen Obhutspflichten einem anderen Mieter zufügt; er darf darauf vertrauen, dass der Mieter seine Sicherungspflichten erfüllt.[1206]

688 Bei Schäden, die auf einer **Verletzung der Verkehrssicherung** beruhen (können), kommen folgende **Ansprüche** in Betracht (Überblick):[1207]

- vertragliche Ansprüche zwischen Mieter und Vermieter, wenn eine der Parteien selbst zu Schaden kommt,

---

1199 KG, 09.03.2006 – 22 W 33/05, IMR 2007, 106 = InfoM 2006, 280 = MietRB 2006, 259 = WuM 2006, 390.
1200 BGH, 02.03.2010 – VI ZR 223/09, GuT 2010, 237 = MDR 2010, 625: halb automatische Glastüre als Zugang zu einem Geldautomaten einer Bank im Fall einer Verschärfung von DIN-Normen.
1201 BGH, 02.03.2010 – VI ZR 223/09, GuT 2010, 237 = MDR 2010, 625.
1202 BGH, 22.01.2008 – VI ZR 126/07, GuT 2008, 157 Ls. = IMR 2008, 216 = NZM 2008, 242 = WuM 2008, 235 = InfoM 2008, 341 = MDR 2008, 448 zur Streupflicht.
1203 BGH, 22.01.2008 – VI ZR 126/07, GuT 2008, 157 Ls. = IMR 2008, 216 = NZM 2008, 242 = WuM 2008, 235 = InfoM 2008, 341 = MDR 2008, 448 m.w.N.
1204 BGH, 22.01.2008 – VI ZR 126/07, GuT 2008, 157 Ls. = IMR 2008, 216 = NZM 2008, 242 = WuM 2008, 235 = InfoM 2008, 341 = MDR 2008, 448: Winterdienst ist mit der Streu- und Räumpflicht beauftragt, Mieter stürzt wegen Eisglätte vor der Haustür.
1205 BGH, 22.01.2008 – VI ZR 126/07, GuT 2008, 157 Ls. = IMR 2008, 216 = NZM 2008, 242 = WuM 2008, 235 = InfoM 2008, 341 = MDR 2008, 448.
1206 OLG Köln, 23.03.2004 – 22 U 139/03, NZM 2005, 180: auslaufendes Wasser aus einem Aquarium.
1207 Bei immateriellen Schäden jeweils i.V.m. § 253 BGB.

- §§ 280, 278 BGB, etwa wenn sich der Vermieter zur Erfüllung seiner eigenen (Streu-) Pflicht eines gewerblichen Unternehmens bedient und der Mieter verletzt wird,[1208]
- § 823 Abs. 1 BGB i.V.m. der verletzten Verkehrssicherungspflicht,
- § 823 Abs. 2 BGB i.V.m. einem landesrechtlichen Straßenreinigungsgesetz (z.B. § 4 Abs. 1 Satz 1 Straßenreinigungsgesetz NW) und/oder einer ortsrechtlichen Straßenreinigungssatzung,
- (nur) § 831 BGB, wenn der Grundstückseigentümer/Vermieter seine Pflichten wirksam auf den Mieter abgewälzt hat.

Die Kenntnis oder Erkennbarkeit von Mängeln der Mietsache durch den Mieter schließt eine Haftung des Vermieters wegen Verkehrssicherungsverletzung nicht generell aus.[1209]

689

Verpflichtet sind sowohl **private** als auch **gewerbliche Vermieter/Eigentümer**

Bei **Wohnungseigentumsanlagen** bestehen folgende Besonderheiten: Die Verkehrssicherungspflicht für Gemeinschaftseigentum oblag bis zur Teilrechtsfähigkeitsentscheidung des BGH den Wohnungseigentümern, seitdem obliegt sie der Gemeinschaft der Wohnungseigentümer, was seit dem 01.07.2007 in § 10 Abs. 6 WEG gesetzlich geregelt ist. Für Sondereigentum ist der einzelne Eigentümer verkehrssicherungspflichtig. Die Erfüllung der Verkehrssicherungspflicht ist eine Maßnahme ordnungsgemäßer Verwaltung gem. § 21 Abs. 3 WEG, sie ist also mehrheitsfähig. Konkret obliegt es grds. dem Verwalter ggü. den einzelnen Eigentümern und der Gemeinschaft, die Verkehrssicherungspflicht einzuhalten (§ 27 Abs. 1 Nr. 3 WEG).

690

> **Praxistipp für Immobilienverwalter:**[1210]
>
> Der (WEG-) Verwalter genügt seiner Verkehrssicherungspflicht, wenn er diese auf eine zuverlässige Hauswartfirma überträgt. Zu einer Überwachung der Hauswartfirma ist der Verwalter nicht verpflichtet, wenn über mehrere Jahre hinweg kein Anlass zu Beanstandungen bestand.

Es muss nicht für alle denkbaren Möglichkeiten eines Schadeneintritts Vorsorge getroffen werden, da dies lebensfremd und nicht realisierbar wäre. Es müssen aber solche Vorkehrungen getroffen werden, die nach den Sicherheitserwartungen des jeweiligen Verkehrs geeignet und zumutbar sind, Gefahren von Dritten tunlichst abzuwenden.[1211]

691

> **Hinweis:**
>
> Die Schadensersatzansprüche des Mieters gegen den Vermieter wegen Verletzung der Verkehrssicherungspflicht verjähren gem. § 548 BGB in sechs Monaten nach Beendigung des Mietverhältnisses.

1208 Vgl. Horst, MDR 2001, 187, 189.
1209 LG Potsdam, 08.01.2004 – 11 S 190/03, NZM 2005, 301: Treppensturz des Mieters bei Reinigung.
1210 BayObLG, 08.09.2004 – 2 Z BR 144/04, NZM 2005, 24 = WuM 2004, 736 = ZMR 2005, 137.
1211 BGH, 11.12.1984 – VI ZR 218/83, NJW 1985, 1076 = MDR 1985, 833; BGH, NJW 1978, 1629.

692 Neben einem Anspruch wegen Verletzung der Verkehrssicherungspflicht können die §§ 836 bis 838 BGB als Anspruchsgrundlagen greifen.

2. Einzelfälle

693 Die Verkehrssicherungspflicht in seinen Räumen muss der Mieter schon wegen der vertragseigenen Obhutspflicht einhalten. Anders sieht dies auf Gemeinschaftsflächen, Zugängen, Treppen etc. aus, wo die Verkehrssicherungspflicht Sache des Vermieters ist. Besonders wichtig ist in diesem Zusammenhang die allgemeine **Streu- und Schneereinigungspflicht**. Der Hauseigentümer ist danach verpflichtet, dafür zu sorgen, dass im Winter niemand vor seinem Haus oder Gebäude stürzt und sich dadurch Schaden zufügt. Soweit die Gemeinden haften würden, haben diese die ihnen obliegende Pflicht i.d.R. auf die Eigentümer abgeschoben.[1212] Hält aber die Gemeinde die Anlieger nicht zur Erfüllung ihrer Pflichten an, haftet sie u.U. dennoch wegen Verletzung der Aufsichtspflicht.[1213]

Beispiele zur Verkehrssicherungspflicht:

- *Die Zulassung weiterer Nutzer von Einstellplätzen („Kurzparker") im Parkhaus, in dem sich der vermietete Einstellplatz befindet, bedeutet weder eine Verletzung des Mietvertrages noch einer Verkehrssicherungspflicht, wenn weder der vertragliche Mietgegenstand verändert wird noch eine wesentliche Gefahrerhöhung für ein eingestelltes Kfz des Mieters geschaffen wird.*[1214]
- *Kommt es in vermieteten Wohnräumen zum Schimmelpilzbefall und erleidet der Mieter hierdurch gesundheitliche Schäden, so kann den Vermieter neben einer vertraglichen Haftung eine deliktsrechtliche Haftung wegen Verletzung seiner Verkehrssicherungspflicht treffen. Eine solche Haftung setzt voraus, dass der Mieter den Vermieter davon unterrichtet hat, dass er nach Art und Umfang des Schimmelpilzbefalls auch gesundheitliche Belastungen befürchtet.*[1215]
- *Treppen zu einem Geschäftslokal sind grds. zu sichern. Bei Verkaufsstätten über 2.000 m^2 ist dies nach Maßgabe der Verkaufsstättenverordnung zwingend. Bei kleineren Verkaufsstätten kann hierauf bei kurzen Treppen bis zu fünf Stufen verzichtet werden, wenn sie verkehrssicher sind. Ein fehlender Handlauf ist nicht ursächlich für einen Unfall, der sich außerhalb des durch einen Handlauf zu sichernden Treppenbereiches ereignet hat.*[1216]
- *Dem Mieter eines im Obergeschoss gelegenen Büroraums steht ein Recht zur fristlosen Kündigung des Mietvertrages zu, wenn die einzige zum Büroraum führende Treppe wegen des Fehlens eines Geländers nicht verkehrssicher ist.*[1217]
- *Wenn ein Kunde im Supermarkt eine auf einem Hubwagen liegende Palette betritt, dabei stürzt und sich verletzt, kann er regelmäßig keine Verletzung der Verkehrssicherungspflicht mit Erfolg geltend machen.*[1218]

1212 BVerwG, 05.08.1965 – 1 C 78/62, NJW 1966, 170.
1213 BGH, 22.09.1966 – III ZR 166/64, NJW 1966, 2311.
1214 KG, 09.03.2006 – 12 U 29/06, GuT 2006, 311.
1215 KG, 09.03.2006 – 22 W 33/05, IMR 2007, 106 = InfoM 2006, 280 = MietRB 2006, 259 = WuM 2006, 390.
1216 OLG Koblenz, 15.01.2004 – 5 U 931/03, GuT 2004, 102.
1217 LG Landau (Pfalz), 26.03.2002 – 1 S 323/01, GuT 2003, 214.
1218 OLG Frankfurt am Main, 19.09.2001 – 23 U 3/00, GuT 2002, 90.

3. Praxisbeispiel: Umfang der Räum- und Streupflicht bei Schnee und Glätte

Bei Schnee- und Eisglätte sind Haus- und Grundbesitzer dazu verpflichtet, Bürgersteige und Privatwege, Hauszugänge oder Privatparkplätze regelmäßig zu streuen und von Schnee zu räumen, damit Dritte, z.B. Hausbewohner, Nachbarn, Besucher oder Passanten, nicht gefährdet sind. Rechtsgrundlage für eine etwaige Haftung des Haus- und Grundbesitzers ist § 823 Abs. 1 BGB (Verkehrssicherungspflicht).

694

Die Räum- und Streupflicht trifft grds. den **Eigentümer des Grundstücks**, auf dem sich die gefährliche Verkehrsfläche befindet. Das betrifft Privatwege, Hauszugänge oder Privatparkplätze. Bei öffentlichen Bürgersteigen und Gehwegen sind die Straßenanlieger räum- und streupflichtig. Die Räum- und Streupflicht gilt zeitlich **am Morgen** bei Einsetzen des Verkehrs (regelmäßig ab 7.00 Uhr, an Sonn- und Feiertagen ab 8.00 Uhr) und endet am Abend gewöhnlich um 20.00 Uhr mit Ende des üblichen allgemeinen Verkehrs,[1219] im Einzelfall bei Publikumsverkehr auch danach.[1220] Wer sich außerhalb dieser Zeiten bewegt, darf eine Verkehrssicherung grds. nicht erwarten.[1221] Sofern es erforderlich ist, ist mehrmals am Tag zu räumen und zu streuen, bspw. bei außerordentlichen Witterungsverhältnissen (wiederkehrende Glätte wegen gefrierenden Regens).

695

Beispiele:

- *„Vorbeugende" Räum- und Streupflicht:*[1222] *Ist zu einem Zeitpunkt, in dem Glätte noch nicht eingetreten ist, bereits mit hinreichender Sicherheit absehbar, dass es in den folgenden Stunden, in denen eine Räum- und Streupflicht nicht besteht, zum Auftreten von Glätte kommen wird, so bestehen bereits zu diesem Zeitpunkt vorbeugende Sicherungspflichten. Erforderlich für das Bestehen einer solchen vorbeugenden Sicherungspflicht sind allerdings hinreichend konkrete Umstände, dass an dieser Stelle Glättegefahr besteht; allgemeine Angaben in einem Wetterbericht für ganz Deutschland reichen hierfür allein nicht aus.*
- *Wurde nach nächtlichem Schneefall morgens intensiv geräumt und gestreut, so kann auch bei tagsüber andauerndem Schneefall mit zwischenzeitlichen Schneepausen keine kontinuierliche Fortsetzung der Schneeräumung verlangt werden; grds. reicht es jedenfalls aus, wenn mittags nachgeräumt und -gestreut wird.*[1223]
- *Wenn der Vermieter es zu vertreten hat, dass auf seinem Gelände zur Nachtzeit vertragsgemäß erheblicher Publikumsverkehr stattfindet, muss er auch für dessen Sicherheit sorgen.*[1224]

Bei **Gehwegen** muss nicht die gesamte Breite des Gehwegs zwischen Hauswand und Bordstein schnee- und eisfrei gehalten werden, sondern nur ein Streifen von 1 m – 1,50 m, der Gegenverkehr ermöglicht,[1225] es sei denn, es handelt sich um einen häufig benutzten und brei-

696

1219 OLG Koblenz, 20.02.2008 – 5 U 101/08, GuT 2008, 112 = IMR 2008, 154 = NZM 2008, 687 = DWW 2008, 176 = NJW-RR 2008, 1331.
1220 BGH, 02.10.1986 – VI ZR 125/83, MDR 1985, 311: Gaststätte; OLG Koblenz, 20.02.2008 – 5 U 101/08, GuT 2008, 112 = IMR 2008, 154 = NZM 2008, 687 = DWW 2008, 176 = NJW-RR 2008, 1331.
1221 OLG Koblenz, 20.02.2008 – 5 U 101/08, GuT 2008, 112 = IMR 2008, 154 = NZM 2008, 687 = DWW 2008, 176 = NJW-RR 2008, 1331.
1222 OLG Brandenburg, 18.01.2007 – 5 U 86/06, NJW-RR 2007, 974.
1223 LG Bochum, 15.06.2004 – 2 O 102/04, NZM 2005, 280.
1224 OLG Koblenz, 20.02.2008 – 5 U 101/08, GuT 2008, 112 = IMR 2008, 154 = NZM 2008, 687 = DWW 2008, 176 = NJW-RR 2008, 1331.
1225 BayObL, 01.07.1982 – 3 Ob OWiG 72/, BayVBl. 1982, 636.

ten Bürgersteig oder ein Areal mit viel Publikumsverkehr (Haltestellen, Fußgängerzonen, Geschäftseingänge).[1226]

697 Die Räum- und **Streupflicht entfällt** nur dann, wenn diese die Glätte nicht beseitigt.[1227]

4. Abwälzung auf den Mieter/Pächter und Haftungsvereinbarungen

698 Bei Verletzung einer Verkehrssicherungspflicht ist immer zuerst zu prüfen, wem sie konkret obliegt, d.h. ob eine Übertragung oder Abwälzung erfolgt ist. Danach ist zu prüfen, ob womöglich Vereinbarungen bestehen, die eine Haftung des Verkehrssicherungspflichtigen ggü. dem Geschädigten ausschließen.

699 Die **Übertragung** der Verkehrssicherungspflicht kann sich aus einer ausdrücklichen Vereinbarung (grds. auch durch AGB), aber auch konkludent aus der Übernahme der Gefahr bringenden Sache und dem Übergang der Bereichszuständigkeit ergeben.[1228] Bei einer Gaststättenpacht hat der BGH entschieden, dass der Pächter mit der Pacht des Gaststättenbetriebes stillschweigend die Pflicht mit übernimmt, für die Verkehrssicherheit zu sorgen.[1229] Dies kann man aber nicht verallgemeinern, entscheidend ist der Einzelfall.

> *Beispiel:*
> *Übernimmt der Mieter von Gewerberäumen ohne konkrete Absprache mit dem Vermieter und Grundeigentümer die Sicherung der Flächen vor den Mieträumen gegen Winterglätte und kommt es bei dieser Handhabung jahrelang zu keinen Schäden, so ist der Eigentümer einem sodann infolge eines Sturzes auf einer vereisten Fläche Geschädigten nicht wegen Verletzung der Verkehrssicherungspflicht verantwortlich.*[1230]

700 Hat ein vermietender Eigentümer laut Mietvertrag die Streupflicht auf seine Mieter übertragen, muss er die Ausführung kontrollieren. Gleiches gilt nach der Rechtsprechung, wenn eine Wohnungseigentümergemeinschaft die Streupflicht dem Hausverwalter übertragen hat.[1231]

701 Bedenken ergeben sich, wenn **mehrere Mieter** existieren. Hier hat der Vermieter für eine entsprechende Organisation (Pläne) zu sorgen. Für den Hauptfall „**Winterglätte**" mit entsprechender Streu- und Räumpflicht ist die Überbürdung auf den Mieter durch AGB problematisch, da dem jeweils turnusmäßig Verantwortlichen hohe Haftungsrisiken auferlegt werden. Hinzu kommt, dass es selten „turnusmäßig" schneit, sodass manche Mieter per Wetterlage öfter an das Haftungsrisiko geraten können als andere. Von einer formularmäßigen Vereinbarung solcher Klauseln ist daher – zumindest bei mehreren Mietparteien – eher abzuraten. Der **Mustervertrag** enthält eine einschränkende Klausel, die aber ebenfalls kritisch zu sehen ist.

1226 OLG Frankfurt am Main, 18.10.1968 – 10 U 204/67, BB 1968, 1455.
1227 BGH, 27.11.1984 – VI ZR 49/83, NJW 1985, 484; ähnlich LG Bochum, 15.06.2004 – 2 O 102/04, NZM 2005, 280.
1228 OLG Karlsruhe, 29.04.2005 – 22 U 4/05 BSch, LNR 2005, 18869 = VersR 2006, 96.
1229 BGH, 02.10.1986 – VI ZR 125/83, MDR 1985, 311.
1230 LG Hildesheim, 05.06.2007 – 3 O 375/06, MDR 2007, 1194.
1231 BGH, 27.11.1984 – VI ZR 49/83, NJW 1985, 484; OLG Köln, 17.11.1995 – 19 U 37/95, NJW-RR 1996, 655.

Soll eine **Formularklausel** die **Reinigungs- und Streupflicht auf den Mieter überwälzen**, muss sie ihm auch verdeutlichen, wann und wie er zu reinigen und zu streuen hat; empfehlenswert sind ferner Hinweise auf die Konsequenzen unterlassenen Streuens, also Art und Umfang der Haftung.[1232] **702**

AGB-Klauseln, die generell den Vermieter von jeglicher Haftung freizeichnen, sind bereits unwirksam, weil sie auch den Ausschluss der Haftung für vorsätzliches Verhalten beinhalten. **703**

Zur Frage, ob und inwieweit eine WEG-Gemeinschaft Verkehrssicherungspflichten auf einen einzelnen Eigentümer abwälzen kann, vgl. BayObLG, 11.05.2001 – 2 Z BR 95/00, LNR 2001, 26741.

VI. Beschädigung des Mietobjekts durch den Mieter

Der Mieter hat als **nebenvertragliche Obhutspflicht** die gemietete Sache schonend und pfleglich zu behandeln und alles zu unterlassen, was zu einem Schaden an der Mietsache führen kann einschließlich der Einrichtungen, die er i.R.d. vertragsgemäßen Gebrauches mitbenutzt.[1233] Der Mieter/Pächter haftet aus **§ 280 Abs. 1 BGB auf Schadensersatz**, wenn er die Grenzen des ihm zustehenden vertragsgemäßen Gebrauchs überschreitet und durch eine Verletzung seiner Obhutspflicht eine Verschlechterung der Miet- oder Pachtsache verursacht. **704**

Zu den **Obhutspflichten** des gewerblichen Mieters gehört es bspw., die Schlüssel zur Mietsache sorgsam aufzubewahren und darauf zu achten, dass sie nicht verloren gehen.[1234] Ist eine missbräuchliche Verwendung der zu einer **Schließanlage** passenden Schlüssel wegen eines Schlüsselverlusts zu befürchten, hat der Mieter die gesamten Kosten einer neuen Anlage zu tragen. Bei einem Diebstahl wird dies i.d.R., bei einem Verlieren des Schlüssels eher weniger der Fall sein, es sei denn, das Mietobjekt ist anhand des Schlüssels oder anderer Umstände (mit verloren gegangener Brieftasche/Visitenkarte) ohne Weiteres für einen Finder identifizierbar. Ein Abzug „neu für alt" ist von den Materialkosten einer (fiktiven) mechanischen Schließanlage nicht vorzunehmen, wenn die Schließanlage gerade mal drei Jahre alt ist.[1235] **705**

Die Haftung gilt nicht nur für eigenes Fehlverhalten, sondern auch für dasjenige seiner **Hilfspersonen**, die für ihn nach den tatsächlichen Verhältnissen als Erfüllungsgehilfen in Bezug auf die Mietsache gem. § 278 Satz 1 BGB tätig sind.[1236] Als ein solcher **Erfüllungsgehilfe** gilt, wer auf Veranlassung des Mieters mit der Mietsache in Berührung kommt, wozu auch Handwerker gehören.[1237] Gem. § 278 Satz 1 BGB hat der Schuldner schuldhaftes Verhalten von Personen, deren er sich zur Erfüllung vertraglicher Haupt- und Nebenpflichten bedient, in gleichem Um- **706**

1232 Horst, MDR 2001, 187.
1233 OLG Dresden, NJW-RR 2007, 1603 f. = ZMR 2007, 691 f.
1234 KG, 11.02.2008 – 8 U 151/07, GuT 2008, 113 = IMR 2008, 199 = MDR 2008, 1029: Hinterlassen der Schlüssel im Inneren eines auf öffentlich zugänglichen Straßen/Plätzen abgestellten Fahrzeuges als Verstoß gegen diese mietvertragliche Obhutspflicht bejaht mit der Folge der Haftung i.H.v. 10.420,20 € für die Wiederherstellung einer funktionstüchtigen mechanischen Schließanlage, wie sie vor dem Schadensfall bestand.
1235 KG, 11.02.2008 – 8 U 151/07, GuT 2008, 113 = IMR 2008, 199 = MDR 2008, 1029.
1236 OLG Dresden, NJW-RR 2007, 1603 f. = ZMR 2007, 691 f.
1237 KG, 31.05.2010 – 12 U 147/09, GuT 2010, 215 = IMR 2010, 428 = MDR 2010, 1109 m.w.N.; Blank/Börstinghaus, § 538 BGB Rn. 16; Langenberg, in: Schmidt-Futterer, § 538 BGB Rn. 22.

fang zu vertreten wie eigenes. Das bedeutet, dass der Schuldner für schuldhaftes Fehlverhalten einer Hilfsperson einzustehen hat, soweit es in unmittelbarem sachlichen Zusammenhang mit den Aufgaben steht, die ihr im Hinblick auf die Vertragserfüllung zugewiesen waren.[1238] Die Hilfsperson darf also nicht nur bei Gelegenheit der Erfüllung einer Verbindlichkeit des Schuldners gehandelt haben, sondern das Fehlverhalten muss in Ausübung der ihr übertragenen Hilfstätigkeit erfolgt sein. In diesem Rahmen haftet der Schuldner auch für vorsätzliches weisungswidriges und sogar strafbares Verhalten seiner Hilfsperson.[1239]

707 Hat der Mieter über eine wirksame Betriebskostenumlage auch **Prämien der Gebäudeversicherung** (anteilig) zu zahlen, so ist dies im Schadensfall für durch die Versicherung abgedeckte Schäden auch bei Geschäftsraummiete als stillschweigende Beschränkung der Haftung des Mieters auf Vorsatz und grobe Fahrlässigkeit zu sehen.[1240] Faktisch bedeutet dies, dass dem Mieter mindestens grob fahrlässiges Verhalten nachzuweisen ist. Relevant wird diese Problematik z.B. dann, wenn eine Gebäudeversicherung im Schadensfall nicht leisten muss oder bestimmte Schäden nicht durch die Versicherung abgedeckt sind (z.B. Mietausfall).

708 Gem. § 280 Abs. 1 BGB hat grds. der Vermieter als Gläubiger die **Beweislast für die Pflichtverletzung**, die Schadensentstehung und den Ursachenzusammenhang zwischen der Pflichtverletzung und dem Schaden; dem Mieter als Schuldner obliegt hingegen gem. § 280 Abs. 1 Satz 2 BGB der Beweis für sein Nichtvertretenmüssen.[1241]

709 Wenn allerdings ein **Schaden beim Mietgebrauch entstanden** ist und Ursachen, die in den Obhuts- und Verursachungsbereich des Vermieters fallen, ausgeräumt sind, trägt der Mieter die Beweislast dafür, dass er den Schadenseintritt nicht zu vertreten hat.[1242] Das bedeutet, dass sich der Schuldner nicht nur hinsichtlich der subjektiven Seite, sondern auch hinsichtlich der objektiven Pflichtwidrigkeit entlasten muss.[1243]

VII. Gerichtsverfahren

710 Bei Zahlungsproblemen des Mieters kommt es oft zur persönlichen Konfrontation mit dem Vermieter, der die Räume sehen oder sich einen Überblick über pfändbare Sachen verschaffen will. Der **Anspruch des Vermieters auf Besichtigung** kann nur dann ausnahmsweise im Wege einer einstweiligen Verfügung geregelt werden, wenn der Vermieter so dringend auf die Besichtigung angewiesen ist, dass die Erwirkung eines Titels im ordentlichen Verfahren nicht möglich

---

1238 KG, 31.05.2010 – 12 U 147/09, GuT 2010, 215 = IMR 2010, 428= MDR 2010, 1109.
1239 KG, 31.05.2010 – 12 U 147/09, GuT 2010, 215 = IMR 2010, 428 = MDR 2010, 1109.
1240 BGH, 26.01.2000 – XII ZR 204/97, NZM 2000, 688 = NVersZ 2000, 427; OLG Düsseldorf, 13.02.1997 – 10 U 33/96, NJWE-MietR 1997, 152 = ZMR 1997, 228 = MDR 1997, 450.
1241 KG, 31.05.2010 – 12 U 147/09, GuT 2010, 215 = IMR 2010, 428 = MDR 2010, 1109; OLG Karlsruhe, 09.08.1984 – 3 REMiet 6/84, WuM 1984, 267 = NJW 1985, 142.
1242 BGH, 26.11.1997 – XII ZR 28/96, NZM 1998, 117 = MDR 1998, 207 = ZMR 1998, 211, 212: Brandschäden; KG, 31.05.2010 – 12 U 147/09, GuT 2010, 215 = IMR 2010, 428 = MDR 2010, 1109: Wasserschäden durch ausgelaufenes Wasser.
1243 BGH, 22.10.2008 – XII ZR 148/06, IMR 2009, 6 = NJW 2009, 142; KG, 31.05.2010 – 12 U 147/09, GuT 2010, 215 = IMR 2010, 128 = MDR 2010, 1109.

ist.[1244] Er kann daher im Wege des einstweiligen Rechtsschutzes verlangen, dass ihm **Zutritt gewährt** wird, um notwendige Reparaturen durchzuführen[1245]

Es gelten ansonsten keine Besonderheiten.

VIII. Streitwert

Es gelten keine Besonderheiten. 711

IX. Vertragsgestaltung

Zur Vereinbarung des Mietzwecks → *Rn. 586 ff.*, zu sog. Bindungsklauseln für den Fall der Zerstörung des Miet- oder Pachtobjekts → *Rn. 2241*, zu Vereinbarungen der Mietfläche und Berechnungsmethoden → *Rn. 645 ff.* 712

Die Zahlung der Miete und die **Überlassung des Gebrauchs** stehen in einem untrennbaren Gegenseitigkeitsverhältnis. Klauseln in Formularverträgen, durch die diese Wechselseitigkeit ausgeschlossen wird, benachteiligen den betroffenen Vertragspartner unangemessen und sind unwirksam. Wenn es allerdings darum geht, dass der Mieter **ohne Zahlung** die Räume bereits nutzen soll, um vorab zu renovieren, bestehen mangels Benachteiligung natürlich keine Bedenken. 713

Bei gewerblicher Vermietung/Verpachtung ist es sinnvoll, genaue Vereinbarungen über Art, Inhalt, Umfang und Anbringungsort der **Außenwerbung des Mieters** zu treffen (→ *Rn. 600 ff.*). Gerade hinsichtlich der enormen Ausweitung des zulässigen Mietgebrauchs können evtl. spätere Streitigkeiten vermieden werden. Will sich der Vermieter/Verpächter Außenwerbung vorbehalten, kann er – auch durch AGB – Folgendes in den Mietvertrag einfügen: 714

„Äußere Wandflächen des Gebäudes sind nicht mitvermietet. Die Nutzung zu Werbezwecken durch den Mieter erfordert die vorherige schriftliche Zustimmung des Vermieters sowie eine Einigung über die Miete für die Werbeflächen inklusive etwaiger Kosten für zusätzliche Stromversorgung und/oder Beleuchtung."

Alternativ oder ergänzend können auch räumliche Beschränkungen vereinbart werden:

„Werbemaßnahmen des Mieters an den Außenflächen sind erlaubt, jedoch räumlich auf die Flächen beschränkt, die in Breite und Höhe den Innenmaßen des angemieteten Objekts entsprechen."

1244 LG Duisburg, 11.08.2006 – 13 T 81/06, NZM 2006, 897 (Wohnraum).
1245 LG Frankfurt am Main, 31.01.1967 – 2/11 S 6/67, MDR 1968, 328.

X. Arbeits- und Beratungshilfen

1. Schnellüberblick Grundsatz-Rechtsprechung des BGH

715

Thema/Normen	Leitsatz	Entscheidung, Fundstelle
Konkludente Vereinbarung der Mietfläche	Sind die Parteien vor Abschluss des schriftlichen Mietvertrags übereinstimmend von einer bestimmten Wohnungsgröße ausgegangen, so kann diese stillschweigend vereinbart sein, auch wenn der Mietvertrag hierzu keinerlei Angaben enthält.	BGH, 23.06.2010 – VIII ZR 256/09, IMR 2010, 361 = InfoM 2010, 264
Zur Frage einer Nachrüstungspflicht des Verkehrssicherungspflichtigen für bestehende technische Anlagen § 823 Abs. 1 BGB	Welche Sicherheit und welcher Gefahrenschutz im Rahmen der Verkehrssicherungspflicht zu gewährleisten sind, richtet sich nicht ausschließlich nach den modernsten Erkenntnissen und nach dem neuesten Stand der Technik. Es kommt vielmehr maßgeblich auch auf die Art der Gefahrenquelle an. Je größer die Gefahr und je schwerwiegender die im Falle ihrer Verwirklichung drohenden Folgen sind, um so eher wird eine Anpassung an neueste Sicherheitsstandards geboten sein. Soweit es sich um Gefahren handelt, die nicht so schwerwiegend und für den Verkehr im Allgemeinen erkennbar und mit zumutbarer Sorgfalt und Vorsicht beherrschbar sind, kann dem Verkehrssicherungspflichtigen im Einzelfall eine angemessene Übergangsfrist zuzubilligen sein (vgl. Senatsurteil BGHZ 103, 338, 342).	BGH, 02.03.2010 – VI ZR 223/09, GuT 2010, 237 = MDR 2010, 625: halb automatische Glastüre als Zugang zu einem Geldautomaten einer Bank im Fall einer Verschärfung von DIN-Normen.
Gewerbeausübung in zu Wohnzwecken vermieteter Wohnung kann zur Kündigung berechtigen	Die Ausübung eines Gewerbes in einer zu Wohnzwecken vermieteten Wohnung kann eine Pflichtverletzung darstellen, die eine Kündigung des Mietverhältnisses rechtfertigt. Der Vermieter muss geschäftliche Aktivitäten seines Mieters freiberuflicher oder gewerblicher Art, die nach außen hin in Erscheinung treten, mangels entsprechender Vereinbarung – auch ohne ausdrücklichen Vorbehalt – nicht dulden. Dies gilt zumindest dann, wenn der Mieter für seine geschäftliche Tätigkeit Mitarbeiter in der angemieteten Wohnung beschäftigt. Der Vermieter kann im Einzelfall nach Treu und Glauben verpflichtet sein, eine Erlaubnis zu einer teilgewerblichen Nutzung zu erteilen, wenn es sich nach Art und Umfang um eine Tätigkeit handelt, von der auch bei einem etwaigen Publikumsverkehr keine weitergehenden Einwirkungen auf die Mietsache oder die Mitmieter ausgehen als bei einer üblichen Wohnungsnutzung.	BGH, 14.07.2009 – VIII ZR 165/08, IMR 2009, 336 = WuM 2009, 517
Streupflicht	Nach ständiger Rechtsprechung können Verkehrssicherungspflichten mit der Folge eigener Entlastung delegiert werden, sodass sich die Verkehrssicherungspflichten des ursprünglich Verantwortlichen dann auf Kontroll- und Überwachungspflichten verkürzen. Wer sie übernimmt, wird seinerseits deliktisch verantwortlich, wenn die Übertragung klar und eindeutig vereinbart wird.	BGH, 22.01.2008 – VI ZR 126/07, GuT 2008, 157 Ls. = NZM 2008, 242 = WuM 2008, 235 = MDR 2008, 448

Opfergrenze bei Zerstörung	Wären die erforderlichen Aufwendungen für die Beseitigung eines Mangels einer Wohnung im Bereich des Gemeinschaftseigentums voraussichtlich unverhältnismäßig hoch und würden sie die „Opfergrenze" für den Vermieter übersteigen, kann der Mieter vom Vermieter nicht die Beseitigung des Mangels verlangen. Grundsätzlich steht dem Verlangen einer Mangelbeseitigung jedoch nicht entgegen, daß der Vermieter der Eigentumswohnung die Zustimmung der anderen Wohnungseigentümer herbeiführen muss.	BGH, 20.07.2005 – VIII ZR 342/03, MDR 2006, 199 = NJW 2005, 3284 = NZM 2005, 820
Vom Mieter verschuldete Zerstörung	Die Kündigung des Mieters gemäß § 542 BGB ist ausgeschlossen, wenn er die Störung des vertragsmäßigen Gebrauchs, hier infolge eines Brandes, selbst zu vertreten hat. Wenn der Brand beim Mietgebrauch entstanden ist und Ursachen, die in den Obhuts- und Verantwortungsbereich des Vermieters fallen, ausgeräumt sind, trägt der Mieter die Beweislast dafür, daß er den Schadenseintritt nicht zu vertreten hat (Fortführung von BGH, 14.04.1976 – VIII ZR 288/74, BGHZ 66, 349 und des Senatsurteils BGHZ 126, 124).	BGH, 26.11.1997 – XII ZR 28/96, NZM 1998, 117 = NJW 1998, 594
Zerstörung der Pachtsache	1. Spricht alles dafür, daß ein Brand des Pachtgebäudes die Folge von Heuselbstentzündung des vom Pächter eingelagerten Heus ist und gibt es auch keine konkreten Anhaltspunkte für eine vorsätzliche Brandstiftung des Verpächters, dann lässt sich ohne weiteres feststellen, daß der Verpächter den Brand nicht zu vertreten hat. 2. Werden Gebäude eines verpachteten landwirtschaftlichen Anwesens zerstört (hier: durch Brand), so trifft den Verpächter keine Pflicht zum Wiederaufbau, wenn ohne das zerstörte Gebäude die Nutzung des überlassenen landwirtschaftlichen Anwesens gleichwohl möglich war. 3. Eine etwaige Wiederaufbaupflicht des Verpächters betreffend einen abgebrannten Hof entfällt jedenfalls dann, wenn der Pächter die Zerstörung eines Pachtgebäudes zu vertreten hat.	BGH, 13.12.1991 – LwZR 5/91, MDR 1992, 371 = NJW 1992, 1036
Wiederherstellung der Mietsache	Wird die Mietsache nach deren Überlassung an den Mieter ohne dessen Verschulden derart beschädigt, dass die Wiederherstellung dem Vermieter nicht zumutbar ist, werden die Parteien nach den allgemeinen Vorschriften der §§ 275, 323 Abs. 1 BGB (jetzt §§ 275, 326 BGB) von ihren vertraglichen Pflichten frei; eine Anwendung des § 537 Abs. 1 BGB (jetzt § 536 BGB) scheidet aus.	BGH, 26.09.1990 – VIII ZR 205/89, NJW-RR 1991, 204
Verkehrssicherungspflicht	Zur Frage, unter welchen Voraussetzungen der Vermieter einer Wohnung, zu der eine noch nicht fertig gestellte Loggia gehört, von der Verantwortlichkeit für einen Unfall eines Gastes der Mieter befreit wird, der auf einer Ablösung von Teilen der provisorischen Brüstung der Loggia beruht.	BGH, 11.12.1984 – VI ZR 218/83, NJW 1985, 1076 = MDR 1985, 833

Streupflicht	Zur Verantwortlichkeit von Wohnungseigentümern für die Erfüllung der Streupflicht.	BGH, 27.11.1984 – VI ZR 49/83, NJW 1985, 484
Abgrenzung Wohn-/Geschäftsraum	a) Zum Begriff des Wohnraums b) Sind durch einheitlichen Vertrag sowohl Wohnräume als auch gewerblich genutzte Räume vermietet, so kommt es für die Frage der Anwendung der Sondervorschriften über den Kündigungsschutz für Wohnräume darauf an, welche der beiden Nutzungsarten überwiegt.	BGH, 15.11.1978 – VIII ZR 14/78, NJW 1979, 307 = WuM 1979, 14

2. Schnellüberblick aktuelle Rechtsprechung der Instanzgerichte

716

Thema/Normen	Leitsatz	Entscheidung, Fundstelle
Vertragszweck bei „Praxis für Psychiatrie und Psychotherapie" und Drogenersatztherapie	Eine Drogenersatztherapie (Substitutionsbehandlung) ist von dem vertraglich vereinbarten Gebrauch des Mietobjekts als „Praxis für Psychiatrie und Psychotherapie" gedeckt. Hierfür kommt es maßgeblich darauf an, dass die Substitutionsbehandlung eine Behandlungsform darstellt, die im Rahmen der Psychiatrie oder Psychotherapie als üblich oder zumindest absehbar angesehen werden kann.	OLG Köln, 12.11.2010 – 1 U 26/10, IMR 2011, 58
Auslegung der Bezeichnung des Mietobjekts, Eignung zum vertragsgemäßen Gebrauch, Mangelhafte Abdichtung von Kelleraußenwänden → Mietminderung	Wird der Mietgegenstand im Gewerbemietvertrag bezeichnet mit „Gewerberäume von ca. 74,04 qm zzgl. 51 qm Kellerräume zum Betrieb einer Zahnarztpraxis", so ist dies dahin auszulegen, dass die Kellerräume nicht nur zur Lagerung von gegen Feuchtigkeit unempfindlichen Gegenständen vermietet sind, sondern dass eine Nutzung als Lager, Werkstatt, Aufenthaltsraum, Büro und WC vertragsgemäß ist, wenn die Kellerräume zuvor durch den Vermieter entsprechend ausgebaut worden waren und bereits vom Vormieter im Rahmen des Betriebes einer Zahnarztpraxis in ähnlicher Weise genutzt worden sind. In einem solchen Fall kann die Miete wegen mangelhafter Abdichtung der Kelleraußenwände um 10 % gemindert sein und der Mieter hat gegen den Vermieter einen Anspruch auf Beseitigung der Mängel und Erstattung von Stromkosten für den Betrieb von Lüftern und Heizmatten im Keller. Selbst wenn die Beseitigung der Mängel maximal ca. 68.000 EUR kosten kann, kann die erforderliche Abwägung ergeben, dass die Zumutbarkeitsgrenze noch nicht überschritten ist.	KG, 05.07.2010 – 12 U 172/09, GuT 2010, 218 = IMR 2010, 431

Außenwände vom Gebrauch umfasst? § 241 Abs. 1, § 535 Abs. 1 BGB	Zu den Voraussetzungen, unter denen von der Vermietung von Geschäftsräumen zu diesen gehörende Außenwände umfasst sind und unter denen – wenn dies nicht der Fall ist – in der durch den Vermieter erfolgten Gestattung der Nutzung einer solchen Außenwand durch einen Dritten eine Beeinträchtigung des dem Geschäftsraummieter zu gewährenden vertragsgemäßen Gebrauchs der Mietsache liegt.	OLG Saarbrücken, 27.05.2010 – 8 U 448/09, IMR 2010, 328 = InfoM 2010, 281
Mietfläche: Keine Neuberechnung bei Anknüpfung an endgültiges Aufmaß	Haben die Parteien eines Gewerbemietvertrages die Höhe der Miete an die – nach Fertigstellung endgültig aufzumessende Nettogrundfläche nach DIN 277 geknüpft und sind sie bei Vertragsschluss davon ausgegangen, dass die gesamte in dem Gebäude nutzbare Fläche einschließlich der Flächen unter nicht tragenden Innenwänden die Netto-Grundfläche nach DIN 277 darstellt, so ist diese Fläche für die Höhe der an die Mietfläche geknüpften Miete maßgeblich.	KG, 17.05.2010 – 12 U 211/08, GuT 2010, 192
Anspruch auf Gebrauchsüberlassung entfällt bei Zerstörung	1. Der Anspruch des Pächters auf Gebrauchsüberlassung und sein Recht zum Besitz entfällt gemäß § 275 Abs. 1 BGB, wenn die Pachtsache durch einen Brand im Wesentlichen zerstört wird. Eine Pflicht des Verpächters zum Wiederaufbau besteht in diesem Falle nicht, ohne dass es auf Fragen der Zumutbarkeit i. S. von § 275 Abs. 2 BGB ankäme. 2. Eine Zerstörung i. S. von Nr. 1, die zur Unmöglichkeit führt, liegt nicht erst dann vor, wenn kein Stein mehr auf dem anderen steht. Maßgebend ist eine funktionelle Betrachtung, bei der es darauf ankommt, ob der erhalten gebliebene Teil eigenständig wirtschaftlich sinnvoll nutzbar ist und die Identität des Pachtgegenstands gewahrt bleibt. Dies ist nicht der Fall, wenn das Herzstück der Pachtsache ein historisches Teil (hier: eine alte Mühle) und dieser weitestgehend abgebrannt ist, später angebaute Gebäudeteile jedoch zu wesentlichen Teilen erhalten geblieben sind.	OLG Stuttgart, 11.01.2010 – 5 U 119/09, GuT 2010, 221 = IMR 2010, 285 = MDR 2010, 261
Mietfläche bei Geschäftsräumen	Werden Ladenräume zum Betrieb eines Lebensmitteleinzelhandels vermietet und dem Mieter zusätzlich nur über das allgemeine Treppenhaus zugängliche Kellerräume zum alleinigen Gebrauch (Heizung, Kühlaggregate) überlassen, so gehören die Kellerräume zur Nutzfläche des Mietobjekts. Das gilt auch dann, wenn es im Mietvertrag heißt: „Die Nutzfläche beträgt 175 qm2" und die Objektbeschreibung neben „Ladefläche mit Schaufenster" auch „Zubehör 2 Kellerräume" anführt.	LG Hildesheim, 27.08.2009 – 4 O 376/08, GuT 2010, 194 = InfoM 2010, 276 = MDR 2010, 316

§§ 242, 535 Abs. 1 Satz 2, § 554 Abs. 2 BGB	1. Wird in einer Baubeschreibung die Ausgestaltung der Mietsache, also auch der Dachfläche, dokumentiert, so ist die Baubeschreibung Bestandteil des Mietvertrags. 2. Dementsprechend darf die mit roten Dachziegeln einzudeckende und eingedeckte Dachfläche nicht durch die Anbringung einer Photovoltaik-Anlage überlagert werden. **LS NZM:** Vereinbaren die Mietvertragsparteien eine in der Baubeschreibung dokumentierte Ausgestaltung der Mietsache (auch der Dachfläche) und wird diese Beschreibung Bestandteil des Mietvertrags, so haben sich die Eigentümer ihres Rechtes nach § 903 BGB begeben, die Dachfläche nach ihren Vorstellungen anders auszugestalten und dort nachträglich eine Photovoltaik-Anlage zu montieren. (Leitsatz der Redaktion)	OLG Bamberg, 25.05.2009/ 30.07.2009 – 3 U 23/09, GuT 2009, 298 = IMR 2009, 346 = NZM 2009, 859
Pflicht zur Verhütung von Dachlawinen bei Tauwetter § 823 Abs. 1 BGB	Im Einzelfall kann eine Verletzung von Verkehrssicherungspflichten des Hauseigentümers darin gesehen werden, dass dieser bei besonders gefährlichen Wetterlagen ortsübliche Maßnahmen zur Verhinderung des Abgangs von Schneelawinen (Abschlagen von Schnee und Eis, Räumen des Daches) nicht trifft. Dies gilt auch dann, wenn Schneefanggitter bauordnungsrechtlich nicht vorgeschrieben oder nicht ortsüblich sind.	OLG Jena, 18.06.2008 – 2 U 202/08, NZM 2009, 254 = MDR 2008, 1100 = NJW-RR 2009, 168
Nicht eingegrenzter Mietzweck: Vermieter haftet für (jede) Zwecktauglichkeit! §§ 536, 543 Abs. 1, 2 Nr. 3, § 546 Abs. 1 BGB	Werden Kellerräume nicht zur Nutzung als Keller, sondern zur Nutzung für jeden behördlich zulässigen Zweck – mit Ausnahme eines Bordells – vermietet und werden diese Räume dann als Wellnesszentrum genutzt, trifft das Risiko der Zwecktauglichkeit den Vermieter.	KG, 20.05.2009 – 8 U 38/09, IMR 2010, 10
Winterdienst: Muss der Vermieter die vermieteten Pkw-Stellplätze schnee- und eisfrei halten?	Der Mieter eines Pkw-Stellplatzes hat jedenfalls dann keinen Anspruch auf Winterdienst des Vermieters, wenn der Parkplatz vom öffentlichen Straßenland aus mit wenigen Schritten zu erreichen ist, wenn er eine nur geringe Ausdehnung hat und wenig frequentiert ist.	OLG Düsseldorf, 19.05.2008 – I-24 U 161/07, GE 2008, 1196 = InfoM 2008, 475
Vermieters Eigentumserwerb an mieterseits errichteten Gebäuden durch Abrissverzicht §§ 95, 535, 539, 929 BGB	Verzichtet der Vermieter bei einem Mieterwechsel auf den Abriss der vom Mieter errichteten Gebäude (hier: Tankstellenaufbauten) und macht der Mieter auch von seinem Wegnahmerecht keinen Gebrauch, kann eine Eigentumsübertragung auf den Vermieter vorliegen, wenn der Nachmieter an den Absprachen nicht beteiligt wird.	OLG Düsseldorf, 06.05.2008 – 24 U 189/07, NZM 2009, 242

X. Arbeits- und Beratungshilfen

Mitbenutzung der Grundstücksgemeinschaftsflächen §§ 535, 812 BGB	1. Bei der Vermietung von Geschäftsräumen erstreckt sich das Recht des Mieters zur Nutzung der gemieteten Räume auf das Recht zur Mitbenutzung der Grundstücksgemeinschaftsflächen. 2. Die ständige vertragswidrige Nutzung von Gemeinschaftsflächen („Sondernutzung") ist grundsätzlich geeignet, Nutzungsentgeltansprüche des Vermieters nach Bereicherungsrecht auszulösen (hier verneint).	OLG Düsseldorf, 05.05.2009 – 24 U 153/08, IMR 2010, 12
Zur Nachtzeit nur ausnahmsweise Verkehrssicherungspflicht des Vermieters! §§ 253, 328, 823, 847 BGB	1. Die winterliche Streu- und Räumpflicht des Vermieters ist regelmäßig auf den Zeitraum zwischen dem Einsetzen des allgemeinen Verkehrs am Morgen und dessen Ende in den Abendstunden beschränkt. Wer sich außerhalb dieser Zeiten bewegt, darf eine Verkehrssicherung grundsätzlich nicht erwarten. 2. Nur wenn der Vermieter es zu vertreten hat, dass auf seinem Gelände zur Nachtzeit vertragsgemäß erheblicher Publikumsverkehr stattfindet, muss er auch für dessen Sicherheit sorgen.	OLG Koblenz, 20.02.2008 – 5 U 101/08, GuT 2008, 112 = IMR 2008, 154 = NZM 2008, 687 = DWW 2008, 176 = NJW-RR 2008, 1331

717 3. **Richtlinie zur Berechnung der Mietfläche für gewerblichen Raum (MF-G)**[1246]

Inhaltsverzeichnis

PRÄAMBEL		4
ANWENDUNG UND ABGRENZUNG		5
1	**GIF-FLÄCHENARTEN**	6
1.1	**MF-0 Keine Mietfläche**	7
1.1.1	Technische Funktionsflächen (TF)	7
1.1.2	Verkehrsflächen (VF)	7
1.1.3	Konstruktions-Grundflächen (KGF)	7
1.2	**MF-G Mietfläche nach gif**	8
1.2.1	MF-G	8
1.2.2	MF-G 1 und MF-G 2	8
2	**MIETFLÄCHENSCHEMA**	9
3	**REGELN FÜR DIE BERECHNUNG UND DARSTELLUNG**	10
3.1	**Messpunkte der Flächenermittlung**	10
3.2	**Zuordnung von gemeinschaftlich genutzter Mietfläche**	10
3.2.1	Gliederung in Abschnitte	10
3.2.2	Berechnung innerhalb der Abschnitte	10
3.3	**Darstellung und Nachweis**	11
3.3.1	Tabelle	11
3.3.2	Pläne	11
4	**SONSTIGE MIETOBJEKTE**	12
4.1	**Fahrzeugabstellflächen**	12
4.2	**Schaufenster**	12
4.3	**Kundenbedienzonen**	12
4.4	**Deckenöffnungen**	12
4.5	**Gastronomiezonen**	12
4.6	**Eventzonen, Marktstände**	12
4.7	**Schachteltreppenhäuser**	12
4.8	**Überdachte Gebäudebereiche**	12
5	**GRAPHISCHE ERLÄUTERUNGEN**	13
5.1	**MF-G im Kontext MF-0, MF-G 1 und MF-G 2**	13
5.2	**Mietflächengrenze an Fassaden**	14
5.3	**Einordnung von leichten Trennwänden**	15

[1246] Richtlinie der Gesellschaft für immobilienwirtschaftliche Forschung e.V. ? gif e.V., Wilhelmstraße 12, 65185 Wiesbaden. Abdruck mit freundlicher Genehmigung.

PRÄAMBEL

Wenn im Zusammenhang mit einer Immobilie ein Mietverhältnis begründet wird, dann spielt die Mietfläche eine entscheidende Rolle. Zumal es eine gesetzlich verbindliche Definition der Mietfläche für gewerblich genutzte Objekte bislang nicht gibt. Es war deshalb schon immer von besonderem Interesse, sich nicht nur mit der Miete, sondern auch mit dem, was Mietfläche sein soll, zu befassen.

Je nach Markt- und Interessenlage wurde das Flächenset, das die Mietfläche ausmachte, einmal mehr, das andere Mal weniger ausgedehnt. Diese Mietfläche spiegelte nur unzuverlässig die tatsächliche Leistungsfähigkeit der Flächen des betreffenden Objektes wider.

Mit der Richtlinie zur Berechnung der Mietfläche für gewerblichen Raum (MF-G) wird ein Regelwerk formuliert, das die Mietfläche als eine Größe auffasst, die direkt aus den Objekteigenschaften abzuleiten ist. Sie ist damit nicht mehr regionalen Gepflogenheiten oder der Gebäudetypologie unterworfen. Genauso kennt sie bei einem und demselben Objekt keine Schwankungsbreite mehr.

Im Sinne ihrer Arbeitshypothese *Definition und Verbesserung der beruflichen Standards in der Immobilienwirtschaft* gibt die gif mit der *Richtlinie MF-G* den Marktbeteiligten ein Regelwerk an die Hand, das die folgenden Ziele erreichen soll:

- Erhöhung der Planungssicherheit in den Phasen Entwicklung, Realisierung und Nutzung
- Erhöhung der Aussagekraft und Vergleichbarkeit von Mietflächenangaben
- Reduzierung der Fälle, in denen eine Neuberechnung der Mietfläche notwendig wird

Die Richtlinie MF-G definiert die Mietfläche von gewerblich vermieteten oder genutzten Gebäuden. Sie geht mit den Begriffen und Wesenszügen der DIN *277 Grundflächen und Rauminhalte von Bauwerken im Hochbau* konform. Die Richtlinie ist marktbezogen, aber unabhängig und stellt sicher, dass die Berechnung einheitlich, eindeutig und reproduzierbar durchgeführt werden kann.

Diese Richtlinie dient ausschließlich der Flächenermittlung und bewertet die Flächen nicht monetär.

ANWENDUNG UND ABGRENZUNG

Die Richtlinie MF-G ist eine Zusammenfassung, Harmonisierung und Weiterentwicklung der seit 1996 (MF-B) und 1997 (MF-H) eingeführten Richtlinien zur Mietflächenermittlung für Büro- und Handelsraum. Mit der Veröffentlichung der Richtlinie MF-G ersetzt diese ihre beiden Vorgänger. Damit gilt diese Richtlinie für alle gewerblich vermieteten oder genutzten Gebäude.

Die Richtlinie MF-G baut auf dem Definitionsvorrat der DIN 277 auf. Aus diesem Grund ist die Kenntnis der DIN 277 für den Anwender der Richtlinie unabdingbar. Bei der DIN 277 handelt es sich nicht um eine Mietflächendefinition. Sie befasst sich mit Aussagen zur Systematisierung von Grundflächen und Rauminhalten des Hochbaus. Die Richtlinie MF-G geht darüber hinaus, indem sie festlegt, welche dieser Flächen zur Mietfläche zählen und welche nicht. Außerdem wird die anteilige Zuordnung gemeinschaftlich genutzter Flächen geregelt. Aus diesem Grund wird zwischen exklusiv und gemeinschaftlich genutzten Flächen unterschieden.

Die Richtlinie MF-G nimmt Bezug auf die DIN 277 in der ab 2005 gültigen Fassung. Dort werden die Hauptnutzfläche (HNF) und Nebennutzfläche (NNF) zu Nutzfläche (NF) zusammengefasst. Funktionsflächen (FF) werden als Technische Funktionsflächen (TF) bezeichnet. Für den Übergangszeitraum bis zur Veröffentlichung der DIN 277, 2005 gilt noch die DIN 277, 1987.

Nach der Richtlinie MF-G wird die Mietfläche in der Regel kleiner als die Brutto-Grundfläche (BGF) der DIN 277 sein, da bestimmte Flächen, die zur BGF gerechnet werden, nicht zur Mietfläche zählen.

Im Einzelfall kann sich ergeben, dass eine Fläche zur Mietfläche zählt, es aber nahe liegt, sie monetär nicht zu berücksichtigen.

Flächen, die in der DIN 277 nicht im erforderlichen Maße abgegrenzt sind oder nicht zur BGF zählen, jedoch als Mietobjekte vermietet werden können, werden im Kapitel Sonstige Mietobjekte aufgeführt. Solche Mietobjekte sind ausdrücklich anzugeben und getrennt von der MF-G zu ermitteln.

Die Richtlinie MF-G zielt darauf ab, dass eine Veränderung des Zuschnitts von Mieteinheiten innerhalb eines Gebäudes keine Auswirkungen auf die Gesamtmietfläche des Objektes hat. Bei bauvorlagepflichtigen Maßnahmen wird dagegen mit Änderungen in der Gesamtmietfläche zu rechnen sein.

Die Teilflächen, die zur Mietfläche führen, sind systematisch und übersichtlich in einem Mietflächenspiegel zu erfassen, der einen solchen Detaillierungsgrad besitzt, dass aus ihm alle wesentlichen qualitativen Unterscheidungskriterien erkennbar werden. Die Mietflächenermittlung soll Bestandteil des Mietvertrages bzw. einer Nachtragsvereinbarung werden.

Die Richtlinie soll nur als Ganzes verwendet werden. Wird bei der Verwendung in einzelnen Punkten von ihr abgewichen, ist dies unmittelbar unter Bezugnahme auf die Richtlinie MF-G abschließend zu verdeutlichen. In allen anderen Fällen soll jede Bezugnahme auf die Richtlinie MF-G unterbleiben.

X. Arbeits- und Beratungshilfen

1   GIF-FLÄCHENARTEN

Die Flächenarten dieser Richtlinie gliedern sich ausgehend von der Brutto-Grundfläche gemäß DIN 277 in MF-0 (Keine Mietfläche) und MF-G (Mietfläche nach gif) entsprechend dem folgenden Strukturmodell.

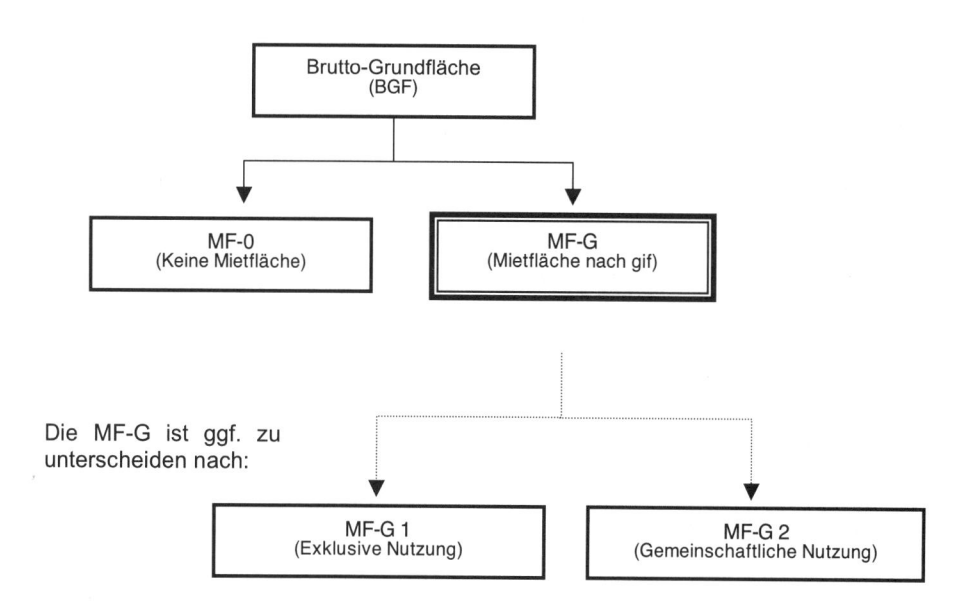

```
                    Brutto-Grundfläche
                         (BGF)
                    ┌──────┴──────┐
                    ▼             ▼
                  MF-0           MF-G
           (Keine Mietfläche)  (Mietfläche nach gif)
```

Die MF-G ist ggf. zu unterscheiden nach:

```
              ┌──────┴──────┐
              ▼             ▼
            MF-G 1         MF-G 2
       (Exklusive Nutzung)  (Gemeinschaftliche Nutzung)
```

Die Zuordnung von Gebäude-Grundflächen zu MF-0 und MF-G ist eindeutig und nur objektabhängig. Sie kann sich normalerweise nur nach einer bauvorlagepflichtigen Maßnahme ändern.

Zur Ermittlung der MF-0 bei nur einem Mieter oder Nutzer im Gebäude wird der fiktive Fall angenommen, dass mehrere Mieter das Gebäude belegen.

Die Unterscheidung der Mietflächen nach exklusivem Nutzungsrecht (MF-G 1) und gemeinschaftlichem Nutzungsrecht (MF-G 2) erfolgt in der Planungs- und Bauphase nach einer angenommenen Vermietungssituation. In der Nutzungsphase ist die tatsächliche Situation abzubilden.

Die Einordnung als Fläche mit exklusivem Nutzungsrecht (MF-G 1) wird typischerweise charakterisiert durch:

- das Recht, andere Nutzer auszuschließen

- das Recht, die Fläche personell und/oder sächlich zu belegen

Das Verhältnis von MF-G 1 zu MF-G 2 kann sich mit neuen Vermietungssituationen innerhalb eines Gebäudes ändern.

1.1 MF-0 Keine Mietfläche

Flächen, die keine Mietfläche werden, heißen MF-0.
Von den nachfolgenden Grundflächenarten der DIN 277 sind keine Mietfläche:

1.1.1 Technische Funktionsflächen (TF)

a   alle Technischen Funktionsflächen

1.1.2 Verkehrsflächen (VF)

b   feste und bewegliche Treppenläufe und Rampen und deren Zwischenpodeste (Ausnahme Geschosspodeste), Aufzugsschacht-Grundflächen je Haltepunkt

c   Fahrzeugverkehrsflächen

d   Wege, Treppen und Balkone, deren überwiegender Zweck der Flucht und Rettung dient

e   in Shopping-Centern: Eingangshallen, Ladenstraßen und Atrien

1.1.3 Konstruktions-Grundflächen (KGF)

f   Außenwände

g   Grundflächen von aufgehenden Bauteilen wie Wände und Stützen, die zur konstruktiven, d.h. tragenden und/oder aussteifenden Raumbildung eines Bauwerkes notwendig sind

h   Grundflächen der Umschließungswände, von zu MF-0 gehörenden Technischen Funktions- und Verkehrsflächen

i   Grundflächen der Installationskanäle und -schächte, Schornsteine sowie Kriechkeller, die gemäß DIN 277 Konstruktions-Grundfläche sind

Alle drei hier aufgeführten Grundflächenarten sind dann Mietfläche, wenn sie Folge einer individuellen Mieteranforderung sind. Diese ist gegeben, wenn sie ausdrücklich zwischen Vermieter und Mieter vereinbart wird.

1.2 MF-G Mietfläche nach gif

1.2.1 MF-G

Die Grundfläche, die zur Brutto-Grundfläche gehört und nicht der MF-0 zugerechnet wird, ist Mietfläche und heißt MF-G.

Die Grundfläche einer Mietbereichstrennwand, die nicht MF-0 ist, wird je zur Hälfte den Anliegern zugeordnet.

Fahrzeugabstellflächen werden nicht als MF-G ausgewiesen, können aber Mietobjekte sein (siehe Kapitel 4).

Alle Flächen der MF-G mit lichter Raumhöhe von 1,50 m und weniger sind als solche gesondert auszuweisen.

1.2.2 MF-G 1 und MF-G 2

In Abhängigkeit von der Vermietungssituation lässt sich die Mietfläche MF-G in Mietflächen mit exklusivem Nutzungsrecht und solche mit gemeinschaftlichem Nutzungsrecht gliedern:

MF-G 1   Mietfläche mit exklusivem Nutzungsrecht

In Bauwerken vorkommende MF-G-Flächen gelten dann als exklusive Mietfläche, wenn sie typischerweise einem Mieter zuzuordnen sind.

Sie heißen exklusive Mietfläche (MF-G 1).

MF-G 2   Mietfläche mit gemeinschaftlichem Nutzungsrecht

In Bauwerken vorkommende MF-G-Flächen gelten dann als gemeinschaftlich genutzte Mietfläche, wenn sie typischerweise mehreren oder allen Mietern zuzuordnen sind.

Sie sind jeweils allen daran beteiligten Mietern anteilig zuzuordnen (siehe Kapitel 3.2).

Sie heißen gemeinschaftlich genutzte Mietfläche (MF-G 2).

Teil 1 – § 8 Mietobjekt

2 MIETFLÄCHENSCHEMA

DIN 277	gif-Flächenarten*	
BGF	**MF-0**	**MF-G**
NF	Fahrzeugabstellflächen (Stellplätze)	Gemeinschaftsräume, Pausenräume, Sozialräume Warteräume, Speiseräume, Hafträume, Büroräume, Großraumbüros, Besprechungsräume, Konstruktionsräume, Schalterräume, Bedienungsräume Aufsichtsräume, Bürotechnikräume Werkhallen, Werkstätten, Labors, Räume für Tierhaltung und Pflanzenzucht Küchen, Sonderarbeitsräume Lagerräume, Archive, Sammlungsräume, Kühlräume Annahme- und Ausgaberäume Verkaufs- und Ausstellungsräume Differenzstufen (max. 3 Stufen) Unterrichts- und Übungsräume, Bibliotheksräume, Sporträume, Versammlungsräume Bühnen, Studioräume, Schauräume, Sakralräume Räume mit medizinischer Ausstattung für Operationen, Diagnostik und Therapie, Bettenräume Sanitärräume, Garderoben, Abstellräume Räume für Technik von zentralen Versorgern (z. B. Kraftwerk, Sendezentrale) Schutzräume Loggien, Balkone, überdachte Gebäudegrundflächen Nutzbare Dachflächen
TF	Abwasseraufbereitung und -beseitigung Wasserversorgung Heizung und Brauchwassererwärmung, Brennstofflagerung Gase und Flüssigkeiten Elektrische Stromversorgung Fernmeldetechnik Raumlufttechnische Anlagen Aufzugs- und Förderanlagenmaschinenräume Schachtflächen Hausanschluss und Installation, Abfallverbrennung	Technische Anlagen mit individ. Mieteranforderung
VF	Überwiegend der Flucht und Rettung dienende Wege, Treppen und Balkone **Flächen ohne individuelle Mieteranforderung:** Feste und bewegliche Treppen und Rampen und deren Zwischenpodeste Aufzugsschächte, Abwurfschächte (jew. je Geschoss) Fahrzeugverkehrsflächen	Flure, Eingangshallen, Foyers (außer in Shopping-Centern) Etagenpodeste von Treppen **Flächen mit individueller Mieteranforderung:** Feste und bewegliche Treppen und Rampen und deren Zwischenpodeste Aufzugsschächte, Abwurfschächte (jew. je Geschoss) Laderampen, -bühnen
KGF	Außenwände und -stützen Innenwände und -stützen die konstruktiv (tragend oder aussteifend) notwendig sind Umschließungswände von die MF-0 umgebenden TF, VF	Leichte Trennwände oder andere versetzbare oder veränderbare Konstruktionen Mietbereichstrennwände zw. MF-G-Flächen KGF, die aufgrund individueller Mieteranforderungen erforderlich wird

* Die Beispiele zeigen einige typische Nutzungsfälle ohne Anspruch auf Vollzähligkeit. Die Regelungen des Richtlinientextes gehen im Zweifel diesem Mietflächenschema vor.

3 REGELN FÜR DIE BERECHNUNG UND DARSTELLUNG

3.1 Messpunkte der Flächenermittlung

Grundsätzlich werden die Grundflächen direkt über dem Fußboden innerhalb der fertigen Oberflächen erfasst. Fußleisten, Schrammborde sowie nicht raumhohe Vorsatzschalen und Einbauten bleiben unberücksichtigt.

Grundsätzlich ist bis an alle raumbegrenzenden Bauteile einschließlich raumhoher Bekleidungen zu messen.

Bei Vorhangfassaden mit bodengleichen, waagerechten Tragprofilen ist bis an die Innenseite der Verglasung zu messen. Senkrechte Fassadenprofile bleiben im Grundriss unberücksichtigt.

3.2 Zuordnung von gemeinschaftlich genutzter Mietfläche

MF-G 2 ist auf die beteiligten Parteien umzulegen. Die Art der Zuordnung ist anzugeben. Die Berechnung muss nachvollziehbar erfolgen.

3.2.1 Gliederung in Abschnitte

In Abhängigkeit von der Vermietungssituation einer Liegenschaft ist eine abschnittsweise Gliederung zu definieren. Abschnitte können ganze Liegenschaften, einzelne Gebäude, Geschosse, Bauabschnitte oder Bauteile umfassen.

3.2.2 Berechnung innerhalb der Abschnitte

Innerhalb dieser Abschnitte werden die gemeinschaftlich genutzten Flächen addiert und den Parteien anteilig im Verhältnis der MF-G 1 zugeordnet.

3.3 Darstellung und Nachweis

Die Ermittlung der MF-G und das Ausweisen der Sonstigen Mietobjekte (Kapitel 4) erfolgt nach Plänen, CAD-Daten oder durch örtliches Aufmaß. Die Ermittlungsgrundlage ist anzugeben.

Der Nachweis dieser Flächen erfolgt in Tabellen und Plänen.

3.3.1 Tabelle

Die Mietflächenberechnung ist in tabellarischer Form zu erstellen. Folgende Flächen sind getrennt auszuweisen:

- Gliederung in Abschnitte gemäß Kapitel 3.2.1: geschossweise, bauabschnittsweise, etc.
- Mietbereiche
- gif-Flächenarten (MF-0, MF-G und ggf. MF-G 1, MF-G 2)
- Flächenarten nach DIN 277, Teil 1, Ziffer 3 getrennt nach unterschiedlicher Nutzung und Flächenarten, die nach den Bereichen b oder c der DIN 277, Teil 1, Ziffer 4 erfasst werden
- Flächen mit lichter Raumhöhe von 1,50 m und weniger

3.3.2 Pläne

In Mietflächenplänen sind die unterschiedlichen gif-Flächenarten (MF-0, MF-G und ggf. MF-G 1, MF-G 2) graphisch unterscheidbar darzustellen.

Jede zusammenhängende Mietfläche soll mit einem Mietflächenstempel versehen werden, der den Bezug zur Tabelle ermöglicht.

Es gelten die Maßangaben der DIN 1356. Wenn nichts anderes vereinbart wird, ist mindestens der Maßstab 1:100 zugrunde zu legen.

4 SONSTIGE MIETOBJEKTE

Nachfolgend werden Flächen aufgeführt, die Mietobjekte sein können, deren zugrunde liegende Flächen aber nicht der Mietfläche MF-G zugerechnet werden. Diese Mietobjekte unterliegen individuellen Mieteranforderungen und sind dann ausdrücklich zu vereinbaren.

4.1 Fahrzeugabstellflächen

Die Fahrzeugabstellflächen (Stellplätze) von Parkbereichen. Sie werden nach Anzahl ausgewiesen.

4.2 Schaufenster

Die Differenzfläche zwischen der Innenkante der Fassadenflucht und der MF-G-Fläche des Verkaufsraumes in der Breite der Fassadenöffnung, gemessen in Fußbodenhöhe. Die Grundflächen aller Schaufensterbauteile sind eingeschlossen. Grundflächen von aufgehenden Bauteilen der Fassade zählen nicht zu diesem Mietobjekt.

4.3 Kundenbedienzonen

Kundenbedienflächen, sofern sie außerhalb einer MF-G-Fläche und auf dem Grundstück des Vermieters liegen, mit bis zu 1,00 m Tiefe und in der Breite der lichten Verkaufsöffnung.

4.4 Deckenöffnungen

Großformatige Öffnungen in Geschossdecken, die nach DIN 277 keine Grundfläche sind, sofern sie innerhalb einer exklusiven Mietfläche liegen.

4.5 Gastronomiezonen

Gastronomie- oder Schankflächen (im Freien oder innerhalb von Allgemeinflächen) in ihrer tatsächlichen Ausdehnung, sofern sie auf dem Grundstück des Vermieters liegen.

4.6 Eventzonen, Marktstände

Zonen in Malls oder Ladenpassagen von Einkaufszentren für kurzfristige Aktionen, Events, oder sonstige Nutzungen.

4.7 Schachteltreppenhäuser

Die zusätzliche Grundfläche von Treppenläufen innerhalb von exklusiven Mietbereichen, in dem Fall, dass sie größer sind als die einfache Projektion auf das darüber liegende Geschoss.

4.8 Überdachte Gebäudebereiche im Freien

Überdachte Gebäudebereiche im Freien, sofern sie zur exklusiven oder gemeinschaftlichen Nutzung durch Mieter vorgesehen sind (z. B. Außenverkaufsfläche Gartencenter, Einkaufswagenstationen, etc.).

5 GRAPHISCHE ERLÄUTERUNGEN

5.1 MF-G im Kontext MF-0, MF-G 1 und MF-G 2

Der Grundriss A zeigt ein Geschoss mit zwei Mietbereichen, die über ein gemeinsames Treppenhaus und einen gemeinsamen Aufzugsvorraum erschlossen werden.

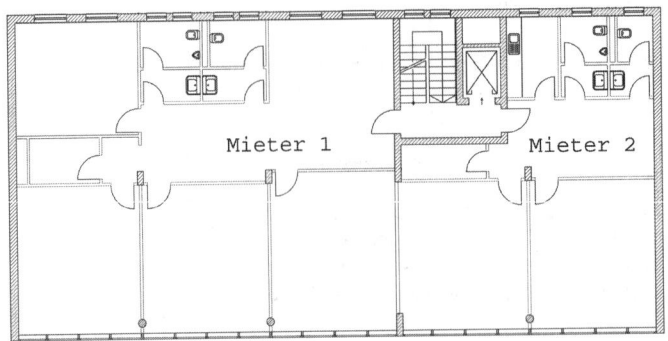

Die Außenwand ist zum einen als Lochfassade (oben) und zum anderen als eine Bandfassade (unten) ausgebildet. Die Bandfassade besteht aus einem verglasten Bereich, der über einem Brüstungsband angeordnet ist. Die Mietbereichstrennung ergibt sich aus einer ortsgebundenen Wand und aus einer leichten Trennwand, die die Variation des Mietbereichszuschnitts vereinfachen soll.

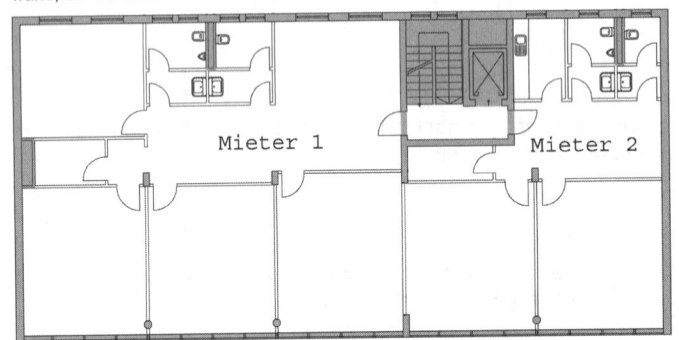

MF-0: Die Aufzugsschachtfläche, die Treppe mit Zwischenpodest, die für den Betrieb des Gebäudes erforderlichen Schächte, die Grundflächen aller tragenden/aussteifenden Konstruktionsteile sowie der Wände, die MF-0-Flächen umfassen.

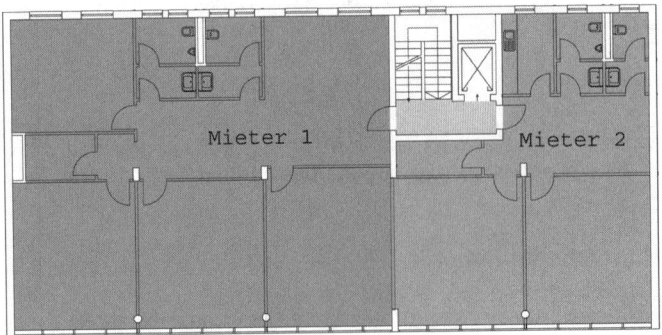

MF-G 1: Die exklusive Mietfläche der Mieter 1 und 2
MF-G 2: Die gemeinschaftlich Mietfläche (Aufzugsvorraum/Geschosspodest)

5.2 Mietflächengrenze an Fassaden

Die Zeichnungen zeigen Ausschnitte einer Loch- (B) und einer vorgehängten Fassade (C).

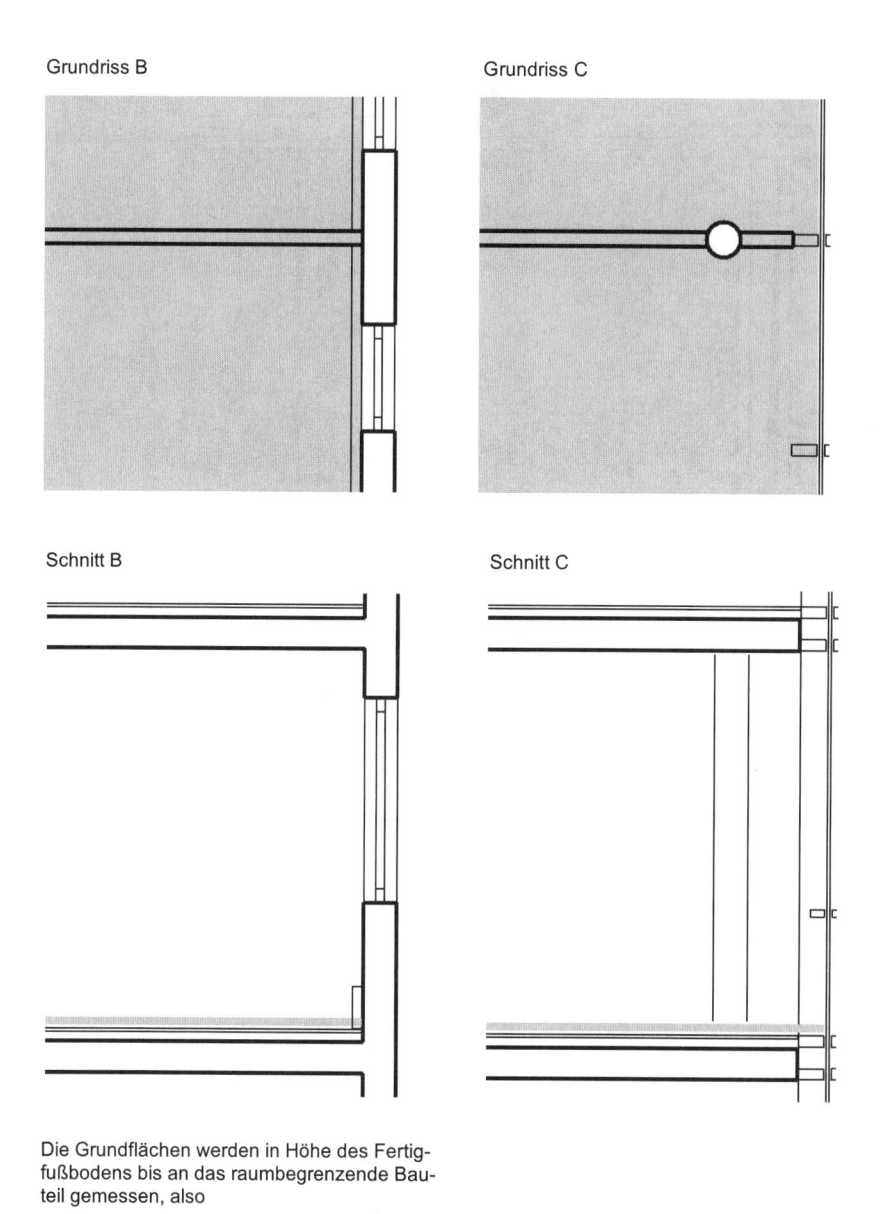

Grundriss B

Grundriss C

Schnitt B

Schnitt C

Die Grundflächen werden in Höhe des Fertigfußbodens bis an das raumbegrenzende Bauteil gemessen, also

bis zur Innenkante der Außenwand

bis zur Innenkante der Verglasung

Teil 1 – § 8 Mietobjekt

5.3 Einordnung von leichten Trennwänden

Die Zeichnungen zeigen Sanitärbereiche in denen leichte Trennwände als Raumteilungen eingesetzt werden.

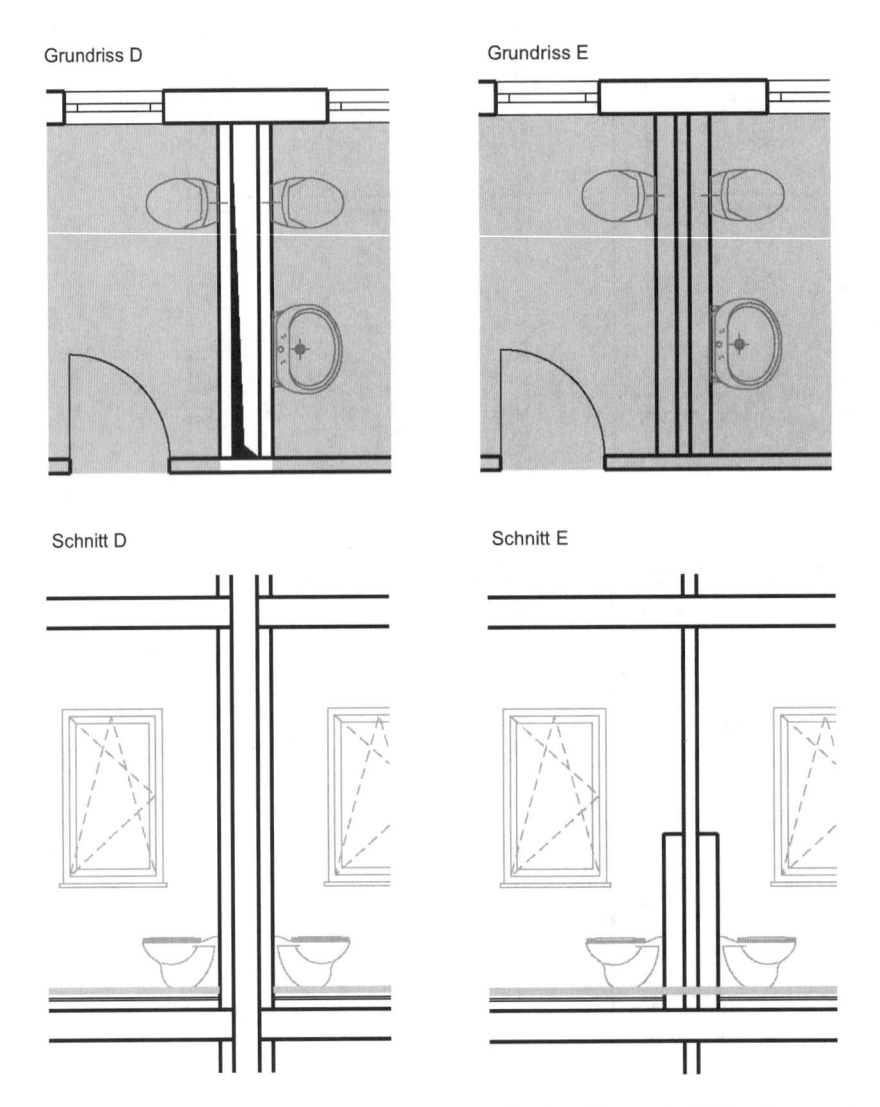

Grundriss D

Grundriss E

Schnitt D

Schnitt E

Die Fläche des Installationsschachtes und die Grundflächen der ihn umgebenden leichten Trennwänden sind keine Mietfläche.

Die Grundflächen der leichten Trennwand und der nicht raumhohen Vormauerungen sind Mietfläche.

4. Formulierungsvorschläge

a) Mietzweck

Formulierungsvorschlag: Mietzweck

> Zum Betrieb eines ..... zu Verkaufs- und/oder Lagerzwecken von ..... Waren jeglicher Art.
>
> **oder:**
>
> Das Mietobjekt wird ausschließlich zum Betrieb eines Einzelhandelsgeschäfts für ..... vermietet.
>
> **Alternative mit Zustimmungsvorbehalt bei Änderungen:**
>
> Das Mietobjekt wird ausschließlich zum Betrieb eines Einzelhandelsgeschäfts für ..... vermietet. Änderungen des Nutzungszweckes bedürfen der vorherigen schriftlichen Zustimmung des Vermieters, die nur aus wichtigem Grund verweigert werden darf. Als wichtiger Grund gilt auch das Bestehen einer Konkurrenzsituation durch einen anderen Mieter bzgl. des zu ändernden Nutzungszweckes.
>
> **Rechtsfolgenvereinbarung bei Verstößen:**
>
> Der Vermieter ist nach ergebnisloser Abmahnung zur fristlosen Kündigung berechtigt, wenn der Mieter die Räume zu anderen als im Mietvertrag vereinbarten Zwecken benutzt. Dies gilt insbesondere bei der Nutzung zu Wohnzwecken.

718

b) Circa-Flächenvereinbarung mit Anpassungsklausel

Formulierungsvorschlag: Flächenvereinbarung mit Circa-Wert und Anpassungsklausel mit Spielraum

> **Hinweis:**
>
> Hier wird nur die Fläche an sich geregelt; zur Vereinbarung einer Flächenmiete → *Rn. 792, 804.*

> Die Fläche beträgt ca. 300 m². Die Miethöhe orientiert sich nicht exakt an der tatsächlichen Fläche, diese stellt vielmehr nur einen Anhaltspunkt dar. Verlangt eine Partei ein Aufmass, hat dies ein vom Präsidenten der zuständigen IHK zu benennender Sachverständiger zu erstellen. Flächenänderungen von +/- 3 % haben keinen Einfluss auf die Höhe der Miete. Höhere oder niedrigere Abweichungen bewirken eine Anpassung der Netto- bzw. Grundmiete mit Wirkung ab dem auf die Feststellung der tatsächlichen Mietfläche folgenden Monat. Nebenkostenvorauszahlungen sind von der Anpassung ausgenommen.

719

c) Exakte Flächenvereinbarung mit Anpassungsklausel

Formulierungsvorschlag: Flächenvereinbarung mit exaktem Wert nach der gif-Methode und Anpassungsklausel mit Spielraum

720

Sämtliche Flächen sind nach der als Anlage ..... beigefügten gif-Richtlinie zur Berechnung der Mietfläche für Büroraum berechnet worden. Die konkrete Berechnung ist als Anlage ..... beigefügt. Die Parteien vereinbaren diese Berechnungsmethode als verbindlich für alle Bereiche des Mietvertrages, die sich nach Flächengröße bemessen, auch für zukünftige Berechnungen. Die Flächenangaben stellen keine zugesicherte Eigenschaft dar.

Flächenänderungen von +/- 3 % haben keinen Einfluss auf die Höhe der Miete. Höhere oder niedrigere Abweichungen bewirken eine Anpassung der Netto- bzw. Grundmiete mit Wirkung ab dem auf die Feststellung der tatsächlichen Mietfläche folgenden Monat. Nebenkostenvorauszahlungen sind von der Anpassung ausgenommen.

d) Noch nicht errichtetes Objekt

Formulierungsvorschlag: Flächenvereinbarung für noch nicht errichtetes Objekt

721

Bei Übergabe des Objekts wird von den Parteien ein Übergabeprotokoll und gemeinsames Aufmass zur Ermittlung der Fläche nach folgender Berechnungsmethode angefertigt: .....

Durch das Aufmass werden verbindlich die tatsächlich vermieteten Flächen und deren Größe festgelegt; es ist Bestandteil des Mietvertrages. Die bisherigen Circa-Angaben zur Mietfläche werden mit Vorliegen des Aufmasses gegenstandlos.

5. Checkliste: Machbarkeit einer Immobilie vom Reißbrett

722

Hinweis:

Die folgenden Punkte stellen nur Anhaltspunkte für eine Grobprüfung dar, selbstverständlich sind die Aspekte noch umfangreicher, als sich dies hier darstellen lässt.

723 **Checkliste: Immobilie vom Reißbrett**

- ☐ Zustandsbeschreibung:
  - ☐ Lage des Grundstücks/Objekts: Nachbarschaft und Umgebung, Infrastruktur, klimatische Verhältnisse,
  - ☐ Baugrundverhältnisse: Tragfähigkeit, Grundwasserverhältnisse, frühere Nutzung des Grundstücks, Altlasten, Karten für geologisch, geografische, hydrologische Verhältnisse,
  - ☐ Eintragungen im Grundbuch: Größe, Eigentümer, dingliche Belastungen, Bau- und Nutzungsbeschränkungen,

- öffentlich-rechtliche Bestimmungen: Zulässigkeit der Bebauung, Bauart, Bauweise, Baubeschränkungen und Ausnahmen, absehbare Auflagen, Erschließungsbeiträge/-kosten, sonstige zu erwartende Abgaben,
- vorhandene bauliche Anlagen: Zustand, Nutzung, Abbruch,
- Erschließung: Abwassersysteme, Wasserversorgung, Energieversorgung, Telekommunikation,
- Wertermittlung.
- Technische Aspekte:
  - Baukörperkonfiguration,
  - Rohbau,
  - Ausbau, Fassade, Haustechnik, Außenanlagen,
  - Erschließungskonzept,
  - Maß der Nutzung,
  - Parkplätze,
  - Besonderheiten bzgl. Gründung und Altlasten.
- Wirtschaftliche Aspekte:
  - Kosten des Objekts: Grundstückskosten, Erschließungskosten, Baukosten, Baunebenkosten,
  - Erträge: Miete abzgl. Betriebskosten = Nettomiete,
  - Klärung umlegbarer und nicht umlegbarer Betriebskosten,
  - Ermittlung der Rendite.
- Rechtliche Aspekte:
  - öffentlich-rechtlich: Bebauungsplan, Erschließungsrecht (Bauplanungsrecht), Vorbescheid, Abstandsflächen, Arbeitsstättenrichtlinie, Zweckentfremdung (Bauordnungsrecht),
  - steuerrechtlich: Grunderwerbsteuer, Körperschaftsteuer, ESt, USt etc.,
  - privatrechtlich: Grundstückskaufvertrag, Belastungen des Grundstücks und Ablösungen, Vertragsmanagement (s. nachfolgend),
  - Vertragsmanagement, d.h. Verträge mit Planherren (Architekten, Ingenieure, Projektsteuerer), Beraterverträge (Anwälte, Steuerfachleute, Gutachter), Werkverträge (Generalunternehmerverträge, Generalübernehmerverträge etc.), Kreditverträge und sonstige Verträge zur Finanzierung, Maklerverträge, Versicherungsverträge (Haftpflicht, Gebäudeversicherung, Bauwesenversicherungen etc.),
  - Vertragsmanagement: Vertragsinhalte mit Leistungsbeschreibungen, Honoraren, Terminen, Sanktionen, Vertragsorganisation, AGB-Prüfungen.

§ 9 Mietzeit

		Rn.
I.	Verträge von bestimmter und unbestimmter Dauer	724
II.	Verträge mit einer Dauer von mehr als 30 Jahren	731
III.	Vertragsverlängerung, Verlängerungsklauseln, Option	733
	1. Vereinbarung als AGB, Formulierungsschwächen, Zusammentreffen mehrerer Verlängerungsklauseln	733
	2. Unechte Befristung	744
	3. Optionsrecht	752
	a) Begriff und Inhalt	752
	b) Ausübung der Option	755
	aa) Frist	756
	bb) Erklärung, Art der Ausübung, Form, Schriftform gem. § 550 BGB	759
	c) Inhalt der Vertragsfortsetzung	763
	d) Nichtausübung der Option	765
IV.	Stillschweigende Vertragsverlängerung, § 545 BGB	766
V.	Gerichtsverfahren	774
VI.	Streitwert	775
VII.	Vertragsgestaltung	776
VIII.	Arbeits- und Beratungshilfen	781
	1. Schnellüberblick Grundsatz-Rechtsprechung des BGH	781
	2. Schnellüberblick aktuelle Rechtsprechung der Instanzgerichte	782
	3. Formulierungsvorschläge	783
	a) Vertrag von bestimmter Dauer	783
	b) Vertrag von bestimmter Dauer mit Verlängerungsklausel	784
	c) Vertrag von bestimmter Dauer mit Optionsrecht	785
	4. Checklisten	786
	a) Zeittypen von Mietverträgen	786
	b) Ausstiegsmöglichkeiten	787
	c) Vertragsverlängerung	788
	d) Verlängerungsklauseln	789

I. Verträge von bestimmter und unbestimmter Dauer

724 Man unterscheidet bzgl. der Mietzeit folgende Varianten von Geschäftsraummietverträgen:

- Verträge von unbestimmter Dauer (unbefristete Verträge),
- Verträge von bestimmter Dauer mit echter Befristung,
- Verträge von bestimmter Dauer mit Verlängerungsmöglichkeit (unechte Befristung).

725 Die Vertragspartner sind bei der Festlegung der Mietdauer frei. Üblich sind – anders als bei Wohnraum – Verträge von bestimmter Dauer, sog. **Zeitmietverträge**, bei denen der Anfangs- und Endtermin ausdrücklich festgelegt wird. Besondere Gründe für einen Zeitmietvertrag müssen, ebenfalls anders als bei Wohnraum, nicht bestehen. Ein wirksamer Zeitmietvertrag schließt eine ordentliche, nicht aber die außerordentliche Kündigung aus. Bei Verträgen auf unbestimmte Zeit (also „open end") kann der Vermieter im Gegensatz zur Wohnraummiete jederzeit und ohne Angabe von Gründen unter Einhaltung der gesetzlichen oder vertraglich vereinbarten Frist (§ 580a BGB) kündigen.

> **Hinweis:**
>
> Geschäftsraummietverträge auf unbestimmte Zeit sind für den Mieter wegen der jederzeitigen Kündigungsmöglichkeit ein Standortrisiko. Umgekehrt gilt: „Pacta sunt servanda" – Verträge muss man halten, sodass der Mieter aus einem Zeitmietvertrag grds. nicht einseitig vor Vertragsablauf aussteigen kann. Darauf muss der Anwalt ggf. hinweisen.

Laufzeitklauseln sind in der Praxis oft ungenau und bergen damit erhebliches Konfliktpotenzial. Dies gilt v.a. dann, wenn der Übergabetermin bei Vertragsunterzeichnung noch nicht feststeht und man sich mit „Beginn-ab-Übergabe-Klauseln" behelfen muss.

726

Beispiel:

Definiert der Mietvertrag die Mietzeit mit der Klausel: „Das Mietverhältnis endet am 31.12. des 15. Mietjahres nach der Übergabe", so endet das Vertragsverhältnis am Schluss desjenigen Jahres, in dem das 15. Mietjahr zu Ende geht.[1247]

Praxistipp:
Solche Klauseln sollten möglichst mit einem Beispiel kombiniert werden, wenn kein konkretes Enddatum genannt wird.

Auch die Gefährdung der Existenz des Mieters berechtigt bei Zeitmietverträgen nicht zur fristlosen Kündigung.[1248] Für den Mieter heißt es also: Leide und zahle. Um das Konfliktpotenzial für solche Fälle beiderseitig gering zu halten, empfehlen sich folgende **vertragliche Vereinbarungen** (alternativ oder kombiniert, je nach Fallgestaltung und Wünschen):

727

- die Regelung, ob und wann der Mieter ausnahmsweise aus dem Vertrag „aussteigen" darf,
- das Recht des Mieters, einen Nachmieter zu stellen (dazu → *Rn. 2609 ff.*),
- das Recht zur Untervermietung (dazu → *Rn. 1660 ff.*).

Derartige Vereinbarungen können auch vertraglich mit der Zahlung einer Abstandssumme verbunden werden, wobei die Höchstgrenze nach § 138 BGB zu beurteilen ist.

728

Umstritten ist, ob ein Mietvertrag, der unter einer **auflösenden Bedingung** geschlossen wurde, unter § 542 Abs. 1 oder 2 BGB fällt und sich somit als ein Mietvertrag auf unbestimmte Zeit oder bestimmte Zeit darstellt. Nur wenn es sich um einen **Mietvertrag auf unbestimmte Zeit** handelt, ist eine ordentliche Kündigung möglich. Nach Auffassung des BGH handelt es sich bei dem unter einer auflösenden Bedingung geschlossenen Vertrag grds. um einen unbefristeten Vertrag, der ordentlich kündbar ist.[1249] Die Unkündbarkeit ist damit die Ausnahme, die derjenige darlegen und beweisen muss, der sich auf sie beruft, weil es den Vertragsparteien freisteht, die Möglichkeit einer ordentlichen Kündigung abzubedingen.[1250] Ein solcher Ausschluss des Rechts zur ordentlichen Kündigung kann u.U. schon in der Vereinbarung einer auflösenden Bedingung als solcher zu sehen sein, allerdings nur dann, wenn die Parteien mit der auflösenden Bedingung auch die Beendigung des Vertragsverhältnisses abschließend regeln und nicht nur einen Zeitpunkt bestimmen wollten, zudem das Nutzungsverhältnis in jedem Fall beendet werden sollte.[1251] Damit kommt es entscheidend auf den Willen der Parteien bei Vertragsschluss an, der notfalls durch Auslegung nach den §§ 133, 157 BGB zu ermitteln ist.

729

1247 OLG Düsseldorf, 25.01.2007 – I-24 U 143/06, InfoM 2007, 268.
1248 OLG Düsseldorf, 06.11.1997 – 10 U 155/96, ZMR 1998, 218.
1249 BGH, 01.04.2009 – XII ZR 95/07, GuT 2009, 108 = NZM 2009, 433 = IMR 2009, 269 = InfoM 2009, 225.
1250 BGH, 01.04.2009 – XII ZR 95/07, GuT 2009, 108 = NZM 2009, 433 = IMR 2009, 269 = InfoM 2009, 225.
1251 BGH, 01.04.2009 – XII ZR 95/07, GuT 2009, 108 = NZM 2009, 433 = IMR 2009, 269 = InfoM 2009, 225.

730 Wenn es zum Streit über die **rechtzeitige Überlassung der Mietsache** kommt, muss der Vermieter beweisen, dass er rechtzeitig zur Erfüllung bereit und imstande war. Sollen vor Überlassung Handwerkerarbeiten vom Vermieter veranlasst werden, hat er die rechtzeitige und mangelfreie Erledigung zu beweisen.[1252]

II. Verträge mit einer Dauer von mehr als 30 Jahren

731 Wird ein Mietvertrag für eine längere Zeit als 30 Jahre geschlossen, so kann jede Vertragspartei nach Ablauf von 30 Jahren nach Überlassung der Mietsache das Mietverhältnis außerordentlich mit der gesetzlichen Frist kündigen (§ 544 Satz 1 BGB). Die Kündigung ist nach § 544 Satz 2 BGB unzulässig, wenn der Vertrag für die Lebenszeit des Vermieters oder des Mieters geschlossen worden ist. Soll das Mietverhältnis so lange dauern, wie der Mieter oder der Pächter sein Geschäft betreibt, ist es nicht auf unbestimmte Zeit eingegangen, sondern soll mit dem Eintritt eines objektiv bestimmten Ereignisses enden, das nach mehr als 30 Jahren eintreten kann; lediglich der Zeitpunkt des Eintritts dieses Ereignisses ist ungewiss.[1253]

732 Unter folgenden Umständen kann sich die Frist verlängern: Vereinbaren die Parteien, ohne dazu verpflichtet zu sein, die Verlängerung des Mietverhältnisses in der Weise, dass sich jedenfalls eine der Parteien möglicherweise mehr als 30 Jahre lang nicht gegen den Willen der anderen aus dem Vertrag lösen kann, so läuft die 30-Jahres-Frist des § 544 BGB erst vom Abschluss der Verlängerungsvereinbarung an.[1254] Das Kündigungsrecht muss nicht zwingend zum nächst zulässigen Termin ausgeübt werden.[1255] Besteht das Recht des Mieters, ein fremdes Grundstück zur Errichtung und Unterhaltung einer Stromleitung so lange zu nutzen, wie der Berechtigte diese für seine betrieblichen Zwecke benötigt, länger als 30 Jahre, so kann es vom Vermieter nach Ablauf dieser Zeit auch dann nach § 567 BGB a.F. (= § 544 BGB) gekündigt werden, wenn die betriebliche Notwendigkeit der Unterhaltung nicht entfallen ist.[1256]

III. Vertragsverlängerung, Verlängerungsklauseln, Option

1. Vereinbarung als AGB, Formulierungsschwächen, Zusammentreffen mehrerer Verlängerungsklauseln

733 Zeitmietverträge werden häufig mit einer Verlängerungsklausel oder einem Optionsrecht versehen, was praktischen Bedürfnissen entspricht, da der (gesicherte) Standort für Unternehmer z.T. sehr wichtig ist und der Vermieter auf längere Zeit kalkulieren kann.

734 Begrifflich ist wie folgt zu unterscheiden: Eine **Verlängerungsklausel** ist die Vereinbarung, dass das Mietverhältnis sich auf bestimmte oder unbestimmte Zeit verlängert, wenn nicht eine Partei erklärt, es nicht verlängern zu wollen. Das bedeutet, dass bei einer Verlängerungsklausel eine Partei durch ihren Widerspruch die Fortsetzung des Mietverhältnisses verhindern kann. Eine **Verlängerungsoption** liegt dagegen vor, wenn eine Vertragspartei berechtigt ist, durch

---

1252 OLG Köln, 18.12.1996 – 27 U 17/96, ZMR 1997, 230.
1253 BGH, 20.02.1992 – III ZR 193/90, BGHZ 117, 236 = NJW-RR 1992, 780.
1254 BGH, 17.04.1996 – XII ZR 168/94, WuM 1996, 476 = MDR 1996, 784 = NJW 1996, 2028.
1255 BGH, 20.02.1992 – III ZR 193/90, BGHZ 117, 236 = NJW-RR 1992, 780.
1256 BGH, 20.02.1992 – III ZR 193/90, BGHZ 117, 236 = NJW-RR 1992, 780.

einseitige Erklärung das Mietverhältnis auf bestimmte oder unbestimmte Zeit zu verlängern. Bei einem Optionsrecht kann eine Partei also durch dessen Ausübung die Fortsetzung des Mietverhältnisses erzwingen.[1257]

Sämtliche Klauseln sind als AGB grds. wirksam. Ein **Überraschungseffekt gem. § 305c BGB** kann nur ausnahmsweise vorliegen, da die Vertragsverlängerung in einem Gewerberaummietvertrag die Regel in der Immobilienbranche darstellt.[1258] An § 305c BGB ist u.a. immer dann zu denken, wenn vertragliche Vereinbarungen, also primär die vereinbarte Festlaufzeit und der Verlängerungszeitraum, schon auf den ersten Blick sehr unterschiedlich sind. Wird deshalb nur eine kurze Laufzeit des Vertrages, aber formularmäßig eine langfristige Verlängerung vereinbart, kann dies als überraschende Klausel bewertet werden, sodass dies individuell verhandelt werden sollte. Eine überraschende Klausel kommt aber regelmäßig erst dann in Betracht, wenn der Verlängerungszeitraum doppelt bis dreimal so lang ist wie die Fest- bzw. Erstlaufzeit.[1259]

735

Oft sind die Klauseln **ungenau formuliert**, was einerseits zu Fristberechnungsproblemen und bei AGB auch zur Unwirksamkeit der Klausel wegen Intransparenz gem. § 307 Abs. 1 Satz 2 BGB oder einem Überraschungseffekt gem. § 305c BGB führen kann. Grds. sind hier aber, weil es i.d.R. nicht um „hochjuristische" Fragen, sondern um Berechnungen geht, keine besonders strengen Maßstäbe anzulegen.

736

Beispiel:[1260]

Folgende Regelung in einem Mietvertrag zum Betrieb einer kieferorthopädischen Praxis ist unabhängig davon wirksam, ob es sich um eine Allgemeine Geschäftsbedingung oder eine Individualvereinbarung handelt:

„Das Mietverhältnis ist auf die Dauer von 10 Jahren fest abgeschlossen. Mietbeginn ist der Tag, den die Vermieterin dem Mieter verbindlich für die Übernahme des Mietobjekts benennt. Das Mietverhältnis endet mit dem Ablauf desjenigen Kalendervierteljahres, in dem die 10-jährige Mietdauer endet. Das Mietverhältnis verlängert sich nach Ablauf der fest vereinbarten 10-jährigen Dauer um fünf Jahre, wenn es nicht von einer der Vertragsparteien unter Einhaltung einer Kündigungsfrist von einem Jahr gekündigt wird. Nach Ablauf der 10- bzw. 5-jährigen Dauer des Mietverhältnisses verlängert sich dieses jeweils um ein Jahr, wenn es nicht von einer der Vertragsparteien unter Einhaltung einer Kündigungsfirst von 6 Monaten gekündigt wird."

§ 309 Nr. 9b BGB, der stillschweigende Vertragsverlängerungen von über einem Jahr für unzulässig erklärt und mittelbar über die sog. Gleichschritt-Rechtsprechung[1261] anwendbar sein könnte (→ *Rn. 182*), gilt nicht für alle Dauerschuldverhältnisse, sondern nur für Verträge über die regelmäßige Lieferung von Waren oder über die regelmäßige Erbringung von Dienst- oder Werkleistungen und damit nicht für Miet- und Pachtverhältnisse.[1262]

737

1257 OLG Hamm, 26.10.2005 – 30 U 121/05, OLGR 2006, 138 = MietRB 2006, 123.
1258 Im Ergebnis ebenso Blank, in: Blank/Börstinghaus, § 542 Rn. 145; Blank in: Schmidt-Futterer, § 542 Rn. 173; Zöll in: Lindner-Figura/Oprée/Stellmann, Kap. 9, Rn. 25; Schneehain/Stütze, NZM 2010, 881, 883.
1259 Ebenso Schneehain/Stütze, NZM 2010, 881, 883.
1260 OLG Düsseldorf, 08.02.2007 – I-10 U 131/06, GuT 2007, 316 = IMR 2007, 385.
1261 BGH, 19.09.2007 – VIII ZR 141/06, GuT 2008, 29 = MDR 2008, 16 = NJW 2007, 3774.
1262 BGH, 13.02.1985 – VIII ZR 154/84, NJW 1985, 2328 zur Vorgängernorm; Schneehain/Stütze, NZM 2010, 881, 883.

738 Die Formularklausel darf allerdings nicht so formuliert werden, dass die **Vertragsverlängerung faktisch im Belieben des Vermieters** steht; anderenfalls verstößt sie gegen § 307 BGB.[1263] Die Klausel

> „Dem Mieter wird eine Optionsrecht auf weitere 5 Jahre eingeräumt, es ist spätestens 9 Monate vor Ablauf der Mietzeit geltend zu machen. Bei Ausübung des Optionsrechts durch den Mieter ist der Vermieter berechtigt, die Vereinbarung neuer Vertragsbedingungen zu verlangen. Kommt innerhalb einer Frist von 3 Monaten nach Zugang der Verlängerungserklärung beim Vermieter zwischen den Vertragsparteien keine Einigung zustande, erlischt das Recht des Mieters auf Verlängerung. Die Fortsetzung des Mietverhältnisses richtet sich dann nach Absatz 2." (Abs. 2 regelt die ordentliche Kündigung)

ist deshalb unwirksam, wobei entscheidend ist, dass der Vermieter durch Satz 3 der Klausel die vom Mieter ausgeübte Option völlig zu Fall bringen kann, wenn er aufgrund seiner für den Mieter ungünstigen Vertragsbedingungen, die bis zu den genannten Grenzen weit über das Marktübliche zulasten des Mieters hinausgehen können, das erfolglose Verstreichen der Einigungszeit von drei Monaten bewirkt.[1264]

739 Ein Verstoß gegen § 307 BGB kann auch dann vorliegen, wenn eine Partei auf **sehr lange Zeit an den Vertrag gebunden** ist, während sich die Gegenpartei jederzeit vom Vertrag lösen kann.[1265] Die von einem Mieter als Verwender in den Vertrag eingeführte AGB-Klausel

> „Mietdauer
>
> Das Mietverhältnis beginnt am 1. Juli 1972 und ist bis zum Ende desjenigen Kalendervierteljahres fest abgeschlossen, welches auf den Ablauf von 10 Jahren folgt. Der Mieter hat Optionsrechte zur Verlängerung dieses Vertrages um jeweils weitere 5 Jahre. Er kann von Fall zu Fall auch für kürzere Zeitspannen optieren. Der Vermieter hat den Mieter rechtzeitig vor Ablauf der jeweiligen Mietperiode schriftlich aufzufordern, sich zu erklären, ob er vom Optionsrecht Gebrauch machen will. Solange eine derartige Forderung nicht gestellt wird, dauert das Mietverhältnis zu unveränderten Bedingungen an. Ungeachtet der Verpflichtung des Vermieters, den Mieter zur Erklärung über die Option aufzufordern, kann der Mieter auch von sich aus jederzeit erklären, ob er optieren will oder nicht. Steht fest, daß eine Option erklärt wird, verlängert sich der Vertrag auf unbestimmte Zeit und ist dann mit einer Frist von 6 Monaten kündbar. ... Dem Mieter wird die Möglichkeit eingeräumt, das Mietverhältnis jederzeit mit einer Frist von 6 Monaten zu kündigen. Er verzichtet für diesen Fall auf Ersatz seiner Umbau- und Einrichtungskosten."

ist daher unwirksam, da sie für den Vermieter zur Folge hat, dass er, solange der Mieter seine Optionsrechte ausübt, nicht vor Ablauf von 30 Jahren den Mietvertrag mit gesetzlicher Frist kündigen kann, während der Mieter nicht einmal an die feste Laufzeit und die Dauer der von ihm bestimmten Optionen gebunden ist.[1266] Er kann nämlich mit einer Frist von sechs Monaten jederzeit das Mietverhältnis kündigen und hat dabei das Recht, „für kürzere Zeitspannen" als für jeweils weitere fünf Jahre zu optieren.

1263 Blank, in: Blank/Börstinghaus, § 542 Rn. 145.
1264 OLG Hamburg, 28.03.1990 – 4 U 13/90, NJW-RR 1990, 1488.
1265 Blank, in: Blank/Börstinghaus, § 542 Rn. 145.
1266 OLG Hamburg, 11.09.1991 – 4 U 89/91, NJW-RR 1992, 74.

Die Optionsklausel kann mit anderen Verlängerungsregelungen kombiniert werden. Lässt sich durch Auslegung des Wortlauts nicht klären, welche von **mehreren AGB-Verlängerungsklauseln vorrangig gelten** soll, so ist diejenige zu bevorzugen, die zu einem vernünftigen, widerspruchsfreien und den Interessen beider Vertragsparteien gerecht werdenden Ergebnis führt.[1267] Verbleibt nach Auslegung widersprüchlicher Verlängerungsklauseln in AGB ein nicht behebbarer Zweifel, so geht die Unsicherheit zulasten des Verwenders.[1268]

740

Beispiel:[1269]

Stellt der Mieter, der eine Filialkette betreibt, die Mietvertragsbedingungen, so geht es zu seinen Lasten, wenn die Regelungen über die automatische Vertragsverlängerung bzw. über (mehrfach ausübbare) Optionsrechte nach einer Erstlaufzeit von zwölf Jahren angesichts seiner späteren Erklärung, dass man zwar aus wirtschaftlichen Gründen das Mietobjekt schließe, die mietvertraglichen Verpflichtungen aber weiter vollumfänglich erfülle, eine nicht auflösbare Unklarheit über den Fortbestand des Mietverhältnisses ergeben.

Häufig wird in befristeten Mietverträgen vereinbart, dass sich das Mietverhältnis nach Ablauf der Befristung um jeweils ein Jahr verlängern soll, falls nicht eine der Parteien spätestens sechs Monate vor Ablauf der Mietzeit der Verlängerung widerspricht bzw. kündigt; zugleich wird einer oder beiden Parteien ein Optionsrecht eingeräumt.[1270] Bei dieser Vertragsgestaltung stehen die beiden **Verlängerungsmöglichkeiten kumulativ nebeneinander**.

741

Beispiel:[1271]

§ 2 Mietzeit.

1. Das Mietverhältnis beginnt am 01.01.1978 und wird auf die Dauer von zehn Jahren, also bis zum 31.12.1987 abgeschlossen und ist für diese Zeit für beide Teile unkündbar.

2. Für die Zeit ab 01.01.1988 bis 31.12.1992 wird seitens der Vermieterin der Mieterin ein fünfjähriges Optionsrecht eingeräumt.

3. Der Vertrag verlängert sich jeweils um ein Jahr, wenn er nicht spätestens ein Jahr im voraus schriftlich gekündigt wird.

Kündigt hier keine der Parteien, so wird das Mietverhältnis schon aufgrund der Verlängerungsklausel fortgesetzt. Kündigt dagegen der Vermieter, so kann der Mieter sein Optionsrecht ausüben und dadurch die Beendigung des Mietverhältnisses verhindern.[1272] In beiden Fällen wird das Mietverhältnis über den Ablauf der ersten Mietzeit hinaus fortgesetzt.[1273] Nach der Ansicht des OLG Düsseldorf ist das Optionsrecht bei dieser Vertragsgestaltung allerdings sechs Monate vor Ablauf der Mietzeit geltend zu machen.[1274]

742

1267 BGH, 14.12.2005 – XII ZR 236/03, GuT 2006, 70; BGH, 11.03.1997 – X ZR 146/94, NJW 1997, 3434.
1268 BGH, 14.12.2005 – XII ZR 236/03, GuT 2006, 70.
1269 BGH, 14.12.2005 – XII ZR 241/03, NZM 2006, 137 = GuT 2006, 68.
1270 Blank, in: Blank/Börstinghaus, § 542 Rn. 149.
1271 BGH, 19.03.1992 – IX ZR 203/91, NJW 1992, 2281.
1272 BGH, 19.03.1992 – IX ZR 203/91, NJW 1992, 2281; BGH, 20.03.1985 – VIII ZR 64/84, WM 1985, 755, 756 m.w.N.
1273 BGH, 19.03.1992 – IX ZR 203/91, NJW 1992, 2281.
1274 Blank, in: Blank/Börstinghaus, § 542 Rn. 148 zu OLG Düsseldorf, ZMR 1992, 52.

743 Trifft eine nach dem Mietvertrag form- und fristgerechte Kündigungserklärung der einen Partei mit der Ausübung der Option der anderen Mietvertragspartei zusammen, werden die Rechtswirkungen aus der Kündigungserklärung rückwirkend durch den Zugang des Verlängerungsverlangens beseitigt, sofern dieses ebenfalls form- und fristgerecht sowie zudem unverzüglich nach dem Zugang der Kündigung erfolgt ist.[1275] Dies folgt daraus, dass das **Wesen der Option** darin begründet liegt, dass die an der Verlängerung interessierte Partei das Auslaufen des noch gültigen Vertrages durch die eigene Erklärung verhindern können soll.[1276]

2. Unechte Befristung

744 Bei einer unechten Befristung verlängert sich das grds. befristete Mietverhältnis nur dann um einen vorher festgelegten Zeitraum, wenn keiner der Vertragspartner innerhalb einer bestimmten Frist widerspricht bzw. kündigt (was damit bis auf die vereinbarte Frist und Verlängerung der gesetzlichen Regelung des § 545 BGB entspricht). Ein derart befristetes Mietverhältnis mit Verlängerungsklausel verlängert sich automatisch auf bestimmte oder unbestimmte Zeit, wenn es nicht zum vereinbarten Vertragsende gekündigt wird; umgekehrt endet das Mietverhältnis zu dem vertraglich oder gesetzlich bestimmten Zeitpunkt, wenn es von einer der Parteien gekündigt wird.[1277] Das Miet- oder Pachtverhältnis verlängert sich also faktisch durch Schweigen, das somit die Zustimmung fingiert.

745 **Vorteil**: Die Verlängerung ist steuerbar. **Nachteil**: Wird der Widerspruch (= die Kündigung) versäumt, geht es ungewollt „in die nächste Runde".

746 Klauseln, die fingierte Erklärungen des Klauselgegners vorsehen, sind gem. **§ 308 Nr. 5 BGB** nur unter engen Voraussetzungen wirksam. Da die Grundsätze der Vorschrift mittelbar bei der Prüfung der §§ 307 Abs. 1 Satz 1, § 307 Abs. 2 Nr. 1 BGB über die sog. Gleichschritt-Rechtsprechung[1278] anwendbar sind (→ Rn. 182), wird teilweise davon ausgegangen, dass eine automatische Optionsausübung auch im Gewerberaummietvertrag als eine Fiktion unwirksam ist. Rechtsfolge ist die Beendigung des Zeitmietvertrags durch Zeitablauf und ggf. die stillschweigende Verlängerung gem. § 545 Satz 1 BGB auf unbestimmte Zeit mit der Kündigungsmöglichkeit nach § 580a BGB.[1279] Dies ist abzulehnen, da nach § 310 Abs. 1 Satz 2 BGB auf die im Handelsverkehr geltenden Gewohnheiten und Gebräuche angemessen Rücksicht zu nehmen ist und deshalb selbst bei einer mittelbaren Übertragung der Grundsätze von § 308 Nr. 5 BGB zu berücksichtigen ist, dass bei der gewerblichen Vermietung und Verpachtung die stillschweigende Verlängerung eine durchaus übliche Vorgehensweise darstellt.[1280]

747 Selbst wenn man aber der engeren Auffassung folgt, wird teilweise keine Unwirksamkeit vorliegen, weil schon nach dem Wortlaut von § 308 Nr. 5 BGB das Klauselverbot nicht greift, wenn zum einen eine angemesse Frist eingeräumt wird, innerhalb derer der Vertragspartner

---

1275 BGH, 14.07.1982 – VIII ZR 196/81, WuM 1982, 1084 = NJW 1982, 2770, OLG Hamburg, 22.04.1998 – 4 U 116/97, WuM 2000, 351; Reinstorf, in: Bub/Treier, Rn. II 213 ff., 216.
1276 OLG Hamburg, 22.04.1998 – 4 U 116/97, WuM 2000, 351.
1277 OLG Düsseldorf, 21.12.2006 – I-10 U 80/06, GuT 2007, 316.
1278 BGH, 19.09.2007 – VIII ZR 141/06, GuT 2008, 29 = MDR 2008, 16 = NJW 2007, 3774.
1279 So wohl Zöll, in Lindner-Figura/Oprée/Stellmann, Kap. 9, Rn. 19.
1280 Im Ergebnis ebenso und mit weiteren zutreffenden Argumenten Schneehain/Stütze, NZM 2010, 881, 884 f.

ausdrücklich eine Erklärung abgeben kann, und zum anderen ein entsprechender Hinweis des Vermieters im Mietvertrag sowie vor Ablauf der Frist erteilt wird.

> **Praxistipp:**
>
> Um Probleme mit der mittelbaren Anwendung von § 308 Nr. 5 BGB zu vermeiden, wird folgende Musterklausel vorgeschlagen,[1281] die aber nach meiner Auffassung nicht erforderlich ist:
>
> *Die Mieterin hat das Recht, die Mietzeit zweimal um jeweils fünf Jahre zu den in diesem Vertrag vereinbarten Bedingungen zu verlängern. Diese Verlängerung erfolgt automatisch, wenn die Mieterin bis spätestens zwölf Monate vor Ablauf der Mietzeit keine gegenteilige schriftliche Erklärung abgibt. Dies setzt voraus, dass die Vermieterin die Mieterin 15 Monate vor Vertragsablauf in Textform auf die Vertragsverlängerung durch Unterbleiben einer gegenteiligen Erklärung hingewiesen hat.*

Unterbleibt der Widerspruch, so wird kein neuer Vertrag geschlossen, sondern der ursprüngliche Vertrag fortgesetzt;[1282] dies kann z.B. wichtig für die **Nachhaftung eines Gesellschafters** gem. §§ 128, 160 Abs. 1 HGB oder § 736 Abs. 2 BGB sein, da diese bei einer wesentlichen Änderung des alten oder bei Abschluss eines neuen Vertrages ausscheidet. Ein Widerspruch gegen die Verlängerung der Fortsetzung des Mietverhältnisses kann auch schlüssig erklärt werden, sofern sich zweifelsfrei ergibt, dass eine Partei das Mietverhältnis beenden möchte.[1283]

Formulierungsvorschlag zum Widerspruch

> Das Mietverhältnis beginnt am ..... und endet am ...... Es verlängert sich jeweils um fünf Jahre, wenn nicht eine Seite mindestens sechs Monate vor Ablauf des Mietverhältnisses der Verlängerung widerspricht.

Der Zeitraum, um den sich das Mietverhältnis verlängern soll, ist ebenso beliebig wie die Frist oder die Häufigkeit der Verlängerung. Es kann daher selbstverständlich auch nur eine **einmalige Fortsetzung** vereinbart werden. Ein Verstoß gegen § 309 Nr. 9 BGB (vormals § 11 Nr. 12 AGBG), wonach formularmäßig vereinbarte Laufzeiten bei Dauerschuldverhältnissen unwirksam sein können, besteht nicht, da diese Vorschrift nicht auf Mietverhältnisse anzuwenden ist.[1284]

Eine **überraschende Klausel** i.S.v. § 305c BGB kommt erst bei Verlängerungszeiten in Betracht, die mindestens doppelt bis dreimal so lang sind, wie die ursprüngliche Mietzeit.

1281 Schneehain/Stütze, NZM 2010, 881, 884.
1282 BGH, 29.04.2002 – II ZR 330/00, AIM 7/2002, 11 = NZM 2002, 604 = GuT 2002, 110 = MDR 2002, 1199 = BGHReport 2002, 620 = DB 2002, 1316 = NJW 2002, 2170; OLG Düsseldorf, 21.12.2006 – I-10 U 80/06, GuT 2007, 316.
1283 OLG Düsseldorf, 21.12.2006 – I-10 U 80/06, GuT 2007, 316.
1284 BGH, 22.05.1985 – VIII ZR 220/84, WuM 1986, 56; BGH, 10.02.1993 – XII ZR 74/91, NJW 1993, 1133.

3. Optionsrecht

a) Begriff und Inhalt

752 Eine dem Mieter eingeräumte Mietoption gibt dem Mieter das Recht, den Mietvertrag durch einseitige, innerhalb der vereinbarten Frist abzugebende Erklärung (Optionserklärung) um die vereinbarte Zeitspanne (Optionszeit: unbestimmt oder festgelegt) zu verlängern.[1285] Umgekehrt ist es auch möglich, die Optionswirkung **durch Stillschweigen** eintreten zu lassen (s. dazu oben zur unechten Befristung → *Rn. 744 ff.*), wobei nachfolgend von der ausdrücklichen Erklärung ausgegangen wird.

Beispiel für eine ausdrückliche Option:

Dem Mieter wird das Recht eingeräumt, mindestens sechs Monate vor regulärem Vertragsende eine Verlängerung um x Jahre zu verlangen.

753 Auch bei der Option sind die Vertragspartner grds. in der Gestaltung frei, solange es sich bei Formularverträgen nicht um so exotische Vereinbarungen handelt, dass die §§ 305 ff. BGB zum Zuge kommen. Es kann daher die **Häufigkeit der Optionsausübung** (einmalig/mehrmalig/wiederholt), die Frist und die gewünschte Fortdauer des Vertrages beliebig vereinbart werden. Soll dem Mieter nach dem Vertrag ein mehrmaliges Optionsrecht zustehen, so muss er von der ersten Optionsmöglichkeit Gebrauch machen, wenn er sich die zweite und die weiteren Optionsmöglichkeiten erhalten will.[1286]

754 Haben die Parteien nur die Option, aber **keine Verlängerungszeit** bestimmt, kann der Vertrag dahin ausgelegt werden, dass die Optionsausübung zu einem Vertrag auf unbestimmte Zeit führen soll, der frühestens zum Ablauf des ersten Jahres der Verlängerungszeit gekündigt werden kann.[1287]

b) Ausübung der Option

755 Die Option muss rechtzeitig und formell wirksam ausgeübt werden, damit sich der Miet- oder Pachtvertrag verlängert.

aa) Frist

756 Eine gesetzliche Regelung, wann das Optionsrecht ausgeübt werden kann oder muss, existiert nicht. Es ist daher Sache der Parteien, dies im Vertrag zu regeln. Wurde in einem Zeitmietvertrag keine Ausübungsfrist vereinbart, erlischt das Optionsrecht mit Vertragsablauf, da der zugrunde liegende Vertrag nicht mehr besteht. Es kann also nur **bis zum Ablauf des Vertrages** ausgeübt werden, also auch noch am allerletzten Tag des ursprünglichen Vertragszeitraums.[1288] Das gilt auch dann, wenn der Vertrag die Formulierung enthält, dem Mieter stehe das Options-

---

[1285] OLG Hamm, 26.10.2005 – 30 U 121/05, OLGR 2006, 138 = MietRB 2006, 123.
[1286] Blank, in: Blank/Börstinghaus, § 542 Rn. 148.
[1287] BGH, 24.06.1987 – VIII ZR 225/86, WuM 1987, 1286 = NJW-RR 1987, 1227.
[1288] BGH, 14.07.1982 – VIII ZR 196/81, WuM 1982, 1084 = NJW 1982, 2770; OLG Düsseldorf, 12.02.1981 – 10 U 141/80, MDR 1981, 847; OLG Köln, 27.02.1996 – 22 U 132/95, NJWE-Mietrecht 1996, 200 = ZMR 1996, 433.

recht „nach Ablauf" des Vertrages zu, d.h. die Erklärung muss noch während der Befristungszeit erfolgen.[1289] Wenn die Parteien nichts anderes vereinbart haben (Beispiel: „*Maßgeblich ist die Absendung der Optionserklärung*"), kommt es auf den fristgemäßen Zugang an, da es sich um eine empfangsbedürftige Willenserklärung handelt.

Hat sich der Mietvertrag nach Ablauf der Festmietzeit **nach § 545 BGB verlängert**, kann der Mieter die Option weiterhin bis zum Ablauf der nun geltenden gesetzlichen Kündigungsfrist ausüben, wenn die Parteien keine abweichende Vereinbarung getroffen haben. Enthält die Optionsklausel ein fixes Datum („*... bis spätestens 31.8.2015 auszuüben*"), so liegt eine solche Vereinbarung vor und das Ausübungsrecht endet mit Ablauf des Tages. Bei anderen Formulierungen („*...mindestens sechs Monate vor Vertragsende*") ist grds. davon auszugehen, dass dies auch eine Verlängerung nach § 545 BGB erfasst. Anders dürfte dies sein (Einzelfallfrage), wenn die Klauseln von einem „*regulärem Vertragsende*" spricht, da mit „regulär" die Dauer der Befristung des Vertrages gemeint sein dürfte.   757

Übt der Mieter die vereinbarte Option fristgemäß aus, so verlängert sich der Mietvertrag auch dann um die Optionszeit, wenn der Mieter sich **über deren Dauer geirrt** hat; das gilt auch, wenn der Vermieter der insoweit fehlerhaften Angabe in der Optionserklärung nicht widerspricht.[1290] Der Vermieter verstößt deshalb nicht gegen Treu und Glauben, wenn er sich nach Aufdeckung eines – beiderseitigen – Irrtums über die Optionszeit auf deren im Mietvertrag vereinbarte Dauer beruft.[1291] Der Vermieter ist nicht verpflichtet, die – lange Zeit vor Ablauf des Mietvertrages bei ihm eingehende – Optionserklärung des Mieters inhaltlich daraufhin zu überprüfen, ob die darin angegebene Optionszeit der Vereinbarung im Mietvertrag entspricht.[1292]   758

bb)   Erklärung, Art der Ausübung, Form, Schriftform gem. § 550 BGB

Die Ausübung der Option erfolgt durch **einseitige empfangsbedürftige Willenserklärung**. Es gelten die allgemeinen Vorschriften der §§ 116 ff. BGB. Bei Mietverhältnissen mit mehreren Mietern muss die Optionserklärung von allen Mietern abgegeben werden.[1293] Formularmäßige Bevollmächtigung soll für die Ausübung der Option nicht genügen,[1294] was aber jedenfalls unter Kaufleuten abzulehnen ist.   759

Wie die Option auszuüben ist, hängt von der Vereinbarung im Miet- oder Pachtvertrag ab, die ggf. nach den §§ 133, 157 BGB auszulegen ist. Soll die Option nicht durch Schweigen realisiert werden, ist aktives Tun durch eine ausdrückliche Erklärung erforderlich und zwar auch dann, wenn dies nicht ausdrücklich so bezeichnet wird. Eine Ausübung durch **schlüssiges Verhalten** kommt in Betracht, da es sich um eine Willenserklärung handelt, allerdings nur in engen Grenzen. Ein Weiternutzen des Objekts und die fortlaufende Mietzahlung stellen keine schlüssige Optionsausübung dar, weil das Optionsrecht als Gestaltungsrecht grds. eine ausdrückliche Erklärung des Mieters erfordert.   760

[1289] BGH, 14.07.1982 – VIII ZR 196/81, WuM 1982, 1084 = NJW 1982, 2770.
[1290] OLG Köln, 25.10.2005 – 22 U 116/05, GuT 2006, 308.
[1291] OLG Köln, 25.10.2005 – 22 U 116/05, GuT 2006, 308.
[1292] OLG Köln, 25.10.2005 – 22 U 116/05, GuT 2006, 308.
[1293] Blank, in: Blank/Börstinghaus, § 542 Rn. 146.
[1294] Blank, in: Blank/Börstinghaus, § 542 Rn. 146.

761 Ist im Vertrag nichts anderes geregelt, kann die Option bei formlos gültigen Mietverträgen auch formlos, also mündlich, ausgeübt werden, wenn sich der Vertrag nicht um mehr als ein Jahr verlängert. Zur Problematik der Schriftform, wenn der Vertrag formbedürftig ist (§ 550 BGB) oder er sich um mehr als ein Jahr verlängern soll → *Rn. 291 ff.*

Schon aus Beweiszwecken sollte die Option **schriftlich** und mit **Zugangsnachweisen** ausgeübt werden. Wird gegen eine vertraglich vereinbarte Übermittlungsart (z.B. Einschreiben) verstoßen, hat dies keine Konsequenzen für die Wirksamkeit der Optionsausübung, da die Vereinbarung lediglich **Beweisfunktion** hat.[1295]

762 Die auf Wunsch des Mieters vom Vermieter abgegebene Erklärung, er bestätige den Eingang der Optionserklärung, stellt lediglich ein Empfangsbekenntnis dar. Sie begründet nicht die Annahme, die Vertragsparteien hätten die Optionszeit abgeändert, da das Empfangsbekenntnis des Vermieters nicht die Erklärung beinhaltet, mit einer solchen Vertragsänderung einverstanden zu sein.[1296]

c) Inhalt der Vertragsfortsetzung

763 Unterbleibt bei der unechten Befristung der Widerspruch oder verlängert sich der Vertrag durch Ausübung der Option, so wird **kein neuer Vertrag geschlossen**, sondern der ursprüngliche Vertrag fortgesetzt,[1297] sofern zwischen den Parteien keine Absprachen über einen neuen Vertragsinhalt bestehen. Dies kann z.B. wichtig für die Nachhaftung eines Gesellschafters gem. §§ 128, 160 Abs. 1 HGB oder § 736 Abs. 2 BGB sein, da dieser bei einer wesentlichen Änderung des alten oder bei Abschluss eines neuen Vertrages ausscheidet. Sollen nach Ende des Vertrages neue oder ergänzende Bestimmungen gelten, muss dies **ausdrücklich** im Zusammenhang mit der Optionsvereinbarung geregelt werden.

764 Enthält der Vertrag **keine wirksam vereinbarten regelmäßigen Mieterhöhungen** und wird auch im Zusammenhang mit der Option keine erhöhte Miete für die Fortsetzung des Vertrages vereinbart, trägt der Vermieter ein hohes **Inflationsrisiko**, da die alte Miete weiterläuft. Die Meinung, dass nach Ausübung der Option die ortsübliche oder angemessene Miete zu zahlen sei, ist abzulehnen, da dies bereits der **grds. Dispositionsfreiheit** der Vertragspartner widerspricht, auch davon – nach oben oder unten – abweichende Mieten zu vereinbaren. Richtig ist vielmehr, dass die letzte Miete vor Verlängerung des Vertrages auch für den verlängerten Zeitraum gilt. Die ursprüngliche Miete soll aber dann nicht zu zahlen sein, wenn eine ergänzende Vertragsauslegung ergibt, dass der Mieter das Objekt nach Ablauf der Mietzeit nur zu einer angemessenen Miete wieder mieten könnte.[1298] „**Ergänzende Vertragsauslegung**" bedeutet aber immer eine unsichere Abwägung der Für und Wider. Sicherheitshalber ist deshalb schon bei der Abfassung der Optionsvereinbarung an die Miethöhe nach Verlängerung zu denken. Sieht der Vertrag vor, dass bei Ausübung der Option die **Miete „neu auszuhandeln"** ist und scheitert

---

[1295] OLG Hamm, 04.11.1994 – 30 U 185/94, NJW-RR 1995, 750.
[1296] OLG Köln, 25.10.2005 – 22 U 116/05, GuT 2006, 308.
[1297] BGH, 29.04.2002 – II ZR 330/00, AIM 7/2002, 11 = NZM 2002, 604 = GuT 2002, 110 = MDR 2002, 1199 = BGHReport 2002, 620 = DB 2002, 1316 = NJW 2002, 2170; OLG Düsseldorf, 21.12.2006 – I-10 U 80/06, GuT 2007, 316.
[1298] OLG Düsseldorf, 28.10.1999 – 10 U 177/98, ZMR 2000, 462.

eine entsprechende Einigung, bestimmt das Gericht die Miete und die Mietentwicklung im Optionszeitraum nach billigem Ermessen.[1299] Angemessen ist dann grds. die im Zeitpunkt der Optionsausübung marktübliche Miete; Mieterhöhungen während des Optionszeitraums scheiden bei einem Mietermarkt aus.[1300]

> **Hinweis:**
> Staffelmietvereinbarungen oder Wertsicherungsklauseln sollten sich deshalb auch auf den Optionszeitraum erstrecken.

d) Nichtausübung der Option

Übt der Berechtigte die Option nicht aus, endet das Mietverhältnis zum vereinbarten Zeitpunkt, ohne dass es besonderer Erklärungen bedarf. Zieht der Mieter nicht aus, muss der Vermieter der Fortsetzung des Gebrauchs rechtzeitig widersprechen, wenn er eine stillschweigende Verlängerung des Mietverhältnisses nach § 545 BGB verhindern will (s. nachfolgend → *Rn. 766 ff.*). 765

IV. Stillschweigende Vertragsverlängerung, § 545 BGB

Das Mietverhältnis verlängert sich automatisch gem. § 545 Satz 1 BGB auf unbestimmte Zeit, wenn der Mieter es nach Ablauf der Mietzeit stillschweigend fortsetzt und nicht eine Vertragspartei ihren entgegenstehenden Willen innerhalb von zwei Wochen dem anderen Teil erklärt. Die Frist beginnt nach § 545 Satz 2 BGB für den Mieter mit der Fortsetzung des Gebrauchs und für den Vermieter mit dem Zeitpunkt, in dem er von der Fortsetzung Kenntnis erhält. 766

> **Hinweis:**
> Dies gilt nicht nur für „normale" Beendigungen des Miet- oder Pachtverhältnisses, sondern auch für **fristlose Kündigungen**,[1301] sodass dort direkt der Fortsetzung widersprochen werden sollte (Haftungsfalle!).

Wird nicht widersprochen, sieht § 545 BGB zwingend die Fortsetzung des Mietverhältnisses auf unbestimmte Zeit vor. Setzt daher der Mieter nach Ablauf eines Mietverhältnisses den Mietgebrauch unter Weiterzahlung des als Miete vereinbarten Entgelts fort und nimmt der Vermieter dieses Verhalten hin, so besteht zwischen ihnen nicht nur ein faktisches Nutzungsverhältnis, sondern weiterhin **der bisherige Vertrag** oder ein neuer Mietvertrag zu den bisherigen Vertragsbedingungen, allerdings mit gesetzlicher Kündigungsfrist.[1302] Diese Alternativität bestand in dem Rechtsstreit, der dem vorgenannten Zitat zugrunde lag, allerdings nur aufgrund der konkreten Umstände. Richtig ist, dass im Normalfall der bisherige Vertrag bestehen bleibt und nicht etwa ein neuer, inhaltlich identischer Vertrag begründet wird. Dies ergibt sich bereits aus der Formulierung des Gesetzes, denn bei einer Verlängerung bleibt es bei dem Ursprünglichen, das nun lediglich über einen bestimmten Termin hinaus fortgilt. Wichtig kann dies bspw. für 767

1299 KG, 18.09.2008 – 8 U 2/07, InfoM 2009, 13 = MDR 2008, 1385.
1300 KG, 18.09.2008 – 8 U 2/07, InfoM 2009, 13 = MDR 2008, 1385.
1301 BGH, 26.03.1980 – VIII ZR 150/79, WuM 1980, 805 = NJW 1980, 1577.
1302 OLG Düsseldorf, 08.06.2006 – I-24 U 189/05, GuT 2007, 36 = DWW 2007, 257.

den zur Wirksamkeit erforderlichen 10-Jahres-Zeitraum bei Wertsicherungsklauseln nach dem PrkG sein.

768 § 545 BGB kann **vertraglich**, auch durch **Formularklausel**, abbedungen werden,[1303] die Klausel muss aber wegen § 305 Abs. 2 Nr. 2 BGB klar und verständlich sein, was sich aber im Wesentlichen auf die Erkennbarkeit bezieht, dass ein Ausschluss erfolgt. Haben die Parteien in einer Formularklausel zwar die Vorschrift unter Nennung des § 545 BGB abbedungen, aber weder den Regelungsgehalt noch die Rechtsfolgen in dieser Formularklausel wiedergegeben, verstößt dies nicht gegen das Transparenzgebot des § 307 BGB.[1304] Denn unter Geschäftsleuten reicht es aus, auf gesetzliche Vorschriften Bezug zu nehmen, da ein Unternehmer nicht damit rechnen muss und kann, dass ihm alles genau erklärt wird. Ferner sieht die Rechtsprechung auch im Wohnraummietrecht im Rahmen von Formularklauseln andere ausschließliche Bezugnahmen lockerer.[1305] Die formularmäßige Vereinbarung der Mietvertragsparteien, eine Verlängerung des Mietverhältnisses i.S.d. § 545 Satz 1 BGB müsse ausdrücklich schriftlich vereinbart werden, kann formfrei aufgehoben werden.[1306]

Bei einer **Vermietermehrheit** genügt der Widerspruch nur eines Vermieters zur Abwendung der stillschweigenden Vertragsverlängerung.[1307]

769 Der Widerspruch muss innerhalb einer **Frist von zwei Wochen** dem anderen Teil gem. § 545 Abs. 1 Satz 1 BGB zugehen. Eine nachträgliche Zustellung ist nicht Frist wahrend.[1308] Die Frist beginnt für den Vermieter mit der Kenntnis von der Fortsetzung, für den Mieter mit der Fortsetzung des Gebrauchs, § 545 Satz 2 BGB.

770 Der Widerspruch kann schon **vor Vertragsende** erklärt werden, auch konkludent.[1309] Ein bereits **mit der Kündigung erklärter Widerspruch** gegen eine stillschweigende Vertragsfortsetzung ist wirksam; eines zeitlichen Zusammenhangs mit der Vertragsbeendigung bedarf es nicht.[1310] Die früher und aktuell z.T. vertretene Auffassung, dass eine gewisse Zeitnähe zwischen Widerspruch und Vertragsbeendigung, insb. bei größerem Abstand zwischen Kündigung und Vertragsende, gegeben sein muss,[1311] ist durch die vorgenannte BGH-Rechtsprechung jedenfalls

---

1303 BGH, 20.02.1965 – VIII ZR 76/63, WuM 1965, 411.
1304 OLG Rostock, 29.05.2006 – 3 U 167/05, IMR 2006, 77 = NZM 2006, 584 = InfoM 2006, 294; a.A. OLG Schleswig, 27.03.1995 – 4 RE-Miet 1/93, NJW 1995, 2858 = ZMR 1996, 254; OLG Frankfurt am Main, 08.11.1999 – 20 REMiet 1/97, WuM 2000, 15; LG Berlin, 08.07.1996 – 61 S 4/96, WuM 1996, 707.
1305 BGH, 07.04.2004 – VIII ZR 167/03, NZM 2004, 417 = WuM 2004, 290 = DWW 2004, 188 = NJW-RR 2004, 875 = MDR 2004, 932: Bezugnahme auf Aufzählung in der Betriebskostenverordnung.
1306 OLG Bremen, 23.08.2006 – 1 U 27/06 (a), MDR 2007, 515.
1307 OLG Rostock, 23.03.2004 – 3 U 273/03, NZM 2004, 423.
1308 OLG Stuttgart, 09.03.1987 – 8 RE-Miet 1/86, NJW-RR 1987, 788 = MDR 1987, 499 = WuM 1987, 114 = ZMR 1987, 179.
1309 BGH, 07.01.2004 – VIII ZR 103/03, NZM 2004, 354 = MDR 2004, 433 = NJW-RR 2004, 559.
1310 BGH, 21.04.2010 – VIII ZR 184/09, IMR 2010, 318 = InfoM 2010, 218 unter ausdrücklicher Aufgabe von BGH, 09.04.1986 – VIII ZR 100/85, WuM 1986, 281 = NJW-RR 1986, 1020, wo noch ein zeitlicher Zusammenhang verlangt wurde; OLG Brandenburg, 14.11.2007 – 3 U 86/07, ZMR 2008, 116 = InfoM 2008, 121; OLG Köln, 10.03.2003 – 16 U 72/02, WuM 2003, 465 = MietRB 2003, 32.
1311 OLG Düsseldorf, 16.04.2002 – 24 U 199/01, NZM 2002, 739 = GuT 2002, 104 = ZMR 2002, 589; OLG Hamm, 09.09.1994 – 30 U 73/94, ZMR 1994, 560; OLG Rostock, 23.03.2004 – 3 U 273/03, NZM 2004, 423 = MietRB 2004, 288; LG Kassel, 11.07.1989 – 1 T 80/89, WuM 1989, 518; Sternel, Mietrecht aktuell, Rn. X 182.

dann nicht mehr erheblich, wenn der Widerspruch zusammen mit der Kündigung erfolgt. Da dies grds. der früheste Termin ist, einer stillschweigenden Verlängerung zu widersprechen, kann es auch nicht mehr auf spätere Zeitpunkte ankommen, es sei denn, es haben sich objektiv Anzeichen für einen Sinneswandel des widersprechenden Vermieters ergeben.

Folgt man der hier nicht vertretenen anderen Meinung, gilt Folgendes: Ein etwa acht Monate vor Vertragsablauf konkludent durch außerordentliche Kündigung erklärter Widerspruch gilt nicht als verfrüht unbeachtlich, wenn sich danach keine Anzeichen für einen Sinneswandel des widersprechenden Vermieters ergeben haben.[1312] Bei einer **ordentlichen Kündigung** mit drei Monaten oder längerer Frist kann der mit der Kündigung verbundene Widerspruch womöglich nicht genügen,[1313] was aber abzulehnen ist,[1314] da sich jeder über eine Zeitdauer von einigen Monaten merken kann, dass keine Fortsetzung des Mietverhältnisses gewünscht wird. Alles andere ist konstruiert und lebensfremd. 771

Der Wille der Erklärenden, der Fortsetzung zu widersprechen, muss **eindeutig** erkennbar sein.[1315] Er ist aber als Willenserklärung dennoch der Auslegung zugänglich. Bei **fristlosen Kündigungen** wegen **schwerer Vertragsverletzungen** kann i.d.R. von einer konkludenten Widerspruchserklärung ausgegangen werden.[1316] Wenn der fristlosen Kündigung der unmissverständliche Wille zur unbedingten Vertragsbeendigung zu entnehmen ist, ist ein ausdrücklicher Widerspruch nach § 545 BGB nicht mehr erforderlich,[1317] was aber eng zu handhaben ist. 772

Eine **Räumungsklage** ist zwar immer als Widerspruch zu werten, wird aber so gut wie nie innerhalb der Frist zugestellt werden. Zustellung „demnächst" nach § 167 ZPO reicht nicht aus.[1318] 773

Haben die Parteien im Mietvertrag eine stillschweigende Verlängerung des Mietverhältnisses durch Fortsetzung des Mietgebrauchs ausgeschlossen, sind erhöhte Anforderungen an die Annahme eines **konkludenten Neuabschlusses des Mietvertrages** zu stellen. Die Fortsetzung des Mietgebrauchs und die Einziehung von mehreren (hier: drei) Monatsmieten genügen jedenfalls nicht.[1319]

V. Gerichtsverfahren

Es bestehen keine Besonderheiten. 774

VI. Streitwert

Bei Streitigkeiten über die **Dauer eines Miet- oder Pachtverhältnisses** ist nach § 41 Abs. 1 Satz 1 GKG der Betrag des auf die streitige Zeit entfallenden Entgelts und, wenn das einjährige 775

1312 OLG Rostock, 23.03.2004 – 3 U 273/03, NZM 2004, 423 = MietRB 2004, 288.
1313 LG Kassel, 11.07.1989 – 1 T 80/89, WuM 1989, 518.
1314 Vgl. OLG Köln, 10.03.2003 – 16 U 72/02, WuM 2003, 465 = MietRB 2003, 32.
1315 BGH, 16.09.1987 – VIII ZR 156/86, WuM 1988, 88 = MDR 1988, 225.
1316 BGH, 16.09.1987 – VIII ZR 156/86, WuM 1988, 88 = MDR 1988, 225.
1317 OLG Brandenburg, 14.11.2007 – 3 U 86/07, ZMR 2008, 116 = InfoM 2008, 121.
1318 OLG Stuttgart, 09.03.1987 – 8 RE-Miet 1/86, NJW-RR 1987, 788.
1319 OLG Rostock, 29.05.2006 – 3 U 167/05, GuT 2006, 191 = IMR 2006, 77 = NZM 2006, 584 = InfoM 2006, 294.

Entgelt geringer ist, dieser Betrag für die Wertberechnung maßgebend. Da es bei einem **Optionsrecht** letztlich um eine Streitigkeit über die Dauer eines Mietverhältnisses geht, gilt § 41 Abs. 1 GKG.[1320]

Der Streitwert einer **Feststellungsklage**, dass das Zeitmietverhältnis vorzeitig wirksam gekündigt worden ist (Mieter) oder nicht wirksam gekündigt worden ist/werden kann (Vermieter), richtet sich nach § 41 Abs. 1 GKG abzgl. des nach herrschender Meinung erforderlichen Abschlags von 20 % für Feststellung.

VII. Vertragsgestaltung

776 Vertragsmuster sehen häufig je ein **Ankreuzfeld für Verträge von unbestimmter und bestimmter Dauer** vor (alternativ wird Streichung einer Variante gefordert). Für Mietvertragsparteien ist dies ein klassisches Minenfeld (v.a. bei Wohnraum, aber auch bei Geschäftsraum), da hier in Verkennung der Konsequenzen, aus Nachlässigkeit oder Eile das Kreuzchen an der falschen Stelle oder auch gar nicht gemacht wird. Für den mit dem Entwurf beauftragten Verwalter oder Anwalt gilt daher: Nachfragen und ausschließlich das Gewollte niederschreiben.

777 Schadensersatzansprüche des Gewerberaummieters wegen **Verzugs mit der Übergabe** können in einem Formular-Mietvertrag auf Vorsatz und grobe Fahrlässigkeit beschränkt werden.[1321]

778 Bei **Verlängerungsklauseln und Optionen** ist auf Transparenz zu achten. Widersprüche oder unklare Fristen müssen ausgeschlossen sein. Staffelmietvereinbarungen oder Wertsicherungsklauseln sollten sich aus Vermietersicht ausdrücklich auch auf einen vereinbarten Optionszeitraum erstrecken. Ansonsten trägt der Vermieter ein hohes **Inflationsrisiko**, da die alte Miete weiterläuft, wenn sich nicht aus den Parteivereinbarungen etwas anderes ergibt. Eine Checkliste findet sich nachfolgend.

779 **Formulierungsvorschlag: Unechte Befristung**

> Das Mietverhältnis beginnt am ..... und endet am ..... . Es verlängert sich jeweils um fünf Jahre, wenn nicht eine Seite mindestens sechs Monate vor Ablauf des Mietverhältnisses der Verlängerung widerspricht.

> **Praxistipp Stillschweigende Vertragsverlängerung, § 545 BGB:**
>
> Beim Zeitmietvertrag wollen die Vertragspartner das Ende des Mietverhältnisses zu einem festen Zeitpunkt. Es ist daher nur konsequent, § 545 BGB im Vertrag ausdrücklich auszuschließen. Da ein Widerspruch i.S.d. § 545 BGB auch mit einer Kündigung verbunden werden kann,[1322] empfiehlt es sich zudem, etwaige Kündigungstexte ausdrücklich um diesen Widerspruch zu ergänzen, z.B. durch folgende Formulierung:

1320 OLG Hamburg, 15.12.1993 – 4 W 63/93, WuM 1994, 553.
1321 OLG Düsseldorf, 24.01.2008 – 24 U 95/07, IMR 2008, 238.
1322 OLG Hamburg, 27.07.1981 – 4 U 27/81, NJW 1981, 2258 = DWW 1981, 264 = WuM 1981, 205.

Formulierungsvorschlag: Fortsetzung des Mietgebrauchs

> Der Fortsetzung des Mietgebrauchs über den ..... hinaus wird ausdrücklich widersprochen.

VIII. Arbeits- und Beratungshilfen

1. Schnellüberblick Grundsatz-Rechtsprechung des BGH

Thema/Normen	Leitsatz	Entscheidung, Fundstelle
Widerspruch gegen eine stillschweigende Vertragsfortsetzung	Ein bereits mit der Kündigung erklärter Widerspruch gegen eine stillschweigende Vertragsfortsetzung ist wirksam; eines zeitlichen Zusammenhangs mit der Vertragsbeendigung bedarf es nicht (Aufgabe von Senatsbeschluss vom 9. April 1986 – VIII ZR 100/85, NJW-RR 1986, 1020).	BGH, 21.04.2010 – VIII ZR 184/09, IMR 2010, 318 = InfoM 2010, 218
Auslegung von mehreren Verlängerungsklauseln	Lässt sich durch Auslegung des Wortlauts nicht klären, welche von mehreren Verlängerungsklauseln zuerst greifen soll, so ist diejenige zu bevorzugen, die zu einem vernünftigen, widerspruchsfreien und den Interessen beider Vertragsparteien gerecht werdenden Ergebnis führt. Verbleibt nach Auslegung widersprüchlicher Verlängerungsklauseln in AGB ein nicht behebbarer Zweifel, so geht die Unsicherheit zu Lasten des Verwenders (im Anschluss an BGH, Urt. v. 11.03.1997 – X ZR 146/94, NJW 1997, 3434 f.).	BGH, 14.12.2005 – XII ZR 236/03, GuT 2006, 70
Unklare Verlängerungsklauseln	Stellt der Mieter, der eine Filialkette betreibt, die Mietvertragsbedingungen, so geht es zu seinen Lasten, wenn die Regelungen über die automatische Vertragsverlängerung bzw. über (mehrfach ausübbare) Optionsrechte nach einer Erstlaufzeit von zwölf Jahren angesichts seiner späteren Erklärung, dass man zwar aus wirtschaftlichen Gründen das Mietobjekt schließe, die mietvertraglichen Verpflichtungen aber weiter vollumfänglich erfülle, eine nicht auflösbare Unklarheit über den Fortbestand des Mietverhältnisses ergeben.	BGH, 14.12.2005 – XII ZR 241/03, NZM 2006, 137 = GuT 2006, 68
Option: Fortsetzung des ursprünglichen Mietvertrags	Enthält der Mietvertrag die Bestimmung, dass das Mietverhältnis, das zu einem festgelegten Zeitpunkt endet, sich jeweils um ein Jahr verlängere, wenn eine der Parteien dem nicht (fristgerecht) widerspreche, so wird der ursprüngliche Mietvertrag fortgesetzt, wenn ein solcher Widerspruch nicht erfolgt, nicht aber ein neuer Vertrag geschlossen.	BGH, 29.04.2002 – II ZR 330/00, AIM 7/2002, 11 = NZM 2002, 604 = GuT 2002, 110 = MDR 2002, 1199 = BGH, Report 2002, 620 = DB 2002, 1316 = GE 2002, 1190 = NJW 2002, 2170

Option und Neu-vermieter	Die Optionsausübung zur Vertragsverlängerung gegenüber dem Altvermieter in Unkenntnis der Eigentumsübertragung lässt diese gegenüber dem Neuvermieter Wirkung entfalten.	BGH, 28.11.2001 – XII ZR 197/99, NZM 2002, 291
Vertragsverlängerung und Schriftform	Ein vom Mieter gegengezeichnetes Angebot der Vermieter zur Verlängerung des Mietvertrages für längere Zeit als ein Jahr genügt dem Schriftformerfordernis des § 566 BGB (jetzt § 550 BGB), wenn das Angebot in ausreichender Form auf den ursprünglichen Mietvertrag Bezug nimmt und zum Ausdruck bringt, dass es unter Einbeziehung des Nachtrags bei dem verbleiben soll, was früher formgültig niedergelegt war.	BGH, 16.02.2000 – XII ZR 162/98, NZM 2000, 712
Optionsklausel für die ersten zehn Mietjahre	Sieht ein Mietvertrag mit einer Optionsklausel für die ersten zehn Mietjahre einen festen Mietzins vor und setzt eine Klausel die Neufestsetzung „zum Beginn der Option" an, dann ist das im Zweifel als reine Zeitbestimmung und nicht nur als Erhöhungsmöglichkeit im Optionsfall zu verstehen.	BGH, 19.03.1992 – IX ZR 203/91, NJW 1992, 2281
Wann muss Option ausgeübt werden?	Ist in einem Mietvertrag über Gewerberäume vereinbart, dass die festgelegte Vertragsdauer (hier: zehn Jahre) sich automatisch um die gleiche Zeit verlängert, wenn keine Partei bis spätestens zwei Jahre vor Ablauf des Vertrages kündigt, so muss der Mieter, dem eine Verlängerungsoption ohne ausdrückliche Bestimmung einer Optionsfrist eingeräumt ist, dieses Recht, wenn der Vermieter kündigt, unverzüglich, jedoch nicht vor Ablauf der Kündigungsfrist, ausüben.	BGH, 20.03.1985 – VIII ZR 64/84, MDR 1985, 754
Wann erlischt Optionsrecht?	Das dem Mieter eingeräumte Optionsrecht erlischt grds. spätestens mit Ablauf der um die Optionszeit verlängerten ursprünglichen Vertragsdauer.	BGH, 14.07.1982 – VIII ZR 196/81, NJW 1982, 2770 = MDR 1983, 126

2. Schnellüberblick aktuelle Rechtsprechung der Instanzgerichte

782

Thema/Normen	Leitsatz	Entscheidung, Fundstelle
Option: Welche Miethöhe gilt im Optionszeitraum, wenn die Parteien nichts vereinbart haben?	Sieht der Vertrag vor, dass bei Ausübung der Option die Miete „neu auszuhandeln" ist und scheitert eine entsprechende Einigung, bestimmt das Gericht die Miete und die Mietentwicklung im Optionszeitraum nach billigem Ermessen. Angemessen ist grundsätzlich das im Zeitpunkt der Optionsausübung marktübliche Miete. Mieterhöhungen während des Optionszeitraums scheiden bei einem Mietermarkt aus.	KG, 18.09.2008 – 8 U 2/07, InfoM 2009, 13 = MDR 2008, 1385

Verlängerung des Mietvertrages	Die Regelung in einem Mietvertrag zum Betrieb einer kieferorthopädischen Praxis, „Das Mietverhältnis ist auf die Dauer von 10 Jahren fest abgeschlossen. Mietbeginn ist der Tag, den die Vermieterin dem Mieter verbindlich für die Übernahme des Mietobjekts benennt. Das Mietverhältnis endet mit dem Ablauf desjenigen Kalendervierteljahres, in dem die 10-jährige Mietdauer endet. Das Mietverhältnis verlängert sich nach Ablauf der fest vereinbarten 10-jährigen Dauer um 5 Jahre, wenn es nicht von einer der Vertragsparteien unter Einhaltung einer Kündigungsfrist von einem Jahr gekündigt wird. Nach Ablauf der 10- bzw. 5-jährigen Dauer des Mietverhältnisses verlängert sich dieses jeweils um ein Jahr, wenn es nicht von einer der Vertragsparteien unter Einhaltung einer Kündigungsfrist von 6 Monaten gekündigt wird.", ist unabhängig davon wirksam, ob es sich um eine Allgemeine Geschäftsbedingung oder eine Individualvereinbarung handelt.	OLG Düsseldorf, 08.02.2007 – I-10 U 131/06, GuT 2007, 316 = IMR 2007, 385
Vertragsverlängerung, Stillschweigende und Vermietermehrheit	Bei Vermietermehrheit genügt der Widerspruch eines der mehreren Vermieter zur Abwendung der stillschweigenden Vertragsverlängerung. Ein etwa drei Monate vor Vertragsablauf konkludent erklärter Widerspruch ist nicht als verfrüht unbeachtlich, wenn sich danach keine Anzeichen für einen Sinneswandel des widersprechenden Vermieters ergeben haben.	OLG Rostock, 23.03.2004 – 3 U 273/03, NZM 2004, 423

3. Formulierungsvorschläge

a) Vertrag von bestimmter Dauer

Formulierungsvorschlag: Vertrag von bestimmter Dauer

> Das Mietverhältnis beginnt am ..... und endet am 783

b) Verlängerungsklausel

> **Hinweis:**
> Achtung: Anpassung der Miete nicht vergessen.

Formulierungsvorschlag: Vertrag von bestimmter Dauer mit Verlängerungsklausel

> Das Mietverhältnis beginnt am ..... und endet am ...... Es verlängert sich jeweils um fünf Jahre, wenn nicht eine Seite mindestens sechs Monate vor Ablauf des Mietverhältnisses der Verlängerung widerspricht. 784

c) Optionsrecht

> **Hinweis:**
> Achtung: Anpassung der Miete nicht vergessen.

Formulierungsvorschlag: Vertrag von bestimmter Dauer mit Optionsrecht

785 Das Mietverhältnis beginnt am ..... und endet am ...... Der Mieter ist aber berechtigt, die Verlängerung des Mietverhältnisses um fünf Jahre über den o.g. Endtermin hinaus zu verlangen. Dies ist dem Vermieter spätestens sechs Monate vor dem o.g. Endtermin schriftlich mitzuteilen. Für die Rechtzeitigkeit kommt es auf den Eingang beim Vermieter an. Die mehrfache Ausübung ist möglich, die Ausübungsfrist von sechs Monaten gilt dafür ebenfalls.

4. Checklisten

a) Zeittypen von Mietverträgen

Checkliste: Zeittypen von Mietverträgen

786 Vertragspartner müssen sich entscheiden zwischen:
- ☐ Vertrag von unbestimmter Dauer: ordentliche Kündigung jederzeit und ohne Angabe von Gründen möglich,
- ☐ Vertrag von bestimmter Dauer mit echter Befristung (Zeitmietvertrag): ordentliche (nicht: außerordentliche) Kündigung ist ausgeschlossen,
- ☐ Vertrag von bestimmter Dauer mit Verlängerungsmöglichkeit (Zeitmietvertrag mit unechter Befristung): ordentliche (nicht: außerordentliche) Kündigung ist ausgeschlossen.
- ☐ **Achtung:** Im Vertrag ausdrückliche und richtige Vereinbarung der Mietzeit vereinbart? (häufig Fehler bei Ankreuz-Formularen mit Mehrfachnennungen, dann Vertrag von unbestimmter Dauer möglich).

b) Ausstiegsmöglichkeiten

Checkliste: Ausstiegsmöglichkeiten aus Zeitmietverträgen

787
- ☐ Existenzgefährdung berechtigt nicht zur fristlosen Kündigung.
- ☐ Vertragliche „Rettungsanker" für den Mieter:
    - ☐ „Ausstiegsklausel",
    - ☐ Nachmieterstellung,
    - ☐ Untervermietung,
    - ☐ Abstandssumme.

c) Vertragsverlängerung

Checkliste: Vertragsverlängerung nach § 545 BGB

☐ § 545 BGB vertraglich abbedungen? Wenn nein:
☐ Vertragsende eingetreten (auch durch Kündigung, Aufhebungsvereinbarung),
☐ stillschweigende Fortsetzung
☐ kein Widerspruch des Vermieters
    ☐ ausdrücklicher Widerspruch
    ☐ Auslegung: Widerspruch konkludent durch Kündigung
    ☐ Widerspruch durch Räumungsklage
    ☐ Widerspruch binnen zwei Wochen ab Kenntnis des Vermieters von Fortsetzung erfolgt und zugegangen. Folge des unterbliebenen oder fehlerhaften Widerspruchs: Fortsetzung des Mietverhältnisses (zwingend!).

788

d) Verlängerungsklauseln

Checkliste: Verlängerungsklauseln

Bei der Vertragsgestaltung sollten im Hinblick auf eine Vertragsverlängerung nach der grundsätzlichen Klärung, ob die Fortsetzung durch Schweigen oder aktives Tun ausgelöst werden soll, Folgendes beachtet werden:

☐ Unechte Befristung = Vertragsdauer + vorher festgelegte Fortsetzung bei fehlendem Widerspruch
    ☐ Fortsetzungsdauer definiert,
    ☐ einmalige/mehrmalige Fortsetzung,
    ☐ Widerspruchsfrist geregelt,
    ☐ ggf. Schriftform und Zugangsregelungen.
☐ Optionsrecht: Vertragsdauer + einseitiges Fortsetzungsverlangen einer Partei
☐ Fortsetzungsdauer definiert,
☐ einmalige/mehrmalige Option,
☐ Ausübungsfrist geregelt. Wenn nicht: Ausübung nur bis Vertragsablauf möglich.
☐ Ggf. Schriftform und Zugangsregelungen. **Achtung**: Schriftformerfordernis beim Hauptvertrag gilt auch für die Option!
☐ Inhalt der Vertragsfortsetzung: zu gleichen oder geänderten Bedingungen? (Stichwort: Miethöhe)

789

§ 10 Miethöhe und Mietzahlung

		Rn.
I.	Überblick	790
II.	Mietarten	792
1.	Festmiete	792
2.	Umsatzmiete	794
	a) Begriff	794
	b) Vertragliche Vereinbarung	795
	c) Risiken und Probleme	796
	d) Umsatzermittlung	798
	e) Vertraglich eindeutige Definition	800
	f) Klagemöglichkeiten des Vermieters	802
	g) Sonstiges	803
3.	Flächenmiete	804
4.	Staffelmiete	805
5.	Triple-Net- und Double-Net-Miete	806
III.	Mietgarantie	807
IV.	Grenzen der Miethöhe, insb. sittenwidrig überhöhte Miete	808
1.	Mietpreisüberhöhung, § 4 WiStG	809
	a) Grundsätze	809
	b) Vermietung von Gewerberäumen als Gegenstand/Leistung des lebenswichtigen Bedarfs	810
	c) Beschränkung des Wettbewerbs, Ausnutzung einer wirtschaftlichen Machtstellung oder einer Mangellage	813
	d) Fordern eines unangemessen hohen Entgelts	814
	e) Rechtsfolgen	817
2.	Mietwucher, § 291 StGB	820
3.	Sittenwidrigkeit, § 138 BGB	821
	a) Überblick	821
	b) Objektiver Tatbestand: Auffälliges Missverhältnis	824
	c) Subjektiver Tatbestand: Verwerfliche Gesinnung	827
	d) Rechtsfolgen	830
	e) Darlegungs- und Beweislast	832
V.	Umsatzsteuer	833
1.	Grundsatz: Keine USt für Grundstücke	833
2.	Verzicht auf Steuerbefreiung	834
3.	Steuerrechtliche Zulässigkeit der Option zur Umsatzsteuer	836
4.	Ausübung der Option (= Verzicht auf die Steuerbefreiung)	844
5.	Umsatzsteuerpflichtige Leistungen	846
6.	Risiken für den Vermieter	850
7.	Vertragliche Vereinbarung, Vertragsgestaltung und Prüfung bestehender Verträge	853
8.	Ansprüche der Parteien	859
	a) Anspruch auf Optionsausübung	859
	b) Anspruch auf Zahlung der USt	860
	c) Anspruch auf Rechnungsstellung	861
9.	USt auf Schadensersatz gem. § 249 BGB	864
VI.	Zahlung der Miete/Pacht, Fälligkeit, Verzug, Lastschrift	866
1.	Fälligkeitszeitpunkt	867
2.	Rechtzeitigkeit der Zahlung, Verzug	871
3.	Tilgungsreihenfolge, Tilgungsbestimmungen	875
4.	Abbuchungsverpflichtung und Einziehungsermächtigung	876
5.	Verzugszinsen	881
	a) Höhe	881
	b) Vertraglich vereinbarte Verzinsung	884
	c) Beginn der Verzinsung	886
VII.	Aufrechnung, Aufrechnungsklauseln	888
1.	Grundsätze	888
2.	Fortgeltung der Klausel nach Mietende	891
3.	Haftungsrisiko für Immobilienverwalter und Anwälte	892
VIII.	Abtretung von Mietforderungen, Abtretungsverbote	894
IX.	Verjährung und Verwirkung	897
X.	Gerichtsverfahren	898
XI.	Streitwert	904
XII.	Vertragsgestaltung	905
1.	Abtretungsverbot	905
2.	Rechtzeitigkeitsklausel	906

	3.	Tilgungsklausel	907
	4.	Aufrechnungsverbote bzw. -beschränkungen	911
	5.	Zurückbehaltungsrechts(verbots)klauseln	918
	6.	Sonstiges	919
XIII.	Arbeits- und Beratungshilfen		920
	1.	Schnellüberblick Grundsatz-Rechtsprechung des BGH	920
	2.	Schnellüberblick aktuelle Rechtsprechung der Instanzgerichte	921
	3.	Formulierungsvorschläge zu den Mietarten	922
		a) Kaltmiete	922
		b) Umsatzmiete	923
		c) Flächenmiete (quadratmeterbezogene Miete)	924
		d) Umsatzsteuer	926
	4.	Umsatzmiete	928

I. Überblick

Neben dem Mietobjekt ist die Zahlung der Miete der wichtigste Punkt eines Mietverhältnisses (vgl. § 535 Abs. 2 BGB). Hier bieten sich den Vertragspartnern **verschiedene Gestaltungsmöglichkeiten**, wie die Miete bemessen sein soll, die allerdings z.T. ziemlich kompliziert sind (z.B. Umsatzmiete). Trotz der grds. größeren Freiheit ggü. Wohnraum kann aber die Miethöhe nicht unbegrenzt hoch vereinbart werden. Ein nicht zu unterschätzender Punkt, der bei Fehlern erheblichen Ärger und Zeitaufwand mit dem FA bringen kann, ist die **USt**. Erörterungsbedürftig sind natürlich auch die **Betriebskosten**, die aber bei Geschäftsraummiete lange nicht das Streitpotenzial haben wie in Wohnraummietsachen.

790

Aus welchen Faktoren man die eigentliche Höhe der Miete berechnet, hängt davon ab, welche Investitionen der Vermieter für das Mietobjekt aufgewendet hat. Natürlich möchte jeder Vermieter die höchstmögliche Rendite erzielen. Der eigentliche Preis aus Vermietersicht bestimmt sich aber nicht nur aus diesem Wunsch und der Miete von Vergleichsobjekten, sondern v.a. aus den getätigten Investitionen. Zumindest bei Erstellung oder Erwerb des Gebäudes muss der Vermieter betriebswirtschaftlich prüfen, ob und wann sich die Investition rechnet. Der Mieter hingegen hat – v.a. bei Vermietung vom Reißbrett – ein Interesse daran, dass er keine Fantasiepreise zahlt, sondern den tatsächlichen Wert vergütet.[1323]

791

Nach dem Grundsatz der Vertragsfreiheit können die Beteiligten jede Art der Zahlung und Fälligkeit der Miete vereinbaren. Die Entrichtung als **Einmalbetrag** ist zulässig,[1324] ebenso die Vorauszahlung der Miete. Unter einer **Mietvorauszahlung** versteht man, dass der Mieter den gesamten Mietzins für die Zeit der vereinbarten Mietüberlassung im Voraus entrichtet. Im Gegensatz zum Mieterdarlehn kann der Vermieter dabei grds. über den vorausgezahlten Betrag frei verfügen. Die Zulässigkeit der Vorauszahlung ist zwar nicht ausdrücklich im Gesetz geregelt, jedoch ergibt sich dies aus § 547 BGB, der bestimmt, wie eine vorausbezahlte Miete bei Beendigung des Mietverhältnisses zurückzuerstatten ist. § 547 BGB ist im Bereich der gewerblichen Miete und Pacht durch Parteivereinbarung abdingbar, d.h. ein etwaiger Rückerstattungsanspruch überzahlter Miete kann ausgeschlossen werden.

1323 Beispiele für eine Investitionsmietzinsberechnung finden sich bei Thaler/Hosenfeld, NZM 2001, 225.
1324 BGH, 05.11.1997 – VIII ZR 55/97, BGHZ 137, 106 = WuM 1998, 104 = MDR 1998, 209; BGH, 20.02.1992 – III ZR 193/90, BGHZ 117, 236, 238; BGH, 08.07.1993 – III ZR 146/92, BGHZ 123, 166, 170; BGH, 01.02.1989 – VIII ZR 126/88, NJW-RR 1989, 589 unter II 1b; BGH, 20.02.1992 – III ZR 193/90, NJW-RR 1992, 780 unter II 3a; RG, WarnRspr. 1927 Nr. 52, Seite 77 f.: Mietvertrag bejaht, wenn nach Verkauf eines Grundstücks der Verkäufer gegen eine Ermäßigung des Kaufpreises wohnen bleibt.

II. Mietarten

1. Festmiete

792 Die Miete kann als **eindeutig ausgewiesener Betrag** oder auch als **berechenbarer Quadratmeterpreis** vereinbart werden. Sinnvoll sind klare, einfache Festlegungen, die jeder nach erstem Durchlesen sofort versteht. Es sollte daher ein fester Betrag vereinbart werden. Ist dies nicht möglich, z.B. weil die Fläche wegen fehlender Fertigstellung des Objekts noch nicht feststeht, empfehlen sich so klare Beschreibungen wie möglich wie z.B. genauer Quadratmeterpreis, evtl. auch mit einer „Kappungsgrenze".

793 Üblich ist die **Vereinbarung einer Bruttokaltmiete** (= alle Betriebskosten außer Heiz- und Warmwasserkosten sind in der Miete enthalten) oder einer Nettokaltmiete (= Betriebskosten werden gesondert umgelegt). Soll der Mieter die Betriebskosten nach Abrechnung zahlen, ist Letzteres zu bevorzugen, weil damit klargestellt wird, dass der Mieter die Betriebskosten zu tragen hat (zu den Nebenkosten → *Rn. 929 ff.*).

2. Umsatzmiete

a) Begriff

794 Umsatzmiete bedeutet die Koppelung der Miete an den vom Mieter **erwirtschafteten Nettoumsatz** (also ohne USt). Dies ist v.a. dann sinnvoll, wenn die Parteien sich noch nicht sicher sind, wie sich ein Standort entwickeln wird, z.B. bei neuen Einkaufszentren. Nicht empfehlenswert sind Gewinnvereinbarungen, da der Mieter seinen Gewinn mehr oder weniger durch Vorziehen oder Verlagern von Betriebsausgaben steuern kann.

b) Vertragliche Vereinbarung

795 Die Vereinbarung einer umsatzabhängigen Miete ist **grds. zulässig** und zwar auch formularmäßig, da die Miete im geschäftlichen Bereich überwiegend frei vereinbart werden kann. Probleme mit § 305c BGB wegen einer überraschenden Klausel ergeben sich normalerweise nicht, weil es sich nicht um eine Verpflichtung handelt, die dem Vertragstypus der Miete wesensfremd ist. Denn Kern der Umsatzmiete ist die Zahlung von Miete gegen Gebrauchsüberlassung der Mietsache. Dieser Kernbereich der Miete wird durch die Klausel nicht berührt, sondern nur die **Höhe der Miete**, die aber bis zur Grenze des Wuchers und der Sittenwidrigkeit völlig der Disposition der Parteien unterliegt. Sofern die Klausel daher nicht an einer untypischen Stelle im Vertrag „versteckt" ist, hat sie nicht den für eine überraschende Klausel notwendigen Überrumpelungs- und Übertölpelungseffekt.

> **Hinweis:**
> Bei einer Apotheke ist die Vereinbarung einer Umsatz- oder Gewinnmiete nach § 8 Satz 2 ApothekenG unzulässig. Für den Tatbestand des § 8 Satz 2 ApothekenG genügt es, dass die Parteien in ihren Vorstellungen von einem Zusammenhang zwischen der Miethöhe und

dem Umsatz oder Gewinn ausgehen und dass diese Verknüpfung sich in den Vereinbarungen niederschlägt.[1325] Zulässig kann aber die Vereinbarung einer Umsatzpacht sein.[1326]

c) Risiken und Probleme

Die **Teilnahme am wirtschaftlichen Erfolg oder Misserfolg** des Mieters ist bzgl. der Rendite für den Vermieter Chance und Risiko zugleich und kann zum Bumerang werden: Existieren bei guten Einnahmen des Mieters keine vertraglichen Begrenzungen, kann die Miete schnell in den Wucherbereich steigen oder der Mieter wird demotiviert, da auch seine Steuerlast steigt und die Kumulation aus öffentlichen Abgaben und höherer Miete knebelnd wirkt. Das Spiegelbild ist der frustrierte Vermieter, der bei schlechter Ertragslage des Mieters ebenfalls weniger Geld sieht.

796

> **Hinweis:**
> Die Vereinbarung einer Umsatzmiete ohne festen Sockelbetrag (Mindestmiete) und höhenmäßige Begrenzung ist für beide Parteien ein unkalkulierbares Risiko.

Dabei sollte der monatlich zu zahlende Umsatzanteil als Vorauszahlung vereinbart werden, über die dann kalenderjährlich nach Vorlage aller maßgeblichen Unterlagen abgerechnet wird. Zur monatlichen Kontrolle kann sich der Vermieter recht einfach mit einem Blick auf den **Umsatzsteuervoranmeldebescheid** des Mieters behelfen. Im Vertrag ist unbedingt darauf zu achten, wann Mindestmiete und Umsatzanteil fällig werden sollen, da Letzterer naturgemäß erst im Nachhinein ermittelt werden kann. Sinnvoll, aber natürlich mit Aufwand verbunden ist die Aufspaltung der Fälligkeit: Mindestmiete im Voraus, Umsatzanteil bis zum 15. des Folgemonats o.Ä.

797

d) Umsatzermittlung

Problematisch ist oft die endgültige Ermittlung der maßgeblichen Umsätze des Mieters. Möglich ist z.B. die vertragliche Vereinbarung, dass der Mieter bis zum 15.03. des Folgejahres eine Aufstellung über den Umsatz des Vorjahres vorzulegen hat. Auch ohne konkrete Vereinbarung ist der Mieter verpflichtet, dem Vermieter die zur Feststellung notwendigen Auskünfte zu erteilen und ihm **Einsicht in die Geschäftsbücher** zu gewähren,[1327] allerdings nur i.R.d. Belege, die üblicherweise geführt und aufbewahrt werden.[1328] Die **Vorlage der Umsatzsteueranmeldung an das FA** allein ist nicht ausreichend, weil der Vermieter die Möglichkeit der Überprüfung haben muss.

798

1325 BGH, 27.11.2003 – IX ZR 76/00, GuT 2004, 58 = NZM 2004, 190 = NJW 2004, 1523, 1524.
1326 Vgl. dazu BGH, 22.10.1997 – XII ZR 142/95, NZM 1998, 192 = WuM 1999, 161 = NJW-RR 1998, 803 = MDR 1998, 94.
1327 OLG Düsseldorf, 15.03.1990 – 10 U 100/82, MDR 1990, 719.
1328 OLG Düsseldorf, 08.02.1990 – 10 U 112/89, NJW-RR 1098.

> **Praxistipp:**
> Deshalb sollte im Vertrag zum einen so genau wie möglich definiert werden, was die Parteien überhaupt unter Umsatz verstehen und der Berechnung zugrunde legen wollen; zum anderen sollte geklärt werden, welche Auskunftspflichten der Mieter hat.

799 Denkbar ist z.B. die Knüpfung an Umsatzsteuererklärungen oder Auswertungen eines Steuerberaters. Z.T. wird empfohlen, den Mieter eine **von einem Wirtschaftsprüfer bestätigte Aufstellung** der Umsätze vorlegen zu lassen.[1329] Auf jeden Fall sollte geregelt werden, dass der Vermieter grds. das Recht hat, die Bücher des Mieters einzusehen. Nicht praktikabel ist die Verknüpfung mit endgültigen Steuerbescheiden, da diese oft erst ein bis drei Jahre nach Ablauf des jeweiligen Steuerjahres vorliegen. Enthält eine Vereinbarung zur Umsatzmiete die Verpflichtung des Gewerbemieters, monatlich eine von einem Buchprüfer oder Steuerberater bestätigte betriebswirtschaftliche Auswertung zu übergeben, so genügt es nicht, wenn das Steuerbüro nur die Umsätze mitteilt.[1330] Es besteht dann ein Recht auf Einsicht in die Geschäftsbücher und ein Anspruch auf Rechnungslegung gem. § 259 BGB.

e) Vertraglich eindeutige Definition

800 „Umsatz" können die Netto- oder Bruttoeinnahmen sein. Da die USt bei betrieblichen Umsätzen ein durchlaufender Posten ist, werden bei fehlender vertraglicher Definition im Zweifel die Nettoeinnahmen ohne USt Berechnungsgrundlage sein.[1331]

> **Praxistipp:**
> Im Vertrag sollte deshalb der Begriff dahin geklärt werden, ob die Parteien die USt der Berechnung zugrunde legen wollen oder nicht, da dies sonst erhebliche Einbußen für den Vermieter bewirken kann.

801 Bei der **Definition des Umsatzbegriffs** sollten zudem folgende Positionen bedacht und geregelt werden, indem – aus Sicht des Vermieters – der Umsatzbegriff möglichst weit gefasst wird:[1332]

- Skonti,
- Boni,
- Warenentnahmen,
- Retouren,
- Personalrabatte,
- Kreditkartengeschäfte,
- Ratenverkäufe,
- Einkünfte aus vom Vertragszweck abweichender Tätigkeit,

1329 Lindner-Figura, NZM 1999, 492, 494.
1330 OLG Brandenburg, 13.06.2007 – 3 U 181/06, IMR 2008, 122 = InfoM 2007, 310.
1331 A.A.: v. Brunn, in: Bub/Treier, III. A Rn. 23: Bruttoeinnahmen einschließlich aller Steuern.
1332 Vgl. Lindner-Figura, NZM 1999, 493.

- Einkünfte aus Untervermietung.

f) Klagemöglichkeiten des Vermieters

Weigert sich der Mieter, seiner Pflicht zur Rechnungslegung nachzukommen, bleibt nur die **Stufenklage**, mit der er auf Auskunft, Rechnungslegung und Zahlung in Anspruch genommen wird. Der Vermieter kann nicht direkt auf Zahlung klagen, da er die Zahlen nicht kennt. Ihm sind meistens noch nicht einmal die Unterlagen konkret bekannt, aus denen sich die Werte ergeben, sodass er auch diese **mangels Individualisierung** nicht in einen vollstreckbaren Antrag fassen kann. Deshalb bleibt nur der umständliche Weg über die Stufenklage nach § 254 ZPO, ggf. verbunden mit einer Leistungsklage auf Zahlung der Mindestmiete. Auch dies sollte vor Vereinbarung einer Umsatzmiete bedacht werden. 802

g) Sonstiges

Allein aus der Vereinbarung einer Umsatzmiete entsteht noch **keine Betriebspflicht des Mieters**.[1333] Der Mieter ist also ohne gesonderte Vereinbarung nicht verpflichtet, seinen Betrieb weiterzuführen. Es kann auch nicht vom Mieter verlangt werden, dass er einen möglichst hohen Umsatz oder Gewinn erwirtschaftet, da diese Bereiche schon wegen der Berufsfreiheit nicht durch andere erzwingbar sein dürfen (und es aus unternehmerischer Sicht praktisch auch nicht sind). Stellt der Mieter seinen Betrieb ein, so muss er trotz fehlenden Umsatzes einen Betrag wie bei „normaler" Nutzung zahlen, wenn die Nichtnutzung bewusst erfolgt und von ihm zu vertreten ist. 803

> **Hinweis:**
> Die Vereinbarung und praktische Handhabung einer Umsatzmiete ist aufwendig und kompliziert. Sie trägt nicht unbedingt zu einfachen Abläufen bei und sollte deshalb erst nach sorgfältiger Prüfung des Einzelfalls vereinbart werden.

Die **Kombination einer Umsatzmiete mit einer mieterhöhenden Indexklausel** ist grds. wirksam, wenn die Mietvertragslaufzeit den Anforderungen von § 3 Abs. 1 Nr. 1d oder e PrKlG entspricht und die Anpassung des indexierten Teils der Miete bzw. der Mindestmiete entsprechend der Veränderung des vereinbarten Index erfolgt.[1334] Das wurde schon z.Zt. des Währungsgesetzes und der Preisklauselverordnung so gesehen19 und hat sich durch das Preisklauselgesetz nicht geändert, denn die Vereinbarung eines umsatzabhängigen Mietanteils neben dem indexierten Festmietanteil läuft dem Zweck des PrKG nicht zuwider.[1335]

3. Flächenmiete

Die Parteien können den Mietpreis pro Quadratmeter berechnen und ausweisen. Sinnvoll kann dies **bei noch zu errichtenden Gebäuden** sein (exakte Fläche noch nicht bekannt) oder wenn bereits bei Vertragsschluss absehbar ist, dass der Mieter demnächst noch weitere Flächen mie- 804

[1333] H.M., vgl. BGH, 04.04.1979 – VIII ZR 118/78, NJW 1979, 2351; zur Betriebspflicht s. Rn. 1275 ff.
[1334] Usinger, NZM 2009, 297, 301.
[1335] Usinger, NZM 2009, 297, 301.

ten wird und später ein einheitlicher Vertrag gestaltet werden soll (**Vorsicht** bzgl. Schriftformerfordernis und Beibehaltung des ursprünglichen Vertragsbeginns!). Wichtig ist, dass ein Streit wegen evtl. Flächendifferenzen oder Messfehler so weit wie möglich ausgeschlossen wird (dazu → *Rn. 631 ff.*).

4. Staffelmiete

805 Der Schwerpunkt bei einer Staffelmiete liegt in der Erhöhung der Miete, s. deshalb dazu im Kapitel Mieterhöhung → *Rn. 1135 ff.*

5. Triple-Net- und Double-Net-Miete

806 Bei der Triple-Net-Miete zahlt der Mieter neben einer Grundmiete (bspw. Flächen-, Staffel- oder Umsatzmiete) sämtliche Abgaben, Steuern, Betriebskosten und die Instandhaltungs-/Instandsetzungskosten, wobei diesbezüglich oft eine Übernahme von „Dach und Fach" vereinbart wird. Bei der Double-Net-Miete gilt dies entsprechend, jedoch ohne Instandhaltungs-/Instandsetzungskosten bzw. „Dach und Fach". Ausführlich → *Rn. 1591 ff.*

III. Mietgarantie

807 Mietgarantien sind im Bereich des Grundstückskaufs mit gewerblichen Immobilien verbreitet. Es handelt sich dabei oft um eine der **Schnittstellen von Bau- und Mietrecht**. Der Verkäufer bzw. Projektentwickler, häufig ein Bauträger, garantiert dem Käufer für einen bestimmten Zeitraum eine bestimmte Mindestmiete oder eine Erstvermietung an einen geeigneten Mieter. Die Praxis unterscheidet meist zwischen einer **umfassenden Mietgarantie**, mit der der Garantiegeber für die Garantiedauer alle Miet- und Nebenkostenzahlungen gewährleistet, einer **eingeschränkten Garantie**, die sich nur auf Leerstände bezieht und auf eine Erstvermietungsgarantie.[1336] Soll die Garantieerklärung in einem so engen Zusammenhang mit einem Bauträger- oder Kaufvertrag abgegeben werden, dass dieser damit stehen oder fallen soll, muss sie **beurkundet** werden, § 311b Abs. 1 BGB.

Die Garantiezahlungen werden fällig, wenn die Zusagen nicht realisiert werden, wobei vertraglich meist geregelt ist, dass **berechtigte Zahlungsverweigerungen** der Mieter (wegen Mietminderung etc.) selbstverständlich keinen Anspruch gegen den Garantiegeber begründen. Es handelt sich grds. um einen **weiten Erfüllungsanspruch** auf Schadloshaltung, dessen Inhalt sich nach den §§ 249 ff. BGB richtet. Verpflichtet sich z.B. der Bauträger in einem Mietgarantievertrag, dem Erwerber zu einem bestimmten Stichtag unterschriftsreife Mietverträge mit bestimmten Nettokaltmietbeträgen und einer Laufzeit von fünf Jahren vorzulegen, haftet er auf Ersatz des Mietausfalls, wenn es nicht zu einer rechtzeitigen Vermietung kommt; ferner dann, wenn das Mietverhältnis wegen Fehlens einer Laufzeitbindung vorzeitig gekündigt wird; schließlich auch, wenn berechtigt wegen eines vom Garantiegeber zu vertretenden Mangels vom Mieter gekündigt wird.[1337] Er haftet dagegen nicht auf einen **Ausfall von Nebenkosten** und trägt keine Gewähr für den **tatsächlichen Zahlungseingang** bei nachgewiesenem Miet-

---

[1336] Einzelheiten mit Formulierungsbeispielen: Lindner-Figura, NZM 2002, 516.
[1337] OLG Düsseldorf, 05.02.2002 – 4 U 87/01, IBR 2002, 486 = NZM 2002, 534.

vertragsabschluss.[1338] USt auf die Garantiezahlungen fällt nicht an, da kein Leistungsaustausch i.S.d. UStG vorliegt.[1339] Ansprüche aus Mietgarantien sind am Ort des Gerichtes einzuklagen, bei dem der Immobilienverkäufer seinen Firmensitz hat.[1340]

IV. Grenzen der Miethöhe, insb. sittenwidrig überhöhte Miete

Anders als im Wohnraummietrecht sind die Parteien bei der Vereinbarung der Miete relativ frei. Es gilt der Grundsatz „pacta sunt servanda". Die Grenze liegt dort, wo der Preis gegen § 4 WiStG verstößt oder als sittenwidrig anzusehen ist. § 5 Abs. 1 WiStG gilt schon nach dem Wortlaut nur für Wohnräume.

808

1. Mietpreisüberhöhung, § 4 WiStG

a) Grundsätze

Nach § 4 Abs. 1 WiStG handelt ordnungswidrig, wer vorsätzlich oder leichtfertig in befugter oder unbefugter Betätigung in einem Beruf oder Gewerbe für Gegenstände oder **Leistungen des lebenswichtigen Bedarfs** Entgelte fordert, verspricht, vereinbart, annimmt oder gewährt, die infolge einer Beschränkung des Wettbewerbs oder infolge der Ausnutzung einer wirtschaftlichen Machtstellung oder einer Mangellage unangemessen hoch sind.[1341] Während § 5 WiStG nur für Wohnraum gilt, erfasst § 4 WiStG die gewerbliche Vermietung. Die Vorschrift soll Störungen der einer sozialen Marktwirtschaft angemessenen Preisbildung verhindern, die dadurch entstehen, dass eine Beschränkung des Wettbewerbs, eine wirtschaftliche Machtstellung bzw. eine Mangellage zu Preiserhöhungen ausgenutzt werden.[1342]

809

b) Vermietung von Gewerberäumen als Gegenstand/Leistung des lebenswichtigen Bedarfs

Vermietungstätigkeit ist dann beruflich oder gewerblich, wenn der Vermieter für die Verwaltung der Räume seine ganze Arbeitskraft einsetzt oder Hilfskräfte beschäftigt.[1343] Entsprechendes gilt für Eigentümer, die Räume an einen gewerblichen Zwischenvermieter vermieten, die dieser dann an Endmieter zu Wohnzwecken weitervermietet, da es sich dabei um gewerbliche Tätigkeit handelt.[1344]

810

Die **Lebenswichtigkeit von Gegenständen** (Güter, die veräußert werden können) oder Leistungen (alle Dienstleistungen, die im Rahmen einer Gewerbe- oder Berufstätigkeit erbracht werden können) ist nach ihrer Bedeutung für die Allgemeinheit zu beurteilen; sie sind schon dann lebenswichtig, wenn sie unter Berücksichtigung des heutigen Lebensstandards zur unmit-

811

1338 OLG Düsseldorf, 05.02.2002 – 4 U 87/01, IBR 2002, 486 = NZM 2002, 534.
1339 Näheres dazu bei Gross, NZM 2003, 227 unter Verweis auf BFHE 153, 150; FG Köln, EFG 1995, 638.
1340 BayObLG, 28.04.2000 – 4 Z AR 41/00, WuM 2001, 86.
1341 Die folgenden Ausführungen entstammen z.T. dem Aufsatz Neuhaus, NZM 2009, 646.
1342 OLG Schleswig, 10.06.2008 – 4 U 18/08, IMR 2009, 9; Erbs/Kohlhaas, § 4 Rn. 1.
1343 BGH, 25.09.1967 – VII ZR 46/65, NJW 1967, 2353; OLG Stuttgart, ZMR 1967, 29.
1344 OLG München, 27.09.2006 – 8 U 3250/06, NZM 2007, 685; OLG Celle, 14.02.1996 – 2 U 1/95, WuM 1996, 562 = NJW-RR 1996, 1097; a.A. OLG Frankfurt am Main, 10.11.1992, WuM 1993, 199 = NJW 1993, 673 zu § 5 WiStG.

telbaren oder mittelbaren Befriedigung der berechtigten materiellen und kulturellen Bedürfnisse der Bevölkerung erforderlich sind, wobei es ausreichend ist, wenn dies nur für einen kleinen Teil der Bevölkerung der Fall ist.[1345] In Bezug auf gewerbliche Vermietung ist ungeklärt, ob für die Prüfung des lebenswichtigen Bedarfs auf die Gruppe der möglichen Mieter (bspw. Gastronomen bei Vermietung einer Gaststätte) oder den Bedarf der Kunden/Leistungsempfänger des Mieters (also bspw. gastronomische Versorgung der Bevölkerung bei vermieteter Gaststätte) abzustellen ist.[1346] Im ersten Fall würde es sich um die in § 4 Abs. 1 WiStG erwähnten „Gegenstände", im zweiten Fall um die dort ebenfalls genannten „Leistungen" handeln. Das OLG Hamburg[1347] und das KG[1348] haben offengelassen, ob die Vermietung von Gewerberäumen „Gegenstände oder Leistungen des lebenswichtigen Bedarfs" betrifft.

812 Angesichts des Zwecks von § 4 WiStG kann Maßstab des „lebenswichtigen Bedarfs" nie nur die Gruppe der Mieter sein, sondern es muss primär die Allgemeinheit, also die „breite Masse" betroffen sein. Nur wenn die zu hohen Mieten zumindest mittelbar den Bedarf der breiten Masse betreffen, kann es sich um die erforderlichen Güter (vermietete Räume) oder Leistungen (Angebot des Mieters) handeln. Bei Vermietung einer Gaststätte müsste also die gastronomische Versorgung der Bevölkerung durch die Gewerberaummiete mittelbar betroffen sein, was nur dann angenommen werden kann, wenn die zu hohe Miete auch die Essens- und Getränkepreise nach oben treibt. Generell wird man ein solches „Durchschlagen" der Miete nur dann annehmen können, wenn sich die Preise der angebotenen Leistungen deutlich erhöhen oder das Leistungsspektrum deutlich vermindert wird.[1349]

c) Beschränkung des Wettbewerbs, Ausnutzung einer wirtschaftlichen Machtstellung oder einer Mangellage

813 Eine wirtschaftliche Machtstellung ist zu bejahen, wenn der Anbieter ohne Wettbewerber ist oder eine im Verhältnis zu seinen Wettbewerbern **überragende Marktstellung** hat. Unter Mangellage ist eine tatsächlich feststellbare Verknappung von Waren oder Leistungen zu verstehen, eine nachhaltige örtlich oder zeitlich gestörte Bedarfsdeckung.[1350] Ob ein geringes Angebot an vergleichbaren Räumen besteht, ist jeweils für die in Betracht kommende Immobiliengruppe („Teilmarkt") festzustellen.[1351] Es muss sich damit mehr oder weniger um einen „Einzelmarkt" in Bezug auf die Immobilie handeln, d.h., der Vermieter hat eine Monopolstellung oder kommt dieser nahe. Eine solche überragende Marktstellung muss immer festgestellt werden. Wird in abgeschlossenen Einheiten, etwa Einkaufszentren, vermietet, kann es geboten sein, auch nur auf die Vermietung in Einkaufszentren abzustellen. Beschränkt sich das verfügbare Angebot nur deshalb auf wenige bzw. ein einziges Objekt, weil der Mieter ein ganz bestimmtes sehr

---

1345 OLG Schleswig, 10.06.2008 – 4 U 18/08, IMR 2009, 9; vgl. auch Erbs/Kohlhaas, Strafrechtliche Nebengesetze, § 4 WiStG Rn. 6.
1346 OLG Schleswig, 10.06.2008 – 4 U 18/08, IMR 2009, 9; vgl. auch Erbs/Kohlhaas, Strafrechtliche Nebengesetze, § 4 WiStG Rn. 6.
1347 OLG Hamburg, 11.06.1959 – Ws(a) 272/59, BB 1960, 502.
1348 KG, 22.01.2001 – 12 U 5939/99, NZM 2001, 587 = ZMR 2001, 614 = NJW-RR 2001, 1092 = MDR 2001, 863.
1349 Ähnlich OLG Schleswig, 10.06.2008 – 4 U 18/08, IMR 2009, 9.
1350 OLG Schleswig, 10.06.2008 – 4 U 18/08, IMR 2009, 9; Erbs/Kohlhaas, § 4 Rn. 17 bis 19.
1351 KG, 22.01.2001 – 12 U 5939/99, NZM 2001, 587 = ZMR 2001, 614 = NJW-RR 2001, 1092 = MDR 2001, 863.

spezielles Objekt sucht, kann dies nach Sinn und Zweck des Gesetzes nicht zur Begründung einer – allgemeinen – Mangellage ausreichen.[1352]

d) Fordern eines unangemessen hohen Entgelts

Der Vermieter muss die überhöhten Mieter nach dem Wortlaut des Gesetzes fordern, vereinbaren oder annehmen. Ein schriftlicher Vertragsabschluss ist damit nicht erforderlich. Angemessen ist ein Preis, der sich ohne die nach § 4 Abs. 1 WiStG maßgeblichen Umstände auf dem Markt gebildet hätte.[1353] Zur Ermittlung sind unter sachverständiger Beratung Vergleiche mit Preisen der Waren oder Leistung gleicher oder ähnlicher Art anzustellen. Ansatzpunkt für die konkrete Ermittlung der Mietpreisüberhöhung ist damit wegen häufig nicht vorhandener Mietspiegeln und meistens fehlenden konkret vergleichbaren Objekten der **durchschnittliche ortsübliche Marktpreis für die Kategorie des Geschäftsraums** (Ladengeschäft, Büroraum, Lagerfläche etc.). Ist dies nicht möglich, ist der fiktive Marktpreis durch Ermittlung des Kostenpreises, dem der übliche Gewinn zugeschlagen wird, zu berechnen.[1354] Bei Vereinbarung einer Netto-Miete nebst Betriebskostenvorauszahlungen kommt es für die Beurteilung der Angemessenheit der Miete im Rahmen von § 4 WiStG bzw. § 138 Abs. 1, 2 BGB auf die Netto-Miete an.

814

> **Hinweis:**
>
> In Anlehnung an die Rechtsprechung zur Sittenwidrigkeit überhöhter Miete[1355] wird ein Verstoß gegen § 4 WiStG regelmäßig erst dann anzunehmen sein, wenn die vereinbarte Miete die Marktmiete um mehr als 100 % überschreitet.[1356] Im Prozess sollte immer Sachverständigenbeweis angeboten werden.

Eine Orientierung an § 5 Abs. 2 Satz 1 WiStG, wonach eine Überhöhung bei **Überschreitungen von 20 %** beginnt, ist bei Geschäftsraummiete abzulehnen, da eine direkte Vergleichbarkeit mit der sog. Wesentlichkeitsgrenze des § 5 Abs. 2 Satz 1 WiStG wegen des fehlenden sozialen Schutzgedankens bei Geschäftsraum nicht möglich ist. I.Ü. hätte der Gesetzgeber bei § 4 WiStG ebenfalls mit wenigen Worten ausdrücklich eine starre Grenze verankern können.

815

Sinkt während der Mietzeit das ortsübliche Preisniveau, kann eine beim Vertragsschluss zulässige Miethöhe ab einem bestimmten Zeitpunkt die Höchstgrenze überschreiten. In diesem Fall tritt keine Teilunwirksamkeit ein, weil es für die Tatbestandserfüllung nicht ausreicht, dass der Vermieter das preiswidrige Entgelt annimmt.[1357] I.Ü. wird bei einem Absinken der Marktmiete meist keine Mangellage mehr bestehen.

816

1352 KG, 22.01.2001 – 12 U 5939/99, NZM 2001, 587 = ZMR 2001, 614 = NJW-RR 2001, 1092 = MDR 2001, 863.
1353 OLG Schleswig, 10.06.2008 – 4 U 18/08, IMR 2009, 9.
1354 OLG Schleswig, 10.06.2008 – 4 U 18/08, IMR 2009, 9; Erbs/Kohlhaas, § 4 Rn. 10.
1355 Vgl. OLG Düsseldorf, 10.12.1998 – 10 U 49/98, NZM 1999, 461 = WuM 1999, 110; OLG Stuttgart, 13.07.1992 – 5 U 2/92, NJW-RR 1993, 654.
1356 Neuhaus, NZM 2009, 646, 648; vgl. auch KG, 22.01.2001 – 12 U 5939/99, NZM 2001, 587 = ZMR 2001, 614 = NJW-RR 2001, 1092 = MDR 2001, 863.
1357 KG, 22.01.2001, – 12 U 5939/99, NZM 2001, 587; a.A. Eisenschmid, in: Schmidt-Futterer, nach § 535 Rn. 72.

e) Rechtsfolgen

817 Eine zivilrechtliche Rechtsfolge des Verstoßes gegen § 4 WiStG regelt das WiStG nicht. Denkbar ist augenscheinlich die **Nichtigkeit des gesamten Vertrages** gem. § 134 BGB, was für Mieter z.B. eine Möglichkeit darzustellen scheint, langfristigen Verträgen zu „entkommen". Die Höhe der Miete ist zwar i.d.R. das ausschlaggebende Kriterium für den Mieter, die Räume zu mieten. Für die Auslegung der Verbotsnorm im Hinblick auf § 134 BGB ist jedoch ihr Zweck entscheidend. Die Preisvorschriften des WiStG sollen zum Schutz des Mieters lediglich die Vereinbarung unter marktwirtschaftlichem Aspekt überhöhter Mieten unterbinden.[1358] Ausreichend für diese Zielsetzung ist als Folge eines Verstoßes die **Teilnichtigkeit** i.S.e. geltungserhaltenden Reduktion.[1359] Nach herrschender Meinung ist daher richtigerweise nur die Vereinbarung der Miete nichtig und auf das zulässige Maß zu reduzieren, sodass der Mieter einen Rückforderungsanspruch aus ungerechtfertigter Bereicherung gem. § 812 BGB hat.[1360] Bei einem entsprechenden Verstoß bleibt der Mietvertrag mit dem zulässigen Preis aufrecht erhalten,[1361] wobei umstritten ist, ob an die Stelle des unwirksamen Preises der ortsübliche[1362] oder der höchste gerade noch zulässige Preis[1363] tritt. Richtig ist Letzteres, weil § 4 WiStG nicht dem Mieter eine angemessene Miete verschaffen, sondern ein allgemein unzumutbares Mietniveau verhindern will.[1364] Damit ist alles zulässig, was sich noch eben im Rahmen dieses Mietniveaus hält.

818 Für die Voraussetzungen der Nichtigkeit trägt der Mieter die **Beweislast**.[1365] Nach § 8 Abs. 1 WiStG ist anzuordnen, dass der Vermieter den Unterschiedsbetrag zwischen dem zulässigen und dem erzielten Preis (Mehrerlös) an das Land abführt, soweit er ihn nicht aufgrund einer rechtlichen Verpflichtung zurückerstattet hat oder auf Antrag des geschädigten Mieters nach § 9 WiStG die Rückerstattung des Mehrerlöses an ihn angeordnet wird. Diese Regelungen gehen dem Anspruch des Mieters aus § 812 BGB vor.

819 Die Ordnungswidrigkeit kann nach § 4 Abs. 2 WiStG mit einer **Geldbuße** bis zu 25.000,00 € geahndet werden. Die Verhängung der Geldbuße setzt in subjektiver Hinsicht voraus, dass der Vermieter vorsätzlich oder leichtfertig handelt. Leichtfertigkeit liegt vor, wenn der Täter einfachste, ganz nahe liegende Überlegungen unterlässt und das nicht beachtet, was im gegebenen

---

[1358] BGH, 11.01.1984 – VIII ARZ 13/83, BGHZ 89, 316 = WuM 1984, 68 = MDR 1984, 570 = NJW 1984, 722 unter III. 1. m.w.N. zu § 5 WiStG; OLG Hamburg, 13.01.2000 – 4 U 112/99, NZM 2000, 232 = WuM 2000, 111 = ZMR 2000, 216 = NJW-RR 2000, 458 zu § 5 WiStG.
[1359] BGH, 11.01.1984 – VIII ARZ 13/83, BGHZ 89, 316 = WuM 1984, 68 = MDR 1984, 570 = NJW 1984, 722; OLG Hamburg, 13.01.2000 – 4 U 112/99, NZM 2000, 232 = WuM 2000, 111 = ZMR 2000, 216 = NJW-RR 2000, 458 zu § 5 WiStG.
[1360] BGH, 28.01.2004 – VIII ZR 190/03, AIM 2004, 157 = InfoM 2004, 10 = NZM 2004, 381 = WuM 2004, 294 = ZMR 2004, 410 = MDR 2004, 803 = NJW 2004, 1740 zu § 5 WiStG; Neuhaus, NZM 2009, 646, 648.
[1361] OLG Schleswig, 10.06.2008 – 4 U 18/08; OLG Frankfurt am Main, 07.08.2000 – 20 RE-Miet 1/98, WuM 2000, 537 m.w.N.; vorausgesetzt von KG, 25.02.2002 – 8 U 24/01, KGReport Berlin 2002, 121 = MDR 2002, 999.
[1362] OLG Karlsruhe, 02.02.1982 – 3 RE-Miet 11/81, NJW 1982, 1161 zu § 5 WiStG; OLG Stuttgart, 07.07.1981 – 8 REMiet 1/81, NJW 1981, 2365 zu § 5 WiStG; Heinrichs, in: Palandt, 67. Aufl., § 134 BGB Rn. 26 f.
[1363] BGH, 11.01.1984 – VIII ARZ 13/83, BGHZ 89, 316 zu § 5 WiStG.
[1364] Neuhaus, NZM 2009, 646, 648.
[1365] KG, 22.01.2001 – 12 U 5939/99, GuT 2002, 12.

Fall jedem hätte einleuchten müssen.[1366] Der Vermieter ist grds. verpflichtet, sich bei einer zuständigen Stelle über die höchstzulässige Miete zu informieren, wobei es ausreichen kann, aber für eine Entlastung auch erforderlich ist, wenn der Mietvertrag **unter Einschaltung von erprobten und sachkundigen Hilfspersonen** (Hausverwalter, Makler, Architekt, RA) zustande kommt.[1367] Ein eventueller Tatsachenirrtum – etwa irrtümlich falsche Berechnung der Mietfläche und dadurch überhöhte Gesamtmiete – ist zugunsten des Vermieters zu berücksichtigen.[1368]

2. Mietwucher, § 291 StGB

Nach § 291 Abs. 1 Nr. 1 StGB begeht strafbaren Mietwucher, wer die Zwangslage, die Unerfahrenheit, den Mangel an Urteilsvermögen oder die erhebliche Willensschwäche eines anderen dadurch ausbeutet, dass er sich oder einem Dritten für die Vermietung von **Räumen zum Wohnen** oder damit verbundene Nebenleistungen einen Vermögensvorteil versprechen oder gewähren lässt, der in einem auffälligen Missverhältnis zu seiner Leistung steht. Damit scheidet strafbarer Wucher bei Geschäftsraummietverhältnissen schon nach dem Wortlaut aus. Möglich ist hier allein **Sittenwidrigkeit** (§ 138 BGB).

820

3. Sittenwidrigkeit, § 138 BGB

a) Überblick

Ein Geschäftsraummietvertrag kann nach § 138 Abs. 2 BGB sittenwidrig sein, wenn

821

- ein auffälliges Missverhältnis in den Leistungsbeziehungen als auch
- ein subjektiver Wille zur Ausbeutung oder Ausnutzung einer Zwangslage (verwerfliche Gesinnung) besteht.

Liegt dies nicht vor, kann als Auffangtatbestand § 138 Abs. 1 BGB greifen.

822

> **Hinweis:**
> Sittenwidrigkeit nach § 138 BGB setzt Verwirklichung des objektiven und subjektiven Tatbestandes voraus. Dieser Anfangssemester-Aufbau ist bei Prüfung und Vortrag peinlichst einzuhalten.

Von wem die Initiative zum Abschluss des Miet- oder Pachtvertrags ausgeht, ist gleichgültig. in Mietvertrag verliert seinen wucherähnlichen Charakter nicht dadurch, dass das Anerbieten zum Vertragsschluss vom benachteiligten Mieter ausgeht.[1369]

823

b) Objektiver Tatbestand: Auffälliges Missverhältnis

Bei Geschäftsraummiete und Pacht liegt das für § 138 Abs. 1 und Abs. 2 BGB erforderliche auffällige Missverhältnis im Gegensatz zur Wohnraummiete (Missverhältnis bei Überschreiten

824

1366 BGH, 11.05.1953 – IV ZR 170/52, BGHZ 10, 14 = NJW 1953, 1139.
1367 Eisenschmid, in: Schmidt-Futterer, nach § 535 Rn. 81 m.w.N.
1368 Eisenschmid, in: Schmidt-Futterer, nach § 535 Rn. 81.
1369 BGH, 31.10.2001 – XII ZR 159/99, NZM 2002, 69.

der ortsüblichen Vergleichsmiete um mehr als 50 %) regelmäßig erst dann vor, wenn die **vereinbarte Miete die Marktmiete um 100 % oder mehr überschritten** wird.[1370] Z.T. wird dies auch schon bei mehr als 40 % angenommen.[1371] Maßgeblich ist die Nettomiete.[1372]

Die **Marktmiete** ist i.d.R. durch Vergleich mit der ortsüblichen Miete oder Pacht für vergleichbare Objekte zu ermitteln (Vergleichsmiete, ortsübliche Miete).[1373] Teilmärkte, etwa für Imbissstände, sind zu berücksichtigen, d.h. diese dürfen z.B. nicht mit Ladenlokalen verglichen werden.[1374] Vier Objekte werden dafür als ausreichend angesehen.[1375] Maßgebend sind die Verhältnisse bei Vertragsabschluss.[1376] Fehlt es an vergleichbaren Objekten, muss durch ein Sachverständigengutachten der sog. **„Sachwert" des Objekts** ermittelt und daraus eine angemessene Miete ermittelt werden.

825 Häufig wurde diese Berechnung nach der sog. **EOP-Methode** (ertragswertorientierte Pachtwertberechnung) vorgenommen, v.a. bei Gastwirtschaften. Die Pacht oder Miete wurde danach berechnet, was ein Pächter oder Mieter mit durchschnittlichen Fähigkeiten bei durchschnittlichen Anstrengungen unter normalen Umständen im konkreten Objekt erwirtschaften kann. Richtigerweise wurde diese Berechnungsmethode damit kritisiert, dass sie im Widerspruch zur gesetzlichen Risikoverteilung bei Miet- und Pachtverträgen steht.[1377] Der BGH[1378] spricht der EOP-Methode die Eignung zur Bewertung einer Gaststättenpacht i.R.d. § 138 Abs. 1 und Abs. 2 BGB ab. Begründet wird dies v.a. damit, dass bei der Ermittlung des Leistungsmissverhältnisses grds. der Verkehrswert der verglichenen Leistungen zugrunde zu legen ist. Bei Mietverhältnissen bemisst sich der Verkehrswert normalerweise nach dem **Vergleich mit den erzielten Mieten für andere vergleichbare Mietobjekte**, was die EOP-Methode nicht leisten kann. Die Methode ist damit – trotz der z.T. die Praxisnähe des BGH-Urteils rügenden Stimmen[1379] – zu Grabe getragen worden. Auch die von der EOP-Methode abgeleitete sog. „indirekte Vergleichswertmethode" ist nicht geeignet, die zum Vergleich heranzuziehende marktübliche Pacht zu bestimmen.[1380] Selbst wenn sich geeignete Vergleichsobjekte nicht oder nicht in ausreichender Zahl feststellen lassen, vermag ein erfahrener, mit der konkreten Marktsituation vertrauter Sachverständiger zu beurteilen, welcher Mietzins für das jeweils in Rede stehende Objekt seiner Ansicht nach erzielt werden kann.[1381]

1370 BGH, 30.06.2004 – XII ZR 11/01, GuT 2004, 15 = NZM 2004, 741 zur Pacht; KG, 22.01.2001 – 12 U 5939/99, GuT 2002, 12; OLG Düsseldorf, 10.12.1998 – 10 U 49/98, NZM 1999, 461 = WuM 1999, 110; OLG Stuttgart, 13.07.1992 – 5 U 2/92, NJW-RR 1993, 654.
1371 LG Halle/S., 30.03.2001 – 9 O 415/99, GuT 2002, 40.
1372 OLG Schleswig, 10.06.2008 – 4 U 18/08, IMR 2009, 9.
1373 BGH, 30.06.2004 – XII ZR 11/01, GuT 2004, 15 = NZM 2004, 741 (Pacht); BGH, 11.01.1995 – VIII ZR 82/94, NJW 1995, 1019 (Leasingvertrag).
1374 BGH, 30.06.2004 – XII ZR 11/01, GuT 2004, 15 = NZM 2004, 741 (Pacht).
1375 LG Halle/S., 30.03.2001 – 9 O 415/99, GuT 2002, 40.
1376 LG Halle/S., 30.03.2001 – 9 O 415/99, GuT 2002, 40.
1377 Vgl. OLG München, 21.11.1997 – 14 U 140/97, NZM 1999, 224.
1378 Urt. v. 28.04.1999 – XII ZR 150/97, BGHZ 141, 257 = NZM 1999, 664 = NJW 1999, 3187 = WuM 1999, 527 = MDR 1999, 1432.
1379 Vgl. Walterspiel, NZM 2000, 70.
1380 BGH, 13.06.2001 – VII ZR 49/99, NZM 2002, 55 = GuT 2002, 9 = MDR 2001, 1105.
1381 BGH, 13.06.2001 – XII ZR 49/99, NZM 2002, 55 = GuT 2002, 9 = MDR 2001, 1105; OLG Brandenburg, 13.01.2010 – 3 U 12/09, BeckRS 2010, 03474; Wolf/Eckert/Ball, Rn. 166.

Geeignetes Mittel für die Bewertung ist damit das **„normale" Sachverständigengutachten**,[1382] 826
dessen Untersuchungen sich an den objektiven Kriterien des Einzelfalls zu orientieren haben.
Diese Voraussetzung muss der Vertragspartner substanziiert darlegen und beweisen, der sich
auf die Nichtigkeit des Vertrages beruft.[1383]

> **Hinweis:**
> Die bloße Feststellung, um welchen Prozentsatz die gezahlte Miete die ortsübliche Miete
> für vergleichbare Mieten übersteigt, reicht als Vortrag grds. nicht aus.[1384]

c) Subjektiver Tatbestand: Verwerfliche Gesinnung

Die für den subjektiven Tatbestand erforderliche verwerfliche Gesinnung wird bei Vorliegen des 827
objektiven Tatbestandes ggü. **Nicht-Kaufleuten** unterstellt, da § 138 Abs. 1 BGB bezweckt,
den Schwächeren gegen wirtschaftliche und intellektuelle Übermacht zu schützen. Ein auffälliges Missverhältnis zwischen Leistung und Gegenleistung indiziert zwar grds. die verwerfliche
Gesinnung,[1385] jedoch nur zwischen Endverbrauchern und nicht zwischen Gewerbetreibenden
bzw. Kaufleuten[1386] (keine „automatische" Herleitung aus dem objektiven Tatbestand). Entsprechendes gilt für Freiberufler.

Allein die objektive Überschreitung einer gewissen Grenze reicht daher für ein auffälliges
Missverhältnis nicht aus; es muss vielmehr in jedem Einzelfall zusätzlich festgestellt werden,
ob das bestehende auffällige Missverhältnis für den Vermieter/Verpächter **auch subjektiv erkennbar** war.[1387] Für den Begünstigten muss ohne Weiteres erkennbar gewesen sein, wie hoch
der marktübliche Miet- oder Pachtzins in etwa sein durfte.[1388] Z.T. wird dies aber – was abzulehnen ist – auch weniger streng gesehen: Nach OLG München[1389] wird ab einer **Überschreitung von knapp 100 % der ortsüblichen Miete oder Pacht** aus den objektiven Umständen
auf eine verwerfliche Gesinnung des Begünstigten geschlossen, 88 % seien nicht ausreichend.

Die Möglichkeit des Kennens reicht aus, positive Kenntnis ist nicht erforderlich. Die zusätz- 828
lich erforderliche **subjektive Erkennbarkeit** setzt voraus, dass der Vermieter die Mieten für
vergleichbare Objekte einschätzen kann. Nach OLG Brandenburg soll die Intransparenz der

---

1382 So auch BGH, 10.07.2002 – VII ZR 314/00, NZM 2002, 822; vgl. auch BGH, 30.06.2004 – XII ZR 11/01, GuT 2004, 15.
1383 OLG München, 28.06.1996 – 21 U 6021/95, ZMR 1996, 550.
1384 Vgl. Keckemeti, NZM 2000, 598.
1385 BGH, 09.10.2009 – V ZR 178/08, InfoM 2010, 244 (Kaufvertrag Eigentumswohnung); BGH, 02.07.2004 – V ZR 213/03, InfoM 2004, 20: Überschreitung des Wertes der Leistung um 100 % indiziert verwerfliche Gesinnung.
1386 OLG Brandenburg, 13.01.2010 – 3 U 12/09, BeckRS 2010, 03474; OLG Brandenburg, 01.08.2005 – 3 U 8/05, NZM 2006, 743; KG, 27.07.2000 – 8 U 5667/97, MDR 2001, 24; OLG München, 28.06.1996 – 21 U 6021/95, ZMR 1996, 550.
1387 BGH, 14.07.2004 – XII ZR 352/00, NJW 2004, 3553; BGH, 23.07.2008 – XII ZR 134/06, WM 2008, 1980 = NJW 2008, 3210; OLG Brandenburg, 13.01.2010 – 3 U 12/09, BeckRS 2010, 03474; OLG Brandenburg, 01.08.2005 – 3 U 8/05, NZM 2006, 743.
1388 BGH, 13.06.2001 – VII ZR 49/99, NZM 2002, 55 = GuT 2002, 9 = MDR 2001, 1105; vgl. auch BGH, 30.06.2004 – XII ZR 11/01, GuT 2004, 15.
1389 OLG München, 13.12.2002 – 21 U 1938/02, AIM 2003, 40 = MDR 2003, 867.

Lage auf den meisten Märkten für Miet- und Pachtimmobilien dies erschweren,[1390] wobei eine allgemeine Intransparenz aber zu weit gegriffen scheint und insb. bei Büroimmobilien die Ausnahme sein dürfte, während sie bei Spezialimmobilien i.d.R. vorliegen wird. Auch wenn die Ermittlung des Üblichen im gerichtlichen Verfahren – auch unter Hinzuziehung von Sachverständigen – nur mühsam gelingt, indiziert dies noch nicht die verwerfliche Gesinnung.[1391] Es muss also eine gewisse **Markttransparenz** bestehen, denn dem, der gar nicht weiß oder zumindest bei der zu verlangenden gehörigen Anstrengung wissen kann, dass er mehr „kassiert" als das Übliche, kann kein böser Wille unterstellt werden. Allerdings sind Vertragspartner von Geschäftsraummietverträgen meist **Vollkaufleute**, und von diesen kann ein gewisses Verständnis und Nachdenken sowie eine Preissensibilität verlangt werden.

829 In diesem Sinne wird die Frage, ob bei **Vollkaufleuten** überhaupt eine überhöhte Mietvereinbarung sittenwidrig sein kann, sogar vom LG München[1392] verneint. Richtigerweise wird man die Frage aber bejahen müssen, da die typischen menschlichen Schwächen des § 138 BGB (Ausbeutung der Zwangslage, der Unerfahrenheit, des Mangels an Urteilsvermögen, erhebliche Willensschwäche) und das erforderliche auffällige Missverhältnis zwischen Leistung und Gegenleistung auch bei Kaufleuten vorliegen können. Dennoch wird dies dort seltener als bei anderen Personen vorkommen.

d) Rechtsfolgen

830 Anders als bei Wohnraummiete soll bei Geschäftsraummietverhältnissen im Fall eines Verstoßes gegen § 138 BGB der Vertrag nicht zu der höchst zulässigen Miete aufrechterhalten bleiben, sondern vielmehr insgesamt unwirksam sein.[1393] Dazu der BGH:[1394] In den Fällen des Wuchers oder der sittenwidrigen wucherähnlichen Mietpreisüberhöhung nach § 138 Abs. 1 oder Abs. 2 BGB findet in der Geschäftsraummiete eine **Aufrechthaltung des Vertrages mit einer zulässigen Miete** i.d.R. nicht statt. Der allgemeine Grundsatz, dass sich die überhöhte Miete in einen sittenwidrig überhöhten und einen hinnehmbaren Teil aufspalten lässt, gilt nicht, vielmehr erfasst das Verdikt der Sittenwidrigkeit die gesamte Entgeltvereinbarung, was i.d.R. zur Nichtigkeit des gesamten Rechtsgeschäfts führt.[1395] Anders als im Wohnraummietrecht sind auch keine besonderen sozialstaatlichen Belange zu berücksichtigen, die ausnahmsweise zum Schutz des Mieters eine Aufrechthaltung des Mietverhältnisses gebieten.

Da der Vertrag bei Vereinbarung einer sittenwidrigen Miete oder Pacht gem. § 138 BGB somit insgesamt nichtig ist, hat keinerlei Mietzinsschuld bestanden, und die gegenseitigen Leistungen sind nach dem Bereicherungsrecht abzuwickeln, da **ohne Rechtsgrund** geleistet wurde.[1396] Der Mieter kann in jedem Fall die in der Vergangenheit überzahlte Miete nach §§ 812 ff. BGB zu-

---

1390 OLG Brandenburg, 13.01.2010 – 3 U 12/09, BeckRS 2010, 03474: Tierklinik.
1391 OLG Karlsruhe, 26.09.2002 – 9 U 13/02, NZM 2003, 108 = GuT 2002, 175 = MDR 2003, 149.
1392 LG München, 19.02.1998 – 12 O 10567/97, ZMR 1998, 437.
1393 OLG München, 25.09.1998 – 23 U 2624/98, ZMR 1999, 109 = ZfIR 1999, 106.
1394 BGH, 21.09.2005 – XII ZR 256/03, NZM 2005, 944 unter II. 4. a).
1395 BGH, 21.09.2005 – XII ZR 256/03, NZM 2005, 944; OLG Brandenburg, 13.01.2010 – 3 U 12/09, BeckRS 2010, 03474.
1396 BGH, 21.09.2005 – XII ZR 256/03, NZM 2005, 944; OLG Brandenburg, 13.01.2010 – 3 U 12/09, BeckRS 2010, 03474; Wolf/Eckert/Ball, Rn. 165.

rückfordern. Für die Voraussetzungen trägt der Mieter die **Beweislast**.[1397] Allerdings entspricht dies nicht immer dem Interesse des Mieters, der womöglich am Vertrag – wenn auch mit einer geringeren Miete – festhalten möchte. Die Formulierung des BGH „in der Regel" ist deshalb so zu verstehen, dass der Mieter den Vertrag auch bestehen lassen und die Fortsetzung mit einer angemessenen Miete verlangen kann.

Bei **Gesamtnichtigkeit des Mietvertrages** muss der Mieter gem. § 818 Abs. 2 i.V.m. § 812 Abs. 1 Satz 1, 1. Alt. BGB eine Nutzungsentschädigung i.H.d. objektiven Mietwertes entrichten; bei einem Eigentümer-Besitzer-Verhältnis kommen Zahlungsansprüche des Vermieters gem. §§ 987 ff. BGB in Betracht, deren Höhe sich nach dem objektiven Mietwert für ein gleichartiges und gleichwertiges Grundstück bemisst.[1398]

831

e) **Darlegungs- und Beweislast**

Will sich der Mieter auf Wucher mit verwerflicher Gesinnung berufen, muss sein **prozessualer Vortrag** sich darauf beziehen; trägt er nur zu einem auffälligen Missverhältnis vor, reicht dies nicht aus, da Erleichterungen bei der Darlegung nur bei gesetzlichen (§ 292 ZPO), nicht aber tatsächlichen Vermutungen gelten.[1399] Macht der Mieter geltend, die vereinbarte Miete sei i.S.e. Scheingeschäfts (§ 117 Abs. 1 BGB) bewusst überhöht vereinbart worden, um der finanzierenden Bank die Werthaltigkeit des Bauprojekts vorzutäuschen und bleibt er mit dieser Behauptung beweisfällig, kann der Mietvertrag mangels Vortrag nicht wegen Wuchers nach § 138 Abs. 2 BGB nichtig sein.[1400] Hohe Anforderungen an den Vortrag dürfen nicht gestellt werden. Es wird deshalb ausreichen, die verwerfliche Gesinnung sprachlich/textlich zu erwähnen.

832

V. Umsatzsteuer

1. Grundsatz: Keine USt für Grundstücke

Die USt (landläufig als „Mehrwertsteuer" bezeichnet) ist eine der Schnittstellen des komplizierten Steuerrechts mit dem Mietrecht. Einnahmen aus der Vermietung und Verpachtung von Grundstücken und Grundstücksteilen sind **von der USt befreit** (§ 4 Nr. 12a UStG). Grundstücksteile sind z.B. Büro- und Praxisräume, Wohnungen und gewerbliche Flächen. Vermietete **Kfz-Stellplätze und Garagen** sind gem. § 4 Nr. 12 Satz 2 UStG nicht von der USt befreit, auch nicht, wenn sie nur im Rahmen eines Mietvertrages Dritten überlassen werden,[1401] es sei denn, sie sind zusammen mit einer Wohnung oder Gewerberäumen vermietet, weil es sich dann um **Nebenleistungen gem. § 4 Nr. 12a UStG** handelt. Die Steuerbefreiung gilt danach auch für die mit der Vermietung in unmittelbarem wirtschaftlichen Zusammenhang stehenden üblichen Nebenleistungen (z.B. Lieferung von Wärme, Versorgung mit Wasser, Warmwasser, Überlassung von Waschmaschinen, Flur- und Treppenreinigung und Treppenhausbeleuchtung). Nebenleistungen sind nach Abschnitt 76 Abs. 5 UStR alle Leistungen, die im Vergleich

833

1397 KG, 22.01.2001 – 12 U 5939/99, GuT 2002, 12.
1398 OLG Brandenburg, 13.01.2010 – 3 U 12/09, BeckRS 2010, 03474.
1399 BGH, 09.10.2009 – V ZR 178/08, InfoM 2010, 244 (Kaufvertrag Eigentumswohnung).
1400 KG, 11.10.2010 – 12 U 17/10, IMR 2011, 19.
1401 BFH, 30.03.2006 – V R 52/05, NZM 2007, 52.

2. Verzicht auf Steuerbefreiung

834 Der Vermieter von Haus- und Grundbesitz hat nach § 9 UStG grds. die Möglichkeit, freiwillig auf diese **Steuerbefreiung zu verzichten** und zur USt zu „optieren". Nur **Umsätze von Unternehmern** unterliegen aber der USt, sodass der Vermieter die Unternehmerdefinition i.S.d. § 2 UStG erfüllen muss. Nach § 2 Abs. 1 Satz 3 UStG ist gewerblich oder beruflich jede nachhaltige Tätigkeit zur Erzielung von Einnahmen, auch wenn die Gewinnerzielungsabsicht fehlt oder eine Personenvereinigung nur ggü. ihren Mitgliedern tätig wird. Ob jemand im umsatzsteuerlichen Sinn Unternehmer ist, orientiert sich primär daran, ob er die berufliche oder gewerbliche Tätigkeit nachhaltig ausübt. Dies ist gegeben, wenn sie auf Dauer zur Erzielung von Entgelten angelegt ist, also bei regelmäßigen Einnahmen durch Vermietung.

835 Die Option steht im freien Ermessen des Vermieters[1402] und bindet ihn steuerrechtlich **zehn Jahre** (§ 15a Abs. 1 Satz 2 UStG). Hintergrund für die Option ist i.d.R. der Wunsch des Vermieters, beim Bau oder Erwerb einer Immobilie angefallene USt als Vorsteuer erstattet zu bekommen. Der Vermieter muss nach der Option auf die Miete und Nebenentgelte die USt aufschlagen, die der Mieter als sog. **Vorsteuer** (§ 15 UStG) wieder mit den bei ihm getätigten Umsatzsteuern verrechnen kann. Hat der Mieter keine Umsätze i.H.d. USt, so erhält er die USt bzw. die Differenz vom FA erstattet. Der Vermieter muss die vereinnahmte USt an das FA abführen, erhält aber im Gegenzug die Möglichkeit, ihm von Dritten (Handwerker, Lieferanten etc.) in Rechnung gestellte USt als Vorsteuer abzuziehen. Dieser **Vorsteuerabzug** richtet sich nach §§ 15 f. UStG. Von der nach § 16 Abs. 1 UStG berechneten Steuer sind gem. § 16 Abs. 2 UStG die in den Besteuerungszeitraum fallenden, nach § 15 UStG abziehbaren Vorsteuerbeträge abzusetzen, sodass sich die Zahlungsverpflichtung i.d.R. ggü. der zunächst ermittelten Steuerschuld ermäßigt. Nach § 15 Abs. 1 UStG kann der Unternehmer die ihm von anderen Unternehmern gesondert in Rechnung gestellte USt für Lieferungen und sonstige Leistungen, die für sein Unternehmen ausgeführt worden sind, abziehen. Je nach Sachlage und je nachdem, welche kurz- oder langfristigen Zwecke der Vermieter verfolgt, kann die Option zur USt dem Vermieter finanzielle Vorteile bringen.

> *Beispiel:*
>
> *Vermieter V hat ein Bürohaus an eine Anwaltskanzlei für monatlich 3.000,00 € zzgl. 480,00 € USt (16 % von 3.000,00 €) vermietet. Im Jahr 2005 hat V für größere Reparaturen 40.000,00 € plus 6.400,00 € USt zu bezahlen. Diese 6.400,00 € kann er von seiner Umsatzsteuerschuld abziehen, sodass sich für ihn eine Umsatzsteuererstattung ergibt:*
>
> | | |
> |---|---:|
> | *12 Monate × 480,00 € (USt Miete)* | *5.760,00 €* |
> | *./. Vorsteuer für Reparaturen* | *6.400,00 €* |
> | *Zu erstattender Betrag:* | *640,00 €* |
>
> *Vermieter V verbleiben also durch den Verzicht auf die Steuerbefreiung Mehreinnahmen von 5.760,00 € (vereinnahmte USt) zzgl. 640,00 € Steuererstattung, insgesamt also 6.400,00 €.*

[1402] BGH, 30.01.1991 – VIII ZR 361/89, NJW-RR 1991, 647.

3. Steuerrechtliche Zulässigkeit der Option zur Umsatzsteuer

Neben der oben dargelegten Unternehmer-Eigenschaft des Vermieters muss auch der Mieter Unternehmer sein, vgl. § 9 Abs. 1 UStG. Wird also an Privatpersonen oder die öffentliche Hand als Hoheitsträger vermietet, kann nicht optiert werden. Enthält der Mietvertrag eine Privatperson als Mit-Mieter, etwa aus Sicherheitsgründen (GmbH und GmbH-Geschäftsführer als Privatperson), ist die Option zur USt gefährdet. Mieten z.B. Ehegatten Räume zum Betrieb eines Ladenlokals, das nur von einem der Ehegatten als Unternehmer geführt wird, so sind sie – mangels anderer Anhaltspunkte – zu jeweils 50 % die Leistungsempfänger, wenn sie nicht gemeinsam (z.B. als GbR) unternehmerisch tätig sind; in diesem Fall ist eine Option des Vermieters zur Steuerpflicht seiner Vermietungsumsätze insoweit wirksam, als die Vermietungsumsätze an den Ladenbetreiber ausgeführt werden, also zu 50 %.[1403]

836

> **Praxistipp:**
> Die persönliche Haftung Dritter, die keine Unternehmer sind, sollte nicht im Mietvertrag selbst, sondern über zusätzliche vertragliche Vereinbarungen (Schuldanerkenntnis, Bürgschaft) geregelt werden, damit die Option zur USt nicht gefährdet wird.

Es ist weiterhin eine **zeitliche Grenze** zu beachten: Der Vermieter kann **frei zur USt optieren**, wenn es sich um ein Gebäude handelt, mit deren Errichtung vor dem 11.11.1993 begonnen oder das vor dem 01.01.1998 fertiggestellt wurde (vgl. §§ 27 Abs. 2 Nr. 3, 9 Abs. 2 UStG.).

837

Für Gebäude, mit deren Errichtung nach dem 10.11.1993 begonnen wurde oder die nach dem 31.12.1997 fertiggestellt wurden, gilt Folgendes: Die Option, also der Verzicht auf die Steuerbefreiung, ist nach § 9 Abs. 2 UStG nur zulässig, wenn

838

- die Vermietung/Verpachtung an einen Unternehmer erfolgt, der steuerpflichtige Umsätze tätigt,
- das Grundstück/Gebäude im Unternehmen des Mieters/Pächters ausschließlich für Umsätze verwendet wird oder verwendet werden soll, die den Vorsteuerabzug nicht ausschließen (Ausnahme: Bagatellgrenze, s.u.).

Bei noch nicht vermieteten Einheiten gilt, dass der Mieter eine entsprechende Tätigkeit zumindest beabsichtigt.

839

> **Hinweis:**
> Allein die Vermietung an einen Unternehmer berechtigt den Vermieter also noch nicht zur Optionsausübung, da der Mieter die umsatzsteuerrechtlichen Voraussetzungen „mitbringen" muss. Zum Risiko des Vermieters, wenn der Mieter seine Tätigkeit ändert, vgl.
> → *Rn. 850 ff.*

Der Vermieter muss also prüfen, ob sein Mieter steuerpflichtige Umsätze tätigt. Nicht umsatzsteuerpflichtig sind z.B. die Umsätze folgender Mieter (vgl. § 4 UStG):

840

[1403] BFH, 01.02.2001 – V R 79/99, DStR 2001, 845 = BB 2001, 1078.

- Ärzte, Zahnärzte, Heilpraktiker, Physiotherapeuten, Hebammen und ähnliche heilberufliche Tätigkeiten i.S.d. § 18 Abs. 1 EStG,
- Versicherungsagenturen, Versicherungsvertreter,
- Lotto-Annahmestellen,
- Grundstücksverwaltungsgesellschaften,
- Bankfilialen,
- gesetzliche Krankenkassen,
- Wohlfahrtsverbände,
- diverse private Schulen.

841 Die Finanzbehörden sind gem. Abschnitt 148a Abs. 3 UStR angewiesen, in Abweichung vom klaren Gesetzeswortlaut nicht auf ausschließlich steuerpflichtige Umsätzen des Mieters zu bestehen, indem steuerfreie Umsätze bis zu einer **Bagatellgrenze** von 5 % im Besteuerungszeitraum (= Kalenderjahr) toleriert werden sollen. Es handelt sich aber dabei nur um eine verwaltungsinterne Anweisung, aus der kein Anspruch hergeleitet werden kann. Maßgeblich sind die vom Mieter bzw. Untermieter insgesamt im Mietobjekt getätigten Umsätze.

842 Sämtliche Erfordernisse gelten entsprechend für den Untermieter, weil es hier um die Umsatztätigkeit „im Objekt" geht und es nicht darauf ankommt, welches zivilrechtliche Stufenverhältnis zwischen den Parteien besteht.

843 Nach § 9 Abs. 2 UStG muss der Vermieter die Voraussetzungen für den Verzicht auf die Steuerbefreiungen **nachweisen**, d.h. er muss beweisen, dass der Mieter umsatzsteuerpflichtige Umsätze tätigt. Geeignet für den Nachweis sind grds. alle Unterlagen, aus denen die Umsatzsteuerpflicht des Mieters zumindest mittelbar entnehmbar ist, also der Mietvertrag oder eine Bestätigung des Mieters.

4. Ausübung der Option (= Verzicht auf die Steuerbefreiung)

844 Der Verzicht auf die Steuerbefreiung ist **form- und fristlos** möglich und zwar so lange, wie die Steuerfestsetzung noch nicht unanfechtbar geworden ist. Konkret ausgeübt wird die Option, indem der Vermieter seine Umsätze als umsatzsteuerpflichtig behandelt. Dies geschieht regelmäßig dadurch, dass er die Lieferung des Grundstücks dem Leistungsempfänger unter gesondertem Ausweis der USt in Rechnung stellt oder in seiner Steueranmeldung als steuerpflichtig behandelt.[1404] Wer also eine Umsatzsteuererklärung abgibt, in der die Vermietungsumsätze der USt unterworfen werden, hat damit auf die Steuerbefreiung verzichtet.

845 Der dafür maßgebliche Abschnitt 148 „Verzicht auf Steuerbefreiungen" Abs. 3 UStR lautet:

„Die Ausübung des Verzichts auf Steuerbefreiungen ist vorbehaltlich der Einschränkungen in § 9 Abs. 3 UStG (vgl. hierzu Abschnitt 148 a Abs. 8 und 9) an keine besondere Form und Frist gebunden. Die Option erfolgt, indem der leistende Unternehmer den Umsatz als steuerpflichtig behandelt. Dies geschieht regelmäßig, wenn er gegenüber dem Leistungsempfänger mit gesondertem Ausweis der Umsatzsteuer abrechnet. Der Verzicht kann auch in anderer Weise (durch schlüssiges Verhalten)

[1404] OLG Brandenburg, 19.04.2006 – 3 U 157/05, IMR 2007, 76 unter Hinweis auf BFH, 01.12.1994 – VR 126/92.

erklärt werden, soweit aus den Erklärungen oder sonstigen Verlautbarungen, in die das gesamte Verhalten einzubeziehen ist, der Wille zum Verzicht eindeutig hervorgeht. Er ist so lange möglich, wie die Steuerfestsetzung für diese Leistung noch vorgenommen oder geändert werden kann. Der Verzicht ist somit auch noch möglich, wenn die Steuerfestsetzung aufgehoben oder geändert wird."

5. Umsatzsteuerpflichtige Leistungen

Hat der Vermieter optiert, fällt grds. auf alle Leistungen USt an. Bei **verspäteter Rückgabe der Mietsache** gilt dies auch für die **Nutzungsentschädigung** nach § 546a BGB.[1405] Bei einer Gaststätte mit Pächterwohnung gilt die Option nur für die Gaststätte.[1406]

846

Hat der Vermieter nicht zur USt optiert, kann er **Nebenkosten** inklusive dort ihm berechneter USt voll auf den Mieter umlegen, darf aber die USt nicht gesondert ausweisen, da er sie sonst an die Finanzbehörden abführen müsste. Hat er optiert, gilt Folgendes: Auf Nebenkosten ist auch dann eine „eigene" USt aufzuschlagen, wenn diese ihrerseits, wie etwa Grundsteuer, ohne USt berechnet werden.[1407] Dies bedeutet: unabhängig davon, welcher Umsatzsteuersatz bei den jeweiligen Nebenkosten gilt, greift immer der für den Vermieter maßgebliche Umsatzsteuersatz. Dies basiert darauf, dass Nebenkosten kein (nur) durchlaufender Posten i.S.v. § 10 Abs. 1 Satz 5 UStG sind, sondern Entgelt gem. § 10 Abs. 1 Satz 2 UStG, weil der Vermieter wegen seiner eigenen Zahlungsverpflichtung ggü. den Leistungserbringern nicht nur eine „Mittelsperson" ist. Aus diesem Grund darf der Vermieter die auf in entfallende USt auch dann in voller Höhe aufschlagen, wenn für die ihm berechneten Nebenkosten kein oder nur ein geringerer Steuersatz gilt. In der **Nebenkostenabrechnung** hat der Vermieter die Nebenkosten netto aufzunehmen und dann die USt aufzuschlagen.

847

Von der Umsatzsteuerpflicht ausgenommen sind **Schadensersatzforderungen des Vermieters** (UStR 3 Abs. 1). Reine Schadensersatzleistungen wie etwa Schadensersatz wegen Nichterfüllung eines Vertrages oder wegen entgangenen Gewinns unterliegen nicht der Umsatzsteuerpflicht, weil sie nicht mehr in einem Austauschverhältnis zur Leistung des Vermieters stehen.[1408]

848

Bei **gemischt genutzten Immobilien**, die Wohn- und Geschäftsräume enthalten, gilt Folgendes: Nach § 9 Abs. 2 UStG i.V.m. Abschnitt 148 „Verzicht auf Steuerbefreiungen" Abs. 6 UStR ist eine Teiloption zulässig, wenn für den Teil, für den optiert werden soll, die Voraussetzungen des § 9 Abs. 1 UStG vorliegen. Eine Teiloption kommt z.B. bei unterschiedlichen Nutzungsarten der Gebäudeteile in Betracht. Unter Zugrundelegung unterschiedlicher wirtschaftlicher Funktionen ist auch eine Aufteilung nach räumlichen Gesichtspunkten (nicht dagegen eine bloße quotale Aufteilung) möglich.[1409] Bei Gebäuden oder Gebäudeteilen und dem dazugehörigen Grund und Boden kann die Option für eine Besteuerung nur zusammen für die Gebäude oder

849

1405 BGH, 22.10.1997 – XII ZR 145/95, NJW-RR 1998, 803, 805 = WuM 1999, 161 = DWW 1998, 17 = MDR 1998, 94 m.w.N.
1406 BFH, 28.02.1996, NJWE-MietR 1996, 211.
1407 LG Hamburg, 23.01.1998, DWW 1998, 119 = ZMR 1998, 294; vgl. auch OFD Köln, Verfügung v. 11.09.1985, Verwaltungsentscheidungen UR 2/1986.
1408 BGH, 23.04.2008 – XII ZR 136/05: Mietausfallschaden, weil Altmieter nicht räumt und Neumieter deshalb kündigt; BGH, 22.10.1997 – XII ZR 145/95, NJW-RR 1998, 803, 805 = WuM 1999, 161 = DWW 1998, 17 = MDR 1998, 94.
1409 Vgl. BFH, 26.06.1996, BStBl. II 1997, S. 98.

Gebäudeteile und den dazugehörigen Grund und Boden ausgeübt werden.[1410] Ausgangspunkt sind die Grundflächen, in denen die unterschiedlichen Umsätze getätigt werden.

6. Risiken für den Vermieter

850 Ein primäres Risiko liegt für den Vermieter darin, dass die Finanzbehörde seinen Vorsteuerabzug gem. § 15a UStG für die Vergangenheit zehn Jahre rückwirkend **berichtigen** kann. Der Zeitraum beginnt mit der erstmaligen Verwendung des Wirtschaftsguts, also der Mietsache.[1411] Dies kommt in Betracht, wenn sich nachträglich herausstellt, dass die Umsätze des Mieters nicht umsatzsteuerpflichtig waren und deshalb vom Vermieter gezogene/erhaltene Vorsteuer an die Finanzbehörde zurückzuerstatten ist.

> *Beispiel:*[1412]
>
> *Schaltet ein Kreditinstitut bei der Erstellung eines Betriebsgebäudes eine Personengesellschaft vor, die das Gebäude errichtet und anschließend unter Verzicht auf die Steuerfreiheit an das Kreditinstitut vermietet, kann darin ein Rechtsmissbrauch liegen, der bei der Personengesellschaft zur Versagung des Vorsteuerabzugs aus den Herstellungskosten des Gebäudes führt. Die Gestaltung kann aber auch durch wirtschaftliche oder sonst beachtliche nicht steuerliche Gründe gerechtfertigt sein. Ertragsteuerliche Gründe gehören nicht dazu.*

851 Unüberschaubar kann deshalb v.a. eine generelle Untervermieterlaubnis sein, weil der Vermieter faktisch keine Kontrolle mehr über die tatsächlichen Verhältnisse hat.

852 Hat der Vermieter in solchen Fällen keinen **Rückgriffanspruch gegen den Mieter**, erleidet er Verluste. Ein Rückgriffanspruch kommt aber nur dann in Betracht, wenn der Mieter entweder arglistig über seine Umsatzsteuerpflicht getäuscht hat oder eine vertragliche Verpflichtung verletzt wurde, nach der der Mieter umsatzsteuerschädliche Tätigkeiten zu unterlassen hatte.

> **Praxistipp:**
>
> Wenn der Vorsteuerabzug für den Vermieter relevant ist, empfiehlt sich unbedingt eine steuerrechtliche Beratung, die bei fehlender Qualifikation des Vertrauensanwalts schon aus Haftungsgesichtspunkten anderen Fachleuten zu überlassen ist. Wegen der Komplexität und Wandlungsfähigkeit des Steuerrechts muss zudem immer die aktuellste Gesetzeslage geprüft werden, damit der Vermieter nicht in die Falle des § 15a UStG (nachträgliche Berichtigung des Vorsteuerabzugs bis zu zehn Jahre rückwirkend!) tappt. Der Vermieter müsste dann u.U. die von ihm auf die Herstellungs- oder Unterhaltungskosten des Mietobjekts gezahlte und als Vorsteuer verrechnete USt an das FA nachzahlen, was sehr unangenehm werden kann. Es empfiehlt sich deshalb vor dem Abschluss von Mietverträgen auch eine Prüfung des (enorm umfangreichen) § 4 UStG, ob der Mieter einer Tätigkeit nachgeht, die den Vorsteuerabzug ausschließt (s.a. dazu → *Rn. 840*).

1410 EuGH, 08.06.2000, BStBl. II 2003, S. 452.
1411 OLG Rostock, 10.07.2006 – 3 U 183/05, NZM 2006, 898 = IMR 2007, 75 zur Zwischenvermietung.
1412 BFH, 09.11.2006 – V R 43/04, DStR 2007, 67 = NZM 2007, 418 (LS).

7. Vertragliche Vereinbarung, Vertragsgestaltung und Prüfung bestehender Verträge

Wenn ein Verzicht auf die Steuerbefreiung möglich und gewollt ist, muss mit dem Mieter **vereinbart** werden, dass dieser zusätzlich zur vereinbarten Miete die USt bezahlt. Nur dann ist der Mieter verpflichtet, die USt zu entrichten.[1413] Enthält der Mietvertrag **keine Regelung über die Zahlung** der USt, verbleibt es auch bei einem gewerblichen Mietverhältnis bei dem allgemeinen Grundsatz, dass die USt in der Miete enthalten ist.[1414] Die Vereinbarung kann auch durch **schlüssiges Verhalten** zustande kommen, wenn der Mieter die USt längere Zeit widerspruchslos zahlt.

853

Um Streit zu vermeiden, empfiehlt sich eine klare Vertragsgestaltung mit den üblichen Angaben zur Miethöhe, Fälligkeit etc. mit ausdrücklicher Vereinbarung, dass USt auf Miete und Betriebskosten geschuldet wird. Klare Vertragsformulierungen vermeiden hier aber nicht nur Streit zwischen den Vertragsparteien, sondern auch zeitaufwendige Diskussionen mit dem FA. **Formularvertragliche Umsatzsteuervereinbarungen** sind grds. zulässig. Formularklauseln in Verträgen **mit nicht umsatzsteuerpflichtigen Mietern** können aber als überraschende Klauseln unzulässig sein, wenn sie sich an unsystematischer Stelle im Mietvertrag befinden oder auf andere Weise „versteckt" sind. Unterschreibt der nicht zum Vorsteuerabzug berechtigte Mieter jedoch in Kenntnis, USt zahlen zu sollen, einen entsprechenden Vertrag, hat er womöglich den Bruttobetrag als „Endmiete" akzeptiert, was ggf. durch ergänzende Vertragsauslegung zu ermitteln ist. Fehlt ihm lediglich die Kenntnis, nicht selbst zum Vorsteuerabzug berechtigt zu sein, kommt allenfalls eine Irrtumsanfechtung in Betracht.

854

Zur Auslegung der Vereinbarung einer Grundmiete von „monatlich x DM zuzüglich der jeweils gültigen Mehrwertsteuer, zur Zeit 15 %, = y DM" anhand der Vorstellungen der Vertragsparteien bei der Festlegung des Mietzinses, wenn der Vermieter nicht wirksam zur Steuerpflicht optieren konnte, vgl. BGH, 21.01.2009 – XII ZR 79/07, GuT 2009, 22 = IMR 2009, 120 = NZM 2009, 237 = InfoM 2009, 117; BGH, 28.07.2004 – XII ZR 292/02, NJW-RR 2004, 1452.

Wurde laut Vertragstext nur Zahlung von USt auf die Miete vereinbart, gilt dies nach herrschender Meinung im Wege ergänzender Vertragsauslegung auch für die **Betriebskosten**.[1415]

855

Will der Vermieter sich ggü. dem Mieter das **Recht auf nachträgliche Vereinbarung der Umsatzsteuerzahlung** vorbehalten, bestehen grds. keine Bedenken gegen eine entsprechende **Formularklausel** im Vertrag. Hat ein Vermieter gewerblicher Objekte nach den Regeln des Umsatzsteuergesetzes die Möglichkeit, zur USt zu optieren, so stellt es auch aus der Sicht des gewerblichen Mietrechts keine unzumutbare Benachteiligung für den Mieter dar, wenn der vom Vermieter verwandte Formularvertrag den Mieter verpflichtet, auf Verlangen des Vermieters USt zu zahlen, falls der Vermieter in Ausnutzung seiner steuerrechtlichen Möglichkeiten für die USt optiert.[1416] Möglich ist eine wirksame Formularvereinbarung aber nur mit Mietern,

856

[1413] LG Bochum, 12.09.1986 – 5 S 5/86, ZMR 1987, 58; LG Hamburg, 23.01.1998 – 311 S 165/97, ZMR 1998, 294 = DWW 1998, 119.
[1414] Schmid, NZM 1999, 292.
[1415] OLG Düsseldorf, 26.10.1995 – 10 U 207/94, WuM 1996, 211 = ZMR 1996, 82 = DWW 1996, 251; OLG Schleswig, GE 2001, 851 = ZMR 2001, 618; LG Karlsruhe, WuM 1989, 66 = ZMR 1989, 178.
[1416] BGH, 25.07.2001 – XII ZR 137/99, NZM 2001, 952.

die zum Vorsteuerabzug berechtigt sind, da ansonsten eine unangemessene Benachteiligung vorliegt.[1417] Bei nicht vorsteuerabzugsberechtigten Mietern (Ärzten etc.) muss also ggf. eine individuelle Vereinbarung getroffen werden.

> **Praxistipp:**
> Da die USt vom Gesetzgeber in unregelmäßigen Abständen erhöht wird, empfiehlt sich eine Klausel, nach der der Mieter die gesetzlich vorgeschriebene Steuer schuldet. Die Angabe einer exakten Höhe ist bei Erhöhungen zwar nicht bindend, u.U. aber streitträchtig.

857 Wegen der erheblichen finanziellen Nachteile, die der Vermieter bei „falscher" Nutzung des Mieters erleiden kann, muss die Umsatzsteuerproblematik bei Vertragsabschluss immer geprüft und mit dem Mieter besprochen werden. Es kommt vor, dass Mieter ihre **Geschäftstätigkeit ändern**, ohne dass dies dem Vermieter bekannt wird. Auch in diesem Fall ist der Vermieter ggü. den Finanzbehören zehn Jahre an die ausgeübte Option gebunden. Deshalb sollte der Mietvertrag Regelungen enthalten, die den Vermieter vor Schaden bzgl. etwaiger verlustig gehender Vorsteuer schützen, falls der Mieter über die Bagatellgrenze hinausgehende Umsätze tätigt, die den Vorsteuerabzug nachträglich ausschließen. Konkret sollte der Mieter verpflichtet werden, das Mietobjekt nur für Umsätze zu verwenden, die den Vorsteuerabzug bei ihm nicht ausschließen (dazu → *Rn. 846 ff.*). Ergänzt werden kann dies um die Verpflichtung, dass der Mieter bei Untervermietung für die Untervermietung zur USt optiert. AGB-rechtliche Bedenken gegen solche Klauseln bestehen grds. nicht, da sich der Vermieter dadurch nicht von einer mietrechtlichen Kardinalpflicht freizeichnen will. Kritischer ist dies zu sehen, wenn der Mietvertrag keine konkrete Nutzungsart festlegt, sondern der Mieter ausnahmsweise die freie Wahl des Betriebszweckes hat (etwa bei einem gewerblichen Zwischenmieter, der untervermieten soll). In einem solchen Fall würde eine Formularklausel, die den Mieter zwingt, das Mietobjekt nur für Umsätze zu verwenden, die den Vorsteuerabzug bei ihm nicht ausschließen, sein Wahlrecht einschränken und womöglich damit die Kardinalpflicht des Vermieters aus § 535 BGB, das Objekt in einem zum vertragsgemäßen Gebrauch geeigneten Zustand zu überlassen, tangieren, sodass ein Verstoß gegen § 307 Abs. 1 BGB vorliegen kann.

858 Des Weiteren sollte der Mietvertrag angesichts der ständigen Änderungen im deutschen Steuerrecht eine Absicherung des Vermieters für den Fall vorsehen, dass eine **Umsatzsteuerpflicht neu eingeführt** wird, etwa eine gesetzliche Erweiterung der Umsatzsteuerpflicht, wie sie bei isoliert vermieteten Kfz-Stellplätzen und Garagen erfolgt ist, oder die generelle Erstreckung der USt auf gewerbliche Immobilien auch ohne Optionsausübung. Fehlt eine solche Klausel, gegen die grds. auch aus AGB-Sicht keine Bedenken bestehen, bleibt es bei dem Grundsatz, dass der Mieter nur für die vertraglich vereinbarten Leistungen oder unmittelbar damit zusammenhängende Leistungen USt schuldet.

1417 LG Magdeburg, 19.12.1995 – 2 S 509/95, NJWE-MietR 1996, 59 = WuM 1996, 700 = ZMR 1997, 84.

8. Ansprüche der Parteien

a) Anspruch auf Optionsausübung

Der Mieter ist – auch wenn er ein starkes Interesse daran hat – nicht berechtigt, vom Vermieter die Ausübung der Option zu verlangen, da dies **im freien Ermessen des Vermieters** steht.[1418] Bestimmt ein Mietvertrag jedoch, dass ein Mieter auf den Mietzins USt zu zahlen hat, dann muss der Vermieter zur USt optieren.[1419] Steuerrechtlich gilt beim Widerruf aber dennoch die Bindungsfrist von zehn Jahren aus § 15a Abs. 1 Satz 2 UStG.

859

b) Anspruch auf Zahlung der USt

Die Pflicht des Mieters zur Zahlung des Umsatzsteuerbeitrages entsteht nur, wenn der Vertrag eine ausdrückliche dahin gehende Vereinbarung enthält und soweit der Vermieter tatsächlich umsatzsteuerpflichtig ist.[1420] Kann der Vermieter nicht wirksam zur USt optieren, muss der Mieter trotz vertraglicher Vereinbarung keine USt auf Miete und Betriebskosten zahlen; eine ergänzende Vertragsauslegung kann im Einzelfall aber ergeben, dass der Mieter eine um den Umsatzsteueranteil erhöhte Nettomiete schuldet.[1421] Zahlt der Mieter die vereinbarte USt nicht, kann der Vermieter ihm und dem FA ggü. von seinem steuerrechtlichen **Widerrufsrecht** Gebrauch machen,[1422] allerdings unter Beachtung der Bindungsfrist von zehn Jahren aus § 15a Abs. 1 Satz 2 UStG. Dies gilt auch dann, wenn der Vermieter generell auf die Option verzichtet. USt, die der Mieter trotz fehlender wirksamer Option des Vermieters zahlt, ist ohne Rechtsgrund geleistet und kann grds. zurückgefordert werden. Aus einer ergänzenden Vertragsauslegung des Mietvertrages kann sich ergeben, dass der Vermieter einen Anspruch auf Zahlung der erhöhten Nettomiete hat.[1423]

860

c) Anspruch auf Rechnungsstellung

Der Mieter hat aus § 14 UStG einen zivilrechtlichen Anspruch auf eine steuerrechtlich ordnungsgemäße Rechnungserteilung. Dieser ist ggf. vor den Zivilgerichten geltend zu machen.[1424] Als Rechnung i.S.d. § 14 UStG kommt jede Urkunde in Betracht, aus der der Leistende, der Leistungsempfänger, die Menge und Art der Leistung, der Zeitraum der Leistung und der auf das Entgelt entfallende Umsatzsteuerbetrag erkennbar sind. Eine Mahnung des Gläubigers erfüllt nicht die an eine Rechnung zu stellende Kriterien (Nr. 183 Abs. 1 Satz 4 UStR zu § 14 UstG).[1425]

861

1418 BGH, 30.01.1991 – VIII ZR 361/98, WuM 1991, 733 = ZMR 1991, 170 = BB 1991, 866 = NJW-RR 1991, 647.
1419 OLG Hamm, 27.05.1997 – 29 U 222/96, NZM 1998, 575.
1420 OLG Brandenburg, 19.04.2006 – 3 U 157/05, IMR 2007, 76.
1421 OLG Düsseldorf, 08.12.2005 – 10 U 146/01, InfoM 2006, 127 = ZMR 2006, 367: der – steuerlich beratene – Mieter hätte die Miete zuzüglich USt akzeptiert.
1422 OLG Hamm, 27.05.1997 – 29 U 222/96, ZMR 1997, 456 = NZM 1998, 575.
1423 BGH, 28.07.2004 – XII ZR 292/02, GuT 2004, 159.
1424 BGH, 11.12.1974 – VIII ZR 186/73, NJW 1975, 310.
1425 OLG Düsseldorf, 09.03.2006 – I-10 U 130/05, GuT 2006, 202/203 = NJOZ 2006, 3689 = IMR 2007, 148.

862 Grds. ist ein Mietvertrag, in dem Nettomiete und USt gesondert ausgewiesen sind, als „**Dauerrechnung**" zur Vorlage bei den Finanzbehörden ausreichend.[1426] Seit dem 01.01.2002 ist der Steuerbetrag gesondert auszuweisen und nicht lediglich die Endsumme mit dem Hinweis zu versehen, dass hierin die aktuelle USt enthalten sei. Es müssen also sowohl das Nettoentgelt als auch der Betrag der USt genannt werden.[1427] Zusätzlich ist auch die Angabe der Steuernummer oder der USt-Identifikationsnummer erforderlich. Bei vor diesem Zeitraum geschlossenen Dauerschuldverhältnissen muss der Vertrag aber nicht ergänzt werden,[1428] sodass keine Ergänzung älterer Mietverträge erforderlich ist. Bei Neuverträgen sollte aber sofort die Steuernummer mit abgedruckt werden.

863 Bei ausgeübter Option hat der Mieter ein Zurückbehaltungsrecht aus § 273 BGB an den Mietzahlungen, solange der Vermieter über den geschuldeten Mietbetrag keine **Rechnung mit offenem Umsatzsteuerausweis** erteilt hat,[1429] wofür allerdings bereits ein aussagekräftiger Mietvertrag in obigem Sinne genügt. Umstritten ist, ob der Mieter die gesamte Miete,[1430] einen Teil[1431] oder den Betrag, der auf die USt entfällt,[1432] zurückhalten darf. Letzteres ist angemessen, weil sich der wirtschaftliche Wert der Rechnung nach dem Vorsteuerabzug bestimmt, sodass allein die Höhe der USt maßgeblich ist.[1433]

9. USt auf Schadensersatz gem. § 249 BGB

864 Nach **§ 249 Abs. 2 Satz 2 BGB** ist USt auf Schadensersatz bei Beschädigung einer Sache nur dann zu zahlen, wenn der Schaden tatsächlich durch einen Umsatzsteuerpflichtigen beseitigt wird. Es gibt also keinen Ersatz einer „**fiktiven**" **USt** mehr, wenn nur nach Kostenvoranschlag o.Ä. abgerechnet wird. Der Vermieter kann die USt also nur dann fordern, wenn tatsächlich ein umsatzsteuerpflichtiger Vorgang stattfindet, die USt muss angefallen sein, also „fließen". Dies betrifft vornehmlich diejenigen Fälle, in denen der Vermieter eine vertragliche Erfüllungspflicht des Mieters zur Leistung von Schönheitsreparaturen und/oder Instandhaltungs-/Instandsetzungsmaßnahmen nach entsprechender angemessener Fristsetzung in einen Schadensersatzanspruch überleitet, vgl. §§ 280, 281 BGB, und dann nach Kostenvoranschlag oder Sachverständigengutachten abrechnet.

Beispiele:

Vermieter rechnet auf Kostenvoranschlags- oder Gutachterbasis ab und lässt vom Vermieter geschuldete Schönheitsreparaturen nicht ausführen: kein Anspruch auf USt.

Vermieter lässt Sachbeschädigungen nicht beseitigen und rechnet wie oben ab: kein Anspruch auf USt.

1426 OLG Düsseldorf, 24.05.2005 – 24 U 194/04, NZM 2006, 262.
1427 OLG Rostock, 12.03.2007 – 3 U 67/06, NJOZ 2007, 4177.
1428 BMF, BStBl. I, S. 258, Tz. 40; Abschn. 185 VIII UStR 2005.
1429 OLG Düsseldorf, 09.03.2006 – I-10 U 130/05, GuT 2006, 202/203 = NJOZ 2006, 3689 = IMR 2007, 148; OLG München, 20.09.1996 – 21 U 4494/94, ZMR 1996, 487, 492 = NJWE-MietR 1996, 270.
1430 So Hüttemann/Jacobs, MDR 2007, 1229.
1431 AG Essen, 23.12.1985 – 12 C 159/85, DB 1986, 1116: halber Betrag.
1432 OLG Düsseldorf, 09.03.2006 – I – 10 U 130/05, GuT 2006, 202/203 = NJOZ 2006, 3689 = IMR 2007, 148; AG Waiblingen, 11.10.2003 – 14 C 1737/03, NJW-RR 2004, 417.
1433 So auch AG Waiblingen, 11.10.2003 – 14 C 1737/03, NJW-RR 2004, 417.

Die gesamte Problematik stellt sich nur dann, wenn der Vermieter **nicht vorsteuerabzugsberechtigt** ist. Kann er Vorsteuer abziehen, etwa weil er zur USt optiert hat, kann er die USt nie ersetzt verlangen, da er ansonsten durch den Abzug der Vorsteuer auf der einen und den Zufluss der USt vom Mieter auf der anderen Seite doppelt begünstigt wäre. **Zur Beweislast**: Der Geschädigte hat nachzuweisen, dass und in welchem Umfang die USt angefallen ist.

VI. Zahlung der Miete/Pacht, Fälligkeit, Verzug, Lastschrift

Bzgl. der Mietzahlungsvereinbarung bestehen ggü. der Wohnraummiete nur wenige Besonderheiten bzw. erwähnenswerte Punkte.

1. Fälligkeitszeitpunkt

Die **Fälligkeit der Mietzahlung** richtet sich nach der vertraglichen Vereinbarung, ansonsten grds. (bei Räumen) nach §§ 556b Abs. 1, 579 Abs. 2 BGB § 270 BGB. Nach § 551 BGB a.F. war die Miete grds. nachträglich zu zahlen. Bei Geschäfts- und Wohnraummiete gleichermaßen war es aber schon lange üblich, dass die Miete im Voraus entrichtet wurde. Derartige Vereinbarungen waren auch nach alter Rechtslage problemlos möglich, mussten aber ausdrücklich erfolgen, sonst konnte der Vermieter das Geld nicht vorab verlangen. Üblich war die Vereinbarung, dass der Mieter die Miete bis zum dritten Werktag des Monats im Voraus an den Vermieter zu zahlen habe.

Durch das Mietrechtsreformgesetz 2001 wurden die in der Praxis geltenden Gepflogenheiten übernommen, § 551 BGB a.F. gestrichen und in § 556b Abs. 1 BGB bestimmt, dass die Miete zu Beginn, **spätestens bis zum dritten Werktag** der einzelnen Zeitabschnitte, nach denen sie bemessen ist, gezahlt werden muss. Für Mietverhältnisse über Räume verweist § 579 Abs. 2 BGB auf diese Norm, sodass die Fälligkeit auch für Geschäftsräume gilt.

Bei **Grundstücken**, Schiffen und beweglichen Sachen bleibt es bei der nachträglichen Zahlung, § 579 Abs. 1 BGB. Die Miete für ein Grundstück ist nach § 579 Abs. 1 Satz 1 BGB am Ende der Mietzeit zu entrichten. Ist die Miete nach Zeitabschnitten bemessen, so ist sie nach Ablauf der einzelnen Zeitabschnitte zu entrichten. Die Miete für ein Grundstück ist, sofern sie nicht nach kürzeren Zeitabschnitten bemessen ist, nach § 579 Abs. 1 Satz 3 BGB jeweils nach Ablauf eines Kalendervierteljahrs am ersten Werktag des folgenden Monats zu entrichten.

Die **Pacht** ist nach § 587 Abs. 1 Satz 1 BGB am Ende der Pachtzeit zu entrichten. Ist die Pacht nach Zeitabschnitten bemessen, so ist sie nach § 587 Abs. 1 Satz 2 BGB am ersten Werktag nach dem Ablauf der einzelnen Zeitabschnitte zu entrichten.

Die gesetzliche Fälligkeit darf durch **ausdrückliche Vereinbarung** geändert werden. Auch konkludente Änderungen sind möglich.[1434]

Die **Fälligkeit der Erstmiete** darf an die **Übergabe des Mietobjekts** gekoppelt werden, auch formularvertraglich.[1435] Dies kann durchaus ein anderer Termin als der im Vertrag bei Mietzeit

---

[1434] LG Berlin, 10.07.2006 – 67 S 159/04, NZM 2007, 564.
[1435] OLG Düsseldorf, 20.12.2001 – 10 U 145/00, NZM 2002, 563.

angegebene Zeitpunkt sein, da sich erfahrungsgemäß die Bezugszeitpunkte oft verschieben, v.a. bei Vermietung vom Reißbrett.

> **Praxistipp:**
> Verschiebt sich die Übergabe, ist bei Indexklauseln (dazu → *Rn. 1154 ff.*) darauf zu achten, dass im Vertrag kein ausdrücklich bezeichneter Endtermin der Mietzeit angegeben ist bzw. dieser angepasst wird. Ansonsten wird womöglich die für die Wirksamkeit erforderliche Mindestzeit von zehn Jahren nach dem PrKG nicht mehr erreicht.

Beispiel:

Vertraglich festgelegte Laufzeit 01.01.2000 – 31.12.2009, Übergabe aber erst am 01.04.2000. Die erforderliche Laufzeit ist damit um drei Monate unterschritten, eine etwaige Indexklausel wird genehmigungspflichtig.

870 Der Vertrag sollte daher bei Indexierung nur einen Anfangstermin und eine (so bezeichnete) Laufzeit von zehn Jahren (ggf. gesplittet in fünf Jahre fest mit entsprechender Option für den Mieter o.Ä.) vorsehen.

Beispiel:

„Das Mietverhältnis beginnt am ... und hat eine Dauer von zehn Jahren."

2. Rechtzeitigkeit der Zahlung, Verzug

871 § 286 Abs. 3 BGB bestimmt, dass der Schuldner spätestens **30 Tage nach Fälligkeit und Zugang einer Rechnung** in Verzug kommt. Für Schuldverhältnisse, die wiederkehrende Geldleistungen zum Gegenstand haben – wie z.B. Miete – gilt dies aber nicht, wie sich aus § 286 Abs. 2 Nr. 1 BGB ergibt, wenn die Leistungszeit bereits im Mietvertrag bestimmt ist. Hier bleibt es selbstverständlich beim Verzugseintritt zum vereinbarten (früheren) Termin.

872 Verzug kann **erst nach Fälligkeit** eintreten und zwar mit Ablauf des Tags der Fälligkeit, also rechnerisch am Tag danach. Erster Prüfungsschritt ist daher immer die Fälligkeit, die z.B. bei nicht nachvollziehbaren (nicht: rechnerisch falschen) Betriebskostenabrechnungen ein Problem sein kann.

Für die **Rechtzeitigkeit der Zahlung** kam es nach bisheriger Meinung darauf an, wann der Mieter die Leistungshandlung vornahm, da die Geldforderung als modifizierte Schickschuld angesehen wurde, bei der der Schuldner nur das Verlust-, nicht aber das Verzögerungsrisiko trägt.[1436] D.h.: überweist der Mieter die Miete zum Fälligkeitszeitpunkt (etwa 3. Werktag des Monats) so rechtzeitig, dass mit fristgemäßem Eingang unter normalen Umständen gerechnet werden kann, ist dies auch bei späterer Gutschrift beim Vermieter rechtzeitig, wenn der Überweisungsauftrag vor Ablauf der Zahlungsfrist erteilt wurde und das Konto gedeckt ist.[1437]

1436 BGH, 05.12.1963 – II ZR 219/62, NJW 1964, 499.
1437 Langenberg, in: Schmidt-Futter, Mietrecht, § 556b BGB Rn. 5 m.w.N.

Nach neuer Auffassung reicht der rechtzeitige Überweisungsauftrag nicht mehr aus, und der 873
Mieter gerät in Verzug, wenn die Miete nicht **zum vereinbarten Termin beim Vermieter eingegangen** ist (bei Überweisung: Gutschrift auf dem Konto).[1438] Dies entspricht der Auslegung des EuGH, wonach es für die rechtzeitige Bezahlung einer Geldforderung nicht auf die Rechtzeitigkeit der Zahlung, sondern auf die Rechtzeitigkeit des Geldeingangs beim Gläubiger ankommt[1439] und ergibt sich aus der EU-Zahlungsverzugsrichtlinie („Richtlinie 2000/35/EG des Europäischen Parlaments und des Rates vom 29.6.2000 zur Bekämpfung von Zahlungsverzug im Geschäftsverkehr"). Diese Vorgaben sind (nur) bindend, soweit es um **Verzugszinsen zwischen Unternehmern** geht; darüber hinaus – etwa im Wohnraummietrecht und bei Kündigungen wegen Zahlungsverzugs – fehlt es an europarechtlich bindenden Vorgaben.[1440] Ist vertraglich vereinbart, dass es auf den Zahlungseingang (sog. Rechtzeitigkeitsklausel, s.u. zur Vertragsgestaltung) ankommt, gilt dies. Zahlungsverzug tritt nicht ein, wenn die Verspätung auf Umständen beim Geldinstitut des Vermieters beruht.[1441]

Verzug setzt **Verschulden** voraus und tritt nicht ein, wenn der Mieter **berechtigterweise** nicht 874
zahlt, etwa wegen Minderung oder einem Zurückbehaltungsrecht. Den Mieter trifft die Darlegungs- und Beweislast für die Erfüllung der geschuldeten Miete.[1442] Der Schuldner ist zur verzugshindernden Hinterlegung der Miete berechtigt, wenn objektiv verständliche Zweifel über die Person des Gläubigers vorliegen, insb., wenn die Ungewissheit über den Gläubiger überwiegend auf unklare Abtretungsvorgänge zurückzuführen ist, die außerhalb des Einflussbereiches des Schuldners liegen und allein von den daran Beteiligten zu verantworten sind.[1443]

Ausführlich zum → *Zahlungsverzug als Kündigungsvoraussetzung Rn. 2384 ff.*

3. Tilgungsreihenfolge, Tilgungsbestimmungen

Da keine besonderen Schutzvorschriften für Zahlungsverzug existieren, wird sich insb. im Fall 875
einer fristlosen Kündigung eines langfristigen Mietverhältnisses wegen verspäteter Zahlungen häufig über Tilgungsbestimmungen gestritten.

Beispiel:

Der Vermieter rechnet Teilzahlungen des Mieters zuerst auf Zinsen und Kosten an, sodass der Mieter aus seiner Sicht mit der Miete als Hauptforderung noch immer in Verzug ist und erklärt die fristlose Kündigung. Der Mieter meint, die Zahlung sei auf die Hauptforderung anzurechnen, sodass Verzug und damit der Kündigungsgrund des § 543 Abs. 2 BGB entfalle.

Für die Anrechnung einer Leistung auf eine Schuld zwecks Erfüllung kommt es zunächst auf die jeweilige **Tilgungsbestimmung des Schuldners** an, sodass die gesetzlichen Anrechnungs-

---

1438 OLG Düsseldorf, 28.09.2009 – 24 U 120/09, GuT 2010, 192 = IMR 2010, 270 = InfoM 2010, 225 zu geltend gemachten Verzugszinsen; Grüneberg, in: Palandt, BGB, § 286 Rn. 5.
1439 EuGH, 03.04.2008 – C-306/06, NJW 2008, 1935 = IBR 2008, 254 = ZMR 2009, 262 = InfoM 2008, 453.
1440 Von Seldeneck, Kommentar zu OLG Düsseldorf, 28.09.2009 – 24 U 120/09, InfoM 2010, 225.
1441 LG Berlin, WuM 1988, 401.
1442 OLG Düsseldorf, 26.09.2006 – I-10 W 102/06, GuT 2006, 331 = NJOZ 2007, 4176.
1443 BGH, 03.12.2003 – XII ZR 238/01, NZM 2004, 301: Veräußerung des Grundstücks und nachfolgendes Gesamtvollstreckungsverfahren über Vermögen des Verkäufers.

regelungen bzw. Tilgungsreihenfolgen der §§ 366, 367 BGB nur subsidiär greifen.[1444] Dem Gläubiger (Vermieter, Verpächter) steht kraft Gesetzes keine freie Verrechnungsbefugnis zu.

Die Tilgungsbestimmung kann grds. durch eine **Klausel im Mietvertrag** vorab getroffen werden, auch durch AGB.[1445] Individualvertraglich ist dies in den Grenzen von Sittenwidrigkeit und Treu und Glauben grds. wirksam, **formularvertraglich** bestehen aber immer dann Bedenken, wenn der Vermieter die freie Wahl der Verrechnung hat[1446] Zu Einzelheiten s.u. → *Vertragsgestaltung Rn. 905.*

Besteht keine oder keine wirksame vertragliche Vereinbarung, ist die **Tilgungsbestimmung des Mieters bei der Mietzahlung** maßgeblich,[1447] eine spätere einseitige Bestimmung ist unwirksam.[1448] Eine vom Mieter veranlasste Zahlung mit dem Zusatz „Miete 4-12/2005" beinhaltet bspw. eine Leistungsbestimmung i.S. § 367 Abs. 2 BGB.[1449] Die Zweckbestimmung kann sich auch aus den Umständen ergeben. Bestimmt der Mieter nicht ausdrücklich, auf welche Mieten die Zahlung zu verrechnen ist, ergibt sich aber aus dem Hinweis „Mietzahlung" sowie der Zahlung i.H.d. monatlichen Miete und dem Zeitpunkt zu Beginn des Monats hinreichend genau, dass damit die laufende Monatsmiete bezahlt werden soll, liegt eine (konkludente) Zweckbestimmung vor.[1450]

Bei **unbestimmten Zahlungen** des Mieters, also Zahlungen ohne ausdrückliche oder konkludente Tilgungsbestimmungen, gilt die gesetzliche Tilgungsreihenfolge (§§ 366, 367 BGB).[1451] Diese sind dann **vorrangig auf die Nebenkostenvorauszahlungen** und erst dann auf die restliche Miete zu verrechnen, denn der Vorschussanspruch ist weniger gesichert als der Anspruch auf die Grundmiete, weil der Vermieter ihn nach Abrechnungsreife nicht mehr geltend machen kann.[1452]

Eine Verrechnungsvereinbarung kann nachträglich konkludent getroffen werden, wenn der Mieter die Verrechnung des Vermieters widerspruchslos hinnimmt.[1453] Dies kommt aber nur in Betracht, wenn der Mieter ohne Tilgungsbestimmung geleistet hat.

1444 OLG Rostock, 10.12.2009 – 3 U 253/08, IMR 2010, 185; KG, 30.04.2008 – 12 U 25/08; LG Münster, 22.10.2008 – 9 S 242/07.
1445 BGH, 20.06.1984 – VIII ZR 337/82, NJW 1984, 2404 = BGHZ 91, 375 = MDR 1985, 50 (gewerbliches Mietverhältnis).
1446 BGH, 20.06.1984 – VIII ZR 337/82, NJW 1984, 2404 = BGHZ 91, 375 = MDR 1985, 50 (gewerbliches Mietverhältnis); OLG Düsseldorf, 08.05.2008 – 10 U 11/08, IMR 2009, 88.
1447 OLG Düsseldorf, 08.07.2008 – 24 U 151/07, IMR 2009, 14.
1448 KG, 30.04.2008 – 12 U 25/08; OLG Düsseldorf, 09.03.2000 – 10 U 34/99, ZMR 2000, 605 = DWW 2000, 89; Sternel, Mietrecht aktuell, Rn. III. 104.
1449 OLG Düsseldorf, 08.05.2008 – 10 U 11/08, IMR 2009, 88.
1450 OLG Rostock, 10.12.2009 – 3 U 253/08, IMR 2010, 185.
1451 OLG Düsseldorf, 05.11.2009 – 24 U 12/09; LG Münster, 22.10.2008 – 9 S 242/07.
1452 OLG Brandenburg, 03.03.2010 – 3 U 108/09, IMR 2010, 330; OLG Düsseldorf, 02.03.2006 – I-10 U 120/05, GuT 2006, 154 (LS) = IMR 2006, 79; Wolf/Eckert/Ball, Rn. 563 m.w.N.
1453 OLG Düsseldorf, 09.03.2000 – 10 U 34/99, ZMR 2000, 605 = DWW 2000, 89; Sternel, Mietrecht aktuell, Rn. III 106.

4. Abbuchungsverpflichtung und Einziehungsermächtigung

Die Parteien können – auch formularvertraglich – vereinbaren, dass der Vermieter die Miete einziehen (**Lastschriftverfahren, Einzugsermächtigung**) oder der Mieter einen **Dauerauftrag** (Abbuchungsverfahren) einrichten soll.

876

Beim **Abbuchungsverfahren** hat der Zahlungspflichtige (= der Mieter) seiner Bank im Voraus einen Abbuchungsauftrag erteilt. Die Bank belastet dementsprechend regelmäßig das Konto, sodass die Kontobelastung nicht mehr rückgängig gemacht werden kann, da der Berechtigte die Überweisung angewiesen hat. Der Vermieter kann den Mieter vertraglich zur Erteilung eines solchen Dauerauftrags verpflichten, auch durch AGB. Z.T. wird in entsprechenden vorformulierten **Vertragsklauseln zur Erteilung eines Abbuchungsauftrags** eine unangemessene Benachteiligung i.S.d. § 9 AGBG gesehen,[1454] Bei einer formularvertraglichen Verpflichtung liegt aber zumindest dann keine unangemessene Benachteiligung des Mieters gem. § 307 BGB vor, wenn der Mietervertrag bereits eine wirksame Beschränkung des Zurückbehaltungsrechts auf unstreitige oder rechtskräftig festgestellte Gegenforderungen des Mieters enthält.

Das Lastschrift- bzw. Einzugsverfahren ist für den Zahlungspflichtigen günstiger: Er erteilt nur dem Zahlungsempfänger (dem Vermieter) eine **Einzugsermächtigung**, während er ggü. der Zahlstelle (seiner Bank) keine Erklärung über den Einzug der Forderung gegen ihn im Lastschriftverfahren abgibt. Der Mieter kann daher der Kontobelastung widersprechen und Wiedergutschrift des abgebuchten Betrages verlangen[1455] und zwar nach neuerer Rechtsprechung jederzeit, also unbefristet.[1456] Allerdings haben die Banken in ihren neueren AGB unter dem Punkt „Genehmigung von Belastungen aus Lastschriften" geregelt, dass Einwendungen gegen eine Belastungsbuchung spätestens vor Ablauf von sechs Wochen nach Zugang des Rechnungsabschlusses (i.d.R. Quartal) zu erheben sind, ansonsten gilt dies als Genehmigung der Belastung.

877

Mietrechtliche **AGB-Bedenken** gegen eine vorformulierte Einzugsermächtigung bestehen hier nicht, da der Mieter durch den Widerruf der Abbuchung ausreichend geschützt ist.[1457] Das Widerrufsrecht selbst ist jedoch formularmäßig nicht abdingbar.[1458]

Die Lastschrift-Vereinbarung kann Auswirkungen darauf haben, ob und wann der Mieter in **Verzug mit Mietzahlungen** gerät. Wird zwischen den Parteien die Einziehung der Miete im Lastschriftverfahren vereinbart, wandelt sich die gesetzlich vorgesehene Leistungsmodalität für Geldschulden von einer qualifizierten Schickschuld gem. § 270 Abs. 1 BGB in eine **Hol-**

1454 OLG Koblenz, 12.11.1993 – 2 U 366/92, NJW-RR 1994, 689.
1455 BGH, 10.01.1996 - XII ZR 271/94, WuM 1996, 205.
1456 BGH, 06.06.2000 – XI ZR 258/99, ZMR 2001, 171 = MDR 2000, 1203 = BRAGOprof. 7/2000, 94 = BB 2000, 1753 = ZAP EN-Nr. 660/2000.
1457 BGH, 10.01.1996 – XII ZR 271/94, WuM 1996, 205 = NJW 1996, 988.
1458 Ebenso Sternel, Mietrecht aktuell, Rn. II 145, III 98.

schuld gem. § 269 BGB.[1459] Der Vermieter als Gläubiger ist dann verpflichtet, von der Ermächtigung, den Mietzins im Lastschriftverfahren einzuziehen, Gebrauch zu machen.[1460]

878 Es ist grds. anerkannt, dass ein Schuldner nur in Verzug kommt, wenn der Gläubiger, der – wie bei einer Holschuld – eine Mitwirkungshandlung erbringen muss, diese erforderliche **Handlung auch vornimmt oder anbietet**.[1461] Unterschiedliche Ansichten bestehen darüber, ob der Gläubiger zur Vornahme der Leistungshandlung verpflichtet ist,[1462] oder ob es sich lediglich um eine Obliegenheit handelt.[1463] Jedenfalls ist sich die herrschende Meinung darin einig, dass dann, wenn die **Mitwirkungshandlung des Gläubigers unterbleibt**, die Voraussetzungen des Schuldnerverzugs grds. nicht vorliegen. Der Mieter kommt daher nicht in Verzug, wenn der Vermieter von seiner Einzugsermächtigung keinen Gebrauch macht.[1464] Dies gilt grds. auch dann, wenn die Einziehung im Lastschriftverfahren unterbleibt, weil es zu einzelnen **Rücklastschriften** gekommen ist; anders verhält sich die Sachlage nur dann, wenn so konkrete Anhaltspunkte dafür vorliegen, dass keine Deckung besteht, dass es treuwidrig wären, wenn der Schuldner sich weiterhin auf das Lastschriftverfahren berufen könnte.[1465] Begründet wird dies damit, dass die bei der Holschuld erforderlichen Mitwirkungshandlungen des Gläubigers für die Annahme des Schuldnerverzugs nur dann entbehrlich sind und der aufgrund fehlender Mitwirkung eingetretene Annahmeverzug nach §§ 293 ff. BGB entfällt, wenn gem. § 286 Abs. 2 Nr. 3 BGB eine ernsthafte und endgültige Erfüllungsverweigerung des Schuldners vorliegt, wofür eine die Nichteinhaltung des Fälligkeitstermins aufgrund mangelnder Deckung auf dem Schuldnerkonto noch nicht ausreicht.[1466]

879 Der **Annahmeverzug ist gem. § 297 BGB** ausgeschlossen, wenn der Schuldner außerstande ist, die Leistung zu bewirken, wofür der Vermieter beweisbelastet ist.[1467] Schuldnerverzug wird somit bei Vorliegen einer Vereinbarung zur Durchführung des Lastschrift-Abbuchungsverfahrens und für den Fall, dass der Gläubiger dieses Verfahren nicht angewandt hat, erst bejaht, wenn dem Gläubiger konkrete Anhaltspunkte dafür vorlagen, dass das Konto des Schuldners zum Zeitpunkt der Fälligkeit keine Deckung aufwies.[1468] Es ist also im Prozess zunächst Sache des Vermieters, konkrete Anhaltspunkte dafür darzulegen, dass entsprechende Versuche (Lastschrifteinzüge) im Zeitpunkt der Fälligkeit der rückständigen Mieten vergeblich gewesen wären, danach muss der Mieter (Schuldner) darlegen und beweisen, dass er entsprechende Deckung auf seinem Konto bereitgestellt hatte. Hat der Vermieter mindestens zwei Mal auf-

---

1459 BGH, 07.12.1983 - VIII ZR 257/82, NJW 1984, 871, 872; OLG Stuttgart, 02.06.2008 – 5 U 20/08, IMR 2008, 306 = ZMR 2008, 567.
1460 BGH, NJW 1984, 871, 872; BGH v. 19.10.1977, BGHZ 69, 361, 368; OLG Stuttgart, 02.06.2008 – 5 U 20/08, IMR 2008, 306 = ZMR 2008, 567; OLG München, VersR 1987, 554; OLG Hamm, VersR 1976, 536; a.A. OLG Düsseldorf, 13.10.1988 - 10 U 37/88, ZIP 1988, 1452: eine Verpflichtung des Gläubigers zur Abbuchung bestehe nicht, es handelt sich lediglich um eine Ermächtigung zur Abbuchung.
1461 BGH, NJW 1996, 1745; BGH, NJW-RR 1994, 1469; Palandt-Heinrichs, BGB, § 286 Rn. 15.
1462 BGH, 07.12.1983 - VIII ZR 257/82, ZIP 1984, 185.
1463 BGH, 30.01.1985 - IVa ZR 91/83, VersR 1985, 447; OLG Hamm, 30.11.1984 - 20 U 195/84, VersR 1985, 536.
1464 OLG Stuttgart, 02.06.2008 – 5 U 20/08, IMR 2008, 306 = ZMR 2008, 567.
1465 OLG Stuttgart, 02.06.2008 – 5 U 20/08, IMR 2008, 306 = ZMR 2008, 567.
1466 OLG Stuttgart, 02.06.2008 – 5 U 20/08, IMR 2008, 306 = ZMR 2008, 567.
1467 OLG Stuttgart, 02.06.2008 – 5 U 20/08, IMR 2008, 306 = ZMR 2008, 567.
1468 BGH, 19.10.1977 - IV ZR 149/76, BGHZ 69, 361, 368.

einander folgend ergebnislos versucht abzubuchen, liegen konkrete Anhaltspunkte dafür vor, dass Deckung dauerhaft fehlt, sodass die Verpflichtung zur Abbuchung entfällt und der Mieter in Verzug gerät. Der Mieter darf dann nicht mehr auf die Abbuchung vertrauen, wenn die fehlgeschlagenen Abbuchungen für ihn ersichtlich sind,[1469] er also entweder durch die Bank oder den Vermieter informiert wird oder er bereits vor Abbuchung weiß, dass diese mangels Kontodeckung zwingend scheitern muss.

Lässt der Mieter die abgebuchte **Miete zurückbuchen** und weist sie nicht unverzüglich neu an, gerät er schuldhaft in Verzug, wenn er zur vollen Mietzahlung verpflichtet ist. 880

5. Verzugszinsen

a) Höhe

Da in der Geschäftsraummiete grds. Verbraucher nicht beteiligt sind, beträgt der Zinssatz für Entgeltforderungen zwischen Unternehmern **acht Prozentpunkte über dem Basiszinssatz** pro Jahr, § 288 BGB, sofern die Parteien nicht im Miet- oder Pachtvertrag abweichende Verzugszinsen vereinbaren. Der Mieter wird i.d.R. Unternehmer sein, für den Vermieter ist dies nicht zwingend. Zur Abgrenzung zwischen Unternehmer- und Verbraucherhandel gelten dieselben Grundsätze wie zu § 310 BGB im AGB-Recht s. → Rn. 183 ff. 881

Voraussetzung für das Vorliegen einer **Entgeltforderung** ist, dass die Geldforderung die Gegenleistung für eine von dem Gläubiger erbrachte oder zu erbringende Leistung ist.[1470] Entgeltforderungen gem. § 288 Abs. 2 BGB sind Mietzinsansprüche,[1471] Ansprüche auf Nutzungsentschädigung nach § 546a BGB[1472] und u.U. eine Mietgarantie,[1473] nicht aber Vertragsstrafen[1474] oder Abmahnkosten.[1475] Keine Entgeltforderungen sind bspw. Schadensersatz- und Vertragsstrafenansprüche, Versicherungsleistungen, Ansprüche aus ungerechtfertigter Bereicherung und Geschäftsführung ohne Auftrag.

Der Basiszinssatz ist in § 247 BGB geregelt. Danach erfolgt zweimal jährlich jeweils zum 01.01. und zum 01.07. eine Anpassung, wobei die Bezugsgröße in § 247 Abs. 1 Satz 3 BGB näher geregelt wird.

> **Hinweis:**
> Der Basiszinssatz ist online abrufbar unter *www.bundesbank.de*.

Ein weitergehender Schaden (z.B.: höher verzinster Bankkredit) kann nach §§ 249 Satz 1, 288 Abs. 1 Satz 1, Abs. 3 BGB geltend gemacht werden, ist aber bei Bestreiten konkret nachzuweisen. 882

1469 AG Hamburg, 19.05.2006 – 49 C 37/06, BeckRS 2007 00285.
1470 BGH, 21.04.2010 – XII ZR 10/08, GuT 2010, 189 = NZM 2010, 440 = NJW 2010, 1872 = InfoM 2010, 224.
1471 OLG Rostock, 09.07.2004 – 3 U 91/04, MDR 2005, 139.
1472 OLG Köln, 23.05.2006 – 3 U 203/05, ZMR 2006, 772, 773.
1473 BGH, 21.04.2010 – XII ZR 10/08, GuT 2010, 189 = NZM 2010, 440 = NJW 2010, 1872 = InfoM 2010, 224.
1474 OLG Hamburg, OLGR 2004, 432.
1475 OLG Celle, 09.11.2006 – 13 U 120/06, NJW-RR 2007, 393.

883 Für Prozesszinsen gelten die §§ 291, 247 BGB. § 291 Satz 2 BGB verweist auf § 288 BGB, sodass auch im Prozess die „normalen" Verzugszinsen greifen.

b) Vertraglich vereinbarte Verzinsung

884 Beim BGB-Vertrag können die Parteien eine höhere oder niedrigere Verzinsung individuell frei vereinbaren. Formularvereinbarungen sind anhand der §§ 305 ff. BGB auf Wirksamkeit zu prüfen. Der BGH hielt in einer älteren Entscheidung vereinbarte höhere Verzugszinsen für bedenklich,[1476] wobei man dies heute wegen der mehrfach erfolgten gesetzlichen Anhebung der Verzugszinsen nicht mehr ohne Weiteres auf aktuelle Vertragsbedingungen übertragen kann. Handelt es sich um einen Vertrag mit einem Verbraucher, ist § 309 Nr. 5a BGB zu beachten, wonach der nach dem gewöhnlichen Verlauf zu erwartende Zinsschaden nicht überschritten werden darf; nach § 309 Nr. 5b BGB darf dem Verbraucher zudem der Nachweis eines geringeren Schadens nicht abgeschnitten werden. Bei **Verträgen zwischen Unternehmern** bleibt das Risiko, dass eine höhere Verzugszinsvereinbarung mit § 307 BGB und der mittelbaren Geltung der §§ 309 Nr. 5a, b BGB gekippt wird, was z.B. in Betracht kommen könnte, wenn dem Zinsanspruch spiegelbildlich keine entsprechenden Kosten (z.B. Kreditzinsen) entgegengehalten werden können und sozusagen eine Vereinbarung ohne sachlichen Grund erfolgt.

885 Konkrete Entscheidungen zu der Frage, wie hoch in einer Klausel der Zins angesetzt werden kann, fehlen. Nach einer Entscheidung des BGH[1477] zum alten Recht war eine Klausel mit 4 % Zinsen über dem Diskontsatz bereits bedenklich. Da durch diese Klausel der damalige gesetzliche Zins in etwa verdoppelt wurde, wird man davon ausgehen können, dass Entsprechendes auch für das neue Recht gilt. Eine Erhöhung der gesetzlichen Zinsen um 20 – 30 % ist aber in jedem Fall als wirksam anzusehen.

c) Beginn der Verzinsung

886 Verzug tritt erst mit Ablauf des Tags der Fälligkeit ein, also rechnerisch am Tag danach, sodass auch die Zinsen erst ab diesem Zeitpunkt zu laufen beginnen.

> **Hinweis:**
> Immer wieder ist in Klageschriften zu beobachten, dass bei vereinbarter Fälligkeit etwa zum dritten Werktag der Verzugseintritt im Zinsantrag nicht sauber bezeichnet wird. Der dritte Werktag ist natürlich nicht immer der dritte Tag des Monats, sondern kann auch der vierte, fünfte oder sechste sein. Der Samstag ist ein Werktag.[1478]

Beispiel:

Ist der 01.12. ein Freitag (= 1. Werktag), so ist erst der 05.12. der dritte Werktag (der Samstag zählt nicht als Werktag) und nicht etwa der 03.12. Verzug tritt also am 06.12. ein.

1476 BGH, 12.06.1985 - VIII ZR 148/84, MDR 1985, 1018 = NJW 1985, 2253.
1477 BGH, 12.06.1985 - VIII ZR 148/84, MDR 1985, 1018 = NJW 1985, 2253.
1478 BGH, 27.04.2005 - VIII ZR 206/04 und BGH, 07.02.2005 – III ZR 172/04, MIETRECHTexpress 2005, 57.

Für den Zeitpunkt, ab dem Verzugszinsen zu leisten sind, reicht nach neuer Auffassung der rechtzeitige Überweisungsauftrag zur Mietzahlung nicht mehr aus, und der Mieter gerät in Verzug, wenn die Miete nicht **zum vereinbarten Termin beim Vermieter eingegangen** ist (bei Überweisung: Gutschrift auf dem Konto).[1479] Dies entspricht der Auslegung des EuGH, wonach es für die rechtzeitige Bezahlung einer Geldforderung es nicht auf die Rechtzeitigkeit der Zahlung, sondern auf die Rechtzeitigkeit des Geldeingangs beim Gläubiger ankommt[1480] und ergibt sich aus der EU-Zahlungsverzugsrichtlinie („Richtlinie 2000/35/EG des Europäischen Parlaments und des Rates vom 29.6.2000 zur Bekämpfung von Zahlungsverzug im Geschäftsverkehr"). Diese Vorgaben sind (nur) bindend, soweit es um **Verzugszinsen zwischen Unternehmern** geht; darüber hinaus – etwa im Wohnraummietrecht und bei Kündigungen wegen Zahlungsverzugs – fehlt es an europarechtlich bindenden Vorgaben.[1481] Ist vertraglich vereinbart, dass es auf den Zahlungseingang (sog. Rechtzeitigkeitsklausel, s.u. zur Vertragsgestaltung) ankommt, gilt dies.

887

VII. Aufrechnung, Aufrechnungsklauseln

1. Grundsätze

In der Praxis bedeutsam sind Aufrechnungsbefugnisse des Mieters, die i.d.R. vertraglich beschränkt werden.

888

Die in den §§ 387 ff. BGB geregelte Aufrechnung kann zu einer Forderungstilgung führen, wenn sich aufrechenbare Ansprüche gegenüberstehen. Die **Aufrechnung gegen Miet- und Pachtzinsforderungen** ist vor Beginn der jeweiligen Periode, für die Miet- oder Pachtzins geschuldet wird, mangels Bestehen einer Aufrechnungslage gem. § 387 BGB unwirksam, weil es sich um abschnittsweise immer wieder neu entstehende Forderungen handelt.[1482] Der Vermieter kann gegen die Kaution nicht mit Heizkostennachforderungen aufrechnen, wenn diesen Gegenforderungen ein Zurückbehaltungsrecht des Mieters wegen unterlassener Abrechnung der sonstigen Betriebskosten zusteht.[1483]

Häufig werden Aufrechnungsmöglichkeiten in gewerblichen Mietverträgen eingeschränkt, was grds. auch durch AGB zulässig ist. Klauseln, die eine Aufrechnung ausschließen oder beschränken, werden meistens mit einer Einschränkung von Minderungs- und Zurückbehaltungsrechten kombiniert, was auch ohne Weiteres zulässig ist. **Generelle, also uneingeschränkte Aufrechnungsverbote** in Geschäftsraummietverträgen verstoßen als AGB gegen die §§ 305 ff. BGB, da sie dem Vertragspartner auch das Recht nehmen, mit unbestrittenen oder rechtskräftig festgestellten Forderungen aufzurechnen.,[1484] Verstöße gegen die §§ 305 ff. BGB haben zur Folge, dass die Klausel insgesamt unwirksam ist. Eine **geltungserhaltende Reduktion** des Aufrech-

889

[1479] OLG Düsseldorf, 28.09.2009 – 24 U 120/09, GuT 2010, 192 = IMR 2010, 270 = InfoM 2010, 225 zu geltend gemachten Verzugszinsen; Grüneberg, in: Palandt, BGB, § 286 Rn. 5.
[1480] EuGH, 03.04.2008 – C-306/06, NJW 2008, 1935 = IBR 2008, 254 = ZMR 2009, 262 = InfoM 2008, 453.
[1481] Von Seldeneck, Kommentar zu OLG Düsseldorf, 28.09.2009 – 24 U 120/09, InfoM 2010, 225.
[1482] OLG Nürnberg, 19.11.2008 – 12 U 101/08.
[1483] OLG Düsseldorf, 19.06.2007 – 24 U 55/07, IMR 2008, 271.
[1484] BGH, 27.06.2007 – XII ZR 54/05, GuT 2007, 294 = NZM 2007, 684 = InfoM 2007, 263; OLG Düsseldorf, 31.05.2005 – I-24 U 12/05, GuT 2005, 182.

nungsverbots auf ein inhaltlich noch zulässiges Maß kommt nicht in Betracht.[1485] **Wirksam** sind AGB-Klauseln, die das Recht zur Aufrechnung auf die Aufrechnung mit unstreitigen oder rechtskräftig festgestellten Ansprüchen beschränken.[1486] S. dazu ausführlich unten zur Vertragsgestaltung → Rn. 905.

> **Praxistipp:**
> Ist die Aufrechnung ggü. dem Mietzins nur mit einer unstreitigen oder rechtskräftig festgestellten Gegenforderung zulässig, kann der Mieter seinen bestrittenen Bereicherungsanspruch zur Vermeidung des eine fristlose Kündigung nach § 543 Abs. 2 Satz 1 Nr. 3a BGB rechtfertigenden Mietrückstands allein durch Erhebung einer Zahlungsklage durchsetzen.[1487]

890 Eine bestimmte Zahlungs- und Verrechnungsweise außerhalb einer Aufrechnung können die Mietvertragsparteien ungeachtet eines Schriftformvorbehalts zum Aufrechnungsverbot **mündlich** wirksam vereinbaren.[1488] Sie heben mit der einvernehmlichen Verrechnung das im Vertrag vereinbarte Aufrechnungsverbot nicht insgesamt auf.[1489]

Ausnahmsweise kann ein **Sich-Berufen auf das Aufrechnungsverbot treuwidrig** sein, wenn das vereinbarte Aufrechnungsverbot wegen Vermögensverfall – auch vor Insolvenz – des Vermieters dazu führen würde, dass der Mieter seine Forderung auf anderer Weise als durch Aufrechnung nicht wird realisieren können.[1490] Ein vertragliches Aufrechnungsverbot führt dann infolge des nachträglichen Vermögensverfalls zu einem endgültigen Forderungsverlust. Nur besondere Umstände können ausnahmsweise ein fortgeltendes Aufrechnungsverbot auch für den Fall der Insolvenz des Aufrechnungsgegners rechtfertigen.[1491] Eine Aufrechnungserklärung vor Insolvenzeröffnung muss jedoch nach Eintritt des Insolvenzfalls wiederholt werden.[1492]

2. Fortgeltung der Klausel nach Mietende

891 Das Aufrechnungsverbot wirkt auch nach Mietende weiter, solange der Mieter das Mietobjekt jedenfalls **nicht zurückgegeben hat**, da anderenfalls der im Zahlungsverzug befindliche Mie-

---

1485 BGH, 27.06.2007 – XII ZR 54/05, GuT 2007, 294 = NZM 2007, 684 = InfoM 2007, 263; BGH, 16.03.2006 – I ZR 65/03, GuT 2006, 202 = NJW-RR 2006, 1350; BGH, 01.12.1993 – VIII ZR 41/93, NJW 1994, 657, 658.
1486 BGH, 27.01.1993 – XII ZR 141/91, NJW-RR 1993, 519 = DWW 1993, 170 = ZMR 1993, 320; BGH, 16.10.1985 – X ZR 97/83, NJW 1985, 319 = BGHZ 92, 312; OLG Düsseldorf, 08.06.2006 – I-10 U 159/05, LNR 2006, 26493; OLG Düsseldorf, 10.03.2005 – I – 10 U 73/04, GuT 2005, 157 = NZM 2005, 667 = InfoM 2006, 25; KG, 14.02.2002 – 8 U 8203/00, NZM 2002, 526; OLG Düsseldorf, 30.04.1997 – 10 U 73/96, WuM 1997, 428 = ZMR 1997, 466; OLG Rostock, 05.03.1999 – 3 U 80/98, NZM 1999, 1006.
1487 OLG Düsseldorf, 29.09.2005 – I-10 U 86/05, GuT 2005, 259.
1488 BGH, 17.03.2004 – XII ZR 306/00, GuT 2004, 117.
1489 BGH, 17.03.2004 – XII ZR 306/00, GuT 2004, 117.
1490 BGH, NJW 1984, 357; BGH, NJW-RR 1991, 971, 972, zitiert nach Törnig, NZM 2009, 847; vgl. auch OLG Stuttgart, 29.09.2008 – 5 U 65/08, IMR 2009, 11 = NZM 2009, 32 = ZMR 2009, 204 = MDR 2009, 21 zum gleich gelagerten Fall bei Minderungsausschlussklauseln.
1491 BGH, 19.09.1988 – II ZR 362/87, WM 1988, 1592.
1492 Törnig, NZM 2009, 847.

ter ggü. dem vertragstreuen Mieter privilegiert würde.[1493] Ob es im Zusammenhang mit der Ankündigungsfrist auch **nach Rückgabe** noch gilt, ist höchstrichterlich nicht geklärt, da der BGH meint, die oben erwähnte Ankündigungsklausel verliere ihren Sinn in der Abwicklungsphase nach Vertragsende.[1494] Das OLG Düsseldorf hat dies in neuerer Rechtsprechung bejaht und wie folgt zutreffend begründet:[1495]

> „Die Rechtsnatur des geltend gemachten Mietzinsanspruches wird durch die Fortdauer nicht verändert. Die Ansprüche beruhen nach wie vor auf der vertraglichen Regelung, die demnach für die rechtlichen Beziehungen der Parteien grundsätzlich maßgebend bleibt. Weder dem Wortlaut des Mietvertrages noch dem Gesetz lässt sich indes entnehmen, dass der Ausschluss des Minderungsrechts mit der Vertragsbeendigung oder der Rückgabe der Mietsache entfallen soll. Auch gebieten Sinn und Zweck der Klausel keine einschränkende Auslegung, da das geschützte Interesse des Vermieters an einer zügigen Durchsetzung seiner Mietzinsforderungen nach Vertragsbeendigung und Rückgabe der Mietsache bestehen bleibt. Zudem würde anderenfalls der vertragsuntreue Mieter privilegiert."

Die über das Mietende andauernde Wirkung gilt aber nicht für eine vereinbarte Ankündigungspflicht (→ *Rn. 888 ff.*) der Aufrechnung, die also nach Mietende wegfällt.[1496] Das Aufrechnungsverbot ist auch auf den **Kautionsrückzahlungsanspruch** nach Mietende einschließlich der dem Mieter zustehenden Kautionszinsen[1497] anzuwenden, wenn die Gegenforderungen des Mieters weder anerkannt noch unstreitig oder rechtskräftig festgestellt sind.[1498]

3. Haftungsrisiko für Immobilienverwalter und Anwälte

Klauseln in Miet- und Pachtverträgen, die Aufrechnungs-, Minderungs- und Zurückbehaltungsrechte beschränken, sind klassische **Haftungsfallen**, weil z.B. eine falsche Einschätzung der Klausel als unwirksame AGB zu folgender **Kettenreaktion** führen kann:

892

- Der Anwalt soll für den Mieter ein Aufrechnungsrecht prüfen.
- Er kommt zu dem Ergebnis, dass der Mieter einen aufrechenbaren Anspruch hat und die Verbotsklausel im Vertrag unwirksam ist. Letzteres ist eine rechtlich falsche Bewertung.
- Die Miete wird aufgerechnet mit der Folge, dass der Mieter in einen Zahlungsrückstand gem. § 543 Abs. 2 BGB gerät.
- Der Vermieter kündigt wegen Zahlungsverzuges und erhebt Räumungsklage. Das Gericht stellt im Räumungsrechtsstreit fest, dass die Aufrechnungsklausel wirksam ist und der Mieter deshalb nicht in der erfolgten Form aufrechnen durfte. Er wird zur Räumung verurteilt.
- Der Mieter nimmt den Anwalt auf Schadensersatz gem. § 280 BGB in Anspruch und wird grds. Erfolg haben, wenn dieser nicht nachweisen kann, dass er den Mieter seinerzeit (= vor der Aufrechnung) über das Risiko aufgeklärt hat.

1493 OLG Düsseldorf, 30.04.1997 – 10 U 73/96, WuM 1997, 428 = ZMR 1997, 466; OLG Düsseldorf, 27.10.1994 – 10 U 76/93, NJW-RR 1995, 850 = ZMR 1995, 303.
1494 BGH, 16.12.1987 – VIII ZR 48/87, WuM 1988, 508 = NJW-RR 1988, 329.
1495 OLG Düsseldorf, 08.06.2006 – I-10 U 159/05, NJOZ 2006, 2981.
1496 BGH, 16.12.1987 – VIII ZR 48/87, NJW-RR 1988, 329 = MDR 1988, 488.
1497 OLG Düsseldorf, 25.10.2007 – I-10 U 24/07, GuT 2007, 384 (LS).
1498 OLG Düsseldorf, 17.06.2004 – I-10 U 145/03, GuT 2004, 156.

Beispiel aus der Rechtsprechung:
- Hat sich der Mieter ebenso wie der von ihm eingeschaltete Berater leichtfertig der Erkenntnis verschlossen, dass eine Aufrechnung gegen die laufende Miete mit bestrittenen Gegenforderungen unzulässig war, kann sich der Mieter ggü. einer außerordentlichen Kündigung aus wichtigem Grund gem. § 543 Abs. 1, Abs. 2 Satz 1 Nr. 3a BGB nicht auf einen unverschuldeten Rechtsirrtum berufen.[1499]
- Der Mieter kommt auch dann schuldhaft in Zahlungsverzug, wenn er irrig davon ausgeht, dass er seine Mietzahlungen trotz eines vereinbarten Minderungsausschlusses kürzen darf. Das gilt auch dann, wenn der Irrtum des Mieters auf einen falschen anwaltlichen Rat über die Wirksamkeit seines formularmäßigen Minderungsausschlusses zurückgeht, und wenn der Anwalt bei „sorgfältiger" Prüfung erkennen kann, dass der (hier: eindeutige) Minderungsausschluss wirksam ist.[1500]

893 Ein **Anwalt** muss zwar sicher nicht jedes Urteil kennen, er muss aber ein Klausel-Risiko einschätzen können und dann den Mandanten entsprechend aufklären. Ein **Anwaltsverschulden** bei einer falschen Beratung über die Zulässigkeit einer Aufrechnung und folgender fristloser Kündigung wegen Zahlungsverzugs wird dem Mieter zugerechnet.[1501]

Für Immobilienverwalter gelten hier abgeschwächte Beratungspflichten, da es sich um Rechtsfragen handelt. Man kann deshalb keine Rechtsberatung verlangen. Da aber jeder Zahlungsrückstand bei ausreichender Höhe faktisch das Risiko einer Kündigung beinhaltet, kann vom Verwalter verlangt werden, dass er entsprechende Klauseln zumindest durch einen versierten Anwalt prüfen lässt. Hat er dies nicht getan, so haftet er bei fehlender Risikoaufklärung gem. § 280 BGB auf Schadensersatz.

VIII. Abtretung von Mietforderungen, Abtretungsverbote

894 Bereits **fällige oder künftige Mietforderungen** sind grds. abtretbar. Es handelt sich i.d.R. um befristete Forderungen, die erst mit der Inanspruchnahme der Gegenleistung (Überlassung des Mietobjekts im vertragsgemäßen Zustand) entstehen.[1502] Probleme können deshalb entstehen, wenn Mieter und Vermieter den Vertrag trotz Abtretung und ohne Zustimmung des Zessionars aufheben oder modifizieren. Für bewegliche Sachen wurde entschieden, dass der Zessionar eine vorzeitige Vertragsaufhebung nicht gegen sich gelten lassen muss und die Mietzahlung weiter vom Mieter verlangen kann.[1503] Bei Raummiete wird vertreten, dass zwischenzeitliche Verfügungen des Zedenten zulässig seien.[1504] Dies ist im Einklang mit der Rechtsprechung des BGH zu beweglichen Sachen trotz des nur abschnittsweise (z.B. monatlichen) Fälligwerdens der Miete abzulehnen, da der Zessionar als unbeteiligter Dritter schutzwürdig ist und nachteilige Verfügungen einen unzulässigen Vertrag zulasten eines Dritten darstellen.[1505]

1499 OLG Düsseldorf, 29.09.2005 – I-10 U 86/05, GuT 2005, 259 zur Beratung durch den Mieterschutzverband.
1500 OLG Frankfurt am Main, 09.06.2005 – 12 U 4/05, InfoM 2005, 250.
1501 OLG Frankfurt am Main, 09.06.2005 – 12 U 4/05, InfoM 2005, 250; OLG Düsseldorf, 29.09.2005 – I 10 U 86/05, GuT 2005, 259 zur Beratung durch den Mieterschutzverband.
1502 BGH, 05.12.2007 – XII ZR 183/05, NZM 2008, 730 = ZMR 2008, 201= NJW 2008, 1153.
1503 BGH, 04.11.2009 – XII ZR 170/07, InfoM 2010, 17.
1504 Roth, in: MüKo BGB, § 398 Rn. 60.
1505 Ähnlich Sternel, Mietrecht aktuell, III. Rn. 111a.

Mieter mit besonders starker wirtschaftlicher Stellung („wie z.B. Ankermieter") legen häufig Wert auf mietvertragliche Regelungen, wonach die Abtretung von Ansprüchen auf Zahlung von Miete durch den Vermieter an Dritte ausgeschlossen wird.[1506] In AGB ist sowohl die Vereinbarung eines abgeschwächten als auch eines uneingeschränkten **Abtretungsausschlusses** i.S.d. § 399 BGB grds. unbedenklich.[1507] Dies wurde für Bauwerkverträge entschieden, ist aber auf das Mietrecht übertragbar. Eine derartige Klausel ist nur dann nach § 307 Abs. 1 Satz 1 BGB unwirksam, wenn ein schützenswertes Interesse des Verwenders an dem Abtretungsverbot nicht besteht oder die berechtigten Belange des Vertragspartners an der freien Abtretbarkeit vertraglicher Ansprüche das entgegenstehende Interesse des Verwenders überwiegen.[1508]

895

Ist ein Abtretungsausschluss nach den entsprechenden Regelungen des BGB wirksam, gelangt man, wenn das Rechtsgeschäft – wie oft bei der Gewerberaummiete/-pacht – für beide Vertragspartner ein Handelsgeschäft darstellt (etwa wenn beide Parteien eine GmbH sind), jedoch zu der **Unwirksamkeit des Abtretungsverbots nach § 354a HGB**, wonach eine Abtretung trotz des vertraglichen Ausschlusses wirksam ist, der Schuldner jedoch mit befreiender Wirkung an den bisherigen Gläubiger leisten kann. Nach § 354a Satz 2 HGB sind abweichende Vereinbarungen unwirksam. In zeitlicher Hinsicht besteht Streit, ob § 354a HGB auch für Verträge gilt, die vor dem Inkrafttreten der Norm am 30.07.1994 geschlossen wurden. Da der Anspruch auf die Miete/Pacht aber regelmäßig monatlich als eigenständiger neuer Anspruch entsteht, gehören auch nach dem Inkrafttreten entstandene Mietforderungen aus vorher geschlossenen Mietverhältnissen zum Anwendungsbereich.[1509]

896

IX. Verjährung und Verwirkung

Zu den allgemeinen Voraussetzungen s. → *Rn. 2670 ff.*

897

Mietzahlungsansprüche – auch der seltene Fall der Zahlung der Miete als Einmalbetrag – verjähren nach §§ 195, 199 BGB i.d.R. verjährungsfrist von **drei Jahren**. Nach § 199 Abs. 1 BGB beginnt die regelmäßige Verjährungsfrist mit dem Schluss des Jahres, in dem kumulativ (objektiv) der Anspruch entstanden ist (Fälligkeit der jeweiligen Miete, abhängig von der vertraglichen Vereinbarung) und (subjektiv) der Gläubiger von den anspruchsbegründenden Umständen und der Person des Schuldners Kenntnis erlangt hat oder ohne grobe Fahrlässigkeit erlangen müsste.

Bei rückständigen Mietzinsansprüchen kann eine **Verwirkung** nur ausnahmsweise aus ganz besonderen Gründen angenommen werden.[1510] In Betracht kommt dies, wenn der Vermieter eine Minderung auf Null jahrelang hinnimmt und einen zunächst auf Rückstände gestützten Räumungsrechtsstreit nicht weiter führt.[1511] Nicht ausreichend ist es, wenn der Vermieter sich zu einer vom Mieter durchgeführten Minderung nicht äußert und die Minderungsbeträge erst

---

1506 Möller/Rupietta, NZM 2009, 225.
1507 BGH, 13.07.2006 – VII ZR 51/05, GuT 2006, 330.
1508 BGH, 13.07.2006 – VII ZR 51/05, GuT 2006, 330; BGH, 25.11.1999 – VII ZR 22/99, BauR 2000, 569, 570 = ZfBR 2000, 175 = NZBau 2000, 245.
1509 Möller/Rupietta, NZM 2009, 225.
1510 OLG Düsseldorf, 04.05.2010 – I-24 U 195/09, InfoM 2010, 221.
1511 OLG Düsseldorf, 30.01.2003 – 10 U 18/02, NJW-RR 2003, 1016.

kurz vor Ablauf der Verjährungsfrist geltend macht.[1512] Die fehlende Beantwortung von Mieterschreiben oder nicht erfolgte Anmahnung der gekürzten Miete bei Abrechnung von Nebenkosten lässt keinen Rückschluss zu, dass der Vermieter verzichten will.[1513]

X. Gerichtsverfahren

898 Für die **Schlüssigkeit einer Klage auf Zahlung der Miete** ist es grds. erforderlich, dass Art und Höhe des Mietrückstandes nach folgenden Grundsätzen substanziiert dargelegt werden:[1514]

- Der jeweilige Monat bzw. die jeweilige Mietperiode und die jeweilige Höhe des Rückstands muss dargelegt werden. Dies ist dann aber auch ausreichend.
- Klagt ein Vermieter rückständige Mieten ein, braucht er zunächst nichts weiter vorzutragen als das Bestehen eines Mietvertrages, den streitgegenständlichen Monat, die Gebrauchsmöglichkeit des Mieters in diesem Monat und die Höhe der für diesen Monat beanspruchten Miete.
- Nicht darlegen muss der Vermieter, für welche Zeiträume er etwaige Zahlungen des Mieters verrechnet hat. Vortrag des Vermieters, aus dem sich Zahlungen des Mieters ergeben, ist unerheblich, solange der Vermieter nicht einräumt, dass diese Zahlungen gerade auf die aufgelaufenen Rückstände geleistet wurden.
- Beansprucht der Vermieter für einen Monat weniger als die volle Miete und sind Betriebskostenvorschüsse vereinbart, hat er unter Zulässigkeitsgesichtspunkten klarzustellen, ob und in welchem Umfang er Zahlung auf die Grundmiete oder auf den Betriebskostenvorschuss beansprucht, da beide Forderungen hinsichtlich ihrer Entstehung, ihres Untergangs und ihrer Fälligkeit nach unterschiedlichen Regeln zu beurteilen sein können.
- Etwaige Erfüllungen durch den Mieter braucht der klagende Vermieter zur Schlüssigkeit seines Anspruches nicht darzutun. Der Kläger ist unter keinem denkbaren Gesichtspunkt gehalten, das Erlöschen nicht eingeklagter Forderungen darzustellen.
- Nachträgliche Mietzinssenkungen oder Tilgungen der entstandenen Mietforderung über das für den streitgegenständlichen Monat vom Kläger beanspruchte Entgelt oder die eingeräumte Erfüllung hinaus hat nach allgemeinen Regeln der Mieter darzutun.

899 Wird offene Miete für **mehrere Monate** eingeklagt, so ist für jeden Monat der Verzugseintritt **gesondert** im Klageantrag zu bezeichnen.

900 **Formulierungsvorschlag: Forderung mehrerer Monate offener Miete**

> Der Beklagte wird verurteilt, an den Kläger 15.000,00 € nebst Verzugszinsen i.H.v. jeweils 5 Prozentpunkten über dem Basiszinssatz aus jeweils 5.000,00 € seit dem 05.10.2011, 05.11.2011 und 04.12.2011 zu zahlen.

1512 OLG Düsseldorf, 04.05.2010 – I-24 U 195/09, InfoM 2010, 221.
1513 OLG Düsseldorf, 04.05.2010 – I-24 U 195/09, InfoM 2010, 221.
1514 OLG Brandenburg, 15.01.2007 – 3 W 2/07, IMR 2007, 70 = NZM 2007, 685; OLG Brandenburg, 08.05.2006 – 3 W 18/06, GuT 2006, 331.

Bei der **Staffelmiete** ist zwischen dem Anspruch auf Vertragsanpassung und dem Anspruch aus der Vertragsanpassung zu unterscheiden: Ersterer ist durch Klage auf Abgabe der entsprechenden Willenserklärung durchzusetzen; die Vollstreckung erfolgt gem. § 894 ZPO.[1515] Es ist aber auch zulässig, direkt auf Leistung aus dem angepassten Vertrag zu klagen oder eine Stufenklage zu erheben.[1516] Der Mieter kann seinen Anspruch auf Vertragsanpassung im Zahlungsprozess durch Ausübung des Zurückbehaltungsrechts geltend machen.[1517]

Die Geltendmachung von Mietzahlungsforderungen i.R.d. Geschäftsraummiete im **Urkundenverfahren** (§§ 592 ff. ZPO) ist zulässig[1518] und zwar grds. für rückständige sowie zukünftige Miete[1519] (zu den allgemeinen Voraussetzungen des Urkundenverfahrens → *Rn. 2772 ff.*). Auch der Mieter kann im Urkundenverfahren vorgehen. Der Kläger muss dafür in der Lage sein, alle zur Begründung des Anspruchs erforderlichen Tatsachen durch Urkunden zu beweisen, § 592 ZPO. Besteht die Besorgnis, dass der Mieter zahlungsunfähig ist, spricht nichts dagegen, auch eine Klage auf künftige Leistung nach § 259 ZPO im Urkundsverfahren rechtshängig zu machen.[1520] Wichtig ist in diesem Fall, dass die Besorgnis der Nichterfüllung ausreichend dargelegt wird. Hat sich die Miete ggü. dem Mietvertrag inzwischen durch Mieterhöhung oder eine Vereinbarung geändert, sind entsprechende Urkunden (**Mieterhöhungsverlangen, Nachtragsvereinbarung**) vorzulegen; fehlt es daran, hat der Mieter aber die höhere Miete gezahlt, sind Urkunden vorzulegen, aus denen sich die Zahlung ergibt, z.B. Kontoauszüge. Ergibt sich die Mieterhöhung aus einer genehmigungsbedürftigen Vertragsklausel, ist die Genehmigung mit vorzulegen. Das Urkundenverfahren scheidet aus, wenn die Zahlung einer **Nutzungsentschädigung** verlangt wird.[1521]

901

Über die Klage eines Mieters auf Feststellung, dass sein Mietverhältnis durch fristlose Kündigung aus wichtigem Grund beendet worden ist, kann nicht durch **Teilurteil** (§ 301 ZPO) entschieden werden, wenn der Vermieter widerklagend Mietzins für die Zeit vor oder nach dem angeblichen Beendigungstermin begehrt.[1522] Ist eine ordentliche Kündigung unabhängig vom Zahlungsverzug wirksam ausgesprochen, darf durch Teilurteil entschieden werden.[1523]

Grds. stellt die Beitreibung der Miete oder Pacht mit einer **einstweiligen Verfügung** eine unzulässige Vorwegnahme der Hauptsache dar. Ausnahmsweise könne in einem einstweiligen Verfügungsverfahren aber auch rückständige und künftig anfallende Mietzahlungen geltend

902

1515 Börstinghaus, Miethöhe-Handbuch, Kap. 10, Rn. 9.
1516 Börstinghaus, Miethöhe-Handbuch, Kap. 10, Rn. 9.
1517 Börstinghaus, Miethöhe-Handbuch, Kap. 10, Rn. 9.
1518 BGH, 10.03.1999 – XII ZR 321/97, NZM 1999, 401 = ZMR 1999, 380 = MDR 1999, 822 = NJW 1999, 1408; OLG München, 25.09.2007 – 19 U 3454/07, IMR 2008, 183; OLG Naumburg, 14.05.2002 – 9 U 231/01, LNR 2002, 21157; Sternel, Mietrecht aktuell, Rn. XIV 109 (unter Verweis auf OLG Oldenburg, 10.02.1999, WuM 1999, 225; KG, 30.10.1997, NZM 1998, 402 = ZMR 1999, 394; KG, Urt v. 04.07.1996, MM 1996, 447; KG, 11.04.1994, GE 1998, 739); zur ebenfalls gegebenen Zulässigkeit bei Wohnraummiete vgl. BGH, 01.06.2005 – VIII ZR 216/04, ZMR 2005, 773 = NZM 2005, 661 = MDR 2005, 1399 = NJW 2005, 2701.
1519 OLG Düsseldorf, 28.09.2006 – I-10 U 115/05, GuT 2006, 325 = InfoM 2006, 314 u. 315.
1520 Vgl. Bussmann, MDR 2004, 675 mit Muster einer solchen Klage für Vergütungsansprüche aus Dienstvertrag; Sternel, Mietrecht aktuell, Rn. XIV 110.
1521 LG Berlin, 20.11.2006 – 62 S 249/06, InfoM 2007, 134.
1522 BGH, 21.01.2009 – XII ZR 21/07, GuT 2009, 35 = IMR 2009, 142 = NZM 2009, 239.
1523 OLG Düsseldorf, 23.06.2009 – I-24 U 18/07, GuT 2009, 213.

gemacht werden. Voraussetzung ist eine aktuelle oder drohende Notlage des Vermieters, ein voraussichtliches Obsiegen in der Hauptsache und eine zugunsten des Vermieters ausfallende Abwägung der beiderseitigen Belange an der sofortigen Erfüllung.[1524]

903 **Formulierungsvorschlag: Antrag auf Erlass einer einstweiligen Verfügung bei ausbleibender Zahlung (Achtung: nur bei existenziellen Notlagen!)**

> ..... die Beklagte im Wege der einstweiligen Verfügung zu verpflichten,
>
> 1. an die E. AG den Mietzins für den Monat Juli 2006 i.H.v. 63.911,49 € zuzüglich der gesetzlichen USt i.H.v. derzeit 16 % aus der Anmietung des Objekts, („D.-Gebäude") zu zahlen;
>
> 2. an die E. AG ab einschließlich dem Monat August 2006 einen monatlichen Mietzins i.H.v. 63.911,49 € zuzüglich der gesetzlichen USt i.H.v. derzeit 16 % aus der Anmietung des Objekts („D.-Gebäude") zu zahlen.

XI. Streitwert

904 Klagt der Vermieter/Verpächter offene Miete ein, bemisst sich der Streitwert nach deren Höhe.

Werden in einer Klage durch **Leistungsantrag** ein Mietzinszahlungsanspruch und durch **Feststellungsantrag** das Bestehen oder Nichtbestehen des Mietverhältnisses – etwa nach Kündigung des Mieters – geltend gemacht, so sind die beiden Ansprüche einzeln zu bewerten und sodann zu addieren, wenn und soweit der Zeitraum, für den Zahlung verlangt wird, und der Zeitraum, für den das Bestehen oder Nichtbestehen des Mietverhältnisses festgestellt werden soll, sich nicht decken.[1525] Wenn und soweit sich die Zeiträume überschneiden, ist allein auf den höheren Anspruch abzustellen, da es sich im Umfang der zeitlichen Kongruenz wirtschaftlich um denselben Gegenstand i.S.d. § 45 Abs. 1 Satz 3 GKG handelt.[1526] Dies gilt auch dann, wenn Zahlungs- und Feststellungsbegehren nicht im Verhältnis von Klage und Widerklage stehen.[1527]

XII. Vertragsgestaltung

1. Abtretungsverbot

905 In AGB ist sowohl die Vereinbarung eines abgeschwächten als auch eines uneingeschränkten Abtretungsausschlusses grds. unbedenklich.[1528] Eine derartige Klausel ist nur dann nach § 307 Abs. 1 Satz 1 BGB unwirksam, wenn ein schützenswertes Interesse des Verwenders an dem Abtretungsverbot nicht besteht oder die berechtigten Belange des Vertragspartners an der freien

---

1524 OLG Saarbrücken, 22.03.2007 – 8 U 602/06-160, IMR 2007, 304.
1525 BGH, 22.02.2006 – XII ZR 134/03, NZM 2006, 378 = GuT 2006, 156 Ls. = InfoM 2006, 210.
1526 BGH, 25.07.2007 – XII ZR 37/07; BGH, 22.02.2006 – XII ZR 134/03, NZM 2006, 378 = GuT 2006, 156 Ls. = InfoM 2006, 210; BGH, 02.11.2005 – XII ZR 137/05, NZM 2006, 138 = ZMR 2006, 190 = MDR 2006, 657; OLG Düsseldorf, 20.09.2007 – 10 U 46/07, GuT 2007, 363 = NZM 2009, 281.
1527 BGH, 17.03.2004 – XII ZR 162/00, GuT 2004, 133 Ls. = NZM 2004, 423 = ZMR 2004, 494 unter 2. a).
1528 BGH, 13.07.2006 – VII ZR 51/05, GuT 2006, 330.

Abtretbarkeit vertraglicher Ansprüche das entgegenstehende Interesse des Verwenders überwiegen.[1529]

2. Rechtzeitigkeitsklausel

Formularvertraglich zulässig ist die sog. **Rechtzeitigkeitsklausel**, wonach es für die Rechtzeitigkeit der Mietzahlung nicht auf die Absendung des Geldes, sondern auf den Eingang beim Vermieter ankommt.[1530] Das Verzögerungsrisiko für den Eingang der Mietzahlung wird dadurch auf den Mieter verlagert. Solche Klauseln sind auch als AGB zulässig, sofern sie sich nicht an unpassender oder versteckter Stelle im Vertrag befinden und bewirken, dass eine rechtzeitige Leistungshandlung nicht ausreicht, sondern dass die Miete am oder bis zum vereinbarten Zeitpunkt beim Vermieter eingehen, der Mieter also die übliche Banklaufzeit einrechnen muss und ansonsten in Verzug gerät.[1531]

906

3. Tilgungsklausel

Für Tilgungsklauseln, die die **Reihenfolge der Verrechnung der Miete** festlegen (oben → Rn. 875 f.), gilt:

907

Die Formularklausel

> „Befindet sich der Mieter mit Zahlungen im Rückstand, so sind Teilzahlungen nach den Bestimmungen des Vermieters ohne Rücksicht auf die Bestimmung des Mieters zu verrechnen"

ist wegen des Wahlrechts des Vermieters wegen unangemessener Benachteiligung des Mieters unwirksam.[1532] Die Befugnis, dies von Fall zu Fall zu entscheiden, noch dazu ohne Verpflichtung, den Schuldner zumindest bei der Leistung entsprechend unterrichten zu müssen, vernachlässigt berechtigte Belange des Mieters einseitig und in unvertretbarer Weise.

Auch die **Formularklausel** in einem gewerblichen Mietvertrag,

908

> „Der Vermieter kann Zahlungen nach seiner Wahl zunächst auf die bisherigen Kosten und Zinsen und dann auf die ältesten Rückstände verrechnen. Das gilt auch dann, wenn der Mieter eine anderweitige Bestimmung getroffen hat,"

ist gem. § 307 Abs. 1 BGB unwirksam.[1533] Begründet wird dies zu Recht damit, dass die Klausel das Recht des Schuldners nach § 367 Abs. 2 BGB ausschließt und es allein in das Belieben des Verwenders stellt, ob dieser Zahlungen des Mieters zunächst auf die bisherigen Kosten und Zinsen und dann auf die ältesten Rückstände verrechnen möchte („nach seiner Wahl"). Damit wird der Eintritt einer Kündigungslage nach § 543 Abs. 1, 2 Nr. 3 BGB gefördert. Der Vermie-

---

[1529] BGH, 13.07.2006 – VII ZR 51/05, GuT 2006, 330; BGH, 25.11.1999 – VII ZR 22/99, BauR 2000, 569, 570 = ZfBR 2000, 175 = NZBau 2000, 245.
[1530] BGH, 24.06.1998 – XII ZR 195-96, NJW 1998, 2664 = NZM 1998, 628 = DWW 1998, 276 = ZMR 1998, 612; Langenberg, in: Schmidt-Futter, § 556b BGB Rn. 7 m.w.N.
[1531] Langenberg, in: Schmidt-Futter, § 556b BGB Rn. 7 m.w.N.
[1532] BGH, 20.06.1984 – VIII ZR 337/82, NJW 1984, 2404 = BGHZ 91, 375 = MDR 1985, 50 (gewerbliches Mietverhältnis).
[1533] OLG Düsseldorf, 08.05.2008 – 10 U 11/08, IMR 2009, 88.

ter hat bei Verzug mit der Zahlung von Miete in der gesetzlich bestimmten Höhe ein außerordentliches Kündigungsrecht. Zinsen und Kosten sind dagegen keine laufenden Leistungen des Mieters und daher keine Miete i.S.d. genannten Vorschrift. Damit nimmt die Klausel dem Mieter die Möglichkeit, durch eine entsprechende Leistungsbestimmung gezielt Zahlungsrückstände hinsichtlich der Miete auszugleichen, um eine Kündigung zu vermeiden.[1534] Darüber hinaus legt diese Bestimmung **keine bestimmte Tilgungsfolge** fest, sondern räumt dem Vermieter die Befugnis ein, von Fall zu Fall zu entscheiden, wie er die Zahlung verrechnen möchte, noch dazu ohne Verpflichtung, den Schuldner bei der Leistung entsprechend zu unterrichten. Für den Mieter ist damit nicht klar erkennbar, auf welche Schuld er letztlich geleistet hat, sodass berechtigte Belange des Mieters einseitig und in unvertretbarer Weise vernachlässigt werden. Für eine solche Benachteiligung des Mieters besteht kein rechtfertigender Grund. Die Belange des Vermieters werden durch die Vorschrift des § 367 Abs. 2 BGB hinreichend geschützt; er kann die Annahme einer Leistung mit einer von § 367 Abs. 1 BGB abweichenden Leistungsbestimmung des Mieters ablehnen. Dieses aktive Tätigwerden ist ihm unter Abwägung der berechtigten Belange des Mieters auch zumutbar.

909 **Wirksam ist eine AGB-Klausel** hingegen, wenn sie eine bestimmte Tilgungsfolge für mehrere Forderungen festlegt, d.h. geregelt wird. in welcher Art und Weise Teilleistungen des in Zahlungsrückstand geratenen Mieters auf die verschiedenen Forderungen verrechnet werden.[1535] Dies folgt daraus, dass der Schuldner die Darlegungs- und Beweislast für die Erfüllung einer Schuld trägt und bei der Erfüllung wissen muss, wenn er die Tilgung schon nicht selbst bestimmen und demgemäß sie auch darlegen und beweisen kann, auf welche Schuld er leistet.

910 Ob die Formularklausel,

> „Befindet sich der Mieter mit der Zahlung der Miete/Nebenkosten/Betriebskosten im Rückstand, so werden die Zahlungen zunächst auf Kosten etwaiger Rechtsverfolgung einschl. Mahnkosten, Verzugszinsen, Rückstand auf Miete, Neben- bzw. Betriebskosten angerechnet"

im kaufmännischen Verkehr wirksam ist, wurde offengelassen.[1536] Richtigerweise ist dies zu bejahen, weil der Vermieter **kein Wahlrecht** hat, die Reihenfolge festgelegt ist und die Art der Reihenfolge für einen Kaufmann bei der dort normalen wirtschaftlichen Denkweise keine Überraschung darstellen kann.

4. Aufrechnungsverbote bzw. -beschränkungen

911 Die Beschränkung von Aufrechnungsmöglichkeiten in gewerblichen Mietverträgen ist grds. auch durch AGB zulässig. Klauseln, die eine Aufrechnung ausschließen oder beschränken, werden meistens mit einer Einschränkung von Minderungs- und Zurückbehaltungsrechten kombiniert, was auch ohne Weiteres zulässig ist. **Generelle, also uneingeschränkte Aufrechnungsverbote** in Geschäftsraummietverträgen verstoßen als AGB gegen die §§ 305 ff. BGB, da sie dem Vertragspartner auch das Recht nehmen, mit unbestrittenen oder rechtskräftig fest-

---

[1534] OLG Düsseldorf, 08.05.2008 – 10 U 11/08, IMR 2009, 88.
[1535] Argument aus BGH, 20.06.1984 – VIII ZR 337/82, NJW 1984, 2404 = BGHZ 91, 375 = MDR 1985, 50 (gewerbliches Mietverhältnis).
[1536] OLG Düsseldorf, 09.03.2000 – 10 U 34/99, ZMR 2000, 605 = DWW 2000, 89.

gestellten Forderungen aufzurechnen. Sie sind unwirksam, sodass das Recht zur Aufrechnung (wieder) uneingeschränkt gilt. **Unwirksam** ist ein Aufrechnungsverbot, das auch Bereicherungsansprüche des Mieters wegen vorhandener Mängel ausschließt,[1537] ferner eine Formularklausel, die eine Aufrechnung nur mit solchen Forderungen zulässt, die entweder rechtskräftig festgestellt sind oder zu denen der Vermieter im Einzelfall seine Zustimmung erklärt hat.[1538]

> **Praxistipp:**
> Wenn im Vertrag auch unstreitige oder rechtskräftig festgestellte Ansprüche der Aufrechnung entzogen werden sollen, muss eine Individualvereinbarung getroffen werden.

Verstöße gegen die §§ 305 ff. BGB haben zur Folge, dass die Klausel insgesamt unwirksam ist. Eine geltungserhaltende Reduktion des Aufrechnungsverbots auf ein inhaltlich noch zulässiges Maß kommt nicht in Betracht.[1539]

912

Wirksam sind AGB-Klauseln, die das Recht zur Aufrechnung auf die Aufrechnung mit **unstreitigen oder rechtskräftig festgestellten Ansprüchen** beschränken.[1540]

> **Hinweis:**
> „Unstreitig" ist ein Anspruch dann, wenn er im Prozess entscheidungsreif festgestellt[1541] oder nicht bzw. nicht schlüssig bestritten wird. In diesen Fällen kann bei einer Klausel im Mietvertrag schon vor Urteilsverkündung oder Rechtskraft des Urteils aufgerechnet werden. Ansonsten sind Ansprüche (bspw. wegen Minderung) nicht im Wege der Aufrechnung, sondern nur im Wege der Klage oder Widerklage geltend zu machen.

Auch die Formulierung, dass die Gegenforderung nicht nur „unbestritten", sondern „dem Grunde und der Höhe nach unbestritten" sein muss, ist wirksam.[1542] Sind die einen Zahlungsanspruch begründenden Tatsachen unstreitig, darf der Mieter trotz des Aufrechnungsverbots aufrechnen.[1543]

913

1537 OLG Düsseldorf, 31.05.2005 – I-24 U 12/05, GuT 2005, 182.
1538 BGH, 27.06.2007 – XII ZR 54/05, GuT 2007, 294 = NZM 2007, 684 = InfoM 2007, 263.
1539 BGH, 27.06.2007 – XII ZR 54/05, GuT 2007, 294 = NZM 2007, 684 = InfoM 2007, 263; BGH, 16.03.2006 – I ZR 65/03, GuT 2006, 202 = NJW-RR 2006, 1350; BGH, 01.12.1993 – VIII ZR 41/93, NJW 1994, 657, 658.
1540 BGH, 27.01.1993 – XII ZR 141/91, NJW-RR 1993, 519 = DWW 1993, 170 = ZMR 1993, 320; BGH, 16.10.1985 – X ZR 97/83, NJW 1985, 319 = BGHZ 92, 312; OLG Düsseldorf, 08.06.2006 – I-10 U 159/05, LNR 2006, 26493; OLG Düsseldorf, 10.03.2005 – I – 10 U 73/04, GuT 2005, 157 = NZM 2005, 667 = InfoM 2006, 25; KG, 14.02.2002 – 8 U 8203/00, NZM 2002, 526; OLG Düsseldorf, 30.04.1997 – 10 U 73/96, WuM 1997, 428 = ZMR 1997, 466; OLG Rostock, 05.03.1999 – 3 U 80/98, NZM 1999, 1006.
1541 OLG Düsseldorf, 01.10.2009 – 10 U 58/09, IMR 2010, 173; OLG Hamm, 18.10.1982 – 2 XW 29/82, NJW 1983, 523.
1542 OLG Frankfurt am Main, 09.06.2005 – 12 U 4/05, Info M 2005, 250.
1543 OLG Düsseldorf, 08.05.2008 – I-10 U 8/08, GuT 2008, 204 = ZMR 2008, 890 = DWW 2009, 36 = GE 2008, 731 = InfoM 2008, 476: Anspruch des Mieters auf Rückzahlung von Nebenkostenvorauszahlungen.

Wirksam ist auch eine Klausel, wonach der Mieter nur aufrechnen darf, wenn er die Aufrechnung eine bestimmte Zeit vorher (meist ein Monat) **ankündigt**.[1544]

914 **Wirksam** sind folgende AGB-Klauseln bzw. Gestaltungen:
- Das Recht zur Aufrechnung wird auf die Aufrechnung mit unstreitigen oder rechtskräftig festgestellten Ansprüchen beschränkt.[1545]
- Der Aufrechnungsausschluss erfasst nicht rechtskräftig festgestellte oder unbestrittene Gegenforderungen des Mieters, und zwar Letzteres in der Form, dass die Gegenforderung nicht nur „unbestritten", sondern „dem Grunde und der Höhe nach unbestritten" sein muss.[1546]
- Der Mieter darf (nur) aufrechnen, wenn er die Aufrechnung eine bestimmte Zeit vorher (meist ein Monat) ankündigt.[1547] Die Klausel muss dem Mieter klarmachen, wann genau er tätig werden muss (zu schwammigen Formulierungen s. nachfolgend zu unwirksamen Klauseln → Rn. 915), und der Ankündigungszeitraum darf nicht zu lang sein (max. vier Wochen).
- Der Aufrechnungsausschluss ist mit einem wirksamen Minderungsausschluss kombiniert. Die Klausel

  „Der Mieter kann gegen die Miete weder aufrechnen noch ein Zurückbehaltungsrecht ausüben oder die Miete mindern. Hiervon ausgenommen sind Forderungen des Mieters wegen Schadenersatzes für Nichterfüllung oder Aufwendungsersatz infolge eines anfänglichen oder nachträglichen Mangels der Mietsache, den der Vermieter wegen Vorsatz oder grober Fahrlässigkeit zu vertreten hat, und andere Forderungen aus dem Mietverhältnis soweit sie unbestritten, rechtskräftig festgestellt oder entscheidungsreif sind ...."

  ist in einem Gewerberaummietvertrag zulässig und hält einer Inhaltskontrolle nach § 307 BGB stand.[1548]
- Im Wohnraummietrecht ist das Zusammentreffen einer § 556b BGB aufhebenden Vorauszahlungsklausel, nach der die Miete im Voraus zu zahlen ist, mit einem Aufrechnungsausschluss (Kombination aus vertraglicher **Vorauszahlungsklausel** und **Aufrechnungsausschluss**) für unzulässig erklärt worden.[1549] Der Beschluss stellt aber ausdrücklich nur

---

[1544] OLG Düsseldorf, 06.07.2001 – 24 U 199/00, NZM 2002, 953: ein Monat Ankündigung; OLG Rostock, 05.03.1999 – 3 U 80/98, NZM 1999, 1006: ein Monat; OLG Celle, 23.04.1997 – 2 U 118/96, NZM 1998, 265 = ZMR 1998, 272 = NJW-RR 1998, 585; OLG Hamburg, 01.10.1997 – 4 U 229/96, NZM 1998, 264 = ZMR 1998, 220 = NJW-RR 1998, 586; OLG Köln, 30.10.1997 – 12 U 29/97, WuM 1998, 23 = ZMR 1998, 763.

[1545] BGH, 27.01.1993 – XII ZR 141/91, NJW-RR 1993, 519 = DWW 1993, 170 = ZMR 1993, 320; BGH, 16.10.1985 – X ZR 97/83, NJW 1985, 319 = BGHZ 92, 312; OLG Düsseldorf, 08.06.2006 – I-10 U 159/05, LNR 2006, 26493; OLG Düsseldorf, 10.03.2005 – I-10 U 73/04, GuT 2005, 157 = NZM 2005, 667 = InfoM 2006, 25; KG, 14.02.2002 – 8 U 8203/00, NZM 2002, 526; OLG Düsseldorf, 30.04.1997 – 10 U 73/96, WuM 1997, 428 = ZMR 1997, 466; OLG Rostock, 05.03.1999 – 3 U 80/98, NZM 1999, 1006.

[1546] OLG Frankfurt am Main, 09.06.2005 – 12 U 4/05, InfoM 2005, 250.

[1547] OLG Düsseldorf, 06.07.2001 – 24 U 199/00, NZM 2002, 953: ein Monat Ankündigung; OLG Rostock, 05.03.1999 – 3 U 80/98, NZM 1999, 1006: ein Monat; OLG Celle, 23.04.1997 – 2 U 118/96, NZM 1998, 265 = ZMR 1998, 272 = NJW-RR 1998, 585; OLG Hamburg, 01.10.1997 – 4 U 229/96, NZM 1998, 264 = ZMR 1998, 220 = NJW-RR 1998, 586; OLG Köln, 30.10.1997 – 12 U 29/97, WuM 1998, 23 = ZMR 1998, 763.

[1548] OLG Düsseldorf, 06.05.2010 – 10 U 154/09, GuT 2010, 196 = NZM 2010, 582 = IMR 2010, 430; OLG Köln, 22.12.2009 – 22 U 9/09, IMR 2010, 232.

[1549] BGH, 26.10.1994 – VIII ARZ 3/94, NJW 1995, 254 = BGHZ 127, 245 = MDR 1995, 142 = WuM 1995, 28 = ZMR 1995, 60, für § 551 BGB a.F. entschieden.

auf Wohnraum ab. Dementsprechend werden im gewerblichen Mietrecht gegen das Zusammentreffen eines Aufrechnungsverbots mit der Vorauszahlungsklausel keine Bedenken geäußert.[1550] Dies ist richtig, weil es bei der Geschäftsraummiete dem Mieter zuzumuten ist, zunächst die Miete voll zu bezahlen und dann etwaige **Rückforderungs- oder Minderungsrechte** geltend zu machen.[1551]

Unwirksam ist hingegen formularvertraglich Folgendes: 915

- Kombination mit unwirksamen Gewährleistungsausschlüssen bzw. ein Aufrechnungsverbot, das auch Bereicherungsansprüche des Mieters wegen vorhandener Mängel ausschließt.[1552] Dies bedeutet aber im Umkehrschluss nicht, dass Bereicherungsansprüche im Klauseltext ausdrücklich ausgeklammert werden müssen, wenn die Ausschlussklausel wirksam sein soll, denn der Bereicherungsanspruch ergibt sich „automatisch" aus dem Gesetz.[1553] Eine klarstellende Klausel ist aber sinnvoll, z.B.:

„Nicht vom Aufrechnungsausschluss erfasst sind Ansprüche des Mieters wegen ungerechtfertigter Bereicherung."

- Unwirksam ist eine formularvertragliche Klausel, die eine Aufrechnung nur mit solchen Forderungen zulässt, die entweder rechtskräftig festgestellt sind oder zu denen der Vermieter im Einzelfall seine Zustimmung erklärt hat.[1554] Die unwirksame Klausel lautet:

„§ 6.5 Der Mieter kann nur mit solchen Zahlungen aus dem Mietverhältnis aufrechnen oder die Zurückbehaltung erklären, die entweder rechtskräftig festgestellt sind oder zu denen die Vermieterin im Einzelfall jeweils ihre Zustimmung erklärt."

- Die Klausel stellt es in das Belieben des Vermieters, dem Mieter die Aufrechnung selbst mit unbestrittenen Gegenforderungen zu versagen und dessen Aufrechnungsbefugnis im Ergebnis auf rechtskräftig festgestellte Gegenforderungen zu beschränken.

- Der Mieter soll die Aufrechnung eine bestimmte Zeit vorher ankündigen, eine Ankündigungsfrist fehlt oder ist unbestimmt, was auch bei Verwendung der Formulierungen „*rechtzeitig vorher*" oder „*eine angemessene Zeit vor Aufrechnung*" vorliegt, da der Mieter nicht erkennen kann, wann er konkret tätig werden muss); ferner wenn eine Ankündigungsfrist von mehr als sechs Wochen bestimmt wird (unangemessene Benachteiligung i.S.v. § 307 BGB).

- Generell: Kombination mit anderen AGB-unwirksamen Regelungen, da das Verbot der geltungserhaltenden Reduktion grds. keine Aufsplittung zulässt. Empfehlung: vertragliche Regelung in einzelnen Absätzen bzw. separaten Abschnitten.

Praxistipp:

In der Praxis werden in gewerblichen Miet- und Pachtverträgen nach wie vor häufig **Aufrechnungs-, Minderungs- und Zurückbehaltungsrechte in einer einzigen Klausel**

1550 OLG Hamm, 29.04.1997 – 7 U 92/96, MDR 1997, 927.
1551 BGH, 27.01.1993 – XII ZR 141/91, BGHZ 91, 375 = WuM 1993, 914 = NJW-RR 1993, 519.
1552 OLG Düsseldorf, 31.05.2005 – I-24 U 12/05, GuT 2005, 182.
1553 OLG Karlsruhe, 20.09.2005 – 1 U 69/05, MDR 2006, 745.
1554 BGH, 27.06.2007 – XII ZR 54/05, GuT 2007, 294 = NZM 2007, 684 = InfoM 2007, 263.

> kombiniert. Zusammenfassend ist dazu Folgendes zu berücksichtigen (s. zu Minderungsklauseln etc. das Kapitel „Gewährleistung" → *Rn. 2004 ff.*): Minderungsbeschränkungen, die den Mieter beim Vorliegen eines Mangels der Mietsache zunächst verpflichten, die Miete weiter zu zahlen, benachteiligen den Mieter nicht unangemessen, wenn er wegen der überzahlten Miete auf einen Rückzahlungsanspruch nach Bereicherungsrecht (§ 812 BGB) und damit auf einen gesonderten Rechtsstreit verwiesen wird. Wird zusammen damit ein Ausschluss von Aufrechnungs- oder Zurückbehaltungsrechten vereinbart, muss dieser Ausschluss auf bestrittene oder noch nicht rechtskräftige Gegenforderungen beschränkt werden.

Ein vertraglicher Aufrechnungsausschluss wirkt über **Vertragsbeendigung und Rückgabe der Mietsache** hinaus fort.[1555]

916 **Formulierungsvorschlag 1: Vermieterfreundliche Kombination von Aufrechnungs-, Minderungs- und Zurückbehaltungsrechtsausschlüssen**

> Der Mieter kann nur dann die laufende Miete mindern oder mit Forderungen gegen die Miete aufrechen bzw. ein Zurückbehaltungsrecht ausüben, wenn die Mietminderung oder die Forderung des Mieters unbestritten oder rechtskräftig festgestellt wird. Ein Rückzahlungsanspruch nach Bereicherungsrecht (§ 812 BGB) ist nicht ausgeschlossen. Das Recht des Mieters, eine Mietminderung oder etwaige weitere Forderungen gegen den Vermieter als eigene Rechte in einem gesonderten Rechtstreit geltend zu machen, bleibt damit unberührt.

917 **Formulierungsvorschlag 2: Vermieterfreundliche Kombination von Aufrechnungs-, Minderungs- und Zurückbehaltungsrechtsausschlüssen**

> Der Mieter kann gegenüber den Forderungen des Vermieters aus diesem Vertrag mit einer Gegenforderung nur aufrechnen oder ein Minderungs- oder Zurückbehaltungsrecht ausüben, wenn seine Forderung unbestritten oder rechtskräftig festgestellt ist.
>
> Aufrechnung, Minderung und Ausübung eines Zurückbehaltungsrechts sind nur zulässig, wenn der Mieter seine Absicht dem Vermieter mindestens einen Monat vor Fälligkeit der Miete, gegen welche aufgerechnet, gemindert oder zurückbehalten werden soll, schriftlich angezeigt hat.
>
> Eine Minderung der Miete ist nur bei einer wesentlichen Minderung der Gebrauchstauglichkeit zulässig und ausgeschlossen, wenn der zur Minderung berechtigende Mangel auf einem Umstand außerhalb der Vermietersphäre beruht (z.B. Straßenbauarbeiten).

[1555] OLG Hamm, 11.02.1998 – 30 U 70/97, ZMR 1998, 343 = NZM 1998, 438 = NJW-RR 1998, 1020; OLG Hamm, 16.11.1993 – 7 U 102/93, NJW-RR 1994, 711, 712; OLG Karlsruhe, ZMR 1987, 261, 262; OLG Frankfurt am Main, 18.12.1986 - 1 U 238/85, NJW 1987, 1650; differenzierend Bub, in: Bub/Treier, II Rn. 429.

5. Zurückbehaltungsrechts(verbots)klauseln

Klauseln, die ein Zurückbehaltungsrecht ausschließen oder beschränken, werden meistens mit einer Einschränkung von Aufrechnungs- und Minderungsrechten kombiniert, was auch ohne Weiteres zulässig ist. Die Beschränkung des Zurückbehaltungsrechts dahin, dass es nur wegen unstreitiger oder rechtskräftig festgestellter Forderungen geltend gemacht werden darf, verstößt in AGB, die gegenüber einem Unternehmer verwendet werden, nicht gegen § 307 BGB.[1556] Der Ausschluss des Zurückbehaltungsrechts ist also wirksam, wenn er nicht auch rechtskräftig festgestellte oder unbestrittene Gegenforderungen des Mieters erfasst. Inhaltlich bestehen keine Unterschiede zu Minderungsrechten, vgl. daher ausführlich → *Rn. 2212*. Zu den Haftungsrisiken für Immobilienverwalter und Anwälte bei Falschberatung über die Wirksamkeit einer Klausel vgl. ausführlich → *Rn. 892*.

918

Formulierungsvorschläge für Klauseln → hiervor *Rn. 916 f.*

6. Sonstiges

Die Zahlung der Miete und die **Überlassung des Gebrauchs** stehen in einem untrennbaren Gegenseitigkeitsverhältnis. Klauseln in Formularverträgen, durch die diese Wechselseitigkeit ausgeschlossen wird, benachteiligen den betroffenen Vertragspartner unangemessen und sind unwirksam. Wenn es allerdings darum geht, dass der Mieter **ohne Zahlung** die Räume bereits nutzen soll, um vorab zu renovieren, bestehen mangels Benachteiligung natürlich keine Bedenken. Wird die **Gebrauchsüberlassung einseitig durch den Vermieter verhindert** oder beendet, aufgrund der fortlaufenden Gebrauchsgewährungspflicht in einem Dauerschuldverhältnis kann die Erfüllung der Hauptleistungspflicht für vergangene Zeiträume nicht mehr nachgeholt werden, sodass ein Fall der Unmöglichkeit i.S.d. § 275 Abs. 1 BGB vorliegt und der Mieter gem. § 275 Abs. 4, § 326 Abs. 1 BGB von seiner Pflicht zur Gegenleistung – sprich Mietzahlung – frei wird. Auf ein Vertretenmüssen der Unmöglichkeit der Leistung durch den Vermieter kommt es bei § 326 Abs. 1 BGB nicht an. Übernimmt bspw. der Vermieter im laufenden Mietverhältnis von einem Untermieter sämtliche Schlüssel des geräumten Mietobjekts und entzieht hierdurch dem Mieter den Besitz, kommt er seiner Gebrauchsgewährungspflicht nicht nach; der Mieter schuldet danach keine Miete mehr.[1557]

919

[1556] BGH, Urt. v. 15.12.2010 - XII ZR 132/09; BGH, 27.01.1993 – XII ZR 141/91, NJW-RR 1993, 519 = DWW 1993, 170 = ZMR 1993, 320; Eisenschmid, in: Schmidt-Futterer, § 536 BGB Rn. 387.
[1557] OLG Rostock, 09.09.2010 – 3 U 50/10, IMR 2010, 525.

XIII. Arbeits- und Beratungshilfen

1. Schnellüberblick Grundsatz-Rechtsprechung des BGH

920

Thema/Normen	Leitsatz	Entscheidung, Fundstelle
§§ 398, 407 BGB	a) Ist ein befristeter Mietvertrag über bewegliche Sachen so ausgestaltet, dass der Vermieter die wesentlichen Gegenleistungspflichten für die monatlich fällig werdenden Mietzinsen bereits zu Beginn des Mietvertrages erbracht hat, entsteht der Anspruch auf Zahlung sämtlicher Mietzinsen als betagte Forderung bereits zu Beginn des Mietvertrages. Die Ansprüche auf künftigen Mietzins sind in diesem besonderen Fall keine befristeten Forderungen. b) Der Zessionar von Zahlungsansprüchen aus einem solchen Mietvertrag braucht die zwischen Zedent und Mieter vereinbarte vorzeitige Aufhebung des Mietvertrages nicht gegen sich gelten zu lassen, wenn der Mieter bei Abschluss der Aufhebungsvereinbarung die Abtretung kennt.	BGH, 04.11.2009 – XII ZR 170/07, InfoM 2010, 17
Sittenwidrigkeit, verwerfliche Gesinnung: Beweisführung bei wucherähnlichem Geschäft	Die tatsächliche Vermutung, nach der von einem groben Missverhältnis von Leistung und Gegenleistung auf die verwerfliche Gesinnung des hiervon begünstigten Vertragsteils zu schließen ist, erleichtert der davon nachteilig betroffenen Partei zwar die Darlegung und die Beweisführung für das Vorliegen des subjektiven Merkmals eines wucherähnlichen Rechtsgeschäfts, befreit sie aber nicht von ihrer Behauptungslast.	BGH, 09.10.2009 – V ZR 178/08 zur Rückabwicklung des Kaufs einer Eigentumswohnung
§ 139 Abs. 4 FGO; Richtlinie 77/388/EWG Art. 5 Abs. 8; §§ 1, 15a Abs. 1 UStG	1. Eine Geschäftsveräußerung i.S. des § 1 Abs. 1a UStG durch Übertragung eines vermieteten oder verpachteten bebauten Grundstücks liegt auch dann vor, wenn dieses nur teilweise vermietet oder verpachtet ist, die nicht genutzten Flächen aber zur Vermietung oder Verpachtung bereitstehen, da hinsichtlich dieser Flächen auf die Fortsetzung der bisherigen Vermietungsabsicht abzustellen ist. 2. Für die Fortführung einer selbständigen wirtschaftlichen Vermietungstätigkeit durch den erwerbenden Unternehmer reicht es aus, wenn dieser einen Mietvertrag übernimmt, der eine nicht unwesentliche Fläche der Gesamtnutzfläche des Grundstücks umfasst. **Hinweis:** Zwischen den Beteiligten war streitig, ob die Veräußerung des Grundstücks R-Straße im Streitjahr (1998) durch die Klägerin und Revisionsbeklagte (Klägerin) im Rahmen einer Geschäftsveräußerung im Ganzen nach § 1 Abs. 1a des Umsatzsteuergesetzes 1993 (UStG) erfolgt ist und deshalb bei ihr keine Berichtigung des Vorsteuerabzugs gem. § 15a Abs. 6a UStG zu erfolgen hat.	BFH, 30.04.2009 – V R 4/07

Fälligkeit des Mietzinses	An die Stelle der formularmäßig vereinbarten Mietvorauszahlungsklausel eines am 1. September 2001 bereits bestehenden Mietvertrages, die wegen einer unzulässigen Beschränkung des Mietminderungsrechts unwirksam ist, ist – auch für die Zeit nach dem 1. Januar 2003 – die Fälligkeitsbestimmung des § 551 BGB a.F. getreten.	BGH, 04.02.2009 – VIII ZR 66/08
§§ 535 Abs. 2 BGB, 157 Ge; §§ 4 Nr. 12a, 9 UStG Grundmiete plus USt	Zur Auslegung der Vereinbarung einer Grundmiete von „monatlich x DM zuzüglich der jeweils gültigen Mehrwertsteuer, zur Zeit 15 %, = y DM" anhand der Vorstellungen der Vertragsparteien bei der Festlegung des Mietzinses, wenn der Vermieter nicht wirksam zur Steuerpflicht optieren konnte (Fortführung des Senatsurteils v. 28. Juli 2004 – XII ZR 292/02, NJW-RR 2004, 1452). Zur Entscheidungserheblichkeit der Behauptung des Vermieters, bei Abschluss dieses Vertrages habe die Mieterin ihre Bereitschaft erklärt, den verlangten Gesamtpreis unabhängig davon zu zahlen, ob sie selbst zum Vorsteuerabzug berechtigt sei und welche steuerlichen Gestaltungsmöglichkeiten der Vermieter wahrnehmen könne oder wolle.	BGH, 21.01.2009 – XII ZR 79/07, GuT 2009, 22 = IMR 2009, 120 = NZM 2009, 237 = InfoM 2009, 117
Vertragsabschluss und Einigungsmangel: Kann ein Vertrag zustande kommen, obwohl die Miethöhe noch nicht feststeht?	Auch wenn es an einer Einigung über bestimmte essentialia negotii (hier: Miethöhe) fehlt, muss der Vertrag (hier: Vertragsfortsetzung) nicht endgültig scheitern. Solange die Parteien ihre Verhandlungen nicht endgültig abgebrochen haben, können Sie die Einigungslücke vielmehr auch nachträglich (hier: nach rund 9 Monaten) schließen.	BGH, 08.10.2008 – XII ZR 66/06, InfoM 2009, 14
Eigenkapitalersetzende Funktion einer Gebrauchsüberlassung nach Zession künftiger Mietforderungen §§ 404, 535 II BGB; §§ 32a, 32b GmbHG	Dem Zessionar von künftigen Mietzinsforderungen kann gem. § 404 BGB auch die erst nach der Zession eingetretene eigenkapitalersetzende Funktion der Gebrauchsüberlassung entgegengehalten werden, soweit die geltend gemachten Mietzinsforderungen nach Eintritt der eigenkapitalersetzenden Funktion entstanden sind.	BGH, 05.12.2007 – XII ZR 183/05, NZM 2008, 730 = ZMR 2008, 201 = NJW 2008, 1153
Verzug: Begründet die bloße Angabe eines Zahlungsdatums in der Rechnung den Verzug?	Gibt der Gläubiger in seiner Rechnung einseitig ein bestimmtes Datum vor, bis zu dem die Rechnung beglichen werden soll, kommt der Schuldner nicht allein dadurch in Verzug, dass er diesen Termin verstreichen lässt, ohne zu zahlen.	BGH, 25.10.2007 – III ZR 91/07, InfoM 2008, 93
Folgen überhöhter sittenwidriger Miete	In den Fällen des Wuchers oder der sittenwidrigen wucherähnlichen Mietpreisüberhöhung nach § 138 I od. II BGB findet in der Geschäftsraummiete eine Aufrechthaltung des Vertrags mit einer zulässigen Miete in der Regel nicht statt.	BGH, 21.09.2005 – XII ZR 256/03, NZM 2005, 944 (Entscheidungsgründe II. 4. a))

USt	Zur Auslegung einer Vereinbarung, nach der der Mieter neben der Nettomiete die „jeweils gültige Mehrwertsteuer" zu zahlen hat, wenn die Option des Vermieters zur Steuerpflicht unwirksam ist, sodass die Vermietung tatsächlich steuerfrei bleibt.	BGH, 28.07.2004 – XII ZR 292/02, NZM 2004, 785
Neue Vereinbarung über Zahlungsweise	Eine bestimmte Zahlungs- und Verrechnungsweise können die Mietvertragsparteien ungeachtet eines Schriftformvorbehalts zum Aufrechnungsverbot mündlich wirksam vereinbaren.	BGH, 17.03.2004 – XII ZR 306/00, GuT 2004, 117
Mietgarantie	Zur Auslegung einer Garantie für „erzielbare", jedoch nicht „erzielte" Mieten als Mietgarantie oder Vermietungsgarantie.	BGH, 13.03.2003 – IX ZR 199/00, GuT 2003, 141
USt	Hat ein Vermieter gewerblicher Objekte nach den Regeln des Umsatzsteuergesetzes die Möglichkeit, zur Mehrwertsteuer zu optieren, so stellt es auch aus der Sicht des gewerblichen Mietrechts keine unzumutbare Benachteiligung für den Mieter dar, wenn der vom Vermieter verwandte Formularvertrag den Mieter verpflichtet, auf Verlangen des Vermieters Mehrwertsteuer zu zahlen, falls der Vermieter in Ausnutzung seiner steuerrechtlichen Möglichkeiten für die Umsatzsteuer optiert. BGH, 25.07.2001 – XII ZR 137/99, NZM 2001, 952	
Ausschluss von Minderung, Aufrechnung und Zurückbehaltungsrechts	Der Ausschluss von Minderung, Aufrechnung und der Geltendmachung eines Zurückbehaltungsrechts, soweit es sich nicht um rechtskräftig festgestellte oder unstreitige Gegenforderungen handelt, sowie der Ausschluss der verschuldensunabhängigen Haftung für anfängliche Sachmängel in den AGB eines unter Kaufleuten geschlossenen Pachtvertrags ist zulässig.	BGH, 27.01.1993 – XII ZR 141/91, NJW-RR 1993, 519 = DWW 1993, 170 = ZMR 1993, 320
Aufrechnung, Ankündigung	Die Einhaltung der in einem Mietvertrag über Gewerberaum vereinbarten Bestimmung, dass der Mieter gegenüber dem Vermieter eine Gegenforderung nur aufrechnen darf, wenn er das mindestens einen Monat vor Fälligkeit des Mietzinses schriftlich angekündigt hat, kann der Vermieter nicht mehr verlangen, wenn das Vertragsverhältnis beendet ist, der Mieter das Mietobjekt geräumt und herausgegeben hat und lediglich noch wechselseitige Ansprüche abzurechnen sind.	BGH, 16.12.1987 – VIII ZR 48/87, NJW-RR 1988, 329 = MDR 1988, 488

2. Schnellüberblick aktuelle Rechtsprechung der Instanzgerichte

Thema/Normen	Leitsatz	Entscheidung, Fundstelle
Teilzahlungen: Vorrangig auf Nebenkostenvorauszahlungen!	Teilzahlungen des Mieters ohne ausdrücklich oder konkludente Tilgungsbestimmungen, wie hier, sind gemäß § 366 Abs. 2 BGB vorrangig auf die Nebenkostenvorauszahlungen zu verrechnen, denn der Vorschussanspruch ist weniger gesichert als der Anspruch auf die Grundmiete, weil der Vermieter ihn nach Abrechnungsreife nicht mehr geltend machen kann.	OLG Brandenburg, 03.03.2010 – 3 U 108/09, IMR 2010, 330
Ausschluss der Aufrechnungsmöglichkeit durch Formularklausel zulässig?	Die Klausel: „Der Mieter kann gegen die Miete weder aufrechnen noch ein Zurückbehaltungsrecht ausüben oder die Miete mindern. Hiervon ausgenommen sind Forderungen des Mieters wegen Schadenersatzes für Nichterfüllung oder Aufwendungsersatz infolge eines anfänglichen oder nachträglichen Mangels der Mietsache, den der Vermieter wegen Vorsatz oder grober Fahrlässigkeit zu vertreten hat, und andere Forderungen aus dem Mietverhältnis soweit sie unbestritten, rechtskräftig festgestellt oder entscheidungsreif sind ...." ist in einem Gewerberaummietvertrag zulässig.	OLG Köln, 22.12.2009 – 22 U 9/09, IMR 2010, 232
Mieter darf wählen, auf welche von mehreren Forderungen er leistet! §§ 280, 366, 367, 535 BGB; §§ 2, 9a HeizkostenV; §§ 94 ff. InsO; § 287 ZPO	1. Stehen dem Gläubiger gegenüber dem Schuldner Forderungen aus mehreren Schuldverhältnissen zu, kann der Schuldner bestimmen, auf welche dieser Forderungen er leistet. 2. Der Mieter ist nicht verpflichtet, die Versorgung von Räumen mit zu übernehmen, die Dritten überlassen sind oder vom Vermieter genutzt werden. Auch die Kosten, die auf leer stehende Räume entfallen, hat nicht der Mieter zu tragen.	OLG Rostock, 10.12.2009 – 3 U 253/08, IMR 2010, 185
Tilgungsreihenfolge bei unbestimmten Zahlungen	Der Vermieter ist bei unbestimmten Zahlungen des Mieters an die gesetzliche Tilgungsreihenfolge gebunden, sofern nicht von einer abweichenden Tilgungsvereinbarung auszugehen ist.	OLG Düsseldorf, 05.11.2009 – 24 U 12/09
Ankündigungs-/ Aufrechnungsklausel	1. Eine Klausel in einem Mietvertrag, nach welcher der Mieter bei einem Mangel nur nach vorheriger Ankündigung und dann gegenüber dem Vermieter mindern oder aufrechnen darf, wenn er nicht mit Mietzahlungen im Rückstand ist, ist zulässig. 2. Sinn und Zweck der Klausel gelten auch nach Vertragsbeendigung dahingehend fort, die noch ausstehenden, einfach nachzuweisenden Mietzinsforderungen des Vermieters durchzusetzen, ohne auf streitige Gegenforderungen des Mieters Rücksicht zu nehmen.	OLG Düsseldorf, 08.10.2009 – 10 U 62/09, IMR 2010, 50

„Unbestrittene" Forderung	Eine entscheidungsreife Forderung aus einem Mietvertrag gilt als „unbestritten" im Sinne einer Vertragsklausel.	OLG Düsseldorf, 01.10.2009 – 10 U 58/09, IMR 2010, 173
Fälligkeit des Mietzinses	An die Stelle der formularmäßig vereinbarten Mietvorauszahlungsklausel eines am 1. September 2001 bereits bestehenden Mietvertrages, die wegen einer unzulässigen Beschränkung des Mietminderungsrechts unwirksam ist, ist – auch für die Zeit nach dem 1. Januar 2003 – die Fälligkeitsbestimmung des § 551 BGB a.F. getreten.	BGH, 04.02.2009 – VIII ZR 66/08
Pachtrecht – Aufrechnung mit Pachtzinsforderungen?	1. Miet- und Pachtzinsforderungen stellen auch insoweit keine bereits mit Vertragsschluss entstandenen betagten Forderungen, sondern erst mit Beginn der jeweiligen Periode, für die Miet- oder Pachtzins geschuldet wird, somit abschnittsweise immer wieder neu entstehende Forderungen dar, als sie bei einem befristeten Miet- oder Pachtverhältnis auf die hiernach feste (Mindest-) Vertragsdauer entfallen. 2. Die Aufrechnung gegen solche Miet- und Pachtzinsforderungen ist vor Beginn der jeweiligen Periode, für die Miet- oder Pachtzins geschuldet wird, mangels Bestehen einer Aufrechnungslage gemäß § 387 BGB unwirksam.	OLG Nürnberg, 19.11.2008 – 12 U 101/08
Konkludente Tilgungsbestimmung?	1. Ist der zu laufenden Zahlungen verpflichtete Schuldner im Rückstand, kann nicht ohne weiteres angenommen werden, dass er die zuletzt fällig gewordene Rate bezahlen will, es gilt vielmehr § 366 Abs. 2 BGB. 2. Dem Mieter bleibt es unbenommen, bei seinen monatlichen Zahlungen auf einfachem Wege – z.B. im angegebenen Verwendungszweck – eine ausdrückliche Tilgungsbestimmung nach § 366 Abs. 1 BGB zu treffen. Andernfalls greift die gesetzliche Tilgungsreihenfolge des § 366 Abs. 2 BGB. 3. Mit der bloßen Zahlung zum Fälligkeitszeitpunkt bringt der Mieter zunächst einmal nur zum Ausdruck, Mietforderungen begleichen zu wollen. Allein die Überlegung, dass der Mieter ggf. andernfalls wegen der nicht zu seinen Gunsten eintretenden Verjährung Nachteile erleiden könnte, rechtfertigt es nicht, dann zum Nachteil des Vermieters auf eine konkludente Tilgungsbestimmung zu schließen.	LG Münster, 22.10.2008 – 9 S 242/07
Keine generelle Verrechnung von verspäteten Zahlungen auf rückständige Pachten!	1. Eine Verrechnung von verspäteten, aber vom Pächter auf die aktuellen Pachten bestimmten Pachtzahlungen auf rückständige Monate darf nicht stattfinden. 2. Der Verpächter kann rückständige Pachten, die er auf andere Monate als der Pächter bezieht, durch Hilfsanträge geltend machen, und zwar auch noch im Berufungsrechtszug.	OLG Düsseldorf, 08.07.2008 – 24 U 151/07, IMR 2009, 14

Gewerbliche Mietpreisüberhöhung bei Gastronomieflächen	1. Es kommt in Betracht, auch die Vermietung von Gastronomieflächen als lebenswichtigen Bedarf im Sinne von § 4 WiStG anzusehen. 2. Für die Beurteilung der Angemessenheit der Miete im Rahmen von § 4 WiStG bzw. § 138 Abs. 1, 2 BGB ist auf die Nettomiete abzustellen. 3. Die Vermutung einer verwerflichen Gesinnung beim Vorliegen eines groben Missverhältnisses zwischen vereinbarter und üblicher Miete greift bei Mietverträgen nicht, weil hier der Marktwert der Leistung nicht ohne Weiteres erkennbar ist. Hinweis: Ausführlich dazu Neuhaus, Mietpreisüberhöhung nach § 4 WiStrG in der gewerblichen Miete, NZM 2009, 646.	OLG Schleswig, 10.06.2008 – 4 U 18/08, IMR 2009, 9
Gewerbemiete: Kein Verzug des Mieters bei unterbliebenem Einzug im Lastschriftverfahren! §§ 242, 269, 270, 286, 543 Abs. 2 BGB	Wird im Mietvertrag die Einziehung der Miete im Lastschriftverfahren vereinbart, kommt der Mieter nicht in Verzug, wenn der Vermieter von seiner Einzugsermächtigung keinen Gebrauch macht. Dies gilt grundsätzlich auch dann, wenn es bereits zu einzelnen Rücklastschriften gekommen ist.	OLG Stuttgart, 02.06.2008 – 5 U 20/08, IMR 2008, 306
§ 307 Abs. 1, § 367 Abs. 2, § 543 Abs. 2, § 556 BGB	1. Eine vom Mieter veranlasste Zahlung mit dem Zusatz „Miete 4-12/2005" beinhaltet eine Leistungsbestimmung i.S. § 367 Abs. 2 BGB. 2. Die Formularklausel in einem gewerblichen Mietvertrag, „Der Vermieter kann Zahlungen nach seiner Wahl zunächst auf die bisherigen Kosten und Zinsen und dann auf die ältesten Rückstände verrechnen. Das gilt auch dann, wenn der Mieter eine anderweitige Bestimmung getroffen hat," ist gemäß § 307 Abs. 1 BGB unwirksam. 3. Zinsen und Kosten sind kein Mietzins i.S. des § 543 Abs. 2 S. 1 Nr. 3 BGB.	OLG Düsseldorf, 08.05.2008 – 10 U 11/08, IMR 2009, 88 = ZMR 2009, 275
Verzug	Für die Anrechnung einer Leistung auf eine Schuld zwecks Erfüllung kommt es zunächst auf die jeweilige Tilgungsbestimmung des Schuldners an. Subsidiär greifen gesetzliche Anrechnungsregelungen ein, §§ 366, 367 BGB. Maßgeblich ist die Tilgungsbestimmung bei der Leistung. Eine spätere einseitige Bestimmung ist unwirksam. Eine wirksame nachträgliche Tilgungsbestimmung durch den Leistenden kommt allenfalls in Betracht, wenn die Parteien eine entsprechende Vereinbarung getroffen haben, etwa indem der Leistende bei der Zahlung einen Verrechnungsvorbehalt ausdrücklich erklärt hat und der Leistungsempfänger dem jedenfalls konkludent zugestimmt hat.	KG, 30.04.2008 – 12 U 25/08

Anspruch auf Senkung des Pachtzinses bei Tankstelle?	Stellt der Verpächter eines Tankstellenbetriebes den Vertrieb einer freien Tankstelle ohne Mitwirkung des Pächters auf Markenkraftstoffe um (sog. Umflaggung), schuldet er im Wege der Vertragsanpassung eine Ermäßigung des Pachtzinses.	OLG Koblenz, 20.12.2007 – 6 U 154/07

3. Formulierungsvorschläge zu den Mietarten

a) Kaltmiete

Formulierungsvorschlag: Kaltmiete und Fälligkeit

> **Hinweis:**
> Betriebskosten werden gesondert vereinbart! Ggf. sind alternativ Mieterhöhungsmöglichkeiten zu vereinbaren (Indexmiete, Staffelmiete etc.).

1. Es wird eine monatliche Nettokaltmiete vereinbart. Zuzüglich sind Betriebs- und Heizkosten sowie Umsatzsteuer (Mehrwertsteuer) zu zahlen, Letztere in der jeweils gesetzlichen Höhe.

Die Nettokaltmiete beträgt monatlich:

für die Mieträume gem. § 1, 1a: ..... €

für die Mieträume gem. § 1, 1b: ..... €

für die Mieträume gem. § 1, 1c: ..... €

2. Die Miete ist ab Übergabe des Mietobjekts jeweils bis zum dritten Werktag eines jeden Monats kostenfrei im Voraus auf folgendes Konto zu zahlen:

Empfänger: .....

Kreditinstitut: .....

BLZ: .....

Konto-Nr.: .....

Für die Rechtzeitigkeit der Zahlung kommt es auf die Gutschrift des Betrages an. Der Mieter muss mit Banklaufzeiten von zwei bis drei Tagen rechnen.

3. Der Mieter wird darauf hingewiesen, dass er sich bei nicht fristgerechter Zahlung nach den gesetzlichen Vorschriften automatisch in Verzug befindet, ohne dass es einer gesonderten Mahnung bedarf. Im Fall des Verzuges ist der Vermieter berechtigt, Verzugszinsen i.H.v. 8 Prozentpunkten über dem Basiszinssatz zu verlangen.

4. Liegt Verzug vor, so sind sämtliche Zahlungen des Mieters zunächst auf die Zinsen, dann auf die Betriebskosten, dann auf die Grundmiete anzurechnen und zwar jeweils auf die älteste Schuld.

b) Umsatzmiete

Formulierungsvorschlag: Umsatzmiete

> **Hinweis:**
> Betriebskosten werden gesondert vereinbart!
>
> Ggf. sind alternativ Mieterhöhungsmöglichkeiten zu vereinbaren (Indexmiete, Staffelmiete etc. → *Rn. 1135 ff.*).

923

1. Es wird eine monatliche Nettokaltmiete als Umsatzmiete vereinbart. Zuzüglich sind Betriebs- und Heizkosten sowie Umsatzsteuer (Mehrwertsteuer) zu zahlen, Letztere in der jeweils gesetzlichen Höhe.

Die monatliche Umsatzmiete setzt sich wie folgt zusammen:

a) Grundmiete

für die Mieträume gem. § 1, 1a: ..... €

für die Mieträume gem. § 1, 1b: ..... €

für die Mieträume gem. § 1, 1c: ..... €

b) Umsatzanteil: ..... % des monatlichen Nettoverkaufsumsatzes,

jeweils zuzüglich gesetzlicher Umsatzsteuer (Mehrwertsteuer).

2. Die Gesamthöhe der Nettokaltmiete, berechnet aus Grundmiete plus Umsatzanteil, ist auf ..... € zuzüglich gesetzlicher Umsatzsteuer begrenzt.

3. Nettoverkaufsumsatz sind sämtliche Einnahmen aus Warenverkäufen, Dienstleistungsgeschäften und sonstigen Geschäften einschließlich etwaiger Untervermietung, die vom Mieter in oder vom Mietobjekt aus getätigt werden, abzüglich Umsatzsteuer und Gutschriften/Retouren. Raten- und Kreditkartengeschäfte stehen Bargeschäften gleich. Während der Zeit von Betriebsferien oder Betriebsschließungen ist pro angefangener Schließungswoche ein Umsatz i.H.v. 20 % des Nettoverkaufsumsatzes des vorhergehenden Monats zu zahlen.

4. Die Grundmiete stellt ein Fixum dar, der Umsatzanteil eine Vorauszahlung.

5. Der vorläufige Nettoverkaufsumsatz wird monatlich, jeweils bis zum 15. des folgenden Monats, dem Vermieter vorläufig bekannt gegeben. Der Mieter legt dem Vermieter dafür die für das Finanzamt bestimmte Umsatzsteuervoranmeldung vor.

6. Die Vorauszahlungen des Mieters auf den Umsatzanteil werden kalenderjährlich abgerechnet. Der Mieter hat seine Umsätze dem Vermieter nachzuweisen. Der Mieter legt dem Vermieter dafür unaufgefordert eine mit dem Prüfungsvermerk eines Wirtschaftsprüfers, Steuerberaters oder Steuerbevollmächtigten versehene Aufstellung über die im jeweils abgelaufenen Kalenderjahr erzielten Nettoverkaufsumsätze spätestens bis zum 15.03. des nachfolgenden Kalenderjahres vor.

7. Der Vermieter kann verlangen, die Bücher, sonstigen Unterlagen und Daten des Mieters, soweit sie den Umsatz beireffen, nach vorheriger Absprache von einem vom Vermieter beauftragten Wirtschaftsprüfer, Steuerberater oder Rechtsanwalt einsehen zu lassen, und zwar innerhalb von drei Jahren nach Abschluss eines jeweiligen Geschäftsjahres. Das Einsichtsrecht gilt insbesondere auch für Steuererklärungen und Steuerbescheide. Der Vermieter und sein Bevollmächtigter sind berechtigt, auf Kosten des Vermieters Kopien von den Unterlagen zu ziehen. Der Vermieter verpflichtet sich bereits jetzt, diese Unterlagen und Daten sowie Informationen daraus Dritten nicht zugänglich zu machen, sofern er nicht öffentlich-rechtlich dazu verpflichtet ist oder eigene Ansprüche gegenüber dem Mieter durchsetzen will.

8.

a) Die Grundmiete nebst Umsatzsteuer ist ab Übergabe des Mietobjekts jeweils bis zum dritten Werktag eines jeden Monats kostenfrei im Voraus auf folgendes Konto zu zahlen:

Empfänger: .....

Kreditinstitut: .....

BLZ: .....

Konto-Nr.: .....

b) Der monatliche Umsatzanteil ist für den vorangegangen Monat jeweils bis zum 15. des folgenden Monats kostenfrei auf das vorgenannte Konto zu zahlen.

c) Für die Rechtzeitigkeit der Zahlung kommt es auf die Gutschrift des Betrages an. Der Mieter muss mit Banklaufzeiten von zwei bis drei Tagen rechnen.

9. Etwaige Erstattungen oder Nachzahlungen, die sich aus dem Vergleich der vorausgezahlten monatlichen Umsatzanteile mit der Jahresabrechnung ergeben, werden zum 01.04. eines jeden Jahres fällig.

10. Wird das Mietverhältnis vorzeitig beendet, gleich aus welchem Rechtsgrund, ist die vom Mieter zu zahlende Umsatzmiete zeitanteilig zu berechnen.

11. Der Mieter wird darauf hingewiesen, dass er sich bei nicht fristgerechter Zahlung nach den gesetzlichen Vorschriften automatisch in Verzug befindet, ohne dass es einer gesonderten Mahnung bedarf. Im Fall des Verzuges ist der Vermieter berechtigt, Verzugszinsen i.H.v. 8 Prozentpunkten über dem Basiszinssatz zu verlangen.

12. Liegt Verzug vor, so sind sämtliche Zahlungen des Mieters zunächst auf die Zinsen, dann auf die Betriebskosten, dann auf die Grundmiete anzurechnen und zwar jeweils auf die älteste Schuld.

c) Flächenmiete (quadratmeterbezogene Miete)

Hinweis:

Betriebskosten werden gesondert vereinbart! Ggf. sind alternativ Mieterhöhungsmöglichkeiten zu vereinbaren (Indexmiete, Staffelmiete etc. → *Rn. 1135 ff.*).

Zu reinen Flächenvereinbarungen → *Rn. 719 ff.*

Formulierungsvorschlag: Flächenmiete

1. Es wird eine monatliche Nettokaltmiete auf Quadratmeterbasis vereinbart. Zuzüglich sind Betriebs- und Heizkosten sowie Umsatzsteuer (Mehrwertsteuer) zu zahlen, Letztere in der jeweils gesetzlichen Höhe. Die monatliche Miete beträgt für die in § 1 genannte Mietfläche pro Quadratmeter Mietfläche ..... € zuzüglich Umsatzsteuer. Die Parteien legen die Mietfläche, basierend auf einer erfolgten Vermessung nach DIN 277, mit ..... m² fest. Die Nettokaltmiete beträgt damit monatlich insgesamt ..... €. Anpassungen der Nettokaltmiete, die aufgrund von neuen Nachmessungen nach DIN 277 wegen Änderungen der Mietfläche gefordert werden, sind ausgeschlossen, wenn die Flächenabweichungen lediglich bis +/- 3 % betragen. Bei größeren Abweichungen wird die Miete auf Basis der ermittelten Fläche festgesetzt.

Rest wie beim Klauselvorschlag zur Kaltmiete und Fälligkeit etc. → *Rn. 922.*

d) Umsatzsteuer

Nicht immer formularfest → *oben dazu Rn. 854.*

Formulierungsvorschlag: Wechsel zur USt

Der Vermieter behält sich vor, zur Umsatzsteuer zu optieren. In diesem Fall hat der Mieter zusätzlich zur Miete und allen anderen vertraglich vereinbarten Zahlungen die Umsatzsteuer in gesetzlicher Höhe zu entrichten.

Formulierungsvorschlag: Schutzklausel für den Vermieter

Dem Mieter ist bekannt, dass der Vermieter zur Umsatzsteuer optiert hat. Der Mieter versichert, dass er im Mietobjekt keine Umsätze tätigt oder tätigen wird, die den Vorsteuerabzug des Vermieters gefährden. Der Mieter verpflichtet sich, den Vermieter von der Aufnahme derartiger Tätigkeiten zu informieren. Für den Fall, dass der Vermieter durch die Tätigkeiten des Mieters den Vorsteuerabzug verliert, wird Folgendes vereinbart: Der Vermieter ist berechtigt, einen zusätzlich zur Miete zu zahlenden Mietzuschlag i.H.d. verlustig gegangenen Vorsteuerbetrages zuzüglich Zinsen i.H.d. gesetzlichen Zinssatzes bei Verzug zu verlangen. Der Mietzuschlag kann für die Dauer des verlustig gegangenen Vorsteuerbetrages verlangt werden.

Hat der Vermieter gegenüber der Finanzverwaltung wie auch immer geartete Nachweise zu erbringen, ist der Mieter verpflichtet, dem Vermieter diese Nachweise zur Verfügung zu stellen.

4. Umsatzmiete

Checkliste: Umsatzmiete

928

- ☐ Alleinige Umsatzmiete oder fester Sockelbetrag plus Umsatzbeteiligung
- ☐ Umsatzbegriff geregelt
- ☐ Abrechnungsmodalitäten geklärt: Vorauszahlung, Jahresabrechnung
- ☐ Zahlungsmodus festgelegt
- ☐ Kontrollrechte des Vermieters

§ 11 Betriebskosten

		Rn.
I.	Begriff und anwendbare Rechtsvorschriften	929
II.	Verschiedene Mietarten/Begriffe/Definitionen	937
III.	Umlage der Betriebskosten auf den Mieter	950
	1. Grundsatz: ausdrückliche und klare Vereinbarung erforderlich	950
	2. Umlagevereinbarung durch Bezugnahme auf BetrKV	958
	3. Vereinbarung einer Betriebskostenvorauszahlung	959
	4. Vereinbarung einer Betriebskostenpauschale	965
	5. Vereinbarung der Betriebskostenumlage und Änderung der ursprünglichen Vereinbarung durch schlüssiges Verhalten	968
	6. Dürfen neu eingeführte und ursprünglich nicht vereinbarte Betriebskosten umgelegt werden?	977
	7. Sonstiges	983
IV.	Wirtschaftlichkeitsgebot	985
V.	Einzelne „streitanfällige" Betriebskosten	992
	1. Fahrstuhlkosten	993
	2. Grundsteuer	996
	3. Hauswart/Hausmeister	998
	4. Sonstige Betriebskosten als Auffangposition	1004
	5. Sperrmüll/„wilder Müll"	1008
	6. Versicherungen, Versicherungsprämien	1010
	a) Grundsätze	1010
	b) Vereinbarung	1011
	c) Einzelne Versicherungen	1013
	d) Fern liegende Risiken und „exotische" Versicherungsfälle	1024
	e) Gemischte Versicherungen mit privaten Anteilen	1026
	7. Verwaltungskosten	1030
	8. Wartungskosten	1038
VI.	Umlageschlüssel, Umlagemaßstab	1039
VII.	Betriebskostenabrechnung	1045
	1. Überblick	1045
	2. Anspruch auf Abrechnung, Abrechnungsreife, Abrechnungsfrist und Folgen der Versäumnis	1046
	a) Abrechnungsreife	1046
	b) Abrechnungsfrist	1047
	c) Abrechnungsverzug	1052
	d) Folgen des Abrechnungsverzugs im noch laufenden Mietverhältnis	1053
	e) Folgen des Abrechnungsverzugs beim beendeten Mietverhältnis	1057
	3. Ordnungsgemäße Abrechnung und Fälligkeit einer Nachforderung	1060
	a) Überblick, Abgrenzung formelle – materielle Rechtmäßigkeit der Abrechnung	1060
	b) Formell schädliche Umstände	1065
	c) Formell unschädliche Umstände	1066
	d) Zusammenfassung unterschiedlicher Betriebskosten, gemischte Kosten	1067
	e) Rechtsfolgen einer formell ordnungsgemäßen bzw. fehlerhaften Abrechnung	1070
	4. Vorwegabzug bei gemischt genutzten Objekten	1073
	5. Abrechnung und Verbuchung der Betriebskosten bei Mietminderung des Mieters	1079
	6. Verbrauchsabhängige Kosten	1084
	7. Leerstand im Objekt	1085
	8. Anpassung von Vorauszahlungen nach erfolgter Abrechnung	1086
	9. Belegeinsicht	1089
	10. Zu späte Abrechnung, Ausschlussfrist für Nachforderungen, Verfristung	1095
	11. Vorbehalt von Nachberechnungen, Nachschieben von Kosten	1100
	12. Kündigungsgrund nicht bezahlte oder fehlerhafte Betriebskostenabrechnung	1103
VIII.	Verjährung und Verwirkung	1104
IX.	Gerichtsverfahren	1110
X.	Streitwert	1122
XI.	Vertragsgestaltung	1124
XII.	Arbeits- und Beratungshilfen	1126
	1. Schnellüberblick Grundsatz-Rechtsprechung des BGH	1126
	2. Schnellüberblick aktuelle Rechtsprechung der Instanzgerichte	1127
	3. Formulierungsvorschläge	1128
	4. Checkliste	1132
	5. Verordnung über die Aufstellung von Betriebskosten (Betriebskostenverordnung – BetrKV)	1134

I. Begriff und anwendbare Rechtsvorschriften

929 Anders als bei Wohnraummiete spielen Betriebskosten im Geschäftsraummietrecht nur eine untergeordnete Rolle. Da sich i.d.R. wirtschaftlich denkende Geschäftsleute gegenüberstehen, kommt es eher selten zu Streit über diverse Positionen, der noch seltener vor Gericht endet. Bevor um Einzelzahlungen prozessiert wird, einigt man sich lieber oder verzichtet sogar.

Die Begriffe „Betriebskosten" und „Nebenkosten" werden synonym verwendet, ein inhaltlicher Unterschied besteht nicht. Auch mit „Bewirtschaftungs- und sonstigen Verbrauchsabgaben" in einem Gewerbemietvertrag ist dasselbe gemeint wie mit „Betriebskosten" i.S.d. Anlage 3 (Nr. 1 bis 16) zu § 27 der II. BerechnungsVO; dies ist von einem durchschnittlichen Gewerbemieter auch in diesem Sinne zu verstehen.[1558]

930 § 556 BGB (Vereinbarungen über Betriebskosten) gilt mangels Verweisung in den §§ 578 ff. BGB **nicht** für Geschäftsraummietverhältnisse, was u.a. zur Folge hat, dass über § 556 Abs. 1 BGB **die BetrKV nicht verbindlich ist**. Das ändert aber nichts daran, dass die Praxis sich seit jeher an den gesetzlichen Vorschriften zur Wohnraummiete und der dazu ergangenen Rechtsprechung zur II. BV bzw. der BetrKV orientiert. Es besteht aber weder eine Verpflichtung, § 556 BGB zu beachten noch die Möglichkeit einer Analogie, da der Gesetzgeber hier bewusst eine Lücke gelassen hat, um bei Geschäftsraummietverhältnissen **mehr Flexibilität** zu ermöglichen. Welche Betriebskosten umlegbar sind, ergibt sich für Wohnraum abschließend aus der BetrKV, die zum 01.01.2004 in Kraft getreten ist; zuvor galt die Anlage 3 zu § 27 der II. BV. Die Änderungen waren eher punktueller Natur, z.T. auch nur eine sprachliche Modernisierung.[1559] In der Praxis wird bei Geschäftsraummietverträgen oft auf die BetrKV Bezug genommen oder sie wird wörtlich in den Vertrag integriert und dadurch zum Vertragsbestandteil und Prüfungsmaßstab. **Weitere**, nicht in der BetrKV enthaltene Positionen, **können vereinbart werden**.

931 Die **BetrKV** hat eine gewisse **Leitbildfunktion** auch dann, wenn im Miet- oder Pachtvertrag eine Bezugnahme oder Erwähnung nicht erfolgt. Dies bedeutet, dass sie als Auslegungshilfe dienen kann, wenn es um die Auslegung formularvertraglicher Vereinbarungen der Betriebskosten innerhalb der Grenzen der 307 ff. BGB oder um individuelle Vereinbarungen in den Grenzen des § 138 BGB geht.[1560] Dementsprechend verhält sich auch die Rechtsprechung. „Sonstige Betriebskosten" i.S.v. § 2 Nr. 17 BetrKV bzw. Nr. 17 der Anlage 3 zu § 27 II. BV können daher auch bei der Vermietung von Geschäftsräumen nur solche Kosten sein, die bei der Vermietung von Wohnräumen ebenfalls umlagefähig sind.[1561] Das bedeutet nicht, dass die Geschäftsraumparteien keine anderen Betriebskosten vereinbaren können, sondern nur, dass bei einer (nur) erfolgten **Bezugnahme auf die BetrKV** bzw. früher Anlage 3 zu § 27 II. BV die umlegbaren Kosten beschränkt sind (dazu → *Rn. 1004 ff.*). Wegen der Leitbildfunktion ist die Entscheidung abzulehnen, dass Grundsteuern nicht unter Betriebskosten fallen sollen, weil sie nach allgemeinem Sprachgebrauch nicht durch den Betrieb des Pachtobjekts verursacht

---

1558 KG, 12.02.2007 – 12 U 117/06, NZM 2008, 128 = NJOZ 2008, 447.
1559 Vgl. dazu Langenberg, NZM 2004, 41 und Pfeifer, AIM 2003, 210.
1560 Zu den Grenzen der Leitbildfunktion OLG Hamm, 02.12.2009 – 30 U 93/09, IMR 2010, 55 (Pachtvertrag).
1561 OLG Celle, 16.12.1998 – 2 U 23/98, NZM 1999, 501.

werden, sondern eine Steuer auf das Eigentum an Grundstücken und deren Bebauung, also eine Substanzsteuer sind (vgl. Art. 106 Abs. 6 GG).[1562]

Bei Geschäftsraummiete können grds. **sämtliche Kosten**, die durch den Betrieb des Objekts verursacht werden, durch eine vertragliche Vereinbarung auf den Mieter umgelegt werden. Die Begriffe Betriebskosten und Nebenkosten werden dabei synonym gebraucht. Gemeint sind alle Kosten, die durch den laufenden Betrieb (**nicht** Instandhaltung/Instandsetzung) des Objekts veranlasst werden bzw. damit in unmittelbarem Zusammenhang stehen. Nach dem zum 01.01.2007 neu eingeführten § 556 Abs. 1 Satz 2 BGB, der § 1 Abs. 1 Satz 1 BetrKV entspricht, sind Betriebskosten die Kosten, die dem Eigentümer oder Erbbauberechtigten durch das Eigentum oder Erbbaurecht am Grundstück oder durch den bestimmungsmäßigen Gebrauch des Gebäudes, der Nebengebäude, Anlagen, Einrichtungen und des Grundstücks laufend entstehen. Diese **Legaldefinition** gilt auch für gewerbliche Miet- und Pachtverhältnisse entsprechend, sie ist aber dafür nicht zwingend. 932

Erforderlich ist damit ein mehr oder weniger regelmäßiger Neuanfall der Kosten, eine **periodische Wiederkehr**.[1563] Intervalle von mehreren Jahren – auch in unterschiedlichen Zeitabständen – sind unschädlich.[1564] Kosten, die nicht regelmäßig, also einmalig, anfallen, sind nicht umlegbar. Nicht zu den Betriebskosten gehören deshalb bspw. die **Kosten einer Ersteinrichtung** oder bspw. auch Kosten, die durch eine einmalige Umgestaltung[1565] oder etwa Reparaturen anfallen. Ein Abstand von vier Jahren erfüllt noch das Merkmal „laufend".[1566] Kosten der Verbrauchserfassung und Abrechnung von Betriebskosten beim Auszug des Mieters (Nutzerwechselkosten) fallen ebenfalls nicht periodisch an und gehören zu den Verwaltungskosten.[1567] 933

Nicht abschließend geklärt ist, ob die periodische Wiederkehr im einzelnen Mietverhältnis anfallen muss oder – bei **mehreren Mieteinheiten** – bezogen auf das gesamte Gebäude ausreicht. Der BGH hat zum einen auf das jeweilige Mietverhältnis abgestellt,[1568] dies jedoch andererseits bei Abfuhr von Sperrmüll Dritter nicht problematisiert.[1569] Richtig ist Letzteres, wenn es um Kosten geht, die Gemeinschaftseinrichtungen oder -flächen betreffen.[1570] 934

Zu den Betriebskosten gehören begrifflich auch die **Heizkosten**, für deren Umlage und Abrechnung die HeizkostenVO gilt. Seit dem 01.01.2009 gilt die HeizkostenVO in novellierter Form[1571] (Art. 3 Verordnung zur Änderung der Verordnung über Heizkostenabrechnung v. 935

1562 OLG Hamm, 02.12.2009 – 30 U 93/09, IMR 2010, 55 (Pachtvertrag).
1563 BGH, 14.02.2007 – VIII ZR 123/06, ZMR 2007, 361 = NZM 2007, 282 = InfoM 2007, 64 = MDR 2007, 769 = NJW 2007, 1356; BGH, 07.04.2004 – VIII ZR 167/03, NZM 2004, 417 = WuM 2004, 290 = DWW 2004, 188 = NJW-RR 2004, 875 = MDR 2004, 932.
1564 BGH, 11.11.2009 – VIII ZR 221/08, NZM 2010, 79 = MDR 2010, 137: fünf – sieben Jahre; Schmid, MDR 2010, 362.
1565 LG Siegen, 23.04.1992 – 3 S 43/92, WuM 1992, 630.
1566 BGH, 14.02.2007 – VIII ZR 123/06, ZMR 2007, 361 = NZM 2007, 282 = InfoM 2007, 64 = MDR 2007, 769 = NJW 2007, 1356: Revision der Elektroanlage.
1567 BGH, 14.11.2007 – VIII ZR 19/07, MDR 2008, 313.
1568 BGH, 14.11.2007 – VIII ZR 19/07, WuM 2008, 85 = NZM 2008, 123 = MDR 2008, 313.
1569 BGH, 13.01.2010 – VIII ZR 137/09, IMR 2010, 132 = MDR 2010, 375 (preisgebundener Wohnraum).
1570 Ähnlich Schmid, MDR 2010, 362, 363.
1571 Ausführlich Schmid, NZM 2009, 104.

02.12.2008). Auf Abrechnungszeiträume, die vor dem 01.01.2009 begonnen haben, ist diese Verordnung in der bis zum 31.12.2008 geltenden Fassung weiter anzuwenden (§ 12 Abs. 6 HeizkostenVO). Heizkosten dürfen aus energetischen Gründen nicht pauschal vereinbart werden.[1572] Fehlen die gesetzlich vorgeschriebenen Erfassungsgeräte, kann der vom Mieter zu tragende Anteil unabhängig vom Verbrauch nach Quadratmetern ermittelt werden.[1573] § 7 Abs. 2 HeizkV regelt abschließend, welche Kosten des Betriebs der zentralen Heizungsanlage nach Maßgabe von § 7 Abs. 1 HeizkV umlagefähig sind. Dazu gehören Leasingkosten für Brenner, Öltank und Verbindungsleitungen auch dann nicht, wenn der Vermieter durch die Umstellung erhebliche Personalkosten einspart.[1574]

936 Beabsichtigt der Gebäudeeigentümer, eine bisher vorhandene Lücke bei der Erfassung des Wärmeverbrauchs in einer Wohnung durch die Installation eines zusätzlichen Messgeräts zu schließen, hat der Wohnungsnutzer dies nach § 4 Abs. 2 Halbs. 2 HeizkostenV zu dulden, was entsprechend für die gewerbliche Miete und Pacht gilt.[1575]

II. Verschiedene Mietarten/Begriffe/Definitionen

937 Zu unterscheiden sind grds. folgende übliche Begriffe, wobei hier Heizkosten immer vom Begriff der Betriebskosten umfasst sind:

938 • **Betriebskostenvorauszahlung**: Der Mieter zahlt Vorausbeträge auf die später abzurechnenden Betriebskosten. Liegen keine besonderen Umstände vor, begeht der Vermieter keine (Aufklärungs-) Pflichtverletzung beim Vertragsschluss, wenn er mit dem Mieter Vorauszahlungen für Nebenkosten vereinbart, die die Höhe der später anfallenden tatsächlichen Kosten nicht nur geringfügig, sondern auch deutlich unterschreiten.[1576]

939 • **Betriebskostenpauschale**: Der Mieter zahlt eine Pauschale für Betriebskosten, mit der diese abgegolten sein sollen (gleich ob sie tatsächlich höher oder niedriger sind).

940 • **Kaltmiete**: Miete ohne Betriebskostenvorauszahlung.

941 • **Nettomiete**: wie Kaltmiete.

942 • **Warmmiete**: Miete einschließlich der Betriebskostenvorauszahlung.

943 • **Bruttomiete**: z.T. als Synonym für Warmmiete verwendet, z.T. aber auch als Begriff für die Miete inklusive einer Betriebskostenpauschale.

944 • **Inklusivmiete**: Begriff für die Nettomiete zuzüglich einer Betriebskostenpauschale (= Gesamtmiete inklusive Betriebskostenpauschale).

945 • **Bruttowarmmiete**: wie Inklusivmiete.

946 • **Bruttokaltmiete**: Miete inklusive Betriebskostenpauschale, aber ohne Heizkosten.

947 • **Teilinklusivmiete**: Miete inklusive Betriebskostenpauschale für bestimmte Positionen, während andere konkret abgerechnet werden.

1572 OLG Düsseldorf, 11.03.2008 – 24 U 152/07, IMR 2008, 239.
1573 OLG Rostock, 10.12.2009 – 3 U 253/08, IMR 2010, 185.
1574 BGH, 17.12.2008 – VIII ZR 92/08, InfoM 2009, 115 (Wohnraum).
1575 BGH, 12.05.2010 – VIII ZR 170/09, IMR 2010, 368 (Wohnraum).
1576 BGH, 28.04.2004 – XII ZR 21/02, GuT 2004, 160; BGH, 11.02.2004 – VIII ZR 195/03, AIM 2004, 76 = NZM 2004, 251 = NJW 2004, 1102 (Wohnraum).

Üblich sind entweder Betriebskostenvorauszahlungen, die dann später abgerechnet werden, oder Pauschalen, durch die sich der Vermieter die Abrechnung erspart. 948

Soll im Mietvertrag eine Pauschale vereinbart werden, kann sich der Vermieter eine Erhöhung vorbehalten, wenn die Betriebskosten steigen. Dies sollte aber bei formularmäßiger Ausgestaltung so genau wie möglich definiert werden, um AGB-Problemen vorzubeugen. Orientierungsmaßstab ist auch hier, dass sich der Mieter von vornherein auf das einstellen kann, was ihn künftig erwarten könnte. 949

> **Hinweis:**
> Heiz- und Warmwasserkosten müssen nach § 2 der Verordnung über die verbrauchsabhängige Abrechnung der Heiz- und Warmwasserkosten (HeizkostenVO) immer separat abgerechnet werden. Eine Pauschalierung ist nicht möglich. Die HeizkostenVO ist durch das Mietrechtsreformgesetz 2001 nicht in das BGB integriert worden, da sie keinen ausschließlich mietrechtlichen Anwendungsbereich hat, sondern auch für das Verhältnis zwischen Wohnungseigentümer und Eigentümergemeinschaft gilt.

III. Umlage der Betriebskosten auf den Mieter

1. Grundsatz: ausdrückliche und klare Vereinbarung erforderlich

Nach dem gesetzlichen Leitbild (§ 535 Abs. 1 Satz 2 BGB) hat der Vermieter die auf der Mietsache ruhenden Lasten und damit auch die Betriebskosten zu tragen. Haben die Parteien also keine gesonderte Vereinbarung getroffen, sind die Betriebskosten durch den Vermieter zu zahlen. 950

Die Abwälzung auf den Mieter ist grds. zulässig. Sie kann im Mietvertrag oder auch **mündlich** erfolgen, ebenso ihre Aufhebung. Behauptet der Mieter eine vom schriftlichen Vertrag abweichende mündliche Betriebskostenvereinbarung, trifft ihn die Beweislast.[1577] Besteht keine solche Vereinbarung oder ist sie unwirksam, bleibt es trotz der heute üblichen Zahlung durch den Mieter beim gesetzlichen Leitbild, d.h. der Vermieter/Verpächter muss die Nebenkosten tragen. 951

Die vereinbarte Miet- oder Pachtstruktur muss erkennen lassen, dass der Mieter die Nebenkosten ganz oder anteilig neben der Grundmiete tragen soll.[1578] Listen die Parteien die Betriebskosten ausdrücklich im Vertragstext auf oder fügen dem Vertrag eine Liste als Anlage bei oder nehmen wirksam auf die BetrKV Bezug (dazu nachfolgend → Rn. 958), ergeben sich i.d.R. keine Auslegungsprobleme, denn es gilt das, was vertraglich fixiert ist. Enthält der Vertrag aber nur wenige Worte zur Umlage der Betriebskosten, ist die Klausel – gleichgültig ob AGB oder Individualvereinbarung – nach den §§ 133, 157 BGB auszulegen, Der Mieter oder Pächter muss sich anhand des Vertrages zumindest ein grobes Bild davon machen können, welche zusätzlichen Kosten auf ihn zukommen (Art und Umfang der Belastung).[1579] Die Umlagever- 952

1577 OLG Koblenz, 06.12.2001 – 5 U 793/01, GuT 2002, 43.
1578 BGH, NJW-RR 2006, 84; BGH, NJW 2006, 3057; BGH, ZMR 1970, 47.
1579 BGH, NJW-RR 2006, 84; OLG Jena, NZM 2002, 70; OLG Düsseldorf, NZM 2001, 588; OLG Gelle, ZMR 1999, 238; OLG Hamm, ZMR 1997, 285; Langenberg, in: Schmidt-Futterer, § 536 Rn. 35.

einbarung muss zwar nicht jede Kostenart explizit aufzählen, sie muss aber **so konkret sein**, dass der Mieter erkennen kann, was auf ihn zukommt. Diese Voraussetzung ist grds. nur dann erfüllt, wenn die Absprache über die Nebenkostenumlage dem **schuldrechtlichen Bestimmtheitsgrundsatz** i.S.d. § 241 Abs. 1 BGB n.F. entspricht und die nach dem Willen der Parteien abrechnungsfähigen Nebenkosten inhaltlich konkretisiert oder jedenfalls eindeutig bestimmbar bezeichnet sind.[1580] Dies gilt umso mehr, wenn es sich um eine Formularklausel handelt, die sich an §§ 305 ff. BGB, also dem Unklarheitenverbot des § 305c Abs. 2 BGB, dem Transparenzgebot und dem Verbot der unangemessenen Benachteiligung (§ 307 BGB) messen lassen muss. Die Rechtsprechung sieht dies teilweise eng, sodass hier bei Nachlässigkeit eine potenzielle Gefahr für den Vermieter lauert.

953 Beispiele von Vereinbarungen bzw. Klauseln wegen fehlender oder ausreichender inhaltlicher Bestimmtheit:

Text im Mietvertrag	Hinreichend bestimmt ja/nein	Entscheidung/Fundstelle
„Die Pächterin trägt ... in vollem Umfang sämtliche Betriebs- und Nebenkosten"	Nein	OLG Hamm, 02.12.2009 – 30 U 93/09, IMR 2010, 55 (Pachtvertrag)
Der Mieter habe (neben im Einzelnen aufgeführten Betriebskosten) „alle hier nicht aufgeführten Kosten in Ansehung des Mietobjekts" zu tragen.	Nein	OLG Düsseldorf, 14.05.2002 – 24 U 142/01, NZM 2002, 700 = GuT 2002, 78 = AIM 12/2002, 11 Ls.
„Sämtliche anfallenden Nebenkosten/Betriebskosten gehen anteilig zulasten des Mieters. Hierfür leistet der Mieter eine monatliche Betriebskostenvorauszahlung von (nicht ausgefüllt) DM + Mehrwertsteuer excl. Stromkosten. Die Nebenkostenvorauszahlung wird jährlich aufgrund der tatsächlich anfallenden Kosten neu festgelegt"	Nein	OLG Düsseldorf, 26.09.2002 – 10 U 170/01, GuT 2003, 87 = AIM 2003, 16 = ZMR 2003, 109
„Heiz- und Nebenkosten, die üblicherweise vom Mieter zu tragen sind"	Ja (i.V.m. einem konkretisierenden Bestätigungsschreiben nach Vertragsschluss)	OLG Karlsruhe, 14.05.2009 – 9 U 174/08, IMR 2010, 183 = InfoM 2010, 176 = ZMR 2009, 849

1580 BGH, NJW-RR 2006, 84; BGH, NJW 2006, 3057; BGH, ZMR 1970, 47; OLG Rostock, 14.01.2010 – 3 U 50/09, IMR 2010, 182 = MDR 2010, 1045; OLG Hamm, 02.12.2009 – 30 U 93/09, IMR 2010, 55 betr. Pachtvertrag; OLG Rostock, NZM 2005, 507: Kosten des Centermanagements; KG, KG-Report Berlin 2004, 21; OLG Düsseldorf, ZMR 2003, 109; KG, NZM 2002, 954; OLG Düsseldorf, NZM 2001, 588; OLG Düsseldorf, NZM 2002, 70; OLG Düsseldorf, DWW 2000, 196; Weidenkaff, in: Palandt, § 535 Rn. 87; Both, in: Herrlein/Kandelhard, § 556 Rn. 14.

"Bewirtschaftungs- und sonstige Verbrauchsabgaben"	Ja	KG, 12.02.2007 – 12 U 117/06, NZM 2008, 128 = ZMR 2007, 449
"Nebenkosten"	Ja	OLG München, 10.01.1997 – 21 U 2464/95, ZMR 1997, 233
"...alle mit dem Mietobjekt verbundenen Betriebskosten"	Nein	OLG Jena, 16.10.2001 – 8 U 392/01, NZM 2002, 70
"...notwendige und/oder übliche" Versicherungskosten	Nein	BGH, 06.04.2005 – XII 158/01, InfoM 2005, 194
Bezeichnung „u.ä." reicht nicht aus, um darauf die Umlage von Kosten für eine Elektronikversicherung zu stützen.	Nein	KG, 28.06.2010 – 8 U 167/09

Sieht der Mietvertrag zwar vor, dass der Mieter Nebenkosten monatlich vorauszuzahlen hat, enthält er jedoch keine Angaben darüber, welche Nebenkosten vom Mieter zu tragen sind, und ist der im Vertragsformular für die Auflistung der vom Mieter zu tragenden Nebenkosten vorgesehene **Leerraum von den Parteien durchgestrichen**, soll der Vermieter die vom Mieter gezahlten Vorauszahlungen zu erstatten haben, § 812 Abs. 1 Satz 2 BGB. Eine Umdeutung in eine Nebenkostenpauschale oder eine Bruttokaltmiete ist dann nicht möglich.[1581] Hierbei ist zu differenzieren: der Vereinbarung von Vorauszahlungen ist der Parteiwille zu entnehmen, dass der Mieter Betriebskosten zahlen soll; allerdings besagt dies noch nichts darüber, welche konkreten Kosten dies sein sollen, sodass dem Bestimmtheitserfordernis nicht genügt wird. 954

Ist von mehreren anzukreuzenden in Betracht kommenden Umlagearten **nichts angekreuzt**, reicht das für eine wirksame Umlage nicht aus.[1582]

Nach meiner Meinung genügt es in einem gewerblichen Miet- oder Pachtvertrag, wenn dem Mieter die Verpflichtung auferlegt wird, „die Betriebskosten" oder „die Nebenkosten" zu tragen; der Begriff ist dann vom **durchschnittlichen Gewerbemieter** i.S.v. § 2 der BetrKV oder der Anlage 3 zu § 27 Abs. 1 der II. BV (Nr. 1 bis 16) zu verstehen.[1583] Der BGH hat zu Wohnraum entschieden, dass für eine wirksame Umlegung von Betriebskosten an sich der Verweis auf Anlage 3 zu § 27 Abs. 1 II. BV genügt[1584] und damit die Tendenz vorgegeben, dass nicht alle Betriebskosten ausdrücklich benannt werden müssen. Da bei der Auslegung von Vereinbarungen, die keine Bezugnahme enthalten, i.R.d. §§ 133, 157 BGB die Verkehrssitte zu berücksichtigen ist, und diese in der gewerblichen Miete und Pacht die Umlegung von Kosten nach der Betriebskostenverordnung umfasst, genügt auch die bloße Bezeichnung „Betriebskosten", „Nebenkosten" oder Ähnliches. Die Klausel *„der Mieter trägt die Nebenkosten"* oder *„der Mieter trägt die Betriebskosten"* ist in Gewerbemietverträgen auch dann in der vorbezeichneten 955

1581 OLG Dresden, 20.06.2000 – 23 U 403/00, NZM 2000, 827; krit. Langenberg, NZM 2000, 801.
1582 OLG Rostock, 14.01.2010 – 3 U 50/09, IMR 2010, 182 = MDR 2010, 1045.
1583 Ebenso KG, 12.02.2007 – 12 U 117/06, NZM 2008, 128 = ZMR 2007, 449; Ahlt, GuT 2005, 47, 49.
1584 BGH, 07.04.2004 – VIII ZR 167/03, NZM 2004, 417 = WuM 2004, 290 = DWW 2004, 188 = NJW-RR 2004, 875 = MDR 2004, 932.

Auslegung unbedenklich, wenn sie **Teil von AGB** ist.[1585] Nur wenn über den Betriebskostenkatalog der Nr. 1 bis 16 der Anlage 3 zur § 27 Abs. 1 der II. Berechnungsverordnung hinaus weitere Nebenkosten umgelegt werden sollen, bedarf es dafür einer klaren, das Transparenzgebot wahrenden Vereinbarung.[1586]

956 Die Vereinbarung, dass *„die Pächterin ... in vollem Umfang sämtliche Betriebs- und Nebenkosten"* trägt, soll nicht hinreichend bestimmt genug sein, um die beim Verpächter erhobene **Grundsteuer** auf den Pächter abzuwälzen.[1587] Diese Entscheidung ist abzulehnen, da die Grundsteuer nach üblichem Verständnis zu den Betriebskosten zählt und die Formulierung ersichtlich alle Kosten des Objekts erfassen soll. Außerdem lag der Entscheidung zugrunde, dass die Parteien dem Pachtvertrag eine Wirtschaftlichkeitsprognose, die keinen Ansatz für Grundsteuer enthielt, beigefügt und diesen zur Grundlage der Ermittlung der Pachthöhe gemacht hatten.

957 Auch die **Umdeutung** einer ungenauen, sehr kurzen oder inhaltlich nicht näher spezifizierten Vereinbarung **in eine Pauschale** kann möglich sein. Die Regelung in einem Pachtvertrag *„Zur Deckung der Nebenkosten wird vom Pächter eine monatliche Vorauszahlung von 500,00 DM geleistet"* ist trotz fehlender Spezifizierung der umlagefähigen Kostenarten eine wirksame Nebenkostenvereinbarung und als Pauschale auszulegen, weil **nach allgemeiner Lebenserfahrung** anzunehmen ist, dass eine vertragliche Bestimmung nach dem Willen der Parteien einen bestimmten rechtserheblichen Inhalt haben soll und zwar hier in der Form, dass bei Unwirksamkeit der Vereinbarung abrechnungsfähiger Nebenkosten zumindest eine Pauschale geschuldet wird.[1588]

> **Praxistipp für Immobilienverwalter:**
>
> In professionellen Verträgen werden Betriebskosten üblicherweise folgendermaßen vereinbart:
>
> - Bezugnahme auf die BetrKV (vor dem 01.01.2004: Anlage 3 zu § 27 der II. BV),
> - konkrete Einbeziehung der BetrKV (= Abdruck im Vertrag oder Anhang),
> - individuelle Auflistung der zu tragenden Kosten.

2. Umlagevereinbarung durch Bezugnahme auf BetrKV

958 Es ist bereits früher entschieden worden, dass es für eine wirksame Umlagevereinbarung **nicht erforderlich** war, den Text der Anlage 3 im Mietvertrag mit abzudrucken, wenn ausdrücklich vereinbart wurde, dass der Mieter die Betriebskosten i.S.d. Anlage 3 zu § 27 II. BV tragen

---

1585 KG, 12.02.2007 – 12 U 117/06, NZM 2008, 128 = ZMR 2007, 449; OLG München, 10.01.1997 – 21 U 2464/95, ZMR 1997, 233; Bub/Treier, II Rn. 407 und III A Rn. 40.
1586 KG, 12.02.2007 – 12 U 117/06, NZM 2008, 128 = ZMR 2007, 449; KG, 08.10.2001 – 8 U 6267/00, GE 2002, 327 = KGR 2002, 81 = NZM 2002, 954.
1587 OLG Hamm, 02.12.2009 – 30 U 93/09, IMR 2010, 55.
1588 OLG Düsseldorf, 23.05.2002 – 10 U 96/01, NZM 2002, 526 = GuT 2002, 136.

sollte.[1589] Entsprechendes hat selbstverständlich auch für die BetrKV zu gelten, da sich durch deren Erlass in der Sache selbst nichts geändert hat. **Wichtig**: Es handelt sich bei den vorgenannten Entscheidungen überwiegend um die abgeschafften Rechtsentscheide, die durch die ZPO-Reform zum 01.01.2002 ihre Bindungswirkung verloren haben (die sie ohnehin im Geschäftsraummietrecht nicht hatten).

> **Hinweis:**
>
> Ganz eindeutig ist die vorgenannte Rechtslage bei bloßer Bezugnahme auf die BetrKV deshalb leider nicht: Denn durch das gesetzlich neu festgeschriebene Transparenzgebot in § 307 Abs. 2 Satz 3 BGB könnte es bei Formularverträgen zu Problemen kommen, wenn die Gerichte meinen, der Geschäftsraummieter habe nicht erkennen können, was auf ihn zukommt.[1590] Dies ist zwar unwahrscheinlich, kann aber nicht ausgeschlossen werden. Deshalb sollte sicherheitshalber – v.a. bei eigenen EDV-Verträgen – der Text der BetrKV mit in den Vertrag aufgenommen werden. Alle pauschalen Formulierungen in Verträgen können für den Vermieter gefährlich sein, da bei Streit evtl. Ansprüche gekürzt oder ganz versagt werden.

3. Vereinbarung einer Betriebskostenvorauszahlung

Mit der Vereinbarung, dass Betriebskosten umgelegt werden, kommt nicht automatisch auch eine Vereinbarung über **Betriebskostenvorauszahlungen** bzw. **-vorschüsse** zustande. Die Vorauszahlung mag zwar üblich sein, setzt aber eine ausdrückliche oder konkludente gesonderte Vereinbarung voraus. Die Parteien können alternativ auch vereinbaren, dass der Mieter keine Betriebskostenvorschüsse zu zahlen hat, sondern dass die Betriebskosten, die der Mieter nicht direkt mit den Versorgern abrechnet, zunächst vom Vermieter verauslagt und dann dem Mieter einmal im Jahr in Rechnung gestellt werden.[1591] Zur Anpassung der Höhe → *Rn. 1086*. 959

Es gehört nicht zu den vorvertraglichen Pflichten des Vermieters bzw. Verpächters, den Pächter ungefragt über die **genaue Höhe anfallender Betriebskosten** aufzuklären; es muss grds. **nur ein grober Rahmen abgesteckt** werden. Der Mieter darf nicht ohne Weiteres darauf vertrauen, dass sich die Kosten i.R.d. Vorauszahlungen halten.[1592] Allein der Umstand, dass die vom gewerblichen Vermieter verlangten Betriebskostenvorauszahlungen die später entstandenen Kosten deutlich unterschreiten, begründet noch keinen Vertrauenstatbestand, der wegen unzureichender Aufklärung eine Schadensersatzpflicht des Vermieters auslösen oder den Mie- 960

1589 BGH, 07.04.2004 – VIII ZR 167/03, NZM 2004, 417 = WuM 2004, 290 = DWW 2004, 188 = NJW-RR 2004, 875 = MDR 2004, 932; OLG Celle, 16.12.1998 – 2 U 23/98, NZM 1999, 501; OLG Düsseldorf, 02.02.1995 – 10 U 39/94, ZMR 1995, 203; OLG Frankfurt am Main, WuM 2000, 411 = NJW-RR 2000, 1464; OLG Hamm, WuM 1997, 542 = NJW-RR 1998, 1090; OLG Karlsruhe, WuM 1986, 9 = NJW-RR 1986, 91.
1590 Zur Problematik Hinz, AIM 2003, 2.
1591 LG Potsdam, 13.04.2004 – 3 O 101/03, NZM 2005, 303.
1592 BGH, 09.12.2009 – XII ZR 109/08, GuT 2010, 23 = IMR 2010, 92 – 94 = NZM 2010, 123 = MDR 2010, 313 zu Verwaltungskosten; BGH, 28.04.2004 – XII ZR 21/02, NJW 2004, 2674; BGH, 11.02.2004 – VIII ZR 195/03, NJW 2004, 1102.

ter aufgrund § 242 BGB zu einer Leistungsverweigerung berechtigen könnte.[1593] Ein solcher **Vertrauenstatbestand** erfordert vielmehr das Vorliegen besonderer Umstände,[1594] etwa eine bewusste Täuschung durch den Vermieter (§§ 123, 138, 242 BGB) oder auch nur konkrete Fragen des Mieters nach der Höhe der Betriebskosten.[1595] Macht der Vermieter von sich aus Aussagen über das Mietobjekt, so müssen seine Angaben richtig und vollständig sein..[1596] Aus nur „ins Blaue gemachten" Falschangaben des Vermieters kann der Mieter daher grds. keine Ansprüche herleiten, insb. kein Kündigungsrecht. Eine Anfechtung des Mietvertrages scheidet aus, wenn der Vermieter erst nach Abschluss des Vertrags erkennt, dass die Vorauszahlungen nicht ausreichen.[1597]

961 Liegt ein Vertrauenstatbestand vor, kann der Mieter **Freistellung von den überhöhten Betriebskosten** verlangen.[1598] Er muss danach nicht vortragen, dass er ohne das Aufklärungsverschulden des Vermieters entsprechende Mieträume einschließlich der Kosten für die Betriebskosten billiger hätte anmieten können. Bei einer arglistigen Täuschung kann er den Mietvertrag nach § 123 BGB anfechten.

962 Eine Diskrepanz der tatsächlichen Kosten zu den monatlichen Vorauszahlungen lässt auch eine **AGB-Klausel**, durch die Vorauszahlungen festgelegt werden, nicht automatisch als überraschend i.S.v. § 305c Abs. 1 BGB erscheinen.[1599]

Bezahlt der Mieter die Betriebskosten seit geraumer Zeit selbst (bspw. Direktzahlung an den Energielieferanten), so hat **er** und nicht der Vermieter darzulegen, dass der von ihm vereinbarungsgemäß geschuldete und an den Vermieter gezahlte Betrag neben der Miete auch Betriebskostenvorauszahlungen enthält.[1600]

963 Ein Anspruch auf Zahlung von Vorschüssen ist dann nicht gegeben, wenn die Leistung, auf die sich der Vorschuss (auch) bezieht, wegfällt. Ist also bspw. eine **Heizungsanlage nicht funktionsfähig**, entfällt der Anspruch auf Zahlung von Heizkostenvorschüssen für den Zeitraum der Funktionsunfähigkeit, sodass der Mieter von sich aus kürzen darf.[1601] Dies ergibt sich daraus,

---

1593 BGH, 09.12.2009 – XII ZR 109/08, GuT 2010, 23 = IMR 2010, 92 – 94 = NZM 2010, 123 = MDR 2010, 313 zu Verwaltungskosten; OLG Köln, 04.07.2006 – 22 U 40/06, NZM 2006, 701 = ZMR 2007, 39 = NJW 2006, 3358 unter Ziff. 3.
1594 BGH, 09.12.2009 – XII ZR 109/08, GuT 2010, 23 = IMR 2010, 92 – 94 = NZM 2010, 123 = MDR 2010, 313 zu Verwaltungskosten; BGH, 28.04.2004 – XII ZR 21/02, NJW 2004, 2674; BGH, 11.02.2004 – VIII ZR 195/03, NJW 2004, 1102; OLG Rostock, 23.10.2008 – 3 U 123/07, IMR 2009, 121; OLG Düsseldorf, 03.11.2005 – I-24 U 103/05, GuT 2007, 88.
1595 KG, 28.06.2007 – 8 U 208/06, IMR 2007, 379.
1596 KG, 28.06.2007 – 8 U 208/06, IMR 2007, 379.
1597 OLG Rostock, 23.10.2008 – 3 U 123/07, IMR 2009, 121.
1598 KG, 28.06.2007 – 8 U 208/06, IMR 2007, 379 = InfoM 2008, 69.
1599 BGH, 09.12.2009 – XII ZR 109/08, GuT 2010, 23 = IMR 2010, 92 – 94 = NZM 2010, 123 = MDR 2010, 313 zu Verwaltungskosten.
1600 OLG Düsseldorf, 09.06.2008 – 24 U 159/07, IMR 2008, 341 = GuT 2008, 341 = ZMR 2008, 950.
1601 KG, 22.02.2010 – 20 U 80/08, IMR 2011, 21 = MDR 2010, 1311; ähnlich Langenberg, in: Schmidt-Futterer, § 556 Rn. 277, § 560 Rn. 55 ff.

dass Vorschüsse nach dem Grundsatz der Wirtschaftlichkeit angemessen sein müssen und kein verdecktes, partiell zinsloses Darlehen für den Vermieter darstellen.[1602]

Für die **Abtretung, Aufrechnung und Pfändung von Vorauszahlungen** ist Folgendes zu beachten: Nach großen Teilen der Literatur können Vorauszahlungen ebenso wie Mietforderungen gem. § 398 BGB abgetreten, mit ihnen und gegen sie kann nach § 387 BGB aufgerechnet, und sie können nach § 829 ZPO gepfändet werden, weil die Vorauszahlungen kein Sonderentgelt des Mieters, sondern Teil der von ihm geschuldeten Gesamtmiete sind.[1603] Teile der Rechtsprechung sprechen sich jedoch dafür aus, dass Betriebskostenvorschüsse (und ebenso die Nachforderungen des Vermieters aus einer Betriebskostenabrechnung) weder abtretbar noch pfändbar sind, was nach § 394 BGB zur Folge hat, dass auch die Aufrechnung gegen diese Forderungen unzulässig ist, also nur der Vermieter mit ihnen gegen Ansprüche des Mieters aufrechnen dürfte.[1604] Richtig ist es aber, die Vorauszahlungen als „normalen" Teil der Miete zu behandeln, weil der Mieter nach § 535 Abs. 1 Satz 3 BGB eine einheitliche Miete schuldet, aus der der Vermieter alle Kosten, insb. alle Bewirtschaftungskosten zu bestreiten hat; das Gesetz geht also nicht von einer künstlichen Aufspaltung aus.[1605] Klauselvorschlag → *Rn. 1128.*

964

4. Vereinbarung einer Betriebskostenpauschale

Die Höhe der Betriebskosten kann – auch wirksam durch AGB – pauschaliert werden. Erfasst die **Nebenkostenpauschale** auch die Kosten der Heizung, verstößt eine derartige Vereinbarung gegen die Verpflichtung zur verbrauchsabhängigen Kostenverteilung und ist gem. § 2 HeizkostenV unwirksam. Diese Teilunwirksamkeit hat zur Folge, dass der kalkulatorische Anteil der Heiz- und Warmwasserkosten aus der vereinbarten Nebenkostenpauschale herauszurechnen und als Vorauszahlung zu behandeln ist, über den der Vermieter abzurechnen hat.[1606] Vereinbaren die Parteien eines gewerblichen Mietvertrags, dass Nebenkosten pauschal zu zahlen sind und ist bei einem längeren Vertragsverhältnis nie abgerechnet worden, spricht dies für den ursprünglichen Willen der Vertragsparteien, dass die Zahlung der Nebenkosten als Pauschale und nicht als Vorauszahlung erfolgt.[1607]

965

Bei einem **Bruttoinklusivmietvertrag**, der eine Nachforderung bzw. Abrechnung über höhere Nebenkosten nicht vorsieht, fällt das Risiko, dass sich die Nebenkosten für das Objekt in einem Ausmaß entwickeln, welches nicht durch die vorgesehenen Mieten abgedeckt wird, grds. in die Sphäre des Vermieters.[1608] Dies gilt auch dann, wenn die Bruttoinklusivmiete als Staffelmiete ausgestaltet wurde und die Nebenkostensteigerungen durch die Mietzinsstaffel nicht kompensiert werden können.[1609] Eine Anpassungspflicht des Mieters bzgl. der Miethöhe kommt in diesen Fällen auch bei einer gewerblichen Lokalität nur unter außergewöhnlichen Umständen in

966

1602 KG, 22.02.2010 – 20 U 80/08, IMR 2011, 21 = MDR 2010, 1311; Langenberg, in: Schmidt-Futterer, § 556 Rn. 275.
1603 Langenberg, Betriebskostenrecht, E Rn. 55 ff.; Belz, in: Bub/Treier, VII. A Rn. 9.
1604 LG Frankfurt am Main, Rpfleger 1989, 294; OLG Celle, GE 1999, 1579 = ZMR 1999, 679.
1605 Langenberg, Betriebskostenrecht, E Rn. 57.
1606 OLG Düsseldorf, 11.03.2008 – 24 U 152/07, IMR 2008, 239.
1607 OLG Düsseldorf, 11.03.2008 – 24 U 152/07, IMR 2008, 239.
1608 OLG Düsseldorf, 22.12.2009 – 21 U 14/09, IMR 2010, 184.
1609 OLG Düsseldorf, 22.12.2009 – 21 U 14/09, IMR 2010, 184.

Betracht, sodass der Vermieter eine außerordentliche Kündigung nicht auf rückständige Mietzahlungen des Mieters aus der unzulässigen Mieterhöhung stützen kann.[1610]

967 Nach § 560 Abs. 1 Satz 1 BGB, der nur für Wohnraummiete gilt, ist der Vermieter berechtigt, bei einer Betriebskostenpauschale **erhöhte Betriebskosten** anteilig durch Erklärung in Textform auf den Mieter umzulegen, wenn dies im Mietvertrag vereinbart ist. Ein entsprechender Vorbehalt kann wirksam im Geschäftsraummietvertrag vereinbart werden, allerdings nicht durch AGB, da dies eine unangemessene Benachteiligung i.S.v. § 307 Abs. 1 BGB darstellen würde (zu großes Abweichen vom gesetzlichen Leitbild, dass eigentlich der Vermieter die Betriebskosten trägt).

5. Vereinbarung der Betriebskostenumlage und Änderung der ursprünglichen Vereinbarung durch schlüssiges Verhalten

968 Normalerweise wird die Umlage der Betriebskosten im Mietvertrag vereinbart. Dies ist aber nicht zwingend, die Parteien können den Vertrag auch im laufenden Mietverhältnis ändern (also Betriebskosten erstmalig vereinbaren, erweitern oder beschränken), was grds. auch durch schlüssiges Verhalten möglich ist. Eine Vereinbarung zur Umlage von Betriebskosten kann auch **stillschweigend** – z.B. durch jahrelanges widerspruchsloses Zahlen des Mieters auf die Nachforderung hin – zustande kommen.[1611] Ebenso können möglicherweise ursprüngliche Vereinbarungen geändert werden, bspw. Aufnahme bestimmter nicht vereinbarter Kostenpositionen in die Abrechnung oder längeres Nichtabrechnen des Vermieters.

969 Dabei sind stillschweigend abgegebene Willenserklärungen aus der Sicht eines objektiven Erklärungsempfängers auszulegen. Dogmatisch kann in der Übersendung der Betriebskostenabrechnung oder einer Abrechnung, die zusätzliche Kostenarten enthält, das **Angebot des Vermieters** gesehen werden, die Betriebskosten generell oder auch die zusätzlichen Kostenarten abrechnen zu dürfen. Dieses Angebot kann der Mieter dann durch jahrelange Übung, also durch rügelose Zahlung auch der nicht im Mietvertrag abgewälzten Kostenpositionen, annehmen.[1612] Eine solche stillschweigende Umlagevereinbarung kommt in Betracht, wenn der Mieter **über mehrere Jahre** auch solche Nachzahlungsforderungen erfüllt, die aus einer Nebenkostenabrechnung mit vertragswidrig angesetzten Nebenkosten folgt.

970 Nach der Instanzrechtsprechung soll eine einmalige[1613] oder zweimalige[1614] Zahlung hierfür noch nicht genügen, bei sechsmaliger Zahlung soll sie vorliegen.[1615] Der BGH hat zunächst großzügig eine „stillschweigende" Umlagevereinbarung ausreichen lassen,[1616] verlangt aber

---

1610 OLG Düsseldorf, 22.12.2009 – 21 U 14/09, IMR 2010, 184.
1611 BGH, 02.11.2005 – VIII ZR 52/05, NZM 2006, 11; BGH, 07.04.2004 – VIII ZR 146/03, NZM 2004, 418, jeweils (Wohnraum); BGH, 29.05.2000 – XII ZR 35/00, NZM 2000, 961 = NJW-RR 2000, 1463.
1612 OLG Naumburg, 17.01.2006 – 9 U 106/05, NZM 2006, 630 = IMR 2007, 13.
1613 OLG Düsseldorf, 10.05.2007 – 24 U 204/06, IMR 2008, 10.
1614 OLG Celle, 16.10.2006 – 4 U 157/06, InfoM 2007, 119.
1615 BGH, 29.05.2000 – XII ZR 35/00, NZM 2000, 961 = NJW-RR 2000, 1463.
1616 BGH, 07.04.2004 – VIII ZR 146/03, NZM 2004, 418 = InfoM 2004, 15 (Dachrinnenreinigung).

seit einiger Zeit zusätzlich „**besondere Umstände**", die den Schluss auf einen Vertragsänderungswillen der Parteien erlauben.[1617]

Danach ist die Annahme einer stillschweigenden Erweiterung der Umlagevereinbarung nur dann möglich, wenn neben der zeitlichen Komponente der **Vermieter nach den Gesamtumständen davon ausgehen** kann, dass der Mieter einer Umlage weiterer Betriebskosten zustimmt.[1618] Es genügt also nicht, wenn der Mieter die vertraglich nicht vereinbarten abgerechneten Kosten nicht beanstandet. Im zugrunde liegenden Fall hatte der Mieter die fehlerhaften Abrechnungen drei Jahre lang akzeptiert. Auch aus dieser Dauer hat der BGH keinen erkennbaren Änderungswillen des Mieters geschlossen. Die besonderen Umstände sollen aber vorliegen, wenn der Mieter im Anschluss an eine fehlgeschlagene einseitige Vertragsänderung des Vermieters (Umstellung von Teilinklusivmiete auf Nettokaltmiete) mehr als zehn Jahre die nicht vertragskonformen Betriebskostensalden und mehrere Mieterhöhungsverlangen auf Basis der geänderten Mietstruktur akzeptiert.[1619]

971

> **Hinweis:**
>
> Nach dieser neuen Rechtsprechung wird man davon ausgehen müssen, dass eine konkludente Änderung der Umlagevereinbarung erst bei sehr langen Hinnahmezeiträumen in Betracht kommen. Angemessen erscheint hier – vom BGH aber noch nicht entschieden – ein Zeitraum von mindestens fünf Jahren. Diese Erfordernisse sind auf die erstmalige konkludente Vereinbarung von Betriebskosten durch anstandslose Zahlung entsprechend anzuwenden.

In zeitlicher Hinsicht sollte grds. folgender Maßstab gelten:
- Bis dreimal gezahlt: Grds. keine stillschweigende Vereinbarung.
- Vier- bis fünfmal gezahlt: Eine stillschweigende Vereinbarung kommt in Betracht, wird aber i.d.R. (noch) nicht vorliegen.
- Ab sechsmal gezahlt: Eine stillschweigende Vereinbarung wird regelmäßig vorliegen.

972

Sind **Nebenkostenvorauszahlungen** auf die jährlich abzurechnenden Nebenkosten nicht vereinbart, haben sich die Mietvertragsparteien zumindest stillschweigend auf die Zahlungen von Nebenkostenvorauszahlungen geeinigt, wenn der Mieter die von dem Vermieter geforderten Vorauszahlungen über mehr als neun Jahre leistet.[1620] Dies lässt sich ohne Weiteres auch auf die generelle Umlage einzelner Kosten übertragen.

973

Es können aber auf diese Art und Weise nicht Kosten, die eigentlich begrifflich keine Betriebskosten sind, in eine bestehende Umlagevereinbarung einbezogen werden.

974

1617 BGH, 10.10.2007 – VIII ZR 279/06, NZM 2008, 81 = InfoM 2008, 61 = NJW 2008, 283; so auch LG Itzehoe, 30.10.2009 – 9 S 20/08, ZMR 2010, 365 = InfoM 2010, 214 (Revision BGH: VIII ZR 321/09).
1618 BGH, 10.10.2007 – VIII ZR 279/06, NZM 2008, 81 = InfoM 2008, 61 = NJW 2008, 283 (Wohnraum).
1619 LG Itzehoe, 30.10.2009 – 9 S 20/08, ZMR 2010, 365 = InfoM 2010, 214 (Revision BGH: VIII ZR 321/09).
1620 OLG Düsseldorf, 29.09.2005 – I 10 U 86/05, GuT 2005, 259.

Beispiel:[1621]

Zu den gemeinschaftlichen Betriebskosten gehören nicht die Kosten für einmalige Investitionen für Abfallbehälter, Fahrradständer, Hinweisschilder und Stromwandler für das Grundstück. Auch die über einen längeren Zeitraum erfolgte Übernahme dieser Kosten kann keine stillschweigende Vertragsänderung bewirken, da bereits begrifflich keine Betriebskosten vorliegen.

975 **Unterlässt der Vermieter** längere Zeit eine Abrechnung der nach der Vereinbarung vom Mieter zu tragenden Nebenkosten, ist daraus nicht automatisch auf einen **stillschweigende Vertragsänderung** oder einen konkludenten Verzicht für die Vergangenheit oder Zukunft zu schließen, da hier eine konkrete Vereinbarung existiert, mit deren Umsetzung der Mieter grds. jederzeit rechnen muss. Rechnet der Vermieter entgegen den Bestimmungen des Mietvertrags die Nebenkosten über mehrere Jahre hinweg nicht ab, und zahlt der Mieter die Vorauszahlungen vorbehaltlos, kann aus diesem Verhalten nicht abgeleitet werden, dass künftig von der Abrechnung von Betriebskostenvorauszahlungen **zu einer Betriebskostenpauschale übergegangen** werden soll. Der Vermieter kann ggü. dem Rückforderungsanspruch des Mieters nicht einwenden, dass durch die Zahlung der Vorauszahlung im selben Zeitraum eine konkludente Vertragsänderung eingetreten sei und die Vorauszahlungen nunmehr als Pauschalbetrag anzusehen seien.[1622]

976 Für die Annahme einer **konkludenten Änderung des Umfangs vereinbarter Nebenkosten** reicht es nicht aus, dass der Vermieter einzelne vereinbarte Nebenkostenpositionen über längere Zeit nicht abrechnet, sondern es bedarf weiterer Anhaltspunkte.[1623]

6. Dürfen neu eingeführte und ursprünglich nicht vereinbarte Betriebskosten umgelegt werden?

977 Fallen im laufenden Mietverhältnis neue Betriebskosten an, stellt sich die Frage, ob der Vermieter diese auf den Mieter, der sich verpflichtet hat, Betriebskosten zu übernehmen, umwälzen darf. Zunächst sollte immer geprüft werden, ob es sich überhaupt begrifflich um neue Kosten handelt. „Neu" sind neu entstandene Nebenkosten nur dann, wenn sie bei der Bemessung des Mietzinses und/oder Nebenkosten nicht berücksichtigt werden konnten, also erstmals im laufenden Mietverhältnis entstehen.[1624] Geht es also nur um eine **Abwandlung oder Variante vereinbarter Kostenpositionen**, kann sich der Mieter der Umlage grds. **nicht entziehen**.

Beispiel:

Verändert die Gemeinde ihre Gebührenstruktur dahin gehend, dass anstelle einer Abwassergebühr eine Gebühr für Schmutzwasser und eine Gebühr für Niederschlagswasser zu zahlen ist, so hat der gewerbliche Mieter, wenn die Abwassergebühr auf ihn umgelegt ist, beide neuen Gebühren zu zahlen.[1625]

1621 OLG Naumburg, 03.04.2007 – 9 U 9/07, IMR 2007, 325.
1622 OLG Naumburg, 17.01.2006 – 9 U 106/05, NZM 2006, 630 = IMR 2007, 13: acht Jahre nicht abgerechnet; LG Mannheim, 07.11.2007 – 4 S 68/07, IMR 2008, 155: mehr als 20 Jahre nicht abgerechnet.
1623 BGH, 27.01.2010 – XII ZR 22/07, GuT 2010, 26 = IMR 2010, 90, 91= InfoM 2010, 124 – 125 = NZM 2010, 240.
1624 OLG Naumburg, 18.10.2005 – 9 U 8/05, GuT 2006, 131.
1625 LG Hannover, 07.01.2004 – 12 S 53/03, NZM 2004, 343.

Enthält der Miet- oder Pachtvertrag **keine ausdrückliche Regelung**, wie mit neuen Kosten umzugehen ist, haben diese bei der Umlage der Betriebskosten außer Betracht zu bleiben, da dies nach der Grundregelung des § 535 Abs. 1 Satz 3 BGB in den Risikobereich des Vermieters fällt. Aus seiner Sicht sollte der Mietvertrag daher regeln, wer nicht ausdrücklich vereinbarte und neu aufgetretene Betriebskosten zu tragen hat. Fehlt es an einer ausdrücklichen Absprache, zahlt der Mieter aber neu entstandene Betriebskosten, kann u.U. eine Vereinbarung auch **stillschweigend** zustande kommen (dazu → *Rn. 968 ff.*).

978

Wegen der Unberechenbarkeit für den Mieter werden **formularmäßige Klauseln**, die die Umlage neuer Kosten regeln sollen, zu Recht als unangemessen kritisiert. Dies ist aber dann abzulehnen, wenn eine ausreichende Konkretisierung vorliegt, da der Mieter dann nicht unangemessen benachteiligt wird und auch eine ausreichende Transparenz i.S.v. § 307 BGB (Transparenzgebot) vorliegt.

979

Beispiel:[1626]

Die maßgebliche Klausel im Mietvertrag lautet: „Werden öffentliche Abgaben neu eingeführt oder entstehen Betriebskosten neu, so können diese vom Vermieter im Rahmen der gesetzlichen Vorschriften umgelegt und angemessene Vorauszahlungen festgesetzt werden." In der Einzelaufzählung der Betriebskosten findet sich Folgendes: „12. Die Kosten der Sach- und Haftpflichtversicherung. Hierzu gehören namentlich die Kosten der Versicherung des Gebäudes gegen Feuer-, Sturm- und Wasserschäden, der Glasversicherung, der Haftpflichtversicherung für das Gebäude, den Öltank oder den Aufzug. [...]".

Nach der zuvor zitierten Entscheidung des BGH darf der Vermieter Betriebskosten, die erstmals während des laufenden Mietverhältnisses entstehen (hier: Kosten der Sach- und Haftpflichtversicherung), jedenfalls dann anteilig auf die Mieter umlegen, wenn ihm die Umlagevereinbarung das Recht einräumt, auch neu entstehende Betriebskosten auf die Mieter umzulegen und wenn die Umlagevereinbarung die neuen Betriebskosten als umlagefähig ausweist.[1627]

980

Praxistipp:

Die im obigen Beispiel zitierten Klauseln sind im Ergebnis deshalb (auch als AGB) wirksam, weil durch das Zusammenspiel der „Neu-Klausel" und der ausdrücklichen Aufzählung/Festlegung der umlegbaren Betriebskosten für den Mieter ersichtlich ist, welche neuen Kosten auf ihn zukommen können. Die Klausel ist damit höchstrichterlich abgesegnet und kann in neue Mietvertragsformulare übernommen werden. Dies gilt auch für Gewerberaummietverträge.

Klauseln, die schon in sich ungenau sind, und es dem Mieter nicht ermöglichen, die Art der Kosten, die neu eingeführt auf ihn zukommen könnten, zu erkennen, werden i.d.R. intransparent sein. Dies kann anders sein, wenn die Höhe der neu umzulegenden Kosten begrenzt wird, z.B. auf max. insgesamt 10 % der Miete. Sicherer ist aber immer ein individuelles Aushandeln.

981

[1626] BGH, 27.09.2006 – VIII ZR 80/06, NZM 2006, 896 = IMR 2006, 175 = InfoM 2006, 287 = NJW 2006, 3558 = MDR 2007, 262 = VersR 2007, 217 (Wohnraum).

[1627] BGH, 27.09.2006 – VIII ZR 80/06, NZM 2006, 896 = IMR 2006, 175 = InfoM 2006, 287 = NJW 2006, 3558 = MDR 2007, 262 = VersR 2007, 217 (Wohnraum).

982 Bestand die Nebenkostenart (hier: Niederschlagswassergebühr) zwar bei Abschluss des Hauptmietvertrages nicht, wohl aber bei Abschluss eines späteren Untermietvertrages, der hinsichtlich der Nebenkosten auf die Regelung aus dem Hauptmietvertrag Bezug nimmt, so kommt es für die Frage, ob die Betriebskosten neu sind, im Verhältnis Hauptmieter/Untermieter auf den Zeitpunkt des Abschlusses des Untermietvertrages an.[1628]

7. Sonstiges

983 Die Parteien können – auch durch AGB – vereinbaren, dass der Mieter tatsächlich **direkt mit Dritten abrechenbare Kosten** in dieser Form unmittelbar abrechnet.[1629] Die Positionen müssen dafür aber konkret benannt werden. Ohne eine solche Vereinbarung bleibt es dabei, dass der Mieter nicht zur Direktabrechnung verpflichtet ist.

984 Hat der Vermieter nach § 9 UStG auf die Umsatzsteuerbefreiung verzichtet, also zur USt optiert, hat der Mieter jedenfalls dann, wenn im Mietvertrag geregelt wurde, dass (ggf.) auch USt zu zahlen ist, auch auf die Betriebskosten die USt zu entrichten. **Fehlt eine Vereinbarung**, ist streitig, wie zu verfahren ist. Nach OLG Düsseldorf[1630] und LG Hamburg[1631] ist im Wege ergänzender Vertragsauslegung ebenfalls von Zahlung der USt auf Nebenkosten auszugehen, das OLG Düsseldorf[1632] verneint dies in einer anderen Entscheidung. Zu den Besonderheiten der Abrechnung von USt auf Betriebskosten vgl. Schneider, AIM 2003, 25.

IV. Wirtschaftlichkeitsgebot

985 Ein Wohnraumvermieter hat nach § 556 Abs. 3 Satz 1 Halbs. 2 BGB das von der Rechtsprechung entwickelte **Wirtschaftlichkeitsgebot** zu beachten. Dieses Gebot bezeichnet die auf Treu und Glauben beruhende vertragliche Nebenpflicht des Vermieters, den Mieter nur mit Nebenkosten zu belasten, die erforderlich und angemessen sind.[1633] Nur solche Kosten darf der Vermieter in Ansatz bringen. Dies bedeutet, dass er grds. nicht völlig „frei nach Schnauze" übertreuerte Aufwendungen, die er preiswerter hätte bekommen können, umlegen darf und möglichst wirtschaftlich vorzugehen hat, also auf ein angemessenes Kosten-Nutzen-Verhältnis Rücksicht nehmen muss.

986 Da das Wirtschaftlichkeitsgebot letztlich eine **Ausprägung des Grundsatzes von Treu und Glauben** gem. § 242 BGB ist, greift es auch bei der Geschäftsraummiete.[1634] Zur Konkretisierung des Wirtschaftlichkeitsgrundsatzes kann auf dessen **Definition in § 20 Abs. 1 Satz 2**

[1628] OLG Naumburg, 18.10.2005 – 9 U 8/05, GuT 2006, 131.
[1629] LG Potsdam, 13.04.2004 – 3 O 101/03, NZM 2005, 303.
[1630] OLG Düsseldorf, 26.10.1995 – 10 U 207/94, WuM 1996, 211.
[1631] LG Hamburg, 23.01.1998 – 311 S 165/97, ZMR 1998, 294.
[1632] OLG Düsseldorf, 22.04.1993 – 10 U 193/92, WuM 1993, 411.
[1633] BGH, 13.10.2010 – XII ZR 129/09, IMR 2010, 522 = NZM 2010, 864 = NJW 2010, 3647: Umlage von Prämien einer Terrorversicherung; BGH, 28.11.2007 – VIII ZR 243/06, NJW 2008, 440; Langenberg, in: Schmidt-Futterer, § 560 Rn. 73.
[1634] BGH, 13.10.2010 – XII ZR 129/09, IMR 2010, 522 = NZM 2010, 864 = NJW 2010, 3647: Umlage von Prämien einer Terrorversicherung; KG, 03.12.2007 – 8 U 19/07, IMR 2008, 159 = GE 2008, 122 = InfoM 2008, 224; Beyerle, in: Lindner-Figura/Oprée/Stellmann, Kap. 11, Rn. 9; Schmid, Handbuch der Mietennebenkosten, Rn. 1054; Langenberg, Betriebskostenrecht, G Rn. 7; Fritz, Gewerberaummiete, Rn. 137g.

NMV und § 24 Abs. 2 der II. BV zurückgegriffen werden.[1635] Danach dürfen nur solche Kosten umgelegt werden, die bei gewissenhafter Abwägung aller Umstände und bei ordentlicher Geschäftsführung gerechtfertigt sind. Die Betriebskosten, die der Vermieter umlegen will, müssen wirtschaftlich notwendig und sinnvoll sein. Maßgebend ist somit der Standpunkt eines vernünftigen Vermieters, der ein vertretbares Kosten-Nutzen-Verhältnis im Auge behält.[1636] Dabei steht dem Vermieter ein Entscheidungsspielraum zu, nach dem er nicht gehalten ist, stets die billigste Lösung zu wählen, sondern andere für eine ordnungsgemäße Bewirtschaftung relevante Kriterien, wie z.B. die Zuverlässigkeit des anderen Vertragspartners, mit in seine Entscheidungsfindung einbeziehen darf.[1637]

Die Anforderungen an diese vom Vermieter zu treffende Entscheidung dürfen nicht überspannt werden. Strenge Maßstäbe sind nicht geboten, da ein **angemessener Ermessensspielraum** verbleiben muss.[1638]

Soweit es **Kosten für Versicherungen** angeht, soll der Vermieter verpflichtet sein, möglichst günstige Versicherungsverträge abzuschließen, wozu er gehalten ist, auf dem Markt Vergleichsangebote einzuholen.[1639] Dies ist in dieser Generalität aus folgenden Gründen abzulehnen: Nicht allein der Preis darf entscheidend sein, der Vermieter muss auch die Möglichkeit haben, andere Gesichtspunkte wie etwa Servicegedanken (näherer Standort eines Hausmeisterunternehmens), gute Erfahrungen mit Anbietern oder den konkreten Vertragsinhalt (mehr Leistung, kürze Kündigungsfristen usw.) einzubeziehen.[1640] Solange der Vermieter die höheren **Kosten also sachlich rechtfertigen kann**, liegt kein Verstoß vor.[1641] Ausführlich zu dieser Thematik und Versicherungskosten → *Rn. 1010*.

987

Der Grundsatz der Wirtschaftlichkeit ist erst im bestehenden oder sich konkret anbahnenden Mietverhältnis zur berücksichtigen mit der Folge, dass der Mieter früher abgeschlossene Versorgungsverträge etc. nicht angreifen kann.[1642]

Für die **Darlegungs- und Beweislast** gilt: Reklamiert der Mieter einen Verstoß gegen das Wirtschaftlichkeitsgebot, so macht er einen Schadensersatzanspruch geltend und trägt damit die Darlegungs- und Beweislast für die Kostenüberhöhung.[1643] Er muss zunächst „konkret" vor-

988

1635 BGH, 13.10.2010 – XII ZR 129/09, IMR 2010, 522 = NZM 2010, 864 = NJW 2010, 3647: Umlage von Prämien einer Terrorversicherung.
1636 BGH, 13.10.2010 – XII ZR 129/09, IMR 2010, 522 = NZM 2010, 864 = NJW 2010, 3647: Umlage von Prämien einer Terrorversicherung; BGH, 28.11.2007 – VIII ZR 243/06, NJW 2008, 440; Schmid, Handbuch der Mietnebenkosten, Rn. 1055 ff.
1637 BGH, 13.10.2010 – XII ZR 129/09, IMR 2010, 522 = NZM 2010, 864 = NJW 2010, 3647; Sternel, Mietrecht aktuell, Rn. V 337a; Schmid, in: MüKo BGB, § 556 BGB Rn. 106.
1638 Neuhaus, NZM 2011, 65, 67.
1639 KG, 03.12.2007 – 8 U 19/07, IMR 2008, 159= GE 2008, 122 = InfoM 2008, 224; zum Wirtschaftlichkeitsgebot beim Abschluss einer Terrorversicherung vgl. BGH, 13.10.2010 – XII ZR 129/09, IMR 2010, 522 = NZM 2010, 864 = NJW 2010, 3647 und OLG Frankfurt am Main, 26.06.2009 – 2 U 54/09, IMR 2009, 309 = NZM 2009, 744 = InfoM 2009, 477; ausführlich zu dieser Thematik Neuhaus, NZM 2011, 65.
1640 Neuhaus, AIM 12/2002, 4, 6.
1641 LG Köln, 04.11.2004 – 6 S 36/04, NZM 2005, 453: Verbrauchserfassungsgeräte an den Heizkörpern (Wohnraum).
1642 BGH, 28.11.2007 – VIII ZR 243/06, IMR 2008, 40.
1643 KG, 28.06.2010 – 8 U 167/09; Langenberg, Betriebskostenrecht K, Rn. 23.

tragen, dass in der jeweiligen Abrechnungsperiode ein anderer Anbieter die fragliche Leistung preiswerter geliefert hätte.[1644] D.h.: Der Vortrag muss detailliert und dem Beweis zugänglich sein, und es muss ein Beweisangebot vorliegen.

Beispiel:[1645]

Rügt der Mieter eine Verletzung des Gebots der Wirtschaftlichkeit bzgl. als Nebenkosten umgelegter Versicherungsprämien, muss er konkret vortragen, wo und zu welchen Bedingungen eine günstigere Versicherung abgeschlossen werden kann.

989 Erst dann ist es Sache des Vermieters, darzulegen und ggf. zu beweisen, dass er das Wirtschaftlichkeitsgebot nicht verletzt hat[1646] (sekundäre Beweislast). Die Beweislast hat danach zwar letztlich der Vermieter, der pauschale Einwand eines Mieters, der Vermieter habe unwirtschaftlich gehandelt, darf aber nicht berücksichtigt werden.

990 Argumentationshilfen für eine Substanziierung eines Verstoßes gegen das Wirtschaftlichkeitsgebot können insb. sein:[1647]

- eine signifikante Abweichung von der Vorjahresabrechnung,
- ein Vergleich mit anderen Mieteinheiten desselben Hauses oder vergleichbarer Häuser, auch unter Berücksichtigung der Angaben in dem Energiepass für das Haus,
- vom Mieter selbst eingeholte Kostenangebote oder Privatgutachten,
- deutliche Abweichungen von Durchschnittswerten aus Betriebskostenspiegeln, Heizkostenspiegeln, Betriebskostenermittlungen der Immobilienwirtschaft (Benchmarking) oder Aufstellungen von Interessenverbänden.

991 Nach der im Ergebnis abzulehnenden Rechtsprechung des Berliner KG gilt Folgendes:[1648] Sind einzelne Positionen der Betriebskosten (hier: Bewachungskosten und Hauswartkosten)[1649] **stark ggü. dem Vorjahr gestiegen**, obliegt es dem Vermieter, dafür nachvollziehbare Gründe anzugeben. Von einem „starken" Anstieg ist i.d.R. auszugehen, wenn der Anstieg binnen eines Jahres mehr als 10 % beträgt. Legt der Vermieter die Gründe der Preissteigerung und deren Unvermeidbarkeit nicht im Einzelnen dar, kann er – wegen Verstoßes gegen den Grundsatz der Wirtschaftlichkeit – diese Nebenkosten nur i.H.d. im Vorjahr angefallenen Beträge auf die Mieter umlegen.[1650] Diese Entscheidungen des KG sind (zu diesem Punkt) im Ergebnis falsch, weil sie die Grenze von 10 % zu eng setzen, da dem Vermieter als Eigentümer ein Spielraum verbleiben muss und ihm nicht durch jede – womöglich noch nicht einmal von ihm veranlasste – Preissteigerung die primäre Darlegungs- und Beweislast obliegen soll. Abweichungen von

---

1644 BGH, 13.06.2007 – VIII ZR 78/06, InfoM 2007, 236 = NZM 2007, 563: Wärmelieferung durch Wärmecontractor (Wohnraum).
1645 OLG Stuttgart, 15.02.2007 – 13 U 145/06, GuT 2007, 89 = NZM 2007, 247 = InfoM 2007, 120 = WuM 2007, 199: Kosten einer Terrorversicherung.
1646 BGH, 13.06.2007 – VIII ZR 78/06, InfoM 2007, 236.
1647 Streyl, NZM 2008, 23.
1648 KG, 28.06.2010 – 8 U 167/09; KG, 12.01.2006 – 12 U 216/04, GuT 2006, 70 = NZM 2006, 294 = InfoM 2006, 133 = MDR 2006, 866 (LS).
1649 S. dazu ausführlich Aufsatz Hinz, NZM 2009, 97.
1650 KG, 28.06.2010 – 8 U 167/09; KG, 12.01.2006 – 12 U 216/04, GuT 2006, 70 = NZM 2006, 294 = InfoM 2006, 133 = MDR 2006, 866 (LS).

10 % sind nicht so erheblich, dass dies gerechtfertigt ist, die Grenze liegt bei Abweichungen ab 20 %.

V. Einzelne „streitanfällige" Betriebskosten

Nachfolgend wird nicht jede einzelne Betriebskostenposition erörtert. Angesprochen werden vielmehr im Gewerberaummiet- und -pachtrecht in der Praxis besonders oft diskutierte **Kostenarten alphabetisch von A-Z**. 992

1. Fahrstuhlkosten

Diese Kosten gehören zu § 2 Nr. 7 BetrKV (Kosten des Betriebes des maschinellen Personen- oder Lastenaufzuges). Kosten der Beaufsichtigung, der Bedienung, Überwachung und Pflege der Anlage sind nach Nr. 7 ausdrücklich umfasst. Besitzt der Fahrstuhl eine Notrufanlage, sind entsprechende Betriebs- und Wartungskosten ebenfalls umlegbar,[1651] ebenso die Kosten für Überprüfungen der Betriebssicherheit. Ob daneben dann noch ein **Aufzugwärter** beschäftigt werden muss, dessen Kosten umgelegt werden können, ist kritisch zu sehen. Nach dem **Gebot der Wirtschaftlichkeit** (dazu → Rn. 985) dürfte die Umlage beider Kosten zumindest zu verneinen sein, wenn die Notrufanlage ständig in Betrieb ist. 993

Eine immer wiederkehrende Frage ist, ob sich Parterremieter an den **Kosten des Fahrstuhls** beteiligen müssen, obwohl sie ihn nicht benutzen bzw. faktisch nicht benutzen müssen. Ist die Kostenbeteiligung **vertraglich vereinbart** – auch formularvertraglich – muss gezahlt werden[1652] und zwar auch dann, wenn der betroffene Mieter im Erdgeschoss wohnt.[1653] Dies gilt auch für gewerbliche Mietverhältnisse und zwar selbst dann, wenn das angemietete Geschäftslokal keinen Zugang zu dem Treppenhaus für die Wohnungen mit dem Aufzug hat; etwas anderes könnte nur dann gelten, wenn sich die angemieteten Gewerberäume nicht in derselben Wirtschaftseinheit wie die übrigen Wohnungen im Haus und evtl. weitere Gewerberäume befunden hätten oder die Parteien insoweit Abweichendes vereinbart hätten.[1654] 994

Vollwartungsverträge, die neben „normaler" Wartung und Sicherheitsprüfung auch **sämtliche Reparaturkosten** in einer Pauschale beinhalten, sind ebenfalls ein häufiger Streitpunkt. Bei der Geschäftsraummiete ist die Umlage der Gesamtkosten – wenn vereinbart – zwar grds. unproblematisch. Es ist aber nicht auszuschließen, dass in Zukunft auch hier die strengeren Maßstäbe der Wohnraummiete angesetzt werden. Dort verlangt die Rechtsprechung, dass der für die Instandhaltung und Instandsetzung kalkulierte Kostenanteil **herausgerechnet wird**. Dieser Kostenanteil wird mit 20 %[1655] – 50 %[1656] der Gesamtkosten beziffert. Hier muss ggf. gerechnet und die Kosten in einem umlegbaren und nicht umlegbaren Teil gesplittet werden. Am prakti- 995

1651 LG Gera, 31.01.2001 – 1 S 185/00, WuM 2001, 615; AG Hamburg, 02.05.1986 – 11 S 11/86, WuM 1987, 126.
1652 LG Augsburg, 19.04.2003 – 4 S 3689/02, AIM 2003, 122; LG Berlin, GE 1994, 765; AG Freiburg/Br., WuM 1993, 745; LG Duisburg, WuM 1991, 597; OLG Düsseldorf, NJW-RR 1986, 95 zum WEG; a.A. LG Braunschweig, 17.11.1989 – 6 S 254/89, WuM 1990, 558.
1653 BGH, 20.09.2006 – VIII ZR 103/06, NZM 2006, 895 = WuM 2006, 613 = NJW 2006, 3557.
1654 LG Berlin, 05.12.2006 – 65 S 210/06, BeckRS 2007, 06745.
1655 LG Berlin, GE 1988, 523.
1656 AG München, 01.02.1977 – 20 C 38/76, WuM 1978, 87.

kabelsten erscheint es noch, den Anteil der umlagefähigen Fahrstuhlkosten zu den nicht umlagefähigen Reparaturkosten aus dem Verhältnis der auf die jeweiligen Arbeiten entfallenden Arbeits- und Materialkosten zu ermitteln.[1657]

2. Grundsteuer

996 Die Grundsteuer gehört zu den öffentlichen Lasten des Grundstücks, die – wenn vereinbart – nach § 2 Nr. 1 BetrKV auf den Mieter umlegbar sind. Wird im Mietvertrag nicht die Umlage aller Positionen der BetrKV oder der früheren Anlage 3 zu § 27 II. BV vereinbart, sondern lediglich einzelner Kosten, umfasst dies auch die Umlage der Grundsteuer, wenn im Vertrag auf **Grundbesitzabgaben** Bezug genommen wird.[1658]

997 Zu den Grundsteuern gehören auch **folgende Abgaben**: Zweitwohnungssteuer, Deich- und Sielgebühren, Realkirchensteuer, Abgeltungslast aufgrund der Hauszinssteuer in den neuen Bundesländern. **Nicht dazu gehören**: Anliegerbeiträge (z.B. Erschließungsbeiträge, Personensteuern des Vermieters, Gewerbesteuer, Hypothekengewinnabgabe).

Die Vereinbarung, dass *„die Pächterin ... in vollem Umfang sämtliche Betriebs- und Nebenkosten"* trägt, soll nicht hinreichend bestimmt genug sein, um die beim Verpächter erhobene **Grundsteuer** auf den Pächter abzuwälzen.[1659] Diese Entscheidung ist abzulehnen, da die Grundsteuer nach üblichem Verständnis zu den Betriebskosten zählt und die Formulierung ersichtlich alle Kosten des Objekts erfassen soll. Außerdem lag der Entscheidung zugrunde, dass die Parteien dem Pachtvertrag eine Wirtschaftlichkeitsprognose, die keinen Ansatz für Grundsteuer enthielt, beigefügt und diesen zur Grundlage der Ermittlung der Pachthöhe gemacht hatten.

3. Hauswart/Hausmeister

998 Ein weiteres Praxis-Problem sind **Hauswartkosten**. Nach § 2 Nr. 14 BetrKV gehören zu den Hauswartkosten die Vergütung, die Sozialbeiträge und alle geldwerten Leistungen, die der Eigentümer dem Hauswart für seine Arbeit gewährt. Mit Hauswartkosten sind also nur die Arbeitskosten gemeint; **Materialien** sind ggf. nach anderen Positionen der BetrKV umzulegen. Ausgenommen sind auch ausdrücklich Leistungen, die Instandhaltung, Instandsetzung, Erneuerung, Schönheitsreparaturen oder die Hausverwaltung betreffen. Genau dies ist in der Praxis auch oft der Streitpunkt, da sich selten exakt trennen lässt, ob der Hauswart nur Pflege- oder schon Instandhaltungsarbeiten erbringt. Zu den Hauswartkosten gehören nämlich nicht solche Kosten, die durch Reparaturen, Schönheitsreparaturen und Verwaltungsarbeit anfallen. Erster Prüfungspunkt also: Handelt es sich um **„pflegende" Maßnahmen**? Zweiter Prüfungspunkt (wie immer bei den Nebenkosten): Sind die Kosten ortsüblich und entsprechen dem Gebot der Wirtschaftlichkeit?

1657 LG Berlin, GE 1988, 523.
1658 OLG Düsseldorf, 08.06.2000 – 10 U 94/99, DWW 2000, 196 = ZMR 2000, 669; a.A. LG Aachen, WuM 1997, 647.
1659 OLG Hamm, 02.12.2009 – 30 U 93/09, IMR 2010, 55.

Kosten für folgende Arbeiten können jedenfalls umgelegt werden: 999
- kleinere Reinigungs- und Pflegearbeiten,
- Beaufsichtigung von Heizung und Hebeanlage,
- Kontrolle von Handwerkern,
- regelmäßige Inspektionen von Feuerlöscheinrichtungen,[1660]
- Reinigen von technischen Räumen, Bürgersteigen, Lichtschächten, Außenanlagen,
- Überwachung technischer Anlagen wie Aufzug, Mülltonnenentleerung.[1661]

Nicht dagegen: 1000
- Veranlassung von Instandhaltungsmaßnahmen,
- Vornahme auch kleinerer Instandhaltungsarbeiten,[1662]
- Verwaltungsleistungen.[1663]

Da Hauswarte üblicherweise auch solche Arbeiten laufend miterledigen, ist die **korrekte Abrechnung** ein großes Problem. Grds. muss der Vermieter die Kosten verhältnismäßig aufteilen und darf nur die **Hauswartkosten im engeren Sinne** abrechnen. Die Rechtsprechung verlangt hier – vollkommen praxisfern – eine genaue Abgrenzung; Schätzungen genügen dafür nicht.[1664] Werden also beide Bereiche abgedeckt, sind die Gesamtkosten verhältnismäßig zu splitten. Dies hat im Streitfall durch genaue Darlegung der einzelnen Tätigkeiten zu erfolgen, was Anwalt und Vermieter zur Verzweiflung bringen kann (darlegungs- und beweispflichtig ist der Vermieter). Kinne[1665] empfiehlt prophylaktisch getrennte Vergütungen in Verträgen mit dem Hausmeister oder regelmäßiges Ausfüllen von Tätigkeitsberichten durch diesen – gut gemeint, aber wohl in der Praxis sehr schwer umsetzbar. 1001

Zu Wohnraum wurde entschieden, dass sich der Mieter auf ein schlichtes Bestreiten der abgerechneten Hausmeisterkosten beschränken darf, wenn er einen pauschalen Abzug für Nicht-Betriebskosten, also nicht umlegbare Leistungen für Instandhaltung und Instandsetzung u.a., beanstandet.[1666] Nimmt also der Vermieter bei den Kosten des Hauswarts einen **pauschalen Abzug nicht umlagefähiger Verwaltungs-, Instandhaltungs- und Instandsetzungskosten** vor, genügt ein schlichtes Bestreiten des Mieters auch ohne dass er vorher die Belege (Arbeitszettel, Stundennachweise etc.) beim Vermieter eingesehen hat. Der Vermieter muss dann den tatsächlichen Zeitaufwand des Hausmeisters für echte Betriebskosten und Nicht-Betriebskosten nachvollziehbar darlegen, wobei die Leistungsbeschreibung im Arbeitsvertrag nur ein Indiz darstellt. Der Mieter darf also auch ohne Belegeinsicht bestreiten. Anders ist dies, wenn der Vermieter von vornherein zwei getrennte Hausmeisterverträge abschließt – einen für umlegbare Betriebskostenleistungen und einen für nicht umlegbare Leistungen – und in den Verträgen der 1002

1660 LG Berlin, GE 2000, 1185.
1661 LG München, 23.02.2000 – 15 S 9348/99, WuM 2000, 258.
1662 OLG Düsseldorf, GE 2000, 888: Glühbirnenaustausch.
1663 AG Hannover, WuM 1984, 169: Auswechseln von Namensschildern.
1664 LG Frankfurt am Main, NJWE-MietR 1996, 267; AG Dortmund, ZMR 1996, 387 = NJWE-MietR 1996, 225.
1665 ZMR 2001, 1, 9.
1666 BGH, 20.02.2008 – VIII ZR 27/07, NZM 2008, 403 = InfoM 2008, 242 = NJW 2008, 1801 (Wohnraum); a.A. LG Berlin, 18.11.2002 – 67 S 147/02, GE 2003, 253.

konkrete Zeitaufwand jeweils angegeben wird; dann werden von vornherein nur diejenigen Kosten angesetzt, die in dem Leistungsverzeichnis vereinbart waren, sodass dies für eine nachvollziehbare Darlegung ausreicht.[1667] Dies ist ohne Weiteres auch auf gewerbliche Miet- und Pachtverhältnisse übertragbar.

1003 Betreut der Hausmeister eine aus mehreren Gebäuden bestehende Liegenschaft, kann der Pächter auch dann anteilig mit den vertraglich als umlagefähig vereinbarten Hausmeisterkosten belastet werden, wenn er für das gepachtete Hotel selbst nicht unmittelbar tätig geworden ist.[1668]

4. Sonstige Betriebskosten als Auffangposition

1004 „Sonstige Betriebskosten" i.S.v. § 2 Nr. 17 BetrKV können auch bei Vermietung von Geschäftsräumen nur solche Betriebskosten sein, die bei der Vermietung von Wohnräumen ebenfalls umlagefähig sind.[1669] Das bedeutet jedoch nur, dass die Bezeichnung „sonstige Betriebskosten im Sinne ..." nicht ausreicht, um alle möglichen weiteren Kosten wirksam auf den Mieter abzuwälzen. Werden die Kosten **ausdrücklich bezeichnet**, ist dies generell möglich. Als „Sonstige Betriebskosten" können nur solche Betriebskosten auf den Mieter umgelegt werden, die **vorher im Einzelnen vereinbart** waren.[1670]

> **Praxistipp:**
>
> Das vom BGH[1671] aufgestellte Erfordernis der Vereinbarung bedeutet nicht, dass die Kosten zwingend auch im Mietvertrag angegeben sein müssen. Es reicht aus, wenn sie stillschweigend – etwa durch Bezahlung in der Vergangenheit – vereinbart wurden (ausführlich dazu → Rn. 968 ff.).[1672]
>
> Da § 2 Nr. 17 BetrKV aber nicht alle bei Geschäftsräumen möglichen Betriebskosten aufzählt und in der Praxis durchaus weitere Kosten bedeutsam sind, empfiehlt sich die ausdrückliche Aufzählung sonstiger Kosten im Vertrag. Der Vermieter sollte vor Abschluss des Miet- oder Pachtvertrages einen möglichst umfassenden Katalog sonstiger Betriebskosten aufstellen und zwar auch solche, die aktuell bei ihm nicht vorkommen und diesen als Textbaustein in seine Mietvertragsmuster einfügen.

1005 In Betracht kommen bspw. folgende sonstigen Betriebskosten:

- Kosten der Fassadenreinigung,
- Kosten für Blitzschutzanlagen,
- Kosten von Klimaanlagen,
- Wartungskosten für Aufzugsanlagen,

[1667] BGH, 13.01.2010 – VIII ZR 137/09, InfoM 2010, 118 = MDR 2010, 375.
[1668] OLG Düsseldorf, 22.06.2006 – I-10 U 164/05, GuT 2006, 233 = NJOZ 2007, 1079.
[1669] OLG Celle, 16.12.1998 – 2 U 23/98, NZM 1999, 501.
[1670] BGH, 07.04.2004 – VIII ZR 167/03, NZM 2004, 417 = WuM 2004, 290 = DWW 2004, 188 = NJW-RR 2004, 875 = MDR 2004, 932 (Wohnraum); KG, 15.09.2005 – 8 U 6/05, GuT 2005, 259.
[1671] BGH, 07.04.2004 – VIII ZR 167/03, NZM 2004, 417 = WuM 2004, 290 = DWW 2004, 188 = NJW-RR 2004, 875 = MDR 2004, 932 (Wohnraum).
[1672] Vgl. OLG Frankfurt am Main, 07.03.2006 – 9 U 62/05, DWW 2007, 226 = IBR 2006, 302.

V. Einzelne „streitanfällige" Betriebskosten

- Wartungskosten für sonstige Haustechnik,
- Wartungskosten für Brandschutzanlagen,
- Kosten des Wachdienstes,
- Kosten für Feuerlöschgeräte,
- Kosten für die Pflege von Stellplätzen, Garagenplätzen, Zufahrten,
- Kosten der Videoüberwachung,
- Kosten für Dachrinnenreinigungen.

Die Voraussetzungen für „Sonstige Betriebskosten" sind nicht nur dann erfüllt, wenn umfassende Wartungsleistungen durchgeführt werden – also: Justieren, Reinigen und Pflegen. Es genügen auch bloße Funktionsprüfungen (hier: turnusmäßige Revision der Elektroanlage).[1673] Nicht erfasst werden aber Maßnahmen wegen Alterung, Abnutzung oder Witterungseinflüssen, die der **Erhaltung oder Mängelbeseitigung** dienen, denn dies sind nicht umlegbare Instandhaltungsmaßnahmen.[1674]

1006

Rechtsprechung und Literatur haben sich wie folgt mit einzelnen – als laufende (nicht: Anschaffungs-) Kosten **wirksam umlegbaren** – Betriebskosten befasst und diese für zulässig erachtet: (alphabetisch):

- Abfallsortieranlage,[1675]
- Abwasserkosten,[1676]
- Abwasserreinigungsanlagen,[1677]
- Aufzugsanlagen: Wartungskosten,
- Berufsgenossenschaft: Pflichtbeiträge,[1678]
- Bewachungskosten;[1679] umlagefähig sind auch Kosten für reine Wachhunde (auch Futter- und Tierarztkosten), Aufschaltungskosten zu Sicherheitsunternehmen; nicht aber: Einsatzkosten von Sicherheitsunternehmen, Polizei etc.,
- Blitzschutzanlagen einschließlich Kosten der TÜV-Abnahme,[1680]
- Brandschutz- und -meldeanlagen, Wartungskosten: s. Rauch- und Brandmeldeanlagen.,
- „Center-Management"-Kosten: Grds. umlegbar,[1681] wenn der Inhalt der Leistung, die damit erfasst werden soll, erkennbar ist, ansonsten liegt nicht die auch für Gewerberaummiet-

---

1673 BGH, 14.02.2007 – VIII ZR 123/06, NZM 2007, 282 = InfoM 2007, 65 = MDR 2007, 769: Elektroanlagen-Check.
1674 BGH, 14.02.2007 – VIII ZR 123/06, NZM 2007, 282 = InfoM 2007, 65 = MDR 2007, 769: Elektroanlagen-Check.
1675 Kinne, NZM 2001, 1, 10.
1676 LG Mannheim, 10.04.2002 – 4 S 202/01, NZM 2003, 398: Differenzierung der Gemeinde bei den Entwässerungsgebühren zwischen Oberflächenwasser und Brauchwasser ist unerheblich.
1677 Kinne, NZM 2001, 1, 10.
1678 Kinne, NZM 2001, 1, 10.
1679 OLG Celle, 16.12.1998 – 2 U 23/98, NZM 1999, 501 = ZMR 1999, 238 = WuM 2000, 130 = OLGR 1999, 185; a.A. OLG Düsseldorf, 25.07.1991 – 10 U 1/91, MDR 1991, 964.
1680 AG Bremervörde, GE 1996, 1435.
1681 KG, 08.10.2001 – 8 U 6267/00, NZM 2002, 954 = GE 2002, 327.

verhältnisse erforderliche transparente Vereinbarung vor, die den Mieter das Kostenrisiko überschauen lässt. Sie sind nicht umlegbar, wenn sie in der Umlagevereinbarung nicht ausdrücklich aufgeführt sind, auch nicht als Teil der Verwaltungs- oder Hauswartkosten oder aufgrund einer generellen Umlagevereinbarung (hier: Umlage „sämtlicher [...] Nebenkosten [...] des Gesamtobjekts, insbesondere [...]"),[1682]

- Dachrinnenreinigung, wenn sie in regelmäßigen Abständen durchgeführt werden muss und es sich nicht um eine einmalige Maßnahme aus bestimmten Anlass oder gar eine bereits eingetretene Verstopfung handelt,[1683]
- Door-Man,[1684] Empfang, Pförtner,
- Druck- und Dichtigkeitsprüfung der Gasleitungen.[1685]
- Fassadenreinigung,
- Feuerlöschgeräte einschließlich Auffüllen von Löschpulver,[1686]
- gemeindliche Abgaben wie Grundsteuer, Müllgebühren, Straßenreinigung; hat sich der Vermieter im gewerblichen Mietvertrag die Umlage von „Gemeindeabgaben" vorbehalten, darf er auch die Grundsteuer anteilig berechnen. Das gilt auch dann, wenn er in einem erläuternden Klammerzusatz nur einige wenige Kostenarten nennt und bestimmte Gebühren der Gemeinde (hier: Müllabfuhrkosten) redaktionell an anderer Stelle regelt,[1687]
- Graffiti-Beseitigung, wenn es sich nur um Verschmutzungen und nicht um Beschädigungen handelt und diese regelmäßig erforderlich werden.[1688]
- Heizungswartung, auch kathodischer Schutz für Rohrleitungen und Tanks, bedarfsweise Erneuerung der Opferanoden (dies sind Verschleißteile von Heizungsanlagen),[1689]
- Klima- und Lüftungsanlagen,[1690]
- Kontoführungs- und Kontoverwaltungsgebühren,[1691]

1682 OLG Hamm, 26.04.2005 – 7 U 48/04, ZMR 2005, 617 = OLGR 2005, 391 = InfoM 2005, 300.
1683 BGH, 07.04.2004 – VIII ZR 167/03, NZM 2004, 417 = WuM 2004, 290 = DWW 2004, 188 = NJW-RR 2004, 875 = MDR 2004, 932 und BGH, 07.04.2004 – VIII ZR 146/03, AIM 2004, 118 (LS) = NZM 2004, 418 = WuM 2004, 292 = NJW-RR 2004, 877 jeweils (Wohnraum).
1684 LG Potsdam, GE 2003, 743.
1685 LG Hannover, 07.03.2007 – 12 S 97/06, ZMR 2007, 865 = InfoM 2008, 221; AG Bad Wildungen, 20.06.2003 – C 66/03, WuM 2004, 669; a.A. AG Kassel, 08.04.2005 – 454 C 6175/04, NZM 2006, 537; AG Königsstein-Ts., 28.08.1997 – 23 C 155/07, WuM 1997, 684.
1686 LG Berlin, GE 1986, 1125.
1687 OLG Hamm, 26.04.2005 – 7 U 48/04, ZMR 2005, 617 = OLGR 2005, 391 = InfoM 2005, 301.
1688 AG Berlin-Mitte, 27.07.2007 – 11 C 35/07, GE 2007, 1259 = InfoM 2008, 216: monatlich neue Verschmutzungen, die vierteljährlich beseitigt wurden; a.A. KG, 04.12.2003 – 22 U 86/02, MietRB 2004, 11; AG Köln, 22.05.2000 – 222 C 120/99, WuM 2001, 515.
1689 MietPrax-Pfeifer, Fach 2 Rn. 137.
1690 OLG Frankfurt am Main, 07.03.2006 – 9 U 62/05, DWW 2007, 226 = IBR 2006, 302.
1691 OLG Düsseldorf, 14.05.2002 – 24 U 142/01, AIM 10/2002, 13.

- Leasingkosten sind nur in den in der Anl. 3 zu § 27 II. BV genannten Fällen ansatzfähig: Nr. 2: Wasserzähler, Nr. 4a, 5a: Ausstattung zur Verbrauchserfassung, Nr. 15a: Antennenanlagen.[1692] Müllschlucker, Müllsauganlage, Müllverdichter,[1693]
- Pflege von Stellplätzen, Garagenplätzen, Zufahrten,
- Prüfung der Betriebssicherheit einer technischen Anlage (hier: Elektroanlage),[1694]
- Öltankreinigung (wird kritisch gesehen, weil die Reinigung üblicherweise nur alle fünf Jahre anfällt).[1695]
- Rauch- und Brandmeldeanlagen (z.B. Rauchmelder)[1696] Hinweis: nach diversen LBauO besteht eine Einbaupflicht für Neubauten und eine Nachrüstungspflicht für Bestandsobjekte. Erfasst werden auch Batterieaustausch und Reinigung.
- sonstige Haustechnik, Wartungskosten,
- Stromkosten für Entlüftungsanlagen der Küche und des WC,[1697]
- Kosten der Ungezieferbekämpfung, wenn es sich um eine turnusmäßige, prophylaktische Maßnahme handelt.[1698]
- Videoüberwachung,
- Wachdienst, Sicherheitsdienst.[1699]

Beispiele für **nicht wirksam umlegbare Kosten**: 1007
- Baumfällkosten.[1700] Richtigerweise ist danach zu differenzieren, ob ermittelt werden kann, dass das Baumfällen periodisch anfällt, was bei Zeiträumen von mehr als fünf Jahren abzulehnen ist, da bei dieser Zeitspanne ein Mieter, der nur für weniger als fünf Jahre mietet, mit den vollen Kosten belastet würde.

1692 Langenberg, Betriebskostenrecht, A Rn. 30.
1693 KG, 04.07.2005 – 8 U 13/05, GE 2005, 1427 = InfoM 2006, 132: tatsächliche Nutzung ist unerheblich; Both, Betriebskostenlexikon, Rn. 163; Kinne, NZM 2001, 1, 10.
1694 BGH, 14.02.2007 – VIII ZR 123/06, NZM 2007, 282 = IMR 2007, 141 = InfoM 2007, 63 = MDR 2007, 769.
1695 AG Karlsruhe, 31.08.2005 – 9 C 558/05, DWW 2006, 119; AG Berlin-Tiergarten, 23.04.1996 – 9a C 644/95, GE 1996, 1435; a.A. (= Instandhaltung) LG Landau, 24.06.2005 – 3 S 129/04, WuM 2005, 720; LG Hamburg, 22.06.1989 – 7 S 121/88, WuM 1989, 522; AG Speyer, 03.09.2007 – 33 C 126/07, InfoM 2008, 218; AG Rendsburg, 22.10.2001 – 11 C 117/01, WuM 2002, 232; AG Gießen, 26.06.2001 – 45M C 207/01, WuM 2003, 358.
1696 AG Lübeck, 05.11.2007 – 21 C 16668/07, ZMR 2008, 302 = InfoM 2008, 220; AG Köln, 08.12.1995 – 205 C 195/95; a.A. LG Berlin, 23.03.1999 – 64 S 399/98, GE 1999, 841.
1697 LG Berlin, GE 1994, 1381; LG Frankenthal, NZM 1999, 958.
1698 AG Berlin-Mitte, 27.07.2007 – 11 C 35/07, GE 2007, 1259 = InfoM 2008, 216: monatlich neue Verschmutzungen, die vierteljährlich beseitigt wurden; a.A. KG, 04.12.2003 – 22 U 86/02, MietRB 2004, 11; AG Köln, 22.05.2000 – 222 C 120/99, WuM 2001, 515.
1699 OLG Frankfurt am Main, 07.03.2006 – 9 U 62/05, IBR 2006, 302 = NZM 2006, 660. Einschränkend LG Köln, WuM 2004, 400: Die Kosten des Wachdienstes können als „sonstige Betriebskosten" umlagefähig sein, wenn der Dienst nicht nur dem Schutz der Gebäudesubstanz, sondern auch dem Schutz der Mieter dient.
1700 AG Berlin-Schöneberg, 08.10.2009 – 106 C 110/09, NZM 2010, 473; LG München II, 12.02.2008 – 12 S 3615/07; LG Berlin, GE 1988, 355; AG Dinslaken, WuM 2009, 115 = BeckRS 2009, 6895; AG Hamburg, WuM 1989, 641; AG Berlin-Schöneberg, GE 1996, 477; a.A. AG Düsseldorf, WuM 2002, 498 = BeckRS 2003, 851; Langenberg, in: Schmidt-Futterer, § 556 Rn. 156 m.w.. Offen gelassen von BGH, 29.09.2008 – VIII ZR 123/08, NZM 2009, 27 = WuM 2009, 41, jeweils zu Wohnraum.

- die Kosten für die Ausstellung von Energiesparausweisen nach EnEV[1701] (ausführlich → Rn. 2168) sind keine auf Mieter umlegbare Betriebskosten.[1702]
- Erbbau- und Erbpachtzinsen bzw. -aufwendungen.[1703]
- Finanzierungskosten des Gebäudes, da es dabei nicht um die Bewirtschaftung des Objekts geht (s.a. Leasingkosten).
- Finanzierungskosten für die Anschaffung von Betriebsmitteln, auch wenn deren Kosten umlagefähig sind, z.B. für den Ankauf von Heizöl.[1704]
- Leasingkosten außerhalb der in der Anl. 3 zu § 27 II. BV (Nr. 2: Wasserzähler, Nr. 4a, 5a: Ausstattung zur Verbrauchserfassung, Nr. 15a: Antennenanlagen).[1705] Umlageausfallwagnis (= Wagnis einer Einnahmenminderung, die durch uneinbringliche Rückstände von Betriebskosten oder nicht umlegbarer Betriebskosten infolge Leerstehens von Raum, der zur Vermietung bestimmt ist, einschließlich der uneinbringlichen Kosten einer Rechtsverfolgung auf Zahlung entsteht, § 25a NMV 1970). Als Betriebskosten kann es nicht umgelegt werden, da diese nach ihrer Rechtsnatur periodisch anfallen müssen und dabei nichts „anfallen", sondern nur in Rechnung gestellt würde. Weist der Vermieter einen solchen Betrag im Mietvertrag aus, handelt es sich um einen offengelegten Teil seiner Mietkalkulation, der Teil der Gesamtmiete ist.[1706]
- Zinsaufwendungen des Vermieters.[1707]

Wenn der Mietvertrag es dem Mieter untersagt, bestimmte Gemeinschaftsflächen zu nutzen (hier: Treppenhaus), sind die dort anfallenden Betriebskosten nicht umlegbar (hier: Hausreinigungskosten).[1708]

5. Sperrmüll/„wilder Müll"

1008 Manche Mieter, auch bei Geschäftsräumen, entdecken ihr Herz für Innenhöfe und Kellergänge u.Ä. und lagern dort – anonym, versteht sich – regelmäßig oder sporadisch Müll ab. Der Vermieter lässt dies mit Kosten beseitigen, um Rattenplagen und/oder Grundstücks- bzw. Gebäudeverschandelung zu verhindern. Die Kosten für die regelmäßige Beseitigung von Sperrmüll und/oder anderem „wilden" Müll zählen zu den Betriebskosten i.S.v. § 2 Nr. 8 BetrKV. Es spielt keine Rolle, ob der Sperrmüll vertragsgemäß oder vertragswidrig abgelagert wird; unbeachtlich ist auch, ob die Ablagerung durch die Mieter oder durch **rechtswidrig handelnde**

1701 BGBl. I, S. 1519.
1702 Gesetzesbegründung der Bundesregierung zur EnEV unter A. III. 2. b).
1703 LG Osnabrück, 19.05.1987 – 12 S 46/87, WuM 1987, 267; AG Osnabrück, 04.03.1985 – 40 C 396/84, WuM 1985, 344.
1704 AG Siegburg, WuM 1984, 345; Langenberg, Betriebskostenrecht, A Rn. 29.
1705 Langenberg, Betriebskostenrecht, A Rn. 30.
1706 Langenberg, in: Schmidt-Futterer, § 556a Rn. 36.
1707 Langenberg, Betriebskostenrecht, A Rn. 28.
1708 OLG Köln, 24.06.2008 – 22 U 131/07, NZM 2008, 806 = InfoM 2008, 477 = IMR 2009, 160.

Dritte („Mülltourismus") erfolgt.[1709] Erforderlich ist lediglich, dass der Vermieter für eine regelmäßige (nicht zwingend jährliche) Beseitigung sorgt.

Teilweise wird zwar grds. die Umlegbarkeit der Kosten bejaht, aber differenzierend gefordert, dass der Vermieter Abwehrmaßnahmen ergreifen und ggf. zunächst den Verursacher ermitteln muss.[1710] Die Kosten sind danach nur umlagefähig, wenn es dem Vermieter nicht gelingt oder nicht zugemutet werden kann, den Verursacher zu ermitteln. Dies ist über die eine vertragliche **Nebenpflicht des Vermieters zur Kostenbegrenzung** als Ausfluss des Wirtschaftlichkeitsgebotes zu bejahen, wenn es **zumutbar** ist, was nur bei einfachen Maßnahmen zu bejahen sein wird, da der Vermieter kein professioneller Detektiv ist. Die Beauftragung eines Detektivs kann grds. nicht verlangt werden, es sei denn, es geht um extrem hohe Kosten. Folge einer Nichtbeachtung kann ein Schadensersatzanspruch des Mieters auf Freistellung von der jeweiligen Kostenposition sein. Kostenintensive Maßnahmen oder vielfache Ermittlungsversuche sind grds. nicht zumutbar.

1009

Werden derart geschädigte Vermieter beraten, können folgende – später nachweisbare! – Maßnahmen geprüft und empfohlen werden (mit dem Risiko, dass man für weltfremd gehalten wird):

- Unterlassungsaufforderung an alle Mieter,
- Bitte an alle Mieter, bei Kenntnis den Verantwortlichen zu benennen,
- mit Hausmeister: engmaschige Überwachung der betroffenen Bereiche,
- ohne Hausmeister: regelmäßige Überwachung.

6. Versicherungen, Versicherungsprämien

a) Grundsätze

Die Prämien für Versicherungen, die die Absicherung der bewirtschafteten Immobilie betreffen, können grds. durch vertragliche Vereinbarung als Betriebskosten auf den Mieter umgelegt werden (ausführlich zu Versicherungsarten und den Grundzügen des Versicherungsrechts → *Rn. 1864 ff.*). Es gelten die allgemeinen Grundsätze für die Umlage von Betriebskosten, also insb. eine erforderliche ausdrückliche oder konkludente Vereinbarung und das Wirtschaftlichkeitsgebot (→ *Rn. 985 ff.*). Welche Kosten umlegbar sind, ergibt sich zunächst aus **§ 2 Nr. 13 BetrKV**. Die Aufzählung in § 2 Nr. 13 BetrKV und Nr. 13 Anlage 3 zu § 27 II. BV („*Kosten der Sach- und Haftpflichtversicherung. Hierzu gehören namentlich die Kosten der Versicherung des Gebäudes gegen Feuer-, Sturm- und Wasserschäden, der Glasversicherung, der Haftpflichtversicherung für das Gebäude, den Öltank und den Aufzug*") ist wegen des Begriffs

1010

[1709] BGH, 13.01.2010 – VIII ZR 137/09, IMR 2010, 132 = MDR 2010, 375 zu preisgebundenem Wohnraum, aber übertragbar auf Gewerberaum; Langenberg, in: Schmidt-Futterer, § 556 BGB Rn. 146; Schmid, Handbuch der Mietnebenkosten, Rn. 5174; Schmid, in: MüKo BGB, § 2 BetrKV Rn. 41; **a.A.** LG Siegen, WuM 1992, 630; AG Trier, WuM 1999, 551 Sternel, Mietrecht aktuell, V Rn. 59 (für „wilden Müll" und differenzierend für Sperrmüll, s. nachfolgend → *Rn. 1008*).

[1710] LG Berlin, GE 2002, 595; LG Berlin, GE 2001, 1469; LG Berlin, GE 1986, 122, 125; Sternel, Mietrecht aktuell, V Rn. 67; **a.A.** Schmid, MDR 2010, 362: Beseitigung von rechtswidrig abgestelltem Sperrmüll obliegt dem Vermieter, der ldgl. Schadensersatzansprüche hat.

„namentlich" nur beispielhaft und damit nicht abschließend,[1711] sodass auch darüber hinaus im Einzelfall Kosten anderer Versicherungen umlegbar sein können.

Maßstab ist, ob die Versicherung zumindest auch dem Schutz des Grundstücks, Gebäudes oder des Mieters dient (**Sacherhaltungsinteresse**) und darüber hinaus **wirtschaftlich sinnvoll** ist, wobei für Letzteres grds. ein großzügiger Maßstab anzulegen ist, da es gerade zum Wesen einer Versicherung gehört, ungewisse Schadensfälle abzudecken.[1712] Das Wirtschaftlichkeitsgebot darf nicht dazu führen, dass der Eigentümer/Vermieter vor Abschluss einer Versicherung eine versicherungstechnische Risikoprüfung vornehmen muss, da er dazu mangels know-how nicht in der Lage ist. Das ungewisse Ereignis, für das die Versicherung Schutz gewähren soll (also der Schadensfall), muss daher möglich sein, d.h. nicht außerhalb jeglicher Wahrscheinlichkeit liegen. Nicht umlagefähig sind daher zusammengefasst

- Versicherungen, die keinen Grundstücks-, Gebäude oder Mieterschutz bezwecken (also bspw. Versicherungen, die nur Vermögensschäden abdecken) und
- unsinnige Versicherungen.

b) Vereinbarung

1011   Für die **Umlagevereinbarung** genügt die Bezugnahme auf die BetrKV. Noch nicht höchstrichterlich geklärt ist, ob dadurch dann automatisch auch dort nicht namentlich genannte Versicherungen umlegbar werden. Benennt der Miet- oder Pachtvertrag diese ausdrücklich, ist die Umlage zulässig, wenn die Versicherung den nachfolgend beschriebenen Kriterien faktisch und wirtschaftlich sinnvoll ist. Fehlt die konkrete Bezeichnung, ist trotz der vom BGH bei der Umlage sonstiger Betriebskosten i.S.v. § 2 Nr. 17 BetrKV grds. geforderten Absehbarkeit der Kosten für den Mieter[1713] von der generellen Zulässigkeit der Umlage weiterer Versicherungen auszugehen, da bereits die ggü. § 2 Nr. 17 BetrKV speziellere Regelung des § 2 Nr. 13 BetrKV nicht abschließend ist und daher so zu verstehen ist, dass dem Vermieter die Umlage anderer Versicherungen möglich sein soll.

1012   Findet sich im Mietvertrag nur die Angabe von *„Kosten der Sach- und Haftpflichtversicherung"*, so ist dies dahin auszulegen, dass nur die in § 2 Nr. 13 BetrKV genannten Versicherungen umlagefähig sind.[1714] Eine sehr **weite Formulierung** wie *„Kosten von Versicherungen"* widerspricht hingegen dem grundsätzlichen Bestimmtheitserfordernis und reicht daher nicht aus, weil die Auslegung ergibt, dass damit auch andere als die grundstücks- oder gebäudebezogenen Versicherungen gemeint sind. Im Einzelfall kann die Umlage sinnloser oder unwirtschaftlicher Versicherungen durch **AGB-Klauseln** auch zu einem Überraschungseffekt und damit zu einer

---

[1711] BGH, 13.10.2010 – XII ZR 129/09, IMR 2010, 522 = NZM 2010, 864 = NJW 2010, 3647; Langenberg, in: Schmidt-Futterer, § 556 Rn. 168; Schmid, VersR 2010, 1564.
[1712] Ebenso Schmid, VersR 2010, 1564, 1565.
[1713] BGH, 07.04.2004 – VIII ZR 167/03, NZM 2004, 417 = WuM 2004, 290 = DWW 2004, 188 = NJW-RR 2004, 875 = MDR 2004, 932.
[1714] OLG Brandenburg, 28.04.1999 – 3 U 232/98, NZM 2000, 572 = OLGR 1999, 340.

unwirksamen Klausel nach § 305c Abs. 1 BGB führen[1715] oder eine unangemessene Benachteiligung i.S.v. § 307 BGB darstellen.

Auch erst nach der Umlagevereinbarung abgeschlossene Versicherungen werden von dieser erfasst.[1716]

c) **Einzelne Versicherungen**

Unter Nr. 13 der Anlage 3 zu § 27 II. BV fallen grds. alle Sach- und Haftpflichtversicherungen, die dem Schutz des Gebäudes und seiner Bewohner und Besucher dienen.[1717] Umlagefähige Versicherungen sind z.B. die **Gebäudeversicherung** (verbundene Feuer-, Sturm- und Leitungswasserversicherung, auch separat), Glasversicherung sowie die **Haftpflichtversicherung** hinsichtlich des Gebäudes und – soweit vorhanden – des Öltanks und des Aufzuges,[1718] ferner die Umwelthaftpflichtversicherung. 1013

Zur Sachversicherung gehören auch Versicherungen gegen Sachschäden durch **Vandalismus**, innere Unruhen, Streik o.ä. Maßgeblich ist nicht der Anlass, sondern der Schutz gegen Beschädigung des Miet- oder Pachtobjekts. Daher sind auch die Kosten einer Versicherung gegen Schwamm und Hausbock, eine Aufzugssprech- und Aufzugssignalanlagenversicherung sowie – in Analogie zum Öltank – eine Gastank- und Fernmeldeanlagenversicherung umlegbar.[1719] Entsprechendes gilt für Versicherungen von Schäden durch Rückstau von Abwasser.[1720]

Bei einer **Terrorversicherung**, welche vorrangig die Gebäudesubstanz versichert, handelt es sich um eine Sachversicherung.[1721] Sie ist begrifflich **keine Feuerversicherung**, da sie über deren Versicherungsschutz hinausgeht.[1722] Sieht der Mietvertrag daher nur die Umlage von Prämien einer Feuerversicherung vor, deckt dies nicht die Prämien einer Terrorversicherung. Der Umstand, dass i.R.d. Terrorversicherung zusätzlich auch ein Betriebsunterbrechungsschaden mitversichert ist, steht der Beurteilung als Sachversicherung nicht entgegen.[1723] 1014

Ob Terrorversicherungsprämien umlegbar sind, wenn im Mietvertrag zwar die Kosten von Sachversicherungen als umlagefähige Betriebskosten bezeichnet sind, es sich aber um kein besonders gefährdetes Objekt handelt, ist umstritten. I.R.d. Wirtschaftlichkeitsgebots (über § 242 BGB im gewerblichen Miet- und Pachtrecht anwendbar) müssen die Kosten bei einem Gebäude mit einem Versicherungswert von mehr als 25 Mio. € erforderlich und angemessen sind. Es muss daher für das jeweils versicherte Gebäude geprüft werden, ob eine Versicherung gegen

---

1715 Ebenso Schmid, VersR 2010, 1564, 1565.
1716 Schmid, VersR 2010, 1564, 1565 mit Verweis auf LG Frankfurt am Main, WuM 1999, 46 und AG Hamburg, WuM 1998, 352; a.A. AG Neustadt/W., ZMR 1997, 305.
1717 BGH, 13.10.2010 – XII ZR 129/09, IMR 2010, 522 = NZM 2010, 864 = NJW 2010, 3647.
1718 OLG Brandenburg, 28.04.1999 – 3 U 232/98, OLGR 1999, 340; Both, Betriebskostenlexikon, Rn. 176.
1719 Schmid, VersR 2010, 1564, 1565 m.w.N.
1720 Schmid, VersR 2010, 1564, 1566 m.w.N.
1721 BGH, 13.10.2010 – XII ZR 129/09, IMR 2010, 522 = NZM 2010, 864 = NJW 2010, 3647; OLG Frankfurt am Main, 26.06.2009 – 2 U 54/09, IMR 2009, 309 = NZM 2009, 744 = InfoM 2009, 477.
1722 AG Koblenz, 28.05.2008 – 133 C 2288/07.
1723 OLG Frankfurt am Main, 26.06.2009 – 2 U 54/09, IMR 2009, 309 = NZM 2009, 744 = InfoM 2009, 477; a.A. Lattka, ZMR 2008, 929.

Terrorakte im Einzelfall erforderlich und ob die konkret abgeschlossene Versicherung angemessen ist, d.h. ob ein vernünftiger Vermieter, der ein vertretbares Kosten-Nutzen-Verhältnis im Auge hat, die Versicherung abgeschlossen hätte.[1724] Nach **herrschender Meinung** müssen dafür konkrete Umstände vorliegen, die die Gefahr eines Gebäudeschadens durch einen terroristischen Angriff begründen.[1725] Zu den gefährdeten Gebäuden gehören insb. Gebäude mit Symbolcharakter, Gebäude, in denen staatliche Macht ausgeübt wird (militärische Einrichtungen, Regierungs- und Parlamentsgebäude), Gebäude, v.a. in Großstädten oder Ballungszentren, in denen sich regelmäßig eine große Anzahl von Menschen aufhält (Bahnhöfe, Flughäfen, Touristenattraktionen, Sportstadien, Büro- oder Einkaufszentren), sowie Gebäude, die sich in unmittelbarer Nachbarschaft der genannten Gebäude befinden.[1726]

1015 Der BGH führt dazu aus:[1727]

„Für welche Gebäude eine begründete Gefahr von Terroranschlägen besteht, lässt sich aus den Erfahrungen und den sich daraus ergebenden Motiven der Terroristen herleiten, die in der Definition von Terrorakten in den Allgemeinen Bedingungen für die Terrorversicherung ihren Niederschlag gefunden haben. Danach bezwecken die Angriffe eine Schwächung tragender staatlicher Strukturen durch die Verbreitung von Angst und Schrecken in der Bevölkerung. Zu den gefährdeten Gebäuden gehören deshalb insbesondere Gebäude mit Symbolcharakter (z.B. der Eiffelturm), Gebäude, in denen staatliche Macht ausgeübt wird (militärische Einrichtungen, Regierungs- und Parlamentsgebäude), Gebäude, vor allem in Großstädten oder Ballungszentren, in denen sich regelmäßig eine große Anzahl von Menschen aufhält (Bahnhöfe, Flughäfen, Touristenattraktionen, Sportstadien, Büro- oder Einkaufszentren), sowie Gebäude, die sich in unmittelbarer Nachbarschaft der genannten Gebäude befinden.

Im vorliegenden Fall liegen die Mietobjekte nach den Feststellungen des Berufungsgerichts in einem großen Gebäudekomplex mit außergewöhnlicher Architektur, der einen Wert von ca. 286 Millionen Euro hat. In den Mietobjekten sind städtische Ämter untergebracht. Der Gebäudekomplex befindet sich in unmittelbarer Nachbarschaft zum Statistischen Bundesamt und in der Nähe eines Fußballstadions. Angesichts der Art des Gebäudes, seiner Frequentierung, seiner Lage und seines Wertes ist, wie das Berufungsgericht zu Recht angenommen hat, von einer Grundgefährdung des Gebäudes für Schäden durch Terroranschläge auszugehen. Der Abschluss einer Terrorversicherung war deshalb aus der Sicht eines vernünftigen Vermieters erforderlich, um bei Eintritt des Versicherungsfalls die Sachschäden an dem Gebäude abzusichern."

1016 Nach der **Gegenansicht** ist der Ort von Terroranschlägen nicht vorhersehbar, sodass jedes Gebäude der Welt gefährdet und deshalb für jedes Gebäude eine Terrorversicherung erforderlich und angemessen ist.[1728] Dieses zutreffende (→ *Rn. 1020, 1024 f.*) Argument überzeugt – so der

---

1724 BGH, 13.10.2010 – XII ZR 129/09, IMR 2010, 522 = NZM 2010, 864 = NJW 2010, 3647.
1725 BGH, 13.10.2010 – XII ZR 129/09, IMR 2010, 522 = NZM 2010, 864 = NJW 2010, 3647; OLG Frankfurt am Main, 26.06.2009 – 2 U 54/09, IMR 2009, 309 = NZM 2009, 744 = InfoM 2009, 477; AG Wetzlar, 25.06.2007 – 38 C 1605/05, ZMR 2008, 548; AG Spandau, 08.02.2005 – 2a C 755/04, GE 2005, 1255; AG Pankow-Weißensee, 20.11.2008 – 6 C 107/0, GE 2009, 57; Langenberg, Betriebskostenrecht, A Rn. 102 u. G Rn. 37; Langenberg, in: Schmidt-Futterer, § 556 Rn. 173; Beyerle, in: Lindner-Figura/Oprée/Stellmann, Kap. 11, Rn. 110; Lattka, ZMR 2008, 929, 933; Kinne, GE 2004, 1500.
1726 BGH, 13.10.2010 – XII ZR 129/09, IMR 2010, 522 = NZM 2010, 864 = NJW 2010, 3647.
1727 BGH, 13.10.2010 – XII ZR 129/09, IMR 2010, 522 = NZM 2010, 864 = NJW 2010, 3647.
1728 OLG Stuttgart, 15.02.2007 – 13 U 145/06, IMR 2007, 110 = GuT 2007, 89 = GE 2007, 444 = NZM 2007, 247 = WuM 2007, 199 = InfoM 2007, 121; Schmid, Handbuch der Mietnebenkosten, Rn. 5271b; Schmid, VersR 2010, 1564, 1565; Langheid/Rupietta, NJW 2005, 3233, 323.

BGH – nicht, weil ein wirtschaftlich denkender Eigentümer für die Versicherung eines **fernliegenden Risikos** keine erheblichen Kosten aufwenden würde, weil zwischen Kosten und Nutzen in diesen Fällen ein deutliches Ungleichgewicht besteht.[1729] Ist also ein Gebäudeschaden durch einen terroristischen Angriff unwahrscheinlich und kann ein solcher lediglich nicht mit letzter Sicherheit ausgeschlossen werden, entspricht es keiner vernünftigen Bewirtschaftung, dieses **rein theoretische Risiko** mit erheblichem finanziellem Aufwand abzusichern.[1730]

Es stellt sich die Frage, welche Auswirkungen diese Diskussion und v.a. die Rechtsprechung des BGH auf typische Gewerbe- und Pachtverhältnisse in kleineren Dimensionen oder nicht „exponierten" (d.h. konkret gefährdeten) Lagen hat. Dazu gehören bspw. Einzelhandelsflächen in Einkaufsstraßen, kleinere Ladenpassagen und Bürogebäude. Nimmt man den BGH beim Wort, sind Terrorversicherungen für solche Gebäude grds. dann umlagefähig, wenn 1017

- das Gebäude sich in unmittelbarer Nachbarschaft der potenziell gefährdeten Gebäude befindet
oder
- sich regelmäßig eine große Anzahl von Menschen in dem Gebäude aufhält.

Liegen diese Voraussetzungen vor, ist es müßig, sich mit der Mindermeinung auseinanderzusetzen, da Terrorversicherungen für diese Objekte auch nach Meinung des BGH umlegbar sind.

Es stellt sich die Anschlussfrage, was „unmittelbare Nachbarschaft" bedeutet. Maßgeblich ist der Gefährdungsaspekt, sodass es darauf ankommt, ob durch einen Terrorakt am „Hauptziel" das Nachbargebäude beschädigt werden kann. Ohne in Kriegsfantasien abgleiten zu wollen, wird man angesichts der enormen Sprengkraft moderner (nicht nuklearer) Waffen und Kampfstoffe sicherlich einen Radius von ca. 300 m ziehen, diesen dann aber auch darauf begrenzen müssen.[1731] Dieser Abstand wird bspw. bei Hochhäusern zu erweitern sein, weil deren Zusammenbruch einen womöglich deutlich größeren Radius in Mitleidenschaft ziehen würde. 1018

Es fragt sich weiter, was eine „**große Anzahl von Menschen**" ist, die sich in einem Gebäude aufhalten. Als Beispiele nennt der BGH Bahnhöfe, Flughäfen, Touristenattraktionen, Sportstadien sowie Büro- oder Einkaufszentren. Das damit angesprochene Spektrum liegt daher zwischen Zehntausenden (Fußballstadion) und einigen Dutzend (kleines Museum als Touristenattraktion), gemeint sind aber ersichtlich größere Gruppen, die sich zeitgleich in der Immobilie aufhalten, sodass man ein normales Bürogebäude mit bspw. 4.000 m² Fläche, in dem ca. 120 Personen arbeiten, ausklammern muss. Eine Anzahl von mindestens 300 Menschen, die im Normalfall gleichzeitig anwesend sind, dürfte die Kriterien des BGH erfüllen; Personen, die sich typischerweise vor dem Gebäude befinden, um es zu betreten, oder es soeben verlassen, sind hinzuzurechnen.[1732] 1019

Eine weitere Einschränkung des BGH scheint darin zu bestehen, dass die Gebäude v.a. in Großstädten oder Ballungszentren liegen sollen. Die Wortwahl „vor allem" macht aber deutlich, dass 1020

[1729] BGH, 13.10.2010 – XII ZR 129/09, IMR 2010, 522 = NZM 2010, 864 = NJW 2010, 3647.
[1730] BGH, 13.10.2010 – XII ZR 129/09, IMR 2010, 522 = NZM 2010, 864 = NJW 2010, 3647.
[1731] Neuhaus, NZM 2011, 65, 68.
[1732] Neuhaus, NZM 2011, 65, 68.

sich der BGH nicht beschränken will, sodass auch „besondere" Gebäude in Kleinstädten oder auf dem Land konkret gefährdet sein können.[1733]

Bei allen anderen Büros, Einzelhandelsflächen in Einkaufsstraßen, kleineren Ladenpassagen etc. können Kosten einer Terrorversicherung nach Auffassung des BGH nicht umgelegt werden, da es sich um ein „fern liegendes Risiko" bzw. ein „rein theoretisches Risiko" handeln soll.[1734] Diese nicht näher begründete Argumentation ist mit der Mindermeinung[1735] abzulehnen (s. dazu nachfolgend Rn. 1024 → „*Fern liegende Risiken*").

1021 Die **Elementarschadens- und die Allgefahren-Versicherung** ist eine umlegbare Sachversicherung. Ebenso eine **Inventarversicherung**, wenn es um Inventar geht, dass der Mieter oder Pächter nutzt.[1736]

1022 Nicht als Betriebskosten auf den Mieter oder Pächter umlegbar sind die Prämien folgender Versicherungen:

- Eine **Betriebsunterbrechungsversicherung**, auch soweit sie in einer anderen Versicherung enthalten ist, sichert nicht das Sacherhaltungsinteresse ab und ist keine Sachversicherung.[1737] Etwaige (anteilige) Kosten sind nicht umlegbar, da diese Kosten im Normalfall nicht der Bewirtschaftung des Gebäudes dienen.
- **Reparaturversicherungen** sind dann nicht umlegbar, wenn durch sie der „normale" Reparaturbedarf des Gebäudes i.S.v. typischer Instandhaltung und Instandsetzung erfasst wird.
- Die Kosten einer **Mietausfallversicherung** werden nicht automatisch von der vereinbarten Betriebskostenposition „*Kosten für Sach- und Haftpflichtversicherung*" gedeckt, da es sich insoweit um keine Sach- und Haftpflichtversicherung handelt, eine wirksame Umlage soll daher eine gesonderte Vereinbarung erfordern.[1738] Selbst bei einer ausdrücklichen Benennung im Vertrag bestehen aber zumindest bei einer AGB Zweifel, ob nicht eine unangemessene Benachteiligung vorliegt, weil diese Versicherung nicht gebäude-, sondern rein vermögensbezogen ist.[1739] Ist die Mietausfallversicherung Bestandteil anderer Versicherungen (Gebäudeversicherung), können ihre Kosten jedenfalls dann abgewälzt werden, wenn der Sachversicherer auch die „Mindestprämie" so kalkuliert, dass das Risiko des schadensbedingten Mietausfalls „automatisch" mitversichert ist.[1740]

1733 Neuhaus, NZM 2011, 65, 68.
1734 BGH, 13.10.2010 – XII ZR 129/09, IMR 2010, 522 = NZM 2010, 864 = NJW 2010, 3647 (Rn. 21, 22).
1735 OLG Stuttgart, 15.02.2007 – 13 U 145/06, IMR 2007, 110 = GuT 2007, 89 = GE 2007, 444 = NZM 2007, 247 = WuM 2007, 199 = InfoM 2007, 121; Schmid, Handbuch der Mietnebenkosten, 11. Aufl., Rn. 5271b; Langheid/Rupietta, NJW 2005, 3233, 3237.
1736 Im Ergebnis ebenso OLG Düsseldorf, 02.03.2006 – I-10 U 120/95, ZMR 2006, 685 = MDR 2006, 1164, wo die Kosten einer Inventarversicherung in einer Betriebskostenabrechnung nicht problematisiert werden.
1737 BGH, 13.10.2010 – XII ZR 129/09, IMR 2010, 522 = NZM 2010, 864 = NJW 2010, 3647 unter II. 3.
1738 OLG Brandenburg, 12.07.2006 – 3 U 158/05, LNR 2006, 20545 unter II. 3; Schmid, VersR 2010, 1564, 1566 für Gewerberaum.
1739 Ähnlich OLG Düsseldorf, 19.07.2000 – 10 U 116/99, DWW 2000, 196.
1740 OLG Stuttgart, 15.02.2007 – 13 U 145/06, IMR 2007, 110 = GuT 2007, 89 = GE 2007, 444 = NZM 2007, 247 = WuM 2007, 199 = InfoM 2007, 121.

- Kosten einer **Rechtsschutzversicherung** können nicht umgelegt werden,[1741] was auch einleuchtet, da der Mieter sonst womöglich den Rechtsstreit mit seinem eigenen Vermieter finanzieren würde. Die Rechtsschutzversicherung bezweckt nicht den Schutz des Grundstücks-, Gebäude oder Mieters, sondern allein des Vermietervermögens.

Sach- und Haftpflichtversicherung dürfen in der **Betriebskostenabrechnung** in einer Position „Versicherung" ausgewiesen werden, ohne dass dies die Abrechnung formell fehlerhaft macht.[1742]

1023

d) Fern liegende Risiken und „exotische" Versicherungsfälle

Bei der Elementarschadens- und die Allgefahren-Versicherung sind darin enthaltene „exotische" Versicherungsfälle wie **Erdbeben** oder **Flugzeuganprall** grds. als Bestandteil des Gesamtpaketes hinzunehmen und verletzen nicht das Wirtschaftlichkeitsgebot, wenn der darauf konkret entfallende Prämienanteil nicht exorbitant hoch ist (was in der Praxis nicht vorkommen wird).[1743] Der BGH hat bei der Terrorversicherung ohne nähere Begründung argumentiert, bei nicht in Gefährdungslage befindlichen Gebäuden könnten Kosten der Terrorversicherung nicht umgelegt werden, weil es sich um ein „fern liegendes Risiko" bzw. eine „rein theoretisches Risiko" handele.[1744] Diese Annahme dürfte darauf fußen, dass Statistik und Versicherungsbedingungen der Terrorversicherung von einer höheren Wahrscheinlichkeit ausgehen, dass exponierte Objekte Ziel eines Anschlags sein können als weniger exponierte. Dem ist auch nicht zu widersprechen, es führt aber zu der nicht hinnehmbaren Prämisse, dass der (wirtschaftlich denkende) Eigentümer vor Abschluss der Versicherung eine **versicherungstechnische Risikoprüfung** vornehmen soll. Eine solche Prüfung ist ihm aber in den allermeisten Fällen mangels know-how gar nicht möglich; sie ist auch nicht auf Versicherungsvermittler als Erfüllungsgehilfen delegierbar, weil niemand sagen kann, ob, wann und wo der Versicherungsfall eintritt.[1745] Dies gehört vielmehr zum Wesen der Risiko- und Schadensversicherung, die für ein **ungewisses** Ereignis Schutz gewähren soll.

1024

Konsequenz des Argumentes vom „fern liegenden Risiko" könnte bspw. sein, dass bei einer **Allgefahren-Versicherung**, die auch Schutz gegen Schäden durch Erdbeben gewährt, in Deutschland außerhalb der Eifel der auf das Risiko „Erdbeben" entfallende Prämienanteil nicht umlegbar wäre. Ebenso wenig, wie aber ein Vermieter bzw. Gebäudeeigentümer in Hamburg weiß, ob nicht doch einmal Erdstöße oder Erdbeben auftreten, weiß er auch, ob in seinem eigentlich „ruhigen" Stadtteil ein Terroranschlag verübt werden könnte. Da sich dies nicht ausschließen lässt, ist eine großzügige Betrachtung angebracht,[1746] sodass der Vermieter Prämi-

1025

1741 OLG Düsseldorf, 02.02.1995 – 10 U 39/94, WuM 1995, 434; a.A. Schmid, VersR 2010, 1564, 1566 für Gewerberaum.
1742 BGH, 16.09.2009 – VIII ZR 346/08, IMR 2009, 417 = ZMR 2010, 102 = NZM 2009, 906 = NJW 2009, 3575 = MDR 2009, 1383; Blank, in: Blank/Börstinghaus, § 556 BGB Rn. 125 „Versicherungskosten"; Langenberg, Betriebskostenrecht, G Rn. 145.
1743 A.A. Schmid, VersR 2010, 1564, 1566 m.w.N.
1744 BGH, 13.10.2010 – XII ZR 129/09, IMR 2010, 522 = NZM 2010, 864 = NJW 2010, 3647 (Rn. 21, 22).
1745 Neuhaus, NZM 2011, 65, 69.
1746 Wohl a.A. Schmid, VersR 2010, 1564, 1566 zum Risiko „Erdbeben" in der Elementarschadensversicherung.

en entsprechender Versicherungsverträge vollständig als Betriebskosten umlegen darf.[1747] Die Grenze ist dort zu ziehen, wo der Versicherungsfall nur noch als absurd zu bezeichnen ist.

> **Hinweis:**
> Die Anforderungen an den Vermieter dürfen nicht überspannt werden. Es wäre lebensfremd, wenn man beginnen würde, bei Versicherungen geringfügige Zusatzleistungen, die die Versicherer aus Marketinggründen anbieten, „auf den Cent genau" herauszurechnen. Es kann weder dem Mieter noch später den Gerichten obliegen, Prämienkalkulationen von Versicherern im Detail auseinanderzurechnen und zu vergleichen, zumal Versicherer auch nicht verpflichtet sind, ihre diesbezügliche Kalkulation offenzulegen. Erst wenn deshalb Abweichungen zwischen „Paket-Versicherungen" und „klassischen" Versicherungen erheblich sind, greift der Herausrechnungsanspruch des Mieters. Erheblichkeit ist erst bei Prämienabweichungen von mehr als 20 % anzunehmen, da ansonsten die marktüblichen Schwankungen nicht ausreichend erfasst werden können.

e) Gemischte Versicherungen mit privaten Anteilen

1026   Es ist gerade im gewerblichen Versicherungsbereich mittlerweile häufig der Fall, dass **„Pakete" verkauft** werden, in denen sich als Zusatzleistungen „kleine" andere Versicherungen für den Betrieb oder auch den Betriebsinhaber verstecken.

> *Beispiel:*
> *Gebäudehaftpflichtversicherung mit klassischem Haftpflichtschutz und zusätzlich „eingebauter" Privathaftpflichtversicherung für den Betriebsinhaber inklusive privater Hundehalterhaftpflicht.*

1027   In einem solchen Fall verstecken sich also in den eigentlich betrieblich veranlassten Versicherungskosten auch Anteile, die dem Versicherungsnehmer (= Vermieter) privat zugutekommen. Es kommt dann darauf an, ob die **privaten Anteile auch Bestandteil der Prämie** sind. Grds. kann der Mieter/Pächter, auf den Kosten umgelegt werden, verlangen, dass es sich um Kosten handelt, die ausschließlich durch die Bewirtschaftung des Mietobjekts anfallen. Dies ist bei privaten Anteilen nicht der Fall. Allerdings wird es in der Versicherungspraxis häufig so sein, dass die „Pakete" nur deshalb mit privaten Zusatzbausteinen gebildet werden, um sie am Markt besser vertreiben zu können. Es ist nicht zwangsläufig so, dass der „kleine" private Anteil auch zu einer Erhöhung der Prämie führt.

1028   Greift der Mieter die Kosten derartiger Versicherungen als überhöht an, so moniert er eine **Verletzung des Wirtschaftlichkeitsgebots** mit der Folge, dass nach neuerer Rechtsprechung zunächst der Mieter konkret vortragen muss, dass ein anderer Anbieter die fragliche Leistung preiswerter geliefert hätte.[1748] Dies bedeutet, dass der Mieter zumindest eine vergleichbare Versicherungsleistung benennen muss, die ohne die privaten Bausteine preiswerter ist.

1029   Dieser **Darlegungs- und Beweislast** kann der Mieter aber nur nachkommen, wenn er auch die konkreten Versicherungsbedingungen vergleichen kann. Letztlich ergeben sich die Be-

---

1747 Neuhaus, NZM 2011, 65, 69.
1748 Vgl. BGH, 13.06.2007 – VIII ZR 78/06, InfoM 2007, 236.

wertungen aus einem Vergleich der verschiedenen Bedingungen und der darin versicherten Leistungen. Der Mieter hat deshalb einen Anspruch gegen den Vermieter auf Herausgabe der Versicherungsbedingungen; erst danach kann und muss er seiner Darlegungs- und Beweislast nachkommen.

7. Verwaltungskosten

Streitanfällig ist die Umlage von Verwaltungskosten. **Begrifflich** geht es damit v.a. die Kosten der zur Verwaltung des Gebäudes erforderlichen Arbeitskräfte und Einrichtungen oder des Wertes der vom Vermieter geleisteten Verwaltungsarbeit. Kosten der Verbrauchserfassung und Abrechnung von Betriebskosten beim Auszug des Mieters gehören zu den Verwaltungskosten.[1749] Kosten der technischen Hausverwaltung umfassen keine Kosten, die der Instandhaltung und Instandsetzung nach § 1 Abs. 2 Nr. 2 BetrKV zuzuordnen wären und sind als Gemeinkosten von den Kosten von Dienst- oder Werkleistungen im Rahmen einer konkreten Instandhaltungsmaßnahme zu trennen.[1750]

1030

Sach- und Arbeitsleistungen des Eigentümers können als **Kosten der Eigenverwaltung** mit dem Betrag angesetzt werden, der für eine gleichwertige Leistung eines Dritten, insb. eines Unternehmers, angesetzt werden könnte.[1751] Ist der Vertrag einer Vermietungs-KG mit ihrer Komplementärin aber lediglich auf die Übernahme der Geschäftsführung und nicht (auch) auf die Übernahme der Hausverwaltung gerichtet, stellt die tatsächliche Übernahme der Verwaltung eines Grundstücks durch die Komplementärin des Vermieters keine Fremdverwaltung dar, deren Kosten als Betriebskosten auf die Mieter umgelegt werden können.[1752]

1031

Ohne ausdrückliche Vereinbarung sind Verwaltungskosten nicht vom Mieter zu tragen. Die Begründung des Bundeskabinett-Gesetzesentwurfs zum Mietrechtsreformgesetz zu § 556 BGB (Vereinbarungen über Grundmiete und Betriebskosten) erwähnt zwar auf Seite 130 ausdrücklich, dass eine vertragliche Erweiterung auf Verwaltungskosten nicht möglich sei. Allerdings gilt § 556 BGB und damit auch die Gesetzesbegründung aufgrund seiner Systematik **nur für Wohnraum**, da § 578 BGB nicht auf diese Norm verweist.

1032

Eine **Vereinbarung**, mit der der Vermieter den Mieter von Gewerberäumen mit den Kosten einer vom Vermieter beauftragten Hausverwaltung belastet, ist grds. auch **durch AGB zulässig**.[1753] Handelt es sich um eine Formularklausel des Vermieters, muss sich die Vereinbarung

1033

1749 BGH, 14.11.2007 – VIII ZR 19/07, MDR 2008, 313.
1750 BGH, 24.02.2010 – XII ZR 69/08, IMR 2010, 181 = GuT 2010, 96 = NZM 2010, 279 = GE 2010, 482; BGH, 09.12.2009 – XII ZR 109/08, GuT 2010, 23 = IMR 2010, 92 – 94 = NZM 2010, 123 = MDR 2010, 313.
1751 KG, 08.07.2010 – 12 U 26/09, GuT 2010, 199 = IMR 2010, 417 = ZMR 2011, 35; Beyerle, in: Lindner-Figura/Oprée/Stellmann, Kap. 11, Rn. 14.
1752 KG, 08.07.2010 – 12 U 26/09, GuT 2010, 199 = IMR 2010, 417 = ZMR 2011, 35.
1753 BGH, 24.02.2010 – XII ZR 69/08, IMR 2010, 181 = GuT 2010, 96 = NZM 2010, 279 = GE 2010, 482; BGH, 09.12.2009 – XII ZR 109/08, GuT 2010, 23 = IMR 2010, 92 – 94 = NZM 2010, 123 = MDR 2010, 313 (vorhergehend und aufgehoben: OLG Köln, 24.06.2008 – 22 U 131/07, NZM 2008, 806 = InfoM 2008, 478); BGH, 27.01.2010 – XII ZR 22/07, GuT 2010, 26 = NZM 2010, 240 (dort eher beiläufig unter Verweis auf BGH, 09.12.2009 – XII ZR 109/08 als selbstverständlich vorausgesetzt); OLG Rostock, 10.04.2008 – 3 U 158/06, IMR 2008, 240 = GuT 2008, 200; OLG Köln, 04.07.2006 – 22 U 40/06, IMR 2006, 115 = NZM 2006, 701 = GuT 2006, 231 = InfoM 2006, 289 unter Ziff. 2.; OLG Hamburg, 06.02.2002 – 4 U 145/99, GuT 2003, 91 = WuM 2003, 268 = ZMR 2003, 180.

auch am Transparenzgebot des § 307 Abs. 1 Satz 2 BGB messen lassen. Dabei sind aber großzügige Maßstäbe anzulegen. Der BGH hat geklärt, dass die formularmäßige Umlage durch Formulierungen wie **„kaufmännische und technische Hausverwaltung"**[1754] (als sonstige Betriebskosten) und den schlichten Begriff **„Kosten der Hausverwaltung"**[1755] hinreichend bestimmt i.S.v. des § 307 Abs. 1 Satz 2 BGB ist und nicht gegen das Transparenzgebot bzw. die Unklarheitenregelung der §§ 305c, 307 BGB verstößt. Abzustellen ist – wie immer bei AGB – auf die Erkenntnismöglichkeiten eines durchschnittlichen Vertragspartners.[1756] Dieser durchschnittliche Geschäftsraummieter kann erkennen, dass zur Ausfüllung des Begriffs von (nicht näher definierten) Verwaltungskosten auf die im Wesentlichen übereinstimmenden Definitionen in § 1 Abs. 2 Nr. 1 BetrKV und § 26 Abs. 1 II. Berechnungsverordnung zurückgegriffen werden kann.[1757] Zwar fallen bei gewerblichen Mietobjekten andere (= weitere) Verwaltungskosten an als bei Wohnungen. Die gesetzliche Definition bei Wohnraum in der BetrKV/ II. BV führt aber nur dazu, dass die Kosten bei Heranziehung der gesetzlichen Definition nicht umlegbar sind; die Transparenz des Begriffs der Verwaltungskosten wird dadurch jedoch nicht ausgeschlossen.[1758] Bei der Anmietung von Gewerberäumen in einem Einkaufszentrum liegt z.B. die Notwendigkeit von Verwaltung i.S.v. Leitung, Organisation und Koordination derart auf der Hand, dass der Begriff der in die umzulegenden Betriebskosten einbezogenen „Verwaltungskosten" dem Bestimmtheitserfordernis ausreichend Rechnung trägt.[1759]

1034 Kosten der technischen Hausverwaltung können sich zwar mit anderen Kosten, etwa des Hauswarts, überschneiden. Dies führt aber nicht zu einer Intransparenz der Umlageklausel gem. § 307 Abs. 1 Satz 2 BGB.[1760] Verbleibende Unklarheiten gehen nach § 305c Abs. 2 BGB zulasten des Klauselverwenders.[1761] Auch ohne nähere Definition von „Verwaltungskosten" im Vertrag handelt es sich deshalb um eine wirksame Regelung.

Hingegen sollen **Kosten für die technische und kaufmännische Objektbetreuung** nicht wirksam per AGB auf den Mieter abgewälzt werden können, weil eine solche Klausel nicht ausreichend transparent sei.[1762] Zugrunde lag folgende Klausel: *„Betriebs-, Wartungs- und sonstige Kosten für alle (...) technischen Einrichtungen, Kosten für Objektbetreuung durch*

1754 BGH, 09.12.2009 – XII ZR 109/08, GuT 2010, 23 = IMR 2010, 92 – 94 = NZM 2010, 123 = MDR 2010, 313.
1755 BGH, 24.02.2010 – XII ZR 69/08, IMR 2010, 181 = GuT 2010, 96 = NZM 2010, 279 = GE 2010, 482 unter Aufhebung (= a.A.) OLG Rostock, 10.04.2008 – 3 U 158/06, IMR 2008, 240 = GuT 2008, 200.
1756 BGH, 16.05.2007 – XII ZR 13/05, NZM 2007, 516 m.w.N.
1757 BGH, 24.02.2010 – XII ZR 69/08, IMR 2010, 181 = GuT 2010, 96 = NZM 2010, 279 = GE 2010, 482 unter Aufhebung (= a.A.) OLG Rostock, 10.04.2008 – 3 U 158/06, IMR 2008, 240 = GuT 2008, 200; BGH, 09.12.2009 – XII ZR 109/08, GuT 2010, 23 = IMR 2010, 92 – 94 = NZM 2010, 123 = MDR 2010, 313 (vorhergehend und aufgehoben: OLG Köln, 24.06.2008 – 22 U 131/07, NZM 2008, 806 = InfoM 2008, 478); BGH, 27.01.2010 – XII ZR 22/07, GuT 2010, 26 = NZM 2010, 240 (dort eher beiläufig unter Verweis auf BGH, 09.12.2009 – XII ZR 109/08 als selbstverständlich vorausgesetzt).
1758 BGH, 24.02.2010 – XII ZR 69/08, IMR 2010, 181 = GuT 2010, 96 = NZM 2010, 279 = GE 2010, 482 unter Aufhebung (= a.A.) OLG Rostock, 10.04.2008 – 3 U 158/06, IMR 2008, 240 = GuT 2008, 200; BGH, 09.12.2009 – XII ZR 109/08, GuT 2010, 23 = IMR 2010, 92 – 94 = NZM 2010, 123 = MDR 2010, 313.
1759 OLG Hamburg, 06.02.2002 – 4 U 32/00, NZM 2002, 388.
1760 BGH, 24.02.2010 – XII ZR 69/08, IMR 2010, 181 = GuT 2010, 96 = NZM 2010, 279 = GE 2010, 482; BGH, 09.12.2009 – XII ZR 109/08, GuT 2010, 23 = IMR 2010, 92 – 94 = NZM 2010, 123 = MDR 2010, 313.
1761 BGH, 24.02.2010 – XII ZR 69/08, IMR 2010, 181 = GuT 2010, 96 = NZM 2010, 279 = GE 2010, 482; BGH, 09.12.2009 – XII ZR 109/08, GuT 2010, 23 = IMR 2010, 92 – 94 = NZM 2010, 123 = MDR 2010, 313.
1762 LG Köln, 23.08.2010 – 15 O 211/07, IMR 2011, 23.

V. Einzelne „streitanfällige" Betriebskosten

Fremdfirmen (Centermanagement), (...) Kosten der Bewachung und Betreuung des Gesamtobjekts einschließlich der Gestellung des hierfür erforderlichen Personals..." [sind vom Mieter zu tragen].

Für die Transparenz der Klausel unschädlich ist es, wenn der Vermieter die Umlagevereinbarung **„unauffällig" platziert**, etwa an letzter Stelle einer Anlage unter „sonstige Betriebskosten".[1763] 1035

Werden in AGB aber neben die Verwaltungskosten in wesentlichen Bereichen gleichartige Kosten – wie etwa Centermanagement-, Versicherungs- oder Instandhaltungskosten – gestellt (**Mischklauseln**), kann dies zu Unklarheiten und Intransparenz i.S.d. § 307 Abs. 1 Satz 2 BGB führen.[1764]

> **Praxistipp Vertragsgestaltung:**
> Verwaltungskosten sollten immer nur in einer separaten Klausel und nie sprachlich und optisch gemeinsam mit anderen Kosten umgelegt werden.

Auch eine AGB-Klausel erfordert **keine konkrete Bezifferung und/oder Kostenbegrenzung**.[1765] Das Transparenzgebot wird bei AGB-Umlage auch dann nicht verletzt, wenn der Vermieter mit den Verwaltungskosten einen bedeutenden Teil der Gesamtnebenkosten umlegt (hier: rund 1/3 – 1/2), die Kostenhöhe nicht mitteilt und die vereinbarten Vorauszahlungen zu niedrig festsetzt.[1766] Dies hat jedoch im Einzelfall auszulotende Grenzen: machen bspw. die Kosten für die Verwaltung des Objekts mit ca. 22.000,00 € netto fast das Doppelte des jeweiligen gesamten jährlichen Vorauszahlungsbetrags des Mieters für alle Betriebskosten (12.000,00 € nebst USt) aus, ist von einer intransparenten und überraschenden Klausel auszugehen.[1767] 1036

Eine **Pauschalierung** der Kosten, auch durch AGB, ist grds. wirksam, solange die Höhe angemessen, also üblich ist. Verwaltungskosten von 5,5 % der Bruttomiete (Grundmiete einschließlich USt) können – auch ohne Höchstgrenze – als üblich angesehen werden.[1768] Dennoch kommt es bei der im Streitfall erforderlichen Prüfung, ob die Höhe angemessen ist, auf den Einzelfall (etwa regionale Besonderheiten) an. Es darf daher nicht davon ausgegangen werden, dass die 1037

1763 BGH, 09.12.2009 – XII ZR 109/08, GuT 2010, 23 = IMR 2010, 92 – 94 = NZM 2010, 123 = MDR 2010, 313; OLG Köln, 18.01.2008 – 1 U 40/07, GuT 2008, 31 = IMR 2008, 157 = NZM 2008, 366.
1764 BGH, 09.12.2009 – XII ZR 109/08, GuT 2010, 23 = IMR 2010, 92 – 94 = NZM 2010, 123 = MDR 2010, 313.
1765 BGH, 24.02.2010 – XII ZR 69/08, IMR 2010, 181 = GuT 2010, 96 = NZM 2010, 279 = GE 2010, 482; BGH, 09.12.2009 – XII ZR 109/08, GuT 2010, 23 = IMR 2010, 92 – 94 = NZM 2010, 123 = MDR 2010, 313; OLG Köln, 18.01.2008 – 1 U 40/07, GuT 2008, 31 = IMR 2008, 157 = NZM 2008, 366; OLG Hamburg, 06.02.2002 – 4 U 32/00, NZM 2002, 388; Schmid, GuT 2008, 200 **a.A.** (= konkrete Umschreibung und Obergrenze erforderlich): OLG Köln, 24.06.2008 – 22 U 131/07, NZM 2008, 806 = InfoM 2008, 478 (Vorinstanz zu BGH, 09.12.2009, a.a.O.); OLG Rostock, 10.04.2008 – 3 U 158/06, IMR 2008, 240 = InfoM 2008, 271; OLG Köln, 04.07.2006 – 22 U 40/06, IMR 2006, 115 = NZM 2006, 701 = GuT 2006, 231 = InfoM 2006, 289, wonach Umlage durch AGB als Überraschungsklausel gem. § 305c BGB unwirksam ist, wenn sie in ihrer konkreten Auswirkung von den Erwartungen des Mieters deutlich abweicht und dieser mit ihr vernünftigerweise nicht zu rechnen brauchte, etwa wenn es sich um ungewöhnlich hohe Kosten handelt – hier: Verwalterkosten in Höhe aller anderen Betriebskosten – und sie zudem im Mietvertrag nicht beziffert sind; in diese Richtung geht auch OLG Köln, 18.12.2007 – 22 U 67/07, IMR 2008, 158 = NZM 2008, 368 = ZMR 2008, 449.
1766 BGH, 09.12.2009 – XII ZR 109/08, GuT 2010, 23 = IMR 2010, 92 – 94 = NZM 2010, 123 = MDR 2010, 313.
1767 OLG Köln, 18.12.2007 – 22 U 67/07, IMR 2008, 158 = NZM 2008, 368 = ZMR 2008, 449.
1768 BGH, 09.12.2009 – XII ZR 109/08, GuT 2010, 23 = IMR 2010, 92 – 94 = NZM 2010, 123 = MDR 2010, 313.

vorgenannten 5,5 % bundesweit üblich und damit angemessen sind. Pauschalvereinbarungen sind auch dann wirksam, wenn der Vermieter die ordnungsgemäße Verwaltung der Mietsache durch eigene Kräfte bearbeiten lässt.[1769]

> **Praxistipp:**
> Die Umlage der Verwaltungskosten – wenn der Vermieter selbst (mit) verwaltet – kann als eine Pauschale oder prozentual von der Nettomiete (z.B. 3 %) mit Wertsicherungsklausel vereinbart werden.

8. Wartungskosten

1038 Die pauschale Umlage von „**Kosten der Wartung**" oder „**Wartungskosten**" durch eine AGB-Klausel ist intransparent, soweit damit zusätzlich zu den Fällen des § 2 Nr. 1 bis 16 BetrKV hinaus allgemein Wartungskosten umgelegt werden sollen, da der Begriff der Wartung sich dabei in keiner Weise als konturiert darstellt.[1770] Diese Kosten sind daher – ob mit oder ohne ausdrückliche Benennung im Vertrag – auch keine Kosten i.S.v. § 2 Nr. 17 BetrKV.

VI. Umlageschlüssel, Umlagemaßstab

1039 Maßgeblich ist zunächst immer das, was die Parteien im Vertrag vereinbart haben. Der Miet- oder Pachtvertrag sollte sich dazu äußern, nach welchem Maßstab die Betriebskosten auf den Mieter umgelegt werden. Üblich sind die Umlageschlüssel Fläche oder Personen, wobei sich bei Geschäftsraummiete grds. die **Quadratmeterzahl** als einheitlicher Maßstab anbietet. Die vereinbarte Fläche ist auch bei Flächenabweichungen zugrunde zu legen, wenn die Abweichung nicht mehr als 10 % (= Mangelgrenze) beträgt.[1771]

1040 § 556a Abs. 1 BGB gilt aufgrund der Systematik nur für Wohnraum, da § 578 BGB keine Verweisung auf § 556a BGB enthält. Es besteht daher keine Pflicht, bei fehlender vertraglicher Vereinbarung nach der Fläche bzw. bei verbrauchsabhängigen **Kosten nach Verbrauch** abzurechnen. Im gewerblichen Bereich sind deshalb Abweichungen, auch formularvertraglich, zulässig. Entsprechende Klauseln sind nicht an § 556a Abs. 1 BGB zu messen, da dieser nur das Leitbild für die Wohnraummiete darstellt. Wird nach Verbrauch abgerechnet, muss der tatsächliche Verbrauch zutreffend erfasst werden.[1772]

Beruhen die in die Betriebskostenabrechnung eingestellten Verbrauchswerte auf der Ablesung eines geeichten Messgeräts, spricht eine tatsächliche Vermutung dafür, dass diese Werte den tatsächlichen Verbrauch richtig wiedergeben; dies gilt nicht für ein nicht (mehr) geeichtes Messgerät, bei dem dann der Vermieter im Prozess die Richtigkeit der abgelesenen Werte beweisen muss.[1773]

[1769] AG Offenbach, 15.01.1997 – 34 C 2437/96, WuM 1999, 30.
[1770] LG München I, 18.03.2010 – 36 S 4706/09 (WEG); Langenberg, in: Schmidt-Futterer, § 556 BGB Rn. 206.
[1771] KG, 28.06.2010 – 8 U 167/09, InfoM 2010, 403 = MietRB 2010, 359 m.w.N.
[1772] BGH, 17.11.2010 – VIII ZR 112/10, NWB 2011, 105.
[1773] BGH, 17.11.2010 – VIII ZR 112/10, NWB 2011, 105: Wasserzähler; OLG München, 13.01.2011 - 32 Wx 32/10.

Für die Kosten der Heiz- und Warmwasserversorgung trifft die HeizkostenVO in den §§ 7 und 8 eine zwingende Regelung. Deshalb ist auch folgende **Formularklausel unwirksam**, weil sie nicht nach der HeizkostenVO und sonstigen Betriebskosten differenziert: 1041

> „Ist in der Spalte ‚Verteilungsschlüssel' ein solcher nicht eingesetzt, so kann der Vermieter einen geeigneten, auch unterschiedlichen Maßstab bestimmen."[1774]

Die als Teil der Heizkosten abzurechnenden Stromkosten für die Heizungsanlage können geschätzt werden, wenn gesonderte Zähler dafür nicht vorhanden sind. Bestreitet der Mieter den vom Vermieter angesetzten Betrag, hat dieser die Grundlagen seiner Schätzung darzulegen.[1775]

Eine Vereinbarung eines Umlegungsmaßstabs für Betriebskosten kann auch stillschweigend **durch schlüssiges Verhalten** zustande kommen.[1776] 1042

Bei **fehlender Vereinbarung eines Umlagemaßstabes** kann der Vermieter diesen einseitig bestimmen, wobei der gewählte Verteilungsschlüssel billigem Ermessen (§§ 315, 316 BGB) entsprechen muss.[1777] „Billigkeit" bedeutet, dass der Abrechnungsmaßstab nach objektiven Kriterien ausgerichtet und möglichst nah am Verbrauch orientiert sein muss.[1778] Grds. ist die Abrechnung nach dem Verhältnis der Flächen angemessen.[1779] 1043

Ein einmal gewählter Maßstab kann nicht **einseitig vom Vermieter geändert** werden, es sei denn, er hat es sich ausdrücklich vorbehalten, was auch formularmäßig möglich ist.[1780] Immer müssen für die Änderung aber sachliche Gründe vorliegen.[1781] Ein unverständlicher Verteilerschlüssel ist ein formeller Mangel der Abrechnung; betrifft der Fehler alle Kostenarten, ist die gesamte Abrechnung unwirksam[1782] (ausführlich dazu → *Rn. 1070*). 1044

VII. Betriebskostenabrechnung

1. Überblick

Drei Punkte sind bei der Betriebskostenabrechnung neben der rechnerischen Korrektheit wichtig: 1045

- **Wann** muss der Vermieter abrechnen (Abrechnungsreife)?
- Handelt es sich um eine **formell ordnungsgemäße** Abrechnung?
- Hat der Mieter ein Recht auf **Einsicht** in Unterlagen?

1774 BGH, 20.01.1993 – VIII ZR 10/92, WuM 1993, 660.
1775 BGH, 20.02.2008 – VIII ZR 27/07, NZM 2008, 403 = InfoM 2008, 242 = NJW 2008, 1801 (Wohnraum).
1776 BGH, 02.11.2005 – VIII ZR 52/05, NZM 2006, 11 = WuM 2005, 774 (Wohnraum).
1777 OLG Düsseldorf, 30.10.2008 – 24 U 84/08, IMR 2009, 385.
1778 KG, 24.07.2006 – 8 U 224/05, GuT 2006, 232.
1779 KG, 24.07.2006 – 8 U 224/05, GuT 2006, 232; KG, 12.04.2001 – 8 U 2143/99, GE 2001, 850 = GuT 2006, 232.
1780 BGH, 20.01.1993 – VIII ZR 10/92, WuM 1993, 660.
1781 BGH, 20.01.1993 – VIII ZR 10/92, WuM 1993, 660 a.a.O. unter II. 1. c).
1782 BGH, 09.04.2008 – VIII ZR 84/07, InfoM 2008, 212 (Wohnraum).

2. Anspruch auf Abrechnung, Abrechnungsreife, Abrechnungsfrist und Folgen der Versäumnis

a) Abrechnungsreife

1046 Zu trennen ist die Fälligkeit einer Betriebskostennachforderung (Vermieteranspruch auf Zahlung, Fälligkeit frühestens mit formal ordnungsgemäßer Abrechnung) von der Fälligkeit der Abrechnung an sich, also des Mieteranspruches auf Abrechnung. Wann der Vermieter abrechnen muss, wann also die sog. **Abrechnungsreife** eintritt, ist im gewerblichen Mietrecht nicht geregelt, da § 556 Abs. 3 BGB nur für Wohnraum gilt. Die Frage hat auch Einfluss auf den **Beginn der Verjährung**, da diese erst mit **Fälligkeit der Forderung** (= Zugang einer ordnungsgemäßen Abrechnung), nicht aber mit bloßer Abrechnungsreife zu laufen beginnt.

Die Fälligkeit des Anspruchs auf Abrechnung tritt mit **Abrechnungsreife** ein, wenn also der Vermieter entweder nach vertraglicher Vereinbarung oder nach den üblichen Umständen abrechnen muss.

b) Abrechnungsfrist

1047 Eine gesetzliche **Abrechnungsfrist** existiert für gewerbliche Mietverhältnisse nicht. Wann der Vermieter abrechnen muss, ist gesetzlich mangels Verweis in § 578 BGB nur für Wohnraum in **§ 556 Abs. 3 Satz 3 BGB** geregelt (Ausschluss von Betriebskostennachforderungen, die der Vermieter später als zwölf Monate nach Ablauf des Abrechnungszeitraums verlangt). Sie gilt auch nach richtiger Ansicht **nicht analog**, weil für eine Analogie angesichts der bewusst unterbliebenen Möglichkeit des Gesetzgebers, bei der Mietrechtsreform 2001 auf die Norm zu verweisen, kein Raum ist.[1783]

1048 Eine Abrechnungsfrist kann vertraglich, auch konkludent und in AGB, vereinbart werden. Es ist dann – ggf. durch Auslegung – zu prüfen, ob damit auch ein Ausschluss von Nachforderungen verbunden sein soll. Die Parteien können formularvertraglich oder individuell wirksam eine **Ausschlussfrist vereinbaren**; eine solche wird regelmäßig nur dann vorliegen, wenn sprachlich deutlich gemacht wird, dass die Fristversäumung zu einem Anspruchsverlust führt. Die bloße Erwähnung, dass in „angemessener Frist" abzurechnen ist, bewirkt hingegen noch keinen Ausschluss von Nachforderungen. Ein Nachforderungsausschluss ist ohne konkrete Regelung im Zweifel nicht anzunehmen.

1049 Enthält der Geschäftsraummietvertrag eine **Regelung zum Zeitpunkt der Abrechnung** (etwa: einmal jährlich zum Ablauf eines Kalenderjahres), wird dadurch lediglich der Abrechnungs-

---

[1783] BGH, 27.01.2010 – XII ZR 22/07, GuT 2010, 26 = IMR 2010, 90, 91 = InfoM 2010, 124 – 125 = NZM 2010, 240; OLG Düsseldorf, 29.10.2007 – 24 U 94/07, GuT 2008, 34; OLG Düsseldorf, 09.08.2007 – I-10 U 66/07, GuT 2007, 301; KG, 29.08.2007 – 12 U 16/07, GuT 2008, 203; KG, 12.02.2007 – 12 U 117/06, NZM 2008, 128; OLG Köln, 20.10.2006 – 1 U 12/06, GuT 2006, 314 = IMR 2007, 45 = NJOZ 2007, 1095 = MDR 2007, 456 = InfoM 2007, 74; OLG Brandenburg, 24.05.2006 – 3 U 189/05, IMR 2006, 184 = InfoM 2007, 22; OLG Düsseldorf, 27.04.2006 – I-10 U 169/05, GuT 2006, 132 = IMR 2006, 116; LG Nürnberg-Fürth, 21.12.2007 – 7 S 8274/07, InfoM 2008, 70; LG Berlin, 05.12.2006 – 65 S 210/06, BeckRS 2007 06745.; Vorauflage, Rn. 707; a.A. LG Darmstadt, 12.12.2008 – 6 S 182/08, IMR 2009, 390 = NZM 2009, 546 = InfoM 2009, 330; AG Wiesbaden, 10.10.2005 – 93 C 349/05, NZM 2006, 140; Schmidt, in: MüKo BGB, 4. Aufl., § 556 Rn. 1; Schmid, Handbuch der Mietnebenkosten, 9. Aufl. 2005, Rn. 3169.

zeitraum auf das Kalenderjahr festgelegt, jedoch keine Frist vereinbart, innerhalb derer der Vermieter nach Ablauf des Abrechnungszeitraums die Abrechnung erteilen soll.[1784]

> **Hinweis:**
>
> Es ist streng zwischen der Vereinbarung einer Abrechnungsfrist und etwaigen Sanktionen bei der Überschreitung dieser Frist zu unterscheiden. Die Abrechnungsfrist regelt im Zweifel nur, wann der Vermieter abrechnen muss (Anspruch des Mieters auf Erstellung der Abrechnung = Abrechnungsreife), nicht aber, dass der Vermieter danach mit Nachforderungen ausgeschlossen sein soll.
>
> Geregelt werden sollte aus Sicht des Mieters, wann der Vermieter spätestens abrechnen muss und welche Folgen eine unterbliebene Abrechnung hat. Ggf. ist dann durch Auslegung zu ermitteln, ob der Vermieter mit Nachforderungen ausgeschlossen sein soll, wenn er verspätet abrechnet. Enthält der Geschäftsraummietvertrag eine **Regelung (nur) zum Zeitpunkt der Abrechnung** (etwa: einmal jährlich zum Ablauf eines Kalenderjahres), wird dadurch lediglich der Abrechnungszeitraum auf das Kalenderjahr festgelegt, jedoch keine Frist vereinbart, innerhalb derer der Vermieter nach Ablauf des Abrechnungszeitraums die Abrechnung erteilen soll.[1785]

> **Praxistipp für Immobilienverwalter:**
>
> Mietverträge sind bei Übernahme der Verwaltung unverzüglich darauf zu kontrollieren, ob Abrechnungsfristen vereinbart wurden. Diese Fristen sind verbindlich mit einer Vorfrist (damit genügend Zeit für die Erstellung der Abrechnung bleibt) zu notieren.

> **Praxistipp:**
>
> Pauschale Begriffe wie „nach einem Jahr" (welches: Kalender- oder Wirtschaftsjahr?) sollten vermieden werden.

Fehlt eine vertragliche Abrechnungsfrist, ist der Vermieter von Geschäftsräumen zur Abrechnung über die Nebenkosten, auf die der Mieter Vorauszahlungen geleistet hat, innerhalb einer **angemessenen Frist** verpflichtet, die – so die Wortwahl des BGH – „in der Regel spätestens" zum Ablauf eines Jahres nach Ende des Abrechnungszeitraums endet.[1786] Folge des Ablaufs der angemessenen Frist ist aber nur, dass der Mieter den Vermieter auf Erteilung der Abrechnung in Anspruch nehmen kann und keine weiteren Nebenkostenvorauszahlungen mehr erbringen

1050

1784 BGH, 27.01.2010 – XII ZR 22/07, GuT 2010, 26 = IMR 2010, 90, 91 = InfoM 2010, 124 – 125 = NZM 2010, 240.
1785 BGH, 27.01.2010 – XII ZR 22/07, GuT 2010, 26 = IMR 2010, 90, 91 = InfoM 2010, 124 – 125 = NZM 2010, 240.
1786 BGH, 27.01.2010 – XII ZR 22/07, GuT 2010, 26 = IMR 2010, 90, 91 = InfoM 2010, 124 – 125 = NZM 2010, 240; OLG Düsseldorf, 27.01.2005 – I-10 U 105/04, GuT 2005, 53; OLG Düsseldorf, 02.12.2003 – I-24 U 117/03, GuT 2004, 86; OLG Koblenz, 06.12.2001 – 5 U 793/01, GuT 2002, 43; OLG Düsseldorf, ZMR 2000, 287 = WuM 2000, 212; OLG Düsseldorf, 11.11.1997 – 24 U 216/96, ZMR 1998, 219.

muss,[1787] er also künftige Vorauszahlungen verweigern und noch rückständige Vorauszahlungen für den abrechenbaren Zeitraum zurückhalten darf.[1788] Ein **Ausschluss mit Nachforderungen** ist damit nicht verbunden.[1789] Ein Zurückbehaltungsrecht an fälliger Miete hat der Mieter nicht.[1790]

1051 Bei der **Bestimmung der angemessenen Frist** ist zum einen dem Interesse der Mietvertragsparteien an einer alsbaldigen Klarheit über die ständig neu entstehenden gegenseitigen Rechte und Pflichten Rechnung zu tragen; zum anderen ist darauf abzustellen, welchen Zeitraum der Vermieter benötigt, um die Abrechnung zu erteilen, sodass auch von Bedeutung ist, wann ihm die **Abrechnungsunterlagen vorliegen**.[1791] S. dazu unten zur versäumten Frist → Rn. 1052.

Fehlt es an einer echten vertraglichen Ausschlussfrist, so gilt die o.g. Rechtsprechung des BGH (Abrechnung i.d.R. spätestens zum Ablauf eines Jahres nach Ende des Abrechnungszeitraums),[1792] sodass spätestens zu diesem Termin Abrechnungsreife eintritt. Ob damit auch die **Fälligkeit i.S.d. Beginns der Regelverjährung** nach § 195 BGB für den abrechenbaren Saldo, also Nachforderungen des Vermieters, eintritt, ist ungeklärt (s. dazu unten „Verjährung/Verwirkung" → Rn. 1104).

c) Abrechnungsverzug

1052 Für die Einhaltung der vertraglichen oder nach der Rechtsprechung maßgeblichen Abrechnungsfrist, ist – wenn der Vertrag keine andere Regelung enthält – der **Zugang der Abrechnung** beim Mieter und nicht etwa das Erstellungsdatum der Abrechnung maßgeblich. Versäumt der Vermieter diese Frist schuldhaft (§§ 276, 278 BGB), gerät er in Abrechnungsverzug. Verschulden eines Vertreters, etwa des Verwalters, wird dem Vermieter zugerechnet. Für die Prüfung des Verschuldens kann auf die Rechtsprechung zum wohnraummietrechtlichen Verschulden des Vermieters zurückgegriffen werden. **Entschuldigungsgründe** können daher sein:[1793]

1787 BGH, 27.01.2010 – XII ZR 22/07, GuT 2010, 26 = IMR 2010, 90, 91 = InfoM 2010, 124 – 125 = NZM 2010, 240.
1788 OLG Brandenburg, 08.05.2006 – 3 W 18/06, GuT 2006, 331; OLG Brandenburg, 19.04.2006 – 3 U 157/05, GuT 2007, 202 = MietRB 2007, 65; OLG Koblenz, 06.12.2001 – 5 U 793/01, GuT 2002, 43; OLG Naumburg, 27.03.2001 – 9 U 211/00, GuT 2002, 14: kein Rückforderungsrecht, auch nicht nach beendetem Mietvertrag; OLG Frankfurt am Main, 23.04.1999 – 24 U 110/97, NZM 2000, 187.
1789 BGH, 27.01.2010 – XII ZR 22/07, GuT 2010, 26 = IMR 2010, 90, 91 = InfoM 2010, 124 – 125 = NZM 2010, 240.
1790 OLG Koblenz, 20.10.1994 – 4 U 494/93, NJW-RR 1995, 394 = ZMR 1995, 157; OLG Düsseldorf, 28.09.2000 – 10 U 179/99, MDR 2000, 1427.
1791 BGH, 27.01.2010 – XII ZR 22/07, GuT 2010, 26 = IMR 2010, 90, 91 = InfoM 2010, 124 – 125 = NZM 2010, 240.
1792 BGH, 27.01.2010 – XII ZR 22/07, GuT 2010, 26 = IMR 2010, 90, 91 = InfoM 2010, 124 – 125 = NZM 2010, 240.
1793 Vgl. Gather, AIM 2003, 231 f. m.w.N.

- Die Abrechnungsunterlagen liegen noch nicht vollständig vor.[1794]
- verspätete Heranziehung zur Grundsteuer oder anderen Gebühren[1795] (vorsichtshalber sollte hier aber – wenn es sich um Einzelpositionen handelt – immer eine vorläufige Abrechnung aller anderen Positionen erstellt und unbedingt auf die kommende Nachberechnung hingewiesen werden).

Beispiel:

Zwar muss der Vermieter bspw. auf eine rechtzeitige Abrechnung von Grundsteuern drängen; eine Grundsteuernachforderung aufgrund von Steuerbescheiden nach Ablauf der Abrechnungsfrist hat der Vermieter regelmäßig aber nicht zu vertreten, wobei es unerheblich ist, ob eine Neufestsetzung zu erwarten war oder nicht.[1796]

- Verzögerungen auf dem Postweg.
- Verzögerungen des Abrechnungsdienstes (str.![1797]).
- Streitigkeiten mit Lieferanten über ausgestellte Rechnungen.
- Längerer Ausfall der EDV-Anlage oder extrem hoher Krankenstand in der Verwaltung.

d) Folgen des Abrechnungsverzugs im noch laufenden Mietverhältnis

Die ausbleibende Abrechnung (Abrechnungsverzug des Vermieters) im laufenden Mietverhältnis bewirkt Folgendes: Ist Abrechnungsreife eingetreten, kann der Vermieter rückständige Vorauszahlungen für den abrechenbaren Zeitraum nicht mehr verlangen.[1798] Der Mieter hat gem. § 273 BGB ein **Zurückbehaltungsrecht an den weiteren Vorauszahlungen**.[1799] Ihm steht mit dem Recht aus § 273 BGB ein starkes Druckmittel zur Verfügung, die einbehaltenen Beträge werden i.d.R. schneller die Höhe eines in Betracht kommenden Erstattungsanspruchs aus der versäumten Abrechnung erreichen, als ein Anspruch auf Rückzahlung der Vorschüsse gerichtlich durchgesetzt werden könnte.[1800]

1053

Der Mieter kann ergänzend oder alternativ **auf Abrechnung klagen**. Die Verurteilung des Vermieters, eine Betriebskostenabrechnung zu erteilen, ist dann als Verurteilung zu einer nicht vertretbaren Handlung nach § 888 ZPO zu vollstrecken.[1801] Folge ist, dass Zwangsgeld und Zwangshaft greifen können. Der Vermieter darf die offenen Nebenkostenvorauszahlungen auch nicht als quasi gezahlt in die Betriebskostenabrechnung aufnehmen, sondern hat aus Gründen

1054

1794 BGH, 27.01.2010 – XII ZR 22/07, GuT 2010, 26 = IMR 2010, 90, 91 = InfoM 2010, 124 – 125 = NZM 2010, 240.
1795 OLG Düsseldorf, 29.10.2007 – 24 U 94/07, GuT 2008, 34 = NZM 2008, 167.
1796 LG Rostock, 27.02.2009 – 1 S 200/08 (Wohnraum zu § 556 Abs. 3 BGB).
1797 Zum Meinungsstand: Langenberg, Betriebkostenrecht, G Rn. 77.
1798 OLG Frankfurt am Main, 23.04.1999 – 24 U 110/97, NZM 2000, 187.
1799 BGH, NJW 1984, 1684 (Gewerberaum); BGH, 29.03.2006 – VIII ZR 191/05, GE 2006, 844 = NJW 2006, 2552 (Wohnraum).
1800 BGH, 29.03.2006 – VIII ZR 191/05, GE 2006, 844 = NJW 2006, 2552 (Wohnraum).
1801 BGH, 11.05.2006 – I ZB 94/05, IMR 2006, 4 = NZM 2006, 639 = InfoM 2006, 209 = MDR 2007, 81 (Wohnraum); a.A. LG Rostock, 24.10.2002 – 2 T 304/02, AIM 2003, 39 und LG Münster, 25.11.1999 – 5 T 795/99, NZM 2001, 333: vertretbare Handlung.

der Nachvollziehbarkeit der Rechnungslegung nur die tatsächlichen Leistungen in die Betriebskostenabrechnung einzustellen.[1802] Zum beendeten Mietverhältnis s. nachfolgend → Rn. 1057.

1055 Auch bei längerem Abrechnungsverzug ist nicht automatisch auf eine **stillschweigende Vertragsänderung** oder einen konkludenten Verzicht für die Vergangenheit oder Zukunft zu schließen.[1803] Da hier eine konkrete Vereinbarung existiert, mit deren Umsetzung der Mieter grds. jederzeit rechnen muss, kann allein aus einer – auch mehr- oder langjährigen – Nichtausübung ohne weitere Umstände nicht auf eine einvernehmliche Änderung oder einen Verzicht geschlossen werden. Rechnet der Vermieter entgegen den Bestimmungen des Mietvertrags die Nebenkosten über mehrere Jahre hinweg nicht ab (hier: acht Jahre), so kann er ggü. dem Rückforderungsanspruch (Auszahlung der Vorauszahlungen) des Mieters nicht einwenden, dass durch die Zahlung der Vorauszahlung im selben Zeitraum eine konkludente Vertragsänderung eingetreten sei und die Vorauszahlungen nunmehr als Pauschalbetrag anzusehen seien.[1804] Möglich ist aber eine Verwirkung nach allgemeinen Grundsätzen. (→ Rn. 2670).

Auch bei verschuldeter Fristversäumung darf der Vermieter Betriebskostenvorauszahlungen der Höhe nach anpassen.[1805]

1056 Ausschlussgründe für Nachforderungen können **Verjährung** (drei Jahre ab Fälligkeit, vgl. §§ 195, 199 BGB) und **Verwirkung** sein (→ Rn. 1104; zu den generellen Voraussetzungen → „Verjährung" Rn. 2670 ff.).

Hält ein Vermieter eine bereits erstellte Nebenkostenabrechnung, die ein Guthaben für den Mieter ausweist, längere Zeit zurück, so hat der Mieter als Gläubiger in entsprechender Anwendung von § 288 Abs. 1 Satz 1 BGB einen **Anspruch auf Verzugszinsen** in gesetzlicher Höhe.[1806] Dies basiert darauf, dass dem Mieter ein Geldbetrag, auf den er einen Anspruch hat und den er mit Guthabenverzinsung anlegen könnte, schuldhaft und rechtswidrig vorenthalten wird. Den Zeitraum, ab dem nach Erstellung der Abrechnung dieser „quasi-Verzug" eintritt, sollte man allerdings eher großzügig bemessen, dem Vermieter ist hier ein Zeitraum von mindestens drei Wochen zuzubilligen.

e) Folgen des Abrechnungsverzugs beim beendeten Mietverhältnis

1057 Bei einem beendeten Mietverhältnis steht dem Mieter das Recht aus § 273 BGB am Einbehalt der Vorauszahlungen als Druckmittel nicht mehr zur Verfügung, sodass er einen unmittelbaren **Rückerstattungsanspruch an den Vorauszahlungen** hat, um die Verpflichtung des Vermieters zur ordnungsgemäßen Abrechnung durchzusetzen.[1807] Nach der BGH-Rechtsprechung zur Wohnraummiete kann der Mieter bei beendetem Mietverhältnis sämtliche während der Mietzeit geleisteten Nebenkostenvorauszahlungen zurückverlangen und unmittelbar auf Rückerstat-

---

[1802] OLG Rostock, 12.03.2007 – 3 U 67/06, IMR 2007, 177 = NJOZ 2007, 4177.
[1803] BGH, 13.02.2008 – VIII ZR 14/06, IMR 2008, 151: 20 Jahre nicht abgerechnet.
[1804] OLG Naumburg, 17.01.2006 – 9 U 106/05, NZM 2006, 630 = IMR 2007, 13; im Ergebnis ebenso LG Mannheim, 07.11.2007 – 4 S 68/07, IMR 2008, 155 für mehr als 20 Jahre lang unterbliebene Abrechnung.
[1805] BGH, 16.06.2010 – VIII ZR 258/09, NZM 2010, 736 (Wohnraum).
[1806] BGH, 25.04.2006 – XI ZR 271/05, NJW 2006, 2398 zu verzögerter Freigabe eines hinterlegten Geldbetrages.
[1807] BGH, 29.03.2006 – VIII ZR 191/05, GE 2006, 844 = NJW 2006, 2552 (Wohnraum).

tung der Nebenkostenvorauszahlungen klagen, wenn der Vermieter seiner Verpflichtung zur Erteilung der Abrechnung nicht innerhalb der **Frist von längstens einem Jahr** nachkommt.[1808] Wegen des im beendeten Mietverhältnis entfallenden Druckmittels aus § 273 BGB ist die Rückforderung der Vorauszahlungen der einzig effiziente und dem Mieter gem. § 242 BGB auch zumutbare Weg, den Vermieter zu einer formell wirksamen Abrechnung zu veranlassen; der Mieter ist nicht gehalten, zuerst auf Erteilung der Abrechnung zu klagen.[1809]

Von der überwiegenden obergerichtlichen Rechtsprechung wird dies **auch für den gewerblichen Mieter oder Pächter** befürwortet, da die Rechte- und Pflichtenlage bei der Abrechnung von Nebenkostenvorschüssen in einem Gewerberaummietverhältnis nicht anders zu beurteilen sind als bei einen Wohnraummietverhältnis.[1810] Das gilt auch dann, wenn zwingend feststeht, dass Betriebskosten in irgendeiner Höhe entstanden sind und der Vermieter deshalb einen entsprechenden Erstattungsanspruch gegen den Mieter hat[1811] oder der Abrechnungsanspruch bereits verjährt ist.[1812] Diese Argumentation ist richtig, da tatsächlich keinerlei Besonderheiten bei der Gewerberaummiete und -pacht bestehen, die eine andere Beurteilung rechtfertigen könnten. Hat der Vermieter im Mietverhältnis überhaupt nicht abgerechnet, können sämtliche Vorauszahlungen, ansonsten diejenigen seit der letzten Abrechnung, verlangt werden. Den Parteien steht es frei, dies vertraglich anders zu regeln.

1058

Der **Erstattungsanspruch des Mieters wird fällig**, wenn die regelmäßig zum Ablauf eines Jahres nach Ende des Abrechnungszeitraumes endende Abrechnungsfrist[1813] erfolglos abgelaufen ist (Eintritt der Abrechnungsreife) und das Mietverhältnis beendet ist.[1814] Anderenfalls könnte der Vermieter die Fälligkeit eines Rückzahlungsanspruchs des Mieters nach Belieben hinauszögern. Die Entstehung und die Durchsetzbarkeit des Rückzahlungsanspruchs sind nicht davon abhängig, dass noch ein fälliger und durchsetzbarer Anspruch auf Erteilung der Nebenkostenabrechnung besteht.[1815] Zur **Verjährung des Erstattungsanspruchs** → *Rn. 1104*.

1059

1808 BGH, 09.03.2005 – VIII ZR 57/04, WuM 2005, 337 = ZMR 2005, 439 = IMR 2007, 1092 = InfoM 2005, 132 = GE 2005, 543 = NJW 2005, 1499: Vermieter hat nahezu dreieinhalb Jahre seit Beendigung des mehrjährigen Mietverhältnisses keine den Anforderungen des § 259 BGB entsprechenden Nebenkostenabrechnungen vorgelegt.
1809 BGH, 09.03.2005 – VIII ZR 57/04, WuM 2005, 337 = ZMR 2005, 439 = IMR 2007, 1092 = InfoM 2005, 132 = GE 2005, 543 = NJW 2005, 1499.
1810 KG, 22.03.2010 – 8 U 142/09, GuT 2010, 200 = IMR 2010, 231 = InfoM 2010, 222: Vermieter hat seit Beginn des Mietverhältnisses keine Nebenkostenabrechnungen erteilt; OLG Düsseldorf, 29.06.2009 – I 24 U 11/09, MDR 2009, 1333; OLG Düsseldorf, 21.04.2009 – I-24 U 160/08, IMR 2010, 143 = NZM 2010, 866 = MietRB 2010, 12; OLG Düsseldorf, 08.05.2008 – I-10 U 8/08, GuT 2008, 204 = IMR 2009, 7 = GE 2008, 731 = InfoM 2008, 476 = ZMR 2008, 890 = DWW 2009, 36: dreieinhalb Jahre nach Ende noch keine Abrechnung.
1811 OLG Düsseldorf, 08.05.2008 – I-10 U 8/08, GuT 2008, 204 = IMR 2009, 7 = GE 2008, 731 = InfoM 2008, 476.
1812 KG, 22.03.2010 – 8 U 142/09, GuT 2010, 200 = IMR 2010, 231 = InfoM 2010, 222.
1813 BGH, 27.01.2010 – XII ZR 22/07, GuT 2010, 26 = IMR 2010, 90, 91 = InfoM 2010, 124 – 125 = NZM 2010, 240.
1814 BGH, 09.03.2005 – VIII ZR 57/04, WuM 2005, 337 = ZMR 2005, 439 = IMR 2007, 1092 = InfoM 2005, 132 = GE 2005, 543 = NJW 2005, 1499 (Wohnraum); KG, 22.03.2010 – 8 U 142/09, GuT 2010, 200 = IMR 2010, 231 = InfoM 2010, 222 (Gewerberaum); LG Berlin, 02.10.2007 – 65 S 205/07, NZM 2008, 571 = NJW-RR 2008, 822.
1815 KG, 22.03.2010 – 8 U 142/09, GuT 2010, 200 = IMR 2010, 231 = InfoM 2010, 222.

Die jeweiligen Beträge sind ab Eintritt der für sie maßgeblichen Abrechnungsreife nach § 286 BGB zu verzinsen (Beispiel: Betriebskosten für 2011 nicht abgerechnet, Abrechnungsreife = ein Jahr nach Ende des Zeitraums = 01.01.2013 = Verzinsung der Vorauszahlungen aus 2011). Der gewerbliche Vermieter ist bei vorzeitigem Auszug eines Mieters nicht zu einer **Teilabrechnung** über die Nebenkosten verpflichtet.[1816]

3. Ordnungsgemäße Abrechnung und Fälligkeit einer Nachforderung

a) Überblick, Abgrenzung formelle – materielle Rechtmäßigkeit der Abrechnung

1060 Nach ständiger Rechtsprechung des BGH zur Wohnraummiete, die entsprechend für den gewerblichen Bereich gilt, setzt die Fälligkeit einer Betriebskostennachzahlung den Zugang einer formell ordnungsgemäßen Abrechnung voraus. Formell ordnungsgemäß ist eine Betriebskostenabrechnung, wenn sie den allgemeinen Anforderungen des § 259 BGB entspricht, also eine geordnete Zusammenstellung der Einnahmen und Ausgaben enthält. Nach der Rechtsprechung des BGH müssen dafür folgende (Mindest-) Voraussetzungen erfüllt sein:[1817]

- geordnete Aufstellung der Gesamtkosten,
- Angabe und Erläuterung des oder der Umlageschlüssel,
- Berechnung des Mieteranteils,
- Abzug etwaiger Vorauszahlungen des Mieters.

1061 Es ist erstaunlich, wie viele Abrechnungen sich in der Praxis mithilfe dieser Kriterien „knacken" lassen. Die fehlende Fälligkeit kann auch für den Vermieter ausnahmsweise einmal hilfreich sein, wenn sich der Mieter auf Verjährung beruft, denn die **Fälligkeit ist Voraussetzung für den Lauf der Verjährungsfrist**.[1818]

Maßgeblich für diese formelle Wirksamkeit einer Betriebskostenabrechnung ist die Nachvollziehbarkeit und Prüffähigkeit für den Mieter. **Materielle Fehler** berühren die Ordnungsmäßigkeit der Abrechnung als Fälligkeitsvoraussetzung nicht. Ob also die abgerechneten Positionen dem Ansatz und der Höhe nach zu Recht bestehen oder sonstige Mängel der Abrechnung vorliegen, etwa ein falscher Anteil an den Gesamtkosten zugrunde gelegt wird, betrifft die inhaltliche Richtigkeit der Betriebskostenabrechnung.[1819] Es reicht aus, ist aber auch als Mindestvoraussetzung notwendig, dass der durchschnittlich gebildete, juristisch und betriebswirtschaftlich nicht geschulte Mieter die Kosten bereits aus der Abrechnung klar ersehen und überprüfen kann. Die Einsichtnahme in zugrunde liegende Belege soll nur noch der Kontrolle und Behebung von Zweifeln dienen.

1816 OLG Düsseldorf, 08.05.2008 – 10 U 11/08, ZMR 2009, 275.
1817 Vgl. bspw. BGH, 20.07.2005 – VIII ZR 371/04, WuM 2005, 579 = NZM 2005, 737 = GE 2005, 1118 = DWW 2005, 328 = NJW 2005, 3135 (Wohnraum); BGH, 27.11.2002 – VIII ZR 108/02, AIM 2003, 62 (LS); BGH, 23.11.1981 – VIII ZR 298/80, NJW 1982, 573 = WuM 1982, 132 = MDR 1982, 483.
1818 OLG Koblenz, 17.01.2005 – 12 U 1424/03, NZM 2005, 540.
1819 BGH, 19.11.2008 – VIII ZR 295/07, InfoM 2009, 4 = NZM 2009, 78 = WuM 2009, 42 = NJW 2009, 283 (Wohnraum).

VII. Betriebskostenabrechnung

Kritisch ist zum Erfordernis der formell wirksamen Abrechnung zunächst folgendes zu sagen: Dass die Abrechnung formell ordnungsgemäß, also nachprüfbar sein muss, ergibt sich schon für Wohnraum, geschweige denn für Gewerberaum weder aus dem Wortlaut des Gesetzes noch aus den Gesetzesmaterialien. Nach meiner Meinung sind die Anforderungen des BGH, die dieser in letzter Zeit zunehmend selbst entschärft,[1820] seit Langem in den Details zu hoch, und das Kriterium der formellen Ordnungsgemäßheit sollte auf seinen eigentlichen Zweck, nämlich die **schnelle Grob-Überprüfung** durch den Mieter, zurückgeführt werden. Die Pflicht zur Abrechnung resultiert nicht aus einer Verpflichtung zum Nachweis der Einnahmen und Ausgaben, sondern daraus, dass Vorauszahlungen nicht auf Dauer angelegt sind und die endgültige Zahlungspflicht festgestellt werden muss.[1821] Daraus folgt, dass die Anforderungen an diese bloße „Rechnung" nicht überspannt werden dürfen, da dem Mieter ein Einsichtsrecht in die Belege zweifelsfrei ebenso zusteht wie ein Zurückbehaltungsrecht bei (auch nur begründet vermuteten) Fehlern, sodass es des „Schutzes" durch die formelle Fehlerhaftigkeit nicht bedarf. In Fällen, bei denen trotz vorhandener Zusammenstellung der Gesamtkosten, der Angabe und Erläuterung des zugrunde liegenden Verteilungsschlüssels, der Berechnung des Anteils des Mieters und des Abzugs der Vorauszahlungen Zweifel verbleiben, sollte eine Abrechnung als formell ordnungsgemäß angesehen werden.

1062

Die Abgrenzung zwischen **formeller Wirksamkeit** einer Betriebskostenabrechnung gem. § 556 BGB einerseits und deren **inhaltlicher Richtigkeit** andererseits richtet sich danach, ob der **durchschnittliche Mieter** in der Lage ist, die Art des Verteilerschlüssels der einzelnen Kostenpositionen zu erkennen und den auf ihn entfallenden Anteil an den Gesamtkosten rechnerisch nachzuprüfen (formelle Wirksamkeit).[1822] Ob die abgerechneten Positionen dem Ansatz und der Höhe nach zu Recht bestehen oder sonstige Mängel der Abrechnung vorliegen, etwa ein falscher Anteil an den Gesamtkosten zugrunde gelegt wird, betrifft die inhaltliche Richtigkeit der Betriebskostenabrechnung.[1823] Der Mieter kann also keine aus sich heraus vollständige Überprüfbarkeit der einzelnen Positionen auf ihre materielle Richtigkeit verlangen; dies bleibt vielmehr einer auf Verlangen des Mieters zu gewährenden Belegeinsicht vorbehalten.[1824] Die Pflicht des Vermieters zur Spezifizierung der abgerechneten Betriebskosten darf nicht überspannt werden.[1825]

1063

Bedarf eine Betriebskostenabrechnung einer **Erläuterung**, damit sie nachvollzogen werden kann und somit den an sie zu stellenden Mindestanforderungen genügt, sind auch Erläuterun-

1064

1820 Fälle: BGH, 25.11.2009 – VIII ZR 322/08, IMR 2010, 130 = InfoM 2010, 115 = MDR 2010, 377; BGH, 16.09.2009 – VIII ZR 346/08, IMR 2009, 417 = NZM 2009, 906 = NJW 2009, 3575 = MDR 2009, 1383; BGH, 19.11.2008 – VIII ZR 295/07, InfoM 2009, 4 = NZM 2009, 78 = WuM 2009, 42 = NJW 2009, 283 (Wohnraum).
1821 Schmid, NZM 2010, 264.
1822 BGH, 23.06.2010 – VIII ZR 227/09, IMR 2010, 369; BGH, 25.11.2009 – VIII ZR 323/08; BGH, 19.11.2008 – VIII ZR 295/07, InfoM 2009, 4 = NZM 2009, 78 = WuM 2009, 42 = NJW 2009, 283; BGH, 09.04.2008 – VIII ZR 84/07, WuM 2008, 351 (jeweils Wohnraum).
1823 BGH, 19.11.2008 – VIII ZR 295/07, InfoM 2009, 4 = NZM 2009, 78 = WuM 2009, 42 = NJW 2009, 283 (Wohnraum).
1824 BGH, 25.11.2009 – VIII ZR 322/08, IMR 2010, 129 = InfoM 2010, 115 = MDR 2010, 377: Überprüfbarkeit einer Heizkosten-Abrechnung, nur Angabe von Heizölverbrauch in Litern und der dafür in Ansatz gebrachten Kosten erforderlich.
1825 BGH, 16.09.2009 – VIII ZR 346/08, IMR 2009, 417 = NZM 2009, 906 = NJW 2009, 3575 = MDR 2009, 1383; BGH, NJW 1982, 573.

gen zu berücksichtigen, die der Vermieter dem Mieter außerhalb der Abrechnung – vor Ablauf der Abrechnungsfrist – erteilt hat, z.B. im Mietvertrag, in einer vorausgegangenen Abrechnung oder auf Nachfrage des Mieters.[1826] Nach anderer und abzulehnender Ansicht muss sich für eine ordnungsgemäße Abrechnung das Verständnis jedoch aus der Abrechnung selbst ergeben, d.h. es dürfen nicht noch **außerhalb der Abrechnung erfolgende Erläuterungen** notwendig sein.[1827] Dies gilt auch unter Berücksichtigung des Umstandes, dass im Rahmen eines Gewerbemietverhältnisses im Vergleich zum Wohnungsmietrecht ein höherer Verständnishorizont der Parteien erwartet werden kann.[1828]

b) Formell schädliche Umstände

1065
- **Gesamtkosten** sind auch dann **in voller Höhe anzugeben**, wenn sie nur teilweise umgelegt werden; die Angabe bereinigter Kosten genügt nicht.[1829] Ein „Herausrechnen" – auch im guten Willen, um den Mieter nicht zu verwirren – führt damit zur formellen Unwirksamkeit. Die Frage, ob und in welchem Umfang Anteile abzuziehen sind, betrifft die materielle Richtigkeit (etwa Abzug beim Hausmeister für Instandsetzungsarbeiten).

> **Praxistipp:**
> Die Entscheidung des BGH v. 14.02.2007 gilt auch für gewerbliche Miet- und Pachtverhältnisse und greift insb. an der Schnittstelle zum Wohnraummietrecht (Vorwegabzug bei gemischt genutzten Objekten). Rechnet hier der Vermieter formell fehlerhaft ggü. Wohnraummietern ab, können die fehlenden Angaben nur innerhalb der Ausschlussfrist des § 556 Abs. 3 Satz 2 BGB nachgeholt werden,[1830] was oft nicht gelingen wird. Im Zweifel sollten immer die Gesamtkosten angegeben werden, um die formelle Unwirksamkeit auszuschließen. Für den Mieter muss aus der Abrechnung ersichtlich sein, ob und in welcher Höhe nicht umlagefähige Kosten vorab abgesetzt werden.

- Ein unverständlicher Verteilerschlüssel; betrifft der Fehler alle Kostenarten, ist die gesamte Abrechnung unwirksam.[1831]
- Unterschiedliche Gesamtflächen innerhalb einer einzigen Abrechnung ohne Erklärung.[1832]
- Aufteilung der Grundsteuer für eine Lagerhalle und ein Bürogebäude nach deren Einheitswerten, obwohl nach dem Mietvertrag die Grundsteuer im Verhältnis der an die Mieterin vermieteten Fläche zur Gesamtfläche aufgeteilt werden soll.[1833]
- Die unter der Bezeichnung „Heizungskosten" ausgewiesenen Aufwendungen enthalten neben den eigentlichen Heizkosten noch weitere nicht unbeträchtliche Kosten für Klimaanlage und Wasser, die nicht unmittelbar aus der Abrechnung ersichtlich sind.[1834]

1826 BGH, 11.08.2010 – VIII ZR 45/10, IMR 2010, 413 = ZMR 2011, 26 = MDR 2010, 1102.
1827 OLG Köln, 11.06.2010 – 1 U 66/09, IMR 2010, 429.
1828 OLG Köln, 11.06.2010 – 1 U 66/09, IMR 2010, 429.
1829 BGH, 14.02.2007 – VIII ZR 1/06, InfoM 2007, 60.
1830 BGH, 14.02.2007 – VIII ZR 1/06, InfoM 2007, 60.
1831 BGH, 09.04.2008 – VIII ZR 84/07, InfoM 2008, 212 (Wohnraum).
1832 AG Berlin-Charlottenburg, 06.11.2009 – 238 C 103/09, IMR 2010, 276 (Wohnraum).
1833 OLG Köln, 11.06.2010 – 1 U 66/09, IMR 2010, 429.
1834 OLG Dresden, 12.03.2002 – 5/23 U 2557/01, NZM 2002, 437 = GuT 2002, 87.

- Fehlender Ausweis der USt in der Betriebskostenabrechnung.[1835] Folge: Dem Mieter steht gem. § 273 BGB bis zur ordnungsgemäßen Erstellung der Abrechnung ein Zurückbehaltungsrecht zu.
- Zusammenfassung von Betriebskostenpositionen in einer Position ohne sachlichen Grund[1836] (dazu unten → *Rn. 1067*).

c) **Formell unschädliche Umstände**

- Evidente Falschbezeichnungen.[1837]
- Nicht erläuterte, aber allgemein verständliche Verteilungsmaßstäbe.[1838]
- Der Umlageschlüssel – wie etwa Flächenmaßstab – ist aus sich selbst heraus verständlich.[1839]
- Eine Gesamtpersonenzahl ist bei einer Betriebskostenabrechnung nach Personenzahl mit einem Bruchteil angegeben.[1840]
- Abrechnung nach Abfluss- oder Leistungsprinzip: der Vermieter darf grds. frei wählen, ob er die zu einer Abrechnungsperiode gehörenden Betriebskosten nach dem Abflussprinzip (welche Kosten sind **in** dem Zeitraum angefallen?) oder nach dem Leistungsprinzip (welche Kosten sind **für** den Zeitraum angefallen?) erfasst.[1841] Bei einem Mieterwechsel kann sich „in besonders gelagerten Fällen" ein Korrekturbedarf nach § 242 BGB ergeben.[1842]
- Abrechnungs- und Verbrauchszeitraum decken sich nicht. Der Abrechnungszeitraum einer in die Gesamtabrechnung eingestellten Abrechnung muss nicht deckungsgleich mit dem der Gesamtabrechnung zugrunde liegenden Zeitraum sein.[1843]
- Abrechnung auf Basis der Soll-Vorschüsse.[1844]
- Zusammenfassung von Betriebskostenpositionen in einer Position mit sachlichem Grund[1845] (dazu nachfolgend → *Rn. 1167*).

1066

1835 OLG Rostock, 12.03.2007 – 3 U 67/06, NJOZ 2007, 4177.
1836 BGH, 22.09.2010 – VIII ZR 285/09, NZM 2010, 858 = WuM 2010, 688, BGH, 16.09.2009 – VIII ZR 346/08, IMR 2009, 417 = NZM 2009, 906 = NJW 2009, 3575 = MDR 2009, 1383.
1837 KG, 25.06.2009 – 8 U 81/09, IMR 2009, 418: Abrechnung enthält (nicht umlagefähige) Formulierung „Heizkosten", die aber in einer Anlage in umlagefähige Positionen Warmwasser, Kaltwasser etc. aufgeschlüsselt werden.
1838 BGH, 19.11.2008 – VIII ZR 295/07, InfoM 2009, 4 = NZM 2009, 78 = WuM 2009, 42 = NJW 2009, 283 (Wohnraum).
1839 BGH, 11.08.2010 – VIII ZR 45/10, IMR 2010, 412 = ZMR 2011, 26 = MDR 2010, 1102.
1840 BGH, 15.09.2010 – VIII ZR 181/09, IMR 2010, 460 = NZM 2010, 859 (Wohnraum): In den streitigen Nebenkostenabrechnungen waren die Positionen Kaltwasser, Abwasser und Müllabfuhr nach „Gesamteinheiten" von „20,39 Personen" für 2003, „17,22 Personen" für 2004, „16,06 Personen" für 2005 und „13,98 Personen" für 2006 aufgeschlüsselt, wobei auf die Beklagten jeweils „Einheiten" von „2,0" Personen entfallen.
1841 BGH, 20.02.2008 – VIII ZR 49/07, IMR 2008, 110 = InfoM 2008, 107 (Wohnraum).
1842 BGH, 20.02.2008 – VIII ZR 49/07, IMR 2008, 110 = InfoM 2008, 107 (Wohnraum).
1843 BGH, 30.04.2008 – VIII ZR 240/07, MDR 2008, 852; a.A. AG Nürnberg, 24.05.2002 – 29 C 4366/00, NZM 2002, 859.
1844 BGH, 23.09.2009 – VIII ZA 2/08, NZM 2009, 906 = WuM 2009, 671 Info M 2009, 465 = NJW 2009, 3575 = MDR 2010, 21; noch differenzierend BGH, 27.11.2002 – VIII ZR 108/02 unter III. 2.; a.A. Langenberg, in: Schmidt-Futterer, § 556 Rn. 465.
1845 BGH, 22.09.2010 – VIII ZR 285/09, NZM 2010, 858 = WuM 2010, 688, BGH, 16.09.2009 – VIII ZR 346/08, IMR 2009, 417 = NZM 2009, 906 = NJW 2009, 3575 = MDR 2009, 1383.

- Zusammenfassung mehrerer Gebäude zu einer Abrechnungseinheit für die Heiz- und Warmwasserkostenabrechnung, wenn die Gebäude von Beginn des Mietverhältnisses an durch eine Gemeinschaftsheizung versorgt werden und als Mietsache im Mietvertrag nur eines der Gebäude bezeichnet wird.[1846] Dies gilt auch dann, wenn nur hinsichtlich einzelner Betriebskosten (hier: Heizkosten) ein unabweisbares technisches Bedürfnis für eine gebäudeübergreifende Abrechnung besteht.[1847]
- (Falsche) Flächenangaben bei einer Betriebskostenabrechnung, in der mehrere Gebäude oder Gebäudeteile einer Wohnungseigentumsanlage zu einer – je nach Betriebskostenart unterschiedlichen – Abrechnungseinheit zusammengefasst werden.[1848]
- Die Betriebskostenabrechnung bedarf zwar einer Erläuterung, damit sie nachvollzogen werden kann und somit den an sie zu stellenden Mindestanforderungen genügt, dieser Erläuterung ist jedoch zuvor bereits außerhalb der Abrechnung erteilt worden.[1849] Dafür sind auch Erläuterungen zu berücksichtigen, die der Vermieter dem Mieter außerhalb der Abrechnung – vor Ablauf der Abrechnungsfrist – erteilt hat, z.B. im Mietvertrag, in einer vorausgegangenen Abrechnung, einem früheren Rechtsstreit über andere Abrechnungen oder auf Nachfrage des Mieters.[1850]
- Entspricht die Abrechnung der Kaltwasser- und Abwasserkosten einer Gaststätte nach Personen nicht den Vorgaben des Pachtvertrages (hier: Abrechnung nach Wasserzählern), stellt diese Abweichung lediglich einen inhaltlichen Fehler dar, der die formelle Ordnungsgemäßheit der Abrechnung nicht beeinträchtigt und auf den sich der Pächter nicht berufen kann, weil er hierdurch nicht benachteiligt wird.[1851]

d) Zusammenfassung unterschiedlicher Betriebskosten, gemischte Kosten

1067 Zu differenzieren ist bei Kostenarten, die sich aus **mehreren unterschiedlichen Kostenbestandteilen** zusammensetzen. Der BGH verlangt für die Zusammenfassung einen sachlichen Grund und führt dazu u.a. aus: „*Die Abrechnung muss ... nicht aus sich heraus eine vollständige Überprüfung ihrer materiellen Richtigkeit erlauben, sondern nur so detailliert sein, dass der Mieter ersehen kann, welche Gesamtbeträge dem Vermieter in Rechnung gestellt worden sind*".[1852]

Sach- und Haftpflichtversicherung dürfen daher in einer Position „Versicherung" ausgewiesen werden,[1853] ebenso Frisch- und Schmutzwasser bei einheitlichem Zähler.[1854] Bei Brennstoffkos-

---

1846 BGH, 14.07.2010 – VIII ZR 290/09; BGH, 20.07.2005 – VIII ZR 371/04, NJW 2005, 3135 unter II 3a (Wohnraum).
1847 BGH, 20.10.2010 – VIII ZR 73/10, IMR 2010, 505 = NZM 2010, 895.
1848 BGH, 23.06.2010 – VIII ZR 227/09, IMR 2010, 369; BGH, 20.07.2005 – VIII ZR 371/04, NJW 2005, 3135 unter II 3a (Wohnraum).
1849 BGH, 11.08.2010 – VIII ZR 45/10, IMR 2010, 412 = ZMR 2011, 26 = MDR 2010, 1102.
1850 BGH, 11.08.2010 – VIII ZR 45/10, IMR 2010, 412 = ZMR 2011, 26 = MDR 2010, 1102.
1851 OLG Düsseldorf, 15.12.2005 – I 10 U 80/05, GuT 2006, 86/87= NJOZ 2006, 4606.
1852 BGH, 25.11.2009 – VIII ZR 322/08, IMR 2010, 130 = InfoM 2010, 115 = MDR 2010, 377.
1853 BGH, 16.09.2009 – VIII ZR 346/08, IMR 2009, 417 = ZMR 2010, 102 = NZM 2009, 906 = NJW 2009, 3575 = MDR 2009, 1383; Blank, in: Blank/Börstinghaus, § 556 BGB Rn. 125 „Versicherungskosten"; Langenberg, Betriebskostenrecht, G Rn. 145.
1854 BGH, 15.07.2009 – VIII ZR 340/08, InfoM 2009, 259.

ten ist nur die summenmäßige Angabe der Verbrauchswerte und der dafür angefallenen Kosten erforderlich; Anfangs- und Endbestand (etwa des Öltanks) müssen daher nicht zwingend angegeben werden.[1855]

Bei einer Position „Wasserversorgung/Strom" oder „Straßenreinigung/Müllbeseitigung/Schornsteinreinigung" oder einer Zusammenfassung von „Hausmeister/Gebäudereinigung" und von „Hausmeister/Gebäudereinigung/Gartenpflege" fehlt der sachliche Grund.[1856] Strom für Heizung, Beleuchtung, Entwässerung sollen nicht als „Allgemeinstrom" abgerechnet werden dürfen.[1857] Erforderlich ist eine Differenzierung zumindest bei unterschiedlichen Abrechnungsarten oder Versorgungsbetrieben/Unternehmen[1858] Ferner muss eine Sammelposition „allgemeines gemeinschaftliches Eigentum" für 15 Kostenarten näher aufgeschlüsselt werden.[1859] 1068

Die Unwirksamkeit der Abrechnung betrifft allein die derart zusammenhanglos in einer Position dargestellten Kosten.[1860]

Formell ordnungsgemäß ist eine Betriebskostenabrechnung nur dann, wenn bei einzelnen, nicht umlegbaren Kostenteilen oder „**gemischten Kosten**" die Gesamtkosten der abgerechneten Kostenart angegeben werden und in der Abrechnung dargestellt wird, um welchen Anteil die Gesamtkosten bereinigt wurden.[1861] Gemischte Kosten enthalten Kostenteile, die nicht zu den Betriebskosten gehören, z.B. Verwaltungskosten oder Reparaturkosten als Teil der Hausmeisterkosten. 1069

Beispiel für falsche Angaben:[1862]
Die Abrechnung enthielt Betriebskosten, bei denen der Gesamtbetrag bereits vorab um nicht umlagefähige Anteile bereinigt wurde. Die Vorwegabzüge waren in der Abrechnung z.T. mitgeteilt und erläutert. Bei den Posten „Grundsteuer" und „Wassergeld/Entwässerung" unterblieb dies; ein Vorwegabzug bei der Position „Hauswart" wurde unvollständig mitgeteilt.

e) Rechtsfolgen einer formell ordnungsgemäßen bzw. fehlerhaften Abrechnung

Ist die Abrechnung formell korrekt, wird die Nachzahlungsforderung aus der Betriebskostenabrechnung nicht erst nach **Ablauf einer Prüfungsfrist** fällig, sondern bereits mit Erteilung (= Zugang) der formell ordnungsgemäßen Abrechnung.[1863] Eine Prüfungsfrist, bei der die For- 1070

1855 BGH, 25.11.2009 – VIII ZR 322/08, IMR 2010, 130 = InfoM 2010, 115 = MDR 2010, 377; a.A. LG Berlin, 13.06.2008 – 63 S 309/07, GE 2008, 995; LG Köln, 11.10.1984 – 6 S 134/84, WuM 1985, 303; Sternel, Mietrecht aktuell, V Rn. 536.
1856 BGH, 22.09.2010 – VIII ZR 285/09, NZM 2010, 858 = WuM 2010, 688.
1857 OLG Hamburg, 06.02.2002 – IV U 145/99, WuM 2003, 268; LG Mannheim, 12.11.2008 – IV S 19/08, InfoM 2009, 322.
1858 Sternel, Mietrecht aktuell, V Rn. 427; LG Berlin, 14.11.2002 – 62 S 230/02, GE 2003, 121.
1859 BGH, 23.11.1981 – VIII ZR 298/80, NJW 1982, 573.
1860 BGH, 22.09.2010 – VIII ZR 285/09, NZM 2010, 858 = WuM 2010, 688.
1861 BGH, 11.09.2007 – VIII ZR 1/07, NZM 2007, 770; BGH, 14.02.2007 – VIII ZR 1/06, NZM 2007, 244 = IMR 2007, 105 = WuM 2007, 196 (jeweils Wohnraum).
1862 BGH, 14.02.2007 – VIII ZR 1/06, NZM 2007, 244 = IMR 2007, 105 = WuM 2007, 196 (jeweils Wohnraum).
1863 BGH, 08.03.2006 – VIII ZR 78/05, NZM 2006, 340 = GE 2006, 502 = InfoM 2006, 121 (Wohnraum).

derung erst nach Ablauf fällig wird, gibt es nicht.[1864] Voraussetzung der Fälligkeit von Forderungen aus (formell wirksamen) Betriebskostenabrechnungen ist damit der **Zugang** beim Mieter (vgl. zum Zugang → *Rn. 1046, 1052, 2292 ff.*). Der Vermieter ist für den Zugang der Betriebskostenabrechnung beweispflichtig; Versäumnisse seiner Hausverwaltung insoweit sind ihm wie eigene zuzurechnen.[1865]

Primäre **Folge der formellen Unwirksamkeit** ist, dass ein Abrechnungssaldo nicht fällig wird. Ein formeller Fehler führt jedoch nur dann zur Unwirksamkeit der Abrechnung insgesamt, wenn er sich durchgängig durch die gesamte Abrechnung zieht.[1866] Betrifft ein solcher Fehler nur einzelne Kostenpositionen, bleibt die Abrechnung i.Ü. unberührt, wenn die jeweiligen **Einzelpositionen unschwer herausgerechnet** werden können.[1867] Ein „Herausrechnen" muss dafür unproblematisch möglich sein. Bei leichteren bzw. kleineren Fehlern, die der Mieter problemlos durch eigenes Heraus-/Berechnen erkennen kann, tritt dann zumindest Teilfälligkeit für den Rest ein.

1071 Für ein beendetes Wohnraummietverhältnis hat der BGH entschieden, dass der Mieter seine Vorauszahlungen zurückfordern kann, um eine formell wirksame Abrechnung zu erzwingen. Ob dies auch für das Gewerbemietverhältnis gilt, ist ungeklärt,[1868] aber im Ergebnis zu bejahen.

Hat der Gewerbemieter Betriebskostenvorauszahlungen und Abrechnungssaldo vorbehaltlos ausgeglichen, kann er sie **nach beendetem Mietverhältnis** nach § 812 BGB zurückfordern.[1869] Die Rückforderung richtet sich in diesem Fall nicht auf die Vorauszahlungen oder den Abrechnungssaldo, sondern auf das abgerechnete Betriebskostenschuldverhältnis. Die **vorbehaltlose Zahlung** führt auch bei fehlender Fälligkeit des Abrechnungssaldos zur Erfüllung gem. § 362 Abs. 1 BGB, sodass der Betrag nicht mit dem Einwand mangelnder Fälligkeit zurückgefordert werden kann (§ 813 Abs. 2 BGB). Der Mieter muss als Bereicherungsgläubiger darlegen und beweisen, dass die Betriebskostenverbindlichkeit nicht oder nicht in der ausgeglichenen Höhe besteht.[1870]

1072 Der Vermieter hat keinen Anspruch auf **Erhöhung/Anpassung der Betriebskostenvorauszahlung**.[1871] Inhaltliche Mängel wirken sich hingegen ausschließlich auf die Angemessenheit des Erhöhungsbetrags aus.

1864 BGH, 08.03.2006 – VIII ZR 78/05, NZM 2006, 340 = GE 2006, 502 = InfoM 2006, 121 (Wohnraum); a.A. (= Fälligkeit erst nach Ablauf einer Prüfungsfrist): OLG Hamm, 01.12.1981 – 7 U 117/81, WuM 1982, 72; LG Duisburg, 16.10.2001 – 13 S 208/01, WuM 2002, 32.
1865 LG Düsseldorf, 07.02.2007 – 23 S 108/06, NZM 2007, 328 (Wohnraum).
1866 BGH, 11.08.2010 – VIII ZR 45/10, IMR 2010, 412/413 = ZMR 2011, 26 = MDR 2010, 1102.
1867 BGH, 11.08.2010 – VIII ZR 45/10, IMR 2010, 412/413 = ZMR 2011, 26 = MDR 2010, 1102; BGH, 22.09.2010 – VIII ZR 285/09, NZM 2010, 858 = WuM 2010, 688; BGH, 14.02.2007 – VIII ZR 1/06, NZM 2007, 244: OLG Köln, 11.06.2010 – 1 U 66/09, IMR 2010, 429; OLG Düsseldorf, ZMR 2003, 569; Sternel, Mietrecht aktuell, Rn. V 378.
1868 Offen gelassen von OLG Düsseldorf, 21.04.2009 – 24 U 160/08, IMR 2010, 143 = NZM 2010, 866 = MietRB 2010, 12.
1869 OLG Düsseldorf, 21.04.2009 – 24 U 160/08, IMR 2010, 143 = NZM 2010, 866 = MietRB 2010, 12.
1870 OLG Düsseldorf, 21.04.2009 – 24 U 160/08, IMR 2010, 143 = NZM 2010, 866 = MietRB 2010, 12.
1871 BGH, 25.11.2009 – VIII ZR 322/08, IMR 2010, 130 = MDR 2010, 377 (Wohnraum), aber ohne Weiteres auf Gewerberaum übertragbar.

Der Mieter ist nicht verpflichtet, sich um die **Aufklärung formeller Mängel**, etwa durch Belegeinsicht, zu kümmern.[1872]

4. Vorwegabzug bei gemischt genutzten Objekten

Bei gemischt genutzten Gebäuden (Wohn-/Gewerberaum) ist für eine formell ordnungsgemäße Abrechnung ein **Vorwegabzug** der auf die Gewerbeflächen entfallenden Kosten grds. nicht erforderlich[1873] und zwar selbst dann nicht, wenn durch die gewerbliche Nutzung ein erheblicher Mehrverbrauch verursacht wird und deshalb ein solcher Vorwegabzug geboten ist.[1874] Es ist daher zwischen dem für eine formelle Wirksamkeit nicht erforderlichen und dem materiell dennoch gebotenen Abzug zu unterscheiden. Der fehlende Vorwegabzug hindert die **Fälligkeit** einer ansonsten ordnungsgemäßen Abrechnung nicht.[1875] Dies resultiert daraus, dass § 556a Abs. 1 Satz 1 BGB einen Vorwegabzug von Gewerbeflächen nicht generell vorschreibt und ohnehin nicht über § 578 BGB für Gewerberaum gilt.[1876] Ein etwa zu Unrecht unterbliebener Vorwegabzug betrifft (nur) die materielle Richtigkeit der Abrechnung und führt deshalb nicht zur Unwirksamkeit der Abrechnung insgesamt, sondern zu einer entsprechenden Korrektur um den erforderlichen Vorwegabzug.

1073

Wird eine Betriebskostenposition im Wege des Vorwegabzugs zwischen den gewerblichen Nutzern und den Wohnungsmietern aufgeteilt, so muss sich – damit die Abrechnung materiell richtig ist – aus ihr ergeben, welche Kosten insgesamt angefallen sind und welche Beträge auf die jeweiligen Nutzergruppen entfallen. Die Aufteilung muss dabei dergestalt erfolgen, dass sie vom Abrechnungsempfänger gedanklich und rechnerisch nachvollzogen werden kann. Allerdings dürfen die Kosten nicht vorab – außerhalb der dem Mieter erteilten Abrechnung – um nicht umlagefähige Anteile bereinigt werden; in einem solchen Fall fehlt es an der erforderlichen Angabe der „Gesamtkosten".[1877]

1074

Ein **Vorwegabzug aus Billigkeitsgründen** ist erforderlich, wenn die Gewerbenutzung bei der Abrechnung zu einer erheblichen Mehrbelastung der Wohnungsmieter führt.[1878]

1872 KG, 13.07.2009 – 8 U 36/09, IMR 2009, 419 (Wohnraum).
1873 BGH, 25.10.2006 – VIII ZR 251/05, IMR 2007, 3 = InfoM 2007, 15 = WuM 2006, 684 = GuT 2007, 36 Ls. = MDR 2007, 456 Ls.; BGH, 08.03.2006 – VIII ZR 78/05, NZM 2006, 340 = GE 2006, 502 = InfoM 2006, 74 = GuT 2006, 232 = WuM 2006, 200; KG, 24.07.2006 – 8 U 224/05, GuT 2006, 232 = IMR 2006, 181 = InfoM 2007, 24; **a.A.** LG Aachen, 11.08.2006 – 5 S 68/05, WuM 2006, 615, Info M 2007, 62: Vorwegabzug grds. erforderlich, er kann aber kann ausnahmsweise entfallen, wenn die gewerblichen Betriebskosten keine ins Gewicht fallende Mehrbelastung der Wohnraummieter verursachen. Unbedeutend in diesem Sinne sind Mehrkosten, die nicht über 3 % der „Gesamtkosten" hinausgehen. Enger ferner LG Berlin, 25.06.2007 – 67 S 6/07, WuM 2007, 576 = InfoM 2008, 59: genereller Vorwegabzug bei einem Lokal und keine Substanziierungspflicht des Mieters.
1874 BGH, 11.08.2010 – VIII ZR 45/10, IMR 2010, 413 = ZMR 2011, 26 = MDR 2010, 1102.
1875 KG, 24.07.2006 – 8 U 224/05, GuT 2006, 232 = IMR 2006, 181.
1876 BGH, 08.03.2006 – VIII ZR 78/05, NZM 2006, 340 = GE 2006, 502 = InfoM 2006, 74 = GuT 2006, 232 = WuM 2006, 200; KG, 24.07.2006 – 8 U 224/05, GuT 2006, 232 = IMR 2006, 181 = InfoM 2007, 24.
1877 BGH, 14.02.2007 – VIII ZR 1/06, NZM 2007, 244.
1878 BGH, 11.08.2010 – VIII ZR 45/10, IMR 2010, 413 = ZMR 2011, 26 = MDR 2010, 1102; BGH, 25.10.2006 – VIII ZR 251/05, IMR 2007, 3 = InfoM 2007, 15 = WuM 2006, 684 = GuT 2007, 36 Ls. = MDR 2007, 456 LS; BGH, 08.03.2006 – VIII ZR 78/05, NZM 2006, 340 = GE 2006, 502 = InfoM 2006, 74 = GuT 2006, 232 = WuM 2006, 200; KG, 24.07.2006 – 8 U 224/05, GuT 2006, 232 = IMR 2006, 181 = InfoM 2007, 24.

> **Beispiel:**[1879]
>
> *Einzelne Gewerbe haben bei bestimmten Abrechnungspositionen einen spezifisch höheren Verbrauch oder verursachen höhere Kosten.*
>
> *Die Grundsteuer wird durch die Gemeinde in unterschiedlicher Höhe für Wohn- und Gewerberaum erhoben.*

1075 In der Abrechnung ist dann z.B. die Grundsteuer entsprechend der Bemessung im Grundsteuerbescheid aufzuteilen. Basiert die dortige Festsetzung auf dem Verhältnis der Jahresrohmieten von Wohnräumen zu Geschäftsräumen, ist nach diesem Verhältnis die Grundsteuer aufzuteilen.[1880] Ergibt sich eine solche Aufteilung nicht aus dem Grundsteuerbescheid, darf nach Nutzfläche aufgeteilt werden.[1881]

1076 Im **Verhältnis von Gewerberaummietern untereinander** kann ein Vorwegabzug geboten sein, wenn einzelne Gewerbe bei bestimmten Abrechnungspositionen einen spezifisch höheren Verbrauch haben oder Kosten verursachen.[1882] Bei der Umlage der **Wasserkosten** in einem gemischt genutzten Gebäude ist ohne besondere vertragliche Festlegung der Abrechnungsmethode die Differenzberechnung zulässig, d.h. der Verbrauch von Wohneinheiten kann in der Weise ermittelt werden, dass der mittels Zwischenzähler gemessene Verbrauch eines gewerblichen Mieters von Gesamtverbrauch laut Hauptwasserzähler abgezogen wird.[1883] Verschiedene Nutzergruppen müssen nicht durch jeweils gesonderte Zähler erfasst werden.[1884]

1077 Dafür, dass durch die gewerbliche Nutzung erhebliche Mehrkosten entstehen, die einen Vorwegabzug erforderlich machen, trägt der Mieter die **Darlegungs- und Beweislast** auch dann, wenn der gewerblich genutzte Flächenanteil überwiegt.[1885] Ob die Betriebskosten pro Quadratmeter bei den gewerblichen Einheiten wesentlich höher sind als bei den vermieteten Wohneinheiten, lässt sich nicht pauschal mit dem Hinweis auf erhöhten Publikumsverkehr der Gewerbeeinheiten oder durch einen Vergleich mit den in einem Betriebskostenspiegel ausgewiesenen Durchschnittskosten begründen, sondern kann nur anhand der konkreten Gegebenheiten des Gebäudekomplexes einerseits und der Art der gewerblichen Nutzung andererseits beurteilt werden.[1886] Dabei ist hinsichtlich der einzelnen Betriebskosten zu differenzieren. So mag der von einem Discounter oder einer Gaststätte verursachte Publikumsverkehr je nach den örtlichen Gegebenheiten beim Turnus der Gebäudereinigung zu einer Vervielfachung mit entsprechenden Kostensteigerungen bei dieser Position der Betriebskosten führen, während die Gartenpflege oder Gebäudeversicherung nicht notwendig aufwendiger oder wesentlich teurer

---

1879 KG, 24.07.2006 – 8 U 224/05, GuT 2006, 232 = IMR 2006, 181 = InfoM 2007, 24; KG, 12.04.2001 – 8 U 2143/99, GE 2001, 850 = GuT 2006, 233 für Grundsteuer.
1880 LG Frankfurt am Main, ZMR 1997, 642.
1881 LG Berlin, GE 1998, 1027; LG Köln, WuM 1997, 648; LG Frankfurt am Main, WuM 1997, 630; a.A. AG Siegburg, WuM 1997, 629.
1882 KG, 24.07.2006 – 8 U 224/05, GuT 2006, 232 = IMR 2006, 181; KG, 12.04.2001 – 8 U 2143/99, GE 2001, 850 für Grundsteuer.
1883 BGH, 25.11.2009 – VIII ZR 69/09, IMR 2010, 48 = NZM 2010, 195.
1884 BGH, 25.11.2009 – VIII ZR 69/09, IMR 2010, 48 = NZM 2010, 195.
1885 BGH, 11.08.2010 – VIII ZR 45/10, IMR 2010, 413 = ZMR 2011, 26 = MDR 2010, 1102; BGH, 25.10.2006 – VIII ZR 251/05, IMR 2007, 3 = InfoM 2007, 15 = WuM 2006, 684 = GuT 2007, 36 Ls. = MDR 2007, 456 LS.
1886 BGH, 11.08.2010 – VIII ZR 45/10, IMR 2010, 413 = ZMR 2011, 26 = MDR 2010, 1102.

ist, wenn sie sich nicht auf einen reinen Wohnkomplex bezieht, sondern auf ein Gebäude, in dem auch Büros, Arztpraxen oder Läden untergebracht sind.[1887]

Um seiner Darlegungs- und Beweislast nachkommen zu können, hat der Mieter einen **Auskunftsanspruch** gegen den Vermieter für die erforderlichen Informationen bzw. ein Einsichtsrecht in die der Abrechnung zugrunde liegenden Belege. Sperrt sich hier der Vermieter, kommt zugunsten des Mieters eine Änderung seiner Darlegungslast nach den Grundsätzen über die sekundäre Behauptungslast in Betracht. 1078

5. Abrechnung und Verbuchung der Betriebskosten bei Mietminderung des Mieters

Die Rechtsprechung des BGH zur Minderung der Bruttomiete[1888] führt zu Schwierigkeiten in der Gestaltung von Betriebskostenabrechnungen, wenn der Mieter gemindert hat. Konkret geht es darum, wie der Minderungsbetrag im Mietkonto, in dem nach der Grund- bzw. Nettomiete und den Betriebskostenvorauszahlungen differenziert wird, zu verbuchen ist. Eine konkrete Handlungsanweisung des BGH liegt nicht vor, dieser hat lediglich am Rande bemerkt, dass der aus der Bruttomiete errechnete **Minderungsbetrag anteilig auf Grundmiete und Vorauszahlungen anzurechnen** sei. Dies spricht für eine quotale Aufteilung, besagt aber noch nichts darüber, wie konkret zu verbuchen ist. 1079

Wendet man aber die Minderung auch auf die Vorauszahlungen an, so verringern sich diese mit dem Ergebnis, dass die Belastung des Mieters steigt (entweder in der Form, dass sich ein rechnerisch ergebendes Guthaben verringert oder er mehr nachzahlen muss). Dieses Ergebnis ist unbefriedigend, weil es den **Mieter evtl. schlechter stellt**, obwohl er zur Minderung berechtigt ist. Es ist nicht möglich, zur Korrektur die Minderung allein auf die laufende Miete zu beschränken (und nicht auf die Nebenkosten zu beziehen), weil begrifflich die Betriebskosten gem. § 535 Abs. 1 Satz 3 BGB vom Vermieter zu tragen sind und durch die vertragliche Abwälzung auf den Mieter zu einem Bestandteil der Miete nach § 535 Abs. 2 BGB werden. 1080

Den **Anforderungen der Praxis** wird deshalb folgender Weg gerecht: Die konkrete Minderungsquote wird nicht nur auf die Grundmiete, sondern auch auf den Saldo der Betriebskosten angewendet. 1081

Die Quote wirkt sich dabei nicht bei den Vorauszahlungen aus, sondern ausschließlich beim Abrechnungsergebnis, also der Summe der Einzelbelastungen, von der dann die Vorauszahlungen abgezogen werden.

Beispiel:

Minderungsquote 20 %. Miete 10.000,00 €/Monat ./. 20 % = 8.000,00 €.

Vorauszahlungen 2.000,00 €/Monat = 24.000,00 € p.a.

30.000,00 € Saldo Betriebskosten ohne Vorauszahlungen ./. 20 % Minderung = 24.000,00 € Saldo geminderte Nebenkosten.

1887 BGH, 11.08.2010 – VIII ZR 45/10, IMR 2010, 413 = ZMR 2011, 26 = MDR 2010, 1102.
1888 BGH, 20.07.2005 – VIII ZR 347/04, NZM 2005, 699 = WuM 2005, 573 = ZMR 2005, 854 = InfoM 2005, 234 = NJW 2005, 2773 = MDR 2006, 197 (Wohnraum).

./. 24.000,00 € Vorauszahlung.

Ergebnis: Ausgeglichene Abrechnung, d.h. keine Nachzahlung, kein Guthaben.

1082　Diese Lösung lässt sich auch aus dem Gesetz herleiten: Eine Mietminderung bezieht sich grds. auf die Gebrauchstauglichkeit des Mietobjekts. Gem. § 536 Abs. 1 Satz 1 BGB ist der Mieter für die Dauer der Gebrauchsbeeinträchtigung von der Zahlung der Miete befreit bzw. muss nach Satz 2 nur eine geminderte Miete bezahlen. Kann also der Mieter das Objekt nicht „voll" nutzen, muss er auch die Betriebskosten als Bestandteil der Miete nicht voll zahlen. Dann ist aber die Lösung nicht über die Kürzung der Vorauszahlungen zu suchen, weil diese nur einen **durchlaufenden Posten** darstellen. Vielmehr ist der tatsächlich auf den Mietern entfallende Anteil der Betriebskosten zu kürzen. Dies ergibt sich i.Ü. auch aus einer **ergänzenden Vertragsauslegung** der Betriebskostenabwälzung auf den Mieter gem. §§ 133, 157 BGB, weil es dem Parteiwillen entspricht, dass Betriebskosten nur für ein Objekt gezahlt werden müssen, das auch benutzt werden kann.

1083　Für die konkrete Größe, die der Abrechnung bei einer **Minderung wegen Flächenabweichung** zugrunde zu legen ist, gilt Folgendes: Bei Flächenabweichungen von mehr als 10 % darf der Mieter die Miete auch ohne Nachweis einer Gebrauchsbeeinträchtigung mindern[1889] (ausführlich dazu → *Rn. 2135 ff.*). Ausgangspunkt der Minderung ist die Bruttomiete. Dabei ist es unerheblich, ob die Nebenkosten als Pauschale oder Vorauszahlung geschuldet werden.[1890] Für die Abrechnung der Betriebskosten bedeutet die 10 %-Regel des BGH Folgendes: Beträgt die Abweichung weniger als 10 %, so ist in der Abrechnung der Betriebskosten die Vertragsfläche (also die vereinbarte Fläche) zugrunde zu legen, beträgt sie mehr als 10 %, so ist die tatsächliche Fläche maßgebend.[1891]

> **Praxistipp:**
> Enthält der Mietvertrag einen wirksamen Minderungsausschluss (z.B. in der Form, dass nur anerkannte oder rechtskräftig festgestellte Ansprüche zur Minderung berechtigen), muss der Vermieter eine (womöglich von ihm bestrittene) Minderung bei der Nebenkostenabrechnung nicht berücksichtigen und kann in der gewohnten Weise abrechnen.

6. Verbrauchsabhängige Kosten

1084　Ist im Mietvertrag eine Betriebskostenabrechnung auf der Grundlage eines erfassten Verbrauchs vereinbart, kommt es für die inhaltliche Richtigkeit der Betriebskostenabrechnung allein darauf an, ob der tatsächliche Verbrauch zutreffend erfasst worden ist.[1892] Beruhen die in die Betriebs-

---

1889　BGH, 04.05.2005 – XII ZR 254/01, NZM 2005, 500 = GuT 2005, 163 = InfoM 2005, 145 = MDR 2005, 975 zum Gewerberaum; BGH, 24.03.2004 – VIII ZR 295/03, AIM 2004, 114 = NZM 2004, 453; BGH, 24.03.2004 – VIII ZR 44/03, AIM 2004, 128 = NZM 2004, 454 = WuM 2004, 337 = MDR 2004, 933; BGH, 24.03.2004 – VIII ZR 133/03, AIM 2004, 128 = NZM 2004, 456 = ZMR 2004, 500; BGH, 07.07.2004 – VIII ZR 192/03, AIM 2004, 176 jeweils zum Wohnraum.
1890　BGH, 06.04.2005 – XII ZR 225/03, GuT 2005, 166 = NZM 2005, 455 = ZfIR 2005, 400 = InfoM 2005, 141 = NJW 2005, 1713.
1891　BGH, 31.10.2007 – VIII ZR 261/06, IBR 2008, 1 (Wohnraum).
1892　BGH, 17.11.2010 – VIII ZR 112/10, NWB 2011, 105.

kostenabrechnung eingestellten Verbrauchswerte auf der Ablesung eines geeichten Messgeräts, spricht eine tatsächliche Vermutung dafür, dass diese Werte den tatsächlichen Verbrauch richtig wiedergeben.[1893] Im Streitfall muss daher der Mieter beweisen, dass die dem geeichten Gerät entnommenen Werte falsch sind. Den von einem nicht (mehr) geeichten Messgerät abgelesenen Verbrauchswerten kommt die Vermutung ihrer Richtigkeit nicht zu; in diesem Fall muss der Vermieter im Prozess die Richtigkeit der abgelesenen Werte zur Überzeugung des Tatrichters nachweisen.[1894]

7. Leerstand im Objekt

Nach praktisch einhelliger Auffassung in Literatur und Rechtsprechung zu Wohnraum hat der Vermieter im Normalfall das Leerstandsrisiko zu tragen, weil er das **Vermietungsrisiko** trägt.[1895] Dies gilt entsprechend für Gewerberaum und bedeutet, dass auf die leeren Räume entfallende Fixkosten herauszurechnen sind.

1085

Allerdings zwingt nicht jeder (kurzfristige oder geringfügige) Leerstand dazu. Der BGH spricht von einem „**erheblichen Wohnungsleerstand**", ohne Kriterien für eine Grenzziehung zu benennen.[1896] Leerstände von weniger als 10 % der Gesamtfläche und unterhalb einer Dauer von mindestens drei Monaten dürften immer als unerheblich anzusehen sein.

Wird ein erheblicher Leerstand nicht berücksichtigt, ist der Umlagemaßstab fehlerhaft, sodass ein inhaltlicher – kein formeller – Fehler der Abrechnung vorliegt.

8. Anpassung von Vorauszahlungen nach erfolgter Abrechnung

Ergibt sich aus einer Abrechnung eine nicht unerhebliche Nachzahlung des Mieters, hat der Vermieter ein Interesse daran, die Vorauszahlungen einseitig anpassen zu können. Eine Anpassung der mietvertraglichen Betriebskostenvorauszahlung über § 560 Abs. 4 BGB ist im Gewerberaummietverhältnis nicht vorgesehen, da § 578 BGB nicht auf diese Wohnraumnorm verweist.[1897] Es entspricht aber auch ohne konkrete vertragliche Vereinbarung der Billigkeit, dass der Vermieter bei Erhöhungen der Nebenkosten eine Erhöhung vereinbarter Vorauszahlungen verlangen kann. Entsprechend muss auch dem Mieter das Recht zugebilligt werden, **Herabsetzungen** zu verlangen, wenn sich die Nebenkosten verbilligen. Um Streitigkeiten zu vermeiden, sollte dies vertraglich geregelt werden.

1086

1893 BGH, 17.11.2010 - VIII ZR 112/10, NWB 2011, 105.
1894 BGH, 17.11.2010 - VIII ZR 112/10, NWB 2011, 105: ungeeichter Wasserzähler; OLG München, 13.01.2011 - 32 Wx 32/10.
1895 BGH, 06.10.2010 – VIII ZR 183/09, IMR 2010, 506 = NZM 2010, 855 (Wasserkosten, Wohnraum); BGH, 16.03.2003 – VIII ZR 30/03, NJW 2003, 2902 f.; BGH, 21.04.2004 – VIII ZR 137/03, WuM 2004, 150 f.; BGH, 31.05.2006 – VIII ZR 159/05, NZM 2006, 655 = IMR 2006, 72; KG, 08.07.2010 – 12 U 26/09, GuT 2010, 199 = IMR 2010, 417 = ZMR 2011, 35: gemischt genutztes Gebäude und Kosten der Hausbeleuchtung; OLG Rostock, 10.12.2009 – 3 U 253/08, IMR 2010, 185 (Gewerbe); OLG Dresden, 25.06.2009 – 8 U 402/09, InfoM 2010, 170; LG Bautzen, WuM 2001, 288 ff.; Schmid, ZMR 98, 609 ff.; Langenberg, WuM 2002, 589 ff.; Sternel, Mietrecht aktuell, Rn. 192; Blank/Börstinghaus, § 556a Rn. 5; Langenberg, in: Schmidt-Futterer, § 556a BGB Rn. 35; Sternel, WuM 2003, 243.
1896 BGH, 06.10.2010 – VIII ZR 183/09, IMR 2010, 506 = NZM 2010, 855 (Wasserkosten, Wohnraum).
1897 OLG Rostock, 10.04.2008 – 3 U 158/06, GuT 2008, 200.

> **Praxistipp:**
> Sinnvoll ist die Festlegung von prozentualen Änderungsgrenzen, durch die für beide Seiten sofort klar ist, wann sich die Vorauszahlungen erhöhen. Für den Vermieter, der die Erhöhung plausibel und nachvollziehbar begründen muss, stellt dies zudem eine Arbeitserleichterung dar. Die Vereinbarung macht natürlich nur Sinn, wenn auch eine Vorauszahlung auf Nebenkosten vereinbart wurde, also keine Nebenkostenpauschale.

1087 Der **Anspruch auf Anpassung** besteht aber auch ohne Vereinbarung. Eine solche liegt über eine Auslegung nach den §§ 133, 157 BGB grds. bereits dann vor, wenn der Vertrag (nur) vorsieht, dass sich die Höhe der Vorauszahlung an den tatsächlichen Kosten orientiert. Eine **Klausel**, wonach der Vermieter die laufenden Betriebskostenvorauszahlungen nach „Kostenanfall des Vorjahres" anpassen darf, ist ebenfalls unbedenklich. Voraussetzung ist zum einen ein objektiver **Erhöhungsanlass**, also i.d.R. eine Nachzahlung, und zum anderen ein formell ordnungsgemäßes Erhöhungsverlangen,[1898] wobei daran keine strengen Anforderungen zu stellen sind. Fordert der Vermieter die Anhebung der Vorauszahlung jedoch auf der Grundlage einer **nicht prüffähigen Abrechnung**, kann der Mieter die Leistung der verlangten erhöhten Vorauszahlung verweigern.[1899]

1088 Eine **Erklärung zur Erhöhung der Betriebskosten** ist nur dann formell ordnungsgemäß, wenn darin (jedenfalls bei Gebäuden mit mehreren Einheiten) bestimmte Mindestangaben enthalten sind. Dazu zählen – wie in einer Betriebskostenabrechnung – neben der Zusammenstellung der Gesamtkosten auch die Angabe und Erläuterung der zugrunde gelegten Verteilerschlüssel.[1900] Hat der Vermieter mehrere Häuser oder auch gemischt genutzte Gebäudekomplexe zu einer Wirtschafts- oder Verwaltungseinheit zusammengefasst, so genügt es nicht, dass die aufgeführten Gesamtkosten auf die einzelnen Häuser oder Gebäudeteile verteilt werden, ohne dass als zusätzlicher für den Mieter nachvollziehbarer Berechnungsschritt angegeben wird, woraus sich diese anteiligen Werte ergeben.[1901]

9. Belegeinsicht[1902]

1089 Der Mieter kann grds. **Einsicht in die Originalbelege** verlangen.[1903] Die Einsichtnahme in die Abrechnungsunterlagen wird ordnungsgemäß gewährt, wenn dem Mieter ein Aktenordner mit Belegen im zumutbar erreichbaren Geschäftsraum des Vermieters vorgelegt wird und der Mieter sich mit ihm versicherter fachkundiger Hilfe in den Belegen zurechtfinden kann.[1904]

1898 OLG Brandenburg, 19.04.2006 – 3 U 157/05, GuT 2007, 202.
1899 OLG Dresden, 12.03.2002 – 5/23 U 2557/01, NZM 2002, 437 = GuT 2002, 87.
1900 VerfGH Berlin, 25.04.2006 – VerfGH 5/03, IMR 2007, 4.
1901 VerfGH Berlin, 25.04.2006 – VerfGH 5/03, IMR 2007, 4.
1902 Ausführlich Langenberg, NZM 2007, 105.
1903 KG, 22.03.2010 – 8 U 142/09, GuT 2010, 200 = InfoM 2010, 222; KG, 05.01.2004 – 8 U 22/03, KG, Report 2004, 315; Langenberg, Betriebskostenrecht, S. 312 f.; Langenberg, in: Schmidt-Futterer, § 556 BGB Rn. 481.
1904 LG Berlin, 28.09.2006 – 67 S 225/06, NZM 2007, 285.

Der zahlungspflichtige Wohnraummieter kann sich auf ein Zurückbehaltungsrecht nach § 273 BGB berufen, wenn der Vermieter eine geforderte Belegprüfung verweigert,[1905] was entsprechend auf Geschäftsraum anzuwenden ist. Der Vermieter ist **nicht verpflichtet**, sofort zusammen mit der Abrechnung die zugrunde liegenden Belege bzw. Kopien zu übersenden. Auch nach Zugang der Abrechnung hat der Mieter grds. keinen Anspruch gegen den Vermieter auf **Überlassung von Fotokopien** der Abrechnungsbelege zur Betriebskostenabrechnung.[1906] Diese Entscheidungen sind zur Wohnraummiete ergangen, aber auf die gewerbliche Miete ohne Weiteres übertragbar. Wird dem Mieter lediglich vor Ort Belegeinsicht gewährt, darf er Ablichtungen mit technischen Hilfsmitteln anfertigen (**abfotografieren, einscannen** etc.), soweit keine Gefahr besteht, dass die Belege dabei beschädigt werden.[1907]

1090

Eine Ausnahme vom Grundsatz der Vor-Ort-Einsichtnahme besteht, wenn die Einsichtnahme dem Mieter nicht zuzumuten ist, etwa bei großer Entfernung zum Geschäftssitz des Vermieters oder Verwalters.[1908]

> **Hinweis:**
> Der BGH verweist für die Frage der Zumutbarkeit, die damit weiterhin einzelfallabhängig bleibt, u.a. darauf, dass eine Einsicht zumutbar ist, wenn sie in der Nähe des Mieters – hier: Mieter in Bergisch-Gladbach, Vermieter in Köln – stattfinden kann, aber nicht mehr, wenn Belegeinsicht eine größere Anzahl von Belegen – hier drei Mietobjekte und drei Abrechnungsjahre – betrifft.[1909]

Beispiele für unzumutbare Einsichtnahmen:[1910]

1091

Mieter und Vermieter sind heillos zerstritten.

Der Ort der Belegeinsicht ist nicht in zumutbarer Weise und angemessener Zeit mit öffentlichen Verkehrsmitteln zu erreichen.

Der in einer entfernt liegenden Stadt wohnende Vermieter bzw. ansässige Verwalter weigert sich trotz Aufforderung des Mieters, die Belege am Ort des Mietobjekts zur Einsicht bereitzustellen.

Sitzt der Vermieter zwar an einem anderen Ort, hat aber eine **Niederlassung am Ort des Mieters**, ist die Einsicht in die Belege zumutbar.[1911] Dies gilt aber nur, wenn der Vermieter die Belegeinsicht auch anbietet. Verweigert er diese oder teilt mit, dass er sich melden werde, unterlässt dies aber, so besteht das Zurückbehaltungsrecht des Mieters weiter.[1912]

1092

1905 BGH, 08.03.2006 – VIII ZR 78/05, NZM 2006, 340 = GE 2006, 502 = InfoM 2006, 121; LG Hannover, 08.02.2010 – 1 S 29/09 (Wohnraum).
1906 BGH, 13.09.2006 – VIII ZR 71/06, IMR 2007, 38; BGH, 13.09.2006 – VIII ZR 105/06, IMR 2006, 142; BGH, 08.03.2006 – VIII ZR 78/05, NZM 2006, 340 = GE 2006, 502 = InfoM 2006, 75 = IMR 2006, 2 (jeweils Wohnraum).
1907 AG München, 21.09.2009 – 412 C 34593/08, rk., IMR 2010, 89 = NZM 2010, 81.
1908 BGH, 13.09.2006 – VIII ZR 71/06, IMR 2007, 38; BGH, 13.09.2006 – VIII ZR 105/06, IMR 2006, 142.
1909 Vgl. LG Frankfurt am Main, 07.09.1999 – 2/11 S 135/99, NZM 2000, 27; LG Köln, 10.01.2001 – 10 S 249/00, NZM 2001, 617; LG Zwickau, 02.08.2002 – 6 S 83/02, WuM 2003, 271.
1910 OLG Düsseldorf, 22.06.2006 – I-10 U 164/05, GuT 2006, 233 = IMR 2007, 12 = NJOZ 2007, 1079.
1911 LG Hannover, 08.02.2010 – 1 S 29/09 (Wohnraum).
1912 LG Hannover, 08.02.2010 – 1 S 29/09 (Wohnraum).

1093 Hat der Mieter ausnahmsweise – etwa wegen großer räumlicher Entfernung der Mietwohnung zum Sitz des Verwalters – einen Anspruch auf Überlassung von Belegkopien zur Betriebskostenabrechnung, so darf der Vermieter die Versendung der Belegkopien von der Zahlung eines entsprechenden **Kostenvorschusses** abhängig machen.[1913] In welcher Höhe Kopierkosten zu erstatten sind, wird ebenfalls diskutiert; man orientiert sich hier an Fotokopierläden, sodass z.B. 0,25 € pro Seite verlangt werden können.[1914] Hat der Mieter die Belege zwar angefordert, wurden sie ihm aber wegen eines nicht gezahlten Kostenvorschusses von 0,25 €/Seite nicht übersandt, ist er mit Einwendungen ausgeschlossen.[1915]

> **Praxistipp für Immobilienverwalter:**
>
> Bei der Geschäftsraummiete kann man diesem unerfreulichen Streit entgehen, indem man in einer Vertragsklausel regelt, dass Belege gegen Übernahme von pauschaliert festgelegten Kopier- und Verwaltungskosten auf Wunsch übersendet werden, wenn der Mieter sie nicht persönlich einsehen will.
>
> Bei größeren Gewerbeobjekten kann man darüber nachdenken, die Belege einzuscannen und sie dem Mieter per E-Mail zuzusenden oder sie direkt auf der Internet-Homepage mit jederzeitiger Zugriffsmöglichkeit des Mieters einzustellen. Allerdings bleibt ein Risiko für Rechtsstreitigkeiten, da der Vermieter seiner Verpflichtung, dem Mieter Originalunterlagen zur Verfügung zu stellen, nicht dadurch genügen soll, dass ihm eingescannte Daten oder Unterlagen überreicht werden.[1916] Dies ist aber nach dem aktuellen Stand der Technik, nach dem jeder Mieter auf irgendeine Art die Möglichkeit hat, die Daten abzurufen, nicht mehr haltbar. Selbst webbasierte Lösungen, in denen dem Mieter per Zugangscode die Belege auf einer Internetseite abrufbar präsentiert werden, sind zulässig.

1094 Eine Klage im laufenden Mietverhältnis auf **Rückzahlung geleisteter Nebenkostenvorauszahlungen**, wenn der Vermieter seiner Verpflichtung zur Vorlage von Belegen nicht nachkommt und somit hinsichtlich der abgerechneten Nebenkosten beweisfällig bleibt, ist unbegründet, da der Mieter hinreichend durch das Zurückbehaltungsrecht gem. § 273 Abs. 1 BGB hinsichtlich der laufenden Nebenkostenvorauszahlungen geschützt wird und seinen Anspruch auf Vorlage der Belege einklagen kann (§ 259 BGB).[1917]

Zu den Auswirkungen unterbliebener Belegeinsicht im Mietprozess → Rn. 1118.

10. Zu späte Abrechnung, Ausschlussfrist für Nachforderungen, Verfristung

1095 Eine gesetzliche Abrechnungsfrist existiert für gewerbliche Mietverhältnisse nicht. **Die Ausschlussfrist des § 556 Abs. 3 Satz 3 BGB** (Abrechnung spätestens zwölf Monate nach Ende des Abrechnungszeitraums, ansonsten keine Nachforderung des Vermieters möglich) gilt man-

---

1913 LG Leipzig, 17.03.2005 – 12 S 7349/04, NZM 2005, 944 (Wohnraum).
1914 AG Berlin-Mitte, 21.03.2003 – 18 C 241/02, MM 2003, 383; AG Aachen, 29.01.2003 – 80 C 424/02, WuM 2003, 220.
1915 AG Brandenburg, 13.09.2002 – 32 C 82/02, GE 2003, 55.
1916 AG Hamburg, 17.07.2002 – 46 C 74/02, WuM 2002, 499.
1917 BGH, 22.06.2010 – VIII ZR 288/09, NZM 2010, 857 = ZMR 2011, 21.

gels Verweisung in den §§ 578 ff. BGB nur für Wohnraum. Sie gilt auch nach richtiger Ansicht **nicht analog**, weil für eine Analogie angesichts der bewusst unterbliebenen Möglichkeit des Gesetzgebers, bei der Mietrechtsreform 2001 auf die Norm zu verweisen, kein Raum ist.[1918]

Eine Abrechnungsfrist kann vertraglich, auch konkludent und in AGB, vereinbart werden. Die Parteien können formularvertraglich oder individuell wirksam eine **Ausschlussfrist vereinbaren**; eine solche wird regelmäßig nur dann vorliegen, wenn sprachlich deutlich gemacht wird, dass die Fristversäumung zu einem Anspruchsverlust führt. Die bloße Erwähnung, dass in „angemessener Frist" abzurechnen ist, bewirkt hingegen noch keinen Ausschluss von Nachforderungen. 1096

> **Hinweis:**
>
> Es ist streng zwischen der Vereinbarung einer Abrechnungsfrist und etwaigen Sanktionen bei der Überschreitung dieser Frist zu unterscheiden. Die Abrechnungsfrist regelt im Zweifel nur, wann der Vermieter abrechnen muss (Anspruch des Mieters auf Erstellung der Abrechnung = Abrechnungsreife), nicht aber, dass der Vermieter danach mit Nachforderungen ausgeschlossen sein soll.
>
> Geregelt werden sollte aus Sicht des Mieters, wann der Vermieter spätestens abrechnen muss und welche Folgen eine unterbliebene Abrechnung hat. Ggf. ist dann durch Auslegung zu ermitteln, ob der Vermieter mit Nachforderungen ausgeschlossen sein soll, wenn er verspätet abrechnet. Enthält der Geschäftsraummietvertrag eine **Regelung (nur) zum Zeitpunkt der Abrechnung** (etwa: einmal jährlich zum Ablauf eines Kalenderjahres), wird dadurch lediglich der Abrechnungszeitraum auf das Kalenderjahr festgelegt, jedoch keine Frist vereinbart, innerhalb derer der Vermieter nach Ablauf des Abrechnungszeitraums die Abrechnung erteilen soll.[1919]

> **Praxistipp für Immobilienverwalter:**
>
> Mietverträge sind bei Übernahme der Verwaltung unverzüglich daraufhin zu kontrollieren, ob Abrechnungsfristen vereinbart wurden. Diese Fristen sind verbindlich mit einer Vorfrist (damit genügend Zeit für die Erstellung der Abrechnung bleibt) zu notieren.

[1918] BGH, 27.01.2010 – XII ZR 22/07, GuT 2010, 26 = IMR 2010, 90, 91 = InfoM 2010, 124 – 125 = NZM 2010, 240; OLG Düsseldorf, 29.10.2007 – 24 U 94/07, GuT 2008, 34; OLG Düsseldorf, 09.08.2007 – I-10 U 66/07, GuT 2007, 301; KG, 29.08.2007 – 12 U 16/07, GuT 2008, 203; KG, 12.02.2007 – 12 U 117/06, NZM 2008, 128; OLG Köln, 20.10.2006 – 1 U 12/06, GuT 2006, 314 = IMR 2007, 45 = NJOZ 2007, 1095 = MDR 2007, 456 = InfoM 2007, 74; OLG Brandenburg, 24.05.2006 – 3 U 189/05, IMR 2006, 184 = InfoM 2007, 22; OLG Düsseldorf, 27.04.2006 – I-10 U 169/05, GuT 2006, 132 = IMR 2006, 116; LG Nürnberg-Fürth, 21.12.2007 – 7 S 8274/07, InfoM 2008, 70; LG Berlin, 05.12.2006 – 65 S 210/06, BeckRS 2007 06745.; a.A. LG Darmstadt, 12.12.2008 – 6 S 182/08, IMR 2009, 390 = NZM 2009, 546 = InfoM 2009, 330; AG Wiesbaden, 10.10.2005 – 93 C 349/05, NZM 2006, 140; Schmidt, in: MüKo BGB, 4. Aufl., § 556 Rn. 1; Schmid, Handbuch der Mietnebenkosten, 9. Aufl. 2005, Rn. 3169.

[1919] BGH, 27.01.2010 – XII ZR 22/07, GuT 2010, 26 = IMR 2010, 90, 91 = InfoM 2010, 124 – 125 = NZM 2010, 240.

> **Praxistipp:**
> Pauschale Begriffe wie „nach einem Jahr" (welches: Kalender- oder Wirtschaftsjahr?) sollten vermieden werden. Ein Nachforderungsausschluss ist ohne konkrete Regelung im Zweifel nicht anzunehmen.

1097 Wurde eine Abrechnungsfrist vereinbart, ist – wenn der Vertrag keine andere Regelung enthält – der **Zugang der Abrechnung** beim Mieter und nicht etwa das Erstellungsdatum der Abrechnung maßgeblich.

1098 Wurde die Frist versäumt, ist zu prüfen, ob dies schuldhaft erfolgte. Nach den §§ 276, 278 BGB kommt es auch auf ein Verschulden des Vermieters/Verpächters bei der Versäumung an. Verschulden eines Vertreters, etwa des Verwalters, wird dem Vermieter zugerechnet. **Entschuldigt** sind folgende Verspätungen des Vermieters:[1920]

- Verzögerungen auf dem Postweg,
- Verzögerungen des Abrechnungsdienstes (str.!)[1921],
- Streitigkeiten mit Lieferanten über ausgestellte Rechnungen, verspätete Heranziehung der Grundsteuer oder anderer Gebühren,[1922]
- längerer Ausfall der EDV-Anlage oder extrem hoher Krankenstand in der Verwaltung.

1099 Weitere Ausschlussgründe können **Verjährung** (drei Jahre ab Fälligkeit, vgl. §§ 195, 199 BGB) und **Verwirkung** sein (zu den generellen Voraussetzungen das Kapitel „Verjährung und Verwirkung" → Rn. 2670 ff.). Verwirkung einer Betriebskostennachforderung für die Vergangenheit kann auch bei Gewerberaum eintreten, wenn **jahrelang** Betriebskostenvorschüsse entgegen dem Vertrag vom Vermieter **nicht geltend gemacht werden**.[1923] Bei erstmaliger Abrechnung kommt drei Jahre nach Vertragsende Verwirkung in Betracht.[1924] Das für die Verwirkung notwendige **Zeitmoment** wird aber nicht allein durch das Unterlassen der Abrechnung über Nebenkosten ausgelöst; erst recht wird dadurch nicht das Umstandsmoment verwirklicht.[1925] Hinzukommen müssen, wie immer bei Verwirkung, **weitere Umstände**. Selbst eine 20 Jahre lang unterbleibende Abrechnung reicht dafür nicht aus.[1926]

11. Vorbehalt von Nachberechnungen, Nachschieben von Kosten

1100 Nach der Klausel:

> „Sollten sich die vom Vermieter zu tragenden Kosten gegenüber dem Stand vom Vertragsschluss in der Zukunft erhöhen, so ist der Vermieter berechtigt, ab dem Zeitpunkt der Erhöhung diese Mehrkosten anteilig auf den Mieter umzulegen ..."

1920 Vgl. Gather, AIM 2003, 231 m.w.N.
1921 Zum Meinungsstand: Langenberg, Betriebskostenrecht, G Rn. 77.
1922 Vgl. OLG Düsseldorf, 29.10.2007 – 24 U 94/07, GuT 2008, 34 = NZM 2008, 167.
1923 LG Berlin, 07.12.1998 – 62 S 186/98, GE 1999, 188; vgl. auch OLG Düsseldorf, 24.06.2004 – I-24 U 92/04, GuT 2005, 11.
1924 AG Gießen, 05.07.2004 – 48 MC 194/04, GuT 2004, 231.
1925 OLG Düsseldorf, 08.10.2002 – I-24 U 237/01, MietRB 2003, 6 = WuM 2003, 151.
1926 BGH, 13.02.2008 – VIII ZR 14/06, IMR 2008, 151.

darf der Vermieter auch gegen ihn rückwirkend festgesetzte öffentliche Grundbesitzabgaben auf den Mieter abwälzen, wenn der Mieter nach dem Mietvertrag solche Betriebskosten grds. übernommen hat.[1927]

Ohne eine solche oder ähnliche Vertragsklausel entsteht durch die Abrechnung der Betriebskosten grds. ein **Vertrauenstatbestand** beim Mieter, der Nachberechnungen ausschließt, wenn nicht die Abrechnung entweder schuldlos unterbleibt oder einen Vorbehalt enthält. Zum fehlenden Verschulden vgl. oben dazu → *Rn. 1098*. 1101

Ein **Vorbehalt der Nachberechnung** ist nur erforderlich, wenn der Vermieter weiß, dass weitere Kosten auf ihn zukommen oder zumindest konkrete Anhaltspunkte vorlagen, die auf die Möglichkeit einer nachträglichen Erhöhung schließen lassen.[1928] Ein Vermieter ist nicht verpflichtet, im Hinblick auf ungewisse, aber nicht auszuschließende Erhöhungen einen Vorbehalt quasi vorsichtshalber zu erklären.[1929] 1102

Praxistipp für Immobilienverwalter:
Zeichnet sich ab, dass Korrekturen/Nachforderungen abgerechneter Kosten durch Dritte (z.B. nachträgliche Festsetzung der Grundsteuer) erfolgen, sollte immer eine vorläufige Abrechnung aller anderen Positionen erstellt und unbedingt auf die kommende Nachberechnung hingewiesen werden.

Praxistipp Prozess:
Beruft sich der Mieter bei einer Nachberechnung von Betriebskosten im Prozess darauf, der Vermieter habe keinen Vorbehalt erklärt, muss der Mieter darlegen, welche Auswirkungen ein etwaiger Vorbehalt auf sein Verhalten gehabt hätte.[1930]

12. Kündigungsgrund nicht bezahlte oder fehlerhafte Betriebskostenabrechnung

Zum Kündigungsrecht des Vermieters → *Rn. 2389 ff.* 1103

Zum Kündigungsrecht des Mieters → *Rn. 2360 (Beispielstabelle)*.

VIII. Verjährung und Verwirkung

Ausschlussgründe für **Nachforderungen des Vermieters** können Verjährung (drei Jahre ab Fälligkeit und Jahresende, §§ 195, 1999 BGB) und Verwirkung sein. Zu den allgemeinen Voraussetzungen → *Rn. 2670 ff.* Die Verjährung der Betriebskostenforderung knüpft an die **Fälligkeit** an. Nach ständiger Rechtsprechung des BGH setzt die Fälligkeit einer Betriebskostennachzahlung den Zugang einer formell ordnungsgemäßen Abrechnung voraus, die eine Zusammenstellung der Gesamtkosten, die Angabe und Erläuterung des zugrunde liegenden Verteilungsschlüssels, die Berechnung des Anteils des Mieters und den Abzug seiner Voraus- 1104

1927 OLG Düsseldorf, 29.10.2007 – I-24 U 94/07, GuT 2008, 34 = NZM 2008, 167.
1928 OLG Düsseldorf, 29.10.2007 – I-24 U 94/07, GuT 2008, 34 = NZM 2008, 167.
1929 OLG Düsseldorf, 29.10.2007 – I-24 U 94/07, GuT 2008, 34 = NZM 2008, 167.
1930 OLG Düsseldorf, 29.10.2007 – I-24 U 94/07, GuT 2008, 34 = NZM 2008, 167.

zahlungen enthält.[1931] Materielle Fehler berühren die Ordnungsmäßigkeit der Abrechnung als Fälligkeitsvoraussetzung nicht,[1932] sodass die Verjährungsfrist auch mit Zugang der formell richtigen, aber inhaltlich falschen Abrechnung zu laufen beginnt. Ein **Abrechnungsguthaben** wird sofort mit Zugang der Abrechnung fällig,[1933] sodass die Verjährungsfrist ebenfalls dann einsetzt.

1105 Ungeklärt ist, ob die vom BGH für das Gewerberaummietrecht bestätigte **Regelabrechnungsfrist** (Abrechnung spätestens zum Ablauf eines Jahres nach Ende des Abrechnungszeitraums),[1934] die zur Abrechnungsreife führt und damit eigentlich nur das Recht des Mieters betrifft, die Erstellung der Abrechnung gerichtlich einzufordern, auch die Verjährungsfrist für Nachforderungen des Vermieters in Gang setzt. Kurz: Beginnt die Verjährung von Vermieteransprüchen nun immer ein Jahr nach Ablauf des Abrechnungszeitraums? Nach herrschender Meinung werden Nebenkostennachforderungen erst fällig, wenn der Vermieter eine ordnungsgemäße Abrechnung über die Nachzahlungsforderungen erteilt.[1935] Nach einer abweichenden Ansicht muss sich der Vermieter nach Treu und Glauben so behandeln lassen, als wenn die Forderung fällig geworden wäre, wenn er eine Betriebskostenabrechnung unterlässt; Folge ist dann, dass die Verjährungsfrist zu laufen beginnt.[1936] Richtig ist die herrschende Meinung, denn auch wenn eine Abrechnungsfrist wie die neue „regelmäßige" für Gewerberaum dazu führt, dass der Mieter die Erstellung einklagen kann, so steht der Saldo trotzdem erst fest, wenn die Berechnung ausgeführt, die Rechnung also erstellt wurde; erst in diesem Moment entsteht der Saldo, sodass die Fälligkeit aufgrund der Abrechnungsreife und die der Nachforderung zeitlich auseinanderklaffen. Dass es damit der Vermieter in der Hand hat, durch Verzögerung der Abrechnung den Beginn der Verjährung hinauszuschieben, steht dem nicht entgegen, denn der Mieter ist zum einen dadurch geschützt, dass er seinen Anspruch auf Abrechnung gerichtlich durchsetzen kann, und zum anderen erlangt auch er einen Vorteil, da auch die Verjährung seines Anspruchs auf Rückzahlung überzahlter Nebenkosten erst mit Zugang der Abrechnung zu laufen beginnt.[1937]

1106 Die Verjährung des **Erstattungsanspruchs des Mieters auf Rückzahlung der Nebenkostenvorauszahlungen** nach den §§ 195, 199 BGB bei einem beendeten Mietverhältnis beginnt erst mit Ablauf des Jahres, in dem das Mietverhältnis beendet wurde.[1938] Da die Fälligkeit erst unter den vorgenannten Voraussetzungen eintritt und sie Voraussetzung für den Beginn der Verjährung ist, kann der Mieter ggf. auch Erstattung von nicht abgerechneten Vorauszahlungen

---

1931 BGH, 23.09.2009 – VIII ZA 2/08, NZM 2009, 906 = WuM 2009, 671 = InfoM 2009, 465 = NJW 2009, 3575 = MDR 2010, 21; BGH, 16.04.2008 – VIII ZR 75/07, InfoM 2008, 210; BGH, 19.11.2008 – VIII ZR 295/07, InfoM 2009, 4 = NZM 2009, 78 = WuM 2009, 42 = NJW 2009, 283 (Wohnraum); BGH, 27.11.2002 – VIII ZR 108/02 (Wohnraum); BGH, WuM 2005, 579 = NZM 2005, 737 = GE 2005, 1118 = DWW 2005, 328 = NJW 2005, 3135 (Wohnraum); OLG Koblenz, 17.01.2005 – 12 U 1424/03, NZM 2005, 540.
1932 A.A. Sternel, Mietrecht aktuell, Kap. V. Rn. 372.
1933 BGH, 09.03.2005, WuM 2005, 337 = ZMR 2005, 439 = NJW 2005, 1499.
1934 BGH, 27.01.2010 – XII ZR 22/07, GuT 2010, 26 = IMR 2010, 90, 91 = InfoM 2010, 124 – 125 = NZM 2010, 240.
1935 BGH, 19.12.1990 – VIII ARZ 5/90, WuM 1991, 151 = ZMR 1991, 133 = NJW 1991, 836; OLG Düsseldorf, 05.11.2002, GuT 2003, 7 = AIM 2003, 19 = ZMR 2003, 252; Sternel, Mietrecht aktuell, Kap. V. Rn. 472 f.
1936 KG, 14.10.2002 – 8 U 180/01, GE 2003, 117.
1937 OLG Düsseldorf, 05.11.2002, GuT 2003, 7 = AIM 2003, 19 = ZMR 2003, 252.
1938 KG, 22.03.2010 – 8 U 142/09, GuT 2010, 200 = InfoM 2010, 222 unter II 1c im Urteilsvolltext; AG Charlottenburg, 23.06.2010 – 203 C 28/10, IMR 2010, 422.

verlangen, die länger als drei Jahre zuvor geleistet wurden. Nach anderer und abzulehnender Ansicht kann der Anspruch bereits während der Mietzeit verjähren oder verwirkt werden, wenn der Mieter das Druckmittel des Zurückbehaltungsrechts längere Zeit nicht ausgeübt hat.[1939] Diese Ansicht hat das Argument für sich, dass der Rückzahlungsanspruch eigentlich ein Druckmittel für die Abrechnung ist und damit ausscheiden müsste, wenn eine Abrechnung wegen Verjährung nicht mehr verlangt werden kann.

Verwirkung einer Betriebskostennachforderung für die Vergangenheit kann auch bei Gewerberaum eintreten, wenn jahrelang Betriebskostenvorschüsse entgegen dem Vertrag vom Vermieter nicht geltend gemacht werden.[1940] Ein Vermieter, der Nebenkosten nicht innerhalb einer angemessenen Zeit abrechnet, kann sich dem Einwand der Verwirkung ausgesetzt sehen, wenn er nicht geltend machen kann, dass er ohne eigenes Verschulden an der Abrechnung gehindert war.[1941]

1107

Beispiel:
Rechnet der Vermieter von Gewerberaum jahrelang (hier: neun Jahre) die vereinbarungsgemäß geleisteten Betriebskostenvorauszahlungen des Mieters nicht ab und lässt er sodann weitere drei Jahre verstreichen, bevor er den Nachzahlungsbetrag gerichtlich geltend macht, so ist ein Nachzahlungsanspruch verwirkt.[1942] Nach einer neuen Entscheidung des BGH ist dies allerdings deutlich kritischer zu sehen, weil dort selbst eine 20 Jahre lang unterbleibende Abrechnung nicht als ausreichend für das Umstandsmoment angesehen wurde.[1943]

Das für die Verwirkung notwendige **Zeitmoment** wird aber nicht allein durch das Unterlassen der Abrechnung über Nebenkosten ausgelöst; erst recht wird dadurch nicht das Umstandsmoment verwirklicht.[1944] Hinzukommen müssen, wie immer bei Verwirkung, weitere Umstände, die für den Mieter einen Vertrauenstatbestand schaffen und die spätere Geltendmachung des Rechts als treuwidrig erscheinen lassen.[1945] Es ist ein „**unzweideutiges Verhalten**" des Vermieters erforderlich.[1946] Liegt es nahe, dass der Vermieter oder Verpächter versehentlich oder aus Nachlässigkeit die Abrechnung unterlassen hat, wird dies ohne Hinzutreten sonstiger Umstände regelmäßig nicht vorliegen,[1947]

1108

Frist setzende **Genehmigungsfiktionen** im Mietvertrag helfen dem Vermieter grds. nicht, da Schweigen keine Willenserklärung darstellt. Eine Mietvertragsklausel, nach der eine Betriebskostenabrechnung als genehmigt gilt, wenn Einwendungen nicht binnen sechs Wochen

---

1939 OLG Köln, 22.12.2009 – – 22 U 9/09, InfoM 2010, 68.
1940 LG Berlin, 07.12.1998 – 62 S 186/98, GE 1999, 188; vgl. auch OLG Düsseldorf, 24.06.2004 – I-24 U 92/04, GuT 2005, 11.
1941 BGH, 27.10.2009 – VIII ZR 334/07, IMR 2010, 128 = NZM 2010, 243.
1942 OLG Düsseldorf, 24.06.2004 – 24 U 92/04, NZM 2005, 379.
1943 BGH, 13.02.2008 – VIII ZR 14/06, IMR 2008, 151.
1944 BGH, 13.02.2008 – VIII ZR 14/06, IMR 2008, 151: Nebenkosten 20 Jahre lang nicht abgerechnet; KG, 22.03.2010 – 8 U 142/09, GuT 2010, 200 = InfoM 2010, 222; OLG Düsseldorf, 08.10.2002 – 24 U 237/01, MietRB 2003, 6 = WuM 2003, 151.
1945 BGH, 27.10.2009 – VIII ZR 334/07, IMR 2010, 128 = NZM 2010, 243.
1946 OLG Düsseldorf, 30.10.2008 – 24 U 84/08, GuT 2009, 300 = InfoM 2009, 476 = ZMR 2009, 844.
1947 Ähnlich BGH, Urt. v. 17.11.2010 – XII ZR 124/09, IMR 2011, 57.

erhoben werden, ist deshalb unwirksam.[1948] Abrechnungen durch professionelle Verwalter begründen kein für eine Verwirkung erforderliches Vertrauen des Mieters auf die Richtigkeit der Abrechnungen.[1949]

1109 Eine Verwirkung in dem Sinne, dass **in Zukunft** jegliche Abrechnungen ausgeschlossen wären, gibt es jedoch nicht, da das Recht und die Pflicht, über die Betriebskosten abzurechnen, nach Ablauf eines jeden Jahres von Neuem entsteht.[1950]

IX. Gerichtsverfahren

1110 Wird eine nicht fällige **Betriebskostennachzahlung** eingeklagt, ist die Klage als „derzeit unbegründet" abzuweisen. Stellt sich die Rechnung als nicht prüfbar heraus, muss das Gericht die Klage als „derzeit" bzw. „zur Zeit" und nicht als „endgültig unbegründet" abweisen.[1951] Wurde nicht so tenoriert, hat das keine Auswirkungen, da die Gründe des Ersturteils mitberücksichtigt werden müssen.[1952] **Nachbesserung** ist also auch nach Klageabweisung möglich, die Forderung kann dann auch in einem neuen Rechtsstreit geltend gemacht werden. Der Kläger kann also neu klagen, nachdem er die Fälligkeitsvoraussetzung herbeigeführt hat.

1111 Verlangt der Vermieter mit der Klage Nebenkostenvorauszahlungen und rechnet er die Nebenkosten für den streitgegenständlichen Zeitraum **vor Schluss der mündlichen Verhandlung** ab, kann er den Rechtsstreit in der Hauptsache für erledigt erklären.[1953]

1112 Wird im laufenden Rechtsstreit eine neue – ordnungsgemäße – Abrechnung vorgelegt, die die Forderung fällig macht, stellt sich die Frage, ob es sich um eine Änderung des Streitgegenstandes und neue Angriffs- und Verteidigungsmittel handelt. Dies kann entscheidend für eine **Präklusion des Vorbringens** gem. § 531 Abs. 2 Nr. 3 ZPO sein. Im Ergebnis handelt es sich nicht um eine Änderung des Streitgegenstandes, weil die Forderung auf einem einzigen Vertrag beruht und der Kläger sie nur modifiziert, nicht aber durch eine grundlegend andere ersetzt.[1954]

1113 Streng davon zu unterscheiden sind Klagen des Vermieters auf Zahlung **rückständiger Betriebskostenvorauszahlungen**. Liegt hier Abrechnungsreife vor, d.h. kann der Vermieter abrechnen, ist eine solche Klage abzuweisen. Wird dann die Klage wegen Eintritts der Abrechnungsreife in erster Instanz abgewiesen und daraufhin in der Berufung auf **Zahlung des Saldos** aus der Nebenkostenabrechnung umgestellt, so kann die Klagepartei mit diesem Vorbringen gem. § 531 Abs. 2 Nr. 3 ZPO präkludiert sein, wenn sie die Umstellung auf die Saldoklage

---

1948 KG, 08.10.2001 – 8 U 6267/00, NZM 2002, 954 = GE 2002, 327.
1949 BGH, 27.01.2010 – XII ZR 22/07, GuT 2010, 26 = IMR 2010, 90, 91 = InfoM 2010, 124 – 125 = NZM 2010, 240.
1950 LG Berlin, 14.09.2009 – 67 S 44/09 (Wohnraum).
1951 BGH, 11.02.1999 – VII ZR 399/97, IBR 1999, 201 = BauR 1999, 635 = ZfBR 1999, 196 = NJW 1999, 1867 = MDR 1999, 671 zur prüfbaren Schlussrechnung im Baurecht.
1952 BGH, 28.09.2000 – VII ZR 57/00, BauR 2001, 124 = NZBau 2001, 146 = NJW-RR 2001, 310 = BB 2000, 2490.
1953 OLG Naumburg, 06.11.2001 – 9 U 166/01, NZM 2002, 957 (LS).
1954 Vgl. BGH, 09.10.2003 – VII ZR 335/02, IBR 2003, 705; BGH, 18.12.2003 – VII ZR 124/02, IBR 2004, 170 = BauRB 2004, 106; BGH, 25.07.2002 – VII ZR 263/01, IBR 2002, 595 = NZBau 2002, 613 = BauR 2002, 1695; BGH, 04.07.2002 – VII ZR 103/01, IBR 2002, 581 = MDR 2002, 1390 = BGHReport 2002, 1053; a.A. LG Hamburg, 20.01.2003 – 415 O 158/02 und OLG Hamburg, 07.05.2003 – 6 U 35/03, IBR 2003, 338 (sämtlich zur Vorlage einer neuen Schlussrechnung im Bau-/Werkvertragsrecht).

bereits erstinstanzlich hätte vornehmen können.[1955] Die Klage eines Mieters auf Rückzahlung von Vorauszahlungen, die mangels Erteilung der fälligen Betriebskostenabrechnung Erfolg hat, ist lediglich „zur Zeit begründet", sodass der Vermieter auch noch nach Rechtskraft dieser Entscheidung mit einer Abrechnung die Voraussetzung für die Fälligkeit der Betriebskostenabrechnung schaffen und den Anspruch des Mieters auf Rückzahlung der Vorauszahlungen damit nachträglich zu Fall bringen kann..[1956]

Die Geltendmachung von rückständigen Mietforderungen im **Urkundenverfahren** ist zwar zulässig,[1957] jedoch nur dann, wenn es dem Kläger gelingt, einen lückenlosen Beweis seines Anspruchs durch Vorlage der Urkunde(n) zu führen. Streitig ist die Statthaftigkeit des Verfahrens für **Betriebskostennachforderungen** aus Betriebskostenabrechnungen, da sich nach einer Meinung aus der Abrechnung als Urkunde nur ergibt, dass diese erteilt wurde, nicht aber ihre materiell-rechtliche Korrektheit.[1958] Nach zutreffender Ansicht ist der Urkundenprozess zulässig, wenn der Vermieter den Mietvertrag vorlegt, der den Mieter verpflichtet, Betriebskosten zu tragen und entsprechende Vorschüsse zu leisten und die Erteilung der Betriebskostenabrechnung und deren Zugang unstreitig ist.[1959] Einer Vorlage der Betriebskostenabrechnung selbst oder weiterer Urkunden bedarf es dann nicht.[1960] Durch die Vorlage der Abrechnungen kann zwar nicht deren inhaltliche Richtigkeit bewiesen werden; jedoch kann für den Fall, dass der Mieter den behaupteten Anfall von Kosten bestreiten sollte, dieser grds. durch Urkunden, wie Abgabenbescheide und Rechnungen bewiesen werden.[1961]

1114

Sich aus dem Mietvertrag ergebende **Vorauszahlungen** können ebenfalls im Urkundenverfahren eingeklagt werden. Dies gilt auch dann, wenn der Vermieter bereits abgerechnet hat, die Summe der Soll-Vorauszahlungen aber höher ist als die abgerechneten Betriebskosten und die ggf. tatsächlich geleisteten Vorauszahlungen, da es dann bei dem Saldo wirtschaftlich um offen gebliebene Vorauszahlungen und nicht darum geht, ob die einzelnen Abrechnungspositionen richtig sind, sodass der Vermieter durch Vorlage des Mietvertrages mit den vereinbarten Vorauszahlungen Beweis erbringen kann. Hat sich die Höhe der Vorauszahlung ggü. dem Mietvertrag inzwischen durch Erhöhung oder eine Vereinbarung geändert, sind entsprechende

1115

1955 OLG Düsseldorf, 09.10.2003 – 10 U 174/02, NZM 2003, 899.
1956 BGH, 10.08.2010 – VIII ZR 319/09; BGH, 09.03.2005 – VIII ZR 57/04, NJW 2005, 1499 unter II 4g/5c.
1957 BGH, 10.03.1999 – XII ZR 321/97, NZM 1999, 401 = ZMR 1999, 380 = MDR 1999, 822 = NJW 1999, 1408; OLG München, 25.09.2007 – 19 U 3454/07, IMR 2008, 183; zur ebenfalls gegebenen Zulässigkeit bei Wohnraummiete vgl. BGH, 08.07.2009 – VIII ZR 200/08, InfoM 2009, 395; BGH, 01.06.2005 – VIII ZR 216/04, NZM 2005, 661 = MDR 2005, 1399.
1958 LG Bonn, 08.10.2009 – 6 S 107/09, IMR 2010, 78 = InfoM 2010, 146; Schneider, in: Herrlein/Kandelhard, Mietprozess Rn. 60 (ohne nähere Begründung); Blank, NZM 2000, 1083, 1084.
1959 KG, 28.06.2010 – 8 U 167/09, IMR 2010, 451; AG Berlin-Mitte, 09.05.2006 – 9 C 737/05, NZM 2007, 642 = ZMR 2007, 42 = InfoM 2007, 328; Sternel, Mietrecht aktuell, Rn. XIV 110; a.A. Blank, NZM 2000, 108, da sich aus der Abrechnung als Urkunde nur ergebe, dass diese erteilt wurde, nicht aber ihre materiell-rechtliche Korrektheit.
1960 AG Berlin-Mitte, 09.05.2006 – 9 C 737/05, NZM 2007, 642 = ZMR 2007, 42 = InfoM 2007, 328; a.A. Sternel, Mietrecht aktuell, Rn. XIV 110.
1961 KG, 28.06.2010 – 8 U 167/09, IMR 2010, 451; Schmid, DWW 2007, 324; Both, Ansprüche aus dem Mietverhältnis im Urkundenprozess, NZM 2007, 156; AG Berlin-Mitte, 09.05.2006 – 9 C 737/05, NZM 2007, 642 = ZMR 2007, 42 = InfoM 2007, 328; AG Hannover, ZMR 2003, 271.

Urkunden mit vorzulegen; fehlt es daran, hat der Mieter aber die höhere Miete gezahlt, sind Urkunden vorzulegen, aus denen sich die Zahlung ergibt, z.B. Kontoauszüge.

1116 Rechnet der Vermieter die Betriebskosten trotz Abrechnungsreife (= Fälligkeit) nicht ab, kann der Mieter auf **Rechnungslegung klagen**. Die Verurteilung des Vermieters, eine Betriebskostenabrechnung zu erteilen, ist dann als Verurteilung zu einer nicht vertretbaren Handlung nach § 888 ZPO zu vollstrecken.[1962] Folge ist, dass Zwangsgeld und Zwangshaft greifen können.

Hat der Mieter im Prozess gegen Mietforderungen des Vermieters mit Forderungen auf Rückzahlung von Betriebskostenvorauszahlungen aufgerechnet, und rechnet der Vermieter vor Schluss der mündlichen Verhandlung des Rechtsstreits die Betriebskosten noch ab, so verliert die **Aufrechnung** ihre Wirkung.[1963]

1117 Reklamiert der Mieter einen Verstoß gegen das **Wirtschaftlichkeitsgebot**, muss er zunächst i.R.d. Darlegungs- und Beweislast „konkret" vortragen, dass in der jeweiligen Abrechnungsperiode ein anderer Anbieter die fragliche Leistung preiswerter geliefert hätte.[1964] D.h.: der Vortrag muss detailliert und dem Beweis zugänglich sein, und es muss ein Beweisangebot vorliegen. Ausführlich dazu → Rn. 985 ff.

1118 Prozessual relevant kann eine unterbliebene **Einsicht in die der Abrechnung zugrunde liegenden Belege** werden. Verweigert der Vermieter dem Mieter die Belegeinsicht, so ist ein Saldo aus der Nebenkostenabrechnung nicht gerichtlich durchsetzbar.[1965] Will der Mieter sich erfolgreich gegen eine Betriebskostennachforderung des Vermieters verteidigen, reicht weder außerhalb eines Gerichtsverfahrens noch prozessual ein **pauschales Bestreiten** aus, sondern es ist in Ausübung seines Prüfungsrechts grds. die vorherige Einsichtnahme in die Berechnungsunterlagen erforderlich.[1966] D.h.: der Mieter, der noch nicht einmal die Unterlagen eingesehen hat, ist mit allen Einwendungen ausgeschlossen. Pauschale Beanstandungen muss der Vermieter nicht beachten. Einwendungen des Mieters gegen einzelne Betriebskostenpositionen sind nur dann zu berücksichtigen, wenn er diese aufgrund der eingesehenen Belege konkretisiert.[1967] Macht also der Mieter von seinem Ansichtsrecht keinen Gebrauch, muss sein Bestreiten nach richtiger Ansicht im Prozess nach § 138 Abs. 3 ZPO unberücksichtigt bleiben.[1968]

> **Praxistipp RA:**
> Bei Übernahme eines Betriebskostenmandats für einen Mieter ist unverzüglich zu prüfen, ob Einsicht verlangt oder ob diese unberechtigt verweigert wurde. Die Verweigerung einer

---

1962 BGH, 11.05.2006 – I ZB 94/05, IMR 2006, 4 = NZM 2006, 639 = InfoM 2006, 209 = MDR 2007, 81 (Wohnraum).; a.A. LG Rostock, 24.10.2002 – 2 T 304/02, AIM 2003, 39 und LG Münster, 25.11.1999 – 5 T 795/99, NZM 2001, 333: vertretbare Handlung nach § 887 ZPO.
1963 OLG Düsseldorf, 29.06.2009 – I-24 U 11/09, IMR 2010, 14 = MDR 2009, 1333.
1964 BGH, 13.06.2007 – VIII ZR 78/06, InfoM 2007, 236: Wärmelieferung durch Wärmecontractor (Wohnraum).
1965 OLG Düsseldorf, 23.03.2000 – 10 U 160/97, NZM 2001, 48.
1966 OLG Düsseldorf, 22.06.2006 – I-10 U 164/05, GuT 2006, 233 = IMR 2007, 12 = NJOZ 2007, 1079; OLG Düsseldorf, 27.04.2006 – I-10 U 169/05, GuT 2006, 132; LG Berlin, 18.09.2003 – 62 S 166/03, GE 2003, 1492.
1967 KG, 24.07.2006 – 8 U 224/05, GuT 2006, 232 = IMR 2006, 181; OLG Düsseldorf, GE 2003, 878 = GuT 2003, 147; LG Berlin, GE 2003, 1492 f.; LG Berlin, 18.09.2003 – 62 S 166/03, GE 2003, 1492.
1968 OLG Düsseldorf, NZM 2000, 762; OLG Düsseldorf, ZMR 2003, 570 = IMR 2006, 2.

> Nachzahlung ohne zumindest ein Verlangen nach Einsichtnahme in die der Abrechnung zugrunde liegenden Unterlagen ist falsch. Eine Nachzahlungsklage des Vermieters wird voraussichtlich Erfolg haben, was bei fehlender Vorab-Aufklärung des Mieters zur Anwaltshaftung führen kann.

Der Mieter ist ausnahmsweise nicht mit pauschalem Bestreiten ausgeschlossen, wenn (s.o.) die Einsichtnahme unzumutbar war oder verweigert wurde.

Beispiel:[1969]

Hat der Mieter nicht ausreichend Zeit zur Einsicht in die Belege betreffend die Betriebskostenabrechnung (hier: zweieinhalb Stunden), so gilt die Belegeinsicht als verweigert mit der Folge, dass das pauschale Bestreiten einzelner Abrechnungspositionen beachtlich ist.

Weiter betrifft die Unzulässigkeit pauschalen Bestreitens keine Positionen, für die die Einsichtnahme nicht erforderlich ist, etwa die Höhe der Vorauszahlungen. In diesem Fall ist das Bestreiten erheblich, denn es ist nicht pauschal bzw. „ins Blaue hinein".

Macht der Vermieter erstmals in der Berufungsinstanz geltend, dass er nicht in der Lage gewesen sei, Einsicht in die Originalunterlagen zu gewähren, weil er nicht im Besitz der Originalunterlagen, sondern nur im Besitz von Kopien sei, ist er mit diesem neuen Vortrag gem. § 531 Abs. 2 ZPO ausgeschlossen.[1970]

Klagt der Vermieter eine Nachforderung ein, führt die Ausübung des Zurückbehaltungsrechtes durch den Mieter entgegen § 274 BGB nicht dazu, dass dieser Zug-um-Zug gegen Gewährung von Belegeinsicht zur Zahlung verurteilt wird, weil es unsachgemäß wäre, den Mieter schon gegen Gestattung der Einsicht ohne ausführliche Prüfung zur Zahlung zu verpflichten.[1971] Die Ausübung des Zurückbehaltungsrechtes ggü. der Nebenkostennachforderung des Vermieters schiebt vielmehr die Fälligkeit hinaus.[1972]

X. Streitwert

Betriebskostenabrechnungen zu prüfen (und ggf. darüber zu streiten), kostet viel Zeit. Häufig wird der falsche **Gegenstandswert für die Prüfung einer Abrechnung** zugrunde gelegt. Nach § 2 Abs. 1 RVG werden die Gebühren nach dem Wert berechnet, den der Gegenstand der anwaltlichen Tätigkeit hat. Dabei wird der Gegenstand **durch den Auftrag** bestimmt. Wird der Anwalt beauftragt, eine Nachforderung abzuwehren, ein Guthaben einzuklagen oder zu überprüfen, ob die Abrechnung korrekt ist, geht es inhaltlich zwangsläufig immer um die Frage, ob alle abgerechneten Positionen vertraglich und rechnerisch korrekt abgerechnet wurden. Da der Anwalt somit den Inhalt aller der Abrechnung zugrunde liegenden Kosten prüft, zielt der Auftrag im Kern nicht nur auf den Schlussbetrag der Vermieter-Abrechnung (Nachzahlung/Guthaben), sondern erfasst den Wert der gesamten auf den Mieter entfallenden Nebenkosten.

1969 AG München, 07.07.2006 – 453 C 26483/05, NZM 2006, 929.
1970 KG, 22.03.2010 – 8 U 142/09, GuT 2010, 200 = InfoM 2010, 222.
1971 LG Hannover, 08.02.2010 – 1 S 29/09 (Wohnraum).
1972 LG Hannover, 08.02.2010 – 1 S 29/09; LG Düsseldorf, DWW 1999, 182; AG Langenfeld, WuM 1996, 426; AG Bonn, WuM 1996, 629 (Wohnraum).

Damit zielt der Auftrag inhaltlich auf die Überprüfung sämtlicher in der Abrechnung enthaltenen Rechnungen, Zahlungen und Forderungen, sodass dies den Gegenstandswert darstellt.[1973]

Beispiel:

Gesamtsumme der Nebenkosten von Mieter X:	*5.380,00 €*
Vorauszahlungen von Mieter X:	*4.000,00 €*
Nachzahlung von Mieter X:	*1.380,00 €*

Anzusetzen sind die 5.380,00 €, da dieser Betrag inhaltlich überprüft werden soll.

1123   Begehrt der Vermieter mit der **Klage** die Zahlung der sich nach Abzug der Vorauszahlungen des Mieters aus der erstellten Jahresabrechnung zu seinen Gunsten errechneten **Nachforderung** und verlangt der Mieter widerklagend die Rückzahlung sämtlicher die abgerechnete Periode betreffenden Vorauszahlungen, steht wirtschaftlich gesehen die gesamte Betriebskostenabrechnung, eingeschlossen die geleisteten Vorauszahlungen, in Streit.[1974] In diesem Fall betreffen Klage und Widerklage nicht denselben Gegenstand i.S.d. § 45 Abs. 1 Satz 3 GKG, sodass die Werte von Klage und Widerklage zusammenzurechnen sind.[1975]

XI. Vertragsgestaltung

1124   Aus Vermietersicht ist darauf zu achten, dass eine wirksame Formulierung für die Umlage sämtlicher Betriebskosten gefunden wird (→ Rn. 1128). „Auffang-" oder „Abrundungsklauseln" wie *„Der Mieter trägt sämtliche (weiteren) Betriebskosten"* u.Ä. sind risikoreich und daher nicht zu empfehlen. Die BetrKO sollte mit in den Vertragstext aufgenommen oder ihm mit einer eindeutigen Bezugnahme beigefügt werden. Zusätzliche Positionen (etwa Sicherheitsdienst u.Ä.) sind ausdrücklich aufzuzählen.

Bei allen Kostenpositionen, die einen Abzug bzw. ein **Herausrechnen von Nicht-Betriebskosten**, also nicht umlegbaren Leistungen, erfordern (etwa beim Hausmeister für Instandhaltung und Instandsetzung; beim Aufzug für Reparaturen), empfiehlt es sich für den Vermieter, von vornherein zwei getrennte Verträge – einen für umlegbare Betriebskostenleistungen und einen für nicht umlegbare Leistungen – abzuschließen und bei Personenbeschäftigung (Hausmeister etc.) den zu erbringenden und zu bezahlenden Zeitaufwand jeweils anzugeben (Beispiel: Vertrag 1: 40 h/Monat für x € umlegbare Betriebskostenleistungen; Vertrag 2: 10 h/Monat nicht umlegbare Leistungen).[1976]

1125   In Geschäftsraummietverträgen findet sich häufig die Klausel, dass Betriebskostenabrechnungen als genehmigt gelten, wenn der Mieter **nicht innerhalb einer bestimmten Frist widerspricht**. Solche **Genehmigungsfiktionen** sind grds. kritisch zu sehen, da Schweigen keine Willenserklärung darstellt. Sie sind aber – unter Berücksichtigung des in § 308 Nr. 5 BGB enthaltenen Rechtsgedankens – ausnahmsweise auch formularmäßig wirksam, wenn die Klau-

---

1973   Neuhaus, AIM 1/2001, 15 f.; a.A. AG Düsseldorf, 11.02.2009 – 22 C 14416/08, InfoM 2009, 88: bei Abwehr der Nebenkostennachforderung gilt nur der Wert der Nachforderung, selbst wenn möglicherweise der gesamte Abrechnungsbetrag zu prüfen ist.
1974   OLG Düsseldorf, 11.11.2008 – 10 W 114/08, IMR 2009, 109 = NZM 2009, 863 = NJW 2009, 1515.
1975   OLG Düsseldorf, 11.11.2008 – 10 W 114/08, IMR 2009, 109 = NZM 2009, 863 = NJW 2009, 1515.
1976   Zulässig nach BGH, 13.01.2010 – VIII ZR 137/09, InfoM 2010, 118 = MDR 2010, 375 (Hausmeister).

sel im Vertrag auch in der Rubrik „Nebenkosten" abgedruckt ist und der Mieter mit der Übersendung der Abrechnung deutlich auf die Bedeutung seines Schweigens hingewiesen wird und eine konkrete, angemessene Widerspruchsfrist besteht.[1977] Diese Frist muss mindestens einen Monat betragen.[1978] Ist die Abrechnung fehlerhaft und zahlt der Mieter vorbehaltlos, so muss dies als Verzicht auf weitere Einwendungen bewertet werden.

XII. Arbeits- und Beratungshilfen

1. Schnellüberblick Grundsatz-Rechtsprechung des BGH

Thema/Normen	Leitsatz	Entscheidung, Fundstelle
Mietnebenkostennachzahlungen: Strenge Anforderungen an eine Verwirkung	Eine Verwirkung des Anspruchs auf Mietnebenkostennachzahlungen erfordert Umstände, die geeignet sind, ein Vertrauen des Mieters darauf zu begründen, der Vermieter werde diese Kosten nicht mehr abrechnen.	BGH, 17.11.2010 – XII ZR 124/09, IMR 2011, 57
Beweis für Verbrauch durch ungeeichten Wasserzähler?	a) Ist im Mietvertrag eine nach § 556a Abs. 1 Satz 2 BGB zulässige Betriebskostenabrechnung auf der Grundlage eines erfassten Verbrauchs vereinbart, kommt es für die inhaltliche Richtigkeit der Betriebskostenabrechnung allein darauf an, ob der tatsächliche Verbrauch zutreffend erfasst worden ist. b) Beruhen die in die Betriebskostenabrechnung eingestellten Verbrauchswerte auf der Ablesung eines geeichten Messgeräts, spricht eine tatsächliche Vermutung dafür, dass diese Werte den tatsächlichen Verbrauch richtig wiedergeben. c) Den von einem nicht (mehr) geeichten Messgerät abgelesenen Verbrauchswerten kommt die Vermutung ihrer Richtigkeit nicht zu. In diesem Fall muss der Vermieter im Prozess die Richtigkeit der abgelesenen Werte zur Überzeugung des Tatrichters nachweisen.	BGH, 17.11.2010 - VIII ZR 112/10
Kosten für eine Terrorschadensversicherung können Nebenkosten sein!	1. Kosten für eine Terrorschadensversicherung können als Nebenkosten umgelegt werden, wenn ein Vermieter von Gewerberäumen konkrete Umstände annehmen darf, die die Gefahr eines Gebäudeschadens durch einen terroristischen Angriff begründen. 2. Zu den gefährdeten Gebäuden gehören insb. Gebäude mit Symbolcharakter, Gebäude, in denen staatliche Macht ausgeübt wird (militärische Einrichtungen, Regierungs- und Parlamentsgebäude), Gebäude, v.a. in Großstädten oder Ballungszentren, in denen sich regelmäßig eine große Anzahl von Menschen aufhält (Bahnhöfe, Flughäfen, Touristenattraktionen, Sportstadien, Büro- oder Einkaufszentren), sowie Gebäude, die sich in unmittelbarer Nachbarschaft der genannten Gebäude befinden.	BGH, 13.10.2010 – XII ZR 129/09, IMR 2010, 522 = NZM 2010, 864 = NJW 2010, 3647

1977 KG, 28.06.2010 – 8 U 167/09, IMR 2010, 451; Wolf/Eckert/Ball, Rn. 537.
1978 KG, 28.06.2010 – 8 U 167/09, IMR 2010, 451.

Zusammenfassung von Betriebskostenpositionen	Die Zusammenfassung von Betriebskostenpositionen in einer Position bedarf eines sachlichen Grundes. Das ist bei einer Position „Wasserversorgung/Strom" oder „Straßenreinigung/Müllbeseitigung/Schornsteinreinigung" jeweils nicht der Fall, ebenso nicht bei einer Zusammenfassung von „Hausmeister/Gebäudereinigung" und von „Hausmeister/Gebäudereinigung/Gartenpflege". Die Unwirksamkeit der Abrechnung betrifft allein die derart zusammenhanglos in einer Position dargestellten Kosten. (Leitsatz der NZM-Redaktion)	BGH, 22.09.2010 – VIII ZR 285/09, NZM 2010, 858 = WuM 2010, 688
Abrechnung der Betriebskosten eines gemischt genutzten Objekts	1. Bedarf eine Betriebskostenabrechnung einer Erläuterung, damit sie nachvollzogen werden kann und somit den an sie zu stellenden Mindestanforderungen genügt, sind auch Erläuterungen zu berücksichtigen, die der Vermieter dem Mieter außerhalb der Abrechnung – vor Ablauf der Abrechnungsfrist – erteilt hat, zum Beispiel im Mietvertrag, in einer vorausgegangenen Abrechnung oder auf Nachfrage des Mieters. 2. Bei der Abrechnung der Betriebskosten für ein teils gewerblich, teils zu Wohnzwecken genutztes Gebäude gehört die Vornahme eines Vorwegabzugs für die gewerbliche Nutzung selbst dann nicht zu den an eine Abrechnung zu stellenden Mindestanforderungen, wenn durch die gewerbliche Nutzung ein erheblicher Mehrverbrauch verursacht wird und deshalb in solcher Vorwegabzug geboten ist. 3. Bei einer Abrechnung der Betriebskosten eines gemischt genutzten Objekts nach dem Flächenmaßstab obliegt dem Mieter die Darlegungs- und Beweislast dafür, dass durch die gewerbliche Nutzung erhebliche Mehrkosten pro Quadratmeter entstehen. Dabei ist hinsichtlich der einzelnen Betriebskosten zu differenzieren und auf die konkreten Gegebenheiten des Gebäudekomplexes einerseits und die Art der gewerblichen Nutzung andererseits abzustellen; die in einem Betriebskostenspiegel ausgewiesenen Durchschnittskosten sind nicht maßgeblich (im Anschluss an Senatsurteil vom 25. Oktober 2006 – VIII ZR 251/05, NJW 2006, 211).	BGH, 11.08.2010 – VIII ZR 45/10, IMR 2010, 412 = ZMR 2011, 26 = MDR 2010, 1102
Zusammenfassung mehrerer Gebäude zu einer Abrechnungseinheit	Werden mehrere Wohngebäude von Beginn des Mietverhältnisses an durch eine Gemeinschaftsheizung versorgt, können diese Gebäude für die Heiz- und Warmwasserkostenabrechnung zu einer Abrechnungseinheit zusammengefasst werden, auch wenn als Mietsache im Mietvertrag nur eines der Gebäude bezeichnet wird. Einer dahin gehenden mietvertraglichen Abrechnungsvereinbarung bedarf es nicht (Bestätigung und Fortführung des Senatsurteils vom 20. Juli 2005 – VIII ZR 371/04, NJW 2005, 3135).	BGH, 14.07.2010 – VIII ZR 290/09

Auswirkungen der Unzumutbarkeit der Belegeinsicht beim Vermieter auf Rückforderung von Abschlagszahlungen auf Betriebskosten §§ 259, 273, 556 BGB	Auch wenn dem Mieter eine Belegeinsicht zu den bereits abgerechneten Betriebskostenvorauszahlungen beim Vermieter nicht zumutbar ist (hier wegen zu großer Entfernung zwischen dem Wohnort und dem Ort der Belegeinsicht) kann er im laufenden Mietverhältnis seine auf die Betriebskosten geleisteten Abschlagszahlungen nicht zurückverlangen. Auch in solcher Lage ist der Mieter ausreichend über sein Zurückbehaltungsrecht an den laufenden Vorauszahlungen, aber auch über sein Klagerecht auf Vorlage der Belege geschützt. (Leitsatz der NZM-Redaktion)	BGH, 22.06.2010 – VIII ZR 288/09, NZM 2010, 857 = ZMR 2011, 21
Verwaltungskosten in AGB: Keine nähere Aufschlüsselung erforderlich!	Die in einer Formularklausel festgelegte allgemeine Umlage von Verwaltungskosten auf den Mieter verstößt bei der Gewerbemiete nicht gegen das Transparenzgebot gemäß § 307 Abs. 1 Satz 2 BGB (im Anschluss an Senatsurteil vom 9. Dezember 2009 – XII ZR 109/08.	BGH, 24.02.2010 – XII ZR 69/08, IMR 2010, 181 = GuT 2010, 96 = NZM 2010, 279 = GE 2010, 482
§ 556 Abs. 3 Satz 3 BGB gilt nicht für Gewerberaum-Nebenkosten; Welche Frist gilt für die Abrechnung von Gewerberaum-Nebenkosten? Änderung der Nebenkostenvereinbarung durch Nichtabrechnung	1. § 556 Abs. 3 Satz 3 BGB, der für die Wohnraummiete den Ausschluss von Betriebskostennachforderungen anordnet, die der Vermieter später als zwölf Monate nach Ablauf des Abrechnungszeitraums verlangt, ist auf die Geschäftsraummiete nicht analog anwendbar. 2. Soll der Vermieter von Gewerberaum über Nebenkosten laut Vertrag einmal jährlich zum Ablauf eines Kalenderjahres abrechnen, wird lediglich der Abrechnungszeitraum auf das Kalenderjahr festgelegt, jedoch keine Frist vereinbart, innerhalb derer der Vermieter nach Ablauf des Abrechnungszeitraums die Abrechnung erteilen soll. 3. Der Vermieter von Geschäftsräumen ist zur Abrechnung über die Nebenkosten, auf die der Mieter Vorauszahlungen geleistet hat, innerhalb einer angemessenen Frist verpflichtet. Diese Frist endet regelmäßig zum Ablauf eines Jahres nach Ende des Abrechnungszeitraums. 4. Bei der Bestimmung der angemessenen Frist ist zum einen dem Interesse der Mietvertragsparteien an einer alsbaldigen Klarheit über die ständig neu entstehenden gegenseitigen Rechte und Pflichten Rechnung zu tragen. Zum anderen ist darauf abzustellen, welchen Zeitraum der Vermieter benötigt, um die Abrechnung zu erteilen. Dafür ist von Bedeutung, wann ihm die Abrechnungsunterlagen vorliegen. 5. Folge des Ablaufs der angemessenen Frist ist nur, dass der Mieter den Vermieter auf Erteilung der Abrechnung in Anspruch nehmen kann und keine weiteren Nebenkostenvorauszahlungen mehr erbringen muss. Ein Ausschluss mit Nachforderungen ist damit nicht verbunden.	BGH, 27.01.2010 – XII ZR 22/07, GuT 2010, 26 = IMR 2010, 90, 91 = InfoM 2010, 124 – 125 = NZM 2010, 240

	6. Für die Annahme einer konkludenten Änderung des Umfangs vereinbarter Nebenkosten reicht es nicht aus, dass der Vermieter einzelne vereinbarte Nebenkostenpositionen über längere Zeit nicht abgerechnet hat. Vielmehr bedarf es hierfür weiterer Anhaltspunkte. 7. Abrechnungen durch professionelle Verwalter begründen kein für eine Verwirkung erforderliches Vertrauen des Mieters auf die Richtigkeit der Abrechnungen. 8. Verwalterhonorar ist bei der Geschäftsraummiete umlagefähig (Anschluss an BGH, Urt. v. 9.12.2009 – XII ZR 109/08, GuT 2010, 23 = IMR 2010, 92 – 94).	
Umlage der Kosten für die Beseitigung auch von „wildem" Sperrmüll zulässig!	Die Kosten für die regelmäßige Beseitigung von Sperrmüll zählen zu den Betriebskosten. Es spielt keine Rolle, ob der Sperrmüll vertragsgemäß oder vertragswidrig abgelagert wird. Unbeachtlich ist auch, ob die Ablagerung durch die Mieter oder durch rechtswidrig handelnde Dritte erfolgt.	BGH, 13.01.2010 – VIII ZR 137/09, IMR 2010, 132 = MDR 2010, 375
Umlage von „Kosten der kaufmännischen und technischen Hausverwaltung" durch AGB § 1 BetrKV; §§ 305c, 307, 535, 556 BGB	Die Umlage von „Kosten der kaufmännischen und technischen Hausverwaltung" in Allgemeinen Geschäftsbedingungen eines Mietvertrages über Geschäftsräume ist weder überraschend Im Sinne von § 305c BGB, noch verstößt sie gegen das Transparenzgebot gemäß § 307 Abs. 1 Satz 2 BGB. Daran ändert sich auch dadurch nichts, dass die Vorauszahlungen im Einzelfall deutlich niedriger festgelegt wurden als die später abgerechneten Kosten und die Klausel keine Bezifferung oder höhenmäßige Begrenzung der Verwaltungskosten enthält. Weitere Ls. Neuhaus/IMR: Der oben zitierte Begriff der „Kosten der... Hausverwaltung" ist hinreichend bestimmt im Sinne von des § 307 Abs. 1 Satz 2 BGB. Bei Betriebskosten, die durch AGB mit fortlaufender Nummerierung umgelegt werden, besteht kein Anlass zu der Annahme, dass „hintere" Positionen weniger bedeutsam sind. Ein Überraschungseffekt im Sinne von § 305c BGB kann sich deshalb auch bei hohen tatsächlichen Kosten nicht aus der Stellung der jeweiligen Klausel ergeben. Fehlt eine vertragliche Bezugnahme auf die BetrKV, kann beim Mieter nicht der Eindruck entstehen, dass die Kostentatbestände nicht weiter gehen als die nach der BetrKV umlegbaren Kosten. Dadurch, dass § 1 Abs. 2 Nr. 1 BetrKV Verwaltungskosten von den Betriebskosten ausnimmt, wird die Einordnung der Verwaltungskosten bei den Betriebskosten im Rahmen der Geschäftsraummiete noch nicht ungewöhnlich, da sich die Reichweite der BetrKV auf die Kostenumlage bei der Wohnungsmiete beschränkt.	BGH, 09.12.2009 – XII ZR 109/08, GuT 2010, 23 = IMR 2010, 92 – 94 = NZM 2010, 123 = MDR 2010, 313 (vorhergehend: OLG Köln, 24.06.2008 – 22 U 131/07)

	Verwaltungskosten von 5,5 % der Bruttomiete (Grundmiete einschließlich Umsatzsteuer) können als üblich angesehen werden. Eine Höchstgrenze muss nicht vereinbart werden. Zur Ausfüllung des Begriffs der Verwaltungskosten kann auf die im Wesentlichen übereinstimmenden Definitionen in § 1 Abs. 2 Nr. 1 BetrKV und § 26 Abs. 1 II. Berechnungsverordnung zurückgegriffen werden. Kosten der technischen Hausverwaltung können sich zwar mit anderen Kosten, etwa des Hauswarts, überschneiden. Dies führt aber nicht zu einer Intransparenz der Umlageklausel gemäß § 307 Abs. 1 Satz 2 BGB. Verbleibende Unklarheiten gehen nach § 305c Abs. 2 BGB zu Lasten des Klauselverwenders. Kosten der technischen Hausverwaltung umfassen keine Kosten, die der Instandhaltung und Instandsetzung nach § 1 Abs. 2 Nr. 2 BetrKV zuzuordnen wären und sind als Gemeinkosten von den Kosten von Dienst- oder Werkleistungen im Rahmen einer konkreten Instandhaltungsmaßnahme zu trennen. Werden in AGB neben die Verwaltungskosten in wesentlichen Bereichen gleichartige Kosten – wie etwa Centermanagement-, Versicherungs- oder Instandhaltungskosten – gestellt, kann dies zu Unklarheiten und Intransparenz im Sinne des § 307 Abs. 1 Satz 2 BGB führen.	
Ordnungsgemäße Abrechnung über Brennstoffkosten	Eine ordnungsgemäße Abrechnung über Brennstoffkosten erfordert nur die summenmäßige Angabe der Verbrauchswerte und der dafür angefallenen Kosten. Eine aus sich heraus vollständige Überprüfbarkeit dieser Angaben auf ihre materielle Richtigkeit ist nicht erforderlich, sondern bleibt einer auf Verlangen des Mieters zu gewährenden Belegeinsicht vorbehalten.	BGH, 25.11.2009 – VIII ZR 322/08, IMR 2010, 129 = InfoM 2010, 115 = MDR 2010, 377
Umlage der Wasserkosten bei gemischt genutztem Gebäude (Differenzberechnung)	Der Vermieter ist bei der Abrechnung von Wasserkosten mangels entsprechender Vereinbarungen nicht verpflichtet, verschiedene Nutzergruppen durch jeweils gesonderte Zähler zu erfassen. Der Verbrauch von Wohneinheiten kann in der Weise ermittelt werden, dass der mittels Zwischenzähler gemessene Verbrauch eines gewerblichen Mieters von Gesamtverbrauch laut Hauptwasserzähler abgezogen wird.	BGH, 25.11.2009 – VIII ZR 69/09, IMR 2010, 48 = NZM 2010, 195
Kosten der Öltankreinigung sind Betriebskosten	1. Wiederkehrende Kosten der Reinigung des Öltanks einer Heizungsanlage sind umlagefähige Betriebskosten. 2. Betriebskosten, die nicht jährlich, sondern in größeren zeitlichen Abständen wiederkehren, können grundsätzlich in dem Abrechnungszeitraum umgelegt werden, in dem sie entstehen.	BGH, 11.11.2009 – VIII ZR 221/08, IMR 2010, 43 = NZM 2010, 79 = MDR 2010, 137

Verwirkung des Anspruchs des Vermieters auf Zahlung der Nebenkosten	1. Ein Vermieter, der Nebenkosten nicht innerhalb einer angemessenen Zeit abrechnet, kann sich dem Einwand der Verwirkung ausgesetzt sehen, wenn er nicht geltend machen kann, dass er ohne eigenes Verschulden an der Abrechnung gehindert war. 2. Der Tatbestand der Verwirkung greift allerdings nur dann ein, wenn über das bloße Verstreichenlassen einer Abrechnungsfrist hinaus Umstände vorliegen, die für den Mieter einen Vertrauenstatbestand schaffen und die spätere Geltendmachung des Rechts als treuwidrig erscheinen lassen.	BGH, 27.10.2009 – VIII ZR 334/07, IMR 2010, 128 = NZM 2010, 243
Betriebskostenabrechnung auf Basis der Soll-Vorschüsse §§ 556 Abs. 3 BGB	Eine Abrechnung der Betriebskosten auf der Basis der zwischen den Parteien vereinbarten Vorauszahlungen (Soll-Vorschüsse) anstatt der tatsächlich vom Mieter geleisteten Vorauszahlungen (Ist-Vorschüsse) ist formell wirksam. Ob die vorgenommenen Abzüge der Höhe nach zutreffend angesetzt sind, betrifft die inhaltliche Richtigkeit der Abrechnung.	BGH, 23.09.2009 – VIII ZA 2/08, NZM 2009, 906 = WuM 2009, 671 Info M 2009, 465 = NJW 2009, 3575 = MDR 2010, 21
Sach- und Haftpflichtversicherung in einer Betriebskostenposition „Versicherung" § 556 BGB; § 2 BetrKV; Anl. 3 zu § 27 II. BerechnungsVO	1. Der Vermieter darf die Kosten der Sach- und Haftpflichtversicherung in einer Summe unter der Kostenposition „Versicherung" abrechnen. 2. Die Pflicht des Vermieters zur Spezifizierung der abgerechneten Betriebskosten darf nicht überspannt werden (Bestätigung von BGH, NJW 1982, NJW Band 1982, Seite 573).	BGH, 16.09.2009 – VIII ZR 346/08, IMR 2009, 417 = NZM 2009, 906 = NJW 2009, 3575 = MDR 2009, 1383
Unverständlicher Verteilerschlüssel	Ein unverständlicher Verteilerschlüssel ist ein formeller Mangel der Abrechnung; betrifft der Fehler alle Kostenarten, ist die gesamte Abrechnung unwirksam.	BGH, 09.04.2008 – VIII ZR 84/07, InfoM 2008, 212 zu Wohnraum
Betriebskostenabrechnung: Ist das Abflussprinzip zulässig?	Der Vermieter darf grundsätzlich frei wählen, ob er die zu einer Abrechnungsperiode gehörenden Betriebskosten erfasst nach dem Abflussprinzip (welche Kosten sind in dem Zeitraum angefallen?) oder nach dem Leistungsprinzip (welche Kosten sind für den Zeitraum angefallen?). Bei einem Mieterwechsel kann sich „in besonders gelagerten Fällen" ein Korrekturbedarf nach § 242 BGB ergeben.	BGH, 20.02.2008 – VIII ZR 49/07, IMR 2008, 110 = InfoM 2008, 107 zur Wohnraummiete.

Hauswart, Heizung, Schätzung	Nimmt der Vermieter bei den Kosten des Hauswarts einen pauschalen Abzug nicht umlagefähiger Verwaltungs-, Instandhaltungs- und Instandsetzungskosten vor, genügt ein schlichtes Bestreiten des Mieters. Dem Vermieter obliegt es in diesem Fall, die Kosten nachvollziehbar so aufzuschlüsseln, dass die nicht umlagefähigen Kosten herausgerechnet werden können. 3. Die als Teil der Heizkosten abzurechnenden Stromkosten für die Heizungsanlage können geschätzt werden, wenn gesonderte Zähler dafür nicht vorhanden sind. Bestreitet der Mieter den vom Vermieter angesetzten Betrag, hat dieser die Grundlagen seiner Schätzung darzulegen.	BGH, 20.02.2008 – VIII ZR 27/07, NZM 2008, 403 = InfoM 2008, 242 = NJW 2008, 1801

2. Schnellüberblick aktuelle Rechtsprechung der Instanzgerichte

Thema/Normen	Leitsatz	Entscheidung, Fundstelle
Betriebskosten für leer stehende Wohnungen trägt der Vermieter!	1. Die Kosten der Hausbeleuchtung sind auch auf eine nicht bewohnte Wohnung zu verteilen, weil der Vermieter, der das Vermietungsrisiko trägt, im Verhältnis zur Gesamtheit der Mieter grundsätzlich den Kostenanteil zu tragen hat, der auf leer stehende Mieteinheiten entfällt. 2. Ist der Vertrag einer Vermietungs-KG mit ihrer Komplementärin aber lediglich auf die Übernahme der Geschäftsführung gerichtet und nicht (auch) auf die Übernahme der Hausverwaltung gerichtet, stellt die tatsächliche Übernahme der Verwaltung eines Grundstücks durch die Komplementärin des Vermieters keine Fremdverwaltung dar, deren Kosten als Betriebskosten auf die Mieter umgelegt werden können.	KG, 08.07.2010 – 12 U 26/09, GuT 2010, 199 = IMR 2010, 417
Geltendmachung von Nebenkostennachforderungen im Urkundenprozess	Die Geltendmachung von Nebenkostennachforderungen im Urkundenprozess ist statthaft.	KG, 28.06.2010 – 8 U 167/09, IMR 2010, 451
Anforderungen an die Nebenkostenabrechnung, Grundsteuer	1. Die Nebenkostenabrechnung muss eine Zusammenstellung der Gesamtkosten die Angabe und Erläuterung der zugrunde gelegten Verteilungsschlüssel die Berechnung des jeweiligen Mieteranteils sowie den Abzug der Vorauszahlungen enthalten. Der Mieter muss anhand der Abrechnung in der Lage sein den Anspruch des Vermieters nachzuvollziehen also gedanklich und rechnerisch nachzuprüfen. 2. Die Positionen Grundsteuer sind ordnungsgemäß aufzuschlüsseln, da sonst ein inhaltlicher Mangel der Abrechnung vorliegt.	OLG Köln, 11.06.2010 – 1 U 66/09, IMR 2010, 429

1127

	3. Für eine ordnungsgemäße Abrechnung muss sich dieses Verständnis jedoch aus der Abrechnung selbst ergeben, d.h. es dürfen nicht noch außerhalb der Abrechnung erfolgende Erläuterungen notwendig sein. Dies gilt auch unter Berücksichtigung des Umstandes, dass im Rahmen eines Gewerbemietverhältnisses im Vergleich zum Wohnungsmietrecht ein höherer Verständnishorizont der Parteien erwartet werden kann.	
Unterbliebene NK-Abrechnung Gewerberaum §§ 273, 535 BGB	1. Rechnet der Vermieter nicht fristgerecht über die Nebenkosten ab, so kann der Mieter bei beendetem Gewerberaummietverhältnis die Rückzahlung der Nebenkostenvorauszahlungen verlangen (im Anschluss an BGH, IMR 2007, 1092, nur online, für Wohnraum).	KG, 22.03.2010 – 8 U 142/09, GuT 2010, 200 = InfoM 2010, 222
	2. Der Anspruch auf Rückzahlung der Nebenkostenvorauszahlungen wird fällig, wenn die Abrechnungsfrist erfolglos abgelaufen ist und das Mietverhältnis beendet ist. Die Entstehung und die Durchsetzbarkeit des Rückzahlungsanspruchs sind nicht davon abhängig, dass noch ein fälliger und durchsetzbarer Anspruch auf Erteilung der Nebenkostenabrechnung besteht.	
§ 27 Abs. 1, Anlage 3 BetrKV Bestimmtheitserfordernis	Dem Bestimmtheitserfordernis einer gewerblichen Betriebskostenumlagevereinbarung ist nicht genügt, wenn der Vertrag mehrere Varianten der umzulegenden Betriebskosten ausweist, hiervon aber keine angekreuzt wird.	OLG Rostock, 14.01.2010 – 3 U 50/09, IMR 2010, 182 = MDR 2010, 1045
Bruttoinklusivmietvertrag	Bei einem Bruttoinklusivmietvertrag, der eine Nachforderung bzw. Abrechnung über höhere Nebenkosten nicht vorsieht, fällt das Risiko, dass sich die Nebenkosten für das Objekt in einem Ausmaß entwickeln, welches nicht durch die vorgesehenen Mieten abgedeckt wird, grundsätzlich in die Sphäre des Vermieters. Eine Anpassungspflicht des Mieters bzgl. der Miethöhe kommt in diesen Fällen auch bei einer gewerblichen Lokalität nur unter außergewöhnlichen Umständen in Betracht. Insbesondere kann der Vermieter eine außerordentliche Kündigung nicht auf rückständige Mietzahlungen des Mieters aus der unzulässigen Mieterhöhung stützen.	OLG Düsseldorf, 22.12.2009 – 21 U 14/09, IMR 2010, 184
Wann hat der Pächter Grundsteuer als Nebenkosten tragen?	1. Nebenkosten hat der Pächter neben der Pacht nur dann zu tragen, wenn dies im Vertrag klar und eindeutig geregelt ist. 2. Erforderlich ist eine inhaltliche Konkretisierung der zu tragenden Nebenkosten oder jedenfalls deren eindeutige Bestimmbarkeit. 3. Die Klausel „Die Pächterin trägt ... in vollem Umfang sämtliche Betriebs- und Nebenkosten" ist nicht hinreichend bestimmt genug, um die beim Verpächter erhobene Grundsteuer auf den Pächter abzuwälzen.	OLG Hamm, 02.12.2009 – 30 U 93/09, IMR 2010, 55

XII. Arbeits- und Beratungshilfen

	4. Dies gilt insbesondere auch dann, wenn die Parteien dem Pachtvertrag eine Wirtschaftlichkeitsprognose, die keinen Ansatz für Grundsteuer enthält, beigefügt und diese zur Grundlage der Ermittlung der Pachthöhe gemacht haben. 5. Unter „Betriebskosten" fallen Grundsteuern nach allgemeinem Sprachgebrauch nicht. „Betriebskosten" sind vielmehr solche Kosten, die durch den Betrieb des Pachtobjekts verursacht werden, etwa Heizkosten. Die Grundsteuer ist hingegen eine Steuer auf das Eigentum an Grundstücken und deren Bebauung, also eine Substanzsteuer (vgl. Art. 106 Abs. 6 GG); sie wird nicht durch den Betrieb des Objekts verursacht.	
Nachforderung aus Nebenkostenabrechnung nicht im Urkundenprozess §§ 535, 556 BGB; § 592 ZPO	Eine Nachforderung des Vermieters aus einer Nebenkostenabrechnung kann nicht im Urkundenprozess geltend gemacht werden. Die Nebenkostenabrechnung als solches reicht zum Beweis des Nachforderungsanspruchs nicht aus, weil es sich um eine Privaturkunde (§ 416 ZPO) handelt, die somit lediglich Beweis dafür begründet, dass die in ihr enthaltenen Erklärungen von dem Aussteller abgegeben sind, nicht aber für die Richtigkeit der Behauptung, dass Nebenkosten in der abgerechneten Höhe zulasten des Mieters angefallen sind. Die „Grundurkunde" Mietvertrag konkretisiert dies nicht, denn daraus ergibt sich lediglich, dass überhaupt Nebenkosten zu tragen sind, nicht aber in welcher Höhe gerade in dem streitgegenständlichen Jahr Betriebskosten tatsächlich angefallen sind.	LG Bonn, 08.10.2009 – 6 S 107/09, IMR 2010, 78 = InfoM 2010, 146
Sicherungszweck einer Kaution und Betriebskosten	Der Sicherungszweck einer Kaution erstreckt sich auch auf Nachforderungen aus einer nach Beendigung des Mietverhältnisses vorzunehmenden Abrechnung der vom Mieter zu tragenden Betriebskosten.	OLG Düsseldorf, 01.10.2009 – 10 U 58/09, IMR 2010, 134
Mieter darf Ablichtungen der Belege einer Nebenkostenabrechnung anfertigen	Der Anspruch des Mieters auf Einsicht in die Belege einer Nebenkostenabrechnung umfasst auch das Anfertigen von Ablichtungen mit technischen Hilfsmitteln, soweit keine Gefahr besteht, dass die Belege dabei beschädigt werden. Erlaubt sei insbesondere das Abfotografieren oder Einscannen von Belegen.	AG München, 21.09.2009 – 412 C 34593/08, rechtskräftig, IMR 2010, 89 = NZM 2010, 81 = BeckRS 2009, 86920

Rückzahlung sämtlicher Nebenkostenvorauszahlungen, wenn Vermieter zwar abgerechnet hat, aber keine zumutbare Einsichtnahme in die Belege ermöglicht §§ 535, 556 BGB	Der Mieter kann im laufenden Mietverhältnis nicht die Rückzahlung sämtlicher Nebenkostenvorauszahlungen verlangen, wenn der Vermieter zwar abgerechnet hat, aber keine zumutbare Einsichtnahme in die Belege ermöglicht. Für den Fall, dass nicht ordnungsgemäß abgerechnet worden ist, hat der Bundesgerichtshof entschieden, dass der Mieter dadurch hinreichend geschützt werde, dass ihm bis zur ordnungsgemäßen Abrechnung des Vermieters gemäß § 273 Abs. 1 BGB ein Zurückbehaltungsrecht jedenfalls hinsichtlich der laufenden Nebenkostenvorauszahlungen zusteht (BGH, NJW 2006, 2552). Nichts anderes kann nach der gesetzlichen Wertung gelten, wenn der Vermieter – anders als in dem höchstrichterlich entschiedenen Fall – über die Nebenkosten abgerechnet hat, jedoch die Belege nicht vorlegt, also seine Abrechnungspflicht bisher nicht vollständig erfüllt hat. Denn die „Vorlage" der Belege im Sinne des § 259 BGB ist Teil einer ordnungsgemäßen Abrechnung.	LG Bonn, 17.09.2009 – 6 S 119/09 (Revision BGH, 22.06.2010 - VIII ZR 288/09, NZM 2010, 857 = ZMR 2011, 21)
Vorwegabzug	Nimmt der Vermieter einen sog. Vorwegabzug vor, muss er dies in der Betriebskostenabrechnung ausweisen. Unterlässt er dies und stellt den nach Vorwegabzug verbleibenden Kostenanteil in die Betriebskostenabrechnung als Gesamtkosten ein, ist die Betriebskostenabrechnung in dieser Position als formell unwirksam zu behandeln und der entsprechenden Kostenanteil herauszurechnen.	OLG Rostock, 02.07.2009 – 3 U 146/08, IMR 2009, 342
Aufrechnung des Mieters mit Anspruch auf Rückzahlung von Betriebskostenvorauszahlungen §§ 387, 389, 535 BGB.	Hat der Mieter im Prozess gegen Mietforderungen des Vermieters mit Forderungen auf Rückzahlung von Betriebskostenvorauszahlungen aufgerechnet und rechnet der Vermieter vor Schluss der mündlichen Verhandlung des Rechtsstreits die Betriebskosten noch ab, so verliert die Aufrechnung ihre Wirkung.	OLG Düsseldorf, 29.06.2009 – I-24 U 11/09, IMR 2010, 14 = MDR 2009, 1333
Terrorversicherung § 525 Abs. 2 BGB	Bei einer Terrorversicherung, welche vorrangig die Gebäudesubstanz versichert, handelt es sich um eine Sachversicherung. Der Umstand, dass im Rahmen der Terrorversicherung zusätzlich auch ein Betriebsunterbrechungsschaden mitversichert ist, steht der Beurteilung als Sachversicherung nicht entgegen. Der Abschluss einer Terrorversicherung ist jedenfalls dann mit dem von dem Vermieter zu wahrenden Grundsatz der Wirtschaftlichkeit zu vereinbaren mit der Folge der Umlagefähigkeit der zu leistenden Prämien auf die Mieter, wenn Art und Lage des Mietobjekts die Annahme einer gewissen Grundgefährdung für einen Terroranschlag objektiv rechtfertigen.	OLG Frankfurt am Main, 26.06.2009 – 2 U 54/09, IMR 2009, 309 = NZM 2009, 744 = InfoM 2009, 477

Umlage von Nebenkosten	1. Eine Klausel im Gewerberaummietvertrag, dass „die Heiz- und Nebenkosten, die üblicherweise vom Mieter zu tragen sind" umgelegt werden sollen, ist hinreichend bestimmt. 2. Nach dieser Klausel muss der Mieter sämtliche Betriebskosten gemäß der Anlage 3 zu § 27 der II. BV (jetzt § 2 BetrKV) tragen.	OLG Karlsruhe, 14.05.2009 – 9 U 174/08, IMR 2010, 183 = InfoM 2010, 176 = ZMR 2009, 849
Beweislast bei Rückforderung der Betriebskostenvorauszahlung nach vorbehaltlosem Saldoausgleich?	1. Der Gewerbemieter kann Betriebskostenvorauszahlungen und Abrechnungssaldo, die er vorbehaltlos ausgeglichen hat, nach beendetem Mietverhältnis zurückfordern, wenn die Abrechnung formell unwirksam war. 2. Die Rückforderung richtet sich in diesem Fall nicht auf die Vorauszahlungen oder den Abrechnungssaldo, sondern auf das abgerechnete Betriebskostenschuldverhältnis. 3. Der Mieter muss als Bereicherungsgläubiger darlegen und beweisen, dass die Betriebskostenverbindlichkeit nicht oder nicht in der ausgeglichenen Höhe besteht.	OLG Düsseldorf, 21.04.2009 – 24 U 160/08, IMR 2010, 143 = NZM 2010, 866 = MietRB 2010, 12
Grundsteuernachforderung §§ 276, 556 Abs. 3, § 560 Abs. 2 BGB	1. Es besteht keine Rechtspflicht des Vermieters, auf eine schnellere Änderung des Grundsteuerbescheides hinzuwirken. 2. Zwar muss der Vermieter auf eine rechtzeitige Abrechnung drängen. Eine Grundsteuernachforderung aufgrund von Steuerbescheiden nach Ablauf der Abrechnungsfrist hat der Vermieter regelmäßig nicht zu vertreten. Dabei ist unerheblich, ob eine Neufestsetzung zu erwarten war oder nicht.	LG Rostock, 27.02.2009 – 1 S 200/08 (Wohnraum)
Vermieterseitige Festlegung des Verteilungsschlüssels bei Betriebskosten? §§ 315, 316, 535, 556a BGB	Fehlt es an einer vertraglichen Vereinbarung, so kann der Vermieter den Umlagemaßstab von Betriebskosten einseitig bestimmen, wobei der gewählte Verteilungsschlüssel billigem Ermessen entsprechen muss.	OLG Düsseldorf, 30.10.2008 – 24 U 84/08, IMR 2009, 385 = ZMR 2009, 844
Verzicht/Verwirkung von Nebenkostenforderungen	Der Verzicht auf oder die Verwirkung von Nebenkostenforderungen ist nur anzunehmen, wenn ein unzweideutiges Verhalten des Vermieters auf eine Abstandnahme von den Forderungen schließen lässt.	OLG Düsseldorf, 30.10.2008 – 24 U 84/08, GuT 2009, 300 = InfoM 2009, 476 = ZMR 2009, 844
Vorauszahlung auf Nebenkosten nicht kostendeckend: Anfechtung des Mietvertrages?	Der Vermieter ist nicht verpflichtet, die Höhe der Vorauszahlungen so zu kalkulieren, dass sie jedenfalls in etwa kostendeckend sind. Auch besteht grundsätzlich keine Aufklärungspflicht, dass die Vorauszahlungen die tatsächlichen Kosten nicht decken werden. Eine Anfechtung des Mietvertrages scheidet aus, wenn der Vermieter erst nach Abschluss des Vertrags erkennt, dass die Vorauszahlungen nicht ausreichen.	OLG Rostock, 23.10.2008 – 3 U 123/07, IMR 2009, 121 = InfoM 2009, 274

Betriebskosten für Gemeinschaftsflächen: Sind die Kosten auch dann umlegbar, wenn die Nutzung verboten ist?	Wenn der Mietvertrag es dem Mieter untersagt, bestimmte Gemeinschaftsflächen zu nutzen (hier: Treppenhaus), sind die dort anfallenden Betriebskosten nicht umlegbar (hier: Hausreinigungskosten).	OLG Köln, 24.06.2008 – 22 U 131/07, NZM 2008, 806 = InfoM 2008, 477 = IMR 2009, 160
Mietzahlungen sollen Betriebskostenvorauszahlungen beinhalten: Beweisfragen §§ 535, 556 BGB; § 138 Abs. 3, § 286 ZPO	Der Mieter hat darzulegen, dass der von ihm vereinbarungsgemäß geschuldete und an den Vermieter gezahlte Betrag neben der Miete auch Betriebskostenvorauszahlungen enthält, wenn der Mieter die variablen Betriebskosten seit geraumer Zeit selbst entrichtet.	OLG Düsseldorf, 09.06.2008 – 24 U 159/07, IMR 2008, 341 = GuT 2008, 341 = ZMR 2008, 950
Rückforderung von Vorauszahlungen	Hat der gewerbliche Vermieter nahezu dreieinhalb Jahre seit Beendigung des mehrjährigen Mietverhältnisses keine den Anforderungen des § 259 BGB entsprechenden Nebenkostenabrechnungen vorgelegt, kann der Mieter sämtliche während der Mietzeit geleisteten Nebenkostenvorauszahlungen zurück verlangen (Anschluss an BGH, WuM 2005, 337 = ZMR 2005, 439).	OLG Düsseldorf, 08.05.2008 – I-10 U 8/08, GuT 2008, 204 = IMR 2009, 7
Nebenkosten: Pauschale oder abzurechnende Betriebskostenvorauszahlung?	1. Vereinbaren die Parteien eines gewerblichen Mietvertrags, dass Nebenkosten pauschal zu zahlen sind und ist bei einem längeren Vertragsverhältnis nie abgerechnet worden, spricht dies für den ursprünglichen Willen der Vertragsparteien, dass die Zahlung der Nebenkosten als Pauschale und nicht als Vorauszahlung erfolgt. 2. Erfasst die Nebenkostenpauschale auch die Kosten der Heizung, verstößt eine derartige Vereinbarung gegen die Verpflichtung zur verbrauchsabhängigen Kostenverteilung und ist gemäß § 2 HeizkostenV unwirksam. Diese Teilunwirksamkeit hat zur Folge, dass der kalkulatorische Anteil der Heiz- und Warmwasserkosten aus der vereinbarten Nebenkostenpauschale herauszurechnen und als Vorauszahlung zu behandeln ist, über den der Vermieter abzurechnen hat.	OLG Düsseldorf, 11.03.2008 – 24 U 152/07, IMR 2008, 239

3. Formulierungsvorschläge

Formulierungsvorschlag: Umlage der Betriebskosten auf den Mieter

(1) Betriebskosten des Mietobjekts trägt der Mieter, bei mehreren Mietparteien anteilig. Betriebskosten sind sämtliche Betriebskosten der Betriebskostenverordnung (BetrKV) in der jeweils gültigen Fassung. Dieser Text ist nachfolgend abgedruckt. Beiden Vertragspartnern ist bewusst, dass die BetrKV bei Geschäftsräumen weitläufiger zu verstehen ist. Es wird vereinbart, dass folgende Kosten ebenfalls Betriebskosten sind, wobei unter dem

verwendeten Begriff „Kosten" periodisch wiederkehrende Kosten wie z.B. für Wartungen, öffentlich-rechtlich erforderliche Prüfungen und Betriebsmittel zu verstehen sind:

Kosten der Klimaanlagen,

Kosten der Aufzugsanlagen,

Kosten für sonstige Haustechnik,

Kosten des Wachdienstes und der Gebäudeüberwachung,

Kosten der Fassadenreinigung,

Kosten für Brandschutzanlagen und Feuerlöscheinrichtungen,

Kosten für die Pflege der grundstückseigenen Zufahrten und Garagenplätze,

.....

.....

.....

Zu den Betriebskosten gehören auch die Kosten der Hausverwaltung. Diese werden i.H.v. 3 % der Nettomiete pauschaliert an den Vermieter gezahlt.

(2) Die Betriebskosten werden nach Quadratmetern umgelegt. Dafür wird eine vom Mieter angemietete Fläche von insgesamt ..... m² zugrunde gelegt, was ..... % der Mietfläche des gesamten Gebäudes entspricht. Es wird vereinbart, dass diese Zahlen für die Abrechnung der Betriebskosten maßgeblich sind.

(3) Die Kosten der Heiz- und Warmwasserversorgung trägt der Mieter. Sie werden vom Vermieter nach der Verordnung über die verbrauchsabhängige Abrechnung der Heiz- und Warmwasserkosten (HeizkostenVO) abgerechnet.

(4) Kann direkt mit Versorgungsträgern oder Leistungserbringern abgerechnet werden, so verpflichtet sich der Mieter zur direkten Abrechnung.

(5) Der Mieter zahlt monatlich zusammen mit der Miete eine Vorauszahlung auf die Betriebskosten zuzüglich jeweils geltender Umsatzsteuer (Mehrwertsteuer). Die Vereinbarungen zur Fälligkeit und Zahlungsart der Miete gelten auch für die Betriebskostenvorauszahlungen.

Die Vorauszahlung beträgt

für die Heiz- und Warmwasserkosten	..... €
für alle sonstigen Betriebskosten	..... €
Zwischensumme	..... €
Umsatzsteuer (Mehrwertsteuer)	..... €
Endsumme Heiz- und Betriebskosten	..... €

(6) Die vom Vermieter zu erstellenden Abrechnungen erfassen einen Zeitraum von jeweils einem Jahr. Dem Vermieter obliegt die Wahl zwischen einem Zeitjahr (= Zeitraum von

einem Jahr ab Beginn des Mietverhältnisses) oder dem Kalenderjahr. Beginnt das Mietverhältnis nicht mit dem 01.01. eines Jahres und will der Vermieter nach dem Kalenderjahr abrechnen, darf er den Zeitraum bis zum 01.01. zusammen mit der Abrechnung des Folgejahres abrechnen.

(7) Der Mieter kann innerhalb von vier Wochen nach Zugang der Abrechnung Einsicht in die Abrechnungsunterlagen am Sitz des Vermieters oder Übersendung von Kopien gegen einen pauschalierten Betrag von 0,50 € pro Kopie verlangen. Widerspricht der Mieter der Abrechnung nicht innerhalb von weiteren vier Wochen schriftlich, gilt diese als anerkannt, sofern der Vermieter in der Abrechnung auf diese Frist und die Rechtsfolge ausdrücklich hingewiesen hat. Verlangt der Mieter keine Belegeinsicht innerhalb von vier Wochen ab Zugang der Abrechnung, werden Nachzahlungen des Mieters bzw. Erstattungen des Vermieters nach diesen vier Wochen fällig.

(8) Der Vermieter kann die Vorauszahlungen für die Zukunft erhöhen, wenn sie den auf den Monat umgerechneten Abrechnungsbetrag um mehr als 10 % unterschreiten. Der Mieter kann Herabsetzung der Vorauszahlungen für die Zukunft verlangen, wenn sie den auf den Monat umgerechneten Abrechnungsbetrag um mehr als 10 % überschreiten. Erhöhungs- bzw. Herabsetzungmaßstab ist die prozentuale (auf glatte Zahlen aufgerundete) Abweichung von dem auf den Monat umgerechneten Abrechnungsbetrag.

Formulierungsvorschlag: Umlage neuer Betriebskosten

1129

Die Vertragspartner sind sich darüber einig, dass nach Vertragsschluss neue Betriebskosten, Steuern und Gebühren auf den Vermieter zukommen können, deren Umlage auf den Mieter vereinbart worden wäre, wenn sie bereits bei Vertragsschluss bekannt gewesen wären. Der Vermieter ist deshalb berechtigt, solche neuen Betriebskosten des Mietobjekts auf den Mieter umzulegen. Um das wirtschaftliche Risiko für den Mieter aber zu begrenzen, sind die neuen Kosten der Höhe nach auf 12 % der vertraglich vereinbarten Betriebskosten begrenzt (d.h. der Mieter hat an neuen Betriebskosten jährlich höchstens einen Betrag von 12 % aus der Summe der von ihm nach dem Mietvertrag zu tragenden Betriebskosten zu bezahlen, z.B.: Summe der „alten" Betriebskosten: 8.000,00 €/Jahr × 12 % = 960,00 € Höchstzahlungbetrag für neue Betriebskosten).

Formulierungsvorschlag: Änderung von Nebenkostenvorauszahlungen

1130

Vermieter und Mieter sind berechtigt, schriftlich eine Erhöhung bzw. Herabsetzung der Vorauszahlungen auf die Heiz- und Nebenkosten zu verlangen, wenn sich diese Kosten insgesamt um mindestens 10 % erhöht oder vermindert haben. Berechnungsgrundlage dafür ist der Vergleich der angefallenen Kosten aus der jeweils letzten und der aktuellen Abrechnung für das Mietobjekt. Der Vermieter bestimmt dann die neue Höhe der Vorauszahlungen unter Berücksichtigung der letzten Abrechnung und der zu erwartenden Kosten nach billigem Ermessen. Der neue Betrag ist ab dem Kalendermonat fällig, der auf den Zugang des Erhöhungs- bzw. Herabsetzungsverlangens beim jeweiligen Vertragspartner folgt.

Werden Nebenkosten neu eingeführt, kann der Vermieter diese auf den Mieter umlegen und Vorauszahlungen entsprechend den vorgenannten Regeln erhöhen. Umgekehrt gilt dies entsprechend, wenn Nebenkosten ersatzlos wegfallen.

Formulierungsvorschlag: Ausschluss der Aufrechnung etc. bzgl. Nebenkostenvorauszahlungen

Eine Aufrechnung gegenüber Ansprüchen auf Zahlung von Nebenkostenvorauszahlungen oder eine Zurückbehaltung im Hinblick auf solche Ansprüche ist nicht zulässig.

4. Checkliste

Checkliste: Wirksame Erhöhung einer Betriebskostenpauschale

Hinweis:
Nach § 560 Abs. 1 Satz 1 BGB, der nur für Wohnraummiete gilt, ist der Vermieter berechtigt, bei einer Betriebskostenpauschale erhöhte Betriebskosten anteilig durch Erklärung in Textform auf den Mieter umzulegen, wenn dies im Mietvertrag vereinbart ist. Ein entsprechender Vorbehalt kann durch Individualabrede wirksam im Geschäftsraummietvertrag vereinbart werden. Mit nachfolgender Checkliste kann geprüft werden, ob eine wirksame Erhöhung durch den Vermieter erfolgt ist.

☐ Vertragliche Vereinbarung einer Betriebskostenpauschale? Pauschale = keine Abrechnung, keine Nachforderungen oder Erstattungen.
☐ Handelt es sich wirklich um eine Pauschale oder um eine Teilinklusivmiete? Dabei entfällt nach herrschender Meinung nämlich die Anpassungsmöglichkeit für den darin enthaltenen Betriebskostenanteil.[1979]
☐ Vertragliche Vereinbarung, dass der Vermieter die Pauschale (einseitig) anpassen kann?
☐ Tatsächliche Erhöhung der Betriebskosten in ihrer Gesamtheit? Die Summe muss sich erhöht haben (nicht ausreichend: Erhöhung einzelner Positionen bei gleichzeitiger Absenkung anderer).[1980]
☐ Erhöhungserklärung des Vermieters in Textform?
☐ Angabe und Erläuterung des Erhöhungsgrundes. Konkrete Bezeichnung, welche Betriebskosten sich verändert haben.
☐ Erläuternder Vergleich der alten und neuen Betriebskosten.
☐ Zugang der Erhöhungserklärung?
☐ Richtige Parteistellung? Mehrere Vermieter müssen gemeinsam die Erklärung abgeben; bei mehreren Mietern an alle gerichtet.

1979 Vgl. OLG Hamm, 20.08.1997 – 30 REMiet 2/97, NZM 1998, 70; OLG Hamm, 04.04.1987 – 4 REMiet 2/84, NJW 1985, 2034; OLG Zweibrücken, 21.04.1981 – 3 W 29/81, NJW 1981, 1622 OLG Karlsruhe, 22.04.1993 – 3 REMiet 1/93, NJW-RR 1993, 977.
1980 Vgl. OLG Celle, 29.12.1989 - 2 U 200/88, WuM 1990, 103.

5. Verordnung über die Aufstellung von Betriebskosten (Betriebskostenverordnung – BetrKV)[1981]

1133

> **Hinweis:**
> Eine ausdrückliche Bezugnahme darauf reicht nach der Rechtsprechung aus, um die darin enthaltenen Betriebskosten zu vereinbaren. Vorsorglich sollte der Text aber in den Vertrag integriert werden.

1134

§ 1 BetrKV
Betriebskosten

(1) Betriebskosten sind die Kosten, die dem Eigentümer oder Erbbauberechtigten durch das Eigentum oder Erbbaurecht am Grundstück oder durch den bestimmungsmäßigen Gebrauch des Gebäudes, der Nebengebäude, Anlagen, Einrichtungen und des Grundstücks laufend entstehen. Sach- und Arbeitsleistungen des Eigentümers oder Erbbauberechtigten dürfen mit dem Betrag angesetzt werden, der für eine gleichwertige Leistung eines Dritten, insbesondere eines Unternehmers, angesetzt werden könnte; die Umsatzsteuer des Dritten darf nicht angesetzt werden.

(2) Zu den Betriebskosten gehören nicht:

1. *die Kosten der zur Verwaltung des Gebäudes erforderlichen Arbeitskräfte und Einrichtungen, die Kosten der Aufsicht, der Wert der vom Vermieter persönlich geleisteten Verwaltungsarbeit, die Kosten für die gesetzlichen oder freiwilligen Prüfungen des Jahresabschlusses und die Kosten für die Geschäftsführung (Verwaltungskosten),*
2. *die Kosten, die während der Nutzungsdauer zur Erhaltung des bestimmungsmäßigen Gebrauchs aufgewendet werden müssen, um die durch Abnutzung, Alterung und Witterungseinwirkung entstehenden baulichen oder sonstigen Mängel ordnungsgemäß zu beseitigen (Instandhaltungs- und Instandsetzungskosten).*

§ 2 BetrKV
Aufstellung der Betriebskosten

Betriebskosten i.S.v. § 1 sind:

1. *die laufenden öffentlichen Lasten des Grundstücks, hierzu gehört namentlich die Grundsteuer;*
2. *die Kosten der Wasserversorgung, hierzu gehören die Kosten des Wasserverbrauchs, die Grundgebühren, die Kosten der Anmietung oder anderer Arten der Gebrauchsüberlassung von Wasserzählern sowie die Kosten ihrer Verwendung einschließlich der Kosten der Eichung sowie der Kosten der Berechnung und Aufteilung, die Kosten der Wartung von Wassermengenreglern, die Kosten des Betriebs einer hauseigenen Wasserversorgungsanlage und einer Wasseraufbereitungsanlage einschließlich der Aufbereitungsstoffe;*

[1981] BGBl. I, S. 2346.

3. *die Kosten der Entwässerung, hierzu gehören die Gebühren für die Haus- und Grundstücksentwässerung, die Kosten des Betriebs einer entsprechenden nicht öffentlichen Anlage und die Kosten des Betriebs einer Entwässerungspumpe;*

4. *die Kosten*

    a) *des Betriebs der zentralen Heizungsanlage einschließlich der Abgasanlage, hierzu gehören die Kosten der verbrauchten Brennstoffe und ihrer Lieferung, die Kosten des Betriebsstroms, die Kosten der Bedienung, Überwachung und Pflege der Anlage, der regelmäßigen Prüfung ihrer Betriebsbereitschaft und Betriebssicherheit einschließlich der Einstellung durch eine Fachkraft, der Reinigung der Anlage und des Betriebsraums, die Kosten der Messungen nach dem Bundes-Immissionsschutzgesetz, die Kosten der Anmietung oder anderer Arten der Gebrauchsüberlassung einer Ausstattung zur Verbrauchserfassung sowie die Kosten der Verwendung einer Ausstattung zur Verbrauchserfassung einschließlich der Kosten der Eichung sowie der Kosten der Berechnung und Aufteilung oder*

    b) *des Betriebs der zentralen Brennstoffversorgungsanlage, hierzu gehören die Kosten der verbrauchten Brennstoffe und ihrer Lieferung, die Kosten des Betriebsstroms und die Kosten der Überwachung sowie die Kosten der Reinigung der Anlage und des Betriebsraums oder*

    c) *der eigenständig gewerblichen Lieferung von Wärme, auch aus Anlagen im Sinne des Buchstabens a, hierzu gehören das Entgelt für die Wärmelieferung und die Kosten des Betriebs der zugehörigen Hausanlagen entsprechend Buchstabe a oder*

    d) *der Reinigung und Wartung von Etagenheizungen und Gaseinzelfeuerstätten, hierzu gehören die Kosten der Beseitigung von Wasserablagerungen und Verbrennungsrückständen in der Anlage, die Kosten der regelmäßigen Prüfung der Betriebsbereitschaft und Betriebssicherheit und der damit zusammenhängenden Einstellung durch eine Fachkraft sowie die Kosten der Messungen nach dem Bundes-Immissionsschutzgesetz;*

5. *die Kosten*

    a) *des Betriebs der zentralen Warmwasserversorgungsanlage, hierzu gehören die Kosten der Wasserversorgung entsprechend Nummer 2, soweit sie nicht dort bereits berücksichtigt sind, und die Kosten der Wassererwärmung entsprechend Nummer 4 Buchstabe a oder*

    b) *der eigenständig gewerblichen Lieferung von Warmwasser, auch aus Anlagen im Sinne des Buchstabens a), hierzu gehören das Entgelt für die Lieferung des Warmwassers und die Kosten des Betriebs der zugehörigen Hausanlagen entsprechend Nummer 4 Buchstabe a oder*

    c) *der Reinigung und Wartung von Warmwassergeräten, hierzu gehören die Kosten der Beseitigung von Wasserablagerungen und Verbrennungsrückständen im Innern der Geräte sowie die Kosten der regelmäßigen Prüfung der Betriebsbereitschaft und Betriebssicherheit und der damit zusammenhängenden Einstellung durch eine Fachkraft;*

6. *die Kosten verbundener Heizungs- und Warmwasserversorgungsanlagen*

    a) *bei zentralen Heizungsanlagen entsprechend Nummer 4 Buchstabe a und entsprechend Nummer 2, soweit sie nicht dort bereits berücksichtigt sind, oder*

b) bei der eigenständig gewerblichen Lieferung von Wärme entsprechend Nummer 4 Buchstabe c und entsprechend Nummer 2, soweit sie nicht dort bereits berücksichtigt sind, oder

c) bei verbundenen Etagenheizungen und Warmwasserversorgungsanlagen entsprechend Nummer 4 Buchstabe d und entsprechend Nummer 2, soweit sie nicht dort bereits berücksichtigt sind;

7. die Kosten des Betriebs des Personen- oder Lastenaufzugs, hierzu gehören die Kosten des Betriebsstroms, die Kosten der Beaufsichtigung, der Bedienung, Überwachung und Pflege der Anlage, der regelmäßigen Prüfung ihrer Betriebsbereitschaft und Betriebssicherheit einschließlich der Einstellung durch eine Fachkraft sowie die Kosten der Reinigung der Anlage;

8. die Kosten der Straßenreinigung und Müllbeseitigung, zu den Kosten der Straßenreinigung gehören die für die öffentliche Straßenreinigung zu entrichtenden Gebühren und die Kosten entsprechender nicht öffentlicher Maßnahmen; zu den Kosten der Müllbeseitigung gehören namentlich die für die Müllabfuhr zu entrichtenden Gebühren, die Kosten entsprechender nicht öffentlicher Maßnahmen, die Kosten des Betriebs von Müllkompressoren, Müllschluckern, Müllabsauganlagen sowie des Betriebs von Müllmengenerfassungsanlagen einschließlich der Kosten der Berechnung und Aufteilung;

9. die Kosten der Gebäudereinigung und Ungezieferbekämpfung, zu den Kosten der Gebäudereinigung gehören die Kosten für die Säuberung der von den Bewohnern gemeinsam genutzten Gebäudeteile, wie Zugänge, Flure, Treppen, Keller, Bodenräume, Waschküchen, Fahrkorb des Aufzugs;

10. die Kosten der Gartenpflege, hierzu gehören die Kosten der Pflege gärtnerisch angelegter Flächen einschließlich der Erneuerung von Pflanzen und Gehölzen, der Pflege von Spielplätzen einschließlich der Erneuerung von Sand und der Pflege von Plätzen, Zugängen und Zufahrten, die dem nicht öffentlichen Verkehr dienen;

11. die Kosten der Beleuchtung, hierzu gehören die Kosten des Stroms für die Außenbeleuchtung und die Beleuchtung der von den Bewohnern gemeinsam genutzten Gebäudeteile, wie Zugänge, Flure, Treppen, Keller, Bodenräume, Waschküchen;

12. die Kosten der Schornsteinreinigung, hierzu gehören die Kehrgebühren nach der maßgebenden Gebührenordnung, soweit sie nicht bereits als Kosten nach Nummer 4 Buchstabe a berücksichtigt sind;

13. die Kosten der Sach- und Haftpflichtversicherung, hierzu gehören namentlich die Kosten der Versicherung des Gebäudes gegen Feuer-, Sturm-, Wasser- sowie sonstige Elementarschäden, der Glasversicherung, der Haftpflichtversicherung für das Gebäude, den Öltank und den Aufzug;

14. die Kosten für den Hauswart, hierzu gehören die Vergütung, die Sozialbeiträge und alle geldwerten Leistungen, die der Eigentümer oder Erbbauberechtigte dem Hauswart für seine Arbeit gewährt, soweit diese nicht die Instandhaltung, Instandsetzung, Erneuerung, Schönheitsreparaturen oder die Hausverwaltung betrifft; soweit Arbeiten vom Hauswart ausgeführt werden, dürfen Kosten für Arbeitsleistungen nach den Nummern 2 bis 10 und 16 nicht angesetzt werden;

15. die Kosten

a) des Betriebs der Gemeinschafts-Antennenanlage, hierzu gehören die Kosten des Betriebsstroms und die Kosten der regelmäßigen Prüfung ihrer Betriebsbereitschaft einschließlich der Einstellung durch eine Fachkraft oder das Nutzungsentgelt für eine nicht zu dem Gebäude gehörende Antennenanlage sowie die Gebühren, die nach dem Urheberrechtsgesetz für die Kabelweitersendung entstehen, oder

b) des Betriebs der mit einem Breitbandkabelnetz verbundenen privaten Verteilanlage, hierzu gehören die Kosten entsprechend Buchstabe a, ferner die laufenden monatlichen Grundgebühren für Breitbandkabelanschlüsse;

16. die Kosten des Betriebs der Einrichtungen für die Wäschepflege, hierzu gehören die Kosten des Betriebsstroms, die Kosten der Überwachung, Pflege und Reinigung der Einrichtungen, der regelmäßigen Prüfung ihrer Betriebsbereitschaft und Betriebssicherheit sowie die Kosten der Wasserversorgung entsprechend Nummer 2, soweit sie nicht dort bereits berücksichtigt sind;

17. sonstige Betriebskosten, hierzu gehören Betriebskosten im Sinne des § 1, die von den Nummern 1 bis 16 nicht erfasst sind.

§ 12 Mieterhöhung

		Rn.
I.	Überblick	1135
II.	Mieterhöhung durch nachträgliche Vereinbarung	1137
III.	Mieterhöhung durch Änderungskündigung	1141
IV.	Automatische Wertsicherungsklausel	1143
	1. Überblick	1143
	2. Anwendbarkeit des PrKG oder des PaPkG i.V.m. PrKV	1148
	3. Wirksame Klauselvereinbarung nach dem PrKG	1150
	a) Verbotsgrundsatz mit Ausnahmevorbehalt	1150
	b) Bedingt zulässige Indexklauseln	1154
	aa) Erste Voraussetzung: zehn Jahre	1155
	bb) Zweite Voraussetzung: Bestimmtheitsgebot	1158
	cc) Dritte Voraussetzung: keine unangemessene Benachteiligung	1160
	c) Rechtsfolgen eines Verstoßes gegen das PrKG	1166
	aa) Grundsätze	1166
	bb) Rechtskräftige Feststellung	1168
	cc) Keine Rückwirkung und Folgen für Zahlungsansprüche	1169
	dd) Genügt auch die gerichtliche Feststellung der Unwirksamkeit nach AGB-Recht?	1174
	ee) Führt ein Verstoß gegen das PrKG zur Gesamtnichtigkeit des Vertrages?	1175
	ff) Umdeutung unwirksamer Klauseln	1177
	gg) Führt ein Verstoß gegen das PrkG zur Unwirksamkeit der Wertsicherungsklausel nach AGB-Recht?	1178
	hh) Welche Folge hat ein Formmangel nach § 550 BGB für die Wertsicherungsklausel?	1179
	4. Mieterhöhungsvereinbarungen nach dem PaPkG und der PrKV („Altverträge")	1180
	a) Grundsatz: nur noch ausnahmsweise Anwendung	1180
	b) Genehmigungspflicht und Ausnahmen	1183
	5. Berechnung der Mieterhöhung	1186
	a) Überblick	1186
	b) Klausel mit Indexpunkten	1187
	c) Klausel mit Prozent	1191
	6. Behandlung von Alt-Klauseln mit nicht mehr existierenden Indizes	1192
	7. Eintritt der Erhöhung, Fälligkeit der erhöhten Miete, rückwirkende Mieterhöhung	1197
V.	Staffelmiete	1203
	1. Grundsätze	1203
	2. Kombination von Staffelmiete und Wertsicherungsklausel	1206
	3. Absinkende Marktmiete und höhere Staffelmiete	1209
VI.	Leistungsvorbehalts- bzw. Anpassungsklausel	1212
	1. Überblick	1212
	2. Klauselinhalt	1213
	3. Risiko: auslegungsbedürftige Klauseln	1219
	4. Gutachter- und Schiedsklausel	1223
	5. Verknüpfung mit anderen Klauselarten	1226
VII.	Marktmietklauseln	1227
VIII.	Spannungsklausel	1230
IX.	Umsatz- und Gewinnbeteiligungsklausel	1232
X.	Preis- und Kostenelementeklausel	1235
XI.	Neuverhandlungsklausel	1236
XII.	Mieterhöhung wegen Modernisierungsmaßnahmen	1237
XIII.	Mieterhöhung und Schriftform nach § 550 BGB	1241
XIV.	Verjährung und Verwirkung	1244
XV.	Gerichtsverfahren	1247
XVI.	Streitwert	1249
XVII.	Vertragsgestaltung	1252
	1. Wertsicherungsklausel	1252
	2. Indexfreie Zeit	1253
	3. Umdeutungsklauseln, Klauseln im Hinblick auf § 8 Satz 1 PrKG	1256
XVIII.	Arbeits- und Beratungshilfen	1260
	1. Schnellüberblick Grundsatz-Rechtsprechung des BGH	1260
	2. Schnellüberblick aktuelle Rechtsprechung der Instanzgerichte	1261
	3. Formulierungsvorschläge	1262
	a) Staffelmiete	1262
	aa) Erhöhungsbetrag	1262
	bb) Erhöhungsquote	1263
	b) Automatische Wertsicherung	1264

		aa)	Prozentregelung	1264
		bb)	Punkteregelung	1265
		cc)	Jährliche Anpassung	1266
	c)		Leistungsvorbehalts- bzw. Anpassungsklausel	1267
	d)		Mieterhöhung wegen Modernisierungsmaßnahmen	1268
	e)		Mieterhöhung wegen anderer zweckmäßiger Maßnahmen	1269
4.			Checklisten zu Mieterhöhungsmöglichkeiten	1270
	a)		Mieterhöhung durch nachträgliche Vereinbarung	1270
	b)		Mieterhöhung durch vertragliche Vereinbarung	1271
		aa)	Staffelmietvereinbarung	1271
		bb)	Automatische Wertsicherungsklausel	1272
		cc)	Leistungsvorbehalts- /Anpassungsklausel	1273
		dd)	Spannungsklausel	1274

I. Überblick

Anders als im Wohnraummietrecht (§§ 557 ff. BGB) existiert keine gesetzliche Regelung, die es dem Vermieter von Geschäftsräumen ermöglicht, die Miete zu erhöhen. § 578 BGB verweist auf keine Erhöhungstatbestände des Wohnraummietrechts. An die vereinbarte Miete sind daher beide Vertragsteile für die Vertragsdauer gebunden, wenn nicht eine der folgenden Situationen vorliegt: 1135

- Die Parteien einigen sich während der Vertragslaufzeit über eine Änderung der Miete,
- der Vermieter kündigt wirksam (Änderungskündigung) oder lässt den Vertrag berechtigt auslaufen, um mit dem Mieter neu zu verhandeln,
- der Mietvertrag enthält eine wirksame Vereinbarung über die Erhöhung der Miete.

Das Sinken der Kaufkraft des Geldes führt nicht zu einem Wegfall der Geschäftsgrundlage und gibt dem Vermieter nicht das Recht, eine Mieterhöhung zu fordern. Eine vertraglich vereinbarte Wertsicherung ist daher unbedingt empfehlenswert, damit eine Erhöhung nicht vom „Goodwill" des Mieters abhängt. Wegen ihrer v.a. bei langfristigen Verträgen enormen Bedeutung sollte sie immer im Vertragstext selbst und nicht in einem Anhang festgehalten werden, um evtl. Formprobleme gem. § 550 BGB u.Ä. von vornherein auszuschließen. Nachfolgend werden die **verschiedenen Gestaltungsmöglichkeiten** beschrieben, die auch formularmäßig vereinbart werden können. 1136

> **Praxistipp für Immobilienverwalter:**
>
> Da in gewerblichen Miet- und Pachtverhältnissen grds. ohne wirksame Vereinbarung keine Mieterhöhung durchsetzbar ist, muss der Vermietervertreter bei Vertragsabschluss sorgfältig prüfen, ob der Vertrag auch wirklich eine Erhöhung vorsieht und ob die konkrete Klausel wirksam ist. Da die Tücken hier im Detail stecken, sollte im Zweifel ein versierter Anwalt die Klauseln prüfen, damit sich nicht Jahre nach einem Erhöhungsverlangen deren Unwirksamkeit erweist und der Vermieter Regressansprüche geltend macht.
>
> Folgende Punkte sind vor Vertragsabschluss immer zu prüfen:
> - Enthält der Vertrag eine Erhöhungsklausel?
> - Bei AGB: Ist die Klausel wirksam?
> - Ist die Klausel zeitgemäß (z.B.: Bezugnahme auf einen bestehenden, aktuellen Index)?

> Beansprucht der Vermieter von Gewerberäumen eine Mieterhöhung, obwohl der Mietvertrag eine solche nicht vorsieht, verletzt er schuldhaft seine Pflichten aus dem Mietverhältnis und muss die Kosten des vom Mieter beauftragten RA übernehmen.[1982]

> **Hinweis:**
> Nachträgliche Änderungen der Miethöhe können bei Zeitmietverträgen gem. § 550 BGB zu einer Verletzung der Schriftform und damit zur vorzeitigen Kündbarkeit führen. Ein Formverstoß wirkt sich zwar grds. nicht auf den gesamten Vertrag aus, sondern nur auf die Ergänzungsvereinbarung, erfasst aber bei einer Änderung der Miete dennoch den Hauptvertrag, da dieser nicht nur ergänzt, sondern sein Inhalt geändert wird.[1983] Ein Zeitmietvertrag wird dann gem. § 550 BGB wegen Verletzung der Schriftform vorzeitig kündbar.

II. Mieterhöhung durch nachträgliche Vereinbarung

1137 Fehlt eine Mieterhöhungsklausel, kann eine Änderung der Miete während der Laufzeit des Vertrages gegen den Willen des Vertragspartners nicht erreicht werden. Der Vermieter hat keinen gesetzlichen Anspruch auf eine Mieterhöhung. Voraussetzung für eine wirksame Mieterhöhung ist in diesem Fall **Einigkeit zwischen den Parteien** über den Wirksamkeitszeitpunkt und die Höhe des zu ändernden Betrages, sofern Letzteres nicht ausnahmsweise gem. § 315 BGB einer Partei oder gem. § 317 BGB einem Dritten überlassen wird.

1138 Eine Einigung über die Mieterhöhung kann ausdrücklich oder **konkludent**, z.B. durch Zahlung der höheren Miete, erfolgen.[1984]

Beispiel:

Wird eine vom Vermieter geltend gemachte unberechtigte Mietanpassung vom Mieter nicht beanstandet und zahlt dieser widerspruchslos die erhöhte Miete für einen Zeitraum von nahezu 18 Monaten, liegt hierin grds. eine konkludente Vereinbarung über die Mieterhöhung.[1985]

1139 Da die Miethöhe eine der wesentlichen Vertragsbestimmungen darstellt, ist für die Annahme einer konkludenten Änderung eine Zahlungsdauer von mindestens neun Monaten zu fordern. Die Anforderungen an die Dauer sinken, wenn der Mieter die erhöhte Zahlung selbst angewiesen hat (bspw. Änderung des Dauerauftrages), sie steigen, wenn die erhöhte Zahlung vom Vermieter ausgeht, indem dieser aufgrund einer Einzugsermächtigung einen höheren Betrag einzieht und der Mieter dies (nur) duldet.

1982 AG Spandau, 22.10.2009 – 9 C 216/09, InfoM 2009, 475: Unwirksame einseitige „Mieterhöhungserklärung" bei einer Arztpraxis.
1983 BGH, 26.02.1992 – XII ZR 129/90, WuM 1992, 316 = NJW 1992, 2283 = MDR 1992, 771; OLG Düsseldorf, 15.10.1987 – 10 U 42/87, NJW-RR 1988, 398 = ZMR 1988, 58.
1984 BGH, 29.06.2005 – VIII ZR 182/04, NZM 2005, 736 (Wohnraum): Änderung eines Dauerauftrags; BGH, 08.10.1997 – VIII ZR 373/96, NZM 1998, 102 = WuM 1998, 100 (Wohnraum); OLG Karlsruhe, 10.12.2002 – 17 U 97/02, NZM 2003, 513; OLG Hamburg, 06.02.1985 – 4 U 30/84 und 4 U 42/84, ZMR 1985, 237; Schultz, in: Bub/Treier, Kap. III Rn. 538 m.w.N.
1985 OLG Karlsruhe, 10.12.2002 – 17 U 97/02, NZM 2003, 513.

Die Mieterhöhungsvereinbarung bleibt für die Vertragsdauer bis zu einer etwaigen erneuten Änderung wirksam, als Individualabrede grds. auch trotz einer Schriftformklausel (§ 305b BGB). 1140

III. Mieterhöhung durch Änderungskündigung

Bei Verträgen mit gesetzlicher Kündigungsfrist (§ 580a BGB), die in der Praxis die Ausnahme sind, darf jede Vertragspartei durch eine Änderungskündigung eine Erhöhung oder Senkung der Miete verlangen, ohne dass dies eine **unzulässige Rechtsausübung** darstellt. Der Vermieter darf also den Mietvertrag kündigen und kann dies damit verbinden, dass er zu einer Fortsetzung unter der Bedingung einer erhöhten Miete bereit wäre. Zulässig ist auch eine durch Annahme eines Erhöhungsangebots **auflösend bedingte Kündigung**. In diesem Fall kündigt der Vermieter zum Ablauf der regulären Kündigungsfrist für den Fall, dass der Mieter dem beiliegenden Erhöhungsangebot nicht bis zum Ablauf einer Annahmefrist zustimmt, ggf. auch durch direkte Zahlung der erhöhten Miete. 1141

> *Beispiel:*
>
> *Der Vermieter schreibt Folgendes: „Hiermit kündigen wir das Mieterverhältnis mit gesetzlicher Frist zum 30.09.2009. Für den Fall, dass Sie bereit sind, ab dem 01.04.2009 eine erhöhte Miete von ... € zzgl. MWSt. pro Monat zu zahlen, wird die Kündigung unwirksam. Wir erbitten höflich Ihre Bestätigung bis zum 15.04.2009, danach fühlen wir uns an unser Angebot nicht mehr gebunden. Die fristgemäße Zahlung der erhöhten Miete werten wir als Zustimmung."*

Es handelt sich dabei um ein Angebot zur Vertragsänderung, das der Mieter annehmen kann, aber nicht muss. Stimmt er zu, liegt eine Änderung des bisherigen Vertrags vor (zum Schriftformrisiko → *Rn. 377 ff.*), stimmt er nicht zu, bleibt es bei der Kündigung. 1142

IV. Automatische Wertsicherungsklausel

1. Überblick

Durch eine Wertsicherungsklausel (auch: Preisgleitklausel) soll die Entwicklung der Miete an die Entwicklung bestimmter Güter oder Leistungen **gekoppelt** werden, d.h. die Miete soll sich dann ändern, wenn sich auch der Bezugsfaktor ändert. Verbraucherpreisindizes sind damit ein Hilfsmittel, um laufende Mieten oder Pachten durch Vereinbarung von Preisklauseln bzw. Wertsicherungsklauseln wertbeständig zu halten. Wegen ihrer Verbreitung gerade bei Geschäftsraummiete können Wertsicherungsklauseln grds. nicht als überraschende Klauseln i.S.d. §§ 305 ff. BGB angesehen werden. Üblich war früher die **Kopplung an den Lebenshaltungsindex**, entweder bei Überschreitung einer bestimmten Veränderungshöhe (z.B. bei mehr als zehn Punkten) oder als jährliche Anpassung unabhängig von der Indexhöhe. Seit dem 01.01.2003 werden vom Statistischen Bundesamt nur noch folgende Indizes veröffentlicht, alle anderen Indizes wurden eingestellt: 1143

- Verbraucherpreisindex für Deutschland (VPI: dieser Index ist der gebräuchlichste und auch empfehlenswerteste bei gewerblichen Miet- und Prachtverträgen),
- harmonisierter Verbraucherpreisindex für die EU-Mitgliedsstaaten (HVPI).

- Index der Einzelhandelspreise.

1144 Weggefallen sind damit ab 2003:
- Index für den 4-Personen-Haushalt von Arbeitern und Angestellten mit mittlerem Einkommen,
- Index für den 4-Personen-Haushalt von Angestellten und Beamten mit höherem Einkommen,
- Index für den 2-Personen-Rentnerhaushalt mit geringem Einkommen.

Der VPI misst die durchschnittliche Preisveränderung aller Waren und Dienstleistungen in Deutschland, die von privaten Haushalten für Konsumzwecke gekauft werden; er bildet die Verbraucherpreise umfassend ab.[1986]

> **Hinweis:**
> Die aktuellen Indizes finden sich auf der Homepage des Statistischen Bundesamtes *www.destatis.de*.

1145 In der Praxis relevant ist z.B. auch der von 13 statistischen Landesämtern errechnete jeweilige länderspezifische Verbraucherpreisindex. Den vom Statistischen Bundesamt und den statistischen Landesämtern ermittelten Verbraucherpreisindizes liegt eine den Verbrauchsverhältnissen entsprechende Gewichtung bestimmter Waren und Leistungen (sog. **Warenkorb**) zugrunde. Sie geben an, um wie viel Prozent die Verbrauchsausgaben aller privaten Haushalte heute im Vergleich zu einem früheren Zeitpunkt allein infolge von Preisveränderungen gestiegen oder gesunken sind. Dieser „Warenkorb" wird etwa alle fünf Jahre (ohne festen Rhythmus) neu bestimmt.

1146 Bis zum 31.12.1998 mussten Indizes-Klauseln nach § 3 WährG aus währungspolitischen Gründen generell von der Deutschen Bundesbank bzw. den Landeszentralbanken genehmigt werden. Im Hinblick auf den Übergang der Währungshoheit auf die Europäische Zentralbank hob der Gesetzgeber die genannten Vorschriften im Euro-Einführungsgesetz (EuroEG) auf. Zugleich fügte er zum 01.01.1999 - jetzt aber mit dem Ziel des Schutzes der heimischen Wirtschaft und ihrer Stabilität - in das Preisangabengesetz, das gleichzeitig die neue Bezeichnung "Preisangaben- und Preisklauselgesetz" (PaPkG)[1987] erhielt, in § 2 das grundsätzliche Verbot von Wertsicherungsklauseln ein. Die konkrete Durchführung regelte die Preisklauselverordnung (PrKV).[1988] Am 14.09.2007 ist das Gesetz über das Verbot der Verwendung von Preisklauseln bei der Bestimmung von Geldschulden v. 07.09.2007 (**Preisklauselgesetz – PrKG**)[1989] in Kraft getreten, das nun federführend für Neuverträge ein grds. Indexierungsverbot mit Legalausnahme normiert. Ein behördliches Genehmigungsverfahren ist damit nun nicht mehr vorgesehen. Das nach altem Recht vorgeschriebene Genehmigungsverfahren ist abgeschafft und durch ein System von gesetzlich vorgeschriebenen Kriterien („Legalausnahmen") ersetzt worden, wo-

---

1986 LG Köln, 20.05.2010 – 22 O 179/09, IMR 2010, 379.
1987 BGBl. I 1998, S. 1242/1253.
1988 BGBl. I 1998, S. 3043.
1989 BGBl. I, S. 2246.

nach Wertsicherungsklauseln, bei denen nach dem alten Recht ein Rechtsanspruch auf Erteilung einer Genehmigung bestand, nunmehr ohne Genehmigung zulässig sind.[1990] Nach wie vor greifen für Wohnraummietverträge die Sonderregeln des BGB. Nach altem Recht genehmigte Klauseln bleiben wirksam.

Das Verbot der Indexierung durch das PrKG verfolgt in erster Linie **währungspolitische Ziele**; es soll inflationären Tendenzen entgegen wirken.[1991] Grds. ist es unzulässig, dauerhaft zu leistende Zahlungen so an den Verbraucherpreisindex zu knüpfen, dass Indexveränderungen automatisch zur Änderung der wiederkehrenden Zahlungen führen. Ausnahmen von dieser Regelung sieht das Gesetz u.a. vor für die Indexmiete bei Wohnraum (§ 1 Abs. 3 PrKlG), für Erbbaurechtsverträge (§ 4 PrKlG) und für Preisklauseln in bestimmten Verträgen über wiederkehrende Zahlungen (§ 3 PrKG).

Die Parteien können vereinbaren, dass die Veränderung des Indexes in Punkten oder in Prozenten gemessen werden kann. Die Mieterhöhung kann also entweder daran gekoppelt werden, dass ein Mindest-Indexanstieg erfolgt oder aber bei einer bestimmten prozentualen Erhöhung des Indexes. 1147

Wichtig: Rechnerisch ist dies nicht identisch, was in der Praxis oft übersehen wird.

Beispiel:

Im Vertrag ist vereinbart, dass eine Erhöhung erfolgt, wenn sich der Index um 10 % verändert. Steigt dieser nun von 140 auf 152 Punkte, liegt rechnerisch eine Steigerung von 12 Punkten, aber nur 8,5 % vor, sodass keine Erhöhung verlangt werden kann. Wurde aber ein Indexanstieg von zehn Punkten vereinbart, kann bereits die Erhöhung verlangt werden.

Praxistipp:

Nur mit einer Regelung, die sich auf eine Prozentveränderung bezieht, sind die Vertragspartner vom turnusmäßigen Wechsel der Basisjahre unabhängig. Für die Prozentberechnung ist keine Bezugnahme auf ein Basisjahr erforderlich! Die praktische Handhabung ist damit grds. einfacher als bei einer Punkte-Klausel. Daher sollten zur Vereinfachung in neu abzuschließenden Verträgen eher Prozentklauseln vereinbart werden. Durch die Konsistenz der preisstatistischen Nachweisungen der amtlichen Statistik lassen sich die aktuellen Werte des Verbraucherpreisindexes für Deutschland unmittelbar den Veröffentlichungen der amtlichen Statistik entnehmen.[1992]

Hinweis:

Bei der Punkteklausel muss vereinbart werden, welches Basisjahr mit einem Index von 100 % gleichgesetzt werden soll. Das Basisjahr wurde im Februar 2008 **von 2000 auf 2005 (= 100)** umgestellt. Eine solche „allgemeine" Umstellung erfolgt durch das statistische

---

1990 OLG Celle, 20.12.2007 – 4 W 220/07, NZM 2008, 301 zu einer Erbauzins-Wertsicherungsklausel.
1991 BGH, 24.03.2010 – VIII ZR 304/08, MDR 2010, 681, Rn. 31 unter Verweis auf BR-Drucks. 68/07, S. 68; Neuhaus, Indexklauseln in gewerblichen Mietverträgen – Kernprobleme des neuen Preisklauselgesetzes, MDR 2010, 848.
1992 Vgl. *www.destatis.de*.

Bundesamt etwa alle fünf Jahre, sodass die Basisjahre „veralten". Solche Umstellungen sind für die Mietparteien, die natürlich von dem ausgehen, was im Vertrag als Basisjahr genannt ist, unangenehm, aber letztlich unvermeidlich, da ein Preisindex um so unrealistischer wird, je weiter er sich von dem Basisjahr entfernt. Bei Einführung eines neuen Indexes ist es dann rechnerisch erforderlich, den Indexwert des alten Basisjahres mit dem neuen zu verknüpfen, d.h. den alten Wert auf die neue Basis umzustellen. Das Statistische Bundesamt stellt dazu unter *www.destatis.de*, auf Anforderung auch schriftlich, ein Rechenprogramm und diverse Anleitungen zur Verfügung.

Wichtig: Es wird lediglich umgerechnet, sodass kein neues Basisjahr vertraglich vereinbart werden muss.

Das Basisjahr für die Indexierung darf nicht vergessen werden. Das Basisjahr kann frei zwischen den Parteien gewählt werden. Weit zurückliegende Basisjahre könnten aber als überraschende Klauseln nach § 305c BGB angesehen werden und sind zudem für die Berechnung unpraktisch. Schon aus Praktikabilitätsgründen sollte immer das derzeit geläufigste Basisjahr verwendet werden.

2. Anwendbarkeit des PrKG oder des PaPkG i.V.m. PrKV

1148 Preisklauseln, die nach dem 13.09.2007 (Inkrafttreten des PrKG) vereinbart wurden, sind grds. zulässig, wenn sie den Anforderungen des PrKG entsprechen. Erfasst werden nicht nur **Neuabschlüsse** von gewerblichen Miet- und Pachtverträgen, sondern auch **inhaltliche Änderungen** oder erstmalige Aufnahme von Wertsicherungsklauseln in Bestandverträgen ab dem 14.09.2007.

1149 Auf **Klauseln in Altverträgen** (Vereinbarung vor dem 14.09.2007), deren Genehmigung bis dahin beim Bundesamt für Wirtschaft und Ausfuhrkontrolle beantragt wurde, sind nach § 9 Abs. 2 PrKG die bislang geltenden Vorschriften des PaPkG und der PrKV weiter anzuwenden. Nach § 2 PaPkG in der bis zum 13.09.2007 geltenden Fassung erteilte Genehmigungen gelten nach § 9 Abs. 1 PrKG fort. Für Preisklauseln in vor Inkrafttreten der Preisklauselverordnung am 01.01.1999 geschlossenen Mietverträgen, die nicht nach § 3 Währungsgesetz zur Genehmigung vorgelegt wurden, gilt die Genehmigungsfiktion des § 4 PrKV a.F. und zwar auch dann, wenn der 10-Jahres-Zeitraum des § 4 Abs. 1 Nr. 2 PrKV a.F. bei Inkrafttreten der PrKV bereits abgelaufen war.[1993] Die Genehmigungsfiktion des § 4 PrKV a.F. ist durch die entsprechende Fiktion des § 3 Abs. 1 Nr. 1 Buchst. e) PrKG ersetzt worden.

> **Praxistipp:**
> Es ist genau zu prüfen, wann die konkrete Klausel vereinbart wurde:
> - Klausel ab dem 14.09.2007 vereinbart: PrKG.
> - Klausel vor dem 14.09.2007 vereinbart und keine vorliegende Genehmigung oder Negativattest: PrKG.

1993 OLG Stuttgart, 22.02.2007 – 13 U 195/06; LG Köln, 20.05.2010 – 22 O 179/09, IMR 2010, 379.

- Klausel vor dem 14.09.2007 vereinbart und vorhandene Genehmigung oder Negativattest: PaPkG, PrKV.

- Klausel vor dem 14.09.2007 vereinbart und Genehmigung oder Negativattest beantragt: PaPkG, PrKV.

3. Wirksame Klauselvereinbarung nach dem PrKG

a) Verbotsgrundsatz mit Ausnahmevorbehalt

Mit dem ab 14.09.2007 geltenden PrKG sind die Sonderregeln für Mietverträge, die das PaKG und PrKV vorsieht, ersatzlos entfallen. Es gelten nun die allgemeinen Regeln. Im Wesentlichen führt die neue Rechtslage zu den gleichen Voraussetzungen wie nach altem Recht. Lediglich die Genehmigungsfiktion wurde mit geringfügigen Änderungen durch die Legalausnahme ersetzt. Geändert haben sich aber teilweise die Rechtsfolgen. Ziel des PrKG ist nicht, bisher zulässige Wertsicherungsklauseln zu verbieten. Vielmehr war das Ziel des Gesetzes, wie sich schon aus seiner Bezeichnung „2. Gesetz zum Abbau bürokratischer Hemmnisse insbesondere in der mittelständischen Wirtschaft" ergibt, die mit den nach altem Rechtszustand verbundenen Belastungen des Genehmigungsverfahrens für Vertragsparteien und insb. die bisher zuständige Behörde (Bundesamt für Wirtschaft und Ausfuhrkontrolle) zu vermeiden.[1994] Deshalb ist das nach altem Recht vorgeschriebene Genehmigungsverfahren abgeschafft und durch ein System von gesetzlich vorgeschriebenen Kriterien („Legalausnahmen") ersetzt worden, wonach Wertsicherungsklauseln, bei denen nach dem alten Recht ein Rechtsanspruch auf Erteilung einer Genehmigung bestand, nunmehr ohne Genehmigung zulässig sind.[1995]

1150

Nach der **Grundregel des § 1 Abs. 1 PrKG** sind Preisklauseln unzulässig, wenn die in Abhängigkeit gestellten Güter oder Leistungen nicht vergleichbar sind. § 1 Abs. 2 PrKG bestimmt folgende Klauseltypen als grds. immer zulässig, sodass dabei die anderen Ausnahmetatbestände des PrKG nicht vorliegen müssen:

1151

- Leistungsvorbehaltsklauseln,
- Spannungsklauseln (Gleitklauseln),
- Kostenelementeklauseln,
- Ermäßigungsklauseln.

> **Praxistipp:**
>
> Immer wenn die vorgenannten Klausearten vereinbart werden, gilt der Verbotsgrundsatz des PrKG nicht mehr. Dies sollte aber nicht dazu führen, diese Klauseln generell zu präferieren, da das Gesetz weitere Ausnahmen vorsieht, die in der Praxis eine saubere Handhabung von automatischen Wertsicherungsklauseln ermöglichen.

[1994] OLG Celle, 20.12.2007 – 4 W 220/07, NZM 2008, 301 zu einer Erbauzins-Wertsicherungsklausel.
[1995] OLG Celle, 20.12.2007 – 4 W 220/07, NZM 2008, 301 zu einer Erbauzins-Wertsicherungsklausel.

1152 Nach wie vor sind folgende Vereinbarungen vom Verbot ausgenommen:
- Umsatz- oder Ertragsklauseln, bei denen der Miet- oder Pachtzins an die Veränderung einer gewählten Bezugsgröße, z.B. Umsatz, Gewinn oder Ertrag des Mieters, gekoppelt wird.
- Staffelmiete, bei der die Mieterhöhung zu einem bestimmten Zeitpunkt von vornherein fest vereinbart wird.

1153 Nach § 2 PrKG sind die in §§ 3 bis 7 PrKG genannten Vereinbarungen für bestimmte Vertragsverhältnisse vom Preisklauselverbot ausgenommen und damit grds. zulässig (**bedingt zulässige Indexklauseln**). Bei Klauseln in langfristigen Verträgen gem. § 3 PrKG gilt dies jedoch nach § 2 Abs. 1 Nr. 1 PrKG nur, wenn die konkret vereinbarte Klausel **hinreichend bestimmt** ist und keine Partei **unangemessen benachteiligt** wird. Ähnlich wie bei § 307 Abs. 2 BGB finden sich in § 2 Abs. 2 und Abs. 3 PrKG gesetzliche Legaldefinitionen zur hinreichenden Bestimmtheit und unangemessenen Benachteiligung.

Zur Kombination von Indexklauseln mit anderen Klauseln (Umsatzmiete, Staffelmiete, Marktmiete) → *Rn. 1206 ff., 1261, 803*.

b) Bedingt zulässige Indexklauseln

1154 Gleitklauseln, die in Verträgen eine automatische Veränderung der Miete im selben Verhältnis wie die Veränderung eines Lebenshaltungskostenindexes vorsehen, sind nach § 3 Abs. 1 Nr. 1 PrKG nur wirksam, wenn die nachfolgenden Voraussetzungen kumulativ vorliegen:

aa) Erste Voraussetzung: zehn Jahre

1155 Es muss eine **langfristige Bindung** des Gläubigers vorliegen. Diese kann erreicht werden, indem der Vertrag
- auf Lebenszeit einer der Parteien geschlossen wird (§ 3 Abs. 1 Nr. 1a) PrKG),
- mindestens zehn Jahre Laufzeit hat (ohne ordentliche Kündigungsmöglichkeit, § 3 Abs. 1 Nr. 1d) PrKG),
- der Vermieter bei Verträgen mit unbestimmter Laufzeit für mindestens zehn Jahre auf sein Recht zur ordentlichen Kündigung verzichtet (§ 3 Abs. 1 Nr. 1e) PrKG),
- der Mieter einseitig berechtigt ist, die Vertragsdauer auf mindestens zehn Jahre zu verlängern (§ 3 Abs. 1 Nr. 1e) PrKG).

> **Hinweis:**
> Diese Voraussetzungen liegen auch bei „5 plus 5"-Vereinbarungen vor, wenn eine feste Laufzeit von fünf Jahren mit der zusätzlichen Option für den Mieter, einseitig um weitere fünf Jahre (oder länger) zu verlängern, vereinbart wird. Entscheidend ist einzig und allein, dass mindestens zehn Jahre erreicht werden, von denen sich der Vermieter nicht ordentlich lösen kann.
>
> Die Genehmigung einer automatischen Wertsicherungsvereinbarung in einem Immobilienmietvertrag wird nicht fingiert, wenn die von den Parteien erstrebte langfristige Bindung

> wegen Verfehlens der gesetzlich gebotenen Schriftform scheitert.[1996] D.h. also: **keine fingierte Genehmigung bei Schriftformverletzung**, weil dann der Vertrag nach § 550 BGB mit gesetzlicher Frist kündbar ist (dazu → *Rn. 443 ff.*).

Außerordentliche Kündigungsrechte des Vermieters sowie Kündigungsrechte für den Mieter stehen der langfristigen Bindung nicht entgegen. Maßgebliche **Zeitpunkte für die Berechnung der zehn Jahre** sind gem. § 3 Abs. 1 Nr. 1d) PrKG der Vertragsschluss (Beginn) und die Fälligkeit der letzten Zahlung (Ende). 1156

In der Praxis kann der 10-Jahres-Zeitraum aufgrund der Parteivereinbarungen z.B. in folgenden Fällen fraglich sein oder werden: 1157

- **Wird die Laufzeit bei einer „Vermietung vom Reißbrett" vom Vertragsabschluss an gerechnet oder ab Übergabe?** Nach § 3 Abs. 1 Nr. 1d PrKG sind die zehn Jahre „vom Vertragsabschluss bis zur Fälligkeit der letzten Zahlung" zu berechnen. Der Vertragsschluss liegt bei der Vermietung vom Reißbrett deutlich vor der eigentlichen Übergabe des Mietobjekts, die regelmäßig als Ausgangstermin für die Laufzeitbestimmung vereinbart wird, d.h. das Mietverhältnis soll nach dem Mietvertrag meist mit Übergabe beginnen. Verträge unter zehn Jahren, aber mit längerer „Vorlaufzeit" (Beispiel: Vertragsabschluss: 01.04.2010, neun Jahre Laufzeit ab Übergabe, Übergabe 01.05.2011) würden damit nach dem Wortlaut die Voraussetzung des § 3 Abs. 1 Nr. 1d PrKG erfüllen. Das ist abzulehnen, weil die Legalausnahme bezweckt, dem Vermieter einen Inflationsausgleich zu gewähren, dieser aber erst ab Mietzahlungsbeginn überhaupt greifen kann und Zahlungen üblicherweise erst mit Übergabe fällig werden. Aus der Gesetzesbegründung zum PrKG ergibt sich, dass der Gesetzgeber materiell-rechtlich nichts an dem in § 4 Abs. 1 PrKV geregelten Erfordernis einer 10-jährigen Laufzeit des Mietvertrags ändern wollte.[1997] Folge ist, dass nicht der Vertragsabschluss maßgeblich ist, sondern der tatsächliche Mietbeginn.[1998] Die Vertragsdauer berechnet sich daher ab dem Tag des Beginns des Mietverhältnisses und nicht ab dem Tag des Vertragsabschlusses.

- **Die Parteien verkürzen nachträglich die Laufzeit des Mietvertrages auf weniger als zehn Jahre:** Folge ist, dass die Preisklausel im Vertrag schwebend unwirksam wird, da die Gesamtmindestlaufzeit von zehn Jahren nicht mehr erreicht wird (§ 8 Satz 1 PrKG; Ausnahme: es handelt sich um eine Klausel aus einem vor dem 13.09.2007 abgeschlossenem Mietvertrag und bis zu diesem Tag wurde eine Genehmigung der BAFA beantragt; dann gilt PrKV a.F. weiter, § 9 Abs. 2 PrKG). Der Vermieter kann weiter die Miete erhöhen, solange die Unwirksamkeit nicht gerichtlich festgestellt ist; eine Rückforderung erhöhter Miete durch Mieter ist nicht möglich (§ 8 Satz 2 PrKG); → *Rn. 1169.* Als vertragliche Möglichkeit für den Mieter bietet es sich an, eine Klausel in den Nachtrag aufzunehmen, dass die Preisklausel ab Abschluss des Nachtrags unwirksam ist. Eine vertragliche Möglichkeit für den Vermieter zur Vermeidung eines Rechtsstreits wäre die Ersetzung der schwebend

---

[1996] OLG Rostock, 10.01.2005 – 3 U 61/04, NZM 2005, 507; Neuhaus, MDR 2010, 848.
[1997] Usinger, NZM 2009, 297, 298.
[1998] Aufderhaar/Jaeger, NZM 2009, 564, 568; Usinger, NZM 2009, 297, 298; Neuhaus, MDR 2010, 848, 850.

unwirksamen Preisklausel im Nachtrag durch eine Leistungsvorbehaltsklausel (§ 1 Abs. 2 Nr. 1 PrKG) oder eine Staffelmiete.[1999]

- **Ein Mietvertrag unterhalb der Laufzeit des § 3 Abs. 1 Nr. 1 PrKG wird durch Nachtrag auf über zehn Jahre verlängert, die Parteien vereinbaren eine Wertsicherungsklausel. Wirksam?** Der Wortlaut des § 3 Abs. 1 Nr. 1d PrKG („gerechnet vom Vertragsabschluss") spricht für die Wirksamkeit, da der Nachtrag den Vertrag nur verlängert, nicht aber ein neuer Vertrag geschlossen wird. Aber: Sinn und Zweck des PrKG ist die volkswirtschaftliche Verhinderung eines unverhältnismäßigen Preisauftriebs durch Einschränkung der Dispositionsfreiheit des Vermieters bei Vertragsabschluss. Durch den Nachtrag lebt diese Dispositionsfreiheit jedoch wieder auf. Der 10-Jahres-Zeitraum muss daher bei Vertragsschluss bzw. dem tatsächlichen Mietbeginn vorliegen, die Klausel ist unwirksam.[2000] Wegen § 8 Satz 1 PrKG handelt es sich aber nur um eine schwebende Unwirksamkeit.

- **Es erfolgt die Vertragsverlängerung eines ursprünglich zu kurzen Vertrages auf mindestens zehn Jahre nach Kündigung, Ablauf einer Kündigungsfrist oder nicht fristgemäß ausgeübter Option:** Da der ursprüngliche Vertrag durch die Kündigung etc. endete, handelt es sich um einen Neuabschluss. Enthält die Vereinbarung deshalb keinen neuen 10-Jahres-Zeitraum, sondern setzt den ursprünglichen Vertrag nur fort, ist die Preisklausel unwirksam.[2001]

- **Hinzunahme neuer Flächen durch Nachtrag (Neuanmietung, Flächentausch) im laufenden Mietverhältnis und Restlaufzeit von weniger als zehn Jahren:** § 3 Abs. 1 Nr. 1 PrKG ist so zu verstehen, dass er sich nicht auf den Mietvertrag an sich, sondern (zumindest auch) auf das konkrete Mietobjekt bezieht. Laufzeit und Fläche sind damit verknüpft, und es ist zu prüfen, ob die neu hinzugenommene Fläche für eine Mindestlaufzeit von zehn Jahren gemietet ist. Liegt für die neue Fläche die Restlaufzeit unter zehn Jahren, kann die Miete für diesen Teil der Mietfläche nicht wirksam mit der Preisklausel erhöht werden (Ausnahme: Anmietoption bereits bei Mietvertragsabschluss).[2002] Eine „Infektion" der ursprünglichen Fläche mit daraus folgendem komplettem Entfall der Mieterhöhungsmöglichkeit ist abzulehnen, da die Laufzeit des Mietverhältnisses für die Ursprungsfläche nie tangiert wurde.

bb) Zweite Voraussetzung: Bestimmtheitsgebot

1158   Die Preisklausel muss **an konkrete Wertmesser gekoppelt** sein (Bestimmtheitsgebot des § 2 Abs. 2 i.V.m. § 3 Abs. 1, Abs. 3 PrKG). Dies können sein:

- der vom Statistischen Bundesamt, einem Statistischen Landesamt oder vom Statistischen Amt der Europäischen Gemeinschaft ermittelte Lebenshaltungskostenindex (§ 3 Abs. 1 PrKG),
- die Wertentwicklung bei land- und forstwirtschaftlich genutzten Grundstücken, wenn der Mieter/Pächter einen land- oder forstwirtschaftlichen Betrieb betreibt (§ 3 Abs. 3, 2. Alt. PrKG),

---

[1999] Aufderhaar/Jaeger, NZM 2009, 564, 565; Neuhaus, MDR 2010, 848, 850.
[2000] Aufderhaar/Jaeger, NZM 2009, 564, 566; Neuhaus, MDR 2010, 848, 850.
[2001] Aufderhaar/Jaeger, NZM 2009, 564, 568; Neuhaus, MDR 2010, 848, 850.
[2002] Aufderhaar/Jaeger, NZM 2009, 564, 569; Neuhaus, MDR 2010, 848, 850.

- ein Index der künftigen Einzel- oder Durchschnittsentwicklung von Preisen oder Werten für Güter oder Leistungen, die der Schuldner in seinem Betrieb erzeugt, veräußert oder erbringt (§ 3 Abs. 3, 1. Alt. PrKG); gemeint ist damit ein Index, der – abhängig vom Einzelfall – die größte Nähe zum Betrieb des Mieters/Pächters aufweist.

Beispiele:
- *Branchenezogene Einzelwertmesser, d.h. bei einer Bäckerei wird die Miete an die Entwicklung der Brotpreise gekoppelt.*
  Koppelung an konkrete Indizes, etwa bei Lebensmittelgeschäften an den Index für den Facheinzelhandel mit Nahrungsmitteln, Getränken und Tabakwaren.

Pauschale Koppelungen wie etwa an die „allgemeine wirtschaftliche Lage" sind gem. § 2 Abs. 2 PrKG zu unbestimmt und reichen nicht aus.

cc) Dritte Voraussetzung: keine unangemessene Benachteiligung

Keine Vertragspartei darf gem. § 2 Abs. 1 PrKG **unangemessen benachteiligt** werden. Da Sinn und Zweck des PrKG nicht der Schutz eines Schwächeren ist (wie etwa bei den §§ 305 ff. BGB), sondern volkswirtschaftlich die Verhinderung eines unverhältnismäßigen Preisauftriebes, ist die unangemessene Benachteiligung nicht entsprechend § 307 BGB auf AGB-Klauseln beschränkt, sondern erfasst **auch individualvertragliche Vereinbarungen**.[2003]

Eine unangemessene Benachteiligung liegt nach § 2 Abs. 3 PrKG insb. vor, wenn
- einseitig ein Preis- oder Wertanstieg eine Erhöhung, nicht aber umgekehrt ein Preis- oder Wertrückgang eine entsprechende Ermäßigung des Zahlungsanspruchs bewirkt,

Beispiel:

Die Klausel lässt einseitig zwar bei einem Preisanstieg eine Mieterhöhung zu, aber im umgekehrten Fall keine Mietsenkung.
- nur eine Vertragspartei das Recht hat, eine Anpassung zu verlangen, oder
- der geschuldete Betrag sich ggü. der Entwicklung der Bezugsgröße unverhältnismäßig ändern kann.

> **Praxistipp:**
>
> Um Letzteres zu vermeiden, sollte in Neuverträgen eine prozentuale Anpassung vereinbart werden.

Die Verwendung des Begriffs „insbesondere" zeigt, dass auch andere Kriterien zu einer unangemessenen Benachteiligung führen können.

Kritisch sind sog. „Indexpunkte = Indexprozente-Klauseln", bei denen die Erhöhung des Indexes (z.B. um 15 Punkte) automatisch zu einer entsprechenden Steigerung der Miete um die entsprechende Prozentzahl führt (vgl. § 2 Abs. 3 Nr. 3 PrKG). Dies könnte man als eine unverhältnismäßige Änderung in Form einer **unproportionalen Erhöhung** interpretieren, weil ein

---

2003 Neuhaus, MDR 2010, 848, 849.

Punkt nicht einem Prozent entspricht. Viele Mietvertragsmuster enthalten hier missverständliche Formulierungen, wie z.B.:

„Verändert sich ... um mindestens 10 Punkte, so verändert sich die Miete entsprechend."

„... in dem gleichen prozentualen Verhältnis ...".

1164   Dies erweckt den Eindruck, als entspreche die Prozentzahl exakt der Punktezahl. Die Formulierung „entsprechend" ist aber dennoch zulässig, weil deutlich wird, dass keine rechnerisch vollkommen identische Anpassung erfolgen soll.[2004] Die zweite zitierte Formulierung lässt sich bei genauer lehrbuchmäßiger sprachlicher Auslegung zwar von der Formulierung „in demselben prozentualen Verhältnis" unterscheiden, wird aber im Allgemeinen genau in diesem Sinne verstanden. Es handelt sich damit zwar um eine unproportionale, aber nicht zwangsläufig dadurch auch unverhältnismäßige Änderung. Allein die Möglichkeit einer solchen Änderung bewirkt im gewerblichen Mietrecht aber noch keine unangemessene Benachteiligung i.S.v. § 2 Abs. 3 Nr. 3 PrKG.

> **Praxistipp:**
> Es sollte dennoch im Vertragstext deutlich herausgestellt werden, dass Punktveränderung **nicht gleich** Prozentveränderung ist und **umgerechnet werden muss**.

1165   Klauseln, die eine zwingende unproportionale Erhöhung vorsehen, benachteiligen den Mieter unangemessen und sind unwirksam.

Beispiel:

„Verändert sich der Index gegenüber dem Basisjahr 2000 um mindestens 10 Punkte, so verändert sich die Miete um 25 %".

Ein konkretes Beispiel für die Berechnung eines Anspruchs aus einer mehrjährigen Indexveränderung findet sich bei LG Köln, 20.05.2010 – 22 O 179/09, IMR 2010, 379.

c)   Rechtsfolgen eines Verstoßes gegen das PrKG

aa)   Grundsätze

1166   Verstößt eine Wertsicherungsklausel gegen § 1 Abs. 1 PrKG, so ist sie **unwirksam**. Die Unwirksamkeit tritt (erst) zum **Zeitpunkt der gerichtlichen Feststellung** ein, § 8 Satz 1 PrKG. Die Klausel bleibt nach § 8 Satz 1 PrKG also solange wirksam, bis der Verstoß gegen das PrKG und damit die Unwirksamkeit formell **rechtskräftig festgestellt** ist („schwebende Wirksamkeit"),[2005] es sei denn, die Parteien vereinbaren einen früheren Zeitpunkt (s. dazu unten „Vertragsgestaltung" → *Rn. 1252 ff.*). D.h.: eine Klausel ist nicht „automatisch" unwirksam, sondern erst dann, wenn dies auch gerichtlich durchgefochten und bestätigt ist. Die Unwirksamkeit wirkt also nur **ex nunc**. Seit Inkrafttreten des Preisklauselgesetzes am 14.09.2007 hängt damit die Wirksamkeit von Preisklauseln in Gewerbemietverträgen nur noch vom Ergeb-

---

2004   Neuhaus, MDR 2010, 848, 849.
2005   Grüneberg, in: Palandt, Anhang zu § 245, PrklG 8 Rn. 1.

nis ihrer gerichtlichen Überprüfung ab (§ 8 PrKG).²⁰⁰⁶ Formell erforderlich ist eine rechtskräftige, d.h. abschließende gerichtliche Entscheidung, also bspw. ein Urteil oder ein Beschluss, aber auch ein gerichtlich bestätigter Vergleich, was u.U. bei einem Kampf durch mehrere Instanzen Jahre dauern kann.²⁰⁰⁷

Die Erforderlichkeit der gerichtlichen Feststellung gilt auch für zum Zeitpunkt ihrer Vereinbarung genehmigungspflichtige, aber nicht genehmigte und daher unwirksame **Altklauseln** (= Verträge vor dem 14.09.2007 abgeschlossen), sofern deren Genehmigung nicht bis zum 13.09.2007 beim damals zuständigen Bundesamt für Wirtschaft und Ausfuhrkontrolle beantragt wurde. In diesem Fall beurteilt sich die Wirksamkeit gem. § 9 Abs. 2 PrKG noch nach altem Recht.²⁰⁰⁸

1167

bb) Rechtskräftige Feststellung

Was mit „**rechtskräftig festgestellt**" i.S.d. **§ 8 Satz 1 PrKG** prozessual gemeint ist, ergibt sich nicht aus dem Gesetz. Reicht es aus, wenn der Mieter sich gegen eine Erhöhungsklage des Vermieters (Leistungsklage) wehrt, das Gericht diese abweist und in den Urteilsgründen die Unwirksamkeit der Preisklausel „feststellt" oder muss es sich um ein Feststellungsurteil mit entsprechendem Tenor handeln, das also nur der Mieter durch eigene Klage oder Widerklage erwirken könnte? Nach **§ 322 Abs. 1 ZPO** ist ein Urteil nur insoweit der Rechtskraft fähig, als darin über den durch Klage und Widerklage erhobenen Anspruch entschieden ist. Die Rechtskraft beschränkt sich daher auf die Rechtsfolge, die den Entscheidungssatz bildet, den das Gericht aus dem Sachverhalt durch dessen Subsumtion unter das objektive Recht erschlossen hat;²⁰⁰⁹ sie erfasst nicht die Feststellung der zugrunde liegenden präjudiziellen Rechtsverhältnisse oder sonstigen Vorfragen, aus denen der Richter seinen Schluss gezogen hat.²⁰¹⁰ So wird z.B. bei einer auf § 985 BGB gestützten Herausgabeklage nicht mit Rechtskraft über das Eigentum entschieden, und ein Urteil auf Leistung von Miet- oder Darlehenszinsen stellt nicht das Bestehen des vertraglichen Grundverhältnisses rechtskräftig fest.²⁰¹¹ Eine solche Durchbrechung der Rechtskraft, also deren **Erstreckung auf Urteilsgründe**, ist auf besonders schwerwiegende, eng begrenzte Ausnahmefälle beschränkt, weil sonst die Rechtskraft ausgehöhlt, die Rechtssicherheit beeinträchtigt und der Rechtsfrieden infrage gestellt würde.²⁰¹² Solche Gründe sind bei Streitigkeiten über Wertsicherungsklauseln nicht ersichtlich.

1168

Da somit **nur der Urteilstenor**, nicht aber die Urteilsgründe in Rechtskraft erwachsen, ist ein Feststellungsurteil erforderlich.²⁰¹³ Ausreichend ist auch ein entsprechender Beschluss oder ein Vergleich, in dem die Unwirksamkeit festgestellt wird.

2006 OLG Brandenburg, 19.08.2009 – 3 U 135/08, IMR 2010, 96 = NZM 2009, 860 = NJW 2010, 876.
2007 Neuhaus, MDR 2010, 848, 850.
2008 OLG Brandenburg, 19.08.2009 – 3 U 135/08, IMR 2010, 96 = NZM 2009, 860 = NJW 2010, 876.
2009 BGH, 24.06.1993 – III ZR 43/92, NJW-RR 1994, 126 m.w.N.
2010 BGH, 13.11.1998 – V ZR 29/98, NZM 1999, 138 = ZMR 1999, 231 = WuM 1999, 169 m.w.N.
2011 BGH, 13.11.1998 – V ZR 29/98, NZM 1999, 138 = ZMR 1999, 231 = WuM 1999, 169 m.w.N.
2012 BGH, 24.06.1993 – III ZR 43/92, NJW-RR 1994, 126 m.w.N.
2013 Grüneberg, in: Palandt, Anhang zu § 245, PrklG 8 Rn. 1; Neuhaus, MDR 2010, 848, 851.

> **Praxistipp Mieter/Pächter:**
> Der Mieter sollte sofort nach „Entdeckung" einer kritischen Klausel klagen (Feststellungsklage, ggf. Zwischenfeststellungsklage, § 256 Abs. 2 ZPO). Klagt der Vermieter auf Zahlung rückständiger Beträge, kann der Mieter Feststellungswiderklage erheben, dass die Klausel unwirksam ist.

cc) Keine Rückwirkung und Folgen für Zahlungsansprüche

1169 Die gerichtliche Feststellung wirkt **nicht rückwirkend**, was sich aus § 8 Satz 2 PrKG und auch aus der Gesetzesbegründung ergibt, wonach „die Unwirksamkeit der Preisklausel ... vom Zeitpunkt des durch ein Gericht rechtskräftig festgestellten Verstoßes gegen die Regelungen des Preisklauselgesetzes mit Wirkung für die Zukunft gelten" soll.[2014] Wird also ein Urteil mit Ablauf der Berufungs- oder Revisionsfrist bspw. am 30.10.2012 rechtskräftig, ist die Klausel (erst) ab diesem Tag unwirksam. § 8 Satz 2 PrKG bestimmt daher folgerichtig, dass die Rechtswirkungen der Preisklausel bis zum Zeitpunkt der Unwirksamkeit unberührt bleiben. Dies bedeutet, dass die Unwirksamkeit nicht rückwirkend geltend gemacht werden kann, sodass bspw. frühere Zahlungen auf Mieterhöhungen (mit Ausnahme der aktuell im Rechtsstreit angegriffenen) nicht vom Mieter zurückgefordert werden können und der Vermieter Zahlung der höheren Miete fordern kann.[2015] Damit statuiert das Gesetz den Regelfall, dass **Rückforderungsansprüche wegen zu viel gezahlter Miete** aufgrund einer unwirksamen Preisklausel **ausgeschlossen** sind und der Mieter ferner verpflichtet ist, bis zur Rechtskraft die durch die Indexanpassung erhöhte Miete auch im Fall einer offensichtlich unwirksamen Klausel zu zahlen.[2016]

> **Hinweis:**
> Rückforderungen auf überzahlte Miete, die ab dem 14.09.2007 geltend gemacht werden, sind erst ab gerichtlicher Feststellung der Unwirksamkeit der Klausel begründet.

1170 Völlig ungeklärt ist die Frage, wie mit **Verzögerungen eines Rechtsstreits** umzugehen ist, etwa wenn sich das Gerichtsverfahren wegen Terminsverlegungen, Dezernatswechsel oder sonstigen den Ablauf hemmenden Umständen immer länger hinzieht. Während der Mieter an einer Beschleunigung interessiert ist, um die Unwirksamkeit möglichst bald feststellen zu lassen, nützt dem Vermieter die Verzögerung. Da das PrKG in erster Linie währungspolitische Ziele verfolgt und inflationären Tendenzen entgegen wirken soll,[2017] bezweckt es grds. keinen zivilrechtlichen Parteienschutz, sodass wie auch immer geartete Ansprüche daraus ggü. dem Vertragspartner oder Behörden nicht abzuleiten sind. Allgemeine Grundsätze wie das aus dem schuldrechtlichen Vertrag folgende Rücksichtnahmegebot oder das Verbot widersprüchlichen Verhaltens nach § 242 BGB können jedoch dazu führen, dass der Vermieter sich bemühen muss, Verzögerungen zu unterlassen oder so gering wie möglich zu halten. Kommt er dem nicht nach, ist er nach Treu und Glauben gehindert, Zahlungsansprüche für den Zeitraum der

---

2014 BT-Drucks. 16/4391, S. 21, Begründung zu § 8 PrKG.
2015 Ebenso Börstinghaus, Miethöhe-Handbuch, Kap. 10, Rn. 16; Grüneberg, in: Palandt, Anhang zu § 245, PrklG 8 Rn. 1.
2016 Hellner/Rousseau, NZM 2009, 301, 306; Neuhaus, MDR 2010, 848, 851.
2017 BGH, 24.03.2010 – VIII ZR 304/08, MDR 2010, 681, Rn. 31 unter Verweis auf BR-Drucks. 68/07, S. 68.

Verzögerung geltend zu machen, sofern ihn ein Verschulden trifft (für ein Verschulden seines Anwalts, der sein Erfüllungsgehilfe ist, hat er ggf. einzustehen). Entsprechendes gilt natürlich erst recht, wenn der Vermieter den Rechtsstreit vorsätzlich verzögert (dann ggf. auch Mieteranspruch aus § 826 BGB).

Zahlt der Mieter/Pächter auf das Erhöhungsverlangen nicht und gerät dadurch in „**rechnerischen**" **Zahlungsverzug** nach § 543 Abs. 2 (Verzug mit zwei Monatsmieten etc.), ist der Vermieter formell zur fristlosen Kündigung berechtigt. Es stellt sich die Frage, ob durch die Feststellung der Unwirksamkeit der Klausel in einem folgenden Rechtsstreit das für den Zahlungsverzug erforderliche Verschulden des Mieters (rückwirkend) entfällt und der Kündigungsgrund entfällt. Da die gerichtliche Feststellung nach § 8 Satz 2 PrKG **nicht rückwirkend** wirkt, war die Wertsicherungsklausel bis zu diesem Zeitpunkt wirksam, sodass der Vermieter die Erhöhung aufgrund einer wirksamen vertragliche Regelung zu Recht gefordert und der Mieter sie unberechtigt und damit schuldhaft mit der Folge des Zahlungsverzugs verweigert hat.[2018] Es ist zwar unbefriedigend, aber eine fristlose Kündigung ist damit wirksam.

1171

> **Praxistipp Mieter/Pächter:**
>
> Erhöht der Vermieter die Miete und erhebt bei Nichtzahlung selbst keine Zahlungsklage, muss auch bei einer unwirksamen Klausel bis zur gerichtlichen Feststellung der Unwirksamkeit gezahlt werden. Der Mieter kann dem nur „entkommen", wenn er selbst Klage mit dem Antrag auf Feststellung erhebt, dass die Klausel unwirksam ist. Klagt der Vermieter, sollte sicherheitshalber entsprechende Widerklage erhoben werden. Immer sollte der Mieter die Erhöhung bezahlen, um sich nicht einem Kündigungsrisiko auszusetzen.

> **Praxistipp Immobilienverwalter/RA:**
>
> Der Mieter ist eindeutig über das Risiko der Kündigung aufzuklären, wenn er die Zahlung verweigert. Ihm ist zu empfehlen, selbst schnellstmöglich Klage auf Feststellung der Unwirksamkeit zu erheben.

Auch eine **Zahlung unter Vorbehalt** bis zur gerichtlichen Klärung hilft dem Mieter nicht, da ein Rückforderungsanspruch voraussetzt, dass ohne Rechtsgrund geleistet wurde. Bis zur Feststellung der Unwirksamkeit im Urteil ist die Indexklausel aber wirksam, sodass ein Rechtsgrund besteht.[2019]

1172

> **Hinweis:**
>
> Das hier empfohlene Vertragsmuster enthält eine klarstellende Passage, nach der eine evtl. nicht unwirksame Klausel in einen Leistungsvorbehalt umgedeutet wird → *Rn. 1212 ff.* So werden Diskussionen vermieden und beide Parteien wissen, woran sie sind. Möglich ist auch eine Klausel, nach der sich die Parteien verpflichten, eine neue Klausel zu vereinbaren, die dem gewollten Zweck am nächsten kommt.

2018 Neuhaus, MDR 2010, 848, 851.
2019 Ebenso Aufderhaar/Jaeger, NZM 2009, 564, 575; Neuhaus, MDR 2010, 848, 851.

1173 Eine Klausel ist auch grds. der ergänzenden Vertragsauslegung nach den §§ 133, 157 BGB zugängig und kann aufrechterhalten werden, wenn die **Auslegung** eine genehmigungsfreie Variante ergibt. Nicht genehmigungsfähige Wertsicherungsklauseln sind daher nicht zwangsläufig völlig unwirksam.

> **Praxistipps:**
> § 8 PrKG stellt eine Arbeitsbeschaffungsmaßnahme für die Gerichte dar. Gewerbliche Vermieter müssen sich darauf einstellen, dass Mieter in Zukunft viel öfter und v.a. auch schneller als früher klagen werden, um so bald wie möglich eine rechtskräftige Entscheidung in den Händen zu halten. Ob es sich für den Vermieter lohnt, die Rechtskraft durch Berufungseinlegung zu verzögern, ist letztlich ein Rechenexempel. Der Gesetzgeber hat dies jedenfalls abgesegnet, indem er auf den Zeitpunkt der Rechtskraft abstellt.

Es ist auch absehbar, dass Mieter bei entsprechender Verhandlungsstärke auf eine Vereinbarung einer Klausel pochen werden, nach der eine rückwirkende Erstattung geflossener Mieterhöhungen gefordert werden kann, wenn die Unwirksamkeit der Wertsicherungsklausel rechtskräftig festgestellt wird.

Es ist auch damit zu rechnen, dass Mieter (angeblich) unwirksame Klauseln künftig nutzen werden, um vorzeitig aus einem langfristigen Mietvertrag auszusteigen. Denn das PrKG spricht in der Gesetzesbezeichnung und § 1 Abs. 2 von einem „Verbot" bestimmter Klauseln, sodass als Folge der Unwirksamkeit wegen § 134 BGB (Teilnichtigkeit kann zu Gesamtnichtigkeit führen) sogar an rückwirkende Nichtigkeit des gesamten Miet- oder Pachtvertrages zu denken ist. Der Vertrag würde also vollständig „platzen". Über § 139 BGB (Gesamtnichtigkeit nur ausnahmsweise) wird man aber i.d.R. zu einer Aufrechterhaltung des restlichen Vertrages gelangen, weil man unterstellen kann, dass es sich bei der meist erst Jahre nach Vertragsabschluss greifenden Mieterhöhungsvereinbarung um eine Nebenregelung handelt. Nur bei sehr langen Vertragslaufzeiten ab 15 Jahren kommt in Betracht, dass die Vertragsparteien den Vertrag nicht auch ohne die Klausel geschlossen hätten, sodass § 134 BGB greifen könnte.

dd) Genügt auch die gerichtliche Feststellung der Unwirksamkeit nach AGB-Recht?

1174 Fraglich ist, ob mit „Unwirksamkeit" in § 8 Satz 1 PrKG nur **Unwirksamkeiten aufgrund des PrKG** oder auch die Unwirksamkeit nach den §§ 305 ff. BGB, insb. wegen unangemessener Benachteiligung nach § 307 BGB, gemeint ist, wenn es sich um eine AGB-Indexklausel handelt. Hier stellt sich die Frage, ob die Vorschriften des Preisklauselgesetzes **lex spezialis** sind, die die allgemeinen Regeln verdrängen.[2020] Da die Unwirksamkeit nach dem Wortlaut von § 8 Satz 1 PrKG bei einem „Verstoß gegen dieses Gesetz" eintritt und diesem weder systematisch noch aus der Gesetzesbegründung etwas dazu entnehmen ist, dass auch „andere" Verstöße gemeint sein sollen, reicht die gerichtliche Feststellung einer AGB-Unwirksamkeit nicht aus.[2021]

[2020] Ebenso Börstinghaus, Mietehöhe-Handbuch, Kap. 10, Rn. 16 wirft die Frage auf, beantwortet sie aber nicht.
[2021] Neuhaus, MDR 2010, 848, 851.

ee) Führt ein Verstoß gegen das PrkG zur Gesamtnichtigkeit des Vertrages?

Da das PrKG in der Gesetzesbezeichnung und § 1 Abs. 2 von einem „Verbot" bestimmter Klauseln spricht, könnte man als Folge der Unwirksamkeit wegen § 134 BGB (Teilnichtigkeit kann zu Gesamtnichtigkeit führen) sogar an eine **rückwirkende Nichtigkeit des gesamten Miet- oder Pachtvertrages** denken. Nach der gesetzlichen Vermutung des § 139 BGB, dass bei einer teilweisen Nichtigkeit das gesamte Rechtsgeschäft als nichtig anzusehen ist und die Aufrechterhaltung des Rechtsgeschäfts i.Ü. die Ausnahme darstellt, würde der Vertrag also vollständig „platzen". Zu entscheiden ist die Frage danach, ob nach dem mutmaßlichen Parteiwillen der Beteiligten anzunehmen ist, dass diese auch ohne den nichtigen Teil das Rechtsgeschäft geschlossen hätten. Dabei muss das Rechtsgeschäft auch ohne die nichtige Klausel dem Willen beider Parteien entsprechen. Hier ist zumindest hinsichtlich des Vermieters fraglich, ob dieser auch ohne die Wertsicherung den Vertrag eingegangen wäre.[2022] Die Rechtsprechung zur Gesetzeslage vor Inkrafttreten des PrKlG umgeht diesen Schritt und hält aufgrund einer ergänzenden Vertragsauslegung den Mietvertrag mit einer Verpflichtung der Parteien, die nichtige Preisklausel durch eine inhaltlich der Vereinbarung möglichst nahe kommende zu ersetzen, für wirksam.[2023] Auf Grundlage dieser Rechtsprechung kommt es im Ergebnis zur Vereinbarung einer Leistungsvorbehaltsklausel, die – ergänzt um Billigkeitserwägungen – inhaltlich der unwirksamen Preisklausel nahe kommt.[2024] Dies ist richtig, weil im Regelfall auch der Vermieter jedenfalls „wenigstens" einen solchen Vertrag abgeschlossen hätte. Auch für das neue PrKG gilt nicht anders: zwar behält der Vermieter seinen Anspruch auf Mieterhöhung auch bei einer unwirksamen Klausel nach § 8 PrKG bis zur rechtskräftigen Feststellung der Unwirksamkeit, was aber nichts daran ändert, dass die Parteien grds. eine wirksame Mieterhöhung bei Vertragsabschluss beabsichtigten, sodass die ergänze Vertragsauslegung nach wie vor möglich ist.

Auch über § 139 BGB wird man i.d.R. zu einer Aufrechterhaltung des restlichen Vertrages gelangen, weil man unterstellen kann, dass es sich bei der meist erst Jahre nach Vertragsabschluss greifenden Mieterhöhungsvereinbarung um eine Nebenregelung handelt. Nur bei sehr langen Vertragslaufzeiten ab 15 Jahren kommt in Betracht, dass die Vertragsparteien den Vertrag nicht auch ohne die Klausel geschlossen hätten, sodass § 134 BGB greifen könnte.[2025]

ff) Umdeutung unwirksamer Klauseln

Enthält der Miet- oder Pachtvertrag bereits eine (wirksame) Umdeutungsklausel (s. *dazu „Vertragsgestaltung"* → *Rn. 1252 ff.*), gilt diese, und die Neufassung der Klausel ist entsprechend vorzunehmen. Ansonsten gilt: An sich unwirksame Wertsicherungsklauseln sind grds. der **ergänzenden Auslegung** nach den §§ 133, 157 BGB zugänglich und können aufrechterhalten werden, wenn die Auslegung eine genehmigungsfreie Variante ergibt. Nicht genehmigungsfähige Wertsicherungsklauseln sind daher **nicht zwangsläufig völlig unwirksam**. Ob eine Umdeutung der unwirksamen Klausel z.B. in eine wirksame Leistungsvorbehaltsklausel angebracht

---

2022 Hellner/Rousseau, NZM 2009, 301, 307.
2023 BGH, 06.12.1978 – VIII ZR 282/77, NJW 1979, 2250 = MDR 1979, 490; BGH, 21.01.1976 – VIII ZR 113/74, WM 1976, 385 m.w.N.
2024 Hellner/Rousseau, NZM 2009, 301, 307.
2025 Neuhaus, MDR 2010, 848, 852.

ist, ist daher auch nach neuem Recht zu prüfen, allerdings erst, wenn die Unwirksamkeit der vereinbarten Klausel rechtskräftig festgestellt ist.[2026] I.d.R. wird man eine Umdeutung bejahen können, da die Parteien bei Abschluss des Vertrages darüber einig waren, dass die Miete/Pacht erhöht werden durfte, sodass die unwirksame Klausel durch eine den gesetzlichen Anforderungen entsprechende Klausel zu ersetzen ist.[2027] Die „neue" Klausel muss den Anforderungen des § 2 Abs. 2, 3 i.V.m. § 3 PrkG entsprechen.

gg) Führt ein Verstoß gegen das PrKG zur Unwirksamkeit der Wertsicherungsklausel nach AGB-Recht?

1178 Nicht abschließend geklärt ist der Fall, d.h. ob AGB-Wertsicherungsklauseln, die gegen § 1 Abs. 1 PrKG verstoßen und deshalb gem. § 8 PrKG ab dem Zeitpunkt des rechtskräftig festgestellten Verstoßes unwirksam sind, den Gegner des Klauselverwenders allein aus diesem Grund unangemessen i.S.v. § 307 Abs. 1 Satz 1 BGB benachteiligen.[2028] Eine etwaige **Vereinbarkeit der Klausel mit dem PrKG** hindert nach herrschender Auffassung eine **darüber hinausgehende Inhaltskontrolle** nach § 307 Abs. 1 Satz 1 BGB nicht.[2029] Ein Automatismus im Sinne „unwirksam nach PrKG = unwirksam nach §§ 305 ff. BGB" folgt daraus aber nicht.[2030] Dafür spricht, dass mit dem Verbot der Indexierung durch das Preisklauselgesetz in erster Linie währungspolitische Ziele verfolgt werden; es soll inflationären Tendenzen entgegen wirken, weshalb eine nach dem PrKG wirksame Preisanpassungsklausel nicht zwangsläufig mit einer nach § 307 BGB unbedenklichen Regelung gleichzusetzen ist.[2031] Dies kann anders sein, wenn es nach §§ 2 Abs. 1 Satz 2, 3 und 5 PrKG darauf ankommt, ob eine Partei unangemessen benachteiligt wird.[2032]

hh) Welche Folge hat ein Formmangel nach § 550 BGB für die Wertsicherungsklausel?

1179 Ein Schriftformverstoß nach § 550 BGB, gleichgültig worauf er beruht, „infiziert" andere Klauseln, die eine bestimmte Laufzeit des Vertrages voraussetzen. So wird eine **Wertsicherungsklausel**, die nach § 3 PrKlG eine Mindestlaufzeit von zehn Jahren voraussetzt, unwirksam.[2033] Die Voraussetzungen des § 3 PrKlG liegen nur dann vor, wenn der Mietvertrag hinsichtlich aller wesentlichen Vertragsabsprachen die gesetzliche Schriftform erfüllt. Im Einzelfall kann aber eine solche unwirksame Wertsicherungsklausel aufgrund einer salvatorischen Klausel ausnahmsweise als ein Leistungsvorbehalt auszulegen sein.[2034]

2026 Gerber, NZM 2008, 152, 154.
2027 Neuhaus, MDR 2010, 848, 852; ähnlich Grüneberg, in: Palandt, Anhang zu § 245, PrklG 8 Rn. 1, der aber sogar von einer zwingenden Ersetzung ausgeht.
2028 Offen gelassen von BGH, 24.03.2010 – VIII ZR 304/08, MDR 2010, 681, Rn. 30 zur Unwirksamkeit einer Preisanpassungsklausel in einem Erdgassondervertrag.
2029 BGH, 24.03.2010 – VIII ZR 304/08, MDR 2010, 681, Rn. 31 m.w.N. aus der Lit.
2030 Neuhaus, MDR 2010, 848, 851.
2031 BGH, 24.03.2010 – VIII ZR 304/08, MDR 2010, 681, Rn. 31 unter Verweis auf BR-Drucks. 68/07, S. 68.
2032 Angedeutet von BGH, 24.03.2010 – VIII ZR 304/08, MDR 2010, 681, Rn. 31.
2033 OLG Rostock, 10.01.2005 – 3 U 61/04, NZM 2005, 506 zu § 4 PrKV a.F.; Börstinghaus, Miethöhe-Handbuch, Kap. 4, Rn. 157; ders. in Schmidt-Futterer, § 557b Rn. 21.
2034 OLG Rostock, 10.01.2005 – 3 U 61/04, NZM 2005, 506.

4. Mieterhöhungsvereinbarungen nach dem PaPkG und der PrKV („Altverträge")

a) Grundsatz: nur noch ausnahmsweise Anwendung

Um prüfen zu können, ob Wertsicherungsklauseln, die vor dem 14.09.2007 vereinbart wurden, wirksam sind, muss grds. auf die Rechtslage zum Zeitpunkt ihrer Vereinbarung abgestellt werden. Für diese Klauseln gelten weiterhin die Regelungen des § 2 PaPkG a.F. und der **PrKV a.F.** (Indexierungsverbot mit Genehmigungsvorbehalt), sofern eine Genehmigung erteilt oder diese vor dem Stichtag beantragt wurde, vgl. § 9 PrKG. Das Bundesamt für Wirtschaft und Ausfuhrkontrolle[2035] ist damit nur noch für Klauseln zuständig, die bis zum 13.09.2007 vereinbart und deren Genehmigung bis dahin mindestens dort beantragt worden ist. Maßgeblich ist das Eingangsdatum. Eine darüber hinausgehende Zuständigkeit des Bundesamts für Preisklauseln besteht nicht mehr und zwar auch nicht für sog. Negativatteste oder bloße Auskunfterteilung zur Zulässigkeit von Preisklauseln.

1180

> **Hinweis:**
>
> Im Umkehrschluss bedeutet die Übergangsvorschrift des § 9 PrKG, aus der sich die obigen Anwendungsbereiche ergeben, dass vor dem 14.09.2007 vereinbarte Klauseln, bei denen formell keine Genehmigung vorlag oder beantragt wurde, komplett nach dem neuen PrKG zu beurteilen sind.

Genehmigungen von Klauseln, die vor dem 01.01.1999 (Inkrafttreten des PaKG und der PrKV) vereinbart wurden, gelten fort. Entsprechendes gilt für Klauseln, die auf Basis der früheren gesetzlichen Regelungen rechtmäßig vereinbart wurden. Für Preisklauseln in vor Inkrafttreten der Preisklauselverordnung am 01.01.1999 geschlossenen Mietverträgen, die nicht nach § 3 des Währungsgesetzes zur Genehmigung vorgelegt werden, gilt die Genehmigungsfiktion des § 4 Abs. 1 PrKV, auch wenn der 10-Jahres-Zeitraum des § 4 Abs. 1 Nr. 2 PrKV bei Inkrafttreten der PrKV bereits abgelaufen war.[2036]

1181

Den Parteien stand es vor dem 14.09.2007 frei, auch bei nicht genehmigungsbedürftigen Klauseln ein sog. **Negativattest** beim Bundesamt für Wirtschaft einzuholen.

1182

> **Praxistipp:**
>
> Das vom Bundesamt für Wirtschaft einmal erteilte Negativattest entzieht dem Zivilgericht die Prüfungskompetenz für das Vorliegen der für die Genehmigungsfiktion erforderlichen Voraussetzungen, insb. die 10-jährige Bindung der Vertragsparteien.[2037] Diese stehen dann unerschütterbar fest, sodass der Gegenpartei ein Bestreiten nicht hilft.

2035 Bundesamt für Wirtschaft und Ausfuhrkontrolle, Frankfurter Straße 29 – 35, 65760 Eschborn, Telefon: + 49 6196 908-0, Fax: + 49 6196 908-800, *www.bafa.de*.
2036 OLG Stuttgart, 22.02.2007 – 13 U 195/06, NJOZ 2007, 2388 = WuM 2007, 270.
2037 OLG Rostock, 02.06.2006 – 3 U 113/05, NZM 2006, 742 = GuT 2006, 226 = IMR 2006, 188; OLG Rostock, 08.04.2002 – 3 U 203/00, GE 2002, 1331.

b) Genehmigungspflicht und Ausnahmen

1183 Nach § 2 Abs. 1 Satz 1 PaPkG und der PrKV waren Wertsicherungsklauseln in Geschäftsraummietverträgen grds. **ohne Genehmigung unzulässig**. Bestimmte Klauseln waren aber nach § 1 PrKV – wie bei dem für Klauselvereinbarungen ab 14.09.2007 geltenden § 1 Abs. 2 PrKG – von vornherein genehmigungsfrei.

1184 Für den Fall, dass es sich um „echte" Wertsicherungsklauseln handelt, die grds. genehmigungsbedürftig waren, fingierte § 4 PrKV Genehmigungen für bestimmte Konstellationen. Da der Verordnungstext diese Ausnahmen verständlich beschrieb, wird auch er nachfolgend vollständig wiedergegeben:

§ 4 PrKV
Preisklauselverordnung (PrKV)

(1) Preisklauseln in Miet- und Pachtverträgen über Gebäude oder Räume, soweit es sich nicht um Mietverträge über Wohnraum handelt, gelten als genehmigt, wenn

1. die Entwicklung des Miet- und Pachtzinses

    a) durch die Änderung eines von dem Statistischen Bundesamt oder einem Statistischen Landesamt ermittelten Preisindexes für die Gesamtlebenshaltung oder eines vom Statistischen Amt der Europäischen Gemeinschaft ermittelten Verbraucherpreisindexes,

    b) durch die Änderung der künftigen Einzel- oder Durchschnittsentwicklung der Preise oder Werte für Güter oder Leistungen, die der Schuldner in seinem Betrieb erzeugt, veräußert oder erbringt oder

    c) durch die künftige Einzel- oder Durchschnittsentwicklung des Preises oder des Wertes von Grundstücken, wenn sich das Schuldverhältnis auf die land- und forstwirtschaftliche Nutzung beschränkt,

    bestimmt werden soll und

2. der Vermieter oder Verpächter für die Dauer von mindestens zehn Jahren auf das Recht zur ordentlichen Kündigung verzichtet oder der Mieter oder Pächter das Recht hat, die Vertragsdauer auf mindestens zehn Jahre zu verlängern.

(2) Für Mietanpassungsvereinbarungen in Verträgen über Wohnraum gilt § 557b des Bürgerlichen Gesetzbuchs.

1185 Der Vertrag musste also, wie bei § 3 PrKG, eine **Mindestlaufzeit** von zehn Jahren haben, oder der Mieter muss einseitig auf mindestens zehn Jahre verlängern können. Lag dies nicht vor, musste die Wertsicherungsklausel durch das **Bundesamt für Wirtschaft** genehmigt werden (§ 7 PrKV).

5. Berechnung der Mieterhöhung

a) Überblick

Die konkrete Umbasierung des alten auf den neuen Indexstand ist Rechenarbeit und kann in folgenden Schritten erfolgen, wobei streng zwischen Punkte- und Prozentklauseln zu unterscheiden ist, weil nur für die Punkteklausel ein Basisjahr und damit ein erheblich komplizierterer Rechenaufwand erforderlich ist.

b) Klausel mit Indexpunkten

Ausgang der Berechnung bei Indexpunkten ist immer das im Vertrag vereinbarte Basisjahr. Entspricht dieses dem aktuell geltenden (= letzten) Basisjahr, lässt sich die Punkteveränderung ohne Weiteres ablesen. Ist das vereinbarte Basisjahr aber ein früheres (z.B. 1995 ggü. dem aktuellen Basisjahr), muss die Punktezahl umbasiert werden, d.h. die alte (laut Vertrag erforderliche) Punktezahl muss dem neuen Basisjahr angepasst werden. Dies ist erforderlich, weil sich durch das neue Basisjahr die „alte" Punktzahl aus dem Vertrag – bezogen auf das neue Basisjahr – verändert. Erst danach kann anhand der vom Statistischen Bundesamt veröffentlichten Werte mit der neu berechneten Punktezahl geprüft werden, ob sich eine Zahlungsanpassung ergibt. Zur Umrechnung früherer Indexreihen mit anderen Basisjahren (z.B. 1976 = 100, 1980 = 100, 1985 = 100, 1991 = 100, 1995 = 100) auf die aktuelle Basis ist die Multiplikation mit einem Umbasierungsfaktor (**Verkettungsfaktor**) erforderlich.

Dieser mühsame Weg dürfte in der Praxis immer seltener erforderlich sein, da schon wegen der Empfehlung des Statistischen Bundesamtes überwiegend Prozentklauseln vereinbart werden. Das folgende Beispiel soll aber dennoch abgebildet werden, um den grundsätzlichen Rechenweg nachvollziehbar zu machen; es bezieht sich auf eine jetzt nicht mehr aktuelle Umbasierung auf das Basisjahr 2000. Dabei ist wie folgt vorzugehen, wenn sich die Vertragsklausel auf den VPI oder den Index der Einzelhandelspreise bezieht:

Ausgangsbeispiel:[2038]

- *Ein Mietzins soll immer dann angepasst werden, wenn sich der Preisindex für die Lebenshaltung aller privaten Haushalte um 15 Punkte auf der Basis 1995 = 100 verändert hat. Vertragsbeginn war September 2000, ohne Anpassung bisher.*

- ***Schritt 1: Umbasierung der Vertragspunkte auf das aktuelle Basisjahr***

(1) Ermittlung des im Vertrag festgelegten Basisjahres (hier: 1995 = 100) und des aktuellen Basisjahres (hier: 2000).

(2) Ermittlung des nach dem Vertrag erforderlichen Punktwertes für die Anpassung (alte Punktzahl); hier fiktiv mit 15 Punkten unterstellt.

(3) Ermittlung des aktuellen Indexes für das Basisjahr 2000 (hier: ausgehend vom Monat 12/1999):[2039] *= 99,1.*

[2038] Angelehnt an das Beispiel auf *www.destatis.de*.
[2039] Maßgeblicher Monat für die Umstellung auf das Basisjahr 2000.

Teil 1 – § 12 Mieterhöhung

(4) Ermittlung des Indexes für das alte Basisjahr 1995 (hier: umbasiert auf den Monat 12/1999):[2040] = *105,5.*

(5) Berechnung nach folgender Formel: [(Punkte laut Vertrag × Index aktuelles Basisjahr): Index altes Basisjahr] = Punktezahl für das aktuelle Basisjahr

Ergo:

[(15 × 99,1): 105,5] = 14,09 Punkte

Zwischenergebnis: Die Punktzahl ist nun auf das Basisjahr 2000 umbasiert. Das bedeutet, dass sich der Index auf Basis 2000 um 14,09 Punkte verändern muss, damit eine Mietanpassung möglich wird.

- **Schritt 2: Berechnung der Schwellenwerte durch Addition/Subtraktion der Punkte zum Indexstand September 2000**

(1) Ermittlung des oberen Schwellenwertes:[a]	$103,3^{b)} + 14,1 =$	*117,4*
(2) Ermittlung des unteren Schwellenwertes:[c]	$103,3^{d)} ./. 14,1 =$	*89,2*

Erläuterungen:

a) Dies ist der Wert, der überschritten werden muss, wenn eine Erhöhung greifen soll.

b) Indexstand Monat September 2000 (= Vertragsbeginn), abzulesen aus der Tabelle des Statistischen Bundesamts.

c) Dies ist der Wert, der unterschritten werden muss, wenn eine Absenkung greifen soll.

d) Indexstand Monat September 2000 (= Vertragsbeginn), abzulesen aus der Tabelle des Statistischen Bundesamtes.

(3) Ermittlung des auf den Zeitpunkt des Erhöhungsverlangens bezogenen Indexes, hier unterstellt für Februar 2003 mit 104,5.

Ergebnis: Der für eine Mieterhöhung maßgebliche obere Schwellenwert von 117,4 wird durch den zum Zeitpunkt des Erhöhungsverlangens maßgeblichen Index von 104,5 nicht erreicht. Eine Erhöhung der Miete ist damit nicht möglich.

Praxistipp:

Die Preisindizes für den Berichtsmonat Dezember 1999, umbasiert auf alte Basisjahre, werden vom Statistischen Bundesamt veröffentlicht und lauten wie folgt:[2041]

Basisjahr	Verbraucherpreisindex für Deutschland (bisher: Preisindex für die Lebenshaltung aller privaten Haushalte)	Index der Einzelhandelspreise
1991 = 100	121,0	109,0
1995 = 100	105,5	102,2
2000 = 100	99,1	100,2

Verkettungsfaktoren der verschiedenen alten Preisindizes werden vom Statistischen Bundesamt zur Umrechnung von Punkte-Regelungen für frühere Basisjahre bekannt gegeben.

2040 Maßgeblicher Monat für die Umstellung auf das Basisjahr 2000.

2041 Vgl. *www.destatis.de*.

IV. Automatische Wertsicherungsklausel

Sie können von den statistischen Ämtern sowie im Internet unter www.destatis.de abgefragt werden.

Auf www.destatis.de findet sich eine „Anleitung für die Berechnung von Schwellenwerten für Wertsicherungsklauseln" als pdf-Datei (ggf. diesen Suchbegriff eingeben). Diese enthält ein ca. 50-seitiges Manuskript, in dem für die verschiedenen alten Indizes sehr komplizierte Rechenformeln und -schritte aufgelistet werden. Über eine spezielle Software können unter www.destatis.de/wsk kostenlos Schwellenwerte für den Verbraucherpreisindex für Deutschland bei vorhandenen Wertsicherungsklauseln ermittelt werden.

- *Schritt 3: Berechnung der konkreten Mietanpassung*

Wird entgegen dem oben aufgeführten Beispiel der Schwellenwert überschritten, muss noch die konkrete Erhöhung der Miete berechnet werden. Sieht der Vertrag eine prozentuale Erhöhung vor (z.B.: „Verändert sich ... um mindestens 10 Punkte, so verändert sich die Miete prozentual entsprechend"), wird wie folgt gerechnet:

(1) Ermittlung des Ausgangsindexes zum Zeitpunkt des Vertragsabschlusses bzw. der letzten Mieterhöhung anhand der veröffentlichten Tabellen, ausgehend vom umbasierten Basisjahr: Im Beispiel also für Vertragsschluss September 2000 = 103,3.

(2) Ermittlung des aktuellen Indexes zum Zeitpunkt der Erhöhung: hier: fiktiv 118 Punkte = Schwellenwert von 117,4 überschritten.

(3) Berechnung nach folgender Formel: [(aktueller Index: Ausgangsindex) × 100] ./. 100 = Prozentsatz der Steigerung.

Beispiel: 1190

Ausgangspunktwert: 103,3 Punkte (ermittelt durch Tabellenvergleich September 2000).

Aktueller Index zum Zeitpunkt der Mieterhöhung: 118 Punkte.

Berechnung: [(118: 103,3) × 100] ./. 100 = 14,23039 = gerundet 14,23 % Mietsteigerung.

Diese 14,23 % sind der Erhöhungsfaktor. Zur Verdeutlichung: Dieser Faktor entspricht nicht der rechnerischen Steigerung um 14,7 Punkte von 103,3 auf 118 Punkte.

c) Klausel mit Prozent

(1) Ermittlung der im Vertrag festgelegten Prozenterhöhung (hier: mindestens 10 %). 1191

(2) Ermittlung des Ausgangswertes im Index (alter Indexstand) zum Zeitpunkt des Vertragsabschlusses bzw. der letzten Mieterhöhung anhand der veröffentlichten Tabellen (z.B. in der Umschlagseite der ZAP; hier fiktiv mit 140 Punkten unterstellt).

(3) Ermittlung des aktuellen Indexpunktwertes (hier: fiktiv 160 Punkte).

Wichtig: Für die Berechnung wird also kein Basisjahr benötigt, sondern nur die oben unter (2) genannte Anfangspunktzahl und die aktuelle Punktzahl.

(4) Berechnung nach folgender Formel: [(aktueller Index × 100): Ausgangspunktwert] ./. 100 = Prozentsatz der Steigerung.

Beispiel:

Ausgangspunktwert: 140 Punkte.

Aktueller Index zum Zeitpunkt der Mieterhöhung: 160 Punkte.

Berechnung: [(160 × 100): 140] ./. 100 = 14,28571 % Erhöhung des Indexwertes = die vom Vertrag verlangten 10 % sind überschritten = 14,28571 % Mietsteigerung.

Diese 14,28571 % sind der Erhöhungsfaktor. Zur Verdeutlichung: Dieser Faktor entspricht nicht der rechnerischen Steigerung um 20 Punkte von 140 auf 160 Punkte.

> **Hinweis:**
> Das Ergebnis ist von der Wahl des Basisjahres unabhängig, wenn man einmal von minimalen Rundungsdifferenzen absieht.

6. Behandlung von Alt-Klauseln mit nicht mehr existierenden Indizes

1192 Wie oben erläutert, werden seit dem 01.01.2003 grds. nur noch der Verbraucherpreisindex für Deutschland (VPI) und der Harmonisierte Verbraucherpreisindex für die EU-Mitgliedsstaaten (HVPI) ausgewiesen. Dass in neuen Mietverträgen auch nur eine dieser Varianten vereinbart werden sollte, ist selbstverständlich. Wie aber sind Klauseln in Altverträgen zu behandeln, die auf nicht mehr existierende Indizes Bezug nehmen? Grds. gilt: Im Wege einer ergänzenden Vertragsauslegung wird der aktuelle Index angewendet.[2042]

1193 **Folgende Varianten** sind zu unterscheiden:
- Der Vertrag bezieht sich auf den Preisindex für die Lebenshaltung aller privaten Haushalte in Deutschland: Da dieser Index dem neuen VPI entspricht, ist im Wege ergänzender Vertragsauslegung unproblematisch der neue Index anzuwenden.
- Der Vertrag bezieht sich auf den Preisindex für diverse andere, jetzt weggefallene Haushaltstypen (z.B. Arbeiter und Angestellte, Rentner): Jeder Vertragspartner hat einen Anspruch darauf, dass der Vertrag auf den VPI umgestellt wird, da dieser die Alt-Indizes ersetzt; der Anspruch wird sich i.d.R. schon aus einer salvatorischen Klausel im Vertrag ergeben. Die Vertragsanpassung ist aber nicht zwingend erforderlich. Verlangt der Vermieter die Erhöhung nach überholtem Index, kann er im Wege der ergänzenden Vertragsauslegung nur noch auf den VPI zurückgreifen. Seine Zahlungsanpassung wird weder unwirksam noch muss er zunächst eine Umstellung der Klausel verlangen. Ein Anspruch wegen Änderung der Geschäftsgrundlage ist nicht gegeben, da nach § 313 Abs. 1 BGB erforderlich ist, dass die Parteien den Vertrag bei Kenntnis der Änderung nicht geschlossen hätten. Allein die Änderung eines Indexes dürfte aber keinen Vertrag „zum Kippen" bringen.

1194 Der Altindex ist für die Zeit bis zu seiner Einstellung anzuwenden, für die Zeit danach gilt der neue Index.[2043] Bei der Umstellung auf einen neuen Index und ein neues Basisjahr müssen die

---

[2042] BGH, 04.03.2009 – XII ZR 141/07, IMR 2009, 197 = GuT 2009, 92 = NZM 2009, 398 = InfoM 2009, 326/327; OLG Rostock, 02.06.2006 – 3 U 113/05, IMR 2006, 187; AG Mönchengladbach, 10.08.2004 – 5 C 287/04, NZM 2005, 742.
[2043] AG Mönchengladbach, 10.08.2004 – 5 C 287/04, NZM 2005, 742.

auf das frühere Basisjahr bezogenen Werte neu errechnet werden; die Ergebnisse für die vor dem neuen Basisjahr liegenden Zeiträume müssen umbasiert werden.[2044]

> **Praxistipp:**
>
> Generell sollte versucht werden, den Vertrag einvernehmlich auf den neuen Index umzustellen, damit in Zukunft jegliche Diskussion vermieden wird.

Bei Miet- oder Pachtverträgen mit langer Restlaufzeit ist es sinnvoll, immer möglichst zügig im Wege einer Vertragsänderung auf den aktuellen Index umzustellen. Der Vermieter/Verpächter hat aufgrund einer **ergänzenden Vertragsauslegung** nach den §§ 133, 157 BGB einen Anspruch des Mieters auf Zustimmung zu dieser Umstellung. 1195

Neu abzuschließende Verträge sollten im Idealfall eine Regelung enthalten, wie im Fall einer Indexneuberechnung zu verfahren ist. Diese ist aber nicht Bedingung für den Anspruch des Vermieters, solange der Vertrag grds. eine Mieterhöhung durch Wertsicherung vorsieht. 1196

7. Eintritt der Erhöhung, Fälligkeit der erhöhten Miete, rückwirkende Mieterhöhung

In vielen Gewerbemiet- und Pachtverträgen ist unklar, ob eine **Erhöhung auch rückwirkend** geltend gemacht werden kann oder erst ab Zugang der Erhöhungsberechnung. Aus den üblichen Formulierungen der Wertsicherungsklauseln *„erhöht oder senkt sich der Index... , so erhöhen bzw. ermäßigen sich... "* kann man – wenn keine andere ausdrückliche Vereinbarung vorliegt – nur herauslesen, dass sich bei Vorliegen der Änderungsvoraussetzungen der Index unmittelbar ändert. Sobald also bei einer derartigen Klausel z.B. der vorausgesetzte Punktanstieg vorliegt, ändert sich nach der Klausel im gleichen Ausmaß der Pachtzins automatisch, ohne dass es eine Aufforderung zur Zahlung des erhöhten Pachtzinses durch den Vermieter bedarf.[2045] Damit tritt die Erhöhung unabhängig von der Geltendmachung durch den Vermieter automatisch dann ein, wenn die vereinbarte Änderung des maßgeblichen Index erfolgt. Dies setzt aber eine besondere Vereinbarung voraus,[2046] wofür jedoch die vorab zitierte Formulierung ausreicht. 1197

Beispiel:[2047]

Durch die Wertsicherungsklausel: „Erhöht oder senkt sich der allgemeine Lebenshaltungskostenindex, bezogen auf den 01.01.1962 = 100 Punkte um mehr als 10 Punkte, so erhöhen bzw. ermäßigen sich die Pachtzinszahlen gem. § 3 dieses Vertrages einschließlich der vereinbarten Mindestpacht prozentual entsprechend. Am 01.08.1972 beträgt der Lebenshaltungskostenindex 138,5 Punkte. Eine Erhöhung bzw. Ermäßigung des Pachtzinses kann nur verlangt werden bei einer Änderung des Indexes um jeweils volle 10 Punkte, bezogen auf den vorgenannten Index per 01.08.1972." erfolgt eine automatische Anpassung des Pachtzinses an eine Änderung des Lebenshaltungskostenindexes.

2044 BGH, 04.03.2009 – XII ZR 141/07, IMR 2009, 197 = GuT 2009, 92 = NZM 2009, 398 = InfoM 2009, 326/327.
2045 BGH, 10.10.1979 – VIII ZR 277/78, NJW 1980, 589; OLG Düsseldorf, 11.03.2008 – 24 U 138/07, IMR 2008, 343; LG Köln, 20.05.2010 – 22 O 179/09, IMR 2010, 379; LG Duisburg, 18.03.2008 – 4 O 441/03, IMR 2008, 415, 416.
2046 Börstinghaus, Miethöhe-Handbuch, Kap. 10, Rn. 15.
2047 BGH, 10.10.1979 – VIII ZR 277/78, NJW 1980, 589.

1198 Das Erhöhungsverlangen wirkt deshalb **nicht konstitutiv** für den Eintritt der Mieterhöhung, sondern bestimmt lediglich den Fälligkeitszeitpunkt.[2048] Es erfolgt damit eine automatische rückwirkende Anpassung des Mietzinses auch dann, wenn dies in der Wertsicherungsklausel nicht vereinbart ist. Eine solche „automatische" Mietanpassungsklausel setzt daher ein Mieterhöhungsverlangen des Vermieters nicht voraus; dieses ist nur für den Verzug des Mieters mit den Erhöhungsbeträgen bedeutsam.[2049]

1199 In Wertsicherungsklauseln finden sich häufig die folgende oder eine ähnliche Zusatzformulierung:

> „Nachzahlungen oder Erstattungen für die Vergangenheit können jedoch nur ab dem Ersten des Monats verlangt werden, der dem Zugang der begründeten Erklärung bei der anderen Partei folgt."

1200 Diese Klausel ist nicht eindeutig. Man kann entweder herauslesen, dass die Wertsicherung auch Erhöhungen erfasst, die **vor** der konkreten Mitteilung an den Mieter objektiv bereits aufgrund einer Indexveränderung vorlagen. Man kann die Klausel aber auch so interpretieren, dass erst die Mitteilung an den Mieter **anspruchsbegründend wirkt** (konstitutive Wirkung) und Forderungen, die sich auf einen zurückliegenden Zeitraum beziehen, nicht verlangt werden können. Im Kern geht es damit um die Frage, ob die Indexklausel automatisch wirkt, also ohne weiteres Zutun der Vertragsparteien zu einer Veränderung der früheren Miete führt, wenn die entsprechenden Indexveränderungen eintreten.

1201 Eine solche Klausel muss nach den §§ 133, 157 BGB ausgelegt werden. Maßgeblich ist der **wirkliche Wille** der Parteien. Trägt der Vermieter, der sich auf die Rückwirkung beruft, im Streitfall vor, dass bei den Vertragsverhandlungen eine solche Rückwirkung von beiden Parteien im Ergebnis gewollt war und kann er dies beweisen, so kommt es auf eine Auslegung der Klausel nicht mehr an. Die Verwendung der Begriffe „Nachzahlungen" und „für die Vergangenheit" spricht dafür, dass eine Rückwirkung gewollt war und die Klausel lediglich – zugunsten des Mieters – die **Fälligkeit festlegen** will, damit der Mieter erst nach Ablauf einer Prüfungsfrist in Verzug gerät, ihn also Verzugsfolgen sozusagen nicht rückwirkend und ohne seine Kenntnis treffen können. Der Mieter wird dadurch insofern begünstigt, als zum einen keine Verzugszinsen für die Vergangenheit anfallen können und zum anderen kein automatischer, an den sonstigen Fälligkeitszeitpunkt der Mietzahlung geknüpfter Verzug eintreten kann, der dem Vermieter womöglich eine fristlose Kündigung wegen Zahlungsverzuges ermöglichen würde, wenn die entsprechenden Beträge auflaufen. Andererseits ist zu berücksichtigen, dass sich die **Formulierung „Nachzahlungen"** auch auf die Zahlungen nach Eingang des Mieterhöhungsverlangens beziehen kann. Dabei ist zu berücksichtigen, dass ein Großteil der Indexberechnungen in der Praxis zumindest rechnerisch falsch ist. Die Parteien verhandeln dann oft monatelang, bis sie sich schließlich auf bestimmte Zahlen einigen. Mit dem Begriff „Nachzahlung" können somit auch die Beträge zwischen dem Zugang des Erhöhungsverlangens und der endgültigen Einigung bzw. der korrekten Berechnung gemeint sein. I.d.R. wird deshalb bei Vereinbarung der obigen Klausel eine **Rückwirkung ausgeschlossen** sein.

[2048] OLG Celle, 09.05.2001 – 2 U 236/00, GuT 2002, 41; ähnlich, aber schwammiger OLG Celle, 29.01.1988 – 2 U 78/87, NJW-RR 1988, 723.
[2049] OLG Düsseldorf, 11.03.2008 – 24 U 138/07 und OLG Düsseldorf, 11.03.2008 – I-24 U 152/07.

V. Staffelmiete

Fehlt eine vertragliche Regelung oder gibt sie nach Auslegung nichts her, muss der Gewerberaumvermieter ein Erhöhungsverlangen an den Mieter richten, wobei mangels abweichender Vereinbarungen die Änderung zum nächsten Monat in Kraft tritt.[2050]

1202

V. Staffelmiete

1. Grundsätze

Bei Vereinbarung einer Staffelmiete legen sich die Parteien von vornherein fest, in welchem konkreten Zeitraum die Miete in welcher Höhe steigen soll. Die Erhöhung erfolgt dann automatisch zu den festgelegten Zeitpunkten, ohne dass noch gesonderte Willenserklärungen erforderlich sind. Die Regelungen des Wohnraummietrechts gelten hier nicht, vgl. § 557a BGB, sodass keine besonderen Beschränkungen gelten. Die Vereinbarung kann daher durch Angabe eines konkreten Betrages oder einer Erhöhungsquote (Prozentsatz der Steigerung) erfolgen, immer ausgehend von der Nettomiete. Bei Wohnraummiete muss die Erhöhung immer betragsmäßig ausgewiesen werden.

1203

Zulässig ist auch die **mündliche Vereinbarung** (Achtung: Schriftformgefahr, § 550 BGB) oder die Vereinbarung zeitlich kürzerer Erhöhungsschritte als ein Jahr.[2051]

Für eine Staffelmiete ist keineswegs ohne Weiteres zu vermuten, sie solle einen prognostizierten Preisanstieg oder einen Wertverlust ausgleichen. Mietstaffeln können auch die Funktion haben, dem Mieter als eine Art „Anschubhilfe" den Start mit seinem Gewerbe unter zunächst günstigeren Konditionen zu erleichtern.[2052]

Übersicht: Vor- und Nachteile einer Staffelmiete

1204

Vorteile	Nachteile
Bei Vereinbarung eines konkreten Erhöhungsbetrages: Der zu zahlende Betrag ergibt sich unmittelbar aus dem Vertrag.	Nur bei überschaubaren Laufzeiten geeignet (Inflationsrisiko). Kalkulation längerer Zeiträume ist häufig spekulativ.
Automatische Erhöhung, keine späteren Formalitäten.	Klare Formulierung erforderlich, sonst evtl. Streitpotenzial.
Grds.: Verzug ohne Mahnung.	Bei „Monster-Klauseln": Gefahr der Unwirksamkeit der ganzen Vereinbarung, wenn Teilbereiche unwirksam sind.
Grds. keine Beschränkungen wie bei der Wohnraummiete.	

2050 Börstinghaus, Mietehöhe-Handbuch, Kap. 10, Rn. 15.
2051 Börstinghaus, Miethöhe-Handbuch, Kap. 10, Rn. 7.
2052 OLG Brandenburg, 19.08.2009 – 3 U 135/08, IMR 2010, 96 = NZM 2009, 860 = NJW 2010, 876.

1205 Folgende Punkte sollten berücksichtigt werden:
- Staffelmieten für mehr als zehn Jahre sind zwar möglich, aber wegen des Inflationsrisikos wirtschaftlich riskant.
- Werden Verlängerungsoptionen vereinbart, sollte auch eine Wertsicherung für den Optionszeitraum vereinbart werden.
- Ob kürzere Änderungsintervalle als ein Jahr zulässig sind, ist in der Literatur z.T. umstritten. Richtigerweise kann jeder Zeitraum gewählt werden, wenn dafür sachliche Gründe vorliegen, sodass eine derartige Klausel für den Mieter nicht überraschend ist.
- Zur besseren Übersichtlichkeit sollten Kalenderjahre (01.01. – 31.12.) als Zeiträume verwendet werden.
- Bei prozentualer Erhöhung ist klarzustellen, ob Bezugsgröße der Erhöhung die ursprüngliche Ausgangsmiete oder die letzte erhöhte Miete ist.

Zur Verjährung und Verwirkung → *Rn. 2670 ff.*

2. Kombination von Staffelmiete und Wertsicherungsklausel

1206 Z.T. finden sich in Mustern und der Literatur Kombinationen aus Staffelmietvereinbarungen mit **Wertsicherungsklauseln**. Von derartigen „Monster-Klauseln" kann nur abgeraten werden, da hier immer die Gefahr unzulässiger Vereinbarungen besteht und häufig die Parteien selbst nicht verstehen, was ihnen Berater oder andere Fachleute in den Vertragstext geschrieben haben. Damit steigt aber das Risiko von Missverständnissen. Auch hier gilt: Klare, einfach zu überschauende Regeln verhindern Streit, was u.U. langfristig sinnvoller ist als eine ausgeklügelte Erhöhungsklausel, durch die kurzfristig etwas mehr Rendite erzielt wird.

Fraglich ist, ob eine Staffelmiete wirksam **mit einer Indexmiete kombiniert** werden kann.

- *Beispiel für eine Klausel:*[2053]
  „Die monatliche Miete beträgt in den Mietjahren 1 und 2 10 Euro/m², in den Mietjahren 3 und 4 Euro 11/m², in den Mietjahren 5 und 6 12 Euro/m², in den Mietjahren 7 und 8 13 Euro/m² und in den Mietjahren 9 und 10 14 Euro/m². Die vorgenannten Staffelmietbeträge verändern sich jeweils bei Beginn der Mietjahre 3, 5, 7 und 9 in dem prozentualen Verhältnis, in dem sich der Verbraucherpreisindex für die Bundesrepublik Deutschland in der Zeit vom Monat des Mietbeginns bis zum ersten Monat des 3./5./7./9. Mietjahres verändert hat."

1207 Gesetzlicher Anknüpfungspunkt für Bedenken ist die Regelung zur unangemessenen Benachteiligung des Mieters nach § 2 Abs. 3 Nr. 1 PrKlG. Nach dieser Vorschrift gilt das Verbot der Preisklausel gem. § 1 Abs. 1 PrKlG weiter, wenn die Klausel dadurch eine unangemessene Benachteiligung bewirkt, dass die Indexänderung einseitig stets nur zu einer Erhöhung führen kann, ohne dass aber umgekehrt ein Rückgang der Indexwerte auch zu einer Ermäßigung der vertraglich geschuldeten Zahlung führen würde. Wegen einer solchen Wirkung wird manche Kombinationen einer Staffelmiete mit einer Indexklausel insoweit für unwirksam gehalten, als durch die – zeitgleich zur Indexierung wirksam werdende – Staffelmiete ein „Floaten" unmöglich ist, also eine **Anpassung nach oben und nach unten** entsprechend der Indexveränderung

---

[2053] Zitiert nach Usinger, NZM 2009, 297, 298.

dauerhaft ausbleiben muss.[2054] Insb. die Kombination einer automatischen Wertsicherungsklausel mit einer nur nach oben ausgerichteten Staffelmiete soll dann unzulässig sein, wenn „der Mietzins während der Laufzeit des Vertrags aufgrund der Staffelvereinbarung nur steigen kann".[2055] Nach a.A. – allerdings ohne nähere Begründung – sind Kombinationsklauseln generell wirksam.[2056] Gerichtlich entschieden ist dazu – soweit ersichtlich – bisher lediglich, dass die Kombination von Staffelmiete und Indexklausel, die bei sinkendem Mietniveau auch zugunsten des Mieters wirkt, jedenfalls dann eine zulässige Mietvertragsgestaltung darstellen kann, wenn die vereinbarten Staffeln erst nach fünf und nach zehn Jahren eingreifen, da wegen der **langen Intervalle** auch ein Absinken aufgrund der Indexierung denkbar ist.[2057]

Für kürzere Zeiträume ist die Frage ungeklärt. Solche Kombinationen sind kritisch zu sehen, weil § 3 PrKG Ausnahmen vom grundsätzlichen Verbot der Indexierung ausdrücklich aufzählt, wohl abschließend zu verstehen ist und die Verbindung mit einer Staffelmiete dort nicht genannt wird.[2058] Da Zweck des PrKG auch die Inflationsbekämpfung ist, also die Verhinderung des volkswirtschaftlichen Preisauftriebs, Satz 1 der Klausel aber selbst bei einem (ausnahmsweise) sinkenden Index nach Satz 2 zu einer Erhöhung der Miete insgesamt führt, würde die Regelung dem Zweck gerade zuwider laufen. Klauseln, **die Intervalle für die Staffelerhöhung unter fünf Jahren** vorsehen, sind deshalb als unzulässig anzusehen, da sie durch von § 3 PrKlG nicht gedeckt werden. Wirksame Ausnahmen von dieser grundsätzlichen Unzulässigkeit der Kombination ist auch eine „Anschubhilfe" des Vermieters, d.h. wenn erst ab dem letzten Staffelzeitraum oder danach die Indexierung greifen soll.[2059] Die Unwirksamkeit der Indexierung ergreift im Zweifel nicht die Mietstaffel in S. 1 der oben als Beispiel genannten Klausel.[2060]

1208

3. Absinkende Marktmiete und höhere Staffelmiete

Bei Vereinbarung einer Staffelmiete besteht regelmäßig die Möglichkeit, dass sich die vereinbarte Miete im Laufe der Zeit abweichend von der Marktmiete entwickelt. Bei einem unvorhergesehenen Absinken des Mietpreisniveaus kommt eine Anpassung der Miete nach den Regeln der **Störung der Geschäftsgrundlage** gem. § 313 BGB nicht in Betracht, wenn sich durch die Störung ein Risiko verwirklicht, das eine Partei zu tragen hat.[2061] Das **typische Risiko einer absinkenden Marktmiete** trägt grds. die jeweils benachteiligte Vertragspartei; selbst wenn auch der Vermieter bei Vertragsschluss davon ausgeht, dass die Mieten weiter steigen, verlagert sich das Risiko der Entwertung der Sachleistung während der Dauer der Staffelmietvereinbarung nicht vom Mieter auf den Vermieter.[2062] § 557a BGB mit seiner Schutzfrist von vier Jahren

1209

2054 Zitiert nach Usinger, NZM 2009, 297, 298.
2055 Schultz, NZM 2000, 1135, 1141.
2056 Bartholomäi, in: Lindner-Figura/Oprée/Stellmann, Kap. 10, Rn. 112; Börstinghaus, in: Schmidt-Futterer, § 557a Rn. 9.
2057 OLG Brandenburg, 19.08.2009 – 3 U 135/08, IMR 2010, 96 = NZM 2009, 860 = NJW 2010, 876.
2058 Ähnlich auch Usinger, NZM 2009, 297, 299.
2059 Usinger, NZM 2009, 297, 299.
2060 Usinger, NZM 2009, 297, 299.
2061 BGH, 27.10.2004 – XII ZR 175/02, GuT 2005, 8, 10 = NZM 2005, 63 = ZMR 2005, 112; BGH, 08.05.2002 – XII ZR 8/00, NZM 2002, 659 = GuT 2002, 134 = AIM 8/2002, 14.
2062 BGH, 27.10.2004, a.a.O.

gilt nur für Wohnraummieter, eine Ausdehnung auf gewerbliche Mieter ist unzulässig.[2063] Es ist grds. Sache der jeweiligen Partei des Mietvertrages abzuschätzen, ob sich die vereinbarte Staffelmiete im Vergleich zur Entwicklung des Marktes als ihr günstig erweisen wird oder nicht.[2064] Die Vereinbarung einer langfristigen Staffelmiete schafft beiden Parteien eine zuverlässige Kalkulationsgrundlage. Allein der Umstand, dass auch der Vermieter im Zeitpunkt des Vertragsschlusses von weiter ansteigenden Mietpreisen ausgeht, verlagert das Risiko der **Entwertung der Sachleistung** während der Dauer der Staffelmietvereinbarung nicht vom Mieter auf den Vermieter.[2065] Der Mieter bleibt daher grds. auch bei einem gravierenden Absinken des allgemeinen Mietniveaus an die vertraglich vereinbarten Staffelerhöhungen gebunden, es sei denn, die Parteien haben eine abweichende Regelung getroffen. Entsprechendes gilt für den Vermieter, der meint, er könne wegen gestiegener Marktmieten mehr verlangen.

1210 Von der Entwicklung der Mieten im Immobilienmarkt zu unterscheiden ist die **allgemeine Geldentwertung** bis hin zur Inflation. Zwar gehört bei gegenseitigen Verträgen der Gedanke der Gleichwertigkeit von Leistung und Gegenleistung zur objektiven Geschäftsgrundlage. Wird dieses Gleichgewicht nach Vertragsschluss durch unvorhergesehene Veränderungen so schwer gestört, dass damit das von einer Partei normalerweise zu tragende Risiko in unzumutbarer Weise überschritten wird, ist der Vertrag an die veränderten Umstände anzupassen.[2066] Eine Anpassung eines langfristigen abgeschlossenen Mietvertrags wegen einer solchen nachträglich eingetretenen **Äquivalenzstörung** kann nur in besonderen Ausnahmefällen in Betracht kommen, z.B. wenn das Festhalten am Vertrag für eine Partei existenzgefährdend wäre.[2067]

1211 Erst wenn die bei § 313 BGB zu berücksichtigende sog. **Opfergrenze** überschritten wird, kommt bspw. eine Herabsetzung der Miete in Betracht. Diese Grenze ist individuell zu beurteilen.[2068] Insb. die Möglichkeit bei sinkenden Mieten andere Räume preiswerter anzumieten, rechtfertigt nicht die Annahme einer Äquivalenzstörung. Der Umstand, dass jemand durch eine nachträgliche Veränderung der Verhältnisse wirtschaftlich ungünstiger steht, als nach den getroffenen Vereinbarungen zu erwarten war, rechtfertigt es regelmäßig nicht, um ihm aus Billigkeitsgründen ein auch nur teilweises Abgehen vom Vertrag zu erlauben.[2069] Die Frage, ob die vom Mieter zu erbringende Geldleistung noch der Sachleistung des Vermieters wertmäßig entspricht, ist dabei grds. eine Frage, die in den Risikobereich des Vermieters fällt.[2070] Nur bei Geldentwertungen, die die vorhersehbaren Entwicklungen überschreiten, hat nach den Grundsätzen des Wegfalls der Geschäftsgrundlage eine Vertragsanpassung zu erfolgen.[2071] Als Maßstab kann die Rechtsprechung des BGH zu Erbbaurechtsverträgen herangezogen werden,

---

2063 BGH, 27.10.2004 – XII ZR 175/02, GuT 2005, 8, 10 = NZM 2005, 63 = ZMR 2005, 112.
2064 Börstinghaus, Miethöhe-Handbuch, Kap. 10, Rn. 11.
2065 BGH, 27.10.2004 – XII ZR 175/02, GuT 2005, 8, 10 = NZM 2005, 63 = ZMR 2005, 112; BGH, 08.05.2002 – XII ZR 8/00, NZM 2002, 659 = GuT 2002, 134 = AIM 8/2002, 14.
2066 BGH, 08.05.2002 – XII ZR 8/00, NZM 2002, 659 = GuT 2002, 134 = AIM 8/2002, 14; BGH, 17.02.1993 – XII ZR 232/91, NJW-RR 1993, 773, 774.
2067 BGH, 08.05.2002 – XII ZR 8/00, NZM 2002, 659 = GuT 2002, 134 = AIM 8/2002, 14.
2068 BGH, 27.10.2004 – XII ZR 175/02, GuT 2005, 8, 10 = NZM 2005, 63 = ZMR 2005, 112.
2069 BGH, 27.10.2004 – XII ZR 175/02, GuT 2005, 8, 10 = NZM 2005, 63 = ZMR 2005, 112; BGH, 08.05.2002 – XII ZR 8/00, NZM 2002, 659 = GuT 2002, 134 = AIM 8/2002, 14.
2070 Börstinghaus, Miethöhe-Handbuch, Kap. 10, Rn. 10, 11.
2071 Börstinghaus, Miethöhe-Handbuch, Kap. 10, Rn. 10, 11.

die bei einem Kaufkraftschwund von mehr als 60 % ein Überschreiten der Opfergrenze annimmt.[2072] Zusätzlich ist i.d.R. noch eine längere Vertragslaufzeit erforderlich, da ansonsten die Existenzgefährdung fraglich sein wird.[2073] Eine Restlaufzeit von vier Jahren spricht gegen eine Äquivalenzstörung.[2074] § 557a BGB mit seiner Schutzfrist von vier Jahren gilt nur für Wohnraummieter, eine Ausdehnung auf gewerbliche Mieter ist unzulässig,[2075] weshalb aus der dortigen 4-Jahres-Begrenzung nichts abgeleitet werden kann.

VI. Leistungsvorbehalts- bzw. Anpassungsklausel

1. Überblick

Bei Leistungsvorbehalts- bzw. Anpassungsklauseln handelt es sich um nach § 1 Abs. 2 Nr. 1 PrKV (maßgeblich für Klauselvereinbarung nach dem 13.09.2007) bzw. § 1 Nr. 1 PrKV (Klauselvereinbarung vor dem 13.09.2007) **genehmigungsfreie Wertsicherungsklauseln** ohne Automatismus. Es sind Klauseln, die hinsichtlich des Ausmaßes der Änderung des geschuldeten Betrages einen Ermessensspielraum lassen, der es ermöglicht, die neue Höhe der Geldschuld nach Billigkeitsgrundsätzen zu bestimmen. 1212

> *Beispiel:*
>
> *„Bei Veränderung der vereinbarten Bezugsgröße um ... Punkte nach oben oder unten ist die Höhe des Mietpreises zwischen den Vertragspartnern neu zu verhandeln."*

2. Klauselinhalt

Mieter und Vermieter knüpfen zwar die Mietänderung an einen Bezugsfaktor (wie bei der automatischen Wertsicherungsklausel), der aber nur Voraussetzung für die Änderung der Miete ist, sodass die Höhe noch gesondert festgesetzt werden muss.[2076] Wird z.B. der **Lebenshaltungskostenindex als Bezugsgröße** vereinbart und ändert sich dieser, erfolgt eine Anpassung oder Neufestsetzung durch eine selbstständige Vereinbarung, für die noch Spielraum verbleiben muss.[2077] 1213

Die **Mieterhöhung** verläuft also auf **zwei Stufen**: 1214

- **1. Stufe:** Der Bezugsfaktor wird erreicht, sodass eine der Parteien eine Mieterhöhung verlangen kann.
- **2. Stufe:** Die Miete wird angepasst oder neu festgesetzt, wobei im Vertrag ein Orientierungsmaßstab vereinbart werden kann.

2072 BGH, 27.10.2004 – XII ZR 175/02, GuT 2005, 8, 10 = NZM 2005, 63 = ZMR 2005, 112.
2073 BGH, 08.05.2002 – XII ZR 8/00, NZM 2002, 659 = GuT 2002, 134 = AIM 8/2002, 14.
2074 BGH, 08.05.2002 – XII ZR 8/00, NZM 2002, 659 = GuT 2002, 134 = AIM 8/2002, 14.
2075 BGH, 27.10.2004 – XII ZR 175/02, GuT 2005, 8, 10 = NZM 2005, 63 = ZMR 2005, 112.
2076 BGH, 12.01.1968 –V ZR 187/64, NJW 1969, 91.
2077 BGH, 30.10.1974 - VIII ZR 69/73, BGHZ 63, 132 = NJW 1975, 44; OLG Hamm, 28.04.1995 – 15 W 374/94, NJW-RR 1996, 268.

1215 Als **Wertmesser** für die Anpassung oder Neufestsetzung kommt z.B. Folgendes in Betracht:
- Marktmiete,
- Indexentwicklung,
- Sachverständigengutachten,
- Bestimmung durch einen Vertragsteil nach § 315 BGB,
- Bestimmung durch einen Dritten nach § 317 BGB (z.B. Schiedsgutachter),
- Maßstab der ortsüblichen Vergleichsmiete i.S.d. § 558 BGB.

1216 Grundvoraussetzungen zulässiger Leistungsvorbehalte sind: Aus dem Vertrag muss sich klar und deutlich ergeben, dass bei den Verhandlungen Spielraum besteht. Die Veränderung muss auch Raum für **Billigkeitserwägungen** lassen und die Miete darf sich nicht zwangsläufig in Relation zur Veränderungen des Indexes ändern.[2078] Der **Orientierungsmaßstab** darf also **nicht als zwingende Rechengrundlage vereinbart werden**, da dies eine unzulässige (weil versteckte) automatische Erhöhung zur Folge hätte. Ist z.B. in der Klausel geregelt, dass sich bei einer Veränderung des Lebenshaltungskostenindexes um mehr als 10 % die Miete automatisch in entsprechender Relation ändert, so liegt eine automatische Änderung und damit eine genehmigungsbedürftige Gleitklausel vor. Dies bedingt auch, dass der Mieter sich grds. einer Mieterhöhung widersetzen kann, wenn die Lebenshaltungskosten steigen, zugleich Mieten aber fallen.[2079]

1217 Es ist zulässig, dass sich die Klausel nur auf eine Erhöhung, nicht aber auf eine Verminderung der Miete bezieht. Bei der Vertragsgestaltung sind hier die Interessen der Parteien zu berücksichtigen. Diese Einseitigkeit ist nach § 2 Abs. 2 Nr. 1 PrKV nur für genehmigungspflichtige Klauseln ein Kriterium.

1218 Kommt keine Einigung zustande, könnte die Miethöhe – bei entsprechender Vereinbarung – z.B. durch einen von der IHK öffentlich bestellten Sachverständigen für Mieten als Schiedsgutachter bestimmt werden.

3. Risiko: auslegungsbedürftige Klauseln

1219 Bei der Prüfung von Erhöhungsmöglichkeiten bei bestehenden Verträgen können ungenaue Regelungen problematisch sein. Viele Vertragsklauseln regeln zwar genauestens die Voraussetzungen des Änderungsverlangens (1. Stufe), halten sich dann aber bei dem Erhöhungsmaßstab sträflich zurück. Was z.B. als Maßstab bei einer lediglich vereinbarten „angemessenen Miete" gelten soll, lässt sich nur durch Auslegung ermitteln und beinhaltet damit ein erhebliches Streitpotenzial. Die Wortwahl lässt den Rückschluss darauf zu, dass die Parteien bei Vertragsabschluss davon ausgingen, eine marktübliche (nämlich angemessene) Miete vereinbart zu haben, sodass die ortsüblich verlangten Mieten für vergleichbare Objekte auch bei der Änderung zugrunde gelegt werden können.[2080] Dies ist aber nur eines von mehreren möglichen Kriterien.

[2078] OLG Hamburg, 06.02.1985 – 4 U 30/84 und 4 U 42/84, ZMR 1985, 237.
[2079] Schultz, NZM 1998, 905.
[2080] BGH, 02.10.1991 – XII ZR 88/90, NJW-RR 1992, 517.

Beispiel:[2081]

Vereinbaren die Parteien eines Pachtvertrages über eine Gaststätte die Möglichkeit einer „angemessenen" Pachterhöhung bei Änderung des Lebenshaltungskostenindexes für einen Vier-Personen-Arbeitnehmerhaushalt um 10 %, sind bei der Bestimmung der Angemessenheit einer Pachterhöhung neben der Veränderung der Lebenshaltungskosten auch die spezifischen Besonderheiten des gastronomischen Gewerbes zu berücksichtigen.

Generell dürfte die **Marktmiete** als Maßstab herangezogen werden können, wenn die Auslegung des Vertrages und der begleitenden Umstände keine andere Lösung nahe legt. Auch hier gilt, je klarer die Grenzen abgesteckt werden, desto weniger Streit kann entstehen. Die Angemessenheit ist unter Berücksichtigung der Belange beider Parteien zu beurteilen.[2082]

1220

Die Wortwahl „Anpassung" und „Neufestsetzung" ist – auch bei der Prüfung bestehender Verträge – durchaus von Belang. Bei einer **Anpassung** sind Ausgangspunkt die Vorstellungen, die die Parteien bei Vertragsschluss hatten. Hier kann im Zweifel der Vermieter als Gläubiger gem. §§ 315, 316 BGB die Anpassung nach billigem Ermessen vornehmen, wenn nicht die Auslegung des Mietvertrages ergibt, dass die Anpassung gem. §§ 315 Abs. 3, 319 Abs. 1 Satz 2 BGB durch Urteil erfolgen soll. Widerspricht die Leistungsbestimmung des Vermieters dem billigen Ermessen, ist sie nach § 315 Abs. 3 BGB zu korrigieren.

1221

Neufestsetzung bedeutet hingegen, dass beide Parteien die Miete neu aushandeln, wobei die Situation zugrunde zu legen ist, als ob erstmals über die Miete verhandelt wird.[2083] Diese Variante wird in dem hier vorgeschlagenen Muster präferiert, da einvernehmliche Lösungen weniger streitträchtig sind; dazu → Rn. 1267.

1222

Praxistipp:

Es sollte durch eine über die Begriffe hinausgehende Beschreibung klargestellt werden, ob die Miete angepasst oder neu festgesetzt wird.

Die Orientierung an der *„ortsüblichen Vergleichsmiete"* sollte vermieden werden, da dieser Begriff nur im Wohnraummietrecht klar definierbar ist und sonst Auslegungsprobleme drohen. Wird als Maßstab der Neuverhandlung die Marktmiete gewählt, so sollte das Mietobjekt auch dem Marktdurchschnitt entsprechen. Bei besonders exklusiven oder außergewöhnlichen Objekten empfiehlt sich daher eine nähere Eingrenzung der Marktmiete (z.B. *„Durchschnittsmiete aller Ladengeschäfte an der X-Passage/an der Y-Straße"*).

4. Gutachter- und Schiedsklausel

Für den Fall, dass eine einvernehmliche Neufestsetzung scheitert, empfiehlt sich eine Gutachter- oder Schiedsklausel. Da zu diesem Zeitpunkt möglicherweise bereits Streit besteht, sollte die Klausel genauestens die Verfahrensweise und Kostenfrage regeln. Vereinbart wird üblicher-

1223

2081 OLG Düsseldorf, 19.06.2007 – 24 U 210/06, IMR 2007, 326.
2082 OLG Düsseldorf, 19.06.2007 – 24 U 210/06, IMR 2007, 326.
2083 BGH, 04.06.1975 – VIII ZR 243/72, NJW 1975, 1557.

weise, dass ein Schiedsgutachter (nicht: **Schiedsrichter**) gemeinschaftlich beauftragt wird, der rechtsgestaltend den gewünschten Vertragsinhalt verbindlich festlegt.

> **Hinweis:**
>
> Das Gutachten muss natürlich sachlich richtig und nachvollziehbar sein. Ist es offensichtlich falsch oder unbillig, kann es nicht zur Begründung des Änderungsverlangens verwendet werden. Die Unbilligkeit ist grds. allein dem Ergebnis des Gutachtens zu entnehmen. Fehlt es aber in der Begründung an einem Bewertungsmaßstab oder ist die Begründung mit schweren Fehlern behaftet, kann das zur Unbilligkeit des Gesamtgutachtens führen.

1224 Beruft sich ein mit der Ermittlung des Mietwerts eines Mietobjekts beauftragter Sachverständiger weniger auf sein Erfahrungswissen, sondern primär auf die **für Vergleichsobjekte gezahlte Miete**, so muss er diese Vergleichsobjekte grds. in einer Weise offen legen, die den Beteiligten eine Überprüfung ermöglicht.[2084]

1225 **Streit über Gutachten** entsteht häufig, wenn die Werte im Gutachten von der (vermeintlichen) marktüblichen Miete abweichen. Da es aber Sinn und Zweck des Gutachtens ist, gerichtliche Auseinandersetzungen zu vermeiden, sind die Parteien verpflichtet, gewisse **Toleranzen** hinzunehmen. Verweigert eine Partei ihre Mitwirkung in einem vereinbarten Gutachterverfahren, kann die andere Partei unmittelbar auf Feststellung der Leistung entsprechend § 319 Abs. 1 Satz 2 BGB klagen.

5. Verknüpfung mit anderen Klauselarten

1226 Kombinationen eines Leistungsvorbehalts mit anderen Erhöhungsvarianten (Staffelvereinbarungen etc.) sind möglich. Zu beachten ist aber, dass klar wird, für **welchen Zeitraum welche Variante** gelten soll. Der hier unterbreitete Vorschlag enthält eine gängige, für beide Parteien ausgewogene Regelung dazu → *Rn. 1262 ff.*

VII. Marktmietklauseln

1227 Marktmietklauseln regeln, dass in regelmäßigen Abständen die vereinbarte Miete daraufhin überprüft wird, ob sie noch der Marktmiete entspricht und ggf. eine Anpassung an die Marktmiete erfolgt.

> *Beispiel:*[2085]
>
> „Zu Beginn des 6. und 10. Mietjahres wird die Miete daraufhin überprüft, ob sie noch der Marktmiete am Ort des Mietgegenstands für Mietgegenstände in vergleichbarer Art, Lage, Nutzung, Qualität und Größe entspricht. Sofern das nicht der Fall ist, kann jede der Parteien verlangen, dass die Miete ab Beginn des 6. bzw. 10. Mietjahres an die jeweilige Marktmiete angepasst wird."

1228 Solche Klauseln fallen nicht unter das Verbot des § 1 Abs. 1 PrKlG, da es sich um Spannungsklauseln handelt (zum Begriff → *Rn. 1230*), die gem. § 1 Abs. 2 Nr. 2 PrKlG vom Verbot des

---

[2084] BVerfG, 07.04.1997 – 1 BvR 587/95, WuM 1997, 318 = ZMR 1997, 341 = NJW 1997, 1909; BGH, 15.04.1994 – V ZR 286/92, NJW 1994, 2899 = MDR 1994, 941.
[2085] Zitiert nach Usinger, NZM 2009, 297, 299.

§ 1 Abs. 1 PrKlG ausgenommen sind. Das gilt jedenfalls uneingeschränkt dann, wenn die Anpassung der Miete an die Marktmiete nicht nur eindimensional, sondern sowohl nach oben als auch nach unten vorgesehen ist.[2086] Eine AGB-Inhaltskontrolle nach §§ 307 ff. BGB scheidet aus, da im nicht preisgeregelten Markt Preisvereinbarungen keine Abweichung oder Ergänzung von Rechtsvorschriften darstellen und somit grds. nicht der Inhaltskontrolle unterliegen.[2087]

Die Kombination mit einer nach § 3 Abs. 1 Nr. 1 PrKlG zulässigen Indexklausel ist grds. wirksam, wenn ein „Floaten", also Erhöhungen nach oben und unten, vorgesehen sind. 1229

Sinnvoll ist es auch hier, die Klausel mit einer Schiedsgutachtervereinbarung für den Fall zu kombinieren, dass man sich nicht auf die Höhe der Marktmiete einigen kann.

VIII. Spannungsklausel

Als Spannungsklauseln werden Klauseln bezeichnet, bei denen die in ein Verhältnis zueinander gesetzten Güter oder Leistungen im Wesentlichen **gleichartig** oder zumindest **vergleichbar** sind, § 1 Abs. 2 Nr. 2 PrKG, § 1 Nr. 2 PrKV. Die Mieterhöhung soll sich also nach vergleichbaren externen Faktoren richten, die als Berechnungsmaßstab zugrunde gelegt werden. Bezug genommen werden kann z.B. auf andere (ähnliche) Mietverhältnisse, die ortsübliche Miete für Geschäftsräume, vom Mieter erzielte Untermiete. 1230

Beispiel:

Eine Vereinbarung sieht vor, dass die Höhe der Miete von Büroräumen von der Entwicklung der ortsüblichen Vergleichsmiete aus einem konkreten Teil eines örtlichen Mietspiegels für Wohnraum, sowohl nach unten als auch nach oben, abhängen soll.

Nach § 1 Abs. 2 Nr. 2 PrKG sind diese Klauseln bei Vereinbarung ab 14.09.2007 generell zulässig, bei vorheriger Vereinbarung sind sie gem. § 1 Nr. 2 PrKV **genehmigungsfrei**. Sie sind aber **nicht sehr praktikabel**, da sich die externen Faktoren laufend ändern können (Wegfall eines konkret benannten Mietverhältnisses) und der Nachweis der Einzelheiten extreme Schwierigkeiten machen kann (z.B. die Höhe der Vergleichsmiete für Geschäftsräume). Aus diesem Grund wird hier kein Klauselvorschlag gemacht. 1231

IX. Umsatz- und Gewinnbeteiligungsklausel

Zu unterscheiden ist zwischen einer vereinbarten Umsatzmiete (dazu → *Rn. 794 ff.*) und einer Umsatz- und Gewinnbeteiligungsklausel zum Zweck der Mieterhöhung. Diese **Differenzierung** wird oft übersehen. 1232

Bei der **Umsatzmiete** zahlt der Mieter einen bestimmten Prozentsatz seines Umsatzes (oder Gewinnes) aus seiner geschäftlichen Tätigkeit an den Vermieter, wobei meist eine feste Basismiete vereinbart wird. Die differierende Beteiligung an den Einkünften des Mieters ersetzt hier also die Vereinbarung einer höheren Fix-Miete, sodass es sich grds. nicht um eine echte Mieterhöhung handelt. Derartige Klauseln machen z.B. Sinn, wenn es sich um neu gegründete 1233

2086 Unsinger, NZM 2009, 297, 300.
2087 Unsinger, NZM 2009, 297, 300.

oder noch auszubauende Geschäftsflächen handelt, sodass der Mieter das Entwicklungsrisiko nicht alleine trägt. Problematisch ist dabei meist die Ermittlung der maßgeblichen Umsätze und Gewinne für den Vermieter.

1234 Eine **Umsatz- und Gewinnbeteiligungsklausel** ermöglicht dem Vermieter hingegen eine Mieterhöhung, wenn der Mieter bestimmte Einnahmegrenzen übersteigt. Hier sind durchaus Kombinationen aus den vorgenannten Klauselvarianten denkbar. Die Parteien können z.B. vereinbaren, dass sich die im Mietvertrag vereinbarte Miete um 10 % erhöht, wenn der Mieter einen Jahresumsatz von mehr als 1 Mio. € erwirtschaftet. Derartige Klauseln sind nicht genehmigungsbedürftig, weil hier nur eine mittelbare Auswirkung von Preisänderungen zu einer Änderung der Miete führt.

> **Hinweis:**
> Die Vereinbarung einer Gewinnklausel – gleichgültig in welcher Variante – ist für den Vermieter ein erhebliches Risiko, da er natürlich keinen Einfluss auf die Betriebsausgaben, steuerlichen Gestaltungen etc. des Mieters hat. Der Mieter hat es dabei manchmal mehr oder weniger in der Hand, seinen Gewinn zu „gestalten".

X. Preis- und Kostenelementeklausel

1235 Kostenelementeklauseln sind gem. § 1 Abs. 2 Nr. 3 PrKG bzw. § 1 Nr. 3 PrKV Klauseln, nach denen der geschuldete Betrag insoweit von der Entwicklung der Preise oder Werte für Güter oder Leistungen abhängig gemacht wird, als diese die Selbstkosten des Gläubigers bei der Erbringung der Gegenleistung unmittelbar beeinflussen. Die Parteien können vereinbaren, dass sich die Miete im gleichen Maße ändern soll wie der Preis bestimmter Kostenelemente des Mietobjekts (Preisklausel) oder dass er sich nur anteilig in dem Verhältnis ändern soll, in dem das Kostenelement zu den Gesamtkosten steht (Kostenelementeklausel). Derartige Klauseln sind nach § 1 Abs. 2 Nr. 3 PrKG ab dem 14.09.2007 frei vereinbar und vorher **nicht genehmigungsbedürftig** (§ 1 Nr. 3 PrKV). Trotzdem sind sie nicht empfehlenswert, da die Preisentwicklung für bestimmte Kostenelemente (z.B. diverse Betriebs- und Instandhaltungskosten) i.d.R. nicht langfristig absehbar ist.

XI. Neuverhandlungsklausel

1236 In manchen Verträgen finden sich Klauseln, die lediglich festlegen, dass nach einer bestimmten Zeit neu über die Miete verhandelt werden soll. Solche Klauseln sind nicht zu empfehlen, da sie auf der einen Seite zwar festlegen, dass die alte Miete nicht mehr gelten soll, auf der anderen Seite aber offenlassen, was im Fall einer ausbleibenden Einigung geschieht. Sinn macht diese Variante nur dann, wenn **gleichzeitig** geregelt wird, was geschehen oder gelten soll, wenn sich die Parteien nicht einigen. Fehlt es daran, so gilt nicht die alte Miete weiter, sondern die **angemessene ortsübliche Miete**.[2088]

[2088] OLG Köln, 29.11.2000 – 11 U 153/98, GuT 2002, 133.

XII. Mieterhöhung wegen Modernisierungsmaßnahmen

Nach § 578 Abs. 2 BGB ist auf Mietverhältnisse über Räume, die keine Wohnräume sind, (nur) § 554 Abs. 1 bis Abs. 4 BGB (Duldung von Erhaltungs- und Modernisierungsmaßnahmen) entsprechend anzuwenden; für Pachtverhältnisse ergibt sich die Anwendung aus § 581 Abs. 2 BGB. Auf § 554 Abs. 5 BGB, der eine für den Mieter nachteilige Abweichung verbietet, wird nicht verwiesen, sodass vertraglich in den Grenzen der §§ 242, 138 und 307 BGB frei vereinbart werden kann, ob, wann und wie der Mieter **zur Duldung verpflichtet** ist. Auch das Sonderkündigungsrecht nach § 554 Abs. 3 BGB kann – auch per AGB – ausgeschlossen werden. Entsprechendes gilt für die Umlage von Modernisierungskosten: Im Wohnraummietrecht hat der Vermieter nach § 559 BGB die Möglichkeit, u.a. Kosten für durchgeführte Modernisierungsmaßnahmen i.H.v. 11 % jährlich auf den Mieter umzulegen. Nach § 559 Abs. 3 BGB sind abweichende Vereinbarungen zum Nachteil des Mieters unwirksam. § 578 BGB verweist nicht auf § 559 Abs. 3 BGB, sodass für die Geschäftsraummiete abweichende Vereinbarungen möglich sind. Vertraglich können deshalb darüber hinausgehende Pflichten vereinbart werden. Wenn eine Vereinbarung getroffen wird, dass § 559 BGB analog angewendet werden soll, ist dies nicht als Formularklausel, sondern nur als **Individualvereinbarung** zulässig und eng auszulegen.[2089] Zu empfehlen ist daher eher eine **ausdrückliche Festlegung der Erhöhungsvoraussetzungen**. Für reine Modernisierungsmaßnahmen bestehen dabei keine Bedenken. Fraglich ist aber, ob auch die Kosten für „andere zweckmäßige" Maßnahmen umgelegt werden können. Zu denken ist hier an sinnvolle Umbauten des Gebäudes oder Erschließungskosten, die dem Vermieter von der Gemeinde auferlegt werden.

1237

> **Praxistipp:**
>
> Da es sich hier i.d.R. um bei Vertragsschluss völlig unvorhersehbare Maßnahmen handelt, kann eine derartige Klausel als zu unbestimmt und gegen die §§ 305 ff. BGB verstoßend ausgelegt werden. Bei der Vertragsgestaltung sollte daher dieser Teil individuell verhandelt und dokumentiert werden.

Fehlen vertragliche Regelungen, sind die Erhaltungs- oder Modernisierungsmaßnahmen streng nach § 554 Abs. 1 bis Abs. 4 BGB durchzuführen. Der Mieter ist unter den Voraussetzungen des § 554 Abs. 2 BGB zur Duldung verpflichtet. Die formellen Anforderungen an die Modernisierungsankündigung nach § 554 Abs. 3 Satz 1 BGB – Mitteilung über die Art, den voraussichtlichen Umfang, den Beginn sowie die voraussichtliche Dauer der Maßnahme und die zu erwartende Mieterhöhung in Textform spätestens drei Monate vor Beginn der Maßnahme – sind nicht Tatbestandsmerkmal des Duldungsanspruchs, sondern bloße Fälligkeitsvoraussetzung.[2090] Entsprechen sie nicht den gesetzlichen Anforderungen, so kann der Mieter/Pächter die Duldung zwar verweigern; lässt er die Maßnahme jedoch geschehen, so ist sie nicht rechtswidrig.[2091]

1238

[2089] KrsG Sömmerda, 07.04.1993 – 2 C 432/92, WuM 1993, 270, noch für § 3 MHG.
[2090] OLG Saarbrücken, 22.12.2010 - 8 U 507/09.
[2091] OLG Saarbrücken, 22.12.2010 - 8 U 507/09.

Der Mieter hat ein **Sonderkündigungsrecht** und zwar auch dann, wenn Modernisierungsmaßnahmen im Außenbereich des Gebäudes (Dach, Fassade) zwecks Energieeinsparung erfolgen und damit die Miträume nicht unmittelbar betreffen.[2092] Das Kündigungsrecht besteht jedoch nicht bei Bagatellmaßnahmen, die nur mit einer unerheblichen Einwirkung auf die Mietsache verbunden sind und nur zu einer unerheblichen Mieterhöhung führen.

Beispiele:

Außenarbeiten (Dach, Fassade), die zu einer Mieterhöhung von nicht über 5 % führen, sind unerheblich.[2093]

Keine Bagatellmaßnahme bei einer angekündigten Mieterhöhung um 16,88 %.[2094]

1239 Der Mieter ist nach Treu und Glauben verpflichtet, auf ein Schreiben des Vermieters, in dem dieser den Mieter unter Beifügung einer von diesem zu unterzeichnenden Duldungserklärung bittet, innerhalb einer bestimmten Frist schriftlich mitzuteilen, ob er den geplanten Modernisierungsmaßnahmen zustimmt, zu antworten; reagiert er nicht innerhalb der ihm gesetzten Frist, gibt er Veranlassung zu einer vom Vermieter erhobenen Duldungsklage.[2095]

1240 Bei baulichen Maßnahmen, die sowohl Elemente einer Instandsetzung als auch einer Modernisierung enthalten, richtet sich die **Duldungspflicht des Mieters** allein nach §§ 554 Abs. 2, 578 Abs. 2 BGB, sodass sie insgesamt den höheren Anforderungen der Ankündigung einer Modernisierungsmaßnahme unterworfen wird.[2096] Der Mieter hat **keine Mitwirkungspflicht** bei einer Instandhaltungsmaßnahme,[2097] was daher auch für Modernisierungen gilt. Ferner ist der Vermieter grds. verpflichtet, die anlässlich von Mängelbeseitigungsarbeiten erforderlichen Nebenarbeiten, wie Leerräumen und Einräumen der Möbel, auf seine Kosten durchführen zu lassen.[2098] Auch dies gilt für anstehende Modernisierungsarbeiten entsprechend.

XIII. Mieterhöhung und Schriftform nach § 550 BGB

1241 Wurde im Mietvertrag eine **Schriftformklausel** vereinbart oder ist Schriftform wegen der Vertragsdauer gem. § 550 BGB erforderlich, ist dies bei der Änderungsvereinbarung unbedingt zu beachten.

1242 Nachträgliche **Änderungen der Miethöhe** können bei Zeitmietverträgen gem. § 550 BGB zu einer Verletzung der Schriftform und damit zur vorzeitigen Kündbarkeit führen. Ein Formverstoß wirkt sich zwar grds. nicht auf den gesamten Vertrag aus, sondern nur auf die Ergänzungsvereinbarung, erfasst aber bei einer Änderung der Miete dennoch den Hauptvertrag, da dieser

---

2092 LG Köln, 28.10.2004 – 2 O 113/04, NZM 2005, 751.
2093 LG Köln, 05.10.2004 – 5 O 200/04, NZM 2005, 751.
2094 LG Köln, 28.10.2004 – 2 O 113/04, NZM 2005, 751.
2095 KG, 16.07.2009 – 8 U 77/09, NZM 2010, 203.
2096 Bieber, in: MüKo BGB, § 554 Rn. 9; krit. Both, in: Herrlein/Kandelhard, § 554 Rn. 16.
2097 Börstinghaus/Both, MietPrax, Fach 4, Rn. 59 unter Verweis auf LG Berlin, GE 1996, 1115; LG Berlin, WuM 1996, 143 = NJW-RR 1996, 1163.
2098 AG Wuppertal, 10.06.1987 – 93 C 211/87, WuM 1988, 15.

nicht nur ergänzt, sondern sein Inhalt geändert wird.²⁰⁹⁹ Ein Zeitmietvertrag wird dann gem. § 550 BGB wegen Verletzung der Schriftform vorzeitig kündbar (dazu → Rn. 759).

Ein Schriftformverstoß nach § 550 BGB, gleichgültig worauf er beruht, „infiziert" andere Klauseln, die eine bestimmte Laufzeit des Vertrages voraussetzen. So wird eine Wertsicherungsklausel, die nach § 3 PrKlG eine Mindestlaufzeit von zehn Jahren voraussetzt, unwirksam.²¹⁰⁰ Die Genehmigung einer automatischen Wertsicherungsvereinbarung in einem Immobilienmietvertrag wird nicht fingiert, wenn die von den Parteien erstrebte langfristige Bindung wegen Verfehlens der gesetzlich gebotenen Schriftform scheitert,²¹⁰¹ weil dann der Vertrag nach § 550 BGB mit gesetzlicher Frist kündbar ist. 1243

XIV. Verjährung und Verwirkung

Der Anspruch auf die (rückwirkend eingetretene) **Mieterhöhung für zurückliegende Zeiträume aufgrund einer Wertsicherungsklausel** kann verjähren oder auch verwirkt werden. Er wird aber nicht schon dann verwirkt, wenn der Vermieter oder Pächter längere Zeit untätig bleibt.²¹⁰² Es müssen über den Zeitablauf hinaus noch besondere Umstände im Verhalten des Vermieters vorliegen, die die Feststellung rechtfertigen, der Schuldner habe bereits darauf vertrauen können, dass der Gläubiger die Forderung nicht mehr geltend mache. Wenn schon der reine Zeitablauf und die Untätigkeit des Vermieters über einen längeren Zeitraum unterhalb der Verjährungsgrenze bei Mietnebenkosten trotz der Verpflichtung zur jährlichen Abrechnung für den Vermieter nicht zur Annahme einer Verwirkung i.S.d. § 242 BGB ausreicht, gilt dies erst recht für den Anspruch auf Zahlung erhöhter Miete aufgrund einer Gleitklausel der hier vorliegenden Art.²¹⁰³ Etwas anderes kommt in Betracht, wenn der Vermieter oder Verpächter zu erkennen gibt, dass er von seinem Erhöhungsrecht keinen Gebrauch machen will.²¹⁰⁴ Lässt sich der Vermieter unterschiedlich lange Zeit, kann dies ein Indiz sein, rechtfertigt aber für sich allein noch keine Verwirkung. 1244

Zu eng sieht dies deshalb das OLG Düsseldorf:²¹⁰⁵ Wurden Mietzinserhöhungen, die aufgrund einer Wertsicherungsklausel im März 1981 und April 1985 möglich waren, umgehend geltend gemacht, Erhöhungen ab Juli 1991 und Juli 1994 aber erst im September 1995, dann ist der Anspruch aus den beiden letzten Erhöhungen verwirkt. Ein Mieter, dessen Mietzins sich gemäß einer Indexklausel erhöht, kann ggü. dem Anspruch des Vermieters auch nicht mit Erfolg einwenden, der Anspruch sei verwirkt, weil er wegen dessen verspäteter Geltendmachung versäumt habe, Rücklagen zu schaffen.²¹⁰⁶ 1245

2099 BGH, 26.02.1992 – XII ZR 129/90, WuM 1992, 316 = NJW 1992, 2283 = MDR 1992, 771; OLG Düsseldorf, 15.10.1987 – 10 U 42/87, NJW-RR 1988, 398 = ZMR 1988, 58.
2100 OLG Rostock, 10.01.2005 – 3 U 61/04, NZM 2005, 506 zu § 4 PrkV a.F.; Börstinghaus, Miethöhe-Handbuch, Kap. 4, Rn. 157; ders. in Schmidt-Futterer, § 557b Rn. 21.
2101 OLG Rostock, 10.01.2005 – 3 U 61/04, NZM 2005, 507; Neuhaus, MDR 2010, 848.
2102 OLG Celle, 09.05.2001 – 2 U 236/00, BeckRS 2001 30179606.
2103 OLG Celle, 09.05.2001 – 2 U 236/00, GuT 2002, 41.
2104 OLG Rostock, 02.06.2006 – 3 U 113/05, IMR 2006, 187; OLG Celle, 09.05.2001 – 2 U 236/00, GuT 2002, 41.
2105 OLG Düsseldorf, 23.10.1997 – 10 U 47/97, NZM 1998, 480.
2106 OLG Celle, 29.01.1988 – 2 U 78/87, NJW-RR 1988, 723.

1246 Auch der Anspruch auf Zahlung einer erhöhten Miete, die aufgrund einer **Staffelmietvereinbarung** geschuldet wurde, kann **verwirkt werden**, wenn die allgemeinen Voraussetzungen der Verwirkung, also das Zeit- und das Umstandsmoment vorliegen.[2107] Allein die Tatsache, dass der Vermieter ohne weitere Erklärung mehrere Jahre den Erhöhungsbetrag nicht geltend macht, genügt nicht.[2108] Macht der Vermieter den Erhöhungsbetrag aber längere Zeit nicht geltend und wird für den Mieter aus weiteren Umständen ein Vertrauenstatbestand erzeugt, kann der Nachzahlungsbetrag verwirkt sein.[2109]

XV. Gerichtsverfahren

1247 Anders als bei Wohnraum wird bei der Klage auf Erhöhung einer Miete für Geschäftsraum der ausschließlich aus dem Vertrag ableitbare Anspruch auf Mieterhöhung nicht auf Zustimmung zur Mieterhöhung gerichtet, sondern grds. als **Leistungsklage** auf die bereits eingetretene konkrete Zahlungsverpflichtung und ggf. als Klage auf künftige Leistung gem. § 259 ZPO formuliert. Eine „normale" **Klage auf zukünftige Leistung** nach § 257 ZPO ist grds. nicht möglich, weil der Anspruch auf Mietzinszahlung von einer Gegenleistung (Gewährung der Nutzungsmöglichkeit) abhängt. In der Klage ist konkret darzulegen, auf welcher vertraglichen Grundlage das Mieterhöhungsverlangen des Vermieters/Verpächters beruht und dass die entsprechenden Voraussetzungen eingetreten sind. Bei einer Wertsicherungsklausel ist also z.B. darzulegen, dass der vertraglich vereinbarte Index überschritten wurde und zu welcher konkreten Erhöhung dies geführt hat.

1248 Die Geltendmachung von rückständigen Mietforderungen im **Urkundenverfahren** ist zwar zulässig,[2110] der Kläger muss aber einen lückenlosen Beweis seiner Forderung durch Vorlage der Urkunde(n) führen. Hat sich die Miete ggü. dem Mietvertrag inzwischen durch Mieterhöhung oder eine Vereinbarung geändert, sind entsprechende Urkunden (Mieterhöhungsverlangen, Nachtragsvereinbarung) mit vorzulegen; fehlt es daran, hat der Mieter aber die höhere Miete gezahlt, sind Urkunden vorzulegen, aus denen sich die Zahlung ergibt, z.B. Kontoauszüge. Ergibt sich die Mieterhöhung aus einer nach früherem Recht genehmigungsbedürftigen Vertragsklausel, ist die Genehmigung mit vorzulegen.

XVI. Streitwert

1249 Der Gebührenstreitwert für den Klageantrag eines Vermieters auf Feststellung der Verpflichtung zur Zahlung eines zukünftig erhöhten Mietzinses richtet sich nicht nach § 41 Abs. 5 Satz 1 GKG, sondern beträgt gem. §§ 3 und 9 ZPO das 42-fache des monatlichen Mieterhöhungsbetrags (ggf. abzgl. eines für positive Feststellungsklagen vorzunehmenden Abschlags von 20 %),

---

2107 Börstinghaus, Miethöhe-Handbuch, Kap. 10, Rn. 8.
2108 KG, 02.06.2003 – 12 U 320/01, WuM 2004, 348, 349 (Gewerberaum); a.A. LG Osnabrück, 02.04.2004 – 12 S 46/04, DWW 2004, 152 (Wohnraum).
2109 LG Osnabrück, 02.04.2004 – 12 S 46/04, DWW 2004, 152: 5-jährige Nichtzahlung der Erhöhungsstaffel ohne Mahnung des Vermieters; LG Hamburg, 13.03.1997 – 334 S 118/96, WuM 1997, 331, 332: Vermieter macht von einer Einzugs- oder Abbuchungsermächtigung hinsichtlich des Erhöhungsbetrages keinen Gebrauch.
2110 BGH, 10.03.1999 – XII ZR 321/97, NZM 1999, 401 = ZMR 1999, 380 = MDR 1999, 822 = NJW 1999, 1408; OLG München, 25.09.2007 – 19 U 3454/07, IMR 2008, 183; zur ebenfalls gegebenen Zulässigkeit bei Wohnraummiete vgl. BGH, 08.07.2009 – VIII ZR 200/08, InfoM 2009, 395; BGH, 01.06.2005 – VIII ZR 216/04, NZM 2005, 661 = MDR 2005, 1399.

denn § 41 Abs. 5 Satz 1 GKG gilt nur für Ansprüche „auf Erhöhung der Miete für Wohnraum" und nicht für Ansprüche „aus" der Mieterhöhung.[2111] Sowohl für Wohn- als auch für Geschäftsraum ist daraus zu schlussfolgern: Sobald die Parteien nicht mehr um die Zustimmung zur Mieterhöhung, sondern um konkret zu zahlende Beträge streiten, richtet sich die Wertfestsetzung nach dem 42-fachen des streitigen Erhöhungsbetrags.

Sofern eine auf **Duldung von Modernisierungs-, Instandsetzungs- und Sanierungsarbeiten gerichtete Klage** mit nachfolgender Mieterhöhung in Betracht kommt, richtet sich der Streitwert nach dem Interesse des Klägers an einer infolge der Durchführung der Arbeiten möglichen Mieterhöhung oder einer durch sie zu vermeidenden Mietminderung; er wird begrenzt durch den Jahresbetrag der erwarteten Erhöhung oder Minderung.[2112] 1250

Bei einer Staffelmiete mit unterschiedlich hohen Mieten in verschiedenen Zeiträumen ist der maßgebliche Jahresbetrag für den Räumungsstreitwert aus dem höchsten Entgelt zu errechnen.[2113] 1251

XVII. Vertragsgestaltung

1. Wertsicherungsklausel

Bei Indexklauseln sollten, da für die Prozentberechnung keine Bezugnahme auf ein Basisjahr erforderlich ist, besser Prozent- als Punkteklauseln vereinbart werden. Die Bezugnahme auf ein Basisjahr entfällt bei dieser Variante. Die praktische Handhabung ist grds. einfacher als bei einer Punkte-Klausel, weil eine Unabhängigkeit von der turnusmäßigen Umstellung auf neue Basisjahre besteht und hieraus eine einfachere Berechnung der Steigerung/Ermäßigung in nur einem Schritt resultiert. 1252

2. Indexfreie Zeit

Der Miet- oder Pachtvertrag kann eine indexfreie Zeit vorsehen. Bei einer sog. „unechten" indexfreien Zeit wird bei Anknüpfung an den Indexstand bei Beginn des Mietverhältnisses lediglich die Möglichkeit der Ausübung der Anpassung auf einen späteren Zeitpunkt verlegt. 1253

Klauselbeispiel:[2114]

„Hat sich der vom Statistischen Bundesamt veröffentlichte Verbraucherpreisindex für Deutschland (VPI, Basis 2005 = 100) gegenüber dem Stand im Monat des Mietbeginns bzw. der jeweils letzten Mietzinsanpassung um mehr als 10 % verändert, so ändert sich mit Beginn des folgenden Monats die Miete in dem gleichen prozentualen Verhältnis, ohne dass es einer Änderungserklärung einer Partei bedarf. Eine Anpassung ist vor dem 1. 12. 2010 ausgeschlossen. Nach erfolgter Anpassung wird die Regel jeweils erneut anwendbar, wenn sich der Index gegenüber dem Stand der vorherigen Anpassung um mehr als 10 % geändert hat."

2111 KG, 16.07.2009 – 22 W 76/08, IMR 2010, 254.
2112 KG, 28.09.2009 – 22 W 47/09, NZM 2010, 46.
2113 BGH, 30.10.2007 – VIII ZR 163/07, NZM 2007, 925 = MietPrax AK § 41 GKG – E-Nr. 5.
2114 Hellner/Rousseau, NZM 2009, 301, 309.

1254 Bei der „echten" indexfreien Zeit wird der Beginn der Indexierung auf einen Zeitpunkt nach Beginn des Mietverhältnisses verschoben.

Klauselbeispiel:[2115]

„Hat sich der vom Statistischen Bundesamt veröffentlichte Verbraucherpreisindex für Deutschland (VPI, Basis 2005 = 100) gegenüber dem Stand im 24. Monat nach Mietbeginn bzw. der jeweils letzten Mietanpassung um mehr als 10 % verändert, so ändert sich mit Beginn des folgenden Monats die Miete im gleichen prozentualen Verhältnis, ohne dass es einer Änderungserklärung einer Partei bedarf. Nach erfolgter Anpassung wird die Regel jeweils erneut anwendbar, wenn sich der Index gegenüber dem Stand der vorherigen Anpassung um mehr als 10 % geändert hat."

1255 Rechtlich handelt es sich im Fall der unechten indexfreien Zeit um einen Fall des zeitlich begrenzten Ausschlusses der Geltendmachung des tatbestandlich bereits ausgelösten Rechts auf Vertragsanpassung, im Fall der echten indexfreien Zeit dagegen um eine Verlagerung der tatbestandlichen Anknüpfung.[2116] Dies führt wirtschaftlich zu bedeutsamen Unterschieden, weil im Fall der unechten indexfreien Zeit letztlich die Preisentwicklung ab Vertragsbeginn berücksichtigt wird, im Fall der echten indexfreien Zeit dagegen die Preisentwicklung teilweise unberücksichtigt bleibt und somit der Vermieter das Risiko der Geldentwertung trägt.[2117]

3. Umdeutungsklauseln, Klauseln im Hinblick auf § 8 Satz 1 PrKG

1256 Die Parteien können für den Fall einer etwaigen Unwirksamkeit von Mieterhöhungsklauseln vertragliche Umdeutungsregelung vereinbaren.

Beispiel:[2118]

"Sollte rechtskräftig festgestellt sein, dass die Preisklausel gegen das Gesetz über das Verbot der Verwendung von Preisklauseln bei der Bestimmung von Geldschulden (Preisklauselgesetz) verstößt und damit nach § 8 PrKlG unwirksam ist, so ist die unwirksame Preisklausel in eine wirksame Leistungsvorbehaltsklausel umzudeuten."

1257 Eine derartige **Vereinbarung der Umdeutung** in einen Leistungsvorbehalt ist – auch als AGB – unproblematisch zulässig, da sie keine der Parteien unangemessen benachteiligt und dem regelmäßig vorhandenen Willen der Parteien entspricht, die Geldleistung einer Wertsicherung zu unterwerfen.[2119]

1258 Die Unwirksamkeit einer Preisklausel tritt nach § 8 Satz 1 PrkG zum Zeitpunkt des rechtskräftig festgestellten Verstoßes gegen dieses Gesetz ein, soweit nicht eine **frühere Unwirksamkeit vereinbart** ist (Wirkung ex nunc, s.o. → Rn. 1166). Das Gesetz sieht also vor, dass die Parteien bei einer Wertsicherungsklausel einen früheren Zeitpunkt vereinbaren, also vertraglich festlegen. Dies muss nicht zwingend schriftlich geschehen. Da dies aber die Miethöhe beeinflusst, also einen der wesentlichen Vertragspunkte, wäre bei nur mündlicher Vereinbarung das Schriftformerfordernis nach § 550 BGB verletzt. Eine Absprache, sich nicht auf eine Unwirksamkeit

---

[2115] Hellner/Rousseau, NZM 2009, 301, 309 mit Berechnungsbeispiel.
[2116] Hellner/Rousseau, NZM 2009, 301, 309.
[2117] Hellner/Rousseau, NZM 2009, 301, 309.
[2118] Nach Hellner/Rousseau, NZM 2009, 301, 307.
[2119] Hellner/Rousseau, NZM 2009, 301, 307.

nach dem PrKG zu berufen, stellt keine Vereinbarung i.S.d. Vorschrift dar. Denkbar wäre folgende Formulierung, die bzgl. des Zeitpunktes eher mieterfreundlich, bzgl. der Klauselersetzung eher vermieterfreundlich und damit ausgewogen ist:

„Für den Fall, dass die vereinbarte Wertsicherung gegen das PrKG verstößt, wird vereinbart, dass ab des im Mieterhöhungsverlangen berechneten Eintritts der Mieterhöhung diese nicht verlangt werden kann. Die Parteien sind sich einig, dass die Wertsicherungsklausel dann auf Verlangen des Vermieters innerhalb von 2 Wochen ab dem Zeitpunkt des rechtskräftig festgestellten Verstoßes durch eine Klausel zu ersetzen ist, die den Anforderungen der §§ 2, 3 PrKG genügt. Die Wirkungen dieser Klausel treten erst ab dem Zeitpunkt der Ersetzung ein, d.h. der Vermieter kann rückwirkend für die Zeit bis zur rechtskräftig festgestellten Feststellung der Unwirksamkeit der früheren Klausel keine Mieterhöhung geltend machen."

Würde man dem Vermieter erlauben, mit der Ersetzungsklausel auch rückwirkend eine Mieterhöhung zu verlangen, stellt dies bei Vereinbarung als AGB eine unangemessene Benachteiligung nach § 307 BGB dar, da der Vermieter § 8 PrKG und damit das gesetzliche Leitbild für unwirksame Preisklauseln „aushebelt", indem ihm für jede rechtliche Variante eine Erhöhung gestattet würde. 1259

XVIII. Arbeits- und Beratungshilfen

1. Schnellüberblick Grundsatz-Rechtsprechung des BGH

1260

Thema/Normen	Leitsatz	Entscheidung, Fundstelle
BGH: In Wertsicherungsklausel enthaltener Index für die Lebenshaltung eines 4-Personen-Haushalts ist im Wege der ergänzenden Vertragsauslegung durch den Verbraucherpreisindex zu ersetzen §§ 535, 157 BGB	Haben die Parteien eines gewerblichen Mietvertrages die Anpassung der Miete für den Fall vereinbart, dass sich der „Index für die Lebenshaltung eines 4-Personen Haushalts" um eine bestimmte Punktzahl verändert, so ist nach Wegfall dieses Index im Wege der ergänzenden Vertragsauslegung auf eine Veränderung des auf dem Basisjahr 2000 beruhenden Verbraucherpreisindex (VPI) abzustellen. Bei dieser Umstellung auf einen neuen Index und ein neues Basisjahr müssen die auf das frühere Basisjahr bezogenen Werte neu errechnet werden. Die Ergebnisse für die vor dem neuen Basisjahr liegenden Zeiträume müssen umbasiert werden. Ls. IMR: 1. Die Vereinbarung über die Anpassung des Untermietzinses an die Entwicklung des Index für die Lebenshaltung eines 4-Personen-Arbeitnehmer-Haushalts bedarf keiner Genehmigung. 2. Mit der fehlenden Fortschreibung des Index für die Lebenshaltung eines 4-Personen-Arbeitnehmer-Haushalts ist eine Regelungslücke entstanden, die im Wege ergänzender Vertragsauslegung geschlossen werden muss. 3. Ab dem 01.01.2000 ist demnach auf den allgemeinen Verbraucherpreisindex abzustellen.	BGH, 04.03.2009 – XII ZR 141/07, IMR 2009, 197 = GuT 2009, 92 = NZM 2009, 398 = InfoM 2009, 326/327 = BeckRS 2009, 10494

	Ls. InfoM 2009, 327: Wird ein nicht fortgeführter Index durch einen anderen Index ersetz, ist bei Punkteklauseln der Schwellenwert (hier: 10 Punkte) nach dem Verhältnis von Alt- und Neuindex im Zeitpunkt der Umstellung umzurechnen. Das entsprechende Rechenprogramm des Statistischen Bundesamtes ist anwendbar (www. Destatis.de/wsk).	
Stillschweigender Abschluss einer Mieterhöhungsvereinbarung – Dauerauftragsänderung §§ 812, 145 ff. BGB (zur Wohnraummiete)	Auch die Verwendung einer Höflichkeitsfloskel (hier: „Um Dauerauftragsänderung bei Ihrem Bankinstitut wird gebeten") spricht trotz eines dem Vermieter von Gesetzes wegen zustehenden Miet(erhöhungs)anspruchs nicht dagegen, sein Verlangen nach einer Mieterhöhung als Angebot auf eine entsprechende Vertragsvereinbarung anzusehen, das der Mieter – konkludent – durch Änderung des Dauerauftrags angenommen hat. (Leitsatz der Redaktion)	BGH, 29.06.2005 – VIII ZR 182/04, NZM 2005, 736
Sonderklausel in einem gewerblichen Mietvertrag	Bestimmt die Sonderklausel in einem gewerblichen Mietvertrag: „Sollte die Anwendung des Lebenshaltungskostenindexes eines 4-Personenhaushalts im Vergleich mit dem Index für gewerbliche Mieten den Mieter oder den Vermieter benachteiligen, dann sind Vermieter und Mieter bei der Neufestsetzung des Mietpreises gehalten, sich an der Entwicklung des Mietpreises für örtlich vergleichbare gewerblich genutzte Grundstücke zu orientieren", so hat eine Neufestsetzung der Miete sich an der örtlichen Miete für gewerblich genutzte Grundstücke und nicht etwa an einem – nicht existierenden – bundesweiten Index für gewerbliche Mieten zu orientieren.	BGH, 25.09.2002 – XII ZR 307/00, MietPrax-AK, § 557b BGB Nr. 1 = NZM 2003, 107
Staffelmiete, Anpassung der Miete	Bei vereinbarter Staffelmiete und einem unvorhergesehenen Absinken des Mietpreisniveaus kommt eine Anpassung der Miete nach den Regeln des Wegfalls (jetzt Störung) der Geschäftsgrundlage nicht in Betracht, wenn sich durch die Störung ein Risiko verwirklicht, das eine Partei zu tragen hat. Das typische Risiko einer absinkenden Marktmiete trägt grds. die jeweils benachteiligte Vertragspartei. Selbst wenn auch der Vermieter bei Vertragsschluss davon ausgeht, dass die Mieten weiter steigen, verlagert sich das Risiko der Entwertung der Sachleistung während der Dauer der Staffelmietvereinbarung nicht vom Mieter auf den Vermieter.	BGH, 08.05.2002 – XII ZR 8/00, MietPrax-AK, § 557a BGB Nr. 1 = NZM 2002, 659 = GuT 2002, 134 = AIM 8/2002, 13
Apotheke	Enthält ein Mietvertrag über Räume zum Betrieb einer Apotheke eine Klausel, wonach der Mieter nach Ablauf der ersten Mietlaufzeit von zehn Jahren auf weitere zehn Jahre mieten kann, ohne dass eine Regelung über die Miethöhe für diese zweite Mietzeit getroffen ist, dann gilt eine angemessene oder ortsübliche Miete.	BGH, 02.10.1991 – XII ZR 88/90, NJW-RR 1992, 517

2. Schnellüberblick aktuelle Rechtsprechung der Instanzgerichte

Thema/Normen	Leitsatz	Entscheidung, Fundstelle
Mietzinsanpassung per Index	1. Eine echte Gleitklausel bedurfte der Genehmigung nach § 3 WährG; bis zur Genehmigung war die Klausel schwebend unwirksam. Nach Inkrafttreten der Preisklauselverordnung gilt allerdings die Genehmigungsfiktion des § 4 PrKV. 2. In der Einigung auf eine bestimmte Miethöhe ist gerade nur eine solche zu sehen. Ein darüber hinausgehender Erklärungsgehalt, insbesondere eine Aufhebung der Wertsicherungsklausel ist dem nicht zu entnehmen. 3. Haben die Parteien eines Gewerberaummietvertrags vereinbart, dass bei einer bestimmten Veränderung des „Index für die Lebenshaltung eines 4-Personen-Arbeitnehmer-Haushalts" auch die Miete zu ändern ist, entsteht durch den Wegfall dieses Index eine Regelungslücke, die im Wege der ergänzenden Vertragsauslegung geschlossen werden muss. Es entspricht dem Interesse der Vertragsparteien, für die automatische Anpassung der Miethöhe ab der Einstellung der Fortschreibung des „Preisindex für die Lebenshaltung eines 4-Personen-Arbeitnehmer-Haushalts mit mittlerem Einkommen" auf den allgemeinen Verbraucherpreisindex abzustellen.	LG Köln, 20.05.2010 – 22 O 179/09, IMR 2010, 379
Unberechtigte Mieterhöhung: Macht sich der Vermieter schadensersatzpflichtig?	Beansprucht der Vermieter von Gewerberäumen eine Mieterhöhung, obwohl der Mietvertrag eine solche nicht vorsieht, verletzt er schuldhaft seine Pflichten aus dem Mietverhältnis und muss die Kosten des vom Mieter beauftragten Rechtsanwalts übernehmen.	AG Spandau, 22.10.2009 – 9 C 216/09, InfoM 2009, 475: Unwirksame einseitige „Mieterhöhungserklärung" bei einer Arztpraxis
Kombination von Staffelmiete und Indexklausel, Echte Gleitklausel und Preisklauselgesetz: Gerichtliche Überprüfung statt Genehmigungspflicht § 4 PrKV; §§ 2, 3, 9 PrKlG	Ls. NZM: 1. Mietstaffeln können auch die Funktion haben, dem Mieter als eine Art „Anschubhilfe" den Start mit seinem Gewerbe unter zunächst günstigeren Konditionen zu erleichtern. 2. Eine Kombination von Staffelmiete und Indexklausel, die bei sinkendem Mietniveau auch zu Gunsten des Mieters wirkt, kann jedenfalls dann eine zulässige Mietvertragsgestaltung darstellen, wenn die vereinbarten Staffeln nach fünf und nach zehn Jahren eingreifen. (Leitsätze der Redaktion)	OLG Brandenburg, 19.08.2009 – 3 U 135/08, IMR 2010, 96 = NZM 2009, 860 = NJW 2010, 876

1261

	3. Bei vor Inkrafttreten des PrKlG vom 14.9.2007 vereinbarten Altklauseln, die einer Genehmigung nach dem Währungsgesetz bedurften, steht das Fehlen einer Genehmigung der Wirksamkeit der Klauseln nicht mehr entgegen. Ls. IMR: Seit Inkrafttreten des Preisklauselgesetzes am 14.9.2007 hängt die Wirksamkeit von Preisklauseln in Gewerbemietverträgen nur noch vom Ergebnis ihrer gerichtlichen Überprüfung ab (§ 8 Preisklauselgesetz). Dies gilt auch für zum Zeitpunkt ihrer Vereinbarung genehmigungspflichtige, aber nicht genehmigte und daher unwirksame Klauseln, sofern deren Genehmigung nicht bis zum 13.9.2007 beim damals zuständigen Bundesamt für Wirtschaft und Ausfuhrkontrolle beantragt wurde. In diesem Fall beurteilt sich die Wirksamkeit gemäß § 9 Abs. 2 Preisklauselgesetz noch nach altem Recht.	
Fälligkeit der Mieterhöhung bei Wertsicherungsklausel, Verjährung	Soll sich nach einer Wertsicherungsklausel der zu zahlende Mietzins entsprechend der Veränderung des vom Statistischen Bundesamt zuletzt veröffentlichten Lebenshaltungskostenindexes aller privaten Haushalte in Deutschland erhöhen oder ermäßigen, wenn sich der Lebenshaltungsindex auf der Basis 1995 = 100 um mehr als 5 % gegenüber dem Stand von Juni 2000 ermäßigt oder erhöht, ändert sich der Mietzins bei Eintritt der in der Klausel umschriebenen Voraussetzungen, ohne dass es einer Aufforderung zur Zahlung des geänderten Mietzinses bedarf (vgl. BGH, Urt. v. 10.10.1979 – VIII ZR 277/78, NJW 1980, 589). Das Erhöhungsverlangen des Vermieters wirkt also nicht konstitutiv für den Eintritt der Mieterhöhung, sondern bestimmt lediglich den Fälligkeitszeitpunkt (vgl. OLG Celle, Urt. v. 9.5.2001 – 2 U 236/00, GuT 2002, 41/42). Mit dem Schluss dieses Jahres beginnt die Verjährungsfrist von drei Jahren zu laufen (§§ 195, 199 Abs. 1 BGB). Das Zahlungsverlangen des Vermieters zur Zahlung der erhöhten Miete für die Zukunft enthält keinen Verzicht auf Zahlung der Erhöhung für die Vergangenheit. Der Vermieter, der den erhöhten Mietzins nicht verlangt, obwohl die Voraussetzungen bereits seit geraumer Zeit vorliegen, verwirkt seinen Anspruch auf Zahlung der erhöhten Miete nicht allein dadurch.	LG Karlsruhe, 22.05.2009 – 6 O 240/08, IMR 2009, 347
Rückwirkende Mieterhöhung	Die im Mietvertrag enthaltene Wertsicherungsklausel galt als Kraft Gesetzes genehmigt und führte zu einer Mieterhöhung, welche auch rückwirkend geltend gemacht werden kann.	LG Duisburg, 18.03.2008 – 4 O 441/03, IMR 2008, 415, 416

Mieterhöhungsverlangen: Keine schriftliche Mieterhöhungserklärung bei „automatischer" Mietanpassungsklausel nötig! §§ 535, 537 Satz 2 BGB	Eine „automatische" Mietanpassungsklausel setzt ein Mieterhöhungsverlangen des Vermieters nicht voraus.	OLG Düsseldorf, 11.03.2008 – 24 U 138/07, IMR 2008, 343
Zweck des PrKG	Ziel des PrKG ist nicht, bisher zulässige Wertsicherungsklauseln zu verbieten. Vielmehr war das Ziel des Gesetzes, wie sich schon aus seiner Bezeichnung „2. Gesetz zum Abbau bürokratischer Hemmnisse insbesondere in der mittelständischen Wirtschaft" ergibt, die mit den nach altem Rechtszustand verbundenen Belastungen des Genehmigungsverfahrens für Vertragsparteien und insbesondere die bisher zuständige Behörde (Bundesamt für Wirtschaft und Ausfuhrkontrolle) zu vermeiden. Deshalb ist das nach altem Recht vorgeschriebene Genehmigungsverfahren abgeschafft und durch ein System von gesetzlich vorgeschriebenen Kriterien („Legalausnahmen") ersetzt worden, wonach Wertsicherungsklauseln, bei denen nach dem alten Recht ein Rechtsanspruch auf Erteilung einer Genehmigung bestand, nunmehr ohne Genehmigung zulässig sind.	OLG Celle, 20.12.2007 – 4 W 220/07, NZM 2008, 301 zu einer Erbauzins-Wertsicherungsklausel.
Pacht; Gaststätte; Indexklausel; werterhöhende Investitionen des Pächters; Schiedsgutachtenabrede; Eignung des Sachverständigen §§ 317, 319, 585 BGB	1. Die mit einer Indexklausel in einem Pachtvertrag verbundene Bestimmung: „Einigen sich die Parteien über die Höhe des neuen Pachtzinses nicht, so wird dieser gemäß § 317 Abs. 1 BGB von einem vereidigten Sachverständigen für das Hotel- und Gaststättengewerbe bestimmt." bedeutet, dass die steigenden Lebenshaltungskosten und damit einhergehend steigende Betriebskosten ebenso in die Bewertung einfließen sollen, wie spezifische Besonderheiten des gastronomischen Gewerbes. 2. Bei der Prüfung einer Pachtzinsanpassung aufgrund der Indexklausel müssen werterhöhende Investitionen des Pächters außer Acht bleiben, wenn sie bei der Festlegung des anfänglichen Pachtzinses und der Dauer des Pachtverhältnisses berücksichtigt worden sind.	OLG Düsseldorf, 19.06.2007 – I-24 U 210/06, GuT 2008, 272
Keine Genehmigungsfiktion automatischer Wertsicherung bei Schriftformmängeln – Verfehlen langfristiger Mietvertragsbindung	1. Die Genehmigung einer automatischen Wertsicherungsvereinbarung in einem Immobilienmietvertrag wird nicht fingiert, wenn die von den Parteien erstrebte langfristige Bindung wegen Verfehlens der gesetzlich gebotenen Schriftform scheitert (BGB §§ 157, 535, 550; PrKV § 4). 2. Die ordentliche Kündbarkeit des Mietverhältnisses schließt nicht aus, den Vertrag durch eine genehmigungsfreie Mietänderungsvereinbarung zu ergänzen.	OLG Rostock, 10.01.2005 – 3 U 61/04, NZM 2005, 507

Teil 1 – § 12 Mieterhöhung

| Auslegung einer Sonder-Klausel nach Wegfall der Einzelindexes §§ 535, 557b, 133 BGB; § 10a MHRG | Haben die Parteien eines Gewerbemietvertrags vereinbart, dass ein bestimmter Preisindex (hier: Lebenshaltung eines 4-Personen-Arbeitnehmerhaushalts mit mittleren Einkommen des alleinverdienenden Haushaltsvorstands, Gruppe Ernährung in der BRD) für die Mietanpassung bestimmend sein soll und wird dieser Index während der Vertragslaufzeit und innerhalb der mehrjährigen Anpassungszeitspanne eingestellt, so ist eine Vertragsauslegung regelmäßig dahin gehend vorzunehmen, dass der vereinbarte Einzelindex bis zu seiner Einstellung und danach der dann geltende Gesamtindex anzuwenden ist. Die bezüglich des einzelnen Indexes ermittelte Veränderung in Prozentpunkten kann zur anschließenden Veränderung des anderen Indexes addiert werden. (Leitsatz der Redaktion) | AG Mönchengladbach, 10.08.2004 – 5 C 287/04, NZM 2005, 742 |

3. Formulierungsvorschläge

a) Staffelmiete

aa) Erhöhungsbetrag

Formulierungsvorschlag: Vereinbarung eines Erhöhungsbetrages

1262

Vereinbart ist eine Staffelmiete. Die vereinbarte Nettokaltmiete ist daher in folgender Höhe zu zahlen, ohne dass es einer gesonderten Erklärung bedarf (jeweils zuzüglich vereinbarter Zahlungen für Betriebs- und Heizkosten sowie Umsatzsteuer):

Vom ..... bis ..... monatlich ..... €.

Vom ..... bis .....: monatlich ..... €.

Vom ..... bis ..... monatlich ..... €.

Vom ..... bis .....: monatlich ..... €.

Vom ..... bis ......: monatlich ..... €.

Vom ..... bis .....: monatlich ..... €.

bb) Erhöhungsquote

Formulierungsvorschlag: Vereinbarung einer Erhöhungsquote (prozentuale Erhöhung)

1263

Vereinbart ist eine Staffelmiete. Die vereinbarte Nettokaltmiete erhöht sich daher jährlich um 5 % zum ..... eines jeden Jahres (jeweils zuzüglich vereinbarter Zahlungen für Betriebs- und Heizkosten sowie Umsatzsteuer). Ausgangspunkt dieser Erhöhung ist jeweils die zuvor geltende Miete.

b) Automatische Wertsicherung

aa) Prozentregelung

Formulierungsvorschlag: Prozentregelung

> **Prozentregelung**: nicht unwirksam, wenn mindestens zehn Jahre Laufzeit (dazu → *Rn. 1154 ff.*); eher mieterfreundlich, da bis 10 Punkte Index-Erhöhung keine Mieterhöhung erfolgt und auch ein Absinken der Miete vereinbart ist:
>
> Erhöht oder vermindert sich der vom Statistischen Bundesamt jeweils festgestellte Verbraucherpreisindex für Deutschland, Basis 2005 = 100 Punkte, gegenüber dem bei Abschluss des Mietvertrages bestehenden Verbraucherpreisindex um mindestens 10 %, so erhöht oder vermindert sich die Kaltmiete im entsprechenden (prozentual umgerechneten) Verhältnis, ohne dass es einer Mietänderungserklärung des Vermieters bedarf. Die Änderung wird in dem Monat wirksam, der auf den Monat folgt, in dem die Punktzahl erreicht wird und zwar auch dann, wenn dies dem Vertragspartner erst später mitgeteilt wird; die Erhöhung oder Verminderung wird zu diesem Zeitpunkt fällig, sodass sie auch bei nachträglicher Mitteilung oder Kenntnis auf diesen Zeitpunkt zu zahlen bzw. zu erstatten ist.
>
> Die Regelung ist wiederholt anwendbar, wenn die oben beschriebenen Voraussetzungen auf der Basis der jeweils vorausgegangenen Mietänderung entsprechend vorliegen.
>
> Der Vermieter hat eine Erhöhung, der Mieter eine Verminderung mitzuteilen und dabei eine Berechnung vorzulegen, wobei eine nicht rechtzeitige Mitteilung keinen Verzicht bedeutet.
>
> Die Parteien sind sich darüber einig, dass die Wertsicherungsklausel als Leistungsvorbehalt im Sinne einer Anpassungsklausel umgedeutet wird, falls sie den Voraussetzungen des Preisklauselgesetzes nicht genügen sollte.
>
> Sollten die Indizes vom Statistischen Bundesamt nicht fortgeführt werden, so wird der an die Stelle des entfallenden Indexes tretende Index oder – falls kein ersetzender Index besteht – ein vergleichbarer Index des Statistischen Amts der Europäischen Union zugrunde gelegt.

1264

bb) Punkteregelung

Formulierungsvorschlag: Punkteregelung

> **Punkteregelung**: nicht unwirksam, wenn mindestens zehn Jahre Laufzeit (dazu → *Rn. 1156 ff.*); eher mieterfreundlich, da **bis** 10 Punkte Index-Erhöhung keine Mieterhöhung erfolgt und auch ein Absinken der Miete vereinbart ist:
>
> Erhöht oder vermindert sich der vom Statistischen Bundesamt jeweils festgestellte Verbraucherpreisindex für Deutschland, Basis 2005 = 100 Punkte, gegenüber dem bei Abschluss des Mietvertrages bestehenden Verbraucherpreisindex um mindestens 10 Punkte, so erhöht oder vermindert sich die Kaltmiete im gleichen (prozentual umgerechneten) Verhältnis, ohne dass es einer Mietänderungserklärung des Vermieters bedarf. Die Änderung wird in dem Monat wirksam, der auf den Monat folgt, in dem die Punktzahl erreicht wird und zwar

1265

auch dann, wenn dies dem Vertragspartner erst später mitgeteilt wird; die Erhöhung oder Verminderung wird zu diesem Zeitpunkt fällig, sodass sie auch bei nachträglicher Mitteilung oder Kenntnis auf diesen Zeitpunkt zu zahlen bzw. zu erstatten ist.

Die Regelung ist wiederholt anwendbar, wenn die oben beschriebenen Voraussetzungen auf der Basis der jeweils vorausgegangenen Mietänderung entsprechend vorliegen.

Der Vermieter hat eine Erhöhung, der Mieter eine Verminderung mitzuteilen und dabei eine Berechnung vorzulegen, wobei eine nicht rechtzeitige Mitteilung keinen Verzicht bedeutet.

Die Parteien sind sich darüber einig, dass die Wertsicherungsklausel als Leistungsvorbehalt im Sinne einer Anpassungsklausel umgedeutet wird, falls sie den Voraussetzungen des Preisklauselgesetzes nicht genügen sollte.

Sollten die Indizes vom Statistischen Bundesamt nicht fortgeführt werden, so wird der an die Stelle des entfallenden Indexes tretende Index oder – falls kein ersetzender Index besteht – ein vergleichbarer Index des Statistischen Amts der Europäischen Union zugrunde gelegt.

cc) Jährliche Anpassung

Formulierungsvorschlag: Punkteregelung, jährliche Anpassung

1266

Punkteregelung, jährliche Anpassung: nicht genehmigungsbedürftig, wenn mindestens zehn Jahre Laufzeit (dazu → *Rn. 1154 ff.*); eher vermieterfreundlich, da sich auch geringe Indexerhöhungen auswirken:

Erhöht oder vermindert sich der vom Statistischen Bundesamt jeweils festgestellte Verbraucherpreisindex für Deutschland, Basis 2005 = 100 Punkte, gegenüber dem bei Abschluss des Mietvertrages bestehenden Verbraucherpreisindex, so erhöht oder vermindert sich die Kaltmiete im entsprechenden (prozentual umgerechneten) Verhältnis, ohne dass es einer Mietänderungserklärung des Vermieters bedarf. Die Änderung wird jeweils zum 01.01. eines jeden Jahres wirksam, erstmals ab dem 01.01. ..... und zwar auch dann, wenn dies dem Vertragspartner erst später mitgeteilt wird; die Erhöhung oder Verminderung wird zu diesem Zeitpunkt fällig, sodass sie auch bei nachträglicher Mitteilung oder Kenntnis auf diesen Zeitpunkt zu zahlen bzw. zu erstatten ist.

Die Regelung ist wiederholt anwendbar, wenn die oben beschriebenen Voraussetzungen auf der Basis der jeweils vorausgegangenen Mietänderung entsprechend vorliegen.

Der Vermieter hat die Erhöhung mitzuteilen und dabei eine Berechnung vorzulegen, wobei eine nicht rechtzeitige Mitteilung keinen Verzicht bedeutet.

Die Parteien sind sich darüber einig, dass die Wertsicherungsklausel als Leistungsvorbehalt im Sinne einer Anpassungsklausel umgedeutet wird, falls sie den Voraussetzungen des Preisklauselgesetzes nicht genügen sollte.

Sollten die Indizes vom Statistischen Bundesamt nicht fortgeführt werden, so wird der an die Stelle des entfallenden Indexes tretende Index oder – falls kein ersetzender Index besteht – ein vergleichbarer Index des Statistischen Amts der Europäischen Union zugrunde gelegt.

c) Leistungsvorbehalts- bzw. Anpassungsklausel

Formulierungsvorschlag: Leistungsvorbehalts- bzw. Anpassungsklausel

Erhöht oder vermindert sich der vom Statistischen Bundesamt jeweils festgestellte Verbraucherpreisindex für Deutschland, Basis 2005 = 100 Punkte, gegenüber dem bei Abschluss des Mietvertrages bestehenden Verbraucherpreisindex um mindestens 10 Punkte, so sind beide Parteien berechtigt, eine Neufestsetzung der Kaltmiete zu verlangen.

Die Veränderung des Indexwertes ist nur Voraussetzung, nicht aber Maßstab der Erhöhung. Dieser bestimmt sich nach den bei einer Neuvermietung vergleichbarer Objekte in vergleichbaren Lagen zu erzielenden Marktmieten in der Stadt, in der sich das Mietobjekt befindet.

Das Verlangen ist schriftlich zu erklären und hat eine der Höhe nach bestimmte Festsetzung zu enthalten. Liegt dies vor, wird es bei Einigung der Parteien – auch rückwirkend – ab Beginn des nächsten Kalendermonats wirksam, der auf den Zugang der Erklärung folgt.

Einigen sich die Parteien nicht innerhalb von zwei Monaten nach dem Zugang des Festsetzungsverlangens, so ist die neue Kaltmiete unter Beachtung des o.g. Maßstabs von einem öffentlich bestellten und vereidigten und auf dem Gebiet des Mietwesens tätigen Sachverständigen mit verbindlicher Wirkung festzusetzen. Der Sachverständige hat mindestens die Lage und Ausstattung des Mietobjekts, das Mietniveau in der Straße des Mietobjekts bei Neuverträgen der letzten drei Jahre und die Branche des Mieters zu berücksichtigen. Einigen sich die Parteien nicht auf einen Sachverständigen, ist dieser auf Antrag derjenigen Partei, welche die Mietänderung verlangt, von der örtlich zuständigen Industrie- und Handelskammer zu benennen. Die Kosten des Sachverständigen und alle mit dessen Einschaltung zusammenhängenden Kosten tragen die Parteien je zur Hälfte.

Die gesamte vorgenannte Regelung ist wiederholt anwendbar, wenn die oben beschriebenen Voraussetzungen auf der Basis der jeweils vorausgegangenen Mietänderung entsprechend vorliegen.

Sollten die Indizes vom Statistischen Bundesamt nicht fortgeführt werden, so wird der an die Stelle des entfallenden Indexes tretende Index oder – falls kein ersetzender Index besteht – ein vergleichbarer Index des Statistischen Amts der Europäischen Union zugrunde gelegt.

d) Mieterhöhung wegen Modernisierungsmaßnahmen

Formulierungsvorschlag: Mieterhöhung wegen Modernisierung

Für Kosten, die dem Vermieter für Modernisierungsmaßnahmen am Mietobjekt, am Gebäude oder am Grundstück entstehen, kann der Vermieter nach Durchführung der Maßnahmen schriftlich eine Erhöhung der jährlichen Miete um 11 % der auf das Mietobjekt entfallenden Kosten verlangen. Der Vermieter hat dem Mieter mindestens zwei Monate vor dem Beginn der Maßnahme deren Art, Umfang, Beginn und voraussichtliche Dauer und die zu erwartende Erhöhung der Miete schriftlich mitzuteilen. Die erhöhte Miete ist ab dem Monat zu zahlen, der auf den Zugang der schriftlichen Mieterhöhungserklärung des Vermieters folgt.

e) **Mieterhöhung wegen anderer zweckmäßiger Maßnahmen**

1269 > **Hinweis:**
> Sicherheitshalber nur individualvertraglich zu vereinbaren (dazu → *Rn. 1237*).

Für Kosten, die nicht auf Modernisierungsmaßnahmen, aber auf zweckmäßigen Maßnahmen am Mietobjekt, am Gebäude oder am Grundstück beruhen, kann der Vermieter nach Durchführung der Maßnahmen schriftlich eine Erhöhung der jährlichen Miete um 11 % der auf das Mietobjekt entfallenden Kosten verlangen. Entsprechendes gilt für vom Vermieter nicht zu vertretende Maßnahmen wie Erschließungs- und Ausbaumaßnahmen an Verkehrsflächen, Arbeiten am Kabelnetz, Versorgungs- und Entsorgungsleitungen.

Der Vermieter hat dem Mieter bei Maßnahmen i.S.d. Satz 1 dieses Paragrafen mindestens zwei Monate vor dem Beginn der Maßnahme deren Art, Umfang, Beginn und voraussichtliche Dauer und die zu erwartende Erhöhung der Miete schriftlich mitzuteilen. Bei Maßnahmen i.S.d. Satz 2 ist der Vermieter zu einer entsprechenden Mitteilung verpflichtet, sobald ihm diese Maßnahmen bekannt werden. Die erhöhte Miete ist ab dem Monat zu zahlen, der auf den Zugang der schriftlichen Mieterhöhungserklärung des Vermieters folgt.

4. Checklisten zu Mieterhöhungsmöglichkeiten

a) **Mieterhöhung durch nachträgliche Vereinbarung**

1270 **Checkliste: Mieterhöhung durch nachträgliche Vereinbarung**

- ☐ Einigkeit zwischen den Parteien über den Wirksamkeitszeitpunkt und die Höhe des zu ändernden Betrages?
- ☐ Etwaige vertragliche Schriftformklausel beachtet?
- ☐ Formelle Voraussetzungen der Schriftform beachtet (§ 550 BGB etc.)?
- ☐ Änderung von Vorauszahlungsbeträgen vereinbart?

b) **Mieterhöhung durch vertragliche Vereinbarung**

aa) **Staffelmietvereinbarung**

1271 **Checkliste: Staffelmietvereinbarung**

- ☐ Konkreter Betrag oder Erhöhungsquote (Prozentsatz) festgelegt?
- ☐ Bei prozentualer Erhöhung: Was ist Bezugsgröße (Ausgangsmiete oder letzte erhöhte Miete)?
- ☐ Zeiträume festgelegt? Ideal: Kalenderjahre.
- ☐ Kombination mit Wertsicherungsklausel gewünscht?
- ☐ Wirtschaftliches Risiko bei mehr als zehn Jahren Festlegung berücksichtigt?
- ☐ Bei Verlängerungsoption: Wertsicherung für den Optionszeitraum vereinbart?
- ☐ Änderung von Vorauszahlungsbeträgen vereinbart?

bb) Automatische Wertsicherungsklausel

Checkliste: Automatische Wertsicherungsklausel

- ☐ Bezugsfaktor festgelegt? Gesamtlebenshaltung berücksichtigt?
- ☐ Basisjahr festgelegt?
- ☐ Veränderungsfaktor festgelegt (z.B. zehn Punkte ggü. ...)?
- ☐ Verzicht auf Indexpunkte = Indexprozente-Klausel berücksichtigt?
- ☐ Fingierte Wirksamkeit nach § 3 PrkG?
  - Mindestlaufzeit von zehn Jahren oder
  - Mieter muss einseitig um mindestens zehn Jahre verlängern können.
  - Wenn nein: unwirksam.

1272

cc) Leistungsvorbehalts-/Anpassungsklausel

Checkliste: Leistungsvorbehalts- bzw. Anpassungsklausel

- ☐ Bezugsfaktor für Mietänderung geregelt (= Voraussetzung des Änderungsverlangens)?
- ☐ Änderungsmaßstab vereinbart (= Orientierungspunkt der Mieterhöhung)?
- ☐ Spielraum gewährleistet?
- ☐ Unterscheidung von Anpassung und neuer Festsetzung berücksichtigt?
- ☐ Gutachter- oder Schiedsklausel?
- ☐ Kombinationen mit anderen Erhöhungsvarianten vorhanden oder gewünscht?
- ☐ Änderung von Vorauszahlungsbeträgen vereinbart?

1273

dd) Checkliste: Spannungsklausel

Checkliste: Spannungsklausel

- ☐ Vergleichbare Faktoren als Berechnungsmaßstab zugrunde gelegt?
- ☐ Keine Bezugnahme auf genehmigungsbedürftige andere Verträge, da sonst Gefahr, dass selbst Genehmigung erforderlich wird.
- ☐ Änderung von Vorauszahlungsbeträgen vereinbart?
- ☐ Umsatz- und Gewinnbeteiligungsklausel.
- ☐ Preis- und Kostenelementeklausel.
- ☐ Mieterhöhung wegen Modernisierungsmaßnahmen u.Ä.
- ☐ Ausdrückliche Vereinbarung, da sonst keine Erhöhung möglich?
- ☐ Ausdrückliche Festlegung der Erhöhungsvoraussetzungen?
- ☐ Kosten für Modernisierungsmaßnahmen?
- ☐ Kosten für „andere zweckmäßige" Maßnahmen? Bedenklich, wenn formularvertraglich vereinbart.

1274

§ 13 Betriebspflicht

		Rn.
I.	Begriff und Umfang der Betriebspflicht	1275
II.	Erfordernis der Vereinbarung einer Betriebspflicht	1279
III.	Risiken bei der Vereinbarung als AGB	1285
	1. Grundsätze	1285
	2. Betriebspflicht mit und ohne Ausnahmen, insb. bei Ladengeschäften	1289
	3. Intransparente Betriebspflichten	1293
	4. Kombination von Betriebspflicht und anderen Pflichten, z.B. Konkurrenzschutz	1297
IV.	Ansprüche bei Verletzung der Betriebspflicht	1299
V.	Entfall der Betriebspflicht durch Kündigung, Insolvenz oder andere Gründe	1301
VI.	Gerichtsverfahren	1308
VII.	Streitwert	1315
VIII.	Vertragsgestaltung	1316
IX.	Arbeits- und Beratungshilfen	1319
	1. Schnellüberblick Grundsatz-Rechtsprechung des BGH	1319
	2. Schnellüberblick aktuelle Rechtsprechung der Instanzgerichte	1320
	3. Formulierungsvorschläge zur Betriebspflicht	1321
	a) Ladengeschäft	1321
	b) Shopping-Center	1322
	c) Vertragsstrafe	1323

I. Begriff und Umfang der Betriebspflicht

1275 Mit Betriebspflicht wird die Pflicht des Mieters bezeichnet, die Mieträume während bestimmter oder bestimmbarer Öffnungszeiten zu dem vertraglichen Gebrauchszweck für das Publikum offen zu halten und/oder die vertraglich vereinbarte Tätigkeit zu betreiben und dadurch ein angemessenes Dienstleistungs- oder Warenangebot zur Verfügung zu stellen.[2120] Der Vermieter wird schon deshalb ein Interesse daran haben, weil ein durchgängig betriebenes Objekt sich später besser vermieten lässt.

Beispiele für Betriebspflichten:
- *In einer Ladenpassage mit mehreren Geschäften vereinbart der Vermieter in den jeweiligen Mietverträgen, dass der Mieter sein Geschäft montags bis freitags mindestens von 10:00 – 17:00 Uhr und samstags von 10:00 – 13:00 Uhr geöffnet haben muss. Hintergrund: Die Kunden sollen sich auf bestimmte Zeiten einstellen können,*
- *ganzjährige Öffnung,*
- *Festlegung der täglichen/wöchentlichen Öffnungszeiten,*
- *Aus-/Räumungsverkäufe nur nach Zustimmung des Vermieters,*
- *Dekorationspflichten,*
- *Gestaltung von Schaufenstern und Auslagen,*
- *Art und Dauer der Schaufensterbeleuchtung, was z.B. für Ladenpassagen und Einkaufszentren sehr wichtig sein kann.*

1276 Die Betriebspflicht schließt nicht aus, dass Verkehrssitten und Branchenbräuche weiterhin gelten: z.B. übliche Mittagspausen, ein Ruhetag pro Woche bei Friseuren, branchenübliche Betriebsferien, Inventurpausen, Reparaturzeiten.

1277 Aus dem Gesetz selbst ergibt sich eine Betriebspflicht des Mieters nicht. § 535 BGB verpflichtet nur den Vermieter, dem Mieter den vertragsgemäßen Gebrauch der Mietsache zu gewähren.

[2120] Neuhaus, IMR 2010, 407.

Auch eine „**automatische**" **oder generelle Betriebspflicht**, etwa folgend aus einem wegen des Mietumfeldes gesteigerten Interesse des Vermieters am Betrieb der konkreten Räume, gibt es nicht. Problematisch wird dies v.a. dann, wenn das Mietobjekt in einen Verbund eingegliedert ist (z.B. Shopping-Center) oder der Leerstand durch die Art des Betriebs den Marktwert sinken lässt (Apotheke, Tankstelle, Gaststätte, Hotel etc.). Aber auch aus einem wegen des Mietumfeldes gesteigerten Interesse des Vermieters am Betrieb der konkreten Räume lässt sich keine „automatische" Betriebspflicht ableiten. So ist z.B. der Mieter von Geschäftsräumen für den Betrieb eines Supermarkts selbst dann, wenn diese Räume Teil eines Ladenzentrums sind, ohne ausdrückliche Vereinbarung im Mietvertrag nicht verpflichtet, den Markt zu betreiben.[2121] Diese Verneinung einer generellen Betriebspflicht ist konsequent, da dem Mieter ansonsten – im Widerspruch zu den gesetzlichen Bestimmungen – eine Gebrauchspflicht und nicht nur das gesetzlich vorgesehene **Gebrauchsrecht** aufgezwungen würde.

Ohne eine ausdrückliche – oder ausnahmsweise auch konkludente – Vereinbarung ist deshalb der Mieter grds. nicht verpflichtet, sein Geschäft zu betreiben (dazu → *Rn. 1279 ff.*). Er kann also z.B. einen gemieteten Laden oder ein Büro gar nicht erst eröffnen, leer stehen lassen oder nur zu eingeschränkten Zeiten betreiben. Wird hingegen eine Betriebspflicht vereinbart, muss der Mieter sein Geschäft entsprechend betreiben. Es kommt nicht (mehr) darauf an, ob er seinen Betrieb noch wirtschaftlich führen oder durch verringerte Öffnungszeiten Verluste vermeiden kann. Das **unternehmerische Risiko** ist Sache des Mieters. Haben die Parteien eine Betriebspflicht des Pächters einer Gaststätte vereinbart, muss der Pächter sich im Fall seiner Verhinderung eines Dritten bedienen, auch wenn er den Gaststättenbetrieb aus gesundheitlichen Gründen nicht aufrechterhalten kann; die Betriebspflicht entfällt auch dann nicht, wenn die Fortführung des Betriebes zur Folge hat, dass nur Verluste erwirtschaftet werden, sodass es vorteilhafter wäre, das Objekt zu schließen.[2122] Erst im Bereich der „Knebelung" wird man hier eine Unwirksamkeit bejahen können. Dem entsprechend wird auch nur in seltenen Fällen ein Verstoß gegen § 242 BGB (Treu und Glauben) bzw. § 138 BGB vorliegen.[2123]

1278

Die Verletzung der Betriebspflicht kann vertraglich mit einer **Vertragsstrafe** sanktioniert werden (→ *Rn. 1323*).

II. Erfordernis der Vereinbarung einer Betriebspflicht

Will der Vermieter angesichts der gesetzlich nicht existierenden Betriebspflicht einen Leerstand der Miträume o.Ä. verhindern, muss er mit dem Mieter eine ausdrückliche Vereinbarung treffen. Dies muss nicht zwingend schriftlich geschehen. Da es sich dabei aber nicht um eine unwesentliche Pflicht handelt, kann bei nur mündlicher Absprache bei langfristigen Verträgen die Schriftform verletzt sein (§ 550 BGB).

1279

Die **formularmäßige Vereinbarung** von diversen Betriebspflichten wurde zwar schon z.T. vor den Gerichten problematisiert, grds. bestehen dagegen aber keine Bedenken. Die Vereinbarung einer Betriebspflicht ist **als Individualvereinbarung uneingeschränkt zulässig** und auch **for-**

1280

2121 LG Lübeck, 20.02.1992 – 14 S 11/92, NJW-RR 1993, 78.
2122 OLG Düsseldorf, 18.12.2003 – I-10 U 69/03, GuT 2004, 53.
2123 Neuhaus, IMR 2010, 407.

mularmäßig möglich.[2124] So hat der BGH[2125] die formularmäßige Verpflichtung, einen Laden während der gesetzlichen Öffnungszeiten offen zu halten, für zulässig erachtet.

Beispiel:

Der Mieter verpflichtet sich, i.R.d. Öffnungszeiten der OPERNPASSAGEN, die den gesetzlichen Bestimmungen entsprechenden Ladenöffnungszeiten auszuschöpfen, mindestens aber Kernöffnungszeiten einzuhalten und während dieser Zeit das Ladenlokal in Betrieb zu halten. Es werden folgende Kernöffnungszeiten vereinbart: Montag bis Samstag 9:00 – 21:00 Uhr, Sonntag 11:00 – 18:00 Uhr.

> **Hinweis:**
> Die Öffnungszeit ist meist der Kern einer Betriebspflicht. Da diese Zeiten in Deutschland ganz überwiegend durch das Ladenschlussgesetz vorgegeben sind, wenn auch inzwischen gelockert, muss eine Betriebspflicht sich natürlich an diese gesetzlichen Vorgaben halten. Wird dies missachtet, ist die Vereinbarung wegen des Verstoßes gegen ein gesetzliches Verbot nach § 134 BGB grds. nichtig.

1281   Eine **stillschweigend vereinbarte** Betriebspflicht ist möglich,[2126] aber eng zu sehen. In Betracht kommt eine konkludente Betriebspflicht in Auslegung des Mietvertrages ausnahmsweise dann, wenn das Mietobjekt **in einen Verbund eingegliedert** ist (z.B. Shopping-Center) oder der Leerstand durch die Art des Betriebes den Marktwert sinken lässt (Apotheke, Tankstelle, Gaststätte, Hotel etc.). Primär geht es um Fälle, in denen ein Objekt „Zugpferd-Funktion" hat. Hier kommt es sehr auf den Einzelfall an.

Beispiele:

- *Lebensmittel-Supermarkt als „Zugpferd" eines Einkaufscenters,*[2127]
- *ein Multiplex-Kino mit angegliederten Restaurants,*
- *ein absolut dominierendes Geschäft in einer Passage,*
- *eine Disko im oberen Teil eines Kaufhauses mit mehreren angegliederten Gastronomiebetrieben.*

1282   Ist den Mietern solcher Einrichtungen **bei Vertragsabschluss bekannt**, dass ihr Betrieb im Gesamtverbund die führende Rolle spielt, so unterwerfen sie sich ausnahmsweise einer konkludenten Betriebspflicht. Allein die Einbindung in eine größere Einheit reicht aber noch nicht aus.

Beispiel:

Der Mieter eines Supermarkts ist selbst dann, wenn diese Räume Teil eines Ladenzentrums sind, ohne ausdrückliche Vereinbarung in dem Mietvertrag nicht verpflichtet, den Markt zu betreiben.[2128]

1283   Die konkludente Vereinbarung kann sich auch aus den Umständen, etwa Vorgesprächen zum Vertragsabschluss, ergeben, in denen der Vermieter ausdrücklich auf gewünschte Öffnungs-

---

2124   BGH, 29.04.1992 – XII ZR 221/90, WuM 1992, 1582 = NJW-RR 1992, 1032; OLG Düsseldorf, 24.09.1998 – 10 W 93/98, NZM 1999, 124 = ZAP EN-Nr. 80/99.
2125   BGH, 29.04.1992 – XII ZR 221/90, WuM 1992, 1582 = NJW-RR 1992, 1032.
2126   OLG Köln, 28.07.2000 – 19 U 184/99 und 17/00, NZM 2002, 345.
2127   LG Hannover, 09.10.1992 – 8 S 146/92, ZMR 1993, 280.
2128   LG Lübeck, 20.02.1992 – 14 S 11/92, NJW-RR 1993, 78.

zeiten o.Ä. hinweist.[2129] Es reicht aber nicht aus, wenn in einen Formularvertrag die Art des Geschäfts oder der gewerblichen Tätigkeit in eine dafür vorgesehene Spalte eingetragen wird.

Die **Vereinbarung einer Umsatzmiete** führt nicht automatisch zu einer Betriebspflicht.[2130] Dies ist konsequent, da der Mieter, der einer solchen Vereinbarung bewusst zuwiderhandelt, indem er den Betrieb nicht aufnimmt oder einstellt, die fiktive Miete, die normalerweise erwirtschaftet werden könnte, schuldet. Das gilt auch dann, wenn sich die Umsatzmiete aus einem fixen Sockelbetrag plus Umsatzbeteiligung zusammensetzt: Neben dem Basisbetrag kann auch die fiktive durchschnittliche Umsatzbeteiligung verlangt werden, die ggf. durch Sachverständigengutachten zu ermitteln ist.

1284

III. Risiken bei der Vereinbarung als AGB

1. Grundsätze

Die Vereinbarung einer Betriebspflicht ist als Individualvereinbarung uneingeschränkt zulässig. Formularmäßige Klauseln sind grds. zulässig, müssen sich aber an den §§ 305 ff. BGB messen lassen. Eine als AGB vereinbarte Betriebs- und Offenhaltungspflicht ist im Regelfall nicht als eine i.S.d. § 307 Abs. 1 Satz 1 BGB unangemessene Benachteiligung des Mieters zu werten.[2131]

1285

Ungenaue Klauseln sind grds. eng auszulegen. Zweifel bei AGB-Klauseln (dazu → *Rn. 180 ff.*) gehen nach § 305c Abs. 2 BGB zulasten des Verwenders, i.d.R. also des Vermieters/Verpächters. Die im formularmäßig gestalteten Mietvertrag enthaltene Klausel, der Mieter habe Handlungen zu unterlassen, die die Interessen anderer Mieter des Centers verletzen und sich für das Center abträglich auswirken können, erfasst daher die Schließung eines von zwei vorher stets geöffneten Eingängen eines Ladens auch dann nicht, wenn als Folge davon Kunden eine Etage des Einkaufszentrums in geringerem Umfang als vorher aufsuchen.[2132] Diese Schließung verstößt nicht gegen eine vereinbarte Betriebspflicht.[2133] Ist im Mietvertrag eine Betriebspflicht „im Rahmen der gesetzlichen Bestimmungen über die Ladenschlusszeiten" vereinbart, kann die Verweisung statisch oder dynamisch sein; bei einer Formularklausel ist allerdings zulasten des Vermieters von einer statischen Verweisung auszugehen.[2134]

1286

Die Grenzen mit der Folge **einer unangemessenen Benachteiligung** nach § 307 BGB liegen dort, wo kein sachlicher Grund mehr für die Regelung erkennbar ist bzw. wenn branchenübliche Gepflogenheiten umgangen werden sollen. Die Untersagung einer Mittagspause in einem normalen Fußgängerzonen-Ladenlokal wird daher unzulässig sein, während sie bei einem Ge-

1287

2129 OLG Köln, 28.07.2000 – 19 U 184/99 und 19 U 17/00, NZM 2002, 345.
2130 BGH, 04.04.1979 – VIII ZR 118/78, NJW 1979, 2351.
2131 BGH, 03.03.2010 – XII ZR 131/08, GuT 2010, 97, Rn. 13 = IMR 2010, 227, 228 = NZM 2010, 361 = InfoM 2010, 219; BGH, 29.04.1992 – XII ZR 221/90, WuM 1992, 1582 = ZMR 1993, 57 = NJW-RR 1992, 1032 (Offenhaltungspflicht); OLG Düsseldorf, 24.09.1998 – 10 W 93/98, NZM 1999, 124 = ZAP EN-Nr. 80/99; Wolf/Eckert/Ball, Rn. 695 m.w.N.
2132 OLG Dresden, 24.07.2007 – 5 U 489/07, GuT 2007, 296 = IMR 2007, 390 = NZM 2008, 131.
2133 OLG Dresden, 24.07.2007 – 5 U 489/07, GuT 2007, 296 = IMR 2007, 390 = NZM 2008, 131.
2134 BGH, 29.11.2006 – XII ZR 121/04, InfoM 2007, 69: Klauseltext „[...] ist im Rahmen der gesetzlichen Bestimmungen über die Ladenschlusszeiten [...] zu den vom Vermieter festgelegten Öffnungszeiten offen zu halten."

schäft in einem Shopping-Center, das mit „durchgängig geöffnet" wirbt, wirksam ist. Ein (nur) **unrentables Betreiben des Geschäfts** mit Betriebspflicht ist im Regelfall nicht als unangemessene Benachteiligung des Mieters zu werten, da die Rentabilität eines in gemieteten Räumen betriebenen Geschäftes bzw. Unternehmens grds. in dessen wirtschaftliche Risikosphäre fällt.[2135] So führt die Erhöhung eines Leerstandes von 20 % auf 40 % in einem Einkaufszentrum ohne die grds. – auch konkludent – mögliche verlagerte Risikoverteilung auf den Vermieter nicht zu einem Wegfall der Geschäftsgrundlage für eine vereinbarte Betriebspflicht.[2136] Eine Pflichtmitgliedschaft in einer Werbegemeinschaft, die Verpflichtung zur Mitteilung der erzielten Umsätze, die Zustimmungspflichtigkeit von Ausverkäufen oder die Erwähnung eines „Center-Managers" in der Nebenkostenregelung reichen für eine (konkludente) Risikoverlagerung nicht aus.[2137] Auch die **Kumulation von Betriebs- und Offenhaltungspflicht**, Sortimentsbindung sowie Ausschluss von Konkurrenz- und Sortimentsschutz lässt nicht ohne Weiteres den Rückschluss auf den Vermieterwillen zu, den Mieter von dem Risiko einer wirtschaftlich gewinnbringenden Nutzung des Ladengeschäfts zu entlasten.[2138]

1288 Stellt sich heraus, dass eine AGB-Klausel wegen zu starker Knebelung des Mieters unwirksam ist, muss nach allgemeinen Regeln geprüft werden, ob ausnahmsweise das grundsätzliche **Verbot der geltungserhaltenden Reduktion** nicht greift, die Klausel also nach dem „blue-pencil-Test" (dazu → *Rn. 1519*) in einen wirksamen und unwirksamen Teil gesplittet werden kann.[2139]

2. Betriebspflicht mit und ohne Ausnahmen, insb. bei Ladengeschäften

1289 Streitig ist, ob Formularklauseln Ausnahmen für bestimmte, zeitweilige **Unterbrechungen aus betrieblichen Gründen** vorsehen müssen, um nicht gegen § 307 BGB zu verstoßen. Beispiele sind etwa Inventur, Betriebsversammlung, Mittagspausen, Ruhetage, Betriebsferien, aber auch die Schließung, um einen Ladenumbau oder Schönheitsreparaturen oder andere dem Mieter obliegende Arbeiten durchzuführen. Die Überlegung wurzelt vereinfacht gesagt darin, dass es eine unangemessene Benachteiligung darstellen könnte, wenn ein Mieter verpflichtet wird, einerseits durchgängig geöffnet zu haben, während der Miet- oder Pachtvertrag ihm andererseits auferlegt, bestimmte Arbeiten (Renovierungen, Instandhaltung) durchzuführen, die normalerweise eine Schließung des Geschäfts erfordern.

1290 Zu unterscheiden ist zwischen Klauseln, die bereits Ausnahmen vorsehen und solchen, die überhaupt keine Ausnahmen enthalten. **Sieht die Klausel bereits Ausnahmen vor**, besteht evtl. die Möglichkeit, diese im Wege der ergänzenden Vertragsauslegung zu erweitern,[2140] sodass sich das AGB-Problem faktisch nicht stellt. Der BGH hat die Klausel

---

2135 BGH, 03.03.2010 – XII ZR 131/08, GuT 2010, 97 = IMR 2010, 227, 228 = NZM 2010, 361 = InfoM 2010, 219; BGH, 19.07.2000 – XII ZR 252/98; BGH, NJW-RR 1992, 1032; KG, 05.03.2009 – 8 U 177/08, IMR 2009, 424 = GuT 2010, 22 = InfoM 2010, 126; Eisenschmid, in: Schmidt-Futterer, § 535 Rn. 222; Hamann, ZMR 2001, 581; Gather, DWW 2007, 94.
2136 BGH, 03.03.2010 – XII ZR 131/08, GuT 2010, 97 = IMR 2010, 227, 228 = NZM 2010, 361 = InfoM 2010, 219.
2137 BGH, 03.03.2010 – XII ZR 131/08, GuT 2010, 97 = IMR 2010, 227, 228 = NZM 2010, 361 = InfoM 2010, 219.
2138 BGH, 03.03.2010 – XII ZR 131/08, GuT 2010, 97 = IMR 2010, 227, 228 = NZM 2010, 361 = InfoM 2010, 219.
2139 Bspw. bejaht von KG, 05.03.2009 – 8 U 177/08, IMR 2009, 424 = GuT 2010, 22 = InfoM 2010, 126, 127.
2140 OLG Naumburg, 15.07.2008 – 9 U 18/08, IMR 2008, 339 = NZM 2008, 772.

„Der Mieter ist verpflichtet, den Mietgegenstand während der gesamten Mietzeit seiner Zweckbestimmung entsprechend ununterbrochen zu nutzen. Er wird die Mieträume weder ganz noch teilweise unbenutzt oder leerstehen lassen. ... Das Geschäftslokal ist im Rahmen der gesetzlichen Bestimmungen über die Ladenschlusszeiten an allen Verkaufstagen zu den vom Vermieter festgelegten Öffnungszeiten offen zu halten. Aus der bloßen Duldung abweichender Öffnungszeiten durch den Vermieter kann der Mieter keine Rechte herleiten. Zeitweise Schließungen (wie Mittagspause, Ruhetage, Betriebsferien) sind nicht zulässig, ausgenommen sind Inventuren oder Betriebsversammlungen."

trotz gleichzeitig dem Mieter vertraglich obliegenden Schönheitsreparaturen und Instandhaltungsmaßnahmen für wirksam i.S.v. 307 Abs. 1 Satz 1 BGB erachtet, weil „Inventur und Betriebsversammlungen" ersichtlich nur beispielhaft für eine – nach dem Betriebsablauf notwendige und deshalb – zulässige **Ausnahme von der Offenhaltungspflicht** erwähnt würden.[2141] Andere notwendige Schließungen, wie sie etwa durch die dem Mieter obliegenden Schönheitsreparaturen oder Instandhaltungsmaßnahmen erforderlich werden könnten, seien durch diese Beispiele nicht ausgeschlossen, was sich bereits aus der Auslegung des Vertrags ergebe, der dem Mieter, wenn er ihm Reparatur- oder Instandhaltungsmaßnahmen auferlege, die Möglichkeit zu deren Durchführung nicht unnötig verstellen dürfe.[2142] Ob die Formulierung „ausgenommen sind Inventuren oder Betriebsversammlungen" tatsächlich nur Beispiele für Ausnahmen nennt, darf bezweifelt werden, ist aber im Ergebnis als richtig anzusehen. Ohne viele Worte leitet der BGH[2143] dies im Wege nicht näher begründeter Vertragsauslegung anscheinend schlicht daraus ab, dass sich an anderer Stelle im Mietvertrag Reparatur- oder Instandhaltungspflichten des Mieters befinden. Eine vertiefte Argumentation wäre im Hinblick auf die z.T. strenge, eine ergänzende Vertragsauslegung ausschließende Instanzrechtsprechung (s. nachfolgend → Rn. 1320) wünschenswert gewesen. Festzuhalten ist, dass der BGH offensichtlich lebensnah davon ausgeht, dass allein die Vereinbarung von Reparatur- oder Instandhaltungspflichten zumindest dann eine erweiternde Auslegung der Betriebspflichtklausel zulässt, wenn diese bereits selbst (andere) Ausnahmen vorsieht. Verkürzt könnte dies bedeuten: lässt die Klausel eine (einzige) Ausnahme zu, sind im Wege der ergänzenden Vertragsauslegung auch alle anderen Ausnahmen zuzulassen. Eine solche extensive Auslegung ist indes abzulehnen. Die Vertragsauslegung ist eng zu handhaben und kann sich nur auf kollidierende Vertragspflichten und allenfalls noch auf eindeutige Verkehrssitten und Branchenbräuche beziehen.[2144]

Sieht die Klausel **von vornherein keine Ausnahmen von der Betriebspflicht** vor, verlangt 1291 also bspw. ununterbrochene Öffnung (innerhalb der gesetzlichen oder üblichen Öffnungszeiten), wird sie als AGB i.d.R. unangemessen benachteiligen, da der Mieter/Pächter die Möglichkeit haben muss, zumindest branchen- oder betriebstypische Unterbrechungen vorzunehmen, ohne Sanktionen fürchten zu müssen.[2145] Handelt es sich um ein Verbot, das ohnehin für den

---

2141 BGH, 03.03.2010 – XII ZR 131/08, GuT 2010, 97 = IMR 2010, 227, 228 = NZM 2010, 361 = InfoM 2010, 219 (bestätigende Revisionsentscheidung zu OLG Naumburg, 15.07.2008 – 9 U 18/08, IMR 2008, 339 = NZM 2008, 772).
2142 BGH, 03.03.2010 – XII ZR 131/08, GuT 2010, 97 = IMR 2010, 227, 228 = NZM 2010, 361 = InfoM 2010, 219.
2143 BGH, 03.03.2010 – XII ZR 131/08, GuT 2010, 97 = IMR 2010, 227, 22 = NZM 2010, 361 = InfoM 2010, 219.
2144 Neuhaus, IMR 2010, 407.
2145 Im Ergebnis ebenso Wolf/Eckert/Ball, Rn. 699; Eggersberger, in: Linder-Figura/Oprée/Stellmann, Kap. 23, Rn. 20.

Mieter untypische Umstände betrifft, liegt keine unangemessene Benachteiligung vor.[2146] Die Untersagung einer Mittagspause in einem normalen Fußgängerzonen-Ladenlokal wird daher unzulässig sein, während dies bei einem Geschäft in einem Shopping-Center, das ohnehin mit „durchgängig geöffnet" wirbt, möglich ist.[2147]

1292 Listet die Klausel solche Umstände aber nur als Beispiel für ein **generelles Schließungsverbot** auf („*Zeitweise Schließungen z.B. aus Anlass von Mittagspausen, Ruhetagen, Betriebsferien, Inventuren sind nicht zulässig*"), soll sie wegen unangemessener Benachteiligung gem. § 307 Abs. 1, Abs. 2 Nr. 2 BGB jedenfalls dann unwirksam sein, wenn der Mieter hierdurch an der Durchführung der ihm vertraglich auferlegten Schönheitsreparaturen gehindert wird.[2148] Dieses Urteil ist im Ergebnis falsch, weil Renovierungsarbeiten und ggf. auch andere vertragliche Pflichten nicht zwingend während der üblichen Geschäftszeiten ausgeführt werden, sondern in der Praxis im Gegenteil sogar häufig nach Geschäftsschluss und/oder am Wochenende. Für die Frage, ob ein Mieter durch das generelle Verbot tatsächlich daran gehindert wird, seine mietvertraglichen Pflichten zu erfüllen, kommt es deshalb auf den Einzelfall an. Hierzu hätte das KG[2149] berücksichtigen müssen, dass es sich um ein Geschäft mit lediglich 119 m² Fläche handelte, sodass solche Arbeiten grds. auch außerhalb der Geschäftszeiten erledigt werden können. Legt man dies zugrunde, dürfte die Klausel als wirksam anzusehen sein.

3. Intransparente Betriebspflichten

1293 Die Formularklausel (Einkaufszentrum)

> „Das Geschäftslokal ist im Rahmen der gesetzlichen Bestimmungen über die Ladenschlusszeiten an allen Verkaufstagen mindestens so lange offen zu halten, wie die überwiegende Anzahl aller Mieter ihre Geschäfte offen hält. Der Mieter hat das Recht, die gesetzlichen Ladenöffnungszeiten voll auszuschöpfen. Aus einer bloßen Duldung abweichender Öffnungszeiten durch den Vermieter kann der Mieter keine Rechte herleiten. Zeitweise Schließungen (z.B. aus Anlass von Mittagspausen, Ruhetagen, Betriebsferien, Inventuren u.a.) sind nicht zulässig."

ist wegen **Verstoßes gegen das Transparenzgebot** unwirksam.[2150] Eine Verpflichtung der Mieter zur Öffnung ihrer Geschäfte kann aus dieser Klausel nicht hergeleitet werden.[2151]

1294 In vielen Einkaufszentren-Mietverträgen findet sich die Regelung, dass der Vermieter von Gewerbeflächen auf der Grundlage eines mietvertraglichen Vorbehalts ggü. der überwiegenden Mehrzahl der Ladenmieter einseitig eine **Ausweitung der Betriebspflicht bestimmen kann**, etwa eine Öffnung an Samstagen. Wurde eine solche Regelung in der Mehrheit der Mietverträge im Einkaufszentrum getroffen, ist eine in nur wenigen Mietverträgen ohne solchen Vorbehalt befindliche Klausel, wonach es für den Umfang der Betriebspflicht darauf ankommt, wie lange „*die überwiegende Mehrzahl aller Mieter ihre Geschäfte offen hält*", intransparent

---

2146 KG, 05.03.2009 – 8 U 177/08, IMR 2009, 424 = GuT 2010, 22 = InfoM 2010, 126: Verbot von „Mittagspausen, Ruhetagen, Betriebsferien, Inventuren" bei einem bundesweit operierenden Textilfachhandel ist wirksam.
2147 Ähnlich auch OLG Naumburg, 15.07.2008 – 9 U 18/08, IMR 2008, 339 = NZM 2008, 772.
2148 KG, 05.03.2009 – 8 U 177/08, IMR 2009, 424 = GuT 2010, 22 = InfoM 2010, 126.
2149 KG, 05.03.2009 – 8 U 177/08, IMR 2009, 424 = GuT 2010, 22 = InfoM 2010, 126.
2150 BGH, 07.05.2008 – XII ZR 5/06, GuT 2008, 339 = GE 2008, 1049.
2151 BGH, 07.05.2008 – XII ZR 5/06, GuT 2008, 339 = GE 2008, 1049.

i.S.v. § 307 Abs. 1 Satz 2 BGB, weil die Klausel den – unzutreffenden – Eindruck erweckt, die konkreten Öffnungszeiten bestimmten sich nach dem Mehrheitsverhalten der Mieter statt tatsächlich nach der einseitigen Festlegung des Vermieters.[2152] Die streitgegenständliche und für unwirksam erklärte Klausel in einem 15-Jahres-Mietvertrag mit einem Einzelhandelsmarkt in einem Einkaufszentrum mit Schwerpunkt Textilien, Bekleidung und Randsortiment lautete:

> „Der Mieter wird das Geschäftslokal im Rahmen der gesetzlichen Bestimmungen über die Ladenschlusszeiten an allen Verkaufstagen mindestens so lange offen halten, wie die überwiegende Anzahl aller Mieter ihre Geschäfte offen hält. Der Mieter hat das Recht, die gesetzlichen Ladenöffnungszeiten voll auszuschöpfen. Aus seiner bloßen Duldung abweichender Öffnungszeiten durch den Vermieter kann der Mieter keine Rechte herleiten. Zeitweise Schließungen (z.B. aus Anlass von Mittagspausen, Ruhetagen, Betriebsferien, Inventuren u.a.) sind nicht zulässig."

Nach Abschluss des Mietvertrages änderte sich das Ladenschlussgesetz, indem Öffnungszeiten erweitert wurden, worauf die größten Mieter des Einkaufszentrums – bis auf die Mieterin mit dem Vertrag mit vorgenannten Klausel – von dem Betreiber/Vermieter eine einheitliche Öffnung aller Ladenlokale an Samstagen bis 20.00 Uhr verlangten. In den Verträgen mit den übrigen Mietern (sog. Kleinmieter) war hingegen folgende Klausel enthalten: 1295

> „Der Mieter wird das Geschäftslokal im Rahmen der gesetzlichen Bestimmungen über die Ladenschlusszeiten an allen Verkaufstagen so lange offen halten, wie die überwiegende Anzahl aller Mieter ihr Geschäft offen hält. Dem Vermieter bleibt die abschließende Festlegung der Ladenöffnungszeiten vorbehalten. Aus einer bloßen Duldung abweichender Öffnungszeiten durch den Vermieter kann der Mieter keine Rechte herleiten. Zeitweise Schließungen (z.B. aus Anlass von Mittagspausen, Ruhetagen, Betriebsferien, Inventuren u.a.) sind nicht zulässig."

Daraufhin legte der Vermieter die Öffnungszeiten an Samstagen bis 20.00 Uhr fest und verlangte von der Mieterin das Ladenlokal auch samstags bis 20.00 Uhr zu öffnen. Mit der obigen Begründung wurde die Betriebspflichtklausel für unwirksam erklärt, sodass es an der vertraglichen Grundlage für einen Anspruch fehlte. 1296

4. Kombination von Betriebspflicht und anderen Pflichten, z.B. Konkurrenzschutz

Wird dem Mieter Konkurrenzschutz versagt, kann ihm der Vermieter im Extremfall einen Betrieb der gleichen Branche „vor die Nase setzen" (ausführlich → *Rn. 1324 ff.*). Wenn dann der Mieter auch noch gezwungen wird, trotz womöglich sinkender Umsätze die Betriebspflicht einzuhalten, wird er womöglich unangemessen benachteiligt. Dennoch sieht die OLG-Rechtsprechung bisher zu Recht keine unangemessene Benachteiligung i.S.v. § 307 BGB, wenn dem Mieter von Verkaufsräumen in einem Einkaufszentrum eine Betriebspflicht auferlegt, zugleich aber **die Gewährung von Konkurrenz- und Sortimentsschutz durch den Vermieter ausgeschlossen** wird.[2153] 1297

Streitig ist aber die Frage, ob durch AGB die Betriebspflicht mit einer Sortimentsbindung kombiniert und zusätzlich mit einem Ausschluss von Konkurrenz- und Sortimentsschutz wirksam 1298

2152 BGH, 16.05.2007 – XII ZR 13/05, NZM 2007, 516 = IMR 2007, 250 = InfoM 2007, 174 = MDR 2007, 1124.
2153 OLG Naumburg, 15.07.2008 – 9 U 18/08, IMR 2008, 339 = NZM 2008, 772; OLG Rostock, 08.03.2004 – 3 U 118/03, NZM 2004, 460, 461; KG, 17.07.2003 – 22 U 149/03, KGR 2003, 315; OLG Hamburg, 03.04.2002 – 4 U 236/01, GuT 2003, 57 = ZMR 2003, 254.

verbunden werden kann.²¹⁵⁴ Auch solche Regelungen sind grds. nicht als unangemessene Benachteiligung anzusehen, da der gewerbliche Mieter als Kaufmann auch bei einer weiteren Begrenzung seiner Möglichkeiten durch eine Sortimentsbindung die Risiken abschätzen kann oder zumindest können muss. In Einkaufszentren hat der Vermieter grds. ein erhöhtes Interesse an einer Sortimentsbindung, um die Geschäfte optimal „mischen" zu können, was dann auch dem Mieter zugutekommt. Ein vom Vermieter zu gewährleistender Sortiments- und Konkurrenzschutz stellt ein Risiko für die Vermietbarkeit der übrigen Ladengeschäfte im Einkaufszentrum dar, sodass eine Sortimentsbindung und der Ausschluss von Konkurrenzschutz zumindest mittelbar auch dem Mieter zugutekommt.²¹⁵⁵

> **Praxistipp:**
> Die Kombination von versagtem Konkurrenzschutz, Sortimentsbindung und Betriebspflicht im Vertrag kann zur Unwirksamkeit der Betriebspflicht führen, da die Rechtsprechung nicht einheitlich ist. Bei Anspruchsprüfung ist dies in die Überlegungen miteinzubeziehen (Klauselvergleich). Bei der Vertragsgestaltung sollte je nach Risikobereitschaft im Zweifel eher auf solche Kombinationen verzichtet oder die Klausel individuell ausgehandelt werden.

IV. Ansprüche bei Verletzung der Betriebspflicht

1299 Erfüllt der Mieter eine vereinbarte Betriebspflicht nicht, stellt dies einen **vertragswidrigen Gebrauch der Mietsache dar** (§§ 541, 543 BGB). Der Vermieter bzw. der ihn vertretende Anwalt hat daher den Mieter immer zunächst abzumahnen oder eine Unterlassungsfrist zu setzen, § 543 Abs. 3 Satz 1 BGB. In der **Abmahnung** ist der Verstoß so genau wie möglich zu umschreiben und auf die drohende Rechtsfolge bei Fortsetzung hinzuweisen. Die Abmahnung ist nur dann entbehrlich, wenn eine Beseitigung des vertragswidrigen Mieterverhaltens unter keinen Umständen zu erwarten ist.²¹⁵⁶ Dies entspricht § 543 Abs. 3 Satz 2 Nr. 1 BGB.

1300 Reagiert der Mieter nicht, hat der Vermieter folgende Möglichkeiten:
- Erhebung der Vertragsstrafe (falls vereinbart),
- Klage auf Betriebsfortführung oder Unterlassung bestimmter Maßnahmen entsprechend der Betriebspflicht, basierend auf dem Anspruch auf Unterlassung des vertragswidrigen Gebrauchs nach § 541 BGB. Der Anspruch ist auch gegeben – im Gegensatz zur Kündigung nach § 543 BGB –, wenn die Rechte des Vermieters **nur geringfügig** beeinträchtigt sind. Der Vermieter eines Ladenlokals ist auch nicht daran gehindert, einen Titel auf Erfüllung der Betriebspflicht zu erstreiten, auch wenn wegen der aktuellen Leistungsunfähigkeit des

---

2154 **Dagegen:** OLG Schleswig, 02.08.1999 – 4 W 24, 88, NZM 2000, 1007 f. (ausführlich dazu: Stobbe/Tachezy, NZM 2002, 557); Sternel, Mietrecht aktuell, Rn. II Rn. 135, VII 254. **Dafür:** Wolf/Eckert/Ball, Rn. 695, Bub/Treier, II Rn. 511; Huebner/Griebsach/Furerst, in: Lindner-Figura/Oprée/Stellmann, Kap. 14, Rn. 168. Ausdrücklich offengelassen von BGH, 03.03.2010 – XII ZR 131/08, GuT 2010, 97, = IMR 2010, 227, 228, 279 = NZM 2010, 361 = InfoM 2010, 219, da schon keine wirksame Sortimentsbindung vorlag.
2155 Neuhaus, IMR 2010, 407.
2156 BGH, 19.02.1975 – VIII ZR 195/73, WuM 1975, 365.

Mieters die Zwangsvollstreckung in Form von Zwangsgeldern voraussichtlich ins Leere laufen wird,[2157]
- ob eine einstweilige Verfügung zulässig ist, ist strittig (dazu → *Rn. 1310*),
- Schadensersatz wegen Verletzung der Betriebspflicht aus § 280 BGB. Schaden kann z.B. der fiktive zu erzielende Umsatz sein, aber auch eine Wertminderung des konkreten Objekts oder auch eines ganzen Einkaufszentrums, wenn deshalb die Mieten sinken,
- fristlose Kündigung,[2158] wenn eine **erhebliche Vertragsverletzung** vorliegt. **Wichtig**: Abmahnung erforderlich,
- bei Kündigung: Schadensersatz wegen Auflösungsverschulden (z.B. die Miete bis zum Ablauf der Mietzeit oder bis zur ersten ordentlichen Kündigungsmöglichkeit).

Beispiel für einen Kündigungsgrund:

Der Vermieter von Gewerberaum innerhalb eines Einkaufscenters ist zur fristlosen Kündigung gem. § 543 BGB (§ 554a BGB a.F.) berechtigt, wenn der Mieter entgegen der von ihm insoweit übernommenen vertraglichen Verpflichtung sein Ladenlokal nur an drei Wochentagen für wenige Stunden betreibt.[2159]

V. Entfall der Betriebspflicht durch Kündigung, Insolvenz oder andere Gründe

Die Betriebspflicht entfällt, wenn sie durch die Parteien ausdrücklich oder konkludent aufgehoben wird oder der Vermieter auf sie verzichtet. Davon zu unterscheiden sind die Fälle der Beendigung des Mietverhältnisses (z.B. durch Kündigung) und das Ende der unternehmerischen Tätigkeit des Mieters (z.B. durch Insolvenz). 1301

Vertragliche Erfüllungspflichten – und damit auch eine Betriebspflicht – existieren nur dann, wenn das Vertragsverhältnis wirksam zustande gekommen ist, und nur, solange es fortdauert; ist das nicht der Fall, bestehen grds. keine **Erfüllungsansprüche** mehr.[2160] D.h.: Da die Betriebspflicht eine vertragliche Pflicht ist, ist sie grds. auch auf die Lebensdauer des Miet- oder Pachtvertrages beschränkt, es sei denn, es ist ausdrücklich oder konkludent eine darüber hinausgehende Dauer vereinbart. Nach fristloser Kündigung soll den Mieter eine Betriebspflicht bis zur Räumung deshalb jedenfalls dann nicht treffen, wenn diese im Mietvertrag nicht ausdrücklich vereinbart ist.[2161] Kündigt der Vermieter, so endet der Anspruch auf Betriebspflicht-Erfüllung mit Wirksamwerden der Kündigung, d.h. der Mieter hat bis zur Räumung keine Betriebspflicht mehr. Faktisch sind dem Vermieter nach dieser Rechtsprechung die Hände gebunden, wenn der Mieter nicht räumt und z.B. den Laden weiterhin nicht öffnet oder verwahrlosen lässt. 1302

Diese **Rechtsprechung ist abzulehnen,** weil in der Übernahme einer Betriebspflicht das konkludente Versprechen des Mieters liegt, als Nebenpflicht die Betriebspflicht bis zur Räumung zu erfüllen. Denn es ist der Betriebspflicht immanent, dass sie sich aus Gründen der Rentabili- 1303

2157 OLG Celle, 03.07.2007 – 2 W 56/07, IMR 2007, 283.
2158 Vgl. BGH, 29.04.1992 – XII ZR 221/90, NJW-RR 1992, 1032.
2159 OLG Düsseldorf, 21.01.1997 – 10 W 153/96, DWW 1998, 85 = ZMR 1997, 296 = WuM 1997, 266.
2160 OLG Düsseldorf, 17.08.2000 – 24 W 49/00, NZM 2001, 131 = GuT 2002, 47.
2161 OLG Düsseldorf, 17.08.2000 – 24 W 49/00, NZM 2001, 131 = GuT 2002, 47.

tät des Mietobjekts bzw. der gesamten Immobilie über die Vertragsdauer hinaus erstrecken soll. Nimmt der Mieter deshalb ein Angebot des Vermieters bzgl. einer Betriebspflicht an, verpflichtet er sich dadurch gleichzeitig, sein Geschäft entsprechend auf eigene Kosten bis zu seinem endgültigen Auszug zu betreiben.

> **Praxistipp:**
> Bei der Vertragsgestaltung spricht auch aus AGB-Gesichtspunkten nichts gegen eine zusätzliche Klausel, die den Mieter verpflichtet, auch nach Kündigung bis zur Räumung die vereinbarte Betriebspflicht zu erfüllen. Da bisher nicht entschieden ist, ob eine solche Klausel Bestand hat, sollte sie immer von der „Grund-Betriebspflicht" separiert werden. Andere – evtl. noch sicherere – Variante: Vereinbarung einer angemessenen Vertragsstrafe für den Zeitraum nach Kündigung bis zur Räumung, z.B. x € pro Woche.

1304 Kommt es bei vereinbarter Betriebspflicht zu einer Kündigung, ist dem Mieter für die im Einzelfall erforderliche Zeit der **Durchführung der beendigungsbedingten Abwicklungsmaßnahmen** (z.B. Entfernung der im Mietereigentum stehenden Einrichtungen bzw. Warenvorräte, Erledigung geschuldeter Schönheitsreparaturen) eine Befreiung von der Betriebspflicht zu gewähren.[2162]

1305 Die Betriebspflicht besteht auch bei Krankheit des Mieters und Verlusten des Betriebes weiter.[2163] Das **unternehmerische Risiko** ist Sache des Mieters, es liegt grds. kein Verstoß gegen § 242 BGB (Treu und Glauben) bzw. § 138 BGB vor.

> *Beispiel:*
> *Haben die Parteien eine Betriebspflicht des Pächters einer Gaststätte vereinbart, muss der Pächter sich im Fall seiner Verhinderung eines Dritten bedienen, auch wenn er den Gaststättenbetrieb aus gesundheitlichen Gründen nicht aufrechterhalten kann; die Betriebspflicht entfällt auch dann nicht, wenn die Fortführung des Betriebes zur Folge hat, dass nur Verluste erwirtschaftet werden, sodass es vorteilhafter wäre, das Objekt zu schließen.*[2164]

1306 Der Einzelhändler, der ggü. dem Vermieter eine Betriebspflicht übernommen hat, soll davon aber unabhängig von der Einleitung eines Insolvenzverfahrens wegen Unvermögens frei werden, wenn er **zahlungsunfähig** ist.[2165] Begründet wird dies mit Erwägungen der Zwangsvollstreckung: Maßgeblich sei, ob der Schuldner trotz Unvermögens zu einer (ggf. nicht vertretbaren) Handlung gezwungen werden könne. Im Zwangsvollstreckungsrecht sei es ganz herrschende Auffassung, dass der Schuldner einer unvertretbaren Handlung nicht durch Zwangsgeld zu einer Handlung gezwungen werden darf, die ihm nicht möglich ist.[2166] Unter diesen Umständen könne der Schuldner/Mieter bereits im Erkenntnisverfahren den materiell-rechtlichen Ein-

---

[2162] OLG Düsseldorf, 24.09.1998 – 10 W 93/98, NZM 1999, 124 = ZAP EN-Nr. 80/99 = MDR 1999, 289: mindestens zehn Werktage für ein Optikergeschäft.
[2163] OLG Celle, 03.07.2007 – 2 W 56/07, IMR 2007, 283.
[2164] OLG Düsseldorf, 18.12.2003 – I-10 U 69/03, GuT 2004, 53.
[2165] OLG Karlsruhe, 08.11.2006 – 9 U 58/06, GuT 2007, 16 = IMR 2007, 284 = InfoM 2007, 118 = MDR 2007, 577: Einkaufszentrum; LG Köln, 28.12.2004 – 87 O 109/04, NZM 2005, 621.
[2166] Verweis auf § 888 ZPO und OLG Hamm, 18.02.1988 – 14 W 147/87, NJW-RR 1988, 1087; OLG Stuttgart, 26.07.2005 – 5 W 36/05, MDR 2006, 293.

wand, zur Erfüllung der Betriebspflicht nicht in der Lage zu sein (§ 275 Abs. 1 BGB), geltend machen. Unvermögen liege zumindest dann vor, wenn der Schuldner zahlungsunfähig ist und die Fortführung des Betriebes allenfalls durch Betrug ggü. seinen Geschäftspartnern bewirken könnte.

Diese **Erwägungen sind abzulehnen**, da vertragliche Pflichten eines Mieters nicht mit dessen Vermögenslosigkeit enden. Dies widerspricht bereits dem vom BGB vorausgesetzten Grundsatz „Geld hat man zu haben". Es fehlt aber auch an einer zwingenden dogmatischen Verknüpfung des materiell-rechtlichen Anspruches mit dem Zwangsvollstreckungsrecht. Folgt man den Auffassungen des OLG Karlsruhe und LG Köln, hätte dies zur Folge, dass alle Ansprüche, deren Vollstreckung aussichtslos erscheint, von vornherein scheitern würden. 1307

VI. Gerichtsverfahren

Bei der Klage auf **Erfüllung einer vereinbarten Betriebspflicht** muss der Antrag gem. § 253 Abs. 2 ZPO so bestimmt wie möglich gefasst werden, um die Vollstreckbarkeit zu gewährleisten. Es ist zwar nicht zwingend erforderlich, aber empfehlenswert, die einzelnen Maßnahmen, die der Mieter zur Wiederaufnahme oder Änderung des Geschäftsbetriebes ergreifen soll, konkret aufzuführen. Dies gilt allerdings nur dann, wenn es keine anderen Maßnahmen gibt, weil die Festlegung ansonsten einen unzulässigen Eingriff in den Geschäftsbetrieb des Mieters darstellen würde. 1308

Beispiel:

Geht es nur um das Einschalten oder Ausschalten der Schaufensterbeleuchtung, ist dies selbstverständlich anzugeben. Geht es aber z.B. um eine einheitliche Dekoration von Schaufensterflächen, so kann nicht „jedes einzelne Teil" konkret in den Antrag mit aufgenommen werden, sondern nur die Rahmenbedingungen.

Immer sollte in den Antrag mit aufgenommen werden, welche Art von Geschäft der Mieter zu betreiben hat und – wenn es konkret darum geht – die Öffnungszeiten. 1309

Ob die Durchsetzung einer mietvertraglichen Betriebspflicht im **einstweiligen Verfügungsverfahren** verfolgt werden kann, ist umstritten. Z.T. wird dies verneint, weil eine solche vertragliche Verpflichtung weder als vertretbare Handlung nach § 887 ZPO, noch als unvertretbare Handlung nach § 888 ZPO vollstreckt werden kann, und Gegenstand einer einstweiligen Verfügung nur vollstreckungsfähige Ansprüche sein können.[2167] Diese Meinung ist zu kritisieren, da die Vollstreckbarkeit nichts mit Verfügungsanspruch oder Verfügungsgrund zu tun hat; hier wird fälschlich von der Durchsetzbarkeit des Anspruchs auf dessen Voraussetzungen geschlossen. Richtigerweise ist deshalb eine einstweilige Verfügung auch bei einer Betriebspflicht möglich; die Vollstreckung erfolgt dann nach § 888 ZPO (Zwangsgeld oder -haft).[2168] Das ändert aber nichts daran, dass beide Varianten letztlich **unpraktikabel** sind. 1310

2167 OLG Naumburg, 21.11.1997 – 2 W 14/97, NZM 1998, 575 = NJW-RR 1998, 873.
2168 So auch OLG Frankfurt am Main, 10.12.2008 – 2 U 250/08, IMR 2009, 162 = InfoM 209, 171; OLG Hamburg, 06.01.2003 – 4 W 1/03, GuT 2003, 231; OLG Celle, 02.01.1996 – 2 W 80/95, NJW-RR 1996, 585; OLG Düsseldorf, 09.01.1997 – 24 U 94/96, NJW-RR 1997, 648; Stobbe/Tachezy, NZM 2002, 557, 559.

1311 Der **Verfügungsgrund** muss glaubhaft gemacht werden. Dies ist gegeben, wenn potenzielle Mietinteressenten wegen des bereits vorhandenen Leerstandes von Geschäftsräumen von einer Anmietung Abstand nehmen.[2169] Bloße Befürchtungen über mögliche Folgen der Betriebseinstellung genügen nicht. Ein Hinweis auf die Beeinträchtigung des Gesamtcharakters des Einkaufszentrums, das von der Vielfalt seiner Angebote von Waren und Dienstleistungen „lebt", reicht daher allein nicht aus, um das dringende Interesse am Erlass einer einstweiligen Verfügung wegen drohender Geschäftsschließung durch den Mieter zu rechtfertigen.[2170]

1312 Die obigen Bedenken zur praktischen Umsetzung gelten auch für die reguläre **Zwangsvollstreckung aus einem Endurteil**. Es dürfte in der Praxis so gut wie unmöglich sein, aus einem Titel zu vollstrecken, der z.B. lautet:

> „... wird verurteilt, das Ladenlokal ... an den Wochentagen ... von ... bis ... Uhr geöffnet zu halten und zu betreiben".

Man kann sich schwer vorstellen, wie ein Gerichtsvollzieher dies vollstreckt.

1313 **Zu empfehlen** sind daher **Vertragsstraferegelungen**, die solche Diskussionen (zumindest zunächst) überflüssig machen sollten. Im Vollstreckungsverfahren ist der Schuldner darlegungs- und beweispflichtig dafür, dass es ihm trotz zumutbarer Anstrengungen nicht möglich ist, der Betriebspflicht nachzukommen.[2171]

1314 Will der Mieter festgestellt wissen, dass eine Betriebspflichtklausel ihn nicht bindet oder unwirksam ist und trägt er vor, dass er eine fristlose Kündigung riskiert, wenn er sich über die Klausel hinwegsetzt, ist eine Feststellungsklage auch dann zulässig, wenn der Mieter gar nicht die Absicht hat, sich über die Klausel hinwegzusetzen.[2172]

VII. Streitwert

1315 Für den Gebührenstreitwert nach RVG ist nach dem Anspruch zu differenzieren, um den es geht: hat der Vermieter wegen Verletzung der Betriebspflicht gekündigt, greift § 41 Abs. 1 GKG für die Kündigung und § 41 Abs. 2 GKG für den Räumungsanspruch (Jahresmiete). Verlangt der Vermieter Schadensersatz, bestimmt grds. dieser den Streitwert oder ist – bei weiteren Ansprüchen – hinzuzurechnen. Geht es um die reine Erfüllung der Betriebspflicht ist der Streitwert nach § 3 ZPO zu schätzen. Maßgeblich ist das Interesse des Vermieters. Dieses zielt i.d.R. auf den reibungslosen Betrieb des gesamten Objekts (Ladenpassage etc.), der durch die nicht beachtete Betriebspflicht gestört wird. Da sich Auswirkungen (Fernbleiben von Kunden, schlechtere Umsätze der Mieter, schwierige Vermietbarkeit) oft erst viel später zeigen, erscheint es sinnvoll, analog § 41 Abs. 1 GKG die Jahresmiete der „störenden" Mieteinheit anzusetzen.[2173]

2169 KG, 17.07.2003 – 22 U 149/03, KGR 2003, 315.
2170 KG, 18.10.2004 – 8 U 92/04, GuT 2004, 236 = NZM 2005, 620 = ZMR 2005, 47.
2171 OLG Düsseldorf, 21.10.2003 – I-10 W 64/03, GuT 2004, 17.
2172 KG, 05.03.2009 – 8 U 177/08, IMR 2009, 424 = GuT 2010, 22 = InfoM 2010, 126 unter Verweis auf BGH, WuM 2008, 472 = NJW 2008, 2499 zur Feststellungsklage.
2173 KG, 07.03.2006 – 8 W 2/06, GuT 2006, 153 = RVGReport 2006, 239.

VIII. Vertragsgestaltung

Zu AGB-Problemen → *Rn. 172 ff.* Verschiedene Ausgestaltungen der Betriebspflicht sind möglich: ganzjähriges Betreiben und/oder bestimmte Öffnungszeiten, Dekorationspflichten und feste Beleuchtungszeiten, was z.B. für Ladenpassagen sehr wichtig sein kann. Die Öffnungszeit muss den gesetzlichen Vorgaben entsprechen (Ladenschlussgesetz), ansonsten ist die Vereinbarung wegen des Verstoßes gegen ein gesetzliches Verbot nach § 134 BGB grds. nichtig. Die Betriebspflicht kann z.B. folgende Punkte umfassen:

- Ganzjährige Öffnung
- Festlegung der täglichen/wöchentlichen Öffnungszeiten
- Aus-/Räumungsverkäufe nur nach Zustimmung des Vermieters
- Gestaltung von Schaufenstern und Auslagen
- Art und Dauer der Schaufensterbeleuchtung

Generelle Schließungsverbote (etwa bei Ladengeschäften im EKZ) sollten individualvertraglich vereinbart oder als AGB mit Ausnahmen für kurzzeitige, betriebsbedingte oder betriebsdienliche Unterbrechungen (Inventur, Betriebsversammlung, Mittagspausen, Ruhetage, Betriebsferien, Messebesuch, Ladenumbau, Durchführen von mietvertraglich vorgesehenen Arbeiten wie Schönheitsreparaturen) formuliert werden. Es ist hilfreich, wenn die Parteien versuchen zu definieren, was branchentypische Schließungen/Unterbrechungen sind.

Kombinationen aus Konkurrenzschutzausschluss und Betriebspflicht (→ *Rn. 1418 ff.*) sollten individuell verhandelt werden.

Die Verletzung der Betriebspflicht kann vertraglich mit einer **Vertragsstrafe sanktioniert** werden. Dies hat den Vorteil einer deutlich besseren Vollstreckbarkeit ggü. einer Klage auf Einhaltung der Betriebspflicht oder Unterlassung bestimmter Maßnahmen. Die Vertragsstrafe, die der Mieter bei für jeden Tag des Verstoßes gegen die Betriebspflicht verwirkt, ist nicht nach oben in der Weise beschränkt, dass er sie nur für einen begrenzten Zeitraum schuldet; auch ist sie i.H.v. etwa 125 % der auf den Tag entfallenden Miete nicht unangemessen hoch.[2174] Grenzen liegen nur i.R.d. §§ 138 und 242 BGB. Ferner stehen – falls das Mietende ohnehin naht – evtl. aufrechenbare Ansprüche bzgl. einer Sicherheitsleistung zur Verfügung. Zu einem Formulierungsvorschlag → *Rn. 1323*.

2174 OLG Rostock, 08.03.2004 – 3 U 118/03, NZM 2004, 460.

IX. Arbeits- und Beratungshilfen

1. Schnellüberblick Grundsatz-Rechtsprechung des BGH

Thema/Normen	Leitsatz	Entscheidung, Fundstelle
Sterbendes Einkaufszentrum: Wegfall der Geschäftsgrundlage für Betriebspflicht?	Das wirtschaftliche Risiko bei der Anmietung eines Ladenlokals in einem noch zu errichtenden Einkaufszentrum liegt allein beim Mieter. Für eine Risikoverlagerung auf den Vermieter ist eine vertragliche Vereinbarung erforderlich, die auch konkludent erfolgen und sich aus einer Auslegung des Mietvertrags ergeben kann. Die Kumulation von Betriebs- und Offenhaltungspflicht, Sortimentsbindung sowie Ausschluss von Konkurrenz- und Sortimentsschutz lässt nicht ohne weiteres den Rückschluss auf den Vermieterwillen zu, den Mieter von dem Risiko einer wirtschaftlich gewinnbringenden Nutzung des Ladengeschäfts zu entlasten. Die Erhöhung eines Leerstandes von 20 % auf 40 % im Einkaufszentrum führt ohne verlagerte Risikoverteilung nicht zu einem Wegfall der Geschäftsgrundlage für eine vereinbarte Betriebspflicht.	BGH, 03.03.2010 – XII ZR 131/08, GuT 2010, 97 = IMR 2010, 227, 228 = NZM 2010, 361 = InfoM 2010, 219
Zur Wirksamkeit einer formularmäßig vereinbarten Betriebs- und Offenhaltungspflicht des Mieters eines Ladengeschäfts in einem Einkaufszentrum, wenn dem Mieter zugleich eine Sortimentsbindung auferlegt, ihm aber kein Sortiments- und Konkurrenzschutz gewährt wird.	Die AGB-Klausel „*Der Mieter ist verpflichtet, den Mietgegenstand während der gesamten Mietzeit seiner Zweckbestimmung entsprechend ununterbrochen zu nutzen. Er wird die Mieträume weder ganz noch teilweise unbenutzt oder leerstehen lassen. ... Das Geschäftslokal ist im Rahmen der gesetzlichen Bestimmungen über die Ladenschlusszeiten an allen Verkaufstagen zu den vom Vermieter festgelegten Öffnungszeiten offen zu halten. Aus der bloßen Duldung abweichender Öffnungszeiten durch den Vermieter kann der Mieter keine Rechte herleiten. Zeitweise Schließungen (wie Mittagspause, Ruhetage, Betriebsferien) sind nicht zulässig, ausgenommen sind Inventuren oder Betriebsversammlungen.*"	BGH, 03.03.2010 – XII ZR 131/08, GuT 2010, 97 = IMR 2010, 227, 228 = NZM 2010, 361 = InfoM 2010, 219

	ist trotz gleichzeitig dem Mieter vertraglich obliegenden Schönheitsreparaturen und Instandhaltungsmaßnahmen wirksam i.S.v. 307 Abs. 1 Satz 1 BGB, weil „Inventur und Betriebsversammlungen" ersichtlich nur beispielhaft für eine – nach dem Betriebsablauf notwendige und deshalb – zulässige Ausnahme von der Offenhaltungspflicht erwähnt werden. Andere notwendige Schließungen, wie sie etwa durch die dem Mieter obliegenden Schönheitsreparaturen oder Instandhaltungsmaßnahmen erforderlich werden könnten, sind durch diese Beispiele nicht ausgeschlossen, was sich bereits aus der Auslegung des Vertrags ergibt, der dem Mieter, wenn er ihm Reparatur- oder Instandhaltungsmaßnahmen auferlegt, die Möglichkeit zu deren Durchführung nicht unnötig verstellen darf.	
Betriebspflicht/ Öffnungszeiten im EKZ	Die Formularklausel (Einkaufszentrum) „*Das Geschäftslokal ist im Rahmen der gesetzlichen Bestimmungen über die Ladenschlusszeiten an allen Verkaufstagen mindestens so lange offen zu halten, wie die überwiegende Anzahl aller Mieter ihre Geschäfte offen hält. Der Mieter hat das Recht, die gesetzlichen Ladenöffnungszeiten voll auszuschöpfen. Aus einer bloßen Duldung abweichender Öffnungszeiten durch den Vermieter kann der Mieter keine Rechte herleiten. Zeitweise Schließungen (z.B. aus Anlass von Mittagspausen, Ruhetagen, Betriebsferien, Inventuren u.a.) sind nicht zulässig.*" ist wegen Verstoßes gegen das Transparenzgebot unwirksam. Eine Verpflichtung der Mieter zur Öffnung ihrer Geschäfte kann aus dieser Klausel nicht hergeleitet werden.	BGH, 07.05.2008 – XII ZR 5/06, GuT 2008, 339 = GE 2008, 1049
Intransparente Klausel	Eine Betriebspflichtklausel in einem EKZ-Mietvertrag ist unwirksam, wenn sie den falschen Anschein erweckt, dass über die Ladenöffnungszeiten die Mehrheit der Mieter und nicht der Vermieter bestimmt.	BGH, 16.05.2007 – XII ZR 13/05, NZM 2007, 516 = IMR 2007, 250 = InfoM 2007, 174 = MDR 2007, 1124
Markt(halle)	In einem Mietvertrag über Marktstände verstößt eine dem Mieter auferlegte Betriebspflicht während der Öffnungszeiten der Markthalle nicht gegen § 9 AGBG (= § 307 BGB), und ein Verstoß gegen diese Betriebspflicht kann eine fristlose Kündigung begründen.	BGH, 29.04.1992 – XII ZR 221/90, NJW-RR 1992, 1032
Umsatzmiete	Die Vereinbarung einer Umsatzmiete führt nicht automatisch zu einer Betriebspflicht.	BGH, 04.04.1979 – VIII ZR 118/78, NJW 1979, 2351

2. Schnellüberblick aktuelle Rechtsprechung der Instanzgerichte

1320

Thema/Normen	Leitsatz	Entscheidung, Fundstelle
Einkaufszentrum: Verbot zeitweiser Schließungen per AGB ist unwirksam!	Eine in einem Mietvertrag über ein in einem Einkaufszentrum belegenes Ladengeschäft enthaltene Klausel mit dem Inhalt „Zeitweise Schließungen (z.B. aus Anlass von Mittagspausen, Ruhetagen, Betriebsferien, Inventuren) sind nicht zulässig" ist wegen unangemessener Benachteiligung gemäß § 307 Abs. 1, Abs. 2 Ziffer 2 BGB jedenfalls dann unwirksam, wenn der Mieter hierdurch an der Durchführung der ihm vertraglich auferlegten Schönheitsreparaturen gehindert wird. Eine ergänzende Vertragsauslegung, dass zeitweilige Schließungen für Schönheitsreparaturarbeiten zulässig sind, scheidet aus, weil die Klausel keinerlei Ausnahmen von dem Verbot der zeitweisen Schließung vorsieht und eine „Reduzierung" gegen das Verbot der geltungserhaltenden Reduktion verstoßen würde. Da aber Teil der Klausel, der das Schließungsverbot enthält, sowohl sprachlich als auch inhaltlich von der übrigen Betriebspflichtklausel abtrennbar ist, liegt – bezogen auf die Gesamtklausel – ausnahmsweise kein Fall der unzulässigen geltungserhaltenden Reduktion vor, sodass die restliche Klausel wirksam bleibt.	KG, 05.03.2009 – 8 U 177/08, IMR 2009, 424 = GuT 2010, 22 = InfoM 2010, 126
§ 533 BGB; §§ 888, 935, 940 ZPO einstweilige Verfügung	Eine vertraglich übernommene Betriebspflicht kann auch durch den Erlass einer einstweiligen Verfügung erzwungen werden. Eine Vollstreckung nach § 888 ZPO scheidet nicht von vorn herein aus. Eine Leistungsverfügung kann bei einem Hotel zulässig sein, denn Objekte dieser Art, die über einen Zeitraum geschlossen werden, verlieren schnell an Anziehungskraft und Kundenstamm. Angesichts des herrschenden starken Wettkampfes im Hotelgewerbe (hier: im Rheingebiet) können verlorene Kunden später nur schwerlich wieder zurückgewonnen werden, wenn das Hotel erst geschlossen ist und dieses nicht mehr aufgesucht werden kann.	OLG Frankfurt am Main, 10.12.2008 – 2 U 250/08, IMR 2009, 162 = InfoM 209, 171

Formularvertragliche Betriebspflicht im Einkaufszentrum wirksam? §§ 242, 307 Abs. 1 Satz 1, § 535 BGB	1. Die formularmäßige Festlegung einer Betriebspflicht in einem Mietvertrag über die Nutzung von Gewerberäumen in einem Einkaufszentrum durch einen Lebensmittel-Discounter ist nicht deshalb nach § 307 Abs. 1 Satz 1, Abs. 2 Nr. 1 BGB unwirksam, weil dem Mieter zugleich eine Sortimentsbindung auferlegt wird und Konkurrenzschutz ausgeschlossen ist. 2. Die Übernahme der Betriebspflicht unter Ausschluss zeitweiliger Schließungen stellt keine unangemessene Benachteiligung des Mieters im Sinne von § 307 Abs. 1 Satz 1 BGB dar, weil die Einlegung einer Mittagspause sämtlicher Mitarbeiter eines Lebensmittel-Discounters in einem Einkaufszentrum weder branchentypisch noch der Verkehrssitte entsprechend ist. Ls. NZM: 1. Die formularmäßige Festlegung einer Betriebspflicht in einem Mietvertrag über die Nutzung von Gewerberäumen in einem Einkaufszentrum durch einen Lebensmittel-Discounter ist nicht deshalb nach § 307 I 1, II 2 Nr. 1 BGB unwirksam, weil dem Mieter zugleich eine Sortimentsbindung auferlegt wird und Konkurrenzschutz ausgeschlossen ist (abweichend von OLG Schleswig, NZM 2000, 1008; im Anschluss an OLG Hamburg, Urt. v. 3.4.2002 – 4 U 236/01, BeckRS 2002, 30250729; OLG Rostock, NZM 2004, 460; KG, NZM 2005, 620).2. Die formularmäßig in einem Mietvertrag über die Nutzung von Gewerberäumen in einem Einkaufszentrum durch einen Lebensmittel-Discounter geregelte Offenhaltungspflicht, derzufolge zeitweilige Schließungen „wie Mittagspause, Ruhetage, Betriebsferien" untersagt und Unterbrechungen wegen Inventuren und Betriebsversammlungen gestattet werden, stellt keine unangemessene Benachteiligung des Mieters i.S.von § 307 I 1BGB dar, weil – auch mit Rücksicht auf die Interessen der betroffenen Verkehrskreise – die Einlegung einer Mittagspause sämtlicher Mitarbeiter eines Lebensmittel-Discounters in einem Einkaufscenter ebenso wenig branchentypisch und der Verkehrssitte entsprechend ist wie die Schließung auf Grund von Betriebsferien oder eines Ruhetags. 3. Die – unterstellte – Unwirksamkeit des vorerwähnten Ausschlusses kurzzeitiger Geschäftsschließungen erstreckt sich, ohne damit gegen das Verbot der geltungserhaltenden Reduktion Allgemeiner Geschäftsbedingungen zu verstoßen, nicht auch auf die formularmäßig geregelte Betriebspflicht, die die auf Dauer angelegte Nutzung der Geschäftsräume regelt.	OLG Naumburg, 15.07.2008 – 9 U 18/08, IMR 2008, 339 = NZM 2008, 772

> 4. Aus Regelungen eines Gewerberaummietvertrags, die einem einheitlichen Werbeauftritt des Einkaufszentrums zu diesen bestimmt sind, folgt, auch wenn eine Pflichtmitgliedschaft in einer Werbegemeinschaft vorgesehen ist, noch keine Verlagerung des unternehmerischen Risikos des Mieters auf den Vermieter. (Leitsatz 4 von der Redaktion)

3. Formulierungsvorschläge zur Betriebspflicht

a) Ladengeschäft

Formulierungsvorschlag: Vereinbarung einer Betriebspflicht für ein Ladengeschäft (einfache Variante)

1321 > Der Mieter verpflichtet sich, während des gesamten Jahres mit Ausnahme üblicher Schließungsintervalle wie Betriebsferien werktags von ..... bis ..... Uhr und samstags von ..... bis ..... Uhr seinen Geschäftsbetrieb aufrechtzuerhalten. Schaufenster und Auslagen sind ordnungsgemäß zu dekorieren und von ..... bis ..... Uhr einschließlich Wochenenden und Feiertagen zu beleuchten.

b) Shopping-Center

Formulierungsvorschlag: Vereinbarung einer Betriebspflicht für ein Ladengeschäft (insb. für Shopping-Center)

1322 > Der Mieter verpflichtet sich,
> 1. sein Geschäft spätestens am ..... zu eröffnen;
> 2. das Geschäft während der Dauer des Mietverhältnisses gemäß dem vereinbarten Mietzweck ohne Unterbrechung zu betreiben;
> 3. das Geschäft mindestens während folgender Ladenöffnungszeiten geöffnet zu halten: .....;
> 4. das für sein Geschäft übliche Sortiment an Waren anzubieten;
> 5. das Erscheinungsbild des Geschäft ansprechend zu gestalten, insbesondere Schaufenster, Eingangsbereiche und Verkaufsflächen ansprechend und werbewirksam zu dekorieren, sauber und gepflegt zu halten;
> 6. eine beleuchtete Firmenwerbung außen am Geschäfts anzubringen, die zuvor vom Vermieter abzunehmen ist, und diese zu unterhalten, zu reinigen und ggf. zu erneuern;
> 7. sämtliche Werbemaßnahmen (Schilder, Banner, Beschriftungen der Schaufenster) nur in Abstimmung mit dem Vermieter anzubringen;
> 8. das Geschäft und die Leuchtmittelwerbung zu folgenden Zeiten zu beleuchten: .....;
> 9. Störungen des anderweitigen Geschäftsbetriebes, insbesondere durch Immissionen, Platzieren von Werbeflächen vor dem Geschäft u.Ä., zu unterlassen;

10. genehmigungsbedürftige Sonderveranstaltungen, Räumungsverkäufe u.Ä. nur nach vorheriger Zustimmung des Vermieters, die ohne wichtigen Grund verweigert werden darf, durchzuführen.

c) **Vertragsstrafe**

Formulierungsvorschlag: Vertragsstrafe etc. bei verletzter Betriebspflicht

Wird die vorgenannte Betriebspflicht verletzt, verwirkt der Mieter eine Vertragsstrafe i.H.v. täglich 4 % der Nettomonatsmiete (ohne USt, ohne Betriebskostenvorauszahlungen), die in der addierten Gesamthöhe auf maximal zehn Monatsmieten beschränkt wird. Dies gilt nicht, wenn der Mieter nachweist, dass er die Betriebspflichtverletzung nicht zu vertreten hat. Besteht eine Werbegemeinschaft, hat der Vermieter die vom Mieter gezahlte Vertragsstrafe an diese abzuführen. Verletzt der Mieter trotz Abmahnung des Vermieters die Betriebspflicht weiterhin, darf dieser fristlos kündigen, es sei denn, der Mieter hat nachgewiesen, dass er die Betriebspflichtverletzung nicht zu vertreten hat.

1323

§ 14 Konkurrenzschutz

			Rn.
I.	Überblick		1324
	1.	Begrifflichkeiten	1324
	2.	Verhältnis von Mietzweck, vertragsgemäßem Gebrauch und Konkurrenzschutz	1326
	3.	Grundsätze zu vertraglichen Vereinbarungen	1329
	4.	Aufklärungspflicht des Vermieters über Konkurrenz	1332
II.	Schutzrichtung (Wer wird geschützt bzw. verpflichtet?)		1333
III.	Inhalt und Umfang des Schutzes		1344
	1.	Grundsätze	1344
	2.	Auslegung ungenauer Vertragsklauseln	1346
	3.	Faktische Vergleichbarkeit der Tätigkeiten, Haupt- und Nebenartikel, insb. Einzelhandel	1349
		a) Vertragsimmanenter Konkurrenzschutz	1349
		b) Vertraglicher Konkurrenzschutz	1361
	4.	Konkurrenzschutz in Einkaufzentren	1363
	5.	Räumliche Entfernung der Konkurrenten	1366
		a) Fall 1: Der Konkurrent sitzt auf demselben Grundstück bzw. im selben Gebäude	1367
		b) Fall 2: Der Konkurrent sitzt auf einem Nachbargrundstück des Vermieters	1368
		c) Fall 3: Der Konkurrent betreibt sein Geschäft auf dem Nachbargrundstück eines Dritten	1369
		d) Fall 4: Der Vermieter veräußert Nachbargründstücke oder dortiges Teileigentum, auf die sich der Konkurrenzschutz bezieht, an Dritte	1370
	6.	Tätigkeitserweiterungen des Mieters	1371
IV.	Rechtsfolgen einer Konkurrenzschutzverletzung, Ansprüche der Parteien		1372
	1.	Nichtgewährung des vertragsgemäßen Gebrauchs, Gewährleistung	1372
	2.	Ansprüche zwischen Erstmieter/-pächter und Vermieter/Verpächter	1377
	3.	Ansprüche zwischen Zweitmieter/-pächter und Vermieter/Verpächter	1387
	4.	Ansprüche zwischen Erstmieter/-pächter und Zweitmieter/-pächter	1388
	5.	Ansprüche des Vermieters	1389
	6.	Ausschluss von Ansprüchen	1390
V.	Gerichtsverfahren		1393
	1.	Grundsätze	1393
	2.	Einstweiliger Rechtsschutz	1397
	3.	Klageanträge	1401
VI.	Streitwert		1406
VII.	Vertragsgestaltung		1408
	1.	Grundsätze	1408
	2.	Ausschluss des vertragsimmanenten Konkurrenzschutzes	1416
	3.	Kombination von Konkurrenzschutzausschluss, Betriebspflicht und Sortimentsbindung	1418
VIII.	Arbeits- und Beratungshilfen		1420
	1.	Schnellüberblick Grundsatz-Rechtsprechung des BGH	1420
	2.	Schnellüberblick aktuelle Rechtsprechung der Instanzgerichte	1421
	3.	Formulierungsvorschläge zum Konkurrenzschutz	1422
		a) Ausschluss	1422
		b) Konkurrenzschutzklausel	1424
		c) Konkurrenzschutzverpflichtung	1425
		d) Rechtsfolgenvereinbarung	1428
		e) Untervermietung	1429
		f) Sortiment	1430
		g) Klageanträge	1431
	4.	Checklisten	1432
		a) Konkurrenzschutzansprüche	1432
		b) Vertragsgestaltung	1433
	5.	ABC zum Konkurrenzschutz	1434
		a) Mietverträge ohne ausdrückliche Konkurrenzschutzklausel	1435
		b) Mietverträge mit ausdrücklicher Konkurrenzschutzklausel	1464
	6.	ABC der Klauseln zum Konkurrenzschutz	1481

I. Überblick

1. Begrifflichkeiten

Nach § 535 Abs. 1 Satz 2 BGB muss der Vermieter dem Mieter die Mietsache in einem zum vertragsgemäßen Gebrauch geeigneten Zustand überlassen und sie während der Mietzeit in diesem Zustand erhalten. Der daraus abgeleitete Konkurrenzschutz umfasst die Pflicht des Vermieters, den Mieter vor künftiger Konkurrenz zu schützen. Dem Mieter von gewerblich genutzten Räumen kommt deshalb **auch ohne ausdrückliche vertragliche Vereinbarung** mit dem Vermieter ein Schutz vor Konkurrenz zugute – sei es vor Konkurrenz durch Dritte oder durch den Vermieter selbst.[2175] Dies wird üblicherweise als **vertragsimmanenter Konkurrenzschutz** bezeichnet. Dieser Schutz gilt auch dann, wenn dazu nichts im Vertrag geregelt ist. Alternativ können die Parteien Regelungen zum Konkurrenzschutz im Miet- oder Pachtvertrag treffen (sog. vertraglicher Konkurrenzschutz), die dann den vertragsimmanenten Schutz verdrängen bzw. ersetzen.

1324

Der Konkurrenzschutz gehört neben der Betriebspflicht zu den wenigen „echten Spezialitäten" des gewerblichen Mietrechts. Es handelt sich nicht bloß um eine Nebenpflicht, sondern um eine **Hauptpflicht**,[2176] da der Konkurrenzschutz zwingend mit dem vertragsgemäßen Gebrauch verknüpft ist und dieser bei der gewerblichen Miete/Pacht immer der Realisierung von Umsatz und Gewinn dient. Verstößt der Vermieter/Verpächter daher gegen den vertragsimmanenten Konkurrenzschutz, verletzt er den Mieter an einer seiner „empfindlichsten Stellen", indem er bei ihm die Möglichkeit gefährdet, betriebswirtschaftlich sinnvoll zu arbeiten.

1325

Dogmatisch wird der bereits vom Reichsgericht ausgeformte vertragsimmanente Konkurrenzschutz unterschiedlich begründet, wobei die herrschende Meinung[2177] sich auf eine mietrechtliche Herleitung beruft und Überlegungen des Wettbewerbsrechts zurücktreten lässt.[2178]

Bei Streitigkeiten über Konkurrenzschutz sollte im Zweifel wettbewerbsfreundlich entschieden werden.[2179]

[2175] BGH, 07.12.1977 – VIII ZR 101/76, WuM 1978, 187 = ZMR 1978, 210 = BGHZ 70, 79 = MDR 1978, 400 = NJW 1978, 585; BGH, 24.04.1968 – VIII ZR 120/67, MDR 1968, 657 = BB 1968, 645; BGH, 26.01.1960 – VIII ZK 31/59, LM BGB § 536 Nr. 5; BGH, 22.03.1961 – VIII ZR 98/60, LM BGB § 536 Nr. 6 = MDR 1961, 593; BGH, 08.01.1957 – VIII ZR 225/56, LM BGB § 536 Nr. 3; BGH, 26.01.1955 – VI ZR 274/53, ZMR 1955, 200 = LM BGB § 536 Nr. 2; OLG Nürnberg, 03.11.2006 – 5 U 754/06, IMR 2007, 73 = NZM 2007, 567 = MDR 2007, 395; KG, 17.01.2005 – 8 U 212/04, GuT 2005, 54; OLG Frankfurt am Main, 11.05.2004 – 11 U 27/03, NZM 2004, 706 und OLG Frankfurt am Main, 02.03.1989 – 6 U 68/87, NJW-RR 1989, 1422; OLG Düsseldorf, 11.06.1992 – 10 U 165/91, NJW-RR 1992, 1290 = ZMR 1992, 445 = DWW 1992, 368.
[2176] A.A. Leo/Ghassemi-Tabar, NZM 2009, 337, 343: bloße Nebenpflicht.
[2177] Vornehmlich Kasuistik der achtziger und neunziger Jahre des vorigen Jahrhunderts wird bei Neuhaus, ZAP Fach 4, S. 269 ff. erläutert.
[2178] Vgl. zur dogmatischen Herleitung und wettbewerbsrechtlichen Überlegungen den sehr ausführlichen Beitrag von Joachim, BB 1986, Beilage 6, S. 1 ff.
[2179] KG, 06.05.2010 – 12 U 150/09, GuT 2010, 208 = IMR 2010, 427 = ZMR 2011, 30: Lebensmitteldiscounter gegen russisches Kaufhaus mit Lebensmittelangebot; Kraemer, in: Bub/Treier, III B Rn. 1240.

2. Verhältnis von Mietzweck, vertragsgemäßem Gebrauch und Konkurrenzschutz

1326 Voraussetzung des vertragsimmanenten Konkurrenzschutzes ist es, dass ein **bestimmter Geschäftszweck** Vertragsinhalt geworden ist. Denn schon begrifflich kann nur Konkurrenz bestehen und vor Konkurrenz geschützt werden, wenn wenigstens ansatzweise klar ist, zu welchem Zweck das Objekt vermietet oder verpachtet wird. Sofern keine ausdrückliche vertragliche Regelung über das Fernhalten von Konkurrenz getroffen wird, muss daher als Mindestvoraussetzung für vertragsimmanenten Konkurrenzschutz zumindest der vertragsgemäße Gebrauch im Vertrag geregelt sein, weil ansonsten der **Mietzweck** sozusagen **freigegeben** wird.[2180] Maßgeblich ist dabei, was die Parteien vereinbart haben (*ausführlich zum Mietzweck → Rn. 586 ff.*). Ist der Mietzweck nicht eindeutig, muss eine **Auslegung** nach den §§ 133, 157 BGB erfolgen, um den Willen der Parteien zu ermitteln. Zwischen den Parteien sollte also im Vertrag eine klare Absprache erfolgen, zu welchem gewerblichen Zweck die Räume angemietet werden.[2181] Dabei ist besondere Sorgfalt auf eine möglichst genaue Beschreibung zu legen, da letztlich nur durch den Mietzweck bestimmt werden kann, wer in welcher Weise tatsächlich ein Konkurrent ist.

> **Hinweis:**
> Vertragsgemäßer Gebrauch, Mietzweck und Konkurrenzschutz hängen eng zusammen. Je genauer der dem Mieter gestattete Gebrauch im Vertrag beschrieben wird, desto mehr konkretisiert sich der Konkurrenzschutz. Der Mietzweck definiert Inhalt und Umfang der erlaubten Tätigkeit des Mieters und des Konkurrenzschutzes.

1327 Je pauschaler der Mietzweck begrifflich gefasst ist, desto „mehr" darf der Mieter.

> *Beispiel:*
> *Wer als Vermieter nur für „gewerbliche Zwecke" anstatt zum Betrieb eines Büros vermietet, wird im Zweifel dulden müssen, wenn der Mieter sein Büro in einen Sex-Shop „umwidmet".*

1328 Für den Mieter gilt umgekehrt: je pauschaler der Zweck, desto weniger kann er sich auf Konkurrenzschutz berufen, weil ansonsten sein Recht zum „freien" vertragsgemäßen Gebrauch den Vermieter immer wieder zwingen könnte, neuen Konkurrenzschutz zu gewähren.

3. Grundsätze zu vertraglichen Vereinbarungen

1329 Der vertragsimmanente Konkurrenzschutz kann **individuell** oder **durch AGB abbedungen**, **erweitert** oder **konkretisiert** werden. Die höchstrichterliche Rechtsprechung hat bei vertraglichen Vereinbarungen über Konkurrenzschutz oder -ausschluss mehrfach Verstöße gegen § 307 BGB (= § 9 AGBG a.F.) geprüft und verneint.[2182] S. dazu unten „*Vertragsgestaltung*" → Rn. 1408. Regeln die Parteien nichts im Vertrag, greift der vertragsimmanente Konkurrenzschutz.

[2180] Joachim, BB 1986, Beilage 6, S. 3.
[2181] OLG Frankfurt am Main, 27.08.1981 – 6 U 75/81, NJW 1982, 707.
[2182] OLG Düsseldorf, 11.06.1992 – 10 U 165/91, NJW-RR 1992, 1290 = ZMR 1992, 445 = DWW 1992, 368; OLG Hamburg, 17.12.1986 – 4 U 237/85, NJW-RR 1987, 403 = ZMR 1987, 94 = MDR 1987, 321 = DWW 1987, 72.

Beispielsfall: Nichts im Vertrag vereinbart[2183] 1330

Sachverhalt: *Der Vermieter überließ zunächst einer Internistin Räume und vermietete einige Zeit später eine im selben Haus gelegene Praxis an einen ebenfalls als Internist tätigen Arzt. Der erste Mietvertrag enthielt keine Regelung zum Konkurrenzschutz. Die Erstmieterin verlangte u.a. Feststellung der Ersatzpflicht des Vermieters für den Schaden, der ihr aus der Vermietung an den Konkurrenten entstanden sei.*

Entscheidung: *Der BGH hat in dieser grundlegenden Entscheidung für den Bereich der freien Berufe den Anspruch der Klägerin auf sog. vertragsimmanenten Konkurrenzschutz bestätigt und dies damit begründet, dass der Vermieter zwar nicht verpflichtet sei, der Ärztin jede fühlbare oder unliebsame Konkurrenz fernzuhalten, wohl aber solche, die den vertragsgemäßen Gebrauch der Praxisräume mehr als nur unwesentlich beeinträchtige. Dies folge aus der gleichen Fachrichtung der beiden Berufsträger, weil die unmittelbare Nachbarschaft die Erstmieterin insb. bzgl. der Patienten, die mit Laufkundschaft vergleichbar seien, wirtschaftlich beeinträchtigen könnte. Für die aus § 536 BGB a.F. (jetzt § 535 Abs. 1 Satz 2) folgende Verpflichtung des Vermieters, den Mieter auch ohne besondere Vereinbarung vor Konkurrenz zu schützen, bestehe zwischen Gewerbetreibenden und Praxen von Freiberuflern kein Unterschied.*

Sonstiges: *Weiter stellt der BGH darauf ab, dass in Stadtzentren, wo durch die Dichte der Geschäftstreibenden ein höherer Konkurrenzdruck bestehe, Beeinträchtigungen grds. eher hingenommen werden müssten als in Wohngebieten, was aber nicht bedeute, dass der Arzt deshalb Konkurrenz im eigenen Haus hinnehmen müsse.*

Beispielsfall: Konkurrenzschutzklausel im Vertrag enthalten, aber nicht ausgefüllt[2184] 1331

Sachverhalt: *Die Mieterin betrieb eine bürgerlich-rustikale Gaststätte in einem Haus mit zahlreichen gastronomischen Betrieben, die während der Bauzeit nicht in dieser Form vorgesehen waren. Die Rechtsvorgängerin der Mieterin hatte bei Vertragsverhandlungen während der Bauzeit vom Vermieter letztlich zerstreute Bedenken geäußert, ob die Gaststätte neben einer Café-Bistro-Bar im Erdgeschoss rentabel betrieben werden könne. Im Mietvertrag zwischen den Parteien befindet sich die formularmäßige Klausel „Konkurrenzschutz für den Mieter ist ausgeschlossen – wird in folgendem Umfang vereinbart: ...", die weder gestrichen noch ergänzt wurde. Die Mieterin verlangt vom Vermieter Unterbindung mehrerer Konkurrenzbetriebe im Haus.*

Entscheidung: *Der BGH hat wegen Mängeln in der Beweisaufnahme zurückverwiesen und ausgeführt, Konkurrenzschutz sei jedenfalls schriftlich nicht vereinbart worden, da die Vertragsparteien im Vertrag weder eine Streichung noch eine Ergänzung der dort vorgesehenen Klausel vorgenommen hätten. Da jeder schriftliche Vertrag die Vermutung der Richtigkeit und Vollständigkeit für sich habe, trage die Beweislast für eine außerhalb des schriftlichen Vertrags liegende Vereinbarung die Partei, welche sich auf die Abrede berufe. Daher sei weitere Aufklärung zu betreiben. Falls diese ergebe, dass keine Vereinbarung über den Ausschluss von Konkurrenzschutz getroffen worden sei, gelte vertragsimmanenter Schutz derart, dass die Mieterin nicht mehr Konkurrenz zu dulden brauche, als sie nach dem ursprünglichen Vermietungskonzept der Vermieterin und späteren einvernehmlichen Änderungen hingenommen habe.*

4. Aufklärungspflicht des Vermieters über Konkurrenz

Der Vermieter muss den Mieter zwar vor Konkurrenz schützen. Dies geht aber nicht soweit, 1332
dass er ihn bereits vor Vertragsabschluss über bestehende Konkurrenz oder Konkurrenzschutzvereinbarungen mit anderen Mietern aufklären muss. Den Vermieter trifft **keine vorvertragliche Aufklärungspflicht**, es sei denn, er wird ausdrücklich gefragt, oder es liegen besondere

---

2183 BGH, 07.12.1997 – VIII ZR 101/76, BGHZ 70, 79.
2184 BGH, 10.02.1988 – VIII ZR 33/87, NJW-RR 1988, 717.

Umstände vor, die ihn erkennen lassen, dass die Konkurrenz den Mieter „erdrücken" wird. Der Vermieter handelt nicht treuwidrig, wenn er bei Vermietung nicht auf Konkurrenzschutzklauseln mit dem anderen Mieter hinweist.[2185] Wer einen Vertrag schließt, muss sich grds. selbst vergewissern, ob dieser für ihn günstig ist oder nicht, weshalb der andere Teil nicht auf Umstände hinzuweisen braucht, von denen er annehmen darf, dass er danach gefragt wird.[2186]

II. Schutzrichtung (Wer wird geschützt bzw. verpflichtet?)

1333 Konkurrenzschutz gilt sowohl im **gewerblichen wie im freiberuflichen Bereich**. In der früheren Rechtsprechung war umstritten, ob die Grundsätze auch für Freiberufler gelten, weil es dort allein auf Ruf und Können ankäme.[2187] Die aktuelle Rechtsprechung nimmt keine relevanten Differenzierungen mehr vor.[2188] Dies ist folgerichtig, weil Freiberufler wie etwa Ärzte der gleichen Fachrichtung und insb. auch RA mit demselben Tätigkeitsschwerpunkt eindeutig miteinander in wirtschaftlicher Konkurrenz stehen und es bei Konkurrenzschutz ausschließlich um diesen Aspekt geht.

1334 Ein Mieter kann i.d.R. keinen Konkurrenzschutz beanspruchen, wenn er Geschäftsräume in Kenntnis einer dadurch entstehenden und von den Vertragsparteien vorausgesetzten Wettbewerbssituation anmietet.[2189]

1335 Der Mieter/Pächter muss überhaupt „**konkurrenzempfindlich**" sein, damit er sich auf vertragsimmanenten Konkurrenzschutz berufen kann. Das setzt voraus, dass sein Geschäft durch die Nähe eines gleichartigen oder ähnlichen Geschäfts wirtschaftliche Einbußen erleiden könnte. Für Geschäftstätigkeiten, auf die die Nähe eines Konkurrenzbetriebs keinen Einfluss hat, greift deshalb der vertragsimmanente Konkurrenzschutz nicht.[2190] Dies gilt bspw. für Produktionsstätten ohne Kundenverkehr oder reine Lagerflächen oder -hallen.

1336 Ungeklärt ist die Frage, ob nicht nur das Vorhandensein eines Konkurrenten in räumlicher Nähe, sondern auch **bloße Hinweise** auf diesen vom vertragsimmanenten Konkurrenzschutz erfasst werden.

> *Beispiel:*
>
> *An einem gemieteten Bürogebäude bringt der Vermieter an der Fassade Werbung eines Konkurrenzunternehmens an.*
>
> *Vor einer gemieteten Arztpraxis stellt der Vermieter ein Hinweisschild für eine Praxis auf, die er zwei Straßen weiter vermietet hat.*

2185 BGH, 16.09.1981 – VIII ZR 161/80, NJW 1982, 376.
2186 BGH, 16.09.1981 – VIII ZR 161/80, NJW 1982, 376.
2187 Die historische Entwicklung ist dargestellt in BGH, 07.12.1977 – VIII ZR 101/76, WuM 1978, 187 = ZMR 1978, 210 = MDR 1978, 400 unter Nr. 4. b).
2188 OLG Brandenburg, 10.06.2009 – 3 U 169/08, GuT 2009, 216 = NZM 2010, 43 = IMR 2009, 345 = InfoM 2009, 384; OLG Köln, 27.05.2005 – 1 U 72/04, GuT 2005, 157 = NZM 2005, 866 = MDR 2006, 86.
2189 KG, 06.05.2010 – 12 U 150/09, GuT 2010, 208 = IMR 2010, 427 = ZMR 2011, 30; Kraemer, in: Bub/Treier, Kap. III B Rn. 1243.
2190 Ebenso Eisenschmid, in: Schmidt-Futterer, § 535 Rn. 518; Blank/Börstinghaus, § 535 Rn. 209.

II. Schutzrichtung (Wer wird geschützt bzw. verpflichtet?)

Der vertragsimmanente Konkurrenzschutz gilt auch in diesen Fällen, da wirtschaftliche Einbußen durch solche Umstände denkbar sind, denn der Vermieter macht potenzielle Interessenten unmittelbar auf Konkurrenz seines Erstmieters aufmerksam, sodass es nicht ausgeschlossen ist, dass sich Kunden etc. von diesem abwenden. **1337**

Konkurrenzschutz besteht generell nur **zwischen (Erst-) Mieter und Vermieter**. Dem Erstmieter steht damit grds. Konkurrenzschutz ggü. dem nachziehenden Mieter zu, sog. Grundsatz der Priorität. Je deutlicher Konkurrenz bereits erkennbar ist oder sich zu realisieren droht, desto weniger kann der Mieter ggü. dem Vermieter Schutzansprüche geltend machen, wenn er nicht ausdrücklich derartigen Schutz vereinbart hat. **1338**

Schuldner des Konkurrenzschutzes ist der jeweilige Vermieter, der automatisch verpflichtet wird, wenn keine abweichenden Vereinbarungen bestehen.[2191] Konzerninterne Umgehungen sind unzulässig. Bei **Gesellschaften** gilt Folgendes: Bei Identität der Gesellschafter kann ein gegen die eine Handelsgesellschaft gerichteter Unterlassungsanspruch auch gegen eine diesem Anspruch zuwiderhandelnde andere Handelsgesellschaft geltend gemacht werden.[2192] Dies gilt damit auch für einen Konkurrenzschutzanspruch. Dieser erstreckt sich auch auf die **persönlich haftenden Gesellschafter** einer Handelsgesellschaft,[2193] d.h. nicht nur die Gesellschaft muss dafür sorgen, dass keine Konkurrenz betrieben wird, sondern auch ein Gesellschafter darf nicht persönlich zum Konkurrenten werden. **1339**

Auch bei einer **juristischen Person als Vermieterin** braucht der Mieter Konkurrenz durch deren gesetzlichen Vertreter grds. nicht hinzunehmen. Diese Grundsätze zu Gesellschaften sind aber insoweit zu beschränken, dass es nur um kleinere Gesellschaften geht, etwa die „normale" GmbH mit einigen (wenigen) Vertretern oder die Ein-Mann-GmbH. Erforderlich ist eine faktische Verkörperung des Unternehmens durch den persönlich Konkurrierenden. Bei größeren Unternehmen mit womöglich vielen Vertretern und überregionaler Tätigkeit kann der Anspruch des Mieters sich daher nicht mehr auf alle Vertreter erstrecken. Entsprechendes gilt für Konkurrenz durch Gesellschafter oder Anteilseigner. **1340**

Ein **Käufer des Mietobjekts** tritt gem. § 566 BGB in den Mietvertrag mit allen Rechten und Pflichten und damit auch in den Konkurrenzschutz ein. Der Umstand, dass er möglicherweise keinen Einfluss auf die Vermietung der weiteren Gewerbeeinheiten in dem Anwesen hat, bewirkt nicht, dass er an eine vertraglich vereinbarte Klausel zum Konkurrenzschutz nicht gebunden ist. Auch wenn er keine Möglichkeit hatte, die Vermietung an ein Konkurrenzunternehmen des Erstmieters zu verhindern, ist er zur Gewährung von Konkurrenzschutz verpflichtet.[2194] Das gilt auch für den vertragsimmanenten Schutz. **1341**

Bei **vermietetem Teil- bzw. Sondereigentum in WEG-Anlagen** besteht grds. kein vertragsimmanenter Konkurrenzschutz, denn der unveränderte Fortbestand einer räumlichen Alleinstellung des Mieters liegt nicht im alleinigen Herrschaftsbereich des Teileigentümers, weil er i.d.R. nicht auch Eigentümer der später an Konkurrenten vermieteten Räumlichkei- **1342**

2191 Sternel, Mietrecht aktuell, Rn. VII 262.
2192 BGH, 07.06.1972 – VIII ZR 175/70, NJW 1972, 1421 = MDR 1972, 773.
2193 Eisenschmid, in: Schmidt-Futterer, § 535 Rn. 524.
2194 OLG Koblenz, 15.12.2006 – 10 U 1013/05, NZM 2008, 405.

ten bzw. Flächen ist.[2195] Teil- bzw. Sondereigentümer sind grds. nicht verpflichtet, den Mietern der Miteigentümer oder diesen selbst Konkurrenzschutz zu gewähren; vielmehr haben sie entsprechende Wettbewerbstätigkeiten, da diese außerhalb des Regelungsbereiches des § 14 Nr. 1 WEG liegen, hinzunehmen.[2196] Ausnahme: eine Konkurrenzschutzvereinbarung ist als Gebrauchsbeschränkung in die Teilungserklärung oder Gemeinschaftsordnung aufgenommen oder ein Konkurrenzverbot von der Eigentümerversammlung mehrheitlich und unangefochten beschlossen worden.

1343 Bei der **Untermiete** hat der Untermieter grds. nur einen Anspruch auf Konkurrenzschutz gegen seinen Vermieter, also den Hauptmieter, nicht aber gegen den Hauptvermieter.[2197] Der Hauptmieter kann aber vom Hauptvermieter Gewährung von Konkurrenzschutz verlangen.

III. Inhalt und Umfang des Schutzes

1. Grundsätze

1344 Der Vermieter ist nicht verpflichtet, den Mieter von jedem fühlbaren oder unliebsamen Wettbewerb fernzuhalten.[2198] Grds. bezieht sich der (vertragsimmanente) Konkurrenzschutz auf folgende **Pflichten des Vermieters/Verpächters**:

- Keine Überlassung von Flächen an Konkurrenten;
- keine eigene konkurrierende Geschäftstätigkeit;
- kein Verkauf von dem Konkurrenzschutz unterliegenden Räumen an einen Konkurrenten.[2199]

1345 Es muss nach dem jeweiligen Vertragszweck abgewogen werden, inwieweit nach Treu und Glauben Konkurrenzschutz geboten ist und welchen **konkreten Umfang** er hat. Die Abwägung im Einzelfall muss ergeben, dass das Interesse des Mieters an der Vermeidung von Konkurrenz größer ist als das Interesse des Vermieters an der beliebigen Verfügbarkeit der anderen Flächen. Da es hier um Wertungsfragen geht, empfehlen sich genaue vertragliche Regelungen.

2. Auslegung ungenauer Vertragsklauseln

1346 Auch wenn Schutz vertraglich genauer definiert oder eingeschränkt wurde, kann die Klausel ungenau sein, sodass ggf. durch Auslegung nach den §§ 133, 157 BGB ihr genauer Inhalt und Schutzumfang zu bestimmen ist. Problematisch ist daher häufig die Ungenauigkeit von Konkurrenzschutzklauseln, die dann in der Praxis zu Auslegungsstreitigkeiten führen, welche sich

---

[2195] OLG Brandenburg, 10.06.2009 – 3 U 169/08, GuT 2009, 216 = NZM 2010, 43 = IMR 2009, 345 = InfoM 2009, 384; vgl. auch BGH, 09.10.1974 – VIII ZR 113/72, NJW 197, 2317 = MDR 1975, 133.
[2196] BGH, 20.06.1986 – V ZR 47/85, WM 1986, 1273; OLG Brandenburg, 10.06.2009 – 3 U 169/08, GuT 2009, 216 = NZM 2010, 43 = IMR 2009, 345 = InfoM 2009, 384; OLG Stuttgart, 27.09.1990 – 8 W 344/90, ZMR 1990, 465.
[2197] Eisenschmid, in: Schmidt-Futterer, § 535 Rn. 523; Kraemer, in: Bub/Treier, III B Rn. 1248; Jendrek, NZM 2000, 1116, 1119 m.w.N.
[2198] BGH, 07.12.1977 – VIII ZR 101/76, WuM 1978, 187 = ZMR 1978, 210 = *BGHZ 70, 79* = MDR 1978, 400 = NJW 1978, 585; OLG Nürnberg, 03.11.2006 – 5 U 754/06, IMR 2007, 73 = NZM 2007, 567 = MDR 2007, 395.
[2199] Wolf/Eckert/Ball, Rn. 652; Eisenschmid, in: Schmidt-Futterer, § 535 Rn. 519.

vor Gericht fortsetzen.[2200] Im Regelfall ist eine Konkurrenzschutzklausel i.S.e. umfassenden Konkurrenzschutzes zu werten. Kompliziert sind oft **Modifizierungen des Konkurrenzschutzes**, etwa in der Form, dass der Vermieter zwar nur an bestimmte Ärzte nicht vermieten darf, an alle anderen Ärzte und Heilberufler aber schon. Auch Zustimmungsvereinbarungen zugunsten des Mieters sind Regelungen des Konkurrenzschutzes und ggf. auszulegen.

> *Beispiel:*[2201]
>
> *Ein Mietvertrag über Praxisräume in einem Ärztehaus enthält folgende Regelung: „Der Mieter wird die ärztliche Praxis im Fachgebiet Radiologie ausüben. Der Vermieter verpflichtet sich, Mieträume im Ärztehaus ohne Zustimmung des Mieters nicht an einen Arzt mit gleicher Fachgebietsbezeichnung zu vermieten. Es ist vereinbart, dass Ärzte mit fachbezogener Röntgenberechtigung in Praxisgemeinschaft mit der Radiologin den konventionellen Bereich der Röntgenabteilung sowie das Ultraschallgerät nutzen, ihren Kostenanteil entsprechend tragen und ihre Leistungen selbst abrechnen."*

Diese Vereinbarung verpflichtet den Vermieter nicht, die Installation von Röntgengeräten und deren Nutzung durch Mitmieter – hier Ärzte mit fachbezogener Röntgenberechtigung – in deren Praxisräumen zu unterbinden.[2202] Die Auslegung der Klausel ergibt nämlich, dass der Mietvertrag keine Verpflichtung der Beklagten enthält, den mietenden Ärzten anderer Fachrichtung die Pflicht aufzuerlegen, röntgenologische Leistungen nur in der Praxis der Klägerin erbringen zu lassen, denn es geht schwerpunktmäßig um die Neuvermietung an Konkurrenten und nicht um die Ausweitung der Tätigkeiten in bereits vorhandenen Mietverhältnissen.

1347

Konkurrenzschutz für die **ärztliche Fachrichtung Orthopädie und den Schwerpunkt Chirotherapie** wird verletzt, wenn ein anderer Arzt Operationen an den Stütz- und Bewegungsorganen vornimmt.[2203] Die Regelung im Mietvertrag eines RA *„Dem Mieter wird Konkurrenzschutz gewährt für die Fachrichtungen Arbeits- und Familienrecht"* ist dahin auszulegen, dass sie Konkurrenzschutz für Neuvermietungen bieten, nicht jedoch für die Erweiterung einer bereits ansässigen Kanzlei um den geschützten Tätigkeitsschwerpunkt (hier: Aufnahme eines RA mit Schwerpunkt Arbeitsrecht in Strafrechtskanzlei).[2204]

1348

Zur Auslegung bzgl. Haupt- und Nebensortiment s. nachfolgend → *Rn. 1349 ff.*

3. Faktische Vergleichbarkeit der Tätigkeiten, Haupt- und Nebenartikel, insb. Einzelhandel

a) Vertragsimmanenter Konkurrenzschutz

Ungleiches kann nicht miteinander konkurrieren. Der Vermieter ist nicht verpflichtet, den Mieter von jedem fühlbaren oder unliebsamen Wettbewerb fernzuhalten.[2205] Dies bedeutet v.a., dass der Erstmieter nicht vor Nebenleistungen oder dem Vertrieb von Nebenartikeln des Neumieters

1349

2200 Vgl. Klausellexikon bei Neuhaus, ZAP Fach 4, S. 269.
2201 OLG Düsseldorf, 28.09.2006 – I - 10 U 28/06, GuT 2006, 309 = NZM 2007, 357 = IMR 2007, 218.
2202 OLG Düsseldorf, 28.09.2006 – I - 10 U 28/06, GuT 2006, 309 = NZM 2007, 357 = IMR 2007, 218.
2203 OLG Dresden, 20.07.2010 – 5 U 1286/09, NZM 2010, 818.
2204 OLG Köln, 27.05.2005 – 1 U 72/04, GuT 2005, 157 = NZM 2005, 866 = MDR 2006, 86.
2205 BGH, 07.12.1977 – VIII ZR 101/76, WuM 1978, 187 = ZMR 1978, 210 = MDR 1978, 400; OLG Nürnberg, 03.11.2006 – 5 U 754/06, IMR 2007, 73 = NZM 2007, 567 = MDR 2007, 395.

geschützt werden muss. Es muss nach dem jeweiligen Vertragszweck abgewogen werden, inwieweit nach Treu und Glauben Konkurrenzschutz geboten ist und welchen konkreten Umfang er hat. Auch wenn Schutz vertraglich genauer definiert oder eingeschränkt wurde, kann die Klausel ungenau sein, sodass ggf. durch Auslegung ihr genauer Inhalt und Schutzumfang zu bestimmen ist.

1350 Die Tätigkeiten der Mieter bzw. Pächter müssen deshalb objektiv vergleichbar sein und sich **im Wesentlichen decken** oder zumindest überschneiden, da ansonsten überhaupt keine Konkurrenz im Wortsinn besteht. Verglichen werden die Kernbereiche, also grds. das **Hauptsortiment** bei Waren bzw. Hauptleistungen bei Dienstleistungen. Das Hauptsortiment besteht aus Hauptartikeln. Die Unterscheidung zwischen Haupt- und Nebenartikeln bzw. -leistungen wird dann relevant, wenn sich die Waren- oder Dienstleistungsangebote der Konkurrenten nicht klar decken. Je weiter die Produkte oder Leistungen auseinanderfallen, je geringer Überschneidungen sind, desto eher besteht möglicherweise überhaupt keine Konkurrenz.

1351 *Beispiele:*

Erstmieter betreibt „Backshop" mit Selbstbedienung der Kunden, Vermieter vermietet neu an ein Fast-Food-Unternehmen, das Sandwiches anbietet („Subway"): kein vergleichbares Marktsegment (hier Selbstbedienung und häuslicher Verzehr etc., dort Zubereitung nach Wunsch des Kunden).[2206]

Der Mieter eines Drogeriemarktes in einem Einkaufszentrum will an einen Teppichhändler untervermieten. Der Vermieter hat gleichzeitig an einen Baumarkt vermietet, der Teppichboden verkauft und untersagt die Untervermietung wegen eines Anspruchs des Baumarkts auf Konkurrenzschutz. Es besteht aber kein Anspruch des Baumarktes, weil der Handel mit Orientteppichen nicht mit dem Verkauf von normalen Teppichböden vergleichbar ist (zu großer Sortimentsunterschied).[2207]

Marktstand in einer Markthalle und ein Internet-Tele-Cafe, das in einem der Markthalle vorgelagerten Gebäudekomplex betrieben wird.[2208]

Die Aufstellung eines Geldautomaten in einem Lebensmittelverbrauchermarkt mit den für diese Betriebsform üblichen Sortimenten, auch mit den üblichen Non-Food-Artikeln, ist zulässig, weil keine Konkurrenz besteht.[2209]

1352 Grds. erstreckt sich der vertragsimmanente Konkurrenzschutz im Einzelhandel nur auf Hauptartikel bzw. das **Hauptsortiment in Abgrenzung zu Nebenartikeln**. Überschneidet sich das Angebot in **Nebenartikeln**, muss der Mieter grds. dulden, dass der Vermieter Räume im selben Haus an einen Betrieb vermietet, der gleiche Waren führt,[2210] solange die Räume des Erstmieters trotz der Konkurrenz noch im vertraglich vereinbarten Umfang nutzbar bleiben.[2211] Eine Verletzung des vertragsimmanenten Konkurrenzschutzes ist daher grds. nur dann zu bejahen, wenn der Konkurrent im Kern gleichartige Waren (auch) als Hauptsortiment vertreibt. Führt der

---

[2206] OLG Düsseldorf, 09.11.2009 – 24 U 61/09, GuT 2010, 207 = IMR 2010, 141 = InfoM 2010, 174 = GE 2010, 411.
[2207] OLG Nürnberg, 03.11.2006 – 5 U 754/06, IMR 2007, 73 = NZM 2007, 567 = MDR 2007, 395.
[2208] KG, 18.05.2007 – 12 U 99/07, GuT 2008, 199 = NZM 2008, 248 = MDR 2008, 19 = IMR 2008 = InfoM 2008, 124 zu einer Markthalle.
[2209] OLG Düsseldorf, 13.12.2007 – 24 U 185/07, IMR 2008, 243 = Gut 2009, 27.
[2210] BGH, 09.10.1974 – VIII ZR 113/72, NJW 1974, 2317 = MDR 1975, 133 = ZMR 1977, 110; BGH, 26.01.1955 – VI ZR 274/53, ZMR 1955, 200 = LM BGB § 536 Nr. 2.
[2211] BGH, ZMR 1957, 192; OLG Frankfurt am Main, 27.08.1981 – 6 U 75/81, NJW 1982, 707.

Konkurrent gleiche Produkte nur im Nebensortiment bzw. als Nebenartikel, ist bereits fraglich, ob überhaupt „Konkurrenz" besteht, was im Zweifel zu verneinen ist. Ausnahmsweise kann dies anders sein, wenn Erstmieter durch den Wettbewerb des Konkurrenten mit Nebenartikeln einen starken Einbruch erleidet.[2212]

Diese Grundsätze gelten für alle Geschäfte mit einem weit gefächerten Sortiment, also bspw. Supermarkt, Baumarkt, Kaufhäuser und Fachmarkt/-geschäft (etwa Drogerie), aber auch eher willkürliche Sortimentszusammenstellungen wie „1 €-Läden". 1353

Maßgebliche Auslegungshilfe für die Differenzierung ist der vereinbarte Vertragszweck. Entscheidend ist, ob **dieselbe Verbrauchergruppe beworben** wird, die Vertriebsweise ist sekundär.[2213] Selbst bei gleichen Produkten kann deshalb ausnahmsweise eine Vergleichbarkeit entfallen, wenn die angesprochene Kundengruppe unterschiedlich ist. Dies wird aber nur selten der Fall sein. 1354

Beispiel:

Neben einem Geschäft, das hochwertige und sehr teure Schuhe und Taschen internationaler Modeschöpfer vertreibt, eröffnet ein „Schuh-Schnäppchen-Geschäft" mit Schuhen im untersten Preissegment. Die Käuferschicht liegt soweit auseinander, dass faktisch keine Konkurrenz besteht.

In der Nähe eines Lebensmitteldiscounters befindet sich ein russisches Kaufhaus, das auch russische Lebensmittel mit kyrillischen Aufschriften enthält.[2214] *Im Einzelfall wird es hier darauf ankommen, welchen Anteil die russische Bevölkerung an der Gesamtbevölkerung im Einzugsgebiet der Läden hat (geringer Anteil = unterschiedliche Zielgruppe).*

Hauptartikel sind Waren, die den Stil eines Geschäfts bestimmen und ihm das eigentümliche Gepräge geben.[2215] Es muss sich daher – bei Waren – um Geschäfte mit denselben Hauptartikeln handeln, die sich an dieselben Kundenkreise wenden, sodass sie letztlich auf demselben Markt tätig sind (vergleichbares Marktsegment).[2216] Für Dienstleistungen gilt Entsprechendes hinsichtlich der prägenden Dienstleistungen. 1355

Indizien für Hauptartikel sind:

- Hoher Anteil des Artikel-Umsatzes am Gesamtumsatz.
- Die Verbrauchergruppe, die mit dem Artikel angesprochen werden soll: Je größer die Gruppe und deren Bedarf an der Ware ist, desto eher wird ein Hauptartikel vorliegen.
- Geringe Angebotsvielfalt.

2212 OLG Köln, 12.01.1998 – 16 U 67/97, WuM 1998, 342.
2213 OLG Frankfurt am Main, 11.05.2004 – 11 U 27/03, NZM 2004, 706; Sternel, Mietrecht aktuell, Rn. VII 258.
2214 Angedeutet in KG, 06.05.2010 – 12 U 150/09, GuT 2010, 208 = IMR 2010, 427 = ZMR 2011, 30.
2215 BGH, 03.07.1985 – VIII ZR 128/94, WuM 1985, 1175 = NJW-RR 1986, 9 = ZMR 1985, 374 = MDR 1986, 46; OLG Düsseldorf, 09.11.2009 – 24 U 61/09, GuT 2010, 207 = IMR 2010, 141 = InfoM 2010, 174 = GE 2010, 411; Joachim, BB 1986, Beilage 6, S. 5.
2216 BGH, 03.07.1985 – VIII ZR 128/94, WuM 1985, 1175 = NJW-RR 1986, 9 = ZMR 1985, 374 = MDR 1986, 46; BGH, 24.01.1979 – VIII ZR 56/78, WuM 1979, 144 = NJW 1979, 1404 = MDR 1979, 665; BGH, WM 1968, 699; OLG Düsseldorf, 09.11.2009 – 24 U 61/09, GuT 2010, 207 = IMR 2010, 141 = InfoM 2010, 174 = GE 2010, 411; OLG Frankfurt am Main, 11.05.2004 – 11 U 27/03, NZM 2004, 706; OLG Hamm, 16.12.1997 – 7 U 64/97, NZM 1998, 511; OLG Köln, ZMR 1998, 347; OLG Hamm, 13.01.1987 – 7 U 193/86, NJW-RR 1988, 911.

- Präsentation, Werbung.[2217]

1356 Anhaltspunkte für die **Klassifizierung als Nebenartikel** können sein:
- Der Anteil des Artikel-Umsatzes am Gesamtumsatz: Werte von 8 % des Umsatzes sollen nur eine Einstufung als Nebenartikel zulassen.[2218]
- Große Angebotsvielfalt.
- Eindruck eines nicht in beiden Geschäften gleichen Warenangebots.
- Es handelt sich um Zubehörartikel zu den Hauptartikeln, etwa Schnürsenkel und Schuhcreme bei einem Schuhgeschäft,[2219] Kontaktlinsenpflegemittel bei einem Optiker, aber auch Getränke in einer Videothek.

1357 Es kommt auf den Einzelfall und damit auf die **Gesamtwürdigung nach der Verkehrsauffassung** an, wobei es eine besondere Rolle spielt, ob der Konkurrent gleichartige Waren in einer Vielfalt, Auswahl, Geschlossenheit und Übersichtlichkeit wie der Erstmieter anbietet.[2220] Bei einem **Lebensmitteldiscounter** zählen Lebensmittel im Niedrigpreissegment zu den Hauptartikeln und geben dem Geschäft sein Gepräge.[2221] Enthält der Mietvertrag eine allgemeine Konkurrenzschutzklausel, wonach dem Vermieter die Vermietung an direkte oder indirekte Konkurrenzbetriebe untersagt ist, so kann dies dazu führen, dass das Konkurrenzverbot bereits Überschneidungen von Nebenleistungen des später hinzukommenden Mieters mit Leistungen des Bestandsmieters erfasst.[2222] Dies gilt jedoch nicht (mehr), wenn nach dem Vertrag Konkurrenz nur durch einen ganz bestimmten Geschäftstyp verboten ist.[2223]

1358 Das besondere Problem des Konkurrenzschutzes bei Sortimentsanballungen sei am Beispiel von **Supermärkten** verdeutlicht. Durch ihr umfassendes Warenangebot, das heute bis zu Elektronikartikeln, Autozubehör und Reisen reicht, decken sie einen Großteil der Produkte ab, die auch von Einzelhändlern angeboten werden. Nebenartikel eines Supermarktes, die möglicherweise nur einen Bruchteil des dortigen Umsatzes ausmachen, können daher für einen Einzelhändler, der ausschließlich oder überwiegend diese Produkte anbietet, eine existenzbedrohende Konkurrenz sein.

1359 Ein Supermarkt darf nach einer zu engen Ansicht auch mit **Nebenartikeln** keine Konkurrenz betreiben.[2224] Z.T. wird allerdings auch die Ansicht vertreten, dass es auch hier auf die Größe des vom Supermarkt angebotenen Sortiments ankommt, sodass nur Hauptartikel, die dem Geschäft das Gepräge geben, vom Konkurrenzschutz erfasst werden.[2225] Dieser Meinung gebührt

---

2217 Sternel, Mietrecht aktuell, Rn. VII 258.
2218 OLG Frankfurt am Main, 27.08.1981 – 6 U 75/81, NJW 1982, 707; a.A. OLG Hamm, 13.01.1987 – 7 U 193/86, NJW-RR 1988, 911 = ZMR 1988, 136, wonach es auf Umsatzanteile nicht ankommt.
2219 Sternel, Mietrecht aktuell, Rn. VII 258.
2220 BGH, 03.07.1985 – VIII ZR 128/94, WuM 1985, 1175 = NJW-RR 1986, 9 = ZMR 1985, 374 = MDR 1986, 46; OLG Hamm, 16.12.1997 – 7 U 64/97, NZM 1998, 511 = NJW-RR 1998, 1019 = MDR 1998, 585.
2221 KG, 06.05.2010 – 12 U 150/09, GuT 2010, 208 = IMR 2010, 427 = ZMR 2011, 30.
2222 OLG Brandenburg, 10.08.2007 – 3 U 134/06, IMR 2008, 160 (Altmieter: Physiotherapeut; Neumieter: Arzt mit dem Schwerpunkt Naturheilverfahren, der auch Massagen anbot).
2223 KG, 06.05.2010 – 12 U 150/09, GuT 2010, 208 = IMR 2010, 427 = ZMR 2011, 30.
2224 OLG Celle, 13.05.1992 – 2 U 99/91, WuM 1992, 538 = ZMR 1992, 448 = DWW 1995, 216.
2225 OLG Hamm, 16.12.1997 – 7 U 64/97, NZM 1998, 511 = NJW-RR 1998, 1019 = MDR 1998, 585.

der Vorzug, da ansonsten der Betrieb eines Supermarktes mit unkalkulierbaren Risiken verbunden wäre, deren Ausschluss nach dem Grundsatz der Berufs- und Gewerbefreiheit nicht wünschenswert ist. Der Mieter, der sich hier vor jeglicher Konkurrenz, also auch bzgl. Nebenprodukten, schützen will, muss entsprechende ausdrückliche Vereinbarungen mit dem Vermieter treffen.

Beispielsfall: Nebenartikel außerhalb eines Supermarktes[2226]   1360

Sachverhalt: Der Vermieter hatte zunächst dem Betreiber einer „Strumpfboutique" und danach einem sog. „Schnäppchen"-Anbieter, der neben Waren aller Art auch Fußbekleidung aus Überschuss- und Fehlproduktionen anbot, Räume in unmittelbarer Nähe vermietet. Der vom Erstmieter geltend gemachte Anspruch gegen den Vermieter, den Zweitmieter zu zwingen, keine Strümpfe mehr zu verkaufen, hatte keinen Erfolg.

Entscheidung: Das OLG Köln begründete dies u.a. damit, dass der vertragsimmanente Konkurrenzschutz sich nur auf die Hauptartikel des Konkurrenten erstrecke. Von Konkurrenz könne nur dann gesprochen werden, wenn beide Geschäfte dieselbe Verbrauchergruppe ansprechen würden. Der Verkauf von Nebenartikeln im Nachbargeschäft sei hinzunehmen, solange der Umsatz nicht einen so starken Abbruch erleide, dass die Mieträume für den Vertragszweck nur noch eingeschränkt brauchbar seien. Dies sei hier bei dem Erstmieter nicht der Fall gewesen.

b) Vertraglicher Konkurrenzschutz

Die Meinungen dazu, ob bei einer (auslegungsbedürftigen) Konkurrenzschutzklausel nur das   1361
Hauptsortiment bzw. die Hauptdienstleistung geschützt werden, sind nicht ganz eindeutig:
Nach einer Auffassung ist eine vertragliche Konkurrenzschutzklausel, die das **Hauptsortiment** und somit den genauen Umfang der vertraglichen Verpflichtung nicht festlegt, gem. §§ 133, 157, 242 BGB unter Berücksichtigung des vereinbarten Mietzwecks so zu verstehen, dass der Mieter vor einer Konkurrenz (nur) im Hinblick auf sein Hauptsortiment als Wettbewerber geschützt werden muss.[2227] Die Klausel

„Für das Mietobjekt wird Konkurrenzschutz gewährt"

soll sich nicht ohne Weiteres auch auf Nebenartikel beziehen.[2228]

Nach einer anderen Meinung ist der vertraglich vereinbarte Konkurrenzschutz nicht von vornherein auf die Haupttätigkeit des geschützten Mieters beschränkt, sondern erfasst auch Nebentätigkeiten.[2229] Die Umschreibung des Konkurrenzschutzes mit einer Fachdisziplin, die im Vertrag auch genau definiert wird, spricht dafür, dass sich der Schutz vor der Konkurrenz auf die gesamte Bandbreite der geschützten Fachrichtung erstrecken soll.[2230] Richtigerweise ist ein weiter, sich auch auf Nebentätigkeiten/-produkte erstreckender Schutz angemessen, wenn nicht die Auslegung der Klausel eindeutig etwas anderes ergibt. Die oben zitierte Klausel ist daher gerade deshalb, weil sie keinerlei Beschränkung enthält, weit auszulegen.   1362

2226 OLG Köln, 12.01.1998 – 16 U 67/97, WuM 1998, 342.
2227 OLG Düsseldorf, 09.11.2009 – 24 U 61/09, GuT 2010, 207 = IMR 2010, 141 = InfoM 2010, 174 = GE 2010, 411.
2228 Sternel, Mietrecht aktuell, Rn. VII 259.
2229 OLG Dresden, 20.07.2010 – 5 U 1286/09, NZM 2010, 818.
2230 OLG Dresden, 20.07.2010 – 5 U 1286/09, NZM 2010, 818.

4. Konkurrenzschutz in Einkaufszentren

1363 Auch bei Vermietung von Gewerberäumen in einem Einkaufszentrum soll es – auch ohne ausdrückliche Vereinbarung eines Konkurrenzschutzes – zur Gewährung des vertragsgemäßen Gebrauchs gehören, dass der Vermieter in unmittelbarer Nachbarschaft keinen Konkurrenzbetrieb zulässt oder selbst eröffnet.[2231]

> *Beispiele:*
>
> *Der Vermieter der Flächen im Einkaufszentrum muss den Bäcker vor der Konkurrenzsituation schützen, die sich durch die Sortimentserweiterung des ebenfalls im Einkaufszentrum befindlichen „Penny"-Supermarkts auf frische Backwaren ergibt. Die fristlose Kündigung des Mieters über die Fläche der Bäckerei bei Verletzung des Konkurrenzschutzes bedarf einer aktuellen, erforderlichenfalls wiederholten Abmahnung des Vermieters.[2232]*
>
> *Ein in einem Einkaufszentrum gelegenes Kaufhaus, das Teile seiner Verkaufsfläche vermietet, darf auf der nicht vermieteten Fläche keine Waren anbieten, die dem Hauptsortiment des Mieters entsprechen.[2233]*

1364 Vertreten wird allerdings auch, dass in einem Einkaufszentrum niedergelassene Gewerbetreibende weniger gegen erlaubten Wettbewerb zu schützen sind als es in herkömmlichen Geschäftsstraßen der Fall ist.[2234] Der **BGH** hat sich zu Einkaufszentren bisher lediglich so geäußert, dass kein Anlass bestehe, in Einkaufszentren „niedergelassene Gewerbetreibende stärker gegen erlaubten Wettbewerb zu schützen als in herkömmlichen Geschäftsstraßen".[2235] Damit ist aber noch nichts darüber gesagt, ob in einem Einkaufszentrum der vertragsimmanente Konkurrenzschutz entfällt oder zulasten des Mieters einzuschränken ist. Grds. müssen nach meiner Meinung in Einkaufszentren und Ladenpassagen die **Anforderungen gelockert** und der Anspruch auf vertragsimmanenten Konkurrenzschutz im Einzelfall bis auf Null reduziert werden, weil die Mieter/Pächter hier mit Konkurrenzsituationen und entsprechendem Wettbewerb rechnen müssen. Denn derartige Zentren leben zwar zum einen von der Vielfalt der Geschäfte, zum anderen aber auch davon, dass z.T. ähnliche Produkte in spezialisierten Läden angeboten werden (Beispiel: Kinderschuhe in Geschäft A, hochwertige Damenschuhe in Geschäft B und preiswerte Damen-, Herren- und Kinderschuhe im Discounter C).[2236] Ferner erwarten die Kunden in sehr großen Zentren, dass sich Läden der Grundversorgung (Bäckerei, Fleischerei, Drogerie u.Ä.) an mehreren Stellen befinden.

Dem Mieter steht es frei, andere Vereinbarungen mit dem Vermieter auszuhandeln.

2231 KG, 18.05.2007 – 12 U 99/07, GuT 2008, 199 = NZM 2008, 248 = MDR 2008, 19 = IMR 2008 = InfoM 2008, 124 zu einer Markthalle; Kraemer, in: Bub/Treier, III, Rn. 1244.
2232 OLG Rostock, 15.08.2005 – 3 U 196/04, GuT 2006, 17.
2233 KG, 05.09.2005 – 12 U 95/05, GuT 2005, 252 = InfoM 2006, 134.
2234 OLG Dresden, 23.09.1997, MDR 1998, 211; LG Frankfurt am Main, 05.07.1988 – 2/18 O 234/87, NJW-RR 1989, 1246; Hübner/Griesbach/Fuerst, in: Lindner-Figura/Oprée/Stellmann, Kap. 14, Rn. 135.
2235 BGH, 24.01.1979 – VIII ZR 56/78, MDR 1979, 665 = WuM 1979, 144 = NJW 1979, 1404.
2236 Im Ergebnis ebenso OLG Dresden, 23.09.1997, MDR 1998, 211; Kraemer, in: Bub/Treier, III B Rn. 1244; Hübner/Griesbach/Schreiber, in: Lindner-Figura/Oprée/Stellmann, Kap. 14, Rn. 135. Offen gelassen von KG, 06.05.2010 – 12 U 150/09, GuT 2010, 208 = IMR 2010, 427 = ZMR 2011, 30, KG, 21.12.2004 – 5 U 160/04 und KG, 05.09.2005 – 12 U 95/05, GuT 2005, 252 = InfoM 2006, 134.

Nach **anderer Meinung** ist wegen der (behaupteten) Marktmacht der Betreiber von Einkaufszentren und ihrer i.d.R. sehr vermieterfreundlichen, von Gewerberaummietrechtsspezialisten entworfene Mietvertragsmuster eine Einschränkung des vertragsimmanenten Konkurrenzschutzes nicht geboten, und es soll bei vom Vermieter gestellten Formularverträgen und dort fehlendem Ausschluss des Konkurrenzschutzes sogar im Regelfall die Unklarheitenregel des § 305c Abs. 2 BGB zulasten des Vermieters eingreifen.[2237] Diese Auffassung vernachlässigt die o.g. Vorteile eines Einkaufszentrums für den Mieter und verkennt, dass ein äußerer Umstand wie „Marktmacht" keinen Einfluss auf die Transparenz und Klarheit eines Vertrages oder einer Klausel hat, da die AGB-Prüfung immer „hart am Text" zu erfolgen hat. Erfolgt deshalb keine Regelung des Konkurrenzschutzes im Vertrag, hat der gegen Konkurrenz ankämpfende Mieter im Streitfall besondere Einschränkungen hinzunehmen, da ihm der für Einkaufszentren verstärkt geltende Grundsatz **„Konkurrenz belebt das Geschäft"** von Anfang an bewusst war.

1365

5. Räumliche Entfernung der Konkurrenten

Bzgl. räumlicher Entfernung der Konkurrenz haben sich folgende Grundsätze herausgebildet:

1366

a) Fall 1: Der Konkurrent sitzt auf demselben Grundstück bzw. im selben Gebäude

Generell gilt der Konkurrenzschutz nur für dasselbe Grundstück oder Gebäude.[2238] Je näher der Konkurrent tätig ist, desto eher greift der vertragsimmanente Schutz, was natürlich ganz besonders für Tätigkeiten im selben Haus gilt. Entsteht nach Abschluss des Mietvertrags eine vertragswidrige Konkurrenzsituation, indem der Vermieter selbst in 5 m Abstand vom Mietobjekt einen Gewerbebetrieb betreibt, liegt ein zur Minderung des Mietzinses berechtigender Sachmangel vor.[2239]

1367

Handelt es sich um ein Grundstück, das **mit mehreren Häusern bebaut** ist, so ist die Vermietung an einen Konkurrenten des Erstmieters im Nachbarhaus unzulässig,[2240] was auch nicht durch eine grundbuchmäßige Teilung des Grundstücks geändert wird, da dies eine bloße Umgehung darstellt.

b) Fall 2: Der Konkurrent sitzt auf einem Nachbargrundstück des Vermieters

Räumliche Nähe kann auch bei **mehreren separaten Grundstücken des Vermieters** gegeben sein. Ein Vermieter, dem mehrere Grundstücke im innerstädtischen Geschäftszentrum gehören, ist aber nicht gehalten, nur derart zu vermieten, dass seine Mieter nicht gegenseitig in Wettbewerb stehen.[2241] Auch hier muss immer auf den Einzelfall abgestellt werden. Grds. ist ein räumlicher Zusammenhang der Nachbargrundstücke erforderlich.[2242] Unmittelbar nebenei-

1368

2237 Leo/Ghassemi-Tabar, NZM 2009, 337, 340.
2238 BGH, 26.01.1955 – VI ZR 274/53, ZMR 1955, 200 = LM BGB § 536 Nr. 2.
2239 KG, 16.04.2007 – 8 U 199/06, IMR 2007, 217.
2240 OLG Hamburg, 19.02.1964 – 4 U 209/63, MDR 1964, 508.
2241 OLG Rostock, 10.01.2005 – 3 W 130/04, NZM 2006, 295.
2242 Sternel, Mietrecht aktuell, Rn. VII 261.

nanderliegende Grundstücke des Vermieters sind grds. vom Konkurrenzschutz umfasst.[2243] Sie liegen aber nicht mehr unmittelbar nebeneinander, wenn sich dazwischen ein Fremdgrundstück befindet.[2244] Je weiter sich die Grundstücke voneinander entfernen, um so eher ist Konkurrenzschutz zu verneinen. Liegen die Grundstücke an unterschiedlichen Straßen, so genügen dafür bereits 100 m Entfernung,[2245] bei einer Entfernung von 30 m und drei dazwischen liegenden Grundstücken gibt es keinen Konkurrenzschutz mehr.[2246] Bei 350 m Entfernung ist ebenfalls keine unmittelbare Nachbarschaft mehr gegeben, was auch für Geschäfte in einem Einkaufszentrum gilt.[2247]

c) Fall 3: Der Konkurrent betreibt sein Geschäft auf dem Nachbargrundstück eines Dritten

1369 Keine Ansprüche, da der Mieter nur die Fernhaltung von Konkurrenz auf demselben oder allenfalls auf einem angrenzenden Grundstück verlangen kann, wenn dieses gleichfalls dem Vermieter gehört.[2248]

d) Fall 4: Der Vermieter veräußert Nachbargründstücke oder dortiges Teileigentum, auf die sich der Konkurrenzschutz bezieht, an Dritte

1370 Vertreten wird, dass der Erwerber der Nachbarfläche nicht in eine (vertragsimmanente) Konkurrenzschutzverpflichtung eintritt, weil das Vertrauen des Mieters nicht objekt-, sondern auf die Person des Vermieters bezogen sei.[2249] Die Rechtsprechung hatte sich – soweit ersichtlich – bisher nur mit dem Fall eines vertraglich vereinbarten Konkurrenzschutzes zu befassen und hat eine Bindung des Erwerbers daran und einen Verstoß dagegen durch vor dem Erwerb erfolgte Vermietung an ein Konkurrenzunternehmen des Erstmieters bejaht.[2250] Begründet wurde dies damit, dass ein Käufer des Mietobjekts gem. § 566 BGB in den Mietvertrag mit allen Rechten und Pflichten eintritt. Dies alles gilt aber nur für den Käufer, der das vermietete (= geschützte) Objekt erwirbt, nicht aber bspw. für den Käufer, der ein unbebautes oder mit leer stehendem Gebäude bebautes Nachbargrundstück kauft und dieses dann einem Konkurrenten des Mieters vermieten will. Erwirbt der Käufer beide Grundstücke, greift die o.g. Rechtsfolge des § 566 BGB. Kauft er nur das Nachbargrundstück, gilt der eingangs genannte Grundsatz des personenbezogenen Vertrauens, da zwischen Erwerber und Mieter keine Rechtsbeziehungen entstehen. Denkbar sind allenfalls Schadensersatzansprüche des Erstmieters gegen seinen Vermieter aus § 280 BGB, was aber eine verletzte (Schutz-) Pflicht voraussetzt, auf eine Übernahme des Konkurrenzschutzes durch den Käufer hinzuwirken. Da der vertragsimmanente Konkurrenz-

---

[2243] BGH, 26.01.1955 – VI ZR 274/53, ZMR 1955, 200 = LM BGB § 536 Nr. 2; BGH, 07.12.1977 – VIII ZR 101/76, WuM 1978, 187 = ZMR 1978, 210 = BGHZ 70, 79 = MDR 1978, 400 = NJW 1978, 585.
[2244] OLG Hamm, 06.11.1990 – 7 U 135/90, NJW-RR 1991, 975.
[2245] BGH, 24.04.1968 – VIII ZR 120/67, MDR 1968, 657 = BB 1968, 645.
[2246] OLG Rostock, 10.01.2005 – 3 W 130/04, NZM 2006, 295.
[2247] BGH, 24.01.1979 – VIII ZR 56/78, WuM 1979, 144 = ZMR 1979, 311 = NJW 1979, 1404 = MDR 1979, 665; OLG Hamm, 06.11.1990 – 7 U 135/90, NJW-RR 1991, 975.
[2248] BGH, 24.04.1968 – VIII ZR 120/67, MDR 1968, 657 = BB 1968, 645 unter Verweis auf RGZ 119, 353; RGZ 131, 274.
[2249] Leo/Ghassemi-Tabar, NZM 2009, 337, 341; Jendrek, NZM 2000, 1116, 1119.
[2250] OLG Koblenz, 15.12.2006 – 10 U 1013/05, NZM 2008, 405.

schutz voraussetzt, dass das Interesse des Mieters an der Vermeidung von Konkurrenz größer ist als das Interesse des Vermieters an der beliebigen Verfügbarkeit der anderen Flächen, ist eine solche Vermieterpflicht zu verneinen, weil dessen Recht am Eigentum überstrapaziert würde.

6. Tätigkeitserweiterungen des Mieters

Ein immer wieder auftretendes Problem stellt die Erweiterung der Tätigkeiten des Mieters dar. In der Praxis bedeutet dies i.d.R. die **Änderung oder Ausweitung eines Warenangebots nach Abschluss des Mietvertrages**. Solange eine derartige Ausweitung nicht der Zustimmung des Vermieters bedarf, ändert sich an dessen Verpflichtung zum Konkurrenzschutz auch bzgl. der neuen Bereiche grds. nichts.[2251] Wenn sich aber die nachträgliche Sortimentserweiterung oder -änderung nicht mehr mit dem vertraglich vereinbarten Geschäftszweck deckt, verdient der Erstmieter grds. auch keinen Schutz. Dem Mieter ist dann zu empfehlen, die Neuerungen dem Vermieter **anzuzeigen** und im Idealfall **durch Vereinbarung** die Schutzpflichten des Vermieters anzupassen.

1371

IV. Rechtsfolgen einer Konkurrenzschutzverletzung, Ansprüche der Parteien

1. Nichtgewährung des vertragsgemäßen Gebrauchs, Gewährleistung

Vermietet der Vermieter Räume im räumlichen Geltungsbereich des Konkurrenzschutzes an einen Konkurrenten des Erstmieters, so verletzt er diesem ggü. seine aus § 535 Abs. 1 BGB folgende Gebrauchsgewährungspflicht. Der Mieter hat daher einen Anspruch auf Beseitigung (ausführlich dazu nachfolgend).

1372

Ob durch die Konkurrenzsituation auch **Gewährleistungsrechte**, etwa eine Mietminderung gem. § 536 BGB wegen eines Mangels der Räumlichkeiten, bestehen, wird für den **vertragsimmanenten Konkurrenzschutz** zu Recht von der ganz herrschenden Meinung bejaht.[2252] Dogmatisch geht es bei der Einordnung eines Konkurrenzschutzverstoßes als Mangel allein darum, ob der tatsächliche Zustand der Mietsache in für den Mieter nachteiliger Weise von dem vertraglich vorausgesetzten Zustand der Mietsache abweicht. Dies liegt i.d.R. vor, denn das Vorhandensein des Konkurrenten hat möglicherweise nicht nur Auswirkungen auf den Umsatz des Erstmieters, sondern auch auf den Wert des Mietobjekts, dessen Verkaufs- oder Wiedervermietungswert infolge des Betriebes des Konkurrenzunternehmens in nicht nur unerheblicher Weise gemindert sein kann.[2253] Zudem ergibt sich die **nachteilige Abweichung** auch schon allein daraus, dass die Miete für ein Objekt ohne Konkurrenz im Allgemeinen höher ist, als diejenige für Räume, bei denen eine Konkurrenzsituation besteht.[2254]

1373

2251 BGH, 26.01.1960 – VIII ZR 31/59, ZMR 1960, 139 = BB 1960, 345.
2252 KG, 16.04.2007 – 8 U 199/06, IMR 2007, 217 = GuT 2007, 234 = MDR 2007, 1250; OLG Koblenz, 15.12.2006 – 10 U 1013/05, NZM 2008, 405; OLG Frankfurt am Main, 11.05.2004 – 11 U 27/03, NZM 2004, 706, 708; OLG Düsseldorf, 06.07.2001 – 24 U 174/00, NZM 2001, 1033, 1234; OLG Düsseldorf, 15.05.1997 – 10 U 4/96, NZM 1998, 307 = MDR 1997, 1115 = NJW-RR 1998, 514; OLG Karlsruhe, 07.04.1989 – 14 U 16/86, NJW-RR 1990, 107; Eisenschmid, in: Schmidt-Futter, § 536 Rn. 182; Gather, DWW 1998, 302; a.A. Wolf/Eckert/Ball, Rn. 664.
2253 OLG Düsseldorf, 15.05.1997 – 10 U 4/96, NZM 1998, 307 = MDR 1997, 1115 = NJW-RR 1998, 514.
2254 KG, 16.04.2007 – 8 U 199/06, IMR 2007, 217; OLG Düsseldorf, 20.01.2000 – 10 U 115/98, ZMR 2000, 451.

1374 *Beispielsfall:*[2255]

Sachverhalt: Die Mieterin hatte Räume in einem Altstadtcenter für den Betrieb einer Spielhalle gemietet. Nachfolgend erteilte der Vermieter einem anderen Mieter die Erlaubnis zur Nutzungsänderung seines Ladenlokals als Spielhalle.

Entscheidung: Das OLG Düsseldorf bestätigt einen Anspruch der Erstbetreiberin auf Mietminderung, weil die Gestattung der Nutzungsänderung eine Vertragsverletzung gewesen sei. Der Anspruch setze im Gegensatz zum Schadensersatzbegehren nicht voraus, dass die Vertragsverletzung für Umsatzeinbußen ursächlich war. Es genüge vielmehr, dass der Wert des Mietgegenstands eingeschränkt sei. Dazu reiche es aus darzulegen, dass die Tauglichkeit des Mietobjekts infolge des Betriebs des Konkurrenzunternehmens in nicht nur unerheblicher Weise beeinträchtigt werde. Das Gericht verweist dafür auf einen wegen der Konkurrenz niedrigeren Kaufpreis im Fall der Veräußerung des Mietobjekts und der allgemein höheren Miete bei Objekten ohne Konkurrenzsituation. Der Umfang der Gebrauchsbeeinträchtigung und damit die Höhe der Minderung müsse ggf. durch einen Sachverständigen geklärt werden.

1375 Die Verletzung des Konkurrenzschutzes rechtfertigt zudem i.d.R. bereits die Annahme, dass es dadurch zu **Umsatzeinbußen** gekommen ist.[2256] Für die Beurteilung der Frage, ob ein Konkurrenzschutzverstoß zu einem Mangel der Mietsache führt, ist es aber letztlich ohne Belang, ob dieser nachweisbar mit Umsatzeinbußen des Mieters einhergeht.[2257]

1376 Nicht völlig geklärt ist, ob auch ein **Verstoß gegen eine *vertragliche* Konkurrenzschutzklausel** einen **Sachmangel** darstellt.[2258] Der **BGH** hat in einem Beschluss v. 09.08.2006,[2259] in welchem es um die Höhe eines Gebührenstreitwerts ging, die angesprochene Rechtsfrage offengelassen. Die Meinung, die einen Sachmangel ablehnt, stellt infrage, ob bei einem vertraglich vereinbarten Schutz (der also nur den konkreten Mieter betrifft), auch eine unmittelbare Beeinträchtigung der Tauglichkeit bzw. eine unmittelbare Einwirkung auf die Gebrauchstauglichkeit der Mietsache gegeben sein kann, weil nach der BGH-Rechtsprechung Mängel, die die Eignung der Mietsache zum vertragsgemäßen Gebrauch nur **mittelbar berühren**, nicht als Mängel zu qualifizieren seien und ein Sachmangel nach einer BGH-Entscheidung aus den 50er-Jahren nur vorliegen könne, wenn der Umstand sich für jeden Mieter als Mangel darstelle.[2260] Die Verletzung des vertraglich vereinbarten Konkurrenzschutzes begründe daher keinen Sachmangel der Mietsache, sondern löse nur Ansprüche wegen Vertragsverletzung (Schadensersatz nach § 280 BGB) aus.[2261] Verkannt wird hier aber, dass der BGH selbst die Eignung zum **vertragsgemäßen** Gebrauch als dogmatischen Ansatzpunkt für die Qualifizierung als Mangel wählt, sodass

---

2255 OLG Düsseldorf, 15.05.1997 – 10 U 4/96, NZM 1998, 307 = MDR 1997, 1115 = NJW-RR 1998, 514.
2256 OLG Düsseldorf, 15.05.1997 – 10 U 4/96, NZM 1998, 307 = MDR 1997, 1115 = NJW-RR 1998, 514.
2257 KG, 25.01.2007 – 8 U 140/06, IMR 2007, 184 = NZM 2007, 566 = InfoM 2007, 262; KG, 16.04.2007 – 8 U 199/06, IMR 2007, 217; OLG Düsseldorf, 20.01.2000 – 10 U 115/98, ZMR 2000, 451; OLG Düsseldorf, 15.05.1997 – 10 U 4/96, NZM 1998, 307 = MDR 1997, 1115 = NJW-RR 1998, 514.
2258 **Bejaht** wird dies durch: KG, 25.01.2007 – 8 U 140/06, IMR 2007, 184 = NZM 2007, 566 = InfoM 2007, 262; Kraemer, in: Bub/Treier, III B Rn. 1250. **Verneint** wird es von OLG Dresden, 20.07.2010 – 5 U 1286/09, NZM 2010, 818 (Revision: BGH – XII ZR 117/10); Hübner/Griesbach/Schreiber, in: Lindner-Figura/Oprée/Stellmann, Kap. 14, Rn. 21; Leo/Ghassemi-Tabar, NZM 2009, 337, 343.
2259 NZM 2006, 777 = NJW 2006, 3060.
2260 OLG Dresden, 20.07.2010 – 5 U 1286/09, NZM 2010, 818 (Revision: BGH – XII ZR 117/10); Leo/Ghassemi-Tabar, NZM 2009, 337, 343 m.w.N.
2261 OLG Dresden, 20.07.2010 – 5 U 1286/09, NZM 2010, 818 (Revision: BGH – XII ZR 117/10); Leo/Ghassemi-Tabar, NZM 2009, 337, 343.

der Inhalt des Vertrages durchaus eine Rolle spielt. Da der Konkurrenzschutz zwingend mit dem vertragsgemäßen Gebrauch verknüpft ist und dieser bei der gewerblichen Miete/Pacht immer der Realisierung von Umsatz und Gewinn dient, führt (erhebliche) Konkurrenz auch zu einer (erheblichen) unmittelbaren Beeinträchtigung des vertragsgemäßen Gebrauchs, weil der ökonomische Aspekt der Miete bzw. Pacht tangiert wird. Dafür spricht auch, dass im Normalfall die Miete für ein Objekt ohne Konkurrenz im Allgemeinen höher als die Miete für Räume ist, bei denen eine Konkurrenzsituation besteht.

2. Ansprüche zwischen Erstmieter/-pächter und Vermieter/Verpächter

Die **Nichtgewährung des vertragsgemäßen Gebrauchs** führt zu drei wesentlichen Rechtsfolgen: 1377

- Anspruch des Mieters auf Beseitigung der Konkurrenzsituation.
- Gewährleistungsrechte (Mietminderung, ggf. Kündigung) des Mieters, sofern die Konkurrenzsituation als Mangel zu qualifizieren ist.
- Schadensersatzanspruch wegen Nichterfüllung gem. § 536a BGB.

Der Mieter hat zunächst einen gerichtlich durchsetzbaren Erfüllungsanspruch gegen den Vermieter aus § 535 Abs. 1 BGB auf **Verhinderung oder Beseitigung der Konkurrenzsituation** (ggf. durch Kündigung des neuen Mietverhältnisses), den er grds. gerichtlich durchsetzen kann. Der Beseitigungsanspruch besteht grds. auch dann, wenn der Vermieter rechtlich nicht (mehr) in der Lage ist, den konkurrierenden Wettbewerb zu unterbinden.[2262] Der Anspruch des Erstmieters auf Herstellung und Beibehaltung des Konkurrenzschutzes erlischt jedoch wegen **Unmöglichkeit nach § 275 Abs. 1 BGB**, wenn die Erfüllung ausgeschlossen ist.[2263] Dies ist trotz eines nicht ordentlich oder außerordentlich kündbaren Konkurrenzmietverhältnisses erst dann der Fall, wenn auch eine Einigung zwischen dem Vermieter und dem Zweitmieter über eine vorzeitige Aufhebung des Mietvertrags, ggf. gegen eine Geldzahlung, gescheitert ist, wofür ernsthafte Gespräche über eine solche Lösung aufgenommen werden müssen.[2264] Die Darlegungs- und Beweislast liegt beim Vermieter. 1378

Der Mieter darf aber, da ihm der vertragsgemäße Gebrauch nicht gewährt wird, Gewährleistungsrechte ausüben.

Ergänzend zum Anspruch auf Beseitigung der Konkurrenzsituation darf der Erstmieter als Druckmittel nach § 320 BGB einen Teil der **Miete zurückbehalten**. Da bei einer nicht erfolgenden Unterbindung der Konkurrenz der vertragsgemäße Gebrauch so beeinträchtigt ist, dass auch eine fristlose Kündigung möglich wird (dazu nachfolgend), erscheint es angemessen, hier – abhängig vom Einzelfall – bei „starker" Konkurrenz bis zu 100 % der Nettomiete zurückzubehalten; im Regelfall werden bis zu 50 % angemessen sein. Maßstab ist Nähe, Deckungsgleichheit und Intensität der Konkurrenz. 1379

2262 BGH, WuM 1975, 163.
2263 BGH, BGHZ 154, 171 = NZM 2003, 476 = NJW 2003, 2158; OLG Dresden, 20.07.2010 – 5 U 1286/09, NZM 2010, 818; KG, NZM 2008, 889 = ZMR 2009, 119.
2264 OLG Dresden, 20.07.2010 – 5 U 1286/09, NZM 2010, 818.

1380 Der Mieter darf, wenn die Konkurrenz nicht unterbunden wird, die gesetzlichen Gewährleistungsrechte ausüben, da ihm der vertragsgemäße Gebrauch nicht (mehr) gewährt wird. Dazu gehört insb. bei schuldhafter Pflichtverletzung auch die **fristlose Kündigung** nach § 543 Abs. 1 BGB oder – sofern eine schuldhafte Vertragsverletzung nicht vorliegt – nach § 314 Abs. 1 BGB.[2265] Die fristlose Kündigung des Mieters bedarf aber einer aktuellen, erforderlichenfalls wiederholten Abmahnung an den Vermieter.[2266] Einen evtl. entstehenden Kündigungsfolgeschaden hat der Vermieter zu ersetzen. Erst recht ist als „Minus" zur fristlosen Kündigung selbstverständlich eine ordentliche Kündigung zulässig und ggf. eine unwirksame fristlose Kündigung in eine ordentliche umzudeuten.

1381 Da vertragswidrige Konkurrenz einen Mangel des Mietobjekts darstellt, darf der Mieter **die Miete gem. § 536 BGB mindern** (zur Qualifizierung als Sachmangel → Rn. 1837 ff.). Die Minderungsquote ist vom Einzelfall abhängig. 20 % Minderung sind bspw. bei der erstrebten Verhinderung von Konkurrenz durch einen Blumenhändler auf einem Wochenmarkt angemessen.[2267] Hat sich die geschäftliche Tätigkeit des Mieters noch nicht etabliert (Neugründung), soll die Minderungsquote geringer sein.

1382 *Beispielsfall: Minderung bei Gaststätte nach Erfahrungssatz*[2268]

Sachverhalt: Vermieter und Mieter, der zunächst ein Restaurant mit ungarischen und dann mit jugoslawischen Speisen betrieb, stritten um die Mietminderung des Mieters um 50 % wegen Vermietung an den Betreiber eines weiteren Restaurants (griechische Speisen).

Entscheidung: Das OLG Karlsruhe bejahte ein Konkurrenzverhältnis, da das Angebot unterschiedlicher nationaler Küchen eine Vergleichbarkeit und damit Konkurrenz nicht ausschließe. Bzgl. der Höhe der Minderung vertrat das Gericht die Auffassung, 12,5 % wären angemessen und berief sich dafür auf den von einem Sachverständigen mitgeteilten Erfahrungssatz, dass ein Gastwirt erst im dritten Jahr bei einem neuen Objekt den Umsatz erreiche, der in Zukunft keine wesentlichen Änderungen mehr erwarten lasse. Daher sei der Erstmieter im ersten Jahr nach Eröffnung des Konkurrenzbetriebs nur zur Minderung i.H.v. 7,5 %, im zweiten Jahr zu 10 % und erst im dritten Jahr zu 12,5 % berechtigt gewesen.

1383 Dies ist abzulehnen, weil die Konkurrenz den Mieter in der ersten Zeit nach Geschäftseröffnung (Aufbau eines Kundenstamms, Bekanntwerden) gerade besonders hart treffen wird, sodass die Gebrauchsbeeinträchtigung und damit die Minderungsquote sogar höher sein kann.

1384 Der Erstmieter kann auch einen **Schadensersatzanspruch** wegen Nichterfüllung gem. § 536a BGB gegen den vertragswidrig handelnden Vermieter haben, z.B. auf Ersatz entgangenen Gewinns gem. § 252 BGB.[2269]

1385 Hat der Vermieter ausnahmsweise **vorvertragliche Aufklärungspflichten** verletzt (oben → Rn. 1332), so kommen auch Ansprüche aus § 311 Abs. 2 BGB (früher c.i.c.) in Betracht. Die Höhe des Anspruchs beruht auf einem Vergleich der Umsatz- und Gewinnsituation vor

---

[2265] OLG Rostock, 15.08.2005 – 3 U 196/04, GuT 2006, 17.
[2266] OLG Rostock, 15.08.2005 – 3 U 196/04, GuT 2006, 17.
[2267] OLG Düsseldorf, 18.07.2005 – 24 W 33/05, NZM 2006, 158 = GuT 2006, 82.
[2268] OLG Karlsruhe, 07.04.1989 – 14 U 16/86, ZMR 1990, 214.
[2269] OLG Frankfurt am Main, 11.05.2004 – 11 U 27/03, NZM 2004, 706, 708.

und nach der Eröffnung des zweiten Geschäfts, durch das die Konkurrenzlage herbeigeführt wird.[2270]

> **Hinweis:**
>
> Problematisch ist bei den o.g. Schadensersatzansprüchen der Nachweis des Vermieterverschuldens i.S.v. § 276 BGB und des konkurrenzbedingten Schadens, v.a. die Kausalität zwischen der Fremdvermietung und einem etwaigen Umsatzrückgang. Die Höhe des Anspruches beruht auf einem Vergleich der Umsatz- und Gewinnsituation vor und nach der Eröffnung des zweiten Geschäfts, durch das die Konkurrenzlage herbeigeführt wird.[2271] Hier muss in einem Prozess ausführlich vorgetragen werden. Richtig ist es hier, nicht zu hohe Anforderungen zu stellen und auf die Möglichkeit der Schätzung nach § 287 ZPO zurückzugreifen. Darauf sollte das Gericht notfalls ausdrücklich hingewiesen werden.

Zur Frage, ob eine drohende Vermietung vom Erstmieter mit einer **einstweiligen Verfügung** versagt werden kann, → *Rn. 1397*. 1386

3. Ansprüche zwischen Zweitmieter/-pächter und Vermieter/Verpächter

Der Zweitmieter darf nicht deshalb mindern, weil sich bereits ein Wettbewerber im Objekt befindet, dem der Vermieter einen Konkurrenzschutz zugesagt hat, denn die Verpflichtung ggü. dem Erstmieter beeinträchtigt nicht unmittelbar die Tauglichkeit der vom Zweitmieter genutzten Räume.[2272] Zu diesem Ergebnis gelangt man auch über einen stillschweigenden Verzicht des Zweitmieters: wer nämlich Gewerberäume anmietet und weiß, dass im Objekt bereits ein Konkurrent sitzt, verzichtet i.d.R. stillschweigend auf die Einräumung von Konkurrenzschutz oder verwirkt ihn.[2273] 1387

4. Ansprüche zwischen Erstmieter/-pächter und Zweitmieter/-pächter

Ein **Direktanspruch des Erstmieters** gegen den Konkurrenten aus dem Mietvertrag besteht nicht. Auch bei unmittelbar drohendem Konkurrenzverstoß hat der geschützte Mieter keinen vorbeugenden Unterlassungsanspruch, auch nicht analog einem Vertrag mit Schutzwirkung für Dritte, etwa aus einer mietvertragsimmanenten Drittschutzwirkung.[2274] Eine solche Drittschutzwirkung wird man nur annehmen können, wenn sie sich ausdrücklich aus den Absprachen der Parteien ergibt. 1388

Wettbewerbsrechtliche oder deliktische Ansprüche des Erstmieters unmittelbar gegen Mitkonkurrenten sind möglich.[2275] Ein solcher „Durchgriffsanspruch" kommt ausnahmsweise dann

---

2270 OLG Hamm, 08.11.1996 – 7 U 11/96, NJW-RR 1997, 459.
2271 OLG Hamm, 08.11.1996 – 7 U 11/96, NJW-RR 1997, 459.
2272 BGH, 23.12.1953 – VI ZR 244/52, BB 1954, 177.
2273 OLG Frankfurt am Main, 11.05.2004 – 11 U 27/03, NZM 2004, 706.
2274 A.A. LG Köln, 11.08.1992 – 31 O 384/92, zitiert nach Vogt, MDR 1993, 498.
2275 Vgl. z.B. OLG Frankfurt am Main, 27.08.1981 – 6 U 75/81, NJW 1982, 707, wo der Anspruch eines Apothekers gegen eine benachbarte Drogerie aus Konkurrenzschutz abgelehnt, aus § 1 UWG aber bejaht wurde.

in Betracht, wenn der Mitmieter den Vermieter zum Vertragsbruch verleitet oder den Vertragsbruch des Vermieters bewusst ausnutzt.[2276]

5. Ansprüche des Vermieters

1389 Der Vermieter kann Ansprüche auf Unterlassung nach § 541 BGB oder das Recht zur Kündigung nach § 543 BGB gegen seinen Mieter haben, wenn dieser vertragswidrig sein Sortiment umstellt oder erweitert.[2277] Entsprechendes gilt für eine **vertragswidrige Erweiterung** von Dienstleistungsangeboten. Voraussetzung ist aber immer, dass der vertraglich vereinbarte Gebrauch (Mietzweck) überschritten wird. Formell ist vor Ausübung der Vermieterrechte eine hinreichend spezifizierte und fruchtlose Abmahnung erforderlich.

6. Ausschluss von Ansprüchen

1390 Sämtliche Ansprüche des Mieters sind ausgeschlossen, wenn der **Konkurrenzschutz wirksam abbedungen** wurde. Der Mieter kann dann allenfalls noch Tatbestände wie Anfechtung wegen arglistiger Täuschung o.Ä. einwenden.

1391 **Kennt der Mieter konkurrenzbegründende Umstände** bereits bei Abschluss des Mietvertrages, so ist es ihm verwehrt, sich später darauf zu berufen und zwar auch dann, wenn sich neue Konkurrenz nur als Konkretisierung oder Erweiterung der ursprünglichen Situation darstellt. Wer sich also in Stadtzentren niederlässt, in denen durch die **Dichte der Geschäftstreibenden** ein höherer Konkurrenzdruck besteht, muss Beeinträchtigungen grds. eher hinnehmen als derjenige, der in reinen Wohngebieten tätig ist.[2278] Der vertragsimmanente Konkurrenzschutz entfällt aber nicht generell deshalb, weil sich in der nahen Umgebung des Mietobjekts bereits identische Wettbewerber befinden.[2279]

1392 Alle vorgenannten Ansprüche können nach den üblichen Grundsätzen **verwirkt** werden. Dies ist z.B. der Fall, wenn der Mieter die Miete in Kenntnis der entstandenen Wettbewerbssituation ohne Vorbehalt jahrelang weiterzahlt; für die Kenntnis reicht es aus, dass der Berechtigte das vertragswidrige Verhalten in seinem tatsächlichen Ausmaß erkennen konnte.[2280]

V. Gerichtsverfahren

1. Grundsätze

1393 Verlangt der Mieter im Wege der Klage ein Einschreiten des Vermieters gegen Konkurrenten (**Beseitigungsanspruch**), so muss dem Gericht schlüssig zu den einzelnen Umständen vorgetragen werden, worin die Konkurrenzsituation gesehen wird. Dabei ist so konkret wie möglich

---

2276 Vogt, MDR 1993, 498.
2277 Joachim, BB 1986, Beilage 6, S. 13.
2278 BGH, 07.12.1977 – VIII ZR 101/76, WuM 1978, 187 = ZMR 1978, 210 = MDR 1978, 400; ähnlich Gather, ZAP Fach 4, S. 293, 298.
2279 KG, 17.01.2002 – 8 U 353/01, KGR 2003, 154.
2280 OLG Frankfurt am Main, 11.05.2004 – 11 U 27/03, NZM 2004, 706.

mit Beweisantritt bzw. Glaubhaftmachung zu schildern, wo Überschneidungen der Angebote oder Tätigkeiten liegen.[2281]

Wird **Mietminderung** verlangt, sind die Anforderungen an die Darlegungs- und Beweislast geringer als beim Schadensersatz. I.d.R. ist die Situation so, dass nicht der Mieter klagt (bspw. auf Feststellung, dass er zur Minderung berechtigt ist), sondern der Vermieter, der damit Mietzahlung in voller Höhe verlangt. Der Vermieter, der geminderte Beträge einklagt, muss lediglich schlüssig behaupten, dass der Wert des Mietgegenstands nicht eingeschränkt ist. Dazu reicht es aus darzulegen, dass die Tauglichkeit des Mietobjekts infolge des Betriebs des Konkurrenzunternehmens nicht beeinträchtigt wird. Klagt der Mieter auf **Feststellung der Minderungsberechtigung**, können für die dann von ihm nachzuweisende Tauglichkeitsbeeinträchtigung ein wegen der Konkurrenz niedrigerer Kaufpreis im Fall der Veräußerung und die allgemein höhere Miete bei Objekten ohne Konkurrenzsituation sprechen.[2282] Für den Umfang der Gebrauchsbeeinträchtigung und damit die Höhe der Minderung sollte Sachverständigenbeweis angeboten werden.

1394

Macht der Mieter gerichtlich **Schadensersatzansprüche**, z.B. wegen Umsatzrückgangs, geltend, begibt er sich auf schwieriges Terrain. Zur **Höhe des Schadens** muss in einem Prozess ausführlich vorgetragen werden. Zur Substanziierung des Vortrages ist deshalb bzgl. Geschäftsunterlagen, -kalkulationen und -organisation detailliert vorzutragen und Beweis anzubieten. Dabei sind die betroffenen Warengruppen, der prozentuale und absolute Umfang des Rückgangs, Umsatz- und Gewinndaten aus möglichst mehreren Vergleichsjahren und alle anderen damit zusammenhängenden Daten und Fakten soweit wie möglich offenzulegen.[2283] Da es hier im Wesentlichen um betriebswirtschaftliche Fakten geht, die in die prozessual korrekte Form zu kleiden sind, sollte ggf. mit Fachleuten, die den geschädigten Mieter ständig betreuen (Steuerberater, Wirtschaftsprüfer), zusammengearbeitet werden. Auf keinen Fall genügt der pauschale Vortrag mit angebotenem Sachverständigengutachten, der Mieter habe ggü. dem Vorjahr Umsatzrückgänge von x % erlitten. Der Kläger setzt sich hier dem Vorwurf mangelnder Substanziierung aus. Richtig ist es aber dennoch, **nicht zu hohe Anforderungen an die Darlegungslast** zu stellen und auf die Möglichkeit der Schätzung nach § 287 ZPO zurückzugreifen.[2284] Darauf sollte das Gericht notfalls ausdrücklich hingewiesen werden.

1395

Wie üblich muss ggf. im Rahmen eines gerichtlichen Verfahrens die **Ursächlichkeit** für den behaupteten Schaden dargelegt und bewiesen werden[2285] und zwar durch denjenigen, der den Schaden geltend macht. Problematisch ist der Nachweis des Vermieterverschuldens i.S.v. § 276 BGB und des konkurrenzbedingten Schadens, also v.a. die Kausalität zwischen der Fremdvermietung und einem etwaigen Umsatzrückgang.

1396

2281 Vgl. OLG Hamm, 19.04.1991 – 30 U 56/91, NJW-RR 1991, 1483 als Muster für einen im Urteil verwerteten detaillierten Vortrag zur Konkurrenzsituation zwischen zwei Ärzten.
2282 OLG Düsseldorf, 15.05.1997 – 10 U 4/96, NZM 1998, 307 = MDR 1997, 1115 = NJW-RR 1998, 514.
2283 Ähnlich Joachim, BB 1986, Beilage 6, S. 12.
2284 OLG Frankfurt am Main, 11.05.2004 – 11 U 27/03, NZM 2004, 706, 708.
2285 KG, 31.07.2003 – 8 U 11/03, LNR 2003, 17118.

2. Einstweiliger Rechtsschutz

1397 Konkurrenzsituationen führen oft dazu, dass der Erstmieter fordert, die Überlassung der neuen Räumlichkeiten an den Konkurrenten durch gerichtliche einstweilige Verfügung verbieten zu lassen. In der Rechtsprechung wird der Erlass einer einstweiligen Verfügung bei Konkurrenzschutz überwiegend bejaht.[2286] Dies gilt auch, wenn die Konkurrenz den Betrieb bereits aufgenommen hat.[2287] Auf Schadensersatzansprüche und den Klageweg darf der Mieter nicht verwiesen werden. Eine **drohende Vermietung** kann vom Erstmieter mit einer einstweiligen Verfügung versagt werden, wenn die entsprechenden Voraussetzungen glaubhaft gemacht werden können (streitig). Die besonderen Voraussetzungen dieser schwierigen Rechtsthematik sind im Antrag umfassend darzulegen. Verlangt der Mieter im Wege des einstweiligen Rechtsschutzes ein Einschreiten des Vermieters gegen Konkurrenten, so muss dem Gericht schlüssig zu den einzelnen Umständen vorgetragen werden, worin die Konkurrenzsituation gesehen wird. Dabei ist ebenso wie im Hauptsacheverfahren so konkret wie möglich mit Beweisantritt bzw. Glaubhaftmachung zu schildern, wo **Überschneidungen der Angebote oder Tätigkeiten** liegen.[2288]

1398 *Beispielsfall:*[2289]

Sachverhalt: Die Vermieter betreiben ein Ärztehaus und vereinbarten mit dem Mieter, einem Facharzt für Chirurgie und Orthopädie, u.a. folgende Klausel:

„Der Vermieter verpflichtet sich, im selben Gebäude keine weitere Arztpraxis mit einer der beiden Fachrichtungen Chirurgie/Orthopädie (§ 1 I) einzurichten bzw. durch einen Dritten einrichten und/oder ausüben zu lassen."

Der Arzt betrieb die Praxis als Chirurg und Durchgangsarzt. Mit einer gegen die Vermieterin gerichteten einstweiligen Verfügung begehrte der Mieter später erfolgreich Untersagung der Vermietung weiterer Räume zum Betrieb einer Praxis für Mund-, Kiefer- und Gesichtschirurgie (MKG).

Entscheidung: Das Gericht begründete dies mit einem Verstoß des Vermieters gegen die Vertragsklausel, da der Orthopäde glaubhaft gemacht habe, dass die MKG-Praxis eine Konkurrenz sowohl für seine allgemeinchirurgische Praxis wie auch für die chirurgische Tätigkeit als Durchgangsarzt darstelle. Denn die Parteien hätten einen Konkurrenzschutz vor anderen Chirurgen vereinbart, worunter nach allgemeinem Verständnis auch der MKG-Chirurg falle. Selbst eine einschränkende Auslegung der Klausel führe zu keinem anderen Ergebnis, da sich die Tätigkeiten – wie der Orthopäde ausführlich glaubhaft gemacht habe – nicht nur in unwesentlichen Randbereichen deckten.

2286 KG, 21.01.2008 – 8 W 85/07, GuT 2008, 111= InfoM 2008, 244 = IMR 2009, 12 = NZM 2009, 621: Konkurrenzschutz gegen die Ausübung eines konkurrierenden (Nagelstudio-) Betriebs im Hauptgewerbe; OLG Frankfurt am Main, 06.11.1987 – 10 U 102/87, NJW-RR 1988, 396; OLG Hamm, 06.11.1990 – 7 U 135/90, NJW-RR 1991, 975: der Antrag wurde zwar abgelehnt, aber mit der **materiellen** Begründung, dass sich der vertragsimmanente Konkurrenzschutz nicht auf Grundstücke erstrecke, zwischen denen ein weiteres Grundstück liege; OLG Frankfurt am Main, 27.08.1981 – 6 U 75/81, NJW 1982, 707: Antrag des Erstmieters auf Erlass einer einstweiligen Verfügung nach § 1 UWG stattgegeben.

2287 KG, 21.01.2008 – 8 W 85/07, GuT 2008, 111= InfoM 2008, 244 = IMR 2009, 12 = NZM 2009, 621.

2288 OLG Hamm, 19.04.1991 – 30 U 56/91, NJW-RR 1991, 1483.

2289 OLG Hamm, 19.04.1991 – 30 U 56/91, NJW-RR 1991, 1483.

Hinweis:

Das Urteil stellt einen „Musterfall" für die Darlegung der Glaubhaftmachung einer einstweiligen Verfügung dar, in dem akribisch der Vortrag des Klägers zu seinen ärztlichen Behandlungen, Operationen und den Überschneidungen mit der Konkurrenzpraxis wiedergegeben wird.

Die bei einstweiligem Rechtsschutz grds. **unzulässige Vorwegnahme der Hauptsache** wird von der Rechtsprechung zugunsten des Erstmieters großzügig gesehen. So heißt es bspw.:[2290]

> „Es ist auch ein Verfügungsgrund gegeben. Die Regelungsverfügung ist zur Abwendung wesentlicher Nachteile in einem solchen Falle dringend nötig (§ 940 ZPO). Das Interesse eines von einem Konkurrenzschutz bedrohten Unternehmens geht regelmäßig dahin, die drohende Konkurrenz von vornherein bekämpfen zu können und sich nicht etwa nur mit Sekundäransprüchen wie z.B. Schadensersatzansprüchen zu begnügen (vgl. OLG Hamm ZMR 1991, 295). Denn hier ist zu beachten, dass ohne die einstweilige Verfügung vollendete Tatsachen zu Lasten des Berechtigten geschaffen würden (OLG Hamm NJW-RR 1990, 1236). Nichts anderes kann gelten, wenn der Konkurrenzbetrieb bereits aufgenommen ist und dadurch eine Wettbewerbsbeeinträchtigung jedenfalls droht oder bereits eingetreten ist. Den Berechtigten in diesem Falle auf das ordentliche Klageverfahren zu verweisen, könnte dazu führen, dass der Konkurrenzschutz ins Leere liefe (vgl. Senatsurteil vom 17. Januar 2005 – 8 U 212/04)."

Erwirkt der Mieter im Bestand gegen den Vermieter, der unter Verstoß gegen vereinbarten Konkurrenzschutz neu vermietet, im Wege des Eilrechtsschutzes eine gerichtliche Entscheidung des Inhalts, dass es dem Vermieter untersagt sei, die Mieträume dem Konkurrenten zu überlassen, und erwirkt der neue Mieter im Eilwege eine Entscheidung gegenläufigen Tenors, nämlich auf Überlassung, so kann es dem Vermieter nicht überlassen bleiben, welcher der widersprüchlichen Entscheidungen er sich beugen will. Vielmehr verhindert die zuerst ergangene Entscheidung die Erfüllung aus dem anderen Vertrag, es gilt das **Prinzip der Priorität**; der Erfüllungsanspruch wandelt sich in einen Schadensersatzanspruch.[2291]

3. Klageanträge

Für die konkreten Klageanträge des Mieters bzgl. eines Konkurrenten ist zu unterscheiden, ob die Vermietung nur **droht**, bereits **erfolgt** ist und ob die **Räume bereits überlassen** wurden. Die Klageanträge können in diesen Fällen wie folgt aussehen:[2292]

Formulierungsvorschlag: drohende Konkurrenzvermietung

> Der Beklagte wird verurteilt,
>
> ..... es zu unterlassen, Räume im Haus ..... an das Konkurrenzunternehmen ..... zu vermieten und zu überlassen.

[2290] KG, 21.01.2008 – 8 W 85/07, GuT 2008, 111= InfoM 2008, 244 = IMR 2009, 12 = NZM 2009, 621.
[2291] KG, 10.02.2003 – 22 U 300/02, NZM 2003, 439 = MDR 2003, 955; Sternel, Mietrecht aktuell, Rn. VII 266.
[2292] Vgl. Jendrek/Ricker, NZM 2000, 229.

1403 Formulierungsvorschlag: erfolgte Vermietung – Räume sind aber noch nicht überlassen

> Der Beklagte wird verurteilt,
>
> ..... es zu unterlassen, Räume im Haus ..... an das Konkurrenzunternehmen ..... zu überlassen.

1404 Formulierungsvorschlag: erfolgte Vermietung und Überlassung

> Der Beklagte wird verurteilt,
> - die Fortführung des Konkurrenzunternehmens ..... im Haus ..... zu verhindern,
> - dafür zu sorgen, dass in dem Haus ..... kein weiteres Unternehmen für ..... betrieben wird,
> - das Konkurrenzunternehmen in Anspruch zu nehmen, den Betrieb zu unterlassen.

1405 Die **Vollstreckung** richtet sich dann in den beiden ersten Fällen nach § 890 ZPO, bei erfolgter Vermietung und Überlassung nach § 888 ZPO.

VI. Streitwert

1406 Der **Gebührenstreitwert** einer auf ein Konkurrenzverbot gestützten **Unterlassungsklage** richtet sich bei befristeten Verträgen nach dem 3,5-fachen Jahresbeitrag des entgangenen Reingewinns und bei unbefristeten Verträgen regelmäßig nach dem entgangenen Reingewinn, den der Mieter in der Zeit bis zur nächstmöglichen Vertragsbeendigung hinnehmen muss.[2293] Maßgeblich sind allein die **Gewinneinbußen**, die der Mieter durch die vertragswidrige Konkurrenz hinnehmen muss. Das Minderungsinteresse, das der Mieter aus der Mangelhaftigkeit der Mietsache ableitet, ist wegen wirtschaftlicher Identität nicht hinzuzurechnen[2294]

1407 Der Streitwert für die Durchsetzung von Konkurrenzschutz im Wege der **einstweiligen Verfügung** ist gem. § 3 ZPO nach dem Erfüllungsinteresse des Mieters unter Berücksichtigung einer möglichen ordentlichen Kündigung des Mietvertrages durch den Vermieter sowie der Mietminderung und des Schadensersatzes aufgrund der Konkurrenz festzusetzen (kumulierter Wert aus Minderung und Schadensersatz): 3-facher Monatsbetrag einer 20 %igen Mietminderung mit Abschlag ggü. § 9 ZPO (42 Monate), weil das Mietverhältnis ordentlich kündbar und deshalb das Schutzinteresse des Mieters geringer zu bewerten war.[2295]

VII. Vertragsgestaltung

1. Grundsätze

1408 Der vertragsimmanente Konkurrenzschutz darf vertraglich fixiert und auch individuell oder durch AGB grds. in jeder Hinsicht **erweitert, konkretisiert, abgeschwächt oder ausgeschlos-**

[2293] BGH, 09.08.2006 – XII ZR 165/05, GuT 2006, 373 = NZM 2006, 777 = InfoM 2006, 318 und 319 = MDR 2007, 202.
[2294] BGH, 09.08.2006 – XII ZR 165/05, GuT 2006, 373 = NZM 2006, 777 = InfoM 2006, 318 und 319.
[2295] OLG Düsseldorf, 18.07.2005 – 24 W 33/05, NZM 2006, 158 = GuT 2006, 82.

sen werden.[2296] Die höchstrichterliche Rechtsprechung hat bei vertraglichen Vereinbarungen über Konkurrenzschutz oder -ausschluss mehrfach **Verstöße gegen § 307 BGB (= § 9 AGBG a.F.)** geprüft und verneint.[2297]

Beispiele für Erweiterungen:

*Vereinbaren die Parteien bspw. ausdrücklich, dass sich der Konkurrenzschutz auch auf **Nebenartikel** erstrecken soll, so steht dem nichts im Weg.*[2298]

Der Eigentümer mehrerer Grundstücke kann sich vertraglich zum Konkurrenzschutz hinsichtlich aller seiner Grundstücke verpflichten, auch wenn diese nicht in räumlichem Zusammenhang stehen.[2299]

Regeln die Parteien etwas zum Konkurrenzschutz im Vertrag, so ist davon auszugehen, dass dies abschließend sein soll. Vertraglicher Konkurrenzschutz schließt daher den vertragsimmanenten aus.[2300] Wird auch nur eine geringfügige Regelung zum Konkurrenzschutz getroffen, auch nur konkludent durch Bezugnahme auf andere Mieter und deren Geschäft, liegt darin eine Einschränkung des vertragsimmanenten Konkurrenzschutzes, sodass dessen voller Schutz nicht mehr greift.[2301] Umgekehrt gilt: endet der vertraglich ausdrücklich vereinbarte Schutz (etwa durch eine **Befristung**, also Zeitablauf), so lebt der vertragsimmanente Konkurrenzschutz wieder auf.[2302]

1409

Problematisch ist häufig die **Ungenauigkeit ausdrücklich formulierter Konkurrenzschutzklauseln**, die dann in der Praxis zu Auslegungsstreitigkeiten führt, welche sich vor Gericht fortsetzen.[2303] Im Regelfall ist eine Konkurrenzschutzklausel i.S.e. umfassenden Konkurrenzschutzes zu werten, also weit zugunsten des geschützten Mieters auszulegen. Den Vertragsparteien kann daher nur empfohlen werden, sich darüber Gedanken zu machen, ob ein solch umfassender Schutz gewollt ist. Je exakter die vertraglichen Vereinbarungen den Willen der Parteien widerspiegeln, desto mehr ist möglichen Streitigkeiten der Boden entzogen.

1410

Bei der Vertragsgestaltung ist zunächst zu prüfen, ob schon **Vereinbarungen mit anderen Mietern** des Vermieters bestehen, auf die wegen des dort bestehenden Konkurrenzschutzes evtl. Rücksicht zu nehmen ist oder die sogar eine Vermietung an den neuen Mieter verbieten. Sobald Überschneidungen mit bestehenden Mietern auch nur drohen, sollte ausdrücklich vereinbart werden, dass sich die Geschäftstätigkeit des neuen Mieters nicht auf die bereits von den anderen Mietern abgedeckten Bereiche beziehen darf.

1411

2296 BGH, 03.07.1985 – VIII ZR 128/94, NJW-RR 1986, 9 = ZMR 1985, 374 = MDR 1986, 46; OLG Naumburg, 22.09.2009 – 9 U 129/09, IMR 2010, 99 = InfoM 2009, 479; KG, 18.05.2007 – 12 U 99/07, GuT 2008, 199 = NZM 2008, 248 = MDR 2008, 19 = IMR 2008 = InfoM 2008, 124 zu einer Markthalle; OLG Düsseldorf, 11.06.1992 – 10 U 165/91, NJW-RR 1992, 1290 = ZMR 1992, 445 = DWW 1992, 368.
2297 OLG Düsseldorf, 11.06.1992 – 10 U 165/91, NJW-RR 1992, 1290 = ZMR 1992, 445 = DWW 1992, 368; OLG Hamburg, 17.12.1986 – 4 U 237/85, NJW-RR 1987, 403 = ZMR 1987, 94 = MDR 1987, 321 = DWW 1987, 72.
2298 BGH, 03.07.1985 – VIII ZR 128/94, NJW-RR 1986, 9 = ZMR 1985, 374 = MDR 1986, 46.
2299 BGH, 24.04.1968 – VIII ZR 120/67, MDR 1968, 657 = BB 1968, 645.
2300 OLG Naumburg, 22.09.2009 – 9 U 129/09, IMR 2010, 99 = InfoM 2009, 479.
2301 KG, 18.05.2007 – 12 U 99/07, NZM 2008, 248 = MDR 2008, 19 = IMR 2008 = InfoM 2008, 124 zu einer Markthalle, 198.
2302 Ähnlich KG, 17.01.2005 – 8 U 212/04, GuT 2005, 54.
2303 Vgl. Klausellexikon bei Neuhaus, ZAP Fach 4, S. 269.

Der Mieter erwirbt durch die ausdrückliche Vereinbarung des Konkurrenzschutzes keinen Anspruch auf Schutz vor bereits bei Anmietung bestehender Konkurrenz.[2304] Derartige Klauseln wirken nur für die Zukunft.

1412 Je breiter gefächert Angebote sind oder werden können, desto eher empfehlen sich klare **Sortimentsabgrenzungen** in Konkurrenzschutzklauseln. Dies gilt z.B. für Supermärkte und Baumärkte, aber auch für Einkaufszentren, Ladenpassagen und alle anderen Orte, wo zahlreiche Mieter von Geschäftsräumen aufeinandertreffen. Wer hier das Risiko künftiger Streitigkeiten möglichst gering halten will, schließt entweder Konkurrenzschutz völlig aus oder setzt sich mit den diversen Angeboten an Waren und Dienstleistungen auseinander und trifft entsprechend genau differenzierende vertragliche Regelungen.

> **Praxistipp:**
> Konkurrenzschutz sollte aus Sicht des Vermieters in Mietverträgen für Shopping-Center, Passagen und ähnliche Lokalitäten generell und eindeutig ausgeschlossen werden, um spätere Streitigkeiten zu vermeiden.

1413 Bei komplexeren Mietobjekten ist – wenn Konkurrenzschutz nicht ausgeschlossen werden soll – aus Vermietersicht darauf zu achten, dass mit dem Erstmieter **Vereinbarungen über Sortimentserweiterungen oder -änderungen** getroffen werden. Denn jede Änderung des Angebotes kann Forderungen möglicher Konkurrenten gegen den Vermieter provozieren. Da dem Mieter aus Gründen der Berufsfreiheit Teiländerungen seiner beruflichen Tätigkeit, die sich noch i.R.d. vereinbarten Geschäftszwecks halten, nicht gänzlich untersagt werden können, ist hier darauf zu achten, dass möglichst genau definiert wird, **was der Mieter darf und was nicht**. Ferner sind daran entsprechende Rechtsfolgen zu knüpfen, damit der Vermieter ggü. dem vertragswidrig handelnden Mieter von anderen Mietern geforderte Sanktionen auch so einfach wie möglich durchsetzen kann.

1414 Um nachträglich entstehende Konkurrenzsituationen (Beispiel: **Sortimentserweiterung**, Änderung der beruflichen Tätigkeit des vorher nicht „feindlichen" Mieters) zu vermeiden, empfiehlt es sich aus Vermietersicht, jegliche Nutzungsänderungen der Mieter bzw. Änderungen des Mietzwecks durch Vereinbarung im Mietvertrag von **der vorherigen Zustimmung des Vermieters** abhängig zu machen. Dies macht aber nur Sinn, wenn auch der ursprüngliche Mietzweck möglichst genau definiert wird.

Dem Mieter ist bei Sortimentserweiterungen oder -änderungen, die sich nicht mehr mit dem vertraglich vereinbarten Geschäftszweck decken, zu empfehlen, die Neuerungen dem Vermieter anzuzeigen und im Idealfall durch Vereinbarung die Schutzpflichten des Vermieters anzupassen.

1415 Sobald die Möglichkeit von **Untervermietung** besteht, sollten auch diesbezüglich klare Regelungen getroffen werden, z.B. derart, dass der Mieter mit einem Untermieter einen dem Hauptvertrag entsprechenden Konkurrenzschutz zu vereinbaren hat.

2304 LG Köln, 18.05.1989 – 2 O 363/87, WuM 1990, 379.

2. Ausschluss des vertragsimmanenten Konkurrenzschutzes

Zum wirksamen **Ausschluss des Konkurrenzschutzes** genügen grds. wenige Worte wie im Extremfall „Kein Konkurrenzschutz". Das OLG Düsseldorf vertritt die Ansicht, dass ein formularmäßiger Ausschluss des Konkurrenzschutzes bei völlig gleichem Warensortiment und gleicher Dienstleistung unzulässig ist,[2305] was aber abzulehnen ist, solange es sich nicht um eine überraschende oder intransparente Klausel handelt. 1416

> **Praxistipp:**
> Für Vermieter ist es wichtig, vor Vertragsunterzeichnung zu beachten, dass ohne vertraglichen Ausschluss ein automatischer Konkurrenzschutz besteht.

Zu beachten ist bei Ausschluss des Konkurrenzschutzes ebenfalls, dass in vielen Gewerberaummietvertragsformularen Klauseln enthalten sind, die den Mieter zur Aufrechterhaltung seines Geschäftsbetriebs ausdrücklich verpflichten (**Betriebspflicht**). Ob derartige Vereinbarungen als AGB wirksam sind, wenn sie mit einer Konkurrenzschutzklausel und womöglich noch einer Sortimentsbindung zusammentreffen, ist in der Rechtsprechung umstritten.[2306] 1417

> **Praxistipp:**
> Wird im Mietvertrag eine Betriebspflicht vereinbart, sollte über den Konkurrenzschutz eine Individualvereinbarung getroffen werden.

3. Kombination von Konkurrenzschutzausschluss, Betriebspflicht und Sortimentsbindung

Wird dem Mieter Konkurrenzschutz versagt, kann ihm der Vermieter im Extremfall einen Betrieb der gleichen Branche „vor die Nase setzen". Wenn dann der Mieter auch noch gezwungen wird, trotz womöglich sinkender Umsätze die Betriebspflicht einzuhalten, wird er womöglich unangemessen benachteiligt. Dennoch sieht die OLG-Rechtsprechung bisher zu Recht keine unangemessene Benachteiligung i.S.v. § 307 BGB, wenn dem Mieter von Verkaufsräumen in einem Einkaufszentrum eine Betriebspflicht per AGB auferlegt, zugleich aber **die Gewährung von Konkurrenz- und Sortimentsschutz durch den Vermieter ausgeschlossen** wird.[2307] 1418

Streitig ist aber die Frage, ob durch AGB die Betriebspflicht mit einer Sortimentsbindung kombiniert und zusätzlich mit einem Ausschluss von Konkurrenz- und Sortimentsschutz wirksam 1419

2305 OLG Düsseldorf, 11.06.1992 – 10 U 165/91, NJW-RR 1992, 1290 = ZMR 1992, 445 = DWW 1992, 368.
2306 Wirksam: KG, 18.10.2004 – 8 U 92/04, GuT 2004, 236; OLG Rostock, 08.03.2004 – 3 U 118/03, NZM 2004, 460 und OLG Hamburg, 03.04.2002 – 4 U 236/01, GuT 2003, 57. Unwirksam: OLG Schleswig, 02.08.1999 – 4 W 24, 88, NZM 2000, 1008.
2307 OLG Naumburg, 15.07.2008 – 9 U 18/08, IMR 2008, 339 = NZM 2008, 772; OLG Rostock, 08.03.2004 – 3 U 118/03, NZM 2004, 460, 461; KG, 17.07.2003 – 22 U 149/03, KGR 2003, 315; OLG Hamburg, 03.04.2002 – 4 U 236/01, GuT 2003, 57 = ZMR 2003, 254.

verbunden werden kann.[2308] Auch solche Regelungen sind grds. nicht als unangemessene Benachteiligung anzusehen, da der gewerbliche Mieter als Kaufmann auch bei einer weiteren Begrenzung seiner Möglichkeiten durch eine Sortimentsbindung die Risiken abschätzen kann oder zumindest können muss. In Einkaufszentren hat der Vermieter grds. ein erhöhtes Interesse an einer Sortimentsbindung, um die Geschäfte optimal „mischen" zu können, was dann auch dem Mieter zugutekommt. Ein vom Vermieter zu gewährleistender Sortiments- und Konkurrenzschutz stellt ein Risiko für die Vermietbarkeit der übrigen Ladengeschäfte im Einkaufszentrum dar, sodass eine Sortimentsbindung und der Ausschluss von Konkurrenzschutz zumindest mittelbar auch dem Mieter zugutekommt.

> **Praxistipp:**
> Die Kombination von versagtem Konkurrenzschutz, Sortimentsbindung und Betriebspflicht im Vertrag kann zur Unwirksamkeit der Betriebspflicht führen, da die Rechtsprechung nicht einheitlich ist. Bei Anspruchsprüfung ist dies in die Überlegungen miteinzubeziehen (Klauselvergleich). Bei der Vertragsgestaltung sollte je nach Risikobereitschaft im Zweifel eher auf solche Kombinationen verzichtet oder die Klausel individuell ausgehandelt werden.

VIII. Arbeits- und Beratungshilfen

1. Schnellüberblick Grundsatz-Rechtsprechung des BGH

1420

Thema/Normen	Leitsatz	Entscheidung, Fundstelle
Gebührenstreitwert	Der Gebührenstreitwert einer auf ein Konkurrenzverbot gestützten Unterlassungsklage bestimmt sich allein nach den Gewinneinbußen, die der Mieter durch die vertragswidrige Konkurrenz hinnehmen muss. Das Minderungsinteresse, das der Mieter aus der Mangelhaftigkeit der Mietsache ableitet, ist wegen wirtschaftlicher Identität nicht hinzurechnen.	BGH, 09.08.2006 – XII ZR 165/05, GuT 2006, 373 = NZM 2006, 777 = InfoM 2006, 318 u. 319 = MDR 2007, 202
Wirksamkeit einer vertraglichen Konkurrenzschutzklausel	Zur Frage des Rechtsschutzbedürfnisses für die Geltendmachung eines vertraglichen Unterlassungsanspruchs (hier: Konkurrenzschutzanspruchs).	BGH, 14.12.1988 – VIII ZR 31/88, WuM 1990, 395 = NJW-RR 1989, 263 = MDR 1989, 444

[2308] Dagegen: OLG Schleswig, 02.08.1999 – 4 W 24, 88, NZM 2000, 1007 f. (ausführlich dazu: Stobbe/Tachezy, NZM 2002, 557); Sternel, Mietrecht aktuell, Rn. II Rn. 135, VII 254; dafür: Wolf/Eckert/Ball, Rn. 695, Bub/Treier, II Rn. 511; Huebner/Griebsach/Furerst, in: Lindner-Figura/Oprée/Stellmann, Kap. 14, Rn. 168. Ausdrücklich offengelassen von BGH, 03.03.2010 – XII ZR 131/08, GuT 2010, 97, = IMR 2010, 227, 228, 279 = NZM 2010, 361 = InfoM 2010, 219, da schon keine wirksame Sortimentsbindung vorlag.

Konkurrenzschutz vor weiteren Restaurantbetrieben im gleichen Mietshaus	Im Rahmen immanenten Konkurrenzschutzes kann für eine bürgerlich-rustikale Gaststätte eine Konkurrenzsituation durch Imbissverkauf in Betracht kommen, wenn dieselbe Verbrauchergruppe angesprochen wird. Ist der Vertragsklausel „Konkurrenzschutz für den Mieter ist ausgeschlossen – wird in folgendem Umfang vereinbart: ..." vorausgeschickt, daß eine Streichung oder Ergänzung vorzunehmen sei, dann bedeutet deren Fehlen, daß eine Regelung über Konkurrenzschutz nicht getroffen ist.	BGH, 10.02.1988 – VIII ZR 33/87, NJW-RR 1988, 717
Auslegung einer Konkurrenzschutzklausel im Mietvertrag	Die Ausgestaltung einer Konkurrenzschutzklausel zugunsten eines Gewerberaummieters mit dem Vermieter unterliegt besonderen Anforderungen.	BGH, 03.07.1985 – VIII ZR 128/84, WuM 1985, 1175 = NJW-RR 1986, 9 = ZMR 1985, 374 = MDR 1986, 46
Hinweispflicht des Vermieters über die Einräumung eines weitgehenden Konkurrentenschutzes an einen anderen bei Abschluss eines Mietvertrages	Zur Auslegung einer Klausel, in der vereinbart ist, dem Mieter werde das Recht zur Untervermietung eingeräumt, eine Zweckentfremdung der Räume sei aber nur mit ausdrücklicher Genehmigung des Vermieters gestattet. Zur Frage, ob der Vermieter von Gewerberaum den Mieter, dem er einen weitgehenden Konkurrenzschutz einräumt, bei Abschluss des Vertrages auf das Bestehen eines mit einem anderen Mieter vereinbarten gleichartigen Konkurrenzschutzes hinweisen muss.	BGH, 16.09.1981 – VIII ZR 161/80, NJW 1982, 376
Voraussetzungen für das vertragliche Anbieten von Konkurrenzschutz – Vereinbarung von Konkurrenzschutz durch die Einbeziehung der Baubeschreibung	Zur Frage der Konkurrenzschutzpflicht bei der Vermietung von Gewerberaum in einem Einkaufszentrum	BGH, 24.01.1979 – VIII ZR 56/78, WuM 1979, 144 = ZMR 1979, 311 = NJW 1979, 1404 = MDR 1979, 665
Internist gegen Internist	Zur Frage, ob der Vermieter von Praxisräumen eines Internisten gegen die allgemeine Pflicht, den Mieter vor Konkurrenz zu schützen, verstößt, wenn er im selben Hause Praxisräume an einen weiteren Internisten vermietet.	BGH, 07.12.1977 – VIII ZR 101/76, WuM 1978, 187 = ZMR 1978, 210 = BGHZ 70, 79 = MDR 1978, 400 = NJW 1978, 585

Auslegung einer Konkurrenzschutzklausel in einem Mietvertrag über Räume in einem Einkaufszentrum	Zur Frage des Rechtsschutzbedürfnisses für die Unterlassungsklage aus der Konkurrenzschutzklausel eines Mietvertrages, wenn der in Anspruch genommene Vermieter nicht selbst an das Konkurrenzunternehmen vermietet hat, sondern mit dem Vermieter der Räume des Konkurrenzunternehmens zusammen Sondereigentümer (nach dem **Wohnungseigentumsgesetz**) eines sog. Einkaufszentrums ist und mit diesem Vermieter Konkurrenzschutz zugunsten der beiderseitigen Mieter vereinbart hat. Zur Auslegung einer Konkurrenzschutzklausel in einem Mietvertrag über Räume in einem sog. Einkaufszentrum, wenn die Geschäftsräume der Konkurrenzunternehmen jeweils im Sondereigentum nach dem WEG stehen.	BGH, 09.10.1974 – VIII ZR 113/72, NJW 1974, 2317 = MDR 1975, 133 = ZMR 1977, 110
Auslegung einer Klausel eines Ladenmietvertrages	Zur Auslegung der Klausel eines Ladenmietvertrages, durch die sich der Vermieter verpflichtet, innerhalb der von ihm erstellten Wohnsiedlung keinen Laden an einen Unternehmer gleicher Branche zu vermieten. Drogeriewaren sind dann Hauptartikel eines nach Art eines Supermarktes betriebenen Selbstbedienungsladens, wenn sie in einer Vielfalt, einer Auswahlmöglichkeit, Geschlossenheit und Übersichtlichkeit dargeboten werden, die dem Angebot einer Fachdrogerie entsprechen. Der Mieter eines Drogerieeinzelhandelsgeschäftes kann bei Vorliegen der sonstigen rechtlichen Voraussetzungen daher vom Vermieter die Unterbindung der von dem Selbstbedienungsladen insoweit ausgehenden Konkurrenz verlangen.	BGH, 24.04.1968 – VIII ZR 120/67, MDR 1968, 657 = BB 1968, 645

2. Schnellüberblick aktuelle Rechtsprechung der Instanzgerichte

Thema/Normen	Leitsatz	Entscheidung, Fundstelle
Konkurrenzschutz im Ärztehaus und Mangelhaftigkeit der Mietsache – Theorie der Unmittelbarkeit §§ 275, 280, 536 BGB	Eine Verletzung vertraglich zu gewährenden Konkurrenzschutzes bewirkt noch keine Mangelhaftigkeit der Mietsache mit der Folge, dass nur eine geminderte Miete geschuldet würde. (Leitsatz der Redaktion) Konkurrenzschutz für die ärztliche Fachrichtung Orthopädie und den Schwerpunkt Chirotherapie wird verletzt, wenn ein anderer Arzt Operationen an den Stütz- und Bewegungsorganen vornimmt. Anders als der vertragsimmanente Konkurrenzschutz ist der vertraglich vereinbarte Konkurrenzschutz nicht von vornherein auf die Haupttätigkeit des geschützten Mieters beschränkt (vgl. BGH, NJW-RR 1986, 9), sondern erfasst auch Nebentätigkeiten.	OLG Dresden, 20.07.2010 – 5 U 1286/09, NZM 2010, 818 (n.rk., Revision: BGH – XII ZR 117/10)

	Die Umschreibung des Konkurrenzschutzes mit einer Fachdisziplin, die im Vertrag auch genau definiert wird, spricht dafür, dass sich der Schutz vor der Konkurrenz auf die gesamte Bandbreite der geschützten Fachrichtung erstrecken sollte.	
	Der Anspruch des Erstmieters auf Herstellung und Beibehaltung des Konkurrenzschutzes erlischt wegen Unmöglichkeit nach § 275 I BGB erst, wenn die Erfüllung ausgeschlossen ist (vgl. BGHZ 154, 171 = NZM 2003, 476 = NJW 2003, 2158; KG, NZM 2008, 889 = ZMR 2009, 119). Dies ist trotz einem nicht ordentlich oder außerordentlich kündbaren Konkurrenzmietverhältnis erst dann der Fall, wenn auch eine Einigung zwischen dem Vermieter und dem Zweitmieter über eine vorzeitige Aufhebung des Mietvertrags, ggf. gegen eine Geldzahlung, gescheitert ist. Dafür müssen ernsthafte Gespräche über eine solche Lösung mit der Gemeinschaftspraxis aufgenommen werden. Die Darlegungs- und Beweislast liegt beim Vermieter.	
Reichweite des vertraglich vereinbarten Konkurrenzschutzes	1. Besteht zu Gunsten eines „Lebensmitteldiscounters" ein vertraglich vereinbarter Konkurrenzschutz, so ist dieser durch die Vermietung eines Ladens an einen Betreiber eines „russischen Kaufhauses", das zum großen Teil russische Lebensmittel anbietet, nicht verletzt. 2. Der vertragsimmanente Konkurrenzschutz wird durch einen vertraglich vereinbarten Konkurrenzschutz eingeschränkt.	KG, 06.05.2010 – 12 U 150/09, GuT 2010, 208 = IMR 2010, 427 = ZMR 2011, 30
Bäckerei gegen „Subway"	Schuldet der Vermieter einer Bäckerei deren Betreiber Konkurrenzschutz, so handelt er nicht vertragswidrig, wenn er im selben Gebäude Räume an ein Fast-Food-Unternehmen vermietet, das Sandwiches anbietet („Subway"). Legt eine vertragliche Konkurrenzschutzklausel dass Hauptsortiment und somit den genauen Umfang der vertraglichen Verpflichtung nicht fest, ist sie gemäß §§ 133, 157, 242 BGB unter Berücksichtigung des vereinbarten Mietzwecks auszulegen und so zu verstehen, dass der Mieter vor einer Konkurrenz im Hinblick auf sein Hauptsortiment als Wettbewerber geschützt werden muss.	OLG Düsseldorf, 09.11.2009 – 24 U 61/09, GuT 2010, 207 = IMR 2010, 141 = InfoM 2010, 174 = GE 2010, 411
Vertraglicher Konkurrenzschutz schließt vertragsimmanenten aus!	Wenn in einem Mietvertrag eine ausdrückliche Regelung des Konkurrenzschutzes enthalten ist, ist in der Regel anzunehmen, dass die Parteien mit einer solchen ausdrücklichen Vereinbarung den Konkurrenzschutz abschließend regeln. Der Rückgriff auf den vertragsimmanenten Konkurrenzschutz mit der Begründung, dass lediglich eine Erweiterung der Mieterrechte beabsichtigt gewesen sei, ist grundsätzlich nicht möglich; diese Möglichkeit muss sich vielmehr aus den getroffenen vertraglichen Vereinbarungen ausdrücklich ergeben.	OLG Naumburg, 22.09.2009 – 9 U 129/09, IMR 2010, 99 = InfoM 2009, 479

	Für die Frage, ob aufgrund vertraglicher Vereinbarung Konkurrenzschutz zu gewähren ist, kann nicht generell darauf abgestellt werden, ob sich das Warenangebot in Haupt- oder Nebenartikeln überschneidet, wie es beim vertragsimmanenten Konkurrenzschutz nach § 536 BGB der Fall ist.	
	Eine Bäckerei ist kein „Markt" im Sinne einer vereinbarten Konkurrenzschutzklausel. Als „Markt" sind Supermarkt, Verbrauchermarkt, Discountmarkt, SB-Warenhaus oder ähnlicher Markt zu verstehen. Bei einer Bäckerei – auch einer überregionalen „Discountbäckerei" – fehlt es an der für diese Märkte typischen Vielfalt des Warenangebots; vielmehr handelt es sich um ein Fachgeschäft mit sehr begrenztem Angebot.	
Konkurrenzschutz bei vermietetem Teil- bzw. Sondereigentum	1. Bei vermietetem Teil- bzw. Sondereigentum besteht grundsätzlich kein vertragsimmanenter Konkurrenzschutzes, denn der unveränderte Fortbestand einer räumlichen Alleinstellung des Mieters liegt nicht im alleinigen Herrschaftsbereich des Teileigentümers, weil er i.d.R. nicht auch Eigentümer der später an Konkurrenten vermieteten Räumlichkeiten bzw. Flächen ist.	OLG Brandenburg, 10.06.2009 – 3 U 169/08, GuT 2009, 216 = IMR 2009, 345 = InfoM 2009, 384
	2. Teil- bzw. Sondereigentümer in WEG-Anlagen sind grundsätzlich nicht verpflichtet, den Mietern der Miteigentümer oder diesen selbst Konkurrenzschutz zu gewähren; vielmehr haben sie entsprechende Wettbewerbstätigkeiten, da diese außerhalb des Regelungsbereiches des § 14 Nr. 1 WEG liegen, hinzunehmen.	
Nicht eingegrenzter Mietzweck: Vermieter haftet für (jede) Zwecktauglichkeit! §§ 536, 543 Abs. 1, 2 Nr. 3, § 546 Abs. 1 BGB	Werden Kellerräume nicht zur Nutzung als Keller, sondern zur Nutzung für jeden behördlich zulässigen Zweck – mit Ausnahme eines Bordells – vermietet und werden diese Räume dann als Wellnesszentrum genutzt, trifft das Risiko der Zwecktauglichkeit den Vermieter.	KG, 20.05.2009 – 8 U 38/09, IMR 2010, 10
§§ 535, 242 BGB; § 940 ZPO Gewerberaummiete; Nagelstudio; Konkurrenzschutz gegen Nagelstudio im Hauptgewerbe; einstweilige Verfügung	Der vom Vermieter geschuldete Konkurrenzschutz (hier: gegen die Ausübung eines konkurrierenden (Nagelstudio-) Betriebs im Hauptgewerbe kann durch Regelungsverfügung durchzusetzen sein. Dies gilt auch, wenn die Konkurrenz den Betrieb bereits aufgenommen hat. Auf Schadensersatzansprüche und den Klageweg darf der Mieter nicht verwiesen werden.	KG, 21.01.2008 – 8 W 85/07, GuT 2008, 111 = InfoM 2008, 244 = IMR 2009, 12 = NZM 2009, 621

Aufstellung eines Geldautomaten im Verbrauchermarkt zulässig?	Besteht der Mietzweck im „Betrieb eines Lebensmittelverbrauchermarkts mit den für diese Betriebsform üblichen Sortimenten, auch mit den üblichen Non-Food-Artikeln", so fällt der Betrieb eines Geldautomaten nicht darunter.	OLG Düsseldorf, 13.12.2007 – 24 U 185/07, IMR 2008, 243 = Gut 2009, 27
Konkurrenzschutz im Mietvertrag: Kündigungsrecht bei Überschneidung von Nebenleistungen! §§ 242, 535, 543 BGB	Eine Konkurrenzschutzklausel im Mietvertrag kann dazu führen, dass das Konkurrenzverbot bereits Überschneidungen von Nebenleistungen des später hinzukommenden Mieters mit Leistungen des Bestandsmieters erfasst.	OLG Brandenburg, 10.08.2007 – 3 U 134/06, IMR 2008, 160
Geringfügige Regelung zum Konkurrenzschutz	Wird eine nur geringfügige Regelung zum Konkurrenzschutz getroffen, auch nur konkludent durch Bezugnahme auf andere Mieter und deren Geschäft, liegt darin eine Einschränkung des vertragsimmanenten Konkurrenzschutzes, so dass dessen voller Schutz nicht mehr greift.	KG, 18.05.2007 – 12 U 99/07, KG, 18.05.2007 – 12 U 99/07, GuT 2008, 199 = NZM 2008, 248 = MDR 2008, 19 = IMR 2008 = InfoM 2008, 124 zu einer Markthalle

3. Formulierungsvorschläge zum Konkurrenzschutz

a) Ausschluss

Formulierungsvorschlag: Ausschluss von Konkurrenzschutz

Konkurrenzschutz wird dem Mieter nicht gewährt. 1422

oder:

Jeglicher Konkurrenzschutz zugunsten des Mieters wird ausgeschlossen. 1423

b) Konkurrenzschutzklausel

Formulierungsvorschlag: Kurzfassung einer Konkurrenzschutzklausel

Konkurrenzschutz wird dem Mieter 1424
- nicht gewährt.
- für den in § ..... vereinbarten Geschäftsbetrieb gegenüber anderen gewerblichen Mietern des Gebäudes ..... gewährt.

c) Konkurrenzschutzverpflichtung

Formulierungsvorschlag: Umfassende Konkurrenzschutzverpflichtung des Vermieters mit ausreichender Konkretisierung

1425 Der Vermieter verpflichtet sich, im Mietobjekt ..... (genau bezeichnete Immobilie) sowie im Umkreis von ..... m kein weiteres branchengleiches oder branchenähnliches Unternehmen und/oder Geschäft mit den im Mietobjekt geführten Sortimenten (Haupt- und Nebenartikel) des Mieters zu betreiben, betreiben zu lassen, Räume dazu zu vermieten, zu bauen oder sich am Bau zu beteiligen.

oder:

1426 Der Vermieter verpflichtet sich, während der Mietdauer im Mietobjekt ..... (genau bezeichnete Immobilie) keine Räumlichkeiten Dritten zu überlassen, die vom Mieter geführte Waren (Haupt- und Nebenartikel) vertreiben. Entsprechendes gilt für die eigene geschäftliche Tätigkeit des Vermieters.

oder:

1427 Dem Vermieter ist es untersagt, Mietflächen im Mietobjekt ..... (genau bezeichnete Immobilie) sowie auf ihm gehörenden Grundstücken in der .....-straße in ..... (genau bezeichnete Straße und Ort) an Betreiber von ..... (genaue Bezeichnung der Branche) zu vermieten.

d) Rechtsfolgenvereinbarung

Formulierungsvorschlag: Rechtsfolgenvereinbarung bei Verstößen

1428 Der Mieter ist nach ergebnisloser Abmahnung zur fristlosen Kündigung berechtigt, wenn der Vermieter gegen das Konkurrenzschutzgebot verstößt, es sei denn, der Konkurrenzschutz ist vertraglich ausgeschlossen.

e) Untervermietung

Formulierungsvorschlag: Untervermietung

1429 Der Mieter verpflichtet sich für den Fall der Untervermietung (vgl. § ..... dieses Vertrages), mit dem Untermieter eine der in diesem Vertrag getroffene Abmachung über Konkurrenzschutz exakt entsprechende Vereinbarung zu treffen. Die Parteien sind sich darüber einig, dass der Mieter nicht berechtigt ist, einem Untermieter weiter gehende Tätigkeiten zu gestatten, als ihm selbst nach diesem Vertrag erlaubt sind.

f) Sortiment

Formulierungsvorschlag: Sortimentserweiterungen oder -änderungen

> Sortimentserweiterungen, Sortimentsänderungen oder das Anbieten neuer Waren oder Dienstleistungen, die von der nachfolgenden Aufstellung abweichen, sind von der vorherigen schriftlichen Zustimmung des Vermieters abhängig. Der Mieter bietet folgendes Sortiment an:
>
> > **Hinweis:**
> > Hier muss individuell geprüft und verhandelt werden, inwieweit eine Aufsplittung in Einzeleinheiten sinnvoll ist. Je größer das Sortiment des Mieters ist, z.B. bei einem Supermarkt, desto eher wird sich eine Auflistung jedes einzelnen Produkts verbieten, sodass nur noch Produktgruppen aufgenommen werden sollten.
>
> 1. .....
>
> 2. .....
>
> Der Vermieter kann die Zustimmung verweigern, wenn bereits andere Mieter die Waren etc. anbieten oder vertragliche Vereinbarungen mit anderen Mietern bestehen, die diesen das Anbieten der Waren etc. gestatten. Handelt der Mieter ohne Zustimmung oder entgegen einer aus den vorgenannten Gründen berechtigten Verweigerung der Zustimmung des Vermieters, kann dieser verlangen, dass der Mieter den ursprünglichen Zustand wiederherstellt. Des Weiteren stellt der Mieter dann den Vermieter von allen Ansprüchen anderer Mieter frei, die diese gegen den Vermieter aufgrund der Sortimentserweiterung etc. geltend machen, sofern die Ansprüche ursächlich mit der Sortimentserweiterung etc. zusammenhängen.

1430

g) Klageanträge des Mieters wegen Konkurrenz

Dazu → *Rn. 1402 ff.*

1431

4. Checklisten

a) Konkurrenzschutzansprüche

Checkliste: Prüfung von Konkurrenzschutzansprüche

> Liegt eine ausdrückliche Vereinbarung über Konkurrenzschutz (Ausschluss, Konkretisierung etc.) vor oder handelt es sich um vertragsimmanenten Konkurrenzschutz?
>
> Falls eine Vereinbarung vorliegt:
>
> ☐ Ist die Vereinbarung eindeutig oder muss sie ausgelegt werden? Bei Auslegung sind ggf. ergänzende Umstände wie vorvertragliche Gespräche, Schriftverkehr, Pläne etc. heranzuziehen.
>
> ☐ Handelt es sich um eine Individualvereinbarung oder eine formularmäßig getroffene Absprache (= Wirksamkeit nach §§ 305 ff. BGB)?

1432

- ☐ Ist ein bestimmter Geschäftszweck Gegenstand des Mietvertrages geworden?
- ☐ Handelt es sich bei dem Konkurrenten um Konkurrenz i.S.d. Rechtsprechung?
- ☐ In welchen Bereichen liegen konkurrierende Angebote vor?
- ☐ Handelt es sich um Haupt- oder Nebenartikel/-leistungen? Entspricht das Angebot der Artikel/Leistungen nach Vielfalt, Auswahlmöglichkeit, Geschlossenheit und Übersichtlichkeit dem Angebot eines Fachgeschäfts?
- ☐ Welche Verbrauchergruppen werden jeweils angesprochen?
- ☐ Welche Nachteile sind durch die Konkurrenz aufgetreten (z.B. Umsatzeinbußen)?
- ☐ Ist die Grenze des Zumutbaren überschritten (Höhe der Umsatzeinbußen etc.)?
- ☐ Sind die Nachteile nachweisbar?

b) Vertragsgestaltung

Checkliste: Vertragsgestaltung

1433

- ☐ Bestehen bereits andere Mietverhältnisse, die örtlich/räumlich mit dem neuen Mieter konkurrieren könnten?
- ☐ Liegen Überschneidungen in den Tätigkeitsbereichen mit bereits bestehenden Mietern vor? Wenn ja: Vereinbarung, dass sich Tätigkeit des neuen Mieters nicht darauf erstrecken darf.
- ☐ Soll Konkurrenzschutz ausgeschlossen werden?
- ☐ Bei Ausschluss: Soll formularmäßig eine Betriebspflicht und/oder Sortimentsbindung des Mieters vereinbart werden? Wenn ja: wegen möglicher Kollisionsgefahr der Formularklauseln Individualvereinbarung treffen.
- ☐ Soll Konkurrenzschutz ausdrücklich vereinbart werden?
- ☐ Konkurrenzschutz nur für das Hauptsortiment?
- ☐ Konkurrenzschutz für folgende Produkte/Gruppen/Leistungen: ...
- ☐ Örtliche Festlegung des Konkurrenzschutzes (nur für das Objekt, im Umkreis von ... m/km etc.)
- ☐ Vereinbarung der „Weitergabe" des Konkurrenzschutzes bei Untermiete.
- ☐ Klärung der Problematik Sortimentserweiterungen/-änderungen.

5. ABC zum Konkurrenzschutz

1434 Zur besseren praktischen Handhabung werden nachfolgend einige Fallgruppen alphabetisch nach Stichworten aufgelistet und mit einer Zusammenfassung beispielhafter Urteile versehen. Die Orientierung wird weiter dadurch erleichtert, dass zunächst zwischen den beiden Gruppen „Mietverträge ohne ausdrückliche Konkurrenzschutzklausel" und „Mietverträge mit ausdrücklicher Konkurrenzschutzklausel" differenziert wird. Die Texte sind i.d.R. an den originalen Wortlaut der Entscheidungen angelehnt.

a) Mietverträge ohne ausdrückliche Konkurrenzschutzklausel

■ Arzt 1435

Der Vermieter überließ zunächst einer Internistin Räume und vermietete einige Zeit später eine im selben Haus gelegene Praxis an einen ebenfalls als Internist tätigen Arzt. Die Erstmieterin verlangte u.a. Feststellung der Ersatzpflicht des Vermieters für den Schaden, der ihr aus der Vermietung an den Konkurrenten entstanden sei. Der BGH hat in dieser grundlegenden Entscheidung für den Bereich der freien Berufe den Anspruch der Klägerin bestätigt und dies damit begründet, dass der Vermieter zwar nicht verpflichtet sei, der Ärztin jede fühlbare oder unliebsame Konkurrenz fernzuhalten, wohl aber solche, die den vertragsgemäßen Gebrauch der Praxisräume mehr als nur unwesentlich beeinträchtige. Dies folge aus der gleichen Fachrichtung der beiden Berufsträger, weil die unmittelbare Nachbarschaft die Erstmieterin insb. bzgl. der Patienten, die mit Laufkundschaft vergleichbar seien, wirtschaftlich beeinträchtigen könnte. Für die aus § 536 BGB a.F. (jetzt § 535 Abs. 1 Satz 2 BGB) folgende Verpflichtung des Vermieters, den Mieter auch ohne besondere Vereinbarung vor Konkurrenz zu schützen, bestehe zwischen Gewerbetreibenden und Praxen von Freiberuflern kein Unterschied. Bei diesen Berufen liege ebenso wirtschaftliche Konkurrenz vor wie bei Gewerbetreibenden, wenngleich die Lage der Räumlichkeiten wegen der besonderen personengebundenen Faktoren bei Ärzten wie fachliches Können, Geschick im Umgang mit Patienten, die Fähigkeit, Vertrauen zu erwecken u.Ä. nicht immer von solcher Bedeutung sei wie bei Gewerbetreibenden. Weiter stellt der BGH darauf ab, dass in Stadtzentren, wo durch die Dichte der Geschäftstreibenden ein höherer Konkurrenzdruck bestehe, Beeinträchtigungen grds. eher hingenommen werden müssten als in Wohngebieten, was aber nicht bedeute, dass der Arzt deshalb Konkurrenz im eigenen Haus hinnehmen müsse.

BGH, 07.12.1977 – VIII ZR 101/76, BGHZ 70, 79 = MDR 1978, 400 = NJW 1978, 585

→ *Zu einem Fall mit ähnlicher Problematik und Argumentation bei Zahnärzten, OLG Karlsruhe, 05.07.1972 – 6 U 158/71, NJW 1972, 2224*

■ Bäckerei 1436

→ *Supermarkt, OLG Hamm, 16.12.1997 – 7 U 64/97, NJW-RR 1998, 1019,* → *Rn. 1460*

■ Damenoberbekleidung 1437

Die Erstmieterin verkaufte Damenoberbekleidung für Jugendliche in einem in einer attraktiven Fußgängerzone gelegenen Geschäftshaus. Sie verlangte von den Vermietern, dass diese dem Zweitmieter, der vorher bereits innerhalb des Geschäfts eines weiteren Mieters im Haus tätig war, den Verkauf von Konkurrenzprodukten untersagten. Das LG verneinte einen Anspruch und setzte sich damit in Widerspruch zu der vorher im Verfahren der einstweiligen Verfügung v. OLG Frankfurt am Main (NJW-RR 1988, 396) vertretenen Ansicht. Zwar bestehe vertragsimmanenter Konkurrenzschutz, der aus der Gewährung des vertragsgemäßen Gebrauchs nach § 536 BGB a.F. (jetzt § 535 Abs. 1 Satz 2 BGB) und einer allgemeinen Fürsorgepflicht des Vermieters folge. Der Grundsatz sei aber in der Form einzugrenzen, dass der Vermieter nicht jeden fühlbaren oder unliebsamen Wettbewerb fernhalten müsse, sondern nach den Umständen des Einzelfalls abzuwägen sei, inwieweit nach Treu und Glauben unter Berücksichtigung der Belange der Parteien die Fernhaltung der Konkurrenz geboten ist. Danach bestehe hier kein Schutz, weil von den Fällen des identischen Warenangebots diejenigen Fälle zu unterscheiden seien, in denen es sich wie hier um reinen Leistungswettbewerb handele. Da in der hochfrequentierten Fußgängerzone eine Vielzahl von Geschäften mit vergleichbaren Angeboten vorliege, insb. im Textilsektor, habe die Erstmieterin schon bei Anmietung damit rechnen müssen, dass in unmittelbarer Nähe ein Konkurrenzunternehmen eröffnen könnte. Daher hätte sie sich notfalls Konkurrenzschutz im Vertrag zusichern lassen müssen.

LG Frankfurt am Main, 05.07.1988 – 2/18 O 234/87, NJW-RR 1989, 1246

1438 ■ **Einkaufsstraße**

→ *Damenoberbekleidung, LG Frankfurt am Main, 05.07.1988 – 2/18 O 234/87, NJW-RR 1989, 1246*

1439 ■ **Einkaufszentrum**

→ *Zur Problematik Konkurrenz im Einkaufszentrum, BGH, 24.01.1979 – VIII ZR 56/78, MDR 1979, 665 = WuM 1979, 144 = NJW 1979, 1404. Das Urteil wird hier wegen des Umfangs und der Komplexität des Sachverhalts nicht erörtert.*

1440 ■ **Freie Berufe**

→ *Arzt, BGH, 07.12.1977 – VIII ZR 101/76, BGHZ 70, 79*

1441 ■ **Fußgängerzone**

→ *Damenoberbekleidung, LG Frankfurt am Main, 05.07.1988 – 2/18 O 234/87, NJW-RR 1989, 1246*

1442 ■ **Gaststätte**

Die Mieterin betrieb eine bürgerlich-rustikale Gaststätte in einem Haus mit zahlreichen gastronomischen Betrieben, die während der Bauzeit nicht in dieser Form vorgesehen waren. Die Rechtsvorgängerin der Mieterin hatte bei Vertragsverhandlungen während der Bauzeit vom Vermieter letztlich zerstreute Bedenken geäußert, ob die Gaststätte neben einer Café-Bistro-Bar im Erdgeschoss rentabel betrieben werden könne. Im Mietvertrag zwischen den Parteien befindet sich die formularmäßige Klausel „*Konkurrenzschutz für den Mieter ist ausgeschlossen – wird in folgendem Umfang vereinbart:...*", die weder gestrichen noch ergänzt wurde. Die Mieterin verlangt vom Vermieter Unterbindung mehrerer Konkurrenzbetriebe im Haus. Der BGH hat wegen Mängeln in der Beweisaufnahme zurückverwiesen und ausgeführt, Konkurrenzschutz sei jedenfalls schriftlich nicht vereinbart worden, da die Vertragsparteien im Vertrag weder eine Streichung noch eine Ergänzung der dort vorgesehenen Klausel vorgenommen hätten. Da jeder schriftliche Vertrag die Vermutung der Richtigkeit und Vollständigkeit für sich habe, trage die Beweislast für eine außerhalb des schriftlichen Vertrages liegende Vereinbarung die Partei, welche sich auf die Abrede berufe. Daher sei weitere Aufklärung zu betreiben. Falls diese ergebe, dass keine Vereinbarung über den Ausschluss von Konkurrenzschutz getroffen worden sei, gelte vertragsimmanenter Schutz derart, dass die Mieterin nicht mehr Konkurrenz zu dulden brauche, als sie nach dem ursprünglichen Vermietungskonzept der Vermieterin und späteren einvernehmlichen Änderungen hingenommen habe.

BGH, 10.02.1988 – VIII ZR 33/87, NJW-RR 1988, 717

Vermieter und Mieter, der zunächst ein Restaurant mit ungarischen und dann mit jugoslawischen Speisen betrieb, stritten um die Mietminderung des Mieters um 50 % wegen Vermietung an den Betreiber eines weiteren Restaurants (griechische Speisen). Das OLG Karlsruhe bejahte ein Konkurrenzverhältnis, da das Angebot unterschiedlicher nationaler Küchen eine Vergleichbarkeit und damit Konkurrenz nicht ausschließe. Bzgl. der Höhe der Minderung vertrat das Gericht die Auffassung, 12,5 % wären angemessen und berief sich dafür auf den von einem Sachverständigen mitgeteilten Erfahrungssatz, dass ein Gastwirt erst im dritten Jahr bei einem neuen Objekt den Umsatz erreiche, der in Zukunft keine wesentlichen Änderungen mehr erwarten lasse. Daher sei der Erstmieter im ersten Jahr nach Eröffnung des Konkurrenzbetriebes nur zur Minderung i.H.v. 7,5 %, im zweiten Jahr zu 10 % und erst im dritten Jahr zu 12,5 % berechtigt gewesen.

OLG Karlsruhe, 07.04.1989 – 14 U 16/86, NJW-RR 1990, 1234 = ZMR 1990, 214

→ *Nachbargrundstück, OLG Hamm, 06.11.1990 – 7 U 135/90, NJW-RR 1991, 975*

Hauptartikel/Hauptsortiment 1443

→ *Einkaufszentrum, BGH, 03.07.1985 – VIII ZR 128/84, NJW-RR 1986, 9, sowie a)* (→ Rn. 1435 ff.) *Supermarkt, OLG Hamm, 16.12.1997 – 7 U 64/97, NJW-RR 1998, 1019*

Imbiss 1444

Der Erstmieter betrieb einen Imbiss und forderte vom Vermieter Schadensersatz, weil im selben Haus von dem Untermieter eines anderen Mieters, dem die Räume zum Betrieb einer Trinkhalle vermietet waren, eine Pizzeria betrieben wurde. Das OLG hat einen Anspruch aus positiver Forderungsverletzung bejaht und mit der Verletzung vertragsimmanenten Konkurrenzschutzes durch den Vermieter begründet. Dafür komme es nicht auf die Art der angebotenen Speisen in den beiden Betrieben an, sondern nur darauf, dass beide Betriebe im Hauptsortiment fertige Gerichte anböten, die in derartigen Imbissbetrieben für gewöhnlich angeboten würden und deshalb geeignet seien, dem Wettbewerber Konkurrenz zu machen. Der Vermieter habe auch schuldhaft gehandelt. Eine auf Unterbindung gerichtete einstweilige Verfügung gegen den Zweitmieter wäre wegen der vertragsverletzenden Untervermietung an den Pizzeria-Betreiber ohne Weiteres möglich gewesen, da dem Zweitmieter das Ladenlokal lediglich für eine Trinkhalle vermietet worden sei.

OLG Hamm, 08.11.1996 – 7 U 11/96, NJW-RR 1997, 459

1445 ■ **Industriebetrieb, Pacht von Teilflächen**

Die Erstpächterin hatte etwa 2.000 m² eines ca. 120.000 m² großen Gewerbegrundstücks für die Errichtung eines Transportbetonwerks gepachtet und nahm die Vermieterin auf Konkurrenzschutz gegen einen weiteren Betrieb in Anspruch, der auf dem Grundstück ähnliche Tätigkeiten ausführte. Das OLG Koblenz widersprach dem Unterlassungsbegehren der Erstpächterin und begründete dies damit, dass der Verpächter abweichend vom grds. bestehenden vertragsimmanenten Konkurrenzschutz nicht gehalten sei, jeden unliebsamen Wettbewerb fernzuhalten. Es sei nach den Umständen des Einzelfalls und dem jeweiligen Vertragszweck zu entscheiden, inwieweit nach Treu und Glauben unter Berücksichtigung der Belange beider Vertragspartner die Fernhaltung von Konkurrenz geboten ist. Dafür sei u.a. darauf abzustellen, ob an Ort und Stelle Wettbewerb um Kunden und Umsatz mit der Folge einer Absatzbeeinträchtigung durch die Konkurrenz stattfinde. Eine solche „Vor-Ort-Wettbewerbssituation" liege bei den Konkurrenten nicht vor, da es sich grds. nur um reine Produktionsstätten handele und der Anteil der Selbstabholer, die die Produktionsstätten aufsuchen, nur gering sei.

OLG Koblenz, 23.12.1994 – 2 U 457/93, NJW-RR 1995, 1352

> **Hinweis:**
> Der Senat äußert sich in der Urteilsbegründung kurz zu der interessanten Problematik, ob vertragsimmanenter Konkurrenzschutz soweit auszudehnen ist, dass bei nur eingeschränkten Nutzungsmöglichkeiten eines Grundstücks (Rohstoffförderung) bereits die Verpachtung eines kleinen Teilbereiches die weitere wirtschaftliche Nutzung durch Verpachtung an andere Unternehmen verhindern könnte. Eine konkrete Stellungnahme dazu unterbleibt, es wird lediglich für „äußerst bedenklich" gehalten, den Konkurrenzschutz soweit auszudehnen.

1446 ■ **Internist**

→ *Arzt, BGH, 07.12.1977 – VIII ZR 101/76, BGHZ 70, 79*

1447 ■ **Lagerräume/Lagerhalle**

→ *Spedition, OLG Karlsruhe, 02.04.1987 – 12 U 206/86, NJW-RR 1987, 848,* → *Rn. 1457*

1448 ■ **Mietminderung**

→ *Spielhalle, OLG Düsseldorf, 15.05.1997 – 10 U 4/96, NJW-RR 1998, 514*

1449 ■ **Modegeschäft**

→ *Damenoberbekleidung, LG Frankfurt am Main, 05.07.1988 – 2/18 O 234/87, NJW-RR 1989, 1246*

■ Nachbargrundstück 1450

Der Vermieter hatte auf einem ebenfalls in seinem Eigentum stehenden Nachbargrundstück noch zu errichtende Mietflächen an den Betreiber eines Supermarkts vermietet, obwohl in unmittelbarer räumlicher Nähe bereits ebenfalls vom Vermieter vermietete Räumlichkeiten mit identischem Geschäftszweck vorhanden waren. Das KG hat den Konkurrenzschutz des Erstmieters bestätigt, dies mit der herrschenden Meinung aus dem vertragsgemäßen Gebrauch der Mietsache abgeleitet und sich bzgl. des Umfangs auf den Geschäftszweck berufen. Dieser sei hier bei beiden Geschäften identisch (Verkauf von Nahrungs- und Genussmitteln aller Art etc.), sodass der räumliche Umfang sich auch auf ein unmittelbar angrenzendes Grundstück erstrecke, wenn dies gleichfalls dem Vermieter gehöre.

KG, 10.05.1999 – 8 U 7114/98, MDR 1999, 1375

Der Erstmieter, Betreiber eines Tanzcafés, verlangte vom Vermieter, den Betrieb eines von diesem ebenfalls vermieteten Bistros mit Tanzmöglichkeit auf einem Nachbargrundstück zu unterbinden. Zwischen den beiden Grundstücken befand sich ein weiteres Grundstück, das nicht im Eigentum des Vermieters stand. Der Antrag auf Erlass einer einstweiligen Verfügung scheiterte mit der Begründung, dass sich der vertragsimmanente Konkurrenzschutz nicht auf Grundstücke erstrecke, zwischen denen ein weiteres Grundstück liege. Unmittelbare Nachbarschaft sei nach der BGH-Rechtsprechung (BGH, 24.01.1979 – VIII ZR 56/78, MDR 1979, 665) zu verneinen, wenn die Grundstücke 350 m entfernt voneinander lägen. Diese Rechtsprechung beziehe sich aber auf ein Ladenzentrum mit einheitlichen Eigentumsverhältnissen und sei daher nicht ohne Weiteres im Umkehrschluss auf durch Fremdgrundstücke getrennte Flächen übertragbar. Zudem dürfe der Vermieter an der wirtschaftlichen Nutzung von Grundstücken, die mit dem Mietobjekt in keiner sachlichen Beziehung mehr stehen, nicht unangemessen eingeschränkt werden.

OLG Hamm, 06.11.1990 – 7 U 135/90, NJW-RR 1991, 975

■ Nebenartikel/Nebensortiment 1451

→ *Einkaufszentrum, BGH, 03.07.1985 – VIII ZR 128/84, NJW-RR 1986, 9 sowie a)* (→ *Rn. 1435 ff.*) *Supermarkt, OLG Hamm, 16.12.1997 – 7 U 64/97, NJW-RR 1998, 1019*

■ Pizzeria 1452

→ *Imbiss, OLG Hamm, 08.11.1996 – 7 U 11/96, NJW-RR 1997, 459*

■ Restaurant 1453

→ *Gaststätte, BGH, 10.02.1988 – VIII ZR 33/87, NJW-RR 1988, 717; OLG Karlsruhe, 07.04.1989 – 14 U 16/86, NJW-RR 1990, 1234*

■ „Schnäppchen-Markt" 1454

→ *„Strumpfboutique", OLG Köln, 12.01.1998 – 16 U 67/97, WuM 1998, 342*

1455 ■ **Sondereigentum**

→ *Untermiete, LG Karlsruhe, 24.07.1990 – 8 O 436/89, WuM 1991, 83*

1456 ■ **Sonnenstudio**

→ *Untermiete, LG Karlsruhe, 24.07.1990 – 8 O 436/89, WuM 1991, 83*

1457 ■ **Spedition**

Eine Spedition hatte eine Lagerhalle ausschließlich zur Einlagerung von Möbeln gemietet, ihr Büro befand sich nicht auf dem Grundstück. Die Vermieterin vermietete eine weitere Halle auf dem Grundstück an eine zweite Speditionsfirma, nachdem sie die Halle zuvor der Erstmieterin zur Miete angeboten hatte. Diese kündigte wegen der Konkurrenz fristlos und stellte die Mietzahlung ein. Das OLG Karlsruhe hielt die Mietzahlungsklage der Vermieterin für begründet, weil diese durch die Vermietung der zweiten Halle an ein Konkurrenzunternehmen keine Vertragspflichten verletzt habe, sodass die fristlose Kündigung grundlos erfolgt sei. Die Erstmieterin habe die Halle ausschließlich zur Lagerung angemietet, zudem hätten sich ihre Geschäfts- und Büroräume nicht in räumlicher Nähe befunden. Ein Bedürfnis, die andere Speditionsfirma aus Konkurrenzgründen vom Grundstück fernzuhalten, habe deshalb nicht bestanden.

OLG Karlsruhe, 02.04.1987 – 12 U 206/86, NJW-RR 1987, 848

1458 ■ **Spielhalle**

Die Mieterin hatte Räume in einem Altstadtcenter für den Betrieb einer Spielhalle gemietet. Nachfolgend erteilte der Vermieter einem anderen Mieter die Erlaubnis zur Nutzungsänderung seines Ladenlokals als Spielhalle. Das OLG Düsseldorf bestätigt einen Anspruch der Erstbetreiberin auf Mietminderung, weil die Gestattung der Nutzungsänderung eine Vertragsverletzung gewesen sei. Der Anspruch setze im Gegensatz zum Schadensersatzbegehren nicht voraus, dass die Vertragsverletzung für Umsatzeinbußen ursächlich war. Es genüge vielmehr, dass der Wert des Mietgegenstandes eingeschränkt sei. Dazu reiche es aus, darzulegen, dass die Tauglichkeit des Mietobjekts infolge des Betriebes des Konkurrenzunternehmens in nicht nur unerheblicher Weise beeinträchtigt werde. Das Gericht verweist dafür auf einen wegen der Konkurrenz niedrigeren Kaufpreis im Fall der Veräußerung des Mietobjekts und der allgemein höheren Miete bei Objekten ohne Konkurrenzsituation. Der Umfang der Gebrauchsbeeinträchtigung und damit die Höhe der Minderung müsse ggf. durch einen Sachverständigen geklärt werden.

OLG Düsseldorf, 15.05.1997 – 10 U 4/96, NJW-RR 1998, 514 = ZMR 1997, 583

> **Hinweis:**
> Das Urteil des OLG Düsseldorf liefert wertvolle Hinweise für Fälle der Mietminderung wegen Konkurrenz.

„Strumpfboutique" 1459

Der Vermieter hatte zunächst dem Betreiber einer „Strumpfboutique" und danach einem sog. „Schnäppchen"-Anbieter, der neben Waren aller Art auch Fußbekleidung aus Überschuss- und Fehlproduktionen anbot, Räume in unmittelbarer Nähe vermietet. Der vom Erstmieter geltend gemachte Anspruch gegen den Vermieter, den Zweitmieter zu zwingen, keine Strümpfe mehr zu verkaufen, hatte keinen Erfolg. Das OLG Köln begründete dies u.a. damit, dass der vertragsimmanente Konkurrenzschutz sich nur auf die Hauptartikel des Konkurrenten erstrecke. Von Konkurrenz könne nur dann gesprochen werden, wenn beide Geschäfte dieselbe Verbrauchergruppe ansprechen würden. Der Verkauf von Nebenartikeln im Nachbargeschäft sei hinzunehmen, solange der Umsatz nicht einen so starken Abbruch erleide, dass die Mieträume für den Vertragszweck nur noch eingeschränkt brauchbar seien. Dies sei hier bei dem Erstmieter nicht der Fall gewesen.

OLG Köln, 12.01.1998 – 16 U 67/97, WuM 1998, 342

Supermarkt 1460

Der Vermieter vermietete Räumlichkeiten an eine Bäckerei, obwohl er im selben Gebäude bereits zuvor Räume an einen Supermarkt vermietet hatte, der ebenfalls Backwaren im Sortiment führte. Die Klage des Vermieters gegen den Supermarktbetreiber auf Rückzahlung von Mietminderung wegen des Konkurrenzgeschäfts hatte in beiden Instanzen Erfolg. Das OLG Hamm berief sich zwar auf die vertragsimmanente Konkurrenzschutzverpflichtung des Vermieters, schränkte diese aber dahin ein, dass sich der Schutz nicht auf alle Artikel eines Geschäfts, sondern nur auf die sog. Hauptartikel, die dem Geschäft das Gepräge geben, erstrecke. Das Warensortiment eines Supermarkts könne nur dann als Hauptartikel angesehen werden, wenn es in seiner Präsentation dem eines Fachgeschäfts entspreche, wofür auf die Vielfalt des Angebots, die Auswahlmöglichkeit, Geschlossenheit und Übersichtlichkeit abzustellen sei.

OLG Hamm, 16.12.1997 – 7 U 64/97, NJW-RR 1998, 1019

> **Hinweis:**
> Zur Definition von Haupt- und Nebenartikeln → b) (→ Rn. 1464 ff.) Einkaufszentrum, BGH, 03.07.1985 – VIII ZR 128/84, NJW-RR 1986, 9; zum Supermarkt → a) (→ Rn. 1435 ff.) Nachbargrundstück KG, 10.05.1999 – 8 U 7114/98, MDR 1999, 1375.

Tanzlokal 1461

→ *Gaststätte, OLG Hamm, 06.11.1990 – 7 U 135/90*

Teilflächen, Pacht von 1462

→ *Industriebetrieb, OLG Koblenz, 23.12.1994 – 2 U 457/93, NJW-RR 1995, 1352*

1463 ■ **Untermiete**

Der Untermieter – Betreiber eines Sonnenstudios in einem Einkaufszentrum – hatte den Mietvertrag gekündigt, weil sein Vermieter, der wiederum Mieter eines Sondereigentümers der streitbefangenen Räume war, ggü. den anderen Sondereigentümern keinen Konkurrenzschutz bzgl. weiterer Sonnenstudios durchgesetzt hatte. Der Hauptmieter scheiterte mit seiner Klage gegen den Untermieter. Nach Ansicht des LG Karlsruhe war die Kündigung des Untermieters berechtigt, weil der Sondereigentümer aufgrund der ständigen Rechtsprechung zum vertragsimmanenten Konkurrenzschutz dazu verpflichtet gewesen sei, seine Mieter vor Konkurrenz durch die anderen Sondereigentümer zu schützen. Wenn ein solcher Schutz nicht mit den anderen Eigentümern vertraglich geregelt werden könne, müsse der Sondereigentümer seine Mieter zumindest vor Vertragsschluss darauf hinweisen, dass Konkurrenzschutz nicht gewährleistet werden könne. Ist dies unterblieben, bestehe ein Kündigungsrecht, das auch für den Untermieter gelte, da den Hauptmieter im Verhältnis zum Untermieter dieselben Vertragspflichten träfen, solange er sich davon nicht freizeichnen. Das Gericht geht also von einer Art Stufenverhältnis aus: Pflichten des Sondereigentümers – Pflichten des Mieters des Sondereigentümers (= Untervermieter) – Untermieter.

LG Karlsruhe, 24.07.1990 – 8 O 436/89, WuM 1991, 83

b) **Mietverträge mit ausdrücklicher Konkurrenzschutzklausel**

1464 ■ **Apotheke/Drogerie**

Der Erstmieter betrieb eine Apotheke und verlangte von dem unmittelbar neben seinen Geschäftsräumen gelegenen Drogeriebetreiber Einstellung der Tätigkeit. Dieser hatte mit dem gemeinsamen Vermieter im Mietvertrag vereinbart, „keine Konkurrenzbranchen bzgl. der im Mietanwesen vorhandenen anderen Mieter zu betreiben". Das OLG gab dem Antrag des Erstmieters auf Erlass einer einstweiligen Verfügung nach § 1 UWG statt, weil der Drogeriebetreiber sich durch die Art seiner Schaufensterwerbung wettbewerbswidrig verhalten habe, verneinte aber gleichzeitig einen Anspruch aus der Konkurrenzschutzklausel des Mietvertrages. Denn das Angebot der Apotheke und der Selbstbedienungs-Drogerie überschneide sich nicht im Hauptsortiment, sodass verschiedenartige Geschäftsbetriebe vorlägen. Zur Begründung wird angeführt, dass nur etwa 8 % des Apotheken-Umsatzes auf Produkte entfielen, die auch die Drogerie anbiete. Ferner sei wegen der Verschreibungs- und Apothekenpflicht mancher Waren keine Gleichartigkeit der Betriebe in den Augen der Öffentlichkeit gegeben.

OLG Frankfurt am Main, 27.08.1981 – 6 U 75/81, NJW 1982, 707

→ *Konkurrierende Konkurrenzschutzklauseln, BGH, 16.09.1981 – VIII ZR 161/80, NJW 1982, 376*

1465 ■ **Arzt/Zahnarzt**

Vermieter und Erstmieter, ein Zahnarzt, hatten formularmäßig vereinbart, dass keine Verpflichtung besteht, „dem Mieter Konkurrenz- oder Sortimentsschutz irgendwelcher Art zu gewähren". Der Schadensersatzanspruch des Erstmieters gegen den Vermieter wegen Vermietung an einen weiteren Zahnarzt scheiterte in beiden Instanzen. Das OLG Hamburg begründete dies damit, dass der Vermieter seine Gebrauchsgewähr- bzw. Gebrauchserhaltungspflicht durch die Konkurrenzvermietung nicht verletzt habe. Der grds. vertragsimmanente Konkurrenzschutz sei ausdrücklich ausgeschlossen worden und dieser formularmäßige Ausschluss stelle keine unangemessene Benachteiligung des Erstmieters i.S.v. § 9 Abs. 2 Nr. 1 AGBG (jetzt § 307 Abs. 2 Nr. 1 BGB) dar. Der Ausschluss jeglicher Konkurrenzpflichten sei nämlich mit den wesentlichen Grundgedanken der §§ 535 Satz 1 und 536 BGB (jetzt § 535 Abs. 1 Satz 1 und Satz 2 BGB) vereinbar. Auch ein Verstoß gegen § 9 Abs. 2 Nr. 2 AGBG (jetzt § 307 Abs. 2 Nr. 2 BGB) liege nicht vor, da die Klausel keine wesentliche Vertragspflicht des Erstmieters so einschränke, dass die Erreichung des Vertragszweckes gefährdet würde.

OLG Hamburg, 17.12.1986 – 4 U 237/85, NJW-RR 1987, 403 = ZMR 1987, 94 = MDR 1987, 321 = DWW 1987, 72

> **Hinweis:**
>
> Das Urteil setzt sich sehr ausführlich mit den diversen Argumentationsmöglichkeiten bei Konkurrenz von Ärzten und Zahnärzten auseinander (→ *auch BGH, 07.12.1997 – VIII ZR 101/76, BGHZ 70, 79, oben unter a*) (→ *Rn. 1435 ff.) Stichwort Arzt erörtert*). S. zu der Problematik der generellen Ausschlussklausel auch → *Gaststätte, OLG Düsseldorf, 11.06.1992 – 10 U 165/91, NJW-RR 1992, 1290.*

Die Vermieter betrieben ein Ärztehaus und vereinbarten mit dem Mieter, einem Facharzt für Chirurgie und Orthopädie, u.a. folgende Klausel: *„Der Vermieter verpflichtet sich, im selben Gebäude keine weitere Arztpraxis mit einer der beiden Fachrichtungen Chirurgie/Orthopädie (§ 1 I) einzurichten bzw. durch einen Dritten einrichten und/oder ausüben zu lassen."* Der Arzt betrieb die Praxis als Chirurg und Durchgangsarzt. Mit einer gegen die Vermieterin gerichteten einstweiligen Verfügung begehrte der Mieter später erfolgreich Untersagung der Vermietung weiterer Räume zum Betrieb einer Praxis für Mund-, Kiefer- und Gesichtschirurgie (MKG). Das Gericht begründete dies mit einem Verstoß des Vermieters gegen die Vertragsklausel, da der Orthopäde glaubhaft gemacht habe, dass die MKG-Praxis eine Konkurrenz sowohl für seine allgemeinchirurgische Praxis wie auch für die chirurgische Tätigkeit als Durchgangsarzt darstelle. Denn die Parteien hätten einen Konkurrenzschutz vor anderen Chirurgen vereinbart, worunter nach allgemeinem Verständnis auch der MKG-Chirurg falle. Selbst eine einschränkende Auslegung der Klausel führe zu keinem anderen Ergebnis, da sich die Tätigkeiten – wie der Orthopäde ausführlich glaubhaft gemacht habe – nicht nur in unwesentlichen Randbereichen deckten.

OLG Hamm, 19.04.1991 – 30 U 56/91, NJW-RR 1991, 1483

> **Hinweis:**
>
> Das Urteil stellt einen „Musterfall" für die Darlegung der Glaubhaftmachung einer einstweiligen Verfügung dar, in dem akribisch der Vortrag des Klägers zu seinen ärztlichen

Behandlungen, Operationen und den Überschneidungen mit der Konkurrenzpraxis wiedergegeben wird.

1466 ■ **Ausfüllungsbedürftige Formularklausel**

→ *a) (→ Rn. 1435 ff.) Gaststätte, BGH, 10.02.1988 – VIII ZR 33/87, NJW-RR 1988, 717*

1467 ■ **Bäckerei/Backshop**

Der Vermieter hatte in einem Geschäftszentrum Räume an einen Verbrauchermarkt vermietet, der laut Mietvertrag alle Waren des täglichen Bedarfs vertreiben durfte. Nachfolgend wurde mit dem Betreiber eines Backshops folgende Klausel in dessen Mietvertrag vereinbart: *„Konkurrenzschutz wird für den Mieter in dem Umfang gewährt, als im selben Objekt der Vermieter keinen weiteren Handel mit frischen Bäckereiwaren installieren darf. Weiterer Konkurrenzschutz ist ausgeschlossen."* Als der Verbrauchermarkt begann, sein Angebot auf frische Backwaren zu erweitern, minderte der Zweitmieter die Miete, bis der Vermieter kündigte und auf Zahlung der Miete und Räumung klagte. Das OLG Köln bestätigte diese Ansprüche des Vermieters, weil der Zweitmieter nicht zur Minderung berechtigt gewesen sei. Der Vermieter habe zunächst keinen vertragsimmanenten Konkurrenzschutz verletzt, weil die vom Verbrauchermarkt angebotenen Backwaren nur Nebenartikel seien. Diese würden aber von der vertraglich vereinbarten Schutzklausel erfasst. Das dortige Verbot, weiteren Handel mit frischen Backwaren zu installieren, betreffe aber nur zukünftige Verträge, die der Vermieter nach Abschluss des Mietvertrages mit dem Backshop-Betreiber abschließe. Eine Ausdehnung auf bereits vorhandene Angebote sei nicht möglich, u.a. weil der Zweitmieter sich nicht nach etwaigen Konkurrenzschutzklauseln in anderen Verträgen erkundigt habe und sich ein Mieter grds. selbst darüber zu vergewissern habe, ob der Vertragsschluss für ihn von Vorteil ist oder nicht. Der Vermieter habe keinen Konkurrenzschutz gewähren müssen, der mit früheren Mietern nicht vereinbart gewesen sei.

OLG Köln, 16.12.1997 – 24 U 100/97, NJW-RR 1998, 1017

1468 ■ **Baumarkt**

→ *Einkaufszentrum, BGH, 03.07.1985 – VIII ZR 128/84, NJW-RR 1986, 9*

1469 ■ **Bistro**

→ *Gaststätte, OLG Düsseldorf, 11.06.1992 – 10 U 165/91, NJW-RR 1992, 1290*

1470 ■ **Drogerie**

→ *Apotheke, OLG Frankfurt am Main, 27.08.1981 – 6 U 75/81, NJW 1982, 707*

1471 ■ **Einkaufszentrum**

Die Vermieterin errichtete ein Einkaufszentrum und vermietete einem Groß- und Einzelhandel für keramische Fliesen Flächen mit der Vertragsklausel *„Für das Objekt... wird dem Mieter Konkurrenzschutz gewährt"*. Bestandteil des Mietvertrages waren die Baupläne, in denen auch ein Groß- und Einzelhandel für Baustoffe vorgesehen war. Die dafür vorgesehenen Flächen wurden später dem Zweitmieter vermietet, der dort einen Baumarkt eröffnete und u.a. auch keramische Fliesen anbot. Der Klage des Erstmieters gegen den Vermieter auf Unterbindung der geschäftlichen Tätigkeiten des Zweitmieters und Schadensersatz wurde von der Berufung im Wesentlichen stattgegeben und auf die Revision des Vermieters vom BGH wegen mangelhafter Sachverhaltsermittlung in der Beweisaufnahme zurückverwiesen. Der hier vereinbarte umfassende Konkurrenzschutz sei als Ausfluss der Vertragsfreiheit zwar wirksam. Man müsse allerdings nach den Umständen des Einzelfalls entscheiden, ob sich die Klausel auch auf Nebenartikel beziehe und diese dafür auslegen. Die sich daraus ergebenden Fragen seien in der Beweisaufnahme nicht erschöpfend beantwortet worden, weshalb geklärt werden müsse, ob der vereinbarte Konkurrenzschutz auch Nebenartikel erfasse. Dabei sei zu berücksichtigen, dass als Hauptartikel solche Waren gelten, die den Stil des Geschäfts bestimmen und diesem das ihm eigentümliche Gepräge geben. Bei einem Baumarkt sei dies dann der Fall, wenn die Waren in einer Vielfalt, Auswahlmöglichkeit, Geschlossenheit und Übersichtlichkeit dargeboten werden, die dem Angebot eines Fachgeschäfts entsprächen, weil der Zweck und das Gepräge des Geschäfts von Waren dieser Art zumindest mitbestimmt werde.

BGH, 03.07.1985 – VIII ZR 128/84, NJW-RR 1986, 9 = WuM 1985, 1175

> **Hinweis:**
>
> Zur Abgrenzung von Haupt- und Nebenartikeln → *Supermarkt, OLG Hamm, 16.12.1997 – 7 U 64/97, NJW-RR 1998, 1019, Rn. 1460.*

Die Parteien vereinbarten für die Vermietung von Geschäftsräumen in einem Einkaufszentrum folgende Klausel: *„... keine Waren zu führen, die bereits in einem anderen Geschäftslokal des Hauses (Einkaufszentrum) geführt werden".* Das OLG Celle stellte Folgendes fest (Orientierungssätze aus WuM):

1. Bei der Vermietung von Geschäftsräumen in einem Einkaufszentrum ist eine in Geschäftsbedingungen enthaltene Konkurrenzschutzklausel nicht als unangemessene Benachteiligung i.S.d. § 9 AGBG (jetzt § 307 BGB) anzusehen.
2. a) Unter Berücksichtigung der Umstände des Einzelfalls ist eine Konkurrenzschutzklausel i.S.e. umfassenden Konkurrenzschutzes zu werten. Das gilt bei Vermietungen zum Betrieb eines Supermarkts im Verhältnis zu im Einkaufszentrum befindlichen Einzelhandelsgeschäften jedoch dann, wenn die Artikel des Supermarkts das Angebot eines Fachgeschäfts ganz oder zu einem erheblichen Teil mit abdecken.
  b) Bei einer sachgerechten Auslegung der Konkurrenzschutzklausel ist nicht auf das breit gefächerte Warenangebot des Supermarkts, sondern auf die Überschneidung der dort geführten Artikel mit dem Fachsortiment des Einzelhandelsgeschäfts abzustellen.

OLG Celle, 13.05.1992 – 2 U 99/91, WuM 1992, 538

■ Fliesenhandel

1472

→ *Einkaufszentrum, BGH, 03.07.1985 – VIII ZR 128/84, NJW-RR 1986, 9.*

1473 ■ **Freie Berufe**

→ *Arzt/Zahnarzt, OLG Hamburg, 17.12.1986 – 4 U 237/85, NJW-RR 1987, 403.*

1474 ■ **Gaststätte**

Der Erstmieter hatte Räume zum Betrieb einer Speisegaststätte gemietet und minderte die Miete, als der Vermieter auf seinem Nachbargrundstück Räume zum Betrieb eines Bistros vermietete. Der Vermieter klagte auf Rückzahlung der Minderung und berief sich auf eine Mietvertragsklausel, nach der „Konkurrenz- und Sortimentsschutz irgendwelcher Art" ausgeschlossen worden sei. Das OLG Düsseldorf bejahte den Rückzahlungsanspruch des Vermieters, weil die Minderung wegen der Klausel nicht gerechtfertigt gewesen sei. Die Klausel verstoße nicht gegen § 9 AGBG (jetzt § 307 BGB), da sie den Mieter nicht entgegen den Geboten von Treu und Glauben unangemessen benachteilige. Ein Verstoß gegen wesentliche Grundgedanken der §§ 535 Satz 1, 536 BGB (jetzt § 535 Abs. 1 Satz 1 und Satz 2 BGB) liege nicht vor.

OLG Düsseldorf, 11.06.1992 – 10 U 165/91, NJW-RR 1992, 1290 = ZMR 1992, 445 = DWW 1992, 368

→ *Zu der Problematik auch Arzt/Zahnarzt, OLG Hamburg, 17.12.1986 – 4 U 237/85, NJW-RR 1987, 403*

→ *a) (→ Rn. 1435 ff.) Gaststätte, BGH, 10.02.1988 – VIII ZR 33/87, NJW-RR 1988, 717*

1475 ■ **Haupt- und Nebenartikel**

→ *Einkaufszentrum, BGH, 03.07.1985 – VIII ZR 128/84, NJW-RR 1986, 9 sowie a) (→ Rn. 1435 ff.) Supermarkt, OLG Hamm, 16.12.1997 – 7 U 64/97, NJW-RR 1998, 1019, Rn. 1460*

1476 ■ **Imbiss/Imbissstand**

Die Mieterin betrieb eine Metzgerei mit sog. „Heißer Theke" (Verkauf von Fleischspeisen und Suppen zum sofortigen Verzehr) und hatte mit dem Vermieter folgende Klausel im Vertrag vereinbart: *„Wettbewerbsverbot. Der Vermieter verpflichtet sich, der Mieterin oder den Untermietern auf dem Mietgrundstück oder ihm gehörenden benachbarten Grundstücken weder direkt noch indirekt Wettbewerb zu machen oder solchen Wettbewerb zu ermöglichen...".* Eine ausdrückliche Vermietung zum Zweck des Betriebes als Metzgerei enthielt der Vertrag nicht. Als der Vermieter nachfolgend einen nahe der Metzgerei stehenden Container als Imbissstand vermietete, kam es zum Streit mit dem Erstmieter, der die Miete minderte. Das OLG Hamm bestätigte den Zahlungsanspruch des Vermieters und berief sich dafür darauf, dass der Vermieter laut der Mietvertragsklausel nur zur Gewährung von Konkurrenzschutz für eine Metzgerei verpflichtet gewesen sei. Der Vertrag sei so auszulegen, dass die Räume nur für das Gewerbe einer Metzgerei vermietet werden sollten. Das Gericht stellt dafür auf den Parteien bekannte Bau- und Leistungsbeschreibungen und Vorverhandlungen ab. Der Vermieter habe daher – auch nach Auslegung der Vertragsklausel – Schutz nur für solche Artikel gewähren müssen, die der Metzgerei das Hauptgepräge gegeben hätten. Dies sei bei einer „Heißen Theke" nicht der Fall, wobei es nicht darauf ankäme, welchen Anteil am Gesamtgewinn diese ausmache. Bei einem Metzgerladen werde nach allgemeiner Anschauung das Gepräge durch den Verkauf kalter Fleisch- und Wurstwaren gegeben. Außerdem sei eine Überschneidung in Hauptartikeln der „Heißen Theke" und des Imbissstandes nicht gegeben, da im Wesentlichen unterschiedliche Speisen verkauft würden.

OLG Hamm, 13.01.1987 – 7 U 193/86, NJW-RR 1988, 911

■ **Konkurrierende Konkurrenzschutzklauseln** 1477

Der Vermieter hatte zunächst mit einem Lebensmittelmarkt, der auch Pflanzen anbot und damit 1,27 % seines Umsatzes machte, und dann mit einer Apotheke Konkurrenzschutzklauseln vereinbart. Der Apothekenbetreiber, mit dem ein Zeitmietvertrag über 15 Jahre bestand, wollte später an ein Blumengeschäft untervermieten, was ihm der Vermieter wegen der Vereinbarung mit dem Lebensmittelmarkt verweigerte. Darauf kündigte der Apothekenbetreiber. Der Anspruch des Vermieters auf weiterzuzahlende Miete wurde durch den BGH bestätigt und u.a. damit begründet, ein Kündigungsgrund habe nicht vorgelegen, weil die Versagung der Untervermietungserlaubnis rechtmäßig gewesen sei und nicht gegen Treu und Glauben verstoßen habe. Der Vermieter habe sich nicht treuwidrig verhalten, als er bei Vermietung an den Apotheker nicht auf die umfassende Konkurrenzschutzklausel mit dem anderen Mieter hingewiesen habe. Wer einen Vertrag schließe, habe sich grds. selbst zu vergewissern, ob er für ihn von Vorteil sei oder nicht, weshalb der andere Teil nicht auf Umstände hinzuweisen brauche, von denen er annehmen darf, dass er danach gefragt werde. Der Apotheker habe hier damit rechnen müssen, dass der Vermieter auch noch andere Flächen vermiete und mit den Mietern ebenso weitreichenden Konkurrenzschutz wie mit ihm selbst vereinbare.

BGH, 16.09.1981 – VIII ZR 161/80, NJW 1982, 376

■ **Metzgerei** 1478

→ *Imbiss/Imbissstand, OLG Hamm, 13.01.1987 – 7 U 193/86, NJW-RR 1988, 911, Rn. 1476*

■ **Vereinbarung einer Klausel mit Wahlmöglichkeit** 1479

→ *a) (→ Rn. 1435 ff.) Gaststätte, BGH, 10.02.1988 – VIII ZR 33/87, NJW-RR 1988, 717*

■ **Vereinbarung von Konkurrenzschutz im Vertrag, Formularklausel mit Wahlmöglichkeit** 1480

→ *a) (→ Rn. 1435 ff.) Gaststätte, BGH, 10.02.1988 – VIII ZR 33/87, NJW-RR 1988, 717*

6. ABC der Klauseln zum Konkurrenzschutz

Das Klausellexikon stellt exemplarisch einige **von der Rechtsprechung beurteilte Klauseln** 1481 dar, um den Leser dafür zu sensibilisieren, wie sehr das Thema mietvertraglicher Konkurrenzschutz von Einzelfallbewertungen abhängt. Dabei ist zu beachten, dass jede dieser Klauseln Thema eines letztlich durch mehrere Instanzen exerzierten Streitfalls war. Die Klauseln könnten also möglicherweise nicht „treffsicher" genug gewesen sein, um die konkreten Situationen zu erfassen. Um dem Leser hier eigene vertragsgestaltende Überlegungen zu ermöglichen, sind die Klauseln nach Schlagworten soweit wie möglich zitiert und mit Urteilsangabe und Kurzzusammenfassung des Urteils versehen.

1482 ■ **Arzt, Ausschluss anderer Ärzte gleicher oder ähnlicher Fachrichtung (Chirurgie/Orthopädie)**

„Der Vermieter verpflichtet sich, im selben Gebäude keine weitere Arztpraxis mit einer der beiden Fachrichtungen Chirurgie/Orthopädie ... einzurichten bzw. durch einen Dritten einrichten und/oder ausüben zu lassen."

Das OLG Hamm[2309] hatte über die Fragen zu entscheiden, ob auch eine Praxis für Mund-, Kiefer- und Gesichtschirurgie unter die in der Klausel erwähnte Fachrichtung Chirurgie zu subsumieren ist und bejahte dies.

1483 ■ **Arzt, Ausschluss anderer Ärzte gleicher oder ähnlicher Fachrichtung (radiologische oder nuklearmedizinische Tätigkeit)**

„Der Vermieter verpflichtet sich, im Mietobjekt keine Mietflächen an einen Hämatologen (Onkologen), Gastroenterologen, Radiologen oder Arzt mit radiologischer oder nuklearmedizinischer Ausstattung zu vermieten."

Die Vermieterin betrieb ein Ärztezentrum und vermietete Praxisräume an eine Arztgemeinschaft (Ärzte für Onkologie, Gastroenterologie, Radiologie) mit der o.g. Vertragsklausel. Bei der Neuvermietung an Zahnärzte und Kieferorthopäden sowie einen Urologen und einen Orthopäden, die allesamt eigene Röntgengeräte einsetzten, kam es zum Streit zwischen Erstmieter und Vermieter über die Auslegung der Konkurrenzschutzklausel. Der BGH[2310] setzt sich überwiegend mit prozessualen Fragen auseinander und stellt nur kurz fest, dass die Klausel auslegungsbedürftig sei. Für die Praxis kann daraus der Schluss gezogen werden, dass derartige Vereinbarungen noch konkreter gefasst werden sollten, insb. da heute sehr viele Ärzte selbst Röntgendiagnostik betreiben.

1484 ■ **Ausschluss jeglicher Konkurrenz durch „weite" Klausel**

„Für das Objekt ... wird dem Mieter Konkurrenzschutz gewährt."

Der BGH[2311] hält die Klausel grds. für wirksam, aber auch der einschränkenden Auslegung zugänglich und prüft, inwieweit sich die Klausel auch auf bloße Nebenartikel erstreckt. In einer Art internem „obiter dictum" macht der BGH einen Formulierungsvorschlag für eine präzisere Klausel, bezogen auf den Fliesenhandel:

„Der Vermieter verpflichtet sich, während der Mietdauer Verkaufsflächen nicht an ein Unternehmen zu vermieten, das den Vertrieb von Waren zum Gegenstand hat, die vom Mieter geführt werden".

2309 OLG Hamm, 19.04.1991 – 30 U 56/91, NJW-RR 1991, 1483.
2310 BGH, 14.12.1988 – VIII ZR 31/88, WuM 1990, 395 = NJW-RR 1989, 263 = MDR 1989, 444.
2311 BGH, 03.07.1985 – VIII ZR 128/84, NJW-RR 1986, 9 = WuM 1985, 1175.

Ausschluss von Konkurrenzschutz, Formularvertrag 1485

„Die Vertragsschließenden sind sich darüber einig, dass die … (Vermieterin) nicht verpflichtet ist, dem Mieter Konkurrenz- oder Sortimentsschutz irgendwelcher Art zu gewähren."

Das OLG Hamburg[2312] weist Ansprüche eines Zahnarztes gegen seinen Vermieter wegen Vermietung an einen weiteren Zahnarzt zurück und bestätigt die Wirksamkeit der Klausel (kein Verstoß gegen §§ 535, 536 BGB a.F. [jetzt § 535 Abs. 1 Satz 1 und Satz 2 BGB] und § 9 Abs. 2 Nr. 1, Nr. 2 AGBG [jetzt § 307 Abs. 2 Nr. 1 und Nr. 2 BGB]).

Bäckereiwaren, Konkurrenzschutz im Verhältnis zu älteren Mietverträgen 1486

„Konkurrenzschutz wird für den Mieter in dem Umfang gewährt, als im selben Objekt der Vermieter keinen weiteren Handel mit frischen Bäckereiwaren installieren darf. Weiterer Konkurrenzschutz ist ausgeschlossen."

Das OLG Köln[2313] verneinte Konkurrenzschutz eines Backshop-Betreibers aus der vorgenannten Klausel ggü. einem sein Sortiment auf frische Backwaren erweiternden Verbrauchermarkt, der als Erstmieter mit dem Vermieter keinen besonderen Konkurrenzschutz vereinbart hatte. Die Klausel beziehe sich nur auf künftige Vertragsabschlüsse.

Imbissstand/Metzgerei 1487

„Wettbewerbsverbot. Der Vermieter verpflichtet sich, der Mieterin oder den Untermietern auf dem Mietgrundstück oder ihm gehörenden benachbarten Grundstücken weder direkt noch indirekt Wettbewerb zu machen oder solchen Wettbewerb zu ermöglichen …."

Das OLG Hamm[2314] hatte zu entscheiden, ob ein Imbissstand der „Heißen Theke" einer Metzgerei Konkurrenz macht und verneinte dies. In dem Urteil wird u.a. darauf abgestellt, der Betreiber der Metzgerei hätte sich notfalls den Konkurrenzschutz auch für die „Heiße Theke" (= Imbisszwecke) zusichern lassen müssen. Daraus kann für die Praxis nur gefolgert werden, dass auch evtl. Nebenaktivitäten in die Schutzklauseln mit einbezogen werden sollten.

Konkurrenzbranchen/Gebrauchsänderung 1488

„Der Mieter verpflichtet sich jedoch, keine Konkurrenzbranchen bzgl. der im Mietanwesen vorhandenen anderen Mieter zu betreiben. Diese Verpflichtung bezieht sich auch auf spätere Gebrauchsänderungen, falls zuvor bereits andere Mieter bereits entsprechende Branchen betrieben."

Das OLG Frankfurt am Main[2315] verneint einen Anspruch eines Apothekenbetreibers gegen einen Drogeriebetreiber aus der von diesem mit dem Vermieter vereinbarten Klausel, weil Apotheke und Drogerie wegen des Sortiments nicht vergleichbar und daher keine „Konkurrenzbranchen" seien.

2312 OLG Hamburg, 17.12.1986 – 4 U 237/85, NJW-RR 1987.
2313 OLG Köln, 16.12.1997 – 24 U 100/97, NJW-RR 1998, 1017.
2314 OLG Hamm, 13.01.1987 – 7 U 193/86, NJW-RR 1988, 911.
2315 OLG Frankfurt am Main, 27.08.1981 – 6 U 75/81, NJW 1982, 707.

1489 ### Konkurrierende Konkurrenzschutzklauseln

„Der Vermieter verpflichtet sich, während der ganzen Mietdauer im Kreis von 900 m Entfernung vom Mietgrundstück kein Geschäft oder sonstiges Unternehmen selbst zu führen oder führen zu lassen, das den Vertrieb, den Groß- und Kleinhandel von Artikeln zum Gegenstand hat, die vom Mieter geführt werden" (= mit dem Erstmieter vereinbarte Klausel).

„Der Vermieter verpflichtet sich, während der Mietdauer im Umkreis von 500 m kein weiteres Anwesen an ein Unternehmen zu vermieten oder selbst zu führen, das den Vertrieb von Waren zum Gegenstand hat, die vom Mieter geführt werden" (= mit dem Zweitmieter vereinbarte Klausel).

Der BGH[2316] hatte die Frage zu klären, ob der Zweitmieter an ein Konkurrenzunternehmen des Erstmieters untervermieten durfte. Die Wirksamkeit beider Klauseln wurde nicht in Zweifel gezogen.

1490 ### Vereinbarung einer Klausel mit Wahlmöglichkeit

„Konkurrenzschutz für den Mieter ist ausgeschlossen – wird in folgendem Umfang vereinbart: ...".

Der BGH[2317] hatte darüber zu entscheiden, ob bei der vorgenannten Formularklausel mit Wahlmöglichkeit bei Nichtausfüllen oder Ergänzung eine Vereinbarung im Vertrag getroffen wurde. Das Gericht verneinte dies und stellte auf die mündlichen Vertragsverhandlungen der Parteien ab, nach denen es sich richte, ob Konkurrenzschutz ausgeschlossen worden sei. Der Fall verdeutlicht einmal mehr die Formular-Problematik, wenn in Verträgen mehrere Varianten zur Disposition gestellt werden, der Vordruck von den Parteien aber nicht vollständig durchgelesen wird. Da Auslegungsmängel in der Praxis sehr häufig zulasten des Vermieters gehen, kann Beratern nur empfohlen werden, ihre Mandanten ausdrücklich darauf hinzuweisen, sich Kenntnis des gesamten Vertragsinhalts zu verschaffen. Beim Entwurf von Verträgen sollten Bereiche mit Wahlmöglichkeiten optisch deutlich hervorgehoben und mit einem entsprechenden Hinweis versehen werden.

2316 BGH, 16.09.1981 – VIII ZR 161/80, NJW 1982, 376.
2317 BGH, 10.02.1988 – VIII ZR 33/87, NJW-RR 1988, 717.

§ 15 Schönheitsreparaturen

		Rn.
I.	Ausgangslage	1491
II.	Begriff der Schönheitsreparatur	1492
III.	Vertragliche Vereinbarungen	1496
IV.	Wann muss renoviert werden?	1500
	1. Verträge ohne Fristenregelung	1500
	2. Verträge mit Fristenregelung	1501
	3. Renovierung bei Auszug/Endrenovierung	1506
	4. Abgeltungsklauseln	1511
V.	Wie muss renoviert werden: Art und Qualität der Ausführung, Selbstvornahme	1513
VI.	Rechtsfolgen unwirksamer Schönheitsreparaturklauseln	1518
	1. Unwirksame AGB-Klauseln, geltungserhaltende Reduktion	1518
	2. Ansprüche der Parteien	1523
VII.	Ansprüche des Vermieters bei unterlassenen Arbeiten	1530
	1. Noch bestehendes Mietverhältnis	1530
	2. Beendetes Mietverhältnis	1531
VIII.	Besonderheiten bei vom Vermieter durchzuführenden Schönheitsreparaturen	1539
IX.	Verjährung und Verwirkung	1541
X.	Gerichtsverfahren	1544
XI.	Streitwert	1546
XII.	Vertragsgestaltung	1547
XIII.	Arbeits- und Beratungshilfen	1554
	1. Schnellüberblick Grundsatz-Rechtsprechung des BGH	1554
	2. Schnellüberblick aktuelle Rechtsprechung der Instanzgerichte	1555
	3. Formulierungsvorschläge	1556

I. Ausgangslage

Nach § 535 Abs. 1 Satz 2 BGB obliegt es dem Vermieter als Hauptpflicht, die vermietete Sache dem Mieter in einem zu dem vertragsmäßigen Gebrauch geeigneten Zustand zu überlassen und sie während der Mietzeit in diesem Zustand zu erhalten. Diese **Erhaltungspflicht** gehört zum Leitbild der Miete, ist aber überwiegend auf den Mieter abwälzbar und umfasst die Schönheitsreparaturen, Instandhaltungs- und Instandsetzungsarbeiten (dazu → *Rn. 1559 ff.*). und sonstige Reparaturen am und im Miet- oder Pachtobjekt. Hat der Mieter vertraglich die Instandhaltungspflicht oder die Durchführung der Schönheitsreparaturen übernommen, ist die Miete nur noch Gegenleistung für die dem Vermieter verbliebenen Pflichten, etwa die Pflicht zur Gebrauchsüberlassung, sodass die Kosten der Instandhaltung bzw. der dekorativen Arbeiten dann also nicht in die vereinbarte Miete einkalkuliert sind.[2318]

1491

II. Begriff der Schönheitsreparatur

Da es keine für alle Mietverhältnisse geltende gesetzliche Definition der Schönheitsreparaturen gibt, ist deren Umfang durch Auslegung zu ermitteln, wenn die Mietvertragsparteien nicht näher geregelt haben, welche konkreten Arbeiten davon umfasst sein sollen.[2319] Mietvertragsklauseln sind also nicht deshalb unwirksam, weil sie nicht festlegen, was unter den durchzuführenden Schönheitsreparaturen zu verstehen ist. Bei der **Auslegung** ist, sofern es sich um einen Formularvertrag handelt, von dem typischen Verständnis redlicher Vertragspartner unter Abwägung der Interessen der an Geschäften dieser Art üblicherweise beteiligten Kreise auszugehen.[2320] Auch ohne nähere vertragliche Definition versteht man danach unter „Schön-

1492

[2318] Dose, NZM 2009, 381.
[2319] BGH, 08.10.2008 – XII ZR 15/07, GuT 2008, 484 = NZM 2009, 126 = InfoM 2009, 69 = NJW 2009, 510.
[2320] BGH, 08.10.2008 – XII ZR 15/07, GuT 2008, 484 = NZM 2009, 126 = InfoM 2009, 69 = NJW 2009, 510.

heitsreparaturen" allgemein das Tapezieren, Anstreichen oder (heute antiquierte) Kalken der Wände und Decken, das Streichen der Fußböden (heute überwiegend nicht mehr praktiziert), Heizkörper einschließlich Heizrohre, der Innentüren sowie der Fenster und Außentüren von innen. Diese Definition entstammt **§ 28 Abs. 4 Satz 5 der II. Berechnungsverordnung** und galt ursprünglich nur für preisgebundenen Wohnraum. Der VIII. Senat des BGH wendet die Definition auch auf preisfreien Wohnraum an,[2321] was von dem für Gewerberaummiete zuständigen XII. Senat übernommen wurde.[2322]

1493 Vereinbaren die Parteien allgemein die Übertragung von Schönheitsreparaturen auf den Mieter, umfassen diese anstelle des nur für Holzdielenböden geeigneten Streichens des Bodens auch die Grundreinigung des **Teppichbodens**.[2323] Entsprechend gilt für andere Bodenbeläge/Oberflächen, dass alles, was einem Neuanstrich entspricht, als Schönheitsreparatur anzusehen ist.

1494 Auch bei Gewerberaum sind ohne besondere, dies definierende Vereinbarung **keine Schönheitsreparaturen**:
- Außenanstrich von Türen und Fenstern.[2324]
- Abziehen/-schleifen und Wiederherstellen/Neuversiegeln einer Parkettversiegelung.[2325]
- Erneuerung von Bodenbelägen.[2326]

1495 Eine **vertragliche Ausweitung des Begriffs** auf zusätzliche oder andere Arbeiten ist bei Geschäftsraum generell – auch durch AGB – zulässig. Im Einzelfall ist dann zu prüfen, ob es sich noch um Schönheitsreparaturen oder um andere Maßnahmen, bspw. Instandhaltungsarbeiten, handelt und wie weit sich diese (bei AGB) vom gesetzlichen Leitbild entfernen. Lassen sich Arbeiten nicht unter den Begriff der Schönheitsreparaturen subsumieren, kann der Vermieter u.U. einen Schadensersatzanspruch gem. § 280 Abs. 1 BGB unter dem Gesichtspunkt einer Überschreitung des vertragsgemäßen Gebrauchs der Mietsache haben. Dies gilt jedoch nicht für die **üblichen Folgen des vertragsgemäßen Gebrauchs**, also „normale" Abnutzung bzw.

[2321] BGH, 10.02.2010 – VIII ZR 222/09 (Außenanstrich von Türen); BGH, 18.02.2009 – VIII ZR 210/08, WuM 2009, 286; BGH, 08.10.2008 – XII ZR 15/07, NZM 2009, 126; Kraemer, in: Bub/Treier, III Rn. 1068.

[2322] BGH, 08.10.2008 – XII ZR 15/07, GuT 2008, 484 = NZM 2009, 126 = InfoM 2009, 69 = NJW 2009, 510; ebenso bereits KG, 29.03.2004 – 8 U 286/03, GuT 2004, 172; Kraemer, in: Bub/Treier, III Rn. 1068.

[2323] BGH, 18.03.2009 – XII ZR 200/06, IMR 2009, 198 = InfoM 2009, 121 = GuT 2009, 99 = NZM 2009, 397: bloßes Staubsaugen reicht nicht; BGH, 08.10.2008 – XII ZR 15/07, GuT 2008, 484 = NZM 2009, 126 = InfoM 2009, 69 = NJW 2009, 510; Langenberg, in: Schmidt-Futterer, § 538 Rn. 7; Blank/Börstinghaus, Miete, § 535 Rn. 356; Fritz, Gewerberaummietrecht, Rn. 220; Kraemer, NZM 2003, 417, 418; Sternel, NZM 1998, 833, 843; a.A. AG Braunschweig, WuM 1986, 310; Emmerich, in: Staudinger (Neubearbeitung 2006). § 535 Rn. 103; Bub, in: Bub/Treier, II Rn. 479.

[2324] BGH, 10.02.2010 – VIII ZR 222/09 unter II. 2. (Wohnraum); BGH, 13.01.2010 – VIII ZR 48/09, IMR 2010, 81 = NZM 2010, 157 = InfoM 2010, 108 = MDR 2010, 312 (Wohnraum).

[2325] BGH, 13.01.2010 – VIII ZR 48/09, IMR 2010, 81 = NZM 2010, 157 = InfoM 2010, 109 = MDR 2010, 312 (Wohnraum); OLG Düsseldorf, 16.10.2003 – I-10 U 46/03, WuM 2003, 621, 623; Blank/Börstinghaus, § 535 Rn. 356; Langenberg, Schönheitsreparaturen, I Rn. 8.

[2326] OLG Düsseldorf, 08.05.2008 – I-10 U 8/08, GuT 2008, 204 = ZMR 2008, 890 = DWW 2009, 36; OLG Düsseldorf, 14.12.2006, GuT 2007, 211 – 24. ZS.; OLG Braunschweig, 30.01.1997, OLGR 1997, 85; OLG Celle, 20.11.1996, NZM 1998, 158 = OLGR 1997, 138; OLG Stuttgart, 06.03.1995, NJW-RR 1995, 1101; OLG Hamm, 22.03.1991, DWW 1991, 145 = WuM 1991, 248 = ZMR 1991, 219 für die Wohnraummiete; Fritz, Gewerberaummietrecht, Rn. 224 Langenberg, in: Schmidt-Futterer, § 538 Rn. 78; a.A. OLG Düsseldorf, NJW-RR 1989, 663.

typischen Verschleiß. Ist bspw. eine Lagerhalle zum Betrieb einer Kfz-Instandsetzung vermietet, sind hierdurch verursachte Verschmutzungen und mechanische Beschädigungen des vorhandenen PVC-Bodenbelags Folgen des vertragsgemäßen Gebrauchs, sodass der Mieter dem Vermieter bei fehlender Vereinbarung nicht gem. § 280 Abs. 1 BGB auf Schadensersatz haftet.[2327]

Der Vermieter muss den ordnungsgemäßen Zustand der Mietsache bei Übergabe beweisen, weil der Mieter nur für solche Verschlechterungen einzustehen hat, die während der Mietzeit entstanden und nicht Folge des vertragsgemäßen Gebrauchs sind.[2328]

III. Vertragliche Vereinbarungen

Der Vermieter hat wegen seiner aus § 535 Abs. 1 Satz 2 BGB folgenden Gebrauchserhaltungspflicht nur dann einen Anspruch auf Durchführung von Schönheitsreparaturen, wenn dies **vertraglich vereinbart** wurde. Die vertragliche Vereinbarung ist grds. auch durch eine **Formularklausel** möglich.[2329] Die Klausel *„Die Kosten der Schönheitsreparaturen trägt der Mieter"* reicht dafür aus, obwohl dort nicht ausdrücklich die Renovierungspflicht übertragen wird.[2330] Auch die Klausel *„Der Mieter wird Schönheitsreparaturen nach den Erfordernissen der Praxis vornehmen"* belastet den Mieter mit der Renovierungspflicht und stellt nicht lediglich den Vermieter von dieser Pflicht frei.[2331] Eine Formulierung, dass Schönheitsreparaturen *„zu Lasten des Mieters"* gehen, besagt, dass dieser mit diesen Arbeiten belastet ist und somit zu diesen Arbeiten seinem Vertragspartner ggü. auch verpflichtet sein soll.[2332] Für eine im Mietvertrag angelegte Pflicht zur Vornahme von Schönheitsreparaturen besteht kein Raum mehr, wenn eine Korrespondenz vor Übernahme der Mietsache dahin auszulegen ist, dass sich die Parteien über eine Rückgabe der Räumlichkeiten in „vorhandenem Zustand" geeinigt haben.[2333] D.h.: Eine **individualvertragliche Abrede** zum Zustand der Mietsache bei Rückgabe hebelt die formularmäßig übernommene Verpflichtung zur Vornahme von Schönheitsreparaturen aus.

1496

Der BGH deutet traditionell Klauseln, nach denen der Mieter „die **Kosten der Schönheitsreparaturen" übernimmt**, dahin, dass der Mieter nur die Verpflichtung zur Vornahme von Schönheitsreparaturen zu tragen hat.[2334] Die zur Verkehrssitte gewordene Praxis einer Abwälzung der Vornahme der Schönheitsreparaturen auf den Mieter hat maßgeblichen Einfluss auf den „Empfängerhorizont" eines durchschnittlichen, rechtlich nicht vorgebildeten Mieters, sodass eine derartige Klausel nicht lediglich i.S.e. Auferlegung von Kosten oder als Freizeich-

1497

2327 OLG Düsseldorf, 08.05.2008 – I-10 U 8/08, GuT 2008, 204 = ZMR 2008, 890 = DWW 2009, 36.
2328 OLG Düsseldorf, Urt. v. 09.12.2010 - 10 U 66/10.
2329 BGH, 01.07.1987 – VIII ARZ 9/86, NJW 1987, 2575 = WuM 1987, 968; BGH, 03.06.1998 – VIII ZR 317/97, NJW 1998, 3114; KG, 18.03.2004 – 12 U 282/02, NZM 2004, 424 = GuT 2004, 122.
2330 BGH, 14.07.2004 – VIII ZR 339/03, AIM 2004, 175.
2331 OLG Düsseldorf, 08.06.2006 – I-24 U 166/05, GuT 2007, 36 = IMR 2007, 112.
2332 OLG Nürnberg, 06.03.1991 – 9 U 4022/90, ZMR 1991, 217.
2333 OLG Köln, 27.01.2006 – 1 U 6/05, GuT 2006, 265.
2334 BGH, 14.07.2004 – VIII ZR 339/03, NZM 2004, 734 = DWW 2004, 256 = AIM 2004, 175 = NJW 2004, 2961; BGH, 15.11.1967 – VIII ZR 150/65, BGHZ 49, 56, 58 = MDR 1968, 232 = NJW 1968, 491.

nung des Vermieters, sondern i.S.e. Pflicht zur Ausführung der Schönheitsreparaturen zu verstehen ist.[2335]

1498 Wer als Vermieter „mehr" als die **§ 28 Abs. 4 Satz 5 der II. Berechnungsverordnung** genannten Arbeiten vereinbaren möchte, muss dies ausdrücklich im Vertrag regeln. **Empfehlenswert** sind die zusätzliche Reinigung und Erneuerung des Bodenbelags, v.a. wenn der Mieter Publikumsverkehr hat (Klauselvorschlag → *Rn. 1557*). Werden dem Mieter aber insgesamt im Vertrag durch AGB zu viele Pflichten (Schönheits-, Instandhaltungs- und sonstige Reparaturen) auferlegt, besteht die Gefahr einer **unangemessenen Benachteiligung gem. § 307 BGB**, die sämtliche Klauseln unwirksam machen kann. Diese Gefahr besteht aber grds. nur dann, wenn sich die überbürdeten Pflichten der Gebrauchserhaltungspflicht des Vermieters annähern oder ihr entsprechen. Ist die Verpflichtung des Mieters zur Vornahme von Schönheitsreparaturen formularvertraglich so ausgestaltet, dass sie hinsichtlich der zeitlichen Modalitäten, der Ausführungsart oder des gegenständlichen Umfangs der Schönheitsreparaturen den Mieter übermäßig belastet, so ist die Klausel nicht nur insoweit, sondern insgesamt wegen unangemessener Benachteiligung des Mieters gem. § 307 Abs. 1 Satz 1 BGB unwirksam (**keine geltungserhaltende Reduktion** möglich).[2336] Muss eine Klausel ausgelegt werden, erfolgt dies entsprechend der Rechtsprechung des BGH zur Wohnraummiete, sodass ggf. wegen des Umfangs der Arbeiten § 28 Abs. 4 Satz 5 II. BV (a.F.) heranzuziehen ist.[2337] Der Gewerbemieter ist i.R.d. übernommenen Schönheitsreparaturen jedenfalls dann nicht verpflichtet, den Bodenbelag (hier: PVC) zu erneuen, wenn die Klausel ihn lediglich verpflichtet, „vorhandene Fußbodenbeläge (...) bei Bedarf fachgerecht zu behandeln."[2338] Solche Klauseln beinhalten bei sachgerechter Auslegung nicht die vollständige Übernahme der Schönheitsreparaturen.

1499 Ist eine AGB-Klausel – z.B. wegen „Starrheit" (dazu nachfolgend → *Rn. 1547 ff.*) – unwirksam, tritt nach § 306 Abs. 2 BGB die den Vermieter zur Ausführung von Schönheitsreparaturen verpflichtende gesetzliche Bestimmung des § 535 Abs. 1 Satz 2 BGB an die Stelle der unzulässigen Schönheitsreparaturklausel. D.h.: Alle Schönheitsreparaturen sind vom Vermieter auszuführen (→ *Rn. 1523 ff.*). Eine **ergänzende Vertragsauslegung** kommt nicht in Betracht,[2339] ferner verneint die Rechtsprechung grds. eine geltungserhaltende Reduktion auf zumindest teilweise Renovierungspflichten (→ *Rn. 1518 ff.*). Die Unwirksamkeit der Schönheitsreparaturklausel entzieht zudem einer vertraglichen Pflicht des Mieters zur Rückgabe der Mieträume in bezugsfertigem Zustand die Grundlage.[2340]

[2335] BGH, 14.07.2004 – VIII ZR 339/03, NZM 2004, 734 = DWW 2004, 256 = AIM 2004, 175 = NJW 2004, 2961.
[2336] BGH, 20.01.2010 – VIII ZR 50/09, InfoM 2010, 111 = NZM 2010, 236 = MDR 2010, 564: formularmäßige Vorgabe, Fenster und Türen „nur weiß" zu streichen, benachteiligt unangemessen; BGH, 13.01.2010 – VIII ZR 48/09, IMR 2010, 81 = NZM 2010, 157 = InfoM 2010, 108 = MDR 2010, 312; BGH, 18.02.2009 – VIII ZR 210/08, WuM 2009, 286 = InfoM 2009, 105 (jeweils Wohnraum).
[2337] KG, 29.03.2004 – 8 U 288/03, NZM 2005, 181.
[2338] OLG Düsseldorf, 08.05.2008 – I-10 U 8/08, GuT 2008, 204 = GE 2008, 731 = InfoM 2008, 476.
[2339] OLG Düsseldorf, 18.01.2007 – 10 U 102/06, IMR 2007, 111 = GuT 2007, 26 = NZM 2007, 215.
[2340] OLG Düsseldorf, 18.01.2007 – 10 U 102/06, IMR 2007, 111 = GuT 2007, 26 = NZM 2007, 215.

> **Hinweis:**
> Unwirksame Klauseln sind grds. in vollem Umfang unwirksam. Eine sog. geltungserhaltende Reduktion kommt ausnahmsweise nur dann in Betracht, wenn die Klausel inhaltlich und sprachlich sauber teilbar ist, d.h. auch ohne den unwirksamen Teil eine eigenständige Regelung verbleibt (dazu → *Rn. 1518 ff.*).

IV. Wann muss renoviert werden?

1. Verträge ohne Fristenregelung

Wird zu zeitlichen Renovierungsabständen nichts ausdrücklich geregelt, hat der Mieter aber die Schönheitsreparaturen wirksam übernommen, muss er (nur) nach dem **Grad der tatsächlichen Abnutzung** tätig werden. Die Rechtsprechung unterstellt auch z.T. **fiktive Fristenpläne**: Ohne Angaben eines Fristenplans im gewerblichen Mietvertrag soll als übliche Regelung die Fristenregelung in § 7 des Mustermietvertrages 1976 und wegen des Umfangs der Arbeiten § 28 Abs. 4 Satz 3 II. BV gelten mit der Folge, dass der Fristenplan auch für das Streichen der Türen, der Fenster und der Heizungsrohre greife; der Nachweis, dass die Durchführung der Arbeiten nicht notwendig sei, stehe dem Mieter trotzdem zu.[2341]

1500

2. Verträge mit Fristenregelung

Sog. **Fristenpläne**, d.h. **feste Renovierungszeiträume**, können vereinbart werden, wenn die Zeitabstände nicht unangemessen kurz und nicht „starr" sind, d.h. für einen verständigen Mieter erkennbar ist, dass es sich bei dem Fristenplan nur um einen Näherungswert handelt, von dem wegen des guten Erhaltungszustands abgewichen werden kann. Der BGH hat in den letzten Jahren in einer ganzen Fülle von Entscheidungen zu diversen Klauselvarianten in Wohnraummietverträgen Stellung genommen und starre Fristenpläne (und mit ihnen grds. die gesamten Schönheitsreparatur-Klauseln) aus AGB-Gesichtspunkten für unwirksam erklärt. Er propagiert damit die ebenso eigentlich einfache Botschaft, dass **ohne Renovierungsbedarf keine Renovierungspflicht** formularmäßig auf den Mieter überwälzt werden darf. Es gilt der Grundsatz: Ein **starrer, formularmäßig vereinbarter Fristenplan**, der den Mieter unabhängig vom Zustand nach bestimmten Zeiten zur Renovierung verpflichtet, ist unwirksam.[2342] Danach verstoßen formularmäßige Bestimmungen, die den Mieter mit Renovierungspflichten belasten, die über den tatsächlichen Renovierungsbedarf hinausgehen, gegen § 307 Abs. 2 Nr. 1 BGB und sind **insgesamt** – also nicht nur die Fristenregelung – **unwirksam**, falls sich die Klausel nicht aus sich heraus verständlich und sinnvoll in einen zulässigen und in einen unzulässigen Regelungsteil trennen lässt. Nach neuerer Rechtsprechung des BGH gilt dies richtigerweise

1501

[2341] KG, 29.03.2004 – 8 U 286/03, GuT 2004, 172.
[2342] BGH, 23.06.2004 – VIII ZR 361/03, AIM 2004, 177 = NZM 2004, 653 = WuM 2004, 463 = GE 2004, 1023 = DWW 2004, 221 = ZMR 2004, 736 (Wohnraum); vgl. auch BGH, 05.04.2006 – VIII ZR 178/05, NZM 2006, 459 = IMR 2006, 5, GE 2006, 639 = WuM 2006, 248 = ZMR 2006, 513 = MDR 2006, 1273; BGH, 05.04.2006 – VIII ZR 152/05, NZM 2006, 621; BGH, 13.07.2005 – VIII ZR 351/04, NZM 2005, 860 = InfoM 2005, 247 = NJW 2005, 3416 jeweils (Wohnraum).

auch im gewerblichen Mietrecht.[2343] Nach dem Berliner KG ist eine Schönheitsreparaturklausel in einem Geschäftsraummietvertrag ohnehin entsprechend der Rechtsprechung des BGH zum Wohnraummietrecht auszulegen.[2344]

Im Einzelnen wurden im gewerblichen Mietrecht bspw. folgende Formularklauseln für **unwirksam** erklärt:

- „1. Der Vermieter ist nicht verpflichtet, während der Mietzeit Schönheitsreparaturen des Mietgegenstandes durchzuführen, da hierfür in der Miete keine Kosten kalkuliert sind. ... 3.1 Der Mieter verpflichtet sich, auf seine Kosten mindestens alle drei Jahre in Küche, Bad, Dusche und Toiletten und alle fünf Jahre in allen übrigen Räumen die Schönheitsreparaturen (so insbesondere das Tapezieren und Anstreichen der Wände und Decken, Streichen der Heizkörper einschließlich Heizungsrohre, der Innentüren samt Rahmen, der Einbauschränke sowie der Fenster und Außentüren von innen, Abziehen bzw. Abschleifen der Parkettfußböden und danach deren Versiegelung, Reinigung der Teppichböden) auf eigene Kosten durch Fachhandwerker ausführen zu lassen."[2345]

- „Schönheitsreparaturen sind mindestens in der Zeitfolge von drei Jahren in Küche, Bad und Toilette sowie von fünf Jahren in allen übrigen Räumen auszuführen".[2346] Begründung: Die Klausel enthält einen starren Fristenplan und ist unwirksam. Der Mieter gewerblicher Räume ist, was die Renovierungspflichten betrifft, nicht weniger schutzbedürftig als ein Wohnraummieter. Eine starre Fristenregelung benachteiligt auch ihn unangemessen, weil sie ihn mit Renovierungspflichten belasten kann, die über den tatsächlichen Renovierungsbedarf hinausgingen.

- „Der Mieter ist verpflichtet, die Schönheitsreparaturen alle 5 Jahre, jeweils gerechnet vom Beginn des Mietverhältnisses, fachgerecht auszuführen."[2347]

- „Die Schönheitsreparaturen sind ab Mietbeginn in den gewerbl. oder freiberufl. genutzten Räumen spätestens nach 4 Jahren und in sonstigen Räumlichkeiten/Nebenräumlichkeiten/Balkonen/Loggien nach 7 Jahren auszuführen bzw. ausführen zu lassen".[2348]

- Nach dem jeweiligen Grad der Abnutzung „*regelmäßig nach Maßgabe folgenden Fristenplans [...]*" (hier: „*3, 5, 7*" Jahre);[2349] „*Die Schönheitsreparaturen werden regelmäßig in folgenden Zeiträumen erforderlich ...*":[2350] jeweils starrer Fristenplan, weil die Klausel für den Mieter so zu verstehen sei, dass er die Schönheitsreparaturen nach dem jeweiligen Grad der Abnutzung, in jedem Fall aber spätestens innerhalb der genannten Fristen durchzuführen habe. Das KG grenzt den Begriff „regelmäßig" ggü. „in der Regel" oder „im Allgemeinen" ab, was durchaus kritisch gesehen werden kann, da diese Auslegung zwar für Juristen nachvollziehbar ist, aber nicht dem allgemeinem Sprachgebrauch großer Teile der Bevölkerung entsprechen dürfte.

2343 BGH, 08.10.2008 – XII ZR 84/06, IMR 2009, 4 = GuT 2008, 436 = InfoM 2008, 422 = NZM 2008, 490 = ZMR 2009, 110 = NJW 2008, 3772; so auch schon Vorauflage Rn. 1138 und 2. Aufl., Rn. 773.
2344 KG, 29.03.2004 – 8 U 286/03, GuT 2004, 172.
2345 BGH, 08.10.2008 – XII ZR 84/06, IMR 2009, 4 = GuT 2008, 436 = InfoM 2008, 422 = NZM 2008, 490 = ZMR 2009, 110 = NJW 2008, 3772.
2346 OLG Düsseldorf, 04.05.2006 – I-10 U 174/05, NZM 2006, 462 = GuT 2006, 127 = IMR 2006, 78 = InfoM 2006, 131 = GE 2006, 712 = ZMR 2006, 521.
2347 OLG München, 22.09.2006 – 19 U 2964/06, GuT 2006, 234 = NZM 2007, 215 = InfoM 2007, 17 = MDR 2007, 514.
2348 OLG Düsseldorf, 18.01.2007 – 10 U 102/06, IMR 2007, 111 = GuT 2007, 26 = NZM 2007, 215.
2349 KG, 06.12.2007 – 8 U 135/07, IMR 2008, 226 = MM 2008, 38 = InfoM 2008, 115 (Wohnraum).
2350 KG, 22.05.2008 – 8 U 205/07, IMR 2008, 264 = NZM 2008, 643 (Wohnraummiete).

IV. Wann muss renoviert werden?

Bei folgenden Formulierungen handelt es sich **nicht** um starre Fristen: 1502

- *„Die* Schönheitsreparaturen *sind fachgerecht, dem Zweck und der Art der Mieträume entsprechend regelmäßig auszuführen, wenn das Aussehen der Räume mehr als nur unerheblich durch den Gebrauch beeinträchtigt ist":* Vereinbarung von **bedarfsabhängigen Renovierungsleistungen** mit der Folge, dass dem Mieter die Anfangsrenovierung freigestellt ist und eine Endrenovierung nicht bedarfsunabhängig auszuführen ist.[2351]
- Formulierung, dass die Schönheitsreparaturen „*in der Regel*",[2352] „*im Allgemeinen*"[2353] oder „*grundsätzlich*"[2354] nach drei, fünf Jahren usw. auszuführen sind.

Die Kombination der Worte „*in der Regel*" und „*spätestens*" macht einen Fristenplan nicht „starr".[2355]

Praxistipp:

Bereits die Formulierung, dass die Schönheitsreparaturen „in der Regel", „im Allgemeinen"[2356] oder „grundsätzlich"[2357] nach drei, fünf Jahren usw. auszuführen sind, kann die Klausel retten, weil dadurch deutlich wird, dass die Renovierung nur nach Bedarf erfolgen soll. Auch die Kombination der Worte „in der Regel" und „spätestens" macht einen Fristenplan in einer Klausel Schönheitsreparaturen betreffend nicht „starr".[2358]

Vermieter sollten für Neuverträge zumindest dies in ihre Formulare einbauen und idealerweise sprachlich eindeutig klarstellen, dass der tatsächliche Renovierungsbedarf maßgeblich ist. (Klauselvorschlag → *Rn. 1556*).

Bei einem individuellen Aushandeln können ohne Weiteres auch strenge Fristen und Durchführung der Arbeiten unabhängig vom Bedarf festgeschrieben werden.

Nach derzeitigem Stand der Rechtsprechung erfolgt die Inhaltskontrolle von Klauseln **ohne Begrenzung rückwirkend** und erfasst damit alle bestehenden Verträge (sog. unechte Rückwirkung). Auch wenn es bei Abschluss eines Mietvertrages für die Parteien nicht absehbar war, dass starr ausgestaltete Schönheitsreparaturfristenpläne Jahrzehnte später von der Rechtsprechung als unwirksam erachtet werden würden, soll es mit den Grundsätzen von Treu und Glauben durchaus vereinbar sein, die neue Rechtsprechungserkenntnis auch auf Altverträge zu erstrecken.[2359] Diese **Rückwirkung** ist äußerst bedenklich und aus Gründen der Rechtssicher- 1503

2351 LG Hildesheim, 07.05.2008 – 4 O 408/07, GuT 2009, 178.
2352 KG, 06.12.2007 – 8 U 135/07, MM 2008, 38 = InfoM 2008, 115: das Gericht gibt einen Hinweis darauf, dass der Vermieter mit dieser Formulierung die Klausel hätte „retten" können.
2353 BGH, 23.06.2004 – VIII ZR 361/03, AIM 2004, 177 = NZM 2004, 653 = WuM 2004, 463 = GE 2004, 1023 = DWW 2004, 221 = ZMR 2004, 736; BGH, 13.07.2005 – VIII ZR 351/04, NZM 2005, 860 = Info M 2005, 247 = NJW 2005, 3416 (jeweils Wohnraum).
2354 AG Titisee-Neustadt, 21.07.2006 – 12 C 61/06, NZM 2007, 328.
2355 BGH, 13.07.2005 – VIII ZR 351/04, NZM 2005, 860 = Info M 2005, 247 = NJW 2005, 3416 (Wohnraum).
2356 BGH, 23.06.2004 – VIII ZR 361/03, AIM 2004, 177 = NZM 2004, 653 = WuM 2004, 463 = GE 2004, 1023 = DWW 2004, 221 = ZMR 2004, 736; BGH, 13.07.2005 – VIII ZR 351/04, NZM 2005, 860 = InfoM 2005, 247 = NJW 2005, 3416.
2357 AG Titisee-Neustadt, 21.07.2006 – 12 C 61/06, NZM 2007, 328.
2358 BGH, 13.07.2005 – VIII ZR 351/04, NZM 2005, 860 = InfoM 2005, 247 = NJW 2005, 3416 (Wohnraum).
2359 LG Lüneburg, 16.05.2007 – 6 S 2/07, NZM 2007, 770 (Wohnraum): Abschluss des Vertrages im Jahr 1983.

heit einzuschränken, schon weil der „normale Bürger" nicht versteht, warum wichtige Praktiken, die womöglich jahrelang zulässig waren, plötzlich für unwirksam erklärt werden.[2360] Der BGH hat auch in anderen Bereichen, etwa im Baurecht bei der Prüfung einer angemessenen Höhe von Vertragsstrafen-Klauseln, ausdrücklich **Vertrauensschutz** für Verträge gewährt, die vor Bekanntwerden seiner Entscheidung geschlossen wurden.[2361]

1504 Der BGH hat in einem Fall, in dem es um einen unwirksamen Treuhandvertrag wegen des Verstoßes gegen das Rechtsberatungsgesetz ging, dem Kläger, der wegen der Nichtigkeit auf Rückzahlung der geleisteten Treuhändervergütung gem. § 812 Abs. 1 Satz 1, 1. Alt. BGB klagte, den Rückgriff mit dem Einwand unzulässiger Rechtsausübung (§ 242 BGB) versagt.[2362] Dies wurde damit begründet, dass die Nichtigkeit sich erst aus einer ab dem Jahr 2000 entwickelten BGH-Rechtsprechung ergebe und der Vertrag vorher geschlossen und abgewickelt worden sei. Der BGH hat dazu ausgeführt:

> „Dementsprechend durfte auch die Beklagte des vorliegenden Rechtsstreits zum Zeitpunkt des Vertragsschlusses darauf vertrauen, dass sich das Vertragswerk im Rahmen des gesetzlich Zulässigen hielt. Dieses Vertrauen ist schutzwürdig. Die höchstrichterliche Rechtsprechung hat zu diesem Zweck eine Reihe von Rechtsinstituten (z.B. unzulässige Rechtsausübung, Fehlen und Wegfall der Geschäftsgrundlage, Verwirkung) erarbeitet, die es im Allgemeinen ermöglichen, die berechtigten Belange beider Parteien ausreichend zu berücksichtigen, wenn die bisherige Rechtslage durch eine Änderung der höchstrichterlichen Rechtsprechung modifiziert wird (BGHZ 132, 119, 130; s.a. Senatsurt. v. 11.10.2001 – III ZR 182/00 = NJW 2002, 66, 67)."

1505 Warum soll dies im Mietrecht nicht auch für Vermieter gelten, die Jahrzehnte auf eine gefestigte Rechtsprechung des BGH zu Schönheitsreparaturklauseln vertrauen durften, bis im VIII. Senat jemand die Richterkollegen von der Bedenklichkeit starrer Fristen überzeugte? Der „Starr-Sinn", in verschiedenen BGH-Senaten gleiche Rechtsfolgen (Unwirksamkeit von Klauseln bzw. Nichtigkeit von Verträgen) ungleich zu behandeln, führt zu einer **Verletzung des Rechtsstaatsgebots**, des Art. 3 GG (Gebot der Gleichbehandlung) und bei gewerblich tätigen Vermietern auch zu einer Verletzung des Art. 12 GG. Der BGH ist deshalb gehalten, in derartigen Fällen grds. Stichtagsregelungen auszusprechen.[2363] Es würde das Vertrauen in die Justiz und damit den Rechtsstaat stärken, wenn der BGH diesen Aspekt generell berücksichtigen würde.

3. Renovierung bei Auszug/Endrenovierung

1506 Häufig wird darüber gestritten, ob der Mieter aufgrund entsprechender Formularklauseln bei **Auszug** noch **komplett renovieren** muss, obwohl er die Räume **unrenoviert übernommen** hatte.

2360 A.A. Sternel, NZM 2007, 545.
2361 BGH, 23.01.2003 – VII ZR 210/01, NZBau 2003, 321 = IBR 2003, 291 – 293 = BauR 2003, 870.
2362 BGH, 01.02.2007 – III ZR 281/05, DWW 2007, 214 = NZM 2007, 260 = BB 2007, 517 = MDR 2007, 702 = NJW 2007, 1130.
2363 So auch Horst, NZM 2007, 185, der zur Begründung die verschiedenen Stichtagsvarianten in der Rspr. herausarbeitet und ebenfalls zum Ergebnis der verfassungsrechtlichen Bedenklichkeit gelangt.

Bei Wohnraummiete sind solche Vertragsklauseln als AGB generell unwirksam.[2364] Die in Formularmietverträgen enthaltene Verpflichtung des Mieters, neben der Durchführung der Schönheitsreparaturen die Mietsache bei Beendigung des Mietverhältnisses renoviert zurückzugeben, entfernt sich noch weiter vom gesetzlichen Leitbild der Erhaltungspflicht des Vermieters und führt zu einer zusätzlichen Verschärfung zulasten des Mieters.[2365] So ist eine Regelung in einem vom Vermieter verwendeten Formularvertrag über Wohnraum, nach welcher der Mieter verpflichtet ist, die Räume bei Beendigung des Mietverhältnisses **unabhängig vom Zeitpunkt der Vornahme der letzten Schönheitsreparaturen** renoviert zu übergeben, wegen unangemessener Benachteiligung des Mieters gem. § 307 BGB unwirksam; das gilt auch dann, wenn der Mieter zu laufenden Schönheitsreparaturen während der Dauer des Mietverhältnisses nicht verpflichtet ist (**ausschließliche Endrenovierung**).[2366]

1507

> **Hinweis:**
>
> Die Entscheidung zur ausschließlichen Endrenovierung betrifft Wohnraum, liegt aber argumentativ auf einer Linie mit der sonstigen neueren Rechtsprechung zu Renovierungsklauseln, die auch vom XII. Zivilsenat für die Gewerberaummiete übernommen wurde, sodass von einer entsprechenden Geltung ohne Weiteres auch für gewerbliche Mietverhältnisse auszugehen ist.

Bei Geschäftsraummiete könnte man argumentieren, dass der Mieter weniger schutzbedürftig ist und deshalb eine vertragliche Vereinbarung, wonach er die Räume vor Rückgabe ohne Rücksicht auf ihren Zustand zu renovieren hat, möglich sei.[2367] Gegen diese Ansicht spricht, dass der Mieter dann u.U. bei Auszug renovieren muss, obwohl der Zustand nach der letzten – wegen Fristenplan oder Abnutzung erforderlichen – Renovierung noch gut ist. Diese Doppelbelastung ist auch bei Geschäftsraummiete unangemessen. Die Übertragung von Schönheitsreparaturverpflichtungen auf den Gewerberaummieter ist deshalb jedenfalls unter dem Summierungseffekt (dazu → *Rn. 1509 und 212*) der laufenden und der vertragsabschließenden Schönheitsreparaturen bei Übernahme nicht renovierter Räume unwirksam.[2368]

1508

Der BGH hat jedoch entschieden, dass eine Endrenovierungspflicht als **Individualvereinbarung** zulässig ist.[2369] Ihre Schranken findet die Wirksamkeit einer solchen Vereinbarung v.a. in den Verbotsgesetzen i.S.d. § 134 BGB, im Verbot der Sittenwidrigkeit (§ 138 BGB) und dem Grundsatz von Treu und Glauben (§ 242 BGB). Treffen eine unbedenkliche, individuell vereinbarte Endrenovierungsklausel und andere formularmäßig vereinbarte unwirksame Renovierungsklauseln zusammen, stellt sich die Frage, ob die beiden Klauseln wegen ihres sachlichen

1509

[2364] OLG Hamm, 27.02.1981 – 4 RE-Miet 4/80, WuM 1981, 77 = ZMR 1981, 179 = NJW 1981, 1049; OLG Frankfurt am Main, 22.09.1981 – 20 REMiet 1/81, WuM 1981, 272 = ZMR 1982, 15 = NJW 1982, 453 (jeweils Wohnraum).
[2365] OLG Düsseldorf, 14.12.2006 – 24 U 113/06, IMR 2007, 251.
[2366] BGH, 12.09.2007 – VIII ZR 316/06, IBR 2008, 5 (Wohnraum).
[2367] So KG, 10.05.2004 – 12 U 122/03, GuT 2004, 138; OLG Celle, 07.05.2003 – 2 U 200/02, AIM 2004, 77.
[2368] BGH, 06.04.2005 – XII ZR 308/02, NZM 2005, 504 = GuT 2005, 160; OLG Düsseldorf, 14.12.2006 – 24 U 113/06, IMR 2007, 251; OLG Hamburg, 19.09.2003 – 4 U 134/03, GuT 2004, 82; OLG Hamm, 05.07.2002 – 7 U 94/01, NZM 2002, 988.OLG Hamburg, 19.09.2003 – 4 U 134/03, GuT 2004, 82; OLG Hamm, 05.07.2002 – 7 U 94/01, NZM 2002, 988.
[2369] BGH, 18.03.2009 – XII ZR 200/06, IMR 2009, 198 = InfoM 2009, 121 = GuT 2009, 99 = NZM 2009, 397.

Zusammenhangs ein einheitliches Rechtsgeschäft i.S.d. § BGB § 139 BGB darstellen, das bei Nichtigkeit eines Teils im Zweifel insgesamt nichtig ist (**Summierungseffekt**). Im Wohnraummietrecht wird eine solche „Infektion" bejaht, wenn die Klauseln gleichzeitig bei Mietvertragsabschluss vereinbart wurden;[2370] vom BGH offengelassen wurde es für den Fall, dass man die Individualvereinbarung nachträglich (etwa in einem Übergabeprotokoll nach Mietende) traf.[2371]

1510 Der Gewerberaummietsenat des BGH hat richtigerweise entschieden, dass eine **Unwirksamkeit der Formularklausel nicht die Individualabrede erfasst**, da diese nicht der Inhaltskontrolle nach § 307 BGB unterliegt.[2372] Es kommt daher auch nicht darauf an, *wann* die Individualendrenovierungsklausel vereinbart wurde. Es ist daher besonders sorgfältig zu prüfen, ob Absprachen in einem Übernahme- oder Übergabeprotokoll eine Individualvereinbarung darstellen. I.d.R. wird dies der Fall sein, es sei denn, der Vermieter benutzt bspw. identische Abgeltungsklauseln mehrfach oder immer in „seinen" Protokollen. Bei der Abfassung eines (Wohnungsübergabe-) Protokolls, wird, weil dieses eigentlich den Zustand der Wohnung festzuhalten bestimmt ist, z.T. auch ein Aushandeln i.S.d. AGB-Rechts verneint, weil dies in der Praxis regelmäßig nicht stattfindet.[2373]

> **Praxistipp Vermieter/Verpächter:**
> Endrenovierungs- oder Abgeltungsklauseln sollten nur individuell und nur jeweils separat, nicht kombiniert, vereinbart werden. Die „Individualität" kann dadurch betont werden, dass dies in einem Übernahme- oder Übergabeprotokoll stattfindet.

4. Abgeltungsklauseln

1511 Auch Abgeltungsklauseln sind zunächst im Wohnraummietrecht für unwirksam erklärt worden: Eine Formularklausel, die den Mieter verpflichtet, bei Vertragsende zur **Abgeltung noch nicht fälliger Schönheitsreparaturen** einen Betrag zu zahlen, der nur den Zeitablauf seit der letzten Renovierung, nicht aber den tatsächlichen Renovierungsbedarf berücksichtigt, ist unwirksam.[2374] Entsprechendes gilt für eine Klausel, die ihn dazu verpflichtet, „angelaufene Renovierungsintervalle zeitanteilig zu entschädigen" und zwar wegen Verstoßes gegen das

---

2370 BGH, 05.04.2006 – VIII ZR 163/05, NZM 2006, 623 = NJW 2006, 2116: Summierungseffekt verneint, weil das Protokoll kurz vor Auszug verfasst wurde, sodass nur noch § 139 BGB greifen konnte (ebenfalls verneint); krit. Derleder, NZM 2009, 227, 229.

2371 BGH, 14.01.2009 – VIII ZR 71/08, NZM 2009, 233 = InfoM 2009, 63: im Mietvertrag nur starre Fristenregelung enthalten, aber keine Endrenovierungspflicht, ferner Abrede über die Endrenovierung im Protokoll der Wohnungsübergabe; unwirksam nach AG Hannover, 02.07.2009 – 514 C 13034/08, NZM 2010, 278 = WuM 2010, 146 und nach Derleder, NZM 2009, 227, 2279 wegen Gesamtunwirksamkeit nach § 139 BGB auch bei Individualvereinbarung.

2372 BGH, 18.03.2009 – XII ZR 200/06, IMR 2009, 198 = InfoM 2009, 121 = GuT 2009, 99 = NZM 2009, 397; a.A. Derleder, NZM 2009, 227, 229 (Wohnraum).

2373 Derleder, NZM 2009, 227, 228.

2374 BGH, 07.03.2007 – VIII ZR 247/05, InfoM 2007, 107 = WuM 2007, 260; BGH, 18.10.2006 – VIII ZR 52/06, NZM 2006, 924 = IMR 2006, 180 = MDR 2007, 262 (LS) (Wohnraum).

Transparenzgebot aus § 307 Abs. 1 Satz 2 BGB.[2375] Das kann aber z.B. nicht mehr für eine Klausel gelten, in der sich der Vermieter ausdrücklich die Wahl eines Geldzahlungsanspruchs anstelle der Verpflichtung zu Schönheitsreparaturen vorbehält, da ein Recht des Mieters, die Schönheitsreparaturen kostensparend selbst durchzuführen, durch diese Klausel gerade ausgeschlossen wird; eine solche Klausel ist keine (unzulässige) Endrenovierungsklausel, sondern erlegt dem Mieter ausdrücklich eine Pflicht zum Ersatz von Handwerkerkosten auf und stellt deswegen eine von vornherein nach § 307 Abs. 1 Satz 1 BGB unwirksame Formularvereinbarung dar.[2376]

Hat der Mieter aufgrund einer unwirksamen Abgeltungsklausel Zahlungen geleistet, so kann er diese nach den Grundsätzen der ungerechtfertigten Bereicherung zurückfordern.[2377] 1512

Nach ständiger Rechtsprechung des BGH sind Klauseln, nach denen der Mieter „**Kosten der Schönheitsreparaturen**" **übernimmt**, so zu verstehen, dass der Mieter die Pflicht und das Recht hat, die Schönheitsreparaturen auszuführen und keine Beschränkung auf eine reine Zahlung erfolgt.[2378]

Diese zu Wohnraum entwickelten Grundsätze sind auf die AGB-Renovierungspflichten in der Gewerberaummiete übertragbar.

Praxistipp:

Alle neu abzuschließenden Mietverträge müssen überprüft werden, ob darin starre Abgeltungsklauseln enthalten sind. Ggf. sind diese auf den „tatsächlichen Renovierungsbedarf" anzupassen.

Praxistipp Immobilienverwalter:

Verwalter, die Verträge ohne Prüfung (oder Prüfenlassen durch einen Fachanwalt) dieser Aspekte mit „Altklauseln" abschließen, haften dem Vermieter ggf. gem. § 280 BGB auf Schadensersatz, wenn sich die Verweigerung des Mieters, den Abgeltungsbetrag zu bezahlen, als berechtigt erweist.

2375 BGH, 05.03.2008 – VIII ZR 95/07, IMR 2008, 148 = GuT 2008, 198 = NZM 2008, 363 = WuM 2008, 278 = NJW 2008, 1438 zur Unwirksamkeit einer Schönheitsreparatur-Abgeltungsklausel; der Text der Klausel lautet: „*Die Mieträume sind zum Vertragsablauf geräumt, sauber und in dem Zustand zurückzugeben, in dem sie sich bei regelmäßiger Vornahme der Schönheitsreparaturen – vgl. § 8 Nr. 2 – befinden müssen, wobei aufgelaufene Renovierungsintervalle – vgl. § 8 Nr. 2 – vom Mieter zeitanteilig zu entschädigen sind, und zwar nach Wahl des Mieters in Geld auf der Basis eines Kostenvoranschlags oder durch fachgerechte Renovierung durch den Mieter.*"
2376 Derleder, NZM 2009, 227.
2377 Sternel, NZM 2007, 545.
2378 BGH, 14.07.2004 – VIII ZR 339/03, NZM 2004, 734 = DWW 2004, 256 = AIM 2004, 175 = NJW 2004, 2961; BGH, 15.11.1967 – VIII ZR 150/65, BGHZ 49, 56, 58 = MDR 1968, 232 = NJW 1968, 491.

V. Wie muss renoviert werden: Art und Qualität der Ausführung, Selbstvornahme

1513 Wie der Mieter Schönheitsreparaturen durchführt, ist grds. seine Sache. Im Ergebnis müssen die Arbeiten aber – wenn nichts anderes vereinbart ist – in mittlerer Art und Güte ausgeführt werden (§ 243 BGB). Vertragliche Formulierungen wie „**fachmännisch**" oder „**fachgerecht**" besagen nur, dass eine bestimmte Qualität vereinbart ist, nicht aber, dass ein Fachbetrieb beauftragt werden muss.[2379] Ist Letzteres ausdrücklich durch AGB vereinbart, wird die Klausel allgemein als unangemessen i.S.v. § 307 BGB angesehen,[2380] sie kann jedoch i.S.e. geltungserhaltenden Reduktion teilbar sein, sodass nur die Handwerkerbeauftragung unwirksam ist.

Führt der Mieter von ihm vertraglich geschuldete Arbeiten an der Mietsache nur minderwertig aus, kann der Vermieter Ersatz der gesamten Kosten für Beseitigung der minderwertigen Arbeiten und deren vertragsgerechte Ausführung verlangen (sog. großer Schadensersatz); hingegen hat der Mieter lediglich den Minderwert zu ersetzen, wenn die Qualitätsabweichung unerheblich ist.[2381] Diese Voraussetzungen liegen aber jedenfalls dann nicht mehr vor, wenn die erbrachten Arbeiten (hier: Teppichbodenverlegung) die geschuldete Qualität um 50 % unterschreiten.[2382]

1514 Streitpunkt sind häufig „billige" Anstriche oder grelle Farben, die dem Vermieter nicht gefallen.[2383] Gerade bei einheitlich „gestylten" Läden, wie z.B. in manchen Passagen, können solche eher nebensächlich erscheinenden Punkte wie **Farbwahl** wichtig werden.

Zu unterscheiden sind Schönheitsreparaturen im laufenden Mietverhältnis und bei Auszug:

1515 Legt der Vermieter **im laufenden Mietverhältnis** Wert auf eine bestimmte Gestaltung, muss er dies ausdrücklich mit dem Mieter vereinbaren. Ohne eine solche Vereinbarung darf der Mieter „frei renovieren". Nach der Rechtsprechung des BGH zum Wohnraummietrecht verstoßen AGB-Klauseln, die den Mieter auch während der Mietzeit generell zu einer **Dekoration in einer vorgegebenen Ausführungsart oder Farbwahl** verpflichten (Beispiel: „Anstrich nur in weiß") und ihn dadurch in der Gestaltung seines persönlichen Lebensbereich des einschränken, ohne dass dafür ein anerkennenswertes Interesse besteht, gegen § 307 BGB und sind unwirksam.[2384] Dies gilt auch dann, wenn sich die Dekorationen nicht auf sämtliche Schönheitsreparaturen, sondern auf abgegrenzte Bereiche beziehen. (Türen und Fenster) dies lässt sich nicht ohne Weiteres auf gewerbliche Miete und Pacht übertragen, da die Wohnung als Lebensmittelpunkt und auch Ausdruck der Individualität des Mieters schützenswerter ist als Geschäftsraum. Der BGH lässt eine Einschränkung zu, wenn dafür ein anerkennenswertes Interesse besteht.

2379 BGH, 06.07.1988 – VIII ARZ 1/88, NJW 1988, 2790 = WuM 1988, 1338.
2380 OLG Stuttgart, 19.08.1993 – 8 REmiet 2/92, NJW-RR 1993, 1422 = ZMR 1993, 513 = DWW 1993, 328, noch zu § 9 AGBG ergangen.
2381 OLG Karlsruhe, 17.02.2006 – 1 U 195/05, GuT 2006, 129 = InfoM 2006, 87.
2382 OLG Karlsruhe, 17.02.2006 – 1 U 195/05, GuT 2006, 129 = InfoM 2006, 87.
2383 Vgl. dazu ausführlich Neuhaus, NZM 2000, 220.
2384 BGH, 20.01.2010 – VIII ZR 50/09, InfoM 2010, 111 = NZM 2010, 236 = MDR 2010, 564 (Türen/Fenster „nur weiß" streichen); BGH, 18.02.2009 – VIII ZR 166/08, InfoM 2009, 104 („neutrale Farben"); BGH, 18.06.2008 – VIII ZR 224/07, InfoM 2008, 315 (neutrale helle Farben); BGH, 28.03.2007 – VIII ZR 199/06, InfoM 2007, 108 (jeweils Wohnraum).

Dies wird man bei Geschäftsräumen zumindest immer dann annehmen können, wenn die Räume von außen einsehbar sind, also grds. bei allen Ladengeschäften und ähnlichen Räumen. In diesen Fällen liegt keine unangemessene Benachteiligung i.S.d. §§ 307 BGB vor, wenn der Vermieter dem Mieter eine bestimmte (preislich vertretbare) Art und Weise der Dekorationen, etwa bestimmte Farben, durch AGB auferlegt. Anderes kann gelten, wenn die Räume nicht von außen einsehbar sind, da insofern kein schützenswertes Interesse des Vermieters besteht.

Beim **beendeten Mietverhältnis** treffen den Mieter treffen am Ende der Mietzeit **besondere Rücksichtnahmepflichten** bzgl. einer weiteren Vermietung. Dies kann sogar soweit gehen, dass er noch einmal neu in einer dem durchschnittlichen Empfinden eher entsprechenden Farbe streichen muss, obwohl er eigentlich nicht mehr renovieren müsste.[2385] AGB-Klauseln, die den Mieter für den Fall der Rückgabe zu einer **Dekoration in einer vorgegebenen Ausführungsart oder Farbwahl** verpflichten, verstoßen deshalb grds. nicht gegen § 307 BGB.[2386] Allerdings scheint der BGH von dieser Rspr. abkehren zu wollen, da nach einer neueren Entscheidung eine AGB-Mietvertragsbestimmung zur Abwälzung der Schönheitsreparaturen, die dem Mieter bezüglich der Farbwahl Vorgaben macht, nur wirksam sei, wenn sie ausschließlich für den Zeitpunkt des Auszugs aus der Wohnung gelte und dem Mieter noch einen gewissen Spielraum lasse.[2387] Die Einengung der Farbwahl auf die Farbe «Weiß» schränke, so der BGH, die Gestaltungsfreiheit des Mieters zu stark ein und benachteilige ihn unangemessen, weil der Mieter sonst praktisch gezwungen wäre, im Hinblick auf eine später eventuell noch nicht erforderliche Renovierung schon während der Mietzeit alles weiß zu streichen oder wegen einer anderen Farbgestaltung der Wohnung Gefahr laufe, beim Auszug eine noch nicht erforderliche Renovierung vornehmen zu müssen.[2388]

1516

Die AGB-Klausel, die Schönheitsreparaturen „ausführen zu lassen", benachteiligt den Wohnraummieter unangemessen und ist deshalb unwirksam, wenn sie bei kundenfeindlichster Auslegung dem Mieter dadurch die Möglichkeit der kostensparenden Eigenleistung nimmt, dass sie als Fachhandwerkerklausel verstanden werden kann.[2389] Begründet wird dies u.a. damit, dass die zur Verkehrssitte gewordene Praxis einer Überwälzung der Schönheitsreparaturen auf den Mieter auch dadurch geprägt ist, dass der Mieter die ihm übertragenen Schönheitsreparaturen in Eigenleistung ausführen und dadurch Ersparnisse erzielen kann. Dies ist auf Gewerberaum übertragbar, da die Interessenlage grds. identisch ist, mag es auch bei größeren Mietobjekten unüblich sein, dass die Mieter selbst renovieren (dies ist bei teuren Mietwohnungen in der Regel genauso, d.h. die Mieter bestellen Handwerker). Auch die formularmäßige Klausel in einem Gaststättenpachtvertrag *„Der Mieter ist verpflichtet, Schönheitsreparaturen laufend auf eigene Kosten fachgerecht durchführen zu lassen, sobald der Grad der Abnutzung dies nach der Art des Gewerbebetriebes bzw. der vertraglichen Nutzung erfordert"*, ist wegen Verstoßes gegen

1517

2385 Neuhaus, NZM 2000, 220, 223.
2386 BGH, 22.10.2008 – VIII ZR 283/07, InfoM 2008, 469: Rückgabe „wie bei Vertragsbeginn vorgegeben"; BGH, 18.06.2008 – VIII ZR 224/07, InfoM 2008, 315: neutrale helle Farben; LG Berlin, 06.11.2006 – 67 S 392/06, IMR 2007, 41 (jeweils Wohnraum).
2387 BGH, Beschl. v. 14.12.2010 - VIII ZR 198/10.
2388 BGH, Beschl. v. 14.12.2010 - VIII ZR 198/10; a.A. LG Berlin, Beschl. v. 06.11.2006 - 67 S 392/06, IMR 2007, 41 (jeweils Wohnraum)
2389 BGH, Urt. v. 9.6.2010 - VIII ZR 294/09, IMR 2010, 317 = InfoM 2010, 269 (Wohnraum).

§ 307 BGB unwirksam, weil in ihr eine Selbstvornahme der Schönheitsreparaturen durch den Mieter ausgeschlossen ist.[2390]

VI. Rechtsfolgen unwirksamer Schönheitsreparaturklauseln

1. Unwirksame AGB-Klauseln, geltungserhaltende Reduktion

1518 Ist eine Formularklausel – z.B. wegen „Starrheit" – unwirksam, tritt nach § 306 Abs. 2 BGB die den Vermieter zur Ausführung von Schönheitsreparaturen verpflichtende gesetzliche Bestimmung des § 535 Abs. 1 Satz 2 BGB an ihre Stelle der unzulässigen Schönheitsreparaturklausel. D.h.: alle Schönheitsreparaturen sind vom Vermieter auszuführen. Die Unwirksamkeit der Schönheitsreparaturklausel entzieht damit auch einer vertraglichen Pflicht des Mieters zur Rückgabe der Mieträume in bezugsfertigem Zustand die Grundlage.[2391]

1519 Das **Verbot der geltungserhaltenden Reduktion** macht grds. die Übernahme aller Schönheitsreparaturen unwirksam, d.h. es erfolgt keine Reduzierung auf einen noch zulässigen, der Klausel möglichst nahestehenden Inhalt. So kann bspw. eine unzulässig ausgestaltete Verpflichtung des Mieters zur Vornahme von Schönheitsreparaturen nicht im Wege der Klauselkontrolle in eine zulässige Verpflichtung inhaltlich umgestaltet werden.[2392] Eine **Ausnahme vom Grundsatz** ist möglich, wenn sich eine Formularklausel, die mehrere sachliche, nur formal verbundene Regelungen enthält, aus ihrem Wortlaut heraus verständlich und sinnvoll (also inhaltlich und sprachlich) in einen wirksamen und unwirksamen Teil splitten lässt, der jeweils noch sinnvoll ist[2393] (Abtrennbarkeit, d.h. der unwirksame Klauselteil kann ohne Weiteres gestrichen werden; sog. **blue-pencil-Test**). Der BGH geht in seiner jüngeren Rechtsprechung immer öfter von einer Gesamtunwirksamkeit von Schönheitsreparaturklauseln aus und prüft, ob das Streichen der missbilligten Teilregelung zu einer inhaltlichen Umgestaltung führt, weil bspw. eine vormalige Konkretisierung für Umfang, Art oder Fälligkeit der Verpflichtung entfällt.[2394]

1520 Dies wird regelmäßig verneint, weil es sich bei der Übernahme von Schönheitsreparaturen um eine **einheitliche Rechtspflicht** handele, die sich nicht in Einzelmaßnahmen oder Einzelaspek-

---

2390 OLG Düsseldorf, Urt. v. 09.12.2010 - 10 U 66/10.
2391 OLG Düsseldorf, 18.01.2007 – 10 U 102/06, IMR 2007, 111 = GuT 2007, 26 = NZM 2007, 215.
2392 BGH, 10.02.2010 – VIII ZR 222/09 unter II. 2.; BGH, 13.01.2010 – VIII ZR 48/09 unter II. 2., IMR 2010, 81 = NZM 2010, 157 = InfoM 2010, 108 = MDR 2010, 312; BGH, 18.02.2009 – VIII ZR 210/08, WuM 2009, 286 = InfoM 2009, 105 (jeweils Wohnraum).
2393 BGH, 10.02.2010 – VIII ZR 222/09 unter II. 2. (Schönheitsreparaturklausel Wohnraum, Außenanstrich von Türen – geltungserhaltende Reduktion verneint); BGH, 16.06.2009 – XI ZR 145/08; BGH, 12.02.2009 – VII ZR 39/08, WM 2009, 643; BGH, 15.05.1991 – VIII ZR 38/90, NJW 1991, 1750; OLG Hamburg, 13.09.1991 – 4 U 201/90, NJW-RR 1992, 10 = WuM 1991, 523 = MDR 1991, 1166 = ZMR 1991, 469; KG, 05.03.2009 – 8 U 177/08, IMR 2009, 424 = GuT 2010, 22 = InfoM 2010, 126; OLG Naumburg, 15.07.2008 – 9 U 18/08, IMR 2008, 339 = NZM 2008, 772.
2394 BGH, 20.01.2010 – VIII ZR 50/09, InfoM 2010, 111 = NZM 2010, 236 = MDR 2010, 564 (Türen/Fenster „nur weiß" streichen); BGH, 13.01.2010 – VIII ZR 48/09., IMR 2010, 81 = NZM 2010, 157 = InfoM 2010, 108 = MDR 2010, 312 (Streichen von Außentüren und Parkettversiegelung); BGH, 18.02.2009 – VIII ZR 210/08, WuM 2009, 286 = InfoM 2009, 105 (jeweils Wohnraum).

te aufspalten lasse.²³⁹⁵ Diese in Wohnraumfällen aufgestellten Grundsätze gelten, da es um die grundsätzliche Bewertung der Schönheitsreparatur „an sich" geht, auch für Gewerberaummiete und Pacht. Sie wurzeln letztlich in dem vom BGH selbst aufgestellten (d.h.: nicht dem Gesetz entnommenen) Rechtssatz, dass die gesamte Klausel unwirksam ist, wenn der Vermieter mehr als dasjenige verlangt, was § 28 II. BV für Schönheitsreparaturen normiert.

Ein solches Quasi-Dogma ist aber zu missbilligen, da der BGH (bisher) nicht nachvollziehbar festlegt, welche **objektiven Kriterien für eine Teilbarkeit** gelten sollen. Die juristische Bewertung der einheitlichen Rechtspflicht sollte handfest an tatsächliche Gegebenheiten und den gesunden Menschenverstand anknüpfen. Bei Schönheitsreparaturen steckt in dem vom Vermieter verlangten „Zuviel" trotz womöglich sprachlich/textlich nicht sauber durchführbarer Trennbarkeit immer der Standard, also die durchzuführenden Basis-/Mindestarbeiten als Minus, sodass man durch **einfache Subtraktion** zu einer wirksamen Restklausel gelangen kann. Genau so sind letztlich auch die vom BGH entschiedenen Rechtsstreitigkeiten entstanden, etwa weil der betroffene Mieter meinte, er müsse seine Wohnungstür nur von innen, nicht aber von außen streichen. Der Mieter nimmt deshalb in diesen Fällen i.d.R. selbst eine (handwerkliche) Reduktion seiner Pflichten vor und teilt diese in wirksame und unwirksame Bereiche ein.

Beispiel:

*Verpflichtet eine Klausel den Mieter bei den Schönheitsreparaturen zum „Streichen der Türen und Fenster", so lässt sich dies objektiv, d.h. handwerklich und lebensnah, ohne Weiteres in die Bereiche Malerarbeiten an den Innentüren/-fenstern und Malerarbeiten an den Außentüren/-fenstern aufteilen. Wenn aber eine solche objektive Teilung möglich ist, sollte bei der juristischen Bewertung nicht von einer einheitlichen Rechtspflicht, die sich nicht in Einzelmaßnahmen aufspalten lasse, ausgegangen und als Rechtsfolge Gesamtunwirksamkeit angenommen werden.*²³⁹⁶

Der Grundsatz des BGH, die Übernahme von Schönheitsreparaturen sei eine **einheitliche, nicht aufspaltbare Rechtspflicht** mit der Folge der Gesamtunwirksamkeit einer AGB-Klausel ist deshalb abzulehnen und eine der Praxis entsprechende geltungserhaltende Reduktion betroffener Klauseln vorzunehmen.

2. Ansprüche der Parteien

Mietvertraglich folgt aus der Unwirksamkeit der Schönheitsreparatur-Umlage: Nicht mehr der Mieter, sondern der Vermieter ist nach § 306 Abs. 2 BGB aufgrund seiner aus § 535 BGB folgenden Pflicht, das Mietobjekt in einem vertragsgemäßen Zustand zu halten, zur Renovierung verpflichtet, sobald diese objektiv erforderlich ist. Sind **bei Vertragsbeginn unrenovierte Räume übergeben** worden und war dies der vereinbarte vertragsgemäße Zustand (Beispiel: Selbstausbau durch den Mieter), schuldet der Vermieter während der gesamten Mietzeit auch

---

2395 BGH, 10.02.2010 – VIII ZR 222/09 unter II. 2.; BGH, 13.01.2010 – VIII ZR 48/09 unter II. 2., IMR 2010, 81 = NZM 2010, 157 = InfoM 2010, 108 = MDR 2010, 312; BGH, 18.02.2009 – VIII ZR 210/08, WuM 2009, 286 = InfoM 2009, 105 (jeweils Wohnraum).

2396 So aber BGH, 13.01.2010 – VIII ZR 48/09, IMR 2010, 81 = NZM 2010, 157 = InfoM 2010, 108 = MDR 2010, 312 zum erwähnten Anstrich-Fall; im Ergebnis ebenso BGH, 20.01.2010 – VIII ZR 50/09, InfoM 2010, 111 = NZM 2010, 236 = MDR 2010, 564; BGH, 18.02.2009 – VIII ZR 210/08, WuM 2009, 286 = InfoM 2009, 105; BGH, 28.03.2007 – VIII ZR 199/06, InfoM 2007, 108 (jeweils Wohnraum).

nur nicht renovierte Räume.[2397] Dies bedingt dann, dass der Mieter vom Vermieter keine Renovierung verlangen kann.

1524 Im Fall der Unwirksamkeit einer Klausel über die Abwälzung von Schönheitsreparaturen darf der Vermieter bei preisfreiem Wohnraum nach der Rechtsprechung des BGH – entgegen der zunächst überwiegenden Instanzrechtsprechung – keinen **Zuschlag auf die Miete** verlangen (**Renovierungskostenzuschlag**).[2398] Nur bei öffentlich gefördertem, preisgebundenem Wohnraum ist der Vermieter berechtigt, die Kostenmiete einseitig um den Zuschlag nach § 28 Abs. 4 II. BV zu erhöhen, wenn die im Mietvertrag enthaltene Klausel über die Abwälzung der Schönheitsreparaturen auf den Mieter unwirksam ist.[2399] Bei gewerblichen Miet- und Pachtverhältnissen kann entsprechend der BGH-Rechtsprechung zum preisfreien Wohnraum hingegen keine Anpassung erfolgen,[2400] da es weder ein gesetzlich vorgesehenes Mieterhöhungsverfahren gem. §§ 558 BGB ff. gibt, noch eine daraus ableitbare ortsübliche, nach gleichen Kriterien ermittelte Vergleichsmiete.

1525 Enthält deshalb ein gewerblicher Miet- oder Pachtvertrag keine ergänzenden Regelungen für den Fall, dass sich eine Klausel als unwirksam erweist, kommt man auch im Wege der ergänzenden Vertragsauslegung nach den §§ 133, 157 BGB – wonach auch die Verkehrssitte zu berücksichtigen ist – nicht zu dem Ergebnis, dass die Parteien in jedem Fall eine Erhöhung der Miete bei Klauselentfall wollten.[2401] Denn dies wird regelmäßig nur dem Wunsch des Vermieters entsprechen.

1526 Ferner scheidet eine Anpassung der vertraglichen Vereinbarung über die Miete wegen **Wegfalls der Geschäftsgrundlage** nach § 313 BGB aus, da nach § 306 BGB das Risiko der Verwendung unwirksamer AGB beim Verwender, also meist dem Vermieter liegt, und derjenige sich nicht auf den Wegfall berufen kann, der das Risiko zu tragen hat.[2402] Auch eine Anpassung nach Treu und Glauben entfällt deshalb.[2403]

2397 Ähnlich Horst, DWW 2007, 48.
2398 BGH, 11.02.2009 – VIII ZR 118/07, NZM 2009, 313 = NJW 2009, 1410; BGH, 09.07.2008 – VIII ZR 181/07, BGHZ 177, 186 = IMR 2008, 161 = InfoM 2008, 312; BGH, 09.07.2008 – VIII ZR 83/07, WuM 2008, 487 = ZMR 2009, 1 m. Anm. Häublein = GE 2008, 146 (jeweils Wohnraum); Sternel, NZM 2007, 545; a.A. OLG Frankfurt am Main, 28.12.2007 – 2 U 200/07, IMR 2008, 78 = WuM 2008, 82; OLG Karlsruhe, 18.04.2007 – 7 U 186/06, IMR 2007, 249 = WuM 2007, 454 = NZM 2007, 481 (Wohnraum) m.w.N.; OLG Koblenz, 08.11.1984 – 4 W RE 571/84, WuM 1985, 15; OLG Frankfurt am Main, NJW-RR 2001, 945; LG Hamburg, ZMR 2003, 491; LG Frankfurt am Main, NJW-RR 2003, 1522; LG München I, NZM 2002, 945; LG Berlin, GE 1997, 48; LG Wiesbaden, WuM 1987, 127; AG Wiesbaden, 26.03.2007 – 93 C 5183/06, InfoM 2007, 166 (Wohnraum); ebenso Artz, in: MüKo BGB, § 558a Rn. 20; Börstinghaus, in: Schmidt-Futterer, § 558a BGB Rn. 48 ff.; Flintrop, in: Hannemann/Wiegner, MAH Wohnraummietrecht, § 35 Rn. 115.
2399 BGH, 24.03.2010 – VIII ZR 177/09, WuM 2010, 296 = NJW 2010, 1590.
2400 So schon Vorauflage Rn. 1152.
2401 BGH, 28.06.2006 – VIII ZR 124/05, NZM 2006, 691 = WuM 2006, 513 = ZMR 2006, 843 (Wohnraum); OLG Düsseldorf, 18.01.2007 – 10 U 102/06, IMR 2007, 111 = GuT 2007, 26 = NZM 2007, 215.
2402 Sternel, Mietrecht aktuell, Rn. IX 45; Dose, NZM 2009, 381, 386.
2403 Sternel, Mietrecht aktuell, Rn. IX 45 unter Verweis auf BGH, 21.12.1960, LM § 242 (Bb) BGB Nr. 39.

> **Praxistipp:**
>
> Der Mietervertrag kann ohne Weiteres – auch bei Klauseln, die der neuen Rechtsprechung bereits angepasst sind – eine „Rettungsklausel" als Zusatz zur Schönheitsreparaturklausel mit folgendem Inhalt enthalten:
>
> *„Sollte die vorgenannte Klausel zur Durchführung von Schönheitsreparaturen für unwirksam erklärt werden, z.B. aufgrund neuer Entwicklungen in der Rechtsprechung, so darf der Vermieter einseitig die monatliche Grundmiete um einen angemessenen, den Grundsätzen der Billigkeit entsprechenden Zuschlag erhöhen, der mindestens x % der Grundmiete beträgt. Dies basiert darauf, dass der Vermieter kalkulatorisch wegen der Überwälzung der Arbeiten keinen Renovierungszuschlag in die Grundmiete eingerechnet hat."*
>
> Ergänzend können ggf. noch Regelungen zur Fälligkeit oder die Möglichkeit der Bestimmung der Höhe des Zuschlags durch einen Dritten, etwa einen Sachverständigen, vereinbart werden.

Führt der Mieter trotz einer unwirksamen Renovierungsklausel im Vertrauen auf die Wirksamkeit der Regelung Schönheitsreparaturen aus, gilt Folgendes: Sowohl im laufenden wie auch beim beendeten Mietverhältnis scheidet ein **Anspruch des Mieters auf Kostenersatz** nach dem §§ 536a Abs. 2 Nr. 1, 539 BGB i.V.m. den §§ 677 ff. BGB (Geschäftsführung ohne Auftrag) i.d.R. aus, weil der Mieter die Aufwendungen aufgrund seiner (vermeintlichen) vertraglichen Pflicht als eigenes Geschäft will und ihm der Fremdgeschäftsführungswille fehlt.[2404] In Rechtsprechung und Literatur ist es höchst umstritten, wann bei vom Mieter ausgeführten Arbeiten von einem fremden Geschäft und dem entsprechenden Willen auszugehen ist. Hält man den mietrechtlichen Anspruch für nicht gegeben, greift aber nach überwiegender Meinung aufgrund der Verweisung in § 684 Satz 1 BGB jedenfalls Bereicherungsrecht.[2405]

1527

Dem entsprechend hat der BGH bei einer unwirksamen **Endrenovierungsklausel** dem Wohnraummieter einen **Erstattungsanspruch aus ungerechtfertigter Bereicherung** nach §§ 812 Abs. 1 BGB, 818 Abs. 2 BGB zugebilligt.[2406] Der Anspruch richtet sich gem. § 818 Abs. 2 BGB auf den Wertersatz, da die Leistung selbst ihrer Natur nach nicht herausgegeben werden kann. Der Wert der rechtsgrundlos erbrachten Leistung bemisst sich dann nach dem Betrag der üblichen, hilfsweise der angemessenen Vergütung für die ausgeführten Renovierungsarbeiten, bei Eigenleistung nach dem, was der Mieter billigerweise neben einem Einsatz an freier Zeit als Kosten für das notwendige Material sowie als Vergütung für die Arbeitsleistung seiner Helfer aus dem Verwandten- und Bekanntenkreis aufgewendet hat oder hätte aufwenden müssen.[2407] Dieser Wert ist dann ggf. durch das Gericht gem. § 287 ZPO zu schätzen. Für den Zeitaufwand

1528

2404 So schon Vorauflage Rn. 1153; a.A. (= Anspruch aus GoA) LG Wuppertal, 23.08.2007 – 9 S 478/06, IMR 2007, 344 = BeckRS 2007, 15425 = InfoM 2007, 348; differenzierend Sternel, Mietrecht aktuell, Rn. VIII 328 u. IX 44: während der Mietzeit keine GoA, aber jedenfalls danach.

2405 Scheuer, in: Bub/Treier, V Rn. 403; Sternel, Mietrecht aktuell, Rn. VIII 332.

2406 BGH, 27.05.2009 – VIII ZR 302/07, IMR 2009, 296 = jurisPR-MietR 15/2009, Anm. Eisenschmid/Rips (Wohnraum); AG Freiburg, 05.03.2010 – 6 C 4050/09, IMR 2010, 324 (Wohnraum); AG Weimar, 25.09.2009 – 10 C 452/08, InfoM 2009, 422; im Ergebnis ebenso Sternel, NZM 2007, 545 und, Mietrecht aktuell, Rn. VIII 328 u. IX 44 der aber von einer Geschäftsführung ohne Auftrag (§ 677 ff. BGB) ausgeht.

2407 BGH, 27.05.2009 – VIII ZR 302/07, IMR 2009, 296 (Wohnraum).

kann von einem **Stundensatz** von 12,00 € pro Stunde (Stand: 2009) ausgegangen werden[2408], ferner sind die Materialkosten anzusetzen. Da es sich um einfache Arbeiten handelt, kann in derartigen Streitigkeiten ggf. für die Höhe der Vergütung auch der Mindestlohn im Bundesrahmentarifvertrag für das Baugewerbe (Hilfskräfte) angesetzt werden. Gründe, diese für Wohnraum ergangenen Grundsätze nicht auf die gewerbliche Miete und Pacht zu übertragen, sind nicht ersichtlich, da sich weder aus der Natur der Schuldverhältnisse noch aus §§ 812, 818 BGB Differenzierungen ergeben. Zur Verjährung nach § 548 BGB → *„Verjährung" Rn. 1541, 2670 ff.*

1529 Dem Mieter steht zudem gem. § 280 Abs. 1 Satz 1 BGB ein Anspruch auf **Ersatz von Anwaltskosten** zu, wenn er zur Beurteilung der Frage, ob eine AGB-Schönheitsreparaturklausel wirksam ist, einen Anwalt beauftragt hat.[2409] Entsprechendes gilt für andere Kosten, sofern der Vermieter schuldhaft eine unwirksame Renovierungsklausel verwendet und vom Mieter Durchführung der Arbeiten verlangt hat.[2410] Der Anspruch aus § 280 BGB setzt jedoch Verschulden voraus, sodass der Vermieter gewusst haben muss, dass die Schönheitsreparaturklausel unwirksam ist.

VII. Ansprüche des Vermieters bei unterlassenen Arbeiten

1. Noch bestehendes Mietverhältnis

1530 Ist die Erhaltungspflicht auf den Mieter abgewälzt, kann der Vermieter die Durchführung der Arbeiten verlangen und den **Mieter auf Leistung verklagen**. Die Vollstreckung erfolgt dann ggf. durch Ersatzvornahme. Liegt Verzug vor, kann der Vermieter auch einen Vorschuss für die Kosten der Ersatzvornahme verlangen;[2411] eine abzulehnende Mindermeinung[2412] verlangt hier zusätzlich, dass ohne Ausführung der Schönheitsreparaturen eine Substanzgefährdung des Mietobjekts eintreten muss. Eine **Kündigung nach § 543 BGB** kommt in Betracht, wenn sich der Mieter nach Abmahnung wiederholt weigert, seinen Pflichten nachzukommen oder wenn eine Gefährdung der Mietsache vorliegt. Hier ist immer auf den Einzelfall abzustellen.

2. Beendetes Mietverhältnis

1531 Der Vermieter hat zunächst einen einklagbaren **Leistungsanspruch auf Durchführung der Arbeiten**. Alternativ besteht ein **Schadensersatzanspruch aus § 280 Abs. 1 Satz 1 BGB** für sämtliche Verzugsfälle (d.h., wenn der Mieter die Arbeiten entweder überhaupt nicht oder aber qualitativ nicht ausreichend ausgeführt hat), wenn die Voraussetzungen des § 281 BGB erfüllt sind.

2408 AG Weimar, 25.09.2009 – 10 C 452/08, InfoM 2009, 422.
2409 KG, 18.05.2009 – 8 U 190/08, IMR 2009, 297 = NZM 2009, 616 (Wohnraum); LG Berlin, 21.04.2010 – 67 S 460/09, IMR 2011, 12.
2410 Langenberg, in: Schmidt-Futterer, Mietrecht, 9. Aufl., § 538 Rn. 208; Sternel, Mietrecht aktuell, Rn. IX 44b m.w.N.
2411 BGH, 30.05.1990 – VIII ZR 207/89, NJW 1990, 2376; LG Berlin, 11.05.2004 – 64 S 27/04, NZM 2004, 655.
2412 Vgl. LG Berlin, 14.11.1996 – 61 S 309/95, NJW-RR 1997, 968 = GE 1997, 311.

Dies bedeutet: 1532
- Die geschuldeten Schönheitsreparaturen müssen fällig sein.
- Dem Mieter muss eine verzugsbegründende Frist zur Nacherfüllung gesetzt werden, sofern diese nicht nach § 281 Abs. 2 BGB entbehrlich ist. Handelt es sich hingegen um Schäden, die bei oder durch die Arbeiten entstanden sind – Beispiel: Der Mieter beschädigt andere Gegenstände – kann der Vermieter direkt aus § 280 Abs. 1 BGB vorgehen, ohne dass sich der Mieter mit der Nacherfüllung gem. § 281 BGB in Verzug befindet.

Fälligkeit der Schönheitsreparaturen tritt spätestens mit dem Ende des Mietverhältnisses ein. Der Mieter hat also, wenn er die Schönheitsreparaturen vertraglich übernommen hat, ein renoviertes Objekt zu übergeben. Er hat nicht noch einen zeitlichen Spielraum nach Ende der Mietzeit, um die Arbeiten durchzuführen. 1533

Es ist sodann zwischen dem **Schadensersatzanspruch** und dem **Anspruch auf Erstattung von Ersatzvornahmekosten** zu unterscheiden: Schadensersatz ist auch dann liquidierbar, wenn der Vermieter die Arbeiten nicht durchführen lässt und den schlechten Zustand beibehält. Enthält der Mietvertrag eine ausdrückliche Ersatzvornahmeklausel, nach der der Vermieter (immer) erst die erforderlichen Arbeiten durchzuführen hat, wenn sich der Mieter in Verzug befindet, kann der Vermieter die Ersatzvornahmekosten verlangen, ist aber daran gehindert, Schadensersatz nach Kostenvoranschlag/auf Gutachtenbasis geltend zu machen. **Vorschuss für Mängelbeseitigung** kann allerdings verlangt werden, dieser ist aber nach Durchführung der Arbeiten zeitnah abzurechnen. 1534

Zieht ein Mieter aus, ohne Schönheitsreparaturen auszuführen, kann in diesem Verhalten eine **endgültige Erfüllungsverweigerung** gem. § 281 Abs. 2 BGB liegen. Eine solche endgültige Erfüllungsverweigerung kann angenommen werden, wenn der Mieter durch sein Verhalten vor Vertragsbeendigung eindeutig zum Ausdruck bringt, dass er seinen vertraglich übernommenen Verpflichtungen nicht nachkommen wird und demgemäß das Mietobjekt bei Vertragsende räumt, ohne Anstalten für die Vorbereitung oder Ausführung der Schönheitsreparaturen getroffen zu haben.[2413] Erforderlich ist, dass das Mietobjekt derart offensichtlich völlig verwohnt und in einem abgewirtschafteten, **katastrophalen Zustand** ist, dass sich der Auszug ohne die Vornahme irgendwelcher Arbeiten nur als Erfüllungsverweigerung darstellen kann.[2414] Voraussetzung dafür ist grds., dass der Vermieter dem Mieter zuvor **konkret mitgeteilt** hat, welche Schönheitsreparaturen durchzuführen sind.[2415] Steht durch den erfolgten Auszug fest, dass der Mieter seine geschuldete Leistung nicht erbringen wird, wäre eine nochmalige Mahnung und Fristsetzung eine überflüssige Förmelei. Der Vermieter ist dann vielmehr gehalten, im Interesse der ihm obliegenden Schadensminderungspflicht ohne Zeitverlust dafür zu sorgen, dass die Räume in einen bezugsgeeigneten Zustand versetzt werden.[2416] 1535

Die **Nacherfüllungsfrist** muss auch dann nicht gesetzt werden, wenn die Parteien **in einem Abnahmeprotokoll** bereits einen Termin für die Erledigung der (Rest-) Arbeiten festgesetzt 1536

2413 BGH, 10.07.1991 – XII ZR 105/90, WuM 1991, 550 = MDR 1992, 159 = NJW 1991, 2416.
2414 KG, 09.06.2008 – 12 U 183/07, ZMR 2008, 956.
2415 KG, 30.10.2006 – 8 U 38/06, GuT 2006, 377 (LS) = NZM 2007, 356 (Wohnraum).
2416 BGH, 10.07.1991 – XII ZR 105/90, WuM 1991, 550 = MDR 1992, 159 = NJW 1991, 2416.

haben. Mit dessen Ablauf kommt der Mieter **automatisch** nach § 286 Abs. 2 Nr. 1 BGB in Verzug.

1537 Reagiert der Mieter auf die Nacherfüllungsfrist nach § 281 Abs. 1 BGB nicht, kann der Vermieter Schadensersatz verlangen oder die Arbeiten auf Kosten des Mieters durchführen lassen und den finanziellen Aufwand geltend machen bzw. gegen eine etwaige Kaution des Mieters aufrechnen. Anders als nach der vor dem 01.01.2002 geltenden Rechtslage hat der Vermieter das Wahlrecht zwischen Schadensersatz oder Erfüllung durch Ersatzvornahme. Dieses endet aber nach § 281 Abs. 4 BGB, sobald der Vermieter Schadensersatz verlangt. Wird nur nach Kostenvoranschlag/auf Gutachtenbasis abgerechnet, ist **USt** gem. § 249 Abs. 2 Satz 2 BGB nicht vom Mieter zu erstatten. Haben die Mietvertragsparteien aber vereinbart, dass der Mieter die anteiligen Kosten für künftige Schönheitsreparaturen nach einem Kostenvoranschlag des Vermieters oder eines Fachbetriebs zu zahlen hat, so schuldet der Mieter den Abgeltungsbetrag einschließlich der USt.[2417]

1538 Dem Vermieter steht ferner ein Anspruch auf Ersatz des **sog. Mietausfallschadens gem. § 252 BGB** zu, wenn die Räume durch eine schuldhafte Vertragsverletzung des Mieters nicht oder nur mit Verzögerung weitervermietet werden können.[2418] Der Vermieter muss in einer Klage substanziiert vortragen, dass ihm mit einiger Wahrscheinlichkeit die Vermietung zu einem konkreten Zeitpunkt im Fall der Pflichterfüllung durch den Mieter möglich gewesen wäre. Die **unzureichende Renovierung** muss also eine wahrscheinliche Vermietungschance vereitelt haben; dafür müssen die aktuellen Gegebenheiten auf dem Wohnungsmarkt unter spezifischer Würdigung der Wohnlage dargelegt werden.[2419]

> **Praxistipp:**
> Wer als Anwalt oder Verwalter einen Vermieter vertritt, der – wie in der Praxis sehr häufig – vom Mieter geschuldete und nicht ausgeführte Schönheitsreparaturen bereits „auf eigene Faust" ohne Mahnung/wirksame Inverzugsetzung ausgeführt hat, kann als „Argumentationsverstärker" ein Urteil des OLG Koblenz heranziehen: Dort wird nämlich ein Anspruch des Gewerberaumvermieters aus **Geschäftsführung ohne Auftrag** auf Erstattung der für die Schönheitsreparaturen aufgewendeten Beträge gegen den unwilligen Mieter bejaht.[2420] Dieses abzulehnende Exoten-Urteil widerspricht aber zum einen völlig dem mietrechtlichen Grundsatz, dass Schadensersatz wegen nicht ausgeführter Schönheitsreparaturen nur bei Vorliegen der Voraussetzungen der §§ 280, 281 BGB verlangt werden kann.[2421] Zum anderen ist es auch inhaltlich falsch, weil der Vermieter nicht – wie bei einer Geschäftsführung ohne Auftrag erforderlich – **im Interesse des Mieters** handelt, denn die Ausführung der Arbeiten entsprach ersichtlich nicht dessen Willen.

[2417] BGH, 16.06.2010 – VIII ZR 280/09, MDR 2010, 1043.
[2418] OLG Frankfurt am Main, 11.05.1992 – 12 U 172/91, DWW 1992, 336; AG Mülheim an der Ruhr, 21.11.1989 – 27 C 283/89, WuM 1990, 208.
[2419] Vgl. Neuhaus, NZM 2000, 220, 224 m.w.N.
[2420] OLG Koblenz, 29.07.1999 – 5 U 1787/98, MDR 1999, 1496.
[2421] BGH, 05.10.1994 – XII ZR 15/93, ZMR 1995, 577 m.w.N., noch zu § 326 BGB a.F. ergangen.

Renoviert der Mieter die Räume erst nach Ende der Mietzeit, aber im Einverständnis des Vermieters, steht diesem ein Nutzungsentschädigungsanspruch mangels „Vorenthaltens" nicht zu, es können aber wegen verspäteter Rückgabe Ansprüche auf Ersatz des Mietausfalls bestehen.[2422]

VIII. Besonderheiten bei vom Vermieter durchzuführenden Schönheitsreparaturen

Ist der Vermieter entweder vertraglich unmittelbar oder als Folge einer unwirksamen AGB-Klausel nach § 306 Abs. 2 BGB aufgrund seiner aus § 535 BGB folgenden Pflicht verpflichtet, das Mietobjekt in einem vertragsgemäßen Zustand zu halten, so folgt daraus die Pflicht, Schönheitsreparaturen durchzuführen, sobald diese objektiv erforderlich sind. Der Vermieter schuldet dann eine Ausführung mittlerer Art und Güte (§ 241 BGB) und muss auf die Belange des Mieters Rücksicht nehmen.[2423]

1539

Der Mieter hat grds. **keine Mitwirkungspflicht** bei einer Instandhaltungsmaßnahme,[2424] was daher auch für vom Vermieter durchzuführende Schönheitsreparaturen gilt. Der Mieter ist aber nach Treu und Glauben gemäß dem Gebot gegenseitiger Rücksichtnahme in Dauerschuldverhältnissen verpflichtet, dem Vermieter die Durchführung der Arbeiten so einfach wie möglich zu machen. Allerdings ist der Vermieter grds. verpflichtet, die anlässlich von Mängelbeseitigungsarbeiten erforderlichen Nebenarbeiten, wie Leerräumen und Einräumen der Möbel, auf seine Kosten durchführen zu lassen.[2425] Auch dies gilt für anstehende Renovierungsarbeiten entsprechend.

1540

IX. Verjährung und Verwirkung

Da der **Erfüllungsanspruch des Mieters** aus § 535 Abs. 1 Satz 2 BGB auf Mangelbeseitigung während der Mietzeit unverjährbar ist,[2426] unterliegt auch der Anspruch des Mieters gegen den Vermieter auf Durchführung von Schönheitsreparaturen, etwa bei unwirksamer Überbürdungsklausel, nicht der Verjährung, solange das Mietverhältnis noch besteht.[2427] Selbst wenn man eine andere Auffassung vertritt, wird in vielen Fällen die dann nach § 199 Abs. 1 Nr. 2 BGB für den Fristbeginn erforderliche Kenntnis des Gläubigers von den anspruchsbegründenden Umständen und der Person des Schuldners eine Rolle spielen, etwa wenn es um unwirksame AGB-Klauseln aufgrund neuer Rechtsprechung geht.[2428]

1541

Ansprüche des Vermieters wegen nicht durchgeführter Schönheitsreparaturen verjähren beim beendeten Miet- oder Pachtverhältnis innerhalb der sechsmonatigen Frist des § 548 BGB (dazu → Rn. 2697 ff.). Die Verjährung beginnt im Zeitpunkt des Rückerhalts der Mietsache (dazu → Rn. 2704 ff.).

2422 OLG Düsseldorf, 23.07.2009 – 24 U 109/08, IMR 2010, 15.
2423 Sternel, Mietrecht aktuell, Rn. IX 43, 15 f.
2424 Börstinghaus-Both, MietPrax, Fach 4, Rn. 59 unter Verweis auf LG Berlin, GE 1996, 1115; LG Berlin, WuM 1996, 143 = NJW-RR 1996, 1163.
2425 AG Wuppertal, 10.06.1987 – 93 C 211/87, WuM 1988, 15.
2426 BGH, 17.02.2010 – VIII ZR 104/09, NZM 2010, 235 = IMR 2010, 171.
2427 Ebenso Häublein, in: MüKo BGB, § 535 Rn. 107.
2428 Fall: LG Limburg, 10.09.2010 – 3 S 19/09.

> **Hinweis:**
> Der Rückerhalt der Mietsache kann auch vor Ende des eigentlichen Mietverhältnisses liegen. Dies wird oft übersehen.

1542 Bei der Berechnung der Frist ist auf die Differenzierung zwischen dem **Erfüllungsanspruch** auf Durchführung der Arbeiten und dem **Schadensersatzanspruch** hinzuweisen. Es geht um die Frage, ob die Frist des § 548 BGB auch für den Schadensersatzanspruch aus § 280 Abs. 1 BGB schon mit Rückerhalt der Mietsache zu laufen beginnt oder erst mit Ablauf der nach § 281 Abs. 1 BGB zu setzenden Frist.[2429] Dies war früher streitig,[2430] ist aber inzwischen durch den BGH geklärt: Die Verjährungsfrist für Schadensersatzansprüche läuft **ab Rückerhalt der Mietsache**.[2431]

1543 Die Frage, ob der **bereicherungsrechtliche Erstattungsanspruch** nach § 812 Abs. 1 BGB, § 818 Abs. 2 BGB bei trotz unwirksamer Renovierungsklausel ausgeführten Schönheitsreparaturen der kurzen Verjährung nach § 548 Abs. 2 BGB oder der regulären Verjährungsfrist nach §§ 195, 199 BGB von drei Jahren unterliegt, ist umstritten und noch nicht höchstrichterlich entschieden. Vertreten wird, dass es sich „nur" um einen Bereicherungsanspruch in Form der Überzahlung der geschuldeten Miete handelt, sodass auch nur der allgemein für Bereicherungsansprüche geltende Verjährungszeitraum mit der allgemeinen Verjährungsfrist von drei Jahren anzuwenden ist.[2432] Nach a.A. handelt es sich um mietrechtlichen Ersatz von Aufwendungen, für den § 548 Abs. 2 BGB gilt.[2433] Letzterem ist zuzustimmen, da § 548 Abs. 2 BGB nur allgemein von Ansprüchen des Mieters auf Ersatz von Aufwendungen spricht und keine Einschränkung dahin gehend macht, dass diese Ansprüche aus dem Vertragsverhältnis selbst stammen oder aufgrund einer anderen Anspruchsgrundlage bestehen; zudem besteht bei diesen Bereicherungsansprüchen ein enger Zusammenhang mit dem Mietverhältnis.

X. Gerichtsverfahren

1544 Besonderheiten bestehen bei Schönheitsreparaturen nicht. Der Mieter kann schon während des laufenden, ungekündigten Mietverhältnisses auf (negative) **Feststellung klagen**, dass er nicht zur Durchführung von Schönheitsreparaturen verpflichtet ist.[2434] Ein ausreichendes Feststel-

---

2429 Vgl. zum Meinungsstand Langenberg, NZM 2002, 972, 976.
2430 Vgl. Diskussion bei Langenberg, NZM 2002, 972, 976.
2431 BGH, 15.03.2006 – VIII ZR 123/05, NZM 2006, 503 = ZMR 2006, 507 = MDR 2006, 1398 = NJW 2006, 1588.
2432 Blank, NZM 2010, 97; Ernst, WuM 2009, 581, 582; Eisenschmid/Rips, Anm. zu BGH, 27.05.2009 – VIII ZR 302/07 in jurisPR-MietR 15/2009.
2433 LG Kassel, 07.10.2010 – 1 S 67/10, IMR 2010, 517 = NZM 2010, 860 (Wohnraum); AG Freiburg, 05.03.2010 – 6 C 4050/09, IMR 2010, 324 (Wohnraum); Roth, NZM 2011, 61; Jakoby, „Die Verjährung des Rückforderungsanspruchs wegen Durchführung nicht geschuldeter Schönheitsreparaturen", Vortrag auf dem 12. Deutschen Mietgerichtstag, Dortmund, 27.02.2010, Zusammenfassung in InfoM 2010, 216; Gsell, Schadensersatz und Aufwendungsersatz im Mietrecht, NZM 2010, 71, 76; Klimke/Lehmann-Richter, WuM 2006, 653; Paschke, WuM 2008, 647.
2434 BGH, 13.01.2010 – VIII ZR 351/08, IMR 2010, 164 = NZM 2010, 237 = InfoM 2010, 194 (Wohnraum).

lungsinteresse besteht sogar schon vor Ablauf der Renovierungsfristen[2435] oder aber auch nach Kündigung und vor Auszug des Mieters.[2436]

In einem laufenden Mietverhältnis ist ein besonderes Feststellungsinteresse des Mieters für eine Feststellungsklage, dass der Vermieter aufgrund unwirksamer Schönheitsreparaturklausel im Mietvertrag verpflichtet ist, die laufenden Schönheitsreparaturen ausführen zu lassen, zu verneinen, wenn der Vermieter erklärt, dass „im Falle einer Vertragsbeendigung des Mietverhältnisses keine Schönheitsreparaturen verlangt werden".[2437]

Für den Antrag des Vermieters auf Feststellung der Verpflichtung des Mieters, Schönheitsreparaturen durchzuführen, fehlt es an einem Feststellungsinteresse, weil der Vermieter auch Leistungsklage erheben kann.[2438] 1545

XI. Streitwert

Es bestehen keine Besonderheiten. 1546

XII. Vertragsgestaltung

Der BGH hat in seiner Entscheidung v. 13.01.2010 zum **Begriff der Schönheitsreparaturen** formuliert, dass „*eine formularvertragliche Erweiterung [mit Arbeiten, die nicht zu den in § 28 Abs. 4 II. BV genannten Schönheitsreparaturen gehören] – zumindest bei Fehlen einer angemessenen Kompensationsregelung – wegen unangemessener Benachteiligung des Mieters ... unwirksam*" ist.[2439] Damit gibt der BGH zu erkennen, dass die Unwirksamkeit bei ausreichender Kompensation entfallen könnte. Kompensation kann nur die Entlastung des Mieters an anderer Stelle bedeuten. Sieht also der Mietvertrag als AGB bspw. die Übernahme von Pflichten wie Abziehen und Wiederherstellung der Versiegelung von Paket oder Erneuerung eines Teppichbodens vor, kann dies dadurch kompensiert werden, dass dem Mieter die sonstigen Anstricharbeiten ganz oder zumindest in einem nicht unbeträchtlichen Umfang erspart werden. Alternativ ist denkbar, dass die Verpflichtung zur Erneuerung etc. auf diejenigen Bereiche begrenzt wird, wo tatsächlich erhebliche Beanspruchungen vorliegen (also bei Teppichboden Bereiche mit einer „Laufgasse" oder im Bereich von Druckstellen durch Schreibtischstühle). 1547

Wer als Vermieter **„mehr" als die nach § 28 II. BV üblichen Schönheitsreparaturen** vereinbaren möchte, muss dies ausdrücklich im Vertrag regeln und sollte auf eine Individualvereinbarung hinwirken. Empfehlenswert sind die zusätzliche Reinigung und bei Bedarf notwendige Erneuerung des Bodenbelags, v.a. wenn der Mieter Publikumsverkehr hat. 1548

Bei der Frage, **wann renoviert** werden soll, ist strengstens darauf zu achten, dass **keine starren Fristen** in AGB vereinbart werden, sondern dass die Renovierung nur nach Bedarf erfolgen soll. Vermieter sollten idealerweise sprachlich eindeutig klarstellen, dass der tatsächliche Re- 1549

2435 LG Berlin, 25.06.2007 – 62 S 341/06, GE 2007, 1125 = InfoM 2008, 138 (Wohnraum).
2436 BGH, 13.01.2010 – VIII ZR 351/08, IMR 2010, 164 = NZM 2010, 237 = InfoM 2010, 194 (Wohnraum).
2437 LG Berlin, 18.03.2010 – 67 S 485/09, IMR 2010, 545 (Wohnraum).
2438 BGH, 21.06.1967 – VIII ZR 80/65, LNR 1967, 12574.
2439 BGH, 13.01.2010 – VIII ZR 48/09, IMR 2010, 81 = NZM 2010, 157 = InfoM 2010, 109 = MDR 2010, 312 (Wohnraum).

novierungsbedarf maßgeblich ist. Bei einem individuellen Aushandeln können ohne Weiteres auch strenge/starre Fristen und Durchführung der Arbeiten unabhängig vom Bedarf wirksam festgeschrieben werden. Altverträge sollten darauf überprüft werden, ob darin starre Abgeltungsklauseln enthalten sind. Ggf. sind diese auf den „tatsächlichen Renovierungsbedarf" anzupassen, oder es muss kalkulatorisch berücksichtigt werden, dass bei einem (gerichtlichen) Streit um die Arbeiten grds. keine Chance des Vermieters bestehen wird, Ansprüche zu realisieren.

1550 **Immobilienverwalter**, die Verträge ohne Prüfung (oder Prüfenlassen durch einen Fachanwalt) dieser Aspekte mit unwirksamen „Altklauseln" abschließen, haften dem Vermieter ggf. gem. § 280 BGB auf **Schadensersatz**, wenn sich die Verweigerung des Mieters, den Abgeltungsbetrag zu bezahlen, als berechtigt erweist.

1551 Da der BGH bisher nur darüber entschieden hat, dass eine **Endrenovierungspflicht** unabhängig vom tatsächlichen Bedarf als **Individualvereinbarung** zulässig ist[2440] und nach der hier vertretenen Auffassung Bedenken gegen eine AGB-Vereinbarung bestehen, sollte diese Pflicht nur individuell ausgehandelt werden. Die „Individualität" kann dadurch betont werden, dass dies in einem Übernahme- oder Übergabeprotokoll stattfindet (s.o. „Endrenovierung, Abgeltungsklauseln" → Rn. 1511). Endrenovierungs- oder Abgeltungsklauseln sollten nur jeweils separat, nicht kombiniert, vereinbart werden.

1552 Der Mietervertrag kann ohne Weiteres – auch bei Klauseln, die der neuen Rechtsprechung bereits angepasst sind – eine „generelle **Rettungsklausel**" als Zusatz zur Schönheitsreparaturklausel mit folgendem Inhalt enthalten:

„Sollte die vorgenannten Klausel zur Durchführung von Schönheitsreparaturen für unwirksam erklärt werden, bspw. aufgrund neuer Entwicklungen in der Rechtsprechung, so darf der Vermieter einseitig die monatliche Grundmiete um einen angemessenen, den Grundsätzen der Billigkeit entsprechenden Zuschlag erhöhen, der mindestens X % der Grundmiete beträgt. Dies basiert darauf, dass der Vermieter kalkulatorisch wegen der Überwälzung der Arbeiten keinen Renovierungszuschlag in die Grundmiete eingerechnet hat."

1553 Ergänzend können ggf. noch **Regelungen zur Fälligkeit** oder die Möglichkeit der **Bestimmung der Höhe des Zuschlags durch einen Dritten**, etwa einen Sachverständigen, vereinbart werden. Dies ist auch als AGB zulässig, da das gesetzliche Leitbild nicht über Maßen abgeändert wird, denn es bleibt bei der nach der Rechtsprechung grds. zulässigen Überwälzung auf den Mieter (Leitbild nicht erheblich tangiert), deren Modalitäten lediglich für den Fall der Unwirksamkeit (= aufschiebende Bedingung) geregelt werden.

[2440] BGH, 18.03.2009 – XII ZR 200/06, IMR 2009, 198 = InfoM 2009, 121 = GuT 2009, 99 = NZM 2009, 397.

XIII. Arbeits- und Beratungshilfen

1. Schnellüberblick Grundsatz-Rechtsprechung des BGH

Thema/Normen	Leitsatz	Entscheidung, Fundstelle
USt auf Kostenvoranschlag	Haben die Mietvertragsparteien vereinbart, dass der Mieter die anteiligen Kosten für künftige Schönheitsreparaturen nach einem Kostenvoranschlag des Vermieters oder eines Fachbetriebs zu zahlen hat, so schuldet der Mieter den Abgeltungsbetrag einschließlich der Umsatzsteuer.	BGH, 16.06.2010 – VIII ZR 280/09, MDR 2010, 1043, IMR 2010, 415
Mieter hat Recht auf Selbstvornahme der Schönheitsreparaturen	Eine in Formularmietverträgen über Wohnraum enthaltene Klausel, wonach es dem Mieter obliegt, die Schönheitsreparaturen „ausführen zu lassen", benachteiligt den Mieter unangemessen und ist deshalb unwirksam, wenn sie bei kundenfeindlichster Auslegung dem Mieter dadurch die Möglichkeit der kostensparenden Eigenleistung nimmt, dass sie als Fachhandwerkerklausel verstanden werden kann.	BGH, 09.06.2010 – VIII ZR 294/09, IMR 2010, 317 = InfoM 2010, 269
Unwirksame Abwälzung der Schönheitsreparaturen durch AGB	Bei formularmäßiger Übertragung der Pflicht zur Vornahme von Schönheitsreparaturen wird der Mieter durch die Vorgabe, Fenster und Türen „nur weiß" zu streichen, unangemessen benachteiligt. Dies führt zur Unwirksamkeit der Abwälzung der Schönheitsreparaturen auf den Mieter insgesamt.	BGH, 20.01.2010 – VIII ZR 50/09, InfoM 2010, 111 = NZM 2010, 236 = MDR 2010, 564
Was sind Schönheitsreparaturmaßnahmen?	1. Der Außenanstrich von Türen und Fenstern sowie das Abziehen und Wiederherstellen einer Parkettversiegelung sind keine Schönheitsreparaturmaßnahmen im Sinne von § 28 Abs. 4 Satz 3 II. BV. 2. Die Verpflichtung des Mieters zur Vornahme von Schönheitsreparaturen stellt eine einheitliche Rechtspflicht dar. Ist diese Pflicht formularvertraglich so ausgestaltet, dass sie hinsichtlich der zeitlichen Modalitäten, der Ausführungsart oder des gegenständlichen Umfangs der Schönheitsreparaturen den Mieter übermäßig belastet, so ist die Klausel nicht nur insoweit, sondern insgesamt wegen unangemessener Benachteiligung des Mieters gemäß § 307 Abs. 1 Satz 1 BGB unwirksam (Bestätigung von BGH, Urt. v. 18.2.2009 – VIII ZR 210/08, WuM 2009, 286).	BGH, 13.01.2010 – VIII ZR 48/09, IMR 2010, 81 = NZM 2010, 157 = MDR 2010, 312
Mieter kann Unwirksamkeit einer Schönheitsreparaturklausel feststellen lassen!	Ein Mieter kann ein Feststellungsinteresse an einer negativen Feststellungsklage haben, mit der geklärt wird, dass er zur Vornahme von Schönheitsreparaturen nicht verpflichtet ist.	BGH, 13.01.2010 – VIII ZR 351/08, IMR 2010, 164 = NZM 2010, 237 = InfoM 2010, 194

1554

Unwirksame Endrenovierungsklausel und Erstattungsanspruch des Mieters	Bei einer unwirksamen Endrenovierungsklausel kann der Vermieter einem Erstattungsanspruch wegen ungerechtfertigter Bereicherung nach § 812 Abs. 1 BGB, § 818 Abs. 2 BGB ausgesetzt sein, wenn der Mieter im Vertrauen auf die Wirksamkeit der Regelung vor dem Auszug Schönheitsreparaturen ausführt.	BGH, 27.05.2009 – VIII ZR 302/07, IMR 2009, 296 = NZM 2009, 541 zu Wohnraum
	Der Wert der rechtsgrundlos erbrachten Leistung bemisst sich dann nach dem Betrag der üblichen, hilfsweise der angemessenen Vergütung für die ausgeführten Renovierungsarbeiten. Hat der Mieter die Arbeiten in Eigenleistung erbracht, bemisst sich der Wert der Dekorationsleistungen üblicherweise nach dem, was der Mieter billigerweise neben einem Einsatz an freier Zeit als Kosten für das notwendige Material sowie als Vergütung für die Arbeitsleistung seiner Helfer aus dem Verwandten- und Bekanntenkreis aufgewendet hat oder hätte aufwenden müssen. Dieser Wert ist dann durch das Gericht gemäß § 287 ZPO zu schätzen.	
Individualvertraglich vereinbarte Endrenovierung	Bei der Geschäftsraummiete bestehen grundsätzlich keine Bedenken dagegen, den Mieter individualvertraglich zur Endrenovierung – unabhängig vom tatsächlichen Erhaltungszustand der Räume – zu verpflichten. Ihre Schranken findet die Wirksamkeit einer solchen Vereinbarung vor allem in den Verbotsgesetzen im Sinne des § 134 BGB, im Verbot der Sittenwidrigkeit (§ 138 BGB) und dem Grundsatz von Treu und Glauben (§ 242 BGB).	BGH, 18.03.2009 – XII ZR 200/06, IMR 2009, 198 = GuT 2009, 99 = NZM 2009, 397
	Treffen eine unbedenkliche, individuell vereinbarte Endrenovierungsklausel und andere formularmäßig vereinbarte unwirksame Klauseln zusammen, führt dies nicht zu einem Summierungseffekt. Eine sich daraus ergebende etwaige Unwirksamkeit hätte nur die Unwirksamkeit der Formularklausel, nicht aber der Individualabrede zur Folge. Denn die Individualabrede unterliegt nicht der Inhaltskontrolle nach § 307 BGB (BGH, Urt. v. 14.1.2009 – VIII ZR 71/08).	
Aushandeln einer Schönheitsreparaturklausel	Verlangt der Mieter im Rahmen der Vertragsverhandlungen vom Vermieter, dass in den von diesem gestellten Vertragstext zusätzlich eine Klausel aufgenommen wird, nach der der Mieter bei Beendigung des Mietvertrages nicht verpflichtet ist, den Teppichboden durch einen neuen zu ersetzen, sondern nur etwaige Beschädigungen, die durch unsachgemäße Behandlung entstanden sind, zu beseitigen und einigen sich die Parteien auf eine solche Klausel, liegt ein Verhandeln der Schönheitsreparaturklausel und damit eine Individualvereinbarung vor.	BGH, 18.03.2009 – XII ZR 200/06, IMR 2009, 198 = GuT 2009, 99 = NZM 2009, 397

Reinigung des Teppichbodens	Die Grundreinigung des Teppichbodens gehört zu den Schönheitsreparaturen (Bestätigung von BGH, Urt. v. 8.10.2008 – XII ZR 15/07).	BGH, 18.03.2009 – XII ZR 200/06, IMR 2009, 198 = GuT 2009, 99 = NZM 2009, 397
Kein Mietzuschlag bei unwirksamer Schönheitsreparaturklausel!	Der Vermieter ist nicht berechtigt, einen Zuschlag zur ortsüblichen Miete geltend zu machen, wenn der Mietvertrag eine unwirksame Klausel zur Übertragung der Schönheitsreparaturen enthält.	BGH, 11.02.2009 – VIII ZR 118/07, NZM 2009, 313 = NJW 2009, 1410 zu Wohnraum
Schönheitsreparaturklauseln mit starren Fristen auch bei Gewerberäumen unwirksam	Eine Übertragung der Schönheitsreparaturen auf den Mieter in einem Formularmietvertrag ist auch bei Mietverträgen über Gewerberäume unwirksam, wenn der Mieter unabhängig von dem Erhaltungszustand der Räume zur Renovierung nach Ablauf starrer Fristen verpflichtet werden soll.	BGH, 08.10.2008 – XII ZR 84/06, IMR 2009, 4 (Vorinstanz: OLG Düsseldorf, 04.05.2006 – 10 U 174/05)
Gewerberaummiete; Bekleidungsgeschäft; Schönheitsreparaturvereinbarung; Übertragung auf den Mieter; Reinigung des Teppichbodens	Vereinbaren die Parteien eines Gewerberaummietvertrages allgemein die Übertragung von Schönheitsreparaturen auf den Mieter, umfallen diese auch die Grundreinigung des Teppichbodens.	BGH, 08.10.2008 – XII ZR 15/07, GuT 2008, 484 = NZM 2009, 126 = InfoM 2009, 69 = NJW 2009, 510.
Mieterhöhung bei unwirksamer Schönheitsreparaturklausel: Kann der Vermieter einen Zuschlag zur ortsüblichen Miete verlangen?	Der Vermieter ist nicht berechtigt, eine Mieterhöhung in Form eines Zuschlags zur ortsüblichen Vergleichsmiete zu verlangen, wenn die Schönheitsreparaturenklausel unwirksam ist.	BGH, 09.07.2008 – VIII ZR 181/07 (Parallelentsch. – VIII ZR 83/07), InfoM 2008, 312 zu Wohnraum
Schönheitsreparaturen: Ist eine Farbwahlklausel wirksam?	Unwirksam ist die formularmäßige Verpflichtung des Mieters, die Schönheitsreparaturen in bestimmten Farben und Materialien auszuführen (hier: „neutrale, helle und deckende Farben und Tapeten"). Wirksam ist eine solche Klausel, wenn sie nur für den Zeitpunkt der Wohnungsrückgabe gilt – also nicht schon während des laufenden Mietverhältnisses.	BGH, 18.06.2008 – VIII ZR 224/07, InfoM 2008, 315 zu Wohnraum

Abgeltungsklausel in Allgemeinen Geschäftsbedingungen	Eine Abgeltungsklausel in Allgemeinen Geschäftsbedingungen, die den Mieter für den Fall, dass die Schönheitsreparaturen bei seinem Auszug noch nicht fällig sind, dazu verpflichtet, „angelaufene Renovierungsintervalle zeitanteilig zu entschädigen", ist wegen Verstoßes gegen das Transparenzgebot unwirksam. Text der Klausel: „Die Miträume sind zum Vertragsablauf geräumt, sauber und in dem Zustand zurückzugeben, in dem sie sich bei regelmäßiger Vornahme der Schönheitsreparaturen – vgl. § 8 Ziff. 2 – befinden müssen, wobei aufgelaufene Renovierungsintervalle – vgl. § 8 Ziff. 2 – vom Mieter zeitanteilig zu entschädigen sind, und zwar nach Wahl des Mieters in Geld auf der Basis eines Kostenvoranschlags oder durch fachgerechte Renovierung durch den Mieter."	BGH, 05.03.2008 – VIII ZR 95/07, IMR 2008, 147 zur Wohnraummiete
Renovierung unabhängig vom Zeitpunkt der Vornahme der letzten Schönheitsreparaturen	Eine Regelung in einem vom Vermieter verwendeten Formularvertrag über Wohnraum, nach welcher der Mieter verpflichtet ist, die Räume bei Beendigung des Mietverhältnisses unabhängig vom Zeitpunkt der Vornahme der letzten Schönheitsreparaturen renoviert zu übergeben, ist wegen unangemessener Benachteiligung des Mieters gemäß § 307 BGB unwirksam; das gilt auch dann, wenn der Mieter zu laufenden Schönheitsreparaturen während der Dauer des Mietverhältnisses nicht verpflichtet ist.	BGH, 12.09.2007 – VIII ZR 316/06, IBR 2008, 5 zur Wohnraummiete
Abgeltungsklausel	Eine Formularklausel, die den Mieter verpflichtet, bei Vertragsende zur Abgeltung noch nicht fälliger Schönheitsreparaturen einen Betrag zu zahlen, der nur den Zeitablauf seit der letzten Renovierung, nicht aber den tatsächlichen Renovierungsbedarf berücksichtigt, ist unwirksam.	BGH, 07.03.2007 – VIII ZR 247/05, Info M 2007, 107 zu Wohnraum
Starrer Fristenplan	Ein starrer formularmäßiger Fristenplan für die vom Mieter vorzunehmenden Schönheitsreparaturen benachteiligt Mieter unangemessen im Sinne des § 307 BGB und ist auch dann unwirksam, wenn ein solcher Fristenplan die Fristen allein durch die Angabe eines nach Jahren bemessenen Zeitraumes bezeichnet. Eine Verstärkung der Verbindlichkeit der genannten Fristen durch Worte wie „mindestens" oder „spätestens" bedarf es hierfür nicht.	BGH, 05.04.2006 – VIII ZR 178/05, NZM 2006, 459 = IMR 2006, 5 = GE 2006, 639 = WuM 2006, 248 = ZMR 2006, 513 = MDR 2006, 1273 zur Wohnraummiete
Tapetenbeseitigung bei Auszug	Die in einem Formularmietvertrag enthaltene Klausel, nach der der Mieter verpflichtet ist, bei seinem Auszug alle von ihm angebrachten oder vom Vormieter übernommenen Tapeten zu beseitigen, ist wegen unangemessener Benachteiligung des Mieters unwirksam.	BGH, 05.04.2006 – VIII ZR 109/05, IMR 2006, 6 = NZM 2006, 622 LS zur Wohnraummiete

Starrer Fristenplan Tapetenbeseitigung bei Auszug	Die in einem formularmäßigen Mietvertrag enthaltene Klausel „Der Mieter ist verpflichtet, die während der Dauer des Mietverhältnisses notwendig werdenden Schönheitsreparaturen ordnungsgemäß auszuführen. Auf die üblichen Fristen wird insoweit Bezug genommen (z.B. Küchen/Bäder: drei Jahre, Wohn- und Schlafräume: vier-fünf Jahre, Fenster/Türen/Heizkörper: sechs Jahre)." Enthält einen starren Fristenplan und ist deshalb unwirksam. Eine vorformulierte Klausel, nach der der Mieter verpflichtet ist, bei seinem Auszug alle von ihm angebrachten oder vom Vormieter übernommenen Tapeten zu beseitigen, ist wegen unangemessener Benachteiligung des Mieters unwirksam.	BGH, 05.04.2006 – VIII ZR 152/05, NZM 2006, 621 zur Wohnraummiete
Starrer Fristenplan	Die in einem Wohnraummietvertrag enthaltene formularmäßige Klausel „Der Mieter ist verpflichtet, die während der Dauer des Mietverhältnisses notwendig werdenden Schönheitsreparaturen ordnungsgemäß auszuführen. Auf die üblichen Fristen wird insoweit Bezug genommen (z.B. Küchen/Bäder: drei Jahre, Wohn- und Schlafräume: vier-fünf Jahre, Fenster/Türen/Heizkörper: sechs Jahre)." Enthält einen starren Fristenplan und ist deshalb gemäß § 307 I BGB unwirksam.	BGH, 05.04.2006 – VIII ZR 106/05, NZM 2006, 620 zur Wohnraummiete
Summierungseffekt	Ein zur Unwirksamkeit einer Formularklausel führender so genannter Summierungseffekt auf Grund des Zusammentreffens zweier – jeweils für sich genommen – unbedenklicher Klauseln kann auch dann vorliegen, wenn nur eine der beiden Klauseln formularmäßig, die andere dagegen individuell vereinbart worden ist (Bestätigung von Senat, NJW 1993, 532).	BGH, 05.04.2006 – VIII ZR 163/05, NZM 2006, 623 = MDR 2006, 1094 zur Wohnraummiete
Fälligkeit von Schönheitsreparaturen „in der Regel" BGB §§ 307, 535; AGBG § 9 Zur Wohnraummiete	1. Die in einem Wohnraummietvertrag enthaltene Klausel, nach der Schönheitsreparaturen „in der Regel in Küchen, Bädern und Toiletten spätestens nach drei Jahren, in Wohnräumen, Schlafräumen, Dielen ... spätestens nach fünf Jahren und in sonstigen Räumlichkeiten ... spätestens nach sieben Jahren" durchzuführen sind, enthält keinen starren Fristenplan; sie ist deshalb nicht wegen unangemessener Benachteiligung des Mieters unwirksam. 2. Auch die Kombination der Worte „in der Regel" und „spätestens" macht einen Fristenplan in einer Klausel Schönheitsreparaturen betreffend nicht „starr" im Sinne der BGH-Rechtsprechung, sondern lässt, ebenso wie die Formulierung „im Allgemeinen" (so Mustermietvertrag 1976 des BMJ), für die Beurteilung des Einzelfalls genügend Raum, um eine Anpassung der tatsächlichen Renovierungsintervalle an das objektiv Erforderliche zu ermöglichen. (Leitsatz 2 von der Redaktion)	BGH, 13.07.2005 – VIII ZR 351/04, NZM 2005, 860 = Info M 2005, 247 = NJW 2005, 3416

Klauselkombination Schönheitsreparatur/Endrenovierung im Gewerbemietrecht	Wie im Wohnraummietrecht führt auch in Formularmietverträgen über Geschäftsräume die Kombination einer Endrenovierungsklausel mit einer solchen über turnusmäßig vorzunehmende Schönheitsreparaturen wegen des dabei auftretenden Summierungseffekts zur Unwirksamkeit beider Klauseln (im Anschluss an BGH, Urteile vom 14.5.2003 – VIII ZR 308/02, NJW 2003, 2234, 2235 [= WuM 2003, 436]; und vom BGH, 25.6.2003 – VIII ZR 335/02, NZM 2003, 755 [= GuT 2003, 234 KL = WuM 2003, 561]).	BGH, 06.04.2005 – XII ZR 308/02, NZM 2005, 504 = GuT 2005, 160
Starrer Fristenplan in mehreren Klauseln	Eine mietvertragliche Regelung, durch die die Verpflichtung zur Durchführung von Schönheitsreparaturen auf den Mieter abgewälzt wird, ist auch dann wegen unangemessener Benachteiligung des Mieters unwirksam, wenn die Verpflichtung als solche und die für ihre Erfüllung maßgebenden starren Fristen zwar in zwei verschiedenen Klauseln enthalten sind, zwischen diesen Klauseln aus der Sicht eines verständigen Mieters jedoch ein innerer Zusammenhang besteht, so dass sie als einheitliche Regelung erscheinen (im Anschluss an Senat, NZM 2004, 653 = NJW 2004, 2586).	BGH, 22.09.2004 – VIII ZR 360/03, NZM 2004, 901 = GE 2004, 1450 = WuM 2004, 660 = ZMR 2005, 34
Starrer Fristenplan	Die formularmäßige Verpflichtung des Mieters, Schönheitsreparaturen nach einem „starren" Fristenplan, also unabhängig vom tatsächlichen Bedarf, auszuführen, stellt eine unangemessene Benachteiligung gem. § 307 Abs. 2 Nr. 1 BGB dar. Die gesamte Schönheitsreparaturklausel wird dadurch unwirksam, wenn sie sich nicht aus sich heraus verständlich und sinnvoll in einen wirksamen und einen unwirksamen Teil trennen lässt.	BGH, 23.06.2004 – VIII ZR 361/03, AIM 2004, 177 = NZM 2004, 653 = WuM 2004, 463 = GE 2004, 1023 = DWW 2004, 221 = ZMR 2004, 736 zur Wohnraummiete

2. Schnellüberblick aktuelle Rechtsprechung der Instanzgerichte

1555

Thema/Normen	Leitsatz	Entscheidung, Fundstelle
AGB: Schönheitsreparaturen - Pflichten des Mieters nach Vertragsende	1. Die formularmäßige Klausel in einem Gaststättenpachtvertrag „Der Mieter ist verpflichtet, Schönheitsreparaturen laufend auf eigene Kosten fachgerecht durchführen zu lassen, sobald der Grad der Abnutzung dies nach der Art des Gewerbebetriebes bzw. der vertraglichen Nutzung erfordert", ist wegen Verstoßes gegen § 307 BGB unwirksam. 2. Der Vermieter muss den ordnungsgemäßen Zustand der Mietsache bei Übergabe beweisen, weil der Mieter nur für solche Verschlechterungen einzustehen hat, die während der Mietzeit entstanden und nicht Folge des vertragsgemäßen Gebrauchs sind.	OLG Düsseldorf, 09.12.2010 - 10 U 66/10

XIII. Arbeits- und Beratungshilfen

Keine Haftung für nicht vorgenommene Schönheitsreparatur ohne Frist!	Der Mieter haftet für die schuldhafte Nichtvornahme von Schönheitsreparaturen bei Mietende; ein Schadensersatzanspruch des Vermieters besteht jedoch dann nicht, wenn er dem Mieter keine angemessene Frist zur Vornahme setzt.	OLG Düsseldorf, 01.10.2009 – 10 U 58/09
„Verkappte" Fachhandwerkerklausel „ausführen zu lassen" in Dekorations-AGB – Gesamtunwirksamkeit	Die Wendung in Schönheitsreparatur-AGB, wonach der Mieter die Pflicht übernimmt, die Schönheitsreparaturen „ausführen zu lassen", hält der Inhaltskontrolle nicht Stand und führt zur Gesamtunwirksamkeit der Abwälzungsklausel. (Leitsatz der Redaktion)	LG München I, 30.09.2009 – 15 S 6274/09 (n.rk.), NZM 2010, 40 = NJW 2010, 161
Wertersatz bei Schönheitsreparaturen in Eigenleistung	Führt der Mieter aufgrund einer unerkannt gebliebenen unwirksamen Endrenovierungsklausel die Schönheitsreparaturen selbst aus, hat er einen Anspruch auf Wertersatz. Dieser errechnet sich aus dem Zeitaufwand (hier: insgesamt 32 Stunden), einem Stundensatz von 12 € pro Stunde sowie den Materialkosten.	AG Weimar, 25.09.2009 – 10 C 452/08, InfoM 2009, 422 (rk.)
Verspätete Rückgabe der Mietsache: Welche Ansprüche hat der Vermieter?	Renoviert der Mieter die Räume erst nach Ende der Mietzeit, aber im Einverständnis des Vermieters, steht diesem ein Nutzungsentschädigungsanspruch mangels „Vorenthaltens" nicht zu. Wegen verspäteter Rückgabe können aber Ansprüche auf Ersatz des Mietausfalls bestehen.	OLG Düsseldorf, 23.07.2009 – 24 U 109/08, IMR 2010, 15
Klausel in Formularmietvertrag verpflichtet zu „regelmäßigen" Renovierungen: Starrer Fristenplan! § 199 Abs. 1 Nr. 1, § 307 Abs. 1, §§ 535, 551 BGB	Die Klausel im Formularmietvertrag: „Die Schönheitsreparaturen werden regelmäßig in folgenden Zeiträumen erforderlich ..." ist nach § 307 Abs. 1 BGB unwirksam.	KG, 22.05.2008 – 8 U 205/07, IMR 2008, 264 = NZM 2008, 643 zur Wohnraummiete
§§ 259, 280, 535 BGB; § 28 II. BV Gewerbliche Miete; Lagerhalle zur Kfz-Instandsetzung; Schönheitsreparaturen am PVC-Fußboden; Nebenkostenabrechnung nach Vertragsbeendigung, Aufrechnungsverbot; Rückzahlung der NK-Vorauszahlungen	1. Der Gewerbemieter ist im Rahemn der übernommenen Schönheitsreparaturen jedenfalls dann nicht verpflichtet, den Bodenbelag (hier: PVC) zu erneuen, wenn die Klausel ihn lediglich verpflichtet, „vorhandene Fußbodenbeläge (...) bei Bedarf fachgerecht zu behandeln." 2. Ist eine Lagerhalle zum Betrieb einer Kfz-Instandsetzung vermietet, sind hierdurch verursachte Verschmutzungen und mechanische Beschädigungen des vorhandenen PVC-Bodenbelags Folgen des vertragsgemäßen Gebrauchs, so dass der Mieter dem Vermieter bei fehlender Vereinbarung nicht gem. § 280 Abs. 1 BGB auf Schadensersatz haftet. 4. Ein formularvertragliches Aufrechnungsverbot steht der Aufrechnung des Mieters nicht entgegen, wenn die den Anspruch auf Rückzahlung der Nebenkostenvorauszahlungen begründenden Tatsachen unstreitig sind.	OLG Düsseldorf, 08.05.2008 – I-10 U 8/08, GuT 2008, 204 = GE 2008, 731 = InfoM 2008, 476

649

Bedarfsabhängige Schönheitsreparaturverpflichtungen	Bei der Verpflichtung in § 5 eines Formularmietvertrages und § 21 „die Schönheitsreparaturen sind fachgerecht, dem Zweck und der Art der Miethäume entsprechend regelmäßig auszuführen, wenn das Aussehen der Räume mehr als nur unerheblich durch den Gebrauch beeinträchtigt ist" handelt es sich um die Vereinbarung von bedarfsabhängigen Renovierungsleistungen mit der Folge, dass dem Mieter die Anfangsrenovierung freigestellt ist und eine Endrenovierung nicht bedarfsunabhängig auszuführen ist.	LG Hildesheim, 07.05.2008 – 4 O 408/07, GuT 2009, 178
Schönheitsreparatur: Wird eine Fristenregelung durch das einschränkende Wort „regelmäßig" ausreichend flexibel?	Sieht die Formularklausel vor, dass der Mieter die Schönheitsreparaturen nach dem jeweiligen Grad der Abnutzung „regelmäßig nach Maßgabe folgenden Fristenplans [...]" (hier: „3, 5, 7" Jahre) durchzuführen hat, handelt es sich um eine starren Fristenplan, der zur Unwirksamkeit der Klausel führt. Die Entscheidung: Die Klausel sei für den Mieter so zu verstehen, dass er die Schönheitsreparaturen nach dem jeweiligen Grad der Abnutzung, in jedem Fall aber spätestens innerhalb der genannten Fristen durchzuführen habe. Hätte der Vermieter erkennbar machen wollen, dass es sich bei den Fristen nur um eine Orientierungshilfe und nicht um einen starren Fristenplan handeln sollte, hätte er statt „regelmäßig" z.B. die Formulierung „in der Regel" oder „im Allgemeinen" wählen können.	KG, 06.12.2007 – 8 U 135/07, MM 2008, 38, InfoM 2008, 115
Feststellungsinteresse: Kann man die Wirksamkeit einer Schönheitsreparaturklausel schon vor Vertragsende klären lassen?	Der Mieter kann schon während des laufenden, ungekündigten Mietverhältnisses auf Feststellung klagen, dass er nicht zur Durchführung von Schönheitsreparaturen verpflichtet ist. Ein ausreichendes Feststellungsinteresse besteht sogar schon vor Ablauf der Renovierungsfristen.	LG Berlin, 25.06.2007 – 62 S 341/06, GE 2007, 1125; InfoM 2008, 138
Starr ausgestaltete Schönheitsreparaturfristenpläne und Altverträge	Auch wenn es bei Abschluss eines Mietvertrags im Jahr 1983 für die Parteien nicht absehbar war, dass starr ausgestaltete Schönheitsreparaturfristenpläne Jahrzehnte später von der Rechtsprechung als unwirksam erachtet werden würden, ist es mit den Grundsätzen von Treu und Glauben durchaus vereinbar, die neue Rechtsprechungserkenntnis auch auf Altverträge zu erstrecken.	LG Lüneburg, 16.05.2007 – 6 S 2/07, NZM 2007, 770 zur Wohnraummiete

Starrer Fristenplan	Die Formularklausel in einem Mietvertrag über gewerbliche Räume (hier: zum Betrieb einer Schilder- und Graveurwerkstatt), „Die Schönheitsreparaturen sind ab Mietbeginn in den gewerbl. oder freiberufl. genutzten Räumen spätestens nach 4 Jahren und in sonstigen Räumlichkeiten/Nebenräumlichkeiten/Balkonen/Loggien nach 7 Jahren auszuführen bzw. ausführen zu lassen", enthält einen starren Fristenplan, der den Mieter i.S. des § 307 BGB unangemessen benachteiligt und insgesamt zur Unwirksamkeit der Schönheitsreparaturklausel führt (Fortführung von Senat, I-10 U 174/05, Urt. v. 4..5.2006, GuT 2006, 127 = NZM 2006, 462 = ZMR 2006, 521). Die den Vermieter zur Ausführung von Schönheitsreparaturen verpflichtende dispositive gesetzliche Bestimmung des § 535 Abs. 1 Satz 2 BGB tritt nach § 306 Abs. 2 BGB an die Stelle der unzulässigen Schönheitsreparaturklausel. Eine ergänzende Vertragsauslegung kommt nicht in Betracht. Die Unwirksamkeit der Schönheitsreparaturklausel entzieht der vertraglichen Pflicht des Mieters zur Rückgabe der Mieträume in bezugsfertigem Zustand die Grundlage.	*OLG Düsseldorf, 18.01.2007 – 10 U 102/06, IMR 2007, 111 = GuT 2007, 26 = NZM 2007, 215*
Abgeltungsklausel mit „starrer" Abgeltungsquote	Eine Formularklausel in einem Mietvertrag, die den Mieter bei Beendigung des Mietverhältnisses zur Zahlung eines allein vom Zeitablauf abhängigen Anteils an den Kosten für noch nicht fällige Schönheitsreparaturen nach feststehenden Prozentsätzen auch dann verpflichtet, wenn ein diesem Kostenanteil entsprechender Renovierungsbedarf auf Grund des tatsächlichen Erscheinungsbilds der Wohnung noch nicht gegeben ist (Abgeltungsklausel mit „starrer" Abgeltungsquote), ist gem. § 307 I 1, II Nr. 1 BGB unwirksam, weil sie den Mieter entgegen den Geboten von Treu und Glauben unangemessen benachteiligt. BGH, Urt. v. 18.10.2006 – VIII ZR 52/06, NZM 2006, 924 = IMR 2006, 180 = MDR 2007, 262 Ls. zur Wohnraummiete Auch bei einem gewerblichen Mietverhältnis ist eine Schönheitsreparaturklausel mit einer starren Fristenregelung unwirksam.	*OLG München, 22.09.2006 – 19 U 2964/06, GuT 2006, 234 = NZM 2007, 215 = InfoM 2007, 17 = MDR 2007, 514*
Schadensersatz Schönheitsreparaturen	Ist die vertraglich für die Vornahme der Schönheitsreparaturen bestimmte Frist im Zeitpunkt der Vertragsbeendigung nicht für alle Miträume abgelaufen, reicht es nicht aus, wenn sich der Vermieter zur Begründung eines Schadensersatzanspruchs wegen nicht ausgeführter Renovierung auf ein Sachverständigengutachten beruft, das die auszuführenden Arbeiten lediglich pauschal für alle Räume aufführt (hier: „545 m2 Wandflächen streichen"). Der Vermieter muss vielmehr eine Zuordnung zu den einzelnen Räumlichkeiten vornehmen.	*OLG Düsseldorf, 07.04.2005 – 10 U 191/04, NZM 2005, 823*

Schönheitsreparaturpflicht ohne Fristenplan,	1. Eine Schönheitsreparaturklausel in einem Geschäftsraummietvertrag ist entsprechend der Rechtsprechung des BGH zum Wohnraummietrecht auszulegen. Es gilt daher auch ohne Angaben die Fristenregelung in § 7 Mustermietvertrag 1976 und wegen des Umfangs der Arbeiten § 28 IV 5 der II. Berechnungsverordnung. 2. Der Fristenplan gilt auch für das Streichen der Türen, der Fenster und der Heizungsrohre. Der Nachweis, dass die Durchführung der Arbeiten nicht notwendig ist, steht dem Mieter gleichwohl zu.	KG, 29.03.2004 – 8 U 286/03, NZM 2005, 181

3. Formulierungsvorschläge

Formulierungsvorschlag: laufende Renovierungen und Endrenovierung

1556 Die Schönheitsreparaturen übernimmt der Mieter. Sie umfassen insbesondere das Streichen von Wänden und Decken, Heizkörpern, Verkleidungen, Fenstern, Einbauschränken, Innen- und Außentüren. Schönheitsreparaturen sind durchzuführen, sobald der Grad der Abnutzung dies erfordert.[2441]

Alternativ bzgl. Satz 2:

Schönheitsreparaturen sind mindestens alle fünf Jahre durchzuführen, sofern der Grad der Abnutzung dies erfordert.

Formulierungsvorschlag: Bodenbelagsklausel

1557 Die Räume haben folgenden Bodenbelag, der vom Vermieter neu verlegt worden ist (Material/Typ, Kosten pro m²):

.....

.....

Der Mieter übernimmt ausdrücklich neben den Schönheitsreparaturen auch die Reinigung und Pflege des Bodenbelags, was bei Parkettfußboden auch das Abschleifen und Versiegeln umfasst. Erfordert der Grad der Abnutzung eine Erneuerung, so übernimmt der Mieter auch diese in gleicher Art, Güte und Farbe.

Zusätzlich, aber nur individualvertraglich zu empfehlen:

Befindet sich der Bodenbelag bei Auszug nicht in einem neuwertigen Zustand, so ist er vom Mieter ebenfalls zu erneuern.

[2441] Dieser Satz der Klausel ist der entscheidende Teil, der verhindert, dass die Klausel als „starr" gilt.

Formulierungsvorschlag: Abfindungsklausel

> **Hinweis:**
> Individuelle Vereinbarung ist zu empfehlen.

Hat der Mieter am Ende des Mietverhältnisses fällige und nach dem Grad der Abnutzung erforderliche Schönheitsreparaturen nicht durchgeführt, so kann der Vermieter anstelle seines Anspruches auf Durchführung der Arbeiten eine pauschalierte Abfindungssumme i.H.v. 1,5 Netto-Monatsmieten (ggf. zuzüglich Mehrwertsteuer, ohne Nebenkostenvorauszahlungen) vom Mieter verlangen. Die Forderung ist innerhalb von drei Wochen ab Rückerhalt der Mietsache schriftlich geltend zu machen. Der Vermieter ist nach Geltendmachung berechtigt, die Forderung mit einer etwaigen Kaution des Mieters zu verrechnen. Macht der Vermieter die Forderung geltend, verzichtet er dadurch auf seinen Anspruch auf Durchführung von Schönheitsreparaturen.

§ 16 Instandhaltung und Instandsetzung

		Rn.
I.	Begriff und Vereinbarung	1559
II.	Grenzen der Abwälzung, AGB-Problematiken	1566
	1. Grundsätze	1566
	2. Kalkulierbares und erkennbares Kostenrisiko für den Mieter	1568
	3. Nach Vertragsschluss erforderliche Maßnahmen, Beseitigung von Anfangsmängeln	1580
	4. Wartungsarbeiten	1584
	5. Rechtsfolgen unwirksamer AGB-Klauseln	1585
III.	Besonderheiten bei „Dach und Fach"-Klauseln	1591
	1. Inhalt und Umfang des Begriffs „Dach und Fach"	1591
	2. Wirksamkeit als AGB	1599
	3. Wirksamkeit als Individualvereinbarung	1602
IV.	Besonderheiten bei vom Vermieter durchzuführenden Maßnahmen	1604
V.	Verjährung und Verwirkung	1606
VI.	Gerichtsverfahren	1608
VII.	Streitwert	1609
VIII.	Vertragsgestaltung	1610
IX.	Arbeits- und Beratungshilfen	1613
	1. Schnellüberblick Grundsatz-Rechtsprechung des BGH	1613
	2. Schnellüberblick aktuelle Rechtsprechung der Instanzgerichte	1613a
	3. Formulierungsvorschläge	1614
	a) „Dach und Fach"-Klausel	1614
	b) AGB-Klausel	1615

I. Begriff und Vereinbarung

1559   Nach § 535 Abs. 1 Satz 2 BGB obliegt es dem Vermieter als Hauptpflicht, die vermietete Sache dem Mieter in einem zu dem vertragsmäßigen Gebrauch geeigneten Zustande zu überlassen und sie während der Mietzeit in diesem Zustand zu erhalten. Diese **Erhaltungspflicht** gehört zum Leitbild der Miete, ist aber überwiegend auf den Mieter abwälzbar und umfasst die Schönheitsreparaturen, Wartungs- und Pflegemaßnahmen und sonstige Reparaturen am und im Miet- oder Pachtobjekt. Die aus § 535 Abs. 1 Satz 2 BGB resultierende Pflicht zur Erhaltung des Mietobjekts umfasst damit auch Instandhaltungs- und Instandsetzungsmaßnahmen. Hat der Mieter vertraglich die Instandhaltungspflicht übernommen, ist die Miete nur noch Gegenleistung für die dem Vermieter verbliebenen Pflichten, etwa die Pflicht zur Gebrauchsüberlassung, sodass die Kosten der Instandhaltung dann also nicht in die vereinbarte Miete einkalkuliert sind.[2442]

1560   Die Parteien sind frei, im Miet- oder Pachtvertrag zu definieren, was sie unter Instandhaltung oder Instandsetzung verstehen. Machen sie dies nicht, gelten schon nach dem Wortlaut folgende **Definitionen**:

- **Instandhaltung:** in Anlehnung an § 28 Abs. 1 der II. BerechnungsVO werden darunter (die Kosten für) Maßnahmen verstanden, die zur Erhaltung des bestimmungsgemäßen Gebrauchs aufgewendet werden müssen, um die durch Abnutzung, Alterung oder Witterungseinwirkung entstehenden baulichen und sonstigen Mängel ordnungsgemäß zu beseitigen;[2443] oder kürzer: vorbeugende Maßnahmen, die das Objekt im vertragsgemäßen Zustand halten, damit es nicht zu Schäden oder zu Zerfall am oder im Gebäude kommt (z.B. Wartungen, Beseitigung von Verschleiß),

---

[2442] Dose, NZM 2009, 381.
[2443] BGH, 06.04.2005 – XII ZR 158/01, NZM 2005, 863 = ZMR 20065, 415 = MDR 2006, 17 = NJW-RR 2006, 84; (Gewerberaum); BGH, 07.04.2004 – VIII ZR 146/03, NZM 2004, 418 (Wohnraum).

und

- **Instandsetzung:** Reparatur und Wiederbeschaffung,[2444] wenn also das Objekt oder Ausstattungsteile schadhaft geworden sind.

Eine absolut genaue Differenzierung ist oft nicht möglich, weil die tatsächlichen Arbeiten teilweise fließend – z.B. von der Wartung zur Reparatur – übergehen. Auch Überschneidungen mit Schönheitsreparaturen sind durchaus denkbar. Zur Differenzierung kann man sich Folgendes merken: Während Schönheitsreparaturen eher dekorativen Charakter haben, geht es bei Instandhaltung etc. um Vorbeugung oder Beseitigung von Schäden. 1561

Die Parteien sind frei, individual- oder formularvertraglich (dazu nachfolgend) **andere Definitionen** oder durchzuführende Arbeiten zu vereinbaren. Die vertragliche Absprache im Gewerberaummietvertrag 1562

> „Die Räume dienen als Lager für Beschallungsanlagen ... Die Räume werden unrenoviert übernommen und vom Mieter in Stand gesetzt. Der Vermieter trägt die Kosten für das benötigte Baumaterial, der Mieter schuldet hierfür die fachgerechte Ausführung der Renovierungsarbeiten ..."

ist bzgl. Art und Umfang der Ausführung auszulegen und beschränkt sich darauf, dem Mieter ein Leistungsergebnis abzuverlangen, das auf unterschiedlichen Wegen erreicht werden kann; es ist danach Sache des Mieters, die Maßnahmen zu treffen, die ihm geeignet erscheinen, solange am Ende *„eine Instandsetzung"* erreicht wird, die als *„fachgerechte Renovierung"* zu qualifizieren ist.[2445]

In der Praxis stellt sich häufig aufgrund ungenauer Formulierung die Frage, welche konkreten Pflichten der Mieter oder Pächter übernommen hat. Ist dies nicht eindeutig, muss nach den Regeln der §§ 133, 145, 157 BGB die Vereinbarung ausgelegt werden. AGB-Klauseln zu Instandhaltung/Instandsetzung sind **eng auszulegen**.[2446] Die bloße Übernahme der *Instandhaltungs*pflicht durch den Mieter beinhaltet daher nicht gleichzeitig die Übernahme der weitergehenden *Instandsetzungs*pflicht.[2447] Die Formulierung, die Räume *„in ordnungsgemäßem Zustand... zurückzugeben"*, ist ein Synonym für vertragsgemäßen Zustand, ohne dass er selbst definiert, was vertragsgemäß ist,[2448] sodass allein daraus keine Pflicht abgeleitet werden kann. Die bloße Übernahme der Instandhaltungspflicht durch die Formulierung *„...in gutem und gebrauchsfähigem Zustand zu erhalten"* beinhaltet nicht zugleich die Übernahme der Instandsetzungspflicht.[2449] Die Übernahme beider Pflichten erfordert eine sprachlich zumindest ansatz- 1563

2444 BGH, 07.04.2004 – VIII ZR 146/03, NZM 2004, 418 (Wohnraum).
2445 OLG Koblenz, 26.05.2010 – 5 U 288/10, GuT 2010, 197 = IMR 2010, 377 = MDR 2010, 1310.
2446 OLG Düsseldorf, 11.06.2002 – 24 U 183/01, WuM 2002, 545, 547; OLG Koblenz, 15.03.1989 – 5 W 62/89, NJW-RR 1990, 20 = WuM 1990, 16 = ZMR 1990, 464; OLG Hamm, 30.03.1993 – 7 U 88/92, NJW-RR 1993, 1229.
2447 OLG Düsseldorf, 25.02.1999 – 10 U 109/95, NZM 2000, 464; OLG Hamm, 30.03.1993 – 7 U 88/92, NJW-RR 1993, 1229.
2448 OLG Düsseldorf, 11.06.2002 – 24 U 183/01, WuM 2002, 545, 547.
2449 OLG Düsseldorf, 25.02.1999, NZM 2000, 464 = ZMR 1999, 627; OLG Koblenz, 15.03.1989 – 5 W 62/89, NJW-RR 1990, 20 = WuM 1990, 16 = ZMR 1990, 464; OLG Hamm, 30.03.1993 – 7 U 88/92, NJW-RR 1993, 1229.

weise erkennbare Differenzierung. Wird allein der Begriff „erhalten" o.Ä. verwendet, spricht dies gegen die Überbürdung der Instandsetzung (und umgekehrt).

1564 Die vertragliche Vereinbarung, *„für die laufende Unterhaltung und für einen stets einwandfreien technischen Zustand der Mietsache zu sorgen"* beinhaltet nicht die Pflicht zur Instandsetzung eines Heizkessels, wenn dieser nicht mehr reparaturfähig ist.[2450] Legt man diese Begriffe aus, so betrifft die „Unterhaltung" Wartungs- und Pflegemaßnahmen und damit Instandhaltung, während mit der Pflicht, *„für einen stets einwandfreien technischen Zustand der Mietsache zu sorgen"* durchaus (auch) Reparaturen, also Instandsetzung, gemeint sein können. Eine **Reparatur** bedeutet aber, dass das zu reparierende Objekt im Wesentlichen erhalten bleibt, es also ausgebessert oder teilweise erneuert wird, nicht jedoch, dass es ausgetauscht und gegen ein neues Objekt ersetzt wird. Für eine Überbürdung solcher Pflichten sind eindeutige Regelungen erforderlich, die dem Mieter vor Augen führen, dass er womöglich Pflichten wie ein Eigentümer übernimmt.

1565 Hat der Mieter vertraglich ein auf verschiedenen Wegen erreichbares Leistungsergebnis herbeizuführen (§ 262 BGB) und sein **Wahlrecht** nach Auffassung des Vermieters nicht zielgerichtet umgesetzt, kann der Vermieter nur nach § 264 BGB i.V.m. § 887 ZPO vorgehen, ein Schadensersatzanspruch steht ihm dagegen nicht zu.[2451] Hat also bspw. der Mieter eine vertragliche Wahlmöglichkeit hinsichtlich der Instandsetzung der Mietsache, so steht dem Vermieter bei nicht fachgerechter Durchführung der Arbeiten kein Schadensersatzanspruch zu; er muss den Mieter stattdessen auf Arbeitsausführung verklagen. Die Übernahme von Kosten für **Wartungsarbeiten** kann ohne Weiteres auch durch AGB wirksam neben Instandhaltungs- und Instandsetzungsmaßnahmen vereinbart werden, obwohl dies begrifflich eigentlich bereits darin enthalten ist. Z.T. wird es für unzulässig gehalten, den Mieter dabei an bestimmte Wartungsunternehmen zu binden. Dies ist kritisch zu sehen, da es technisch und betriebswirtschaftlich i.d.R. Sinn macht, wenn immer dieselbe, mit dem Objekt vertraute Fachfirma die Arbeiten ausführt.

II. Grenzen der Abwälzung, AGB-Problematiken

1. Grundsätze

1566 Anders als im Wohnraumbereich wird bei Geschäftsräumen die Überbürdung der Pflichten auf den Mieter grds. für zulässig erachtet.[2452] Üblich sind Klauseln, durch die dem Mieter Instandhaltungs- und Instandsetzungsarbeiten innerhalb des Mietobjekts auferlegt werden, soweit diese durch den Mietgebrauch veranlasst und dem Risikobereich des Mieters zuzuordnen sind. Solche Vereinbarungen sind nach zutreffender Meinung auch **formularmäßig zulässig**, soweit sie sich auf Schäden erstrecken, die dem Mietgebrauch oder der Risikosphäre des Mieters zuzuordnen sind.[2453]

2450 KG, 01.03.1999 – 8 U 1119/98, MDR 2000, 447.
2451 OLG Koblenz, 26.05.2010 – 5 U 288/10, GuT 2010, 197 = IMR 2010, 377 = MDR 2010, 1310.
2452 Wodicka, NZM 1999, 1081 m.w.N.; zur formularmäßige Risikoverteilung bei der Gewerbeflächenvermietung im Einkaufszentrum vgl. Joachim, NZM 2006, 368.
2453 BGH, 25.02.1987 – VIII ZR 88/86, ZMR 1987, 257 = NJW-RR 1987, 906; OLG Nürnberg, 06.03.1991 – 9 U 4022/90, ZMR 1991, 217.

Die **Inhaltskontrolle nach den §§ 307 ff. BGB** ist gem. § 307 Abs. 3 Satz 1 BGB allerdings 1567
auf Klauseln beschränkt, die von Rechtsvorschriften abweichen oder diese ergänzen. Abreden
über den unmittelbaren Gegenstand der Hauptleistung unterliegen ebenso wenig wie Vereinbarungen über das von dem anderen Teil zu erbringende Entgelt der gesetzlichen Inhaltskontrolle, weil das Gesetz es den Vertragsparteien grds. freistellt, Leistung und Gegenleistung im
Vertrag frei zu bestimmen.[2454] Das gilt aber nicht für vorformulierte, vom dispositiven Recht
abweichende Nebenabreden zur Instandhaltungspflicht, da diese eine Abänderung der sich aus
§ 535 Abs. 1 Satz 2 BGB ergebenden Vertragspflicht des Vermieters enthalten, die Mietsache
auf seine Kosten in gebrauchsfähigem Zustand zur Verfügung zu stellen und zu erhalten.[2455]
Die §§ 307 ff. BGB sind daher bei AGB-Instandhaltungs- und Instandsetzungsklauseln grds.
anwendbar.

> **Praxistipp für Immobilienverwalter:**
>
> Die Vereinbarung unwirksamer oder nicht genauer Klauseln durch den Anwalt oder den
> Verwalter führt zu dessen Haftung wegen Pflichtverletzung gem. § 280 BGB. Gerade die
> Überwälzung dieser Pflichten spielt bei bestimmten Gewerbeimmobilien (Lagerhallen,
> Logistikimmobilien etc.) eine immens große Rolle. Der Verwalter sollte wegen der z.T.
> einschränkenden Rechtsprechung (→ *Rn. 1581*) auch Kenntnisse des AGB-Rechts haben
> und wissen, wie Individualvereinbarungen ausgehandelt und dokumentiert werden müssen. Im Zweifel ist immer ein im Geschäftsraummietrecht versierter Anwalt (ggf. Fachanwalt für Miet- und WEG-Recht) hinzuzuziehen.

2. Kalkulierbares und erkennbares Kostenrisiko für den Mieter

Die Verpflichtung zur Instandhaltung und Instandsetzung kann nach herrschender Meinung 1568
in Rechtsprechung und Literatur bei der Gewerberaummiete formularmäßig auf den Mieter
übertragen werden, soweit sie sich auf **Schäden** erstreckt, **die dem Mietgebrauch oder der
Risikosphäre des Mieters zuzuordnen** sind.[2456] Dies bedeutet im Umkehrschluss, dass weitergehende Klauseln als AGB grds. unwirksam sind. Bei Gemeinschaftsflächen (Fluren, Gängen,
Zugangsflächen, Rolltreppen etc.) ist wegen des Kriteriums „durch den Mietgebrauch veranlasst" daher eine eher enge Wertung angebracht. Dementsprechend hat der BGH die formularmäßige Auferlegung der Instandhaltung und Instandsetzung **gemeinschaftlich genutzter Flächen und Anlagen** auf den Mieter in einem Einkaufszentrum **ohne Beschränkung der Höhe
nach** als Verstoß gegen §§ 307 Abs. 1, Abs. 2 BGB gewertet.[2457] Die für unwirksam erklärte
Klausel begann wie folgt:

> „Nebenkosten. 1. Sämtliche Nebenkosten des Einkaufszentrums, insbesondere die Kosten des Betriebes, der Instandhaltung und der Gemeinschaftsanlagen einschließlich der Verkehrsflächen, werden

---

[2454] BGH, 06.04.2005 – XII ZR 158/01, NZM 2005, 863 = ZMR 20065, 415 = MDR 2006, 17 = NJW-RR 2006, 84 m.w.N.: Anwendung von § 307 Abs. 3 BGB für eine Umlage „sämtlicher Nebenkoste", die auch Instandhaltungsmaßnahmen beinhaltete.
[2455] BGH, 07.06.1989 – VIII ZR 91/88, NJW 1989, 2247 zur Kleinreparaturklausel m.w.N.; Dose, NZM 2009, 381.
[2456] BGH, 06.04.2005 – XII ZR 158/01, NZM 2005, 863 = ZMR 20065, 415 = MDR 2006, 17 = NJW-RR 2006, 84 m.w.N.; BGH, 25.02.1987 – VIII ZR 88/86, MDR 1987, 753 = NJW-RR 1987, 906.
[2457] BGH, 06.04.2005 – XII ZR 158/01, NZM 2005, 863 = MDR 2006, 17 = NJW-RR 2006, 84.

unbeschadet notwendiger Sonderregelungen von allen Mietern anteilig nach laut Mietvertrag in Anspruch genommener Bruttomietflächen im Verhältnis zur gewerblichen Bruttomietfläche insgesamt getragen ...."

1569 Der BGH sieht diese Umlage zwar grds. als zulässig an, verlangt aber eine **Kappungsgrenze** für die vom Mieter zu tragenden Kosten, weil die Klausel ihm die Erhaltungslast für das gesamte Einkaufszentrum auferlege. Dies weiche erheblich vom gesetzlichen Leitbild des Mietvertrages ab, weil der Mieter generell auch Kosten tragen müsse, die nichts mit seinem Mietgebrauch zu tun haben.

1570 Will der Vermieter daher auch die Ausführung von **Arbeiten, die nicht in der Sphäre des Mieters wurzeln** oder entsprechende Kosten (z.B. Auswirkungen von Brand- oder Wasserschäden in anderen Etagen) mit einer Formularklausel abwälzen, riskiert er es, dass er wegen Unwirksamkeit der Klausel wieder gem. § 535 Abs. 1 Satz 2 BGB selbst in die Pflicht gerät; denn es ist nicht einzusehen, warum der Mieter nicht nur verschuldensunabhängig, sondern auch noch ohne jeglichen Kausalzusammenhang haften soll. Eine derartige Klausel entfernt sich soweit vom gesetzlichen Leitbild des § 535 Abs. 1 Satz 2 BGB, dass sie nach § 307 BGB unwirksam ist. Auch eine AGB-Klausel, wonach ein Gaststättenpächter die technischen Anlagen des Gesamtobjekts instand halten muss, ist nach § 307 Abs. 1 BGB jedenfalls dann unwirksam, wenn der Verpächter das Anwesen mitbewohnt.[2458]

1571 Ob – wie im Wohnraummietrecht – auch Höchstbelastungsgrenzen („**Kappungsgrenzen**") für Instandhaltungs- und Instandsetzungsmaßnahmen vereinbart werden müssen, ist höchstrichterlich noch nicht für alle Fälle entschieden. Erforderlich sind sie jedenfalls dann, wenn Flächen/Kosten betroffen sind, die nicht oder nicht unmittelbar dem Gebrauch des Mieters unterliegen (z.B. Gemeinschaftsflächen).[2459] Vertreten wird zu Recht, dass Mieter die anteilige Erhaltungslast (ohne Dach und Fach) an gemeinschaftlich genutzten Gegenständen aufgebürdet werden darf, wenn eine Kostenbegrenzung auf 10 % der Jahresmiete vereinbart ist.[2460]

1572 Was bei Flächen gilt, die (nur) dem Gebrauch des Mieters unterliegen, ist bisher vom BGH nicht abschließend geklärt. In der Literatur spricht man sich z.T. ohne näheren Begründung oder Bezifferung dafür aus.[2461] Nach OLG Naumburg[2462] ist von einem Verbot eines unkalkulierbaren Risikos für den Mieter die Rede. Ist keine Höchstgrenze vereinbart, so besteht u.U. ein solches nicht kalkulierbares Risiko. Die Rechtsprechung zu Kleinreparaturen bzgl. einer Höchstbegrenzung im Wohnraummietrecht kann nicht ohne Weiteres in das gewerbliche Mietrecht übertragen werden, weil der gewerbliche Gebrauch oft strapaziöser für das Mietobjekt ist.

1573 Man muss differenzieren: Grds. ist eine AGB-Klausel ohne Höchstgrenze wirksam. Ausnahmsweise kann sich etwas anderes ergeben, wenn die Überwälzung für den Mieter zu überdurchschnittlichem Aufwand oder sogar zu einer Existenzgefährdung führen kann. Dies ist z.B.

2458 LG Coburg, 09.01.2008 – 12 O 231/07.
2459 BGH, 06.04.2005 – XII ZR 158/01, NZM 2005, 863 = MDR 2006, 17 = NJW-RR 2006, 84.
2460 Fritz, Gewerberaummietrecht, Rn. 183 m.w.N.
2461 Sternel, Mietrecht aktuell, Rn. II 187.
2462 OLG Naumburg, 12.08.1999 – 2 U (Hs.) 34/98, NZM 2000, 1183.

anzunehmen, wenn teures Inventar mitvermietet bzw. mitverpachtet ist oder die Ausstattung luxuriös ist und dadurch das Kostenrisiko unverhältnismäßig steigt.

Beispiel:

Verpachtung von Hotel, „Erlebnis-Gastronomie", Kinderspiel- und Eventhallen.

In diesen Fällen sind deshalb in Formularverträgen (und nur in diesen!) – abweichend vom Regelfall – **Höchstgrenzen** erforderlich. Um Differenzierungsprobleme zu vermeiden, sollten sie deshalb immer mitvereinbart werden. 1574

Maßstäbe wie im Wohnraummietrecht (ca. 75,00 € im Einzelfall, ca. 8 % der Jahresmiete als „Kappungsgrenze") sind aber wegen der großen Marktschwankungen bei Geschäftsraummieten unangebracht. Daher empfehlen sich auch nur prozentuale Werte. Ein Wert für jeden Einzelfall muss nicht festgelegt werden. Es reicht aus, dass eine **Gesamtbelastungsgrenze** definiert wird. Eine Maximalgrenze von insgesamt einer Monatsmiete pro Jahr ist immer als angemessen anzusehen. Bis zu drei Monatsmieten wird man ebenfalls im Einzelfall noch tolerieren können. Ist die Höchstgrenze nicht an die Miethöhe gekoppelt, kann sich die Unwirksamkeit einer AGB-Klausel nach § 307 Abs. 1 Satz 1 BGB im Einzelfall auch daraus ergeben, dass der festgelegte Betrag außer Verhältnis zur Miethöhe steht.[2463] 1575

Die Kappungsgrenze ist zu unterscheiden von der **Definition der Kleinreparatur**, die auch darüber erfolgen kann, dass man einen bestimmten Reparaturbetrag festlegt, dessen Unterschreitung immer eine Verpflichtung des Mieters zur Folge hat. 1576

Beispiel:

Der Mieter soll kleinere Schäden bis zu 5 % der Jahresmiete selber tragen. Damit ist festgelegt, dass der Mieter bei einer Jahresmiete von z.B. 60.000,00 € jede Maßnahme, die unter 3.000,00 € kostet, selbst zu tragen hat.

Werden solche prozentualen Vereinbarungen getroffen, so folgt daraus aber nicht, dass der Mieter von größeren Schäden einen entsprechenden Anteil zu tragen hat.[2464] Unterhalb der Definitionsgrenze muss er immer zahlen, darüber nie. 1577

Prüfungsmaßstab für AGB-Klauseln ist auch das **Transparenzgebot gem. § 307 Abs. 1 Satz 2 BGB**. Abwälzungsklauseln müssen klar und verständlich sein. Die von § 535 BGB abweichende Vereinbarung der Übernahme weiterer Kosten neben der Miete für die Gewährung des Gebrauchs durch den Mieter bedarf stets einer ausdrücklichen, inhaltlich bestimmten Vereinbarung, weil es dem Mieter nur dann möglich ist, sich zumindest ein grobes Bild davon zu machen, welche zusätzlichen Kosten auf ihn zukommen können. Die Überbürdung darf nicht zu einem **vollständigen Übergang der Sachgefahr** und zu einem **unkalkulierbaren Kostenrisiko** des Mieters führen.[2465] 1578

[2463] Ähnlich AG Bremen, 24.05.2007 – 21 C 269/05, NZM 2008, 247 (Wohnraum): 260,00 € Grundmiete und Kleinreparaturklausel mit 200,00 € im Einzelfall und Höchstgrenze von 1.000,00 € pro Jahr.
[2464] OLG Düsseldorf, 11.06.2002 – 24 U 183/01, GuT 2002, 186 = ZMR 2003, 25 = MDR 2003, 23.
[2465] OLG Naumburg, 12.08.1999 – 2 U (Hs.) 34/98, NZM 2000, 1183; OLG Düsseldorf, 28.05.2002 – 24 U 133/01, NZM 2002, 742 unter I. 2. a.

Beispiele:

Kosten, die für den „Betrieb" und die „Unterhaltung" des „Gesamtobjekts" anfallen und vom Mieter getragen werden sollen, sind intransparent. Diese äußerst pauschalen Angaben ermöglichen es dem Mieter nicht, sich einen Überblick über die von ihm zu tragenden Kosten zu verschaffen.[2466]

1579 Eine Klausel, nach der der Mieter die Miete bis zur Herstellung des vertragsgemäßen Zustands („*vollständig geräumt, renoviert und ohne Schäden, wobei der natürliche Verschleiß ausgenommen bleibt*") fortzuentrichten habe, verstößt gegen § 307 BGB, weil der Mieter für den vertragswidrigen Zustand bei Rückgabe auch dann verantwortlich gemacht wird, wenn er oder seine Erfüllungsgehilfen ihn nicht verursacht haben (z.B. Brandstiftung) und sich die Beseitigungspflicht nicht auf Schäden an der Dekoration beschränkt, sondern die gesamte Bausubstanz (Dach und Fach) erfasst.[2467]

Praxistipp:
Einem Mieter kann deshalb die Pflicht zur Erhaltung der Mietsache durch AGB nur auferlegt werden, solange damit nicht ein vollständiger Übergang der Sachgefahr verbunden ist und dies nicht zu einem **unkalkulierbaren Kostenrisiko des Mieters** führt.[2468] Die Haftung kann daher nur in einem bestimmten oder bestimmbaren, vorherseh- und zumutbaren Rahmen erfolgen[2469] und hat bei Flächen, die nicht unmittelbar der Abnutzung durch den Mieter unterliegen, noch transparenter zu sein.[2470]

Wer wirklich sämtliche Arbeiten auf den Mieter übertragen will, sollte dies individuell aushandeln. Dies ist insb. wichtig bei bestimmten Gewerbeimmobilien, die einer besonders starken Abnutzung durch den Mieter unterliegen. Beispiel: Produktionshallen und Logistikimmobilien.

3. Nach Vertragsschluss erforderliche Maßnahmen, Beseitigung von Anfangsmängeln

1580 Ungeklärt ist, welche Rechtsfolge sich daraus ableitet, wenn AGB-Klauseln nicht nur nach Vertragsschluss auftretende Maßnahmen erfassen, sondern sich auch auf Arbeiten bzw. Mängel beziehen, die bereits vor Vertragsschluss vorhanden waren. Z.T. wird vertreten, die Klauseln seien unwirksam, da eine Auslegung im Hinblick darauf, dass die Klausel nur nach Vertragsschluss anfallende Maßnahmen erfasse, eine geltungserhaltende Reduktion sei.[2471]

1581 Hingegen sind nach der Rechtsprechung solche „weiten" Instandhaltungsklauseln im Regelfall **einschränkend dahin auszulegen,** dass der einwandfreie Zustand der Mietsache bei Vertrags-

---

2466 BGH, 06.04.2005 – XII ZR 158/01, NZM 2005, 863 = MDR 2006, 17 = NJW-RR 2006, 84.
2467 OLG Düsseldorf, 28.05.2002 – 24 U 133/01, NZM 2002, 742, noch zu § 9 AGBGB entschieden.
2468 OLG Naumburg, 12.08.1999 – 2 U (Hs.) 34/98, NZM 2000, 1183; OLG Düsseldorf, 28.05.2002 – 24 U 133/01, NZM 2002, 742 unter I. 2. a).
2469 Wodicka, NZM 1999, 1081.
2470 Vgl. BGH, 06.04.2005 – XII ZR 158/01, NZM 2005, 863 = MDR 2006, 17 = NJW-RR 2006, 84.
2471 Sternel, Mietrecht aktuell, Rn. II 186, VII 104.

beginn vorausgesetzt wird[2472] (zu sog. Dach-und-Fach-Klauseln → *nachfolgend Rn. 1591*). Ist in einem Pachtvertrag die Klausel „*Die Instandhaltung des gesamten Pachtobjekts einschließlich der Schönheitsreparaturen obliegt dem Unterpächter*" enthalten, so erfolgt eine einschränkende Auslegung dahin gehend, dass der einwandfreie Zustand des Mietobjektes bei Vertragsbeginn vorausgesetzt ist und die Klausel sich nur auf Instandsetzungen bezieht, die durch den Mietgebrauch notwendig geworden sind.[2473] Faktisch handelt es sich hier also um eine Auslegung, die im Ergebnis einer geltungserhaltenden Reduktion entspricht.

Als Willenserklärung der Parteien sind derartige Klauseln der Auslegung zugänglich. Verwenden die Parteien Begriffe wie Instandhaltung oder -setzung (oder entsprechende, auslegbare Formulierungen), so bringen sie ihren Willen zum Ausdruck, dass der Mieter/Pächter im laufenden Mietverhältnis anfallende und grds. mit dem Mietgebrauch zusammenhängende erforderliche Maßnahmen ausführen soll. Konkret bedeutet dies, dass das Mietobjekt bei Vertragsbeginn nicht in einem **einwandfreien Zustand** sein muss, wenn eine formularmäßige Klausel Bestand haben soll, sofern sich dem Vertragstext oder den Umständen entnehmen lässt, dass es tatsächlich (nur) um Instandhaltung oder Instandsetzung gehen soll. Die Klausel wird dann einschränkend ausgelegt. Fehlen allerdings Begriffe wie Instandhaltung oder -setzung und geht die Klausel in Richtung einer „Dach-und-Fach-"-Klausel oder wird anderweitig deutlich, dass der Mieter „*für alles*" geradestehen soll, verlässt die Klausel den Bereich einer zulässigen Auslegung und ist nach § 307 BGB als unwirksam anzusehen, weil dem Mieter Pflichten aufgebürdet werden, die § 535 Abs. 1 Satz 2 BGB eklatant zuwiderlaufen, da der Vermieter oder Verpächter ansonsten seine Verpflichtung zur Übergabe eines Miet- oder Pachtobjekts im gebrauchsfähigen Zustand umgehen würde. 1582

Schließen die Parteien einen **Anschlussmiet- oder -pachtvertrag**, ist durch Auslegung nach den §§ 133, 157 BGB zu ermitteln, ob die Parteien den Zustand bei Beginn des ersten oder des zweiten Vertrags meinten, wenn keine ausdrückliche Regelung vorliegt. Im Zweifel wird bei identischen Parteien der Beginn des ersten Vertrags gemeint sein. 1583

4. Wartungsarbeiten

Die Übernahme von Kosten für vom Vermieter/Verpächter beauftragte Wartungsarbeiten kann ohne Weiteres auch durch AGB wirksam neben Instandhaltungs- und Instandsetzungsmaßnahmen vereinbart werden, obwohl dies begrifflich eigentlich bereits darin enthalten ist. Z.T. wird es für unzulässig gehalten, den Mieter dabei **an bestimmte Wartungsunternehmen** zu binden. Dies ist kritisch zu sehen, da es Sinn macht, wenn immer dieselbe, mit dem Objekt vertraute Fachfirma die Arbeiten ausführt. 1584

5. Rechtsfolgen unwirksamer AGB-Klauseln

Ist eine als AGB vereinbarte Instandhaltungs- oder Instandsetzungsklausel unwirksam, tritt nach § 306 Abs. 2 BGB die Erhaltungslast des Vermieters (§ 535 Abs. 1 Satz 2 BGB) an die Stelle der Klausel, sodass sämtliche Instandhaltungs- und Instandsetzungsmaßnahmen vom 1585

2472 OLG Naumburg, 12.08.1999 – 2 U (Hs.) 34/98, NZM 2000, 1183 = WuM 2000, 241.
2473 OLG Köln, 17.12.1993 – 19 U 189/93, WuM 1994, 274 = NJW-RR 1994, 524.

Vermieter auszuführen sind. Eine **ergänzende Vertragsauslegung** kommt außerhalb der oben beschriebenen Grenzen (Ausschluss von Anfangsmängeln; durchzuführende Maßnahmen müssen auf den Mietgebrauch zurückzuführen sein) grds. nicht in Betracht.[2474]

1586 Das **Verbot der geltungserhaltenden Reduktion** macht grds. die Übernahme aller Instandhaltungs- oder Instandsetzungspflichten unwirksam, d.h. es erfolgt keine Reduzierung auf einen noch zulässigen, der Klausel möglichst nahestehenden Inhalt,[2475] es sei denn, diese sind inhaltlich und sprachlich „sauber" voneinander getrennt (sog. **blue-pencil-Test**, → *Rn. 1519*).[2476] So wie die höchstrichterliche Rechtsprechung bei der Übernahme von Schönheitsreparaturen von einer **einheitlichen, nicht in Einzelmaßnahmen oder Einzelaspekte aufspaltbaren Rechtspflicht** ausgeht,[2477] wird man grds. auch Instandhaltung- und Instandsetzung als einen einheitlichen Lebens- und Rechtsvorgang ansehen müssen. Ebenso wie bei der hier zu Schönheitsreparaturen vertretenen Meinung kann allerdings in dem vom Vermieter verlangten „Zuviel" trotz womöglich sprachlich/textlich nicht sauber durchführbarer Trennbarkeit ein „abgewälzter Mindeststandard" liegen, also etwaige durchzuführende Basis-/Mindestarbeiten als Minus, sodass man im Einzelfall durch **einfache Subtraktion** doch zu einer wirksamen Restklausel gelangen kann.

1587 Im Fall der Unwirksamkeit einer Klausel über die Abwälzung von Schönheitsreparaturen darf der Vermieter bei preisfreiem Wohnraum keinen **Zuschlag auf die Miete** verlangen (Renovierungskostenzuschlag).[2478] Bei gewerblichen Miet- und Pachtverhältnissen kann entsprechend der BGH-Rechtsprechung zum preisfreien Wohnraum ebenfalls keine Mietanpassung erfolgen. Dies ist auf unwirksame AGB-Instandhaltungs- und Instandsetzungsklauseln zu übertragen (**Kompensationsausschluss**).[2479] Auch eine Anpassung der vertraglichen Vereinbarung über die Miete wegen Wegfalls der Geschäftsgrundlage nach § 313 BGB scheidet, wie im Wohnungsmietrecht, aus, da nach § 306 BGB das Risiko der Verwendung unwirksamer AGB beim

---

2474 OLG Düsseldorf, 18.01.2007 – 10 U 102/06, IMR 2007, 111 = GuT 2007, 26 = NZM 2007, 215 zu Schönheitsreparaturen; Dose, NZM 2009, 381, 386.
2475 Ebenso BGH, 10.02.2010 – VIII ZR 222/09 unter II. 2.; BGH, 13.01.2010 – VIII ZR 48/09 unter II. 2., IMR 2010, 81 = NZM 2010, 157 = InfoM 2010, 108 = MDR 2010, 312; BGH, 18.02.2009 – VIII ZR 210/08, WuM 2009, 286 = InfoM 2009, 105 (jeweils Wohnraum zu Schönheitsreparaturen).
2476 So zu Schönheitsreparaturen: BGH, 10.02.2010 – VIII ZR 222/09 unter II. 2. (Schönheitsreparaturklausel Wohnraum, Außenanstrich von Türen – geltungserhaltende Reduktion verneint); BGH, 16.06.2009 – XI ZR 145/08; BGH, 12.02.2009 – VII ZR 39/08, WM 2009, 643; BGH, 15.05.1991 – VIII ZR 38/90, NJW 1991, 1750; OLG Hamburg, 13.09.1991 – 4 U 201/90, NJW-RR 1992, 10 = WuM 1991, 523 = MDR 1991, 1166 = ZMR 1991, 469; KG, 05.03.2009 – 8 U 177/08, IMR 2009, 424 = GuT 2010, 22 = InfoM 2010, 126; OLG Naumburg, 15.07.2008 – 9 U 18/08, IMR 2008, 339 = NZM 2008, 772.
2477 BGH, 10.02.2010 – VIII ZR 222/09 unter II. 2.; BGH, 13.01.2010 – VIII ZR 48/09 unter II. 2., IMR 2010, 81 = NZM 2010, 157 = InfoM 2010, 108 = MDR 2010, 312; BGH, 18.02.2009 – VIII ZR 210/08, WuM 2009, 286 = InfoM 2009, 105 (jeweils Wohnraum).
2478 BGH, 11.02.2009 – VIII ZR 118/07, NZM 2009, 313 = NJW 2009, 1410; BGH, 09.07.2008 – VIII ZR 181/07, BGHZ 177, 186 = IMR 2008, 161 = InfoM 2008, 312; BGH, 09.07.2008 – VIII ZR 83/07, GE 2008, 146 (jeweils Wohnraum); Sternel, NZM 2007, 545; a.A. OLG Frankfurt am Main, 28.12.2007 – 2 U 200/07, IMR 2008, 78; OLG Karlsruhe, 18.04.2007 – 7 U 186/06, IMR 2007, 249 = WuM 2007, 454 = NZM 2007, 481 (Wohnraum) m.w.N.; AG Wiesbaden, 26.03.2007 – 93 C 5183/06, InfoM 2007, 166 (Wohnraum).
2479 Ebenso Dose, NZM 2009, 381, 386.

Verwender, also meist dem Vermieter liegt, und derjenige sich nicht auf den Wegfall berufen kann, der das Risiko zu tragen hat.[2480]

Führt der Mieter Schönheitsreparaturen trotz einer unwirksamen AGB-Klausel im Vertrauen auf die Wirksamkeit der Regelung aus, so hat er einen **Erstattungsanspruch aus ungerechtfertigter Bereicherung** nach § 812 Abs. 1 BGB, § 818 Abs. 2 BGB.[2481] Auch dies gilt entsprechend für Instandhaltung und Instandsetzung, da sachlich keine Unterschiede bestehen. Der Anspruch richtet sich gem. § 818 Abs. 2 BGB auf den Wertersatz, da die Leistung selbst ihrer Natur nach nicht herausgegeben werden kann. Der Wert der rechtsgrundlos erbrachten Leistung bemisst sich dann nach dem Betrag der üblichen, hilfsweise der angemessenen Vergütung für die ausgeführten Arbeiten, bei Eigenleistung nach dem, was der Mieter billigerweise neben einem Einsatz an freier Zeit als Kosten für das notwendige Material sowie als Vergütung für die Arbeitsleistung seiner Helfer aus dem Verwandten- und Bekanntenkreis aufgewendet hat oder hätte aufwenden müssen.[2482] Dieser Wert ist dann ggf. durch das Gericht gem. § 287 ZPO zu schätzen.

1588

Dem Mieter steht gem. § 280 Abs. 1 Satz 1 BGB ein Anspruch auf **Ersatz von Anwaltskosten** zu, wenn er zur Beurteilung der Frage, ob eine AGB-Schönheitsreparaturklausel wirksam ist, einen Anwalt beauftragt hat.[2483] Auch dies gilt entsprechend für Instandhaltung und Instandsetzung.

1589

Immobilienverwalter, die Verträge mit unwirksamen Instandhaltungs-/Instandsetzungsklauseln abschließen, können dem Vermieter/Verpächter ggf. gem. § 280 BGB auf **Schadensersatz haften**, wenn sich die Verweigerung des Mieters, die Arbeiten aufgrund ungenauer Klauseln durchzuführen, als berechtigt erweist.

1590

III. Besonderheiten bei „Dach und Fach"-Klauseln

1. Inhalt und Umfang des Begriffs „Dach und Fach"

In der Praxis finden sich häufig Überbürdungen von „*Instandhaltung und Instandsetzung der Mietsache einschließlich Schäden an Dach und Fach*". Umgekehrt sprechen auch manche Klauseln davon, dass der Mieter sämtliche Instandhaltungsarbeiten „*mit Ausnahme der Schäden an Dach und Fach*" übernimmt. Die Redewendung „etwas unter Dach und Fach bringen" ist zwar gebräuchlich, aber kein juristischer Fachausdruck. Bei dem Begriff handelt es sich um eine alte Wendung, deren genauer Sinn v.a. wegen des mehrdeutigen Wortes „Fach" nicht leicht zu bestimmen ist und architektonisch neben „Wand, Mauer, Abteilung in Häusern" auch

1591

2480 Dose, NZM 2009, 381, 386.
2481 BGH, 27.05.2009 – VIII ZR 302/07, IMR 2009, 296 = jurisPR-MietR 15/2009, Anm. Eisenschmid/Rips (Wohnraum) zu einer unwirksamen Endrenovierungsklausel; AG Freiburg, 05.03.2010 – 6 C 4050/09, IMR 2010, 324 (Wohnraum); AG Weimar, 25.09.2009 – 10 C 452/08, InfoM 2009, 422; im Ergebnis ebenso Sternel, NZM 2007, 545, der aber von einer Geschäftsführung ohne Auftrag (§ 677 ff. BGB) ausgeht.
2482 BGH, 27.05.2009 – VIII ZR 302/07, IMR 2009, 296 zu Schönheitsreparaturen (Wohnraum).
2483 KG, 18.05.2009 – 8 U 190/08, IMR 2009, 297 = NZM 2009, 616; LG Berlin, 21.04.2010 – 67 S 460/09, IMR 2011, 12 (Wohnraum).

das Fachwerkgebälk der Wände und sowohl die leeren Räume dazwischen als auch die Füllung ohne Beschränkung auf Außenmauerwerk bezeichnet.[2484]

1592 Definieren die Parteien dies im Mietvertrag nicht näher und erläutern, was mit „Dach und Fach" gemeint sein soll, so stellt sich die Frage, welche Maßnahmen davon umfasst und vom Mieter auf eigene Kosten auszuführen sind; dies wiederum kann entscheidend für die Beurteilung sein, ob eine solche **Klausel als AGB wirksam** ist, da der Umfang der erforderlichen Arbeiten bspw. Auswirkungen darauf haben kann, ob es sich um eine überraschende Klausel i.S.d. § 305c BGB handelt oder eine unangemessene Benachteiligung oder eine Verletzung des Transparenzgebotes nach § 307 BGB vorliegt. Zunächst einmal hat also – wie üblich bei ungenauen Klauseln, seien es AGB oder Individualabsprachen – eine **Auslegung** zu erfolgen.

1593 Die Formulierung „Dach-und-Fach" wird in der Praxis vielfach als Synonym für die **Überwälzung der gesamten Instandhaltungs- und Instandsetzungsmaßnahmen** inklusive Arbeiten am Dach, an tragenden Gebäudeteilen und an der Außenhülle (tragende Wände mit Außenfassade) interpretiert.[2485] Arbeiten am Mauerwerk, die der Erhaltung des Gebäudes in seinem Substanzwert dienen, fallen unter die Instandhaltung von „Dach und Fach".[2486] Damit gehören zur Instandhaltungs- und Instandsetzungspflicht bspw. die Neueindeckung des Daches und die Beseitigung von Schäden am tragenden Mauerwerk. Zusammengefasst geht es nach diesen Definitionen um Verrichtungen, die der **Erhaltung der Gebäudesubstanz** dienen. Folgt man diesen Meinungen, sind Arbeiten an anderen Bauteilen von der Formulierung „Dach und Fach" von vornherein nicht erfasst, sodass sich bei einer Formularklausel die Frage nach der Wirksamkeit nur dann stellt, wenn es sich um Arbeiten bspw. an tragenden Wänden handelt.

1594 Man könnte die Formulierung aber auch so verstehen, dass die Instandhaltung eines Gebäudes an „Dach und Fach" zusätzlich zu den o.g. Maßnahmen auch alle Arbeiten umfasst, die erforderlich sind, um das Haus einschließlich Heizung, Installationen, Versorgungs- und Entsorgungsleitungen sowie anderen technischen Erfordernissen in einem ordnungsgemäßen baulichen Zustand zu erhalten. Es ginge damit auch um Verrichtungen, die nicht nur die Gebäudesubstanz betreffen. Der Mieter würde dadurch also u.U. eine **komplette Gebäudesanierung** übernehmen. Dies ist jedoch abzulehnen, da bereits die sprachliche Dominanz des Begriffs „Dach" in der Formulierung deutlich macht, dass es allenfalls um Maßnahmen gehen kann, die für das Gebäude ähnlich bedeutend sind wie die Erhaltung des Dachs. Daran ändert es auch nichts, wenn man den Begriff „Fach" weit auslegt: führt man das Wort historisch auf Fachwerk zurück, so geht es ebenfalls nur um die tragenden Teile des Gebäudes, also um die Substanz; legt man es als „fachgerecht" aus, kann es sich nur auf die Art und Weise der Ausführung beziehen, nicht aber auf den Umfang. Selbst wenn man „Fach" i.S.v. „Gewerk" interpretiert, bleibt es dabei, dass durch das Zusammenspiel mit „Dach" nur substanzielle Bereiche und die entsprechenden Maßnahmen gemeint sein können.

2484 Http://www.immobilien-fachwissen.de (frei nutzbare Online-Version des Buchs „Immobilien Fachwissen von A-Z", Grabener Verlag, Stichwort: „Dach und Fach", recherchiert 10/2010).
2485 OLG Rostock, 10.09.2009 – 3 U 287/08, NZM 2010, 42 = MDR 2010, 141; OLG Brandenburg, 18.03.2009 – 3 U 71/08, ZMR 2009, 841; Kraemer, in: Bub/Treier, III A Rn. 1080.
2486 OLG Hamburg, MDR 1967, 845.

Z.T. wird leicht differenziert, dass **alle Arbeiten am Mauerwerk**[2487] (also wohl auch dann, wenn es sich nicht um tragende Wände handelt) und an **Leitungsinstallationen** jedenfalls dann umfasst sein sollen, wenn sie im Mauerwerk[2488] bzw. unter Putz in der Wand[2489] verlegt sind. Ohne nähere Begründung geht das OLG Hamm davon aus, dass ein Rohrleitungsschaden zu „Dach und Fach" gehört.[2490] Diese Differenzierungsversuche sind abzulehnen, weil das Mauerwerk nicht durchgängig tragend und damit „substanziell" für das Gebäude sein muss; Rohrleitungen sind zwar mit der Gebäudesubstanz baulich fest verbunden, also z.T. in diese „eingebettet", allerdings sind sie nicht selbst tragend oder – wie das Dach – schützender Natur für das Gebäude.

1595

Dach und Fach umfasst daher begrifflich die Instandhaltung und Instandsetzung folgender Bereiche:

1596

- die gesamte Bausubstanz des Gebäudes, d.h. das Dach einschließlich Konstruktion und Eindeckung und tragende Gebäudeteile
- Innen- und Außenbereich tragender Gebäudeteile
- Dekorationen an der Bausubstanz.

Der Begriff umfasst hingegen nicht:

1597

- Inventar
- Haustechnik
- Rohr- und Elektroleitungen
- Arbeiten am Grundstück.

Nicht näher eingegrenzte Dach-und-Fach-Klauseln sind zudem so auszulegen, dass sie die **Beseitigung von Anfangsmängeln** nicht umfassen.[2491] S. dazu oben → *Rn. 1580.*

1598

Sie sind ferner dahin auszulegen, dass die durchzuführenden Maßnahmen **auf den Mietgebrauch zurückzuführen** sein müssen, was bspw. nicht der Fall ist, wenn ein Dach durch äußere Ursachen, also außerhalb des Mietgebrauchs entstanden, undicht geworden ist.[2492]

2. Wirksamkeit als AGB

Ausgehend von diesem Auslegungsergebnis ist die **Wirksamkeit der Klausel** zu beurteilen, wobei zwischen individueller und formularvertraglicher Vereinbarung zu unterscheiden ist. Grds. wird durch eine Klausel, mit der *„Instandhaltung und Instandsetzung der Mietsache einschließlich Schäden an Dach und Fach"* übertragen wird, dem Mieter ein sehr großer Bereich an Maßnahmen übertragen, die insb. auch die Außenhülle des Gebäudes betreffen. Wer

1599

2487 Langenberg, in: Schmidt-Futterer, § 535 Rn. 80.
2488 Eisenschmid, in: Schmidt-Futter, § 536 Rn. 429.
2489 Http://www.immobilien-fachwissen.de (frei nutzbare Online-Version des Buchs „Immobilien Fachwissen von A-Z", Grabener Verlag, Stichwort: „Dach und Fach", recherchiert 10/2010).
2490 OLG Hamm, 27.04.1988 – 30 U 16/88, ZMR 1988, 260.
2491 OLG Brandenburg, 18.03.2009 – 3 U 71/08, ZMR 2009, 841; s.a. OLG Naumburg, 12.08.1999 – 2 U (Hs.) 34/98, NZM 2000, 1183 = WuM 2000, 241.
2492 OLG Naumburg, 12.09.1999 – 2 U (Hs) 34/99, NZM 2000, 1183 = WuM 2000, 241.

so verpflichtet ist, hat damit nicht nur für die Unterhaltung des Gebäudes einzustehen, sondern übernimmt auch die **Verkehrssicherungspflicht** für das Bauwerk,[2493] etwa bzgl. der Dacheindeckung. Zudem wird dem Mieter oder Pächter auch die Erhaltungslast von **gemeinsam mit anderen Mietern genutzten Flächen** und Anlagen **ohne Beschränkung der Höhe** nach auferlegt. Er wird also auch mit Kosten belastet, die nicht durch seinen Mietgebrauch veranlasst sind und nicht in seinen Risikobereich fallen.

1600 Der BGH hatte zu ähnlichen Pflichten in einem Leasingvertrag festgestellt, dass eine formularmäßige Überbürdung unwirksam ist.[2494] Nach den obigen Grundsätzen auch der neueren Rechtsprechung (formularmäßige Übertragung der Instandhaltungspflicht nur dann, wenn sich diese auf Schäden erstreckt, die dem Mietgebrauch oder der Risikosphäre des Mieters zuzuordnen sind), entfernen sich solche „uferlosen" Dach-und-Fach-Pflichten wegen der Erstreckung auf nicht vom Mieter genutzte Bereiche und fehlender Kappungsgrenze soweit vom gesetzlichen Leitbild des § 535 Abs. 1 Satz 2 und 3 BGB, dass dem Mieter eigentümerähnliche Pflichten auferlegt werden. Eine derartige **Abweichung vom gesetzlichen Leitbild**, bei der der Mieter auch wegen Übernahme von Verkehrssicherungspflichten die Sachgefahr mit einem nicht kalkulierbaren Risiko trägt, ist auch im gewerblichen Mietverhältnis nicht mehr zulässig.[2495] Solche AGB-Klauseln sind daher wegen Verstoßes gegen das gesetzliche Leitbild nach § 307 BGB unwirksam und können **nur individualvertraglich** wirksam vereinbart werden.[2496]

1601 In Betracht kommt zudem eine wegen **Überraschung nach § 305c Abs. 1 BGB** unwirksame Klausel, allerdings mit der Folge, dass der Vermieter diesen Effekt durch Erläuterungen im Vertrag durchaus auch beheben kann.[2497]

3. Wirksamkeit als Individualvereinbarung

1602 Grds. ist die Instandhaltungspflicht disponibel, sodass ihre individuelle Übertragung auch nicht dem gesetzlichen Leitbild widerspricht. Sie ist dann nur nichtig, wenn sie gegen ein gesetzliches Verbot verstößt oder sittenwidrig ist.[2498] Eine zulässige Individualvereinbarung liegt in diesem Zusammenhang dann vor, wenn der Mieter zum Ausgleich für die Übernahme derart weitreichender Verpflichtungen eine besonders **günstige Miete ausgehandelt** hat; in diesem Fall liegt kein Verstoß gegen § 307 BGB vor, sofern dieser Zusammenhang zwischen Erhaltungslast einerseits und günstiger Miete andererseits klar erkennbar ist.[2499] Mit einem formularmäßigen Hinweis, die Mehrbelastung des Mieters sei bei der Festsetzung der Miete angemessen berücksichtigt worden, kann es jedoch nicht sein Bewenden haben; vielmehr wird die

---

2493 Eisenschmid, in: Schmidt-Futter, Mietrecht, 9. Aufl., § 536 Rn. 429.
2494 BGH, 08.10.1975 – VIII ZR 81/74, NJW 1977, 195.
2495 Eisenschmid, in: Schmidt-Futter, Mietrecht, 9. Aufl., § 536 Rn. 429.
2496 OLG Rostock, 10.09.2009 – 3 U 287/08, NZM 2010, 42 = MDR 2010, 141; KG, 09.10.2000 – 12 U 4939/99, LNR 2000, 23342 unter 1. c); Fritz, Gewerberaummietrecht, Rn. 185; Langenberg, in: Schmidt-Futter, § 535 Rn. 80; Eisenschmid, in: Schmidt-Futter, § 536 Rn. 429; ebenso ohne nähere Begründung Sternel, Mietrecht aktuell, Rn. VII 109, 104: „grundsätzlich unzulässig"; offengelassen von OLG Naumburg, 12.09.1999 – 2 U (Hs) 34/99, NZM 2000, 1183 = WuM 2000, 241, wo die Klausel einschränkend ausgelegt wurde, sodass eine Dachreparatur nicht darunter fiel.
2497 Bub, NZM 1998, 793.
2498 OLG Rostock, 10.09.2009 – 3 U 287/08, NZM 2010, 42 = MDR 2010, 141.
2499 Hannemann, in: Hannemann/Wiegner, MAH Mietrecht, § 48 Rn. 145.

Ausnahme im Regelfall nur Bestand haben, wenn ein ausgehandelter Ausgleich und damit eine Individualvereinbarung zugrunde liegt.[2500]

Da die nicht näher eingegrenzte Dach-und-Fach-Klausel dahin auszulegen ist, dass die durchzuführenden Maßnahmen **auf den Mietgebrauch zurückzuführen** sein müssen, bleibt auch bei einer individualvertraglich vereinbarten Klausel die Instandsetzung von Gebäudeteilen, die infolge von Alterung oder umwelteinflussbedingtem Verschleiß nicht mehr reparabel oder reparaturwürdig sind, Sache des Vermieters; dies gilt insb. für eine notwendige Komplettsanierung des Daches.[2501]

1603

> **Praxistipp:**
>
> Den Parteien eines Mietvertrages ist vor dem Hintergrund der oben dargestellten ungenauen Definitionen in Rechtsprechung und Literatur zu empfehlen, den Begriff „Dach und Fach" im Mietvertrag selbst so genau wie möglich zu definieren und nicht darauf zu vertrauen, dass tatsächlich ein feststehender allgemeiner Sprachgebrauch dafür besteht. Vermieter und Verpächter müssen sich ferner bewusst sein, dass die Abwälzung von Instandhaltungs- und Instandsetzungspflichten formularvertraglich nicht wirksam ist (s. zu den Folgen unwirksamer Klauseln auch nachfolgend → *Rn. 1604*).

IV. Besonderheiten bei vom Vermieter durchzuführenden Maßnahmen

Ist der Vermieter entweder vertraglich unmittelbar oder als Folge einer unwirksamen AGB-Klausel nach § 306 Abs. 2 BGB aufgrund seiner aus § 535 BGB folgenden Pflicht verpflichtet, das Mietobjekt in einem vertragsgemäßen Zustand zu halten, so folgt daraus die Pflicht, Instandhaltungs- und Instandsetzungsmaßnahmen durchzuführen, sobald diese objektiv erforderlich sind. Der Vermieter schuldet dann eine Ausführung mittlerer Art und Güte (§ 241 BGB) und muss auf die Belange des Mieters Rücksicht nehmen.[2502]

1604

Der Mieter hat grds. **keine Mitwirkungspflicht** bei einer Instandhaltungsmaßnahme.[2503] Er ist aber nach Treu und Glauben gemäß dem Gebot gegenseitiger Rücksichtnahme in Dauerschuldverhältnissen verpflichtet, dem Vermieter die Durchführung der Arbeiten so einfach wie möglich zu machen. Allerdings ist der Vermieter grds. verpflichtet, die anlässlich von Mängelbeseitigungsarbeiten erforderlichen Nebenarbeiten, wie Leerräumen und Einräumen der Möbel, auf seine Kosten durchführen zu lassen.[2504] Auch dies gilt für anstehende Instandhaltungs- und Instandsetzungsarbeiten entsprechend.

1605

2500 Langenberg, in: Schmidt-Futterer, § 538 Rn. 36.
2501 OLG Brandenburg, 13.11.2002 – 3 U 166/98, ZMR 2003, 909.
2502 Sternel, Mietrecht aktuell, Rn. IX 43, 15 f. zum vergleichbaren Fall der Schönheitsreparatur.
2503 Börstinghaus-Both, MietPrax, Fach 4, Rn. 59 unter Verweis auf LG Berlin, GE 1996, 1115; LG Berlin, WuM 1996, 143 = NJW-RR 1996, 1163.
2504 AG Wuppertal, 10.06.1987 – 93 C 211/87, WuM 1988, 15.

V. Verjährung und Verwirkung

1606 Ansprüche des Vermieters wegen nicht durchgeführter Instandhaltungs- bzw. Instandsetzungsarbeiten verjähren innerhalb der sechsmonatigen Frist des § 548 BGB. Die Verjährung beginnt im Zeitpunkt des **Rückerhalts der Mietsache**.

> **Hinweis:**
> Der Rückerhalt der Mietsache kann auch vor Ende des eigentlichen Mietverhältnisses liegen. Dies wird oft übersehen.

1607 Bei der Berechnung der Frist ist zudem auf die Differenzierung zwischen dem **Erfüllungsanspruch** auf Durchführung der Arbeiten und dem **Schadensersatzanspruch** hinzuweisen. Es geht um die Frage, ob die Frist des § 548 BGB auch für den Schadensersatzanspruch aus § 280 Abs. 1 BGB schon mit Rückerhalt der Mietsache zu laufen beginnt oder erst mit Ablauf der nach § 281 Abs. 1 BGB zu setzenden Frist.[2505] Dies war früher streitig,[2506] ist aber inzwischen durch den BGH geklärt: Die Verjährungsfrist für Schadensersatzansprüche läuft **ab Rückerhalt der Mietsache**.[2507]

VI. Gerichtsverfahren

1608 Es gelten keine Besonderheiten. Insb. kann der Mieter auch außerhalb eines konkreten Streitfalls auf Feststellung klagen, wenn er eine Instandhaltungs- oder Instandsetzungsklausel für unwirksam hält. Die von der Rechtsprechung zu Schönheitsreparaturklauseln entwickelten Grundsätze gelten entsprechend. Danach kann der Mieter schon während des laufenden, ungekündigten Mietverhältnisses auf (negative) **Feststellung klagen**, dass er nicht zur Durchführung von Schönheitsreparaturen verpflichtet ist.[2508] Ein ausreichendes Feststellungsinteresse besteht sogar schon vor Ablauf der Renovierungsfristen[2509] oder aber auch nach Kündigung und vor Auszug des Mieters.[2510] Für den Antrag des Vermieters auf Feststellung der Verpflichtung des Mieters, Schönheitsreparaturen durchzuführen, fehlt es an einem Feststellungsinteresse, weil der Vermieter auch Leistungsklage erheben kann.[2511]

VII. Streitwert

1609 Der Streitwert bemisst sich grds. nach dem Wert der auszuführenden Instandhaltungs- oder Instandsetzungsmaßnahmen.

Sofern eine auf **Duldung von Modernisierungs-, Instandsetzungs- und Sanierungsarbeiten** in einem Mietobjekt gerichtete Klage mit nachfolgender Mieterhöhung in Betracht kommt, richtet sich der Streitwert nach dem Interesse des Klägers an einer infolge der Durchführung

---

2505 Vgl. zum Meinungsstand Langenberg, NZM 2002, 972, 976 f.
2506 Vgl. Diskussion bei Langenberg, NZM 2002, 972, 976 f.
2507 BGH, 15.03.2006 – VIII ZR 123/05, NZM 2006, 503 = ZMR 2006, 507 = MDR 2006, 1398 = NJW 2006, 1588.
2508 BGH, 13.01.2010 – VIII ZR 351/08, IMR 2010, 164 = NZM 2010, 237 = InfoM 2010, 194 (Wohnraum).
2509 LG Berlin, 25.06.2007 – 62 S 341/06, GE 2007, 1125 = InfoM 2008, 138 (Wohnraum).
2510 BGH, 13.01.2010 – VIII ZR 351/08, IMR 2010, 164 = NZM 2010, 237 = InfoM 2010, 194 (Wohnraum).
2511 BGH, 21.06.1967 – VIII ZR 80/65, LNR 1967, 12574.

der Arbeiten möglichen Mieterhöhung oder einer durch sie zu vermeidenden Mietminderung; er wird begrenzt durch den Jahresbetrag der erwarteten Erhöhung oder Minderung.[2512]

VIII. Vertragsgestaltung

Wie oben ausgeführt, ist das nicht abschätzbare Kostenrisiko (fehlende Kappungsgrenze) in der Praxis eines der Hauptargumente für eine unangemessene Benachteiligung i.S.v. § 307 BGB mit der Folge einer unwirksamen AGB-Klausel. Einem Mieter kann die Pflicht zur Erhaltung der Mietsache durch AGB nur auferlegt werden, solange damit nicht ein vollständiger Übergang der Sachgefahr verbunden ist und dies nicht zu einem **unkalkulierbaren Kostenrisiko des Mieters** führt.[2513] Die Haftung kann daher nur in einem bestimmten oder bestimmbaren, vorherseh- und zumutbaren Rahmen erfolgen[2514] und hat bei Flächen, die nicht unmittelbar der **Abnutzung durch den Mieter** unterliegen, noch transparenter zu sein.[2515] Im Umkehrschluss bedeutet dies, dass AGB-Klauseln, die das Kostenrisiko kalkulierbar machen, zu einer Reduzierung des AGB-Risikos führen. So könnte z.B. – vom BGH bisher aber noch nicht abgesegnet – vereinbart werden, dass

- der Bedarf für Instandhaltung bzw. Instandsetzung nach Grund und Höhe ausdrücklich festgestellt wird (hier wird aber i.d.R. dann ohnehin eine individuelle Vereinbarung vorliegen);
- bezogen auf einen bestimmten Gegenstand der Mietsache ein hinsichtlich der Höhe mindestens bestimmbarer Teilbetrag der Bewirtschaftungskosten vom Mieter geschuldet wird.[2516]

1610

Keinen AGB-Bedenken unterliegt auch eine umfassende Klausel bis einschließlich Dach und Fach, der eine von vornherein einvernehmlich wegen kommender Instandhaltungs- oder Instandsetzungsmaßnahmen **verminderte Grundmiete** gegenübersteht (→ *Rn. 1602 f.*). D.h.: Haben die Parteien die Miete vermindert, weil der Mieter demnächst umfangreiche Arbeiten auszuführen hat, kann die Klausel nicht unangemessen benachteiligen, weil sie im Zusammenhang mit der Mietzahlung zu sehen ist und der Mieter durch seine Arbeiten einen Teil der Miete „in natura" zahlt.

1611

Wer wirklich sämtliche Arbeiten ohne die vorgenannten Einschränkungen auf den Mieter übertragen will, sollte dies **individuell** aushandeln. Das ist insb. wichtig bei bestimmten Gewerbeimmobilien, die einer besonders starken Abnutzung durch den Mieter unterliegen, etwa Produktionshallen und Logistikimmobilien. Diverse Klauselvorschläge → *Rn. 1614.*

Im Hinblick auf § 138 BGB können Instandsetzungsverpflichtungen auch durch **Individualvereinbarungen** nicht unbegrenzt auf den Mieter abgewälzt werden. Die Grenzen sind aber hoch anzusetzen. Keine Bedenken bestehen dann, wenn die Übernahme der Instandsetzungspflicht bei der Mietzinskalkulation berücksichtigt wurde.[2517] Allerdings ist auch der Mieter eines Objekts, der die Instandhaltung und Instandsetzung individualvertraglich übernommen hat, nicht

1612

2512 KG, 28.09.2009 – 22 W 47/09, NZM 2010, 739.
2513 OLG Naumburg, 12.08.1999 – 2 U (Hs.) 34/98, NZM 2000, 1183; OLG Düsseldorf, 28.05.2002 – 24 U 133/01, NZM 2002, 742 unter I. 2. a.
2514 Wodicka, NZM 1999, 1081.
2515 BGH, 06.04.2005 – XII ZR 158/01, NZM 2005, 863 = ZMR 20065, 415 = MDR 2006, 17 = NJW-RR 2006, 84.
2516 Stapenhorst, NZM 2007, 17, 23.
2517 OLG Naumburg, 08.02.2000 – 11 U 168/99, LNR 2000, 23285.

in unbegrenztem Umfang zu Aufwendungen verpflichtet. Der erforderliche Reparaturaufwand kann für ihn wirtschaftlich unzumutbar sein, sodass die „**Opfergrenze**" (dazu → *Rn. 2015 f., 2057 ff.*) überschritten würde.[2518] Es kann dann ein Anspruch aus § 313 BGB wegen Störung der Geschäftsgrundlage auf Anpassung des Vertrages (= Herabsetzung der Verpflichtung) bestehen.

IX. Arbeits- und Beratungshilfen

1. Schnellüberblick Grundsatz-Rechtsprechung des BGH

1613

Thema/Normen	Leitsatz	Entscheidung, Fundstelle
Bauliche Maßnahmen, des Vermieters aufgrund einer behördlichen Anordnung § 554 Abs. 2, 3, § 242 BGB	Bauliche Maßnahmen, die der Vermieter aufgrund einer behördlichen Anordnung oder gesetzlichen Verpflichtung durchzuführen hat, fallen nicht unter § 554 Abs. 2 BGB und unterliegen deshalb auch nicht den in § 554 Abs. 3 dem Vermieter auferlegten Mitteilungspflichten. Derartige Maßnahmen muss der Mieter vielmehr nach § 242 BGB dulden. Auch derartige Maßnahmen sind, soweit es sich nicht um Notmaßnahmen handelt, vom Vermieter vorher anzukündigen, so dass sich der Mieter nach Möglichkeit darauf einstellen kann. Der Mieter ist nach Treu und Glauben verpflichtet, an einer baldigen Terminsabstimmung mitzuwirken.	*BGH, 04.03.2009 – VIII ZR 110/08, IMR 2009, 192 zu Wohnraum*
Instandhaltung und Instandsetzung gemeinschaftlich genutzter Flächen und Anlagen	Die formularmäßige Auferlegung der Instandhaltung und Instandsetzung gemeinschaftlich genutzter Flächen und Anlagen auf den Mieter ohne Beschränkung der Höhe nach verstößt gegen § 9 AGBG/§ 307 I, II BGB.	*BGH, 06.04.2005 – XII ZR 158/01, NZM 2005, 863 = MDR 2006, 17*
Durch Brand unbenutzbar gewordenes Mietobjekt und Instandsetzungspflicht des Mieters	1. Solange die Verwaltungsbehörde die erneute Erteilung der Genehmigung für die Wiederbenutzung von Gaststättenräumen, die außerhalb des Mietgebrauchs durch Brand unbenutzbar geworden waren, versagt, ist der vertragsmäßige Gebrauch des Mietobjekts insgesamt aufgehoben, auch wenn nur noch restliche Wiederherstellungsarbeiten ausstehen. 2. Will der Vermieter eines außerhalb des Mietgebrauchs durch Brand unbenutzbar gewordenen Mietobjekts den Verlust des Anspruchs auf den Mietzins oder eine Kündigung des Mieters vermeiden, so muss er den vertragsgemäßen Zustand auch dann wiederherstellen, wenn im Mietvertrag Instandsetzung und Instandhaltung des Mietobjekts sowie Schönheitsreparaturen grundsätzlich auf den Mieter abgewälzt worden sind.	*BGH, 25.02.1987 – VIII ZR 88/86, MDR 1987, 753 = NJW-RR 1987, 906*

2518 OLG Naumburg, 08.02.2000 – 11 U 168/99, LNR 2000, 23285.

IX. Arbeits- und Beratungshilfen

2. Schnellüberblick aktuelle Rechtsprechung der Instanzgerichte

1613a

Thema/Normen	Leitsatz	Entscheidung, Fundstelle
Wahlmöglichkeit hinsichtlich der Instandsetzung der Mietsache	Hat der Mieter eine vertragliche Wahlmöglichkeit hinsichtlich der Instandsetzung der Mietsache, so steht dem Vermieter bei nicht fachgerechter Durchführung der Arbeiten kein Schadensersatzanspruch zu; er muss den Mieter stattdessen auf Arbeitsausführung verklagen.	OLG Koblenz, 26.05.2010 – 5 U 288/10, GuT 2010, 197 = IMR 2010, 377
Zulässige Abwälzung von Instanhaltungspflichten auf den Mieter, „Dach und Fach"	1. Eine Abwälzung der grundsätzlich dem Vermieter obliegenden Hauptvertragspflicht per Individualabrede auf den Mieter zur Instandhaltung an „Dach und Fach" ist wirksam. 2. Die Instandhaltung an „Dach und Fach" betrifft nach allgemeinem Sprachgebrauch die Dachsubstanz und tragende Gebäudeteile einschließlich tragender Wände.	OLG Rostock, 10.09.2009 – 3 U 287/08, NZM 2010, 42 = MDR 2010, 141
Beseitigung von Anfangsmängeln bei Dach und Fach-Klausel	Wird dem Mieter die Instandhaltung und Instandsetzung der Mietsache einschließlich Schäden an Dach und Fach, nach allgemeinem mietrechtlichen Sprachgebrauch also an Dachsubstanz und tragenden Gebäudeteilen einschließlich tragenden Wänden mit Außenfassade, auferlegt, meint dies ersichtlich nur die mietrechtliche Erhaltungslast, also den Ausgleich der während der oder durch den Mietgebrauch eintretenden Gebäudebeeinträchtigungen an vorgenannten Teilen, durch vorbeugende (Instandhaltung) oder durch nachträgliche (Instandsetzung) Beseitigung verschuldeter oder in den Haftungsbereich der Generalmieterin fallender Schäden; nicht aber die Beseitigung von Anfangsmängeln.	OLG Brandenburg, 18.03.2009 – 3 U 71/08, IMR 2009, 199

3. Formulierungsvorschläge

a) „Dach und Fach"-Klausel

> **Hinweis:**
>
> Wer **sämtliche Kosten eines Gebäudes umlegen** will, also auch solche, die nicht durch den Mietgebrauch des jeweiligen Mieters veranlasst sind, kann folgende Klausel verwenden. Wegen des Umfangs der Arbeiten und der fehlenden Höchstbelastungsgrenze für nicht vom Mieter genutzte Flächen ist nur eine Individualvereinbarung empfehlenswert, als AGB besteht höchstes Risiko der Unwirksamkeit.

1614

Formulierungsvorschlag: „Dach und Fach"-Klausel

> Der Mieter führt auf seinen Kosten alle notwendigen Instandhaltungen, Instandsetzungen oder Erneuerungen im oder am Mietobjekt einschließlich Einrichtungen und Gegenständen, auch außerhalb der vom Mieter gemieteten Flächen, durch. Zur Instandhaltung gehören vorbeugende Maßnahmen, die das Objekt im vertragsgemäßen Zustand halten, damit es nicht zu Schäden oder zu Zerfall am oder im Gebäude kommt (z.B. Wartungen, Besei-

tigung von Verschleiß). Zur Instandsetzung gehören Reparaturarbeiten, wenn das Objekt oder Ausstattungsteile schadhaft geworden sind. Auf ein Verschulden des Mieters kommt es dafür nicht an.

Im Einzelnen umfasst dies Maßnahmen an der Dachkonstruktion, den Dachrinnen, den tragenden Teile des Gebäudes, der Fassade, der Zu- und Abgänge und der Außenanlagen. Innerhalb des Mietobjekts übernimmt der Mieter die Wartung, Instandhaltung und Instandsetzung, insbesondere der elektrischen Anlagen einschließlich Klingel/Daten- und Videoleitungen, sanitären Anlagen, Schlösser, Armaturen, Küchenanlagen, Zwischenwände, Türen (einschließlich Eingangstür), Heizungs-, Klima- und Beleuchtungseinrichtungen.

Arbeiten an Einrichtungen und Gegenständen, insbesondere technischen Anlagen, die das gesamte Gebäude betreffen (Dach, tragende Wände, Klimaschächte, Wasser- und Heizungsleitungen o.ä.) dürfen nur nach Abstimmung mit dem Vermieter durchgeführt werden.

Zusätzlich kann Folgendes vereinbart werden (Kappungsgrenze):

Die Kosten dürfen eine Gesamtbelastung des Mieters von mehr als drei Nettomonatsmieten pro Kalenderjahr nicht übersteigen. Darüber hinausgehende Kosten trägt der Vermieter. USt bleibt außer Betracht, d.h. für die Berechnung der Grenzen zählen nur Nettobeträge, sofern die Mietvertragspartner vorsteuerabzugsberechtigt sind.

b) AGB-Klausel

Formulierungsvorschlag: AGB-Klausel

1615

Der Mieter führt auf seine Kosten alle durch seinen Mietgebrauch veranlassten Instandhaltungen, Instandsetzungen oder Erneuerungen im oder am Mietobjekt einschließlich Einrichtungen und Gegenständen durch. Zur Instandhaltung gehören vorbeugende Maßnahmen, die das Objekt im vertragsgemäßen Zustand halten, damit es nicht zu Schäden oder zu Zerfall am oder im Gebäude kommt (z.B. Wartungen, Beseitigung von Verschleiß). Zur Instandsetzung gehören Reparaturarbeiten, wenn das Objekt oder Ausstattungsteile schadhaft geworden sind. Auf ein Verschulden des Mieters kommt es dafür nicht an.

Soweit sich die Instandhaltungen, Instandsetzungen oder Erneuerungen auf Gemeinschaftsflächen/-bereiche beziehen, die auch von anderen Mietern benutzt werden bzw. anderen Mietern zugute kommen, trägt der Mieter die jeweiligen Kosten anteilig im Verhältnis zu den anderen Mietern. Berechnungsmaßstab für die anteilige Verteilung ist das Verhältnis der Mietflächen. Auf ein Verschulden des Mieters kommt es dafür ebenfalls nicht an.

Die Kosten dürfen eine Gesamtbelastung des Mieters von mehr als drei Nettomonatsmieten pro Kalenderjahr nicht übersteigen. Darüber hinausgehende Kosten trägt der Vermieter. USt bleibt außer Betracht, d.h. für die Berechnung der Grenzen zählen nur Nettobeträge, sofern die Mietvertragspartner vorsteuerabzugsberechtigt sind. Arbeiten an Einrichtungen und Gegenständen, insb. technischen Anlagen, die das gesamte Gebäude betreffen (Klimaschächte, Wasser- und Heizungsleitungen) dürfen nur nach Abstimmung mit dem Vermieter durchgeführt werden.

§ 17 Bauliche Veränderungen durch den Mieter

		Rn.
I.	**Ausgangslage**.	1616
II.	**Zustimmung des Vermieters**	1619
	1. Grundsatz: Keine erheblichen Maßnahmen ohne Zustimmung	1619
	2. Schweigen als Zustimmung	1622
	3. Anspruch des Mieters auf Zustimmung	1624
III.	**Ansprüche im laufenden Miet-/Pachtverhältnis**	1625
	1. Ansprüche des Vermieters	1625
	2. Ansprüche des Mieters	1628
IV.	**Ansprüche beim beendeten Miet-/Pachtverhältnis**	1629
	1. Rückbau- bzw. Beseitigungspflicht des Mieters	1629
	2. Umfang des Rückbau- bzw. Beseitigungsanspruches	1631
	3. Entfall der Rückbau- bzw. Beseitigungspflicht	1633
	4. Wegnahmerecht des Mieters	1636
	5. Entschädigungsansprüche des Mieters bei Investitionen, Verlorener Baukostenzuschuss	1637
	a) Grundsätze	1637
	b) Ansprüche des Mieters/Pächters	1640
	c) Höhe der Bereicherung, Fälligkeit des Anspruchs	1645
V.	**Verjährung und Verwirkung**	1647
VI.	**Gerichtsverfahren**	1650
VII.	**Streitwert**	1651
VIII.	**Vertragsgestaltung**	1652
IX.	**Arbeits- und Beratungshilfen**	1655
	1. Schnellüberblick Grundsatz-Rechtsprechung des BGH	1655
	2. Formulierungsvorschläge bei baulichen Veränderungen	1656
	3. Checkliste	1659

I. Ausgangslage

Je nach Branche haben Mieter unterschiedliche Erwartungen: Der Büromieter möchte bezugsfertige Räume, während der Ladenbetreiber oft einen „**veredelten Rohbau**" verlangt, in dem er noch nach seinen Wünschen Aus- und Umbauten vornehmen kann. Ähnliches gilt auch für Gastronomiebetreiber. Mit baulichen Veränderungen sind hier keine Kleinigkeiten oder Schönheitsreparaturen gemeint, sondern **massive Eingriffe** wie z.B. das Ziehen von Zwischenwänden, Einbau von Lüftungen/Abluft, Mauerdurchbrüche, zusätzliche Klimaanlagen oder Heizungen. Deshalb ist es einerseits sinnvoll zu wissen, wer zu was verpflichtet ist; auf der anderen Seite sind natürlich möglichst genaue vertragliche Regelungen empfehlenswert, damit es später nicht zu Streit kommt. 1616

Mieter und Vermieter von Geschäftsraum sind generell frei, jegliche Art von Aus- oder Umbauten vertraglich zu regeln. In der Praxis finden sich in Miet- und Pachtverträgen häufig Klauseln, die jegliche bauliche Veränderung von der Zustimmung des Vermieters abhängig machen. Handelt es sich um bauliche Maßnahmen bei Beginn des Mietverhältnisses, sollte dies in den Mietvertrag einbezogen werden, bei späteren Maßnahmen empfehlen sich gesonderte Vereinbarungen (Checkliste dazu → *Rn. 1659*). 1617

Rückbaupflichten können vertraglich – grds. auch durch AGB – vereinbart werden, sie müssen es aber nicht zwingend, da sich ein Anspruch des Vermieters ohnehin aus § 546 BGB ergibt. Hat der Mieter die Mieträume laut Vertrag in einem „**ordnungsgemäßen Zustand**" zurückzugeben, bedeutet dies, dass sie auch gereinigt zurückgegeben werden müssen.[2519] Da mit „ord-

---

[2519] KG, 03.06.2010 – 12 U 164/09, GuT 2010, 225; Gather, in: Schmidt-Futterer, § 546 Rn. 84.

nungsgemäß" nur „vertragsgemäß" gemeint sein kann, lässt sich aus dieser Formulierung auch eine Rückbaupflicht ableiten.

1618 Der Mieter hat **bauliche Maßnahmen des Vermieters zu dulden**, wenn es sich um Maßnahmen zur Erhaltung oder der Modernisierung der Mieträume oder des Gebäudes handelt (§§ 554, 578 BGB).

II. Zustimmung des Vermieters

1. Grundsatz: Keine erheblichen Maßnahmen ohne Zustimmung

1619 Bauliche Veränderungen bedürfen grds. der **Zustimmung des Vermieters**, da der Mieter hier in dessen Eigentum eingreift und die Mietsache vertragswidrig gebraucht.[2520] Eingriffe in die Substanz, insb. bauliche Veränderungen, sind ihm regelmäßig nicht gestattet. Verstöße hiergegen lösen unter dem Gesichtspunkt des **vertragswidrigen Gebrauchs** und der Eigentumsbeeinträchtigung Unterlassungs-, Beseitigungs- und Schadensersatzansprüche gem. §§ 823, 1004 und in entsprechender Anwendung der §§ 276, 325, 326 BGB aus und zwar mit Rücksicht auf die schutzwürdigen Interessen des Vermieters an der Wahrung und Erhaltung seines Eigentums auch dann, wenn der Vermieter keinen ausdrücklichen Vorbehalt in den Vertrag aufgenommen hat.[2521]

1620 Dies gilt immer bei Eingriffen in die Substanz der eigentlichen Mietsache (z.B. Zwischenwand, Zwischendecke, Etagenheizung, Türdurchbruch), erst recht aber, wenn nicht mitvermietete Bereiche betroffen sind (bspw. tragende Gebäudeteile, Außenwände). Ausnahmen bilden bloße **unwesentliche Maßnahmen** (Einbau anderer Steckdosen) oder **vorübergehende Einrichtungen**, d.h. alles, was schnell und problemlos wieder entfernt werden kann und nicht dauerhaft fest mit dem Objekt verbunden ist. Die z.T. fließende Grenze wird dort zu ziehen sein, wo die Gegenstände durch den Einbau wesentlicher Bestandteil der Mietsache werden, § 94 BGB. Kleinere Maßnahmen wie Holzverkleidungen, Einbauten von Küchen u.Ä. sind daher überhaupt keine baulichen Maßnahmen in obigem Sinne.

> **Hinweis:**
>
> Durch die Baumaßnahme wird der Gegenstand zum wesentlichen Bestandteil des Gebäudes: Der Vermieter muss zustimmen.
>
> Durch die Baumaßnahme wird der Gegenstand nicht zum wesentlichen Bestandteil des Gebäudes: Der Vermieter muss nicht zustimmen.

1621 Zu berücksichtigen ist immer auch der **vertragsgemäße Gebrauch**, zu dem das Mietobjekt vermietet wurde. Umfasst der vertragsgemäße Gebrauch von vornherein oder branchenüblich größere Umbauten, auch wenn es sich um solche i.S.v. § 94 BGB handelt, ist ebenfalls keine Zustimmung des Vermieters erforderlich.

2520 BGH, 26.06.1974 – VIII ZR 43/73, NJW 1974, 1463: Mieter baut Fassade um.
2521 BGH, 26.06.1974 – VIII ZR 43/73, NJW 1974, 1463.

Beispiel:

Ein Lokal aus dem Bereich „Erlebnisgastronomie" wirbt gerade damit, dass es ständig „sein Gesicht wechselt", um die Besucher nicht zu langweilen. Hier hat der Mieter, wenn dies dem Vermieter bei Vertragsschluss bekannt war, relativ freie Hand. Eine andere Frage ist die der vertraglichen Rückbaupflichten bei Mietende.

2. Schweigen als Zustimmung

Die Zustimmung kann – wie grds. jede Willenserklärung – auch **konkludent** erteilt werden. Praktisch stellt sich die Frage, ob der Vermieter durch widerspruchslose Duldung entweder konkludent eine Zustimmung erteilt oder aber auf etwaige Rückbauansprüche konkludent verzichtet. Nach der Rechtsprechung ist Schweigen nur ausnahmsweise bei Vorliegen ganz besonderer Umstände als Zustimmung anzusehen, nämlich nur dann, wenn die schlüssigen Handlungen des Erklärenden Gewissheit und unter Ausschluss jeder sonstigen Auslegungsmöglichkeit die Absicht erkennen lassen, einen vorhandenen Geschäftswillen zum Ausdruck zu bringen.[2522] Dies wird i.d.R. nicht der Fall sein, wenn der Vermieter „sehenden Auges" hinnimmt, dass der Mieter Ein- oder Umbauten vornimmt, da der Vermieter davon ausgehen darf, dass der Mieter diese am Mietende auch wieder beseitigt. Schweigen des Vermieters allein kann daher **nicht als Zustimmung** oder **schlüssiger Verzicht** gedeutet werden.[2523]

1622

Der Vermieter kann aber ausnahmsweise auf Beseitigungsansprüche konkludent durch seine Zustimmung verzichten, wenn es sich um besonders aufwendige Maßnahmen handelt, die erkennbar nicht ohne Weiteres wieder geändert werden können. Schweigt hier der Vermieter während oder nach der baulichen Ausführung, und verlangt er keine Rückbauvereinbarung, kann er im Einzelfall seine Rechte verlieren. Entsprechendes gilt, wenn das Mietobjekt für jeden erkennbar in einen schlechteren Zustand zurückversetzt werden müsste. Je mehr in diesen Bereichen die geschmacklichen Wünsche des Mieters in die baulichen Änderungen eingeflossen sind, desto weniger wird man an einen schlüssigen Verzicht des Vermieters denken können.

1623

3. Anspruch des Mieters auf Zustimmung

Der Mieter kann aus dem Grundsatz von **Treu und Glauben** (§ 242 BGB) einen Anspruch auf Zustimmung haben, wenn die Verweigerung einer vom Mieter erbetenen Zustimmung zu baulichen Veränderungen rechtsmissbräuchlich wäre. Wichtigste Voraussetzung dafür sind Umständen, die die Annahme rechtfertigen, dass der Mieter ein so starkes Interesse an der Änderung hat, dass ihm das Fortbestehen des ursprünglichen Mietobjekts nicht mehr zumutbar ist.[2524] Die Zustimmung darf nicht verweigert werden, wenn der Mieter nur solche Änderungen vornehmen will, die eine **Anpassung an den technischen Fortschritt** darstellen und somit allgemeinüblich sind (z.B. zusätzliche Wasserleitung, Gasheizung, ISDN-Leitung). Dies bedeutet aber keinesfalls, dass der Mieter berechtigt ist, die Zustimmung zu allen Anpassungen an den aktuellen Standard zu verlangen; es geht lediglich um grundlegende Erfordernisse. Die baulichen Änderungen müssen, wenn sie der Vermieter berechtigt untersagen will, seinen ob-

1624

[2522] BGH, 30.06.1967 – V ZR 110/64, LNR 1967, 11966.
[2523] OLG Düsseldorf, 08.02.1990 – 10 U 127/89, DWW 1990, 119.
[2524] BGH, 26.06.1974 – VIII ZR 43/73, NJW 1974, 1463.

jektiven Interessen zuwiderlaufen und unzumutbar sein (Beispiel: dauernde Beeinträchtigung der Mietsache). Ansonsten ist der Vermieter zur Duldung und darüber hinaus zur Erteilung einer schriftlichen Einverständniserklärung verpflichtet, falls dies im Mietvertrag zur Bedingung baulicher Maßnahmen des Mieters gemacht wurde. Allein eine günstigere Werbewirkung kann keine Zustimmung erzwingen.[2525]

> **Praxistipp:**
> Der Vermieter darf die Zustimmung von der Hinterlegung einer Sicherheit i.H.d. voraussichtlichen Beseitigungskosten abhängig machen.

III. Ansprüche im laufenden Miet-/Pachtverhältnis

1. Ansprüche des Vermieters

1625 Der Vermieter hat grds. auch im noch bestehenden Miet- oder Pachtverhältnis folgende Ansprüche, wenn kein vertraglicher oder aus § 242 BGB folgender Anspruch des Mieters auf Zustimmung besteht:

- **Unterlassung/Beseitigung:**[2526] Liegt eine Erlaubnis nicht vor, kann der Vermieter die Wiederherstellung des ursprünglichen Zustands auf Kosten des Mieters verlangen, wenn er nicht zur Duldung verpflichtet ist. Auf die Zumutbarkeit kommt es grds. nur in geringem Umfang an, da der Mieter vertragswidrig in das Eigentum des Vermieters eingreift und deshalb keinen Schutz verdient.
- **Schadensersatz.**[2527]
- **Kündigung** wegen vertragswidrigem Gebrauch bei schwerwiegenden Eingriffen in die Bausubstanz, da ein Vermieter die willkürliche Beschädigung und Veränderung seines Eigentums nicht sanktionslos hinnehmen muss.

1626 Nimmt der Mieter ohne Zustimmung des Vermieters eine bauliche Veränderung des Mietobjekts vor, so kann auf diese **Eigenmächtigkeit** eine **fristlose Kündigung** seitens des Vermieters aber dann nicht gestützt werden, wenn das Mietobjekt dadurch erst in einen zum vertragsgemäßen Gebrauch geeigneten Zustand versetzt wurde.[2528]

1627 Der Vermieter kann die Ansprüche sofort geltend machen oder sich – mit Ausnahme einer Kündigung – vorbehalten, damit bis zum Ende des Mietverhältnisses zu warten. Die Ansprüche des Vermieters richten sich grds. auch gegen einen **Nachmieter**. Durch Abschluss des Mietvertrages mit dem neuen Mieter wird der Vormieter zwar konkludent von der Verpflichtung frei, den ursprünglichen Zustand wiederherzustellen. Der Nachmieter kann aber nicht erwarten, dass der Vermieter auf seine Rechte verzichtet. Weiß der Nachmieter nichts von „seinem Glück", können sich aber die Ansprüche nur gegen den Vormieter richten, der nun – mangels Besitzverlust nebst Beseitigungsmöglichkeit – ausschließlich auf Schadensersatz haftet.

2525 BGH, 26.06.1974 – VIII ZR 43/73, NJW 1974, 1463.
2526 BGH, 26.06.1974 – VIII ZR 43/73, NJW 1974, 1463.
2527 OLG München, 28.06.1985 – 21 U 4448/84, DWW 1986, 16.
2528 OLG Frankfurt am Main, 19.08.1998 – 23 U 116/95, NZM 1999, 125.

2. Ansprüche des Mieters

Der Mieter kann folgende Ansprüche haben: 1628

- **Ersatz von Aufwendungen**, §§ 536a Abs. 2 Nr. 2, 554 Abs. 4, 578 BGB: Aufwendungen, die der Mieter erbringt, um einen vertragsgemäßen Zustand der Mietsache herzustellen, sind keine notwendigen Aufwendungen i.S.d. § 536a Abs. 2 Nr. 2 BGB; ein Anspruch ergibt sich allenfalls aus § 536a Abs. 2 Nr. 1 BGB bei Verzug des Vermieters. Vereinbaren die Parteien eines Mietvertrages, dass der Mieter an der Mietsache Veränderungen vornehmen darf, die ausschließlich in seinem eigenen Interesse liegen, kann von einem stillschweigenden Einverständnis der Parteien auszugehen sein, dass der Mieter hierfür keinen Aufwendungsersatz beanspruchen kann.[2529] Erlaubt der Mietvertrag dem Mieter eine Gestaltung nach seinen individuellen Wünschen, sieht er aber keinen Anspruch des Mieters auf Aufwendungsersatz vor, so lässt dies bei einer nach beiden Seiten hin interessengerechten Auslegung auf den Willen der Parteien schließen, dass der Mieter Kosten für die Gestaltung selbst tragen soll und Ansprüche auf den Ersatz von Aufwendungen insoweit ausgeschlossen sein sollen.[2530] Denn es kann nicht ohne Weiteres angenommen werden, dass der Vermieter, der dem Mieter erlaubt, die Mietsache nach dessen individuellen Wünschen und in dessen eigenem Interesse zu verändern, auch noch verpflichtet sein soll, dem Mieter die Aufwendungen hierfür zu ersetzen.

- **Ansprüche aus Geschäftsführung ohne Auftrag**, § 539 Abs. 1 BGB i.V.m. § 683 BGB, wenn die Maßnahmen dem wirklichen oder mutmaßlichen Willen des Vermieters entsprachen, woran sehr strenge Anforderungen zu stellen sind. Indizien dafür, dass die Arbeiten nicht dem Willen des Vermieters entsprechen, sind z.B. dessen fehlende Kenntnis der Kosten.[2531]

- **Ansprüche aus ungerechtfertigter Bereicherung**, §§ 812 ff. BGB (zum verlorenen Baukostenzuschuss → *Rn. 1637 f.*). Mindestvoraussetzung ist immer eine Verkehrswertsteigerung des Objekts.

IV. Ansprüche beim beendeten Miet-/Pachtverhältnis

1. Rückbau- bzw. Beseitigungspflicht des Mieters

Der Mieter ist nach § 546 Abs. 1 BGB grds. verpflichtet, das Mietobjekt in dem Zustand zurückzugeben, in dem es sich bei Übergabe an ihn befand. Falls nichts anderes im Miet- oder Pachtvertrag vereinbart ist oder später vereinbart wurde, müssen also Einbauten entfernt und bauliche Änderungen beseitigt werden.[2532] Die Rückbaupflicht ist nicht auf Einrichtungen beschränkt, sondern erfasst auch bauliche Veränderungen wie Umbauten[2533] und während der   1629

2529 BGH, 13.06.2007 – VIII ZR 387/04, MDR 2007, 1123 (Wohnraum).
2530 BGH, 13.06.2007 – VIII ZR 387/04, MDR 2007, 1123.
2531 BGH, 16.09.1998 – XII ZR 136/96, NZM 1999, 19.
2532 OLG Düsseldorf, 08.06.2006 – I-24 U 166/05, GuT 2007, 36 = IMR 2007, 112.
2533 KG, 17.06.2010 – 12 U 51/09, GuT 2010, 250 Ls. = MDR 2010, 1446; OLG Köln, 15.06.1998 – 19 U 259/97, NZM 1998, 767 = ZMR 1998, 699 = DWW 1998, 377 = VersR 2000, 326.

Vertragsdauer auf dem Grundstück errichtete Bauten.[2534] Dabei ist gleichgültig, ob sie gem. § 94 Abs. 2 BGB als wesentliche Bestandteile in das Eigentum des Grundstückseigentümers übergehen[2535] oder wegen des nur vorübergehenden Zwecks der Einfügung (§ 95 Abs. 2 BGB) im Eigentum des Mieters bleiben.[2536]

1630 Zu den Rückbaupflichten im Zusammenhang mit dem Anspruch auf Nutzungsentschädigung bei Vorenthalten der Mietsache s. ausführlich → *Rn. 2561 f.* Die nachfolgenden Ausführungen beschäftigen sich nicht mit der verspäteten Rückgabe, sondern lediglich mit den Rückbaupflichten des Mieters und damit zusammenhängenden Ansprüchen.

2. Umfang des Rückbau- bzw. Beseitigungsanspruches

1631 Die Rückbau- bzw. Beseitigungspflicht des Mieters aus § 546 Abs. 1 BGB ist **unabhängig von den aufzuwendenden Kosten**.[2537] Der Mieter ist deshalb auch dann zum Rückbau verpflichtet, wenn die Beseitigungskosten höher als seine Investitionskosten sind. Es ist sein Risiko, dass Abbruch- oder Rückbaumaßnahmen oft teurer sind als ein Ein- oder Umbau. Die Verpflichtung umfasst auch die Reparatur von anderweitig durch die erforderlichen Arbeiten eintretenden Schäden und/oder Schönheitsreparaturen, sofern diese noch **adäquat kausal** mit den durch den Mieter ursprünglich veranlassten baulichen Änderungen zusammenhängen.

Beispiel:

Der Mieter hat auf den vorhandenen Oberboden aus PVC-Fliesen einen Teppichboden aufgebracht, der verklebt wurde. Bei Auszug ist der Teppichboden zu entfernen. Durch das Verkleben löst sich auch der alte Oberboden. Es stellt ich heraus, dass die PVC-Fliesen ihrerseits mit dem Estrich mittels eines asbesthaltigen Bitumenklebers verbunden sind und nun eine aufwendige Asbestsanierung erforderlich wird. Der Mieter hat dies zu bezahlen, da die Sanierung letztlich durch sein Verhalten adäquat kausal veranlasst wurde (etwas anderes kann gelten, wenn der Vermieter vor Vermietung von der Asbestbelastung wusste und den Mieter nicht darauf hingewiesen hat).

1632 Hat der Mieter **vom Vormieter** Sachen ausdrücklich – nicht zwingend gegen Abstandszahlung – übernommen, muss er auch diese beseitigen.[2538] Dies gilt nicht, wenn der Vermieter bereits ggü. dem Vormieter auf Rückbau etc. **verzichtet** hat.

3. Entfall der Rückbau- bzw. Beseitigungspflicht

1633 Die Zustimmung des Vermieters für den Einbau/Umbau lässt eine **spätere Rückbauverpflichtung** des Mieters grds. nicht entfallen.[2539] Denn durch die Erlaubnis verzichtet der Vermieter

---

2534 BGH, 26.04.1994 – XI ZR 97/93, NJW-RR 1994, 847; BGH, 23.10.1985 – VIII ZR 231/84, BGHZ 96, 141, 144; BGH, 27.04.1966 – VIII ZR 148/64, WM 1966, 765; BGH, 08.12.1971 – VIII ZR 150/70, WM 1972, 389.
2535 BGH, 26.04.1994 – XI ZR 97/93, NJW-RR 1994, 847; BGH, 27.04.1966 – VIII ZR 148/64, WM 1966, 765.
2536 OLG Düsseldorf, 08.06.2006 – I-24 U 189/05, GuT 2007, 36.
2537 OLG Karlsruhe, 31.10.1985 – 15 U 129/84, NJW-RR 1986, 1394.
2538 AG Cham, 05.03.2010 – 8 C 647/08.
2539 BGH, 17.03.1999 – XII ZR 101/97, NZM 1999, 478 und 679 = WuM 1999, 334 = ZMR 1999, 467 = MDR 1999, 733; BGH, 26.04.1994 – XI ZR 97/93, NJW-RR 1994, 847; BGH, 13.10.1959 – VIII ZR 193/58, NJW 1959, 2163; OLG Düsseldorf, 08.06.2006 – I-24 U 166/05, GuT 2007, 36 = IMR 2007, 112; OLG Köln, 15.06.1998 – 19 U 259/97, NZM 1998, 767 = ZMR 1998, 699 = DWW 1998, 377 = VersR 2000, 326; KG, 17.06.2010 – 12 U 51/09, GuT 2010, 250 Ls. = MDR 2010, 1446; LG Berlin, 22.11.2002 – 64 S 12/02, AIM 2003, 123.

nicht, auch nicht konkludent, auf den Rückbau, sondern gestattet dem Mieter nur eine **anderweitige Nutzung** des Mietobjekts.

Liegt eine **ausdrückliche Vereinbarung** oder ein **entsprechender (auch konkludent ausnahmsweise möglicher) Vermieter-Verzicht** vor, dass der Mieter nicht zurückbauen muss, muss der Mieter nicht rückbauen. In der Praxis kommt dies aber nur selten vor. In folgenden Situationen entfällt ebenfalls eine Rückbaupflicht des Mieters, wobei zu beachten ist, dass es sich um strengste Einzelfallprüfungen handelt: 1634

- Die Arbeiten des Mieters ermöglichen erst einen vertragsgemäßen Gebrauch, versetzen das Objekt also in den geschuldeten Zustand, der Vertragsgrundlage ist. In diesem Fall wäre das Verhalten des Vermieters, einen Rückbau zu verlangen, treuwidrig gem. § 242 BGB, weil ihm der Mieter erst eine ordnungsgemäße Vermietung ermöglicht hat.
- Der Mieter hat sich zur Vornahme der Arbeiten ggü. dem Vermieter verpflichtet. Der Vermieter kann nicht verlangen, dass etwas beseitigt wird, was (nur) er früher unbedingt haben wollte.
- Die bauliche Veränderung ist als gewollt dauerhaft anzusehen („für immer").
- Der Vermieter will das Mietobjekt ohnehin umbauen oder abreißen, und die Arbeiten des Mieters sind davon betroffen; seine Rückbauarbeiten wären also sinnlos. Ein nach dem Mietvertrag zulässiger, dem Vermieter aber vertragswidrig nicht angezeigter Einbau muss von dem Mieter nicht weggenommen werden, wenn ihm die Wegnahme vertraglich freigestellt ist (hier: Parkettboden in einer gemieteten Arztpraxis).[2540] Der Mieter hatte hier laut Mietvertrag das Recht, „Ein- und Umbauten ... bei Beendigung des Mietvertrags nach seiner Wahl entschädigungslos in den Räumen zu belassen oder wegzunehmen".

Diskutierbar ist auch, ob die Mieterpflicht entfällt, wenn der Nachmieter die Einbauten übernimmt und seinerseits ggü. dem Vermieter eine Rückbauverpflichtung eingeht. Man wird hier aber eher dahin argumentieren müssen, dass der Mieter nicht einseitig durch Zusammenwirken mit einem Dritten einen Anspruch des Vermieters zu Fall bringen kann. 1635

> **Praxistipp:**
> Der Mieter sollte bei Ein-/Umbauten ggf. mit dem Vermieter schriftlich klären, wie bei Mietende zu verfahren ist. Der Vermieter sollte, wenn er die Zustimmung zum Ein-/Umbau erteilt, darauf hinweisen, dass dies unter dem Vorbehalt des Rückbaus bei Mietende gilt.

4. Wegnahmerecht des Mieters

Dem Beseitigungsanspruch des Vermieters steht das **Wegnahmerecht des Mieters** an Um-, An- und Einbauarbeiten ggü. Der Vermieter kann durchaus ein Interesse daran haben, dass der Mieter die Sachen im Mietobjekt belässt. Im Gewerberaummietvertrag kann das Wegnahmerecht durch AGB grds. ausgeschlossen werden.[2541] Ein solcher entschädigungsloser Ausschluss darf lediglich nicht gegen die guten Sitten gem. § 138 BGB verstoßen.[2542] Nach §§ 552 Abs. 2, 1636

[2540] OLG Düsseldorf, 08.06.2006 – I-24 U 166/05, GuT 2007, 36 = IMR 2007, 112.
[2541] KG, 19.01.2006 – 8 U 22/05, GuT 2006, 315.
[2542] OLG Karlsruhe, 31.10.1985 – 15 U 129/84, NJW-RR 1986, 1394.

578 Abs. 2 BGB macht das Gesetz nur bei Mietverhältnissen über Wohnraum, nicht aber über Gewerberaum den vertraglichen Ausschluss des Wegnahmerechts davon abhängig, dass die Parteien einen angemessenen Ausgleich vorsehen. Ein Ausschluss des Wegnahmerechts durch AGB des Vermieters von Gewerberäumen dürfte selbst dann keine **unangemessene Benachteiligung** des Mieters nach § 307 BGB darstellen, wenn zugleich bestimmt wird, dass jeglicher Zahlungsanspruch – auch bzgl. etwaiger gesetzlicher Ausgleichsansprüche auf die Investition – wegen der baulichen Veränderung ausgeschlossen sein soll.[2543]

Formulierungsvorschlag für eine Wegnahme-Ausschlussklausel → *Rn. 1658.*

5. Entschädigungsansprüche des Mieters bei Investitionen, Verlorener Baukostenzuschuss

a) Grundsätze

1637 Ein Mieter oder Pächter, der nach Vertragsbeendigung zur Beseitigung der von ihm errichteten Bauten verpflichtet ist, kann, wenn er dieser Pflicht nicht nachkommt, vom Vermieter oder Verpächter grds. keine **Entschädigung für den Wert** der Bauten verlangen.[2544] Der Mieter hat keinen Anspruch auf Ersatz von – auch werterhöhender – Aufwendungen nach § 539 Abs. 1 i.V.m. § 683 BGB, wenn die Aufwendungen nicht notwendig waren und er nicht im Interesse des Vermieters gehandelt hat. Ein Bereicherungsausgleich nach „normalem" Ablauf der Vertragszeit scheitert, weil der Mieter seine Investitionen amortisieren konnte.[2545]

1638 Auch wenn ein Vermieter oder Verpächter, der erfolglos die Beseitigung der Bauten verlangt hat, das Grundstück dann mit den Bauten **erneut vermietet oder verpachtet**, so kann in diesem Verhalten allein noch keine eine Vergütungspflicht auslösende Übernahme der Bauten gesehen werden.[2546] Anderenfalls könnte ein Mieter oder Pächter durch Nichterfüllung seiner Beseitigungspflicht den Vermieter oder Verpächter in die Zwangslage versetzen, entweder die Bauten selber zu beseitigen oder sich bei einer erneuten Vermietung oder Verpachtung des Grundstücks Vergütungsansprüchen für die Gebäude auszusetzen.[2547]

1639 Begrifflich geht es bei den Investitionen des Mieters um sog. **verlorene Baukostenzuschüsse**, also Aufwendungen des Mieters, die dieser grds. nicht vom Vermieter zurück erhält. Nach § 14 Satz 1 II. BV sind verlorene Baukostenzuschüsse Geld-, Sach- und Arbeitsleistungen an den Bauherrn, die zur Deckung der Gesamtkosten dienen und erbracht werden, um den Gebrauch von Wohn- oder Geschäftsraum zu erlangen oder Kapitalkosten zu ersparen, ohne dass vereinbart ist, den Wert der Leistung zurückzuerstatten oder mit der Miete oder einem ähnlichen Entgelt zu verrechnen oder als Vorauszahlung hierauf zu behandeln.

Die Parteien können vertraglich Regelungen zu derartigen verlorenen Baukostenzuschüsse treffen. Erfolgt dies nicht, gelten die folgenden Grundsätze.

2543 KG, 19.01.2006 – 8 U 22/05, GuT 2006, 315.
2544 BGH, 26.04.1994 – XI ZR 97/93, NJW-RR 1994, 847.
2545 Eckert, Ausgleich werterhöhender Mieterinvestitionen bei vorzeitigem Vertragsende, NZM 2009, 768.
2546 BGH, 26.04.1994 – XI ZR 97/93, NJW-RR 1994, 847.
2547 BGH, 26.04.1994 – XI ZR 97/93, NJW-RR 1994, 847.

b) Ansprüche des Mieters/Pächters

Während des laufenden Mietverhältnisses ist der Vermieter, der bis zum Vertragsende den Mietgebrauch bei gleich bleibender Miethöhe zu gewähren hat, nicht bereichert.[2548] Endet das Mietverhältnis „normal", also mit Ablauf der vereinbarten Zeit, sind Investitionen für den Mieter verloren, wenn nicht etwas anderes vertraglich vereinbart wurde. 1640

Kommen dem Mieter bereits **während der Mietzeit Kompensationen** zugute, scheidet eine Bereicherung des Vermieters aus, und es liegt schon begrifflich kein verlorener Zuschuss vor.

Beispiel:

Ein Ausgleich für eine Wertsteigerung des Mietobjekts und ein Ersatz für aufgewendete Kosten scheidet aus, wenn die Investition des Mieters durch eine **geringe Miete kompensiert** *werden sollte, die vorzeitige Beendigung allein aus der Sphäre des Mieters kommt (hier: Praxisaufgabe eines Arztes), und die Räume mit Duldung des vorzeitig ausscheidenden Mieters zu derselben günstigen Miete weitervermietet werden.*[2549]

Probleme tauchen bei einer **vorzeitigen Vertragsbeendigung**, etwa durch Kündigung, auf. Haben die Parteien keine ausdrückliche Regelung im Miet- oder Pachtvertrag für diesen Fall getroffen, kommt für den Mieter ein Bereicherungsanspruch gem. § 812 Abs. 1 Satz 2 BGB in Betracht. Seine Investitionen stehen regelmäßig in Beziehung zu der Mietzeit, sodass der Mieter, soweit der verlorene Baukostenzuschuss bei der vorzeitigen Beendigung eines ursprünglich langfristig konzipierten Mietvertrages noch nicht „abgewohnt" war, grds. einen **Bereicherungsanspruch aus § 812 Abs. 1 Satz 2 Halbs. 1 BGB** (ob causam finitam) hat, weil der rechtliche Grund der für die Zeit nach der Beendigung des Mietverhältnisses erbrachten Leistung weggefallen ist. 1641

Dem Mieter steht daher nach ständiger Rechtsprechung ein Bereicherungsanspruch für seine (werthaltigen) Investitionsleistung zu, wenn sein langjähriger, befristeter **Mietvertrag vorzeitig endet** und der Vermieter das Mietobjekt vorzeitig mit den werterhöhenden Investitionen zurückerlangt.[2550] Der Vermieter ist gem. §§ 812 i.V.m. 818 Abs. 2 BGB auf sonstige Weise rechtsgrundlos bereichert, weil er vorzeitig und nicht erst mit Ablauf der vertraglich vorgesehenen Laufzeit in den Genuss der wertsteigernden Investitionen des Mieters gelangt.[2551] Mit der Beendigung des Mietvertrages vor dem von den Parteien geplanten Ende ist der Rechtsgrund für die vom Mieter vorgenommene Investition insoweit weggefallen.[2552] 1642

2548 BGH, 05.10.2005 – XII ZR 43/02, GuT 2006, 32 = NZM 2006, 15 = NJW-RR 2006, 294 = MDR 2006, 505 („Gewölbekellerfall"); Eckert, Ausgleich werterhöhender Mieterinvestitionen bei vorzeitigem Vertragsende, NZM 2009, 768.

2549 OLG Rostock, 24.02.2005 – 3 U 187/0, NZM 2005, 666.

2550 BGH, 29.04.2009 – XII ZR 66/07, IMR 2009, 234 u. 383 = NZM 2009, 514 = InfoM 2009, 276 = MDR 2009, 920; BGH, 05.10.2005 – XII ZR 43/02, GuT 2006, 32 = NZM 2006, 15 = NJW-RR 2006, 294 = MDR 2006, 505 („Gewölbekellerfall") m.w.N.; OLG Düsseldorf, 19.04.2007 – I-10 U 122/06, IMR 2007, 253 = InfoM 2007, 220 zu Investitionen des gewerblichen Mieters in ein Atelier.

2551 BGH, 29.04.2009 – XII ZR 66/07, IMR 2009, 234 u. 383 = NZM 2009, 514 = InfoM 2009, 276 = MDR 2009, 920; BGH, 05.10.2005 – XII ZR 43/02, GuT 2006, 32 = NZM 2006, 15 = NJW-RR 2006, 294 = MDR 2006, 505 m.w.N.

2552 BGH, 29.04.2009 – XII ZR 66/07, IMR 2009, 234 u. 383 = NZM 2009, 514 = InfoM 2009, 276 = MDR 2009, 920; BGH, 21.01.1960 – VIII ZR 16/59, WM 1960, 497, 498.

Hintergrund ist, dass die Investition bzw. der verlorene Baukostenzuschuss bei der vorzeitigen Beendigung eines ursprünglich langfristig konzipierten Mietvertrages noch nicht „abgewohnt" ist. Es tritt dann auf Mieterseite ein Vermögensverlust in Gestalt des vorzeitig eingetretenen **Wegfalls der Nutzungsmöglichkeit** ein, während der Vermieterseite eine vorzeitige Nutzungsmöglichkeit zufällt.

1643 Dies gilt auch, wenn sich der Mieter zur Erbringung der Investitionen, für die er Ersatz fordert, vertraglich verpflichtet hat.[2553] In diesem Fall hat er nach Beendigung des Mietverhältnisses hinsichtlich der geschaffenen Einrichtungen weder ein Wegnahmerecht aus § 539 Abs. 2 BGB noch einen Anspruch auf Ersatz von Verwendungen gem. § 539 Abs. 1 BGB, unabhängig davon, ob es sich um notwendige oder nützliche Verwendungen handelt, wohl aber bei vorzeitiger Vertragsbeendigung einen Bereicherungsanspruch gegen den Vermieter.

Der Bereicherungsanspruch greift sowohl für die vorzeitige Vertragsbeendigung durch **außerordentliche Kündigung** als auch im Fall der **ordentlichen Kündigung**.[2554] Es kommt nicht darauf an, wer kündigt oder was Grund der Kündigung und ob diese berechtigt ist; entscheidend ist vielmehr, dass der Vermieter die Investitionen nutzen kann und dadurch bereichert wird. Der Vermieter, der bspw. wegen eines Formverstoßes nach § 550 Satz 1 BGB das Mietverhältnis ordentlich kündigt, läuft somit Gefahr, dass der Mieter, der seine Investitionen nicht mehr amortisieren kann, mit einem Bereicherungsanspruch „kontert"; umgekehrt ist denkbar, dass der Mieter den Formmangel zum Anlass nimmt, das Mietverhältnis ordentlich zu kündigen, um auf diese Weise noch einen gewissen Ausgleich für seine finanziellen Aufwendungen „herauszuholen", die ihm nicht oder nicht mehr den erhofften Nutzen bringen.[2555]

1644 Im Fall eines **Vermieterwechsels – etwa durch Grundstücksveräußerung**, aber auch durch Zwangsversteigerung[2556] – ist bei vorzeitiger Rückgabe des Mietobjektes, in das der Mieter wertsteigernd investiert hat, nicht derjenige Bereicherungsschuldner nach § 812 BGB, der im Zeitpunkt der Vornahme der Investition Vermieter war, sondern der neue Vermieter, der die Mietsache vorzeitig zurückerhält.[2557] Nicht der Voreigentümer, der die Nutzung zum vertraglich vereinbarten Mietzins dem Mieter bis zum Eigentumsübergang gewähren musste und gewährt hat, ist um die **Möglichkeit einer gewinnbringenderen Vermietung** bereichert, sondern der neue Vermieter, der die Mietsache vor Ablauf der vereinbarten Mietzeit zurückerhält und sie dadurch zu einem höheren Mietzins weiter vermieten kann. Kündigt bspw. ein **Ersteigerer** das Mietverhältnis nach § 57a ZVG und erhält aufgrund seiner Kündigung die Mietsache früher zurück als nach dem Mietvertrag vorgesehen, und könnte er das Objekt zu einem höheren Mietzins als bisher vermieten, ist allein er und nicht der ursprüngliche Vermieter bereichert.[2558] Unbillig ist die Inanspruchnahme des Erwerbers nicht, denn er kann sich vor Abschluss des Kaufvertrags erkundigen, ob der Mieter in das Grundstück investiert hat und möglicherweise

---

2553 OLG Düsseldorf, 19.04.2007 – I-10 U 122/06, IMR 2007, 253 = InfoM 2007, 220.
2554 BGH, 29.04.2009 – XII ZR 66/07, IMR 2009, 234 u. 383 = NZM 2009, 514 = InfoM 2009, 276 = MDR 2009, 920.
2555 Eckert, NZM 2009, 768.
2556 A.A. Eckert, NZM 2009, 768, 769.
2557 BGH, 16.09.2009 – XII ZR 71/07, IMR 2010, 137 = NZM 2009, 783 = NJW-RR 2010, 86; BGH, 05.10.2005 – XII ZR 43/02, GuT 2006, 32 = NZM 2006, 15 = NJW-RR 2006, 294 = MDR 2006, 505.
2558 BGH, 16.09.2009 – XII ZR 71/07, IMR 2010, 137 = NZM 2009, 783 = NJW-RR 2010, 86.

c) Höhe der Bereicherung, Fälligkeit des Anspruchs

Der **Umfang bzw. die Höhe der Bereicherung** richtet sich nicht nach der Höhe der Aufwendungen des Mieters oder dem Zeitwert der Investition oder der Verkehrswertsteigerung des Mietobjektes bei Rückgabe (und erst recht nicht zu einem früheren Zeitpunkt), sondern allein nach der **Erhöhung des Ertragswertes**, soweit der Vermieter diesen früher als vertraglich vorgesehen durch anderweitige Vermietung zu einem höheren Mietzins realisieren kann.[2560] Kann der Vermieter wegen der Investitionen des Mieters eine höhere Miete als bisher erzielen, bemisst sich die Höhe der Bereicherung nach der entsprechenden Steigerung des Gebäude-Ertragswerts während der vertraglich vorgesehenen Restmietzeit.[2561] Der Bereicherungsanspruch hängt nicht von einer **konkreten Weitervermietung** ab. Maßgeblich ist nicht die tatsächliche Vermietung, sondern die konkrete Möglichkeit einer Vermietung zu einem höheren als dem bisherigen Mietzins.[2562] Die Bereicherung muss sich also nicht tatsächlich realisiert haben. Der im Wege einer Neuvermietung erzielte Mietzins kann aber ein wichtiges Indiz für die Höhe der Bereicherung sein, ist aber nicht Voraussetzung für einen Bereicherungsanspruch.[2563]

1645

Der maßgebliche **Ausgleichsbetrag** ist gem. § 16 Abs. 3 WertV abzuzinsen.[2564]

1646

Der **Bereicherungsanspruch entsteht** erst, wenn der Mieter das Nutzungsrecht verliert und der Rückfall an den Vermieter feststeht, sodass der in Zahlungsverzug befindliche Mieter nicht zur Abwehr einer außerordentlichen Kündigung nach § 543 Abs. 2 Satz 1 Nr. 3 BGB mit dem Bereicherungsanspruch aufrechnen kann.[2565]

Die **Darlegungs- und Beweislast** für sämtliche Voraussetzungen, also auch für die Werterhöhung, trägt der Mieter.[2566]

2559 Eckert, NZM 2009, 768.
2560 BGH, 16.09.2009 – XII ZR 71/07, IMR 2010, 137 = NZM 2009, 783 = NJW-RR 2010, 86; BGH, 05.10.2005 – XII ZR 43/02, GuT 2006, 32 = NZM 2006, 15 = NJW-RR 2006, 294 = MDR 2006, 505.
2561 BGH, 26.07.2006 – XII ZR 46/05, InfoM 2007, 18.
2562 BGH, 16.09.2009 – XII ZR 71/07, IMR 2010, 137 = NZM 2009, 783 = NJW-RR 2010, 86 unter Aufhebung von OLG Düsseldorf, 19.04.2007 – I-10 U 122/06, IMR 2007, 253 = InfoM 2007, 220, wonach für die Bestimmung des Ertragswerts nicht ein fiktiv erzielbarer, sondern der mit einem Mietnachfolger tatsächlich vereinbarte bzw. tatsächlich erzielbare Mietzins maßgeblich ist, sodass einer Ermittlung des Ertragswerts die Bemessungsgrundlage fehlt, solange das Mietobjekt nicht geräumt und neu vermietet ist; Blank, in: Schmidt-Futterer, Mietrecht, 9. Aufl., § 539 BGB Rn. 61.
2563 BGH, 16.09.2009 – XII ZR 71/07, IMR 2010, 137 = NZM 2009, 783 = NJW-RR 2010, 86.
2564 BGH, 05.10.2005 – XII ZR 43/02, NZM 2006, 15 = ZMR 2006, 185 = MDR 2006, 505.
2565 Eckert, NZM 2009, 768.
2566 BGH, 13.06.2002 – IX ZR 26/01, GuT 2002, 141 = NZM 2002, 758 = NJW-RR 2002, 1304; BGH, 25.11.1958 – VIII ZR 151/57, WM 1959, 120, 122; OLG Brandenburg, 20.09.2006 – 3 U 221/05, LNR 2006, 24090; Eckert, NZM 2009, 768.

V. Verjährung und Verwirkung

1647 Beseitigungsansprüche des Vermieters (Rückbau, Entfernung von Einbauten) nach Mietende verjähren nach § 548 Abs. 1 BGB (ausführlich → *Rn. 2670 ff.*) innerhalb von **sechs Monaten nach Rückerhalt des Mietobjekts**.[2567] Erfasst wird die Wiederherstellung des ursprünglichen Zustands,[2568] auch bei einem Recht zur Umgestaltung während der Mietzeit.[2569] Macht der Vermieter den Anspruch bereits vor Rückerhalt geltend, gilt dennoch die vorgenannte Frist. Für den Beginn der Verjährung ist nach § 548 Abs. 1 Satz 2 BGB der Zeitpunkt der Zurückerlangung der Mietsache entscheidend. Das gilt auch dann, wenn der Mietvertrag erst später endet.[2570]

1648 Zu beachten ist, dass § 548 Abs. 1 BGB **sämtliche Schadensersatzansprüche** des Vermieters erfasst, die ihren Grund darin haben, dass der Mieter die Mietsache als solche zwar zurückgeben kann, diese sich jedoch aufgrund einer Beschädigung oder Veränderung nicht in dem bei der Rückgabe vertraglich geschuldeten Zustand befindet.[2571] Ausführlich dazu → *Rn. 2670 ff.*

1649 **Verwirkung** kommt nach allgemeinen Grundsätzen in Betracht. Da der Rückbauanspruch grds. erst am Ende des Mietverhältnisses entsteht und damit fällig wird, berechnet sich das sog. Zeitmoment, also die erforderliche Dauer eines Untätigbleibens, erst ab diesem Zeitpunkt. Da ein Schweigen des Vermieters im laufenden Mietverhältnis grds. keine Zustimmung sein kann (→ *Rn. 1622*), kann Verwirkung während dieser Zeit grds. nicht eintreten. Dies gilt erst recht, wenn sich der Vermieter vorbehalten hat, mit Ansprüchen bis zum Ende des Mietverhältnisses zu warten.

Der **Bereicherungsanspruch des Mieters unterliegt** nicht der kurzen Verjährung gem. § 548 Abs. 2[2572] (Regelverjährung nach § 195 BGB: drei Jahre).

VI. Gerichtsverfahren

1650 Es gelten keine Besonderheiten. Die **Darlegungs- und Beweislast** für sämtliche Voraussetzungen, also auch für die Werterhöhung, trägt der Mieter.[2573]

[2567] BGH, 15.03.2006 – VIII ZR 123/05, NZM 2006, 503 = ZMR 2006, 507 = MDR 2006, 1398 = NJW 2006, 1588.
[2568] BGH, 23.11.1994 – XII ZR 150/93, WuM 1995, 149 = BGHZ 128, 74 = MDR 1995, 140 = NJW 1995, 252; LG Berlin, 11.03.1994 – 64 S 354/93, GE 1994, 1183, 1185.
[2569] BGH, 10.04.2002 – XII ZR 217/98, NZM 2002, 605; BGH, 08.12.1982 – VIII ZR 219/81, BGHZ 86, 71, 77 f. = NJW 1983, 680.
[2570] BGH, 23.05.2006 – VI ZR 259/04, GuT 2006, 265 = ZMR 2006, 754 = NZM 2006, 624 = WuM 2006, 437 = NJW 2006, 2399; BGH, 15.03.2006 – VIII ZR 123/05, WuM 2006, 319 = NJW 2006, 1688 = GuT 2006, 142 (LS) = GE 2006, 640 = MDR 2006, 1398 (Wohnraum).
[2571] BGH, 23.06.2010 – XII ZR 52/08, GuT 2010, 229 = IMR 2010, 375 = InfoM 2010, 277 = MDR 2010, 1042; BGH, 07.11.1979 – VIII ZR 291/78, NJW 1980, 389, 390; Emmerich, in: Staudinger, BGB (2006), § 548 Rn. 4 f.; Gather, in: Schmidt/Futterer, § 548 BGB Rn. 29; Gramlich, in: Bub/Treier, Kap. VI Rn. 3, 8 ff.
[2572] Eckert, NZM 2009, 768.
[2573] BGH, 13.06.2002 – IX ZR 26/01, GuT 2002, 141 = NZM 2002, 758 = NJW-RR 2002, 1304; BGH, 25.11.1958 – VIII ZR 151/57, WM 1959, 120, 122; OLG Brandenburg, 20.09.2006 – 3 U 221/05, LNR 2006, 24090; Eckert, NZM 2009, 768.

VII. Streitwert

Macht der Vermieter einen **Anspruch auf Rückbau** geltend, sind die dafür anfallenden Kosten maßgeblich. Da der Anspruch auf Rückbau der Mietsache nicht von dem Räumungsanspruch bei einer Räumungsklage umfasst ist, ist er beim Streitwert auch gesondert zu bewerten.[2574]

1651

Geht es um einen vom Mieter geltend gemachten **Bereicherungsanspruch wegen Investitionen** bemisst sich der Wert aus dem tatsächlich erzielbaren Mietzins (auf Basis des mit den Investitionen versehenen Mietobjekts),[2575] berechnet nach § 9 ZPO für die Dauer von 42 Monaten.

VIII. Vertragsgestaltung

Eine **Rückbauklausel im Mietvertrag** „*Ein- und Ausbauten ... zu entfernen*", wenn durch sie „*eine weitere Vermietung erschwert sein (sollte)*", ist rechtlich unbedenklich (auch als AGB), weil sie nur das regelt, was jeder Mieter kraft Gesetzes ohnehin gem. § 546 Abs. 1 BGB schuldet, nämlich die Entfernung seiner Sachen (Inventar, Einbauten) nach Beendigung des Mietvertrags. Eine solche Klausel begünstigt den Mieter im Vergleich zur gesetzlichen Regelung sogar, da der Rückbau nicht unbedingt (allein vom Willen des Vermieters abhängig) zu erfolgen hat, sondern nur dann, wenn der Nachfolgemieter das wünscht.[2576] Der Rückbauanspruch entsteht deshalb dann, wenn der Nachfolgemieter die Beseitigung der Einbauten verlangt.[2577]

1652

Durch die Klausel „*Übernimmt Vermieter vom Mieter eingebaute Einrichtungen nicht, so hat letzterer bis zum Vertragsablauf den früheren Zustand einschließlich aller hierfür erforderlichen Nebenarbeiten wiederherzustellen.*" verpflichtet sich der Mieter wirksam, sämtliche auch von ihm selbst zur Umgestaltung eingebrachten Einrichtungen vollständig zu entfernen.[2578] Eine ergänzende Klausel „*Etwaige vom Vormieter übernommene Betriebs- und sonstige Einrichtungen gelten als nicht zur Mietsache gehörig und als vom Mieter eingebaut bzw. eingebracht.*" stellt – auch zur Vermeidung von Beweisschwierigkeiten – klar, dass der Mieter für die Entfernung aller von ihm übernommenen und bei seinem Auszug in den Mieträumen noch vorhandenen Einrichtungen (ausgenommen vom Vermieter eingebrachten Einrichtungen) zu sorgen hat, gleichgültig ob er selbst oder ob Vormieter diese Einrichtungen eingebracht haben.[2579]

1653

2574 OLG Düsseldorf, 11.05.2009 – 24 W 16/09.
2575 Abgeleitet aus BGH, 16.09.2009 – XII ZR 71/07, IMR 2010, 137 = NZM 2009, 783 = NJW-RR 2010, 86 unter Aufhebung von OLG Düsseldorf, 19.04.2007 – I-10 U 122/06, IMR 2007, 253 = InfoM 2007, 220, wonach für die Bestimmung des Ertragswerts nicht ein fiktiv erzielbarer, sondern der mit einem Mietnachfolger tatsächlich vereinbarte bzw. tatsächlich erzielbare Mietzins maßgeblich ist, sodass einer Ermittlung des Ertragswerts die Bemessungsgrundlage fehlt, solange das Mietobjekt nicht geräumt und neu vermietet ist; Blank, in: Schmidt-Futterer, Mietrecht, 9. Aufl., § 539 BGB Rn. 61.
2576 OLG Düsseldorf, 21.04.2009 – 24 U 56/08, GuT 2009, 181 = IMR 2009, 313.
2577 OLG Düsseldorf, 21.04.2009 – 24 U 56/08, GuT 2009, 181 = IMR 2009, 313.
2578 OLG Düsseldorf, 14.10.2008 – 24 U 7/08: Umbau eines früheren Ladenlokals in ein Speiselokal (Pizzeria) durch den Mieter.
2579 OLG Düsseldorf, 14.10.2008 – 24 U 7/08: Umbau eines früheren Ladenlokals in ein Speiselokal (Pizzeria) durch den Mieter.

> **Hinweis:**
>
> Im Fall eines **Vermieterwechsels durch Grundstücksveräußerung** sollte sich der Erwerber vor Abschluss des Kaufvertrags erkundigen, ob der Mieter in das Grundstück investiert hat und mit dem Veräußerer für diesen Fall eine interne Ausgleichspflicht vereinbaren.[2580]

Hat der Mieter die Mieträume laut Vertrag in einem „**ordnungsgemäßen Zustand**" zurückzugeben, bedeutet dies, dass sie auch gereinigt zurückgegeben werden müssen.[2581]

1654 Sollten dem Mieter erlaubte bauliche Veränderungen auch Haussysteme wie Wasser, Strom, Klima etc. betreffen, macht es Sinn, wenn der Mieter bereits im Mietvertrag etwaige **Gewährleistungsansprüche gegen die beteiligten Handwerker** an den Vermieter abtritt.

IX. Arbeits- und Beratungshilfen

1. Schnellüberblick Grundsatz-Rechtsprechung des BGH

1655

Thema/Normen	Leitsatz	Entscheidung, Fundstelle
Zwangsversteigerung: Bereicherungsanspruch des Mieters gegen Ersteigerer wegen nicht amortisierter Investitionen §§ 57a, 57c ZVG; §§ 546 Abs. 1, 812 BGB	Beendet der Vermieter vor Ablauf der vertraglich vorgesehenen Mietzeit das Mietverhältnis aufgrund der Zwangsversteigerung des Objekts, so kommt mit Wirksamwerden der Kündigung in den Genuss der wertsteigernden Investitionen des Mieters, ist also insofern bereichert. Hat zum Zeitpunkt des Wirksamwerdens der Kündigung der Ersteigerer bereits Eigentum erworben, so richtet sich der Bereicherungsanspruch des Mieters dann gegen diesen.	*BGH, 16.09.2009 – XII ZR 71/07, IMR 2010, 137 = NZM 2009, 783 = NJW-RR 2010, 86*
Bereicherungsanspruch des Mieters gegen Ersteigerer wegen nicht amortisierter Investitionen	Zur Berechnung des Bereicherungsanspruchs des Mieters, wenn der Vermieter infolge vorzeitiger Beendigung des Mietverhältnisses früher als vorgesehen in den Genuss des durch Investitionen des Mieters erhöhten Ertragswerts gelangt (Fortführung der Senatsurteile vom 8. November 1995 – XII ZR 202/94, WM 1996, 1265 ff. und vom 25. Oktober 2000 – XII ZR 136/98, NJW-RR 2001, 727 [red. Leitsatz]). Eine Bereicherung des Vermieters liegt auch dann vor, wenn eine Weitervermietung zu einem höheren Mietzins wegen von ihm zu vertretender Mängel nicht möglich ist.	*BGH, 05.10.2005 – XII ZR 43/02, NZM 2006, 15 = ZMR 2006, 185 = MDR 2006, 505* („Gewölbekellerfall")

2580 Eckert, NZM 2009, 768.
2581 KG, 03.06.2010 – 12 U 164/09, GuT 2010, 225; Gather, in: Schmidt-Futterer, § 546 Rn. 84.

	Bei einem Vermieterwechsel ist nicht derjenige Bereicherungsschuldner, der im Zeitpunkt der Vornahme der Investitionen Vermieter war, sondern der neue Vermieter, der die Mietsache vorzeitig zurückerhält. Dies gilt bei einer Grundstücksveräußerung auch dann, wenn der ursprüngliche Vermieter mit Rücksicht auf die wertsteigernden Investitionen des Mieters einen höheren Veräußerungserlös erzielt hat.	
Umfang der Rückgabeverpflichtung	Bei der Miete und Pacht von Grundstücken umfasst die Rückgabepflicht nach §§ 556, 581 Abs. 2 BGB mangels anderweitiger vertraglicher Vereinbarung auch die Verpflichtung, während der Vertragsdauer auf dem Grundstück errichtete Bauten zu beseitigen. Das gilt auch dann, wenn der Vermieter oder Verpächter der Errichtung zugestimmt hat und die Gebäude in sein Eigentum übergangen sind.	BGH, 26.04.1994 – XI ZR 97/93, NJW-RR 1994, 847
	Ein Mieter oder Pächter, der nach Vertragsbeendigung zur Beseitigung der von ihm errichteten Bauten verpflichtet ist, kann, wenn er dieser Pflicht nicht nachkommt, vom Vermieter oder Verpächter keine Entschädigung für den Wert der Bauten verlangen.	
	Wenn ein Vermieter oder Verpächter, der erfolglos die Beseitigung der Bauten verlangt hat, das Grundstück sodann in dem Zustand, in dem es sich befindet, erneut vermietet oder verpachtet, so kann in diesem Verhalten allein noch keine eine Vergütungspflicht auslösende Übernahme der Bauten gesehen werden. Anderenfalls könnte ein Mieter oder Pächter durch Nichterfüllung seiner Beseitigungspflicht den Vermieter oder Verpächter in die Zwangslage versetzen, entweder die Bauten selber zu beseitigen oder sich bei einer erneuten Vermietung oder Verpachtung des Grundstücks Vergütungsansprüchen für die Gebäude auszusetzen.	
Wiederherstellung der Räume	Das in einem gewerblichen Mietvertrag dem Vermieter eingeräumte Recht, bei Ablauf des Vertrags die Wiederherstellung des alten Zustandes der vom Mieter für seine Zwecke umgebauten Räume verlangen zu können, entfällt, wenn der Vermieter nach Beendigung des Mietverhältnisses die Räume in der Weise umbauen will, daß die Wiederherstellungsarbeiten des Mieters wieder beseitigt werden müßten. Dem Vermieter steht auch kein Ausgleichsanspruch in Geld zu.	BGH, 23.10.1985 – VIII ZR 231/84, BGHZ 96, 141, 144

2. Formulierungsvorschläge bei baulichen Veränderungen

Formulierungsvorschlag: bauliche Veränderungen (allgemein)

1656

Bauliche Veränderungen, Um- und Ausbauten sind dem Mieter nur nach vorheriger schriftlicher Zustimmung des Vermieters gestattet. Liegt diese nicht vor, kann der Vermieter Rückbau bzw. Beseitigung auf Kosten des Mieters verlangen. Sofern nicht ausdrücklich anders ausgesprochen, wird die Zustimmung nur für die Dauer des Mietverhältnisses erteilt, d.h. der Vermieter kann auch bei erteilter Zustimmung bei Ende des Mietverhältnisses Wiederherstellung des ursprünglichen Zustands auf Kosten des Mieters verlangen. Dies gilt nicht, wenn es sich um Maßnahmen handelt, die dem Vermieter obliegen, um den vertragsgemäßen Gebrauch zu ermöglichen.

Wenn die baulichen Veränderungen auch Haussysteme (Wasser, Strom, Klima etc.) betreffen, tritt der Mieter Gewährleistungsansprüche gegen die beteiligten Handwerker an den Vermieter ab.

Behördliche Genehmigungen im Zusammenhang mit den baulichen Veränderungen holt der Mieter ein. Er trägt auch dadurch anfallende Kosten, ferner Prämienerhöhungen durch etwaige Änderungen der Versicherungen.

Formulierungsvorschlag: bauliche Veränderungen (bei Übergabe des Objekts, konkret geregelt)

1657

Der Mieter erhält das Mietobjekt in folgendem Ausbauzustand:

.....

.....

Dem Mieter obliegt der Ausbau des Objekts zum vertraglichen Nutzungszweck. Dies umfasst im Wesentlichen folgende Maßnahmen:

..... (Beispiel: Innenausbau)

.....

.....

.....

Dem Mieter sind bauliche Maßnahmen, die die Statik des Gebäudes, Gemeinschaftsanlagen, Haussysteme (Wasser, Strom, Klima etc.) und die Gestaltung der Außenflächen (Zugänge, Außenfront etc.) betreffen, nur nach vorheriger Absprache und mit vorheriger Zustimmung des Vermieters gestattet. Wenn die Maßnahmen auch diese Bereiche betreffen, tritt der Mieter Gewährleistungsansprüche gegen die beteiligten Handwerker an den Vermieter ab.

Behördliche Genehmigungen im Zusammenhang mit den baulichen Veränderungen holt der Mieter ein. Er trägt auch dadurch anfallende Kosten, ferner Prämienerhöhungen durch etwaige Änderungen der Versicherungen.

IX. Arbeits- und Beratungshilfen

Formulierungsvorschlag: Klausel, mit der das Wegnahmerecht des Mieters an Einbauten ausgeschlossen wird

> Im Fall der Auflösung des Mietverhältnisses, gleichgültig aus welchem Rechtsgrund, besteht keinerlei Wertersatzanspruch gegenüber der Vermieterin für bauliche Veränderungen, Instandsetzungen, Einbauten, Türen und Schönheitsreparaturen.[2582]

1658

3. Checkliste

Checkliste: Vertragliche Vereinbarungen bei baulichen Veränderungen

> **Hinweis:**
> Da es sich bei solchen Punkten eigentlich immer um Individualvereinbarungen handelt, besteht für die Parteien sehr freie Hand. Das Aushandeln sollte dokumentiert werden. Gegen generelle Rückbauverpflichtungen in Formularverträgen bestehen keine Bedenken, solange die baulichen Änderungen nicht ohnehin durch den Vermieter hätten erbracht werden müssen. Denn wenn die Baumaßnahmen erforderlich waren, um den vertragsgemäßen Zustand herzustellen, war eigentlich der Vermieter in der Pflicht, sodass eine Rückbauverpflichtung unbillig wäre.

1659

- ☐ Klärung, ob es sich um Maßnahmen handelt, die das Objekt erst in den vertragsgemäßen Zustand versetzen (wichtig wegen Rückbauverpflichtung → *Rn. 1629 ff.*).
- ☐ Exakte Bezeichnung und Beschreibung der Maßnahmen.
- ☐ Betrifft der Umbau auch Haussysteme (Wasser, Strom, Klima etc.)? Wer führt diese Arbeiten durch? Sollen entsprechende Gewährleistungsansprüche gegen Handwerker an den Vermieter abgetreten werden?
- ☐ Wer trägt die Kosten?
- ☐ Wer trägt das Risiko für Schäden („wer haftet")?
- ☐ Wer holt evtl. erforderliche Genehmigungen ein?
- ☐ Was geschieht am Ende des Mietverhältnisses (Ablösesumme, deren Höhe, Rückbau etc.)?
- ☐ Zusätzlicher Prüfungspunkt: Ändert sich etwas am Versicherungsschutz? Muss die Versicherung benachrichtigt werden? Wer trägt etwaige Prämienerhöhungen?

[2582] OLG Karlsruhe, 31.10.1985 – 15 U 129/84, NJW-RR 1986, 1394.

§ 18 Untermiete

		Rn.
I.	Begriff und Gesetzeslage	1660
II.	Erlaubnis des Vermieters erforderlich	1662
	1. Überblick	1662
	2. Ausnahmsweise Anspruch auf Erlaubnis und Duldung der Untermiete	1665
	3. „Wilde" Untervermietung	1667
	4. Widerruf der Erlaubnis	1668
III.	Sonderkündigungsrecht gem. § 540 Abs. 1 Satz 2 BGB	1669
	1. Voraussetzung: kein wichtiger Grund in der Person des Dritten	1669
	2. Voraussetzung: verweigerte Erlaubnis nach Anfrage des Mieters	1673
	3. Schadensersatz bei unberechtigt verweigerter Erlaubnis	1683
IV.	Untermietzuschlag	1684
V.	Rechtsverhältnis Mieter – Untermieter	1687
	1. Taktisches Vorgehen	1687
	2. Vertragsabschluss und -gestaltung	1688
	3. Störungen im Untermietverhältnis, Kündigung und Haftung	1691
VI.	Rechtsverhältnis Hauptvermieter – Untermieter	1698
VII.	Gerichtsverfahren	1701
	1. Prozessuale Möglichkeiten des Vermieters bei unberechtigter Untervermietung	1701
	2. Klage des Mieters auf Zustimmung zur Untervermietung	1704
	3. Klagen des Mieters gegen den Untermieter	1705
VIII.	Streitwert	1706
IX.	Vertragsgestaltung	1707
	1. Prüfung eines Untermietvertrages/AGB-Problematik	1707
	2. Beschränkungen des Sonderkündigungsrechts	1709
	3. Sonstiges	1714
X.	Arbeits- und Beratungshilfen	1716
	1. Schnellüberblick Grundsatz-Rechtsprechung des BGH	1716
	2. Schnellüberblick aktuelle Rechtsprechung der Instanzgerichte	1717
	3. Formulierungsvorschläge	1718
	a) Erlaubte Untervermietung	1718
	b) Ausgeschlossene Untervermietung	1719
	c) Untermietvertrag	1720
	d) Nachtrag bzgl. Unterpacht zum Hauptpachtvertrag	1721

I. Begriff und Gesetzeslage

1660 Wenn der Mieter oder Pächter das Mietobjekt einem Dritten im Rahmen einer eigenen Vereinbarung überlässt, liegt Untermiete vor. **Überlassung** bedeutet **Änderung der Besitzverhältnisse**, was gegeben ist, wenn der neue Mieter nicht mehr mit dem alten identisch ist. Dies kann auch beim Hinzutreten eines neuen Mieters der Fall sein, wenn also der ursprüngliche Mieter weiter Besitzer ist. Rechtlich ist die Untermiete grds. ein ganz normales Mietverhältnis zwischen dem Hauptmieter und dem Untermieter mit allen sich aus den (Unter-) Mietvertrag und Gesetz ergebenden Rechten und Pflichten – allerdings mit dem wesentlichen Unterschied, dass der Untermieter sein Besitzrecht nicht vom Eigentümer, sondern vom Hauptmieter ableitet. Die Untervermietung dient häufig nicht der Gewinnerhöhung, sondern der Minimierung wirtschaftlicher Verluste, indem der Mieter versucht, einen Teil der von ihm zu zahlenden Miete durch Untervermietung zu decken.[2583]

Bei der Untermiete im Gewerberaummietrecht geht das Interesse des untermietenden Unternehmers dahin, die Mietsache unabhängig von seiner „Sekundärposition" vollumfänglich nutzen zu können, während der eigentliche Vermieter sich natürlich „nicht jeden ins Haus holen" will. Dieses **Direktionsrecht des Eigentümers/Vermieters** schützt der Gesetzgeber. § 540

[2583] BGH, 10.10.2007 – XII ZR 12/07, IMR 2008, 15 = NZM 2008, 167.

BGB verbietet deshalb dem Mieter die Untervermietung ohne Erlaubnis des Vermieters, gibt ihm aber in § 540 Abs. 1 Satz 2 BGB ein außerordentliches Kündigungsrecht mit gesetzlicher Frist (§ 580a BGB), wenn der Vermieter die Erlaubnis verweigert, ohne dass in der Person des Untermieters ein wichtiger Grund vorliegt.

> **Praxistipp für Immobilienverwalter:**
> Der Wechsel von Mietern ist sorgfältig zu beobachten, da die „Beseitigung" einer einmal durchgeführten Unvermietung schwierig und i.d.R. nur durch eine gerichtliche Klage durchzusetzen ist.

Für den Vermieter ist es wichtig, den **Mietzweck möglichst genau zu bestimmen**, damit später im Fall der Untervermietung geprüft werden kann, ob und inwieweit das Geschäft des Untermieters von dem des Hauptmieters abweicht. Der Mieter hingegen hat ein Interesse daran, den Mietzweck möglichst weit oder gar nicht zu definieren, da dann womöglich ein wichtiger Grund des Vermieters, die Erlaubnis zur Untervermietung zu versagen, nicht vorliegt und der Mieter ein Sonderkündigungsrecht hat.

1661

> **Praxistipp für Immobilienverwalter:**
> Der Mietzweck sollte so genau wie möglich beschrieben werden. Beispiel: „zum Betrieb eines Lebensmittelmarkts bzw. zu Verkaufs- und Lagerzwecken von Waren aller Art aus den für derartige Einzelhandelsbetriebe typischen Sortimentsbereichen".

> **Praxistipp für RA:**
> Zum Streitwert bei Anspruch auf Erteilung einer Erlaubnis zur Untervermietung → *Rn. 1706.*

II. Erlaubnis des Vermieters erforderlich

1. Überblick

Anders als in der Wohnraummiete (vgl. § 553 Abs. 1 BGB) gewährt das Gesetz dem Mieter von Geschäftsräumen keinen Anspruch auf Erteilung der Erlaubnis. Der Vermieter/Verpächter **von Geschäftsraum** ist daher grds. nicht verpflichtet, seine Erlaubnis zur Untervermietung zu erteilen, es sei denn, es ist etwas anderes vereinbart. Auch **ohne sachlichen Grund** darf der Vermieter deshalb die Erlaubnis verweigern. Erfolgt dies aber, ohne dass in der Person des Dritten ein wichtiger Grund vorliegt, also faktisch allein aus Willkür des Vermieters, so erlangt der Mieter das außerordentliche Kündigungsrecht nach § 540 Abs. 1 Satz 2 BGB (dazu und zum wichtigen Grund für eine Verweigerung → *Rn. 1669 ff.*).

1662

Rechtsfolge dieser unberechtigten Verweigerung ist das **Sonderkündigungsrecht des Mieters**. Der Mieter kann aber trotzdem auf die Kündigung verzichten und die Erlaubnis einklagen. Denn wenn ihm das Gesetz als Sanktion die außerordentliche Kündigung mit gesetzlicher Frist, also das Recht zur Vertragsbeendigung, gewährt, so muss er auch die Möglichkeit haben, als

1663

milderes Mittel die Unzulässigkeit der Verweigerung bei Fortsetzung des Vertrages klären zu lassen.

1664 Duldet der Vermieter einmal die vertragswidrige Untervermietung durch den Mieter, so folgt daraus nicht dessen Recht, erneut ein Untermietverhältnis außerhalb des Vertragszweckes zu begründen.[2584]

Die Erlaubnis muss als **einseitige empfangsbedürftige Willenserklärung** erklärt werden (auch konkludent) und zugehen. Sie kann auch ggü. dem künftigen Untermieter/-pächter erklärt werden. Die dem künftigen Unterpächter ggü. ausgesprochene Erlaubnis des Verpächters zu einer Unterverpachtung durch den Pächter an ihn wird nach den Grundsätzen über den Zugang von in Abwesenheit des Empfängers abgegebenen Willenserklärungen (§ 130 Abs. 1 Satz 1 BGB) jedenfalls dann wirksam, wenn sie von dem (künftigen) Unterpächter dem Pächter zum Zwecke des Abschlusses des Unterpachtvertrags übermittelt wird.[2585]

2. Ausnahmsweise Anspruch auf Erlaubnis und Duldung der Untermiete

1665 Wie oben ausgeführt, darf der Vermieter auch grundlos die Untervermietung verweigern. Das Gesetz sieht als Sanktion grds. nur das Sonderkündigungsrecht gem. § 540 Abs. 1 Satz 2 BGB vor. In der Rechtsprechung werden z.T. Einschränkungen vorgenommen: Enthält ein gewerblicher Mietvertrag keine Abrede über die Berechtigung des Mieters zur Untervermietung, so macht sich der Vermieter regelmäßig nicht gem. § 280 BGB schadensersatzpflichtig, wenn er – selbst grundlos – einen vom Mieter präsentierten Untermieter ablehnt.[2586] Das Reichsgericht gewährt dem Mieter hingegen einen **Schadensersatzanspruch** aus (dem heutigen) § 280 BGB, wenn sich die Verweigerung der Unterverpachtung nicht gegen die Person und Art der Unterverpachtung im Einzelfall wendet, sondern planmäßig darauf abzielt, eine dem Vertrag gemäße Nutzung der Pächterin zu vereiteln.[2587] Das OLG Hamburg hat einer gewerblichen Mieterin unter Berücksichtigung der Grundsätze von Treu und Glauben (§ 242 BGB) einen **Anspruch auf Erteilung der Zustimmung** zugebilligt.[2588]

1666 Die Auffassung des RG ist richtig, weil eine zielgerichtete Schädigung zum Schadensersatz verpflichtet. Darüber lässt sich aber kein Anspruch auf Erteilung der Erlaubnis konstruieren. Erst recht geht die Meinung des OLG Hamburg zu weit, weil über den Umweg von Treu und Glauben nicht der klare Wille des Gesetzgebers, bei Gewerberaum die Erlaubnisversagung nur mit dem Sonderkündigungsrecht zu sanktionieren, untergraben werden darf.

3. „Wilde" Untervermietung

1667 Wird die Untervermietung vom Vermieter nicht genehmigt, haftet der Untermieter nach den Grundsätzen des Eigentümer-Besitzer-Verhältnisses. Zu beachten ist hier § 991 Abs. 2 BGB, wonach der Besitzer ab Besitzerwerb den in § 989 BGB genannten Schaden ggü. dem Eigentü-

---

[2584] OLG Düsseldorf, 05.09.2002 – 24 U 207/01, GuT 2003, 55.
[2585] BGH, 25.04.2008 – LwZR 10/07, NZM 2008, 728.
[2586] OLG Düsseldorf, 29.04.1993 – 10 U 179/92, ZAP EN-Nr. 662/93.
[2587] RGZ 138, 358.
[2588] OLG Hamburg, 29.10.1993 – 4 U 167/93, WuM 1993, 737.

mer insoweit zu vertreten hat, als er dem mittelbaren Besitzer verantwortlich ist. Dies gilt insb. bei gutgläubigem Besitzerwerb. Ein Anspruch aus § 823 Abs. 1 BGB kommt daneben wegen der Sperrwirkung des § 993 Abs. 1 Halbs. 2 BGB nicht in Betracht. Hingegen haftet der Mieter nach §§ 280 Ans. 1, 241 Abs. 2 BGB aufgrund des eigenen Verschuldens infolge der nicht genehmigten Untervermietung unabhängig von einem Verschulden des Untermieters. Die Höhe des Schadens richtet sich nach den §§ 249 ff. BGB.

4. Widerruf der Erlaubnis

Der **Widerruf einer einmal erteilten Erlaubnis** ist nur aus wichtigem Grund möglich.[2589] Widerspricht der Vermieter bei allgemein erteilter Erlaubnis zur Untervermietung dieser im Einzelfall ohne ausreichenden Grund, so ist der Mieter zur fristlosen Kündigung des Vertrages nach § 543 BGB und nicht nur zur ordentlichen Kündigung nach § 540 Abs. 1 Satz 2 BGB berechtigt.[2590] Die uneingeschränkte **Klausel** in einem Formularmietvertrag über Geschäftsräume, dass der Vermieter seine Erlaubnis zur Untervermietung widerrufen könne, ist unwirksam.[2591]

1668

III. Sonderkündigungsrecht gem. § 540 Abs. 1 Satz 2 BGB

1. Voraussetzung: kein wichtiger Grund in der Person des Dritten

Verweigert der Vermieter die Erlaubnis, so kann der Mieter nach § 540 Abs. 1 Satz 2 BGB das Mietverhältnis außerordentlich mit der gesetzlichen Frist kündigen, sofern nicht in der Person des Dritten **ein wichtiger Grund** vorliegt. Viele Verträge sehen in der Praxis entsprechende Formulierungen vor. Zum vertraglichen Ausschluss des Sonderkündigungsrechts → *Rn. 1709*. Ob ein wichtiger Grund vorliegt, ist im Einzelfall unter **Abwägung der Interessen** der Vertragsparteien zu beurteilen.[2592] Grds. darf auch ein Untermieter keine Verwendungszwecke verfolgen, die dem Mieter nach dem Inhalt des Hauptmietvertrags nicht gestattet wären.[2593]

1669

Ein **wichtiger Grund**, die Erlaubnis zu verweigern, kommt z.B. in folgenden Fällen in Betracht, wobei darauf hinzuweisen ist, dass es sich immer um Einzelfallbewertungen handelt, bei denen das Risiko besteht, dass Gerichte eine andere Meinung als der Vermieter einnehmen:

1670

- Der Mieter will dem Untermieter einen weitergehenden Gebrauch einräumen, als ihm selbst nach dem Mietvertrag gestattet ist.[2594]
- Änderung des Vertragszwecks/einseitige Änderung der vertraglich vereinbarten Nutzungsart, etwa Kleintierarztpraxis anstelle einer Zahnarztpraxis.[2595] Gibt aber die Gestaltung des Mietvertrages dem Mieter weitgehende Möglichkeiten, das Mietobjekt – etwa wenn sich die ursprünglich vorgesehene Nutzung als nicht rentabel erweist – selbst anderweitig zu

---

2589 BGH, 11.01.1984 – VIII ZR 237/82, NJW 1984, 1031 = BGHZ 89, 309 = MDR 1984, 571.
2590 BGH, 11.01.1984 – VIII ZR 237/82, NJW 1984, 1031 = BGHZ 89, 309 = MDR 1984, 571.
2591 BGH, 11.02.1987 – VIII ZR 56/86, MDR 1987, 753.
2592 OLG Düsseldorf, 01.06.2010 – 24 U 32/10, IMR 2011, 60; Wolf/Eckert/Ball, Rn. 967.
2593 BGH, 11.01.1984 – VIII ZR 237/82, NJW 1984, 1031 = BGHZ 89, 309 = MDR 1984, 571; OLG Düsseldorf, 01.06.2010 – 24 U 32/10, IMR 2011, 60.
2594 OLG Düsseldorf, 02.08.2007 – I - 10 U 148/06, GuT 2008, 122.
2595 OLG Köln, 12.04.1996 – 20 U 166/95, NJW-RR 1997, 204.

nutzen oder einen Untermieter zu finden, dem wiederum verschiedene Nutzungsmöglichkeiten offen stehen, kann davon eine Ausnahme zu machen sein, weil auch der Vermieter von einer solchen Gestaltung profitiert, weil sein Risiko, bei mangelnder Zahlungsfähigkeit des Mieters Ausfälle zu erleiden, dadurch deutlich herabgesetzt wird.[2596] Ein Vermieter, der bspw. nicht nur die Zustimmung zu einer Untervermietung, sondern auch die zu einer Nutzungsänderung allein bei Vorliegen eines wichtigen Grundes versagen darf, muss sich daher an dieser Gestaltung festhalten lassen und kann nicht erwarten, durch eine Ausdehnung des Begriffs des „wichtigen Grundes" zulasten des Mieters nicht Vertragsinhalt gewordene Einschränkungen zu realisieren.[2597]

- Nicht vertragsgemäßer Gebrauch der Mietsache.
- Vermieter würde einen anderen Mieter verlieren, weil dieser nur Untermieter des Hauptmieters werden will.[2598]
- Verstoß gegen Konkurrenzschutzverpflichtungen des Vermieters.
- Bereits bekannte Fehden oder Streitereien mit anderen Mietern oder dem Vermieter.
- Unzuverlässigkeit des Untermieters im Umgang mit dem Mietobjekt.

1671 Ob **mangelnde Liquidität** oder **Insolvenz des Untermietkandidaten** einen Verweigerungsgrund darstellt, ist umstritten: Vertreten wird die Ansicht, dies spiele keine Rolle, da der Hauptmieter für die Miete haftet.[2599] Das ist natürlich grds. richtig, denkbar sind aber unmittelbare Ansprüche des Vermieters gegen den Untermieter (z.B. aus § 823 BGB), die bei Insolvenz auf der Strecke bleiben würden. Ferner kann die Insolvenz dazu führen, dass der Untermieter am Ende des Mietverhältnisses keine neuen Räume anmieten kann und deshalb einfach in dem Objekt bleibt, bis der Vermieter auf Räumung klagt und vollstreckt. Ein alltäglicher Vorgang, der den Vermieter viel Geld und Zeit kosten kann. Zudem hat grds. jeder Vermieter/Verpächter ein starkes Interesse daran, dass sein Objekt nur von Mietern betrieben wird, die auch nach außen solvent wirken. Fehlende Solvenz geht meistens mit einer Verwahrlosung oder Leerstand einher, was wiederum – bei mehreren Einheiten – direkte Auswirkungen auf die Ertragsfähigkeit des gesamten Objekts hat. Eine schlechte Vermögenslage des Untermieters stellt daher einen Verweigerungsgrund dar.

1672 Bei möglicher Verletzung von **Konkurrenzschutzverpflichtungen** des Vermieters durch das Gewerbe des möglichen Untermieters muss genau geprüft werden, ob die Gewerbe auch wirklich vergleichbar sind. Fehlt es daran, so verweigert der Vermieter seine Erlaubnis unberechtigt mit der Folge des Sonderkündigungsrechts.

Beispiel:[2600]

Der vertragsimmanente Konkurrenzschutz, der einem Baumarkt zu gewähren ist, der im selben Objekt u.a. mit Bodenbelägen handelt, lässt den Betrieb eines Orientteppichgeschäfts unberührt. Die Versa-

---

2596 OLG Düsseldorf, 01.06.2010 – 24 U 32/10, IMR 2011, 60: Umwandlung in 1-€-Laden.
2597 OLG Düsseldorf, 01.06.2010 – 24 U 32/10, IMR 2011, 60.
2598 OLG Düsseldorf, 17.02.2005 – 10 U 144/04, GuT 2005, 57.
2599 Vgl. RGZ 74, 176.
2600 OLG Nürnberg, 03.11.2006 – 5 U 754/06, IMR 2007, 73 = NZM 2007, 567 = MDR 2007, 395.

gung der Untervermietungserlaubnis für ein solches Fachgeschäft durch den Vermieter rechtfertigt deshalb eine Kündigung des Mietverhältnisses durch den Mieter gem. § 540 Abs. 1 Satz 2 BGB.

2. Voraussetzung: verweigerte Erlaubnis nach Anfrage des Mieters

Das Gesetz spricht von Verweigerung, also einem aktiven Tun, sodass allein ein **Schweigen des Vermieters** auf eine Anfrage nicht ausreicht. Bittet der Mieter um die Erlaubnis zur Untervermietung an einen solventen Untermieter, ohne diesen konkret zu benennen und reagiert darauf der Vermieter nicht, so soll der Mieter dies nach einer abzulehnenden Auffassung des LG Berlin sogar als generelle Versagung der Erlaubnis verstehen, die ihn zur Kündigung berechtigt.[2601] Das Gericht verkennt hier, dass Schweigen keine Willenserklärung ist und zudem eine bereits falsch gestellte (hier also: nicht ausreichend konkretisierte) Frage (unten dazu → Rn. 1675) keine Rechtswirkung entfalten kann. Dies kann anders zu bewerten sein, wenn der Mieter mit der ordnungsgemäßen Mitteilung aller Daten des Untermieters ankündigt, dass ein Schweigen des Vermieters innerhalb der gesetzten Frist als Verweigerung der Zustimmung gewertet werde.[2602] Macht der Vermieter die erbetene Zustimmung zur Untervermietung von einer **Bonitätsprüfung** des Untermieters abhängig und lässt sich der Mieter hierauf ein, ist dem Vermieter nach Erhalt des Prüfungsergebnisses eine angemessene Prüfungsfrist einzuräumen.[2603] Angemessen erscheinen mindestens zehn Tage.

1673

Die Ablehnung unterliegt **keiner Form**, auch nicht bei Verträgen, die der Schriftform nach § 550 BGB bedürfen, sie kann also auch mündlich und durch einen Stellvertreter (Immobilienverwalter, Anwalt) unter den Voraussetzungen einer wirksamen Stellvertretung erteilt werden.

1674

> **Praxistipp:**
>
> Lehnen Verwalter oder Anwalt für den Vermieter/Verpächter ab, handelt es sich um eine einseitige empfangsbedürftige Willenserklärung, die der Mieter gem. § 174 BGB unverzüglich zurückweisen (= unwirksam machen) kann, wenn nicht vorher oder gleichzeitig eine Original-Vollmacht vorgelegt wird.

Zum Untermietzuschlag s. → Rn. 1684 ff.

Der Wortlaut des § 540 Abs. 1 Satz 2 BGB klärt nicht eindeutig, ob es ausreicht, dass der Vermieter **generell Untermiete ablehnt** oder er einen konkret vorgeschlagenen Interessenten ausschlagen muss. Es stellt sich daher die Frage, ob der Mieter bereits dann (ohne konkrete Anfrage seinerseits) kündigen darf, wenn der Vermieter generell jegliche Untervermietung ablehnt oder sie generell aufgrund einer nicht konkretisierten Frage des Mieters verweigert. Lehnt der Vermieter von vornherein ausdrücklich eine Untervermietung ab, macht eine Anfrage des Mieters keinen Sinn und wäre nur unnötige Förmelei, sodass er sofort kündigen darf. Daran sind aber strengste Anforderungen zu stellen. Die generelle Verweigerung des Vermieters muss eindeutig sein.

1675

2601 LG Berlin, 24.11.2000 – 64 S 237/00, NZM 2001, 231.
2602 KG, 11.10.2007 – 8 U 34/07, GuT 2008, 125 = IMR 2008, 161 = NZM 2008, 287 = ZMR 2008, 128.
2603 OLG Düsseldorf, 02.08.2007 – I - 10 U 148/06, GuT 2008, 122.

1676 Ansonsten gilt: In der gewerblichen Miete hat der Hauptvermieter ein elementares Interesse daran, die **wesentlichen Bedingungen** einer geplanten Untervermietung – namentlich Miethöhe und Vertragsdauer – zu erfahren.[2604] Richtigerweise muss der Mieter daher **konkret werden** und nicht nur pauschal Untervermietung verlangen, d.h. er muss von sich aus einen konkreten Interessenten benennen, damit der Vermieter dessen Person prüfen kann.[2605] Dies ergibt sich aus dem letzten Halbs. des § 540 Abs. 1 Satz 2 BGB. Es besteht kein Auskunftsrecht des Vermieters, sondern eine **Auskunftspflicht des Mieters**, der vorleistungspflichtig ist. Er hat dem Vermieter alle Daten mitzuteilen, die für dessen Vermietungsinteresse von Belang sind. Der Vermieter muss nicht als erster tätig werden und nachfragen. Wirkt der Mieter nicht (ausreichend) mit, hat er weder einen Anspruch auf Zustimmung noch ein Sonderkündigungsrecht. Dem Vermieter/Verpächter sind grds. folgende Informationen zu liefern:[2606]

- Person des in Aussicht genommenen Untermieters,
- Daten zur Beurteilung von dessen Zuverlässigkeit und Bonität,
- Vorlage der Mietbedingungen, speziell Nutzungsart, Miethöhe, Laufzeit des Vertrages, etwaige Kündigungsmöglichkeiten und Übernahme einer Betriebspflicht.

1677 Ist in einem **Einkaufzentrum eine Betriebspflicht vereinbart**, müssen folgende Informationen mitgeteilt werden:[2607]

- der Name des Untermieters (und auf Nachfrage auch weitere Angaben zur Person),
- das Gewerbe des Untermieters,
- die wirtschaftliche Situation des potenziellen Untermieters,
- die beabsichtigte Miethöhe und
- die Laufzeit des Untermietverhältnisses.

1678 Der BGH hat offengelassen, ob dies auch gilt, wenn keine Betriebspflicht vereinbart wurde. Die obigen Punkte interessieren nicht nur jeden Vermieter/Verpächter, sondern haben auch objektiv unmittelbaren Einfluss auf die Werthaltigkeit des Objekts, etwa im Fall der Veräußerung durch den Vermieter. Daher handelt es sich grds. um **Mindestvoraussetzungen**.

1679 Insb. in **Einkaufszentren, Ladenpassagen** und ähnlichen Örtlichkeiten gelten nochmals gesteigerte Anforderungen wegen drohender Konkurrenzsituationen. Allein der Umstand, dass der Hauptmieter dem Hauptvermieter für die Erfüllung der vertraglichen Verpflichtungen aus dem Hauptmietverhältnis einzustehen hat, reicht in solchen Fällen – schon weil es zu Räumungsproblemen bzw. zu für Einkaufszentren abträglichen Leerstandszeiten kommen kann –

[2604] BGH, 15.11.2006 – XII ZR 92/04, IMR 2007, 42 = GuT 2007, 19 = NZM 2007, 127 = InfoM 2007, 23 = MDR 2007, 261.
[2605] OLG Celle, 05.03.2003 – 2 W 16/03, MietRB 2003, 7 = NZM 2003, 396 = ZMR 2003, 344.
[2606] Vgl. OLG Dresden, 29.04.2004 – 16 U 237/04, GuT 2005, 170 = NZM 2004, 461 zur Untervermietung in einem Einkaufzentrum.
[2607] BGH, 15.11.2006 – XII ZR 92/04, IMR 2007, 42 = GuT 2007, 19 = NZM 2007, 127 = InfoM 2007, 23 = MDR 2007, 261.

nicht aus, um ohne derartige Angaben die Erteilung der Zustimmung zur Untervermietung verlangen zu können.[2608]

Folgende **Beispielsformulierung einer Mieterantwort** ist damit keinesfalls ausreichend:[2609]   1680

„... Es handelt sich bei unserem Untermieter um Herrn N.M. Etwaige Angaben zu Zuverlässigkeit und Bonität des Untermieters sind für ihre Beurteilung nicht von Relevanz. Ebenso sind wir nicht verpflichtet, Angaben zur vereinbarten Mietzinshöhe und zu sonstigen Nebenleistungen des Untermieters zu machen. Sie können aber in jedem Fall davon ausgehen, dass der hier vereinbarte Mietzins nicht die im Hauptmietverhältnis fixierte Miethöhe erreicht. ..."

Verweigert der Vermieter unberechtigt die Untervermietung, ist dem Mieter eine **angemessene Überlegungsfrist** für den Ausspruch der Kündigung zuzubilligen.   1681

In § 540 Abs. 1 Satz 2 BGB wird bei langfristigen Mietverhältnissen oft ein Rettungsanker gesehen, um vorzeitig aussteigen zu können. Versucht wird dann, das Sonderkündigungsrecht zum Ausstieg aus langfristigen Mietverträgen zu missbrauchen, indem der Vermieter mit untauglichen Untermietanfragen „bombardiert" und so eine Ablehnung provoziert wird („**Untermietfalle**"). Solche Anfragen sind oft schon nach den obigen Grundsätzen mangels Konkretisierung unwirksam.   1682

Die Ausübung des Kündigungsrechts nach § 540 Abs. 1 Satz 2 BGB ist **rechtsmissbräuchlich** (§ 242 BGB), wenn dem kündigenden Hauptmieter bekannt ist, dass ein Mietinteresse der benannten Untermieter nicht besteht.[2610]

> **Praxistipp:**
>
> Der Mieter muss sich wirkliche Interessenten suchen, die dann dem Vermieter benannt werden. Verweigert aber der Vermieter bereits die Untervermietung, bevor der Mieter diese überhaupt verlangt, muss dieser nicht mehr tätig werden.
>
> Anwälte, die ihren „ausstiegswilligen" Mieter-Mandanten die Untermietfalle empfehlen, bewegen sich in einer rechtlichen Grauzone. Entweder will der Mieter untervermieten und bemüht sich auch darum, sodass es sich um einen legalen Vorgang handelt. Werden aber Untermieter „konstruiert", um eine Ablehnung zu kassieren, kann es sich bereits um Beihilfe zum Betrug handeln.

3. Schadensersatz bei unberechtigt verweigerter Erlaubnis

Grds. ist ein Vermieter nicht verpflichtet, einer Untervermietung zuzustimmen (§ 540 Abs. 1 BGB), sodass eine Verweigerung keine Schadensersatzpflicht des Vermieters auslöst, weil er   1683

2608 BGH, 15.11.2006 – XII ZR 92/04, IMR 2007, 42 = GuT 2007, 19 = NZM 2007, 127 = InfoM 2007, 23 = MDR 2007, 261.
2609 BGH, 15.11.2006 – XII ZR 92/04, IMR 2007, 42 = GuT 2007, 19 = NZM 2007, 127 = InfoM 2007, 23 = MDR 2007, 261.
2610 BGH, 11.11.2009 – VIII ZR 294/08, IMR 2010, 3 = InfoM 2010, 61.

keine Pflichtverletzung begeht.[2611] Etwas anderes gilt aber, wenn die Parteien vereinbart haben, dass der Vermieter die Zustimmung zur Untervermietung nur aus wichtigem Grund versagen darf, der Mieter also darüber hinaus einen **vertraglichen Anspruch auf Erteilung der Erlaubnis** hat. Verweigert der Vermieter bei einer derartigen Vertragsgestaltung seine Zustimmung zur Untervermietung ohne wichtigen Grund, begeht er eine Pflichtverletzung gem. § 280 BGB und macht sich dem Mieter ggü. schadensersatzpflichtig.[2612] Ergänzend müssen dafür die Voraussetzungen des § 281 BGB vorliegen.[2613]

IV. Untermietzuschlag

1684　Der Vermieter darf seine Erlaubnis mit einer Bedingung, etwa der Zahlung eines **Untermietzuschlages**, versehen. Dies gilt auch dann, wenn der Mietvertrag mit dem Hauptmieter keine entsprechende – auch formularmäßig zulässige – Vereinbarung vorsieht, da der Zuschlag sogar bei Wohnraum gem. § 553 BGB und damit erst recht in der gewerblichen Miete erlaubt ist. Ist der Untermietzuschlag unbestimmbar oder unangemessen hoch, ist dies als Ablehnung zu werten. Sachlicher Maßstab für die Ermittlung der zulässigen Höhe ist die (zusätzliche) Beeinträchtigung der Mietsache durch den Untermieter: Ist diese höher als beim Hauptmieter, kann immer ein Zuschlag gefordert werden, ist sie geringer, wird er i.d.R. unzulässig sein. Kriterien können sein:

- Abnutzung der Mietsache,
- zusätzlicher Aufwand des Vermieters,
- „negative" Reaktionen Dritter (Mitmieter, Nachbarn, Behörde).

1685　Ein Zuschlag von 100 % ist grds. als unzulässig anzusehen. Bei 50 % – 99 % muss der Vermieter erhebliche Gründe benennen können, Zuschläge bis 50 % sind i.d.R. zulässig.

1686　Bei **unberechtigter Untervermietung** hat der Vermieter keinen Anspruch auf Zahlung eines Untermietzuschlages, den der Mieter erzielt.[2614]

> **Praxistipp:**
> Zur Vermeidung von Ärger sollte im Miet-/Pachtvertrag vereinbart werden, dass der Vermieter die Erlaubnis zur Untervermietung von einem Untermietzuschlag in angemessener Höhe von mindestens 25 % abhängig machen darf. Ferner sollte vereinbart werden, dass der Mieter bei unberechtigter Untervermietung einen Untermietzuschlag i.H.d. Differenz der Miete zur Untermiete, mindestens aber x % der Miete, zahlt.

[2611] OLG Düsseldorf, 01.06.2010 – 24 U 32/10, IMR 2011, 60; OLG Düsseldorf, 26.11.2009 – I - 24 U 91/09, ZMR 2010, 755 = IMR 2010, 271; OLG Düsseldorf, 29.04.1993 – 10 U 179/92, WuM 1993, 399.
[2612] OLG Düsseldorf, 01.06.2010 – 24 U 32/10, IMR 2011, 60; Wolf/Eckert/Ball, Rn. 1281.
[2613] Wolf/Eckert/Ball, Rn. 1281; offengelassen von OLG Düsseldorf, 01.06.2010 – 24 U 32/10, IMR 2011, 60.
[2614] BGH, 13.12.1995 – XII ZR 194/93, BGHZ 131, 297 = NJW 1996, 838.

V. Rechtsverhältnis Mieter – Untermieter

1. Taktisches Vorgehen

Durch die Untervermietung wird der Hauptmieter zum Untervermieter. Der (Haupt-) Vermieter wird sich nicht mit der Untervermietung befassen, solange ihm nicht neben den erforderlichen Angaben zur Person des Untermieters auch die Endfassung des Untermietvertrages vorliegt. Er kann sich nur dann sicher sein, dass nichts mehr verändert wird, wenn der Untermietvertrag bereits unterzeichnet ist. Damit besteht für den Hauptmieter ein **Dilemma**: Einerseits will der Vermieter alle Informationen, andererseits kann der Mieter den Untermietvertrag nicht abschließen, bevor die Erlaubnis des Vermieters vorliegt. Der Hauptmieter wird daher in der Praxis regelmäßig mit „seinem" Untermietinteressenten den Untermietvertrag zunächst **endverhandeln** müssen. Alternativ kann er den Vertrag **aufschiebend bedingt abschließen**, um ihn dann dem Vermieter zusammen mit notwendigen Informationen über die Person des Untermieters zu präsentieren, damit die Erlaubnis erteilt wird. Keinesfalls sollte der Untermietvertrag bereits verbindlich geschlossen werden, bevor dies mit dem Vermieter abgestimmt ist. Der Untermieter sollte verpflichtet werden (ggf. durch eine gesonderte Vereinbarung), bei der Einholung der Erlaubnis mitzuwirken und vom Vermieter angeforderte Informationen zu erteilen.

1687

2. Vertragsabschluss und -gestaltung

Zwischen Mieter und Untermieter entsteht mit Abschluss des Untermietvertrages **ein „normales" Mietverhältnis** mit den vertraglich bestimmten Rechten und Pflichten.[2615] Auch § 550 BGB (gesetzliche Schriftform) gilt zwischen Haupt- und Untermieter. Der einmal geschlossene Vertrag ist generell wirksam, auch dann, wenn der Hauptmieter damit seine Pflichten ggü. dem (Haupt-) Vermieter verletzt. Auch ein ohne Erlaubnis des Vermieters abgeschlossener Untermietvertrag ist wirksam.[2616] Ist der Abschluss des Untermietvertrages streitig, so ist fehlende Schriftlichkeit zwar ungewöhnlich, aber kein Indiz gegen den Abschluss, insb. dann nicht, wenn auch der Hauptmietvertrag der Schriftform entbehrt.[2617]

1688

Enthält der Untermietvertrag keine Nutzungsbeschränkungen, hat der Untermieter damit ggü. dem Hauptmieter den Anspruch auf umfassenden Gebrauch und entsprechende Überlassung der Mietsache. Ist der Hauptmieter selber in der Nutzung eingeschränkt und kann er den Gebrauch nicht vollumfänglich gewähren, kann der Untermieter einen etwaigen Schaden ersetzt verlangen.

1689

> **Praxistipp:**
>
> Will der Hauptmieter ggü. dem Untermieter sichergehen, dass dieser keine weitergehenden Rechte als er selbst erhält, empfiehlt es sich, den Hauptmietvertrag zum Bestandteil des Untermietvertrages zu machen (Formulierungsvorschlag dazu → *Rn. 1720*).

2615 Vgl. Heintzmann, NJW 1994, 1177.
2616 BGH, 10.10.2007 – XII ZR 12/07, IMR 2008, 15 = NZM 2008, 167.
2617 BGH, 10.10.2007 – XII ZR 12/07, IMR 2008, 15 = NZM 2008, 167.

1690 Der Mieter kann dem Untermieter seinerseits wieder gestatten, **weiter unterzuvermieten**. Da hier – wie oben erwähnt – ein normales Mietverhältnis vorliegt, kann der Untermieter einen Anspruch auf die Erlaubnis des Hauptmieters haben. Verweigert dieser die Erlaubnis unberechtigt, kann der Untermieter kündigen; erteilt er die Erlaubnis, muss er dazu vom Vermieter ermächtigt sein, da sonst ein **vertragswidriger Gebrauch der Mietsache** vorliegt, der den Vermieter zur Kündigung berechtigen kann. Eine im Hauptmietvertrag vom Vermieter erteilte Erlaubnis, unterzuvermieten, ist auf das Hauptmietverhältnis beschränkt und enthält nicht zugleich auch die Erlaubnis für den Hauptmieter, seinem Untermieter die Unter-Untervermietung zu gestatten.[2618]

3. Störungen im Untermietverhältnis, Kündigung und Haftung

1691 Grds. gelten im Verhältnis Hauptmieter – Untermieter die gleichen Regeln zur Gewährleistung wie im Hauptmietverhältnis. Ein Mangel begründet Gewährleistungsrechte des Untermieters. Der Anspruch des Hauptvermieters, nach Beendigung des Hauptmietvertrages die **Herausgabe der Mietsache** auch von dem Untermieter zu verlangen, ist ein solches Recht, weil der vertragsgemäße Gebrauch des Untermieters behindert wird.[2619] Der Untermieter kann deshalb gem. § 543 Abs. 2 Nr. 1 BGB kündigen und gem. § 536a BGB Schadensersatz beanspruchen.[2620] Nach ständiger Rechtsprechung führt allerdings die bloße Existenz des Rechts eines Dritten noch nicht zu einem Rechtsmangel; dieser entsteht vielmehr erst dann, wenn der Dritte sein Recht in einer Weise geltend macht, die zu einer Beeinträchtigung des Gebrauchs durch den Mieter führt.[2621]

1692 Wird das Hauptpachtverhältnis wegen Zahlungsverzuges fristlos gekündigt, so muss sich der Unterpächter trotz (noch) fortbestehenden tatsächlichen Besitzes am Pachtobjekt nicht an dem Unterpachtverhältnis festhalten lassen.[2622] Ihm steht vielmehr angesichts der entfallenen Besitzberechtigung ggü. dem Eigentümer das Recht zur außerordentlichen Kündigung seines Vertragsverhältnisses zu. **Bloße Befürchtungen einer Kündigung im Hauptmietverhältnis** berechtigen aber noch nicht zur Kündigung, etwaige Investitionen gehen auf das Risiko des Untermieters.

1693 Die Ansprüche des Untermieters sind nicht gem. § 536b BGB ausgeschlossen, wenn er bei Abschluss seines Vertrages weiß, dass der Vermieter keine Erlaubnis erteilt hat, weil er berechtigt darauf vertrauen kann, dass der Hauptmieter als sein Vertragspartner diese beibringt.

2618 Lüth, NZM 2004, 241, 247 m.w.N.
2619 BGH, 29.11.2006 – XII ZR 175/04, GuT 2007, 132.
2620 OLG Celle, 16.02.2007 – 2 U 9/07, IMR 2007, 145.
2621 BGH, 29.11.2006 – XII ZR 175/04, GuT 2007, 132; BGH, 04.10.1995 – XII ZR 215/94, NJW 1996, 46; BGH, 18.01.1995 – XII ZR 30/93, NJW-RR 1995, 715; BGH, 02.11.1988 – VIII ZR 7/88, NJW-RR 1989, 77 = WuM 1989, 140.
2622 OLG München, 06.04.2005 – 7 U 1573/05, NZM 2006, 378 (LS).

> **Hinweis:**
> Der gekündigte Unternehmer hat zu beweisen, dass er nicht zur Räumung und Herausgabe an den ihn in Anspruch nehmenden Hauptmieter verpflichtet ist, wenn er behauptet, dessen Berechtigung sei aufgrund einer Kündigung des Hauptmietverhältnisses entfallen.[2623]

Der Untermieter wird von seiner **Verpflichtung zur Zahlung weiterer Untermiete** frei, wenn er mit dem Hauptvermieter nach Beendigung des Hauptmietvertrages unmittelbar einen neuen Mietvertrag abschließt und die Miete an diesen zahlt.[2624] Denn durch den Abschluss des neuen Mietvertrages mit dem Hauptvermieter leitet der Untermieter seinen unmittelbaren Besitz nicht mehr von dem Untervermieter ab, der nicht mehr zum Besitz berechtigt ist, sondern unmittelbar von dem Hauptvermieter. Darin liegt ein nachträglicher Rechtsmangel, der die Untermiete auf Null mindert.[2625]

Der Hauptmieter haftet für den Untermieter nach § 540 Abs. 2 BGB, wobei es auf ein Verschulden des Hauptmieters nicht ankommt.[2626] **Vertragwidriges Verhalten des Untermieters** ist dem Hauptmieter (= Untervermieter) zuzurechnen. § 540 Abs. 2 BGB regelt ausdrücklich, dass ein Verschulden des Untermieters vorliegen muss. Eine **verschuldensunabhängige Haftung** des Untermieters, die dem Hauptmieter zugerechnet werden könnte, besteht also nicht.

Kommt es im Hauptmietverhältnis zu einer Kündigung wegen der unberechtigten Untervermietung, haftet der Untervermieter dem Untermieter für entstehende Schäden. Das gilt auch dann, wenn der Hauptmieter vertragsrelevante Tatsachen verschweigt. So hat er z.B. ggü. dem gewerblichen Untermieter auch ungefragt einen 3-monatigen Mietrückstand im Hauptmietverhältnis zu offenbaren.[2627]

> **Praxistipp:**
> Der Untervermieter kann sein Haftungsrisiko begrenzen, wenn der Untermietvertrag unter der aufschiebenden Bedingung (§ 158 BGB) geschlossen wird, dass der Vermieter die Erlaubnis erteilt. Das **Herausgabeverlangen des Hauptvermieters** ggü. dem Hauptmieter kann den Untermieter bei fortbestehendem Untermietverhältnis allenfalls zur fristlosen Kündigung des Untermietvertrages und/oder zur Geltendmachung von Schadensersatzansprüchen berechtigen.

Da der Hauptmieter grds. alle Rechte eines Vermieters hat, steht ihm **auch Nutzungsentschädigung** zu, wenn der wirksame gekündigte Untermieter nicht rechtzeitig räumt. Dies gilt aber mangels eigener Nutzungsberechtigung nicht mehr, wenn auch das Hauptmietverhältnis beendet ist.[2628]

2623 OLG Stuttgart, 15.09.2005 – 13 U 63/05, GuT 2006, 38.
2624 BGH, 29.11.2006 – XII ZR 175/04, GuT 2007, 132; BGH, 12.07.2006 – XII ZR 178/03, GuT 2006, 241 = NZM 2006, 699 = IMR 2006, 179 = MDR 2007, 78 = InfoM 2007, 98.
2625 BGH, 29.11.2006 – XII ZR 175/04, GuT 2007, 132; BGH, 12.07.2006 – XII ZR 178/03, GuT 2006, 241 = NZM 2006, 699 = IMR 2006, 179 = MDR 2007, 78 = InfoM 2007, 98.
2626 OLG München, 04.07.2002 – 19 U 1801/02, GuT 2004, 84.
2627 OLG Köln, 17.12.1998 – 1 U 42/98, NZM 1999, 417.
2628 OLG Saarbrücken, 02.06.2005 – 8 U 180/04, NZM 2006, 180.

VI. Rechtsverhältnis Hauptvermieter – Untermieter

1698 Zwischen dem Hauptvermieter und dem Untermieter bestehen vertraglich keine direkten schuldrechtlichen Ansprüche, wenn der Hauptmieter unberechtigt untervermietet. Der Vermieter wird durch ein solches Verhalten seines Mieters nicht gebunden. Endet das Hauptmietverhältnis, so hat der Vermieter einen unmittelbaren Anspruch gegen den Untermieter auf Rückgabe der Mietsache nach § 546 Abs. 2 BGB. Ihm ist je nach den Umständen allenfalls eine Räumungsfrist zuzubilligen. Der Untermieter ist also immer **vom Bestand des Hauptmietverhältnisses abhängig**. Verlangt der Hauptvermieter Herausgabe, muss der Untermieter keine Miete mehr an den Untervermieter zahlen.[2629]

1699 Bei unberechtigter Untervermietung hat der Vermieter keinen Anspruch auf Zahlung eines Mehrerlöses, den der Mieter erzielt.[2630] Es besteht auch kein **Anspruch des Vermieters auf Auskehr der Untermiete** nach den Vorschriften des Eigentümer-Besitzer-Verhältnisses, da durch den Mietvertrag mit dem (Haupt-) Mieter ein Recht zum Besitz besteht. Die Rechtsfigur des „nicht-so-berechtigten-Besitzers" wird allgemein abgelehnt.[2631] Ein Anspruch aus Geschäftsführung ohne Auftrag scheidet aus, da es an einem fremden Geschäft fehlt, denn das Gebrauchsrecht an der Mietsache steht grds. dem Mieter zu. § 812 Abs. 1 Satz 2 BGB ist nicht einschlägig, weil infolge der auf den Mieter übergegangenen Gebrauchs- und Verwertungsmöglichkeit ein Eingriff in den Zuweisungsgehalt eines Rechts des Vermieters nicht vorliegt. § 823 Abs. 1 BGB scheitert an der Verletzung eines absoluten Rechts, und § 816 Abs. 1 BGB greift mangels Verfügung.

1700 Räumt der Untermieter nach Aufforderung nicht rechtzeitig, kann der Vermieter **Nutzungsentschädigung** nach den §§ 987 ff. BGB verlangen.[2632] Mangels vertraglicher Beziehungen zwischen Vermieter und Untermieter ist Anspruchsgrundlage nicht § 546a BGB, sondern das Eigentümer-Besitzer-Verhältnis (§§ 987 ff. BGB). Die Höhe bemisst sich nach dem objektiven Marktwert, der ggf. zu schätzen ist, zuzüglich Nebenkostenvorauszahlungen.[2633] Orientierungspunkt für die Markthöhe ist die Höhe ist zunächst die Miethöhe im Hauptmietverhältnis.

VII. Gerichtsverfahren

1. Prozessuale Möglichkeiten des Vermieters bei unberechtigter Untervermietung

1701 Der Vermieter kann nach erfolgloser Abmahnung **Unterlassungsklage** nach § 541 BGB (vertragswidriger Gebrauch) gegen den (störenden) Mieter (nicht: Untermieter) erheben. Der vertragswidrige Gebrauch ist – auch schon in der Abmahnung – genau zu bezeichnen und darzulegen. Einstweiliger Rechtsschutzes gem. §§ 935 ff. ZPO kommt grds. in Betracht, wenn der Vermieter die entsprechende Voraussetzung glaubhaft machen kann. Wiederholungsgefahr ist nicht erforderlich.

[2629] OLG Hamm, 26.08.1987 – 30 REMiet 1/97, WuM 1987, 346 = ZMR 1987, 462 = MDR 1987, 1025.
[2630] BGH, 13.12.1995 – XII ZR 194/93, BGHZ 131, 297 = NJW 1996, 838.
[2631] Bassenge, in: Palandt, Vorb. § 987 Rn. 3 m.w.N.
[2632] OLG Düsseldorf, 26.11.2009 – I - 24 U 91/09, ZMR 2010, 755 = IMR 2010, 271; OLG Hamburg, 19.09.1998 – 4 U 28/97, ZMR 1999, 481 zur Pacht.
[2633] OLG Düsseldorf, 26.11.2009 – I - 24 U 91/09, ZMR 2010, 755 = IMR 2010, 271.

Nach Abmahnung steht auch dem Vermieter nach §§ 543 Abs. 2 Satz 1 Nr. 2, 543 Abs. 1 Satz 2 BGB ein **außerordentliches Kündigungsrecht** zu. Eine erhebliche Gefährdung der Vermieterrechte ist nicht Voraussetzung, es genügt bereits die unrechtmäßige Gebrauchsüberlassung für sich allein als Grund. Dies scheidet grds. aus, wenn dem Mieter zum Zeitpunkt der Kündigung ein Anspruch auf Erteilung der Untervermietungserlaubnis zusteht.

Nach Beendigung des Hauptmietverhältnisses steht dem Vermieter auch ein **Herausgabeanspruch** gem. § 546 Abs. 2 BGB gegen den Untermieter zu und zwar unabhängig davon, ob der Untermietvertrag wirksam ist. Dieser schuldrechtliche Herausgabeanspruch ist grds. neben § 985 BGB anwendbar und ist inhaltlich identisch mit dem Herausgabeanspruch nach § 546 Abs. 1 BGB gegen den (Haupt-) Mieter einschließlich der Verpflichtung zur Entfernung vom Untermieter vorgenommener baulicher Änderungen. Mieter und Untermieter haften dem Vermieter als **Gesamtschuldner** auf Rückgabe der Mietsache, sodass der Vermieter gleichzeitig gegen beide auf Räumung klagen kann. Jedoch wirkt ein Räumungstitel, der nur gegen den Mieter ergangen ist, nach § 750 Abs. 1 ZPO nicht auch gegen den Untermieter. 1702

Nach Rechtshängigkeit des Rückgabeanspruchs schuldet der Mieter i.R.d. **Herausgabe von Nutzungen** nach §§ 546 Abs. 1, 292 Abs. 2, 987 Abs. 1, 99 Abs. 3 BGB auch die Auskehr eines durch Untervermietung erzielten Mehrerlöses. Dazu gehört auch eine „Entschädigung", die der Mieter von dem Untermieter als Abfindung für eine vorzeitige Beendigung des Untermietverhältnisses erhalten hat.[2634] 1703

2. Klage des Mieters auf Zustimmung zur Untervermietung

Mit einer Klage auf Zustimmung zur Untervermietung erhebt der Mieter Klage auf **Abgabe einer Willenserklärung**. Er muss genau angeben, welche Teile des Mietobjekts untervermietet werden sollen. Der Untermieter muss konkret benannt werden. Es reicht grds. nicht aus, nur allgemein die Zustimmung des Vermieters erwirken zu wollen, da sich die Zustimmung immer auf einen konkreten Einzelfall bezieht. 1704

3. Klagen des Mieters gegen den Untermieter

Prozessual ist die Aktivlegitimation des Untervermieters für **Ansprüche auf Nutzungsentschädigung und Schadensersatz** gegen den Untermieter nicht schlüssig, wenn sich aus dem Unter-Mietvertrag und weiteren Mietverträgen ergibt, dass der Untervermieter seinerseits nur Mieter und Unternehmer ist und die entsprechenden Ansprüche an den jeweils übergeordneten (Unter-) Vermieter abgetreten sind.[2635] 1705

Mindert der Untermieter die Miete und gibt der Mieter die Minderung an den Vermieter weiter, darf der wegen der Mietrückstände verklagte Mieter dem Untermieter den Streit verkünden; die Streitverkündung hemmt die Verjährung der Mietzahlungsansprüche des Mieters gegen den Untermieter.[2636]

2634 BGH, 12.08.2009 – XII ZR 76/08, IMR 2009, 341 = GuT 2009, 306 = NZM 2009, 701 = InfoM 2009, 329.
2635 OLG Düsseldorf, 06.03.2008 – I - 24 U 181/07, IMR 2008, 237 = GuT 2008, 208.
2636 BGH, 11.02.2009 – XII ZR 114/06, IMR 2009, 158 = GuT 2009, 95 = InfoM 2009, 184 = NZM 2009, 358 = MDR 2009, 730.

Die Rechtskraft eines zwischen den Hauptmietparteien ergangenen Feststellungsurteils über den Fortbestand des Hauptmietverhältnisses erstreckt sich nicht auf das Rechtsverhältnis zwischen Hauptmieter und Untermieter.[2637]

VIII. Streitwert

1706 Der **Zuständigkeitsstreitwert einer Besitzeinräumungsklage** des gewerblichen Untermieters gegen den Hauptvermieter auf Einräumung des Besitzes aus dem (Unter-) Mietvertrag bestimmt sich nach § 8 ZPO, mangels konkreter Angaben dazu aber, für welchen Zeitraum das Besitzrecht aus dem Mietvertrag geltend gemacht wird, nach § 9 ZPO.[2638] Der Gebührenstreitwert einer Klage auf **Erteilung einer Erlaubnis zur Untervermietung** ist nach § 48 Abs. 1 GKG i.V.m. § 3 ZPO festzusetzen, wobei mit Rücksicht auf § 41 Abs. 5 GKG i.d.R. der einfache Jahresbetrag der in Aussicht genommenen Untermiete als Wert anzusetzen ist.[2639] Denn Gegenstand einer solchen Klage sind weder das Bestehen des Mietverhältnisses noch wiederkehrende Leistungen oder Nutzungen, sondern es ist nur eine einzelne Vertragspflicht im Streit, nämlich die Pflicht des Vermieters zur Erteilung einer Untermieterlaubnis.[2640]

IX. Vertragsgestaltung

1. Prüfung eines Untermietvertrages/AGB-Problematik

1707 Geht es um die Wirksamkeit eines Untermietvertrages oder einzelner Klauseln, ist immer auch an die §§ 305 ff. BGB zu denken. Wer einen AGB-Entwurf zur Verhandlung stellt, ist **grds. Verwender** i.S.d. §§ 305 ff. BGB. Ob die Vorschriften überhaupt anwendbar sind, hängt davon ab, wie der Untermietvertrag gestaltet ist. Handelt es sich um einen **individuellen Vertrag**, der nur ein einziges Mal verwendet werden soll, liegen eindeutig keine AGB vor. Nimmt er aber Bezug auf den Hauptmietvertrag (Formulierungsvorschlag dazu → Rn. 1720) und macht er diesen zum Bestandteil des Untermietvertrages, stellt sich die Frage, ob der Untermietvertrag bereits deshalb AGB-Charakter erhält, weil es sich beim Hauptmietvertrag um AGB handelt.

> **Praxistipp:**
> Es ist in zwei Schritten zu prüfen:
> - Handelt es sich bereits beim Untermietvertrag um AGB (vorformuliert/für eine Vielzahl von Verträgen bzw. Mehrfachverwendungsabsicht)? Wenn ja, spielt die Rechtsqualität des Hauptmietvertrages keine Rolle mehr: Die §§ 305 ff. BGB sind anwendbar.
> - Der Untermietvertrag ist keine AGB: Handelt es sich beim Hauptmietvertrag um AGB? Wenn nein: §§ 305 ff. BGB sind nicht anwendbar. Wenn ja: s. nachfolgend →Rn. 1708 f.

2637 BGH, 12.07.2006 – XII ZR 178/03, GuT 2006, 241 = NZM 2006, 699 = IMR 2006, 179 = MDR 2007, 78 = InfoM 2007, 98.
2638 KG, 07.02.2006 – 2 AR 4/06, NZM 2006, 720.
2639 KG, 10.02.2006 – 22 W 47/05, ZMR 2006, 528 = NZM 2006, 519.
2640 KG, 10.02.2006 – 22 W 47/05, ZMR 2006, 528 = NZM 2006, 519; Fischer, in: Bub/Treier, Rn. VIII 239b.

Ob die AGB-Qualität des Hauptmietvertrages auf den Untermietvertrag „durchschlägt", hängt davon ab, ob es sich trotz der Einbeziehung in den Untermietvertrag weiterhin um vorformulierte Vertragsbedingungen handelt und ob diese für eine Vielzahl von Verträgen verwendet werden sollen, § 305 Abs. 1 Satz 1 BGB. **Vorformuliert** sind Vertragsbedingungen auch dann (noch), wenn ein Vertragspartner ein von einem Dritten angefertigtes Formular für einen eigenen Vertrag einsetzt,[2641] sodass diese AGB-Voraussetzung erfüllt ist. Das Merkmal „**für eine Vielzahl von Verträgen**" ist gegeben, wenn auch bei nur einmaliger Verwendung Wiederholungsabsicht besteht (dazu → Rn. 190). Dafür genügt es auch, dass die Wiederholungsabsicht nicht beim Verwender selbst vorliegt, sondern bei dem Dritten, der die Bedingungen für eine Vielzahl von Verträgen vorformuliert hat, auch wenn der aktuelle Verwender diese nur einmalig verwendet bzw. verwenden will.[2642]

1708

> **Hinweis:**
>
> Grds. kann damit bereits jegliche Bezugnahme auf ein anderes Vertragswerk dazu führen, dass der eigene, u.U. „höchst individuelle" Vertrag AGB-Charakter erhält, obwohl die Parteien an sich keinerlei Tatbestandsmerkmal der §§ 305 ff. BGB direkt erfüllen. Es ist deshalb unbedingt sicherzustellen, dass das individuelle Aushandeln rechtlich sauber und umfassend dokumentiert wird.

2. Beschränkungen des Sonderkündigungsrechts

Der Vermieter hat naturgemäß ein möglichst großes Interesse an der Beschränkung des Kündigungsrechts aus § 540 Abs. 1 Satz 2 BGB, um sich die Kontrolle über das Mietobjekt zu erhalten. Der **vertragliche Ausschluss** jeglicher Untervermietung durch Individualvereinbarung ist grds. zulässig.[2643] Fraglich ist nur, ob dies auch für Formularklauseln gilt. In der Literatur wird dies z.T. bejaht,[2644] z.T. verneint.[2645] Folgende Formularklausel zum Ausschluss des Sonderkündigungsrechts ist nach Ansicht des BGH wegen Verstoßes gegen § 9 AGBG (= § 307 BGB) unwirksam:[2646]

1709

> „Untervermietung oder sonstige Gebrauchsüberlassung an Dritte darf nur mit schriftlicher Einwilligung des Vermieters erfolgen. Diese Einwilligung kann widerrufen werden. Die Anwendung des § 549 Abs. 1 2. Hs. BGB (a.F.) ist ausgeschlossen."

Eines der Hauptargumente des BGH gegen die Klausel war das **freie Belieben des Vermieters**, mit dem dieser die Untervermietung untersagen wollte. Für die Vertragsgestaltung kann daraus der Schluss gezogen werden, dass Formularklauseln, die bereits von vornherein bestimmte sachliche Gründe anführen, wirksam sein könnten. Vorgeschlagen wird hier richtigerweise, dass die Verweigerungsgründe auf jeden für den Vermieter wichtigen Grund – auch außerhalb

1710

2641 BGH, 16.11.1990 – V ZR 217/89, NJW 1991, 843.
2642 BGH, 16.11.1990 – V ZR 217/89, NJW 1991, 843; OLG Hamm, NJW 1981, 1049; Lüth, NZM 2004, 241, 243 m.w.N.
2643 Ebenso Blank/Börstinghaus, § 540 Rn. 56.
2644 Weidenkaff, in: Palandt, § 540 Rn. 2.
2645 Bub, in: Bub/Treier, II Rn. 506; Blank/Börstinghaus, § 540 Rn. 56 für Mietverhältnisse auf unbestimmte Zeit m.w.N.
2646 BGH, 24.05.1995 – XII ZR 172/94, IBR 1995, 494 = NJW 1995, 2034 = ZMR 1995, 397 = BB 1996, 1463.

der Person des Dritten – ausgedehnt werden können.[2647] Es bleibt aber ein Restrisiko, sodass möglichst eine **individuelle Vereinbarung** getroffen werden sollte, wenn die Untervermietung generell und/oder das Sonderkündigungsrecht (§ 540 Abs. 1 Satz 2 BGB) ausgeschlossen werden soll.

1711   Die AGB-Klausel

„Ohne Zustimmung der Vermieterin darf die Mieterin die Mietsache weder ganz oder teilweise untervermieten oder ihren Gebrauch Dritten in anderer Weise überlassen. Insbesondere darf die Mietsache nicht zu einem Zweck benutzt werden, der den Interessen der Vermieterin entgegensteht."

hält der Inhaltskontrolle nach § 307 BGB stand; der Vermieter kann danach die Untervermietungserlaubnis verweigern, wenn die Untervermietung dazu führt, dass der Vermieter anderenfalls einen seiner weiteren Mieter als Untermieter an die Hauptmieterin verlieren würde.[2648]

1712   Die Regelung

„Untervermietung, Tausch oder anderweitige Gebrauchsüberlassung der gesamten Miethäume oder eines Teils davon sind ohne vorherige Zustimmung des Vermieters untersagt. Eine etwa gegebene Zustimmung gilt nur für den Einzelfall. Der Vermieter kann seine Zustimmung aus wichtigem Grund versagen oder widerrufen. Ein wichtiger Grund kann insbesondere in der Person des Untermieters oder in der Art des von ihm betriebenen Gewerbes liegen. Als vorab gestattet gilt die Untervermietung an den Bürgen, dessen Ehefrau und Kinder sowie Gesellschaften, an denen der Mieter mehrheitlich beteiligt ist.",

beinhaltet keinen Ausschluss des Sonderkündigungsrechts gem. § 540 Abs. 1 Satz 2 BGB.[2649]

> **Praxistipp:**
>
> Im Zweifelsfall sollten Untermietklauseln individuell verhandelt oder durch einen Spezialisten geprüft werden, da eine unwirksame Klausel zu dem unerwünschten Ergebnis eines Sonderkündigungsrechts des Mieters nach erfolgloser Erlaubnisanfrage führen kann.

1713   Eine andere Möglichkeit, die **„Waffe" des § 540 BGB zu entschärfen**, besteht darin, im Mietvertrag detailliert zu vereinbaren, zu welchem Zweck die Mietsache genutzt werden darf.[2650] Ist dies geschehen, muss der Vermieter einer Untervermietung nicht zustimmen, die zu einer anderen Nutzung des Objekts führt.[2651] Führt also die beabsichtigte Gebrauchsüberlassung an den Dritten zu einer Veränderung des Verwendungszwecks der Mietsache, so liegt in der Person des Dritten ein sachlicher Grund, die Zustimmung zu verweigern.[2652] Je genauer also der Mietzweck/Verwendungszweck im Vertrag definiert wird, desto mehr schützt sich der Vermieter vor

---

2647 Vgl. Schmitz, NZM 2003, 268 f.
2648 OLG Düsseldorf, 17.02.2005 – 10 U 144/04, NZM 2005, 421.
2649 OLG Düsseldorf, 02.08.2007 – I - 10 U 148/06, GuT 2008, 122.
2650 Mehrings, NZM 2009, 386, 392.
2651 BGH, 11.01.1984 – VIII ZR 237/82, NJW 1984, 1031 = BGHZ 89, 309 = MDR 1984, 571; KG, 11.10.2007 – 8 U 34/07, GuT 2008, 125 = IMR 2008, 161 = NZM 2008, 287 = ZMR 2008, 128; OLG Hamburg, 06.02.2002 – 4 U 145/99, GuT 2003, 91 = WuM 2003, 268 = ZMR 2003, 180; OLG Düsseldorf, 05.09.2002 – 24 U 207/01, GuT 2003, 55 = NZM 2003, 945 = WuM 2003, 136.
2652 Mehrings, NZM 2009, 386, 392.

§ 540 BGB. Dieser Aspekt könnte auch ein Argument dafür sein, den vollständigen (AGB-) Ausschluss der Untervermietung in AGB für unwirksam zu halten.[2653]

3. Sonstiges

Der **Wechsel von Mietern** ist vom Vermieter sorgfältig zu beobachten, da die „Beseitigung" einer einmal durchgeführten Untervermietung häufig nur prozessual durchzusetzen ist. Die – auch individualvertragliche – Vereinbarung mit dem Hauptmieter, im Fall der Untervermietung die im Hauptvertrag vereinbarte Miete nicht zu unterschreiten, verstößt gegen das Verbot der vertikalen Preisbindung aus § 14 GWB und ist deshalb gem. § 134 BGB nichtig.[2654] Klauseln, durch die der Mieter verpflichtet wird, den Vermieter bei Untermietersuche mitwirken zu lassen oder einen bestimmten Makler einzuschalten, unterliegen AGB-rechtlichen Bedenken.[2655] Gegen die Vereinbarung eines Untermietzuschlags, auch formularmäßig, ist jedoch nichts einzuwenden, da bereits ohne Vereinbarung der Zuschlag verlangt werden kann, wenn er angemessen ist. Zulässig ist auch die formularmäßige Vereinbarung, die Zustimmung zur Untervermietung davon abhängig zu machen, dass der Mieter die erzielte Untermiete abführt, soweit diese die Hauptmiete übersteigt.

1714

Formularmäßig vereinbart werden kann im Hauptmietvertrag Vermieter – Untervermieter auch eine **Vorausabtretung der Untermiete**, aufgrund derer dann der Vermieter einen direkten Anspruch gegen den Untermieter erwirbt.[2656] Eine mietvertragliche Klausel, wonach der Mieter die im Fall der Untervermietung entstehenden Forderungen auf Untermiete an den Vermieter i.H.v. dessen Mietforderungen zur Sicherheit abtritt, muss aber ausreichend bestimmt sein.[2657] Im Augenblick der Verabredung noch künftige Forderungen können nach §§ 398 ff. BGB grds. abgetreten werden, sofern die Rechtsgrundlage der Forderung bereits ausreichend bezeichnet werden kann, sodass die Forderung auch individuell bestimmbar ist; werden aber mehrere Forderungen derart im Voraus abgetreten, dass der Umfang dieser Forderungen mit dem Umfang der zu sichernden Forderung verknüpft ist, so muss dem Abtretungsvertrag genau und für jeden Stand der zu sichernden Schuld zu entnehmen sein, welche der abgetretenen Forderungen mit welchem Betrag jeweils auf den neuen Gläubiger übergegangen ist.[2658] Eine vertragliche Abrede, mit der bestimmt ist: *„Der Mieter tritt im Fall der Untervermietung ... im ganzen oder teilweise die Forderungen auf Zahlung des Untermietzinses ... dem Vermieter in Höhe von dessen Mietforderungen zur Sicherheit ab ..."*, genügt nicht dem Erfordernis der ausreichenden Bestimmbarkeit, wenn die Abtretung aller Untermietforderungen in ihrem Gesamtumfang vom jeweiligen Schuldbetrag der zu sichernden Mietforderung aus dem Hauptmietverhältnis abhängt, sodass der Gesamtumfang aller Abtretungen variabel ist und die Reihenfolge der Abtretungen nicht festgelegt wurde.[2659]

1715

2653 Mehrings, NZM 2009, 386, 392.
2654 Einzelheiten s. Schmitz, NZM 2003, 268, 269.
2655 Schmitz, NZM 2003, 268, 270.
2656 OLG Düsseldorf, 06.03.2008 – 24 U 181/07, IMR 2008, 237 = GuT 2008, 208.
2657 OLG Hamburg, 10.12.1997 – 4 U 98/97, ZMR 1999, 328 = NZM 1999, 806 = NJW-RR 1999, 1316.
2658 OLG Hamburg, 10.12.1997 – 4 U 98/97, ZMR 1999, 328 = NZM 1999, 806 = NJW-RR 1999, 1316 m.w.N. zur BGH-Rspr.
2659 OLG Hamburg, 10.12.1997 – 4 U 98/97, ZMR 1999, 328 = NZM 1999, 806 = NJW-RR 1999, 1316.

X. Arbeits- und Beratungshilfen

1. Schnellüberblick Grundsatz-Rechtsprechung des BGH

1716

Thema/Normen	Leitsatz	Entscheidung, Fundstelle
Untervermietung verweigert: Wann ist Kündigung rechtsmissbräuchlich?	Die Ausübung eines sich aus der unberechtigten Verweigerung der Erlaubnis zur Untervermietung ergebenden außerordentlichen Kündigungsrechts nach § 540 Abs. 1 Satz 2 BGB ist rechtsmissbräuchlich (§ 242 BGB), wenn dem kündigenden Hauptmieter bekannt ist, dass ein Mietinteresse der benannten Untermieter nicht besteht.	BGH, 11.11.2009 – VIII ZR 294/08, IMR 2010, 3 = InfoM 2010, 61
Verspätete Rückgabe: Untermieterlöse sind herauszugebende Nutzungen! §§ 546 Abs. 1, 292 Abs. 2, 987 Abs. 1, 100, 99 Abs. 3 BGB	Nach Rechtshängigkeit des Rückgabeanspruchs schuldet der Mieter im Rahmen der Herausgabe von Nutzungen nach §§ 546 Abs. 1, 292 Abs. 2, 987 Abs. 1, 99 Abs. 3 BGB auch die Auskehr eines durch Untervermietung erzielten Mehrerlöses. Dazu gehört auch eine „Entschädigung", die der Mieter von dem Untermieter als Abfindung für eine vorzeitige Beendigung des Untermietverhältnisses erhalten hat.	BGH, 12.08.2009 – XII ZR 76/08, IMR 2009, 341 = GuT 2009, 306 = NZM 2009, 701 = InfoM 2009, 329 vorhergehend: OLG Brandenburg, 17.08.2005 – 3 U 212/04, LG Potsdam, 17.11.2004 – 8 O 69/04
Mietrecht – Hemmung der Verjährung des Mietzins-Anspruchs durch Streitverkündung	Mindert der Untermieter die Miete und gibt der Mieter die Minderung an den Vermieter weiter, darf der wegen der Mietrückstände verklagte Mieter dem Untermieter den Streit verkünden. Die Streitverkündung hemmt die Verjährung der Mietzahlungsansprüche des Mieters gegen den Untermieter.	BGH, 11.02.2009 – XII ZR 114/06, IMR 2009, 158 = GuT 2009, 95 = InfoM 2009, 184 = NZM 2009, 358 = MDR 2009, 730
Unterverpachtungserlaubnis ggü. dem Unterpächter – Außerordentliche Kündigung wegen vertragswidriger Gebrauchsüberlassung an Dritten	1. Die dem künftigen Unterpächter gegenüber ausgesprochene Erlaubnis des Verpächters zu einer Unterverpachtung durch den Pächter an ihn wird nach den Grundsätzen über den Zugang von in Abwesenheit des Empfängers abgegebenen Willenserklärungen (§ 130 I 1 BGB) jedenfalls dann wirksam, wenn sie von dem (künftigen) Unterpächter dem Pächter zum Zwecke des Abschlusses des Unterpachtvertrags übermittelt wird.	BGH, 25.04.2008 – LwZR 10/07, NZM 2008, 728

X. Arbeits- und Beratungshilfen

§§ 543 Abs. 2 Satz 1 Nr. 2, 182 Abs. 1, 130 Abs. 1 BGB; § 553 BGB a.F.	2. Es bleibt offen, ob die außerordentliche Kündigung wegen vertragswidriger Gebrauchsüberlassung an einen Dritten nach § 543 II 1 Nr. 2 BGB voraussetzt, dass die Rechte des Vermieters dadurch in erheblichem Maße gefährdet worden sind oder – wie es vormals zu § 553 BGB a.F. angenommen wurde – die unrechtmäßige Gebrauchsüberlassung bereits für sich allein der wichtige, die außerordentliche Kündigung rechtfertigende Grund ist. (Leitsätze der Redaktion)	

2. Schnellüberblick aktuelle Rechtsprechung der Instanzgerichte

Thema/Normen	Leitsatz	Entscheidung, Fundstelle
Grundlose Verweigerung zur Untervermietung: Sonderkündigungsrecht	Darf der Vermieter die Nutzungsänderung und die Untervermietung nur aus wichtigem Grund verweigern und liegt ein solcher nicht vor, steht dem Mieter bei Weigerung des Vermieters ein Sonderkündigungsrecht zu (hier: Umwandlung der Filiale einer Buchhandlungskette in einen „Ein-Euro-Laden").	OLG Düsseldorf, 01.06.2010 – 24 U 32/10, IMR 2011, 60
Verweigerung der Erlaubnis zur Untervermietung durch Schweigen? § 540 BGB	Ein Sonderkündigungsrecht des Mieters aus § 540 Abs. 1 Satz 2 BGB besteht im Einzelfall nicht, wenn der Mieter zwar sämtliche personenbezogenen Daten des potenziellen Untermieters, nämlich dessen Namen, dessen Anschrift sowie dessen Beruf benennt, ohne jedoch anzukündigen, dass ein Schweigen des Vermieters innerhalb der gesetzten Frist als Verweigerung der Zustimmung gewertet werde.	KG, 11.10.2007 – 8 U 34/07, GuT 2008, 125 = IMR 2008, 161 = NZM 2008, 287 = ZMR 2008, 128.
§ 540 BGB Gewerberaummiete; Untervermietung; Nutzungsänderung, Baugenehmigung; Sonderkündigungsrecht	1. Wird die Beendigung des Mietverhältnisses – wie hier – auf mehrere Kündigungen gestützt, ist ein Feststellungsantrag schlüssig, wenn der Kläger ohne Festlegung auf eine bestimmte Kündigung allgemein die Feststellung begehrt, dass das Mietverhältnis seit einem bestimmten Zeitpunkt beendet ist. 2. Zur Berechnung des Gebührenstreitwerts der Feststellungsklage. 3. Die Regelung in einem gewerblichen Mietvertrag, „Untervermietung, Tausch oder anderweitige Gebrauchsüberlassung der gesamten Mieträume oder eines Teils davon sind ohne vorherige Zustimmung des Vermieters untersagt. Eine etwa gegebene Zustimmung gilt nur für den Einzelfall. Der Vermieter kann seine Zustimmung aus wichtigem Grund versagen oder widerrufen. Ein wichtiger Grund kann insbesondere in der Person des Untermieters oder in der Art des von ihm betriebenen Gewerbes liegen. Als vorab gestattet gilt die Untervermietung an den Bürgen, dessen Ehefrau und Kinder sowie Gesellschaften, an denen der Mieter mehrheitlich beteiligt ist.", beinhaltet keinen Ausschluss des Sonderkündigungsrechts gem. § 540 Abs. 1 Satz 2 BGB.	OLG Düsseldorf, 02.08.2007 – I-10 U 148/06, GuT 2008, 122

	4. Ein wichtiger Grund für die Versagung der Zustimmung ist gegeben, wenn der Mieter dem Untermieter einen weitergehenden Gebrauch einräumen will, als ihm selbst nach dem Mietvertrag gestattet ist.	
	5. Macht der Vermieter die erbetene Zustimmung zur Untervermietung von einer Bonitätsprüfung des Untermieters abhängig und lässt sich der Mieter hierauf ein, ist dem Vermieter nach Erhalt derselben eine angemessene Prüfungsfrist einzuräumen.	
Verweigerung der Untervermietungserlaubnis wegen drohender „Abwerbung" von Mietern im Bestand des Vermieters, §§ 540 Abs. 1 Satz 2 307 BGB; § 9 AGBG	Enthält der gewerbliche Mietvertrag die Klausel „Ohne Zustimmung der Vermieterin darf die Mieterin die Mietsache weder ganz oder teilweise untervermieten oder ihren Gebrauch Dritten in anderer Weise überlassen. Insbesondere darf die Mietsache nicht zu einem Zweck benutzt werden, der den Interessen der Vermieterin entgegensteht." kann der Vermieter die Untervermietungserlaubnis verweigern, wenn die Untervermietung dazu führt, dass der Vermieter andernfalls einen seiner weiteren Mieter als Untermieter an die Hauptmieterin verlieren würde. Die Klausel hält der Inhaltskontrolle stand. (Satz 2 des Ls. Von der Redaktion)	OLG Düsseldorf, 17.02.2005 – 10 U 144/04, NZM 2005, 421

3. Formulierungsvorschläge

a) Erlaubte Untervermietung

Formulierungsvorschlag: Erlaubte Untervermietung

> **Hinweis:**
> Die Gründe für eine Zustimmungsverweigerung werden hier auch über in der Person des Untermieters liegende Gründe ausgedehnt.

Untervermietung ist gestattet, wenn der Vermieter vorher eingewilligt hat. Der Vermieter muss nicht einwilligen, wenn schwerwiegende Gründe in der Person des Untermieters gegen eine Nutzung sprechen (auch mangelnde Solvenz), wenn die Art der beabsichtigten Nutzung dem bisherigen Vertragszweck oder der sonstigen Nutzung des Gebäudes entgegensteht oder wenn ähnliche Gründe vorliegen, die das Untermietverhältnis für den Vermieter unzumutbar machen. Solche Gründe sind z.B. eine auch nur mögliche Konkurrenzsituation zu einem anderen Unternehmen oder die Gefahr eines Widerrufs bestehender behördlicher Genehmigung durch die neue Nutzung.

Der Vermieter ist berechtigt, die Einwilligung von Bedingungen abhängig zu machen, sofern es sich dabei um sachliche Aspekte handelt. Ist die Netto-/Kaltuntermiete höher als die vom Mieter gezahlte Netto- bzw. Kaltmiete, kann der Vermieter vom Mieter verlangen, dass dieser ihm bis zu 50 % des übersteigenden Betrages als zusätzliche Miete zahlt.

Liegen Gründe vor, die den Fortbestand des Untermietverhältnisses für den Vermieter unzumutbar machen, kann er seine Einwilligung zur Untervermietung widerrufen.

Liegt eine Einwilligung des Vermieters nicht vor oder nutzt der Untermieter das Objekt vertragswidrig, kann der Vermieter vom Mieter verlangen, dass dieser dem Untermieter das Untermietverhältnis kündigt. Kommt der Mieter dem nicht unverzüglich nach Aufforderung durch den Vermieter nach, kann dieser das Mietverhältnis mit dem Mieter fristlos kündigen. Für diesen Fall wird dem Vermieter hiermit vom Mieter Vollmacht erteilt, das Untermietverhältnis für den Mieter zu kündigen.

Alternativ kann vereinbart werden:[2660]

Nach vorheriger schriftlicher Zustimmung durch den Vermieter kann der Mieter das Mietobjekt ganz oder teilweise und zur ausschließlichen Nutzung als Einzelhandelsfläche untervermieten oder unterverpachten.

Die Haftung der Mieterin für sämtliche Verpflichtungen aus diesem Vertrag bleibt im Fall jeder Art von Untervermietung unverändert bestehen.

Die Vermieterin kann die Zustimmung zur Untervermietung nur aus wichtigem Grund versagen. Ein wichtiger Grund ist insbesondere dann gegeben, wenn im Bereich der genehmigten Einzelhandelsfläche ein Untermietverhältnis begründet werden soll, das geeignet ist, die Einzelhandelsgenehmigungen für den Mietgegenstand zu gefährden oder wenn durch die Untervermietung eine Konkurrenzsituation zu einem anderen Mieter des Objekts entsteht.

b) Ausgeschlossene Untervermietung

Formulierungsvorschlag: Ausgeschlossene Untervermietung

> **Hinweis:**
>
> Entsprechend BGH, 24.05.1995 – XII ZR 172/94, IBR 1995, 494 = NJW 1995, 2034 = ZMR 1995, 397 ist von einer formularmäßigen Vereinbarung hier abzuraten.

Der Mieter ist nicht berechtigt, das Mietobjekt unterzuvermieten. § 540 Abs. 1 Satz 1 BGB (Sonderkündigungsrecht des Mieters bei verweigerter Zustimmung zur Untervermietung) wird ausdrücklich ausgeschlossen.

[2660] Vgl. BGH, 15.11.2006 – XII ZR 92/04, IMR 2007, 42 = GuT 2007, 19 = NZM 2007, 127 = InfoM 2007, 23 = MDR 2007, 261.

c) Untermietvertrag

1720 **Formulierungsvorschlag: Untermietvertrag**

> **Hinweis:**
> Auch im Untermietverhältnis ist bei Verträgen mit einer Dauer von mehr als einem Jahr immer die Schriftform des § 550 BGB zu beachten.

Untermietvertrag zwischen ..... (nachfolgend: Hauptmieter) und ..... (nachfolgend: Untermieter).

§ 1 Geltung des Hauptmietvertrages

Der Untermietvertrag besteht nach dem Willen der Parteien aus den Bestimmungen des Hauptmietvertrages vom ....., der diesem Untermietvertrag als Anlage ..... beigefügt ist, sofern diese Bestimmung nicht nachfolgend in § 2 geändert oder in § 3 ergänzt wurden. Der Untermieter hat nicht mehr Rechte, als der Hauptmieter aufgrund des Hauptmietvertrages gegenüber dem Vermieter hat. Der Hauptmieter hat nicht mehr Pflichten gegenüber dem Untermieter als gegenüber dem Vermieter.

§ 2 Änderungen des Hauptmietvertrages

§ ..... des Hauptmietvertrages wird abgeändert und lautet wie folgt: .....

§ ..... des Hauptmietvertrages wird ersatzlos gestrichen.

§ 3 Ergänzungen des Hauptmietvertrages

Ergänzend zum Hauptmietvertrag wird Folgendes vereinbart: .....

d) Nachtrag bzgl. Unterpacht zum Hauptpachtvertrag

1721 **Formulierungsvorschlag: Nachtrag bzgl. Unterpacht zum Hauptpachtvertrag**

Nachtrag Nr. ..... zum Pachtvertrag vom ..... über das Pachtobjekt in 44225 Dortmund, ... (Autohandel) zwischen ....., nachfolgend „Verpächter" genannt, und ....., nachfolgend „Pächter" genannt.

Die Parteien vereinbaren in Ergänzung des oben genannten Pachtvertrages Folgendes, wobei Einigkeit darüber besteht, dass es sich nicht um einen neuen Vertrag handelt, sondern der ursprüngliche Vertrag lediglich durch diesen Nachtrag ergänzt bzw. erweitert wird:

1. Dem Pächter wird einmalig eine Unterverpachtung nach Einwilligung des Verpächters gestattet, wobei sich die Parteien darüber einig sind, dass das äußere Erscheinungsbild als Porsche-Händler nach außen bestehen bleiben muss. Es besteht ferner Einigkeit, dass lediglich eine Unterverpachtung/Untervermietung im nicht störenden Kfz-Bereich zulässig ist. Eine weiter gehende Unterverpachtung ist ausdrücklich ausgeschlossen.

2. Ist die Netto-/Kalt-Unterpacht höher als die vom Pächter gezahlte Netto- bzw. Kalt-Pacht, kann der Verpächter vom Pächter – auch rückwirkend – verlangen, dass dieser

ihm 100 % des übersteigenden Betrages als zusätzliche Pacht zahlt. Der Pächter tritt dem Verpächter für den Fall der erteilten Einwilligung schon jetzt die ihm gegen den Unterpächter zustehenden Forderungen nebst Pfandrecht bis zur Höhe der Forderungen des Verpächters sicherungshalber ab. Mit seiner Unterschrift nimmt der Verpächter diese Abtretung an.

3. Sollte der Verpächter zur Umsatzsteuer optieren, hat der Pächter die gesetzliche Umsatzsteuer zu entrichten. Für diesen Fall hat er mit dem Unterpächter eine entsprechende Vereinbarung zu treffen.

4. Der Pächter hat mit dem Unterpächter schriftlich wirksam zu vereinbaren, dass die für den Pächter geltenden Verpflichtungen aus dem Pachtvertrag vom ..... auch für den Unterpächter gelten. Der Pächter hat zudem mit dem Unterverpächter Folgendes schriftlich zu vereinbaren: ..... Ein Verstoß hiergegen berechtigt den Verpächter, die Genehmigung zur Unterverpachtung zu verweigern oder zu widerrufen.

5. Der Pächter haftet dem Verpächter für Schäden, die nach dem Einzug des Unterpächters durch ihn, seine Mitarbeiter sowie die von ihm beauftragten Handwerker und Lieferanten, Besucher und sonstige Personen, die den Mieter aufsuchen, schuldhaft verursacht werden.

6. Liegen Gründe vor, die den Fortbestand des Unterpachtverhältnisses für den Verpächter unzumutbar machen, kann die Einwilligung zur Untervermietung widerrufen werden. Erfolgt ein Widerruf, kann der Verpächter vom Pächter verlangen, dass dieser dem Unterpächter das Unterpachtverhältnis kündigt. Kommt der Pächter dem nicht unverzüglich nach Aufforderung durch den Verpächter nach, kann dieser das Pachtverhältnis mit dem Pächter fristlos kündigen. Für diesen Fall wird dem Verpächter hiermit vom Pächter Vollmacht erteilt, das Unterpachtverhältnis für den Pächter zu kündigen.

7. Der Verpächter wird die Einwilligung zur Unterverpachtung binnen 14 Tagen nach Offenlegung des Unterpachtvertrag-Entwurfs schriftlich erteilen, sofern keine schwerwiegenden Gründe in der Person des Unterpächters gegen eine Nutzung sprechen (auch mangelnde Solvenz) und sofern nicht die Art der beabsichtigten Nutzung der o.g. Nutzung des Grundstücks entgegensteht und keine ähnlichen Gründe vorliegen, die das Untermietverhältnis für den Vermieter unzumutbar machen.

8. Die Parteien sind sich darüber einig, dass diese Nachtragsvereinbarung individuell ausgehandelt wurde.

Dortmund, ...

....
Verpächter Pächter

§ 19 Bürgschaft, Kaution, andere Sicherheiten und Vertragsstrafe

		Rn.
I.	Varianten der Sicherheitsstellung und Umfang der Absicherung	1722
II.	Kaution	1724
	1. Vertragliche Vereinbarung und Höhe der Kaution	1724
	2. Fälligkeit und Folgen der Nichtzahlung	1729
	3. Anlageverpflichtung des Vermieters und Vermögensbetreuungspflicht	1736
	4. Verwertung der Kaution	1745
	a) Nach Beendigung des Mietverhältnisses	1745
	b) Im laufenden Mietverhältnis	1746
	5. Wiederauffüllung und Anpassung der Kaution	1749
	6. Abrechnung und Rückzahlung der Kaution	1751
	7. Vermieterwechsel und Kaution	1756
	8. Pfändung der Kaution	1758
III.	Bürgschaften	1759
	1. Überblick	1759
	2. Risiken	1760
	3. Was sichert die Bürgschaft?	1761
	4. Formelle Voraussetzungen	1764
	5. Inhaltliche Risiken	1768
	a) Allgemeines	1768
	b) Bürgschaft auf erstes Anfordern	1769
	c) Übersicherung, Sittenwidrigkeit	1772
	6. Einreden	1773
	7. Ende des Mietverhältnisses/Herausgabe der Bürgschaftserklärung	1774
	8. Kündigung unbefristeter Bürgschaften durch den Bürgen	1777
IV.	Sonstige Sicherungsmöglichkeiten	1779
	1. Schuldbeitritt	1779
	2. Patronatserklärung	1783
	3. Vertragsstrafen	1790
V.	Verjährung und Verwirkung	1797
VI.	Gerichtsverfahren	1805
VII.	Streitwert	1807
	1. Allgemeines	1807
	2. Barkaution	1809
	3. Bürgschaft	1810
VIII.	Vertragsgestaltung	1811
	1. Kaution	1811
	2. Bürgschaft	1816
IX.	Arbeits- und Beratungshilfen	1818
	1. Schnellüberblick Grundsatz-Rechtsprechung des BGH	1818
	2. Schnellüberblick aktuelle Rechtsprechung der Instanzgerichte	1819
	3. Formulierungsvorschläge	1820
	a) Vertragsklausel Sicherheiten (Barkaution)	1820
	b) Vertragsklausel Sicherheiten (Bürgschaft)	1821
	c) Sparguthaben	1822
	d) Inanspruchnahme einer Bürgschaft	1823
	e) Harte Patronatserklärung	1824
	4. Checklisten	1825
	a) Mögliche Sicherheiten	1825
	b) Kaution	1826
	c) Bürgschaften	1827
	d) Basisvoraussetzungen eines Vertragsstrafenanspruchs	1828

I. Varianten der Sicherheitsstellung und Umfang der Absicherung

1722 Die Vereinbarung von Sicherheiten ist im Geschäftsraummietrecht üblich. Typisch sind die **Kaution** oder **Bürgschaften** in verschiedenen Varianten. In Betracht kommen aber auch die **Hinterlegung von Geld oder Wertpapieren**, die Abtretung oder Verpfändung von Forderungen (auch Lohn- und Gehaltsansprüche), insb. auch Bankguthaben (Formulierungsvorschlag Verpfändung Sparguthaben → *Rn. 1822*), die Hypothekenbestellung und die Verpfändung oder

Sicherheitsabtretung von Sachen, ferner Patronatserklärungen, Schuldbeitritt und Vertragsstrafen.

> **Praxistipp für Immobilienverwalter:**
> Wird bei Abschluss des Miet-/Pachtvertrages keine ausreichende Absicherung des Vermieters vorgenommen, droht im Insolvenzfall ein Regressanspruch des Vermieters, weil die Kenntnis der verschiedenen Sicherheitsvarianten zu den Pflichten einer ordnungsgemäßen Verwaltung gehört.

Bei wirksamer Vereinbarung werden folgende (berechtigte) **Forderungen des Vermieters** gesichert: 1723

- Alle Ansprüche aus dem laufenden Mietverhältnis.
- Alle Ansprüche aus der Abwicklung des Mietverhältnisses einschließlich der Nutzungsentschädigung und weiterer Schadensersatz aus § 546a BGB.

Dies ist umfassend zu verstehen, sodass auch **Nebenansprüche** wie z.B. Rechtsverfolgungskosten gesichert sind.[2661] Nicht vom Sicherungszweck umfasst sein soll der Anspruch auf Erstattung der Kosten der Rechtsverteidigung wegen unberechtigter gerichtlicher Inanspruchnahme durch den Mieter mit der Folge, dass dem Vermieter kein Zurückbehaltungsrecht an der Sicherheit nach § 273 BGB zusteht.[2662] Dies ist jedoch abzulehnen, da diese Forderung ursächlich aus dem Mietverhältnis stammt. Aufrechnen kann der Vermieter in diesen Fällen ohnehin immer.[2663] Erwirbt der Vermieter durch Abtretung oder anderweitig fremde Mietforderungen gegen den Mieter, sind diese durch die Sicherheit nicht abgedeckt, da sie nicht aus dem Mietverhältnis stammen.[2664]

II. Kaution

1. Vertragliche Vereinbarung und Höhe der Kaution

Anders als bei Wohnraum (§ 551 Abs. 2 BGB) fehlt für die Geschäftsraummiete eine gesetzliche Vorschrift zur Kaution, wie auch die Verweisungsvorschrift § 578 BGB zeigt. Faktisch bedeutet dies **größere Gestaltungsfreiheit**, v.a. bzgl. der grds. nicht begrenzten Höhe, aber auch hinsichtlich des zwingenden Erfordernisses, die Zahlung vertraglich zu regeln, da sonst kein Anspruch besteht. Die Kaution soll während und nach der Vertragslaufzeit alle Forderungen des Vermieters aus dem Mietverhältnis sichern. 1724

> **Praxistipp:**
> „Bargeld lacht", sagt der Volksmund. Auch im Zeitalter des Giralgeldes gilt dies nach wie vor, sodass Vermietern empfohlen werden sollte, eine Barkaution zu vereinbaren, wenn der

---

[2661] BGH, 08.07.1998 – XII ZR 32/97, NZM 1998, 766.
[2662] LG Duisburg, 18.05.2010 – 13 S 58/10, IMR 2010, 273 (Wohnraum).
[2663] Ähnlich Sternel, Mietrecht aktuell, III Rn. 183.
[2664] OLG Düsseldorf, 25.10.2007 – 8 U 49/07, ZMR 2008, 47.

> Mietmarkt dies zulässt. Alle anderen Formen der Sicherheitsleistung sind komplizierter und damit unsicherer.

1725 Frei vereinbar sind grds.
- die Kautionshöhe (auch mehr als drei Monatsmieten),
- der Zeitpunkt der Zahlung,
- die Verzinsung und Anlageform (oder deren Ausschluss) und
- die Möglichkeit der fristlosen Kündigung bei Nichtzahlung.

1726 **Maßstab** und **Grenze** sind letztlich § 307 BGB und § 138 BGB (Sittenwidrigkeit). Im Einzelfall ist daher zu untersuchen, ob das Sicherungsinteresse des Vermieters noch in Relation zur geforderten Absicherung steht. Ggü. Nichtkaufleuten gelten dabei strengere Anforderungen als zwischen Kaufleuten.

1727 Die **Höhe der Sicherheit**, die Gewerbemietparteien vereinbaren können, ist – anders als bei der Wohnraummiete (§ 551 BGB) – grds. nicht begrenzt.[2665] Generell können – auch durch AGB – mehr als drei Monatsmieten vereinbart werden.[2666]

§ 551 BGB mit seiner Begrenzung auf drei Monatsmieten ist bei **Mischmietverhältnissen** anzuwenden, wenn die Nutzung des Mietobjektes als Wohnraum überwiegt. Bei einer Kautionsabrede in einem Gewerbemietvertrag scheidet eine Nichtigkeit wegen Wucher (§ 138 Abs. 2 BGB) oder wegen wucherähnlichen Geschäfts zwar von vornherein aus, die Abrede kann aber unwirksam sein, wenn sie schikanös außerhalb eines nachvollziehbaren Sicherungsinteresses des Vermieters festgesetzt ist.[2667] Eine **7-fache Monatsmiete** ist bei einem längeren Gewerbemietverhältnis regelmäßig nicht als schikanös außerhalb eines nachvollziehbaren Sicherungsinteresses des Vermieters anzusehen.[2668]

1728 **Maßstab** und **Grenze** sind letztlich § 307 BGB (bei AGB-Vereinbarung) und § 138 BGB (Sittenwidrigkeit). Im Einzelfall ist daher zu untersuchen, ob das Sicherungsinteresse des Vermieters noch in Relation zur geforderten Absicherung steht. Die Beurteilung hat sich auch nach der Mietdauer zu richten. In einem sehr langfristigen Mietverhältnis sind daher auch höhere Sicherheiten zulässig. Ggü. Nichtkaufleuten gelten dabei strengere Anforderungen als zwischen Kaufleuten.

[2665] OLG Düsseldorf, 28.05.2009 – 10 U 2/095, IMR 2010, 97 = InfoM 2009, 431 = GE 2009, 431: fünf Monatsmieten durch AGB auch bei nur kurzer Vertragslaufzeit; OLG Brandenburg, 04.09.2006 – 3 U 78/06, IMR 2006, 147 = GuT 2006, 306 = InfoM 2007, 16 = NZM 2007, 402 = MDR 2007, 515: sieben Monatsmieten; OLG Frankfurt am Main, 27.10.2004 – 2 U 194/03, OLGR 2005, 195: sechs Monate; Geldmacher, DWW 2005, 270, 277; Blank, in: Schmidt-Futterer, § 551 Rn. 112: Grenze ist Sittenwidrigkeit; **a.A.** Moeser, Geschäftsraummiete, Kap. 12, Rn. 62 und Moeser, in: Lindner-Figura/Opreé/Stellmann, 2008, Kap. 12, Rn. 62: mehr als drei Monatsmieten nur durch Individualvereinbarung.

[2666] OLG Brandenburg, 04.09.2006 – 3 U 78/06, IMR 2006, 147 = GuT 2006, 306 = InfoM 2007, 16 = NZM 2007, 402 = MDR 2007, 515.

[2667] OLG Brandenburg, 04.09.2006 – 3 U 78/06, IMR 2006, 147 = GuT 2006, 306 = InfoM 2007, 16 = NZM 2007, 402 = MDR 2007, 515.

[2668] OLG Brandenburg, 04.09.2006 – 3 U 78/06, IMR 2006, 147 = GuT 2006, 306 = InfoM 2007, 16 = NZM 2007, 402 = MDR 2007, 515.

2. Fälligkeit und Folgen der Nichtzahlung

Der Zeitpunkt der Kautionszahlung ist grds. frei gestaltbar. Vereinbart werden kann deshalb – anders als bei Wohnraummiete und wirksam auch durch AGB[2669] – die Zahlung der vollen Kaution **vor Überlassung der Räume** oder mit Bezug. Leistet der Mieter die Kaution nicht vereinbarungsgemäß vor Beginn des Mietverhältnisses, so gerät der Vermieter mit der Überlassung des Mietobjekts in vertragsgemäßem Zustand nicht in Verzug.[2670] Der Vermieter darf die Kaution auch erst längere Zeit nach Mietvertragsschluss einfordern.[2671]

1729

Der Mieter hat **kein Zurückbehaltungsrecht** an der Kaution.[2672] Ob allein die Nichtzahlung der Kaution den Vermieter bereits vor Übergabe des Mietobjekts zur fristlosen Kündigung gem. § 543 Abs. 1 BGB berechtigt, hängt von den Umständen des Einzelfalls ab.[2673] Zahlt der Mieter nicht, stellt dies jedenfalls grds. einen **Grund für eine fristlose Kündigung** nach § 543 BGB dar, wenn sich der Vermieter selbst vertragstreu verhalten hat.[2674] Im Umkehrschluss heißt dies: keine Vertragstreue des Vermieters = kein Kündigungsrecht. Fehlende Vertragstreue des Vermieters liegt schon in der Übergabe eines mangelhaften Mietobjekts.[2675]

1730

> **Praxistipp:**[2676]
>
> Wer wegen Kautionsverzuges fristlos kündigt, wird sich darauf einstellen müssen, dass sich der Mieter auf Mängel beruft und das neue BGH-Urteil zitiert. Vorsichtige Vermieter werden dann zunächst nur auf Zahlung klagen. Wer mehr Risiko eingeht, wird versuchen, die Mängeleinreden als faule Ausreden bloßzustellen.

Die Kündigung kann nur innerhalb der Frist des § 314 Abs. 3 BGB ausgesprochen werden, die mit der Kenntniserlangung des Kündigungsgrunds durch den Vermieter zu laufen beginnt.[2677]

1731

Der vom BGH im Urt. v. 21.03.2007 entschiedene Fall betraf eine **Kündigung nach Anmahnung der Kaution**. Nach § 543 Abs. 3 BGB ist grds. eine Mahnung erforderlich. Ob auch so-

1732

2669 KG, 21.01.2008 – 12 W 90/07, IMR 2009, 8; OLG Düsseldorf, 14.11.2005 – I - 24 U 74/05, GuT 2006, 237. Zur Zulässigkeit der Zahlung der ersten Kautionsrate vor Übergabe bei Wohnraum vgl. LG Bonn, 01.04.2009 – 6 T 25/09.
2670 OLG Düsseldorf, 14.11.2005 – I - 24 U 74/05, GuT 2006, 237.
2671 LG Karlsruhe, 10.04.1992 – 9 S 224/91, WuM 1992, 367; Schmidt-Futterer/Blank, § 551 Rn. 66.
2672 BGH, 21.03.2007 – XII ZR 255/04, NZM 2007, 401= GuT 2007, 128 = IMR 2007, 180 und 181 = MDR 2007, 1126 (LS).
2673 BGH, 21.03.2007 – XII ZR 255/04, NZM 2007, 401= GuT 2007, 128 = IMR 2007, 180 und 181 = MDR 2007, 1126 (LS).
2674 BGH, 21.03.2007 – XII ZR 36/05, GuT 2007, 130 = NZM 2007, 400 = InfoM 2007, 175 und 217 = MDR 2007, 1009; OLG Düsseldorf, 25.03.2010 – 10 U 136/09; OLG Celle, 20.02.2002 – 2 U 183/01, NJW-RR 2003, 155; OLG München, 17.04.2000 – 3 W 1332/00, NJW-RR 2000, 1251; OLG Düsseldorf, 12.01.1995 – 10 U 36/94, NJW-RR 1995, 1100.
2675 BGH, 21.03.2007 – XII ZR 36/05, GuT 2007, 130 = NZM 2007, 400 = InfoM 2007, 175 und 217 = MDR 2007, 1009.
2676 Zitiert nach: InfoM 2007, 175 und 217.
2677 BGH, 21.03.2007 – XII ZR 255/04, GuT 2007, 130 = NZM 2007, 400 = InfoM 2007, 175 und 217 = MDR 2007, 1009.

fort ohne Mahnung gekündigt werden kann, hängt von den Umständen des Einzelfalls ab.[2678] Im Normalfall wird die Kündigung ohne Mahnung unzulässig sein.[2679] Eine einmalige Mahnung reicht jedenfalls aus. Wurde mehrfach gemahnt, kann ohnehin gekündigt werden.[2680] Formularvertraglich kann auf das Erfordernis einer Abhilfefrist nach § 543 Abs. 3 BGB nicht verzichtet werden.[2681]

> **Praxistipp:**
>
> Angesichts der o.g. Rechtsprechung sollte der Mieter möglichst schriftlich mit ausdrücklichem Hinweis auf die drohende Kündigung mindestens einmal gemahnt werden. Zu achten ist auf Zugangsnachweise (Bote, Einschreiben), damit ein späterer Kündigungsprozess nicht um die Zugangsfrage kreist.
>
> Es ist auch vertretbar, ohne Mahnung zu kündigen, wenn im Mietvertrag oder einer anderen Vereinbarung ein fester, kalendermäßig bestimmbarer Termin für die Zahlung bestimmt wird. Die ausbleibende Kautionsleistung lässt deutliche Rückschlüsse auf die Liquidität und/oder Zahlungsmoral des Mieters zu, sodass in einem solchen Fall, in dem gem. § 286 Abs. 2 Nr. 1 BGB automatisch Verzug eintritt, dem Vermieter ein Festhalten am Vertrag nicht mehr zumutbar ist. Wenn der Mieter hier nicht triftige Gründe für das Ausbleiben nennt, sollte Vermietern lieber ein Ende mit Schrecken als ein Schrecken ohne Ende empfohlen werden.

1733 Folge einer berechtigten Kündigung ist sodann, dass der Mieter, sofern er den Kündigungsgrund zu vertreten hatte, also in Verzug war, wegen sog. „Auflösungsverschuldens" den **Kündigungsschaden** zu ersetzen hat, der dem Vermieter in Gestalt der bis zum Ablauf der fest vereinbarten Vertragsdauer entgehenden Mieten entsteht.[2682]

1734 Der Anspruch auf Zahlung der Kaution besteht auch noch **nach Beendigung des Mietverhältnisses**,[2683] etwa nach fristloser Kündigung durch den Vermieter, solange das Mietobjekt noch nicht herausgegeben worden ist[2684] bzw. er fortbestehende Ansprüche gegen den Mieter schlüssig darlegen kann.[2685] Der Vermieter hat nach Beendigung des Vertrages grds. die Wahl, ob er die Kaution einklagt oder ob er die Zahlungsansprüche selbst klageweise geltend macht; beide Forderungen gleichzeitig einklagen kann er nicht.[2686]

2678 BGH, 21.03.2007 – XII ZR 255/04, GuT 2007, 128 = NZM 2007, 401 = IMR 2007, 180 und 181 = MDR 2007, 1126 (LS).
2679 So auch KG, 26.01.2006 – 8 U 128/05, NZM 2007, 41 m.w.N.
2680 OLG München, 17.04.2000 – 3 W 1332/00, NZM 2000, 908 = MDR 2000, 1006.
2681 KG, 26.01.2006 – 8 U 128/05, NZM 2007, 41 m.w.N.
2682 Vgl. BGH, 16.02.2005 – XII ZR 162/01, NZM 2005, 340 = ZMR 2005, 433 = MDR 2005, 618.
2683 OLG Düsseldorf, 20.01.2000 – 10 U 182/98, ZMR 2000, 212.
2684 LG Potsdam, 13.04.2004 – 3 O 101/03, NZM 2005, 303.
2685 OLG Düsseldorf, 09.03.2006 – 10 U 130/05, IMR 2007, 114.
2686 OLG Düsseldorf, 19.05.2005 – I-10 U 196/04, GuT 2006, 265 = NJOZ 2006, 4053.

> **Praxistipp:**
>
> Der Miet- oder Pachtvertrag kann aus Sicht des Vermieters unter die auflösende Bedingung (§ 158 Abs. 2 BGB) für den Fall der Nichtzahlung der Kaution gestellt werden (s. dazu → *Rn. 1811*).

Der Anspruch des Vermieters auf erstmalige Stellung der Mietsicherheit unterliegt der Regelverjährungsfrist von drei Jahren nach § 195 BGB. Die Verjährungsfrist beginnt gem. § 199 BGB am Schluss des Jahres, in dem der Kautionsanspruch fällig geworden ist (= das Jahr der Kautionsvereinbarung, wenn nichts anderes ausdrücklich geregelt ist) und zwar auch dann, wenn dieser Zeitpunkt vor Bezug der Miträume liegt.[2687] Der Verjährungsbeginn ist nicht bis zum Ende der Mietzeit hinausgeschoben,[2688] sodass die Stellung der Kaution auch im laufenden Mietverhältnis verjähren kann.[2689]

3. Anlageverpflichtung des Vermieters und Vermögensbetreuungspflicht

Eine durch Gesetz begründete Vermögensbetreuungspflicht in Bezug auf die Mietkaution scheidet bei der Gewerberaummiete aus. Dies gilt auch für eine analoge Anwendung der Vorschrift des § 551 Abs. 3 BGB auf gewerbliche Mietverhältnisse. Da der Gesetzgeber die Regelung bewusst nicht als allgemeine mietvertragliche Regelung ausgestaltet, sondern auf Mietverträge über Wohnraum beschränkt hat, fehlt eine Lücke, die im Wege einer Analogie geschlossen werden könnte.[2690] § 551 Abs. 3 BGB begründet also **nur für den Wohnraummieter** eine Vermögensbetreuungspflicht. Besteht aber eine entsprechende Vereinbarung zur gesonderten Anlage im gewerblichen Vertrag, muss der Vermieter dem nachkommen. Die bloße Vereinbarung einer Kaution als solche begründet keine Vermögensbetreuungspflicht.[2691] Anders ist dies bei einer ausdrücklichen mietvertraglichen Vereinbarung, die den Vertragsschließenden insoweit zu einer besonderen Vermögensfürsorge zugunsten des anderen Vertragspartners verpflichtet. In diesem Fall kommt eine **Strafbarkeit wegen Untreue gem. § 266 StGB** in Betracht, wenn die Kaution vertragswidrig mit dem Vermögen des Vermieters vermengt wird.[2692] Die StA ist dann zur Anklageerhebung verpflichtet.[2693]

1735

1736

> **Hinweis:**
>
> Wird dem Vermieter oder dessen Verwalter eine Kaution übergeben, darf diese keinesfalls anders als vereinbart verwendet werden, da strafrechtliche Konsequenzen wegen Untreue gem. § 266 StGB drohen. Es handelt sich nicht um ein „Kavaliersdelikt" und es muss sogar dann mit einer Strafverfolgung gerechnet werden, wenn der Mieter erklärt, er habe kein Interesse daran (Offizialdelikt!). Die Entscheidung des BGH v. 02.04.2008 ist kein Freibrief

---

2687 LG Darmstadt, 07.03.2007 – 4 O 529/06, IMR 2008, 51 = Info M 2007, 117.
2688 KG, 03.03.2008 – 22 W 2/08, GuT 2008, 126 = IMR 2008, 156 = InfoM 2008, 230.
2689 LG Darmstadt, 07.03.2007 – 4 O 529/06, NZM 2007, 801; LG Duisburg, 28.03.2006 – 13 S 334/05, NZM 2006, 774; a.A. LG Berlin, 26.11.2007 – 12 O 289/07.
2690 BGH, 02.04.2008 – 5 StR 354/07, IMR 2008, 217.
2691 BGH, 02.04.2008 – 5 StR 354/07, IMR 2008, 217.
2692 BGH, 02.04.2008 – 5 StR 354/07, IMR 2008, 217.
2693 OLG Zweibrücken, 08.03.2007 – 1 Ws 47/07, IMR 2007, 272.

> bei fehlender Kautionsanlageverpflichtung. Denn es kann eine Strafbarkeit wegen Betrugs nach § 263 StGB in Betracht kommen, wenn der Vermieter weiß, dass er die Kaution nicht zurückzahlen kann und sie trotzdem nicht von seinem Vermögen trennt.

1737 Durch die Entscheidung des BGH v. 02.04.2008 ist die frühere Rechtsprechung, nach der eine Kautionsabrede im Geschäftsraummietbereich dahin auszulegen war, dass der Vermieter zu einer **getrennten Anlage** des ihm treuhänderisch überlassenen Betrages verpflichtet ist, wenn vertraglich nichts anderes vereinbart wurde,[2694] obsolet geworden. Die Entscheidung des BGH, Urt. v. 21.09.1994,[2695] wurde in diesem Zusammenhang oft fälschlich als Beleg für eine Anlageverpflichtung zitiert, sie beschäftigt sich aber schwerpunktmäßig damit, dass die Kaution zu verzinsen ist und macht keine eindeutigen Vorgaben zur Anlageverpflichtung.

Nur bei besonderen Umständen wird man ohne ausdrückliche Absprache eine **konkludent vereinbarte** oder eine sich aus einer **ergänzenden Vertragsauslegung der Sicherungsabrede** gem. §§ 133, 157 BGB ergebende Anlagepflicht bejahen können, etwa wenn sich der Vermieter bei Vertragsschluss erkennbar bereits in finanziellen Schwierigkeiten befindet, da in solchen Fällen kein Grund ersichtlich ist, warum der Mieter bei der zwischen den Parteien bestehenden Treuhandvereinbarung das Insolvenzrisiko des Vermieters tragen soll.[2696] Dies muss dann aber auch vom Mieter erkannt werden, da es sonst an der erforderlichen übereinstimmenden Willenserklärung fehlt. Aus dem aus § 242 BGB folgenden **Gebot der Rücksichtnahme** auf den Vertragspartner bei Dauerschuldverhältnissen lässt sich zudem auch eine einseitige Pflicht des Vermieters zu einer pfändungssicheren Anlage ableiten, wenn dieser damit rechnen muss, dass die Kaution gepfändet werden könnte. Helfen wird dies dem Mieter im Ergebnis jedoch nur selten, denn wenn bereits beim Vermieter gepfändet wurde, muss sich der Mieter, der Auskehr der Kaution verlangt, womöglich in der „Gläubigerschlange" hinten anstellen.

1738 Die **Art der Anlage** der Kaution ist frei vereinbar. Üblich ist entweder die Einrichtung eines offenen Treuhandkontos (auf den Namen des Vermieters als Treuhänder, als Kautionskonto gekennzeichnet) oder eines auf den Namen des Mieters laufenden Sparkontos mit **Verpfändung des Guthabens** oder des Sparbuchs an den Vermieter. Bei der Mietsicherheit in Form der Verpfändung eines Sparguthabens zahlt der Mieter den als Mietsicherheit zu leistenden Betrag auf einem Sparbuch ein, das auf seinen Namen ausgestellt ist. Das Recht auf die Sparforderung wird sodann an den Vermieter verpfändet, wobei die Parteien sich über die Bestellung eines dinglichen Pfandrechtes geeinigt haben müssen. Wirksamkeitsvoraussetzung ist die Anzeige der Verpfändung durch den Mieter ggü. dem Kreditinstitut, die sich nicht auf eine Mitteilung

---

2694 OLG Nürnberg, 23.02.2006 – 13 U 2489/05, IMR 2006, 11 = GuT 2006, 230 = MDR 2006, 1100; OLG Frankfurt am Main, 29.05.1991 – 17 U 110/90, NJW-RR 1991, 1416 = WuM 1992, 320 = ZMR 1991, 340; KG, 01.10.1998 – 20 W 6592/98, NJW-RR 1999, 738 = NZM 1999, 376; OLG Düsseldorf, MDR 1983, 405; a.A. LG Stuttgart, ZMR 1997, 432 und LG Bonn, NJW-RR 1997, 1099. Vgl. auch OLG Düsseldorf, 27.10.2005 – I - 24 U 122/05, MDR 2006, 511, wonach der Vermieter eines fast sechs Monate vermieteten Pkw die Kaution nicht getrennt von seinem Vermögen anlegen muss und die – andere – Rechtslage bei Geschäftsräumen in vergleichender Betrachtung umfassend dargelegt wird.
2695 BGH, 21.09.1994 – XII ZR 77/93, WuM 1994, 2207 = NJW 1994, 3287.
2696 Ähnlich Kluth/Grün, NZM 2002, 1015.

des Verwendungszweckes beschränkt, sondern die Anzeige der Verpfändung und die Mitteilung des Pfandgläubigers einschließt.[2697]

Vereinbaren die Parteien nur, **dass** das Geld anzulegen ist, nicht aber **wie,** so obliegt die Entscheidung allein dem Vermieter/Verpächter, und er muss es noch nicht einmal insolvenzsicher, also getrennt von seinem Vermögen, anlegen. Ist eine solche **getrennte Anlage** hingegen vereinbart, kann der Mieter verlangen, dass der Vermieter vor der Zahlung ein gesondertes und den gesetzlichen Anforderungen genügendes Mietkautionskonto benennt und nachweist.[2698] Daraus resultiert, dass ein Zurückbehaltungsrecht ausnahmsweise vorliegt, wenn die Parteien ausdrücklich vereinbart haben, dass der Vermieter die Kaution getrennt von seinem Vermögen (also insolvenzfest) anzulegen hat – mit der Folge, dass kein Verzug des Mieters bei Nichtzahlung und damit auch kein Kündigungsgrund gem. § 543 BGB vorliegen kann. Dies hat der BGH zwar nur für die gesetzliche Vorschrift des § 551 Abs. 3 BGB für Wohnraum entschieden, es besteht aber im Ergebnis kein Unterschied, wenn sich die Pflicht zur getrennten Anlage nicht (auch) aus dem Gesetz, sondern nur aus dem Miet- oder Pachtvertrag ergibt.

1739

Zahlt der Mieter vereinbarungsgemäß die Mietkaution auf ein Sparkonto und übergibt er das Sparbuch sodann dem Vermieter, so liegt darin i.d.R. eine stillschweigende Abtretung des Auszahlungsanspruches; eine Verpfändung des **Sparbuchs** kann ohne ausdrückliche Vereinbarung nicht angenommen werden.[2699] Der Anspruch auf Rückerstattung der Kaution ist in diesem Fall grds. auf Herausgabe bzw. Pfandfreigabe und nicht auf Auszahlung gerichtet.[2700] Eine Aufrechnung scheidet daher aus, denn gem. § 387 BGB können nur Forderungen gegeneinander aufgerechnet werden, deren Gegenstand gleichartig ist, was bei auf Zahlung von Geld gerichteten Ansprüchen und dem Anspruch auf Herausgabe bzw. Pfandfreigabe gerichteten Anspruch des Mieters nicht der Fall ist.[2701]

1740

Kommt der Vermieter einer vereinbarten Anlagepflicht nicht nach, so kann der Mieter an der noch zu bezahlenden Restkaution ein Zurückbehaltungsrecht geltend machen.[2702]

Richtigerweise wird eine **Verzinsungspflicht**, die gesetzlich nicht vorgeschrieben ist, von der herrschenden Meinung bejaht.[2703]

1741

2697 OLG Nürnberg, 15.05.1998 – 8 U 4293/97; LG Berlin, 12.01.2010 – 65 S 271/09; Blank, in: Blank/Börstinghaus, § 551 Rn. 4.
2698 BGH, 13.10.2010 – VIII ZR 98/10, IMR 2010, 503 = NZM 2011, 28; Blank, in: Schmidt-Futterer, § 551 BGB Rn. 77; a.A. LG Berlin, 13.06.1988 – 61 S 429/87, WuM 1988, 266; v. Martius, in: Bub/Treier, Kap. III Rn. 791: Anlagepflicht erst nach Erhalt der Kaution in bar oder Überweisung auf das Vermieterkonto.
2699 AG Dortmund, 17.01.2006 – 125 C 13588/05, WuM 2006, 251 = InfoM 2007, 162; LG Dortmund, 05.12.2006 – 1 S 23/06, WuM 2007, 73 = InfoM 2007, 162.
2700 KG, 03.06.2010 – 12 U 164/09, GuT 2010, 225 = IMR 2010, 432; Peitz/Leo, in: Lindner-Figura/Oprée/Stellmann, Kap. 16, Rn. 292; Blank, in: Schmidt-Futterer, § 551 Rn. 105.
2701 KG, 03.06.2010 – 12 U 164/09, GuT 2010, 225 = IMR 2010, 432.
2702 OLG Nürnberg, 23.02.2006 – 13 U 2489/05, IMR 2006, 11 = GuT 2006, 230 = MDR 2006, 1100.
2703 BGH, 21.09.1994 – XII ZR 77/93, WuM 1994, 2207 = NJW 1994, 3287; OLG Düsseldorf, 14.01.1993 – 10 U 207/91, NJW-RR 1993, 709 = ZMR 1993, 219.

> **Praxistipp:**
> Trotz der vorgenannten Rechtsprechung sollten Mieter darauf bestehen, dass eine Anlage- und Verzinsungspflicht im Mietvertrag festgeschrieben werden.

1742 Die anfallenden **Zinsen** erhöhen die Sicherheit und sind dem Mieter zuzurechnen. Wenn der Vermieter nicht verzinsen will, kann er dies – auch formularmäßig – ausschließen, wobei allerdings der wirkliche Sinn einer solchen Vereinbarung schleierhaft ist.

> **Hinweis:**
> Zinsen unterliegen der Kapitalertragsteuer.[2704]

1743 Der Mieter hat gegen den Vermieter einen **Auskunftsanspruch**, ob die Kaution angelegt wurde, der auch klageweise durchsetzbar ist. Ein **Zurückbehaltungsrecht** an der Mietzahlung, um den Vermieter zur Auskunft zu zwingen, besteht aber nicht, wenn nicht nachgewiesen wird, dass die Gefahr des Kautionsverlustes besteht.[2705]

1744 Bei **Insolvenz des Vermieters** ist der Insolvenzverwalter verpflichtet, die Kaution zurückzuzahlen, wenn der Schuldner (= Vermieter) sie pflichtgemäß treuhänderisch (= von seinem Vermögen getrennt) angelegt hatte; anders ist es, wenn der Schuldner die Pflicht nicht erfüllt hatte.[2706] Sofern der Mieter nicht für die insolvenzfeste Anlage der Kaution durch den ursprünglichen Vermieter sorgt und dieser in die Insolvenz gerät, so soll dessen Rechtsnachfolger nicht den (vollen) Kautionsbetrag erstatten müssen.[2707]

4. Verwertung der Kaution

a) Nach Beendigung des Mietverhältnisses

1745 Die Kaution hat regelmäßig den Zweck, Ansprüche des Vermieters aus dem Miet- oder Pachtvertrag abzusichern (zum konkreten Umfang Rn. 1723). Hat der Vermieter nach Vertragsende noch ein Sicherungsinteresse, weil er noch Forderungen aus dem Miet- oder Pachtverhältnis hat, darf er die Kaution im Wege der Aufrechnung verwerten. Der Vermieter entscheidet frei, ob und in welcher Weise er die Kaution zur Abdeckung seiner Ansprüche verwenden will.

b) Im laufenden Mietverhältnis

1746 Vom Grundsatz her ist die Möglichkeit des Zugriffs auf die Kaution durch den Vermieter während des laufenden Mietverhältnisses wegen des vereinbarten Sicherungszwecks klar, in Einzelheiten aber in Literatur und Judikatur umstritten. Zu unterscheiden ist, ob der Miet- oder Pachtvertrag eine Regelung dazu enthält oder nicht.

2704 Einzelheiten vgl. Schreiben des Bundesministers der Finanzen v. 26.10.1992, IV B 4-S2000-252/92, BStBl. I 1992, S. 965 und v. 09.05.1994, IX B4-S2252-276/94.
2705 AG Bad Oldesloe, 15.05.2002 – 2 C 566/01, NZM 2002, 1027; vgl. auch LG Darmstadt, NZM 2002, 19 = NJW-RR 2002, 155; LG Kiel, 29.10.1987 – 1 T 112/87, WuM 1988, 266.
2706 LG Berlin, 19.06.2006 – 62 S 33/06, GE 2006, 1481 = InfoM 2007, 95.
2707 LG Braunschweig, 22.12.2009 – 6 S 60/09, IMR 2010, 333.

Regelt der Mietvertrag eine Berechtigung des Vermieters, sich schon während der Mietzeit aus der Kaution zu befriedigen und anschließend die Wiederauffüllung der Kaution fordern zu dürfen, ist dies zulässig. Auch wenn dies in Form einer **AGB-Klausel** vereinbart wird, liegt keine unangemessene Benachteiligung des Mieters i.S.v. § 307 BGB vor.[2708] Eine solche Klausel ist grds. auch nicht überraschend i.S.v. § 305c BGB, da keine gesetzliche Vorschrift im gewerblichen Bereich existiert, von der der Mieter als Normalfall ausgehen könnte. Voraussetzung für eine Verwertung ist aber, dass sich der Mieter mit der Zahlung der Vermieterforderung in Verzug befinden muss, da ihm die Chance gegeben werden soll, die Kaution unangetastet zu lassen.[2709]

Enthält der Miet- oder Pachtvertrag keine Regelung, werden verschiedene Ansichten vertreten:[2710]

- Zugriff jederzeit möglich, da die Verwertung der Kaution während der Mietzeit durch die gesetzlichen Regelungen in keiner Weise beschränkt sei.[2711]
- Verrechnung/Aufrechnung erst zulässig bei (absehbarem) Vertragsende.[2712]
- Verrechnung nur mit rechtskräftig festgestellten oder unstreitigen Forderungen.[2713]
- Verrechnung nur, wenn der Mieter eine offensichtlich begründete Forderung mutwillig bestreitet.[2714]
- Verrechnung nur, wenn im Interesse des Mieters.[2715]

Bis auf OLG Karlsruhe[2716] sind sämtliche vorgenannten Meinungen, die sich i.Ü. auf Wohnraummiete beziehen, abzulehnen. Der Vermieter hat ein **uneingeschränktes Verwertungsrecht** auch im laufenden Mietverhältnis, weil das Treuhandverhältnis zwischen ihm und dem Mieter auf der einen Seite die Anlageverpflichtung zum Schutz des Mietergeldes bedingt, diesem aber dann auch andererseits ein Schutz des Vermietergeldes in Form der Verwertungsbefugnis als Äquivalent zur Verfügung stehen muss. Zudem kann jede Kautionsvereinbarung problemlos so ausgelegt werden, dass die Parteien übereinstimmend von einer jederzeitigen Berechtigung des Vermieters ausgehen, begründete Forderungen aus der Kaution zu befriedigen; wollen die Parteien dies zeitlich einschränken, ist eine einschränkende Vereinbarung erforderlich.

1747

Hat sich der Vermieter **unberechtigt** aus der Kaution bedient, kann der Mieter aus § 280 Abs. 1 BGB (ggf. auch aus § 823 Abs. 2 BGB i.V.m. § 266 StGB) auf Rückzahlung des Betrages auf das Kautionskonto klagen; eine Klage auf Zahlung direkt an sich – den Mieter – wäre unbe-

1748

2708 OLG Karlsruhe, 02.07.2004 – 1 U 12/04, NZM 2004, 742 = MDR 2005, 85.
2709 BGH, 12.01.1972 – VIII ZR 26/71, WuM 1972, 335.
2710 Einzelheiten bei Kluth/Grün, NZM 2002, 1015.
2711 OLG Karlsruhe, 02.07.2004 – 1 U 12/04, NZM 2004, 742 = MDR 2005, 85; a.A. Sternel, Mietrecht aktuell, Rn. III 185: zulässig nur für unstreitige Forderungen.
2712 Blank/Börstinghaus, § 550b Rn. 37.
2713 AG Neuss, 07.12.2001 – 34 C 4727/01, NZM 2002, 1027; LG Mannheim, NJWE-MietR 1996, 219 = WuM 1996, 269; Sternel, Mietrecht aktuell, Rn. III 184.
2714 Palandt/Putzo, Vorbem. § 535 Rn. 91; Sternel, Mietrecht aktuell, Rn. III 184.
2715 LG Mannheim, 20.03.1996 – 4 S 123/95, NJWE-MietR 1996, 219 = WuM 1996, 269; Blank/Börstinghaus, § 550b Rn. 34.
2716 OLG Karlsruhe, 02.07.2004 – 1 U 12/04, NZM 2004, 742 = MDR 2005, 85.

gründet, solange das Mietverhältnis noch läuft und der Vermieter den Anspruch auf Kautionsstellung hat.

5. Wiederauffüllung und Anpassung der Kaution

1749 Verrechnet der Vermieter berechtigt die Kaution, kann er vom Mieter verlangen, dass sie **wieder aufgefüllt** wird, da er einen Anspruch auf die Kaution in der vollen vereinbarten Höhe hat. Praktisch bedeutet dies, dass der Vermieter den Mieter während eines laufenden Vertrages entweder direkt auf eine geforderte Zahlung verklagen oder diese mit der Kaution verrechnen und deren Auffüllung einklagen kann. Der Mieter hingegen kann vor Ende der Vertragszeit nicht wirksam mit eigenen Forderungen aufrechnen. Der Wiederauffüllungsanspruch besteht auch noch nach Beendigung des Mietverhältnisses.[2717]

1750 Ohne besondere Vereinbarung hat der Vermieter grds. keinen Anspruch auf **Erhöhung** und der Mieter keinen Anspruch auf **Verringerung der Kaution** während des Mietverhältnisses. Erhöht oder senkt sich z.B. die Miete durch Vereinbarung der Parteien, ohne dass sie auch die Kaution mit einbeziehen und fehlt eine **Anpassungsklausel** im Mietvertrag, so bleibt die Kaution wie sie ist. **Ausnahme**: krasse Änderungen, die gem. § 242 BGB ein zusätzliches Sicherungsbedürfnis des Vermieters begründen, etwa erhebliche Flächenerweiterungen mit entsprechender Änderung der Miethöhe. Liegt ein **unbehebbarer Mangel der Mietsache** vor (Bsp.: Flächenminus von mehr als 10 %), durch den die Miete von vornherein und auf Dauer gemindert ist, so hat der Mieter auch einen Anspruch auf entsprechende Herabsetzung der Mietkaution.[2718] D.h.: bei mehr als 10 %iger Flächenabweichung (→ *Rn. 2135 ff.*) kann der Mieter die Kaution immer anteilig kürzen und gem. § 812 Abs. 1 Satz 1, 1. Alt. BGB die Überzahlung zurückfordern. Bei nur vorübergehenden Mängeln ist dies gänzlich ausgeschlossen.

6. Abrechnung und Rückzahlung der Kaution

1751 Der Vermieter hat nach Ende des Mietverhältnisses die Kaution abzurechnen und kann sie, wenn er noch Forderungen hat, durch Aufrechnung verwerten. Die Kaution ist grds. erst dann zurückzuzahlen, wenn feststeht, dass der Vermieter keine Ansprüche mehr hat; erst dann tritt **Fälligkeit des Rückzahlungsanspruchs** ein. Fällig wird der Anspruch des Mieters auf Rückzahlung der Kaution also nicht bereits im Zeitpunkt der Beendigung des Mietverhältnisses. Eine gesetzlich geregelte oder allgemeingültige Abrechnungsfrist besteht nicht. Nach ständiger Rechtsprechung des BGH ist dem Vermieter eine **angemessene Frist** zur Abrechnung einzuräumen, deren Umfang von den jeweiligen Umständen des Einzelfalles abhängig ist, weil sich nur anhand der Umstände des Einzelfalles beurteilen lässt, welche Frist angemessen ist.[2719] Diese können so beschaffen sein, dass **mehr als sechs Monate** für den Vermieter erforderlich und dem Mieter zumutbar sind.[2720] Kann der Vermieter schnell abwickeln, ist er auch gehalten, dies

---

[2717] OLG Düsseldorf, 19.05.2005 – I - 10 U 196/04, GuT 2006, 265 = NJOZ 2006, 4053.
[2718] BGH, 20.07.2005 – VIII ZR 347/04, NZM 2005, 699 = WuM 2005, 573 = ZMR 2005, 854 = InfoM 2005, 234 = NJW 2005, 2773 (Wohnraum).
[2719] BGH, 18.01.2006 – VIII ZR 71/05 (LG Berlin), NZM 2006, 343 = IMR 2006, 3 = MDR 2006, 1100 m.w.N.; AG München, 29.07.2010 – 474 C 14984/10, IMR 2010, 470 (jeweils Wohnraum).
[2720] BGH, 18.01.2006 – VIII ZR 71/05 (LG Berlin), NZM 2006, 343 = IMR 2006, 3 = MDR 2006, 1100 (Wohnraum).

zu tun. Hat er aber erheblichen Aufwand (Aufklärungsbedarf, Kosten durch Zwischenmaßnahmen etc.), so kann sich die Auszahlung verzögern. Im Einzelfall können nach der Übergabe deutlich mehr als sechs Monate bis zum Eintritt der Fälligkeit vergehen. Solange nicht geklärt ist, ob der Vermieter einen Schadensersatzanspruch gegen den Mieter geltend machen kann, wird der Anspruch auf Kautionsrückzahlung nicht fällig.[2721]

Ein Standardfall ist auch die noch nicht erstellte **Betriebskostenabrechnung** bei Auszug. Dem Vermieter ist eine angemessene Frist zur Abrechnung einzuräumen, deren Umfang von den jeweiligen Umständen des Einzelfalls abhängig ist. Es ist eine Abrechnungsfrist zu gewähren, die es ermöglicht, eine Nebenkostenabrechnung in die Kautionsabrechnung einzustellen, sofern diese in zumutbarer zeitlicher Nähe erstellt wird, auch wenn sich in den zurückliegenden Jahren jeweils Guthaben für den Mieter ergeben haben.[2722] Daher kann der Vermieter die Kaution grds. bis zur nächsten turnusmäßigen Abrechnung einbehalten, da eine Zwischenabrechnung oft mangels Vorliegen von Belegen noch gar nicht möglich ist und diese zudem Kosten durch erhöhten Verwaltungsaufwand verursacht. Im Normalfall kann also **bis zu einem Jahr** vergehen, da diese i.d.R. dem Abrechnungszeitraum entspricht.[2723] Eine Abrechnungsfrist von drei Monaten ist zu kurz.[2724] 33 Monate sind auf jeden Fall zu lang.[2725]

1752

Der Grundsatz, dass bis zur nächsten turnusmäßigen Abrechnung gewartet werden kann, gilt aber nicht uneingeschränkt: der Vermieter darf nur einen angemessenen Teil der Mietkaution bis zum Ablauf der ihm zustehenden Abrechnungsfrist einbehalten, wenn eine Nachforderung zu erwarten ist.[2726] Was „angemessen" ist, hängt vom Einzelfall ab, insb. davon, ob der Mieter schon in der Vergangenheit nachzahlen musste. Dieser Betrag stellt dann den mindestens einzubehaltenden Betrag dar. Der Vermieter ist also verpflichtet, die **Kaution z.T. auszuzahlen**, wenn abschätzbar ist, dass die Nachzahlungen deutlich unter der Kautionssumme liegen werden. Die Anforderungen an den Vermieter dürfen dafür aber nicht überspannt werden. Liegen bspw. nur zwei frühere Betriebskostenabrechnungen mit Guthaben vor, folgt daraus kein Automatismus für die kommende Abrechnung.

1753

> **Praxistipp:**
> Vermieter und Verwalter sollten grds. von einer groben Abrechnungsfrist von ca. sechs Monaten für die volle Kaution ausgehen und darüber hinaus anteilig auszahlen und begründen, warum der Einbehalt erfolgt.

Gibt der Vermieter die Kaution trotz einer (womöglich unerkannten) Forderung vorbehaltlos heraus, stellt sich die Frage, ob dann spätere Forderungen aufgrund eines negativen **deklaratorischen Schuldanerkenntnisses** ausgeschlossen sind. Grds. gilt: für die Annahme eines

1754

2721 LG Köln, 20.09.2006 – 10 S 78/5, InfoM 2007, 110: mehr als 2 1/2 Jahre Verzögerung wegen einer eigenmächtig ausgebauten Küche.
2722 AG München, 29.07.2010 – 474 C 14984/10, IMR 2010, 470.
2723 AG Wiesbaden, 10.10.2005 – 93 C 349/05, NZM 2006, 180 (Wohnraum).
2724 AG München, 29.07.2010 – 474 C 14984/10, IMR 2010, 470.
2725 OLG Düsseldorf, 19.06.2007 – 24 U 55/07, IMR 2008, 271.
2726 BGH, 18.01.2006 – VIII ZR 71/05 (LG Berlin), NZM 2006, 343 = IMR 2006, 3 = MDR 2006, 1100 (Wohnraum).

Schuldanerkenntnisses genügt es nicht, dass der Schuldner die Rechnung vorbehaltlos zahlt; es müssen vielmehr weitere Umstände hinzutreten, die einen solchen Schluss rechtfertigen.[2727] Im Mietrecht werden solche Umstände allerdings häufig bejaht.[2728] Dennoch ist eine solche Annahme als Ausnahmefall von der Regel, dass die Erklärung eines negativen deklaratorischen Schuldanerkenntnisses oder eines Verzichts normalerweise nicht gewollt ist, restriktiv zu handhaben.

Zahlt der Vermieter eine Kaution ohne Vorbehalt zurück, so liegt darin ein **schlüssiger Verzicht auf mögliche Schadensersatzansprüche**, die der Vermieter bereits hätte geltend machen können.[2729] Dies wird man aber insoweit einschränken müssen, dass die Ansprüche zum Zeitpunkt der Rückzahlung für den Vermieter erkennbar waren.

1755   Ein **Aufrechnungsverbot**, wonach die Aufrechnung des Mieters mit anderen als anerkannten oder rechtskräftig festgestellten Forderungen ausgeschlossen ist, ist auch auf den Kautionsrückzahlungsanspruch anzuwenden, wenn die Gegenforderungen des Mieters weder anerkannt noch unstreitig oder rechtskräftig festgestellt sind.[2730]

7. Vermieterwechsel und Kaution

1756   Wird ein vermietetes Objekt verkauft, tritt der Käufer nach §§ 566a, 578 BGB auch in die Kautionsvereinbarung ein, und der ehemalige Vermieter muss dem neuen Eigentümer die Kaution aushändigen. Voraussetzung ist aber, dass der frühere Vermieter die Kaution überhaupt erhalten hat. S. dazu ausführlich → *Rn. 2645 ff.*

1757   Wird das Mietobjekt unter **Zwangsverwaltung** gestellt, tritt der Zwangsverwalter in die Stellung des Vermieters ein. Der Mieter kann deshalb mit einer Kautionsforderung gegen seinen „Ex"-Vermieter ggü. den Mietforderungen des Zwangsverwalters aufrechnen. S. dazu ausführlich → *Rn. 2901 ff.*

8. Pfändung der Kaution

1758   In Zeiten ständig wachsender Zahlungsunfähigkeiten werden Vermieter immer häufiger damit konfrontiert, dass „ihre" Kaution gepfändet werden soll. Selbstverständlich muss auch ein Gläubiger des Mieters an diese Pfändungsmöglichkeit denken, um seine Forderung zu realisieren. Erfolgt eine normale Pfändung, behält der Vermieter **als Drittschuldner** alle Einwendungen, die er vor der Pfändung ggü. dem Mieter hatte (vgl. §§ 829, 835, 836, 840 ZPO; §§ 551, 406 BGB). Der Vermieter kann sich daher darauf berufen, dass die Kaution der Sicherung seiner Mietforderungen dient und zudem ein Rückzahlungsanspruch noch nicht fällig ist. Falls Aufrechnungsmöglichkeiten bestehen, kann der Vermieter analog § 406 BGB die Aufrechnung erklären. Ist über das Mietervermögen im laufenden Mietverhältnis das Insolvenzverfahren er-

---

2727   BGH, 11.11.2008 – VIII ZR 265/07, InfoM 2009, 298.
2728   OLG München, 14.07.1989 – 21 U 2279/89, NJW-RR 1990, 20 betr. Ersatzansprüche wegen Beschädigungen; AG Tiergarten, 16.05.2007 – 4 C 592/06, GE 2007, 855 betr. Nachzahlung Heizkosten; AG Berlin Tempelhof-Kreuzberg, 18.01.2006 – 5 C 194/05, MM 2007, 183 betr. Nebenkosten-Rückstände.
2729   OLG München, 14.07.1989 – 21 U 2279/89, NJW-RR 1990, 20.
2730   OLG Düsseldorf, 17.06.2004 – I-10 U 145/03, GuT 2004, 156.

öffnet worden, muss die Kaution ebenfalls grds. nicht herausgegeben werden. Ist das Mietverhältnis beendet, kann der Vermieter gegen den Anspruch des Mieters auf Kautionsrückzahlung mit Gegenforderungen aufrechnen, § 94 InsO, weil die Kaution eine **Masseverbindlichkeit** darstellt, aus der sich der Vermieter vorab befriedigen kann.

> **Praxistipp für Immobilienverwalter:**
> Werden Zwangsvollstreckungsmaßnahmen von der Gegenseite eingeleitet oder auf der eigenen Seite erforderlich, sollte immer sofort ein Anwalt beauftragt werden, da dessen Mitarbeiter (Rechtsanwaltsfachangestellte) diese Maßnahmen i.d.R. schneller und effektiver abarbeiten können. Hat der Verwalter viel eigenen Bedarf, kann es sich lohnen, eine Rechtsanwaltsfachangestellte selbst einzustellen.

III. Bürgschaften

1. Überblick

Die Stellung von Bürgschaften (§§ 765 ff. BGB) als Sicherheitsleistung ist unter Geschäftsleuten durchaus üblich, um eine **höhere Liquidität** zu gewährleisten. Bürgen sind i.d.R. die Banken, mit denen zusammengearbeitet wird, oder Versicherungsunternehmen, bei juristischen Personen oft auch die Gesellschafter als persönlich Haftende. Grds. bestehen auch hier Beschränkungen nur durch sittenwidrige Vereinbarungen und die §§ 305 ff. BGB. Die Beschränkungen aufgrund der §§ 305 ff. BGB sind risikoträchtig, da die Rechtsprechung zur Bürgschaft mittlerweile nahezu unüberschaubar geworden ist. Eine Bürgschaft zu akzeptieren ist damit für den Vermieter nie gleichrangig mit Bargeld, was Berater bei der Vertragsgestaltung besprechen sollten. 1759

> **Praxistipp:**
> Um flexibel zu bleiben, empfiehlt es sich deshalb auch nicht, im Mietvertrag ein Muster der Bürgschaft festzuschreiben. Kommt aber nur eine Bürgschaft in Betracht, sollte der Vertrag ein Muster vorgeben, damit es keine Diskussionen über den Inhalt gibt.

> **Hinweis:**
> Die obigen Ausführungen zur Kaution bzgl. Fälligkeit, Rückgabe etc. gelten entsprechend für **Bürgschaften**. Es macht hier keinen Unterschied, ob Bargeld oder eine Bürgschaftsurkunde übergeben wird.

2. Risiken

Risiken von Bürgschaften als Sicherungsmittel liegen z.B. in folgenden Bereichen: 1760

- **Zahlt der Bürge nicht**, muss er evtl. vom Vermieter verklagt werden, was eine zweite Front eröffnet.

- **Unklarheiten** bzgl. des Umfangs der durch die Bürgschaft gesicherten Forderungen gehen zulasten des Gläubigers.[2731] Hier sollte die Sicherung **aller** Forderungen aus dem Mietverhältnis vereinbart werden (aber AGB-Risiko).
- Eine **formularmäßige Globalbürgschaft** (= Sicherung aller mietvertraglichen Ansprüche) verstößt u.U. gegen die §§ 305 ff. BGB.
- Der Bürge kann eine **auf unbestimmte Zeit übernommene Bürgschaft** unter bestimmten Voraussetzungen **kündigen**, z.B. wenn es sich um einen ausscheidenden Gesellschafter handelt, dessen Position einziger Anlass für die Übernahme der Bürgschaft war.[2732]
- Der Vermieter kann nicht nach § 215 BGB **aufrechnen**, obwohl die durch die Bürgschaft gesicherte Forderung verjährt ist.[2733] Bei einer Barkaution könnte der Vermieter trotz Verjährung seines Anspruches gegen den Mieter aufrechnen.

Hinweis:

Den beschriebenen Risiken von Bürgschaften steht folgender Vorteil für den Vermieter ggü.: Wird eine **Bankbürgschaft als Sicherheit** vereinbart, so prüft die Bank grds. immer die finanziellen Mittel des Mieters, da sie im Leistungsfall ihr Geld natürlich zurückholen möchte. Die Vorlage einer Bürgschaftsurkunde stellt damit eine **faktische Bonitätsprüfung** dar, was bei manchen Vertragsabschlüssen ein wichtiger Gesichtspunkt sein kann.

Praxistipp:

Der Vermieter sollte sich erkundigen, wie hoch die vom Mieter zu zahlenden Avalzinsen einer Bankbürgschaft sind. Je höher der Zins, desto schlechter ist möglicherweise die Bonität des Mieters.

3. Was sichert die Bürgschaft?

1761 Grds. gilt: die Bürgschaft sichert nur das, was ausdrücklich vereinbart ist. Die Gerichte sehen dies konservativ und nehmen häufig eine wortgetreue Auslegung des Bürgschaftstextes vor, was dann häufig nachteilig für den Vermieter/Verpächter ist. **Unklarheiten** bzgl. des Umfangs der durch die Bürgschaft gesicherten Forderungen gehen zulasten des Gläubigers.[2734] Bezieht sich die Bürgschaft z.B. **nur auf „Miete"**, können Forderungen auf Nutzungsentschädigung wegen unterbliebener Rückgabe der Sache evtl. nicht abgedeckt sein.[2735] Die Mietbürgschaft sichert den Vermieter bis zum vereinbarten Vertragsende auch dann, wenn dem Mietvertrag nachträglich ein zweiter Mieter beigetreten ist, für den sich der Bürge nicht verbürgt hat, (keine analoge Anwendung des § 418 Abs. 1 BGB) und zwar auch dann, wenn über das Vermögen des

---

[2731] BGH, 12.03.1980 – VIII ZR 57/79, BGHZ 76, 187 = WuM 1980, 741 = NJW 1980, 1459; OLG Düsseldorf, 09.03.2000 – 10 U 194/98, ZMR 2000, 287.
[2732] OLG Celle, 05.10.1988 – 3 U 306/87, WuM 1989, 1224 = NJW-RR 1989, 548.
[2733] BGH, 28.01.1998 – XII ZR 63/96, BGHZ 138, 49 = NJW 1998, 981.
[2734] BGH, 12.03.1980 – VIII ZR 57/79, BGHZ 76, 187 = WuM 1980, 741 = NJW 1980, 1459; OLG Düsseldorf, 09.03.2000 – 10 U 194/98, ZMR 2000, 287.
[2735] Ähnlich OLG Frankfurt am Main, 21.01.1987 – 17 U 52/85, NJW-RR 1988, 1213.

ersten Mieters – einer GmbH – das Insolvenzverfahren eröffnet wurde, dieses abgeschlossen ist und die GmbH im Handelsregister gelöscht wurde.[2736]

Ferner besteht keine Haftung des Bürgen für (**neue) Verbindlichkeiten des Mieters**, die nach Abschluss des Mietvertrages vertraglich begründet worden sind, wenn sich die Bürgschaft nur auf Ansprüche „aus Mietvertrag" bezieht.[2737] Denn nach § 767 Abs. 1 Satz 3 BGB wird die Haftung des Bürgen durch ein Rechtsgeschäft, das der Hauptschuldner nach Bürgschaftsübernahme vornimmt, nicht erweitert. 1762

Beispiel:
Ein nachträglicher Verzicht auf die Einrede der Verjährung erweitert die Haftung des Bürgen nicht.[2738]

Es ist also zu prüfen, ob die konkrete Verpflichtung bereits im ursprünglichen Vertrag für den Bürgen erkennbar angelegt war oder nachträglich hinzukam. Bei Änderungen der Hauptschuld – etwa durch inhaltlich den Hauptmietvertrag ändernde Nachträge – muss somit die **Bürgschaft angepasst** werden. Unterbleibt dies, ist die erforderliche Schriftform der Bürgschaft verletzt, was gem. § 125 Satz 1 BGB die Unwirksamkeit der Bürgschaftserklärung zur Folge haben kann. 1763

Praxistipp für Immobilienverwalter:

Für den Vermieter sollte darauf geachtet werden, dass sich sowohl eine Klausel zur Stellung einer Bürgschaft im Mietvertrag als auch der Bürgschaftstext selbst auf die „Sicherung aller Ansprüche des Vermieters gegen den Mieter aus diesem Mietverhältnis" beziehen. Noch eindeutiger ist Folgendes: „Sicherung aller Ansprüche des Vermieters gegen den Mieter aus diesem Mietverhältnis, inklusive sämtlicher nachvertraglicher Ansprüche, die im Zusammenhang mit dem Mietverhältnis stehen (Nutzungsentschädigung, Schadensersatz etc.)."

4. Formelle Voraussetzungen

In der **Bürgschaftserklärung** müssen enthalten sein: 1764
- der Gläubiger,
- der Umfang der zu sichernden Verbindlichkeit,
- der Hauptschuldner,
- der Bürge und
- der Wille, für die Verbindlichkeit einzustehen.

Die Bürgschaftserklärung muss **schriftlich** abgegeben werden, sonst wird sie nicht wirksam (§ 766 Satz 1 BGB, gesetzliche Schriftform). Die Schriftform gilt auch für alle späteren Änderungen des Bürgschaftsinhalts, mit denen der Bürge belastet wird. 1765

2736 OLG Stuttgart, 30.11.2009 – 5 U 86/09, IMR 2010, 189.
2737 OLG Frankfurt am Main, 12.04.2006 – 2 U 34/05, NZM 2006, 900 = IMR 2006, 12 = InfoM 2006, 237 = MDR 2006, 1164.
2738 BGH, 18.09.2007 – XI ZR 447/06, GuT 2007, 383 (LS).

> **Hinweis:**
> Eine per Telefax übermittelte Bürgschaftserklärung genügt der Schriftform nicht.[2739] Die elektronische Form (§§ 126 Abs. 3, 126a BGB) ist gem. § 766 Satz 2 BGB ausgeschlossen.

1766 Eine Ausnahme vom Schriftformerfordernis besteht nach § 350 HGB, wenn die Bürgschaftsübernahme das Handelsgeschäft eines Kaufmanns darstellt. **Wichtig:** Die Gesellschafter und der Geschäftsführer einer GmbH und Vorstände einer AG sind in diesen Eigenschaften keine Kaufleute, sodass ihre Bürgschaft zur Wirksamkeit der Schriftform bedarf.

1767 Bei Änderungen der Hauptschuld – etwa durch inhaltlich den Hauptmietvertrag ändernde Nachträge – muss die Bürgschaft angepasst werden, vgl. auch § 767 Abs. 1 Satz 3 BGB. Unterbleibt dies, ist die Schriftform verletzt, was gem. § 125 Satz 1 BGB die Unwirksamkeit der Bürgschaftserklärung zur Folge haben kann.

5. Inhaltliche Risiken

a) Allgemeines

1768 Wirksam, auch als AGB, ist es, wenn diese Bürgschaft wie folgt konzipiert wird (auch kumulativ):

- selbstschuldnerisch,
- unbefristet (der Mieter wird hier ein Interesse daran haben, die Bürgschaft zumindest auf einen festen Zeitabschnitt nach Beendigung des Mietverhältnisses zu begrenzen),
- unbedingt, d.h. nicht abhängig vom Eintritt oder Fortbestand von Bedingungen,
- unwiderruflich,
- mit einem Verzicht auf das Recht zur Hinterlegung (= kein Recht des Bürgen, den Betrag bei Gericht zu hinterlegen, sodass der Vermieter die Freigabe erklagen muss),
- bei Risikobereitschaft: als Bürgschaft auf erstes Anfordern (→ Rn. 1771 ff.).

b) Bürgschaft auf erstes Anfordern

1769 Eine Sonderform ist die v.a. in der Baubranche beliebte **Bürgschaft auf erstes Anfordern** (BaeA), nach der vom Bürgen bereits nach einmaligem Anfordern selbst dann zu leisten ist, wenn berechtigte Gegenansprüche geltend gemacht werden. Das bedeutet: Der Gläubiger braucht nur anfordern, er muss nicht schlüssig darlegen, dass die Hauptforderung besteht und/oder fällig ist; der Bürge ist grds. – Ausnahme: offensichtlicher Rechtsmissbrauch oder Streit darüber, ob die Forderung überhaupt von der Bürgschaft erfasst wird[2740] – mit allen Einwendungen ausgeschlossen und wegen aller Streitpunkte auf den Rückforderungsprozess zu verweisen.[2741]

2739 BGH, 28.01.1993 – IX ZR 259/91, NJW 1993, 1126.
2740 OLG Düsseldorf, 19.01.2005 – I-15 U 35/05, ZMR 2005, 784.
2741 Vgl. BGH, 05.03.2002 – XI ZR 113/01, NZBau 2002, 270 = IBR 2002, 248 = NJW 2002, 1493; OLG Düsseldorf, 28.05.2009 – 10 U 2/09, InfoM 2009, 431.

Im **Rückforderungsprozess** wird dann geklärt, ob dem Gläubiger ein von der Bürgschaft gesicherter Anspruch gegen seinen Schuldner zusteht. Dort sind alle vom Bürgen erhobenen Einwendungen wie in einem gewöhnlichen Bürgschaftsprozess zu prüfen, wobei den Bürgschaftsgläubiger die Darlegungs- und Beweislast für das Entstehen und die Fälligkeit der gesicherten Forderung trifft.[2742] Diese Grundsätze gelten auch dann, wenn der Bürge seinen Rückforderungsanspruch gem. § 398 BGB an einen Dritten und dieser wiederum den Anspruch gem. § 398 BGB an den Hauptschuldner abtritt.[2743] Durch die BaeA soll das Vermieterrisiko ausgeschaltet werden, dass sich der Bürge grds. auf dieselben Einwendungen wie der Mieter berufen kann (§§ 768, 770 BGB).

Die spärliche Rechtsprechung lässt auch die **formularmäßige Vereinbarung** einer BaeA zu, weil damit – anders als im Werkvertragsrecht – keine Überbürdung des Bonitätsrisikos erfolgt.[2744] Die das Werkvertragsrecht betreffenden höchstrichterlichen Entscheidungen[2745] sind auf das Mietrecht nicht anwendbar.[2746] Die formularmäßige Verpflichtung, eine BaeA zu stellen, wird jedoch auch kritisch gesehen.[2747] Z.T. wird vertreten, dass entsprechende Vereinbarungen gem. § 307 BGB nichtig und auf die Verpflichtung, eine gewöhnliche Bürgschaft zu stellen, zu reduzieren seien, wenn der Mieter nicht mit dem Rechtsinstitut der BaeA vertraut ist.[2748] Allerdings wird man dies in der gewerblichen Miete grds. nicht annehmen können, da sich Unternehmer gegenüberstehen. Nur wenn der Mieter erstmalig ein Mietverhältnis eingeht (Unternehmensgründer etc.) kann ausnahmsweise eine unangemessen Benachteiligung nach § 307 BGB in Betracht kommen. Vertreten wird auch, dass die wirksame Übernahme einer BaeA, zumindest wenn AGB-Recht nach §§ 305 ff. BGB anzuwenden ist, Kreditinstituten und Versicherungsgesellschaften vorbehalten sein oder Unternehmen, in deren Branche solche Bürgschaften üblich sind,[2749] was jedoch zu weit geht.

1770

> **Hinweis:**
>
> Ist für den Gläubiger erkennbar, dass der Bürgende das Risiko einer solchen Bürgschaft nicht erkennt, muss er ihn aufklären, sonst haftet der Schuldner nur aus einer gewöhnlichen Bürgschaft. Grds. kommt dies immer schon dann in Betracht, wenn der Bürge kein Kaufmann ist. Ferner ist die Vereinbarung einer BaeA dann gefährlich, wenn dem Schuldner keine anderen Möglichkeiten gelassen werden.[2750] Diese Entscheidungen sind zwar zu

---

2742 OLG Düsseldorf, 28.05.2009 – 10 U 2/09, InfoM 2009, 431.
2743 OLG Düsseldorf, 28.05.2009 – 10 U 2/09, InfoM 2009, 431.
2744 OLG Karlsruhe, 02.07.2004 – 1 U 12/04, NZM 2004, 742 = MDR 2005, 85; KG, 04.12.2003 – 8 U 121/03, LNR 2003, 21514; OLG Düsseldorf, 28.05.2009 – 10 U 2/09 (die Vereinbarung einer BaeA wurde hier gar nicht krit. thematisiert und damit als zulässig angesehen).
2745 Vgl. bspw. BGH, 05.06.1997 – VII ZR 324/95, BauR 1997, 829; OLG Köln, 27.01.2000, IBR 2000, 169 = BauR 2000, 1228.
2746 KG, 04.12.2003 – 8 U 121/03, LNR 2003, 21514; vgl. auch BGH, 12.03.2003 – XII ZR 18/00, BGHZ 154, 171 = AIM 2003, 120 LS = GuT 2003, 132 = NZM 2003, 476 = ZMR 2003, 647 zu Vertragsstrafen im Bau- und Mietrecht.
2747 Neuhaus, GuT 2003, 163, 164; Fischer, NZM 2003, 497; Neuhaus, Rn. 1327; a.A. Kraemer, NZM 2001, 737, 740.
2748 Fischer, NZM 2003, 497, 501.
2749 Palandt/Sprau, Einf. v. § 765 Rn. 14.
2750 Vgl. BGH, 05.06.1997, BauR 1997, 829; OLG Köln, 27.01.2000, IBR 2000, 169 = BauR 2000 1228.

> Bauverträgen und deren AGB ergangen, die Tendenz ist aber deutlich und dürfte sich auch auf das Mietrecht übertragen lassen. Angesichts dieser Rechtsprechung muss vor einer **formularmäßigen Vereinbarung** gewarnt werden.[2751]
>
> Risikolos ist eine **individualvertragliche Vereinbarung**, die damit nicht den Einschränkungen der §§ 305 ff. BGB unterliegt. Dies gilt auch, wenn der Bürge selbst das Formular stellt.

> **Praxistipp:**
> Als Empfehlung kann festgehalten werden: Die formularmäßige Vereinbarung von BaeA ist nicht ohne Risiko. Wer sichergehen will, muss individuell verhandeln und die schwierigen Dokumentationshürden der Rechtsprechung meistern.

1771 Zahlt der Bürge auf erstes Anfordern aus, obwohl im Mietvertrag und Bürgschaftsauftrag von einer BaeA gar nicht die Rede war, darf er den Mieter im Rückgriff erst belasten, wenn sich der Anspruch aus der Bürgschaft ebenfalls als begründet erweist; wird in einem solchen Fall das Konto des Mieters von der Bank zu Unrecht mit der Rückgriffsforderung belastet, kann dieser statt der Kontoberichtigung auch Auszahlung des Betrages verlangen.[2752]

> **Praxistipp:**
> Manchmal wird auch bei einer BaeA nicht gezahlt. Es sollte dann zügig im Urkundenprozess geklagt werden. Zumindest Banken zahlen dann oft sofort.

c) Übersicherung, Sittenwidrigkeit

1772 Die Bürgschaftsvereinbarung kann gem. § 138 BGB **nichtig** oder bei AGB wegen Verstoßes gegen §§ 305c Abs. 1, 307 BGB unwirksam sein, wenn eine **Übersicherung** vorliegt. Dies ist v.a. dann der Fall, wenn die zu sichernde Forderung gegen den Mieter nicht hinreichend genug bestimmt ist oder aber wenn sich der Vermieter alle künftigen noch entstehenden Forderungen absichern lässt. Ferner liegt dies vor, wenn neben einer Mietkaution eine weitere Mietbürgschaft verlangt wird. Die Grundsätze zur Sittenwidrigkeit von **Ehegattenbürgschaften** zu Darlehensansprüchen sind anwendbar.[2753] Bürgschaften von vermögenslosen Ehegatten können auch im Gewerberaummietrecht sittenwidrig und damit nichtig sein. Generell sieht die Rechtsprechung danach eine Bürgschaft gem. § 138 Abs. 1 BGB als nichtig an, wenn die aus emotionaler Verbundenheit mit dem Hauptschuldner handelnde Bürgin finanziell krass über-

---

[2751] Ebenso Fischer, NZM 2003, 497, 501, der zu dem Ergebnis kommt, dass entsprechende formularmäßige Vereinbarungen gem. § 307 BGB nichtig und auf die Verpflichtung, eine gewöhnliche Bürgschaft zu stellen, zu reduzieren sind, wenn der Mieter nicht mit dem Rechtsinstitut der BaeA vertraut ist.
[2752] OLG Köln, 16.01.2002 – 13 U 52/01, NZM 2003, 518.
[2753] OLG Nürnberg, 24.02.2005 – 2 U 3706/04, InfoM 2005, 90: Übernahme sämtlicher, gegenwärtiger und zukünftiger Verpflichtungen aus dem Mietvertrag als Voraussetzung der Entlassung aus dem langfristigen Mietverhältnis; LG Dortmund, 07.06.2006 – 22 O 146/05, NJOZ 2007, 681; bejahend für Bürgschaften für bereits aufgelaufene Mietschulden OLG Nürnberg, BeckRS 2005, 04193 = GE 2005, 613; a.A. (nicht anwendbar): LG Hamburg, 13.05.2003 – 307 O 175/02, ZMR 2003, 841.

fordert wird und die Bürgschaft sich aus Sicht eines vernünftig denkenden Gläubigers als wirtschaftlich sinnlos erweist.[2754]

6. Einreden

Der Bürge kann Einreden, die dem Hauptschuldner gegen den Gläubiger zustehen (z.B. Verjährung der Hauptschuld, Zurückbehaltungsrecht), diesem ggü. auch dann geltend machen, wenn der Hauptschuldner auf sie verzichtet. Ein **Verzicht auf die Einrede der Verjährung** durch den Schuldner gem. § 768 Abs. 2 BGB hat ggü. dem Bürgen keine Wirkung, und zwar unabhängig davon ob zum Zeitpunkt der Abgabe der Verzichtserklärung bereits Verjährung eingetreten war oder nicht, denn nach § 769 Abs. 2 BGB kann der Hauptschuldner die Haftung des Bürgen nicht durch den Verzicht auf Einreden verschärfen.[2755] § 770 BGB gewährt dem Bürgen zudem **Verweigerungsrechte bei Anfechtungsmöglichkeiten des Hauptschuldners** und bei bestehender Aufrechnungslage zwischen Gläubiger und Schuldner. Sehr bedeutsam ist § 771 BGB, wonach der Bürge die Befriedigung des Gläubigers verweigern kann, solange dieser nicht eine Zwangsvollstreckung gegen den Hauptschuldner ohne Erfolg versucht hat (Einrede der Vorausklage). Der Bürge kann aber von vornherein auf diese Einrede verzichten, indem er sich als Selbstschuldner verbürgt, was üblich ist. Die **Bürgschaft eines Kaufmanns** ist immer eine selbstschuldnerische (§ 349 HGB).

1773

7. Ende des Mietverhältnisses/Herausgabe der Bürgschaftserklärung

Nach Ende des Mietverhältnisses muss der Vermieter entsprechend den Abrechnungsgrundsätzen zur Kaution entscheiden, ob und in welcher Höhe er den Bürgen in Anspruch nimmt. Ansonsten ist die **Bürgschaftsurkunde auszuhändigen**.[2756] Der Mieter hat ein Interesse an der zügigen Rückgabe, da er i.d.R. bis dahin Avalkosten zahlen muss und ein Vorgehen aus der Bürgschaft nicht ausgeschlossen werden kann. Zur zeitlichen Grenze wird auf die Ausführungen zur Kaution verwiesen (→ *Rn. 1751 f.*).

1774

Der Vermieter ist nicht berechtigt, die Bürgschaftsurkunde wegen Ansprüchen, die nicht durch die Bürgschaft gesichert sind, zurückzubehalten.[2757] Gibt der Vermieter die Bürgschaft nicht im Original heraus, hat der Mieter einen **eigenen Anspruch** und kann auf Herausgabe klagen (unten → *Rn. 1805 ff.*).

1775

Wird das Mietverhältnis beendet und danach eine Fortsetzung zwischen Vermieter und Mieter vereinbart, haftet der Bürge grds. nicht mehr, da dies das ursprünglich übernommene Risiko überschreitet.[2758] Soll der Bürge in solchen Fällen weiter haften, ist eine **neue Vereinbarung** erforderlich.

1776

2754 LG Dortmund, 07.06.2006 – 22 O 146/05, NJOZ 2007, 681.
2755 BGH, 18.09.2007 – XI ZR 447/06, ZIP 2007, 2206 = NZBau 2008, 62 = IBR 2008, 25.
2756 OLG Hamm, 03.12.1991 – 7 U 101/91, NJW-RR 1992, 1036.
2757 OLG Frankfurt am Main, 12.04.2006 – 2 U 34/05, NZM 2006, 900 = IMR 2006, 12 = InfoM 2006, 237 = MDR 2006, 1164.
2758 LG Gießen, 19.10.1994 – 24 W 7039/94, ZMR 1995, 33 = NJW-RR 1995, 586.

Zur Annahme eines negativen deklaratorischen Schuldanerkenntnisses bzw. eines Verzichts auf künftige Einwendungen bei vorbehaltloser Herausgabe der Bürgschaft → *Rn. 1754 f.*

8. Kündigung unbefristeter Bürgschaften durch den Bürgen

1777 Bei unbefristeten Mietverträgen kann der Vermieter grds. auch die Übernahme einer unbefristeten Mietbürgschaft verlangen. I.d.R. ist die Bürgschaft dann auch unwiderruflich vereinbart. Fraglich ist aber, ob der Bürge vorzeitig, d.h. vor Beendigung des Mietverhältnisses, die Bürgschaftsverpflichtung kündigen darf.

1778 Nach der Rechtsprechung des BGH besteht grds. ein Kündigungsrecht, jedoch nur mit einer angemessenen Frist, damit sich Vermieter und Mieter auf die neue Situation einstellen können.[2759] Das Recht zur Kündigung besteht nach angemessener Zeit oder wegen des Eintritts wichtiger Umstände. Dabei sind v.a. die Belange des Vermieters zu beachten. Der Bürge, der sich zugunsten des Vermieters auf unbestimmte Zeit verbürgt hat, kann daher den Bürgschaftsvertrag erst zu einem Zeitpunkt kündigen, zu dem der Vermieter den Mietvertrag – nach Ablauf einer Überlegungsfrist – ordentlich kündigen kann.[2760] Die Möglichkeit des Vermieters, wegen Zahlungsverzuges des Mieters außerordentlich zu kündigen, reicht nicht aus. Mit sofortiger Wirkung ist eine Kündigung ausnahmsweise möglich, wenn berechtigte Interessen des Gläubigers und des Hauptschuldners, die die Einhaltung einer angemessenen Kündigungsfrist gebieten, nicht entgegenstehen. Die außerordentliche Kündigung einer Mietbürgschaft wegen Eintretens besonderer Umstände kommt bei einem befristeten Mietvertrag nicht in Betracht.[2761]

IV. Sonstige Sicherungsmöglichkeiten

1. Schuldbeitritt

1779 Durch einen **Schuldbeitritt** kann sich der Vermieter/Verpächter einen weiteren Gläubiger verschaffen. In der Praxis soll bei ausbleibender Miete oft die Ehefrau des Mieters oder aber bei einer GmbH der Geschäftsführer persönlich beitreten. Der (reine) Schuldbeitritt ist – ggf. durch Auslegung der Erklärungen und Handlungen – zunächst vom **Vertragsbeitritt** abzugrenzen: bei Ersterem will der Beitretende nur zusätzlich neben dem Mieter für die Zahlungsverpflichtungen haften, bei Letzterem will er selbst Mieter werden. Probleme liegen oft auch in der **Abgrenzung zur Bürgschaft**, da der Beitretende gleichrangig als Gesamtschuldner, der Bürge aber nur nachrangig haftet.

> *Beispiel:*[2762]
>
> *Am 17.02.2004 unterschrieben der Vertreter der Klägerin, der Zeuge V., der Beklagte zu 1) und die Beklagte zu 2) ein vorher von der Klägerin aufgesetztes Schreiben, in dem es heißt: „GbR...-Laden...+... Mietvertrag vom 16./21.12.1987, Nachtrag vom 22.09.2000 und 26.01.2003 zusätzliche Mieterin Frau D.S. ... hiermit erklärt sich der Vermieter damit einverstanden, dass Frau. D.S. ab dem 01.03.2004 in*

[2759] BGH, 10.06.1985 – III ZR 63/84, NJW 1986, 252.
[2760] OLG Düsseldorf, 24.11.1998 – 24 U 264/97, NJW 1999, 3128.
[2761] KG, 26.04.2007 – 12 U 193/05, IMR 2007, 351.
[2762] Nach OLG Düsseldorf, 14.06.2007 – I-10 U 19/07, GuT 2007, 291 = IMR 2008, 16.

den o.g. Mietvertrag zusätzlich zu Herrn F. als Mieterin benannt wird. Frau S. haftet für alle Verbindlichkeiten aus dem o.g. Vertrag gesamtschuldnerisch und ohne die Einrede der Vorausklage."

Für die Frage, ob und mit welchem Inhalt in einem solchen Fall eine Einigung zwischen Vertragsparteien erfolgt ist, muss die Erklärung nach den §§ 133, 157 BGB ausgelegt werden, sodass ausgehend vom Wortlaut der Erklärung der **wirkliche Wille der Parteien** unter Berücksichtigung des Grundsatzes von Treu und Glauben sowie der Verkehrssitte zu erforschen ist. Das OLG Düsseldorf hat den Text so ausgelegt, dass die zusätzliche Mieterin für alle Verbindlichkeiten gesamtschuldnerisch haftet, da es sich um die Vereinbarung eines Schuldbeitritts und nicht etwa um die Vereinbarung einer Bürgschaft handelt. Entscheidend sei, dass eine gesamtschuldnerische Haftung der Neumieterin vereinbart wurde, was die Vereinbarung einer Bürgschaft ausschließe, da Bürge und der Hauptschuldner nicht Gesamtschuldner sein können.[2763]

Soll der Beitretende nach dem Vertragstext für alle Verbindlichkeiten aus dem Mietvertrag gesamtschuldnerisch haften, gilt dies auch für **Altverbindlichkeiten**.[2764]

Ein Schuldbeitritt kann **sittenwidrig** sein. Auch im Rahmen eines gewerblichen Miet- oder Pachtvertrages ist die Anwendung des § 138 Abs. 1 BGB auf Bürgschafts- und Mithaftungsverträge zwischen dem Vermieter oder Verpächter einerseits und einem privaten Sicherungsgeber andererseits regelmäßig entscheidend vom Grad des Missverhältnisses zwischen dem Verpflichtungsumfang und der finanziellen Leistungsfähigkeit des Bürgen oder Mitverpflichteten abhängig.[2765]

> **Hinweis:**
> Ein Schuldbeitritt zum langfristigen Mietvertrag bedarf der Schriftform des § 550 BGB.[2766]

2. Patronatserklärung

Patronatserklärungen werden hauptsächlich im Gesellschaftsrecht zwischen **„Mutter"- und „Tochter"-Gesellschaften in Konzernen** oder von Gesellschaftern zugunsten ihrer Gesellschaft angegeben und ähneln Bürgschaften. Sie sind auch zwischen öffentlich-rechtlichen Gebietskörperschaften und ihren Tochtergesellschaften üblich. Man differenziert zwischen **„weichen" und „harten" Patronatserklärungen**. Bei den harten verpflichtet sich die Muttergesellschaft zur Ausstattung der Tochter mit ausreichend finanziellen Mitteln (Liquiditätsausstattungspflicht). Die weichen Erklärungen beschränken sich entweder auf Goodwill-Erklärungen oder eine Information über die finanzielle Situation der Tochter, sie sollen keine rechtsgeschäftliche Verpflichtung begründen. Eine Patronatserklärung hat einen **garantieähnlichen Charakter**, sodass die Eintrittspflicht von einem Verschulden des Erklärenden unabhängig ist.

[2763] Verweis auf BGH, WPM 1968, 916 und Sprau, in: Palandt, Einführung vor § 765 Rn. 1.
[2764] OLG Düsseldorf, 14.06.2007 – I-10 U 19/07, GuT 2007, 291 = IMR 2008, 16.
[2765] BGH, 29.09.2004 – XII ZR 22/02, GuT 2005, 6 – 8.
[2766] OLG Naumburg, 01.03.2005 – 9 U 111/04, GuT 2005, 209 = MietRB 2005, 200 = OLGR 2005, 617 = InfoM 2005, 249 = MIETRECHTexpress, 2005, 98.

1784 **Beispiel für eine harte Patronatserklärung:**[2767]

„Wir haben zustimmend davon Kenntnis genommen, dass die Tochtergesellschaft der PHB W. Gesellschaft mbH Wien, die Firma SBM ... mit Ihnen in Geschäftsverbindungen steht .... Die Firma PHB W. Gesellschaft mbH Wien ist ein 100 %iges Tochterunternehmen unserer Firma und hält 100 % des Stammkapitals der SBM .... Solange die o.g. Geschäftsverbindung mit Ihnen besteht bzw. Sie allfällige Forderungen hieraus gegen unsere Tochtergesellschaft haben, werden wir die Beteiligung in unveränderter Höhe aufrechterhalten. Sollten wir eine Änderung in Erwägung ziehen, werden wir uns rechtzeitig mit Ihnen in Verbindung setzen und mit Ihnen einvernehmlich vorgehen. I.Ü. übernehmen wir hiermit Ihnen gegenüber unwiderruflich die uneingeschränkte Verpflichtung, auf unsere Tochtergesellschaft in der Zeit, in der sie den bei Ihnen in Anspruch genommenen Kredit ... nicht vollständig zurückgezahlt hat, in der Weise Einfluss zu nehmen und sie finanziell so auszustatten, dass sie stets in der Lage ist, ihren gegenwärtigen und künftigen Verbindlichkeiten Ihnen gegenüber fristgemäß nachzukommen."

Weiteres Beispiel einer harten Patronatserklärung:[2768]

„Wir haben davon Kenntnis genommen, dass ein Mietvertrag zwischen Ihnen und X besteht. Wir verpflichten uns, dafür zu sorgen, dass die X, während der Zeit, in der der Mietvertrag gültig ist, in der Weise geleitet und finanziell so ausgestattet wird, dass sie jederzeit in der Lage ist, ihre Verpflichtungen aus dem Mietvertrag pünktlich zu erfüllen".

Beispiel für eine harte Patronatserklärung aus dem Mietrecht:[2769]

Die Mieterin (...Gastronomie Betriebs GmbH & Co KG), deren Gesellschafter die Schuldner sind, hatte mit der Vermieterin am 04.07.2002/10.07.2002 einen Mietvertrag über gewerblich genutzte Räume in Berlin-Mitte zu einem monatlichen Bruttomietzins i.H.v. rund. 16.000,00 € geschlossen. Der Vertrag war auf fünf Jahre befristet. Die Übergabe der Räumlichkeiten fand am 21.08.2002 statt. Die Schuldnerin zu 1) ist die Komplementärin der Mieterin. In Erfüllung des Mietvertrages (als Sicherheit neben der Stellung einer Bürgschaft) unterzeichnete der Schuldner zu 2) als Geschäftsführer der Mieterin bei Vertragsschluss eine Patronatserklärung mit folgendem Inhalt: „... Ich (der Geschäftsführer) ... sichere zu, für die Zeit des Bestehens von Verpflichtungen aus diesem Mietvertrag die ... (Mieterin) ... finanziell so auszustatten, dass diese alle Verpflichtungen aus dem genannten Mietvertrag stets erfüllen kann. Für den Fall, dass ich aus dieser Patronatserklärung in Anspruch genommen werde, steht mir das Recht zu, an Stelle der ... (Mieterin) ... in alle Rechte und Pflichten aus dem Mietvertrag einzutreten...".

1785 Das OLG Schleswig führt dazu aus:[2770]

„Der Umfang der Verpflichtung aus einer Patronatserklärung hängt im Wesentlichen von der sich nach den Grundsätzen der §§ 133, 157 BGB zu beurteilenden Auslegung der Erklärung ab. Zu unterscheiden sind die Erklärungen in der Bandbreite der Verpflichtungen des Patrons v.a. nach sog. „weichen", also rechtlich unverbindlichen, und sog. „harten", d.h. rechtlich verpflichtenden Patronatserklärungen.[2771] Der klassische Fall des „harten" Erklärungstyps ist die Ausstattungsverpflichtung, mit der der Patron sich verpflichtet, die Tochtergesellschaft finanziell so auszustatten, dass diese ihrerseits ihre Leistungsverpflichtungen erfüllen kann. Die in dem o.g. Beispiel enthaltene Formulierung ist eine solche Erklärung: Die Mieterin hatte sich gegenüber der Klägerin verpflichtet, zusätzlich (d.h. neben der normalen Mietsicherheit in Form einer Bürgschaft) eine Patronatserklärung des Schuldners zu 2) zu erbringen, in der sich der Patron verpflichtet, „den Mieter finanziell so auszustatten, dass er

---

2767 BGH, 30.01.1992 – IX ZR 112/91, BGHZ 117, 127 = NJW 1992, 2093.
2768 LG Düsseldorf, 11.01.2005 – 16 O 201/04, BeckRS 2007, 05099.
2769 OLG Schleswig, 11.04.2005 – 4 U 20/05, ZInsO 2005, 939.
2770 OLG Schleswig, 11.04.2005 – 4 U 20/05, ZInsO 2005, 939.
2771 Vgl. BGH, BGHZ 117, 127.

alle Verpflichtungen aus dem geschlossenen Mietvertrag stets erfüllen kann". Die Patronatserklärung hatte mithin den Zweck einer zusätzlichen Mietsicherheit. Zu den „Verpflichtungen aus dem Mietvertrag" gehörten sowohl die Mietzinszahlungsverpflichtung gem. § 1 des Mietvertrages als auch die Verpflichtung zur Erbringung einer Mietsicherheit gem. Ziff. 5.1 des Mietvertrages. Insoweit ist der Schuldner zu 2) seiner Ausstattungsverpflichtung nicht nachgekommen. Er haftet deshalb gem. § 280 Abs. 1 BGB (bzw. unmittelbar aus dem Patronatsvertrag) sowohl für die rückständigen Mietzinsen bis zum 29.11.2002 als auch für den nachfolgenden Mietausfallschaden."

Die **Rechtsfolgen einer harten Erklärung** sind: 1786
- Der Erklärungsempfänger einer „harten" Patronatserklärung hat neben dem Anspruch auf Erfüllung der Ausstattungspflicht – also der Unterstützung des Tochterunternehmens – auch einen **unmittelbaren Anspruch auf Schadensersatz** gem. § 280 Abs. 1 BGB, wenn der Patron seine Verpflichtung aus der „harten" Patronatserklärung nicht erfüllt, insb. das unterstützte Unternehmen entgegen seiner Zusicherung nicht ausreichend finanziell ausstattet.[2772] Eine Patronatserklärung hat einen **garantieähnlichen Charakter**, sodass die Eintrittspflicht von einem Verschulden des Erklärenden unabhängig ist.
- Der Erklärende haftet bei Insolvenz des Schuldners, für den die Erklärung abgegeben wurde, neben, nicht nach diesem.[2773]

Weiche Patronatserklärungen begründen i.d.R. keinen direkten Anspruch gegen den Patron. 1787

Beispiele für weiche Patronatserklärungen:
- *„Es entspricht unserer ständigen Geschäftspolitik, hinter unserer Tochtergesellschaft zu stehen".*
- *„Kommt unsere Tochtergesellschaft ihren Kreditverbindlichkeiten nicht nach, werden wir unseren Einfluss geltend machen".*
- *Alle Erklärungen, in denen (sinngemäß) etwas wie „wir werden uns bemühen" auftaucht.*

Es kommen aber Schadensersatzansprüche aus Verschulden bei Vertragsverhandlungen gem. § 311 BGB in Betracht, wenn man aus den Umständen und der Erklärung entnehmen kann, dass sich der Mieter/Pächter auf die Erklärung verlassen sollte, um dadurch den Vertrag abzuschließen. 1788

Eine bloße konzernmäßige Verbundenheit des als Patron in Anspruch Genommenen mit weiteren Gesellschaften reicht zur Annahme einer Haftung als „Hintermann" nicht aus.[2774] Zum Erfüllungsort und der daraus resultierenden Frage, welches Recht anzuwenden ist, wenn der Patron seinen **Sitz im Ausland** hat, vgl. LG Düsseldorf, 11.01.2005 – 16 O 201/04, BeckRS 2007, 05099. 1789

3. Vertragsstrafen[2775]

Durch Vertragsstrafen lässt sich in begrenztem Umfang ebenfalls eine Sicherung für den Vermieter bzw. Verpächter erzielen. Die Vertragsstrafe ist eine zwischen Gläubiger und Schuldner 1790

2772 OLG Schleswig, 11.04.2005 – 4 U 20/05, LNR 2005, 17129 = ZInsO 2005, 939.
2773 BGH, 30.01.1992 – IX ZR 112/91, BGHZ 117, 127 = NJW 1992, 2093.
2774 KG, 05.09.2007 – 24 U 4/07, WM 2007, 2142.
2775 Ausführlich zu Vertragsstrafen Neuhaus, ZAP Fach 5, S. 171 ff. (der Beitrag bezieht sich zwar auf Vertragsstrafenregelungen im Baurecht, enthält aber einen umfangreichen allgemeinen Überblick).

vereinbarte Leistung, meist Geldleistung, die zu erbringen ist, wenn der Schuldner seine Verbindlichkeit nicht oder nicht in gehöriger Weise erfüllt. Anders als bei Wohnraummiete (vgl. § 555 BGB) ist es im geschäftlichen Bereich **grds. zulässig**, Vertragsstrafen zu vereinbaren.

1791 Sanktioniert werden können z.B.

- die nicht pünktliche Mietzahlung,
- die Nichteinhaltung eines Wettbewerbsverbots,
- die nicht fristgerechte Überlassung der Mieträume des Vormieters an den Mietnachfolger,[2776]
- die Nichterfüllung einer Betriebspflicht durch den Mieter, oder
- die Nichterfüllung einer Pflicht des Vermieters, etwa rechtzeitige Übergabe.[2777]

1792 **AGB-Klauseln**, die eine Vertragsstrafe festsetzen, müssen den Anforderungen der §§ 305 ff. BGB standhalten. Da der Vermieter eher selten (nur) Verbraucher sein wird und der Mieter bei Geschäftsraummiete immer Unternehmer ist, spielt § 309 Nr. 6 BGB, wonach eine Vertragsstrafenklausel in bestimmten Fällen unzulässig ist, nur eine geringe Rolle. Die Generalklausel des § 307 BGB ist aber immer im Auge zu behalten. So wurde z.B. eine Vertragsstrafenvereinbarung wegen Verstoßes gegen § 307 BGB für unwirksam erklärt, die eine Vertragsstrafe bei Zahlungsrückstand, d.h. auch ohne Verschulden des Mieters, auslöste.[2778] Im **Baurecht** gelten hier **erhebliche AGB-Beschränkungen**,[2779] die sich v.a. auf die Höhe und eine zeitliche Begrenzung der Strafe beziehen. Die Rechtsprechung zu AGB in Bauverträgen ist aber auf Dauerschuldverhältnisse wie gewerbliche Mietverträge nicht zu übertragen, weil beim Bau(werk)vertrag eine typischerweise zeitabhängige Vertragsstrafe schon beim Verzug mit einer einmalig zu erbringenden Leistung verfällt.[2780] Eine von vornherein vereinbarte Begrenzung der Vertragsstrafe auf einen Höchstbetrag ist daher nicht erforderlich. Die Vertragsstrafe muss im Mietrecht lediglich in einem angemessenen Verhältnis zur Schwere des mit ihr sanktionierten Verstoßes stehen. Dabei ist nicht auf den theoretisch denkbaren Extremfall – d.h. z.B. bei Nichtüberlassung des Objekts Zahlung bis zum Ende der Vertragslaufzeit – abzustellen, sondern darauf, in welchem Verhältnis der täglich anfallende Betrag zu dem steht, was eine Überschreitung um einen Tag für einen Mieter bedeutet, der seinem Vertragspartner durch diese Klausel von Anfang an deutlich gemacht hat, dass er allergrößten Wert auf pünktliche Fertigstellung legt.[2781]

Beispiel:

Die Vertragsstrafe, die der Mieter für jeden Tag des Verstoßes gegen die Betriebspflicht verwirkt, ist nicht nach oben in der Weise beschränkt, dass er sie nur für einen begrenzten Zeitraum schuldet; auch ist eine Vertragsstrafe i.H.v. etwa 125 % der auf den Tag entfallenden Miete nicht unangemessen hoch.[2782]

2776 OLG Celle, 19.05.1993 – 2 U 192/92, NJW-RR 1993, 1228.
2777 Vgl. OLG Düsseldorf, 28.04.2005 – I 10 U 129/04, GuT 2005, 155.
2778 BGH, 19.06.1985 – VIII ZR 238/84, NJW 1985, 2329, noch für § 9 AGBG entschieden.
2779 Ausführlich dazu Neuhaus, ZAP Fach 5, S. 171 ff.
2780 BGH, 12.03.2003 – XII ZR 18/00, BGHZ 154, 171 = AIM 2003, 120 (LS) = GuT 2003, 132 = NZM 2003, 476 = ZMR 2003, 647.
2781 BGH, 12.03.2003 – XII ZR 18/00, BGHZ 154, 171 = AIM 2003, 120 (LS) = GuT 2003, 132 = NZM 2003, 476 = ZMR 2003, 647.
2782 OLG Rostock, 08.03.2004 – 3 U 118/03, NZM 2004, 460.

Bei einer Vermietung vom Reißbrett mit einer Monatsmiete von 24.840,00 DM brutto ist eine Vertragsstrafe von 15.000,00 DM pro Monat für die Nichtüberlassung eines Supermarkts nicht überhöht.[2783]

Das Gericht kann eine verwirkte Strafe herabsetzen, wenn sie **unverhältnismäßig** hoch ist, § 343 BGB. Das liegt jedenfalls dann vor, wenn sie ein Vielfaches der monatlichen Miete ausmacht.[2784]

Die **Vertragsstrafe** ist **verwirkt**, wenn der Verpflichtete in Verzug kommt, bei einem Unterlassen mit der Zuwiderhandlung. Bestreitet der Schuldner die Verwirkung und beruft er sich darauf, seine Verbindlichkeit erfüllt zu haben, hat er die Erfüllung darzulegen und zu beweisen. Bei einem Unterlassen trifft die Darlegungs- und Beweislast für die Zuwiderhandlung den Gläubiger.

Nimmt der Gläubiger die verspätete oder anderweitig nicht ordnungsgemäße Leistung an, muss er nach § 341 Abs. 3 BGB einen sog. Vorbehalt der Vertragsstrafe aussprechen, wenn er diese noch fordern will. Auf eine für den Fall vereinbarte Vertragsstrafe, dass die Gebrauchsgewährung nicht zu dem festgesetzten Übergabezeitpunkt erfolgt, ist § 341 Abs. 3 BGB anzuwenden, mit der Folge, dass ein verwirkter Strafanspruch erlischt, wenn der Mieter sich die Geltendmachung der Vertragsstrafe bei der verspäteten Übergabe der Miträume nicht vorbehält.[2785]

Die **Zusatzvereinbarung zu einem gewerblichen Mietvertrag**, wonach bei Abschluss des Vertrages ein „verlorener Zuschuss" (Eintrittsgeld) i.H.v. 200.000,00 DM zu bezahlen ist, verstößt nicht gegen die guten Sitten. Ein solches „Eintrittsgeld" ist nicht als Vertragsstrafe anzusehen. Deshalb sind § 343 BGB und § 309 Nr. 6 BGB nicht anzuwenden.[2786]

V.   Verjährung und Verwirkung

Die Verjährung des **Anspruchs des Vermieters auf Stellung einer Kaution** beginnt nach § 199 Abs. 1 Nr. 1 BGB mit der Fälligkeit des Anspruchs; der Verjährungsbeginn ist nicht bis zum Ende der Mietzeit hinausgeschoben.[2787] Der Anspruch des Mieters auf **Abrechnung der Kaution** verjährt mit dem Anspruch auf deren Rückzahlung. Der Rückzahlungsanspruch verjährt drei Jahre nach seiner Entstehung, d.h. nachdem es dem Vermieter zumutbar geworden ist, noch offene Ansprüche aus dem Mietverhältnis abzurechnen.[2788]

Für die Verjährung von **Ansprüchen aus einer Bürgschaft** im Verhältnis **Vermieter – Mieter** ist Folgendes relevant:[2789]

Für den Vermieter ist sowohl bei Abschluss einer Bürgschaftsvereinbarung als auch im Sicherungsfall unbedingt die häufig übersehene mietrechtliche **Sechsmonatsverjährungsfrist des**

2783   BGH, 12.03.2003 – XII ZR 18/00, BGHZ 154, 171 = AIM 2003, 120 (LS) = GuT 2003, 132 = NZM 2003, 476 = ZMR 2003, 647.
2784   OLG Celle, 19.05.1993 – 2 U 192/92, NJW-RR 1993, 1228: 5-facher Monatsbetrag.
2785   Vgl. OLG Düsseldorf, 28.04.2005 – I - 10 U 129/04, GuT 2005, 155.
2786   OLG München, 19.07.1995 – 21 U 4337/93, ZMR 1995, 538, noch für § 11 Nr. 6 AGBG entschieden.
2787   KG, 03.03.2008 – 22 W 2/08, GuT 2008, 126 = IMR 2008, 156 = InfoM 2008, 230 = NZM 2009, 743.
2788   OLG Düsseldorf, 22.04.2005 – I-24 W 16/05, GuT 2005, 182 = NZM 2005, 783 = GE 2005, 796.
2789   Die folgende Textpassage stellt einen Auszug aus dem Aufsatz von Neuhaus, GuT 2003, 163 dar.

§ 548 BGB i.V.m. § 215 BGB zu beachten. Danach kann eine Aufrechnung auf eine verjährte Gegenforderung gestützt werden, soweit diese bei Eintritt der Aufrechnungslage noch unverjährt war. Lässt der Vermieter also etwa einen Schadensersatzanspruch gegen den Mieter innerhalb der **Halbjahresfrist des § 548 BGB** verjähren, kann er immer noch gegen den Anspruch des Mieters auf Rückzahlung einer Mietkaution aufrechnen.[2790]

1799 Dies **gilt jedoch nicht** für den Anspruch gegen den Bürgen oder den Hauptschuldner, die sich selbstständig auf die Verjährung der durch Bürgschaft gesicherten Forderungen berufen können.[2791] Das gilt auch dann, wenn die Verjährung im Verhältnis Vermieter – Mieter erst eintritt, wenn der Bürge bereits auf Zahlung verklagt wird. Die Klage gegen den Bürgen hemmt die **Verjährung der Hauptforderung** grds. nicht.[2792] Eine Ausnahme besteht nur dann, wenn eine Klage gegen den Hauptschuldner nicht mehr möglich ist, etwa wegen Löschung der bürgenden Gesellschaft im Handelsregister aufgrund Vermögenslosigkeit.[2793] Die bloße Auflösung einer GmbH reicht noch nicht aus.[2794] Ist also der Hauptschuldner noch existent, läuft die dortige Verjährungsfrist trotz einer anhängigen Bürgschaftsklage weiter. Geht der Hauptschuldner erst unter, nachdem die Bürgenklage erhoben wurde, entfaltet die Klage ab diesem Zeitpunkt verjährungshemmende Wirkung.[2795]

1800 **Verhandelt** der Hauptschuldner mit dem Gläubiger und wird dadurch die Verjährung der Hauptforderung gehemmt, wirkt dies auch ggü. dem Bürgen.[2796]

1801 Sogar nach Verurteilung zur Zahlung kann sich der Bürge in einer **Vollstreckungsgegenklage** auf die inzwischen eingetretene Verjährung berufen.[2797] Nur wenn der Bürge es im Prozess versäumt, sich auf eine bereits eingetretene Verjährung auch zu berufen, ist er mit der Einrede nach § 767 Abs. 2 ZPO ausgeschlossen. Wird also der Bürge in Anspruch genommen, kann er sich faktisch **zu jeder Zeit** mit der Einrede verteidigen, dass Ansprüche des Vermieters gegen den Mieter verjährt sind. Auch insofern stellt also die Bürgschaft ein Risiko für den Vermieter dar.

> **Praxistipp:**
>
> Die selbstständige Verjährung der Bürgschaftsforderung ist eine Haftungsfalle für RA und Imobilienverwalter. Es müssen zwingend selbstständige Verjährungsfristen notiert und Hemmungsmaßnahmen eingeleitet werden.
>
> Entgehen können der Vermieter und seine Berater dem Verjährungsrisiko mit folgenden Maßnahmen bei Abschluss der Vereinbarung über die Bürgschaftsstellung, wobei sicherheitshalber eine **individuelle Vereinbarungsfrist** zu empfehlen ist:

2790 BGH, 28.01.1998 – XII ZR 63/96, BGHZ, 138, 49 = WuM 1998, 224 = ZMR 1998, 270 = NJW 1998, 981.
2791 BGH, 28.01.1998 – XII ZR 63/96, BGHZ, 138, 49 = WuM 1998, 224 = ZMR 1998, 270 = NJW 1998, 981; ausführlich zur Problematik Geldmacher, NZM 2003, 502.
2792 BGH, 14.07.2009 – XI ZR 18/08, InfoM 2009, 500; BGH, 09.07.1998, BGHZ 139, 214 = NJW 1998, 2972.
2793 BGH, 14.07.2009 – XI ZR 18/08, InfoM 2009, 500; BGH, 28.01.2003 – XI ZR 243/02: gelöschte GmbH; KG, 26.04.2007 – 12 U 193/05, IMR 2007, 351.
2794 KG, 26.04.2007 – 12 U 193/05, IMR 2007, 351.
2795 BGH, 14.07.2009 – XI ZR 18/08, InfoM 2009, 500.
2796 BGH, 14.07.2009 – XI ZR 18/08, InfoM 2009, 500.
2797 BGH, 05.11.1998 – IX ZR 48/98, NJW 1999, 278.

- Vertragliche Verlängerung der Verjährungsfrist gem. § 202 Abs. 2 BGB. Eine Verdoppelung der 6-Monats-Frist des § 548 BGB soll ohne Weiteres möglich sein.[2798]
- Ausdrückliche Vereinbarung – auch mit dem Bürgen! –, dass der Vermieter bzgl. der Aufrechnungsmöglichkeit mit einer verjährten Forderung nicht schlechter stehen soll als bei einer Barkaution.[2799]
- Individualvertraglicher Verzicht auf die Einrede der Verjährung mit dem Bürgen; ein formularmäßiger Verzicht wird für unwirksam gehalten.[2800]

Im **Verhältnis Vermieter – Bürge** gilt: Die Fälligkeit einer selbstschuldnerischen Bürgschaftsforderung tritt mit der Fälligkeit der Mietforderungen ein und hängt nicht von einer Leistungsaufforderung des Gläubigers ab, denn das Gesetz sieht eine Leistungsaufforderung des Gläubigers als Entstehungs- oder Fälligkeitsvoraussetzung der Bürgschaftsforderung nicht vor.[2801]

1802

Die Verjährung des Anspruchs aus § 765 BGB unterliegt der **3-jährigen Verjährungsfrist** gem. § 195 BGB. Die Frist beginnt gem. § 199 Abs. 1 BGB mit dem Schluss des Jahres, in dem der Bürgschaftsanspruch entstanden ist und der Bürgschaftsgläubiger (Vermieter) von den den Anspruch begründenden Umständen und der Person des Bürgschaftsschuldners Kenntnis erlangt hat oder ohne grobe Fahrlässigkeit hätte erlangen müssen. Sind Mieten rückständig, kommt es darauf an, wann diese jeweils fällig wurden. Der BGH hat sich für den Fall der Auffassung angeschlossen, dass die Fälligkeit der Bürgschaftsforderung mit der Fälligkeit der Hauptschuld eintritt und nicht von einer Leistungsaufforderung des Gläubigers abhängig ist

1803

Bürgschaften auf erstes Anfordern sind grds. so zu verstehen, dass die Bürgschaftsforderung erst mit tatsächlicher Inanspruchnahme des Bürgen fällig wird.[2802]

Praxistipp:

Im Rahmen einer Due Diligence-Prüfung ist besonders auf die Verjährungsproblematik zu achten.[2803]

Die Fälligkeit kann durch eine Vereinbarung im Mietvertrag oder auch eine gesonderte Abrede von einem Verhalten des Vermieters abhängig gemacht werden. Ferner kann die Verjährungsfrist durch Vereinbarung verlängert werden.

Auch nach Verurteilung zur Zahlung kann sich der Bürge in einer Vollstreckungsgegenklage auf die inzwischen eingetretene Verjährung berufen.[2804] Nur wenn der Bürge es im Prozess versäumt, sich auf eine bereits eingetretene Verjährung auch zu berufen, ist er mit der Einrede nach

1804

2798 Kandelhard, NZM 2002, 929, 933; Geldmacher, DWW 2002, 182, 195.
2799 Durst, NZM 1999, 65, 66.
2800 Geldmacher, NZM 2003, 502, 504 m.w.N.
2801 BGH, 29.01.2008 – XI ZR 160/07, NZM 2008, 372 = IBR 2008, 266 = NZBau 2008, 377 = WM 2008, 729 = NJW 2008, 1729 = MDR 2008, 636 zur selbstschuldnerischen Bürgschaft; OLG Düsseldorf, 05.11.2009 – 24 U 12/09, IMR 2010, 142; ausführlich dazu m.w.N. Keilmann, MDR 2008, 843.
2802 Ähnlich OLG Frankfurt am Main, 11.12.2007 – 10 U 154/06, IBR 2008, 149.
2803 Keilmann, MDR 2008, 843, 846.
2804 BGH, 05.11.1998 – IX ZR 48/98, NJW 1999, 278.

§ 767 Abs. 2 ZPO ausgeschlossen. Wird also der Bürge in Anspruch genommen, kann er sich faktisch **zu jeder Zeit** mit der Einrede verteidigen, dass Ansprüche des Vermieters gegen den Mieter verjährt sind. Auch insofern stellt also die Bürgschaft ein Risiko für den Vermieter dar.

Für die Verwirkung gelten die allgemeinen Grundsätze (→ *Rn. 2670 ff.*).

VI. Gerichtsverfahren

1805 Die Verpflichtung zur Leistung einer Mietsicherheit im Mietvertrag ist allein kein Beweis dafür, dass der Mieter diese tatsächlich erbracht hat.[2805] Es bleibt deshalb bei den allgemeinen Beweisregeln.

Eine **offene Kaution** kann vom Vermieter durch Vorlage des Mietvertrags und der darin enthaltenen oder separaten Kautionsabrede im Urkundenprozess verlangt werden. Der Mieter kann **Rückzahlung der Kaution** nach Mietende im Urkundenverfahren verlangen, wenn er den Mietvertrag mit Kautionsabrede, einen Zahlungsnachweis für die Leistung an den Vermieter und eine Urkunde, aus der sich ergibt, dass keine Ansprüche des Vermieters mehr bestehen, die zu sichern wären (Abnahme-/Rückgabeprotokoll, Bestätigungsschreiben des Vermieters), vorlegt.[2806] Zu den allgemeinen Voraussetzungen des Urkundenverfahrens → *s. Rn. 2772 ff.*

1806 Der **Klageantrag auf Stellung einer Bürgschaft** (hier: Sicherheitsleistung bei einem Gewerberaummietvertrag) kann nicht mit einem bedingten Antrag auf Schadensersatz für den Fall verbunden werden, dass die Sicherheit nicht fristgemäß erbracht wird.[2807] Gibt der Vermieter die **Bürgschaft nicht im Original** heraus, hat der Mieter einen eigenen Anspruch und kann auf Herausgabe klagen. Streitig ist, ob der Antrag auch auf Herausgabe an sich selbst lauten oder nur auf Rückgabe an die Bank gerichtet sein darf.[2808] Richtig ist Letzteres, da der Mieter nicht Partei des Bürgschaftsvertrages zwischen Vermieter und Bank wird, weshalb er auch keinen Anspruch auf die Urkunde aus diesem Vertragsverhältnis haben kann.[2809]

> **Praxistipp:**
> Im Klageverfahren sollte – auch wenn man anderer Meinung als hier ist – der sichere Weg gegangen und Herausgabe an die Bank beantragt werden, zumal es den Mieter meist auch überhaupt nicht interessiert, die Urkunde zu behalten. Alternativ können beide Anträge im Verhältnis Hauptantrag – Hilfsantrag gestellt werden; damit ist man dann sozusagen immer auf der sicheren Seite.
>
> Im Antrag ist die Bürgschaftsurkunde so exakt wie möglich zu bezeichnen (Aussteller, Datum, Nr., Höhe der Forderungen usw.), damit diese in der Zwangsvollstreckung individualisiert werden kann.

2805 LG Berlin, 12.01.2010 – 65 S 271/09; Blank, in: Blank/Börstinghaus, § 566a Rn. 18.
2806 Both, NZM 2007, 156; differenzierend Sternel, Mietrecht aktuell, Rn. XIV 111 unter Verweis auf LG Mönchengladbach, ZMR 1994, S. XII Nr. 23, wonach der Urkundsprozess als unstatthaft angesehen wird.
2807 OLG Naumburg, 20.09.2005 – 9 U 58/05, GuT 2005, 253.
2808 Mieter selbst: AG Köln, ZMR 2001, 548; nur an Bank: OLG Celle, 17.04.2002 – 2 U 223/01, ZMR 2002, 813 = OLGR 2002, 162; LG Düsseldorf, 19.03.1998 – 21 S 448/97, DWW 2000, 26.
2809 Neuhaus, GuT 2003, 163, 165.

Es gelten ansonsten keine Besonderheiten.

VII. Streitwert

1. Allgemeines

Für **alle Sicherheiten** gilt:

1807

Einfordern der Sicherheit: Maßgeblich ist der Wert der verlangten Sicherheit, § 6 ZPO, unabhängig davon, um was für eine Sicherheit es sich handelt und wann diese geleistet werden soll.

Untersagung der Inanspruchnahme der Mietsicherheit: Der Antrag, dem Vermieter die Inanspruchnahme der Sicherheit zu untersagen oder die Nichtberechtigung feststellen zu lassen, entspricht einer **negativen Feststellungsklage**, sodass der volle Wert desjenigen Betrags anzusetzen ist, mit dem der Vermieter sich bedienen will. Dies gilt auch für eine einstweilige Verfügung.[2810] Z.T. wird auch vertreten, dass sich der Streitwert bei einer einstweiligen Verfügung auf Untersagung der Inanspruchnahme der Mietbürgschaft nach dem zu erwartenden Zinsschaden bestimmen soll,[2811] was jedoch abzulehnen ist, da dies nicht dem Interesse der streitenden Parteien entspricht.

1808

Auskunft: Bei verlangter Auskunft über Erträge ist der Wert nach § 3 ZPO zu schätzen, wobei marktübliche Zinsen anzusetzen sind. Bei Auskunftsverlangen über das OB und Wie der Anlage gilt ebenfalls § 3 ZPO; da der Verlust der Sicherheit im Raum steht (Insolvenzrisiko), ist hier ein Ansatz von 100 % gerechtfertigt.[2812]

2. Barkaution

Besonderheiten der **Barkaution**:

Wird die ordnungsgemäße Anlage verlangt, gilt § 3 ZPO; da der Verlust der Sicherheit im Raum steht (Insolvenzrisiko), ist die volle Höhe maßgeblich.[2813] Die herausverlangte Kaution wird einschließlich bis zum Herausgabeverlangen bzw. Klageerhebung oder Einreichung des Mahnantrags angefallener Zinsen berechnet.[2814] Nach § 40 GKG werden nach Klageerhebung oder Antragseinreichung eintretende Wertveränderungen nicht berücksichtigt. Erhebt der Vermieter Stufenklage nach § 254 ZPO, etwa auf Bezifferung des verzinsten Kautionsguthabens und nachfolgende Auszahlung, gilt § 44 GKG, sodass beeide Anträge zu bewerten sind, aber nur der höhere maßgeblich ist. Bei Verpfändungen (Sparbuch etc.) bemisst sich der Streitwert nach § 6 Satz 1 ZPO grds. nach dem Wert des verpfändeten Gegenstands, beim Sparbuch also nach der Höhe der Sparforderung einschließlich Zinsen.

1809

2810 A.A. LG Bonn, 14.02.2008 – 6 T 27/08, NZM 2008, 664: nur Zinsschaden maßgeblich.
2811 LG Bonn, 14.02.2008 – 6 T 27/08, NZM 2008, 664 = RVGreport 2008, 317: Bürgschaft auf erstes Anfordern.
2812 Ähnlich LG Essen, 18.07.2003 – 10 T 75/03, AGS 2003, 551 = MDR 2004, 207.
2813 LG Essen, 18.07.2003 – 10 T 75/03, AGS 2003, 551 = MDR 2004, 207; a.A. OLG Köln, 12.08.2009 – 16 W 26/09, NZM 2010, 472 = WuM 2010, 96 = MDR 2010, 321: 25 %.
2814 LG Köln, 08.06.1995 – 1 S 266/94, WuM 1995, 719 = ZMR 1996, 145.

3. Bürgschaft

1810 Besonderheiten der **Bürgschaft**:

Verklagt der Vermieter den Mietbürgen auf **Zahlung**, ist der verlangte Betrag maßgebend; Zinsen und Kosten, auch soweit sie die Hauptforderung betreffen, werden nach § 43 Abs. 1 GKG, § 4 ZPO nicht berücksichtigt. Fordert der Mieter die **Rückgabe der Bürgschaftsurkunde**, wird der Streitwert gem. § 3 ZPO nach freiem Ermessen geschätzt[2815] und bemisst sich grds. nach der vollen Bürgschaftssumme.[2816] Das Interesse an der Herausgabe der Bürgschaftsurkunde entspricht auch dann dem Wert der Hauptschuld, wenn der Vermieter Ansprüche i.H.d. Bürgschaftsforderung geltend macht und im Streit über die Bürgschaftsherausgabe die Höhe der Hauptforderung geklärt werden muss. Dient das Herausgabeverlangen lediglich dazu, eine missbräuchliche Verwendung der Bürgschaftsurkunde zu verhindern, ist das Interesse denkbar gering zu bewerten, wenn die gesicherte Forderung unstreitig und nachweisbar erloschen ist.[2817]

Soll die **Inanspruchnahme des Bürgen** verhindert werden, ist der Wert der Bürgschaftsforderung maßgebend.[2818]

VIII. Vertragsgestaltung

1. Kaution

1811 Der Miet- oder Pachtvertrag kann aus Sicht des Vermieters unter die **auflösende Bedingung** (§ 158 Abs. 2 BGB) für den Fall der Nichtzahlung der Kaution gestellt werden. Die auflösende Bedingung führt dazu, dass der Vertrag automatisch endet, Ansprüche beider Parteien für die Zukunft nicht mehr in Betracht kommen und auch kein Schadensersatz wegen Nichtdurchführung des Vertrages geschuldet wird. Dies ist **auch durch AGB wirksam möglich** und stellt keine unzulässige Umgehung des Abmahnungserfordernisses des § 543 Abs. 3 BGB dar, weil es sich bei der Kündigung und der Bedingung um unterschiedliche Rechtsinstitute handelt und für beide Parteien überschaubare Risiken bestehen.[2819]

1812 Die Formulierung muss aber eindeutig sein. Eine Regelung, wonach der Mieter bei Nichtzahlung die „Rechte" aus dem Vertragsverhältnis „verliert" und der Vermieter „berechtigt" ist, über das Mietobjekt „anderweitig zu verfügen", genügt nicht, weil diese Formulierung darauf hindeutet, dass eine Vertragsbeendigung nicht automatisch eintreten, sondern vom Willen des Vermieters abhängen sollte, was rechtstechnisch als Recht zur fristlosen Kündigung zu begreifen sein kann.[2820]

[2815] OLG Hamm, 19.01.1981 – 4 U 6/81, JurBüro 1981, 434; OLG Düsseldorf, 06.10.1981 –21 W 45/81, JurBüro 1981, 1893; OLG Stuttgart, 12.03.1980 – 13 W 7/80, MDR 1980, 678 = JurBüro 1980, 896.
[2816] OLG Koblenz, 11.05.2006 – 5 U 1806/05, IBR 2006, 496 zur Vertragserfüllungsbürgschaft im Baurecht.
[2817] OLG Hamm, 19.01.1981 – 4 U 6/81, JurBüro 1981, 434.
[2818] KG, 07.06.2001 – 8 W 164/01, OLGR 2002, 28 = AGS 2002, 126.
[2819] KG, 26.01.2006 – 8 U 128/05, NZM 2007, 41.
[2820] KG, 26.01.2006 – 8 U 128/05, NZM 2007, 41.

Die **Kautionshöhe** ist in den Grenzen von § 242 BGB und § 138 BGB frei vereinbar, sodass auch mehr als drei Monatsmieten vereinbart werden dürfen.[2821] Die Fälligkeit darf – auch durch AGB[2822] – vor Übergabe des Miet-/Pachtobjekts liegen. Ebenfalls kann die Möglichkeit der fristlosen Kündigung bei Nichtzahlung formularvertraglich vereinbart werden.

1813

Bei der Vertragsgestaltung sollte aus Sicht des Mieters/Pächters geklärt werden, wie der Vermieter/Verpächter mit der Kaution umzugehen hat. Zwar ist die Verzinsung und Anlageform (oder deren Ausschluss) disponibel. Letztlich ist die **gesonderte und verzinste Anlage** auch für den Vermieter vorteilhaft, da sich der Kautionsbetrag (normalerweise) erhöht. Dem Mieter garantiert die gesonderte Anlage die Insolvenzfestigkeit seiner Kaution, falls der Vermieter von Gläubigern „geschröpft" wird.

1814

Will der Vermieter verhindern, dass sein **Kautionszahlungsanspruch im laufenden Mietverhältnis verjährt**, kann er folgende Klausel verwenden (auch als AGB):

Formulierungsvorschlag: Verzicht Einrede der Verjährung

1815

> Der Mieter verzichtet für den Fall einer etwaigen Verjährung des Anspruchs des Vermieters auf Stellung der Kaution auf die Erhebung der Einrede der Verjährung bis 3 Monate nach Rückgabe des Mietobjekts. Der Vermieter nimmt diesen Verzicht hiermit an.

2. Bürgschaft

Aus Sicht eines Gewerberaumvermieters/-verpächters sollte die Bürgschaft **inhaltlich wie folgt konzipiert** sein:

1816

- selbstschuldnerisch,
- unbefristet (der Mieter wird hier ein Interesse daran haben, die Bürgschaft zumindest auf einen festen Zeitabschnitt nach Beendigung des Mietverhältnisses zu begrenzen),
- unbedingt, d.h. nicht abhängig vom Eintritt oder Fortbestand von Bedingungen,
- unwiderruflich,
- mit einem Verzicht auf das Recht zur Hinterlegung (= kein Recht des Bürgen, den Betrag bei Gericht zu hinterlegen, sodass der Vermieter die Freigabe erklagen muss),
- bei Risikobereitschaft: als Bürgschaft auf erstes Anfordern.

Aus Sicht des Vermieters sollte darauf geachtet werden, dass sich sowohl eine Klausel zur Stellung einer Bürgschaft im Mietvertrag als auch der Bürgschaftstext selbst sich mindestens auf

1817

[2821] OLG Düsseldorf, 28.05.2009 – 10 U 2/095, IMR 2010, 97 = InfoM 2009, 431 = GE 2009, 431: fünf Monatsmieten durch AGB auch bei nur kurzer Vertragslaufzeit; OLG Brandenburg, 04.09.2006 – 3 U 78/06, IMR 2006, 147 = GuT 2006, 306 = InfoM 2007, 16 = NZM 2007, 402 = MDR 2007, 515: sieben Monatsmieten; OLG Frankfurt am Main, 27.10.2004, OLGR 2005, 195 – 2 U 194/03: sechs Monate; Geldmacher, DWW 2005, 270, 277; Blank, in: Schmidt-Futterer, § 551 Rn. 112: Grenze ist Sittenwidrigkeit; **a.A.** Moeser, Geschäftsraummiete, Kap. 12, Rn. 62 und Moeser, in: Lindner-Figura/Opreé/Stellmann, Kap. 12, Rn. 62: mehr als drei Monatsmieten nur durch Individualvereinbarung.

[2822] KG, 21.01.2008 – 12 W 90/07, IMR 2009, 8; OLG Düsseldorf, 14.11.2005 – I-24 U 74/05, GuT 2006, 237. Zur Zulässigkeit der Zahlung der ersten Kautionsrate vor Übergabe bei Wohnraum vgl. LG Bonn, 01.04.2009 – 6 T 25/09.

die „Sicherung aller Ansprüche des Vermieters gegen den Mieter aus diesem Mietverhältnis" beziehen. Noch eindeutiger ist Folgendes: „Sicherung aller Ansprüche des Vermieters gegen den Mieter aus diesem Mietverhältnis, inklusive sämtlicher nachvertraglicher Ansprüche, die im Zusammenhang mit dem Mietverhältnis stehen (Nutzungsentschädigung, Schadensersatz etc.)".

Soll sich ein grds. nicht persönlich haftender Gesellschafter einer Mieterin **persönlich verpflichten**, so darf diese Erklärung (also die Bürgschaftsverpflichtung selbst) bei einer formularmäßigen Vereinbarung nicht mitten im Vertrag stehen (überraschende Klausel, § 305c BGB). Wirksam ist die Unterschrift des Geschäftsführers der Mieterin unter den Mietvertrag zusätzlich über der Zeile „Selbstschuldnerische Bürgschaft" mit der Folge einer privaten Haftung.

> **Praxistipp:**
> Bürgschaftsverpflichtungen dürfen nicht im Vertrag versteckt sein, sondern sollten als separate Urkunde oder deutlich sichtbare Textstelle unter den Unterschriften des Hauptteils mit neuen Unterschriften abgefasst werden.

IX. Arbeits- und Beratungshilfen

1. Schnellüberblick Grundsatz-Rechtsprechung des BGH

1818

Thema/Normen	Leitsatz	Entscheidung, Fundstelle
Kaution nicht angelegt: Zurückbehaltungsrecht?	Ist der Vermieter zur getrennten Anlage einer Kaution verpflichtet, kann der Mieter verlangen, dass der Vermieter vor der Zahlung ein gesondertes und den gesetzlichen Anforderungen genügendes Mietkautionskonto benennt und nachweist. Daraus resultiert, dass ausnahmsweise ein Zurückbehaltungsrecht mit der Folge besteht, dass kein Verzug des Mieters bei Nichtzahlung und damit auch kein Kündigungsgrund gemäß § 543 BGB bestehen kann.	BGH, 13.10.2010 – VIII ZR 98/10, IMR 2010, 503 = NZM 2011, 28 (Wohnraum)
Kaution nicht angelegt: Zurückbehaltungsrecht gg. Zwangsverwalter?	Zum Zurückbehaltungsrecht des Mieters gegenüber dem Zwangsverwalter wegen einer vom Vermieter nicht gemäß BGB § 551 Abs. 3 angelegten Kaution.	BGH, 23.09.2009 – VIII ZR 336/08, IMR 2009, 442
Höhe des Innenausgleichs zwischen Mitbürgen und Grundschuldbestellern	Die Höhe des Innenausgleichs zwischen Mitbürgen und Grundschuldbestellern richtet sich, wenn nichts anderes vereinbart ist, nach dem Verhältnis der gegenüber dem Gläubiger übernommenen Haftungsrisiken.	BGH, 09.12.2008 – XI ZR 588/07, NZM 2009, 155 = NJW 2009, 437 = WM 2009, 213

Kautionsanlage und Untreue	§ 551 Abs. 3 BGB begründet nur für den Wohnraummieter eine Vermögensbetreuungspflicht. Eine durch Gesetz begründete Vermögensbetreuungspflicht in Bezug auf die Mietkaution scheidet bei der Gewerberaummiete aus. Dies gilt auch für eine analoge Anwendung der Vorschrift des § 551 Abs. 3 BGB auf gewerbliche Mietverhältnisse. Da der Gesetzgeber die Regelung bewusst nicht als allgemeine mietvertragliche Regelung ausgestaltet, sondern auf Mietverträge über Wohnraum beschränkt hat, fehlt eine Lücke, die im Wege einer Analogie geschlossen werden könnte. Die bloße Vereinbarung einer Kaution als solche begründet keine Vermögensbetreuungspflicht. Anders ist dies bei einer ausdrücklichen mietvertraglichen Vereinbarung, die den Vertragsschließenden insoweit zu einer besonderen Vermögensfürsorge zugunsten des anderen Vertragspartners verpflichtet. In diesem Fall kommt eine Strafbarkeit wegen Untreue in Betracht, wenn die Kaution vertragswidrig mit dem Vermögen des Vermieters vermengt wird. Ls. InfoM: Bei einem Gewerbemietverhältnis trifft den Vermieter hinsichtlich der Kaution keine gesetzliche Vermögensbetreuungspflicht, deren Verletzung eine strafbare Untreue darstellen würde. Etwas anders gilt, wenn die Parteien vereinbart haben, dass der Vermieter die Kaution in einer besonderen Anlageform zu verwahren hat.	BGH, 02.04.2008 – 5 STR 354/07, InfoM 2008, 326
Kaution, Nichtzahlung, Zurückbehaltungsrecht	Ein Zurückbehaltungsrecht an der Kaution steht dem Mieter in der Regel nicht zu. Ob der Vermieter von Gewerberaum wegen Nichtzahlung der Kaution vor Übergabe der Mietsache fristlos kündigen kann, hängt von den Umständen des Einzelfalls ab. Eine fristlose Kündigung kommt nicht in Betracht, wenn sich der Vermieter selbst nicht vertragstreu verhalten hat (hier: Übergabe eines mangelhaften Mietobjekts).	BGH, 21.03.2007 – XII ZR 36/05, GuT 2007, 130 = NZM 2007, 400 = InfoM 2007, 175 u. 217 = MDR 2007, 1009
Kaution, Nichtzahlung, Zurückbehaltungsrecht	Der Mieter von Geschäftsräumen hat in der Regel kein Zurückbehaltungsrecht an der Kaution. Ob allein die Nichtzahlung der Kaution den Vermieter bereits vor Übergabe des Mietobjekts zur fristlosen Kündigung gemäß § 543 I BGB berechtigt, hängt von den Umständen des Einzelfalls ab. Bei erheblichen Sach- oder Rechtsmängeln braucht der Mieter die Mietsache nicht zu übernehmen. (Ls. 3 von der NZM-Redaktion). Die Kündigung kann nur innerhalb der Frist des § 314 Abs. 3 BGB ausgesprochen werden. Die Frist beginnt mit der Kenntniserlangung des Kündigungsgrunds durch den Vermieter. Dies ist der Fall, wenn für den Vermieter ein aktuelles Sicherungsbedürfnis entsteht.	BGH, 21.03.2007 – XII ZR 255/04, NZM 2007, 401= GuT 2007, 128 = IMR 2007, 180 u. 181 = MDR 2007, 1126 Ls.

Sichert die Kaution auch nicht fällige Ansprüche?	Die Mietkaution sichert auch noch nicht fällige Ansprüche, die sich aus dem Mietverhältnis und seiner Abwicklung ergeben, und erstreckt sich damit auf Nachforderungen aus einer nach Beendigung des Mietverhältnisses noch vorzunehmenden Abrechnung der vom Mieter zu tragenden Betriebskosten. Deshalb darf der Vermieter einen angemessenen Teil der Mietkaution bis zum Ablauf der ihm zustehenden Abrechnungsfrist einbehalten, wenn eine Nachforderung zu erwarten ist.	BGH, 18.01.2006 – VIII ZR 71/05 (LG Berlin), NZM 2006, 343 = IMR 2006, 3 = MDR 2006, 1100 zur Wohnraummiete
Anpassung der Kaution bei einem Mangel	Liegt ein unbehebbarer Mangel der Mietsache vor (hier: Flächenminus von mehr als 10 %), ist die Miete von vornherein und auf Dauer gemindert. Bemessungsgrundlage für die Berechnung einer Mietkaution ist dann nur die geminderte Miete.	BGH, 20.07.2005 – VIII ZR 347/04, NZM 2005, 699 = WuM 2005, 573 = ZMR 2005, 854 = Info M 2005, 234 = NJW 2005, 2773 zur Wohnraummiete
Verzinsung der Kaution	Eine aufgrund eines Mietvertrages über gewerbliche Räume geleistete Mietkaution ist vom Vermieter regelmäßig auch dann vom Empfang an zu dem für Spareinlagen mit dreimonatiger Kündigungsfrist üblichen Zinssatz zu verzinsen, wenn der Vertrag keine ausdrückliche Bestimmung über eine Verzinsung enthält.	BGH, 21.09.1994 – XII ZR 77/93, ZAP EN-Nr. 938/94 = BGHZ 127, 138 = NJW 1994, 3287 = MDR 1994, 1211 = ZMR 1995, 11

2. Schnellüberblick aktuelle Rechtsprechung der Instanzgerichte

1819

Thema/Normen	Leitsatz	Entscheidung, Fundstelle
Kautionserstattung durch Rechtsnachfolger des insolventen Vermieters? §§ 551, 566a BGB; § 57 ZVG	Sofern der Mieter nicht für die insolvenzfeste Anlage der Kaution durch den ursprünglichen Vermieter sorgt und dieser in die Insolvenz gerät, so muss dessen Rechtsnachfolger nicht den (vollen) Kautionsbetrag erstatten.	LG Braunschweig, 22.12.2009 – 6 S 60/09, IMR 2010, 333
Fortbestand einer Mietbürgschaft bei Beitritt eines zweiten Mieters! §§ 543 Abs. 1 Satz 2, 546 Abs. 1 BGB	Eine Mietbürgschaft sichert den Vermieter bis zum vereinbarten Vertragsende auch dann, wenn dem Mietvertrag nachträglich ein zweiter Mieter beigetreten ist, für den sich der Bürge nicht verbürgt hat. Dies gilt auch dann, wenn über das Vermögen des ersten Mieters – einer GmbH – das Insolvenzverfahren eröffnet wurde, dieses abgeschlossen ist und die GmbH im Handelsregister gelöscht wurde.	OLG Stuttgart, 30.11.2009 – 5 U 86/09

IX. Arbeits- und Beratungshilfen

Wann wird Anspruch aus einer selbstschuldnerischen Mietbürgschaft fällig?	Die Fälligkeit der Bürgschaftsforderung tritt mit der Fälligkeit der Mietforderungen ein und hängt nicht von einer Leistungsaufforderung des Gläubigers ab.	OLG Düsseldorf, 05.11.2009 – 24 U 12/09, IMR 2010, 142
sechs Monatsmieten Kaution durch AGB	Eine formularmäßige Kautionsvereinbarung in Höhe von fünf Monatsmieten ist in einem Geschäftsraummietvertrag auch bei Laufzeit von nur 1-3 Jahren grundsätzlich unbedenklich.	OLG Düsseldorf, 28.05.2009 – 10 U 2/09, IMR 2010, 97 = InfoM 2009, 431 = GE 2009, 431
Bürgschaft auf erstes Anfordern	Der Bürge, der auf eine Bürgschaft auf erstes Anfordern Zahlung leistet, kann diese zurückfordern, wenn und soweit der Gläubiger nach materiellem Bürgschaftsrecht keinen Anspruch auf die erhaltene Leistung hat. Im Rückforderungsprozess wird dann geklärt, ob dem Gläubiger ein von der Bürgschaft gesicherter Anspruch gegen seinen Schuldner zusteht. Dort sind alle vom Bürgen erhobenen Einwendungen wie in einem gewöhnlichen Bürgschaftsprozess zu prüfen, wobei den Bürgschaftsgläubiger die Darlegungs- und Beweislast für das Entstehen und die Fälligkeit der gesicherten Forderung trifft. Diese Grundsätze gelten auch dann, wenn der Bürge seinen Rückforderungsanspruch gemäß § 398 BGB an einen Dritten und dieser wiederum den Anspruch gemäß § 398 BGB an den Hauptschuldner abtritt.	OLG Düsseldorf, 28.05.2009 – 10 U 2/09, GE 2009, 431
Übergabe der Mietsache von der Zahlung der ersten Monatsmiete abhängig §§ 307, 556b Abs. 1 BGB	1. Eine AGB-Klausel in einem Wohnraummietvertrag, die die Übergabe der Mietsache von der Zahlung der ersten Monatsmiete abhängig macht, ist zulässig. 2. Auch ein Zusammenfallen mit einer Kautionsregelung ist zulässig und übersichert den Vermieter nicht.	LG Bonn, 01.04.2009 – 6 T 25/09 zu Wohnraum
Auslegung einer Miethaftungserklärung §§ 133, 157, 535 Abs. 2 BGB	1. Übernimmt der Geschäftsführer einer GmbH in Gründung die persönliche Haftung für alle Forderungen aus einem Gewerbemietvertrag ohne nähere Konkretisierung oder inhaltliche oder zeitliche Einschränkung, so handelt es sich um eine auslegungsbedürftige Willenserklärung (Schuldbeitritt oder Bürgschaft). 2. Der Geschäftsführer hat ein Eigeninteresse am Zustandekommen und der Durchführung des Mietvertrages, weshalb grundsätzlich eine Übertragung des Bürgenschutzes auf den regelmäßig aus eigenem rechtlichem oder wirtschaftlichem Interesse der Schuld Beitretenden nicht geboten und von einem Schuldbeitritt auszugehen ist. 3. Für eine im Zweifel geltende Bürgschaft ist kein Raum, wenn gerade eine Bürgschaft als Sicherungsinstrument ausdrücklich und detailliert unmittelbar an anderer Stelle im Mietvertrag geregelt worden ist.	OLG Brandenburg, 18.03.2009 – 3 U 48/08, IMR 2009, 384

	4. Der Schuldbeitritt ist zeitlich unbegrenzt, wenn keine zeitliche Einschränkung erfolgt und er alle Forderungen aus dem Mietvertrag umfasst. Dies gilt auch für aufgrund von Optionen ausgeübte Verlängerungen, wenn der Vertrag diese bereits bei Abschluss beinhaltet.	
	5. Der Schuldbeitritt ist grundsätzlich nicht auf die Dauer der Geschäftsführerstellung beschränkt. Das Ende der Stellung als Geschäftsführer und Gesellschafterin berechtigt lediglich, die Schuldmitübernahme aus wichtigem Grund mit Wirkung für die Zukunft zu kündigen (vgl. Palandt/Grüneberg, BGB, 68. Aufl., § 314, Rn. 5 m.w.N.). Erfolgt dies nicht, wird weiter gehaftet.	
Vermieters Zugriffsrecht auf die Kaution nach Beendigung des Mietverhältnisses BGB §§ 535, 551	1. Nach Beendigung des Mietverhältnisses hat die Kaution nicht nur Sicherungs-, sondern auch Verwertungsfunktion. 2. Wird die Sicherheit durch Verpfändung eines Bankguthabens geleistet, darf der Vermieter bei beendetem Mietverhältnis grundsätzlich auf die verpfändete Forderung zugreifen. Das setzt nicht voraus, dass die Ansprüche des Vermieters unstreitig sind. Ausreichend ist vielmehr, dass der Vermieter eine Abrechnung über die von ihm geltend gemachten Ansprüche aufstellt und diese mit der Mietsicherheit verrechnet. 3. Falls der Vermieter zu Unrecht – das heißt wegen nicht gerechtfertigter Forderungen – auf die Mietsicherheit zugreift, ist der Mieter auf seinen Rückforderungsanspruch zu § 551 BGB angewiesen.	OLG Karlsruhe, 18.08.2008 – 8 W 34/08, NZM 2009, 817 = NJW-RR 2009, 514
Außerordentliche Kündigung einer Mietbürgschaft	Die außerordentliche Kündigung einer Mietbürgschaft wegen Eintretens besonderer Umstände kommt bei einem befristeten Mietvertrag nicht in Betracht. Die Klageerhebung gegen den Bürgen reicht zur Unterbrechung der Verjährung der Hauptforderung nur aus, wenn der Hauptschuldner als Rechtsperson untergegangen ist; dies ist bei einer GmbH nicht schon durch ihre Auflösung der Fall, sondern erst mit ihrer Löschung.	KG, 26.04.2007 – 12 U 193/05, IMR 2007, 351
Kautionsabrede, Nichtigkeit wegen Wucher	Bei einer Kautionsabrede in einem Gewerbemietvertrag scheidet eine Nichtigkeit wegen Wucher (BGB § 138 Abs. 2) oder wegen wucherähnlichen Geschäftes von vornherein aus. Die Höhe der Sicherheit, die Gewerbemietparteien vereinbaren können, ist – anders als bei der Wohnraummiete (§ 551 BGB) – grundsätzlich nicht begrenzt. Eine Kautionsabrede in einem Gewerbemietvertrag kann unwirksam sein, wenn sie schikanös außerhalb eines nachvollziehbaren Sicherungsinteresses des Vermieters festgesetzt ist. Eine Kautionsvereinbarung in Höhe der siebenfachen Monatsmiete ist bei einem längeren Gewerbemietverhältnis regelmäßig nicht schikanös außerhalb eines nachvollziehbaren Sicherungsinteresses des Vermieters festgesetzt. Eine Kautionsabrede in AGB des Vermieters in	OLG Brandenburg, 04.09.2006 – 3 U 78/06, IMR 2006, 147 = GuT 2006, 306 = InfoM 2007, 16 = NZM 2007, 402 = MDR 2007, 515

	einem Gewerbemietvertrag mit einem mietenden Unternehmer hält der Generalklausel des § 307 BGB Stand, auch wenn der Kautionsbetrag drei Monatsmieten übersteigt.	
Umfang der Haftung des Bürgen	Hat der Bürge sich in einer Mietkautionsbürgschaft für die Ansprüche des Vermieters aus dem Mietvertrag verbürgt, so erstreckt sich diese Haftung nicht auf solche Ansprüche, die erst nach Abschluss des Mietvertrags vertraglich begründet werden. Der Vermieter ist nicht berechtigt, die Bürgschaftsurkunde wegen solcher Ansprüche zurückzubehalten.	OLG Frankfurt am Main, 12.04.2006 – 2 U 34/05, IMR 2006, 12 = InfoM 2006, 237

3. Formulierungsvorschläge

a) Vertragsklausel Sicherheiten (Barkaution)

Formulierungsvorschlag: Vertragsklausel Sicherheiten (Schwerpunkt Barkaution)

Sicherheiten:

2. Zur Sicherung aller Ansprüche des Vermieters gegen den Mieter aus diesem Mietverhältnis zahlt der Mieter dem Vermieter bis zum ....., spätestens bis zwei Wochen vor Übergabe des Mietobjekts, eine Barkaution i.H.v. drei Monatsmieten (Nettomiete zuzüglich etwaiger Betriebskosten, gleich, ob Vorauszahlung oder Pauschale) zuzüglich jeweils geltende gesetzlicher USt. Wird keine andere Kautionsart ausdrücklich vereinbart, ist die Kaution in voller Höhe durch Überweisung an den Vermieter oder in bar zu zahlen. Der Vermieter verpflichtet sich, die Kaution bis spätestens zwei Wochen nach Übergabe der Mietsache getrennt von seinem Vermögen zu einem banküblichen Zinssatz bei einem deutschen Kreditinstitut anzulegen und als Kaution kennzeichnen zu lassen.

3. Leistet der Mieter die Kaution nicht bis zum vereinbarten Zeitpunkt, hat er keinen Anspruch auf Übergabe des Mietobjekts und muss trotzdem die Miete und Nebenkosten ab dem vereinbarten Zeitpunkt zahlen. Dem Vermieter steht es frei, den Mietvertrag fristlos zu kündigen, wenn die Kaution nicht geleistet wird.

4. Erhöhen sich die Miete oder Betriebskostenvorauszahlungen um mehr als 10 %, kann der Vermieter eine Anpassung der Kautionshöhe entsprechend der prozentualen Steigerung verlangen, allerdings erstmals nach drei Jahren. Entsprechendes gilt für ein Recht des Mieters bei sinkender Miete.

5. Der Vermieter ist berechtigt, die Kaution für offene Forderungen, die er während oder nach Ende des Mietverhältnisses gegen den Mieter hat, zu verwenden. Der Mieter ist verpflichtet, verbrauchte Beträge der Kaution bis zur vereinbarten Höhe nachzuzahlen.

6. Vorbehaltlich vollständig ausgeglichener Ansprüche des Vermieters wird die Kaution sechs Monate nach Ende des Mietverhältnisses zurückgezahlt. Dies gilt ausnahmsweise nicht, wenn die turnusmäßige Betriebskostenabrechnung noch nicht erstellt ist. Der Vermieter ist nicht verpflichtet, eine Zwischenabrechnung zu erstellen, sondern kann nach seinem üblichen Turnus abrechnen.

7. Hat der Mieter untervermietet oder die Mietsache Dritten überlassen, tritt er seine Ansprüche gegen den Untermieter oder Dritten an den Vermieter ab, der die Abtretung annimmt. Dies dient zur Absicherung sämtlicher Ansprüche des Vermieters gegen den Mieter.

8. Der Mieter erklärt, dass folgende bei Einzug in die Mieträume eingebrachten oder einzubringenden Gegenstände sein Eigentum sind: .....

b) **Vertragsklausel Sicherheiten (Bürgschaft)**

Formulierungsvorschlag: Vertragsklausel Sicherheiten (Schwerpunkt Bürgschaft auf erstes Anfordern)

1821

Sicherheiten:

1. Zur Sicherung aller Ansprüche des Vermieters gegen den Mieter aus diesem Mietverhältnis stellt der Mieter dem Vermieter bis zum ....., spätestens bis zwei Wochen vor Übergabe des Mietobjekts, eine Kaution i.H.v. drei Monatsmieten (Nettomiete zuzüglich etwaiger Betriebskosten, gleich ob Vorauszahlung oder Pauschale) zuzüglich jeweils geltender gesetzlicher USt. Der Mieter ist berechtigt, die Kaution in Form einer Bankbürgschaft zu stellen, die folgenden Inhalt haben muss (Alternativ: gemäß dem als Anlage ..... zum Mietvertrag beiliegenden Muster): selbstschuldnerisch, unwiderruflich, unbefristet, Ausschluss der Einrede der Vorausklage, Verzicht auf das Hinterlegungsrecht, fällig auf erstes Anfordern. Diese Punkte müssen ausdrücklich im Urkundstext dokumentiert sein. Der Mieter ist sich bewusst, dass die Bank auf erstes Anfordern auch dann leisten muss, wenn gleichzeitig berechtigte Gegenansprüche geltend gemacht werden.

2. – 7. wie oben

c) **Sparguthaben**

Formulierungsvorschlag: Verpfändung eines Sparguthabens zugunsten des Vermieters

1822

1. Verpfändung

Für .....

(Name des Kontoinhabers)

wird bei der

X-Bank .....

– nachstehend Bank genannt –

das Sparkonto Nr. ..... mit einem Guthaben von ..... € geführt.

Zur Sicherung der gegenwärtigen und künftigen Ansprüche von

.....

– nachstehend Vermieter genannt –

(Name/Anschrift)

aus dem Mietvertrag vom .....

mit .....

– nachstehend Mieter genannt –

(Name/Anschrift)

wird hiermit das obige Guthaben i.H.v. ..... € verpfändet.

Das Pfandrecht erfasst auch die Zinsen.

Das Sparbuch soll nach übereinstimmender Anweisung von Verpfänder/Vermieter vom Vermieter verwahrt werden, sodass dieser auch die weiteren Sparkontoauszüge erhält, soweit solche ausgegeben werden. Die Bank ist berechtigt, die Sparkontoauszüge an den Vermieter zu versenden.

Der Vermieter ist jederzeit berechtigt, das Sparguthaben zu kündigen. Verlangt der Vermieter die Auszahlung des verpfändeten Betrages, wird die Bank dem Verpfänder darüber eine Mitteilung an die letzte ihr bekannte Anschrift senden.

Die Bank ist berechtigt und verpflichtet, auf erstes Anfordern des Vermieters den verpfändeten Betrag gegen Vorlage des Sparbuches auszuzahlen, jedoch unter Beachtung der Kündigungsfrist und nicht vor Ablauf von 4 Wochen nach dem Versand der Mitteilung an den Verpfänder. Die Bank ist nicht verpflichtet, die Berechtigung und Fälligkeit der Vermieterforderung (Pfandreife) zu prüfen. Das Pfandrecht erlischt im Verhältnis zur Bank erst dann, wenn der Vermieter ihr dies schriftlich mitgeteilt hat.

.....	.....
(Ort/Datum)	(Unterschrift des Verpfänders)
	.....
	(Unterschrift des Vermieters)

2. Verpfändungsanzeige

An die X-Bank

.....

Hiermit zeige(n) ich/wir Ihnen die obige Verpfändung gem. § 1280 BGB an. Die Verpfändung ist im Sparbuch zu vermerken.

.....	.....
(Ort/Datum)	(Unterschrift des Verpfänders)

3. Löschung der Verpfändung

An die X-Bank

.....

Hiermit teile(n) ich/wir mit, dass obige Verpfändung erlischt.

....
(Ort/Datum)   (Unterschrift des Verpfänders)

d) Inanspruchnahme einer Bürgschaft

Formulierungsvorschlag: Inanspruchnahme einer Bürgschaft bei Vertretung des Vermieters

1823 **Formulierungsvorschlag: Inanspruchnahme einer Bürgschaft bei Vertretung des Vermieters**

Sehr geehrte Damen und Herren,

ich vertrete ..... Vollmacht liegt bei.

Meine Mandantin hatte mit Mietvertrag vom ..... an Firma ..... die in ..... gelegenen Geschäftsräume vermietet. Mit Bürgschaftserklärung vom ..... haben Sie für alle Verpflichtungen der Mieterin aus dem Mietvertrag die selbstschuldnerische Bürgschaft übernommen. Zwischenzeitlich ist Firma ..... mit den Mieten und Betriebskostenvorauszahlungen für die Monate ..... im Rückstand. Auf Mahnungen wurde seitens der Mieterin nicht mehr reagiert.

Ich beziehe mich auf die Mietbürgschaft und fordere Sie daher namens und in Vollmacht meiner Mandantin höflich auf, die nachstehend berechnete Forderung zu überweisen:

Hauptbetrag: ..... €

Zinsen: ..... €

Mahnkosten

(gemäß nachfolgender Anwaltsgebührenrechnung) ..... €

Derzeitige Forderung insgesamt ..... €

Die Zahlung erbitte ich auf mein Konto. Ich besitze Geldempfangsvollmacht.

Mit freundlichen Grüßen

.....

Rechtsanwalt

Anlage: Gebührenrechnung (von der Schuldnerin zu tragende Verzugskosten)

e) Harte Patronatserklärung

S. Beispiele aus der Rechtsprechung → *Rn. 1784 ff.*

1824

4. Checklisten

a) Mögliche Sicherheiten

Checkliste: Mögliche Sicherheiten

1825

- ☐ Kaution
- ☐ Bürgschaften in verschiedenen Varianten
- ☐ Hinterlegung von Geld oder Wertpapieren
- ☐ Abtretung oder Verpfändung von Forderungen
- ☐ Hypothekenbestellung
- ☐ Verpfändung oder Sicherheitsabtretung von Sachen
- ☐ Schuldbeitritt
- ☐ Patronatserklärung
- ☐ mittelbar: gesetzliches Vermieterpfandrecht

b) Kaution

Hinweis:

Grundsatz: Keine gesetzliche Regelung für Geschäftsraummiete, daher keine Begrenzungen für Vereinbarungen oder Ausschlüsse.

1826

Checkliste: Kaution

- ☐ Kautionsstellung muss ausdrücklich vereinbart sein.
- ☐ Höhe
- ☐ Fälligkeitszeitpunkt
  - ☐ volle Kaution
  - ☐ Raten
- ☐ Verzinsung
  - ☐ vertraglicher Ausschluss
  - ☐ ansonsten: nach herrschender Meinung Verzinsungspflicht
- ☐ bestimmte Anlageform
  - ☐ vertraglicher Ausschluss
  - ☐ ansonsten: nach herrschender Meinung getrennt vom Vermietervermögen anzulegen
- ☐ Möglichkeit der fristlosen Kündigung bei Nichtzahlung

- grds. Mahnung erforderlich
- Mahnung evtl. entbehrlich, wenn vertraglicher Fixtermin (= automatischer Verzug)
- Zugang

c) **Bürgschaften**

Checkliste: Bürgschaften

- Art der Bürgschaft: selbstschuldnerische, Verzicht auf Einrede der Vorausklage usw., Bürgschaft auf erstes Anfordern (Risiko!)
- Umfang der Bürgschaft
  - inhaltlich: Sicherung **aller** Forderungen aus dem Mietverhältnis vereinbaren (aber AGB-rechtliches Risiko!)
  - zeitlich: Geltungsdauer; evtl. Kündigungsmöglichkeiten bei unbegrenzten Bürgschaften
- Wer ist Bürge? Liquidität?
- formelle Anforderungen
  - Schriftform (§ 766 Satz 1 BGB – **Ausnahme**: § 350 HGB)
  - Person des Gläubigers und Hauptschuldners benannt
  - Umfang der zu sichernden Verbindlichkeit ersichtlich
  - Wille, für die Verbindlichkeit einzustehen, muss deutlich werden
  - Bürgschaftserklärung separat vom übrigen Vertragstext (sonst überraschende Klausel i.S.d. § 305c BGB möglich)

d) **Basisvoraussetzungen eines Vertragsstrafenanspruchs**

Checkliste: Basisvoraussetzungen eines Vertragsstrafenanspruchs

- Wirksame, ausdrückliche Vereinbarung (§ 339 BGB)
- Verzug (§§ 339, 286 ff. BGB)
- Verschulden (§§ 339, 286 BGB)
- Wirksame Strafhöhe bei Vereinbarung durch AGB
- Vorbehalt bei Abnahme (§ 341 Abs. 3 BGB, § 11 Nr. 4 VOB/B)

§ 20 Vermieterpfandrecht

		Rn.
I.	Umfang des Pfandrechts	1829
II.	Entstehen des Pfandrechts	1834
III.	Untergang des Pfandrechts, Ausschlussfrist	1837
IV.	Schutzmöglichkeiten des Vermieters/Verpächters	1840
	1. Auskunftsanspruch	1840
	2. Selbsthilferecht	1841
V.	Geltendmachung des Pfandrechts	1844
	1. Grundsätze	1844
	2. Risiko bzgl. Nutzungsentschädigung	1846
	3. Vermieterpfandrecht und Zwangsvollstreckung	1847
	4. Vermieterpfandrecht und Insolvenz des Mieters	1848
VI.	Verwertung	1849
VII.	Verjährung und Verwirkung	1852
VIII.	Gerichtsverfahren	1853
IX.	Streitwert	1859
X.	Vertragsgestaltung	1860
XI.	Arbeits- und Beratungshilfen	1861
	1. Schnellüberblick Grundsatz-Rechtsprechung des BGH	1861
	2. Schnellüberblick aktuelle Rechtsprechung der Instanzgerichte	1862
	3. Formulierungsvorschlag Vermieterpfandrecht	1863

I. Umfang des Pfandrechts

Nach §§ 562 Abs. 1, 578 BGB erwirbt der Vermieter ein Pfandrecht an den eingebrachten Sachen des Mieters, sofern dies nicht vertraglich ausgeschlossen ist. In der Praxis ist das Pfandrecht oft ein **stumpfes Schwert** und in vielen Fällen nichts anderes als ein Papiertiger, da nur die wenigsten Vermieter tatsächlich Kontrolle und Zugriff auf Mietersachen besitzen. 1829

> **Hinweis:**
>
> Es ist zwingend erforderlich, Grundkenntnisse zum Vermieterpfandrecht zu haben. Da es in diesem Bereich sehr auf eine rechtzeitige bzw. zeitlich „passende" Geltendmachung ankommt, können Verzögerungen zu Schäden beim Vermieter führen. Kann dieser nachweisen, dass die Geltendmachung des Pfandrechts aufgrund einer falschen Beratung unterblieben ist, kommen Haftungsansprüche gem. § 280 BGB in Betracht.

Das Pfandrecht umfasst nur Forderungen, die für ein bestehendes Mietverhältnis entsprechend dem gesetzlichen Leitbild des Mietvertrages typisch sind (Ansprüche auf Miete und Nebenforderungen, Schadensersatzansprüche, Kündigungskosten etc.). Typisch ist letztlich das, was **das Mietrecht dem Vermieter zubilligt**. Umfasst werden damit auch vom Gesetz ermöglichte vertragliche Ansprüche auf Vertragsstrafe, Kaution u.Ä. Künftige Forderungen sind nicht gesichert, § 562 Abs. 2 BGB. Maßgeblich dafür ist der Zeitpunkt der Geltendmachung. 1830

Nicht pfändbare Sachen i.S.d. § 811 ZPO werden (natürlich) nicht vom Vermieterpfandrecht erfasst (§§ 562 Abs. 1 Satz 2, 578 BGB). Praxisrelevant ist bei Geschäftsraummiete v.a. § 811 Nr. 5 ZPO (zur Fortführung des Betriebes oder Berufs notwendige Gegenstände). 1831

Beispiel:

Im Bäckereigewerbe sind Öfen zur Herstellung von Brot und Backwaren für die Berufsausübung üblich. Ihre Unpfändbarkeit kann nicht mit der Begründung verneint werden, die Nutzung der Öfen führe zu einer kapitalistischen Arbeitsweise, die § 811 Nr. 5 ZPO unanwendbar mache.[2823]

1832 Greift der Vermieter hier trotzdem zu, macht er sich **schadensersatzpflichtig**. Veräußert der Vermieter in vermeintlicher Ausübung eines Vermieterpfandrechts unpfändbare Sachen freihändig, handelt er in verbotener Eigenmacht und begeht eine zum Schadensersatz verpflichtende unerlaubte Handlung.[2824]

> **Praxistipp:**
> Vor Ausübung des Vermieterpfandrechts sollte der Katalog des § 811 ZPO geprüft werden, damit es später nicht zu peinlichen Rückgaben kommt. Dem pfändungsgefährdeten Mieter sollte vom Anwalt ein Ausdruck der Norm zur Verfügung gestellt werden, damit er im Ernstfall bei Zugriff des Vermieters damit argumentieren kann.

1833 In der Praxis arbeitet der Mieter oft mit **geleasten oder unter Eigentumsvorbehalt erworbenen Gütern**. Hieran besteht grds. **kein Vermieterpfandrecht**, sofern die anderen Rechte vor dem Einbringen bestanden. Sicherungseigentum ist aber ggü. dem Vermieterpfandrecht nachrangig, wenn es nach der Einbringung der Sachen in die Mieträume vereinbart wurde.[2825] Da beim Leasingvertrag der Eigentumserwerb meist nur eine von mehreren (späteren) Möglichkeiten ist, den Vertrag zu beenden, scheidet mangels eigentümerähnlicher Stellung i.d.R. ein Schutz des Vermieters aus. Anders beim Eigentumsvorbehalt, wo sich das **Anwartschaftsrecht** oder das **aufschiebend bedingte Eigentum** des Mieters mit Zahlung der letzten Rate zum Vollrecht wandelt, sodass der Vermieter die Anwartschaft pfänden kann.

> **Hinweis:**
> Häufig werden eingebrachte Warenlager mit wechselndem Bestand an Kreditinstitute sicherungsübereignet. Hier bleibt der Vermieter vorrangig berechtigt, da die Waren vor der Übereignung bereits eingebracht waren. Dies gilt sogar für Teile des Warenlagers, die erst nach der Sicherungsübereignung angeschafft werden.[2826]

II. Entstehen des Pfandrechts

1834 Begründet wird das Pfandrecht bereits durch das „**Einbringen**", nämlich das bewusste Hineinschaffen in die Räume. Ein aktives Tun des Vermieters/Verpächters ist nicht erforderlich. Das Vermieterpfandrecht entsteht also nicht erst durch Zahlungsverzug, sondern schon dadurch, dass der Mieter die dem Pfandrecht unterliegenden Sachen in die Mieträume einbringt.[2827] Des-

---

2823 OLG Frankfurt am Main, 16.08.2000 – 7 U 139/99, GuT 2002, 49.
2824 OLG Frankfurt am Main, 16.08.2000 – 7 U 139/99, GuT 2002, 49.
2825 OLG Rostock, 13.04.2004 – 3 U 68/04, NZM 2005, 440 unter II.1.d).
2826 BGH, 12.02.1992 – XII ZR 7/91, BGHZ 117, 200 = WuM 1992, 600 = NJW 1992, 1156.
2827 BGH, 14.12.2006 – IX ZR 102/03, GuT 2007, 136 = IMR 2007, 94 = NZM 2007, 212 = MDR 2007, 610 = InfoM 2007, 140.

halb kann der Insolvenzverwalter das Vermieterpfandrecht nicht anfechten, wenn die gepfändeten Sachen noch vor der Krise eingebracht wurden; der Vermieter ist dann vorrangig zu befriedigen.[2828]

Erfasst werden grds. **alle beweglichen Güter**, die im Eigentum des Mieters stehen, auch Geld. Betrieblich genutzte Fahrzeuge und Geräte sind ihrer wirtschaftlichen Natur nach in das Grundstück eingebracht, von welchem aus sie im laufenden Betrieb eingesetzt werden, weil sie dem Geschäft des Betriebes des Unternehmers dienen. Eine bestimmungsgemäße regelmäßige wie **vorübergehende Verbringung** aus dem örtlichen Machtbereich des Vermieters oder Verpächters hebt diese Zuordnung nicht auf.[2829] 1835

Die damit ggü. anderen Gläubigern sehr weite Sicherung des Vermieters ist grds. berechtigt, findet ihre Grenze aber z.B. dort, wo sich der Vermieter wegen offener Miete aus der Tageskasse des Mieters bedienen will.[2830] 1836

III. Untergang des Pfandrechts, Ausschlussfrist

Das Pfandrecht geht nach §§ 562a, 578 BGB unter, wenn die Sachen vom Mietgrundstück **entfernt werden**. Ausnahme: Der Vermieter entfernt Sachen selbst,[2831] er weiß nichts davon oder er widerspricht der Entfernung, was aber nach §§ 562a Satz 2, 578 BGB auch nichts nützt, wenn die Sache entsprechend den Lebensverhältnissen des Mieters oder i.R.d. regelmäßigen Geschäftsbetriebes weggeschafft wird und/oder die zurückbleibenden Sachen zur Sicherung ausreichen. In der Praxis ist dem Vermieterpfandrecht dadurch der Boden entzogen, da es dem Vermieter meist nicht gelingt, diese Hürden zu nehmen. Kommt es tatsächlich zum Prozess, scheitert es dann oft an der Beweislast. Einige Gerichte bejahen z.T. das Entfernen vom Grundstück als lebensfremd selbst dann, wenn Speditionsfahrzeuge für den normalen Geschäftsbetrieb regelmäßig das Betriebsgrundstück verlassen.[2832] 1837

Der **gutgläubige Eigentumserwerb** durch einen Dritten lässt das Pfandrecht ebenfalls untergehen. Wird die einem Vermieterpfandrecht unterliegende Sache im Wege des Besitzkonstituts veräußert, so setzt ein gutgläubiger lastenfreier Erwerb die Übergabe der Sache an den Erwerber voraus.[2833] 1838

Nach § 562b Abs. 2 Satz 2 BGB erlischt das Pfandrecht mit dem **Ablauf eines Monats**, nachdem der Vermieter von der Entfernung der Sachen Kenntnis erlangt hat; das Pfandrecht bleibt bestehen, wenn der Verfolgungsanspruch vorher gerichtlich geltend gemacht wurde. Die Vorschrift enthält keine Verjährungsfrist, sondern eine von Amts wegen zu beachtende **Ausschluss-**

2828 BGH, 14.12.2006 – IX ZR 102/03, GuT 2007, 136 = IMR 2007, 94 = NZM 2007, 212 = MDR 2007, 610 = InfoM 2007, 140.
2829 OLG Frankfurt am Main, 19.05.2006 – 24 U 11/06, IMR 2006, 114 = InfoM 2006, 235.
2830 Vgl. OLG Braunschweig, 27.11.1979 – 2 U 175/79, OLGZ 80, 239.
2831 OLG Stuttgart, 10.04.2008 – 13 U 139/07, GuT 2008, 127.
2832 OLG Hamm, 11.12.1980 – 4 U 131/80, ZIP 1981, 165; ähnlich OLG Karlsruhe, 03.02.1971 – 1 U 159/70, NJW 1971, 624.
2833 BGH, 20.06.2005 – II ZR 189/03, NZM 2005, 665 = MDR 2006, 16.

frist.[2834] Die Frist ist gewahrt, wenn der Vermieter den Hausgabeanspruch mit einem Auskunftsanspruch in einer Stufenklage im Wege der einstweiligen Verfügung geltend macht.[2835]

1839 Der Vermieter kann auch auf die Ausübung des Pfandrechts verzichten. Ein **Verzicht** auf das Vermieterpfandrecht an den in Geschäftsräumen lagernden Gegenständen erstreckt sich dann nicht ohne Weiteres auf deren Zubehör.[2836] Wer den Verzicht auf ein Recht (hier: Vermieterpfandrecht) geltend macht, trägt die Darlegungs- und Beweislast für diese rechtsvernichtende Einwendung.[2837]

IV. Schutzmöglichkeiten des Vermieters/Verpächters

1. Auskunftsanspruch

1840 Der Vermieter hat zunächst einen **Auskunftsanspruch** zur Vorbereitung seines Herausgabeanspruches gegen den Mieter (§ 562b BGB). Der Mieter, der in die Mieträume eingebrachte Sachen ohne Wissen oder gegen den Willen des Vermieters aus diesen entfernt, ist dem Vermieter ggü. zur Auskunft gem. § 260 BGB über die weggeschafften Sachen verpflichtet.[2838] Allerdings erlischt das Pfandrecht an entfernten Sachen, wenn der Vermieter den Herausgabeanspruch – erfüllt der Mieter diesen nicht freiwillig – nicht innerhalb eines Monats nach positiver Kenntnis von einer Entfernung von Sachen gerichtlich geltend macht. Eine Stufenklage aus Auskunfts- und Hausgabeanspruch – auch im Wege der einstweiligen Verfügung – wahrt die Frist.[2839]

> **Praxistipp für RA:**
> Die fristgerechte gerichtliche Geltendmachung des Auskunftsanspruches im Wege der Stufenklage hindert das Erlöschen des Pfandrechts.[2840] Den Auskunftsanspruch und den von der Auskunft abhängigen Antrag auf Herausgabe der entfernten Sachen zur Zurückschaffung in die Mieträume kann der Vermieter zur Erhaltung seines Pfandrechts im Wege der einstweiligen Verfügung geltend machen.[2841]

> **Praxistipp für Immobilienverwalter:**
> Sobald der Verwalter Kenntnis erhält, dass Sachen entfernt werden (sollen), ist absolute Eile geboten. Es sollte sofort ein Anwalt aufgesucht werden, damit der Auskunftsanspruch mit minimaler Frist (ein Tag) und bei fruchtlosem Ablauf sofort mit einstweiliger Verfügung geltend gemacht wird.

2834 Blank, in: Blank/Börstinghaus, § 562b Rn. 26; Lammel, in: Schmidt-Futterer, § 562b BGB Rn. 30; v. Martius, in: Bub/Treier, Kap. III, Rn. 901; Herrlein, in: Herrlein/Kandelhard, § 562b BGB Rn. 9; Artz, in: MüKo BGB, § 562b BGB Rn. 9.
2835 OLG Rostock, 04.08.2010 – 3 U 82/10, IMR 2011, 22; OLG Rostock, 13.04.2004 – 3 U 68/04, NZM 2005, 440; Eckert, in: Wolf/Eckert/Ball, Rn. 763; Herrlein, in: Herrlein/Kandelhard, § 562b Rn. 12.
2836 OLG Düsseldorf, 09.05.2006 – I-24 U 180/05, GuT 2006, 250.
2837 BGH, 20.06.2005 – II ZR 189/03, NZM 2005, 665 = MDR 2006, 16.
2838 OLG Rostock, 13.04.2004 – 3 U 68/04, NZM 2005, 440.
2839 OLG Rostock, 04.08.2010 – 3 U 82/10, IMR 2011, 22; OLG Rostock, 13.04.2004 – 3 U 68/04, NZM 2005, 440; Eckert, in: Wolf/Eckert/Ball, Rn. 763; Herrlein, in: Herrlein/Kandelhard, § 562b Rn. 12.
2840 OLG Rostock, 13.04.2004 – 3 U 68/04, NZM 2005, 440.
2841 OLG Rostock, 13.04.2004 – 3 U 68/04, NZM 2005, 440.

2. Selbsthilferecht

Zumindest theoretisch hat der Vermieter gegen ein Entfernen auch das **Recht der Selbsthilfe** (§§ 562b, 578 BGB) i.R.d. Grundsatzes der Verhältnismäßigkeit,[2842] allerdings nur als letztes Mittel gegen das Wegschaffen (nicht für eine „normale" Herausgabe der Sache, die der Mieter verweigert oder als Präventivmaßnahme).[2843] S. ausführlich zum Selbsthilferecht → *Rn. 2520 ff.* Die Auffassung, der Vermieter müsse sich zunächst darauf beschränken, einer Entfernung der dem Vermieterpfandrecht unterliegenden Gegenstände zu widersprechen, um erst bei Fruchtlosigkeit des Widerspruchs Selbsthilfe auszuüben,[2844] ist einzelfallbezogen zu sehen: Der Vermieter muss nicht erst „die formelle Schiene fahren" und großen Schriftverkehr eröffnen, sondern darf auch ggf. vor Ort persönlich oder telefonisch widersprechen und bei Fortsetzung des Wegschaffens **sofort agieren**.

1841

Dieses Selbsthilferecht setzt aber voraus, dass tatsächlich mit der Entfernung der Sachen begonnen wurde.[2845] Der Vermieter darf dann grds. folgende Maßnahmen ergreifen:

1842

- Schlossaustausch,[2846]
- Versperren von Räumen,[2847]
- Blockieren der Zufahrt oder des Zugangs.

Ausführlich zum Selbsthilferecht des Vermieters und dessen Überschreitung → *Rn. 2520 ff.*

> **Hinweis:**
> Die vorgenannten Maßnahmen sind risikoträchtig, weil die Grenze zu strafrechtlichem Handeln (Nötigung, Freiheitsberaubung, Hausfriedensbruch) oft fließend ist. Der Vermieter und seine Vertreter müssen damit rechnen, dass der Mieter Strafanzeige stellt und dann ein Strafverfahren in Gang kommt, weil Behörden verpflichtet sind, zu ermitteln, ob eine Straftat begangen wurde.

> **Praxistipp für Immobilienverwalter:**
> Soll Selbsthilfe ausgeübt werden, so müssen unbedingt Zeugen hinzugezogen werden, die später den Ablauf bestätigen können. Dazu sollte nach Beendigung der Maßnahmen ein ausführliches Protokoll gefertigt werden, das die Zeugen, deren Namen und Adresse notiert werden, unterzeichnen. Vor Ort sollten Fotos gemacht und zur Akte gespeichert werden.

Prozessuales Mittel der Wahl zum Schutz der Vermieteransprüche ist in den meisten Fällen ein Antrag auf **Erlass einer einstweiligen Verfügung** mit dem Ziel, dass dem Mieter das Wegschaffen untersagt wird, wobei trotz des Eilverfahrens der Schuldner meist schneller als das Gericht

1843

[2842] OLG Karlsruhe, 11.02.2005 – 10 U 199/03, NZM 2005, 542.
[2843] OLG Hamm, 11.12.1980 – 4 U 131/80, ZIP 1981, 165.
[2844] OLG Karlsruhe, 11.02.2005 – 10 U 199/03, NZM 2005, 542.
[2845] OLG Koblenz, 02.11.2004 – 12 U 1530/03, NZM 2005, 784.
[2846] OLG Karlsruhe, 11.02.2005 – 10 U 199/03, NZM 2005, 542.
[2847] OLG Koblenz, 02.11.2004 – 12 U 1530/03, NZM 2005, 784.

ist. Für den Anwalt bedeutet dies absolute Eile und bevorzugte Abwicklung. → *Rn. 1853 ff.* und zu den allgemeinen Voraussetzungen der einstweiligen Verfügung → *Rn. 2810 ff.*

V. Geltendmachung des Pfandrechts

1. Grundsätze

1844 Das Vermieterpfandrecht entsteht allein durch Einbringen der Sachen, der Vermieter muss es aber aktiv geltend machen, wenn er es zur Sicherung seiner Ansprüche einsetzen will. Eine **bestimmte Form** ist nicht vorgeschrieben, sodass dies auch mündlich möglich ist. Zweckmäßigerweise sollte dies aber schriftlich erfolgen (Formulierungsvorschlag → *Rn. 1863*). Nach § 1255 BGB kann der Vermieter sein Pfandrecht aufgeben. Dazu genügt seine Erklärung ggü. dem Mieter, dass er das Pfandrecht aufgebe. Dies kann auch konkludent durch Rückgabe der gepfändeten Sachen erfolgen.[2848]

1845 Es erfolgt **keine Verjährungshemmung** durch Geltendmachung eines Vermieterpfandrechts bei der Verjährung eines Anspruchs des Mieters auf Duldung der Wegnahme von Einrichtungen.[2849] Will der Mieter die Geltendmachung eines Pfandrechts durch den Vermieter abwenden, so kann er dies gem. § 562c BGB durch Sicherheitsleistung tun.

Verweigert der Mieter die Herausgabe, bleibt (nur) gerichtliche Geltendmachung des Herausgabeanspruchs, § 1231 BGB. Den Vermieter trifft die **Beweislast** für das Entstehen des Pfandrechts und seiner zu sichernden Forderung. Die **Unpfändbarkeit der Sache** muss derjenige beweisen, der sich darauf beruft (praktisch also meistens der Mieter). Bestreitet der Mieter seine Eigentümerposition, spricht die Eigentumsvermutung des § 1006 BGB gegen ihn, sodass er beweisen muss, dass er trotz des Besitzes nicht Eigentümer ist.

2. Risiko bzgl. Nutzungsentschädigung

1846 Nach neuerer Rechtsprechung soll die Ausübung des Vermieterpfandrechts an sämtlichen[2850] oder auch einzelnen[2851] pfändbaren Sachen dazu führen, dass der Vermieter ab diesem Zeitpunkt **keinen Anspruch mehr auf Nutzungsentschädigung** hat.[2852] Begründet wird dies damit, dass nach Geltendmachung des Vermieterpfandrechts eine **Vorenthaltung der Mietsache nicht mehr gegeben** sei, weil der Mieter daran gehindert werde, seine Gegenstände zu entfernen.[2853] Der Vermieter dokumentiere dadurch seinen fehlenden Rücknahmewillen.[2854] Mit Ausübung des Pfandrechts soll die Räumungspflicht des Mieters nach § 546 Abs. 1 BGB entfallen.[2855]

[2848] Riecke, NZM 2006, 919 unter IV.
[2849] BGH, 13.05.1987 – VIII ZR 136/86, BGHZ 101, 37 = MDR 1987, 927 = WuM 1987, 262.
[2850] OLG Düsseldorf, 07.09.2006 – 10 U 30/06, IMR 2007, 9; OLG Düsseldorf, 19.07.2005 – I – 24 U 14/05, GuT 2006, 86; KG, 14.02.2005 – 8 U 144/04, NZM 2005, 422 = InfoM 2006, 183; Gather, in: Schmidt-Futterer, § 546a BGB Rn. 19.
[2851] OLG Rostock, 08.06.2007 – 3 W 23/07, GuT 2007, 302 = IMR 2007, 349 = InfoM 2008, 229 = MDR 2008, 137.
[2852] OLG Düsseldorf, 07.09.2006 – 10 U 30/06, IMR 2007, 9; OLG Düsseldorf, 19.07.2005 – I-24 U 14/05, GuT 2006, 86; KG, 14.02.2005 – 8 U 144/04, NZM 2005, 422 = InfoM 2006, 183.
[2853] OLG Rostock, 08.06.2007 – 3 W 23/07, GuT 2007, 302 = IMR 2007, 349 = InfoM 2008, 229 = MDR 2008, 137.
[2854] OLG Düsseldorf, 07.09.2006 – 10 U 30/06, IMR 2007, 9.
[2855] KG, 14.02.2005 – 8 U 144/04, NZM 2005, 422 = InfoM 2006, 183.

Diese Auffassung ist unzutreffend, aber durch ihre Existenz bis zu einer abschließenden Klärung durch den BGH für Vermieter gefährlich. S. dazu ausführlich: → *Rn. 2573 ff.*

3. Vermieterpfandrecht und Zwangsvollstreckung

Der Vermieter hat nach neuerer Rechtsprechung das Recht, bei ausgeübtem Pfandrecht die Räumung ggü. dem Gerichtsvollzieher auf die Verschaffung des Besitzes (= Schlossaustausch) zu beschränken,[2856] was die Kosten erheblich reduzieren kann (sog. „Berliner Modell"). S. dazu ausführlich → *Rn. 2851 ff.*

1847

Betreibt **ein Dritter** die Zwangsvollstreckung gegen den Mieter, wird der Vermieter grds. weiter geschützt. Trotz Pfändung aufgrund eines Titels besteht sein Pfandrecht weiter und geht im Rang vor.[2857] Ein Widerspruch gegen die Pfändung ist dennoch nicht möglich, weil der Vermieter nicht Besitzer der Sache ist, § 805 ZPO. Der Vermieter kann im Fall einer gegen den Mieter gerichteten Herausgabevollstreckung eines Dritten ein Vermieterpfandrecht an der Sache, die Gegenstand der Herausgabevollstreckung ist, nicht mit dem Rechtsbehelf der Erinnerung nach § 766 ZPO geltend machen.[2858] Er kann jedoch **vorzugsweise Befriedigung aus dem Versteigerungserlös** verlangen. Der pfändende Fremdgläubiger kann den Vermieter aber blockieren, indem er ausreichende Sicherung nach §§ 562a Satz 2, 578 BGB durch zurückgebliebene Sachen geltend macht.[2859]

4. Vermieterpfandrecht und Insolvenz des Mieters

Die Pfandobjekte haften uneingeschränkt für alle durch das Vermieterpfandrecht gesicherten Forderungen, die vor Geltendmachung des Pfandrechts fällig geworden sind. Nach § 50 Abs. 1 InsO sind in der Insolvenz des Mieters Gläubiger, die an einem Gegenstand der Insolvenzmasse ein rechtsgeschäftliches Pfandrecht, ein durch Pfändung erlangtes Pfandrecht oder ein gesetzliches Pfandrecht haben, nach Maßgabe der §§ 166 bis 173 für Hauptforderung, Zinsen und Kosten zur abgesonderten Befriedigung aus dem Pfandgegenstand berechtigt. § 50 Abs. 2 Satz 2 InsO schränkt allerdings insoweit ein, dass der Vermieter abgesonderte Befriedigung, gestützt auf sein Vermieterpfandrecht, nur für Mietforderungen aus dem letzten Jahr vor der Verfahrenseröffnung geltend machen kann. Entsprechendes gilt für eine Entschädigung, die infolge einer Kündigung des Insolvenzverwalters zu zahlen ist. Damit soll verhindert werden, dass die Insolvenzmasse zulasten der übrigen nicht bevorrechtigten Gläubiger übermäßig geschmälert wird. Unter Berücksichtigung dieses Gesichtspunktes gilt die Einschränkung nicht im Verhältnis zu anderen Absonderungsberechtigten.[2860]

1848

2856 BGH, 10.08.2006 – I ZB 135/05, NZM 2006, 817 = InfoM 2006, 311; BGH, 17.11.2005 – I ZB 45/05, NZM 2006, 149 = GuT 2006, 89 = InfoM 2006, 43 = WuM 2006, 50 = GE 2006, 110 = DWW 2006, 70 = ZMR 2006, 199 = NJW 2006, 848 = IMR 2007, 31 und BGH, 10.08.2006 – I ZB 135/05, NZM 2006, 817 = InfoM 2006, 311 jeweils (Wohnraum).
2857 OLG Frankfurt am Main, 25.06.1974 – 20 W 237/74, MDR 1975, 228.
2858 BGH, 13.08.2009 – I ZB 91/08, NZM 2009, 877 = GuT 2009, 324.
2859 BGH, 06.05.1958 – VIII ZR 73/57, BGHZ 27, 227 = NJW 1958, 1282.
2860 Lammel, in: Schmidt-Futterer, § 562 Rn. 44.

VI. Verwertung

1849 Hat der Vermieter den Besitz an der pfändbaren Sache erlangt, kann er das **Pfandrecht** verwerten. Er ist nicht zur Herausgabe der Gegenstände an den Mieter verpflichtet, wenn er sie nicht sofort verwertet.[2861] Die Verwertung geschieht grds. nur durch **öffentliche Versteigerung** nach § 1235 BGB. Der Vermieter darf die Sache also nicht selbst behalten oder verkaufen.

1850 Verweigert der Mieter die Herausgabe, bleibt (nur) gerichtliche Geltendmachung des Herausgabeanspruches, § 1231 BGB. Den Vermieter trifft die **Beweislast** für das Entstehen des Pfandrechts und seiner zu sichernden Forderung. Die **Unpfändbarkeit der Sache** muss derjenige beweisen, der sich darauf beruft (praktisch also meistens der Mieter). Bestreitet der Mieter seine Eigentümerposition, spricht die Eigentumsvermutung des § 1006 BGB gegen ihn, sodass er beweisen muss, dass er trotz des Besitzes nicht Eigentümer ist.

1851 Betreibt **ein Dritter** die Zwangsvollstreckung gegen den Mieter, wird der Vermieter grds. weiter geschützt. Trotz Pfändung aufgrund eines Titels besteht sein Pfandrecht weiter und geht im Rang vor.[2862] Ein Widerspruch gegen die Pfändung ist dennoch nicht möglich, weil der Vermieter nicht Besitzer der Sache ist, § 805 ZPO. Er kann aber **vorzugsweise Befriedigung aus dem Versteigerungserlös** verlangen. Der pfändende Fremdgläubiger kann den Vermieter aber blockieren, indem er ausreichende Sicherung nach §§ 562a Satz 2, 578 BGB durch zurückgebliebene Sachen geltend macht.[2863]

VII. Verjährung und Verwirkung

1852 Die Monatsfrist des § 562b Abs. 2 Satz 2 BGB ist keine Verjährungsfrist, sondern eine von Amts wegen zu beachtende Ausschlussfrist.[2864] Tritt während der Pfandverwertung durch den Vermieter Verjährung der Hauptforderung ein, so kann er nach § 216 BGB die Verwertung fortsetzen.[2865] Durch die Geltendmachung eines Vermieterpfandrechts nach Beendigung des Mietverhältnisses wird der Lauf der Verjährungsfrist für den Wegnahmeduldungsanspruch nach § 539 Abs. 2 BGB nicht gehemmt, sodass sich der Mieter ggf. auf Verjährung berufen kann.[2866]

Für die Verwirkung gelten die allgemeinen Grundsätze (→ Rn. 2670 ff.).

VIII. Gerichtsverfahren

1853 Der Vermieter hat auch im Wege der einstweiligen Verfügung einen Anspruch darauf, dass das Vermieterpfandrecht durchgesetzt werden kann, etwa indem es dem Mieter untersagt wird, Sachen wegzuschaffen. S. dazu auch → Rn. 1840 ff. Beim Vermieterpfandrecht ist der Anspruch des Vermieters naturgemäß schwer inhaltlich bestimmbar und durchsetzbar, weil er die pfänd-

---

[2861] OLG Stuttgart, 10.04.2008 – 13 U 139/07, GuT 2008, 127 = MDR 2008, 679.
[2862] OLG Frankfurt am Main, 25.06.1974 – 20 W 237/74, MDR 1975, 228.
[2863] BGH, 06.05.1958 – VIII ZR 73/57, BGHZ 27, 227 = NJW 1958, 1282.
[2864] Blank, in: Blank/Börstinghaus, § 562b Rn. 26; Lammel, in: Schmidt-Futterer, § 562b BGB Rn. 30; v. Martius, in: Bub/Treier, Kap. III Rn. 901; Herrlein, in: Herrlein/Kandelhard, § 562b BGB Rn. 9; Artz, in: MüKo BGB, § 562b BGB Rn. 9.
[2865] Fritz, Gewerberaummietrecht, Rn. 298.
[2866] OLG Stuttgart, 10.04.2008 – 13 U 139/07, GuT 2008, 127 = MDR 2008, 679.

baren Sachen i.d.R. noch nicht einmal sieht, da sie sich in den Räumen des Mieters befinden. Daher hat der Vermieter **Auskunfts- und Hinderungsansprüche** gegen den Mieter, bei denen wegen der Möglichkeit des Mieters, „faktisch vollendete Tatsachen" zu schaffen, grds. weniger strenge Anforderungen als üblich an den **Erlass einer einstweiligen Verfügung** zu stellen sind.

> **Praxistipp:**
> Kann der über Art und Umfang der eingebrachten Sachen nicht informierte Vermieter diese in seinem Antrag auf Erlass der einstweiligen Verfügung nicht hinreichend bezeichnen, kann er den Mieter – auch im einstweiligen Verfügungsverfahren – im Wege der Stufenklage auf Auskunft in Anspruch nehmen.[2867]

Im Einzelnen gilt:

Der Vermieter kann sowohl direkt **Verhinderung des Wegschaffens** als auch Herausgabe zur Rückschaffung verlangen. 1854

Antragsbeispiel zur Verhinderung des Entfernens:

Dem Antragsgegner wird untersagt, Sachen, die in seinem Eigentum stehen oder an denen er ein Anwartschaftsrecht hat und die infolgedessen dem Vermieterpfandrecht unterliegen, aus den von ihm angemieteten Räumen im EG und Keller des Hauses R. in ... E. fortzuschaffen.

Für jeden Fall der Zuwiderhandlung wird ihm ein Ordnungsgeld von bis zu ... € – für den Fall, dass dieses nicht beigetrieben werden kann, Ordnungshaft – oder Ordnungshaft bis zu sechs Monaten angedroht.

Ein solcher Antrag ist ausreichend bestimmt, weil in diesen Fällen keine übermäßigen Anforderungen an die Bestimmtheit zu stellen sind und die Reichweite des Verbots klar ist.[2868] 1855

Alternativ kann er Stufenklage auf Auskunft erheben, wenn er die Gegenstände nicht bezeichnen kann. Kann der über Art und Umfang der eingebrachten Sachen nicht informierte Vermieter diese in seinem Antrag nicht hinreichend bezeichnen, kann er den Mieter – auch im einstweiligen Verfügungsverfahren – im Wege der **Stufenklage** auf Auskunft in Anspruch nehmen.[2869] Die fristgerechte gerichtliche Geltendmachung des Auskunftsanspruches im Wege der Stufenklage hindert das Erlöschen des Pfandrechts.[2870] Droht die **Entfernung** aus den Mieträumen, so kann der Vermieter dem Mieter diese durch einstweilige Verfügung untersagen,[2871] wobei an die Konkretisierung der Sachen in dem Verfügungsantrag keine übermäßigen Anforderungen zu stellen sind; es genügt, dass er zur Identifizierung der Sachen lediglich auf das vorherige Einbringen in die Mieträume verweist.[2872] 1856

[2867] OLG Brandenburg, 18.07.2007 – 3 W 20/07, GuT 2007, 302 = IMR 2007, 303 = NJOZ 2007, 4876.
[2868] OLG Stuttgart, 26.09.1996 – 5 W 43/96, LNR 1996, 18044 = NJW-RR 1997, 521 m.w.N.
[2869] OLG Brandenburg, 18.07.2007 – 3 W 20/07, GuT 2007, 302 = IMR 2007, 303 = NJOZ 2007, 4876; OLG Rostock, 13.04.2004 – 3 U 68/04, NZM 2005, 440.
[2870] OLG Rostock, 13.04.2004 – 3 U 68/04, NZM 2005, 440.
[2871] OLG Celle, 12.06.1986 – 2 W 34/86, NJW-RR 1987, 447.
[2872] OLG Rostock, 13.04.2004 – 3 U 68/04, NZM 2005, 440.

1857 Eine einstweilige Verfügung auf **Zurückschaffung** von Sachen auf das vermietete Grundstück soll den Anspruch des Vermieters auf Herausgabe zum Zweck der Zurückschaffung auf das Grundstück nicht nur einstweilen sichern, sondern eine im einstweiligen Rechtsschutz allenfalls ausnahmsweise zulässige Erfüllung darstellen.[2873] Nach Auszug des Mieters soll der Vermieter i.R.d. einstweiligen Rechtsschutzes allenfalls Anspruch auf Überlassung der zurückzuschaffenden Sachen an einen Sequester haben.[2874] Diese Meinungen sind zu eng, weil sie verkennen, dass das Vermieterpfandrecht keine endgültige Befriedigung gewährt, sondern nur ein Sicherungsmittel ist. Demzufolge müssen aber auch die Anforderungen an eine einstweilige Verfügung geringer sein.

1858 Zur **Beweislast**: Der Vermieter muss – im Hauptsacheverfahren und im einstweiligen Rechtsschutz – beweisen bzw. glaubhaft machen, dass die Sachen, an denen er ein Pfandrecht in Anspruch nimmt, vom Mieter eingebracht worden sind und ihm gehören.[2875] Dem Vermieter kommt bei der Beurteilung des Mietereigentums an einer vom Vermieterpfandrecht erfassten Sache die Vermutung des § 1006 BGB, die nur zugunsten des Mieters eingreift, nicht zugute, wohl aber der Beweis des ersten Anscheins, wenn der Mieter die Sache bisher ständig wie eine eigene benutzt hat.[2876] Insoweit gelten ferner die Grundsätze der sog. **sekundären Darlegungslast**: Macht der Vermieter an einem in der Mietsache befindlichen Gegenstand ein Pfandrecht geltend, so muss der Mieter substanziiert darlegen, wem die Sache gehört.[2877]

IX. Streitwert

1859 Besteht Streit über den Umfang des Vermieterpfandrechts (Vermieter fordert Verbleib/Rückgabe oder Mieter verlangt Herausgabe von Sachen), richtet sich der Wert gem. § 23 Abs. 1 RVG, § 48 Abs. 1 Satz 1 GKG, § 6 Satz 1 ZPO nach dem Wert der Gegenstände begrenzt nach § 6 Satz 2 ZPO durch die Höhe der Forderung, wegen der das Pfandrecht geltend gemacht wird.[2878] Entsprechendes gilt, wenn ein Erlöschen des Pfandrechts nach § 562a BGB im Streit steht.

X. Vertragsgestaltung

1860 Da das Vermieterpfandrecht praktisch keine große Relevanz hat, spielt es für die Vertragsgestaltung nur eine untergeordnete Rolle. Denkbar ist eine **formularmäßige Erweiterung** der Rechte aus §§ 562 Abs. 1, 578 BGB, was grds. auch für Forderungen möglich ist, die nicht unmittelbar aus dem Mietverhältnis stammen, wenn diese zumindest individualisiert und klar bezeichnet werden. Im Wohnraummietrecht wird eine Formularklausel, durch die der Mieter zur Beweislastumkehr sein Eigentum an den eingebrachten Sachen bestätigt, als unzulässig

---

[2873] OLG Brandenburg, 18.07.2007 – 3 W 20/07, GuT 2007, 302 = IMR 2007, 303 = NJOZ 2007, 4876; OLG Brandenburg, 02.04.2007 – 3 W 67/06, MDR 2007, 1365.
[2874] OLG Brandenburg, 18.07.2007 – 3 W 20/07, GuT 2007, 302 = IMR 2007, 303 = NJOZ 2007, 4876.
[2875] BGH, 20.03.1986 – IX ZR 42/85, MDR 1986, 752 = NJW 1986, 2426; OLG Brandenburg, 02.04.2007 – 3 W 67/06, MDR 2007, 1365.
[2876] OLG Brandenburg, 02.04.2007 – 3 W 67/06, MDR 2007, 1365.
[2877] OLG Brandenburg, 02.04.2007 – 3 W 67/06, MDR 2007, 1365.
[2878] Herrlein/Schneider, in: Herrlein/Kandelhard, Mietrecht, § 562 BGB Rn. 23.

angesehen.[2879] Dies gilt für die Geschäftsraummiete nicht, da das Eingriffsrecht des Vermieters hier nicht die Privatsphäre tangiert.

> **Hinweis:**
>
> Das Vermieterpfandrecht ist nur ein zweitklassiges Sicherungsmittel, ein „stumpfes Schwert", sodass nicht darauf gebaut werden sollte. Andere Sicherungsabreden (Kaution, Bürgschaften) sind praktikabler.

XI. Arbeits- und Beratungshilfen

1. Schnellüberblick Grundsatz-Rechtsprechung des BGH

Thema/Normen	Leitsatz	Entscheidung, Fundstelle
Grenzen der Vollstreckungserinnerung – Herausgabevollstreckung und Vermieterpfandrecht §§ 766, 808, 883, 886 ZPO; §§ 562a, 562b BGB	1. Mit der Erinnerung nach § 766 ZPO kann der Schuldner nur Verstöße gegen das Vollstreckungsrecht geltend machen, durch die er selbst beschwert ist; daran fehlt es, wenn der Schuldner seine Beeinträchtigung ausschließlich aus der Verletzung eines Rechts eines Dritten ableitet. 2. Der Vermieter kann im Fall einer gegen den Mieter gerichteten Herausgabevollstreckung eines Dritten ein Vermieterpfandrecht an der Sache, die Gegenstand der Herausgabevollstreckung ist, nicht mit dem Rechtsbehelf der Erinnerung nach § 766 ZPO geltend machen.	BGH, 13.08.2009 – I ZB 91/08, NZM 2009, 877 = GuT 2009, 324
Gefahr für Vermieterpfandrecht durch Besitzkonstitutserwerb	1. Wird die einem Vermieterpfandrecht unterliegende Sache im Wege des Besitzkonstituts veräußert, so setzt ein gutgläubiger lastenfreier Erwerb die Übergabe der Sache an den Erwerber voraus. 2. Wer den Verzicht auf ein Recht (hier: Vermieterpfandrecht) geltend macht, trägt die Darlegungs- und Beweislast für diese rechtsvernichtende Einwendung.	BGH, 20.06.2005 – II ZR 189/03, NZM 2005, 665

1861

2. Schnellüberblick aktuelle Rechtsprechung der Instanzgerichte

Thema/Normen	Leitsatz	Entscheidung, Fundstelle
§§ 562, 562a BGB Gewerberaummiete; Sonnenstudio; Vermieterpfandrecht; Verwertung; Lagerung außerhalb des Mietgrundstücks	1. Ein Vermieter, der von seinem Vermieterpfandrecht Gebrauch gemacht hat, ist nicht zur Herausgabe der Gegenstände an den Mieter verpflichtet, wenn er sie nicht sofort verwertet. 2. Das Vermieterpfandrecht erlischt nicht, wenn der das Pfandrecht ausübende Vermieter Gegenstände von der Mietsache entfernt.	OLG Stuttgart, 10.04.2008 – 13 U 139/07, GuT 2008, 127

1862

2879 LG München I, 08.04.1993 – 7 O 15862/92, WuM 1994, 370.

§§ 562, 562a BGB Gewerberaummiete; Sonnenstudio; Vermieterpfandrecht; Verwertung; Lagerung außerhalb des Mietgrundstücks	1. Ein Vermieter, der von seinem Vermieterpfandrecht Gebrauch gemacht hat, ist nicht zur Herausgabe der Gegenstände an den Mieter verpflichtet, wenn er sie nicht sofort verwertet. 2. Das Vermieterpfandrecht erlischt nicht, wenn der das Pfandrecht ausübende Vermieter Gegenstände von der Mietsache entfernt.	OLG Stuttgart, 10.04.2008 – 13 U 139/07, GuT 2008, 127
Vollstreckungsauftrag nur auf Herausgabe der Räume bei ausgeübtem Vermieterpfandrecht?	Macht der Vermieter von seinem Vermieterpfandrecht umfassend Gebrauch, hat der Gerichtsvollzieher die Vollstreckung – und den Kostenvorschuss – auf Schlossauswechselung und Besitzeinweisung zu beschränken. Der Gerichtsvollzieher darf nicht prüfen, ob der Vermieter das Vermieterpfandrecht auch auf unpfändbare Sachen ausgedehnt hat, und er darf die vermeintlich unpfändbaren Sachen auch nicht wegschaffen. Hinweis: Strittig, vgl. LG Baden-Baden, v. 24.9.2001 – 2 T 92/2001, DGVZ 2003, 24; LG Berlin, v. 14.1.2005 – 82 T 12/05, GE 2005, 243. Im Gewerbemietrecht kann der Gläubiger den Vollstreckungsauftrag so beschränken, dass die dem Vermieterpfandrecht unterliegenden Gegenstände nicht zu entfernen sind (BGH, v. 14.2.2003 – IX a ZB 10/03).	AG Lichtenberg, 31.08.2005 – 34 M 8059/05, Info M 2005, 273 zur Wohnraummiete.
Grundsatz der Verhältnismäßigkeit; Schlossaustausch	Bei der Durchsetzung des Vermieterpfandrechts muss der Vermieter den Grundsatz der Verhältnismäßigkeit beachten. Deshalb muss er sich zunächst darauf beschränken, einer Entfernung der dem Vermieterpfandrecht unterliegenden Gegenstände zu widersprechen; erst bei Fruchtlosigkeit des Widerspruchs kann ein Schlossaustausch angebracht sein.	OLG Karlsruhe, 11.02.2005 – 10 U 199/03, NZM 2005, 542
Selbsthilferecht des Vermieters zum Schutz seines Pfandrechts	Der Vermieter darf die Entfernung von Sachen, die seinem Pfandrecht unterliegen, im Wege der Selbsthilfe verhindern, soweit er berechtigt ist, der Entfernung zu widersprechen. Sein Selbsthilferecht setzt voraus, dass tatsächlich mit der Entfernung der Sachen begonnen wurde. Ist das der Fall, dann kommt im Einzelfall auch das Versperren von Räumen als Selbsthilfemaßnahme in Betracht.	OLG Koblenz, 02.11.2004 – 12 U 1530/03, NZM 2005, 784
Keine geräumte Herausgabe und Nutzungsentschädigung bei umfassend ausgeübtem Vermieterpfandrecht	1. Hat der Vermieter an allen in den Mieträumen befindlichen Sachen das Vermieterpfandrecht nach § 562 I BGB ausgeübt, entfällt die Räumungspflicht des Mieters nach § 546 I BGB. Ein Anspruch auf Zahlung einer Nutzungsentschädigung nach § 546a I BGB steht dem Vermieter in diesem Fall nicht zu. 2. Ein auf § 985 BGB gestützter Herausgabeanspruch des Vermieters als Eigentümer entfällt dann, wenn der Mieter durch vom Vermieter veranlasste Maßnahmen (hier: Wachdienst) keinen alleinigen Zugriff auf die Mieträume mehr hat.	KG, 14.02.2005 – 8 U 144/04, NZM 2005, 422

Einstweilige Verfügung auf Zurückschaffung von in Mieträume eingebrachten Sachen	1. Der Mieter, der in die Mieträume eingebrachte Sachen ohne Wissen oder gegen den Willen des Vermieters aus diesen entfernt, ist dem Vermieter gegenüber zur Auskunft über die weggeschafften Sachen verpflichtet. Die fristgerechte gerichtliche Geltendmachung des Auskunftsanspruchs im Wege der Stufenklage hindert das Erlöschen des Pfandrechts. 2. Den Auskunftsanspruch und den von der Auskunft abhängigen Antrag auf Herausgabe der entfernten Sachen zur Zurückschaffung in die Mieträume kann der Vermieter zur Erhaltung seines Pfandrechts im Wege der einstweiligen Verfügung geltend machen.	OLG Rostock, 13.04.2004 – 3 U 68/04, NZM 2005, 440

3. Formulierungsvorschlag: Ausübung des Vermieterpfandrechts

Formulierungsvorschlag: Ausübung Vermieterpfandrecht　　　　　　1863

Sehr geehrte Damen und Herren,

ich vertrete Ihre Vermieterin Firma ..... Vollmacht liegt bei.

Sie schulden meiner Mandantin bis heute nicht gezahlte Miete nebst Betriebskostenvorauszahlungen für die Zeit vom ..... bis ..... einen Betrag i.H.v. insgesamt ..... €.

Zur Sicherung dieser Forderung macht meine Mandantin hiermit von ihrem

Vermieterpfandrecht gem. § 562 BGB

Gebrauch.

Ich weise auf Folgendes hin:

Dem Vermieterpfandrecht unterliegen alle von Ihnen in die Mieträume eingebrachten und in Ihrem Eigentum stehenden Sachen. Es ist grds. nicht zulässig, dem Vermieterpfandrecht unterliegende Sachen aus den Mieträumen bzw. vom Grundstück wegzuschaffen. Bitte beachten Sie, dass eine trotzdem gegen den Willen meiner Mandantin vorgenommene Entfernung den Straftatbestand der Pfandkehr gem. § 289 StGB erfüllen kann. Falls Sie bereits Gegenstände aus den Mieträumen entfernt haben, fordere ich Sie auf, mir diese bis zum ..... im Einzelnen zu benennen, mir mitzuteilen, wo sie sich derzeit befinden und für eine unverzügliche Rückschaffung in die Mieträume zu sorgen, da ich meiner Mandantin ansonsten gerichtliche Schritte empfehlen muss.

Falls Sie ausziehen, hat meine Mandantin einen Anspruch darauf, in den Besitz der Gegenstände zu kommen. Ich bitte deshalb um rechtzeitige Mitteilung des Auszugstermins und weise nochmals auf die Strafbarkeit der Pfandkehr hin.

Sie können das hier geltend gemachte Vermieterpfandrecht durch Sicherheitsleistung abwenden, namentlich durch Hinterlegung von Geld oder Wertpapieren, ggf. auch durch eine selbstschuldnerische Bankbürgschaft oder die selbstschuldnerische Bürgschaft eines anderen von meiner Mandantin akzeptierten Bürgen.

Meine Mandantin wird in Kürze die Herausgabe der Pfandgegenstände fordern, um diese entsprechend den gesetzlichen Vorschriften zu verwerten. Vor der Veräußerung steht es Ihnen dann frei, die Gegenstände selbst einzulösen.

Mit freundlichen Grüßen

.....

Rechtsanwalt

§ 21 Versicherungen für gewerbliche Immobilien

			Rn.
I.	Überblick		1864
II.	VVG als Grundlage des Immobilienversicherungsrechts		1869
	1.	Wesentliche Regelungen des neuen VVG	1869
		a) Beratungs- und Dokumentationspflichten	1870
		b) Informationspflichten	1871
		c) Generelles Widerrufsrecht	1872
		d) Vorvertragliche Anzeigepflicht	1873
		e) Obliegenheitsverletzung, Quotenregelung	1874
		f) Prämie	1875
		g) Vorläufige Deckung	1876
		h) Einzelne Versicherungszweige	1877
		i) Verjährung, Ausschlussfrist, Gerichtsstand	1878
	2.	Bedarfsermittlung und Beratungspflichten vor Abschluss des Versicherungsvertrages	1879
	3.	Abschluss des Versicherungsvertrages	1885
	4.	Prämienzahlung	1888
	5.	Gefahrerhöhung	1894
	6.	Haftung für Falschberatung	1900
		a) Haftung des Versicherers	1900
		b) Haftung des Versicherungsvermittlers	1905
	7.	Repräsentantenstellung des Mieters	1907
III.	Praxisrelevante Versicherungen für Gewerbeimmobilien		1909
	1.	Auswirkungen des neuen VVG	1909
	2.	Verbundene Wohngebäude-Versicherung (VGB)	1910
		a) Vertragsgrundlagen und versicherte Gefahren	1910
		b) Umfang des Versicherungsschutzes	1911
	3.	Feuerversicherung	1916
		a) Vertragsgrundlagen und Änderungen durch das neue VVG	1916
		b) Umfang des Versicherungsschutzes	1919
		aa) Brand	1919
		bb) Blitzschlag	1923
		cc) Weitere Gefahren	1924
	4.	Leitungswasserversicherung	1927
		a) Vertragsgrundlagen	1927
		b) Umfang des Versicherungsschutzes	1928
	5.	Sturmversicherung	1933
		a) Vertragsgrundlagen	1933
		b) Umfang des Versicherungsschutzes	1934
		c) Beweislast	1936
	6.	Gebündelte Versicherungen, Betriebs- oder Geschäftsversicherungen	1937
	7.	Allgefahren-Versicherungen	1938
		a) Vertragsgrundlagen	1938
		b) Umfang des Versicherungsschutzes	1939
		c) Beweislast	1941
	8.	Extended Coverage-Versicherung	1942
	9.	Terrorversicherung	1944
	10.	Haus- und Grundbesitzer-Haftpflichtversicherung	1945
		a) Vertragsgrundlagen	1945
		b) Umfang des Versicherungsschutzes	1946
	11.	Umweltschaden-Versicherung	1951
	12.	Glasversicherung	1954
	13.	Mietverlust-/Mietausfallversicherung	1955
	14.	Rechtsschutzversicherung	1960
IV.	Umlagefähigkeit von Versicherungsprämien als Betriebskosten		1961
V.	Regressansprüche des Versicherungsnehmers und des Versicherers gegen den Mieter in der Gebäudeversicherung		1962
	1.	Grundsätze	1962
	2.	Beschränkungen des Rückgriffs	1964
	3.	Sinn und Zweck des Regressverzichts	1970
	4.	Ausgleich zwischen Sach- und Haftpflichtversicherer i.R.d. Mieterregresses	1971
	5.	Regressverzichtsabkommen	1977
	6.	Sonstiges	1978
VI.	Veräußerung der Immobilie und Versicherungsschutz		1981
	1.	Überblick	1981

	2.	Anzeige der Veräußerung	1986
	3.	Kündigung der Versicherungsverträge nach Veräußerung.	1987
	4.	Wer muss die Prämie bezahlen?	1990
VII.	Verjährung und Verwirkung	1992
VIII.	Gerichtsverfahren	1993
IX.	Streitwert	1994
X.	Vertragsgestaltung	1995
	1.	Mietvertragliche Pflicht des Mieters zum Abschluss von Versicherungen	1995
	2.	Haftung des Mieters	1998
XI.	Arbeits- und Beratungshilfen	2000
	1.	Schnellüberblick Grundsatz-Rechtsprechung des BGH	2000
	2.	Schnellüberblick aktuelle Rechtsprechung der Instanzgerichte	2001
	3.	Formulierungsvorschlag: Mietvertragsklausel zum Abschluss von Versicherungen	2002
	4.	Checkliste: Veräußerung der Immobilie und Versicherungsschutz	2003

I. Überblick

1864 Vom Bau über die Finanzierung bis hin zur Vermietung ist der Umgang mit Immobilien mit gewissen Risiken verbunden, gegen die man sich durch den Abschluss einer Versicherung schützen kann. Gesetzlich existiert für den Mietbereich **keine Versicherungspflicht**. Wie überall im Leben ist es aber auch und gerade hier ratsam, zumindest existenzielle Schäden zu versichern. Überwiegend geht es um Sachversicherungen,[2880] also Versicherungen, bei denen der Versicherer sich verpflichtet, bei Beschädigung oder Zerstörung des Mietobjekts oder von Teilen davon (= Sachen) bestimmte Leistungen (i.d.R. Geldzahlung) zu erbringen. Grundkenntnisse im Bereich des Vertriebes von Versicherungen und des Versicherungsrechts sind wichtig, weil gerade in der Immobilienbranche dem Versicherungsschutz möglicherweise in Zukunft wegen des **Klimawandels** und den damit steigenden Risiken durch Naturkatastrophen eine noch größere Bedeutung als aktuell zukommen wird.

> **Praxistipp für Immobilienverwalter:**
>
> Für Immobilienverwalter ist die Beschaffung und Aufrechterhaltung eines ordnungsgemäßen Versicherungsschutzes eine auch ohne gesonderte Regelung bestehende Nebenpflicht aus dem Verwaltervertrag, da es zur ordnungsgemäßen Verwaltung gehört, dass das Objekt angemessen versichert ist. Verletzt der Verwalter diese Pflicht, kann er aus § 280 BGB haften und muss im ungünstigsten Fall für Schäden selbst aufkommen.

1865 Folgende **Grundbegriffe des Versicherungsrechts** sollten bekannt sein:

- Versicherer: das Versicherungsunternehmen.
- Versicherung: das „Produkt" des Versicherungsunternehmers, also bspw. die Gebäudeversicherung.
- Versicherungsnehmer: der Vertragspartner des Versicherers.
- Versichertes Risiko: das Risiko, gegen das sich versichert wird (Beispiele: Feuer, Hagelschlag).
- Allgemeine Versicherungsbedingungen: das „Kleingedruckte", durch das der größte Teil des Vertragsinhalts bestimmt wird.

[2880] KG, 03.12.2007 – 8 U 19/07, IMR 2008, 159 = GE 2008, 122 = InfoM 2008, 224 scheint eine Feuerversicherung nicht als Sachversicherung einzugruppieren, was falsch ist.

- Versicherungsschein: das Dokument, durch das der „äußere Umfang" des Versicherungsverhältnisses (und der Vertragsabschluss) dokumentiert werden.
- Versicherungsvermittler: Oberbegriff für Versicherungsvertreter und Versicherungsmakler.
- Versicherungsvertreter: i.d.R. an einen oder mehrere Versicherer gebundener Vermittler, der dessen Versicherungen vertreibt. Steht „im Lager" des Versicherers.
- Versicherungsmakler. i.d.R. nicht an Versicherer gebundener Vermittler. Steht „im Lager" des Versicherungsnehmers/Kunden.

Sinnvoll ist der Abschluss mindestens folgender Versicherungen:

Vermieter als Versicherungsnehmer: 1866
- Feuerversicherung,
- Gebäudeversicherung (üblicherweise eine verbundene Feuer-, Sturm- und Leitungswasserversicherung): Versichert sind grds. Schäden am Gebäude durch bestimmte Ereignisse,
- Elementar- oder „All Risk"-Versicherung, die neben den vorgenannten Risiken weitere Risiken wie Überschwemmungen abdeckt,
- Gebäudehaftpflichtversicherung: Versichert sind grds. Schäden, die Dritte durch das Gebäude erleiden (z.B. durch bautechnisch bedingte Unfälle),
- Glasversicherung,
- Mietausfallversicherung: Absicherung der Mietverluste als Folge von Feuer-, Leitungswasser- und Sturmschäden (**Achtung**: allgemeines Mietrisiko ist nicht versichert). Vertragsgrundlage sind die „Allgemeinen Bedingungen für die Mietverlustversicherung",
- Betriebsanlagenversicherung (technische Anlage, Aufzüge etc.),
- Versicherungen, die Umweltschäden abdecken, sofern diese in Betracht kommen (z.B. Öltank).
- Terrorversicherung bei größeren Objekten und entsprechender Lage in Gefahrenzonen: versichert ist der Schutz gegen terroristische Anschläge und deren Folgen.[2881]

> **Praxistipp:**
> Wegen der möglichen – zum 01.08.2002 neu eingeführten – Haftung des Vermieters ohne Verschulden auch für Schmerzensgeld aus § 253 Abs. 2 BGB ist diesem zu empfehlen, die Gebäudehaftpflichtversicherung darauf zu prüfen, ob Schmerzensgeldansprüche bei Haftung ohne Verschulden mitversichert werden können.

Mieter als Versicherungsnehmer: 1867
- Einbruchdiebstahlversicherung (oft in eine Betriebs- oder Büroversicherung gemeinsam mit Haftpflichtversicherung gebündelt).

[2881] S. ausführlich dazu BGH, 13.10.2010 – XII ZR 129/09, IMR 2010, 522 = NZM 2010, 864 = NJW 2010, 3647 ⊠ Rn. 1944.

> **Hinweis:**
> Der Vermieter von Gewerberäumen schuldet den bei Abschluss des Mietvertrages geltenden üblichen Sicherheitsstandard gegen Einbruch, wenn mit dem Mieter keine anderweitige Regelung getroffen wurde.[2882] Eine unzureichend vermauerte Wandöffnung, die den Einbruch in ein vermietetes Ladenlokal erleichtert, kann einen Mangel der vermieteten Räume darstellen. Folge eines solchen Mangels kann die Schadensersatzpflicht des Vermieters für den Einbruchsschaden sein und zwar auch dann, wenn dieser erst durch Kauf des Objekts den Mietvertrag übernommen hat.[2883]

- Haftpflichtversicherung (Schädigungen Dritter, verursacht in den gemieteten Räumen etc.),
- Betriebsunterbrechungsversicherung: Übernahme der laufenden Betriebskosten,
- Warenversicherungen,
- Absicherung der Arbeitsfähigkeit bzw. des Verdienstausfalls der leitenden Personen: Berufsunfähigkeitsversicherung, Krankentagegeldversicherung.

> **Praxistipp für Immobilienverwalter:**
> V.a. bei komplexeren Objekten sollten unbedingt kompetente, unabhängige Versicherungsfachleute befragt werden, welche Versicherungen sinnvoll sind. Hier ist auch der Fachanwalt für Versicherungsrecht als Berater gefragt, der a) entsprechende Hinweise geben und b) unterschiedliche Versicherungsbedingungen rechtlich prüfen und bewerten kann. Beauftragt werden sollte – auch im Streitfall – ausschließlich ein Fachanwalt für Versicherungsrecht, da dieser durch den Erwerb des Titels nachgewiesen hat, dass er sich mit der komplizierten Materie des Versicherungsrechts intensiv beschäftigt hat.

1868 Versicherungen werden in Deutschland grds. auf drei Wegen verkauft: Zum einen über den **klassischen Vertrieb**, bei dem sog. Versicherungsvermittler entweder für ein oder mehrere Versicherungsunternehmen tätig sind, zum anderen durch **Versicherungsmakler**, die im Auftrag des Versicherungsnehmers Verträge vermitteln und bei größeren Abschlüssen auch direkt mit dem Versicherer verhandeln. Der dritte Weg sind die sog. **Direktversicherungen**, die unmittelbar durch den Versicherer ohne Vermittler z.B. über das Internet vertrieben werden.

II. VVG als Grundlage des Immobilienversicherungsrechts

1. Wesentliche Regelungen des neuen VVG

1869 Basis des Versicherungsrechts ist das Versicherungsvertragsgesetz (VVG), das die Rechtsbeziehungen zwischen dem Versicherungsnehmer und dem Versicherungsunternehmen regelt. Zum 01.01.2008 ist das ursprünglich 1908 in Kraft getretene VVG völlig novelliert worden. Das **neue VVG** gilt als Jahrhundertwerk. Massive Änderungen, z.T. völlig neue Regelungen, die sofortige Geltung des neuen Rechts für ab dem 01.01.2008 abgeschlossene Verträge und das noch jahrelange rechtliche Nebeneinander von Bestands- und Neuverträgen zwingen den

---

2882 BGH, 07.06.2006 – XII ZR 34/04, GuT 2006, 237 = NZM 2006, 626 = InfoM 2006, 188 = MDR 2007, 22.
2883 BGH, 07.06.2006 – XII ZR 34/04, GuT 2006, 237 = NZM 2006, 626 = InfoM 2006, 188 = MDR 2007, 22.

Praktiker zum Handeln.[2884] Die wichtigsten Änderungen werden nachfolgend dargestellt.[2885] Seit dem 01.01.2009 gilt das neue VVG auch für Altverträge. Vor 2009 eingetretene Versicherungsfälle werden weiter nach altem Recht abgewickelt. Es gibt **Sonderregelungen**, nach denen das alte VVG für bestimmte Altverträge teilweise weiter anzuwenden ist (speziell in der Lebens- und Berufsunfähigkeitsversicherung, Art. 4 EGVVG).

a) Beratungs- und Dokumentationspflichten

1870 Es bestehen umfangreiche Pflichten des Versicherers und Versicherungsvermittlers, die den Versicherungsnehmer als Verbraucher schützen sollen. Nach § 6 Abs. 1 VVG ist der Versicherungsnehmer, soweit **Anlass besteht**, „nach seinen Wünschen und Bedürfnissen zu befragen" und „zu beraten". Dies ist zu dokumentieren. Ausnahmen gelten nach § 6 Abs. 1 Satz 3 VVG bei Versicherungsmaklern und Fernabsatzverträgen. Ein **Verzicht** des Versicherungsnehmers durch schriftliche Erklärung ist möglich, § 6 Abs. 3 VVG. Nach § 6 Abs. 5 VVG haftet der Versicherer bei Verletzung der Pflichten auf Schadensersatz. Für Versicherungsvermittler bestehen entsprechende Sonderregelungen in den §§ 59 bis 68 VVG, speziell § 61 VVG.

b) Informationspflichten

1871 Nach § 7 VVG hat der Versicherer alle Vertragsbestimmungen rechtzeitig vor der „Vertragserklärung" (also vor Antragstellung!) dem Versicherungsnehmer auszuhändigen. D.h.: Der Versicherungsnehmer muss alle Vertragsunterlagen, also auch Verbraucherinformationen, vorab erhalten. Als Alternative zu diesem sog. Antragsmodell wird deshalb von manchen Versicherern das sog. **Invitatiomodell** präferiert, bei dem der Vertragsschluss erst durch ein Aktivwerden des Versicherungsnehmers erfolgt, nachdem er die Unterlagen ausgehändigt bekam. Die Informationspflichten werden konkretisiert durch die VVG-InfoV.

c) Generelles Widerrufsrecht

1872 § 8 VVG enthält ein grds. für alle Verträge geltendes Widerrufsrecht von **zwei Wochen**. Es beginnt erst, wenn dem Versicherungsnehmer alle Vertragsunterlagen und eine Belehrung über das Widerrufsrecht vorliegen.

d) Vorvertragliche Anzeigepflicht

1873 Nach § 19 Abs. 1 VVG muss der Versicherungsnehmer nur noch Umstände anzeigen, nach denen der Versicherer **ausdrücklich in Textform gefragt** hat. Das Risiko einer Fehleinschätzung, was anzeigepflichtig ist oder nicht, wird also vollständig auf den Versicherer verlagert. Die Anzeigepflicht endet gem. § 19 Abs. 1 Satz 1 VVG mit „Abgabe der Vertragserklärung", also mit Antragstellung. Es gibt keine Nachmeldeobliegenheit mehr. Das **Rücktrittsrecht** des Versicherers (§ 19 Abs. 2 VVG) wird v.a. gem. § 19 Abs. 3, Abs. 4 VVG auf Vorsatz und grobe Fahrlässigkeit des Versicherungsnehmers beschränkt. Bei einfacher Fahrlässigkeit kann der Versicherer nur noch für die Zukunft kündigen. Auch dieses Recht sowie der Rücktritt wegen

---

2884 Ausführlich dazu: Neuhaus/Kloth, Praxis des neuen VVG.
2885 Der Text entstammt teilweise dem Buch Neuhaus/Kloth, Praxis des neuen VVG.

grober Fahrlässigkeit ist aber ausgeschlossen, wenn der Versicherer den Vertrag aufgrund seiner Risikoprüfungsgrundsätze bei Kenntnis der verschwiegenen Umstände mit Risikozuschlag oder Leistungsausschluss geschlossen hätte (§ 19 Abs. 4 Satz 1 VVG; Rücktritt also faktisch nur noch bei Vorsatz). Er kann aber verlangen, dass der Risikoausschluss oder der Risikozuschlag rückwirkend Vertragsinhalt wird. In diesem Fall darf wiederum der Versicherungsnehmer grds. nach § 19 Abs. 5 VVG den Vertrag kündigen. Der Versicherer muss auf die Folgen einer Anzeigepflichtverletzung hinweisen. Rücktritt und Kündigung sind nur innerhalb von fünf Jahren, bei Vorsatz und Arglist innerhalb von zehn Jahren möglich, § 21 Abs. 3 VVG.

e) Obliegenheitsverletzung, Quotenregelung

1874 Das Gesetz sieht für die Leistungsfreiheit bei Verletzung einer vertraglichen Obliegenheit (§ 28 VVG) und bei Gefahrerhöhung (§ 26 VVG) ein abgestuftes Modell nach dem Grad des Verschuldens vor (**Quotenregelung**). Bei vorsätzlichen Verstößen wird der Versicherer leistungsfrei. Einfache Fahrlässigkeit bleibt für den Versicherungsnehmer folgenlos. Bei grob fahrlässigen Verstößen des Versicherungsnehmers wird die Leistung entsprechend der Schwere des Verschuldens – also proportional zum Verschulden des Versicherungsnehmers – gekürzt. Vereinfacht dargestellt, gilt Folgendes:

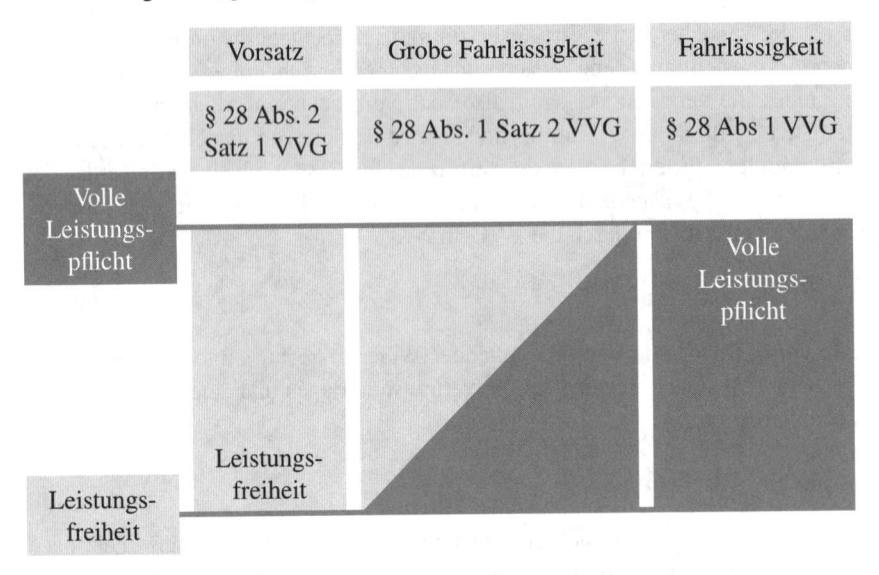

Vorsatz	Grobe Fahrlässigkeit	Fahrlässigkeit
§ 28 Abs. 2 Satz 1 VVG	§ 28 Abs. 1 Satz 2 VVG	§ 28 Abs 1 VVG
Leistungsfreiheit	Volle Leistungspflicht → Leistungsfreiheit	Volle Leistungspflicht

Für die Leistungsfreiheit ist eine Kausalität zwischen Obliegenheitsverletzung bzw. Gefahrerhöhung und Leistungspflicht bzw. Leistungshöhe erforderlich. **Ausnahme**: Arglist.

f) Prämie

1875 § 33 VVG passt die Fälligkeit der Erstprämie dem Widerrufsrecht aus § 8 VVG an (zwei Wochen nach Zugang des Versicherungsscheins). Nach § 37 VVG kann der Versicherer bei verschuldetem Erstprämienverzug zurücktreten und ist leistungsfrei, wenn der Versicherungsfall vor der Zahlung eintritt (**Einlösungsprinzip**). Bei Verzug mit einer Folgeprämie kann der Versicherer nach § 38 Abs. 1 und Abs. 3 VVG qualifiziert mahnen und kündigen, wenn nicht gezahlt wird. Er ist nach § 38 Abs. 2 VVG leistungsfrei, wenn der Versicherungsfall während des Zahlungsverzuges eintritt. Der Versicherer muss bei vorzeitiger Vertragsbeendigung nach § 39 VVG die Prämie taggenau aufteilen.

g) Vorläufige Deckung

In den §§ 49 bis 52 VVG finden sich Regelungen zur vorläufigen Deckung. Es handelt sich um einen eigenständigen Vertrag, für den erleichterte Informationspflichten gelten.

1876

h) Einzelne Versicherungszweige

In der **Pflichtversicherung** besteht ein (abgemilderter) Direktanspruch des Geschädigten gegen den Versicherer (§ 115 VVG). In der **Lebensversicherung** wird ein Anspruch auf Überschussbeteiligung in § 153 VVG festgeschrieben. Entsprechendes gilt nach § 169 VVG für den Rückkaufswert. Die §§ 172 bis 177 VVG regeln die **Berufsunfähigkeitsversicherung**. In der **Unfallversicherung** ist die gesetzliche Hinweispflicht (§ 186 VVG) von besonderer praktischer Bedeutung. Das gesetzliche Übermaßvergütungsverbot und Leistungsmanagement-Regelungen stellen wichtige Regelungen für die private **Krankenversicherung** dar.

1877

i) Verjährung, Ausschlussfrist, Gerichtsstand

Alle Ansprüche aus dem Versicherungsvertrag verjähren mangels ausdrücklicher Regelung im VVG in **drei Jahren** (Anpassung an die allgemeinen BGB-Vorschriften). Für die Dauer der Leistungsprüfung ist die Verjährung gehemmt, § 15 VVG. Nach § 215 VVG darf der Versicherungsnehmer an seinem Wohnsitzgericht klagen und muss dort verklagt werden.

1878

2. Bedarfsermittlung und Beratungspflichten vor Abschluss des Versicherungsvertrages[2886]

Die **Beratungs- und Dokumentationspflicht** für Versicherungsunternehmen gem. § 6 VVG und für Vermittler (= Versicherungsvertreter und Makler, § 59 Abs. 1 VVG) in den §§ 60 bis 62 VVG wurden zum 01.01.2008 neu eingeführt und sind eines der Kernstücke des neuen VVG. § 6 VVG regelt die Pflichten des Versicherers, § 61 VVG ist das Pendant für Versicherungsvermittler.

1879

Nach § 6 Abs. 1 VVG ist der Versicherungsnehmer durch den Versicherer (also praktisch durch dessen Vertriebler), soweit **Anlass** besteht, „nach seinen Wünschen und Bedürfnissen **zu befragen**" und „**zu beraten**". Dies ist zu dokumentieren. Ein **Verzicht** des Versicherungsnehmers durch schriftliche Erklärung ist möglich, § 6 Abs. 3 VVG. Mit §§ 6 Abs. 5, 63 VVG besteht ein Schadensersatzanspruch für mangelhafte Beratung bei Vertretenmüssen. Die Regelungen gelten nicht für Großrisiken, vgl. §§ 6 Abs. 5, 65 VVG. Basispflichten bei der Beratung sind:

1880

- Aufnahme- bzw. Erfassungspflicht: Die Wünsche und Bedürfnisse müssen ermittelt werden, kurz: der Versicherungsnehmer muss befragt werden.

[2886] Vgl. Neuhaus/Kloth, Praxis des neuen VVG, S. 36 ff.

- Analysepflicht: Der ermittelte Bedarf muss untersucht werden, sinnvolle Lösungen sind zu suchen.
- Beratungspflicht: Der Versicherungsnehmer muss über die Vor- und Nachteile und Risiken informiert werden. Ein Rat bzw. eine Empfehlung muss erteilt werden, §§ 6 Abs. 1, 60 Abs. 1 VVG.
- Dokumentationspflicht.

1881 § 60 VVG statuiert als Sondervorschrift für Versicherungsmakler folgende Ausgangspflichten (sog. **Beratungsgrundlage**):
- Der Rat von Versicherungsmaklern muss auf Basis einer „hinreichenden Zahl von auf dem Markt angebotenen Versicherungsverträgen und von Versicherern" erfolgen und auf „fachlichen Kriterien" basieren, § 60 Abs. 1 Satz 1 VVG. Erforderlich ist eine **„objektive und ausgewogene Untersuchung"**; Art und Umfang sind aber von den Umständen des Einzelfalls abhängig, und es kann ausreichen, regelmäßige Marktuntersuchungen durchzuführen, die nicht für jeden Kunden wiederholt werden müssen.[2887]
- Die Empfehlung muss geeignet sein, „die **Bedürfnisse des Versicherungsnehmers** zu erfüllen", § 60 Abs. 1 Satz 1 VVG. Dies setzt eine konkrete Bedarfsanalyse voraus.
- Der Versicherungsmakler muss die vorgenannten Anforderungen nach § 60 Abs. 1 Satz 2 VVG nicht erfüllen, wenn er den Kunden ausdrücklich „auf eine eingeschränkte Versicherer- und Vertragsauswahl hinweist". Dies hat nach § 62 Abs. 1 VVG vor Abgabe der auf den Vertragsschluss gerichteten Willenserklärung des Kunden und klar und verständlich in Textform[2888] zu erfolgen. D.h.: Es ist erforderlich, den schriftlichen Hinweis vor der Vertragserklärung zu übergeben; es genügt nicht, wenn der Kunde dies erst beim Vertragsabschluss erhält.
- Den Makler und Versicherungsvertreter treffen nach § 60 Abs. 2 VVG folgende weitere **Pflichten zur Information über die Tätigkeit**, auf die der Versicherungsnehmer gem. § 60 Abs. 3 VVG durch gesonderte schriftliche Erklärung (eigenes Dokument!)[2889] verzichten kann: Der Versicherungsnehmer muss informiert werden, „auf welcher Markt- und Informationsgrundlage" die Leistung erbracht wird und die Namen der dem Rat zugrunde liegenden Versicherer sind zu nennen, § 60 Abs. 2 Satz 1 VVG.

1882 **Anlass zur Beratung** besteht immer dann, wenn die angebotene Versicherung schwierig zu beurteilen ist oder Gründe in der Person des Versicherungsnehmers und dessen Situation vorliegen (§§ 6 Abs. 1 Satz 1, 61 Abs. 1 Satz 1 VVG). Bei einfachen Produkten und Situationen muss also nicht beraten werden. Es geht damit um die Frage, wie komplex das Versicherungsprodukt ist und ob der Kunde seine Wünsche benennen kann bzw. will.[2890] Dies sind nur Beispiele. Gewollt ist eine **grds. Befragungspflicht bei erkennbarem Anlass**, „was jedoch nicht auf die generelle Pflicht zur Erstellung einer allgemeinen Risikoanalyse hinauslaufen soll".[2891]

2887 BT-Drucks. 16/3945 i.V.m. BT-Drucks. 16/1935, Begründung zu § 42b Abs. 1.
2888 § 126b BGB.
2889 BT-Drucks. 16/3945 i.V.m. BT-Drucks. 16/1935, Begründung zu § 42b Abs. 3; str.
2890 BT-Drucks. 16/3945 i.V.m. BT-Drucks. 16/1935, Begründung zu § 42b Abs. 3.
2891 BT-Drucks. 16/3945 i.V.m. BT-Drucks. 16/1935, Begründung zu § 42c Abs. 1.

> **Hinweis:**
> Bei der Absicherung der Risiken im Immobilienbereich – etwa Zerstörung, Haftpflichtschäden etc. – ist grds. immer von einer schwierigen Situation auszugehen, insb. wenn der Versicherungswert auf Basis komplizierter Berechnungen („Wert 1914") bestimmt wird.

Problematisch für den Versicherer ist die Ausdehnung der **Beratungspflicht über den Vertragsschluss hinaus** auf den Zeitraum der gesamten Vertragslaufzeit nach § 6 Abs. 4 VVG, „soweit ein Anlass für eine Nachfrage und Beratung des Versicherungsnehmers erkennbar ist". Was konkret ein Anlass ist, sagt das Gesetz nicht. Damit besteht hier eine Grauzone. Es ist damit zu rechnen, dass Versicherungsnehmer künftig Schadensersatzansprüche stellen werden, wenn sie aufgrund einer veränderten Situation einen Schaden erleiden und nicht unaufgefordert beraten wurden. Unzweifelhaft sind die Fälle, in denen der Versicherungsnehmer **selbst nachfragt**, etwa wegen eines längeren Auslandsaufenthaltes. Nicht jeder rein objektive Anlass kann den Versicherer aber verpflichten, tätig zu werden. Voraussetzung ist, dass der Versicherer Kenntnis hat. Folglich können nur – bezogen auf den Versicherungsnehmer – externe Umstände Anlass zur Beratung sein, etwa Gesetzesänderungen, Änderung des Kapitalmarkts mit drohender Finanzierungslücke, Schieflagen beim Versicherer oder erhebliche subjektive Umstände beim Versicherungsnehmer, die dem Versicherer tatsächlich bekannt werden.

1883

Die Beratungspflicht während der Vertragslaufzeit nach § 6 Abs. 4 VVG gilt **nicht für Versicherungsmakler** und auch nicht für Versicherungsvertreter, da das Gesetz in den §§ 59 ff. VVG keine entsprechende Pflicht bestimmt. Für Makler kann sich aber eine solche Verpflichtung aus dem Maklervertrag ergeben.

1884

3. Abschluss des Versicherungsvertrages[2892]

Für den Abschluss gilt das BGB (Zustandekommen des Vertrages durch zwei übereinstimmende Willenserklärungen in Form von Antrag und Annahme, §§ 116 ff., 145 ff. BGB). Die im neuen VVG mehrfach erwähnte „**Vertragserklärung**" ist die Willenserklärung, die der Versicherungsnehmer abgibt, um den Vertrag zustande kommen zu lassen; dies kann entweder sein Antrag oder die Annahme eines Angebots vom Versicherer sein. Der Versicherungsvertrag kann also so geschlossen werden, dass der Versicherungsnehmer einen Antrag i.S.d. § 145 BGB erklärt, den der Versicherer anschließend innerhalb der regelmäßig nach § 148 BGB bestimmten Frist annimmt oder ablehnt (**Antragsmodell**). Auch die umgekehrte Variante (Antrag geht vom Versicherer aus – Versicherungsnehmer nimmt an) ist als sog. **Invitatiomodell** grds. möglich. Ausnahme vom Angebot-Annahme-Prinzip: § 5 VVG, wonach **Abweichungen im Versicherungsschein** ggü. dem Antrag als genehmigt gelten, wenn der Versicherungsnehmer nicht innerhalb eines Monats widerspricht. Der Versicherungsvertrag muss nicht schriftlich geschlossen werden; auch ein Abschluss durch schlüssiges Verhalten ist möglich.[2893]

1885

Nach bis zum 31.12.2007 geltenden Recht wurden Versicherungsverträge regelmäßig im sog. **Policenmodell** gem. § 5a VVG a.F. abgeschlossen (Antragstellung ohne Einsicht in AVB etc. (Übersendung der Police, AVB und Verbraucherinformationen – Widerspruchsrecht gem. § 5a

1886

2892 Vgl. Neuhaus/Kloth, Praxis des neuen VVG, S. 28 ff.
2893 BGH, 22.05.1991 – IV ZR 107/90, VersR 1991, 910 unter 2. b.

VVG a.F.). Diese bewährte Praxis hat der Gesetzgeber trotz massiver Kritik abgeschafft, indem § 5a VVG a.F. gestrichen und durch § 7 VVG mit dem **gesetzlichen Regelfall des Antragsmodells** ersetzt wurde. Der Versicherungsnehmer stellt nach Übergabe aller nach § 7 Abs. 2 VVG erforderlichen „Vertragsbestimmungen" in Textform[2894] den Antrag auf Abschluss des Versicherungsvertrages (Angebot), den der Versicherer dann annimmt und nur noch den Versicherungsschein übersendet. Diesem Kernstück der Reform liegt der gesetzgeberische Wunsch zugrunde, dass der Versicherungsnehmer als „mündiger Verbraucher"[2895] sämtliche für seine Willensbildung erforderlichen Informationen bereits vor Abgabe seiner Vertragserklärung einsehen kann. Das Antragsmodell wird in der Gesetzesbegründung ausdrücklich favorisiert.[2896] Unabhängig von dem Verbraucherschutzziel gelten die Regelungen **auch für Versicherungsabschlüsse von Unternehmern** und Unternehmen.

1887 Beim Invitatiomodell (Angebotsmodell) gibt der Versicherungsnehmer durch Ausfüllen des „Antragsformulars" noch keinen rechtlich bindenden Antrag i.S.d. § 145 BGB ab, sondern fordert lediglich den Versicherer auf, ihm ein Angebot zu unterbreiten, welches er – der Versicherungsnehmer – dann annimmt (sog. invitatio ad offerendum – **Einladung zum Angebot**). Der Antrag, den der Versicherungsnehmer annehmen kann, liegt also in der Übersendung der Police, der Bedingungen und der erforderlichen Informationen. Die Annahmeerklärung des Versicherungsnehmers führt als Willenserklärung unter Abwesenden erst mit **Zugang beim Versicherer** zum Vertragsschluss. Wird die Annahme aber ausnahmsweise ggü. einem Vertreter des Versicherers direkt erklärt (kein Postversand, sondern Übergabe), so kommt der Vertrag zu diesem Zeitpunkt zustande. Das Invitatiomodell, das ebenso wie das Policenmodell alternativ zum Antragsmodell rechtlich zulässig ist, ist nicht unumstritten, da man es z.T. als Umgehung des vom Gesetzgeber als Leitbild eingeführten Antragsmodells ansieht.

4. Prämienzahlung[2897]

1888 Die **§§ 33 bis 42 VVG** regeln u.a. die Fälligkeit der sog. Prämie, die in der Praxis auch als „Beitrag" bezeichnet wird.

> **Praxistipp für Immobilienverwalter und für Vermieter:**
> Kenntnisse in diesem Bereich sind wichtig, weil eine ausbleibende oder zu späte Zahlung zum Verlust des Versicherungsschutzes führen kann. Sorgt der Verwalter nicht für eine rechtzeitige Bezahlung von Versicherungsrechnungen, haftet er grds. wegen Pflichtverletzung gem. § 280 BGB.

1889 Nach § 33 Abs. 1 VVG ist die erste Prämie unverzüglich nach Ablauf von zwei Wochen **nach Zugang des Versicherungsscheins** zu zahlen. Hiermit wird die Fälligkeit der Prämie dem Zeitpunkt angepasst, zu dem im Normalfall die allgemeine Widerrufsfrist für Versicherungsverträge nach § 8 VVG abläuft.

2894 § 126b BGB.
2895 BT-Drucks. 16/3945 v. 20.12.2006, Begründung A. II. 2.
2896 Vgl. §§ 7 Abs. 1 Satz 1, 8 Abs. 2 Satz 1 Nr. 1, 33 Abs. 1 VVG.
2897 Vgl. Neuhaus/Kloth, Praxis des neuen VVG, S. 90 ff.

Bei **Zahlungsverzug mit der Erstprämie** gilt Folgendes: 1890

Gem. § 37 VVG ist der Versicherer bei verschuldetem Zahlungsverzug mit der Einmal- oder Erstprämie zum **Rücktritt** berechtigt (Abs. 1) und nach ordnungsgemäßer Belehrung auch **leistungsfrei** (Abs. 2). Die Belehrungspflicht gem. § 37 Abs. 2 Satz 2 VVG entspricht der Rechtsprechung zum VVG a.F., nach der es einer deutlichen und klaren **Belehrung** des Versicherungsnehmers über die Rechtsfolgen einer nicht rechtzeitigen Zahlung der Prämie bedarf.[2898] Erforderlich ist eine gesonderte Mitteilung – also ein eigenes Dokument[2899] – in Textform (§ 126b BGB) oder ein auffälliger Hinweis im Versicherungsschein. Auffällig ist, was sofort ins Auge springt und einem gesonderten Schriftstück gleichkommt (also mehr als Fettdruck oder nur Rahmung).

Der Versicherungsnehmer muss „nicht rechtzeitig gezahlt" haben, die Prämie muss also fällig sein. Ob dies der Fall ist oder nicht, bestimmt sich nach dem Zeitpunkt der Leistungshandlung gem. §§ 269 Abs. 1, 270 Abs. 4 BGB.[2900] Nach § 33 Abs. 1 VVG liegt der früheste Eintritt der Fälligkeit zwei Wochen nach Zugang des Versicherungsscheins (Ausnahme: Rückwärtsversicherung, § 2 Abs. 4 VVG). Dies gilt auch bei Einzug im Lastschriftverfahren.[2901] Auch nur **geringer Zahlungsrückstand** schadet.[2902] Für beide Rechtsfolgen – Rücktritt und Leistungsfreiheit – muss die Nichtzahlung vom Versicherungsnehmer verschuldet sein. Das **Verschulden** wird vermutet, der Versicherungsnehmer muss darlegen und beweisen, dass er die Nichtzahlung nicht zu vertreten hat, wenn er sich entlasten will. 1891

Bei **Zahlungsverzug mit der Folgeprämie** gilt: 1892

Nach § 38 Abs. 1 VVG kann der Versicherer mit mindestens zwei Wochen Zahlungsfrist **qualifiziert mahnen** (Inhalt: Prämie, Zinsen und Kosten genau beziffert und Rechtsfolgenbelehrung, vgl. § 38 Abs. 1 Satz 2 VVG). Selbst geringste Fehler schaden und machen die qualifizierte Mahnung und die Kündigung unwirksam.[2903] Tritt der Versicherungsfall nach Fristablauf ein und ist der Versicherungsnehmer bei Eintritt mit der Zahlung der Prämie oder der Zinsen oder Kosten schuldhaft in Verzug, ist der Versicherer **leistungsfrei**, § 38 Abs. 2 VVG. Die Beweislast für fehlendes Verschulden liegt beim Versicherungsnehmer. Nach § 38 Abs. 3 VVG kann der Versicherer nach fruchtlosem Fristablauf fristlos auch **kündigen** und dies bereits in die Mahnung integrieren. Die **Kündigung** wird unwirksam, wenn der Versicherungsnehmer innerhalb eines Monats nach der Kündigung oder, wenn sie mit der Fristbestimmung verbunden worden ist, innerhalb eines Monats nach Fristablauf die Zahlung leistet (**Heilungsmöglichkeit**). Der Versicherungsnehmer kann die Kündigung des Versicherungsverhältnisses durch Zahlung der Prämie also auch dann verhindern, wenn der Versicherungsfall bereits eingetreten ist.[2904] Der Versicherer bleibt in diesem Fall aber dennoch gem. § 38 Abs. 2 VVG leistungsfrei.

[2898] Vgl. OLG Celle, 04.03.1999 – 14 U 97/98, VersR 2000, 314.
[2899] Str., zum Meinungsstand vgl. Neuhaus, MDR 2010, 1360, 1363.
[2900] OLG Köln, 16.07.2002 – 9 U 48/01, r+s 2002, 357.
[2901] BGH, 13.12.1995 – IV ZR 30/95, VersR 1996, 445.
[2902] BGH, 09.03.1988 – IVa ZR 225/86, VersR 1988, 484: „unverkürzt begleicht"; BGH, 30.01.1985 – IVa ZR 91/83, VersR 1985, 447 unter 4a.
[2903] BGH, 07.10.1992 – IV ZR 247/91, VersR 1992, 1501: Zuvielforderung von Pfennigbeträgen.
[2904] BT-Drucks. 16/3945, Begründung zu § 38 Abs. 3.

1893 Bei **vorzeitiger Vertragsbeendigung** gelten folgende Grundsätze:

Nach § 39 Abs. 1 Satz 1 VVG steht dem Versicherer im Fall einer Beendigung des Versicherungsverhältnisses vor dem Ende einer laufenden Versicherungsperiode[2905] – z.B. durch Ausübung eines besonderen Kündigungsrechts wegen Gefahrerhöhung – nur der Teil der vereinbarten Prämie zu, der dem vom Versicherer zeitanteilig getragenen Risiko entspricht (Wegfall des früheren **Grundsatzes der Unteilbarkeit der Prämie**). § 39 Abs. 1 Satz 2 VVG enthält eine **Sonderregelung für den Rücktritt** nach § 19 Abs. 2 VVG bei Verletzung der Anzeigepflicht und die **Anfechtung** wegen arglistiger Täuschung. Danach steht dem Versicherer die Prämie bis zum Zeitpunkt des Wirksamwerdens des Rücktritts zu, weil er nach § 21 Abs. 2 VVG zur Leistung verpflichtet ist, wenn die Verletzung der Anzeigepflicht für den Versicherungsfall nicht kausal ist. Weitere Ausnahmen: Betrugsfälle nach § 74 Abs. 2 VVG (Überversicherung), § 78 Abs. 3 VVG (Mehrfachversicherung) und § 80 Abs. 3 VVG (fehlendes versichertes Interesse). Nach § 39 Abs. 1 Satz 3 VVG kann der Versicherer im Fall des Rücktritts nach § 37 Abs. 1 VVG wegen Nichtzahlung der Einmal- oder Erstprämie eine angemessene (= kostendeckende) **Geschäftsgebühr** verlangen.

5. Gefahrerhöhung

1894 Nach § 23 Abs. 1 VVG besteht das Verbot für den Versicherungsnehmer, ohne Einwilligung des Versicherers eine Gefahrerhöhung vorzunehmen oder zuzulassen. Die Gefahrerhöhung hat gerade im Immobilienversicherungsrecht eine besondere Bedeutung. Die **Sanktionen** werden gesondert in den §§ 24 bis 26 VVG geregelt und lauten:

- Recht zur Kündigung, § 24 VVG,
- Recht zur Prämienerhöhung oder Bestimmung eines Leistungsausschlusses, § 25 VVG,
- Leistungsfreiheit, § 26 VVG (nur bei Vorsatz).

1895 Unter einer Gefahrerhöhung ist eine vom status quo bei Antragstellung abweichende, auf eine gewisse Dauer angelegte **Änderung der tatsächlichen gefahrerheblichen Umstände** zu verstehen, die eine Erhöhung der Möglichkeit einer Risikoverwirklichung bzgl. des Schadenseintritts, der Vergrößerung des Schadens oder einer ungerechtfertigten Inanspruchnahme des Versicherers darstellt und von diesem nicht in die Risiko- und Prämienkalkulation einbezogen werden konnte.[2906]

> *Beispiel:*
>
> *Aufbau eines Baugerüsts an einem Gebäude, mit dem die oberen Etagen problemlos von außen erreicht werden können.*

> **Praxistipp: Merkregel**
>
> Ist das ursprünglich versicherte Risiko noch deckungsgleich mit dem durch die (Nutzungs-)Änderung herbeigeführten Risiko?

2905 Vgl. § 12 VVG.
2906 BGH, 15.11.1978 – IV ZR 103/77, VersR 1978, 73.

Die Beweislast für den Eintritt einer Gefahrerhöhung liegt beim Versicherer. Für die Frage der Leistungsfreiheit des Versicherers nach den §§ 23, 26 VVG (Gefahrerhöhung) ist die **Gefahrenlage bei Abschluss des Versicherungsvertrages** mit derjenigen zu vergleichen, die nach einer Veränderung der für die versicherte Gefahr maßgeblichen Umstände eingetreten ist; dabei ist die jeweilige Gefahrenlage aufgrund einer Gesamtabwägung aller gefahrrelevanten Umstände des Einzelfalls zu bestimmen.[2907] Wie die Versicherer bestimmte Umstände bewerten und wie sich diese Umstände auf die Prämiengestaltung auswirken, hat in diesem Zusammenhang zwar erhebliche **Indizwirkung**, ersetzt die vom Tatrichter geforderte eigene Gesamtabwägung aber nicht.[2908]

1896

Der Versicherer ist bei grober Fahrlässigkeit berechtigt, seine Leistung in einem Verhältnis zu kürzen, das dem Grad der groben Fahrlässigkeit entspricht. Dieser Grad und der Umfang der Kürzung stehen in einem „entsprechenden Verhältnis", verhalten sich also proportional. Die Einstufung ist als reine juristische Wertungsfrage eines der **praktisch schwierigsten Themen** des neuen VVG.[2909] Gewisse Ähnlichkeiten bestehen zur Bestimmung eines Mitverschuldens gem. § 254 BGB und eines Gesamtschuldnerausgleichs gem. § 426 BGB, bei dem ebenfalls Quoten zu bilden sind. Maßstab ist immer der konkrete Fall, Generalisierungen verbieten sich.[2910]

1897

Für den **Immobilienverwalter** ergeben sich aus dem Verwaltervertrag als Nebenpflicht **besondere Hinweispflichten**, deren Verletzung zu einer Haftung gem. § 280 BGB analog der Haftung eines Versicherungsmaklers, der seinen Kunden nicht umfänglich betreut, führen kann. Der Verwalter muss bei einer ihm bekannt werdenden Nutzungsänderung des Objekts klären, ob dadurch der Versicherungsschutz gefährdet werden kann.

1898

Beispiel:[2911]

Die Versicherungsmaklerin hatte dem Vermieter den Abschluss einer Gebäudeversicherung für eine Industriehalle vermittelt, in der Mieter Deko-Artikel und Textilien lagerten. Nach einem Mieterwechsel lagerten die neuen Mieter in einem Teil der Halle Gewerbemüll, der in Brand geriet, wodurch erhebliche Schäden an der Industriehalle entstanden. Die Gebäudeversicherung lehnte eine Entschädigungspflicht mit der Begründung ab, leistungsfrei geworden zu sein, da ihr die als Gefahrerhöhung anzusehende teilweise Nutzungsänderung der Halle nicht angezeigt worden sei.

Entsprechendes gilt bzgl. des **Umfangs des Versicherungsschutzes**, wenn also z.B. ein Anbau errichtet und dadurch eine Wertsteigerung des Gebäudes mit der Folge bewirkt wird, dass die vereinbarte Versicherungssumme nicht mehr ausreicht. Kann der Verwalter das Risiko nicht selbst beurteilen, muss er einen Fachmann hinzuziehen oder – besser – direkt beim Versicherer nachfragen. Verschließt er in Kenntnis der Änderung versicherungstechnisch und -rechtlich relevanter Risiken die Augen, haftet er grds. aus Verletzung einer vertraglichen Nebenpflicht gem. § 280 BGB.

1899

2907 BGH, 05.05.2004 – IV ZR 183/03, GuT 2004, 181.
2908 BGH, 05.05.2004 – IV ZR 183/03, GuT 2004, 181.
2909 BT-Drucks. 16/3945, Begründung zu § 26 Abs. 1 i.V.m. § 28 Abs. 2.
2910 Neuhaus/Kloth, Praxis des neuen VVG, S. 82.
2911 OLG Frankfurt am Main, 05.07.2006 – 7 U 68/05, r+s 2007, 88 = VersR 2006, 1546.

6. Haftung für Falschberatung[2912]

a) Haftung des Versicherers

1900 Berät der Versicherer oder sein Versicherungsvertreter den Versicherungsnehmer bei Abschluss des Versicherungsvertrages über einen vertragswesentlichen Punkt falsch oder nicht ausreichend, etwa bzgl. der Versicherungssumme (Unterversicherung), kommt eine Haftung wegen § 311 Abs. 2 BGB und der sog. **versicherungsrechtlichen oder gewohnheitsrechtlichen Vertrauenshaftung** in Betracht. Betrifft die Aufklärungspflicht den Umfang des Versicherungsschutzes, dann kann die Vertrauenshaftung dahin gehen, dem Versicherungsnehmer gemäß seinen in diesem Punkt unzutreffenden Vorstellungen Versicherungsschutz zu gewähren, ihn also so zu stellen, wie er bei einem Versicherungsvertrag mit dem von ihm gewünschten Inhalt stehen würde.[2913]

1901 Der Versicherer haftet also in dem Umfang, den der Versicherungsvertreter dem Versicherungsnehmer vor Vertragsschluss als Inhalt der Versicherung dargestellt hat.[2914] Denn wer das Vertrauen in Anspruch nimmt, entscheidenden Einfluss auf die Durchführung eines zwischen anderen Personen bestehenden Vertrages zu besitzen, kann, ohne dass es einer vertraglichen Bindung bedarf, auch dann **auf Schadensersatz haften**, wenn er es unterlässt, einem der Vertragspartner wesentliche Informationen über die Unsicherheit der weiteren Durchführung des Geschäfts zu geben, und dieser Dispositionen trifft, die ihm schädlich sind, oder solche nicht trifft, die ihn vor Schaden bewahren würden.[2915] Da der Versicherungsvertreter die Falschberatung im Normalfall nur im Zusammenhang mit der Tätigkeit begeht, mit der er betraut worden und die ihrem Inhalt nach geeignet ist, die Vertrauenshaftung des Auftraggebers zu begründen, wird dem Versicherer die **Handlung seines Beauftragten zugerechnet**.[2916]

1902 Weitere Voraussetzung für die Annahme einer Vertrauenshaftung ist, dass den Versicherungsnehmer **kein erhebliches Eigenverschulden** trifft.[2917] Ggü. einer falschen Aufklärung über den Inhalt und die Bedeutung der Versicherungsbedingungen durch den Vermittlungsagenten kann sich der Versicherer dann auf den Wortlaut der Bedingungen selbst berufen, wenn dieser so klar ist, dass der Widerspruch dem Versicherungsnehmer erkennbar war und ihm damit ein erhebliches eigenes Verschulden zur Last fällt.[2918]

Beispiel:

Hinweise Dritter werden nicht beachtet.[2919]

2912 Vgl. Neuhaus/Kloth, Praxis des neuen VVG, S. 26 ff.
2913 BGH, 04.07.1989 – VI ZR 217/88, NJW 1989, 3095.
2914 OLG Düsseldorf, 07.06.2005 – I-4 U 135/04, r+s 2005,465.
2915 BGH, 09.07.1984 – II ZR 302/83.
2916 BGH, 09.07.1984 – II ZR 302/83.
2917 OLG Saarbrücken, 21.06.2006 – 5 U 720/05, VersR 2007, 235.
2918 BGH, 09.05.1951 – II ZR 8/51, BGHZ 2, 87; OLG Saarbrücken, 21.06.2006 – 5 U 720/05, VersR 2007, 235.
2919 OLG Oldenburg, 11.12.1996 – 2 U 169/96, NJW-RR 1998, 388 = VersR 1998, 839 = zfs 1999, 116; OLG Hamm, 14.12.1994 – 20 U 144/94, NJW-RR 1995, 411 = VersR 1995, 649.

Hat der Versicherer einen **Versicherungsmakler mit Antragsformularen ausgestattet** und ihn bevollmächtigt, das Ausfüllen und Entgegennehmen der Anträge vorzunehmen und die Prämien zu errechnen, so muss er sich ausnahmsweise dessen Erklärungen ggü. dem Versicherungsnehmer jedenfalls i.R.d. versicherungsrechtlichen Vertrauenshaftung anrechnen lassen.[2920]

1903

Bei der Schadensersatzhaftung wegen Verschuldens bei Vertragsschluss gem. § 311 Abs. 2 BGB ist nur der durch die fehlerhafte Beratung entstehende Schaden zu ersetzen. Der Versicherungsnehmer muss deshalb nachweisen, dass er bei richtiger Belehrung anderweitig entsprechenden Versicherungsschutz überhaupt hätte erhalten können.[2921] Neben den o.g. Haftungsgrundlagen kommt auch eine Haftung aus § 280 BGB in Betracht,[2922] ferner im Einzelfall § 823 Abs. 2 BGB i.V.m. einem Schutzgesetz (unerlaubte Handlung) oder § 826 BGB (vorsätzliche sittenwidrige Schädigung).

1904

b) Haftung des Versicherungsvermittlers

Mit § 63 VVG enthält das Gesetz seit dem 01.01.2008 erstmals eine unmittelbare Anspruchsgrundlage für **Schadensersatzansprüche ggü. Vermittlern**. Die Vorschrift ist zwar neu, im Kern bleibt aber alles beim Alten. Der Gesetzgeber hat nicht „das Rad neu erfunden", sondern lediglich europarechtliche Vorgaben, die ohnehin zur „Grundausstattung" der deutschen Haftungsrechtsprechung gehören, in nationales Recht umgesetzt. Nach der Gesetzesbegründung haftet der Makler, wenn er sich „keinen ausreichenden Marktüberblick verschafft hat und deswegen einen für den Versicherungsnehmer nach der Marktsituation objektiv ungünstigen oder ungeeigneten Versicherungsvertrag empfiehlt".[2923] Auch Verletzungen der Bedarfsermittlungs- und Dokumentationspflichten sollen eine Haftung begründen.

1905

Die **Beweislast** richtet sich nach der Gesetzesbegründung zum neuen VVG nach der Rechtsprechung zum VVG a.F. Dies heißt, dass der Versicherungsnehmer die Pflichtverletzung nachweisen muss, während dem Vermittler der Beweis obliegt, dass der Schaden auch bei pflichtgemäßem Verhalten des Versicherungsnehmers entstanden wäre.[2924] Werden Dokumentationspflichten verletzt, kann dies Beweiserleichterungen für den Versicherungsnehmer zur Folge haben. Der Vermittler muss beweisen, dass er die Pflichtverletzung nicht zu vertreten hat.[2925]

1906

> **Hinweis:**
>
> Nach § 67 VVG kann von § 63 VVG nicht zum Nachteil des Versicherungsnehmers abgewichen werden. D.h.: Weder Haftungsklauseln in AGB noch Individualvereinbarungen können eine auf den gesetzlichen Vorschriften beruhende Haftung ausschließen.

§ 280 BGB und gesetzliche Haftungstatbestände sind neben § 63 VV anwendbar.

2920 OLG Hamm, 06.05.1992 – 20 U 344/91, NJW-RR 1992, 1054 = VersR 1992, 1462.
2921 OLG Saarbrücken, 21.06.2006 – 5 U 720/05, VersR 2007, 235.
2922 OLG Düsseldorf, 07.06.2005 – I-4 U 135/04, r+s 2005,465.
2923 BT-Drucks. 16/3945 i.V.m. BT-Drucks. 16/1935, Begründung zu § 42e.
2924 BGH, 22.05.1985 – IV a ZR 190/83, BGHZ 94, 356 = VersR 1985, 930 (Sachwalter-Urteil).
2925 BT-Drucks. 16/3945 i.V.m. BT-Drucks. 16/1935, Begründung zu § 42e.

7. Repräsentantenstellung des Mieters

1907 Im Versicherungsrecht muss sich der Versicherungsnehmer grds. das Verhalten seiner Repräsentanten bei **Obliegenheitsverletzungen** und **Gefahrerhöhungen** zurechnen lassen. **Repräsentant** ist, wer aufgrund eines Vertragsverhältnisses an die Stelle des Versicherungsnehmers tritt. Dies bedeutet: Wäre der Mieter Repräsentant und verursacht er z.B. durch eine dem Vermieter unbekannte Gefahrerhöhung eine (Teil-) Zerstörung des Gebäudes, ginge der Vermieter womöglich leer aus. Der BGH lehnt aber grds. eine Repräsentantenstellung des Mieters ab und verweist darauf, dass der Vermieter sich mit der Vermietung nicht jeglicher Einwirkungsmöglichkeit auf das versicherte Mietobjekt entledigt.[2926]

1908 Dies ist richtig, weil der Vermieter i.d.R. auch nicht will, dass der Mieter faktisch an seine Stelle tritt. Etwas anderes kann aber gelten, wenn sämtliche Erhaltungs- und Erneuerungspflichten (Sachleistungen wie Pflege, Modernisierung, Schönheitsreparaturen, Reparaturen, Instandhaltung, Objektschutz etc.) wirksam vom Mieter übernommen werden. Hier entledigt sich der Vermieter seiner Obhutsstellung, sodass er keinen Schutz mehr verdient. Da dies ein wirtschaftliches Risiko sein kann, sollte entweder im Vertrag die Repräsentantenstellung des Mieters individualvertraglich ausgeschlossen werden (aber: Risiko eines unwirksamen Vertrages zulasten Dritter) oder eine Verpflichtung zum Abschluss von Versicherungsverträgen enthalten sein.

> **Praxistipp:**
> Die völlige Abwälzung der Erhaltungspflicht auf den Mieter kann den Immobilien-Versicherungsschutz gefährden. Der Mietvertrag sollte dies berücksichtigen.

III. Praxisrelevante Versicherungen für Gewerbeimmobilien

1. Auswirkungen des neuen VVG

1909 Aufgrund des am 01.01.2008 in Kraft getretenen neuen VVG, das teilweise erhebliche Neuerungen enthält, haben – soweit ersichtlich – alle Versicherer ihre Allgemeinen Versicherungsbedingungen in den relevanten Bereichen überarbeitet und dem neuen Gesetz angepasst. Verkauft werden daher grds. nur noch **Policen mit den neuen Bedingungen**. Der Gesamtverband der Deutschen Versicherungswirtschaft (GDV) hat aktualisierte Musterbedingungen herausgegeben, die von den einzelnen Gesellschaften individuell angepasst worden sind. Für den Versicherungsnehmer hat dies auch im gewerblichen Bereich i.d.R. nur Vorteile, da die massiven Verbraucherschutzgedanken des VVG in die aktuellen Fassungen eingearbeitet worden sind.

> **Hinweis:**
> Die Musterbedingungen des GDV sind nur unverbindliche Empfehlungen bzw. Orientierungsmaßstäbe an die einzelnen Versicherungsunternehmen, ihre konkreten Versicherungsbedingungen entsprechend zu formulieren. Es kommt damit immer nur auf die Versicherungsbedingungen an, die bei Vertragsabschluss vorliegen. Nur diese werden Vertragsbestandteil.

[2926] BGH, 26.04.1989 – IVa ZR 242/87, BGHZ 107, 229 = NJW 1989, 1861.

> Sofern ursprüngliche Versicherungsbedingungen nicht im Zuge der VVG-Reform angepasst und dem Kunden übersandt wurden, gelten die „alten" Versicherungsbedingungen weiter und dürfen nicht einseitig durch den Versicherer geändert werden.

2. Verbundene Wohngebäude-Versicherung (VGB)

a) Vertragsgrundlagen und versicherte Gefahren

Die Verbundene Wohngebäude-Versicherung ist ein **gebündeltes Bedingungswerk** für mehrere Einzelgefahren, namentlich **Feuer, Sturm** und **Leitungswasser**. Trotz der Bezeichnung wird sie auch im gewerblichen Immobilienbereich häufig verwendet. Die gebräuchlichsten Versicherungsbedingungen sind die VGB 1988, so gut wie alle Versicherer bieten aber erweiterte Deckungsklauseln und zusätzliche Sonderbedingungen an.

b) Umfang des Versicherungsschutzes

Versicherbar sind nicht nur **Wohngebäude**, sondern grds. auch **Geschäftsgebäude und Nebengebäude** wie Pavillons, Garagen und Ähnliches, die aber sämtlich im Versicherungsvertrag als versichertes Objekt ausdrücklich bezeichnet werden müssen. **Gebäudezubehör** ist grds. mitversichert, wenn es sich im Gebäude befindet oder außen angebracht ist. Wesentliche und unwesentliche Gebäudebestandteile sind ebenfalls vom Versicherungsschutz umfasst. Speziell für das Gebäude angefertigte Einbauten sind nach einigen Bedingungen (etwa VGB 2000) mitversichert. Bestandteile des Grundstücks sind nicht versichert, können aber aufgrund individueller Vereinbarung eingeschlossen werden.

Um die Gefahr einer Kollision mit Hausratversicherungen des Mieters zu verhindern, sind **vom Mieter eingebrachte oder eingebaute Sachen** nicht versichert.

Die VGB enthalten grds. eine **Neuwertversicherung ohne Untergrenze** (§ 14 VGB 88). Eingeschlossen sind – was für den Vermieter sehr interessant ist – auch Mietverlustschäden (→ Rn. 1955 ff.) sowohl für die private als auch für die gewerbliche Vermietung (§ 3 VGB 88). Wird eine sog. **gleitende Neuwertversicherung** nach den Sonderbedingungen für die gleitende Neuwertversicherung (SGLN) abgeschlossen, wird das Risiko einer Unterversicherung vermindert. Grds. ist es Sache des Versicherungsnehmers, die zutreffende Versicherungssumme zu ermitteln und versichern zu lassen. Ist die Bestimmung des Versicherungswertes schwierig (hier: „Versicherungswert 1914"), trifft den Gebäudeversicherer ausnahmsweise eine Aufklärungs- und Beratungspflicht.[2927] Ausnahme der Ausnahme: Der Versicherer haftet nicht, wenn der Versicherungsnehmer bei den Vertragsverhandlungen fachkundig (hier: durch einen Architekten) beraten ist.[2928]

[2927] OLG Saarbrücken, 18.01.2006 – 5 U 197/05, r+s 2006, 329 = InfoM 2006, 305; vgl. auch BGH, 07.12.1988 – IVa ZR 193/87, VersR 1989, 472.
[2928] OLG Saarbrücken, 18.01.2006 – 5 U 197/05, r+s 2006, 329 = InfoM 2006, 305.

> **Praxistipp:**
>
> Die gleitende Neuwertversicherung hilft aber nicht, wenn von vornherein der Versicherungswert falsch ermittelt und der Versicherung zugrunde gelegt wird. In diesem Fall erfolgt zwar – vereinfacht dargestellt – eine gleitende Anpassung bzgl. Kostensteigerungen, Inflation etc. im Lauf der Jahre, da aber der Basiswert nicht stimmte, kann im Einzelfall dennoch eine Unterversicherung bestehen. In diesem Bereich hat sich eine umfangreiche Judikatur zu der Haftung von Versicherungsvermittlern (Maklern und Versicherungsvertretern) bei falscher Bestimmung des Versicherungswertes herausgebildet. Im konkreten Fall bei Abschluss einer Versicherung gilt: Der Eigentümer/Vermieter bzw. Immobilienverwalter sollte auf keinen Fall selbst irgendwelche Wertangaben machen, sondern den Vermittler bzw. Versicherer schriftlich bitten, den Wert selbst zu ermitteln und ihm dafür alle vorhandenen Unterlagen (Kaufvertrag, etwaige Wertgutachten, Grundsteuerbescheid etc.) in Kopie zur Verfügung zu stellen.

1914 Die VGB versichern neben den Sachwerten auch bestimmte **anfallende Kosten**: Aufräumkosten, Abbruchkosten, Bergungskosten und Schutzkosten. Dieser Bereich darf nicht unterschätzt werden, weil z.B. nach einem Brandfall die Brandreste i.d.R. Sondermüll darstellen, der teuer entsorgt werden muss. Die Dekontamination von Erdreich, wie sie z.B. bei Brandschäden durch das Löschwasser entstehen kann, ist nicht mitversichert, aber über eine der zahlreichen Sonderklauseln mitversicherbar.

> **Praxistipp:**
>
> Eigentümer/Immobilienverwalter sollten sich sämtliche Sonderbedingungen und Zusatzklauseln vorlegen lassen und im Zweifel eher zu viel als zu wenig mitversichern, weil es um existenzielle Schäden durch die Zerstörung des Gebäudes gehen kann.

1915 Gibt der Versicherungsnehmer bei Abschluss einer Gebäudeversicherung nach den VGB 88 nicht an, dass das Gebäude an einen Gewerbebetrieb vermietet ist, führt dies im Versicherungsfall nicht zur Leistungsfreiheit des Versicherers, sondern berechtigt diesen zum **Rücktritt** oder zur **Anfechtung**.[2929]

Zu weiteren Einzelheiten bzgl. der in den VGB enthaltenen Einzelversicherungen (Feuer etc.) vgl. die nachfolgenden Ausführungen → *Rn. 1916 ff.*

3. Feuerversicherung

a) Vertragsgrundlagen und Änderungen durch das neue VVG

1916 Die Feuerversicherung stellt die klassische Basisdeckung für jedes Gebäude für die **Risiken Brand, Blitzschlag und Explosion** dar. Sie gehört damit zu den typischen Sachversicherungen.[2930] Die Allgemeinen Feuer-Versicherungsbedingungen (AFB) regeln Art und Umfang des Versicherungsschutzes sowie die Pflichten und Rechte der Vertragsparteien. Bestandsverträge

---

[2929] OLG Frankfurt am Main, 13.01.1999 – 7 U 247/97, NVersZ 2000, 429.
[2930] A. A. anscheinend KG, 03.12.2007 – 8 U 19/07, IMR 2008, 159 = GE 2008, 122 = InfoM 2008, 224.

basieren i.d.R. auf den AFB 1987, zu denen aber von den meisten Versicherern überarbeitete und aktualisierte Fassungen bzw. zahlreiche Sonderbedingungen und -klauseln angeboten werden.

Es muss dem **Hypothekengläubiger angezeigt** werden, wenn der Versicherungsnehmer die einmalige oder erste Prämie nicht rechtzeitig zahlt (§ 142 Abs. 1 VVG). Der Hypothekengläubiger soll hierdurch in die Lage versetzt werden, ggf. selbst die Prämie zu zahlen, um für Versicherungsschutz zu sorgen.[2931] Bei nicht rechtzeitiger Zahlung einer Folgeprämie bleibt der Versicherer ggü. dem Hypothekengläubiger unter den in § 143 Abs. 1 VVG genannten Voraussetzungen bis zu einem Monat zur Leistung verpflichtet (vgl. § 102 Abs. 2 Satz 2 VVG a.F.).

Die Fortdauer des Versicherungsschutzes ggü. einem Hypothekengläubiger wird gem. § 143 Abs. 2 Satz 1 VVG auf zwei Monate verkürzt (früher: drei Monate nach § 103 Abs. 1 Satz 1 VVG a.F.). Gleiches gilt für die Frist nach § 143 Abs. 4 Satz 2 VVG.

b) Umfang des Versicherungsschutzes

aa) Brand

Ein Brand ist ein Feuer, das ohne einen **bestimmungsgemäßen Herd** entstanden ist oder ihn verlassen hat und ihn aus eigener Kraft ausbreiten konnte (sog. Schadenfeuer § 1 Abs. 2 AFB). Nicht versichert sind daher sog. betriebliche Feuer, also die Verwendung von Feuer zur Bearbeitung oder Nutzfeuer. Ebenfalls nicht versichert sind sog. Sengschäden. Feuerherde sind Sachen, die ein Feuer in Gang setzen, unterhalten oder einhegen.

Beispiele:

Kamin, Ofen, Kerze, nicht: Schornstein.

Das Feuer muss einem bestimmungsgemäßen Herd entspringen, es muss also von diesem Herd aktiv ausgehen. Dies ist z.B. nicht der Fall, wenn ein Stapel Altpapier umfällt und mit dem Kamin in Berührung kommt und dadurch zu brennen anfängt, da das Feuer dann nicht vom Kamin, sondern vom Stapel Altpapier ausgeht.

Beispiele für weitere nicht versicherte Feuer:

Strahlungshitze von Öfen, Hitze von Maschinen, Selbstentzündung von Getreide im Silo.

Hat das Feuer den bestimmungsgemäßen Herd verlassen, muss es zudem in der Lage sein, **sich selbst weiter auszubreiten**. Wurde es rechtzeitig eingedämmt oder gelöscht, kommt es darauf an, ob es in der Lage war, sich weiter auszubreiten.

Soll ein brandgeschädigtes Gebäude nicht wiederhergestellt werden, steht dem Versicherungsnehmer, auch wenn das Gebäude nur beschädigt worden ist, kein Anspruch auf die sog. Neuwertspitze zu.[2932]

[2931] Neuhaus/Kloth, Praxis des neuen VVG, S. 132.
[2932] BGH, 24.01.2007 – IV ZR 84/05, IMR 2007, 139.

bb) Blitzschlag

1923 Versichert sind Schäden, die durch den unmittelbaren Übergang eines Blitzes auf eine versicherte Sache entstehen (§ 1 Abs. 3 AFB). Ein Blitzschlag ist die Endladung eines vorhandenen elektrischen Feldes i.S.e. Blitzeinschlags. Wo der Blitz einschlägt, ist unerheblich, es kommt ausschließlich darauf an, ob dadurch versicherte Sachen beschädigt werden. Versichert sind sowohl der sog. heiße (Brandentwicklung) als auch der kalte Blitzschlag (keine Entzündung). Nicht versichert sind **Überspannungsschäden**, es sei denn, der Blitz hat unmittelbar in die Sache eingeschlagen. Überspannungsschäden sind jedoch in vielen aktuellen Bedingungen mitversichert bzw. lassen sich durch Zusatzklauseln einschließen.

cc) Weitere Gefahren

1924 Versichert sind ferner:

Explosionen, d.h. eine auf Ausdehnung von Gasen oder Dämpfen beruhende plötzlich verlaufende Kraftäußerung (§ 1 Nr. 4 AFB). Versichert sind die unmittelbaren Schäden, aber auch Schäden durch Druckwellen oder Schreckreaktionen und Panik. Nicht versichert sind jedoch nach den Allgemeinen Ausschlusstatbeständen, die in so gut wie allen Sachsparten vorhanden sind, die im Vorsatz der Schädigung ausgeführte Aktionen sowie terroristische Anschläge oder Kriegsereignisse.

1925 **Schäden durch Löschen, Niederreißen oder Aufräumen**: Diese Maßnahmen müssen kausal auf Brand, Blitzschlag oder Explosion beruhen.

1926 **Anprall oder Absturz von bemannten Flugkörpern**: Damit sind Luftfahrzeuge gem. § 1 Nr. 2 LFG gemeint.

4. Leitungswasserversicherung

a) Vertragsgrundlagen

1927 Die Allgemeinen Bedingungen für die Leitungswasserversicherung (AWB) sind maßgebliche Vertragsgrundlage für die Versicherung von Leitungswasserschäden. Diese Versicherungsform ist im VVG nicht ausdrücklich geregelt. Eine ergänzende Anwendung der Regelungen zur Feuerversicherung im VVG ist nicht geboten, da die allgemeinen Vorschriften zur Schadensversicherung die wesentlichen Aspekte abdecken und die Vorschriften zur Feuerversicherung nur spezielle Konkretisierungen für diese spezielle Sparte enthalten.

b) Umfang des Versicherungsschutzes

1928 Leitungswasser ist Wasser, das aus den fest verlegten **Zu- oder Ableitungsrohren** der Wasserversorgung, aus den sonstigen mit dem Rohr fest verbundenen Einrichtungen der Wasserversorgung oder aus den Anlagen der Warmwasser- oder Dampfheizung bestimmungswidrig austritt (§ 1 Nr. 2 AWB). Unterschieden wird zwischen **Bruchschäden und Durchnässungsschäden**. Versichert sind sowohl Schäden aus der Frischwasserzufuhr als auch aus der Ableitung von Abwasser. Der Schutz umfasst nicht nur die Leitungen selbst, sondern auch Verbindungen zu anderen Leitungen und Geräten, also z.B. Schläuche oder Muffen. Versichert ist zudem der Wasseraustritt aus den mit dem Rohrsystem fest verbundenen Einrichtungen der Wasserversorgung.

Beispiele:

Hebeanlagen, Waschmaschinen, Wasserhähne, Absperrventile, Zähleinrichtungen. Weiter versichert sind Anlagen der Warmwasser- und Dampfheizung inklusive sämtlicher Teile der Heizungsanlage wie Heizkörper und Heizkessel und zwar unabhängig davon, ob es sich um klassische Heizungen, Solarheizungen oder Fußbodenheizungen handelt.

Schäden, die innerhalb einer Heizungsanlage entstehen, etwa durch Platzen von Rohren in Heizkesseln, sind mitversichert.[2933] **Nicht versichert** ist der Wasseraustritt aus Sprinklern oder Düsen von Berieselungsanlagen (§ 1 Nr. 2b AWB). Ebenfalls nicht mitversichert sind Anlagen mit geschlossenem Wasserkreislauf. | 1929

Praxistipp:

Es besteht die Möglichkeit, dass je nach Versicherungsgesellschaft bestimmte Formen wieder „ausgeklauselt" sind, z.B. Wasseraustritt aus Solaranlagen. Dies sollte geprüft werden, die Versicherer bieten dann üblicherweise Zusatzklauseln an.

Sind im Gebäude Sprinkleranlagen installiert, sollte dieses Risiko ausdrücklich in den Versicherungsschutz einbezogen werden.

Eine häufig in der Praxis diskutierte Frage ist die des **bestimmungswidrigen Wasseraustritts**. Hier wird z.T. äußerst diffizil gestritten. Klar ist, dass klassische Ursachen wie Undichtigkeiten und Brüche aufgrund unmittelbarer Einwirkungen, Korrosion, Materialermüdung oder Lockerung durch falsche Montage ebenso versichert sind wie das Festsetzen von Fremdkörpern, die zum Platzen oder Überlaufen führen. | 1930

Problematisch sind Vorgänge, die vom Versicherungsnehmer oder einem Dritten bewusst in Gang und dann nicht wieder abgestellt wurden, also das klassische vergessene Abstellen des Wasserhahns an der Badewanne. Hier gilt: Grds. ist Vergesslichkeit des Versicherungsnehmers nicht versichert. Anders ist dies jedoch, wenn Dritte das Überlaufen gegen oder ohne den Willen des Versicherungsnehmers herbeiführen. | 1931

Ein weiterer Streitpunkt in der Praxis sind verlassene bzw. längere Zeit **leer stehende Gebäude**. Bereits nur gelegentliche Nutzungen können zu einem „nicht genutzten" Gebäude führen.[2934] In der Literatur wird dies z.T. lockerer gesehen und ein „nicht genutzt" infrage gestellt, sobald Sachen eingelagert werden. Die Versicherungsbedingungen – auch die VGB – enthalten üblicherweise „Leerstands-Klauseln", die den Versicherungsnehmer verpflichten, Schutzmaßnahmen gegen Einfrieren etc. zu ergreifen (Kontrollen in rglm. Intervallen etc.). Macht er dies nicht, sieht er sich dem Vorwurf einer **Obliegenheitsverletzung nach § 28 VVG** ausgesetzt mit der Folge einer gequotelten Leistungskürzung bei grober Fahrlässigkeit und Leistungsfreiheit bei Vorsatz. So ist der bspw. von § 11 Nr. 1d VGB 88 geforderte Kontrollintervall nicht danach | 1932

2933 BGH, 16.06.1993 – IV ZR 226/92, MDR 1994, 144 = NJW-RR 1993, 1307 = VersR 1993, 1102.
2934 LG Kassel, 21.10.1998 – 4 O 1888/97, r+s 2000, 30.

zu bemessen, wie ein Frostschaden sicher ausgeschlossen werden kann, sondern muss vom Tatrichter danach bemessen werden, in welchen Intervallen die jeweils eingesetzte Heizungsanlage nach der Verkehrsanschauung und Lebenserfahrung mit Blick auf ihre Bauart, ihr Alter, ihre Funktionsweise, regelmäßige Wartung, Zuverlässigkeit, Störanfälligkeit u. Ä. kontrolliert werden muss, um ein reibungsloses Funktionieren nach dem gewöhnlichen Lauf der Dinge zu gewährleisten.[2935] Die Obliegenheitsverletzung kann ausnahmsweise entschuldigt sein, wenn der Versicherungsnehmer ohne Verschulden annimmt, seine Verhaltensalternative sei zur Gefahrvermeidung mindestens gleich gut geeignet.[2936]

5. Sturmversicherung

a) Vertragsgrundlagen

1933 Angesichts des Klimawandels und der immer häufiger auftretenden „Klimaspitzen" mit extremen Stürmen, kommt der Sturmversicherung in Zukunft eine noch größere Bedeutung zu (Beispiel: Orkan Kyrill im Januar 2007). Maßgebliches Regelungswerk sind die Allgemeinen Bedingungen für die Sturmversicherung (AStB).

b) Umfang des Versicherungsschutzes

1934 Versichert sind Schäden durch **Sturm und Hagel**. Ein Sturm ist eine wetterbedingte Luftbewegung von mindestens Windstärke 8 (§ 1 Abs. 2 AStB). Erforderlich sind damit nach der sog. Beaufort-Scala Windgeschwindigkeiten von mindestens 62 km/h.

> **Hinweis:**
>
> Wird z.B. ein standschwacher Baum von Windgeschwindigkeiten unter der Windstärke 8 umgeworfen, zahlt die Sturmversicherung nicht. Dies gilt erst recht, wenn der Baum von sich aus aus Altersschwäche, Krankheit oder schlichter Anfälligkeit für Umfallen (Pappeln!) den Schaden verursacht. In diesem Fall kommt grds. nur eine Haftung des Baumeigentümers wegen Verletzung von Verkehrssicherungspflichten (Baumkontrolle) in Betracht.

1935 Versichert sind Schäden, die entweder unmittelbar durch den Sturm verursacht werden oder darauf beruhen, dass Sachen (Bäume, Gebäudeteile, andere lose Teile) auf das versicherte Gebäude geworfen werden (§ 1 Abs. 3 AStB). Versichert sind damit nicht alle adäquaten Folgen eines Sturms, sondern nur diejenigen Schäden, die durch einen der in dieser Bestimmung abschließend aufgeführten Kausalverläufe entstanden sind (vgl. auch § 8 Nr. 2 VGB 88).[2937] **Nicht versichert** sind gem. § 1 Abs. 4 AStB grds. folgende schadensauslösende Ereignisse:

- Schäden, die dadurch entstehen, dass Regen, Schnee, Schmutz oder Hagel in vorhandene Gebäudeöffnungen eindringen (z.B.: offen stehende Fenster und Türen),
- Lawinen,
- Sturmflut.

2935 BGH, 25.06.2008 – IV ZR 233/06, IMR 2008, 326 = NZM 2008, 781.
2936 OLG Hamm, 23.09.1998 – 20 U 25/98, r+s 1999, 115.
2937 OLG Saarbrücken, 12.04.2006 – 5 U 496/05, VersR 2006, 1635.

c) Beweislast

Lässt sich die Windstärke 8 für den konkreten Versicherungsort nicht durch den grds. beweispflichtigen Versicherungsnehmer[2938] beweisen, enthält § 1 Abs. 2 Satz 2 AStB eine Beweiserleichterung. Es reicht dann aus, wenn der Versicherungsnehmer nachweist, dass in der **Umgebung des Grundstücks** weitere Schäden an anderen, vorher einwandfreien Gebäuden entstanden sind und dass der Schaden ausschließlich auf den Sturm zurückzuführen sein kann. Hat der Versicherungsnehmer dies bewiesen, bleibt dem Versicherer nur noch die Möglichkeit zu beweisen, dass der Schaden bereits vorher durch Mängel o.Ä. entstanden ist.

1936

6. Gebündelte Versicherungen, Betriebs- oder Geschäftsversicherungen

Die gebündelte Versicherung ist eine Versicherungsform, in der **Versicherungsschutz gegen verschiedene Gefahren** gewährt wird. Grundlage sind die jeweiligen Allgemeinen Versicherungsbedingungen der einzelnen Versicherungsarten (etwa bei die Einbruchdiebstahl die Allgemeinen Bedingungen für die Einbruchdiebstahl- und Raubversicherung – AERB). Es handelt sich dabei um rechtlich selbstständige Verträge, die auch rechtlich unterschiedlich behandelt werden können. Gebündelten Versicherungen werden bspw. bei betrieblichen Versicherungen (Haftpflichtversicherung, Glasbruch, Einbruchdiebstahl, Elektronikversicherung usw.) und bei Personenversicherungen (Lebensversicherungen, Unfallversicherungen) angeboten. Sog. Betriebs- oder Geschäftsversicherungen sind meistens gebündelte Versicherungen, bspw. gegen Feuer und Einbruchdiebstahl.

1937

7. Allgefahren-Versicherungen

a) Vertragsgrundlagen

Die Allgefahren-Versicherung oder auch All-Risk-Versicherung geht einen anderen Weg als die allgemein üblichen Konzepte, indem sie nicht die versicherten Gefahren ausdrücklich benennt, sondern grds. **alle Ursachen versichert** und nur konkret benannte einzelne Ursachen ausdrücklich ausschließt. D.h.: Wenn sich dieser Ausschlusskatalog im Rahmen hält, handelt es sich um eine für den Versicherungsnehmer deutlich komfortablere Variante, die i.d.R. aber auch sichtbar – aber nicht unangemessen – teurer sein kann.

1938

> **Praxistipp:**
>
> Diese Art der Versicherung kann für Vermieter/Verpächter in vielen Fällen „ruhiger Schlafen" bedeuten. Immobilieneigentümer und -verwalter sollten daher immer ein Alternativangebot zu einer Allgefahren-Versicherung einholen und dieses – ggf. durch einen Experten (spezialisierte Versicherungsmakler, Fachanwalt für Versicherungsrecht) – auf das Preis-Leistungs-Verhältnis prüfen lassen.

2938 OLG Saarbrücken, 12.04.2006 – 5 U 496/05, VersR 2006, 1635.

b) Umfang des Versicherungsschutzes

1939 Im Immobilien-Allgefahren-Schutz wird i.d.R. für unvorhergesehene Zerstörungen, Beschädigungen und das Abhandenkommen geleistet, sofern Ursachen nicht ausdrücklich ausgeklauselt sind. Ausgeschlossen sind üblicherweise folgende Schäden:[2939]

- Vorsatz, grobe Fahrlässigkeit,
- Kernenergie, Radioaktivität,
- Krieg, Terrorismus,
- Sturmflut, aufsteigendes/drückendes Wasser,
- Abnutzung, Korrosion, Schwund, Erosion,
- Verderb oder Verfall,
- Hausschwamm, Befall durch Insekten, Bakterien, Pilze, Mikroorganismen,
- Baumängel, Materialfehler, Fabrikationsfehler.

1940 Üblicherweise sind zusätzlich zu den eigentlichen Schäden folgende **Kosten mitversichert**:

- Sachverständigenkosten,
- Dekontaminationskosten,
- Abbruch-, Aufräumungs-, Lösch-, Schutz- und Bewegungskosten,
- Mehrkosten durch amtliche Wiederaufbaubeschränkungen oder Technologiefortschritt.

c) Beweislast

1941 Da bei der Allgefahren-Versicherung der Versicherungsschutz von der Konzeption her die Regel und der Ausschluss die Ausnahme sind, liegt die Beweislast für einen Ausschlusstatbestand beim Versicherer. Aus Sicht eines Immobilieneigentümers/Vermieters spricht auch dieser Umstand für den Abschluss einer derartigen Versicherung.

8. Extended Coverage-Versicherung

1942 Nach den EC-Versicherungsbedingungen (ECB) können Gefahren einzeln versichert werden, also sozusagen per Baustein in einem gebündelten Paket. Diese werden nur unter einem gemeinsamen Dach zusammengefasst, es handelt sich jedoch bei den Versicherungen zu den einzelnen Gefahren um **rechtlich selbstständige Verträge**, die folglich separat gekündigt werden können. Folgende Gefahren oder **Gefahrgruppen** können grds. versichert werden (vgl. § 1 Nr. 1 ECB 99):

- innere Unruhen, böswillige Beschädigungen, Streik, Aussperrung,
- Fahrzeug- und Flugkörperanprall, Rauch, Überschallknall,
- Sprinklerleckage und Leitungswasser,
- Sturm und Hagel,
- Überschwemmung des Versicherungsortes,

[2939] Zu Einschränkungen, die sich evtl. aus der Rspr. ergeben können vgl. Neuhaus, NZM 2011, 65.

- Erdbeben, Erdsenkung oder Erdrutsch,
- Schneedruck, Lawinen, Vulkanausbruch.

Wegen des Klimawandels wird insb. der Punkt **Überschwemmung** (§ 1 Nr. 8 ECB 99) immer wichtiger. Gemeint ist eine Überflutung des Grundstücks entweder durch Ausuferung von oberirdischen stehenden oder fließenden Gewässern oder Witterungsniederschlägen. Keine Gewässer sind künstliche oder natürliche Vertiefungen, die als Behältnisse dienen (Schwimmbecken, Rückstaubecken, Regenhaltungsbecken etc.). 1943

9. Terrorversicherung

Nach dem 11.09.2001 wurden Gebäudeschäden aufgrund von terroristischen Anschlägen i.R.d. Feuerversicherung nach und nach durch die Versicherer ausgeschlossen. Als Gegenstück wurde eine selbstständig abzuschließende Terrorversicherung eingeführt und zwar durch Gründung der Extremus Versicherungs-AG. Es wird ausdrücklich definiert, welche Gefahr versichert ist, allerdings stehen dem auch Ausschlüsse wie Krieg, Plünderung, Kontamination durch „schmutzige Bomben", Schäden an Flugzeugen, Datenverarbeitungsanlagen (Virenangriffe) und Rückwirkungsschäden ggü. Eine Terrorversicherung ist begrifflich eine **Sachversicherung**,[2940] jedoch **keine Feuerversicherung**, da sie über deren Versicherungsschutz hinausgeht.[2941] 1944

Zu Problemen bei der Umlage von derartigen Versicherungsprämien als Betriebskosten vgl. → *Rn. 1010 ff.*[2942]

10. Haus- und Grundbesitzer-Haftpflichtversicherung

a) Vertragsgrundlagen

Die Haus- und Grundbesitzer-Haftpflichtversicherung ist eine spezielle Form der Haftpflichtversicherung. Abgedeckt werden Risiken, die sich aus der Verletzung von Pflichten aus dem Grundstück selber ergeben und für die der Grundstücksbesitzer gem. § 823 BGB haftet. Vertragsgrundlagen sind die BB AHB Betriebshaftpflicht. 1945

b) Umfang des Versicherungsschutzes

Die sich aus dem Besitz einer Immobilie ergebenden Gefahren sind vielfältig. 1946

Beispiele:

Mieter verletzt sich auf schadhafter Treppe. Dachziegel fallen herab und treffen Dritte.

Versichert ist die **gesetzliche Haftpflicht** des Versicherungsnehmers als Haus- und/oder Grundstücksbesitzer, z.B. als Eigentümer, Mieter, Pächter, Leasingnehmer oder Nutznießer. Versichert sind hierbei Ansprüche aus der Verletzung von Pflichten, die dem Versicherungsnehmer in den o.g. Eigenschaften obliegen (z.B. bauliche Instandhaltung, Beleuchtung, Rei- 1947

[2940] OLG Frankfurt am Main, 26.06.2009 – 2 U 54/09, IMR 2009, 309 = NZM 2009, 744 = InfoM 2009, 477.
[2941] AG Koblenz, 28.05.2008 – 133 C 2288/07.
[2942] Ausführlich auch Neuhaus, NZM 2011, 65.

nigung, Streuen und Schneeräumen auf Gehwegen). Auch bei einem Schadensersatzanspruch des Mieters gegen den Vermieter nach § 536a Abs. 1 BGB handelt es sich um eine Inanspruchnahme „auf Grund gesetzlicher Haftpflichtbestimmungen" i.S.v. § 1 AHB, für die der Versicherer Versicherungsschutz zu gewähren hat.[2943] Bei einer Haftung nach § 536a BGB besteht die Entlastungsmöglichkeit nach § 836 Abs. 1 Satz 2 BGB dahin gehend, dass eine Ersatzpflicht des Grundstücksbesitzers nicht eintritt, wenn er zur Abwendung der Gefahr die im Verkehr erforderliche Sorgfalt beobachtet hat, nicht.[2944] **Mitversichert** ist die gesetzliche Haftpflicht des Versicherungsnehmers als Bauherr oder Unternehmer von Bauarbeiten (Neubauten, Umbauten, Reparaturen, Abbruch-, Grabearbeiten) bis zu einer individuell festzulegenden Bausumme. Ferner ist die gesetzliche Haftpflicht der durch Arbeitsvertrag mit der Verwaltung, Reinigung, Beleuchtung und sonstigen Betreuung der Grundstücke beauftragten Personen für Ansprüche, die gegen sie aus Anlass der Ausführung dieser Verrichtung erhoben werden, mitversichert.

1948 **Ausgeschlossen** sind Personenschäden, die als Arbeitsunfall oder Berufskrankheit i.S.d. SGB VII gelten. Bei der Haus- und Grundbesitzerhaftpflichtversicherung ist die Private Haftpflichtversicherung für den Versicherungsnehmer eingeschlossen. Umgekehrt gilt das auch für die Private Haftpflichtversicherung, i.d.R. jedoch nur bis zu drei vermieteten Wohnungen.

1949 Als Zusatzvereinbarung kann der Mieter das **Abhandenkommen von fremden Sachen** in seiner betrieblichen Haftpflichtversicherung versichern.

Beispiel:

Schlüsselverlust, weil moderne Schließanlagen oft kostenintensiv komplett neu programmiert oder neue Schlüssel bzw. Codekarten an alle Mieter ausgegeben werden müssen, wenn Karten/Schlüssel zu zentralen Zugängen verloren gehen.

1950 Ein Abhandenkommen von Sachen liegt auch vor, wenn ein zu Mieträumen gehörender Schlüssel verloren geht. Versichert ist damit der unmittelbar durch den Verlust entstandene Schaden als auch jede mittelbar aus dem Verlust folgende Vermögensbeeinträchtigung, nicht aber der Verlust des Schlüssels selbst: Nach § 4 Abs. 1 Satz 6 AHB sind Haftpflichtansprüche wegen Schäden (und Verlustes) an und von fremden gemieteten Sachen ausgeschlossen. **Kosten der Schlosserneuerung** sind keine Schäden an fremden Sachen, sondern mittelbare Vermögensschäden des Mieters durch einen Anspruch des Vermieters. Diese mittelbaren Schäden als Folge des Sachschadens – also hier des Schlüsselverlustes – sind nach § 1 Abs. 1 AHB versichert. § 4 Nr. I 6a) AHB greift nicht, da sich dies nur auf Schäden an der Mietsache selbst bezieht.

Beispiel für Zusatzklausel Schlüssel:

„BB AHB Abhandenkommen fremder Schlüssel"[2945]

Eingeschlossen ist – in Ergänzung von § 1 Ziff. 3 AHB und abweichend von § 4 Ziff. I 6a) AHB – die gesetzliche Haftpflicht aus dem Abhandenkommen von fremden Schlüsseln (auch General-/Hauptschlüssel für eine zentrale Schließanlage), die sich rechtmäßig im Gewahrsam des Versicherten befunden haben und die – nachfolgend genannten – sich daraus ergebenden Vermögensschäden. Nicht versichert

---

[2943] KG, 22.02.2008 – 6 U 133/07, GuT 2008, 118: Miete eines Tiefgaragenstellplatzes im Wohn- und Geschäftsgebäude und Beschädigung des Mieter-Pkw.
[2944] KG, 22.02.2008 – 6 U 133/07, GuT 2008, 118.
[2945] Unverbindliche Empfehlungen des Verbandes öffentlicher Versicherer, Stand: 06.2001.

ist der Verlust von Tresor- und Möbelschlüsseln sowie sonstigen Schlüsseln zu beweglichen Sachen. Der Versicherungsschutz beschränkt sich auf gesetzliche Haftpflichtansprüche wegen der Kosten für die notwendige Auswechselung von Schlössern und Schließanlagen sowie für vorübergehende Sicherungsmaßnahmen (z.B. Notschloss) und einen Objektschutz bis zu 14 Tagen, gerechnet ab dem Zeitpunkt, an welchem der Verlust des Schlüssels festgestellt wurde. Ausgeschlossen bleiben Haftpflichtansprüche aus Folgeschäden eines Schlüsselverlustes (z.B. wegen Einbruchs). Die Höchstersatzleistung beträgt innerhalb der Versicherungssumme für Sachschäden je Versicherungsfall ... €, begrenzt auf ... € für alle Versicherungsfälle eines Versicherungsjahres."

11. Umweltschaden-Versicherung

Das **Gesetz über die Vermeidung und Sanierung von Umweltschäden** (Umweltschadensgesetz – USchadG – v. 10.02.2007[2946] ist Ende 2007 in Kraft getreten und lässt Verantwortliche für Umweltschäden, die im Rahmen einer beruflichen Tätigkeit auftreten, umfangreich i.S.v. Vermeidungs-, Schadensbegrenzungs- und Sanierungsmaßnahmen haften. Nach § 6 USchadG hat der Verantwortliche z.B. eine Sanierungspflicht in der Form, dass die erforderlichen Schadensbegrenzungsmaßnahmen vorzunehmen und die erforderlichen Sanierungsmaßnahmen zu ergreifen sind. Ein wesentliches neues Kriterium dieses Gesetzes ist, dass Unternehmen, landwirtschaftlich und gewerblich Tätige sowie Selbstständige nicht nur für Schäden an Böden und Gewässern haftbar gemacht werden können, sondern auch für die **Schädigung der sog. Biodiversität**. Letzteres bezeichnet die Vielfalt der Arten auf der Erde, die Vielfalt innerhalb der Arten (genetische Unterschiede zwischen Individuen und Populationen) sowie die Vielfalt von Ökosystemen. D.h.: Wer einen Schaden verursacht hat, hat – vereinfacht gesagt – nicht nur die Ursache des Schadens und die direkten Auswirkungen zu beseitigen, sondern auch ggf. ganze Ökosysteme wiederherzustellen.

1951

Beispiel:

Von einer gepachteten Tankstelle läuft durch den Fehler eines Pächters Öl in einen nahe gelegenen Bach, der eine seltene und unter Naturschutz stehende Fischart beinhaltet. Durch das Öl kommt es zum Abwandern bzw. Aussterben der Fischart an dieser Stelle. Die reine Schadensbeseitigung des Öls kostet einige Tausend Euro (also einen relativ kleinen Betrag), das nach dem neuen Gesetz ebenfalls erforderliche neue Ansiedeln der Fische jedoch erhebliche Beträge, weil Biologen etc. womöglich monatelang tätig werden müssen.

Diese weitgehenden Umweltschäden sind nicht zwangsläufig in den „normalen" Umweltschäden-Versicherungen mit abgedeckt.

1952

Praxistipp:
Mieter und Pächter sollten unbedingt überprüfen, ob ihre Umweltschäden-Versicherungen die Risiken des neuen USchadG beinhalten.

Davon abzugrenzen sind Schäden, die am eigenen Betriebsgrundstück entstehen. Für solche Schäden kann eine Bodenkasko-Versicherung abgeschlossen werden.

1953

2946 BGBl. I 2007, S. 666.

Beispiel:

Das Erdreich auf dem Betriebsgrundstück wird durch Austreten des Öls verunreinigt. Die Bodenkasko-Versicherung trägt dann die Kosten für den Austausch des Bodens und ggf. die „Entgiftung".

12. Glasversicherung

1954 Viele moderne Gewerbeimmobilien bestechen durch aufwendige Fassaden mit großen Glasflächen. Bei der Versicherung solcher Immobilien ist an eine zusätzliche Glasversicherung zu denken, sofern diese nicht bereits in den sonstigen Versicherungsschutz integriert ist. Viele Versicherer bieten hier eine modulare Gestaltung an.

13. Mietverlust-/Mietausfallversicherung

1955 Hier sind drei verschiedene Versicherungsvarianten zu unterscheiden:
- Der Mietverlust ist von vornherein Bestandteil des Versicherungsschutzes innerhalb eines anderen Vertrages, i.d.R. bei einer Gebäudeversicherung.
- Das Risiko wird als zusätzlicher „Baustein" versichert, z.B. bei einer Allgefahren-Versicherung.
- Der Vermieter schließt einen separaten Vertrag auf Basis der Allgemeinen Bedingungen für die Mietverlustversicherung (ABM) ab.

1956 Nach den neueren VGB – hier VGB 99/2000 – ersetzt der Versicherer den Mietausfall einschließlich fortlaufender Mietnebenkosten, wenn Mieter von Wohnräumen infolge eines Versicherungsfalls berechtigt sind, die Zahlung der Mieter ganz oder teilweise zu verweigern sowie den ortsüblichen Mietwert von Wohnräumen, die der Versicherungsnehmer selbst bewohnt und die infolge eines Versicherungsfalls unbenutzbar geworden sind, falls dem Versicherungsnehmer die Beschränkung auf einen benutzbar gebliebenen Teil der Wohnung nicht zugemutet werden kann. Versichert ist **also nur Wohnraum**. Für gewerblich genutzte Räume kann aber die Versicherung des Mietausfalls oder des ortsüblichen Mietwertes vereinbart werden.

> **Hinweis:**
> Gewerblicher Mietausfall ist also nur dann versichert, wenn dies ausdrücklich in den VGB-Vertrag durch eine Zusatzerklärung einbezogen wird.

1957 Mietausfall oder Mietwert werden – z.B. gem. § 3 VGB 99/2000 und § 9 ABM 89 – **bis zu dem Zeitpunkt ersetzt**, in dem die Wohnung wieder benutzbar ist, höchstens jedoch für zwölf Monate seit dem Eintritt des Versicherungsfalls, soweit nicht etwas anderes vereinbart ist. Entschädigung wird nur geleistet, soweit der Versicherungsnehmer die mögliche Wiederbenutzung nicht schuldhaft verzögert.

1958 Wichtig ist, dass nur **berechtigte Zahlungsverweigerungen** der Mieter aufgrund eines Versicherungsfalls in der Gebäudeversicherung – also Feuer, Sturm, Leitungswasser – den Versicherungsfall für die Mietverlustversicherung darstellen. D.h.: „Normaler" Zahlungsausfall (der Mieter ist „pleite") ist nicht versichert.

Auch bei **Überschreitung der Deckungsgrenze** für Mietausfallschäden kann dessen weitergehender Ersatz vom Versicherer als Verzugsschadensersatz geschuldet sein.[2947] Bei Nichtausschließbarkeit von Fremdbrandstiftung kann auch nicht davon ausgegangen werden, dass der Brand durch den Mietgebrauch verursacht wurde und der Mieter deshalb ggü. dem Vermieter zur Fortzahlung des Mietzinses verpflichtet war.[2948]

Die aufgrund der VVG-Reform eingeführten Musterbedingungen lauten bzgl. der Mietverlustversicherung wie folgt:[2949]

1959

§ 9

Mietausfall, Mietwert

1. Mietausfall, Mietwert

Der Versicherer ersetzt

a) den Mietausfall einschließlich fortlaufender Mietnebenkosten, wenn Mieter von Wohnräumen infolge eines Versicherungsfalls zu Recht die Zahlung der Miete ganz oder teilweise eingestellt haben.

b) den ortsüblichen Mietwert von Wohnräumen einschließlich fortlaufender Nebenkosten i.S.d. Mietrechts, die der Versicherungsnehmer selbst bewohnt und die infolge eines Versicherungsfalls unbenutzbar geworden sind, falls dem Versicherungsnehmer die Beschränkung auf einen benutzbar gebliebenen Teil der Wohnung nicht zugemutet werden kann.

c) auch einen durch die Einhaltung öffentlich-rechtlicher Vorschriften verursachten zusätzlichen Mietausfall bzw. Mietwert.

2. Haftzeit

a) Mietausfall oder Mietwert werden bis zu dem Zeitpunkt ersetzt, in dem die Räume wieder benutzbar sind, höchstens jedoch für ..... Monate seit dem Eintritt des Versicherungsfalls.

b) Mietausfall oder Mietwert werden nur insoweit ersetzt, wie der Versicherungsnehmer die mögliche Wiederbenutzung nicht schuldhaft verzögert.

3. Gewerblich genutzte Räume

Für gewerblich genutzte Räume kann die Versicherung des Mietausfalls oder des ortsüblichen Mietwertes vereinbart werden.

[2947] OLG Koblenz, 30.10.2009 – 10 U 1407/08, NZM 2010, 880 = VersR 2010, 811.
[2948] OLG Koblenz, 30.10.2009 – 10 U 1407/08, NZM 2010, 880 = VersR 2010, 811.
[2949] Allgemeine Wohngebäude-Versicherungsbedingungen – VGB 2008 – Wert 1914, Musterbedingungen des GDV, Stand Ende 2007.

> **4. Gesondert versicherbar**
>
> a) Haftzeit bei Auszug des Mieters infolge des Schadens
> Endet das Mietverhältnis infolge des Schadens und sind die Räume trotz Anwendung der im Verkehr erforderlichen Sorgfalt zum Zeitpunkt der Wiederherstellung nicht zu vermieten, wird der Mietverlust bis zur Neuvermietung über diesen Zeitpunkt hinaus für die Dauer von ..... Monaten ersetzt, höchstens jedoch bis zum Ablauf der Haftzeit.
>
> b) Haftzeit bei Nachweis der unterbliebenen Vermietung infolge des Schadens
> War das Gebäude z.Zt. des Eintritts des Versicherungsfalls nicht vermietet und weist der Versicherungsnehmer die Vermietung zu einem in der Haftzeit liegenden Termin nach, wird der ab diesem Zeitpunkt entstandene Mietausfall bis zum Ablauf der Haftzeit gezahlt.

Zur Umlage als Betriebskosten vgl. → *Rn. 1010 ff.*

14. Rechtsschutzversicherung

1960 Rechtsschutzversicherungen für Mieter und Vermieter von Geschäftsräumen können angesichts der üblicherweise recht hohen Raummieten und der daraus resultierenden Streitwerte durchaus sinnvoll sein. Allerdings besteht auch ggü. den Prämien „normaler" Privat-Rechtsschutzpolicen ein deutlicher Unterschied, sodass sie in der Praxis selten sind. Im Vermieter-Rechtsschutz errechnet sich die Prämie meist prozentual aus der Jahresmiete (üblich sind um die 5 %), was schnell zu hohen Summen führen kann. Andererseits sind die Kosten **als Werbungskosten** bei den Einnahmen aus Vermietung und Verpachtung steuerlich absetzbar. Für den Mieter ist es wichtig, dass seine Versicherungspolice sich ausdrücklich auf seine **berufliche Tätigkeit** bezieht (meist als „Berufsrechtsschutz" oder „Rechtsschutz für Firmen" bezeichnet). Ferner muss das versicherte Objekt ausdrücklich im Versicherungsschein genannt sein.

Viele Versicherte leben in dem Irrglauben, mit seinerzeit erworbenen „Paketen" sei alles Mögliche abgedeckt; manche glauben auch, dass sich Privatrechtsschutz automatisch auf Immobilien und/oder berufliche Tätigkeit erstreckt.

> **Praxistipp:**
> Der Anwalt sollte Mandanten auf die Möglichkeit zum Abschluss spezieller Rechtsschutzversicherungen hinweisen und eine Überprüfung bestehender Verträge anbieten, was als Serviceleistung auch eine gute Marketingmaßnahme darstellt.

IV. Umlagefähigkeit von Versicherungsprämien als Betriebskosten

1961 S. ausführlich Kapitel „Betriebskosten" → *Rn. 1010 ff.*

V. Regressansprüche des Versicherungsnehmers und des Versicherers gegen den Mieter in der Gebäudeversicherung

1. Grundsätze

Hat der Mieter einen Schaden vorsätzlich oder fahrlässig verursacht, ist er dem Vermieter zum Schadensersatz verpflichtet. Gleichzeitig kann der Gebäude-(Feuer-/Leitungswasser-) Versicherer eintrittpflichtig sein, wenn es sich um ein versichertes Ereignis handelt. Üblicherweise reguliert dann der Versicherer den Schaden und versucht, diese **Kosten beim Schadensverursacher beizutreiben** (sog. Regress).

Beispiele:

Ein Überspannungsschaden an einer elektrischen Einrichtung des Mieters verursacht einen Brand, der das Bürohaus zerstört.

Ein Angestellter des Mieters dreht am Freitag nach Arbeitsende die Heizung in der Werkshalle herunter. Am Wochenende kommt es zu starkem Frost, sodass eine Wasserleitung einfriert, platzt und das Gebäude unter Wasser setzt.

1962

Nach § 86 VVG gehen Ersatzansprüche des Vermieters gegen einen Schadensverursacher auf den leistungspflichtigen Versicherer über, wenn der **Schadensverursacher nicht mitversichert** ist. Nach der Rechtsprechung des BGH ist der Mieter keine i.R.d. mit dem Vermieter abgeschlossenen Versicherung mitversicherte Person, was ausdrücklich für die **Feuerversicherung**[2950] und die **Leitungswasserversicherung**[2951] entschieden wurde. Der Forderungsübergang erfolgt, wenn der Versicherer dem Vermieter den Schaden ersetzt. Nicht der Vermieter, sondern der Sachversicherer ist dann Inhaber der Ausgleichsforderung gegen den Mieter.

1963

2. Beschränkungen des Rückgriffs

Die **Regresshaftung des Mieters** kann beschränkt sein, weil nur bestehende Ansprüche des Vermieters übergehen können und sich aus dem Mietvertrag eine ausdrückliche oder **konkludente Haftungsbeschränkung** für den Mieter ergeben kann, z.B. wenn der Vermieter sich verpflichtet hat, eine Gebäude- oder Feuerversicherung abzuschließen. Dann kommt es in Betracht, dass der Versicherungsschutz auch dem Mieter zugutekommen soll, sodass er ggü. dem Vermieter nur haftet, wenn der Versicherer nicht reguliert.[2952] Hat der **Mieter** über eine wirksame **Betriebskostenumlage** auch **Prämien der Gebäudeversicherung** (anteilig) zu zahlen, so ist dies im Schadensfall für durch die Versicherung abgedeckte Schäden als stillschweigende Beschränkung der Haftung des Mieters auf Vorsatz und grobe Fahrlässigkeit zu sehen.[2953]

1964

Die ergänzende Vertragsauslegung eines Gebäudeversicherungsvertrages, dessen Kosten auf den Mieter umgelegt werden, ergibt damit einen **konkludenten Regressverzicht des Versi-**

1965

[2950] BGH, 26.01.2000 – XII ZR 204/97, NVersZ 2000, 427; BGH, 18.12.1991 – IV ZR 259/91, WuM 1992, 1081 = NJW-RR 1992, 980.
[2951] BGH, 23.01.1991 – IV ZR 284/89, WuM 1992 = NJW-RR 1991, 527.
[2952] BGH, 07.03.1990 – IV ZR 342/88, ZMR 1990, 333 = NJW-RR 1990, 1175 = VersR 1990, 625.
[2953] BGHZ 131, 288, 292 ff. = NJW 1996, 715 zur Feuerversicherung bei Wohnraummiete.

cherers für die Fälle, in denen der Mieter (hier: Wohnungsmieter) einen Brandschaden durch einfache Fahrlässigkeit verursacht hat.[2954]

1966 Das bedeutet: hat der Vermieter eine Versicherung abgeschlossen, so gehen seine (eigenen) Ansprüche gegen den Mieter gem. § 86 VVG auf den Sachversicherer über, soweit diese dem Vermieter den Schaden ersetzt hat; ein Regress des Versicherers scheidet dann bei einfacher (= leichter), nicht aber bei **grober Fahrlässigkeit und Vorsatz** aus. Dies muss der Versicherer darlegen und beweisen.[2955] Der BGH hat sich damit für die sog. versicherungsrechtliche Lösung entschieden, um das Verhältnis Vermieter – Mieter im Fall leicht fahrlässigen Verhaltens des Mieters nicht unnötig zu beeinträchtigen.

1967 Der Gebäudeversicherer kann also den auf ihn gem. § 86 Abs. 1 Satz 1 VVG übergegangenen Schadensersatzanspruch seines Versicherungsnehmers (= Vermieter) gegen den vorsätzlich oder grob fahrlässig handelnden Mieter aus §§ 535, 280 Abs. 1, 823 Abs. 1 sowie Abs. 2 BGB i.V.m. §§ 306, 306d StGB geltend machen, wenn der Mieter die Räume in Brand setzt und der Gebäudeversicherer den entstandenen Schaden ggü. dem Vermieter reguliert.

1968 Faktisch bedeutet dies, dass dem Mieter **mindestens grob fahrlässiges Verhalten** nachzuweisen ist. Handelt er nur leicht fahrlässig, haftet er nicht. Nachfolgend hat der BGH dann diese Rechtsprechung auch auf gewerbliche Mieter erweitert.[2956] Für den Regressverzicht des Gebäudefeuerversicherers spielt es keine Rolle, ob der **Mieter haftpflichtversichert** ist.[2957] Vielmehr ist es nach der Rechtsprechung des BGH so, dass dem Versicherer der Regress auch dann verwehrt ist, wenn der Mieter eine Haftpflichtversicherung unterhält, die Ansprüche wegen Schäden an gemieteten Sachen deckt.[2958]

1969 **Praxistipp:**
In der Praxis fragen Vermieter manchmal, ob sie gezwungen sind, ihre Versicherung in Anspruch zu nehmen. Hier gilt: Der Vermieter ist grds. verpflichtet, bei einem nur leicht fahrlässig verursachten, versicherten Schaden den Gebäudeversicherer und nicht den Mieter in Anspruch zu nehmen.[2959] Ausnahmsweise darf sich der Vermieter an den Mieter wenden, wenn er ein besonderes schützenswertes Interesse an einem Schadensausgleich durch den Mieter hat (z.B.: erhöhtes Prozessrisiko beim Rechtsstreit mit dem Versicherer, Vermeidung einer Kündigung des Versicherungsvertrages).[2960]

2954 BGH, 08.11.2000 – IV ZR 298/99, NVersZ 2001, 84.
2955 BGH, 08.11.2000 – IV ZR 298/99, NVersZ 2001, 84.
2956 BGH, 12.12.2001 – XII ZR 153/99, NZM 2002, 795; vgl. auch BGH, 26.01.2000 – XII ZR 204/97, NZM 2000, 688 = NVersZ 2000, 427; OLG Düsseldorf, 13.02.1997 – 10 U 33/96, NJWE-MietR 1997, 152 = ZMR 1997, 228.
2957 OLG Hamm, 09.01.2002 – 20 U 58/01, NZM 2002, 503; LG Wuppertal, 19.04.2002 – 2 O 134/01, NZM 2002, 797.
2958 BGH, 20.12.2006 – VIII ZR 67/06, NZM 2007, 340; BGH, 13.09.2006 – IV ZR 273/05, r+s 2006, 500 = VersR 2006, 1536; BGH, 08.11.2000 – IV ZR 298/99, r+s 2001, 71.
2959 BGH, 03.11.2004 – VIII ZR 28/04, InfoM 2005, 70 = ZMR 2005, 116.
2960 BGH, 03.11.2004 – VIII ZR 28/04, InfoM 2005, 70 = ZMR 2005, 116.

3. Sinn und Zweck des Regressverzichts

Es soll vermieden werden, dass ein Regress des Gebäudeversicherers das Mietverhältnis zwischen Vermieter und Mieter belastet. Der Vermieter ist grds. daran interessiert, das i.d.R. auf längere Zeit angelegte Vertragsverhältnis zu seinem Mieter soweit wie möglich nicht zu belasten, während der Mieter erwartet, dass er ihm Fall des Eintritts eines durch den Gebäudeversicherer gedeckten Schadens nicht in Anspruch genommen wird. Bei einer streitigen Auseinandersetzung müsste aber der Vermieter seinen Gebäudeversicherer und der Mieter seinen Haftpflichtversicherer unterstützen. Im schlimmsten Fall könnte der haftpflichtversicherte Mieter den Deckungsprozess gegen den Haftpflichtversicherer und den Prozess gegen den Gebäudeversicherer verlieren. Er stünde dann sogar noch schlechter als ein nicht haftpflichtversicherter Mieter. Auch darf der Mieter, der anteilig die Versicherungsprämie des Gebäudeversicherers über die Zahlung von Nebenkosten mitfinanziert, erwarten, am Gebäudeversicherungsschutz zu partizipieren. Zudem bestünde ohne einen Regressverzicht insoweit ein Wertungswiderspruch, als der Gebäudeversicherer im Fall der leicht fahrlässigen Herbeiführung des Schadens durch den Vermieter selbst vollständig leistungspflichtig ist.

1970

4. Ausgleich zwischen Sach- und Haftpflichtversicherer i.R.d. Mieterregresses

Um die Interessen des Gebäudeversicherers, dem ein Regress gegen den Mieter verwehrt ist, zu wahren, steht ihm in dem Fall, in dem der Mieter haftpflichtversichert ist, gegen diesen Haftpflichtversicherer ein Anspruch auf anteiligen Ausgleich zu. Einen vollen Ausgleich im Deckungsumfang der Haftpflichtversicherung kann er nicht verlangen.[2961] Die Entscheidung des BGH nimmt Bezug auf § 59 Abs. 2 Satz 1 VVG a.F. Diese Regelung wurde inhaltlich in § 78 Abs. 2 Satz 1 VVG übernommen. Der Anspruch des Gebäudeversicherers gegen den Haftpflichtversicherer auf anteiligen Ausgleich wird entsprechend den Grundsätzen der Doppelversicherung (§ 59 Abs. 2 Satz 1 VVG a.F., jetzt Mehrfachversicherung) angenommen.[2962]

1971

Voraussetzung des direkten Ausgleichsanspruches zwischen dem Gebäudeversicherer und dem Haftpflichtversicherer entsprechend § 78 Abs. 2 Satz 1 VVG (= § 59 Abs. 2 Satz 1 VVG a.F.) ist, dass der jeweilige Mieter als Versicherungsnehmer einen Schaden, für welchen der Gebäudeversicherer ggü. seinem Versicherungsnehmer (= Vermieter) einzustehen hatte, schuldhaft mit **einfacher Fahrlässigkeit** handelnd herbeigeführt hat.[2963]

1972

Eine direkte Inanspruchnahme des Haftpflichtversicherers scheidet hingegen lediglich **quotal** entsprechend der Schwere des Verschuldens aus, wenn sein Versicherungsnehmer (= Mieter) **grob fahrlässig** gehandelt hat, da in diesem Fall der Rückgriff gegen den Mieter anteilig nicht ausgeschlossen ist. Dies folgt aus dem Wegfall des Alles-oder-nichts-Prinzips. Während nach altem Recht eine direkte Inanspruchnahme des Haftpflichtversicherers vollständig möglich war, wenn **Vorsatz** oder **grobe Fahrlässigkeit** des Mieters anzunehmen war, so gilt dies nach der VVG-Reform nur noch für den Fall des vorsätzlichen Handelns des Mieters.

1973

[2961] BGH, 13.09.2006 – IV ZR 273/05, NZM 2006, 945 = MDR 2007, 211 = NZBau 2007, 34 = InfoM 2007, 133 = r+s 2006, 500.
[2962] BGH, 13.09.2006 – IV ZR 273/05, NZM 2006, 945 = MDR 2007, 211 = NZBau 2007, 34 = InfoM 2007, 133 = r+s 2006, 500.
[2963] Kloth/Neuhaus, in: Schwintowski/Brömmelmeyer, § 78 Rn. 21.

1974 Der Haftpflichtversicherer ist dann nicht einstandspflichtig, wenn seinem Versicherungsnehmer (= Mieter) ein Verschulden auch i.S.e. einfachen Fahrlässigkeit nicht angelastet werden kann. In einem solchen Fall haftet der Versicherungsnehmer (= Mieter) nicht, weshalb kein Haftpflichtfall zulasten des Haftpflichtversicherers vorliegt.[2964]

Mögliche Fallkonstellationen sind damit:

Mieter handelt vorsätzlich.	Vollständige Regressmöglichkeit des Gebäudeversicherers gegen den Mieter.
Mieter handelt grob fahrlässig.	Quotale Regressmöglichkeit des Gebäudeversicherers je nach Schwere des Verschuldens i.H.d. Verschuldensquote. Bei einer Verschuldensquote von 20 % ist somit ein einteiliger Regressverzicht i.H.v. 80 % anzunehmen. Der direkte Ausgleichsanspruch des Gebäudeversicherers gegen den Haftpflichtversicherer analog § 78 Abs. 2 Satz 1 ist i.H.v. 80 % möglich.
Mieter handelt leicht fahrlässig.	Regressverzicht. Im Fall des Bestehens einer Haftpflichtversicherung des Mieters: direkter Ausgleichsanspruch des Gebäudeversicherers gegen den Haftpflichtversicherer analog § 78 Abs. 2 Satz 1 VVG.
Mieter handelt schuldlos.	Keinerlei Haftung des Mieters.

1975 Was die Frage des **Umfangs bzw. der Berechnung des Ausgleichs** zwischen Gebäude- und Haftpflichtversicherer anbelangt, hat der BGH ausgeführt, dass der Ausgleich nach dem Verhältnis der jeweiligen Leistungspflicht zu erfolgen hat. Das gelte jedoch nur, soweit die Ersatzverpflichtungen deckungsgleich seien. In den Ausgleich können deshalb nur der **Zeitwert** und die Positionen eingesetzt werden, die der Haftpflichtversicherer auch zu ersetzen habe.[2965]

Die bedauerlicherweise nicht ganz eindeutigen Ausführungen des BGH haben zunächst in Rechtsprechung und Literatur zu zwei unterschiedlichen Meinungen zu den Berechnungsmethoden geführt,[2966] bis der BGH entschieden hat, dass bei der Berechnung aufseiten des Gebäudeversicherers lediglich der vom Regressverzicht erfasste Haftpflichtschaden zu berücksichtigen ist.[2967]

1976 *Beispielsberechnung:*[2968]

Eintrittspflicht des Gebäudeversicherers:	*6.000,00 €*
Bereinigte in die Berechnung einzustellende Leistungspflicht:	*4.000,00 €*
Eintrittspflicht des Haftpflichtversicherers:	*4.000,00 €*

2964 Kloth/Neuhaus, in: Schwintowski/Brömmelmeyer, § 78 Rn. 23.
2965 BGH, 13.09.2006 – IV ZR 273/05, NZM 2006, 945 = MDR 2007, 211 = NZBau 2007, 34 = InfoM 2007, 133 = r+s 2006, 500 unter II 2.).
2966 Ausführlich dazu Kloth/Neuhaus, in: Schwintowski/Brömmelmeyer, § 78 Rn. 25 ff.
2967 BGH, 18.06.2008 – IV ZR 108/06, VersR 2008, 1108.
2968 Kloth/Neuhaus, in: Schwintowski/Brömmelmeyer, § 78 Rn. 25.

Ergebnis:

Da die bereinigte Leistungspflicht des Gebäudeversicherers (GV) stets der Höhe der Leistungspflicht des Haftpflichtversicherers (HV) entspricht, haftet jeder Versicherer i.H.v. 50 % des Zeitwertschadens. Der Ausgleichsanspruch des Gebäudeversicherers beträgt dann 2.000,00 €, sodass er insgesamt 4.000,00 € und damit 2/3 des Gesamtschadens zu tragen hat.

$$\text{Ausgleichsanspruch GV} = \frac{\text{Entschädigungspflicht HV} \times \text{bereinigte Entschädigungspflicht GV}}{\text{Entschädigungspflicht HV} + \text{bereinigte Entschädigungspflicht GV}}$$

$$\text{Ausgleichsanspruch GV} = \frac{4.000,00\ € \times 4.000,00\ €}{8.000,00\ €\ (4.000,00\ € + 4.000,00\ €)} = 2.000,00\ €$$

5. Regressverzichtsabkommen[2969]

In der Praxis werden häufig Schadensteilungsabkommen abgeschlossen mit dem Zweck, die Kosten einer gerichtlichen oder außergerichtlichen Prüfung der Haftpflichtfrage zum Zweck eines Rückgriffs zu minimieren, indem die Aufwendungen geteilt werden. Solche Schadensteilungsabkommen stellen gleichzeitig einen **Regressverzicht** dar. I.d.R. verpflichtet sich der Haftpflichtversicherer im eigenen Namen, die Schäden seines Versicherungsnehmers i.H.d. Abkommensquote zu übernehmen, während sich der Vertragspartner (z.B. der Gebäudeversicherer) verpflichtet, keine Ansprüche gegen den Versicherungsnehmer des Haftpflichtversicherers geltend zu machen (pactum de non petendo zugunsten des Versicherungsnehmers des Haftpflichtversicherers). Der Ausschluss für unter das Regressverzichtsabkommen fallende Rückgriffsansprüche steht dem Ausgleichsanspruch entsprechend den Grundsätzen der Doppelversicherung nicht entgegen. Der Haftpflichtversicherer, der für Haftpflichtansprüche wegen Mietsachschäden an Wohnräumen grds. Versicherungsschutz gewährt, kann dem Ausgleichsanspruch des Gebäudeversicherers nicht entgegenhalten, der Versicherungsschutz sei für unter den Regressverzicht nach dem Abkommen der Feuerversicherer fallende Rückgriffsansprüche ausgeschlossen. Die entsprechenden **Ausschlussklauseln** in den Besonderen Bedingungen und Risikobeschreibungen für die Privathaftpflichtversicherung sind nach § 307 Abs. 2 Nr. 2, Abs. 1 Satz 1 BGB unwirksam.[2970] Der Ausgleichsanspruch des Gebäudeversicherers gegen den Haftpflichtversicherer des einfach fahrlässig handelnden Mieters scheitert auch nicht am Regressverzichtsabkommen der Feuerversicherer i.V.m. einer Hausrat-Feuerversicherung des Mieters.[2971]

1977

6. Sonstiges

Auf den Regressverzicht des Gebäude-Feuerversicherers ggü. dem Mieter für den Fall nur leicht fahrlässiger Herbeiführung des Versicherungsfalls kann sich nach einem Brandschaden

1978

2969 Kloth/Neuhaus, in: Schwintowski/Brömmelmeyer, § 78 Rn. 30, § 86 Rn. 60.
2970 BGH, 27.01.2010 – IV ZR 129/09, NZM 2010, 450 = VersR 2010, 477 = MDR 2010, 571 = NJW-RR 2010, 691; OLG Bamberg, 11.10.2007 – 1 U 114/07, VersR 2007, 1651; LG Köln, 10.10.2007 – 20 O 68/07, VersR 2008, 1258; LG Wiesbaden, 06.02.2008 – 5 O 89/07, VersR 2008, 1064; LG Koblenz, 18.09.2008 – 16 O 119/08, VersR 2008, 1688 **a.A.** OLG Koblenz, 29.05.2009 – 10 U 1287/08; Siegel, r+s 2007, 498; Schwickert, VersR 2007, 773.
2971 LG Coburg, 08.05.2007 – 23 O 869/06, r+s 2007, 424; bestätigt durch OLG Bamberg, 11.10.2007 – 1 U 114/07, r+s 2007, 457.

auch der im Regressprozess vom Versicherer aus unerlaubter Handlung in Anspruch genommene **Untermieter des Hauptmieters** berufen.[2972] Gleiches gilt für den mit Billigung des Hauptvermieters/Versicherungsnehmers die Mieträume nutzenden **Unter-Untermieter**, weil im Bereich gewerblicher Mietverhältnisse die Staffelung von Miet- und Untermietverträgen häufig vorkommt und eine ggü. dem Mieter und Untermieter abweichende Bewertung der Rechtsprechungsgrundsätze des Regressverzichts nicht geboten ist.[2973]

1979 Dem Mieter ist eine **vorsätzliche** oder **grob fahrlässige** Herbeiführung des Gebäudeschadens durch einen Dritten nur dann zuzurechnen, wenn der Dritte sein Repräsentant war; § 278 BGB ist nicht anzuwenden.[2974] Auf ein Verschulden von Kindern oder Ehegatten kommt es also nur bei Bejahung der Repräsentanten-Eigenschaft an. Ein Regress des Gebäudeversicherers ist auch bei einem **auf Dauer angelegten unentgeltlichen Nutzungsverhältnis** anzunehmen.[2975] Die Rechtsprechung des BGH zum Regress des Gebäudeversicherers bei leicht fahrlässig verursachten Schäden am Gebäude durch den Mieter kann **nicht** auf die **Hausratsversicherung** des Vermieters übertragen werden.[2976]

1980 Für die **Verjährung des Ausgleichsanspruches** gilt die 3-jährige Verjährungsfrist (§§ 195, 199 BGB).[2977]

VI. Veräußerung der Immobilie und Versicherungsschutz

1. Überblick

1981 Wird die Immobilie vom Versicherungsnehmer veräußert, regeln die §§ 95 bis 99 VVG (§§ 69 bis 73 VVG a.F.) als Spezialvorschriften des Versicherungsrechts die Rechte und Pflichten der Parteien, also des Veräußerers, Erwerbers und des Versicherers.

1982 Nach § 95 Abs. 1 VVG (§ 69 VVG a.F.) tritt nach Veräußerung an die Stelle des Versicherungsnehmers (= im Normalfall der Eigentümer der Immobilie) der **Erwerber in die laufenden Versicherungsverträge** mit allen Rechten und Pflichten ein. Verletzt deshalb der Käufer eine vertragliche Obliegenheit des Versicherungsnehmers, kann er sich nicht darauf berufen, dass er die Versicherungsbedingungen nicht kannte.[2978]

1983 Wird ein versichertes Gebäude veräußert, tritt der Erwerber an die Stelle des Veräußerers erst mit dem Zeitpunkt, in dem das **dingliche Verfügungsgeschäft vollzogen** ist, d.h. in dem der Erwerber im Grundbuch als (neuer) Eigentümer eingetragen ist (formaler Veräußerungsbegriff).[2979]

2972 OLG Karlsruhe, 13.03.2007 – 8 U 13/06, IMR 2007, 237 = NJOZ 2007, 1816.
2973 OLG Karlsruhe, 13.03.2007 – 8 U 13/06, IMR 2007, 237 = NJOZ 2007, 1816.
2974 BGH, 13.09.2006 – IV ZR 378/02, GuT 2006, 319 = NZM 2006, 949 = InfoM 2007, 132 = MDR 2007, 213 = NZBau 2007, 38 (LS) = r+s 2006, 458.
2975 BGH, 13.09.2006 – IV ZR 116/05, NZM 2006, 946 = MDR 2007, 213 = NZBau 2007, 37 = r+s 2006, 455 = VersR 2006, 1533.
2976 BGH, 13.09.2006 – IV ZR 26/04, NZM 2006, 951 = InfoM 2006, 250 = MDR 2007, 214 = r+s 2006, 454.
2977 BGH, 27.01.2010 – IV ZR 129/09, NZM 2010, 450 = VersR 2010, 477 = MDR 2010, 571 = NJW-RR 2010, 691; OLG Koblenz, VersR 2009, 676; OLG Karlsruhe, VersR 2008, 639; OLG Köln, VersR 2007, 1411.
2978 OLG Celle, 07.06.2007 – 8 U 1/07, InfoM 2007, 368.
2979 OLG Jena, 17.01.2007 – 4 U 574/06, IMR 2007, 97.

D.h.: Der Übergang des Versicherungsvertrages erfolgt **mit Grundbucheintragung als Vollendung des Eigentumserwerbs**. Auf den schuldrechtlichen (Kauf-) Vertrag kommt es im Zusammenhang mit dem (versicherungsrechtlichen) Eintritt des Erwerbers in den bestehenden Versicherungsvertrag nicht an.²⁹⁸⁰

Nach § 95 Abs. 3 VVG muss der Versicherer den Eintritt des Erwerbers erst gegen sich gelten lassen, wenn er hiervon Kenntnis erlangt hat. Diese bedeutet v.a., dass im Versicherungsfall eine Entschädigungszahlung des Versicherers, die noch an den Alteigentümer erfolgte, nicht noch einmal erfolgen muss, wenn der alte Eigentümer diese z.B. wegen Insolvenz nicht zurückzahlen kann.

1984

Geht das Eigentum an der versicherten Sache im Wege der **Zwangsversteigerung** über oder erwirbt ein Dritter aufgrund eines Nießbrauchs, eines Pachtvertrages oder eines ähnlichen Verhältnisses die Berechtigung, versicherte Bodenerzeugnisse zu beziehen, sind die §§ 95 bis 98 VVG gem. § 99 VVG entsprechend anzuwenden.

1985

2. Anzeige der Veräußerung

Nach § 97 Abs. 1 Satz 1 VVG ist die Veräußerung dem Versicherer vom Veräußerer oder Erwerber **unverzüglich anzuzeigen**. Da mit „Veräußerung" die Grundbucheintragung gemeint ist (s.o. → *Rn. 1983*), berechnet sich die Frist ab diesem Zeitpunkt. Unverzüglich bedeutet ohne schuldhaftes Zögern (§ 121 Abs. 1 Satz 1 BGB). Ist die Anzeige unterblieben, muss der Versicherer nach § 97 Abs. 1 Satz 2 VVG nicht leisten, wenn der Versicherungsfall später als einen Monat nach dem Zeitpunkt eintritt, zu dem die Anzeige dem Versicherer hätte zugehen müssen, und der Versicherer den mit dem Veräußerer bestehenden Vertrag mit dem Erwerber nicht geschlossen hätte. Ausnahmsweise ist der Versicherer aber gem. § 97 Abs. 2 VVG zur Leistung verpflichtet, wenn ihm die **Veräußerung zu dem Zeitpunkt bekannt** war, zu dem ihm die Anzeige hätte zugehen müssen, oder wenn z.Zt. des Eintritts des Versicherungsfalls die Frist für die Kündigung des Versicherers abgelaufen war und er nicht gekündigt hat.

1986

Praxistipp:

Die Anzeige sollte unter Beifügung einer Kopie des notariellen Kaufvertrages immer sofort erfolgen, damit die Gefahr von Diskussionen über die Leistungspflicht bei in der „Grauzone" auftretenden Schadensfällen vermieden wird.

„Unverzüglich" liegt im Normalfall nicht mehr vor, wenn mehr als sieben bis zehn Werktage vergehen.

3. Kündigung der Versicherungsverträge nach Veräußerung

Nach § 96 Abs. 1 VVG ist der **Versicherer berechtigt**, dem Erwerber einer versicherten Sache das Versicherungsverhältnis unter Einhaltung einer Frist von einem Monat zu kündigen. Das Kündigungsrecht erlischt, wenn es nicht innerhalb eines Monats ab der Kenntnis des Versicherers von der Veräußerung ausgeübt wird.

1987

2980 OLG Jena, 17.01.2007 – 4 U 574/06, IMR 2007, 97.

1988 § 96 Abs. 2 Satz 1 VVG **berechtigt den Erwerber**, das Versicherungsverhältnis mit sofortiger Wirkung oder für den Schluss der laufenden Versicherungsperiode zu kündigen. Das Kündigungsrecht erlischt nach § 96 Abs. 2 Satz 2 VVG, wenn es nicht innerhalb eines Monats nach dem Erwerb, bei fehlender Kenntnis des Erwerbers vom Bestehen der Versicherung innerhalb eines Monats ab Erlangung der Kenntnis, ausgeübt wird.

> **Hinweis:**
> Weiß der Erwerber also (noch) nichts von den Versicherungsverträgen, beginnt die Kündigungsfrist erst ab seiner Kenntnis. Die Möglichkeit der Kenntnisnahme reicht dafür grds. aus.

1989 Die **Monatsfrist**, innerhalb deren der Erwerber einer versicherten Sache die bestehenden Versicherungen kündigen kann, beginnt grds. mit der **Erfüllung des Eigentumserwerbstatbestandes**, im Fall des Erwerbs eines Grundstücks im Wege der Zwangsversteigerung mit dem Zuschlagsbeschluss.[2981] Ansonsten ist – weil erst dadurch endgültig Eigentum erworben wird (§ 873 BGB) – der Zeitpunkt der Eintragung ins Grundbuch maßgeblich. Soweit der Erwerber erst später Kenntnis von der Versicherung erlangt hat und die Kündigungsfrist erst von dieser Kenntnis an läuft (§ 96 Abs. 2 Satz 2 VVG), genügt für den Fristbeginn die Kenntnis davon, dass bestimmte Risiken bei einem bestimmten Versicherer gedeckt sind.[2982]

4. Wer muss die Prämie bezahlen?

1990 Der Veräußerer und der Erwerber haften gem. § 95 Abs. 2 VVG für die Prämie, die auf die z.Zt. des Eintritts des Erwerbers laufende Versicherungsperiode entfällt, als **Gesamtschuldner**. I.d.R. wird Zahlung einer Jahresprämie mit einem Jahr als Versicherungsperiode vereinbart. Die Veräußerung kann im Bereich des Endes der einen und des Neubeginns der nächsten Versicherungsperiode mit entsprechendem neuen Prämienanfall liegen. Da – wie oben ausgeführt – erst die **Eintragung ins Grundbuch** den versicherungsrechtlichen Eintritt bewirkt, ist Prämienschuldner und Versicherungsnehmer bis zum Zeitpunkt des dinglichen Vollzugs des Veräußerungsgeschäfts allein der Veräußerer.[2983]

1991 Wird der Versicherungsvertrag von einer der Seiten gem. § 96 Abs. 1, Abs. 2 VVG gekündigt, muss nach § 96 Abs. 3 VVG der Veräußerer die **Prämie zahlen**; eine Haftung des Erwerbers für die Prämie besteht nicht.

VII. Verjährung und Verwirkung

1992 Ansprüche aus dem Versicherungsvertrag verjähren mangels ausdrücklicher Regelung im VVG in **drei Jahren (§§ 195, 199 BGB)**. Für die Dauer der Leistungsprüfung ist die Verjährung gehemmt, § 15 VVG.

[2981] BGH, 28.04.2004 – IV ZR 62/03, NZM 2005, 320 zu § 70 Abs. 2 Satz 2 VVG a.F.
[2982] BGH, 28.04.2004 – IV ZR 62/03, NZM 2005, 320 zu § 70 Abs. 2 Satz 2 VVG a.F.
[2983] OLG Jena, 17.01.2007 – 4 U 574/06, IMR 2007, 97.

VIII. Gerichtsverfahren

Ansprüche aus Versicherungsverträgen sind nach den allgemeinen Grundsätzen vor den Zivilgerichten geltend zu machen. § 215 VVG enthält einen speziellen versicherungsrechtlichen Gerichtsstand für die **örtliche Zuständigkeit** des Gerichts, der für den Versicherungsnehmer eine Wahlmöglichkeit neben den Gerichtsständen der ZPO eröffnet, für den Versicherer aber zwingend ist.   1993

Viele Landgerichte haben Spezialkammern für Versicherungsrecht eingerichtet. Es empfiehlt sich für beide Seiten (Versicherer/Versicherungsnehmer), einen Fachanwalt für Versicherungsrecht zu beauftragen.

IX. Streitwert

Der Streitwert richtet sich grds. nach der Höhe der Forderung, die als Leistung aus dem Versicherungsvertrag verlangt wird und damit nach allgemeinen Grundsätzen.   1994

X. Vertragsgestaltung

1. Mietvertragliche Pflicht des Mieters zum Abschluss von Versicherungen

Eine **formularmäßige Überbürdung** der Pflicht zum Abschluss bestimmter Versicherungen direkt durch den Mieter oder Pächter ist im gewerblichen Miet- und Pachtrecht grds. möglich, sofern die einzelnen Versicherungen nicht nur bestimmbar, sondern konkret bezeichnet sind.[2984] Solange es sich ferner nicht um unübliche „Exotik"-Versicherungen handelt, sind Bedenken unberechtigt, da der Abschluss einer gebräuchlichen Versicherung für den Mieter nicht überraschend i.S.d. § 305c BGB sein kann und eine unangemessene Benachteiligung gem. § 307 BGB von vornherein ausscheidet, weil der Versicherungsschutz auch dem Mieter zugutekommt.   1995

Für den Vermieter ist es zunächst einmal sinnvoll, Versicherungsabschlüsse, die primär das Gebäude und Grundstück betreffen, auf den Mieter abzuwälzen. Die Verpflichtung zum Abschluss eigentlich „nur" mieterschützender Policen liegt aber mittelbar ebenfalls im Interesse des Vermieters: denn je mehr der Mieter durch eine Versicherung im Schadensfall entlastet wird, desto liquider bleibt er ggü. dem Vermieter. Aus Sicht des Vermieters sollte der Mietvertrag den Mieter zusätzlich verpflichten,   1996

> „für eine ausreichende Deckung im Rahmen des Versicherungsvertrages zu sorgen und bei Zweifeln beim Vermieter die Herstellungskosten zu erfragen".

Die Abwälzung ist aber nicht generell sinnvoll, denn der Vermieter kann nicht ohne Weiteres kontrollieren, ob der Mieter die Versicherung abschließt, aufrecht erhält oder die Versicherungsprämie zahlt, sodass die Gefahr besteht, dass das Gebäude nicht versichert ist bzw. der Versicherer im Schadensfall nicht leisten muss. Eine Gebäudeversicherung (Feuer/Hagel/Leitungswasser etc.) sowie die Grundstückshaftpflichtversicherung sollte der Vermieter daher selbst abschließen. Versicherungen, die primär den Mieter und mittelbar Vermietereigentum schützen (Beispiel: Einbruch-Diebstahl-Versicherung), können ohne Bedenken vertraglich auf   1997

2984 Krit. AG Düsseldorf, 13.07.1990 – 43 C 6447/90, NJW-RR 1990, 1429.

den Mieter abgewälzt werden. Die Verpflichtung zum Abschluss solcher primär mieterschützender Policen liegt mittelbar ebenfalls im Interesse des Vermieters: denn je mehr der Mieter durch eine Versicherung im Schadensfall entlastet wird, desto liquider bleibt er ggü. dem Vermieter.

> *Beispiel:*
>
> *Die „Büroversicherung" beinhaltet primär eine Einbruch-Diebstahl-Versicherung, die Eigentum des Mieters im Büro und nur ergänzend die Beseitigung der Einbruchsspuren versichert. Wird dem Mieter der Einbruchsschaden ersetzt, sinkt die Gefahr, dass er die Miete wegen ausbleibender Liquidität nicht zahlt.*

> **Praxistipp:**
>
> Wer als Vermieter sichergehen will, handelt das Thema „eigene" Versicherungen mit dem Mieter individuell aus und dokumentiert dies entsprechend. Denn je mehr die Versicherung nur den Mieter schützt und nicht auch das Gebäude oder Dritte, desto eher kann in der Verpflichtungsklausel eine überraschende AGB-Klausel gesehen werden.

Zur Vereinbarung von Versicherungsprämien als Betriebskosten → *Rn. 1011 ff.*

2. Haftung des Mieters

1998 Unterlässt der Mieter vertragswidrig schuldhaft den **Abschluss der Versicherung**, so haftet er für die Schäden, die der Versicherer ersetzt hätte, also auch für solche, die er nicht verursacht und nicht zu vertreten hat, aus § 280 BGB wegen Verletzung einer vertraglichen Nebenpflicht. Hat der Mieter nach dem Mietvertrag Instandhaltungsarbeiten, also Reparaturen, auszuführen und ist dort eine Obergrenze der Höchstbelastung vereinbart, so haftet der Mieter auch über diese Grenze hinaus, wenn es zu einem Schaden am Mietobjekt kommt und er es vertragswidrig unterlassen hat, derartige Schäden zu versichern.

> *Beispiel:*
>
> *Ersatz einer Eingangstür wird aufgrund eines Einbruchs erforderlich, und der Mieter hat keine Einbruch-Diebstahl-Versicherung abgeschlossen, obwohl ihn der Mietvertrag dazu verpflichtet.*

Denn durch die Vereinbarung der Versicherungspflicht des Mieters machen die Parteien deutlich, dass eine Entschädigung des Vermieters über den Umfang reiner Instandsetzungsmaßnahmen hinaus gewollt ist. Entsprechendes gilt, wenn der Mieter sich **nicht ausreichend versichert** hat (Versicherungssumme zu niedrig). Die Vereinbarung einer solchen Versicherungspflicht-Klausel durch AGB benachteiligt den Mieter nicht unangemessen gem. § 307 BGB, weil sie ihm (bei Überbürdung der Instandhaltung) das Risiko von Reparaturen abnimmt und ihn auch darüber hinaus schützt.

1999 Die Abrede in einem gewerblichen Mietvertrag, der Mieter habe das Mietobjekt umfassend gegen Schäden zu versichern, kann einen Haftungsausschluss zugunsten des Vermieters bzgl. seiner Verpflichtungen aus § 536a BGB beinhalten (hier: durch die Formulierung im Mietvertrag, der Mieter habe das Mietobjekt „gegen jegliches Wasserschaden" zu versichern).[2985]

[2985] OLG Düsseldorf, 28.07.1994 – 10 U 219/93, ZAP EN-Nr. 868/94 = DWW 1995, 110 = VersR 1995, 55.

XI. Arbeits- und Beratungshilfen

1. Schnellüberblick Grundsatz-Rechtsprechung des BGH

Thema/Normen	Leitsatz	Entscheidung, Fundstelle
Kosten für eine Terrorschadensversicherung können Nebenkosten sein!	1. Kosten für eine Terrorschadensversicherung können als Nebenkosten umgelegt werden, wenn ein Vermieter von Gewerberäumen konkrete Umstände annehmen darf, die die Gefahr eines Gebäudeschadens durch einen terroristischen Angriff begründen. 2. Zu den gefährdeten Gebäuden gehören insbesondere Gebäude mit Symbolcharakter, Gebäude, in denen staatliche Macht ausgeübt wird (militärische Einrichtungen, Regierungs- und Parlamentsgebäude), Gebäude, vor allem in Großstädten oder Ballungszentren, in denen sich regelmäßig eine große Anzahl von Menschen aufhält (Bahnhöfe, Flughäfen, Touristenattraktionen, Sportstadien, Büro- oder Einkaufszentren), sowie Gebäude, die sich in unmittelbarer Nachbarschaft der genannten Gebäude befinden.	BGH, 13.10.2010 – XII ZR 129/09, IMR 2010, 522 = NZM 2010, 864 = NJW 2010, 3647
Vereinbarter Versicherungsschutz des Gebäudeerwerbers §§ 12, 22, 39 Abs. 1, Abs. 2, 61, 69, 91 VVG a.F.	§ 69 VVG a.F. steht einer Vereinbarung nicht entgegen, nach der der Käufer eines Grundstücks bereits vor der Eintragung im Grundbuch in den mit dem Verkäufer bestehenden Gebäudeversicherungsvertrag – zunächst neben diesem – eintritt und dadurch einen vom Verhalten des Verkäufers unabhängigen eigenen Anspruch auf Versicherungsschutz erwirbt.	BGH, 17.06.2009 – IV ZR 43/07, NZM 2009, 758 = r+s 2009, 374 = VersR 2009, 1114 = NJW-RR 2009, 1329
Grundbesitzverwalter als Versicherungsnehmer einer Gebäudeversicherung § 164 BGB	1. Ein Gebäudeversicherer kann bei dem von einem Hausverwalter im eigenen Namen gestellten Versicherungsantrag nicht annehmen, dieser sei im Namen eines darin namentlich nicht erwähnten Eigentümers gestellt. 2. Wird der Hausverwalter, der einen Antrag auf Abschluss einer Gebäudeversicherung gestellt hat, bei Antragstellung und bei der Entgegennahme des Versicherungsscheins durch sach- und rechtskundige Makler vertreten, darf der Gebäudeversicherer annehmen, dass der Antragsteller den Versicherungsvertrag im eigenen Namen abschließen will. 3. Die Rechtsprechung des BGH (NJW-RR 2004, 1017 = NZM 2004, 559), dass bei der Vergabe von Bauleistungen durch einen Hausverwalter, soweit sich nichts anderes aus den Umständen ergibt, angenommen werden kann, dass der Auftrag für den Eigentümer erteilt wird, kann auf den Abschluss von Gebäudeversicherungen nicht ohne Weiteres übertragen werden. (Leitsätze der Redaktion)	BGH, 29.04.2009 – IV ZR 201/06, NZM 2009, 757 = r+s 2009, 376 = VersR 2009, 980

Stillschweigender Haftungsausschluss	1. Bei der Besichtigung eines Mietobjektes bedarf die Überprüfung jedenfalls dann der konkreten Zustimmung des (künftigen) Vertragspartners, wenn Maschinen oder Anlagen in Gang gesetzt werden, ohne dass dies für die Besichtigung zwingend erforderlich wäre. 2. Ein stillschweigender Haftungsausschluss lässt sich erst daraus herleiten, dass der Mieter sich vertraglich an den Kosten einer Gebäudeversicherung zu beteiligen hat. Etwas anderes ergibt sich auch nicht daraus, dass es sich hier um die Phase der Vertragsanbahnung handelt und die Kostenbeteiligung des Beklagten bei einem Zustandekommen des Mietvertrags möglicherweise vereinbart worden wäre.	BGH, 04.03.2009 – XII ZR 198/08, IMR 2009, 193 = GuT 2009, 91
BGH ändert Anforderungen an die Kontrolle einer Wohnraumbeheizung! § 11 Nr. 1d VGB 88; § 6 VVG	Der von § 11 Nr. 1 d VGB 88 geforderte Kontrollintervall ist nicht danach zu bemessen, wie ein Frostschaden sicher ausgeschlossen werden kann, sondern muss vom Tatrichter danach bemessen werden, in welchen Intervallen die jeweils eingesetzte Heizungsanlage nach der Verkehrsanschauung und Lebenserfahrung mit Blick auf ihre Bauart, ihr Alter, ihre Funktionsweise, regelmäßige Wartung, Zuverlässigkeit, Störanfälligkeit u. Ä. kontrolliert werden muss, um ein reibungsloses Funktionieren nach dem gewöhnlichen Lauf der Dinge zu gewährleisten.	BGH, 25.06.2008 – IV ZR 233/06, IMR 2008, 326 = NZM 2008, 781
Fristbeginn für Versicherungskündigungen bei Immobilienerwerb, § 70 Abs. 2 Satz 2 VVG	1. Die Monatsfrist, innerhalb deren der Erwerber einer versicherten Sache die bestehenden Versicherungen kündigen kann (§ 70 II 2 Halbs. 1 VVG), beginnt grundsätzlich mit der Erfüllung des Eigentumserwerbstatbestands, im Fall des Erwerbs eines Grundstücks im Wege der Zwangsversteigerung mit dem Zuschlagsbeschluss. 2. Soweit der Erwerber erst später Kenntnis von der Versicherung erlangt hat und die Kündigungsfrist erst von dieser Kenntnis an läuft (§ 70 II 2 Halbs. 2 VVG), genügt für den Fristbeginn die Kenntnis davon, dass bestimmte Risiken bei einem bestimmten Versicherer gedeckt sind.	BGH, 28.04.2004 – IV ZR 62/03, NZM 2005, 320

2. Schnellüberblick aktuelle Rechtsprechung der Instanzgerichte

Thema/Normen	Leitsatz	Entscheidung, Fundstelle
Ausgleichsanspruch auch bei fehlender Zurechnung der groben Fahrlässigkeit Dritter!	1. Ein Ausgleichsanspruch analog § 59 Abs. 2 VVG a.F. ist auch gegeben, wenn der Regressverzicht des Gebäudeversicherers darauf beruht, dass die den Schaden verursachende Hilfsperson des Mieters nicht dessen Repräsentantin war. 2. Unerheblich für den Ausgleichsanspruch des Sachversicherers ist es, wenn der Haftpflichtversicherer wegen des restlichen Zeitwertschadens eintrittspflichtig bleibt, weil der Gebäudeversicherer wegen Unterversicherung nur einen Teil des Zeitwertschadens reguliert.	OLG Koblenz, 30.04.2010 – 10 U 827/09, IMR 2010, 447

XI. Arbeits- und Beratungshilfen

Unterversicherung bei einem Rohbau	Enthält ein Vertrag über eine Wohngebäudeversicherung auch eine Rohbauversicherung, so bestimmt sich bei einem den Rohbau betreffenden Versicherungsfall der für die Frage der Unterversicherung maßgebende Versicherungswert nach dem tatsächlichen Wert des Rohbaus unmittelbar vor dem Schadensfall.	OLG Karlsruhe, 18.02.2010 – 12 U 167/09
Regress des Gebäude- gg. Haftpflichtversicherer des Mieters	1. Es wird daran festgehalten, dass dem Gebäudeversicherer des Vermieters, dem der Regress gegen den (einfach) fahrlässig handelnden Mieter verwehrt ist, gegen den Haftpflichtversicherer des Mieters auch dann ein Ausgleichsanspruch analog § 59 Abs. 2 Satz 1 VVG zusteht, wenn der Rückgriff nach dem Regressverzichtsabkommen der Feuerversicherer (RVA) ausgeschlossen ist (im Anschluss an Senat, Urteil vom 11.10.2007 – 1 U 114/07). 2. Als Anspruchsteller trägt der Gebäudeversicherer die Darlegungs- und Beweislast für das Vorliegen der Voraussetzungen des § 59 Abs. 2 Satz 1 VVG a. F. und somit auch für das Vorliegen lediglich einfacher Fahrlässigkeit des Mieters. Da jedoch die Feststellung des Verschuldensgrades der Gerichtsseite obliegt, genügt es insoweit, dass der Gebäudeversicherer einen Sachverhalt vorträgt (und erforderlichenfalls nachweist), der einen Schluss auf einen solchen Verschuldensgrad zulässt. 3. Soweit sich der Haftpflichtversicherer allerdings auf ein grob fahrlässiges oder gar vorsätzliches Verhalten des bei ihm versicherten Mieters beruft, trifft ihn die Darlegungs- und Beweislast. Der Gebäudeversicherer ist in einem solchen Fall also nicht gehalten, die Möglichkeit eines grob fahrlässigen oder vorsätzlichen Verhaltens der Mieterseite auszuräumen.	OLG Bamberg, 08.10.2009 – 1 U 34/09, r+s 2010, 21
Terrorversicherung § 525 Abs. 2 BGB	Bei einer Terrorversicherung, welche vorrangig die Gebäudesubstanz versichert, handelt es sich um eine Sachversicherung. Der Umstand, dass im Rahmen der Terrorversicherung zusätzlich auch ein Betriebsunterbrechungsschaden mitversichert ist, steht der Beurteilung als Sachversicherung nicht entgegen.	OLG Frankfurt am Main, 26.06.2009 – 2 U 54/09, IMR 2009, 309 = NZM 2009, 744 = InfoM 2009, 477
Mieter verursacht Brand: Ansprüche des Gebäudeversicherers?	1. Ist in den Bedingungen der Haftpflichtversicherung für Versicherungsfälle, die unter den Regressverzicht der Feuerversicherer fallen, die Haftung ausgeschlossen, besteht insoweit auch kein Ausgleichsanspruch des Gebäudeversicherers gegen den Haftpflichtversicherer. 2. Für den Ausgleichsanspruch nach § 52 Abs. 2 Satz 1 VVG gilt nicht die kurze Verjährung nach § 548 BGB.	OLG Koblenz, 29.05.2009 – 10 U 1297/08

Sturmschadenversicherung bei schadhaften Bitumenschindeln – „Kyrill" VGB 2000/E; §§ 6, 23 ff., 61 VVG a.F.	1. Zu den Voraussetzungen eines Leistungsausschlusses bei Beschädigung alter Dachschindeln durch Sturm (Instandhaltungsobliegenheit, Gefahrerhöhung, grob fahrlässige Verursachung). 2. Der Versicherer einer Wohngebäudeversicherung muss einen Sturmschaden an Dachschindel aus Bitumen, die alterungsbedingte Schäden aufweisen, ersetzen, da für die Schadensentstehung Mitursächlichkeit genügt. 3. Ein Versicherungsnehmer muss die versicherte Sache in ordnungsgemäßem Zustand erhalten und Schäden unverzüglich beseitigen lassen. Eine vorsätzliche oder grob fahrlässige Verletzung dieser Obliegenheit gibt dem Versicherer die Möglichkeit, den Vertrag zu kündigen. 4. Eine Leistungsfreiheit des Versicherers wegen einer willentlichen Gefahrerhöhung setzt zumindest voraus, dass der Versicherungsnehmer positiv mit der Möglichkeit eines gefahrerhöhenden Zustands rechnet. Eine Pflicht des Versicherungsnehmers, das Dach in einem festen Turnus von einem Sachverständigen überprüfen zu lassen, besteht nicht. (Leitsätze 2 – 4 von der Redaktion)	OLG Koblenz, 15.05.2009 – 10 U 1018/08, r+s 2009, 334 = NZM 2009, 719
Gaststättenpächter haftet für Brand in Gaststätte durch nicht sachgerecht entsorgte Zigarettenkippen §§ 280, 328, 581 BGB; § 67 VVG	Der Pächter eines in einem Bürgerzentrum betriebenen Speiselokals haftet der Inventarversicherung der Stadt gegenüber aus übergegangenem Recht wegen eines Gaststättenbrandes, wenn die Brandursache in seine Verantwortungssphäre fällt, weil glutfähige Rückstände in einem Unterschrank den Brand verursacht haben. Der ihm obliegende Nachweis eines fehlenden Verschuldens ist misslungen, wenn im unmittelbaren Brandentstehungsbereich im Inneren des Unterschranks nach dem Brand nicht sachgerecht entsorgte Zigarettenkippen neben dem Abfalleimer aufgefunden worden sind.	LG Köln, 16.04.2009 – 2 O 343/08
Versichererausgleich nach Wasserschaden in Wohnanlage – Keine Anwendbarkeit der Beweisregeln des Mietrechts § 52 a.F. VVG; § 538 BGB	Eine Übertragung der besonderen Beweisregeln aus dem Mietrecht (§ 538 BGB) auf den versicherungsrechtlichen Ausgleichsanspruch nach den Grundsätzen der Doppelversicherung, der ein Anspruch sui generis ist, kommt nicht in Betracht. (LS der Redaktion)	OLG Köln, 01.09.2008 – 9 U 73/08, NZM 2009, 293 = r+s 2009, 112 = NJW-RR 2009, 169

BGH ändert Anforderungen an die Kontrolle einer Wohnraumbeheizung! 88 § 11 Nr. 1d VGB; § 6 VVG	Der von § 11 Nr. 1d VGB 88 geforderte Kontrollintervall ist nicht danach zu bemessen, wie ein Frostschaden sicher ausgeschlossen werden kann, sondern muss vom Tatrichter danach bemessen werden, in welchen Intervallen die jeweils eingesetzte Heizungsanlage nach der Verkehrsanschauung und Lebenserfahrung mit Blick auf ihre Bauart, ihr Alter, ihre Funktionsweise, regelmäßige Wartung, Zuverlässigkeit, Störanfälligkeit u. Ä. kontrolliert werden muss, um ein reibungsloses Funktionieren nach dem gewöhnlichen Lauf der Dinge zu gewährleisten.	BGH, 25.06.2008 – IV ZR 233/06, IMR 2008, 326 = NZM 2008, 781
§§ 536a, 836 BGB; § 1 AHB Miete eines Tiefgaragenstellplatzes im Wohn- und Geschäftsgebäude; Schadensersatzpflicht aus Gewährleistung; Leistungspflicht des Haftpflichtversicherers	1) Auch bei einem Schadenersatzanspruch des Mieters gegen den Vermieter nach § 536a Abs. 1 BGB handelt es sich um eine Inanspruchnahme „auf Grund gesetzlicher Haftpflichtbestimmungen" i.S.v. § 1 der Allgemeinen Haftpflichtversicherungsbedingungen (AHB), für die der Versicherer Versicherungsschutz zu gewähren hat. 2) Bei einer Haftung nach § 536a BGB besteht die Entlastungsmöglichkeit nach § 836 Abs. 1 Satz 2 BGB dahingehend, dass eine Ersatzpflicht des Grundstücksbesitzers nicht eintritt, wenn er zur Abwendung der Gefahr die im Verkehr erforderliche Sorgfalt beobachtet hat, nicht. 3) Zur Leistungspflicht des Haftpflichtversicherers trotz objektiver Obliegenheitsverletzungen des Grundstücksbesitzers.	KG, 22.02.2008 – 6 U 133/07, GuT 2008, 118

3. Formulierungsvorschlag: Mietvertragsklausel zum Abschluss von Versicherungen

Formulierungsvorschlag: Klausel zum Abschluss von Versicherungen 2002

> **Hinweis:**
> Werden an anderer Vertragsstelle sämtliche Erhaltungs- und Erneuerungspflichten dem Mieter aufgebürdet, besteht die Gefahr der sog. Repräsentantenhaftung, die den Versicherungsschutz entfallen lassen kann.

1. Der Vermieter schließt für das Mietobjekt die nachfolgend angekreuzten Versicherungen ab und ist in diesem Fall berechtigt, die Versicherungsprämien auf die Mieter umzulegen (nur wirksam, wenn angekreuzt):
   – Feuerversicherung, Sturmversicherung, Leitungswasserschädenversicherung
   – Gebäudehaftpflichtversicherung
   – Glasversicherung
   – Umwelthaftpflichtversicherung
   – Betriebsanlagenversicherung
   – Sonstiges: .....

a) Sofern nicht in Abs. 1 abweichend vereinbart, ist der Mieter zum Abschluss folgender Versicherungen mit ausreichenden Deckungssummen auf seine Kosten verpflichtet:
- Feuerversicherung, Sturmversicherung, Leitungswasserschädenversicherung (sofern möglich mit Vereinbarung der Risiken Abwässer und Sprinklerwasseraustritt, sofern vorhanden)
- Gebäudehaftpflichtversicherung
- Umwelthaftpflichtversicherung
- Betriebsanlagenversicherung
- Betriebshaftpflichtversicherung
- Betriebsunterbrechungsversicherung
- Glasversicherung
- Versicherung gegen Beschädigung und Verlust von eingebrachten Gegenständen inklusive Einbauten
- Sonstiges

b) Der Abschluss der Versicherungen hat unverzüglich nach Vertragsschluss zu erfolgen und ist dem Vermieter nachzuweisen.

c) Der Mieter hat dem Vermieter unverzüglich jede Änderung seines Geschäftsbetriebes und etwaige technische oder sonstige Änderungen mitzuteilen, die zu einer Gefahrerhöhung führen können. Für entsprechende Einbeziehung in von ihm abzuschließende Versicherungen hat der Mieter zu sorgen.

4. Checkliste: Veräußerung der Immobilie und Versicherungsschutz

Checkliste: Veräußerung der Immobilie und Versicherungsschutz

- ☐ Art und Umfang der vor der Veräußerung laufenden Versicherungsverträge.
- ☐ Listet der Kaufvertrag alles auf? Liegen die Versicherungsscheine und Versicherungsbedingungen vor (zumindest in Kopie)?
- ☐ Maßgeblicher Zeitpunkt für den Übergang der Versicherungen: nicht Kaufvertragsabschluss, sondern Eintragung ins Grundbuch. Maßgeblicher Zeitpunkt bei Zwangsversteigerung: Zeitpunkt des Zuschlages.
- ☐ Mitteilung an den Versicherer durch Veräußerer oder Erwerber.
- ☐ Regelt der Kaufvertrag, wer die Veräußerung dem Versicherer mitzuteilen hat? Ansonsten gilt: Sicherheitshalber sollten beide Parteien tätig werden.
- ☐ Mitteilungsfrist: unverzüglich nach Grundbucheintragung, d.h. keinesfalls später als max. sieben Tage danach.
- ☐ Kündigungsrecht des Erwerbers mit sofortiger Wirkung oder für den Schluss der laufenden Versicherungsperiode (§ 96 Abs. 2 Satz 1 VVG – § 70 Abs. 2 VVG a.F.). Frist: ein Monat nach dem Erwerb, bei fehlender Kenntnis des Erwerbers vom Bestehen der Versicherung innerhalb eines Monats ab Erlangung der Kenntnis.

- ☐ Kündigungsrecht des Versicherers: Frist von einem Monat ab Kenntnis des Versicherers von der Veräußerung eingehalten?
- ☐ Prämienzahlung: bis zum Zeitpunkt der Grundbucheintragung allein durch den Veräußerer,[2986] bei Kündigung ebenfalls der Veräußerer (§ 96 Abs. 3 VVG).

[2986] OLG Jena, 17.01.2007 – 4 U 574/06, IMR 2007, 97.

Teil 1 – § 22 Gewährleistung und Mängel

§ 22 Gewährleistung und Mängel

		Rn.
I.	Systematik der mietrechtlichen Gewährleistung.	2004
	1. Überblick.	2004
	2. Mögliche Rechtsfolgen eines Mangels oder Fehlens zugesicherter Eigenschaften	2016
II.	Begriff des Mangels	2019
	1. Überblick.	2019
	2. Sachmangel.	2021
	3. Rechtsmangel.	2026
	4. Zugesicherte Eigenschaft, § 536 Abs. 2 BGB.	2029
	5. Konkrete Beispiele	2031
	a) Rechtsprechungsübersicht: Mängel bejaht (alphabetisch).	2031
	b) Rechtsprechungsübersicht: Mängel verneint (alphabetisch).	2032
III.	Zurückbehaltungsrecht/Druckzuschlag.	2033
IV.	Berechnung und Höhe einer Mietminderung.	2038
V.	Ausschluss/Verwirkung der Gewährleistungsrechte.	2044
	1. Unerheblichkeit des Mangels.	2044
	2. Kenntnis des Mangels.	2045
	3. Ausschluss der Rechte durch vorbehaltlose Zahlung der Miete.	2054
VI.	Mangelbeseitigungs- und Wiederherstellungsanspruch und Opfergrenze (Zerstörung des Mietobjekts, unverhältnismäßiger Aufwand).	2057
	1. Grundsätze.	2057
	2. Völlige oder teilweise Zerstörung des Miet- oder Pachtobjekts.	2063
	a) Untergang von keiner Seite zu vertreten.	2069
	b) Untergang vom Vermieter zu vertreten.	2070
	c) Untergang vom Mieter zu vertreten.	2071
	d) Untergang von beiden Parteien zu vertreten.	2072
	3. Mängel und unverhältnismäßiger Mängelbeseitigungsaufwand.	2073
VII.	Taktische Hinweise zum Zurückbehaltungs- und Minderungsrecht.	2076
	1. Kündigungsrisiko.	2076
	2. Haftungsrisiko für Anwälte und Verwalter.	2077
	3. Vorschläge zur Risikominimierung.	2081
VIII.	Häufige Praxisprobleme.	2082
	1. Enttäuschte (Gewinn-) Erwartungen und Umsatzeinbußen, Leerstand in Einkaufszentren.	2082
	a) Grundsatz: Mieter/Pächter trägt ohne besondere Vereinbarung das wirtschaftliche Risiko.	2082
	b) Ausnahmen, Risikoverlagerung auf den Vermieter/Verpächter.	2087
	aa) Zugesicherte Eigenschaft	2088
	bb) Ausdrückliche oder konkludente Risikoverlagerung.	2092
	cc) Wegfall oder Störung der Geschäftsgrundlage.	2096
	dd) Verschulden bei Vertragsschluss.	2099
	c) Rechtsprechungsübersicht zu Shopping-Centern (Auswahl).	2101
	2. Temperaturprobleme, „Unerträgliche" Raumtemperaturen.	2102
	a) Überblick.	2102
	b) Meinungsstreit.	2104
	aa) Objektbezogene Meinung.	2105
	bb) Personenbezogene Meinung.	2106
	cc) Vermittelnde Ansicht.	2107
	dd) Stellungnahme.	2108
	c) Ausschluss von Ansprüchen wegen Kenntnis bei Vertragsschluss.	2111
	d) Zu kalte Räume.	2112
	e) Rechtsfolgen, Darlegungs- und Beweislast.	2113
	f) Formulierungsvorschlag zum möglichen Klageantrag.	2118
	g) Rechtsprechungsübersicht zur Raumtemperatur in Geschäftsräumen.	2120
	3. Umwelt- und Umfeldmängel, z.B. Bauarbeiten.	2121
	a) Begriff.	2121
	b) Rechtsfolgen.	2126
	c) Rechtsprechungsübersicht.	2132
	4. Lärm, Geräuschimmissionen.	2133
	5. Flächenabweichungen.	2135
	a) Überblick und Checkliste.	2135
	b) Schwellengrenze des BGH.	2137
	c) Rechtsfolgen.	2140
	d) Zulässigkeit und Auswirkungen von Ausschluss-/Toleranzklauseln.	2143
	e) Ausschluss der Rechte wegen Kenntnis bzw. Erkennbarkeit des Mangels.	2148
	f) Verjährung von Rückforderungsansprüchen.	2153

		g)	Größere Flächen als angenommen	2154
	6.		Mangelhafte Energieeffizienz	2156
		a)	Gesetzliche Vorgaben der EnEV	2156
		b)	Auswirkungen im Mietrecht	2164
	7.		Anpassung an neue bauliche oder technische Standards	2169
	8.		Modernisierungs- bzw. Instandhaltungs-/Instandsetzungsmaßnahmen des Vermieters	2173
	9.		Öffentlich-rechtliche Genehmigungen oder Untersagungen und mietrechtliche Folgen	2174
IX.			Schäden an Rechtsgütern des Mieters	2175
	1.		Schadensersatz gem. § 536a Abs. 1 BGB und § 280 BGB	2175
	2.		Schmerzensgeld bei Körperschäden	2178
X.			Regress des Vermieters gegen Dritte	2182
XI.			Verjährung und Verwirkung	2187
XII.			Gerichtsverfahren	2193
	1.		Prozessuales Vorgehen aus Vermietersicht	2193
	2.		Prozessuales Vorgehen aus Mietersicht	2195
XIII.			Darlegungs- und Beweislast	2200
	1.		Verantwortungsbereiche	2200
	2.		Substanziierungslast bei „flüchtigen Mängeln" (Lärm, Gerüche etc.)	2207
XIV.			Streitwert	2209
XV.			Vertragsgestaltung	2212
	1.		Vertragliche Beschränkung des Rechts auf Mietminderung	2212
		a)	Grundsätze	2212
		b)	Kombination mit Aufrechnungs- oder Zurückbehaltungsverboten	2221
		c)	Beispiele für wirksame AGB-Klauseln	2223
		d)	Beispiele für unwirksame AGB-Klauseln	2224
	2.		Vertragliche Beschränkung des Rechts auf Schadensersatz	2225
		a)	Beschränkung der Haftung des Vermieters	2225
		b)	Beschränkung der Haftung des Mieters	2236
	3.		Bindungsklauseln, Opfergrenze, Zerstörung des Miet- oder Pachtobjekts	2241
	4.		Vertragliche Regelungen zu öffentlich-rechtlichen Genehmigungen etc.	2246
	5.		Vertragliche Regelungen zu einem bestimmten Mietermix/Mieterniveau	2247
XVI.			Arbeits- und Beratungshilfen	2248
	1.		Schnellüberblick Grundsatz-Rechtsprechung des BGH	2248
	2.		Schnellüberblick aktuelle Rechtsprechung der Instanzgerichte	2249
	3.		Formulierungsvorschlag 1: Vermieterfreundliche Kombination von Aufrechnungs-, Minderungs- und Zurückbehaltungsrechtsausschlüssen	2250
	4.		Formulierungsvorschlag: Haftungs (freizeichnungs)- und Gewährleistungsklauseln	2252
	5.		Formulierungsvorschlag: Bei Mietbeginn bekannte Mängel (hier: Baumaßnahmen)	2253
	6.		Formulierungsvorschlag: Bindungsklauseln (Wiederherstellungs- und Wiederaufbauklauseln) für den Fall der Zerstörung des Mietobjekts	2254
	7.		Mängelprotokoll	2258

I. Systematik der mietrechtlichen Gewährleistung

1. Überblick

Die Systematik der Mängelrechte in Wohn- und Geschäftraummietverhältnissen ist identisch, sodass nachfolgend nur eine Zusammenfassung erfolgt und sodann – ohne auf die gesetzlichen Grundlagen tiefer einzugehen – insb. die gewerbemietrechtliche Rechtsprechung dargestellt wird, bei der es durchaus einige Besonderheiten gibt.

2004

§ 535 Abs. 2 BGB verpflichtet den Vermieter, die Mietsache dem Mieter in einem **zum vertragsgemäßen Gebrauch geeigneten Zustand** zu überlassen und sie während der Mietzeit entsprechend zu erhalten. **Mietminderungsansprüche** bestehen nach § 536 BGB, wenn die Mietsache z.Zt. der Überlassung bereits einen Mangel hatte oder ein solcher später auftritt. § 536 BGB befreit den Mieter von der Pflicht zur Mietzahlung in dem **Umfang**, in dem die vermietete Sache z.Zt. der Überlassung mit einem Mangel behaftet ist, durch den die Tauglichkeit zum vertragsgemäßen Gebrauch aufgehoben oder gemindert ist. Es muss sich um einen erheblichen Mangel handeln (→ Rn. 2025 f.).

Dies gilt nach § 536 Abs. 2 BGB auch dann, wenn eine **zugesicherte Eigenschaft** fehlt oder später wegfällt. Als Eigenschaften i.S.v. § 536 Abs. 2 BGB kommen neben der physischen Beschaffenheit die tatsächlichen und rechtlichen Beziehungen des Mietgegenstands zu seiner Umwelt in Betracht, die für die Brauchbarkeit und den Wert des Mietobjekts von Bedeutung sind[2987] (ausführlich → Rn. 2029 ff.)

2005 Eine **Minderung tritt kraft Gesetzes ein**, sobald die Gebrauchstauglichkeit der Sache herabgesetzt oder aufgehoben ist und muss nicht gesondert erklärt werden.[2988]

Neben dem Recht zur Mietminderung besteht nach ganz herrschender Meinung das Recht des Mieters, die Miete gem. § 320 Abs. 1 Satz 1 BGB zurückzuhalten, um den Erfüllungsanspruch auf Gewährung des vertragsgemäßen Gebrauchs durchzusetzen (zurückzuzahlender **Druckzuschlag**,[2989] → Rn. 2033ff.).

2006 Nach § 536a Abs. 1 BGB kann der Mieter über die Minderung hinaus auch **Schadensersatz wegen Nichterfüllung** verlangen, wenn der Vermieter den Mangel zu vertreten hat oder sich in Verzug befindet. Die Vorschrift enthält drei Varianten:

- der Mangel der Mietsache ist (bereits) bei Vertragsabschluss vorhanden („anfänglicher Mangel", § 536a Abs. 1, 1. Alt. BGB);
- der Mangel entsteht nach Vertragsabschluss infolge eines Umstands, den der Vermieter zu vertreten hat („nachträglicher Mangel", § 536a Abs. 1, 2. Alt. BGB);
- der Vermieter kommt mit der Beseitigung des Mangels in Verzug („nachträglicher Mangel", § 536a Abs. 1, 3. Alt. BGB).

War der Fehler schon bei Überlassung der Mietsache vorhanden, haftet der Vermieter nach § 536a Abs. 1, 1. Alt. BGB auch ohne Verschulden (sog. **Garantiehaftung**). Daher kommt es nicht darauf an, ob dem Vermieter die Mängel bekannt oder ob sie ihm infolge von Fahrlässigkeit unbekannt waren. Dieser Anspruch ist kein Gewährleistungsanspruch, sondern ein Anspruch wegen Nichterfüllung und erfasst sämtliche Mängel des § 536 BGB.[2990]

Beispiel:[2991]

Ist bei der Herstellung eines Gebäudes ein Fehler in der Statik unterlaufen, der 20 Jahre später zu einem Schaden des Mieters führt, ist der Vermieter zum Ersatz aller durch diesen Mangel verursachten Schäden verpflichtet. Der Vermieter eines Einzelhandelsgeschäfts hat dem Mieter also den im Weihnachtsgeschäft entgangenen Gewinn (§ 252 BGB) zu ersetzen, der Vermieter einer Wohnung hat Ersatz für Körper- und Gesundheitsschäden (§§ 249 ff. BGB) zu leisten, und zwar ohne Verschulden, ohne zeitliche Begrenzung und grds. ohne Haftungsbegrenzung (Ausnahme: wirksame Ausschlussklauseln).

2987 BGH, 21.09.2005 – XII ZR 66/03, GuT 2006, 19 = NZM 2006, 54 = MDR 2006, 506 = NJW 2006, 899; LG Duisburg, 16.03.2010 – 6 O 121/09, IMR 2010, 284.
2988 BGH, 27.02.1991 – XII ZR 47/90, NJW-RR 1991, 779 = WuM 1991, 544.
2989 Eisenschmid, in: Schmidt-Futterer, § 536 Rn. 392.
2990 Weidenkaff, in: Palandt, § 536a Rn. 2.
2991 Nach Mehrings, NZM 2009, 386.

Entscheidend für die **Einstufung als anfänglicher Mangel** ist nicht, wann durch den vorhandenen Mangel ein Schaden entstanden ist, sondern ob der Mangel selbst bereits bei Vertragsschluss vorhanden war, was auch dann der Fall ist, wenn der Mangel und die daraus folgende Gefahr dem Mieter bei Vertragsschluss noch nicht bekannt waren.[2992] Anfänglich ist ein Mangel dann, wenn sich die Schadensursache oder Gefahrenquelle in die Zeit vor Vertragsschluss zurückverfolgen lässt und bei Vertragsschluss vorlag.[2993] Es reicht aus, wenn der Mangel den Mietgebrauch erst später konkret beeinträchtigt oder für einen Schaden des Mieters ursächlich wird.[2994] Wenn der Mieter bei Kenntnis des Zustands der Mietsache von dem Vermieter Abhilfe verlangen könnte, liegt bereits zum Zeitpunkt des Vertragsschlusses ein Mangel vor.[2995]

2007

Die Abgrenzung zwischen der auf einem anfänglichen Mangel beruhenden Garantiehaftung und der verschuldensabhängigen Haftung aufgrund eines nachträglich entstandenen Mangels kann schwierig sein, wenn ein **Bauteil der Mieteräume erst später funktionsuntüchtig** geworden ist. Beruht dies allein auf Alterungs- oder Verschleißprozessen, entsteht der Mangel erst später mit dem Verschleiß.[2996] War ein Bauteil aufgrund seiner fehlerhaften Beschaffenheit bei Vertragsschluss allerdings bereits in diesem Zeitpunkt für die Gebrauchstauglichkeit der Mietsache ungeeignet und damit unzuverlässig, liegt ein anfänglicher Mangel vor.[2997]

2008

Beispiel:[2998]

Der Beschlagbolzen eines Fensterflügels ist nicht hinreichend gegen ein Herausdrehen gesichert (Konstruktionsfehler), sodass sich Jahre später das Fenster löst und einen Mitarbeiter des Mieters verletzt.

In den **Schutzbereich des Mietvertrages** sind grds. auch dritte, an einem Mietvertrag nicht unmittelbar beteiligte Personen wie **Arbeitnehmer** des Mieters einbezogen, wenn der Mieter der dritten Person etwa aufgrund eines Arbeitsverhältnisses Schutz und Fürsorge zu gewährleisten hat und dies für den Vermieter erkennbar ist.[2999] Folge ist, dass der Vermieter dem Dritten ggü. zwar nicht zur Leistung, wohl aber u.U. zum Schadensersatz verpflichtet sein kann. Dies ist entsprechend auf andere Dritte wie Leiharbeitnehmer, aber auch den Geschäftsführer einer mietenden GmbH auszudehnen, da die Grundkonstellation identisch ist.

2009

Bei **nach Vertragsschluss auftretenden Mängeln** sind Ansprüche des Mieters nur möglich, wenn den Vermieter ein Verschulden trifft (§ 536a Abs. 1, 2. Alt. BGB). Dem Mieter kommen dabei grds. Beweiserleichterungen zugute, wenn feststeht, dass die Ursache für den Schaden

2010

2992 BGH, 21.07.2010 – XII ZR 189/08, IMR 2010, 424/425 = NZM 2010, 668 = MDR 2010, 1103.
2993 BGH, 21.07.2010 – XII ZR 189/08, IMR 2010, 424/425 = NZM 2010, 668 = MDR 2010, 1103; Eisenschmid, in: Schmidt-Futterer, § 536a Rn. 7.
2994 BGH, 21.07.2010 – XII ZR 189/08, IMR 2010, 424/425 = NZM 2010, 668 = MDR 2010, 1103; BGH, 22.01.1968 – VIII ZR 195/65, NJW 1968, 885, 886; Wolf/Eckert/Ball, Rn. 332; Bub/Treier/Kraemer, Kap. III Rn. 1380.
2995 BGH, 21.07.2010 – XII ZR 189/08, IMR 2010, 424/425 = NZM 2010, 668 = MDR 2010, 1103.
2996 BGH, 21.07.2010 – XII ZR 189/08, IMR 2010, 424/425 = NZM 2010, 668 = MDR 2010, 1103.
2997 BGH, 21.07.2010 – XII ZR 189/08, IMR 2010, 424/425 = NZM 2010, 668 = MDR 2010, 1103; BGH, 27.03.1972 – VIII ZR 177/70, NJW 1972, 944, 945; Hübner/Griesbach/Schreiber, in: Lindner-Figura/Oprée/Stellmann, Kap. 14, Rn. 316.
2998 BGH, 21.07.2010 – XII ZR 189/08, IMR 2010, 424/425 = NZM 2010, 668 = MDR 2010, 1103.
2999 BGH, 21.07.2010 – XII ZR 189/08, IMR 2010, 424/425 = NZM 2010, 668 = MDR 2010, 1103; Eisenschmid, in: Schmidt-Futterer, § 536a Rn. 77.

bzw. für den Mangel aus dem Gefahrenbereich des Vermieters kommt, sodass eine Vermutung dafür besteht, dass der Vermieter den Mangel verursacht und verschuldet hat. Voraussetzung dafür ist, dass die Schadensursache unklar ist.[3000] Verwirklicht sich lediglich ein allgemeines Lebensrisiko, d.h. ist der Schadenseintritt auch für den Vermieter/Verpächter überraschend, wird es regelmäßig an einem Verschulden des Vermieters fehlen. Anderes gilt, wenn der Vermieter zu üblichen Wartungen oder Kontrollen verpflichtet ist. Bei Wasserrohrleitungen[3001] und Elektroinstallationen[3002] ist dies nicht der Fall, es sei denn, es besteht eine erkennbare Schadensgeneigtheit.

2011 Nach § 536a Abs. 2 Nr. 1 BGB kann der Mieter den **Mangel selbst beseitigen** (lassen) und Ersatz der erforderlichen Aufwendungen verlangen, wenn der Vermieter mit der Beseitigung des Mangels in Verzug ist. Zu diesem Zweck kann der Mieter vom Vermieter die Zahlung eines Vorschusses i.H.d. voraussichtlich erforderlichen Beseitigungskosten verlangen.[3003]

Die §§ 536, 536a BGB sind Spezialregeln, die den allgemeinen schuldrechtlichen Regeln des BGB **vorgehen**. Dies gilt auch für den Zeitraum **vor Überlassung des Mietobjekts**.[3004]

Nach § 536c BGB hat der Mieter **Mängel unverzüglich anzuzeigen**, wenn sich **im Laufe des Mietverhältnisses** ein Mangel der gemieteten Sache zeigt, ansonsten haftet er gem. § 536c Abs. 2 BGB auf Ersatz des entstehenden Schadens und verliert die Ansprüche aus §§ 536, 536a Abs. 1 BGB;[3005] fristlos kündigen darf er in diesem Fall nur nach Abmahnung, § 543 Abs. 3 Satz 1 BGB. **Unverzüglich** bedeutet auch hier ohne schuldhaftes Zögern. Wegen eines Mangels, von dem der **Vermieter keine Kenntnis** hat, kann der Mieter ein Zurückbehaltungsrecht erst an den Mieten geltend machen, die fällig werden, nachdem der Mieter dem Vermieter den Mangel angezeigt hat.[3006]

2012 Der Mieter muss die Mietsache **nicht auf verborgene Mängel untersuchen** und hat dem Vermieter nur offensichtliche Mängel anzeigen.[3007] Die Anzeigepflicht des Mieters entfällt für Mängel, die sich aus einer dem Vermieter bekannten Gefahrenlage entwickelt haben.[3008] Der Verlust des Minderungsrechts für den Mieter bei verletzter Anzeigepflicht setzt einen **ursächlichen Zusammenhang** zwischen der unterlassenen Anzeige und dem eingetretenen Schaden voraus. Der Vermieter muss also gerade wegen der unterbliebenen Anzeige den Mangel nicht

---

3000 Eisenschmid, in: Schmidt-Futter, § 536a BGB Rn. 182.
3001 LG Duisburg, 18.05.2010 – 13 S 58/10, IMR 2010, 274 = InfoM 2010, 272 (Wohnraum).
3002 BGH, 15.10.2008 – VIII ZR 321/07, NZM 2008, 927 = InfoM 2008, 415 = ZMR 2009, 345 = WuM 2008, 719 = NJW 2009, 143 (Wohnraum).
3003 BGH, 21.04.2010 – VIII ZR 131/09, NZM 2010, 507 = WuM 2010, 348 = NJW 2010, 2050 = MDR 2010, 798; BGH, 28.05.2008 – VIII ZR 271/07, NJW 2008, 2432.
3004 BGH, 07.12.1984 – V ZR 189/83, BGHZ 93, 142 = NJW 1985, 1025.
3005 OLG Düsseldorf, 12.08.2008 – 24 U 44/08, IMR 2008, 342 = GuT 2008, 345 = ZMR 2008, 952: Stolpert der Mieter über Risse schadhafter Bodenplatten der angemieteten Flächen und verletzt er sich dabei, so kommt eine Haftung des Vermieters nur in Betracht, wenn der Mieter den Mangel angezeigt hat.
3006 BGH, 03.11.2010 – VIII ZR 330/09, IMR 2011, 47 = ZAP EN-Nr. 40/2011 = ImmWert 2010, 30.
3007 OLG Düsseldorf, 02.06.2008 – 24 U 193/07, NZM 2009, 280: Wasseransammlungen auf dem Flachdach eines Supermarkts.
3008 OLG Düsseldorf, 02.06.2008 – 24 U 193/07, NZM 2009, 280.

oder erst später beseitigen können.³⁰⁰⁹ Zeigt der Mieter verspätet an, hat jedoch der Vermieter genug Zeit, um den Schaden zu vermeiden, entfällt die sog. haftungsbegründende Kausalität. Umgekehrt gilt: Verletzt der Mieter die Pflicht zur Anzeige von Mängeln, haftet er dem Vermieter nur, wenn die Anzeige auch tatsächlich zur unverzüglichen Mängelbeseitigung durch den Vermieter bzw. Verpächter geführt hätte.³⁰¹⁰ Die **Darlegungs- und Beweislast** dafür, dass der Vermieter ursprünglich eine Beseitigungschance hatte, die durch die verspätete Meldung vereitelt wurde, liegt bei ihm.³⁰¹¹ Der Mieter wird auch dann nicht ersatzpflichtig, wenn er ohne Verschulden von einer Kenntnis des Vermieters vom Mangel ausgehen darf.³⁰¹²

Treten **Mängel nach Beseitigung erneut** auf, muss der Mieter erneut anzeigen. Er ist aber nicht verpflichtet, vor Ausspruch der fristlosen Kündigung den Fehlschlag einer Mängelbeseitigung noch einmal anzuzeigen bzw. eine Frist zur Abhilfe zu setzen, wenn die Reparaturmaßnahme des Vermieters „von vornherein" ungeeignet war, den Mangel der Mietsache zu beheben.³⁰¹³

> **Praxistipp:**
> Zwar tritt die Mietminderung automatisch ein, dies schützt den Mieter aber nicht vor Streit, wenn der Vermieter den Zeitpunkt bestreitet, seit dem der Mangel vorliegen soll. Der Mieter sollte deshalb den Vermieter unverzüglich informieren, damit sein Minderungsrecht dokumentiert wird und er – sofern vertraglich möglich – aufrechnen kann.

Die vorgenannten Ansprüche greifen nicht, wenn der **Mieter den Mangel zum Zeitpunkt des Vertragsschlusses kannte** und die Mietsache vorbehaltlos annimmt, § 536b BGB (→ *Rn. 2045 f.*).

Den Mieter trifft ausnahmsweise ein **Mitverschulden** wegen der Verletzung der Schadensminderungspflicht, wenn der **Mangel leicht zu beseitigen** und die Mängelbeseitigung für ihn zumutbar ist und anderenfalls der Eintritt erheblicher Schäden droht.³⁰¹⁴

Die vermieteten Räume können aus den verschiedensten Gründen ganz oder z.T. unbrauchbar und auch zerstört werden. Nach § 535 Abs. 1 Satz 2 BGB obliegt dem Vermieter grds. die Instandhaltungs- und Instandsetzungspflicht. Während das Gesetz diese Pflichten regelt, fehlt aber in den §§ 535 ff. BGB eine Regelung für die Fälle, dass die Mietsache völlig zerstört oder so erheblich beschädigt wird, dass dem Vermieter die Wiederherstellung wirtschaftlich nicht mehr zumutbar ist (sog. „**Opfergrenze**"). Bei **völliger Zerstörung der Mietsache** entspricht es allgemeiner Auffassung, dass die Vorschriften des Allgemeinen Schuldrechts anzuwenden sind und nicht von den Gewährleistungsregelungen der §§ 536 ff. BGB verdrängt werden.³⁰¹⁵

3009 LG Düsseldorf, 16.04.2002 – 24 U 20/01, GuT 2003, 19 = ZMR 2003, 21 = GE 2002, 1261.
3010 OLG Düsseldorf, 24.07.2009 – 24 U 6/09, IMR 2010, 20.
3011 LG Düsseldorf, 16.04.2002 – 24 U 20/01, GuT 2003, 19 = ZMR 2003, 21 = GE 2002, 1261.
3012 OLG Düsseldorf, DWW 2002, 274 = GE 2002, 1262.
3013 OLG Düsseldorf, 04.04.2006 – I-24 U 145/05, GuT 2006, 133 = IMR 2006, 74 = InfoM 2006, 288 = MDR 2006, 1276: nur Abdichten des Dachs und nicht auch der Außenwand.
3014 OLG Düsseldorf, 26.05.2009 – 24 U 132/08, IMR 2010, 52.
3015 OLG Stuttgart, 11.01.2010 – 5 U 119/09, GuT 2010, 221 = IMR 2010, 285 = MDR 2010, 261; Weidenkaff, in: Palandt, § 536 Rn. 10 m.w.N.

Zu der Frage, wann die Opfergrenze überschritten wird und damit keine Gewährleistungsrechte mehr greifen, s. ausführlich → *Rn. 2057 ff.*

2. Mögliche Rechtsfolgen eines Mangels oder Fehlens zugesicherter Eigenschaften

2016 Dem Mieter stehen folgende Rechtsschutzmöglichkeiten zu:

- **Keine Übernahmepflicht**: Bei erheblichen Sach- oder Rechtsmängeln braucht der Mieter die Mietsache nicht zu übernehmen.[3016]
- Der Mieter kann die Miete **mindern**. Bemessungsgrundlage ist die Bruttomiete (Mietzins einschließlich aller Nebenkosten); dabei ist unerheblich, ob die Nebenkosten als Pauschale oder Vorauszahlung geschuldet werden.[3017]
- Infolge der Minderung **überzahlte Miete** kann der Mieter nach herrschender Meinung ggü. dem Vermieter als Herausgabeanspruch geltend machen,[3018] da die Minderung kraft Gesetzes eintritt, sobald die Gebrauchstauglichkeit der Sache herabgesetzt oder aufgehoben ist und nicht gesondert erklärt werden muss.[3019] Wichtig: vertragliche Ausschlussklauseln sind zu beachten (dazu → *Rn. 2212 ff.*). Von der Vermieterseite wird dann oft eingewandt, die vorbehaltlose Zahlung der Miete in Mangelkenntnis stehe einer Rückforderung entgegen. Der Rückzahlungsanspruch findet seine rechtliche Grundlage in § 812 Abs. 1 Satz 1, 1. Alt. BGB, wenn die Zahlung der Miete am Ende des Mietabschnitts zu erfolgen hat, und in § 812 Abs. 1 Satz 2, 1. Alt. BGB, wenn – wie gesetzlich vorgesehen und üblich – eine Vorauszahlung der Miete vereinbart ist. Während im ersteren Fall (§ 812 Abs. 1 Satz 1, 1. Alt. BGB) ein Ausschluss nach § 814, 1. Alt. BGB in Betracht kommt, findet diese Einwendung im letzteren Fall (§ 812 Abs. 1 Satz 2, 1. Alt. BGB) keine Anwendung.[3020]
- **Mangelbeseitigungsanspruch** des Mieters. Ausnahme: sog. „Opfergrenze" (Zumutbarkeitsgrenze), d.h. die dafür erforderlichen Aufwendungen dürfen nicht unverhältnismäßig hoch sein. Wann das der Fall ist, muss im Einzelfall „unter Berücksichtigung der beiderseitigen Parteiinteressen wertend ermittelt werden"; es darf kein „krasses Missverhältnis" entstehen zwischen Reparaturaufwand einerseits und Mieteinnahmen, Mieternutzen und Wert des Mietobjekts andererseits[3021] (dazu ausführlich → *Rn. 2073 ff.*). Der Vermieter ist grds. verpflichtet, die anlässlich von Mängelbeseitigungsarbeiten erforderlichen Nebenarbeiten,

---

[3016] BGH, 21.03.2007 – XII ZR 255/04, GuT 2007, 128 = NZM 2007, 401.

[3017] BGH, 06.04.2005 – XII ZR 225/03, GuT 2005, 166 = NZM 2005, 455 = ZfIR 2005, 400 = Info M 2005, 141 = NJW 2005, 1713; BGH, 20.07.2005 – VIII ZR 347/04, NZM 2005, 699 = WuM 2005, 573 = ZMR 2005, 854 = Info M 2005, 234 = NJW 2005, 2773 (Wohnraum).

[3018] BGH, 26.10.1994 – VIII ARZ 3/94, NJW 1995, 254 = BGHZ 127, 245 = MDR 1995, 142 = WuM 1995, 28 = ZMR 1995, 60; OLG Düsseldorf, 13.01.2005 – I-10 U 86/04, GuT 2005, 15 = ZMR 2005, 450 = DWW 2005, 67; Blank/Börstinghaus, § 536 Rn. 87; Eisenschmid, in: Schmidt-Futterer, § 536 Rn. 317. A.A. Derleder, NZM 2002, 676, 677 (analoge Anwendung des soll § 441 Abs. 4 BGB auf den Rückgewähranspruch des Mieters nach Minderung).

[3019] BGH, 27.02.1991 – XII ZR 47/90, NJW-RR 1991, 779 = WuM 1991, 544.

[3020] Ausführlich dazu Lögering, Rückforderung überzahlter Miete nach Minderung, NZM 2010, 113 ff.

[3021] BGH, 21.04.2010 – VIII ZR 131/09, NZM 2010, 507 = WuM 2010, 348 = NJW 2010, 2050 = MDR 2010, 798; BGH, 20.07.2005 – VII ZR 342/03, NZM 2005, 820 = Info M 2005, 246 = NJW 2005, 3284 (Wohnraum); OLG Karlsruhe, NJW-RR 1995, 849, 850; OLG Hamburg, NZM 2002, 343, 344; LG Dresden, 14.06.2007 – 4 S 640/06, NZM 2008, 165: Elbe-Hochwasser 2002 – Muss zerstörte Wohnung für Mieter wieder hergestellt werden?

wie Leerräumen und Einräumen der Möbel, auf seine Kosten durchführen zu lassen.[3022] Der Mieter muss sich nicht mit provisorischen Reparaturmaßnahmen begnügen, sondern kann eine dauerhafte Mängelbeseitigung verlangen.[3023]

Beispiel:[3024]

Kommt es über Jahre immer wieder zu einem Feuchtigkeitseintritt in die Miträume infolge vorhandener Dachundichtigkeiten, darf sich der Vermieter nicht damit begnügen, nur die jeweils konkrete Undichtigkeit beseitigen zu lassen, sondern er muss das Dach in der Weise sanieren, dass es – in den zeitlichen Grenzen einer gebotenen Erneuerung und von nicht vorhersehbaren Natureinwirkungen abgesehen – dauerhaft dicht ist.

- Der Mangelbeseitigungsanspruch entfällt, wenn die Parteien „einen bestimmten, bei Überlassung vorhandenen (schlechten) Zustand konkret als vertragsgemäß vereinbart haben".[3025] Eine solche Vereinbarung kann auch darin liegen, dass der Mieter den Mietvertrag in Kenntnis des Mangels abschließt, also *„die Mietsache so, wie sie ist, akzeptiert"*. Der Vermieter ist grds. vorrangig zur Beseitigung berechtigt, d.h. der Mieter hat keinen Ersatzanspruch, wenn er selbst voreilig handelt (Ausnahme: Verzug des Vermieters, Eilbedürftigkeit, vgl. §§ 536a Abs. 2 Nr. 1, Abs. 1 Nr. 2 BGB).[3026]

- **Vorschussanspruch** des Mieters für Mängelbeseitigung.[3027] Die Ersatzpflicht des Vermieters beschränkt sich auf die Aufwendungen, die der Mieter bei Anwendung der im Verkehr erforderlichen Sorgfalt für angemessen halten darf; darunter fallen lediglich solche Kosten, die nach vernünftiger wirtschaftlicher Betrachtungsweise nötig und zweckmäßig sind.[3028] Erforderlich in diesem Sinn können Beseitigungskosten nur sein, wenn die Maßnahmen, die der Mieter mit dem verlangten Vorschuss durchzuführen beabsichtigt, voraussichtlich zur Mangelbeseitigung geeignet sind.[3029] Liegt diese Erforderlichkeit vor, kommt es weiter darauf an, ob die Mangelbeseitigung unzumutbar ist (§ 275 Abs. 2 BGB → *Rn. 2068 ff.*). Macht ein Mieter mit Erfolg den zweckgebundenen Anspruch auf Zahlung eines Kostenvorschusses zur Mängelbeseitigung geltend und wird der Vorschuss gezahlt, so kann der Vermieter den gezahlten Vorschuss nach § 812 BGB zurückfordern, wenn der Mieter die Mängelbeseitigung nicht innerhalb einer angemessenen Frist durchführt bzw. nicht mehr

---

3022 AG Wuppertal, 10.06.1987 – 93 C 211/87, WuM 1988, 15.
3023 OLG Düsseldorf, 20.09.2007 – 10 U 46/07, GuT 2007, 363 = IMR 2008, 46.
3024 OLG Düsseldorf, 20.09.2007 – 10 U 46/07, GuT 2007, 363 = IMR 2008, 46.
3025 BGH, 18.04.2007 – XII ZR 139/05, IMR 2007, 212 = NZM 2007, 484 = InfoM 2007, 218/219 = MDR 2007, 1065.
3026 BGH, 16.01.2008 – VIII ZR 222/06, IMR 2008, 112 = DWW 2008, 174 = NZM 2008, 179 = NJW 2008, 1216 (Wohnraum).
3027 BGH, 21.04.2010 – VIII ZR 131/09, NZM 2010, 507 = WuM 2010, 348 = NJW 2010, 2050 = MDR 2010, 798; BGH, 28.05.2008 – VIII ZR 271/07, NJW 2008, 2432. Zur historischen Entwicklung des aus dem Baurecht stammenden Anspruchs vgl. OLG Celle, 23.12.2009/28.01.2010 – 2 U 134/09, IMR 2010, 188 = InfoM 2010, 173.
3028 BGH, 21.04.2010 – VIII ZR 131/09, NZM 2010, 507 = WuM 2010, 348 = NJW 2010, 2050 = MDR 2010, 798; BGH, 28.05.2008 – VIII ZR 271/07, NJW 2008, 2432; zum Werkvertragsrecht vgl. BGH, 29.09.1988 – VII ZR 182/87, NJW-RR 1989, 86 unter II 3c; BGH, 31.01.1991 – VII ZR 63/90, NJW-RR 1991, 789, unter II 2.
3029 BGH, 21.04.2010 – VIII ZR 131/09, NZM 2010, 507 = WuM 2010, 348 = NJW 2010, 2050 = MDR 2010, 798.

ernsthaft betreibt.³⁰³⁰ Den Vorschuss muss er abrechnen. Innerhalb welcher Zeit der Mieter die Mängelbeseitigung vorzunehmen und eine Abrechnung zu erteilen hat, hängt von den Umständen des jeweiligen Einzelfalls ab, wie im Werkvertragsrecht ist ein Richtwert von regelmäßig bis zu einem Jahr anzunehmen.³⁰³¹ Der Vermieter kann den geleisteten Vorschuss aus § 812 BGB zurückfordern, wenn der Mieter die Mangelbeseitigung nicht innerhalb angemessener Frist vornimmt und über die Verwendung des Vorschusses keine Abrechnung erteilt. Dieser Rückzahlungsanspruch verjährt nicht nach § 548 Abs. 1 BGB, sondern nach den §§ 195, 199 BGB.³⁰³² Ist Verjährung eingetreten, kommt weder ein auf § 280 oder § 826 BGB noch ein auf § 823 Abs. 2 BGB i.V.m. § 263 oder § 266 StGB gestützter Anspruch in Betracht.³⁰³³

- **Schadensersatz** gem. § 536a Abs. 1 BGB für den Mieter. Beruht ein Schaden nicht auf einem Mangel der Mietsache, greift nicht die Gewährleistungshaftung nach § 536a BGB, sondern es kommt nur eine Haftung wegen Pflichtverletzung nach § 280 Abs. 1 BGB in Betracht.³⁰³⁴

- Daneben Schadensersatz aus § 280 BGB.³⁰³⁵ Zur Darlegungs- und Beweislast bei geltend gemachtem Verdienstausfall infolge von Mietmängeln vgl. KG, 12.01.2004 – 12 U 139/02, GuT 2004, 121.

- **Aufwendungsersatz** nach § 536a Abs. 2 BGB nach **Ersatzvornahme**. Außer bei einfacher Schadensbeseitigung trifft den Mieter keine Pflicht zur Ersatzvornahme, sodass er Ersatzräume anmieten und Schadensersatz verlangen darf.³⁰³⁶ Beseitigt der Mieter eigenmächtig einen Mangel der Mietsache, ohne dass der Vermieter mit der Mangelbeseitigung in Verzug ist (§ 536a Abs. 2 Nr. 1 BGB) oder die umgehende Beseitigung des Mangels zur Erhaltung oder Wiederherstellung des Bestands der Mietsache notwendig ist (§ 536a Abs. 2 Nr. 2 BGB), so kann er die Aufwendungen zur Mangelbeseitigung weder nach § 539 Abs. 1 BGB noch als Schadensersatz gem. § 536a Abs. 1 BGB vom Vermieter ersetzt verlangen.³⁰³⁷

- **Aufrechnung der Miete** mit Gegenforderungen nach §§ 387 ff. BGB (vertragliche Ausschlussklauseln beachten!).

3030 OLG Celle, 23.12.2009/28.01.2010 – 2 U 134/09, IMR 2010, 133/188 = InfoM 2010, 173: Vorschussrückforderung des Vermieters an den Mieter zur Mängelbeseitigung für Schäden am Kunststeinfußboden in einem Ladenlokal.

3031 OLG Celle, 23.12.2009/28.01.2010 – 2 U 134/09, IMR 2010, 133/188 = InfoM 2010, 173 unter Verweis auf OLG Köln, BauR 1988, 483; OLG Celle, IBR 2002, 308; OLG Nürnberg, IBR 2003, 529; OLG Braunschweig, 06.03.2003 – 8 U 85/02, IBR 2003, 539 = BauR 2003, 1234; OLG Oldenburg, 17.04.2008 – 8 U 2/08, BauR 2008, 1641.

3032 OLG Celle, 23.12.2009/28.01.2010 – 2 U 134/09, IMR 2010, 133/188 = InfoM 2010, 173: Vorschussrückforderung des Vermieters an den Mieter zur Mängelbeseitigung für Schäden am Kunststeinfußboden in einem Ladenlokal.

3033 OLG Celle, 23.12.2009/28.01.2010 – 2 U 134/09, IMR 2010, 133/188 = InfoM 2010, 173: Vorschussrückforderung des Vermieters an den Mieter zur Mängelbeseitigung für Schäden am Kunststeinfußboden in einem Ladenlokal.

3034 BGH, 22.10.2008 – XII ZR 148/06, NZM 2009, 29 = NJW 2009, 142 = MDR 2009, 74: Fürsorgepflichten des Scheunen-Stellplatzvermieters ggü. eingestellten Oldtimern.

3035 BGH, 12.10.1977 – VIII ZR 73/76, WuM 1978, 86 zur früheren pVV.

3036 OLG Düsseldorf, 11.02.2003 – 24 U 87/02, AIM 2003, 144.

3037 BGH, 16.01.2008 – VIII ZR 222/06, IMR 2008, 112 = DWW 2008, 174 = NZM 2008, 179 = NJW 2008, 1216 (Wohnraummiete).

I. Systematik der mietrechtlichen Gewährleistung

- **Zurückbehaltungsrecht** gem. §§ 273, 320 BGB unabhängig von der Minderung (vertragliche Ausschlussklauseln beachten!): Der Mieter kann den nicht von der Minderung erfassten Betrag in angemessener Höhe als Druckmittel neben einer Mietminderung zurück behalten. Auszugehen ist vom 3- bis 5-fachen Betrag der Mängelbeseitigungskosten.
- **Kündigung gem. § 543 BGB.** Mindestvoraussetzung: Fruchtlose Fristsetzung an den Vermieter zur Beseitigung. Wenn der Mieter zur Mangelbeseitigung auffordert und für den Fall des fruchtlosen Fristablaufs zunächst eine Mangelbeseitigungsklage androht, darf er nach Ablauf dieser Frist jedenfalls dann das Klageziel aufgeben und stattdessen kündigen, ohne zuvor eine neue Frist gesetzt zu haben, wenn der Vermieter den Mangel hartnäckig leugnet.[3038]

Beispiel:

Bauwerksbedingte Feuchtigkeitsschäden mit Schwarzschimmelbildung im Gästeraum der gemieteten Gaststätte begründen die fristlose Kündigung des Vertrages durch den Mieter.[3039]

An einer aus Sicht der Mängelvorschriften versteckten Stelle, nämlich in § 543 Abs. 2 Nr. 1 BGB, findet sich das Recht des Mieters zur fristlosen Kündigung, wenn ihm der vertragsgemäße Gebrauch ganz oder z.T. nicht rechtzeitig gewährt oder entzogen wird, was bei „extremen" Mängeln der Fall sein kann.

Kündigung gem. § 543 BGB. Mindestvoraussetzung: fruchtlose Fristsetzung an den Vermieter zur Beseitigung.

Dem **Vermieter** kann Schadensersatz gem. § 536c Abs. 2 Satz 1 BGB wegen Verletzung der Pflicht zur Anzeige des Mangels durch den Mieter zustehen. Die Beweislast für die **Verletzung der Anzeigepflicht** und die Kausalität der Verletzung für den entstandenen Schaden liegt beim Mieter, da die Schadensursache (Nichtanzeige) in seiner Sphäre wurzelt.[3040]

Beispiel:[3041]

Stolpert der Mieter über Risse schadhafter Bodenplatten der angemieteten Flächen und verletzt er sich dabei, so kommt eine Haftung des Vermieters nur in Betracht, wenn der Mieter den Mangel angezeigt hat.

Nach anderer und abzulehnender Auffassung liegt die Beweislast nach allgemeinen Regeln beim Vermieter, und es greift nur eine sekundäre Darlegungslast des Mieters hinsichtlich Form und Zeitpunkt der Mängelanzeige.[3042]

3038 BGH, 13.06.2007 – VIII ZR 281/06, NZM 2007, 561 = InfoM 2007, 209 (Wohnraum).
3039 AG Krefeld, 12.06.2007 – 12 C 301/06, IMR 2008, 44 (Wohnraum); AG Altenburg, 31.08.2000 – 1 C 1058/98, GuT 2002, 46.
3040 OLG Düsseldorf, 12.08.2008 – 24 U 44/08, IMR 2008, 342 = GuT 2008, 345 = ZMR 2008, 952.
3041 OLG Düsseldorf, 12.08.2008 – 24 U 44/08, IMR 2008, 342 = GuT 2008, 345 = ZMR 2008, 952.
3042 Gsell, NZM 2010, 71, 78.

II. Begriff des Mangels

1. Überblick

2019 Mängel lassen sich grob in folgende Fallgruppen unterteilen:
- mangelnde Eignung des Mietobjekts für den Vertragszweck,
- Zustandsmängel,
- „Umweltfehler" (inklusive „geistiger Emmission"),[3043]
- rechtliche Verhältnisse, v.a. öffentlich-rechtliche Gebrauchsbeschränkungen,
- sonstige Mängel, z.B. mangelhafte Nebenleistungen.

2020 Der Mangel kann sich also aus dem **Zustand des Mietobjekts** selbst ergeben (Baumängel, gesundheitsschädigende Belastungen, unzureichende Wärmedämmung, Hellhörigkeit usw.) oder auch **außerhalb des Objekts** im oder am Haus liegen, z.B. bei ungesicherten oder unbeleuchteten Zugängen, defekten Rückstauventilen, unzureichender Schwellenhöhe bei Hochwasser. Der Mieter kann auch ohne vertragliche Regelung die Einhaltung der üblichen Sicherheitsstandards verlangen.[3044]

In Betracht kommen ferner sog. „**Umweltfehler**" wie z.B. Zugangsbehinderungen durch Bauarbeiten.[3045] Auch solche Gefahrenquellen, die sich zwar außerhalb der Mietsache, aber im selben Gebäude befinden und sich während der Mietzeit auf die Miträume auswirken, können einen Mangel der Mietsache darstellen.[3046] Dem liegt die Erwägung zugrunde, dass der Vermieter für Gefahrenquellen, die zu seinem Herrschafts- und Einflussbereich gehören, einstehen muss. Der Mieter darf darauf vertrauen, dass der Vermieter die Mietsache jedenfalls vor solchen Gefahrenquellen schützt, für die er verantwortlich ist.

2. Sachmangel

2021 Nach dem überwiegend vertretenen sog. **subjektiven Fehlerbegriff** ist ein Mangel der Mietsache jede nachteilige Abweichung des tatsächlichen Zustands von dem vertraglich vereinbarten Zustand, der ihre Gebrauchstauglichkeit beeinträchtigt.[3047] Das ist dann der Fall, wenn die „Ist-Beschaffenheit" des Objekts von den nach dem Vertrag vereinbarten Erfordernissen, der „Soll-Beschaffenheit", negativ abweicht.[3048]

[3043] LG Magdeburg, 31.01.2008 – 10 O 907/07, IMR 2008, 165: Vermietung an Laden mit z.T. rechtsradikalem Warensortiment in einem völlig andersgearteten Vermietungskonzept.

[3044] BGH, 07.06.2006 – XII ZR 34/04, GuT 2006, 237 = NZM 2006, 626 = InfoM 2006, 188 = MDR 2007, 22; OLG Dresden, 11.12.2007 – 5 U 1526/07, InfoM 2008, 68: Verschließen eines offenen Verkaufsstand innerhalb einer geschlossenen „Markthalle" außerhalb der vertraglich vereinbarten Geschäftszeiten.

[3045] Dazu ausführlich Buch, NZM 2000, 693.

[3046] BGH, 10.05.2006 – XII ZR 23/04, NZM 2006, 582 unter Verweis auf BGH, NJW 1972, 944 = WM 1972, 658.

[3047] BGH, 15.12.2010 – XII ZR 132/09: hohe Raumtemperaturen; BGH, 21.07.2010 – XII ZR 189/08, IMR 2010, 424/425 = NZM 2010, 668 = MDR 2010, 1103; BGH, 10.05.2006 – XII ZR 23/04, GuT 2006, 189 = NZM 2006, 582 = InfoM 2006, 239 = MDR 2007, 25; BGH,.05.2005 – XII ZR 254/01, NJW 2005, 2152; BGH, 16.02.2000 – XII ZR 279/97, NJW 2000, 1714, 1715.

[3048] BGH, 10.05.2006 – XII ZR 23/04, GuT 2006, 189 = NZM 2006, 582 = InfoM 2006, 239 = MDR 2007, 25.

Beispiel:

Wenn die Parteien vereinbart haben, dass der Mieter das Mietobjekt in einem schlechten Bauzustand übernimmt, so stellt dieser – trotz der nach allgemeiner Lebensanschauung möglicherweise vorliegenden Baumängel – keinen Mangel der Mietsache dar, da Sollzustand die schlechte Bauweise war. Wurden aber z.B. neu gebaute Räume auch als solche vermietet, stellen Mängel, die in Neubauten üblicherweise nicht vorliegen, einen Mangel dar.

Abzustellen ist daher immer darauf, wie die Parteien den Verwendungszweck des Objekts vertraglich vereinbart haben. Auch ein schlechterer Zustand als der übliche kann deshalb vertragsgemäß sein. Es werden nicht nur Mängel der Immobilie selbst erfasst, sondern alle **tatsächlichen** und **rechtlichen Umstände**, die mit der Mietsache **zusammenhängen**, sofern diese die Tauglichkeit unmittelbar beeinträchtigen.[3049]

Ist keine ausdrückliche Regelung zum „Soll-Zustand" getroffen, muss anhand von Auslegungsregeln (§§ 133, 157, 242 BGB) geprüft werden, was der Vermieter schuldet bzw. welchen Standard der Mieter aufgrund seines Vertrages vom Vermieter verlangen kann; dabei ist die Verkehrsanschauung als Auslegungshilfe heranzuziehen.[3050] I.d.R. ist auf den Standard zum Zeitpunkt des Vertragsschlusses abzustellen, wobei Veränderungen der Anschauungen über den vertragsgemäßen Standard oder neue wissenschaftliche Erkenntnisse im Einzelfall zu einer Vertragsanpassung führen können[3051] (*s.a. → Rn. 2169 ff.*).

Hinweis:

Gerade bei Baumängeln wird häufig mit DIN-Normen argumentiert, z.B. im Bereich Schallschutz mit der DIN 4109. Diese DIN-Normen sind zunächst einmal keine Rechtsnormen und haben damit keine gesetzliche Bindungswirkung. Für die Prüfung des vertragsgemäßen Zustands sind sie deshalb nur von untergeordneter Bedeutung,[3052] können aber ein Indiz dafür sein, dass die Sache dem vertragsgemäßen Gebrauch nicht entspricht.

Bloße „**Unwirtschaftlichkeit**" begründet nicht ohne Weiteres einen Mangel der Mietsache, denn der Kostenaspekt ist für den Begriff des Sachmangels irrelevant.[3053] Nur wenn übermäßig hohe Betriebskosten auf einem technischen oder baulichen Fehler beruhen, kann ein Mangel der Mietsache vorliegen. Dies ist nach dem Stand der Technik z.Zt. des Einbaus bzw. der Gebäudeerrichtung zu beurteilen (ausführlich *→ Rn. 2169 f.*). Der Mieter hat daher regelmäßig auch keinen Anspruch darauf, dass der Vermieter eine vorhandene, funktionstaugliche, aber hohe Kosten verursachende Technik oder bauliche Anlagen gegen eine andere, wirtschaftlichere Anlage austauscht.[3054]

Es muss sich um eine **erhebliche** (= wesentliche) **Abweichung** handeln (§ 536 Abs. 1 Satz 3 BGB). Ein unerheblicher Mangel liegt vor, wenn er leicht erkennbar ist und schnell sowie mit

---

3049 BGH, 01.07.1981 – VIII ZR 192/80, NJW 1981, 2405.
3050 BGH, 10.05.2006 – XII ZR 23/04, NZM 2006, 582 m.w.N.
3051 BGH, 10.05.2006 – XII ZR 23/04, NZM 2006, 582 m.w.N.
3052 OLG Celle, 19.07.1984 – 2 UH 1/84, WuM 1985, 9 = ZMR 1985, 10.
3053 OLG Düsseldorf, 08.07.2010 – 24 U 222/09, IMR 2011, 52; KG, 28.04.2008 – 12 U 6/07, MDR 2008, 966; KG, 04.07.2005 – 8 U 13/05, GE 2005, 1427 = InfoM 2006, 236 jeweils zu hohen Heizkosten.
3054 OLG Düsseldorf, 08.07.2010 – 24 U 222/09, IMR 2011, 52 (Heizung).

geringen Kosten beseitigt werden kann oder wenn wegen der geringfügigen Beeinträchtigung eine Minderung gegen Treu und Glauben verstoßen würde.

Beispiel:

Eine erhebliche Beeinträchtigung der Nutzbarkeit eines innerstädtischen Parkplatzes gem. § 536 BGB scheidet aus, wenn weniger als 3 % der Parkplatznutzfläche durch Fremd- oder Dauerparker blockiert werden.[3055]

Von einer nicht nur unerheblichen Einschränkung des vertragsgemäßen Gebrauchs ist auch dann auszugehen, wenn der Mangel sich auf die Gebrauchstauglichkeit noch nicht unmittelbar auswirkt, aber die konkrete Gefahr besteht, dass er sie jederzeit erheblich beeinträchtigt.[3056] Eine **abstrakte Gefahr** einer Gebrauchsbeeinträchtigung, etwa durch das Auftreten von „Besuchermassen" im Zugangsbereich eines Gebäudes, reicht nicht aus, um daraus auf einen Mangel der Mietsache zu schließen, vielmehr müssen die konkreten Umstände und deren konkrete Folgen für den Mieter aufgeklärt und vom Mieter dargelegt werden.[3057]

3. Rechtsmangel

2026 Rechtsmängel sind in § 536 Abs. 3 BGB erwähnt. Ein Rechtsmangel liegt vor, wenn der Vermieter dem Mieter den Gebrauch der Mietsache nicht verschaffen kann, weil das Recht eines Dritten entgegensteht. Dies kann z.B. sein:

- Eigentum eines Dritten,
- Objekt ist an einen Dritten vermietet,
- Nießbrauch, persönliche Dienstbarkeiten.

2027 Allein das Bestehen des Rechts reicht nicht aus. Ein Rechtsmangel liegt erst dann vor, wenn sich das Recht des Dritten für den Mieter als **Gebrauchsbehinderung** auswirkt. Das ist natürlich immer der Fall, wenn der andere den Mietbesitz bereits rechtmäßig (= vertragsmäßig) erlangt hat; dann ist der „Mitbewerber" auf **Schadensersatzansprüche** nach §§ 536a, 536 Abs. 3 BGB und das Kündigungsrecht nach § 543 BGB beschränkt. Ausreichend ist nach ständiger Rechtsprechung aber auch bereits die **Androhung des Rechtsinhabers**, sein Recht geltend zu machen.[3058] Solange aber die Räume noch nicht übergeben wurden, kann der „gegnerische" Mieter seine Rechte noch **im Wege der einstweiligen Verfügung** geltend machen.[3059] Dies alles gilt aber nicht, wenn der Mieter positive Kenntnis von dem Rechtsmangel hatte (§ 536b BGB), wobei grobe Unkenntnis nicht schadet.

2028 **Behördliche Anordnungen** und **Beschränkungen** aufgrund öffentlich-rechtlicher Vorschriften sind kein Rechtsmangel, sondern ein **Sachmangel** (ausführlich dazu → *Rn. 2174 ff.*). Rechte i.S.d. § 536 Abs. 3 BGB sind **nur Privatrechte**, nicht auch öffentliche Rechte.[3060] Es muss

---

3055 LG Itzehoe, 28.11.2008 – 10 O 97/08, IMR 2009, 91.
3056 BGH, 15.12.2010 – XII ZR 132/09: hohe Raumtemperaturen.
3057 BGH, 15.10.2008 – XII ZR 1/07, IMR 2009, 84 = GuT 2009, 24 = NZM 2009, 124 = InfoM 2009, 118: Mieter behauptet das Auftreten von „Besuchermassen" beim Mitmieter „ARGE" und das Eindringen Unbefugter.
3058 BGH, 18.01.1995 – XII ZR 30/93, DWW 1995, 279 = ZMR 1995, 480 = NJW-RR 1995, 715 m.w.N.
3059 OLG Düsseldorf, 04.10.1990 – 10 U 93/90, NJW-RR 1991, 137.
3060 BGH, 26.04.1991 – V ZR 53/90, BGHZ 114, 277, 280 = NJW 1991, 3280.

aber immer tatsächlich noch ein Recht bestehen. Das ist z.B. nicht der Fall, wenn der Mieter nach rechtmäßigem Ende des Mietverhältnisses die Herausgabe der Räume verweigert.

4. Zugesicherte Eigenschaft, § 536 Abs. 2 BGB

Fehlt eine zugesicherte Eigenschaft oder fällt sie später weg, kann der Mieter ebenfalls mindern, vgl. § 536 Abs. 2 BGB. Da die Vorschrift nicht auf § 536 Abs. 1 Satz 3 BGB verweist, gilt dies auch dann, wenn der **Mangel unerheblich** ist oder keine **Tauglichkeitsminderung** vorliegt. Eine **Zusicherung** ist eine vertraglich bindende Erklärung, die über die bloße Angabe des Verwendungszweckes im Vertrag hinausgeht. Es muss deutlich werden, dass sich der Vermieter rechtlich binden und für das Vorhandensein der Eigenschaft auch einstehen und bei ihrem Fehlen auch ohne Verschulden Schadensersatz leisten will.[3061] Eine Eigenschaft wird also zugesichert, wenn der Vermieter durch eine ausdrückliche oder stillschweigende Erklärung, die Vertragsinhalt geworden ist, dem Mieter zu erkennen gibt, dass er für den Bestand der betreffenden Eigenschaft und alle Folgen ihres Fehlens einstehen will.[3062] Der Vermieter haftet auch für zugesicherte Eigenschaften, die in einer Präambel zum Mietvertrag enthalten sind.[3063]

2029

Als Eigenschaften i.S.v. § 536 Abs. 2 BGB kommen neben der physischen Beschaffenheit die tatsächlichen und rechtlichen Beziehungen des Mietgegenstands zu seiner Umwelt in Betracht, die für die Brauchbarkeit und den Wert des Mietobjekts von Bedeutung sind[3064] Diese Beziehungen müssen jedoch ihren **Grund in der Beschaffenheit des Mietobjekts selbst haben**, von ihm ausgehen, ihm auch für eine gewisse Dauer anhaften und nicht lediglich durch Heranziehung von Umständen in Erscheinung treten, die außerhalb der Mietsache liegen.[3065]

Es muss sich allerdings um generell zusicherungsfähige Eigenschaften handeln. Je mehr den **individuellen Bedürfnissen** des Mieters entsprochen werden soll, desto eher kommt eine Zusicherung in Betracht. Anpreisungen und Beschreibungen genügen dafür grds. nicht. Angaben des Vermieters vor Vertragsschluss über voraussichtliche **Umsätze** sind keine zugesicherte Eigenschaft, sondern nur **spekulative Einschätzungen**, wenn es an konkreten, der Einschätzung zugrunde liegenden Angaben fehlt und die angebliche Zusicherung nicht im Mietvertrag irgendeinen Niederschlag gefunden hat.[3066] Die **Angabe von Umsatzzahlen** kann aber zur zusicherungsfähigen Eigenschaft werden, wenn die Werte für eine gewisse Dauer mitgeteilt wer-

2030

[3061] BGH, 30.11.1990 – V ZR 91/89, NJW 1991, 912 = MDR 1991, 515; OLG Dresden, 15.12.1997 – 3 AR 0090/97, WuM 1998, 144 = ZMR 1998, 417 = NZM 1998, 184.

[3062] BGH, 16.02.2000 – XII ZR 279/97, NJW 2000, 1714 = NZM 2000, 492 = WuM 2000, 1012 = MDR 2000, 821= IBR 2000, 396 = ZfIR 2000, 351; OLG Düsseldorf, 17.09.2002 – 24 U 1/02, Gut 2003, 59 = WuM 2003, 138 = DWW 2003, 68: Mitgliederzahlen im gemieteten Fitnessstudio; LG Duisburg, 16.03.2010 – 6 O 121/09, IMR 2010, 284; Weidenkaff, in: Palandt, BGB, § 536 Rn. 24.

[3063] BGH, 21.09.2005 – XII ZR 66/03, InfoM 2006, 23 = MDR 2006, 506.

[3064] BGH, 21.09.2005 – XII ZR 66/03, GuT 2006, 19 = NZM 2006, 54 = MDR 2006, 506 = NJW 2006, 899; LG Duisburg, 16.03.2010 – 6 O 121/09, IMR 2010, 284.

[3065] BGH, 21.09.2005 – XII ZR 66/03, GuT 2006, 19 = NZM 2006, 54 = MDR 2006, 506 = NJW 2006, 899: Vollvermietung eines Einkaufscenters, seine Mieterstruktur und somit der Charakter eines Einkaufs- und Vergnügungszentrums wurden nicht als zusicherungsfähige Eigenschaft der zum Betrieb einer Spielbank angemieteten Räume angesehen.

[3066] OLG Hamburg, 22.10.1997 – 4 U 130/96, MDR 1998, 340 = ZMR 1998, 221.

den, da dann von einem **wertbildenden Faktor** ausgegangen werden kann.[3067] Eine quantitativ und qualitativ hochwertige **Mieterstruktur** ist grds. keine zusicherungsfähige Eigenschaft,[3068] sie kann es aber werden, wenn der Vermieter dem Mieter nachweisbar entsprechende Versprechungen macht und der Mieter ersichtlich deshalb anmietet.

5. Konkrete Beispiele

a) Rechtsprechungsübersicht: Mängel bejaht (alphabetisch)

2031
- **Altlasten**, wenn eine begründete Gefahrbesorgnis besteht.[3069]
- **Androhung einer ordnungsbehördlichen Maßnahme**, hier: Brandschutz in einem Kaufhaus[3070] (ausführlich dazu → Rn. 2466 ff.).
- **Baustellenverkehr, Blockierung von Flächen**: Störung des Anlieferverkehrs des Mieters durch die Lagerung von Baumaterialien bzw. dadurch bedingten Baustellenverkehr im Zeitraum Januar 2006 bis April 2007.[3071]
- **Behördliche** (objektbezogene) **Genehmigungen fehlen**[3072] (ausführlich dazu → Rn. 2459 ff.).
- **Behördliche Anordnungen**, z.B. Abbruchgebot, wenn auf Lage oder Beschaffenheit der Mietsache beruhend.[3073]
- **Beschlagbolzen eines Fensterflügels** ist nicht hinreichend gegen ein Herausdrehen gesichert (Konstruktionsfehler), sodass sich Jahre später das Fenster löst und einen Mitarbeiter des Mieters verletzt; anfänglicher Mangel.[3074]
- **Besucher**: Größere Anzahl von „nicht sozialadäquaten" Kunden/Besuchern eines Mitmieters oder deren Verhalten, wenn sich daraus Unzuträglichkeiten oder Belästigungen ergeben, die sich konkret auf den Mieter und seinen Betrieb auswirken.[3075]
- **Beschränkungen, öffentlich-rechtliche**, wenn auf Lage oder Beschaffenheit der Mietsache beruhend.
- Fehlende Feststellanlagen für aus Gründen der **Brandsicherheit** notwendige Rauchschutztüren bei einer Vermietung von Büro- und Verwaltungsräumen.[3076]

3067 OLG Düsseldorf, 17.09.2002 – 24 U 1/02, WuM 2003, 138, 140.
3068 BGH, 21.09.2005 – XII ZR 66/03, InfoM 2006, 23 = MDR 2006, 506; BGH, 16.02.2000 – XII ZR 279/97, NZM 2000, 492 = WuM 2000, 593.
3069 OLG Hamm, 25.03.1987 – 30 REMiet 1/86, WuM 1987, 248.
3070 OLG Düsseldorf, 19.03.2002 – 24 U 124/01, NZM 2003, 556 = GuT 2002, 74 = AIM 6/2002, 13.
3071 OLG Köln, 11.06.2010 – 1 U 66/09, IMR 2010, 429 unter II 2.
3072 BGH, 02.03.1994 – XII ZR 175/92, ZMR 1994, 253 = DWW 1994, 248.
3073 BGH, NJW 1958, 785; BGH, NJW 1971, 555.
3074 BGH, 21.07.2010 – XII ZR 189/08, I IMR 2010, 424/425 = NZM 2010, 668 = MDR 2010, 1103.
3075 BGH, 15.10.2008 – XII ZR 1/07, IMR 2009, 83 = GuT 2009, 24 = NZM 2009, 124 = InfoM 2009, 118: hier verneint mangels ausreichendem Vortrag im Prozess; der BGH hat aber zu erkennen gegeben, dass er bei entsprechendem substanziiertem Vortrag von einem Mangel ausgegangen wäre.
3076 OLG Brandenburg, 16.04.2008 – 3 U 130/06, LNR 2008, 14012.

- **Diebstahl:** Mietet der Mieter eine offene Verkaufsfläche an und öffnen andere Mieter ihre Verkaufsflächen auch außerhalb der vertraglich vereinbarten Geschäftszeiten, sodass seine Ware nicht vor Diebstahl geschützt ist.[3077]
- **Einbruchsserie:** Vier Einbrüche innerhalb kürzester Zeit (09.08., 16.08., 16.10. und 18.11.1995) plus Kündigung der Einbruch-/Diebstahlversicherung.[3078]
- **Feuchtigkeitsschäden**, wenn baulich bedingt.
- **Fogging** (plötzlich aufgetretene Schwarzverfärbungen).[3079]
- **Flächenabweichung über 10 %** (unter 10 % ist nach BGH-Rechtsprechung eine konkrete Gebrauchsbeeinträchtigung erforderlich; ausführlich dazu → *Rn. 2135 ff.*).
- **Gaststättenkonzession** wird wegen des Zustands der Mieträume verweigert.[3080]
- **„Geistige Emission"** eines Ladennachbarn: Betreibt die Vermieterin ein Mietobjekt mit mehreren Ladengeschäften („Hundertwasserhaus" in Magdeburg) und lässt sie ursprünglich nur ein ganz bestimmtes Warensortiment zu und nimmt nur streng ausgesuchte Geschäfte mit einem der Gesamtkonzeption entsprechendem Einzelprofil in das Mietobjekt auf, so kann ein „Erst-Mieter" eine Mietminderung i.H.v. 10 % geltend machen, wenn die Vermieterin nunmehr entgegen des von ihr selbst propagierten Leistungsprofils (an christlichen Werten, Toleranz, Friedlichkeit und Weltoffenheit orientiertes Vermietungskonzept) einen offensichtlich aus diesem Rahmen fallenden weiteren Gewerbetreibenden (hier: Geschäft mit textilem Warensortiment der Marke „Thor Steinar", welches sich in der rechtsradikalen Szene großer Beliebtheit erfreut) aufnimmt.[3081]
- **Gerüche:** geruchsbelästigende Toilettenanlage in Gastronomie;[3082] von einer Nutzung der Mietsache als Imbissgaststätte ausgehende Geruchsbeeinträchtigung innerhalb des Gebäudes.[3083]
- **Geräusche:** → s. *Lärm*.
- **Herabfallende Früchte** (hier: Walnüsse) sind als anfänglicher Mangel eines Kfz-Stellplatzes zu qualifizieren.[3084]
- **Konkurrenzsituation**, wenn vertragswidrig und erheblich[3085] (ausführlich dazu → *Rn. 1324 ff.*).
- **Lärm von Baustellen** in der Nachbarschaft; auch dann, wenn der Vermieter als Eigentümer gem. § 906 BGB zur Duldung verpflichtet ist.[3086]

[3077] OLG Dresden, 11.12.2007 – 5 U 1526/07, IMR 2008, 244.
[3078] OLG Naumburg, 16.12.1996, NZM 1998, 438.
[3079] BGH, 28.05.2008 – VIII ZR 271/07, IMR 2008, 225 (Wohnraum).
[3080] BGH, 02.03.1994 – XII ZR 175/92, ZMR 1994, 253 = DWW 1994, 248.
[3081] LG Magdeburg, 31.01.2008 – 10 O 907/07, IMR 2008, 165.
[3082] OLG Düsseldorf, 10.02.1994 – 10 U 50/93, ZMR 1994, 402.
[3083] OLG Brandenburg, 27.05.2009 – 3 U 85/08.
[3084] LG Berlin, 13.06.2006 – 65 S 260/05, InfoM 2006, 234.
[3085] KG, 16.04.2007 – 8 U 199/06, IMR 2007, 217 = MDR 2007, 1250; OLG Düsseldorf, 15.05.1997 – 10 U 4/96, NZM 1998, 307 = MDR 1997, 1115 = ZMR 1997, 583.
[3086] BayObLG, 04.02.1987 – RE-Miet 2/86, NJW 1987, 1950 = MDR 1987, 498; ähnlich OLG München, 26.03.1993 – 21 U 6002/92, NJW-RR 1994, 654 = WuM 1993, 607.

- Die **Quantität und Qualität des Besucherverkehrs** der Mitmieter sowie die Aufhebung der Zugangskontrolle können den Mieter gewerblicher Mieträume unter Berücksichtigung der konkreten Ausgestaltung des Vertragsverhältnisses zur Mietminderung wegen eines Sachmangels berechtigen.[3087]
- **Sicherheitsstandard gegen Einbruch** entspricht nicht dem bei Abschluss des Mietvertrages üblichen Standard (hier: unzureichend vermauerte Wandöffnung).[3088]
- **Straßenbaumaßnahmen**, monate- oder jahrelang mit faktischer Zerstörung des geschäftlichen Umfeldes[3089] (ausführlich dazu → Rn. *2121 ff.*).
- **Taubendreck**, wenn erheblich.[3090]
- Aufsteigende **Wärme aus dem Heizungskeller** und Pumpengeräusche (10 % Mietminderung für Mieter der darüber liegenden Räume).[3091]
- **Wasser ohne Trinkwasserqualität**, wenn ein Atelier mit Küchenzeile sowie Bad mit Dusche, Wanne und WC als Gewerberaum vermietet wird (Minderungshöhe: 10 %).[3092]
- **Werbemaßnahmen eines anderen Mieters** stellen nur dann einen Mangel i.S.d. § 536 BGB dar, wenn sie den Betrieb des Ladengeschäfts des Anspruchstellers beeinträchtigen.[3093]
- **Zufahrt zum Mietobjekt** ist nur eingeschränkt nutzbar.[3094]
- **Zuparken** von gemieteten Kundenparkplätze auf Baumarkt-Gelände durch andere Mieter auf dem weiteren Grundstück.[3095]
- **Zweckentfremdungsgenehmigung** fehlt.[3096]

b) **Rechtsprechungsübersicht: Mängel verneint (alphabetisch)**

2032
- **Abstellen von Kfz** auf vorhandenen Einstellplätzen durch andere Hausbewohner oder deren Kunden und Besucher: kein Mangel, wenn die Bereitstellung und Freihaltung von Parkmöglichkeiten vertraglich nicht vereinbart ist.[3097]
- Apotheker sieht sich in der **Erwartung enttäuscht**, dass der Vermieter neben der Apotheke einen Lebensmittelmarkt einrichtet.[3098]
- **Belästigungen u.Ä.:** Pöbeleien von Besuchern der Diskothek ggü. Gästen einer Spielbank und Auffinden von Drogenbesteck in der Toilette der Spielbank.[3099]

3087 OLG Stuttgart, 21.12.2006 – 13 U 51/06, IMR 2007, 44 = IMR 2007, 163 = GuT 2007, 22 = InfoM 2007, 71.
3088 BGH, 07.06.2006 – XII ZR 34/04, GuT 2006, 237 = NZM 2006, 626 = InfoM 2006, 188 = MDR 2007, 22.
3089 OLG Dresden, 18.12.1998 – 5 U 1774/98, NZM 1999, 317 = NJW-RR 1999, 448 = WuM 1999, 158; a.A. OLG Düsseldorf, 18.11.1997 – 24 U 261/96, NZM 1998, 481 = MDR 1998, 768.
3090 LG Freiburg, 19.06.1997 – 3 S 386/96, WuM 1998, 212.
3091 LG Hamburg, 05.03.2009 – 307 S 130/08, IMR 2009, 300.
3092 KG, 08.09.2010 – 12 U 194/09, IMR 2010, 524.
3093 OLG München, 12.01.2006 – 19 U 4826/05, GuT 2006, 71.
3094 KG, 06.07.2006 – 12 U 157/05, GuT 2006, 239 = IMR 2006, 182.
3095 OLG Rostock, 26.05.2003 – 3 U 85/02, GuT 2003, 212.
3096 OLG Hamburg, 27.03.1996 – 4 U 169/95, NJW-RR 1996, 1356.
3097 OLG Düsseldorf, 11.03.2008 – 24 U 152/07, IMR 2008, 230.
3098 OLG München, 26.08.1994 – 21 U 3556/93, ZMR 1996, 256 = DWW 1996, 191.
3099 BGH, 21.09.2005 – XII ZR 66/03, GuT 2006, 19 = NZM 2006, 54 = MDR 2006, 506 = NJW 2006, 899: Spielbank, in: Einkaufscenter.

- **Einbruchserie**: Vier Einbrüche innerhalb von 26 Monaten reichen nicht.[3100] **Aber**: bejaht bei vier Einbrüchen innerhalb kürzester Zeit (09.08.1995, 16.08.1995, 16.10.1995 und 18.11.1995) plus Kündigung der Einbruch-/Diebstahlversicherung.[3101]
- **Flächenabweichung unter 10 %** und keine konkrete Gebrauchsbeeinträchtigung (ausführlich dazu → *Rn. 2135 ff.*).
- **Gaststättenkonzession** wird aus Gründen verweigert, die in persönlichen oder betrieblichen Umständen des Mieters ihre Ursache haben.[3102]
- **Geräusche**: s. Lärm.
- Extrem hohe **Heizkosten**, die möglicherweise aus einer schlechten Isolierung der Fensterfront resultieren, stellen für sich genommen keinen Mangel der Mietsache dar, der die Gebrauchstauglichkeit der Gewerberäume einschränkt.[3103] Ungewöhnlich hohe Heizkosten, die nicht auf einem Fehler der Heizungsanlage beruhen, sind ebenfalls kein Mangel.[3104]
- **Heizleistung** wird nur kurzfristig und geringfügig unterschritten.[3105]
- **Lärm**: Punktuell auftretende Geräusche sind kein Mangel;[3106] ebenso wenig Lärm- und Lichtbeeinträchtigungen durch einen Hubschrauberlandeplatz bei einer in der Nähe eines Universitätsklinikums befindlichen Räumen.[3107] Geräusche, die nach Art und Intensität gebietstypisch sind (Nachbarbebauung mit Supermarkt).[3108] **Lärm von Baustelle** war schon bei Vertragsabschluss vorhersehbar.[3109]
- **Lage des Mietobjekts** in einem ersichtlich hochwassergefährdeten Gebiet.[3110] Ferner Lage des Mietobjekts in einem gewöhnlich nicht hochwassergefährdeten Gebiet.[3111]
- **Lage des Mietobjekts** an einem Wald mit der Gefahr des Windbruchs.[3112]
- **Lautstärkenbegrenzung**: Pachträume, die zum Betrieb einer *„gemütlich thematisierten Werkstattkneipe mit Kommunikationsgastronomie"* überlassen wurden, sind nicht mangelhaft, wenn die Ordnungsbehörde die Musiklautstärke auf 90 db (A) begrenzt.[3113]

3100 OLG Düsseldorf, 06.06.2002 – 10 U 12/01, NZM 2002, 737, 739 = GuT 2003, 89.
3101 OLG Naumburg, 16.12.1996 – 1 U 175/96, NZM 1998, 438.
3102 BGH, 02.03.1994 – XII ZR 175/92, ZMR 1994, 253 = DWW 1994, 248.
3103 KG, 04.07.2005 – 8 U 13/05, GE 2005, 1427 = InfoM 2006, 236.
3104 OLG Düsseldorf, 08.07.2010 – 24 U 222/09, IMR 2011, 52; KG, 28.04.2008 – 12 U 6/07, MDR 2008, 966.
3105 LG Hamburg, WuM 1985, 261.
3106 OLG Dresden, 10.02.2009 – 5 U 1336/08, NZM 2009, 703 = MDR 2009, 741.
3107 LG Frankfurt am Main, 16.10.2009 – 2-11 S 9/09 (Wohnraum).
3108 LG Heidelberg, 26.02.2010 – 5 S 95/09, IMR 2010, 219 (Wohnraum).
3109 OLG München, 26.03.1993 – 21 U 6002/92, WuM 1993, 607 = NJW-RR 1994, 654; LG Berlin, 28.08.2006 – 62 S 73/06, GE 2006, 1481 = InfoM 2007, 14.
3110 OLG Koblenz, 22.02.1996 – 5 U 929/95, NJW-RR 1997, 331 = MDR 1997, 252 = VersR 1998, 724; a.A. LG Kassel, 13.06.1996 – 1 S 128/96, NJW-RR 1996, 1355.
3111 BGH, NJW 1971, 424.
3112 OLG Frankfurt am Main, 20.06.1985 – 1 U 235/84, NJW-RR 1986, 108.
3113 OLG Koblenz, 21.03.2002 – 5 U 705/01, NZM 2002, 918 = GuT 2002, 75 = AIM 12/2002, 11 (LS).

- Der **Leerstand von Ladenlokalen** in einem Einkaufszentrum beeinträchtigt nach ganz herrschender Meinung die Gebrauchstauglichkeit eines vermieteten Lokals nicht unmittelbar und kann daher keinen Sachmangel begründen.[3114]
- **Mobilfunksendeanlage**, wenn die Anlage die in der 26. Bundesimmissionsschutzverordnung festgelegten Grenzwerte für elektromagnetische Felder nicht überschreitet[3115] (ausführlich dazu → *Rn. 3178 ff.*).
- Hohe **Nebenkosten**, sofern sie nicht ursächlich auf Mängeln des Mietobjekts beruhen.
- Beschränkungen aufgrund von **Nichtraucherschutzgesetzen**.[3116]
- **Parkplatzblockierung:** Das Abstellen von Kfz auf vorhandenen Einstellplätzen durch andere Hausbewohner oder deren Kunden und Besucher begründet jedenfalls dann keinen Mangel an der Mietsache, wenn die Bereitstellung und Freihaltung von Parkmöglichkeiten vertraglich nicht vereinbart ist.[3117]
- **Stromsperre:** Eine auf einen Zahlungsrückstand des Mieters einer Wohnung gegenüber dem Stromversorger beruhende Unterbrechung der Stromlieferung (Ausbau des Stromzählers) führt nicht zu einer Minderung der Miete, da dieser Mangel der Sphäre des Mieters zuzurechnen ist.[3118]
- **Taubenbefall**, sofern der Vermieter nicht eine wesentliche Ursache (bspw. besondere Fassadengestaltung) dafür gesetzt hat.[3119]
- **Verschmutzungen** im Treppenhaus sind nicht als Mangel i.S.d. § 536 BGB anzusehen, wenn zeitnah gereinigt wird.[3120]
- Verstoß gegen **öffentlich-rechtliche Vorschriften**, solange die Behörde die unzulässige Nutzung **duldet**[3121] oder für ein Einschreiten der Behörde nichts ersichtlich ist.[3122]

3114 BGH, 17.03.2010 – XII ZR 108/08, GuT 2010, 100, Rn. 17 = IMR 2010, 226 = NZM 2010, 364 = InfoM 2010, 275; BGH, 03.03.2010 – XII ZR 131/08, GuT 2010, 97 = IMR 2010, 227, 228 = NZM 2010, 361 = InfoM 2010, 219; BGH, NZM 2002, 659; BGH, 19.07.2000 – XII ZR 176/98, NZM 2000, 1005, 1007 = MDR 2001, 22 = NJW-RR 2000, 1535 und XII ZR 252/98, NZM 2000, 1008; BGH, 16.02.2000 – XII ZR 279/97, NJW 2000, 1714 = NZM 2000, 492 = WuM 2000, 1012 = MDR 2000, 821 = IBR 2000, 396 = ZfIR 2000, 351; OLG Düsseldorf, 04.05.2010 – 24 U 195/09, GuT 2010, 203 = IMR 2010, 331 = InfoM 2010, 220: Kaffeestube mit Backwaren im Einkaufszentrum; OLG Frankfurt am Main, 02.11.2009 – 2 U 124/09, GuT 2010, 205; OLG Düsseldorf, 03.05.2005 – I-24 U 223/04, GuT 2006, 25; OLG Rostock, 30.04.1998 – 7 U 123/97, OLGR 1999, 46; OLG Frankfurt am Main, 14.11.1994 – 4 U 64/93, OLGR 1995, 1; LG Berlin, 04.08.2008 – 12 O 812/07, NZM 2008, 844 = IMR 2009, 205 = InfoM 2009, 17; bestätigt durch KG, 13.10.2008 und 01.12.2008 – 20 U 176/08, InfoM 2009, 17: im Berliner Ostbahnhof halten nach Neueröffnung des Hauptbahnhofs sehr viel weniger Züge; LG Braunschweig, 06.11.2009 – 8 O 856/09, IMR 2010, 332: Wegfall des Ankermieters.
3115 BGH, 15.03.2006 – VIII ZR 74/05, NZM 2006, 504 = WuM 2006, 304 = DWW 2006, 195 (Wohnraum).
3116 OLG Koblenz, 18.11.2009 – 1 U 579/09, IMR 2010, 146 = NZM 2010, 83 = NJW-RR 2010, 203; OLG München, 23.09.2009 – 32 U 3956/09, NZM 2010, 201.
3117 OLG Düsseldorf, 11.03.2008 – 24 U 152/07, IMR 2008, 230.
3118 BGH, 15.12.2010 – VIII ZR 113/10.
3119 AG München, 11.06.2010 – 461 C 19454/09, IMR 2010, 520.
3120 BGH, 15.10.2008 – XII ZR 1/07, IMR 2009, 83 = GuT 2009, 24 = NZM 2009, 124 = InfoM 2009, 118.
3121 OLG München, 28.06.1996 – 21 U 6071/91, ZMR 1996, 496; OLG Köln, 10.11.1997 – 19 W 48/97, MDR 1998, 709; OLG Nürnberg, 16.07.1998 – 8 U 197/98, NZM 1999, 419.
3122 OLG Düsseldorf, 15.01.2004 – I-24 U 186/03, GuT 2005, 14.

- **Verstoß gegen öffentlich-rechtliche Vorschriften,** solange die Behörde nur **rein stadtplanerisch** tätig wird, was sich erst in ferner Zukunft auswirken kann.[3123]
- **Straßenlärm**[3124] (ausführlich dazu → *Rn. 2121 ff.*).
- Fehlen eines zweiten **Stromkreises**, wenn kein bestimmter Standard der Stromversorgung vereinbart wurde.[3125]
- **Umsatzminderung** wegen neu eingerichteter Verkehrsberuhigung.[3126]
- **Umsatzzahlen** werden nicht erreicht, obwohl bei Vertragsschluss besprochen.[3127] Ausnahme: **Zusicherung**.[3128]
- **Werbemaßnahmen eines anderen Mieters,** wenn der andere Mieter kein Konkurrent des Anspruchstellers ist und wenn durch die beanstandeten Werbemaßnahmen weder der Zugang zum Ladengeschäft des Anspruchstellers noch der Blick auf dessen Warenangebot im Schaufenster beeinträchtigt wird.[3129]

> **Hinweis:**
> Die zuvor geschilderten Fälle dienen nur der Darstellung, ob gerichtlich ein Mangel bejaht wurde oder nicht. Sie sagen noch nichts über die konkrete Rechtsfolge aus.

Beispiel:

Die jahrelangen Straßenbaumaßnahmen vor einem Geschäft[3130] *waren zwar ein – nachträglich aufgetretener – Mangel der Mietsache. Im Rechtsstreit ging es vielmehr darum, ob die Kündigung des Mieters nach § 542 BGB a.F. wirksam war (→ Rn. 2126).*

III. Zurückbehaltungsrecht/Druckzuschlag

Neben dem Recht zur Mietminderung besteht nach ganz herrschender Meinung das Recht des Mieters, die Miete gem. § 320 Abs. 1 Satz 1 BGB zurückzuhalten, um den Erfüllungsanspruch auf Gewährung des vertragsgemäßen Gebrauchs durchzusetzen. Der Mieter kann also die Miete mindern (nicht rückzahlbar) und daneben einen bestimmten Betrag als **Druckzuschlag** zurückhalten, der wieder an den Vermieter zurückzuzahlen ist, wenn die Gebrauchsbeeinträchtigung endet.[3131] Wegen eines Mangels, von dem der **Vermieter keine Kenntnis** hat, kann der Mieter ein Zurückbehaltungsrecht erst an den Mieten geltend machen, die fällig werden, nachdem der Mieter dem Vermieter den Mangel angezeigt hat.[3132]

2033

3123 BGH, WPM 1968, 1306.
3124 LG Kleve, NJW 1970, 1975.
3125 KG, 08.09.2010 – 12 U 194/09, IMR 2010, 524.
3126 OLG Celle, 13.03.1996 – 2 U 53/96, NJW-RR 1996, 1099.
3127 OLG Hamburg, 22.10.1997 – 4 U 130/96, NZM 1998, 307 = MDR 1998, 340.
3128 BGH, 16.04.1997 – XII ZR 103/95, NJWE-MietR 1997, 150.
3129 OLG München, 12.01.2006 – 19 U 4826/05, GuT 2006, 71.
3130 OLG Dresden, 18.12.1998 – 5 U 1774/98, NZM 1999, 317 = NJW-RR 1999, 448.
3131 Eisenschmid, in: Schmidt-Futterer, § 536 Rn. 392.
3132 BGH, 03.11.2010 – VIII ZR 330/09, IMR 2011, 47 = ZAP EN-Nr. 40/2011 = ImmWert 2010, 30.

2034 Grds. gewährt § 320 BGB ein Zurückbehaltungsrecht ggü. dem gesamten Mietanspruch. Allerdings kann der Mieter gegen Treu und Glauben verstoßen, wenn er es in vollem Umfang geltend macht.[3133] Was als **angemessen** zu gelten hat, ist in erster Linie eine Frage des tatrichterlichen Ermessens und hängt von den Umständen des Einzelfalls ab.[3134] Umstritten ist die **genaue Höhe des Betrags** des Zurückbehaltungsrechts. Während die Instanzrechtsprechung häufig das Zurückbehaltungsrecht auf das 3- bis 5-fache des Minderungsbetrags begrenzt,[3135] beziehen sich andere Gerichte und Teile der Literatur im Regelfall auf das 3-fache der Mängelbeseitigungskosten.[3136] Ein Zurückbehaltungsrecht i.H.d. 3- bis 5-fachen Minderungsbetrags kann nach einer Gewerberaum-Entscheidung des BGH, der sich aber nicht ausführlich dazu geäußert hat, im Einzelfall gerechtfertigt sein, wenn dem Mieter zuzumuten ist, die Reparatur – nach erfolgloser Fristsetzung – selbst auszuführen.[3137] Die Annahme eines Zurückbehaltungsrechts in 3-facher Höhe der Herstellungskosten kann ebenfalls akzeptabel sein.[3138]

2035 **Dogmatische Begründungen** werden dafür überwiegend nicht angeführt. Z.T. wird auf die Rechtsprechung des BGH zum Werkvertragsrecht verwiesen,[3139] wo der 3- bis 5-fache Faktor stets der richterlichen Praxis entsprach[3140] und später in § 641 Abs. 3 BGB a.F. („... mindestens in Höhe des Dreifachen der für die Beseitigung des Mangels erforderlichen Kosten.") ausdrücklich normiert wurde. Nach meiner Meinung ist dieser Verweis auf das Werkvertragsrecht richtig, da es um einen identischen Lebenssachverhalt geht, nämlich Druckausübung zwecks Mängelbeseitigung. Daher ist nicht die Höhe einer Mietminderung maßgeblich, sondern es sind die objektiven (voraussichtlichen) **Reparaturkosten bis zum 3-fachen Betrag** anzusetzen. Dies gilt wegen des ab dem 01.01.2009 in Kraft getretenen Forderungssicherungsgesetzes,[3141] das § 643 Abs. 3 BGB in der Form geändert hat, dass i.d.R. nur noch das **Doppelte der für die Beseitigung des Mangels erforderlichen Kosten** angemessen ist, aber nur noch für Zeiträume bis zum 31.12.2008.[3142]

Der Mieter muss keinen eigenen **Kostenvoranschlag** einholen, um die Höhe zu beziffern. Er muss aber im Auge behalten, dass es sein (Kündigungs-) Risiko ist, wenn er zu viel zurückhält

---

[3133] BGH, 26.03.2003 – XII ZR 167/01, GuT 2003, 145 = AIM 2003, 119 = DWW 2003, 188 = MDR 2003, 801 = NZM 2003, 437.
[3134] BGH, 26.03.2003 – XII ZR 167/01, GuT 2003, 145 = AIM 2003, 119 = DWW 2003, 188 = MDR 2003, 801 = NZM 2003, 437.
[3135] LG Hamburg, MDR 1984, 494 = ZMR 1984, 128; AG München, WuM 1987, 216; LG Berlin, GE 1995, 821; AG Waldbröl, WuM 1989, 71; Börstinghaus, NZM 1998, 656 f.
[3136] OLG Naumburg, 03.08.1999 – 11 U 25/99, NZM 2001, 100, 101 = WuM 2000, 242; LG Bonn, ZMR 1990, 58; LG Saarbrücken, NZM 1999, 757; Kraemer, in: Bub/Treier, S. 1040.
[3137] BGH, 26.03.2003 – XII ZR 167/01, GuT 2003, 145 = AIM 2003, 119 = DWW 2003, 188 = MDR 2003, 801 = NZM 2003, 437.
[3138] BGH, 26.03.2003 – XII ZR 167/01, GuT 2003, 145 = AIM 2003, 119 = DWW 2003, 188 = MDR 2003, 801 = NZM 2003, 437: Vermieter hat sich zur Erstellung einer Mauer verpflichtet.
[3139] Häublein, in: MüKo,BGB, Vorb. § 536 Rn. 15.
[3140] Selk, NZM 2009, 142 mit Hinweis auf LG Bonn, ZMR 1991, 300.
[3141] FoSiG v. 23.10.2008, BGBl. I, S. 2022, 2582.
[3142] Ebenso Selk, NZM 2009, 142.

(→ *Rn. 2076*). Das Gericht darf die Kosten grds. nach § 287 ZPO schätzen, muss aber die tatsächlichen Grundlagen der Schätzung und ihrer Auswertung darlegen.[3143]

Viele Geschäftsraummietverträge schließen das Zurückbehaltungsrecht aus, was auch formularmäßig möglich ist[3144] (dazu → *Rn. 2250 f.*). Der Mieter darf das Zurückbehaltungsrecht aber auch dann ausüben, wenn es im Mietvertrag nur bei **unbestrittenen Forderungen** gestattet ist und zwischen den Parteien unstreitig ist, dass der Vermieter eine nach dem Mietvertrag geschuldete Baumaßnahme nicht durchgeführt hat.[3145]

2036

> **Hinweis:**
>
> Das Leistungsverweigerungsrecht nach § 320 BGB hindert – anders als das Zurückbehaltungsrecht nach § 273 BGB – den Eintritt des Schuldnerverzuges auch dann, wenn die Einrede nicht geltend gemacht wird.[3146] Es kann deshalb auch für Mieten in der Vergangenheit geltend gemacht werden,[3147] sodass eine Kündigung wegen Zahlungsverzuges dadurch hinfällig werden kann.

Nach einem **Vermieterwechsel** verliert der Mieter ggü. dem alten Vermieter sein mangelbedingtes Zurückbehaltungsrecht an der rückständigen Miete. Der Mieter muss sich dann wegen der Wohnungsmängel an den neuen Vermieter halten. Dies gilt auch dann, wenn der Mangel (hier: Wasserfleck) vor der Veräußerung entstanden ist.[3148]

2037

IV. Berechnung und Höhe einer Mietminderung

Wird die Tauglichkeit der Mietsache zum vertragsgemäßen Gebrauch durch den Mangel vollständig aufgehoben, ist der Mieter von der Pflicht zur Mietzahlung in voller Höhe befreit. Ist die Möglichkeit zum vertragsgemäßen Gebrauch der Mietsache durch einen nicht unerheblichen Mangel lediglich beeinträchtigt, d.h. teilweise aufgehoben, hat der Mieter gem. § 536 Abs. 1 Satz 2 BGB nur eine „**angemessen herabgesetzte**" Miete zu zahlen, ohne dass das Gesetz genauere Vorgaben macht.

2038

Es stellt sich dann die Frage nach dem Umfang der Minderung. Für den Mieter ist dies misslich, da bei einer zu hohen Minderung eine teilweise Nichtleistung vorliegt, die als „worst case" zu einer (wirksamen) fristlosen Kündigung nach § 543 Abs. 2 BGB führen könnte. Nach herrschender Meinung hat die Minderung die Schwere des Mangels sowie den Grad und die Dauer der Beeinträchtigung der Gebrauchstauglichkeit angemessen abzubilden.[3149] Wie eine Mietminderung konkret beziffert wird, ist umstritten.[3150] Da die Minderung in dem Umfang

---

[3143] BGH, 26.03.2003 – XII ZR 167/01, GuT 2003, 145 = AIM 2003, 119 = DWW 2003, 188 = MDR 2003, 801 = NZM 2003, 437.
[3144] KG, 14.02.2002 – 8 U 8203/00, NZM 2002, 526.
[3145] BGH, 26.03.2003 – XII ZR 167/01, AIM 2003, 119.
[3146] BGH, 07.05.1982 – V ZR 90/81, BGHZ 84, 42, 44 = NJW 1982, 2242.
[3147] BGH, 18.06.1997 – XII ZR 63/95, WuM 1997, 488.
[3148] BGH, 19.06.2006 – VIII ZR 284/05, InfoM 2006, 223 (Wohnraum).
[3149] OLG Dresden, 11.06.1999 – 22 U 2401/98, NZM 2002, 165 = NJW-RR 2002, 371; OLG Naumburg, 16.06.1999 – 12 U 34/99, LNR 1999, 20201; Eisenschmid, in: Schmidt-Futterer, Mietrecht, 9. Aufl., § 536 Rn. 362.
[3150] S. hierzu auch König, Mietmängellexikon, Teil 2 und Leo/Schmitz, NZM 2005, 858.

eintritt, in dem die Gebrauchstauglichkeit herabgesetzt ist, sind Funktion und Bedeutung der betroffenen Bereiche in Relation zur Miete zu setzen.

Beispiele:

Ein wegen Schimmel nicht mehr nutzbarer Abstellraum führt damit zu einer geringeren Minderung als ein wichtiger Büroraum.

Schlechte Trinkwasserqualität ist bei einer Vermietung als Arbeits-, Lager- und Ausstellungsfläche grds. weniger streng als bei einer Wohnungsvermietung zu berücksichtigen, da die Gebrauchstauglichkeit dieser Räume durch die fehlende Trinkwasserqualität keinesfalls vollständig aufgehoben wird.[3151]

Öffentlich-rechtliche Nutzungsbeschränkungen von Räumen führen nicht zu einer Minderung der Miete, solange die Nutzbarkeit der Räume mangels Einschreiten der zuständigen Behörden nicht eingeschränkt wird und können daher auch die Höhe der Minderungsquote nicht beeinflussen (ausführlich → Rn. 2175 f).

2039 Die konkrete Höhe der Minderung richtet sich immer nach dem Einzelfall, wobei die **Schwere des Mangels** und der **Grad** und die **Dauer der Tauglichkeitsminderung** zu berücksichtigen sind. Wirkt sich in einem Gewerberaummietvertrag ein Mangel nur periodisch erheblich auf die Gebrauchstauglichkeit der Mietsache aus, ist der Mietzins auch nur in diesem Zeitraum kraft Gesetzes herabgesetzt.[3152]

Die Höhe der Miete selbst hat keinen Einfluss auf die Höhe der Minderung; bei einem hochpreisigen Objekt ist also keine höhere und bei einem preiswerten Objekt keine niedrige Quote anzusetzen, denn die nach Prozenten bemessene Minderung führt bei einer höheren Miete auch zu einer entsprechend höheren Mietreduzierung.[3153]

2040 In der Praxis werden **vier verschiedene Verfahren** zur Ermittlung der konkreten Minderungsquote verwendet, die alle ihre Vor- und Nachteile haben.[3154]

Verfahren	Vorteile	Nachteile	Am besten geeignet für
Schätzung nach Präjudizien	einfache Anwendung, Beratungssicherheit	Ungenauigkeit, fehlende Einzelfallgerechtigkeit, unzureichende Berücksichtigung geänderter Wertvorstellungen	Standardfälle
Gewichtete, individuelle Schätzung	Nachvollziehbarkeit auch für Laien	Bewertungsmaßstäbe werden nur teilweise offengelegt	einzelne Mängel

---

3151 KG, 08.09.2010 – 12 U 194/09, IMR 2010, 524.
3152 BGH, 15.12.2010 – XII ZR 132/09: hohe Raumtemperaturen; LG Berlin ZMR 1992, 302; Häublein in MünchKomm BGB, 5. Aufl. § 536 Rn. 30; Blank/Börstinghaus, Miete, 3. Aufl., § 536 BGB Rn. 34; a. A. Eisenschmid in Schmidt-Futterer, Mietrecht, 9. Aufl. § 536 BGB Rn. 325.
3153 KG, 08.09.2010 – 12 U 194/09, IMR 2010, 524.
3154 Zitiert nach König, Mietmängellexikon, Rn. 332 ff.

Vereinfachtes Zielbaumverfahren	Transparenz der Bewertung, Einzelfallgerechtigkeit	Rechenaufwand erforderlich	einzelne, auch mehrere Mängel
Ausführliches Zielbaumverfahren	Differenziertheit, Transparenz der Bewertung, hohe Einzelfallgerechtigkeit	aufwendige Berechnung	komplexe Fälle, multiple Mängel, auch nach Zeitabschnitten variierend, Anwendung durch Sachverständige

Mietminderungstabellen existieren in zahlreichen Varianten vom kompletten Buch bis zu Tabellen in anderen Werken. I.d.R. geht es dort um Wohnraum. Die dort häufig relevanten „kleinen" Mängel (fehlender Briefkasten, Badewanne unbenutzbar, schlechter TV-Empfang etc.) spielen bei der Geschäftsraummiete meist keine Rolle; hinzu kommt, dass kleine Mängel an Geschäftsräumen i.d.R. zwischen den Parteien auch auf dem „kurzen Dienstweg" geklärt werden und nicht zu Streit führen, weshalb auch von der Darstellung entsprechender Entscheidungen abgesehen wird. **Minderungstabellen** (überwiegend zur Wohnraummiete), die als Anhaltspunkt dienen können, finden sich bei: Eisenschmid, in: MietPrax, Fach 5, Lexikonteil (ABC der Mietminderung); König, Mietmängellexikon; hilfreich sind ferner Recherchen im Internet.

2041

Praxistipp:

Man muss keine wissenschaftliche Doktorarbeit aus der Ermittlung einer Minderungsquote machen. Zwei Grundsätze helfen in der Praxis: die Ermittlung von Vergleichsfällen und (wichtig!) die genaue Bestimmung des tatsächlich betroffenen Bereiches. Geht es um Sachmängel, die sich nur in einem Teil der Fläche auswirken, kann zunächst mit „gesundem Menschenverstand" der betroffene Bereich ermittelt werden. Z.B.: ist nur einer von zehn Büroräumen verschimmelt und nicht mehr nutzbar, wird dessen Größe in der Verhältnis zur Gesamtfläche gesetzt (z.B. 20 m² zu 200 m² = 10 % der Fläche betroffen = 10 % Mietminderung, wenn der Raum tatsächlich nicht mehr voll nutzbar ist). Dies ist wie gesagt nicht die wissenschaftlich ganz korrekte Methode, aber hilfreich als Erstorientierung.

Beispiel-Tabelle zu Minderungsquoten:

2042

Mangel:	Quote:	Entscheidung:
Baumaterial: **Störung des Anlieferverkehrs** des Mieters durch die Lagerung von Baumaterialien bzw. dadurch bedingten Baustellenverkehr im Zeitraum Januar 2006 bis April 2007.	10 %	OLG Köln, 11.06.2010 – 1 U 66/09, IMR 2010, 429 unter II 2
Bauarbeiten: Beeinträchtigungen durch Sanierungsarbeiten in gewerblich vermietetem Gebäude.	20 %	KG, 08.01.2001 – 8 U 5875/98, GE 2001, 620

Bauarbeiten, Gehweg: Gehwegsarbeiten vor einem Ladengeschäft beeinträchtigen den vertragsgemäßen Gebrauch.	15 %	LG Berlin, 13.02.2003 – 67 S 277/02, GE 2003, 669
Bauarbeiten, Gerüst: Umfangreiche Sicherungsmaßnahmen an der Außenfassade mit Einrüstung und Verhüllung durch Abdeckplane.	30 %	KG, 08.01.2001 – 8 U 5875/98, GE 2001, 620 = MM 2001, 262
Feuchtigkeit: regelmäßiges Eindringen in Lagerräume.	25 %	LG Coburg, 23.06.2009 – 23 O 416/08, IMR 2010, 18
Feuchtigkeit: regelmäßiges Eindringen in Lagerräume im Keller, die zur Nutzung als Lager, Werkstatt, Aufenthaltsraum, Büro und WC vermietet sind (Zahnarztpraxis).	10 %	KG, 05.07.2010 – 12 U 172/09, GuT 2010, 218) IMR 2010, 431
„Geistige Emission": Vermieter vermietet entgegen des von ihm selbst propagierten Leistungsprofils (an christlichen Werten, Toleranz, Friedlichkeit und Weltoffenheit orientiertes Vermietungskonzept) an einen offensichtlich aus diesem Rahmen fallenden weiteren Gewerbetreibenden (hier: Geschäft mit textilem Warensortiment der Marke „Thor Steinar", welches sich in der rechtsradikalen Szene großer Beliebtheit erfreut).	10 %	LG Magdeburg, 31.01.2008 – 10 O 907/07, IMR 2008, 165
Klimaanlage: defekt in einer Gaststätte im Sommer.	20 %	OLG Köln, 15.10.2002 – 22 U 94/02
Lärmbelästigung durch Prostitution in der Nachbarwohnung	20 %	AG Wiesbaden, 10.02.1998 – 92 C 3285/97, WuM 1998, 315
Lärm und Gerüche: Von einem Supermarkt gehen von Oktober bis April: Lärmstörungen und Geruchsbelästigungen aus.	15 %	AG Gifhorn, 07.03.2001 – 33 C 426/00, WuM 2002, 215
Nutzungsuntersagung ohne Einschreiten der Behörde: die behördliche Nutzungsuntersagung führt nicht zur Beeinträchtigung der Gebrauchstauglichkeit der Mietsache an sich, sodass eine Mietminderung nicht infrage kommt.	0 %	OLG Köln, 10.11.1997 – 19 W 48/97; KG, 07.03.2002 – 8 U 8514/00, GE 2002, 664
Schallschutz, Ordnungsbehörde: Wegen fehlenden Schallschutzes darf nach 22 Uhr ein Bistro nicht betrieben werden.	50 %	KG, 10.09.2001 – 8 U 2489/00, GE 2001, 1602
Temperatur, Winter: Unter 20 °C liegende Raumtemperatur in einer Bar rechtfertigt im Winter eine Mietminderung.	35 %	KG, 11.03.2002 – 8 U 921/00, GE 2002, 730 = NZM 2002, 917

Ungeziefer: Schabenbefall in einer Gaststätte.	20 %	KG, 17.05.2001 – 20 U 8310/98, GE 2001, 1671
Wasser ohne Trinkwasserqualität, wenn ein Atelier mit Küchenzeile sowie Bad mit Dusche, Wanne und WC als Gewerberaum vermietet wird.	10 %	KG, 08.09.2010 – 12 U 194/09, IMR 2010, 524

Umstritten war früher, ob Ausgangswert der Minderungsberechnung die **Brutto- oder Nettomiete** ist.[3155] Nach gefestigter Rechtsprechung ist Bemessungsgrundlage der Minderung nach § 536 BGB ausschließlich die Bruttomiete inklusive einer Nebenkostenpauschale oder einer Vorauszahlung auf die Nebenkosten.[3156] Dabei ist es unerheblich, ob die Nebenkosten als Pauschale oder Vorauszahlung geschuldet werden.[3157] Dies gilt auch, wenn der zur Minderung führende Mangel auf einer Abweichung der Fläche von der im Mietvertrag angegebenen Fläche um mehr als 10 % beruht.[3158]

2043

> **Hinweis:**
> Nach der neueren BGH-Rechtsprechung kann der Mieter bei mehr als 10 %iger Flächenabweichung seine Betriebskostenvorauszahlungen anteilig kürzen bzw. zurückfordern. Er darf zudem auch seine Kaution anteilig kürzen und gem. § 812 Abs. 1 Satz 1, 1. Alt. BGB Überzahlungen zurückfordern.[3159]

V. Ausschluss/Verwirkung der Gewährleistungsrechte

1. Unerheblichkeit des Mangels

Nach § 536 Abs. 1 Satz 3 BGB bleibt eine unerhebliche Minderung der Tauglichkeit außer Betracht. Als unerheblich ist ein Mangel insb. dann anzusehen, wenn er **leicht erkennbar** ist und schnell und **mit geringen Kosten** beseitigt werden kann, sodass die Geltendmachung einer Minderung gegen Treu und Glauben verstieße.[3160] Der BGH stellt also zum einen auf die schnelle Erkennbarkeit und zum anderen – kumulativ – auf die Mängelbeseitigungskosten ab. Genaue Grenzen/Beträge dafür gibt es nicht. Enthält der Mietvertrag eine **Kleinreparaturklausel**, nach der der Mieter bestimmte Reparaturen in bestimmten Umfang selbst auszuführen hat, kann dies ein Anhaltspunkt für die Bestimmung sein. Das bedeutet aber nicht, dass bei

2044

3155 S. dazu noch 2. Aufl., Rn. 572.
3156 BGH, 20.07.2005 – VIII ZR 347/04, NZM 2005, 699 = WuM 2005, 573 = ZMR 2005, 854 = InfoM 2005, 234 = NJW 2005, 2773 = MDR 2006, 197; BGH, 06.04.2005 – XII ZR 225/03, GuT 2005, 166 = NZM 2005, 455 = ZfIR 2005, 400 = InfoM 2005, 141 = NJW 2005, 1713 (Wohnraum).
3157 BGH, 06.04.2005 – XII ZR 225/03, GuT 2005, 166 = NZM 2005, 455 = ZfIR 2005, 400 = InfoM 2005, 141 = NJW 2005, 1713.
3158 BGH, 20.07.2005 – VIII ZR 347/04, NZM 2005, 699 = WuM 2005, 573 = ZMR 2005, 854 = InfoM 2005, 234 = NJW 2005, 2773 = MDR 2006, 197 (Wohnraum).
3159 BGH, 20.07.2005 – VIII ZR 347/04, NZM 2005, 699 = WuM 2005, 573 = ZMR 2005, 854 = InfoM 2005, 234 = NJW 2005, 2773 = MDR 2006, 197 (Wohnraum).
3160 BGH, 30.06.2004 – XII ZR 251/02, GuT 2004, 169 = AIM 2004, 197 = WuM 2004, 531.

vollständiger Überwälzung der Instandhaltungs- und/oder Instandsetzungspflicht Mängel immer unerheblich sind.

2. Kenntnis des Mangels

2045 Nach § 536b BGB kann der Mieter die ihm in den §§ 536, 536a BGB eingeräumten Gewährleistungsrechte (Minderung, Schadens- und Aufwendungsersatzanspruch) regelmäßig nicht geltend machen, wenn er den Mangel der Mietsache beim Abschluss des Vertrages gekannt oder infolge grober Fahrlässigkeit nicht gekannt hat oder wenn er eine mangelhafte Sache vorbehaltlos entgegengenommen hat, obwohl er den Mangel kannte. Dies betrifft also den Fall, dass der Mieter den Mangel bei Anmietung bereits kannte. Eine analoge Anwendung des in dem § 536b BGB enthaltenen Rechtsgedankens auf Mängel, die erst nach Abschluss des Mietvertrages und Übergabe der Mietsache offenbar werden, ist ausgeschlossen.[3161]

Über § 543 Abs. 4 BGB greift der Ausschluss auch für die **Kündigung wegen Nichtgewährung des vertragsgemäßen Gebrauchs**. Denn auch ein Sachmangel des Mietobjekts i.S.d. § 536 BGB kann sich als Vorenthalten des vertragsgemäßen Gebrauchs darstellen, wenn die durch ihn hervorgerufene Gebrauchsbeeinträchtigung nicht unerheblich ist.[3162] Das im öffentlichen Interesse liegende Kündigungsrecht wegen erheblicher Gesundheitsgefährdung ist jedoch unverzichtbar und kann daher nicht nach § 536b BGB untergehen.[3163]

2046 **Kenntnis** bedeutet grds., dass dem Mieter sowohl der konkrete Mangel als auch die Beeinträchtigung des vertragsgemäßen Gebrauchs bekannt sein muss.[3164] Grob fahrlässige Unkenntnis i.S.d. § 536b Satz 2 BGB ist anzunehmen, wenn die Umstände, die auf bestimmte Unzulänglichkeiten hindeuten, den Verdacht eines dadurch begründeten Mangels besonders nahe legen, der Mieter aber gleichwohl weitere zumutbare Nachforschungen unterlassen hat.[3165] Der Mieter muss die Mietsache nicht auf verborgene Mängel untersuchen.[3166] Er muss nicht nur das äußere Erscheinungsbild, sondern auch die konkreten Auswirkungen des Mangels auf die Gebrauchstauglichkeit des Objekts kennen bzw. aufgrund grober Fahrlässigkeit hinnehmen. Eine derartige Kenntnis liegt nur vor, wenn der Mieter „Dauer und Ausmaß der Beeinträchtigung sicher überschauen" kann.[3167]

Beispiel:[3168]

Eine Halle wird zum Betrieb eines Berufsbildungswerkes vermietet. Mieter und Vermieter streiten danach über zu hohe Innentemperaturen in Teilbereichen. Später sollen zusätzliche Flächen angemietet werden. Dafür wird ein komplett neuer Vertrag über sämtliche (alte und neue) Flächen geschlossen.

3161 BGH, 19.10.2005 – XII ZR 224/03, NZM 2006, 58 = ZMR 2006, 107 m.w.N.; OLG Brandenburg, 16.04.2008 – 3 U 130/06.
3162 OLG Düsseldorf, 07.03.2006 – 24 U 112/05, GuT 2006, 136.
3163 OLG Brandenburg, 02.07.2008 – 3 U 156/07, IMR 2009, 163: Fehlen eines Geländers an der L-förmigen Galerie im Obergeschoss eines Bauernhauses.
3164 BGH, NJW 1979, 713; OLG Düsseldorf, 07.03.2006 – 24 U 112/05, GuT 2006, 136.
3165 BGH, 18.04.2007 – XII ZR 139/05, IMR 2007, 212 = NZM 2007, 484 = InfoM 2007, 218/219 = MDR 2007, 1065; Eisenschmid, in: Schmidt-Futterer, § 536b Rn. 16.
3166 OLG Düsseldorf, 02.06.2008 – 24 U 193/07, NZM 2009, 280.
3167 KG, 28.04.2008 – 8 U 209/07, InfoM 2008, 328.
3168 OLG Düsseldorf, 07.03.2006 – 24 U 112/05, GuT 2006, 136.

Nachdem die Überhitzung erneut diskutiert wird, kündigt die Mieterin fristlos. Der Vermieter klagt die ausbleibende Miete ein.

Ergebnis: Ausschluss der fristlosen Kündigung wegen Nichtgewährung des vertragsgemäßen Gebrauchs über § 543 Abs. 4 BGB, weil der Mieter beim zweiten Vertragsabschluss die Umstände kannte.

Im zuvor beschriebenen Fall hatte der Vermieter Erfolg, denn die Kündigung war gem. §§ 543 Abs. 4, 536b BGB unwirksam, weil der Mieter den Mangel bei Abschluss des zweiten Vertrages kannte. Zwar war ein Raum tatsächlich mangelhaft, weil er wegen dürftiger Belüftungs- und Beschattungsvorrichtungen nicht den Vorgaben der Arbeitsstättenverordnung entsprach. Dadurch wurde der vertraglich vorgesehene Zweck (Schulungsraum) nicht erzielt, sodass grds. ein zur Kündigung berechtigender Zustand gem. § 543 Abs. 2 Nr. 1 BGB vorlag. Allerdings hatte der Mieter beim neuen Vertragsschluss Kenntnis von allen Mangel-Tatsachen, d.h. vom äußeren Erscheinungsbild und den Auswirkungen auf die Gebrauchstauglichkeit der Räume. Beides ist erforderlich.[3169]

Ob hingegen die **Tragweite der Gebrauchsbeeinträchtigung** unterschätzt wird, ist für den Gewährleistungsausschluss unerheblich.[3170] Sagt jedoch der Mieter im Zusammenhang mit dem Abschluss des Mietvertrages Abhilfe zu, kommt es in Betracht, dass der Mieter seine Gewährleistungsrechte trotz Mangelkenntnis behält.[3171] Es reicht auch grds. nicht für den Ausschluss aus, wenn der Mieter nur bemerkt, „dass etwas nicht stimmt".

Beispiel:

Der Mieter bemerkt bei der Erstbesichtigung der Räume (und auch danach), dass diese „stinken". Später stellt sich heraus, dass es sich um gesundheitsgefährdende chemische Ausdünstungen handelt. Der Mieter mindert die Miete und kündigt schließlich. Kein Ausschluss wegen § 536b BGB.

Bei **saisonal auftretenden Mängeln** wie einem Heizungsausfall im Herbst/Winter liegt Kenntnis des Mangels durch den Mieter i.S.v. § 536b BGB erst dann vor, wenn die Störungen nicht nur vereinzelt, sondern gehäuft und über die gesamte (Heiz-) Saison auftreten, sodass der Mieter erkennen muss, dass an der Heizung ein grundlegender Defekt vorhanden ist.[3172]

Kenntnis des Mieters ist auch in folgenden Fällen anzunehmen:
- Feuchter Keller: im Altbau[3173] und auch bei Gebäuden, die um das Jahr 1950 erbaut worden sind, muss mit feuchten Kellern gerechnet werden, weil nach dem zweiten Weltkrieg in Deutschland innerhalb kürzester Zeit sehr viel Wohnraum benötigt wurde und deshalb allgemein bekannt sein soll, dass Wohngebäude in dieser Zeit mit lediglich eingeschränkten Mitteln und nicht in bester Qualität errichtet werden konnten.[3174] Der Mieter soll daher bereits bei Einzug damit rechnen müssen, dass ein mit gemieteter Keller ggf. über eine un-

---

[3169] OLG Düsseldorf, 07.03.2006 – 24 U 112/05, GuT 2006, 136.
[3170] OLG Düsseldorf, 07.03.2006 – 24 U 112/05, GuT 2006, 136.
[3171] OLG Düsseldorf, 07.03.2006 – 24 U 112/05, GuT 2006, 136, Verweis auf BGH, 21.03.2001 – XII ZR 241/98.
[3172] OLG Dresden, 18.06.2002 – 5 U 260/02, NZM 2002, 662 zum Heizungsausfall in einer Anwaltskanzlei.
[3173] AG München, 11.06.2010 – 461 C 19454/09, IMR 2010, 520; ähnlich Sternel, Mietrecht aktuell, Rn. VIII 61.
[3174] AG München, 11.06.2010 – 461 C 19454/09, IMR 2010, 520; ähnlich OLG Düsseldorf, 11.03.2008 – 24 U 152/07, IMR 2008, 230 zu 50er-Jahre-Bau und erkennbarem Renovierungsstau.

genügende Bodendämmung bzw. eine nicht ausreichende Feuchtesperre verfügt und damit nicht uneingeschränkt zur Lagerung von Gegenständen geeignet ist.
- Kommende Geräuschbelästigungen sind bei Anmietung bekannt bzw. erkennbar.[3175] Der Mieter von Gewerberäumen in einem in den 50-er Jahren errichteten Objekt mit 60 Wohn- und mehreren Gewerbeeinheiten muss bereits bei Anmietung mit Bauarbeiten zur Renovierung/Sanierung frei werdender Einheiten rechnen.[3176]
- Der Mieter erkennt zum Zeitpunkt des Abschlusses des Mietvertrages, dass während der Vertragslaufzeit eine Tiefgarage gebaut werden soll.[3177]

2050 Wird dem Mieter der **Mangel nachträglich bekannt**, greifen grds. ab diesem Zeitpunkt Minderungsrechte. Zahlt der Mieter die Miete weiter, obwohl der Mangel besteht, aber (noch) nicht bemerkt wird, so kommt eine **nachträgliche Minderung** (= Rückforderung) nach Kenntnis in Betracht. Hier wird man aber auf den Einzelfall abstellen müssen, da ein Mangel, der nicht bemerkt wird, grds. auch nicht als **negative** Abweichung der Ist- von der Soll-Beschaffenheit wahrgenommen wird. Möglich erscheint dies deshalb z.B. bei **verdeckten Mängeln** mit eventuellen Spätfolgen für Menschen oder Sachen (z.B. Asbest-Verseuchung).

> **Praxistipp:**
> In der anwaltlichen Beratung scheuen sich Mieter oft vor der Minderung, um (noch) keinen Streit mit dem Vermieter zu provozieren. Die Empfehlung lautet dann, nachweisbar unter Vorbehalt zu zahlen (Vermerk auf Überweisungsträger), um sich künftige Reaktionen offen zu halten.

2051 Zahlt der Mieter aber in Kenntnis des Mangels vorbehaltlos die Miete, so ist ihm womöglich später eine Rückforderung verwehrt (dazu → *Rn. 2054 ff.*).

2052 Wenn der Mieter den Mangel bei Vertragsschluss kannte oder grob fahrlässig nicht kannte, entfällt zwar u.a. sein Minderungsrecht, sein **Anspruch auf Mangelbeseitigung** bleibt aber erhalten.[3178] Er darf also einen angemessenen Teil der Miete aufgrund eines Zurückbehaltungsrechts einbehalten. Was angemessen ist, richtet sich nach den Umständen des Einzelfalls. Kannte der Mieter den Mangel bei Vertragsschluss oder kannte er ihn grob fahrlässig nicht, kann das dazu führen, dass er das Zurückbehaltungsrecht nur maßvoll nutzen darf. Verwendet der Vermieter eine wegen unangemessener Benachteiligung unwirksame AGB-Minderungsausschluss-Klausel, kann er sich wegen seines eigenen Vertragsverstoßes nicht auf Verwirkung berufen.[3179]

2053 Sofern ein Sachverständiger eine entscheidungserhebliche Frage zum Vorliegen der Voraussetzungen des § 536b BGB nicht beantworten kann, geht dies zulasten des Vermieters, da ihm insoweit die **Beweislast** für das Vorliegen der Voraussetzungen obliegt.[3180] § 536b BGB ist

---

3175 KG, 17.06.2010 – 12 U 51/09, GuT 2010, 250 LS = MDR 2010, 1446.
3176 OLG Düsseldorf, 11.03.2008 – 24 U 152/07, IMR 2008, 230.
3177 OLG Dresden, 14.10.2008 – 5 U 1030/08, IMR 2009, 123 = InfoM 2009, 120.
3178 BGH, 18.04.2007 – XII ZR 139/05, IMR 2007, 212 = NZM 2007, 484 = InfoM 2007, 218/219 = MDR 2007, 1065.
3179 BGH, 12.03.2008 – XII ZR 147/05, IMR 2008, 234 = InfoM 2008, 226/228 = MDR 2008, 909.
3180 LG Hamburg, 26.03.2009 – 333 S 65/08 (Wohnraum).

grds. – auch mündlich – **abdingbar**.³¹⁸¹ Für eine von § 536b BGB – Mangelkenntnis des Mieters und ihre Folgen – abweichende Vereinbarung trifft den Mieter die Beweislast.³¹⁸²

3. Ausschluss der Rechte durch vorbehaltlose Zahlung der Miete

Nach ständiger Rechtsprechung des für Gewerberaummiete zuständigen 12. Senats des BGH zur Rechtslage **vor dem 01.09.2001** konnte der Mieter in entsprechender Anwendung des § 536b BGB sogar für die Zukunft mit einer Minderung ausgeschlossen sein, wenn er in Kenntnis eines (neuen) Mangels ca. sechs Monate die ungeminderte Miete vorbehaltlos weiterzahlte.³¹⁸³ Im Zuge der Mietrechtsreform 2001 wurde heiß diskutiert, ob dies weiter gelten sollte, wogegen durchaus triftige Gründe sprechen. Die OLG hatten dies zunächst ignoriert und § 536b BGB auch nach neuem Recht analog angewendet.³¹⁸⁴ Der für Wohnraummietsachen zuständige 8. Senat des BGH³¹⁸⁵ hat schließlich einen Schlussstrich unter die Diskussion gezogen und sich dafür entschieden, dass **seit dem 01.09.2001** § 536b BGB nicht mehr analog anzuwenden ist. Dies bedeutet: Längere vorbehaltlose Zahlung hindert den Mieter ab dem 01.09.2001 nicht daran, **in Zukunft** die Miete zu mindern. Diese Rechtsprechung ist auch v. 12. Senat übernommen worden, sodass eine analoge Anwendung des ab 01.09.2001 geltenden § 536b BGB sowohl im Wohnraum- als auch im Gewerberaummietrecht ausscheidet.³¹⁸⁶

2054

In Betracht kommt ein Rechtsverlust nach den **allgemeinen Grundsätzen der Verwirkung**³¹⁸⁷ (→ *Rn. 2670 ff.*). Sechs Monate vorbehaltlose Zahlung sind allerdings für das dafür erforderliche Zeitmoment noch nicht als ausreichend anzusehen.

2055

Zahlt der Mieter während des laufenden Mietverhältnisses die Miete trotz eines Mangels über einen längeren Zeitraum ungekürzt weiter, liegt kein **negatives Schuldanerkenntnis** vor. Für die Annahme eines Schuldanerkenntnisses genügt es nicht, dass der Schuldner die Rechnung vorbehaltlos zahlt; es müssen vielmehr weitere Umstände hinzutreten, die einen solchen Schluss rechtfertigen.³¹⁸⁸ Folge: der Mieter darf rückwirkend mindern, es sei denn, es liegt **Verwirkung** gem. § 242 BGB oder Zahlung trotz Kenntnis der Nichtschuld gem. § 814 BGB

2056

3181 BGH, 22.10.2003 – XII ZR 126/00, NJW-RR 2004, 12 zu § 539 BGB a.F.
3182 BGH, 22.10.2003 – XII ZR 126/00, GuT 2004, 56 = NZM 2004, 27 = ZMR 2004, 249 = NJW-RR 2004, 12; OLG Düsseldorf, 23.10.2008 – 24 U 25/08, DWW 2009, 309 = ZMR 2009, 752.
3183 BGH, 26.02.2003 – XII ZR 66/01, NZM 2003, 355; BGH, 31.05.2000 – XII ZR 41/98, NZM 2000, 825, 826; BGH, 18.06.1997 – XI ZR 63/95, WuM 1997, 488 = MDR 1997, 1112 = NJW 1997, 2674 m.w.N.
3184 OLG Naumburg, 27.11.2001 – 9 U 186/01, NZM 2002, 251 = NJW 2002, 1132; OLG Stuttgart, 19.02.2003 – 13 U 190/02, NZM 2003, 599; OLG Celle, ZMR 2002, 657; OLG Koblenz, ZMR 2002, 744; OLG Dresden, NZM 2002, 662; LG Frankfurt am Main, NZM 2002, 1025.
3185 BGH, 16.07.2003 – VIII ZR 274/02, NZM 2003, 679 = NJW 2003, 2601.
3186 BGH, 16.02.2005 – XII ZR 24/02, NZM 2005, 303 = GuT 2005, 56 = InfoM 2005, 142.
3187 BGH, 16.02.2005 – XII ZR 24/02, NZM 2005, 303 = InfoM 2005, 142 zur Minderung; fortgeführt von BGH, 18.10.2006 – XII ZR 33/04, GuT 2006, 312 = NZM 2006, 929 = IMR 2007, 43 = InfoM 2007, 20/21 zur Kündigung.
3188 BGH, 11.11.2008 – VIII ZR 265/07, InfoM 2009, 298.

vor.[3189] Entsprechendes gilt für den Vermieter: dieser verwirkt sein Recht auf Mieterstattung, wenn der Mieter die Miete mindert und er dies längere Zeit widerspruchslos hinnimmt.[3190]

VI. Mangelbeseitigungs- und Wiederherstellungsanspruch und Opfergrenze (Zerstörung des Mietobjekts, unverhältnismäßiger Aufwand)

1. Grundsätze

2057 Die vermieteten Räume können aus den verschiedensten Gründen ganz oder z.T. unbrauchbar werden. Zu den häufigsten Ursachen gehören **Wasser- und Feuerschäden**. Nach § 535 Abs. 1 Satz 2 BGB muss der Vermieter die Mietsache in einem zum vertragsgemäßen Gebrauch geeigneten Zustand übergeben und während der gesamten Mietzeit in diesem Zustand erhalten. Ihm obliegt also die Instandhaltungs- und Instandsetzungspflicht und damit grds. auch bei Beschädigungen die Wiederherstellungspflicht. Während das Gesetz diese Pflichten regelt, fehlt aber in den §§ 535 ff. BGB eine Regelung für die Fälle, dass die Mietsache völlig zerstört oder so erheblich beschädigt wird, dass dem Vermieter die Wiederherstellung wirtschaftlich nicht mehr zumutbar ist (sog. „**Opfergrenze**"). Bei **völliger Zerstörung der Mietsache** entspricht es allgemeiner Auffassung, dass die Vorschriften des Allgemeinen Schuldrechts anzuwenden sind und nicht von den Gewährleistungsregelungen der §§ 536 ff. BGB verdrängt werden. Das allgemeine Leistungsstörungsrecht bleibt damit neben den Gewährleistungsvorschriften des Mietrechts anwendbar, soweit es nicht um Mängel, sondern um die in § 275 BGB geregelten Leistungsstörungen geht.[3191]

2058 Die Verpflichtung des Vermieters zur Wiederherstellung der vermieteten Sache endet dort, wo der dazu erforderliche Aufwand die **Opfergrenze übersteigt**. Wird die Mietsache nach deren Überlassung an den Mieter ohne dessen Verschulden derart beschädigt, dass die Wiederherstellung dem Vermieter nicht zumutbar ist, werden die Parteien nach den allgemeinen Vorschriften der §§ 275, 326 BGB von ihren vertraglichen Pflichten frei (**Fall der Unmöglichkeit**); eine Anwendung des § 536 BGB scheidet aus (kein Fehler der Mietsache).[3192] Unter den Voraussetzungen des § 275 Abs. 1 BGB kann der Vermieter daher von seiner Wiederherstellungspflicht befreit sein. Auch die Pflicht zur Mietzahlung orientiert sich dann an den allgemeinen Vorschriften über die Unmöglichkeit gem. §§ 323 ff. BGB.[3193]

2059 Eine **dogmatische Einordnung** der Fälle der „Opfergrenze" hat der BGH nicht vorgenommen, was bedauerlich ist, da sich die Folgen des § 275 Abs. 2 BGB (Leistungsverweigerungsrecht) und des u.U. ebenfalls als einschlägig denkbaren § 313 BGB (Anpassung, Rücktritt, ggf. Kündigung) deutlich unterscheiden.

3189 BGH, 16.07.2003 – VIII ZR 274/02 betr. Wohnungsmiete; BGH, 16.02.2005 – XII ZR 24/02, NZM 2005, 303 = InfoM 2005, 142 sowie BGH, 12.03.2008 – XII ZR 147/05, IMR 2008, 234 = InfoM 2008, 228 betr. Gewerberaum.
3190 OLG Düsseldorf, 30.01.2003 – 10 U 18/02, GuT 2003, 59 = AIM 2003, 80: ca. sieben Jahre.
3191 OLG Stuttgart, 11.01.2010 – 5 U 119/09, GuT 2010, 221 = IMR 2010, 285 = MDR 2010, 261; Weidenkaff, in: Palandt, § 536 Rn. 10 m.w.N.
3192 BGH, 26.09.1990 – VIII ZR 205/89, ZMR 1991, 19 = WuM 1990, 546 = NJW-RR 1991, 204 unter II 2a) und b); OLG Hamburg, 06.09.2000 – 4 U 15/00, NZM 2002, 343.
3193 BGH, 26.09.1990 – VIII ZR 205/89, ZMR 1991, 19 = WuM 1990, 546 = NJW-RR 1991, 204 unter II 2a) und b); OLG Hamburg, 06.09.2000 – 4 U 15/00, NZM 2002, 343.

Grds. gilt damit:

- mietrechtliche Gewährleistung (§§ 536 ff. BGB), solange die Opfergrenze noch nicht überschritten ist, wenn also die Sache mit noch vertretbarem Aufwand wieder herstellbar ist; der Vermieter hat dann gem. § 536 BGB eine Wiederherstellungspflicht;
- Unmöglichkeit (§§ 275, 280, 283 BGB), wenn die Opfergrenzen überschritten ist, was immer der Fall ist, wenn man die Mietsache als endgültig untergegangen ansehen muss, sie also vollständig oder nahezu vollständig zerstört wurde.

2060

Letzteres folgt daraus, dass eine nicht existente Sache nicht mangelhaft sein kann.[3194] Das **Mietverhältnis erlischt** dann bei völliger Zerstörung automatisch ohne Kündigung.[3195] Dies folgt daraus, dass dem Vermieter gem. § 275 BGB die Gebrauchsüberlassung unmöglich wird und deshalb gem. § 326 BGB der Mieter auch von der Mietzahlungspflicht frei wird. Da damit aber die Hauptleistungspflichten des Mietverhältnisses kraft Gesetzes enden, erlischt das gesamte Schuldverhältnis. Dies bedeutet, dass keine Kündigung des Mieters erforderlich ist.

2061

Für die Abgrenzung von Unmöglichkeit und Gewährleistungsansprüchen ist es sinnvoll, folgende **Fallgruppen** zu bilden, um das komplizierte Geflecht aus Gewährleistungs- und evtl. Unmöglichkeitsregeln zu entwirren (wobei dies nur einem groben Überblick dienen kann und immer auf den Einzelfall abzustellen ist):

Übersicht: Prüfung von Gewährleistungsansprüchen

2062

Fallgruppe	Anwendbarkeit von Gewährleistungsrecht oder Unmöglichkeitsregeln
Räume existieren, sind aber mangelhaft.	Gewährleistungsrecht
Räume existieren, sind aber nicht nutzbar.	Gewährleistungsrecht (Differenzierung zwischen Rechts- und Sachmangel)
Räume sind ganz oder z.T. zerstört, aber mit vertretbarem Aufwand wieder herstellbar.	Gewährleistungsrecht
Räume sind vollständig zerstört und nicht wieder herstellbar.	Es gilt grds. Unmöglichkeitsrecht, wobei zwischen anfänglicher und nachträglicher Unmöglichkeit zu differenzieren ist.

Zu Wirksamkeit vom sog. **Wiederherstellungs- und Aufbauklauseln** und entsprechenden Gestaltungsmöglichkeiten → *Rn. 2241 f.*

2. Völlige oder teilweise Zerstörung des Miet- oder Pachtobjekts

Der **Begriff der Zerstörung** i.S.d. Unmöglichkeit ist wie folgt zu verstehen: Der Anspruch auf Gebrauchsüberlassung und das Recht zum Besitz aus einem Miet- oder Pachtvertrag entfallen nach § 275 Abs. 1 BGB, wenn **das Miet- oder Pachtobjekt im Wesentlichen zerstört** und die Durchführung des Vertrages damit unmöglich geworden ist.[3196] Im Zusammenhang mit der

2063

3194 BGH, 26.09.1990 – VIII ZR 205/89, NJW-RR 1991, 204; a.A. Sternel, Mietrecht, II. Rn. 501 ff.
3195 LG Karlsruhe, 07.04.2004 – 10 O 683/03, NZM 2005, 221.
3196 OLG Stuttgart, 11.01.2010 – 5 U 119/09, IMR 2010, 285 = MDR 2010, 261.

Überlassung von bebauten Grundstücken ist die Unmöglichkeit nicht physikalisch-technisch zu bestimmen, also etwa i.S.e. völligen Zerstörung des Grundstücks.[3197] Die Gebrauchsüberlassung wird auch dann als unmöglich angesehen, wenn (nur) das vermietete Gebäude zerstört ist.[3198] Maßgeblich für die Zerstörung ist eine funktionelle Betrachtung, sodass es nicht darauf ankommt, dass kein Stein mehr auf dem anderen steht.[3199]

2064 Werden nur **Teile des Gebäudes zerstört**, ist maßgeblich, ob dem nicht zerstörten Teil noch eine selbstständige Bedeutung zukommt, was danach zu beurteilen ist, ob der stehen gebliebene Teil für sich allein wirtschaftlich sinnvoll ist, sodass die Vertragsdurchführung weiterhin möglich bleibt.[3200] Dies ist i.d.R. nicht der Fall, wenn nur Nebengebäude weiter nutzbar sind und/oder die tragende Konstruktion des Hauptgebäudes betroffen ist. Kommt bei einer Teilzerstörung ein **Wiederaufbau der zerstörten Teile** in Betracht, ist darauf abzustellen, ob die Identität der bisherigen Miet- oder Pachträume durch den Wiederaufbau gewahrt würde. Ist dies nicht der Fall, liegt eine Zerstörung i.S.d. Unmöglichkeit des § 275 BGB vor.[3201] Für die Bewertung ist auch auf die Sichtweise des durch das Miet- oder Pachtobjekt angesprochenem Publikums bzw. Kundenkreises abzustellen.

2065 Liegt **kein Fall einer Unmöglichkeit** vor, also etwa bei nur **teilweiser Zerstörung**, so hat der Vermieter gem. § 536 BGB eine **Wiederherstellungspflicht**. Diese entfällt, wenn der Mieter oder Pächter die Zerstörung zu vertreten hat.[3202] Werden Gebäude eines verpachteten landwirtschaftlichen Anwesens zerstört (hier: durch Brand), so trifft den Verpächter keine Pflicht zum Wiederaufbau, wenn ohne das zerstörte Gebäude die Nutzung des überlassenen landwirtschaftlichen Anwesens gleichwohl möglich war.[3203]

2066 Ausnahmsweise kann der Vermieter/Verpächter vom Wiederaufbau befreit sein, wenn die ihm zumutbare **Opfergrenze** aus einer an Treu und Glauben (§ 242 BGB) orientierten Gesamtwürdigung überschritten wird.[3204] Bis zur Schuldrechtsreform 2002 lösten Literatur und Rechtsprechung das Problem über das Institut der Unmöglichkeit. Dies gilt nach der Rechtsprechung des BGH fort und wird aus § 275 Abs. 2 BGB abgeleitet. Danach kann der Mieter **keine Mangelbeseitigung verlangen, wenn die dafür erforderlichen Aufwendungen unverhältnismäßig

---

3197 OLG Stuttgart, 11.01.2010 – 5 U 119/09, GuT 2010, 221 = IMR 2010, 285 = MDR 2010, 261; Weidenkaff, in: Palandt, § 536 Rn. 10 m.w.N.
3198 BGH, 14.04.1976 – VIII ZR 291/74, NJW 1976, 1506: Tankcafé; BGH, 13.12.1991 – LwZR 5/91, MDR 1992, 371 = NJW 1992, 1036: Wirtschaftsgebäude eines landwirtschaftlichen Anwesens; OLG Stuttgart, 11.01.2010 – 5 U 119/09, GuT 2010, 221 = IMR 2010, 285 = MDR 2010, 261: Gaststätte in historischer Mühle; OLG Karlsruhe, 30.12.1994 – 19 U 113/94, NJW-RR 1995, 849: Geschäftshaus; OLG Koblenz, 21.07.2000 – 8 U 1591/99, OLGR 2001, 170: Gaststätte.
3199 BGH, 14.04.1976 – VIII ZR 291/74, NJW 1976, 1506; OLG Stuttgart, 11.01.2010 – 5 U 119/09, GuT 2010, 221 = IMR 2010, 285 = MDR 2010, 261; Weidenkaff, in: Palandt, BGB, 69. Aufl., § 536 Rn. 10 m.w.N.
3200 OLG Stuttgart, 11.01.2010 – 5 U 119/09, GuT 2010, 221 = IMR 2010, 285 = MDR 2010, 261; Weidenkaff, in: Palandt, § 536 Rn. 10 m.w.N.
3201 OLG Stuttgart, 11.01.2010 – 5 U 119/09, GuT 2010, 221 = IMR 2010, 285 = MDR 2010, 261; Weidenkaff, in: Palandt, § 536 Rn. 10 m.w.N.
3202 BGH, 13.12.1991 – LwZR 5/91, MDR 1992, 371 = NJW 1992, 1036 zur Wiederaufbaupflicht des Verpächters eines abgebrannten Hofs.
3203 BGH, 13.12.1991 – LwZR 5/91, MDR 1992, 371 = NJW 1992, 1036 zur Wiederaufbaupflicht des Verpächters eines abgebrannten Hofs.
3204 OLG Hamburg, 06.09.2000 – 4 U 15/00, LNR 2000, 20374 = NZM 2002, 343 m.w.N.

hoch wären.[3205] Wann das der Fall ist, muss im Einzelfall „unter Berücksichtigung der beiderseitigen Parteiinteressen wertend ermittelt werden".[3206] Es verbietet sich also jede schematische Lösung. Die Opfergrenze ist z.B. erreicht, wenn die Instandsetzungskosten den Zeitwert der Mietsache übersteigen und die Beschädigung wirtschaftlich einer Zerstörung gleichkommt.[3207] Es darf **kein „krasses Missverhältnis"** entstehen zwischen Reparaturaufwand einerseits und Mieteinnahmen, Mieternutzen und Wert des Mietobjekts andererseits.[3208] Dabei muss sich der Vermieter u.U. eine Versicherungsleistung anrechnen lassen, was faktisch einer auf der Versicherungszahlung basierenden Wiederherstellungspflicht gleichkommt.

Beispiel:

Bei der Frage der Zumutbarkeit der Wiederherstellung von durch Hochwasser zerstörten Räumen (Elbe-Hochwasser 2002) ist darauf abzustellen, dass sich das Objekt in unmittelbarer Nähe des Flusses befindet und insb. die Wahrscheinlichkeit des Wiedereintritts einer derartigen Zerstörung besteht, sodass dem Vermieter nicht zuzumuten ist, erneut in das Objekt zu investieren.[3209] In derartigen Fällen muss sich die aus dem Objekt erzielbare Rendite innerhalb von fünf Jahren amortisieren.[3210]

Wann die Opfergrenze überschritten wird, muss im Einzelfall „unter Berücksichtigung der beiderseitigen Parteiinteressen wertend ermittelt werden"; es darf kein „**krasses Missverhältnis" entstehen zwischen Reparaturaufwand einerseits und Mieteinnahmen**, Mieternutzen und Wert des Mietobjekts andererseits.[3211] Danach lässt sich eine Überschreitung der „Opfergrenze" nicht aus einer bloßen Gegenüberstellung zwischen Sanierungskosten und Verkehrswert herleiten; erforderlich ist eine Würdigung aller Umstände; bei der Bestimmung der dem Schuldner zuzumutenden Anstrengungen ist auch ein etwaiges Verschulden des Schuldners zu berücksichtigen (§ 275 Abs. 2 Satz 2 BGB).[3212] Es geht also bei der Abwägung nicht nur um „das Rechnerische". 2067

Zwischen der Frage, wie sich die Sanierungskosten und der Verkehrswert des Objekts „rechnerisch" zueinander verhalten, und der Frage, ob dem Vermieter die Beseitigung des Mangels unter Berücksichtigung der beiderseitigen Parteiinteressen und eines etwaigen Verschuldens zugemutet werden kann, besteht vielmehr folgender Zusammenhang: je ungünstiger sich das **Verhältnis zwischen Sanierungskosten und Verkehrswert** darstellt, desto gewichtiger müssen die entgegenstehenden Umstände sein, die es dem Vermieter trotz bestehendem Missver- 2068

3205 BGH, 20.07.2005 – VIII ZR 342/03, NZM 2005, 820 = InfoM 2005, 246 = NJW 2005, 3284 = MDR 2006, 199 (Wohnraum).

3206 BGH, 20.07.2005 – VIII ZR 342/03, NZM 2005, 820 = InfoM 2005, 246 = NJW 2005, 3284 = MDR 2006, 199 (Wohnraum); LG Dresden, 14.06.2007 – 4 S 640/06, IMR 2008, 13.

3207 BGH, 26.09.1990 – VIII ZR 205/89, NJW-RR 1991, 204.

3208 BGH, 20.07.2005 – VIII ZR 342/03, NZM 2005, 820 = InfoM 2005, 246 = NJW 2005, 3284 = MDR 2006, 199 (Wohnraum); OLG Hamburg, 06.09.2000 – 4 U 15/00, LNR 2000, 20374 = NZM 2002, 343.

3209 LG Dresden, 14.06.2007 – 4 S 640/06, IMR 2008, 13.

3210 LG Dresden, 14.06.2007 – 4 S 640/06, IMR 2008, 13.

3211 BGH, 21.04.2010 – VIII ZR 131/09, NZM 2010, 507 = WuM 2010, 348 = NJW 2010, 2050 = MDR 2010, 798; BGH, 20.07.2005 – VII ZR 342/03, NZM 2005, 820 = Info M 2005, 246 = NJW 2005, 3284 (Wohnraum); OLG Karlsruhe, NJW-RR 1995, 849, 850; OLG Hamburg, NZM 2002, 343, 344; LG Dresden, 14.06.2007 – 4 S 640/06, NZM 2008, 165: Elbe-Hochwasser 2002 – Muss zerstörte Wohnung für Mieter wieder hergestellt werden?

3212 BGH, 21.04.2010 – VIII ZR 131/09, NZM 2010, 507 = WuM 2010, 348 = NJW 2010, 2050 = MDR 2010, 798; BGH, 02.10.1987 – V ZR 140/86, NJW 1988, 699 unter III 2b; OLG Hamburg, NZM 2002, 343, 344.

hältnis zwischen Sanierungskosten und Verkehrswert verwehren sollen, sich auf den Einwand der wirtschaftlichen Unzumutbarkeit (§ 275 Abs. 2 BGB) zu berufen.[3213] Ein auffälliges Missverhältnis indiziert eine Überschreitung der Zumutbarkeitsgrenze.[3214] Lässt es der Vermieter schuldhaft zu einem „Reparaturstau" kommen, kann es ihm nach Treu und Glauben verwehrt sein, sich auf den Einwand aus § 275 Abs. 2 BGB zu berufen, weil er dann die Höhe der Sanierungskosten zu vertreten hat.[3215] Auch wenn der Vermieter bei einer – aufwändigen – Gebäudesanierung die maßgeblichen Ursachen dafür setzt, dass sich die zuvor ordnungsgemäßen Mieträume im Sommer übermäßig aufheizen, hat er diesem Mangel der Mietsache selbst dann abzuhelfen, wenn zwischen den aufzuwendenden Kosten und der vereinbarten Miete ein krasses Missverhältnis besteht.[3216] Auf die Grundsätze einer Leistungsfreiheit infolge Überschreitens der Opfergrenze oder auf ein treuwidriges Wiederherstellungsverlangen kann sich der Vermieter dann schon wegen seines **eigenen Verursachungsbeitrags** nicht berufen.[3217] Hier kommt es immer auf den Einzelfall an.

Die **Rechtsfolgen** sind abhängig vom Verschulden. Im Einzelnen gilt Folgendes:

a) Untergang von keiner Seite zu vertreten

2069   Vermieter und Mieter werden von ihren vertraglichen Hauptpflichten – Gebrauchsgewährung/Mietzahlung – nach § 275 Abs. 1 BGB (Vermieter) bzw. § 326 Abs. 1 BGB (Mieter) frei; der Mieter kann wegen Nichtgewährung des Gebrauchs gem. § 543 Abs. 1 Nr. 2 BGB fristlos kündigen, er muss es aber nicht, da das Mietverhältnis ohnehin automatisch endet.

b) Untergang vom Vermieter zu vertreten

2070   Der Mieter kann Schadensersatz statt der Leistung fordern (§§ 280 Abs. 3, 283, 280 Abs. 1 BGB) oder vom Vertrag zurücktreten (§ 326 Abs. 4 BGB). Außerdem ist eine fristlose Kündigung nach § 543 Abs. 2 Nr. 1 BGB wegen Nichtgewährung des Gebrauchs möglich.

c) Untergang vom Mieter zu vertreten

2071   Leistungspflicht des Vermieters erlischt nach § 275 BGB, er behält aber nach § 326 Abs. 2 Satz 1 BGB den Anspruch auf Zahlung für die restliche Vertragslaufzeit, der gem. § 326 Abs. 2 Satz 2 BGB gekürzt werden kann. Weitere mögliche Ansprüche folgen aus §§ 538, 280 BGB auf Schadensersatz wegen verschuldeter Überschreitung des vertragsgemäßen Gebrauchs, ggf. auch aus § 823 Abs. 1 BGB und § 823 Abs. 2 BGB. Der Mieter kann nicht mindern oder kündigen.[3218]

[3213] BGH, 21.04.2010 – VIII ZR 131/09, NZM 2010, 507 = WuM 2010, 348 = NJW 2010, 2050 = MDR 2010, 798.
[3214] BGH, 21.04.2010 – VIII ZR 131/09, NZM 2010, 507 = WuM 2010, 348 = NJW 2010, 2050 = MDR 2010, 798.
[3215] Eisenschmid, in: Schmidt-Futterer, § 536 BGB Rn. 504; angedeutet, aber wegen Tatbestandsdefiziten nicht abschließend beurteilt in BGH, 21.04.2010 – VIII ZR 131/09, NZM 2010, 507 = WuM 2010, 348 = NJW 2010, 2050 = MDR 2010, 798 Rn. 27 ff.
[3216] OLG Naumburg, 13.10.2009 – 9 U 45/09, NZM 2011, 35.
[3217] OLG Naumburg, 13.10.2009 – 9 U 45/09, NZM 2011, 35.
[3218] BGH, 26.11.1997 – XII ZR 28/96, NZM 1998, 117 = NJW 1998, 594 m.w.N.

d) Untergang von beiden Parteien zu vertreten

Es ist ein Ausgleich über § 242 BGB zu suchen,[3219] wobei eine Ausgleichspflicht des Mieters und ein etwaiges Minderungsrecht ins Verhältnis zu setzen sind.

3. Mängel und unverhältnismäßiger Mängelbeseitigungsaufwand

Eine Ausnahme vom grundsätzlichen Mangelbeseitigungsanspruch des Mieters. Kann die Überschreitung der sog. „**Opfergrenze**" (Zumutbarkeitsgrenze) darstellen, d.h., die dafür erforderlichen Aufwendungen dürfen nicht unverhältnismäßig hoch sein. Wann das der Fall ist, muss im Einzelfall „unter Berücksichtigung der beiderseitigen Parteiinteressen wertend ermittelt werden"; es darf kein „**krasses Missverhältnis**" entstehen zwischen Reparaturaufwand einerseits und Mieteinnahmen, Mieternutzen und Wert des Mietobjekts andererseits.[3220]

Danach lässt sich eine Überschreitung der „Opfergrenze" nicht aus einer bloßen Gegenüberstellung zwischen Sanierungskosten und Verkehrswert herleiten; erforderlich ist eine **Würdigung aller Umstände**; bei der Bestimmung der dem Schuldner zuzumutenden Anstrengungen ist auch ein etwaiges Verschulden des Schuldners zu berücksichtigen (§ 275 Abs. 2 Satz 2 BGB).[3221] Es geht also bei der Abwägung nicht nur um „das Rechnerische".

Zwischen der Frage, wie sich die Sanierungskosten und der Verkehrswert des Objekts „rechnerisch" zueinander verhalten, und der Frage, ob dem Vermieter die Beseitigung des Mangels unter Berücksichtigung der beiderseitigen Parteiinteressen und eines etwaigen Verschuldens zugemutet werden kann, besteht vielmehr folgender Zusammenhang: je ungünstiger sich das Verhältnis zwischen Sanierungskosten und Verkehrswert darstellt, desto gewichtiger müssen die entgegenstehenden Umstände sein, die es dem Vermieter trotz bestehendem Missverhältnis zwischen Sanierungskosten und Verkehrswert verwehren sollen, sich auf den Einwand der wirtschaftlichen Unzumutbarkeit (§ 275 Abs. 2 BGB) zu berufen.[3222] Entsprechendes gilt für Mieteinnahmen.

Beispiel:

Bei einer Abdichtung eines zur Nutzung als Lager, Werkstatt, Aufenthaltsraum, Büro und WC vermieteten Kellers einer Zahnarztpraxis mit Sanierungskosten von 68.399,32 € und noch 10-jähriger Laufzeit und einer monatlichen Nettokaltmiete von 1.142,51 € wird der Nutzwert der (Keller-) Teilfläche von 51 m² bei insgesamt 125,04 m² Mietfläche erheblich gesteigert, sodass die Zumutbarkeitsgrenze noch nicht überschritten ist.[3223]

3219 BGH, 08.12.1980 – II ZR 48/80, MDR 1981, 562.
3220 BGH, 21.04.2010 – VIII ZR 131/09, NZM 2010, 507 = WuM 2010, 348 = NJW 2010, 2050 = MDR 2010, 798; BGH, 20.07.2005 – VII ZR 342/03, NZM 2005, 820 = Info M 2005, 246 = NJW 2005, 3284 (Wohnraum); OLG Karlsruhe, 30.12.1994 – 19 U 113/94, NJW-RR 1995, 849, 850; OLG Hamburg, NZM 2002, 343, 344; LG Dresden, 14.06.2007 – 4 S 640/06, NZM 2008, 165: Elbe-Hochwasser 2002 – Muss zerstörte Wohnung für Mieter wieder hergestellt werden?
3221 BGH, 21.04.2010 – VIII ZR 131/09, NZM 2010, 507 = WuM 2010, 348 = NJW 2010, 2050 = MDR 2010, 798; BGH, 02.10.1987 – V ZR 140/86, NJW 1988, 699 unter III 2b; OLG Hamburg, NZM 2002, 343, 344.
3222 BGH, 21.04.2010 – VIII ZR 131/09, NZM 2010, 507 = WuM 2010, 348 = NJW 2010, 2050 = MDR 2010, 798.
3223 KG, 05.07.2010 – 12 U 172/09, GuT 2010, 218 = IMR 2010, 431.

2075 Ein auffälliges Missverhältnis indiziert eine Überschreitung der Zumutbarkeitsgrenze.[3224] Lässt es der Vermieter schuldhaft zu einem „**Reparaturstau**" kommen, kann es ihm nach Treu und Glauben verwehrt sein, sich auf den Einwand aus § 275 Abs. 2 BGB zu berufen, weil er dann die Höhe der Sanierungskosten zu vertreten hat.[3225] Hier kommt es immer auf den Einzelfall an.

VII. Taktische Hinweise zum Zurückbehaltungs- und Minderungsrecht

1. Kündigungsrisiko

2076 Laufen rechnerisch zwei Mieten auf, ist der Vermieter nach § 543 Abs. 2 Nr. 3 BGB grds. zur fristlosen Kündigung berechtigt. Ob die Kündigung wirksam ist, ist eine andere Frage. War der Mieter berechtigt, die Miete wegen Mängeln zurückzubehalten oder zu mindern, wird das Mietverhältnis mangels wirksamer Kündigung nicht beendet. Die Minderung kann vom Mieter aber auch **zu hoch angesetzt** worden sein, sodass trotz grds. Minderungsrecht die Kündigung bestehen bleibt. Erschwerend kommt hinzu, dass sich dies alles i.d.R. erst bei Abschluss des Räumungsverfahrens zeigt – also in einem Stadium, das eigentlich keiner der Vertragspartner gewünscht hat und wo es v.a. für Korrekturen zu spät sein kann.

2. Haftungsrisiko für Anwälte und Verwalter

2077 Das Prozessrisiko für Mandanten und das Haftungsrisiko für Mieter-Anwälte, aber auch für Immobilienverwalter, die Mieter beraten, ist daher nicht zu unterschätzen. Die „Wohltat" des § 569 Abs. 3 Nr. 2 BGB – Nachzahlung der offenen Beträge binnen eines Monats nach Klagezustellung – kommt schon nach dem Wortlaut der Norm nur Wohnraummietern zugute.[3226] Das **Risiko eines Rechts- oder Tatsachenirrtums** liegt nach der „Mieterverein-Entscheidung" des BGH grds. beim Schuldner, also dem Mieter, soweit es um Zahlungspflichten geht und zwar auch dann, wenn der Irrtum zur Kündigung führt.[3227] Es reicht für eine **Beschränkung des Kündigungsrechts** nicht aus, dass der Vermieter meistens in der Lage sein soll, einen raschen Geldeingang durch eine Urkundenklage herbeizuführen,[3228] weil damit ein Fehler in der einen Sphäre voll zu einem wirtschaftlichen Risiko in der anderen Sphäre führt. Auf jeden Fall gilt dies keinesfalls im gewerblichen Mietrecht, weil dort keine sozialen Schutzkomponenten bestehen.

2078 Wer als Berater den Mieter **nicht über die drohenden Risiken aufklärt** und/oder – etwa nach erfolgloser Mängelbeseitigung des Vermieters – nicht (erneut) die notwendigen Schritte erläutert (also etwa erneute Mängelanzeige), kann daher aus § 280 BGB wegen Verletzung einer vertraglichen (Neben-) Pflicht auf Schadensersatz haften.

3224 BGH, 21.04.2010 – VIII ZR 131/09, NZM 2010, 507 = WuM 2010, 348 = NJW 2010, 2050 = MDR 2010, 798.
3225 Eisenschmid, in: Schmidt-Futterer, Mietrecht, 9. Aufl., § 536 BGB Rn. 504; angedeutet, aber wegen Tatbestandsdefiziten nicht abschließend beurteilt in BGH, 21.04.2010 – VIII ZR 131/09, NZM 2010, 507 = WuM 2010, 348 = NJW 2010, 2050 = MDR 2010, 798 Rn. 27 ff.
3226 Vgl. dazu Nies, NZM 2000, 1133.
3227 BGH, 25.10.2006 – VIII ZR 102/06, NZM 2007, 35 = WuM 2007, 24 = GuT 2007, 36 (LS) = MDR 2007, 454 (Wohnraum) und dem Mieterverein als Erfüllungsgehilfe.
3228 So Blank, NZM 2007, 788, 795.

Der BGH führt dazu aus:³²²⁹

„Unabhängig davon wirft das Berufungsgericht dem Beklagten [= dem Anwalt des Mieters; Anm. d. Verf.] zu Recht auch vor, er habe es versäumt, den Kläger [= den Mieter] nach Mängelbeseitigung durch den Vermieter auf die Voraussetzungen fortgesetzter Minderung hinzuweisen, insbesondere deren Höhe den fortbestehenden oder erneut aufgetretenen Mängeln anzupassen. Nach diesen Mängeln hätte sich der Beklagte notfalls beim Kläger erkundigen müssen. Der Beklagte hätte das Kündigungsrisiko verdeutlichen und eine erneute Mängelanzeige vorschlagen müssen (vgl. hierzu OLG Düsseldorf. ZMR 1987, 376; 1991, 24[...]). Ohne diese Anzeige war eine Rechtsverteidigung gegen die Kündigung durch den Vermieter erheblich gefährdet.

Hinsichtlich der Kausalität der unterlassenen Beratung in Bezug auf die erneute Mängelanzeige für den Schaden zieht das Berufungsgericht neben der für diesen Fall behaupteten Vorgehensweise des Klägers mehrere Möglichkeiten seines Verhaltens in Betracht, ohne – wie die Beschwerde bemerkt – hierzu nähere Feststellungen zu treffen. Wie der Senat nach Einlegung der Beschwerde mehrfach entschieden hat, ist dies jedoch, auch bei Prüfung eines Feststellungsantrages, dann rechtlich nicht zu beanstanden, wenn alle Möglichkeiten des beratungsgerechten Verhaltens im Ergebnis gleich den geltend gemachten Schaden vermieden hätten (vgl. BGH, Urt. v. 29.09.2005 – IX ZR 104/01, BGH-Report 2006, 164, 165; v. 19.01.2006 – IX ZR 232/01, WM 2006, 927, 930). So liegt es nach tatrichterlicher Feststellung des Berufungsgerichts auch hier für die wirksame Kündigung des Mietvertrages und die hieraus zugesprochenen Schäden und Ersatzpflichten."

Bezogen auf den Mieter, der die Miete mindert, bedeutet dies:

Der Mieter kommt auch dann **schuldhaft in Zahlungsverzug**, wenn er irrig davon ausgeht, dass er seine Mietzahlungen trotz eines vereinbarten Minderungsausschlusses kürzen darf. Das gilt auch dann, wenn der Irrtum des Mieters auf einen falschen anwaltlichen Rat über die Wirksamkeit seines formularmäßigen Minderungsausschlusses zurückgeht, und wenn der Anwalt bei „sorgfältiger" Prüfung erkennen kann, dass der (hier: eindeutige) Minderungsausschluss wirksam ist.³²³⁰ Der Anwalt muss aber nur Entscheidungsgrundlagen vermitteln, er muss keine vollständige rechtliche Analyse fertigen.³²³¹

3. Vorschläge zur Risikominimierung

Taktisch kann zur allseitigen Absicherung wie folgt vorgegangen werden:

- **Variante 1 („normaler Weg")**: Dem Vermieter werden die Mängel schriftlich angezeigt. Gleichzeitig erfolgt die Fristsetzung zur Mängelbeseitigung mit Minderungs- und Zurückbehaltungsandrohung. Bei Nichtbefolgung droht Minderung/Zurückbehalt. Dem Mieter wird schriftlich empfohlen, die gekürzten Beträge zur Seite zu legen. Der Anwalt weist frühzeitig auf das Risiko der fristlosen Kündigung hin und dokumentiert dies sorgfältig. Falls die Kündigung ausgesprochen und Räumungs-Zahlungsklage erhoben wird und der Mieter am Bestand des Mietverhältnisses festhalten will, muss entweder das Verfahren in der Hoffnung auf Klageabweisung durchgeführt oder eine Einigung mit dem Vermieter (die i.d.R. Verzicht auf Mieterrechte bedingt) gesucht werden.

3229 BGH, 27.09.2007 – IX ZR 86/04, WuM 2007, 625 = GuT 2007, 376 (LS).
3230 OLG Frankfurt am Main, 09.06.2005 – 12 U 4/05, InfoM 2005, 250.
3231 BGH, 01.03.2007 – IX ZR 261/03, GuT 2007, 376.

- **Variante 2 („sicherer Weg")**: Zunächst wie oben, der Mieter kürzt aber nicht, sondern weist den Vermieter auf sein Minderungsrecht hin und zahlt den auf die Minderung entfallenden Teil der Miete ausdrücklich unter Vorbehalt. Dann tätigt er eine Ersatzvornahme mit anschließender Klage auf Rückzahlung der aufgewendeten Kosten und der unter Vorbehalt gezahlten Beträge durch den Vermieter. Der Vorteil liegt hier darin, dass nicht lange auf die Mängelbeseitigung gewartet werden muss.
- **Variante 3 („teurer Weg")**: Zunächst wie Variante 1, der Mieter klagt aber dann auf Mängelbeseitigung und Feststellung, dass er zur Minderung der Miete berechtigt ist. Gleichzeitig Zahlung der Miete nur unter Vorbehalt.

VIII. Häufige Praxisprobleme

1. Enttäuschte (Gewinn-) Erwartungen und Umsatzeinbußen, Leerstand in Einkaufszentren

a) Grundsatz: Mieter/Pächter trägt ohne besondere Vereinbarung das wirtschaftliche Risiko

2082 Enttäuschte Umsatz- oder Gewinnerwartungen spielen v.a. bei neu errichteten **Einkaufszentren** oder **Ladenpassagen** eine Rolle, die entgegen ursprünglicher Anpreisungen „nicht laufen". Der Mieter versucht dann i.d.R., die ausbleibende Kundschaft als Mangel zu deklarieren und darüber eine Minderung oder eine fristlose Kündigung durchzusetzen.

Äußere Einflüsse können nach ständiger Rechtsprechung nur dann einen Fehler i.S.v. § 536 BGB begründen, wenn sie zu einer unmittelbaren Beeinträchtigung der Mietsache führen. Das ist grds. nicht gegeben, wenn nur das **allgemeine unternehmerische Verwendungs- und Gewinnerzielungsrisiko** betroffen ist, da die geschäftliche Entwicklung allein in den Risikobereich des Mieters als Unternehmer fällt und es ihm allein obliegt, die Erfolgsaussichten eines Geschäfts abzuschätzen.[3232] Dazu gehört bei der gewerblichen Miete v.a. die Chance, mit dem Mietobjekt Gewinne erzielen zu können, was auch das Risiko einer Veränderung der Mieterstruktur im Umfeld des Mietobjekts umfasst.[3233] Erfüllt sich die Gewinnerwartung des Mieters

---

[3232] BGH, 17.03.2010 – XII ZR 108/08, GuT 2010, 100, Rn. 17 = IMR 2010, 226 = NZM 2010, 364 = InfoM 2010, 275; BGH, 03.03.2010 – XII ZR 131/08, GuT 2010, 97 = IMR 2010, 227, 228 = NZM 2010, 361 = InfoM 2010, 219; BGH, NZM 2002, 659; BGH, 19.07.2000 – XII ZR 176/98, NZM 2000, 1005, 1007 = MDR 2001, 22 = NJW-RR 2000, 1535 und XII ZR 252/98, NZM 2000, 1008; BGH, 16.02.2000 – XII ZR 279/97, NJW 2000, 1714 = NZM 2000, 492 = WuM 2000, 1012 = MDR 2000, 821 = IBR 2000, 396 = ZfIR 2000, 351; OLG Düsseldorf, 04.05.2010 – 24 U 195/09, GuT 2010, 203 = IMR 2010, 331 = InfoM 2010, 220: Kaffeestube mit Backwaren im Einkaufszentrum; OLG Frankfurt am Main, 02.11.2009 – 2 U 124/09, GuT 2010, 205; OLG Düsseldorf, 03.05.2005 – I-24 U 223/04, GuT 2006, 25; OLG Rostock, 30.04.1998 – 7 U 123/97, OLGR 1999, 46; OLG Frankfurt am Main, 14.11.1994 – 4 U 64/93, OLGR 1995, 1; LG Berlin, 04.08.2008 – 12 O 812/07, NZM 2008, 844 = IMR 2009, 205 = InfoM 2009, 17; bestätigt durch KG, 13.10.2008 und 01.12.2008 – 20 U 176/08, InfoM 2009, 17: im Berliner Ostbahnhof halten nach Neueröffnung des Hauptbahnhofs sehr viel weniger Züge; LG Braunschweig, 06.11.2009 – 8 O 856/09, IMR 2010, 332: Wegfall des Ankermieters.
[3233] BGH, 17.03.2010 – XII ZR 108/08, GuT 2010, 100, Rn. 17 = IMR 2010, 226 = NZM 2010, 364 = InfoM 2010, 275; BGH, 21.09.2005 – XII ZR 66/03, GuT 2006, 19 = NZM 2006, 54 = MDR 2006, 506 = NJW 2006, 899: Spielbank, in: Einkaufscenter.

nicht, so verwirklicht sich damit ein typisches Risiko des gewerblichen Mieters, das dieser nicht nachträglich auf den Vermieter verlagern kann.[3234]

Der Vermieter ist in seinen betriebswirtschaftlichen Entscheidungen und somit insb. bei der Auswahl der Mieter und der Gestaltung der Mietverhältnisse frei, sodass er grds. nicht gehindert ist, dass Umfeld des Mieters dadurch zu verändern, indem er die **Mieterstruktur ändert**,[3235] es sei denn, er hat dem Mieter einen bestimmten Mietermix zugesichert oder anderweitig bindende Absprachen getroffen. Selbst ein Mieter, dessen Büroräume als hochwertig vermarktet wurden, hat ohne besondere vertragliche Vereinbarung keinen **Anspruch auf einen bestimmten Mietermix** oder ein bestimmtes Milieuniveau.[3236] Der Mieter muss daher, wenn keine entgegenstehenden Vereinbarungen getroffen wurden, jederzeit damit rechnen, dass sich das Umfeld des von ihm gemieteten Geschäfts zu seinen Ungunsten ändert. Will der Mieter sich gegen derartige Veränderungen schützen, kann er dies durch Absprachen im Mietvertrag tun, so wie es bei Konkurrenzschutzklauseln schon lange üblich ist.[3237]

2083

Wirtschaftliche Not des Mieters aufgrund von Umfeldveränderungen scheidet damit grds. als Grund für Gewährleistungsansprüche, also auch eine fristlose oder ordentliche Kündigung aus. Ein Standardfall sind hier Einkaufszentren, die entgegen ursprünglicher Anpreisungen nicht laufen: Der **Leerstand von Ladenlokalen in einem Einkaufszentrum** ist kein Sachmangel.[3238] Es handelt sich lediglich um mittelbare (negative) Einflüsse, die nicht der vermieteten Sache anhaften, sondern von außen mittelbar auf die Mietsache einwirken und daher keinen Fehler der Mietsache darstellen. Das wirtschaftliche Risiko bei der Anmietung eines Ladenlokals in einem noch zu errichtenden Einkaufszentrum liegt allein beim Mieter.[3239] Entsprechendes gilt für die Anmietung im bereits bestehenden Center.

2084

Eine **abweichende Risikoverteilung** ist möglich, setzt jedoch eine ausdrückliche Vereinbarung voraus. Liegt eine solche Vereinbarung nicht vor, ist für die Anwendung der Grundsätze des Fehlens oder des Wegfalls der Geschäftsgrundlage kein Raum.[3240]

Bei enttäuschten Erwartungen sind grds. folgende Ansprüche denkbar:

2085

- Minderung der Miete wegen eines **Mangels** oder des Fehlens einer zugesicherten Eigenschaft gem. § 536 BGB.

3234 BGH, 21.09.2005 – XII ZR 66/03, GuT 2006, 19 = NZM 2006, 54 = MDR 2006, 506 = NJW 2006, 899: Spielbank, in: Einkaufscenter.
3235 LG Braunschweig, 06.11.2009 – 8 O 856/09, IMR 2010, 332.
3236 BGH, 15.10.2008 – XII ZR 1/07, IMR 2009, 84 = GuT 2009, 24 = NZM 2009, 124 = InfoM 2009, 118: Arbeitsagentur im hochwertigen Bürohochhaus.
3237 LG Braunschweig, 06.11.2009 – 8 O 856/09, IMR 2010, 332.
3238 BGH, 21.09.2005 – XII ZR 66/03, GuT 2006, 19 = NZM 2006, 54 = MDR 2006, 506 = NJW 2006, 899: Spielbank, in: Einkaufscenter; BGH, 16.02.2000 – XII ZR 279/97, NJW 2000, 1714 = NZM 2000, 492 = WuM 2000, 1012 = MDR 2000, 821 = IBR 2000, 396 = ZfIR 2000, 351; OLG Düsseldorf, 04.05.2010 – 24 U 195/09, GuT 2010, 203 = IMR 2010, 331 = InfoM 2010, 220: Kaffeestube mit Backwaren; OLG Saarbrücken, 22.12.2004 – 8 W 286/04, GuT 2005, 169; OLG Naumburg, 13.12.1996 – 6 U 126/96, NZM 1998, 373 = WuM 1997, 675; OLG Düsseldorf, 13.12.1990 – 10 U 84/90, ZAP EN-Nr. 177/91 = MDR 1991, 446.
3239 BGH, 03.03.2010 – XII ZR 131/08, GuT 2010, 97 = IMR 2010, 227, 228 = NZM 2010, 361 = InfoM 2010, 219.
3240 BGH, 21.09.2005 – XII ZR 66/03, GuT 2006, 19 = NZM 2006, 54 = MDR 2006, 506 = InfoM 2006, 86.

- Kündigung wegen **Nichtgewährung** bzw. **Entzug des vertragsgemäßen Gebrauchs** gem. § 543 Abs. 2 Nr. 1 BGB bei Verschulden des Vermieters.
- Kündigung wegen **Störung der Geschäftsgrundlage** gem. § 313 BGB.
- Kündigung wegen **Verschuldens des Vermieters bei Vertragsschluss** gem. § 311 Abs. 2 BGB (Verletzung vorvertraglicher Aufklärungspflicht).
- Anfechtung wegen arglistiger Täuschung („große Versprechungen"; ausführlich zur Anfechtung → Rn. 2448 ff.).

2086 Für die **Störung der Geschäftsgrundlage** ist es entscheidend, dass es sich um Umstände handelt, die beide Geschäftspartner gemeinsam als wesentlich eingestuft haben. Umstände, die ausschließlich in die Risikosphäre einer Partei fallen, begründen keinen Anspruch. Wenn der Vermieter das erfolgreiche Funktionieren des Shopping-Centers vertraglich besonders betont, z.B. durch diverse „Integrationspflichten", kann dies ausnahmsweise Geschäftsgrundlage sein.

Beispiele:

Konkrete Regelung des Warensortiments, detaillierte Öffnungszeiten, insb., wenn dies auch noch sanktionsbewehrt ist (Vertragsstrafe). Umsatzeinbußen einer Gaststätte wegen nicht möglicher Nutzung der Außenflächen (Bestuhlung), die durch den Wiederaufbau eines abgebrannten Nachbargebäudes verursacht sind, begründen mangels Anspruchsgrundlage keinen Schadensersatzanspruch.[3241]

Praxistipp:

Will der Mieter sich gegen spätere wirtschaftliche Schwierigkeiten absichern, kann er bei Vertragsschluss ein Sonderkündigungsrecht vereinbaren, das an seinen Umsatz oder andere Messfaktoren gekoppelt ist.[3242] Zumindest wenn der Vermieter mehrere Mietinteressenten hat, kann ein solches Verlangen aber auch gefährlich sein, da der Mieter dadurch zu verstehen gibt, dass er womöglich selbst nicht an seine Geschäftsidee glaubt, was auf die Entscheidungspsychologie des Vermieters sicherlich Einfluss hat. Alternativ können die Parteien eine Umsatzmiete vereinbaren, bei der die Miethöhe an Umsatz oder Gewinn des Mieters gekoppelt ist.

Praxistipp für Immobilienverwalter:

Verwalter von Einkaufszentren sollten unbedingt darauf achten, dass im Mietvertrag ausdrücklich klargestellt wird, dass das unternehmerische Risiko beim Mieter bleibt. Geschieht dies trotz Einbindung in ein strenges Gesamtkonzept durch AGB, kann dies aber gem. § 307 BGB unwirksam sein. Sicherer ist eine individuelle Vereinbarung.

b) Ausnahmen, Risikoverlagerung auf den Vermieter/Verpächter

2087 Für eine Risikoverlagerung auf den Vermieter ist eine **vertragliche Vereinbarung erforderlich**, die auch konkludent erfolgen und sich aus einer Auslegung des Mietvertrags ergeben

---

3241 OLG Bamberg, 09.12.1998 – 8 U 53/98, NZM 1999, 1004.
3242 Muster s. Pützenbacher/Kupjetz, NZM 2003, 140, 142.

kann.³²⁴³ Es muss also entweder dem Mieter im Mietvertrag gem. § 536 Abs. 2 BGB **zugesichert** worden sein, dass sich das Umfeld nicht ändert bzw. in einem bestimmten Maße entwickeln wird, oder der Vermieter gibt zu erkennen, dass er sich am Risiko des Mieters beteiligen will.

aa) Zugesicherte Eigenschaft

Selbst wenn in **Prospekten** oder im **Mietvertrag** Angaben zu Erfolgserwartungen gemacht werden, sind dies im Zweifel nicht Zusicherungen, sondern nur anpreisende Angaben oder Objektbeschreibungen ohne Bindungswillen des Betreibers.³²⁴⁴ Maßstab ist das gesamte Vertragswerk einschließlich aller Begleitumstände, aus dem sich deutlich ergeben muss, dass der Vermieter das wirtschaftliche Risiko des Mieters mittragen will. 2088

Grds. keine **zusicherungsfähigen Eigenschaften** sind bei Vermietung eines Ladenraums in einem Einkaufszentrum die Vollbelegung bzw. Vollvermietung des Zentrums oder das Vorhandensein von Parkplätzen in dessen Umgebung.³²⁴⁵ Zwar wird die Vollvermietung eines Einkaufszentrums für den Mieter des einzelnen Ladenlokals regelmäßig von erheblicher Bedeutung sein; es handelt sich aber nicht um Umstand, der dem Mietobjekt als „Eigenschaft" anhaftet, denn es fehlt an dem notwendigen Bezug zu der Beschaffenheit des Mietobjekts, in der die Bedeutung und die Auswirkungen der „Umweltbeziehungen auf die Mietsache ihren Grund haben müssten.³²⁴⁶ Ob und in welchem Umfang die Lage eines Einkaufszentrums vom Publikum angenommen wird, beurteilt sich aufgrund von Umständen, die außerhalb des Mietobjekts liegen und ihre Ursache eben nicht in seiner Beschaffenheit haben.³²⁴⁷ 2089

Angaben des Vermieters vor Vertragsabschluss über **voraussichtliche Umsätze** des gewerblichen Mietobjekts können nicht ohne Weiteres als Eigenschaftszusicherungen i.S.v. § 536 Abs. 2 BGB gewertet werden.³²⁴⁸ Entsprechendes gilt für Erträge, Rentabilität, Kundefrequenzen, Besucherströme u.Ä., da diese Prognosen nicht unmittelbar der Mietsache anhaften, sondern (nur) deren Nutzwert betreffen.³²⁴⁹ Hat bspw. ein Umsatzrückgang seinen Grund nicht in der Beschaffenheit des Mietobjektes selbst, sondern tritt nur dadurch in Erscheinung, dass Umstände herangezogen werden, die außerhalb der Mietsache liegen, handelt es sich nicht um eine Eigenschaft i.S.v. § 536 Abs. 2 BGB. 2090

3243 BGH, 03.03.2010 – XII ZR 131/08, GuT 2010, 97 = IMR 2010, 227, 228 = NZM 2010, 361 = InfoM 2010, 219; BGH, 21.09.2005 – XII ZR 66/03, GuT 2006, 19 = NZM 2006, 54 = MDR 2006, 506 = NJW 2006, 899: Spielbank, in: Einkaufscenter.

3244 Keckemeti, NZM 1999, 115.

3245 LG Duisburg, 16.03.2010 – 6 O 121/09, IMR 2010, 284: Keine unmittelbare Beeinträchtigung der generellen Nutzbarkeit oder Erreichbarkeit einer gemieteten Tiefgarage durch darüber befindliches und leer stehendes Einkaufszentrum; LG Braunschweig, 06.11.2009 – 8 O 856/09, IMR 2010, 332: Wegfall des Ankermieters.

3246 LG Duisburg, 16.03.2010 – 6 O 121/09, IMR 2010, 284.

3247 BGH, 16.02.2000 – XII ZR 279/97, NJW 2000, 1714 = NZM 2000, 492 = WuM 2000, 1012 = MDR 2000, 821 = IBR 2000, 396 = ZfIR 2000, 351; LG Duisburg, 16.03.2010 – 6 O 121/09, IMR 2010, 284.

3248 OLG Hamburg, 22.10.1997 – 4 U 130/96, NZM 1998, 307 = ZAP EN-Nr. 155/98 = NJW-RR 1998, 1091 = MDR 1998, 340 = ZMR 1998, 221.

3249 Ebenso Sternel, Mietrecht aktuell, Rn. VIII 32; s.a. OLG Düsseldorf, 17.09.2002 – 24 U 1/02, Gut 2003, 59 = WuM 2003, 138 = DWW 2003, 68: Mitgliederzahlen im Fitnessstudio.

2091 Für eine **Zusicherung** reicht es ohne weitergehende Erklärungen nicht aus, wenn der Vermieter für die Zeit ab Übergabe des Mietobjekts bis zum Tage vor der Eröffnung des Einkaufszentrums nur 60 % bzw. 55 % der Miete verlangt, da dies nur für die Bau-/Umbau- oder Eröffnungsphase gilt und nichts über den Fall eines zukünftigen Leerstandes oder eines Einstellen des Betriebs aussagt.[3250] Auch die Vereinbarung einer Umsatzmiete spricht nicht für eine Zusicherung.[3251]

Eine **Klausel im Mietvertrag**, wonach nach Mietbeginn auftretende Geschäftsbehinderungen keine Ansprüche auf Mietminderung oder Schadensersatz auslösen sollen, schließt die Zusicherung einer Vollvermietung u.Ä. aus.[3252]

bb) Ausdrückliche oder konkludente Risikoverlagerung

2092 Für eine – ggf. konkludent vereinbarte – Risikoverlagerung auf den Vermieter gilt: Die Parteien können jederzeit vor oder nach Vertragsschluss die Risikoverteilung ändern und vereinbaren, dass der Vermieter das Geschäftsrisiko des Mieters – ganz oder z.T. – übernimmt. Ob das der Fall ist, ist durch **Auslegung** der getroffenen Vertragsvereinbarungen zu ermitteln. Allein der Umstand, dass auch der Vermieter von einem wirtschaftlichen Erfolg des Projekts ausgeht, verlagert das Verwendungs- und Gewinnerzielungsrisiko für das einzelne gemietete Geschäft in dem Einkaufszentrum nicht von dem Mieter auf den Vermieter.[3253] Denn dieser trägt seinerseits ohnehin das gesamte Vermietungsrisiko und damit die Gefahr, bei einem Scheitern des Projekts seine Investitionen zu verlieren.[3254]

2093 Die folgenden Regelungen im Mietvertrag sprechen gegen eine Risikoüberbürdung auf den Vermieter:[3255]

„Aus der Beendigung anderer Mietverhältnisse kann der Mieter keine Rechte herleiten. Ebenso kann der Mieter keine Ansprüche daraus geltend machen, dass im Geschäftshaus Flächen noch nicht vermietet sind bzw. leer stehen. Außerdem kann der Mieter aus einer Änderung des Branchen- und Mietermixes keinerlei Ansprüche – gleich aus welchem Rechtsgrund – herleiten. ... Der Vermieter behält sich ... Änderungen in der Belegung der Mietflächen vor. Er haftet ferner nicht dafür, dass in dem Geschäftshaus bestimmte Mieter oder Branchen vertreten sind."

2094 In Betracht kommt eine **konkludente Risikoverlagerung**, wenn der Vermieter durch die **Begründung eines Gesamtkonzeptes**, in das die einzelnen Mieter finanziell und mit Betriebspflichten vertraglich eingebunden werden, eine Gesamtverkaufsstrategie entwickelt, mit wel-

---

3250 LG Duisburg, 16.03.2010 – 6 O 121/09, IMR 2010, 284.
3251 LG Duisburg, 16.03.2010 – 6 O 121/09, IMR 2010, 284.
3252 LG Duisburg, 16.03.2010 – 6 O 121/09, IMR 2010, 284.
3253 BGH, 03.03.2010 – XII ZR 131/08, GuT 2010, 97 = IMR 2010, 227, 228 = NZM 2010, 361 = InfoM 2010, 219; BGH, 21.09.2005 – XII ZR 66/03, GuT 2006, 19 = NZM 2006, 54 = MDR 2006, 506 = NJW 2006, 899; OLG Düsseldorf, 19.02.2009 – 10 U 142/08, GuT 2009, 179 = IMR 2009, 201 = InfoM 2009, 382 = NZM 2010, 477 zur Frage, ob der Mieter einer Bäckereifiliale in einem aus dieser, einem Lebensmitteldiscounter als Hauptmieter und einer Metzgerei bestehenden Einkaufszentrum das Mietverhältnis kündigen kann, wenn der Hauptmieter seinen Geschäftsbetrieb faktisch einstellt.
3254 BGH, 21.09.2005 – XII ZR 66/03, GuT 2006, 19 = NZM 2006, 54 = MDR 2006, 506 = NJW 2006, 899: Spielbank, in: Einkaufscenter; BGH, 19.07.2000 – XII ZR 176/98, NZM 2000, 1005, 1007 = MDR 2001, 22 = NJW-RR 2000, 1535, 1536.
3255 LG Braunschweig, 06.11.2009 – 8 O 856/09, IMR 2010, 332.

cher er über die übliche Verwaltung und Koordinierung eines Einkaufszentrums hinaus ein eigenes unternehmerisches Risiko für alle Einzelgeschäfte übernimmt.[3256] Das kann äußerlich etwa durch einheitliche Gestaltung der Geschäfte und unternehmerisch durch ein Gesamtmanagement der Anlage geschehen.[3257] Daran sind aber grds. hohe Anforderungen zu stellen, da es sich um die Ausnahme von der Regel handelt.

Allein das Vorhandensein eines „**Ankermieters**" genügt dafür noch nicht, wenn keine anderen Umstände hinzukommen.[3258] Es genügt für die wirtschaftliche Risikoübernahme des **Vermieters als Center-Manager** in einem Einkaufszentrum auch nicht, dass er das Konzept entwickelt, die Mieter ausgesucht und die Läden vermietet hat.[3259] Regelungen im Mietvertrag über ein Center-Management und eine **Werbegemeinschaft**, deren Mitglieder alle Mieter sein sollen, rechtfertigen noch nicht die Annahme eines „Gesamtmanagements" mit Risikoübernahme, da dies die – in erster Linie verwaltungstechnische – Organisation betrifft und nicht zugleich eine Übernahme der umfassenden unternehmerischen Verantwortung für die Vermarktungsstrategie bedeutet.[3260] Auch eine Verpflichtung des Mieters, auf Anforderung des Vermieters Auskunft über seine Umsätze zu geben, genügt nicht.[3261] Der BGH hat allerdings ausdrücklich offengelassen, ob bei regelmäßiger, bspw. vierteljährlicher Mitteilungspflicht im Zusammenhang mit anderen Umständen etwas anderes gelten könnte.

Nicht ausreichend ist ferner die Übernahme von **Nebenkosten, die für die Gesamtanlage zu zahlen sind** (bspw. Kosten des Hauspersonals und zwar auch insoweit, als von diesen Leistungen für Instandhaltung und Hausverwaltung erbracht werden sowie Kosten für den Betrieb und die Wartung der Klimaanlage, für die Pflege der Außenanlagen, für die Instandhaltung und Instandsetzung der Gemeinschaftseinrichtungen und -flächen, die Kosten des Center-Managements und die der zur kaufmännischen und technischen Betreuung des Objekts durch vom Vermieter eingesetzten Verwalter).[3262] Denn der Mieter hat diese Kosten zu dem Zweck übernommen, auf diese Weise für den erhofften wirtschaftlichen Erfolg seines Geschäfts von der Gesamtattraktivität des Einkaufszentrums zu profitieren, sodass er dadurch seine Umsatzchancen steigert. Der Mieter erwirbt damit einen (durchsetzbaren) Anspruch gegen den Vermieter auf Verwendung der gezahlten Nebenkosten für die vorgesehene Gestaltung des Umfeldes innerhalb und außerhalb des Einkaufszentrums, jedoch ohne dass es zu einer Risikoverlagerung kommt.[3263] Die **Kumulation von Betriebs- und Offenhaltungspflicht, Sortimentsbindung**

2095

3256 BGH, 16.02.2000 – XII ZR 279/97, NJW 2000, 1714 = NZM 2000, 492 = WuM 2000, 1012 = MDR 2000, 821= IBR 2000, 396 = ZfIR 2000, 351.

3257 BGH, 16.02.2000 – XII ZR 279/97, NJW 2000, 1714 = NZM 2000, 492 = WuM 2000, 1012 = MDR 2000, 821= IBR 2000, 396 = ZfIR 2000, 351.

3258 Ähnlich und im Ergebnis ebenso LG Braunschweig, 06.11.2009 – 8 O 856/09, IMR 2010, 332.

3259 BGH, 19.07.2000 – XII ZR 176/98, NZM 2000, 1005, 1007 = MDR 2001, 22 = NJW-RR 2000, 1535 und XII ZR 252/98, NZM 2000, 1008.

3260 BGH, 16.02.2000 – XII ZR 279/97, NJW 2000, 1714 = NZM 2000, 492 = WuM 2000, 1012 = MDR 2000, 821= IBR 2000, 396 = ZfIR 2000, 351 unter II 3b cc.

3261 BGH, 16.02.2000 – XII ZR 279/97, NJW 2000, 1714 = NZM 2000, 492 = WuM 2000, 1012 = MDR 2000, 821= IBR 2000, 396 = ZfIR 2000, 351 unter II 3b cc.

3262 BGH, 16.02.2000 – XII ZR 279/97, NJW 2000, 1714 = NZM 2000, 492 = WuM 2000, 1012 = MDR 2000, 821= IBR 2000, 396 = ZfIR 2000, 351 unter II 3b cc.

3263 BGH, 16.02.2000 – XII ZR 279/97, NJW 2000, 1714 = NZM 2000, 492 = WuM 2000, 1012 = MDR 2000, 821= IBR 2000, 396 = ZfIR 2000, 351 unter II 3b cc.

sowie **Ausschluss von Konkurrenz- und Sortimentsschutz** lässt ebenfalls nicht ohne Weiteres den Rückschluss auf den Vermieterwillen zu, den Mieter von dem Risiko einer wirtschaftlich gewinnbringenden Nutzung des Ladengeschäfts zu entlasten.[3264]

Auch die Vereinbarung im Mietvertrag, **das „Gesamtinteresse" des Einkaufszentrums zu wahren**, begründet keine Fürsorgepflicht des Vermieters, ein verkaufsförderndes Umfeld herzustellen oder aufrechtzuerhalten, denn solche Vorgaben stehen im Interesse aller Mieter und sind geradezu unabdingbare Voraussetzung, die Attraktivität eines Einkaufszentrums zu sichern.[3265]

cc) Wegfall oder Störung der Geschäftsgrundlage

2096 Ausnahmsweise können die Grundsätze des Wegfalls bzw. der Störung der Geschäftsgrundlage gem. § 313 BGB in Betracht kommen, wenn sich der Vermieter am wirtschaftlichen Risiko des Mieters bewusst beteiligt[3266] oder bei fortdauerndem Mietverhältnis eine Existenzgefährdung des Mieters eintritt, die auf außergewöhnlichen und **nicht aus der Sphäre der Parteien stammenden Umständen** beruht.[3267] Grds. wird die Geschäftsgrundlage des Miet- oder Pachtvertrags durch enttäuschte Erwartungen des Mieters nicht berührt.[3268] Für eine Berücksichtigung von Störungen der Geschäftsgrundlage – etwa der beiderseitigen Vorstellung und sicheren Erwartung einer positiven Entwicklung eines Einkaufszentrums aufgrund der darin vorgesehenen Mieterstruktur und der Vollvermietung – ist nach höchstrichterlicher Rechtsprechung grds. insoweit kein Raum, als es um Erwartungen und Umstände geht, die nach den vertraglichen Vereinbarungen in den Risikobereich einer der Parteien fallen sollen.[3269] Es gilt also die Regel: Alles, was für den Mieter/Pächter auch nur mittelbar vorhersehbar war oder ursächlich in seiner Sphäre wurzelt, schließt Gewährleistungsansprüche aus.

2097 Im Verhältnis zwischen Vermieter und Mieter trägt jedoch – wie oben ausgeführt – grds. der Mieter das **Verwendungsrisiko** bzgl. der Mietsache.[3270] Die im Gewerberaummietrecht angelegte Risikoverteilung ändert sich nicht dadurch, dass das vermietete Geschäft in einem Einkaufszentrum liegt und nicht nur der Mieter, sondern auch der Vermieter erwartet, die notwendige geschäftsbelebende Funktion des Einkaufszentrums werde verwirklicht werden können.

3264 BGH, 03.03.2010 – XII ZR 131/08, GuT 2010, 97 = IMR 2010, 227, 228 = NZM 2010, 361 = InfoM 2010, 219.
3265 OLG Düsseldorf, 04.05.2010 – 24 U 195/09, GuT 2010, 203 = IMR 2010, 331 = InfoM 2010, 220: Kaffeestube mit Backwaren.
3266 BGH, 17.03.2010 – XII ZR 108/08, GuT 2010, 100 = IMR 2010, 226 = NZM 2010, 364 = InfoM 2010, 275; BGH, 03.03.2010 – XII ZR 131/08, GuT 2010, 97 = IMR 2010, 227, 228 = NZM 2010, 361 = InfoM 2010, 219; BGH, 21.09.2005 – XII ZR 66/03, GuT 2006, 19 = NZM 2006, 54 = MDR 2006, 506 = NJW 2006, 899: Spielbank in: Einkaufscenter; BGH, 16.02.2000 – XII ZR 279/97, NJW 2000, 1714 = NZM 2000, 492 (495) = WuM 2000, 1012 = MDR 2000, 821= IBR 2000, 396 = ZfIR 2000, 351.
3267 BGH, 19.04.1978 – VIII ZR 182/76, MDR 1978, 924 = NJW 1978, 2390; LG Braunschweig, 06.11.2009 – 8 O 856/09, IMR 2010, 332: Wegfall des Ankermieters (Ansprüche verneint); Neuhaus, Handbuch der Geschäftsraummiete, 3. Aufl. Rn. 911.
3268 OLG Frankfurt am Main, 02.11.2009 – 2 U 124/09, GuT 2010, 205.
3269 BGH, 21.09.2005 – XII ZR 66/03, GuT 2006, 19 = NZM 2006, 54 = MDR 2006, 506 = NJW 2006, 899: Spielbank in: Einkaufscenter.
3270 BGH, 03.03.2010 – XII ZR 131/08, GuT 2010, 97 = IMR 2010, 227, 228 = NZM 2010, 361 = InfoM 2010, 219; BGH, 21.09.2005 – XII ZR 66/03, GuT 2006, 19 = NZM 2006, 54 = MDR 2006, 506 = NJW 2006, 899; OLG Frankfurt am Main, 02.11.2009 – 2 U 124/09, GuT 2010, 205.

Die dem Mieter als Unternehmer abzuverlangende **Einschätzung der Erfolgsaussichten seines Geschäftes** in der gewählten Lage umfasst bei einem erst geplanten Einkaufszentrum neben der Chance, in einem später florierenden Zentrum erhöhte Gewinne zu erzielen, auch das Risiko eines Scheiterns des Gesamtprojekts mit entsprechenden negativen Folgen für das Einzelgeschäft.[3271] Nur der Umstand, dass auch der Vermieter von einem wirtschaftlichen Erfolg des Projekts ausgeht, verlagert – wie oben ausgeführt – das Verwendungs- und Gewinnerzielungsrisiko für das einzelne gemietete Geschäft in dem Einkaufszentrum nicht auf den Vermieter.

Eine **sphärenfremde Ursache**, die zur Anwendung des § 313 BGB führen kann, wird in der Praxis selten vorkommen (Beispiel: Bau einer Umgehungsstraße, durch die ein Einkaufszentrum vom Verkehr praktisch abgeschnitten wird), insb. greift dies nicht bei bloßer Insolvenzgefahr. Die Erhöhung eines Leerstandes von 20 % auf 40 % im Einkaufszentrum führt ohne verlagerte Risikoverteilung nicht zu einem Wegfall der Geschäftsgrundlage.[3272]

2098

Im Einzelfall kann die **Vertragsauslegung** ergeben, dass der Mietzins gemindert werden kann, wenn der Vermieter ein Gemeinschaftsprojekt verlässt und dadurch wesentlichen Publikumsverkehr beendet.[3273] Der Mieter kann auch wegen Verschulden des Vermieters bei Vertragsschluss zur außerordentlichen Kündigung berechtigt sein.[3274] Dem Vermieter obliegt dabei grds. eine Aufklärungspflicht ggü. dem Mieter hinsichtlich der Umstände, die – für den Vermieter erkennbar – von besonderer Bedeutung für die Anmietung der Mietsache durch den Mieter sind.[3275]

> **Praxistipp:**
> Will der Mieter sich gegen spätere wirtschaftliche Schwierigkeiten absichern, kann er bei Vertragsschluss ein Sonderkündigungsrecht vereinbaren, das an seinen Umsatz gekoppelt ist.[3276]

dd) Verschulden bei Vertragsschluss

Ausnahmsweise kann der Mieter wegen Verschuldens des Vermieters bei Vertragsschluss zur außerordentlichen Kündigung berechtigt sein.[3277] Dem Vermieter obliegt grds. eine **Aufklärungspflicht** ggü. dem Mieter hinsichtlich der Umstände, die – für den Vermieter erkennbar – von besonderer Bedeutung für die Anmietung der Mietsache durch den Mieter sind.[3278]

2099

3271 BGH, 21.09.2005 – XII ZR 66/03, GuT 2006, 19 = NZM 2006, 54 = MDR 2006, 506 = NJW 2006, 899: Spielbank, in: Einkaufscenter; LG Braunschweig, 06.11.2009 – 8 O 856/09, IMR 2010, 332: Wegfall des Ankermieters.
3272 BGH, 03.03.2010 – XII ZR 131/08, GuT 2010, 97 = IMR 2010, 227, 228 = NZM 2010, 361 = InfoM 2010, 219.
3273 OLG München, 02.07.1999 – 21 U 2362/99, NZM 2000, 1.
3274 BGH, 16.02.2000 – XII ZR 279/97, NJW 2000, 1714 = NZM 2000, 492 = WuM 2000, 1012 = MDR 2000, 821 = IBR 2000, 396 = ZfIR 2000, 351.
3275 BGH, 16.02.2000 – XII ZR 279/97, NJW 2000, 1714 = NZM 2000, 492 = WuM 2000, 1012 = MDR 2000, 821 = IBR 2000, 396 = ZfIR 2000, 351.
3276 Muster s. Pützenbacher/Kupjetz, NZM 2003, 140, 142.
3277 BGH, 16.02.2000 – XII ZR 279/97, IBR 2000, 396 = ZfIR 2000, 351 = NJW 2000, 1714 = MDR 2000, 821.
3278 BGH, 16.02.2000 – XII ZR 279/97, IBR 2000, 396 = ZfIR 2000, 351 = NJW 2000, 1714 = MDR 2000, 821.

2100 Es gehört jedoch nicht zu den vorvertraglichen Pflichten des Verpächters, den Pächter ungefragt über die Rentabilität des Pachtobjekts (hier: Parkhaus) aufzuklären.[3279] Fragt der Mieter jedoch, muss der Vermieter wahrheitsgemäß antworten. Falschangaben („Vollvermietung") werden dann i.d.R. zur Kündigung berechtigen. Der Mieter bzw. Pächter muss sich zur Abschätzung seines Verwendungsrisikos allerdings ggf. aussagekräftige betriebswirtschaftliche Umsatz- und Ertragszahlen aus der Zeit der Vorbetreiber vorlegen lassen.[3280]

Eine fristlose Kündigung kann der Mieter aber damit begründen, dass der Vermieter die **versprochene Entwicklung** des Gewerbegebietes, in dem das Mietobjekt „Laden" gelegen ist, zu einem Einkaufszentrum nicht umsetzt.[3281] Den Mieter/Pächter trifft die Darlegungs- und Beweislast für eine Aufklärungspflichtverletzung des Verpächters.[3282]

c) Rechtsprechungsübersicht zu Shopping-Centern (Auswahl)

2101

Kernaussage	Fundstelle
Dass zu Beginn des Mietverhältnisses ein Einkaufszentrum besseren Zulauf und auch der Betrieb des Mieters höhere Umsätze hatte und sich diese Umstände allmählich generell wie auch für den Mieter verschlechterten, bedeutet keinen Mangel der Mieträume.	OLG Düsseldorf, 04.05.2010 – 24 U 195/09, GuT 2010, 203 = IMR 2010, 331 = InfoM 2010, 220
Das wirtschaftliche Risiko bei der Anmietung eines Ladenlokals in einem noch zu errichtenden Einkaufszentrum liegt allein beim Mieter. Für eine **Risikoverlagerung** auf den Vermieter ist eine vertragliche Vereinbarung erforderlich, die auch konkludent erfolgen und sich aus einer Auslegung des Mietvertrags ergeben kann. Die Kumulation von Betriebs- und Offenhaltungspflicht, Sortimentsbindung sowie Ausschluss von Konkurrenz- und Sortimentsschutz lässt nicht ohne Weiteres den Rückschluss auf den Vermieterwillen zu, den Mieter von dem Risiko einer wirtschaftlich gewinnbringenden Nutzung des Ladengeschäfts zu entlasten. Die Erhöhung eines Leerstandes von 20 % auf 40 % im Einkaufszentrum führt ohne verlagerte Risikoverteilung nicht zu einem Wegfall der Geschäftsgrundlage für eine vereinbarte Betriebspflicht.	BGH, 03.03.2010 – XII ZR 131/08, GuT 2010, 97 = IMR 2010, 227, 228 = NZM 2010, 361 = InfoM 2010, 219

3279 OLG Düsseldorf, 03.11.2005 – I-24 U 103/05, GuT 2007, 88.
3280 OLG Düsseldorf, 14.12.2006 – I-10 U 74/06, GuT 2007, 13 = NJOZ 2007, 1082.
3281 OLG Frankfurt am Main, 04.03.2005 – 24 U 71/04, GuT 2005, 167.
3282 OLG Düsseldorf, 14.12.2006 – I-10 U 74/06, GuT 2007, 13 = NJOZ 2007, 1082.

Im Verhältnis zwischen Vermieter und Mieter trägt grds. der Mieter das **Verwendungsrisiko** bzgl. der Mietsache. Dazu gehört bei der gewerblichen Miete v.a. das Risiko, mit dem Mietobjekt Gewinne erzielen zu können. Erfüllt sich diese Erwartung nicht, so verwirklicht sich dann ein typisches Risiko des gewerblichen Mieters, das dieser nicht auf den Vermieter verlagern kann. Diese im Gewerberaummietrecht angelegte Risikoverteilung ändert sich nicht dadurch, dass das vermietete Geschäft in einem aus einem Lebensmitteldiscounter, einer Metzgerei- und der streitgegenständlichen Bäckereifiliale des Klägers bestehenden Einkaufszentrum liegt und nicht nur der Mieter, sondern auch der Vermieter erwartet, die notwendige geschäftsbelebende Funktion des Einkaufszentrums werde verwirklicht werden können. Wie auch in anderen Geschäftslagen fällt es in den Verantwortungsbereich des Mieters, als Unternehmer die Erfolgsaussichten eines Geschäftes in der gewählten Lage abzuschätzen. Das umfasst bei einem – wie hier – erst geplanten Einkaufszentrum neben der Chance, in einem später florierenden Zentrum erhöhte Gewinne zu erzielen, auch das Risiko eines **Scheiterns des Gesamtobjekts** mit entsprechenden negativen Folgen für das gemietete Einzelgeschäft. Allein der Umstand, dass auch der Vermieter von einem wirtschaftlichen Erfolg des Projekts ausgeht, verlagert das Verwendungs- und Gewinnerzielungsrisiko für das einzelne gemietete Geschäft in dem Einkaufszentrum nicht von dem Mieter auf den Vermieter.	OLG Düsseldorf, 19.02.2009 – 10 U 142/08; GuT 2009, 179 = IMR 2009, 201 = InfoM 2009, 382 = NZM 2010, 477 zur Frage, ob der Mieter einer Bäckereifiliale in einem aus dieser, einem Lebensmitteldiscounter als Hauptmieter und einer Metzgerei bestehenden Einkaufszentrum das Mietverhältnis kündigen kann, wenn der Hauptmieter seinen Geschäftsbetrieb faktisch einstellt.
Bäckerei im Einkaufszentrum; Risikoverteilung zu Umsatz und Gewinn; Störung der Geschäftsgrundlage: Die ungünstige **Umsatz- und Gewinnentwicklung** seines Geschäfts in einem Einkaufszentrum gehört zum Verwendungsrisiko des Mieters.	OLG Düsseldorf, 03.05.2005 – I-24 U 223/04, GuT 2006, 25
Der Mieter eines Geschäftslokals in einem Einkaufszentrum trägt regelmäßig auch dann das Geschäftsrisiko, wenn sich die **geschäftsbelebende Funktion** des Einkaufszentrums nicht wie erwartet verwirklicht.	OLG Saarbrücken, 22.12.2004 – 8 W 286/04, GuT 2005, 169
Ein Dessous-Geschäft brachte nicht die erwarteten Umsätze, der Mieter berief sich auf den nicht überdachten Zugang, nur 200 vorhandene Parkplätze und den halb leeren Gesamtzustand des Centers. Der BGH lehnte Gewährleistungsansprüche ab, da das Mietobjekt selbst keine Mängel hatte und die Zusagen des Vermieters sich **nur auf Gewinnchancen** des Ladens, nicht aber auf (zugesicherte) Eigenschaften bezogen.	BGH, 16.02.2000 – XII ZR 279/97, NJW 2000, 1714 = NZM 2000, 492 = WuM 2000, 1012

Der Fall betraf dasselbe Shopping-Center wie BGH, 16.02.2000 – XII ZR 279/97, nur dass es hier um ein Geschäft für Spielwaren und Kindermoden ging, das vom Mieter wegen **schlechter Akzeptanz** des Centers gar nicht erst übernommen wurde. Eine Kündigung wegen Wegfalls der Geschäftsgrundlage verneinte der BGH, da keine Anhaltspunkte vorlagen, dass der Vermieter das grds. dem Mieter obliegende wirtschaftliche Risiko übernommen habe.	BGH, 19.07.2000 – XII ZR 176/98, NZM 2000, 1005
Keine Mietminderung, wenn Einkaufszentrum in „**Billigzentrum**" mit anderer Käuferschicht umgewandelt wird.	BGH, NJW 1981, 2405
Ausnahmsweise **fristlose Kündigung** des Ladenmieters, weil Vollvermietung des neu errichteten Centers mit entsprechendem Kundenzustrom nicht erreicht wurde (Achtung: Einzelfallentscheidung wegen besonderer Vertragsumstände!).	OLG Koblenz, 11.10.1988, NJW-RR 1989, 400
Kein Mietmangel des Objekts, keine zugesicherte Eigenschaft, kein Wegfall der Geschäftsgrundlage wegen **enttäuschter Umsatzerwartungen** bei einer Apotheke, die im Hinblick auf die später unterbliebene Errichtung einer Markthalle auf derselben Ebene angemietet worden war.	OLG München, NJWE-MietR 1996, 154 = ZMR 1996, 256
Kein Mietmangel des Objekts, keine zugesicherte Eigenschaft, kein Wegfall der Geschäftsgrundlage wegen enttäuschter Umsatzerwartungen im Hinblick auf ein **Fachmarktkonzept** (hier: Schuhfachmarkt).	OLG Naumburg, NZM 1998, 373

2. Temperaturprobleme, „Unerträgliche" Raumtemperaturen

a) Überblick

2102 Der **Klimawandel** ist nicht nur ein ökologisches und volkswirtschaftliches Problem, sondern wird bereits vorhandene mietrechtliche Probleme noch weiter verschärfen. Heiße Sommer mit erhöhten Durchschnittstemperaturen von 1 – 3 Grad Celsius sollen künftig zunehmen und länger anhalten. Zu sehr **aufgeheizte Räume** haben bereits in der Vergangenheit die Gerichte beschäftigt, die Klagequote wird zwangsläufig zusammen mit den Durchschnittstemperaturen steigen.

2103 Nach § 535 Abs. 1 Satz 2 BGB ist der Vermieter verpflichtet, dem Mieter die Mietsache in einem zum vertragsgemäßen Gebrauch geeigneten Zustand zu überlassen und in diesem Zustand zu erhalten. Die Erhaltungspflicht gibt dem Mieter grds. nur einen Anspruch auf **Erhaltung des vertragsgemäßen Gebrauchs**, nicht aber auf Verbesserungen oder Modernisierungen der Mietsache oder Herstellung des technisch neuesten Zustands. D.h. im Umkehrschluss, dass der Mieter nur dann einen Anspruch auf bautechnische Veränderungen wegen zu hoher oder zu niedriger Temperaturen in seinen Räumen hat, wenn diese einen Mangel darstellen. Wie oben ausgeführt (dazu → *Rn. 2082 ff.*), können äußere Einflüsse nach ständiger Rechtsprechung nur dann einen Mangel begründen, wenn sie zu einer **unmittelbaren Beeinträchtigung der Miet-**

sache führen und – weil ein Mangel erheblich sein muss – auch über eine bestimmte Zeit und nicht nur kurzfristig auftreten.

b) **Meinungsstreit**

Zu der Frage, ob die Mietsache i.S.e. negativen Abweichung des Ist-Zustands vom Soll-Zustand (dazu → *Rn. 2021 ff.*) beeinträchtigt ist, stehen sich zwei Meinungen ggü.: 2104

aa) **Objektbezogene Meinung**

Nach Auffassung diverser Gerichte kommt es auf nicht-mietrechtliche Anforderungen nicht an, sodass sommerliche Hitze durch Sonneneinstrahlung in einem nicht baurechtswidrigen Gebäude einen Teil des allgemeinen Lebensrisikos und keinen Mangel darstellt, soweit der Vermieter nicht erkennbar eine Klimatisierung oder besondere Dämmung des Gebäudes zugesagt hat.[3283] Die Beurteilung, ob wegen Aufheizung eines Gebäudes aufgrund Sonneneinstrahlung ein Mangel der Mietsache vorliegt, richtet sich danach nach den vertraglichen (ggf. konkludenten) Vereinbarungen und dem baulichen Zustand des Gebäudes, nicht aber nach der Arbeitsstättenverordnung, deren Vorgaben sich nur an Arbeitgeber richten. Enthält der Vertrag keine besonderen Vereinbarungen, und ist das Gebäude weder erkennbar baurechtswidrig noch entgegen den allgemein anerkannten Regeln der Technik errichtet worden, liegt schon begrifflich kein Mangel vor. Zu prüfen ist, ob bautechnisch die Voraussetzungen vorliegen, dass die sog. „Sonneneintragswerte" nach der zum Zeitpunkt der Errichtung geltenden DIN (hier: DIN 4108-2, Abschn. 8) eingehalten werden. Ist dies der Fall, so hat ein Mieter ohne vertragliche Vereinbarung keinen Anspruch auf nachträgliche bauliche Veränderung des Gebäudes durch Einbau einer Klimaanlage, einer Dach- oder Fassadendämmung oder durch Einbau von Jalousien oder Fensterläden. Folgerichtig besteht auch kein Mietminderungs- oder Kündigungsrecht. 2105

Der Arbeitgeber (= Mieter) kann zwar seine sich aus der Arbeitsstättenverordnung ergebenden öffentlich-rechtlichen Pflichten auf den Vermieter abwälzen, allerdings nur durch eine ausdrückliche Vereinbarung, wofür eine Büronutzung als vereinbarter Mietzweck nicht ausreicht.[3284]

bb) **Personenbezogene Meinung**

Ein nicht unbeträchtlicher Teil der Rechtsprechung stellt bei der Prüfung, ob ein Mangel bei zu hohen Temperaturen vorliegt, zumindest mittelbar auf die Soll-Vorschrift des **§ 6 ArbStättV i.V.m. der Arbeitsstättenrichtlinie Raumtemperatur** ASR 6/1.3.3 ab, wonach die Innentemperaturen in Arbeitsräumen + 26 Grad Celsius nicht überschreiten sollen, wobei bei höheren 2106

[3283] OLG Karlsruhe, 17.12.2009 – 9 U 42/09, GuT 2010, 212 = IMR 2010, 98 = InfoM 2010, 123 = MDR 2010, 564: mehr als 26°C im ca. 80 Jahre alten Gebäude sind noch vertragsgemäß; OLG Frankfurt am Main, 19.01.2007 – 2 U 106/06; NZM 2007, 330 = IMR 2007, 219: 30°C im Büro sind noch vertragsgemäß; LG Duisburg, 18.03.2008 – 4 O 441/03, IMR 2008, 415, 416; Herrlein, NZM 2007, 719.
[3284] OLG Karlsruhe, 17.12.2009 – 9 U 42/09, GuT 2010, 212 = IMR 2010, 98 = InfoM 2010, 123 = MDR 2010, 564.

Außentemperaturen ab + 32 Grad Celsius eine entsprechende Anpassung erfolgen soll.[3285] Gewerblich gemietete Räume müssen danach auch ohne ausdrückliche Abrede so beschaffen sein, dass die nach dem Vertragszweck vorgesehene Nutzung darin in zulässiger Weise ausgeübt werden kann, § 535 Abs. 1 Satz 2 BGB. Sobald der Vertragszweck vorsieht, dass auch Menschen in den Räumen arbeiten oder sich darin aufhalten, genügt es nicht bereits, dass das Objekt bautechnisch den anerkannten Regeln der Technik entspricht. Vielmehr müssen die Räume so beschaffen sein, dass in ihnen Arbeitnehmer beschäftigt werden können und die Arbeits- und Aufenthaltsbedingungen nicht aufgrund des Bauzustands in unzuträglicher Weise beeinträchtigt werden. Zur Bestimmung der Temperaturgrenzen wird dabei auf die Arbeitsstättenverordnung zurückgegriffen.[3286] Danach soll die Lufttemperatur in Arbeitsräumen + 26 Grad Celsius nicht überschreiten. Liegt eine dauerhafte Überschreitung vor, begründet dies einen Mangel.[3287] Abgestellt wird dafür zum einen auf die Soll-Vorschrift des § 6 ArbStättV[3288] i.V.m. der Arbeitsstättenrichtlinie Raumtemperatur ASR 6[3289] in der jeweils bei Mietvertragsabschluss geltenden Fassung, wonach die Innentemperaturen in Arbeitsräumen 26 Grad Celsius nicht überschreiten sollen, wobei bei höheren Außentemperaturen ab 32 Grad Celsius eine entsprechende lineare Anpassung erfolgen soll. Zum anderen wird auf die DIN 1946-2 zurückgegriffen, wonach raumlufttechnische Anlagen so auszurichten sind, dass bei einer Außentemperatur von 32 Grad Celsius eine Raumtemperatur von 26 Grad Celsius erzielt wird.[3290] Einschränkend stellt man aber fest, dass eine schematische Beurteilung mit 26 Grad Celsius als „Grenzwert" unzulässig und die Obergrenze eines behaglichen Raumklimas im Einzelfall unter Beachtung aller relevanten Umstände zu ermitteln ist.[3291] Dabei ist zum einen zu klären, wie intensiv die Temperaturüberschreitung ist. Zum anderen darf es sich nicht nur um kurzzeitige Unzuträglichkeiten bei extremen Außentemperaturen handeln. Außerdem ist der Nutzungszweck der Räume zu berücksichtigen.

> **Hinweis:**
>
> Die Technischen Regeln für Arbeitsstätten (ASR) geben den Stand der Technik, Arbeitsmedizin und Arbeitshygiene sowie sonstige gesicherte arbeitswissenschaftliche Erkenntnisse für das Einrichten und Betreiben von Arbeitsstätten wieder. Sie werden vom Ausschuss für

---

3285 KG, 28.04.2008 – 8 U 209/07, IMR 2008, 273 = InfoM 2008, 329: Unterschreitung von mind. 20°C Raumtemperatur; OLG Hamm, 28.02.2007 – 30 U 131/06, IMR 2007, 183 = InfoM 2007, 122 f.; OLG Naumburg, 17.06.2003 – 9 U 82/01, NJW-RR 2004, 299; KG, 11.03.2002 – 8 U 9211/00, NZM 2002, 917; KG, 02.09.2002 – 8 U 146/01, GE 2003, 48; OLG Rostock, 29.12.2000 – 3 U 83/96, NZM 2001, 425; OLG Hamm, 18.10.1994 – 7 U 132/93, OLGR 1995, 1; OLG Köln, 28.10.1991 – 2 U 185/90, NJW-RR 1993, 466.

3286 Maßgeblich ist dann die zum Zeitpunkt des behaupteten Mangels geltende Fassung der Vorschrift.

3287 OLG Hamm, 28.02.2007 – 30 U 131/06, IMR 2007, 183 = InfoM 2007, 122; KG, 11.03.2002 – 8 U 9211/00, NZM 2002, 917; KG, 02.09.2002 – 8 U 146/01, GE 2003, 48; OLG Rostock, 29.12.2000 – 3 U 83/96, NZM 2001, 425; OLG Hamm, 18.10.1994 – 7 U 132/93, OLGR 1995, 1; OLG Köln, 28.10.1991 – 2 U 185/90, NJW-RR 1993, 466.

3288 Gem. § 8 Abs. 2 der Arbeitsstättenverordnung v. 12.08.2004 (BGBl. I, S. 2179) gelten die im Bundesarbeitsblatt bekannt gemachten Arbeitsstättenrichtlinien bis zur Überarbeitung durch den Ausschuss für Arbeitsstätten und der Bekanntmachung entsprechender Regeln durch das Bundesministerium für Wirtschaft und Arbeit, längstens jedoch sechs Jahre nach Inkrafttreten dieser Verordnung, fort.

3289 V. 08.05.2001, BArbBl. 6-7/2001, S. 94.

3290 LG Bielefeld, 16.04.2003 – 3 O 411/01, IBR 2003, 474.

3291 OLG Hamm, 28.02.2007 – 30 U 131/06, IMR 2007, 183 = InfoM 2007, 122.

Arbeitsstätten (ASTA) ermittelt bzw. angepasst und vom Bundesministerium für Arbeit und Soziales nach § 7 der Arbeitsstättenverordnung im Gemeinsamen Ministerialblatt bekannt gegeben.

In der neuen am 23.06.2010 bekannt gemachten Arbeitsstättenregel ASR A3.5[3292] ist für Außenlufttemperaturen von über +26 Grad Celsius ein Stufenmodell mit Schutzmaßnahmen für die Beschäftigten enthalten. Demnach können Beschäftigte bei Lufttemperaturen in Arbeitsräumen in den Stufen bis +30 Grad Celsius bis +35 Grad Celsius und auch darüber hinaus dort weiter tätig sein, vorausgesetzt der Arbeitgeber ergreift geeignete Schutzmaßnahmen.

Gem. § 8 Abs. 2 Arbeitsstättenverordnung gilt mit Bekanntmachung der neuen Technischen Regel für Arbeitsstätten ASR A3.5 „Raumtemperatur" die alte Arbeitsstätten-Richtlinie (ASR) ASR 6 „Raumtemperaturen" als aufgehoben.

cc) Vermittelnde Ansicht

Nach einer vermittelnden Ansicht ist eine schematische Beurteilung mit 26 Grad Celsius als „Grenzwert" unzulässig und die Obergrenze eines behaglichen Raumklimas im Einzelfall unter Beachtung aller relevanten Umstände zu ermitteln.[3293] Wenn „Beschaffenheitsmerkmale" des Mietobjekts bereits eine saisonale Überhitzung nahe legen (Glasdach, hohe zur Sonnenseite gelegene Fenster), hat der Mieter Anlass, dies zum Thema der Vertragsverhandlungen zu machen; unterlässt er dies, so nimmt der das Risiko der Überhitzung auf sich, sodass die Klimatisierung der Räume seine Sache ist.[3294] Fehlen die Anhaltspunkte bei Mietbeginn, soll die ArbStättV ein Indiz dafür sein, ob ein bestimmter Grad der Überhitzung noch hinnehmbar ist; bei Überschreitung der Grenzwerte soll eine Vermutung für eine zu starke Aufheizung und damit für einen Mangel sprechen.[3295]

2107

dd) Stellungnahme

Zu folgen ist nicht in allen Teilen der Begründung, aber im Ergebnis der personenbezogene Meinung, weil die Nutzung zum vertragsgemäßen Gebrauch nicht nur baulich, sondern personell zu beurteilen ist, was der Gesetzgeber auch durch § 569 BGB (Gesundheitsgefährdung) zum Ausdruck bringt. Der Gebrauch ist schon begrifflich ein aktives Tun, nämlich das Nutzen der Räume zu beruflichen Zwecken, um also darin zu arbeiten. Dies wiederum bedingt, dass die Personen auch in der Lage sein müssen, ihre Tätigkeit ungehindert auszuüben, was nicht der Fall ist, wenn sie sich dadurch schädigen oder gefährden können. Dies hat der Gesetzgeber mittelbar durch die Arbeitsstättenverordnung definiert. Das mietrechtliche Regulativ dazu liegt in der Erheblichkeit des Mangels, sodass nur kurze Hitzezeiten darüber von vornherein aussortiert werden.

2108

[3292] A3.5 – Raumtemperatur Regeln für Arbeitsstätten vom Juni 2010, GMBl. Nr. 35 v. 23.06.2010, S. 751.
[3293] OLG Hamm, 28.02.2007 – 30 U 131/06, IMR 2007, 183 = InfoM 2007, 122 f.; Sternel, Mietrecht aktuell, VII Rn. 206.
[3294] Sternel, Mietrecht aktuell, VII Rn. 206.
[3295] Sternel, Mietrecht aktuell, VII Rn. 206.

2109 Die personenbezogene Meinung ist aber weiter dahin zu korrigieren, dass die ArbStättV immer nur einen Orientierungspunkt für Temperaturen vorgibt, weil sie schon nach ihrer Zielrichtung nur den Arbeitgeber, also im Mietrecht den Mieter und nicht den Vermieter verpflichtet. Entsprechendes gilt für die DIN 1946-2, die sich mit der Wirkung technischer Anlagen beschäftigt und damit für nicht klimatisierte Räume überhaupt keine Aussagekraft hat. Zudem „soll" nach Nr. 3.3 ASR die Lufttemperatur in Arbeitsräumen + 26 Grad Celsius nicht überschreiten, und bei darüber liegender Außentemperatur darf in Ausnahmefällen die Lufttemperatur höher sein, sodass die Vorschrift selbst schon Ausnahmen zulässt.

> **Hinweis:**
> Liegen Baumängel vor oder fehlen (noch nicht einen Baumangel begründende) Vorrichtungen, die üblicherweise eine Aufheizung verhindern und im konkreten Fall geboten sind (Sonnenschutz, Beschattungsanlage), so kommen beide Meinungen zum selben Ergebnis, dass der Vermieter haftet.

2110 Mängel des Objekts bestehen grds. auch dann, wenn nur **Teilflächen** betroffen sind. In diesen Fällen kann aber nur bzgl. dieser Flächen gemindert werden. Ob eine Kündigung gerechtfertigt ist, hängt davon ab, welche Bedeutung die Teilflächen für den Betrieb des Mietergeschäfts haben.

Beispiel:
Genügt ein Schulungsraum für das Malerhandwerk von ca. 60 m² im Sommer auf Dauer nicht den Anforderungen der Arbeitsstättenverordnung v. 12.08.2004, so handelt es sich auch dann um einen Mangel, wenn die Fläche des Raums nur knapp 10 % der gemieteten Gesamtfläche ausmacht.[3296]

> **Praxistipp:**
> Der Vermieter kann grds. seine Haftung ausschließen (dazu → Rn. 2225 ff.). Da die herrschende Meinung aber eine Beeinträchtigung des vertragsgemäßen Gebrauchs annimmt und es damit um eine Kardinalpflicht des Vermieters geht, sind AGB-Klauseln bedenklich und werden i.d.R. unwirksam sein, sodass individuell verhandelt werden sollte. Die Klausel sollte zudem konkret Bezug auf das Thema Aufheizung bzw. Temperaturen nehmen. Eine Alternative ist der Hinweis auf eine mögliche Aufheizung der Räume, da der Mieter dann gem. § 536b BGB wegen Vorab-Kenntnis keine Gewährleistungsrechte mehr geltend machen kann.

Beispiel:
„Dem Mieter ist bekannt, dass sich die Räume bei höheren Außentemperaturen und/oder Sonneneinstrahlung aufheizen können."

c) Ausschluss von Ansprüchen wegen Kenntnis bei Vertragsschluss

2111 Weiß der Mieter bereits bei Abschluss des Vertrages, dass sich die Räume längere Zeit und übermäßig aufheizen oder im Winter zu kalt sein können oder weiß er es infolge grober Fahr-

---

3296 OLG Düsseldorf, 07.03.2006 – I-24 U 112/05, GuT 2006, 136.

lässigkeit nicht, ist sein Minderungsrecht gem. § 536b BGB ausgeschlossen (s. dazu ausführlich → *Rn. 2045 ff.* mit Beispielsfall zu Raumtemperaturen). Das OLG Frankfurt am Main hat dazu Folgendes festgestellt:[3297]

> „Dass ein Glasdach über dem Großraumbüro und an dem Gebäude insgesamt große Fensterflächen vorhanden waren und dass die Räume im dritten Stock unter dem Dach liegen, war der Klägerin (= Mieterin) von Anfang an bekannt. Dies waren die Faktoren, die der Sachverständige als Ursachen hoher Temperaturen in den Büroräumen feststellen konnte. Bei einem solchen Gebäude kann insbes. im Dachbereich nicht damit gerechnet werden, dass die Temperaturen im Spätfrühling, Sommer und Frühherbst stets 6 Grad Celsius unter der Außentemperatur bleiben. Nach § 536b Satz 1 und 2 BGB wäre die Klägerin mit einem solchen Mangel ausgeschlossen, der sich ihr nach allgemeiner Lebenserfahrung hätte aufdrängen müssen, da nicht vorgetragen ist, dass die Bekl. den „Mangel" arglistig verschwiegen hat."

Abgestellt wird damit zu Recht auf die **Lebenserfahrung**. Bautechnischer Sachverstand kann von einem Mieter nicht verlangt werden. Ebenso wenig kann aus einer fehlenden Klimatisierung auf eine Inkaufnahme höherer Temperaturen oder einen Rechtsverzicht geschlossen werden, da eine Vollklimatisierung in Deutschland kein Standard ist.[3298]

d) Zu kalte Räume

Es gelten im Prinzip die Ausführungen zu überhitzten Räumen – nur umgekehrt. Der Vermieter schuldet eine Raumtemperatur von mindestens 20 Grad Celsius, sofern nichts Abweichendes vereinbart ist. Nicht nur kurzfristige Unterschreitungen begründen Gewährleistungsrechte. Raumtemperaturen unter **20 Grad Celsius** müssen im Sommer (hier: an zwei Julitagen) hingenommen werden.[3299] Der Mieter ist nicht zur fristlosen Kündigung berechtigt, wenn weder eine Gesundheitsgefährdung vorliegt noch das Wohlbefinden beeinträchtigt ist.

2112

e) Rechtsfolgen, Darlegungs- und Beweislast

Folgt man der personenbezogenen Meinung, kann der Mieter gem. § 536 BGB **mindern** und bei erheblichen Beeinträchtigungen auch wegen Gesundheitsgefährdung gem. § 569 BGB bzw. Entzug/Nichtgewährung des vertragsgemäßen Gebrauchs gem. § 543 Abs. 2 Nr. 1 BGB **fristlos kündigen**, wobei hier aber zwingend ein vorheriges Abhilfeverlangen erforderlich ist. Da es sich um einen Mangel handelt, der sich nur periodisch erheblich auf die Gebrauchstauglichkeit der Mietsache auswirkt, ist die Miete auch nur in diesem Zeitraum kraft Gesetzes herabgesetzt.[3300] Der Mieter hat zudem einen Anspruch auf Mängelbeseitigung, also ggf. den **Einbau technischer Vorrichtungen**, die eine Aufheizung verhindern.

2113

Eine **außerordentliche fristlose Kündigung** aus wichtigem Grund kommt jedoch nicht mehr in Betracht, wenn der Mangel nach Ablauf der vom Mieter gesetzten Beseitigungsfrist (hier: jahreszeitlich bedingt, nach Ablauf der Sommermonate) nicht mehr besteht.[3301]

2114

3297 OLG Frankfurt am Main, 19.01.2007 – 2 U 106/06, NZM 2007, 330 = IMR 2007, 219.
3298 So auch Herrlein, NZM 2007, 719.
3299 OLG Düsseldorf, 25.10.2001 – 10 U 122/00, ZMR 2002, 46.
3300 BGH, 15.12.2010 – XII ZR 132/09.
3301 KG, 02.09.2002 – 8 U 146/01, GE 2003, 48.

2115 Folgende **Minderungsquoten** wurden z.B. ausgeurteilt:

Kernaussage:	Quote:	Entscheidung:
Zur Herstellung einer Raumtemperatur **von mehr als 20 Grad Celsius** besteht aber **kein Anspruch**. Dies gilt auch in Ansehung des Umstands, dass in den Räumen überwiegend sitzende, bewegungsarme Tätigkeiten ausgeübt werden (Anwaltskanzlei).	0 %	OLG München, 21.11.2000 – 5 U 2889/00, NZM 2001, 382
Raumtemperaturen oberhalb von 26 Grad Celsius bzw. von mehr als 6 Grad Celsius unter Außentemperatur bedeuten einen Mangel der Mietsache.	16,5 % der Nettomiete einschl. USt.	OLG Rostock, 29.12.2000 – 3 U 83/96, NZM 2001, 425
Raumtemperaturen in den Wintermonaten in einer Kaffee- und Bierbar liegen regelmäßig deutlich unter 20 Grad Celsius.	35 %	KG, 11.03.2002 – 8 U 9211/00, GE 2002, 730 = NZM 2002, 917

2116 Außerhalb des reinen Mietrechts ergibt sich aus der Diskussion die baurechtliche Frage, ob bei Neubauten im Schlüsselfertigbau der Bauträger/Generalunternehmer nicht auch ohne vertragliche Vereinbarung – also immer – **den Einbau von Klimaanlagen** schuldet, weil er sonst ein von vornherein mangelhaftes Gewerk abliefert. Man wird dies verneinen müssen, da werkvertraglich nicht automatisch die Maßstäbe des Mietrechts mit vereinbart sind. Jedenfalls sind Rückgriffsansprüche des Geschäftsraum-Bauherrn, dessen Mieter mindert/kündigt/Beseitigung fordert, gegen seinen Bauunternehmer durchaus denkbar, wenn dieser nicht vor oder bei Bauvertragsabschluss zumindest auf die Problematik aufmerksam gemacht hat.

2117 Die **Darlegungs- und Beweislast** für Höhe und Dauer der Temperaturen trifft den Mieter. Ohne die Angabe, wann welche Temperaturen in den Mieträumen auf welche Weise gemessen wurden, lässt sich nicht feststellen, ob und wie lange eine erhebliche Gebrauchsbeeinträchtigung vorgelegen hat, die einen ordnungsgemäßen Geschäftsbetrieb nicht zugelassen hätte.[3302] Erforderlich sind grds. **Protokolle, die sich über einen gewissen Zeitraum erstrecken**, da kurze Zeiten nur einen unerheblichen Mangel dokumentieren würden. Grds. sind auch Messungen in verschiedenen Bereichen der Räumlichkeiten zu fordern.

f) **Formulierungsvorschlag zum möglichen Klageantrag**

2118 Ein Klageantrag eines Mieters kann – wenn man der herrschenden Meinung folgt – wie folgt formuliert werden:

[3302] OLG Karlsruhe, 17.12.2009 – 9 U 42/09, GuT 2010, 212 = IMR 2010, 98 = InfoM 2010, 123 = MDR 2010, 564; KG, 12.03.2001 – 12 U 8765/99, GuT 3/02, 77.

Formulierungsvorschlag: Klageantrag

„Die Beklagte wird verurteilt, in dem dem Kläger überlassenen Mietobjekt ......-Straße in 44......... in den Räumen, in denen Mitarbeiter tätig sind, die bautechnischen Voraussetzungen dafür zu schaffen, dass bei einer Außentemperatur bis zu 32 Grad Celsius die Innentemperatur regelmäßig 26 Grad Celsius nicht übersteigt und bei höheren Außentemperaturen die Innentemperatur regelmäßig mindestens 6 Grad Celsius unter der Außentemperatur liegt, ohne dass hierdurch das derzeitige äußere Erscheinungsbild des Gebäudes wesentlich geändert wird, insbesondere die Fensterflächen durch feste Elemente geschlossen werden."

g) Rechtsprechungsübersicht zur Raumtemperatur in Geschäftsräumen

Kernaussage	Fundstelle
Setzt der Vermieter gelegentlich einer – aufwändigen – Gebäudesanierung maßgebliche Ursachen dafür, dass sich die zuvor ordnungsgemäßen Miträume im Sommer – auch nach der fortgeltenden Arbeitsstätten-Richtlinie Raumtemperatur ASR 6 betrachtet – übermäßig aufheizen, hat er diesem Mangel der Mietsache selbst dann abzuhelfen, wenn zwischen den aufzuwendenden Kosten und der vereinbarten Miete ein krasses Missverhältnis besteht. Auf die Grundsätze einer Leistungsfreiheit infolge Überschreitens der Opfergrenze oder auf ein treuwidriges Wiederherstellungsverlangen (hier: vor Sanierung mögliche Nachtabsenkung) kann sich solcher Vermieter schon seines eigenen Verursachungsbeitrags wegen nicht berufen.	OLG Naumburg, 13.10.2009 – 9 U 45/09, NZM 2011, 35
1. Gewerberäume, die in einem in den 20er-Jahren des vorigen Jahrhunderts errichteten und 1936 erweiterten Gebäude liegen und als Büroräume vermietet worden sind, sind nicht deshalb mangelhaft, weil die Innentemperaturen in den Sommermonaten aufgrund von Sonneneinstrahlung mehrfach und über längere Zeiträume mehr als 26° C betragen. 2. Die Verordnung über Arbeitsstätten v. 12.08.2004, die Arbeitsstättenrichtlinien und die DIN 1946-2 enthalten keine Aussage darüber, ab welchen durch Sonneneinstrahlung verursachten Innentemperaturen Gewerbemieträume einen Mietmangel aufweisen. 3. Der Mieter, der eine übermäßige Erwärmung der Mieträume geltend macht, muss im Einzelnen darlegen, welche Temperaturen in den angemieteten Räumen erreicht wurden.	OLG Karlsruhe, 17.12.2009 – 9 U 42/09, GuT 2010, 212 = IMR 2010, 98 = InfoM 2010, 123 = MDR 2010, 564
Bei einem Mietvertrag über ein Büro müssen innerhalb der Heizperiode die Anforderungen der ArbeitsstättenVO erfüllt sein. Liegen die Temperaturen unter 20°C, ist der Mieter – nach erfolglos gesetzter Abhilfefrist – zur fristlosen Kündigung berechtigt.	KG, 28.04.2008 – 8 U 209/07, IMR 2008, 273 = InfoM 2008, 329

Bei der Beurteilung der Frage, welche Temperaturverhältnisse von Miträumlichkeiten geschuldet sind, kommt es auf die ausdrücklichen bzw. schlüssig getroffenen Vereinbarungen im Mietvertrag an; die Vorschriften der Arbeitsstättenverordnung betreffen lediglich das Verhältnis zwischen Arbeitgeber und Arbeitnehmer, nicht jedoch das Verhältnis zwischen Mieter und Vermieter.	LG Duisburg, 18.03.2008 – 4 O 441/03, IMR 2008, 415, 416
Die Überhitzung von gemieteten Räumen ist ein Mangel, für den der Vermieter haftet, es sei denn, es ist ein Haftungsausschluss vereinbart. Zur Bestimmung der Temperaturgrenzen in gewerblich gemieteten Räumen kann auf die Arbeitsstättenverordnung zurückgegriffen werden. Danach soll die Lufttemperatur in Arbeitsräumen + 26 Grad Celsius nicht überschreiten. Liegt eine dauerhafte Überschreitung vor, begründet dies einen Mangel.	OLG Hamm, 28.02.2007 – 30 U 131/06, IMR 2007, 183 = InfoM 2007, 122
Die Beurteilung, ob wegen Aufheizung eines Gebäudes aufgrund Sonneneinstrahlung ein Mangel der Mietsache vorliegt, richtet sich nach den vertraglichen Vereinbarungen und dem baulichen Zustand des Gebäudes, nicht nach der Arbeitsstättenverordnung.	OLG Frankfurt am Main, 19.01.2007 – 2 U 106/06, NZM 2007, 330 = IMR 2007, 219
Ein die Kündigung wegen Gesundheitsgefährdung rechtfertigender Mangel ist dann gegeben, wenn die Innentemperatur in einem Standardsommer lang andauernd **26 Grad Celsius** übersteigt. Beim Betrieb einer Drogerie sind diese Voraussetzungen erfüllt, wenn bei einem langjährigen Mittelwert die Temperaturgrenze von **26 Grad Celsius** an 45 Tagen überschritten wird.	OLG Naumburg, 17.06.2003 – 9 U 82/01, AIM 2003, 219 = NZM 2004, 343 (LS)
Der Vermieter von Büroflächen hat dafür zu sorgen, dass in den Räumen bei einer Außentemperatur von bis zu **32 Grad Celsius** die Innentemperatur höchstens **26 Grad Celsius** beträgt.	LG Bielefeld, 16.04.2003 – 3 O 411/01, IBR 2003, 474
Moniert ein Gewerberaummieter „unerträgliche Temperaturen infolge Sonneneinstrahlung", nachdem er **zwei Jahre** lang die volle Miete gezahlt hat, so scheidet eine Mietminderung **wegen Verwirkung** aus. Auch der Vermieter verwirkt einen Rückzahlungsanspruch auf volle Miete, wenn der Mieter mehr als drei Jahre lang wegen des Mangels die Miete unbeanstandet gemindert hatte.	BGH, 26.02.2003 – XII ZR 66/01, ZMR 2003, 341
Raumtemperaturen unter **20 Grad Celsius** müssen im Sommer (hier: an zwei Julitagen) hingenommen werden. Der Mieter ist nicht zur fristlosen Kündigung berechtigt, wenn weder eine Gesundheitsgefährdung vorliegt noch das Wohlbefinden beeinträchtigt ist.	OLG Düsseldorf, 25.10.2001 – 10 U 122/00, ZMR 2002, 46

Eine Temperatur in den zum Betrieb einer Kaffee- und Bierbar gemieteten Räumen in den Monaten Januar und Februar von unter **20 Grad Celsius** begründet eine Mietminderung von 35 % der Bruttomiete. Das gilt auch, wenn eine der Türen des Verkaufsraums nach außen ständig geöffnet ist, sofern diese Tür nach ihrer Konstruktion für eine ständige Öffnung zu einer Einkaufsstraße vorgesehen ist.	KG, 11.03.2002 – 8 U 9211/00, NZM 2002, 2917
Ohne die Angabe, wann **welche Temperaturen** in den Miträumen **auf welche Weise** gemessen wurden, lässt sich nicht feststellen, ob und wie lange eine erhebliche Gebrauchsbeeinträchtigung vorgelegen hat, die einen ordnungsgemäßen Geschäftsbetrieb nicht zugelassen hätte.	KG, 12.03.2001 – 12 U 8765/99, GuT 3/02, 77
Zum Betrieb eines Sonnenstudios vermietete Räume hat der Vermieter so auszustatten, dass **benachbarte Räume** von Hitzeentwicklungen nicht vertrags- oder gesetzwidrig beeinträchtigt werden.	OLG Düsseldorf, 06.03.2001 – 24 U 122/00, GuT 2001, 10
Heizt sich eine Arztpraxis (hier: eines Urologen) bei einer Außentemperatur von **32 Grad Celsius** auf über 26 Grad Celsius auf, so ist die Gebrauchstauglichkeit eingeschränkt und der Mieter kann mindern. Der Vermieter muss mind. 6 °C Unterschied zwischen Außen- und Raumtemperatur in den Sommermonaten gewährleisten.	OLG Rostock, 29.12.2000 – 3 U 83/98, NZM 2001, 425
In Büroräumen, für die „gehobene Preise" bezahlt werden, wird eine durchschnittliche Raumtemperatur von **20 Grad Celsius** geschuldet. Eine Mietminderung kommt nur in Betracht, wenn im Vertrag von vornherein eine höhere Mindesttemperatur vereinbart wurde.	OLG München, 21.11.2000 – 5 U 2889/00, NZM 2001, 382
Der Mieter eines Ladenlokals (Textilien) ist nach § 544 BGB (jetzt § 569 Abs. 1 BGB) wegen Gesundheitsgefährdung zur fristlosen Kündigung des Mietvertrages berechtigt, wenn in einem „gewöhnlichen" Sommer (Standardsommer) für mehrere Monate mit Innentemperaturen von mehr als **35 Grad Celsius** gerechnet werden muss.	OLG Düsseldorf, 04.06.1998 – 24 U 194/96, NZM 1998, 915 = ZMR 1998, 622 = MDR 1998, 1217 = NJW-RR 1998, 1307
Werden Räume für einen bestimmten Gewerbebetrieb – hier ein Reisebüro – vermietet, so müssen sie so beschaffen sein, dass sie den Anforderungen der Arbeitsstättenverordnung genügen. Aufgrund von § 6 Abs. 1 ArbStättVO i.V.m. der Arbeitsstättenrichtlinie ASR 6/1, 3 und der DIN 1946 muss der Vermieter deshalb gewährleisten, dass bei i.Ü. vertragsgemäßer Nutzung die Raumtemperatur in den Mieträumen bei Außentemperaturen von bis zu **32 Grad Celsius** und bei höheren Außentemperaturen mindestens 6 Grad Celsius unter der Außentemperatur liegt.	OLG Hamm, 18.10.1994 – 7 U 132/93, OLGR 1995, 1

Überhitzung durch starken Sonneneinfall während mehrerer Monate ist ein Mangel der Mietsache.	OLG Köln, 28.10.1991 – 2 U 185/90, NJW-RR 1993, 466 = WuM 1995, 35 = MDR 1993, 973

3. Umwelt- und Umfeldmängel, z.B. Bauarbeiten

a) Begriff

2121 Umweltfehler bzw. -mängel sind externe Ursachen mit negativen Auswirkungen auf die Mietsache, also z.B. **Bauarbeiten, Zugangsbehinderungen** oder **Lärm** durch Straßenbauarbeiten, **Strahlung von Mobilfunkanlagen** (dazu → *Rn. 3178 ff.*) oder andere Maßnahmen. Die Ursache liegt also nicht in der Beschaffenheit der Mietsache selbst, sondern in sonstigen rechtlichen oder tatsächlichen Verhältnissen, die die Tauglichkeit der Mietsache zum Vertragszweck und somit deren Gebrauchswert unmittelbar beeinträchtigen können. Insb. muss es sich um erhebliche Beeinträchtigungen handeln.

2122 Da der Vermieter auch **ohne Verschulden haftet**, können solche externe Arbeiten und Zugangsbehinderungen etc. Gewährleistungsansprüche des Mieters begründen. Es ist dabei völlig unerheblich, ob der Vermieter den Mangel bzw. die Tauglichkeitsminderung zu vertreten hat, sie beheben kann oder ihre Ursache überhaupt in seinem Einflussbereich liegt.[3303] Der Vermieter hat den Mieter im Rahmen seiner Verpflichtung zur Gebrauchsgewährung auch gegen von Dritten ausgehende Störungen des vertragsgemäßen Gebrauchs zu schützen, worunter bspw. grds. auch häufige Streitigkeiten oder Beleidigungen unter Mitmietern fallen.[3304] Gehen die **Maßnahmen von der öffentlichen Hand** aus, muss sich der Mieter nicht auf Entschädigungsansprüche dieser ggü. verweisen lassen.[3305]

Im Fall solcher Umwelt- und Umfeldmängel ist eine Minderung allerdings auf solche Mängel begrenzt, die sich unmittelbar und nicht nur mittelbar auf die Gebrauchstauglichkeit der Mieträume auswirken.[3306]

2123 Ob eine **unmittelbare oder mittelbare Gebrauchsbeeinträchtigung** vorliegt, ist regelmäßig anhand der Umstände des Einzelfalles zu prüfen. Maßgeblich ist nicht nach das subjektive Empfinden des einzelnen Mieters oder die Ansicht bestimmter Kreise, sondern die **allgemeinen Verkehrsanschauung**.[3307] Die Unmittelbarkeit einer Beeinträchtigung der Gebrauchstauglichkeit ist grds. nur zu bejahen, wenn eine generelle Nutzbarkeit oder Erreichbarkeit des

---

[3303] KG, 12.11.2007 – 8 U 194/06, GuT 2007, 436 = IMR 2008, 47.
[3304] OLG Düsseldorf, 29.11.2007 – I-10 U 86/07, GuT 2007, 438.
[3305] LG Düsseldorf, 10.06.2003 – 24 S 49/03, NZM 2003, 899 = NJW-RR 2003, 1549.
[3306] BGH, 21.09.2005 – XII ZR 66/03, GuT 2006, 19 = NZM 2006, 54 = MDR 2006, 506 = NJW 2006, 899: Spielbank, in: Einkaufscenter; BGH, 16.02.2000 – XII ZR 279/97, NJW 2000, 1714 = NZM 2000, 492 = WuM 2000, 1012 = MDR 2000, 821 = IBR 2000, 396 = ZfIR 2000, 351 m.w.N.; OLG Rostock, 11.12.2008 – 3 U 138/08, IMR 2009, 202 = InfoM 2009, 68 = NZM 2009, 545: Türsteher vor Disco; OLG Düsseldorf, 17.09.2002 – 24 U 1/02, Gut 2003, 59 = WuM 2003, 138 = DWW 2003, 68: Mitgliederzahlen im Fitnessstudio.
[3307] AG Frankfurt am Main, 25.06.2001 – 33 C 1237/01-27, NZM 2004, 80.

Miet- oder Pachtobjekts, z.B. durch Zugangsbehinderung, nicht gegeben ist.[3308] An einer Unmittelbarkeit wird es i.d.R. fehlen, wenn Umfeldeinwirkungen den Zustand der Pachtsache selbst sowie deren vertragsgemäße Nutzungsmöglichkeit unberührt lassen und sich allein auf die Menge potenzieller Kunden auswirken.[3309]

Beispiele:

Keine unmittelbare Beeinträchtigung, wenn der Zugang zu einem Nachbargeschäft durch mehrere einschüchternde Türsteher bewacht wird.[3310]

Ausfälle einer Rolltreppe im Einkaufszentrum sind keine unmittelbare Beeinträchtigung der Gebrauchstauglichkeit von gemieteten Räume zum Betrieb einer Spielbank innerhalb des Einkaufszentrums.[3311]

Allein eine gewisse Beschwerlichkeit des Erreichens eines Geschäftslokals bzw. eine Veränderung der Anbindung an das öffentliche Personennahverkehrskonzept berechtigen den Mieter noch nicht zur fristlosen Kündigung.[3312] Jedoch begründen erhebliche Beeinträchtigungen des Gewerbebetriebes infolge **umfangreicher und länger andauernder Bauarbeiten** regelmäßig einen Mangel der vermieteten Sache.[3313] Führen bspw. Gehwegsarbeiten vor einem Ladengeschäft zu einer Beeinträchtigung des vertragsgemäßen Gebrauchs, so berechtigen sie zur Mietminderung, die sich für die Zeit, in der der Beton aufgestemmt wurde und Verdichtungsarbeiten ausgeführt wurden, auf 15 % bemisst.[3314] Kommt es wegen Bauarbeiten zu einer veränderten Verkehrsführung mit erhöhter Lärmbelästigung, führt dies nicht ohne Weiteres zu einer Mietminderung.[3315] Da ein Mangel erheblich sein muss, sind Straßenbauarbeiten, die den Zugang zum Ladenlokal erheblich beeinträchtigen, erst nach längerer Dauer ein Fehler der Mietsache.[3316] Hier ist bei einer Kündigung nach § 543 BGB grds. ein großzügiger Maßstab zugunsten des Vermieters anzulegen, um das Verschuldensmoment des § 543 BGB zu kompensieren (gesteigertes Maß der Unzumutbarkeit). 2124

Für **Einkaufszentren und Ladenpassagen** gelten folgende Grundsätze: Selbst wenn ein Center seinen Charakter als Einkaufs- und Vergnügungszentrum (teilweise) verliert, etwa durch Leerstand infolge von Umbauarbeiten oder auch anderweitig verursachter schlechter Besucherfrequenz, liegt darin kein Mangel, sondern nur eine (gewährleistungsrechtlich nicht erhebliche) Beeinträchtigung des Mietgebrauchs.[3317] Keine Gewährleistungsrechte bestehen, wenn 2125

3308 LG Duisburg, 16.03.2010 – 6 O 121/09, IMR 2010, 284: Keine unmittelbare Beeinträchtigung der generellen Nutzbarkeit oder Erreichbarkeit einer gemieteten Tiefgarage durch darüber befindliches und leer stehendes Einkaufszentrum.
3309 OLG Rostock, 11.12.2008 – 3 U 138/08, IMR 2009, 202 = InfoM 2009, 68 = NZM 2009, 545: Türsteher vor Disco.
3310 OLG Rostock, 11.12.2008 – 3 U 138/08, IMR 2009, 202 = InfoM 2009, 68 = NZM 2009, 545: Türsteher vor Disco.
3311 BGH, 21.09.2005 – XII ZR 66/03, GuT 2006, 19 = NZM 2006, 54 = MDR 2006, 506 = NJW 2006, 899.
3312 LG Düsseldorf, 10.06.2003 – 24 S 49/03, NZM 2003, 899.
3313 OLG Dresden, 14.10.2008 – 5 U 1030/08, IMR 2009, 123 = InfoM 2009, 120.
3314 LG Berlin, 13.02.2003 – 67 S 277/02, GE 2003, 669; OLG Hamburg, 06.12.2000 – 4 U 121/00, AIM 2003, 58.
3315 AG Frankfurt an der Oder, 19.11.2002 – 67 S 277/02, ZMR 2003, 268.
3316 OLG Naumburg, 27.03.2001 – 9 U 211/00, GuT 2002, 14.
3317 BGH, 21.09.2005 – XII ZR 66/03, GuT 2006, 19 = NZM 2006, 54 = MDR 2006, 506 = NJW 2006, 899; LG Duisburg, 16.03.2010 – 6 O 121/09, IMR 2010, 284: Leerstand einer gemieteten Tiefgarage durch darüber befindliches und leer stehendes Einkaufszentrum.

der Vermieter Umbauarbeiten in einem Einkaufszentrum durchführt, die zu einer Änderung des Kundenverhaltens führen.[3318]

b) Rechtsfolgen

2126 Der Mieter hat grds. **alle Gewährleistungsrechte** bis hin zur Kündigung bei schweren Beeinträchtigungen. Für eine fristlose Kündigung wegen einem Umweltfehler gilt Folgendes: Auf Umstände, die dem Einfluss des Kündigungsgegners entzogen sind und die aus dem eigenen Interesse des Kündigenden hergeleitet werden, kann eine Kündigung nur ausnahmsweise gestützt werden. Da sich die Unzumutbarkeit der Vertragsfortsetzung bei § 543 BGB gerade auch aus der inneren (subjektiven) Einstellung des Kündigungsgegners – nämlich seinem Verschulden – ergibt, diese Komponente hier aber fehlt, sind strengere Anforderungen an den äußeren Tatbestand der Unzumutbarkeit zu stellen, um das **Verschuldensmoment des § 543 BGB** zu kompensieren.[3319] Der Kündigungsgrund (bloß) objektiver Unzumutbarkeit kann nicht dazu verwendet werden, um das Verschuldenserfordernis des § 554 BGB zu unterlaufen, vielmehr muss es sich um ein gesteigertes Maß an Unzumutbarkeit handeln.[3320]

2127 Aus diesem Grund ist auch eine **Formularklausel**, wonach eine Minderung der Miete ausgeschlossen ist, wenn durch **Umstände**, die der Vermieter **nicht zu vertreten** hat (z.B. Verkehrsumleitung, Straßensperren, Bauarbeiten in der Nachbarschaft usw.), die gewerbliche Nutzung der Räume beeinträchtigt wird (z.B. Umsatz- und Geschäftsrückgang), nicht nach § 307 BGB unwirksam[3321] (dazu → *2225 ff.*).

2128 Beurteilungskriterien für die Erheblichkeit sind in erster Linie Dauer und Intensität der Beeinträchtigung, ferner können die Tageszeiten, mehr Schmutz, Ausweichmöglichkeiten u.Ä. Kriterien sein.

2129 Folgende **Minderungsquoten** wurden z.B. ausgeurteilt:

Kernaussage:	Quote:	Entscheidung:
Zugangsbehinderung: Sperrung des Ladenzugangsbereiches durch Baumaßnahmen und Abstellen mehrstöckiger Container für ca. fünf Wochen.	100 % für die Zeit der Behinderung	KG, 12.11.2007 – 8 U 194/06
Bauarbeiten in unmittelbarer Nachbarschaft.	20 % als Basis, 35 % bei Abbruch von Stahlbetonteilen	AG Hamburg, 26.01.1998 – 48 C 275/98, MJ 1999, 10

3318 OLG Dresden, 24.10.2000 – 23 U 1160/00, NZM 2001, 336.
3319 OLG Dresden, 11.06.1999 – 22 U 2401/98, NZM 2002, 165 = NJW-RR 2002, 371.
3320 OLG Dresden, 11.06.1999 – 22 U 2401/98, NZM 2002, 165 = NJW-RR 2002, 371.
3321 OLG Hamburg, 02.04.2003 – 4 U 57/01, GuT 2004, 168; AG Hamburg, 11.11.2004 – 49 C 172/04, NZM 2005, 222; AG Hamburg, 11.11.2004 – 49 C 172/04, NZM 2005, 222; **a.A.** (Klausel nach § 307 BGB unwirksam) KG, 12.11.2007 – 8 U 194/06, GuT 2007, 436= IMR 2008, 47.

Rechtsanwaltskanzlei, **Lärmbelästigung** durch Fassadenarbeiten an einem Nachbargebäude, Mandantengespräche oder Diktate über mehrere Stunden hinweg und mehrere Monate nicht möglich	20 %	LG Dortmund, 12.01.1999 – 1 S 237/98, NZM 1999, 765
Baulärm von der benachbarten Baustelle.	Mindestens 15 %	AG Saarburg, 09.12.1998 – 5 C 498/98, WuM 1999, 64 zur Wohnraummiete
Die **Lärm- und Staubeinwirkungen**, die mit Bauarbeiten üblicherweise einhergehen und von Kränen, Baggern, Zurufen u.Ä. ausgehen und über einen längeren Zeitraum hinweg und sogar am Samstag bestehen, rechtfertigen eine Minderung von knapp 20 % der Bruttomiete. Im entschiedenen Fall fanden in 30 m Luftlinie von der Wohnung der Mieter entfernt Bauarbeiten statt. Es wurde ein vierstöckiger Wohnblock von ca. 200 m Länge errichtet. Die Arbeiten dauerten werktäglich von 6:00 Uhr – 17:00 Uhr. In ca. 20 m Entfernung von der Wohnung der Mieter befand sich ein Baukran, die Arbeiten waren durch ständiges Hämmern, Sägen und Betonpumpen begleitet. Die bei umfangreichen Bauarbeiten an einem benachbarten Hausgrundstück auftretenden Lärmstörungen und Schmutzbelästigungen in der Mietwohnung begründen eine Mietminderung auch dann, wenn der Mieter **arbeitstäglich abwesend** ist.	20 %	AG Regensburg, 16.04.1991 – 4 C 275/91, WuM 1992, 476, zitiert nach König, Mietmängellexikon, Rn. 56
Gehwegarbeiten vor einem Ladengeschäft führen zu einer Beeinträchtigung des vertragsgemäßen Gebrauchs und berechtigen daher zur Mietminderung für die Zeit, in der der Beton aufgestemmt wurde und Verdichtungsarbeiten ausgeführt wurden.	15 %	LG Berlin, GE 2003, 669

Der Mieter kann die Miete ausschließlich für den **Zeitraum** mindern, in welchem die Nutzung der Mietsache aufgrund einer erheblichen Beeinträchtigung durch Lärm-, Geruchs- oder Schadstoffimmissionen **eingeschränkt ist**.[3322]

Kennt der Mieter vor oder bei Mietvertragsabschluss die drohende Beeinträchtigung, ist er also z.B. darüber informiert, dass demnächst nebenan gebaut wird, so verliert er seine Rechte gem. § 536b BGB. Gewährleistungsansprüche sind ausgeschlossen, wenn dem Mieter zum

---

3322 OLG München, 25.10.2006 – 3 U 3422/06, IMR 2007, 2.

Zeitpunkt des Abschlusses des Mietvertrages **bereits bekannt war**, dass mit Bautätigkeiten am Mietobjekt oder in der weiteren räumlichen Umgebung davon gerechnet werden muss.[3323] Denn auf Mängel, die dem Mieter bei Vertragsschluss bekannt (oder aufgrund grober Fahrlässigkeit unbekannt geblieben) sind, kann ein Minderungsbegehren gem. § 536b BGB nicht gestützt werden. So muss der Mieter von Gewerberäumen in einem in den 50-er Jahren errichteten Objekt mit 60 Wohn- und mehreren Gewerbeeinheiten bereits bei Anmietung mit Bauarbeiten zur Renovierung/Sanierung frei werdender Einheiten und damit üblicherweise einhergehende Beeinträchtigungen rechnen.[3324] Damit üblicherweise einhergehende Beeinträchtigungen stellen keinen Mangel der Mietsache dar.

2131 Will der Vermieter die Möglichkeit einer Mietminderung wegen Baulärms ausschließen, hat er dem Mieter bei Anmietung entsprechende Hinweise zu erteilen. Ein Mieter ist nicht dazu verpflichtet, sich vor Abschluss des Mietvertrages über anstehende Baumaßnahmen zu informieren.[3325]

U.U. kommt auch eine **Entschädigungspflicht des Bauherrn** nach § 906 Abs. 2 Satz 2 BGB in Betracht.[3326]

c) Rechtsprechungsübersicht

2132

Kernaussage	Fundstelle
Streitigkeiten oder Beleidigungen unter Mitmietern können im Regelfall nur dann als Störung des vertragsgemäßen Gebrauchs eingestuft werden, wenn sie sich über einen längeren Zeitraum hinziehen und nach Art und Ausmaß nicht mehr dem Bagatellbereich zuzuordnen sind.	OLG Düsseldorf, 29.11.2007 – I-10 U 86/07, GuT 2007, 438
Eine Zugangsbehinderung stellt grds. einen Mangel dar, auch wenn sie durch nicht vom Vermieter beeinflussbare Bauarbeiten hervorgerufen wird, bspw. bei Straßenbaumaßnahmen der öffentlichen Hand.	KG, 12.11.2007 – 8 U 194/06, GuT 2007, 436

3323 OLG Dresden, 14.10.2008 – 5 U 1030/08, IMR 2009, 123 = InfoM 2009, 120: Bau einer Tiefgarage; LG Berlin, GE 2003, 115; bestätigt durch KG, 03.06.2002 – 8 U 74/01, GE 2003, 116. Ähnlich AG München, 17.05.2007 – 453 C 37357/06, NZM 2008, 320, das nur eine reduzierte Mietminderung zulässt, wenn der (Wohnraum-) Mieter bereits bei Anmietung der Wohnung aufgrund des Alters des Gebäudes und der Nachbargebäude damit rechnen musste, dass in absehbarer Zeit an den einzelnen Gebäuden Sanierungsarbeiten stattfinden werden.
3324 OLG Düsseldorf, 11.03.2008 – 24 U 152/07, IMR 2008, 230.
3325 AG Charlottenburg, 30.08.2007 – 223 C 320/06, IMR 2007, 318 (Wohnraum).
3326 OLG München, 18.09.2008 – 23 U 2648/08, IBR 2009, 29: Großbaustelle ICE-Hochgeschwindigkeitsstrasse mit Lärm-, Abgas- und Staubimmissionen.

Aufgrund der stets von Großbaustellen ausgehenden Emissionen kann ohne detaillierten Vortrag zu Art, Dauer und Umfang der einzelnen Arbeiten oder einer entsprechenden Beweisaufnahme von einer Beeinträchtigung des Wohngebrauchs ausgegangen werden, die eine Minderung von 10 % des Mietzinses rechtfertigt. Für eine über 10 % hinausgehende Minderung bedarf es genauer Angaben über die Dauer, das Ausmaß und die Intensität der Störungen.	AG Charlottenburg, 30.08.2007 – 223 C 320/06, IMR 2007, 318 (Wohnraum)
Eine 50 m – 100 m entfernt liegende Großbaustelle rechtfertigt keine über 10 % hinausgehende Mietminderung.	OLG München, 25.10.2006 – 3 U 3422/06, IMR 2007, 2
Der Mieter kann vom Vermieter im Wege der Drittschadensliquidation verlangen, dass er ihm dessen gegen den Bauherrn zustehenden **nachbarrechtlichen Ausgleichsanspruch** aus § 906 BGB abtritt.	AG Hamburg, 11.11.2004 – 49 C 172/04, NZM 2005, 222
Durch Bebauung auf einem Nachbargrundstück oder außerhalb des Mietshauses auf demselben Grundstück kommt es für die Bauphase zu einer negativen Abweichung der tatsächlichen Beschaffenheit der Mietsache (sog. Ist-Beschaffenheit) von der nach dem Vertrag vorausgesetzten Beschaffenheit (sog. Soll-Beschaffenheit). Dies stellt einen Mangel dar.	AG Hamburg-Blankenese, 26.02.2003 – 517 C 175/02, ZMR 2003, 746
Ist schon **bei Mietvertragsabschluss** erkennbar, dass mit Bautätigkeiten in der weiteren räumlichen Umgebung des Mietobjekts gerechnet werden muss, ist eine Mietminderung wegen Baulärms ausgeschlossen.	LG Berlin, GE 2003, 115; bestätigt durch KG, GE 2003, 116
Kommt es wegen Bauarbeiten zu einer **veränderten Verkehrsführung** mit erhöhter Lärmbelästigung, führt dies nicht ohne Weiteres zu einer Mietminderung.	AG Frankfurt an der Oder, ZMR 2003, 268
Allein eine **gewisse Beschwerlichkeit** des Erreichens eines Geschäftslokals bzw. eine Veränderung der Anbindung an das öffentliche Personennahverkehrskonzept berechtigen den Mieter noch nicht zur fristlosen Kündigung.	LG Düsseldorf, 10.06.2003 – 24 S 49/03, NZM 2003, 899 = NJW-RR 2003, 1549
Das Minderungsrecht der Mieter wird nicht dadurch ausgeschlossen, dass ein vom Bauherren verschiedener Vermieter entschädigungslos Lärm und Staub von der Baustelle hinnehmen muss. Auch besteht das Minderungsrecht unabhängig davon, ob der Vermieter Schadensersatzansprüche gegen Dritte hat.	AG Hamburg-Blankenese, 26.02.2003 – 517 C 175/02, ZMR 2003, 746 – 748

Auch äußere Einwirkungen auf die Mietsache können den Gebrauch an ihr beeinträchtigen und damit grds. einen Mangel darstellen. Eine einmalige Beeinträchtigung des Mietgebrauchs durch eindringende Luftverschmutzung aufgrund von Bauarbeiten ist aber ohne Weiteres durch das Schließen der Fenster zu beseitigen, sodass allenfalls ein unerheblicher Mangel vorliegt.	KG, 14.03.2002 – 8 U 161/01, LNR 2002, 19850 = BeckRS 2002 30246974
Ob ein sog. Umweltfehler vorliegt, ist nicht nach dem subjektiven Empfinden des einzelnen Mieters oder der Ansicht bestimmter Kreise, sondern nach der allgemeinen Verkehrsanschauung zu beurteilen. Nach dieser ist maßgeblich, ob vorhandene Grenzwerte, die nach dem derzeitigen Stand der Technik festgelegt wurden, eingehalten werden oder nicht. Bei der Unterschreitung der Grenzwerte der **elektromagnetischen Strahlen einer Mobilfunkanlage** ist nach aller Erfahrung nicht mit einer Gesundheitsbeeinträchtigung zu rechen.	AG Frankfurt am Main, 25.06.2001 – 33 C 1237/01-27, NZM 2004, 80
Straßenbauarbeiten, die den Zugang zum Ladenlokal erheblich beeinträchtigen, sind erst nach längerer Dauer ein Mangel der Mietsache.	OLG Naumburg, 27.03.2001 – 9 U 211/00, GuT 2002, 14
Der Mieter eines Ladenlokals ist nicht zur Minderung berechtigt, wenn in unmittelbarer Nähe **öffentliche Straßenbauarbeiten** durchgeführt werden und dies zu Immissionen und Zugangsbehinderungen führt, weil es sich um gelegentliche Arbeiten handelt, mit denen der Mieter von vornherein rechnen muss.	OLG Hamburg, 06.12.2000 – 4 U 121/00, AIM 2003, 58 = WuM 2003, 146
Wegen Bauarbeiten auf dem Nachbargrundstück (U-Bahn-Großbaustelle) kann keine Mietzinsminderung erfolgen.	AG München, 29.08.1985 – 21 C 3836/85, ZMR 1986, 58

S.a. nachfolgend „Lärm" → *Rn. 2133 ff.*

4. Lärm, Geräuschimmissionen

2133 Nach Art und Intensität gebietstypische Geräusche – etwa Nachbarbebauung mit einem Supermarkt – sind kein Mangel.[3327] Der BGH ist sich in seinen verschiedenen Senaten nicht ganz einig, wie bestimmte **technische Normen** im Hinblick auf Schallschutz zu handhaben sind. In der Entscheidung des V. Senats v. 15.02.2008[3328] (Lärmschutz zwischen Wohnungseigentümern bei verschachtelter Bauweise) wurde die dort maßgebliche DIN 4109 nur als Indiz für eine wesentliche Beeinträchtigung gem. § 906 BGB angesehen und als maßgeblich die wertende Beurteilung eines verständigen Durchschnittsmenschen benannt. Danach kommt es also auf den Einzelfall an. Hingegen hat der VIII. Senat entschieden, dass auch dauerhafte Geräuschim-

---
3327 LG Heidelberg, 26.02.2010 – 5 S 95/09, IMR 2010, 219 (Wohnraum).
3328 BGH, 15.02.2008 – V ZR 222/06, InfoM 2008, 185.

missionen i.d.R. keinen Mangel darstellen, wenn die maßgeblichen technischen Normen eingehalten sind, was auch dann gilt, wenn die Geräuschimmissionen erst durch nachträgliche Veränderungen am Gebäude entstehen.[3329]

Liegt **keine bauliche Veränderung** vor, ist auf die maßgeblichen Normen bei Errichtung des Gebäudes abzustellen.[3330] Handelt es sich um eine bauliche Veränderung, gelten die ggf. strengeren technischen Normen z.Zt. des Umbaus.[3331]

2134

Ist dem Mieter bei vorbehaltloser Annahme der Mietsache eine Geräuschbelästigung bekannt, kann er aus diesem Mangel keine Rechte herleiten, § 536b Satz 3 BGB.[3332]

Zum Klageantrag s. „Gerichtsverfahren" → *Rn. 2193 ff.*

5. Flächenabweichungen

a) Überblick und Checkliste

I.d.R. wird die Abweichung der tatsächlichen von der vertraglich vereinbarten Fläche nur dann zum Streitpunkt, wenn der Mieter Herabsetzung der angeblich überteuerten Miete verlangt oder aus einem langfristigen Mietvertrag aussteigen will, weil die Mietfläche kleiner als im Vertrag ausgewiesen sein soll. Dies ist allerdings ein in der Praxis nicht seltener Fall.

2135

Checkliste: Flächendifferenz

2136

> Die Prüfung, ob aus einer Flächendifferenz Ansprüche hergeleitet werden können, ist nach folgender **Checkliste** vorzunehmen:
>
> ☐ Gehört die Größe zur vertraglich vereinbarten Soll-Beschaffenheit = ist eine bestimmte Größe vereinbart oder zugesichert (dazu → *Rn. 635 ff.*)? Dies kann nach neuerer Rechtsprechung auch konkludent durch Angaben vor Vertragsunterzeichnung erfolgen.[3333]
>
> ☐ Liegt eine wirksame Vereinbarung im Vertrag vor, die Ansprüche ausschließt? Liegen im Verhalten des Vermieters bei Vertragsabschluss besondere Umstände vor, die auf eine zusätzliche Garantie schließen lassen?
>
> ☐ Welche Größe ist vereinbart? Ist die vereinbarte Größe ggf. auslegungsbedürftig[3334] (Beispiel: „Nettofläche" vereinbart: was ist gemeint)?
>
> ☐ Wie groß ist die Fläche tatsächlich (zu den verschiedenen Berechnungsmethoden der Größe → *Rn. 645 ff.*)? Nachweis ggf. durch Sachverständigengutachten, das evtl. vertraglich vorgegebene Berechnungsmethoden beachten muss.

3329 BGH, 20.09.2009 – VIII ZR 300/08, IMR 2009, 419 = InfoM 2009, 418: Lüftungsanlage im neuen Fischrestaurant und TA-Lärm.
3330 BGH, 17.06.2009 – VIII ZR 131/08, InfoM 2009, 271: Austausch PVC-Belag durch Bodenfliesen.
3331 BGH, 06.10.2004 – VIII ZR 355/03, InfoM 2005, 22: Trittschall nach Dachgeschoss-Ausbau.
3332 KG, 17.06.2010 – 12 U 51/09, GuT 2010, 250 LS = MDR 2010, 1446.
3333 BGH, 23.06.2010 – VIII ZR 256/09, IMR 2010, 361= InfoM 2010, 264 (Wohnraum).
3334 BGH, 22.02.2006 – VIII ZR 219/04, WuM 2006, 245 = ZMR 2006, 439 = MDR 2006, 861 = NJW-RR 2006, 801 zur Auslegung des Begriffs „Wohnfläche".

> **Hinweis:**
> Wenn der Mieter die Flächenberechnung bei Vertragsschluss nicht hinterfragt und zur Art der Berechnung nichts ausdrücklich vereinbart, muss er sich damit abfinden, dass der Vermieter ihm die Mietfläche durch eine zulässige und mögliche Berechnung nachweist.[3335]

- ☐ Ist die Abweichung erheblich (Wesentlichkeitsgrenze durch 10 %-Regel, s.u.)?
- ☐ Bei Abweichungen unter 10 %: Liegt eine konkrete Gebrauchsbeeinträchtigung vor?

b) Schwellengrenze des BGH

2137 Wurde eine bestimmte Größe vertraglich vereinbart (Beschaffenheitsvereinbarung) oder gem. § 536 Abs. 2 Satz 1 BGB zugesichert und liegt eine rechnerische Flächenabweichung vor, so ist danach zu prüfen, ob es sich auch um einen erheblichen Mangel handelt. Diese Erheblichkeit hat der BGH in mittlerweile ständiger Rechtsprechung für Flächenabweichungen wie folgt definiert:

- Die tatsächliche Fläche weicht um mehr als 10 % von der vereinbarten Fläche ab (Wesentlichkeitsgrenze): Es handelt sich immer um einen Mangel und zwar unabhängig davon, ob eine tatsächliche Gebrauchsbeeinträchtigung vorliegt.[3336] Weist eine gemietete Wohnung eine Wohnfläche auf, die mehr als 10 % unter der im Mietvertrag angegebenen Fläche liegt, stellt dieser Umstand einen Mangel der Mietsache i.S.d. § 536 Abs. 1 Satz 1 BGB dar. Dies gilt auch für Gewerberaum und zwar sowohl für Minderungs- und grds. auch für Kündigungsrechte[3337] sowie die Umlage von Nebenkosten, bei der die tatsächliche Fläche zugrunde zu legen ist.[3338]

- Die tatsächliche Fläche weicht um weniger als 10 % von der vereinbarten Fläche ab: Es handelt sich nur dann um einen Mangel, wenn eine konkrete Gebrauchsbeeinträchtigung vorliegt.[3339]

3335 KG, 30.09.2005 – 12 U 213/04, GuT 2006, 133 = NJOZ 2006, 4613.

3336 BGH, 10.03.2010 – VIII ZR 144/09, IMR 2010, 213 = NZM 2010, 313 = WuM 2010, 240 = GE 2010, 613 = MDR 2010, 617; BGH, 24.03.2004 – VIII ZR 133/03, NZM 2004, 456 = WuM 2004, 268 und – VIII ZR 295/03, NJW 2004, 1947 = WuM 2004, 336 = AIM 2004, 114. Vgl. zur früheren Rspr., nach der Frage, ob ein Mangel mit oder ohne Gebrauchsbeeinträchtigung vorlag, unterschiedlich beantwortet wurde: OLG Karlsruhe, ZMR 2003, 183: Abweichung bei Gewerberaummiete von 21,7 %; OLG Karlsruhe, 28.12.2001 – 17 U 176/00, NZM 2002, 218 = GuT 2002, 179: Abweichung von deutlich mehr als 10 %; OLG Köln, 08.06.1998 – 16 U 92/97, NZM 1999, 73; OLG Dresden, 15.12.1997 – 3 AR 0090/97, NZM 1998, 184 = WuM 1998, 144 = ZMR 1998, 417; LG Köln, 29.01.2003 – 10 S 237/02, NZM 2003, 278 = WuM 2003, 265 = ZMR 2003, 429: Abweichung bei Wohnraum von 19 %; LG Braunschweig, NZM 2003, 280: Abweichung bei Wohnraum von 20 %; OLG Frankfurt am Main, 03.12.2002 – 20 RE-Miet 2/01, NZM 2003, 431 = WuM 2003, 25 = ZMR 2003, 353: Abweichung von mehr als 25 %. **A.A.** (= grds. kein Mangel) Kandelhard, in: Herrlein/Kandelhard, § 546 Rn. 29 ff.

3337 BGH, 04.05.2005 – XII ZR 254/01, NZM 2005, 500 = GuT 2005, 163 = Info M 2005, 145 = MietrechtExpress 2005, 84; OLG Düsseldorf, 02.12.2004 – 10 U 77/04, NZM 2005, 378.

3338 BGH, 20.07.2005 – VIII ZR 347/04, NZM 2005, 699 = WuM 2005, 573 = NJW 2005, 2773 (Wohnraum).

3339 KG, 15.08.2005 – 8 U 81/05, NZM 2005, 865 = WuM 2005, 713 = InfoM 2005, 252.

Der BGH führt zur Abweichung von mehr als 10 % aus:³³⁴⁰   2138

„Es ist [...] nicht darauf abzustellen, ob das angebotene Mietobjekt für gewerbliche Zwecke der vereinbarten Art generell geeignet ist (OLG Karlsruhe, NZM 2002, 218). Auch wenn die angebotenen Räume trotz geringerer Größe und ungünstigeren Zuschnitts den beabsichtigten Geschäftsbetrieb an sich ermöglichen würden und Ecken und Säulen durch geschickte Gestaltung der Einrichtung verdeckt werden könnten, bleibt es bei der Einschränkung des vertragsgemäßen Gebrauchs durch das Abweichen des tatsächlichen von dem vertraglich geschuldeten Zustand. Der Mieter, der in einem Grundrissplan festgelegte Räume mietet, muss sich nicht darauf verweisen lassen, er könne Abweichungen in Zuschnitt und Größe durch eine geschickte Einrichtung kompensieren. Damit würde der Mieter gezwungen, seine Einrichtung den Mängeln der Mietsache anzupassen. I.Ü. kann eine geschickte Einrichtung keine fehlende Fläche ersetzen. Schließlich kommt es auch nicht darauf an, ob der Mieter tatsächlich in seinem Gebrauch beeinträchtigt ist (BGH, Urt. v. 29.10.1986 – VIII ZR 144/85, NJW 1987, 432 [...]). Auch wenn er die Mieträume überhaupt nicht oder nicht in der vorgesehenen Weise oder nur teilweise nutzen kann oder will, bleibt bei Abweichung des tatsächlichen von dem vereinbarten Zustand der vertragsgemäße Gebrauch der Mietsache eingeschränkt. Ein erheblicher Mangel der Mietsache i.S.d. § 536 Abs. 1 Satz 1 BGB liegt vor, wenn die gemietete Wohnung eine Wohnfläche aufweist, die mehr als 10 % unter der im Mietvertrag angegebenen Fläche liegt (Senat, Urteile v. 24.03.2004 – VIII ZR 295/03, NJW 2004, 1947; VIII ZR 44/03, NJW 2004, 2230; VIII ZR 133/03, WuM 2004, 268)."

Ein „ca."-Zusatz im Mietvertrag führt nicht zu einem Ansatz einer zusätzlichen Toleranzschwelle, maßgeblich ist allein die 10 %-Grenze.³³⁴¹   2139

Ein **Vorwegabzug** bei „ca.-Angaben" ist abzulehnen, weil eine Auslegung des Begriffs „circa" nach §§ 133, 157 BGB zum einen eine Abweichung nach oben und unten zulässt und zum anderen der konkrete Abzug sich nicht ermitteln lässt.

c) Rechtsfolgen

Die **Wesentlichkeitsgrenze** von 10 % hat folgende **Konsequenzen**:   2140

Liegt die Abweichung darüber, muss der Mieter nur nachvollziehbar vortragen, wie er auf die Differenz kommt; es ist dann Sache des Vermieters vorzutragen und zu beweisen, dass die Abweichung keine Gebrauchsbeeinträchtigung zur Folge hat. Der Mieter muss in einem solchen Fall nicht darlegen, dass die Gebrauchstauglichkeit gemindert ist und zwar auch dann nicht, wenn die Räume vor Mietbeginn auf Wunsch des Mieters erheblich verändert wurden.³³⁴² Weder der Umstand, dass der Mieter das Objekt nach vorhergehender Besichtigung angemietet hat noch dass ihm die geringere Fläche vor der Nachmessung – also während der Nutzung – nicht aufgefallen ist, schließen danach die Annahme einer erheblichen Beeinträchtigung des ver-

---

3340 BGH, 04.05.2005 – XII ZR 254/01, NZM 2005, 500 = GuT 2005, 163 = InfoM 2005, 145 = MDR 2005, 975.
3341 BGH, 10.03.2010 – VIII ZR 144/09, IMR 2010, 213 = NZM 2010, 313 = WuM 2010, 240 = GE 2010, 613 = MDR 2010, 617; BGH, 08.07.2009 – VIII ZR 218/09, NZM 2009, 659 = WuM 2009, 514 = InfoM 2009, 315; BGH, 20.07.2005 – VIII ZR 347/04, NZM 2005, 699 = WuM 2005, 573 = NJW 2005, 2773; BGH, 24.03.2004 – VIII ZR 133/03, NZM 2004, 456 = WuM 2004, 268 (Wohnraum); Börstinghaus, in: Schmidt-Futterer, Mietrecht, 9. Aufl., § 558 Rn. 58; Sternel, Mietrecht aktuell, Rn. VIII 126; a.A. (= Vorwegabzug erforderlich) LG Mosbach, 16.12.2003 – 1 S 39/03, NZM 2004, 260 = MietRB 2004, 167 = NJW-RR 2004, 802.
3342 BGH, 28.09.2005 – VIII ZR 101/04, NZM 2005, 861 = WuM 2005, 712 = InfoM 2005, 289 (Wohnraum).

tragsgemäßen Gebrauchs aus.³³⁴³ Liegt die Abweichung unter 10 %, muss der Mieter darlegen und beweisen, dass der Gebrauch konkret beeinträchtigt ist. Nur geringe Abweichungen bis ca. 3 % dürften generell nie erheblich sein.

2141 Die beschriebenen Grundsätze gelten sowohl für eine **Minderung** als auch für die **Kündigung gem. § 543 Abs. 2 Nr. 1 BGB** (Entzug/Nichtgewährung des vertragsgemäßen Gebrauchs), denn in beiden Fällen kommt es auf die Wesentlichkeit der Gebrauchsbeeinträchtigung an.³³⁴⁴ Der Mieter darf also auch fristlos kündigen.

2142 Der Mieter hat, wenn tatsächlich ein Mangel vorliegt, folgende Möglichkeiten:
- **Mietminderung, § 536 BGB.** Die Höhe der Minderung entspricht der prozentualen Flächenabweichung³³⁴⁵ und kann trotz unterbliebener Anzeige nach § 536c BGB rückwirkend geltend gemacht werden, da es sich um einen unbehebbaren Mangel handelt (zur Verjährung → *Rn. 2187 f.*). Ausgangswert ist die Bruttomiete.³³⁴⁶
- **Anspruch auf Mängelbeseitigung**, falls ihm der Vermieter noch Flächen zur Verfügung stellen kann (was nur selten der Fall sein wird).
- Zugrundelegung der tatsächlichen Fläche bei der Abrechnung der Betriebskosten.³³⁴⁷ Vertragsanpassungsanspruch bzgl. **Kürzung der Betriebskostenvorauszahlungen**³³⁴⁸ (sofern sich diese auch nach der Größe richteten) und der **Kaution** (dito) um den entsprechenden Minderwert (bspw. 10 %)
- Da der Vermieter den Mangel nicht beseitigen kann – er kann die Fläche i.d.R. nicht vergrößern –, wird man dem Mieter auch einen zumindest aus § 242 BGB folgenden Anspruch auf **Vertragsanpassung durch Herabsetzung der Miete** zubilligen müssen. D.h.: Der Mieter muss nicht dauerhaft mindern (mit der Folge z.B. einer Verwirkung, falls er dies künftig längere Zeit vergisst), sondern kann dauerhafte Änderung des Vertrages verlangen.
- Mit Einschränkungen **Kündigung gem. § 543 Abs. 2 Nr. 1 BGB**, da dem Mieter der vertragsgemäße Gebrauch – Fläche laut Mietvertrag – nicht gewährt wird.³³⁴⁹ S. zu diesem Kündigungsgrund ausführlich → *Rn. 2370 f.* Vgl. zum Ausschluss des Kündigungsrechts unten → *Rn. 2148 ff.*
- **Schadensersatzanspruch aus culpa in contrahendo** gem. §§ 280 Abs. 1, 241 Abs. 2, 311 Abs. 2 BGB, weil der Mieter i.d.R. die „Werthaltigkeit" der Flächen nach einem Quadrat-

---

3343 OLG Düsseldorf, 13.01.2005 – I-10 U 86/04, ZMR 2005, 450 unter II. 1. c).
3344 BGH, 04.05.2005 – XII ZR 254/01, NZM 2005, 500 = GuT 2005, 163 = InfoM 2005, 145 = MDR 2005, 975.
3345 BGH, 24.03.2004 – VIII ZR 295/03, AIM 2004, 114 = NZM 2004, 453; OLG Düsseldorf, 13.01.2005 – I-10 U 86/04, GuT 2005, 15.
3346 BGH, 20.07.2005 – VIII ZR 347/04, NZM 2005, 699 = WuM 2005, 573 = ZMR 2005, 854 = InfoM 2005, 234 = NJW 2005, 2773 = MDR 2006, 197 (Wohnraum).
3347 Nicht eindeutig formuliert, aber wohl so gemeint in BGH, 31.07.2007 – VIII ZR 261/06, NZM 2008, 35 = WuM 2007, 700 = ZMR 2008, 38 = NJW 2008, 142 (Wohnraum). Beyer, NZM 2010, 417, 422 und Langenberg, in: Schmidt-Futterer, § 556a Rn. 28 bejahen einen Anpassungsanspruch unabhängig von der 10 %-Grenze.
3348 BGH, 20.07.2005 – VIII ZR 347/04, NZM 2005, 699 = WuM 2005, 573 = NJW 2005, 2773 (Wohnraum).
3349 A.A. (= grds. kein Mangel, daher keine Kündigung) Kandelhard, in: Herrlein/Kandelhard, § 543 Rn. 39.

meterpreis bemisst und den Vermieter deshalb bei erheblichen Abweichungen **ein Aufklärungsverschulden** treffen kann.[3350]

> **Praxistipp:**
>
> Hält der Mieter die Fläche für kleiner als im Mietvertrag beschrieben, ist eine Klage auf Feststellung der richtigen Größe nach § 256 Abs. 1 ZPO unzulässig, weil ihr Gegenstand kein Rechtsverhältnis, sondern eine Tatsachenfrage ist.[3351] Richtigerweise muss in solchen Fällen auf Feststellung geklagt werden, dass der Vermieter keinen Anspruch auf Zahlung einer Miete, die über einen Betrag von ... € (= den der Minderfläche entsprechenden Betrag) hinausgeht, besitzt.

d) Zulässigkeit und Auswirkungen von Ausschluss-/Toleranzklauseln

Ein kompletter Ausschluss von Minderungsansprüchen wegen Flächenabweichung ist auch durch AGB grds. möglich. Die Formulierung: 2143

> „Sollten sich bei nachträglicher Vermessung Abweichungen der Größe ergeben, ist keine der Parteien deswegen berechtigt, eine Änderung des Mietzinses oder des Abrechnungsschlüssels zu fordern. Abweichungen zwischen tatsächlicher und vertraglich angegebener Fläche begründen auch keine Gewährleistungsrechte oder anderen Rechte zugunsten des Mieters."

enthält einen solchen zulässigen Minderungsausschluss.[3352]

Die Klausel *„Das Ladenlokal wird wie besichtigt übernommen."* lässt hingegen nicht erkennen, dass auch die Fläche des Ladenlokals nach dem übereinstimmenden Verständnis der Parteien erfasst sein sollte mit der Folge, dass entsprechende Ansprüche ausgeschlossen sind.[3353] 2144

Regeln die Parteien, dass **Änderungen der Fläche von +/- x %** (sog. **Toleranzklauseln**) ohne Auswirkungen auf die Miethöhe bleiben, so legen sie für den Fall der Einhaltung der Toleranzgrenze nach oben und unten eine bestimmte Fläche fest mit der Folge, dass die zugrunde gelegte Fläche maßgeblich sein soll.[3354] Vereinbart ist deshalb – wenn die Klausel wirksam ist – alles, was sich noch in diesem Rahmen bewegt. Will der Mieter also eine Differenz berechnen, muss er von dem niedrigeren Wert ausgehen, will der Vermieter z.B. eine Erhöhung der an der Fläche orientierten Betriebskostenvorauszahlung durchsetzen, hat er den oberen Wert für die Berechnung „seiner" Differenz zu verwenden. Faktisch ergibt deshalb die Auslegung der Klausel, dass ein Vorwegabzug bzw. eine Vorwegaddition i.H.v. 3 % – wenn dies der vereinbarte Wert ist – gewollt ist. 2145

[3350] Ähnlich Kandelhard, in: Herrlein/Kandelhard, § 536 Rn. 37 ff. der zutreffend darlegt, dass in diesen Fällen ausnahmsweise § 311 Abs. 2 neben der spezielleren mietrechtlichen Gewährleistung anwendbar ist.
[3351] KG, 03.06.2004 – 8 U 8/04, GE 2004, 886.
[3352] KG, 29.08.2005 – 22 U 279/04, GE 2005, 1190 = InfoM 2005, 253.
[3353] OLG Düsseldorf, 13.01.2005 – I-10 U 86/04, GuT 2005, 15 = ZMR 2005, 450.
[3354] KG, 01.11.2005 – 8 U 125/05, NZM 2006, 296.

> **Hinweis:**
>
> **Toleranzklauseln** sind grds. zulässig, per Vermieter-AGB aber nur für Abweichungen bis zu 5 %, weil sonst die Kardinalpflicht der Gebrauchsüberlassung durch den Vermieter zu sehr gem. § 307 BGB beeinträchtigt wird. Generell gilt: Je größer die überlassenen Flächen sind, desto eher wird man an einen unzulässigen Änderungsvorbehalt gem. § 308 Nr. 4 BGB denken müssen, wonach die Vereinbarung eines Rechts des Verwenders, die versprochene Leistung zu ändern oder von ihr abzuweichen, unwirksam ist, wenn nicht die Vereinbarung der Änderung oder Abweichung unter Berücksichtigung der Interessen des Verwenders für den anderen Vertragsteil zumutbar ist. Die Vorschrift gilt zwar nicht unmittelbar, über die Generalklausel des § 307 BGB aber auch mittelbar im kaufmännischen Verkehr.
>
> Orientierungsregeln für AGB:
> - Flächen bis 250 m²: Abweichungen bis 5 % sind tolerabel,
> - Flächen 500 bis 2.000 m²: Abweichungen bis 3 % sind tolerabel,
> - Flächen ab 2.000 m²: Abweichungen bis 2 % sind tolerabel.
>
> Individualvertraglich ist in den Grenzen von §§ 242, 138 BGB wesentlich mehr möglich.

2146 Der Vermieter sollte darauf achten, dass seine Gewährleistung für die Flächenangaben ausgeschlossen wird. Erfolgt dies nicht individualvertraglich, empfiehlt sich eine Klausel, die Abweichungen von +/- x % für unbeachtlich erklärt (Arbeits- und Beratungshilfen → *Rn. 2248 ff.*). Da die Rechtsprechung bereits bei 10 % Abweichung einen Mangel generell bejaht, sollte die **Zahl nicht zu hoch gegriffen** werden. AGB-Klauseln, die Abweichungen von bis zu 3 % für unbeachtlich erklären, sind wirksam, weil bei diesen Abweichungen die dem Vermieter nach § 535 BGB obliegende Pflicht, ein Objekt in einem zum vertragsgemäßen Gebrauch geeigneten Zustand zur Verfügung zu stellen, nur ganz unwesentlich beeinträchtigt wird.

2147 Es sollte im Mietvertrag klargestellt werden, dass die Flächenangaben und die Berechnungsmethode für alle Berechnungen maßgeblich sind, also z.B. Miethöhe und Berechnung der Nebenkosten (sofern diese ganz oder z.T. nach Fläche erfolgen).

e) Ausschluss der Rechte wegen Kenntnis bzw. Erkennbarkeit des Mangels

2148 Zu sog. vertraglichen Toleranzklauseln vgl. → *Rn. 2143 ff.*

2149 Eine rückwirkende Minderung ist trotz der erst im laufenden Mietverhältnis nachträglich festgestellten Flächenabweichung nicht nach § 536c BGB ausgeschlossen, weil es sich grds. um einen **unbehebbaren Mangel** handelt. Solche Mängel müssen nicht (sofort) angezeigt werden. Für einen eventuellen Rechteausschluss wegen Kenntnis bzw. Erkennbarkeit des Mangels nach § 536b BGB sind zwei Grundsituationen zu unterscheiden:

2150 - Der Mieter konnte die **Fläche vor Mietvertragsabschluss besichtigen**:
Hat der Mieter die Fläche besichtigt, ist dies in die Prüfung einzubeziehen, da Ansprüche womöglich nach § 536b BGB ausgeschlossen sind. Zwar kann niemand auf Anhieb Abweichungen der tatsächlichen von der besprochenen Größe sichten. Wenn der Mieter aber

zu erkennen gibt, dass er das Objekt so will, wie er es wahrnimmt und nicht wegen der besprochenen Größe, ist er eigentlich nicht schutzwürdig. § 536b BGB erfordert aber, dass dem Mieter der **konkrete Mangel** ebenso bekannt ist wie die daraus folgende **Hinderung des vertragsgemäßen Gebrauchs**. Voraussetzung für Letzteres wäre, dass der Mieter faktisch überhaupt in der Lage ist, die Größe durch Besichtigung einzuschätzen und richtige Schlussfolgerungen daraus zu ziehen; dies wird bei größeren Flächen sofort ausscheiden, da kein Mieter dort „per **Augenmaß**" eine korrekte Abschätzung vornehmen kann. Der Mieter wird sich in diesem Fall immer auf die Angaben des Vermieters verlassen. Im Normalfall (und je größer die Fläche ist) sind daher die Rechte des Mieters nicht gem. § 536b BGB ausgeschlossen.

- Der Mieter konnte (nicht: wollte) die **Fläche nicht vor Mietvertragsabschluss besichtigen**:
Im Umkehrschluss zum Vorgesagten sind die Interessen des Mieters immer dann besonders hoch zu bewerten, wenn er **keine Möglichkeit hatte**, das Objekt zu besichtigen und sich auf die Angaben des Vermieters verlassen hat, also etwa bei Vermietung vom Reißbrett. Ansprüche des Mieters sind auch nicht nach **§ 814 BGB** ausgeschlossen. Die Rückforderung des zum Zweck einer Verbindlichkeit Geleisteten ist nur dann ausgeschlossen, wenn der Leistende – hier also der zahlende Mieter – im Zeitpunkt der Leistung positive Kenntnis von der Rechtslage hatte.[3355]

2151

Haben die Parteien sich früher im Rahmen einer Anpassung der Miete (etwa Mieterhöhungsverlangen des Vermieters) ausdrücklich oder konkludent auf eine neue Flächengröße geeinigt, so gilt diese neue Fläche, sodass der Mieter mit Ansprüchen hinsichtlich der früheren Größe ausgeschlossen ist.

2152

f) Verjährung von Rückforderungsansprüchen

Die **Verjährung rückwirkender Ansprüche** wegen überzahlter Miete entspricht der Verjährung der Mietzinsforderung des Vermieters. Somit verjähren Rückforderungsansprüche grds. gem. §§ 195, 199 BGB in drei Jahren ab Ende des Jahres, in dem der Mieter Kenntnis hatte.

2153

> **Praxistipp:**
> Hat der Vermieter dem Mieter im laufenden Mietverhältnis die jetzt vom Mieter ausgerechnete Fläche bereits mitgeteilt, etwa in einer Betriebskostenabrechnung oder einer Mieterhöhung, so kann beim Mieter eine die Verjährung in Gang setzende Kenntnis oder ein Kennenmüssen gem. § 199 Abs. 1 BGB vorliegen.

g) Größere Flächen als angenommen

Soweit ersichtlich, haben sich Rechtsprechung und Literatur bisher nur mit der Frage beschäftigt, welche Ansprüche der Mieter hat, wenn die Flächen kleiner als angenommen sind. Welche Ansprüche stehen aber dem Vermieter zu, wenn die Flächen tatsächlich größer als im Vertrag

2154

3355 BGH, 21.03.2007 – XII ZR 176/04, NZM 2007, 514 = WuM 2007, 271 = ZMR 2007, 524 = MDR 2007, 1009; BGH, 07.05.1997 – IV ZR 35/96, NJW 1997, 2381 unter II. 4. a) m.w.N.

ausgewiesen sind? Der Vermieter hat hier einen **Anspruch auf Vertragsanpassung** in Form entsprechend erhöhter Miete,[3356] in Extremfällen bei Weigerung des Mieters auch auf **Vertragsauflösung** aus § 313 Abs. 1, Abs. 2 BGB, wenn die (kleinere) Fläche Vertragsgrundlage geworden ist und die Abweichung als schwerwiegend (s. § 313 Abs. 1 BGB) zu beurteilen ist. Als schwerwiegend können analog der o.g. Rechtsprechung nur Abweichungen von mehr als 25 % bezeichnet werden.

2155 Dies bedeutet aber nicht, dass der Vermieter in einem solchen Fall automatisch immer mehr Miete verlangen kann, da § 313 Abs. 2 BGB voraussetzt, dass ein **gemeinschaftlicher Irrtum** über einen für die Willensbildung der Parteien maßgeblichen Umstand bei Vertragsabschluss vorlag. Die Parteien müssen deshalb i.d.R. ausdrücklich über die Größe des Objekts in Relation zum Preis gesprochen oder verhandelt haben, da die Fläche ansonsten für keine Partei ein maßgeblicher Umstand war. Hat der Vermieter nämlich nur den Endpreis im Auge, so ist ihm i.d.R. die Fläche gleichgültig, er will „seinen" Preis als Summe durchsetzen und nicht etwa x m² à x €. Die Vertragsanpassung wirkt bei Miete als einem Dauerschuldverhältnis grds. nur für die Zukunft.[3357]

6. Mangelhafte Energieeffizienz

a) Gesetzliche Vorgaben der EnEV

2156 Nach der zum 01.10.2007 in Kraft getretenen Verordnung über energiesparenden Wärmeschutz und energiesparende Anlagentechnik bei Gebäuden (**Energieeinsparverordnung – EnEV**) v. 24.07.2007,[3358] die die EnEV v. 02.12.2004[3359] ersetzt, gelten verschärfte Anforderungen an die Energieeinsparung für Wohn- und Nichtwohngebäude über 50 m² Nutzfläche mit Ausnahme von nur geringfügig geheizten oder gekühlten Räumen. Die Verordnung i.d.F. des Art. 1 der Verordnung v. 29.04.2009[3360] wird umgangssprachlich als EnEV 2009 bezeichnet und setzt durch Änderung der Energieeinsparung- und Heizkostenverordnung die Beschlüsse zum Integrierten Energie- und Klimaprogramm (IEKP) weitgehend um. Ziel ist es, den Energie-, Heizungs- und Warmwasserbedarf zunächst um ca. 30 % zu senken, um dann ab 2012 in einem weiteren Schritt die energetischen Anforderungen nochmals um bis zu 30 % zu verschärfen.

> **Hinweis:**
> Nach einer bei Drucklegung dieser Auflage noch im Frühstadium befindlichen Mietrechtsnovelle soll das geltende Mietrecht ausgewogen novelliert und für energetische Sanierungen investitionsfreundlicher gestaltet werden, indem in das BGB der Tatbestand der „energetischen Modernisierung" aufgenommen und definiert wird. Zudem soll die Duldungspflicht der Mieter (§ 555 BGB) ausgeweitet werden, indem rechtlich verpflichtende, ordnungsgemäß durchgeführte energetische Modernisierungen vorbehaltlos zu dulden sind. Im Gesetz ist die Einschränkung vorübergehender Mietminderungsansprüche (§ 536

3356 Ebenso Beyer, NZM 2010, 417, 419.
3357 BGH, 07.07.2004 – VIII ZR 192/03, NZM 2004, 699 = WuM 2004, 485 = NJW 2004, 3115 m.w.N.
3358 BGBl. I, S. 1519.
3359 BGBl. I, S. 3146.
3360 BGBl. I, S. 954.

BGB) nur für rechtlich verpflichtende Modernisierungen geplant. Außerdem sollen Mieterhöhungen aufgrund energetischer Maßnahmen erleichtert werden. Die neuen Regelungen betreffen grds. Wohnraum.

Nichtwohngebäude sind nach § 2 Nr. 2 EnEV alle Gebäude außerhalb der Zweckbestimmung „Wohnen", also grds. sämtliche gewerblich bzw. betrieblich genutzten und vermieteten bzw. verpachteten Immobilien. 2157

Nach § 4 Abs. 1 EnEV sind neu zu errichtende Nichtwohngebäude so auszuführen, dass der Jahres-Primärenergiebedarf für Heizung, Warmwasserbereitung, Lüftung, Kühlung und eingebaute Beleuchtung den Wert des Jahres-Primärenergiebedarfs eines Referenzgebäudes gleicher Geometrie, Nettogrundfläche, Ausrichtung und Nutzung einschließlich der Anordnung der Nutzungseinheiten mit der in Anlage 2 Tabelle 1 EnEV angegebenen technischen Ausführung nicht überschreitet. § 4 Abs. 2 bis Abs. 5 EnEV enthalten weitere Anforderungen an Wärmeschutz und Energiebedarf. 2158

Nach § 22 EnEV sind Teile eines Wohngebäudes, die sich hinsichtlich der Art ihrer Nutzung und der gebäudetechnischen Ausstattung wesentlich von der Wohnnutzung unterscheiden und die einen nicht unerheblichen Teil der Gebäudenutzfläche umfassen (**gemischt genutzte Gebäude**), getrennt als Nichtwohngebäude zu behandeln. 2159

Die genauen technischen Anforderungen an Nichtwohngebäude sind in der Anlage 2 der EnEV festgelegt. 2160

§ 16 EnEV regelt die Ausstellung und Verwendung der neuen **Energieausweise**. Das Gesetz schafft damit einen Anspruch auf Vorlage dieser Bescheinigung. **Ziel dieser Regelung** ist eine Verbesserung der Transparenz auf dem Immobilienmarkt[3361] und der Entscheidungsfindung des Käufers bzw. Mieters der Immobilie (Informationszweck).[3362] Energieausweise sind im Gebäudebestand für Wohngebäude bis einschließlich der Baualtersklasse 1965 seit dem 01.07.2008 Pflicht. Für jüngere Baualtersklassen ab 1966 bis zum 31.12.2001 sind Energiepässe seit dem 31.12.2008 Pflicht. Für die Baualtersklasse ab dem 01.01.2002 bestand die Energiepasspflicht bereits nach bisher geltendem Recht. Für alle Gebäude, die nicht zum Wohnen dienen wie z.B. Verwaltungsgebäude, **gewerblich oder geschäftlich genutzte Gebäude** sowie öffentliche Gebäude ist der Energiepass seit dem 01.07.2009 Pflicht, es gilt die obige Altersklassifizierung. Bei Nichtwohngebäuden besteht die Wahlfreiheit zwischen einem Energiebedarfs- oder dem Energieverbrauchsausweis i.S.d. Gesetzes. 2161

Wird ein Gebäude errichtet, hat der Bauherr gem. § 16 Abs. 1 EnEV sicherzustellen, dass ihm, wenn er zugleich Eigentümer des Gebäudes ist, oder dem Eigentümer des Gebäudes ein Energieausweis nach dem Muster der Anlage 6 oder 7 EnEV unter Zugrundelegung der energetischen Eigenschaften des fertiggestellten Gebäudes ausgestellt wird (zur Vermietung/Verpachtung s. nachfolgend). Da nur geringfügig geheizte oder gekühlte Räume ausgenommen sind, 2162

[3361] Gesetzesbegründung der Bundesregierung unter A. I. 5. a).
[3362] Gesetzesbegründung der Bundesregierung, B. zu § 16 Abs. 2.

gelten die Pflichten zum Energieausweis bspw. nicht für die Vermietung von Tiefgaragenplätzen oder nicht beheizten Lagerräumen und Kellern.[3363]

2163 Anlage 7 EnEV enthält ein **Muster eines Energieausweises** für Nichtwohngebäude.

b) Auswirkungen im Mietrecht

2164 Nach § 16 Abs. 2 Satz 2 EnEV muss der Eigentümer, Vermieter, Verpächter und Leasinggeber bei der Vermietung, der Verpachtung oder beim Leasing eines Gebäudes, einer Wohnung oder einer sonstigen selbstständigen Nutzungseinheit dem **Mieter oder Pächter** den Energieausweis zugänglich machen. Diese Pflicht gilt für alle Vertragsverhandlungen sowohl im Bereich der Wohn- als auch der Gewerberaummiete. Erfasst werden also – auch nach Sinn und Zweck des Energieausweises – nur **Vertragsneuabschlüsse**, nicht aber Bestandsmietverhältnisse. **Erweiterungen oder Änderungen** bestehender Verträge durch Nachtrag oder andere Vereinbarungen sind kein Neuabschluss, es sei denn, es werden neue Flächen hinzugenommen, weil der Zweck des Energieausweises (energetische Information) dann relevant wird.

„Zugänglich machen" bedeutet Vorlage während der Entscheidungsfindung, also beim Mietvertragsabschluss spätestens zeitnah zur Unterschrift unter den Mietvertrag.[3364] Es ist aber nicht gleichbedeutend mit „aushändigen", sodass bspw. ein Aushang im Treppenhaus oder ein deutlicher Verweis auf eine Hinterlegung als Datei auf einer Homepage im Internet ausreicht.[3365] Nach § 16 Abs. 2 Satz 2 EnEV kann der Mieter eine Kopie verlangen.

2165 Vermietet der Vermieter Räume, die nach den Maßgaben der EnEV erstellt wurden, sind diese neuen Werte der Standard, nach dem sich die mietrechtliche Gewährleistung richtet, es sei denn, die Parteien haben im Vertrag ausdrücklich einen abweichenden Standard vereinbart. D.h.: Da ein Mangel eine **konkrete Gebrauchsbeeinträchtigung** voraussetzt, kann der Mieter nur dann Gewährleistungsansprüche geltend machen, wenn zum einen die Energieeffizienz sich ggü. dem vereinbarten Standard vermindert und zum anderen dadurch der konkrete Gebrauch auch wirklich beeinträchtigt wird.

2166 Immobilien, die entweder vor Inkrafttreten der neuen gesetzlichen Vorschriften nach früherem Standard errichtet oder danach unter Missachtung der EnEV, sind **nicht automatisch mangelhaft** gem. § 536 BGB, weil i.d.R. die Eignung zum vertragsgemäßen Gebrauch nicht beeinträchtigt sein wird. Allein eine Abweichung ggü. den Standards der (aktuellen) EnEV begründet keinen Mangel, weil es sich um öffentlich-rechtliche Vorschriften handelt, die **keine unmittelbare Drittwirkung** zwischen den Parteien des Mietverhältnisses entfalten. Haben die Parteien den Energieausweis zum Vertragsbestandteil gemacht, so definiert dieser den vertragsgemäßen Gebrauch mit, sodass negative Abweichungen Gewährleistungsrechte begründen können. Bei schlechten Energiewerten macht es aus Sicht des Vermieters also Sinn, den Ausweis zum Vertragsbestandteil zu machen.[3366]

3363 Gesetzesbegründung der Bundesregierung, B. zu § 16 Abs. 2.
3364 Gesetzesbegründung der Bundesregierung, B. zu § 16 Abs. 2.
3365 So auch ähnlich BR-Drucks. 282/07, S. 121 a.A. Sternel, Mietrecht aktuell, Rn. IV 329a.
3366 Ebenso Sternel, Mietrecht aktuell, Rn. IV 329a.

Gewährleistungsansprüche lassen sich grds. nicht daraus herleiten, dass ein Energieausweis nicht erstellt oder **dem Mieter nicht vorgelegt** wurde, weil der Ausweis primär die Information des Mieters bezweckt. Die Mietsache selbst wird aber nicht dadurch mangelhaft, dass der Mieter nicht oder falsch informiert wird. In Betracht kommt aber jedenfalls nach Abschluss des Vertrages und vor Überlassung der Mietsache ein zur **Anfechtung nach § 119 Abs. 2 BGB** berechtigender Irrtum über eine verkehrswesentliche Eigenschaft, weil die Energieeffizienz – wie die EnEV deutlich macht – eine für die Anmietung allgemein wesentliche Eigenschaft darstellt. Hat der Vermieter darüber getäuscht (gefälschter Ausweis), ist auch eine Anfechtung gem. § 123 BGB möglich. Dem widerspricht auch § 5a EnEV, wonach der Ausweis lediglich der Information dient, nicht, weil die Information denknotwendig Grundlage für die Anmietungsentscheidung des Mieters ist. Allein in der **Aushändigung** des Ausweises liegt keine Beschaffenheitszusage, eine bestimmte Eigenschaft wird damit nicht zugesichert (anders, wenn der Mietvertrag die Angaben aus dem Ausweis enthält oder ausdrücklich Bezug darauf nimmt). Eine Regelung im Mietvertrag, dass der Energieausweis durch keine Beschaffenheitszusage enthält und sich keine Ansprüche auf Modernisierung daraus ableiten lassen, ist auch formularvertraglich möglich, da das Informationsinteresse des Mieters durch Aushändigung des Papiers gewahrt wurde und daher keine unangemessene Benachteiligung gem. § 307 BGB erfolgt.[3367]

2167

Nach Überlassung der Mietsache liegt in dem vorherigen Unterlassen (Energieausweis nicht zugänglich gemacht) ein **wichtiger Grund zur Kündigung gem. § 543 Abs. 1 Satz 2 BGB** in Form einer Treuepflichtverletzung, weil der Vermieter gegen die öffentlich-rechtliche Verpflichtung aus § 16 Abs. 2 Satz 2 EnEV verstoßen hat. Entsprechendes gilt für die Vorlage eines falschen Ausweises. Der Vermieter muss aber schuldhaft gehandelt haben, was bei Verstößen gegen gesetzliche Verpflichtungen grds. anzunehmen ist, sodass es zu einer **Umkehr der Beweislast** kommt, bei der der Vermieter nachweisen muss, dass kein Verschulden vorlag. Ein Abhilfeverlangen des Mieters gem. § 543 Abs. 3 BGB ist nicht erforderlich, da der wichtige Grund nicht in der Verletzung einer mietvertraglichen, sondern einer öffentlich-rechtlichen Pflicht liegt und der Verstoß zudem nicht mehr heilbar wäre.

2168

Da die **Kosten** für die Ausstellung des Energieausweises nicht laufend entstehen, können sie nicht als Betriebskosten umgelegt werden; sie sind aber steuerlich als Betriebsausgaben oder Werbungskosten absetzbar.

> **Hinweis:**
>
> Die Beschaffung und Vorlage des Energieausweises gehört zur ordnungsgemäßen Verwaltung des Gebäudes und obliegt damit auch ohne besondere Vereinbarung dem Immobilienverwalter.

7. Anpassung an neue bauliche oder technische Standards

Ein Mangel, der die Tauglichkeit der Mietsache zum vertragsgemäßen Gebrauch aufhebt oder mindert, ist definitionsgemäß eine für den Mieter nachteilige Abweichung des tatsächlichen Zustands der Mietsache vom vertraglich geschuldeten Zustand. Maßstab für diese Beurteilung

2169

3367 Ebenso Manger, ZAP Fach 7, S. 375, 378.

sind in erster Linie die **Vereinbarungen der Mietvertragsparteien**[3368] und nicht die Einhaltung bestimmter technischer Normen. Fehlt es an Parteiabreden zur Beschaffenheit der Mietsache, schuldet der Vermieter eine Beschaffenheit, die sich für den vereinbarten Nutzungszweck eignet und die der Mieter nach der Art der Mietsache erwarten kann.[3369] Die nach dem Vertrag geschuldete Beschaffenheit der Mietsache ist dann im Wege der **Auslegung nach der Verkehrsanschauung** zu ermitteln. Dafür stellt die Rechtsprechung, namentlich auch der BGH, etwas uneinheitlich auf den Stand der Technik bei Vertragsschluss[3370] oder bei Errichtung des Gebäudes[3371] ab. Bei einem nicht sanierten Altbau kann dann nicht dieselbe Ausstattung erwartet werden wie bei einem Neubau.[3372] Wünschenswert wäre hier eine einheitliche Linie, bei der die Errichtung maßgeblich ist, da ansonsten streng genommen der Vermieter bei jedem neuen Mietvertragsabschluss prüfen müsste, welchen Standard er schuldet.

2170 Die **für das Bauvertragsrecht entwickelten Grundsätze**, nach denen grds. eine konkludente Vereinbarung in Betracht kommt, dass unabhängig vom Bauvertrag ein zum Zeitpunkt der Übergabe höherer Standard (hier: Schallschutz) geschuldet sein kann, lassen sich nicht auf das (Wohnraum-) Mietrecht übertragen, da es hier – anders als beim Bauvertrag – regelmäßig schon keine Parteivereinbarung über die Bauweise des Mietobjekts gibt.[3373]

2171 **Technische und bauliche Mindeststandards** hat der Vermieter jedoch zu gewährleisten.[3374] Für die Beurteilung, ob es sich um einen Mindeststandard handelt, ist darauf abzustellen, ob das Vorhandensein des monierten Umstands für breite Schichten der Bevölkerung (Wohnraum) oder den „durchschnittlichen" Gewerberaummieter eine Selbstverständlichkeit darstellt. So kann der Mieter einer Wohnung nach der allgemeinen Verkehrsanschauung erwarten, dass die von ihm angemieteten Räume einen Wohnstandard aufweisen, der bei vergleichbaren Wohnungen üblich ist. Dabei sind insb. das **Alter, die Ausstattung und die Art des Gebäudes**, aber auch die Höhe der Miete und eine eventuelle Ortssitte zu berücksichtigen.[3375] Der Mieter von Wohnraum hat bspw. grds. Anspruch auf eine **Elektrizitätsversorgung**, die zumindest den Betrieb eines größeren Haushaltsgeräts wie einer Waschmaschine und gleichzeitig weiterer haushaltsüblicher Geräte wie z.B. eines Staubsaugers ermöglicht.[3376] Entsprechendes hat für

---

3368 BGH, 07.07.2010 – VIII ZR 95/09, IMR 2010, 367: Schallschutz; BGH, 23.09.2009 – VIII ZR 300/08, WuM 2009, 659.
3369 BGH, 07.07.2010 – VIII ZR 95/09, IMR 2010, 367: Schallschutz (Wohnraum).
3370 BGH, 10.05.2006 – XII ZR 23/04, NZM 2006, 582; BGH, 07.06.2006 – XII ZR 34/04, GuT 2006, 237 = NZM 2006, 626 = WuM 2006, 1872 = IMR 2006, 48 = MDR 2007, 22.
3371 BGH, 07.07.2010 – VIII ZR 85/09, IMR 2010, 367 = MDR 2010, 1041 m.w.N.: Schallschutz; BGH, 26.07.2004 – VIII ZR 281/03, WuM 2004, 527, (jeweils Wohnraum); KG, 31.05.2010 – 12 U 147/09, GuT 2010, 215 = IMR 2010, 428 = MDR 2010, 1109; KG, 28.04.2008 – 12 U 6/07, MDR 2008, 966: Stand der Technik z.Zt. des Einbaus einer Heizungsanlage.
3372 BGH, 10.02.2010 – VIII ZR 343/08, IMR 2010, 169 = NZM 2010, 356 = WuM 2010, 235 = MDR 2010, 562 (Wohnraum).
3373 BGH, 07.07.2010 – VIII ZR 95/09, IMR 2010, 367 (Wohnraum).
3374 BGH, 10.02.2010 – VIII ZR 343/08, IMR 2010, 169 = NZM 2010, 356 = WuM 2010, 235 = MDR 2010, 562 (Wohnraum); KG, 28.04.2008 – 12 U 6/07, MDR 2008, 966.
3375 BGH, 07.07.2010 – VIII ZR 95/09, IMR 2010, 367: Schallschutz; BGH, 23.09.2009 – VIII ZR 300/08, WuM 2009, 659; BGH, 26.07.2004 – VIII ZR 281/03, WuM 2004, 527, unter II A 1b bb (jeweils Wohnraum).
3376 BGH, 10.02.2010 – VIII ZR 343/08, IMR 2010, 169 = NZM 2010, 356 = WuM 2010, 235 = MDR 2010, 562 (Wohnraum).

Gewerbeobjekte zu gelten, bei denen der für das jeweilige Gewerbe typische Betrieb möglich sein muss. Das **Fehlen eines zweiten Stromkreises** ist kein Mangel, wenn kein bestimmter Standard der Stromversorgung vereinbart wurde.[3377]

Auch ein unter dem zum Zeitpunkt der Vermietung geltenden **Mindeststandard** liegender Zustand ist vertragsgemäß (und damit kein Mangel), wenn er eindeutig vereinbart ist.[3378] Haben die Parteien einen konkret gegebenen schlechten Bauzustand als vertragsgemäß vereinbart, so sind insoweit Erfüllungs- und Gewährleistungsansprüche des Mieters ausgeschlossen.[3379] Dafür, dass eine derartige vom Mindeststandard abweichende Vereinbarung getroffen wurde, trägt der Vermieter die Darlegungs- und Beweislast.[3380] Noch nicht abschließend vom BGH geklärt ist, ob ein **unter dem Mindeststandard liegender Zustand AGB-rechtlich vereinbart** werden kann. Eine unangemessene Benachteiligung i.S.v. § 307 BGB ist zu verneinen, solange nicht der Kernbereich des Mietgebrauchs berührt ist. Sind die Mietflächen für den Gewerbemieter/-pächter daher grds. dafür geeignet, die berufliche Tätigkeit darin ausüben zu können, kann auch durch AGB eine Beschränkung „nach unten" erfolgen.

2172

Wird das Mietobjekt bereits erkennbar in einem unter den üblichen Standards liegenden Zustand oder mit Verschleißspuren vermietet, hat der Mieter grds. **keinen Anspruch auf Verbesserung** (Ausnahme: technische und bauliche Mindeststandards, s.o.). Der Vermieter ist nicht verpflichtet, die Mietsache zu modernisieren oder den neuesten technischen Zustand herzustellen.[3381] Da der Vermieter im Rahmen seiner Gebrauchsgewährungspflicht grds. nicht zu einer **laufenden Modernisierung** verpflichtet ist, kann nicht jede Abnutzung schon für sich genommen einen Mangel darstellen.[3382] Auch eine „normale Abnutzung" (Verschleiß) kann aber einen Mangel verursachen, wenn die Gebrauchsuntauglichkeit eingeschränkt und die Erheblichkeitsgrenze überschritten wird. Verschlechtert sich also der bei Vertragsschluss vorhandene Zustand weiter, kann der Mieter Mängelbeseitigung und unter den Voraussetzungen des § 536a Abs. 2 BGB auch Kostenersatz bei Selbstvornahme verlangen.

8. Modernisierungs- bzw. Instandhaltungs-/Instandsetzungsmaßnahmen des Vermieters

Vom Vermieter durchgeführte Arbeiten am Gebäude, etwa eine Fassadensanierung oder der Einbau neuer Fenster, können – je nach Beeinträchtigung – den vertragsgemäßen Gebrauch der Miet- oder Pachtsache aufheben oder einschränken, sodass ein Mangel i. S. des § 536 Abs. 1 BGB besteht. Die Gewährleistungsrechte nach den §§ 536 ff. BGB stehen dem Mieter grds. zu.

2173

3377 KG, 08.09.2010 – 12 U 194/09, IMR 2010, 524.
3378 BGH, 10.02.2010 – VIII ZR 343/08, IMR 2010, 169 = NZM 2010, 356 = WuM 2010, 235 = MDR 2010, 562 unter II 1b bb; BGH, 20.01.1993 – VIII ZR 22/92, NJW-RR 1993, 522, unter II 2b (jeweils Wohnraum).
3379 BGH, 07.06.2006 – XII ZR 34/04, GuT 2006, 237 = NZM 2006, 626 = WuM 2006, 1872 = IMR 2006, 48 = MDR 2007.
3380 BGH, 10.02.2010 – VIII ZR 343/08, IMR 2010, 169 = NZM 2010, 356 = WuM 2010, 235 = MDR 2010, 562 unter II 1b bb (Wohnraum).
3381 KG, 31.05.2010 – 12 U 147/09, GuT 2010, 215 = IMR 2010, 428 = MDR 2010, 1109; Hübner/Griesbach/Fuerst, in: Linder-Figura/Oprée/Stellmann, Geschäftsraummiete, 2. Aufl., Kap. 14, Rn. 182; Kraemer, in: Bub/Treier, Handbuch der Geschäfts- und Wohnraummiete, 3. Aufl., Kap. III, Rn. 1282.
3382 BGH, 10.02.2010 – VIII ZR 343/08, IMR 2010, 169, 170 = NZM 2010, 356 = WuM 2010, 235 = MDR 2010, 562 (Wohnraum): Balkon nach 20 Jahren Mietdauer baufällig geworden, Verschleiß des Fußbodens.

Deshalb ist ein Mieter trotz der Duldungspflicht nach § 554 BGB (→ *Rn. 1240*)zur Minderung berechtigt, wenn die Mietsache infolge der Baumaßnahen mangelhaft wird.[3383]

Welche Auswirkungen eine Duldungspflicht des Mieters/Pächters nach § 554 Abs. 1, Abs. 2 BGB aber auf dessen **Schadensersatzanspruch** nach § 536a Abs. 1 Alt. 2 BGB hat, ist streitig. Zum Teil wird die Auffassung vertreten, der Vermieter/Verpächter sei bereits deshalb zum Schadensersatz verpflichtet, weil er die Erhaltungs- oder Modernisierungsmaßnahme veranlasst habe.[3384] Nach anderer Ansicht haftet der Vermieter/Verpächter nur, wenn ihm eine über die bloße Veranlassung der Maßnahme hinausgehende Pflichtverletzung zur Last fällt, etwa weil die Ausführung der Arbeiten mangelhaft oder verspätet ist oder wenn der zu beseitigende Mangel bereits bei Abschluss des Mietvertrags vorlag oder danach infolge eines Verschuldens oder Verzugs des Vermieters/Verpächters mit seinen laufenden Erhaltungspflichten (Reparaturstau) eingetreten ist oder soweit die Maßnahme über das erforderliche Maß hinausgeht.[3385] Richtig ist die zuletzt genannte Auffassung, da der Vermieter/Verpächter wegen seiner Erhaltungspflicht und der Duldungspflicht des Mieters/Pächters rechtmäßig und daher auch nicht schuldhaft handelt.[3386]

9. Öffentlich-rechtliche Genehmigungen oder Untersagungen und mietrechtliche Folgen

2174 → *Rn. 2459 ff.*

IX. Schäden an Rechtsgütern des Mieters

1. Schadensersatz gem. § 536a Abs. 1 BGB und § 280 BGB

2175 Erleidet der Mieter durch Mängel des Mietobjekts Schäden, bspw. an seinem Eigentum, kann er **Schadensersatz gem. § 536a Abs. 1 BGB** verlangen (zu Schäden, die der Mieter an der Mietsache verursacht → *Rn. 2236 ff.*). Schadensersatz schuldet der Vermieter aus § 536a Abs. 1 BGB dann, wenn der Mangel entweder bereits bei Vertragsschluss vorhanden war oder nachträglich wegen eines Umstands, den der Vermieter zu vertreten hat, entsteht, oder der Vermieter mit der Beseitigung des Mangels in Verzug kommt. Beruht ein Schaden nicht auf einem Mangel der Mietsache, greift nicht die Gewährleistungshaftung nach § 536a BGB, sondern es kommt nur eine Haftung wegen Pflichtverletzung nach § 280 Abs. 1 BGB in Betracht.[3387]

2176 In der Praxis entsteht oft Streit, wenn der Schaden beim Mieter auf einem Gebäudedefekt beruht, der zwar eine Gefahrenquelle für das Mietobjekt darstellt, räumlich aber außerhalb des eigentlichen Mietobjekts angesiedelt ist, also nicht in den Mieträumen selbst, sondern „nur"

3383 Blank/Börstinghaus, § 554 Rn. 60 m.w.N.
3384 Eisenschmid, in: Schmidt-Futterer, § 554 Rn. 49, 324 f.; Emmerich, in: Emmerich/Sonnenschein, § 554 Rn. 32; Bieber, in: MüKo BGB, § 554 Rn. 8.
3385 OLG Saarbrücken, 22.12.2010 – 8 U 507/09; OLG Düsseldorf, NJW-RR 2000, 531 f.; Blank/Börstinghaus, Miete, 3. Aufl., § 554 Rn. 61; Wolf/Eckert/Ball, A VII. Rn. 633; Sternel, Rn. VII 176 f.; Kraemer, in: Bub/Treier, III. A Rn. 1097.
3386 OLG Saarbrücken, 22.12.2010 – 8 U 507/09.
3387 BGH, 22.10.2008 – XII ZR 148/06, NZM 2009, 29 = NJW 2009, 142 = MDR 2009, 74: Fürsorgepflichten des Scheunen-Stellplatzvermieters ggü. eingestellten Oldtimern.

im selben Gebäude. Problematisch ist i.d.R. das **Verschulden des Vermieters/Verpächters**. Grds. gilt hier, dass den Vermieter ohne konkreten Anlass keine Verpflichtung zur Untersuchung der im ausschließlichen Besitz des Mieters befindlichen Räume oder Flächen trifft.[3388] Der Vermieter muss bei ungeklärter Schadensursache nicht generell die Möglichkeit einer aus seinem Verantwortungsbereich stammenden Schadensursache ausräumen.[3389] Er ist auch nicht verpflichtet, ohne besonderen Anlass eine **regelmäßige Generalinspektion** der Elektroleitungen und Elektrogeräte in Mietwohnungen[3390] oder von Wasserleitungen in Lagerräumen vorzunehmen.[3391] Auch die DIN VDE 0105, die eine Überprüfung elektrischer Anlagen im 4-jährigen Turnus vorsieht, begründet keine Kontrollpflicht, da es sich lediglich um private technische Regelungen und nicht um Rechtsvorschriften handelt; anders kann dies im Fall besonderer Umstände wie z.B. ungewöhnlicher oder wiederholter Störungen, insb. bei älteren Anlagen, sein (dann gesteigerte Inspektionspflichten).[3392] Am Verschulden des Vermieters fehlt es auch, wenn der Mangel auf einem Defekt an einem Stromzählerkasten basiert, der im Eigentum eines Elektrizitätsversorgungsunternehmens steht und vom Vermieter nicht geöffnet werden darf.[3393] Dies alles kann ausnahmsweise anders sein (d.h.: Kontrollpflicht des Vermieters), wenn er eine **Schadensgeneigtheit der Anlagen** positiv kennt oder **besondere Zusagen** gemacht und dadurch eine Obhutspflicht übernommen hat (Beispiel: Vermieter garantiert dem Mieter eine besondere Luftqualität für die Einlagerung von Kunstwerken oder Pkw-Oldtimern).

Nach den allgemeinen Regeln über die **Beweislastverteilung** trifft grds. den Mieter als Anspruchsteller die Beweislast dafür, dass ein Mangel oder eine sonstige Pflichtverletzung des Vermieters den Schaden verursacht hat, wobei er grds. auch das Vertretenmüssen des Vermieters zu beweisen hat.[3394] Allerdings bestimmt § 280 Abs. 1 Satz 2 BGB (ähnlich § 282 BGB a.F.) eine Beweislastumkehr, soweit es um das Vertretenmüssen der Pflichtverletzung geht. Die Grenze dieser Beweislastumkehr, die nicht nur das Verschulden im engeren Sinne, sondern auch die (objektive) Pflichtverletzung ergreift, ist danach zu bestimmen, in wessen **Obhuts- und Gefahrenbereich** die Schadensursache lag.[3395] Steht fest, dass als Schadensursache nur eine solche aus dem Obhuts- und Gefahrenbereich des Vermieters in Betracht kommt, muss dieser sich nicht nur hinsichtlich der subjektiven Seite, sondern auch hinsichtlich der objektiven Pflichtwidrigkeit entlasten.[3396] Wenn im Fall der Beschädigung eingebrachter Sachen des Mieters durch einen Brand des vermieteten Gebäudes offenbleibt, ob die Schadensursache entweder aus dem Verantwortungsbereich einer der Mietvertragsparteien oder demjenigen eines

2177

3388 OLG Düsseldorf, 12.08.2008 – 24 U 44/08, IMR 2008, 342 = GuT 2008, 345 = ZMR 2008, 952: Stolpert der Mieter über Risse schadhafter Bodenplatten der angemieteten Flächen und verletzt er sich dabei, so kommt eine Haftung des Vermieters nur in Betracht, wenn der Mieter den Mangel angezeigt hat.
3389 OLG Celle, 18.03.2009 – 2 U 19/09, IMR 2009, 203 = ZMR 2009, 683 = NJW-RR 2010, 308.
3390 BGH, 15.10.2008 – VIII ZR 321/07, NZM 2008, 927 = InfoM 2008, 415 = ZMR 2009, 345 = WuM 2008, 719 = NJW 2009, 143 (Wohnraum).
3391 OLG Koblenz, 30.09.2010 – 2 U 779/09, IMR 2010, 511.
3392 BGH, 15.10.2008 – VIII ZR 321/07, NZM 2008, 927 = InfoM 2008, 415 = ZMR 2009, 345 = WuM 2008, 719 = NJW 2009, 143 (Wohnraum).
3393 BGH, 10.05.2006 – XII ZR 23/04, NZM 2006, 582.
3394 BGH, 31.05.1978 – VIII ZR 263/76, WuM 1978, 168.
3395 BGH, 22.10.2008 – XII ZR 148/06, NZM 2009, 29 = NJW 2009, 142 = MDR 2009, 74 m.w.N.
3396 BGH, 22.10.2008 – XII ZR 148/06, NZM 2009, 29 = NJW 2009, 142 = MDR 2009, 74 m.w.N.

Dritten stammt, ist jedoch für eine Verteilung der Darlegungs- und Beweislast nach Gefahrenbereichen kein Raum.[3397]

Beruht ein Schaden nicht auf einem Mangel der Mietsache und kommt somit nur eine Haftung wegen Pflichtverletzung nach § 280 Abs. 1 BGB in Betracht,[3398] gelten die obigen Ausführungen zur Beweislast entsprechend.

2. Schmerzensgeld bei Körperschäden

2178 Nach § 253 Abs. 2 BGB wird grds. in Fällen der **verschuldensunabhängigen Gefährdungs-** und der **Vertragshaftung** Schmerzensgeld geschuldet. Das bedeutet: Es kann überall dort Schmerzensgeld geschuldet werden, wo ein Schadensersatzanspruch besteht, also auch bei vertraglichen Ansprüchen. Für Vermieter ist dies i.R.d. Garantiehaftung für anfängliche Mängel der Mietsache nach § 536a Abs. 1, 1. Alt. BGB bedeutsam. Verletzt der Vermieter schuldhaft eine **vertragliche Schutzpflicht** (§ 241 Abs. 2 BGB) – egal, ob Haupt- oder Nebenpflicht –, kann der Schmerzensgeldanspruch greifen, ebenso bei Verletzung vor- bzw. nachvertraglicher Schutzpflichten gem. §§ 311 Abs. 2, Abs. 3, 280 Abs. 1 BGB.[3399] Bagatellschäden lösen den Anspruch aber nicht aus.

> *Beispiel:*
>
> *Umbaumaßnahmen sind, soweit sie nicht schikanös sind, auch bei erheblicher Lärmbelästigung hinzunehmen. Daraus resultierende körperliche Beschwerden, wie z.B. Kopfschmerzen, lösen keinen Schmerzensgeldanspruch aus.*[3400]

2179 In Betracht kommen v.a. folgende Fälle:[3401]

- Der Mieter erleidet durch einen bauordnungswidrigen Zustand einen Körperschaden.
- Ein bereits seit Bezug verkörperter Mangel „bricht aus" und führt zu Verletzungen des Mieters (etwa defekte Heizung).
- Schimmelbildung aufgrund baulicher Mängel; ob aber Schimmelpilzbildung in Mieträumen eine Gesundheitsgefährdung i.S.d. § 569 Abs. 1 BGB darstellt, ist nicht allgemein zu beantworten, sondern eine Frage des Einzelfalls; erforderlich ist eine erhebliche Gesundheitsgefahr für alle Bewohner oder Benutzer bzw. einzelne Gruppen von ihnen durch Toxin bildende Pilzstämme.[3402] Der dafür darlegungs- und beweisbelastete Mieter führt den Beweis dafür, dass festgestellte Schimmelpilze tatsächlich Toxin bildend sind und zu einer Gesundheitsbeeinträchtigung seiner Mitarbeiter geführt haben, nicht schon durch Vorlage von ärztlichen Bescheinigungen, die ohne Laboruntersuchungen erstellt wurden.[3403]

3397 OLG Celle, 18.03.2009 – 2 U 19/09, IMR 2009, 203 = ZMR 2009, 683 = NJW-RR 2010, 308.
3398 BGH, 22.10.2008 – XII ZR 148/06, NZM 2009, 29 = NJW 2009, 142 = MDR 2009, 74: Fürsorgepflichten des Scheunen-Stellplatzvermieters ggü. eingestellten Oldtimern.
3399 Jaeger, AIM 2003, 22; Horst, NZM 2003, 537, 539.
3400 AG München, 12.07.2006 – 172 C 41295/04, IMR 2007, 280.
3401 Vgl. Horst, NZM 2003, 537.
3402 KG, 26.02.2004 – 12 U 1493/00, GuT 2004, 102; allgemein zu Schimmelpilzen siehe Deitschun/Warscheid, Richtlinie zum sachgerechten Umgang mit Schimmelpilzschäden in Gebäuden – Eine Empfehlung des BVS Bundesverband öffentlich bestellter und vereidigter sowie qualifizierter Sachverständiger e.V., NZM 2011, 13.
3403 KG, 26.02.2004 – 12 U 1493/00, GuT 2004, 102.

- Allergische Reaktionen beim Mieter durch Verhalten von neu hinzugezogenen Mitmietern (etwa Verwendung bestimmter Chemikalien).
- Verletzung der Verkehrssicherungspflicht führt zu Körperschäden beim Mieter.

Beispiel:

Treppenhaus ist erkennbar nur mit einfachem Fensterglas versehen, Mieter zieht sich Schnittverletzungen zu.[3404]

Hinweis:

Die verschuldensunabhängige Haftung des Vermieters kann auch formularvertraglich ausgeschlossen werden[3405] und zwar selbst dann, wenn die Mängel bekannt waren oder für möglich gehalten wurden.[3406] § 309 Nr. 7a BGB steht dem nicht entgegen.[3407] Aus Vermietersicht ist deshalb immer, wenn der Mieter Haftungsansprüche geltend macht, zu prüfen, ob ein entsprechender Haftungsausschluss im Mietvertrag enthalten ist (dazu → *Rn. 2236 ff.*).

Nach § 280 Abs. 1 Satz 2 BGB wird das Verschulden des Pflichtigen vermutet, wenn dieser eine vertragliche Pflicht verletzt hat, was zu einer **Umkehr der Beweislast** führt. Der Vermieter muss also ggf. darlegen und beweisen, dass ihn kein Verschulden trifft. Da § 278 BGB – anders als § 831 BGB – keine Exkulpationsmöglichkeit für Erfüllungsgehilfen vorsieht, haftet der Vermieter bis zur Grenze des Gehilfenexzesses auch für alle Personen, derer er sich zur Erfüllung seiner Vermieterpflichten bedient; selbstverständlich können die Gehilfen aber auch persönlich aus § 253 BGB haften. **Erfüllungsgehilfe** ist, wer im Interesse des Mieters die Obhut über das Mietobjekt ausgeübt hat, wobei die Übertragung der Obhutspflicht auch konkludent durch Verschaffen des Zugangs erfolgen kann.[3408] Zum Umfang des Schmerzensgeldes muss auf die Judikatur zu einzelnen Schäden/Verletzungen verwiesen werden.[3409]

2180

Durch die neue Rechtslage ist dem Vermieter der **Einwand des Mitverschuldens** nicht versagt. Dieser kann insb. dann zum Tragen kommen, wenn ein Objekt unentgeltlich oder aus Gefälligkeit überlassen wurde.[3410] Bei ausländischen Objekten – hier: Spanien – können nicht zwingend deutsche Sicherheitsstandards gelten.[3411]

2181

Weitere Beispiele für gerichtlich anerkanntes und damit haftungsminderndes oder haftungsausschließendes Mitverschulden des Mieters:

- *Bauordnungswidrig errichtete Treppe wird fast zwei Jahre ohne Beanstandungen mehrmals täglich benutzt.*[3412]

3404 BGH, 31.05.1994 – VI ZR 233/93, MDR 1994, 889.
3405 BGH, 14.10.1990, WuM 1992, 316 = NJW-RR 1991, 74.
3406 BGH, 03.07.2002 – XII ZR 327/00, GuT 2003, 8 = DWW 2002, 265, 266 = NZM 2002, 784 = MDR 2002, 1361 = NJW 2002, 3232.
3407 Horst, NZM 2003, 537, 539 m.w.N.
3408 OLG München, 04.07.2002 – 19 U 1801/02, GuT 2004, 84.
3409 S. hierzu Jaeger/Luckey, Schmerzensgeld.
3410 OLG Düsseldorf, 25.11.1993 – 13 U 8/93, OLGR 1994, 120.
3411 OLG Köln, 03.09.1999 – 19 U 68/99, OLGR 2000, 50.
3412 OLG Düsseldorf, 07.06.2001 – 10 U 64/00, OLGR 2001, 449.

- *Sind Bäume auch für einen Laien bei nur flüchtiger Betrachtung erkennbar bruchgefährdet, kommt Mitverschulden in Betracht, wenn ein Parkplatzbenutzer seinen Wagen darunter parkt.*[3413] *Hier sei die Frage gestattet, wer sich – auch nur flüchtig – in der Praxis Bäume an einem Parkplatz wirklich anschaut.*

> **Praxistipp für Immobilienverwalter/Vermieter:**
> Vermietern ist zu empfehlen, die Gebäudehaftpflichtversicherung darauf zu prüfen, ob Schmerzensgeldansprüche bei Haftung ohne Verschulden mitversichert sind.

X. Regress des Vermieters gegen Dritte

2182 Erleidet der Vermieter finanzielle **Einbußen aufgrund berechtigter Gewährleistungsrechte** des Mieters, muss – auch durch einen Immobilienverwalter – geprüft werden, ob Regressansprüche gegen Dritte in Betracht kommen. Dies können z.B. **Handwerker** sein, die fahrlässig einen Mangel am Mietobjekt verursacht haben, der dann zu einer Mietminderung oder sogar zu einer Kündigung des Mieters geführt hat. In diesem Zusammenhang sollten immer folgende Punkte mit geprüft werden:

- Wer hat den Schaden verursacht, wer kommt als Haftender in Betracht?
- Wann wurde die schädigende Handlung begangen?
- Welche Verjährungsfrist gilt, wann tritt Verjährung ein?
- Welche verjährungshemmenden Maßnahmen können getroffen werden (Beispiel: Streitverkündung)?

2183 Geprüft werden sollte auch, ob möglicherweise auch ein **Versicherer** aus einem bestehenden Versicherungsvertrag für die Immobilie einstandspflichtig ist:

2184 Bei Schäden, die durch **hoheitliche Maßnahmen** eintreten („Umweltschäden", z.B. Straßenbauarbeiten) kann der Vermieter u.U. einen Entschädigungsanspruch gegen den Hoheitsträger aus dem sog. **enteignenden Eingriff** haben. Dieser Anspruch ist gesetzlich nicht geregelt, aber gewohnheitsrechtlich anerkannt und das öffentlich-rechtliche Gegenstück zum zivilrechtlichen Ausgleichsanspruch unter Nachbarn.[3414] Er ist vor den Zivilgerichten geltend zu machen. Ersetzt wird (nur) der unmittelbar verursachte **Vermögensschaden**.

2185 Ein Anspruch aus enteignendem Eingriff kommt in Betracht, wenn das Eigentum durch **atypische und unvorhergesehene Nebenfolgen** eines **rechtmäßigen Verwaltungshandelns** beeinträchtigt wird. Die an sich rechtmäßige Maßnahme führt dabei zu einer übermäßigen und unzumutbaren Beeinträchtigung (sog. Sonderopfer).[3415] Ein Eingriff ist grds. jede konkrete, nicht notwendig zielgerichtete Maßnahme des Staates mit Ausnahme von Parlamentsgesetzen.

3413 OLG Düsseldorf, 10.12.1993 – 22 U 172/93, OLGR 1994, 143 (LS).
3414 BGH, 11.03.2004 – III ZR 274/03, BGHZ 158, 263 = GuT 2004, 103 (LS) = MDR 2004, 1059 = NVwZ 2004, 1018.
3415 BGH, 05.03.1981 – III ZR 9/80, NJW 1981, 2114.

Beispiele:

Öffentliche Baumaßnahmen: Zugangsbehinderungen und Umsatzeinbußen bei Straßenbauarbeiten.[3416]
Immissionen öffentlicher Betriebe: Eindringen von Streusalz in den Brunnen einer Gärtnerei.[3417]
Überlauf eines Regenrückhaltebeckens, wenn nicht alle technisch möglichen und wirtschaftlich zumutbaren Sicherungsmaßnahmen ergriffen wurden.[3418]

Die spezialgesetzlichen Ansprüche – etwa die Wirkungshaftung gem. § 2 Abs. 1 HPflG bei Kanalschäden – verdrängen die Ansprüche aus enteignendem Eingriff nicht, sodass sich der Geschädigte ggf. auf mehrere Anspruchsgrundlagen mit evtl. **unterschiedlichen Verjährungsregelungen** berufen kann.

2186

XI. Verjährung und Verwirkung

Der **Erfüllungsanspruch des Mieters** aus § 535 Abs. 1 Satz 2 BGB auf Mangelbeseitigung ist während der Mietzeit unverjährbar.[3419] Die Verjährungsfrist beginnt weder gem. §§ 195, 199 BGB mit dem Schluss des Jahres, in dem der Mangel entstanden ist und der Mieter davon Kenntnis erlangt hat,[3420] noch mit der etwaigen Zuwiderhandlung des Vermieters zu laufen.

2187

Verwendet der Vermieter eine wegen unangemessener Benachteiligung **unwirksame AGB-Minderungsausschluss - Klausel**, kann er sich wegen seines eigenen Vertragsverstoßes nicht auf Verwirkung berufen.[3421]

2188

Zahlt der Mieter während des laufenden Mietverhältnisses die Miete trotz eines Mangels über einen längeren Zeitraum **ungekürzt** weiter (vorbehaltlose Zahlung), kommt nach der Rechtsprechung eine **Verwirkung des Mietminderungsanspruchs** nach den allgemeinen Grundsätzen der Verwirkung in Betracht.[3422] Der Mieter kann aber die zu viel gezahlte Miete zurückfordern, wenn der Vertrag eine unwirksame Minderungsausschlussklausel enthält, der Vermieter darf sich dann nicht auf Verwirkung berufen.[3423]

2189

Die Frage, ob und wann der Vermieter seine Mietforderung verliert, wenn er auf eine Mängelrüge und (unberechtigte) Minderung nicht innerhalb einer bestimmten Frist reagiert, sondern

2190

3416 BGH, 20.12.1971 – III ZR 79/69, BGHZ 57, 359.
3417 BGH, 20.01.1994 – III ZR 166/92, NJW 1994, 1006.
3418 BGH, 19.01.2006 – III ZR 121/05, BGHZ 166, 37 = GuT 2006, 155 = IBR 2006, 227 = NVwZ 2006, 1086.
3419 BGH, 17.02.2010 – VIII ZR 104/09, NZM 2010, 235 = IMR 2010, 171; Streyl, WuM 2009, 630 f.; Both, GE 2009, 238, 239; Eisenschmid, in: Schmidt-Futterer, § 535 BGB Rn. 217; Weidenkaff, in: Palandt, § 535 Rn. 31; Häublein, in: MüKo BGB, § 535 Rn. 107; Kandelhard, in: Herrlein/Kandelhard, § 548 Rn. 64; AG Tiergarten, 03.04.2009 – 9 C 1/07, WuM 2009, 453; ähnlich, aber nicht abschließend entschieden in BGH, 26.04.1995 – XII ZR 105/93, NJW 1995, 2548, unter 2c, wonach bei einem (unbefristeten) Pachtvertrages die Verjährung des Erfüllungsanspruchs des Pächters auf dauernde Gewährung des Gebrauchs und des Fruchtgenusses jedenfalls nicht schon mit der erstmaligen Entstehung beginnt.
3420 So vertreten von LG Berlin, GE 2008, 1196, 1197; Feuerlein, WuM 2008, 385, 386; Beuermann, GE 2008, 236; Schmid, ZMR 2009, 585, 586; Lehmann-Richter, NJW 2008, 1196, 1197 f.; Sternel, Mietrecht aktuell, Rn. XIII 221.
3421 BGH, 12.03.2008 – XII ZR 147/05, IMR 2008, 234 = InfoM 2008, 226/228 = MDR 2008, 909.
3422 BGH, 16.02.2005 – XII ZR 24/02, NZM 2005, 303.
3423 BGH, 12.03.2008 – XII ZR 147/05, InfoM 2008, 22 8= MDR 2008, 909.

die **Minderung widerspruchslos hinnimmt**, ist nicht abschließend geklärt. Seine Rechtsprechung zur Verwirkung eines Rechts zur fristlosen Kündigung wegen eines Sachmangels in entsprechender Anwendung des § 539 BGB a.F. hat der BGH nach Geltung des neuen Mietrechts ab 2001 aufgegeben und sich für die Anwendung der allgemeinen Verwirkungsregeln entschieden. Der Vermieter kann daher sein Recht auf Mieterstattung, nach allgemeinen Verwirkungsgrundsätzen verwirken, wenn der Mieter die Miete mindert und er dies längere Zeit widerspruchslos hinnimmt.[3424] Zu den allgemeinen Voraussetzungen der Verwirkung → *Rn. 2670 ff.*

2191 Die Rechtsprechung dazu, welcher Zeitraum widerspruchsloser Hinnahme der Minderung für das sog. Zeitmoment der Verwirkung verstrichen sein muss, ist uneinheitlich. Neben dem (richtigen) Postulat, dass bei der kurzen Regelverjährung von drei Jahren nur „ganz ausnahmsweise" überhaupt eine Verwirkung in Betracht kommt,[3425] finden sich auch (grds. abzulehnende) Entscheidungen, nach denen das Zeitmoment bereits nach sechs Monaten,[3426] 18 Monaten[3427] oder 24 Monaten[3428] gegeben sein soll. Für das Umstandsmoment muss ein Vertrauen des Schuldners begründet werden, dass der Gläubiger die Forderung nicht mehr geltend macht. Auch dies ist restriktiv zu handhaben. Über das Vertrauen hinaus muss sich der Schuldner – insb. durch die Vornahme von entsprechenden Vermögensdispositionen oder anderen Vertrauensinvestitionen – auch tatsächlich darauf eingerichtet haben, dass er nicht mehr leisten muss, was er dann auch prozessual darlegen und beweisen muss.[3429]

2192 Bei einem zerstörten Mietobjekt gilt § 548 BGB, wenn noch wieder verwendbare Reste der zurückzugebenden Sache (hier: Mauerreste) vorhanden sind; ob es sich hierbei um einen wesentlichen Gebäudeteil handelt, ist unerheblich.[3430]

XII. Gerichtsverfahren

1. Prozessuales Vorgehen aus Vermietersicht

2193 Aus Vermietersicht ist Folgendes zu beachten:
- **Zahlungsklage auf Rückzahlung einer Mietminderung.** Wichtig: Es ist darzulegen, für welche Monate welcher Mietrückstand besteht; es ist jedoch nicht erforderlich, dass der Vermieter diesen Rückstand als Minderungsbeträge kennzeichnet und entsprechend zu Mängeln vorträgt, da der Kläger den Vortrag des Beklagten nicht vorwegnehmen muss. Aus taktischen Gründen – „Einnorden" des Gerichtes – kann es aber sinnvoll sein, bereits auf den i.d.R. ohnehin zu erwartenden Vortrag des Mieters einzugehen.

[3424] BGH, 19.10.2005 – XII ZR 224/03, NZM 2006, 58 (zu § 539 BGB a.F.). s.a. OLG Düsseldorf, 30.01.2003 – 10 U 18/02, GuT 2003, 59 = AIM 2003, 80: Ca. sieben Jahre.
[3425] OLG Düsseldorf, 04.05.2010 – 24 U 195/09, NZM 2010, 820.
[3426] AG Gießen, ZMR 2001, 801; offengelassen von OLG Düsseldorf, 30.01.2003 – 10 U 18/02, NZM 2003, 599.
[3427] LG Köln, 25.07.2000 –!" S 19/00, WuM 2001, 79; LG Hamburg, 27.12.1989 – 7 T 196/89, WuM 1990, 203.
[3428] LG Essen, 25.10.1999 – 15 T 40/99, WuM 2000, 378; LG Aachen, 07.11.1991 – 2 S 168/91, WuM 1992, 243; LG Hamburg, 10.07.1990 – 16 S 345/89, WuM 1990, 498.
[3429] OLG Düsseldorf, 04.05.2010 – 24 U 195/09, NZM 2010, 820.
[3430] BGH, 23.05.2006 – VI ZR 259/04, GuT 2006, 265 = ZMR 2006, 754 = NZM 2006, 624 = WuM 2006, 437 = NJW 2006, 2399.

- **Klage auf zukünftige Leistung.** Klagen nach §§ 257, 258 ZPO scheiden aus, da der Mietzahlungsanspruch von der Gebrauchsüberlassung der Räume abhängig ist.[3431] Eine Klage nach § 259 ZPO kommt in Betracht, wenn man begründen kann, dass auch in Zukunft die Besorgnis für ausbleibende Zahlungen besteht.[3432]
- **Feststellungsklage, dass der Mieter – auch künftig – nicht zur Mietminderung berechtigt ist.** Achtung: Alleiniger Feststellungsantrag kann wegen Subsidiarität der Feststellungsklage unzulässig sein, wenn der Mieter bereits gemindert hat, sodass der Vermieter auch auf Zahlung klagen kann. Aber die Klage, mit der ein Vermieter nach der Erklärung des Mieters, die Geschäftsgrundlage sei weggefallen und er schulde nur noch eine geringe Miete, festgestellt wissen will, dass das Mietverhältnis zu den vereinbarten Bedingungen fortbestehe, ist zulässig; der Vermieter kann nicht darauf verwiesen werden, Leistungsklage auf Miete verbunden mit einer Zwischenfeststellungsklage zu erheben.[3433]
- **Kombination von Zahlungsklage auf Rückzahlung** einer Mietminderung und **Feststellungsklage**, dass der Mieter künftig nicht zur Mietminderung berechtigt ist.
- **Feststellungsklage**, dass eine Kündigung des Mieters unwirksam ist.

Beruft sich in einem Rechtsstreit der Mieter ggü. dem Vermieter auf Mängel der Mietsache, sollte der Vermieter prüfen, ob Dritte (z.B. Bauunternehmer als Hersteller des Mietobjekts: werkvertragliche Gewährleistungsansprüche; Vermieter als Untermieter: mietrechtliche Gewährleistungsansprüche) für den etwaigen Mangel verantwortlich sind (s.o. → *Rn. 2182 f.*). Zur gebotenen Reaktion des RA im Prozess gehört es dann, dem Dritten den **Streit zu verkünden** (§§ 72 ff. ZPO). Mit der Streitverkündung wird der Dritte zugleich aufgefordert, dem Rechtsstreit zum Zwecke der Unterstützung des Streitverkündeten beizutreten. Unabhängig davon, wie er sich verhält, trifft ihn die Interventionswirkung im Verhältnis zum Streitverkünder (§ 74 Abs. 3 i.V.m. § 68 ZPO).

2194

2. Prozessuales Vorgehen aus Mietersicht

Der Mieter hat folgende Möglichkeiten, wenn es um Mängel am Mietobjekt geht:

2195

- **Klage auf Zahlung von Vorschuss zur Mängelbeseitigung.** Ausnahmsweise kann hier bei mehreren Mietern auch nur ein einziger klagen, wenn er Leistung an alle verlangt.[3434]
- **Klage auf Mängelbeseitigung.** Die zu beseitigenden Mängel – nicht die Art der Mängelbeseitigung, diese ist Vermietersache – sind im Antrag so konkret wie möglich zu beschreiben. Zu mehren Mietern s. voriger Punkt.

3431 BGH, 20.06.1996 – III ZR 116/94, ZMR 1996, 546 = MDR 1996, 1232.
3432 Börstinghaus, NZM 1998, 656; vgl. auch BGH, 20.11.2002 – VIII ZB 66/02, NZM 2003, 231 = AIM 2003, 56 = ZMR 2003, 333 = MDR 2003, 452 zur Zulässigkeit eines Antrags auf künftig fällig werdende Nutzungsentschädigung neben dem Räumungsantrag.
3433 BGH, 03.07.2002 – XII ZR 234/99, NZM 2002, 786.
3434 LG Kassel, 01.02.1993 – 1 T 3/93, WuM 1994, 534.

- **Bezifferte positive Feststellungsklage** mit dem Antrag festzustellen, dass der Mieter berechtigt ist, die Miete um x % zu mindern,[3435] ggf. in Kombination mit Feststellungsantrag zum (zusätzlichen) Zurückbehaltungsrecht.
- **Bezifferte negative Feststellungsklage** mit dem Antrag festzustellen, dass dem Vermieter eine über den Betrag x € hinausgehende Miete nicht zusteht, ggf. in Kombination mit Feststellungsantrag zum (zusätzlichen) Zurückbehaltungsrecht.
- **Bezifferte Zahlungsklage**, wenn der Mieter zu viel gezahlte Miete zurückfordert.
- **Kombination aus Zahlungsklage** für die **Vergangenheit** und **positive/negative Feststellungsklage** für die **Zukunft**. Achtung: Widerklage des Vermieters auf Zahlung ist erledigendes Ereignis für den Feststellungsteil.[3436]
- **Feststellungsklage**, dass der Mieter zur Kündigung berechtigt ist bzw. die bereits erfolgte Kündigung wirksam ist. Dies kann sich z.B. anbieten, wenn der Mieter wegen Verletzung der Schriftform gem. § 550 BGB vorzeitig gekündigt hat und man einen Auszug und die langfristige Anmietung eines anderen Objekts erst nach Klärung der Streitfrage riskieren will.

2196 Will der Mieter auf **Beseitigung von Mängeln klagen**, muss er diese im Klageantrag exakt bezeichnen, weil es ansonsten an der erforderlichen Bestimmtheit gem. § 253 Abs. 2 Nr. 2 ZPO fehlt. Wichtig: Es sind ausschließlich die Mängelerscheinungen zu bezeichnen, nicht aber die Art und Weise der Mängelbeseitigung, denn diese ist Sache des Vermieters.

> **Praxistipp:**
> Wenn sich der Mieter auf einen Mangel der Mietsache beruft und daraus eine Mietminderung herleitet, muss er nur den Sachmangel darlegen, der die Tauglichkeit der Sache zum vertragsgemäßen Gebrauch beeinträchtigt, nicht aber das Maß der Gebrauchsbeeinträchtigung.[3437] Es müssen also nur die „Symptome" beschrieben werden, also die konkreten Auswirkungen, die der Mangel hat.

2197 Problematisch ist häufig die **Bestimmtheit des Klageantrags** des Mieters i.S.v. § 253 ZPO bei „flüchtigen" Mängeln wie Lärm. Grds. sind bei Beseitigungsanträgen konkrete „Zahlen" erforderlich (Lärmprotokoll etc.). Bei Lärmstörungen oder mangelhaftem Schallschutz genügt bspw. der Antrag des klagenden Mieters, die Gebrauchsbeeinträchtigungen so zu beseitigen, dass die Lärmimmissionen aus der Störerwohnung 53 dB nicht überschreiten, dem Bestimmtheitserfordernis; dies gilt auch für einen Hilfsantrag, mit dem verlangt wird, die Beeinträchtigungen so zu beseitigen, dass die Lärmemissionen die vertragliche Nutzung nicht mehr als nur unerheblich beeinträchtigen.[3438] Zur Darlegungs- und Beweislast s. nachfolgend →*2200 f.*

2198 Ist das Minderungsrecht des Mieters vertraglich auf **anerkannte oder rechtskräftig festgestellte Forderungen** beschränkt (→ *dazu Rn. 2250 f.*), darf der Mieter im Rahmen einer Miet-

---

3435 BGH, 12.06.1985 – VIII ZR 142/84, WM 1985, 1213; OLG Brandenburg, 10.06.2009 – 3 U 169/08, GuT 2009, 216 = NZM 2010, 43 = IMR 2009, 345 = InfoM 2009, 384.
3436 Börstinghaus, NZM 1998, 656.
3437 BVerfG, 29.05.2007 – 1 BvR 624/03, InfoM 2007, 331.
3438 OLG Dresden, 10.02.2009 – 5 U 1336/08, NZM 2009, 703 = MDR 2009, 741 = InfoM 2009, 480.

klage des Vermieters durch Feststellungswiderklage geltend machen, dass ihm hinsichtlich der mit der Klage geforderten Mietansprüche Gegenansprüche wegen ungerechtfertigter Bereicherung zustehen. Er kann hierzu nicht auf ein gesondertes Verfahren verwiesen werden.[3439] Trotz einer Beschränkungsklausel wird es dann i.d.R. zu einer Beweisaufnahme kommen, ob und in welcher Höhe ein Minderungsrecht bestand. Klagt der Vermieter geminderte Beträge ein, ist dem Mieter bei einer wirksamen Klausel mit Aufrechnungsverbot auch die Aufrechnung verschlossen, und ihm bleibt nur der Weg der Widerklage.

Bei vertretbaren Handlungen richtet sich die **Zwangsvollstreckung** nach § 887 ZPO, also durch Antrag an das Prozessgericht als Vollstreckungsgericht, das dann den Mieter ggf. ermächtigt, auf Kosten des Vermieters die erforderlichen Maßnahmen zur Mängelbeseitigung vornehmen zu lassen. Bei einem solchen Vollstreckungsantrag muss der Mieter allerdings die nach seiner Ansicht erforderlichen Einzelmaßnahmen zur Mängelbeseitigung genau bezeichnen. Es ist nach § 887 Abs. 2 ZPO möglich, den Vermieter zur Zahlung eines Kostenvorschusses zu verurteilen.

2199

XIII. Darlegungs- und Beweislast

1. Verantwortungsbereiche

Zum schlüssigen Vortrag einer mangelbedingten Minderung ist es erforderlich, dass Anknüpfungstatsachen vorgetragen werden, die eine Beurteilung der Gebrauchsbeeinträchtigung und der Minderungsquote zulassen.[3440] Die Darlegungs- und Beweislast für einen Mangel der Mietsache ist dabei grds. **nach Verantwortungsbereichen** verteilt. Es sind drei „Stufen" zu unterscheiden, die unterschiedliche Beweisfolgen haben:

2200

- Stufe 1 („Basisstufe"): Der Mieter muss darlegen und im Bestreitensfall beweisen, **dass** ein bestimmtes Schadensbild, also ein Mangel, **vorhanden** ist.
- Stufe 2: Liegt die Schadensursache eindeutig nur im Gebrauch der Mietsache durch den Mieter, muss er beweisen, dass der Mangel trotz ordnungsgemäßem Gebrauch aufgetreten und damit in den Verantwortungsbereich des Vermieters fällt.
- Stufe 3: Handelt es sich um eine ungeklärte Schadensursache, die auch im Bereich des Vermieters (Baumängel etc.) liegen kann, trifft den Vermieter die Darlegungs- und Beweislast für den Verantwortungsbereich. Kann er nachweisen, dass es nicht um seinen Bereich geht, greift Stufe 2.

Zur Stufe 1:

2201

Nach § 536 Abs. 1 BGB setzt eine Mietminderung wegen eines Sachmangels voraus, dass die Mietsache einen Mangel aufweist, der ihre Tauglichkeit zum vertragsgemäßen Gebrauch in erheblichem Umfang aufhebt oder mindert. Es ist nach allgemeinen Regeln der Beweislast **Sache des Mieters**, zum Vorliegen eines Mangels vorzutragen und Beweis hierfür anzutreten. Wenn sich der Mieter auf einen Mangel der Mietsache beruft und daraus eine Mietminderung herleitet, muss er aber nur den Sachmangel darlegen, der die Tauglichkeit der Sache zum ver-

---

3439 OLG Stuttgart, 21.12.2006 – 13 U 51/06, IMR 2007, 44 = GuT 2007, 22.
3440 KG, 17.06.2010 – 12 U 51/09, GuT 2010, 250 LS = MDR 2010, 1446; Wolf/Eckert/Ball, Rn. 323.

tragsgemäßen Gebrauch beeinträchtigt, nicht jedoch das Maß der Gebrauchsbeeinträchtigung bzw. einen konkreten Minderungsbetrag.[3441] Ob es aber dennoch sinnvoll ist, dass Maß bzw. den Umfang der Beeinträchtigung genauer darzulegen, hängt von seinem Begehren ab: Will der Mieter Mängelbeseitigung, wird dies nicht erforderlich sein; geht es aber um (die Höhe einer) Mietminderung oder eine Kündigung, sollte der Mieter dem Gericht so genau wie möglich darlegen, wie sich der Mangel auswirkt.

2202 Dargelegt werden muss die **Auswirkung auf den konkreten vertragsgemäßen Gebrauch**. Es müssen hinreichende Anknüpfungstatsachen vorgetragen werden, die eine Einstufung der Erheblichkeit der Beeinträchtigung und eine Beurteilung der Minderungsquote ermöglichen.[3442]

Beruft sich der Mieter z.B. auf **Feuchtigkeit** in den Miträumen, obliegt es ihm unabhängig von den Beweisproblemen im Zusammenhang mit der Ursächlichkeit für die Feuchtigkeit darzulegen und zu beweisen, dass und wo Feuchtigkeit in den Miträumen aufgetreten ist und die Gebrauchstauglichkeit beeinträchtigt.[3443] Beruft sich der Mieter bspw. auf eine **unzureichende Heizungsanlage**, obliegt es ihm darzulegen, wie sich die Heizleistung in den verschiedenen Räumen dargestellt hat und welche konkreten Beeinträchtigungen hiervon für die Nutzer der Räume ausgingen.[3444]

Macht der Mieter geltend, wegen eines gesundheitsgefährdenden **Schimmelbefalls**[3445] der Miträume zur Mietminderung berechtigt zu sein, so soll er konkret zu Art und Konzentration der Schimmelsporen vortragen sowie ärztliche Atteste vorlegen müssen, um dem Gericht genügend Anknüpfungstatsachen für die Einholung eines Sachverständigengutachtens zu liefern, anderenfalls sei der Vortrag unsubstanziiert.[3446] Die Forderung, Art und Konzentration der Schimmelsporen vortragen zu müssen, geht jedoch zu weit, da der Mieter als Laie dafür ein Gutachten einholen müsste. Es reicht aus, wenn er eine ärztliche Bestätigung vorlegt, dass Schimmel und (vorgetragene!) Gesundheitsbeschwerden ursächlich zusammenhängen können.

2203 **Zur Stufe 2:**

Der Mieter, der sich auf einen Mangel beruft, hat grds. die Darlegungs- und Beweislast für den von ihm behaupteten Mangel und ein etwaiges Verschulden des Vermieters, wenn unstreitig ist, dass sich der Mangel „im Gebrauch" der Mietsache realisiert hat.[3447] D.h.: Nur wenn es klar und im prozessualen Sinne unstreitig ist, dass die Schadensursache im Gebrauch der Mietsache durch den Mieter liegt, hat er die primäre Darlegungs- und Beweislast.

3441 BVerfG, 29.05.2007 – 1 BvR 624/03, InfoM 2007, 331; BGH, 27.02.1991 – XII ZR 47/90, WuM 1991, 1006 = NJW-RR 1991, 779.
3442 OLG Düsseldorf, 08.07.2010 – 24 U 222/09, IMR 2011, 52; Wolf/Eckert/Ball, Rn. 323.
3443 KG, 25.09.2006 – 12 U 118/05, IMR 2007, 113.
3444 OLG Düsseldorf, 08.07.2010 – 24 U 222/09, IMR 2011, 52.
3445 Allgemein zu Schimmelpilzen siehe Deitschun/Warscheid, Richtlinie zum sachgerechten Umgang mit Schimmelpilzschäden in Gebäuden – Eine Empfehlung des BVS Bundesverband öffentlich bestellter und vereidigter sowie qualifizierter Sachverständiger e.V., NZM 2011, 13.
3446 KG, 03.06.2010 – 12 U 164/09, GuT 2010, 225 = IMR 2010, 378.
3447 BGH, 18.05.1994 – XII ZR 188/92, BGHZ 126, 124 = WuM 1994, 466 = MDR 1994, 911 = NJW 1994, 2019 unter 2. a).

> **Hinweis:**
> Sobald also die Schadensursache ungeklärt ist, greift nach der Rechtsprechung des BGH die primäre Beweislast des Vermieters ein.

Zur Stufe 3:

2204

Kann der **Mangel sowohl aus Mieter- als auch aus Vermietersphäre** stammen, muss zunächst der Vermieter darlegen und beweisen, dass die Ursache des Mangels nicht aus seinem Pflichten- und Verantwortungsbereich stammt, sondern aus dem Herrschafts- und Obhutsbereich des Mieters.[3448]

Beispiel:

Erhaltungspflichten des Vermieters und Obhutspflichten des Mieters treffen zusammen, etwa bei den häufigen Schimmelschäden, die entweder durch einen Baumangel oder falsches Heizen/Lüften verursacht sein können oder bei Bränden, wenn nicht geklärt ist, ob der Kabelbrand wegen ungeeigneter Leitungen oder einem Bedienungsfehler des Mieters entstanden ist.

Nach gefestigter höchstrichterlicher Rechtsprechung muss bei **streitigen Feuchtigkeitsschäden** zunächst der Vermieter sämtliche Ursachen ausräumen, die aus seinem Gefahrenbereich herrühren können. Erst wenn dieser Beweis geführt ist, muss der Mieter nachweisen, dass die Feuchtigkeitsschäden nicht aus seinem Verantwortungsbereich stammen.[3449] Das Risiko der Unaufklärbarkeit liegt beim Vermieter. Die Beweislast des Vermieters erstreckt sich dabei auch auf den Nachweis, dass frühere Mängelbeseitigungsarbeiten erfolgreich waren.[3450] An das Beweismaß dürfen indes keine übersteigerten Anforderungen gestellt werden, weil sich eine absolute Gewissheit nicht erlangen lässt.[3451] Sind sämtliche Ursachen, die in den Obhuts- und Verantwortungsbereich des Vermieters fallen, ausgeräumt, trägt der Mieter die Beweislast dafür, dass er den Schadenseintritt nicht zu vertreten hat.[3452]

2205

Beispiel:

Der Mieter mindert wegen Schimmelschäden, die auf einem Baumangel beruhen sollen, und wird vom Vermieter auf Zahlung verklagt. Der Vermieter muss zunächst darlegen und beweisen, dass die Schäden nicht auf einer mangelhaften Bausubstanz beruhen. Ist ihm dies gelungen, muss der Mieter beweisen, dass er den Mangel nicht verursacht und verschuldet hat.

Sonstiges:

2206

Behauptet der Mieter, der Mangel liege nach **Reparaturversuchen** des Vermieters immer noch vor, trägt der Vermieter die Beweislast für den Erfolg seiner Mängelbeseitigungsmaßnahmen.[3453] Treten infolge eines Mangels der Mietsache Schäden an Sachen des Mieters ein, muss

---

3448 BGH, 10.11.2004 – XII ZR 71/01, GuT 2005, 19 = NZM 2005, 17 = ZMR 2005, 120 = MDR 2005, 325; BGH, 01.03.2000 – XII ZR 272/97, NZM 2000, 549, 550; BGH, 26.11.1997 – XII ZR 28/96, NJW 1998, 595.
3449 BGH, 10.11.2004 – XII ZR 71/01, NJW-RR 2005, 235.
3450 BGH, 01.03.2000 – XII ZR 272/97, NJW 2000, 2344.
3451 LG Dessau-Roßlau, 01.08.2008 – 1 S 199/06.
3452 BGH, 10.11.2004 – XII ZR 71/01, GuT 2005, 19 = NZM 2005, 17 = ZMR 2005, 120 = MDR 2005.
3453 BGH, 01.03.2000 – XII ZR 272/97, NZM 2000, 549, 550; OLG Hamm, 28.09.1994 – 30 U 45/94, NJW-RR 1995, 525.

dieser die Schäden nach Grund und Höhe auch dann beweisen, wenn der Vermieter behauptet, diese seien bereits aufgrund eines früheren Schadensereignisses eingetreten. Eine Umkehr der Beweislast zulasten des Vermieters findet nicht statt.[3454]

Ist streitig, ob vermietete Räume infolge Mietgebrauchs beschädigt sind, trägt der Vermieter die Beweislast dafür, dass die Schadensursache nicht aus dem Verhalten eines Dritten herrührt, für den der Mieter nicht (nach § 278 BGB) haftet.[3455]

2. Substanziierungslast bei „flüchtigen Mängeln" (Lärm, Gerüche etc.)

2207 Geht es um Mängel, deren Klassifikation als Mangel sich erst aus der Zeitdauer des Auftretens ergibt – etwa regelmäßige Heizungs- oder Stromausfälle, zu hohe Temperaturen, Lärmstörungen oder Staub durch Bauarbeiten – muss im Einzelnen dargelegt werden, wann die Beeinträchtigungen aufgetreten sind.[3456] Bei solchen „flüchtigen Mängeln" trifft den Mieter eine gesteigerte Substanziierungslast.

2208 Dazu sind i.d.R. **Protokolle** erforderlich (Lärmprotokoll etc.), die nach Art eines Stundenplans geführt werden. Es wird meist nicht genügen, wenn der Mieter „beispielhaft" einige Zeitpunkte benennt und sich (nur) dafür auf Zeugen beruft.[3457] Das Gericht darf dann auch nur diese Zeiten zugrunde legen, alles andere wäre ein verbotener Ausforschungsbeweis.

> *Beispiele:*
>
> *Aufgrund der stets von Großbaustellen ausgehenden Emissionen kann ohne detaillierten Vortrag zu Art, Dauer und Umfang der einzelnen Arbeiten oder einer entsprechenden Beweisaufnahme von einer Beeinträchtigung des Wohngebrauchs ausgegangen werden, die eine Minderung von 10 % des Mietzinses rechtfertigt. Für eine über 10 % hinausgehende Minderung bedarf es genauer Angaben über die Dauer, das Ausmaß und die Intensität der Störungen.*[3458]
>
> *Aus den Entscheidungsgründen:*[3459]
>
> *Auf Bau- und Handwerkerlärm können sich die Beklagten als Mangel erst ab dem Zeitpunkt der erstmaligen Anzeige berufen. Eine derartige Anzeige ergibt sich aber lediglich aus dem Schreiben v. 14.03.1999, sodass erst ab diesem Zeitpunkt und zwar lediglich bis Juni 1999 oder bis Juli 1999 eine Minderung überhaupt in Betracht kommt. Der Vortrag zur Beeinträchtigung ist aber nicht ausreichend. Insoweit behaupten die Beklagten lediglich, dass während des gesamten Arbeitstages Arbeiten stattfanden. Der Lärm wird dabei als „wie auf einer Baustelle üblich", „regelmäßiger Handwerkerlärm (Hämmern, Sägen, Flechsen, Bohren)" oder „alle Geräusche, die einer Baustelle immanent sind" sowie in der Berufung „deutlich und erheblich störend" beschrieben. Dies reicht aber nicht aus, um eine ausreichende Beeinträchtigung des Mietgebrauchs festzustellen. Denn insoweit kommt es auch auf die genaue Intensität des Lärms an, weil bestimmte Außengeräusche bei der Lage des Gebäudes im Innenstadtbereich als üblich anzusehen sind. Dieser Vortrag fehlt.*

3454 BGH, 07.06.2006 – XII ZR 47/04, GuT 2006, 240 = InfoM 2006, 313.
3455 BGH, 03.11.2004 – VIII ZR 28/04, NZM 2005, 100 (Wohnraum).
3456 OLG Düsseldorf, 11.03.2008 – 24 U 152/07, IMR 2008, 230 zu Belästigungen durch Mitmieter.
3457 Beispiel für nicht ausreichende Darlegung: LG Berlin, 18.03.2010 – 67 S 485/09, IMR 2010, 545 (Wohnraum).
3458 AG Charlottenburg, 30.08.2007 – 223 C 320/06, IMR 2007, 318 (Wohnraum).
3459 KG, 14.03.2002 – 8 U 161/01, LNR 2002, 19850 = BeckRS 2002, 30246974.

> **Praxistipp:**
> Das Protokoll sollte – je nach Art der Beeinträchtigung – über einen Zeitraum von mindestens ein bis zwei Wochen geführt werden und muss mindestens folgende Angaben enthalten: Datum, Uhrzeit und Dauer der Beeinträchtigung, Art der Beeinträchtigung, Intensität bzw. konkrete Auswirkungen.

XIV. Streitwert

Bei Streitigkeiten der Mietvertragsparteien über eine mangelbedingte **Mietminderung** ist nicht der Mangelbeseitigungsaufwand oder der Jahresbetrag der Mietminderung,[3460] sondern die auf 3,5 Jahre begrenzte, den Mängeln entsprechende Mietminderung als Bewertungsmaßstab für den Gebührenstreitwert maßgeblich.[3461] § 41 Abs. 5 GKG, der bei Wohnraum teilweise analog auch für Feststellungsklagen über die Berechtigung oder Nichtberechtigung zur Minderung angewendet wird, gilt ausschließlich für Wohnraum. Für die gewerbliche Miete und Pacht greift § 48 Abs. 1 Satz 1 GKG i.V.m. § 9 ZPO oder § 48 Abs. 1 Satz 1 GKG i.V.m. § 3 ZPO unter Berücksichtigung der Grundsätze des § 9 ZPO, was auf dasselbe Ergebnis – Mietminderung für 42 Monate – hinausläuft. Dies gilt auch für eine negative Feststellungsklage des Mieters bei streitiger Minderung.[3462] Die Begrenzung des § 41 Abs. 5 GKG auf den Jahresbetrag der streitigen Minderung greift hier deshalb nicht, weil das Pendant der Feststellungsklage die auf die entsprechende Leistung – Zahlung – gerichtete Klage des Vermieters ist, die ebenfalls nicht auf den Jahresbetrag der ausstehenden Miete beschränkt wäre. Da die auf die Feststellung einer bestimmten Mietminderung gerichtete Klage ihrem Sinngehalt eine negative Feststellungsklage darstellt, mit welcher der Mieter seine Verpflichtung zur Entrichtung des Mietzinses entsprechend leugnet, ist auch kein Abschlag i.H.e. Prozentsatzes vorzunehmen.[3463]

2209

Klagt der Mieter auf **Mängelbeseitigung**, sind die (voraussichtlichen Kosten) maßgeblich.

2210

Der Streitwert eines **selbstständigen Beweisverfahrens**, das zur Feststellung von Mängeln einer Mietwohnung betrieben wird, bemisst sich i.H.d. vom Sachverständigen festgestellten Mängelbeseitigungskosten und nicht danach, in welcher Höhe sich der Jahresbetrag einer angemessenen Mietminderung beläuft.[3464] Für die gewerbliche Miete und Pacht gilt nichts anderes. Nach anderer – abzulehnender – Ansicht ist der Wert nach dem Jahresbetrag einer angemessenen Mietminderung zu bestimmen, ohne dass vom Mieter geltend gemachte Minderungs- und/

2211

3460 So KG, 01.07.2009 – 8 W 59/09, IMR 2009, 365 = MDR 2009, 1135 = RVGReport 2009, 395; LG Berlin, 13.12.2007 – 67 T 144/07, GE 2008, 197; OLG Düsseldorf, 11.05.2009 – 24 W 16/09, WuM 2009, 543: jeweils Jahresbetrag der geltend gemachten Minderung.

3461 BGH, 17.03.2004 – XII ZR 162/00, GuT 2004, 133 LS = NZM 2004, 423 = ZMR 2004, 494; BGH, NJW-RR 2005, 938; BGH, NJW-RR 2006, 16; LG Berlin, 05.02.2010 – 65 T 138/09, IMR 2011, 41 = GE 2010, 413 = InfoM 2010, 240; LG Hamburg, 31.03.2009 – 316 T 21/09, IMR 2010, 168 = ZMR 2009, 536; LG Berlin, 13.05.2008 – 63 T 58/08, GE 2009, 269: jeweils 3- bis 5-facher Jahresbetrag.

3462 LG Berlin, 05.02.2010 – 65 T 138/09, IMR 2011, 41 = GE 2010, 413 = InfoM 2010, 240; LG Hamburg, 31.03.2009 – 316 T 21/09, IMR 2010, 168 = ZMR 2009, 536.

3463 BGH, NJW-RR 2006, 16; LG Berlin, 05.02.2010 – 65 T 138/09, IMR 2011, 41 = GE 2010, 413 = InfoM 2010, 240.

3464 LG Darmstadt, 08.02.2010 – 19 T 8/10, IMR 2010, 256.

oder Zurückbehaltungsrechte oder aus diesem Grunde aufgelaufene Mietrückstände werterhöhend berücksichtigt werden.[3465]

XV. Vertragsgestaltung

1. Vertragliche Beschränkung des Rechts auf Mietminderung

a) Grundsätze

2212 In gewerblichen Miet- und Pachtverhältnissen sind (formularmäßige) Beschränkungen der Haftung des Vermieters an der Tagesordnung. Ein **völliger Ausschluss aller Gewährleistungsansprüche** des Mieters durch AGB ist auch im kaufmännischen Verkehr unwirksam und kann nicht im Wege der geltungserhaltenden Reduktion auf den zulässigen Inhalt zurückgeführt werden. Anders als im Wohnraummietrecht, wo generell keine Beschränkungen möglich sind (§ 536 Abs. 4 BGB), kann aber bei Geschäftsraummiete das **Recht zur Mietminderung** formularmäßig zumindest eingeschränkt, nicht aber völlig ausgeschlossen werden, da dies den Mieter nach § 307 BGB unangemessen benachteiligt und daher unwirksam ist.[3466] Soweit Haftungsausschluss oder Haftungsbegrenzung Gegenstand **individueller Absprachen** sind, begegnet dies in den Grenzen von Treu und Glauben keinen Bedenken.[3467] Eine AGB-Klausel wird zumindest bei Kaufleuten für zulässig gehalten.[3468] Gegen eine Ausdehnung auf alle Gewerbetreibenden und Freiberufler spricht nichts.

2213 AGB-Klauseln, die eine Minderung ausschließen oder beschränken, werden meistens mit einer Einschränkung von Aufrechnungs- und Zurückbehaltungsrechten kombiniert, was grds. zulässig ist, aber zur Gesamtunwirksamkeit führen kann, wenn wegen des **Verbots der geltungserhaltenden Reduktion** ein Teil der Klausel unwirksam ist.

2214 Zulässig ist die Verweisung auf einen (späteren) **Bereicherungsanspruch** und das **Rückforderungsrecht** nach § 812 BGB[3469] oder die Beschränkung auf **rechtskräftig festgestellte, entscheidungsreife oder unstreitige Gegenansprüche** des Mieters.[3470] Praktisch bedeutet dies, dass der Mieter verpflichtet werden kann, die Miete trotz eines Mangels in voller Höhe weiterzuzahlen, um dann später den zu viel gezahlten Betrag zurückzufordern bzw. einzuklagen.[3471] Klagt der Vermieter geminderte Beträge ein, ist dem Mieter bei einer wirksamen Klausel mit

---

[3465] OLG Hamburg, 20.02.2009 – 4 W 12/09.
[3466] BGH, 23.04.2008 – XII ZR 62/06 NZM 2008, 609 = ZMR 2008, 776 = MDR 2008, 1089 = NJW 2008, 2497: Ausschlussklausel für Umstände, die der Vermieter nicht zu vertreten hat wie Nachbarbauarbeiten, Straßensperrungen; BGH, 12.03.2008 – XII ZR 147/05, IMR 2008, 234 = InfoM 2008, 226 = MDR 2008, 909; BGH, 27.01.1993 – XII ZR 141/91, NJW-RR 1993, 519 f. = DWW 1993, 117 = ZMR 1993, 320; angedeutet in BGH, 20.06.1984 – VIII ZR 337/87, BGHZ 91, 375 = NJW 1984, 2404 unter II 4a; OLG Köln, 22.12.2009 – 22 U 9/09, IMR 2010, 232.
[3467] BGH, 12.02.1959 – VIII ZR 54/58, BGHZ 29, 289.
[3468] BGH, 20.06.1984 – VIII ZR 337/87, BGHZ 91, 375 = NJW 1984, 2404; BGH, 27.01.1993 – XII ZR 141/91, NJW-RR 1993, 519 f. = DWW 1993, 117 = ZMR 1993, 320; OLG Düsseldorf, 04.06.1998 – 10 U 107/97, ZMR 1999, 23.
[3469] OLG Düsseldorf, 31.05.2005 – I-24 U 12/05, GuT 2005, 182.
[3470] BGH, 27.01.1993 – XII ZR 141/91, NJW-RR 1993, 519 = DWW 1993, 170 = ZMR 1993, 320; OLG Köln, 22.12.2009 – 22 U 9/09, IMR 2010, 232.
[3471] OLG Hamm, 11.02.1998 – 30 U 70/97, NZM 1998, 438 = NJW-RR 1998, 1020.

zusätzlich vereinbartem Aufrechnungsverbot auch die Aufrechnung verschlossen, und ihm bleibt nur der Weg der Widerklage.

Wie immer bei AGB ist der erste Prüfungsschritt die **Auslegung der Minderungsklausel**, um zu klären, ob überhaupt eine Minderung und damit verknüpft ein Rückforderungsrecht nach § 812 BGB ausgeschlossen wird. Ist in AGB neben der Aufrechnung mit nicht anerkannten oder rechtskräftig festgestellten Forderungen die *„Zurückbehaltung von Mietbeträgen bzw. Mietteilbeträgen"* ausgeschlossen, bleibt es dem Mieter gleichwohl unbenommen, wegen des Vorhandenseins von Mängeln des Mietobjekts die vereinbarte Miete zu mindern.[3472]   2215

Ergibt die Auslegung der streitigen Minderungsklausel, die im Zusammenhang mit anderen Vertragsklauseln vorzunehmen ist, dass kein Bereicherungsanspruch verbleibt, so ist zu prüfen, ob diese Auslegung einer **Inhaltskontrolle nach § 307 BGB** standhält. Der BGH hatte zunächst entschieden, dass ein vorformulierter Ausschluss des Minderungsrechts i.d.R. dahin auszulegen sei, dass der Mieter nur vorläufig die volle Miete zu zahlen hat, er aber unter Vorbehalt zu viel Geleistetes nach § 812 BGB nachträglich zurückfordern könne.[3473] Dies wurde dann darauf erweitert, dass eine vom Vermieter verwendete formularmäßige Klausel, wonach eine Minderung der Miete ausgeschlossen ist, wenn die Nutzung der Räume durch Umstände beeinträchtigt wird, die der Vermieter nicht zu vertreten hat, im Zweifel dahin auszulegen ist, dass sie die Minderung insoweit vollständig ausschließt und dem Mieter nicht die Möglichkeit der Rückforderung der Miete nach § 812 BGB belässt.[3474] Eine solche Klausel benachteiligt den Mieter unangemessen i.S.v. § 307 BGB und ist deswegen unwirksam.[3475]   2216

Der **vollumfängliche Ausschluss** ohne Rücksicht auf den Bereicherungsanspruch führt also zur Unwirksamkeit. Nach einer abzulehnenden Ansicht, die auch aufgrund der neueren Rechtsprechung des BGH überholt sein dürfte, ergibt die Auslegung, dass Bereicherungsansprüche im Klauseltext nicht ausdrücklich ausgeklammert werden müssen, da sich der Anspruch „automatisch" aus dem Gesetz ergebe.[3476] Im Hinblick auf die BGH-Rechtsprechung[3477] ist aber ein Klauseltext, der überhaupt keine Andeutung eines solchen Rechts enthält, als nicht ausreichend anzusehen.   2217

[3472] OLG Düsseldorf, 07.01.1999 – 10 U 195/97, NZM 1999, 1006 = ZMR 1999, 387 = NJW-RR 1999, 953.
[3473] BGH, 27.01.1993 – XII ZR 141/91, NJW-RR 1993, 519 f. = DWW 1993, 117 = ZMR 1993, 320; OLG Düsseldorf, 08.06.2006 – I-10 U 159/05, NJOZ 2006, 2981 = LNR 2006, 26493; OLG Hamm, 11.02.1998 – 30 U 70/97, NZM 1998, 438 = ZMR 1998, 342; Buch, NZM 2000, 693 f.
[3474] BGH, 23.04.2008 – XII ZR 62/06, NZM 2008, 609 = ZMR 2008, 776 = MDR 2008, 1089 = NJW 2008, 2497: Die Klausel lautete „Eine Minderung der Miete ist ausgeschlossen, wenn durch Umstände, die der Vermieter nicht zu vertreten hat (z.B. Verkehrsumleitung, Straßensperrungen, Bauarbeiten in der Nachbarschaft usw.), die gewerbliche Nutzung der Räume beeinträchtigt wird (z.B. Umsatz- und Geschäftsrückgang)."
[3475] BGH, 23.04.2008 – XII ZR 62/06, NZM 2008, 609 = ZMR 2008, 776 = MDR 2008, 1089 = NJW 2008, 2497.
[3476] OLG Karlsruhe, 20.09.2005 – 1 U 69/05, MDR 2006, 745; ähnlich OLG Köln, 22.12.2009 – 22 U 9/09, InfoM 2010, 69.
[3477] BGH, 23.04.2008 – XII ZR 62/06, NZM 2008, 609 = ZMR 2008, 776 = MDR 2008, 1089 = NJW 2008, 2497; BGH, 12.03.2008 – XII ZR 147/05, IMR 2008, 234 = InfoM 2008, 226 = MDR 2008, 909.

> **Praxistipp:**
> Immer, wenn nicht nur der Sofortabzug von der Miete, sondern die Minderung generell „gekappt" wird, liegt nach der strengen BGH-Rechtsprechung[3478] eine unwirksame Klausel vor. Dies ist aber nicht automatisch der Exitus des Minderungsausschlusses. Denn der BGH hatte die streitige Klausel erst nach Auslegung i.R.d. Inhaltskontrolle gekippt und kam nur durch das Zusammenspiel mehrerer Klauseln zum Ergebnis, dass auch Ansprüche aus § 812 BGB ausgeschlossen werden. Nur Vertragsklauseln, die alles (= Schadensersatz, fristlose Kündigung) kappen wollen, sind daher unwirksam. Davor hatte der BGH bereits früher[3479] gewarnt. Bestands-Vermieter sind mangels Vertrauensschutz[3480] betroffen, für Neuverträge muss klar sein, dass die Möglichkeit der Rückforderung nach § 812 BGB bleibt. Wer dies als Vermieter bzw. Verpächter nicht deutlich ausformuliert, spielt auf Risiko.

2218 Bei trotz Auslegung der AGB-Klausel verbleibenden **Unklarheiten** ist § 305c Abs. 2 BGB anzuwenden (Auslegung zulasten des Verwenders, „**kundenfeindlichste Auslegung**"), was i.d.R. zur Annahme eines vollständigen Minderungsausschlusses führen wird.[3481] Eine klarstellende Klausel ist deshalb sinnvoll.

> *Beispiel:*
> *„Nicht vom Minderungsausschluss erfasst sind Ansprüche des Mieters wegen ungerechtfertigter Bereicherung".*

Bedenken dagegen, dass die Mietminderung formularmäßig von einer **vorherigen Ankündigung** abhängig gemacht wird, bestehen nicht, auch nicht in Kombination mit einem Aufrechnungsverbot.[3482]

2219 Bei **externen Ursachen**, die der Vermieter nicht zu verantworten hat (Umweltfehler etc.), war **nach früherer Ansicht** ein weitergehender Ausschluss des Minderungsrechts möglich. So sollte eine Formularklausel, wonach eine Minderung der Miete ausgeschlossen ist, wenn durch Umstände, die der Vermieter nicht zu vertreten hat (z.B. Verkehrsumleitung, Straßensperren, Bauarbeiten in der Nachbarschaft usw.) die gewerbliche Nutzung der Räume beeinträchtigt wird (z.B. Umsatz- und Geschäftsrückgang), nicht nach § 307 BGB unwirksam sein.[3483] Das KG sah jedoch die Klausel

> „Äußere Einwirkungen durch Dritte, wie z.B. Verkehrsumleitungen, Aufgrabungen, Straßensperren, Geräusch-, Geruchs- und Staubbelastungen oder ähnliches begründen unabhängig vom Ausmaß keinen Fehler des Mietgegenstandes, sofern sie nicht vom Vermieter zu vertreten sind."

3478 BGH, 23.04.2008 – XII ZR 62/06, NZM 2008, 609 = ZMR 2008, 776 = MDR 2008, 1089 = NJW 2008, 2497; BGH, 12.03.2008 – XII ZR 147/05, IMR 2008, 234 = InfoM 2008, 226 = MDR 2008, 909.
3479 BGH, 20.06.1984 – VIII ZR 337/87, BGHZ 91, 375 = NJW 1984, 2404 unter II 4a.
3480 BGH, 05.03.2008 – VIII ZR 95/07, IMR 2008, 148 = GuT 2008, 198 = NZM 2008, 363 = WuM 2008, 278 = NJW 2008, 1438 zur Unwirksamkeit einer Schönheitsreparatur-Abgeltungsklausel.
3481 BGH, 23.04.2008 – XII ZR 62/06, NZM 2008, 609 = ZMR 2008, 776 = MDR 2008, 1089 = NJW 2008, 2497; BGH, 12.03.2008 – XII ZR 147/05, IMR 2008, 234 = InfoM 2008, 226 = MDR 2008, 909.
3482 KG, 12.03.2001 – 12 U 8765/99, NZM 2002, 387 = GuT 2002, 77.
3483 OLG Hamburg, 02.04.2003 – 4 U 57/01, GuT 2004, 168.

als unwirksam an, was auch richtig ist, weil die Klausel nicht nur Minderungsansprüche, sondern jegliches Gewährleistungsrecht und damit auch die Kündigung erfasst.[3484] Durch die entsprechende neuere Rechtsprechung des BGH[3485] ist klargestellt, dass **generelle Ausschlüsse** unwirksam sind. Im Umkehrschluss bedeutet dies aber, dass Klauseln, die sich auf Minderung und nicht vom Vermieter zu vertretende externe Ursachen beschränken, auch als AGB wirksam sein können.[3486]

> **Praxistipp RA:**
>
> Ist das Minderungsrecht des Mieters vertraglich wirksam auf anerkannte oder rechtskräftig festgestellte Forderungen beschränkt, darf der Mieter im Rahmen einer Mietzinsklage des Vermieters durch Feststellungswiderklage geltend machen, dass ihm hinsichtlich der mit der Klage geforderten Mietzinsansprüche Gegenansprüche wegen ungerechtfertigter Bereicherung zustehen. Er kann hierzu nicht auf ein gesondertes Verfahren verwiesen werden.[3487]

Ein wirksamer Minderungsausschluss gilt auch dann fort, wenn die mietvertraglichen Beziehungen der Parteien durch Veräußerung des Grundstücks und Eintritt eines Erwerbers in den Mietvertrag (§ 566 BGB) beendet sind.[3488] Für eine **Fortwirkung des Minderungsausschlusses** spricht zunächst, dass die Rechtsnatur des geltend gemachten Mietanspruchs durch eine Beendigung des Mietvertrags und eine Rückgabe der Mietsache nicht verändert wird, sodass die Ansprüche somit nach wie vor auf der vertraglichen Regelung beruhen, die demnach für die rechtlichen Beziehungen der Parteien grds. maßgeblich bleibt. Auch dem Gesetz lässt sich nicht entnehmen, dass der Ausschluss des Minderungsrechts mit der Beendigung des Vertrags und der Rückgabe der Mietsache entfallen soll.[3489] Ferner entfällt der Schutzzweck des vereinbarten Minderungsausschlusses nicht mit Vertragsbeendigung und Herausgabe der Mietsache. Der Ausschluss der Geltendmachung des Minderungsrechts ggü. dem Mietanspruch dient ebenso wie ein Aufrechnungsausschluss dazu, eine problemlose und einredefreie Durchsetzung der Mieteinnahmen zu ermöglichen. Dieses Interesse endet nicht mit Beendigung des Mietvertrags und Herausgabe der Mietsache.[3490]

2220

b) Kombination mit Aufrechnungs- oder Zurückbehaltungsverboten

In der Praxis werden in gewerblichen Miet- und Pachtverträgen häufig Aufrechnungs-, Minderungs- und Zurückbehaltungsrechte in einer einzigen Klausel „behandelt". Zusammenfassend

2221

3484 KG, 12.11.2007 – 8 U 194/06, GuT 2007, 436 = IMR 2008, 47.
3485 BGH, 23.04.2008 – XII ZR 62/06, NZM 2008, 609 = ZMR 2008, 776 = MDR 2008, 1089 = NJW 2008, 2497.
3486 AG Hamburg, 11.11.2004 – 49 C 172/04, NZM 2005, 222. Ausschluss von Minderungsansprüchen wegen Baustellenlärms, soweit dem Vermieter kein Vertretenmüssen zur Last fällt, ist wirksam.
3487 OLG Stuttgart, 21.12.2006 – 13 U 51/06, IMR 2007, 44 = GuT 2007, 22.
3488 OLG Düsseldorf, 06.05.2010 – 10 U 154/09, GuT 2010, 196 = NZM 2010, 582 = IMR 2010, 430; OLG Düsseldorf, 08.06.2006 – I-10 U 159/05, NJOZ 2006, 2981 = LNR 2006, 26493; OLG Hamm, 11.02.1998 – 30 U 70/97, ZMR 1998, 343 = NZM 1998, 438 = NJW-RR 1998, 1020.
3489 OLG Düsseldorf, 06.05.2010 – 10 U 154/09, GuT 2010, 196 = NZM 2010, 582 = IMR 2010, 430; OLG Hamm, 11.02.1998 – 30 U 70/97, ZMR 1998, 343 = NZM 1998, 438 = NJW-RR 1998, 1020.
3490 OLG Düsseldorf, 06.05.2010 – 10 U 154/09, GuT 2010, 196 = NZM 2010, 582 = IMR 2010, 430; OLG Hamm, 11.02.1998 – 30 U 70/97, ZMR 1998, 343 = NZM 1998, 438 = NJW-RR 1998, 1020.

ist dazu Folgendes zu berücksichtigen (s. zu Aufrechnungsverboten etc. das Kapitel „Mietzahlung", → *Rn. 790 ff.*): Minderungsbeschränkungen, die den Mieter beim Vorliegen eines Mangels der Mietsache zunächst verpflichten, die Miete weiter zu zahlen, benachteiligen den Mieter nicht unangemessen, wenn er wegen der überzahlten Miete auf einen Rückzahlungsanspruch nach Bereicherungsrecht (§ 812 BGB) und damit auf einen gesonderten Rechtsstreit verwiesen wird. Wird zusammen damit ein Ausschluss von Aufrechnungs- oder Zurückbehaltungsrechten vereinbart, muss dieser Ausschluss auf **bestrittene oder noch nicht rechtskräftige Gegenforderungen** beschränkt werden. Der Ausschluss des Zurückbehaltungsrechts ist wirksam, wenn er nicht auch rechtskräftig festgestellte oder unbestrittene Gegenforderungen des Mieters erfasst.[3491]

> **Hinweis:**
>
> „Unstreitig" ist ein Anspruch dann, wenn er im Prozess entscheidungsreif festgestellt[3492] oder nicht bzw. nicht schlüssig bestritten wird. In diesen Fällen kann bei einer Klausel im Mietvertrag schon vor Urteilsverkündung oder Rechtskraft des Urteils aufgerechnet werden. Ansonsten sind Ansprüche (bspw. wegen Minderung) nicht im Wege der Aufrechnung, sondern nur im Wege der Klage oder Widerklage geltend zu machen.

2222 Wenn im Gewerberaummietvertrag die Minderung wirksam, aber nicht endgültig ausgeschlossen ist, der Mieter also einen Bereicherungsanspruch hat, und der **Vermieter in Vermögensverfall** gerät, braucht der Mieter die Miete i.H.d. max. denkbaren Minderungsbetrags nur Zug-um-Zug gegen Sicherheitsleistung zu zahlen.[3493] Grds. hat der Mieter die Darlegungs- und Beweislast für einen solchen Vermögensverfall des Vermieters. Wenn Umstände feststehen, die einen Vermögensverfall nahe legen, muss der Vermieter aufgrund seiner sekundären Darlegungslast die Vermögensverhältnisse offen legen.[3494] Hintergrund ist, dass nach der Rechtsprechung des BGH ausnahmsweise ein **Sich-Berufen auf ein vertragliches Aufrechnungsverbot treuwidrig** sein kann, wenn das vereinbarte Aufrechnungsverbot wegen Vermögensverfall – auch vor Insolvenz – des Vermieters dazu führen würde, dass der Mieter seine Forderung auf anderer Weise als durch Aufrechnung nicht wird realisieren können.[3495] Ein vertragliches Aufrechnungsverbot führt dann infolge des nachträglichen Vermögensverfalls zu einem endgültigen Forderungsverlust. Nur besondere Umstände können ausnahmsweise ein fortgeltendes Aufrechnungsverbot auch für den Fall der Insolvenz des Aufrechnungsgegners rechtfertigen.[3496] Dies alles gilt entsprechend für den vertraglichen Minderungsausschluss.

3491 BGH, 27.01.1993 – XII ZR 141/91, NJW-RR 1993, 519 = DWW 1993, 170 = ZMR 1993, 320.
3492 OLG Düsseldorf, 01.10.2009 – 10 U 58/09, IMR 2010, 173; OLG Hamm, 18.10.1982 – 2 XW 29/82, NJW 1983, 523.
3493 OLG Stuttgart, 29.09.2008 – 5 U 65/08, IMR 2009, 11 = NZM 2009, 32 = ZMR 2009, 204 = MDR 2009, 21.
3494 OLG Stuttgart, 29.09.2008 – 5 U 65/08, IMR 2009, 11 = NZM 2009, 32 = ZMR 2009, 204 = MDR 2009, 21.
3495 BGH, NJW 1984, 357; BGH, NJW-RR 1991, 971, 972, zitiert nach Törnig, Minderungs- und Aufrechnungsverbots-AGB im Gewerberaummietvertrag, NZM 2009, 847; vgl. auch OLG Stuttgart, 29.09.2008 – 5 U 65/08, NZM 2009, 32 = ZMR 2009, 204 = MDR 2009, 21 zum gleichgelagerten Fall bei Minderungsausschlussklauseln.
3496 BGH, WM 1988, 1592.

Formulierungsvorschläge für eine vermieterfreundliche Kombination von Aufrechnungs-, Minderungs- und Zurückbehaltungsrechtsausschlüssen → *Rn. 2250 f.*

c) Beispiele für wirksame AGB-Klauseln

Folgende AGB-Klauseln sind **wirksam**:   2223

- Der Ausschluss einer Minderung, soweit es sich nicht um rechtskräftig festgestellte oder unstreitige Gegenforderungen handelt.[3497] Z.B.
  „Eine Minderung ist nur dann zulässig, wenn die Minderung von Vermieterseite aus anerkannt, mithin unstreitig, oder dem Grunde und der Höhe nach rechtskräftig festgestellt ist".
  Folge ist, dass der Mieter klagen muss, wenn der Vermieter sein Minderungsrecht bestreitet. Erst nach rechtskräftigem Urteil zu seinen Gunsten darf er dann mindern. Wichtig: In der zitierten Entscheidung hatte sich der BGH nur mit der Frage zu befassen, ob die Klausel, die auch auf die rechtskräftige Feststellung etc. verwies, wirksam war. Eine Klausel die ausschließlich die Minderung ausschließt, war nicht Gegenstand der Prüfung.

- Die Klausel:
  „Der Mieter kann gegen die Miete weder aufrechnen noch ein Zurückbehaltungsrecht ausüben oder die Miete mindern. Hiervon ausgenommen sind Forderungen des Mieters wegen Schadenersatzes für Nichterfüllung oder Aufwendungsersatz infolge eines anfänglichen oder nachträglichen Mangels der Mietsache, den der Vermieter wegen Vorsatz oder grober Fahrlässigkeit zu vertreten hat, und andere Forderungen aus dem Mietverhältnis soweit sie unbestritten, rechtskräftig festgestellt oder entscheidungsreif sind ...."
  hält einer Inhaltskontrolle nach § 307 BGB stand.[3498]

- Der Minderungsausschluss erfasst nicht rechtskräftig festgestellte oder unbestrittene Gegenforderungen des Mieters und zwar Letzteres in der Form, dass die Gegenforderung nicht nur „unbestritten", sondern „dem Grunde und der Höhe nach unbestritten" sein muss.[3499]

- *„Der Mieter kann gegenüber dem Mietzins und den Nebenkosten nicht aufrechnen und auch kein Minderungs- oder Zurückbehaltungsrecht geltend machen",*
  weil die Auslegung ergibt, dass Rückforderungsansprüche nicht ausgeschlossen sein sollen.[3500]

- Die Klausel macht die Mietminderung formularmäßig von einer vorherigen Ankündigung abhängig; dies ist auch in Kombination mit einem Aufrechnungsverbot zulässig.[3501]

- Ausschluss von Minderungsansprüchen wegen Flächenabweichung. Die Formulierung
  „Sollten sich bei nachträglicher Vermessung Abweichungen der Größe ergeben, ist keine der Parteien deswegen berechtigt, eine Änderung des Mietzinses oder des Abrechnungsschlüssels zu fordern. Abweichungen zwischen tatsächlicher und vertraglich angegebener Fläche be-

---

[3497] BGH, 27.01.1993 – XII ZR 141/91, NJW-RR 1993, 519 = DWW 1993, 170 = ZMR 1993, 320.
[3498] OLG Düsseldorf, 06.05.2010 – 10 U 154/09, GuT 2010, 196 = NZM 2010, 582 = IMR 2010, 430; OLG Köln, 22.12.2009 – 22 U 9/09, IMR 2010, 232.
[3499] OLG Frankfurt am Main, 09.06.2005 – 12 U 4/05, InfoM 2005, 250.
[3500] BGH, 20.06.1984 – VIII ZR 337/87, BGHZ 91, 375 = NJW 1984, 2404 unter II 4a.
[3501] KG, 12.03.2001 – 12 U 8765/99, NZM 2002, 387 = GuT 2002, 77.

gründen auch keine Gewährleistungsrechte oder anderen Rechte zugunsten des Mieters", enthält einen zulässigen Minderungsausschluss.[3502]

- Ausschluss von Minderungsansprüchen des Mieters wegen Baustellenlärms, soweit dem Vermieter kein Vertretenmüssen zur Last fällt.[3503]

d) Beispiele für unwirksame AGB-Klauseln

2224 Unwirksam sind folgende AGB-Klauseln:

- „*Der Mieter kann gegenüber den Ansprüchen der Vermieterin auf Zahlung des Mietzinses und der Nebenkosten kein Minderungsrecht wegen Mängeln der Mietsache geltend machen, es sei denn, die Vermieterin hat die Mängel vorsätzlich oder grob fahrlässig zu vertreten. Dies gilt auch für Störungen des Mietgebrauchs durch Einwirkungen von außen.*",
sofern die Auslegung im Zusammenhang mit anderen Vertragsklauseln ergibt, dass die Möglichkeit einer Rückforderung nach § 812 BGB ausgeschlossen ist.[3504] Diese Klausel ist im Zweifel dahin auszulegen, dass sie die Minderung wegen sonstiger Mängel vollständig ausschließt und dem Mieter auch nicht die Möglichkeit der Rückforderung der Miete nach § 812 BGB verbleibt.[3505]

- Die vorgenannte Argumentation gilt entsprechend für folgende Klausel:
„*Eine Minderung der Miete ist ausgeschlossen, wenn durch Umstände, die der Vermieter nicht zu vertreten hat (z.B. Verkehrsumleitung, Straßensperrungen, Bauarbeiten in der Nachbarschaft usw.), die gewerbliche Nutzung der Räume beeinträchtigt wird (z.B. Umsatz- und Geschäftsrückgang).*"[3506]

- Nach Auffassung des OLG Karlsruhe ist die Klausel „*Der Mieter ist zur Minderung der Miete nicht berechtigt*" wirksam, obwohl a) die Geltendmachung von Bereicherungsansprüchen und b) unstreitige und rechtskräftig festgestellte Ansprüche nicht ausdrücklich ausgenommen sind.[3507] Zu a) meint das OLG, dass sich Bereicherungsansprüche ohnehin aus dem Gesetz ergeben und somit der bloße Ausschluss der Minderung einem Bereicherungsanspruch des Mieters nicht entgegensteht. Dies ist aufgrund der neueren BGH-Rechtsprechung nicht mehr zu halten. Zu b) stellt das OLG fest, dass es der Ausklammerung eines rechtkräftig festgestellten oder anerkannten Minderungsrechts nicht ausdrücklich bedürfe, weil es sich von selbst verstehe, dass der Mieter in diesen Fällen zur Minderung berechtigt bleibe. Dies geht ebenfalls zu weit, weil bei der AGB-Auslegung der Klausel grds. das Verständnis eines durchschnittlichen Mieters von Geschäftsraum zugrunde zu legen ist und dieser die Klausel nur so interpretieren kann, dass diese uneingeschränkt gilt; dies ist dann aber eine unangemessene Benachteiligung gem. § 307 Abs. 2 BGB. Solche spartanischen Klauseln sollten daher nicht verwendet werden.

- Die Beschränkung des Mietminderungsanspruchs auf den Fall des vorsätzlichen oder grob fahrlässigen Verzugs des Vermieters mit der Mängelbeseitigung verstößt gegen § 307 BGB,

---

3502 KG, 29.08.2005 – 22 U 279/04, GE 2005, 1190 = InfoM 2005, 253.
3503 AG Hamburg, 11.11.2004 – 49 C 172/04, NZM 2005, 222.
3504 BGH, 12.03.2008 – XII ZR 147/05, IMR 2008, 234 = InfoM 2008, 226 = MDR 2008, 909.
3505 BGH, 12.03.2008 – XII ZR 147/05, IMR 2008, 234 = InfoM 2008, 226 = MDR 2008, 909.
3506 BGH, 23.04.2008 – XII ZR 62/06, NZM 2008, 609 = ZMR 2008, 776 = MDR 2008, 1089 = NJW 2008, 2497.
3507 OLG Karlsruhe, 20.09.2005 – 1 U 69/05, MDR 2006, 745.

wenn sie sich im Einzelfall auf Mängel erstreckt, deren Vermeidung nach dem Vertragszweck unbedingt geboten ist, also auf **Kardinalpflichten**.[3508] Ohne nähere Eingrenzung im Klauseltext wird dies immer der Fall und die Klausel damit unwirksam sein.

2. Vertragliche Beschränkung des Rechts auf Schadensersatz

a) Beschränkung der Haftung des Vermieters

Ist ein Mangel i.S.d. § 536 BGB bei Vertragsschluss vorhanden oder entsteht ein solcher Mangel später wegen eines Umstands, den der Vermieter zu vertreten hat, oder kommt der Vermieter mit der Beseitigung eines Mangels in Verzug, so kann der Mieter **nach § 536a Abs. 1 BGB** unbeschadet der Rechte aus § 536 BGB Schadensersatz verlangen. Der Vermieter hat ein großes Interesse daran, diese Haftung für (anfängliche und später neu auftretende) Mängel und die Verletzung mietvertraglicher Pflichten auszuschließen oder zumindest einzuschränken. Zu unterscheiden sind Haftungsvereinbarungen über Mängel der Mietsache (Gewährleistungsrecht) von Regelungen der Überlassungsunmöglichkeit (Zerstörung etc.). Ferner ist an Haftungsbegrenzungen bzgl. Eigentum und Gütern des Mieters zu denken.

2225

Beim Geschäftsraummietvertrag hat der Vermieter grds. weitreichendere Möglichkeiten als bei Wohnraumvermietung, seine Haftung vertraglich zu begrenzen oder auszuschließen. § 536a Abs. 1 BGB ist dispositiv, sodass individualvertraglich abweichende Abreden in den Grenzen der § 536d, 138, 242 BGB zulässig sind.[3509] Die **verschuldensunabhängige Garantiehaftung** des § 536a Abs. 1, 1. Alt. BGB kann auch durch Formularverträge wirksam abbedungen werden.[3510] Es ist zulässig, einen diesbezüglichen Haftungsausschluss formularmäßig zu vereinbaren, da es sich um eine für das gesetzliche Haftungssystem untypische Regelung handelt,[3511] sodass die Beschränkung auf die verschuldensabhängige Haftung keine unangemessene Benachteiligung des Mieters nach § 307 Abs. 2 BGB darstellt. Eine solche vertragliche Vereinbarung ist durchaus gebräuchlich und nicht ungewöhnlich und stellt daher grds. auch **keine überraschende Klausel** i.S.d. § 305c BGB dar.[3512] Eine AGB-Klausel wird bei Kaufleuten für zulässig gehalten.[3513] Gegen eine Ausdehnung auf alle Gewerbetreibenden und Freiberufler spricht nichts.

2226

3508 OLG Naumburg, 12.08.1999 – 2 U (Hs.) 34/98, NZM 2000, 1183, für § 9 AGBG entschieden.
3509 BGH, 21.07.2010 – XII ZR 189/08, IMR 2010, 424/425 = NZM 2010, 668 = MDR 2010, 1103; BGH, 12.02.1959 – VIII ZR 54/58, BGHZ 29, 289; Eisenschmid, in: Schmidt-Futterer, Mietrecht, 9. Aufl., § 536a Rn. 101; Blank/Börstinghaus, § 536a Rn. 36.
3510 BGH, 21.07.2010 – XII ZR 189/08, IMR 2010, 424/425 = NZM 2010, 668 = MDR 2010, 1103; BGH, 03.07.2002 – XII ZR 327/00, NJW 2002, 3232, 3233; BGH, 27.01.1993 – XI ZR 141/91, NJW-RR 1993, 519, 520 = DWW 1993, 170 = ZMR 1993, 320; BGH, 04.10.1990 – XII ZR 46/90, NJW-RR 1991, 74, 75; Blank/Börstinghaus, § 536a Rn. 36.
3511 BGH, 04.10.1990 – XII ZR 46/90, NJW-RR 1991, 74; LG Duisburg, 18.05.2010 – 13 S 58/10, IMR 2010, 273 (Wohnraum); Eisenschmid, in: Schmidt-Futterer, § 536a BGB Rn. 173.
3512 BGH, 21.07.2010 – XII ZR 189/08, IMR 2010, 424/425 = NZM 2010, 668 = MDR 2010, 1103.
3513 BGH, 20.06.1984 – VIII ZR 337/87, BGHZ 91, 375 = NJW 1984, 2404; BGH, 27.01.1993 – XII ZR 141/91, NJW-RR 1993, 519 f. = DWW 1993, 117 = ZMR 1993, 320; OLG Düsseldorf, 04.06.1998 – 10 U 107/97, ZMR 1999, 23.

2227 Die AGB-Klausel

„Die verschuldensunabhängige Haftung des Vermieters für anfängliche Sachmängel (§ 563a BGB) wird dem Vermieter vom Mieter erlassen."

ist daher wirksam.[3514] Die **Haftung für anfängliche Mängel** kann – abweichend von der gesetzlichen Garantiehaftung des Vermieters – auch vertraglich auf solche Mängel beschränkt werden, die bei Übergabe ausdrücklich bezeichnet wurden oder die auch bei Anwendung der erforderlichen Sorgfalt nicht erkennbar waren. Die Klausel

„Für eine bestimmte Größe und Beschaffenheit sowie für sichtbare oder unsichtbare Mängel des Vertragsobjekts leistet der Vermieter keine Gewähr"

ist formularmäßig wirksam, aber einschränkend so auszulegen, dass sie lediglich die Gewährleistung für bei Abschluss des Vertrages bereits vorhandene Mängel ausschließt.[3515] Wirksam ist auch ein **teilweiser Ausschluss** der gesetzlichen verschuldensunabhängigen Garantiehaftung aus § 536a Abs. 1, 1. Alt. BGB in der Form, dass die Haftung für bei Vertragsabschluss bereits vorhandene Mängel formularvertraglich auf Vorsatz und grobe Fahrlässigkeit beschränkt wird und zwar auch für den Fall, dass vertragswesentliche Pflichten betroffen sind.[3516] Grenze ist aber arglistiges Verschweigen des Mangels (§ 536d BGB), was aber eine Offenbarungspflicht voraussetzt. Werden Arbeitnehmer des Mieters in den Schutzbereich des Mietvertrages einbezogen und erwerben dadurch eigene Ansprüche gegen den Vermieter, wirkt eine wirksame Ausschlussklausel auch zulasten des Arbeitnehmers.[3517]

2228 Aus der Stellung einer AGB-Haftungsausschlussklausel kann sich ein **Überraschungseffekt gem. § 305c BGB** ergeben, wenn diese in einem systematischen Zusammenhang steht, in dem der Vertragspartner sie nicht zu erwarten braucht.[3518] Daher ist der in Ziff. 2 der folgenden Klausel enthaltene Ausschluss unwirksam:[3519]

„§ 6 Aufrechnung, Zurückbehaltung
1. Der Mieter kann ein Minderungsrecht am Mietzins nur ausüben, wenn er dies mindestens einen Monat vor Fälligkeit dem Vermieter schriftlich angekündigt hat. Der Mieter hat die Mietsache eingehend besichtigt, ihm stehen Mietminderungsansprüche wegen etwaiger Mängel im Zeitpunkt der Überlassung nicht zu. Eine Aufrechnung und Zurückbehaltung des Mieters gegenüber Forderungen auf Mietzins und Nebenkosten ist nur mit unbestrittenen oder rechtskräftig festgestellten Forderungen zulässig.

3514 LG Duisburg, 18.05.2010 – 13 S 58/10, IMR 2010, 273 (Wohnraum).
3515 BGH, 03.07.2002 – XII ZR 327/00, GuT 2003, 8 = ZMR 2002, 899 = NZM 2002, 784 = MDR 2002, 1361.
3516 BGH, 03.07.2002 – XII ZR 327/00, GuT 2003, 8 = ZMR 2002, 899 = NZM 2002, 784 = MDR 2002, 1361; vgl. auch BGH, 04.10.1990 – XII ZR 46/90, WuM 1992, 316 = NJW-RR 1991, 74; Thaler/Tachezy, NZM 2000, 749, 750.
3517 BGH, 21.07.2010 – XII ZR 189/08, IMR 2010, 424/425 = NZM 2010, 668 = MDR 2010, 1103: Arbeitnehmer wird durch ein wegen einem Konstruktionsmangel heraus fallendes Fenster verletzt; Unwirksamkeit der Klausel ergab sich hier jedoch aus einem Überraschungseffekt wegen ungewöhnlicher Stellung der Klausel im Mietvertrag.
3518 BGH, 21.07.2010 – XII ZR 189/08, IMR 2010, 424/425 = NZM 2010, 668 = MDR 2010, 1103; BGH, 09.12.2009 – XII ZR 109/08, GuT 2010, 23 = IMR 2010, 92 – 94 = NZM 2010, 123 = MDR 2010, 313.
3519 BGH, 21.07.2010 – XII ZR 189/08, IMR 2010, 424/425 = NZM 2010, 668 = MDR 2010, 1103.

2. Zurückbehaltung und Aufrechnung wegen Ansprüchen aus einem anderen Schuldverhältnis sind ausgeschlossen, es sei denn, es handele sich um unbestrittene oder rechtskräftig festgestellte Forderungen. Ersatzansprüche nach § 538 BGB [a.F.] sind ausgeschlossen, es sei denn, der Vermieter hat vorsätzlich oder grob fahrlässig gehandelt. Gleiches gilt für Schadensersatzansprüche des Mieters bei nicht rechtzeitiger Freimachung oder Fertigstellung der Mietsache."

Der BGH führt zur Begründung an:[3520] Der Ausschluss der Garantiehaftung für anfängliche Mängel ist in § 6 Nr. 2 des Formularmietvertrages geregelt, der mit „*§ 6 Aufrechnung, Zurückbehaltung*" überschrieben ist. In Nr. 1 der Vorschrift ist eine Mietminderung für vorhandene Mängel ausgeschlossen und das Recht der Mieterin zur Aufrechnung und Zurückbehaltung des Mietzinses geregelt. Nr. 2 der Vorschrift schränkt ergänzend auch das Zurückbehaltungsrecht und die Aufrechnung mit streitigen und noch nicht rechtskräftig festgestellten Forderungen aus einem anderen Rechtsverhältnis ein. Innerhalb dieses Regelungszusammenhangs sind sodann auch „*Ersatzansprüche nach § 538 BGB a.F.*" ausgeschlossen. Diese Stellung ist so ungewöhnlich, dass die Mieterin als Vertragspartnerin des Verwenders der AGB nicht damit rechnen musste.

Inwieweit der Vermieter seine Haftung für Schadensersatz bei **nachträglich auftretenden Mängeln**, durch die es zu Sach- oder Vermögensschäden beim Mieter kommt, formularvertraglich ausschließen kann, ist für den Bereich der Geschäftsraummiete nicht ganz eindeutig geklärt. Zunächst wurde der formularmäßige Ausschluss der Haftung für einfache Fahrlässigkeit für wirksam erachtet.[3521] Eine **Haftungsbegrenzung des Vermieters auf Vorsatz und grobe Fahrlässigkeit** wurde ferner für wirksam gehalten, wenn der maßgebliche Inhalt des Vertrages das bloße Überlassen der Räumlichkeiten betrifft.[3522] Die diesem Urteil zugrunde liegende und als wirksam bewertete Vertragsklausel steht wegen ihrer Reichweite exemplarisch für die umfassenden Ausschlussmöglichkeiten und lautet wie folgt:

2229

„Der Vermieter haftet nicht für Schäden, die dem Mieter an den ihm gehörenden Waren und Einrichtungsgegenständen entstehen, gleichgültig welcher Art, Herkunft, Dauer und welchen Umfangs die Einwirkungen sind, es sei denn, dass der Vermieter den Schaden vorsätzlich oder grob fahrlässig herbeigeführt hat."

Der BGH hat dann die nachfolgend zitierte Klausel im Bereich der **Wohnraummiete** für unwirksam gem. § 307 Abs. 2 Nr. 2 BGB (= § 9 Abs. 2 Nr. 2 AGBG) erklärt:[3523]

2230

„Führt ein Mangel des Mietobjekts zu Sach- oder Vermögensschäden, so haftet der Vermieter gegenüber dem Mieter ... für diese Schäden – auch aus unerlaubter Handlung – nur bei Vorsatz oder grober Fahrlässigkeit."

Die Literatur hat im Wesentlichen richtigerweise die Übertragung auf den Bereich der Geschäftsraummiete bejaht.[3524] Die oben zitierte Klausel ist daher grds. auch in einem Geschäftsraummietvertrag unwirksam.

2231

3520 BGH, 21.07.2010 – XII ZR 189/08, IMR 2010, 424/425 = NZM 2010, 668 = MDR 2010, 1103 unter II 2b) aa).
3521 OLG Stuttgart, 11.04.1984 – 8 REMiet 1/84, WuM 1984, 187 = MDR 1984, 669; OLG Koblenz, 22.02.1996 – 5 U 929/95, NJW-RR 1997, 331 = MDR 1997, 252 = VersR 1998, 724.
3522 OLG Koblenz, 30.03.1999 – 3 U 1317/98, NZM 2000, 622.
3523 BGH, 24.10.2001 – VIII ARZ 1/01, NZM 2002, 116 = GuT 2002, 45 = BGHZ 149, 89 = MDR 2002, 330.
3524 Schmitz/Reischauer, NZM 2002, 1019; Joachim, NZM 2003, 387 und AIM 2004, 142.

2232 Klauseln, die von vornherein auch Ansprüche bei **Verletzung des Körpers, des Lebens und der Gesundheit** ausschließen, die auf **einfacher Fahrlässigkeit** basieren, sind unwirksam. Nach dem Grundgedanken der §§ 276, 278 BGB ist ein Haftungsausschluss für leichte Fahrlässigkeit über §§ 307, 309 Nr. 7a BGB unwirksam, soweit er auch Verhaltenspflichten betrifft, aus denen sich typischerweise Gefahren für Leib und Leben ergeben, da es gerade ein unverzichtbares Anliegen der Rechtsordnung ist, diese Rechtsgüter durch den Bestand von Schadensersatzverpflichtungen zu schützen.[3525] § 309 Nr. 7a BGB greift als Auslegungsmaßstab über die Generalklausel des § 307 BGB auch bei Geschäftsraummiete.[3526] Eine Haftungsfreizeichnung für leichte Fahrlässigkeit bei Verletzung wesentlicher Pflichten gefährdet den Vertragszweck gem. § 307 Abs. 2 Nr. 2 BGB. Folgende Klausel ist deshalb unwirksam:[3527]

> „Für Schadensersatzansprüche des Mieters wegen Unfällen irgendwelcher Art im Zusammenhang mit dem Fahrstuhl haftet der Vermieter nur bei Vorsatz und grober Fahrlässigkeit."

2233 Die Wertungen des Gesetzgebers der Schuldrechtsmodernisierung, dass eine Haftung des Vertragspartners infolge Vorsatzes nicht durch Rechtsgeschäft erleichtert werden kann, können wegen ihrer Leitbildfunktion auch bei der Inhaltskontrolle von sog. Altklauseln herangezogen werden.[3528]

2234 Um eine entsprechende Haftungsfreizeichnungsklausel auf ihre AGB-Wirksamkeit zu prüfen, sind v.a. zwei Punkte zu untersuchen:[3529]

- Wird eine **vertragswesentliche Pflicht** (sog. Kardinalpflicht) eingeschränkt? Kardinalpflichten sind Pflichten, die die vertragsgemäße Durchführung erst ermöglichen (vgl. § 307 Abs. 2 Nr. 1 BGB: „Grundgedanken der gesetzlichen Regelung"). Dies ist für die Erhaltungspflicht des Vermieters, der den vertragsgemäßen Gebrauch der Mietsache zu gewährleisten hat, zu bejahen.

- Wird dadurch im konkreten Fall der **Vertragszweck gefährdet** (vgl. § 307 Abs. 2 Nr. 2 BGB)? Eine solche Gefährdung ist durch Schäden an Wirtschaftsgütern des Mieters zu bejahen, wenn ihm eine Beseitigung nicht zumutbar ist. Das Schadensrisiko ist, weil es nicht in die Sphäre des Mieters fällt, üblicherweise auch nicht durch Abschluss von Versicherungsverträgen durch den Mieter zu minimieren, zumal dieses Risiko auch nicht durch die AWB (Leitungswasserversicherung) oder AFB (Feuerversicherung) erfasst wird.[3530]

> **Praxistipp:**
>
> Die Wirksamkeit von Haftungsklauseln korrespondiert oft mit dem Vertragszweck. Je mehr dieser über bloße Raumüberlassung hinausgeht, desto eher kann eine Unwirksamkeit nach § 307 BGB vorliegen. Bei der Vertragsgestaltung ist darauf zu achten, dass die Haftung für Vorsatz und grobe Fahrlässigkeit nicht ausgeschlossen werden kann. Bei der Formulierung der Haftungsklauseln darf deshalb ein entsprechender „es sei denn-Satz" o.Ä. nicht fehlen.

3525 LG Frankfurt an der Oder, 22.07.2003 – 12 O 58/03, ZMR 2003, 741 (Wohnraum).
3526 Schmitz/Reischauer, NZM 2002, 1019, 1020 m.w.N.
3527 LG Frankfurt an der Oder, 22.07.2003 – 12 O 58/03, ZMR 2003, 741 (Wohnraum).
3528 OLG München, 08.11.2006 – 34 Wx 45/06, NZM 2007, 93.
3529 Vgl. BGH, 24.10.2001 – VIII ARZ 1/01, NZM 2002, 116 = GuT 2002, 45 = BGHZ 149, 89 = MDR 2002, 330.
3530 Schmitz/Reischauer, NZM 2002, 1019.

Eine Klausel, die **Schäden an der Einrichtung** ausschließt, außer, dass sie infolge grober Vernachlässigung der Instandhaltungspflicht auftreten, ist schon deshalb unwirksam, weil sie auch Vorsatz und grobe Fahrlässigkeit umfasst.[3531] Zulässig ist es jedoch, den **Haftungsumfang auf etwaige abgeschlossene Versicherungen zu beschränken** oder dem Mieter den Abschluss einer Versicherung zu überlassen,[3532] sofern die Risiken – s.o. – überhaupt für den Mieter zu normalen Bedingungen versicherbar sind. Hier kommt aber eine **stillschweigende Haftungsbegrenzung** des Mieters in Betracht. Wegen der erheblichen Bedeutung von EDV-Technik im heutigen Geschäftsleben empfiehlt sich zudem ein Hinweis an den Mieter, dass er sich technisch und versicherungsmäßig gegen Spannungsschäden absichern möge.

2235

Formulierungsvorschläge für Klauseln → *Rn. 2252.*

b) Beschränkung der Haftung des Mieters

Die Haftung des Mieters aus § 280 BGB auf Schadensersatz, wenn er die Grenzen des ihm zustehenden vertragsgemäßen Gebrauchs überschreitet und durch eine Verletzung seiner Obhutspflicht eine **Verschlechterung der Mietsache** verursacht, kann durch Vertrag sowohl beschränkt als auch erweitert werden.

2236

Formularvertraglich unwirksam sind Klauseln, die dem Mieter eine verschuldensunabhängige Haftung aufbürden.[3533] Denn die formularmäßige Überbürdung einer verschuldensunabhängigen Haftung widerspricht dem generellen **Grundsatz des Haftungsrechts**, dass ein Schuldner nur dann in Anspruch genommen werden kann, wenn er den Schaden zu vertreten hat; dieser Grundsatz ist ein wesentlicher Grundgedanke des bürgerlichen Rechts und gilt als Ausdruck des Gerechtigkeitsgebots gleichermaßen für vertragliche wie für gesetzliche Ansprüche. Er findet seinen Ausdruck insb. in § 280 Abs. 1 Satz 2 BGB, wonach eine Haftung für Pflichtverletzungen nach § 280 Abs. 1 Satz 1 BGB dann nicht stattfindet, wenn der Schuldner die Pflichtverletzung nicht zu vertreten hat.[3534]

2237

Die Formularklausel

> „...kommt er seiner Verpflichtung nicht nach, ist der Vermieter berechtigt, auf Kosten des Mieters Ersatzschlüssel zu beschaffen oder, soweit dies im Interesse des Nachmieters geboten ist, neue Schlösser mit anderen Schlüsseln einzubauen, soweit er den Mieter vorher unter Fristsetzung zur Leistungserbringung gemahnt hat."

ist unwirksam, weil sie bei der gebotenen kundenfeindlichsten Auslegung dazu führt dass dem Mieter eine verschuldensunabhängige Haftung für die Folgen einer verspäteten oder unterbliebenen **Rückgabe von Schlüsseln** auferlegt wird.[3535] Denn dort wird ohne Einschränkung lediglich darauf abgestellt, dass die – im Formularvertrag zuvor festgelegten – Verpflichtung zur Herausgabe von Schlüsseln nicht erfüllt wird, ohne dass dabei von einem Vertretenmüssen

---

3531 OLG Düsseldorf, 21.01.1999 – 10 U 32/97, NZM 2000, 188 = ZMR 1999, 391 = WuM 1999, 279.
3532 Thaler/Tachezy, NZM 2000, 749, 750 m.w.N.
3533 BGH, 09.07.1992 – VII ZR 7/92, NJW 1992, 3158; OLG Brandenburg, 12.05.2004 – 7 U 165/03, NZM 2004, 905 = ZMR 2004, 745.
3534 OLG Brandenburg, 12.05.2004 – 7 U 165/03, NZM 2004, 905 = ZMR 2004, 745.
3535 OLG Brandenburg, 12.05.2004 – 7 U 165/03, NZM 2004, 905 = ZMR 2004, 745.

des Mieters die Rede ist; insoweit weder wird im Hinblick auf die Kostentragungspflicht des Mieters ein Vertretenmüssen vorausgesetzt noch für den Fall, dass der Mieter die Pflichtverletzung nicht zu vertreten hat, eine anderweitige Regelung getroffen.

2238 Eine Haftungsklausel darf sich grds. nur auf Personen beziehen, die sich mit Wissen, Duldung und auf Veranlassung des Mieters im oder am Mietobjekt aufhalten. Eine Klausel, nach der der Mieter für die „*von seinen **Besuchern**"* verursachten Schäden verantwortlich ist, ist daher unwirksam, da die Klausel auch unerwünschte Besucher wie Vertreter, Bettler und Hausierer erfasst, auf deren Erscheinen der Mieter keinen Einfluss hat und diese Besucher deshalb nicht Erfüllungsgehilfen des Mieters sind.[3536]

2239 Will der Vermieter den Mieter auf **Schadensersatz** in Anspruch nehmen, muss er beweisen, dass ein Schaden eingetreten ist und dass die Schadensursache aus dem Einflussbereich des Mieters stammt. Wird entsprechend vorgetragen, ist es Sache des Mieters, sich bzgl. der Verursachung und des Verschuldens zu entlasten.[3537]

2240 Hat der Mieter über eine **wirksame Betriebskostenumlage** auch Prämien der Gebäudeversicherung (anteilig) zu zahlen, so ist dies im Schadensfall für durch die Versicherung abgedeckte Schäden auch bei Geschäftsraummiete als stillschweigende Beschränkung der Haftung des Mieters auf Vorsatz und grobe Fahrlässigkeit zu sehen (ausführlich → *Rn. 1962 ff.*).[3538] Faktisch bedeutet dies, dass dem Mieter mindestens **grob fahrlässiges Verhalten** nachzuweisen ist. Relevant wird diese Problematik z.B. dann, wenn eine Gebäudeversicherung im Schadensfall nicht leisten muss oder bestimmte Schäden nicht durch die Versicherung abgedeckt sind (z.B. Mietausfall).

3. Bindungsklauseln, Opfergrenze, Zerstörung des Miet- oder Pachtobjekts

2241 Das Interesse des Vermieters bei **Unmöglichwerden seiner Leistung** – etwa durch Zerstörung des Gebäudes – geht dahin, den Mieter möglichst lange am Vertrag festzuhalten, Minderungsrechte zu beschränken und ihn möglichst noch zur Wiederherstellung zu verpflichten oder ihn an Kosten zu beteiligen. Entsprechende Klauseln werden meist als Wiederherstellungs- oder Wiederaufbauklauseln bezeichnet, man sollte sie aber besser „Bindungsklauseln" nennen.

2242 Kann der Vermieter das Mietobjekt nicht mehr zur Verfügung stellen, wird seine **Leistung unmöglich** mit der Folge, dass sich der Mieter bei anfänglicher oder nachträglicher unverschuldeter Unmöglichkeit nach dem allgemeinen Leistungsstörungsrecht und bei verschuldeter Unmöglichkeit nach § 543 Abs. 2 Nr. 1 BGB vom Vertrag (grds. fristlos) lösen kann. Zu der dogmatischen Einordnung der teilweisen oder völligen Zerstörung und der sog. Opfergrenze s. → *Rn. 2057 ff.*

2243 Klauseln, die den Mieter dennoch binden sollen, sind grds. kritisch zu sehen und insb. an § 307 Abs. 2 Nr. 2 BGB zu messen. Nach dieser Norm ist eine die Unwirksamkeit nach § 307 Abs. 1

[3536] OLG Hamburg, 10.04.1991 – 5 U 135/90, NJW-RR 1991, 1167.
[3537] OLG Karlsruhe, 09.08.1984 – 3 REMiet 6/84, WuM 1984, 267 = NJW 1985, 142.
[3538] BGH, 26.01.2000 – XII ZR 204/97, NZM 2000, 688 = NVersZ 2000, 427; OLG Düsseldorf, 13.02.1997 – 10 U 33/96, NJWE-MietR 1997, 152 = ZMR 1997, 228 = MDR 1997, 450.

BGB begründende unangemessene Benachteiligung des Vertragspartners im Zweifel dann anzunehmen, wenn eine Bestimmung wesentliche Pflichten des Verwenders, die sich aus der Natur des Vertrages ergeben, so einschränkt, dass die **Erreichung des Vertragszwecks gefährdet** ist. Dafür genügt nicht schon die Einschränkung wesentlicher Vertragspflichten.[3539] Dem Vertragspartner müssen wesentliche vertragsimmanente Rechtspositionen genommen werden (Aushöhlung des Vertrages). Da **Hauptvertragszweck** bei Geschäftsraummiete i.d.R. die reine **Überlassung der Räume** ist, bestehen gegen Bindungsklauseln (Wiederherstellungs- und Wiederaufbauklausel) grds. Bedenken.

Es ist vertraglich grds. auch nicht wirksam möglich, die in § 275 Abs. 2 BGB kodifizierte **Opfergrenze** (→ *Rn. 2057 ff.*), bei der entweder die Unmöglichkeitsregeln oder das Gewährleistungsrecht eingreift, durch AGB bindend zu definieren, weil nach § 308 Nr. 4 BGB, dessen Grundsatz hier mittelbar in § 307 BGB einfließt, der Vorbehalt einer unzumutbaren Änderung der Leistung unwirksam ist. Genau dies läge aber bei einer entsprechenden Klausel vor: Der Vermieter behielte sich nämlich das Recht vor, z.B. bei einer bestimmten Schadenssumme das Objekt abzureißen, was die Leistung (= vertragliche Pflicht zur Gebrauchsüberlassung) ganz wesentlich ändern würde. Wann aber die Zumutbarkeitsgrenze überschritten ist, muss von Fall zu Fall unter Berücksichtigung der beiderseitigen Parteiinteressen wertend ermittelt werden.[3540] Formularvertraglich wird daher allenfalls geregelt werden können, inwieweit für die Parteien die Wiederherstellung einer teilweise zerstörten Mietsache zeitlich zumutbar ist[3541] (Formulierungsvorschläge dazu und zu einer vermieterfreundlichen Regelung → *Rn. 2252 ff.*).

2244

Für **schädigende Handlungen des Mieters** und entsprechende Sanktionsklauseln im Vertrag gilt Folgendes:

2245

Ansatzpunkt jeder **AGB-Prüfung** von formularmäßigen Wiederherstellungs- und Wiederaufbauklauseln ist § 307 Abs. 2 BGB. Hat der Mieter eine Zerstörung/Beschädigung **nicht verschuldet**, benachteiligt ihn eine Klausel, die ihn zum Wiederaufbau verpflichtet oder nach der er die Kosten tragen soll, unangemessen und ist unwirksam. Auch die Kündigung des Mieters bei (von ihm unverschuldeter) Zerstörung der Sache kann nicht eingeschränkt werden, da diese zu den Grundprinzipien des Mietrechts gehört. Damit die Klausel wirksam ist, müsste sie also einen entsprechenden Vorbehalt für Schuldlosigkeit enthalten.

Hat der Mieter schuldhaft die Zerstörung/Beschädigung herbeigeführt, schuldet er gem. § 823 BGB grds. Schadensersatz, der nach § 249 Abs. 1 BGB in der Wiederherstellung des ursprünglichen Zustands besteht. Grds. bedarf es daher keiner vertraglichen Vereinbarung zur Wiederherstellung.

Formulierungsvorschläge für Klauseln → *Rn. 2250 ff.*

[3539] BGH, 09.11.1989 – IX ZR 269/87, NJW 1990, 761, 764.
[3540] BGH, 20.07.2005 – VIII ZR 342/03, NZM 2005, 820 = InfoM 2005, 246 = NJW 2005, 3284 = MDR 2006, 199 (Wohnraum).
[3541] Thaler/Tachezy, NZM 2000, 749, 751 m.w.N.

4. Vertragliche Regelungen zu öffentlich-rechtlichen Genehmigungen etc.

2246 Ausführlich → *Rn. 2469 ff.*

5. Vertragliche Regelungen zu einem bestimmten Mietermix/Mieterniveau

2247 Da auch ein Mieter, dessen Büroräume als hochwertig vermarktet wurden, ohne besondere vertragliche Vereinbarung keinen **Anspruch auf einen bestimmten Mietermix** oder ein bestimmtes Milieuniveau hat,[3542] sollten Mieter, die Wert auf ein bestimmtes Umfeld im angemieteten Gebäude legen, im Vertrag Regelungen dazu treffen, was geschehen soll, wenn das Niveau sinkt (z.B. Sonderkündigungsrecht, Mietminderungsmöglichkeit).

XVI. Arbeits- und Beratungshilfen

1. Schnellüberblick Grundsatz-Rechtsprechung des BGH

2248

Thema/Normen	Leitsatz	Entscheidung, Fundstelle
Mietkürzung bei periodisch auftretenden Mängeln	Wirkt sich in einem Gewerberaummietvertrag ein Mangel nur periodisch erheblich auf die Gebrauchstauglichkeit der Mietsache aus, ist der Mietzins auch nur in diesem Zeitraum kraft Gesetzes herabgesetzt.	BGH, 15.12.2010 – XII ZR 132/09
Ausbau des Stromzählers: Mietminderung?	Eine auf einen Zahlungsrückstand des Mieters einer Wohnung gegenüber dem Stromversorger beruhende Unterbrechung der Stromlieferung (Ausbau des Stromzählers) führt nicht zu einer Minderung der Miete, da dieser Mangel der Sphäre des Mieters zuzurechnen ist.	BGH, 15.12.2010 – VIII ZR 113/10
Zurückbehaltungsrecht wegen Mängeln erst ab Kenntnis des Vermieters	Wegen eines Mangels der Wohnung, von dem der Vermieter keine Kenntnis hat, kann der Mieter ein Zurückbehaltungsrecht erst an den Mieten geltend machen, die fällig werden, nachdem der Mieter dem Vermieter den Mangel angezeigt hat.	BGH, 03.11.2010 – VIII ZR 330/09, IMR 2011, 47 = ZAP EN-Nr. 40/2011 = ImmWert 2010, 30
Mietvertrag mit Schutzwirkung zugunsten Dritter AGB-Ausschluss der verschuldensunabhängigen Haftung	1. War ein Bauteil der Mietsache (hier: Schlagbolzen in der Fensterkonstruktion mit der Folge fehlerhafter Belüftung) aufgrund seiner fehlerhaften Beschaffenheit bei Vertragsschluss bereits in diesem Zeitpunkt für ihren Zweck ungeeignet und damit unzuverlässig, liegt ein anfänglicher Mangel der Mietsache vor. 2. Auch dritte, an einem Mietvertrag nicht unmittelbar beteiligte Personen können in den Schutzbereich des Vertrages einbezogen werden. Ihnen gegenüber ist der Schuldner zwar nicht zur Leistung, wohl aber unter Umständen zum Schadensersatz verpflichtet (im Anschluss an BGHZ 49, 350).	BGH, 21.07.2010 – XII ZR 189/08, IMR 2010, 424/425 = NZM 2010, 668 = MDR 2010, 1103

[3542] BGH, 15.10.2008 – XII ZR 1/07, IMR 2009, 84 = GuT 2009, 24 = NZM 2009, 124 = InfoM 2009, 118.

	3. Ein Überraschungseffekt im Sinne von § 305c BGB kann sich aus der Stellung der Klausel im Gesamtwerk der allgemeinen Geschäftsbedingungen ergeben. Das ist etwa der Fall, wenn sie in einem systematischen Zusammenhang steht, in dem der Vertragspartner sie nicht zu erwarten braucht (im Anschluss an das Senatsurteil vom 09.12.2009 – XII ZR 109/08, NJW 2010, 671).	
	4. Ist ein Ausschluss der Garantiehaftung für anfängliche Mängel in einer Klausel des Formularmietvertrages enthalten, die mit „§ 6 Aufrechnung, Zurückbehaltung" überschrieben ist und sich hauptsächlich mit entsprechenden Regelungen zu einer Mietminderung beschäftigt, handelt es sich um eine Wiedergabe an unsystematischer Stelle und damit um eine unwirksame Überraschungsklausel.	
Mängelbeseitigung: Aufwand für Vermieter muss vertretbar sein!	1. Der Mieter hat keinen Anspruch auf Kostenvorschuss für Maßnahmen, die zur nachhaltigen Mangelbeseitigung ungeeignet sind. 2. Zum Ausschluss des Mangelbeseitigungsanspruchs des Mieters wegen Überschreitens der „Opfergrenze" für den Vermieter (Fortführung von BGH, 20.Juli 2005 – VIII ZR 342/03, IBR 2006, 54 = NJW 2005, 3284).	BGH, 21.04.2010 – VIII ZR 131/09, NZM 2010, 507 = WuM 2010, 348 = NJW 2010, 2050 = MDR 2010, 798
Vermieter ändert Nutzungs-Mix	Ändert der Vermieter bei Vermietung vom Reißbrett den zunächst geplanten Nutzungsmix (hier: Wohn- statt Büronutzung im 1. bis 4. OG), hat der Mieter einer Ladeneinheit (hier: Café) weder Mängelrechte noch Ansprüche auf Anpassung an eine geänderte Geschäftsgrundlage.	BGH, 17.03.2010 – XII ZR 108/08, GuT 2010, 100 = IMR 2010, 226 = NZM 2010, 364 = InfoM 2010, 275
Keine Toleranzspanne bei „ca.-Angabe" zur Wohnfläche § 536 BGB; §§ 44, 44 Abs. 2 BerechnungsVO	1. Auch wenn die als Beschaffenheit vereinbarte Wohnfläche mit einer „ca."-Angabe versehen ist, liegt ein zur Mietminderung berechtigender Sachmangel dann vor, wenn die tatsächliche Fläche mehr als 10 % unter der vereinbarten Quadratmeterzahl liegt. Bei der Beurteilung der Erheblichkeit des Mangels ist nicht eine zusätzliche Toleranzspanne anzusetzen (im Anschluss an BGH, NZM 2004, NZM Jahr 2004, Seite 456). 2. Für die Berechnung der Minderung ist in diesem Fall ebenfalls die prozentuale Unterschreitung der vereinbarten Quadratmeterzahl maßgebend und nicht eine um eine Toleranzspanne verringerte Flächenabweichung (im Anschluss an BGH, NZM 2004, 453 = NJW 2004, 1947).	BGH, 10.03.2010 – VIII ZR 144/09, IMR 2010, 213 = NZM 2010, 313 = WuM 2010, 240 = GE 2010, 613 = MDR 2010, 617

Sterbendes Einkaufszentrum: Wegfall der Geschäftsgrundlage für Betriebspflicht?	Das wirtschaftliche Risiko bei der Anmietung eines Ladenlokals in einem noch zu errichtenden Einkaufszentrum liegt allein beim Mieter. Für eine Risikoverlagerung auf den Vermieter ist eine vertragliche Vereinbarung erforderlich, die auch konkludent erfolgen und sich aus einer Auslegung des Mietvertrags ergeben kann. Die Kumulation von Betriebs- und Offenhaltungspflicht, Sortimentsbindung sowie Ausschluss von Konkurrenz- und Sortimentsschutz lässt nicht ohne weiteres den Rückschluss auf den Vermieterwillen zu, den Mieter von dem Risiko einer wirtschaftlich gewinnbringenden Nutzung des Ladengeschäfts zu entlasten. Die Erhöhung eines Leerstandes von 20 % auf 40 % im Einkaufszentrum führt ohne verlagerte Risikoverteilung nicht zu einem Wegfall der Geschäftsgrundlage für eine vereinbarte Betriebspflicht.	BGH, 03.03.2010 – XII ZR 131/08, GuT 2010, 97 = IMR 2010, 227, 228 = NZM 2010, 361 = InfoM 2010, 219
Mieteranspruch auf Mängelbeseitigung verjährt nicht!	Der Anspruch des Mieters auf Mangelbeseitigung ist während der Mietzeit unverjährbar.	BGH, 17.02.2010 – VIII ZR 104/09, NZM 2010, 235 = IMR 2010, 171
Hinreichende Elektrizitätsversorgung	Der Mieter hat grundsätzlich Anspruch auf eine Elektrizitätsversorgung, die zumindest den Betrieb eines größeren Haushaltsgeräts wie einer Waschmaschine und gleichzeitig weiterer haushaltsüblicher Geräte wie zum Beispiel eines Staubsaugers ermöglicht. Auf eine unterhalb dieses Mindeststandards liegende Beschaffenheit kann der Mieter nur bei eindeutiger Vereinbarung verwiesen werden. Dem genügt eine Formularklausel, nach der der Mieter in der Wohnung Haushaltsmaschinen nur im Rahmen der Kapazität der vorhandenen Installationen aufstellen darf, nicht (im Anschluss an BGH, 26.7.2004 – VIII ZR 281/03, IBR 2004, 601 = NJW 2004, 3174). Die Klausel lautete: „Der Mieter ist berechtigt, in den Räumen Haushaltsmaschinen (z.B. Wasch- und Geschirrspülmaschinen, Trockenautomaten) aufzustellen, wenn und soweit die Kapazität der vorhandenen Installationen ausreicht und Belästigungen der Hausbewohner und Nachbarn sowie Beeinträchtigungen der Mietsache und des Grundstücks nicht zu erwarten sind. Im Falle des Anschlusses von Elektrogeräten, die zu einer Überlastung des vorhandenen Netzes führen, ist der Mieter verpflichtet, die Kosten der Verstärkung oder sonstigen Änderung des Netzes zu tragen (einschließlich der Energieumstellungs- und Folgekosten)."	BGH, 10.02.2010 – VIII ZR 343/08, IMR 2010, 169 = NZM 2010, 356 = WuM 2010, 235 = MDR 2010, 562 zu Wohnraum

Geräuschimmissionen i.d.R. kein Mangel	Auch dauerhafte Geräuschimmissionen sind in der Regel kein Mangel, wenn die maßgeblichen technischen Normen (hier: TA-Lärm) eingehalten sind. Das gilt auch dann, wenn die Geräuschimmissionen erst durch nachträgliche Veränderungen am Gebäude entstehen (hier: Lüftungsanlage im neuen Fischrestaurant).	BGH, 20.09.2009 – VIII ZR 300/08, IMR 2009, 419 = InfoM 2009, 418
Wann sind „Besuchermassen" in einem Bürogebäude ein Mangel?	1. Wird eine Gebrauchsbeeinträchtigung durch das Auftreten von „Besuchermassen" behauptet, reicht eine abstrakte Gefahr des Eindringens Unbefugter nicht aus, um daraus auf einen Mangel der Mietsache zu schließen. Vielmehr müssen, Art, Intensität und Effizienz etwaiger Zugriffskontrollen aufgeklärt und konkrete Anlässe oder Gefahrsituationen geschildert werden, die dem Besucher- oder Kundenkreis eines anderen Mieters zuzuordnen sind. 2. Eine größere Anzahl von Kunden/Besuchern eines Mitmieters oder deren Verhalten ist erst dann als Mangel zu bewerten, wenn sich daraus Unzuträglichkeiten oder Belästigungen ergeben, die sich konkret auf den Mieter und seinen Betrieb auswirken. 3. Verschmutzungen im Treppenhaus sind nicht als Mangel im Sinne des § 536 BGB anzusehen, wenn zeitnah gereinigt wird.	BGH, 15.10.2008 – XII ZR 1/07, IMR 2009, 83 = GuT 2009, 24 = NZM 2009, 124 = InfoM 2009, 118
Störende Besucher anderer Mieter: Kein Anspruch auf bestimmten Mietermix!	Ein Mieter, dessen Büroräume als hochwertig vermarktet wurden, hat ohne besondere vertragliche Vereinbarung keinen Anspruch auf einen bestimmten Mietermix oder ein bestimmtes Milieuniveau.	BGH, 15.10.2008 – XII ZR 1/07, IMR 2009, 84 = GuT 2009, 24 = NZM 2009, 124 = InfoM 2009, 118
Ist plötzlich auftretendes „Fogging" ein Mangel der Mietsache?	Plötzlich aufgetretene Schwarzverfärbungen („Fogging") sind ein Mangel der Mietsache. Dessen Beseitigung schuldet der Vermieter unabhängig davon, ob die Ursache des Mangels in seinem eigenen oder im Gefahrenbereich des Mieters zu suchen ist. Etwas anderes würde nur dann gelten, wenn der Mieter die Entstehung dieses Mangels zu vertreten hätte.	BGH, 28.05.2008 – VIII ZR 271/07, IMR 2008, 225
Minderungsausschluss	Eine vom Vermieter in einem Gewerberaummietvertrag verwendete formularmäßige Klausel, wonach eine Minderung der Miete ausgeschlossen ist, wenn die Nutzung der Räume durch Umstände beeinträchtigt wird, die der Vermieter nicht zu vertreten hat, ist im Zweifel dahin auszulegen, dass sie die Minderung insoweit vollständig ausschließt und dem Mieter nicht die Möglichkeit der Rückforderung der Miete nach § 812 BGB belässt. Eine solche Klausel benachteiligt den Mieter unangemessen und ist deswegen unwirksam.	BGH, 23.04.2008 – XII ZR 62/06, NZM 2008, 609 = ZMR 2008, 776 = MDR 2008, 1089 = NJW 2008, 2497

	Die Klausel lautete: „Eine Minderung der Miete ist ausgeschlossen, wenn durch Umstände, die der Vermieter nicht zu vertreten hat (z.B. Verkehrsumleitung, Straßensperrungen, Bauarbeiten in der Nachbarschaft usw.), die gewerbliche Nutzung der Räume beeinträchtigt wird (z.B. Umsatz- und Geschäftsrückgang)."	
AGB-Ausschluss des Minderungsrechts	Die AGB-Klausel „Der Mieter kann gegenüber den Ansprüchen der Vermieterin auf Zahlung des Mietzinses und der Nebenkosten kein Minderungsrecht wegen Mängeln der Mietsache geltend machen, es sei denn, die Vermieterin hat die Mängel vorsätzlich oder grob fahrlässig zu vertreten. Dies gilt auch für Störungen des Mietgebrauchs durch Einwirkungen von außen." ist unwirksam, sofern die Auslegung im Zusammenhang mit anderen Vertragsklauseln ergibt, dass die Möglichkeit einer Rückforderung nach § 812 BGB ausgeschlossen ist. Diese Klausel ist im Zweifel dahin auszulegen, dass sie die Minderung wegen sonstiger Mängel vollständig ausschließt und dem Mieter auch nicht die Möglichkeit der Rückforderung der Miete nach § 812 BGB verbleibt.	BGH, 12.03.2008 – XII ZR 147/05, IMR 2008, 234 = InfoM 2008, 226/228 = MDR 2008, 909
Unwirksame Minderungsklausel und Verwirkung der Mieterrechte	Verwendet der Vermieter eine wegen unangemessener Benachteiligung unwirksame AGB-Minderungsausschluss-Klausel, kann er sich wegen seines eigenen Vertragsverstoßes nicht auf Verwirkung berufen.	BGH, 12.03.2008 – XII ZR 147/05, IMR 2008, 234 = InfoM 2008, 226/228 = MDR 2008, 909
Eigenmächtige Mietmangelbeseitigung auf Mieters Risiko trotz Hinweis des Vermieters auf „Kontrollbedürftigkeit" der Heizung §§ 286 Abs. 2 Nr. 4, 536a Abs. 1, 2, 539 Abs. 1 BGB	Beseitigt der Mieter eigenmächtig einen Mangel der Mietsache, ohne dass der Vermieter mit der Mangelbeseitigung in Verzug ist (§ 536a II Nr. 1 BGB) oder die umgehende Beseitigung des Mangels zur Erhaltung oder Wiederherstellung des Bestands der Mietsache notwendig ist (§ 536a II Nr. 2 BGB), so kann er die Aufwendungen zur Mangelbeseitigung weder nach § 539 I BGB noch als Schadensersatz gem. § 536a I BGB vom Vermieter ersetzt verlangen.	BGH, 16.01.2008 – VIII ZR 222/06, IMR 2008, 112 = DWW 2008, 174 = NZM 2008, 179 = NJW 2008, 1216 zur Wohnraummiete
§§ 539 a.F., 242 BGB Verwirkung des Mietzinsanspruchs bei Hinnahme einer Mietminderung	§ 539 BGB a. F. kann nicht analog auf einen Mietzinsrückstand angewandt werden, der aus einer vom Vermieter über längere Zeit widerspruchslos hingenommenen Mietminderung herrührt. Ob der Vermieter mit solchen Nachforderungen ausgeschlossen ist, beurteilt sich nach den allgemeinen Vorraussetzungender Verwirkung.	BGH, 19.10.2005 – XII ZR 224/03, GuT 2006, 25 = NZM 2006, 58

Folgen der Flächenabweichung für Minderung I: NK	Übernahme der Rspr. des XII. Senats (Geschäftsraummiete) für die Wohnraummiete: Bemessungsgrundlage der Minderung nach § 536 BGB ist die Bruttomiete einschließlich einer Nebenkostenpauschale oder einer Vorauszahlung auf die Nebenkosten. Dies gilt auch, wenn der zur Minderung führende Mangel auf einer Abweichung der Wohnfläche von der im Mietvertrag angegebenen Fläche um mehr als 10 % beruht. D.h.: bei mehr als 10%iger Abweichung kann der Mieter die NK-Vorauszahlungen anteilig kürzen bzw. zurückfordern.	BGH, 20.07.2005 – VIII ZR 347/04, NZM 2005, 699 = WuM 2005, 573 = ZMR 2005, 854 = Info M 2005, 234 = NJW 2005, 2773 (zur Wohnraummiete)
Folgen der Flächenabweichung für Minderung II: Kaution	Übernahme der Rspr. des XII. Senats (Geschäftsraummiete) für die Wohnraummiete: Liegt ein unbehebbarer Mangel der Mietsache vor (hier: Flächenminus von mehr als 10 %), ist die Miete von vornherein und auf Dauer gemindert. Bemessungsgrundlage für die Berechnung einer Mietkaution ist dann nur die geminderte Miete. D.h.: bei mehr als 10 %iger Abweichung kann der Mieter die Kaution anteilig kürzen und gem. § 812 Abs. 1 S. 1, 1. Alt. BGB zurückfordern.	BGH, 20.07.2005 – VIII ZR 347/04, NZM 2005, 699 = WuM 2005, 573 = ZMR 2005, 854 = Info M 2005, 234 = NJW 2005, 2773 (zur Wohnraummiete)
Minderungsberechnung nach Bruttomiete	Bemessungsgrundlage der Minderung nach § 536 BGB ist die Bruttomiete (Mietzins einschließlich aller Nebenkosten). Dabei ist unerheblich, ob die Nebenkosten als Pauschale oder Vorauszahlung geschuldet werden.	BGH, 06.04.2005 – XII ZR 225/03, GuT 2005, 166 = NZM 2005, 455 = ZfIR 2005, 400 = Info M 2005, 141 = NJW 2005, 1713
Analoge Anwendung des § 539 BGB a.F.	Für die Zeit vor der Mietrechtsreform bleibt es für den Verlust des Mietminderungsrechts bei der analogen Geltung des § 539 BGB a.F. (nicht amtlicher LS)	BGH, 16.03.2005 – XII ZR 269/01, GuT 2005, 162
Vorbehaltlose Mietzahlung in Mangelkenntnis in der gewerblichen Miete	Der XII. Zivilsenat des BGH folgt der Rechtsprechung des VIII. Senats in der Frage, ob die bisherige Rechtsprechung des BGH zur analogen Anwendung des § 539 BGB a.F. auf Fälle, in denen im Verlauf der Mietzeit ein Mangel auftritt und der Mieter die Miete gleichwohl über längere Zeit vorbehaltlos weiterbezahlt, auch nach In-Kraft-Treten des neuen Mietrechts für § 536b BGB n.F. fortgilt, für den Bereich der gewerblichen Miete und verneint mithin eine analoge Anwendung des ab 1. 9.2001 geltenden § 536b BGB. (LS der Redaktion)	BGH, 16.02.2005 – XII ZR 24/02, NZM 2005, 303 = Info M 2005, 142

Mängelbeseitigungsrecht des Vermieters trotz Beschluss nach § 887 ZPO?	Ist der Mieter durch Beschluss ermächtigt, die titulierten Mängelbeseitigungsmaßnahmen selbst vornehmen zu lassen, bleibt der Vermieter dennoch berechtigt, die Mängelbeseitigung selbst durchzuführen (Anschl. an BGH, 22.6.1995, NJW 1995, 3189). Dies gilt aber nicht, wenn der Mieter berechtigte Zweifel an der Ernstlichkeit des Erfüllungswillens (hier: wegen mehr als einjähriger Untätigkeit) haben darf.	BGH, 21.12.2004 – Ixa ZB 281/03, WuM 2005, 139 = Info M 2005, 161

2. Schnellüberblick aktuelle Rechtsprechung der Instanzgerichte

Thema/Normen	Leitsatz	Entscheidung, Fundstelle
Keine Pflicht zur Generalinspektion von Leitungen!	1. Der Vermieter ist nicht verpflichtet, ohne besonderen Anlass eine regelmäßige Generalinspektion der Leitungen vorzunehmen. 2. Nach Feststellung des Wasserschadens darf der Vermieter zunächst alles Nötige veranlassen, um eine weitere Einwirkung des Wassers zu beseitigen und größere Schäden zu vermeiden, bevor er den Mieter informiert. 3. Etwas anderes kann gelten, wenn der Vermieter weiß, dass der Mieter in den betroffenen Räumen kostbare Kunstwerke eingelagert hat.	OLG Koblenz, 30.09.2010 – 2 U 779/09, IMR 2010, 511
Schlechtes Leitungswasser: 10 % Mietminderung!	1. Wird ein Atelier mit Küchenzeile sowie Bad mit Dusche, Wanne und WC als Gewerberaum vermietet, und weist das Wasser keine Trinkwasserqualität auf, kann die Miete wegen Mangels der Mietsache um 10 % gemindert sein. 2. Haben die Parteien einen bestimmten Standard der Stromversorgung in einem Atelier vertraglich nicht vereinbart, so bedeutet allein das Fehlen eines zweiten Stromkreises keinen Mangel der Mietsache.	KG, 08.09.2010 – 12 U 194/09, IMR 2010, 524
Kostenaspekt ist für den Begriff des Sachmangels irrelevant	1. Selbst außergewöhnlich hohe Heizkosten stellen als solche keinen Fehler der Mietsache dar, der zur Minderung der Grundmiete berechtigt. 2. Beruhen übermäßig hohe Heizkosten auf einem Fehler der Heizungsanlage, kann ein Mangel der Mietsache vorliegen, wenn die Heizungsanlage schon nach dem Stand der Technik zur Zeit ihres Einbaus bzw. der Gebäudeerrichtung als mangelhaft zu beurteilen war. 3. Beruft sich der Mieter auf eine unzureichende Heizungsanlage, obliegt es ihm darzulegen, wie sich die Heizleistung in den verschiedenen Räumen dargestellt hat und welche konkreten Beeinträchtigungen hiervon für die Nutzer der Räume ausgingen.	OLG Düsseldorf, 08.07.2010 – 24 U 222/09, IMR 2011, 52

Auslegung der Bezeichnung des Mietobjekts, Eignung zum vertragsgemäßen Gebrauch, Mangelhafte Abdichtung von Kelleraußenwänden --> Mietminderung	1. Wird der Mietgegenstand im Gewerbemietvertrag bezeichnet mit „Gewerberäume von ca. 74,04 qm zzgl. 51 qm Kellerräume zum Betrieb einer Zahnarztpraxis", so ist dies dahin auszulegen, dass die Kellerräume nicht nur zur Lagerung von gegen Feuchtigkeit unempfindlichen Gegenständen vermietet sind, sondern dass eine Nutzung als Lager, Werkstatt, Aufenthaltsraum, Büro und WC vertragsgemäß ist, wenn die Kellerräume zuvor durch den Vermieter entsprechend ausgebaut worden waren und bereits vom Vormieter im Rahmen des Betriebes einer Zahnarztpraxis in ähnlicher Weise genutzt worden sind.

2. In einem solchen Fall kann die Miete wegen mangelhafter Abdichtung der Kelleraußenwände um 10 % gemindert sein und der Mieter hat gegen den Vermieter einen Anspruch auf Beseitigung der Mängel und Erstattung von Stromkosten für den Betrieb von Lüftern und Heizmatten im Keller.

3. Selbst wenn die Beseitigung der Mängel maximal ca. 68.000 EUR kosten kann, kann die erforderliche Abwägung ergeben, dass die Zumutbarkeitsgrenze noch nicht überschritten ist.

Bei einer Abdichtung eines zur Nutzung als Lager, Werkstatt, Aufenthaltsraum, Büro und WC mit vermieteten Kellers einer Zahnarztpraxis mit Sanierungskosten von 68.399,32 EUR und noch zehnjähriger Laufzeit und einer monatlichen Nettokaltmiete von 1.142,51 EUR wird der Nutzwert der (Keller-) Teilfläche von 51 qm bei insgesamt 125,04 qm Mietfläche erheblich gesteigert, so dass die Zumutbarkeitsgrenze noch nicht überschritten ist. | KG, 05.07.2010 – 12 U 172/09, GuT 2010, 218 = IMR 2010, 431 |
| Vorbehaltlose Annahme der Mietsache | Ist dem Mieter bei vorbehaltloser Annahme der Mietsache der Mangel (hier: Geräuschbelästigung) bekannt, kann er aus diesem Mangel keine Rechte herleiten, § 536b Satz 3 BGB. | KG, 17.06.2010 – 12 U 51/09, GuT 2010, 250 Ls. = MDR 2010, 1446 |
| Schimmel: Darlegungs- und Beweislast | Stützt der Mieter die Minderung der Miete darauf, dass eine Schimmelbildung in den Mieträumen seine Familie gesundheitlich gefährdet und zu einer Krebserkrankung geführt habe, muss er konkret zu Art und Konzentration der Schimmelsporen vortragen sowie ärztliche Atteste vorlegen, damit ggf. darüber durch Einholen eines Sachverständigengutachtens Beweis erhoben werden kann. | KG, 03.06.2010 – 12 U 164/09, GuT 2010, 225 = IMR 2010, 378 |

Inhaltskontrolle formularmäßigen Minderungsrechtsausschlusses – Fortgeltung des Ausschlusses trotz Mietvertragsübergangs §§ 307, 566, 812 BGB	Die Formularklausel in einem gewerblichen Mietvertrag „Der Mieter kann gegen die Miete weder aufrechnen noch ein Zurückbehaltungsrecht ausüben oder die Miete mindern. Hiervon ausgenommen sind Forderungen des Mieters wegen Schadensersatz für Nichterfüllung oder Aufwendungsersatz in Folge eines anfänglichen oder nachträglichen Mangels, den der Vermieter wegen Vorsatz oder grober Fahrlässigkeit nicht zu vertreten hat, und andere Forderungen aus dem Mietverhältnis, soweit sie unbestritten, rechtskräftig festgestellt oder entscheidungsreif sind." hält einer Inhaltskontrolle nach § BGB § 307 BGB stand. Der Minderungsausschluss gilt auch dann, wenn die mietvertraglichen Beziehungen der Parteien durch Veräußerung und Eintritt des Erwerbers in den Mietvertrag beendet sind.	OLG Düsseldorf, 06.05.2010 – 10 U 154/09, GuT 2010, 196 = NZM 2010, 582 = IMR 2010, 430
Mietminderung wegen Leerstands im Einkaufszentrum?	Dass zu Beginn des Mietverhältnisses ein Einkaufszentrum besseren Zulauf und auch der Betrieb des Mieters höhere Umsätze hatte und sich diese Umstände allmählich generell wie auch für den Mieter verschlechterten, bedeutet keinen Mangel der Mieträume.	OLG Düsseldorf, 04.05.2010 – 24 U 195/09, GuT 2010, 203 = IMR 2010, 331 = InfoM 2010, 220
Mangelbeseitigung: Wann verjährt Rückzahlung des Kostenvorschusses?	Die Verjährung des Anspruchs des Vermieters gegen den Mieter auf Rückzahlung eines geleisteten Kostenvorschusses zur Mängelbeseitigung richtet sich nicht nach § 548 Abs. 1 BGB, sondern nach den §§ 195, 199 BGB. Der Vermieter kann den geleisteten Vorschuss zurückfordern, wenn der Mieter die Mangelbeseitigung nicht innerhalb angemessener Frist vornimmt und über die Verwendung des Vorschusses keine Abrechnung erteilt. Ls. IMR: Ist der aus § 812 BGB folgende Anspruch auf Rückzahlung eines nicht zweckgerecht verwendeten Kostenvorschusses verjährt, kommt weder ein auf § 280 oder § 826 BGB noch ein auf § 823 Abs. 2 BGB i.V.m. § 263 oder § 266 StGB gestützter Anspruch in Betracht.	OLG Celle, 23.12.2009/ 28.01.2010 – 2 U 134/09, IMR 2010, 133 = InfoM 2010, 173
Sind zu heiße Büroräume im Sommer ein Mietmangel?	1. Gewerberäume, die in einem in den 20er-Jahren des vorigen Jahrhunderts errichteten und 1936 erweiterten Gebäude liegen und als Büroräume vermietet worden sind, sind nicht deshalb mangelhaft, weil die Innentemperaturen in den Sommermonaten aufgrund von Sonneneinstrahlung mehrfach und über längere Zeiträume mehr als 26° C betragen. 2. Die Verordnung über Arbeitsstätten vom 12. August 2004, die Arbeitsstättenrichtlinien und die DIN 1946-2 enthalten keine Aussage darüber, ab welchen durch Sonneneinstrahlung verursachten Innentemperaturen Gewerbemieträume einen Mietmangel aufweisen.	OLG Karlsruhe, 17.12.2009 – 9 U 42/09, GuT 2010, 212 = IMR 2010, 98 = InfoM 2010, 123 = MDR 2010, 564

	3. Der Mieter, der eine übermäßige Erwärmung der Mieträume geltend macht, muss im Einzelnen darlegen, welche Temperaturen in den angemieteten Räumen erreicht wurden.	
Verlust des „Ankermieters" als Mangel?	Der Verlust des „Ankermieters" eines Einkaufzentrums mit den damit einhergehenden negativen Auswirkungen auf Umsatz und Gewinn des Mieters des Parkhauses beeinflusst die Eignung des Mietobjektes (Parkhaus) zum vertragsgemäßen Gebrauch nur mittelbar und ist daher nicht als Sachmangel zu qualifizieren.	LG Braunschweig, 06.11.2009 – 8 O 856/09, IMR 2010, 332
Pächter verletzt Pflicht zur Anzeige von Mängeln: Rechtsfolgen?	Verletzt der Mieter oder Pächter die Pflicht zur Anzeige von Mängeln, haftet er dem Vermieter oder Verpächter nur, wenn die Anzeige zur unverzüglichen Mängelbeseitigung durch den Vermieter bzw. Verpächter geführt hätte.	OLG Düsseldorf, 24.07.2009 – 24 U 6/09, IMR 2010, 20
Minderungsrecht bei fehlendem Deckenabschluss?	Ein fehlender Deckenabschluss stellt keinen zur Minderung durch den Mieter berechtigenden Mangel im Sinne des § 536 Abs. 1 Satz 1 BGB dar.	OLG Brandenburg, 25.06.2009 – 3 U 185/07, IMR 2009, 386
Regelmäßige Wassereintritte: Wiederaufleben des Minderungsrechts und Minderungshöhe	Dringt in vermietete Lagerräume regelmäßig Feuchtigkeit ein, ist eine Minderungsquote von 25 % berechtigt. Hat der Mieter trotz dieses Mangels vor dem 1.9.2001 die Miete vorbehaltlos gezahlt, steht ihm das Minderungsrecht für den Zeitraum ab 1.9.2001 (Mietrechtsreform) dennoch zu, wenn er ab dann die Miete nur noch unter Vorbehalt zahlt und dem Vermieter den Mangel angezeigt hat.	LG Coburg, 23.06.2009 – 23 O 416/08, IMR 2010, 18
Auf Mietminderung gerichtete Feststellungsklage	Eine auf Mietminderung gerichtete Feststellungsklage ist zulässig (im Anschluss an BGH, Urt. v. 12.6.1985 – VIII ZR 142/84 = WM 1985, 1213)	OLG Brandenburg, 10.06.2009 – 3 U 169/08, GuT 2009, 216 = IMR 2009, 345 = InfoM 2009, 384
Geruchsbelästigung	Eine starke, von der Nutzung der Mietsache als Imbissgaststätte ausgehende Geruchsbeeinträchtigung innerhalb des Gebäudes stellt eine erhebliche, unter Abwägung der Interessen der Parteien nicht zumutbare Vertragsverletzung dar, die zur außerordentlichen Kündigung berechtigt. Eine baubehördliche Genehmigung steht der mietvertraglichen Vereinbarung strengerer Anforderungen an die Geruchsvermeidung nicht entgegen.	OLG Brandenburg, 27.05.2009 – 3 U 85/08, IMR 2009, 388 = InfoM 2009, 328
„Mustergültiges Haus" bedeutet tadellosen und einwandfreien Zustand	Ein gemietetes Gebäude, das nach dem Vertrag als „mustergültiges Haus" zur Werbung von Kaufinteressenten dienen soll, erfordert als Werbeträger einen tadellosen und einwandfreien Zustand. Den Mieter trifft ausnahmsweise ein Mitverschulden wegen der Verletzung der Schadensminderungspflicht, wenn der Mangel leicht zu beseitigen und die Mängelbeseitigung für ihn zumutbar ist und andernfalls der Eintritt erheblicher Schäden droht (hier verneint).	OLG Düsseldorf, 26.05.2009 – 24 U 132/08, IMR 2010, 52

Hinter den Erwartungen zurückbleibende Besucherzahlen eines Ladenlokals §§ 313, 535, 536 BGB	1. Hinter den Erwartungen zurückbleibende Besucherzahlen eines Ladenlokals in einem Einkaufszentrum stellen keinen Mangel im Sinne des Gewährleistungsrechts des Mietrechts dar. Die Eignung der Räumlichkeiten werden allenfalls mittelbar tangiert, was jedoch keinen erheblichen Mangel im Sinne der §§ 536ff. BGB begründet. 2. Das Verwendungs- und Gewinnerzielungsrisiko trifft innerhalb eines Mietvertrages vertragstypischerweise den Mieter; eine Risikoabwälzung im Wege einer Vertragsanpassung nach § 313 BGB auf den Vermieter ist ausgeschlossen. 3. In der bloßen Äußerung einer Erwartung im Vorfeld des Vertragsschlusses liegt ohne das Hinzutreten weiterer Umstände regelmäßig keine rechtsgeschäftlich bindende Garantieerklärung.	LG Wiesbaden, 24.04.2009 – 7 O 116/08, IMR 2009, 391
Beweislast des Vermieters für die Kenntnis des Mieters vom Mangel	Sofern der Sachverständige eine entscheidungserhebliche Frage zum Vorliegen der Voraussetzungen des § 536b BGB nicht beantworten kann, geht dies zu Lasten des Vermieters, da ihm insoweit die Beweislast für das Vorliegen der Voraussetzungen obliegt.	LG Hamburg, 26.03.2009 – 333 S 65/08 zu Wohnraum
Darlegungs- und Beweislast bei ungeklärter Schadensursache § 280 Abs. 1 Satz 2; §§ 535, 536 BGB	Der Vermieter muss bei ungeklärter Schadensursache nicht generell die Möglichkeit einer aus seinem Verantwortungsbereich stammenden Schadensursache ausräumen. Wenn im Falle der Beschädigung eingebrachter Sachen des Mieters durch einen Brand des vermieteten Gebäudes offen bleibt, ob die Schadensursache entweder aus dem Verantwortungsbereich einer der Mietvertragsparteien oder demjenigen eines Dritten stammt, ist für eine Verteilung der Darlegungs- und Beweislast nach Gefahrenbereichen kein Raum (im Anschluss an Senat ZMR 1996, 197).	OLG Celle, 18.03.2009 – 2 U 19/09, IMR 2009, 203 = ZMR 2009, 683 = NJW-RR 2010, 308
Beschränkung des Minderungsrechts auf hinterlegte Beträge?	Die in einem Mietvertrag über Gewerberäume enthaltene Klausel folgenden Inhalts: „Eine nicht ausdrücklich vom Vermieter zugestandene oder rechtskräftig bestätigte Mietminderung darf der Mieter nur vornehmen, wenn in Höhe des Minderungsbetrages zugleich eine Hinterlegung bei der Justizkasse eines Deutschen Gerichts durch ihn erfolgt" ist wirksam und verstößt insb. nicht gegen § 307 BGB.	KG, 16.03.2009 – 8 U 112/08, GuT 2009, 300 = IMR 2010, 11 = InfoM 2010, 73
Beweislast bei ungeklärter Schadensursache im Brandfall § 538 BGB; § 522 Abs. 2 ZPO	1. Ist streitig, ob vermietete Räume infolge des Mietgebrauchs beschädigt worden sind, trägt der Vermieter die Beweislast dafür, dass die Schadensursache dem Obhutsbereich des Mieters entstammt. Eine in seinen eigenen Verantwortungsbereich fallende Schadensursache muss der Vermieter ausräumen.	OLG Hamburg, 13.02.2009 – 9 U 170/08

	2. Verbleibt bei ungeklärter Schadensursache die Möglichkeit, dass der Brand nicht auf ein Verhalten der Mieterin zurückzuführen ist, so bleibt es bei der Beweislast des Vermieters; alles andere würde auf eine Zufallshaftung hinauslaufen.	
Hellhörige Anwaltskanzlei: Neues zum Schallschutz	1. Der Wohnungsmieter kann nur denjenigen Standard erwarten, der nach Alter, Ausstattung und Art des Gebäudes sowie Höhe der Miete der üblichen Beschaffenheit vergleichbarer Wohnungen entspricht. Es ist grundsätzlich der bei Errichtung des Gebäudes geltende Maßstab anzulegen. Dies gilt entsprechend für gewerbliche Miete. 2. Ob nach Sanierung oder Modernisierung eines Altbaus ein neuer Maßstab gilt, ist eine Frage des Einzelfalls (Darlegungslast: Mieter). 3. Teilsanierungen entfernter Bauteile begründen keine Erwartung des neu anmietenden Mieters, dass auch hinsichtlich der über seinen Räumen liegenden Decke Schallschutzanforderungen nach neuem Standard eingehalten werden. Im Zweifel muss der Mieter nachfragen. 4. Nur punktuell auftretende Geräusche mit jeweils längeren Pausen dazwischen sind grundsätzlich als sozialadäquat hinzunehmen.	OLG Dresden, 10.02.2009 – 5 U 1336/08, NZM 2009, 703 = MDR 2009, 741 = InfoM 2009, 480
Bestimmtheit des Klageantrags des Mieters bei Lärmmängeln	1. Bei Lärmstörungen oder mangelhaftem Schallschutz genügt der Antrag des klagenden Mieters, die Gebrauchsbeeinträchtigungen so zu beseitigen, dass die Lärmemmissionen aus der Störerwohnung 53 dB nicht überschreiten, dem Bestimmtheitserfordernis. 2. Dies gilt auch für einen Hilfsantrag, mit dem verlangt wird, die Beeinträchtigungen so zu beseitigen, dass die Lärmemissionen die vertragliche Nutzung nicht mehr als nur unerheblich beeinträchtigen.	OLG Dresden, 10.02.2009 – 5 U 1336/08, NZM 2009, 703 = MDR 2009, 741 = InfoM 2009, 480
Türsteher vor Disco als Umfeld-Mangel?	Eine Zugangsbehinderung ist nur dann ein Mangel, wenn sie die Gebrauchsfähigkeit unmittelbar beeinträchtigt. Dies fehlt, wenn der Zugang zum Nachbargeschäft (hier: Disco) durch mehrere einschüchternde Türsteher überwacht wird (hier: „zwei bis drei breit breitschultrige, dunkel gekleidete Personen"). **Ls. ibr-online:** 1. Wird der Zugang zu einem von Kundenströmen frequentierten Ladenlokal erheblich erschwert, kann hierin ein Mangel der Miträume im sinne eines solchen Umfeldmangels liegen.	OLG Rostock, 11.12.2008 – 3 U 138/08, IMR 2009, 202 = InfoM 2009, 68 = NZM 2009, 545

	2. Im Fall der Umwelt- und Umfeldmängel, also bei Einwirkungen auf die Mietsache und ihren Gebrauch von außen, ist eine Minderung auf solche Mängel begrenzt, die sich unmittelbar und nicht nur mittelbar auf die Gebrauchstauglichkeit der Miträume auswirken. 3. Ob eine unmittelbare oder mittelbare Gebrauchsbeeinträchtigung vorliegt, ist regelmäßig anhand der Umstände des Einzelfalles zu prüfen. An einer Unmittelbarkeit wird es in der Regel fehlen, wenn Umfeldeinwirkungen den Zustand der Pachtsache selbst sowie deren vertragsgemäße Nutzungsmöglichkeit unberührt lassen und sich allein auf die Menge potenzieller Kunden auswirken. 4. Demnach stellt es keine unmittelbare Beeinträchtigung dar, wenn der Zugang zu einem Nachbargeschäft durch mehrere einschüchternde Türsteher bewacht wird.	
Mietminderung bei Dauerparken auf Parkplatz eines innerstädtischen Fachmarktzentrums?	Eine erhebliche Beeinträchtigung der Nutzbarkeit eines innerstädtischen Parkplatzes gemäß § 536 BGB scheidet aus, wenn weniger als 3 % der Parkplatznutzfläche durch Fremd- oder Dauerparker blockiert werden.	LG Itzehoe, 28.11.2008 – 10 O 97/08, IMR 2009, 91
Zur Beweislast bei von § 536b BGB abweichenden Vereinbarungen §§ 535, 536b BGB	Für eine von § 536 b BGB – Mangelkenntnis des Mieters und ihre Folgen – abweichende Vereinbarung trifft diesen die Beweislast. Die Regelungen des § 536 b BGB sind für die hier in Rede stehende Undichtigkeit des Daches von den Parteien auch nicht etwa durch eine mündliche Vereinbarung außerhalb des schriftlichen Mietvertrages abbedungen worden. Zwar ist § 536 b BGB grundsätzlich abdingbar (BGH, NJW-RR 2004, 12 zu § 539 BGB a.F.). Für ihre Behauptung, der Zeuge R. habe als Verhandlungs- und Abschlussvertreter des Klägers ihrem Geschäftsführer vor Vertragsschluss zugesagt, die Schäden am Dach würden beseitigt und die Beklagte werde damit nichts zu tun haben, ist die Beklagte aber beweisfällig geblieben.	OLG Düsseldorf, 23.10.2008 – 24 U 25/08, DWW 2009, 309 = ZMR 2009, 752
Minderung: Ausschluss bei Kenntnis zukünftiger Beeinträchtigungen! § 536b BGB	1. Erhebliche Beeinträchtigungen des Gewerbebetriebes infolge umfangreicher und länger andauernder Bauarbeiten begründen regelmäßig einen Mangel der vermieteten Sache. 2. Ein Anspruch auf Minderung ist aber ausgeschlossen, wenn dem Mieter zum Zeitpunkt des Abschlusses des Mietvertrages bereits bekannt war, dass während der Vertragslaufzeit eine Tiefgarage gebaut werden soll. Denn auf Mängel, die dem Mieter bei Vertragsschluss bekannt (oder aufgrund grober Fahrlässigkeit unbekannt geblieben) sind, kann ein Minderungsbegehren gemäß § 536b BGB nicht gestützt werden.	OLG Dresden, 14.10.2008 – 5 U 1030/08, IMR 2009, 123 = InfoM 2009, 120

XVI. Arbeits- und Beratungshilfen

Vermögensverfall des Vermieters: Zurückbehaltungsrecht des Mieters trotz Minderungsausschlusses!	1. Wenn im Gewerberaummietvertrag die Minderung wirksam, aber nicht endgültig ausgeschlossen ist, der Mieter also einen Bereicherungsanspruch hat, und der Vermieter in Vermögensverfall gerät, braucht der Mieter die Miete in Höhe der maximal denkbaren Minderungsbetrags nur Zug um Zug gegen Sicherheitsleistung zu zahlen. 2. Grundsätzlich hat der Mieter die Darlegungs- und Beweislast für einen solchen Vermögensverfall des Vermieters. Wenn Umstände feststehen, die einen Vermögensverfall nahe legen, muss der Vermieter aufgrund seiner sekundären Darlegungslast die Vermögensverhältnisse offen legen.	OLG Stuttgart, 29.09.2008 – 5 U 65/08, IMR 2009, 11 = NZM 2009, 32 = ZMR 2009, 204 = MDR 2009, 21
§ 906 Abs. 2 BGB	1. Die durch eine Großbaustelle (hier: ICE-Hochgeschwindigkeitsstrasse) verursachten Lärm-, Abgas- und Staubimmissionen können eine Entschädigungspflicht des Bauherrn nach § 906 Abs. 2 Satz 2 BGB auslösen. 2. Zur darlegungs und Beweislast bezüglich der Unzumutbarkeit bzw. der Zumutbarkeit der Nutzungsbeeinträchtigung. 3. Zur Bemessung des angemessenen Ausgleichs in Geld für die Nutzungsbeeinträchtigung kann das Gericht auf den Maßstab einer fiktiven Mietminderung zurückgreifen.	OLG München, 18.09.2008 – 23 U 2648/08, IBR 2009, 29
Vermieter kann nur für angezeigte Mängel verantwortlich gemacht werden! §§ 241, 535, 536a, 536c, 823 BGB	Stolpert der Mieter über Risse schadhafter Bodenplatten der angemieteten Flächen und verletzt er sich dabei, so kommt eine Haftung des Vermieters nur in Betracht, wenn der Mieter den Mangel angezeigt hat.	OLG Düsseldorf, 12.08.2008 – 24 U 44/08, IMR 2008, 342
Umfeld-Mängel: Darf ein Mieter bei negativer Veränderung des äußeren Umfelds mindern?	Der Mieter eines Ladens in einem Bahnhof darf wegen eines verringerten Kundenstroms nicht mindern. Das gilt auch dann, wenn die Ursache für die schlechtere Kundenfrequenz darin liegt, dass in dem Bahnhof von einem bestimmten Zeitpunkt an sehr viel weniger Züge halten. Der Mieter hat auch keinen Anspruch auf Vertragsanpassung wegen Störung der Geschäftsgrundlage.	LG Berlin, 04.08.2008 – 12 O 812/07, NZM 2008, 844 = IMR 2009, 205 = InfoM 2009, 17; bestätigt durch: KG, 13.10.2008 und 01.12.2008 – 20 U 176/08, InfoM 2009, 17

Beweislast bei Feuchtigkeitsschäden	Nach gefestigter höchstrichterlicher Rechtsprechung muss bei streitigen Feuchtigkeitsschäden zunächst der Vermieter sämtliche Ursachen ausräumen, die aus seinem Gefahrenbereich herrühren können. Erst wenn dieser Beweis geführt ist, muss der Mieter nachweisen, dass die Feuchtigkeitsschäden nicht aus seinem Verantwortungsbereich stammen (z.B. BGH, NJW-RR 2005, 235). Die Beweislast des Vermieters erstreckt sich dabei auch auf den Nachweis, dass frühere Mängelbeseitigungsarbeiten erfolgreich waren (z.B. BGH, NJW 2000, 2344). An das Beweismaß dürfen indes keine übersteigerten Anforderungen gestellt werden, weil sich eine absolute Gewissheit nicht erlangen lässt. Eine Beendigung der Schimmelbildung ohne Zutun der Parteien spricht für eine nachhaltige Änderung der Heiz- und Lüftungsgewohnheiten durch den Mieter.	LG Dessau-Roßlau, 01.08.2008 – 1 S 199/06
Fristlose Kündigung wegen fehlenden Geländers	1. Fehlt in an der L-förmigen Galerie im Obergeschoss eines Bauernhauses ein Geländer, ist der Mieter zur fristlosen Kündigung wegen Gesundheitsgefährdung berechtigt. 2. Das im öffentlichen Interesse liegende Kündigungsrecht wegen erheblicher Gesundheitsgefährdung ist unverzichtbar und kann ebenso wenig gemäß § 536b BGB untergehen. Da es solange fortbesteht wie der gesundheitsgefährdende Zustand selbst, erweist es sich ferner als unschädlich, wenn der Mieter in seiner Kündigungserklärung eine Auslauffrist von fast drei Monaten in Anspruch nimmt.	OLG Brandenburg, 02.07.2008 – 3 U 156/07, IMR 2009, 163
Untersuchungs- und Mängelanzeigepflicht des Mieters – Wasserstau auf Flachdach §§ 535, 536c II BGB	1. Der Mieter muss die Mietsache nicht auf verborgene Mängel untersuchen und dem Vermieter nur offensichtliche Mängel anzeigen (hier: verneint für Wasseransammlungen auf dem Flachdach eines Supermarkts). 2. Die Anzeigepflicht des Mieters entfällt für Mängel, die sich aus einer dem Vermieter bekannten Gefahrenlage entwickelt haben.	OLG Düsseldorf, 02.06.2008 – 24 U 193/07, NZM 2009, 280
„Scratching" als Mietmangel §§ 536 Abs. 1 Satz 3, 536a Abs. 2 BGB	Bereits das großflächige Verteilen von Scratchings auf mehreren Scheiben eines Supermarkts beeinträchtigt das äußere Erscheinungsbild erheblich und begründet deshalb einen Mangel der Mietsache; nicht erforderlich ist, dass die Kratzer den Lichteinlass vollständig verhindern. (LS der Redaktion)	KG, 08.05.2008 – 22 U 24/08, NZM 2009, 199 Vorinstanz: LG Berlin, 21.01.2008 – 32 O 84/07, GuT 2008, 347, InfoM 1-2/09, 16

	Ls. des LG Berlin (Vorinstanz): Mietet der Gewerberaummieter ein Einzelhandelsobjekt (hier: Supermarkt) in einem einwandfreien optischen Zustand an, bedeuten die optischen Beeinträchtigungen, die durch umfangreiche Kratzspuren an den Eingangstüren aus Glas entstehen („Scratching"), einen Mietmangel. Der Mieter kann also die mangelbedingten Rechte (hier: Austausch der Scheiben durch Ersatzvornahme und Kostenerstattung) geltend machen. Auf ein Verschulden des Vermieters kommt es insoweit nicht an.	
Hohe Heizkosten als Mangel der Mieträume § 536 BGB	Nur wenn ungewöhnlich hohe Heizkosten auf einem Fehler der Heizungsanlage beruhen, kann ein Mangel der Mietsache vorliegen. Ob aber ein Fehler der Heizungsanlage vorliegt, ist nach dem Stand der Technik zur Zeit des Einbaus der Heizungsanlage zu beurteilen; der Vermieter ist – ohne besondere Rechtsgrundlage – nicht verpflichtet, die Anlage ständig auf dem neuesten Stand zu halten, und schuldet keine Verbesserung der dem technischen Stand zur Zeit der Gebäudeerrichtung entsprechenden Wärmedämmung. Er schuldet allerdings einen Mindeststandard, den der Mieter bei Vertragsschluss erwarten durfte.	KG, 28.04.2008 – 12 U 6/07, MDR 2008, 966
Raumtemperaturen: Kann der Mieter außerordentlich kündigen, wenn die Werte der ArbeitsstättenVO unterschritten sind?	Bei einem Mietvertrag über ein Büro müssen innerhalb der Heizperiode die Anforderungen der ArbeitsstättenVO erfüllt sein. Liegen die Temperaturen unter 20°C, ist der Mieter – nach erfolglos gesetzter Abhilfefrist – zur fristlosen Kündigung berechtigt.	KG, 28.04.2008 – 8 U 209/07, IMR 2008, 273 = InfoM 2008, 329
Mangelkenntnis: Wann ist das Kündigungsrecht des Mieters ausgeschlossen?	Das außerordentliche Kündigungsrecht des Mieters ist ausgeschlossen, wenn der Mieter die zur Kündigung berechtigten Umstände (hier: Beheizungsmängel) bereits bei Vertragsschluss kannte. Eine derartige Kenntnis liegt nur vor, wenn der Mieter „Dauer und Ausmaß der Beeinträchtigung sicher überschauen" kann.	KG, 28.04.2008 – 8 U 209/07, InfoM 2008, 328
Gilt die Arbeitsstättenverordnung für den Vermieter?	Bei der Beurteilung der Frage, welche Temperaturverhältnisse von Mieträumlichkeiten geschuldet sind, kommt es auf die ausdrücklichen bzw. schlüssig getroffenen Vereinbarungen im Mietvertrag an; die Vorschriften der Arbeitsstättenverordnung betreffen lediglich das Verhältnis zwischen Arbeitgeber und Arbeitnehmer, nicht jedoch das Verhältnis zwischen Mieter und Vermieter.	LG Duisburg, 18.03.2008 – 4 O 441/03, IMR 2008, 415, 416
Baulärm und andere Belästigungen: Wann kann die Miete gemindert werden?	1. Der Mieter von Gewerberäumen in einem in den 50-er Jahren errichteten Objekt mit 60 Wohn- und mehreren Gewerbeeinheiten muss bereits bei Anmietung mit Bauarbeiten zur Renovierung/Sanierung frei werdender Einheiten rechnen. Damit üblicherweise einhergehende Beeinträchtigungen stellen keinen Mangel der Mietsache dar.	OLG Düsseldorf, 11.03.2008 – 24 U 152/07, IMR 2008, 230

	2. Fühlt sich ein gewerblicher Mieter durch andere Mieter oder Dritte belästigt und will er aufgrund dessen die Miete mindern, sind die Störungen und Belästigungen konkret zu bezeichnen. Allgemeine Angaben ohne näheren Tatsachenvortrag reichen hierfür nicht.	
	3. Das Abstellen von Kraftfahrzeugen auf vorhandenen Einstellplätzen durch andere Hausbewohner oder deren Kunden und Besucher begründet jedenfalls dann keinen Mangel an der Mietsache, wenn die Bereitstellung und Freihaltung von Parkmöglichkeiten vertraglich nicht vereinbart ist.	
Mietminderung um 10 % bei geistiger Emission eines Ladennachbarn möglich! § 536 BGB	1. Betreibt die Vermieterin ein Mietobjekt mit mehreren Ladengeschäften und lässt sie ursprünglich nur ein ganz bestimmtes Warensortiment zu und nimmt nur streng ausgesuchte Geschäfte mit einem der Gesamtkonzeption entsprechendem Einzelprofil in das Mietobjekt auf, so kann ein „Erst-Mieter" eine Mietminderung in Höhe von 10 % geltend machen, wenn die Vermieterin nunmehr entgegen des von ihr selbst propagierten Leistungsprofils einen offensichtlich aus diesem Rahmen fallenden weiteren Gewerbetreibenden (hier: Geschäft mit textilem Warensortiment, welches sich in der rechtsradikalen Szene großer Beliebtheit erfreut) aufnimmt.	LG Magdeburg, 31.01.2008 – 10 O 907/07, IMR 2008, 165
	2. Ein Kündigungsrecht des Mieters ergibt sich hieraus jedoch nicht. Dies gilt zumindest dann, wenn die Vermietung an den umstrittenen Laden fahrlässig erfolgte. Praxishinweis	
	Ebenso KG, Urt. v. 28.5.2009 – 8 U 223/08, IMR 2009, 268 = GuT 2009, 176 = NZM 2009, 784; OLG Naumburg, Urt. v. 28.10.2008 – 9 U 39/08, GuT 2009, 17 = NZM 2009, 128; a.A. LG Nürnberg-Fürth, Urt. v. 12.6.2009 – 14 O 139/09, IMR 2009, 389 = NZM 2009, 584	
Haftungsbeschränkung bei Verzug mit der Übergabe im Formularmietvertrag zulässig?	Schadensersatzansprüche des Gewerberaummieters wegen Verzugs mit der Übergabe können in einem Formular-Mietvertrag auf Vorsatz und grobe Fahrlässigkeit beschränkt werden.	OLG Düsseldorf, 24.01.2008 – 24 U 95/07, IMR 2008, 238
Ordentliche Kündigung: Darf der Vermieter kündigen, wenn der Mieter nicht heizt?	Der Mieter ist verpflichtet, die Mieträume ausreichend zu beheizen. Tut er dies trotz Abmahnung nicht, stellt sein Verhalten auch ohne konkreten Schadenseintritt einen Grund zur fristgemäßen Kündigung dar.	LG Hagen, 19.12.2007 – 10 S 163/07, DWW 2008, 180 = InfoM 2008, 316
Sicherheitsstandard: Was darf der Mieter erwarten?	Der Mieter kann auch ohne vertragliche Regelung die Einhaltung der üblichen Sicherheitsstandards verlangen. Dazu gehört bei einem offenen Verkaufsstand innerhalb einer geschlossenen „Markthalle", dass der Verkaufsstand außerhalb der vertraglich vereinbarten Geschäftszeiten (hier: vereinbarte Dauer der Betriebspflicht) geschlossen bleibt.	OLG Dresden, 11.12.2007 – 5 U 1526/07, IMR 2008, 244 = InfoM 2008, 68

3. Formulierungsvorschläge: Vermieterfreundliche Kombination von Aufrechnungs-, Minderungs- und Zurückbehaltungsrechtsausschlüssen

Formulierungsvorschlag 1: Vermieterfreundliche Kombination von Aufrechnungs-, Minderungs- und Zurückbehaltungsrechtsausschlüssen

2250

> **Vorschlag 1:**
>
> Der Mieter kann nur dann die laufende Miete mindern oder mit Forderungen gegen die Miete aufrechen bzw. ein Zurückbehaltungsrecht ausüben, wenn die Mietminderung oder die Forderung des Mieters unbestritten oder rechtskräftig festgestellt wird. Ein Rückzahlungsanspruch nach Bereicherungsrecht (§ 812 BGB) ist nicht ausgeschlossen. Das Recht des Mieters, eine Mietminderung oder etwaige weitere Forderungen gegen den Vermieter als eigene Rechte in einem gesonderten Rechtstreit geltend zu machen, bleibt damit unberührt.

Formulierungsvorschlag 2: Vermieterfreundliche Kombination von Aufrechnungs-, Minderungs- und Zurückbehaltungsrechtsausschlüssen

2251

> **Vorschlag 2:**
>
> Der Mieter kann gegenüber den Forderungen des Vermieters aus diesem Vertrag mit einer Gegenforderung nur aufrechnen oder ein Minderungs- oder Zurückbehaltungsrecht ausüben, wenn seine Forderung unbestritten oder rechtskräftig festgestellt ist.
>
> Aufrechnung, Minderung und Ausübung eines Zurückbehaltungsrechts sind nur zulässig, wenn der Mieter seine Absicht dem Vermieter mindestens einen Monat vor Fälligkeit der Miete, gegen welche aufgerechnet, gemindert oder zurückbehalten werden soll, schriftlich angezeigt hat.
>
> Eine Minderung der Miete ist nur bei einer wesentlichen Minderung der Gebrauchstauglichkeit zulässig und ausgeschlossen, wenn der zur Minderung berechtigende Mangel auf einem Umstand außerhalb der Vermietersphäre beruht (z.B. Straßenbauarbeiten).

4. Formulierungsvorschlag: Haftungs (freizeichnungs)- und Gewährleistungsklauseln

Formulierungsvorschlag: Haftungs(freizeichnungs)- und Gewährleistungsklauseln

2252

> (1) Der Vermieter haftet für bei Vertragsabschluss bereits vorhandene Mängel nur bei Vorsatz oder grober Fahrlässigkeit oder wenn er dem Mieter Mängelfreiheit bei Vertragsabschluss zugesagt oder vorgespiegelt hat.
>
> (2) Treten Mängel auf, die die Gebrauchstauglichkeit des Mietobjekts wesentlich herabsetzen und die der Mieter nicht selbst beseitigen muss, so hat der Mieter zunächst nur einen Anspruch darauf, dass der Mangel innerhalb einer angemessenen Frist ab Anzeige des Mangels behoben wird. Ist die Mängelbeseitigung erfolglos, unzumutbar oder unmöglich,

so hat der Mieter nur die gesetzlichen Ansprüche auf Mietminderung und außerordentliche Kündigung. Minderungsansprüche sind aber ausgeschlossen, wenn der Mangel auf einer Ursache außerhalb der Vermietersphäre beruht.

(3) Im Übrigen ist die Haftung des Vermieters einschließlich des Verhaltens seiner Vertreter und Erfüllungsgehilfen wegen Verletzung sonstiger Pflichten, unerlaubter Handlungen und positiver Vertragsverletzungen auf grobe Fahrlässigkeit und Vorsatz beschränkt. Der Vermieter haftet also nur dann, wenn er den Schaden vorsätzlich oder grob fahrlässig herbeigeführt hat. Der Vermieter haftet daher nicht für Schäden, die dem Mieter an den ihm gehörenden Waren, Einrichtungsgegenständen, Daten u.Ä. entstehen, gleichgültig welcher Art, Herkunft, Dauer und welchen Umfangs die Einwirkungen sind, es sei denn, dass der Vermieter den Schaden vorsätzlich oder grob fahrlässig herbeigeführt hat. Dies gilt auch für Schäden, die durch Feuchtigkeitseinwirkung entstehen.

Bei leichter Fahrlässigkeit haftet der Vermieter nur dann, wenn wesentliche oder typische Vertragspflichten (sog. Kardinalpflichten) verletzt werden. Kardinalpflichten sind Pflichten, die die vertragsgemäße Durchführung erst ermöglichen.

(4) Der Ersatz mittelbarer Schäden – wie z.B. entgangener Gewinn – wird ausgeschlossen. Bzgl. elektronischer Daten und technischer Anlagen wird dem Mieter empfohlen, Vorkehrungen gegen Spannungsabfall oder -veränderungen zu treffen und entsprechende Elektronik-Versicherungen (Kosten der Datenerneuerung etc.) abzuschließen.

(5) Die vorgenannten Haftungsausschlüsse/-beschränkungen gelten nicht bei der Verletzung des Körpers, Lebens, der Gesundheit, Freiheit oder sexuellen Selbstbestimmung, die auf einer vorsätzlichen oder fahrlässigen Pflichtverletzung des Vermieters oder einer entsprechenden Pflichtverletzung eines gesetzlichen Vertreters oder Erfüllungsgehilfen beruhen.

(6) Die vorgenannten Haftungsausschlüsse/-beschränkungen gelten ebenfalls nicht bei Schäden, für die eine Versicherung des Vermieters besteht.

(7) Haben andere Ursachen an der Entstehung eines Schadens mitgewirkt, für den der Vermieter einzustehen hat, so haftet der Vermieter nur in dem Umfang, wie sein Verschulden im Verhältnis zu den anderen Ursachen steht.

(8) Werden das Mietobjekt, dazu gehörende Einrichtungen und Anlagen durch den Mieter, zu seinem Betrieb gehörenden Personen oder Dritte, die sich mit Wissen, Duldung und auf Veranlassung des Mieters im oder am Mietobjekt aufhalten, beschädigt, ist der Mieter ersatzpflichtig.

5. Formulierungsvorschlag: Bei Mietbeginn bekannte Mängel (hier: Baumaßnahmen)

Formulierungsvorschlag: Bei Mietbeginn bekannte Mängel (hier: Baumaßnahmen) 2253

> Dem Mieter ist bekannt, dass in den ersten sechs Monaten ab Beginn des Mietverhältnisses, u.U. bei Verzögerungen auch länger, Sanierungsarbeiten im und am Gebäude vorgenommen werden, die zu Lärm und anderen Beeinträchtigungen führen können. Außerdem befindet sich in der ..... -straße eine Großbaustelle, die evtl. ausgeweitet wird und deren Fertigstellung nicht absehbar ist. Minderungs- und Schadensersatzansprüche des Mieters sind ausdrücklich ausgeschlossen. Stattdessen zahlt der Mieter in den ersten drei Monaten ab Mietbeginn nur ..... % der Kaltmiete zuzüglich Nebenkostenvorauszahlung und Mehrwertsteuer.

6. Formulierungsvorschlag: Bindungsklauseln (Wiederherstellungs- und Wiederaufbauklauseln) für den Fall der Zerstörung des Mietobjekts

> **Hinweis:** 2254
>
> Die formularvertragliche Wirksamkeit dieser Klauseln (sämtlich zitiert nach Thaler/Tachezy, NZM 2000, 749, 751) ist bedenklich. Es wird eine individualvertragliche Vereinbarung empfohlen.

Formulierungsvorschlag: Bindungsklauseln für den Fall der Zerstörung des Mietobjekts

> Werden Teile der Mietsache durch ein vom Vermieter nicht zu vertretendes Ereignis zerstört, so ist der Vermieter verpflichtet, das Mietobjekt unverzüglich, spätestens jedoch innerhalb von ..... Monaten nach seiner Zerstörung wiederherzustellen. Der Mieter ist verpflichtet, das Mietverhältnis nach Wiederherstellung der Mietsache fortzusetzen. Während der Dauer des Wiederaufbaus sind beide Parteien von ihren Leistungspflichten nach diesem Vertrag i.Ü. frei. Die Regelungen zur Haftungsbegrenzung dieses Vertrages gelten entsprechend. Die Pflichten aus Satz 1 bestehen nicht, falls eine der Parteien das Ereignis zu vertreten hat.

Ggf. als Ergänzung zu Formulierungsvorschlag zum Bindungsklauseln 2255

> Ist die Mietsache insgesamt oder zu einem überwiegenden Teil durch ein vom Vermieter nicht verschuldetes Ereignis zerstört, so ist der Vermieter nur dann zur unverzüglichen Wiederherstellung der Mietsache und der Mieter zur Fortsetzung des Mietverhältnisses verpflichtet, wenn die nach der voraussichtlichen Wiederherstellung verbleibende Festmietzeit noch mehr als zwei Jahre beträgt. Ist die verbleibende Festmietzeit kürzer, können der Vermieter und der Mieter das Mietverhältnis innerhalb von drei Monaten ab Eintritt des Ereignisses mit Wirkung für den Zeitpunkt der Zerstörung des Mietobjekts unabhängig davon kündigen, ob das Mietobjekt zu einem späteren Zeitpunkt wiederhergestellt wird oder nicht.

2256 **Alternativ zu Formulierungsvorschlag zu Bindungsklauseln bei speziell im Mieterinteresse erfolgten Einbauten**

> Geht die Mietsache durch ein vom Vermieter nicht zu vertretendes Ereignis unter, so ist der Vermieter verpflichtet, das Gebäude innerhalb eines Jahres wieder aufzubauen, und zwar so, wie es im Zeitpunkt des Untergangs bestanden hat. Der Mieter ist berechtigt, die Bauausführung gegen Kostenerstattung dem Vermieter zu überlassen. Ist aus besonderen Gründen der Wiederaufbau binnen eines Jahres nicht möglich, so verlängert sich die Frist angemessen. Während des Aufbaus ist der Mieter von der Zahlung der Miete, nicht aber der tatsächlich anfallenden Nebenkosten, befreit. Das Recht zur außerordentlichen Kündigung steht dem Mieter nur zu, wenn die Abhilfefrist für ihn unzumutbar ist und die Kündigung unverzüglich erfolgt. Ist durch Ein- bzw. Umbauten der Wert der Mietsache vor ihrem Untergang erhöht worden und hat der Mieter die Prämienerhöhung der Gebäudeversicherung getragen, so wird der Vermieter im Fall einer wirksamen außerordentlichen Kündigung dem Mieter den darauf entfallenden Teil der Versicherungssumme zur Verfügung stellen. Hat der Mieter dagegen den Untergang der Mietsache zu vertreten, so bleibt es bei den Regelungen des BGB.

2257 **Alternativ zu Formulierungsvorschlag zu Bindungsklauseln im Sinne größter Entscheidungsfreiheit des Vermieters**

> Sollte der Mietgegenstand durch Konstruktionsfehler, Feuer, Explosion, Blitz, Sturm, höhere Gewalt, Kriegseinwirkungen oder sonstige Ereignisse ganz oder teilweise zerstört werden, erlischt dieser Mietvertrag nicht. Es entfällt in diesem Fall die Pflicht des Mieters zur Zahlung der Miete, soweit die vertragsgemäße Nutzung der Mietsache nicht mehr möglich ist. Der Mietvertrag ruht von diesem Zeitpunkt an bis zum Tag der Wiederherstellung der Mietsache. Die Entscheidung über die Wiederherstellung bleibt dem Vermieter vorbehalten. Er wird dem Mieter seine Entscheidung binnen angemessener Frist bekannt geben. Sieht der Vermieter von der Wiederherstellung ab oder entscheidet er sich für eine andere Bebauung, so endet das Mietverhältnis mit dem Zugang der entsprechenden Erklärung an den Mieter. Im Fall der Wiederherstellung wird der Vermieter im Rahmen der Versicherungssumme die ihm erforderlich erscheinenden Maßnahmen ergreifen, um den Mietgegenstand möglichst kurzfristig wiederherzustellen. Der Vermieter übernimmt jedoch keine Haftung für Verzögerungen in der Durchführung. Ist der Mietgegenstand so zerstört, dass eine vertragsgemäße Nutzung vor Ablauf von ..... Wochen nach der Zerstörung ausgeschlossen ist, so steht dem Mieter das Kündigungsrecht nach § 543 Abs. 2 Nr. 1 BGB zu.

7. Mängelprotokoll

2258 **Hinweis:**

> Das Protokoll bezieht sich v.a. auf Immissionen, also „flüchtige" Mängel, z.B. Lärm-/Geruchs-/Zugangsbehinderungsmängel. Die einzelnen Vorfälle sind so genau wie möglich über einen Zeitraum von mindestens zwei bis drei Wochen zu beschreiben.

Datum	Uhrzeit von – bis	Vorfall	Konkrete Beeinträchtigung	Intensität der Beeinträchtigung	Zeuge(n)
			Welche Auswirkungen hat der Vorfall konkret?		
		Beispiel: Lärm vom Presslufthammer; Fettgeruch aus der Metzgerei	Beispiel: Unterbrechung der Arbeit für zehn Minuten; keine Telefonate möglich; Raum verlassen erforderlich.	Schulnotensystem: 1= sehr geringe Beeinträchtigung, 6 = sehr hohe Beeinträchtigung (kein Arbeiten möglich)	Name, ladungsfähige Anschrift
...	...	...	...	...	...
...	...	...	...	...	...
...	...	...	...	...	...

§ 23 Kündigung des Miet- oder Pachtverhältnisses

		Rn.
I.	Einführung	2259
II.	Allgemeines zur Kündigung	2262
	1. Kündigungserklärung	2262
	2. Richtiger Erklärender und Empfänger der Kündigung, Kündigung durch Bevollmächtigte	2269
	3. Form der Kündigung	2279
	4. Teilkündigung	2283
	5. Zugang der Kündigungserklärung bzw. Abmahnung	2287
	a) Grundsätze	2287
	b) Nachweis des Zugangs	2293
	c) Beweis des ersten Anscheins	2304
	d) Zugangsfiktion und arglistige Zustellungsvereitelung	2309
	e) Zustellung an Gesellschaft durch Zustellung an Geschäftsführer privat	2316
	f) Öffentliche Zustellung	2317
	g) Zustellungsauslagen als ersetzbarer Schaden	2319
III.	Ordentliche Kündigung	2321
	1. Kündigungsgrund	2321
	a) Grundsätze	2321
	b) Kündigung von Wohnraum zum Zweck der gewerblichen Nutzung, Eigenbedarf von Gesellschaften, Betriebsbedarf	2323
	2. Kündigungsfrist	2331
	a) Grundsätze	2331
	b) Kündigungsfristen – Tabelle nach Art des Mietobjekts	2333
	c) Fristberechnung	2334
IV.	Fristlose Kündigung	2336
	1. Grundsätze	2336
	2. Rechtzeitiger Ausspruch der Kündigung, § 314 Abs. 3 BGB	2342
	3. Abmahnung/Abhilfeverlangen	2344
	4. Generalklausel, § 543 Abs. 1 BGB	2354
	a) Kündigungsvoraussetzungen	2354
	b) Beispiels-Tabelle	2360
	c) Vertragswidriger Gebrauch	2361
	d) Hinderung der angemessenen wirtschaftlichen Verwertung	2364
	5. Nichtgewährung oder Entzug des vertragsgemäßen Gebrauchs, §§ 543 Abs. 2 Nr. 1 BGB	2367
	a) Voraussetzungen und typische Fälle	2367
	b) Unzumutbarkeit der Vertragsfortsetzung erforderlich?	2369
	c) Ausschluss des Kündigungsrechts	2375
	6. Sorgfaltsvernachlässigung und unbefugte Gebrauchüberlassung an Dritte, § 543 Abs. 2 Nr. 2 BGB	2376
	7. Zahlungsverzug des Mieters, § 543 Abs. 2 Satz 1 Nr. 3 BGB	2384
	a) Überblick, Verzug, Einmalzahlungen	2384
	b) Begriff der Mietzahlung (insb. Einmalzahlung, ausbleibende Betriebskostenzahlungen)	2389
	c) Verzug des Mieters	2393
	d) § 543 Abs. 2 Satz 1 Nr. 3a BGB	2395
	e) § 543 Abs. 2 Satz 1 Nr. 3b BGB	2397
	f) Erforderlichkeit einer Abmahnung	2399
	g) Ausschlussstatbestände	2401
	8. Gesundheitsgefährdung, §§ 569 Abs. 1, 578 Abs. 2 BGB	2403
	9. Störung des Hausfriedens, §§ 569 Abs. 2, 578 Abs. 2 BGB	2410
	10. Verschulden bei Vertragsschluss als Kündigungsgrund	2417
	11. Schadensminderungspflicht des fristlos Kündigenden	2418
V.	Gesetzliche Sonderkündigungsrechte	2420
	1. Überblick	2420
	2. Tod des Mieters	2422
	3. Mietverhältnis über mehr als 30 Jahre	2426
VI.	Verjährung und Verwirkung	2428
VII.	Gerichtsverfahren	2429
VIII.	Streitwert	2431
	1. Zuständigkeitsstreitwert	2431
	2. Gebührenstreitwert und verschiedene Klagearten und Anträge	2432
	3. Anwaltsgebühren der vorgerichtlichen Kündigung	2438
	4. Kündigung und nachfolgender Räumungsrechtsstreit: Anrechnung der Gebühren?	2441
IX.	Vertragsgestaltung	2447
X.	Arbeits- und Beratungshilfen	2456
	1. Schnellüberblick Grundsatz-Rechtsprechung des BGH	2456

2. Schnellüberblick aktuelle Rechtsprechung der Instanzgerichte 2457
3. Checkliste: Typische Fehler bei Kündigung von Geschäftsraummietverhältnissen 2458

I. Einführung

Das Mietverhältnis kann auf unterschiedliche Art und Weise enden: durch den vertraglich vereinbarten Zeitablauf, durch Kündigung einer der Parteien, durch einen Aufhebungsvertrag oder auch (selten) durch hoheitlichen Verwaltungsakt. Für die Kündigung als praxisrelevantesten Fall gelten bei der Geschäftsraummiete v.a. zwei wesentliche Abweichungen zum Wohnraummietrecht: 2259

- Es besteht kein Formzwang.
- Es existieren keine Sozialklauseln.

Das **Mietrechtsreformgesetz 2001** hatte auch die Kündigungs- bzw. Beendigungstatbestände neu geregelt, d.h. neu nummeriert und z.T. ergänzt oder geändert. U.a. existieren folgende Tatbestände (wie man sieht, hat der Gesetzgeber hier sein damals hochgepriesenes Ziel, das Mietrecht übersichtlicher und systematischer zu machen, gerade bei den enorm praxisrelevanten Kündigungsvorschriften verfehlt): 2260

- § 543 BGB: Außerordentliche fristlose Kündigung aus wichtigem Grund (gilt grds. für alle Mietverhältnisse).
- §§ 569 bis 576b BGB: Beendigung von Wohnraummietverhältnissen (z.T. über § 578 BGB auch auf Geschäftsräume anwendbar).
- § 580a BGB: Kündigungsfristen für andere Sachen als Wohnraum.

Ansprüche des Vermieters bei Beendigung des Mietverhältnisses lassen sich wie folgt zusammenfassen: 2261

- Rückgabe des Mietobjekts, § 546 BGB inklusive Entfernung von Mietereinbauten oder Abwendung des Wegnahmerechts des Mieters aus § 539 Abs. 2 BGB gegen angemessene Entschädigung, § 552 BGB,
- Durchführung von Schönheitsreparaturen,
- Beseitigung von Verschlechterungen, Beschädigungen, § 280 BGB,
- weitere Schadensersatzansprüche, §§ 280, 281 BGB,
- Nutzungsentschädigung bei nicht rechtzeitiger Rückgabe, § 546a BGB,
- Schadensersatz wegen Mietausfalls, §§ 280, 281 BGB.

II. Allgemeines zur Kündigung

1. Kündigungserklärung

Die Kündigung ist eine einseitige empfangsbedürftige Willenserklärung, d.h.: 2262
- Die Kündigung muss zum Ausdruck gebracht werden.
- Die Kündigung muss zugehen.

Die Erklärung muss **unmissverständlich** sein. Das Wort „Kündigung" braucht nicht ausdrücklich erwähnt werden, die Verwendung empfiehlt sich aber zur Klarstellung. Um Auslegungs- und Abgrenzungsproblemen (z.B. zu einer Abmahnung) zu entgehen, sollte klipp und klar formuliert werden, dass „hiermit" (= ggf. mit diesem Schreiben) die Kündigung erklärt wird. Verwenden die Parteien eines gewerblichen Mietvertrags differenziert die Bezeichnung „Kündigung" und „Rücktritt", so ist davon auszugehen, dass sie die Unterschiede der Gestaltungsrechte kennen und wollen.[3543]

2263 Manchmal schlagen Vermieter über die Stränge und versuchen, Mieter aus dem Objekt zu „jagen", indem barsche Worte wie „Raus aus meinem Haus", „Morgen will ich Sie hier nicht mehr sehen" u.Ä. fallen. Wenn dadurch eindeutig für einen Dritten klar wird, dass das Mietverhältnis für den Vermieter beendet ist, stellt dies eine Kündigung dar, weil grds. auch eine Kündigung durch **schlüssiges Verhalten** zulässig ist.[3544] Die Erklärung des Vermieters, er wolle mit dem Mieter nichts mehr zu tun haben, reicht für eine Kündigung aus.[3545] Im Zweifel muss anhand des Empfängerhorizonts ausgelegt werden. Eine Kündigung durch schlüssiges Verhalten setzt ein Erklärungsbewusstsein des Kündigenden voraus und ferner, dass dem Verhalten bei objektiver Bewertung der Erklärungswert einer Kündigung zukommt. In der Kündigungserklärung muss der Wille zur einseitigen Vertragsbeendigung hinreichend klar zum Ausdruck kommen.[3546] Einen Grundsatz, dass die **bloße Räumung** und Rückgabe der Schlüssel den Erklärungswert einer Kündigung habe, gibt es nicht.[3547] Die Auffassung, dass bereits eine Räumung des Mietobjekts unter gleichzeitiger Einstellung der Mietzahlungen in Kenntnis des Vermieters eine schlüssige Kündigungserklärung darstellt,[3548] geht zu weit, weil diese „konkludente" Erklärung nicht eindeutig genug ist: sowohl Räumung als auch Zahlungseinstellung können andere Gründe als den Wunsch nach Beendigung des Mietverhältnisses haben.

2264 Die **Umdeutung** einer Kündigungserklärung ist grds. möglich. Eine außerordentliche Kündigung kann aber nur dann gem. § 140 BGB in eine ordentliche Kündigung umgedeutet werden, wenn aus der Erklärung der Wille, den Vertrag auf jeden Fall zu beenden, für den Kündigungsempfänger zweifelsfrei erkennbar ist (keine Bedingungssetzung).[3549] Eine als „fristgemäß" ausgesprochene ordentliche Kündigung kann nicht in eine außerordentliche fristlose Kündigung umgedeutet werden, wenn sie von einem Anwalt ausgesprochen wurde, dem die unterschiedlichen Bedeutungen verschiedener Kündigungserklärungen bekannt sind.[3550] Der Anwalt hat also die Kündigung besonders sorgfältig zu prüfen und zu formulieren.

3543 LG Karlsruhe, 06.03.2009 – 15 O 86/08, IMR 2009, 425.
3544 BGH, 10.10.2001 – XII ZR 93/99, NZM 2001, 1077 = NJW-RR 2002, 8; OLG Frankfurt am Main, 04.03.2005 – 24 U 71/04, GuT 2005, 167 = NZM 2005, 619.
3545 BGH, 22.09.1971 – VIII ZR 135/70, WuM 1971, 1439.
3546 KG, 16.01.2006 – 8 U 157/05, IMR 2007, 48.
3547 KG, 16.01.2006 – 8 U 157/05, IMR 2007, 48.
3548 OLG Frankfurt am Main, 04.03.2005 – 24 U 71/04, GuT 2005, 167 = NZM 2005, 619.
3549 KG, 17.08.2006 – 8 U 33/06, GuT 2006, 330 = NZM 2007, 248 = NJW-RR 2007, 519.
3550 OLG Köln, 09.07.1997 – 27 U 5/97, ZMR 1998, 91.

In einer **Räumungsklage** kann eine Kündigung zu sehen sein, wenn die Klageschrift neben der Prozesshandlung auch eine materiell-rechtliche Willenserklärung enthält.[3551] Erforderlich ist also eine eindeutige und klare Äußerung, dass (nochmals) gekündigt wird. Relevant wird dies, wenn sich eine frühere Kündigung im Prozess als unwirksam herausstellt. Um Diskussionen über die Auslegung der Klage zu vermeiden, sollte die Klageschrift immer noch die ausdrückliche und klare Erklärung enthalten, dass mit ihr nochmals die Kündigung ausgesprochen wird. In der Erhebung der Räumungsklage liegt regelmäßig die **Wiederholung einer verfrühten und deshalb unwirksamen Kündigungserklärung**.[3552]

2265

Die Diskussion darüber, ob die Zustellung der beglaubigten Abschrift der gesetzlichen Schriftform genügt,[3553] spielt bei Geschäftsraummiete i.d.R. keine Rolle, da die gesetzliche Schriftform des § 568 BGB nur für Wohnraum gilt.

2266

Praxistipp:

Der beglaubigten Abschrift (nicht: dem Original, denn diese bleibt beim Gericht) sollte eine Originalvollmacht beigefügt werden, um eine Zurückweisung nach § 174 Satz 1 BGB zu vermeiden.

Als Gestaltungserklärung ist die Kündigung grds. **bedingungsfeindlich** und verbunden mit einer unzulässigen Bedingung unwirksam.

2267

Beispiel:

Eine unbestimmt befristete Kündigung („bis wir andere Räume beziehen können") ist regelmäßig unwirksam.[3554]

Die bedingte Kündigung eines Mietverhältnisses über Gewerberäume ist aber zulässig, sofern der Erklärungsgegner den Eintritt der Bedingung allein in der Hand hat.[3555] Da man sich hier in einer wertungsriskanten Grauzone bewegt, sollte auf solche Konstruktionen verzichtet werden. Der **Kündigungsgrund** muss nicht angegeben werden, es reicht aus, wenn er tatsächlich besteht; die Angabe fördert aber manchmal die Einsicht der Gegenseite, sich besser nicht zur Wehr zu setzen.

2268

2. Richtiger Erklärender und Empfänger der Kündigung, Kündigung durch Bevollmächtigte

Die Kündigung muss von und ggü. dem Richtigen, d.h. dem Vertragspartner, ausgesprochen werden.

2269

3551 BGH, 02.01.1988 – VIII ZR 7/88, NJW-RR 1989, 77 = WuM 1989, 153; OLG Rostock, 03.12.2001 – 3 U 153/00, NZM 2003, 25; OLG Celle, 09.06.1999 – 2 U 166/98, ZMR 1999, 618.
3552 OLG Düsseldorf, 08.01.2009 – I-24 U 97/08, GuT 2009, 309.
3553 BGH, NJW-RR 1987, 395; OLG Hamm, NJW 1982, 452, 453.
3554 BGH, 22.10.2003 – XII ZR 112/02, NZM 2004, 66 = GuT 2004, 87.
3555 OLG Hamburg, 21.07.2000 – 4 U 238/99, ZMR 2001, 25 = NZM 2001, 131.

2270 Bei **mehreren Vertragspartnern** ist von allen bzw. ggü. allen zu kündigen, es sei denn, es bestehen wirksame Bevollmächtigungen oder Alleinvertretungsbefugnisse (etwa bei mehreren Gesellschaftern einer GbR).

Beispiel:[3556]

Haben Eheleute eine Gaststätte (Pizzeria) gemietet oder gepachtet, kann die Kündigung wirksam nur ggü. allen Vertragspartnern gekündigt werden, es sei denn, einer von ihnen ist bereits vor Ausspruch der Kündigung aus dem Miet-/Pachtvertrag ausgeschieden.

2271 Bei **Personenmehrheiten** ist grds. von und ggü. allen zu kündigen. Dies ist entbehrlich, wenn ausreichende gegenseitige Bevollmächtigungen vorliegen, die sich aber auch auf den jeweiligen Tatbestand (Ausspruch/Entgegennahme) erstrecken müssen. **Bevollmächtigungsklauseln in AGB** (→ *Rn. 574 f.*), durch die sich Mieter gegenseitig zur Abgabe von Willenserklärungen ggü. dem Vermieter bevollmächtigen, ohne den Kreis der in Betracht kommenden Erklärungen einzugrenzen, sind auch in Mietverträgen über Geschäftsraum unwirksam, wenn nicht auf Beendigung des Mietverhältnisses gerichtete Erklärungen wie Kündigung oder das Angebot eines Mietaufhebungsvertrages ausdrücklich ausgenommen sind.[3557]

2272 Bei einer **Außen-GbR** müssen alle Gesellschafter die Kündigungsvollmacht unterzeichnen.[3558] Der Mietvertrag mit einer GbR muss ggü. dieser, nicht ggü. ihren Gesellschaftern gekündigt werden, wobei es aber ausreicht, wenn die Kündigungserklärung an alle Gesellschafter der Außen-GbR adressiert wird und diesen zugeht.[3559]

2273 Liegt bei Handelsgesellschaften, juristischen Personen etc. **Gesamtvertretung durch mehrere Personen** vor, genügt es, die Kündigung ggü. einem von mehreren Vertretungsberechtigten auszusprechen. Bei Personengesellschaften reicht analog § 125 Abs. 2 HGB der Zugang an einen Gesellschafter aus.

Die **Erben** können ein Mietverhältnis über eine zum Nachlass gehörende Sache wirksam mit Stimmenmehrheit kündigen, wenn sich die Kündigung als Maßnahme ordnungsgemäßer Nachlassverwaltung darstellt.[3560]

2274 Eine **Vertretung ohne Vertretungsmacht** ist grds. unzulässig (§ 180 Satz 1 BGB). Stammt die Unterschrift unter einer Kündigung nicht von einer zeichnungsberechtigten Person, ist die Kündigung wegen der fehlenden Vertretungsmacht regelmäßig unwirksam. Kündigungsschreiben, die mit dem Zusatz „i.A." unterzeichnet sind, sind unwirksam, weil sie nicht vom Aussteller unterschrieben worden sind und damit nicht das Schriftformerfordernis des § 623 BGB erfüllen.[3561]

[3556] OLG Düsseldorf, 29.09.2005 – I-10 U 20/05, GuT 2006, 38.
[3557] KG, 05.01.2004 – 12 U 122/02, GuT 2004, 132; vgl. auch BGH, 10.09.1997 – VIII ARZ 1/97, BGHZ 136, 314 = NJW 1997, 3437.
[3558] OLG Hamm, 21.01.2009 – 30 U 106/08, IMR 2009, 387.
[3559] LG Frankfurt an der Oder, 21.04.2009 – 6a S 65/08, BeckRS 2009, 25579.
[3560] BGH, 11.11.2009 – XII ZR 210/05, IMR 2010, 47 = GuT 2010, 32 = NZM 2010, 161 = MDR 2010, 138: die Entscheidung beschäftigt sich mit der umstrittenen Frage, ob § 2038 BGB dem § 2040 BGB vorgeht, was für den vorliegenden Fall bejaht wird.
[3561] ArbG Hamburg, 08.12.2006 – 27 Ca 21/06.

> **Hinweis:**
>
> Die „i.A."-Entscheidung stammt aus dem Arbeitsrecht und spielt nur dann im Gewerberaummietrecht eine Rolle, wenn zwischen den Parteien die Schriftform der Kündigung vereinbart wurde, da keine gesetzliche Schriftform für gewerbliche Mietvertragskündigungen existiert. Das Gericht begründet die Entscheidung damit, dass durch die Unterzeichnung „i.A." im Rechtsverkehr deutlich gemacht werde, dass der Unterzeichner nur als Bote, nicht aber als Stellvertreter handelt.

Ausnahmsweise ist gem. § 180 Satz 2 BGB die Vorschrift des § 177 BGB auf eine Kündigung entsprechend anzuwenden, wenn der Erklärungsempfänger die von dem Vertreter durch die Unterzeichnung des Schriftstücks konkludent behauptete Vertretungsmacht bei der Vornahme des Rechtsgeschäfts nicht beanstandet.[3562]

2275

Tritt auf Erklärungsseite ein Bevollmächtigter auf, gleich ob Anwalt oder nicht, kann der Empfänger die Kündigung zurückweisen und dadurch unwirksam machen, wenn ihr keine Original-Vollmacht beilag, **§ 174 Satz 1 BGB** (Achtung: Haftungsfalle). Aus der Stellung einer Person als **Mitarbeiter einer Grundstücksgesellschaft** im Bereich der Verwaltung von Mieträumen und von Verhandlungen mit Mietern ergibt sich grds. für den Mieter nicht die Kenntnis (§ 174 Satz 2 BGB), dass diese Person auch zur Erklärung einer Kündigung bevollmächtigt ist, weil es einen qualitativen Unterschied macht, ob Verhandlungen i.R.d. Betriebsverhältnisses eines Mietvertrages geführt werden oder ob der Mietvertrag als Grundverhältnis beendet werden soll.[3563] Auch muss der Mieter nicht davon ausgehen, dass die Kündigung eines Mietvertrages in anderer Form unterzeichnet wird als dessen Abschluss.[3564]

2276

Die Zurückweisung hat **unverzüglich** zu erfolgen. Die Zurückweisung einer Kündigung durch den Betreiber einer Gaststätte innerhalb von acht bis zehn Tagen nach Erhalt kann noch unverzüglich i.S.d. §§ 174 Satz 1, 121 Abs. 1 Satz 1 BGB sein, wenn dies noch innerhalb der nach den Umständen des Einzelfalls zu bemessenden Prüfungs- und Überlegungsfrist liegt.[3565] Nimmt die Zurückweisung ebenfalls ein Vertreter vor, der keine Vollmacht beilegt, kann sie aus diesem Grund ebenfalls zurückgewiesen werden.

2277

> **Praxistipp:**
>
> Kündigt der Anwalt für seinen Mandanten, sollte klar werden, dass er in Vertretung handelt („Namens und in Vollmacht ..."). Die Vollmacht ist im Original beizufügen.

Der **Anwalt** kann auch **Empfänger einer Kündigung** für seinen Mandanten sein. Die einem RA zur Abwehr einer Räumungsklage erteilte Prozessvollmacht schließt regelmäßig die Befugnis zum Empfang einer im Zusammenhang mit dem Rechtsstreit erklärten Kündigung ein; eine im Innenverhältnis beschränkte Vollmacht wirkt im Außenverhältnis mangels Offenlegung

2278

[3562] OLG Düsseldorf, 07.09.2006 – 10 U 30/06, NJOZ 2006, 4058 mit Verweis auf BAG, AP BGB, § 626 Nr. 24; BAG, AuR 1998, 202 = ZAP ERW 1998, 14; LAG Hamm, 25.02.2004 – 18 Sa 1519/03; Palandt/Heinrichs, BGB, 65. Aufl., § 180 Rn. 1.
[3563] KG, 03.08.2009 – 12 U 96/09, GuT 2010, 250.
[3564] KG, 03.08.2009 – 12 U 96/09, GuT 2010, 250.
[3565] KG, 03.08.2009 – 12 U 96/09, GuT 2010, 250.

uneingeschränkt.[3566] Die dem RA erteilte Vollmacht für eine ein bestimmtes Mietobjekt betreffende „Mietangelegenheit" schließt die Vollmacht zur Entgegennahme der Kündigung des Vertragsgegners ein.[3567]

3. Form der Kündigung

2279 Anders als bei Wohnraum (vgl. § 568 BGB) ist bei Geschäftsräumen keine gesetzliche Schriftform vorgeschrieben, sodass eine **Kündigung formlos**, also auch mündlich, möglich ist.

2280 Viele Verträge enthalten aber **Schriftformklauseln**, meist in dem Sinne, dass eine Kündigung schriftlich erfolgen muss. Im Zweifel ist darunter keine Schriftform gem. § 126 BGB zu verstehen. Die Klauseln sind auch formularvertraglich wirksam, da sie beiden Vertragsteilen dienen (Schutz vor „Schnellschüssen" etc.). Sie sind eng auszulegen.[3568] Eine Kündigung, die entgegen der vereinbarten Form ausgesprochen wird, ist nach § 125 Satz 2 BGB im Zweifel unwirksam.[3569] Es ist darauf zu achten, wo sich die Schriftformklausel im Mietvertrag befindet, da sie sich womöglich nur auf die ordentliche Kündigung bezieht.

> *Beispiel:*[3570]
> *Betrifft eine Schriftformklausel nach der Systematik des Mietvertrages nur die ordentliche Kündigung, weil sie z.B. in § 2 des Mietvertrages mit seinen Regelungen über die vereinbarte Mietdauer enthalten ist, aber sich im Vertrag in § 14 „Vorzeitige Beendigung der Mietzeit" eine Regelung zur außerordentlichen Kündigung befindet, darf auch mündlich gekündigt werden.*

2281 Die vereinbarte Schriftlichkeit ist grds. keine Schriftform i.S.d. § 126 BGB. Daher darf auch **per Telefax** gekündigt werden. Dementsprechend hat der BGH entschieden, dass eine per Telefax übermittelte Kündigung trotz urlaubsbedingter Abwesenheit des Empfängers wirksam ist, wenn sich der Empfänger nach den Gepflogenheiten der Verkehrsanschauung Kenntnis davon verschaffen konnte.[3571] Zum Klassiker „Fax" gesellt sich nun auch die immer häufigere **E-Mail** hinzu, die wegen der Formlosigkeit einer Kündigung im gewerblichen Mietrecht wirksam ist. Ansonsten ist die elektronische Form nach §§ 126 Abs. 3, 126a BGB immer dann zulässig, wenn das Gesetz in einer Schriftform-Vorschrift nicht ausdrücklich anordnet, dass die elektronische Form ausgeschlossen ist (vgl. z.B. § 766 Satz 2 BGB).

2282 Die Form der Kündigung ist von der **Übermittlungsart** bzw. -form zu unterscheiden: Wird im Vertrag vereinbart, dass die **Kündigung per Einschreiben** erfolgen muss, so hat dies nur eine **Beweisfunktion**, ein Zuwiderhandeln macht die Erklärung deshalb nicht unwirksam.[3572] Dies

---

3566 BGH, 23.02.2000 – XII ZR 77/98, NZM 2000, 382 = NJW-RR 2000, 745.
3567 OLG Rostock, 16.10.2000 – 3 U 90/00, NZM 2002, 1028.
3568 OLG Frankfurt am Main, 04.03.2005 – 24 U 71/04, GuT 2005, 167 = NZM 2005, 619.
3569 OLG Hamm, 05.06.1992 – 30 U 305/91, NJW-RR 1993, 16.
3570 OLG Frankfurt am Main, 04.03.2005 – 24 U 71/04, GuT 2005, 167 = NZM 2005, 619.
3571 BGH, 21.01.2004 – XII ZR 214/00, NZM 2004, 258 = WuM 2003, 269 = ZMR 2004, 344 = IBR 2004, 282 = GuT 2004, 102 = NJW 2004, 1320.
3572 OLG Frankfurt am Main, 21.01.1999 – 4 U 61/98, NZM 1999, 419, 420; OLG Naumburg, 15.04.1999 – 7 U 94/98, ZMR 1999, 708.

kann anders sein, wenn die Vertragspartner im Vertragstext ausdrücklich die Wirksamkeit der Erklärung mit der Übermittlungsart verknüpfen.[3573]

4. Teilkündigung

Teilkündigungen sind **grds. unzulässig**, solange es sich um ein einheitliches Mietverhältnis handelt.[3574] Einen Sonderkündigungstatbestand wie bei Wohnraum gem. § 573b BGB gibt es in der Gewerberaummiete nicht. In der Praxis wird häufig um Teilkündigungen von Kfz-Stellplätzen, Garagen oder Nebenflächen gestritten. Entscheidend für die Abgrenzung, ob ein einheitliches Mietverhältnis besteht oder zwei rechtlich selbstständige Verträge, ist der Parteiwille.[3575] Dabei sprechen die wirtschaftliche Zusammengehörigkeit der Räume bzw. Flächen, die typischerweise auch bei Mietwohnung und Garage angenommen wird, ebenso wie die Zusammenfassung in einer Urkunde regelmäßig für ein einheitliches Mischmietverhältnis.[3576] Anderes kann trotz einer einheitlichen Vertragsurkunde gelten, wenn die Parteien mehrere von ihnen als rechtlich selbstständig angesehene Verträge abgeschlossen haben, die nur zufällig in einer Urkunde zusammengefasst worden sind oder wenn die Parteien dies vereinbart haben.[3577] Fehlt es an solchen zweifelsfreien Erklärungen, ist es gleichwohl gerechtfertigt, einen eigenständigen Vertrag anzunehmen, sofern besondere Umstände auf einen entsprechenden, erkennbar gewordenen Willen schließen lassen. Diese können bspw. darin liegen, dass die Parteien eine besondere Kündigungsvereinbarung über die Garage getroffen haben.[3578]

2283

Vermietet der Vermieter einer Wohnung seinem Mieter später auch eine auf dem Hausgrundstück gelegene Garage, so liegt darin selbst dann, wenn dies erst nach Jahren geschieht und eine ausdrückliche Einbeziehung in den bisherigen Mietvertrag nicht erfolgt, i.d.R. nur eine **Ergänzung des bisherigen Vertrages**. Eine neue selbstständige Vereinbarung kommt nur zustande, sofern ein entsprechender Parteiwille hinreichend deutlich erkennbar geworden ist.[3579] Dies lässt sich ohne Weiteres auch auf die gewerbliche Miete übertragen.

2284

Fehlverhalten des Mieters bei der Benutzung eines Stellplatzes kann ausnahmsweise auch bei einem einheitlichen Mietverhältnis eine Teilkündigung rechtfertigen.[3580] Der Vermieter ist bei separaten Verträgen nur dann an einer (Teil-) Kündigung über einen Pkw-Abstellplatz gehindert, wenn dieser in unmittelbarer Erfüllung der öffentlich-rechtlichen Pflichten zur Versorgung der Bewohner eines Hauses mit Pkw-Abstellplätzen vermietet worden ist.[3581] Ist nach Abschluss des Mietvertrages, der bereits einen Pkw-Abstellplatz umfasst, ein weiterer hinzugemietet worden, so kann dieser gesondert gekündigt werden.

2285

3573 OLG Naumburg, 15.04.1999 – 7 U 94/98, ZMR 1999, 708; Holtfester, MDR 2000, 421.
3574 KG, 22.09.2003 – 12 U 15/02, GuT 2003, 215 = ZMR 2004, 259; OLG Karlsruhe, 30.03.1983 – 3 RE-Miet 1/83, WuM 1983, 166 = NJW 1983, 1499.
3575 AG Mannheim, 04.08.2010 – 17 C 179/10, IMR 2011, 15: Garagenmietvertrag.
3576 OLG Düsseldorf, 07.12.2006 – I-10 U 115/06, DWW 2007, 66 = WuM 2007, 65 = ZMR 2007, 269.
3577 OLG Düsseldorf, 07.12.2006 – I-10 U 115/06, DWW 2007, 66 = WuM 2007, 65 = ZMR 2007, 269 m.w.N.
3578 AG Mannheim, 04.08.2010 – 17 C 179/10, IMR 2011, 15: Garagenmietvertrag.
3579 OLG Karlsruhe, 30.03.1983 – 3 RE-Miet 1/83, WuM 1983, 166 = NJW 1983, 1499.
3580 AG Wuppertal, 26.03.1992 – 97 C 8/92, WuM 1992, 611.
3581 LG Frankfurt am Main, 18.09.1990 – 2/11 S 211/90, WuM 1991, 36.

2286 Bei Mischmietverhältnissen erlaubt es die nur wirtschaftliche Teilbarkeit des Mietobjekts in Gewerberäume und Wohnräume jedenfalls dann nicht, auf den Wohnraumanteil die Bestimmungen des § 573b BGB anzuwenden, wenn aufgrund des Parteiwillens von einer rechtlichen Einheit des Mietverhältnisses auszugehen ist.[3582]

5. Zugang der Kündigungserklärung bzw. Abmahnung

a) Grundsätze

2287 Zugangsproblematiken beherrschen den Alltag von mietrechtlich tätigen Anwälten, Vermietern und Immobilienunternehmen. Es darf die Behauptung gewagt werden, dass vor Gericht nichts so häufig bestritten wird wie der Zugang von Schriftstücken.

2288 Hier sind v.a. drei Problematiken zu beachten:
- Wie wird gekündigt?
- Rechtzeitigkeit des Zugangs: Ist der Zugang gewährleistet?

> **Hinweis: Kann der Zugang nachgewiesen werden?**
> Zugangsprobleme bei Kündigungen gehören zu den häufigsten Streitfragen vor Gericht. Fast schon routinemäßig wird in vielen Prozessen der Zugang bestritten. Es ist daher immer lohnenswert, sich bereits vor Kündigungsausspruch mit dem Thema zu beschäftigen, um spätere Probleme zu vermeiden. Ein Anwalt, der einen Zugang „vermasselt", wird dies nur äußerst schwer dem Mandanten, der hier fast nie Schwierigkeiten vermutet, begreiflich machen können.

2289 Die Kündigung (ebenso eine Abmahnung und ein Abhilfeverlangen) ist eine **einseitig empfangsbedürftige Willenserklärung**, die erst dann wirksam wird, wenn sie zugeht (§ 130 BGB). Zugang ist ein juristisch eindeutig definierter Begriff und bedeutet nach ständiger Rechtsprechung den Eintritt in den Machtbereich des Empfängers mit der zumutbaren Möglichkeit der Kenntnisnahme.[3583]

> *Beispiel:*
> *Einwurf in den Briefkasten eines Bürobetriebes an einem Werktag. Gegenbeispiel (= kein Zugang): Wird ein Schriftstück erst am 31. Dezember nachmittags in den Briefkasten eines Bürobetriebes geworfen, in dem branchenüblich Silvester nachmittags – auch wenn dieser Tag auf einen Werktag fällt – nicht mehr gearbeitet wird, so geht es erst am nächsten Werktag zu.*[3584]

2290 Bei **fristgebundenen Kündigungen** muss der Zugang vor Ablauf der Frist erfolgen. Geht die Kündigung also nicht ordnungsgemäß zu, wird sie nicht wirksam, geht sie verspätet zu, können ihre Rechtsfolgen allenfalls erst ab diesem Zeitpunkt greifen.

[3582] OLG Schleswig, 18.06.1982 – 6 RE-Miet 3/81, DWW 1982, 199 u. 302 = WuM 1982, 266 = NJW 1982, 449.
[3583] BGH, 27.10.1982 – V ZR 24/82, NJW 1983, 929.
[3584] BGH, 05.12.2007 – XII ZR 148/05, GuT 2008, 28 = NZM 2008, 167.

Zur Problematik, wann eine Willenserklärung **in den Briefkasten eingeworfen** werden muss, damit sie noch am selben Tag zugeht, bestehen verschiedene Ansichten: bis Mittag,[3585] 16.30 h ist zu spät,[3586] 16.50 h ist jedenfalls zu spät,[3587] Silvester 17.05 h ist zu spät,[3588] bis 18.00 h ist in Ordnung.[3589] Differenziert werden sollte danach, ob es sich um einen üblichen Arbeitstag (Montag bis Freitag) oder einen Samstag handelt: montags bis freitags sind Zustellung bis 18.00 h ordnungsgemäß, da viele Arbeitnehmer erst zu dieser Uhrzeit überhaupt die Möglichkeit haben, in ihren Briefkasten zu schauen; an einem Samstag rechnet hingegen normalerweise niemand mehr nach 13 h damit, dass ein Postbote noch etwas zustellt.

Die **Inhaftierung** des Geschäftsführers einer GmbH allein kann eine Verlagerung des Geschäftsortes seiner Gesellschaft mit der Folge, dass dort eine Zustellung an diese nicht (mehr) erfolgen kann, nicht bewirken.[3590] Zwar ist bei einer Wohnung der Verlust der Wohnungseigenschaft durch einen Haftantritt – je nach Dauer – als Folge einer Verlagerung des räumlichen Lebensmittelpunktes an einen anderen Ort möglich,[3591] bei Geschäftsräumen setzt dies aber voraus, dass die Gesellschaft ihre Geschäftstätigkeit in den von ihr bis zur Verhaftung ihres Geschäftsführers genutzten Räumen vollständig eingestellt oder sie gar an einen anderen Ort verlagert hat, um sie nach dessen Entlassung an alter Stelle wieder aufzunehmen.[3592]

2291

Die nachfolgende Übersicht gibt einen Überblick über verschiedene Möglichkeiten und deren rechtliche Relevanz:

Übersicht: Unterschiedliche Zugangsmöglichkeiten

2292

Art der Übermittlung	Zugang +/–	Fundstelle
Brief/Briefkasten: Einwurf in den (Haus-) Briefkasten, wenn mit dessen regelmäßiger Leerung zu rechnen ist	+	Palandt/Heinrichs, § 130 Rn. 6 m.w.N.
Bote überbringt ein Schreiben	Die Boteneigenschaft ist nur das „Transportmittel" und hat deshalb nichts mit dem Zugang (z.B. durch Übergabe/Briefkasteneinwurf) zu tun.	

3585 BGH, 05.12.2007 – XII ZR 148/05, InfoM 2008, 299.
3586 BAG, 08.12.1983 – 2 AZR 337/82, NJW 1984, 1651.
3587 OLG Hamm, 25.04.1994 – 8 U 188/93, NJW-RR 1995, 1187.
3588 LG Waldshut-Tiengen, 09.07.2009 – 1 S 19/09, InfoM 2009, 378 = NJOZ 2009, 3746.
3589 Ellenberger, in: Palandt, § 130 Rn. 6.
3590 BGH, 02.07.2008 – IV ZB 5/08, NZM 2008, 840.
3591 BGH, 24.11.1977 – II ZR 1/76, NJW 1978, 1858.
3592 BGH, 02.07.2008 – IV ZB 5/08, NZM 2008, 840.

Einschreiben (Übergabe oder Rückschein)	+, aber erst mit Übergabe bzw. Abholung (ausführlich zum Thema Hunke, VersR 2002, 660).	Palandt/Heinrichs, § 130 Rn. 7 m.w.N.
(Einwurf-) Einschreiben	+, wie normale Briefe.	Palandt/Heinrichs, § 130 Rn. 7
E-Mail	+, mit Eingang im Empfangsbriefkasten des Providers, beim Eingang außerhalb der üblichen Geschäftszeiten dann zum nächsten Termin. **Achtung:** Schriftform (nach §§ 126 Abs. 3, 126a BGB ist die elektronische Form immer dann zulässig, wenn das Gesetz in der Schriftform-Vorschrift nicht ausdrücklich anordnet, dass die elektronische Form ausgeschlossen ist [vgl. z.B. § 766 Satz 2 BGB]!).	Palandt/Heinrichs, § 130 Rn. 7a m.w.N.
Gerichtsvollzieher legt Sendung nieder und benachrichtigt den Empfänger	+, auch dann, wenn Sendung nicht abgefordert wird, vgl. § 132 Abs. 2 BGB.	BGH, 03.11.1976 – VIII ZR 140/75, BGHZ 67, 271 = WuM 1977, 19
Mitarbeiter: Übergabe an einen Mitarbeiter	+, wenn er erkennbar Empfangsbote oder -vertreter ist.	
Nachsendeantrag	+, aber erst mit Aushändigung am Aufenthaltsort.	Palandt/Heinrichs, § 130 Rn. 6 m.w.N.
Postschließfach: Einlage ins ...	+, aber erst beim üblichen Abholtermin.	Palandt/Heinrichs, § 130 Rn. 6 m.w.N.
Öffentliche Zustellung	+ Aushang an Gerichtstafel oder Einstellung in elektronische Gerichtsverzeichnisse; formalisiertes Verfahren; lange Dauer.	§§ 185 ff. ZPO
Räume: **Ablage** des Kündigungsschreibens in den Räumen des Empfängers ohne persönliche Übergabe	–	BGH, 17.05.1991 – V ZR 92/90, NJW 1991, 2700

Telefax-Übermittlung	Grds. +, aber Zugang erst vollendet mit Abschluss des Druckvorgangs **und** wenn Kenntnisnahme möglich und nach der Verkehrsanschauung zu erwarten ist. Also nicht außerhalb der üblichen Geschäftszeiten, Betriebsferien, bei unlesbarem Ausdruck. **Achtung: nicht geeignet bei gesetzlicher Schriftform i.S.d. § 126 BGB!**	BGH, 21.01.2004 – XII ZR 214/00, NZM 2004, 258 = WuM 2003, 269 = ZMR 2004, 344 = IBR 2004, 282 = GuT 2004, 102 = NJW 2004, 1320

Praxistipp:
Steht viel auf dem Spiel oder müssen Fristen unbedingt eingehalten werden, empfiehlt sich entweder die Gerichtsvollzieher-Zustellung als sicherstes Mittel oder die Parallelnutzung mehrerer Medien (Fax, Brief, Einschreiben). In jedem der Schreiben sollte darauf hingewiesen werden, welche Medien benutzt werden: „Diese Kündigung geht Ihnen 3-fach zu: 1x per Fax, 1x per einfachem Brief, 1x per Einwurf-Einschreiben". Übergabe- und Abholungseinschreiben sollten bei bekanntermaßen „faulen" Empfängern natürlich nicht vorher durch Fax angekündigt werden.

b)   Nachweis des Zugangs

Wer kündigt, muss – da es sich bei der Kündigung um eine einseitige, empfangsbedürftige Willenserklärung handelt – den Zugang beweisen und befindet sich in Zugzwang, wenn der andere behauptet, die Erklärung sei nicht zugegangen. Denn die **Beweislast** für den Zugang trägt derjenige, der sich darauf beruft.[3593] Auch wenn die Absendung einer Kündigung bewiesen wird, muss der Absendende nach der Rechtsprechung des BGH trotzdem zusätzlich beweisen, dass das Schreiben zugegangen ist.[3594]

Der vom Mandanten mit der Abgabe einer empfangsbedürftigen Willenserklärung beauftragte Anwalt muss durch die Auswahl der Versendungsart Sorge für den Nachweis des Zuganges beim Empfänger tragen.[3595] Denn bestreitet dieser den Zugang eines einfachen Briefes, so genügt hierfür nicht der Nachweis einer ordnungsgemäßen Aufgabe des Briefes zur Post, da insoweit keine Vermutung des Zuganges besteht.[3596]

Nachfolgend werden einige Möglichkeiten der Zugangssicherung und deren Risiken dargestellt:

3593 St. Rspr. vgl. BGHZ 70, 232, 234; BGHZ 101, 49, 55.
3594 BGH, 27.05.1957 – II ZR 132/56, BGHZ 24, 308, 312 = NJW 1957, 1230 = VersR 1957, 442.
3595 OLG Nürnberg, 23.07.1991 – 11 U 1185/91, AnwBl 1992, 86.
3596 OLG Nürnberg, 23.07.1991 – 11 U 1185/91, AnwBl 1992, 86.

2294 Übersicht: Zugangsmöglichkeiten und deren Risiken

Art der Übermittlung	Risiken	Empfehlenswert: ja/nein/bedingt
Brief, normaler/ einfacher	Normaler Versand (= kein Zeuge) Erklärender wirft selbst und ohne Zeugen ein Regelmäßige Leerung des Briefkastens/Postfachs muss zu erwarten sein	bedingt bis nein
Bote	Grds. nur das Dokumentationsrisiko, d.h. Risiko, wenn die „W's" (wer, wann, wo) nicht dokumentiert werden.	ja
Einschreiben (Übergabe oder Rückschein)	Empfänger holt nicht ab = kein Zugang	bedingt, nein bei Zeitdruck
(Einwurf-) Einschreiben	grds. keine, da Post auf Anforderung Auskunft über den Tag des Einwurfs gibt. Aber kritisch: OLG Düsseldorf, 18.12.2001 – 4 U 78/01, VersR 2002, 1364; LG Potsdam, 27.07.2000 – 11 S 233/99, IBR 2001, 100 = VersR 2001, 995 = NJW 2000, 3722; → Rn. 2297.	bedingt
E-Mail	Schriftform (vgl. §§ 126 Abs. 3, 126a BGB) Keinerlei Einfluss auf das Abrufen Keine Kontrolle, ob überhaupt beim Provider abgelegt	nein
Gerichtsvollzieher	Grds. keine Risiken.	ja, evtl. problematisch bei Zeitdruck
Mitarbeiter	Übergabe an einen Mitarbeiter, der nicht erkennbar Empfangsbote oder -vertreter ist.	bedingt
Öffentliche Zustellung, §§ 185 ff. ZPO	Ist dem Vermieter die Anschrift eines der Mieter/Pächter nicht bekannt, muss er die Kündigung ggf. öffentlich zustellen lassen (OLG Düsseldorf, 29.09.2005 – I-10 U 20/05, GuT 2006, 38). Sehr lange Dauer.	bedingt

Räume: Ablage des Kündigungsschreibens in den Räumen des Empfängers ohne persönliche Übergabe	kein Zugang, s.o.	nein
Telefax-Übermittlung	Schriftform nicht sicher, dass Kündigung ausgedruckt wird O.k.-Vermerk wird als bedenklich angesehen, da auch ein weißes Blatt gefaxt werden könnte und bestätigt würde.	bedingt, möglichst parallel Post-Schreiben versenden

Der **sicherste Weg** ist nach wie vor die **Zustellung durch den Gerichtsvollzieher** (Verfahren nach §§ 166 ff. ZPO), der schnellste, einfachste und vertretbar sicherste aber das Einwurf-Einschreiben (dazu nachfolgend → Rn. 2296 f.). 2295

> **Praxistipp:**
> Wichtige Schreiben sollten per Boten mit Empfangsbescheinigung oder durch den Gerichtsvollzieher zugestellt werden. Wer diesen (Kosten-) Aufwand scheut, sollte möglichst alle möglichen Arten der Übermittlung ausnutzen, damit das Gericht auch bei Bestreiten den Vortrag anzweifelt: also Versand per Fax, einfachem Brief, Einwurf-Einschreiben, E-Mail (Achtung: grds. wirksam gem. §§ 126 Abs. 3, 126a BGB). Dann kann man versuchen, sich im Prozess auf folgendes Urteil zu berufen: Sind in einer Angelegenheit im Abstand von jeweils einigen Wochen vier Briefe abgesandt worden, von denen nach dem nicht näher erläuterten Vorbringen des Adressaten keiner angekommen ist, so ist der Zugang mindestens eines Schreibens als erwiesen anzusehen.[3597]

Der **Rückschein eines Einschreibens** ist keine öffentliche Urkunde i.S.d. § 415 ZPO, mit der direkten Beweis für eine Zustellung erbracht werden kann, sondern eine Privaturkunde, deren Beweiskraft sich nach § 416 ZPO darauf beschränkt, dass der Aussteller die in der Urkunde niedergelegte Erklärung abgegeben hat. Der Rückschein kann deshalb nicht unmittelbar den Zugang beweisen.[3598] Allein der **Einwurf eines Benachrichtigungsscheines** beim Übergabe- oder Rückschein-Einschreiben reicht daher für den Zugang der Kündigung nicht aus, da der Adressat Einsicht in das Schreiben nehmen können muss.[3599] 2296

Die **Übergabe eines Einschreibens an einen Beschäftigten** des Kündigungsempfängers beweist noch nicht, dass der Unterzeichner auch tatsächlich Bediensteter bzw. Empfangsbevollmächtigter des Adressaten ist; bewiesen wird durch den Rückschein lediglich, dass der Unter-

---

[3597] AG Grevenbroich, 16.10.1989 – 11 C 198/89, MDR 1990, 437.
[3598] Stöber, in: Zöller, § 174 Rn. 20.
[3599] LG Lüneburg, 29.10.2008 – 6 S 96/08, IMR 2009, 301.

zeichner als ein solcher aufgetreten ist.[3600] Allerdings schafft der Rückschein ein erhebliches Indiz für die tatsächliche Beschäftigung oder Bevollmächtigung.[3601] Will der Kündigungsempfänger dies entkräften, hat er plausibel und schlüssig dazu vortragen, dass die Person nicht bei ihm beschäftigt oder zum Empfang bevollmächtigt war.[3602] In Fällen, in denen der Empfänger die abholbereite Einschreibesendung trotz ordnungsgemäßer Benachrichtigung nicht abholt, kommt eine **Zugangsfiktion** in Betracht (s. nachfolgend).

2297 Ein Einschreiben mit Rückschein geht wie oben ausgeführt nicht zu, wenn der Empfänger es nicht direkt entgegennimmt und nicht bei der Post abholt, da nur der Benachrichtigungsschein in den Briefkasten gelegt wird. Dies war einer der Gründe für die Schaffung des Einwurf-Einschreibens durch die Post, bei dem der Postbote den **Brief einwirft** und einen **Beleg über den Einwurf erstellt**. Ist die Zustellung nicht möglich, wird der Empfänger benachrichtigt; er kann die Sendung dann in der Postfiliale abholen. Problematisch ist, dass der Postbote keine Urkunde über den Einwurf anfertigt, sondern die Daten hierzu lediglich digital aufnimmt. Man kann diese Daten dann anhand seines Einlieferungsscheins bei der Post per Internet abfragen und sich eine entsprechende Bestätigungsbescheinigung (Auslieferungsbeleg) ausstellen lassen. Dieser kann dann prozessual als Beweis verwendet werden.

2298 Unabhängig davon, dass ein solcher eingescannter und ausgedruckter **Auslieferungsbeleg keine öffentliche Urkunde i.S.d. § 415 ZPO** darstellt, da die Deutsche Post AG gem. § 33 Abs. 1 PostG nur bei Zustellungen nach den Prozessordnungen als beliehener Unternehmer handeln und öffentliche Urkunden mit der Beweiskraft nach § 418 ZPO ausstellen kann, stellt der Auslieferungsbeleg zumindest ein starkes Indiz i.R.d. Beweises des ersten Anscheins dar, das den Zugang eines Kündigungsschreibens widerlegbar vermuten lässt.[3603]

2299 Nach **anderer Meinung** stellt der Beleg kein verwertbares Indiz dar.[3604] Ausgangspunkt dieser Ansicht scheint eine Entscheidung des LG Potsdam gewesen zu sein, die aber aufgrund des Prozessverlaufs kritisch zu betrachten ist. In dem Verfahren wurde die Postbotin als Zeugin vernommen. Diese bekundete eine merkwürdige Handhabung von Einwurf-Einschreiben, durch die dieses schöne Zugangs-Instrument komplett infrage gestellt wird: Der nach dem Einwurf in den Briefkasten auszufüllende und zu unterschreibende Beleg war nämlich schon in der Postfiliale – also vor dem Austragen und Einwerfen! – ausgefüllt und abgenommen worden. Die Postbotin hatte dann das Einschreiben wie jeden anderen Brief auch ohne Vermerk etc. eingeworfen. Ob das Schreiben auch tatsächlich in den konkreten Briefkasten gelegt wurde, konnte die Zeugin nicht mehr sagen. Das Gericht hat darauf den Zugang verneint.[3605] Die Ent-

---

3600 OLG Frankfurt am Main, 19.06.2009 – 2 U 303/08, InfoM 2010, 36.
3601 BGH, 06.05.2004 – IX ZR 43/03: Zustellung eines ausländischen Urteils; OLG Frankfurt am Main, 19.06.2009 – 2 U 303/08, InfoM 2010, 36.
3602 OLG Frankfurt am Main, 19.06.2009 – 2 U 303/08, InfoM 2010, 36.
3603 AG Erfurt, 20.06.2007 – 5 C 1734/06, WuM 2007, 580 = MDR 2007, 1338 = BRAK-Mitt. 2008, 17; ebenso LAG Berlin-Brandenburg, 12.03.2007 – 10 Sa 1945/06; vgl. auch OLG Koblenz, 31.01.2005 – 11 WF 1013/04, OLGR Koblenz 2005, 869 f.; ArbG Karlsruhe, 09.03.2004 – 6 Ca 569/03; AG Paderborn, 03.08.2000 – 51 C 76/00, NJW 2000, 3722; AG Hannover, VersR 2004, 317; Heinrichs, in: Palandt, BGB, § 130 Rn. 21; Einsele, in: MüKo BGB, § 130 Rn. 46; Reichert, NJW 2001, 2524; Jänich, VersR 1999, 537.
3604 LG Potsdam, 27.07.2000 – 11 S 233/99, IBR 2001, 100 = NJW 2000, 3722; ähnlich AG Kempen, 22.08.2006 – 11 C 432/05, NJW 2007, 1215; Friedrich, VersR 2001, 1090.
3605 LG Potsdam, 27.07.2000 – 11 S 233/99, IBR 2001, 100 = NJW 2000, 3722.

scheidung ist mehrfach als Beleg dafür zitiert worden, dass ein Einwurf-Einschreiben keinen Zugang belegen könne, was aber in dieser Pauschalität falsch ist, da die obige Kurzschilderung des Sachverhalts deutlich macht, dass der Zugang (nur) verneint wurde, weil die Postbotin bereits in der Filiale vorab den Einwurfbeleg ausgefüllt hatte.

Die o.g. Entscheidung des LG Potsdam ist nachfolgend bedauerlicherweise erneut in der (versicherungsrechtlichen) Rechtsprechung aufgegriffen worden, was aber ohne Weiteres auch auf **andere Rechtsverhältnisse** übertragen werden kann: Der Einlieferungsbeleg für ein Einwurf-Einschreiben mit einer Leistungsablehnung des Versicherers gem. § 12 Abs. 3 VVG soll nicht beweisen, dass das Einwurf-Einschreiben, das der Versicherungsnehmer erhalten hat, ihm innerhalb der gewöhnlichen Postlaufzeit zugegangen ist.[3606] Bei dieser Entscheidung ist allerdings darauf zu achten, dass das OLG Düsseldorf im Ls. lediglich feststellt, dass die Absendung (hier: Einlieferungsbeleg) nicht den Zugang (hier: Einwurf des Einschreibens) beweist. Dies ist ein allgemeiner Grundsatz, der nicht dazu führt, dass bei Einwurf-Einschreiben der Zugang generell kritisch ist. 2300

Richtig ist, dass der ausgefüllte Einwurfsbeleg gerade nicht die persönliche Übergabe an den Empfänger beweist, sodass hinsichtlich der Möglichkeit der Kenntnisnahme infolge des Einwurfs in den Briefkasten der Beweiswert schon wegen möglicher Fehler des Postzustellers geringer ist.[3607] Der **Beweiswert entfällt deshalb aber nicht**. Nach diesseitiger Auffassung kann in derartigen Fällen vielmehr immer mit dem Beweis des ersten Anscheins gearbeitet werden (dazu nachfolgend). Wenn nämlich die Kausalkette bis zum Einwurf des Briefes in den Briefkasten dadurch geschlossen werden kann, ist der Zugang nachgewiesen. 2301

> **Hinweis:**
> Steht also fest, dass der Absender einer Willenserklärung diese als Einwurfeinschreiben abgesandt und der Postzusteller den Einwurf in den Briefkasten des Empfängers vorschriftsmäßig bestätigt hat, so spricht der Beweis des ersten Anscheins für den Zugang der Willenserklärung.[3608]

Kann zudem der Postbote als Zeuge bestätigen, dass er den Brief in den Briefkasten eingelegt hat, ist ohnehin der Nachweis des Zugangs erbracht. 2302

Per Fax versandte Willenserklärungen gehen mit Abschluss des Druckvorgangs am Empfangsgerät des Adressaten[3609] und zumutbarer Möglichkeit der Kenntnisnahme zu.[3610] Für die Zumutbarkeit kommt es auf die üblichen Geschäftszeiten an, sodass nach 18 h eingehende Erklärungen erst am nächsten Morgen zugehen.[3611] Zum **Beweis des ersten Anscheins** beim Fax-Versand und zur hier ebenfalls möglichen **Zugangsfiktion** s. nachfolgend → *Rn. 2309 f.* 2303

3606 OLG Düsseldorf, 18.12.2001 – 4 U 78/01, VersR 2002, 1364.
3607 BGH, 11.07.2007 – XII ZR 164/03, GuT 2007, 303.
3608 AG Erfurt, 20.06.2007 – 5 C 1734/06, MDR 2007, 1338.
3609 Sternel, Mietrecht aktuell, Rn. X 47; Blank, in: Schmidt-Futterer, § 542 Rn. 73.
3610 BGH, 21.01.2004 – XII ZR 214/00, NZM 2004, 258 = WuM 2003, 269 = ZMR 2004, 344 = IBR 2004, 282 = GuT 2004, 102 = NJW 2004, 1320.
3611 Ebenso Oprée, in: Lindner-Figura/Oprée/Stellmann, Kap. 15, Rn. 49.

c) **Beweis des ersten Anscheins**

2304 Die **Beweislast** für den bestrittenen Zugang liegt bei demjenigen, der sich auf den Zugang beruft, also i.d.R. beim Absender. Bestreitet der Empfänger den Zugang, kann der Versender den Zugang i.d.R. nicht beweisen.

Geprüft werden sollte immer Folgendes:
- Hat der Empfänger in einem Schreiben Bezug auf das Schreiben genommen, dessen Inhalt bestritten wird (damit wäre dann der Beweis des Zugangs schon durch eine eigene Handlung des Empfängers erbracht)?
- Hat der Empfänger Dritten, die als Zeugen zur Verfügung stehen, von dem Schreiben (etwa der Kündigung) berichtet?
- Kommt der Beweis des ersten Anscheins in Betracht?

2305 Der **Beweis des ersten Anscheins** ist sozusagen der letzte (oft verzweifelte) Versuch, im Prozess die Situation zugunsten des Versenders zu retten. Er beruht auf der tatsächlichen Vermutung, dass aus bewiesenen oder unstreitigen Tatsachen aufgrund allgemeiner Lebenserfahrung typischerweise auf bestimmte andere Tatsachen geschlossen werden kann.[3612] Es muss sich um einen typischen Ablauf handeln, der nach einem durch Regelmäßigkeit, Üblichkeit und Häufigkeit geprägten Muster abläuft.[3613]

2306 Für den **Briefversand** gilt: Obwohl bei der Deutschen Post AG nur ca. 0,000633 % der Briefsendungen als verloren gemeldet werden,[3614] geht der BGH davon aus, dass Absendung nicht mit Zugang gleichzusetzen ist, weil es keine Erfahrungssätze gebe, ob und in welcher Zeit Postsendungen den Empfänger erreichen.[3615] Die Grundsätze über den Beweis des ersten Anscheins sollen – wie immer wieder in der Rechtsprechung angeführt wird – beim Briefversand nicht greifen, weil nach den Erfahrungen des täglichen Lebens (welchen?) es auch unter normalen Postverhältnissen durchaus vorkomme, dass abgesandte Briefe und sogar Einschreiben den Empfänger nicht erreichen. Deswegen entspreche es allgemeiner Meinung, dass kein Erfahrungssatz des Inhalts bestehe, dass eine zur Post gegebene Sendung den Adressaten auch erreiche. Diese Rechtsprechung, die i.Ü. auf Abläufen aus den 50er Jahren des vorigen Jahrhunderts basiert, ist äußerst kritisch zu sehen, da sie letztlich die heute üblichen Abläufe und Statistik ignoriert. Allerdings kann sich die Statistik nur auf die Deutsche Post AG beziehen, hingegen nicht auf die seit etwa der Jahrtausendwende vermehrt tätigen privaten Briefzusteller, für die (wohl) keine Verlustzahlen vorliegen.

2307 Beim **Faxversand** war nach veralteter Rechtsprechung kein Beweis des ersten Anscheins hinsichtlich des Zugangs am Faxgerät des Empfängers gegeben,[3616] jedenfalls beweist aber der „ok"-Vermerk auf dem Sendebericht aber das Zustandekommen der Verbindung mit der Ge-

---

3612 Hunke, VersR 2002, 660, 661.
3613 BGH, 03.07.1990 – VI ZR 239/89, VersR 1991, 195 f. = NJW 1991, 230 f.
3614 Hunke, VersR 2002, 660, 661.
3615 BGH, 27.05.1957 – II ZR 132/56, BGHZ 24, 308, 312 = NJW 1957, 1230 = VersR 1957, 442.
3616 BGH, 07.12.1994 – VIII ZR 153/93, NJW 1995, 665, 667.

genstelle.³⁶¹⁷ Aufgrund des **technischen Fortschritts** wird der Nachweis des Zugangs von den Instanzgerichten zunehmend öfter zu Recht als erbracht angesehen, zumindest aber ein Anscheinsbeweis angenommen.³⁶¹⁸ Der BGH hat bzgl. des Problems der Vollständigkeit eines per Telefax übermittelten Dokuments seine Auffassung modifiziert.³⁶¹⁹ Richtig ist es, einen Anscheinsbeweis dafür anzunehmen, dass eine Fax-Übertragung, deren Absendung beim Absender als ordnungsgemäß versandt protokolliert wurde, allenfalls deshalb gescheitert ist, weil das Empfangsgerät nicht funktioniert hat.³⁶²⁰ Wenn ein Mieter neun Faxschreiben vorlegen kann, die sämtlich an die Faxnummer des Vermieters gerichtet sind und er weiter zu allen neun Schreiben den O.K.-Vermerk auf dem Sendebericht nachweisen kann, dann genügt ein einfaches Bestreiten des Zugangs nicht, denn in einem solchen Fall spricht ein Anscheinsbeweis für den Zugang, den der Vermieter erschüttern muss.³⁶²¹ Das gilt auch umgekehrt.

> **Praxistipp:**
>
> Aufgrund der technischen Fortentwicklung dürfte die frühere kritische Rechtsprechung des BGH zum Fax-Versand³⁶²² überholt sein und ist jedenfalls in jedem Einzelfall infrage zu stellen.
>
> Da die Kreativität bei unredlichen Personen leider keine Grenzen kennt, sollte von vornherein immer vorgetragen werden, dass und wie der Versender die Blätter „richtig herum" in das Faxgerät eingelegt hat, sodass „am anderen Ende" nicht weiße (Rück-) Seiten herauskommen konnten. Sollte der Gegner dies behaupten, ist er aber verpflichtet, diese angeblich weißen Seiten nebst Empfangsprotokoll vorzulegen.

Es sollte, wenn der Zugang nicht mehr anders nachzuweisen ist, immer versucht werden, das Gericht vom Beweis des ersten Anscheins zu überzeugen. Dazu muss **eine lückenlose Kette** von der Fertigung des Schreibens bis zur Übergabe an den Zusteller bzw. Einlegung in das Faxgerät vorgetragen und unter Beweis gestellt werden, d.h.: 2308

- Wer hat das Schreiben gefertigt?
- Wer hat es „eingetütet"?
- Wer hat es wann und wohin zum Versand gebracht?

d) Zugangsfiktion und arglistige Zustellungsvereitelung

Eine Willenserklärung – gleich ob Brief oder bspw. Fax – geht auch dann zu, wenn der Empfänger durch **Krankheit oder durch Urlaub** daran gehindert ist, von dem Inhalt der Erklärung Kenntnis zu nehmen, er aber keine Vorkehrungen für eine Fristwahrung getroffen hat (Zu- 2309

3617 BGH, 23.10.1995 – II ZB 6/95, MDR 1996, 99.
3618 OLG Frankfurt am Main, 05.03.2010 – 19 U 213/09, IBR 2010, 267; OLG Karlsruhe, IBR 2008, 710; OLG Celle, IBR 2008, 615; OLG Naumburg, 18.05.2006 – 9 U 50/03, GuT 2008, 54; a.A. Sternel, Mietrecht aktuell, Rn. X 47: kein Anscheinsbeweis bei „ok-Vermerk".
3619 BGH, 25.04.2006 – IV ZB 20/05, BauR 2006, 1496.
3620 AG Hamburg-Altona, 15.12.2006 – 316 C 244/06, MDR 2007, 705; a.A. LSG Sachsen, 11.01.2006 – L 1 P 14/05, zitiert nach *www.juris.de*.
3621 OLG Naumburg, 18.05.2006 – 9 U 50/03, GuT 2008, 54.
3622 BGH, 07.12.1994 – VIII ZR 153/93, NJW 1995, 665, 667.

gangsfiktion). In diesem Fall trifft den Empfänger die **Obliegenheit**, die nötigen Vorkehrungen zu treffen. Unterlässt er dies, so wird der Zugang durch solche – allein in der Person des Empfängers liegenden – Gründe nicht ausgeschlossen.[3623] Der Empfänger ist daher verpflichtet, **Vorkehrungen zu Fristwahrungen** zu treffen und zwar auch dafür, wenn eine etwaige Abwesenheit nicht vorhersehbar ist.[3624] Das gilt v.a. für juristische Personen, die als Unternehmen – etwa bei Unglücksfällen oder gefährlichen Erkrankungen vertretungsberechtigter Personen – grds. Sorge tragen müssen, dass Posteingänge weiter bearbeitet werden, da ihnen anderenfalls ein grobes Organisationsverschulden anzulasten ist.[3625] Die Rechtsprechung fordert äußerste, nach Lage der Dinge zuzumutende Sorgfalt.[3626]

2310 In Fällen, in denen der Empfänger eine **abholbereite Einschreibesendung** trotz ordnungsgemäßer Benachrichtigung nicht abholt, ist die Erklärung gem. § 242 BGB wegen einer Obliegenheitsverletzung des Empfängers als zugegangen anzusehen, wenn der Empfänger sie nicht spätestens am übernächsten Werktag nach Zugang der Benachrichtigung abgeholt hat, soweit ihm dies möglich war.[3627] Die **Beweislast** für die tatsächliche Unmöglichkeit (etwa eine Erkrankung, Urlaub) liegt beim Erklärungsempfänger.

2311 Für **Fax-Übertragung** gilt: Wer im Rechtsverkehr seine Faxnummer zur Verfügung stellt, muss dafür sorgen, dass sein Faxgerät funktioniert und sich in einem technisch einwandfreien Zustand befindet.[3628] Kommt er dieser Pflicht nicht nach, muss er sich, wenn die Absendung des Faxes feststeht, nach Treu und Glauben so behandeln lassen, als wäre ihm diese Sendung zugegangen.[3629] Es besteht z.B. die Pflicht, Papier nachzulegen.[3630] Kommt er dieser Pflicht nicht nach, greift eine Zugangsfiktion.

2312 Die Zugangsfiktion kommt immer dann in Betracht, wenn der **Empfänger mit einem rechtserheblichen Schreiben rechnen muss**. Wer aufgrund vertraglicher Beziehungen mit der Zusendung rechtserheblicher Erklärungen zu rechnen hat, muss geeignete Vorkehrungen dafür treffen, dass ihn derartige Erklärungen auch erreichen.[3631] Muss der Pächter mit der Zusendung der Kündigung des Pachtvertrages rechnen, hat er **geeignete Vorkehrungen** dafür zu treffen, dass ihn diese Erklärung auch erreicht.[3632]

3623 BGH, 21.01.2004 – XII ZR 214/00, NZM 2004, 258 = WuM 2003, 269 = ZMR 2004, 344 = IBR 2004, 282 = GuT 2004, 102 = NJW 2004, 1320; Sternel, Mietrecht aktuell, Rn. X 47; Blank, in: Schmidt-Futterer, § 542 Rn. 73.
3624 BGH, 02.07.2008 – IV ZB 5/08; BGH, 21.01.2004 – XII ZR 214/00, NZM 2004, 258 = WuM 2003, 269 = ZMR 2004, 344 = IBR 2004, 282 = GuT 2004, 102 = NJW 2004, 1320.
3625 BGH, 02.07.2008 – IV ZB 5/08; BGH, 20.11.1986 – VII ZB 11/86, VersR 1987, 561.
3626 BGH, 15.11.1976 – VIII ZB 34/76, VersR 1977, 257.
3627 LG Lüneburg, 29.10.2008 – 6 S 96/08, IMR 2009, 301; Heinrichs, in: Palandt, § 130 Rn. 18.
3628 OLG Naumburg, 18.05.2006 – 9 U 50/03, GuT 2008, 54.
3629 AG Hamburg-Altona, 15.12.2006 – 316 C 244/06, MDR 2007, 705.
3630 LAG Hamm, 12.10.1992 – 18 Sa 145/92, ZIP 1993, 1109.
3631 BGH, 11.07.2007 – XII ZR 164/03, GuT 2007, 303; BAG, 22.09.2005 – 2 AZR 366/04, NZA 2006, 204; BGH, 18.12.1970 – IV ZR 52/69, VersR 1971, 262; BGH, 27.10.1982 – V ZR 24/82, NJW 1983, 929.
3632 BGH, 11.07.2007 – XII ZR 164/03, GuT 2007, 303; BAG, 22.09.2005 – 2 AZR 366/04, NZA 2006, 204; BGH, 18.12.1970 – IV ZR 52/69, VersR 1971, 262; BGH, 27.10.1982 – V ZR 24/82, NJW 1983, 929.

Umstritten ist, ob der Zugang auch dann fingiert werden darf, wenn **kein konkreter Anlass** 2313
bestand, mit einer Willenserklärung zu rechnen.³⁶³³ In den vom BGH entschiedenen Fällen
lagen solche Anlässe vor, sodass die Frage nicht abschließend geklärt ist. Die Argumentation,
dass eine Zugangsfiktion auf die Fälle beschränkt sein muss, in denen der Empfänger weiß oder
in denen er damit rechnen muss, dass die Postsendung eine an ihn gerichtete Willenserklärung
enthält und nach der eine schlichte „Schlamperei" des Adressaten als Grundlage für die Fiktion nicht ausreichen soll, ist abzulehnen, da sie das Zugangsrisiko zu sehr auf den Absender
verlagert und diesen vor unzumutbare Anforderungen stellt.³⁶³⁴ Zudem ist die Sicherheit des
Rechtsverkehrs nicht ausreichend gewahrt, wenn der Zugang allein von einer subjektiven Komponente wie der Motivation des Adressaten, die Sendung abzuholen, abhängig gemacht wird.
Ein Zugangsfiktion ist daher jedenfalls im Bereich von Gewerbetreibenden und Freiberuflern
generell und nicht nur dann möglich, wenn diese mit einem konkreten Schreiben rechnen,
da diese Unternehmen und Personenkreise als **Teilnehmer am Geschäftsleben** immer damit
rechnen müssen, dass ihnen rechtserhebliche Erklärungen zugestellt werden.

Weitere Voraussetzung einer Zugangsfiktion ist, dass der Erklärende, also bspw. der kündigen- 2314
de Vermieter/Verpächter seinerseits alles ihm Zumutbare getan hat, dass seine **Erklärung den
Adressaten rechtzeitig erreicht**.³⁶³⁵ Dies wird dann relevant, wenn ein erster Zustellungsversuch ersichtlich gescheitert ist (Bsp.: Mieter holt ein Einschreiben nicht ab). Der BGH führt
dazu aus:³⁶³⁶ Grds. muss der Erklärende nach Kenntnis des gescheiterten Zugangs unverzüglich
einen **neuen Versuch unternehmen**, die Erklärung derart in den Machtbereich des Empfängers zu bringen, dass diesem ohne Weiteres eine Kenntnisnahme des Inhalts möglich ist. Denn
zulasten des Empfängers ist der Zugang als solcher nur bei schwerwiegenden Treueverstößen wie grundloser Annahmeverweigerung oder arglistiger Zugangsvereitelung zu fingieren.
Schlichte Obliegenheitsverletzungen des Erklärungsempfängers werden hingegen nur mit einer
Rechtzeitigkeitsfiktion sanktioniert, und auch dies grds. nur dann, wenn der Erklärende seinerseits den nachträglichen Zugang seiner Erklärung unverzüglich bewirkt. Das bedeutet, dass
der Kündigende nach einem erfolglosen Versuch weiter tätig werden muss, um den Zugang zu
bewirken.

Verweigert der Zustellungsempfänger die Annahme grundlos oder vereitelt er sie arglistig, gilt 2315
die Zustellung als erfolgt. **Bewusste Zugangsvereitelungen** muss der Empfänger nach Treu
und Glauben (§ 242 BGB) gegen sich gelten lassen, da der arglistig Handelnde nicht privilegiert werden darf.³⁶³⁷ Der Empfänger muss sich dann nach § 242 BGB so behandeln lassen,
als sei die Zustellung wirksam vorgenommen worden. Bestehen Rechtsbeziehungen zwischen
dem Erklärenden und dem Erklärungsempfänger und hat Letzterer einen konkreten Anlass, mit
einer Willenserklärung zu rechnen, so ist das **bewusste Nichtabholen** eines bei der Post niedergelegten Schreibens als Zustellungsvereitelung anzusehen.³⁶³⁸ Entfernt der Mieter oder Pächter
seinen Briefkasten oder entsprechende Hinweisschilder bei Briefkastenanlagen oder stellt dies

---

3633 So etwa Kandelhard, in: Herrlein/Kandelhard, § 542 Rn. 21.
3634 LG Lüneburg, 29.10.2008 – 6 S 96/08, IMR 2009, 301.
3635 BGH, 11.07.2007 – XII ZR 164/03, GuT 2007, 303.
3636 BGH, 11.07.2007 – XII ZR 164/03, GuT 2007, 303.
3637 Ebenso Oprée, in: Lindner-Figura/Oprée/Stellmann, Kap. 15, Rn. 51.
3638 BGH, 03.11.1976 – VIII ZR 140/75, MDR 1977, 388 = NJW 1977, 194.

alles erst gar nicht innerhalb einer kurzen Frist nach Geschäftsbeginn auf, ist ebenfalls von einer bewussten Zustellungsvereitelung auszugehen.

Beispiel:

Kann einem Mieter keine rechtlich relevante Erklärung zugestellt werden, weil dieser keine Vorkehrungen für den Zugang getroffen hat (hier: unbeschrifteter Briefkasten), muss er sich so behandeln lassen, als sei ihm die Erklärung zugegangen.[3639]

e) Zustellung an Gesellschaft durch Zustellung an Geschäftsführer privat

2316 Da bei Zahlungsschwierigkeiten von Gesellschaften nicht selten auch die Briefkästen und/oder Schilder über Nacht verschwinden, scheitern viele Zustellungen, und der Absender erhält sein Schreiben mit Vermerk „Empfänger unbekannt" zurück. Sind Privatadressen der Geschäftsführer/Gesellschafter bekannt, kann man die Zustellung darüber versuchen. Dazu folgender Fall: Eine Kündigung sollte an eine GmbH zugestellt werden. Der Kündigungsempfänger bestreitet die fristgemäße Kündigung damit, dass das Kündigungsschreiben nur in ein **privates Postfach des Geschäftsführers** eingeworfen wurde. Nach BGH[3640] geht aber eine Willenserklärung einer GmbH auch dann zu, wenn das Schriftstück in ein privates Postfach ihres Geschäftsführers gelegt wird. Der Zugang erfolgt an dem Tag, an dem normalerweise mit der Abholung zu rechnen ist. Er wird nicht dadurch gehindert, dass der Geschäftsführer sein privates Postfach nicht regelmäßig leert. Etwas anderes gilt nur, wenn der Absender **dies weiß** und **bewusst ausnutzt**. Folge: Es ist nicht erforderlich, im Geschäftsbetrieb der GmbH zuzustellen. Die Entscheidung kann künftig Zustellungen erheblich erleichtern, wenn es sich um „fliegende" Gesellschaften handelt, die ihre Adresse häufig wechseln oder schlicht kein Firmenschild an Tür und Briefkasten tragen.

f) Öffentliche Zustellung

2317 Nach § 185 ZPO kann die Zustellung durch öffentliche Bekanntmachung erfolgen, wenn der **Aufenthaltsort einer Person unbekannt** und eine Zustellung an einen Vertreter oder Zustellungsbevollmächtigten nicht möglich ist oder bei juristischen Personen, die zur Anmeldung einer inländischen Geschäftsanschrift zum Handelsregister verpflichtet sind, eine Zustellung weder unter der eingetragenen Anschrift noch unter einer im Handelsregister eingetragenen Anschrift einer für Zustellungen empfangsberechtigten Person oder einer ohne Ermittlungen bekannten anderen inländischen Anschrift möglich ist. Die öffentliche Zustellung ist ferner zulässig, wenn eine Zustellung im Ausland nicht möglich ist oder keinen Erfolg verspricht oder die Zustellung nicht erfolgen kann, weil der Ort der Zustellung die Wohnung einer Person ist, die nach den §§ 18 bis 20 GVG der Gerichtsbarkeit nicht unterliegt.

Ist dem Vermieter die **Anschrift eines der Mieter/Pächter** nicht bekannt, muss er die Kündigung ggf. öffentlich zustellen lassen.[3641]

3639 LG Berlin, 10.10.2002 – 63 S 87/01, AIM 2003, 39 (LS) = NZM 2003, 21.
3640 BGH, 31.07.2003 – III ZR 353/02, IBR 2003, 527.
3641 OLG Düsseldorf, 29.09.2005 – I-10 U 20/05, GuT 2006, 38.

Stellt eine **GmbH** ihre Geschäftätigkeit auf dem von ihr angemieteten Grundstück ein und lässt sich ihr derzeitiger **Geschäftssitz nicht ermitteln**, kann allein hieraus nicht der Schluss gezogen werden, dass die GmbH auf den Zugang einer Kündigungserklärung verzichtet hat.[3642] Dem Vermieter steht es in einem solchen Fall frei, eine etwaige fristlose Kündigung des Mietverhältnisses gem. § 132 Abs. 2 BGB öffentlich zustellen zu lassen.

2318

g) Zustellungsauslagen als ersetzbarer Schaden

Insb. bei den o.g. „sicheren Zustellungsmethoden" für eine Kündigung (Gerichtsvollzieher usw.) können schnell nicht unbeträchtliche Zustellungskosten anfallen, die der Vermieter vom Mieter erstattet haben will. Kommt es nachfolgend zum Rechtsstreit, handelt es sich nicht ohne Weiteres um festsetzbare Verfahrenkosten, da diese grds. während des **Rechtsstreits** anfallen müssen. Ausnahmsweise können sog. **notwendige Vorbereitungskosten** in der Kostenentscheidung festgesetzt werden. Dies kommt zum einen – grob dargestellt – in Betracht, wenn der Kläger die Kosten aufzuwenden hat, um überhaupt **inhaltlich** eine Klage begründen zu können, d.h. mit Substanz anreichern zu können; im Baurecht ist dies manchmal in Form von vorgerichtlichen Gutachten erforderlich, um zu klären, wer überhaupt richtiger Beklagter ist (Architekt? Bauunternehmer?). Zum anderen handelt es sich um notwendige Vorbereitungskosten, wenn die Kosten auslösende Handlung für die Durchführung des Rechtsstreits nicht nur sinnvoll, sondern **zwingend erforderlich** ist.[3643] Die Vorbereitungskosten müssen immer der konkreten Klagevorbereitung dienen, was voraussetzt, dass der Kläger sich bereits dazu entschlossen hat, Klage zu erheben. Eine Kündigung im Mietrecht bereitet eine Klage zwar weitläufig vor, der Vermieter setzt aber praktisch immer eine Räumungsfrist und wartet dann ab, ob der Mieter auszieht. Sein Klageentschluss ist also allenfalls bedingt. Dies reicht nicht aus.[3644]

2319

Da sich der Mieter aber i.d.R. in Verzug befindet, können die **Zustellungskosten als Verzugsschaden** gem. § 280 Abs. 1 BGB i.V.m. §§ 280 Abs. 2, 286 Abs. 1 BGB – auch im Klageantrag – geltend gemacht werden.

2320

III. Ordentliche Kündigung

1. Kündigungsgrund

a) Grundsätze

Die ordentliche Kündigung eines unbefristeten Geschäftsraummietverhältnisses ist grds. auch ohne Vorliegen eines berechtigten Interesses und ohne Angabe von Kündigungsgründen möglich. Das macht den Abschluss unbefristeter Verträge für Mieter relativ gefährlich. Auch **Änderungskündigungen** mit dem Ziel einer Vertragsänderung sind ohne Weiteres zulässig.[3645] Die **Umdeutung** einer fristlosen Kündigung in eine ordentliche ist möglich und als interessenge-

2321

3642 KG, 12.04.2010 – 8 U 175/09, GuT 2010, 224 = MDR 2010, 1044.
3643 BayObLG, 29.06.2004 – 1Z BR 36/04, RVGreport 2004, 353 zu den Kosten eines obligatorischen Schlichtungsverfahrens.
3644 Vgl. auch AG Charlottenburg, 16.11.1985 – 13 C 388/85, GE 1986, 1073.
3645 OLG Hamburg, 20.02.2003 – 3 U 26/99, GuT 2003, 182.

rechte Lösung geboten, wenn die Kündigungserklärung den Willen, den Mietvertrag unbedingt zu beenden, eindeutig erkennen lässt.[3646]

> **Hinweis:**
> Es existiert grds. kein Kündigungsschutz.
>
> Anwälte, die für Mandanten unbefristete Verträge entwerfen, aushandeln oder abschließen, sollten darauf hinweisen.

2322 Wird das **Mietverhältnis befristet**, ist die ordentliche Kündigung ausgeschlossen. Anders als beim Wohnraummietvertrag, wo der einfache Zeitmietvertrag durch die Mietrechtsreform 2001 abgeschafft wurde, sind bei der Geschäftsraummiete befristete Mietverhältnisse grds. uneingeschränkt möglich. Nach Ablauf der Mietzeit kann keine Partei eine befristete oder unbefristete Fortsetzung verlangen, es sei denn, es wurden abweichende Vereinbarungen getroffen.

Ein **unter einer auflösenden Bedingung geschlossener Miet- oder Pachtvertrag** ist als unbefristeter Vertrag ordentlich kündbar, wenn die Parteien die Möglichkeit einer ordentlichen Kündigung nicht ausgeschlossen haben, wobei ein solcher Ausschluss des Rechts zur ordentlichen Kündigung auch schon in der Vereinbarung einer auflösenden Bedingung als solcher liegen kann.[3647] Ob der Vereinbarung eine solche weitergehende, das ordentliche Kündigungsrecht ausschließende Bedeutung zukommt, hat im Streitfall diejenige Vertragspartei darzulegen und zu beweisen, die sich auf diese Bedeutung beruft.[3648]

Grds. ist es ohne Belang, aus welchen Gründen der Vermieter eine ordentliche Kündigung des Mietverhältnisses ausspricht.[3649] Die Ausübung eines Kündigungsrechts kann zwar **rechtsmissbräuchlich** sein, wenn derjenige, der das Recht geltend macht, die Voraussetzungen dafür in anstößiger, mit den Grundsätzen von Treu und Glauben nicht vereinbarer Weise geschaffen oder (mit-)verursacht hat, wobei an die Annahme einer rechtsmissbräuchlichen Kündigung strenge Anforderungen gestellt werden.[3650] Unwirksam kann eine Kündigung bspw. sein, wenn es dem Vermieter allein darum geht, seiner Verärgerung darüber freien Lauf zu lassen, dass der Mieter ihm gegenüber Rechte in angemessener Form wahrgenommen hat[3651] oder im umgekehrten Fall, wenn der Vermieter dafür „Rache nehmen" will, dass sich der Mieter geweigert hat, unberechtigte Ansprüche zu erfüllen.[3652] Ist einem Vermieter vertraglich ein jederzeitiges ordentliches Kündigungsrecht eingeräumt, ist dessen Ausübung ohne weitergehende Anhaltspunkte selbst dann nicht rechtsmissbräuchlich, wenn er mit der Kündigung zugleich bezweckt,

---

3646 OLG Rostock, 25.09.2000 – 3 U 75/99, NZM 2001, 46.
3647 BGH, 01.04.2009 – XII ZR 95/07, GuT 2009, 108 = NZM 2009, 433 = IMR 2009, 269 = InfoM 2009, 225: behördliche Nutzungsuntersagung für einen gepachteten Schießstand als auflösende Bedingung; a.A. Teile der Lit. (s. dazu Urteilsgründe des BGH-Urt.).
3648 BGH, 01.04.2009 – XII ZR 95/07, GuT 2009, 108 = NZM 2009, 433 = IMR 2009, 269 = InfoM 2009, 225.
3649 BGH, 22.09.1971- VIII ZR 135/70, WM 1971, 1439; OLG Düsseldorf, 16.08.2010 – 10 W 114/10.
3650 BGH, 25.04.2008 – LwZR 10/07, GuT 2009, 110 = NZM 2008, 728; BGH, 26.02.1970 – KZR 17/68, NJW 1970, 855 zur Sittenwidrigkeit der Kündigung eines Tankstellenverwalter-Vertrages OLG Düsseldorf, 16.08.2010 – 10 W 114/10.
3651 Oprée in Lindner-Figura/Oprée/Stellmann, Kap. 15, Rn. 88.
3652 BGH, 26.02.1970 – KZR 17/68, NJW 1970, 855.

b) Kündigung von Wohnraum zum Zweck der gewerblichen Nutzung, Eigenbedarf von Gesellschaften, Betriebsbedarf

Wohnraum darf der Vermieter nur bei Vorliegen der gesetzlich bestimmten Gründe kündigen. Will er eine eigene Wohnung **teilgewerblich nutzen**, so darf er dem Wohnraummieter gem. § 573 Abs. 1 BGB kündigen, weil diese Nutzung im Hinblick auf die durch Art. 12 Abs. 1 GG geschützte Berufsfreiheit nicht geringer zu bewerten ist als der in § 573 Abs. 2 Nr. 2 BGB gesetzlich geregelte Eigenbedarf des Vermieters zu Wohnzwecken.[3654] 2323

Handelt es sich um eine **Werkdienstwohnung**, greift der besondere Kündigungstatbestand der §§ 576 ff. BGB mit den dort festgelegt Voraussetzungen. Ist die Wohnung nicht als Werkdienstwohnung, sondern an einen Betriebsfremden vermietet, gilt Folgendes: 2324

Ob eine vermietende Gesellschaft wegen Eigenbedarfs für einen Gesellschafter kündigen darf, hängt vom Einzelfall ab. Ein **Betriebsbedarf** kann sich für alle Personengesellschaften, juristischen Personen oder Organisationen ergeben.

Bei **Personengesellschaften** genügt der Eigenbedarf eines Gesellschafters, wenn er bereits bei Abschluss des Mietvertrages Gesellschafter war und nicht erst nach dem Grundstückserwerb der Gesellschaft beigetreten ist.[3655] Eigenbedarf eines Gesellschafters einer GbR reicht für die Kündigung auch dann aus, wenn die GbR durch Erwerb gem. § 566 Abs. 1 BGB in den Mietvertrag eingetreten ist.[3656] Für die nach Vertragsschluss hinzugetretenen Gesellschafter kann jedoch kein Eigenbedarf geltend gemacht werden, weil die GbR ggü. einer Gemeinschaft nicht besser gestellt werden soll.[3657] 2325

Bei einer **KG** scheidet Eigenbedarf bereits begrifflich aus, da die KG weder für sich noch für Familien- oder Haushaltsangehörige eine Wohnung benötigen kann. Anders ist dies jedoch bei Betriebsangehörigen.[3658] Anders ist dies jedoch bei Betriebsangehörigen.[3659] Eigenbedarf für 2326

3653 OLG Düsseldorf, 16.08.2010 – 10 W 114/10.
3654 BGH, 05.10.2005 – VIII ZR 127/05, NZM 2005, 943 = WuM 2005, 772 = ZMR 2005, 943 = InfoM 2006, 123.
3655 BGH, 27.06.2007 – VIII ZR 271/06, InfoM 2007, 213 = NZM 2007, 679 = WuM 2007, 515 = MDR 2007, 1301 = NJW 2007, 2845; LG Hamburg, 07.08.2009 – 311 S 128/08, NZM 2009, 907 = NJW 2009, 3793 = InfoM 2009, 467.
3656 BGH, 16.07.2009 – VII ZR 231/08, InfoM 2009, 265.
3657 BGH, 27.06.2007 – VIII ZR 271/06, InfoM 2007, 213 = NZM 2007, 679 = WuM 2007, 515 = MDR 2007, 1301 = NJW 2007, 2845.
3658 BGH, 23.05.2007 – VIII ZR 122/06, InfoM 2009, 212 = NZM 2007, 639 = WuM 2007, 457 = MDR 2007, 1304.
3659 BGH, 23.05.2007 – VIII ZR 122/06, InfoM 2009, 212 = NZM 2007, 639 = WuM 2007, 457 = MDR 2007, 1304.

einen Gesellschafter darf die KG nicht geltend machen.[3660] Dies gilt auch für die OHG.[3661] Der BGH hat klargestellt, dass Mieter vor Eigenbedarfskündigungen sicher seien, wenn ihr Vermieter eine Gesellschaft sei, zum Beispiel eine Personenhandels- oder Kapitalgesellschaft.[3662]

2327   Eine **juristische Person** (GmbH, AG) kann Wohnräume weder als „Wohnung für sich" noch für Familien- oder Haushaltsangehörige benötigen, sodass Eigenbedarf i.S.v. § 573 Abs. 2 Nr. 2 BGB bereits begrifflich nicht in Betracht kommt.[3663] Ein berechtigtes Interesse des Vermieters an der Beendigung des Mietverhältnisses kann sich aber daraus ergeben, dass einem Mitarbeiter seines Unternehmens aus betrieblichen Gründen eine an einen Betriebsfremden vermietete Wohnung zur Verfügung gestellt werden soll, sofern der Vermieter **vernünftige Gründe für die Inanspruchnahme der Wohnung** hat, die den Nutzungswunsch nachvollziehbar erscheinen lassen.[3664] Der frühere Rechtsentscheid des OLG Stuttgart, wonach der Betriebsbedarf eines Unternehmers nicht zur Kündigung einer an einen Betriebsfremden vermieteten Wohnung berechtigt, wenn der Vermieter diese Wohnung neu anzuwerbenden Fachkräften zur Verfügung stellen und mit dem Wohnungsangebot seine Chancen auf dem Arbeitsmarkt verbessern will oder einem Arbeitnehmer mit konkretem Wohnbedarf zur Verfügung stellen will,[3665] ist damit eingeschränkt worden; diese Entscheidung war ohnehin maßvoll anzuwenden, weil sie – wie aus der Begründung hervorgeht – unter dem Eindruck eines angespannten Wohnungsmarkts gefällt wurde.

2328   Das Interesse des Vermieters an der Beendigung des Mietverhältnisses ist danach zu gewichten, ob und ggf. welche Bedeutung es für das Unternehmen hat, dass der Mitarbeiter seinen Wohnsitz in der vermieteten Wohnung nimmt.[3666] Dabei kommt es insb. auf die Funktion und die Aufgaben des Mitarbeiters an. Dass es sich um eine „Schlüsselkraft" des Betriebes handelt, ist nicht erforderlich.[3667] Ein berechtigtes Interesse einer KG an der Beendigung des mit einem Betriebsfremden abgeschlossenen Mietverhältnisses gem. § 573 Abs. 1 Satz 1 BGB besteht dann, wenn das **Wohnen ihres Mitarbeiters oder eines Geschäftsführers der Komplementärin** gerade in dieser Wohnung nach seiner betrieblichen Funktion und Aufgabe für den Betriebsablauf von nennenswertem Vorteil ist.[3668]

3660   BGH, 15.12.2010 – VIII ZR 210/10, ZIP 2011, 281; LG Hamburg, 07.08.2009 – 311 S 128/08, NZM 2009, 907 = NJW 2009, 3793 = InfoM 2009, 467: auch dann kein Eigenbedarf, wenn es um den Wohnbedarf einer Kommanditistin geht, die zugleich Tochter des Geschäftsführers und Komplementärs ist; LG Karlsruhe, 12.06.1981 – 9 S 31/81, WuM 1985,148; AG Rendsburg, 30.03.1995 – 3 C 1056/94, WuM 1996, 544 bezüglich einer OHG; Sternel, Mietrecht Aktuell, Rn. XI 91; **a. A.** Rolfs, in: Staudinger, BGB, 2006, § 573 Rn. 70; Weidenkaff, in: Palandt, § 573 Rn. 26.
3661   AG Rendsburg, 30.03.1995 – 3 C 1056/94, WuM 1996, 544.
3662   BGH, 15.12.2010 – VIII ZR 210/10, ZIP 2011, 281.
3663   BGH, 23.05.2007 – VIII ZR 122/06, NZM 2007, 639 = WuM 2007, 457 = MDR 2007, 1304; LG Hamburg, 30.07.2010 – 311 S 21/10, ZMR 2011, 41 (GmbH & Co. KG).
3664   BGH, 23.05.2007 – VIII ZR 122/06, InfoM 2009, 212 = NZM 2007, 639 = WuM 2007, 457 = MDR 2007, 1304; BGH, 05.10.2005 – VIII ZR 127/05, WuM 2005, 779, 781 = NJW 2005, 3782.
3665   OLG Stuttgart, 24.04.1991 – 8 REMiet 1/90, NJW-RR 1991, 1294.
3666   BGH, 23.05.2007 – VIII ZR 122/06, InfoM 2009, 212 = NZM 2007, 639 = WuM 2007, 457 = MDR 2007, 1304.
3667   So aber AG Bad Hersfeld, 26.09.1991 – C 475/91, LNR 1991, 13873 = WuM 1992, 17.
3668   BGH, 23.05.2007 – VIII ZR 113/06, NZM 2007, 681 = WuM 2007, 459 – 460.

Die strengen **formalen Kriterien** einer Eigenbedarfskündigung bei Wohnraum gelten grds. entsprechend. Es ist daher erforderlich, dass 2329

- sich der unmittelbare Zusammenhang zwischen Betriebszugehörigkeit und Wohnung bereits aus dem Kündigungsschreiben ergibt,
- die Person, für die der Bedarf besteht, konkret benannt wird bzw. feststeht, dass auf jeden Fall eine von mehreren zu benennenden Personen die Räume benötigt.

Hinweise auf einen eventuellen Bedarf und pauschale Angaben reichen nicht aus.[3669] 2330

2. Kündigungsfrist

a) Grundsätze

Die gesetzlichen Fristen für eine ordentliche Kündigung finden sich in § 580a BGB. Dies sind: 2331

- **Sechs Monate für Geschäftsräume**: Nach § 580a Abs. 2 BGB ist die Kündigung spätestens am dritten Werktag eines Kalendervierteljahres für den Ablauf des nächsten Kalendervierteljahres zulässig. Es kann also nur zum 31.03., 30.06., 30.09. und 31.12. mit jeweils sechs Monaten Frist abzgl. der drei Tage am Monatsanfang gekündigt werden.
- **Zwei Tage bis drei Monate bei anderen Räumen** (z.B. privat genutzte Garagen, Lagerräume, Werkstätten) **und Grundstücken**, § 580a Abs. 1 BGB: Die konkrete Frist ist abhängig davon, in welchen Intervallen die Miete zu zahlen ist. Darunter sind nicht etwa die Intervalle zu verstehen, in denen die Miete zu zahlen ist, sondern die Zeiträume, auf die sich die Berechnung der Miete bezieht.[3670] Ist ein Grundstück (noch) nicht bebaut, aber vermietet, gilt die ggü. § 580a Abs. 1 BGB kürzere Frist für Grundstücke.

Geschäftsräume sind grds. alle Räume, die zu geschäftlichen, d.h. beruflichen Zwecken gemietet oder vermietet bzw. gepachtet werden (zu den Einzelheiten s. die folgende Tabelle → *Rn. 2333*). Erfasst wird jede Tätigkeit, die auf einen Erwerb abzielt.

> **Hinweis:**
> Bei Mischmietverhältnissen ist zu ermitteln, welcher Vertragszweck überwiegt (→ *Rn. 9 ff.*). Eine Aufspaltung in für Wohn- und Geschäftsraum geltende Fristen ist nicht möglich.

Die Regelungen des § 580a BGB sind abdingbar, d.h. es können grds. längere, kürzere und auch für Vermieter und Mieter ungleiche Fristen vereinbart werden.[3671] Bei Beachtung der Vorgaben des § 307 BGB können **Kündigungsfristen** grds. auch formularvertraglich **frei vereinbart** werden. Daher kann z.B. vereinbart werden, dass bereits bei Verzug mit einer Monatsmiete gekündigt werden kann. Wird nichts gesondert vereinbart, gelten die gesetzlichen Fristen. 2332

3669 OLG Stuttgart, 22.11.1985 – 8 RE-Miet 1/85, WuM 1986, 132 = ZMR 1986, 236.
3670 Artz, in: MüKo BGB, § 580a Rn. 3.
3671 KG, 30.11.2009 – 12 U 23/09, GuT 2010, 191 = IMR 2010, 186; Weidenkaff, in: Palandt, § 580a Rn. 3.

> **Praxistipp:**
> Um Streitigkeiten über Kündigungsfristen zu vermeiden, sollte vereinbart werden, bis wann die Kündigung erklärt werden muss, um zu einem bestimmten Termin wirksam zu werden. Z.B.: Bis zum 15. eines jeden Monats für den Ablauf des Folgemonats (= ca. 6-Wochen-Frist).

b) Kündigungsfristen – Tabelle nach Art des Mietobjekts[3672]

2333

Miet-/Pachtobjekt	Frist	Zugang spätestens ...	Vorschrift
Büroraum	sechs Monate zum Quartalsende, also 31.03., 30.06., 30.09., 31.12.	am 3. Werktag eines Quartals	§ 580a Abs. 2 BGB
Garage, privat genutzt	Miete tageweise (§ 580a Abs. 1 Nr. 1): Ablauf des nächsten Tags	Nr. 1: jeder Tag	§ 580a Abs. 1 BGB
	Miete wochenweise (§ 580a Abs. 1 Nr. 2): zum Ablauf des nächsten Samstags = sechs Tage	Nr. 2: erster Werktag der Woche, also spätestens montags (wenn Feiertag: dienstags)	
	Miete monatlich oder längere Abschnitte (§ 580a Abs. 1 Nr. 3): zum Ablauf des übernächsten Monats = drei Monate	Nr. 3: spätestens am 3. Werktag eines jeden Monats	
Garage, beruflich genutzt	sechs Monate zum Quartalsende, also 31.03., 30.06., 30.09., 31.12.	am 3. Werktag eines Quartals	§ 580a Abs. 2 BGB
Gaststätte	sechs Monate zum Quartalsende, also 31.03., 30.06., 30.09., 31.12.	am 3. Werktag eines Quartals	§ 580a Abs. 2 BGB

3672 Wenn nicht anders angegeben, wird von beruflicher Nutzung ausgegangen.

Geschäftsraum	sechs Monate zum Quartalsende, also 31.03., 30.06., 30.09., 31.12.	am 3. Werktag eines Quartals	§ 580a Abs. 2 BGB
Grundstück, unbebaut	Miete tageweise (§ 580a Abs. 1 Nr. 1): Ablauf des nächsten Tags	Nr. 1: jeder Tag	§ 580a Abs. 1 BGB
	Miete wochenweise (§ 580a Abs. 1 Nr. 2): zum Ablauf des nächsten Samstags = sechs Tage	Nr. 2: erster Werktag der Woche, also spätestens montags (wenn Feiertag: dienstags)	
	Miete monatlich oder längere Abschnitte (§ 580a Abs. 1 Nr. 3): zum Ablauf des übernächsten Monats = drei Monate	Nr. 3: spätestens am 3. Werktag eines jeden Monats	
Grundstück, unbebaut und gewerblich, freiberuflich genutzt	Miete tageweise (§ 580a Abs. 1 Nr. 1): Ablauf des nächsten Tags	Nr. 1: jeder Tag	§ 580a Abs. 1 BGB
	Miete wochenweise (§ 580a Abs. 1 Nr. 2): zum Ablauf des nächsten Samstags = sechs Tage	Nr. 2: erster Werktag der Woche, also spätestens montags (wenn Feiertag: dienstags)	
	Miete monatlich oder längere Abschnitte (§ 580a Abs. 1 Nr. 3): zum Ablauf des nächsten Quartals = sechs Monate	Nr. 3: spätestens am 3. Werktag eines jeden Monats	
Grundstück, bebaut mit Geschäftsraum	sechs Monate zum Quartalsende, also 31.03., 30.06., 30.09., 31.12.	spätestens am 3. Werktag eines Quartals	§ 580a Abs. 2 BGB

Grundstück, bebaut mit Wohnraumraum	zum Ablauf des übernächsten Monats = drei Monate; Verlängerung für den Vermieter bei mehr als fünf Jahren Mietdauer gem. § 573c Abs. 1 Satz 2 BGB	spätestens am 3. Werktag eine jeden Monats	§ 573c BGB
Hallen: Werkshallen, Lagerhallen	Miete tageweise (§ 580a Abs. 1 Nr. 1): Ablauf des nächsten Tages	Nr. 1: jeder Tag	§ 580a Abs. 1 BGB
	Miete wochenweise (§ 580a Abs. 1 Nr. 2): zum Ablauf des nächsten Samstags = sechs Tage	Nr. 2: erster Werktag der Woche, also spätestens montags (wenn Feiertag: dienstags)	
	Miete monatlich oder längere Abschnitte (§ 580a Abs. 1 Nr. 3): zum Ablauf des übernächsten Monats = drei Monate	Nr. 3: spätestens am 3. Werktag eines jeden Monats	
Lagerflächen im Gebäude	Miete tageweise (§ 580a Abs. 1 Nr. 1): Ablauf des nächsten Tags	Nr. 1: jeder Tag.	§ 580a Abs. 1 BGB
	Miete wochenweise (§ 580a Abs. 1 Nr. 2): zum Ablauf des nächsten Samstags = sechs Tage	Nr. 2: erster Werktag der Woche, also spätestens montags (wenn Feiertag: dienstags)	
	Miete monatlich oder längere Abschnitte (§ 580a Abs. 1 Nr. 3): zum Ablauf des übernächsten Monats = drei Monate	Nr. 3: spätestens am 3. Werktag eines jeden Monats	

Lagerflächen auf einem Grundstück	Miete tageweise (§ 580a Abs. 1 Nr. 1): Ablauf des nächsten Tags	Nr. 1: jeder Tag	§ 580a Abs. 1 BGB
	Miete wochenweise (§ 580a Abs. 1 Nr. 2): zum Ablauf des nächsten Samstags = sechs Tage	Nr. 2: erster Werktag der Woche, also spätestens montags (wenn Feiertag: dienstags)	
	Miete monatlich oder längere Abschnitte (§ 580a Abs. 1 Nr. 3): zum Ablauf des nächsten Quartals = sechs Monate	Nr. 3: spätestens am 3. Werktag eines jeden Monats	
Liegeplatz für Schiff/Boot	Miete tageweise (§ 580a Abs. 1 Nr. 1): Ablauf des nächsten Tags	Nr. 1: jeder Tag.	§ 580a Abs. 1 BGB
	Miete wochenweise (§ 580a Abs. 1 Nr. 2): zum Ablauf des nächsten Samstags = sechs Tage	Nr. 2: erster Werktag der Woche, also spätestens montags (wenn Feiertag: dienstags)	
	Miete monatlich oder längere Abschnitte (§ 580a Abs. 1 Nr. 3): zum Ablauf des übernächsten Monats = drei Monate	Nr. 3: spätestens am 3. Werktag eines jeden Monats	
Messeflächen	Miete tageweise (§ 580a Abs. 1 Nr. 1): Ablauf des nächsten Tags	Nr. 1: jeder Tag	§ 580a Abs. 1 BGB
	Miete wochenweise (§ 580a Abs. 1 Nr. 2): zum Ablauf des nächsten Samstags = sechs Tage	Nr. 2: erster Werktag der Woche, also spätestens montags (wenn Feiertag: dienstags)	

	Miete monatlich oder längere Abschnitte (§ 580a Abs. 1 Nr. 3): zum Ablauf des übernächsten Monats = drei Monate	Nr. 3: spätestens am 3. Werktag eines jeden Monats	
Messestände (= grds. eine bewegliche Sache)	Miete tageweise (§ 580a Abs. 3 Nr. 1): Ablauf des nächsten Tags	Nr. 1: jeder Tag	§ 580a Abs. 3 BGB
	Miete nach längeren Abschnitten als tageweise (§ 580a Abs. 3 Nr. 2): zum Ablauf des Endtermins = mindestens zwei Tage	Nr. 2: jeder Tag zu jedem Endtermin, wenn mindestens zwei Tage dazwischen liegen	
Pferdeboxen innerhalb einer geschlossenen Halle[1]	Miete tageweise (§ 580a Abs. 1 Nr. 1): Ablauf des nächsten Tags	Nr. 1: jeder Tag	§ 580a Abs. 1 BGB
	Miete wochenweise (§ 580a Abs. 1 Nr. 2): zum Ablauf des nächsten Samstags = sechs Tage	Nr. 2: erster Werktag der Woche, also spätestens montags (wenn Feiertag: dienstags)	
	Miete monatlich oder längere Abschnitte (§ 580a Abs. 1 Nr. 3): zum Ablauf des übernächsten Monats = drei Monate	Nr. 3: spätestens am 3. Werktag eines jeden Monats	
Räume, die keine Geschäftsräume (§ 580a Abs. 2 BGB) sind	Miete tageweise (§ 580a Abs. 1 Nr. 1): Ablauf des nächsten Tags	Nr. 1: jeder Tag	§ 580a Abs. 1 BGB

	Miete wochenweise (§ 580a Abs. 1 Nr. 2): zum Ablauf des nächsten Samstags = sechs Tage	Nr. 2: erster Werktag der Woche, also spätestens montags (wenn Feiertag: dienstags)	
	Miete monatlich oder längere Abschnitte (§ 580a Abs. 1 Nr. 3): zum Ablauf des übernächsten Monats = drei Monate	Nr. 3: spätestens am 3. Werktag eines jeden Monats	
Schiffe, eingetragene	Miete tageweise (§ 580a Abs. 1 Nr. 1): Ablauf des nächsten Tags	Nr. 1: jeder Tag	§ 580a Abs. 1 BGB
	Miete wochenweise (§ 580a Abs. 1 Nr. 2): zum Ablauf des nächsten Samstags = sechs Tage	Nr. 2: erster Werktag der Woche, also spätestens montags (wenn Feiertag: dienstags)	
	Miete monatlich oder längere Abschnitte (§ 580a Abs. 1 Nr. 3): zum Ablauf des nächsten Quartals = sechs Monate	Nr. 3: spätestens am 3. Werktag eines jeden Monats	
Sporthalle	Miete tageweise (§ 580a Abs. 1 Nr. 1): Ablauf des nächsten Tags	Nr. 1: jeder Tag	§ 580a Abs. 1 BGB
	Miete wochenweise (§ 580a Abs. 1 Nr. 2): zum Ablauf des nächsten Samstags = sechs Tage	Nr. 2: erster Werktag der Woche, also spätestens montags (wenn Feiertag: dienstags)	

	Miete monatlich oder längere Abschnitte (§ 580a Abs. 1 Nr. 3): zum Ablauf des übernächsten Monats = drei Monate	Nr. 3: spätestens am 3. Werktag eines jeden Monats	
Stellplatz	Miete tageweise (§ 580a Abs. 1 Nr. 1): Ablauf des nächsten Tags	Nr. 1: jeder Tag	§ 580a Abs. 1 BGB
	Miete wochenweise (§ 580a Abs. 1 Nr. 2): zum Ablauf des nächsten Samstags = sechs Tage	Nr. 2: erster Werktag der Woche, also spätestens montags (wenn Feiertag: dienstags)	
	Miete monatlich oder längere Abschnitte (§ 580a Abs. 1 Nr. 3): zum Ablauf des übernächsten Monats = drei Monate; bei gewerblich genutztem unbebautem Grundstück sechs Monate	Nr. 3: spätestens am 3. Werktag eines jeden Monats	
Tiefgaragenstellplatz	Miete tageweise (§ 580a Abs. 1 Nr. 1): Ablauf des nächsten Tags	Nr. 1: jeder Tag	§ 580a Abs. 1 BGB
	Miete wochenweise (§ 580a Abs. 1 Nr. 2): zum Ablauf des nächsten Samstags = sechs Tage	Nr. 2: erster Werktag der Woche, also spätestens montags (wenn Feiertag: dienstags)	
	Miete monatlich oder längere Abschnitte (§ 580a Abs. 1 Nr. 3): zum Ablauf des übernächsten Monats = drei Monate	Nr. 3: spätestens am 3. Werktag eines jeden Monats	

Werbe-/Reklameflächen an Hauswand	Miete tageweise (§ 580a Abs. 1 Nr. 1): Ablauf des nächsten Tags	Nr. 1: jeder Tag	§ 580a Abs. 1 BGB
	Miete wochenweise (§ 580a Abs. 1 Nr. 2): zum Ablauf des nächsten Samstags = sechs Tage	Nr. 2: erster Werktag der Woche, also spätestens montags (wenn Feiertag: dienstags)	
	Miete monatlich oder längere Abschnitte (§ 580a Abs. 1 Nr. 3): zum Ablauf des übernächsten Monats = drei Monate	Nr. 3: spätestens am 3. Werktag eines jeden Monats	
Werbe-/Reklameflächen unbewegliche Sache, separat auf dem Grundstück	Miete tageweise (§ 580a Abs. 1 Nr. 1): Ablauf des nächsten Tags	Nr. 1: jeder Tag	§ 580a Abs. 1 BGB
	Miete wochenweise (§ 580a Abs. 1 Nr. 2): zum Ablauf des nächsten Samstags = sechs Tage	Nr. 2: erster Werktag der Woche, also spätestens montags (wenn Feiertag: dienstags)	
	Miete monatlich oder längere Abschnitte (§ 580a Abs. 1 Nr. 3): zum Ablauf des übernächsten Monats = drei Monate; bei gewerblich genutztem unbebautem Grundstück sechs Monate	Nr. 3: spätestens am 3. Werktag eines jeden Monats	
Werbe-/Reklameflächen bewegliche Sache, separat auf dem Grundstück	Miete tageweise (§ 580a Abs. 3 Nr. 1): Ablauf des nächsten Tags	Nr. 1: jeder Tag	§ 580a Abs. 3 BGB

	Miete nach längeren Abschnitten als tageweise (§ 580a Abs. 3 Nr. 2): zum Ablauf des Endtermins = mind. zwei Tage	Nr. 2: jeder Tag zu jedem Endtermin, wenn mindestens zwei Tage dazwischen liegen	
Wohnraum	zum Ablauf des übernächsten Monats = drei Monate; Verlängerung für den Vermieter bei mehr als fünf Jahren Mietdauer gem. § 573c Abs. 1 Satz 2 BGB	spätestens am 3. Werktag eine jeden Monats	§ 573c BGB

1 AG Menden, 26.02.2007 – 4 C 11/07, MDR 2007, 648 zu § 29a ZPO. Vgl. zur Abgrenzung von Mietstall und „Pferdepensionsvertrag" OLG Brandenburg, 28.06.2006 – 13 U 138/05, NZM 2006, 839 = NJW-RR 2006, 1558 und AG Essen, 31.08.2007 – 20 C 229/06, NZM 2008, 264.

c) Fristberechnung

2334 Die Fristberechnung richtet sich nach den §§ 186 ff. BGB. § 193 BGB gilt grds. nicht, weil die gesetzlichen Kündigungsfristen Mindestfristen sind, die dem Kündigungsempfänger unverkürzt zur Verfügung stehen müssen.[3673] Folge ist, dass die Kündigung an jedem beliebigen Tag zugehen (Kündigungstag) und das Mietverhältnis an einem Sonn- oder Feiertag enden (Kündigungstermin) kann.

Der Samstag gilt als Werktag.[3674] Nur bei der **Frist zur Zahlung der Miete bis zum dritten Werktag** eines jeden Monats zählt der **Samstag** nicht mit, weil die Karenzzeit von drei Werktagen, die dem Mieter für die Zahlung der Miete zum Beginn des Monats eingeräumt wird, im Interesse des Mieters die zugunsten des Vermieters begründete Vorleistungspflicht abmildert und dem Mieter ungeschmälert zur Verfügung stehen muss.[3675] Diese Rechtsprechung gilt damit nicht für die ordentlichen Kündigungsfristen, da Samstage für die Post als normale Geschäftstage zählen und Kündigungen daher auch samstags zugestellt werden. Folglich sind Samstage bei der Berechnung der ordentlichen Kündigungsfrist mitzuzählen.

2335 Für den **fristgemäßen Zugang** ist der Versender verantwortlich. Bedient sich der Vermieter zur Beförderung einer Willenserklärung der Post, wird diese insoweit als Erfüllungsgehilfe des Vermieters tätig; in einem solchen Fall hat der Vermieter ein Verschulden der Post gem. § 278

3673 BGH, 28.09.1972 – VII ZR 186/71, BGHZ 59, 265 = NJW 1972, 2083; Arzt, in: MüKo BGB, § 580a Rn. 3.
3674 BGH, 27.04.2005 – VIII ZR 208/04 und BGH, 17.02.2005 – III ZR 172/04, NZM 2005, 391 = Mietrecht express 2005, 47.
3675 BGH, 13.07.2010 – VIII ZR 129/09 und VIII ZR 291/09, IMR 2010, 363 = NZM 2010, 661/664 = MDR 2010, 1040.

Satz 1 BGB auch dann zu vertreten, wenn auf dem Postweg für den Vermieter unerwartete und nicht vorhersehbare Verzögerungen oder Postverluste auftreten.[3676]

IV. Fristlose Kündigung

1. Grundsätze

Bei einer wirksamen fristlosen Kündigung wird das Mietverhältnis sofort beendet. Ist das Geschäftsraummietverhältnis z.B. wegen Zahlungsverzuges fristlos gekündigt worden, muss der Mieter sofort alles tun, um die Räumung durchzuführen, eine **Räumungsfrist steht ihm nicht zu**.[3677] Der Vermieter kann nach Zugang der Kündigung die Rückgabe des Mietobjekts fordern und verliert den Anspruch auf Mietzahlung, der sich in einen Anspruch auf **Nutzungsentschädigung nach § 546a BGB** wandelt. Die Vorschriften zur **Pacht** verweisen im Wesentlichen auf die Mietvorschriften, etwa das Recht zur außerordentlichen fristlosen Kündigung wegen einer unbefugten Überlassung der Pachtflächen an Dritte (§§ 589 Abs. 1, 594e Abs. 1 BGB i.V.m. § 543 Abs. 1 und 2 Nr. 3 BGB).

2336

Die **Umdeutung** einer fristlosen Kündigung in eine ordentliche ist möglich und als interessengerechte Lösung geboten, wenn die Kündigungserklärung den Willen, den Mietvertrag unbedingt zu beenden, eindeutig erkennen lässt.[3678]

2337

Das Gesetz sieht **verschiedene Gründe für eine fristlose Kündigung** vor: Grundnorm ist § 543 BGB, der im Wesentlichen dem früheren Auffangtatbestand § 554a BGB a.F. entspricht; daneben sind über § 578 Abs. 2 BGB aber auch die Wohnraumvorschriften des § 569 Abs. 1 und Abs. 2 BGB anwendbar. Die praktisch relevantesten Tatbestände erfasst § 543 BGB. Nach § 543 Abs. 1 Satz 1 BGB kann jede Vertragspartei das Mietverhältnis aus wichtigem Grund außerordentlich fristlos kündigen. Ein wichtiger Grund liegt nach **§ 543 Abs. 1 Satz 2 BGB** vor, wenn dem Kündigenden unter Berücksichtigung aller Umstände des Einzelfalls, insb. eines Verschuldens der Vertragsparteien, und unter Abwägung der beiderseitigen Interessen die Fortsetzung des Mietverhältnisses bis zum Ablauf der Kündigungsfrist oder bis zur sonstigen Beendigung des Mietverhältnisses nicht zugemutet werden kann. Die Vorschrift stellt damit einen **Auffangtatbestand** für alle nicht näher im Gesetz geregelten Fälle dar.

2338

Besteht der wichtige Grund in der Verletzung einer Pflicht aus dem Mietvertrag, so ist die Kündigung nach § 543 Abs. 3 Satz 1 BGB erst nach erfolglosem Ablauf einer **Abhilfefrist** oder nach erfolgloser **Abmahnung** zulässig.

Das außerordentliche Kündigungsrecht des Mieters ist ausgeschlossen, wenn der Mieter die zur Kündigung berechtigenden Umstände bereits **bei Vertragsschluss kannte**. Dies gilt auch für eine Nichtgewährung des vertragsgemäßen Gebrauchs gem. §§ 543 Abs. 4, 536b BGB.[3679] Eine Kenntnis liegt nur vor, wenn der Mieter Dauer und Ausmaß der Beeinträchtigung sicher

2339

3676 BGH, 21.01.2009 – VIII ZR 107/08 zur Versendung einer Wohnraum-Betriebskostenabrechnung innerhalb der Jahresfrist des § 556 Abs. 3 BGB.
3677 OLG München, 23.11.2000 – 3 W 2228/00, GuT 2001, 14.
3678 OLG Rostock, 25.09.2000 – 3 U 75/99, NZM 2001, 46.
3679 Vgl. auch OLG Düsseldorf, 07.03.2006 – 24 U 112/05, GuT 2006, 136.

überschauen" kann.³⁶⁸⁰ Die Kündigung des Mieters wegen Mängeln ist ferner ausgeschlossen, und der Vermieter hat keine Wiederherstellungspflicht, wenn der Mieter die **Störung selbst zu vertreten** hat.³⁶⁸¹ Vor einer fristlosen Kündigung muss der Mieter dem Vermieter einen Mangel nach fehlgeschlagener Mangelbeseitigung grds. nicht nochmals anzeigen.³⁶⁸²

2340 Ist die Mietsache mangelhaft und droht der Mieter mit der Fristsetzung zur Mängelbeseitigung eine andere Maßnahme als die Kündigung – etwa eine Ersatzvornahme oder eine Minderung – an, so kann er eine Kündigung nicht bereits nach erfolglosem Ablauf der gesetzten **Abhilfefrist** wirksam erklären, sondern erst nach erfolglosem Ablauf einer neuen Frist.³⁶⁸³

2341 Für die Geltendmachung **entgangenen Gewinns** nach einer wirksamen fristlosen Kündigung genügt der Nachweis einer gewissen Wahrscheinlichkeit; ist ersichtlich, dass der Gewinn nach dem gewöhnlichen Lauf der Dinge mit Wahrscheinlichkeit erwartet werden konnte, wird vermutet, dass er erzielt worden wäre.³⁶⁸⁴

2. Rechtzeitiger Ausspruch der Kündigung, § 314 Abs. 3 BGB

2342 Die §§ 535 ff. BGB sehen für die fristlose Kündigung keine Frist zum Ausspruch der Kündigung vor. Allgemein gilt aber, dass in Dauerschuldverhältnissen ein vertragswidriges Verhalten des anderen innerhalb angemessener Frist zum Anlass einer Kündigung genommen werden muss, da ein allzu langes Warten damit ein Indiz dafür darstellt, dass die Fortsetzung des Mietverhältnisses noch zumutbar ist.³⁶⁸⁵ Für alle Tatbestände der fristlosen Kündigung ist daher nach inzwischen gefestigter Meinung die allgemeine Regelung des **§ 314 Abs. 3 BGB** (**Kündigung in "angemessener Frist"**) zu beachten, die auch auf den Miet- und Pachtvertrag anzuwenden ist.³⁶⁸⁶ Danach kann der Berechtigte nur innerhalb einer angemessenen Frist kündigen, nachdem er vom Kündigungsgrund Kenntnis erlangt hat. Diese auch im Mietrecht geltende "angemessene" Frist beginnt mit der Kenntniserlangung des Kündigungsgrunds durch den Vermieter.³⁶⁸⁷ Erforderlich ist **positive Kenntnis** (Kenntniserlangung des Kündigungsgrundes), nicht Kennenmüssen.

3680 KG, 28.04.2008 – 8 U 209/07, IMR 2008, 273 = InfoM 2008, 329: Beheizungsmängel.
3681 BGH, 26.11.1997 – XII ZR 28/96, NZM 1998, 117 = MDR 1998, 207 = ZMR 1998, 211, 212: Brandschäden.
3682 OLG Düsseldorf, 04.04.2006 – I-24 U 145/05, GuT 2006, 133 = IMR 2006, 74.
3683 OLG Düsseldorf, 29.11.2007 – 10 U 86/07; OLG Hamm, NJW-RR 1991, 1035, 1036; Sternel, Mietrecht, 3. Aufl., IV Rn. 463 Fn. 35 unter Hinweis auf ein unveröffentlichtes Urteil des LG Hamburg, 15.04.1986; Grapentin, in: Bub/Treier, IV Rn. 149; Kinne/Schach/Bieber, § 543 BGB Rn. 37; Lammel, Wohnraummietrecht, § 543 Rn. 142; Weidenkaff, in: Palandt, § 543 Rn. 44; Blank, in: Schmidt-Futterer, § 543 BGB Rn. 3.
3684 BGH, 27.10.2010 – XII ZR 128/09, IMR 2010, 521.
3685 BGH, 29.09.1999 – XII ZR 313/08, ZMR 2000, 76 = NZM 2000, 36 = MDR 2000, 79 = NJW 2000, 354; OLG Düsseldorf, 27.05.2010 – I-10 U 147/09, MDR 2010, 1447.
3686 BGH, 23.04.2010 – LwZR 20/09, NZM 2010, 552 (Landpachtvertrag); BGH, 11.03.2009 – VIII ZR 115/08, NZM 2009, 314 = IMR 2009, 152 = ZMR 2009, 521 = WuM 2009, 231 (Wohnraum); BGH, 21.03.2007 – XII ZR 36/05, GuT 2007, 130 = NZM 2007, 400 = InfoM 2007, 175 und 217 = MDR 2007, 1009 (Gewerberaum); OLG Nürnberg, 10.02.2010 – 12 U 1306/09, IMR 2010, 145 (Pachtvertrag); OLG Düsseldorf, 27.05.2010 – I-10 U 147/09, MDR 2010, 1447; OLG Brandenburg, 27.05.2009 – 3 U 85/08 (Gewerberaum); OLG Düsseldorf, 20.09.2007 – 10 U 46/07, GuT 2007, 363 = NZM 2009, 281 (Gewerberaum); OLG Rostock, 15.08.2005 – 3 U 196/04, GuT 2006, 17; Blank, in: Schmidt-Futterer, § 543 Rn. 5; **a.A.** Heinrichs-Grüneberg, in: Palandt, offengelassen von OLG Bremen, 05.04.2007 – 2 U 7/07, ZMR 2007, 688 = InfoM 2007, 354.
3687 OLG Düsseldorf, 20.09.2007 – 10 U 46/07, GuT 2007, 363 = IMR 2008, 47.

Welche Frist danach im Einzelfall noch als angemessen gilt, entzieht sich jedoch einer generalisierenden Betrachtung, sondern hängt von den **Umständen des Einzelfalls** ab[3688] und ist damit für jedes Vertragsverhältnis gesondert zu bestimmen. Bei Verzug mit Zahlung einer Jahrespacht wird eine Reaktion innerhalb von drei Monaten verlangt,[3689] ca. vier Monate sind bei Nichtzahlung der Kaution noch akzeptabel,[3690] 14 Monaten sind dafür zu lang.[3691] Wartet bspw. der Mieter nahezu ein Jahr bis er eine außerordentliche fristlose Kündigung aus wichtigem Grund auf ein vertragswidriges Verhalten des anderen Teils stützt, ist dies zu spät;[3692] ebenso, wenn der Vermieter fast fünf Jahre wartet, bevor er wegen einer eigenmächtigen Änderung einer Lüftungsanlage durch den Mieter kündigt.[3693] Auch eine Kündigung des Mieters sechs Monate nach einem Wasserrohrbruch des Mieters ist verfristet.[3694] Dass der Vermieter bei Zahlungsverzug des Mieters bis zum Ausspruch der Kündigung noch ca. fünf Monate zuwartet, statt diese gleich zum ersten zur Kündigung berechtigenden Termin auszusprechen, erzeugt beim Mieter noch keinen Vertrauenstatbestand i.S.v. § 314 Abs. 3 BGB.[3695]

2343

Ein **Entgegenkommen des Vermieters**, mit dem er dem Mieter etwa bei Zahlungsverzug noch „eine Chance gibt" und bewusst noch nicht die Kündigung erklärt, schadet dem Vermieter nicht.

> *Beispiel:*[3696]
>
> *Einem Vermieter, der zunächst die Rechtskraft der Verurteilung zur Zahlung des Mietzinses und die Zahlung bis zu einer gesetzten Frist abwartet, sodann Weihnachten und Neujahr verstreichen lässt und dann nochmals ein Vierteljahr, nachdem die Mietzahlungen wieder erfolgten, in der Hoffnung der Zahlung auch der Ausstände zuwartet, kann nicht vorgehalten werden, die Kündigung erfolge zu spät. Denn bei diesem Verhalten handelt es sich um ein Entgegenkommen ggü. dem Mieter, in der Hoffnung, dieser werde durch nunmehr vollständig mietvertragstreues Verhalten eine fristlose Kündigung entbehrlich machen. Es ist nicht angebracht, dem Vermieter seine besondere Geduld ggü. dem Mieter über § 314 Abs. 3 BGB zum Nachteil gereichen zu lassen.*

Entsprechendes gilt (erst recht), wenn der Mieter dem Vermieter Versprechungen macht, die sich später als haltlos erwiesen.

3. Abmahnung/Abhilfeverlangen

Eine Abmahnung ist erforderlich, wenn der wichtige (Kündigungs-) Grund in der Verletzung einer mietvertraglichen Pflicht liegt (§ 543 Abs. 3 Satz 1 BGB). Begrifflich liegt sie vor, wenn der Vermieter/Verpächter den Mieter bzw. Pächter auffordert, ein vertragswidriges Verhalten in

2344

3688 OLG Düsseldorf, 20.09.2007 – 10 U 46/07, GuT 2007, 363 = IMR 208, 47.
3689 BGH, 23.04.2010 – LwZR 20/09, NZM 2010, 552 (Landpachtvertrag).
3690 BGH, 21.03.2007 – XII ZR 36/05, NJW-RR 2007, 886.
3691 OLG Nürnberg, 10.02.2010 – 12 U 1306/09, IMR 2010, 145.
3692 OLG Düsseldorf, 16.02.2006 – I-10 U 116/05, GuT 2006, 127; OLG Hamm, 13.12.2010 – 7 W 33/10 (mehr als 1 Jahr nach Kenntnis einer fehlenden Genehmigung).
3693 OLG Düsseldorf, 27.05.2010 – I-10 U 147/09, MDR 2010, 1447.
3694 OLG Hamm, 13.12.2010 – 7 W 33/10.
3695 BGH, 11.03.2009 – VIII ZR 115/08, NZM 2009, 314 = IMR 2009, 152 = ZMR 2009, 521 = WuM 2009, 231 (Wohnraum).
3696 OLG Bremen, 05.04.2007 – 2 U 7/2007, ZMR 2007, 688 = InfoM 2007, 354.

Zukunft zu unterlassen. Das Pendant ist die Aufforderung des Mieters an den Vermieter, sich vertragsgemäß zu verhalten (Abhilfeverlangen).

2345 Eine Kündigung, bei der eine Abmahnung erforderlich ist, die jedoch ohne diese ausgesprochen wurde, ist nichtig, sie kann aber in eine Abmahnung **umgedeutet** werden.[3697]

Die Abmahnung muss das **kritisierte Verhalten konkret bezeichnen** und darf sich nicht auf eine allgemeine Unzufriedenheit des Vermieters beschränken. Ob in einer Abmahnung die **Reaktionen** des Vermieters auf fortgesetztes Zuwiderhandeln angekündigt werden müssen (Kündigung etc.), ist umstritten.[3698] Richtigerweise ist dies nicht erforderlich, wenn dem Mieter nur deutlich gemacht wird, dass er mit Sanktionen rechnen muss. Dass dies gerichtliche Schritte und im Mietrecht u.U. auch eine Kündigung sein kann, gehört zur Allgemeinbildung eines jeden Gewerbetreibenden und Freiberuflers.

> **Praxistipp RA:**
> Mahnt der Anwalt selbst ab, kann es auf einige Worte mehr oder weniger nicht ankommen, sodass der Hinweis auf die drohende Kündigung oder eine Klage immer mit der Abmahnung verbunden werden sollte. Einfache Merkregel zur Vermeidung überflüssiger Theorie-Streitigkeiten: Bei Mahnung und Abmahnung immer auf die Rechtsfolge, also meist Kündigung, hinweisen.

2346 Bei mehreren Mietern hat die Abmahnung ggü. allen zu erfolgen, was aber entbehrlich sein kann, wenn mietvertragliche oder anderweitige gegenseitige Empfangsvollmachten vorliegen. Umgekehrt gilt: Mehrere Vermieter müssen die Abmahnung ebenfalls gemeinschaftlich aussprechen (= unterzeichnen), wenn keine dem Mieter bekannten Vollmachten vorliegen. Es gelten hier die gleichen Grundsätze wie bei der Kündigungserklärung (oben → *Rn. 2269 ff.*).

> **Praxistipp Imobilienverwalter/RA:**
> Wird die Abmahnung als **einseitig empfangsbedürftige Willenserklärung** – wie auch eine Kündigung oder Mieterhöhung – durch einen Dritten ausgesprochen, muss dieser eine **Originalvollmacht des Vermieters** vorlegen oder beifügen, sonst kann der Empfänger die Erklärung schon aus diesem Grund zurückweisen (§ 174 BGB). Folge ist die Unwirksamkeit der Erklärung, die dann wiederholt werden muss. Für Anwälte und Verwalter kann dies eine Haftungsfalle sein, da gewitzte Gegner oder Kollegen auf diese Art manchmal juristisch korrekt Zeit schinden.

2347 Eine Abmahnung ist insb. dann unentbehrlich, wenn der Vermieter einen Mietrückstand über **längere Zeit rügelos hingenommen** hat und dann kündigen will, weil weiterhin nicht voll oder nicht pünktlich gezahlt wird.[3699] Hat der Vermieter den Mieter wegen unpünktlicher Mietzahlungen abgemahnt und liegt zwischen dieser Abmahnung und dem kündigungsauslösenden

---

3697 Weidenkaff, in: Palandt, § 543 Rn. 56; Bieber, in: MüKo BGB, § 543 Rn. 71.
3698 H.M. nein, vgl. BGH, 13.06.2007 – VIII ZR 281/06, NZM 2007, 561 = IMR 2007, 243; OLG Hamburg, 26.09.1995 – 7 S 241/84, NJW-RR 1986, 10; **a.A.** ja, vgl. LG Hamburg, NJW 1986, 11.
3699 OLG Hamm, 21.01.2009 – 30 U 106/08, IMR 2009, 387.

neuen Zahlungsverzug ein Zeitraum von acht Monaten, so kann der Vermieter erst nach erneuter fruchtloser Abmahnung kündigen.[3700]

Bei einer angedrohten **Versorgungssperre** durch den Vermieter gilt: Je nach Art der Versorgungssperre wird es dem Mieter im Einzelfall gem. § 543 Abs. 3 Nr. 2 BGB nicht zumutbar sein, mit der Gefahr einer Versorgungseinstellung weiter zu arbeiten. Insb. kommt die fristlose Kündigung und Abmahnung für alle Betriebe in Betracht bei einer Stromsperre, weil kein Unternehmen mehr ohne Strom arbeitet. Bei einer Wassersperrung ist auf die Art des Betriebs (Friseur eher als Büro), beim Abstellen der Heizung auf die Jahreszeit abzustellen (→ *zur einstweiligen Verfügung Rn. 2810 ff.*). 2348

Der Mieter ist nicht verpflichtet, vor Ausspruch der fristlosen Kündigung den Fehlschlag einer Mängelbeseitigung noch einmal anzuzeigen bzw. eine Frist zur Abhilfe zu setzen, wenn die Reparaturmaßnahme des Vermieters „von vorneherein" ungeeignet war, den Mangel der Mietsache zu beheben.[3701] Auch nach einer **fehlgeschlagenen Mangelbeseitigungsmaßnahme** muss nicht noch mal Abhilfe gefordert werden. Droht der Mieter bei einem Mangel mit der Fristsetzung zur Mängelbeseitigung auch eine andere Maßnahme als die Kündigung – etwa eine Ersatzvornahme oder eine Minderung – an, so kann er eine Kündigung nicht bereits nach erfolglosem Ablauf der gesetzten Abhilfefrist wirksam erklären, sondern erst nach erfolglosem Ablauf einer neuen Frist.[3702] 2349

Wann die **Abmahnung entbehrlich ist**, regelt § 543 Abs. 3 Satz 2 BGB ausdrücklich, nämlich wenn 2350

- sie offensichtlich keinen Erfolg verspricht, § 543 Abs. 3 Satz 2 Nr. 1 BGB,
- die sofortige Kündigung aus besonderen Gründen unter Abwägung der beiderseitigen Interessen gerechtfertigt ist, § 543 Abs. 3 Satz 2 Nr. 2 BGB,
- der Mieter mit der Mietzahlung i.S.d. § 543 Abs. 2 Nr. 3 BGB in Verzug ist (also z.B. bei zwei aufeinanderfolgenden offenen Mieten) → *Rn. 2384 ff.*

Eine Fristsetzung zur Abhilfe i.S.d. § 543 Abs. 3 Satz 2 Nr. 1 BGB ist offensichtlich **nicht Erfolg versprechend**, wenn der Vermieter die Abhilfe ernsthaft und endgültig verweigert,[3703] die Beseitigung innerhalb angemessener Frist unmöglich erscheint[3704] oder mit unzumutbaren Belastungen für den Mieter verbunden ist, z.B. bei unverhältnismäßigem Zeitaufwand[3705] 2351

3700 LG Berlin, 27.03.2008 – 62 S 412/07, ZMR 2009, 285.
3701 OLG Düsseldorf, 04.04.2006 – I-24 U 145/05, GuT 2006, 133 = IMR 2006, 74 = InfoM 2006, 288 = MDR 2006, 1276: nur Abdichten des Dachs und nicht auch der Außenwand.
3702 OLG Düsseldorf, 29.11.2007 – 10 U 86/07; OLG Hamm, NJW-RR 1991, 1035, 1036; Sternel, Mietrecht, 3. Aufl., IV Rn. 463 Fn. 35 unter Hinweis auf ein unveröffentlichtes Urteil des LG Hamburg, 15.04.1986; Grapentin, in: Bub/Treier, IV Rn. 149; Bieber, in: Kinne/Schach, § 543 BGB Rn. 37; Lammel, Wohnraummietrecht, § 543 Rn. 142; Weidenkaff, in: Palandt, § 543 Rn. 44; Blank, in: Schmidt-Futterer, § 543 BGB Rn. 3.
3703 BGH, 22.10.1975 – VIII ZR 160/74, NJW 1976, 796; OLG Düsseldorf, 14.01.2010 – 10 U 74/09; OLG Düsseldorf, 23.05.1991 – 10 U 193/90, ZMR 1991, 299; Kandelhard, in: Herrlein/Kandelhard, § 543 Rn. 71; Weidenkaff, in: Palandt, § 543 Rn. 48.
3704 BGH, 28.11.1979 – VIII ZR 302/78, NJW 1980, 777; OLG Düsseldorf, 14.01.2010 – 10 U 74/09.
3705 OLG Düsseldorf, 14.01.2010 – 10 U 74/09; OLG Brandenburg, 26.02.1997 – 3 U 219/96, NJWE-MietR 1997, 224.

oder umfangreichen Bauarbeiten.³⁷⁰⁶ Eine Erfüllungsverweigerung liegt bei einer unbefugten Gebrauchsüberlassung nicht schon darin, dass ein Untermietverhältnis befristet ist oder dem Untermieter Kündigungsschutz zu gewähren ist, denn der Mieter kann dennoch versuchen, den Untermieter zum Auszug zu bewegen.³⁷⁰⁷

2352 Die **besonderen Gründe unter Abwägung der beiderseitigen Interessen** nach § 543 Abs. 3 Satz 2 Nr. 2 BGB setzen schwerste Vertragsverletzungen voraus. Ein Indiz dafür ist vorsätzliches oder arglistiges Handeln. Auf eine konkrete Beeinträchtigung i.S.e. „Erfolges" kommt es nicht an, es reicht aus, wenn der Verstoß an sich als unzumutbar anzusehen ist,³⁷⁰⁸ was bspw. bei **Straftaten** grds. der Fall ist. Davon abweichend soll eine Abmahnung wegen unbefugter Stromentnahme im Keller jedenfalls dann erforderlich sein, wenn der behauptete Stromverbrauch durch den Mieter so gut wie nicht messbar ist.³⁷⁰⁹ Dies ist abzulehnen, weil ein Diebstahl oder eine andere – auch nur geringfügige – Straftat das Vertrauensverhältnis dauerhaft zerstört. Liegt eine sog. Zerrüttungskündigung aufgrund **diffamierender Äußerungen** des Vermieters, der Mieter betreibe „ein schlüpfriges Geschäft mit Sexspielchen" oder ein „verdecktes Puff" und eine Sekte, vor, macht eine Abmahnung keinen Sinn und ist daher entbehrlich, weil die Vertrauensgrundlage auch durch eine Abmahnung nicht wieder hergestellt werden kann.³⁷¹⁰

Zur Kündigung wegen **Zahlungsverzugs** nach § 543 Abs. 2 Satz 1 Nr. 3 BGB s. dort (→ Rn. 2384 ff.).

2353 Der Mieter hat gegen den Vermieter keinen Anspruch auf Beseitigung oder Unterlassung einer von ihm als unberechtigt erachteten Abmahnung, weshalb eine Klage auf Feststellung, dass eine vom Vermieter erteilte Abmahnung aus tatsächlichen Gründen unberechtigt war, unzulässig ist.³⁷¹¹

4. Generalklausel, § 543 Abs. 1 BGB

a) Kündigungsvoraussetzungen

2354 § 543 BGB enthält das Kündigungsrecht im Grundsatz. Jeder Vertragsteil kann danach das Mietverhältnis **aus wichtigem Grund** außerordentlich fristlos kündigen. Ein wichtiger Grund liegt nach § 543 Abs. 1 Satz 2 BGB vor, wenn dem Kündigenden unter Berücksichtigung aller Umstände des Einzelfalls und unter Abwägung der beiderseitigen Interessen die Fortsetzung des Mietverhältnisses bis zum Ablauf der Kündigungsfrist oder bis zur sonstigen Beendigung nicht zugemutet werden kann.

2355 Damit existiert ein **Auffangtatbestand**, der auf alle die Fälle angewendet werden kann, die nicht nach § 542 Abs. 2 oder §§ 569 Abs. 1, Abs. 2, 578 BGB lösbar sind. Nach der Gesetzesbegründung hat die Norm insb. Bedeutung, wenn Störungen des Mietverhältnisses nicht schuld-

---

3706 OLG Düsseldorf, 14.01.2010 – 10 U 74/09; Weidenkaff, in: Palandt, § 543 Rn. 48.
3707 Kandelhard, in: Herrlein/Kandelhard, § 543 Rn. 71.
3708 A.A. Kandelhard, in: Herrlein/Kandelhard, § 543 Rn. 71.
3709 KG, 18.11.2004 – 8 U 125/04, NZM 2005, 254 = InfoM 2005, 177 = DWW 2005, 21 (Wohnraum).
3710 BGH, 15.09.2010 – XII ZR 188/08, IMR 2010, 474 = NZM 2010, 901 = MDR 2010, 1305.
3711 BGH, 20.02.2008 – VIII ZR 139/07, InfoM 2008, 112.

haft erfolgen; sie orientiert sich zudem ausdrücklich am Wortlaut des § 626 BGB (fristlose Kündigung aus wichtigem Grund beim Dienstvertrag). Die Norm ist an den „alten" § 554a BGB (erhebliche Vertragsverletzungen) angelehnt. § 554a BGB griff ebenfalls als Auffangtatbestand ein, wenn eine der Parteien ihre Vertragspflichten so stark verletzt hatte, dass der anderen Partei ein Festhalten am Vertrag nicht mehr zuzumuten war. Dies war nach der Gesamtabwägung aller Umstände zu entscheiden. Damit setzte sich der Kündigende bei dieser Variante der fristlosen Kündigung in besonders starkem Maße dem richterlichen Ermessen aus. Das erhöhte natürlich das Risiko unzulässiger Kündigungen. Entsprechendes gilt für § 543 Abs. 1 BGB.

Ein wichtiger Grund i.S.d. § 543 Abs. 1 Satz 2 BGB liegt vor, wenn die Durchführung des Vertrages infolge des Verhaltens des anderen Vertragsteils wegen der Zerstörung der das Schuldverhältnis tragenden Vertrauensgrundlage derart gefährdet ist, dass sie dem Kündigenden auch bei Anlegung eines strengen Maßstabs nicht mehr zuzumuten ist.[3712] Dies ist nach der **Gesamtabwägung aller Umstände** in wertender Betrachtung zu entscheiden.[3713] Damit setzt sich der Kündigende bei dieser Variante der fristlosen Kündigung in besonders starkem Maße dem richterlichen Ermessen aus. Das erhöht das Risiko unzulässiger Kündigungen. Für die **Unzumutbarkeit des Mietverhältnisses** i.S.v. § 543 Abs. 1 BGB ist ein strenger Maßstab zugrunde zu legen[3714] und eine umfassende Interessenabwägung vorzunehmen.[3715] Aus § 242 BGB folgt eine **allgemeine vertragliche Treuepflicht**, nach der die Vertragspartner in einem Dauerschuldverhältnis verpflichtet sind, alles zu unterlassen, was das Interesse an der Durchführung des Vertrages beeinträchtigen könnte und alles zu tun, was notwendig ist, um die Erfüllung der vertraglich übernommenen Verpflichtung sicher zu stellen.[3716]

2356

Beispiel für eine unzumutbare Zerrüttung:[3717]

Der Mieter von gewerblichen Räumen zum Betrieb eines „Wellness- und Seminarhauses" behauptete, der Vermieter habe mehrere herabsetzende Äußerungen ihm ggü. getätigt, etwa „ein schlüpfriges Geschäft mit Sexspielchen" oder ein „verdecktes Puff" und eine Sekte zu betreiben. Der Mieter kündigte deshalb fristlos. Solche diffamierenden Äußerungen sind geeignet, eine Beleidigung darzustellen und können auch den Geschäftsbetrieb des Mieters schädigen, sodass die Vertrauensgrundlage entfällt.

Schwere **Ungehörigkeiten**, evtl. auch **Verletzung von Nebenabsprachen**, können daher eine fristlose Kündigung rechtfertigen, wenn es sich um krasse Fälle handelt, wobei es immer auf den Einzelfall ankommt.

2357

Auch nur **einmalige Vorkommnisse** können grds. eine außerordentliche Kündigung nach § 543 BGB begründen, wenn der anderen Partei aufgrund der Schwere des Vorfalls eine Fort-

---

3712 OLG Düsseldorf, 16.02.2006 – I-10 U 116/05, GuT 2006, 127.
3713 BGH, 21.03.2007 – XII ZR 36/05, GuT 2007, 130 = NZM 2007, 400 = MDR 2007, 1009; BGH, 04.12.1985 – VIII ZR 33/85, WuM 1986, 172.
3714 BGH, 15.09.2010 – XII ZR 188/08, IMR 2010, 474 = NZM 2010, 901 = MDR 2010, 1305; BGH, 23.01.2002 – XII ZR 5/00, NZM 2002, 524 = NJW-RR 2002, 946.
3715 BGH, 15.09.2010 – XII ZR 188/08, IMR 2010, 474 = NZM 2010, 901 = MDR 2010, 1305: diffamierende Äußerungen.
3716 BGH, 15.09.2010 – XII ZR 188/08, IMR 2010, 474 = NZM 2010, 901 = MDR 2010, 1305: diffamierende Äußerungen.
3717 BGH, 15.09.2010 – XII ZR 188/08, IMR 2010, 474 = NZM 2010, 901 = MDR 2010, 1305.

setzung des Mietverhältnisses nicht zumutbar ist.[3718] Eine Wiederholungsgefahr ist dann grds. nicht erforderlich.

Wichtig: Der wichtige Grund gem. § 543 Abs. 1 BGB muss immer in der Person des Kündigungsempfängers begründet oder zumindest mitbegründet sein. Wer die Störung selbst zu vertreten hat, darf nicht kündigen.[3719]

> **Praxistipp:**
> Ob § 543 Abs. 1 BGB als alleiniger Kündigungsgrund herangezogen wird, sollte wegen der Wertungsspielräume gut überlegt sein. In jedem Fall empfiehlt es sich, die Norm als zusätzlichen Grund bei anderen Kündigungstatbeständen zur Begründung mit anzuführen (z.B. bei § 543 Abs. 2 Satz 1 Nr. 3 BGB den zusätzlichen Grund „mangelnde Zahlungsmoral").

2358 Auch nur **einmalige Vorkommnisse** können grds. eine außerordentliche Kündigung nach § 543 BGB begründen, wenn der anderen Partei aufgrund der Schwere des Vorfalls eine Fortsetzung des Mietverhältnisses nicht zumutbar ist.[3720] Eine Wiederholungsgefahr ist dann grds. nicht erforderlich.

In die Bewertung der Rechtmäßigkeit der Kündigung muss das **Allgemeininteresse** einfließen, wenn die störenden Einwirkungen der Erfüllung von Aufgaben dienten, die im Allgemeininteresse liegen.[3721] Das ist grds. bei einer ärztlichen Tätigkeit gegeben, sodass bei Störungen, die im Zusammenhang mit „auffälligen" Patienten auftreten, eine fristlose Kündigung des Mietverhältnisses nur dann in Betracht gezogen werden kann, wenn konkrete Vorfälle eine Fortsetzung dieser Behandlungsform als untragbar erscheinen lassen.[3722]

2359 Für die Frage, ob eine **Abmahnung**, gem. § 543 Abs. 3 BGB erforderlich ist, kommt es auf den Einzelfall an (→ *Rn. 2344 ff.*). Liegt eine sog. Zerrüttungskündigung aufgrund **diffamierender Äußerungen** des Vermieters, der Mieter betreibe „ein schlüpfriges Geschäft mit Sexspielchen" oder ein „verdecktes Puff" und eine Sekte, vor, macht eine Abmahnung keinen Sinn und ist daher entbehrlich, weil die Vertrauensgrundlage auch durch eine Abmahnung nicht wieder hergestellt werden kann.[3723] Andererseits wird vertreten, dass nur schwerwiegende Beleidigungen eine sofortige fristlose Kündigung rechtfertigen, weshalb dies bei der Bezeichnung als „Lügenbold", die keine schwerwiegende Beleidigung sein soll, ohne zusätzliche Abmahnung noch nicht gegeben ist.[3724] Bei derartigen Ehrverletzungen kommt es auf den Einzelfall an (s. dazu „Eigene Meinung" in der folgenden Tabelle → *Rn. 2360*).

3718 KG, 02.04.2009 – 12 U 118/08, NZM 2009, 820 = IMR 2010, 100 = InfoM 2009, 478 = KGR Berlin, 685.
3719 BGH, 10.11.2004 – XII ZR 71/01, GuT 2005, 19.
3720 KG, 02.04.2009 – 12 U 118/08, NZM 2009, 820 = IMR 2010, 100 = InfoM 2009, 478 = KGR Berlin, 685.
3721 BGH, 07.04.2000 – V ZR 39/99, NJW 2000, 2901: Abwehranspruch aus § 1004 BGB gegen den Betrieb eines Drogenhilfezentrums auf einem benachbarten Grundstück.
3722 OLG Köln, 12.11.2010 – 1 U 26/10, IMR 2011, 58 = NZM 2011, 76 = NJW 2011, 314: Praxis für Psychiatrie und Psychotherapie führt Drogenersatztherapie durch.
3723 BGH, 15.09.2010 – XII ZR 188/08, IMR 2010, 474 = NZM 2010, 901 = MDR 2010, 1305.
3724 OLG Düsseldorf, 04.05.2010 – 24 U 170/09, IMR 2010, 527 (auf Lebenszeit geschlossener Pachtvertrag).

> **Praxistipp:**
> Um möglichen Diskussionen über eine erforderliche Abmahnung zu entgehen, sollte bei allen Vertragsverletzungen, die nicht auf einer spontanen Reaktion beruhen oder eine solche erforderlich erscheinen lassen (z.B. tätliche Angriffe) eine Abmahnung ausgesprochen werden.

b) Beispiels-Tabelle

Nachfolgend werden einige Fälle von **zur Kündigung berechtigenden Vertragsverletzungen** aufgeführt, wobei hier immer die Abwägung im Einzelfall zu berücksichtigen ist: 2360

Verstoß/Kündigungsgrund	Kernaussage/Einzelheiten	Entscheidung, Fundstelle	Fristlose Kündigung bejaht: ja/nein
Angriffe, tätliche Hinweis: s.a. den Sonderkündigungstatbestand des § 569 Abs. 2, 578 Abs. 2 BGB (Störung des Hausfriedens)	Körperliche Angriffe, auch ohne Körperverletzung (z.B. Anspucken) stellen eine so schwerwiegende Missachtung dar, dass das Vertrauensverhältnis sofort und dauerhaft zerrüttet ist. Anders kann dies u.U. bei vorheriger Provokation sein.	Eigene Meinung	Ja
Anfechtung, unberechtigte durch den Vertragspartner	Die unberechtigte Anfechtung wegen arglistiger Täuschung (nicht: wegen Irrtum) ist als schwerwiegender Treueverstoß zu sehen.	Eigene Meinung	Ja
Aufklärung, Information	Unterbleibende Aufklärung des Vermieters über „gestörte" Mietverhältnisse mit früheren Mietern: keine Treuepflichtverletzung ggü. dem Mieter.	BGH, 04.12.1985 – VIII ZR 33/85, WuM 1986, 172; OLG Düsseldorf, 21.06.2005 – I-24 U 85/05, GuT 2006, 27	Nein
	Der Vermieter ist berechtigt, vor Abschluss eines Mietvertrags vom potenziellen künftigen Mieter in einer Selbstauskunft Angaben zum Arbeitgeber, zur beruflichen Stellung und zu seinen Einkünften zu verlangen. Werden die Fragen nicht korrekt beantwortet, ist der Vermieter berechtigt, das Mietverhältnis aus wichtigem Grund außerordentlich fristlos zu kündigen, ohne dass sich das der Aufklärungspflichtverletzung inhärente Risiko eines Mietausfalls verwirklicht haben muss.	LG München I, 25.03.2009 – 14 S 18532/08, NZM 2009, 782	Ja

	Unrichtige oder unvollständige Angaben über Umsätze oder Erträge eines Unternehmens (hier: Gaststätte) können eine Haftung wegen Verschuldens bei Vertragsschluss auslösen und dieses Verschulden Grund für eine fristlose Kündigung sein.	OLG Düsseldorf, 14.12.2006 – I-10 U 74/06, GuT 2007, 13 = NJOZ 2007, 1082	Ja
Auflösung einer GbR	Die Auflösung einer Gesellschaft gibt regelmäßig kein außerordentliches Lösungs- oder Umgestaltungsrecht in Bezug auf bestehende Schuldverhältnisse.	OLG Brandenburg, 02.04.2008 – 3 U 103/07, IMR 2008, 274	Nein
Aufzug, Ausfall des	Mehrfacher Ausfall des Aufzuges im Laufe mehrerer Jahre bei sofortigen Reparaturmaßnahmen.	KG, 24.05.2007 – 8 U 193/06, GuT 2007, 354 = NZM 2007, 803 = IMR 207, 348 = NJOZ 2007, 4878	Nein
Belästigungen	Dauerhafte Belästigung von anderen Mietern, die daraufhin kündigen oder Miete mindern.	Eigene Meinung	Ja
Beleidigungen (s.a. Angriffe, tätliche) Hinweis: s.a. den Sonderkündigungstatbestand des § 569 Abs. 2, 578 Abs. 2 BGB (Störung des Hausfriedens) Zur Abgrenzung von Tatsachenbehauptungen und Beleidigungen bei Äußerungen ggü. einem WEG-Verwalter vgl. LG München I, 14.01.2010 – 36 S 4219/09	Die Beleidigung oder missgünstige Äußerung muss grds. mehr als nur unerheblich sein. Entscheidend ist der Einzelfall. Ob sie strafrechtlich relevant ist, kann bei der Beurteilung eine Rolle spielen, ist aber für die mietrechtliche Bewertung nicht entscheidend. Es ist nach objektiven Kriterien zu entscheiden. Die subjektive Bedeutung der Äußerung/Handlung ggü. dem „Empfänger" ist unerheblich, sodass es bspw. keine Rolle spielt, ob das Zeigen eines „Stinkefingers" ggü. einem extrem konservativen und leicht kränkbaren Mieter oder einem „cooleren" Vermieter erfolgt.	Eigene Meinung	
	Einmalige Entgleisung in Form lautstarken Auftretens ohne Beleidigung, Verleumdung oder Tätlichkeiten.	KG, 02.04.2009 – 12 U 118/08, NZM 2009, 820 = IMR 2010, 100 = InfoM 2009, 478 = KGR Berlin, 685	Nein

	Bezeichnung des Vermieters als „primitiv".	OLG München, 28.02.2001 – 3 U 5169/00, ZMR 2001, 535 = MDR 2001, 745 = NJW-RR 2002, 631	Nein
	Äußerungen des Vermieters ggü. dem Mieter, dass dieser „ein schlüpfriges Geschäft mit Sexspielchen" oder ein „verdecktes Puff" und eine Sekte betreibe.	BGH, 15.09.2010 – XII ZR 188/08, IMR 2010, 474 = NZM 2010, 901 = MDR 2010, 1305	Ja (sofern die Äußerungen bewiesen werden)
	Beschimpft der gewerbliche Mieter den Geschäftsführer der Vermieterin mit den Worten „er werde ihm die Zähne ausschlagen und ihn totschlagen, wenn er nochmals ausstehende Mietzahlungen gegenüber seinen Mitarbeitern anmahne", ist die außerordentliche fristlose Kündigung aus wichtigem Grund gerechtfertigt.	OLG Düsseldorf, 08.03.2005 – I-10 U 32/05, GuT 2006, 86 = NZM 2006, 295	Ja
	In der Bezeichnung als „Lügenbold" ist keine schwerwiegende Beleidigung zu sehen. Nur schwerwiegende Beleidigungen können die fristlose Kündigung rechtfertigen.	OLG Düsseldorf, 04.05.2010 – 24 U 170/09, IMR 2010, 527 (auf Lebenszeit geschlossener Pachtvertrag)	Nein
Betreten der Räume	Durch ein einmaliges Betreten der Räume nach Auszug der Mieter, aber noch während der Mietzeit, ist der Hausfrieden, soweit man hiervon bei einem fast leergeräumten Haus überhaupt zu sprechen vermag, jedenfalls nicht derart nachhaltig gestört, dass eine Fortsetzung des Mietverhältnisses bis zum regulären Ende unzumutbar wäre.	LG Lüneburg, 09.05.2005 – 6 S 51/05, WuM 2005, 586 (Wohnraum)	Nein
	Eindringen des Vermieters ohne vorherige Ankündigung und ohne zwingenden Grund mithilfe seines eigenen Schlüssels in die Mieträume; es ist dann auch keine Abmahnung erforderlich.	OLG Celle, 20.11.2006 – 13 U 182/06, InfoM 2007, 221:	Ja

Betriebskosten	Weigerung der Auszahlung eines Betriebskostenguthabens. Allein eine 5-jährige Nichtabrechnung reicht noch nicht aus; ein außerordentlicher Kündigungsgrund kann aber darin liegen, dass der Verpächter seine Rechenschaftspflicht für eine weitere Abrechnungsperiode sowie den Anspruch des Pächters auf Erstattung eines Guthabens trotz rechtskräftiger Verurteilung nicht erfüllt.	OLG Düsseldorf, 20.12.1990 – 10 U 137/90, DWW 1991, 78	Ja
	Verwendung gefälschter Belege für die Betriebskostenabrechnung.	LG Gießen, 12.06.1996 – 1 S 571/95, WuM 1996, 767	Ja
	Vermieter erstellt Nebenkostenabrechnung trotz Aufforderung jahrelang nicht, muss darauf verklagt werden, zahlt dann nach Erstellung trotz Mieter-Obsiegens ein Guthaben nicht aus und muss erneut verklagt werden.	Eigene Meinung	Ja
	Verweigerung von (erheblichen) Nebenkostennachzahlungen.	OLG München, 28.02.2001 – 3 U 5169/00, ZMR 2001, 535 = MDR 2001, 745 = NJW-RR 2002, 631; Blank, in: Schmidt-Futterer, § 543 Rn. 180	Nein
Betriebskosten, Aufklärung über die tatsächliche Höhe	Unterbliebene Aufklärung durch den Vermieter über hohe Nebenkosten.	KG, 17.08.2006 – 8 U 33/06, DWW 2007, 225 = GuT 2006, 330 = NJW-RR 2007, 519	Nein
Betriebskostenabrechnung, falsche	Dem Mieter steht ein außerordentliches fristloses Kündigungsrecht, gestützt auf die Generalklausel des § 543 Abs. 1 Satz 2 BGB in aller Regel nur dann zur Seite, wenn der Vermieter seine Abrechnungspflicht vorsätzlich verletzt hat, was insb. der Fall ist, wenn er vorsätzlich Kosten in die Abrechnung einstellt, die zu keiner Zeit angefallen sind.	Hinz, NZM 2010, 57, 69 ff.	Ja/Nein

Betriebskostenabrechnung, unterbliebene	Allein eine 5-jährige Nichtabrechnung reicht noch nicht für einen außerordentlichen Kündigungsgrund aus.	OLG Düsseldorf, 20.12.1990, DWW 1991, 78	Nein
Betriebspflicht	→ „Vertragswidriger Gebrauch"		
Bonität, Täuschung über	→ „Aufklärung, Information", „Vermögenslosigkeit"		
Brandgefahr verursacht	Innerhalb von zwei Monaten verursacht der Mieter zwei Mal eine erhebliche Gefährdung des Hauses und der Mitmieter durch Brand.	AG Berlin-Charlottenburg, 15.10.2003 – 212 C 150/03, NJW-RR 2004, 731 (Wohnraum)	Ja
Drogenersatztherapie	Eine Drogenersatztherapie (Substitutionsbehandlung) ist von dem vertraglich vereinbarten Gebrauch des Mietobjekts als „Praxis für Psychiatrie und Psychotherapie" gedeckt. Hierfür kommt es maßgeblich darauf an, dass die Substitutionsbehandlung eine Behandlungsform darstellt, die i.R.d. Psychiatrie oder Psychotherapie als üblich oder zumindest absehbar angesehen werden kann.	OLG Köln, 12.11.2010 – 1 U 26/10, IMR 2011, 58 = NZM 2011, 76 = NJW 2011, 314	Nein
Energieversorgung, Sperrung der	Der Mieter einer Arztpraxis ist zur fristlosen Kündigung berechtigt, wenn die Sperrung der Energieversorgung aus von ihm nicht zu verantwortenden Gründen wiederholt angedroht und ein Mal vollzogen wird.	OLG Düsseldorf, 21.03.2006 – I-24 U 132/05, GuT 2006, 135 = IMR 2007, 10	Ja
Erkrankung des Mieters	Schwere Erkrankung des Mieters. Selbst im Wohnungsmietrecht, das besondere Schutzbestimmungen zugunsten des Mieters vorsieht, hat der Mieter bei Erkrankung kein Recht auf eine fristlose Kündigung. Der Vermieter handelt auch nicht treuwidrig, wenn er an dem Vertrag festhält, da der Mieter sein Risiko durch eine Untervermietung begrenzen kann, die der Vermieter nur aus wichtigem Grund verweigern darf.	OLG Düsseldorf, 15.09.2008 – I 24 W 53/08, BeckRS 2008, 19278; OLG Düsseldorf, 06.06.2000 – 24 U 186/99, MDR 2001, 83	Nein
Ertragslage der Mietsache	→ „Umfeldmängel"		

Falsche Angaben/ Täuschung	Unrichtige oder unvollständige Angaben über Umsätze oder Erträge eines Unternehmens (hier: Gaststätte) können eine Haftung wegen Verschuldens bei Vertragsschluss auslösen und dieses Verschulden Grund für eine fristlose Kündigung sein.	OLG Düsseldorf, 14.12.2006 – I-10 U 74/06, GuT 2007, 13 = NJOZ 2007, 1082	Ja
Falsche Verdächtigung	→ „Strafanzeige"		
Insolvenz	→ „Vermögenslosigkeit"		
Kaution	Nichtleistung der vereinbarten Kaution nach Anmahnung.	BGH, 21.03.2007 – XII ZR 36/05, GuT 2007, 130 = NZM 2007, 400 = MDR 2007, 1009; OLG Düsseldorf, 25.03.2010 – 10 U 136/09 (dort war wohl keine Mahnung erfolgt, Kündigungsgrund wurde dennoch bejaht)	Ja
	Ob auch sofort ohne Mahnung gekündigt werden kann, hängt von den Umständen des Einzelfalls ab.	BGH, 21.03.2007 – XII ZR 255/04, GuT 2007, 128 = NZM 2007, 401= IMR 2007, 180 u. 181 = MDR 2007, 1126 Ls.	Ja
	Eine einmalige Anmahnung der nicht gezahlten Kaution reicht aus.	Eigene Meinung	
	Wurde die Nichtzahlung mehrfach gemahnt, kann gekündigt werden.	OLG München, 17.04.2000 – 3 W 1332/00, NZM 2000, 908 = MDR 2000, 1006	Ja

	Ist der Vermieter zur getrennten Anlage einer Kaution verpflichtet, kann der Mieter verlangen, dass der Vermieter vor der Zahlung ein gesondertes und den gesetzlichen Anforderungen genügendes Mietkautionskonto benennt und nachweist. Daraus resultiert, dass ausnahmsweise ein Zurückbehaltungsrecht mit der Folge besteht, dass kein Verzug des Mieters bei Nichtzahlung und damit auch kein Kündigungsgrund gem. § 543 BGB vorliegen kann. **Hinweis:** Dies hat der BGH zwar nur für die gesetzliche Vorschrift des § 551 Abs. 3 BGB für Wohnraum entschieden, es besteht aber im Ergebnis kein Unterschied, wenn sich die Pflicht zur getrennten Anlage nicht (auch) aus dem Gesetz, sondern nur aus dem gewerblichen Miet- oder Pachtvertrag ergibt, die Parteien also ausdrücklich vereinbart haben, dass der Vermieter die Kaution getrennt von seinem Vermögen (also insolvenzfest) anzulegen hat.	BGH, 13.10.2010 – VIII ZR 98/10, IMR 2010, 503 = NZM 2011, 28	Nein
Konkurrenz	Vermieter vermietet im selben Gebäude Räume an die StA, obwohl dort bereits ein Anwalt Mieter ist; das Gericht hat u.a. darauf abgestellt, dass der Anwalt so stark zivilrechtlich ausgerichtet sei, dass seine Mandanten an der benachbarten StA keinen Anstoß nehmen könnten.	OLG Köln, 13.01.2004 – 22 U 125/03, Mietrecht kompakt 2004, 42:	Nein
Kündigung durch den Vertragspartner, wenn unbegründet	Grundlose Erfüllungsverweigerung durch unbegründete Kündigung.	BGH, 01.12.1993 – VIII ZR 129/92, NJW 1994, 493 = WuM 1994, 493	Ja
Mängel	Nachhaltige Verweigerung einer Mängelbeseitigung.	LG Heidelberg, 09.06.1976 – 3 S 2/75, WuM 1977, 200	Ja

Mehrfache Vertragsverstöße	Mehrfache Vertragsverstöße einer Seite, die sich als eine Art „Kette" darstellen und in Richtung Schikane tendieren, z.B. Vermieter erstellt Nebenkostenabrechnung trotz Aufforderung jahrelang nicht, muss darauf verklagt werden, zahlt dann nach Erstellung trotz Mieter-Obsiegens ein Guthaben nicht aus und muss erneut verklagt werden.	Eigene Meinung	Ja
Nebenkosten	→ „Betriebskosten"		
Öffentlich-rechtliche Vorschriften	Verstoß des Gewerberaummieters mit seinem Betrieb gegen gewerberechtliche oder bauplanungsrechtliche Vorschriften, solange dadurch der Hausfrieden nicht tatsächlich gestört wird.	KG, 01.09.2003 – 12 U 20/03, GuT 2004, 90	Nein
Prozesskosten nicht bezahlt	Der Mieter, der die ihm auferlegten Kosten aus einem früheren, auf Zahlungsverzug gestützten Räumungsprozess nicht begleicht, verletzt seine Pflichten aus dem Mietvertrag, sodass ein Kündigungsgrund nach § 543 Abs. 1 BGB besteht.	Eigene Meinung	Ja (a.A. BGH 14.07.2010 – VIII ZR 267/09, IMR 2010, 365 = NZM 2010, 696 = MDR 2010, 1105 (Wohnraum; Erheblichkeitsschwelle nicht erreicht)
Rechtsformwechsel	Identitätswahrende Umwandlung einer GbR auf der Pächterseite zunächst in eine offene Handelsgesellschaft und danach – formwechselnd – in eine GmbH (§§ 190 ff. UmwG).	BGH, 27.11.2009 – LwZR 15/09, NZM 2010, 280 = InfoM 2010, 279 = NZG 2010, 314 = MDR 2010, 377 und BGH, 26.04.2002 – LwZR 20/01, NZM 2002, 660 = MDR 2002, 1055: keine Überlassung der Pachtsache an einen Dritten.	Nein
Querulatorisches Verhalten	Mieter bombardiert Vermieter mit etwa 174 Mängelrügeschreiben in 14 Wochen.	LG Bielefeld, 26.07.2001 – 22 S 140/01, WuM 2001, 553	Ja
Schlossaustausch	→ „Verbotene Eigenmacht"		

Strafanzeige	Bei Strafanzeigen ist zu differenzieren, aus welchem Grund eine Anzeige erfolgte und wie sich der Angezeigte seinerseits verhält.	KG, 02.04.2009 – 12 U 118/08, NZM 2009, 820 = IMR 2010, 100 = InfoM 2009, 478 = KGR Berlin, 685	Ja/Nein
	Grundlose Strafanzeige des Mieters gegen den Vermieter	BVerfG, 02.10.2001 – 1 BvR 1372/01, NZM 2002, 61; Weidenkaff, in: Palandt, § 573 Rn. 39	Ja
	Strafanzeige aus Böswilligkeit oder aus nichtigem Anlass oder wenn ein Vertragspartner ohne hinreichenden Anlass gegen den anderen Vertragspartner bei den Behörden agiert.	OLG Brandenburg, 19.04.2006 – 3 U 157/05, IMR 2007, 74	Ja
	Erfolglose Strafanzeige berechtigt zur ordentlichen Kündigung.	AG Gummersbach, 12.07.2010 – 10 C 172/09, IMR 2010, 423	Ja
Straftat	Bloßer Verdacht reicht noch nicht aus.	Eigene Meinung; ebenso Herrlein/Kandelhard, § 543 Rn. 21	Nein
	Einmaliger Drogenhandel im Hausflur; keine Abmahnung erforderlich.	AG Pinneberg, 29.08.2002 – 68 C 23/02, NZM 2003, 553 = NJW-RR 2003, 944; **a.A.** Herrlein/Kandelhard, § 543 Rn. 21, wenn es an konkreter Beeinträchtigung der anderen Bewohner fehlt.	Ja
Stromdiebstahl	Ein Kündigungsgrund liegt vor, wenn ein Mieter Stromleitungen anzapft und auf diese Weise Energie verbraucht, ohne dafür zu bezahlen. Eine Abmahnung ist entbehrlich, da es sich unabhängig vom Schaden beim Vermieter um eine Straftat handelt (**a.A.** KG, 18.11.2004 – 8 U 125/04, NZM 2005, 254 = InfoM 2005, 177 = DWW 2005, 21 zu Wohnraum).	Eigene Meinung	Ja

Tätlichkeiten	→ „Beleidigungen"		
Täuschung	→ „Falsche Angaben"		Ja
Täuschung bei Vertragsabschluss	→ „Aufklärung, Information"		
Tod des Mieters	Tod des Mieters.	OLG Düsseldorf, 15.09.2008 – I 24 W 53/08, BeckRS 2008, 19278; OLG Düsseldorf, 06.06.2000 – 24 U 186/99, MDR 2001, 83	Nein
Tod eines GbR-Gesellschafters	Nach dem Tod eines Gesellschafters einer Mieter-GbR steht den übrigen Gesellschaftern kein hierauf gestütztes Sonderkündigungsrecht zu. Die Auflösung einer Gesellschaft gibt regelmäßig kein außerordentliches Lösungs- oder Umgestaltungsrecht in Bezug auf bestehende Schuldverhältnisse. § 580 BGB ist beim Tod eines GbR-Gesellschafters unanwendbar.	OLG Brandenburg, 02.04.2008 – 3 U 103/07, IMR 2008, 274	Nein
Umfeldmängel	Verschlechterung der Ertragslage der Mietsache.	BGH, 03.03.2010 – XII ZR 131/08, GuT 2010, 97 = IMR 2010, 227, 228 = NZM 2010, 361 = InfoM 2010, 219; OLG Düsseldorf, 19.02.2009 – 10 U 142/08, GuT 2009, 179 = IMR 2009, 201 = InfoM 2009, 382 = NZM 2010, 477; OLG Düsseldorf, 13.12.1990 – 10 U 84/90, ZAP EN-Nr. 177/91 = MDR 1991, 446	Nein
	Beschwerlichkeit des Erreichens eines Geschäftslokals bzw. eine Veränderung der Anbindung an das öffentliche Personennahverkehrskonzept.	LG Düsseldorf, 10.06.2003 – 24 S 49/03, NZM 2003, 899	Nein

Umsatzrückgänge	Ausführlich zur Thematik Mängel/ Kündigung bei Umsatzrückgängen → Rn. 2089 ff.	BGH, 07.10.2004 – I ZR 18/02, GuT 2005, 60	Grds. Nein
Umwandlung gesellschaftsrechtliche	Der infolge einer Umwandlung durch Verschmelzung (§ 2 UmwG) eintretende Pächterwechsel (§ 20 Abs. 1 Nr. 1 UmwG) rechtfertigt allein nicht eine außerordentliche Kündigung des Verpächters aus wichtigem Grund. Eine solche ist nur möglich, wenn die Umwandlung zu einer konkreten Gefährdung der Ansprüche des Verpächters geführt hat; die Darlegungs- und Beweislast dafür obliegt dem Verpächter.	BGH, 26.04.2002 – LwZR 20/01, NZM 2002, 660 = MDR 2002, 1005 = NJW 2002, 2168	Nein
Unberechtigte Anfechtung	Unberechtigte Anfechtung des Mietvertrages, schwere Ungehörigkeiten, evtl. Verletzung von Nebenabsprachen, wobei es immer auf den Einzelfall ankommt. In Betracht kommen nur krasse Fälle.	Eigene Meinung	Ja/Nein
Unberechtigte Kündigung	Grundlose Erfüllungsverweigerung durch unbegründete Kündigung.	BGH, 01.12.1993 – VIII ZR 129/92, NJW 1994, 493 = WuM 1994, 493	Ja
Unpünktliche Mietzahlung	→ „Zahlungsverzug"		
Verbotene Eigenmacht (Schlossaustausch, Energiesperre)	Verbotene Eigenmacht durch Auswechseln des Türschlosses durch den Vermieter (anders, wenn ein Rücktausch der Schlösser unmittelbar nach Belehrung durch die herbeigerufene Polizei erfolgt).	KG, 02.04.2009 – 12 U 118/08, NZM 2009, 820 = IMR 2010, 100 = InfoM 2009, 478 = KGR Berlin, 685	Ja
	Der Mieter einer Arztpraxis ist zur fristlosen Kündigung berechtigt, wenn die Sperrung der Energieversorgung aus von ihm nicht zu verantwortenden Gründen wiederholt angedroht und ein Mal vollzogen wird (auch ohne vorherige Abmahnung).	OLG Düsseldorf, 21.03.2006 – I-24 U 132/05, GuT 2006, 135 = IMR 2007, 10	Ja

Vermögenslosigkeit	Die Rechtsprechung (s. nachfolgend) geht grds. davon aus, dass die wirtschaftliche Schwierigkeiten allein noch keine fristlose Kündigung begründen können. Bei Vermögensverfall einer Mietvertragspartei gewährt das Gesetz dem Vertragspartner jedenfalls im Grundsatz kein Recht, sich vom Vertrag zu lösen. Selbst die Löschung einer vermietenden GmbH im Handelsregister soll nicht ausreichen. Die Parteien seien ausreichend durch die InsO geschützt, die ein Sonderkündigungsrecht grds. nicht vorsehe. Folge dieser Auffassung ist, dass Miet- und Pachtverhältnisse de facto aufrechterhalten bleiben, obwohl nachweisbar nichts mehr bezahlt werden kann. Ab Ablehnung der Eröffnung des Insolvenzverfahrens ist damit klar, dass der Vertragspartner nur noch geschädigt wird. Dies stellt sich als schwerwiegende Zerrüttung des Vertrauensverhältnisses dar, die eine fristlose Kündigung rechtfertigt.	Eigene Meinung. Ebenso Herrlein/Kandelhard, § 543 Rn. 20 (Aufrechterhaltung von „Geist"-Mietverhältnissen ist unzumutbar).	Ja/Nein
	Löschung des Vermieters im Handelsregister wegen Vermögenslosigkeit und eine damit vorgeblich einhergehende Gefährdung der notwendigen wirtschaftlichen Planungssicherheit.	BGH, 10.04.2002 – XII ZR 37/00, NZM 2002, 525 = NJW-RR 2002, 947	Nein
	Wirtschaftliche Schwierigkeiten des Gewerbemieters.	LG Halle/S., 30.03.2001 – 9 O 415/99, GuT 2002, 40	Nein
	Einstellung eines Betriebes zur Vermeidung eines Insolvenzverfahrens.	BGH, 07.10.2004 – I ZR 18/02, GuT 2005, 60	Nein
	Verschlechterung der Ertragslage der Mietsache	OLG Düsseldorf, 13.12.1990 – 10 U 84/90, ZAP EN-Nr. 177/91 = MDR 1991, 446	Nein
Verschulden bei Vertragsschluss	→ „Aufklärung, Information"		

IV. Fristlose Kündigung

Vertragsgemäßer Gebrauch beeinträchtigt (→ s.a. „Verbotene Eigenmacht")	Offene Verkaufsfläche in einer Halle ist nicht mehr vor Diebstahl geschützt, weil andere Mieter ihre Verkaufsflächen auch außerhalb der vertraglich vereinbarten Geschäftszeiten öffnen.	OLG Dresden, 11.12.2007 – 5 U 1526/07, IMR 2008, 244 = InfoM 2008, 68	Ja
	Die Verhinderung von Modernisierungsarbeiten, zu deren Duldung der Mieter verpflichtet ist.	LG Berlin, 26.01.2010 – 63 S 236/09 (Wohnraum)	Nein
Vertragswidriger Gebrauch	→ dazu auch ausführlich Rn. 2361		
	Eine Drogenersatztherapie (Substitutionsbehandlung) ist von dem vertraglich vereinbarten Gebrauch des Mietobjekts als „Praxis für Psychiatrie und Psychotherapie" gedeckt. Hierfür kommt es maßgeblich darauf an, dass die Substitutionsbehandlung eine Behandlungsform darstellt, die i.R.d. Psychiatrie oder Psychotherapie als üblich oder zumindest absehbar angesehen werden kann.	OLG Köln, 12.11.2010 – 1 U 26/10, IMR 2011, 58 = NZM 2011, 76 = NJW 2011, 314	Nein
	Nicht nur ganz kurzfristige Verstöße gegen die Gebrauchs- oder Betriebspflicht (sofern andauernd und nach Abmahnung).	Eigene Meinung	Ja
	Der Mieter beheizt die Mieträume nicht ausreichend. Hinweis: Bejaht wurde hier das Recht zur fristgemäßen Kündigung auch ohne konkreten Schadenseintritt nach Abmahnung.	LG Hagen, 19.12.2007 – 10 S 163/07, DWW 2008, 180 = InfoM 2008, 316	Ja
	Verstoß des Gewerbemieters mit seinem Betrieb gegen gewerberechtliche oder bauplanungsrechtliche Vorschriften, wenn dadurch der Hausfrieden nicht tatsächlich gestört wird.	KG, 01.09.2003 – 12 U 20/03, GuT 2004, 90 = ZMR 2004, 261	Nein

	Identitätswahrende Umwandlung einer GbR auf der Pächterseite zunächst in eine offene Handelsgesellschaft und danach – formwechselnd – in eine GmbH (§§ 190 ff. UmwG): keine vertragswidrige Überlassung der Pachtsache an einen Dritten.	BGH, 27.11.2009 – LwZR 15/09, NZM 2010, 280 = InfoM 2010, 279 = NZG 2010, 314 = MDR 2010, 377 und BGH, 26.04.2002 – LwZR 20/01, NZM 2002, 660 = MDR 2002, 1055	Nein
Verzug mit Miete	→ *„Zahlungsverzug"*		
Vormietrecht, Vereitelung	Vereitelung des Vormietrechts des Mieters bzgl. weiterer, bisher nicht gemieteter Räume.	BGH, 06.02.1974 – VIII ZR 239/72, WuM 1974, 345	Ja
Wirtschaftliche Schwierigkeiten	→ *Vermögenslosigkeit*		
Wirtschaftliche Verwertung des Gebäudes wird verhindert		OLG Dresden, 03.12.2002 – 5 U 1270/02, NZM 2003, 356 = WuM 2003, 32 = NJW 2003, 1819	Nein
Zahlungsverzug (außerhalb des § 543 Abs. 2 Nr. 3 BGB)	Es gelten folgende Grundsätze: Mehrfache unpünktliche Zahlungen der Miete trotz Mahnung des Vermieters können eine fristlose Kündigung begründen. An die Unzumutbarkeit der Vertragsfortsetzung sind jedoch strenge Anforderungen zu stellen, da die Voraussetzungen des § 543 Abs. 3 BGB nicht durch die Anwendung eines anderen Kündigungstatbestandes unterlaufen werden dürfen. Das „mehrfach" muss daher in Richtung „ständig" gehen, sodass 2- bis 3-fache unpünktliche Zahlungen ohne Abmahnung i.d.R. nicht ausreichen, wenn nicht andere Umstände hinzutreten.	Rechtsprechung s. nachfolgend	

Zahlungsverzug	Ständige oder auch mehrfache unpünktliche Zahlungen der Miete trotz Mahnung des Vermieters.	BGH, 23.09.1987 – VIII ZR 265/86, NJW-RR 1988, 77 = ZMR 1988, 16; OLG Frankfurt am Main, 16.06.2010 – 2 U 220/09, IMR 2010, 376; OLG Karlsruhe, 10.12.2002 – 17 U 97/02, AIM 2003, 119 = NZM 2003, 513	Ja
	An die Unzumutbarkeit der Vertragsfortsetzung sind jedoch strenge Anforderungen zu stellen, da die Voraussetzungen des § 543 Abs. 3 BGB nicht durch die Anwendung eines anderen Kündigungstatbestands unterlaufen werden dürfen.	OLG Karlsruhe, 10.12.2002 – 17 U 97/02, AIM 2003, 119 = NZM 2003, 513	Ja/Nein
	Das „mehrfach" (s. BGH, 23.09.1987 – VIII ZR 265/86, NJW-RR 1988, 77 = ZMR 1988, 16) muss in Richtung „ständig" gehen, sodass 2- bis 3-fache unpünktliche Zahlung i.d.R. nicht ausreicht, wenn nicht andere Umstände hinzu treten.	Eigene Meinung	Ja/Nein
	Miete für Gaststätte meist mehr als 40 Tage, Miete für Wirtswohnung meist mehr als 20 Tage zu spät gezahlt.	OLG Düsseldorf, 08.07.2008 – 24 U 177/07, IMR 2009, 89:	Ja
	Von 17 Monaten nur 7 Mal pünktlich gezahlt.	OLG Koblenz, 13.10.1992 – 3 U 637/92, NJW-RR 1993, 583 = MDR 1992, 213	Ja
	Von 12 Monaten trotz Abmahnung nur 3 Mal pünktlich gezahlt; Fälligkeitstermine nur um einige Tage überschritten.	LG Hagen, 07.05.2010 – 1 S 13/10	Ja
	Mehrfache Zahlungsunpünktlichkeit **vor** einer diesbezüglichen Abmahnung und nur eine Unpünktlichkeit **nach** der Abmahnung rechtfertigen die fristlose Kündigung. D.h.: fristlose oder fristgemäße Kündigung bereits nach erstem Zahlungsverzug, wenn abgemahnt wurde.	BGH, 11.01.2006 – VIII ZR 364/04, NZM 2006, 338 = MDR 2006, 864; LG Berlin, 10.07.2006 – 67 S 159/04, NZM 2007, 564	Ja

	Zahlungsverzug mit einer Monatsmiete, wenn der Mieter erklärt, künftig nicht mehr zahlen zu können.	OLG Düsseldorf, 23.05.1991 – 10 U 119/90, NJW-RR 1991, 1353 = MDR 1991, 965	Ja
Zugangsbehinderungen	→ „Umfeldmängel"		
Verschiedenes	Vermieter beschafft sich unerlaubt Namen von Patienten des mietenden Arztes (auch ohne vorherige Abmahnung).	OLG Bremen, 05.12.2007 – 1 U 65/07, GuT 2008, 37	Ja

c) Vertragswidriger Gebrauch

2361 Nach § 543 Abs. 2 Nr. 2 BGB liegt ein Kündigungsgrund vor, wenn der Mieter die Rechte des Vermieters dadurch in erheblichem Maße verletzt, dass er die Mietsache durch **Vernachlässigung** der ihm obliegenden Sorgfalt erheblich gefährdet – was § 553, 2. Alt. BGB a.F. entspricht – oder sie **unbefugt einem Dritten überlässt**. Der „echte" vertragswidrige Gebrauch als Gegenstück des vertragsgemäßen Gebrauchs (bspw. die vertragswidrige Nutzung von Büroflächen als Ladengeschäft) wird seit der Mietrechtsreform 2001 dadurch nicht mehr erfasst (ausführlich → Rn. 2376). Die Beurteilung von allem, was nicht von den beiden Alternativen des § 543 Abs. 2 Nr. 2 BGB erfasst wird, richtet sich deshalb nach dem Auffangtatbestand des § 543 Abs. 1 BGB.

2362 Der Begriff des vertragswidrigen Gebrauchs ist derselbe wie in § 541 BGB (Unterlassungsklage bei vertragswidrigem Gebrauch) und eine Negierung des vertragsgemäßen Gebrauchs. Liegt dieser nicht mehr vor, ist der Gebrauch vertragswidrig. Kurz: was nicht vertragsgemäß ist, ist vertragswidrig. Dafür ist zunächst der Mietvertrag zu prüfen (z.B. im Hinblick auf den vereinbarten Mietzweck etc.); ist dieser auslegungsbedürftig und -fähig, ist der Inhalt des vertragsgemäßen Gebrauchs nach den §§ 133, 157 BGB zu ermitteln, bei lückenhaften Parteivereinbarungen durch ergänzende Vertragsauslegung. Folgende wesentliche **Fallgruppen** des vertragswidrigen Gebrauchs sind zu unterscheiden:

- **Eigenmächtige Änderungen des Mietzweckes**: Die Beurteilung, ob ein vertragswidriger Gebrauch vorliegt, richtet sich maßgeblich nach dem vereinbarten Mietzweck. Je allgemeiner der Mietzweck beschrieben ist, desto freier ist der Mieter. Findet sich im Vertrag z.B. nur die Formulierung „zum Betrieb eines Gewerbes", kann der Mieter die Geschäftsart selbst festlegen. Anders aber, wenn zum Betrieb eines Technologiezentrums vermietet wird und der Mieter ein Call-Center betreibt.[3725] Vermieter sind deshalb dahin zu beraten, ob sie für ihr Objekt nur eine Verwendung in bestimmten Grenzen wünschen oder ob ihnen die Art des Unternehmens gleich ist. Eine Gewerbeausübung in einer zu Wohnzwecken vermieteten Wohnung kann zur Kündigung berechtigen[3726] (ausführlich → Rn. 613 ff.). Eine **Drogenersatztherapie** (Substitutionsbehandlung) ist von dem vertraglich vereinbarten Gebrauch

---

[3725] OLG Düsseldorf, 05.09.2002 – 24 U 207/01, GuT 2003, 55 = NZM 2003, 945 = WuM 2003, 136.
[3726] BGH, 14.07.2009 – VIII ZR 165/08, IMR 2009, 336 = WuM 2009, 517.

des Mietobjekts als „Praxis für Psychiatrie und Psychotherapie" gedeckt, da es dafür maßgeblich darauf ankommt, dass die Substitutionsbehandlung eine Behandlungsform darstellt, die i.R.d. Psychiatrie oder Psychotherapie als üblich oder zumindest absehbar angesehen werden kann.[3727]

- **Eingriffe in die Bausubstanz**: Wesentliche bauliche Änderungen, ausnahmsweise genehmigungspflichtige Einrichtungen, sind vertragswidriger Gebrauch.
- **Vermeidbare Störungen** von erheblichem Gewicht.
- Verstoß gegen eine vereinbarte Betriebspflicht.

Bei der Prüfung der **Unzumutbarkeit der Vertragsfortsetzung** ist eine Interessenabwägung vorzunehmen (Interesse des Mieters am Fortbestand/Interesse des Vermieters an der Beendigung). Eine erhebliche Verletzung der Vermieterrechte liegt immer bei unbefugter Gebrauchsüberlassung (unberechtigte Untervermietung etc.) vor. Für andere Fälle ist dies anhand der konkreten Umstände zu prüfen. Will der Vermieter sein Recht nicht verlieren, muss er entsprechend § 314 Abs. 3 BGB in einer angemessenen Zeit nach Kenntnis des anderweitigen Gebrauchs ausdrücklich widersprechen.

2363

Alternativ zur Kündigung kann der Vermieter auch nach § 541 BGB mit einer Unterlassungsklage vorgehen.

d) Hinderung der angemessenen wirtschaftlichen Verwertung

In der Praxis kommen immer wieder Situationen vor, in denen der Vermieter das gesamte (ganz oder teilweise noch vermietete) **Gebäude abreißen oder umbauen** will, bspw. wenn ein Bahnhof komplett neu gestaltet werden soll. Unbefristete Miet- oder Pachtverhältnisse kann der Vermieter mit der gesetzlichen Frist kündigen, ohne dass er einen besonderen Kündigungsgrund benötigt. Handelt es sich um befristete Mietverhältnisse, kann der Vermieter – wenn der Vertrag nicht für diesen Fall ein ausdrückliches Kündigungsrecht enthält oder er sich mit den Mietern nicht über eine Aufhebung des Mietverhältnisses oder eine Neugestaltung einig wird – den Mietvertrag weder außerordentlich nach § 543 Abs. 1 BGB noch ordentlich mit der gesetzlichen Frist nach § 580a BGB kündigen. Bei befristeten Mietverhältnissen sieht das Gesetz kein Recht zur außerordentlichen Kündigung oder ein Sonderkündigungsrecht wegen einer **Hinderung der angemessenen wirtschaftlichen Verwertung** vor. Zwar enthält § 573 BGB ein Recht zur ordentlichen Kündigung des Vermieters, wenn er durch Fortsetzung des Mietverhältnisses an einer angemessenen wirtschaftlichen Verwertung des Grundstücks gehindert und dadurch erhebliche Nachteile erleiden würde. Die Vorschrift gilt jedoch mangels Verweisung in § 578 Abs. 2 BGB nur für Wohnraummietverhältnisse.

2364

Derartige Zwangssituationen für den Vermieter begründen kein **unzumutbares Mietverhältnis** i.S.v. § 543 Abs. 1 BGB, da dies ein Verschulden des Mieters voraussetzt und dieser sich vertragskonform verhält, wenn er die Räume weiter nutzt. So kann ein auf zehn Jahre befristetes Mietverhältnis über Gewerberäume vom Vermieter nicht vorzeitig außerordentlich gem. § 543 Abs. 1 BGB mit der Begründung gekündigt werden, der Vermieter plane den Abriss des

2365

[3727] OLG Köln, 12.11.2010 – 1 U 26/10, IMR 2011, 58 = NZM 2011, 76 = NJW 2011, 314.

Gebäudes, damit dort ein unter städtebaulichen Gesichtspunkten erwünschtes Einkaufszentrum entstehen könne und zwar selbst dann nicht, wenn es sich um den letzten im Haus verbliebenen Mieter handelt und die übrigen Räume des Gebäudes, eines mehrgeschossigen großen Plattenbaus, nach dem Auszug der anderen Mieter leer stehen.[3728]

2366 § 554 BGB, auf den § 578 Abs. 2 BGB verweist, hilft dem Vermieter ebenfalls nicht weiter, da er nur den Mieter zur Duldung von Erhaltungs- und Modernisierungsmaßnahmen verpflichtet und diesem, nicht aber dem Vermieter, ein Sonderkündigungsrecht einräumt. I.Ü. wird es sich bei einem kompletten Neu- oder Umbau so gut wie nie um eine Modernisierungsmaßnahme handeln, da diese grds. auf eine Verbesserung der Mietsache gerichtet ist, d.h. die Nutzung der Räume muss angenehmer, bequemer, sicherer, gesünder oder weniger arbeitsaufwendig als zuvor sein.[3729] Eine **analoge Anwendung von § 554 BGB** scheidet aus, da der Gesetzgeber den Fall der nicht möglichen angemessenen wirtschaftlichen Verwertung gesehen und ausdrücklich nur der Wohnraummiete zugeordnet hat. Allenfalls denkbar wäre ein Sonderkündigungsrecht des Vermieters nach den Grundsätzen der Störung der Geschäftsgrundlage, was aber zwingend voraussetzt, dass die unwirtschaftliche Verwertung auf außerhalb der Vermietersphäre liegenden Umständen basiert und nicht auf seiner freien unternehmerischen Entscheidung. Die Parteien sind aber frei darin, ein solches Sonderkündigungsrecht für den Fall der unwirtschaftlichen Verwertung des Objekts vertraglich zu vereinbaren. Selbst wenn dies durch AGB erfolgt, liegt keine unangemessene Benachteiligung i.S.v. § 307 BGB vor, da das gesetzliche Leitbild einer Kündigung nicht über Gebühr erweitert wird.

> **Praxistipp:**
> Die obigen Grundsätze sind hart, entsprechen aber dem gesetzgeberischen Willen zum Kündigungsrecht. Dem Vermieter/Verpächter bleibt in derartigen Situationen der Abriss- oder Verwertungshinderung praktisch nur ein „Rauskaufen".

5. Nichtgewährung oder Entzug des vertragsgemäßen Gebrauchs, §§ 543 Abs. 2 Nr. 1 BGB

a) Voraussetzungen und typische Fälle

2367 Wird dem Mieter der vertragsgemäße Gebrauch entzogen oder gar nicht erst gewährt, hat er ein Recht zur fristlosen Kündigung, § 543 Abs. 2 Nr. 1 BGB. Der Kündigungsgrund kommt immer in den Fällen in Betracht, in denen der Mieter das Objekt nicht bzw. nicht vollständig erhält oder Bereiche durch Mängel unnutzbar sind oder werden (etwa wegen Zerstörung, Beschädigung oder bereits vorhandener Nutzung durch Dritte). Der Vermieter haftet grds., wenn er den Gebrauch der Sache nicht wie vereinbart gewähren kann. Kenntnis des Mangels bei Vertragsschluss i.S.v. § 536b BGB schließt dies gem. § 543 Abs. 4 BGB aus.[3730] Generell kommen **alle Sach- und Rechtsmängel** als Grundlage für eine Gebrauchsbeeinträchtigung in Betracht. Der vertragsgemäße Gebrauch der Mietsache kann auch durch das **Recht eines Dritten** entzogen

---

3728 OLG Dresden, 03.12.2002 – 5 U 1270/02, NZM 2003, 356 = WuM 2003, 32 = NJW 2003, 1819.
3729 Both, in: Herrlein/Kandelhard, § 554 Rn. 36.
3730 OLG Düsseldorf, 07.03.2006 – 24 U 112/05, GuT 2006, 136.

IV. Fristlose Kündigung

werden, Die bloße Existenz von Rechten Dritter ist gewährleistungsrechtlich jedoch unbeachtlich, solange der Gebrauch der Sache nicht beschränkt wird.[3731]

Die Gebrauchsbeeinträchtigung darf nicht unerheblich sein.[3732]

Beispiele (+ = Entzug des Gebrauchs; – = kein Entzug):

Beispiel	
Regelmäßige vertragswidrige **Blockierung von Park- und Ladezonen** durch andere Mieter und den Vermieter.[1]	+
Belüftungs- und Beschattungsvorrichtungen bei einem Schulungsraum, der damit den Vorgaben der Arbeitsstättenverordnung nicht entspricht[2]	
Vier Einbrüche innerhalb eines Zeitraums von etwa 26 Monate; Mietobjekt ist nicht mehr versicherbar[3]	–
Dachundichtigkeit, wenn erheblich.[4]	+/–
Fehlen öffentlich-rechtlicher Genehmigungen/Erlaubnisse. Vor Einschreiten der Behörde oder zumindest Androhung –, danach +. Beanstandungen des Schornsteinfegers reichen insoweit nicht aus[5] (→ Rn. 2466 ff.).	+/–
Fehlende Umsetzung einer Entwicklungsplanung: Die fristlose Kündigung des Mietvertrages kann der Mieter damit begründen, dass der Vermieter die versprochene Entwicklung des Gewerbegebietes, in dem das Mietobjekt „Laden" gelegen ist, zu einem Einkaufszentrum nicht umsetzt.[6]	+
Flächenabweichungen: unter 10 % nur bei konkreter Gebrauchsbeeinträchtigung; über 10 % auch ohne Gebrauchsbeeinträchtigung (→ Rn. 2465 ff.).	+/–
Gaststättenräume sind zu Pachtbeginn in derart schlechtem Zustand, dass sie den Betrieb einer Kneipe nicht erlauben (Gegenstände des Vorpächters in Räumen verblieben, schlechte Hygiene der Küche).[7]	+
Heizleistung nicht ausreichend.[8]	+
Treppe defekt: die einzige zum Büroraum im Obergeschoss führende Treppe ist wegen des Fehlens eines Geländers nicht verkehrssicher.[9]	+
Wasserschäden, mehrere.[10]	+
Umweltmängel wie Baumaßnahmen u.Ä.: z.B. wiederholtes Hochwasser.[11]	+
Vormieter zieht nicht aus.[12] Ist dieser noch **rechtmäßiger Besitzer**, liegt ein **Rechtsmangel** i.S.d. § 536 Abs. 3 BGB vor, da der Vermieter dem Mieter den Gebrauch der Mietsache nicht verschaffen kann, weil das Recht eines Dritten entgegensteht.	+
Auszug des Mieters und Weitervermietung an Dritte: Eine Befreiung von der Verpflichtung zur Zahlung des Pachtzinses wegen anderweitiger Gebrauchsüberlassung kommt nur in Betracht, wenn der Pächter für den streitgegenständlichen Zeitraum noch einen Besitzwillen hat; das ist nicht der Fall, wenn er wie hier endgültig ausgezogen ist.[13] Der Mieter muss weiter die Miete zahlen und kann sich nicht auf Gebrauchsentzug berufen, wenn er das Mietobjekt während des laufenden Mietverhältnisses ohne Zahlung von Mietzins verlassen hat und der Vermieter nur zu einem geringeren Mietzins weitervermieten konnte.[14]	–
Vermieter vermietet, ohne verfügungsbefugt zu sein; der **wahre Berechtigte** lässt den Mieter die Räume nicht zu den vereinbarten Konditionen nutzen (Rechtsmangel).[15]	+

3731 KG, 11.10.2010 – 12 U 17/10, IMR 2011, 19 unter II 1d; Eisenschmid, in: Schmidt-Futterer, § 536 Rn. 265.
3732 KG, 08.09.2005 – 12 U 193/04, GuT 2006, 37; OLG Düsseldorf, 07.03.2006 – 24 U 112/05, GuT 2006, 136.

Teil 1 – § 23 Kündigung des Miet- oder Pachtverhältnisses

Übernimmt der Vermieter im laufenden Mietverhältnis von einem Untermieter sämtliche Schlüssel des geräumten Mietobjekts, so entzieht er dem Mieter den Besitz und kommt seiner Gebrauchsgewährungspflicht nicht nach.[16] Folge kann neben dem Entfall der Mietzahlungspflicht im Einzelfall auch eine fristlose Kündigung nach Abmahnung sein. +

Bemühen des Vermieters um Weitervermietung. Er ist noch zur Gebrauchsüberlassung in der Lage.[17] –

Erläuterungen:
1) OLG Düsseldorf, 30.06.2009 – 24 U 179/08, IMR 2010, 140.
2) OLG Düsseldorf, 07.03.2006 – 24 U 112/05, GuT 2006, 136: Anspruch aber verneint wegen Kenntnis gem. § 536b BGB bei Vertragsschluss.
3) OLG Düsseldorf, 06.06.2002 – 10 U 12/01, NZM 2002, 737, 739 = GuT 2003, 89.
4) OLG Düsseldorf, 29.11.2007 – I-10 U 86/07, GuT 2007, 438.
5) KG, 08.09.2005 – 12 U 193/04, GuT 2006, 37.
6) OLG Frankfurt am Main, 04.03.2005 – 24 U 71/04, GuT 2005, 167 = NZM 2005, 619.
7) LG Coburg, 02.07.2008 – 12 O 111/08, IMR 2009, 206.
8) LG Saarbrücken, WuM 1995, 195.
9) LG Landau (Pfalz), 26.03.2002 – 1 S 323/01, GuT 2003, 214.
10) OLG Düsseldorf, 19.05.2005 – I-10 U 196/04, GuT 2006, 265 = NJOZ 2006, 4053: wiederholter Wassereintritt infolge Rheinhochwassers in den Keller der gemieteten Gaststätte; LG Stuttgart, NZM 1998, 483; AG Grimma, 22.01.2003 – 2 C 983/02, NZM 2003, 196 = NJW 2003, 904: „Jahrhunderthochwasser" in Ostdeutschland. NZM 2003, 536.
11) OLG Düsseldorf, 19.05.2005 – I-10 U 196/04, GuT 2006, 265 = NJOZ 2006, 4053.
12) OLG Düsseldorf, 18.09.1997 – 10 U 93/96, NZM 1999, 24 = ZMR 1999, 19; a.A. OLG Frankfurt am Main, 23.04.1999 – 24 U 138/97, NZM 1999, 966 = ZMR 1999, 814 = WuM 2000, 116.
13) OLG Düsseldorf, 14.12.2006 – I-10 U 74/06, GuT 2007, 13 = NJOZ 2007, 1082.
14) KG, 12.05.2005 – 8 U 7/05, NZM 2005, 946.
15) BGH, 10.07.2008 – IX ZR 128/07, IMR 2008, 335 = InfoM 2008, 332 = NZM 2008, 644 = MDR 2008, 1148.
16) OLG Rostock, 09.09.2010 – 3 U 50/10, IMR 2010, 525
17) OLG Brandenburg, 15.11.2006 – 3 U 88/06.

2368 Voraussetzung für eine Kündigung ist grds. ein **Abhilfeverlangen** gem. § 543 Abs. 3 Satz 1 BGB **mit einer angemessenen Frist** zur Mängelbeseitigung bzw. ordnungsgemäßen Zurverfügungstellung.[3733] Die Abmahnung kann nach § 543 Abs. 3 Satz 2 BGB entbehrlich sein, etwa wenn der Vermieter die Mängelbeseitigung endgültig verweigert, so bspw. wenn der Vermieter den Gebrauch zwar nur teilweise, aber dauerhaft entzieht und diesen Mangel hartnäckig leugnet.[3734]

Will der Mieter das Sonderkündigungsrecht wegen nicht ordnungsgemäßer Gewährung des Gebrauchs nutzen, so darf er nach Ablauf der Fristsetzung nicht übermäßig lange warten, bis er davon Gebrauch macht.[3735] Die konkrete Frist, die grds. angemessen gem. § 314 Abs. 3

3733 LG Coburg, 02.07.2008 – 12 O 111/08, IMR 2009, 206.
3734 OLG Düsseldorf, 30.06.2009 – 24 U 179/08, IMR 2010, 140: regelmäßige vertragswidrige Nutzung von Park- und Ladezonen durch andere Mieter und den Vermieter.
3735 LG Berlin, 28.08.2000 – 62 S 108/00, NZM 2002, 214 m.w.N.

BGB sein muss, ist umstritten und liegt zwischen einem und zwei bis drei Monaten.[3736] Zu berücksichtigen ist, dass es sich um ein außerordentliches Kündigungsrecht handelt. Mehr als vier Wochen sind daher zu lang.

b) Unzumutbarkeit der Vertragsfortsetzung erforderlich?

Nach § 535 Abs. 1 Satz 1 BGB hat der Vermieter lediglich dem Mieter den Gebrauch der Mietsache während der Mietzeit zu gewähren. Wie er es bewerkstelligt (etwa wenn er nicht Eigentümer der Mietsache ist), den Gebrauch zu gewähren, fällt allein in sein Beschaffungsrisiko, und etwaige **entgegenstehende Rechte Dritter** führen als Rechtsmangel nach § 536 Abs. 3 BGB erst dann zu einer Gebrauchsentziehung, wenn der Dritte seine Rechte so geltend gemacht hat, dass der Gebrauch der Mietsache durch den Mieter beeinträchtigt wird.[3737] 2369

Der vertragsgemäße Gebrauch der Mietsache muss **in nicht unerheblicher Weise** tatsächlich beeinträchtigt werden. Es reicht daher nicht aus, wenn bspw. eine Behörde gegen die Nutzung noch nicht tatsächlich einschreitet oder ein Einschreiten noch nicht androht.[3738]

Eine fristlose Kündigung nach § 543 Abs. 2 Satz 1 Nr. 1 BGB erfordert nach der Rechtsprechung des BGH nicht, dass die in § 543 Abs. 1 BGB genannten Voraussetzungen, wie etwa die **Unzumutbarkeit der Vertragsfortsetzung**, zusätzlich erfüllt sein müssen.[3739] Für die Wirksamkeit einer Kündigung genügt es vielmehr grds., wenn einer der in § 543 Abs. 2 Satz 1 Nr. 1 bis 3 BGB aufgeführten Tatbestände vorliegt. Der Mieter muss also – etwa bei einer Flächenabweichung über der Erheblichkeitsschwelle – nicht darlegen, warum ihm die Fortsetzung des Mietverhältnisses nicht zumutbar ist. Allerdings ist diesbezüglich danach zu differenzieren, wann der Mieter oder Pächter den Mangel erkennt und kündigen will. Im Einzelnen: 2370

Ob die Kündigung gem. § 543 Abs. 2 Nr. 1 BGB auch bei **erheblichen Flächenabweichungen** greift, da dem Mieter der vertragsgemäße Gebrauch – Fläche laut Mietvertrag – nicht gewährt wird, war bis vor einiger Zeit nicht für alle Fälle höchstrichterlich geklärt. Weicht die tatsächliche Fläche um mehr als 10 % von der vereinbarten Fläche ab (Wesentlichkeitsgrenze), handelt es sich nach gefestigter Rechtsprechung immer um einen Mangel und zwar unabhängig 2371

3736 LG Berlin, 28.08.2000 – 62 S 108/00, NZM 2002, 214 m.w.N.
3737 OLG Brandenburg, 03.03.2010 – 3 U 108/09, IMR 2010, 330; Weidenkaff, in: Palandt, § 536 Rn. 29 m.w.N.
3738 KG, 08.09.2005 – 12 U 193/04, GuT 2006, 37. .
3739 BGH, 29.04.2009 – VIII ZR 142/08, InfoM 2009, 201, 211 (Wohnraum, Flächenabweichung von 23 %); BGH, 18.10.2006 – XII ZR 33/04, NJW 2007, 147; noch zweifelnd BGH, 04.05.2005 – XII ZR 254/01, NJW 2005, 2152, unter II 4c aa.

davon, ob eine tatsächliche Gebrauchsbeeinträchtigung vorliegt.[3740] Dies gilt auch für Gewerberaum und zwar sowohl für Minderungs- und grds. auch für Kündigungsrechte[3741] → *ausführlich Rn. 2135 ff.* Ungeklärt war, ob das Kriterium der nicht mehr zumutbaren Fortsetzung des Mietverhältnisses, das seit dem 01.09.2001 nur noch in § 543 Abs. 1 BGB erwähnt wird, auch stillschweigendes Tatbestandsmerkmal des § 543 Abs. 2 BGB ist, weil der Mieter womöglich jahrelang die jetzt plötzlich zu kleinen Flächen anstandslos genutzt hat und deshalb kündigt.[3742] Nach neuerer Rechtsprechung des BGH zur Gewerberaummiete[3743] und zur Wohnraummiete[3744] ist bei Vorliegen der Tatbestände des § 543 Abs. 2 BGB eine Kündigung aus wichtigem Grund möglich, ohne dass die in § 543 Abs. 1 BGB genannten Voraussetzungen, wie etwa die Unzumutbarkeit der Vertragsfortsetzung, zusätzlich erfüllt sein müssen. Nach der Gesetzessystematik handelt es sich bei den in § 543 Abs. 2 Satz 1 Nr. 1 bis Nr. 3 BGB aufgeführten Kündigungsgründen um gesetzlich **typisierte Fälle der Unzumutbarkeit**, sodass dann, wenn deren tatbestandliche Voraussetzungen erfüllt sind, grds. ein wichtiger Grund i.S.v. § 543 Abs. 1 BGB zur fristlosen Kündigung gegeben ist.[3745]

2372 Ob allerdings auch ein Mieter, der die **Räume ohne Beanstandung übernommen und benutzt** hat und später Kenntnis von der geringeren Mietfläche erlangt hat, wegen einer wesentlichen Gebrauchsbeeinträchtigung noch kündigen oder lediglich Mietminderung verlangen kann, hat der BGH zunächst offengelassen[3746] und dann knapp dahin gehend beantwortet, dass das Recht zur außerordentlichen fristlosen Kündigung aufgrund besonderer Umstände des Einzelfalls **verwirkt** sein könne.[3747] Dies kommt etwa dann in Betracht, wenn der Mieter bei Mietbeginn oder danach erkennt, dass die tatsächliche Wohnfläche die im Mietvertrag angegebene

---

3740 BGH, 10.03.2010 – VIII ZR 144/09, IMR 2010, 213 = NZM 2010, 313 = WuM 2010, 240 = GE 2010, 613 = MDR 2010, 617; BGH, 24.03.2004 – VIII ZR 133/03, NZM 2004, 456 = WuM 2004, 268 und – VIII ZR 295/03, NJW 2004, 1947 = WuM 2004, 336 = AIM 2004, 114. Vgl. zur früheren Rspr., nach der Frage, ob und wann ein Mangel mit oder ohne Gebrauchsbeeinträchtigung vorlag, unterschiedlich beantwortet wurde: OLG Karlsruhe, ZMR 2003, 183: Abweichung bei Gewerberaummiete von 21,7 %; OLG Karlsruhe, 28.12.2001 – 17 U 176/00, NZM 2002, 218 = GuT 2002, 179: Abweichung von deutlich mehr als 10 %; OLG Köln, 08.06.1998 – 16 U 92/97, NZM 1999, 73; OLG Dresden, 15.12.1997 – 3 AR 0090/97, NZM 1998, 184 = WuM 1998, 144 = ZMR 1998, 417; LG Köln, NZM 2003, 278 = WuM 2003, 265 = ZMR 2003, 429: Abweichung bei Wohnraum von 19 %; LG Braunschweig, NZM 2003, 280: Abweichung bei Wohnraum von 20 %; OLG Frankfurt am Main, NZM 2003, 431 = NZM 2003, 353: Abweichung von mehr als 25 %. A.A. (= grds. kein Mangel) Kandelhard, in: Herrlein/Kandelhard, Mietrecht, 4. Aufl., § 546 Rn. 29 ff.
3741 BGH, 04.05.2005 – XII ZR 254/01, NZM 2005, 500 = GuT 2005, 163 = Info M 2005, 145 = MietrechtExpress 2005, 84; OLG Düsseldorf, 02.12.2004 – 10 U 77/04, NZM 2005, 378.
3742 S. Scheffler, NZM 2003, 17.
3743 BGH, 18.10.2006 – XII ZR 33/04, NJW 2007, 147; noch zweifelnd: BGH, 04.05.2005 – XII ZR 254/01, NZM 2005, 500 = GuT 2005, 163 = Info M 2005, 145 = MietrechtExpress 2005, 84 unter II 4c aa).
3744 BGH, 29.04.2009 – VIII ZR 142/08, InfoM 2009, 211 = NZM 2009, 431 = ZMR 2009, 681 = NJW 2009, 2297 = MDR 2009, 793; Blank, in: Schmidt-Futterer, § 543 BGB Rn. 3 m.w.N.; Weidenkaff, in: Palandt, § 543 Rn. 6; a.A. Bieber, in: MüKo BGB, § 543 Rn. 22, 23; Kandelhard, in: Herrlein/Kandelhard, § 543 Rn. 39, § 546 Rn. 29 ff. (Flächenabweichung ist schon grds. kein Mangel, daher auch keine Kündigung); einschränkend Kraemer, NZM 2001, 553, 557 f.
3745 BGH, 29.04.2009 – VIII ZR 142/08, InfoM 2009, 211 = NZM 2009, 431 = ZMR 2009, 681 = NJW 2009, 2297 = MDR 2009, 793.
3746 BGH, 04.05.2005 – XII ZR 254/01, NZM 2005, 500 = GuT 2005, 163 = Info M 2005, 145 = MietrechtExpress 2005, 84.
3747 BGH, 18.10.2006 – XII ZR 33/04, NJW 2007, 147; BGH, 29.04.2009 – VIII ZR 142/08, InfoM 2009, 211 = NZM 2009, 431 = ZMR 2009, 681 = NJW 2009, 2297 = MDR 2009, 793.

um mehr als 10 % unterschreitet, ohne dies zeitnah zum Anlass für eine fristlose Kündigung zu nehmen.[3748] In dem vom BGH entschiedenen Fall gab es dafür jedoch keine Anhaltspunkte, sodass sich das Gericht damit nicht weiter auseinandersetzen musste.

Die Annahme einer möglichen **Verwirkung** ist bereits aus dem Gedanken heraus, dass es sich um ein allgemeines Rechtsinstitut handelt, richtig. Allerdings wird selten das dafür erforderliche „**Umstandsmoment**" vorliegen, also Umstände, die den Vermieter dazu veranlassen könnten, zu glauben, der Mieter werde nicht kündigen (allgemein dazu → *Rn. 2428*). Der Mieter wird vielmehr schlicht schweigen, weil der die Flächenabweichung nicht kennt, sodass man daraus keinen Erklärungswert ableiten kann. Das Ergebnis ist unbefriedigend, da der Mieter womöglich sein Kündigungsrecht trotz jahrelang problemloser Nutzung nicht verwirken kann. 2373

Letztlich wird man die Frage des Kündigungsrechts daher zusätzlich an ähnlichen Gesichtspunkten wie bei § 314 Abs. 3 BGB (Kündigung innerhalb angemessener Frist) und § 242 BGB (Verbot widersprüchlichen Verhaltens) messen müssen, denn wer womöglich jahrelang Flächen nutzt, ohne dass ihn deren Größe gestört hat, dann von einer Flächendifferenz erfährt und wegen Nichtgewährung des vertragsgemäßen Gebrauchs kündigt, gibt zu erkennen, dass er vorher die **Flächen als vertragsgemäß eingeschätzt** hat. Damit besteht ein Unterschied zu demjenigen Mieter, der bereits bei Übernahme oder kurz danach rügt. Einem später Kündigenden ist die **weitere Nutzung zumutbar**, sodass er durch das Minderungsrecht ausreichend geschützt wird.[3749] Zudem muss sich die Unzumutbarkeit der Vertragsfortsetzung bei § 543 BGB gerade auch aus der inneren (subjektiven) Einstellung des Kündigungsgegners – nämlich seinem Verschulden – ergeben. Diese Komponente fehlt hier i.d.R. aber völlig, sodass strengere Anforderungen an den äußeren Tatbestand der Unzumutbarkeit zu stellen sind, um das **Verschuldensmoment des § 543 BGB** zu kompensieren.[3750] 2374

c) Ausschluss des Kündigungsrechts

Die Kündigung des Mieters wegen Störung des vertragsgemäßen Gebrauchs ist ausgeschlossen, und der Vermieter hat keine Wiederherstellungspflicht, wenn der Mieter die Störung (hier: Brandschäden) **selbst zu vertreten** hat.[3751] 2375

Die fristlose Kündigung eines Gewerberaummietvertrages wegen angeblicher schwerwiegender Mängel des Mietobjektes scheidet wegen **widersprüchlichem Verhalten nach § 242 BGB** aus, wenn der Mieter aus Gründen, die in seiner Person liegen, ohnehin an der Ausübung des

---

3748 BGH, 29.04.2009 – VIII ZR 142/08, InfoM 2009, 211 = NZM 2009, 431 = ZMR 2009, 681 = NJW 2009, 2297 = MDR 2009, 793; Blank, in: Schmidt-Futterer, § 543 BGB Rn. 3 m.w.N.; Weidenkaff, in: Palandt, § 543 Rn. 6; a.A. Bieber, in: MüKo BGB, § 543 Rn. 22, 23; Kandelhard, in: Herrlein/Kandelhard, § 543 Rn. 39, § 546 Rn. 29 ff. (Flächenabweichung ist schon grds. kein Mangel, daher auch keine Kündigung); einschränkend Kraemer, NZM 2001, 553, 557 f.

3749 Im Ergebnis ebenso, aber ohne nähere Begründung Hübner/Griesbach/Fuerst, in: Linder-Figura/Oprée/Stellmann, Kap. 14, Rn. 344.

3750 Vgl. OLG Dresden, 11.06.1999 – 22 U 2401/98, NZM 2002, 165 = NJW-RR 2002, 371 zur Kündigung wegen durch Dritte bedingtem Baulärm.

3751 BGH, 10.11.2004 – XII ZR 71/01, GuT 2005, 19; BGH, 26.11.1997 – XII ZR 28/96, NZM 1998, 117 = MDR 1998, 207 = ZMR 1998, 211, 212.

Gebrauchs gehindert ist,³⁷⁵² der Mieter die Sache ohnehin nicht benutzt hätte bzw., wenn er vor der Aufforderung zur Mangelbeseitigung schon nicht mehr die Absicht hatte, die Räumlichkeiten weiter zu nutzen.³⁷⁵³ Der Zweck des Mängelbeseitigungsanspruchs, eine mangelfreie Nutzung des Mietobjektes zu gewährleisten, könnte hier gar nicht mehr erreicht werden.

6. Sorgfaltsvernachlässigung und unbefugte Gebrauchüberlassung an Dritte, § 543 Abs. 2 Nr. 2 BGB

2376 Nach § 543 Abs. 2 Nr. 2 BGB liegt ein Kündigungsgrund vor, wenn der Mieter die Rechte des Vermieters dadurch in erheblichem Maße verletzt, dass er die Mietsache durch **Vernachlässigung** der ihm obliegenden Sorgfalt erheblich gefährdet – was § 553, 2. Alt. BGB a.F. entspricht – oder sie **unbefugt einem Dritten überlässt**. Durch die Mietrechtsreform 2001 wurde § 553 BGB a.F. modifiziert, indem die darin noch enthaltene Kündigung wegen Fortsetzung eines vertragswidrigen Gebrauchs entfallen ist. Die fehlende Sorgfalt ggü. der Mietsache lässt sich **nicht als Synonym des vertragswidrigen Gebrauchs** verstehen, da die Kündigung wegen Fortsetzung des vertragswidrigen Gebrauchs handlungsbezogen, die Kündigung wegen Vernachlässigung der die Mietsache betreffenden Sorgfalt dagegen erfolgsbezogen ist.³⁷⁵⁴ Die Sorgfaltswidrigkeit muss sich gerade auf die Mietsache beziehen. Andere (berechtigte) Interessen des Vermieters protektioniert § 543 Abs. 2 Nr. 2 BGB im Gegensatz zu § 553 BGB a.F. nicht (mehr), sodass der Vermieter außerhalb der ausdrücklich genannten Vertragsverstöße nur noch unter den Voraussetzungen des § 543 Abs. 1 BGB kündigen kann.³⁷⁵⁵

2377 Für den Kündigungstatbestand des **§ 543 Abs. 2 Nr. 2, 1. Alt. BGB** sind dauerhafte, d.h. mehrere **Sorgfaltsverstöße** erforderlich. Der Mieter ist nach § 536c BGB dem Vermieter zur Anzeige verpflichtet, wenn das Mietobjekt mangelhaft wird; darüber hinaus hat er es pfleglich zu behandeln und Schäden davon abzuwenden. Werden diese Pflichten nicht erfüllt und wird das Objekt dadurch erheblich gefährdet, hat der Vermieter das Recht zur fristlosen Kündigung nach § 543 Abs. 2 Nr. 2, 1. Alt. BGB. **Bloße Befürchtungen** von Schäden oder unerhebliche Schäden reichen dafür nicht aus.

2378 Die dem Mieter obliegende Sorgfaltspflicht ggü. der Mietsache umfasst eine **Obhutspflicht** und konkretisiert sich bspw. in folgenden Verstößen, die eine Kündigung rechtfertigen:
- Verletzung der Anzeigepflicht des Mieters gem. § 536c Abs. 1 BGB. Diese Verpflichtung ist jedoch ihrer Natur nach einmalig, sodass prinzipiell mehrere Verstöße des Mieters gegen die Anzeigepflicht erfolgen müssen.³⁷⁵⁶
- Überbelegung von Wohnraum, wenn erhebliche Auswirkungen auf die Wohnsubstanz drohen.³⁷⁵⁷ Dies lässt sich auf Geschäftsräume übertragen.

3752 BGH, 06.11.1962 – VI ZR 30/62, NJW 1963, 341.
3753 OLG Hamm, 13.12.2010 – 7 W 33/10; OLG Celle, 31.10.2001 – 2 U 96/01, ZMR 2002, 188; LG Münster, 16.02.2009 – 15 O 461/08, IMR 2009, 204.
3754 Kandelhard, in: Herrlein/Kandelhard, Mietrecht, 4. Aufl., § 543 Rn. 44.
3755 Kandelhard, in: Herrlein/Kandelhard, Mietrecht, 4. Aufl., § 543 Rn. 44, 45; Sternel, Mietrecht aktuell, Rn. XII 104.
3756 Kandelhard, in: Herrlein/Kandelhard, § 543 Rn. 46.
3757 S. dazu BGH, 14.07.1993 – VIII ARZ 1/93, NJW 1993, 2528 = BGHZ 123, 233.

- Der Mieter beschädigt oder gefährdet die Mietsache erheblich durch vertragswidrigen Gebrauch.
- Ungenehmigte Eingriffe in die Gebäudesubstanz mit der Gefahr erheblicher Schäden.
- Aufstellen schwerer Geräte, wenn die Gefahr besteht, dass Böden oder Decken beschädigt werden (hier kommt es aber darauf an, ob der Vermieter/Verpächter die Räume zum Betrieb solcher Geräte vermietet hat, weil dies bei dem Gewerbe üblich ist; dann ist seine Kündigung ausgeschlossen, und dem Mieter wird der vertragsgemäße Gebrauch nicht ermöglicht). Der Mieter verursacht mehrfach eine auch nur geringfügige Brandgefahr (maßgeblich ist die Wiederholungsgefahr).[3758]
- Der Mieter setzt die Gewerberäume einer beträchtlichen Brand- und Feuergefahr trotz Abmahnung und Feuerbeschau aus.[3759]
- Alle Fälle von erheblichen Wasserschäden, Vermüllung oder „Messie-Verhalten" mit der konkreten Gefahr von Ungezieferbefall. Wenn der Mieter durch eine Ansammlung von Gegenständen (mehr oder minder Müll) lediglich einen unzuträglichen Geruch verursacht, soll keine Gefährdung vorliegen,[3760] was sowohl im privaten wie auch im gewerblichen Bereich abzulehnen ist, da solche Gerüche bspw. Ratten anlocken können, was Schäden für das Gebäude und die Personen verursachen kann.
- Der Mieter lässt ausgefallene Brandschutzanlagen nicht reparieren, obwohl er dazu verpflichtet ist.

Die Kündigungsbefugnis besteht jedoch nicht, 2379
- wenn vermeidbare akustischen Störungen erfolgen;
- wenn der Mieter lediglich Schönheitsreparaturen nicht fristgerecht ausführt;[3761]
- wenn der Mieter ohne Erlaubnis des Vermieters Einrichtungen einbaut;[3762] Entsprechendes gilt für den Ausbau, es sei denn, es handelt sich um Anlagen, die der Gebäudesicherheit dienen;
- wenn gegen eine vereinbarte Betriebspflicht verstoßen wird; wenn ohne nähere Konkretisierung der Gefährdungslage vom Vermieter nur die Lagerung von 25 kg Munition und 2 l Petroleum in für den Betrieb eines Dentallabors angemieteten Räumen vorgetragen wird.[3763]

Ob eine **unbefugte Gebrauchsüberlassung an Dritte** (§ 543 Abs. 2 Nr. 2, 2. Alt. BGB) vorliegt, richtet sich nach dem vertragsgemäßen Gebrauch, etwa der üblichen Aufnahme weiterer Geschäftspartner, und den Rechtsgrundsätzen zur Untervermietung gem. §§ 540, 553 BGB. Die Kündigung wegen unbefugter Gebrauchsüberlassung ist unzulässig, wenn ein gesetzlicher oder vertraglicher Anspruch des Mieters auf Gebrauchsüberlassung besteht.[3764] Zwar ist grds. die **Einholung der Erlaubnis des Vermieters** erforderlich, besteht jedoch ein dahin gehender 2380

[3758] Sternel, Mietrecht aktuell, Rn. XII 106 m.w.N.
[3759] LG Coburg, 07.09.2001 – 33 S 96/01, GuT 2002, 20.
[3760] AG München, 12.12.2002 – 453 C 29 264/02, NZM 2003, 475.
[3761] Kandelhard, in: Herrlein/Kandelhard, § 543 Rn. 4 m.w.N.
[3762] Kandelhard, in: Herrlein/Kandelhard, § 543 Rn. 4 m.w.N.
[3763] OLG Stuttgart, 15.09.2005 – 13 U 63/05, GuT 2006, 38.
[3764] BGH, 28.11.1984 – VIII ZR 186/83, ZMR 1985, 94 = NJW 1985, 2527.

Anspruch des Mieters, ist sie reine Formsache, sodass deren Außerachtlassung keine erhebliche Rechtsbeeinträchtigung i.S.d. § 543 Abs. 2 Nr. 2 BGB darstellt.[3765]

2381 Soll nach der abschließenden Kündigungsregelung im Formularpachtvertrag über eine Gaststätte nebst Wirtewohnung die unerlaubte Unterverpachtung des Betriebes ein Grund zur fristlosen Kündigung sein, so vermag die bloße Untervermietung allein des Wohnraums eine fristlose Kündigung grds. nicht zu rechtfertigen.[3766] Dies lässt sich auch auf den gesetzlichen Kündigungstatbestand übertragen.

2382 Die unbefugte Überlassung muss bei Zugang der Kündigung noch andauern. Ein **Verschulden des Mieters** ist nicht erforderlich, sodass es bspw. keine Rolle spielt, ob er eine unberechtigte Untervermietung beenden kann oder nicht.[3767] Im Fall einer Abmahnung nach unerlaubter Untervermietung hat der Mieter alles Zumutbare zu tun, um den alsbaldigen Auszug der Untermieter herbeizuführen; dazu gehört auch eine Räumungsklage oder das Bemühen, durch finanzielle Zuwendungen den Untermieter zu bewegen, die Mietsache zurückzugeben.[3768]

Die fristlose Kündigung wegen unbefugter Gebrauchsüberlassung setzt grds. eine **Abmahnung** voraus.[3769] Will der Vermieter sein Recht nicht verlieren, muss er entsprechend § 314 Abs. 3 BGB in einer **angemessenen Zeit nach Kenntnis des anderweitigen Gebrauchs** ausdrücklich widersprechen.

2383 Bei beiden Varianten des § 543 Abs. 2 Nr. 2 BGB müssen die Rechte des Vermieters in einem **erheblichen Maße** verletzt sein. Die **Erheblichkeit** ist als Tatbestandsmerkmal das Korrelat für die Zumutbarkeitsprüfung i.S.v. § 543 Abs. 1 BGB; eine Interessenabwägung ist nicht erforderlich, und es muss auch keine Unzumutbarkeit der Vertragsfortsetzung wie bei § 543 Abs. 1 BGB vorliegen.[3770] Entgegen der Rechtslage vor der Mietrechtsreform 2001 (dort: Vermutung der Erheblichkeit) ist dies in jedem Einzelfall festzustellen.[3771]

Alternativ zur Kündigung kann der Vermieter auch nach § 541 BGB mit einer **Unterlassungsklage** vorgehen.

7. Zahlungsverzug des Mieters, § 543 Abs. 2 Satz 1 Nr. 3 BGB

a) Überblick, Verzug, Einmalzahlungen

2384 Nach § 543 Abs. 2 Satz 1 Nr. 3 BGB ist der Vermieter in drei Fällen zur fristlosen Kündigung berechtigt:
- wenn sich der Mieter mit zwei aufeinander folgenden Mietzahlungen in Verzug befindet (§ 543 Abs. 2 Satz 1 Nr. 3a, 1. Alt BGB);

3765 Kandelhard, in: Herrlein/Kandelhard, § 543 Rn. 50; Sternel, Mietrecht aktuell, Rn. XII 114.
3766 OLG Hamm, 04.11.1994 – 30 U 185, 94, ZMR 1995, 248 = NJW-RR 1995, 750.
3767 Sternel, Mietrecht aktuell, Rn. XII 112 f. (str.).
3768 LG Berlin, 15.02.1999 – 62 S 306/98, NZM 1999, 407 = GE 1999, 385.
3769 OLG Dresden, 02.07.2009 – 43/09, InfoM 2009, 433: Geländewagenrennen auf Pachtland.
3770 Sternel, Mietrecht aktuell, Rn. XII 104.
3771 Sternel, Mietrecht aktuell, Rn. XII 118.

- wenn er sich mit nicht unerheblichen Teilen aus zwei aufeinander folgenden Mietzahlungen in Verzug befindet (§ 543 Abs. 2 Satz 1 Nr. 3a, 2. Alt BGB); „nicht unerheblich" i.S.d. 2. Alt. ist der rückständige Teil nur dann, wenn er mindestens eine Monatsmiete übersteigt (nicht: beträgt).[3772] Ein solcher Rückstand reicht für eine außerordentliche fristlose Kündigung gem. § 543 Abs. 2 Satz 1 Nr. 3a, 2. Alt. BGB nur aus, wenn er aus zwei aufeinander folgenden Zahlungszeiträumen resultiert; ein Rückstand, der diese Voraussetzung nicht erfüllt, weil er (auch) aus anderen Zahlungszeiträumen herrührt, rechtfertigt die außerordentliche fristlose Kündigung lediglich, wenn seine Höhe zwei Monatsmieten erreicht (§ 543 Abs. 2 Satz 1 Nr. 3b BGB).[3773]
- wenn er in einem Zeitraum, der sich über mehr als zwei Zahlungstermine erstreckt, mit einem Betrag in Verzug gerät, der die Höhe von zwei Monatsmieten erreicht (§ 543 Abs. 2 Satz 1 Nr. 3b BGB).

Der zur Kündigung führende wichtige Grund ist nach **§ 569 Abs. 4 BGB** in dem Kündigungsschreiben anzugeben, was bei Wohnraum zu zahlreichen Streitigkeiten darüber geführt hat, ob bspw. die genaue Zusammensetzung der Mietrückstände mit den entsprechenden Verzugszeiträumen als Voraussetzung für eine wirksame Kündigung angegeben werden muss.[3774] § 580 Abs. 2 BGB stellt durch den ausdrücklichen Verweis (nur) auf § 569 Abs. 1 und 2 BGB jedoch klar, dass die Vorschrift **nicht für die gewerbliche Miete und Pacht** gilt. Die Angabe eines Gesamtsaldos ist daher unschädlich. Verlangt aber der Vermieter einen tatsächlich so nicht geschuldeten überhöhten Betrag, tritt Verzug erst dann ein, wenn der Mieter den geschuldeten Betrag zuverlässig selbst ermitteln kann.[3775]

2385

Der Vermieter kann bei Vorliegen der Voraussetzungen, also grds. mit Verzugseintritt, fristlos kündigen. Tritt der Verzug, was üblich ist, aufgrund einer Terminregelung im Vertrag automatisch ein, darf der Vermieter grds. sofort kündigen. Einschränkungsrechte sind zumindest unter **Kaufleuten** nicht angebracht, da es zu den Grundsätzen einer kaufmännischen Verwaltung gehört, dass Zahlungen rechtzeitig erfolgen und ansonsten mit Rechtsfolgen gerechnet werden muss. In der Praxis wird aber ohnehin jeder Vermieter vor Kündigung noch mahnen. In diesem Fall darf dann aber die Kündigung erst ausgesprochen werden, wenn die gesetzte Zahlungsfrist mit Kündigungsandrohung abgelaufen ist.[3776] Eine gleichwohl vor Ablauf der Zahlungsfrist erklärte Kündigung ist entgegen OLG Brandenburg,[3777] nicht unwirksam, sondern kann in eine bedingte Kündigung für den Fall des fruchtlosen Fristablaufs umgedeutet werden, da es allein der Mieter in der Hand hat, die Bedingung durch Nichtzahlung der Miete eintreten zu lassen.

2386

3772 BGH, 23.07.2008 – XII ZR 134/06, NZM 2008, 770 = NJW 2008, 3210 (ablehnend dazu Blank, NZM 2009, 114); BGH, 15.04.1987 – VIII ZR 126/86, NJW-RR 1987, 903 = WuM 1987, 932; OLG Düsseldorf, 07.09.2006 – 10 U 30/06, NJOZ 2006, 4058.
3773 BGH, 23.07.2008 – XII ZR 134/06, NZM 2008, 770 = NJW 2008, 3210; a.A. OLG Jena, 27.07.2006 – 1 U 911/05 (von BGH, 23.07.2008 aufgehoben); OLG Düsseldorf, 07.09.2006 – 10 U 30/06, DWW 2006, 240 = NJOZ 2006, 4058; Schmidt-Futterer/Blank, § 543 BGB Rn. 109; Blank, NZM 2009, 114.
3774 Vgl. BGH, 12.05.2010 – VIII ZR 96/09: Beifügung eines erklärenden Kontoauszuges reicht aus; BGH, 22.12.2003 – VIII ZB 04/03, NZM 2004, 187 = ZMR 2004, 254 = MDR 2004, 438.
3775 KG, 12.12.2007 – 12 W 87/07, IMR 2008, 295.
3776 OLG Brandenburg, 29.05.2006 – 3 W 7/06, WuM 2006, 456 = InfoM 2006, 231 (Wohnraum).
3777 OLG Brandenburg, 29.05.2006 – 3 W 7/06, WuM 2006, 456 = InfoM 2006, 231 (Wohnraum).

2387 Daneben hat der Vermieter einen **Schadensersatzanspruch** wegen vorzeitiger Vertragsbeendigung (Kündigungsfolgeschaden). Dieser Ersatzanspruch umfasst grds. sämtliche Schäden, die ihm infolge der Kündigung wegen Zahlungsverzuges des Mieters entstehen, insb. also die ihm entgehende Miete für die vereinbarte feste Vertragsdauer oder bis zu dem Zeitpunkt, zu dem der Mieter erstmals ordentlich kündigen konnte.[3778] Der Vermieter darf auch nach Abtretung der Mietforderung an einen Dritten wegen Zahlungsverzuges kündigen, weil er durch die Abtretung nur die Befugnis verliert, die Forderung geltend zu machen, nicht aber das Recht, über das Mietverhältnis im weiteren Sinne zu verfügen.[3779]

2388 Jedoch muss sich der Vermieter gem. § 254 BGB darum bemühen, den **Schaden gering zu halten**, i.d.R. also durch eine anderweitige Vermietung zu einer angemessenen, erforderlichenfalls auch zu einer geringeren Miete.[3780] Der Vermieter muss deshalb im Rechtsstreit im Einzelnen darlegen, was er zur Weitervermietung unternommen hat. Das Erfordernis der Weitervermietung zu einer geringeren Miete muss aber sehr einschränkend betrachtet werden, da der Vermieter nicht gezwungen werden kann, sich im Interesse eines vertragsuntreuen Mieters zu verschlechtern. Akzeptiert werden müssen deshalb nur geringfügig niedrigere Mieten.

> **Praxistipp:**
> Hat der Vermieter fristlos wegen Zahlungsverzug gekündigt und möchte der Mieter das Mietverhältnis fortsetzen, so kann man – wenn eigentlich auch der Vermieter den Mieter halten will – daran denken, dass dem Mieter der Abschluss eines neuen Vertrages über ein **Kurzzeitmietverhältnisses** angeboten wird. Dies kommt insb. dann in Betracht, wenn sich der Mieter in wirtschaftlichen Schwierigkeiten befindet, aber absehbar ist, dass mögliche Sanierungen durch Umstrukturierungen, Einsparungen oder Ähnliches in einem überschaubaren Zeitraum greifen könnten. Der Vermieter kann deshalb in einem solchen Fall Interesse daran haben, den (eigentlich guten) Mieter zu behalten, er muss aber gleichzeitig im Auge behalten, dass die insolvenzrechtliche Kündigungssperre greifen kann, wenn dem Mieter nicht vor Beantragung des Insolvenzverfahrens (wirksam) gekündigt wurde. Dieselbe Vorgehensweise macht deshalb auch dann Sinn, wenn der Vermieter noch nicht die Kündigung ausgesprochen hat, diese aber in Betracht zieht. Er könnte die Situation dann dem Mieter darstellen und diesem anbieten, dass ein neuer Mietvertrag mit identischem Inhalt, aber einer kurzen befristeten Laufzeit von bspw. nur drei Monaten geschlossen wird. Kommt ein solcher neuer Mietvertrag zustande und beantragt der Mieter dann dennoch Insolvenz, so endet das Mietverhältnis nach der festen kurzen Laufzeit, und der Insolvenzverwalter ist grds. zur Herausgabe der Mietflächen gezwungen. Praktische Voraussetzung einer solchen Handhabung ist natürlich, dass der Mieter dem Vermieter auch einen realistischen Zeitraum benennen kann, in welchem er von einer Gesundung ausgeht. Ob eine solche Vorgehensweise Sinn macht, muss in jedem Einzelfall entschieden werden.

[3778] BGH, 28.10.1984 – VIII ZR 302/80, BGHZ 82, 121, 129; BGH, 12.06.1985 – VIII ZR 148/84, BGHZ 95, 39, 44, 47 = NJW 1985, 2253; OLG Schleswig, 27.10.1999 – 4 W 13/99, WuM 2000, 355 = ZAP EN-Nr. 504/2000.
[3779] LG Berlin, 14.02.2006 – 64 S 416/05, IMR 2007, 144; a.A. LG Berlin, 16.08.2004 – 67 T 60/04.
[3780] OLG Schleswig, 27.10.1999 – 4 W 13/99, WuM 2000, 355 = ZAP EN-Nr. 504/2000.

b) Begriff der Mietzahlung (insb. Einmalzahlung, ausbleibende Betriebskostenzahlungen)

§ 543 Abs. 1 Nr. 3 BGB greift unabhängig davon, ob die Miete monatlich oder in längeren Zeitabschnitten – z.B. jährlich – zu entrichten ist.[3781]

2389

Der Kündigungstatbestand des § 543 Abs. 2 Nr. 3b) BGB soll ausschließlich periodisch wiederkehrende, nicht hingegen aperiodische Zahlungsverpflichtungen (**Einmalzahlungen**) erfassen.[3782] Ersatzweise kann aber § 543 Abs. 1 Satz 1, 2 BGB zum Zuge kommen, dessen Voraussetzungen dann aber strenger zu handhaben sind. Nur unter besonderen Umständen darf der Vermieter oder Verpächter fristlos kündigen, wenn der Mieter oder Pächter trotz Fristsetzung und Kündigungsandrohung eine Einmalzahlung nicht leistet, weil er rechtsirrig annimmt, nicht zahlen zu müssen. Solche Umstände sind bspw.: unentschuldbarer Rechtsirrtum, hohe Einmalzahlung, Vermögensverfall des Pächters, Restlaufzeit von 12 Jahren und zerstörtes Vertrauensverhältnis zwischen den Parteien.[3783] Geht es um Nebenkostennachzahlungen ist es dem Mieter zunächst einmal grds. unbenommen, die Abrechnung zu bestreiten und Abzüge zu machen, was dann ggf. im Gerichtsverfahren inhaltlich zu klären ist.[3784] Die Kündigung ist ausgeschlossen, wenn der Vermieter vorher befriedigt wird (§ 543 Abs. 2 Satz 2 BGB). Sie wird unwirksam, wenn sich der Mieter von seiner Schuld durch Aufrechnung befreien konnte und unverzüglich nach der Kündigung die Aufrechnung erklärt (§ 543 Abs. 2 Satz 3 BGB).

Betriebskostenvorauszahlungen sind Teil der vom Mieter geschuldeten Gesamtmiete,[3785] was sich schon daraus ergibt, dass der Mieter nach § 535 Abs. 1 Satz 3 BGB eine einheitliche Miete schuldet, aus der der Vermieter alle Kosten, insb. alle Bewirtschaftungskosten zu bestreiten hat; das Gesetz geht also nicht von einer künstlichen Aufspaltung aus.[3786] Verzug nur mit Vorauszahlungen kann deshalb den Kündigungstatbestand erfüllen. Zahlt der Mieter **erhöhte Vorauszahlungsbeträge** nicht und erreicht dies die Höhe von zwei Monatsmieten, kann eine fristlose Kündigung nach § 543 Abs. 2 Nr. 3b BGB zulässig sein.[3787] Zur Abtretung und Pfändbarkeit von Betriebskostenvorauszahlungen s. Kapitel „Betriebskosten" → *Rn. 964*.

2390

Ob die Salden aus Betriebskostenabrechnungen dann „**Miete**" i.S.v. **§§ 543 Abs. 1, 543 Abs. 2 Nr. 3b BGB** sind, hat der BGH in einer Entscheidung aus dem Jahr 1987 zur Gewerberaummiete offengelassen.[3788] Die herrschende Meinung – allerdings zur Wohnraummiete – lehnt dies ab.[3789] Dem ist allerdings zu widersprechen, weil allgemein unter „Miete" auch die Neben-

2391

[3781] BGH, 17.09.2008 – XII ZR 61/07, NZM 2009, 30 = MDR 2009, 18 = NJW-RR 2009, 21 = InfoM 2009, 123.
[3782] Hinz, NZM 2010, 57, 58.
[3783] OLG Brandenburg, 14.11.2007 – 3 U 86/07, ZMR 2008, 116 = IMR 2008, 344 = InfoM 2008, 120: Einmalzahlung hoher Frischwasseranschlusskosten; OLG Koblenz, 26.07.1984 – 4 W RE 346/84, NJW 1984, 2369.
[3784] OLG München, 28.02.2001 – 3 U 5169/00, NJW-RR 2002, 631; Blank, in: Schmidt-Futterer, § 543 Rn. 180.
[3785] Langenberg, Betriebskostenrecht, E Rn. 55 ff.; Belz, in: Bub/Treier, VII. A Rn. 9.
[3786] Langenberg, Betriebskostenrecht der Wohn- und Gewerberaummiete, 5. Aufl., E Rn. 57.
[3787] BGH, 23.07.2008 – XII ZR 134/06, NZM 2008, 770 = NJW 2008, 3210 zum Mindesterfordernis von zwei Monatsmieten.
[3788] BGH, 15.04.1987 – VIII ZR 126/86, WuM 1987, 317 = MDR 1987, 928 = NJW-RR 1987, 903.
[3789] Nachweise bei Hinz, NZM 2010, 57, 58 und Blank, in: Schmidt-Futterer, § 543 Rn. 86, die ebenfalls diese Auffassung vertreten; a.A. OLG Frankfurt am Main, 23.02.1989 – 12 U 2500/88, NJW-RR 1989, 973 (Gewerberaum).

kostenvorauszahlungen subsumiert werden, sodass auch deren Abrechnung darunter zu fassen ist. Außerdem ist der Vermieter darauf angewiesen, fristlos kündigen zu dürfen, da jedenfalls die mehrfache Nichtzahlung (auch) eine erhebliche Pflichtverletzung i.S.d. § 543 Abs. 1 BGB darstellt und § 543 Abs. 2 Nr. 3b) BGB nur Konkretisierungen dieses Grundsatzes darstellt. Ansonsten hätte der Vermieter selbst bei jahrelanger Nichtzahlung von Abrechnungssalden keine Handhabe für eine vorzeitige Vertragsbeendigung. Allerdings ist es dem Mieter oder Pächter grds. unbenommen, die Richtigkeit einer Nebenkostenabrechnung zu bestreiten und hiervon Abzüge zu machen, sodass Streitigkeiten hieraus grds. in einem Prozess über die Berechtigung der Nebenkostennachforderung auszutragen sind.[3790]

2392   Daraus folgen die **Voraussetzungen für eine fristlose Kündigung** nach §§ 543 Abs. 1, 543 Abs. 2 Nr. 3b BGB:

- Die Salden aus den Betriebskostenabrechnungen müssen fällig sein.
- Der Mieter muss – wie oben ausgeführt – mit mehren Salden in Verzug geraten.[3791] Zahlt der Mieter nur einen Teil des Saldos nicht, scheidet die fristlose Kündigung grds. aus. Im Umkehrschluss bedeutet dies, dass sich der Mieter vor der Kündigung schützen kann, wenn er nur den streitigen Teil des Saldos einbehält.
- Für § 543 Abs. 1 BGB muss die Höhe mindestens eine Monatsmiete erreichen. Ähnlich, aber ohne Festlegung sieht dies Hinz, wonach jedenfalls eine rückständige Betriebskostennachforderung, die der Höhe nach unterhalb von einer Monatsmiete liegt, die Unzumutbarkeit einer Vertragsfortführung schwerlich begründen kann.[3792]
- Weiter muss bei § 543 Abs. 1 BGB eine „gewisse Hartnäckigkeit" des Mieters vorliegen, die sein Verhalten als eine schwerwiegende, für den Vermieter nicht hinnehmbare Vertragsverletzung erscheinen lässt (Beispiele: rechtskräftiger Zahlungstitel liegt vor, Mieter benennt keine stichhaltigen Gründe für Nichtzahlung).[3793] Die erforderliche Unzumutbarkeit der Vertragsfortführung wird bspw. entfallen, wenn der Mieter mit einer hohen Nachforderung konfrontiert wird und unverzüglich, jedenfalls aber innerhalb der gesetzten Zahlungsfrist eine Ratenzahlung anbietet.[3794]
- Fehlende substanzielle Einwendungen des Mieters: nach überwiegender Ansicht muss der Mieter seine Einwendungen dergestalt konkretisieren, dass der Vermieter erkennen kann, welche Positionen der Beanstandung unterliegen, und ggf. zu einer Korrektur der Abrechnung in der Lage ist.[3795]

Es ist eine Abmahnung nach § 543 Abs. 3 BGB erforderlich.[3796]

3790 OLG München, 28.02.2001 – 3 U 5169/00, ZMR 2001, 535 = MDR 2001, 745 = NJW-RR 2002, 631.
3791 OLG München, 28.02.2001 – 3 U 5169/00, ZMR 2001, 535 = MDR 2001, 745 = NJW-RR 2002, 631: „wiederholte verspätete Mietzahlung".
3792 Hinz, NZM 2010, 57, 60.
3793 Hinz, NZM 2010, 57, 60.
3794 Hinz, NZM 2010, 57, 62.
3795 Nachweise bei Hinz, NZM 2010, 57, 61.
3796 OLG München, 28.02.2001 – 3 U 5169/00, ZMR 2001, 535 = MDR 2001, 745 = NJW-RR 2002, 631.

c) Verzug des Mieters

Der Mieter muss sich in Verzug mit der Mietzahlung befinden. Ob Verzug vorliegt, bestimmt sich nach den §§ 284 ff. BGB. Zu den gesetzlichen und vertraglichen Regelungen der **Fälligkeit der Miete und Pacht** → *Rn. 867 f.* Ist im Vertrag ein Zahlungstermin festgelegt, kommt er automatisch, d.h. ohne Mahnung, in Verzug. Zur Kündigungsbefugnis bei nicht einlösbaren Lastschriften (Einzugsermächtigung des Vermieters) → *Rn. 876 ff.*

2393

Bei der **Frist zur Zahlung der Miete bis zum dritten Werktag** eines jeden Monats nach § 556b Abs. 1 BGB (oder einer entsprechenden vertraglichen Vereinbarung) zählt der **Samstag** nicht mit, weil die Karenzzeit von drei Werktagen, die dem Mieter für die Zahlung der Miete zum Beginn des Monats eingeräumt wird, im Interesse des Mieters die zugunsten des Vermieters begründete Vorleistungspflicht abmildert und dem Mieter ungeschmälert zur Verfügung stehen muss.[3797]

> **Hinweis:**
>
> Diese Rechtsprechung gilt jedoch nicht für die die ordentlichen Kündigungsfristen, da Samstage für die Post als normale Geschäftstage zählen und Kündigungen daher auch samstags zugestellt werden. Folglich sind Samstage bei der Berechnung der ordentlichen Kündigungsfrist mitzuzählen.

Verzug erfordert ferner **Verschulden**. Unterbleibt die Zahlung aufgrund eines Umstandes, den der Mieter **nicht zu vertreten** hat (§ 286 Abs. 4 BGB), tritt Verzug nicht ein (kein Verzug ohne Verschulden!). Ein Zurückbehaltungsrecht schließt den Verzug mangels Verschulden und damit die Kündigung nach § 543 BGB aus, was z.B. bei einer mangelhaften Mietsache gegeben sein kann. Der Mieter hat aber den Rückstand auch dann zu vertreten, wenn er auf Anraten seines Anwalts nur eine **geminderte Miete** gezahlt hat, da der Anwalt insoweit Erfüllungsgehilfe des Mieters ist.[3798]

2394

> *Beispiele:*
>
> *Der Pächter rügt einen vermeintlichen Mangel, weil die Baubehörde nach einer Umbaumaßnahme den Brandschutz der gepachteten Gaststätte moniert. Die Behörde droht aber weder Zwangsmaßnahmen an, noch schreitet sie ein. Der RA des Pächters empfiehlt ihm, die Pacht um 25 % zu kürzen. Nach zehn Monaten ist die Behörde immer noch nicht aktiv geworden. Der Vermieter kündigt fristlos wegen Zahlungsverzuges und verlangt Räumung. Das Gericht kommt im Räumungsrechtsstreit zum Ergebnis, dass die Minderung und damit die Zahlungskürzung unberechtigt war, weil kein Mangel bestand (zu behördlichen Beanstandungen als Mangel → Rn. 2459 ff.). Der Pächter muss räumen. Die Fehleinschätzung des Anwalts wird ihm zugerechnet.*
>
> *Das gilt dann, wenn der Irrtum des Mieters auf einen falschen anwaltlichen Rat über die Wirksamkeit seines formularmäßigen Minderungsausschlusses zurückgeht, und wenn der Anwalt bei „sorgfältiger" Prüfung erkennen kann, dass der (hier: eindeutige) Minderungsausschluss wirksam ist.*[3799]

[3797] BGH, 13.07.2010 – VIII ZR 129/09 und VIII ZR 291/09, IMR 2010, 363 = NZM 2010, 661/664 = MDR 2010, 1040.

[3798] OLG Frankfurt am Main, 09.06.2005 – 12 U 4/05, InfoM 2005, 250; OLG Köln, 30.10.1997 – 12 U 29/97, ZMR 1998, 763, 765.

[3799] OLG Frankfurt am Main, 09.06.2005 – 12 U 4/05, InfoM 2005, 250.

> **Hinweis:**
>
> Immer dann, wenn der Mieter mit der eigentlichen Miete in Verzug gerät, wird die Kündigung nach § 543 Abs. 2 Satz 1 Nr. 3 BGB möglich. Mietminderungen und Zurückbehalt der Miete können daher die Kündigung des Vermieters auslösen, weshalb hier äußerste Vorsicht geboten ist. Hier droht eine konkrete Haftungsfalle für Immobilienverwalter und RA (zu Vorbeugungsmaßnahmen → *Rn. 892 ff., 2077 f., 3224 ff.*).

d) § 543 Abs. 2 Satz 1 Nr. 3a BGB

2395 Für den in der Praxis wohl häufigsten Kündigungstatbestand des § 543 Abs. 2 Satz 1 Nr. 3a, 1. Alt. BGB muss der Mieter mit zwei aufeinander folgenden Mieten in Verzug sein.

2396 Nach der zweiten Alternative der Vorschrift reicht es auch aus, dass der Mieter für zwei aufeinander folgende Termine mit einem nicht unerheblichen Teil der Miete in Verzug gerät. „Nicht unerheblich" i.S.d. 2. Alt. ist der rückständige Teil nur dann, wenn er mindestens eine Monatsmiete **übersteigt** (nicht: beträgt).[3800] Dies ergibt sich bereits aus § 569 Abs. 3 Nr. 1 BGB, der dies für Wohnraum regelt und für Wohnraummieter eine Schutzvorschrift darstellt, sodass ein Mietrückstand von einer Miete bei gewerblichen Mietverhältnissen erst recht erheblich ist.[3801] § 543 Abs. 2 Satz 1 Nr. 3a, 2. Alt. BGB erfasst nach Wortlaut, systematischer Stellung und Entstehungsgeschichte aber nur die Fälle, in denen Rückstände, die eine Monatsmiete übersteigen, aus zwei aufeinander folgenden Terminen entstanden sind, wohingegen § 543 Abs. 2 Satz 1 Nr. 3b BGB die Fälle abdeckt, in denen sich die Rückstände aus mehr als zwei aufeinander folgenden Terminen ergeben. Ein Rückstand von mehr als einer Miete reicht für eine außerordentliche fristlose Kündigung gem. § 543 Abs. 2 Satz 1 Nr. 3a, 2. Alt. BGB daher nur aus, wenn er aus zwei aufeinander folgenden Zahlungszeiträumen resultiert; ein Rückstand, der diese Voraussetzung nicht erfüllt, weil er (auch) aus anderen Zahlungszeiträumen herrührt, rechtfertigt die außerordentliche fristlose Kündigung lediglich, wenn seine Höhe zwei Monatsmieten erreicht (§ 543 Abs. 2 Satz 1 Nr. 3b BGB).[3802] Maßgeblich ist diejenige Miete, die zum Zeitpunkt der Kündigung noch offen ist.

e) § 543 Abs. 2 Satz 1 Nr. 3b BGB

2397 § 543 Abs. 2 Satz 1 Nr. 3b BGB erfasst die Fälle, in denen sich die Rückstände aus mehr als zwei aufeinander folgenden Terminen ergeben. Hier muss der Mieter in einem Zeitraum, der sich über mehr als zwei Zahlungstermine erstreckt, mit der Mietzahlung i.H.e. Betrages, der die Miete für zwei Monate erreicht, in Verzug sein. Werden also – bei Monatsmiete – in mehr als zwei Monaten nur Teilbeträge gezahlt und summieren sich diese zum Betrag von zwei Mo-

---

[3800] BGH, 15.04.1987 – VIII ZR 126/86, NJW-RR 1987, 903 = WuM 1987, 932; OLG Düsseldorf, 07.09.2006 – 10 U 30/06, NJOZ 2006, 4058.

[3801] BGH, 23.07.2008 – XII ZR 134/06, NZM 2008, 770 = NJW 2008, 3210; BGH, 15.04.1987 – VIII ZR 126/86, NJW-RR 1987, 903 = WuM 1987, 932 zu § 554 Abs. 1 Satz 1 Nr. 1 BGB a.F.

[3802] BGH, 23.07.2008 – XII ZR 134/06, NZM 2008, 770 = NJW 2008, 3210; a.A. OLG Jena, 27.07.2006 – 1 U 911/05 (von BGH, 23.07.2008, a.a.O. aufgehoben); OLG Düsseldorf, 07.09.2006 – 10 U 30/06, DWW 2006, 240 = NJOZ 2006, 4058; Blank, in: Schmidt-Futterer, Mietrecht, 9. Aufl., § 543 BGB Rn. 109.

natsmieten, kann der Vermieter kündigen. Zur Streitfrage, ob die „Miete" auch ausbleibende Nebenkostenzahlungen umfasst → *Rn. 950 ff.*.

§ 543 Abs. 2 Nr. 3b BGB findet keine Anwendung auf eine **Mietforderung aus einem Prozessvergleich**, der angesichts einer ungewissen Rechtslage diese Mietforderung möglicherweise überhaupt erstmals begründet hat, auch wenn der Vergleichsbetrag rein rechnerisch die Summe mehrerer Monatsmieten umfasst.[3803]

2398

f) Erforderlichkeit einer Abmahnung

Eine Kündigung wegen **Zahlungsverzugs** nach § 543 Abs. 2 Satz 1 Nr. 3 BGB erfordert **grds. keine Abmahnung**,[3804] was durch § 543 Abs. 3 Satz 2 Nr. 3 BGB auch ausdrücklich klargestellt worden ist. Die Rechtsprechung tendiert aber zu Ausnahmen: So ist eine Abmahnung ggü. dem säumigen Mieter nötig, wenn sich dem Vermieter der Schluss aufdrängen muss, dass die Nichtzahlung der Miete nicht auf Zahlungsunfähigkeit oder -unwilligkeit beruht.[3805] Das OLG Hamm hat bei einem langfristigen Grundstückspachtvertrag (30 Jahre für einen Tennisverein mit Vorkaufsrecht) eine Abmahnung nach den Grundsätzen von Treu und Glauben für erforderlich gehalten, weil sich nach jahrelanger regelmäßiger Zahlung dem Vermieter der Schluss hätte aufdrängen müssen, dass die Nichtzahlung auf ein Versehen zurückzuführen sei.[3806] Gleiches müsse gelten, wenn der Vermieter mehr als ein Jahr lang von seinem Recht zur fristlosen Kündigung keinen Gebrauch mache und damit eine angemessene Überlegungsfrist erheblich überschreite.[3807]

2399

Eine Abmahnung ist insb. dann unentbehrlich, wenn der Vermieter einen Mietrückstand über **längere Zeit rügelos hingenommen** hat.[3808] Hat der Vermieter den Mieter wegen unpünktlicher Mietzahlungen abgemahnt und liegt zwischen dieser Abmahnung und dem kündigungsauslösenden neuen Zahlungsverzug ein Zeitraum von acht Monaten, so kann der Vermieter erst nach erneuter fruchtloser Abmahnung kündigen.[3809]

2400

> **Praxistipp:**
>
> Besondere Konstellationen erfordern besondere Überlegungen. Immer dann, wenn atypische Fälle wie die zuvor geschilderten vorliegen, muss der Vermieter-Verwalter und der Vermieter-Anwalt das Erfordernis einer Abmahnung in Betracht ziehen. Dies hat auch nach der neuen Rechtslage zu gelten.

3803 OLG München, 09.12.2002 – 15 U 2940/02, NZM 2003, 554.
3804 BGH, 11.03.2009 – VIII ZR 115/08, NZM 2009, 314 = IMR 2009, 152 = ZMR 2009, 521 = WuM 2009, 231 (Wohnraum).
3805 OLG Düsseldorf, 25.03.2004 – I-10 U 109/03, GuT 2004, 122.
3806 OLG Hamm, 24.04.1998 – 33 U 97/97, WuM 1998, 485 = ZMR 1998, 493.
3807 OLG Hamm, 24.04.1998 – 33 U 97/97, WuM 1998, 485 = ZMR 1998, 493.
3808 OLG Hamm, 21.01.2009 – 30 U 106/08, IMR 2009, 387.
3809 LG Berlin, 27.03.2008 – 62 S 412/07.

g) Ausschlusstatbestände

2401 Das Gesetz selbst sieht zwei Tatbestände vor, nach denen der **Zahlungsverzug nicht schadet**: Der erste Fall liegt vor, wenn der Vermieter noch vor der Kündigung rechtzeitig wegen seiner offenen Forderungen befriedigt wird, § 543 Abs. 1 Satz 2 BGB. Nach § 543 Abs. 1 Satz 3 BGB wird die Kündigung unwirksam, wenn sich der Mieter von seiner Schuld durch **Aufrechnung** befreien konnte und unverzüglich nach der Kündigung die Aufrechnung erklärt. Dies basiert auf der Rückwirkung der Aufrechnung, § 389 BGB. Die Aufrechnung muss nach § 543 Abs. 2 Satz 3 BGB unverzüglich, d.h. ohne schuldhaftes Zögern erfolgen, § 121 Abs. 1 Satz 1 BGB. Eine **unverzügliche Aufrechnungserklärung** des Mieters kann nur dann zur Unwirksamkeit der fristlosen Kündigung wegen Zahlungsverzuges führen, wenn die Gegenforderung so bestimmt bezeichnet ist, dass sie der Vermieter prüfen kann.[3810] Eine wirksame Aufrechnung macht die Kündigung unwirksam, sodass das Mietverhältnis wieder auflebt. Bei erneutem Verzug muss der Vermieter also neu kündigen.

2402 Die außerordentliche Kündigung eines Mietvertrags wegen Zahlungsverzugs verstößt gegen **Treu und Glauben**, wenn der Vermieter bei einem **lange Zeit unproblematischen Verhältnis** bei Auftreten von Zahlungsschwierigkeiten sich zunächst mit dem Mieter einvernehmlich auf kurzfristige Ratenzahlungen verständigt, die auch eingehalten werden, und er so die Zahlungsverzögerungen hinnimmt, dann jedoch bei unveränderter Sachlage gleichartige Zahlungsverzögerungen ohne vorherige Abmahnung oder Warnung zum Anlass für eine außerordentliche Kündigung nimmt.[3811]

8. Gesundheitsgefährdung, §§ 569 Abs. 1, 578 Abs. 2 BGB

2403 Nach § 569 Abs. 1 BGB liegt ein wichtiger Grund zur Kündigung i.S.d. § 543 Abs. 1 BGB für den Mieter auch vor, wenn der gemietete Wohnraum so beschaffen ist, dass seine Benutzung mit einer erheblichen Gefährdung der Gesundheit verbunden ist. Gem. § 578 Abs. 2 Satz 2 BGB ist die Vorschrift des § 569 Abs. 1 BGB auf ein Mietverhältnis über Räume, die keine Wohnräume sind, entsprechend anzuwenden, wenn die Räume zum **Aufenthalt von Menschen** bestimmt sind. Damit scheidet die Anwendung von § 569 BGB z.B. bei der Miete von Stellplätzen, Garagen oder Lagerräumen selbst dann aus, wenn diese baufällig sind; hier kann aber der Auffangtatbestand des § 543 Abs. 1 BGB greifen.[3812]

Schutzzweck der Norm ist primär das öffentliche Interesse an ordnungsgemäßen Räumlichkeiten[3813] und nur nachrangig Leib und Wohl des einzelnen Mieters.

2404 Ein **Verschulden des Vermieters** ist nicht erforderlich, sodass der Mieter auch dann kündigen darf, wenn die Gefährdung durch höhere Gewalt entstanden ist. Nach §§ 569 Abs. 1 Satz 2, 578 Abs. 2 BGB greift das Kündigungsrecht auch dann, wenn der Mieter die gefahrbringende Beschaffenheit bei Vertragsschluss **gekannt oder darauf verzichtet hat**, die ihm wegen dieser

---

[3810] OLG Celle, 16.02.2007 – 2 U 9/07, IMR 2007, 145.
[3811] OLG Stuttgart, 02.06.2008 – 5 U 20/08, IMR 2008, 306 = ZMR 2008, 567.
[3812] Ebenso Herrlein/Kandelhard, § 569 Rn. 6.
[3813] Ähnlich OLG Brandenburg, 02.07.2008 – 3 U 156/07, IMR 2009, 163.

Beschaffenheit zustehenden Rechte geltend zu machen. Das Recht steht grds. auch dem (gewerblichen) Zwischenmieter im Verhältnis zum Hauptvermieter zu.[3814]

Das Kündigungsrecht setzt nicht voraus, dass bereits eine Gesundheitsgefährdung eingetreten ist. Es reicht vielmehr bereits das konkrete Bestehen einer die Gesundheit berührenden objektiven **Gefährdungslage** nach dem gegenwärtigen Stand der Erkenntnis, auch wenn dieser bei Vertragsschluss noch nicht bestanden haben sollte.[3815] Wann eine Gesundheitsgefährdung vorliegt, ist objektiven Maßstäben zu entnehmen. Entscheidend ist, ob von den Räumen in ihrem gegenwärtigen Zustand eine Gesundheitsgefahr ausgeht. Diese muss konkret drohen und zudem erheblich sein, d.h. der Tatbestand des § 569 Abs. 1 BGB ist nur erfüllt, wenn die Gefahr einer **deutlichen und nachhaltigen Gesundheitsschädigung** besteht.[3816] Ausweitungen sind restriktiv zu handhaben und nur dort gerechtfertigt, wo mit schwerwiegenden Beeinträchtigungen zu rechnen ist, etwa bei Gesundheitsgefahren nach Ausbruch eines Brandes durch toxische Dämpfe.[3817] Es kommt auf den gegenwärtigen Stand der Erkenntnis an, auch wenn dieser Kenntnisstand bei Vertragsschluss noch nicht bestanden haben sollte.[3818]

2405

Ursache für die Gefahr einer deutlichen und nachhaltigen Gesundheitsschädigung können u.a. Mängel im Zusammenhang mit dem **baulichen Zustand** der Räume sein wie Feuchtigkeit, überhöhte Schadstoffkonzentration, aber auch Baufälligkeit und Einsturzgefahr, verkehrsunsichere Fußböden und Treppen. Gesundheitsgefährdende Umstände liegen im Zweifel bei Verstößen gegen solche **baupolizeilichen Vorschriften** vor, die über die Sicherheit des Gebäudes hinaus dem gesundheitlichen Schutz von Menschen dienen sollen.[3819]

2406

Eine erhebliche Gefährdung liegt i.d.R. nicht vor, wenn der gefahrbringende Zustand binnen einer verhältnismäßig **kurzen Zeit zu beseitigen** und der Vermieter zur Abhilfe bereit ist.[3820] Das gilt insb. dann, wenn sich die mangelhafte Beschaffenheit der Mietsache i.d.R. nur bei längerem Bestehen auf die Gesundheit schädlich auswirkt.[3821] Anders liegt der Fall jedoch, wenn es sich um einen das Leben der Nutzer gefährdenden Mangel handelt, der sich jederzeit konkretisieren kann.[3822]

2407

3814 BGH, 17.12.2003 – XII ZR 308/00, GuT 2004, 102 = WuM 2004, 206 = NZM 2004, 222.
3815 OLG Düsseldorf, 14.01.2010 – 10 U 74/09, IMR 2010, 187: wegen durchrosteter Stahlträger einsturzgefährdeter Keller eines Imbissbetriebs.
3816 OLG Düsseldorf, 14.01.2010 – 10 U 74/09, IMR 2010, 187; OLG Brandenburg, 02.07.2008, ZMR 2009, 190; KG, 22.09.2003, GE 2004, 47 = GuT 2003, 215 = KGR 2004, 97 = ZMR 2004, 259; KG, 26.02.2004 – 12 U 1493/00, GE 2004, 688 = KGR 2004, 481 = ZMR 2004, 513; KG, 01.10.2001 – 8 U 3861/00; Sternel, Mietrecht aktuell, Rn. 373 f.; Bub/Treier, IV Rn. 155.
3817 Beispiel: KG, 22.09.2003 – 12 U 15/02, GuT 2003, 215 = ZMR 2004, 259.
3818 KG, 22.09.2003 – 12 U 15/02, GuT 2003, 215 = ZMR 2004, 259.
3819 KG, 22.09.2003 – 12 U 15/02, GuT 2003, 215 = ZMR 2004, 259.
3820 OLG Düsseldorf, 14.01.2010 – 10 U 74/09, IMR 2010, 187; OLG Düsseldorf, 20.12.2001 – 10 U 143/00, WuM 2002, 267 = ZMR 2002, 512 RG, 21.01.1916, WarnRspr. 1916 Nr. 72 – III 329/15; Emmerich/Sonnenschein, § 569 BGB Rn. 5.
3821 OLG Düsseldorf, 14.01.2010 – 10 U 74/09, IMR 2010, 187; RG, 18.04.1902, III 3/02: Feuchtigkeit einer Wohnung (zitiert nach OLG Düsseldorf, Urt v. 14.01.2010, a.a.O.).
3822 OLG Düsseldorf, 14.01.2010 – 10 U 74/09, IMR 2010, 187: wegen durchrosteter Stahlträger einsturzgefährdeter Keller eines Imbissbetriebs; ähnlich Hannemann/Wiegner/Kleinrahm, MAH Mietrecht, § 28 Rn. 152.

Das Kündigungsrecht kann ausgeschlossen sein, wenn der gesundheitsgefährdende Zustand **nur einzelne Räume** betrifft.[3823] Dies ist vom Einzelfall abhängig. Bei reinen Nebenräumen scheidet die Kündigung jedenfalls aus. Das im öffentlichen Interesse liegende Kündigungsrecht kann **nicht nach § 536b BGB untergehen.**[3824] Da es solange fortbesteht wie der gesundheitsgefährdende Zustand selbst, erweist es sich ferner als unschädlich, wenn der Mieter in seiner Kündigungserklärung eine Auslauffrist in Anspruch nimmt.[3825]

2408 *Beispiele für Gesundheitsgefährdungen:*
- *Mobilfunkanlagen und Elektrosmog stellen nach derzeitigem Stand keine Gesundheitsgefährdung dar (→ Rn. 3178 ff.).*[3826]
- *Ob Schimmelpilzbildung in Mieträumen eine Gesundheitsgefährdung darstellt, ist nicht allgemein zu beantworten, sondern eine Frage des Einzelfalls; erforderlich ist eine erhebliche Gesundheitsgefahr für alle Bewohner oder Benutzer bzw. einzelne Gruppen von ihnen durch Toxin bildende Pilzstämme. Z.T. wird eine Gesundheitsgefährdung bei Schwarzschimmel unterstellt.*[3827] *Der dafür darlegungs- und beweisbelastete Mieter führt den Beweis dafür, dass festgestellte Schimmelpilze tatsächlich Toxin bildend sind und zu einer Gesundheitsbeeinträchtigung seiner Mitarbeiter geführt haben, nicht schon durch Vorlage von ärztlichen Bescheinigungen, die ohne Laboruntersuchungen erstellt wurden.*[3828]
- *Ein die Kündigung wegen Gesundheitsgefährdung rechtfertigender Mangel ist gegeben, wenn die Innentemperatur in einem Standardsommer lang andauernd 26 °C übersteigt; beim Betrieb einer Drogerie sind diese Voraussetzungen erfüllt, wenn bei einem langjährigen Mittelwert die Temperaturgrenze von 26 °C an 45 Tagen überschritten wird.*[3829] *Es ist streitig, ob hohe Innentemperaturen einen Mangel darstellen (zu Innentemperaturen als Mangel → Rn. 2102 ff.); unabhängig davon, welcher Meinung man diesbezüglich folgt, kann aber eine Gesundheitsgefährdung des Mieters in Betracht kommen, wenn die Temperaturen in den Räumen über einen erheblichen Zeitraum hinweg medizinisch bedenklich sind.*
- *Schwerwiegende Gesundheitsbeeinträchtigungen, mit denen im Fall eines Großbrandes zu rechnen ist, begründen die fristlose Kündigung des Mietvertrages, wenn die Beschaffenheit der Räume die Gefahr der unkontrollierten Ausweitung eines eigentlich beherrschbaren Kleinbrandes konkret und in ganz erheblichem Umfang vergrößert.*[3830]
- *Fehlen eines Geländers bei einer L-förmigen Galerie im Obergeschoss eines Bauernhauses.*[3831]

2409 Auch bei einer erheblichen Gesundheitsgefährdung kann der Mieter grds. erst dann außerordentlich fristlos kündigen, wenn er dem Vermieter zuvor eine angemessene **Abhilfefrist** gesetzt

---

3823 LG Berlin, 16.11.2004 – 63 S 174/04, GE 2005, 57.
3824 OLG Brandenburg, 02.07.2008 – 3 U 156/07, IMR 2009, 163.
3825 OLG Brandenburg, 02.07.2008 – 3 U 156/07, IMR 2009, 163: Auslauffrist von fast drei Monaten.
3826 KG, 24.05.2007 – 8 U 193/06, GuT 2007, 354 = NZM 2007, 803 = IMR 207, 348 = NJOZ 2007, 4878.
3827 AG Krefeld, 12.06.2007 – 12 C 301/06, IMR 2008, 44 für Wohnraum; vgl. auch AG Altenburg, 31.08.2000 – 1 C 1058/98, GuT 2002, 46: bauwerksbedingte Feuchtigkeitsschäden mit Schwarzschimmelbildung im Gästeraum einer Gaststätte.
3828 KG, 26.02.2004 – 12 U 1493/00, GuT 2004, 102.
3829 OLG Naumburg, 17.06.2003 – 9 U 82/01, NZM 2004, 343 (LS).
3830 KG, 22.09.2003 – 12 U 15/02, GuT 2003, 215 = ZMR 2004, 259.
3831 OLG Brandenburg, 02.07.2008 – 3 U 156/07, IMR 2009, 163.

oder eine Abmahnung nach § 543 Abs. 3 Satz 1 BGB erteilt hat (→ *Rn. 2344 ff.*).³⁸³² Allerdings wird diese oft nach § 543 Abs. 3 Satz 2 Nr. 1 BGB entbehrlich sein, weil sie offensichtlich keinen Erfolg verspricht.³⁸³³ Bei Mängeln der Standsicherheit, die einen Einsturz von Pachträumen schon bei ungünstigen Witterungseinflüssen möglich erscheinen lassen, kommt die ausnahmsweise gebotene vorherige Fristsetzung nicht in Betracht.³⁸³⁴

Das Kündigungsrecht gem. § 569 Abs. 1 BGB wegen Gesundheitsgefährdung kann, solange der gesundheitsgefährdende Zustand besteht, selbst durch eine längere Nichtausübung nicht verwirkt werden.³⁸³⁵

9. Störung des Hausfriedens, §§ 569 Abs. 2, 578 Abs. 2 BGB

Nach § 569 Abs. 2 BGB (anwendbar über § 578 Abs. 2 BGB) liegt ein wichtiger Grund i.S.d. § 543 Abs. 1 BGB für eine fristlose Kündigung vor, wenn eine Vertragspartei den **Hausfrieden nachhaltig stört**, sodass dem Kündigenden unter Berücksichtigung aller Umstände des Einzelfalls, insb. eines Verschuldens der Vertragsparteien, und unter Abwägung der beiderseitigen Interessen die Fortsetzung des Mietverhältnisses bis zum Ablauf der Kündigungsfrist oder bis zur sonstigen Beendigung des Mietverhältnisses nicht zugemutet werden kann. Es handelt sich um einen **selbstständigen Kündigungstatbestand**, so die Voraussetzungen des § 543 Abs. 1 BGB nicht vorliegen müssen.³⁸³⁶ Der im BGB nicht definierte Begriff des Hausfriedens entspricht nicht dem durch §§ 123, 124 StGB geschützten Hausfrieden, sondern beinhaltet, dass sich jede Mietpartei und der Vermieter bei der Nutzung der Miträume so verhalten muss, dass die anderen Mieter nicht mehr beeinträchtigt werden, als dies nach den konkreten Umständen unvermeidlich ist.³⁸³⁷ Geprägt wird dies durch **Rücksichtnahme und Respekt**.³⁸³⁸

2410

Pflichten des Mieters zur Rücksichtnahme auf andere Mieter im Haus können sich dabei vornehmlich unter zwei rechtlichen Gesichtspunkten ergeben: aus den Rechtsbeziehungen zwischen dem Mieter zum Vermieter sowie aus den Rechtsbeziehungen zwischen dem Mieter und anderen Mietern.³⁸³⁹ Im Verhältnis zum Vermieter bestimmt sich der Umfang erlaubten Mietgebrauchs nach dem Mietvertrag und dem darin vereinbarten Mietzweck und Verhaltensregelungen, die ggf. nach den §§ 133, 157 BGB durch Auslegung zu ermitteln sind. Ansonsten sind die gesetzlichen Regelungen zum Mietgebrauch heranzuziehen. Im Verhältnis zu anderen Mietern gelten mangels unmittelbarer vertraglicher Abreden die Grenzen, die sich aus dem Besitzschutzrecht (insb. § 862 BGB – Ansprüche wegen Besitzstörung i.V.m. § 906 BGB analog)

2411

3832 BGH, 18.04.2007 – VIII ZR 182/06, GuT 2007, 218 = IMR 2007, 207 = WuM 2007, 319 = InfoM 2007, 161 = NZM 2007, 439 = ZMR 2007, 601 = DWW 2007, 239 = GE 2007, 841 = NJW 2007, 2177 (Wohnraum); a.A.: KG, 22.09.2003 – 12 U 15/02, GuT 2003, 215 = ZMR 2004, 259.
3833 BGH, 18.04.2007 – VIII ZR 182/06, NZM 2007, 439 = WM 2007, 319 = ZMR 2007, 601 = DWW 2007, 239 = GE 2007, 841 = NJW 2007, 2177; OLG Düsseldorf, 14.01.2010 – 10 U 74/09, IMR 2010, 187.
3834 OLG Koblenz, 12.05.1992 – 3 U 1765/91, AgrarR 1992, 367 = NJW-RR 1992, 1228.
3835 KG, 22.09.2003 – 12 U 15/02, GuT 2003, 215 = ZMR 2004, 259.
3836 Blank, in: Schmidt-Futterer, § 569 Rn. 15; Blank, in: Blank/Börstinghaus, § 569 Rn. 21.
3837 Blank, in: Schmidt-Futterer, § 569 Rn. 18; Blank, in: Blank/Börstinghaus, § 569 Rn. 22.
3838 Sternel, Mietrecht aktuell, Rn. XII 88, VI 311.
3839 KG, 01.09.2003 – 12 U 20/03, GuT 2004, 90 = ZMR 2004, 261; Sternel, Mietrecht aktuell, Rn. XII 88.

sowie dem Deliktsrecht ergeben.[3840] Eine Hausfriedensstörung i.S.d. § 569 Abs. 2 BGB kann in einem Verstoß des Mieters gegen Pflichten aus jedem dieser Rechtsverhältnisse bestehen. Sowohl ein Eingriff in die Vertragsrechte des Vermieters als auch in den vertragsgemäßen Gebrauch anderer Mieter kann eine kündigungsbegründende Störung darstellen.[3841] Es ist zwingend erforderlich, dass andere Hausbewohner (nicht: Nachbarn) durch das Verhalten des Störers beeinträchtigt werden, woran es bspw. fehlt, wenn alle mit einer lautstarken Betriebsfeier einverstanden sind.[3842]

2412 In Betracht kommen Beeinträchtigungen durch Lärm, Schmutz, Gerüche, Beleidigungen, Bedrohungen oder Tätlichkeiten ggü. anderen Mietern oder dem Vermieter, die Ausübung der Prostitution, Drogenhandel, Verleumdungen des Vertragspartners oder anderer Mieter, unbegründete Strafanzeigen usw.[3843] Keine zur Kündigung berechtigende Hausfriedensstörung i.S.d. § 569 Abs. 2 BGB liegt vor, wenn ein Gewerbebetrieb gegen gewerbe- oder bauplanungsrechtliche Bestimmungen verstößt.[3844]

2413 Nur ein **besonders schwer wiegender Verstoß** des Mieters gegen die Verpflichtung zur Einhaltung des Hausfriedens kann eine fristlose Kündigung rechtfertigen (sog. Nachhaltigkeit).[3845] Es genügt daher weder eine bloß geringfügige noch eine kurze und einmalige Störung, sondern diese muss entweder schon mehrfach vorgekommen sein, oder es muss i.d.R. konkrete Wiederholungs- oder Fortsetzungsgefahr bestehen; diese kann sich ebenso aus einem früheren gleichartigen Verhalten des Mieters ergeben wie aus seinem Verhalten nach Ausspruch der Kündigung.[3846]

2414 Außer der Nachhaltigkeit muss daneben noch das Tatbestandsmerkmal der **Unzumutbarkeit der Vertragsfortsetzung** vorliegen. Für die Frage der Zumutbarkeit ist das Empfinden eines „verständigen Durchschnittsmenschen" maßgeblich.[3847] Es ist schon nach dem Wortlaut des Gesetzes ein strenger Maßstab bei der erforderlichen Interessenabwägung anzulegen. Bei der Abwägung sind alle Umstände des Einzelfalls, insb. das **Verschulden** der Vertragsparteien zu berücksichtigen, wodurch lediglich zum Ausdruck kommen soll, dass das Verschulden i.R.d. Interessenabwägung (auch) zu berücksichtigen ist.[3848] Auf ein **Verschulden** selbst kommt es hingegen nach dem Gesetzestext nicht an. Hat der Mieter bspw. umfangreiche Investitionen vorgenommen, die noch nicht „abgewohnt" sind, so ist dies bei einer Kündigung durch den Vermieter zugunsten des Mieters zu berücksichtigen; hat umgekehrt der Vermieter in Erwartung einer längeren Mietzeit auf Wunsch des Mieters Um- oder Ausbauarbeiten durchgeführt,

---

3840 KG, 01.09.2003 – 12 U 20/03, GuT 2004, 90 = ZMR 2004, 261. .
3841 KG, 01.09.2003 – 12 U 20/03, GuT 2004, 90 = ZMR 2004, 261.
3842 Blank, in: Schmidt-Futterer, § 569 Rn. 19.
3843 Blank, in: Blank/Börstinghaus, § 569 Rn. 24.
3844 KG, 01.09.2003 – 12 U 20/03, GuT 2004, 90 = ZMR 2004, 261.
3845 OLG Köln, 12.11.2010 – 1 U 26/10, IMR 2011, 58 = NZM 2011, 76 = NJW 2011, 314: Praxis für Psychiatrie und Psychotherapie führt Drogenersatztherapie durch; KG, 01.09.2003 – 12 U 20/03, GuT 2004, 90 = ZMR 2004, 261; Sternel, Mietrecht aktuell, Rn. XII 88a.
3846 KG, 01.09.2003 – 12 U 20/03, GuT 2004, 90 = ZMR 2004, 261.
3847 Blank, in: Blank/Börstinghaus, § 569 Rn. 28.
3848 Blank, in: Blank/Börstinghaus, § 569 Rn. 29.

so ist dies bei einer Kündigung durch den Mieter angemessen zu bewerten.[3849] Die **besondere Schwere des Pflichtverstoßes** kann sich aus der Schuldform (Vorsatz/grobe Fahrlässigkeit) als auch aus dem Ausmaß der Pflichtwidrigkeit (also aus der Handlung als solcher) und aus den verschuldeten Auswirkungen (also aus den Folgen der Handlung) ergeben.[3850] Bei einem **Streit zwischen mehreren Mietern**, durch den der Hausfrieden nachhaltig gestört wird, muss der Vermieter zunächst ermitteln, welcher Mieter den Streit schuldhaft verursacht hat, da er eine konkrete Vertragsverletzung beweisen muss.[3851]

In die Bewertung der Rechtmäßigkeit der Kündigung muss das **Allgemeininteresse** einfließen, wenn die störenden Einwirkungen der Erfüllung von Aufgaben dienten, die im Allgemeininteresse liegen[3852] Das ist grds. bei einer ärztlichen Tätigkeit gegeben, sodass bei Störungen, die im Zusammenhang mit „auffälligen" Patienten auftreten, eine fristlose Kündigung des Mietverhältnisses nur dann in Betracht gezogen werden kann, wenn konkrete Vorfälle eine Fortsetzung dieser Behandlungsform als untragbar erscheinen lassen.[3853]

2415

Bei **mehreren Mietern** folgt aus dem Zweck des § 569 Abs. 2 BGB, dass es für die Kündigung ausreicht, wenn der Kündigungstatbestand von einem einzigen Mieter erfüllt wird; die Kündigung ist aber, um wirksam zu sein, ggü. allen auszusprechen.[3854] Im Gewerbemietverhältnis bestehen keine besonderen Begründungsanforderungen für die Kündigung, da § 578 BGB nicht auf § 569 Abs. 4 BGB verweist.[3855]

2416

10. Verschulden bei Vertragsschluss als Kündigungsgrund

Eine fristlose Kündigung kann ausnahmsweise auch unter dem Gesichtspunkt eines Verschuldens bei Vertragsschluss begründet sein.[3856] Zu den grundsätzlichen Voraussetzungen und dem **Konkurrenzverhältnis zu den mietrechtlichen Vorschriften** vgl. das Kapitel „Vertragsabschluss" → *Rn. 265 ff.* Das Kündigungsrecht setzt voraus, dass entweder der Vermieter dem Mieter oder umgekehrt **schuldhaft falsche Angaben über die Mietsache oder andere vertragserhebliche Umstände** gemacht hat oder unter Verletzung vorvertraglicher Aufklärungspflichten schuldhaft unzutreffende Informationen in Bezug auf das Mietobjekt erteilt hat, die keine zusicherungsfähigen Eigenschaften i.S.v. § 536 Abs. 2 BGB betreffen.[3857] Dem Vermieter obliegt grds. eine **Aufklärungspflicht** ggü. dem Mieter hinsichtlich derjenigen Umstände und Rechtsverhältnisse mit Bezug auf die Mietsache, die – für den Vermieter erkennbar – von besonderer Bedeutung für den Entschluss des Mieters zur Eingehung des Vertrages sind; der Um-

2417

3849 Blank, in: Blank/Börstinghaus, § 569 Rn. 30.
3850 Blank, in: Blank/Börstinghaus, § 569 Rn. 29.
3851 Blank, in: Blank/Börstinghaus, § 569 Rn. 34.
3852 BGH, 07.04.2000 – V ZR 39/99, NJW 2000, 2901: Abwehranspruch aus § 1004 BGB gegen den Betrieb eines Drogenhilfezentrums auf einem benachbarten Grundstück.
3853 OLG Köln, 12.11.2010 – 1 U 26/10, IMR 2011, 58 = NZM 2011, 76 = NJW 2011, 314: Praxis für Psychiatrie und Psychotherapie führt Drogenersatztherapie durch.
3854 Blank, in: Schmidt-Futterer, § 569 Rn. 20; Blank, in: Blank/Börstinghaus, § 569 Rn. 25.
3855 KG, 01.09.2003 – 12 U 20/03, GuT 2004, 90 = ZMR 2004, 261.
3856 BGH, 16.02.2000 – XII ZR 279/97, NJW 2000, 1714 = NZM 2000, 492 = WuM 2000, 1012 = MDR 2000, 821= IBR 2000, 396 = ZfIR 2000, 351 unter II 4; BGH, 16.04.1997 – XII ZR 103/95, NJWE-Mietrecht 1997, 150.
3857 BGH, 16.02.2000 – XII ZR 279/97, NJW 2000, 1714 = NZM 2000, 492 = WuM 2000, 1012 = MDR 2000, 821= IBR 2000, 396 = ZfIR 2000, 351 unter II 4; BGH, 16.04.1997 – XII ZR 103/95, NJWE-Mietrecht 1997, 150.

fang der Aufklärungspflicht richtet sich nicht zuletzt nach der Person des Mieters, insb. nach dessen für den Vermieter erkennbarer Geschäftserfahrenheit oder Unerfahrenheit.[3858] Erforderlich ist eine konkrete Feststellung, ob und inwieweit der Vermieter schuldhaft **über allgemeine, eher unverbindliche Angaben und Anpreisungen hinaus** dem Mieter konkrete Angaben über bestimmte tatsächliche Umstände (bspw. angeblich bereits erfolgte „Vollvermietung" eines Einkaufszentrums), gemacht und hierdurch, für den Vermieter erkennbar, seinen Entschluss zur Eingehung des Mietvertrages maßgeblich beeinflusst hat.[3859]

> **Praxistipp:**
> Man soll zwar nicht schon bei Vertragsabschluss an Kündigung denken. Trotzdem empfiehlt es sich aus Sicht des Mieters, die vom Vermieter im Vorfeld des Vertragsabschlusses erteilten Auskünfte (Exposé, Prospekte, Schreiben, Aktennotizen) sorgfältig zu dokumentieren. Entsprechendes gilt für die vom Mieter geäußerten wesentlichen Motive für die Anmietung.

Ausführlich zur Aufklärungspflicht → *Rn. 241 ff.*

11. Schadensminderungspflicht des fristlos Kündigenden

2418   Den fristlos kündigenden Vermieter trifft – wie jeden Vertragspartner – grds. eine aus § 254 BGB folgende **Schadensminderungspflicht**. Auch er muss sich deshalb um eine Weitervermietung bemühen. Daraus folgt aber nicht die Verpflichtung, sofort um jeden Preis zu vermieten.[3860] Der Vermieter verstößt aber nicht gegen seine Pflicht zur Minderung des Kündigungsfolgeschadens (§ 254 Abs. 2 Satz 1 BGB), wenn er die Räume nicht zu der nach dem gekündigten Mietvertrag geschuldeten Miete, sondern zu einer **marktgerechten höheren Miete** anbietet.[3861] Spiegelbildlich muss er u.U. zu einer niedrigen Miete anbieten, wenn das Mietniveau gesunken ist und er absehen kann, dass eine Vermietung zum alten Preis nicht gelingt; eine Überlegungszeit von 8 1/2 Monaten ist dafür nicht zu lang.[3862] Die Beweislast für einen Verstoß des Vermieters gegen seine Schadensminderungspflicht trägt der Mieter.[3863]

2419   Der Vermieter ist auch nicht gehalten, jede beliebige Person als Mieter zu akzeptieren. Der gekündigte Mieter, der dem Vermieter die Verletzung seiner Schadensminderungspflicht vorwirft, weil dieser nicht an einen bestimmten Interessenten vermietet habe, muss deshalb darlegen und beweisen, dass es sich um einen ernst zu nehmenden Interessenten handelte, der die Mietzahlung ausreichend sicher gewährleistet hätte.[3864]

3858   BGH, 18.06.1997 – XII ZR 192/95, BGHZ 136, 102 = WuM 1997, 617 = NJW 1997, 2813.
3859   BGH, 18.06.1997 – XII ZR 192/95, BGHZ 136, 102 = WuM 1997, 617 = NJW 1997, 2813.
3860   BGH, 16.02.2005 – XII ZR 162/01, GuT 2005, 115 = NZM 2005, 340.
3861   BGH, 16.02.2005 – XII ZR 162/01, GuT 2005, 115 = NZM 2005, 340; Palandt, § 543 Rn. 56; Bieber, in: MüKo-BGB, § 543 Rn. 71. BGH, 16.02.2005 – XII ZR 162/01, GuT 2005, 115 = NZM 2005, 340; KG, 04.05.2009 – 8 U 183/08, IMR 2009, 267 = DWW 2009, 260; OLG Frankfurt am Main, 18.07.1996 – 15 U 151/95, WuM 1998, 24; OLG Frankfurt am Main, 10.06.1992 – 19 U 113/91, WuM 1992, 436.
3862   BGH, 16.02.2005 – XII ZR 162/01, GuT 2005, 115 = NZM 2005, 340.
3863   OLG Brandenburg, 27.10.2010 – 3 U 155/09.
3864   KG, 04.05.2009 – 8 U 183/08, IMR 2009, 267.

V. Gesetzliche Sonderkündigungsrechte

1. Überblick

Das Gesetz gewährt diverse Sonderkündigungsrechte, die auch bei befristeten Mietverhältnissen gelten. In Betracht kommen folgende Anlässe: 2420

- verweigerte Erlaubnis zur Untervermietung, § 540 Abs. 1 Satz 2 BGB (→ *Rn. 1669 ff.*);
- Tod des Mieters, § 580 BGB (Erben des Mieters und Vermieter haben Sonderkündigungsrecht → *Rn. 2422*); nach dem **Tod** eines Gesellschafters einer Mieter-GbR steht den übrigen Gesellschaftern jedoch kein hierauf gestütztes Sonderkündigungsrecht zu, und auch die Auflösung einer Gesellschaft gibt regelmäßig kein außerordentliches Lösungs- oder Umgestaltungsrecht in Bezug auf bestehende Schuldverhältnisse; § 580 BGB ist beim Tod eines GbR-Gesellschafters unanwendbar;[3865]
- Mietverhältnis über mehr als 30 Jahre, § 544 BGB;
- Sonderkündigungsrecht wegen Modernisierungsmaßnahmen, § 554 Abs. 2, Abs. 3 i.V.m. § 578 Abs. 2 BGB (→ *Rn. 1237 ff.*);
- Sonderkündigungsrecht bei Werks- und Dienstwohnungen: ist Wohnraum mit Rücksicht auf das Bestehen eines Dienst- oder Arbeitsverhältnisses vermietet, so gelten die Sondervorschriften der §§ 576 bis 576b BGB;
- Sonderkündigungsrecht des Wohnungseigentümers, der eine vermietete Wohnung selbst zu teilgewerblichen Zwecken nutzen will, § 573 BGB;[3866] das Sonderkündigungsrecht eines Vermieters, **der eine von zwei Wohnungen selbst nutzt**, ist auch dann gegeben, wenn in dem Gebäude außer den beiden Wohnungen noch andere, gewerblich genutzte Räume vorhanden sind, wenn sich ein Teil der gewerblich genutzten Räume auch für eine (dritte) Wohnung eignet und früher einmal (vor Abschluss des Mietvertrages) auch so genutzt wurde, und wenn keine gemeinsam genutzten Bauteile für die Vermieter- und Mieterwohnung vorhanden sind;[3867]
- Sonderkündigungsrecht bei diversen Konstellationen wie Nießbrauch, Erbbaurecht etc. (vgl. z.B. § 1056 Abs. 2 BGB); die Eigentümer eines mit einem Nießbrauch belasteten Grundstücks sind nach dem Tod des Nießbrauchers auch dann gem. § 1056 Abs. 2 BGB zur vorzeitigen Kündigung eines vom Nießbraucher abgeschlossenen Mietvertrags berechtigt, wenn sie neben weiteren Personen Miterben des Nießbrauchers sind;[3868]
- Sonderkündigungsrecht des Erwerbers in der Zwangsversteigerung, § 57a ZVG;
- Sonderkündigungsrecht des Insolvenzverwalters, § 109 InsO.
- Sonderkündigungsrecht des Erwerbers bei Veräußerung im Insolvenzverfahren, § 111 InsO.

Eine **schwere Erkrankung**, die eine Geschäftsaufgabe erforderlich macht, ohne dass ein Nachfolger gefunden wurde, löst kein Sonderkündigungsrecht aus.[3869]

[3865] OLG Brandenburg, 02.04.2008 – 3 U 103/07, IMR 2008, 274.
[3866] BGH, 05.10.2005 – VIII ZR 127/05, GuT 2006, 38.
[3867] BGH, 25.06.2008 – VIII ZR 307/07, InfoM 2008, 319.
[3868] BGH, 20.10.2010 – XII ZR 25/09, IMR 2011, 17.
[3869] OLG Düsseldorf, 06.06.2000 – 24 U 186/99, MDR 2001, 83.

2421 Ferner erkennt die Rechtsprechung z.T. eine **Kündigung aus wichtigem Grund** nach dem **Grundsatz von Treu und Glauben** an, wenn einem der Vertragspartner die Fortsetzung oder die Aufnahme des Mietverhältnisses nicht (mehr) zuzumuten ist. Erforderlich ist dafür, dass Grundlagen des Vertrages wegfallen, die nicht in die Risikosphäre des Kündigenden fallen.[3870] Dies wird also z.B. bei einer nachhaltigen Zerrüttung des Vertrauensverhältnisses eher nicht gegeben sein. Auch folgende Umstände reichen **nicht** aus: Der Mieter stellt den Geschäftsbetrieb ein; Mieter und Vermieter verklagen sich mehrmals gegenseitig. Neben diesen Varianten und denen der Auffangtatbestände des § 543 Abs. 1 BGB sind andere Fälle fast nicht denkbar.

Zu **vertraglich vereinbarten Sonderkündigungsrechten** s.u. Vertragsgestaltung → *Rn. 2447 f.*

2. Tod des Mieters

2422 Der Tod des Mieters beendet das gewerbliche Mietverhältnis nicht, es geht auf die Erben über.[3871] Der Erbe tritt grds. unbeschränkt in den Mietvertrag ein, hat aber nach § 580 BGB ein **außerordentliches Kündigungsrecht** mit gesetzlicher Frist (Sonderkündigungsrecht), das innerhalb eines Monats nach Kenntnis des Todes ausgeübt werden muss. Bei der Pacht dürfen nach § 584a Abs. 2 BGB nur die Erben des Pächters bei dessen Tod, nicht aber der Verpächter außerordentlich kündigen. Zu weiteren Einzelheiten und Folgen → *Rn. 507.*

2423 Das Sonderkündigungsrecht, das § 16 SchuldRAnpG dem Grundstückseigentümer für den Fall des Todes des Nutzers ggü. dessen Erben einräumt, besteht nicht ggü. einem Erben, der aufgrund eines vor dem Beitritt erfolgten Erbfalls seinerseits Nutzer des Grundstücks geworden ist.[3872]

2424 Nach dem **Tod eines Gesellschafters** einer Mieter-GbR steht den übrigen Gesellschaftern kein hierauf gestütztes Sonderkündigungsrecht aus § 580 BGB oder anderen Gründen zu; entsprechendes gilt für die Auflösung der Gesellschaft (wenn also der vorletzte Gesellschafter stirbt).[3873] Entsteht mit dem Tod eines Gesellschafters einer GbR eine Abwicklungsgesellschaft, so besteht diese bis zur Abwicklung ihrer sämtlichen Vertragsbeziehungen (§ 730 Abs. 2 BGB) fort; in diese fortbestehende Abwicklungsgesellschaft treten die Erben mit allen Rechten an die Stelle des Erblassers, die dieser ansonsten in der Abwicklungsgesellschaft eingenommen hätte.[3874]

2425 **Verbindlichkeiten aus einem Mietverhältnis**, welches vom Erblasser begründet wurde und dessen Tod überdauert hat, können im Einzelfall gegen den Erben geltend gemacht werden, wobei jedoch die Möglichkeit der Beschränkung der Haftung auf den Nachlass bestehen kann.[3875] Zu der dabei zu klärenden Frage, ob und in welchem Umfang es sich um Eigenverbindlichkeiten des Erben handelt oder um Nachlassverbindlichkeiten (= Beschränkung auf das Nachlass-

---

3870 OLG Düsseldorf, 06.06.2000 – 24 U 186/99, MDR 2001, 83.
3871 OLG Düsseldorf, 25.07.2008 – I 24 W 53/08, ZMR 2009, 25; OLG Düsseldorf, 06.06.2000 – 24 U 186/99, MDR 2001, 83.
3872 BGH, 17.09.2008 – XII ZR 61/07, NZM 2009, 30 = MDR 2009, 18 = NJW-RR 2009, 21 = InfoM 2009, 123.
3873 OLG Brandenburg, 02.04.2008 – 3 U 103/07, IMR 2007, 274.
3874 OLG Brandenburg, 02.04.2008 – 3 U 103/07, IMR 2008, 274.
3875 KG, 09.01.2006 – 8 U 111/05, ZMR 2006, 526 = NJW 2006, 2561 = NJOZ 2006, 2568.

vermögen) vgl. die vorgenannte Entscheidung des KG. Beim Tod des Mieters und unbekannten Erben muss auf Antrag des Vermieters bei Vorliegen der weiteren Voraussetzungen des § 1960 BGB eine Nachlasspflegschaft mit dem Wirkungskreis der Vertretung der unbekannten Erben bei der Beendigung und Abwicklung des Mietverhältnisses mit dem Erblasser angeordnet werden.[3876]

3. Mietverhältnis über mehr als 30 Jahre

Wird ein Mietvertrag für eine **längere Zeit als 30 Jahre** geschlossen, so kann jede Vertragspartei nach Ablauf von 30 Jahren nach Überlassung der Mietsache das Mietverhältnis außerordentlich mit der gesetzlichen Frist kündigen (§ 544 Satz 1 BGB). Die Kündigung ist nach § 544 Satz 2 BGB unzulässig, wenn der Vertrag für die Lebenszeit des Vermieters oder des Mieters geschlossen worden ist. Soll das Mietverhältnis solange dauern, wie der Mieter oder der Pächter sein Geschäft betreibt, ist es nicht auf unbestimmte Zeit eingegangen, sondern soll mit dem Eintritt eines objektiv bestimmten Ereignisses enden, das nach mehr als 30 Jahren eintreten kann; lediglich der Zeitpunkt des Eintritts dieses Ereignisses ist ungewiss.[3877]

2426

Unter folgenden Umständen kann sich die **Frist verlängern**: Vereinbaren die Parteien, ohne dazu verpflichtet zu sein, die Verlängerung des Mietverhältnisses in der Weise, dass sich jedenfalls eine der Parteien möglicherweise mehr als 30 Jahre lang nicht gegen den Willen der anderen aus dem Vertrag lösen kann, so läuft die 30-Jahres-Frist des § 544 BGB erst vom Abschluss der Verlängerungsvereinbarung an.[3878] Das Kündigungsrecht muss nicht zwingend zum nächst zulässigen Termin ausgeübt werden.[3879] Besteht das Recht des Mieters, ein fremdes Grundstück zur Errichtung und Unterhaltung einer Stromleitung solange zu nutzen, wie der Berechtigte diese für seine betrieblichen Zwecke benötigt, länger als 30 Jahre, so kann es vom Vermieter nach Ablauf dieser Zeit auch dann nach § 567 BGB a.F. (= § 544 BGB) gekündigt werden, wenn die betriebliche Notwendigkeit der Unterhaltung nicht entfallen ist.[3880]

2427

VI. Verjährung und Verwirkung

Seine frühere Rechtsprechung zur **Verwirkung** eines Rechts zur fristlosen Kündigung wegen eines Sachmangels in entsprechender Anwendung des § 539 BGB a.F.[3881] hat der BGH für das seit dem 01.09.2001 geltende Mietrecht aufgegeben, weil durch das Mietrechtsreformgesetz die Grundlage für eine analoge Anwendung des § 539 BGB a.F./§ 536b BGB entfallen ist.[3882] Der BGH überträgt damit seine Rechtsprechung zur Verwirkung des Minderungsrechts[3883] auf die außerordentliche Kündigung. Die „allgemeine" Verwirkung ist aber nach wie vor mög-

2428

3876 OLG Hamm, 22.06.2010 – 15 W 308/10, NJW-RR 2010, 1594.
3877 BGH, 20.02.1992 – III ZR 193/90, BGHZ 117, 236 = NJW-RR 1992, 780.
3878 BGH, 17.04.1996 – XII ZR 168/94, WuM 1996, 476 = MDR 1996, 784 = NJW 1996, 2028.
3879 BGH, 20.02.1992 – III ZR 193/90, BGHZ 117, 236 = NJW-RR 1992, 780.
3880 BGH, 20.02.1992 – III ZR 193/90, BGHZ 117, 236 = NJW-RR 1992, 780.
3881 BGH, 31.05.2000 – XII ZR 41/98, NJW 2000, 2663.
3882 BGH, 18.10.2006 – XII ZR 33/04, GuT 2006, 312 = NZM 2006, 929 = IMR 2007, 43 = InfoM 2007, 20/21 in Fortführung von BGH, 16.02.2005 – XII ZR 24/02, NZM 2005, 303 = InfoM 2005, 142 zur Frage des Minderungsrechts.
3883 BGH, 16.02.2005 – XII ZR 24/02, NZM 2005, 303 = InfoM 2005, 142.

lich. Ein Ausschluss richtet sich damit nur noch nach den allgemeinen Verwirkungsgrundsätzen (Zeit- und Umstandsmoment). Daraus folgt, dass eine längere Zeit erfolgende vorbehaltlose Entgegennahme der Miete ohne weitere Erklärungen oder Handlungen nicht mehr zur Verwirkung des Kündigungsrechts führt. Das Recht des Vermieters zur fristlosen Kündigung wegen jahrelang fortgesetzter, kleinerer Zahlungseinbehalte (hier: USt) ist aber nicht verwirkt, wenn der Vermieter aufgrund neuer, hinzukommender Zahlungsrückstände eine Frist gesetzt und für den Fall des fruchtlosen Fristablaufs (nur) Klage angedroht hat.[3884]

Das **Kündigungsrecht gem. § 569 Abs. 1 BGB wegen Gesundheitsgefährdung** kann, solange der gesundheitsgefährdende Zustand besteht, selbst durch eine längere Nichtausübung nicht verwirkt werden.[3885]

VII. Gerichtsverfahren

2429 Den Kündigungstatbestand muss derjenige beweisen, der sich darauf beruft.

Zur Beweislast für den **Zugang der Kündigungserklärung** (mit Zugangsfiktion und Beweis des ersten Anscheins) → Rn. 2304.

Bei **Beleidigungen und Diffamierungen** im laufenden Mietverhältnis gilt der allgemeine Maßstab der Darlegungs- und Beweislast; den Betroffenen treffen keine erhöhten Anforderungen.

> *Beispiel:*[3886]
> *Der Mieter von gewerblichen Räumen zum Betrieb eines „Wellness- und Seminarhauses" behauptete, der Vermieter habe mehrere herabsetzende Äußerungen ihm ggü. getätigt, etwa „ein schlüpfriges Geschäft mit Sexspielchen" oder ein „verdecktes Puff" und eine Sekte zu betreiben. Der Mieter kündigte deshalb fristlos und klagte Anwaltskosten sowie Freigabe der Kaution ein. Das OLG wies die Klage mit der Begründung ab, ein unzumutbares Mietverhältnis i.S.d. § 543 Abs. 1 BGB könne nach dem Vortrag des Mieters nicht festgestellt werden, da daran hohe Anforderungen zu stellen seien. Der Mieter legte erfolgreich Revision zum BGH ein. Zwar hat der BGH den Rechtsstreit zur erneuten Verhandlung und Entscheidung an das OLG zurück verwiesen, damit Beweis über die behaupteten Beleidigungen durch Zeugenvernehmung erhoben werden konnte. Die Ansicht des OLG, die behaupteten diffamierenden Äußerungen seien nicht schlüssig genug, teilt der BGH jedoch nicht. Die Mieterin hatte jeweils konkrete Äußerungen vorgetragen und dafür Beweis durch Zeugenvernehmung angeboten. Damit erfüllte sie die Anforderungen an ihre Darlegungslast. Das OLG hätte daher Beweis erheben müssen.*

2430 Bei einem Streit wegen der Kündigung eines Miet- oder Pachtverhältnisses kann im Rahmen einer **Feststellungsklage** nach § 256 ZPO nur dessen (Fort-) Bestand zum Gegenstand der begehrten Feststellung gemacht werden, nicht aber die Wirksamkeit der Kündigung, die bloße Vorfrage hierzu ist.[3887] Auch wenn die Parteien nur darüber streiten, ob eine bestimmte Kündigung das Pachtverhältnis beendet hat, begründet dies ein ausreichendes Interesse an der (umfassenderen) Feststellung, dass das Pachtverhältnis noch bestehe, sodass ein Feststellungs-

---

3884 BGH, 15.06.2005 – XII ZR 291/01, NZM 2005, 703 = ZMR 2005, 776 = InfoM 2005, 299 = NJW 2005, 2775 = MDR 2006, 86.
3885 KG, 22.09.2003 – 12 U 15/02, GuT 2003, 215 = ZMR 2004, 259.
3886 BGH, 15.09.2010 – XII ZR 188/08, IMR 2010, 474 = NZM 2010, 901 = MDR 2010, 1305.
3887 BGH, 29.09.1999 – XII ZR 313/98, NZM 2000, 36 = NJW 2000, 354 = MDR 2000, 79 = ZMR 2000, 76 unter 1.; OLG Düsseldorf, 03.07.1970 – 10 U 12/70, NJW 1970, 2027; Fischer, in: Bub/Treier, Kap. VIII Rn. 35.

antrag, der sich nach seinem Wortlaut auf die Unwirksamkeit einer bestimmten Kündigung beschränkt, in diesem Sinne umzudeuten ist.[3888]

VIII. Streitwert

1. Zuständigkeitsstreitwert

Die Wertberechnung nach § 8 ZPO ist nur für den **Zuständigkeits- und Rechtsmittelwert** (Beschwer) maßgeblich.[3889] Für die Berechnung der **Beschwer bei einem (positiven) Feststellungsantrag**, der das Bestehen oder die Dauer eines Miet- oder Pachtverhältnisses zum Gegenstand hat, ist kein Abschlag vorzunehmen; vielmehr richtet sich die Beschwer nach dem Betrag der auf die gesamte streitige Zeit entfallenden Miete.[3890] § 8 ZPO greift unabhängig vom Klageantrag immer dann ein, wenn das Bestehen des Mietverhältnisses zum Gegenstand des Streits wird.[3891]

2431

2. Gebührenstreitwert und verschiedene Klagearten und Anträge

Bei einem Streit über das **Bestehen oder die Dauer eines Mietverhältnisses** richtet sich der Gebührenstreitwert nach § 41 Abs. 1 GKG, nicht nach § 8 oder § 3 ZPO. Streiten die Parteien (nur) darüber, ob gekündigt werden darf oder durfte, so geht es inhaltlich um die Dauer eines Miet- oder Pachtverhältnisses, sodass nach § 23 Abs. 1 RVG, § 41 Abs. 1 Satz 1 GKG der Betrag des auf die streitige Zeit entfallenden Entgelts und, wenn das einjährige Entgelt geringer ist, dieser Betrag für die Wertberechnung maßgebend ist.[3892]

2432

Geht es um die **Räumung des Miet- oder Pachtobjekts** aufgrund einer Kündigung, ist nach § 41 Abs. 2 Satz 1 GKG das für die Dauer eines Jahres zu zahlende Entgelt maßgebend, wenn sich nicht nach Abs. 1 ein geringerer Streitwert ergibt. Betriebskostenvorauszahlungen sind nur zu berücksichtigen, wenn sie als Pauschale erhoben werden (§ 41 Abs. 1 Satz 2 GKG).

2433

Werden in einer Klage durch **Leistungsantrag ein Mietzinszahlungsanspruch** und durch **Feststellungsantrag das Bestehen oder Nichtbestehen des Mietverhältnisses** – etwa nach Kündigung des Mieters – geltend gemacht, so sind die beiden Ansprüche einzeln zu bewerten und sodann zu addieren, wenn und soweit der Zeitraum, für den Zahlung verlangt wird, und der Zeitraum, für den das Bestehen oder Nichtbestehen des Mietverhältnisses festgestellt werden soll, sich nicht decken.[3893] Wenn und soweit sich die Zeiträume überschneiden, ist allein auf den höheren Anspruch abzustellen, da es sich im Umfang der zeitlichen Kongruenz wirtschaftlich

2434

3888 BGH, 29.09.1999 – XII ZR 313/98, NZM 2000, 36 = NJW 2000, 354 = MDR 2000, 79 = ZMR 2000, 76 unter 1.; BGH, 02.05.1991 – I ZR 184/89, BGHR ZPO § 256 Rechtshandlung 1; OLG Düsseldorf, 03.07.1970 – 10 U 12/70, NJW 1970, 2027; Fischer, in: Bub/Treier, Kap. VIII Rn. 35.
3889 BGH, 22.02.2006 – XII ZR 134/03, NZM 2006, 378 = GuT 2006, 156 Ls. = InfoM 2006, 210.
3890 BGH, 29.10.2008 – XII ZB 75/08, InfoM 2009, 397 = IMR 2010, 34.
3891 BGH, 19.07.2000 – XII ZR 269/99, NZM 2000, 1227.
3892 Ebenso Schneider, in: Herrlein/Kandelhard, § 542 Rn. 40.
3893 BGH, 22.02.2006 – XII ZR 134/03, NZM 2006, 378 = GuT 2006, 156 Ls. = InfoM 2006, 210.

um denselben Gegenstand i.S.d. § 45 Abs. 1 Satz 3 GKG handelt.[3894] Dies gilt auch dann, wenn Zahlungs- und Feststellungsbegehren nicht im Verhältnis von Klage und Widerklage stehen.[3895]

2435 Der Streitwert einer **Feststellungsklage**, dass das Mietverhältnis wegen Verletzung der Schriftform wirksam gekündigt worden ist (Mieter) oder nicht wirksam gekündigt worden ist/werden kann (Vermieter), richtet sich nach § 41 Abs. 1 GKG abzgl. des nach herrschender Meinung erforderlichen Abschlags von 20 % für Feststellung.[3896]

2436 Der Gebührenstreitwert einer Klage bzw. eines Antrags auf Zahlung einer **Nutzungsentschädigung** (zukünftig wiederkehrenden Leistung) bemisst sich gem. § 48 Abs. 1 Satz 1 GKG nach § 9 ZPO, also dem dreieinhalbfachen Wert des einjährigen Bezugs.[3897]

Da der Anspruch auf **Rückbau der Mietsache** nicht von dem Räumungsanspruch bei einer Räumungsklage umfasst ist, wird er beim Streitwert auch gesondert bewertet.[3898]

2437 Wird in einem **Prozessvergleich ein neues Mietverhältnis begründet** und zugleich das bisherige, bestrittene Mietverhältnis für beendet erklärt, ist die Jahresmiete dieses Vertragsverhältnisses für den Wert maßgebend.[3899]

3. Anwaltsgebühren der vorgerichtlichen Kündigung

2438 Die Tätigkeit eines RA bei der Erstellung der Kündigung fällt in den Anwendungsbereich der **Geschäftsgebühr** (Nr. 2400 W-RVG) und wird nicht durch die Gebühr für ein **Schreiben einfacher Art** (Nr. 2402 W-RVG) abgegolten, wenn sich der vom Vermieter an seinen RA erteilte Auftrag nicht darin erschöpft, das Kündigungsschreiben an den Mieter zu richten, sondern vielmehr auch darauf, den Vermieter über die Kündigungsmöglichkeiten zu beraten.[3900]

2439 Ein **Gebührensatz von (nur) 0,5** soll angemessen sein, wenn der RA den Vermieter wegen eines einfach zu berechnenden Zahlungsverzugs (hier: zwei Monatsmieten) beraten und aufgrund des Beratungsergebnisses die fristlose Kündigung aussprechen soll.[3901] Dies ist abzulehnen, da die Prüfung einer Kündigungsmöglichkeit wegen Zahlungsverzugs zwar nicht zu den rechtlich komplexen Angelegenheit gehört, aber angesichts der zahlreichen Möglichkeiten, wonach eine Kündigung unwirksam sein kann (etwa wegen fehlendem Verschulden beim Mieter aufgrund irrig angenommener Minderungsberechtigung), auch keine ganz einfache Angelegenheit darstellt. I.Ü. hätte die Meinung des LG Karlsruhe zur Folge, dass bspw. ein Fachanwalt für Mietrecht als ausgewiesener Spezialist im Mietrecht weniger liquidieren könnte als ein anderer

---

3894 BGH, 25.07.2007 – XII ZR 37/07; BGH, 22.02.2006 – XII ZR 134/03, NZM 2006, 378 = GuT 2006, 156 Ls. = InfoM 2006, 210; BGH, 02.11.2005 – XII ZR 137/05, NZM 2006, 138 = ZMR 2006, 190 = MDR 2006, 657; OLG Düsseldorf, 20.09.2007 – 10 U 46/07, GuT 2007, 363 = NZM 2009, 281.
3895 BGH, 17.03.2004 – XII ZR 162/00, GuT 2004, 133 Ls. = NZM 2004, 423 = ZMR 2004, 494 unter 2. a).
3896 Weitemeyer, in: Emmerich/Sonnenschein, Vor § 557 BGB Rn. 7.
3897 OLG Hamm, 13.02.2008 – 33 W 18/07, IMR 2010, 208.
3898 OLG Düsseldorf, 11.05.2009 – 24 W 16/09, WuM 2009, 543.
3899 OLG Düsseldorf, 09.06.2008 – 24 W 17/08, NZM 2009, 321 = NJW-RR 2008, 1697.
3900 LG Karlsruhe, 14.10.2005 – 9 S 177/05, NZM 2006, 259 = InfoM 2005, 324 = NJW 2006, 1526.
3901 LG Karlsruhe, 14.10.2005 – 9 S 177/05, NZM 2006, 259 = InfoM 2005, 324 = NJW 2006, 1526.

Anwalt, weil für ihn die Kündigung (wohl) eine „einfache" ist. Richtig ist daher ausschließlich der **Ansatz der Mittelgebühr**.

Die Frage des bei der Berechnung der Anwaltsgebühren einer vorgerichtlichen Kündigung eines Mietverhältnisses zu Grunde zu legenden **Gegenstandswerts** ist umstritten und obergerichtlich noch nicht geklärt. Nach richtiger Auffassung ist dies die dreifache Jahresnettomiete nach § 23 Abs. 3 Satz 1 RVG i.V.m. § 25 Abs. 1 KostO und nicht die einfache Jahresnettomiete nach § 23 Abs. 1 Satz 3 RVG i.V.m. § 41 GKG.[3902]

2440

4. Kündigung und nachfolgender Räumungsrechtsstreit: Anrechnung der Gebühren?

Es kommt häufig vor, dass der Anwalt (z.B. bei Zahlungsverzug des Mieters) mit der Kündigung des Mietverhältnisses und dem anschließenden Räumungsprozess beauftragt wird. Außergerichtlich fällt dann grds. eine Geschäftsgebühr nach Nr. 2400 VV RVG für die Kündigung an, gerichtlich (mindestens) die Verfahrensgebühr nach Nr. 3100 VV RVG. Eine Geschäftsgebühr ist nach Abs. 4 der Vorbemerkung 3 VV RVG jedoch auf die Verfahrensgebühr eines nachfolgenden gerichtlichen Verfahrens zur Hälfte anzurechnen, höchstens jedoch zu 0,75, allerdings nur insoweit, als der **Gegenstand der außergerichtlichen Vertretung und des nachfolgenden Verfahrens derselbe** ist.

2441

Hier stellt sich also die Frage, ob der Anwalt sich die durch die Kündigung anfallende Geschäftsgebühr nach Nr. 2400 VV RVG zur Hälfte auf die im anschließenden gerichtlichen Verfahren anfallenden Gebühren nach Nr. 3100 VV RVG **anrechnen** lassen muss (dies entspricht der vor dem 01.07.2004 durch § 118 Abs. 2 BRAGO bestimmten Anrechnung der Gebühren aus § 118 Abs. 1 Nr. 1 bzw. § 120 BRAGO auf die Gebühren aus § 31 BRAGO, wonach allerdings eine volle Anrechnung erfolgte). Durch die Einführung des RVG hat sich inhaltlich an der Problematik nichts geändert. Die richtige Antwort auf die Frage lautet deshalb nach wie vor: nein.

2442

Der **BGH** sieht dies allerdings anders, nachdem dies einige Jahre lang in Rechtsprechung und Literatur kontrovers diskutiert wurde. Danach betreffen die außergerichtliche Kündigung durch den Anwalt und der anschließende Räumungsrechtsstreit **denselben Gegenstand**, sodass die außergerichtliche Geschäftsgebühr hälftig auf die spätere Verfahrensgebühr für den Räumungsrechtsstreit anzurechnen ist.[3903]

2443

Diese Auffassung ist falsch, weil sie verkennt, dass in der Praxis bei der Auftragserteilung an den Anwalt vom Mandanten durchaus differenziert gesehen wird, ob der Anwalt nur kündigen

2444

[3902] LG Karlsruhe, 14.10.2005 – 9 S 177/05, NZM 2006, 259 = InfoM 2005, 324 = NJW 2006, 1526; Schneider, MDR 2002, 1030 und MDR 2004, 178; **a.A.** AG Lübeck, 27.09.2006 – 31 C 2023/06, NZM 2007, 126; AG Köln, 29.05.2002 – 141 C 17/02, MDR 2002, 1030.

[3903] BGH, 14.03.2007 – VIII ZR 184/06, NZM 2007, 396 = InfoM 2007, 142 = WuM 2007, 330 = NJW 2007, 2050; ebenso: OLG Frankfurt am Main, 22.12.2004 – 2 U 34/04, NZM 2005, 359 = NJW 2005, 1282; LG Bonn, 02.03.2006 – 6 S 279/05, NZM 2006, 658 (Revisionsentscheidung = BGH, 14.03.2007 – VIII ZR 184/06, NZM 2007, 396 = InfoM 2007, 142 = WuM 2007, 330 = NJW 2007, 2050); AG Hamburg-Altona, 26.06.2006 – 316 C 163/06, NZM 2006, 774; AG Köln, 09.05.2002 – 141 C 17/02, MDR 2002, 1030; krit. dazu Schneider, MDR 2002, 1030.

oder (auch) klagen soll. Dies ergibt sich lebensnah bereits daraus, dass der Mandant immer den preiswertesten Weg will, also hofft, dass allein bereits die Kündigung durch den Anwalt den säumigen Mieter zum Auszug bewegen wird. Die Kündigung führt nicht automatisch zu einem Räumungsrechtsstreit, sondern nur dann, wenn der Mieter durch ein zusätzliches Handeln oder Unterlassen (nämlich die Weigerung auszuziehen oder schlichtes Untätigbleiben) die Klage provoziert. Zudem wird dann nicht die Kündigung eingeklagt, sondern die Räumung, also der aus der Kündigung resultierende Anspruch. Die Kündigung selbst kann nicht Gegenstand der Leistungsklage sein. Die Kündigung eines Mietverhältnisses und der anschließende Räumungsrechtsstreit sind deshalb zwei selbstständige gebührenrechtliche Angelegenheiten i.S.d. § 15 RVG, sodass eine Anrechnung der Gebühren nicht stattzufinden hat.[3904]

Noch deutlicher wird dieses Ergebnis, wenn man sich Folgendes vor Augen hält: Mit einer Klage wird üblicherweise ein Anspruch auf gerichtlichem Wege (weiter-)verfolgt, der außergerichtlich nicht erfüllt wurde.

> *Beispiel:*
>
> *Zahlt der Schuldner nicht, wird die Forderung eingeklagt; rechtshängig wird derselbe Anspruch, der auch außergerichtlich verfolgt wurde (= eine Angelegenheit).*

Dies ist aber bei einer Kündigung und einem folgenden Räumungsantrag nicht der Fall.

2445 Auch dogmatisch kann man dieses Ergebnis wie folgt herleiten:

Ausgangspunkt ist die Klärung, ob es sich um **dieselbe Angelegenheit i.S.d. § 15 Abs. 1, 2 RVG** handelt, denn dann gäbe es nur einmal Gebühren. Der Gegenstand der anwaltlichen Tätigkeit wird nach allgemeiner Auffassung durch das Recht oder das Rechtsverhältnis definiert, auf das sich die Tätigkeit des RA i.R.d. ihm von seinem Mandanten erteilten Auftrags bezieht.[3905] Damit geht es bei der „Angelegenheit" um den Inhalt des erteilten Auftrags. Ob nur eine einzige oder mehrere Angelegenheiten vorliegen, beurteilt sich v.a. nach drei Kriterien:

- Es wurde ein einheitlicher Auftrag erteilt, was auch zeitlich nacheinander erteilte Aufträge umfassen kann. Indizien für einen einheitlichen Auftrag: Bezugnahme auf die erste Vollmacht, nur ein Aktenzeichen. Folge: Wird die Vollmacht auf die Kündigung beschränkt und erst danach eine weitere für die Räumungsklage erteilt, spricht dies gegen einen einheitlichen Auftrag.
- Innerer Zusammenhang zwischen den einzelnen Gegenständen/Ansprüchen: Das ist eigentlich immer zu bejahen.
- Gleicher Rahmen bei der Auftragsverfolgung: Die Aufträge entsprechen einander nach Inhalt, Ziel und Zweck soweit, dass sie den Anwalt zu einem gleichgerichteten Vorgehen

---

[3904] LG Mönchengladbach, 30.09.2005 – 2 S 83/05, ZMR 2005, 957 = NZM 2006, 174 = NJW 2006, 705; LG Karlsruhe, NZM 2006, 259 = NJW 2006, 1526; LG Köln, 03.08.2006 – 1 S 226/05, AGS 2006, 562; LG Lübeck, 27.06.2001 – 2 O 52/01, AIM 4/2002, 12, BRAGOreport 2002, 59; LG Köln, 04.11.1998 – 20 O 343/98, BRAGOreport 3/2000, 47 = NZM 1999, 1053 = MDR 2000, 730; Schneider, in: Herrlein/Kandelhard, § 542 Rn. 39, 36; Peter, NJW 2007, 2298; ders., AnwBl. 2007, 142; ders., NZM 2006, 801; Streppel, MDR 2007, 929; Neuhaus, AIM 4/2001, 16; Schneider, NZM 2006, 252 = MDR 2000, 685 = MDR 2002, 1030 = MDR 2003, 1162, 1164.
[3905] BGH, 14.03.2007 – VIII ZR 184/06, NZM 2007, 396 = InfoM 2007, 142 = WuM 2007, 330 = NJW 2007, 2050.

verpflichten.³⁹⁰⁶ Hier liegt der Knackpunkt bei Kündigung und späterer Klage: Der Räumungsanspruch ist nur Folge der Kündigung, die lediglich eine gestaltende Willenserklärung darstellt und deshalb nicht selbstständiger Gegenstand eines Gerichtsverfahrens sein kann.³⁹⁰⁷ Es gibt daher **kein gleichgerichtetes Vorgehen**.

Einen abzulehnenden Sonderweg geht das AG Königstein i. Ts., das zwar zwei Aufträge und demzufolge zwei Angelegenheiten annimmt, aber trotzdem eine Anrechnung der Geschäftsgebühr für die Kündigung i.R.d. § 118 Abs. 2 BRAGO a.F. vornimmt, weil diese Norm nicht von „einer Angelegenheit", sondern von der „Tätigkeit" spreche, also in einem weiteren Sinne zu verstehen sei.³⁹⁰⁸

2446

> **Praxistipp:**
>
> Angesichts der BGH-Rechtsprechung besteht faktisch keine Chance mehr, eine Anrechnung der Gebühren für die Kündigung zu verhindern. Will der Anwalt dies voll vergütet haben, muss er mit dem Mandanten eine individuell ausgehandelte Honorarvereinbarung treffen und darin darauf hinweisen, dass eine Erstattung durch den auch beim Obsiegen nicht in voller Höhe erfolgt.
>
> Auswirkungen bei der Kostenfestsetzung:
>
> Ist nach der Vorb. 3 IV zu Nr. 3100 VV RVG eine wegen desselben Gegenstands entstandene Geschäftsgebühr anteilig auf die Verfahrensgebühr des gerichtlichen Verfahrens anzurechnen, so vermindert sich nicht die bereits entstandene Geschäftsgebühr, sondern die in dem anschließenden gerichtlichen Verfahren anfallende Verfahrensgebühr.³⁹⁰⁹ D.h.: ggf. ist die außergerichtliche Geschäftsgebühr in voller Höhe mit einzuklagen.³⁹¹⁰

IX. Vertragsgestaltung

Nach § 554 Abs. 2 Nr. 3 BGB a.F., der sich nach allgemeiner Ansicht auch auf Abs. 1 bezog, war eine zum Nachteil des Mieters **abweichende Vereinbarung von Kündigungsgründen** nur bei der Wohnraummiete unwirksam. Das Mietrechtsreformgesetz hat dies in (dem nur für Wohnraum geltenden) § 569 Abs. 5 BGB übernommen und durch die dortige systematische Einordnung klargestellt, dass bei anderen Sachen und Räumen abweichende Vereinbarungen möglich sind.

2447

Die Rechtsprechung ist aber bei **AGB-Klauseln** auch im Bereich der Geschäftsraummiete eher streng. Grds. ist nach der Rechtsprechung eine von § 554 BGB a.F. abweichende Vereinbarung bei Geschäftsraummiete nur dann wirksam, wenn sie klar und eindeutig gefasst ist und wenn das Bestandsinteresse des Mieters in seinem Kernbereich respektiert wird.³⁹¹¹ Das macht die

2448

3906 BGH, 17.11.1983 – III ZR 193/82, AnwBl. 1984, 501.
3907 Vgl. auch LG Darmstadt, 19.03.1998 – 3 O 370/97, ZMR 1999, 700 und Holtfester, MDR 2000, 421, 422.
3908 AG Königstein i. Ts., 05.04.2004 – 21 C 1669/03-14, NZM 2004, 548.
3909 BGH, 07.03.2007 – VIII ZR 86/06, NZM 2007, 397 = InfoM 2007, 143.
3910 Krit. dazu Ruess, MDR 2007, 1401.
3911 BGH, 15.04.1987 – VIII ZR 126/86, NJW-RR 1987, 903.

Sache nicht wesentlich klarer. Jede vom Vermieter verwendete formularmäßige Klausel, durch die die Kündigungsmöglichkeit verschärft werden soll, ist also kritisch zu sehen, da § 543 BGB – zumindest was monatliche Mietzahlungen betrifft – als **gesetzliches Leitbild** zu sehen ist. Die gesetzlichen (Mindest-) Fristen dürften daher kaum zu verkürzen sein, solange es um Monatsmieten geht. Sind im Mietvertrag aber längerfristige Zahlungen (quartalsweise, halbjährlich etc.) vereinbart, besteht kein Anlass, den Mieter länger zu schützen als § 543 BGB dies eigentlich beabsichtigt; eine Verkürzung auf Verzug mit einer Miete ist daher zulässig. **Individualvertraglich** müssen Sonderkündigungsrechte nur den Anforderungen von Treu und Glauben (§ 242 BGB) und Sittenwidrigkeit (§ 138 BGB) entsprechen.

2449 Die Parteien sind innerhalb der vorgenannten Grenzen frei, vertraglich Sonderkündigungsrechte des Vermieters oder des Mieters zu vereinbaren. Die Voraussetzungen des Kündigungsrechts sollten dann so genau wie möglich beschrieben werden, denn in der Praxis führen unsaubere Formulierungen immer wieder zu Streit.

> *Beispiel für eine zu pauschale Klausel:*
>
> *„Dem Mieter wird nach Ablauf des 1. Jahres einmalig ein Sonderkündigungsrecht eingeräumt bei einer von einem niedergelassenen Steuerberater nachgewiesenen Unwirtschaftlichkeit des Geschäfts."*[3912]
>
> *Beispiel zur Darlegungslast:*
>
> *Setzt eine Kündigung aus wichtigem Grund nach den vertraglichen Vereinbarungen einen nachhaltigen Verstoß gegen die Interessen und Unternehmensziele des Vermieters/Verpächters voraus, ist hierfür ein sich über einen längeren Zeitraum hinziehender erheblicher Vertragsverstoß erforderlich.*[3913]
>
> *Haben die Mietvertragsparteien ein Sonderkündigungsrecht bei Auftreten einer Existenzgefährdung vereinbart, muss der kündigende Mieter darlegen, dass gerade die Fortsetzung des Mietverhältnisses zu der existenzbedrohenden Situation geführt hätte.*[3914]
>
> *Haben die Parteien eines Landpachtvertrages ein Sonderkündigungsrecht „bei Errichtung einer eigenen privaten Landwirtschaft" vereinbart, ist Voraussetzung der Kündigung, dass der Berechtigte die Errichtung einer solchen Landwirtschaft ernsthaft beabsichtigt und dass sich der Wille zur Errichtung der eigenen privaten Landwirtschaft bereits objektiv manifestiert hat. Letzteres ist der Fall, wenn mindestens eine wesentliche Vorbereitungshandlung, die Voraussetzung für das künftige Bestehen eines landwirtschaftlichen Betriebes ist, vor der Kündigung stattgefunden hat oder zumindest gleichzeitig mit der Kündigung stattfindet.*[3915]

2450 Sonderkündigungsrechtsklauseln sind grds. **restriktiv auszulegen**. Dies gilt auch dann, wenn eine ungewöhnlich hohe Miete vereinbart worden ist, denn das Amortisationsinteresse des Vermieters braucht allein deshalb nicht schneller erfüllt zu sein.[3916] Ungenaue Inhalte provozieren zudem Streit. Ist etwa dem Mieter im befristeten Gewerberaummietvertrag „*nach Ablauf des ersten Jahres einmalig ein Sonderkündigungsrecht eingeräumt bei einer von einem niedergelassenen Steuerberater nachgewiesenen Unwirtschaftlichkeit des Geschäfts*", so ist eine Kündigungserklärung vor Ablauf des ersten Vertragsjahres verfrüht und der Unwirtschaft-

---

3912 KG, 24.04.2003 – 12 U 275/01, GuT 2003, 145 = ZMR 2003, 676.
3913 OLG Düsseldorf, 29.09.2005 – I-10 U 20/05, GuT 2006, 38.
3914 KG, 22.05.2006 – 8 U 143/05, IMR 2006, 149.
3915 OLG Naumburg, 12.01.2006 – 2 U 102/05, NJ 2006, 470.
3916 BGH, 23.10.2002 – XII ZR 202/99, NZM 2003, 62.

lichkeitsnachweis durch einen RA ist unzureichend.[3917] Zum Bedürfnis des Mieters nach einer **dinglichen Sicherung** eines über eine längere Laufzeit geschlossenen Mietvertrages und der entsprechenden Investitionsentscheidungen im Fall von Sonderkündigungsrechten vgl. Stapenhorst/Voß, NZM 2003, 873 (mit Gestaltungsvorschlägen).

In der Praxis besteht manchmal ein Bedarf, die gesetzlichen **Kündigungsmöglichkeiten für Zahlungsverzug** vertraglich zu verschärfen. Nach § 554 Abs. 2 Nr. 3 BGB a.F., der sich nach allgemeiner Ansicht auch auf Abs. 1 bezog, war eine zum Nachteil des Mieters abweichende Vereinbarung nur bei der Wohnraummiete unwirksam. Das **Mietrechtsreformgesetz** hat dies in (dem nur für Wohnraum geltenden) § 569 Abs. 5 BGB übernommen und durch die dortige systematische Einordnung klargestellt, dass bei anderen Sachen und Räumen abweichende Vereinbarungen möglich sind.

2451

Die Rechtsprechung ist aber bei AGB-Klauseln auch im Bereich der Geschäftsraummiete sehr streng. Grds. ist nach der **Rechtsprechung** eine von § 554 BGB a.F. abweichende Vereinbarung bei Geschäftsraummiete nur dann wirksam, wenn sie **klar** und **eindeutig gefasst** ist und wenn das **Bestandsinteresse des Mieters** in seinem Kernbereich respektiert wird.[3918] Das macht die Sache nicht wesentlich klarer. Jede vom Vermieter verwendete formularmäßige Klausel, durch die die Kündigungsmöglichkeit verschärft werden soll, ist also kritisch zu sehen, da § 543 BGB – zumindest was monatliche Mietzahlungen betrifft – als gesetzliches Leitbild zu sehen ist. Die gesetzlichen (Mindest-) Fristen sind daher kaum zu verkürzen, solange es um Monatsmieten geht. Sind im Mietvertrag aber längerfristige Zahlungen (quartalsweise, halbjährlich etc.) vereinbart, besteht kein Anlass, den Mieter länger zu schützen, als § 543 BGB dies eigentlich beabsichtigt; eine Verkürzung auf Verzug mit einer Miete ist dann zulässig.

2452

Ferner sind Klauseln kritisch zu betrachten, die zwar nicht die zeitliche Komponente, aber den **Verzug ausschalten** sollen. Die Vereinbarung, dass eine außerordentliche Kündigung schon dann möglich ist, wenn sich der Mieter mit mehr als zwei Monatsmieten in Rückstand befindet, spricht durch die Wortwahl dafür, dass kein Verzug vorliegen muss, sondern auch ein **unverschuldeter Zahlungsrückstand** genügt.[3919] Allerdings wird der Begriff „Rückstand" nicht in allen Fällen i.S.e. unverschuldeten Zahlungsrückstands verwendet, sondern z.T. auch als Synonym für Verzug aufgefasst,[3920] wofür bspw. eine Klausel im Mietvertrag spricht, nach der die Kündigung als zurückgenommen gilt, wenn die rückständigen Mietforderungen zuzüglich **Verzugszinsen** unverzüglich gezahlt werden.[3921] Wird durch AGB allein auf Zahlungsrückstand abgestellt und damit die Verzugskomponente des Verschuldens „ausgeschaltet", handelt es sich um eine nach § 307 BGB unwirksame Klausel.[3922] Das hört sich nach kleinlicher Wortspielerei an, aber Verzug ist nun einmal ein Rechtsbegriff. Jede negative Abweichung vom gesetzlichen Leitbild des (verschuldensabhängigen) Verzugs wird daher Formularklauseln zu Fall bringen.

2453

3917 KG, 24.04.2003 – 12 U 275/01, GuT 2003, 145.
3918 BGH, 15.04.1987 – VIII ZR 126/86, NJW-RR 1987, 903.
3919 OLG Karlsruhe, 10.12.2002 – 17 U 97/02, NZM 2003, 513 unter 3c.
3920 BGH, 24.06.1998 – XII ZR 195/96, BGHZ 139, 123.
3921 OLG Karlsruhe, 10.12.2002 – 17 U 97/02, NZM 2003, 513 unter 3c.
3922 BGH, 15.04.1987 – VIII ZR 126/86, NJW-RR 1987, 903; BGH, 22.03.1989 – VIII ZR 154/88, WuM 1989, 799, noch zu § 9 AGBG entschieden; OLG Karlsruhe, 10.12.2002 – 17 U 97/02, NZM 2003, 513.

Ein unverschuldeter Rückstand kann aber durch **Individualabrede** zum Kündigungsgrund gemacht werden.[3923]

> **Praxistipp:**
> Sollen strengere Voraussetzungen für eine fristlose Kündigung als in § 543 Abs. 2 Satz 1 Nr. 3 BGB vereinbart werden, muss dies individualvertraglich geschehen.

2454 Setzt eine Kündigung aus wichtigem Grund nach den vertraglichen Vereinbarungen einen **nachhaltigen Verstoß** gegen die Interessen und Unternehmensziele des Vermieters/Verpächters voraus, ist hierfür ein sich über einen längeren Zeitraum hinziehender erheblicher Vertragsverstoß erforderlich.[3924]

2455 **Bevollmächtigungsklauseln in AGB** (→ Rn. 574), durch die sich Mieter gegenseitig zur Abgabe von Willenserklärungen ggü. dem Vermieter bevollmächtigen, ohne den Kreis der in Betracht kommenden Erklärungen einzugrenzen, sind auch in Mietverträgen über Geschäftsraum unwirksam, wenn nicht auf Beendigung des Mietverhältnisses gerichtete Erklärungen wie Kündigung oder das Angebot eines Mietaufhebungsvertrages ausdrücklich ausgenommen sind.[3925]

X. Arbeits- und Beratungshilfen

1. Schnellüberblick Grundsatz-Rechtsprechung des BGH

2456

Thema/Normen	Leitsatz	Entscheidung, Fundstelle
Fristlose Kündigung wegen schädigender Behauptungen	Bei einem gewerblichen Mietverhältnis kann für den Mieter ein Recht zur fristlosen Kündigung gemäß § 543 Abs. 1 BGB bestehen, wenn der Vermieter gegenüber Dritten ohne berechtigtes Interesse Behauptungen aufstellt, die geeignet sind, den Gewerbebetrieb des Mieters nachhaltig zu beeinträchtigen, und deshalb die das Schuldverhältnis tragende Vertrauensgrundlage derart zerstört ist, dass dem Mieter unter Abwägung der beiderseitigen Interessen die Fortsetzung des Mietverhältnisses bis zum Ablauf der Kündigungsfrist oder bis zur sonstigen Beendigung des Mietverhältnisses auch bei Anlegung eines strengen Maßstabes nicht mehr zugemutet werden kann.	BGH, 15.09.2010 – XII ZR 188/08, IMR 2010, 474 = NZM 2010, 901 = MDR 2010, 1305
Samstag als Werktag, Zahlungsverzug	Bei der Frist zur Zahlung der Miete bis zum dritten Werktag eines jeden Monats zählt der Samstag nicht mit, weil die Karenzzeit von drei Werktagen, die dem Mieter für die Zahlung der Miete zum Beginn des Monats eingeräumt wird, im Interesse des Mieters die zugunsten des Vermieters begründete Vorleistungspflicht abmildert und dem Mieter ungeschmälert zur Verfügung stehen muss	BGH, 13.07.2010 – VIII ZR 129/09 und VIII ZR 291/09, IMR 2010, 363 = MDR 2010, 1040

[3923] Grapentin, in Bub/Treier, Kap. IV. Rn. 186.
[3924] OLG Düsseldorf, 29.09.2005 – I-10 U 20/05, GuT 2006, 38.
[3925] KG, 05.01.2004 – 12 U 122/02, GuT 2004, 132; vgl. auch BGH, 10.09.1997 – VIII ARZ 1/97, BGHZ 136, 314 = NJW 1997, 3437.

Widerspruch gegen eine stillschweigende Vertragsfortsetzung	Ein bereits mit der Kündigung erklärter Widerspruch gegen eine stillschweigende Vertragsfortsetzung ist wirksam; eines zeitlichen Zusammenhangs mit der Vertragsbeendigung bedarf es nicht (Aufgabe von Senatsbeschluss vom 09. April 1986 – VIII ZR 100/85, NJW-RR 1986, 1020).	BGH, 21.04.2010 – VIII ZR 184/09, IMR 2010, 318 = InfoM 2010, 218
Kündigung durch Erben BGB §§ 745, 2038, 2040 Abs. 1	Die Erben können ein Mietverhältnis über eine zum Nachlass gehörende Sache wirksam mit Stimmenmehrheit kündigen, wenn sich die Kündigung als Maßnahme ordnungsgemäßer Nachlassverwaltung darstellt. **Hinweis:** Die Entscheidung beschäftigt sich mit der umstrittenen Frage, ob § 2038 BGB dem § 2040 BGB vorgeht, was für den vorliegenden Fall bejaht wird.	BGH, 11.11.2009 – XII ZR 210/05, IMR 2010, 47 = GuT 2010, 32 = NZM 2010, 161 = MDR 2010, 138
Wohnraummietrecht – Eigenbedarfskündigung durch GbR	Auf eine Kündigung eines Wohnraummietverhältnisses durch eine Gesellschaft bürgerlichen Rechts wegen Eigenbedarfs eines Gesellschafters findet die Kündigungsbeschränkung des § 577a BGB keine Anwendung, wenn nach der Kündigung Wohnungseigentum der Gesellschafter begründet wird. Das gilt auch dann, wenn die Gesellschaft das Wohnanwesen zu dem Zweck erworben hat, die vorhandenen Wohnungen in Wohnungseigentum der Gesellschafter umzuwandeln.	BGH, 16.07.2009 – VIII ZR 231/08
Gewerbeausübung in zu Wohnzwecken vermieteter Wohnung kann zur Kündigung berechtigen	Die Ausübung eines Gewerbes in einer zu Wohnzwecken vermieteten Wohnung kann eine Pflichtverletzung darstellen, die eine Kündigung des Mietverhältnisses rechtfertigt. Der Vermieter muss geschäftliche Aktivitäten seines Mieters freiberuflicher oder gewerblicher Art, die nach außen hin in Erscheinung treten, mangels entsprechender Vereinbarung – auch ohne ausdrücklichen Vorbehalt – nicht dulden. Dies gilt zumindest dann, wenn der Mieter für seine geschäftliche Tätigkeit Mitarbeiter in der angemieteten Wohnung beschäftigt. Der Vermieter kann im Einzelfall nach Treu und Glauben verpflichtet sein, eine Erlaubnis zu einer teilgewerblichen Nutzung zu erteilen, wenn es sich nach Art und Umfang um eine Tätigkeit handelt, von der auch bei einem etwaigen Publikumsverkehr keine weitergehenden Einwirkungen auf die Mietsache oder die Mitmieter ausgehen als bei einer üblichen Wohnungsnutzung.	BGH, 14.07.2009 – VIII ZR 165/08, IMR 2009, 336 = WuM 2009, 517
Begründung einer fristlosen Kündigung § 543 BGB	Eine fristlose Kündigung nach § 543 Abs. 2 Satz 1 Nr. 1 BGB erfordert nicht, dass der Mieter darlegt, warum ihm die Fortsetzung des Mietverhältnisses nicht zumutbar ist. Für die Wirksamkeit einer Kündigung genügt es vielmehr grundsätzlich, wenn einer der in § 543 Abs. 2 Satz 1 Nr. 1 bis 3 BGB aufgeführten Tatbestände vorliegt.	BGH, 29.04.2009 – VIII ZR 142/08, InfoM 2009, 211

	Aus den Gründen: Nach der Rechtsprechung des Bundesgerichtshofs zur Gewerberaummiete (BGH, Urteil vom 18. Oktober 2006 – XII ZR 33/04, NJW 2007, 147, Tz. 10; noch zweifelnd: Urteil vom 4. Mai 2005 – XII ZR 254/01, NJW 2005, 2152, unter II 4c aa) ist bei Vorliegen der Tatbestände des § 543 Abs. 2 BGB eine Kündigung aus wichtigem Grund möglich, ohne dass die in § 543 Abs. 1 BGB genannten Voraussetzungen, wie etwa die Unzumutbarkeit der Vertragsfortsetzung, zusätzlich erfüllt sein müssen. Hiervon abzuweichen besteht für die Wohnraummiete kein Anlass.	
Unter auflösender Bedingung geschlossener Pachtvertrag und ordentliche Kündigung §§ 542, 584 Abs. 1 BGB	Ein unter einer auflösenden Bedingung (hier: behördliche Nutzungsuntersagung) geschlossener Pachtvertrag ist als unbefristeter Vertrag ordentlich kündbar, wenn die Parteien die Möglichkeit einer ordentlichen Kündigung nicht ausgeschlossen haben. Ein solcher Ausschluss des Rechts zur ordentlichen Kündigung kann auch schon in der Vereinbarung einer auflösenden Bedingung als solcher zu finden sein. Ob der Vereinbarung eine solche weitergehende, das ordentliche Kündigungsrecht ausschließende Bedeutung zukommt, hat im Streitfall diejenige Vertragspartei darzulegen und zu beweisen, die sich auf diese Bedeutung beruft.	BGH, 01.04.2009 – XII ZR 95/07, GuT 2009, 108 = NZM 2009, 433 = IMR 2009, 269 = InfoM 2009, 225
Im Zahlungsverzug des Mieters mit Kündigung zaudernder Vermieter §§ 314 Abs. 3, 543 BGB	Dass der Vermieter im Zahlungsverzug des Mieters bis zum Ausspruch der Kündigung noch ca. 5 Monate zuwartet, statt diese gleich zum ersten zur Kündigung berechtigenden Termin auszusprechen, erzeugt beim Mieter noch keinen Vertrauenstatbestand i. S. von § 314 Abs. 3 BGB.	BGH, 11.03.2009 – VIII ZR 115/08, NZM 2009, 314 = IMR 2009, 152 = ZMR 2009, 521 = WuM 2009, 231 (Wohnraum)
Fristlose Kündigung	1. Die Regelung des § 543 Abs. 2 Nr. 3 BGB, nach der der Vermieter das Mietverhältnis nur dann fristlos kündigen kann, wenn der Mieter für mehr als einen Termin mit der Entrichtung der Miete ganz oder teilweise in Verzug geraten ist, gilt unabhängig davon, ob die Miete monatlich oder in längeren Zeitabschnitten – hier: jährlich – zu entrichten ist. 2. Das Sonderkündigungsrecht, das § 16 SchuldRAnpG dem Grundstückseigentümer für den Fall des Todes des Nutzers gegenüber dessen Erben einräumt, besteht nicht gegenüber einem Erben, der aufgrund eines vor dem Beitritt erfolgten Erbfalls seinerseits Nutzer des Grundstücks geworden ist.	BGH, 17.09.2008 – XII ZR 61/07, NZM 2009, 30 = MDR 2009, 18 = NJW-RR 2009, 21 = InfoM 2009, 123
Anfechtung nach Beendigung des Mietvertrags	1. Die Anfechtung eines Mietvertrages über Geschäftsräume wegen arglistiger Täuschung ist auch nach Überlassung der Miträume und Beendigung des Mietvertrages neben der Kündigung zulässig. Sie wirkt gem. § 142 Abs. 1 BGB auf den Zeitpunkt des Vertragsabschlusses zurück.	BGH, 06.08.2008 – XII ZR 67/06

	2. Der in Höhe der ortsüblichen Miete bestehende Anspruch auf Wertersatz gem. § 818 Abs. 2 BGB unterliegt bei nichtigem Mietvertrag wie ein Mietzinsanspruch der Umsatzsteuer (Fortführung Senatsurteil vom 22. Oktober 1997 – XII ZR 142/95, NZM 1998, 192).	
Partielle Mietkürzung über mehrere Monate: welche Kündigungsvorschrift greift? § 543 Abs. 2 Satz 1 Nr. 3a, 2. Alt. BGB	1. Ein Verzug mit einem nicht unerheblichen Teil der Miete i.S. des § 543 Abs. 2 Satz 1 Nr. 3a, 2. Alt. BGB liegt bei vereinbarter monatlicher Mietzahlung auch bei der Geschäftsraummiete jedenfalls dann vor, wenn der Rückstand den Betrag von einer Monatsmiete übersteigt. 2. Ein solcher Rückstand reicht für eine außerordentliche fristlose Kündigung gem. § 543 Abs. 2 Satz 1 Nr. 3a, 2. Alt. BGB nur aus, wenn er aus zwei aufeinander folgenden Zahlungszeiträumen (hier: Monaten) resultiert. 3. Ein Rückstand, der diese Voraussetzung nicht erfüllt, weil er (auch) aus anderen Zahlungszeiträumen herrührt, rechtfertigt die außerordentliche fristlose Kündigung lediglich, wenn seine Höhe zwei Monatsmieten erreicht (§ 543 Abs. 2 Satz 1 Nr. 3b BGB).	BGH, 23.07.2008 – XII ZR 134/06, NZM 2008, 770 = NJW 2008, 3210 (ablehnend dazu Blank, Zahlungsrückstandskündigung bei „schleppender" Zahlungsweise, NZM 2009, 114)
Streitigmachen vertragsmäßigen Mietgebrauchs durch wahren Eigentümer – Anwaltshaftung und Mieters Vorkaufsrecht BGB §§ 538, 541 a.F.; §§ 536 Abs. 3, 536a Abs. 1, 139	Dem Mieter, der Räume von einem nicht verfügungsberechtigten Vermieter gemietet hat, wird der vertragsmäßige Gebrauch bereits dadurch entzogen, dass der wahre Berechtigte nicht bereit ist, den Mieter die Mietsache zu den mit dem Vermieter vereinbarten Konditionen nutzen zu lassen.	BGH, 10.07.2008 – IX ZR 128/07, IMR 2008, 335 = InfoM 2008, 332 = NZM 2008, 644 = MDR 2008, 1148
Selbstnutzender Vermieter im „Zwei-Wohnungen-Haus": Wann greift das Sonderkündigungsrecht?	Das Sonderkündigungsrecht des Vermieters, der eine von zwei Wohnungen selbst nutzt, ist auch dann gegeben, wenn in dem Gebäude außer den beiden Wohnungen noch andere, gewerblich genutzte Räume vorhanden sind, wenn sich ein Teil der gewerblich genutzten Räume auch für eine (dritte) Wohnung eignet und früher einmal (vor Abschluss des Mietvertrages) auch so genutzt wurde, und wenn keine gemeinsam genutzten Bauteile für die Vermieter- und Mieterwohnung vorhanden sind.	BGH, 25.06.2008 – VIII ZR 307/07, InfoM 2008, 319

Darlegung entgangenen Mietergewinns bei Vorenthalten des Geschäftslokals	Legt der Mieter zur Berechnung seines infolge Vorenthaltens des Mietgebrauchs entgangenen Gewinns aus dem Vergleichszeitraum des Folgejahres Umsatzbögen, Steuererklärungen, Steuerbescheide, Gewinn- und Verlustrechnungen, betriebswirtschaftliche Auswertungen und Wareneingangsbücher vor und tritt für deren Richtigkeit Beweis an, so verletzt das Gericht ob ausreichender Anknüpfungstatsachen zur Ermittlung des entgangenen Gewinns – ggf. durch Einholung des beantragten Sachverständigengutachtens – den Anspruch auf rechtliches Gehör aus Art. 103 I GG. (Leitsatz von der Redaktion)	BGH, 31.08.2005 – XII ZR 63/03, NZM 2005, 823
Geschäftsraummiete; Mangel; vom Vertrag abweichende Mietfläche; fristlose Kündigung	Die für die Minderung aufgestellten Grundsätze für die Erheblichkeit der Beeinträchtigung des vertragsgemäßen Gebrauchs können auch für die fristlose Kündigung gem. § 542 BGB a.F. herangezogen werden.	BGH, 04.05.2005 – XII ZR 254/01, NZM 2005, 500 = GuT 2005, 163 = Info M 2005, 145
Fristende bei Kündigungsfristen, § 193 BGB	§ 193 BGB ist auf Kündigungsfristen weder unmittelbar noch entsprechend anwendbar (Fortführung von BGHZ 59, 265 = NJW 1972, 2083). Folge ist, dass der Samstag als Werktag zählt.	BGH, 17.02.2005 – III ZR 172/04, NZM 2005, 391
Beweislastgrundsätze bei Wasserschaden im Mietshaus	Der Mieter ist nicht nach § 543 BGB (§ 542 BGB a.F.) zur außerordentlichen fristlosen Kündigung berechtigt, wenn er die Störung des vertragsgemäßen Gebrauchs (hier durch einen Wasserschaden) selbst zu vertreten hat. Ist die Schadensursache zwischen den Vertragsparteien streitig, trägt der Vermieter die Beweislast dafür, dass sie dem Obhutsbereich des Mieters entstammt. Sind sämtliche Ursachen, die in den Obhuts- und Verantwortungsbereich des Vermieters fallen, ausgeräumt, trägt der Mieter die Beweislast dafür, dass er den Schadenseintritt nicht zu vertreten hat.	BGH, 10.11.2004 – XII ZR 71/0, NZM 2005, 17

2. Schnellüberblick aktuelle Rechtsprechung der Instanzgerichte

2457

Thema/Normen	Leitsatz	Entscheidung, Fundstelle
Fristlose Kündigung des Mieters trotz fehlender Nutzungsabsicht?	Die fristlose Kündigung eines Gewerberaummietvertrages wegen angeblicher schwerwiegender Mängel des Mietobjektes scheidet wegen widersprüchlichem Verhalten nach § 242 BGB aus, wenn der Mieter vor der Aufforderung zur Mangelbeseitigung schon nicht mehr die Absicht hatte, die Räumlichkeiten weiter zu nutzen.	OLG Hamm, 13.12.2010 – 7 W 33/10
Fristlose Kündigung wegen vertragswidriger Nutzung	1. Werden in einem als „Praxis für Psychiatrie und Psychotherapie" vermieteten Objekt stattdessen Substitutionsbehandlungen durchgeführt, so rechtfertigt dies keine fristlose Kündigung wegen vertragswidriger Nutzung.	OLG Köln, 12.11.2010 – 1 U 26/10, IMR 2011, 58 = NZM 2011, 76 = NJW 2011, 314

	2. Der Mieter muss auch nicht im Rahmen der Vertragsverhandlungen auf die beabsichtigte Substitutionsbehandlung hinweisen, sodass auch eine Anfechtung des Mietvertrags wegen arglistiger Täuschung ausscheidet.	
	3. Wenn die Substitutionsbehandlung als solche eine legitime Behandlungsform im Rahmen des Vertragszwecks ist, kann diese an sich zulässige Behandlungsform durch eine fristlose Kündigung nur dann beendet werden, wenn konkrete Vorfälle die Fortsetzung dieser Behandlung als unzumutbar erscheinen lassen.	
	4. In die Bewertung der Rechtmäßigkeit der Kündigung muss zudem das Allgemeininteresse einfließen.	
	5. Zu der Frage, wann Vorfälle durch die Patienten eine fristlose Kündigung rechtfertigen.	
Ausübung eines ordentlichen Kündigungsrechts als rechtsmissbräuchlich?	1. Grundsätzlich ist es ohne Belang, aus welchen Gründen der Vermieter eine ordentliche Kündigung des Mietverhältnisses ausspricht. Die Ausübung eines Kündigungsrechts kann zwar rechtsmissbräuchlich sein, wenn derjenige, der das Recht geltend macht, die Voraussetzungen dafür in anstößiger, mit den Grundsätzen von Treu und Glauben nicht vereinbarer Weise geschaffen oder (mit-)verursacht hat. An die Annahme einer rechtsmissbräuchlichen Kündigung werden jedoch strenge Anforderungen gestellt.	OLG Düsseldorf, 16.08.2010 – 10 W 114/10
	2. Ist einem Vermieter vertraglich ein jederzeitiges ordentliches Kündigungsrecht eingeräumt, ist dessen Ausübung ohne weitergehende Anhaltspunkte selbst dann nicht rechtsmissbräuchlich, wenn er mit der Kündigung zugleich bezweckt, einem (berechtigen) Mängelbeseitigungsverlangen seines Mieters nicht mehr nachkommen zu müssen.	
Kündigung wegen Überschreitung der Zahlungstermine	Die wiederholte Überschreitung der Zahlungstermine berechtigt den Vermieter nach Abmahnung auch dann zur Kündigung des Mietverhältnisses, wenn die Fälligkeitstermine nur um einige Tage überschritten worden sind.	LG Hagen, 07.05.2010 – 1 S 13/10
Herausgabeanspruch gegen den Untermieter nach beendetem Hauptvertrag; öffentliche Zustellung der vermieterseitigen Kündigung des Hauptvertrags; GmbH als Mieterin §§ 535, 546, 132 BGB; §§ 186, 188 ZPO	Stellt eine GmbH ihre Geschäftstätigkeit auf dem von ihr angemieteten Grundstück ein und lässt sich ihr derzeitiger Geschäftssitz nicht ermitteln, kann allein hieraus nicht der Schluss gezogen werden, dass das Mietverhältnis aufgrund einer stillschweigend zustande gekommenen Vereinbarung beendet worden ist oder die GmbH auf den Zugang einer Kündigungserklärung verzichtet hat. Dem Vermieter steht es in einem solchen Fall frei, eine etwaige fristlose Kündigung des Mietverhältnisses gem. § 132 Abs. 2 BGB öffentlich zustellen zu lassen.	KG, 12.04.2010 – 8 U 175/09, GuT 2010, 224 = MDR 2010, 1044

Fristlose Kündigung wegen ausstehender Kaution nur innerhalb angemessener Frist!	Die fristlose Kündigung eines Pachtvertrags muss im Rahmen der nach § 543 Abs. 3 Satz 1 BGB zu beachtenden angemessenen Frist im Sinne von § 314 Abs. 3 BGB ausgesprochen werden. Ein Zuwarten von mehr als 14 Monaten überschreitet die Grenze des angemessenen Zeitraums.	OLG Nürnberg, 10.02.2010 – 12 U 1306/09, IMR 2010, 145
Nachmieter §§ 242, 535 Abs. 2 BGB	1. Der Vermieter von Gewerberaum ist ohne eine vertragliche Vereinbarung nur im Ausnahmefall zur Entlassung des Mieters gegen Gestellung eines Nachmieters verpflichtet, wenn dies im Rahmen einer Interessenabwägung nach § 242 BGB geboten erscheint. 2. Auch in einem Gewerberaummietvertrag können die Parteien vereinbaren, dass der Mieter einen Nachmieter stellen kann, der die Räume zu Wohnzwecken nutzen will.	OLG Rostock, 14.01.2010 – 3 U 50/09, IMR 2010, 233 = MDR 2010, 1045
Kündigung wegen Gesundheitsgefährdung	1. Entscheidend für die Anwendung des § 569 Abs. 1 BGB ist, ob von den Räumen in ihrem gegenwärtigen Zustand eine Gesundheitsgefahr ausgeht. Diese muss konkret drohen und zudem erheblich sein, d. h. der Tatbestand des § 569 Abs. 1 BGB ist nur erfüllt, wenn die Gefahr einer deutlichen und nachhaltigen Gesundheitsschädigung besteht. 2. Im Allgemeinen liegt eine erhebliche Gefährdung nicht vor, wenn der gefahrbringende Zustand binnen einer verhältnismäßig kurzen Zeit zu beseitigen und der Vermieter zur Abhilfe bereit ist. Das gilt insbesondere dann, wenn sich die mangelhafte Beschaffenheit der Mietsache in der Regel nur bei längerem Bestehen auf die Gesundheit schädlich auswirkt. 3. Anders liegt der Fall jedoch, wenn es sich um eine das Leben der Nutzer gefährdende Beschaffenheit der Kellerdecke handelt, sich die hierauf gründende Einsturzgefahr wegen der eingeschränkten Tragfähigkeit jederzeit konkretisieren und sich die Gesundheitsgefahr damit nicht erst bei längerem Bestehen negativ auf die Gesundheit auswirken kann. 4. Auch die Wirksamkeit der Kündigung wegen Gesundheitsgefährdung setzt demnach grundsätzlich. eine Fristsetzung oder Abmahnung voraus. 5. Eine Fristsetzung zur Abhilfe i. S. des § 543 Abs. 3 Satz 2 Nr. 1 BGB ist offensichtlich nicht Erfolg versprechend, wenn der Vermieter die Abhilfe ernsthaft und endgültig verweigert, die Beseitigung innerhalb angemessener Frist unmöglich erscheint oder mit unzumutbaren Belastungen für den Mieter verbunden ist, z. B. bei unverhältnismäßigem Zeitaufwand oder umfangreichen Bauarbeiten.	OLG Düsseldorf, 14.01.2010 – 10 U 74/09, IMR 2010, 187

§ 573 Abs. 1, 2 BGB; Art. 12 Abs. 1 GG Eigenbedarfskündigung zu beruflichen Zwecken	Dem Vermieter steht ein Kündigungsrecht wegen eines berechtigten Interesses zu, sofern seine Ehefrau die Mietwohnung zu beruflichen Zwecken nutzen will.	LG Braunschweig, 16.09.2009 – 6 S 301/09
Keine Nutzungsentschädigung bei verbotener Eigenmacht!	Setzt der Vermieter den Mieter nach Beendigung des Mietverhältnisses durch fristlose Kündigung im Wege der verbotenen Eigenmacht aus dem Besitz, hat er keinen Anspruch auf Nutzungsentschädigung. Ein Anspruch auf Ersatz des Kündigungsfolgeschadens kommt grundsätzlich erst ab Rückgabe der Mietsache, bzw. – im vorliegenden Fall – erst ab dem Zeitpunkt der offiziellen Besitzeinweisung durch den Gerichtsvollzieher in Betracht.	KG, 14.09.2009 – 8 U 135/09, IMR 2010, 8 = GuT 2009, 328 Ls. = WuM 2009, 667
Wohnraummietrecht – Eigenbedarfskündigung durch Personenhandelsgesellschaft	1. Eine Gruppe, die sich zum Betrieb eines Handelsgewerbes zusammenfindet, hat keine Beziehung zum Wohnbedarf ihrer Mitglieder. Diese treten dem Mieter nur als zum Handelszweck verbundene Gesellschafter und nicht als natürliche Personen gegenüber. 2. Dementsprechend kann sich eine Personenhandelsgesellschaft für eine Eigenbedarfskündigung nicht auf den Eigenbedarf eines ihrer Gesellschafter berufen. Ls. NZM: Die die Zulässigkeit einer Eigenbedarfskündigung seitens des Vermieters in Form der GbR zu Gunsten von Bedarf eines Gesellschafters rechtfertigenden Überlegungen treffen auf eine Personenhandelsgesellschaft wie die OHG oder die KG nicht zu. Denn eine Personenhandelsgesellschaft entsteht nicht „zufällig" (so wie es bei einer Personenmehrheit – etwa einem Ehepaar – vom Zufall abhängt, ob dieses dem Mieter eine Wohnung als Gemeinschaft oder als GbR vermietet), sondern durch z.T. umfangreiches rechtsgeschäftliches Tätigwerden ihrer Mitglieder von der Errichtung eines Gesellschaftsvertrags an bis hin zur Eintragung im Handelsregister.	LG Hamburg, 07.08.2009 – 311 S 128/08, NZM 2009, 907 = NJW 2009, 3793 = InfoM 2009, 467
Fristlose Kündigung wegen störenden Baulärms	Bezieht ein Mieter Gewerberäume in einem neu hergestellten Gebäude, so ist er zur fristlosen Kündigung des Mietverhältnisses gem. § 543 Abs. 1, 2 Nr. 1 BGB berechtigt, wenn nach seinem Einzug lärm störende Bauarbeiten zum Ausbau einzelner Mietflächen und Gesamtherstellung des Gebäudes erfolgen.	LG Hamburg, 07.08.2009 – 316 O 284/08, IMR 2010, 54

Gaststätte; Kündigungserklärung des Sachbearbeiters der Grundstücksgesellschaft; Zurückweisung mangels Vollmachtsnachweises; Unverzüglich im typischen Einzelfall §§ 535, 542, 174, 121 BGB	Aus der Stellung einer Person als Mitarbeiter einer Grundstücksgesellschaft im Bereich der Verwaltung von Mieträumen und von Verhandlungen mit Mietern ergibt sich grundsätzlich für den Mieter nicht die Kenntnis (§ 174 S. 2 BGB), dass diese Person auch zur Erklärung einer Kündigung bevollmächtigt ist. Denn es macht einen qualitativen Unterschied, ob Verhandlungen im Rahmen des Betriebsverhältnisses eines Mietvertrages geführt werden oder ob der Mietvertrag als Grundverhältnis beendet werden soll. Auch muss der Mieter nicht davon ausgehen, dass die Kündigung eines Mietvertrages in anderer Form unterzeichnet wird als dessen Abschluss. Die Zurückweisung einer Kündigung durch den Betreiber einer Gaststätte innerhalb von 8-10 Tagen nach Erhalt kann noch unverzüglich im Sinne der §§ 174 Satz 1, 121 Abs. 1 Satz 1 BGB sein, wenn dies noch innerhalb der nach den Umständen des Einzelfalls zu bemessenden Prüfungs- und Überlegungsfrist liegt.	KG, 03.08.2009 – 12 U 96/09, Gut 2010, 250
Keine Einschränkung der Nutzungsentschädigung nach Mietende über § 254 BGB §§ 242, 254, 546a Abs. 1 BGB	Der Anspruch des Vermieters auf Nutzungsentschädigung nach §§ 546a Abs. 1 BGB ist ein vertraglicher Anspruch eigener Art, auf den § 254 BGB nicht angewendet werden kann.	OLG Bremen, 22.07.2009 – 1 U 11/09, MDR 2009, 1268
Nutzungsausfall bei vorzeitiger Beendigung des Mietverhältnisses	1. Wird ein Mietverhältnis aufgrund einer Vertragsverletzung des Mieters durch eine Kündigung des Vermieters vorzeitig beendet, kann der Vermieter vom Mieter den ihm hierdurch entstandenen Mietausfall ersetzt verlangen. Vom Schadensersatzanspruch nicht umfasst wird die auf die Miete vom Mieter vereinbarungsgemäß zu leistende Umsatzsteuer. 2. Kann der Mieter seinerseits das Mietverhältnis mangels einer wirksamen Befristung des Vertrages oder eines wirksam vereinbarten Kündigungsausschlusses gem. § 542 BGB durch eine ordentliche Kündigung beenden, kann der Vermieter einen Nutzungsausfallschaden nur bis zum Ablauf der nächstmöglichen Kündigungsfrist ab Zugang seiner eigenen Kündigung verlangen.	OLG Rostock, 02.07.2009 – 3 U 146/08, IMR 2009, 342
Kündigung wegen unbefugter Gebrauchsüberlassung	Die fristlose Kündigung wegen unbefugter Gebrauchsüberlassung setzt grundsätzlich eine Abmahnung voraus. Deshalb kann offen bleiben, ob ein Geländewagenrennen auf dem Pachtland den Vertrag so schwer verletzt, dass der Vermieter fristlos kündigen darf.	OLG Dresden, 02.07.2009 – 43/09, InfoM 2009, 4330
Fristlose Kündigung bei Teilentzug der Mietsache!	1. Der Mieter kann den Mietvertrag ohne vorausgehende Abmahnung kündigen, wenn ihm der Vermieter den Gebrauch zwar nur teilweise, aber dauerhaft entzieht und diesen Mangel hartnäckig leugnet.	OLG Düsseldorf, 30.06.2009 – 24 U 179/08, IMR 2010, 140

X. Arbeits- und Beratungshilfen

	2. Eine Fortsetzung des Mietverhältnisses durch schlüssiges Verhalten der Vertragspartner nach Ende der Mietzeit ist nicht anzunehmen, wenn der Vermieter den geltend gemachten Gebrauchsentzug nicht abstellt, der Mieter auf die Beseitigung des Mangels nicht verzichtet und auch die Miete nicht zahlt.		
Zugangbeweis mit Einschreiben: was beweist der unterschriebene Rückschein?	Auch wenn das Einschreiben (hier: Kündigung) am Geschäftssitz des Adressaten übergeben, von der Empfangsperson unterschrieben und dem Zusteller zum Rücklauf übergeben wird, ist der Zugang durch den zurückgesandten Rückschein noch nicht bewiesen. Allerdings schafft er ein erhebliches Beweisanzeichen (Indiz), weil sich der unterzeichnende als Bevollmächtigter bzw. Beschäftigter geriert hat.	OLG Frankfurt am Main, 19.06.2009 – 2 U 303/08, InfoM 2010, 36
Wann kann der Mieter vorzeitige Beendigung des Mietvertrags verlangen?	Der Mieter kann die vorzeitige Entlassung aus dem Mietverhältnis nur dann verlangen, wenn er hieran ein die Interessen des Vermieters überwiegendes berechtigtes Interesse hat und dem Vermieter einen geeigneten und zumutbaren Nachmieter stellt. Bei der vorzunehmenden Interessenabwägung wiegt das berechtigte Interesse des Mieters umso schwerer, je länger die restliche Vertragslaufzeit dauert. Ein Anspruch auf Abkürzung der gesetzlichen Kündigungsfrist von drei Monaten besteht grundsätzlich nicht. Zieht der Mieter ohne Rücksicht auf den fortbestehenden Mietvertrag endgültig aus und zahlt auch keine Miete mehr, so kann er sich gem. § 242 BGB nicht auf einen dauerndes Gebrauchshindernis i.S.d. § 537 Abs. 2 BGB berufen, wenn der Vermieter die Räume nach dem vorzeitigen Rückerhalt umbauen lässt.	LG Mannheim, 03.06.2009 – 4 S 5/09, IMR 2010, 101 zu Wohnraum
Geruchsbelästigung	Eine starke, von der Nutzung der Mietsache als Imbissgaststätte ausgehende Geruchsbeeinträchtigung innerhalb des Gebäudes stellt eine erhebliche, unter Abwägung der Interessen der Parteien nicht zumutbare Vertragsverletzung dar, die zur außerordentlichen Kündigung berechtigt. § 314 Abs. 3 BGB (Kündigung in „angemessener Frist") findet nach neuerer Rechtsprechung auch auf den Mietvertrag Anwendung (BGH, NJW-RR 2007, 886; OLG Düsseldorf, GuT 2007, 438 ff.; GE 2008, 54 ff). Was angemessen ist, ist für jedes Vertragsverhältnis gesondert zu bestimmen. Eine baubehördliche Genehmigung steht der mietvertraglichen Vereinbarung strengerer Anforderungen an die Geruchsvermeidung nicht entgegen.	OLG Brandenburg, 27.05.2009 – 3 U 85/08, IMR 2009, 388 = InfoM 2009, 328
Der Vermieter hat Ermessensspielraum bei Neuvermietung nach fristloser Kündigung	1. Der außerordentlich fristlos kündigende Vermieter verstößt nicht gegen seine Pflicht zur Minderung des Kündigungsfolgeschadens (§ 254 Abs. 2 Satz 1 BGB), wenn er die Räume nicht zu der nach dem gekündigten Mietvertrag geschuldeten Miete, sondern zu einer marktgerechten höheren Miete anbietet.	KG, 04.05.2009 – 8 U 183/08, IMR 2009, 267 = DWW 2009, 260

	2. Der Vermieter ist auch nicht gehalten, jede beliebige Person als Mieter zu akzeptieren. Der gekündigte Mieter, der dem Vermieter die Verletzung seiner Schadensminderungspflicht vorwirft, weil dieser nicht an einen bestimmten Interessenten vermietet habe, muss deshalb darlegen und beweisen, dass es sich um einen ernst zu nehmenden Interessenten handelte, der die Mietzahlung ausreichend sicher gewährleistet hätte. Hinweis: siehe dazu, dass der Vermieter nicht gehalten ist, das Objekt zur bisherigen Miete anzubieten auch BGH, 16.2.2005 – XII ZR 162/01	
Kündigung ggü. Gesellschaftern beim Mietvertrag mit einer Außen-GbR §§ 542, 705 BGB	Der Mietvertrag mit einer Gesellschaft bürgerlichen Rechts muss gegenüber dieser, nicht gegenüber ihren Gesellschaftern gekündigt werden. Ausreichend ist aber, wenn die Kündigungserklärung an alle Gesellschafter der Außen-GbR adressiert wird und diesen zugeht.	LG Frankfurt an der Oder, 21.04.2009 – 6a S 65/08, BeckRS 2009, 25579
Nicht florierendes EKZ §§ 313, 535 BGB	Zur Frage, ob der Mieter einer Bäckereifiliale in einem aus dieser, einem Lebensmitteldiscounter als Hauptmieter und einer Metzgerei bestehenden Einkaufszentrum das Mietverhältnis kündigen kann, wenn der Hauptmieter seinen Geschäftsbetrieb faktisch einstellt. Im Verhältnis zwischen Vermieter und Mieter trägt grundsätzlich der Mieter das Verwendungsrisiko bezüglich der Mietsache. Dazu gehört bei der gewerblichen Miete vor allem das Risiko, mit dem Mietobjekt Gewinne erzielen zu können. Erfüllt sich diese Erwartung nicht, so verwirklicht sich dann ein typisches Risiko des gewerblichen Mieters, das dieser nicht auf den Vermieter verlagern kann. Diese im Gewerberaummietrecht angelegte Risikoverteilung ändert sich nicht dadurch, dass das vermietete Geschäft in einem aus einem Lebensmitteldiscounter, einer Metzgerei und der streitgegenständlichen Bäckereifiliale des Klägers bestehenden Einkaufszentrum liegt und nicht nur der Mieter, sondern auch der Vermieter erwartet, die notwendige geschäftsbelebende Funktion des Einkaufszentrums werde verwirklicht werden können. Wie auch in anderen Geschäftslagen fällt es in den Verantwortungsbereich des Mieters, als Unternehmer die Erfolgsaussichten eines Geschäftes in der gewählten Lage abzuschätzen. Das umfasst bei einem – wie hier – erst geplanten Einkaufszentrum neben der Chance, in einem später florierenden Zentrum erhöhte Gewinne zu erzielen, auch das Risiko eines Scheiterns des Gesamtobjekts mit entsprechenden negativen Folgen für das gemietete Einzelgeschäft. Allein der Umstand, dass auch der Vermieter von einem wirtschaftlichen Erfolg des Projekts ausgeht, verlagert das Verwendungs- und Gewinnerzielungsrisiko für das einzelne gemietete Geschäft in dem Einkaufszentrum nicht von dem Mieter auf den Vermieter.	OLG Düsseldorf, 19.02.2009 – 10 U 142/08, GuT 2009, 179 = IMR 2009, 201 = InfoM 2009, 382 = NZM 2010, 477

Abmahnung, länger nicht gerügter Mietrückstand	Bei Außen-GbR müssen alle Gesellschafter die Kündigungsvollmacht unterzeichnen.	OLG Hamm, 21.01.2009 – 30 U 106/08, IMR 2009, 387
Kündigungserklärung in der Erhebung der Räumungsklage §§ 581, 550, 584 BGB	In der Erhebung der Räumungsklage liegt regelmäßig die Wiederholung einer verfrühten und deshalb unwirksamen Kündigungserklärung.	OLG Düsseldorf, 08.01.2009 – I-24 U 97/08, GuT 2009, 309
Vermieters Eigentumserwerb an mieterseits errichteten Gebäuden durch Abrissverzicht §§ 95, 535, 539, 929 BGB	Verzichtet der Vermieter bei einem Mieterwechsel auf den Abriss der vom Mieter errichteten Gebäude (hier: Tankstellenaufbauten) und macht der Mieter auch von seinem Wegnahmerecht keinen Gebrauch, kann eine Eigentumsübertragung auf den Vermieter vorliegen, wenn der Nachmieter an den Absprachen nicht beteiligt wird.	OLG Düsseldorf, 06.05.2008 – 24 U 189/07, NZM 2009, 242

3. Checkliste: Typische Fehler bei Kündigung von Geschäftsraummietverhältnissen

Checkliste: Typische Fehler bei Kündigungen

2458

- ☐ **Laxe Handhabung**: Fehler bei Kündigung rächen sich fast immer erheblich später, z.T. erst nach Jahren mit einem Berufungsurteil. Es sollte immer der sicherste Wege gewählt werden. Dafür ist grds. vom „worst case", also der strengsten Rechtsprechung, auszugehen. Anwälte, die von Mandanten ausgesprochene Kündigungen durchsetzen sollen, müssen prüfen, ob diese wirksam sind, ansonsten setzten sie sich dem Vorwurf eines Beratungsfehlers aus, wenn z.B. ohne Weiteres Räumungsklage erhoben wird und sich später herausstellt, dass die Kündigung keinen Bestand hat.

- ☐ Keine Kündigung **vor Vorliegen der Voraussetzungen** ! In Rechtsprechung und Literatur wird z.T. diskutiert, ob es ausreicht, dass eine Kündigung ausgesprochen wurde, bevor alle Voraussetzungen vorlagen, diese aber dann bei Zugang der Kündigung gegeben sind.

Beispiel:

Die Kündigung wird in der Erwartung, dass auch die zweite Miete ausbleiben wird, vor dem dritten Werktag des Monats abgeschickt und geht danach – als die Miete tatsächlich offen ist – zu. Man sollte sich einer solchen Diskussion entziehen und sicherheitshalber immer erst nach Vorliegen der Voraussetzungen die Kündigung aussprechen.

- ☐ **Zu späte Kündigung**: V.a. bei der fristlosen Kündigung muss zeitnah zum Verstoß gekündigt werden. Entsprechendes gilt auf beiden Seiten für außerordentliche Kündigungsrechte mit gesetzlicher Frist. Eine Kündigung des Erwerbers in der Zwangsversteigerung nach § 57a ZVG ist ausgeschlossen, wenn sie nicht zum ersten zulässigen Termin erfolgt (= ohne schuldhaftes Zögern). Die Kündigung kann auch gem. § 112

InsO für Rückstände, die vor Stellung des Insolvenzantrags entstanden sind, ausgeschlossen sein.

- **Abmahnerfordernis**: Ist für die Wirksamkeit der Kündigung eine Abmahnung Voraussetzung (§ 543 Abs. 3 BGB), ist diese zunächst auszusprechen und ein weiterer Verstoß erforderlich, bevor gekündigt werden darf. Liegt nur einer dieser Punkte nicht vor, ist die Kündigung unwirksam. In der Kündigung ist die nach Zugang der Abmahnung erfolgte Pflichtverletzung zu nennen.
- **Personenmehrheit auf Vermieter- oder Mieterseite wird ignoriert**: Es wird nicht von bzw. ggü. allen Beteiligten gekündigt, was aber bei der Kündigung als einseitig empfangsbedürftiger Willenserklärung grds. erforderlich ist. Eine Ausnahme gilt nach der neueren Rechtsprechung des BGH mittlerweile für die Außen-GbR. Wichtig: Bevollmächtigungsklauseln im Mietvertrag betreffen nur den sodann als ausreichend anzusehenden Zugang bei einem der Beteiligten; die Erklärung muss aber trotzdem an alle Mieter gerichtet werden.
- **Erwerbsfälle, § 566 BGB**: Kündigen kann grds. nur, wer aktuell Vermieter ist, also die Eigentümerposition innehat (= Grundbucheintragung bzw. Zuschlag nach § 90 ZVG).
- Keine **Bedingungen** oder **Befristungen** in der Kündigung!

Beispiel:

Eine unbestimmt befristete Kündigung („bis wir andere Räume beziehen können") ist regelmäßig unwirksam.[3926]

Ausnahme: Die Bedingung liegt allein im Machtbereich des Empfängers,[3927] also etwa bei Zahlungsverzug, dass die nächste Miete offen bleibt. Hier ist dann aber glasklar zu formulieren, dass es nicht nur um eine Abmahnung geht.

> **Praxistipp für insolvente Mieter:**
> Nach Zugang einer solchen Kündigung und vor dem Zahlungsverzug sollte der Insolvenzantrag gestellt werden, da die Kündigung dann nach § 112 InsO unwirksam wird. Zur Sicherheit sollten solche bedingten Kündigungen vom Vermieter auch deshalb vermieden werden.

- **Form nicht eingehalten**: Gesetzliche Schriftform besteht nur für Wohnraum, § 568 BGB. Bei Geschäftsraummiete ist zu beachten, ob zur Schriftform etwas im Vertrag vereinbart wurde.
- **Widerspruch gegen Gebrauchsfortsetzung**: Widerspricht der Vermieter nach Vertragsablauf trotz Gebrauchsfortsetzung durch den Mieter nicht innerhalb von zwei Wochen, verlängert sich das Mietverhältnis auf unbestimmte Zeit, § 545 BGB. Ein bereits mit der Kündigung erklärter Widerspruch gegen eine stillschweigende Vertragsfortsetzung ist wirksam; eines zeitlichen Zusammenhangs mit der Vertragsbeendigung bedarf

---

[3926] BGH, 22.10.2003 – XII ZR 112/02, NZM 2004, 66 = GuT 2004, 87.
[3927] BGH, 22.10.2003 – XII ZR 112/02, NZM 2004, 66 = GuT 2004, 87.

es nicht.³⁹²⁸ Der Widerspruch sollte vorsorglich schon im Kündigungsschreiben erfolgen.

☐ **Stellvertreter- bzw. Anwaltskündigung:** Originalvollmacht wird nicht beigefügt: Einseitig empfangsbedürftige Willenserklärungen, die der Anwalt für seinen Mandanten ausspricht (oder auch ein Dritter, etwa Hausverwalter, oder ein Gesellschafter für eine GbR),³⁹²⁹ werden nicht mit einer Originalvollmacht des Mandanten versehen. **Beispiel:** Abmahnung, Kündigung, Mieterhöhung. Folge: Der Empfänger kann die Erklärung schon aus diesem Grund zurückweisen (§ 174 BGB), sodass die Erklärung unwirksam wird und mit Aufwand und Zeitverlust wiederholt werden muss (Haftungsfalle!). Die Vollmacht muss von allen Mietern oder Vermietern unterzeichnet sein (s.o. zur Personenmehrheit). Die Zurückweisung des Gegners muss unverzüglich i.S.d. § 121 BGB (= ohne schuldhaftes Zögern) erfolgen und als ebenfalls einseitig empfangsbedürftige Willenserklärung ggf. auch mit einer Originalvollmacht verbunden sein, sonst kann sie selbst zurückgewiesen werden.

> **Praxistipp:**
>
> Den Mandanten immer mindestens zwei Vollmachten unterschreiben lassen und ihm erklären, wofür diese evtl. benötigt werden.

☐ **Zugangsnachweise werden nicht gewährleistet:** Insb. bei Kündigungen und allen Fristsachen muss sicher sein, dass der Zugang im Bestreitensfall nachgewiesen werden kann. Sicherstes, aber auch aufwendigstes Mittel ist die Gerichtsvollzieherzustellung nach § 132 BGB (Kosten mit Mandant besprechen!), gefolgt von Boten (Name, Datum, Uhrzeit notieren/notieren lassen) und Einschreiben. Achtung: Ein Einschreiben mit Rückschein gilt nicht als zugegangen i.S.d. § 130 BGB, wenn der Postbote bei Abwesenheit des Empfängers nur den Abholschein in den Briefkasten legt (Haftungsfalle!). Nur dieser – nicht aber der Brief selbst – ist nämlich in den Machtbereich des Empfängers gelangt. Bessere und sogar preiswertere Lösung: Einwurf-Einschreiben, bei dem die Post den Einwurf des gesamten Schreibens elektronisch erfasst, damit später ggf. der Zugangszeitpunkt und Name des Zustellers abgerufen werden kann. Aber auch dies wird z.T. kritisch gesehen (→ *Rn. 2297 f.*).

☐ **Kündigung wird in der Klageschrift nicht ausdrücklich noch einmal erklärt:** Voraussetzung einer Räumung ist i.d.R. die wirksame Kündigung des Mietverhältnisses. Diese kann aus verschiedensten Gründen unwirksam sein (kein Zugang, falscher Empfänger, Zurückweisung wegen nicht nachgewiesener Vertretung etc.), oder der Zugang kann im Prozess nicht bewiesen werden. Im ungünstigsten Fall geht der Räumungsprozess verloren, und das ganze Spiel einschließlich Kündigung beginnt von vorne. Wird in der Räumungsklage die Kündigung ausdrücklich noch einmal erklärt, hat man sich dies erspart und durch Zustellung der Klageschrift zudem einen Zugangsnachweis. Die Rechtsprechung verlangt aber klare Fakten: In einer Räumungsklage kann eine

---

3928 BGH, 21.04.2010 – VIII ZR 184/09, IMR 2010, 318 = InfoM 2010, 218 unter ausdrücklicher Aufgabe von BGH, 09.04.1986 – VIII ZR 100/85, WuM 1986, 281 = NJW-RR 1986, 1020, wo noch ein zeitlicher Zusammenhang verlangt wurde.
3929 BGH, 09.11.2001 – LwZR 4/01, NZM 2002, 164 = IBR 2002, 256 = MDR 2002, 269.

Kündigung zu sehen sein, wenn die Klageschrift neben der Prozesshandlung auch eine materiellrechtliche Willenserklärung enthält.[3930] Erforderlich ist also eine eindeutige und kläre Äußerung, dass (nochmals) gekündigt wird. Die Diskussion darüber, ob die Zustellung der beglaubigten Abschrift der gesetzlichen Schriftform genügt[3931] spielt bei Geschäftsraummiete i.d.R. keine Rolle, da die gesetzliche Schriftform des § 568 BGB nur für Wohnraum gilt. Der beglaubigten Abschrift (nicht: dem Original) sollte eine Originalvollmacht beigefügt werden (s.o. Stellvertreter- bzw. Anwaltskündigung).

3930 BGH, 02.01.1988 – VIII ZR 7/88, NJW-RR 1989, 77 = WuM 1989, 153; OLG Celle, 09.06.1999 – 2 U 166/98, ZMR 1999, 618 f.
3931 Vgl. BGH, 04.07.1986 – V ZR 41/86, NJW-RR 1987, 395; OLG Hamm, 23.11.1981 – 4 ReMiet 8/81, NJW 1982, 452, 453.

§ 24 Gewährleistungsrecht und behördliche Beanstandungen oder Gebrauchsbeschränkungen im gewerblichen Miet- oder Pachtverhältnis

		Rn.
I.	Öffentlich-rechtliche Beschränkungen und Hindernisse als Mangel i.S.v. § 536 BGB	2459
	1. Grundsätze...	2459
	2. Objektbezogenheit als Grundvoraussetzung...	2462
	3. Mangel auch bei Genehmigungsfähigkeit?...	2465
	4. Mangel auch ohne Einschreiten der Behörde?...	2466
II.	Mitverschulden des Mieters/Pächters...	2470
III.	Nachträgliche Gesetzesänderungen (Nichtrauchergesetze u.ä.)........................	2471
	1. Grundsätze...	2471
	2. Überblick über Nichtraucherschutz in den Bundesländern..........................	2473
IV.	Vertragsgestaltung...	2474
	1. Klauseln zu behördlichen Genehmigungen etc..	2474
	2. Beispiele aus der Rechtsprechung für unwirksame Klauseln.........................	2476
	3. Formulierungsvorschlag zur Einholung behördlicher Genehmigungen etc. durch den Mieter	2478
V.	Arbeitshilfen...	2479
	1. Schnellüberblick Grundsatz-Rechtsprechung des BGH..............................	2479
	2. Schnellüberblick aktuelle Rechtsprechung der Instanzgerichte.....................	2480

I. Öffentlich-rechtliche Beschränkungen und Hindernisse als Mangel i.S.v. § 536 BGB

1. Grundsätze

Werden gewerbliche Flächen vermietet, müssen diese zu dem vereinbarten Zweck geeignet sein. Voraussetzung ist u.a., dass der vereinbarten Nutzung keine behördlichen Beschränkungen entgegenstehen. Ob ein relevanter Sachmangel vorliegt, richtet sich grds. danach, **in welcher Sphäre** (Mieter oder Vermieter?) die behördliche Beschränkung wurzelt. Es gilt folgender Grundsatz: Öffentlich-rechtliche Hindernisse und Beschränkungen des Gebrauchs oder der Nutzung einer Miet- oder Pachtsache (bspw. eine fehlende Nutzungsänderungsgenehmigung bzw. eine entsprechende Versagungsverfügung) stellen einen Mangel i.S.d. § 536 BGB dar, wenn sie auf der **konkreten Beschaffenheit, dem Zustand oder der Lage** der Miet- oder Pachtsache beruhen.[3932] Kann also bspw. ein Raum aufgrund einer öffentlich-rechtlichen Gebrauchsbeschränkung nicht zum vereinbarten Zweck (Gaststätte, Verkaufsraum) benutzt werden, so liegt ein Sachmangel vor, wenn die Beschränkung mit der **Beschaffenheit der Mietsache** zusammenhängt und **nicht in persönlichen oder betrieblichen Umständen des Mieters** ihre Ursache hat.[3933]

2459

Es greift dann die mietrechtliche Gewährleistung nach den §§ 536 ff. BGB. Rechtsfolge ist, dass dem Mieter insoweit die Einrede des nicht erfüllten Vertrags (§ 320 BGB), ein Gewährleistungsrecht gem. §§ 536 ff. BGB (Minderung etc.) oder sogar ein Kündigungsrecht wegen Entzug/Nichtgewährung des vertragsgemäßen Gebrauchs zusteht. Handelt es sich um schwerwiegende Beeinträchtigungen, etwa eine vollständige Nutzungsuntersagung, ist auch eine außerordentliche Kündigung nach § 543 Abs. 1 BGB durch den Mieter zulässig.

2460

[3932] BGH, 24.10.2007 – XII ZR 24/06, GuT 2007, 434 = IMR 2008, 81 = InfoM 2008, 67; BGH, 02.03.1994 – XII ZR 175, 92, WuM 1994, 1136 = ZMR 1994, 253; BGH, 11.12.1991 – XII ZR 63/90, NJW-RR 1992, 267 = WuM 1992, 313; BGH, 20.01.1971 – VIII ZR 167/69, WuM 1971, 531 = NJW 1971, 555 Ls.
[3933] Blank, in: Blank/Börstinghaus, § 536 Rn. 16.

Beispiele:

- Ist ein Imbisslokal mit Nebenräumen u.a. „zum Betrieb einer Pizza- und Pastaauslieferung" vermietet und untersagt die Behörde den Lieferservice, da mit diesem eine über das Wohngebiet hinausgehende überregionale Versorgung verbunden sei, so ist der Mieter zur außerordentlichen Kündigung des Mietvertrags berechtigt.[3934]
- Der Mieter von Geschäftsräumen kann den Mietvertrag fristlos kündigen, wenn ihm die Zubereitung von Speisen in diesen Räumen behördlich nicht genehmigt wird, und der Vermieter sowohl die Absichten des Mieters wie auch die behördlichen Hindernisse für eine solche Genehmigung kannte.[3935]
- Als „brasilianisches Restaurant mit Live-Musik ab 21.00 Uhr" vermietete Gaststätte erhält wegen unzureichendem Schallschutz keine Konzession.[3936]

2461 Den Vermieter/Verpächter trifft grds. – auch ungefragt – eine **Aufklärungspflicht**, wenn er weiß, dass objektbezogene behördliche Genehmigungen nicht vorliegen oder eine Zustimmung der Behörde nicht zu erlangen ist. Die bewusste Nichtaufklärung durch den Vermieter im Rahmen von Mietvertragsverhandlungen über den Umstand, dass die Mieträume für die vertraglich vorgesehene Nutzung nicht öffentlich-rechtlich genehmigt und auch nicht genehmigungsfähig sind, stellt auch ohne ausdrückliche Nachfrage eine **arglistige Täuschung** des Mieters dar und befähigt diesen zur Anfechtung, sodass der Mietvertrag dann rückwirkend entfällt (§ 142 BGB) und der Vermieter keine Mietzinsansprüche geltend machen kann.[3937] Die vorgenannten Ansprüche des Mieters kommen aber nur dann in Betracht, wenn folgende **Voraussetzungen** erfüllt sind:

- Objektbezogenheit: das Hindernis muss mit der Beschaffenheit des Mietobjekts zusammenhängen.
- Keine Personen- oder Betriebsbezogenheit: das Hindernis darf nicht in persönlichen oder betrieblichen Umständen des Mieters seine Ursache haben. Handelt es sich um personen- oder betriebsbezogene Umstände (Gaststättenkonzession, Gewerbeerlaubnis, Untersagungs- oder Erlaubnisverfügung wegen Art des Betriebes), die also an den Mieter gebunden sind, kann sich dieser nicht auf die Gewährleistungsvorschriften berufen.[3938]
- Mietvertraglich dürfen die Rechte des Mieters/Pächters nicht wirksam ausgeschlossen oder beschränkt sein.

2. Objektbezogenheit als Grundvoraussetzung

2462 Nach § 535 BGB hat der Vermieter die vermietete Sache dem Mieter in einem zu dem vertragsmäßigen Gebrauche geeigneten Zustand zu überlassen. Hierzu gehört auch das Fehlen öffentlich-rechtlicher Gebrauchshindernisse, soweit sie objekt- und nicht betriebsbezogen sind oder die zum allgemeinen Risiko des Gewerbetreibenden gehören.

3934 LG Hamburg, 06.04.2004 – 311 O 207/03, GuT 2005, 166.
3935 LG Nürnberg-Fürth, 19.01.1999 – 7 O 5596/98, NZM 2000, 384.
3936 KG, 18.12.2008 – 12 U 110/07, InfoM 2010, 20 = KGR Berlin 2009, 601.
3937 OLG Brandenburg, 11.11.2009 – 3 U 5/03, IMR 2010, 139.
3938 BGH, 24.10.2007 – XII ZR 24/06, GuT 2007, 434 = IMR 2008, 81 = InfoM 2008, 67.

I. Öffentlich-rechtliche Beschränkungen und Hindernisse als Mangel i.S.v. § 536 BGB

Betriebsbezogen sind Umstände, die allein dem Mieter zuzurechnen sind, also **in persönlichen oder betrieblichen Umständen des Mieters** ihre Ursache haben.

Beispiele:
- *Gaststättenkonzession wird wegen persönlicher Unzuverlässigkeit des Gastwirts versagt.*
- *Gewerbeerlaubnis.*
- *Untersagungs- oder Erlaubnisverfügung wegen Art des Betriebes.*
- *Der Mieter ändert den vereinbarten Mietgebrauch und erhält hierfür keine behördliche Genehmigung, etwa Neubau Recycling-Anlage für Bauschutt, die einer Sondergenehmigung nach dem Immissionsschutzgesetz erfordert.*[3939]
- *Eine genehmigte Tankstelle wird vom Mieter geschlossen, und die geplante Wiedereröffnung scheitert an öffentlich-rechtlichen Vorschriften*[3940] *Kein Mangel, da der Bestandsschutz durch die Schließung entfallen ist.*

Objektbezogene Umstände sind Umstände, die mit der baulichen Beschaffenheit, dem Zustand oder Lage des Mietobjekts zusammenhängen (wie Baugenehmigung, Nutzungsänderung etc.).[3941]

Beispiele:
- *Der vermietete Gewerberaum erfordert zum vertraglich vereinbarten Zweck eine bauliche Änderung, um die erforderliche baurechtliche Nutzungsänderungsgenehmigung zu erlangen.*[3942]
- *Gaststättenkonzession wird wegen des Zustandes der Räume oder wegen fehlender Kfz-Einstellplätze verweigert wird.*
- *Räume, die zum Betrieb einer Apotheke vermietet werden, entsprechen nicht den Vorschriften der Apothekenbetriebsordnung.*
- *Räume zum Betrieb eines Kaufhauses entsprechen nicht den Anforderungen der Warenhausverordnung.*
- *Ein zur Bebauung vorgesehenes Grundstück unterliegt einem Bebauungsverbot oder -hindernis.*[3943]
- *Der in den Mieträumen vorgesehene Gewerbebetrieb darf wegen Verstoßes gegen kommunale Flächennutzungspläne nicht aufgenommen werden.*
- *Ein Grundstück, das der Mieter bebauen will, unterliegt einem Bebauungsverbot.*[3944]
- *Ein Gewerbebetrieb verstößt gegen kommunale Flächennutzungspläne und darf nicht aufgenommen werden.*[3945]

Die Mietsache kann durch **neue gesetzliche oder behördliche (rechtmäßige) Maßnahmen** auch nachträglich mangelhaft werden. Umstände, die zum allgemeinen Risiko eines jeden Ge-

---

[3939] BGH, 29.05.1991 – XII ZR 119/90, NJW-RR 1991, 1102.
[3940] OLG Düsseldorf, 28.07.1994, ZMR 1994, 559.
[3941] BGH, 23.09.1992 – XII ZR 44/91, WuM 1992, 687 = NJW 1992, 3226 = MDR 1992, 1147.
[3942] BGH, 24.10.2007 – XII ZR 24/06, GuT 2007, 434 = IMR 2008, 81 = InfoM 2008, 67.
[3943] BGH, 07.02.1992 – V ZR 246/90, NJW 1992, 1384.
[3944] BGH, 10.07.1968 – VIII ZR 180/66, WuM 1968, 1306.
[3945] BGH, 20.04.1977 – VIII ZR 287/75, NJW 1977, 1285 = WuM 1977, 791.

werbetreibenden gehören, bewirken jedoch keinen Mangel.[3946] Daher kann bspw. der Mieter einer Gaststätte die Miete nicht mindern, wenn die Polizeistunde generell gekürzt wird.[3947]

3. Mangel auch bei Genehmigungsfähigkeit?

2465 Liegt ein objektbezogener Mangel vor, ist weiter wie folgt zu differenzieren:[3948]
- Ist die beabsichtigte Nutzung genehmigungsfähig, so stellt das Fehlen der Genehmigung noch keinen Mangel dar, weil die Beschaffenheit der Mietsache nicht beeinträchtigt wird.[3949]
- ☒Steht bereits bei Vertragsbeginn fest, dass eine Konzession nicht erteilt werden kann oder dass der Nutzung der Mietsache ein behördliches Verbot entgegensteht, so liegt ein ursprünglicher Mangel vor.

Beispiele für Mängel:
- *Untersagung des Betriebs einer Fleischwarenverkaufsstelle, weil die Räume nicht mit einer Überdruckanlage ausgestattet sind;*[3950]
- *wenn das Geschäft wegen fehlender behördlicher Genehmigung nicht eröffnet werden kann*[3951]
- *wenn wegen Verstoßes gegen kommunale Baunutzungspläne der vorgesehene Gewerbebetrieb in den Mieträumen nicht aufgenommen werden darf;*[3952]
- *30 % Minderung, wenn eine Behörde die Nutzung eines Gebäudes als Warenhaus wegen ungenügender Brandschutzbestimmungen untersagt;*[3953]
- *100 % Minderung bei Verweigerung der Gaststättenerlaubnis, weil die Räume den Anforderungen der Schallschutzbestimmungen nicht genügen;*[3954]
- *Fleischer und Bäcker darf einen Kombi-Laden wegen fehlender Trennwand oder Überdruckanlage nicht betreiben;*[3955]
- *behördliche Beschränkung der Öffnungszeiten einer Gaststätte aufgrund von Beschwerden der Anwohner;*[3956]
- *Minderung um 50 %, wenn ein Bistro wegen ungenügender Schallschutzmaßnahmen statt um 2.00 Uhr bereits um 22.00 Uhr schließen muss;*[3957]
- *Verstoß gegen die bayerische Warenhausverordnung;*[3958]
- *Versagung der Genehmigung zur Nutzung eines Dachgeschosses;*[3959]

3946 Blank, in: Blank/Börstinghaus, § 536 Rn. 16.
3947 BGH, NJW 1982, 696.
3948 Blank, in: Blank/Börstinghaus, § 536 Rn. 16.
3949 BGH, 23.09.1992 – XII ZR 44/91, WuM 1992, 687 = NJW 1992, 3226 = MDR 1992, 1147; OLG Düsseldorf, 07.03.2006 – 124 U 91/05, IMR 2006, 10 = GuT 2006, 235 = MDR 2006, 1276 = NJOZ 2006, 2978.
3950 OLG Rostock, 29.04.2002 – 3 U 12/01, GuT 2002, 109.
3951 BGH, 05.07.2001 – VII ZR 399/99, MDR 2001, 1109.
3952 BGH, 20.04.1977 – VIII ZR 287/75, BGHZ 68, 294 = WuM 1977, 791.
3953 OLG Düsseldorf, 19.03.2002 – 24 U 124/01, GuT 2002, 74 = NZM 2003, 556.
3954 KG, 07.10.2002 – 8 U 139/01, MDR 2003, 622.
3955 OLG Rostock, 29.04.2002 – 3 U 12/01, NZM 2002, 701 = GuT 2002, 109.
3956 OLG Düsseldorf, 10.02.1994 – 10 U 50/93, ZMR 1994, 403.
3957 KG, 10.09.2001 – 8 U 2489/00, GE 2001, 1602.
3958 BayObLG, 28.11.1979 – VIII ZR 302/78, NJW 1980, 777.
3959 OLG Hamburg, 26.04.1995 – 4 U 137/94, ZMR 1995, 533.

- *Vermietung von Räumen zum Betrieb eines Reisebüros, die den Vorschriften der Arbeitsstättenverordnung nicht entsprechen;*[3960]
- *Versagung einer Genehmigung wegen fehlender Stellplätze;*[3961]
- *straßenrechtliche Neuplanungen, eine verschärfte Umweltgesetzgebung oder stadtplanerische Eingriffe sind ebenfalls als Mangel zu bewerten;*[3962]
- *Konzessionsfähigkeit eines Imbisslokals scheitert, weil Stellplätze nicht abgelöst wurden;*[3963]
- *Solange die Verwaltungsbehörde die erneute Erteilung der Genehmigung für die Wiederbenutzung der Gaststättenräume, die außerhalb des Mietgebrauchs durch Brand unbenutzbar geworden waren, versagt, ist der vertragsmäßige Gebrauch des Mietobjektes insgesamt aufgehoben, auch wenn nur restliche Wiederherstellungsarbeiten ausstehen;*[3964]
- *Räume zum Betrieb eines Spielsalons gemietet, Behörde erteilt aus stadtplanerischen Gründen keine Betriebserlaubnis.*[3965]

Keine Mängel:
- *Beschränkung der Musiklautstärke auf 1990 dB durch die Ordnungsbehörde.*[3966]

4. Mangel auch ohne Einschreiten der Behörde?

Das Fehlen einer erforderlichen Genehmigung führt nicht automatisch zur Annahme eines Mangels gem. § 536 BGB und damit zur Nichtgewährung des vertragsgemäßen Gebrauchs. Voraussetzung ist vielmehr, dass die fehlende Genehmigung eine **Aufhebung oder erhebliche Beeinträchtigung der Tauglichkeit** der Mietsache zum vertragsgemäßen Gebrauch zur Folge hat. Als Fehler kommen **nur tatsächlich bestehende Gebrauchsbeeinträchtigungen** in Betracht, dass sie möglicherweise drohen, genügt nicht.[3967] Eine Gebrauchsbeeinträchtigung liegt daher noch nicht vor, wenn die Parteien in Kenntnis einer fehlenden behördlichen Genehmigung einen Mietvertrag abschließen und diesen „in Gang setzen".[3968] Erst mit der Versagung der Genehmigung kommt eine Mangelhaftigkeit der Mietsache in Betracht.

Auch dann muss aber nach der herrschenden Meinung noch keine Gebrauchsbeeinträchtigung vorliegen, denn diese besteht regelmäßig nur, wenn die zuständige Behörde die Nutzung des Mietobjekts konkret untersagt oder wenn ein behördliches **Einschreiten ernstlich zu erwar-**

3960 OLG Hamm, 18.10.1994 – 7 U 132/93, NJW-RR 1995, 143.
3961 OLG Düsseldorf, 07.02.1991 – 10 U 118/90, DWW 1991, 236.
3962 Blank, in: Blank/Börstinghaus, § 536 Rn. 16.
3963 OLG Düsseldorf, 10.07.1992 – 10 U 142/91, ZMR 92, 446.
3964 BGH, 25.02.1987 – VIII ZR 88/86, NJW-RR 1987, 906 = MDR 1987, 753.
3965 Blank, in: Blank/Börstinghaus, § 536 Rn. 16.
3966 OLG Koblenz, 21.03.2002 – 5 U 705/01, NZM 2002, 918 = NJW-RR 2002, 1522.
3967 OLG Naumburg, 03.08.1999 – 11 U 25/99, NZM 2001, 100 = WuM 2000, 242; LG Frankfurt am Main, 29.12.1999, NZM 2000, 1053.
3968 KG, 15.02.2007 – 8 U 138/06, IMR 2007, 185 = InfoM 2007, 264.

ten ist.³⁹⁶⁹ Solange also die Behörde eine unzulässige Nutzung duldet und eine Gebrauchstauglichkeit des Objekts besteht, scheiden Gewährleistungsansprüche aus.³⁹⁷⁰ Zu prüfen ist, ob die vertraglichen Rechte des Mieters durch die fehlende Genehmigung konkret beeinträchtigt werden, was i.d.R. nicht der Fall sein wird, solange die Behörde nicht oder nur ggü. dem Vermieter ohne Auswirkung auf den Mieter tätig wird.

Beispiele:
- *Beanstandungen des Schornsteinfegers reichen insoweit nicht aus.*³⁹⁷¹
- *Ausreichend ist aber in jedem Fall, wenn dem Mieter durch eine mit einer Zwangsmittelandrohung verbundene Ordnungsverfügung die vertragsgemäße Nutzung untersagt wird und für ihn zumindest Ungewissheit über deren Zulässigkeit besteht.*³⁹⁷²

2468 Die **Androhung einer ordnungsbehördlichen Maßnahme** kann bereits einen Mangel begründen, wenn sie zu einer Ungewissheit über die Möglichkeit des künftigen Gebrauchs führt und hierdurch gegenwärtige Interessen des Mieters beeinträchtigt sind.³⁹⁷³

*Beispiel:*³⁹⁷⁴

Die Stadt W hat durch Schreiben v. 31.03.2000 wegen Mängeln des Brandschutzes den Erlass einer Ordnungsverfügung angedroht und dabei eine Nutzungsuntersagung des gesamten Gebäudes in Erwägung gezogen.

Schreitet die Behörde ein, etwa mit einer Nutzungsuntersagung, so ist der Mieter ohne Weiteres – nach Fristsetzung – zur **fristlosen Kündigung** berechtigt.

*Beispiel:*³⁹⁷⁵

Ist ein Imbisslokal mit Nebenräumen u.a. „zum Betrieb einer Pizza- und Pastaauslieferung" vermietet und untersagt die Behörde den Lieferservice, da mit diesem eine über das Wohngebiet hinausgehende überregionale Versorgung verbunden sei, so ist der Mieter zur außerordentlichen Kündigung des Mietvertrags berechtigt.

3969 BGH, 16.09.2009 – VIII ZR 275/08, InfoM 2009, 367 = MDR 2009, 1383; BGH, 09.01.2002 – XII ZR 182/98; OLG Düsseldorf, 05.05.2009 – I-24 U 87/08, MDR 2009, 1386; OLG Düsseldorf, 30.03.2006 – 10 U 166/05, GuT 2006, 138 = IMR 2006, 189 = NJOZ 2006, 2565; OLG Düsseldorf, 07.03.2006 – 124 U 91/05, IMR 2006, 10 = GuT 2006, 235 = MDR 2006, 1276 = NJOZ 2006, 2978 (Vereinslokal); OLG Düsseldorf, 12.05.2005 – I-10 U 190/04, DWW 2005, 235 = ZMR 2005, 707; OLG Düsseldorf, 15.01.2004 – 24 U 186/03, DWW 2005, 20 (Keller im Büro); OLG Nürnberg, 16.07.1998 – 8 U 197/98, NZM 1999, 419; OLG Köln, 10.11.1997 – 19 W 48/97, MDR 1998, 709 = VersR 1999, 454 = WuM 1998, 152 = ZMR 1998, 227; OLG Köln, 09.07.1997 – 27 U 5/97, ZMR 1998, 91 (Büro); OLG München, 28.06.1996 – 21 U 6071/95, ZMR 1996, 496 (Schulungsräume); Häublein, in: MüKo-BGB, § 536 Rn. 20. A.A. (= behördliches Einschreiten nicht erforderlich) OLG Hamburg, 27.03.1996 – 4 U 196/95, NJW-RR 1996, 1356 (Büronutzung trotz Zweckentfremdungsverbot, Mietminderung von max. 10 % bejaht); AG Münster, 28.04.1981 – 28 C 516/80, WuM 1981, 161 (Kellerräume als Wohnung).
3970 Ebenso KG, 01.04.2004 – 8 U 219/03, BauRB 2004, 288, wonach der Mieter zunächst auf Null mindern und nach ergebnisloser Fristsetzung fristlos kündigen kann.
3971 KG, 08.09.2005 – 12 U 193/04, GuT 2006, 37.
3972 BGH, 24.10.2007 – XII ZR 24/06, GuT 2007, 434 = IMR 2008, 81 = InfoM 2008, 67.
3973 KG, 08.09.2005 – 12 U 193/04, GuT 2006, 37; OLG Düsseldorf, 15.01.2004 – I-24 U 186/03, DWW 2005, 20; OLG Düsseldorf, 19.03.2002 – 24 U 124/01, NZM 2003, 556 = GuT 2002, 74 = AIM 2003, 13.
3974 OLG Düsseldorf, 19.03.2002 – 24 U 124/01, AIM 2002, 13 = GuT 2002, 74 – 75 = NZM 2003, 556.
3975 LG Hamburg, 06.04.2004 – 311 O 207/03, GuT 2005, 166.

Duldet eine Behörde beim Verstoß gegen öffentlich-rechtliche Vorschriften die unzulässige Nutzung durch den Mieter, ist umstritten, ob er bereits Gewährleistungsansprüche hat. Z.T. wird vertreten, dass auch **bei Duldung bereits Gewährleistungsansprüche** bestehen.[3976] Nach der Gegenmeinung muss die zuständige Behörde die Nutzung des Mietobjekts konkret untersagen oder ein behördliches **Einschreiten ernstlich zu erwarten** sein.[3977] Solange also die Behörde eine unzulässige Nutzung duldet und eine Gebrauchstauglichkeit des Objekts besteht, scheiden Gewährleistungsansprüche aus.[3978] Richtig ist die Meinung, dass zumindest ein **Einschreiten in Form der Androhung von Maßnahmen** durch die Behörde erforderlich ist, da der konkrete Gebrauch des Mieters solange nicht beeinträchtig wird, wie die Behörde ihm ggü. nicht einschreitet. In diesem Fall liegt ein nachträglicher Mangel vor.[3979]

2469

Beispielsfall:[3980]

Der Pächter eines Pferdehofes hat über mehrere Monate die Pacht nicht gezahlt und dies u.a. damit begründet, es fehle an mehreren öffentlich-rechtlichen Nutzungsgenehmigungen für Teilbereiche des Hofes. Der Verpächter kündigt fristlos und verlangt Räumung. In der ersten Instanz scheitert er. Vor dem OLG Düsseldorf wendet sich das Blatt. Der Pächter muss räumen, weil er die Pacht unberechtigt zurück gehalten hat und dadurch in verschuldeten Zahlungsverzug geraten ist. Das Gericht betont zwar, dass öffentlich-rechtliche Gebrauchshindernisse bzw. -beschränkungen nach ständiger Rechtsprechung einen Fehler der Miet-/Pachtsache i.S.d. § 536 BGB darstellen, wenn sie mit der Beschaffenheit der Mietsache zusammenhängen, nicht in persönlichen oder betrieblichen Umständen des Mieters ihre Ursache haben und mietvertraglich nichts Abweichendes vereinbart ist.[3981] Auch könne der Mieter/Pächter dadurch die Einrede des nicht erfüllten Vertrages (§ 320 BGB) bzw. ein Recht zur Minderung (§ 536 Abs. 1 BGB) haben. Es gibt aber keinen Automatismus, so das Gericht, weil ein Mangel immer die Aufhebung oder erhebliche Beeinträchtigung der Tauglichkeit der Mietsache zum vertragsgemäßen Gebrauch voraussetzt. Dies liegt regelmäßig nur dann vor, wenn die zuständige Behörde die Nutzung des Mietobjekts untersagt oder wenn ein behördliches Einschreiten insoweit ernstlich zu erwarten ist.[3982]

II. Mitverschulden des Mieters/Pächters

An sich berechtigte Ansprüche des Mieters können gem. § 254 BGB wegen Mitverschulden bis auf Null reduziert sein, wenn er diejenige Sorgfalt außer Acht gelassen hat, die einem verständigen Mieter unter den gegebenen Umständen oblegen hat, um sich vor Schaden zu bewahren.[3983] Für die nach § 254 Abs. 1 BGB vorzunehmende Haftungsverteilung kommt es entscheidend

2470

3976 OLG Hamburg, NJW-RR 1996, 1356.
3977 BGH, 09.01.2002 – XII ZR 182/98; OLG Düsseldorf, 30.03.2006 – 10 U 166/05, GuT 2006, 138 = IMR 2006, 189 = NJOZ 2006, 2565; OLG Düsseldorf, 07.03.2006 – 124 U 91/05, IMR 2006, 10 = GuT 2006, 235 = MDR 2006, 1276 = NJOZ 2006, 2978; OLG Düsseldorf, 12.05.2005 – I-10 U 190/04, DWW 2005, 235 = ZMR 2005, 707; KG, 08.09.2005 – 12 U 193/04, GuT 2006, 37: wenigstens Androhung erforderlich; KG, 01.04.2004 – 8 U 219/03, BauRB 2004, 288; OLG Nürnberg, 16.07.1998 – 8 U 197/98, NZM 1999, 419 = ZMR 1999, 255; OLG Köln, 10.11.1997 – 19 W 48/97, MDR 1998, 709 = VersR 1999, 454 = WuM 1998, 152 = ZMR 1998, 227.
3978 OLG Düsseldorf, 07.03.2006 – 124 U 91/05, IMR 2006, 10 = GuT 2006, 235 = MDR 2006, 1276 = NJOZ 2006, 2978; ebenso KG, 01.04.2004 – 8 U 219/03, BauRB 2004, 288, wonach der Mieter zunächst auf Null mindern und nach ergebnisloser Fristsetzung fristlos kündigen kann.
3979 Ebenso Blank, in: Blank/Börstinghaus, § 536 Rn. 16.
3980 OLG Düsseldorf, 30.03.2006 – 10 U 166/05, GuT 2006, 138 = IMR 2006, 189 = NJOZ 2006, 2565.
3981 BGH, 16.02.2000, NJW 2000, 1713.
3982 BGH, 09.01.2002 – XII ZR 182/98; BGH, 20.01.1971, ZMR 1971, 220; OLG Düsseldorf, 12.05.2005 – I-10 U 190/04, DWW 2005, 235 = ZMR 2005, 707; KG, 07.03.2002, GE 2002, 664.
3983 OLG Düsseldorf, 12.05.2005 – I-10 U 190/04, DWW 2005, 235 = ZMR 2005, 707.

darauf an, ob das Verhalten des Schädigers oder das des Geschädigten den **Eintritt des Schadens in wesentlich höherem Maße wahrscheinlich gemacht** hat. Die Gewährleistungsrechte setzen daher stets voraus, dass sich der Mieter um die Erteilung der Konzession bemüht hat.[3984] Deshalb kann der Mieter aus der Nichterteilung einer Konzession keine Rechte herleiten, wenn er keinen Antrag auf deren Erteilung gestellt hat.[3985] Hat der Mieter sich individualvertraglich verpflichtet, eine behördliche Genehmigung beizubringen, kann er sich auf die Mangelhaftigkeit der Mietsache nicht berufen, wenn er nicht einmal den Versuch unternimmt, diese zu erlangen.[3986] Im Einzelfall kann es auch ohne vertragliche Absprache Mitwirkungspflichten des Mieters geben, behördliche Genehmigungen zu beantragen.[3987] Wer einen Miet-/Pachtvertrag trotz Kenntnis einer sicher fehlenden Genehmigungsfähigkeit abschließt, verliert seine Ansprüche.[3988] Allerdings ist positive Kenntnis erforderlich. Hat der Mieter noch „berechtigte Hoffnung" auf eine Genehmigung o.ä., scheidet ein Mitverschulden aus.

III. Nachträgliche Gesetzesänderungen (Nichtrauchergesetze u.ä.)

1. Grundsätze

2471 Miete und Pacht unterliegen als Dauerschuldverhältnis Veränderungen, z.B. durch Gesetz, durch Änderung der Rechtsprechung oder auf tatsächlicher Ebene. Greift der Gesetzgeber durch neue gesetzliche Beschränkungen in die tatsächliche Ausübung bestehender Miet- oder Pachtverhältnisse ein (Stichwort: Nichtrauchergesetze und Gastronomie), stellt sich die Frage, ob dies zu Gewährleistungsrechten des Mieters führen kann.

2472 Obwohl die Vertragsgrundlage betroffen ist (Beispiel: Räume zum Betrieb einer Kneipe und damit bei Auslegung des Mietvertrages ursprünglich auch mit Raucherlaubnis vermietet), entfällt durch neue gesetzliche Beschränkungen die ursprüngliche vertragliche Verpflichtung der Vermieters/Verpächters, die Räume im bisherigen Nutzungsumfang zur Verfügung zu stellen, weil dies nach dem Parteiwillen unter dem **Vorbehalt der Vereinbarkeit mit den öffentlich-rechtlichen Normen** steht.[3989] Dogmatisch stellt sich dies dann als einheitliche Vertragsänderung für beide Vertragspartner dar.

Zudem ist zu prüfen, an wen sich das neue Gesetz überhaupt wendet; wendet es sich nicht an die Inhaber der Räume, liegt kein Mangel der Miet- bzw. Pachtsache infolge behördlicher Beschränkung vor.[3990] Ob dennoch auch eine Störung der Geschäftsgrundlage (§ 313 BGB) in

---

3984 Blank, in: Blank/Börstinghaus, § 536 Rn. 16.
3985 KG, 18.11.2002 – 8 U 383/01, GE 2003, 185.
3986 OLG Düsseldorf, 07.01.1993 – 10 U 58/92, DWW 1993, 99.
3987 OLG Düsseldorf, 05.05.2009 – 24 U 87/08, IMR 2009, 311.
3988 OLG Düsseldorf, 12.05.2005 – I-10 U 190/04, DWW 2005, 235 = ZMR 2005, 707: Nicht genehmigungsfähige Nutzung eines Wohnraum-Bungalows als Swinger-Club.
3989 OLG Koblenz, 18.11.2009 – 1 U 579/09, IMR 2010, 146 = NZM 2010, 83 = NJW-RR 2010, 203; zum Angebot von Speisen in einer „Raucherkneipe" als Ordnungswidrigkeit nach rhpf. NichtraucherschutzG OLG Koblenz, 27.01.2010 – 2 SsBs 120/09, NZM 2010, 202.
3990 OLG München, 16.11.2009./23.09.2009 – 32 U 3956/09, NZM 2010, 201: bayerisches Gesundheitsschutzgesetz wendet sich an die Raucher, denen das Rauchen verboten wird.

III. Nachträgliche Gesetzesänderungen (Nichtrauchergesetze u.ä.)

Betracht kommt, weil die Änderung nicht in der Risikosphäre einer der Parteien wurzelt, ist bisher noch nicht entschieden.[3991]

2. Überblick über Nichtraucherschutz in den Bundesländern

Gesetze zum Nichtraucherschutz gibt es in allen Bundesländern. Wie der Nichtraucherschutz konkret umgesetzt wird, hat die Deutsche Presseagentur (dpa) in einem Überblick zusammen gestellt:[3992]

2473

Baden-Württemberg: Gaststätten müssen rauchfrei sein, können aber abgeschlossene Raucherräume einrichten. Rauchen in Einraumkneipen, ist erlaubt. In Diskotheken darf nur in vollständig abgetrennten Nebenräumen ohne Tanzfläche gequalmt werden, wenn sie nicht von Jugendlichen besucht werden. Das Rauchen in Festzelten ist erlaubt.

Bayern: Von August 2010 an ist Qualmen in Gaststätten, Kneipen und Bierzelten ausnahmslos verboten. Auf dem Oktoberfest darf in diesem Jahr noch geraucht werden, ab 2011 nicht mehr.

Berlin: Rauchen ist nur in abgetrennten Raucherräumen von Restaurants und Kneipen erlaubt sowie in Kneipen, die kleiner als 75 Quadratmeter sind. Clubs und Diskotheken, die auch von unter 18-Jährigen besucht werden, müssen rauchfrei sein. Wenn nur Erwachsene Zutritt haben, dürfen separate Raucherräume eingerichtet werden. In Shisha (Wasserpfeifen)-Gaststätten ohne Alkoholausschank darf geraucht werden, wenn Minderjährige draußen bleiben.

Brandenburg: In Brandenburg darf geraucht werden, wenn die Gastfläche nicht größer als 75 Quadratmeter ist, kein abgetrennter Nebenraum existiert und keine zubereiteten Speisen angeboten werden. Das Lokal muss als Rauchergaststätte gekennzeichnet sein. Bei größeren Einheiten darf ein Raum für Raucher abgetrennt werden.

Bremen: In Gaststätten und Diskotheken sind separate Raucherräume erlaubt, wenn Minderjährige keinen Zutritt haben. In Einraumgaststätten bis 75 Quadratmeter darf geraucht werden, wenn sie als Raucherkneipe gekennzeichnet sind und unter 18-Jährige keinen Eintritt haben. In Festzelten, auf Jahrmärkten und Volksfesten müssen Nichtraucher den blauen Dunst ertragen.

Hamburg: Qualmen ist in Kneipen, Restaurants und Diskotheken verboten, wenn dort Essen angeboten wird. Gaststätten, in denen es kein Essen gibt, können separate Raucherräume einrichten. In Lokalen ohne Essensangebot, die nur einen Raum und eine Gastfläche von weniger als 75 Quadratmeter haben, kann Rauchen erlaubt sein, wenn unter 18-Jährige keinen Zutritt haben.

Hessen: In Einraumkneipen darf gequalmt werden, in größeren Gaststätten und Diskotheken nur in Nebenräumen. In Festzelten, die nur vorübergehend betrieben werden, gilt das gesetzliche Rauchverbot nicht.

3991 Offen gelassen von OLG Koblenz, 18.11.2009 – 1 U 579/09, IMR 2010, 146 = NZM 2010, 83 = NJW-RR 2010, 203.
3992 Quelle: dpa (Juli 2010), zitiert nach beck-aktuell-Redaktion, Verlag C.H. Beck, 06.07.2010.

Mecklenburg-Vorpommern: Tabakqualm ist in Kneipen und Restaurants nur in separaten Nebenräumen erlaubt. Für Einraumkneipen gelten Ausnahmen. In Diskotheken darf generell nicht geraucht werden.

Niedersachsen: In Restaurants, Kneipen und Diskotheken ist Rauchen nur in abgetrennten Räumen erlaubt. In Einraumkneipen darf geraucht werden, wenn dort kein Essen serviert wird. Die Kneipe muss als Rauchergaststätte gekennzeichnet werden, Jugendliche unter 18 Jahren haben keinen Zutritt.

Nordrhein-Westfalen: Rauchen ist in Einraumgaststätten erlaubt, die nicht größer als 75 Quadratmeter sind. Sie müssen als Raucherkneipen gekennzeichnet sein, Jugendlichen unter 18 Jahren dürfen keinen Zutritt haben, und in solchen Kneipen dürfen keine zubereiteten Speisen serviert werden. In Diskotheken darf nur in abgetrennten Räumen gequalmt werden.

Rheinland-Pfalz: In Gaststätten und Diskotheken können Nebenräume als Raucherräume deklariert werden. Die Gäste von Einraumgaststätten unter 75 Quadratmetern dürfen qualmen. Vorübergehend aufgestellte Festzelte müssen nicht rauchfrei sein.

Saarland: Der blaue Dunst ist derzeit nur in separaten Nebenräumen, in einer inhabergeführten Gaststätte oder einer Gaststätte mit einem Schankraum unter 75 Quadratmetern ohne Speisenangebot erlaubt. Nach einem neuen Gesetz soll das Rauchen bald in allen Gastronomiebetrieben grds. verboten sein. Die Regel sollte ursprünglich von Juli 2010 an gelten, wurde aber Ende Juni 2010 vom Verfassungsgerichtshof nach Klagen von Gastwirten vorläufig gestoppt. Die Richter wollen 2011 in der Sache entscheiden.

Sachsen: Kneipen können einen separaten Raucherraum einrichten. Außerdem dürfen Einraum-Gaststätten, Spielhallen und Diskotheken ihren Gästen das Qualmen erlauben, wenn Minderjährige keinen Zutritt haben. Zulässig ist das Rauchen außerdem bei geschlossenen Gesellschaften wie bei Familienfeiern.

Sachsen-Anhalt: Gaststätten können einen Raucherraum einrichten, Jugendliche dürfen diesen nicht betreten. In Einraumkneipen darf gequalmt werden, in Nebenräumen von Diskotheken nur, wenn Minderjährige generell keinen Zutritt haben.

Schleswig-Holstein: Gequalmt wird in Einraumkneipen und in Nebenräumen von Gaststätten. In diese Nebenräume dürfen nur Erwachsene. Vorübergehend aufgestellte Festzelte sind vom Rauchverbot ausgenommen.

Thüringen: Thüringen hat sein Nichtraucherschutzgesetz im Juni 2010 abgeschwächt. Damit darf in Einraumkneipen wieder offiziell geraucht werden. In größeren Gaststätten ist der Griff zum Glimmstängel nur in separaten Raucherräumen erlaubt.

IV. Vertragsgestaltung

1. Klauseln zu behördlichen Genehmigungen etc.

Das Risiko der Einholung behördlicher Genehmigungen bei personen- und betriebsbezogenen Umständen kann individualvertraglich in den Grenzen der §§ 242, 138 BGB und z.T. auch formularmäßig im Mietvertrag auf den Mieter abgewälzt werden. Inwieweit vertragliche Vereinbarungen durch AGB zulässig sind, richtet sich nach der Rechtsnatur der öffentlich-rechtlichen Beschränkungen bzw. Genehmigungserfordernisse. Handelt es sich um **personen- und nicht betriebsbezogene Umstände** (Gaststättenkonzession, Gewerbeerlaubnis, Untersagungs- oder Erlaubnisverfügungen wegen der Art des Betriebes) kann der Vermieter das Risiko formularmäßig auf den Mieter abwälzen und ihn z.B. verpflichten, entsprechende Genehmigungen einzuholen. Der BGH hat aber folgende **Klauseln** wegen fehlender Unterscheidung der Gründe der Konzessionsversagung für **unwirksam** erklärt und eine geltungserhaltende Reduktion abgelehnt:

2474

- „Sind für die Einrichtung oder den Betrieb der Miethäume behördliche Genehmigungen oder Erlaubnisse erforderlich, so hat der Mieter (Pächter) diese auf seine Kosten und sein Risiko beizubringen. Im Falle der Nichterteilung der erforderlichen Genehmigungen oder Erlaubnisse wird die Wirksamkeit des Vertrages nicht berührt."[3993]
- „Der Vermieter leistet keine Gewähr dafür, dass die gemieteten Räume den in Frage kommenden technischen Anforderungen sowie den behördlichen und anderen Vorschriften entsprechen. Der Mieter hat behördliche Auflagen auf eigene Kosten zu erfüllen."[3994]

Wichtig ist also: Die **Klausel muss differenzieren**, aus welchen Gründen Erlaubnisse etc. versagt werden. Nach a.A. können solche Klauseln mit der Einschränkung aufrechterhalten werden, dass der Mieter für die persönlichen Genehmigungen zu sorgen hat.[3995] Im Regelfall wird eine solche Reduktion aber nicht möglich sein, wenn die Klausel sprachlich noch nicht einmal personen- und objektbezogenen Genehmigungen erwähnt, sondern nur von „behördlichen Genehmigungen" o.ä. spricht.

Bei rein **objektbezogenen Umständen** wie Baugenehmigung etc. ist zwischen Genehmigungen zu differenzieren, die ohne und mit Willen des Mieters/Pächters erforderlich werden. Bei **objektbezogenen Genehmigungen, die mit dem Mieter nichts zu tun haben** – Beispiel: Vermieter baut für sich zusätzliche Räume an, wodurch sich der Brandschutz des gesamten Gebäudes ändert –, trägt der Vermieter das volle Risiko, dessen formularmäßige Abwälzung sich zu weit vom gesetzlichen Leitbild der Überlassung in einem zum vertragsgemäßen Zustand geeigneten Gebrauch entfernen würde (Verstoß gegen § 307 BGB). So ist die formularmäßige Freizeichnungsklausel, der Vermieter leiste keine Gewähr dafür, dass die Geschäftsräume den behördlichen Vorschriften entsprechen und der Mieter habe behördliche Auflagen auf eigene

2475

[3993] BGH, 22.06.1988 – VIII ZR 232/87, NJW 1988, 2664, 2665 = WuM 1988, 302 = ZIP 1988, 1197.
[3994] BGH, 24.10.2007 – XII ZR 24/06, GuT 2007, 434 = IMR 2008, 81 = InfoM 2008, 67; BGH, 22.06.1988 – VIII ZR 232/87, NJW 1988, 2664, 2665 = WuM 1988, 302; OLG Düsseldorf, 10.07.1992 – 10 U 142/91, OLGR 1993, 50; LG Berlin, 28.08.2001 – 64 S 107/01, NZM 2002, 787.
[3995] OLG Frankfurt am Main, 06.11.1986, WuM 1987, 143; Fritz, Gewerberaummietrecht, Rn. 177.

Kosten zu erfüllen, unwirksam.[3996] Eine **individualvertragliche Regelung** ist aber zulässig, wenn der Mieter ausreichend über die ausstehenden Genehmigungen etc. informiert wird.

> **Hinweis:**
> Eine andere Frage ist es, was solche Vereinbarungen langfristig bringen: Ein Mieter, dem behördlich ein Tätigwerden untersagt wird, kann i.d.R. vom Vermieter nur eine begrenzte Zeit zur Zahlung gezwungen werden und wird mit allen Mitteln versuchen, sich zu wehren. Evtl. kann der Vermieter aber so die Zeit „überbrücken", bis er einen neuen Mieter gefunden hat.

2. Beispiele aus der Rechtsprechung für unwirksame Klauseln

2476
- Eine vorformulierte Vertragsbestimmung im Pachtvertrag über eine Gaststätte, nach der der Vertrag mit der Erteilung des die beantragte Gaststättenkonzession versagenden Bescheides als aufgelöst gilt, benachteiligt den Pächter unangemessen und ist deshalb unwirksam, weil sie dem Pächter das Risiko der Erteilung der behördlichen Erlaubnis auch dann aufbürdet, wenn die Versagung auf vom Verpächter zu vertretenden Mängeln des Pachtobjekts beruht.[3997]
- Die formularmäßige Freizeichnungsklausel des Vermieters in einem Mietvertrag über Gewerberaum, er leiste keine Gewähr dafür, dass die Geschäftsräume den behördlichen Vorschriften entsprächen, der Mieter habe daraus resultierende Auflagen auf eigene Kosten zu erfüllen, benachteiligt den Mieter entgegen den Geboten von Treu und Glauben unangemessen und ist daher nach § 9 AGBG (jetzt § 307 BGB) unwirksam. Der Schadensersatzanspruch wegen Nichterfüllung umfasst auch den Ersatz der infolge der behördlichen Erlaubnisversagung nutzlos gewordenen Aufwendungen.[3998]
- Eine mietvertragliche Abrede, wonach es Sache des Mieters ist, sich die für seine geschäftliche Tätigkeit erforderlichen behördlichen Genehmigungen zu beschaffen, umfasst, weil die Berufsausübung als solche betreffend, die Zweckentfremdungsvorschriften nicht.[3999]

2477
Die **individuellen Zusätze**

„Der Vertrag wird wirksam mit der Genehmigung der zuständigen Behörden." und „Für die Genehmigung der Konzession ist der Mieter zuständig und hat mit dem Inkrafttreten des Vertrages nichts zu tun."

zu einer im vorgedruckten Vertragsformular enthaltenen AGB-Klausel, der Vermieter leiste keine Gewähr dafür, dass die vermieteten Geschäftsräume den in Frage kommenden allgemeinen technischen Anforderungen sowie den behördlichen und anderen Vorschriften entsprächen, etwa daraus resultierende Auflagen habe der Mieter auf eigene Kosten zu erfüllen, sind als Individualvereinbarung wirksam und vorrangig.[4000]

3996 LG Berlin, 28.08.2001 – 64 S 107/01, NZM 2002, 787.
3997 BGH, 27.01.1993 – XII ZR 141/91, NJW-RR 1993, 519, DWW 1993, 170 = ZMR 1993, 320.
3998 OLG Düsseldorf, 10.07.1992 – 10 U 142/91, OLGR 1993, 50.
3999 KG, 07.12.1998 – 8 U 2746/97, NZM 1999, 708.
4000 BGH, 02.03.1994 – XII ZR 175/92, WuM 1994, 1136 = ZMR 1994, 253.

Handelt es sich um objektbezogene Umstände, die a **uf Wunsch des Mieters oder durch sein Handeln oder Unterlassen zu einer (neuen) Genehmigungspflicht** führen, ist es auch ohne vertragliche Abwälzung Sache des Mieters, diese Genehmigung einzuholen. Denn ein gewerblicher Vermieter muss nur die behördliche Genehmigungs*fähigkeit* der Mieträume für den vorgesehenen Zweck gewährleisten.[4001] Für das Einholen bspw. einer Nutzungsgenehmigung ist dann grds. der Mieter zuständig.[4002] Eine Abwälzung, auch formularvertraglich und im Ursprungsmietvertrag, ist zulässig, die Klausel muss aber sauber herausarbeiten, dass es wirklich nur um auf Veranlassung des Mieters eingetretene Umstände geht. Das Risiko kann auch nachträglich individualvertraglich durch die Regelung, *„Für alle baurechtlichen Auflagen und öffentlich-rechtlichen Genehmigungen, die für die Ausführung der von der Mieterin geplanten Nutzung oder deren Umbauten erforderlich sind, hat der Mieter einzustehen.*", auf den Mieter abgewälzt werden.[4003] Bei nachträglichen Vereinbarungen wird im Regelfall eine Individualabsprache vorliegen.

3. Formulierungsvorschlag zur Einholung behördlicher Genehmigungen etc. durch den Mieter

Formulierungsvorschlag: Einholung behördliche Genehmigung 2478

> Der Mieter verpflichtet sich, alle erforderlichen behördlichen Erlaubnisse, Konzessionen, Genehmigungen und ähnliche Verwaltungsakte selbst und auf eigene Kosten einzuholen, sofern diese mit seiner Person oder seinem Betrieb zusammenhängen. Dies gilt ebenfalls für behördliche Erlaubnisse etc., die sich zwar auf das Mietobjekt beziehen (Baugenehmigung, Nutzungsänderungsgenehmigung u.Ä.), die aber durch ein Handeln oder Unterlassen des Mieters erforderlich werden. Werden diesbezügliche Erlaubnisse etc. versagt, kann der Mieter daraus keine Rechte gegenüber dem Vermieter herleiten. Insbesondere besteht kein Recht zur Mietminderung.

[4001] OLG Düsseldorf, 07.03.2006 – 124 U 91/05, IMR 2006, 10 = GuT 2006, 235 = MDR 2006, 1276 = NJOZ 2006, 2978.
[4002] OLG Düsseldorf, 07.03.2006 – 124 U 91/05, IMR 2006, 10 = GuT 2006, 235 = MDR 2006, 1276 = NJOZ 2006, 2978.
[4003] OLG Düsseldorf, 28.05.2009 – 10 U 2/094.

V. Arbeitshilfen

1. Schnellüberblick Grundsatz-Rechtsprechung des BGH

2479

Thema/Normen	Leitsatz	Entscheidung, Fundstelle
Nutzungsausfallschaden des Hauskäufers ohne Verzugsvoraussetzungen – „Zweckentfremdungsnot" §§ 280, 281, 286, 276, 278, 437 Nr. 3 BGB	Garantiert der Verkäufer einer vermieteten Immobilie dem Käufer, dass „weder der gegenwärtigen Grundstücksnutzung noch dem Bestand der mitverkauften Bauwerke öffentlich-rechtliche Vorschriften entgegenstehen, dass insbesondere also der gegenwärtige Baustand formell und materiell bauordnungsgemäß ist" und kann das Objekt später wegen fehlender öffentlich-rechtlicher Genehmigung nicht oder nur zu einer geringeren Miete vermietet werden, so kann der am Vertrag festhaltende Käufer nach §§ 437 Nr. 3, 280 I BGB den infolge der Lieferung einer mangelbehafteten Sache entstandenen Nutzungsausfallschaden ersetzt verlangen.	BGH, 19.06.2009 – V ZR 93/08, NZM 2009, 619 = NJW 2009, 2674
Öffentlich-rechtliche Nutzungsbeschränkungen: Minderungsrecht?	Öffentlich-rechtliche Nutzungsbeschränkungen vermieteter Wohnräume berechtigen den Mieter nicht zur Mietminderung, wenn deren Nutzbarkeit mangels Einschreitens der zuständigen Behörden nicht eingeschränkt ist.	BGH, 16.09.2009 – VIII ZR 275/08, InfoM 2009, 367 = MDR 2009, 1383
Bauliche Maßnahmen, des Vermieters aufgrund einer behördlichen Anordnung § 554 Abs. 2, 3, § 242 BGB	Bauliche Maßnahmen, die der Vermieter aufgrund einer behördlichen Anordnung oder gesetzlichen Verpflichtung durchzuführen hat, fallen nicht unter § 554 Abs. 2 BGB und unterliegen deshalb auch nicht den in § 554 Abs. 3 dem Vermieter auferlegten Mitteilungspflichten. Derartige Maßnahmen muss der Mieter vielmehr nach § 242 BGB dulden. Auch derartige Maßnahmen sind, soweit es sich nicht um Notmaßnahmen handelt, vom Vermieter vorher anzukündigen, so dass sich der Mieter nach Möglichkeit darauf einstellen kann. Der Mieter ist nach Treu und Glauben verpflichtet, an einer baldigen Terminsabstimmung mitzuwirken.	BGH, 04.03.2009 – VIII ZR 110/08, IMR 2009, 192 = NZM 2009, 394 = NJW 2009, 1736 = MDR 2009, 739 zu Wohnraum
Gewährleistung und behördliche Genehmigung: Ist das Risiko, dass die Mieternutzung nicht genehmigt wird, formularmäßig ausschließbar?	Unwirksam ist eine Formularklausel, die die Haftung des Vermieters auch dann ausschließt, wenn die erforderliche öffentlich-rechtliche Genehmigung für den vereinbarten Nutzungszweck aus Gründen versagt wird, die ausschließlich auf der Beschaffenheit oder Lage des Mietobjektes beruhen (hier: Änderung der genehmigten Nutzung). Der Fall: Vermietet werden für 10 Jahre Gewerberäume zum Betrieb eines „Büros/Lagers etc. einer Filmcateringgesellschaft mit Küche". Im Formularmietvertrag heißt es u.a.:	BGH, 24.10.2007 – XII ZR 24/06, InfoM 2008, 67

§ 1 Nr. 5:

„Der Vermieter leistet keine Gewähr dafür, dass die gemieteten Räume den in Frage kommenden technischen Anforderungen sowie den behördlichen und anderen Vorschriften entsprechen. Der Mieter hat behördliche Auflagen auf eigene Kosten zu erfüllen."

Praxishinweis Kosten für Auflagenerfüllung: Auch eine Formularklausel, die den Mieter verpflichtet, die behördlichen Auflagen auf eigene Kosten zu erfüllen, ist nach Ansicht des OLG Celle ebenfalls unwirksam (1.6.1999 – 2 U 228/98, NJW-RR 2000, 873).

2. Schnellüberblick aktuelle Rechtsprechung der Instanzgerichte

Thema/Normen	Leitsatz	Entscheidung, Fundstelle
Pachtrecht – Gesetzliches Rauchverbot: Kein Mangel der Pachtsache!	1. Auch ohne ausdrückliche Regelung kann die Auslegung des Pachtvertrags ergeben, dass die Nutzung einer Gaststätte auch für Raucher vertraglich geschuldet ist. 2. Beschränkungen aufgrund des Nichtraucherschutzgesetzes Rheinland-Pfalz begründen allerdings keinen Mangel der Pachtsache; insoweit trägt der Pächter das Verwendungsrisiko.	OLG Koblenz, 18.11.2009 – 1 U 579/09, IMR 2010, 146 = NZM 2010, 83 = NJW-RR 2010, 203
Vertragsanfechtung wegen arglistiger Täuschung über Nutzbarkeit	1. Die Nichtaufklärung durch den Vermieter im Rahmen von Mietvertragsverhandlungen über den Umstand, dass die Mieträume für die vertraglich vorgesehene Nutzung nicht öffentlich-rechtlich genehmigt und auch nicht genehmigungsfähig sind, stellt eine arglistige Täuschung des Mieters dar und befähigt diesen zur Anfechtung. 2. Der Mietvertrag entfällt dann rückwirkend; der Vermieter kann keine Mietzinsansprüche geltend machen.	OLG Brandenburg, 11.11.2009 – 3 U 5/03, IMR 2010, 139
Einrichtung von Raucherräumen keine Pflichtaufgabe des Altenheimbetreibers – Nichtraucherschutz kein Mangel der Pachträume §§ 535, 536, 581 BGB; bay. GesundheitsschutzG	Nach dem bayerischen Gesundheitsschutzgesetzes kann der Verantwortliche grundsätzlich für jedes Gebäude oder jede Einrichtung das Rauchen in einem Nebenraum gestatten, muss es aber nicht. Zudem wendet sich dieses Gesetz nicht an die Inhaber der Räume, sondern an die Raucher, denen das Rauchen verboten wird. In der Einführung des bayerischen Gesundheitsschutzgesetzes liegt deshalb kein Mangel der Miet- bzw. Pachtsache infolge behördlicher Beschränkung vor. (Leitsatz der Redaktion)	OLG München, 23.09.2009 – 32 U 3956/09, NZM 2010, 201

2480

Nachträgliche Abwälzung auf den Mieter	Das Risiko des Fehlens einer öffentlich-rechtlichen Nutzungsgenehmigung kann nachträglich individualvertraglich durch die Regelung, „Für alle baurechtlichen Auflagen und öffentlich-rechtlichen Genehmigungen, die für die Ausführung der von der Mieterin geplanten Nutzung (Unterstreichung durch den Senat) oder deren Umbauten erforderlich sind, hat der Mieter einzustehen.", auf den Mieter abgewälzt werden.	OLG Düsseldorf, 28.05.2009 – 10 U 2/09, GE 2009, 431
Fehlende baurechtliche Nutzung könnte erteilt werden: Mietmangel?	Eine fehlende baurechtliche Nutzungsgenehmigung für eine Versammlungsstätte stellt, sofern das Vorhaben grundsätzlich genehmigungsfähig ist, nicht automatisch einen Mietmangel dar. Kein Mangel liegt vor, wenn im Falle der Genehmigungsfähigkeit des Vorhabens die Beschaffenheit der Mietsache nicht beeinträchtigt ist. Im Einzelfall kann es auch ohne vertragliche Absprache Mitwirkungspflichten des Mieters geben, behördliche Genehmigungen zu beantragen. Hinweis: Im zugrunde liegenden Fall gab es Anhaltspunkte, dass ein Antrag auf Nutzungsänderung unproblematisch zu erlangen gewesen wäre. Zwar bestätigt das Gericht die Darlegungs- und Beweislast des Mieters für das Vorliegen eines Mangels, es modifiziert diesen Grundsatz aber dahingehend, dass es im Einzelfall Mitwirkungspflichten geben kann, behördliche Genehmigungen zu beantragen.	OLG Düsseldorf, 05.05.2009 – 24 U 87/08, IMR 2009, 311 = GuT 2009, 303

§ 25 Beendigungsgründe außerhalb der Kündigung

		Rn.
I.	Zeitablauf	2481
II.	Beendigung des Miet- oder Pachtvertrages durch Verwaltungsakt	2483
III.	Anfechtung des Miet- oder Pachtvertrages	2484
	1. Einführung	2484
	2. Besonderheiten beim Mietvertrag	2486
	a) Vorrang der §§ 535 ff. BGB?	2486
	b) Rückwirkende Nichtigkeit des Miet- oder Pachtvertrages?	2488
	3. Anfechtung wegen arglistiger Täuschung	2490
	4. Anfechtung wegen Irrtum nach § 119 Abs. 2 BGB	2498
	5. Anfechtungsfrist	2499
	6. Rechtsfolgen der wirksamen Anfechtung	2500
IV.	Aufhebungsvertrag	2502
V.	Tod des Mieters	2512
VI.	Verjährung und Verwirkung	2513
VII.	Gerichtsverfahren	2514
VIII.	Streitwert	2515
IX.	Vertragsgestaltung	2516
X.	Arbeits- und Beratungshilfen	2517
	1. Schnellüberblick Grundsatz-Rechtsprechung des BGH	2517
	2. Schnellüberblick aktuelle Rechtsprechung der Instanzgerichte	2518
	3. Checkliste: Mietaufhebungsvertrag	2519

I. Zeitablauf

Nach § 542 Abs. 2 BGB enden befristete Mietverhältnisse automatisch, d.h. ohne erforderliche Erklärungen, mit Ablauf der vereinbarten Vertragszeit, sofern sie nicht verlängert oder in den gesetzlich zulässigen Fällen außerordentlich gekündigt werden. Erfolgt eine über die Mietzeit hinausgehende Nutzung, kommt eine stillschweigende Vertragsverlängerung gem. § 545 BGB in Betracht (→ *Rn. 766 ff.*). 2481

Zu beachten sind **vertragliche Verlängerungs- oder Optionsklauseln in Zeitmietverträgen**. Je nach Ausgestaltung endet das Mietverhältnis nämlich trotz der Befristung nur dann, wenn einer der Vertragspartner dies ausdrücklich erklärt. Die Beweislast für die Fortdauer des Vertrages liegt bei demjenigen, der sich auf die Fortdauer beruft. Je nach Fallgestaltung kann dies der Mieter oder Vermieter sein. 2482

II. Beendigung des Miet- oder Pachtvertrages durch Verwaltungsakt

Nach den §§ 61 Abs. 1, § 6 Abs. 1 Nr. 3 BauGB und §§ 182, 183 BauGB kann das Miet- oder Pachtverhältnis durch Verwaltungsakt beendet werden (→ *Rn. 140 ff.*). 2483

III. Anfechtung des Miet- oder Pachtvertrages

1. Einführung

In der Theorie agieren Mieter und Vermieter im glücklichen Mi(e)teinander von Gebrauchsüberlassung und Mietzahlung, die Praxis sieht aber oft genug anders aus. Manchmal so, dass Mieter direkt nach Bezug der Räume die Mietzahlung gar nicht erst aufnehmen oder nach dem ersten Mal einstellen. Dass hier i.R.d. gesetzlichen Regelung (§ 543 BGB) gekündigt werden kann, ist klar. Was aber ist mit einer Anfechtung des Mietvertrages, wenn der Mieter bereits bei 2484

Abschluss objektiv gar nicht zahlen kann und/oder den Vermieter täuscht? Oder wenn er über andere Umstände täuscht, die für den Zahlungsanspruch des Vermieters relevant sind?

Beispiele:

Der potenzielle Mieter füllt ein Mietinteressentenformular aus und täuscht den Vermieter über die wirtschaftliche Situation seines Unternehmens.

Die Frage, warum denn der Mietinteressent so schnell die Räume beziehen will, wird nicht wahrheitsgemäß mit der drohenden Räumung der vorigen Räume wegen offener Mieten beantwortet.

Umgekehrt kommt auch eine Täuschung durch den Vermieter und die Anfechtung des Mieters in Betracht, etwa wegen unterbliebener Aufklärung durch den Vermieter über hohe Nebenkosten.[4004]

2485 Das in diesen Fällen relevante Thema „Anfechtung" ist zwar „nur" Stoff aus dem Allgemeinen Teil des BGB, es wird aber gerade deshalb oft übersehen. Die zusätzlich zur fristlosen Kündigung erklärte Anfechtung kann evtl. trotz einer (vielleicht aus formellen Gründen) unwirksamen Kündigung bestehen bleiben und den Räumungsanspruch begründen. Erörtert werden hier nur die praktisch wichtigsten Gründe der arglistigen Täuschung (§ 123 BGB) und des Irrtums über eine verkehrswesentliche Eigenschaft (§ 119 Abs. 2 BGB).

Nach § 144 Abs. 1 BGB ist die **Anfechtung ausgeschlossen**, wenn das anfechtbare Rechtsgeschäft von dem Anfechtungsberechtigten bestätigt wird. Eine solche – auch konkludent mögliche – Bestätigung des anfechtbaren Vertrages liegt nur vor, wenn das Verhalten des Anfechtungsberechtigten eindeutig Ausdruck eines Bestätigungswillens ist und jede andere, den Umständen nach einigermaßen verständliche Deutung ausscheidet.[4005] Dies wird nur ganz ausnahmsweise durch ein Verhalten nach Mietvertragsabschluss in Betracht kommen.

2. Besonderheiten beim Mietvertrag

a) Vorrang der §§ 535 ff. BGB?

2486 Ob die §§ 535 ff. BGB als Spezialregeln eine Anfechtung ausschließen können, ist umstritten. Dafür ist zunächst zu differenzieren, **welches „Überlassungsstadium"** vorliegt:

- Die Mieträume wurden noch nicht überlassen: Eine Anfechtung ist grds. immer möglich.
- Die Räume wurden bereits überlassen: Es ist strittig, ob und welche Anfechtungstatbestände noch greifen (→ *nachfolgend*).

Nach einer Auffassung ist nur das Anfechtungsrecht des Mieters wegen Irrtums nach § 119 Abs. 2 BGB bzgl. Eigenschaften der Mieträume ist ausgeschlossen.[4006] Eine weitergehende Meinung schließt neben § 119 Abs. 2 BGB auch die Anwendung von § 123 BGB aus, weil das Mietrecht – v.a. in der fristlosen Kündigung aus wichtigem Grund – ausreichend Rechtsbehelfe

---

[4004] KG, 17.08.2006 – 8 U 33/06, NZM 2007, 248 = NJW-RR 2007, 519.
[4005] BGH, 11.08.2010 – XII ZR 192/08, ZMR 2011, 27 = IMR 2010, 473 = MDR 2010, 1306; BGH, 01.04.1992 – XII ZR 20/91, NJW-RR 1992, 779, 780; BGH, 02.02.1990 – V ZR 266/88, BGHZ 110, 220, 222.
[4006] Palandt/Heinrichs, BGB, § 119 Rn. 28.

zur Verfügung stelle.[4007] Danach wird das Recht zur Anfechtung wegen arglistiger Täuschung durch das Recht zur fristlosen Kündigung aus wichtigem Grund gem. § 543 BGB verdrängt, soweit sich der Willensmangel auf verkehrswesentliche Eigenschaften des Mietobjekts selbst beziehe. Z.T. wird auch dahin gehend differenziert, dass die mietrechtlichen Kündigungs- und Gewährleistungsvorschriften dann ggü. den allgemeinen Vorschriften des Irrtums und der Anfechtung vorgehen, wenn sie sich bzgl. des zugrunde liegenden Sachverhaltes inhaltlich mit allgemeinen Vorschriften decken (Beispiel: ein Irrtum des Mieters über eine verkehrswesentliche Eigenschaft des Mietobjekts ist zugleich als Mangel zu beurteilen).[4008] Nach der überwiegenden Meinung in Rechtsprechung und Literatur kann hingegen wegen arglistiger Täuschung uneingeschränkt auch nach Überlassung der Miet- oder Pachtobjekts stets angefochten werden.[4009]

2487 Richtig ist die letztgenannte Meinung, die einschränkenden Ansichten überzeugen nicht.[4010] Man mag einen Vorrang der mietrechtlichen Gewährleistungsregeln zugestehen, wenn nur wegen Irrtums oder Täuschung bzgl. Mängeln angefochten wird. Die mietrechtlichen Hauptpflichten – Gebrauchsüberlassung gegen Mietzahlung – werden dabei generell nicht berührt. Anders aber bei Irrtum und Täuschung über die Liquidität: hier wird die Miete sofort im Kern getroffen, sodass es angemessen ist, nicht nur die Kündigung als Sanktion zuzulassen. Hinzu kommt Folgendes: Geht es um einen Mangel, kann dieser technisch beseitigt werden und das Problem ist gelöst – es besteht kein Bedarf mehr an Anfechtung. Selbst wenn der Mieter die offene Miete nachzahlt, heißt das aber noch lange nicht, dass damit auch die Tatsache der Zahlungsunfähigkeit beseitigt ist (Geld geliehen, Konto überzogen etc.). Der Vermieter muss also weiter mit dem Risiko leben. Die §§ 119 Abs. 2, 123 BGB sind daher vollumfänglich auch nach Besitzübergang anwendbar.

b) Rückwirkende Nichtigkeit des Miet- oder Pachtvertrages?

2488 Umstritten ist jedoch, ob die nach Überlassung der Mietsache erfolgte Anfechtung den Mietvertrag gem. § 142 Abs. 1 BGB **rückwirkend (ex tunc)** oder nur **mit Wirkung ab Zugang der Anfechtungserklärung (ex nunc)** vernichtet.[4011] Wird ein Vertrag wirksam angefochten, ist er nach dem Gesetzeswortlaut von § 142 Abs. 1 BGB von Anfang nichtig, sog. ex tunc-

---

4007 OLG Düsseldorf, ZMR 1970, 137; LG Wuppertal, WuM 1999, 39; LG Hamburg, NZM 1998, 23; AG Gelsenkirchen-Buer, WuM 1984, 299; Sternel, Mietrecht, Rn. I 245; Bub, in: Bub/Treier, Kap. II Rn. 673.
4008 Lindner-Figura, in: Lindner-Figura/Oprée/Stellmann, Kap. 5, Rn. 93.
4009 BGH, 11.08.2010 – XII ZR 123/09 und XII ZR 192/08, ZMR 2011, 27 = IMR 2010, 473 = MDR 2010, 1306; BGH, 06.08.2008 – XII ZR 67/06, BGHZ 178, 16 = GuT 2008, 330 = NZM 2008, 886 = ZMR 2009, 103 = NJW 2009, 1266; RGZ 157, 173, 174; KG, 04.10.2001 – 8 U 1086/00, NJW-RR 2002, 155 = NZM 2002, 21; LG Mannheim, ZMR 1990, 303; Voraufl. Rn. 1645; Emmerich, NZM 1998, 692; Hübner/Griesbach/Schreiber, in: Lindner-Figura/Oprée/Stellmann, Kap. 14, Rn. 214; Kraemer, in: Bub/Treier, Kap. III Rn. 1326; Häublein, in: MüKo-BGB, vor § 536 Rn. 24.
4010 So auch Emmerich, NZM 1998, 692.
4011 **Ex tunc:** RGZ 86, 334; RGZ 102, 225, 226; RGZ 157, 173, 174; OLG Düsseldorf, 25.03.2010 – 10 U 136/09; OLG Brandenburg, 11.11.2009 – 3 U 5/03, IMR 2010, 139; KG, MDR 1967, 404 und OLG Brandenburg, 04.10.2001 – 8 U 1086/00, NJW-RR 2002, 155 = NZM 2002, 21; Emmerich, NZM 1998, 692, 695. **Ex nunc:** OLG Düsseldorf, ZMR 1970, 137; LG Trier, MDR 1990, 342; LG Mannheim, ZMR 1990, 303; LG Essen, WuM 1984, 299; LG Mannheim, ZMR 1965, 239; LG Nürnberg-Fürth, 23.02.1966 – 2 S 109/65, MDR 1966, 1003, 1004; AG Hamburg, NZM 1998, 233 = NJW-RR 1998, 809; Blank, in: Schmidt-Futterer, vor § 535 BGB Rn. 7; Bub, in: Bub/Treier, II. Rn. 673; Lindner-Figura, in: Lindner-Figura/Oprée/Stellmann, Kap. 5, Rn. 93: Voraufl. Rn. 1647.

Nichtigkeit. Das Gegenteil ist **ex nunc**, was Nichtigkeit ab Zugang der Erklärung bedeutet. Diskutiert wurde, ob wegen der Besonderheiten des Mietrechts eine Ausnahme von der ex tunc-Nichtigkeit zu machen ist. Der BGH hat sich in seiner Entscheidung v. 06.08.2008 für eine Rückwirkung auf den Zeitpunkt des Vertragsabschlusses ausgesprochen,[4012] sodass sich dies in der gerichtlichen Spruchpraxis durchsetzen dürfte.

Das ändert aber nichts daran, dass ein bereits vollzogenes Mietverhältnis eine Dauerleistung darstellt, die faktisch nicht rückgängig gemacht, sondern nur beendet werden kann. Eine Rückabwicklung ist nur unter Inkaufnahme großer Schwierigkeiten möglich, sodass eine Beendigung ex nunc sachgerechter ist.[4013] Vor Überlassung der Räume gilt daher nach der hier vertretenen Ansicht, dass eine Anfechtung ex tunc möglich ist, danach jedoch **nur noch ex nunc**, also mit Wirkung für die Zukunft. D.h.: Sie wirkt erst mit Zugang der Anfechtungserklärung beim Anfechtungsgegner.

2489 Solange die **Anfechtung nicht erklärt** ist, behält das anfechtbare Rechtsgeschäft ungeachtet der nach herrschender Meinung bestehenden ex-tunc-Wirkung einer Anfechtung seine Gültigkeit.[4014] Hat der Mieter die Mieträume vor der Vollstreckung eines Räumungs-Versäumnisurteils freiwillig und endgültig geräumt und geht seine Anfechtungserklärung des Mietvertrags wegen arglistiger Täuschung dem Vermieter erst nach der Besitzeinweisung zu, ist der Mietvertrag der Parteien in Bezug auf die prozessuale Feststellung der (einseitigen) Erledigung der Räumungsklage als wirksam zu behandeln.[4015]

3. Anfechtung wegen arglistiger Täuschung

2490 Eine Anfechtung nach § 123 Abs. 1 BGB setzt Folgendes voraus: Täuschung, Irrtum, Kausalität, Rechtswidrigkeit, Arglist.

2491 Eine Täuschung kann durch Vorspiegeln oder Entstellen von Tatsachen erfolgen – auch konkludent. Das **Verschweigen von Tatsachen** ist dann relevant, wenn eine Auskunftspflicht besteht. Diese liegt vor, falls der Vertragspartner nach Treu und Glauben eine Aufklärung erwarten durfte.[4016] Eine allgemeine Pflicht, alles zu offenbaren, was für den anderen wichtig ist, gibt es nicht. Offenbart werden muss aber das, was für den anderen offensichtlich von ausschlaggebender Bedeutung ist[4017] und wonach gefragt wird.[4018] Der Mieter ist verpflichtet, den Vermieter vor Abschluss eines Gewerberaummietvertrages über außergewöhnliche Umstände aufzuklären, mit denen der Vermieter nicht rechnen kann und die offensichtlich für diesen von erheb-

---

4012 BGH, 06.08.2008 – XII ZR 67/06, BGHZ 178, 16 = GuT 2008, 330 = NZM 2008, 886 = ZMR 2009, 103 = NJW 2009, 1266; ebenso KG, 04.10.2001 – 8 U 1086/00, NJW-RR 2002, 155 = NZM 2002, 21.
4013 Blank, in: Schmidt-Futterer, vor § 535 BGB Rn. 7; Bub, in: Bub/Treier, II. Rn. 673.
4014 OLG Düsseldorf, 25.03.2010 – 10 U 136/09.
4015 OLG Düsseldorf, 25.03.2010 – 10 U 136/09.
4016 BGH, NJW-RR 1991, 440.
4017 BGH, NJW 1971, 1799.
4018 BGHZ 74, 392; BGH, NJW 1977, 1915.

licher Bedeutung sind.⁴⁰¹⁹ Ausführlich zu → *Aufklärungspflichten beim Mietvertragsabschluss* → *Rn. 241 ff.*

Wer einen Mietvertrag abschließt, erklärt damit auch konkludent, dass er die vereinbarte Miete zahlen will und kann; ist dies nicht der Fall, liegt eine Täuschung und Irrtumserregung gem. § 263 StGB vor.⁴⁰²⁰ Folge: Ist dem Mieter vor oder bei Vertragsabschluss bekannt, dass er in ernsten wirtschaftlichen Schwierigkeiten ist, hat er auch **unaufgefordert eine Offenbarungspflicht**.

Beispiele:
- *Absehbare künftige Verschlechterungen.*⁴⁰²¹
- *Eine drohende Zahlungsunfähigkeit.*⁴⁰²²
- *Aufklärungspflicht des Mieters über seine Vermögensverhältnisse, wenn sein Nettoeinkommen 75 % der Miete einschließlich Nebenkostenvorauszahlung beträgt; unterbleibt diese Aufklärung, kann der Vermieter den Vertrag wegen arglistiger Täuschung anfechten.*⁴⁰²³ *Die Beweispflicht obliegt hier aber dem Vermieter.*
- *Falsche Selbstauskunft.*⁴⁰²⁴ *Hat der Mietinteressent in einer Selbstauskunft Fragen nach seinem Arbeitsverhältnis und seinem Einkommen wissentlich falsch beantwortet, ist eine Anfechtung des Mietvertrages durch den Vermieter wegen arglistiger Täuschung und Irrtum wirksam.*⁴⁰²⁵
- *Eröffnung des Insolvenzverfahrens über das Vermögen eines Mietinteressenten.*⁴⁰²⁶ *Entsprechendes hat für bereits absehbare Insolvenz zu gelten.*
- *Vormietverhältnis wegen Nichtzahlung des Mietzinses gekündigt und deshalb Verurteilung zur Räumung.*⁴⁰²⁷
- *Ein Mietinteressent, der beabsichtigt, in bevorzugter Innenstadtlage einer Landeshauptstadt ein Ladengeschäft anzumieten und dort das Warensortiment einer Marke anzubieten, die in der Presseberichterstattung in Zusammenhang mit der rechtsextremen Szene gebracht wird, muss dem Vermieter bei den Vertragsverhandlungen die Marke des Warensortiments ungefragt mitteilen.*⁴⁰²⁸

Aufklärungspflichten treffen grds. spiegelbildlich den Vermieter, sofern es sich um Umstände handelt, die für den Mieter für den Abschluss des Mietvertrages von Bedeutung sind. Die bewusste **Nichtaufklärung durch den Vermieter** im Rahmen von Mietvertragsverhandlungen

2492

4019 BGH, 11.08.2010 – XII ZR 123/09 und XII ZR 192/08 und XII ZR 192/08, ZMR 2011, 27 = IMR 2010, 473 = MDR 2010, 1306: Verkauf von in der rechtsradikalen Szene beliebten Modeartikeln.
4020 OLG Hamm, 03.06.2002 – 2 Ss 301/02, AIM 8/2002, 13.
4021 BGH, NJW 1993, 1324; AG Frankfurt am Main, 27.08.1987 – 33 C 627/87, NJW-RR 1988, 784 = WuM 1989, 620 (hohe Miete, schlechte Mieter-Vermögenslage).
4022 BGH, NJW 1974, 1505.
4023 AG Frankfurt am Main, NJW-RR 1988, 784.
4024 LG Itzehoe, 28.03.2008 – 9 S 132/07, WM 2008, 281 = InfoM 2008, 167; AG Bonn, 23.07.1991 – 6 C 271/91, WuM 1992, 597: Fragen nach Arbeitsverhältnis und Einkommen wissentlich falsch beantwortet.
4025 AG Bonn, 23.07.1991 – 6 C 271/91, WuM 1992, 597.
4026 LG Bonn, 16.11.2005 – 6 T 312/05 und 6 S 226/05, NZM 2006, 177 (Wohnraum); AG Hamburg, 06.05.2003 – 48 C 636/02, ZMR 2003, 744 (Wohnraum).
4027 LG Bonn, 16.11.2005 – 6 T 312/05 und 6 S 226/05, NZM 2006, 177.
4028 BGH, 11.08.2010 – XII ZR 123/09 und XII ZR 192/08, ZMR 2011, 27 = IMR 2010, 473 = MDR 2010, 1306; OLG Naumburg, 28.10.2008 – 9 U 39/08, GuT 2009, 17 = NZM 2009, 128; KG, 28.05.2009 – 8 U 223/08, IMR 2009, 268 = GuT 2009, 176 = NZM 2009, 784; LG Magdeburg, 31.01.2008 – 10 O 907/07, IMR 2008, 165; a.A. LG Nürnberg-Fürth, 12.06.2009 – 14 O 139/09, IMR 2009, 389 = NZM 2009, 584.

über den Umstand, dass bspw. die Miträume für die vertraglich vorgesehene Nutzung nicht öffentlich-rechtlich genehmigt und auch nicht genehmigungsfähig sind, stellt eine arglistige Täuschung des Mieters dar und berechtigt diesen zur Anfechtung, sodass der Mietvertrag dann rückwirkend entfällt (§ 142 BGB) und der Vermieter keine Mietzinsansprüche geltend machen kann.[4029]

Dieselben Pflichten gelten auch im **Verhältnis (Unter-) Vermieter/Untermieter**. Deshalb hat der (Unter-) Vermieter ggü. einem gewerblichen Untermieter auch ungefragt einen 3-monatigen Mietrückstand im Hauptmietverhältnis zu offenbaren.[4030] Auch **falsche Informationen** über bereits eröffnete Insolvenzverfahren rechtfertigen die Anfechtung.

2493 Den Irrtum des Vermieters und die Kausalität zwischen der Täuschung und dem Vertragsschluss darzulegen, dürfte i.d.R. keine Probleme bereiten. Es genügt grds. der Hinweis, dass der Vermieter bei Kenntnis der Zahlungsunfähigkeit den Vertrag nicht geschlossen hätte.

2494 Problematischer ist oft die **Rechtswidrigkeit**. Hier gilt: Eine Täuschung ist grds. immer rechtswidrig. Sie kann aber rechtmäßig sein, wenn schon eine gestellte Frage unzulässig war. Dann darf der „Täuschende" auch eine falsche Antwort geben. Folge: Falsche Antworten auf unzulässige Fragen lassen die Rechtswidrigkeit entfallen und berechtigen nicht zur Anfechtung.[4031] Hat der Vermieter aber ein begründetes Interesse an der wahrheitsgemäßen Beantwortung, sind auch „härtere" Fragen zulässig. Das Interesse liegt vor, wenn der Vermieter bei objektiver Wertung unter Berücksichtigung schutzwürdiger Belange des Mieters die Auskunft benötigt, um sich für oder gegen den Abschluss des Mietvertrages zu entscheiden.[4032] Das wird bei wesentlichen Punkten wie Beruf, Einkommen und allem, was mit der Mietzahlung unmittelbar zusammenhängt, immer der Fall sein. Als zulässig gelten daher auf jeden Fall Fragen zu Einkommen, Beruf, Bonität und Familienstand.[4033] Maßstäbe sind das **allgemeine Persönlichkeitsrecht des Mieters** zum Schutz seiner Intim- und Privatsphäre (Art. 2 GG) und das **Diskriminierungsverbot** (Art. 3 GG). Letztlich handelt es sich also um eine Wertungsfrage. Es kommt dabei nicht auf mündliche oder schriftlich Fragen und Antworten an.

2495 Als **zulässig** werden z.B. Fragen zu folgenden Themen bewertet, wobei darauf hinzuweisen ist, dass sich die Zitate überwiegend auf die Wohnraummiete beziehen; es ist aber kein Grund ersichtlich, warum im gewerblichen Mietrecht strengere Maßstäbe gelten sollten:

- nach der **Anschrift** des vorigen Vermieters,
- nach dem **Arbeitsverhältnis**,[4034]
- nach dem **Arbeitgeber**,
- Bonität,[4035]

4029 OLG Brandenburg, 11.11.2009 – 3 U 5/03, IMR 2010, 139.
4030 OLG Köln, 17.12.1998 – 1 U 42/98, NZM 1999, 417 = NJW-RR 1998, 882.
4031 AG Hamburg, 07.05.1992 – 49 C 88/92, WuM 1992, 598.
4032 AG Wolfsburg, NZM 2001, 987; Sternel, Mietrecht, I Rn. 260.
4033 LG Itzehoe, 28.03.2008 – 9 S 132/07, WM 2008, 281 = InfoM 2008, 167.
4034 LG Köln, WuM 1984, 297 = ZMR 1984, 278.
4035 LG München I, 25.03.2009 – 14 S 18532/08, NZM 2009, 782; LG Itzehoe, 28.03.2008 – 9 S 132/07, WM 2008, 281 = InfoM 2008, 167.

- nach dem **Einkommen**,[4036]
- nach dem Familienstand,[4037]
- frühere **Mietverhältnisse**,[4038] speziell Mietschulden,[4039]
- ob der Mieter **Raucher** ist,[4040]
- nach den Vermögensverhältnissen,[4041]
- Grund der Wohnungssuche.[4042]

Fragen zu folgenden Bereichen sind **unzulässig**: 2496
- **Aufenthaltsberechtigung**,[4043]
- **Heiratsabsichten**,
- **intime Verhältnisse**,[4044]
- **Kindeswunsch**,
- **Mitgliedschaft** im Mieterverein,
- **Mitgliedschaft** in einer Partei,
- strafrechtliches **Ermittlungsverfahren**,[4045]
- **Religion**,[4046]
- **Vorstrafen**.[4047]

Unzulässig soll auch die Frage nach dem Grund für die Beendigung des letzten Mietverhältnisses sein,[4048] was aber abzulehnen ist, da es hier um ein legitimes Interesse des Vermieters geht.

Falsche **Angaben des Vormieters** oder eines nicht vom Vermieter beauftragten **Dolmetschers** bei Vertragsschluss begründen ein Anfechtungsrecht des Mieters wegen arglistiger Täuschung nur dann, wenn der Vermieter die Täuschung kannte oder kennen musste.[4049]

Letzte Tatbestandsvoraussetzung ist **Arglist des Mieters**. Dies erfordert einen Täuschungswillen, wofür bedingter Vorsatz genügt. Dabei ist nicht erforderlich, dass der Täuschende bei Abgabe seiner Erklärung wusste, dass diese nicht richtig ist; es reicht aus, dass der Erklärende es für möglich hält, dass seine Angaben unrichtig sind und ins Blaue hinein unrichtige Behaup- 2497

4036 LG München I, 25.03.2009 – 14 S 18532/08, NZM 2009, 782; AG Saarlouis, NZM 2000, 459; AG Bonn, WuM 1992, 597; LG Mannheim, ZMR 1990, 303.
4037 LG Itzehoe, 28.03.2008 – 9 S 132/07, WM 2008, 281 = InfoM 2008, 167; LG Landau, WuM 1986, 133.
4038 LG Braunschweig, WuM 1984, 297.
4039 LG Itzehoe, 28.03.2008 – 9 S 132/07, WM 2008, 281 = InfoM 2008, 167.
4040 LG Stuttgart, 02.07.1992 – 16 S 137/92, NJW-RR 1992, 1360.
4041 AG Bonn, 23.07.1991 – 6 C 271/91, WuM 1992, 597.
4042 AG Wolfsburg, NZM 2001, 987.
4043 AG Wiesbaden, 31.07.1992 – 98 C 251/92, WuM 1992, 597.
4044 AG Nürnberg, WuM 1984, 295.
4045 AG Hamburg, WuM 1992, 598.
4046 LG Köln, WuM 1986, 81.
4047 AG Regensburg, WuM 1990, 508.
4048 AG Rendsburg, 05.07.1990 – 3 C 241/90, WuM 1990, 507.
4049 OLG Düsseldorf, 30.08.2010 – 24 U 5/10, IMR 2010, 523.

tungen aufstellt.⁴⁰⁵⁰ Wenn man also nachweisen kann, dass der Mieter die Unrichtigkeit seiner Angaben kannte, dürfte dies keine Schwierigkeiten bereiten.

Vertreten wird, die Anfechtung des Vermieters sei gem. § 242 BGB **rechtsmissbräuchlich**, wenn dessen Rechte und Interessen durch eine etwaige Täuschung gar nicht beeinträchtigt worden seien, weil der Mieter die Mietkaution sofort gezahlt habe bzw. und mit den monatlichen Mietzinsen nicht in Rückstand geraten sei.⁴⁰⁵¹ Dies spielt dann keine Rolle, wenn der Mieter gar nicht oder öfters unpünktlich gezahlt hat.⁴⁰⁵² Es ist aber auch ansonsten abzulehnen, da durch eine solche Argumentation der zu missbilligende „Kern" der Arglist, nämlich der Vertrauensmissbrauch durch Täuschung, ausgehöhlt wird.

4. Anfechtung wegen Irrtum nach § 119 Abs. 2 BGB

2498 Nach § 119 Abs. 2 i.V.m. Abs. 1 BGB kann eine Willenserklärung bei einem Irrtum über Eigenschaften der Sache, die im Verkehr als wesentlich angesehen werden, angefochten werden.⁴⁰⁵³ Umstritten ist, ob ein **Irrtum über die Zahlungsfähigkeit des Mieters** einen Irrtum über eine verkehrswesentliche Eigenschaft i.S.d. § 119 Abs. 2 BGB mit der Folge einer möglichen Anfechtung darstellt.⁴⁰⁵⁴ Für ein Mietverhältnis ist „mehr" Verkehrswesentlichkeit als die Eigenschaft, die Miete zahlen zu können, eigentlich nicht denkbar, weshalb auch ein entsprechender Irrtum mit der Folge der Anfechtung möglich sein muss. Diese ist dann aus Vermietersicht immer **zusätzlich zur Kündigung** zu erklären; eine Umdeutung der Kündigungserklärung in eine Anfechtung ist nicht möglich. Wichtig: Die Erklärung muss wie die Kündigung ggü. allen Mietern erfolgen (einseitige empfangsbedürftige Willenserklärung) und von allen Vermietern erklärt werden.

Grds. ist es eine Frage der Auslegung, ob nach Lage des Falles in der Anfechtung wegen arglistiger Täuschung **zugleich eine Anfechtung wegen Irrtums** nach § 119 BGB liegt. Nicht zu verlangen ist, dass die Partei, die ihre Anfechtung bisher nur auf eine arglistige Täuschung gestützt hat, auch stets ausdrücklich zum Ausdruck bringen muss, dass sie sich auch auf Irrtum berufen will.⁴⁰⁵⁵ Eine Umdeutung ist also zulässig.

Eine Anfechtung nach § 119 Abs. 1, Abs. 2 BGB muss unverzüglich, also ohne schuldhaftes Zögern erfolgen, wenn der Vermieter von seinem Irrtum positive Kenntnis hat.

5. Anfechtungsfrist

2499 Die Anfechtung einer nach § 123 BGB anfechtbaren Willenserklärung kann nach § 124 Abs. 1 BGB nur **innerhalb eines Jahres** erfolgen. Die Frist beginnt nach § 124 Abs. 2 Satz 1 BGB im Fall der arglistigen Täuschung mit dem Zeitpunkt, in dem der Anfechtungsberechtigte die

---

4050 KG, 17.08.2006 – 8 U 33/06, NZM 2007, 248 = NJW-RR 2007, 519.
4051 AG Rendsburg, 05.07.1990, WuM 1990, 507; LG Wiesbaden, WuM 2004, 399.
4052 LG Itzehoe, 28.03.2008 – 9 S 132/07, WM 2008, 281 = InfoM 2008, 16.
4053 Beispielsfall Wohnraummiete: LG Essen, 20.07.2004 – 15 S 56/04, NZM 2006, 294 = WuM 2005, 47.
4054 Dagegen Sternel, Mietrecht, I Rn. 250; dafür Emmerich, NZM 1998, 692, 695.
4055 BGH, 09.10.1980 – VII ZR 332/79, BGHZ 78, 216, 221; BGH, 14.12.1960 – V ZR 40/60, BGHZ 34, 32, 38 f.; OLG Düsseldorf, 17.09.2002 – 24 U 1/02, GuT 2003, 59 = WuM 2003, 138 = DWW 2003, 68: Zusicherung von Mitgliederzahlen im Fitnessstudio.

Täuschung entdeckt, im Fall der Drohung mit dem Zeitpunkt, in welchem die Zwangslage aufhört. Auf den Lauf der Frist finden die für die Verjährung geltenden Vorschriften der §§ 206, 210 und 211 BGB entsprechende Anwendung (§ 124 Abs. 2 Satz 2 BGB). Die Anfechtung ist nach § 124 Abs. 3 BGB ausgeschlossen, wenn seit der Abgabe der Willenserklärung zehn Jahre verstrichen sind.

6. Rechtsfolgen der wirksamen Anfechtung

Nach der hier vertretenen Auffassung wirkt die Anfechtung nur mit Wirkung für die Zukunft ab Zugang der Anfechtungserklärung, sodass keine Rückabwicklung nach den §§ 985 ff. und 812 ff. BGB erfolgt.

2500

Folgt man hingegen der herrschenden Meinung, dass die Anfechtung zur Nichtigkeit des Miet- oder Pachtvertrages ex tunc führt, ist der Vertrag als von Anfang an nichtig anzusehen (§ 142 Abs. 1 BGB). Es erfolgt eine **bereicherungsrechtliche Rückabwicklung** (§ 812 Abs. 1 Satz 1, 1. Alt. BGB) nach den Grundsätzen der **Saldotheorie**, indem durch Vergleich der durch den Bereicherungsvorgang hervorgerufenen Vor- und Nachteile ermittelt wird, ob sich ein Überschuss (Saldo) ergibt.[4056] Herauszugeben ist gem. § 812 Abs. 1 Satz 1, 1. Alt. BGB das durch die Leistung des Vermieters Erlangte, also die Gebrauchsüberlassung der Räume. Da die Herausgabe der Gebrauchsüberlassung wegen ihrer Beschaffenheit nicht möglich ist, hat der Mieter nach § 818 Abs. 2 BGB deren Wert zu ersetzen. Dessen Höhe richtet sich nach ständiger Rechtsprechung des BGH nach dem objektiven Verkehrswert des rechtsgrundlos Erlangten, somit hier nach der Miete, die auf dem örtlichen Markt für vergleichbare Objekte erzielt wird.[4057]

Untervermietungsgewinne sind nicht herauszugeben.[4058] Der i.H.d. ortsüblichen Miete bestehende Anspruch auf Wertersatz gem. § 818 Abs. 2 BGB unterliegt bei nichtigem Mietvertrag wie ein Mietzinsanspruch der **USt**.[4059]

2501

IV. Aufhebungsvertrag

Es steht den Vertragspartnern frei, jederzeit den bestehenden Mietvertrag zu beenden. Werden sie sich einig, kommt durch Angebot und Annahme ein Aufhebungsvertrag zustande. Dieser kann sich z.B. anbieten, wenn der Vermieter die Mieträume vorzeitig zurückerhalten hat oder der Mieter vor Vertragsablauf ausziehen möchte. In diesem Zusammenhang wird dann oft eine **Abfindung** vereinbart. Besteht kein Kündigungsgrund, ist ein Mietaufhebungsvertrag taktisch das einzig sinnvolle Mittel der Vertragsbeendigung.

2502

[4056] BGH, 06.08.2008 – XII ZR 67/06, BGHZ 178, 16 = GuT 2008, 330 = NZM 2008, 886 = ZMR 2009, 103 = NJW 2009, 1266; BGH, 10.02.1999 – VIII ZR 314/97, NJW 1999, 1181.

[4057] BGH, 06.08.2008 – XII ZR 67/06, BGHZ 178, 16 = GuT 2008, 330 = NZM 2008, 886 = ZMR 2009, 103 = NJW 2009, 1266; BGH, 22.10.1997 – XII ZR 142/95, NZM 1998, 192, 194.

[4058] BGH, 06.08.2008 – XII ZR 67/06, BGHZ 178, 16 = GuT 2008, 330 = NZM 2008, 886 = ZMR 2009, 103 = NJW 2009, 1266.

[4059] BGH, 06.08.2008 – XII ZR 67/06, BGHZ 178, 16 = GuT 2008, 330 = NZM 2008, 886 = ZMR 2009, 103 = NJW 2009, 1266.

> **Hinweis:**
> Will der Mieter vorzeitig aussteigen und ist man sich grds. einig, dass er dies kann, wenn ein Nachmieter in den Vertrag einsteigt, sollte der Aufhebungsvertrag unter der aufschiebenden Bedingung des Vertragsschlusses mit dem Nachmieter geschlossen werden. Durch den Abschluss des Vertrages mit dem Neumieter kann auch konkludent ein Aufhebungsvertrag zustande kommen. Zu einer Vertragsübernahme des Neumieters vgl. → *Rn. 2614 ff.*

2503 Entscheidend für das Zustandekommen des Vertrages ist **die Einigung**, sodass einseitige Aktionen wie z.B. Schlüsselrückgabe, Leerzug der Räume oder bloße Vorschläge nicht für einen Aufhebungsvertrag ausreichen und zwar grds. auch dann nicht, wenn die Gegenseite dies durch schlüssiges Verhalten akzeptiert. Weder in den Handlungen noch im Gewährenlassen der Gegenseite sind nämlich echte Angebote bzw. Annahmen zu sehen.

2504 Die Einigung setzt voraus, dass **übereinstimmende Willenserklärungen** zumindest über folgende Punkte vorliegen:

- Vertragspartner,
- Zeitpunkt der Beendigung/Räumungszeitpunkt,
- alle weiteren Punkte, die die Parteien erkennbar für regelungsbedürftig halten.

2505 Die Einigung kann auch **durch schlüssiges Verhalten** erfolgen.[4060] Vom Vorliegen einer solchen konkludenten Mietvertragsaufhebung kann aber dann nicht ausgegangen werden, wenn in ihrem Rahmen Fragen offen bleiben würden, die die Vertragsparteien bei einer vorzeitigen einvernehmlichen Vertragsaufhebung vernünftigerweise regeln.[4061] Dazu gehört auch die Frage, ob im Fall der Weitervermietung zu einer geringeren Miete der bisherige Mieter auf Zahlung der Mietdifferenz verpflichtet ist.[4062]

2506 Eine Umdeutung bestimmter Willenserklärungen in Angebot oder Annahme kommt grds. in Betracht, es muss aber eine gewisse Eindeutigkeit vorliegen. Kündigt etwa der Pächter eines gewerblichen Pachtverhältnisses wegen von ihm behaupteter Mängel fristlos und fordert er den Vermieter zur **Anerkennung seiner Schadensersatzpflicht** (wegen eines auf den Mängeln beruhenden Schadens) auf, kann dies zwar gem. § 140 BGB in ein Angebot auf Abschluss eines Aufhebungsvertrages umgedeutet werden; die Erklärung des Verpächters, die Kündigung zu akzeptieren, stellt aber keine Annahme dieses Angebots dar, wenn er zugleich die Kündigungsgründe bestreitet und das Schadensersatzbegehren des Pächters zurückweist.[4063] Stellt eine GmbH ihre Geschäftstätigkeit auf dem von ihr angemieteten Grundstück ein und lässt sich ihr derzeitiger Geschäftssitz nicht ermitteln, kann allein hieraus nicht der Schluss gezogen werden, dass das Mietverhältnis aufgrund einer stillschweigend zustande gekommenen Vereinbarung beendet worden ist.[4064]

[4060] LG Kiel, 22.09.2003 – 1 T 50/03, AIM 2003, 219.
[4061] KG, 12.05.2005 – 8 U 7/05, NZM 2005, 946.
[4062] KG, 12.05.2005 – 8 U 7/05, NZM 2005, 946.
[4063] OLG Köln, 02.08.2001 – 8 U 24/01, MDR 2002, 390.
[4064] KG, 12.04.2010 – 8 U 175/09, GuT 2010, 224 = MDR 2010, 1044.

Einigen müssen sich alle Parteien des Ursprungsvertrages. Nach der Rechtsprechung gilt **Schweigen auf ein Angebot zur Vertragsauflösung** auch unter Kaufleuten nicht als Annahme,[4065] selbst dann nicht, wenn das Angebot ausdrücklich darauf hinweist, dass Schweigen als Zustimmung gesehen wird. Dementsprechend ist eine Hinnahme des Mieterauszuges mit Entgegennahme der Schlüssel keine konkludente Annahme eines Aufhebungsangebots.[4066] Die Vereinbarung, dass der Mieter berechtigt ist, das Mietobjekt vor Vertragsende nach seinem Belieben oder zu einem bestimmten Zeitpunkt zurückzugeben, ist kein Aufhebungsvertrag, da das Bestimmungsrecht einseitig beim Mieter liegt; zieht der Mieter also die Option nicht, bleibt er verpflichtet. Auch ein Angebot des Vermieters, die Kaution auszuzahlen, stellt kein Aufhebungsangebot dar, da die Bestimmbarkeit fehlt; hier müssten weitere konkretisierende Merkmale hinzukommen.

2507

Die Parteien können einen **bedingten Mietaufhebungsvertrag** schließen, etwa – häufige Praxissituation – für den Fall, dass ein Nachmieter gefunden wird. Das Auswahlrecht des Nachmieters liegt aber, wenn die Vereinbarung nichts näher definiert oder zuordnet, beim Vermieter, sodass der Aufhebungsvertrag nicht dadurch zustande kommt, dass sich ein Nachmieter findet, sondern erst, wenn der Vermieter diesen akzeptiert (Ausnahme: Willkür des Vermieters/Verstoß gegen § 242 BGB). Wurde mit dem Mieter aber das Recht zur Nachmietergestellung vertraglich vereinbart, hat er einen Anspruch auf Entlassung, wenn ein gleichwertiger Nachmieter gefunden wird; der Anspruch folgt aus dem Ursprungsvertrag und ist nicht auf Abschluss eines Aufhebungsvertrages, sondern auf Entlassung gerichtet.

2508

Der Aufhebungsvertrag ist **nicht formbedürftig**, auch dann nicht, wenn für den Ursprungsvertrag nach § 550 BGB Schriftform erforderlich war. Schriftliche Abfassung ist aber natürlich schon **aus Beweisgründen** empfehlenswert. Schriftformklauseln bzgl. Änderungen und/oder Ergänzung des aufzuhebenden Mietvertrages haben keine Wirkung darauf, da es sich beim Aufhebungsvertrag nicht um eine Ergänzung oder Änderung des ursprünglichen Vertrages, sondern um einen **neuen Vertrag** handelt. Einen solchen können die Parteien aber immer frei schließen. Soll aber ein Nachmieter in den alten (langfristigen) Vertrag einsteigen, ist die entsprechende Vereinbarung formbedürftig.[4067]

2509

Da der Aufhebungsvertrag einen i.d.R. recht komplexen Mietvertrag mit gegenseitigen Rechten und Pflichten beendet, sollte er inhaltlich bestimmte wichtige Punkte regeln. Der Aufhebungsvertrag wäre nach Vertragsabschluss bei Weigerung einer der Parteien, das Mietverhältnis entsprechend zu beenden, Anspruchsgrundlage einer Klage und ggf. Vollstreckung, sodass auch insofern eine laxe Handhabung vermieden werden sollte (dazu die **Checkliste** und die Kurzform eines Aufhebungsvertrages → Rn. 2519, 3372).

2510

Kommt es zum Streit, gelten folgende **Darlegungs- und Beweislastregeln**: Verlangt der Vermieter Räumung aufgrund des Aufhebungsvertrages, muss er dessen Zustandekommen beweisen. Verlangt er (weiter) Zahlung vom Mieter und behauptet dieser, die Zahlungspflicht sei wegen Aufhebung erloschen, muss der Mieter den Abschluss des Aufhebungsvertrages beweisen.

2511

4065 BGH, 24.09.1980 – VIII ZR 299/79, NJW 1981, 43 = WuM 1980, 1397.
4066 OLG Naumburg, 25.11.1997 – 11 U 940/97, WuM 1998, 283.
4067 Fall: OLG Düsseldorf, 06.05.2008 – 24 U 188/07, IMR 2008, 236.

V. Tod des Mieters

2512 Der Tod des Mieters beendet das gewerbliche Mietverhältnis nicht, es geht auf die Erben über.[4068] Der Erbe tritt grds. unbeschränkt in den Mietvertrag ein, hat aber nach § 580 BGB ein **außerordentliches Kündigungsrecht** mit gesetzlicher Frist (Sonderkündigungsrecht), das innerhalb eines Monats nach Kenntnis des Todes ausgeübt werden muss. Bei der Pacht dürfen nach § 584a Abs. 2 BGB nur die Erben des Pächters bei dessen Tod, nicht aber der Verpächter außerordentlich kündigen. Zu weiteren Einzelheiten und Folgen → Rn. 507.

VI. Verjährung und Verwirkung

2513 Für die Verjährung und Verwirkung von Ansprüchen gelten die allgemeinen Regeln (→ Rn. 2670 ff.).

VII. Gerichtsverfahren

2514 Es gelten keine Besonderheiten.

VIII. Streitwert

2515 Es bestehen keine Unterschiede zur Kündigung (→ Rn. 2431 ff.).

Der Gegenstandswert einer auf **Abschluss eines Mietaufhebungsvertrages** gerichteten Tätigkeit richtet sich nach § 23 Abs. 3 Satz 1 RVG, § 25 KostO, da der Abschluss eines Aufhebungsvertrages nicht Gegenstand eines gerichtlichen Verfahrens sein kann.[4069] Wird der Mietaufhebungsvertrag jedoch geschlossen, um den Streit über das Fortbestehen des Mietverhältnisses zu beseitigen, gilt der Wert nach § 23 Abs. 1 Satz 3 RVG i.V.m. § 41 Abs. 1 GKG, weil dann das Mietverhältnis im Streit ist und der Auftrag des Anwalts darauf gerichtet ist, den Räumungs- und Herausgabeanspruch durchzusetzen bzw. abzuwehren.[4070]

> **Hinweis Anwaltsgebühren:**
> Wird der Anwalt beauftragt, einen **Mietaufhebungsvertrag auszuhandeln,** richtet sich die Vergütung nach Vorbem. 2.3 Abs. 3 i.V.m. Nr. 2300 VV RVG. In aller Regel ist in solchen Fällen die Höchstgebühr angemessen, weil meist umfangreichere Verhandlungen stattfinden und die vorzeitige Beendigung für den Auftraggeber von besonderer Bedeutung sein wird.[4071] Wird der Vertrag nur ausgehandelt, soll i.d.R. keine Einigungsgebühr anfallen, da dies für sich genommen noch keine Einigung i.S.d. Nr. 1000 VV RVG darstellt.[4072] Dies ist auch richtig, wenn sich die Parteien von vornherein einig waren, dass eine

---

[4068] OLG Düsseldorf, 15.09.2008 – I 24 W 53/08, BeckRS 2008, 19278; OLG Düsseldorf, 06.06.2000 – 24 U 186/99, MDR 2001, 83.
[4069] Schneider, in: Herrlein/Kandelhard, § 543 Rn. 44 mit Verweis auf LG Köln, AGS 2002, 210 = JurBüro 2001, 643 = KostRsp. BRAGO, § 8 Nr. 112 m. Anm. N. Schneider; AG Charlottenburg, JurBüro 2001, 86; AG Charlottenburg, JurBüro 2003, 424.
[4070] Schneider, in: Herrlein/Kandelhard, § 543 Rn. 44.
[4071] Schneider, in: Herrlein/Kandelhard, § 543 Rn. 42.
[4072] Schneider, in: Herrlein/Kandelhard, § 543 Rn. 43, der auf OLG Düsseldorf, OLGR 2003, 242; LG Köln, AGS 2002, 210 = JurBüro 2001, 643 = KostRsp. BRAGO, § 8 Nr. 112 m. Anm. N. Schneider verweist.

Aufhebung erfolgen soll. Dies wird aber nur in den seltensten Fällen so sein, denn i.d.R. geht ein Streit voraus (etwa über eine Kündigung) oder es liegen zumindest Divergenzen über Pflichten aus dem Mietverhältnis vor. Sind diese Voraussetzungen erfüllt, fällt die Vergleichsgebühr an.

IX. Vertragsgestaltung

Es gelten keine Besonderheiten. 2516

X. Arbeits- und Beratungshilfen

1. Schnellüberblick Grundsatz-Rechtsprechung des BGH

2517

Thema/Normen	Leitsatz	Entscheidung, Fundstelle
Arglistige Täuschung durch unvollständige Sortimentsliste	Der Mieter ist verpflichtet, den Vermieter vor Abschluss eines Gewerberaummietvertrages über außergewöhnliche Umstände aufzuklären, mit denen der Vermieter nicht rechnen kann und die offensichtlich für diesen von erheblicher Bedeutung sind.	BGH, 11.08.2010 – XII ZR 123/09 Und XII ZR 192/08, ZMR 2011, 27 = IMR 2010, 473 = MDR 2010, 1306
Anfechtung nach Beendigung des Mietvertrags	1. Die Anfechtung eines Mietvertrages über Geschäftsräume wegen arglistiger Täuschung ist auch nach Überlassung der Mieträume und Beendigung des Mietvertrages neben der Kündigung zulässig. Sie wirkt gemäß § 142 Abs. 1 BGB auf den Zeitpunkt des Vertragsabschlusses zurück. 2. Der in Höhe der ortsüblichen Miete bestehende Anspruch auf Wertersatz gemäß § 818 Abs. 2 BGB unterliegt bei nichtigem Mietvertrag wie ein Mietzinsanspruch der Umsatzsteuer (Fortführung Senatsurteil vom 22. Oktober 1997 – XII ZR 142/95, NZM 1998, 192).	BGH, 06.08.2008 – XII ZR 67/06, BGHZ 178, 16 = GuT 2008, 330 = NZM 2008, 886 = ZMR 2009, 103 = NJW 2009, 1266

2. Schnellüberblick aktuelle Rechtsprechung der Instanzgerichte

2518

Thema/Normen	Leitsatz	Entscheidung, Fundstelle
Anfechtung wegen arglistiger Täuschung: Muss sich Vermieter Auskünfte des Vormieters zur Rentabilität anrechnen lassen?	Falsche Angaben des Vormieters oder eines nicht vom Vermieter beauftragten Dolmetschers bei Vertragsschluss begründen ein Anfechtungsrecht des Mieters wegen arglistiger Täuschung nur dann, wenn der Vermieter die Täuschung kannte oder kennen musste.	OLG Düsseldorf, 30.08.2010 – 24 U 5/10, IMR 2010, 523

Aufklärungspflicht des Mietinteressenten über der rechtsextremen Szene zugerechnetes Warensortiment („Thor Steinar") – Hundertwasser-Haus in bester Innenstadtlage §§ 123, 142, 535 BGB Anfechtung des Vertrags	Ein Mietinteressent, der beabsichtigt, in bevorzugter Innenstadtlage einer Landeshauptstadt ein Ladengeschäft anzumieten und dort das Warensortiment einer Marke anzubieten, die in der Presseberichterstattung in Zusammenhang mit der rechtsextremen Szene gebracht wird, muss dem Vermieter bei den Vertragsverhandlungen die Marke des Warensortiments ungefragt mitteilen. **Hinweis:** In seinen Entscheidungsgründen hat der Senat u.a. ausgeführt: „... der Mietvertrag v. 1.6.2007 ist gem. § 142 I BGB als von Anfang an nichtig anzusehen. Die auf den Abschluss des Mietvertrags gerichtete Willenserklärung war gem. § 123 I BGB anfechtbar, weil die Kl. zu der Willenserklärung durch arglistige Täuschung seitens des Bekl. bestimmt worden ist." Ebenso KG, Urt. v. 28.5.2009 – 8 U 223/08, IMR 2009, 268 = GuT 2009, 176 = NZM 2009, 784; LG Magdeburg, Urt. v. 31.1.2008 – 10 O 907/07, IMR 2008, 165; a.A. LG Nürnberg-Fürth, Urt. v. 12.6.2009 – 14 O 139/09, IMR 2009, 389 = NZM 2009, 584	OLG Naumburg, 28.10.2008 – 9 U 39/08, GuT 2009, 17 = NZM 2009, 128
Falsche Selbstauskunft: Darf der Vermieter den Mietvertrag anfechten?	Eine falsche Selbstauskunft des Mieters berechtigt den Vermieter zur Anfechtung des Mietvertrags, wenn die zugrunde liegende Frage des Vermieters zulässig ist und wesentliche Bedeutung für den Fortbestand des Mietverhältnisses hat (hier: frühere Mietschulden des Mieters).	LG Itzehoe, 28.03.2008 – 9 S 132/07, WM 2008, 281 = InfoM 2008, 167
Arglistige Täuschung durch unvollständige Sortimentsliste: Anfechtbarkeit des Mietvertrags! §§ 123, 535, 985 BGB	Macht der Mieter in seiner Sortimentliste bewusst unvollständige Angaben und verschweigt er insbesondere eine Modemarke, die in der Öffentlichkeit mit einem Bezug zur rechtsradikalen Szene wahrgenommen wird, so kann der Vermieter den Mietvertrag wegen arglistiger Täuschung anfechten.	LG Magdeburg, 13.02.2008 – 5 O 1879/07, IMR 2008, 164

3. Checkliste

Checkliste: Mietaufhebungsvertrag

- ☐ Genaue Bezeichnung des aufzuhebenden Mietvertrages.
- ☐ Genaue Bezeichnung der Vertragspartner.
- ☐ Erfolgt der Abschluss des Aufhebungsvertrages nur i.V.m. einer Gegenleistung (i.d.R. Geldzahlung, Ablösesumme)? Höhe, Fälligkeit, Zahlungsmodalitäten?
- ☐ Falls das Mietverhältnis nur durch Vertragsabschluss mit dem Nachmieter enden soll: Ausdrückliche Regelung einer entsprechenden aufschiebenden Bedingung für den Aufhebungsvertrag.
- ☐ Wann soll das Mietverhältnis enden?

X. Arbeits- und Beratungshilfen

- ☐ Wann soll die Übergabe der Räume stattfinden? Räumungsfrist für den Mieter, Termin der Übergabe, wer führt das Protokoll etc.
- ☐ Ggf. Abrechnung der Betriebskosten: Wann soll sie erfolgen, Stichtag etc.?
- ☐ Was geschieht mit Sicherheitsleistungen aus dem ursprünglichen Mietverhältnis (Kaution, Bürgschaften etc.)?
- ☐ Sind noch Arbeiten in oder an den Räumen durchzuführen (Beseitigung von Einbauten, Schönheitsreparaturen)? Von wem? Bis wann?
- ☐ Übernimmt der Vermieter Einrichtungen des Mieters? Welche? Kostenklärung?
- ☐ Bestehen spezielle Pflichten aus dem Mietvertrag, die nun relevant werden und im Aufhebungsvertrag geregelt werden müssen (z.B. Berechtigung für Hinweisschilder auf Wegzug des Mieters)?
- ☐ Ausschluss des § 545 BGB (stillschweigende Verlängerung).
- ☐ Abgeltungsklausel für alle gegenseitigen Forderungen.
- ☐ Schriftformklausel.

Formulierungsvorschlag für einen Mietaufhebungsvertrag: → *Rn. 3372*.

§ 26 Selbsthilfe bei ausbleibenden Zahlungen, Versorgungssperre, „kalte Räumung" u.ä.

Rn.
I.	Übersicht: Recht zur Selbsthilfe im Miet- und Pachtrecht	2520
II.	Maßnahmen des Vermieters im noch laufenden Mietverhältnis	2522
III.	Maßnahmen des Vermieters nach Beendigung des Mietverhältnisses	2524
	1. Räumung ohne Titel, Entsorgung von Gegenständen	2524
	2. Versorgungssperre	2527
	3. Maßnahmen der Wohnungseigentümergemeinschaft	2531
IV.	Verjährung und Verwirkung	2532
V.	Gerichtsverfahren	2533
VI.	Streitwert	2537
VII.	Vertragsgestaltung	2538
VIII.	Arbeits- und Beratungshilfen	2539
	1. Schnellüberblick Grundsatz-Rechtsprechung des BGH	2539
	2. Schnellüberblick aktuelle Rechtsprechung der Instanzgerichte	2540

I. Übersicht: Recht zur Selbsthilfe im Miet- und Pachtrecht

2520 Zahlt der Wohn- oder Gewerberaummieter nicht mehr, und ist klar, dass er auch nicht mehr zahlen kann oder will, möchten viele Vermieter verständlicherweise „kurzen Prozess" machen und den Mieter möglichst schnell und ohne Kosten dazu bringen, die Räume zu verlassen. Der übliche Weg führt über einen teilweise kostenintensiven und langwierigen Räumungsprozess. Ob bspw. die „kalte Räumung", also das Kappen der Energiezufuhr mit dem Ziel, den Mieter zum Auszug zu bewegen, zulässig ist, wird in der Rechtsprechung unterschiedlich gesehen. Nachfolgend werden die wesentlichen Aussagen zusammengefasst.

2521 Das Recht zur **Selbsthilfe gem. § 229 BGB** gewährt das Gesetz nur in Ausnahmefällen, wenn obrigkeitliche Hilfe nicht rechtzeitig zu erlangen ist. Ein **Selbsthilferecht nach § 859 BGB** steht dem Vermieter/Verpächter nur bei verbotener Eigenmacht eines anderen zu. Ist eine Kündigung wirksam und das Miet- oder Pachtverhältnis daher beendet, regelt das bürgerliche Gesetzbuch klar und unmissverständlich die Rechte des Verpächters: Der Vermieter kann nach § 546 BGB und aus dem Eigentümer-Besitzer-Verhältnis Rückgabe des Mietobjekts verlangen, und ihm steht für die Zeit, in welcher der Mieter die Mietsache entgegen seiner Rückgabepflicht dem Vermieter vorenthält, zudem ein Anspruch auf Nutzungsentschädigung nach § 546a BGB zu. Hierin aber erschöpfen sich die Rechte des Vermieters. Hindert er hingegen den Mieter/Pächter eigenmächtig an der Ausübung seines Besitzes, ist dies schlicht ein **Akt der verbotenen Eigenmacht** (§ 858 BGB). Dies bleibt auch dann rechtswidrig, wenn der Vermieter einen Herausgabeanspruch aus § 546 BGB oder § 985 BGB für sich in Anspruch nehmen kann.[4073] Diesen muss er vielmehr im Wege der Herausgabe- bzw. Räumungsklage gerichtlich titulieren und dann im Wege der Räumungsvollstreckung nach § 885 ZPO durchsetzen lassen. Eine gesetzliche Legitimation der Besitzentziehung oder Besitzstörung bildet der Herausgabeanspruch nicht.[4074]

Dass Gewalt und Drohungen zudem verboten und strafbewehrt sind, dürfte jedem Vermieter bekannt sein. Weniger bekannt ist aber, dass auch jede – auch nur mittelbare (Schlossaustausch!) – Einwirkung auf den Besitz des Mieters ohne gerichtlichen Titel oder außerhalb des

---
[4073] OLG Rostock, 04.08.2010 – 3 U 82/10, IMR 2011, 22.
[4074] OLG Rostock, 04.08.2010 – 3 U 82/10, IMR 2011, 22.

allgemeinen Selbsthilferechts (§§ 229 ff., 859 BGB) bzw. außerhalb des Vermieterpfandrechts (§§ 562 ff. BGB) unzulässig ist. Zu in Betracht kommenden Selbsthilfeansprüchen beim Vermieterpfandrecht vgl. → *Rn. 1841 ff.* Der Vermieter setzt sich bei Zuwiderhandeln auch dem Risiko **strafrechtlicher Verfolgung** aus, etwa wegen Nötigung oder Hausfriedensbruchs. Das gilt grds. nicht, wenn der Vermieter einen Räumungstitel erstritten hat. Dann soll sogar der von seinem Vermieter eigenmächtig nach Erwerb eines Räumungstitels geräumte Mieter keine Besitzschutzansprüche mehr haben und dem Anspruch auf Wiedereinräumung des Besitzes § 864 Abs. 2 BGB in analoger Anwendung entgegenstehen.[4075]

> **Hinweis:**
>
> Die weit verbreitete Praxis, nach Zahlungsverzug und Kündigung „mal eben" die Räume selbst zu öffnen und Schlösser auszutauschen, ist aus juristischer Sicht nicht nur unzulässig, sondern auch strafrechtlich gefährlich. In der Praxis sind Fälle aufgetreten, in denen Vermieter die Räumlichkeiten in Abwesenheit des Mieters betreten und/oder versperrt haben und der Mieter später behauptete, wertvolle Gegenstände oder die berühmten 1.000,00 € Bargeld aus der Schublade seien entwendet worden. Vermieter sollten sich diesem Risiko nicht aussetzen, Berater sollten darüber aufklären.

Zu unterscheiden sind Handlungen des Vermieters/Verpächters im noch laufenden Mietverhältnis und nach (ordentlich oder außerordentlich) beendetem Mietverhältnis.

II. Maßnahmen des Vermieters im noch laufenden Mietverhältnis

Im laufenden Mietverhältnis scheidet Selbsthilfe i.d.R. aus. Bei Zahlungsverzug darf der Vermieter aber u.U. die Wasserversorgung unterbrechen[4076] (str., s. nachfolgend). Auch andere Repressalien sind grds. unzulässig und durch den Mieter oft im Wege der **einstweiligen Verfügung** (mit negativer Kostenfolge für den Vermieter!) angreifbar. 2522

Beispiele für unzulässige Maßnahmen:

- *Neue Schlösser einbauen, sodass dem Mieter der Zugang versperrt wird;*[4077] *Durch die Schlüsselübergabe wird unmittelbarer Besitz am Miet- oder Pachtobjekt eingeräumt.*
- *Leer-/Ausräumen der Räumlichkeiten;*
- *Bestellen eines „schwarzen Schattens", der den säumigen Mieter auf Schritt und Tritt begleitet;*[4078]
- *alle Maßnahmen, durch die der Mieter in der Öffentlichkeit psychologisch unter Druck gesetzt wird, da dadurch das allgemeine Persönlichkeitsrecht verletzt wird. Dies kann auch bei Schuldnerdatenbanken im Internet der Fall sein.*

Ungeklärt ist, ob der Vermieter bei Zahlungsrückständen auch während des laufenden Mietverhältnisses die **Energieversorgung sperren** kann. Allerdings hat der BGH in einer grundlegenden Entscheidung für die Sperre *nach* Vertragsende ausgesprochen, dass es hier „anders als bei 2523

[4075] OLG München, 30.10.2008 – 20 U 3860/08, IMR 2009, 10.
[4076] KG, 08.07.2004 – 12 U 21/04, GE 2004, 1171 f.; str.
[4077] AG Leipzig, 07.05.2010 – 163 C 3357/10, IMR 2010, 275 (Wohnraum).
[4078] Vgl. LG Bonn, 29.11.1994 – 4 T 742/94, NJW-RR 1995, 1515; LG Leipzig, 31.08.1994 – 6 O 4342/94, NJW-RR 1995, 3190.

bestehendem Mietvertrag auf den Umfang und die Grenzen eines Zurückbehaltungsrechts nicht ankomme" und damit zumindest angedeutet, dass er eine Sperre auch im laufenden gewerblichen Miet- oder Pachtverhältnis grds. für zulässig hält.[4079] Die Instanzgerichte sehen das z.T. anders: so kann in der zielgerichteten Unterbrechung der Stromversorgung für eine Diskothek ein rechtswidriger Eingriff in den eingerichteten und ausgeübten Gewerbebetrieb liegen, der dem Störer mit einer Unterlassungsverfügung verboten werden kann.[4080]

Die Versorgungsunternehmen selbst sind schon nach ihren AGB berechtigt, ihre Leistungen zurückzuhalten, wenn der Vertragspartner (entweder Mieter oder Vermieter) nicht zahlt.[4081] Darin liegt nach herrschender Meinung keine verbotene Eigenmacht gem. § 858 BGB ggü. dem Mieter.[4082]

III. Maßnahmen des Vermieters nach Beendigung des Mietverhältnisses

1. Räumung ohne Titel, Entsorgung von Gegenständen

2524 Kommt der Mieter seiner Rückgabepflicht nach Ende des Mietverhältnisses nicht nach, darf der Vermieter ebenfalls grds. nicht zur **Selbsthilfe** greifen, da dies von ihm selbst ausgeübte **verbotene Eigenmacht** wäre[4083] und dem Vermieter gerichtlich durchsetzbare Rückgabeansprüche als Mittel der Wahl zur Verfügung stehen.

Beispiel:

Der Vermieter darf den gekündigten Mieter nicht „am Schlafittchen packen" und aus den Räumen werfen.

Der Vermieter muss also grds. klagen, sich einen vollstreckbaren Räumungstitel verschaffen und dann ggf. die Räumungsvollstreckung betreiben. Ansonsten stellt dies eine unerlaubte Selbsthilfe nach § 229 BGB dar.[4084]

Beispiel:[4085]

Der Kläger war Mieter einer in Wiesbaden gelegenen Wohnung der Beklagten. Ab Februar 2005 war er für mehrere Monate mit unbekanntem Aufenthalt ortsabwesend und wurde von Verwandten als vermisst gemeldet. Nachdem die Mieten für die Monate März und April 2005 nicht gezahlt worden waren, kündigte die Vermieterin das Mietverhältnis fristlos. Im Mai 2005 öffnete sie die Wohnung und nahm sie in Besitz. Hierbei entsorgte sie einen Teil der Wohnungseinrichtung; einen anderen Teil der vorgefundenen Sachen lagerte sie bei sich ein. Gestützt auf ein Sachverständigengutachten hat der Mieter für die ihm nach seiner Behauptung im Zuge der Räumung abhanden gekommenen, beschädigten oder verschmutzten Gegenstände Schadensersatz von rund 62.000,00 € zuzüglich der ihm entstandenen

---

[4079] BGH, 06.05.2009 – XII ZR 137/07, IMR 2009, 232, 233 = GuT 2009, 188 = NZM 2009, 482 = InfoM 2009, 172 = NJW 2009, 1947 = MDR 2009, 919.
[4080] OLG Rostock, 25.06.2007 – 3 U 70/07, GuT 2007, 372 = NJOZ 2007, 4881 = MDR 2007, 1249.
[4081] S. bspw. § 33 AVBEltV, AVBGasV, AVBWasserV, AVBFernwärmeV.
[4082] LG Frankfurt an der Oder, WuM 2002, 312; LG Frankfurt am Main, WuM 1998, 495; LG Gera, WuM 1998, 496; a.A. LG Cottbus, WuM 2000, 134.
[4083] BGH, 27.04.1971 – VI ZR 191/69, WuM 1971, 943; OLG Rostock, 04.08.2010 – 3 U 82/10, IMR 2011, 22.
[4084] BGH, 14.07.2010 – VIII ZR 45/09, IMR 2010, 416 = NZM 2010, 701 = MDR 2010, 1106: mehrere Monate vermisst gemeldeter Mieter fordert erfolgreich Schadensersatz für entsorgte Möbel (Wohnraum).
[4085] BGH, 14.07.2010 – VIII ZR 45/09, IMR 2010, 416 = NZM 2010, 701 = MDR 2010, 1106 (Wohnraum).

Gutachterkosten verlangt. Der BGH hat dazu entschieden, dass die Vermieterin für die Folgen einer solchen nicht durch einen gerichtlichen Titel gedeckten Räumung haftet, da es sich bei der eigenmächtigen Inbesitznahme einer Wohnung und deren eigenmächtiges Ausräumen durch den Vermieter um eine unerlaubte Selbsthilfe (§ 229 BGB) handelt.

Das gilt selbst dann, wenn der gegenwärtige Aufenthaltsort des Mieters unbekannt und ein vertragliches **Besitzrecht des Mieters infolge Kündigung** entfallen ist.[4086] Der Vermieter muss sich auch in diesen Fällen – ggf. nach öffentlicher Zustellung der Räumungsklage – einen Räumungstitel beschaffen und aus diesem vorgehen. Übt ein Vermieter stattdessen im Wege einer „kalten" Räumung eine verbotene Selbsthilfe, ist er gem. § 231 BGB (Irrtümliche Selbsthilfe) **verschuldensunabhängig** zum Ersatz des daraus entstehenden Schadens verpflichtet.[4087] Die Ersatzpflicht umfasst insb. eine eigenmächtige Entsorgung der in den Räumen vorgefundenen Gegenstände erfasst, da den Vermieter, der Räume ohne Vorliegen eines gerichtlichen Titels in Besitz nimmt, für die darin befindlichen Gegenstände eine Obhutspflicht trifft.[4088]

2525

Die **Beweislast für das Vorhandensein entsorgter Gegenstände** liegt grds. beim Mieter, wenn dieser den Anspruch gelten macht. Da der Mieter von der Inbesitznahme seiner Wohnung aber nichts weiß und deshalb auch nicht in der Lage ist, seine Rechte selbst wahrzunehmen, gehört zu der Obhutspflicht des Vermieters, dass er ein **Bestandsverzeichnis aufstellt** und den Wert der darin aufgenommenen Gegenstände feststellt.[4089] Kommt er dieser Pflicht nicht in ausreichendem Maße nach, muss er die Behauptung des Mieters widerlegen, dass bestimmte Gegenstände bei der Räumung abhanden gekommen oder beschädigt worden seien, und beweisen, dass sie einen geringeren Wert hatten als vom Mieter behauptet.[4090] Steht der geltend gemachte Anspruch des Mieters auf Schadensersatz dem Grunde nach fest und ist nur seine Höhe fraglich, darf eine Klage grds. nicht vollständig abgewiesen werden, sondern das Gericht muss beurteilen, ob nicht wenigstens die Schätzung eines Mindestschadens möglich ist.[4091]

2526

2. Versorgungssperre

Eine andere Frage ist es, ob der Vermieter nach Ende der Mietzeit **mittelbar wirkende Maßnahmen** ergreifen darf, bspw. eine **Versorgungs- oder Energiesperre** („kalte Räumung", „den Hahn zudrehen"). Dies ist umstritten.[4092] Die herrschende Meinung sieht auch nach Beendigung des Mietverhältnisses in der Unterbrechung der Versorgungsleistungen eine verbotene Eigenmacht. Im Wohnraummietrecht wird dies mit Hinweis auf den sozialen Schutz häufig verneint. Z.T. wird nach den Vertragsverhältnissen der Energieversorgung differenziert. Nach Beendi-

2527

[4086] BGH, 14.07.2010 – VIII ZR 45/09, IMR 2010, 416 = NZM 2010, 701 = MDR 2010, 1106 (Wohnraum).
[4087] BGH, 14.07.2010 – VIII ZR 45/09, IMR 2010, 416 = NZM 2010, 701 = MDR 2010, 1106 (Wohnraum).
[4088] BGH, 14.07.2010 – VIII ZR 45/09, IMR 2010, 416 = NZM 2010, 701 = MDR 2010, 1106 (Wohnraum).
[4089] BGH, 14.07.2010 – VIII ZR 45/09, IMR 2010, 416 = NZM 2010, 701 = MDR 2010, 1106 (Wohnraum).
[4090] BGH, 14.07.2010 – VIII ZR 45/09, IMR 2010, 416 = NZM 2010, 701 = MDR 2010, 1106 (Wohnraum).
[4091] BGH, 14.07.2010 – VIII ZR 45/09, IMR 2010, 416 = NZM 2010, 701 = MDR 2010, 1106 (Wohnraum).
[4092] Verbotene Eigenmacht des Vermieters wird bejaht von OLG Saarbrücken, 25.09.2005 – 8 W 204/05, InfoM 2006, 189; OLG Celle, 28.04.2005 – 11 U 44/05, InfoM 5/2005, 28 (Wassersperre); OLG Köln, 15.03.2000 – 2 U 74/99, NZM 2000, 1026; OLG Hamburg, 03.11.1977 – 4 W 48/77, WuM 1978, 169; Eisenschmid, in: Schmidt-Futterer, § 535 Rn. 101; Sternel, Mietrecht aktuell, VII Rn. 206. Zum Antrag des Grundversorgers, in den Räumen des Kunden gem. § 19 Abs. 2 StromGVV die Versorgung wegen Nichterfüllung einer Zahlungsverpflichtung zu unterbrechen vgl. LG Potsdam, 02.05.2008 – 13 T 23/08, NZM 2009, 159.

gung des Mietverhältnisses darf der Vermieter danach die Wasserversorgung einstellen, wenn er für diese Versorgung als Vermieter verantwortlich war (s. dazu nachfolgend). Hingegen darf er die Stromzufuhr nicht unterbrechen, wenn der Energielieferungsvertrag nicht von ihm, sondern vom Mieter abgeschlossen wurde.[4093] Grds. soll aber sowohl das aktive Kappen der Versorgung als auch die Einstellung der Zahlungen des Vermieters an das Versorgungsunternehmen mit der Folge, dass dieses die Belieferung des Mieters einstellt, als Besitzstörung zu sehen sein, weil im Zweifel Rechtssicherheit und Rechtsfrieden höherrangiger als die wirtschaftlichen Individualinteressen des Vermieters zu bewerten seien.[4094]

2528 Ist das **Mietverhältnis beendet**, etwa nach wirksamer Kündigung, hat der Vermieter auch keine Pflicht mehr, den Mieter zu beliefern.[4095] Der Mieter kann mangels vertraglicher Grundlage nicht mehr darauf vertrauen, dass der Vermieter ihm weiter den Energiebezug ermöglicht. Der Vermieter ist daher nicht verpflichtet, im Rahmen eines nach fristloser Kündigung zwischen den Parteien bestehenden **Abwicklungsverhältnisses** die Versorgung mit Energie aufrechtzuerhalten. Zudem hat der Vermieter gem. § 273 BGB ein **Zurückbehaltungsrecht** an seiner Leistung (= Belieferung bzw. Ermöglichen der Belieferung). Ferner nimmt der Mieter, der im Bewusstsein, dass er nicht mehr zahlen kann, beim Vermieter Kosten verursacht, bewusst die Schädigung seines Vertragspartners in Kauf, was eine so **erhebliche Pflichtverletzung** darstellt (und womöglich auch sittenwidrige Schädigung gem. § 826 BGB), dass der Vermieter nach dem Grundsatz von Treu und Glauben die Versorgung einstellen darf.[4096] Dies gilt auf jeden Fall, wenn der Vermieter wirksam gekündigt hat, denn nach Beendigung des Mietverhältnisses entfällt die Verpflichtung des Vermieters zur Gebrauchsgewährung.[4097] Damit entfällt auch die Verpflichtung des Vermieters zur Erbringung der im Mietvertrag vereinbarten Nebenleistungen.[4098] Dabei ist die Einstellung der Nebenleistungen keine Einwirkung, sondern eine bloße Gebrauchshinderung ohne Eingriff in die Sachherrschaft des Mieters.[4099]

2529 Entgegen der (früher) herrschenden Meinung hält der **BGH nach neuerer Rechtsprechung** richtigerweise den Besitzschutz auf die Einstellung von Versorgungsleistungen für nicht anwendbar.[4100] Der BGH ist damit der bisher in Rechtsprechung und Literatur überwiegend vertretenen Auffassung entgegengetreten, die in der Einstellung der Leistung eine besitzrechtlich verbotene Eigenmacht sieht. Es liegt also in den o.g. Fällen **keine Besitzstörung** i.S.d. §§ 862 Abs. 1, 858 Abs. 1 BGB vor.[4101] Denn diese Besitzbeeinträchtigung besteht nach herrschender

---

[4093] KG, 08.07.2004 – 12 W 21/04, GuT 2004, 228 = NZM 2005, 65 = InfoM 2005, 28: Wassersperre beim Gewerbemieter mit Zahlungsrückständen von 1 1/2 Jahren; LG Berlin, 28.11.2006 – 65 S 220/06, GE 2007, 150 = InfoM 2007, 58 (Wohnraum).
[4094] Sternel, Mietrecht aktuell, VII Rn. 206.
[4095] KG, 06.09.2007 – 8 U 49/07, GuT 2007, 371 = IMR 2007, 388 = NZM 2007, 923 = ZMR 2008, 47; KG, 08.07.2004 – 12 W 21/04, GuT 2004, 228 = GE 2004, 1171; KG, 17.12.1998 – 8 U 7247/98, GE 2004, 622: keine Besitzstörung.
[4096] So bereits Voraufl., Rn. 1710.
[4097] So bereits Voraufl., Rn. 1710.
[4098] KG, 08.07.2004 – 12 W 21/04, GuT 2004, 224 = NZM 2005, 65 = GE 2004, 1171 = MDR 2005, 165.
[4099] KG, 08.07.2004 – 12 W 21/04, GuT 2004, 224 = NZM 2005, 65 = GE 2004, 1171 = MDR 2005, 165.
[4100] BGH, 06.05.2009 – XII ZR 137/07, IMR 2009, 232, 233 = GuT 2009, 188 = NZM 2009, 482 = InfoM 2009, 172 = NJW 2009, 1947 = MDR 2009, 919.
[4101] So bereits Voraufl., Rn. 1711; a.A. OLG Saarbrücken, 25.09.2005 – 8 W 204/05NJOZ 2006, 2059 = GuT 2005, 218 = InfoM 2006, 189 zum Wasserabsperren beim nach Kündigung nicht räumenden Gaststättenpächter.

Meinung[4102] nur dann, wenn ein rechtlich befriedeter Zustand in einen solchen der Rechtsunsicherheit verwandelt wird. Ein „rechtlich befriedeter Zustand" besteht jedoch nicht mehr, wenn der Mieter oder Pächter Anlass zu einer fristlosen Kündigung gegeben hat. Er besteht auch bei ordentlicher Beendigung des Mietverhältnisses nicht mehr, weil der Mieter weiß, dass er ab Mietende die Mietsache rechtsgrundlos besitzt und der Vermieter keine Gebrauchsgewährungspflicht mehr hat. Auch ein Anspruch aus Eingriff in den eingerichteten und ausgeübten Gewerbebetrieb gem. §§ 823 Abs. 1, 1004 BGB liegt mangels Rechtswidrigkeit nicht vor, weil die wirksame Kündigung das Mietverhältnis und damit den Energiebelieferungsgrund beendet hat.[4103] Kurz: Strom, Wasser etc. dürfen abgesperrt werden. Allerdings statuiert der BGH in seiner Entscheidung v. 06.05.2009 auch selbst **Ausnahmen:** danach können nach Treu und Glauben einzelne Pflichten des Vermieters noch nach der Vertragsbeendigung entstehen, wozu auch die Pflicht zur Erbringung von Versorgungsleistungen gehören kann. Solche nachvertraglichen Pflichten können sich im Einzelfall aus der Eigenart des – beendeten – Mietvertrags (z.B. Wohnraummiete) oder den besonderen Belangen des Mieters (z.B. Gesundheitsgefährdung oder etwa durch eine Versorgungssperre drohender, besonders hoher Schäden) ergeben.[4104] Die Ausnahmeumstände greifen allerdings nur dann, wenn dem Vermieter die weitere Belieferung noch zumutbar ist, etwa bei gewährter Räumungsfrist und hierbei fortlaufend vom Mieter gezahlter Nutzungsentschädigung.[4105] Erst wenn diese Grundvoraussetzungen erfüllt sind, kann Treu und Glauben zum Zug kommen. Das LG Heilbronn erweitert den **Zumutbarkeitsaspekt** um die Variante, dass der der Gewerberaummieter für die Kosten der weiteren Wasser- und Wärmelieferungen keine Sicherzeit leisten kann und er zudem insolvenzgefährdet ist (= dann Versorgungssperre bei Zahlungsverzug zulässig).[4106]

Ungeklärt ist, wie weit der BGH die Ausnahmen ausdehnen möchte. Dreht der Vermieter dem Mieter im Winter die Heizung ab, droht (natürlich) eine Gesundheitsgefährdung, andererseits hält er aber gerade das zurück, was er zurückhalten darf, nämlich die nicht bezahlte Heizenergie. Dennoch wird man den BGH wohl bzgl. der Gesundheitsgefährdung beim Wort nehmen müssen, was aber nicht bedeuten kann, **durch die Hintertür über Treu und Glauben** die Befugnis zur Versorgungssperre bei jedem nicht ganz unerheblichen Nachteil für den Mieter zu versagen. Die Erheblichkeitsschwelle dürfte (erst dann) überschritten sein, wenn der Mieter wirklich krank werden kann und/oder Kunden von ihm gesundheitliche Nachteile drohen.

2530

Eine Versorgungssperre ist aber unzulässig (= verbotene Eigenmacht), wenn die Unterbrechung von Versorgungsleitungen durch einen außen stehenden Dritten erfolgt, da es nicht um das Vorenthalten einer zuvor erbrachten Leistung geht – der Dritte hat hier den Mieter zu keinem Zeitpunkt mit Wasser versorgt oder auch nur die Leitungen hierfür zur Verfügung gestellt –, sondern um einen Eingriff von außen in die Wasserversorgung des Mieters.[4107]

4102 Bassenge, in: Palandt, § 862 Rn. 4 m.w.N.
4103 A.A. OLG Rostock, 25.06.2007 – 3 U 70/07, GuT 2007, 372.
4104 BGH, 06.05.2009 – XII ZR 137/07, IMR 2009, 232, 233 = GuT 2009, 188 = NZM 2009, 482 = InfoM 2009, 172 = NJW 2009, 1947 = MDR 2009, 919.
4105 BGH, 06.05.2009 – XII ZR 137/07, IMR 2009, 232, 233 = GuT 2009, 188 = NZM 2009, 482 = InfoM 2009, 172 = NJW 2009, 1947 = MDR 2009, 919.
4106 LG Heilbronn, 18.12.2007 – 2 O 448/07, IMR 2009, 13.
4107 KG, 01.10.2009 – 8 U 105/09, IMR 2010, 13 = NZM 2010, 397 = NJW-RR 2009, 947.

Hat der Vermieter oder ein Versorgungsunternehmer eine Versorgungssperre gerichtlich titulieren lassen, darf sie ohne zusätzlichen **Durchsuchungsbeschluss** vollzogen werden.[4108]

3. Maßnahmen der Wohnungseigentümergemeinschaft

2531 Für **Teileigentum** gilt: Unter Berücksichtigung des verfassungsrechtlichen Verhältnismäßigkeitsgebotes kann die Wohnungseigentümergemeinschaft die weitere Lieferung von Wasser, Strom und Wärmeenergie einstellen, wenn ein Wohnungseigentümer mit seinen laufenden Beitragspflichten in erheblichem Umfang in Verzug gerät.[4109] Wegen der Schwere des Eingriffs müssen die Ansprüche der Wohnungseigentümergemeinschaft allerdings fällig sein und zweifelsfrei bestehen.[4110] Sie kann danach eine Versorgungssperre beschließen und damit auch den Verwalter zu entsprechenden Maßnahmen ermächtigen, dass die in der Wohnung des säumigen Wohngeldschuldners vorhandenen Leitungen von der zentralen Versorgungsleitung abgetrennt werden.[4111] Dies gilt auch ggü. einem Mieter der Räumlichkeiten.[4112] Nach zu enger Ansicht kommt hingegen eine Versorgungssperre ggü. einem säumigen Wohnungseigentümer hinsichtlich der Kosten für Warmwasser, Heizung oder Strom nur in Betracht, wenn die Ansprüche der Gemeinschaft anerkannt oder rechtskräftig festgestellt sind.[4113]

Erfolgt die **Einstellung ggü. dem Mieter**, weil der Vermieter den Energieversorger nicht bezahlt, kommt trotz gezahlter Nebenkostenvorauszahlungen der Erlass einer einstweiligen Verfügung des Mieters gegen diesen nicht in Betracht.[4114] Zum Anspruch eines Rechtsnachfolgers gegen ein Versorgungsunternehmen, das die Belieferung wegen Schulden des früheren Vermieters eingestellt hat, aus § 826 BGB, § 20 GWB vgl. OLG Brandenburg, 26.03.2002 – Kart U 5/01, LNR 2002, 20037 = NZM 2002, 577.

IV. Verjährung und Verwirkung

2532 Für Abwehransprüche des Mieters geltend die allgemeinen Grundsätze.

V. Gerichtsverfahren

2533 Entzieht der Vermieter dem Mieter mittels verbotener Eigenmacht den Besitz, gilt Folgendes: Der Anspruch aus § 861 BGB auf **Wiedereinräumung des Besitzes** wegen verbotener Eigenmacht kann im Wege einstweiliger Verfügung ohne besonderen Verfügungsgrund geltend gemacht werden.[4115] Zu den allgemeinen Voraussetzungen des einstweiligen Rechtsschutzes → vgl. Rn. 2810 ff. Diese einstweilige Verfügung darf ausnahmsweise als Leistungsverfügung

---

4108 BGH, 10.08.2006 – I ZB 126/05, NZM 2006, 863 = WuM 2006, 632 = Info M 2007, 44 = MDR 2007, 238 = NJW 2006, 3352. Ausführlich dazu und mit Überblick über die Versorgungssperre-Meinungen Scheidacker, NZM 2007, 591.
4109 BGH, 10.06.2005, MDR 2005, 1279.
4110 OLG Frankfurt am Main, 21.02.2006 – 20 W 56/06, NZM 2006, 869; KG, 21.05.2001 – 24 W 94/01, NZM 2001, 761 = WuM 2001, 456 = ZMR 2001, 1007; so schon Voraufl. Rn. 1712.
4111 OLG Frankfurt am Main, 21.02.2006 – 20 W 56/06, NZM 2006, 869.
4112 KG, 26.11.2001 – 24 W 7/01, NZM 2002, 221 = WuM 2002, 161 = ZMR 2002, 458.
4113 LG Oldenburg, 03.01.2005 – 5 W 151/04, ZMR 2005, 651.
4114 LG Frankfurt am Main, 15.05.1998 – 2/17 S 465/97, NJW-RR 1998, 1467; LG Gera, NZM 1998, 715.
4115 OLG Koblenz, 25.01.2007 – 2 U 1524/06, IMR 2007, 285.

zur endgültigen Befriedigung des Gläubigers führen.[4116] Sie ist auch dann gerechtfertigt, wenn der unrechtmäßige Besitzer den Besitz an der Sache zwischenzeitlich einem Dritten überlassen hat.[4117] Eine einstweilige Verfügung auf Wiedereinräumung des durch verbotene Eigenmacht entzogenen Besitzes ist auch dann gerechtfertigt, wenn der Besitz zwischenzeitlich einem Dritten überlassen wurde.[4118]

In der Praxis kommt es nicht selten vor, dass der Vermieter – aus welchen Gründen auch immer – den Mieter faktisch rechtswidrig durch **Schlossaustausch** aus dem Besitz setzt. Bei unzulässigem **Schlossaustausch** hat der Mieter/Pächter einen Verfügungsanspruch auf Wiedereinräumung des (alleinigen) unmittelbaren Besitzes an der streitgegenständlichen Mietfläche aus §§ 861, 858 BGB.[4119] Eines besonderen Verfügungsgrundes bedarf es bei einer solchen Besitzschutzklage nicht. Die Verurteilung des Vermieters, dem Mieter Zutritt zu den Mieträumen zu verschaffen durch Aushändigung von Schlüsseln oder Wiedereinbau von alten Schlössern, wird nicht nach § 885 ZPO, sondern als unvertretbare Handlung nach § 888 ZPO vollstreckt.[4120] I.R.d. Vermieterpfandrechts kann der Vermieter bei drohender Entfernung der Sachen einen Anspruch auf Selbsthilfe durch Schlösseraustausch haben, der den Erlass einer einstweiligen Verfügung zugunsten des Mieters hindert. 2534

Weigert sich der Vermieter **während der Mietzeit**, den Mieter mit **Heizenergie, Strom oder (Warm-) Wasser** zu „beliefern" (Beispiele: er stellt die Heizung nicht an oder unterbricht die Zufuhr), hat der Mieter nach der Rechtsprechung grds. einen Anspruch auf Erlass einer einstweiligen Verfügung.[4121] Dies gilt allerdings nur, wenn der Mieter nicht selbst mit dem Energieversorger einen Vertrag geschlossen hat, da ansonsten die Einstellung der Versorgung durch den Lieferanten erfolgt. 2535

Hat der Vermieter oder ein Versorgungsunternehmer eine Versorgungssperre gerichtlich titulieren lassen, darf sie ohne zusätzlichen **Durchsuchungsbeschluss** vollzogen werden.[4122] 2536

VI. Streitwert

Im Verfahren zur **Aufhebung einer einstweiligen Verfügung**, durch die dem Vermieter zur Abwehr verbotener Eigenmacht die Räumung des Mietobjekts untersagt worden ist, ist der Wert entsprechend dem Wert der Hauptsache, mithin regelmäßig nach der Jahresmiete, zu bestim- 2537

4116 OLG Koblenz, 25.01.2007 – 2 U 1524/06, IMR 2007, 285.
4117 OLG Celle, 12.10.2007 – 2 U 152/07, IMR 2007, 387.
4118 OLG Celle, 12.10.2007 – 2 U 152/07, MDR 2008, 445.
4119 AG Leipzig, 07.05.2010 – 163 C 3357/10, IMR 2010, 275; AG Ulm, 05.07.1996 – 4 C 1654/96, WuM 1999, 433 (Wohnraum).
4120 KG, 14.12.2006 – 12 W 73/06, MDR 2007, 617 = IMR 2007, 239; OLG Frankfurt am Main, 10.10.1996 – 26 W 128/06, OLGR 1997, 34.
4121 OLG Rostock, 25.06.2007 – 3 U 70/07, GuT 2007, 372 = NJOZ 2007, 4881 = MDR 2007, 1249: Unterlassungsverfügung betreff Unterbrechung der Stromversorgung für eine Diskothek; OLG Köln, 13.04.1994 – 2 W 50/94, MDR 1995, 95 = ZMR 1994, 325; a.A. KG, 08.07.2004 – 12 W 21/04, GuT 2004, 224 = NZM 2005, 65 = GE 2004, 1171 = MDR 2005, 165: Recht zur Unterbrechung der Wasserversorgung bei Zahlungsverzug des Mieters.
4122 BGH, 10.08.2006 – I ZB 126/05, NZM 2006, 863 = WuM 2006, 632 = InfoM 2007, 44 = MDR 2007, 238 = NJW 2006, 3352. Ausführlich dazu und mit Überblick über die Versorgungssperre-Meinungen Scheidacker, NZM 2007, 591.

men.[4123] Der **Jahresmietwert** ist nicht deswegen zu kürzen, weil der Mieter „nur" vorläufigen Rechtsschutz beantragt hat, denn die Bewertung richtet sich gem. § 3 ZPO, §§ 53 Abs. 1 Nr. 1, 41 Abs. 2 GKG ausnahmsweise uneingeschränkt nach dem Wert der Hauptsache, weil der der Mieter nicht nur die einstweilige, sondern in Abwehr der verbotenen Eigenmacht des Vermieters im Ergebnis die andauernde Erhaltung seines Besitzrechts an der Mietsache verfolgt, womit er über die bloße Sicherung hinaus die Befriedigung seines Anspruchs begehrt.[4124] Die Erfüllungswirkung der einstweiligen Verfügung wird damit dauerhaft erstrebt, jedenfalls aber bis zur rechtskräftigen Entscheidung eines ggf. vom Vermieter zu führenden Räumungsprozesses. Dieser Zeitraum kann prognostisch mit einem vollen Jahr angesetzt werden (§ 287 ZPO).[4125]

Der Streitwert einer **Klage auf Duldung der Wegnahme von Strom-, Gas- und Wasserzählern** bemisst sich danach, welcher Schaden dem Versorger bei Fortsetzung der Lieferungen in den nächsten sechs Monaten voraussichtlich entstehen wird.[4126] Dies entspricht dem regelmäßig dem 6-fachen der monatlichen Abschlagszahlungen.[4127]

VII. Vertragsgestaltung

2538 Es stellt sich die Frage, ob der gewerbliche Vermieter „vorbeugend" eine **wirksame Klausel** in den Mietvertrag aufnehmen kann, die ihm bei Zahlungsverzug das Abstellen der Versorgung mit Wasser, Strom etc. gestattet. Individualvertraglich bestehen keine Bedenken gegen eine derartige Klausel, da ein Einstellen weder treuwidrig (§ 242 BGB) noch sittenwidrig (§ 138 BGB) wäre, weil die Vorleistung des Vermieters (Überlassung des Mietobjekts) erbracht ist und das Einstellen lediglich die Reaktion auf das nicht mehr vertragsgemäße Verhalten des Mieters darstellt. Die **formularvertragliche Einschränkung** für den Fall des Zahlungsrückstandes wird allerdings richtigerweise auch im gewerblichen Bereich als unzulässig angesehen, weil die Überlassung zum vertragsgemäßen Gebrauch zum Kernbereich der Vermieterleistungen gehört.[4128]

4123 OLG Düsseldorf, 09.09.2010 – 24 W 63/10, IMR 2010, 495.
4124 OLG Düsseldorf, 09.09.2010 – 24 W 63/10, IMR 2010, 495.
4125 OLG Düsseldorf, 09.09.2010 – 24 W 63/10, IMR 2010, 495.
4126 OLG Oldenburg, 22.10.2009 – 5 W 54/09, NZM 2010, 135.
4127 OLG Celle, 23.02.2010 – 13 W 17/10, NZM 2010, 639: Gewährung des Zutritts und Duldung der Sperrung.
4128 Eisenschmid, in: Schmidt-Futterer, § 535 Rn. 101.

VIII. Arbeits- und Beratungshilfen

1. Schnellüberblick Grundsatz-Rechtsprechung des BGH

Thema/Normen	Leitsatz	Entscheidung, Fundstelle
Vermieter darf nicht eigenmächtig Mieterwohnung räumen!	1. Die nicht durch einen gerichtlichen Titel gedeckte eigenmächtige Inbesitznahme einer Wohnung und deren eigenmächtiges Ausräumen durch einen Vermieter stellt eine unerlaubte Selbsthilfe dar, für deren Folgen der Vermieter verschuldensunabhängig nach § 231 BGB haftet (Bestätigung der Senatsurteile vom 6. Juli 1977 – VIII ZR 277/75, WM 1977, 1126, und vom 1. Oktober 2003 – VIII ZR 326/02, WuM 2003, 708). 2. Der Vermieter, der eine Wohnung in Abwesenheit des Mieters ohne Vorliegen eines gerichtlichen Titels durch verbotene Eigenmacht in Besitz nimmt, hat sich aufgrund der ihn treffenden Obhutspflicht nicht nur zu entlasten, soweit ihm die Herausgabe nachweislich vorhandener Gegenstände unmöglich wird oder nachweislich eine Verschlechterung an herauszugebenden Gegenständen eintritt. Er muss aufgrund seiner Obhutspflicht die Interessen des an einer eigenen Interessenwahrnehmung verhinderten Mieters auch dadurch wahren, dass er bei der Inbesitznahme ein aussagekräftiges Verzeichnis der verwahrten Gegenstände aufstellt und deren Wert schätzen lässt. Kommt er dem nicht nach, hat er zu beweisen, in welchem Umfang Bestand und Wert der der Schadensberechnung zugrunde gelegten Gegenstände von den Angaben des Mieters abweichen, soweit dessen Angaben plausibel sind (Anschluss an BGHZ 3, 162). 3. Zu den Anforderungen an eine Schadensschätzung gemäß § 287 ZPO.	BGH, 14.07.2010 – VIII ZR 45/09, IMR 2010, 416 = NZM 2010, 701 = NZM 2010, 701 = MDR 2010, 1106
Einstellung von Versorgungsleistungen	1. Nach Beendigung des Mietverhältnisses ist der Vermieter gegenüber dem die Mieträume weiter nutzenden Mieter zur Gebrauchsüberlassung und damit auch zur Fortsetzung vertraglich übernommener Versorgungsleistungen (hier: Belieferung mit Heizenergie) grundsätzlich nicht mehr verpflichtet. 2. Auch aus Treu und Glauben folgt eine nachvertragliche Verpflichtung des Vermieters von Gewerberäumen zur Fortsetzung von Versorgungsleistungen jedenfalls dann nicht, wenn der Mieter sich mit Mietzinsen und Nutzungsentschädigung im Zahlungsverzug befindet und dem Vermieter mangels eines Entgelts für seine Leistungen ein stetig wachsender Schaden droht. 3. Die Einstellung oder Unterbrechung der Versorgung mit Heizenergie durch den Vermieter ist keine Besitzstörung gemäß §§ 858, 862 BGB hinsichtlich der Mieträume.	BGH, 06.05.2009 – XII ZR 137/07, IMR 2009, 232, 233 = GuT 2009, 188 = NZM 2009, 482 = InfoM 2009, 172 = NJW 2009, 1947 = MDR 2009, 919

2539

> **Hinweis:**
>
> Der BGH ist damit der bisher in Rechtsprechung und Literatur überwiegend vertretenen Auffassung entgegengetreten, die in der Einstellung der Leistung eine besitzrechtlich verbotene Eigenmacht sieht.
>
> Differenzierend KG, 1.10.2009 – 8 U 105/09, IMR 2010, 13 = NZM 2010, 397 = NJW-RR 2009, 947, wonach verbotene Eigenmacht vorliegt, wenn nicht der „versorgende" Vermieter, sondern ein außen stehender Dritter die Wasserversorgung des Mieters unterbricht.

2. Schnellüberblick aktuelle Rechtsprechung der Instanzgerichte

Thema/Normen	Leitsatz	Entscheidung, Fundstelle
Verfahrensrecht – Wert für Aufhebung einer einstweiligen Verfügung	Im Verfahren zur Aufhebung einer einstweiligen Verfügung, durch die dem Vermieter zur Abwehr verbotener Eigenmacht die Räumung des Mietobjekts untersagt worden ist, ist der Wert entsprechend dem Wert der Hauptsache, mithin regelmäßig nach der Jahresmiete, zu bestimmen.	OLG Düsseldorf, 09.09.2010 – 24 W 63/10, IMR 2010, 495
Unterbrechung von Versorgungsleitungen ist verbotene Eigenmacht!	Eine Unterbrechung von Versorgungsleitungen durch einen außen stehenden Dritten kann – anders als eine Versorgungssperre, die in der Einstellung von Leistungen besteht (vgl. BGH, Urt. v. 6.5.2009 – XII ZR 137/07 – NJW 2009, 1947) – gegenüber dem Besitzer der betroffenen Räume eine verbotene Eigenmacht darstellen.*) Denn es geht nicht um das Vorenthalten einer zuvor erbrachten Leistung – der Dritte hat hier den Mieter zu keinem Zeitpunkt mit Wasser versorgt oder auch nur die Leitungen hierfür zur Verfügung gestellt –, sondern um einen Eingriff von außen in die Wasserversorgung des Mieters.	KG, 01.10.2009 – 8 U 105/09, IMR 2010, 13 = NZM 2010, 397 = NJW-RR 2009, 947
Keine Nutzungsentschädigung bei verbotener Eigenmacht!	Setzt der Vermieter den Mieter nach Beendigung des Mietverhältnisses durch fristlose Kündigung im Wege der verbotenen Eigenmacht aus dem Besitz, hat er keinen Anspruch auf Nutzungsentschädigung. Ein Anspruch auf Ersatz des Kündigungsfolgeschadens kommt grundsätzlich erst ab Rückgabe der Mietsache, bzw. – im vorliegenden Fall – erst ab dem Zeitpunkt der offiziellen Besitzeinweisung durch den Gerichtsvollzieher in Betracht.	KG, 14.09.2009 – 8 U 135/09, IMR 2010, 8 = GuT 2009, 328 Ls. = WuM 2009, 667
Energieversorgungssperre durch Versorger wg Zahlungsrückstand rechtmäßig	1. Eine Versorgungssperre durch den Energieversorger ist keine verbotene Eigenmacht (§ 859 BGB), sie ist nicht besitz-, sondern sie ist vertragsrechtlich zu würdigen.	LG Saarbrücken, 11.05.2009 – 5 T 236/09, IMR 2009, 423

	2. Der aus dem Energiewirtschaftsgesetz (§§ 36 Abs. 1 S. 1; 2 Abs. 1, 1 Abs. 1 EnWG) ableitbare Kontrahierungszwang eines Energiegrundversorgungsunternehmens gibt dem Endverbraucher einen Anspruch auf Abschluss eines Versorgungsvertrages, nicht aber eine Forderung auf Lieferung von Energie außerhalb einer vertraglichen Beziehung.	
Fristlose Kündigung nach einmaliger Besitzstörung?	Auch nur einmalige Vorkommnisse können grundsätzlich eine außerordentliche Kündigung nach § 543 BGB begründen, wenn dem Mieter aufgrund der Schwere des Vorfalls eine Fortsetzung des Mietverhältnisses nicht zugemutet werden kann. Dies kann insbesondere auch durch eine verbotene Eigenmacht der Fall sein, wenn der Vermieter in das Besitzrecht des Mieters durch Auswechseln des Schlosses eingreift. Anders ist dies, wenn ein Rücktausch der Schlösser unmittelbar nach Belehrung durch die herbeigerufene Polizei erfolgt. Auch eine unberechtigte Strafanzeige kann eine Kündigung aus wichtigem Grund rechtfertigen. Dafür sind die Umstände des Einzelfalls zu berücksichtigen und zu differenzieren, aus welchem Grund eine Anzeige erfolgte und wie sich der Angezeigte seinerseits verhält. Eine einmalige Entgleisung in Form lautstarken Auftretens ohne Beleidigung, Verleumdung oder Tätlichkeiten erfüllt die Voraussetzungen einer sofortigen Kündigung ohne Abmahnung nach § 543 Abs. 3 Satz 2 Nr. 2 BGB nicht.	KG, 02.04.2009 – 12 U 118/08, NZM 2009, 820 = IMR 2010, 100 = InfoM 2009, 478 = KGR Berlin, 685
Keine fristlose Kündigung wegen vorübergehenden Schlossaustausches durch Vermieter – „Läuterung" durch die Polizei §§ 535, 543 BGB	Eine außerordentliche fristlose Kündigung des Mieters wegen der im eigenmächtigen Auswechseln des Schlosses zu den Gewerberäumen liegenden verbotenen Eigenmacht des Vermieters ist jedenfalls dann nicht begründet, wenn unmittelbar nach Belehrung durch die Polizei ein Rücktausch des Schlosses erfolgt. (Leitsatz der Redaktion)	KG, 04.02.2009 – 12 U 118/08, NZM 2009, 820 = IMR 2010, 100 = InfoM 2009, 478 = KGR Berlin, 685

§ 27 Abwicklung des beendeten Miet- oder Pachtverhältnisses, Rückgabe, Nutzungsentschädigung

			Rn.
I.	Fristgerechte Rückgabe des Miet- oder Pachtobjekts		2541
	1. Überblick		2541
	2. Rückgabetermin		2544
	3. Rückgabeverpflichteter/-berechtigter		2546
	4. Übergabe- bzw. Abnahmeprotokoll		2549
II.	Verspätete oder nicht vollständige Rückgabe des Mietobjekts		2555
	1. Möglichkeit der stillschweigenden Vertragsverlängerung		2555
	2. Anspruch auf Nutzungsentschädigung, Vorenthaltung		2556
		a) Überblick	2556
		b) Vorenthaltung	2561
		c) Keine Vorenthaltung bei fehlendem Rücknahmewillen durch Ausübung des Vermieterpfandrechts	2573
		d) Vorenthaltung durch Rückgabe an falsche Person und fehlende Schlüssel	2576
		e) Höhe und Dauer des Anspruchs auf Nutzungsentschädigung	2580
		f) Sonstiges	2583
III.	Mögliche Ansprüche bei vorzeitiger Vertragsbeendigung und Mietausfallschaden		2585
	1. Schadensersatzanspruch aus §§ 280, 241 BGB		2585
	2. Ansprüche des kündigenden Vermieters/Verpächters		2587
		a) Grundsätze	2587
		b) Fälligkeit des Anspruches auf Mietausfallschaden	2591
		c) Herausgabe von Nutzungen an den Vermieter/Verpächter	2593
	3. Ansprüche des kündigenden Mieters		2594
		a) Grundsätze	2594
		b) Wie lange darf der Mieter die Räume noch weiternutzen?	2596
IV.	Auszug ohne Kündigung oder anderweitige Vertragsbeendigung		2598
V.	Schadensbeseitigungspflicht des Mieters		2600
VI.	Unvollständige Räumung, Entsorgung von Sachen durch den Vermieter		2603
VII.	Investitionen des Mieters und Ausgleichsanspruch		2608
VIII.	Nachmieter, Ersatzmieter, Mietnachfolger		2609
	1. Überblick		2609
	2. Mietvertrag mit Nachmieterklausel		2610
	3. Mietvertrag ohne Nachmieterklausel		2613
	4. Vertragsübernahme		2614
IX.	Verjährung und Verwirkung		2616
X.	Gerichtsverfahren		2617
XI.	Streitwert		2621
XII.	Vertragsgestaltung		2622
XIII.	Arbeits- und Beratungshilfen		2624
	1. Schnellüberblick Grundsatz-Rechtsprechung des BGH		2624
	2. Schnellüberblick aktuelle Rechtsprechung der Instanzgerichte		2625
	3. Formulierungsvorschlag zur Nachmietergestellung		2626

I. Fristgerechte Rückgabe des Miet- oder Pachtobjekts

1. Überblick

2541 Gem. § 546 Abs. 1 BGB ist der Mieter verpflichtet, dem Vermieter das Mietobjekt nach Beendigung des Mietverhältnisses zurückzugeben. Das Besitzrecht des Mieters oder des Dritten (§ 546 Abs. 2 BGB) erlischt mit Ende des Mietverhältnisses und der Vermieter kann die Rückgabe der Mietsache und deren Räumung nach § 546 BGB verlangen. Der Mieter muss den Vermieter in den **unmittelbaren Besitz der Mietsache** setzen. Das ist i.d.R. nicht der Fall, wenn das Objekt zwar geräumt wird, aber die Schlüssel zurückbehalten werden.[4129] Das gilt auch dann, wenn ein Untermieter die Schlüssel zurückbehält oder er sie nur dem Mieter über-

---

[4129] BGH, 10.01.1983 – VIII ZR 304/81, BGHZ 86, 204 = NJW 1983, 1049.

gibt, ohne dass dieser sie an den Vermieter weitergibt.[4130] Der Mieter kommt seiner Rückgabeverpflichtung aber auch dann nach, wenn das Mietobjekt infolge vertragsgemäßen Gebrauchs (nachteilig) verändert worden ist.[4131]

Für die Zeit, in welcher der Mieter die Mietsache entgegen seiner Rückgabepflicht dem Vermieter vorenthält, steht ihm zudem ein Anspruch auf Nutzungsentschädigung nach § 56a BGB zu. Zur nicht vollständigen Räumung und einem dadurch möglicherweise entstehenden Anspruch auf Nutzungsentschädigung gem. § 546a BGB → Rn. 2556 ff. 2542

Die **Räumungspflicht** ist eine **Nebenpflicht**, deren Verletzung den Vermieter zur Geltendmachung von Schadensersatzansprüchen aus § 280 BGB berechtigt. Der Mieter haftet dabei auch für eine unvollständige Räumung durch seinen Untermieter.[4132] 2543

> **Hinweis:**
> Diese Schadensersatzansprüche unterliegen der kurzen Verjährungsfrist des § 548 BGB!

2. Rückgabetermin

Rückgabetermin ist grds. der letzte Tag der Mietzeit, nicht der Folgetag.[4133] Für die Berechnung ist § 193 BGB auf die Rückgabepflicht nach Ablauf des Mietverhältnisses anzuwenden: Fällt der Kündigungstermin auf einen Sonn- oder Feiertag oder einen Sonnabend (z.B. nach § 580a Abs. 1 Nr. 2 BGB), ist die gemietete Sache erst am darauf folgenden Werktag (nicht an einem Samstag) zurückzugeben, wenn nicht Rückgabe am Samstag, Sonn- oder Feiertag vereinbart ist oder sich aus der Natur des Mietverhältnisses ergibt (Beispiele: Miete eines Hotelzimmers, einer Ferienwohnung).[4134] 2544

Die bei der ordentlichen Kündigung am Monatsanfang liegende **Karenzzeit von drei Werktagen** (§ 580a Abs. 1 Nr. 3, Abs. 2 BGB) ist auch dann voll zu berechnen, wenn sie einen Samstag enthält, weil dieser als normaler Werktag zählt.[4135]

Erfüllungsort ist der Ort des Mietobjekts. Ist das Geschäftsraummietverhältnis wegen Zahlungsverzug fristlos gekündigt worden, muss der Mieter sofort alles tun, um die Räumung durchzuführen, eine **Räumungsfrist** steht ihm nicht zu.[4136] 2545

3. Rückgabeverpflichteter/-berechtigter

Zur Rückgabe verpflichtet ist der Mieter. Wurde der Gebrauch vom Mieter einem Dritten überlassen, kann der Vermieter Rückgabe auch von diesem verlangen (§ 546 Abs. 2 BGB). 2546

4130 OLG Düsseldorf, 30.07.2002 – 24 U 187/01, NZM 2003, 397.
4131 OLG Düsseldorf, 01.04.2004 – I-10 U 113/03, GuT 2004, 123 = NZM 2004, 584.
4132 OLG Düsseldorf, 30.07.2002 – 24 U 187/01, NZM 2003, 397 (LS) = MDR 2003, 82 = JurBüro 2003, 278.
4133 BGH, 19.10.1988 – VIII ZR 22/88, NJW 1989, 451 = ZMR 1989, 57.
4134 Arzt, in: MüKo BGB, § 580a Rn. 3.
4135 A.A. Arzt, in: MüKo BGB, § 580a Rn. 3.
4136 OLG München, 23.11.2000 – 3 W 2228/00, GuT 2001, 14.

Nach dem Wortlaut des § 546 Abs. 1 BGB muss die Mietsache dem Vermieter zurückgegeben werden. Der Rückgabe an den Vermieter steht die Rückgabe an eine von dem Vermieter **bevollmächtigte Person** gleich; die Rückgabe an den von dem Vermieter mit der Suche nach einem Nachmieter beauftragten Makler reicht nicht aus, wenn der Makler insoweit nicht bevollmächtigt war.[4137] Der Rückgabeanspruch aus § 546 Abs. 1 BGB verbleibt auch nach einer **Grundstücksveräußerung** beim früheren Eigentümer, wenn er vor dem Eigentümerwechsel entstanden und fällig geworden ist.[4138]

2547 Für die Umschreibung eines Titels (§ 727 ZPO) auf Räumung und Herausgabe auf den **Grundstückserwerber** reicht es aus, wenn dieser sein Eigentum durch einen beglaubigten Grundbuchauszug nachweist.[4139] Eine Abtretung in einer öffentlich beglaubigten Urkunde i.S.d. § 727 ZPO ist nicht erforderlich, weil der Räumungs- und Herausgabeanspruch auch aufgrund des Eigentums nach § 985 BGB besteht.

2548 Nach den Grundsätzen der höchstrichterlichen Rechtsprechung gilt bei **Auszug nur eines von mehreren Mitmietern** aus dem gemeinsam gemieteten Objekt, dass der ausgezogene Mieter grds. auf in den Räumen verbleibende andere Mieter mit rechtlichen und tatsächlichen Möglichkeiten einwirken muss, damit der Rückgabeanspruch des Vermieters erfüllt wird, und sich nicht auf eine Unmöglichkeit der Rückgabe berufen kann.[4140] Dies ist anders zu beurteilen, wenn der Vermieter seinerseits mit dem anderen im Objekt verbliebenen Mitmieter neue Vereinbarungen trifft, die diesen erst zum Verbleib im Mietobjekt bewegen. Denn unter dieser Voraussetzung unterbleibt die auch vom ausgezogenen Mieter geschuldete Rückgabe der Mietsache nicht aus in seine Sphäre fallenden Gründen, sondern sie hat ihre Ursache in den neu zwischen dem Vermieter und dem im Objekt verbliebenen Mieter getroffenen Abreden.[4141]

4. Übergabe- bzw. Abnahmeprotokoll

2549 **Aus Beweisgründen** sollte bei Überlassung der Räume an den Mieter/Pächter ein Übergabeprotokoll gefertigt werden. I.d.R. enthalten Übergabeprotokolle keine vertraglichen Vereinbarungen sondern dokumentieren lediglich die tatsächlichen Gegebenheiten wie den Zustand der Mietsache, den Zählerstand usw.[4142] Der Sinn besteht darin, spätere Streitigkeiten über den Inhalt der Rückgabepflicht, insb. Art und Umfang von Schäden, zu vermeiden. Sie dienen damit i.d.R. nur Beweiszwecken. Weder Mieter noch Vermieter haben aber einen gesetzlichen einklagbaren Anspruch auf Protokollfertigung oder Mitwirkung an der Erstellung; anderes kommt in Betracht, **wenn der Mietvertrag ausdrücklich vorsieht**, dass von beiden Parteien bei Überlassung der Räume oder deren Rückgabe ein Protokoll zu fertigen ist. Das Protokoll muss nicht zwangsläufig vor Ort in den Mieträumen oder in einem gemeinsamen Termin erstellt werden. Einem gemeinsam aufgesetzten Protokoll steht es nach den **Grundsätzen des kaufmännischen Bestätigungsschreibens** gleich, wenn eine Mietpartei unmittelbar nach Durchführung

---

[4137] OLG Hamm, 26.06.2002 – 30 U 29/02, NZM 2003, 26.
[4138] OLG München, 23.09.1994 – 21 U 2235/94, ZMR 1996, 375.
[4139] LG Köln, 13.07.2009 – 10 T 101/09, InfoM 2010, 238.
[4140] OLG Hamburg, 17.12.2008 – 4 U 112/06.
[4141] OLG Hamburg, 17.12.2008 – 4 U 112/06.
[4142] KG, 13.09.2007 – 12 U 36/07, IMR 2008, 196.

einer gemeinsamen Begehung die aus ihrer Sicht wechselseitig getroffenen Abreden bestätigt und die andere Partei nicht rechtzeitig widerspricht.[4143]

Drei Grundsituationen sind beim **Abnahme- oder Rückgabeprotokoll** zu unterscheiden:
- Mieter und/oder Vermieter bestätigen eine Mangelfreiheit.
- Es liegen Mängel vor, die im Protokoll aufgeführt werden.
- Es liegen nicht erkennbare Mängel vor.

Bestätigt der Vermieter im Protokoll **Mängelfreiheit**, wofür grds. die fehlende Aufzählung von Mängeln genügt, gibt er ein **negatives**, ihn bindendes **Schuldanerkenntnis** ab.

Für **nicht im Protokoll erwähnte Mängel/Umstände** gilt Folgendes: Schreibt das Protokoll ausdrücklich fest, dass auf Ansprüche für nicht erkannte oder erkennbare Mängel verzichtet wird, ist der Vermieter immer mit diesbezüglichen Ansprüchen ausgeschlossen. Entdeckt der Vermieter ohne eine solche ausdrückliche Verzichtserklärung später Mängel, die er bei Rückgabe der Mietsache mit üblicher Sorgfalt bereits hätte erkennen können, greift das vorgenannten negative Schuldanerkenntnis, und er kann seine Erklärung nicht mehr rückgängig machen. Eine Anfechtung wegen fehlenden Erklärungsbewusstseins scheidet ebenso wie eine Anfechtung wegen Inhaltsirrtums nach § 119 Abs. 1, 1. Alt. BGB oder wegen Irrtums über eine verkehrswesentliche Eigenschaft der Mietsache nach § 119 Abs. 2 BGB aus. Entsprechendes gilt für einen Kondiktionsanspruch gem. § 812 Abs. 1, 1. Alt., Abs. 2 BGB, weil das Protokoll v.a. den Zweck hat, die Unsicherheit zwischen den Parteien zu beenden. Gleiches gilt, wenn das Protokoll eine **Gesamterledigungserklärung** enthält, nach der vom Vermieter oder wechselseitig keine Ansprüche wegen Mängeln oder aus dem Mietverhältnis mehr geltend gemacht werden sollen. Der Vermieter oder sein Vertreter muss sich bei Abgabe einer solchen Generalerklärung darüber klar sein, dass diese auch verdeckte Mängel erfasst.

2550

Bei **nicht mit üblicher Sorgfalt erkennbaren Mängeln** hat das Protokoll grds. keine Rechtswirkung für den Vermieter: wer nichts erkennen kann, will auch grds. nichts dazu erklären. Allein durch die Aufnahme nur bestimmter Mängel ins Protokoll wird nicht konkludent bestätigt, dass keinerlei andere Mängel vorlagen oder entsprechende Ansprüche nicht mehr geltend gemacht werden sollen (keine **Ausschlusswirkung des Protokolls**).[4144] Anders ist dies, wenn der Vermieter die Räume vorher durch einen Fachmann h (z.B. Architekt) hat überprüfen lassen und dieser Mängel übersieht; dieses Verschulden des Erfüllungsgehilfen wird dem Vermieter zugerechnet. Bei vom Mieter bewusst verdeckten Mängeln ist der Vermieter nach § 242 BGB nicht ausgeschlossen, sich auf Mängel zu berufen, er kann ggf. auch seine Erklärung im Protokoll wegen arglistiger Täuschung gem. § 123 BGB unverzüglich anfechten.

2551

> **Praxistipp Vermieter/Verpächter**
>
> In das Protokoll sollte – ggf. per Textbaustein in der EDV – folgender Vorbehalt aufgenommen werden: „*Ansprüche wegen nicht erkennbarer Mängel bleiben vorbehalten.*" In einem

---

4143 OLG Düsseldorf, 18.12.2003 – I-10 U 184/02, NZM 2004, 260.
4144 A.A. LG Potsdam, 26.02.2009 – 11 S 127/08 (Wohnraum): grundsätzliche Ausschlusswirkung.

> Rechtsstreit sollte ggf. ausdrücklich dazu vorgetragen werden, dass und warum es sich um verdeckte Mängel handelte.

Auch ohne angefertigtes Protokoll sollte der Vermieter sofort schriftlich und/oder vor Zeugen ggü. dem Mieter einen **Vorbehalt erklären**, wenn die Räume nicht in vertragsgemäßem Zustand zurückgegeben werden. Eine erst nachträgliche Rüge macht sonst den Vermieter beweispflichtig, da die vorbehaltlose Entgegennahme eine Billigung als vertragsgemäße Leistung darstellt.

2552 Für die Annahme, dass im Protokoll ein **Vergleichsangebot** des Vermieters mit dem Inhalt liegen soll, dass der Mieter die aufgeführten Mängel akzeptiert und der Vermieter auf Rechte wegen erkennbarer weiterer Mängel, die nicht im Protokoll aufgeführt sind, verzichtet, müssen besondere Umstände vorliegen. Allein die „normale" Abwicklung des Mietverhältnisses reicht nicht aus. Anders kann dies bei vorherigem Streit über Mängel und einer „Endbegehung" sein.

> **Praxistipp Vermieter/Verpächter:**
> Das Protokoll sollte – ggf. per Textbaustein in der EDV – folgenden Vorbehalt enthalten:
> *„Die Unterzeichnung des Protokolls stellten keinen erledigenden Vergleichsabschluss dar."*

2553 **Unterzeichnet der Mieter** ein Protokoll, so kann er die dortigen Feststellungen, also das Vorhandensein der Mängel, grds. später nicht mehr bestreiten. Das Protokoll ist ein negatives Schuldanerkenntnis gem. § 397 Abs. 2 BGB. Das bedeutet aber nicht, dass er mit sämtlichen Einwendungen ausgeschlossen ist. Er kann sich deshalb darauf berufen, dass die Mängel nicht durch ihn verursacht wurden, dass sie – mangels näherer Angaben im Protokoll – weniger „schlimm" waren, dass sie bereits bei Übernahme des Mietobjekts vorlagen oder dass sie nicht erkennbar waren. Die Unterschrift bestätigt lediglich, dass *bestimmte* Mängel vorhanden waren. Will der Mieter sich dagegen wenden, liegen **Darlegungs- und Beweislast** voll bei ihm.

2554 Bestätigt der Mieter im Protokoll durch seine Unterschrift eine **Beseitigungs- oder Zahlungsverpflichtung**, handelt es sich um ein **deklaratorisches Schuldanerkenntnis**, durch das der Mieter – es sei denn, er erklärt einen Vorbehalt – mit Einwendungen ausgeschlossen ist. Bestätigt wird alles, was bei Protokollunterzeichnung feststand. Gegen die Höhe von Renovierungskosten, die erst später beziffert wurden, kann der Mieter also i.d.R. noch Einwendungen erheben.

II. Verspätete oder nicht vollständige Rückgabe des Mietobjekts

1. Möglichkeit der stillschweigenden Vertragsverlängerung

2555 Wird das Mietobjekt nicht termingerecht zurückgegeben, muss immer an eine stillschweigende Verlängerung des Mietverhältnisses gem. § 545 BGB gedacht werden, wenn nicht eine der Parteien nach Ablauf der Mietzeit innerhalb von zwei Wochen ausdrücklich widersprochen hat. Folge der Verlängerung ist, dass das Mietverhältnis sich unbefristet fortsetzt und somit nur noch mit der gesetzlichen Frist (§ 580a BGB) gekündigt werden kann. Ausführlich zur Verlängerung → *Rn. 766 ff.*

2. Anspruch auf Nutzungsentschädigung, Vorenthaltung

a) Überblick

Wurde das Objekt nach Beendigung des Mietverhältnisses nicht ordnungsgemäß geräumt oder komplett nicht zurückgegeben, hat der Vermieter **Anspruch auf Nutzungsentschädigung** nach § 546a BGB. Für die Pacht gilt der im Wesentlichen inhaltsgleiche § 584b BGB. Der Vermieter bzw. Verpächter kann nach § 546a Abs. 1, § 584b Satz 1 BGB für die Dauer der **Vorenthaltung** als Entschädigung die vereinbarte Miete oder die Miete verlangen, die für vergleichbare Sachen ortsüblich ist. Voraussetzungen für eine Entschädigung des Vermieters nach § 546a Abs. 1 BGB sind Abschluss und Beendigung des Mietvertrages sowie fehlende Rückgabe der Mietsache trotz Rückerlangungswillens (dazu unten).[4145] Der Anspruch entsteht nicht erst durch eine rechtsgestaltende Willenserklärung des Vermieters. Der Vermieter hat vielmehr von vornherein einen Anspruch auf Zahlung einer Nutzungsentschädigung.[4146] Der Anspruch gilt unabhängig davon, ob der Vermieter oder ein Zwangsverwalter gekündigt hat.[4147] Besteht das Mietverhältnis mit **mehreren Mietern**, so ist der Entschädigungsanspruch auch gegen denjenigen Mitmieter begründet, der an den Räumen keinen Besitz hatte.[4148]

2556

Liegt **kein wirksamer Mietvertrag** vor, kann der Eigentümer vom Nutzer nach §§ 812 Abs. 1, 818 BGB eine dem ortsüblichen Mietzins entsprechende Nutzungsentschädigung zuzüglich Nebenkosten in ortsüblicher Höhe verlangen.[4149]

2557

Nach § 546a Abs. 2 BGB kann der Vermieter **weitergehende Schäden** geltend machen, etwa einen Verzugsschaden aus §§ 280, 286 BGB. Ferner bestehen Ansprüche aus ungerechtfertigter Bereicherung (§ 812 BGB), da der Mieter ohne rechtlichen Grund auf Kosten des Vermieters um den Nutzungswert des Mietobjekts bereichert ist.

2558

Der Vermieter muss sich nach § 254 BGB (**Mitverschulden**) darum bemühen, den Schaden ggf. durch anderweitige Vermietung gering zu halten, was aber nicht heißt, dass sofort um jeden Preis zu vermieten ist.[4150] Die Beweislast für einen Verstoß gegen die Schadensminderungspflicht trägt der Mieter.[4151]

2559

Dem Anspruch auf Nutzungsentschädigung kann auch der Einwand treuwidrigen Verhaltens entgegenstehen, wenn der Pächter Grund zu der Annahme hatte, der Verpächter werde zu gegebener Zeit von sich aus initiativ werden, um eine endgültige Räumung zu veranlassen.[4152]

2560

[4145] OLG Brandenburg, 12.06.2007 – 3 U 8/07, IMR 2007, 282 = InfoM 2007, 357.
[4146] BGH, 14.07.1999 – XII ZR 215/97, NZM 1999, 802 = NJW 1999, 2808 = MDR 1999, 1255 = ZMR 1999, 749 = WuM 1999, 689 = DWW 1999, 324.
[4147] BGH, 23.08.2006 – XII ZR 214/04, NZM 2006, 820 = GuT 2007, 140 = IMR 2006, 186.
[4148] KG, 09.01.2006 – 8 U 111/05, IMR 2007, 49.
[4149] KG, 07.03.2005 – 8 U 166/03, MDR 2006, 147; KG, 04.11.2002 – 8 U 254/01, GE 2003, 185; OLG Düsseldorf, 14.01.1988 – 10 U 89/87, ZMR 1988, 221.
[4150] BGH, 16.02.2005 – XII ZR 162/01, GuT 2005, 115, 117 = NZM 2005, 340; OLG Bremen, 23.08.2006 – 1 U 27/06a, MDR 2007, 515; a.A. OLG Celle, 17.12.1997 – 2 U 23/97, OLGR 1998, 61: § 254 BGB nicht anwendbar.
[4151] BGH, 16.02.2005 – XII ZR 162/01, GuT 2005, 115, 117 = NZM 2005, 340.
[4152] OLG Koblenz, 02.06.2005 – 5 U 266/05, GuT 2005, 171 = NZM 2006, 181.

b) Vorenthaltung

2561 Ein Vorenthalten setzt voraus, dass der Mieter auf irgendeine Art und Weise noch Besitz an der Mietsache ausübt, indem er sie gegen den Willen des Vermieters **verspätet oder nicht vollständig geräumt** zurückgibt (Nichterfüllung der Rückgabepflicht). Der Mieter muss sich also mit der Rückgabe in Verzug befinden. Der Erfüllungsanspruch des Vermieters kann sich bspw. auf Räumung, Ausführung von Schönheitsreparaturen/Instandhaltungsmaßnahmen oder die Rückgabe sämtlicher Schlüssel beziehen.[4153] Verzug wird regelmäßig vorliegen, denn die §§ 570, 578 Abs. 1, 2 Satz 1 BGB schließen für den Fall der Gewerberaummiete ggü. dem Rückgabeanspruch des Vermieters ein Zurückbehaltungsrecht des Mieters aus.

> **Hinweis:**
> § 570 BGB ist dispositiv, sodass zu prüfen ist, ob dem Mieter vertraglich grds. das Recht zum Zurückbehalt eingeräumt wurde.

2562 Liegt keine vertragliche Einräumung eines Zurückbehaltungsrechts vor, ist bspw. ggü. dem Rückgabeanspruch des Vermieters das Zurückbehaltungsrecht des Mieters zumindest dann ausgeschlossen, wenn er wegen behaupteter Mängel ein selbstständiges Beweisverfahren eingeleitet hat und die Einleitung des Verfahrens erst einige Zeit (hier: 3 1/2 Monate) nach der mangelbedingten Kündigung des Mieters erfolgt.[4154]

2563 Grds. ist der **Zustand der zurückgegebenen Mietsache** unerheblich. In welchem Zustand sich die Mietsache bei der (vorgesehenen) Rückgabe befindet, ist grds. ohne Bedeutung, sodass allein darin, dass der Mieter dem Vermieter die Räume in verwahrlostem oder einem sonst nicht vertragsgemäßen Zustand überlässt, noch keine Vorenthaltung gesehen werden kann.[4155] Insb. kommt es für die Erfüllung der Rückgabepflicht nicht darauf an, ob vereinbarte Schönheitsreparaturen durchgeführt worden sind.[4156]

> *Beispiel:*
> *Der Umstand, dass die Miträume in verwahrlostem Zustand zurückgegeben werden, begründet keinen Anspruch auf Nutzungsentschädigung, sondern – allenfalls – Schadensersatzansprüche.*[4157]

Folge ist, dass der Vermieter bei Annahmeverweigerung **in Annahmeverzug gerät**.

2564 Händigt der Vermieter dem Mieter nach Übergabe der Räume einen Schlüssel zur Durchführung von Schönheitsreparaturen aus, so liegt während deren Ausführung kein Vorenthalten des Mieters vor.[4158]

[4153] OLG Düsseldorf, 16.02.2009 – 24 U 6/08, GuT 2009, 180 = IMR 2009, 421 u. 2010, 16 = MDR 2009, 1036 m.w.N.
[4154] OLG Düsseldorf, 23.11.2007 – 24 U 92/07, IMR 2008, 50 = GuT 2008, 41 = InfoM 2008, 175.
[4155] BGH, 13.07.2010 – VIII ZR 326/09, NZM 2010, 815 = ZMR 2011, 22 m.w.N.; BGH, 10.01.1983 – VIII ZR 304/81, BGHZ 86, 204 = NJW 1983, 1049.
[4156] KG, 19.10.2006 – 12 U 178/05, IMR 2007, 146.
[4157] OLG Düsseldorf, 15.12.2005 – I 10 U 80/05, GuT 2006, 86/87 = NJOZ 2006, 4606.
[4158] OLG Düsseldorf, 27.04.2006 – 24 U 152/05, GuT 2006, 243 = IMR 2006, 148.

II. Verspätete oder nicht vollständige Rückgabe des Mietobjekts

> **Merksatz:**
> Immer wenn es lediglich um eine Schlechterfüllung der Rückgabepflicht geht, liegt trotzdem eine Rückgabe i.S.d. § 546a BGB vor. Dies ist v.a. bei allen „dekorativen Problemen" und unterbliebenen Instandhaltungs- oder Instandsetzungsmaßnahmen der Fall.

In der Praxis wird sich v.a. darüber gestritten, ob und ggf. wann eine ordnungsgemäße Rückgabe vorliegt, wenn ...

- das Mietobjekt unvollständig geräumt bzw. „verrümpelt" zurück gelassen wird;
- nicht sämtliche Schlüssel ausgehändigt werden.

Für die **unvollständige Räumung** gilt:

2565

2566

Die Rückgabe von Räumen setzt regelmäßig voraus, dass der Mieter/Pächter die darin von ihm untergebrachten Einrichtungsgegenstände entfernt[4159] und zwar grds. unabhängig davon, welchen Zustand dieses bei Beendigung des Mietverhältnisses aufweist.[4160] Das Vorenthalten der Mietsache i.S.d. § 546a BGB endet erst mit vollständiger Erfüllung der Rückgabepflicht.[4161] Der Vermieter kann verlangen, dass er leere Räume, so wie er sie überlassen hat, in einem zur anschließenden Weiternutzung geeigneten Zustand zurückerhält. Bleiben **erhebliche Teile des Mobiliars** zurück, ist die Rückgabe nicht vollzogen.[4162] Der Umstand, dass der Mieter Einrichtungen in der Mietsache nicht entfernt, kann der Annahme einer Rückgabe dann entgegenstehen und damit eine Vorenthaltung i.S.d. § 546a BGB begründen, wenn wegen des Belassens der Einrichtungen nur eine **teilweise Räumung des Mietobjektes anzunehmen** ist.[4163] Teilleistungen bei Erfüllung der Rückgabeverpflichtung sind unzulässig (§ 266 BGB) mit der Folge, dass dem Vermieter die gesamte Mietsache vorenthalten wird.[4164]

Beispiel:

Ist die vom Mieter eingebrachte Ladeneinrichtung durch einen unverschuldeten Brand zwar zerstört, aber noch in verkohltem Zustand vorhanden, trifft den Mieter grds. die Pflicht, die Brandreste zur Erfüllung seiner Räumungspflicht zu entfernen.[4165]

Allein ein veränderter oder verschlechterter Zustand[4166] oder eine Verwahrlosung[4167] reichen aber noch nicht aus. Bleiben nur einzelne Gegenstände zurück, kann deshalb im Einzelfall anzunehmen sein, dass der Mieter seine Räumungspflicht erfüllt hat (etwa Zurücklassen von wenigem Gerümpel).

2567

4159 OLG Koblenz, 02.06.2005 – 5 U 266/05, GuT 2005, 171.
4160 OLG Düsseldorf, 01.12.2005 – I-10 U 74/05, GuT 2006, 29.
4161 KG, 03.06.2010 – 12 U 164/09, GuT 2010, 225.
4162 OLG Düsseldorf, 14.10.2008 – 24 U 7/08; OLG Düsseldorf, 01.12.2005 – I-10 U 74/05, GuT 2006, 29 = NJOZ 2006, 323 = InfoM 2006, 128 = GE 2006, 189; OLG Koblenz, 02.06.2005 – 5 U 266/05, GuT 2005, 171.
4163 BGH, BGHZ 104, 285; OLG Düsseldorf, 14.10.2008 – 24 U 7/08.
4164 BGH, 11.05.1988 – VIII ZR 96/87, BGHZ 104, 285 = WuM 1988, 270 = MDR 1988, 855 = NJW 1988, 2666 (Wohnraum); KG, 19.10.2006 – 12 U 178/05, IMR 2007, 146.
4165 OLG Düsseldorf, 01.12.2005 – I-10 U 74/05, GuT 2006, 29 = NJOZ 2006, 323 = InfoM 2006, 128 = GE 2006, 189.
4166 BGH, WM 1974, 260; OLG Hamburg, MDR 1990, 247; OLG Düsseldorf, NZM 2002, 742.
4167 BGH, BGHZ 104, 285.

Beispiele für eine nur teilweise Räumung:

Rückgabe in erheblich verschmutztem und vielfach beschädigten Zustand.[4168]

Zurücklassen von Einrichtungsgegenständen (Deckenabhängungen, Lüfter, Abluftrohre innen und außen, Einbauleuchten und Installationen zur Versorgung einer Theke), für deren Beseitigung es eines erheblichen finanziellen Aufwandes bedarf.[4169]

Zurücklassen eines Verkaufscontainers, mehrerer Mülltonnen sowie mehrerer Kubikmeter Sperrmüll.[4170]

Der Vermieter gerät auch nach **Rückerhalt der Schlüssel** nicht in **Annahmeverzug**, wenn er die Rücknahme des Mietobjekts ablehnt, weil vom Mieter dort noch mehrere Gegenstände zurückgelassen worden sind.[4171]

2568 Weigert sich der Vermieter bei Beendigung des Mietverhältnisses, die Räume zurückzunehmen, weil sie noch **nicht vollständig geräumt** seien, so hängen die **Rechtsfolgen** entscheidend von Art und Umfang der zurückgelassenen Sachen und ggf. vom Kostenaufwand für die Beseitigung ab:[4172]

- Kein Vorenthalten der Mietsache durch den Mieter liegt vor, wenn noch einzelne, die Nutzung des Mietobjekts **nicht wesentlich hindernde Sachen** in den Räumen geblieben sind; der Vermieter gerät (nur) in diesem Fall in Annahmeverzug, wenn er das wörtliche Angebot des Mieters, die Schlüssel am Ort der belegenen Sache zurückzugeben, nicht annimmt[4173] und kann keine Nutzungsentschädigung fordern.
- Hingegen liegt ein Vorenthalten vor, wenn es sich um wesentlich nutzungshindernde Sachen handelt.

2569 Für den weiter häufigen Praxisfall von **nicht ausgeführten Schönheitsreparaturen oder Instandhaltungs- bzw. Instandsetzungsmaßnahmen** gilt:

Renoviert der Mieter die Räume erst nach Ende der Mietzeit, aber im Einverständnis des Vermieters, steht diesem Nutzungsentschädigung mangels „Vorenthaltens" nicht zu, es können aber wegen verspäteter Rückgabe Ansprüche auf **Ersatz des Mietausfalls** nach § 280 Abs. 1 und 2, §§ 286, 546a Abs. 2 BGB bestehen.[4174] Eine Vorenthaltung der Mietsache liegt nicht vor, wenn ein Mieter im Einverständnis mit dem Vermieter die Mietsache zurückgibt, ohne die ihm obliegenden Schönheitsreparaturen auszuführen,[4175] oder nur deshalb noch den Besitz an dem ansonsten bereits geräumten Mietobjekt behält, um auf Wunsch des Vermieters Mängelbeseitigungsarbeiten durchzuführen.[4176]

4168 OLG Düsseldorf, 14.10.2008 – 24 U 7/08.
4169 OLG Düsseldorf, 14.10.2008 – 24 U 7/08.
4170 KG, 03.06.2010 – 12 U 164/09, GuT 2010, 225.
4171 OLG Düsseldorf, 29.11.2004 – 24 U 157/04, NJOZ 2005, 3192.
4172 OLG Düsseldorf, 14.10.2004 – I-10 U 21/04, GuT 2005, 65 (LS).
4173 OLG Düsseldorf, 20.05.2003 – I-24 U 49/03, GuT 2003, 217; OLG Dresden, 20.06.2000 – 23 U 403/00, NZM 2000, 827 = MDR 2001, 82.
4174 OLG Düsseldorf, 23.07.2009 – 24 U 109/08, IMR 2010, 15; zum Mietausfallschaden s.a. BGH, 13.07.2010 – VIII ZR 326/09, NZM 2010, 815 = ZMR 2011, 22 unter 1b.
4175 KG, KGR 2004, 175, 176.
4176 OLG Hamm, NZM 2003, 517; OLG Bamberg, ZMR 2002, 738 f.; OLG Hamburg, WuM 1990, 75.

Ein Vorenthalten i.S.d. § 546a Abs. 1 BGB liegt weiterhin nur dann vor, wenn eine weitere Ausübung des (Mit-) Besitzes durch den Mieter nach rechtlich beendetem Mietverhältnis **gegen den Willen des Vermieters** stattfindet, wenn sich also der Mieter weigert, dem vom Vermieter nach Beendigung des Mietvertrags geltend gemachten Erfüllungsanspruch unverzüglich nachzukommen.[4177] Der Begriff der Vorenthaltung besagt daher nicht nur, dass der Mieter die Mietsache nicht zurückgibt, sondern auch, dass das Unterlassen der Herausgabe dem Willen des Vermieters widerspricht.[4178]

Der Entschädigungsanspruch des Vermieters wegen verspäteter Rückgabe der Mietsache setzt damit einen **Rücknahmewillen des Vermieters** voraus.[4179] Von einer Vorenthaltung kann also nur die Rede sein, wenn der Verpächter wünscht, dass die zurückgebliebenen Sachen fortgeschafft werden.[4180] Die irrige Auffassung des Vermieters, der Mietvertrag dauere fort, schließt einen solchen Rücknahmewillen aus.[4181]

Gewährt der Vermieter dem Mieter eine **Räumungsfrist**, ändert dies nichts an seinem Rücknahmewillen für die Zeit bis zur Räumung, sodass der Mieter Nutzungsentschädigung zu zahlen hat.[4182] Setzt sich der Vermieter nach wirksamer Kündigung des Mietvertrages aber selbst in den Besitz des Mietgrundstücks und der Miträume, ist eine Vorenthaltung der Mietsache nicht mehr gegeben.[4183]

Ein Vermieter, der trotz eines Räumungstitels über einen **längeren Zeitraum keine Vollstreckungsmaßnahmen** unternimmt, obwohl der Mieter keinerlei Anstalten macht, seine verbrannten Einrichtungsgegenstände zu entfernen, verfügt nicht über den für die Annahme einer Vorenthaltung erforderlichen Besitzwillen.[4184] Hat sich der Vermieter nach Beendigung des Mietverhältnisses monatelang nicht darum bemüht, sämtliche Schlüssel zum Mietobjekt zu erhalten, um sich Zugang zu diesem zu verschaffen, verliert er ebenfalls seinen Anspruch.[4185]

4177 BGH, 13.07.2010 – VIII ZR 326/09, NZM 2010, 815 = ZMR 2011, 22; OLG Düsseldorf, 16.02.2009 – 24 U 6/08, GuT 2009, 180 = IMR 2009, 421 u. 2010, 16 = MDR 2009, 1036 m.w.N.
4178 BGH, 13.07.2010 – VIII ZR 326/09, NZM 2010, 815 = ZMR 2011, 22; BGH, 05.10.2005 – VIII ZR 57/05, WuM 2005, 771; BGH, 16.11.2005 – VIII ZR 218/04, WuM 2006, 102 jew. m.w.N.
4179 OLG Brandenburg, 12.06.2007 – 3 U 8/07, IMR 2007, 282.
4180 OLG Koblenz, 02.06.2005 – 5 U 266/05, GuT 2005, 171 = NZM 2006, 181.
4181 OLG Hamm, 13.12.2002 – 30 U 30/02, NZM 2003, 517.
4182 BGH, 23.08.2006 – XII ZR 214/04, NZM 2006, 820 = GuT 2007, 140 = IMR 2006, 186.
4183 OLG Rostock, 08.06.2007 – 3 W 23/07, GuT 2007, 302 = IMR 2007, 349 = InfoM 2008, 229 = MDR 2008, 137.
4184 OLG Düsseldorf, 01.12.2005 – I-10 U 74/05, GuT 2006, 29 = NJOZ 2006, 323 = InfoM 2006, 128 = GE 2006, 189.
4185 OLG Düsseldorf, 17.06.2004 – I-10 U 3/04, GuT 2004, 175.

c) Keine Vorenthaltung bei fehlendem Rücknahmewillen durch Ausübung des Vermieterpfandrechts

2573 Nach neuerer Rechtsprechung soll die **Ausübung des Vermieterpfandrechts** an sämtlichen[4186] oder auch einzelnen[4187] pfändbaren Sachen dazu führen, dass der Vermieter ab diesem Zeitpunkt keinen Anspruch mehr auf Nutzungsentschädigung hat.[4188] Begründet wird dies damit, dass nach Geltendmachung des Vermieterpfandrechts eine Vorenthaltung der Mietsache nicht mehr gegeben sei, weil der Mieter daran gehindert werde, seine Gegenstände zu entfernen.[4189] Der Vermieter dokumentiere dadurch seinen **fehlenden Rücknahmewillen**.[4190] Mit Ausübung des Pfandrechts soll die Räumungspflicht des Mieters nach § 546 Abs. 1 BGB entfallen.[4191]

2574 Diese Argumentation kommt zunächst nur dann in Betracht, wenn der Vermieter das Pfandrecht umfassend, also an allen pfändbaren Sachen in den Räumen, ausübt.[4192] Nur erscheint es überhaupt denkbar, dass der Vermieter die Räume nicht zurückhaben möchte. Bei Pfändung einzelner, konkreter Sachen scheidet dies grds. aus.

2575 Aber auch bei vollumfänglicher Ausübung des Vermieterpfandrechts kann den Entscheidungen nicht gefolgt werden, weil der Vermieter mit der Ausübung des Pfandrechts lediglich deutlich macht, dass er wegen seiner Forderungen auf eingebrachte Sachen des Mieters zugreifen will. Es geht also ausschließlich um die Verwertung der Sachen, die „versilbert" werden sollen, nicht aber um die Verschaffung des Besitzes an den Räumen. Ein **fehlender Rücknahmewille** bzgl. der Räume lässt sich daraus nicht ableiten, denn selbstverständlich möchte grds. jeder Vermieter die Räume zurückerhalten, wenn keine Miete mehr gezahlt wird. Die ausbleibende Mietzahlung ist aber in der Praxis der Anlass zur Ausübung des Pfandrechts. Um auf einen fehlenden Rücknahmewille zu schließen, müssen daher zusätzliche Umstände vorliegen, etwa die Weigerung, alle Schlüssel entgegenzunehmen oder eine ausdrückliche Erklärung des Vermieters, dass er die Räume auf keinen Fall zurücknimmt.

> **Praxistipp:**
> Das Risiko lässt sich in der Praxis nicht sauber ausschließen. Grds. muss empfohlen werden, die Schlüssel entgegenzunehmen und die Rücknahme der Räume nicht zu verweigern.

4186 OLG Düsseldorf, 07.09.2006 – 10 U 30/06, IMR 2007, 9; *OLG Düsseldorf, 19.07.2005 – I – 24 U 14/05, GuT 2006, 86; KG, 14.02.2005 – 8 U 144/04, NZM 2005, 422 = InfoM 2006, 183; Gather,* in: Schmidt-Futterer, § 546a BGB Rn. 19.

4187 OLG Rostock, 08.06.2007 – 3 W 23/07, GuT 2007, 302 = IMR 2007, 349 = InfoM 2008, 229 = MDR 2008, 137.

4188 OLG Rostock, 08.06.2007 – 3 W 23/07, GuT 2007, 302 = IMR 2007, 349; OLG Düsseldorf, 07.09.2006 – 10 U 30/06, IMR 2007, 9; OLG Düsseldorf, 19.07.2005 – I – 24 U 14/05, GuT 2006, 86; KG, 14.02.2005 – 8 U 144/04, NZM 2005, 422 = InfoM 2006, 183; Gather, in: Schmidt-Futterer, § 546a BGB Rn. 19.

4189 OLG Rostock, 08.06.2007 – 3 W 23/07, GuT 2007, 302 = IMR 2007, 349; s.a. OLG Koblenz, 02.06.2005 – 5 U 266/05, GuT 2005, 171 = NZM 2006, 181.

4190 OLG Düsseldorf, 07.09.2006 – 10 U 30/06, IMR 2007, 9.

4191 KG, 14.02.2005 – 8 U 144/04, NZM 2005, 422 = InfoM 2006, 183.

4192 So auch angedeutet von OLG Düsseldorf, 07.09.2006 – 10 U 30/06, IMR 2007, 9, durch die Formulierung „Vermieterpfandrecht umfassend ausgeübt".

d) Vorenthaltung durch Rückgabe an falsche Person und fehlende Schlüssel

Der Vermieter/Verpächter muss die Räume zurückerhalten. Die Rückgabe von Räumen an den Vermieter oder Verpächter setzt regelmäßig voraus, dass ihm (oder seinem Vertreter, nicht aber einem Anderen) die Schlüssel dazu ausgehändigt werden und der Pächter die darin von ihm untergebrachten Einrichtungsgegenstände entfernt.[4193] Es ist daher unschädlich für den Vermieter/Verpächter, wenn er bei nicht vollständiger Räumung Schlüssel entgegennimmt. Unter diesen Umständen stellt es auch kein widersprüchliches Verhalten des Vermieters dar, wenn er dem Nachmieter die Schlüssel für die Renovierung überlässt.[4194]

2576

Eine ordnungsgemäße Rückgabe nach Ende des Mietvertrages liegt auch vor, wenn der Mieter **einem Beauftragten** des Vermieters, also z.B. dessen RA oder einem Verwalter, die Mietsache übergibt.[4195] Dies gilt aber nicht, wenn dieser nicht zur Entgegennahme bevollmächtigt ist, was insb. bei Anwälten, die lediglich mit der Geltendmachung von Mietforderungen beauftragt sind, vorliegt. Macht der Anwalt aber auch einen Räumungsanspruch geltend, ist er zumindest konkludent zur Entgegennahme des Besitzes, etwa durch Schlüsselzusendung, bevollmächtigt.

2577

Eine ordnungsgemäße Rückgabe des Mietobjekts setzt grds. die **Aushändigung sämtlicher Schlüssel** an den Vermieter voraus. Ausnahmsweise kann für den Besitzübergang aber auch die Rückgabe nur eines Schlüssels genügen, wenn sich aus den Umständen unzweifelhaft ergibt, dass der Mieter den **Besitz endgültig aufgibt** und dass der Mieter dem Vermieter den ungestörten Gebrauch der Mieträume ermöglicht.[4196]

2578

Beispiel für erkennbare Besitzaufgabe:

Vollständiger und endgültiger Umzug des Mieters an einen anderen Standort.

Unschädlich ist dabei, wenn von einer Vielzahl von Schlüsseln ein einzelner nicht zurückgegeben wird, der Mieter den Besitz aber zugunsten des Vermieters vollständig aufgegeben hat.[4197] Ein etwaiger Anspruch des Vermieters auf Austausch der Schlösser wird durch die durch Schlüsselrückgabe erfolgte Rücknahme nicht berührt.

2579

e) Höhe und Dauer des Anspruchs auf Nutzungsentschädigung

§ 546a Abs. 1 BGB gewährt dem Vermieter eine **Mindestentschädigung**, die in ihrer Höhe weder davon abhängig ist, ob und inwieweit dem Vermieter aus der Vorenthaltung der Mietsache ein Schaden erwachsen ist, noch davon, ob der Mieter aus dem vorenthaltenen Mietgegenstand einen entsprechenden Nutzen hat ziehen können.[4198] Der Anspruch gem. § 546a Abs. 1 BGB

2580

4193 OLG Koblenz, 02.06.2005 – 5 U 266/05, GuT 2005, 171 = NZM 2006, 181; OLG Düsseldorf, 29.11.2004 – 24 U 157/04, NJOZ 2005, 3192.
4194 OLG Düsseldorf, 29.11.2004 – 24 U 157/04, NJOZ 2005, 3192.
4195 OLG Düsseldorf, 27.04.2006 – 24 U 152/05, GuT 2006, 243 = IMR 2006, 148.
4196 OLG Köln, 27.01.2006 – 1 U 6/05, GuT 2006, 265 = InfoM 2006, 292 = IMR 2007, 77.
4197 OLG Düsseldorf, 27.04.2006 – 24 U 152/05, GuT 2006, 243 = IMR 2006, 148.
4198 BGH, 05.10.2005 – VIII ZR 57/05, NZM 2006, 52 = GuT 2006, 30 = WuM 2005, 771 = GE 2005, 1547 = ZMR 2006, 32 = InfoM 2005, 298.

besteht nur **bis zur Rückgabe der Räumlichkeiten**. Auf den Schluss der Mietzinsberechnungsperiode oder den nächsten üblichen Miettermin kommt es nicht an.[4199]

> **Hinweis:**
> Die Nutzungsentschädigung wird taggenau bis zum Ablauf des Tages der Rückgabe geschuldet.[4200]

Bei Vorenthaltung einer Mietsache, deren Mietwert im Augenblick der Beendigung des Mietverhältnisses **gemindert** war, richtet sich auch der Mindestbetrag des Schadens, den der Vermieter gem. § 546a BGB zu fordern berechtigt ist, nach diesem geminderten Mietzins.[4201] Liegt kein wirksamer Mietvertrag vor, kann der Eigentümer vom Nutzer nach § 812 Abs. 1 BGB eine dem ortsüblichen Mietzins entsprechende Nutzungsentschädigung verlangen; zusätzlich zur Nutzungsentschädigung können Nebenkosten in ortsüblicher Höhe verlangt werden, über die nicht abzurechnen ist.[4202] Dem Anspruch auf Nutzungsentschädigung nach § 546a BGB steht nicht entgegen, dass der Vermieter nicht beabsichtigt hat, die Räume erneut zu vermieten.[4203]

Während einer gewährten **Räumungsfrist** muss der Mieter oder Pächter das vereinbarte Nutzungsentgelt als Nutzungsentschädigung zahlen.[4204]

2581 Der Vermieter kann Weiterzahlung der früheren Miete oder aber auch eine höhere ortsübliche Miete verlangen. Letzteres ist nach Ansicht des BGH auch dann möglich, wenn der Mieter bis zum Auszug die vereinbarte Miete weiterzahlt und der Vermieter erst danach **die Nachzahlung der Differenz** zur höheren ortsüblichen Miete fordert, ohne dass dies dem Mieter vorher angekündigt wurde.[4205] Liegt die ortsübliche Mieter unterhalb der vereinbarten Miete, gilt allein die vereinbarte Miete.[4206] § 546a Abs. 1 BGB gewährt dem Vermieter eine Mindestentschädigung, die in ihrer Höhe weder davon abhängig ist, ob und inwieweit dem Vermieter aus der Vorenthaltung der Mietsache ein Schaden erwachsen ist, noch davon, ob der Mieter aus dem vorenthaltenen Mietgegenstand einen entsprechenden Nutzen hat ziehen können.[4207]

2582 Die **Nebenkosten** sind der Nutzungsentschädigung **hinzuzurechnen**.[4208] Dies entspricht auch Sinn und Zweck der Nutzungsentschädigung, durch die der Vermieter abgesichert und dem

---

4199 BGH, 05.10.2005 – VIII ZR 57/05, NZM 2006, 52 = GuT 2006, 30 = WuM 2005, 771 = GE 2005, 1547 = ZMR 2006, 32 = InfoM 2005, 298 (Wohnraum).
4200 OLG Düsseldorf, 18.02.2010 – 24 U 113/09, IMR 2010, 283.
4201 BGH, 07.12.1960, BB 1961, 349 = DB 1961, 435 = MDR 1961, 499 = NJW 1961 = WM 1961, 455 = ZMR 1961, 190; BGH, 11.02.2009 – XII ZR 114/06, 916; OLG Düsseldorf, 28.05.2009 – 10 U 2/09, GE 2009, 431.
4202 KG, 07.03.2005 – 8 U 166/03, MDR 2006, 147.
4203 KG, 03.06.2010 – 12 U 164/09, GuT 2010, 225.
4204 BGH, 23.08.2006 – XII ZR 214/04, NZM 2006, 820 = IMR 2006, 186; zur Nutzungsentschädigung bei Pacht vgl. OLG Brandenburg, 09.09.2009 – 3 U 84/05, IMR 2009, 427.
4205 BGH, 14.07.1999 – XII ZR 215/97, NZM 1999, 802 = NJW 1999, 2808 = MDR 1999, 1255 = ZMR 1999, 749 = WuM 1999, 689 = DWW 1999, 324; krit. Emmerich, NZM 1999, 929.
4206 OLG Brandenburg, 12.06.2007 – 3 U 8/05, IMR 2007, 282 = InfoM 2007, 357.
4207 BGH, 05.10.2005 – VIII ZR 57/05, NZM 2006, 52 = GuT 2006, 30 = WuM 2005, 771 = GE 2005, 1547 = ZMR 2006, 32 = InfoM 2005, 298.
4208 Vgl. auch Sternel, Mietrecht, I Rn. 666.

Mieter ein Anreiz genommen werden soll. Ist das Objekt teilbar, kommt eine Nutzungsentschädigung nur für den nicht mehr nutzbaren Teil in Betracht.[4209]

> **Praxistipp:**
>
> Die Nebenkosten müssen weder im Einzelnen nachgewiesen noch abgerechnet werden, sodass weder Nachforderungen geltend gemacht werden können noch Rückforderungen wegen nicht verbrauchter Vorschüsse in Betracht kommen.[4210]

War die Miete wegen Mängeln, die bei Vertragsende noch vorlagen, gemindert, bemisst sich die Nutzungsentschädigung nach dem **geminderten Betrag**.[4211]

f) Sonstiges

Mit Umschreibung des Grundbuchs stehen dem neuen Eigentümer Nutzungsentschädigungsansprüche aus dem beendeten Mietverhältnis nur zu, wenn der Voreigentümer selbst Vermieter war.[4212] Der nicht weichende Mieter haftet aber nach Eigentumsübergang dem Neueigentümer nach Bereicherungsrecht, im Fall der Kenntnis von der fehlenden Nutzungsberechtigung auch verschärft aus dem Eigentümer-Besitzer-Verhältnis.[4213] Für den Vermieter ist die **Gewährung einer Räumungsfrist** grds. unzumutbar, wenn die Zahlung der laufenden Miete/Nutzungsentschädigung für die Dauer der Räumungsfrist nicht gewährleistet ist.[4214] Ist der Pachtzinsanspruch an die Bank abgetreten, an die der Pächter unmittelbar den Pachtzins zu überweisen hat, bedarf es der Prüfung, ob der Nutzungsentschädigungsanspruch wie der vertragliche Pachtzinsanspruch unmittelbar nur von der Bank eingefordert werden darf, auch wenn die Bank die Zwangsvollstreckung betreibt.[4215]

2583

Befindet sich ein Mieter mit der Rückgabe der Mietsache nach Beendigung des Mietverhältnisses in Verzug, kann er gegen den daraus resultierenden Anspruch des Vermieters auf Zahlung einer Nutzungsentschädigung wegen Vorenthaltung der Mietsache nicht mehr mit Aufwendungserstattungsansprüchen aus dem ehemaligen Mietverhältnis **aufrechnen**.[4216] Dies gilt auch dann, wenn mit dem Vermieter vor Vertragsbeendigung die Verrechnung der Erstattungsbeträge mit Mietforderungen vereinbart war.[4217]

2584

Der Vermieter hat gegen den verspätet räumenden Mieter einen Freistellungsanspruch im Hinblick auf **Forderungen Dritter** (etwa Schadensersatzansprüche eines Nachmieters, der erst verzögert einziehen kann) unabhängig davon, ob diese Forderungen berechtigt sind, weil der

---

4209 OLG Köln, 05.10.2004 – 22 U 112/04, GuT 2004, 232.
4210 KG, 07.03.2005 – 8 U 166/03, MDR 2006, 147.
4211 BGH, 21.03.2001 – XII ZR 241/98.
4212 OLG Düsseldorf, 10.05.2005 – I-24 U 257/03, GuT 2006, 318.
4213 OLG Düsseldorf, 10.05.2005 – I-24 U 257/03, GuT 2006, 318.
4214 OLG Stuttgart, 07.06.2006 – 13 U 89/06, IMR 2006, 183.
4215 BGH, 23.08.2006 – XII ZR 214/04, NZM 2006, 820 = GuT 2007, 140 = IMR 2006, 186.
4216 OLG Rostock, 09.07.2004 – 3 U 91/04, MDR 2005, 139 = MietRB 2004, 346.
4217 MDR 2005, 139 = MietRB 2004, 346.

Befreiungsanspruch auch die Abwehr unbegründeter Forderungen umfasst und der Schaden beim Vermieter bereits in der Belastung mit einer Verbindlichkeit besteht.[4218]

III. Mögliche Ansprüche bei vorzeitiger Vertragsbeendigung und Mietausfallschaden

1. Schadensersatzanspruch aus §§ 280, 241 BGB

2585 Wenn eine Partei durch **vertragswidriges Verhalten** eine wirksame vorzeitige Beendigung des Mietverhältnisses auslöst, haftet sie dem Vertragspartner auf Ersatz des dadurch entstehenden Schadens.[4219] Dies gilt für Mieter und Vermieter und auch dann, wenn der Vertrag statt durch Kündigung durch eine einvernehmliche Vertragsaufhebung beendet wird.[4220] Anspruchsgrundlage für den Schadensersatzanspruch des Vermieters/Verpächters sind die §§ 280 Abs. 1, 241 BGB. Danach kann der Vermieter jeden Schaden, der durch die erforderlich gewordene Kündigung bedingt ist, vom Mieter ersetzt verlangen (sog. **Mietausfallschaden**). Der Mieter schuldet also mindestens den Betrag, den er bei normalem Vertragsverlauf bis zum erstmöglichen Endtermin als Miete hätte zahlen müssen.

2586 Im Wesentlichen kommen aus Sicht des Vermieters in der Praxis drei Situationen vor:

- Der Vermieter kündigt, findet keinen neuen Mieter und verlangt vom Mieter den Ersatz des gesamten Mietausfallschadens für die restliche Vertragslaufzeit.
- Wie hiervor, aber der Vermieter findet einen neuen Mieter. Dieser mietet aber nur „billiger" an, sodass der Vermieter die Differenz zwischen alter und neuer Miete vom Ex-Mieter verlangt.
- Mischsituation aus den vorgenannten Fällen: Der Vermieter findet erst nach einiger Zeit einen neuen Mieter, der dann aber nur zu einer geringeren Miete anmietet.

> **Hinweis:**
> Standardfall ist die fristlose Kündigung wegen Zahlungsverzuges des Mieters, bei der das Mietverhältnis mit Zugang der Kündigung endet. Natürlich kommen, in der Praxis aber deutlich seltener, auch Ansprüche des Mieters in Betracht, etwa wenn der vertragsgemäße Gebrauch nicht gewährt oder eingeschränkt wird und er deshalb kündigen muss.

2. Ansprüche des kündigenden Vermieters/Verpächters

a) Grundsätze

2587 Der berechtigt kündigende Vermieter hat Anspruch auf Ersatz des Schadens bis zu einer Neuvermietung: bei befristeten Mietverhältnissen grds. bis zum Ende der Vertragslaufzeit, bei unbefristeten Mietverhältnissen bis zum erstmöglichen fiktiven Kündigungstermin, den der Mie-

---

[4218] OLG Koblenz, 30.07.2007 – 12 U 353/06, IMR 2008, 120.
[4219] BGH, 04.04.1984 – VIII ZR 313/82, NJW 1984, 2687 = WuM 1984, 933 und BGH, 03.12.1997 – XII ZR 45/96, NZM 1998, 234 zur positiven Vertragsverletzung vor der Schuldrechtsmodernisierung.
[4220] BGH, 31.03.1993 – XII ZR 198/91, BGHZ 122, 163 = ZMR 1993, 317 = NJW 1993, 1645 = MDR 1993, 641; OLG Brandenburg, 15.11.2006 – 3 U 88/06, www.ibr-online.de.

III. Mögliche Ansprüche bei vorzeitiger Vertragsbeendigung und Mietausfallschaden

ter (ausgehend von der Kündigung des Vermieters) hätte wahrnehmen können. Dies kann z.B. der klassische **Mietausfallschaden** sein (also die fehlende Miete oder die Differenz alte – neue Miete) und/oder Kosten für die neue Mietersuche.

Der Anspruch ist gerichtet auf den Gewinn des Vermieters, also die Nettomiete, abzuziehen sind ersparte Aufwendungen und/oder neue Zahlungen (etwa die Miete eines neuen Mieters). Bei einer niedrigeren neuen Miete wird die Differenz zur alten Miete bis zu den o.g. Zeitpunkten geschuldet.[4221] Ein **umsatzsteuerpflichtiger Vermieter** hat auf die Schadensersatzzahlung keine USt zu entrichten, da es sich nicht (mehr) um ein Austauschverhältnis mit einer Leistung des Mieters handelt. Betriebskosten gehören zum Anspruch, soweit die Räume nicht neu vermietet sind.

2588

Der Vermieter ist aber nach § 254 Abs. 2 BGB verpflichtet, den Schaden möglichst gering zu halten und muss sich deshalb um eine **Neuvermietung bemühen**.[4222] Sein Schadensersatzanspruch ist aber nur gemindert, wenn der Mieter unzureichende Bemühungen des Vermieters um eine anderweitige Vermietung beweist.[4223]

2589

> **Praxistipp:**
> Der Anwalt sollte den Vermieter auf diese Schadensminderungspflicht hinweisen und ihm empfehlen, die Bemühungen um die Neuvermietung sorgfältigst zu dokumentieren (Anzeigen aufbewahren, Telefonnotizen mit Name, Adresse, Daten des Interessenten usw.).

Hat der Vermieter seine konkreten Bemühungen um Nachmieter hinreichend dargetan, darf der Mieter sich nicht auf **pauschales Bestreiten** beschränken. Angesichts der Möglichkeit, die vom Vermieter namhaft gemachten Mietinteressenten zu befragen, ist es Sache des ehemaligen Mieters, das Vermietervorbringen zu widerlegen.[4224] Mit dem Vorwurf, der Vermieter habe sich nicht hinreichend um Nachmieter bemüht, wird ein Unterlassen behauptet. Der ehemalige Mieter muss daher darlegen, dass bei adäquaten Bemühungen des Vermieters frühzeitig ein akzeptabler Nachmieter gefunden worden wäre.[4225]

Macht der Vermieter wegen vorzeitiger Beendigung des befristeten Mietvertrages einen Mietausfallschaden geltend, sind etwaige zwischen Beendigung des Mietverhältnisses und Neuvermietung **neu auftretende Mängel** nach allgemeinen Schadensgrundsätzen ebenso zu berücksichtigen wie sie bei einem fortbestehenden Mietverhältnis zu berücksichtigen gewesen wären, denn auch insoweit hätte der Vermieter bei Auftreten eines Mangels nur einen gem. § 536 Abs. 1 BGB reduzierten Mietzins verlangen können.[4226]

2590

[4221] OLG Frankfurt am Main, WuM 1998, 24, 27; OLG Düsseldorf, DWW 1991, 19.
[4222] OLG Düsseldorf, ZMR 1996, 324 = MDR 1996, 1006.
[4223] OLG Düsseldorf, 19.07.2005 – I-24 U 14/05, GuT 2006, 86.
[4224] OLG Koblenz, 17.04.2008 – 5 U 315/08, IMR 2008, 242 = GuT 2008, 208.
[4225] OLG Koblenz, 17.04.2008 – 5 U 315/08, IMR 2008, 242 = GuT 2008, 208.
[4226] OLG Düsseldorf, 07.09.2006 – 10 U 30/06, IMR 2007, 8.

b) Fälligkeit des Anspruches auf Mietausfallschaden

2591 Macht der Vermieter Mietausfallschaden geltend, stellt sich die Frage, wann der Anspruch fällig wird: sofort und insgesamt oder entsprechend der Regelung im (früheren) Mietvertrag, also z.B. monatlich neu? Die Frage hat auch erhebliche prozessuale Bedeutung, da bei sofortiger Fälligkeit ggf. ein hoher Betrag einzuklagen ist (mit entsprechendem Streitwert), während bei sukzessiver Fälligkeit immer wieder neu geklagt werden muss bzw. eine laufende Klage zu erweitern ist. Der BGH[4227] hat dazu recht deutlich ausgeführt:

> „Der Anspruch auf Ersatz des Mietausfalls mag zwar bereits im Zeitpunkt der Kündigung entstanden sein, fällig jedenfalls wird er aber erst sukzessiv in den Zeitpunkten, in denen die jeweiligen Mietzinsraten fällig würden; der Gläubiger kann nur verlangen, dass der Verpflichtete den der Vertragsleistung entsprechenden Betrag an dem Tage zahlt, der dem Fälligkeitstermin entsprechen würde".

2592 Folge dieser Rechtsprechung ist: Die Fälligkeit des Anspruches auf Ersatz des Mietausfallschadens entspricht der **Fälligkeit der Ursprungsmiete**. In der Literatur wird zwar z.T. auch die sofortige (Gesamt-) Fälligkeit diskutiert[4228] und auf gegenteilige Rechtsprechung des BGH zum Leasingvertrag[4229] verwiesen, für die Gerichtspraxis hat dies aber keine Bedeutung. Das ist auch sachgerecht, da bei sofortiger Fälligkeit der Schuldner schlechter gestellt würde als bei fortlaufendem Vertrag und zudem nicht absehbar ist, ob der Vermieter möglicherweise neu vermietet mit der Folge, dass dann der Altmieter einem Teil des Schadensersatzes hinterherlaufen müsste, da der Vermieter selbstverständlich nicht zweimal kassieren darf.

> **Praxistipp:**
> Aus Vermietersicht kann an eine Regelung im Mietvertrag gedacht werden, die ihn berechtigt, einen etwaigen Mietausfallschaden sofort komplett zu liquidieren. Dies wird sowohl individualvertraglich als auch formularvertraglich für zulässig erachtet,[4230] wobei Letzteres immer ein Risiko beinhaltet. Praktische Erfahrungen mit solchen Klauseln liegen – soweit ersichtlich – noch nicht vor.

c) Herausgabe von Nutzungen an den Vermieter/Verpächter

2593 Steht aufgrund eines Räumungstitels fest, dass der Mieter gem. § 546a BGB zur Herausgabe des Miet- oder Pachtobjekts verpflichtet ist, haftet er rückwirkend ab Rechtshängigkeit einer Räumungsklage gem. § 292 BGB nach den Vorschriften über das **Eigentümer-Besitz-Verhältnis**. Diese Vorschriften werden nach herrschender Meinung nicht durch § 546a BGB verdrängt.[4231] Folge ist, dass dem Vermieter ab Rechtshängigkeit des Räumungsanspruchs gem. § 987 Abs. 1 BGB ein **Anspruch auf Herausgabe der gezogenen Nutzungen** zusteht, wozu nach §§ 100,

---

4227 BGH, 11.07.1979 – VIII ZR 183/78, WuM 1979, 236; vgl. auch BGH, NJW 2002, 38.
4228 Ausführlich dazu: Kluth/Böckmann/Freigang, NZM 2004, 446.
4229 Vgl. BGH, 12.06.1985 – VIII ZR 148/84, NJW 1985, 2253.
4230 Kluth/Böckmann/Freigang, NZM 2004, 446, 449 ff.
4231 BGH, 12.08.2009 – XII ZR 76/08, IMR 2009, 341 = GuT 2009, 306 = NZM 2009, 701 = InfoM 2009, 329; BGH, 03.06.2005 – V ZR 106/05, NJW-RR 2005, 1542; BGH, 21.09.2001 – V ZR 228/00, NJW 2002, 60; OLG Rostock, 03.06.2010 – 3 U 173/09; Leo, in: Lindner-Figura/Oprée/Stellmann, Kap. 16, Rn. 124; Sternel, Mietrecht aktuell, XIII Rn. 118; krit. Weidenkaff, in: Palandt, § 546a Rn. 20; Wolf/Eckert/Ball, Rn. 1150.

99 Abs. 2 BGB auch die mittelbaren Sachfrüchte (Erträge) gehören, also etwa Untermietzinsen, die der Mieter durch Untervermietung tatsächlich erwirtschaftet hat. Maßgeblich sind die tatsächlich gezogenen Nutzungen, der objektive Wert ist nur dann relevant, wenn es um Eigennutzung des Mieters geht.[4232] Hat der Mieter **keine konkreten Nutzungen** gezogen, muss er diese vollständig herausgeben, es sei denn, die Höhe der gezogenen Nutzungen beruht v.a. auf besonderen Fähigkeiten des Mieters, wofür jedoch besonders geschickte Vertragsverhandlungen beim Abschluss des Untermietvertrages nicht ausreichen.[4233]

> **Praxistipp:**
> Sind die Räume untervermietet, ist es dem Vermieter aufgrund der vorgenannten BGH-Rechtsprechung zu empfehlen, die Räumungsklage so schnell wie möglich anzureichen. Verzögert der Hauptmieter bewusst die Räumung, um womöglich noch ein Geschäft bzw. Umsätze des Untermieters „mitzunehmen", etwa Ladenschlussverkauf o.ä., kann mit der vorgenannten BGH-Entscheidung argumentiert werden, dass die Nutzungen herauszugeben sind.

3. Ansprüche des kündigenden Mieters

a) Grundsätze

Hat der Vermieter die berechtigte Kündigung des Mieters ausgelöst, so haftet er dem Mieter auf Ersatz der Folgekosten. Die Schadensersatzverpflichtung des Vermieters gem. § 280 BGB umfasst auch die Kosten für die **Beschaffung von Ersatzräumen** inklusive einer etwaigen **Differenz zwischen alter und neuer Miete** kommt in Betracht, wenn er diesen durch eine Vertragsverletzung veranlasst hat, das bestehende Mietverhältnis zu kündigen.[4234] Der Schadensersatzanspruch bei berechtigter Kündigung umfasst **sämtliche Kosten**, die durch die vorzeitige Aufgabe der Mietsache und die Suche und Anmietung eines neuen Objekts anfallen. Dies umfasst auch die höhere Miete eines neuen Objekts bis zum ersten möglichen Beendigungstermin des ursprünglichen Mietverhältnisses. 2594

Es ist aber immer ein **Verschulden des Vermieters** erforderlich und zwar auch dann, wenn der gesetzliche Kündigungstatbestand ein derartiges Verschulden nicht erfordert.[4235] In dem vom OLG Düsseldorf entschiedenen Fall hatte der Mieter gekündigt, weil andere gewerbliche Mieter im Haus ein Stundenhotel betrieben. Der Vermieter hatte den anderen Mietern die Räume aber als „Schulungszentrum" vermietet, ohne Kenntnis von der Prostitutionsabsicht zu haben, weshalb er mangels Verschuldens nicht haftete. 2595

b) Wie lange darf der Mieter die Räume noch weiternutzen?

Auch wenn der Mieter außerordentlich gekündigt hat, ist er nicht gezwungen, innerhalb kurzer Zeit auszuziehen. Er darf für das Mietverhältnis vielmehr eine bestimmte Auslaufzeit in 2596

[4232] BGH, 12.08.2009 – XII ZR 76/08, IMR 2009, 341 = GuT 2009, 306 = NZM 2009, 701 = InfoM 2009, 329.
[4233] BGH, 12.08.2009 – XII ZR 76/08, IMR 2009, 341 = GuT 2009, 306 = NZM 2009, 701 = InfoM 2009, 329.
[4234] OLG Düsseldorf, 18.12.2003 – 10 U 33/03, NZM 2004, 502.
[4235] OLG Düsseldorf, 18.12.2003 – 10 U 33/03, NZM 2004, 502.

Anspruch nehmen, die beim befristeten Mietvertrag im Einzelfall auch deutlich länger als die fiktive ordentliche Kündigungsfrist sein kann.[4236]

Beispiel:
14 Monate statt fiktiv sechs Monate zum Quartalsende.[4237]

2597 Grds. steht dem Mieter trotz des Wortlauts des § 543 BGB („fristlose" Kündigung) eine sog. „Auslauffrist" zu, d.h. man billigt ihm einen angemessenen Zeitraum zu, in dem er neue Räume suchen kann.[4238] Als Obergrenze für die Auslauffrist wird allgemein die ordentliche Kündigungsfrist angesehen, im Gewerbemietrecht also sechs Monate zum Quartalsende gem. § 580a Abs. 2 BGB. Dies kann aber zu knapp sein, was abhängig vom Einzelfall ist. Kriterien können die Größe eines Unternehmens und die Möglichkeit, schnell geeignete Räume zu finden, sein. Eine zu strenge Handhabung dieser Grundregel würde manchen Mieter womöglich von einer Kündigung abhalten und das Kündigungsrecht abwerten.

IV. Auszug ohne Kündigung oder anderweitige Vertragsbeendigung

2598 In der Praxis kommt es oft vor, dass der Mieter einfach auszieht und der Vermieter die Räume weitervermietet, ohne dem Mieter noch zu kündigen. Zunächst war umstritten, ob der Vermieter in diesem Fall noch eine (negative) **Mietdifferenz** vom Mieter fordern kann, ob er also seinen Mietzahlungsanspruch behält.[4239] **Kernproblem** war die mögliche Argumentation des Mieters, der Vermieter könne ihm wegen der Neuvermietung den Gebrauch nicht mehr überlassen, sodass nach § 537 Abs. 2 BGB die Zahlungspflicht entfalle. Der BGH hat 1993 einen Schlussstrich unter diese vermieterfeindliche Diskussion gezogen und den Mieter wegen rechtsmissbräuchlichen Handelns grds. verpflichtet, die Mietdifferenz bis zu einer vertragsgemäßen Beendigung des Mietverhältnisses zu zahlen.[4240]

Zieht der Mieter ohne Rücksicht auf den fortbestehenden Mietvertrag endgültig aus, ist der Vermieter nicht verpflichtet, die Räume anderweitig zu vermieten, denn grds. trifft ihn noch die Vertragspflicht, dem Mieter den Gebrauch zu gewähren.[4241] Er kann also seinerseits, stellt er den Gebrauch noch zur Verfügung, die volle Miete verlangen. Ob der Mieter die Räume tatsächlich nutzt, liegt allein im Risikobereich des Mieters. Eine Verpflichtung des Mieters zur Zahlung der Miete endet aber grds. dann, wenn der Vermieter nach vorzeitigem Auszug des Mieters die **Miträume Dritten zur Nutzung** überlässt.[4242] Übernimmt es der Vermieter im Einvernehmen mit dem Mieter, die Räume an einen anderen zu vermieten, reduziert sich die vom Mieter zu zahlende Miete um den anderweitig erzielten Betrag. Der Vermieter darf nicht

---

4236 OLG Frankfurt am Main, 08.12.2005 – 2 U 128/05, InfoM 2007, 312.
4237 OLG Frankfurt am Main, 08.12.2005 – 2 U 128/05, InfoM 2007, 312.
4238 Vgl. Weidenkaff in: Palandt, § 543 Rn. 52.
4239 Vgl. OLG Düsseldorf, 26.11.1992 – 10 U 212/91, ZMR 1993, 114, 115 = MDR 1993, 340; OLG Hamm, 13.03.1986 – 4 RE-Miet 3/85, NJW 1986, 2331 = ZMR 1986, 281, 282 = MDR 1986, 759 – jeweils mit unterschiedlichen Meinungen.
4240 BGH, 31.03.1993 – XII ZR 198/91, BGHZ 122, 163 = ZMR 1993, 317 = NJW 1993, 1645 = MDR 1993, 641; OLG Brandenburg, 15.11.2006 – 3 U 88/06, WuM 2007, 14 = IBR 2007, 109.
4241 OLG Rostock, 14.01.2010 – 3 U 50/09, IMR 2010, 233 = MDR 2010, 1045.
4242 LG Mainz, 28.03.2000 – 6 S 316/98, NZM 2000, 714.

ohne erklärbaren Grund unter Marktpreis vermieten.[4243] Der Vermieter kann dann allenfalls die Differenz zur neuen Miete fordern, wenn diese geringer ist. Entsprechendes gilt, wenn der Mieter bei seinem Auszug aus nachvollziehbaren Gründen davon ausgegangen ist, das Mietverhältnis sei beendet.[4244] Zahlt der Mieter nach Auszug keine Miete mehr, so kann er sich gem. § 242 BGB nicht auf einen dauerndes Gebrauchshindernis i.S.d. § 537 Abs. 2 BGB berufen, wenn der Vermieter die Räume nach dem vorzeitigen Rückerhalt umbauen lässt.[4245]

Dies alles gilt grds. auch **im umgekehrten Fall**: Übernimmt der Mieter die Räume erst gar nicht und vermietet der Vermieter ohne Kündigung weiter, kann er eine etwaige Differenz fordern.[4246]

2599

V. Schadensbeseitigungspflicht des Mieters

Der Mieter ist grds. verpflichtet, das Mietobjekt in dem Zustand zurückzugeben, in dem es sich bei Übergabe an ihn befand. Dieser Anspruch folgt aus § 546 Abs. 1 BGB. Falls nichts anderes im Mietvertrag vereinbart ist, müssen also Einbauten entfernt und bauliche Änderungen beseitigt werden. Zur allgemeinen Rückbaupflicht, falls der Mieter Ein- oder Umbauten vorgenommen hat, vgl. → *Rn. 2600 ff.*

2600

Schäden am Mietobjekt hat der Mieter nicht nach § 546 BGB zu beseitigen, es handelt sich vielmehr um einen Anspruch auf **Schadensersatz wegen Pflichtverletzung nach § 280 BGB** mit den entsprechenden Voraussetzungen.[4247] Die frühere Diskussion, ob es sich bei der Pflicht des Mieters um eine Haupt- oder Nebenpflicht handelte mit der Konsequenz, dass ggf. § 326 BGB a.F. mit erforderlicher Fristsetzung und Ablehnungsandrohung anzuwenden war, ist heute wegen der Einführung von § 280 BGB hinfällig.

2601

Spuren des vertragsgemäßen Gebrauchs (übliche Abnutzungen) hat der Mieter grds. nicht zu beseitigen, es sei denn, es geht um den Bereich der Schönheits- und/oder Kleinreparaturen und es besteht eine entsprechende vertragliche Verpflichtung. Weiter gehende Arbeiten können im Geschäftsraummietrecht vereinbart werden.

2602

Beispiel:

Der Vermieter hat das Büro mit einem hochwertigen Teppichboden vermietet. Als der Mieter nach acht Jahren auszieht, ist der Teppich „durch". Handelt es sich dabei um normale Abnutzung, kann der Vermieter ohne ausdrückliche vertragliche Regelung keinen Anspruch geltend machen. Etwas anderes gilt, wenn der Teppichboden eine überobligatorische Abnutzung aufweist, z.B. Brand- oder Rotweinflecken (abhängig vom Einzelfall).

4243 BGH, 31.03.1993 – XII ZR 198/91, BGHZ 122, 163 = ZMR 1993, 317 = NJW 1993, 1645 = MDR 1993, 641.
4244 KG, 16.09.1996 – 8 RE-Miet 2891/96, NJW-RR 1997, 333 = ZMR 1996, 648; LG Mainz, 28.03.2000 – 6 S 316/98, NZM 2000, 714.
4245 LG Mannheim, 03.06.2009 – 4 S 5/09, IMR 2010, 101 (Wohnraum).
4246 BGH, 22.12.1999 – XII ZR 339/97, DWW 2000, 85 = GE 2000, 340 = NZM 2000, 184 = WM 2000, 776 = WuM 2000, 248 = ZfIR 2000, 616 = ZMR 2000, 207; OLG Naumburg, 25.11.1997 – 11 U 940/97, WuM 1998, 283 = ZMR 1998, 425.
4247 BGH, 02.10.1996 – XII ZR 65/95, WuM 1997, 217 zum früheren pVV-Anspruch.

> **Praxistipp:**
> Die kurze Verjährungsfrist muss immer im Auge behalten werden.

VI. Unvollständige Räumung, Entsorgung von Sachen durch den Vermieter

2603 Behauptet der Vermieter, ihm sei durch die verspätete Rückgabe des Mietobjekts ein konkreter Mietausfallschaden entstanden, muss er dartun, wann, an wen und zu welchem Mietzins er das gesamte Mietobjekt oder zumindest einzelne Teile davon bei rechtzeitiger Herausgabe hätte vermieten können.[4248] Vgl. zur Schadensminderungspflicht des Vermieters bei vorzeitiger Kündigung auch → Rn. 2418 ff.

2604 Der Mieter, der dem Vermieter die Mietsache entgegen seiner Rückgabepflicht infolge der Vertragsbeendigung vorenthält, kann sich nicht darauf berufen, während der Vorenthaltung sei eine **weitere Verschlechterung** des Mietobjekts eingetreten, die bei Fortbestehen des Mietverhältnisses eine weitere Minderung zur Folge gehabt hätte.[4249]

2605 Zieht der Mieter das Objekt nicht frei, darf der Vermieter – wie oben ausgeführt – nicht zur Selbsthilfe greifen, sondern muss klagen. Die **Gewährung einer Räumungsfrist** ist für ihn unzumutbar, wenn die Zahlung der laufenden Miete/Nutzungsentschädigung für die Dauer der Räumungsfrist nicht gewährleistet ist.[4250]

2606 Verlässt der Mieter zwar das Objekt, räumt aber nicht oder unvollständig, lässt also Sachen zurück, trifft den Vermieter eine **Aufbewahrungspflicht**, deren Verletzung Schadensersatzansprüche des Mieters aus § 280 BGB wegen Verletzung einer vertraglichen Nebenpflicht nach sich ziehen kann. Bei wertlosen Gegenständen ist von einer **Eigentumsaufgabe nach § 959 BGB** auszugehen, die Beweislast im Streitfall wird aber beim Vermieter liegen.

2607 Ignoriert der Mieter Aufforderungen des Vermieters, seine Sachen abzuholen, liegt entweder ein Mitverschulden nach § 254 BGB vor oder aber ein Verstoß gegen Treu und Glauben aus § 242 BGB, wenn sich der Mieter später darauf beruft, der Vermieter müsse wegen Verletzung der Obhutspflicht Schadensersatz leisten. Kommt der Mieter **mehrfachen Aufforderungen mit Fristsetzung** nicht nach und ist darin angekündigt, dass die Sachen nach der letzten Frist vernichtet werden, ist von einer konkludenten Eigentumsaufgabe nach § 959 BGB und einem konkludenten Verzicht auf sämtliche Rechte auszugehen, wenn der Mieter nicht aktiv wird. Zwar stellt Schweigen an sich keine (konkludente) Willenserklärung dar, der Mieter hat aber bereits durch das Zurücklassen in den Räumen eine konkludente Erklärung abgegeben, die sich nun nur noch einmal bestätigt. Zwei Mahnungen reichen aus.

> **Praxistipp für Immobilienverwalter/Vermieter(vertreter):**
> 1. Die Sachen sollten aufgelistet und möglichst fotografisch dokumentiert werden. Zeugen sollten hinzugezogen werden und diese sollten eine Liste unterschreiben.

[4248] OLG Düsseldorf, 15.12.2005 – I 10 U 80/05, GuT 2006, 86, 87 = NJOZ 2006, 4606.
[4249] OLG Düsseldorf, 07.09.2006 – 10 U 30/06, ZMR 2006, 927 = NJOZ 2006, 4058.
[4250] OLG Stuttgart, 07.06.2006 – 13 U 89/06, IMR 2006, 183.

2. Der Mieter sollte nachweisbar und verzugsbegründend aufgefordert werden, seine Sachen bis zu einem bestimmten Tag abzuholen; die Stückgutliste sollte beigefügt und auf drohende Vernichtung/Entsorgung hingewiesen werden. Zur Sicherheit sollte kurz vor der Vernichtung der Mieter mit nochmaliger letzter Frist zur Abholung noch einmal angeschrieben werden.
3. Zugangsnachweise der Schreiben sollten gewährleistet werden (→ *Rn. 2293 ff.*).
4. Vernichtung/Entsorgung sollte dokumentiert werden, z.B. durch Einlieferungsbeleg der Müllverbrennungsanlage und Niederschrift, welche Personen (Zeugen) dies durchgeführt haben. Wertvolle Gegenstände sollten ggf. sicherheitshalber nicht vernichtet werden.

VII. Investitionen des Mieters und Ausgleichsanspruch

Der Mieter hat nach Mietende keinen Anspruch auf Ersatz von – auch werterhöhender – Aufwendungen nach § 539 Abs. 1 i.V.m. § 683 BGB, wenn die Aufwendungen nicht notwendig waren und er nicht im Interesse des Vermieters gehandelt hat. Ein Bereicherungsausgleich nach „normalem" Ablauf der Vertragszeit scheitert, weil der Mieter seine Investitionen amortisieren konnte.[4251] Begrifflich geht es dann um sog. **verlorene Baukostenzuschüsse** (§ 14 Satz 1 II. BV), also Investitionen des Mieters, die dieser grds. nicht vom Vermieter zurück erhält. S. → *dazu ausführlich Rn. 1637 ff.*

2608

VIII. Nachmieter, Ersatzmieter, Mietnachfolger

1. Überblick

Auch bei geschäftlicher Miete stellt sich häufig die Nachmieterfrage, wenn der ursprüngliche Mieter vorzeitig räumen will. Unproblematisch ist dies natürlich, wenn sich die Vertragspartner einig werden. Kommt es nicht dazu, stellt sich die Frage nach einem **Anspruch des Mieters auf Nachmietergestellung**. Grds. gilt: Der Vermieter verstößt nicht gegen Treu und Glauben, wenn er einen Nachmieter ablehnt, der nicht zum vorbehaltlosen Eintritt in das laufende Mietverhältnis bereit ist.[4252] Der Mieter eines langfristigen Mietvertrages, der sich im Interesse der Schadensminderung mit der Weitervermietung durch den Vermieter einverstanden erklärt hat, wird von der Verpflichtung zur Zahlung der Differenzmiete auch dann nicht frei, wenn der Vermieter das Mietobjekt dem Nachmieter überlassen hat.[4253]

2609

Wie in jedem Schuldverhältnis trifft auch den Vermieter eine **Schadensminderungspflicht** nach § 254 BGB, etwa bei fristloser Kündigung eines Zeitmietvertrages wegen Zahlungsverzugs. Er muss sich deshalb – in sehr engen Grenzen – ebenfalls konkret um einen Nachmieter bemühen. Ausreichend sind bereits einfachste Maßnahmen wie bspw. das einmalige Schalten einer Anzeige. Besondere Investitionen dürfen dem Vermieter nicht abverlangt werden. Hat der Vermieter seine konkreten Bemühungen um Nachmieter hinreichend dargetan, darf der Mieter

---

4251 Eckert, Ausgleich werterhöhender Mieterinvestitionen bei vorzeitigem Vertragsende, NZM 2009, 768.
4252 OLG Frankfurt am Main, 20.01.2000 – 1 U 215/98, MDR 2000, 825 m.w.N.
4253 OLG Karlsruhe, 28.10.2004 – 9 U 110/04, GuT 2005, 18.

sich nicht auf pauschales Bestreiten beschränken. Angesichts der Möglichkeit, die vom Vermieter namhaft gemachten Mietinteressenten zu befragen, ist es Sache des ehemaligen Mieters, das Vermietervorbringen zu widerlegen.[4254] Mit dem Vorwurf, der Vermieter habe sich nicht hinreichend um Nachmieter bemüht, wird ein Unterlassen behauptet, weshalb der ehemalige Mieter darlegen muss, dass bei adäquaten Bemühungen des Vermieters frühzeitig ein akzeptabler Nachmieter gefunden worden wäre.[4255]

2. Mietvertrag mit Nachmieterklausel

2610 Die Möglichkeit einer Ersatzmietergestellung kann frei, auch formularvertraglich, vereinbart werden.[4256] Zulässig sind vertragliche Vereinbarungen, dass der Vermieter einen Ersatzmieter nur akzeptiert, wenn der frühere Mieter der Schuld des Nachfolgers beitritt oder für diesen bürgt. Die Abweichung von den ohnehin verbindlichen Grundsätzen zur Nachmieterproblematik liegt bei einer solchen Klausel aber allein in der Haftungserweiterung zugunsten des Vermieters. Haben die Parteien eine **Vereinbarung getroffen**, die den Vermieter zur Entlassung aus dem Vertrag gegen Nachmieterstellung verpflichtet und bietet der Mieter einen geeigneten Nachmieter an, den der Vermieter akzeptieren muss, schuldet der Mieter ab dem Zeitpunkt, zu dem der Neuvertrag hätte geschlossen werden können, keine Miete mehr.[4257] Ob der Vertrag mit dem neuen Mieter in der Folgezeit auch geschlossen wird, ist unbeachtlich.[4258] Die Vereinbarung kann während des laufenden Mietverhältnisses auch mündlich getroffen werden (Vorrang der Individualabrede, § 305b BGB).[4259] Sie ist auch dann wirksam, wenn die Parteien vereinbaren, dass der Mieter einen Nachmieter stellen kann, der die Gewerberäume zu Wohnzwecken nutzen will.[4260]

Der Mieter muss in diesen Fällen vortragen und beweisen, dass der benannte Mietinteressent bereit war, den Mietvertrag zu für den Vermieter **akzeptablen Konditionen** abzuschließen und zur ordnungsgemäßen Vertragserfüllung in der Lage gewesen wäre.[4261] Akzeptabel sind dabei solche Bedingungen, die nicht hinter denen des bisherigen Vertrages zurückbleiben oder der Nachmietergestellungsvereinbarung entsprechen.[4262]

2611 Die Klausel in einem nach § 550 BGB formbedürftigen Vertrag

„Der Mieter ist berechtigt, die Rechte und Pflichten aus diesem Vertrag auf einen Nachmieter zu übertragen, sofern in der Person oder in dem Geschäftszweck des Nachmieters kein wichtiger Grund zur Ablehnung vorliegt."

4254 OLG Koblenz, 17.04.2008 – 5 U 315/08, IMR 2008, 242 = GuT 2008, 208.
4255 OLG Koblenz, 17.04.2008 – 5 U 315/08, IMR 2008, 242 = GuT 2008, 208.
4256 BGH, WuM 1984, 54.
4257 OLG Rostock, 14.01.2010 – 3 U 50/09, IMR 2010, 233 = MDR 2010, 1045.
4258 OLG Rostock, 14.01.2010 – 3 U 50/09, IMR 2010, 233 = MDR 2010, 1045; Kandelhard, in: Herrlein/Kandelhard, § 537 Rn. 42.
4259 Vom Ergebnis her ebenso, aber ohne nähere Begründung OLG Rostock, 14.01.2010 – 3 U 50/09, IMR 2010, 233 = MDR 2010, 1045 (Telefonat zwischen Mieter und Vermieter).
4260 OLG Rostock, 14.01.2010 – 3 U 50/09, IMR 2010, 233 = MDR 2010, 1045.
4261 BGH, 16.02.2005 – XII ZR 162/01, GuT 2005, 115 = NZM 2005, 340; Wolf/Eckert/Ball, Rn. 598; Kandelhard, in: Herrlein/Kandelhard, § 537 Rn. 39.
4262 OLG Rostock, 14.01.2010 – 3 U 50/09, IMR 2010, 233 = MDR 2010, 1045.

ist so auszulegen, dass der Mieter aus dem Mietverhältnis ausscheiden und der Nachmieter eintreten soll und der Mieter mit dem Nachmieter eine Mieteintrittsvereinbarung traf, die der Schriftform des § 550 BGB genügt.[4263] Der Mieter muss also in diesem Fall den Eintritt des Nachfolgers in die Mieterstellung mindestens durch eine Urkunde belegen, die ausdrücklich auf den Ursprungsmietvertrag Bezug nimmt.

Der **formularmäßige Ausschluss** des Nachmieterstellungsrechts ist kritisch zu bewerten, da hierbei über den Grundsatz von Treu und Glauben verfügt wird. Solche – und auch individuelle – Klauseln sind deshalb zumindest so auszulegen, dass der Vermieter einen Nachmieter **nicht ohne vernünftigen Grund** (also: schikanös) ablehnen darf.[4264] Messlatte ist aber auch hier, dass der Neumieter den Vertrag grds. so übernimmt, wie er steht und liegt und dass sich für den Vermieter keine wesentlichen Gesichtspunkte ändern. Letzteres kann der Fall sein, wenn er mehrere Mieter (= Schuldner) gegen einen Einzigen tauschen soll,[4265] der Neumieter weniger vermögend ist oder nur geringere Mietsicherheiten stellen will.

2612

3. Mietvertrag ohne Nachmieterklausel

Der Vermieter von Gewerberaum ist **ohne eine vertragliche Vereinbarung** nur im Ausnahmefall zur Entlassung des Mieters gegen Stellung eines Nachmieters verpflichtet, wenn dies im Rahmen einer Interessenabwägung nach § 242 BGB geboten erscheint.[4266] Es gelten engere Maßstäbe als bei Wohnraum, Daher wird sich dies regelmäßig auf wenige Ausnahmefälle beschränken, weil der Mieter das Ertragsrisiko des Mietverhältnisses trägt[4267] und es hierfür nicht ausreicht, wenn sich nur das wirtschaftliche Risiko des Mieters verwirklicht.[4268] Gleiches gilt, wenn der Mieter die Ursachen selbst oder bewusst gesetzt hat.[4269]

2613

Fehlt eine ausdrückliche vertragliche Regelung, hat der Mieter einen Anspruch auf **Nachmietergestellung** aus § 242 BGB, wenn folgende Voraussetzungen vorliegen:

- Es muss ein **dringendes** und **schutzwürdiges Interesse** an der Vertragsauflösung bestehen, welches das Interesse des Vermieters an der Vertragsfortsetzung deutlich übersteigt (Interessenabwägung). Dies liegt i.d.R. vor, wenn der Weiterbetrieb den Mieter in eine echte wirtschaftliche oder persönliche Notlage führt. Zu beachten ist aber, dass das wirtschaftliche Risiko grds. Sache des Mieters ist. Nur Ausnahmesituationen lassen sein Interesse daher überwiegen.

- Der Mieter darf die Umstände **nicht** bewusst **selbst verursacht** haben.

4263 BGH, 16.02.2005 – XII ZR 162/01, NZM 2005, 340 = ZMR 2005, 433 = MDR 2005, 618.
4264 BGH, 29.04.1992 – XII ZR 221/90, NJW-RR 1992, 1032.
4265 OLG Düsseldorf, 05.01.1995 – 10 U 70/94, NJW-RR 1996, 9.
4266 OLG Rostock, 14.01.2010 – 3 U 50/09, IMR 2010, 233 = MDR 2010, 1045; LG Mannheim, 03.06.2009 – 4 S 5/09, IMR 2010, 101 (Wohnraum).
4267 Kandelhard, in: Herrlein/Kandelhard, § 537 Rn. 42.
4268 Weidenkaff, in: Palandt, § 537 Rn. 10.
4269 OLG Rostock, 14.01.2010 – 3 U 50/09, IMR 2010, 233 = MDR 2010, 1045; OLG München, ZMR 1995, 156; OLG München, ZMR 1995, 579; Wolf/Eckert/Ball, Rn. 595.

- Der **Nachmieter muss geeignet und zumutbar sein**.[4270] Dies setzt voraus, dass der Nachmieter bereit ist, den Mietvertrag zu den Bedingungen des „alten" Vertrags abzuschließen oder in diesen unverändert einzutreten. Daran fehlt es, wenn der neue Mieter Veränderungswünsche hat, die den Kernbereich der vertraglichen Vereinbarungen betreffen, ferner wenn Bonität und fachliche Eignung fehlen. So handelt z.B. der Vermieter von Gewerberaum, der einen Ersatzmieter ablehnt, der die Räume zu Wohnzwecken nutzen will, nicht treuwidrig.[4271] Bei der **Interessenabwägung** wiegt das berechtigte Interesse des Mieters umso schwerer, je länger die restliche Vertragslaufzeit dauert. Ein Anspruch auf Abkürzung der gesetzlichen Kündigungsfrist besteht grds. nicht. Fällt die Interessenabwägung negativ aus, darf der Nachmieter folgenlos abgelehnt werden.[4272]

> **Hinweis:**
> Der Anspruch des Mieters ist die Ausnahme. Grds. bleibt es nämlich bei dem Grundsatz „Verträge muss man halten". Ein Festhalten am Vertrag kann also grds. nicht rechtsmissbräuchlich sein.

Für die „Übernahme" eines Mietvertrags durch einen Nachmieter bedarf es eindeutiger schriftlicher Erklärungen von Vermieter und Nachmieter, wenn die Beurkundung des „neuen" Mietvertrags gewollt ist.[4273]

4. Vertragsübernahme

2614   Bei einem vorzeitigen Ausscheiden des Altmieters aus dem Vertrag stellt sich häufig die Frage nach einer Vertragsübernahme durch den Neumieter. Bei der Übernahme von Getränkebezugspflichten im Zusammenhang mit dem Erwerb einer Gaststätte kommt eine Vertragsübernahme besonders häufig vor.[4274] Dabei handelt es sich um ein **einheitliches Rechtsgeschäft** und nicht um eine Kombination aus Abtretung und Schuldübernahme.[4275] Zur Wirksamkeit ist entweder eine dreiseitige Vereinbarung zwischen den alten Vertragsparteien und dem Übernehmenden oder ein Vertrag zwischen dem austretenden und dem eintretenden Teil, dem die verbleibende Partei zustimmt, erforderlich.[4276] Praktisch ist damit die Zustimmung aller Beteiligten nötig. Ausreichend ist es, wenn der Neumieter einen Vertrag zwischen Vermieter und Altmieter genehmigt. Die Schriftform eines langfristigen Mietvertrages ist gewahrt, wenn der Vermieter mit dem Altmieter schriftlich vereinbart, dass der Neumieter in den Vertrag eintritt und dieser der Vertragsübernahme formlos zustimmt.[4277] Die Übernahme kann auch durch zweiseitigen

---

4270 LG Mannheim, 03.06.2009 – 4 S 5/09, IMR 2010, 101 (Wohnraum).
4271 OLG Frankfurt am Main, 20.01.2000 – 1 U 215/98, MDR 2000, 825.
4272 OLG Rostock, 14.01.2010 – 3 U 50/09, IMR 2010, 233 = MDR 2010, 1045.
4273 OLG Düsseldorf, 06.05.2008 – 24 U 188/07, IMR 2008, 236.
4274 Vgl. BGH, 21.10.1992 – VIII ZR 99/91, MDR 1993, 736 = NJW-RR 1993, 562.
4275 BGH, 20.04.2005 – XII ZR 29/02, GuT 2005, 154 = NZM 2005, 584 = InfoM 2006, 24 = NJW-RR 2005, 958 = IBR 2005, 451 = ZAP EN-Nr. 651/2005.
4276 OLG Brandenburg, 09.10.2002 – 3 U 6/02, LNR 2002, 29289 = ZMR 2003, 830.
4277 BGH, 20.04.2005 – XII ZR 29/02, GuT 2005, 154 = NZM 2005, 584 = InfoM 2006, 24 = NJW-RR 2005, 958 = IBR 2005, 451 = ZAP EN-Nr. 651/2005.

Vertrag der Mieter geschehen, dem der Vermieter seine nicht formbedürftige Zustimmung erteilt.[4278]

Eine **konkludenten Vertragsübernahme** ist ebenfalls möglich ist. Eine – dreiseitig – konkludente Vertragsübernahme kann darin liegen, dass der Ersteher einer Mietwohnung nach Anzeige des Zwangsversteigerungserwerbs an den Mieter auf dessen an ihn gerichtete Mängelanzeige hin Abhilfemaßnahmen einleitet und der bisherige Vermieter nach der Zwangsversteigerung nicht weiter in Erscheinung tritt, insb. keine Mietzahlung mehr an sich verlangt.[4279] 2615

Zu Schriftformproblemen bei einer Vertragsübernahme vgl. → *Rn. 392 f*. Im Fall eines formfehlerhaften Mietvertrags (Eintritt des Nachmieters in den Mietvertrag war formfehlerhaft) steht dem Vermieter nach vom Mieter provozierter fristloser Kündigung ein **Mietausfallschaden** nur bis zum Ende der gesetzlichen Kündigungsfrist zu.[4280]

IX. Verjährung und Verwirkung

Es gelten zunächst die allgemeinen Verjährungs- und Verwirkungsregeln. Daneben gilt die **spezielle Regelung des § 548 BGB**. Nach § 548 Abs. 1 Satz 1 BGB verjähren die Ersatzansprüche des Vermieters wegen Veränderungen oder Verschlechterungen der Mietsache in sechs Monaten nach Rückerhalt der Miet- oder Pachtsache. S. ausführlich → *Rn. 2670 ff*. Für den **Anspruch auf Nutzungsentschädigung** nach §§ 546a, 584b BGB gilt nicht nach § 548 BGB, sondern die allgemeine Verjährungsfrist von drei Jahren nach §§ 195, 199 BGB. 2616

X. Gerichtsverfahren

In einer **Räumungsklage** kann **künftige Nutzungsentschädigung** bereits (mit) eingeklagt werden.[4281] Bei einem Antrag auf Verurteilung zur Zahlung eines künftigen monatlichen Nutzungsentgelts für die Inanspruchnahme von Räumen ist eine unbedingte Verurteilung zur Zahlung des im Zeitpunkt der mündlichen Verhandlung rückständigen Betrages ohne Antragsumstellung zulässig.[4282] Ein Kündigungsfolgeschaden und Nutzungsentschädigung stellen prozessual verschiedene Streitgegenstände dar.[4283] 2617

Ein **Urkundenverfahren** ist unzulässig, wenn die Zahlung einer Nutzungsentschädigung verlangt wird, denn der Anspruch gem. § 546a BGB setzt nicht allein die Beendigung des Mietverhältnisses und die unterlassene Rückgabe der Mietsache voraus, sondern zusätzlich, dass die Mietsache dem Vermieter vorenthalten wird.[4284] Ein Vorenthalten der Mietsache liegt vor, wenn sie gegen den Willen des Vermieters nicht zurückgegeben wird. Der Vermieter muss den 2618

4278 OLG Düsseldorf, 08.05.2007 – 24 U 128/06, IMR 2008, 121.
4279 BGH, 20.01.2010 – VIII ZR 84/09, NZM 2010, 471 = WuM 2010, 365 = MDR 2010, 739.
4280 OLG Düsseldorf, 06.05.2008 – 24 U 188/07, IMR 2008, 236.
4281 BGH, 20.11.2002 – VIII ZB 66/02, NZM 2003, 231 = AIM 2003, 56 = ZMR 2003, 333 = MDR 2003, 452.
4282 OLG Dresden, 24.09.1998 – 21 U 1565/98, NZM 1999, 173 = WuM 2000, 138.
4283 OLG Düsseldorf, 18.02.2010 – 24 U 113/09, IMR 2010, 283.
4284 LG Berlin, 20.11.2006 – 62 S 249/06, InfoM 2007, 134.

Willen haben, die Mietsache zurückzunehmen, was als innere Tatsache nicht durch Urkunden bewiesen werden kann.[4285]

Die Rechtskraft der gegen den Mieter ergangenen Entscheidung über den **Rückgabeanspruch des Vermieters** aus § 546 Abs. 1 BGB hat hinsichtlich der Frage der Beendigung des Mietverhältnisses keine Bindungswirkung für eine nachfolgende Entscheidung über den gegen den Dritten gerichteten Rückgabeanspruch aus § 546 Abs. 2 BGB.[4286]

2619   Problematisch ist die richtige **Klageart bei Klagen des Vermieters auf Mietausfallschaden**. Offene Mieten sind **per** Leistungsklage zu verfolgen, ggf. ist diese i.S.d. o.g. BGH-Rechtsprechung zur Fälligkeit bis zur letzten mündlichen Verhandlung jeweils um neu fällig werdende Beträge zu erweitern. Für noch nicht fällige Beträge kann daneben ein **Antrag auf künftige Leistung** gem. §§ 257, 258 ZPO gestellt werden, der natürlich ausführlich zu begründen ist. In der Praxis wird hier u.U. mit Problemen zu rechnen sein, weshalb zu diesem Antrag hilfsweise ein **Feststellungsantrag** – gerichtet auf Ersatz von weiteren, über die letzte mündliche Verhandlungen hinausgehende Mietausfallschäden – gestellt werden sollte. Der Feststellungsantrag sollte in jedem Fall als Hauptantrag formuliert werden, wenn kein ergänzender Antrag auf künftige Leistung gestellt wird, um in Folgeverfahren Diskussionen um den Anspruchsgrund und eine etwaige Verjährung zu unterbinden.

2620   Der Vermieter muss, wenn er einen Mietausfallschaden geltend macht, im Prozess darlegen und ggf. beweisen, dass ein **zukünftiger Gewinn** prognostizierbar ist, wobei ihm aber die durch § 287 ZPO gebotenen Erleichterungen zugutekommen.[4287] Dafür genügt es i.d.R., wenn der Vermieter das frühere Mietverhältnis mit Miethöhe und Vertragslaufzeit bzw. dem Zeitpunkt der ersten möglichen (ordentlichen) Kündigung sowie das zur fristlosen Kündigung führende Mieterverhalten darlegt. Der Mieter wird sich häufig darauf berufen, dass der Vermieter seiner **Schadensminderungspflicht** nicht nachgekommen sei. Dann muss der Vermieter seine Neuvermietungsbemühungen darlegen und unter Beweis stellen. Ist dies ausreichend erfolgt, darf der Mieter nicht mehr nur bestreiten, sondern muss seinerseits darlegen und beweisen, dass der Vermieter „mehr" hätte machen können.

XI.   Streitwert

2621   Der Gebührenstreitwert einer **Klage auf zukünftige Leistung von Nutzungsentschädigung** für Gewerberaum nach beendetem Mietvertrag bis zum – unbekannten – Zeitpunkt der Räumung soll nicht nach § 9 ZPO, sondern nach § 3 ZPO zu bestimmen und in einfach gelagerten Fällen auf den 12-fachen Betrag der geforderten monatlichen Nutzungsentschädigung festzu-

---

[4285] LG Berlin, 20.11.2006 – 62 S 249/06, InfoM 2007, 134.
[4286] BGH, 21.04.2010 – VIII ZR 6/09, IMR 2010, 306; BGH, 12.07.2006 – XII ZR 178/03, GuT 2006, 241 = NZM 2006, 699 = IMR 2006, 179 = MDR 2007, 78 = InfoM 2007, 98.
[4287] BGH, 17.06.1998 – XII ZR 206/96, NZM 1998, 666; BGH, 17.02.1998 – VI ZR 342/96, NJW 1998, 1634, 1636.

setzen sein.[4288] Richtig ist es hingegen, den Wert gem. § 48 Abs. 1 Satz 1 GKG nach § 9 ZPO und dem dreieinhalbfachen Wert des einjährigen Bezugs zu bestimmen.[4289]

XII. Vertragsgestaltung

Vereinbaren Vermieter und Mieter, nachdem eine der Parteien gekündigt hat, dass der Mieter – um z.B. das Geschäft ordentlich abzuwickeln – über den Kündigungstermin hinaus in den Räumen verbleiben darf, so handelt es sich lediglich um ein **tatsächliches Nutzungsverhältnis**, für das auch ohne besondere Vereinbarung Nutzungsentschädigung zu zahlen ist. Gewährt der Vermieter dem Mieter eine **Räumungsfrist**, ändert dies nichts an seinem Rücknahmewillen für die Zeit bis zur Räumung, sodass der Mieter Nutzungsentschädigung zu zahlen hat.[4290]

2622

Selbst wenn der Vermieter dem Mieter soweit entgegenkommt, dass er mit ihm vereinbart, dass der Mieter „das Objekt mit einem Vorlauf von zwei Monaten nach Aufforderung durch den Vermieter zur Verfügung stellen muss", ist dies nicht als (konkludente) Vereinbarung einer neuen Kündigungsfrist (und erst recht nicht als neues Mietverhältnis) zu sehen, sondern lediglich als eine Absprache über die Länge der Räumungsfrist. Der Mieter kann sich deshalb z.B. nicht darauf berufen, der Vermieter müsse die tatsächliche Nutzung durch eine Kündigung bis zum 3. Werktag zum Ende des nächsten Monats aussprechen. Der Vermieter kann in einem solchen Fall jederzeit die fristgemäße Räumung verlangen, die als Beispiel gewählten zwei Monate berechnen sich ab dem Tag des Ausspruches des Räumungsverlangens. Haben die Parteien keine Schriftform für die Mitteilung des Vermieters vereinbart, kann diese auch mündlich erfolgen. Da es sich lediglich um eine Räumungsfrist handelt, ist grds. jede Länge der Frist frei vereinbar. Die konkrete Berechnung der Frist bestimmt sich nach den §§ 186 ff. BGB, wenn die Parteien dazu nichts ausdrücklich festlegen.

2623

4288 OLG Stuttgart, 17.01.2011 – 5 U 158/10; KG, 28.04.2007 – 12 W 35/07, RVGreport 2008, 77= NJW-RR 2007, 1579; OLG Frankfurt am Main, OLGR 2004, 201; KG, KGR 2000, 234; OLG Bamberg, JurBüro 1981, 1047; OLG Frankfurt am Main, 14.03.1980 – 22 W 1/80, MDR 1980, 761.
4289 OLG Hamm, 13.02.2008 – 33 W 18/07, IMR 2010, 208.
4290 BGH, 23.08.2006 – XII ZR 214/04, NZM 2006, 820 = GuT 2007, 140 = IMR 2006, 186.

XIII. Arbeits- und Beratungshilfen

1. Schnellüberblick Grundsatz-Rechtsprechung des BGH

2624

Thema/Normen	Leitsatz	Entscheidung, Fundstelle
Vorenthalten der Mietsache und Vortrag zu Mietausfallschaden §§ 546a, 280, 286, 252 BGB	1. Ein Vorenthalten der Mieträume liegt nicht allein darin, dass der Mieter Schönheitsreparaturen nicht ausgeführt hat oder auf Wunsch des Vermieters Mängel beseitigen will. 2. Die Rechtsprechung, wonach es in erster Linie Sache des Tatrichters ist, im Einzelfall die zur Bejahung einer Mietausfallschadenswahrscheinlichkeit erforderlichen Anknüpfungstatsachen zu würdigen, wird bestätigt; die Problematik ist einer verallgemeinernden Betrachtungsweise nicht zugänglich. 3. Ein angespannter Wohnungsmarkt (hier für Brandenburg verneint) kann ein Umstand sein, der die Annahme trägt, dass eine auf den Wohnungsmarkt gelangende Mietwohnung umgehend weitervermietet werden kann. In anderen Wohnungsmärkten wird der Vermieter regelmäßig dazu vortragen müssen, an wen und ab wann und zur welchen Miete die streitgegenständliche Wohnung hätte vermietet werden können. (Leitsätze der Redaktion).	BGH, 13.07.2010 – VIII ZR 326/09, NZM 2010, 815 = ZMR 2011, 22
Räumungsfrist und Nutzungsentschädigung	Die mietrechtliche Rechtsprechung, wonach der Mieter auch während der ihm vom Vermieter gewährten Räumungsfrist Nutzungsentschädigung zu zahlen hat (BGH, NJW 1983, 112), gilt auch im Pachtrecht. Wird der Pachtvertrag über ein Grundstück vom Zwangsverwalter wegen Zahlungsverzugs unter Gewährung einer Räumungsfrist außerordentlich fristlos gekündigt, schuldet der frühere Pächter wegen Vorenthaltung der Pachtsache die Nutzungsentschädigung. Ist der Pachtzinsanspruch an die Bank abgetreten, an die der Pächter unmittelbar den Pachtzins zu überweisen hat, bedarf es der Prüfung, ob der Nutzungsentschädigungsanspruch wie der vertragliche Pachtzinsanspruch unmittelbar nur von der Bank eingefordert werden darf, auch wenn die Bank die Zwangsvollstreckung betreibt.	BGH, 23.08.2006 – XII ZR 214/04, NZM 2006, 820 = GuT 2007, 140 = IMR 2006, 186
Nutzungsentschädigung für „halben Monat" der Auszugsverspätung § 546a Abs. 1 BGB	1. Ein Anspruch auf Nutzungsentschädigung gem. § 546a I BGB besteht nur bis zur Rückgabe der Räumlichkeiten (vgl. z.B. OLG Rostock, NJW-RR 2002, 1712; KG, GE 2003, 253; OLG Köln, WuM 1993, 46 = ZMR 1993, 77; Schilling, in: MünchKomm, 4. Aufl., § 546a Rdnr. 16; Emmerich/Sonnenschein, Miete, 8. Aufl., § 546a Rdnr. 16). Auf den Schluss der Mietzinsberechnungsperiode oder den nächsten üblichen Miettermin kommt es nicht an.	BGH, 05.10.2005 – VIII ZR 57/05, NZM 2006, 52 zur Wohnraummiete

	2. § 546a I BGB gewährt dem Vermieter eine Mindestentschädigung, die in ihrer Höhe weder davon abhängig ist, ob und inwieweit dem Vermieter aus der Vorenthaltung der Mietsache ein Schaden erwachsen ist, noch davon, ob der Mieter aus dem vorenthaltenen Mietgegenstand einen entsprechenden Nutzen hat ziehen können (Leitsatz 2 von der Redaktion).	
„Rückgabe" der Miet-/Pachtsache	Die „Rückgabe" der Miet-/Pachtsache i.S.v. § 558 Abs. 2 BGB (jetzt § 548 Abs. 1 BGB) setzt grds. einen vollständigen Besitzverlust des Mieters/Pächters sowie die Kenntnis des Vermieters/Verpächters hiervon voraus (Bestätigung des Senatsurt. v. 7.2.2001 – XII ZR 118/98).	BGH, 19.11.2003 – XII ZR 68/00, GuT 2004, 13 = AIM 2004, 38
Klage auf Räumung und Nutzungsentschädigung	Der Vermieter kann eine Klage auf Räumung mit künftig fällig werdender Nutzungsentschädigung kombinieren.	BGH, 20.11.2002 – VIII ZB 66/02, NZM 2003, 231 = AIM 2003, 56 = ZMR 2003, 333 = MDR 2003, 452
„Rückgabe" der Miet-/Pachtsache	Die für den Beginn der kurzen Verjährungsfrist nach § 558 Abs. 2 BGB (jetzt § 548 BGB) erforderliche Rückgabe der Mietsache erfordert grds. eine Veränderung der Besitzverhältnisse zugunsten des Vermieters, indem dieser in die Lage versetzt wird, die unmittelbare Sachherrschaft auszuüben. Dies liegt nicht vor, wenn dem Vermieter vom Mieter während dessen Besitzes nur gestattet wird, sich in den Mieträumen umzusehen.	BGH, 10.05.2000 – XII ZR 149/98, MDR 2000, 1068 = NZM 2000, 1055, 1057
Ab wann besteht der Anspruch Nutzungsentschädigung i.H.d. ortsüblichen Mietzinses?	Gibt der Mieter nach Beendigung eines Mietverhältnisses über Räume die gemietete Sache nicht zurück, so entsteht der Anspruch des Vermieters auf Zahlung einer Nutzungsentschädigung in Höhe des ortsüblichen Mietzinses für die Zeit der Vorenthaltung nicht erst durch eine rechtsgestaltende Willenserklärung des Vermieters. Der Vermieter hat vielmehr von vornherein einen Anspruch auf Zahlung einer Nutzungsentschädigung mindestens in Höhe des vereinbarten Mietzinses oder, wenn der ortsübliche Mietzins höher ist, in Höhe des ortsüblichen Mietzinses.	BGH, 14.07.1999 – XII ZR 215/97, NZM 1999, 802 = NJW 1999, 2808 = MDR 1999, 1255 = ZMR 1999, 749 = WuM 1999, 689 = DWW 1999, 324
Nachmieter	Die Vertragsklausel, dass der Vermieter im Fall einer Kündigung des Mietvertrags den ihm von dem Mieter angebotenen Nachmieter nicht zu akzeptieren verpflichtet ist, ist nur bei einer unter dem Gesichtspunkt der Billigkeit vorzunehmenden Auslegung bestandskräftig.	BGH, 29.04.1992 – XII ZR 221/90, NJW-RR 1992, 1032

2. Schnellüberblick aktuelle Rechtsprechung der Instanzgerichte

2625

Thema/Normen	Leitsatz	Entscheidung, Fundstelle
Räumung und Rückgabe der Mietsache bei wirksamer Kündigung	Für die Zeit, in welcher der Mieter die Mietsache entgegen seiner Rückgabepflicht dem Vermieter vorenthält, steht ihm ein Anspruch auf Nutzungsentschädigung nach § 546a BGB zu. Hindert er hingegen den Mieter/Pächter eigenmächtig an der Ausübung seines Besitzes, ist dies schlicht ein Akt der verbotenen Eigenmacht (§ 858 BGB).	OLG Rostock, 04.08.2010 – 3 U 82/10, IMR 2011, 22
Wann endet eine Vorenthaltung der Mietsache?	1. Das Vorenthalten der Mietsache im Sinne des § 546a BGB endet erst mit vollständiger Erfüllung der Rückgabepflicht; dies ist nicht der Fall, wenn eine Vielzahl von Gegenständen (hier: ein Verkaufscontainer, mehrere Mülltonnen sowie mehrere Kubikmeter Sperrmüll) in den Miträumen zurückbleibt. 2. Dem Anspruch auf Nutzungsentschädigung nach § 546a BGB steht nicht entgegen, dass der Vermieter nicht beabsichtigt hat, die Räume erneut zu vermieten.	KG, 03.06.2010 – 12 U 164/09, GuT 2010, 225
Rückgabe; Nutzungsentschädigung bei Minderung	Bei Vorenthaltung einer Mietsache, deren Mietwert im Augenblick der Beendigung des Mietverhältnisses gemindert war, richtet sich auch der Mindestbetrag des Schadens, den der Vermieter gemäß § 546 a BGB zu fordern berechtigt ist, nach diesem geminderten Mietzins.	OLG Düsseldorf, 28.05.2009 – 10 U 2/09, GE 2009, 431
Nachmieter	Hat der Vermieter, der nach einer Kündigung wegen Zahlungsrückständen gegen den zwischenzeitlich ausgezogenen Mieter Nutzungsausfall geltend macht, seine konkreten Bemühungen um Nachmieter hinreichend dargetan, darf der Mieter sich nicht auf pauschales Bestreiten beschränken. Angesichts der Möglichkeit, die vom Vermieter namhaft gemachten Mietinteressenten zu befragen, ist es Sache des ehemaligen Mieters, das Vermietervorbringen zu widerlegen. Mit dem Vorwurf, der Vermieter habe sich nicht hinreichend um Nachmieter bemüht, wird ein Unterlassen behauptet. Der ehemalige Mieter muss daher darlegen, dass bei adäquaten Bemühungen des Vermieters frühzeitig ein akzeptabler Nachmieter gefunden worden wäre.	OLG Koblenz, 17.04.2008 – 5 U 315/08, IMR 2008, 242 = GuT 2008, 208
Klage auf Zahlung einer laufenden Nutzungsentschädigung: Streitwert? §§ 41, 67 GKG; § 9 ZPO	1. Der Gebührenstreitwert einer Klage auf Zahlung einer zukünftig wiederkehrenden Leistung (Nutzungsentschädigung) bemisst sich gem. § 48 Abs. 1 Satz 1 GKG nach § 9 ZPO. 2. Berechnet wird der Gebührenstreitwert nach dem dreieinhalbfachen Wert des einjährigen Bezugs.	OLG Hamm, 13.02.2008 – 33 W 18/07, IMR 2010, 208

3. Formulierungsvorschlag zur Nachmietergestellung

Formulierungsvorschlag: Nachmietergestellung

Will der Mieter den Vertrag vorzeitig beenden, kann er verlangen, dass dieser mit einem Nachmieter für die weitere Vertragslaufzeit einschließlich etwaiger Verlängerungen fortgesetzt wird. Der Vermieter kann seine Zustimmung zum Vertragseintritt des Nachmieters verweigern, wenn ihm ein Mietverhältnis mit diesem nicht zuzumuten ist, was v.a. bei folgenden Gründen vorliegt: Der Mietvertrag soll nicht so übernommen werden, wie er besteht; der Nachmieter ist nicht solvent; die Akzeptanz des Nachmieters würde eine Konkurrenzschutzverpflichtung des Vermieters verletzen.

§ 28 Veräußerung des Mietobjekts

		Rn.
I.	Kauf bricht nicht Miete, § 566 BGB	2627
II.	Welche Rechte und Pflichten gehen auf den Erwerber/Käufer über?	2633
III.	Sonderprobleme des § 566 BGB	2637
	1. Bürgenhaftung des Veräußerers	2637
	2. Schriftform, § 550 BGB	2641
	3. Befreiende Zahlung der Miete	2642
	4. Wer hat die Nebenkosten abzurechnen?	2643
	5. Übergang von Sicherheitsleistungen (speziell Kaution)	2645
	6. Übergang von Schadensersatzansprüchen	2651
	7. Übergang von Versicherungsverträgen	2652
	8. Investitionen des Vermieters oder Mieters, Investitionsmiete	2653
	9. Kündigung des Mietverhältnisses und Vermieterwechsel	2655
IV.	Erlöschen sonstiger Ansprüche durch Veräußerung des Grundstücks	2657
V.	Verjährung und Verwirkung	2658
VI.	Gerichtsverfahren	2659
VII.	Streitwert	2660
VIII.	Vertragsgestaltung	2661
IX.	Arbeits- und Beratungshilfen	2665
	1. Schnellüberblick Grundsatz-Rechtsprechung des BGH	2665
	2. Schnellüberblick aktuelle Rechtsprechung der Instanzgerichte	2666
	3. Checkliste: Eigentumswechsel i.S.d. § 566 BGB	2667
	4. Checkliste: Wichtige Prüfungspunkte für den Erwerber vor Abschluss des Kaufvertrages	2668
	5. Formulierungsvorschlag: Schreiben des Erwerbers an Mieter	2669

I. Kauf bricht nicht Miete, § 566 BGB

2627 Wird das vermietete Grundstück kraft Gesetzes erworben,[4291] veräußert, verschenkt, getauscht oder in der Zwangsversteigerung erstanden (§ 57 ZVG),[4292] tritt der Erwerber nach §§ 566, 578 Abs. 1 BGB kraft Gesetzes an die Stelle des bisherigen Eigentümers und wird Vermieter mit allen sich daraus ergebenden Rechten und Pflichten. Landläufig wird dies als „Kauf bricht nicht Miete" bezeichnet. § 566 BGB, der nur von Wohnraum spricht, ist über § 578 BGB entsprechend anwendbar und gilt damit auch für andere Räume und Grundstücke. § 566 BGB ist auch auf gemischte Verträge anwendbar, wenn der mietrechtliche Teil überwiegt.

Bei einer **Grundstücksübereignung unter Vorbehalt des Nießbrauchs** für den Veräußerer kommt es nicht zu einem Vermieterwechsel gem. § 566 Abs. 1 BGB.[4293] In der Praxis finden sich solche Fälle häufig bei einer aus steuerlichen Gründen vorweggenommenen Erbfolge.

2628 Am Mietvertragsinhalt ändert sich durch den Übergang nichts. Mit dem Eigentumsübergang entsteht (nur) in personeller Hinsicht ein neues Mietverhältnis, der Erwerber wird Vermieter. Voraussetzung des § 566 BGB ist, dass die Räume aufgrund eines wirksamen Mietvertrages bereits **überlassen** wurden. Mietvertragsabschluss ohne Überlassung reicht daher nicht aus. Besteht kein wirksames Mietverhältnis, kann auch nichts übergehen.[4294] Ist der Mieter trotz beendetem Mietverhältnis zum Zeitpunkt des Eigentumsübergangs noch nicht ausgezogen, tritt der Erwerber in das Abwicklungsverhältnis ein.[4295]

[4291] BGH, 10.03.2009 – VIII ZR 265/08; BGH, 09.07.2008 – VIII ZR 280/07, IMR 2008, 334 = MDR 2008, 1149.
[4292] BGH, 04.04.2007 – VIII ZR 219/06, NZM 2007, 441 = InfoM 2007, 169.
[4293] OLG Düsseldorf, 30.10.2008 – 24 U 84/08, GuT 2009, 300.
[4294] BGH, 04.04.2007 – VIII ZR 219/06, NZM 2007, 441 = InfoM 2007, 169.
[4295] BGH, 04.04.2007 – VIII ZR 219/06, NZM 2007, 441 = InfoM 2007, 169.

Des Weiteren muss der Vermieter veräußern, was **Identität** zwischen **veräußerndem Eigentümer und Vermieter** voraussetzt.[4296] Bei fehlender Identität greift § 566 BGB nicht. Eine analoge Anwendung ist unzulässig.[4297] Das Einverständnis des Eigentümers mit der Vermietung, das z.B. bei jeder erlaubten Untervermietung vorliegt, ist nicht der Identität zwischen Eigentümer und Vermieter gleichzusetzen. Der gesetzliche Vertragsübergang setzt aber nicht voraus, dass Vermieter, Grundstückseigentümer und Veräußerer bei Abschluss des Mietvertrages identisch sind; es reicht aus, wenn der Veräußerer im Verlauf des Mietverhältnisses Eigentümer des Grundstücks wird und als Berechtigter (§ 185 BGB) verfügt.[4298]

2629

Beispiel:

Der vermietende Nichteigentümer wird nach Abschluss des Mietvertrages und vor der Veräußerung als Eigentümer im Grundbuch eingetragen.

Bei fehlender Identität kommt allenfalls ein **rechtsgeschäftlicher Vertragsübergang** in Betracht. In diesem Zusammenhang (Auswechselung des Vertragspartners durch zwei- oder dreiseitigen Vertrag) ist zu beachten, dass formularmäßige Klauseln, die dem Verwender das Recht einräumen, seine **vertragliche Stellung als Vermieter** von Gewerberäumen jederzeit **auf eine andere Person zu übertragen**, nicht generell eine unangemessene Benachteiligung darstellen.[4299] Vielmehr ist, wenn der Mieter Unternehmer ist, eine am Maßstab des § 307 BGB ausgerichtete Prüfung der Umstände des Einzelfalls vonnöten. Dabei ist auf der Vermieterseite ein grundsätzliches Interesse eines gewerblichen, als Gesellschaft organisierten Vermieters anzuerkennen, einen wirtschaftlich für sinnvoll erachteten künftigen Wandel der Rechtsform oder Rechtsinhaberschaft durch die Möglichkeit einer Bestandsübernahme zu erleichtern; dem wird ein Interesse des Mieters entgegenzuhalten sein, sich über Zuverlässigkeit und Solvenz des Vermieters zu vergewissern. Dieses Mieterinteresse wird um so eher Beachtung fordern, je stärker das Vertragsverhältnis von einem besonderen Interesse des Mieters an der Person eines bestimmten Vermieters (mit-) geprägt wird.[4300]

§ 566 Abs. 1 BGB ist auch in Fällen der Vermietung durch Dritte anwendbar, wenn sowohl eine „Ermächtigung" des Dritten zur Vermietung als auch eine konkrete Bezeichnung des Vermieters im Mietvertrag vorliegt.[4301]

2630

4296 BGH, 22.10.2003 – XII ZR 119/02, GuT 2004, 62 = NZM 2004, 300 = NJW-RR 2004, 657; BGH, 03.07.1974 – VIII ZR 6/73, NJW 1974, 1551.
4297 BGH, 22.10.2003 – XII ZR 119/02, GuT 2004, 62 = NZM 2004, 300 = NJW-RR 2004, 657; zu einem Sonderfall vgl. BVerfG, 27.11.1995 – 1 BvR 1063/95, ZMR 1996, 120.
4298 OLG Rostock, 15.08.2005 – 3 U 196/04, NZM 2006, 262; Grooterhorst/Burbulla, NZM 2006, 246; a.A. OLG Köln, ZMR 2001, 967.
4299 BGH, 09.06.2010 – XII ZR 171/08, NZM 2010, 705 = GE 2010, 1033 = MDR 2010, 1308 = MietPrax-AK, § 307 BGB Nr. 3 m. Anm. Eisenschmid.
4300 BGH, 09.06.2010 – XII ZR 171/08, NZM 2010, 705 = GE 2010, 1033 = MDR 2010, 1308 = MietPrax-AK, § 307 BGB Nr. 3 m. Anm. Eisenschmid; BGH, 29.02.1984 – VIII ZR 350/82, ZIP 1984, 841; BGH, 11.07.1984 – VIII ZR 35/83, ZIP 1984, 1093; BGH, 21.03.1990 – VIII ZR 196/89, NJW-RR 1990, 1076.
4301 So auch Grooterhorst/Burbulla, NZM 2006, 246.

2631 Zu welchem **Zeitpunkt die Rechtsfolge des § 566 BGB eintritt**, ist von der Art des Veräußerungs-/Erwerbsvorgangs abhängig:

- Veräußerung durch Rechtsgeschäft, §§ 925, 873 BGB: Die Wirkung des § 566 BGB tritt erst mit endgültiger **Eintragung** des neuen Eigentümers **im Grundbuch** ein, nicht schon mit Abschluss des Notarvertrages oder Eintragung einer Auflassungsvormerkung.[4302] Daran ändert sich auch nichts, wenn im Vertrag ein früherer Übergang von Nutzen und Lasten oder ein abweichender Nutzungstermin vereinbart wurde.[4303] Der Erwerber kann also z.B. vom Mieter erst dann Zahlung an sich verlangen, wenn die **Eigentumsumschreibung im Grundbuch** erfolgt ist. Soll dies nach dem Willen von Veräußerer und Erwerber schon vorher erfolgen, muss eine Abtretung erfolgen, die dem Mieter anzuzeigen ist.
- Tod des Vermieters, Erbfall: Maßgeblich ist der **Zeitpunkt des Erbfalls**; es kommt nicht auf die Eintragung im Grundbuch an. Nach § 1922 BGB tritt der Erbe voll in Position des Erblassers ein.
- Restitution, § 33 Abs. 5 VermG: Rechtskraft des Restitutionsbescheides.
- Zwangsversteigerung, §§ 57, 90 ZVG: **Zuschlag** zugunsten des Erstehers.

Nur bei der rechtsgeschäftlichen Veräußerung ist also die Grundbucheintragung erforderlich.

> **Hinweis:**
> Bei Zwangsverwaltung findet kein Vermieterwechsel, sondern nur eine Änderung der Verwaltungsbefugnis statt, da der Verwalter zwar nach § 152 Abs. 2 ZVG in den Mietvertrag eintritt, aber nicht Rechtsnachfolger des Eigentümers ist.

2632 Zum Bedürfnis des Mieters nach einer dinglichen Sicherung eines über eine längere Laufzeit geschlossenen Mietvertrages und den entsprechenden Investitionsentscheidungen vgl. Stapenhorst/Voß, NZM 2003, 873 (mit Gestaltungsvorschlägen).

II. Welche Rechte und Pflichten gehen auf den Erwerber/Käufer über?

2633 Da durch § 566 Abs. 1 BGB kraft Gesetzes ein neues Mietverhältnis zwischen dem Grundstückserwerber und dem Mieter begründet wird, ist es für den Erwerber wichtig, den konkreten Inhalt des zwischen dem ehemaligen Vermieter und jetzigem Verkäufer und dem Mieter geschlossenen Mietvertrages festzustellen. **Wichtig:** Der Erwerber tritt so in das Mietverhältnis ein, „wie es steht und liegt", also in alle Rechte und Pflichten, die der Mietvertrag selbst konstituiert oder die auf Zusatzvereinbarungen beruhen, die in unmittelbarem Zusammenhang mit dem Mietvertrag stehen.

2634 Fraglich ist, ob der Erwerber alle Vereinbarungen zwischen dem Mieter und Vermieter übernimmt oder nur diejenigen, die das eigentliche Mietverhältnis betreffen. Gehen bspw. auch „anlässlich" des Mietvertragsabschlusses getroffene Vereinbarungen mit über?

[4302] BGH, NZM 2003, 476; KG, 20.09.2007 – 8 U 190/06, IMR 2007, 404; OLG Düsseldorf, 24.01.2008 – 24 U 95/07, IMR 2008, 275; OLG Brandenburg, 13.12.2006 – 3 U 87/06, IMR 2007, 108; Kandelhard, in: Herrlein/Kandelhard, § 566 Rn. 10.

[4303] OLG Brandenburg, 13.12.2006 – 3 U 87/06, IMR 2007, 108.

II. Welche Rechte und Pflichten gehen auf den Erwerber/Käufer über?

Beispiel:

Ex-Vermieter und Mieter schließen zusätzlich einen Vertrag über Hausmeisterdienste des Mieters.
Der Vermieter gewährt dem Mieter ein Darlehen, damit dieser die Räume ausbauen kann.
Der Mieter verpflichtet sich, nicht in Konkurrenz zu einem vom Vermieter betriebenen Gewerbe zu treten.

Zu den Rechten, in welche der Erwerber eintritt, gehört zunächst einmal alles, was das jeweilige Miet- oder Pachtverhältnis in seiner konkreten Gestaltung aufgrund der konkreten Vereinbarungen und nach den gesetzlichen Vorschriften ausmacht.[4304] Gemeint sind **miettypische Rechte und Pflichten**, die den Kernbereich des Mietverhältnisses betreffen. Die Aufnahme in den Mietvertrag oder damit zusammenhängen Urkunden spricht daher für einen Übergang der Verpflichtung; der BGH spricht von einer Festlegung im Mietvertrag selbst oder auf einer Zusatzvereinbarung beruhenden Vereinbarung, die in einem unlösbaren Zusammenhang mit dem Mietvertrag steht.[4305] Das gilt auch für Rechte und Pflichten, die aus individuell-personenbezogenen Gründen vereinbart wurden, etwa ein Sonderkündigungsrecht wegen in einem Landpachtvertrag.[4306]

2635

Nun muss aber nicht alles, was vereinbart wurde, auch „miettypisch", wie die obigen Beispiele zeigen. Daher sollen nach herrschender Meinung lediglich **mittelbare Vereinbarungen** keine Bindungswirkungen für den Erwerber entfalten. Vereinbarungen, die lediglich aus Anlass des Mietvertrages getroffen wurden oder (nur) **in wirtschaftlichem Zusammenhang** mit ihm stehen, reichen nicht aus.[4307] Im Kern müssen die Vereinbarungen daher die Sachnutzung betreffen.[4308] Nach anderer Meinung lässt sich eine solche Restriktion aus § 566 BGB nicht ableiten, sodass das gesamte Mietverhältnis u.a. deshalb erfasst wird, weil bei einer einheitlichen Urkunde eine tatsächliche Vermutung für ein einheitliches Geschäft besteht und der Erwerber bei nicht aus der Urkunde ersichtlichen Absprachen (bei Mietverträgen von mehr als einem Jahr) durch das Kündigungsrecht aus § 550 BGB geschützt werde.[4309] Diese Meinung berücksichtigt jedoch nicht ausreichend den Zweck des § 566 BGB – Schutz des *Mieters* vor Verdrängung –, woraus zu schlussfolgern ist, dass allein mietrechtlicher Schutz gewährleistet werden soll, nicht aber der Übergang von anderen Verpflichtungen auf den Erwerber. So hat bspw. eine wettbewerbsrechtliche Verpflichtung nichts mit dem Mietrecht und damit auch nichts mit dem Schutzzweck zu tun. Dass die Ursprungsparteien dies zeitlich zusammenhängend mit dem Mietvertragsabschluss oder später im laufenden Mietverhältnis regelten, macht es noch nicht zu einer schützenswerten Absprache.

4304 BGH, 02.12.1970 – VIII ZR 77/69, BGHZ 55, 71.
4305 BGH, 02.02.2006 – IX ZR 67/02, BGHZ 166, 125 = GuT 2006, 154 = NZM 2006, 755 = ZMR 2006, 433 = ZInsO 2006, 322 = NJW 2006, 1800.
4306 OLG Dresden, 28.10.2004 – U XV 1284/04, NJ 2005, 176; a.A. OLG Naumburg, 08.01.2004 – 2 U (LW) 9/03, OLGR Naumburg 2004, 305.
4307 BGH, 02.02.2006 – IX ZR 67/02, BGHZ 166, 125 = GuT 2006, 154 = NZM 2006, 755 = ZMR 2006, 433 = ZInsO 2006, 322 = NJW 2006, 1800; BGH, 03.05.2000 – XII ZR 42/98, NJW 2000, 2346; BGH, 21.09.1965 – V ZR 65/63, WM 1965, 1064, 1066; OLG Düsseldorf, 24.01.2008 – 24 U 95/07, IMR 2008, 275: „unlösbarer Zusammenhang mit Mietverhältnis" erforderlich.
4308 Heile, in: Bub/Treier, II Rn. 875.
4309 Kandelhard, in: Herrlein/Kandelhard, § 566 Rn. 15.

2636 Folgt man der herrschenden Meinung, können Einwendungen, die dem Mieter aus einer nur mittelbaren Vereinbarung oder aus anderen Gründen gegen den Vermieter zustehen, gegen den Grundstückserwerber auch nicht nach § 404 BGB geltend gemacht werden, weil die Vorschrift nur eine Rechtsnachfolge erfasst, aber nach § 566 BGB keine Rechtsnachfolge stattfindet, sondern ein neues, lediglich mit dem alten inhaltsgleiches Mietverhältnis begründet wird.[4310] Eine **entsprechende Anwendung des § 404 BGB** kommt auch nicht über § 412 BGB in Betracht, weil diese Vorschrift ebenfalls eine Rechtsnachfolge voraussetzt.[4311] Bzgl. solcher Vereinbarungen muss sich der Mieter an den ehemaligen Vermieter halten und umgekehrt. Da aber aufgrund des Eigentumsverlustes i.d.R. weder ein Interesse noch eine tatsächliche Möglichkeit der Einhaltung der Verpflichtung bestehen wird, kann Unmöglichkeit i.S.d. § 275 BGB in Betracht kommen.

III. Sonderprobleme des § 566 BGB

1. Bürgenhaftung des Veräußerers

2637 Erfüllt der Erwerber die Pflichten aus dem Mietverhältnis, in das er eintritt, nicht, so haftet der Vermieter für den von dem Erwerber zu ersetzenden Schaden nach § 566 Abs. 2 Satz 1 BGB wie ein Bürge, der auf die Einrede der Vorausklage verzichtet hat. Bei langfristigen Miet- und Pachtverträgen kann sich also eine **jahrzehntelange Haftung** ergeben.

2638 Die Vorschrift bezweckt den **Schutz des Mieters**, der sich gegen den Eintritt eines möglicherweise vermögenslosen Vertragsgegners anstelle des Vermieters nicht wehren kann.[4312] Da dem Veräußerer nach dem Gesetz die Einrede der Vorausklage nicht zusteht, haftet er zusammen mit dem neuen Vermieter im Ergebnis wie ein **Gesamtschuldner**. Der Mieter kann sich daher aussuchen, welchen der Schuldner er in Anspruch nimmt.

2639 Die Haftung erstreckt sich auf Zahlungen im Rahmen von Schadensersatz oder vertraglichen und gesetzlichen Ansprüchen.[4313] Ausgenommen sind deliktische Ansprüche gegen den Erwerber, da diese nicht auf den Mietvertrag zurückzuführen sind.

2640 Erlangt der Mieter von dem Übergang des Eigentums durch Mitteilung des Vermieters Kenntnis, so wird der Vermieter gem. § 566 Abs. 2 Satz 2 BGB von der Haftung befreit, wenn nicht der Mieter das Mietverhältnis zum ersten Termin kündigt, zu dem die Kündigung zulässig ist. Ein außerordentliches Kündigungsrecht wird durch die Vorschrift nicht begründet. Daraus folgt, dass der Veräußerer bei unterbliebener Kündigung weiter haftet und zwar grds. während der – möglicherweise langen – Laufzeit des Mietvertrages (begrenzt durch § 544 BGB: 30 Jahre).

Zur vertraglichen Modifizierung s.u.

[4310] BGH, 02.02.2006 – IX ZR 67/02, BGHZ 166, 125 = GuT 2006, 154 = NZM 2006, 755 = ZMR 2006, 433 = ZInsO 2006, 322 = NJW 2006, 1800.
[4311] BGH, 02.02.2006 – IX ZR 67/02, BGHZ 166, 125 = GuT 2006, 154 = NZM 2006, 755 = ZMR 2006, 433 = ZInsO 2006, 322 = NJW 2006, 1800.
[4312] BGH, 18.12.1968 – VIII ZR 29/68, BGHZ 51, 273 = MDR 1969, 388 = NJW 1969, 417.
[4313] BGH, 18.12.1968 – VIII ZR 29/68, BGHZ 51, 273 = MDR 1969, 388 = NJW 1969, 417.

2. Schriftform, § 550 BGB

Der Vertrag wird übernommen, wie er steht und liegt. Ansprüche aus § 550 BGB (Schriftform des Mietvertrages) lassen sich bei längeren Vertragslaufzeiten nicht ableiten, denn die Schriftform wird, auch wenn der Erwerbsvertrag nicht mit dem Mietvertrag verbunden wird, nicht verletzt, da der Vertragsübergang nicht durch den Erwerb selbst, sondern **per Gesetz** erfolgt.

2641

3. Befreiende Zahlung der Miete

Grds. gilt: Ab Veräußerung sind befreiende Zahlungen nur an den Erwerber möglich. Der Mieter ist weitgehend geschützt und muss so gut wie nie doppelt zahlen: § 566e BGB gilt bei Zahlungen an den Erwerber nach Übergangsanzeige, § 566c BGB bei Zahlungen an den Ex-Vermieter im Monat des Übergangs und ggf. auch noch einen Monat danach. Zudem wird der Mieter gem. §§ 892, 893 BGB geschützt, da er auf den Inhalt des Grundbuchs vertrauen und mit befreiender Wirkung an den eintragenden Erwerber zahlen darf.

2642

Praxistipps:

Der Schuldner ist zur Hinterlegung der Miete berechtigt, wenn objektiv verständliche Zweifel über die Person des Gläubigers vorliegen, insb., wenn die Ungewissheit über den Gläubiger überwiegend auf unklare Abtretungsvorgänge zurückzuführen sind, die außerhalb des Einflussbereichs des Schuldners liegen und allein von den daran Beteiligten zu verantworten sind.[4314] Bei zweifeln sollte der Mieter sicherheitshalber hinterlegen.

Nach § 566e BGB kann der Mieter mit befreiender Wirkung an den Erwerber zahlen, sobald der Vermieter ihm den Eigentumsübergang anzeigt – auch wenn dieser nicht erfolgt oder unwirksam ist. Der Vermieter sollte deshalb den richtigen Zeitpunkt abpassen und möglichst die Grundbucheintragung abwarten. Umgekehrt hat natürlich der Erwerber ein Interesse an möglichst früher Benachrichtigung der Mieter.

Kommt es zum Streit um die Mietzahlung in der „Übergangszeit", empfiehlt es sich für den Vermieter nur selten, dem Mieter hinterherzulaufen. Ausgleichsansprüche sollten primär zwischen Veräußerer und Erwerber abgewickelt werden.

4. Wer hat die Nebenkosten abzurechnen?

Ist eine **Abrechnungsperiode zum Zeitpunkt des Wechsels im Grundstückseigentum beendet**, ist der Veräußerer – nicht der Erwerber – zur Abrechnung der Betriebskosten verpflichtet und zur Erhebung etwaiger Nachzahlungen berechtigt bzw. zur Guthabenerstattung verpflichtet; es ist unerheblich, wann der Zahlungsanspruch fällig wurde.[4315] Derjenige, der die Vorauszahlungen für einen Abrechnungszeitraum erhalten hat, soll auch die Abrechnung erteilen und zur Rückzahlung eines Guthabens verpflichtet bzw. zur Geltendmachung eines Nachzahlungsbetrages berechtigt sein. Erfolgte die **Abrechnung vor dem Eigentumsübergang**, so

2643

[4314] BGH, 03.12.2003 – XII ZR 238/01, NZM 2004, 301: Veräußerung des Grundstücks und nachfolgendes Gesamtvollstreckungsverfahren über Vermögen des Verkäufers.

[4315] BGH, 29.09.2004 – XII ZR 145/02, GuT 2005, 12 = NZM 2005, 17; BGH, 03.12.2003 – VIII ZR 168/03, GuT 2004, 102 = NZM 2004, 188 = WuM 2004, 94 = DWW 2004, 54 = NJW 2004, 851.

ist Bezugsperson ohnehin ausschließlich der ehemalige Vermieter, da die Ansprüche (Nachzahlung bzw. Erstattung) durch Abrechnung fällig geworden sind. Dies gilt aus Gründen der Rechtsklarheit und Praktikabilität auch für die im Zeitpunkt des Eigentümerwechsels laufende Abrechnungsperiode, wenn der Mieter **vor dem Eigentumsübergang ausgezogen** ist.[4316] Auch in diesem Fall ist ausschließlich über einen Zeitraum abzurechnen, in dem der ehemalige Vermieter noch Eigentümer war und die Vorauszahlungen erhalten hat.

2644 Ist eine **Abrechnungsperiode noch nicht beendet**, übernimmt der neue Eigentümer durch den Erwerb nicht nach § 566 BGB die Abrechnungs- und ggf. Zahlungsverpflichtung des Veräußerers. Die Abrechnung der Nebenkosten aus der im Zeitpunkt des Auszugs des Mieters laufenden Abrechnungsperiode obliegt dem bisherigen Vermieter.[4317] Dieser ist auch zur Erhebung etwaiger Nachzahlungen berechtigt.[4318] Es kommt nicht darauf an, wann der Zahlungsanspruch fällig geworden ist.[4319] Wer zum Zeitpunkt des wirtschaftlichen Besitzübergangs oder der Eigentumsumschreibung tatsächlich Vermieter ist, muss auch über den ganzen Abrechnungszeitraum abrechnen,[4320] was im Ergebnis damit begründet wird, dass der Mieter mit dem Verhältnis Erwerber/Veräußerer nichts zu tun und deshalb Anspruch auf eine einheitliche Abrechnung hat. Zwischenabrechnungen sind grds. unzulässig.[4321]

Anderweitige vertragliche Absprachen zwischen Veräußerer und Erwerber sind zulässig.

> **Praxistipp:**
> Es sollte zwischen Erwerber und Veräußerer sowie parallel mit dem Mieter vereinbart werden, wer wann und wie abzurechnen hat.

5. Übergang von Sicherheitsleistungen (speziell Kaution)

2645 Nach § 566a BGB tritt der Erwerber automatisch in bestehende akzessorische Sicherungsrechte ein und erwirbt so z.B. die Rechte aus einer Bürgschaft. Die Regelung soll ein Auseinanderfallen von Mietvertrag und Kautionsabrede vermeiden und ist deshalb in engem (zeitlichen) Zusammenhang mit dem Eintritt des Erwerbers in das Mietverhältnis zu sehen.[4322] Sie gilt auch dann, wenn der Eigentumsübergang gesetzlich angeordnet wird.[4323] Insb. gilt diese Vorschrift nach § 57 ZVG auch im Fall des Erwerbs durch eine Zwangsversteigerung. Ob dies auch für **Kautionen** gilt, ist umstritten. Nach einer Ansicht ist dies jedenfalls für auf Bankkonten liegen-

---

[4316] BGH, 04.04.2007 – VIII ZR 219/06, NZM 2007, 441 = InfoM 2007, 169.
[4317] BGH, 04.04.2007 – VIII ZR 219/06, NZM 2007, 441 = InfoM 2007, 169 (Wohnraum); BGH, 29.09.2004 – XII ZR 148/02, NZM 2005, 17 (Gewerberaum); BGH, 03.12.2003 – VIII ZR 168/03, GuT 2004, 102 = WuM 2004, 94 = NZM 2004, 188.
[4318] BGH, 03.12.2003 – VIII ZR 168/03, GuT 2004, 102 = WuM 2004, 94 = NZM 2004, 188.
[4319] BGH, 03.12.2003 – VIII ZR 168/03, GuT 2004, 102 = WuM 2004, 94 = NZM 2004, 188.
[4320] BGH, NZM 2001, 158; AG Dortmund, NZM 2004, 96.
[4321] AG Dortmund, NZM 2004, 96; Börstinghaus, NZM 2004, 486.
[4322] BGH, 04.04.2007 – VIII ZR 219/06, NZM 2007, 441 = InfoM 2007, 169.
[4323] BGH, 09.07.2008 – VIII ZR 280/07, IMR 2008, 334 = MDR 2008, 1149; LG Berlin, 12.03.2007 – 67 S 337/06, NJOZ 2008, 451: Übergang des Eigentums von der BRD auf die Bundesanstalt für Immobilienaufgaben kraft Gesetzes; a.A. LG Berlin, 14.09.2007 – 63 S 84/07, GE 2008, 269 = InfoM 2008, 16 (durch BGH, 09.07.2008, a.a.O. aufgehoben).

de Kautionen der Fall,[4324] während nach zutreffender Ansicht der Erwerber nur Übertragung der Kaution vom Veräußerer fordern kann.[4325] Die Sache wird entscheidungsrelevant, wenn der Alt-Eigentümer noch offene Forderungen gegen den Mieter hat, die er mit der Kaution befriedigen will. Denn selbstverständlich muss der Mieter nur einmal Sicherheit leisten.

Grds. gehen zwar auch bei der **Verpfändung eines Sparguthabens** die daraus resultierenden Rechte und Pflichten mit Vollendung des Eigentumserwerbs auf den Erwerber über, ohne dass es eines weiteren Übertragungsaktes bedarf.[4326] Aus **§ 566a BGB** folgt aber auch, dass dies voraussetzt, dass die Sparforderung überhaupt (wirksam) an den Vorvermieter verpfändet wurde.[4327]

Für die **Kautionsrückzahlung im Verhältnis Mieter/Vermieter** gilt:[4328]

2646

- Anspruch gegen den Erwerber: Dieser haftet am Ende des Mietverhältnisses als neuer Vermieter und zwar unabhängig davon, ob er die Kaution vom Veräußerer bekommen hat oder nicht, § 566a BGB.
- Anspruch gegen den Veräußerer: Kann der Mieter die Kaution vom Erwerber nicht verlangen, ist der Veräußerer zur Rückzahlung verpflichtet, § 566a Satz 2 BGB. Wichtig: Es handelt sich um eine **subsidiäre** Verpflichtung, der Mieter muss sich also erst an den Erwerber halten. Auch hier spielt es keine Rolle, ob der Erwerber die Kaution vom Veräußerer erhalten hat oder nicht (Weiterhaftung des Veräußerers).[4329] Kann oder will also der neue Vermieter die Kaution nicht zurückzahlen, gerät der alte Vermieter in die Schusslinie. Hintergrund ist der Schutz des Mieters vor einem zahlungsunwilligen oder zahlungsunfähigen Erwerber. Folglich hat der Mieter – zeitlich grds. unbegrenzt! – zwei Schuldner für die Kaution. Der Grundstücksveräußerer haftet dem Mieter jedoch nicht mehr für die Rückzahlung der Kaution, wenn er sie mit dessen Billigung dem Erwerber überlassen hat.[4330] Allein die wirtschaftliche und personelle Verpflichtung zwischen veräußerndem Alt-Vermieter und erwerbendem neuen Vermieter ist kein hinreichendes Indiz für die Annahme einer Kautionsübertragung aus Anlass des Veräußerungsfalls.[4331]

> **Praxistipp für Veräußerer:**
>
> Bei Vermieterwechsel kann und sollte sich der Ex-Vermieter vom Mieter bescheinigen lassen, dass er nicht mehr weiter haftet. Da der Mieter natürlich dann schlechter gestellt

---

4324 OLG Düsseldorf, 12.03.1997 – 9 U 201/96, NJW-RR 1997, 1170 = WuM 1997, 264 = ZMR 1997, 295.
4325 OLG Frankfurt am Main, 02.10.1986 – 1 U 255/85, NJW-RR 1987, 786 und OLG Frankfurt am Main, 29.05.1991 – 17 U 110/90, NJW-RR 1991, 1416.
4326 LG Berlin, 12.01.2010 – 65 S 271/09; Blank, in: Blank/Börstinghaus, § 566a Rn. 2; Sternel, Mietrecht aktuell, III 204, m.w.N.
4327 LG Berlin, 12.01.2010 – 65 S 271/09.
4328 Zu Fällen der Veräußerung des Mietobjekts vor dem 01.09.2001 und nachfolgender Kautionsrückforderung vgl. BGH, 16.11.2005 – XII ZR 124/03, NZM 2006, 179 = GuT 2006, 72 = InfoM 2006, 130/152 und BGH, 28.09.2005 – VIII ZR 372/04, NZM 2005, 907 = WuM 2005, 718 = ZMR 2006, 31 = NJW 2005, 3494 = InfoM 2005, 286.
4329 Vgl. BGH, 24.03.1999 – XII ZR 124/97, BGHZ 141, 160 = NZM 1999, 496 = ZMR 1999, 531 = NJW 1999, 1857.
4330 OLG Düsseldorf, 11.06.2002 – 24 U 212/01, MDR 2003, 150.
4331 BGH, 16.11.2005 – XII ZR 124/03, NZM 2006, 179 = GuT 2006, 72 = InfoM 2006, 130/152.

> ist, wird dies nur selten gelingen. Der Vermieter kann den Mieter aber um (schriftliche) Zustimmung zur Übertragung der Kaution auf den Erwerber bitten, was dann als Gläubigerwechsel i.S.d. § 415 BGB interpretiert werden kann. Spielt der Mieter nicht mit, sollte mit dem Erwerber im Kaufvertrag eine Freistellung für etwaige Inanspruchnahmen durch Mieter vereinbart werden. Praktisch kann auch dies oft sinnlos sein, weil der Mieter sich normalerweise nur dann an seinen Ex-Vermieter hält, wenn der neue Vermieter insolvent geworden ist.

2647 Eine Sondersituation besteht für den Fall, dass der **Eigentumsübergang nach Auszug des Mieters** erfolgt. In diesem Fall rechtfertigen es weder der Zweck der gesetzlichen Regelung noch praktische Gründe, den Erwerber in ein etwa noch bestehendes Abwicklungsverhältnis und in die Pflichten aus der Sicherungsabrede eintreten zu lassen.[4332] Der Mieter muss sich also an den früheren Eigentümer halten.

2648 Eine weitere Sondersituation besteht dann, wenn der frühere **Vermieter die Kaution nicht insolvenzfest angelegt hat und insolvent wird**. Insolvenzrechtliche Folge ist, dass ein Aussonderungsrecht des Mieters ausscheidet und der Kautionsrückzahlungsanspruch keine Masseverbindlichkeit i.S.d. § 55 Abs. 1 Nr. 1 oder 2 InsO darstellt, sodass dem Mieter (nur) eine einfache Insolvenzforderung zusteht. Hat der Vermieter hingegen die Barkaution gesetzeskonform auf einem Treuhandkonto angelegt, besteht ein Aussonderungsrecht nach § 47 InsO. Hat der Vermieter die Kaution nicht getrennt von seinem Vermögen angelegt, soll der Mieter **keinen Auskehranspruch** gegen den Erwerber haben, wenn er nicht für die insolvenzfeste Anlage der Kaution durch den ursprünglichen Vermieter gesorgt hat.[4333] Zwar ist der Erwerber grds. nach § 566a Satz 1 BGB in die Verpflichtung des Voreigentümers eingetreten, die Kautionen nach dem Ende des Mietverhältnisses zurückzuzahlen. Umstritten ist aber, ob dieser Schutz soweit geht, dass der Mieter durch den Wechsel des Vermieters hinsichtlich der Kaution auch eine Position erlangen kann, die er zuvor nicht (mehr) gehabt hat.[4334] Nach § 566a Satz 1 BGB soll der Mieter vor Rechtsverlusten infolge der Veräußerung des Mietobjekts geschützt werden. Es ist aber nicht zwingend, dass durch die seit dem 01.09.2001 in dieser Fassung bestehende Vorschrift die Position des Mieters so weitgehend gestärkt werden sollte, dass der Schutz sich auch auf ein „Wiedererlangen" des vorher bereits nicht mehr bestehenden Auskehranspruchs erstreckt, da der Erwerber nach dem Wortlaut nur in die „.... Pflichten" eintritt. Bereits der Wortlaut legt es damit nahe, dass damit nur die **zum Zeitpunkt des Rechtsübergangs tatsächlich noch bestehenden Pflichten** gemeint sind, was auch nicht dem Zweck der Vorschrift widerspricht, denn es ist grds. Sache des Mieters, auf die insolvenzfest vom Vermögen des Vermieters getrennte Anlage der Kaution zu achten.[4335] Zu bedenken ist ferner, dass der Erwerber weder die Möglichkeit hat, die Kaution vom insolventen Veräußerer herauszuverlangen noch eine nochmalige Zahlung vom Mieter fordern kann, sodass der Schutzzweck des § 566a BGB in diesem Fall zulasten des Mieters zu begrenzen ist. Wenn und soweit die Kaution beim Vorbesitzer **vor dem Erwerb rechtlich untergegangen** oder mehr oder weniger undurchsetz-

---

4332 BGH, 04.04.2007 – VIII ZR 219/06, NZM 2007, 441 = InfoM 2007, 169.
4333 LG Braunschweig, 22.12.2009 – 6 S 60/09, IMR 2010, 333.
4334 Häublein, in: MüKo BGB, § 566a Rn. 13 m.w.N. zum Streitstand.
4335 LG Braunschweig, 22.12.2009 – 6 S 60/09, IMR 2010, 333.

bar geworden ist, weil sie nicht insolvenzfest von seinem Vermögen angelegt worden und dadurch im Insolvenzfall zur bloßen Insolvenzforderung geworden ist, steht dem Mieter ggü. dem Erwerber zumindest insoweit und solange kein Rückzahlungsanspruch zu, wie der Erwerber seinerseits an der Durchsetzung seines Anspruchs ggü. dem Veräußerer auf Auskehrung der Kaution insolvenzrechtlich gehindert ist.[4336]

> **Praxistipp für Veräußerer:**
>
> Will sich der Veräußerer der Weiterhaftung entziehen, hilft v.a. eine Vereinbarung mit dem Mieter, der bestätigen sollte, dass sich Ansprüche nur gegen den Erwerber richten (aber Achtung: Es können schlafende Hunde geweckt werden!). Genügen kann auch schon das Verlangen des Mieters, die Kaution zu übertragen. „Hilfsweise" bietet sich im Veräußerungsvertrag eine Freistellungsverpflichtung des Erwerbers ggü. dem Ex-Vermieter an.

Für die **Kautionsübertragung im Verhältnis Veräußerer/Erwerber** gilt: 2649
- Der Erwerber hat gegen den Veräußerer einen **Anspruch auf Übertragung**.[4337]
- Die **Anspruchshöhe** kann sich ändern, wenn sich der Veräußerer aus einer gezahlten Kaution durch Aufrechnung ggü. dem Mieter befriedigt, wozu er bis zur Eigentumsumschreibung berechtigt ist.

> **Praxistipp für Erwerber:**
>
> Ist der Erwerber sich nicht sicher, ob alle Kautionen (voll) gezahlt wurden, sollte er sich bereits im notariellen Kaufvertrag die Ansprüche des Vermieters abtreten lassen. Ansonsten ist die Abtretung später nachzuholen, damit der Erwerber die Kaution einfordern kann. Bei Vermieterwechsel kann sich der Ex-Vermieter vom Mieter bescheinigen lassen, dass er nicht mehr weiter haftet.
>
> Aus Sicht des Erwerbers sollte im Kaufvertrag auch geregelt werden, dass der Veräußerer ab Vertragsschluss keine Verfügungen an Kautionen mehr vornimmt.

Hatte der Veräußerer die Kaution nicht weitergeleitet, konnte sich der Mieter – gemeint ist 2650 der Weiterleitungsanspruch – nach der bis zum 01.09.2001 geltenden Rechtslage, bei der der jetzige § 566a BGB ungenauer gefasst war, nur an ihn, nicht an den Erwerber halten. Folge war z.B. der Entfall einer Aufrechnungsmöglichkeit ggü. dem neuen Vermieter. Aus diesem Grund billigte die überwiegende Meinung dem Mieter einen **eigenen Anspruch** darauf zu, dass die Kaution weitergeleitet wurde, immer vorausgesetzt, der frühere Vermieter hatte keine eigenen Ansprüche mehr gegen den Mieter. Wer einen Anspruch hat, muss ihn auch durchsetzen können, sodass der Mieter den Ex-Vermieter notfalls auch verklagen konnte. Nach neuem Mietrecht – Entscheidungen dazu liegen, soweit ersichtlich, nicht vor – ist diese Argumentation nicht mehr stichhaltig, da § 566a BGB dem Mieter ausdrücklich auch einen (subsidiären) Rückzahlungsanspruch gegen den Veräußerer zubilligt und ihn damit ausreichend schützt, sodass der „Weiterleitungsanspruch" zu vernachlässigen ist.

4336 LG Braunschweig, 22.12.2009 – 6 S 60/09, IMR 2010, 333.
4337 OLG Düsseldorf, 21.12.1982 – 21 U 105/82, MDR 1983, 403.

Zur vertraglichen Abänderung der Regelungen aus § 566a BGB → *Rn. 2661.*

6. Übergang von Schadensersatzansprüchen

2651 Wird die beschädigte Sache veräußert, ist fraglich, wem ggü. ein Geschädigter (bspw. der Mieter) Schadensersatz nach § 249 BGB geltend machen kann. Bei der **Naturalrestitution nach § 249 Abs. 1 BGB** erlischt der Anspruch, weil die Restitution nach Veräußerung unmöglich geworden ist und ein Schaden nach § 251 BGB auszugleichen ist.[4338] Bei **§ 249 Abs. 2 BGB** sind die Folgen der Veräußerung sehr umstritten, und es werden selbst bei den verschiedenen Senaten des BGH unterschiedliche Ansichten vertreten. So soll der Schadensersatzanspruch nach § 249 Abs. 2 BGB erlöschen, weil auch hier ein Fall der Naturalrestitution vorliege,[4339] hingegen soll er bestehen bleiben, weil der Geschädigte in der Verwendung des Geldbetrages nicht eingeschränkt werden soll;[4340] teilweise wurde dies auch offengelassen.[4341]

Maßgeblicher Zeitpunkt ist jedenfalls der vollendete Eigentumserwerb, bei Grundstücken also die Eintragung des Erwerbers als neuer Eigentümer im Grundbuch.[4342] Eine dem Grundstücksveräußerer ggü. eingetretene Verzugslage wirkt nach dem Eigentumsübergang in der Person des Erwerbers fort.[4343] Schadensersatzansprüche des Mieters richten sich aber in diesem Fall nur dann gegen den Grundstückserwerber, wenn der Schaden nach dem Eigentumsübergang eintritt.[4344]

7. Übergang von Versicherungsverträgen

2652 S. dazu ausführlich → *Rn. 1981 ff.*

8. Investitionen des Vermieters oder Mieters, Investitionsmiete

2653 Bei einer sog. Investitionsmiete stellt sich die Frage, ob der Vermieter bei Veräußerung einen Anspruch behält. Vereinbaren der Vermieter und der Mieter eine Investitionsmiete, also den Ausbau der Mietfläche durch den Vermieter und die **Kompensation der Kosten durch eine höhere monatliche Mietzahlung**, stellt sich die Frage, ob es sich um eine mietvertragliche Verpflichtung oder ein nicht von § 566 BGB erfasstes Darlehen als bloßes Nebengeschäft zum Mietverhältnis handelt. Dies ist durch Auslegung zu ermitteln. Grds. ist der Ausbau der Mietflächen so eng mit der Gebrauchsüberlassungspflicht des Vermieters verknüpft, dass nicht von einer Art „Nebengeschäft" durch Darlehensgewährung gesprochen werden kann. Es handelt sich um eine Verpflichtung, die im Kern auf das Mietverhältnis abzielt. Daher erhält der Er-

---

[4338] OLG Brandenburg, 20.04.2007 – 3 U 167/06, ZMR 2007, 955 = InfoM 2008, 66.
[4339] BGH, 02.10.1981 – V ZR 147/80, BGHZ 81, 385; BGH, 05.03.1993 – V ZR 87/91, NJW 1993, 1793 (jeweils zu beschädigten Hausgrundstücken); OLG Brandenburg, 20.04.2007 – 3 U 167/06, ZMR 2007, 955 = InfoM 2008, 66 (Anspruch auf Erstattung einer Handwerkerrechnung).
[4340] BGH, 22.07.2007 – VI ZR 275/03 (Kfz-Reparaturkosten); BGH, 06.11.1986 – VII ZR 97/85, NJW 1987, 645 (Haftung eines Werkunternehmers); BGH, 19.10.1988 – VIII ZR 22/88, NJW 1989, 451 (Schönheitsreparaturansprüche gegen Mieter); Grunsky, in: MüKo BGB, § 249 Rn. 15.
[4341] BGH, 08.07.1999 – III ZR 159/97, NJW 1999, 3332, 3334 (Bergschäden in der ehem. DDR).
[4342] OLG Brandenburg, 20.04.2007 – 3 U 167/06, ZMR 2007, 955 = InfoM 2008, 66.
[4343] KG, 06.08.2009 – 8 U 61/09, IMR 2010, 51.
[4344] KG, 06.08.2009 – 8 U 61/09, IMR 2010, 51.

werber die vollständige Miete, und der Veräußerer sollte mit diesem regeln, wie er seine Investitionen kompensiert erhält. Ist die Investitionsmiete ausnahmsweise ein reines Nebengeschäft gewesen, bleibt – wenn man der herrschenden Meinung folgt, dass Nebengeschäfte nicht auf den Erwerber übergehen (→ oben Rn. 2633 f.) – der Anspruch auf Rückzahlung der Kosten (also eines bestimmten Teils der monatlichen Mietzahlung) beim früheren Vermieter.

Für **werterhöhende Mieterinvestitionen** und vorzeitige Beendigung des Mietverhältnisses gilt Folgendes: Im Fall eines Vermieterwechsels infolge Grundstücksveräußerung (auch durch Zwangsversteigerung) ist bei vorzeitiger Rückgabe des Mietobjektes, in das der Mieter wertsteigernd investiert hat, nicht derjenige Bereicherungsschuldner nach § 812 BGB, der im Zeitpunkt der Vornahme der Investition Vermieter war, sondern der neue Vermieter, der die Mietsache vorzeitig zurückerhält.[4345] Unbillig ist die Inanspruchnahme des Erwerbers nicht, denn er kann sich vor Abschluss des Kaufvertrags erkundigen, ob der Mieter in das Grundstück investiert hat und möglicherweise Ansprüche erheben wird, und hat die Möglichkeit, mit dem Veräußerer für diesen Fall eine interne Ausgleichspflicht zu vereinbaren.[4346]

2654

9. Kündigung des Mietverhältnisses und Vermieterwechsel

Kündigt der Erwerber einem Mieter vor Eigentumsübergang, ist dies unwirksam, da er noch nicht Vermieter ist. Der spätere Erwerbsvorgang heilt nicht. Der Verkäufer kann den Käufer aber **ermächtigen**, einen Mietvertrag schon vor der Umschreibung im eigenen Namen zu kündigen.[4347] Die Ermächtigung kann schon im notariellen Kaufvertrag wirksam erteilt werden (Beispiel: *„Der Verkäufer erteilt dem Käufer ... Vollmacht zur Ausübung der Vermieterrechte"*).[4348] In Betracht kommen natürlich nur Kündigungsgründe, die den **ursprünglichen Vermieter** betreffen. Hat der Veräußerer vor dem Eigentumsübergang gekündigt, tritt der Erwerber auch in dieses Recht ein und hat das (beendete) Mietverhältnis abzuwickeln. Geht es um Zahlungsrückstände und werden die nach § 543 Abs. 2 Satz 1 Nr. 3 BGB für eine fristlose Kündigung erforderlichen zwei Mieten z.T. vor dem Eigentumsübergang, z.T. erst danach nicht gezahlt, hat der Erwerber das Kündigungsrecht, da der Anspruch auf Kündigung erst „bei ihm" vollendet wird. Liegen verhaltensbedingte Kündigungsgründe vor dem Eigentumsübergang, steht das Kündigungsrecht nur dem Veräußerer zu; übt er es nicht aus, verfällt es. Wirken die Gründe aber fort oder „addieren" sie sich, darf der Erwerber kündigen.

2655

> **Praxistipp:**
>
> Nach §§ 182 Abs. 3, 111 Satz 2, Satz 3 BGB kann eine Kündigung des ermächtigten Erwerbers zurückgewiesen werden, sodass das Original der Ermächtigungserklärung beigefügt werden sollte (ähnlich dem Bevollmächtigungsnachweis bei Stellvertretung).

4345 BGH, 16.09.2009 – XII ZR 71/07, IMR 2010, 137 = NZM 2009, 783 = NJW-RR 2010, 86; BGH, 29.04.2009 – XII ZR 66/07, IMR 2009, 234 u. 383 = NZM 2009, 514 = InfoM 2009, 276 = MDR 2009, 920.
4346 Eckert, NZM 2009, 768.
4347 BGH, 10.02.1997 – XII ZR 119/96, NJW 1998, 896 = NZM 1998, 146 = ZMR 1998, 214.
4348 KG, 04.02.2008 – 8 U 167/07, WuM 2008, 153 = InfoM 2008, 168.

2656 Der Erwerber hat auch **kein Sonderkündigungsrecht** (Ausnahmen: § 57a ZVG, § 111 InsO),[4349] der Mieter ebenso wenig.

Der **Rückgabeanspruch aus § 546 Abs. 1 BGB** verbleibt auch nach einer Grundstücksveräußerung beim früheren Eigentümer, wenn er vor dem Eigentümerwechsel entstanden und fällig geworden ist.[4350] Für die **Umschreibung eines Räumungstitels** (§ 727 ZPO) auf Räumung und Herausgabe auf den Grundstückserwerber reicht es aus, wenn dieser sein Eigentum durch einen beglaubigten Grundbuchauszug nachweist.[4351] Eine Abtretung in einer öffentlich beglaubigten Urkunde i.S.d. § 727 ZPO ist nicht erforderlich, weil der Räumungs- und Herausgabeanspruch auch aufgrund des Eigentums nach § 985 BGB besteht.

IV. Erlöschen sonstiger Ansprüche durch Veräußerung des Grundstücks

2657 Wird ein beschädigtes Mietobjekt veräußert, ist fraglich, ob der Geschädigte noch Schadensersatz nach § 249 BGB geltend machen kann. Bei der Naturalrestitution nach § 249 Abs. 1 BGB erlischt der Anspruch, weil die Restitution nach der Veräußerung unmöglich geworden und ein Schaden nach § 251 BGB auszugleichen ist. Gleiches gilt auch für den Schadensersatz gem. § 249 Abs. 2 BGB,[4352] wobei maßgeblicher Zeitpunkt der vollendete Eigentumserwerb, bei Grundstücken also die Eintragung des Erwerbers als neuer Eigentümer im Grundbuch ist.[4353] Nach Auffassung anderer Senate des BGH bleibt der Anspruch bestehen, weil der Geschädigte in der Verwendung des Geldbetrages nicht eingeschränkt werden soll.[4354]

V. Verjährung und Verwirkung

2658 Es gelten zunächst die allgemeinen Verjährungs- und Verwirkungsregeln einschließlich der kurzen Verjährung nach § 548 BGB. Die Veräußerung des Mietobjekts, die durch Eintragung des neuen Eigentümers im Grundbuch vollzogen wird, führt zur Beendigung des Mietverhältnisses i.S.v. § 548 Abs. 2 BGB.[4355] Bei einer Veräußerung beginnt daher die Frist für Verjährung von Aufwendungsersatzansprüchen des Mieters nach § 548 Abs. 2 BGB erst mit Kenntnis des Mieters von der Eintragung des Erwerbers im Grundbuch zu laufen.[4356]

4349 Zum Erlöschen eines Vormietrechts in diesem Fall vgl. KG, 23.09.2010 – 8 W 46/10, IMR 2011, 11.
4350 OLG München, 23.09.1994 – 21 U 2235/94, ZMR 1996, 375.
4351 LG Köln, 13.07.2009 – 10 T 101/09, InfoM 2010, 238.
4352 BGH, 02.10.1981 – V ZR 147/80, BGHZ 81, 385 und BGH, 05.03.1993 – V ZR 87/91, NJW 1993, 1793: beschädigtes Hausgrundstück.
4353 OLG Brandenburg, 20.04.2007 – 3 U 167/06, ZMR 2007, 955 = InfoM 2008, 66: Anspruch auf Erstattung einer Handwerkerrechnung.
4354 BGH, 22.07.2007 – VI ZR 275/03: Kfz-Reparaturkosten; BGH, 06.11.1986 – VII ZR 97/85, NJW 1987, 645: Haftung des Werkunternehmers; BGH, 19.10.1988 – VIII ZR 22/88, NJW 1989, 451: Schönheitsreparaturansprüche gegen Mieter; ebenso Heinrichs, in: Palandt, § 249 Rn. 7; offengelassen von BGH, 08.07.1999 – III ZR 159/97, NJW 1999, 3332, 3334: Bergschäden in der DDR.
4355 BGH, 28.05.2008 – VIII ZR 133/07, IMR 2008, 263 = MDR 2008, 850.
4356 BGH, 28.05.2008 – VIII ZR 133/07, IMR 2008, 263 = MDR 2008, 850.

VI. Gerichtsverfahren

Auch wer als Rechtsnachfolger nicht am Mietvertragsschluss beteiligt war, kann wegen der Rechtsnachfolge gem. § 566 BGB im Prozess zu abgegebenen Erklärungen des Rechtsvorgängers vortragen; der Gegner muss dem entgegentreten, wenn er verhindern will, dass der Vortrag gem. § 138 Abs. 3 ZPO als zugestanden gilt.[4357] Wer als Erwerber der Mietsache in den vom Voreigentümer abgeschlossenen Mietvertrag eingetreten ist, kann sich im Mietprozess jedenfalls solange nicht auf seine **Unkenntnis von Tatsachen** aus der Zeit vor Vertragsübergang berufen, als er nicht seiner prozessualen Obliegenheit nachgekommen ist, beim Voreigentümer bzw. dessen Hausverwaltung und deren zuständigen Sachbearbeitern Erkundigungen einzuziehen.[4358]

2659

VII. Streitwert

Es gelten keine Besonderheiten, da die Veräußerung keinen ändernden Einfluss auf den Streitwert des Anspruchs hat, der zwischen den Parteien streitig ist.

2660

VIII. Vertragsgestaltung

Da § 566a BGB kein zwingendes oder halb zwingendes Recht ist, kann die Vorschrift grds. abbedungen werden, wozu wegen der Unwägbarkeiten in der Rechtsprechung eine **Individualvereinbarung** empfehlenswert ist. Vertragliche Regelungen zwischen Vermieter und Mieter im Mietvertrag, durch die der Mieter einer **Übertragung der Kautions-Rückgewährverpflichtung auf den Erwerber** zustimmt oder die Forthaftung des Vermieters ausgeschlossen wird, sind – zumindest in Formularklauseln bedenklich.[4359]

2661

Will der frühere Vermieter eine Diskussion darüber vermeiden, dass er bei **Vereinbarung einer Investitionsmiete** (z.B. Ausbau der Mietfläche durch den Vermieter und die Kompensation der Kosten durch eine höhere monatliche Mietzahlung) seinen Anspruch auf Kompensation der früher aufgewendeten Kosten verliert und dieser auf den Erwerber übergeht, so sollte er mit diesem eine ausdrückliche Vereinbarung treffen oder bspw. den Kaufpreis entsprechend erhöhen.

2662

> **Praxistipp:**
> Für den Veräußerer ist es wichtig, solche versteckten Kosten beim Verkauf zu berücksichtigen und ggf. mit dem Erwerber einen Ausgleich zu vereinbaren. Für den Erwerber hingegen ist es wichtig, im Voraus sämtliche Punkte zu überprüfen, damit gewährleistet ist, dass die Miete und andere Zahlungsverpflichten auch tatsächlich in voller Höhe an ihn fließen werden und nicht z.T. an den Veräußerer.

[4357] OLG Düsseldorf, 29.05.2006 – I-24 U 179/05, GuT 2007, 18.
[4358] OLG Frankfurt am Main, 21.02.2007 – 2 U 220/06, NJOZ 2007, 2659.
[4359] Vgl. Lebek, NZM 2000, 1211 mit Klauselvorschlägen für Miet- und Kaufvertrag.

Sofern sich Veräußerer und Erwerber auf einen Ausgleich verständigt haben bzw. dieser nicht erfolgen soll, kann im Kaufvertrag vorsorglich eine **Abtretung** erfolgen, um späteren Streit zu vermeiden.

2663 Formulierungsvorschlag: Abtretung[4360]

> Der Verkäufer tritt hiermit seine Ansprüche auf Zahlung der Investitionsmiete i.H.v. monatlich ..... gemäß ..... des Mietvertrages vom ..... mit ..... mit Wirkung ab dem Tage der Übergabe an den dies hiermit annehmenden Käufer ab.

Der Erwerber sollte bei langfristigen Mietverhältnissen immer genauestens die Einhaltung der gesetzlichen **Schriftform** nach §§ 578, 550, 126 BGB prüfen, um vorzeitige Kündigungsmöglichkeiten in seine Investitionskalkulation einbeziehen zu können. Außerdem sollte er prüfen, ob und wann bei einer gestellten Bürgschaft der Anspruch daraus selbstständig verjähren kann (→ *oben Rn. 1798 ff.*).

> **Praxistipp Kaufvertragsgestaltung:**
>
> Der Grundstückserwerber kann sich vom Verkäufer durch eine Garantie zusichern lassen, dass alle Vereinbarungen zwischen dem Verkäufer und den Mietern dem gesetzlichen Schriftformerfordernis genügen. Dies „rettet" den Erwerber zwar im Fall einer falschen Zusicherung nicht vor etwaigen Kündigungen von Mietern, eröffnet aber einfacher zu realisierende Schadensersatzansprüche gegen den Veräußerer. Risiken sind eine mögliche Verjährung sowie die Insolvenz des Veräußerers.

Zu weiteren wichtigen Prüfungspunkten für den Erwerber vgl. Checkliste → *Rn. 2667.*

2664 Die **Bürgenhaftung des 566 Abs. 2 BGB** kann vertraglich modifiziert (Begrenzung der Haftungszeit, Festlegung eines Haftungshöchstbetrages) oder auch ganz abbedungen werden und zwar auch durch AGB. Nach a.A. gehört die Vorschrift zum gesetzlichen Leitbild, sodass ein AGB-Ausschluss gegen § 307 Abs. 2 Nr. 1 BGB verstoßen soll.[4361] Dies ist für den Bereich der Geschäftsraummiete abzulehnen, weil durch die im gewerblichen Mietrecht üblichen langen Vertragslaufzeiten die Haftung i.d.R. unverhältnismäßig weit ausgedehnt wird und meistens nur der Mieter ein Interesse an kürzeren Mietzeiten hat.

> **Praxistipp für den Veräußerer/Vermieter:**
>
> Da § 566 Abs. 2 BGB den Schutz des Mieters bezweckt und ein Vertrag zulasten Dritter nicht möglich ist, kann der Ausschluss nicht wirksam im Kaufvertrag zwischen Veräußerer und Erwerber vereinbart werden. Er muss bereits im Mietvertrag enthalten sein.

4360 Vgl. Hoffmann, NZM 2007, 638.
4361 Staudinger/Emmerich, § 566 Rn. 60.

IX. Arbeits- und Beratungshilfen

1. Schnellüberblick Grundsatz-Rechtsprechung des BGH

Thema/Normen	Leitsatz	Entscheidung, Fundstelle
§ 566 BGB greift auch bei Erwerb kraft Gesetzes	Der neue Eigentümer vermieteten Wohnraums tritt auch dann gemäß § 566 BGB anstelle des Vermieters in die Rechte und Pflichten aus bestehenden Mietverhältnissen eintritt, wenn er das Eigentum kraft Gesetzes erwirbt.	BGH, 10.03.2009 – VIII ZR 265/08
Erwerb kraft Gesetzes: Erwerber tritt in Mietvertrag ein! BGB § 566 Abs. 1	Der neue Eigentümer vermieteten Wohnraums tritt auch dann anstelle des Vermieters in die Rechte und Pflichten aus bestehenden Mietverhältnissen ein, wenn er das Eigentum nicht durch ein Veräußerungsgeschäft, sondern kraft Gesetzes erwirbt.	BGH, 09.07.2008 – VIII ZR 280/07, IMR 2008, 334 = MDR 2008, 1149
Verjährung von Aufwendungsersatzansprüchen des Mieters	Die Veräußerung des Mietobjekts, die durch Eintragung des neuen Eigentümers im Grundbuch vollzogen wird, führt zur Beendigung des Mietverhältnisses im Sinne von § 548 Abs. 2 BGB. Bei einer Veräußerung beginnt die Frist für Verjährung von Aufwendungsersatzansprüchen des Mieters nach § 548 Abs. 2 BGB erst mit Kenntnis des Mieters von der Eintragung des Erwerbers im Grundbuch zu laufen.	BGH, 28.05.2008 – VIII ZR 133/07, IMR 2008, 263 = MDR 2008, 850
Abrechnung der Nebenkosten aus der im Zeitpunkt des Auszugs des Mieters laufenden Abrechnungsperiode	Die Abrechnung der Nebenkosten aus der im Zeitpunkt des Auszugs des Mieters laufenden Abrechnungsperiode obliegt dem bisherigen Vermieter (im Anschluss an BGH, NZM 2004, 188 = NJW 2004, 851). Ein Grundstückserwerb nach der Beendigung eines Mietverhältnisses und dem Auszug des Mieters führt nicht zum Eintritt des neuen Eigentümers in Rechte und Pflichten des bisherigen Vermieters aus dem beendeten Mietverhältnis und aus einer Sicherungsabrede zur Mietkaution.	BGH, 04.04.2007 – VIII ZR 219/06, NZM 2007, 441 = InfoM 2007, 169 zu Wohnraum
Mietrechtsreformgesetz, Kautionsauszahlung	Zur Anwendbarkeit des § 572 BGB a.F., wenn das vermietete Gewerbegrundstück schon vor In-Kraft-Treten des neuen Mietrechts zum 1.9.2001 veräußert und das Mietverhältnis vor diesem Zeitpunkt beendet war (im Anschluss an BGH, Urt. v. 9.3.2005 – VIII ZR 381/03, NZM 2005, 639 = NJW-RR 2005, 962 = WuM 2005, 404. Zur Darlegungs- und Beweislast des Mieters eines vor dem 1.9.2001 veräußerten Gewerbegrundstücks, wenn er vom Erwerber eine an den Vorvermieter gezahlte Kaution zurückverlangen will (im Anschluss an BGH, 28.9.2005 – VIII ZR 372/04, NJW 2005, 3494 = WuM 2005, 718 = NZM 2005, 907). Allein die wirtschaftliche und personelle Verpflichtung zwischen veräußerndem Alt-Vermieter und erwerbendem neuen Vermieter ist kein hinreichendes Indiz für die Annahme einer Kautionsübertragung aus Anlass des Veräußerungsfalls.	BGH, 16.11.2005 – XII ZR 124/03 (OLG Naumburg), NZM 2006, 179 = GuT 2006, 72 = InfoM 2006, 130/152

2665

Mietrechtsreformgesetz, Kautionsauszahlung	Bei einer Veräußerung vor dem 01.09.2001 trägt grundsätzlich der Mieter die Darlegungs- und Beweislast dafür, dass die an den ehemaligen Vermieter gezahlte Kaution dem Erwerber ausgehändigt wurde. Eine Umkehr der Darlegungs- und Beweislast findet nur dann statt, wenn die Sachverhaltsaufklärung für den Mieter unzumutbare Schwierigkeiten verursacht.	BGH, 28.09.2005 – VIII ZR 372/04, NZM 2005, 907 = WuM 2005, 718 = ZMR 2006, 31 = NJW 2005, 3494 = InfoM 2005, 286
Pflicht zur Abrechnung der Nebenkosten	Auch im gewerblichen Mietrecht verbleiben bei einem Eigentumswechsel für die bis zum Zeitpunkt des Eigentumsübergangs abgelaufenen Abrechnungsperioden die Pflicht zur Abrechnung der Nebenkosten und die sich daraus ergebenden Rechte und Pflichten beim früheren Eigentümer und Vermieter (im Anschluss an BGH, NZM 2004, 188 = NJW 2004, 851).	BGH, 29.09.2004 – XII ZR 148/02, NZM 2005, 17
Pflicht zur Abrechnung der Nebenkosten	Nach einem Eigentumswechsel ist nicht der Erwerber, sondern der Veräußerer gegenüber. dem Mieter bezüglich der zum Zeitpunkt des Wechsels im Grundstückseigentum abgelaufenen Abrechnungsperiode zur Abrechnung der Betriebskosten verpflichtet und zur Erhebung etwaiger Nachzahlungen berechtigt; es kommt nicht darauf an, wann der Zahlungsanspruch fällig geworden ist.	BGH, 03.12.2003 – VIII ZR 168/03, GuT 2004, 102 = WuM 2004, 94 = NZM 2004, 188
Hinterlegung der Miete bei Zweifeln über den Gläubiger	Der Schuldner ist zur Hinterlegung der Miete berechtigt, wenn objektiv verständliche Zweifel über die Person des Gläubigers vorliegen, insb., wenn die Ungewissheit über den Gläubiger überwiegend auf unklare Abtretungsvorgänge zurückzuführen sind, die außerhalb des Einflussbereichs des Schuldners liegen und allein von den daran Beteiligten zu verantworten sind (hier: Veräußerung des Grundstücks und nachfolgendes Gesamtvollstreckungsverfahren über Vermögen des Verkäufers).	BGH, 03.12.2003 – XII ZR 238/01, NZM 2004, 301
Identität von Veräußerer und Vermieter	§ 571 BGB (jetzt § 566 BGB) setzt voraus, dass das vermietete Grundstück durch den Vermieter veräußert wird. Der Grundsatz „Kauf bricht nicht Miete" gilt nicht hinsichtlich der Rechte gegen den früheren Eigentümer, der nicht Vermieter ist, wenn der zunächst eigentumslose Vermieter Eigentum erwirbt.	BGH, 22.10.2003 – XII ZR 119/02, GuT 2004, 62 = NZM 2004, 300

2. Schnellüberblick aktuelle Rechtsprechung der Instanzgerichte

2666

Thema/Normen	Leitsatz	Entscheidung, Fundstelle
Schadensersatzansprüche des Mieters nach Grundstücksverkauf	Die dem Grundstücksveräußerer gegenüber eingetretene Verzugslage wirkt nach dem Eigentumsübergang in der Person des Erwerbers fort. Schadensersatzansprüche des Mieters richten sich aber in diesem Fall nur dann gegen den Grundstückserwerber, wenn der Schaden nach dem Eigentumsübergang eintritt.	KG, 06.08.2009 – 8 U 61/09, IMR 2010, 51

Vermieterwechsel bei Grundstücksübereignung und Nießbrauch	Bei einer Grundstücksübereignung unter Vorbehalt des Nießbrauchs für den Veräußerer kommt es nicht zu einem Vermieterwechsel gem. § 566 Abs. 1 BGB (siehe dazu auch BGH NJW 2006, 51; OLG Düsseldorf, ZMR 2003, 5770 = GuT 2003, 147).	OLG Düsseldorf, 30.10.2008 – 24 U 84/08, GuT 2009, 300
Kündigung: Kann der Grundstückserwerber schon vor Eintragung im Grundbuch im eigenen Namen kündigen?	Der Erwerber einer vermieteten Immobilie kann gem. § 185 Abs. 1 BGB ermächtigt werden, schon vor Grundbuchumschreibung im eigenen Namen zu kündigen. Die Ermächtigung kann schon im notariellen Kaufvertrag wirksam erteilt werden (hier: „Der Verkäufer erteilt dem Käufer [...] Vollmacht zur Ausübung der Vermieterrechte").	KG, 04.02.2008 – 8 U 167/07, WuM 2008, 153 = InfoM 2008, 168
Neuer Eigentümer haftet nicht für vom Voreigentümer versprochene Entschädigung! § 571 BGB a.F.; § 566 BGB n.F.	1. Nach Wortlaut und Zweck des § 571 Abs. 1 BGB a.F. (jetzt BGB § 566 Abs. 1) gehen nur diejenigen Rechte und Pflichten auf den Erwerber eines Mietgrundstücks über, die sich „aus dem Mietverhältnis" ergeben, das heißt, in unlösbarem Zusammenhang mit ihm stehen. 2. Verpflichtungen, die die Mietvertragsparteien lediglich aus Anlass des Vertragsschlusses oder in wirtschaftlichem Zusammenhang mit dem Mietverhältnis begründet haben, gehen nicht auf den Erwerber über. 3. Für den Eintritt der Rechtsfolgen des § 571 BGB a.F. ist allein der Zeitpunkt der Eintragung des neuen Eigentümers in das Grundbuch maßgeblich und nicht der Zeitpunkt des Abschlusses des notariellen Kaufvertrags.	OLG Düsseldorf, 24.01.2008 – 24 U 95/07, IMR 2008, 275
Eigentumserwerb kraft öffentlichen Rechts: Tritt der Erwerber in das Mietverhältnis ein?	Der Erwerber tritt nicht schon dadurch in ein bestehendes Mietverhältnis ein, dass ihm Eigentum und dingliche Rechte am Grundstück kraft öffentlichen Rechts (hier: Gesetz über BImA) übertragen werden.	LG Berlin, 14.09.2007 – 63 S 84/07, GE 2008, 269 – n.r. – Revision unter VIII ZR 280/07 beim BGH anhängig, InfoM 2008, 162
Schadensersatz des Vermieters: Erlischt der Anspruch auf Naturalrestitution nach der Veräußerung des Grundstücks?	Nicht nur der Anspruch auf Naturalrestitution gem. § 249 Abs. 1 BGB erlischt, wenn der Vermieter die beschädigte Mietsache veräußert. Gleiches gilt auch für den Schadenersatz gem. § 249 Abs. 2 BGB (hier: Anspruch auf Erstattung der Handwerkerrechnung). Maßgebend ist der Zeitpunkt des vollendeten Eigentumserwerbs, bei Grundstücken also die Eintragung des Erwerbers als neuer Eigentümer im Grundbuch.	OLG Brandenburg, 20.04.2007 – 3 U 167/06, ZMR 2007, 955 = InfoM 2008, 66

Der Fall:

Es geht um ein beendetes Mietverhältnis über eine Leichtbauhalle. Der Mieter gibt die Schlüssel im Januar 2006 zurück. Der Vermieter entdeckt u.a. Schäden am Hallendach und fordert den Mieter unter Fristsetzung auf, den Schaden zu beseitigen. Der Mieter bleibt untätig. Der Vermieter klagt auf Ersatz der Reparaturkosten. Während des Prozesses veräußert der Vermieter das Grundstück.

Hintergrund:

Wird die beschädigte Sache veräußert, ist fraglich, ob der Geschädigte noch Schadensersatz nach § 249 BGB geltend machen kann. Bei der Naturalrestitution nach § 249 Abs. 1 BGB besteht Einigkeit, dass der Anspruch erlischt, weil die Restitution nach Veräußerung unmöglich geworden ist und ein Schaden nach § 251 BGB auszugleichen ist. Bei § 249 Abs. 2 BGB sind die Folgen der Veräußerung sehr umstritten: Der Schadensersatzanspruch nach § 249 Abs. 2 BGB erlischt, weil auch hier ein Fall der Naturalrestitution vorliegt: BGH, 2.10.1981 – V ZR 147/80 – BGHZ 81, 385; 5.3.1993 – V ZR 87/91, NJW 1993, 1793 (beide betr. beschädigtes Hausgrundstück);

bleibt bestehen, weil der Geschädigte in der Verwendung des Geldbetrages nicht eingeschränkt werden soll; BGH, 6.11.1986 – VII ZR 97/85 – NJW 1987, 645 betr. Haftung des Werkunternehmers; 22.7.2007 – VI ZR 275/03 betr. Kfz-Reparaturkosten; BGH, 19.10.1988 – VIII ZR 22/88 – NJW 1989, 451 betr. Schönheitsreparaturansprüche gegen Mieter; Heinrichs in: Palandt, § 249 Rn. 7; Grunsky in MüKo-BGB, § 249 Rn. 15;

offengelassen: BGH, 8.7.1999 – III ZR 159/97 – NJW 1999, 3332, 3334 betr. Bergschäden in der ehem. DDR.

3. Checkliste: Eigentumswechsel

Checkliste: Eigentumswechsel i.S.d. § 566 BGB

- ☐ Wirkung des § 566 BGB erst mit endgültiger Eintragung im Grundbuch (§§ 925, 873 BGB).
- ☐ Vertraglich vereinbarter früherer Übergang von Nutzen und Lasten ist möglich, ändert aber nichts an der Wirkung des § 566 BGB.
- ☐ Zahlungspflicht des Mieters an Erwerber erst mit Eigentumsumschreibung (Ausnahme: Abtretung).
- ☐ Anzeige der Veräußerung – auch vor Eintragung – an den Mieter kann zu diesen befreienden Zahlungen an den Erwerber führen (§ 566e BGB).

- ☐ Häufiges Problem: Sicherheits- bzw. Kautionsübergang; evtl. Weiterhaftung des Veräußerers; ggf. Freistellungsverpflichtung des Erwerbers ggü. dem Ex-Vermieter vereinbaren.
- ☐ Fast immer klärungsbedürftig: Sicherheitsleistungen/Kautionen, offene Mietforderungen, ausstehende Nebenkostenabrechnungen; klare Zäsur und eindeutige Regelungen treffen.

4. Checkliste: Wichtige Prüfungspunkte vor Abschluss des Kaufvertrages

Checkliste: Wichtige Prüfungspunkte für den Erwerber vor Abschluss des Kaufvertrages 2668

- ☐ Bei langfristigen Verträgen Einhaltung der Schriftform gem. § 550 BGB.
- ☐ Aufstellung der Zahlungseingänge der Mieten aus den letzten zwei Jahren, um Unregelmäßigkeiten (Pünktlichkeit) festzustellen.
- ☐ Bestehen Untermietverhältnisse?
- ☐ Bestehen Abreden außerhalb des eigentlichen Mietvertragstextes und etwaiger schriftlicher Nachträge?
- ☐ Betriebspflichten.
- ☐ Konkurrenzschutz.
- ☐ Welche Sicherheiten bestehen?
- ☐ Bei Barkaution: Wurde diese verzinslich angelegt?
- ☐ Bei Bürgschaft: Liegt die Originalurkunde vor? Wurden die mietvertraglichen Verpflichtungen evtl. in einer Form erweitert, die durch die Bürgschaft nicht mehr gedeckt ist? Bis wann läuft die Bürgschaft?
- ☐ Überprüfung „kostenträchtiger" Vertragsklauseln auf ihre AGB-Wirksamkeit, z.B. Instandhaltungs- und Instandsetzungspflichten, Schönheitsreparaturen.
- • Betriebskosten: Unbedingt die Abrechnungen der letzten Jahre vorlegen lassen, um einerseits zu prüfen, ob tatsächlich alle umlegbaren Kosten auch regelmäßig abgerechnet wurden und um andererseits feststellen zu können, ob überhaupt abgerechnet wurde. Dies ist wichtig, weil durch stillschweigende Übung eine Änderung der Nebenkostenvereinbarung bzw. ein Verzicht auf Abrechnung herbeigeführt werden kann.

5. Formulierungsvorschlag: Schreiben des Erwerbers an Mieter

Hinweis:

Sowohl der Veräußerer als auch der Erwerber sollten die Mieter i.S.d. nachfolgenden Schreibens informieren. Möglich ist es auch, dass beide Parteien ein gemeinsames Schreiben verfassen und gemeinsam unterzeichnen.

2669 Formulierungsvorschlag: Schreiben des Erwerbers an Mieter

> Sehr geehrte Mieter,
>
> wir haben das Objekt ..... in ..... mit notariellem Kaufvertrag vom ..... von Ihrer bisherigen Vermieterin, der ..... GmbH, erworben und stehen Ihnen ab sofort als Ansprechpartner für alle Rechte und Pflichten aus dem Mietverhältnis zur Verfügung.
>
> Bitte beachten Sie, dass gemäß der Vereinbarung im Kaufvertrag die Nutzen und Lasten am ..... auf uns übergehen (wirtschaftlicher Übergang). Wir bitten Sie daher höflich, unverzüglich dafür Sorge zu tragen, dass die Mieten ab dem nächsten Monat auf folgende Bankverbindung überwiesen werden: .....
>
> Bitte beachten Sie, dass eine schuld befreiende Leistung nur noch durch Zahlung an uns möglich ist.
>
> Für alle Fragen im Zusammenhang mit dem Mietverhältnis wenden Sie sich bitte künftig an folgendes Unternehmen, das von uns mit der Mietverwaltung beauftragt wurde: .....
>
> Ansprechpartner dort sind Herr ..... und Frau .....
>
> Mit freundlichen Grüßen

§ 29 Verjährung und Verwirkung

		Rn.
I.	Überblick	2670
II.	Verjährung von Vermieteransprüchen	2674
III.	Verjährung von Mieteransprüchen	2676
IV.	Rechtsfolgen der Verjährung/Einrede der Verjährung	2678
	1. Einrede der Verjährung	2678
	2. Aufrechnung und Zurückbehaltungsrecht nach Eintritt der Verjährung	2682
	3. Leistungsrückforderung und Verjährung	2685
V.	Verjährungstatbestände	2686
	1. Überblick	2686
	2. Regelmäßige Verjährung gem. §§ 195, 199 BGB	2687
	a) §§ 195, 199 Abs. 1 BGB	2687
	b) § 199 Abs. 2 bis Abs. 4 BGB	2695
	3. Verjährung nach § 548 BGB	2697
	a) Überblick	2697
	b) Vermieteransprüche	2699
	c) Wann beginnt die Frist für den Vermieter zu laufen?	2704
	d) Mieteransprüche	2709
VI.	Hemmung und Neubeginn (Unterbrechung) der Verjährung	2711
	1. Überblick	2711
	2. Hemmung durch Verhandeln, § 203 BGB	2717
	3. Hemmung durch Klageerhebung, § 204 Abs. 1 Nr. 1 BGB	2722
	4. Hemmung durch Mahnverfahren, § 204 Abs. 1 Nr. 3 BGB	2725
	5. Hemmung durch selbstständiges Beweisverfahren, § 204 Abs. 1 Nr. 7 BGB	2732
	6. Neubeginn der Verjährung durch Anerkenntnis, § 212 BGB	2733
VII.	Demnächst-Zustellung, § 167 ZPO	2735
VIII.	Vereinbarungen über die Verjährung, § 202 BGB	2739
IX.	Verwirkung	2744
X.	Arbeits- und Beratungshilfen	2748
	1. Schnellüberblick Grundsatz-Rechtsprechung des BGH	2748
	2. Schnellüberblick aktuelle Rechtsprechung der Instanzgerichte	2749
	3. Checklisten	2750
	a) Prüfung/Beachtung der Verjährung	2750
	b) Prüfung des Verjährungsbeginns gem. §§ 195, 199 Abs. 1 BGB	2751
	c) Prozessuale Maßnahmen zur Verjährungshemmung	2752

I. Überblick

Die Verjährung ist immer eine der Problematiken, die der Anwalt im Auge behalten muss. Die Erhebung der Verjährungseinrede kann das schnelle Ende eines ansonsten eigentlich aussichtsreichen Prozesses bewirken, ein Übersehen kann ebenso schnell zur **Eigenhaftung des Immobilienverwalters oder des Anwalts** führen. Man sollte nicht ständig an Haftung denken, aber die übersehene Verjährung gehört zu den häufigsten Regresstatbeständen, sodass sich Immobilienverwalter und Anwälte schon im eigenen Interesse auf diesem Gebiet auskennen müssen.[4362]

2670

Das allgemeine Verjährungsrecht des BGB ist in drei Teile gegliedert:

2671

- §§ 194 bis 202 BGB: Gegenstand und Dauer der Verjährung,
- §§ 203 bis 213 BGB: Hemmung, Ablaufhemmung und Neubeginn,
- §§ 214 bis 218 BGB: Rechtsfolgen der Verjährung.

Bei den Verjährungsfristen enthält das BGB zum einen die (allgemeine) regelmäßige Verjährungsfrist von drei Jahren, § 195 BGB (vor dem 01.01.2002: 30 Jahre!); diese greift immer

2672

[4362] Vgl. hierzu auch Gottwald, Verjährung im Zivilrecht, 2005.

dann, wenn keine speziellen Verjährungstatbestände einschlägig sind. Im **Miet- und Pachtrecht** gibt es zudem folgende speziellen Verjährungstatbestände:

§ 548 Abs. 1 BGB:	Sechs Monate ab Rückgabe der Mietsache für Ersatzansprüche des Vermieters wegen Veränderungen oder Verschlechterungen der Sache.
§ 548 Abs. 2 BGB:	Sechs Monate nach Beendigung des Mietverhältnisses für Ansprüche des Mieters auf Ersatz von Aufwendungen oder auf Gestattung der Wegnahme einer Einrichtung.
§ 591b Abs. 1, 2 BGB:	Sechs Monate ab Rückgabe der Pachtsache für Ersatzansprüche des Verpächters wegen Veränderungen oder Verschlechterungen der Sache.
§ 591b Abs. 1, 2 BGB:	Sechs Monate nach Beendigung des Pachtverhältnisses für Ansprüche des Pächters auf Ersatz von Aufwendungen oder auf Gestattung der Wegnahme einer Einrichtung.

2673 Der Beginn der Verjährung ist nicht einheitlich geregelt. Jeder Anspruch ist deshalb gesondert darauf zu prüfen. Der Lauf der regelmäßigen Verjährungsfrist des § 195 BGB wird nur unter den Voraussetzungen des § 199 BGB in Gang gesetzt.

II. Verjährung von Vermieteransprüchen

2674 Nachfolgend findet sich eine Übersicht zur Verjährung von Vermieteransprüchen (nach Vermieter-Ansprüchen alphabetisch geordnet). Die erwähnte Rechtsprechung bezieht sich z.T. auch auf die Rechtslage **vor dem 01.01.2002**, inhaltlich ändert dies aber grds. nichts.

2675 **Übersicht: Verjährung von Vermieteransprüchen**

Anspruch auf/aus ...	Verjährungsfrist	Norm	Besonderheiten/ Fundstelle
Beseitigung von Ein- und Umbauten	sechs Monate	§ 548 Abs. 1 BGB	BGH, 12.04.1989 – VIII ZR 52/88, NJW 1989, 1854 → *Ersatz wegen Veränderungen oder Verschlechterungen der Mietsache*
c.i.c.			→ *Verschulden vor/ bei Vertragsschluss*

Durchführung von Instandhaltungs- und Instandsetzungsarbeiten, v.a. Schönheitsreparaturen	sechs Monate	§ 548 Abs. 1 BGB	BGH, NJW 1965, 151 → *Ersatz wegen Veränderungen oder Verschlechterungen der Mietsache*
Eigentum	sechs Monate	§ 548 Abs. 1 BGB analog	BGH, 21.03.1997 – V ZR 217/95, BGHZ 135, 152 = NJW 1997, 1983 = WuM 1997, 372 → *Ersatz wegen Veränderungen oder Verschlechterungen der Mietsache*
Entschädigung nach § 546a BGB (verspätete Rückgabe)	drei Jahre	§ 195 BGB	BGH, NJW 1977, 1335
Ersatz wegen Veränderungen oder Verschlechterungen der Mietsache	sechs Monate	§ 548 Abs. 1 BGB	Frist läuft ab tatsächlichem Rückerhalt der Mietsache, Zeitpunkt dokumentieren! Keine Veränderung oder Verschlechterung liegt vor bei völliger Zerstörung (BGH, 17.06.1993 – X ZR 206/93, WuM 1993, 535 = NJW 1993, 2797; BGH, 21.06.1988 – VI ZR 150/87, NJW-RR 1988, 1358).

Ersatz wegen Veränderungen oder Verschlechterungen der Mietsache, die durch Dritte verursacht wurden, die in den Schutzbereich des Mietvertrages einbezogen sind	sechs Monate	§ 548 Abs. 1 BGB	BGH, 23.05.2006 – VI ZR 259/04, GuT 2006, 265 = ZMR 2006, 754 = NZM 2006, 624 = WuM 2006, 437 = NJW 2006, 2399 für zum Hausstand gehörende Personen, insb. Familienangehörige des Mieters.
Delikt	sechs Monate	§ 548 Abs. 1 BGB analog	BGH, 11.12.1991 – XII ZR 269/90, NJW 1992, 1820 → *Ersatz wegen Veränderungen oder Verschlechterungen der Mietsache*
Geschäftsführung ohne Auftrag	sechs Monate	§ 548 Abs. 1 BGB analog	Ähnlich OLG Hamm, 18.03.1988 – 30 U 18/87, NJW-RR 1988, 784 → *Ersatz wegen Veränderungen oder Verschlechterungen der Mietsache*
Haftung des vollmachtlosen Vertreters des Mieters gem. § 179 Abs. 1 BGB wegen Veränderungen/Verschlechterungen der Mietsache	sechs Monate	§ 548 Abs. 1 BGB analog	BGH, 19.11.2003 – XII ZR 68/00, GuT 2004, 13 = AIM 2004, 38
Nebenkosten-/Heizkostennachzahlungen	drei Jahre	§ 195 BGB	BGH, 19.12.1990 – VIII ARZ 5/90, NJW 1991, 836

Pflichtverletzung/ Verletzung von Nebenpflichten	sechs Monate	§ 548 Abs. 1 BGB analog	BGH, 06.11.1991 – XII ZR 216/90, NJW 1992, 687 = ZMR 1992, 96 → *Ersatz wegen Veränderungen oder Verschlechterungen der Mietsache*
p.V.V.			→ *Pflichtverletzung*
Rückgabe der Mietsache einschließlich Zubehörs	drei Jahre	§ 195 BGB	
Schadensersatz wegen Auflösungsverschuldens (= Kündigungsschaden)	drei Jahre	§ 195 BGB	BGH, 08.12.1983 – I ZR 183/81, NJW 1984, 793
Schadensersatz wegen Beschädigung der Mietsache	sechs Monate	§ 548 Abs. 1 BGB	→ *Ersatz wegen Veränderungen oder Verschlechterungen der Mietsache*
Schadensersatz wegen Verschlechterung der Mietsache	sechs Monate	§ 548 Abs. 1 BGB	BGH, 23.06.2010 – XII ZR 52/08, IMR 2010, 375 (Verunreinigung von Bodenflächen des gemieteten Grundstücks und vertragswidrig genutzter anderer Flächen) → *Ersatz wegen Veränderungen oder Verschlechterungen der Mietsache*
Schadensersatz an Dritte wegen Verletzung der Obhutspflicht des Mieters	drei Jahre	§ 195 BGB	OLG Dresden, 17.04.2007 – 5 U 8/07, NZM 2007, 803 = InfoM 2007, 302 (hier: Ersatzleistung nach § 836 BGB an Dritte).

Schadensersatz wegen Nichtdurchführung von Schönheitsreparaturen	sechs Monate	§ 548 Abs. 1 BGB	BGH, 12.04.1989 – VIII ZR 52/88, NJW 1989, 1854; OLG Düsseldorf, 05.02.2004 – 10 U 120/03, NZM 2004, 501 → *Ersatz wegen Veränderungen oder Verschlechterungen der Mietsache*
Schadensersatz wegen vertragswidrigen Gebrauchs	sechs Monate	§ 548 Abs. 1 BGB	BGH, 10.07.1991 – XII ZR 105/90, NJW 1991, 2416 = ZMR 1992 → *Ersatz wegen Veränderungen oder Verschlechterungen der Mietsache*
Unterlassung des vertragswidrigen Gebrauchs	drei Jahre	§ 195 BGB	Bedeutungslos nach Rückerhalt der Mietsache
Vergleichsabschluss über Forderungen, die ihre Grundlage im Mietverhältnis haben (auch Prozessvergleich)	sechs Monate	§ 548 Abs. 1 BGB	BGH, 23.06.2010 – XII ZR 52/08, IMR 2010, 375 (Verunreinigung von Bodenflächen des gemieteten Grundstücks und vertragswidrig genutzter anderer Flächen) → *Ersatz wegen Veränderungen oder Verschlechterungen der Mietsache*

Verschulden vor/bei Vertragsschluss, § 311 BGB	sechs Monate	§ 548 Abs. 1 BGB analog	BGH, 22.02.2006 – XII ZR 48/03, GuT 2006, 140 = IMR 2006, 9 = NZM 2006, 509 = InfoM 2006, 293 = MDR 2006, 739; BGH, 18.09.1987 – III ZR 227/84, BGHZ 98, 235, 238 = NJW 1987, 187.
Wiederherstellung des ursprünglichen Zustands	sechs Monate	§ 548 Abs. 1 BGB	BGH, 10.03.1994 – X ZR 236/93, NJW 1994, 1858 = MDR 1994, 794 → *Ersatz wegen Veränderungen oder Verschlechterungen der Mietsache*
Zahlung der laufenden Nebenkosten	drei Jahre	§ 195 BGB	
Zahlung der Miete	drei Jahre	§ 195 BGB	
Zahlung der Miete als Einmalbetrag	drei Jahre	§ 195 BGB	Sehr seltener Fall!

III. Verjährung von Mieteransprüchen

Nachfolgend ebenfalls eine Übersicht zur Verjährung von Mieteransprüchen (nach Mieter-Ansprüchen alphabetisch geordnet). 2676

Übersicht: Verjährung von Mieteransprüchen 2677

Anspruch auf/aus	**Frist**	**Norm**	**Besonderheiten/ Fundstelle**
Aufbauleistungen bei vorzeitiger Räumung (aus § 812 BGB)	drei Jahre	§ 195 BGB	BGH, NJW 1968, 888

Aufwendungsersatzanspruch	sechs Monate	§ 548 BGB	BGH, 28.05.2008 – VIII ZR 133/07, IMR 2008, 263 = MDR 2008, 850; Beginn bei Veräußerung erst mit Kenntnis des Mieters von der Eintragung des Erwerbers im Grundbuch.
Gebrauchsentziehung, vertragswidrige	drei Jahre	§ 195 BGB	
Gebrauchsgewährung	drei Jahre	§ 195 BGB	Beginnt erst mit Nichtgewährung des Gebrauchs (BGH, 26.04.1995 – XII ZR 105/93, NJW 1995, 2548 = MDR 1995, 896)
Gestattung der Wegnahme einer Einrichtung, § 539 Abs. 2 BGB	sechs Monate	§ 548 Abs. 2 BGB	Frist läuft ab rechtlicher Beendigung des Mietverhältnisses, § 548 Abs. 2 BGB
Herausgabe von in das Objekt eingebrachten Gegenständen	sechs Monate nach dem Wirksamwerden der Kündigung	§ 548 Abs. 2 BGB	OLG Bamberg, 06.06.2003 – 6 U 20/03, NZM 2004, 342
			Hinweis: Sechs Monate nach dem Wirksamwerden der Kündigung auch dann, wenn die Wirksamkeit der Kündigung erst viel später, am Ende eines über zwei Instanzen geführten Rechtsstreits feststeht.

Kaution, Rückzahlung und Herausgabe sonstiger Mietsicherheiten	drei Jahre	§ 195 BGB	OLG Düsseldorf, 22.04.2005 – I-24 W 16/05, GuT 2005, 182. Beginn: nachdem es dem Vermieter zumutbar geworden ist, noch offene Ansprüche aus dem Mietverhältnis abzurechnen
Kaution, Anspruch auf Abrechnung	drei Jahre	§ 195 BGB	OLG Düsseldorf, 22.04.2005 – I-24 W 16/05, GuT 2005, 182
Mangelbeseitigungskostenersatz gem. § 536a BGB	sechs Monate	§ 548 Abs. 2 BGB	BGH, NJW 1974, 743; Frist läuft ab rechtlicher Beendigung des Mietverhältnisses, § 548 Abs. 2 BGB
Nicht rechtzeitige Überlassung der Mietsache	drei Jahre	§ 195 BGB	
Rückerstattung vorausbezahlter Miete nach § 547 BGB	drei Jahre	§ 195 BGB	BGH, NJW 1970, 2289
Rückerstattung von wegen Mietpreisüberhöhung (§ 4 WiStG) ungerechtfertigt erlangter Miete	drei Jahre	§ 195 BGB	OLG Hamburg, 30.01.1989 – 4 U 229/88, WuM 1989, 126 = ZMR 1989, 146

Rückerstattung zu viel bezahlter Miete oder Mietneben- und Heizkosten	drei Jahre	§ 195 BGB	Hinweis: Die Verjährungsfrist war vor dem 01.01.2002 strittig: 30 Jahre gem. § 195 BGB a.F.: BayObLG, 23.05.1985 – RE-Miet 2/85, ZMR 1985, 272. Achtung strittig!
			Vier Jahre gem. § 197 BGB a.F.: OLG Düsseldorf, OLGZ 1991, 235 = ZMR 1990, 411; OLG Hamburg, 19.01.1988 – 4 U 242/87, NJW 1988, 1097 = WuM 1988, 83; OLG Hamm, 01.03.1995 – 30 U 178/94, NJW-RR 1996, 523 = WuM 1996, 330; OLG Köln, 08.06.1998 – 16 U 92/97, NZM 1999, 73 = WuM 1999, 282
Schadensersatz wegen Auflösungsverschuldens (= Kündigungsschaden)	drei Jahre	§ 195 BGB	
Schadensersatz wegen Nichterfüllung der Überlassungspflicht	drei Jahre	§ 195 BGB	
Schadensersatz wegen Nichterfüllung bei Sach- und Rechtsmängeln, §§ 536, 536a BGB	drei Jahre	§ 195 BGB	

Schadensersatz wegen unberechtigter fristloser Vermieterkündigung	drei Jahre	§ 195 BGB	BGH, 12.01.1994 – XII ZR 167/92, NJW-RR 1994, 379 = ZMR 1994, 150
Schadensersatz wegen Verletzung des Wegnahmerechts aus § 539 BGB	sechs Monate	§ 548 BGB	OLG Hamm, 13.03.1981 – 7 U 196/80, MDR 1981, 674. Frist läuft ab rechtlicher Beendigung des Mietverhältnisses, § 548 Abs. 2 BGB
Verwendungsersatz	sechs Monate	§ 548 BGB	Frist läuft ab rechtlicher Beendigung des Mietverhältnisses, § 548 Abs. 2 BGB

IV. Rechtsfolgen der Verjährung/Einrede der Verjährung

1. Einrede der Verjährung

Die Verjährung ist nach § 214 Abs. 1 BGB ein **Leistungsverweigerungsrecht** und somit ein Einredetatbestand. Der Schuldner muss also bei allen Vertragstypen die Einrede der Verjährung ausdrücklich erheben, wenn er in den Genuss der Leistungsverweigerung kommen will. Der Schuldner hat damit ein Wahlrecht. Übt er es nicht aus, hat der Eintritt der Verjährung keine Rechtsfolge.

Prozessual gilt: Die Verjährung ist als Einrede nicht von Amts wegen zu berücksichtigen. Das Gericht darf aber i.R.d. Erörterung nach §§ 139, 278 Abs. 3 ZPO die Parteien auf die Verjährung des Anspruches und den Beklagten auf sein Leistungsverweigerungsrecht **hinweisen**.[4363] Die Frage ist aber nicht ganz eindeutig geklärt. Fest steht jedenfalls, dass das Gericht keine Pflicht hat, eine Partei auf die nicht erhobene Einrede der Verjährung hinzuweisen und nicht wegen Besorgnis der Befangenheit abgelehnt werden kann, wenn es bei anwaltlich vertretenen Parteien den Hinweis erteilt.[4364] Spielt das Gericht einer Partei einen solchen Ball zu, kann es empfehlenswert sein, trotzdem einen Befangenheitsantrag zu stellen, weil der BGH in dem vorgenannten Urteil ausdrücklich auf die kontroversen Meinungen in Rechtsprechung und Literatur verweist und keine grds. Entscheidung der Streitfrage trifft.

Wer die Einrede der Verjährung erhebt, hat die Tatsachen darzulegen und zu beweisen, aus denen sich der Verjährungseintritt ableitet. Dies gilt grds. **für alle Verjährungstatbestände**, also auch für die regelmäßige Verjährungsfrist. Demnach muss der Schuldner auch die Kenntnis oder grob fahrlässige Unkenntnis des Gläubigers i.S.d. § 199 Abs. 1 Nr. 2 BGB beweisen.

2678

2679

2680

4363 OLG Köln, NJW-RR 1990, 192; BayObLG, NJW 1999, 1875.
4364 BGH, 12.11.1997 – IV ZR 214/96, NJW 1998, 612 = MDR 1998, 303 = VersR 1998, 1437.

2681 Die Einrede kann bis **zum Schluss der mündlichen Verhandlung** erhoben werden. In der Berufungsinstanz ist die bereits erstinstanzlich erhobene Einrede auch ohne ausdrückliche Wiederholung zu beachten.[4365] Bei dem seit dem 01.01.2002 geltenden Berufungsrecht wird die erstmals **in der Berufungsinstanz erhobene Verjährungseinrede** als unzulässig angesehen, da es sich um ein neues Angriffs- und Verteidigungsmittel handelt, das nicht nach § 531 Abs. 2 Satz 1 Nr. 1 bis 3 ZPO zuzulassen ist.[4366]

2. Aufrechnung und Zurückbehaltungsrecht nach Eintritt der Verjährung

2682 Nach § 215 BGB schließt die Verjährung die Aufrechnung und die Geltendmachung eines Zurückbehaltungsrechts nicht aus, wenn der Anspruch in dem Zeitpunkt noch nicht verjährt war, in dem erstmals aufgerechnet oder die Leistung verweigert werden konnte. Das bedeutet: Bestand **in nicht verjährter Zeit** ein Aufrechnungs- oder Zurückbehaltungsrecht, kann dieses auch nach Eintritt der Verjährung noch geltend gemacht werden. Sind also Forderungen verjährt, bestehen aber noch Ansprüche zwischen Vermieter und Mieter, kann § 215 BGB helfen.

2683 Voraussetzung ist, dass der Anspruch, mit dem aufgerechnet werden soll, dem anderen Anspruch **fällig gegenüberstand**. Dies wiederum setzt Gleichartigkeit der Ansprüche voraus. Das liegt z.B. nicht vor, wenn der Vermieter Zahlung und der Mieter Herausgabe einer Kautionsbürgschaft verlangt, da sich hier nicht zwei Zahlungsansprüche gegenüberstehen.[4367]

> *Beispiel für eine zulässige Aufrechnung:*
> *Der Mieter verlangt sechs Monate nach Auszug seine Kaution zurück. Dieser Anspruch verjährt nach neuem Recht in drei Jahren (vor dem 01.01.2002: 30 Jahre). Der Vermieter will mit nach § 548 BGB inzwischen verjährten, aber vor Ablauf der sechs Monate fällig gewordenen Schadensersatzforderungen dagegen aufrechnen, obwohl er noch keine Kautionsabrechnung erstellt hat. Der BGH ließ dies zu.[4368] Dieser Rechtsentscheid ist zur Wohnraummiete ergangen, es spricht aber nichts dagegen, dies auf Geschäftsraummietverhältnisse zu übertragen.*

> **Praxistipp:**
> Insb. die Aufrechnungslage ist also sorgfältig zu prüfen und ggf. im Prozess sauber darzulegen, damit zumindest hilfsweise aufgerechnet werden kann, obwohl der Gegner womöglich die Verjährungseinrede erhoben hat.

2684 Die Vorschrift entspricht § 390 Satz 2 BGB a.F., der sinnvollerweise **zum 01.01.2002** direkt in das Verjährungsrecht integriert wurde. Die alte Norm bezog sich nur auf die Aufrechnung, jedoch wurde von der Rechtsprechung eine analoge Anwendung auf das Zurückbehaltungsrecht vorgenommen. Noch nicht abschließend geklärt ist, ob § 215 BGB auch das Leistungsverweigerungsrecht nach § 320 BGB (Einrede des nicht erfüllten Vertrages) und Zurückbehaltungsrechte nach § 321 BGB (Unsicherheitseinrede) erfasst. Wünschenswert wäre hier eine Klarstellung des Gesetzgebers im SchuModG gewesen. Da es sich bei den vorgenannten Vor-

---

[4365] BGH, 15.12.1998 – IX ZR 33/88, NJW 1990, 326.
[4366] OLG Frankfurt am Main, 08.12.2003 – 1 U 115/03, IBR 2004, 230; OLG Brandenburg, 15.01.2003 – 13 U 108/02, IBR 2003, 170 = BauR 2003, 1256.
[4367] Vgl. BGH, 28.01.1998 – XII ZR 63/96, WuM 1998, 224.
[4368] BGH, 01.07.1987 – VIII ARZ 2/87, WuM 1987, 310.

schriften sämtlich um Leistungsverweigerungsrechte handelt, bestehen keine grds. Bedenken, § 215 BGB auch auf diese Rechte anzuwenden.

3. Leistungsrückforderung und Verjährung

Nach § 214 Abs. 2 Satz 1 BGB kann das zur Befriedigung eines verjährten Anspruches Geleistete nicht zurückgefordert werden, auch wenn in Unkenntnis der Verjährung geleistet wurde. Die verjährte Forderung bleibt also **erfüllbar**. Entsprechendes gilt von einem vertragsmäßigen Anerkenntnis und einer Sicherheitsleistung des Schuldners, § 214 Abs. 2 Satz 2 BGB.

V. Verjährungstatbestände

1. Überblick

Nachfolgend wird die Verjährung nach dem SchuMoG dargestellt. Für Altfälle finden sich am Ende dieses Abschnitts Hinweise auf Übergangsvorschriften. Da das vorliegende Werk das Mietrecht behandelt, kann nicht jede Feinheit des (allgemeinen) Verjährungsrechts erörtert werden; insofern ist auf die Kommentar- und Speziallliteratur zur Verjährung zu verweisen.

2. Regelmäßige Verjährung gem. §§ 195, 199 BGB

a) §§ 195, 199 Abs. 1 BGB

Nach § 195 BGB beträgt die regelmäßige Verjährungsfrist drei Jahre. Die vor 2002 geltende Differenzierung zwischen regelmäßiger Verjährungsfrist (dreißig Jahre) und gewerblichen (vier Jahre) bzw. privaten Rechtsgeschäften (zwei Jahre) wurde aufgegeben (zur alten Regelverjährung und deren Änderung durch das SchuldRModG vgl. Neuhaus, MDR 2002, 22, 25 ff.).

> **Hinweis:**
> Alle Ansprüche, für die eine andere Verjährungsfrist gesetzlich nicht geregelt ist, unterliegen der regelmäßigen Verjährung!

Der Gesetzgeber wollte eine möglichst einheitliche und einfache Frist, sodass **keine Differenzierung** zwischen vertraglichen und gesetzlichen Ansprüchen erfolgt. § 195 BGB gilt also für alle Ansprüche, auch vertragliche, gleichgültig, ob sie Leistung, Gegenleistung oder Entgelt betreffen. Hinsichtlich gesetzlicher Ansprüche ist darauf hinzuweisen, dass die 3-Jahres-Frist in § 852 Abs. 1 BGB a.F. (Verjährung bei unerlaubter Handlung) aufgehoben wurde und dies nun durch § 195 BGB erfasst wird. Die regelmäßige Verjährungsfrist ist eine Verknüpfung einer relativen Frist (drei Jahre nach § 195 BGB, beginnend nach § 199 BGB mit Kenntnis oder grob fahrlässiger Unkenntnis der Anspruchsvoraussetzungen) und einer kenntnisunabhängigen Frist von zehn oder sogar dreißig Jahren (§ 199 Abs. 2, Abs. 3 BGB). Da also nicht immer „automatisch" die Regelverjährung von drei Jahren greift, wenn keine spezialgesetzlichen Regelungen vorliegen, ist besonders sorgfältig zu prüfen.

Nach § 199 Abs. 1 BGB beginnt die regelmäßige Verjährungsfrist **mit dem Schluss des Jahres**, in dem kumulativ

- (**objektiv**) der Anspruch entstanden ist und
- (**subjektiv**) der Gläubiger von den anspruchsbegründenden Umständen und der Person des Schuldners Kenntnis erlangt hat oder ohne grobe Fahrlässigkeit erlangen müsste.

> **Hinweis:**
> Die Verjährungsfrist des § 199 Abs. 1 BGB beginnt – vorausgesetzt die o.g. Voraussetzungen liegen im jeweiligen Kalenderjahr vor – also immer erst am 31.12. zu laufen (§ 199 Abs. 1 Satz 1 BGB). Die Fristen aus § 199 Abs. 2 bis Abs. 4 BGB beginnen hingegen taggenau und sind nach §§ 187 f. BGB zu berechnen.

2690 § 199 Abs. 1 BGB enthält somit eine objektive und eine subjektive Komponente. Objektiv ist Anspruchsentstehung erforderlich. Hier bestehen keine Bedenken, dies entsprechend der bisherigen Rechtsprechung[4369] mit **Fälligkeit des jeweiligen Anspruches** gleichzusetzen.

> **Praxistipp:**
> Problematisch kann die Fälligkeit der Forderung sein. Hier sollte der Anwalt genau prüfen, wann Fälligkeit eintritt. Z.B. kann die Forderung aus einer nicht nachvollziehbaren (nicht: falschen) Nebenkostenabrechnung nicht fällig geworden sein, sodass die Frist noch gar nicht läuft.[4370] In solchen Fällen ist aber an Verwirkung zu denken (→ Rn. 2744 ff.).

2691 Die Fälligkeit eines Anspruches kann **durch Individualabrede** hinausgeschoben werden, sodass die Verjährung dann erst mit dem Eintritt der (neuen) Fälligkeit beginnt.[4371] Werden Klauseln **formularmäßig** verwendet, müssen sie erkennen lassen, wann der gegen den Mieter gerichtete Anspruch fällig wird und wann die Verjährung beginnt.[4372]

2692 Subjektiv muss zum einen **Kenntnis von den anspruchsbegründenden Umständen** und zusätzlich **Kenntnis von der Person des Schuldners** bestehen. § 199 Abs. 2 bis Abs. 4 BGB enthält kenntnisunabhängige Höchstfristen von entweder zehn oder dreißig Jahren für bestimmte andere Ansprüche.

2693 Der Gläubiger muss die **anspruchsbegründenden Umstände** kennen. Dafür muss ihm nicht jede Einzelheit bekannt sein, es reicht aus, wenn er zumindest mit einiger Erfolgsaussicht eine Feststellungsklage erheben könnte[4373] bzw. wenn er die Tatsache kennt, die die Voraussetzungen der Anspruchsgrundlage ausmachen.[4374] Geht es um Schadensersatz, muss der Gläubiger einerseits die Pflichtverletzung und andererseits den Schadenseintritt kennen (zur Frage, wessen Kenntnis bei juristischen Personen maßgeblich ist, vgl. Schmid, ZGS 2002, 180). Problematischer kann die zusätzlich erforderliche **Kenntnis der Person des Schuldners** sein. Erfor-

---

4369 BGH, 28.09.1989 – VII ZR 298/88, BauR 1990, 95 = MDR 1990, 323 = IBR 1990, 72.
4370 BGH, 19.12.1990 – VIII ART 5/90, WuM 1991, 150.
4371 BGH, 26.10.1983 – VIII ZR 132/82, ZIP 1984, 187.
4372 BGH, 08.01.1986 – VIII ZR 313/84, NJW 1986, 1608.
4373 BGH, 17.02.2000 – IX ZR 436/98, NJW 2000, 1498, 1500; BGH, 25.02.1999 – IX ZR 30/98, NJW 1999, 2041, 2042.
4374 OLG Frankfurt am Main, 22.05.2007 – 9 U 125/06.

derlich ist die Kenntnis des Namens und der Anschrift des Schuldners.[4375] Hier muss zumindest eine Klagezustellung möglich sein. Können Name und Anschrift ohne besondere Mühe und längere Nachforschungen ermittelt werden, liegt grob fahrlässige Unkenntnis vor. Nur bei besonders unübersichtlicher und verwickelter Rechtslage (Beispiel: Fälle des kreditfinanzierten Immobilienerwerbs zu Steuersparzwecken) kann die Verjährung ohne anwaltliche Beratung nicht beginnen.[4376]

> **Hinweis:**
> Die subjektive Komponente des § 199 Abs. 1 BGB entspricht ebenfalls § 852 Abs. 1 BGB a.F.[4377] Folglich kann auf die Rechtsprechung zu der alten Norm abgestellt werden.

Das Problem der **Zurechnung der Kenntnis Dritter** wird im Mietrecht nur selten vorliegen. Bei einem geschäftsfähigen Gläubiger kommt es analog § 166 Abs. 1 BGB auf die Kenntnis eines anderen nur an, wenn dieser in eigener Verantwortung mit der selbstständigen Erledigung von Aufgaben betraut ist, die auch die Sachverhaltserfassung bei der Verfolgung von Ansprüchen und deren rechtzeitige Geltendmachung umfasst.[4378] Im Mietrecht kann dies insb. bei einer **eingeschalteten Hausverwaltung** der Fall sein.

2694

b) § 199 Abs. 2 bis Abs. 4 BGB

Nach § 199 Abs. 4 BGB verjähren andere Ansprüche als Schadensersatzansprüche **ohne Rücksicht auf die Kenntnis oder grob fahrlässige Unkenntnis** in zehn Jahren von ihrer Entstehung an. Dies ist also sozusagen die allgemeine Regelung für alles, was sich außerhalb von Schadensersatz abspielt. Schadensersatzansprüche sind in § 199 Abs. 2 und Abs. 3 BGB gesondert geregelt.

2695

§ 199 Abs. 2 BGB betrifft **Schadensersatzansprüche**, die auf der Verletzung des Lebens, des Körpers, der Gesundheit oder der Freiheit beruhen und legt für diese Ansprüche eine Deckelung von dreißig Jahren ab dem schädigenden Ereignis fest. Die Ansprüche verjähren also in der normalen Frist, wenn die Voraussetzungen des § 199 Abs. 1 BGB vorliegen, ansonsten in dreißig Jahren. Da es um immaterielle Güter wie Leben und Freiheit geht, spielen diese Ansprüche im Mietrecht nur eine untergeordnete Rolle.

Sonstige Schadensersatzansprüche verjähren gem. § 199 Abs. 3 Satz 1 Nr. 1 BGB spätestens zehn Jahre nach Entstehung oder gem. § 199 Abs. 3 Satz 1 Nr. 2 BGB dreißig Jahre nach Vornahme der schadensauslösenden Handlung, der Pflichtverletzung oder dem schadensauslösenden sonstigen Ereignis, ohne dass es hier auf Kenntnis oder grob fahrlässige Unkenntnis ankäme. Nach § 199 Abs. 3 Satz 2 BGB ist die früher endende Frist maßgeblich. Betroffen sind hier z.B. Schadensersatzansprüche wegen Verletzung des Eigentums, des Vermögens oder des allgemeinen Persönlichkeitsrechts.

2696

4375 BGH, NJW 2000, 953; BGH, NJW 2001, 1721.
4376 BGH, 25.02.1999 – IX ZR 30/98, NJW 1999, 2041, 2042; OLG Frankfurt am Main, 22.05.2007 – 9 U 125/06; vgl. auch OLG Zweibrücken, 23.01.2006 – 7 U 7/05.
4377 BT-Drucks. 14/6040, S. 105, 107.
4378 Vgl. BGH, 16.05.1989 – VI ZR 251/88, NJW 1989, 2323.

Sämtliche Ansprüche aus den §§ 199 Abs. 2 bis Abs. 4 BGB beginnen taggenau – also nicht am Jahresende – und sind nach den §§ 187 f. BGB zu berechnen.

3. Verjährung nach § 548 BGB

a) Überblick

2697 Nach § 548 Abs. 1 Satz 1 BGB verjähren Ersatzansprüche des Vermieters wegen Veränderungen oder Verschlechterungen der Mietsache in sechs Monaten. Ansprüche des Mieters auf Ersatz von Aufwendungen oder auf Gestattung der Wegnahme einer Einrichtung verjähren nach § 548 Abs. 2 BGB ebenfalls in sechs Monaten nach der Beendigung des Mietverhältnisses. Diese Fristen gehören zu den Besonderheiten des Mietrechts und werden oft übersehen.

> **Hinweis:**
> Die 6-Monats-Frist des § 548 BGB stellt in der Praxis häufig eine schwere und unterschätzte Hürde für Vermieteransprüche dar, insb. weil – wie nachfolgend erörtert wird – die Berechnung des genauen Fristbeginns erhebliche Rechtskenntnisse voraussetzt. Für Immobilienverwalter und Anwälte besteht höchste Haftungsgefahr.

2698 **Sinn und Zweck** dieser kurzen Verjährung ist es, zwischen den Parteien des Mietvertrages eine rasche Auseinandersetzung zu gewährleisten und eine beschleunigte Klarstellung der Ansprüche wegen des Zustandes der überlassenen Sache bei Rückgabe zu erreichen.[4379] Die Vorschrift ist grds. weit auszulegen.[4380] Sie ist nach wohl einhelliger Meinung nicht nur auf vertragliche, sondern auch auf **gesetzliche Ansprüche** anzuwenden, die ein Vermieter wegen der Verschlechterung der Mietsache hat.[4381]

§ 548 BGB erfasst auch **Ansprüche einer – sich vom Vermieter unterscheidenden – Wohnungseigentümergemeinschaft** wegen der Beschädigung des Gemeinschaftseigentums, die der eigentliche Vermieter für die Gemeinschaft geltend macht.[4382]

b) Vermieteransprüche

2699 Nach § 548 Abs. 1 Satz 1 BGB verjähren die Ersatzansprüche des Vermieters wegen Änderungen oder Verschlechterungen der Mietsache in sechs Monaten. Mit Ersatzansprüchen des Vermieters „wegen **Veränderungen oder Verschlechterungen der Mietsache**" meint das Gesetz in § 548 Abs. 1 Satz 1 BGB alle Ansprüche des Vermieters, die ihren Grund darin haben, dass der Mieter die Mietsache zwar zurückgeben kann, aber nicht in dem geschuldeten Zustand, insb. weil er sie beschädigt hat („Verschlechterung") oder weil er sie vertragswidrig umgebaut

---

[4379] BGH, 23.06.2010 – XII ZR 52/08, GuT 2010, 229 = IMR 2010, 375 = InfoM 2010, 277 = MDR 2010, 1042; BGH, 18.09.1986 – III ZR 227/84, WuM 1987, 22 = BGHZ 98, 235, 237 = NJW 1987, 187, 188; OLG Stuttgart, 05.08.2010 – 7 U 82/10, IMR 2010, 463.
[4380] BGH, 23.06.2010 – XII ZR 52/08, GuT 2010, 229 = IMR 2010, 375 = InfoM 2010, 277 = MDR 2010, 1042.
[4381] Gather, in: Schmidt-Futterer, § 548 BGB Rn. 29 m.w.N.
[4382] OLG Stuttgart, 05.08.2010 – 7 U 82/10, IMR 2010, 463; LG Essen, 11.12.1997 – 10 S 433/97, NJW-RR 1998, 874; Gather, in: Schmidt-Futterer, § 548 Rn. 31. Differenzierend LG Stuttgart, 28.11.2007 – 13 S 136/07, IMR 2008, 117 = NZM 2009, 36.

hat („Veränderung").⁴³⁸³ Nach allgemeiner Ansicht beschränkt sich daher der Anwendungsbereich des § 548 Abs. 1 BGB auf Ersatzansprüche des Vermieters gerade wegen einer Veränderung oder Verschlechterung der Mietsache, d.h. Kosten der Wiederherstellung der Sache, vorbereitende Aufwendungen bei der Schadensfeststellung und Ersatz von Mietausfall; alle anderen Vermieteransprüche verjähren dagegen in der Regelverjährungsfrist der §§ 195, 199 BGB.⁴³⁸⁴ Ansprüche aus Eigentum, unerlaubter Handlung, ungerechtfertigter Bereicherung, Auftrag, Geschäftsführung ohne Auftrag usw., die nur in irgendeiner Form eine lose Verbindung zum Mietverhältnis haben, werden nicht erfasst.

Bei den Ansprüchen des Vermieters wegen Veränderung oder Verschlechterung der Mietsache ist es unerheblich, ob es sich um **vertragliche oder deliktische Ansprüche** handelt. Betroffen sein muss die vermietete Sache, zu der auch mitvermietete Flächen wie Gänge, Flure und Gemeinschaftsflächen gehören.⁴³⁸⁵ Schon begrifflich handelt es sich bei normalen Abnutzungen nicht um Veränderungen oder Verschlechterungen der Mietsache. Was auf einen **vertragsgemäßen Gebrauch** zurückzuführen ist, hat der Mieter nicht zu vertreten.

Beispiele für vertragsgemäßen Gebrauch:

Normale Abnutzung der Fußböden, Verblassen der Anstriche, kleine Risse im Putz, geringe Flecken auf Wänden/Tapeten, altersbedingte Abnutzungen/Verformungen von Fenstern, Türen und Rollläden, das Anbringen von Dübeln in üblichem Umfang (Hinweis: was „üblich" ist, ist abhängig vom Einzelfall), Bohrlöcher für einen Briefkasten und ein Firmenschild, Druckstellen im Bodenbelag durch Möbel.

Erfasst werden insb. folgende Ansprüche des Vermieters (alphabetisch): 2700
- Abhanden gekommene Teile der Mietsache;
- Beschädigung sowohl von gemieteten Grundstücks- und Gebäudeteilen, als auch solchen, die nicht Gegenstand des Mietvertrages sind;
- Beseitigung von Gebäuderesten;
- Beseitigung von Einbauten⁴³⁸⁶ und anderer vom Mieter zurückgelassener Gegenstände;⁴³⁸⁷
- culpa in contrahendo (§ 311 Abs. 2, Abs. 3 BGB), wenn es nicht zum Abschluss eines Mietvertrages gekommen ist;⁴³⁸⁸

4383 OLG Celle, 23.12.2009/28.01.2010 – 2 U 134/09, IMR 2010, 188 = InfoM 2010, 173; Emmerich in: Staudinger, § 548 Rn. 4.
4384 OLG Celle, 23.12.2009/28.01.2010 – 2 U 134/09, IMR 2010, 188 = InfoM 2010, 173; Gather, in: Schmidt-Futterer, § 548 Rn. 40 m.w.N.; Franke, DWW 2002, 86; Emmerich, in: Staudinger, § 548 Rn. 16.
4385 BGH, 19.09.1973 – VIII ZR 175/72, BGHZ 61, 227, 229 = NJW 1973, 2059.
4386 BGH, 15.03.2006 – VIII ZR 123/05, NZM 2006, 503 = ZMR 2006, 507 = MDR 2006, 1398 = NJW 2006, 1588; BGH, 10.04.2002 – XII ZR 217/98, NZM 2002, 605; BGH, 23.11.1994 – XII ZR 150/93, WuM 1995, 149 = BGHZ 128, 74 = MDR 1995, 140 = NJW 1995, 252; BGH, 08.12.1982 – VIII ZR 219/81, BGHZ 86, 71, 77 f. = NJW 1983, 680; LG Berlin, 11.03.1994 – 64 S 354/93, GE 1994, 1183, 1185.
4387 BGH, 15.03.2006 – VIII ZR 123/05, NZM 2006, 503 = ZMR 2006, 507 = MDR 2006, 1398 = NJW 2006, 1588.
4388 BGH, 22.02.2006 – XII ZR 48/03, GuT 2006, 140 = IMR 2006, 9 = NZM 2006, 509 = InfoM 2006, 293 = MDR 2006, 739.

- deliktische Ansprüche;[4389]
- Ansprüche gegen einen Dritten, der – ohne Vertragspartei zu sein – in den Schutzbereich des Mietvertrages einbezogen ist: zum Hausstand gehörende Personen, insb. Familienangehörige des Mieters;[4390]
- Ersatz der Kosten eines Gutachtens zur Feststellung von Schäden;
- Instandhaltungspflichten;
- Regressanspruch gegen den Mieter, der durch Verletzung seiner mietvertraglichen Obhutspflicht (auch) das Eigentum eines Dritten außerhalb des Mietobjekts beschädigt hat (hier: vor dem Haus geparkte Taxis);[4391]
- Renovierungsarbeiten;
- Reparaturpflicht des Mieters;[4392]
- Rückbauverpflichtungen;[4393]
- Schadensersatzansprüche, sofern der Schaden einen hinreichenden Bezug zum Mietobjekt selbst hat (s. nachfolgend);
- Schönheitsreparaturen unterlassen;
- aus unerlaubter Handlung;[4394]
- Vergleichsabschluss (auch Prozessvergleich), sofern die Wurzeln dafür im Miet- oder Pachtverhältnis liegen und kein neuer Schuldgrund geschaffen werden soll (s. nachfolgend);[4395]
- verspäteter Auszug des Mieters;[4396]
- vertragswidriger Gebrauch der Mietsache;
- Verzugsschäden;

[4389] BGH, 23.06.2010 – XII ZR 52/08, GuT 2010, 229 = IMR 2010, 375 = InfoM 2010, 277 = MDR 2010, 1042; BGH, 06.06.2002 – III ZR 181/01, BGHZ 151, 71, 76 = NZM 2002, 698 = NJW-RR 2002, 1203; BGH, 27.04.2001 – LwZR 6/00, NZM 2001, 668 = NJW 2001, 2253; BGH, 24.06.1992 – VIII ZR 203/91, BGHZ 119, 35, 41 = NJW 1992, 2413.

[4390] BGH, 23.05.2006 – VI ZR 259/04, GuT 2006, 265 = ZMR 2006, 754 = NZM 2006, 624 = WuM 2006, 437 = NJW 2006, 2399.

[4391] OLG Dresden, 17.04.2007 – 5 U 8/07, NZM 2007, 803 = InfoM 2007, 302; vgl. auch BGH, 24.11.1993 – XII ZR 79/92, NJW 1994, 251.

[4392] BGH, 23.06.2010 – XII ZR 52/08, GuT 2010, 229 = IMR 2010, 375 = InfoM 2010, 277 = MDR 2010, 1042; BGH, 04.02.1987 – VIII ZR 355/85, NJW 1987, 2072.

[4393] BGH, 15.03.2006 – VIII ZR 123/05, NZM 2006, 503 = ZMR 2006, 507 = MDR 2006, 1398 = NJW 2006, 1588; BGH, 10.04.2002 – XII ZR 217/98, NZM 2002, 605; BGH, 23.11.1994 – XII ZR 150/93, WuM 1995, 149 = BGHZ 128, 74 = MDR 1995, 140 = NJW 1995, 252; BGH, 08.12.1982 – VIII ZR 219/81, BGHZ 86, 71, 77 f. = NJW 1983, 680; LG Berlin, 11.03.1994 – 64 S 354/93, GE 1994, 1183, 1185.

[4394] BGH, 16.03.1988 – VIII ZR 184/87, WuM 1994, 1084, 1087; BGH, 14.05.1997 – II ZR 100/83, NJW-RR 1997, 1216 = ZMR 1997, 568.

[4395] BGH, 23.06.2010 – XII ZR 52/08, GuT 2010, 229 = IMR 2010, 375 = InfoM 2010, 277 = MDR 2010, 1042 (Räumungsvergleich über vermietetes Grundstück und nicht mitvermietete Teilflächen mit Bodenverunreinigungen).

[4396] BGH, 23.05.2006 – VI ZR 259/04, GuT 2006, 265 = ZMR 2006, 754 = NZM 2006, 624 = WuM 2006, 437 = NJW 2006, 2399 m.w.N.

- Wiederherstellung des ursprünglichen Zustands,[4397] auch bei Recht zur Umgestaltung während der Mietzeit;[4398]
- Zerstörung, wenn es sich nicht um eine vollständige Zerstörung handelt, also wenn noch wieder verwendbare Reste der zurückzugebenden Sache vorhanden sind.[4399] Bei völliger Zerstörung greift § 548 BGB nicht ein, es gelten die allgemeinen Verjährungsregeln.

Ferner erfasst § 548 Abs. 1 BGB **sämtliche Schadensersatzansprüche** des Vermieters, die ihren Grund darin haben, dass der Mieter die Mietsache als solche zwar zurückgeben kann, diese sich jedoch aufgrund einer Beschädigung oder Veränderung nicht in dem bei der Rückgabe vertraglich geschuldeten Zustand befindet.[4400]

2701

Die weite Ausdehnung des Anwendungsbereiches des § 548 Abs. 1 BGB führt schließlich dazu, dass auch Ersatzansprüche des Vermieters von der kurzen Verjährungsfrist erfasst werden, denen – aufgrund eines einheitlichen Schadensereignisses – eine Beschädigung nicht nur des Mietobjekts selbst, sondern zugleich auch ein **Schaden an nicht vermieteten Gegenständen** zugrunde liegt, sofern der Schaden einen hinreichenden Bezug zum Mietobjekt selbst hat.[4401] Ansprüche wegen Beschädigungen nur mitbenutzter, aber nicht ausdrücklich mitvermieteter Sachen des Vermieters wie Treppenhäusern, Fluren oder Eingängen verjähren daher nach § 548 Abs. 1 BGB.

Generell fallen auch **Schadensersatzansprüche aus § 280 BGB**, wie z.B. Kostenersatz für nicht durchgeführte Schönheitsreparaturen, unter die kurze Verjährungsfrist des § 548 BGB. Die Schäden müssen nur ihrer Art nach bei Vertragsende voraussehbar gewesen sein, sodass der Vermieter ggf. Feststellungsklage erheben konnte.[4402] Dies gilt unabhängig davon, ob der Anspruch zu einem späteren Zeitpunkt entsteht.[4403] Daher ist nicht zwischen Erfüllungs- und Ersatzanspruch zu trennen.

Beispiel:

Führt der Mieter vertragswidrig Schönheitsreparaturen bei Mietende nicht aus, hat der Vermieter einen Erfüllungsanspruch, der sich auf die Durchführung der Arbeiten richtet. Der Anspruch auf Schadens-

---

4397 BGH, 23.11.1994 – XII ZR 150/93, WuM 1995, 149 = BGHZ 128, 74 = MDR 1995, 140 = NJW 1995, 252; LG Berlin, 11.03.1994 – 64 S 354/93, GE 1994, 1183, 1185.
4398 BGH, 10.04.2002 – XII ZR 217/98, NZM 2002, 605; BGH, 08.12.1982 – VIII ZR 219/81, BGHZ 86, 71, 77 f. = NJW 1983, 680.
4399 BGH, 23.05.2006 – VI ZR 259/04, GuT 2006, 265 = ZMR 2006, 754 = NZM 2006, 624 = WuM 2006, 437 = NJW 2006, 2399 m.w.N.
4400 BGH, 23.06.2010 – XII ZR 52/08, GuT 2010, 229 = IMR 2010, 375 = InfoM 2010, 277 = MDR 2010, 1042; BGH, 07.11.1979 – VIII ZR 291/78, NJW 1980, 389, 390; Emmerich, in: Staudinger, BGB (2006), § 548 Rn. 4 f.; Gather, in: Schmidt/Futterer, § 548 BGB Rn. 29; Gramlich, in: Bub/Treier, Kap. VI, Rn. 3, 8 ff.
4401 BGH, 23.06.2010 – XII ZR 52/08, GuT 2010, 229 = IMR 2010, 375 = InfoM 2010, 277 = MDR 2010, 1042 (nicht mitvermietete Teilflächen neben vermietetem Grundstück mit Bodenverunreinigungen); BGH, 10.05.2000 – XII ZR 149/98, NJW 2000, 3203, BGH, 23.05.2006 – VI ZR 259/04, GuT 2006, 265 = ZMR 2006, 754 = NZM 2006, 624 = WuM 2006, 437 = NJW 2006, 2399; OLG Stuttgart, 05.08.2010 – 7 U 82/10, IMR 2010, 463; Emmerich, in: Emmerich/Sonnenschein, § 548 Rn. 6; Gather, in: Schmidt/Futterer, § 548 BGB 31.
4402 OLG Schleswig, 01.11.1995 – 4 U 3/95, WuM 1996, 220.
4403 BGH, 19.01.2005 – VIII ZR 114/04, GuT 2005, 59 = WuM 2005, 126 = NZM 2005, 176 = NJW 2005, 739; OLG Düsseldorf, 31.08.2006 – I - 10 U 46/06, GuT 2006, 253 = NZM 2006, 866 = IMR 2007, 147.

ersatz (z.B. für die Kosten einer Ersatzvornahme) entsteht erst dann, wenn sich der Mieter in Verzug befindet.

2702 Der Schadensersatzanspruch entsteht also erst nach dem **Erfüllungsanspruch**. Nach früherer Rechtsprechung war es deshalb unbillig, wenn die Verjährung dieses Anspruches bereits mit Rückerhalt der Mietsache zu laufen begonnen hatte. Daher lief die Verjährung erst mit Entstehung an, auch wenn dieser Zeitpunkt der Rückgabe zeitlich nachfolgte.[4404] **Ausnahme:** Der ursprüngliche Erfüllungsanspruch ist bereits verjährt gewesen, denn dann kann er sich nicht mehr in einen Schadensersatzanspruch wandeln.[4405] Die für den Erfüllungsanspruch verstrichene Verjährungsfrist wurde auf den Schadensersatzanspruch nicht angerechnet.[4406] Nach der neuen BGH-Rechtsprechung ist diese Differenzierung hinfällig, weil die Verjährung der Ersatzansprüche des Vermieters immer mit dem Rückerhalt der Mietsache beginnt.

Wird sich über streitige Ansprüche aus dem Miet- oder Pachtverhältnis durch **Vergleich** geeinigt (auch durch **Prozessvergleich**), greift § 548 BGB, sofern kein neuer Schuldgrund geschaffen werden soll.[4407]

Beispiel:[4408]
Mieter und Vermieter streiten um die Räumung eines gemieteten Grundstücks und weiterer nicht gemieteter Flächen. Nachdem der Vermieter Räumungsklage erhebt, schließt man im Berufungsverfahren einen Vergleich, in dem sich der Mieter u.a. verpflichtet, das Grundstück und die anderen Teilflächen vollständig geräumt bis zum 15.12.2005 herauszugeben und die Räumung mit dem Vermieter abzustimmen, da das Gelände nicht mehr frei zugänglich war. Mit Schreiben v. 25.09.2006 teilt die Mieterin mit, das Grundstück geräumt zu haben. Mit am 19.03.2007 bei Gericht anhängiger Klage fordert der Vermieter Feststellung einer Schadensersatzverpflichtung des Mieters, weil dieser das Grundstück nicht ordnungsgemäß geräumt und den Bodengrund verunreinigt habe. In erster Instanz wird die Klage mit der Begründung abgewiesen, Schadensersatzansprüche seien nach § 548 BGB verjährt. In zweiter Instanz dreht sich der Spieß, und die Vermieterin obsiegt, worauf der Mieter mit Erfolg Revision zum BGH einlegt.

Nach ständiger Rechtsprechung des BGH hat ein **Vergleich i.S.v. § 779 BGB** grds. keine schuldumschaffende Wirkung[4409] und ändert das ursprüngliche Schuldverhältnis dann nur insoweit, als in ihm streitige oder ungewisse Punkte geregelt werden.[4410] I.Ü. bleibt das ursprüngliche Rechtsverhältnis nach Inhalt und Rechtsnatur unverändert fortbestehen.[4411] Ein **neuer**

4404 BGH, 12.04.1989 – VIII ZR 52/88, NJW 1989, 1854; BGH, 09.02.2000 – XII ZR 202/97, NZM 2000, 547.
4405 BGH, 16.03.1988 – VIII ZR 184/87, NJW 1988, 1778.
4406 BGH, 09.02.2000 – XII ZR 202/97, NZM 2000, 547.
4407 BGH, 23.06.2010 – XII ZR 52/08, GuT 2010, 229 = IMR 2010, 375 = InfoM 2010, 277 = MDR 2010, 1042 (Räumungsvergleich über vermietetes Grundstück und nicht mitvermietete Teilflächen mit Bodenverunreinigungen).
4408 BGH, 23.06.2010 – XII ZR 52/08, GuT 2010, 229 = IMR 2010, 375 = InfoM 2010, 277 = MDR 2010, 1042.
4409 BGH, 23.06.2010 – XII ZR 52/08, GuT 2010, 229 = IMR 2010, 375 = InfoM 2010, 277 = MDR 2010, 1042; BGH, 07.03.2002 – III ZR 73/01, NJW 2002, 1503.
4410 BGH, 23.06.2010 – XII ZR 52/08, GuT 2010, 229 = IMR 2010, 375 = InfoM 2010, 277 = MDR 2010, 1042; Sprau, in: Palandt, BGB, 69. Aufl., § 779 Rn. 11; Habersack, in: MüKO-BGB, 5. Aufl., § 779 Rn. 30.
4411 BGH, 23.06.2010 – XII ZR 52/08, GuT 2010, 229 = IMR 2010, 375 = InfoM 2010, 277 = MDR 2010, 1042; BGH, 25.06.1987 – VII ZR 214/86, NJW-RR 1987, 1426.

Schuldgrund wird nur bei einem durch Auslegung zu ermittelnden entsprechenden Parteiwillen geschaffen.[4412] Dies gilt grds. auch für Prozessvergleiche.[4413]

§ 548 BGB gilt u.a. nicht für folgende Ansprüche: 2703

- Erfüllungsanspruch des Vermieters einschließlich des Anspruches auf die Miete;[4414]
- Anspruch auf Nutzungsentschädigung gem. § 546a BGB;
- Ansprüche aus Bereicherung;
- Rückgabeanspruch des Vermieters aus § 546 BGB;
- Ersatzansprüche des Vermieters wegen einer vollständigen Zerstörung der Mietsache.
- Vergleich über Ansprüche aus dem Mietverhältnis, durch den ein neuer, nicht mehr schwerpunktmäßig mit dem Mietverhältnis zusammenhängender Schuldgrund geschaffen wird.[4415]
- Anspruch des Vermieters gegen den Mieter auf Rückzahlung eines geleisteten Kostenvorschusses zur Mängelbeseitigung (dies richtet sich nach den §§ 195, 199 BGB).[4416]

c) Wann beginnt die Frist für den Vermieter zu laufen?

Für den Beginn der Verjährung ist nach § 548 Abs. 1 Satz 2 BGB der **Rückerhalt** der Mietsache entscheidend. Da der Vermieter regelmäßig erst nach **Rückgabe der Sache** in der Lage ist, die Mietsache auf Schäden hin zu untersuchen und sich über Rechtsbehelfe schlüssig zu werden, hat der Gesetzgeber für den **Verjährungsbeginn** abweichend von § 200 Satz 1 vorletzter Halbsatz BGB nicht auf die Entstehung des Anspruchs abgestellt, sondern bewusst denjenigen Zeitpunkt gewählt, in dem der Vermieter die **Sache zurück erhält**. Der Rückerhalt setzt voraus, dass eine Veränderung der Besitzverhältnisse zugunsten des Vermieters stattfindet: er soll in die Lage versetzt werden, sich ungestört ein umfassendes Bild von den Mängeln, Veränderungen und Verschlechterungen der Mietsache zu machen. Der BGH hatte mit Urt. v. 19.01.2005 entschieden, dass die kurze Verjährung gem. §§ 548 Abs. 1 Satz 2, 200 Satz 1 BGB schon mit Rückgabe des Mietobjekts beginnt, selbst wenn das Mietverhältnis noch nicht beendet ist, die Ansprüche also erst zu einem späteren Zeitpunkt entstehen.[4417] 2704

- Das Zurückerhalten der Mietsache kann daher auch bei fortbestehendem Mietverhältnis angenommen werden, wenn der Vermieter eine Art von **Sachherrschaft erlangt**, die ihn in die Lage versetzt, die Mietsache auf etwaige Mängel oder Veränderungen zu untersuchen.[4418] Die Rechtsprechung des BGH dazu hat sich so entwickelt, dass zunächst eine **Veränderung der Besitzverhältnisse** verlangt wurde, dass also der Vermieter die Sach-

---

4412 BGH, 23.06.2010 – XII ZR 52/08, GuT 2010, 229 = IMR 2010, 375 = InfoM 2010, 277 = MDR 2010, 1042; BGH, 07.03.2002 – III ZR 73/01, NJW 2002, 1503.
4413 BGH, 23.06.2010 – XII ZR 52/08, GuT 2010, 229 = IMR 2010, 375 = InfoM 2010, 277 = MDR 2010, 1042; BGH, 24.06.2003 – IX ZR 228/02, NJW 2003, 3345.
4414 BGH, 01.03.2000 – VIII ZR 177/99, MDR 2000, 637 = NJW-RR 2000, 1303.
4415 BGH, 23.06.2010 – XII ZR 52/08, GuT 2010, 229 = IMR 2010, 375 = InfoM 2010, 277 = MDR 2010, 1042; BGH, 07.03.2002 – III ZR 73/01, NJW 2002, 1503.
4416 OLG Celle, 23.12.2009/28.01.2010 – 2 U 134/09, IMR 2010, 188: Vorschussrückforderung des Vermieters an den Mieter zur Mängelbeseitigung für Schäden am Kunststeinfußboden in einem Ladenlokal.
4417 BGH, 19.01.2005 – VIII ZR 114/04, NZM 2005, 176 = NJW 2005, 739; BGH, 18.12.2008 – 8 U 672/07, IMR 2009, 161 = NZM 2009, 485 = InfoM 2009, 277; LG Marburg, 23.09.2009 – 2 O 91/09, IMR 2010, 17.
4418 BGH, 04.02.1987 – VIII ZR 355/85, NJW 1987, 2072; BGH, 16.03.1994 – XII ZR 245/92, NJW 1994, 1788.

herrschaft erlangt.⁴⁴¹⁹ Dies wurde dann vom XII. Senat des BGH weiter dahin verfeinert, dass grds. ein vollständiger Besitzverlust des Mieters/Pächters sowie die Kenntnis des Vermieters/Verpächters hiervon vorausgesetzt wird.⁴⁴²⁰ Damit stehen drei Komponenten fest, die nur kumulativ die Frist beginnen lassen: Der Vermieter muss in der Lage sein, sich durch Ausübung der unmittelbaren Sachherrschaft ungestört ein umfassendes Bild von den Mängeln, Veränderungen und Verschlechterungen der Mietsache zu machen.

- Der Mieter muss den Besitz vollständig und eindeutig aufgegeben haben.
- Der Vermieter muss die Besitzaufgabe kennen.

> **Hinweis:**
>
> Es ist unbedingt zu beachten, dass nach der Rechtsprechung der Fristbeginn weder an die Beendigung des Mietverhältnisses noch an den endgültigen Zurückerhalt gekoppelt ist. Die Frist kann daher auch bei fortbestehendem Mietverhältnis zu laufen beginnen. Es kommt damit erheblich auf die Umstände des Einzelfalls an.

2705 Die **Erkennbarkeit eines Schadens** für den Vermieter spielt jedoch keine Rolle.⁴⁴²¹

2706 Die Frist läuft nicht an, wenn dem Vermieter vom Mieter während dessen Besitz nur gestattet wird, sich in den Mieträumen umzusehen⁴⁴²² oder der Vermieter nur (vorübergehend) die Möglichkeit erhält, während des – auch nur mittelbaren – Besitzes des Mieters die Mieträume zu besichtigen oder besichtigen zu lassen.⁴⁴²³

2707 Ein im Zusammenhang mit der Besitzaufgabe immer wieder auftretendes Problem ist die **Übergabe der Schlüssel des Mietobjekts**: Die Rückgabe der Mietsache an den Vermieter umfasst die Verschaffung des Besitzes an der Mietsache und die Rückgabe sämtlicher Schlüssel.⁴⁴²⁴ Alle Schlüssel müssen abgegeben werden.⁴⁴²⁵ Ohne Schlüsselabgabe tritt wegen der jederzeitigen Zutrittsmöglichkeit des Mieters kein endgültiger Besitzverlust ein. Für diesen unschädlich sind also ein Schlüsselverlust oder versehentlicher Verbleib einzelner Schlüssel beim Mieter. Die **Rückgabe nur eines (von mehreren) Schlüsselsatzes** kann für eine endgültige Besitzaufgabe ausreichen, um die Verjährung in Gang zu setzen, auch wenn die weiteren Schlüssel erst spä-

---

4419 BGH, 10.07.1991 – XII ZR 105/90, NJW 1991, 2416 = ZMR 1992, 420; BGH, 10.05.2000 – XII ZR 149/98, MDR 2000, 1068 = NZM 2000, 1055, 1057; vgl. auch BGH, 23.05.2006 – VI ZR 259/04, GuT 2006, 265 = ZMR 2006, 754 = NZM 2006, 624 = WuM 2006, 437 = NJW 2006, 2399.

4420 BGH, 23.05.2006 – VI ZR 259/04, GuT 2006, 265 = ZMR 2006, 754 = NZM 2006, 624 = WuM 2006, 437 = NJW 2006, 2399; BGH, 15.03.2006 – VIII ZR 123/05, WuM 2006, 319 = NJW 2006, 1688 = GuT 2006, 142 (LS) = GE 2006, 640 = MDR 2006, 1398 BGH, 19.11.2003 – XII ZR 68/00, GuT 2004, 13 = AIM 2004, 38 in Bestätigung des Senatsurt. v. 07.02.2001 – XII ZR 118/98, NJW 2001, 535.

4421 OLG Frankfurt am Main, 08.06.2001 – 24 U 198/00, GuT 2002, 81.

4422 BGH, 10.05.2000 – XII ZR 149/98, MDR 2000, 1068.

4423 BGH, 23.05.2006 – VI ZR 259/04, GuT 2006, 265 = ZMR 2006, 754 = NZM 2006, 624 = WuM 2006, 437 = NJW 2006, 2399.

4424 OLG Hamm, 26.06.2002 – 30 U 29/02, NZM 2003, 26.

4425 OLG Düsseldorf, 13.03.2008 – 10 W 4/08, IMR 2008, 272.

ter zurückgegeben werden.[4426] Ausnahmsweise kann daher die Rückgabe nur eines Schlüssels genügen, wenn daraus der Wille des Mieters zur endgültigen Besitzaufgabe hervortritt und dem Vermieter ein ungestörter Gebrauch ermöglicht wird.[4427] Entscheidend ist immer, ob der Mieter den Besitz zugunsten des Vermieters vollständig und unzweideutig aufgegeben hat.[4428] Sendet der Mieter die Schlüssel der Mietsache mit dem Bemerken zurück, aus seiner Sicht sei das Mietverhältnis beendet, gibt er damit für den Vermieter erkennbar seinen Besitz an der Mietsache vollständig und eindeutig auf, und der Vermieter hat die Möglichkeit, sich durch Ausübung der unmittelbaren Sachherrschaft ungestört ein umfassendes Bild von den Mängeln, Veränderungen und Verschlechterungen der Mietsache zu machen.[4429]

Vereinbaren die Parteien gemeinsam einen **Begehungstermin**, ist (erst) darin die Rückgabe der Mietsache zu sehen, sodass dann die Übergabe der Schüssel an den Hausmeister an deren Stelle nicht mehr genügt.[4430] Ungeklärt ist die Frage, wann die Verjährung zu laufen beginnt, wenn der Mieter zum vereinbarten Termin nicht erscheint. Ist zu diesem Zeitpunkt bereits eine Besitzverlagerung auf den Vermieter erfolgt, wird man dann aus Gründen der Rechtssicherheit auch den Beginn der Verjährungsfrist annehmen müssen. 2708

Überlässt der Vermieter dem Mieter nach Rückgabe der Miträume noch einmal die Schlüssel, damit dieser Schönheitsreparaturen ausführen kann, so hemmt dies nicht den Lauf der sechsmonatigen Verjährungsfrist gem. § 548 Abs. 1 Satz 1 BGB.[4431]

Die **Veräußerung des Mietobjekts**, die durch Eintragung des neuen Eigentümers im Grundbuch vollzogen wird, führt zur Beendigung des Mietverhältnisses i.S.v. § 548 Abs. 2 BGB, sodass Frist für Verjährung von Aufwendungsersatzansprüchen des Mieters nach § 548 Abs. 2 BGB erst mit Kenntnis des Mieters von der Eintragung des Erwerbers im Grundbuch zu laufen beginnt.[4432]

Praxistipp:

Will der Vermieter den Ablauf der Frist verhindern, muss er sich mit dem Mieter über den Beginn oder das Ende der Verjährungsfrist ausdrücklich einigen, etwa durch Verzicht des Mieters auf die Einrede der Verjährung für einen konkreten Zeitraum, oder er muss Klage, notfalls auch Feststellungsklage, falls er die Ansprüche noch nicht genau beziffern kann,[4433] erheben.

4426 OLG Düsseldorf, 16.02.2009 – 24 U 6/08, GuT 2009, 180 = IMR 2009, 421 u. 2010, 16 = MDR 2009, 1036; OLG Düsseldorf, 20.09.2007 – 24 U 7/07, IMR 2008, 229; ähnlich OLG München, 22.09.2006 – 19 U 2964/06, GuT 2006, 234 = MDR 2007, 514: Eine vom Mieter unterlassene Schlüsselrückgabe ändert nichts am Beginn der Frist durch uneingeschränktes Besichtigungsrecht.
4427 OLG Köln, 27.01.2006 – 1 U 6/05, GuT 2006, 265.
4428 OLG Düsseldorf, 20.09.2007 – 24 U 7/07, IMR 2008, 229; OLG Düsseldorf, 27.04.2006 – 24 U 152/05, GuT 2006, 243 = IMR 2006, 148.
4429 OLG Düsseldorf, 31.08.2006 – I - 10 U 46/06, GuT 2006, 253 = NZM 2006, 866 = IMR 2007, 147.
4430 OLG München, 31.03.2009 – 5 U 3484/08, IMR 2010, 234.
4431 OLG Düsseldorf, 06.02.2007 – 24 U 111/06, IMR 2007, 252.
4432 BGH, 28.05.2008 – VIII ZR 133/07, IMR 2008, 263 = MDR 2008, 850.
4433 Vgl. BGH, 22.02.2006 – XII ZR 48/03, GuT 2006, 140 = IMR 2006, 9 = NZM 2006, 509 = InfoM 2006, 293 = MDR 2006, 739.

d) Mieteransprüche

2709 Die kurze Verjährungsfrist gilt nach § 548 Abs. 2 BGB auch für (gesetzliche oder vertragliche) Ansprüche des Mieters auf Ersatz von Aufwendungen oder auf Gestattung der Wegnahme einer Einrichtung (§§ 536a Abs. 2, 539, 258 BGB). Erfasst werden ausschließlich Ansprüche, die schon **vor** Vertragsende entstanden sind.[4434] Konkurrierende Ansprüche des Mieters aus Geschäftsführung oder Bereicherung werden ebenfalls erfasst.[4435] § 548 Abs. 2 BGB gilt aber nicht für sonstige Ansprüche des Mieters (Schadensersatzansprüche gem. § 280 BGB). Zu der Frage, wann Bereicherungsansprüche des Mieters wegen irrtümlich ausgeführter Schönheitsreparaturen verjähren → Rn. 1543.

2710 Die Frist für den Mieter beginnt mit der **Beendigung des Mietverhältnisses** zu laufen. Gemeint ist die rechtliche, nicht die tatsächliche Beendigung, sodass es auf die Besitzverhältnisse nicht ankommt. Solange das Mietverhältnis also besteht, etwa durch stillschweigende Verlängerung nach § 545 BGB, läuft die Frist nicht an. Hingegen läuft sie, wenn der Mieter trotz Beendigung weiter die Flächen nutzt und hinausgeklagt werden muss. Bei einer Veräußerung beginnt die Frist erst mit Kenntnis des Mieters von der Eintragung des Erwerbers im Grundbuch zu laufen.[4436]

Ansprüche auf Ersatz der Kosten zur Feststellung, ob Mängel vom Vermieter beseitigt sind, verjähren als Aufwendungsersatzansprüche nach sechs Monaten.[4437]

VI. Hemmung und Neubeginn (Unterbrechung) der Verjährung

1. Überblick

2711 Die Hemmung ist seit dem 01.01.2002 der Grundtatbestand, während dies nach altem Recht der Neubeginn der Verjährung war (vor dem 01.01.2002 als „Unterbrechung" bezeichnet). Verjährungshemmung bedeutet, dass während der Zeit der Hemmung die Verjährungsfrist stoppt und erst nach Beendigung der Hemmung weiterläuft. Die Verjährung macht also eine Pause und **verlängert sich um die gehemmte Zeit**. Die Hemmung der Verjährung ist in den §§ 203 bis 209 BGB (= §§ 202 ff. BGB a.F.) geregelt, deren vollständige Einzelheiten nicht Gegenstand dieser Erörterungen sein können.

2712 Die wichtigsten **Hemmungstatbestände** sind:

- Hemmung durch Verhandlung (§ 203 BGB),
- Erhebung einer Klage (§ 204 Abs. 1 Nr. 1 BGB),
- Zustellung eines Mahnbescheides (§ 204 Abs. 1 Nr. 3 BGB),
- Streitverkündung im Prozess (§ 204 Abs. 1 Nr. 6 BGB),

4434 BGH, 12.06.1991 – XII ZR 17/90, NJW 1991, 3031; BGH, 29.04.1970 – VIII ZR 29/69, BGHZ 54, 34, 36 = NJW 1970, 1182.
4435 BGH, 06.06.2002 – III ZR 181/01, BGHZ 151, 71, 76 f. = NZM 2002, 698, 699 = NJW-RR 2002, 1203, BGH, 13.02.1974 – VIII ZR 233/72, NJW 1974, 743.
4436 BGH, 28.05.2008 – VIII ZR 133/07, IMR 2008, 263 = MDR 2008, 850.
4437 OLG Düsseldorf, 29.07.2010 – 24 U 2010/10, IMR 2010, 513: Gutachten zur Feststellung von Feuchtigkeitsursache.

- Durchführung eines selbstständigen Beweisverfahrens (§ 204 Abs. 1 Nr. 7 BGB),
- Anmeldung der Forderung im Insolvenzverfahren (§ 204 Abs. 1 Nr. 10 BGB).[4438]

Der **Neubeginn der Verjährung** ist in § 212 BGB geregelt und gilt in folgenden Fällen: 2713
- Anerkenntnis des Schuldners durch Abschlagszahlung, Zinszahlung, Sicherheitsleistung oder in anderer Weise, § 212 Abs. 1 Nr. 1 BGB,
- Beantragung oder Vornahme einer Vollstreckungshandlung, § 212 Abs. 1 Nr. 2 BGB.

In allen anderen Fällen kann die Verjährung nur nach den §§ 203 bis 209 BGB gehemmt werden. 2714

Nach § 203 BGB hemmen Verhandlungen zwischen den Parteien die Verjährung, was einen praktisch enorm wichtigen Tatbestand darstellt. Die sog. Ablaufhemmung nach § 203 BGB bedeutet, dass bei beendeten Verhandlungen und einer dann weniger als drei Monate laufenden Verjährungsfrist die Verjährung erst nach Ablauf von drei Monaten nach Verhandlungsende eintritt. 2715

Folgende Fälle der Hemmung sind im BGB geregelt: 2716

Übersicht: Verjährungshemmung

Hemmungstatbestand	Norm	Ende der Hemmung
Verhandlungen	§ 203 BGB	Verweigerung der Fortsetzung der Verhandlungen
Rechtsverfolgung	§ 204 BGB	Rechtskräftige Entscheidung oder anderweitige Verfahrensbeendigung
Leistungsverweigerungsrecht	§ 205 BGB	Wegfall des Leistungsverweigerungsrechts
Höhere Gewalt in den letzten sechs Monaten der Verjährungsfrist	§ 206 BGB	Wegfall des Hindernisses
Familiäre Gründe	§ 207 BGB	Auflösung des Familienstands
Verletzung der sexuellen Selbstbestimmung	§ 208 BGB	Erreichen des 21. Lebensjahres bzw. Ende der häuslichen Gemeinschaft
Verzug bei Verbraucherkreditverträgen	§ 497 Abs. 3 Satz 3 BGB	Rechtskräftige Feststellung oder Ablauf von zehn Jahren seit Entstehung

---

4438 KG, 26.01.2007 – 6 U 128/06, LNR 2007, 13092 = IBR 2007, 321/310: Hemmung endet erst mit dem Ende des Insolvenzverfahrens, nicht schon mit dem Zugang der Mitteilung des Insolvenzverwalters über das Bestreiten der Forderung.

Einrede der Vorausklage wird durch Bürgen erhoben	§ 771 Satz 2 BGB	Ende der Zwangsvollstreckung
Zahlungssperre bei Inhaber-Schuldverschreibungen	§ 802 BGB	Erledigung des Aufgebotsverfahrens
Buchersitzung	§ 900 Abs. 1 Satz 2 BGB	Streichung des Widerspruchs im Grundbuch

2. Hemmung durch Verhandeln, § 203 BGB

2717 Nach § 203 BGB ist die Verjährung gehemmt, solange Verhandlungen über den Anspruch oder anspruchsbegründende Umstände schweben und niemand deren Fortsetzung verweigert. Die Verjährung tritt dann frühestens drei Monate nach dem Ende der Hemmung ein. Der früher nur für deliktische Ansprüche geltende § 852 Abs. 2 BGB ist durch das SchuldRModG zu einem **allgemeinen Rechtsgrundsatz** erweitert worden, sodass jetzt grds. alle Verhandlungen zwischen Gläubiger und Schuldner verjährungshemmend wirken. Auf die Rechtsprechung zu § 852 Abs. 2 BGB kann daher zurückgegriffen werden. Oft verhandeln die Mietvertragsparteien nach Ende des Mietvertrages über diverse Ansprüche. In vielen Fällen geht es um Ansprüche des Vermieters aus § 548 BGB. Nach Ansicht des BGH ist während des Verhandelns der Lauf der Verjährung nach § 548 BGB gehemmt.[4439] Der BGH folgert dies aus einer entsprechenden Anwendung des § 852 Abs. 2 BGB.

2718 **Verhandeln** setzt zunächst voraus, dass der Gläubiger klarstellt, dass er einen Anspruch geltend machen und worauf er ihn im Kern stützen will.[4440] Liegt dies vor, ist jeder – auch mündliche – **Meinungsaustausch** zwischen dem Berechtigten und dem Verpflichteten ein Verhandeln, sofern nicht sofort und eindeutig jeder Ersatz abgelehnt wird.[4441] Die zu § 639 Abs. 2 BGB a.F. ergangene Rechtsprechung kann zur Ausfüllung des Begriffs herangezogen werden.[4442] Vergleichsbereitschaft oder Entgegenkommen müssen signalisiert werden, der Begriff **ist weit zu verstehen**.[4443] Es reicht aus, wenn der in Anspruch Genommene Erklärungen abgibt, die dem Gläubiger die Annahme gestatten, der Schuldner lasse sich auf Erörterungen über die Berechtigung von Ansprüchen ein.[4444] Es ist nicht erforderlich, dass von vornherein Bereitschaft zum

---

[4439] BGH, 12.05.2004 – XII ZR 223/01, NZM 2004, 583 = MietPrax-AK, § 548 BGB Nr. 2; BGH, 16.03.1994 – XII ZR 245/92, NJW 1994, 1788 = WuM 1994, 1294; BGH, 06.11.1991 – XII ZR 216/90, NJW 1992, 687 = ZMR 1992, 96 f.
[4440] OLG Düsseldorf, 15.08.2006 – 21 U 143/05, IBR 2006, 672.
[4441] BGH, 26.10.2006 – VII ZR 194/05, GuT 2006, 369 = VersR 2007, 705; BGH, 12.05.2004 – XII ZR 223/01, NZM 2004, 583 = MietPrax-AK, § 548 BGB Nr. 2; BGH, 17.02.2004 – VI ZR 429/02, IBR 2004, 240.
[4442] BGH, 26.10.2006 – VII ZR 194/05, GuT 2006, 369 = VersR 2007, 705.
[4443] BGH, 12.05.2004 – XII ZR 223/01, NZM 2004, 583 = MietPrax-AK, § 548 BGB Nr. 2; BGH, 17.02.2004 – VI ZR 429/02, IBR 2004, 240; Mankowski/Höpker, MDR 2004, 721, 722 m.w.N.
[4444] BGH, 12.05.2004 – XII ZR 223/01, NZM 2004, 583 = MietPrax-AK, § 548 BGB Nr. 2; BGH, 08.05.2001 – VI ZR 208/00, IBR 2002, 78 = NJW-RR 2001, 1168; BGH, 20.02.2001 – VI ZR 179/00, MDR 2001, 688 = NJW 2001, 1723; OLG Düsseldorf, 14.10.2003 – 23 U 222/02, ZGS 2004, 118.

Entgegenkommen oder Vergleichbereitschaft signalisiert wird.[4445] Grds. genügt schon jeder Meinungsaustausch.[4446]

Beispiele für Verhandeln:

- Der Vermieter meldet den Anspruch an, z.B. auf Durchführung von Renovierungsarbeiten, der Mieter teilt mit, dass die Berechtigung der geforderten Arbeiten geprüft werde (BGH, 12.05.2004 – XII ZR 223/01, NZM 2004, 583).
- Der Schuldner erkundigt sich, der Gläubiger prüft.
- Der Schuldner sichert die Untersuchung durch Dritte, etwa Sachverständige, zu.[4447]
- Der Schuldner erklärt, auf die Erhebung der Einrede der Verjährung zu verzichten.[4448]
- Der Gläubiger meldet den Anspruch an, der Schuldner leitet dies seinem Haftpflichtversicherer zu.[4449]
- Der Gläubiger will erst staatsanwaltschaftliche Ermittlungen abwarten.[4450]
- Einvernehmliche Mängelprüfung (str., wird z.T. sogar als Anerkenntnis gesehen).[4451]
- Im Baurecht: einvernehmliche Mangelprüfung, selbst dann, wenn sich der Unternehmer ausdrücklich gegen Gewährleistungsansprüche des Bauherrn verwahrt.[4452] Die Entscheidung kann ohne Weiteres auch im Verhältnis Vermieter – Mieter bei Mängeln der Mietsache angewendet werden.

Folge: Wer nicht klar und deutlich „nein" sagt, sondern Erklärungen abgibt, die die Annahme gestatten, dass die Anspruchsberechtigung erörtert wird, verhandelt.[4453] **Wer schweigt**, tauscht keine Meinung aus und verhandelt deshalb nicht. Es reicht also nicht, dass Ansprüche angemeldet werden und der andere sich nicht rührt. Wer die konkrete Forderung ablehnt, aber Gesprächsbereitschaft zu anderen Bedingungen signalisiert, verhandelt trotzdem. Anders, wenn der Schuldner derzeit keine Veranlassung dazu sieht, sondern nur bei weiteren Anhaltspunkten aktiv werden möchte.[4454]

2719

Wenn **Verhandlungen einschlafen** (niemand reagiert), endet die Hemmung dann, wenn der nächste Schritt nach Treu und Glauben zu erwarten gewesen wäre, wofür ein strenger Maßstab anzulegen ist.[4455] Das bloße Nichtfortführen von Verhandlungen kann deshalb als Abbruch der Verhandlungen anzusehen sein, wenn bspw. der Berechtigte den Zeitpunkt versäumt, zu dem eine letzte Anfrage des Anderen spätestens zu erwarten gewesen wäre. Die Rechtsprechung hat

2720

4445 BGH, 12.05.2004 – XII ZR 223/01, NZM 2004, 583 = MietPrax-AK, § 548 BGB Nr. 2; OLG Düsseldorf, 14.10.2003 – 23 U 222/02, ZGS 2004, 118.
4446 BGH, 17.02.2004 – VI ZR 429/02, IBR 2004, 240.
4447 OLG Hamm, 14.12.1995 – 17 U 3/94, NJW-RR 1996, 1301.
4448 BGH, 17.02.2004 – VI ZR 429/02, IBR 2004, 240; a.A. OLG Düsseldorf, 14.10.2003 – 23 U 222/02, IBR 2004, 200.
4449 BGH, 07.10.1982 – VII ZR 334/80, NJW 1983, 162 = MDR 1983, 222.
4450 Mankowski/Höpker, MDR 2004, 721, 723.
4451 Vgl. Meinungsstand bei Mankowski/Höpker, MDR 2004, 721, 723 m.w.N.
4452 BGH, 15.04.2004 – VII ZR 129/02, IBR 2004, 367 zu § 639 BGB a.F.; der Fall ist aber auch nach neuem Recht nicht anders zu beurteilen, denn wer sich zwar gegen Ansprüche verwahrt, aber trotzdem untersucht, verhandelt i.S.v. § 203 BGB, da sein Tätigwerden ansonsten sinnlos wäre.
4453 BGH, 08.05.2001 – VI ZR 208/00, IBR 2002, 78.
4454 Mankowski/Höpker, MDR 2004, 721, 723.
4455 BGH, 07.01.1986 – VI ZR 203/84, NJW 1986, 1337 = MDR 1996, 489, worauf auch in der Entwurfbegründung zu § 203 BGB n.F. Bezug genommen wird.

hierzu die Faustformel aufgestellt, dass i.d.R. eine einmonatige Untätigkeit, gleichgültig von welcher Seite, ausreicht, um von einem Ende der Verhandlungen ausgehen zu können, sodass dann die verbleibende Verjährungsfrist weiterläuft.[4456]

2721 **Verhandlungen sind beendet**, wenn eine Partei sie abbricht, wofür es nicht genügt, wenn die in Anspruch genommene Partei ihre Ersatzpflicht verneint. Es muss klar und eindeutig der Abbruch der Verhandlungen zum Ausdruck gebracht werden.[4457] Erforderlich ist ein doppeltes Nein des Schuldners zum Anspruch überhaupt und zu weiteren Gesprächen über diesen durch ein klares und eindeutiges Verhalten.[4458]

> *Beispiel:*
>
> *Die Formulierung eines Justitiars, er sei „noch nicht" zu Verhandlungen über eine gütliche Einigung berechtigt, kann nicht als klarer und eindeutiger Verhandlungsabbruch verstanden werden.*[4459]

> **Praxistipp:**
> Sich auf Hemmung der Verjährung zu berufen, ist immer ein Risiko. Oft lassen sich Zeiträume und Zeiten nicht rekonstruieren, ferner sind die Begriffe „Verhandlung" und „Abbruch der Verhandlung" dehnbar und damit gefährlich. Vor dem SchuldRModG war daher der sicherste Tipp immer die Unterbrechung durch gerichtliche Geltendmachung, was natürlich auch heute noch gilt, sobald irgendwelche Zweifel an einer „sauberen" Hemmung der Verjährung bestehen. Ergo: In Zweifelsfällen auch bei Verhandlungen die ursprüngliche Verjährungsfrist bestehen lassen und sicherheitshalber vor Ablauf klagen. Ein Anwalt, dessen Mandant dies nicht will, sollte ihn schriftlich über die Risiken aufklären.

3. Hemmung durch Klageerhebung, § 204 Abs. 1 Nr. 1 BGB

2722 Sicherstes Mittel, die Verjährung zu hemmen, ist die Erhebung einer Klage.

Je näher der Ablauf der Frist rückt, desto mehr sollten alle Formalien der Klage erfüllt sein, v.a. bzgl. des Gerichtskostenvorschusses.

> **Praxistipp:**
> Ist der Streitwert nicht klar, sollten bei ablaufender Verjährungsfrist lieber zuviel als zuwenig Gerichtskosten beigefügt werden, damit es nicht zu Nachforderungen kommt – und zwar per Bareinzahlung oder durch Kostenmarken, nicht aber durch noch vom Gericht einzulösenden Scheck. Da der Anwalt kein Kreditinstitut ist, sollte der Mandant schriftlich und bei besonderer Eile durch eine Sekretärin (die einen ausführlichen Vermerk fertigt) auf die Problematik hingewiesen und um Bareinzahlung der Gerichtskosten gebeten werden.

4456 OLG Dresden, 23.02.2010 – 9 U 2043/08/BGH, 28.10.2010 – VII ZR 43/10 (Nichtzulassungsbeschwerde zurückgewiesen), IBR 2011, 18; KG, IBR 2008, 649; OLG Zweibrücken, IBR 2007, 548.
4457 BGH, 17.02.2004 – VI ZR 429/02, IBR 2004, 240; BGH, 30.06.1998 – VI ZR 260/97, NJW 1998, 2819.
4458 OLG Oldenburg, 23.08.2006 – 5 U 31/06.
4459 BGH, 12.05.2004 – XII ZR 223/01, NZM 2004, 583.

Die Verjährung wird auch dann durch **Klageerhebung** gehemmt, wenn der Anspruch **nur hilfsweise** geltend gemacht wird.[4460] Es empfiehlt sich daher, in einer Klageschrift immer alle in Betracht kommenden Anträge hilfsweise zu stellen.

2723

Eine **Leistungsklage auf Ersatz eines Mietausfallschadens** hemmt die Verjährung für künftige, noch nicht eingeklagte Mietausfallforderungen auch dann nicht, wenn es sich insgesamt um einen einheitlichen Verzugsschaden handelt.[4461] Die Hemmung gilt nämlich nur für den nach prozessualen Grundsätzen zu ermittelnden Streitgegenstand der Klage, also z.B. für die konkret eingeklagten Monate eines Anspruches wegen Mietausfalls. Besonders kritisch wird dies, wenn nach Rückgabe der Mietsache innerhalb der ersten sechs Monate nur bestimmte Schadenspositionen beziffert werden können und für künftige Beträge die Verjährung nach § 548 BGB droht. Hier muss ggf. mit einer **gesonderten Feststellungsklage** gearbeitet werden, falls der Vermieter die Ansprüche noch nicht genau beziffern kann. Dies ist zulässig.[4462]

2724

> **Praxistipp:**
> Häufig ergibt sich die Situation, dass vom Mieter nicht gezahlte Miete eingeklagt werden soll, ohne dass gekündigt wird. Nach Klageeinreichung zahlt der Mieter auch die nächsten Mieten nicht. Ein Feststellungsantrag in der Zahlungsklage, dass der Mieter verpflichtet ist, auch künftige Mieten zu zahlen, wäre unzulässig, da ohne Weiteres Leistungsklage erhoben werden könnte. Damit diverse Monate nicht „durchgehen", sollte bei fortdauerndem Zahlungsausfall die Klage monatlich erweitert werden oder jeweils ein gesondertes Mahnverfahren eingeleitet werden. Darüber ist der Mandant vom Anwalt schon wegen der zusätzlichen Kosten zu informieren.

4. Hemmung durch Mahnverfahren, § 204 Abs. 1 Nr. 3 BGB

§ 204 Abs. 1 BGB nennt 14 Rechtsverfolgungsmaßnahmen, durch die die Verjährung gehemmt wird (z.B. Klage, § 204 Nr. 1 BGB; Streitverkündung, § 204 Nr. 6 BGB; Beweisverfahren, § 204 Nr. 7 BGB). Nach § 204 Abs. 1 Nr. 3 BGB hemmt die Zustellung eines Mahnbescheides die Verjährung. Die Hemmung beginnt **mit der Zustellung** nach den §§ 688 ff. ZPO, bei der Zustellung, die „demnächst" erfolgt, gem. § 693 Abs. 2 ZPO mit Antragseinreichung. Ein Mahnbescheid, dessen Zustellung aufgrund einer unzutreffenden Postanschrift des Antragsgegners nicht zugestellt werden kann, ist gem. § 693 Abs. 2 ZPO demnächst zugestellt, wenn er nach Zugang der Mitteilung der Unzustellbarkeit beim Antragsteller innerhalb eines Monats zugestellt wird.[4463]

2725

Selbstverständlich dauert die Hemmung auch während eines Prozesses an, der sich nach Widerspruch gegen den Mahnbescheid oder Einspruch gegen den Vollstreckungsbescheid anschließt;

4460 St. Rspr., vgl. BGH, 09.02.2000 – XII ZR 202/97, NZM 2000, 547 zur Unterbrechung der Verjährung gem. §§ 209 Abs. 1, 211 Abs. 1 BGB a.F.
4461 BGH, 19.11.1997 – XII ZR 281/95, NJW 1998, 1303 zur früheren Verjährungsunterbrechung.
4462 Vgl. BGH, 22.02.2006 – XII ZR 48/03, GuT 2006, 140 = IMR 2006, 9 = NZM 2006, 509 = InfoM 2006, 293 = MDR 2006, 739.
4463 BGH, 21.03.2002 – VII ZR 230/01, MDR 2002, 1085.

ansonsten wäre die Hemmung rechtstechnisch zwecklos, wenn sie während eines laufenden Prozesses eintreten könnte.

2726 In Mietsachen ist das Mahnverfahren besonders **für offene Mieten** wichtig, da der Vermieter hier durch ein Mahnverfahren häufig schneller, einfacher und kostengünstiger zu einem vollstreckbaren Titel kommt als durch eine langwierige Klage. Nach der ständigen Rechtsprechung des BGH hemmt ein Mahnbescheid aber die Verjährung nur dann, wenn der geltend gemachte Anspruch nach § 690 Abs. 1 Nr. 3 ZPO **hinreichend individualisiert** worden ist.[4464] Problematisch an dieser Rechtsprechung ist, dass die formalisierten Prüfungen durch die Mahngerichte im automatisierten Mahnverfahren nicht immer den hohen Ansprüchen der Prozessgerichte gerecht werden. Die Mahngerichte sehen Anspruchsbezeichnungen grds. als ausreichend an, da – abweichend von § 690 Nr. 3 ZPO a.F. – der Mahnbescheid **ohne vorherige Schlüssigkeitsprüfung** erlassen wird. Später „kippen" dann möglicherweise die Prozessgerichte die Bezeichnung im Mahnbescheid mit der Folge der Klageabweisung wegen **mangelhafter Anspruchsbezeichnung** oder (noch schlimmer) wegen **Verjährung**. Praktisch bedeutet dies, dass bei fehlender Individualisierung und drohendem Verjährungseintritt eine Demnächst-Zustellung nach § 167 ZPO mit rückwirkender Heilung des Fristablaufs ausscheidet, wenn es an der Konkretisierung des mit dem Mahnbescheid geltend gemachten Anspruchs fehlt (Haftungsfalle für Berater!). Ein nachträgliches ergänzendes oder berichtigendes Vorbringen heilt den Mangel nur für die Zukunft, sodass die Verjährung nicht gehemmt wird.[4465]

> **Hinweis:**
> Der Anspruch muss deshalb schon durch seine Bezeichnung im Mahnantrag so von anderen Ansprüchen unterschieden und abgegrenzt werden, dass er Grundlage eines Vollstreckungstitels sein kann; der Schuldner muss ferner erkennen können, welcher Anspruch gegen ihn geltend gemacht wird, um zu beurteilen, ob bzw. in welchem Umfang er sich ggf. wehren will.

2727 Auch wenn Individualisierung keine Substanziierung i.S.e. schlüssigen Klagevorbringens bedeutet, muss der Anspruch doch in seiner Eigentümlichkeit hervorgehoben und dadurch von anderen Ansprüchen unterschieden werden.[4466] Eine **falsche Angabe des Rechtsgrunds** in einem Mahnbescheid ist unschädlich, wenn dies der notwendigen Individualisierung für den Antragsgegner nicht entgegensteht.[4467] Der Anspruch muss durch seine Kennzeichnung von anderen Ansprüchen so unterschieden und abgegrenzt werden, dass er Grundlage eines der materiellen Rechtskraft fähigen Vollstreckungstitels sein kann und der Schuldner erkennen kann, welcher Anspruch geltend gemacht wird, damit er beurteilen kann, ob und in welchem Umfang er sich dagegen zur Wehr setzt (st. Rspr.).[4468] Hier gibt es viele Grauzonen. Die dem Zahlungsantrag zugrunde liegenden verschiedenen Schadensarten (Mietausfall, unterlassene Schönheitsrepa-

---

[4464] Statt vieler: BGH, 17.10.2000 – XI ZR 312/99, MDR 2001, 346 m.w.N. und Anm. Maniak; AG Siegburg, 21.03.2002 – 8 C 354/01, AIM 2003, 56.
[4465] BGH, 21.10.2008 – XI ZR 466/07, NJW 2009, 57.
[4466] LG Gießen, 25.01.1995 – 1 S 383/94, MDR 1995, 1066 = WuM 1995, 588.
[4467] BGH, 23.01.2008 – VIII ZR 46/07, NZM 2008, 202 = IMR 2008, 114.
[4468] BGH, 06.11.2007 – X ZR 103, 05, GuT 2008, 47 m.w.N.: Mahnbescheid über Müllabfuhrentgelte über mehrere Grundstücke des Hausverwalters und Mehrfacheigentümers.

raturen, Nichtwiederherstellung der zurückgegebenen Mietsache) sind deshalb als prozessual verschiedene Streitgegenstände voneinander unterscheidbar anzugeben.[4469] Kurz: Der Mieter als Schuldner muss etwa bei einem Mietzahlungsanspruch genau wissen, um was es geht.

Für die Bezeichnung des Anspruchs gilt deshalb der Grundsatz: so knapp wie möglich und so ausführlich wie möglich.[4470] Voraussetzung für die verjährungshemmende Wirkung ist allerdings nicht, dass aus dem Mahnbescheid für einen außenstehenden Dritten ersichtlich ist, welche konkreten Ansprüche mit dem Mahnbescheid geltend gemacht werden; es reicht aus, dass dies **für den Antragsgegner erkennbar** ist.[4471] So kann im Mahnbescheid zur Bezeichnung des geltend gemachten Anspruchs auf Rechnungen oder andere Unterlagen Bezug genommen werden; wenn ein solches Schriftstück dem Antragsgegner bereits bekannt ist, braucht es dem Mahnbescheid nicht in Abschrift beigefügt zu werden.[4472] Zur Individualisierung eines Schadensersatzanspruchs wegen Beschädigung sowie unzureichender Reinigung der Mietsache nach Beendigung der Mietzeit kann die irrtümliche Bezeichnung im Mahnbescheidsantrag „Mietnebenkosten – auch Renovierungskosten" genügen, wenn der Antragsteller zugleich auf ein vorprozessuales Anspruchsschreiben Bezug nimmt, welches dem Antragsgegner vermittelt, dass und wofür der Antragsteller Schadensersatz verlangt.[4473] Auch eine im Mahnbescheid-Antrag enthaltene Falschangabe des Datums eines vorprozessualen Anspruchsschreibens, auf das der Antragsteller, ohne es dem Antrag beizufügen, zur Individualisierung seines Anspruchs Bezug nimmt, ist unschädlich, wenn für den Antragsgegner ohne Weiteres ersichtlich ist, um welches Schreiben es sich handelt.[4474]

2728

Man sollte sich, da es sich immer um Einzelfallentscheidungen handelt, auf derartige gelockerte Ansichten der Rechtsprechung aber nicht verlassen, um sich nicht dieser äußerst unnötigen Diskussion auszusetzen, zumal ein Anwalt nach ständiger Rechtsprechung ohnehin verpflichtet ist, den sichersten Weg zu gehen und sonst einen Regress riskiert.

Es nützt nichts, **im Hauptprozess die Individualisierung nachzuschieben**. Ein rechtsfehlerhaft erlassener, nicht individualisierter Mahnbescheid unterbricht die Verjährung auch dann nicht, wenn die Individualisierung nach Ablauf der Verjährungsfrist im anschließenden Streitverfahren nachgeholt wird.[4475]

2729

> **Praxistipp:**
>
> Im Zweifel sollte lieber sofort geklagt werden, um die Verjährung zu hemmen, da auch eine unzulässige Klage die Verjährung hemmt.[4476] Geklagt werden sollte grds. eher dann, wenn Anlagen zur Individualisierung beigefügt werden müssen oder mehrere Einzelforderungen (umfangreich) aufgeschlüsselt werden müssen. Dies gilt auch dann, wenn möglicherwei-

---

4469 KG, 16.09.2002 – 8 U 62/01, WuM 2002, 614.
4470 Salten, MDR 1998, 1144.
4471 BGH, 14.07.2010 – VIII ZR 229/09; BGH, 23.01.2008 – VIII ZR 46/07, NZM 2008, 202 = IMR 2008, 114.
4472 BGH, 14.07.2010 – VIII ZR 229/09; BGH, 23.01.2008 – VIII ZR 46/07, NZM 2008, 202 = IMR 2008, 114.
4473 BGH, 23.01.2008 – VIII ZR 46/07, NZM 2008, 202 = IMR 2008, 114.
4474 BGH, 14.07.2010 – VIII ZR 229/09.
4475 BGH, 17.10.2000 – XI ZR 312/99, MDR 2001, 346.
4476 BGH, NJW 1998, 3488; BGH, 03.07.1980 – IVa ZR 38/80, NJW 1980, 2461.

> se noch nicht alle Informationen vorliegen. Auch eine unsubstanziierte oder unschlüssige Klage hemmt die Verjährung, wenn der Mangel bis zum Schluss der mündlichen Verhandlung behoben wird.

2730 Die **Mahnanträge für automatisierte Mahnverfahren** sehen üblicherweise eine Anspruchsbezeichnung mit den Mindestangaben Anspruchsgrund (i.d.R. als Katalognummer aus vorgegebenem Anspruchskatalog), Datum und Anspruchsbetrag vor. Zusätzlich sind folgende Felder für Ergänzungen enthalten:

- Rechnung/Aufstellung/Vertrag oder ähnliche Bezeichnungen,
- Nr. der Rechnung/des Kontos etc.

Äußerst gefährlich für den Vermieter und angreifbar durch den Mieter sind wegen der notwendigen Individualisierung daher Formulierungen in diesen Feldern wie

- „Schadensersatz aus Mietvertrag vom ..."[4477]
- „aus Mietvertrag",
- „aus Mietverhältnis",
- „Mietverhältnis mit ...",
- „Mietforderung",
- „Mietsache",
- „Schadensersatz aus beendetem Pachtverhältnis",[4478]
- „Mietnebenkosten – auch Renovierungskosten",
- „Mietnebenkosten ... für die Wohnung in 40215 Düsseldorf".[4479]
- „Schadensersatz aus Mietvertrag".[4480]

Hier kann der Mieter je nach Fallgestaltung **mangelnde Individualisierung**, also Unbestimmtheit des Mahnantrags, einwenden.

Beispiel:[4481]

Die notwendige Individualisierung der streitgegenständlichen Forderung aus einem – beendeten – Mietvertrag ist schon dann nicht gelungen, wenn jener Mietvertrag nicht ausreichend bezeichnet ist (hier: „Mietnebenkosten ... für die Wohnung in 40215 Düsseldorf"). Dass im automatisierten Mahnverfahren angebotene Vordrucke bzw. Forderungsformulierungen angeboten werden, die zu unzureichenden Angaben verleiten, ist unbeachtlich.

Der Vermieter und sein Anwalt können diesem Schachzug grds. entgehen, wenn der Mietvertrag mit genauem Abschlussdatum benannt und – z.B. bei offener Miete – die Forderung **für jeden Abrechnungszeitraum** gesondert aufgeführt wird.

4477 Vgl. AG Siegburg, 21.03.2002 – 8 C 354/01, AIM 2003, 56.
4478 LG Gießen, 25.01.1995 – 1 S 383/94, MDR 1995, 1066 = WuM 1995, 588.
4479 LG Düsseldorf, 25.01.2007 – 21 S 430/05, NZM 2007, 599.
4480 LG Mannheim, 14.04.1999 – 4 S 155/98, ZAP EN-Nr. 724/99 = WuM 1999, 460.
4481 LG Düsseldorf, 25.01.2007 – 21 S 430/05, NZM 2007, 599.

Beispiel:

Geschäftsraummietvertrag v. 09.03.2001, Mietobjekt ___-straße 10, München

1.800,00 € (Miete) v. 01.04.2005 – 30.04.2005

1.800,00 € (Miete) v. 01.05.2005 – 31.05.2005

Kann der Anspruch in der erforderlichen Ausführlichkeit im Mahnbescheidsantrag ausnahmsweise nicht bezeichnet werden, kann man eine **besondere Anlage** benutzen, in der man den Anspruch kurz konkretisiert.

> **Hinweis:**
>
> Im automatisierten Mahnverfahren werden Anlagen zum Mahnantrag normalerweise nicht mit zugestellt, sodass es wenig oder gar nichts bringt, den Antrag durch Beifügung von Schriftstücken (Vertragskopien, Mahnungen etc.) konkretisieren zu wollen.

Sehr wichtig: Mehrere Ansprüche mit unterschiedlichen Anspruchsgrundlagen dürfen nie zusammengefasst werden. Entsprechendes gilt für mehrere Ansprüche mit gleicher Anspruchsgrundlage wie z.B. mehrere offene Mieten. In solchen Fällen muss eine **klare Abgrenzbarkeit der Einzelposten** möglich sein.[4482] Deshalb sollte jede Rechnung und jeder Mietmonat gesondert ausgewiesen werden, damit der Schuldner keine Angriffsfläche erhält.

Teilklagen, auch wenn sie durch Mahnbescheid vorbereitet wurden, können gefährlich im Hinblick auf die Verjährung sein. So unterbricht eine bezifferte verdeckte Teilklage die Verjährung grds. nur im beantragten Umfang; später nachgeschobene Mehrforderungen, die nicht auf einer Änderung der wirtschaftlichen Verhältnisse beruhen, sind verjährungsrechtlich gesondert zu beurteilen.[4483]

5. Hemmung durch selbstständiges Beweisverfahren, § 204 Abs. 1 Nr. 7 BGB

Der Hemmungstatbestand ist seit dem 01.01.2002 in § 204 Abs. 1 Nr. 7 BGB ausdrücklich geregelt und gilt auch für das Mietrecht.[4484] Leitet also der Mieter oder der Vermieter ein Beweisverfahren ein, wird die Verjährung mit Zustellung des Antrags für die damit zusammenhängenden Ansprüche gehemmt. Die Zulässigkeit des Beweisverfahrens richtet sich ausschließlich nach den Vorschriften der ZPO.

2731

2732

> **Praxistipp:**
>
> Zur Hemmung der 6-monatigen Verjährungsfrist des § 548 BGB sollten Vermieter immer auch das selbstständige Beweisverfahren in Betracht ziehen. Aber Vorsicht, was rechtlich zulässig und sinnvoll ist, muss noch lange nicht praktisch sein. Will nämlich der Vermieter möglichst bald wieder vermieten, soll er aber womöglich mehrere Monate warten, bis der

---

4482 LG Gießen, 25.01.1995 – 1 S 383/94, WuM 1995, 588.
4483 BGH, 02.05.2002 – III ZR 235/01, IBR 2002, 360.
4484 Vgl. zur alten Rechtslage, nach der die verjährungsunterbrechenden §§ 477 Abs. 2, 639 Abs. 1 BGB a.F. im Mietrecht nicht anwendbar waren BGH, 23.11.1994 – XII ZR 150/93, BGHZ 128, 74 = NJW 1995, 252 = WuM 1995, 149; OLG München, 15.09.1995 – 21 U 5231/94, ZMR 1995, 590.

> gerichtlich bestellte Sachverständige sich einen Schaden angeschaut hat, dürfte es mit der guten Stimmung zwischen Anwalt und Mandant schnell vorbei sein. Der Anwalt sollte deshalb ausdrücklich und nachweisbar auf das Risiko der Zeitverzögerung hinweisen.

6. Neubeginn der Verjährung durch Anerkenntnis, § 212 BGB

2733 Für ein verjährungsunterbrechendes Anerkenntnis muss der Vertragspartner ausdrücklich oder schlüssig, **jedenfalls aber eindeutig**, zum Ausdruck bringen, dass er sich des Bestehens der Schuld bewusst ist. Es genügt jedes zur Kenntnisnahme des Berechtigten bestimmendes und geeignetes Verhalten, das klar und unzweideutig das Bewusstsein des Schuldners von dem Bestehen der Schuld bezeugt.[4485] Nach ständiger Rechtsprechung des BGH genügt für eine verjährungsunterbrechendes Anerkenntnis ein tatsächliches Verhalten des Schuldners ggü. dem Gläubiger, aus dem sich das Bewusstsein vom Bestehen der Forderung unzweideutig entnehmen lässt und angesichts dessen der Gläubiger darauf vertrauen darf, dass sich der Schuldner nicht auf den Ablauf der Verjährung berufen wird. Der Schuldner muss dabei sein Wissen, zu etwas verpflichtet zu sein, klar zum Ausdruck bringen, wobei allerdings ein Anerkenntnis auch in einem **schlüssigen Verhalten** und sogar in einem bloßen Stillschweigen liegen kann, wobei es auf den – objektiven – Empfängerhorizont des Gläubigers ankommt.[4486]

2734 Haben die Mietparteien bspw. vereinbart, dass der Mieter über die rückständigen Mietansprüche des Vermieters ein **notarielles Schuldanerkenntnis** abgeben wird und hat der Mieter dies in späteren Gesprächen bekräftigt, liegen darin jeweils verjährungsunterbrechende Anerkenntnisse i.S.d. § 212 Abs. 1 Nr. 1 BGB, und zwar auch dann, wenn der Mieter das vereinbarte notarielle Schuldanerkenntnis nie abgibt.[4487] Auch die ggf. nur **mündliche Bemerkung**, man werde in Kürze die offene Miete zahlen, kann ein Anerkenntnis darstellen.

Bei mehreren tatsächlichen Verhaltensweisen führt jedes einzelne Anerkenntnis – auch wiederholt – zum Neubeginn der Verjährung.[4488]

VII. Demnächst-Zustellung, § 167 ZPO

2735 Die Verjährung wird auch dann unterbrochen, wenn die Klage **vor Ablauf der Verjährungsfrist** eingereicht, aber erst dann zugestellt wird, wenn diese Zustellung „demnächst" erfolgt (§ 167 ZPO, Rückwirkungsfiktion; für Mahnbescheide § 693 ZPO). Im Regelfall sind nur von der Partei und ihrem Prozessbevollmächtigten verursachte Zustellungsverzögerungen von **bis zu 14 Tagen**[4489] oder „geringfügig länger"[4490] als unschädlich anzusehen. Bei einer Klageerhebung beginnt die Frist erst mit der gerichtlichen Aufforderung, die Gerichtskosten einzuzahlen.[4491] Zustellungen, die erst später erfolgen, sind ein erhebliches Risiko für den Kläger und dessen Anwalt.

4485 OLG Celle, 29.11.2001 – 13 U 78/01, BauR 2003, 403.
4486 BGH, NJW-RR 2005, 1044, 1047; BGH, NJW 1988, 1259, 1260; KG, 11.10.2010 – 12 U 17/10, IMR 2011, 20.
4487 KG, 11.10.2010 – 12 U 17/10, IMR 2011, 20.
4488 KG, 11.10.2010 – 12 U 17/10, IMR 2011, 20 m.w.N.
4489 BGH, 24.05.2005 – XI ZR 135/04, GuT 2005, 180.
4490 BGH, 19.08.2010 – VII ZR 113/09, IBR 2010, 728.
4491 BGH, 19.08.2010 – VII ZR 113/09, IBR 2010, 728.

Bei der Frage, ob eine Klagezustellung „demnächst" i.S.v. § 167 ZPO erfolgt, sind Verzögerungen im Zustellungsverfahren, die durch eine **fehlerhafte Sachbehandlung des Gerichtes** verursacht worden sind, dem Kläger grds. nicht zuzurechnen.[4492] Hat er alle von ihm geforderten Mitwirkungshandlungen für eine ordnungsgemäße Klagezustellung erbracht, insb. den Gerichtskostenvorschuss eingezahlt, so sind er und sein Prozessbevollmächtigter im Weiteren nicht mehr gehalten, das gerichtliche Vorgehen zu kontrollieren und durch Nachfragen auf die beschleunigte Zustellung hinzuwirken.[4493] Ausschließlich **gerichtsintern bedingte Verzögerungen** sind daher unschädlich. Vertreten wird, dass der Kläger, wenn die Aufforderung des Gerichts zur Einzahlung der Gerichtskosten unterbleibt, nach ca. drei Wochen nachfragen, von sich aus einzahlen oder einen Antrag nach § 14 GKG stellen muss.[4494] Dies ist abzulehnen, da derartige Verzögerungen ausschließlich gerichtsbedingt sind. Erst recht gilt dies, wenn der Kläger der Klage bereits die Gerichtskosten per Scheck oder Gebührenstempler beigefügt hat.

2736

Nicht in die für eine Rückwirkungsfiktion des § 167 ZPO erforderliche Zeitspanne von mehr als 14 Tagen für die Verzögerung der Zustellung einzurechnen ist die sog. **Bearbeitungs- oder Erledigungsfrist** für den Kläger. D.h. es wird für die Berechnung der 14 Tage nur auf die Zeitspanne abgestellt, um die sich die Zustellung der Klage als Folge einer Nachlässigkeit verzögert hat. Der Zeitraum, den der Kläger ohnehin benötigt hätte, um die geforderte Handlung (also üblicherweise die Einzahlung des Kostenvorschusses) vorzunehmen, wird als Bearbeitungs- oder Erledigungsfrist nicht in die Frist von 14 Tagen eingerechnet.[4495] Höchstrichterlich ungeklärt und umstritten ist, welchen konkret zeitlichen Umfang diese Erledigungsfrist hat. Für die Angabe einer neuen ladungsfähigen Anschrift des Beklagten wurde eine Bearbeitungsfrist von zwei Werktagen angenommen,[4496] für die Beantwortung einer Streitwertanfrage fünf Arbeitstage,[4497] für die Einzahlung eines Kostenvorschusses eine Woche,[4498] vier Werktage[4499] und sogar zwei Werktage.[4500] Fristen unterhalb von fünf Werktagen sind jedoch abzulehnen, da es auch im Zeitalter des Online-Bankings lebensfremd ist, dass eine sofortige Bearbeitung erfolgen kann, insb. wenn womöglich noch ein Gerichtsschreiben vom Anwalt an den Mandanten weitergeleitet werden muss. Eine Bearbeitung ohne schuldhaftes Verzögern bedeutet nicht „sofort", sondern so schnell wie unter normalen Umständen möglich.

2737

Allerdings ist neuerdings fraglich, ob die übliche Bearbeitungszeit tatsächlich nicht mitzurechnen ist, da nach **Auffassung des EuGH** für die Bestimmung des Verzugszeitpunktes ein rechtzeitiger Überweisungsauftrag nicht mehr ausreicht, sondern bei einer Überweisung (nur) die Gutschrift auf dem Konto maßgeblich ist.[4501] Dies ergibt sich aus der **EU-Zahlungsverzugsrichtlinie** („Richtlinie 2000/35/EG des Europäischen Parlaments und des Rates v. 29.06.2000

2738

[4492] BGH, 12.07.2006 – IV ZR 23/05, r+s 2006, 407 = IMR 2006, 139 = GuT 2006, 267 (LS).
[4493] BGH, 12.07.2006 – IV ZR 23/05, r+s 2006, 407 = IMR 2006, 139 = GuT 2006, 267 (LS).
[4494] Zöller, § 167 Rn. 15.
[4495] BGH, VersR 2001, 1536; BGH, NJW 1996, 1060, 1061; BGH, VersR 1994, 455.
[4496] BGH, VersR 2001, 1536.
[4497] BGH, VersR 1994, 455.
[4498] OLG Köln, VersR 2000, 1485; OLG München, WM 2009, 217.
[4499] OLG Hamm, VersR 2004, 362.
[4500] KG, 15.01.2010 – 6 U 76/09.
[4501] EuGH, 03.04.2008 – C-306/06, NJW 2008, 1935 = IBR 2008, 254 = ZMR 2009, 262 = InfoM 2008, 453.

zur Bekämpfung von Zahlungsverzug im Geschäftsverkehr"). Diese Vorgaben sind jedoch nur bindend, soweit es um Verzugszinsen zwischen Unternehmern geht; darüber hinaus – etwa im Wohnraummietrecht und bei Kündigungen wegen Zahlungsverzugs – fehlt es an europarechtlich bindenden Vorgaben.[4502] Bei der Überweisung von Gerichtskosten an ein Gericht, also eine Behörde, fehlt es hingegen an der Unternehmeigenschaft des Empfängers, und es auch der Zweck der Richtlinie, Gläubiger von Geldforderungen vor wirtschaftlichen Nachteilen zu schützen, „passt" hier nicht, weshalb der Zeitraum der üblichen Erledigung nach wie vor nicht mitzurechnen ist.[4503]

> **Praxistipp:**
>
> Die Demnächst-Zustellung ist haftungsträchtig, weil immer das Risiko besteht, dass ein Gericht durch die Annahme einer Verfristung „kurzen Prozess" macht. Musterfall für anwaltlich richtiges Verhalten und den Versuch eines LG, sich der Akte durch den Vorwurf einer zu langen Demnächst-Zustellung zu entledigen: BGH, 12.07.2006 – IV ZR 23/05, r+s 2006, 407 = IMR 2006, 139 = GuT 2006, 267 (LS).
>
> Daher sind drei Wiedervorlagen zu notieren, bei denen von einem Mitarbeiter telefonisch bei Gericht Folgendes abgefragt wird:
>
> - Eingang der Unterlagen bei Gericht.
> - Ca. drei Wochen nach Eingang der Unterlagen: wo bleibt die Gerichtskostenrechnung? (nach der hier vertretenen Auffassung nicht erforderlich, s.o.).
> - Eingang des Gerichtskostenvorschusses: spätestens drei bis fünf Tage nach Zahlung.
> - Zustellung an den Gegner: spätestens 10 bis 14 Tage nach Zahlung des Vorschusses.

Bei geringsten Unklarheiten sollte hartnäckig und sofort per Fax nachgefragt und „Druck gemacht" werden.

VIII. Vereinbarungen über die Verjährung, § 202 BGB

2739 Nach § 202 BGB kann die Verjährung durch Vereinbarung erleichtert oder auch bis zur Höchstgrenze von dreißig Jahren erschwert werden. Dies bezieht sich nicht nur auf Verjährungsfristen, sondern auch auf die Hemmung oder den Neubeginn, sodass die Parteien z.B. regeln können, wie lange eine Hemmung dauern soll oder wann die (normale) Verjährungsfrist neu beginnt. Da § 225 BGB a.F. durch das SchuldRModG aufgehoben wurde, ist seit dem 01.01.2002 grds. auch eine Verlängerung der äußerst praxisrelevanten **kurzen Frist des § 548 BGB** möglich. Ist der Verzicht auf die Einrede der Verjährung zeitlich nicht ausdrücklich eingeschränkt und ergibt die Auslegung keine bestimmte Dauer, ist er auf die 30-jährige Maximalfrist des § 202 Abs. 2 BGB begrenzt.[4504]

4502 Von Seldeneck, Kommentar zu OLG Düsseldorf, 28.09.2009 – 24 U 120/09, InfoM 2010, 225.
4503 A.A. wohl Schulze-Hagen, Praxishinweis zu BGH, 19.08.2010 – VII ZR 113/09, IBR 2010, 728.
4504 BGH, 18.09.2007 – XI ZR 447/06, GuT 2007, 383 (LS).

Da die gesetzlichen Verjährungsregeln Leitbildfunktion i.S.d. § 307 Abs. 2 Nr. 1 BGB für eine Inhaltskontrolle haben sollen,[4505] können sich bei **AGB-Klauseln** Probleme ergeben. Soll die Verlängerung bereits im Mietvertrag verankert werden, und handelt es sich um einen Formularvertrag, sind die §§ 305 ff. BGB zu beachten. Ob es sich z.B. bei § 548 Abs. 1 BGB mit seiner kurzen Sechsmonatsfrist tatsächlich um einen wesentlichen Grundgedanken des Mietrechts mit Leitbildfunktion handelt, mit der Folge, dass Erschwerungen der Frist unzulässig sein könnten, ist sicherlich diskutierbar, aber im Ergebnis zu verneinen, da der Gesetzgeber „sehenden" Auges im Zuge der Mietrechtsreform 2001 und der Schuldrechtsreform 2002 keine Einschränkung der Verjährungserschwerung in § 202 BGB oder § 548 BGB vorgenommen hat. Da § 202 Abs. 2 BGB eine Verlängerung über dreißig Jahre verbietet und sie somit bis zu diesem Zeitpunkt erlaubt, ist eine großzügige Handhabung angebracht, sodass kürzere Erschwerungen der Verjährung grds. wirksam sind. Dies wird i.d.R. der Fall sein, wenn es um eine Streitigkeit geht, die noch nicht abschließend geklärt werden kann. Zumindest ein maßvolles Hinausschieben der Verjährungsfrist des § 548 BGB auf bis zu einem Jahr – auch in Formularmietverträgen – tangiert die §§ 305 ff. BGB, speziell § 307 Abs. 1 Satz 1 BGB, nicht.[4506] Nach a.A. gehört § 548 BGB zum Leitbild der Miete, sodass bei einer Erschwerung der Verjährung grds. eine unangemessene Benachteiligung gem. § 307 Abs. 2 Nr. 1 BGB vorliegt, es sei denn, der Vermieter ist aus besonderen Gründen nicht in der Lage, sich in zumutbarer Weise über das Bestehen oder Nichtbestehen von Ansprüchen innerhalb der Frist des § 548 BGB Kenntnis zu verschaffen.[4507]

2740

Vereinbarungen, die den Beginn der Verjährung an bestimmte objektive Tatsachen knüpfen, sollten immer so konkret wie möglich gefasst werden, da sonst Streit vorprogrammiert ist.

2741

Äußerst interessant ist der Vorschlag von Kandelhard,[4508] in den Mietvertrag die nachfolgend im Wesentlichen zitierte Klausel aufzunehmen, nach der die Verjährung gehemmt ist, wenn der Mieter durch sein Verschulden nicht „aufzutreiben" ist. Die Klausel ist wirksam, auch formularvertraglich, da eine unangemessene Benachteiligung des Mieters gem. § 307 Abs. 1 Satz 1 BGB nicht besteht, denn es obliegt dem Mieter als vertragliche Nebenpflicht ohnehin, dem Vermieter einen Auszug und/oder eine neue Adresse mitzuteilen.

2742

Formulierungsvorschlag: Vereinbarung über die Verjährung

2743

> Teilt der Mieter dem Vermieter seine neue Adresse nicht mit und kann der Vermieter diese auch nicht ermitteln, ist die Verjährung gehemmt, d.h. es wird der Zeitraum, während dessen der Vermieter die Adresse des Mieters nicht in Erfahrung bringen kann, in die Verjährungsfrist nicht mit eingerechnet. Der Vermieter ist in Jahresabständen verpflichtet, Anfragen bzgl. der neuen Adresse zu wiederholen. Die Dauer der Hemmung beträgt max. fünf Jahre.

4505 OLG München, 08.11.2006 – 34 Wx 45/06, NJW 2007, 227; Heinrichs in: Palandt, § 202 Rn. 13.
4506 Vgl. auch Kandelhard, NZM 2002, 929, 933.
4507 LG Dortmund, 17.03.2010 – 2 O 53/09 (Mietvertrag über Baumaschinen).
4508 NZM 2002, 929, 934.

IX. Verwirkung

2744 Wird ein Anspruch – z.B. auf Zahlung, aber auch auf Kündigung – längere Zeit nicht geltend gemacht und treten **besondere Umstände** hinzu, die dazu führen, dass die verspätete Geltendmachung als unzulässige Rechtsausübung (Verstoß gegen Treu und Glauben, § 242 BGB) anzusehen ist, kommt Verwirkung in Betracht. Verwirkung kann auch **vor Ablauf der Verjährungsfrist** eintreten, wenn sich der Schuldner aufgrund der Umstände und des Verhaltens des Gläubigers darauf einrichten durfte, dass dieser den Anspruch nicht mehr geltend macht. Sie scheidet nach einer Meinung aber bei einer kurzen Verjährungsfrist grds. aus,[4509] während sie nach einer etwas großzügigeren Meinung bei einer kurzen Verjährungsfrist nur „aus ganz besonderen Gründen" vorliegen kann.[4510] **Zeitablauf allein** – also bspw. das bloße Untätigbleiben des Gläubigers, etwa fehlende Geltendmachung der Mietzahlung – genügt für den Eintritt grds. nicht.[4511] Langes Untätigbleiben allein reicht nicht aus. Verwirkung setzt daher – neben reinem Zeitablauf – auch voraus, dass besondere, auf dem Verhalten des Berechtigten beruhende Umstände hinzutreten, die das Vertrauen des Verpflichteten rechtfertigen, der Berechtigte werde seinen Anspruch nicht mehr geltend machen.[4512]

2745 Erforderlich ist immer:[4513]
- das sog. Zeitmoment (= ein gewisser Zeitablauf: eine grobe Zeitspanne von acht bis zehn Jahren reicht als Zeitmoment für eine Verwirkung regelmäßig aus),[4514]
- das sog. Umstandsmoment (= es muss sich aus den Umständen ergeben, dass der Schuldner sich darauf einrichten durfte, der Gläubiger werde den Anspruch nicht mehr geltend machen). Erforderlich ist also ein „Vertrauen dürfen" und „ein sich einrichten". Über das Vertrauen hinaus muss sich der Schuldner – insb. durch die Vornahme von entsprechenden Vermögensdispositionen oder anderen Vertrauensinvestitionen – auch tatsächlich darauf eingerichtet haben, dass er nicht mehr leisten muss, was er dann auch prozessual darlegen und beweisen muss.[4515]

Beispiel:

Enthalten die Schreiben Mängelanzeigen und mindert der Mieter über einen Zeitraum von rund drei Jahren den Mietzins ohne dass der Vermieter dies beanstandet, ist ein Nachzahlungsanspruch verwirkt. Es ist sowohl das Zeit- als auch das Umstandsmoment erfüllt.[4516]

Beide „Momente" müssen kumulativ vorliegen.

4509 OLG Naumburg, 03.04.2007 – 9 U 9/07, IMR 2007, 325; ähnlich KG, 27.11.2006 – 12 U 182/04, NZM 2008, 129.
4510 OLG Düsseldorf, 04.05.2010 – 24 U 195/09, NZM 2010, 820.
4511 BGH, 13.02.2008 – VIII ZR 14/06, IMR 2008, 151: Nebenkosten 20 Jahre lang nicht abgerechnet; OLG Düsseldorf, 04.05.2010 – 24 U 195/09, NZM 2010, 820; KG, 02.06.2003 – 12 U 320/01, GuT 2004, 132 = WM 2004, 348.
4512 BGH, 14.11.2002 – VII ZR 23/02, NZBau 2003, 213 = BauR 2003, 379; OLG Düsseldorf, 04.05.2010 – 24 U 195/09, NZM 2010, 820.
4513 OLG Zweibrücken, 26.01.2007 – 3 W 206/06, LNR 2007, 10920 = MDR 2007, 512 = ZMR 2007, 488.
4514 OLG Köln, 24.04.2006 – 16 Wx 35/06, LNR 2006, 19500 = WuM 2006, 537 (LS).
4515 OLG Düsseldorf, 04.05.2010 – 24 U 195/09, NZM 2010, 820.
4516 OLG Naumburg, 18.05.2006 – 9 U 50/03, GuT 2008, 54.

Eine **genaue Zeitdauer**, wann Verwirkung in Betracht kommt, lässt sich nicht angeben, dies ist immer vom Einzelfall abhängig. Wo Gesetz oder Vertrag Prüfungsfristen vorgeben, können ausnahmsweise auch relativ kurze Überschreitungszeiträume ausreichen. Auch eine streitige Forderung kann verwirken, wenn sie längere Zeit nicht weiter verfolgt wird.[4517]

2746

An die Voraussetzungen der Verwirkung sind **strenge Anforderungen** zu stellen. Auch das Umstandsmoment ist restriktiv zu handhaben. So führen vorbehaltlose Nachzahlungen des Mieters nicht zur Verwirkung von Gewährleistungsrechten, wenn sie nicht **eindeutig** die Tilgung des bisher geminderten Teils der Miete bezwecken.[4518] Ferner kann sich bereits begrifflich kein Vertrauen des Schuldners aufbauen, wenn der Gläubiger aktiv durch Mahnungen, Androhungen o.Ä. gegensteuert.

2747

Beispiel:[4519]

Das Recht des Vermieters zur fristlosen Kündigung wegen jahrelang fortgesetzter, kleinerer Zahlungseinbehalte (hier: USt) ist nicht verwirkt, wenn der Vermieter aufgrund neuer, hinzukommender Zahlungsrückstände eine Frist gesetzt und für den Fall des fruchtlosen Fristablaufs (nur) Klage angedroht hat.

Verwendet der Vermieter eine wegen unangemessener Benachteiligung **unwirksame AGB-Minderungsausschluss-Klausel**, kann er sich wegen seines eigenen Vertragsverstoßes nicht auf Verwirkung berufen.[4520] Wer deshalb durch die Verwendung einer (sich im Nachhinein als unwirksam erweisenden) Klausel darauf spekuliert, dass der Mieter „stillhält", darf sich nicht auf dieses Untätigbleiben berufen.

Zur Verwirkung von Nebenkostennachzahlungen → *Rn. 1099.* Zur Verwirkung von rückwirkend eingetretenen Mieterhöhungen bei Wertsicherungsklauseln → *Rn. 1244 f.* Zur Verwirkung des Rechts auf Mietzahlung, wenn der Vermieter auf eine (unberechtigte) Mietminderung nicht reagiert → *Rn. 2190.*

4517 OLG Düsseldorf, 24.06.2004 – I-24 U 92/04, GuT 2005, 11.
4518 OLG Düsseldorf, 30.07.2002 – 24 U 200/01, NZM 2003, 63.
4519 BGH, 15.06.2005 – XII ZR 291/01, NZM 2005, 703 = ZMR 2005, 776 = InfoM 2005, 299 = NJW 2005, 2775 = MDR 2006, 86.
4520 BGH, 12.03.2008 – XII ZR 147/05, IMR 2008, 234 = InfoM 2008, 226/228 = MDR 2008, 909.

X. Arbeits- und Beratungshilfen

1. Schnellüberblick Grundsatz-Rechtsprechung des BGH

2748

Thema/Normen	Leitsatz	Entscheidung, Fundstelle
Vorsicht beim Mahnbescheid: Anspruch muss individualisiert sein!	Den in § 690 Abs. 1 Nr. 3 ZPO aufgestellten Anforderungen an eine Individualisierung des im Mahnbescheid bezeichneten Anspruchs kann unter bestimmten Umständen auch dann genügt sein, wenn zwar eine im Mahnbescheid in Bezug genommene Anlage weder diesem beigefügt noch dem Schuldner zuvor zugänglich gemacht worden ist, jedoch die übrigen Angaben im Mahnbescheid eine Kennzeichnung des Anspruchs ermöglichen.	BGH, 17.11.2010 – VIII ZR 211/09, IMR 2011, 51
Verfahrensrecht – Vorsicht beim Mahnbescheid! Anspruch muss individualisiert sein	Die im Antrag auf Erlass eines Mahnbescheids enthaltene Falschangabe des Datums eines vorprozessualen Anspruchsschreibens, auf das der Antragsteller, ohne es dem Antrag beizufügen, zur Individualisierung seines Anspruchs Bezug nimmt, ist unschädlich, wenn für den Antragsgegner ohne Weiteres ersichtlich ist, um welches Schreiben es sich handelt.	BGH, 14.07.2010 – VIII ZR 229/09
Verjährung von Ersatzansprüchen des Vermieters bei Prozessvergleich	Ersatzansprüche des Vermieters wegen Verschlechterung oder Veränderung der Mietsache verjähren auch dann in der kurzen Verjährungsfrist des § 548 Abs. 1 BGB, wenn die Mietvertragsparteien in einem vorangegangenen Räumungsprozess einen Vergleich geschlossen haben, in dem sich der Mieter verpflichtet hat, von ihm genutzte Teilflächen des Grundstücks zu räumen, die nicht Gegenstand des Mietverhältnisses waren.	BGH, 23.06.2010 – XII ZR 52/08, GuT 2010, 229 = IMR 2010, 375 = InfoM 2010, 277 = MDR 2010, 1042
Verjährungshemmende Aufrechnung nur gegen streitgegenständliche Forderung – Mieteinnahmen in der Restitution § 204 Abs. 1 Nr. 5 BGB; §§ 7, 16 VermG	Die Verjährungshemmung nach § 204 I Nr. 5 BGB setzt voraus, dass sich die Aufrechnung gegen eine Forderung richtet, die Gegenstand des Rechtsstreits ist. Daran fehlt es hinsichtlich des die Hauptforderung übersteigenden Teils der Gegenforderung.	BGH, 20.03.2009 – V ZR 208/07, NZM 2009, 838 = MDR 2009, 793
Mietrecht – Hemmung der Verjährung des Mietzins-Anspruchs durch Streitverkündung	Die Verjährung von Ansprüchen auf Mietzins (§ 535 Abs. 2 BGB) und Nutzungsentschädigung nach § 546a Abs. 1 BGB (hier im Fall der Untermiete) wird durch eine – zulässige – Streitverkündung nach § 204 Abs. 1 Nr. 6 BGB auch dann gehemmt, wenn sie sich auf ein zu besorgendes Gewährleistungsrecht des Streitverkündungsempfängers bezieht (§ 72 Abs. 1 2. Alt. ZPO).	BGH, 11.02.2009 – XII ZR 114/06, IMR 2009, 158 = GuT 2009, 95 = InfoM 2009, 184 = NZM 2009, 358 = MDR 2009, 730

X. Arbeits- und Beratungshilfen

„Einschlafen" von Verhandlungen	Eine Hemmung der Verjährung durch Aufnahme von Verhandlungen endet auch dann, wenn die Verhandlungen der Parteien „einschlafen"; die von der Rechtsprechung zu § 852 Abs. 2 BGB a.F. entwickelten Grundsätze sind auf das neue Verjährungsrecht zu übertragen.	BGH, 06.11.2008 – IX ZR 158/07, MDR 2009, 275 = NJW 2009, 1806
Verjährung von Aufwendungsersatzansprüchen des Mieters	Die Veräußerung des Mietobjekts, die durch Eintragung des neuen Eigentümers im Grundbuch vollzogen wird, führt zur Beendigung des Mietverhältnisses im Sinne von § 548 Abs. 2 BGB. Bei einer Veräußerung beginnt die Frist für Verjährung von Aufwendungsersatzansprüchen des Mieters nach § 548 Abs. 2 BGB erst mit Kenntnis des Mieters von der Eintragung des Erwerbers im Grundbuch zu laufen.	BGH, 28.05.2008 – VIII ZR 133/07, IMR 2008, 263 = MDR 2008, 850
Verwirkung der Minderung, AGB-Klausel	Verwendet der Vermieter eine wegen unangemessener Benachteiligung unwirksame AGB-Minderungsausschluss-Klausel, kann er sich wegen seines eigenen Vertragsverstoßes nicht auf Verwirkung berufen.	BGH, 12.03.2008 – XII ZR 147/05, IMR 2008, 234 = InfoM 2008, 226/228 = MDR 2008, 909
Hemmung und Unterbrechung	Für ein Verhandeln genügt, wie bei § 852 Abs. 2 BGB a.F., jeder Meinungsaustausch über den Schadensfall zwischen dem Berechtigten und dem Verpflichteten, sofern nicht sofort und eindeutig jeder Ersatz abgelehnt wird. Die zu § 639 Abs. 2 BGB a.F. ergangene Rechtsprechung kann zur Ausfüllung des Begriffs herangezogen werden.	BGH, 26.10.2006 – VII ZR 194/05, GuT 2006, 369 = VersR 2007, 705
Verjährung, „demnächst-Zustellung"	Bei der Frage, ob eine Klagezustellung „demnächst" im Sinne von § 167 ZPO erfolgt, sind Verzögerungen im Zustellungsverfahren, die durch eine fehlerhafte Sachbehandlung des Gerichts verursacht worden sind, dem Kläger grundsätzlich nicht zuzurechnen. Hat er alle von ihm geforderten Mitwirkungshandlungen für eine ordnungsgemäße Klagezustellung erbracht, insbesondere den Gerichtskostenvorschuss eingezahlt, so sind er und sein Prozessbevollmächtigter im Weiteren nicht mehr gehalten, das gerichtliche Vorgehen zu kontrollieren und durch Nachfragen auf die beschleunigte Zustellung hinzuwirken.	BGH, 12.07.2006 – IV ZR 23/05, r+s 2006, 407 = IMR 2006, 139 = GuT 2006, 267 Ls.

§ 548 BGB und Ansprüche des Vermieters gegen Dritte	Die kurze mietvertragliche Verjährung gilt nach gefestigter Rechtsprechung auch dann, wenn es um von § 548 BGB erfasste Ansprüche des Vermieters gegen einen Dritten geht, der – ohne Vertragspartei zu sein – in den Schutzbereich des Mietvertrags einbezogen ist (Senat, NJW-RR 1988, 1358; BGHZ 49, 278 [279 f.] = NJW 1968, 694; BGHZ 61, 227 [233 f.] = NJW 1973, 2059; BGHZ 71, 175 [178 f.] = NJW 1978, 1426; BGHZ 135, 152 [156] = NJW 1997, 1983; NJW 1976, 1843 [1844]; Schilling, in: MünchKomm, § 548 Rdnr. 6; Staudinger/Emmerich, BGB [2003], § 548 Rdnr. 15). Eine von den Parteien gewollte Einbeziehung in den Schutzbereich des Mietvertrags ist in der höchstrichterlichen Rechtsprechung für zum Hausstand gehörende Personen, insbesondere. Familienangehörige des Mieters, anerkannt (Senat, NJW-RR 1988, 1358 [1359]; BGHZ 49, 278 [279 f.] = NJW 1968, 694; BGHZ 61, 227 [233 f.] = NJW 1973, 2059; BGHZ 71, 175 [178 f.]).	BGH, 23.05.2006 – VI ZR 259/04, GuT 2006, 265 = ZMR 2006, 754 = NZM 2006, 624 = WuM 2006, 437 = NJW 2006, 2399
§ 548 BGB und Zerstörung des Mietobjekts	Der Anwendung des § 548 BGB steht der Grad der Zerstörung des Mietobjekts jedenfalls dann nicht entgegen, wenn noch wieder verwendbare Reste der zurückzugebenden Sache (hier: Mauerreste) vorhanden sind; ob es sich hierbei um einen wesentlichen Gebäudeteil handelt, ist unerheblich.	BGH, 23.05.2006 – VI ZR 259/04, GuT 2006, 265 = ZMR 2006, 754 = NZM 2006, 624 = WuM 2006, 437 = NJW 2006, 2399
§ 548 BGB und Beginn der Verjährung	Die Verjährung der Ersatzansprüche des Vermieters beginnt nach §§ 548 Abs. 1 Satz 2, 200 Satz 1 BGB mit dem Zeitpunkt, in dem er die Mietsache zurückerhält (im Anschluss an Senat, BGHZ 162, 30 = NJW 2005, 739 = NZM 2005, 176). Dies gilt auch dann, wenn der Mietvertrag erst später endet.	BGH, 15.03.2006 – VIII ZR 123/05, WuM 2006, 319 = NJW 2006, 1688 = GuT 2006, 142 Ls. = GE 2006, 640 = MDR 2006, 1398 (Wohnraum)
§ 548 BGB und Schadensersatz aus Verschulden bei Vertragsverhandlungen	Führt der Vermieter im Hinblick auf den abzuschließenden Mietvertrag erhebliche Umbauten durch, kann der Mieter nach dem Scheitern der Verhandlungen auf Schadenersatz aus Verschulden bei Vertragsverhandlungen (c.i.c.) haften. Dieser Schadensersatzanspruch verjährt in der kurzen mietrechtlichen Verjährungsfrist von 6 Monaten gem. § 548 BGB. Ist der Vermieter noch im Besitz der Mieträume, beginnt die Frist, wenn die Vertragsverhandlungen zwischen den Parteien endgültig gescheitert sind.	BGH, 22.02.2006 – XII ZR 48/03, GUT 2006, 140 = IMR 2006, 9 = NZM 2006, 509 = InfoM 2006, 293 = MDR 2006, 739
Verjährung, „demnächst-Zustellung"	Im Regelfall sind nur von der Partei und ihrem Prozessbevollmächtigten verursachte Zustellungsverzögerungen von bis zu 14 Tagen als geringfügig anzusehen.	BGH, 24.05.2005 – XI ZR 135/04, GuT 2005, 180

X. Arbeits- und Beratungshilfen

§ 548 BGB und Beginn der Verjährung	Die Verjährung der Ersatzansprüche des Vermieters beginnt gem. §§ 548 I 2, 200 S. 1 BGB auch dann mit dem Zeitpunkt, in dem er die Mietsache zurückerhält, wenn die Ansprüche erst zu einem späteren Zeitpunkt entstehen.	BGH, 19.01.2005 – VIII ZR 114/04, NZM 2005, 176 = NJW 2005, 739
§ 548 BGB und vollmachtsloser Vertreter des Mieters/Pächters	Ersatzansprüche des Vermieters/Verpächters wegen Veränderungen oder Verschlechterungen der Miet-/Pachtsache gegen den vollmachtslosen Vertreter des Mieters/Pächters (§ 179 Abs. 1 BGB) verjähren in der kurzen Verjährungsfrist des § 558 Abs. 1 BGB (jetzt § 548 Abs. 1 BGB). Zu den Voraussetzungen einer solchen Verjährung.	BGH, 19.11.2003 – XII ZR 68/00, GuT 2004, 13 = AIM 2004, 38
§ 548 BGB und Rückgabe der Mietsache	Die für den Beginn der kurzen Verjährungsfrist nach § 558 Abs. 2 BGB (jetzt § 548 BGB) erforderliche Rückgabe der Mietsache erfordert grds. eine Veränderung der Besitzverhältnisse zugunsten des Vermieters, indem dieser in die Lage versetzt wird, die unmittelbare Sachherrschaft auszuüben. Dies liegt nicht vor, wenn dem Vermieter vom Mieter während dessen Besitzes nur gestattet wird, sich in den Mieträumen umzusehen.	BGH, 10.05.2000 – XII ZR 149/98, MDR 2000, 1068 = NZM 2000, 1055, 1057
Verjährung, „demnächst-Zustellung"	Ein Mahnbescheid, dessen Zustellung aufgrund einer unzutreffenden Postanschrift des Antragsgegners nicht zugestellt werden kann, ist gem. § 693 Abs. 2 ZPO demnächst zugestellt, wenn er nach Zugang der Mitteilung der Unzustellbarkeit beim Antragsteller innerhalb eines Monats zugestellt wird.	BGH, 21.03.2002 – VII ZR 230/01, MDR 2002, 1085
§ 548 BGB und Schadensersatzanspruch bei unterlassener Renovierung	Die kurze Verjährungsfrist des § 558 BGB (jetzt § 548 BGB) für Schadensersatzansprüche wegen unterlassener, vertraglich geschuldeter Renovierungsarbeiten beginnt, nachdem dieser durch Umwandlung des Erfüllungs- in den Schadensersatzanspruch entstanden ist. Die für den Erfüllungsanspruch verstrichene Verjährungsfrist wird auf den Schadensersatzanspruch nicht angerechnet.	BGH, 09.02.2000 – XII ZR 202/97, NZM 2000, 547

2. Schnellüberblick aktuelle Rechtsprechung der Instanzgerichte

2749

Thema/Normen	Leitsatz	Entscheidung, Fundstelle
Anerkenntnis unterbricht Verjährung § 212 Abs. 1 Nr. 1 BGB	Haben die Mietparteien vereinbart, dass der Mieter über die rückständigen Mietansprüche des Vermieters ein notarielles Schuldanerkenntnis abgeben wird und hat der Mieter dies in späteren Gesprächen bekräftigt, so liegen darin jeweils verjährungsunterbrechende Anerkenntnisse im Sinne des § 212 Abs. 1 Nr. 1 BGB, und zwar auch dann, wenn der Mieter das vereinbarte notarielle Schuldanerkenntnis nie abgibt.	KG, 11.10.2010 – 12 U 17/10, IMR 2011, 19

Verwirkung des Anspruchs auf die Miete § 242 BGB	Der Verwirkungstatbestand setzt sich aus den Elementen Umstands- und Zeitmoment zusammen. Für das Umstandsmoment reicht die bloße Untätigkeit des Vermieters – ausbleibende Geltendmachung eines Anspruchs – neben dem Zeitablauf für eine Verwirkung nicht aus. Da der Anspruch auf die Miete in drei Jahren verjährt, kann eine Verwirkung vor Ablauf der Verjährungsfrist nur aus ganz besonderen Gründen angenommen werden.	OLG Düsseldorf, 04.05.2010 – 24 U 195/09, NZM 2010, 820
Verlängerung der Verjährungsfrist = unwirksame Klausel!	§ 548 BGB gehört zum Leitbild der Miete, so dass bei einer Erschwerung der Verjährung durch AGB grundsätzlich eine unangemessene Benachteiligung gem. § 307 Abs. 2 Nr. 1 BGB vorliegt, es sei denn, der Vermieter ist aus besonderen Gründen nicht in der Lage, sich in zumutbarer Weise über das Bestehen oder Nichtbestehen von Ansprüchen innerhalb der Frist des § 548 BGB Kenntnis zu verschaffen.	LG Dortmund, 17.03.2010 – 2 O 53/09
Mangelbeseitigung: Wann verjährt Rückzahlung des Kostenvorschusses?	Die Verjährung des Anspruchs des Vermieters gegen den Mieter auf Rückzahlung eines geleisteten Kostenvorschusses zur Mängelbeseitigung richtet sich nicht nach § 548 Abs. 1 BGB, sondern nach den §§ 195, 199 BGB. Der Vermieter kann den geleisteten Vorschuss zurückfordern, wenn der Mieter die Mangelbeseitigung nicht innerhalb angemessener Frist vornimmt und über die Verwendung des Vorschusses keine Abrechnung erteilt.	OLG Celle, 23.12.2009 /28.01.2010 – 2 U 134/09, IMR 2010, 133 = InfoM 2010, 173
„Verhandlungen" i.S.d. § 203 Satz 1 BGB	Der Begriff der „Verhandlungen" im Sinne des § 203 Satz 1 BGB n.F. ist weit auszulegen ist; hierfür genügt jeder Meinungsaustausch über den Schadensfall zwischen dem Berechtigten und dem Verpflichteten, sofern nicht sofort und eindeutig jeder Ersatz abgelehnt wird. Verhandlungen schweben schon dann, wenn der in Anspruch Genommene Erklärungen abgibt, die dem Geschädigten die Annahme gestatten, der Verpflichtete lasse sich auf Erörterungen über die Berechtigung von Schadensersatzansprüchen ein. Nicht notwendig ist, dass dabei eine Vergleichsbereitschaft oder eine Bereitschaft zum Entgegenkommen signalisiert wird. Verhandeln kann auch der Haftpflichtversicherer mit Wirkung für den Schädiger, wenn er auf Grund einer Regulierungsvollmacht zum Beispiel nach § 5 Nr. 7 AHB eine unbeschränkte Verhandlungsvollmacht hat. Will der Versicherer von dieser Vollmacht nur eingeschränkt Gebrauch machen, so muss dies dem Verhandlungspartner deutlich erkennbar gemacht werden. Für die Annahme, der von dem Schuldner erhobene Verjährungseinwand verstoße gegen Treu und Glauben gemäß § 242 BGB und stelle mit Blick auf ein vorangegangenes Verhalten eine unzulässige Rechtsausübung dar, gilt ein strenger Maßstab.	OLG Düsseldorf, 02.07.2009 – 5 U 170/08, NZBau 2010, 177 zur Architektenhaftung/ AHB

X. Arbeits- und Beratungshilfen

Teilzahlungsvergleich mit Verfallklausel: Verjährung	1. Schließen Vermieter und Mieter einen Teilzahlungsvergleich mit Verfallklausel, in welchem der Mieter u. a. anerkennt, einen bestimmten Betrag aus dem Mietvertrag zu schulden, so steht eine solche Vereinbarung weder einem rechtskräftigen Feststellungsurteil i.S. des § 218 I BGB a.F. gleich noch soll durch die Vereinbarung die rechtskräftige Feststellung des Anspruchs i.S. des § 197 I Nr. 3 BGB ersetzt werden. 2. Auch verzichtet der Mieter als Schuldner damit nicht auf die Einrede der Verjährung; vielmehr beginnt nach § 212 I Nr. 1 BGB auf Grund des Anerkenntnisses die Verjährungsfrist der anerkannten Forderung ab Vertragsschluss neu zu laufen.	KG, 01.07.2009 – 12 U 87/09, IMR 2010, 52 = InfoM 2010, 142 = MDR 2009, 1269
Keine Verjährung vor vereinbarter Begehung der Mietsache!	Der Beginn der kurzen Verjährungsfrist im Mietrecht setzt voraus, dass eine Veränderung der Besitzverhältnisse zugunsten des Vermieters stattfindet: er soll in die Lage versetzt werden, sich ungestört ein umfassendes Bild von den Mängeln, Veränderungen und Verschlechterungen der Mietsache zu machen. Diese Frist beginnt nicht vor der Durchführung einer vereinbarten Begehung der Mietsache; die Übergabe der Schüssel an den Hausmeister genügt an deren Stelle nicht.	OLG München, 31.03.2009 – 5 U 3484/08, IMR 2010, 234
Ansprüche des Vermieters bei nicht ausgeführter Schönheitsreparatur §§ 546a, 548 Abs. 1 BGB	1. Der kurzen Verjährung unterliegen Schadensersatzansprüche wegen nicht ausgeführter Schönheitsreparaturen und wegen unterbliebener Instandsetzungsmaßnahmen sowie deren Folgeansprüche wegen Mietausfalls, auch wenn der Mieter bei der Rückgabe des Mietobjekts dem Vermieter nicht sämtliche Schlüssel zurückgegeben hat. 2. In diesem Fall kann der Vermieter Nutzungsentschädigung wegen Vorenthaltens der Mieträume beanspruchen, wenn der Mieter den (Mit-)Besitz nach beendetem Mietverhältnis gegen den Willen des Vermieters ausübt, wenn er sich also weigert, dem geltend gemachten Anspruch des Vermieters auf Übergabe der restlichen Schlüssel unverzüglich nachzukommen.	OLG Düsseldorf, 16.02.2009 – 24 U 6/08, GuT 2009, 180 = IMR 2009, 421 u. 2010, 16 = MDR 2009, 1036
Verjährungsfrist des § 548 Abs. 1 BGB	Die Verjährungsfrist des § 548 Abs. 1 BGB wird auch dann mit dem Zeitpunkt, in dem der Vermieter die Mietsache zurückerhält, in Lauf gesetzt, wenn die Ersatzansprüche des Vermieters wegen Veränderungen oder Verschlechterungen der Mietsache erst zu einem späteren Zeitpunkt entstehen.	OLG Saarbrücken, 18.12.2008 – 8 U 672/07, IMR 2009, 161 = NZM 2009, 485 = InfoM 2009, 277
Vollständige und unzweideutige Besitzaufgabe setzt kurze Verjährungsfrist in Gang!	Der Lauf der kurzen Verjährungsfrist für Ersatzansprüche des Vermieters beginnt, sobald ihm der Mieter das Mietobjekt zur ungestörten Überprüfung überlässt und den Besitz vollständig und unzweideutig aufgibt, auch wenn aus einer Vielzahl von Schlüsseln noch einzelne beim Mieter verblieben sind.	OLG Düsseldorf, 20.09.2007 – 24 U 7/07, IMR 2008, 229

3. Checklisten

a) Prüfung/Beachtung der Verjährung

2750 Checkliste: Prüfung/Beachtung der Verjährung

- ☐ Verjährung sofort bei Mandatsbeginn prüfen und zusätzlich zur üblichen Fristennotierung deutlich in der Akte vermerken (z.B. im Innendeckel).
- ☐ Um welche Ansprüche geht es?
    - ☐ Zahlung? Verjährung von z.B. Miete/Nebenkostennachzahlungen/Kautionsrückzahlung grds. in drei Jahren.
    - ☐ Mängelansprüche/Gewährleistung?
    - ☐ Veränderungen/Verschlechterungen der Mietsache nach Mietende? Verjährung in sechs Monaten!
    - ☐ Delikt?
    - ☐ Sonstiges?
- ☐ Liegen wirksame vertragliche Vereinbarungen zur Verjährung vor?
- ☐ Beginn der Verjährungsfrist (i.d.R. mit Fälligkeit, exakten Zeitpunkt ermitteln).
- ☐ Ablauf der Verjährungsfrist (= Eintritt der Verjährung, exakten Zeitpunkt ermitteln).
- ☐ Wurde die Verjährung gehemmt (§ 204 BGB)? Z.B. durch ...
    - ☐ Erhebung einer Klage (§ 204 Abs. 1 Nr. 1 BGB)?
    - ☐ Zustellung eines Mahnbescheides (§ 204 Abs. 1 Nr. 3 BGB)?
    - ☐ Streitverkündung im Prozess (§ 204 Abs. 1 Nr. 6 BGB)?
    - ☐ Antrag im selbstständigen Beweisverfahren (§ 204 Abs. 1 Nr. 7 BGB)?
- ☐ Neubeginn der Verjährung (§ 212 BGB)?
    - ☐ Anerkenntnis des Schuldners?
    - ☐ Vollstreckungshandlungen?
- ☐ Falls Verjährung eingetreten ist:
    - ☐ Wurde die Einrede schon erhoben?
    - ☐ Aufrechenbare Forderungen (§ 215 BGB)?
    - ☐ Wer hat die Beweislast für den Eintritt der Verjährung (= derjenige, der sich darauf beruft)?
- ☐ Falls Verjährung noch nicht eingetreten ist:
    - ☐ Soll/muss sie gehemmt/unterbrochen werden?
    - ☐ Soll/kann eine Vereinbarung nach § 202 BGB mit dem Gegner getroffen werden?
- ☐ Kommt Verwirkung in Betracht?
    - ☐ Zeitmoment.
    - ☐ Umstandsmoment (warum konnte sich Schuldner auf Nichtgeltendmachung einrichten?).

☐ Bei drohender Verjährung von Ansprüchen des Mandanten:
  ☐ Ist der Mandant nachweisbar auf die Verjährung hingewiesen worden (Dokumentation)?
  ☐ Sind die Kanzleiabläufe so organisiert, dass die Verjährungshemmung/-unterbrechung vorrangig gehandhabt wird?
  ☐ Erfolgt eine entsprechende Dokumentation?
  ☐ Sind die Grundsätze der Rechtsprechung zur Anwaltshaftung in diesem Bereich bekannt?

b) **Prüfung des Verjährungsbeginns gem. §§ 195, 199 Abs. 1 BGB**

Checkliste: Prüfung des Verjährungsbeginns gem. §§ 195, 199 Abs. 1 BGB 2751

☐ Anspruch entstanden?
  ☐ Fälligkeit?
  ☐ Bei Schadensersatz: Zeitpunkt der Schadensentstehung.
☐ Kenntnis/grob fahrlässige Unkenntnis von den anspruchsbegründenden Umständen beim Gläubiger.
☐ Kenntnis/grob fahrlässige Unkenntnis von der Person des Schuldners.
☐ Wenn alles bejaht: Beginn Jahresende = 31.12.

c) **Prozessuale Maßnahmen zur Verjährungshemmung**

Checkliste: Prozessuale Maßnahmen zur Verjährungshemmung 2752

☐ § 204 Abs. 1 Nr. 1 BGB: Hemmung durch ...
  ☐ die Erhebung der Klage auf Leistung oder Feststellung des Anspruches (Hinweis: „Demnächst-Zustellung", § 167 ZPO, kann ausreichen, ist aber mit Risiken behaftet),
  ☐ den Antrag auf Erteilung einer Vollstreckungsklausel,
  ☐ den Antrag auf Erlass eines Vollstreckungsurteils (§ 723 ZPO).
☐ § 204 Abs. 1 Nr. 3 BGB: Hemmung durch Zustellung des Mahnbescheides im Mahnverfahren. **Wichtig:** Nachfrist des § 204 Abs. 2 BGB (sechs Monate) beachten!
☐ § 204 Abs. 1 Nr. 4 BGB: Hemmung durch Veranlassung der Bekanntgabe des Güteantrags bei einer von der Landesjustizverwaltung eingerichteten oder anerkannten Gütestelle oder bei einer sonstigen Gütestelle, wenn die Parteien einvernehmlich diese anrufen.
☐ § 204 Abs. 1 Nr. 5 BGB: Hemmung durch Geltendmachung der Aufrechnung des Anspruches im Prozess (einfacher Schriftsatz oder Protokollierung in der mündlichen Verhandlung).

- ☐ § 204 Abs. 1 Nr. 6 BGB: Hemmung durch Zustellung einer Streitverkündung (**Achtung:** Wirksamkeit wird ggf. erst im Folgeprozess gegen den Streitverkündeten geprüft!).
- ☐ § 204 Abs. 1 Nr. 7 BGB: Hemmung durch Zustellung eines Antrags auf Durchführung eines selbstständigen Beweisverfahrens.
- ☐ § 204 Abs. 1 Nr. 9 BGB: Hemmung durch Zustellung des Antrags auf Erlass eines Arrests oder einer einstweiligen Verfügung bzw. Anordnung.
- ☐ § 204 Abs. 1 Nr. 10 BGB: Hemmung durch Anmeldung des Anspruches im Insolvenzverfahren.
- ☐ § 204 Abs. 1 Nr. 11 BGB: Hemmung durch Beginn des schiedsrichterlichen Verfahrens (vgl. § 1044 ZPO).
- ☐ § 204 Abs. 1 Nr. 12 BGB: Hemmung durch Einreichung eines Antrags bei einer Behörde, wenn die Zulässigkeit einer Klage von der Vorentscheidung dieser Behörde abhängt – und – die Klage binnen drei Monaten nach der Erledigung des Gesuchs erhoben wird.
- ☐ § 204 Abs. 1 Nr. 13 BGB: Hemmung durch Einreichung des Antrags auf Bestimmung des zuständigen Gerichtes nach § 36 ZPO bei dem höheren Gericht, wenn innerhalb von drei Monaten nach der Erledigung des Antrags Klage erhoben oder der Antrag gestellt wird. **Wichtig:** Die Formulierung „Klage oder Antrag" macht deutlich, dass die Verjährung auch gehemmt wird, wenn das zuständige Mahngericht bestimmt werden soll.
- ☐ § 204 Abs. 1 Nr. 14 BGB: Hemmung durch Bekanntgabe des erstmaligen Antrags auf Gewährung von PKH. „Demnächst"-Hemmung (§ 167 ZPO) ist möglich.

§ 30 Gerichtsverfahren und Prozessrecht

		Rn.
I.	Anwendung deutschen Rechts	2753
II.	Gerichtliche Zuständigkeit	2755
	1. Örtliche Zuständigkeit	2755
	2. Sachliche Zuständigkeit	2759
	3. Funktionelle Zuständigkeit	2763
III.	Allgemeines zu bestimmten Klagearten und Anträgen	2765
	1. Zahlungs-/Leistungsklage	2765
	2. Feststellungsklage	2766
	3. Urkundenprozess	2772
	a) Grundsätze und Verfahrensablauf	2772
	b) Formelle Aspekte, Urkundenvorlage	2778
	c) Besondere mietrechtliche Aspekte	2781
	4. Räumungsklage	2786
	a) Checkliste: Vorbereitung einer Räumungsklage	2786
	b) Splitting von Räumungs- und Zahlungsanspruch	2787
	c) Klageantrag und Tenor	2789
	d) Klage auf künftige Räumung	2793
	e) Sicherheitsleistung	2799
	f) Sonstiges	2800
	5. Selbstständiges Beweisverfahren	2806
IV.	Darlegungs- und Beweislast: Grundsätze	2807
V.	Einstweiliger Rechtsschutz	2810
	1. Grundsätze	2810
	2. Räumungsverfügung	2816
VI.	Wichtige Einzelfragen des Zivilprozesses	2817
VII.	Streitwert, Zuständigkeits- und Rechtsmittelwert (Beschwer) – Überblick	2823
	1. Beschwer	2823
	2. Räumungsklage	2824
	3. Feststellungsklage	2828
	4. Vergleich	2829
	5. Selbstständiges Beweisverfahren	2830
VIII.	Arbeits- und Beratungshilfen	2831
	1. Schnellüberblick Grundsatz-Rechtsprechung des BGH	2831
	2. Schnellüberblick aktuelle Rechtsprechung der Instanzgerichte	2832
	3. Checkliste: Räumungsklage	2833
	4. Tabellen wichtiger Fristen	2834
	a) Mahnverfahren	2834
	b) PKH	2835
	c) Selbstständiges Beweisverfahren	2836
	d) Erkenntnisverfahren	2837
	e) Versäumnisverfahren	2838
	f) Rechtsmittelverfahren	2839
	g) Einstweiliger Rechtsschutz	2840

I. Anwendung deutschen Rechts

Die Frage, ob deutsches Recht anzuwenden ist, stellt sich u.a. dann, wenn eine der Mietparteien ihren Sitz nicht in Deutschland hat.   2753

Beispiel:

Die Mieterin, eine niederländische Gesellschaft, hat ihren Hauptsitz in den Niederlanden und mietet in Deutschland ein Bürogebäude an. Im Mietvertrag ist nicht geregelt, welches Recht anwendbar sein soll.

Grds. ist deutsches Recht anzuwenden, weil Schuldverträge, die ein Recht zur Nutzung eines Grundstücks (z.B. Miete) zum Gegenstand haben, bei Fehlen einer vertraglich möglichen Rechtswahl nach der Vermutung des Art. 28 Abs. 3 EGBGB kraft engster Verbindung dem   2754

Recht am Lageort des Grundstücks unterliegen.[4521] Dies gilt nicht, sofern sich aus der Gesamtheit der Umstände ergibt, dass der Vertrag engere Verbindungen mit einem anderen Staat aufweist. Dafür ist es aber z.B. nicht ausreichend, dass sich der Hauptsitz eines beklagten Mieters im Ausland befindet.[4522]

II. Gerichtliche Zuständigkeit

1. Örtliche Zuständigkeit

2755 Die **örtliche Zuständigkeit** ergibt sich aus § 29a ZPO, sodass das Gericht ausschließlich zuständig ist, in dessen Bezirk sich die Miet- oder Pachträume befinden. Dadurch, dass es sich bei § 29a BGB um eine ausschließliche Zuständigkeit handelt, ist eine **Gerichtsstandsvereinbarung** unzulässig (§ 40 Abs. 2 Satz 1 Nr. 2 ZPO); entsprechendes gilt für eine rügelose Einlassung. Eine Gerichtsstandsvereinbarung ist aber zulässig, wenn die mitvermieteten oder -verpachteten Räumlichkeiten nach der Übergewichtstheorie (→ *Rn. 15, 614*) nicht als überwiegender Miet- oder Verpachtungsgegenstand anzusehen sind.[4523] Befindet sich das gewerbliche **Miet- oder Pachtobjekt im Ausland**, kann auch am Sitz des Beklagten geklagt werden, da § 29a ZPO hier nicht gilt.[4524]

2756 § 29a ZPO hat im Kern zwei Voraussetzungen: Es muss sich um einen Raum handeln, und es muss zumindest um die Anbahnung[4525] eines Miet- oder Pachtverhältnisses gehen.

2757 Ein **Raum** ist – unabhängig von seiner privaten oder geschäftlichen Nutzung – ein auf allen Seiten umschlossener Teil eines Gebäudes, der groß genug ist, dass sich ein Mensch darin aufhalten kann. Gebäude sind alle unbeweglichen und mit dem Erdboden fest verbundenen Bauwerke, die zum Aufenthalt von Menschen bestimmt und geeignet sind. Was **Räume i.S.d. Vorschrift** sind bzw. wie weit diese reicht, ist nicht immer eindeutig.

Räume i.S.d. § 29a ZPO	Keine Räume i.S.d. § 29a ZPO
Lagerräume	Grundstücke
Montage- und Lagerhallen, Schuppen	Nur vorübergehend mit dem Grundstück verbundene Gebäude, § 95 BGB
Messeflächen (weil ein Teil eines Raums gemietet wird)a) (weitere Informationen → *Rn. 3170 ff.*).	Messestände (weil i.d.R. der Schwerpunkt in der Anmietung des Standes und nicht der Grundfläche liegt)b) (weitere Informationen → *Rn. 3170 ff.*).
Sporthallen	Mobile Boxen/Container
Pferdeboxen innerhalb einer geschlossenen Hallec)	Parkplätze, Stellplätze

---

4521 OLG Düsseldorf, 20.03.1997 – 24 U 102/94, NJW-RR 1998, 1159.
4522 OLG Düsseldorf, 20.03.1997 – 24 U 102/94, NJW-RR 1998, 1159.
4523 OLG Hamburg, 31.05.2006 – 13 AR 16/06, GuT 2006, 147: Betriebspachtvertrag über den eingerichteten Gewerbebetrieb einer Tankstelle.
4524 Schneider, in: Herrlein/Kandelhard, Mietprozess Rn. 16.
4525 BR-Drucks. 314/91 v. 05.07.1991, S. 67.

Anmerkungen:

a) Vgl. OLG Düsseldorf, 18.11.2004 – 10 U 65/04, NJOZ 2005, 3940 und KG, 03.12.2001 – 8 U 7200/00, BeckRS 2001, 30223034 zur Abgrenzung der Flächenmiete von der Standmiete bzgl. der Verjährung der Mietansprüche nach § 196 BGB a.F.

b) Vgl. OLG Düsseldorf, 18.11.2004 – 10 U 65/04, NJOZ 2005, 3940 und KG, 03.12.2001 – 8 U 7200/00, BeckRS 2001, 30223034.

c) AG Menden, 26.02.2007 – 4 C 11/07, MDR 2007, 648.

Über seinen eng gefassten Wortlaut hinaus ist § 29a ZPO in allen Fällen anzuwenden, in denen es im Kern um eine **typische Mietstreitigkeit** geht, wobei es unerheblich ist, in welcher rechtlichen Gestalt sie erscheint.[4526] Erfasst sind auch alle Streitigkeiten über das Bestehen von Miet- und Pachtverhältnissen, also Rechtsstreitigkeiten, an denen die Prozessbeteiligten als Parteien des Vertrages, seiner Anbahnung oder Abwicklung beteiligt sind.[4527]

2758

Von § 29a ZPO erfasste Rechtsverhältnisse	Nicht von § 29a ZPO erfasste Rechtsverhältnisse
Ansprüche aus einem **Mietvorvertrag**, weil es um die Anbahnung eines Mietverhältnisses geht.	Ansprüche des Vermieters aufgrund eines selbstständigen Gewähr-, Garantie- oder Bürgschaftsvertrages gegen einen Dritten, der nicht Partei eines Miet- oder Pachtvertrages über Räume, dessen Anbahnung oder Abwicklung ist.[a]
Untermiet- und Unterpachtverhältnisse.	Ein im Rahmen eines Werklieferungsvertrages geschlossener Mietvertrag zwischen dem Darlehensgeber und dem Bauherrn über von diesem zu errichtende Wohnungen, die bestimmungsgemäß an die Bediensteten des Darlehensgebers untervermietet werden sollen.[b]
Rechtsstreit über Verwendungsersatzansprüche des Mieters einschlägig.[c]	Ansprüche aus Mietgarantien sind am Ort des Gerichtes einzuklagen, bei dem der Immobilienverkäufer seinen Firmensitz hat.[d]
Werkmietwohnung, wenn neben dem Arbeitsverhältnis ein selbstständiger Mietvertrag über Wohnraum besteht.	Werkmiet- oder Betriebswohnung, wenn die Überlassung Bestandteil des Arbeitsvertrages und Teil der Vergütung ist. Folge: Zuständigkeit des ArbG, auch bei Wohnungsmängeln.[e]
	Mietverhältnisse i.S.v. §§ 29a Abs. 2 ZPO, 549 Abs. 2 Nr. 1 bis Nr. 3 BGB, also nur zu vorübergehendem Gebrauch überlassener Wohnraum (Ferienwohnungen etc).

[4526] OLG Düsseldorf, 04.07.2005 – I - 24 W 20/05, WuM 2006, 46 = ZMR 2006, 274 = MDR 2006, 327.
[4527] OLG Düsseldorf, 04.07.2005 – I - 24 W 20/05, WuM 2006, 46 = ZMR 2006, 274 = MDR 2006, 327.

Anmerkungen:

a) BGH, 16.12.2003 – X ARZ 270/03, GuT 2004, 103 (LS) = NZM 2004, 299 = WuM 2004, 296 = MDR 2004, 769.
b) BGH, 11.02.1981 – VIII ZR 323/79, WuM 1982, 109 = MDR 1981, 752.
c) OLG Düsseldorf, 06.08.1985 – 15 W 89/85, ZMR 1985, 383.
d) BayObLG, 28.04.2000 – 4 Z AR 41/00, WuM 2001, 86.
e) BAG, 02.11.1999 – 5 AZB 18/99, WuM 2000, 362 = ZMR 2000, 361 = MDR 2000, 600.

2. Sachliche Zuständigkeit

2759   Für die **sachliche Zuständigkeit** gilt Folgendes: Bei Mietverhältnissen über Geschäftsräume sind nach der zum 01.03.1993 in Kraft getretenen Neufassung des § 23 Satz 1 Nr. 1 GVG durch das Gesetz zur Entlastung der Rechtspflege v. 11.01.1993[4528] für alle Streitigkeiten zwischen den Mietparteien die AG sachlich nur noch dann zuständig, wenn der **Streitwert 5.000,00 €** nicht übersteigt; ansonsten sind nach § 71 GVG die LG zuständig.

> **Hinweis:**
> Bei Geschäftsraummiete greift die ausschließliche, den Streitwert unberücksichtigt lassende Zuständigkeit des AG nach § 23 Nr. 2a GVG nicht. Diese gilt nur für Wohnraum.

2760   Die Zuständigkeit des LG gem. §§ 23 Satz 1 Nr. 1, 71 Abs. 1 GVG setzt einen schlüssigen Klägervortrag zum Vorliegen eines gewerblichen Mietverhältnisses voraus.[4529] Bei **Mischmietverhältnissen** kommt sowohl eine Einordnung als Wohn- bzw. -Geschäftsraum in Betracht. Zur Abgrenzung nach der sog. Übergewichtstheorie vgl. ausführlich → *Rn. 15 ff.* Beruft sich der auf Räumung und Zahlung einer Nutzungsentschädigung für Gewerberaum verklagte Mieter auf einen (mündlich geschlossenen) Wohnraummietvertrag, so ist für diese Rechtsstreitigkeit ausschließlich das AG zuständig, in dessen Bezirk der Wohnraum gelegen ist, weil das behauptete wohnraumrechtliche Vertragsverhältnis geprüft werden muss.[4530]

> **Praxistipp:**
> Der Vermieter sollte in solchen Fällen sofort hilfsweise die Verweisung an das nach dem Vortrag des Beklagten zuständige AG beantragen, um einem Prozessurteil über die Zuständigkeit entgegen zu wirken.

Bei Alten-, Senioren- und Pflegeheimen gilt § 23 Nr. 2a GVG, wenn der **Heimvertrag** überwiegend Mietcharakter hat (ansonsten streitwertabhängig). Bei einer „echten" Werkmiet- oder **Betriebswohnung** ist ausschließlich das ArbG zuständig[4531] (Folge der falschen Klageerhebung: Verweisung von Amts wegen gem. § 17a GVG).

[4528] BGBl. I, S. 50.
[4529] OLG Düsseldorf, 19.04.2007 – 10 U 69/03, GuT 2007, 315 = NZM 2007, 799.
[4530] OLG Düsseldorf, 08.11.2007 – 24 U 117/07, IMR 2008, 220.
[4531] BAG, 02.11.1999 – 5 AZB 18/99, WuM 2000, 362 = ZMR 2000, 361 = MDR 2000, 600.

Der für die sachliche Zuständigkeit des Gerichtes **maßgebliche Streitwert** ermittelt sich nicht nach dem GKG, sondern ausschließlich nach der ZPO. Überwiegend gilt § 8 ZPO, sodass es auf die Miete für die gesamte streitige Zeit, höchstens aber den 25-fachen Jahresbetrag, ankommt. § 8 ZPO greift unabhängig vom Klageantrag immer dann ein, wenn das Bestehen des Mietverhältnisses zum Gegenstand des Streits wird.[4532] Die Festsetzung des Zuständigkeitsstreitwerts ist nicht anfechtbar.[4533]

2761

Die frühere Zuständigkeit der OLGe gem. § 119 Abs. 1 Nr. 1 GVG a.F. auch für Rechtsmittel gegen amtsgerichtliche Entscheidungen, wenn eine der Parteien einen **Gerichtsstand im Ausland** oder das AG **ausländisches Recht** angewendet hatte, ist mit Wirkung zum 01.09.2009 aufgehoben worden.[4534] Die daraus für Anwälte resultierende Haftungsfalle[4535] ist damit beseitigt worden.

2762

3. Funktionelle Zuständigkeit

Bei den Landgerichten bestehen sog. **Kammern für Handelssachen** (KfH), die mit einem Berufs- und zwei Laienrichtern besetzt sind und i.d.R. wesentlich schneller terminieren als die „normalen" Kammern. Es kann sich daher in zeitlicher Hinsicht lohnen, eine Klage an die KfH zu richten, wenn das LG sachlich zuständig ist, der Streitwert also über 5.000,00 € liegt. Nach § 95 Abs. 1 Nr. 1 GVG können Klagen gegen einen **Kaufmann i.S.d. HGB**, sofern dieser ins Handelsregister oder Genossenschaftsregister eingetragen ist, aus Geschäften, die für beide Teile Handelsgeschäfte sind, dann bei der KfH anhängig gemacht werden.

2763

> **Praxistipp:**
> Die Klage ist bereits in der Adresse ausdrücklich an die KfH zu richten. Beispiel: LG Dortmund, Kammer für Handelssachen, [Adresse].

Voraussetzung ist, dass der Beklagte im Zeitpunkt der Klageerhebung Kaufmann i.S.d. § 1 HGB ist. Maßgeblich ist die Kaufmannseigenschaft bei Abschluss des Mietvertrags.[4536] Firmiert die Partei in der Rechtform der GmbH, so ist sie Formkaufmann gem. § 13 Abs. 3 und § 11 GmbHG, §§ 5, 6 HGB. Der Betrieb eines Handelsgewerbes wird dabei bereits durch das Gesetz fingiert.

2764

> **Hinweis:**
> Ein Unternehmer i.S.d. § 14 BGB ist nicht automatisch auch Kaufmann. Es kommt auf den Einzelfall an.

Ferner muss der Abschluss des Mietvertrages **für beide Seiten ein Handelsgeschäft** gem. § 343 HGB gewesen sein. D.h.:

4532 BGH, 19.07.2000 – XII ZR 269/99, NZM 2000, 1227.
4533 OLG Stuttgart, JurBüro 2007, 145; OLG Karlsruhe, JurBüro 2007, 687; Herget, in: Zöller, § 3 Rn. 7.
4534 Ausführlich dazu Voraufl. Rn. 1888.
4535 OLG Hamm, 12.09.2005 – 30 U 134/05, NZM 2006, 78.
4536 Fritz, Gewerberaummietrecht, 4. Aufl., Rn. 589.

- **Vermieter:** Der Abschluss eines Miet- oder Pachtvertrages eines Kaufmanns gehört grds. zum Betrieb seines Handelsgewerbes, § 343 HGB, wofür gem. § 344 HGB im Zweifel eine Vermutung spricht. Der Betrieb eines Handelsgewerbes umfasst alle dem Interesse des Handelsgewerbes, der Erhaltung seiner Substanz und Erzielung von Gewinn dienenden Geschäfte.[4537] Dazu gehören auch die Hilfs- und Nebengeschäfte und damit auch die Anmietung von Gewerberäumen.[4538] Eine Personengesellschaft, die sich ausschließlich auf die Verpachtung eines Betriebes oder einzelner Betriebsgegenstände beschränkt, betreibt kein Handelsgewerbe.[4539] Der Gesichtspunkt, dass steuerrechtlich auch die Besitzgesellschaft als Gewerbetreibende behandelt wird, vermag bei der handelsrechtlichen Beurteilung nicht den Ausschlag zu geben.[4540]
- **Mieter:** Die Anmietung eines Geschäfts oder Büros, in dem ein Handelsgewerbe betrieben werden soll, gehört grds. zu den sog. Hilfs- und Nebengeschäften eines Kaufmanns und ist dadurch ebenfalls ein Handelsgeschäft.

III. Allgemeines zu bestimmten Klagearten und Anträgen

1. Zahlungs-/Leistungsklage

2765 Erhebt der Vermieter am letzten Tag einer von ihm selbst gesetzten Zahlungsfrist die Zahlungsklage, so hat der Mieter keinen Anlass zur Klageerhebung gegeben.[4541]

Bei einer Klage auf Zahlung rückständiger Miete und Räumung des Mietobjekts ist ein **Teilurteil auf Räumung** grds. unzulässig, wenn das Recht zur fristlosen Kündigung (auch) auf den Zahlungsverzug gestützt wird.[4542] Ist aber eine ordentliche Kündigung unabhängig vom Zahlungsverzug wirksam ausgesprochen, darf durch Teilurteil entschieden werden.[4543]

2. Feststellungsklage

2766 Nach § 256 Abs. 1 ZPO kann Klage auf Feststellung des **Bestehens oder Nichtbestehens eines Rechtsverhältnisses**, auf Anerkennung einer Urkunde oder auf Feststellung ihrer Unechtheit erhoben werden, wenn der Kläger ein rechtliches Interesse daran hat, dass das Rechtsverhältnis oder die Echtheit oder Unechtheit der Urkunde durch richterliche Entscheidung alsbald festgestellt wird. Nach § 256 Abs. 2 ZPO ist dies durch Erweiterung des Klageantrags oder Widerklage **bis zum Schluss derjenigen mündlichen Verhandlung**, auf die das Urteil ergeht, zulässig, wenn ein im Laufe des Prozesses streitig gewordenes Rechtsverhältnis, von dessen Bestehen oder Nichtbestehen die Entscheidung des Rechtsstreits ganz oder z.T. abhängt, durch richterliche Entscheidung festgestellt werden soll.

4537 Baumbach/Duden, HGB, § 343 Anm. 2 A; Bub, NZM 1998, 789 unter II. 2. a.
4538 Ebenso Fritz, Gewerberaummietrecht, Rn. 589; Bub, NZM 1998, 789 unter Verweis auf RG, SeuffA 63 Nr. 249.
4539 OLG Hamm, 21.06.1993 – 15 W 75/93, NJW 1994, 392.
4540 OLG Hamm, 21.06.1993 – 15 W 75/93, NJW 1994, 392.
4541 KG, 12.12.2007 – 12 W 87/07, IMR 2008, 295.
4542 BGH, 12.12.2007 – VIII ZR 269/06, IMR 2008, 103 = InfoM 2008, 145 = NZM 2008, 280 = MDR 2008, 331.
4543 OLG Düsseldorf, 23.06.2009 – I - 24 U 18/07, GuT 2009, 213.

Die **Leistungsklage geht der Feststellungsklage grds. vor**, wenn Leistung verlangt werden kann, es fehlt dann an dem gem. § 256 ZPO erforderlichen Feststellungsinteresse.[4544] Eine Feststellungsklage kann trotz des generellen Vorrangs der Leistungsklage ausnahmsweise zulässig sein, wenn ihre Durchführung unter dem Gesichtspunkt der Prozesswirtschaftlichkeit eine sinnvolle und sachgemäße Erledigung der aufgetretenen Streitpunkte erwarten lässt.[4545] Das hat der BGH bereits mehrfach angenommen, wenn es sich bei der beklagten Partei um eine Bank,[4546] eine Behörde[4547] oder um ein großes Versicherungsunternehmen[4548] handelt, da dann gewährleistet sein soll, dass auch geleistet wird. Eine solche Ausnahme ist im gewerblichen Miet- und Pachtrecht denkbar, wenn der Beklagte einer der vorgenannten Institutionen angehört. Die Ausnahme greift aber nicht mehr, wenn der Versicherer sich trotz eines positiven Feststellungsurteils der Leistung entziehen kann, etwa wegen zulässigen Berufens auf eine versäumte Klagefrist.[4549] Das Feststellungsinteresse einer (negativen) Feststellungsklage kann nachträglich entfallen, wenn eine Leistungsklage umgekehrten Rubrum erhoben wird.[4550]

2767

Eine Klage auf Feststellung von Rechtsverhältnissen, die der Vergangenheit angehören (etwa ein **bereits beendetes Mietverhältnis**) ist jedenfalls dann zulässig, wenn das frühere Bestehen der Rechtsverhältnisse die Grundlage für einen aktuell verfolgten Anspruch bildet.[4551]

Bei einer **negativen Feststellungsklage** folgt das erforderliche Feststellungsinteresse regelmäßig erst aus einem „Berühmen" mit einem Anspruch.[4552] Dies setzt aber nicht zwingend eine ausdrückliche „Berühmung" voraus, wenn der Kläger befürchten muss, dass sich ihm ernstliche Hindernisse entgegensetzen. Das ist v.a. der Fall, wenn der Vermieter sich mit einer nach Treu und Glauben zu erwartenden eindeutigen Erklärung zurückhält.[4553] Bloßes Schweigen bzw. ein passives Verhalten reicht nur dann aus, wenn nach Treu und Glauben eine Erklärung geboten war.[4554] Der Mieter kann daher ein Feststellungsinteresse daran haben, dass geklärt wird, dass er nicht zur **Durchführung von Schönheitsreparaturen** verpflichtet ist.[4555]

2768

Der Mieter kann nach einer **Kündigung** des Vermieters grds. Klage auf **Feststellung des Fortbestehens des Mietverhältnisses** erheben. Stellt er fälschlich den Antrag auf Feststellung der

2769

4544 KG, 09.12.2003 – 6 W 289/03, r+s 2004, 491.
4545 BGH, 15.03.2006 – IV ZR 4/05, r+s 2006, 239; BGH, 21.02.1996 – IV ZR 297/94, NJW-RR 1996, 641 unter I.
4546 BGH, 30.04.1991 – XI ZR 223/90, NJW 1991, 1889 unter 1.
4547 BGH, 09.06.1983 – III ZR 74/82, NJW 1984, 1118 unter 3c).
4548 BGH, 16.02.2005 – IV ZR 18/04, r+s 2005, 188 = VersR 2005, 629 = NJW-RR 2005, 619 = MDR 2005, 926; BGH, 28.09.1999 – VI ZR 195/98 , NJW 1999, 3774 = VersR 1999, 1555 unter II 1b, cc.
4549 KG, 09.12.2003 – 6 W 289/03, r+s 2004, 491: Feststellungsinteresse verneint, weil Versicherer sich auf Versäumung der Klagefrist gem. § 12 Abs. 3 VVG berufen konnte.
4550 BGH, 21.12.2005 – X ZR 17/03, MDR 2006, 1307 (LS).
4551 BGH, 29.04.1958 – VIII ZR 198/57, BGHZ 27, 190 = NJW 1958, 1293, 1294; OLG Brandenburg, 24.03.2010 – 3 U 117/09, IMR 2010, 229.
4552 St. Rspr.: BGH, 13.01.2010 – VIII ZR 351/08, IMR 2010, 164 = NZM 2010, 237 = InfoM 2010, 194; BGH, 22.03.1995 – XII ZR 20/94, NJW 1995, 2032.
4553 BGH, 13.01.2010 – VIII ZR 351/08, IMR 2010, 164 = NZM 2010, 237 = InfoM 2010, 194; BGH, 16.09.2008 – VI ZR 244/07, NJW 2009, 751.
4554 BGH, 13.01.2010 – VIII ZR 351/08, IMR 2010, 164 = NZM 2010, 237 = InfoM 2010, 194; BGH, 22.03.1995 – XII ZR 20/94, NJW 1995, 2032.
4555 BGH, 13.01.2010 – VIII ZR 351/08, IMR 2010, 164 = NZM 2010, 237 = InfoM 2010, 194; LG Berlin, 25.06.2007 – 62 S 341/06, GE 2007, 1125 = InfoM 2008, 138.

Unwirksamkeit der Kündigung, ist dieser auf Feststellung des Fortbestehens des Rechtsverhältnisses umzudeuten. Wenn der Vermieter bereits Räumungsklage erhoben hat, kann der Mieter Zwischenfeststellungswiderklage nach § 256 Abs. 2 ZPO erheben, damit die Rechtskraftwirkung des Urteils auf den Bestand des Mietverhältnisses erstreckt wird. Wird die Beendigung des Mietverhältnisses auf mehrere Kündigungen gestützt, ist ein Feststellungsantrag schlüssig, wenn der Kläger ohne Festlegung auf eine bestimmte Kündigung allgemein die Feststellung begehrt, dass das Mietverhältnis seit einem bestimmten Zeitpunkt beendet ist.[4556] Für eine Feststellungsklage hinsichtlich der Beendigung eines Mietverhältnisses fehlt jedoch das Feststellungsinteresse, wenn **keine „Unsicherheit" über die Beendigung** bzw. den Beendigungszeitpunkt droht – etwa wegen eindeutiger vertraglicher Grundlagen.[4557] Die Nichtantwort auf die vorgerichtlichen Schreiben genügt dafür nicht.[4558]

2770 Macht der Vermieter **Mietrückstände** geltend, kann sich der Mieter, der sich auf Minderung beruft, nach § 256 Abs. 2 ZPO widerklagend auf Feststellung der Berechtigung zur Minderung berufen, damit dies in Rechtskraft erwächst. Kann der Mieter substanziiert darlegen, dass aufgrund einer vorgenommenen Mietminderung die Kündigung des Mietverhältnisses droht (z.B. durch ein konkretes Ankündigungsschreiben des Vermieters), so darf der Mieter präventiv Klage auf Feststellung der Mangelhaftigkeit der Räume bzw. die Berechtigung zur Mietminderung erheben.

Der Vermieter darf die **Unwirksamkeit einer vorzeitigen Kündigung des Mieters** auch im Wege der Feststellungsklage geltend machen und kann nicht darauf verwiesen werden, eine Leistungsklage auf Zahlung des Mietzinses zu erheben und im Wege der Zwischenfeststellungsklage gem. § 256 Abs. 2 ZPO eine Entscheidung über den unveränderten Fortbestand des Mietverhältnisses herbeizuführen.[4559]

Eine Klage des Mieters auf Feststellung, dass eine vom Vermieter erteilte **Abmahnung** aus tatsächlichen Gründen unberechtigt war, ist unzulässig.[4560] Zulässig ist die gegen eine Abmahnung gerichtete Feststellungsklage aber, wenn die Parteien darüber streiten, ob ein konkretes Mieterverhalten nach dem Mietvertrag zulässig ist oder nicht. Zum → *Streitwert der Feststellungsklage s. Rn. 2828*.

2771 Es empfiehlt sich, in einer Klageschrift immer alle in Betracht kommenden **Anträge hilfsweise zu stellen**. Das Gericht prüft die Anträge nur, wenn der Hauptantrag nicht schlüssig ist. Für diesen Fall hat man dann aber einen oder mehrere „Rettungsanker" installiert. Sinnvoll können z.B. Feststellungsanträge als hilfsweise Ergänzung der Leistungsanträge sein.

4556 OLG Düsseldorf, 02.08.2007 – I - 10 U 148/06, GuT 2008, 122.
4557 BGH, 13.01.2010 – VIII ZR 351/08, IMR 2010, 164 = NZM 2010, 237 = InfoM 2010, 194.
4558 BGH, 13.01.2010 – VIII ZR 351/08, IMR 2010, 164 = NZM 2010, 237 = InfoM 2010, 194.
4559 BGH, 07.05.2008 – XII ZR 69/06, IMR 2008, 232 = GuT 2008, 284.
4560 BGH, 20.08.2008 – VIII ZR 139/07, IMR 2008, 109: angebliche Lärmstörungen des Mieters.

3. Urkundenprozess

a) Grundsätze und Verfahrensablauf

Urkundenprozesse, vgl. §§ 592 ff. ZPO, verlaufen i.d.R. wesentlich schneller als ordentliche Zivilverfahren und sind daher vom Anwalt immer als taktische Alternative in Betracht zu ziehen.

2772

> **Praxistipp:**
> Im Urkundenverfahren wird üblicherweise sehr zügig terminiert. Schon aus diesem Grund ist es unbedingt empfehlenswert, diesen Weg zu wählen, wenn die Möglichkeit besteht.

Urkundenprozesse zeichnet Folgendes aus:

2773

- Als Beweismittel für die zur Anspruchsbegründung erforderlichen Tatsachen sind nur Urkunden oder Parteivernehmungen zulässig, § 592 ZPO.
- Die Widerklage ist nicht statthaft, §§ 595, 598 ZPO.
- Das Urteil ist ohne Sicherheitsleistung vorläufig vollstreckbar, § 708 Nr. 4 ZPO.
- Dem Mieter bleiben nur die im Gesetz vorgesehenen Gegenmittel: Vortrag mit dem Beweisantritt Urkunde oder Parteivernehmung oder aber Berufung auf offenkundige Tatsachen i.S.d. § 291 ZPO oder schließlich unstreitige bzw. zugestandene Tatsachen (§ 138 Abs. 3 ZPO).

Der Urkundenprozess ist gem. § 592 Satz 1 ZPO u.a. zulässig, wenn die Klage auf die **Zahlung eines bestimmten Geldbetrages** gerichtet ist und kann **bereits im Mahnverfahren** gewählt werden (§ 703a ZPO), wenn der Mahnbescheid auch als im Urkundenprozess beantragt gekennzeichnet wird. Die Urkunden müssen erst der Anspruchsbegründungsschrift beigefügt werden. Der Antragsgegner kann seinen Widerspruch gem. § 703a Abs. 2 Nr. 4 ZPO auf die Ausführung seiner Rechte im Nachverfahren beschränken.

2774

Die Klage im Urkundsprozess ist nicht statthaft, wenn der Zahlungsanspruch lediglich hilfsweise geltend gemacht wird (etwa als Hilfsantrag zu einem Herausgabeanspruch), denn nach § 260 ZPO ist eine (Eventual-) Klagehäufung nur möglich, wenn dieselbe Prozessart zulässig ist.[4561]

Hat in der regulären Urkundsklage der Beklagte dem Anspruch widersprochen, so ergeht ein Vorbehaltsurteil gem. § 599 ZPO. Der Widerspruch muss nicht begründet werden. Der Kläger erhält dann einen Titel, aus dem er **ohne Sicherheitsleistung vollstrecken** kann, dem Beklagten bleibt aber die Ausführung seiner Rechte im Nachverfahren vorbehalten.

2775

4561 LG Berlin, 20.11.2006 – 62 S 249/06, InfoM 2007, 134.

> **Hinweis:**
> Der im Urkundsverfahren Obsiegende macht sich schadensersatzpflichtig, wenn er aus dem vorläufig vollstreckbaren Titel die Zwangvollstreckung betreibt und sich im Nachverfahren die Unbegründetheit seines Anspruchs erweist).[4562]

Weist das Erstgericht die Klage ab und ergeht das Vorbehaltsurteil erst auf Rechtsmittel der Klagepartei hin, ist grds. das **Berufungsgericht** zur Verhandlung und Entscheidung des Nachverfahrens zuständig; eine fortbestehende Anhängigkeit des Nachverfahrens in erster Instanz kommt in diesem Fall nicht in Betracht, weil der Rechtsstreit durch die Berufung gegen das klageabweisende Urteil vollständig in der Berufungsinstanz angefallen ist.[4563] Die Parteirollen und die Darlegungs- und Beweislast bleiben identisch.

2776 Im Nachverfahren haben beide Parteien alle nach der ZPO zulässigen Beweismittel zur Verfügung, neue Beweisangebote und Tatsachen sind zulässig. Bindend ist das Vorbehaltsurteil für das Nachverfahren, wenn es nicht auf den Beschränkungen der Beweismittel im Urkundenprozess beruht, ferner bei unbegründeten Einwendungen des Beklagten, etwa unschlüssigen Einwendungen.

2777 Wird der Anspruch des Klägers im Nachverfahren als unbegründet zurückgewiesen und das Urteil aufgehoben, ist der Kläger dem Beklagten gem. §§ 600 Abs. 2, 302 Abs. 4 ZPO **zur Zahlung von Schadensersatz** verpflichtet.

Im zweiten Rechtszug ist eine Abstandnahme vom Urkundenprozess nicht mehr möglich.[4564]

b) Formelle Aspekte, Urkundenvorlage

2778 Der materielle Anspruch wird durch Vorlage von Urkunden (= verkörperte Gedankenerklärung in Schriftzeichen)[4565] bewiesen, § 592 Satz 1 ZPO, während der Nachweis der Prozessvoraussetzungen der Freibeweis genügt[4566] (etwa eine Einrede der Schiedsvereinbarung). Nur unmittelbare Urkunden sind zugelassen, d.h. andere Beweismittel (Zeugen, Sachverständige etc.) dürfen nicht mittelbar über Urkunden in den Prozess eingeführt werden,[4567] sodass etwa ein schriftliches Gutachten[4568] oder eine schriftliche Zeugenerklärung[4569] kein zulässiges Beweismittel darstellt. Zu den Beweismitteln i.S.v. § 595 ZPO können auch Urteile gehören.[4570] Neben der formellen Beweiskraft i.S.v. § 417 ZPO kann im Urkundsprozess einem Urteil im Rahmen freier Beweiswürdigung Beweiskraft auch in Bezug auf seine sachliche Richtigkeit zukommen.

4562 Schneider, in: Herrlein/Kandelhard, Mietprozess Rn. 61.
4563 BGH, 01.06.2005 – VIII ZR 216/04, NZM 2005, 661.
4564 KG, 28.06.2010 – 8 U 167/09, IMR 2010, 451.
4565 BGH, 28.11.1975 – V ZR 127/74, MDR 1976, 304.
4566 BGH, 11.07.1985 – III ZR 33/84, MDR 1986, 130.
4567 BGH, 10.01.1951 – II ZR 27/50, NJW 1951, 360; KG, 31.08.2004 – 4 U 281/03, RNotZ 2004, 571.
4568 BGH, 18.09.2007 – XI ZR 211/06, MDR 2008, 160; anders bei Schiedsgutachten (= zulässig), vgl. OLG Brandenburg, 13.11.2003 – 8 U 29/03, BauR 2005, 605.
4569 RG, 17.11.1919 – VI 270/19, RGZ 97, 162.
4570 OLG Naumburg, 14.05.2002 – 9 U 231/01.

Wenn also offene Miete eingeklagt wird, muss der Kläger die **Vertragsurkunde** beifügen, d.h. das **Original oder Kopie** (§ 593 Abs. 2 ZPO) mit der Klageschrift, und nicht nur Vorlage im Termin anbieten. Ist die Übereinstimmung von Original und Kopie streitig, muss das Original beigefügt werden.[4571] Ebenfalls zulässig sind beiderseits unterzeichnete Übergabe-, Übernahme- oder Abnahmeprotokolle und Kaufverträge.

Der Beweis wird durch konkrete Vorlage geführt. Anträge auf Aktenbeiziehung außerhalb des Prozessgerichts reichen nicht aus. Die **Vorlage einer Kopie** reicht im Verfahren nach §§ 592 ff. ZPO nur dann aus, wenn die Echtheit der Urkunde und die Übereinstimmung von Original und Kopie unstreitig sind.[4572]

2779

> **Hinweis:**
> Der Verfasser hat es selbst erlebt, dass in einem Urkundsverfahren dem Gegner vom Gericht gesagt wurde, er habe die formellen Voraussetzungen nicht erfüllt, weil der Klage keine Originale oder zumindest beglaubigte Abschriften der Anlagen beigefügt waren. Ob dies nun bzgl. der beglaubigten Abschriften richtig ist, mag dahinstehen, jedenfalls sollten die Kopien sicherheitshalber anwaltlich beglaubigt werden, um sich einer solchen Diskussion zu entziehen.

Streitig ist, welche Anforderungen an die **Beweiskraft der Urkunde** zu stellen sind, ob also der Beklagte an der Errichtung der Urkunde mitgewirkt haben muss[4573] oder ob jedes schriftliche Beweisstück genügt, welches nicht eine Zeugen- oder Sachverständigenvernehmung ersetzen soll.[4574] Dieser Streit wird nur dann relevant, wenn es dem Kläger auch tatsächlich gelingt, einen lückenlosen Beweis durch Vorlage der Urkunde zu führen.

2780

c) Besondere mietrechtliche Aspekte

Die Geltendmachung von Mietzahlungsforderungen i.R.d. Geschäftsraummiete im Urkundenverfahren (§§ 592 ff. ZPO) ist zulässig[4575] und zwar grds. für rückständige sowie zukünftige Miete.[4576] Auch der Mieter kann im Urkundenverfahren vorgehen. Der Kläger muss dafür in der Lage sein, alle zur Begründung des Anspruchs erforderlichen Tatsachen durch Urkunden zu beweisen, § 592 ZPO.

2781

4571 Schneider, in: Herrlein/Kandelhard, Mietprozess Rn. 60 unter Verweis auf OLG Koblenz, WuM 2006, 216; Sternel, Mietrecht aktuell, Rn. XIV 112.
4572 OLG Koblenz, 13.03.2006 – 5 W 162/06, NJOZ 2006, 2283.
4573 Voit, in: Musielak, ZPO, § 592 Rn. 12 m.w.N.
4574 BGH, 18.09.2007 – XI ZR 211/06 Rn. 16 m.w.N.
4575 BGH, 10.03.1999 – XII ZR 321/97, NZM 1999, 401 = ZMR 1999, 380 = MDR 1999, 822 = NJW 1999, 1408; OLG München, 25.09.2007 – 19 U 3454/07, IMR 2008, 183; OLG Naumburg, 14.05.2002 – 9 U 231/01; Sternel, Mietrecht aktuell, Rn. XIV 109 (unter Verweis auf OLG Oldenburg, 10.02.1999, WuM 1999, 225; KG, 30.10.1997, NZM 1998, 402 = ZMR 1999, 394; KG, 04.07.1996, MM 1996, 447; KG, 11.04.1994, GE 1998, 739); zur ebenfalls gegebenen Zulässigkeit bei Wohnraummiete vgl. BGH, 01.06.2005 – VIII ZR 216/04, ZMR 2005, 773 = NZM 2005, 661 = MDR 2005, 1399 = NJW 2005, 2701.
4576 OLG Düsseldorf, 28.09.2006 – I-10 U 115/05, GuT 2006, 325 = InfoM 2006, 314 u. 315.

Die folgenden mietrechtlichen Ansprüche sind – weil keine Zahlungen – **nicht für das Urkundenverfahren geeignet**:

- Räumungs- und Herausgabeklagen
- Feststellungsklagen
- Zustimmungsklagen
- Klagen auf Vornahme einer Handlung bzw. Gestaltungsklagen
- Klagen auf Abgabe einer Willenserklärung
- Klagen auf Stellung einer Sicherheitsleistung außerhalb der Kaution (etwa Übergabe einer Bankbürgschaft)

Besteht die Besorgnis, dass der **Mieter zahlungsunfähig** ist, spricht nichts dagegen, auch eine Klage auf künftige Leistung nach § 259 ZPO im Urkundsverfahren rechtshängig zu machen.[4577] Wichtig ist in diesem Fall, dass die Besorgnis der Nichterfüllung ausreichend dargelegt wird.

2782 Streitig ist die Statthaftigkeit des Verfahrens für **Betriebskostennachforderungen**, da sich nach einer Meinung aus der Abrechnung als Urkunde nur ergibt, dass diese erteilt wurde, nicht aber ihre materiell-rechtliche Korrektheit.[4578] Nach zutreffender Ansicht ist der Urkundenprozess zulässig, wenn der Vermieter den Mietvertrag vorlegt, der den Mieter verpflichtet, Betriebskosten zu tragen und entsprechende Vorschüsse zu leisten, und die Erteilung der Betriebskostenabrechnung und deren Zugang unstreitig ist.[4579] Einer Vorlage der Betriebskostenabrechnung selbst oder weiterer Urkunden bedarf es dann nicht.[4580] Durch die Vorlage der Abrechnung kann zwar nicht deren inhaltliche Richtigkeit bewiesen werden; jedoch ist für den Fall, dass der Mieter den behaupteten Anfall von Kosten bestreiten sollte, dieser grds. durch Urkunden, wie Abgabenbescheide und Rechnungen beweisbar.[4581]

2783 Eine **offene Kaution** kann der Vermieter durch Vorlage des Mietvertrags und der darin enthaltenen oder separaten Kautionsabrede im Urkundenprozess verlangt werden. Der Mieter kann **Rückzahlung der Kaution** nach Mietende im Urkundenverfahren verlangen, wenn er den Mietvertrag mit Kautionsabrede, einen Zahlungsnachweis für die Leistung an den Vermieter und eine Urkunde, aus der sich ergibt, dass keine Ansprüche des Vermieters mehr bestehen,

---

4577 Vgl. Bussmann, MDR 2004, 675 mit Muster einer solchen Klage für Vergütungsansprüche aus Dienstvertrag; Sternel, Mietrecht aktuell, Rn. XIV 110.
4578 LG Bonn, 08.10.2009 – 6 S 107/09, IMR 2010, 78 = InfoM 2010, 146; Schneider, in: Herrlein/Kandelhard, Mietprozess Rn. 60 (ohne nähere Begründung); Blank, NZM 2000, 1083, 1084.
4579 KG, 28.06.2010 – 8 U 167/09, IMR 2010, 451; AG Berlin-Mitte, 09.05.2006 – 9 C 737/05, NZM 2007, 642 = ZMR 2007, 42 = InfoM 2007, 328; Sternel, Mietrecht aktuell, Rn. XIV 110; a.A. Blank, NZM 2000, 108, da sich aus der Abrechnung als Urkunde nur ergebe, dass diese erteilt wurde, nicht aber ihre materiell-rechtliche Korrektheit.
4580 AG Berlin-Mitte, 09.05.2006 – 9 C 737/05, NZM 2007, 642 = ZMR 2007, 42 = InfoM 2007, 328; a.A. Sternel, Mietrecht aktuell, Rn. XIV 110.
4581 KG, 28.06.2010 – 8 U 167/09, IMR 2010, 451; Schmid, Urkundenprozess für Mietnebenkosten und Wohngeldzahlungen, DWW 2007, 324; Both, NZM 2007, 156; AG Berlin-Mitte, 09.05.2006 – 9 C 737/05, NZM 2007, 642 = ZMR 2007, 42 = InfoM 2007, 328; AG Hannover, ZMR 2003, 271.

die zu sichern wären (Abnahme-/Rückgabeprotokoll, Bestätigungsschreiben des Vermieters), vorlegt.[4582]

Wichtig bei Änderungen ggü. dem ursprünglich abgeschlossenen Mietvertrag (Nachträge etc.):[4583]

Hat sich die Miete ggü. dem Mietvertrag inzwischen durch Mieterhöhung oder eine Vereinbarung geändert, sind entsprechende Urkunden (**Mieterhöhungsverlangen, Nachtragsvereinbarung**) vorzulegen; fehlt es daran, hat der Mieter aber die höhere Miete gezahlt, sind Urkunden vorzulegen, aus denen sich die Zahlung ergibt, z.B. Kontoauszüge. Ergibt sich die Mieterhöhung aus einer genehmigungsbedürftigen Vertragsklausel, ist die Genehmigung mit vorzulegen. 2784

Der Urkundenprozess scheidet nicht aus, wenn der **Mieter Mängel behauptet**. Diese früher streitige Frage[4584] ist inzwischen (weitgehend) durch den BGH geklärt. Ansprüche auf Miete können jedenfalls auch dann im Urkundenprozess geltend gemacht werden, wenn der Mieter die Wohnung in vertragsgemäßem Zustand erhalten hat und die Einrede des nicht erfüllten Vertrags darauf stützt, ein Mangel sei nachträglich eingetreten.[4585] Auch wenn die Mängel beim Mietobjekt von Anfang an vorlagen, ist das Urkundsverfahren zulässig, wenn der Mieter die Mietsache vorbehaltlos angenommen hat.[4586] Der Vermieter muss dies aber durch Urkunden darlegen, etwa ein Wohnungsübergabeprotokoll oder Überweisungsträger bzw. Kontoauszüge, denen die vorbehaltlose Zahlung der Miete zu entnehmen ist. Folge dieser erweiternden Rechtsprechung ist, dass das Urkundsverfahren nur dann als unzulässig anzusehen ist, wenn der Vermieter nicht alle anspruchsbegründenden Tatsachen durch Urkunden darlegen kann oder die Gebrauchsbeeinträchtigung durch einen Mangel unstreitig ist; ferner wenn der Mieter anfängliche Mängel durch das Übergabeprotokoll belegt und der Vermieter urkundlich nicht nachweisen kann, dass diese nicht vorlagen.[4587] Ist der Mangel unstreitig, aber nicht dessen spätere Beseitigung und kann der Vermieter die vom Mieter bestrittene Beseitigung des Mangels nicht urkundlich beweisen, wird man den Urkundenprozess ebenfalls als unstatthaft ansehen müssen.[4588] 2785

Das **Urkundenverfahren scheidet aus**, wenn

- die Überlassung der Mietsache bestritten ist;[4589]
- Zahlung einer Nutzungsentschädigung verlangt wird, denn der Anspruch gem. § 546a BGB setzt nicht allein die Beendigung des Mietverhältnisses und die unterlassene Rückgabe der Mietsache voraus, sondern zusätzlich, dass die Mietsache dem Vermieter vorenthalten

---

4582 Both, NZM 2007, 156; differenzierend Sternel, Mietrecht aktuell, Rn. XIV 111 unter Verweis auf LG Mönchengladbach, ZMR 1994, S. XII Nr. 23, wonach der Urkundsprozess als unstatthaft angesehen wird.
4583 Vgl. BGH, 10.03.1999 – XII ZR 321/97, MDR 1999, 822.
4584 OLG Düsseldorf, 01.04.2004 – I-24 U 227/03, GuT 2004, 130 = AIM 2004, 158: kein Urkundenverfahren, wenn ein Minderungsrecht des Mieters besteht.
4585 BGH, 20.12.2006 – VIII ZR 112/06, NZM 2007, 161 = IMR 2007, 99 = InfoM 2007, 135 (Wohnraum).
4586 BGH, 08.07.2009 – VIII ZR 200/08, NZM 2009, 734 = WuM 2009, 591 = NJW 2009, 3099.
4587 OLG München, 06.10.2010 – 7 U 2734/10, IMR 2010, 541.
4588 OLG Düsseldorf, 18.03.2008 – 24 U 136/07, IMR 2008, 363 = NZM 2009, 435 = NJW-RR 2009, 157.
4589 OLG Düsseldorf, 01.04.2004 – I-24 U 227/03, GuT 2004, 130 = AIM 2004, 158.

wird.⁴⁵⁹⁰ Ein Vorenthalten der Mietsache liegt vor, wenn sie gegen den Willen des Vermieters nicht zurückgegeben wird. Der Vermieter muss den Willen haben, die Mietsache zurückzunehmen, was als innere Tatsache nicht durch Urkunden bewiesen werden kann.⁴⁵⁹¹

- es um Ansprüche geht, deren Grund und Höhe sich nicht sofort aus Urkunden ergibt (z.B. Räumungsansprüche, Schadensersatzforderungen).

4. Räumungsklage

a) Checkliste: Vorbereitung einer Räumungsklage

2786 Es sollten folgende Punkte immer vor Erhebung einer Räumungsklage geklärt werden:

Checkliste: Vorbereitung einer Räumungsklage

- ☐ Kläger = Vermieter? Beklagte(r) = Mieter?
- ☐ Liegen alle Vermieter-/Mieterdaten vor?
- ☐ Wirksame Kündigungserklärung? Hinweis: In der Erhebung der Räumungsklage liegt regelmäßig die Wiederholung einer verfrühten und deshalb unwirksamen Kündigungserklärung.⁴⁵⁹²
- ☐ Kündigung von allen/an alle Vertragsparteien?
- ☐ Nachweisbarer Zugang der Kündigung?
- ☐ Widerspruch gegen stillschweigende Verlängerung des Mieterverhältnisses, § 545 BGB?
  Wenn der fristlosen Kündigung der unmissverständliche Wille zur unbedingten Vertragsbeendigung zu entnehmen ist, ist ein ausdrücklicher Widerspruch nach § 545 BGB nicht mehr erforderlich,⁴⁵⁹³ was aber eng zu handhaben ist. Ein bereits mit der Kündigung erklärter Widerspruch gegen eine stillschweigende Vertragsfortsetzung ist wirksam; eines zeitlichen Zusammenhangs mit der Vertragsbeendigung bedarf es nicht.⁴⁵⁹⁴ Die früher z.T. vertretene Auffassung, dass eine gewisse Zeitnähe zwischen Widerspruch und Vertragsbeendigung, insb. bei größerem Abstand zwischen Kündigung und Vertragsende, gegeben sein muss,⁴⁵⁹⁵ ist durch die vorgenannte BGH-Rechtsprechung nicht mehr erheblich.
- ☐ Zustellungsfähige Anschrift der Beklagten?
- ☐ Liegen alle erforderlichen Unterlagen vor (Mietvertrag, Kündigungsschreiben etc.)?

4590 LG Berlin, 20.11.2006 – 62 S 249/06, InfoM 2007, 134.
4591 LG Berlin, 20.11.2006 – 62 S 249/06, InfoM 2007, 134.
4592 OLG Düsseldorf, 08.01.2009 – I - 24 U 97/08, GuT 2009, 309.
4593 OLG Brandenburg, 14.11.2007 – 3 U 86/07, ZMR 2008, 116 = InfoM 2008, 121.
4594 BGH, 21.04.2010 – VIII ZR 184/09, IMR 2010, 318 = InfoM 2010, 218 unter ausdrücklicher Aufgabe von BGH, 09.04.1986 – VIII ZR 100/85, WuM 1986, 281 = NJW-RR 1986, 1020, wo noch ein zeitlicher Zusammenhang verlangt wurde.
4595 OLG Düsseldorf, 16.04.2002 – 24 U 199/01, NZM 2002, 739 = GuT 2002, 104 = ZMR 2002, 589; OLG Hamm, 09.09.1994 – 30 U 73/94, ZMR 1994, 560.

- ☐ Exakte Bezeichnung des Mietobjekts für den Räumungsantrag (insb. – falls mehrere Parteien im Gebäude – Lage, Stockwerk)?
- ☐ Zahlung der Gerichtskosten gewährleistet? Zur Beschleunigung direkt der Klage beifügen.
- ☐ Klärung, ob und wie neben dem Räumungsanspruch noch andere Ansprüche verfolgt werden sollen (→ Rn. 2787 f.).

b) Splitting von Räumungs- und Zahlungsanspruch

Praxistipp: 2787

Bei der Beratung des Mandanten sollte immer auch die spätere vollstreckungsrechtliche Situation bedacht werden. Wenn der Mandant bereit ist, die geringfügig höheren Kosten zu zahlen, sollte hier vor Gericht „gesplittet" werden: Die Räumungsklage wird separat vom Zahlungsverlangen der offenen Miete rechtshängig gemacht; die Miete wird im (Urkunds-)Mahnverfahren oder im Urkundsprozess geltend gemacht.

Diese Trennung kann alle Verfahren beschleunigen. Erhält der Gläubiger einen Zahlungstitel, stellt dieser in der Praxis zudem ein Druckmittel dar, das den Schuldner oft zur schnelleren Räumung bewegt. Weitere Vorteile dieser gesplitteten Verfahren sind: 2788

- Der Gläubiger erhält im Idealfall zwei Titel. Bei einer kombinierten Räumungs- und Zahlungsklage hat er körperlich nur einen Titel. Übersendet er diesen dem Gerichtsvollzieher zur Vollstreckung und eröffnet sich währenddessen eine weitere Vollstreckungschance für die offenen Mieten, z.B. Konten- oder Gehaltspfändung, steht der Titel i.d.R. nicht (rechtzeitig) zur Verfügung.
- Wird bei einer kombinierten Klage monatlich während des Verfahrens der Zahlungsantrag um neu fällig gewordene Mieten erweitert, kann sich der Erlass eines Versäumnisurteils verzögern. Alternative: Klage auf Räumung mit künftig fällig werdender Nutzungsentschädigung für den Zeitraum des auf Klageerhebung folgenden Monats bis Räumung und Rückgabe der Mietsache kombinieren.[4596]

c) Klageantrag und Tenor

Damit der **Gerichtsvollzieher** vollstrecken kann, muss der Antrag gem. § 253 Abs. 2 Nr. 2 ZPO so exakt wie möglich das zu räumende Objekt einschließlich etwaiger Nebenräume umschreiben. Sobald sich noch andere Büroräume, Läden etc. im Gebäude befinden, müssen Stockwerk und möglichst auch die dortige Lage angegeben werden. 2789

Formulierungsvorschlag: Antrag gem. § 253 Abs. 2 Nr. 2 ZPO 2790

Der Beklagte wird verurteilt, die Büroräume im Gebäude ....., ...-straße, ... Dortmund, 2. Stock vom Treppenhaus gesehen links, bestehend aus vier Räumen, Küche, Bad, WC,

---

[4596] Zulässig nach BGH, 20.11.2002 – VIII ZB 66/02, NZM 2003, 231 = AIM 2003, 56 = ZMR 2003, 333 = MDR 2003, 452.

sowie das im Keller gelegene Kellerabteil Nr. ..... zu räumen und an die Klägerin herauszugeben.

Praxistipp:
Wurden bewegliche Gegenstände mitvermietet (z.B. bei Pacht), darf nicht vergessen werden, den Herausgabeantrag auch darauf zu erstrecken.

2791 Wird **nur die Herausgabe der Räume**, etwa wegen Verpachtung/Vermietung mit Mobiliar oder einem ausgeübten Vermieterpfandrecht verlangt, darf nicht Räumung beantragt werden, sondern nur „den Kläger in den Besitz der Räume ... zu setzen". Der Gerichtsvollzieher darf dann in der Vollstreckung die Räume nur übergeben (etwa durch Schlossaustausch), nicht aber räumen, was auch deutliche Kostenvorteile wegen der nicht erforderlichen Beauftragung von Speditionen haben kann (→ „Berliner Modell", s. Rn. 2851 ff.).

In **personeller Hinsicht** muss sich der Klageantrag gegen sämtliche volljährigen Besitzer richten; dies können u.U. auch Nicht-Vertragspartner sein. Bei Unwirksamkeit des **Mietvertrags mit einer GbR** trifft die Räumungs- und Rückgabepflicht nicht nur die GbR, sondern auch ihre Gesellschafter.[4597] Da es um den *unwirksamen* Mietvertrag geht, meint der BGH wohl den Anspruch aus § 985 BGB oder § 812 BGB (ungerechtfertigte Besitz- oder Nutzungsüberlassung). Beim *wirksamen* Vertrag sollen die Gesellschafter ebenfalls auf Rückgabe haften.[4598] Der BGH, Urteil v. 29.10.2008, zitiert die in der vorstehenden Fußnote genannten Fundstellen ohne nähere Differenzierung zur Begründung seiner Meinung in dem knappen obiter dictum und macht damit keinen sachlichen Unterschied mehr. Folge ist, dass immer, insb. bei unklaren Besitzverhältnissen, sowohl die GbR als auch die Gesellschafter nach Vertragsende auf Rückgabe verklagt werden sollten.[4599]

In der Räumungsklage kann künftige **Nutzungsentschädigung** (mit) eingeklagt werden.[4600]

2792 **Formulierungsvorschlag: Klageantrag auf Nutzungsentschädigung neben Räumungsantrag**

Der Beklagte wird verurteilt, ab dem ..... (hier den auf die Klageeinreichung folgenden Monat angeben) bis zur Räumung und Rückgabe der Büroräume im Gebäude ....., ...-straße, ... Dortmund, 2. Stock vom Treppenhaus gesehen links, bestehend aus vier Räumen, Küche, Bad, WC sowie dem im Keller gelegenen Kellerabteil Nr. ....., an den Kläger Nutzungsentschädigung in der laut Mietvertrag vom ..... geschuldeten Höhe von monatlich ..... € (alternativ: i.H.d. für diese Räume ortsüblichen Miete i.H.v. .....) zu zahlen.

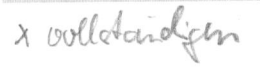

x vollständigen

[4597] BGH, 29.10.2008 – XII ZR 165/06, IMR 2009, 93 = GuT 2009, 105 = NZM 2009, 277 = InfoM 2009, 324 (obiter dictum).
[4598] BGH, 01.04.1987 – VIII ZR 15/86, NJW 1987, 2367, 2369 zur Haftung des Komplementärs einer KG; Gather, in: Schmidt-Futterer, § 546 Rn. 29.
[4599] Im Ergebnis ebenso Schneider, in: Herrlein/Kandelhard, Mietprozess Rn. 42.
[4600] BGH, 20.11.2002 – VIII ZB 66/02, NZM 2003, 231 = AIM 2003, 56 = ZMR 2003, 333 = MDR 2003, 452.

d) Klage auf künftige Räumung

Im Normalfall befindet sich der Mieter/Pächter mit der Räumung in Verzug. Ausnahmsweise kann auch eine Klage auf künftige Räumung unter den Voraussetzungen des § 257 ZPO oder des § 259 ZPO zulässig sein. Wird dem Mieter (wirksam) **fristlos gekündigt**, etwa wegen Zahlungsverzugs, so handelt es sich nicht um einen künftig fällig werdenden, sondern um einen sofort fälligen Räumungsanspruch, sodass auch die Räumungsklage nicht auf künftige, sondern sofortige Räumung abzielt. In einem Klageantrag auf sofortige Räumung kann auch ein Antrag auf künftige Räumung als „weniger" enthalten sein,[4601] etwa wenn eine fristlose Kündigung unwirksam, die hilfsweise ausgesprochene ordentliche Kündigung jedoch wirksam ist. Das Rechtsschutzbedürfnis für eine **Klage auf Feststellung der Räumungspflicht** fehlt, wenn eine Klage auf zukünftige Leistung in Betracht kommt.[4602]

2793

Nach **§ 257 ZPO** ist Klage auf künftige Räumung möglich, wenn der Räumungsanspruch bzgl. eines Grundstücks oder eines Raumes, der anderen als Wohnzwecken dient, an den Eintritt eines Kalendertages geknüpft ist (**kalendermäßige Bestimmbarkeit**). Diese Klage ist schon vor Fälligkeit des Anspruchs zulässig.[4603] Es muss nicht – wie bei § 259 ZPO – die Besorgnis dargelegt werden, dass sich der Mieter der Leistung entziehen wird.

2794

§ 259 ZPO gibt auch dann ein Recht zur Klage, wenn den Umständen nach die Besorgnis gerechtfertigt ist, dass der Schuldner sich der rechtzeitigen Leistung entzieht. Äußert sich der Mieter nach Vertragskündigung nicht auf eine **Räumungsanfrage des Vermieters vor Ablauf der Kündigungsfrist**, so hat er jedenfalls im Gewerberaummietrecht und bei unstreitig wirksamer Kündigung Anlass zur Erhebung einer Klage auf künftige Räumung gegeben.[4604] Der Vermieter hat aus folgenden Gründen ein erhebliches und offensichtliches Interesse, von dem Mieter zu erfahren, ob das Mietobjekt bis zum Ablauf der Kündigungsfrist geräumt wird:[4605] Hat der Vermieter bereits einen Vertrag mit einem Mietinteressenten abgeschlossen, ist er ohne rechtzeitige Räumung nicht in der Lage, diesen zu erfüllen. Legt der Vermieter, um eine solche Gefahr zu vermeiden, ggü. dem Mietinteressenten offen, dass die fristgerechte Räumung des Mietobjekts nicht als gesichert anzusehen ist, kann der Abschluss eines neuen Mietvertrags erheblich erschwert werden. Will der Vermieter vor Beginn des neuen Mietverhältnisses Umbaumaßnahmen durchführen, drohen bei einem verzögerten Auszug finanzielle Nachteile. Der Mieter eines gewerblichen Mietobjekts hat dagegen kein hinreichendes Interesse, den Vermieter über seine Absichten bzgl. der Räumung im Unklaren zu lassen, was jedenfalls dann gilt, wenn die Wirksamkeit der Kündigung außer Streit steht.[4606]

2795

4601 LG Köln, 19.05.2010 – 10 S 264/09.
4602 KG, 13.07.2005 – 8 W 45/05, MDR 2006, 534.
4603 Becker-Eberhard, in: MüKo-ZPO-, § 257 Rn. 1.
4604 OLG Stuttgart, 07.05.1999 – 5 W 16/99, ZMR 1999, 553 = NZM 2000, 95 = WuM 2000, 414 = MDR 1999, 1189; differenzierend OLG Hamm, 17.05.1996, ZMR 1996, 499.
4605 OLG Stuttgart, 07.05.1999 – 5 W 16/99, ZMR 1999, 553 = NZM 2000, 95 = WuM 2000, 414 = MDR 1999, 1189.
4606 OLG Stuttgart, 07.05.1999 – 5 W 16/99, ZMR 1999, 553 = NZM 2000, 95 = WuM 2000, 414 = MDR 1999, 1189.

Eine Besorgnis, dass der Schuldner sich der rechtzeitigen Leistung entzieht, liegt vor, wenn der Mieter zwar ankündigt, räumen zu wollen, aber trotz wiederholter Anfrage keine neue Adresse angibt.

2796 Ist die **Wirksamkeit der Kündigung streitig**, etwa indem der Mieter ihr widersprochen oder den Kündigungsgrund angegriffen hat, wird man eine Erklärungspflicht des Mieters nicht annehmen können, da er durch sein Schweigen auf eine Anfrage des Mieters konkludent zum Ausdruck bringt, dass er die Kündigung weiterhin für unwirksam hält.

2797 Verlangt der Vermieter die **Abgabe eines notariellen Räumungsschuldanerkenntnisses**, und erklärt der Mieter (nur), er werde sich vertragskonform verhalten, gibt er keinen Anlass zur Klageerhebung auf künftige Räumung.[4607] Folge ist, dass der Vermieter die Kosten der Klage tragen muss, wenn der Mieter sofort anerkennt. Der Mieter ist nicht verpflichtet, ein notarielles Schuldanerkenntnis des Räumungsbegehrens abzugeben.[4608]

2798 Sollen **Räumung und künftige Nutzungsentschädigung** bis zur endgültigen Räumung **zusammen eingeklagt** werden, ist dies jedenfalls bei schon eingetretener Zahlungsunfähigkeit des Mieters zulässig.[4609] Wann aber eine solche Zahlungsunfähigkeit tatsächlich vorliegt, ist diskutierbar. In der Entscheidung des BGH waren bei Kündigung fünf Mieten, bei Klageeinreichung sechs Mieten offen. Ob dies die Mindestvoraussetzungen sind, ist offen. Da die Praxis zeigt, dass eine mehrmonatige Zahlungseinstellung fast immer auf (endgültiger) Zahlungsunfähigkeit beruht, ist diese bereits bei drei offenen Monatsmieten zu bejahen.

e) Sicherheitsleistung

2799 Wird der Mieter/Pächter zur Räumung verurteilt, ist das Urteil nach § 708 Nr. 7 ZPO entsprechend dem Grundgedanken der ZPO (§§ 704 ff. ZPO), die Stellung des Gläubigers zu stärken, sobald er ein Urteil erstritten hat, für vorläufig vollstreckbar ohne Sicherheitsleistung zu erklären. Dem Schuldner ist nach § 711 Satz 1 ZPO die Befugnis einzuräumen, die **Vollstreckung abzuwenden**, da im Fall der Rechtsmitteleinlegung eine Aufhebung oder Änderung des (nur) vorläufig vollstreckbaren Urteils nicht ausgeschlossen ist. Dieser Schuldnerschutz darf aber nicht dazu führen, dass der Gläubiger durch die – wenn auch nur vorläufige – Beschneidung seiner Vollstreckungsmöglichkeiten einen Erfüllungs- und Verzögerungsschaden erleidet, weshalb die Abwendungsbefugnis an die Leistung einer Sicherheit (oder Hinterlegung) durch den Schuldner gekoppelt ist. Dies stellt sich gewissermaßen als „Gläubigerschutz" dar und soll ein **Gleichgewicht der Parteikräfte** auch im Zwangsvollstreckungsrecht gewährleisten.[4610] Um diesem Anspruch gerecht zu werden, ist nicht nur der mögliche Erfüllungsschaden als solcher, sondern auch ein drohender Verzögerungsschaden für die mutmaßliche Zeitspanne zwischen der an sich mit Erlass des (mit Vollstreckungsklausel versehenen und zugestellten) Räumungstitels möglichen Zwangsvollstreckung und der tatsächlichen Herausgabe, also z.B. der mögliche Mietverlust bis zu demjenigen eines Jahres bei der Bestimmung der Höhe der

---

[4607] LG Berlin, 01.02.2010 – 12 O 509/09, IMR 2010, 380 = GuT 2010, 247.
[4608] LG Berlin, 01.02.2010 – 12 O 509/09, IMR 2010, 380 = GuT 2010, 247.
[4609] BGH, 20.11.2002 – VIII ZB 66/02, NZM 2003, 231 = AIM 2003, 56 = ZMR 2003, 333 = MDR 2003, 452.
[4610] KG, 04.05.2010 – 6 U 174/09, MDR 2010, 1016 (Wohnraum, aber ohne Weiteres auf Gewerbe übertragbar, da es um Grundsätze der Zwangsvollstreckung geht).

III. Allgemeines zu bestimmten Klagearten und Anträgen

Sicherheitsleistung anzusetzen.[4611] Die Sicherheitsleistung steht dem Vermieter daher sowohl zum Ausgleich der in dem Zeitraum zwischen Erlass des Räumungsurteils und der tatsächlichen Herausgabe der Wohnung nicht gezahlten **Nutzungsentschädigung**, als auch des durch Verletzung der Pflicht zur vollständigen und ordnungsgemäßen Herausgabe der Wohnung entstandenen Schadens zur Verfügung.[4612]

f) Sonstiges

Gegenansprüche des Mieters: 2800

Beruft sich der Mieter bei einer Räumungsklage auf ein **Recht zum Besitz**, trifft ihn die Beweislast, dass er (noch) zum Besitz berechtigt ist.[4613]

Der rechtskräftigen Verpflichtung zur Räumung und Herausgabe können vermeintliche Gegenansprüche des Mieters/Pächters nicht entgegengehalten werden; die gesetzliche Grundwertung, wonach der Räumung ein **Zurückbehaltungsrecht** nicht entgegengehalten werden kann (BGB §§ 570, 578 Abs. 1, 2), darf durch vermeintliche Gegenansprüche des Mieters nicht unterlaufen werden.[4614]

Räumungsklage gegen bereits ausgezogene Mieter: 2801

Grds. kann der Vermieter auch von dem bereits ausgezogenen Mieter die Räumung und Herausgabe der Mieträume nach Beendigung des Mietverhältnisses erlangen.[4615]

Sofortiges Anerkenntnis: 2802

Ist das Geschäftsraummietverhältnis wegen Zahlungsverzug fristlos gekündigt worden, muss der Mieter sofort alles tun, um die Räumung durchzuführen, denn eine Räumungsfrist steht ihm nicht zu. Auch bei sofortigem Anerkenntnis des Räumungsanspruches gem. § 93 ZPO trägt er die Verfahrenskosten.[4616] Dies gilt erst recht, wenn es der Mieter auf Anfrage des Vermieters nach wirksamer Kündigung unterlässt, eine Erklärung über seine Räumungsabsichten abzugeben und dadurch dem Vermieter Anlass zu einer Räumungsklage gibt.[4617]

Teilurteil gem. § 301 ZPO: 2803

Bei einer Klage auf Zahlung rückständiger Miete und Räumung des Mietobjekts ist ein **Teilurteil auf Räumung** grds. unzulässig, wenn das Recht zur fristlosen Kündigung (auch) auf

---

4611 KG, 04.05.2010 – 6 U 174/09, MDR 2010, 1016 m.w.N. (Wohnraum, aber ohne Weiteres auf Gewerbe übertragbar, da es um Grundsätze der Zwangsvollstreckung geht).
4612 KG, 04.05.2010 – 6 U 174/09, MDR 2010, 1016 (Wohnraum, aber ohne Weiteres auf Gewerbe übertragbar, da es um Grundsätze der Zwangsvollstreckung geht).
4613 BGH, 25.09.1985 – VIII ZR 270/84, NJW-RR 1986, 282; OLG Düsseldorf, 10.12.2009 – I-10 U 96/09, MDR 2010, 378 (Mieter beruft sich auf Zustandekommen des Mietvertrags durch Duldungsvollmacht).
4614 OLG Frankfurt am Main, 23.07.2010 – 2 U 6/10, IMR 2010, 526.
4615 KG, 25.07.2006 – 8 W 34/06, IMR 2006, 76 = GuT 2006, 259.
4616 OLG München, 23.11.2000 – 3 W 2228/00, GuT 2001, 14.
4617 OLG Stuttgart, 07.05.1999 – 5 W 16/99, NZM 2000, 95 = WuM 1999, 414 = ZMR 1999, 553 = MDR 1999, 1189.

den Zahlungsverzug gestützt wird.[4618] Ist aber eine ordentliche Kündigung unabhängig vom Zahlungsverzug wirksam ausgesprochen, darf durch Teilurteil entschieden werden.[4619]

Hängt die Entscheidung über eine Räumungs- und Zahlungsklage und eine (Hilfs-)**Widerklage** auf Rückzahlung der wegen vorhandener Mängel zuviel gezahlten Miete von der Vorfrage ab, ob die Minderung bzw. die Einrede des nicht erfüllten Vertrages (§ 320 BGB) durch eine formularvertragliche Aufrechnungs- Minderungs- und Zurückbehaltungsrechtausschlussklausel ausgeschlossen sind bzw. ob es der Vermieterin gem. § 242 BGB verwehrt ist, sich dem Mieter ggü. hierauf zu berufen, besteht i.S.d. § 301 ZPO die Gefahr widersprechender Entscheidungen, wenn das Erstgericht über die Räumungs- und Zahlungsklage durch Teilurteil entscheidet und zur Widerklage wegen der behaupteten Mängel Beweis erhebt.[4620]

2804 **Verbotene Eigenmacht des Vermieters:**

Ist das Mietverhältnis durch fristlose Kündigung des Vermieters beendet, entfällt das Rechtsschutzbedürfnis für die Räumungs- und Herausgabeklage nicht bereits deshalb, weil sich der Vermieter im Wege verbotener Eigenmacht den Besitz an den Mieträumen verschafft hat.[4621]

2805 **Titelumschreibung bei Vermieterwechsel:**

Zwar verbleibt der Rückgabeanspruch aus § 546 Abs. 1 BGB auch nach einer Grundstücksveräußerung beim früheren Eigentümer, wenn er vor dem Eigentümerwechsel entstanden und fällig geworden ist.[4622] Der Räumungs- und Herausgabeanspruch besteht aber grds. auch aufgrund des Eigentums nach § 985 BGB. Für die Umschreibung eines Titels (§ 727 ZPO) auf Räumung und Herausgabe auf den Grundstückserwerber reicht es daher aus, wenn dieser sein Eigentum durch einen beglaubigten Grundbuchauszug nachweist.[4623] Eine Abtretung in einer öffentlich beglaubigten Urkunde i.S.d. § 727 ZPO ist nicht erforderlich.

5. Selbstständiges Beweisverfahren

2806 Auch in mietrechtlichen Verfahren kann die Einleitung des selbstständigen Beweisverfahrens geboten sein, insb. wenn zwischen den Parteien des Mietvertrages ein Gerichtsverfahren noch nicht anhängig ist, andererseits aber bspw. **Streit über den Zustand der Mietsache** besteht, etwa bei Mängeln. Von Vorteil ist, dass das Gericht selbst einen Gutachter vorschlägt und keine der Mietvertragsparteien daher befürchten muss, dass der jeweilige Sachverständige im Lager des anderen steht und damit Besorgnis zur Befangenheit besteht. Nachteilig kann eine (dem Zweck des Verfahrens eigentlich zuwider laufende) lange Verfahrensdauer sein, der womöglich noch der „Hauptsache-Rechtsstreit" folgt.

Die **Zuständigkeit des Gerichts** bestimmt sich nach § 486 ZPO (Grundsatz: dasjenige Gericht, das im Fall eines ordentlichen Verfahrens zur Entscheidung in der Hauptsache berufen

---

4618 BGH, 12.12.2007 – VIII ZR 269/06, IMR 2008, 103 = InfoM 2008, 145 = NZM 2008, 280 = MDR 2008, 331.
4619 OLG Düsseldorf, 23.06.2009 – I - 24 U 18/07, GuT 2009, 213.
4620 OLG Düsseldorf, 12.02.2009 – 10 U 146/08, ZMR 2009, 363 = MietRB 2009, 168 = OLGR 2009, 360.
4621 OLG Düsseldorf, 26.09.2006 – I - 10 W 102/06, GuT 2006, 331 = NJOZ 2007, 4176.
4622 OLG München, 23.09.1994 – 21 U 2235/94, ZMR 1996, 375.
4623 LG Köln, 13.07.2009 – 10 T 101/09, InfoM 2010, 238.

wäre) Der Antrag setzt grds. ein Rechtsschutzinteresse des Antragstellers voraus, was aber in der Praxis mit dem Hinweis, dass durch die Feststellungen des Sachverständigen ein Gerichtsverfahren vermieden werden kann, so gut wie immer von den Gerichten akzeptiert wird. Den erforderlichen Antragsinhalt legt § 487 ZPO fest.

Zum → *Gegenstandswert s. Rn. 2830.*

IV. Darlegungs- und Beweislast: Grundsätze

Das Klägervorbringen muss schlüssig sein. Dies erfordert einen substanziierten Vortrag. Ein Sachvortrag erfüllt diese Voraussetzung, wenn Tatsachen vorgetragen werden, die i.V.m. einem Rechtssatz geeignet und erforderlich sind, das geltend gemachte Recht näher zu begründen. Die Angabe näherer Einzelheiten ist grds. nur dann erforderlich, wenn diese für die Rechtsfolgen von Bedeutung sind; dabei hängt es vom Einzelfall ab, in welchem Maß die Partei ihr Vorbringen durch die Darlegung konkreter Einzeltatsachen noch weiter substanziieren muss.[4624]

2807

Rechtsprechungshinweise zu Substanziierungsanforderungen:

2808

- BGH, 13.08.1997 – VIII ZR 246/96, NJW-RR 1998, 712,
- BGH, 21.01.1999 – VII ZR 398/97, NJW 1999, 1859 = MDR 1999, 735,
- BGH, 26.05.1999 – VIII ZR 123/98, MDR 1999, 1206.

Wird das Zustandekommen bestimmter Abreden behauptet, muss nicht unbedingt zu Einzelheiten der Umstände dieser Abreden vorgetragen werden.[4625]

2809

Praxistipp:

Auch wenn der BGH hier Darlegungserleichterungen gewährt, sollte darauf nicht generell gebaut werden. I.d.R. gilt, dass zu den anspruchsbegründenden Tatsachen (z.B. Vertragsschluss, Ersatzvornahme, Kündigung) lieber zu viel als zu wenig vorgetragen werden sollte. Diskussionen über die Schlüssigkeit der Klage sollten in jedem Fall vermieden werden – zumal die meisten Mandanten diese Problematik auch nicht nachvollziehen können, erst recht nicht, wenn auch noch bis zum OLG (nur) darüber gestritten wird.

Zur → *Darlegungs- und Beweislast bei Mietmängeln Rn. 2200 ff.*

V. Einstweiliger Rechtsschutz

1. Grundsätze

Einstweiliger Rechtsschutz ist in Form der einstweiligen Verfügung oder des Arrestes möglich, aber im Mietrecht eher selten. Die folgenden Ausführungen beschäftigen sich mit der praxisre-

2810

4624 BGH, 04.07.2000 – VI ZR 236/99, MDR 2000, 1392.
4625 BGH, 21.01.1999 – VII ZR 398/97, NZM 1999, 509 = WuM 1999, 347 = MDR 1999, 735 = NJW 1999, 1859; BGH, 04.07.2000 – VI ZR 236/99, MDR 2000, 1392.

levanteren einstweiligen Verfügung, für den Arrest (§§ 916 ff. ZPO) darf auf die einschlägigen ZPO-Kommentare verwiesen werden.[4626]

2811 Durch eine einstweilige Verfügung, die als Sicherungs- oder Regelungsverfügung ergehen kann (§§ 935, 940 ZPO), soll das Rechtsverhältnis zwischen den Parteien nur vorübergehend geregelt werden. Im Wohnraummietrecht hat die einstweilige Verfügung wegen § 940a ZPO (Räumung durch einstweilige Verfügung **nur** bei verbotener Eigenmacht) faktisch keine Bedeutung. Bei Geschäftsraummiete kommt sie aber schon häufiger in Betracht. Voraussetzung sind immer ein **Verfügungsanspruch** (Anspruchsgrundlage aus materiellem Recht) und ein **Verfügungsgrund** (Eilbedürftigkeit), deren zugrunde liegende Tatsachen glaubhaft gemacht werden müssen (§ 294 ZPO). Bei besonderer Eilbedürftigkeit, die in der Antragsschrift dargelegt und glaubhaft gemacht werden muss, sollte immer nach § 937 Abs. 2 ZPO beantragt werden, ohne mündliche Verhandlung zu entscheiden. Wegen § 890 ZPO sollte immer sofort ein **Ordnungsgeldantrag** gestellt werden, damit im Fall einer Vollstreckung nicht noch erst ein Ordnungsgeld durch das Gericht angedroht werden muss. Ferner darf durch die einstweilige Verfügung die Hauptsache nicht vorweggenommen werden. Das ist aber z.B. bei einer Räumung grds. immer der Fall, da dem Schuldner der Besitz entzogen wird (Ausnahme: verbotene Eigenmacht).[4627] Die Einstellung der Mietzahlungen und die Weigerung des Mieters, die Mieträume herauszugeben, rechtfertigen deshalb ohne weitere Umstände nicht den Erlass einer Räumungsverfügung.[4628]

2812 An den Verfügungsgrund sind **hohe Anforderungen** zu stellen. Rein wirtschaftliche Erwägungen (Verlust der Miete, gefährdete Neuvermietung etc.) werden dafür i.d.R. nicht ausreichen. Hingegen kann verbotene Eigenmacht ausreichend sein.[4629] Die Antragsschrift sollte zudem die Bitte an das Gericht enthalten, den Anwalt über den Erlass der Verfügung telefonisch zu informieren, damit ggf. der Beschluss persönlich auf der Geschäftsstelle zwecks Zustellung durch den Gerichtsvollzieher abgeholt werden kann und Postlaufzeiten vermieden werden; in der Praxis kommt leider selten ein Gericht dieser Bitte nach. Ist der Antrag offensichtlich unzulässig, unbegründet oder kann auch die mündliche Verhandlung nicht zur Klärung beitragen, wird er durch Beschluss nach § 937 Abs. 2 ZPO zurückgewiesen und zwar mit Kostentragungspflicht des Antragstellers. Rechtsmittel ist der **Widerspruch**, §§ 936, 924 ZPO, der zur mündlichen Verhandlung führt; die Entscheidung dort ergeht durch Urteil, das mit der Berufung angreifbar ist. Wichtig: Dieser Termin bleibt i.d.R. der einzige, d.h. es wird grds. nicht vertagt oder ein Beweisbeschluss erlassen.

> **Praxistipp:**
> Da präsente Beweismittel hier in der mündlichen Verhandlung zulässig sind (ebenso, wenn das Gericht nach Antrag auf Erlass der einstweiligen Verfügung eine mündliche Verhandlung anordnet), sollten unbedingt alle in Betracht kommenden Zeugen direkt zum Termin mitgebracht werden. Ein zweiter Termin findet i.d.R. nicht statt!

4626 Ausführlich: Hinz, NZM 2005, 841.
4627 Vgl. OLG Celle, 28.02.1994 – 2 U 298/93, OLGR 1994, 274.
4628 OLG Düsseldorf, 22.06.2004 – I - 24 W 36/04, GuT 2004, 175.
4629 OLG Celle, 28.02.1994 – 2 U 298/93, OLGR 1994, 274.

V. Einstweiliger Rechtsschutz

Befürchtet der Gegner, dass Antrag auf Erlass einer einstweiligen Verfügung gestellt wird, hat er die Möglichkeit, bei dem für den Erlass der einstweiligen Verfügung in Betracht kommenden Gericht (notfalls bei mehreren) eine sog. **Schutzschrift** zu hinterlegen. Darin weist er unter Bezeichnung des „drohenden" Rubrums (wichtig für die Zuordnung durch das Gericht, falls der Antrag tatsächlich eingeht) auf die Möglichkeit hin, dass der Gegner einen Antrag stellt und beantragt mit ausführlicher Begründung nach den Regeln der §§ 935, 940 ZPO vorsorglich, diesen zurückzuweisen und hilfsweise, dem Antrag nicht ohne mündliche Verhandlung stattzugeben (Muster einer Schutzschrift des Mieters, mit der der Erlass einer einstweiligen Verfügung zur Duldung drohender Umbauarbeiten am Gebäude verhindert werden soll → *Teil 2 Rn. 3387 ff.*).

2813

Wird die einstweilige Verfügung erlassen und zugestellt, hat der Antragsgegner die Möglichkeit, **Widerspruch** einzulegen oder aber einen Antrag nach §§ 936, 926 ZPO zu stellen, wonach dem Antragsteller eine Frist zur Klageerhebung zu setzen ist. Hält er diese nicht ein, kann die Aufhebung der einstweiligen Verfügung beantragt werden (§§ 936, 926 Abs. 2 ZPO). Die Aufhebung erfolgt durch Endurteil mit mündlicher Verhandlung; Rechtsmittel dagegen ist also (nur) die Berufung.

2814

Die einstweilige Verfügung muss gem. §§ 929 Abs. 2, 936 ZPO innerhalb eines Monats nach Zustellung des Beschlusses an den Antragsteller bzw. nach Verkündung des Urteils durch Zustellung der gerichtlichen Verfügung im Parteibetrieb, also unter Einschaltung des Gerichtsvollziehers (§§ 191 ff. ZPO), vollzogen werden. Die **Vollziehung der einstweiligen Verfügung** durch Vornahme von Vollstreckungsakten kann schon vor Zustellung des Titels an den Antragsgegner erfolgen, wenn die Titelzustellung gem. §§ 929 Abs. 3 Satz 2, 936 ZPO innerhalb einer Woche nach der Vollziehung und vor Ablauf der Monatsfrist des § 929 Abs. 2 ZPO erfolgt. Unterbleibt während der Vollziehungsfrist die Zustellung an den Antragsgegner, so führt dies bei der Beschlussverfügung nach Widerspruch (§ 924 ZPO) oder Aufhebungsantrag (§ 927 ZPO), bei der Urteilsverfügung nach Einlegung der Berufung (§§ 511 ff. ZPO) oder Aufhebungsantrag (§ 927 ZPO) zur Aufhebung der Eilentscheidung.[4630] Versäumt der Antragsteller die Frist des § 929 Abs. 2 Satz 2 ZPO, ist eine vor Zustellung der einstweiligen Verfügung durchgeführte Vollstreckungsmaßnahme unwirksam (Rechtsmittel des Antragsgegners: Erinnerung gem. § 766 ZPO).

2815

Für den Antrag des Schuldners nach § 926 Abs. 1 ZPO (**Anordnung der Klageerhebung**) fehlt das Rechtsschutzbedürfnis, wenn der zu sichernde Anspruch auf Rückgabe der durch verbotene Eigenmacht (§ 861 BGB) erlangten Sache (hier: Ladengeschäft) infolge Erfüllung durch den Schuldner erloschen ist; richtiger Rechtsbehelf des Schuldners in einem solchen Falle ist der Widerspruch (§ 924 ZPO) oder der Antrag auf Aufhebung der einstweiligen Verfügung wegen veränderter Umstände (§ 927 ZPO).[4631]

4630 Hinz, NZM 2005, 841, 858.
4631 KG, 08.04.2008 – 12 W 16/08, NZM 2009, 52: Wiedereinräumung des Besitzes an untervermietetem Ladengeschäft.

2. Räumungsverfügung

2816 Nach § 940a ZPO kommt eine Räumung durch einstweilige Verfügung nur bei **verbotener Eigenmacht** (§ 858 BGB) in Betracht. Die dann ausnahmsweise zulässige Leistungsverfügung auf Räumung ist i.d.R. von einer Vollziehungssicherheit abhängig zu machen.[4632] Die Einstellung der Mietzahlungen und die Weigerung des Mieters, die Mieträume herauszugeben, rechtfertigen ohne weitere Umstände nicht den Erlass einer Räumungsverfügung.[4633] Wird das Pachtgrundstück nach Ablauf des Pachtvertrages von dem Pächter nicht geräumt, kann aber ausnahmsweise eine Regelungsverfügung auf Herausgabe des Grundstücks gerechtfertigt sein, wenn eine Regelung zur Abwendung wesentlicher Nachteile des Gläubigers unter Berücksichtigung der Schuldnerbelange unabweisbar ist.[4634]

VI. Wichtige Einzelfragen des Zivilprozesses

2817 **Hinweispflicht des Gerichts, § 139 ZPO:**[4635]

Ein gerichtlicher Hinweis erfüllt seinen Zweck nur dann, wenn der betroffenen Partei anschließend die Möglichkeit gegeben wird, ihren Sachvortrag unter Berücksichtigung des Hinweises zu ergänzen. Die gerichtliche Hinweispflicht besteht grds. auch in Prozessen, in denen die Partei durch einen Prozessbevollmächtigten vertreten wird, jedenfalls dann, wenn dieser die Rechtslage falsch beurteilt.[4636]

Will das Erstgericht seine Entscheidung auf eine von den Parteien nicht ausdrücklich vorgetragene Klausel des Mietvertrages (hier: Kleinreparaturklausel) stützen, hat es der davon rechtlich benachteiligten Partei einen entsprechenden Hinweis zu erteilen.[4637]

2818 **Güteverfahren:**

Ist durch Landesrecht ein obligatorisches Güteverfahren vorgeschrieben, so muss der Einigungsversuch der Klageerhebung vorausgehen. Er kann nicht nach der Klageerhebung nachgeholt werden. Eine ohne den Einigungsversuch erhobene Klage ist als unzulässig abzuweisen.[4638]

2819 **Neue Angriffs- und Verteidigungsmittel in der Berufung:**

Auch unter der Geltung des reformierten Zivilprozessrechts ist es zulässig, die mit der Berufung erstrebte Abänderung des erstinstanzlichen Urteils ausschließlich mit neuen Angriffs- und Verteidigungsmitteln zu begründen, soweit diese in der Berufungsinstanz zu berücksichtigen sind. Einer Auseinandersetzung mit den Gründen des angefochtenen Urteils bedarf es in diesem Fall nicht.[4639]

[4632] OLG Celle, 28.02.1994 – 2 U 298/93, OLGR 1994, 274.
[4633] OLG Düsseldorf, 22.06.2004 – I - 24 W 36/04, GuT 2004, 175 = NZM 2005, 180.
[4634] OLG Düsseldorf, 29.09.2005 – I 10 U 18/05, GuT 2005, 257.
[4635] Ausführlich zu Hinweispflichten Neuhaus, MDR 2002, 438.
[4636] BGH, 26.09.2006 – VII ZR 103/05, IBR 2006, 707.
[4637] OLG Düsseldorf, 20.12.2005 – I 24 U 68/05, GuT 2006, 203.
[4638] BGH, 23.11.2004 – VI ZR 336/03, NZM 2005, 154 = r+s 2006, 263.
[4639] BGH, 27.03.2007 – VIII ZB 123/06, IMR 2007, 205.

PKH für einen Gewerbebetrieb: 2820

Bei der Beurteilung der Bedürftigkeit der Partei hinsichtlich einer ihren Gewerbebetrieb betreffenden Rechtsverfolgung ist anhand der jeweiligen konkreten wirtschaftlichen Verhältnisse zu prüfen, ob die Prozesskosten entweder unmittelbar aus dem Unternehmensvermögen oder durch Kreditaufnahme aufgebracht werden können. Auf eine Kreditaufnahme kann die Partei verwiesen werden, wenn diese im Rahmen eines ordnungsgemäßen kaufmännischen Geschäftsbetriebes erfolgen kann.[4640]

Sachverständige: 2821

- **Streitverkündung**: Auch in Mietsachen ist die von einer Partei ggü. einem gerichtlichen Sachverständigen erklärte Streitverkündung zur Vorbereitung von Haftungsansprüchen aufgrund im Rechtsstreit erbrachter, angeblich fehlerhafter Gutachterleistungen unzulässig; eine gleichwohl erfolgte Zustellung der Streitverkündungsschrift ist rechtswidrig.[4641]
- **Antrag auf Ladung**: Für den Antrag einer Partei auf Ladung des Sachverständigen zur Erläuterung seines Gutachtens kommt es nicht darauf an, ob das Gericht noch Erläuterungsbedarf sieht oder ob ein solcher von einer Partei nachvollziehbar dargetan worden ist. Von der Partei, die den Antrag auf Ladung des Sachverständigen stellt, kann nicht verlangt werden, dass sie die Fragen, die sie an den Sachverständigen zu richten beabsichtigt, im Voraus konkret formuliert.[4642]

Prozessvergleich, § 779 ZPO: 2822

Für Ansprüche aus einem Vergleich gilt grds. die kurze Verjährungsfrist des § 548 BGB, sofern die Wurzeln dafür im Miet- oder Pachtverhältnis liegen und kein neuer Schuldgrund geschaffen werden soll.[4643]

VII. Streitwert, Zuständigkeits- und Rechtsmittelwert (Beschwer) – Überblick

1. Beschwer

Die **Beschwer** ist von Amts wegen zu prüfen.[4644] Die Wertberechnung nach § 8 ZPO ist nur für den **Zuständigkeits- und Rechtsmittelwert** maßgeblich[4645] (zum Beschwerdewert einer Nichtzulassungsbeschwerde vgl. § 26 Nr. 8 EGZPO). Danach ist, wenn das Bestehen oder die Dauer eines Mietverhältnisses streitig ist, der auf die gesamte streitige Zeit entfallende Mietzins anzusetzen, wenn nicht der 25-fache Betrag des einjährigen Mietzinses geringer ist.[4646] Bei einem Feststellungsantrag, der das Bestehen oder die Dauer eines Miet- oder Pachtverhältnis- 2823

4640 BGH, 07.12.2006 – VII ZB 50/06, GuT 2007, 32.
4641 BGH, 19.12.2006 – VIII ZB 49/06, IMR 2007, 100 = NZM 2007, 211.
4642 BGH, 05.09.2006 – VI ZR 176/05, IBR 2006, 706.
4643 BGH, 23.06.2010 – XII ZR 52/08, GuT 2010, 229 = IMR 2010, 375 = InfoM 2010, 277 = MDR 2010, 1042 (Räumungsvergleich über vermietetes Grundstück und nicht mitvermietete Teilflächen mit Bodenverunreinigungen).
4644 BGH, 20.04.2005 – XII ZR 92/02, NJW-RR 2005, 1011.
4645 BGH, 22.02.2006 – XII ZR 134/03, GuT 2006, 156 = NZM 2006, 378 = Info M 2006, 210 = MDR 2006, 980 – 981 = NJW-RR 2006, 1004.
4646 BGH, 10.05.2000 – XII ZR 335/99, NJW-RR 2000, 1739.

ses zum Gegenstand hat, ist kein Abschlag vorzunehmen; vielmehr richtet sich die Beschwer auch hier nach dem Betrag der auf die gesamte streitige Zeit entfallende Miete.[4647]

Zur Bestimmung der „streitigen Zeit" ist dabei auf den Zeitpunkt abzustellen, zu dem das Mietverhältnis geendet hätte. Hat der Kläger zu einem Zeitpunkt gekündigt, der vor dem Ablauf des Mietverhältnisses liegt, ist streitige Zeit i.S.v. § 8 ZPO nicht mehr die gesamte restliche Mietzeit, sondern nur die Zeit bis zu dieser Kündigung.[4648] Lässt sich das zeitliche Ende des Mietverhältnisses nicht sicher feststellen, bemisst sich die Beschwer in entsprechender Anwendung von § 9 ZPO nach dem dreieinhalbfachen Wert der Jahresmiete.[4649] Zugrunde zu legen ist die Nettokaltmiete zuzüglich einer etwaigen Nebenkostenpauschale, während für den Wert der Beschwer die auf die Betriebskosten anfallenden Vorauszahlungen nicht berücksichtigt werden.[4650] Aufwendungen für die Renovierungs- und Umbaumaßnahmen stellen keine Gegenleistung für die Gebrauchsüberlassung dar und erhöhen nicht den Wert der Beschwer.[4651]

2. Räumungsklage

2824 Für den **Streitwert einer Räumungsklage** gilt Folgendes: Wird wegen Beendigung eines Mietverhältnisses die Räumung eines Grundstücks verlangt, ist das gem. § 41 Abs. 2 GKG für die Dauer eines Jahres zu zahlende Entgelt maßgebend. Reine Streitigkeiten über den Vertragsinhalt fallen nicht in den Anwendungsbereich von § 41 Abs. 1 GKG.[4652] Der maßgebliche Jahresbetrag ist aus dem höchsten Entgelt zu errechnen, wenn das Entgelt aufgrund einer Staffelmiete in verschiedenen Zeiträumen verschieden hoch ist.[4653] Nach **§ 41 Abs. 1 Satz 2 GKG** zählen zum Entgelt neben dem Nettogrundentgelt auch die Nebenkosten, wenn diese als Pauschale vereinbart und nicht gesondert abgerechnet werden. Vom **Entgeltbegriff** werden grds. alle Leistungen umfasst, die der Mieter, Pächter oder Nutzer von Gesetzes wegen oder aufgrund vertraglicher Vereinbarung für die Gebrauchsüberlassung zu erbringen hat.[4654] Hierzu gehört auch die auf die Miete zu zahlende USt.[4655] § 41 Abs. 1 Satz 2 GKG findet auch bei der Ermittlung des Räumungsstreitwerts Anwendung, da für die Bestimmung des Entgelts in § 41 Abs. 2 GKG auf Abs. 1 verwiesen wird.[4656]

2825 Wird der Anspruch auf Räumung und Herausgabe von Räumen nicht nur auf einen Mietvertrag, sondern auch auf einen **anderen Rechtsgrund** (z.B. Eigentum, § 985 BGB) gestützt, ist der

---

4647 BGH, 29.10.2008 – XII ZB 75/08, InfoM 2009, 397 = IMR 2010, 34.
4648 BGH, 02.07.2008 – XII ZR 44/07, GuT 12009, 35 = MietPrax-AK, § 26 Nr. 8 EGZPO – Entscheidung Nr. 8; BGH, 30.09.1998 – XII ZR 163/98, NZM 1999, 21.
4649 BGH, 08.04.2008 – VIII ZR 50/06, IMR 2008, 293.
4650 BGH, 08.04.2008 – VIII ZR 50/06, IMR 2008, 293.
4651 BGH, 08.04.2008 – VIII ZR 50/06, IMR 2008, 293.
4652 BGH, 09.08.2006 – XII ZR 165/05; BGH, 21.09.2005 – XII ZR 256/03, NZM 2005, 944; BGH, 20.04.2005 – XII ZR 248/04, NZM 2005, 519.
4653 BGH, 21.09.2005 – XII ZR 256/03, NZM 2005, 944; OLG Düsseldorf, 20.10.2009 – 10 W 102/09, GuT 2009, 321 = NZM 2010, 600 = GE 2009, 1554.
4654 OLG Düsseldorf, 20.10.2009 – 10 W 102/09, GuT 2009, 321 = NZM 2010, 600 = GE 2009, 1554.
4655 BGH, 02.11.2005 – XII ZR 137/05, NZM 2006, 138 = ZMR 2006, 190 = MDR 2006, 657; OLG Düsseldorf, 20.10.2009 – 10 W 102/09, GuT 2009, 321 = NZM 2010, 600 = GE 2009, 1554.
4656 BGH, 30.10.2007 – VIII ZR 163/07, NZM 2007, 935 = ZMR 2006, 190 = MDR 2006, 657; OLG Düsseldorf, 20.10.2009 – 10 W 102/09, GuT 2009, 321 = NZM 2010, 600 = GE 2009, 1554.

Streitwert gem. § 41 Abs. 2 Satz 2 GKG ausnahmslos der Wert der Nutzung für ein Jahr, und zwar ohne Möglichkeit einer Begrenzung durch § 41 Abs. 1 Satz 1 GKG auf den Betrag des auf eine kürzere „streitige Zeit" (GKG § 41 Abs. 1 Satz 1) entfallenden Entgelts.[4657]

§ 41 Abs. 1 Satz 2 GKG gilt auch dann, wenn sich die Räumungsklage (auch) gegen den **Untermieter** richtet.[4658] Klagt der Hauptvermieter auf Räumung und Herausgabe gegen den Untermieter, so ist für die Bestimmung des Streitwerts nach § 3 ZPO der Hauptmietzins und nicht der Untermietzins heranzuziehen.[4659]

Werden in einer Klage durch **Leistungsantrag ein Mietzinszahlungsanspruch** und durch **Feststellungsantrag das Bestehen oder Nichtbestehen des Mietverhältnisses** – etwa nach Kündigung des Mieters – geltend gemacht, sind die beiden Ansprüche einzeln zu bewerten und sodann zu addieren, wenn und soweit der Zeitraum, für den Zahlung verlangt wird, und der Zeitraum, für den das Bestehen oder Nichtbestehen des Mietverhältnisses festgestellt werden soll, sich nicht decken.[4660] Wenn und soweit sich die Zeiträume überschneiden, ist allein auf den höheren Anspruch abzustellen, da es sich im Umfang der zeitlichen Kongruenz wirtschaftlich um denselben Gegenstand i.S.d. § 45 Abs. 1 Satz 3 GKG handelt.[4661] Dies gilt auch dann, wenn Zahlungs- und Feststellungsbegehren nicht im Verhältnis von Klage und Widerklage stehen.[4662]

2826

Ist streitig, wann ein unstreitig wirksam gekündigter Mietvertrag endet, ist für den Streitwert des Räumungsprozesses nach § 41 GKG die Miete des umstrittenen Zeitraums – ohne Nebenkosten (hier: weil keine Pauschale vereinbart war), aber mit USt (hier: vereinbart) – anzusetzen, wenn zu erwarten ist, dass der Mieter den von ihm vertretenen Zeitpunkt für die Räumung einhält.[4663] Gehört neben der Räumung auch die **Rückgabe eines unentgeltlich überlassenen Grundstücks** zum Streitgegenstand, so ist jene mithilfe einer Schätzung gesondert zu bewerten.[4664]

2827

3. Feststellungsklage

Beim Streitwert der positiven **Feststellungsklage** ist nach ständiger Rechtsprechung ein Abzug von 20 % vorzunehmen.[4665] Bei einer negativen Feststellungsklage ist wegen ihrer vernichtenden Wirkung nie ein Abschlag vorzunehmen.[4666]

2828

4657 KG, 13.10.2010 – 12 W 28/10, IMR 2010, 542; OLG Düsseldorf, 23.09.2010 – 24 W 68/10.
4658 OLG Düsseldorf, 20.10.2009 – 10 W 102/09, GuT 2009, 321 = NZM 2010, 600 = GE 2009, 1554.
4659 KG, 17.09.2009 – 8 U 71/09, GuT 2009, 322 = IMR 2010, 37.
4660 BGH, 22.02.2006 – XII ZR 134/03, NZM 2006, 378 = GuT 2006, 156 (LS) = InfoM 2006, 210.
4661 BGH, 25.07.2007 – XII ZR 37/07; BGH, 22.02.2006 – XII ZR 134/03, NZM 2006, 378 = GuT 2006, 156 (LS) = InfoM 2006, 210; BGH, 02.11.2005 – XII ZR 137/05, NZM 2006, 138 = ZMR 2006, 190 = MDR 2006, 657; OLG Düsseldorf, 20.09.2007 – 10 U 46/07, GuT 2007, 363 = NZM 2009, 281.
4662 BGH, 17.03.2004 – XII ZR 162/00, GuT 2004, 133 (LS) = NZM 2004, 423 = ZMR 2004, 494 unter 2. a).
4663 OLG Stuttgart, 09.10.2008 – 5 W 48/08, NZM 2009, 320.
4664 OLG Düsseldorf, 11.05.2009 – 24 W 16/09.
4665 BGH, 16.02.2005 – XII ZR 46/03, MietPrax-AK, § 8 ZPO E Nr. 2 = WuM 2005, 350 = ZMR 2005, 933; BGH, 17.03.2004 – XII ZR 162/00, GuT 2004, 133 (LS) = NZM 2004, 423 = ZMR 2004, 494.
4666 BGH, 29.04.2004 – III ZB 72/03, WuM 2004, 352 betr. Entfernung einer Garage.

4. Vergleich

2829 Der **Gegenstandswert eines Vergleichs** bestimmt sich danach, worüber und nicht worauf sich die Parteien verständigen.[4667] Wer zuvor einem bestimmten Streitwert zugestimmt hat, erklärt nicht schlüssig einen Rechtsmittelverzicht und wird trotzdem von der entsprechenden Festsetzung beschwert.[4668]

Werden in einem „**Mehrvergleich**" Streitgegenstände mit erledigt, die im Rechtsstreit nicht anhängig gewesen sind, sind diese nach allgemeinen Grundsätzen einzeln zu bewerten und erhöhen den Gegenstandswert des Vergleichs.[4669] Vereinbaren die Parteien in dem „**Räumungs(mehr) vergleich**" für den Mieter eine „Umzugskostenbeihilfe", so wirkt diese sich nicht werterhöhend aus, wenn die Parteien darüber nicht gestritten haben (kein Vergleichsmehrwert).[4670] Da der Anspruch auf Rückbau der Mietsache nicht von dem Räumungsanspruch umfasst ist, ist er gesondert zu bewerten.[4671]

5. Selbstständiges Beweisverfahren

2830 Begehrt im selbstständigen Beweisverfahren der Antragsteller unter Vorlage eines von ihm eingeholten Kostenvoranschlags eines Handwerkers die Feststellung, dass neben dem Vorhandensein bestimmter Mängel sich die Kosten für deren Beseitigung auf den im Kostenvoranschlag ausgewiesenen Betrag belaufen, so entspricht der Gegenstandswert des Beweisverfahrens den angegebenen und festzustellenden Mängelbeseitigungskosten.[4672] Eine Wertverbesserung, die sich der Antragsteller anrechnen lassen will, kann als den Gegenstandswert mindernder Faktor berücksichtigt werden.[4673]

VIII. Arbeits- und Beratungshilfen

1. Schnellüberblick Grundsatz-Rechtsprechung des BGH

2831

Thema/Normen	Leitsatz	Entscheidung, Fundstelle
Mieter kann Unwirksamkeit einer Schönheitsreparaturklausel feststellen lassen!	Ein Mieter kann ein Feststellungsinteresse an einer negativen Feststellungsklage haben, mit der geklärt wird, dass er zur Vornahme von Schönheitsreparaturen nicht verpflichtet ist.	BGH, 13.01.2010 – VIII ZR 351/08, IMR 2010, 164 = NZM 2010, 237 = InfoM 2010, 194

4667 OLG Düsseldorf, 09.06.2008 – 24 W 17/08, NZM 2009, 321 = NJW-RR 2008, 1697.
4668 OLG Düsseldorf, 09.06.2008 – 24 W 17/08, NZM 2009, 321 = NJW-RR 2008, 1697.
4669 OLG Düsseldorf, 11.05.2009 – 24 W 16/09.
4670 OLG Düsseldorf, 11.05.2009 – 24 W 16/09; OLG Düsseldorf, 30.01.2008 – 4 U 145/07, MietRB 2009, 11 = NJW-RR 2009, 444 = JurBüro 2008, 651.
4671 OLG Düsseldorf, 11.05.2009 – 24 W 16/09.
4672 OLG Frankfurt am Main, 03.12.2009 – 4 W 63/09, NZM 2010, 599.
4673 OLG Frankfurt am Main, 03.12.2009 – 4 W 63/09, NZM 2010, 599.

Urkundenprozess §§ 363, 535, 536 BGB; § 592 ZPO	Eine Klage auf Zahlung von Miete aus einem Wohnraummietvertrag ist auch dann im Urkundenprozess statthaft, wenn der Mieter, der wegen behaupteter anfänglicher Mängel der Mietsache Minderung geltend macht oder die Einrede des nicht erfüllten Vertrages erhebt, die ihm vom Vermieter zum Gebrauch überlassene Wohnung als Erfüllung angenommen hat, ohne die später behaupteten Mängel zu rügen, sofern dies unstreitig ist oder vom Vermieter durch Urkunden bewiesen werden kann (im Anschluss an Senatsurteile vom 1. Juni 2005 – VIII ZR 216/04, IBR 2005, 641 = NJW 2005, 2701, und vom 20. Dezember 2006 – VIII ZR 112/06, IMR 2007, 99 = NJW 2007, 1061). **Hinweis:** Ungeklärt war in BGH, Urt. v. 20.12.2006 a.a.O. noch die Frage, ob der Urkundenprozess auch dann statthaft ist, wenn der Mieter die Einrede des nicht erfüllten Vertrages darauf stützt, er habe die Sache überhaupt nicht erhalten oder – wie hier – sie sei von Anfang an mit Mängeln behaftet gewesen. Diese Frage ist nun im obigen Sinne entschieden.	BGH, 08.07.2009 – VIII ZR 266/08 und VIII ZR 200/08, IMR 2009, 364 = InfoM 2009, 395
Bedeutung prozessualer Verknüpfung von Klage und Hilfswiderklage für Wertgrenze der Nichtzulassungsbeschwerde – Betriebskostennachzahlung versus Stromkostenrückforderung § 26 Nr. 8 EGZPO; § 544 Abs. 2 ZPO; § 389 BGB	Ergeben die Klage und die Hilfswiderklage nur zusammengerechnet den Beschwerdewert nach § 26 Nr. 8 EGZPO, ist die Nichtzulassungsbeschwerde nur statthaft, wenn hinsichtlich beider Klagen Zulassungsgründe dargelegt sind. Die allein prozessuale Verknüpfung der Klagen reicht für eine Zusammenrechnung nicht aus (Abgrenzung zu Senat, NJW 2007, 144 = FamRZ 2007, 117; BGH, NJW-RR 2006, 877; NJW 1968, 1476 = VersR 1968, 778).	BGH, 01.07.2009 – XII ZR 93/07, NZM 2009, 740 = GuT 2009, 325
Rechtsweg bei Streit um Nutzungsverhältnis über Flughafenräume/-flächen – Zollverwaltung als Hoheitsbereich § 13 GVG	1. Nach § 13 GVG ist der ordentliche Rechtsweg für alle bürgerlichen Rechtsstreitigkeiten und Strafsachen eröffnet, für die nicht entweder die Zuständigkeit von Verwaltungsbehörden oder Verwaltungsgerichten begründet ist oder auf Grund von Vorschriften des Bundesrechts besondere Gerichte bestellt oder zugelassen sind.	BGH, 20.05.2009 – XII ZB 166/08, NZM 2009, 662 = GuT 2009, 319 = NVwZ 2009, 1054

	2. Ob eine Streitigkeit öffentlich-rechtlich oder bürgerlich-rechtlich ist, richtet sich, wenn eine ausdrückliche Rechtswegzuweisung des Gesetzgebers fehlt, nach der Natur des Rechtsverhältnisses, aus dem der Klageanspruch hergeleitet wird. Die Rechtsnatur eines Vertrags bestimmt sich danach, ob der Vertragsgegenstand dem öffentlichen oder dem bürgerlichen Recht zuzurechnen ist. Dabei ist für den öffentlich-rechtlichen Vertrag zwischen einem Träger öffentlicher Verwaltung und einer Privatperson typisch, dass er an die Stelle einer sonst möglichen Regelung durch Verwaltungsakt tritt (vgl. § 54 S. 2 VwVfG).	
Mietrecht – Hemmung der Verjährung des Mietzins-Anspruchs durch Streitverkündung	1. Die Verjährung von Ansprüchen auf Mietzins (§ 535 Abs. 2 BGB) und Nutzungsentschädigung nach § 546a Abs. 1 BGB (hier im Fall der Untermiete) wird durch eine – zulässige – Streitverkündung nach § 204 Abs. 1 Nr. 6 BGB auch dann gehemmt, wenn sie sich auf ein zu besorgendes Gewährleistungsrecht des Streitverkündungsempfängers bezieht (§ 72 Abs. 1, 2. Alt. ZPO). 2. Eine Streitverkündung ist zulässig, wenn der Streitverkünder zu der Annahme berechtigt ist, dass durch die im Vorprozess zu treffenden Feststellungen ein Folgeprozess ganz oder teilweise entbehrlich werden könnte.	BGH, 11.02.2009 – XII ZR 114/06, IMR 2009, 158 = GuT 2009, 95 = InfoM 2009, 184 = NZM 2009, 358 = MDR 2009, 730
§ 301 ZPO; § 542 Abs. 1 a.F. BGB	Über die Klage eines Mieters auf Feststellung, dass sein Mietverhältnis durch fristlose Kündigung aus wichtigem Grund beendet worden ist, kann nicht durch Teilurteil entschieden werden, wenn der Vermieter widerklagend Mietzins für die Zeit vor oder nach dem angeblichen Beendigungstermin begehrt.	BGH, 21.01.2009 – XII ZR 21/07, GuT 2009, 35 = IMR 2009, 142 = NZM 2009, 239
§ 91 ZPO Prozesskosten der juristischen Person; Verdienstausfall des Geschäftsführers bei Terminwahrnehmung	Einer juristischen Person kann wegen der Teilnahme ihres Geschäftsführers an einem Gerichtstermin ein Anspruch auf Verdienstausfall zustehen.	BGH, 02.12.2008 – VI ZB 63/07, GUT 2008, 487
Beschwer bei negativer Feststellungsklage im Mietverhältnis (Sportstudio) – Kein Abschlag §§ 8, 511 II Nr. 1 ZPO	Die Beschwer durch eine Entscheidung über eine auf Feststellung der Nichtbeendigung eines Mietverhältnisses gerichtete Klage ist nach dem Betrag der auf die gesamte streitige Zeit entfallenden Miete zu bemessen. Ein – wie auch immer zu bemessender, bei positiven Feststellungsklagen üblicher – Abschlag bleibt außer Ansatz. (Leitsatz der Redaktion)	BGH, 29.10.2008 – XII ZB 75/08, InfoM 2009, 397 = IMR 2010, 34
Ersatzzustellung, § 180 ZPO	Befindet sich der Geschäftsführer einer GmbH in Untersuchungshaft, kann eine Zustellung durch Einlegung in den zu ihrem Geschäftsraum gehörenden Briefkasten wirksam sein.	BGH, 02.07.2008 – IV ZB 5/08

VIII. Arbeits- und Beratungshilfen

Mietausfallschaden	1. Räumt der bisherige Mieter das Objekt nicht rechtzeitig und kündigt daraufhin der neue Mieter den Vertrag, so hat der Vermieter Anspruch auf Ersatz des Mietausfallschadens. 2. Bei diesem Schadensersatzanspruch fällt keine Umsatzsteuer an. 3. Zu der Frage, wann dem Vermieter nach einer Zwangsversteigerung über diesen Zeitpunkt hinaus Ersatz des Mietausfallschadens zusteht.	BGH, 23.04.2008 – XII ZR 136/05

2. Schnellüberblick aktuelle Rechtsprechung der Instanzgerichte

2832

Thema/Normen	Leitsatz	Entscheidung, Fundstelle
Urkundenprozess: Geltendmachung rückständiger Mieten bei durch Übergabeprotokoll schriftlich belegten anfänglichen Mängeln?	Die Geltendmachung rückständiger Mieten im Urkundenprozess ist unstatthaft, wenn der Mieter anfängliche Mängel durch das Übergabeprotokoll belegt und der Vermieter urkundlich nicht nachweisen kann, dass diese nicht vorlagen.	OLG München, 06.10.2010 – 7 U 2734/10, IMR 2010, 541
Geltendmachung von Nebenkostennachforderungen im Urkundenprozess	1. Die Geltendmachung von Nebenkostennachforderungen im Urkundenprozess ist statthaft. 2. Im zweiten Rechtszug ist eine Abstandnahme vom Urkundenprozess nicht mehr möglich.	KG, 28.06.2010 – 8 U 167/09, IMR 2010, 451
Künftiger Räumungsantrag als „Weniger" im sofortigen Räumungsantrag	In einem Klageantrag auf sofortige Räumung kann auch ein Antrag auf künftige Räumung als „weniger" enthalten sein.	LG Köln, 19.05.2010 – 10 S 264/09
Muss Mieter auf Räumungsanfrage des Vermieters vor Ablauf der Kündigungsfrist reagieren?	Äußert sich der Mieter nach Vertragskündigung nicht auf eine Räumungsanfrage des Vermieters vor Ablauf der Kündigungsfrist, so hat der Mieter keinen Anlass zur Erhebung einer Klage auf künftige Räumung gegeben.	LG Berlin, 01.02.2010 – 12 O 509/09, IMR 2010, 380 = GuT 2010, 247
Nachforderung aus Nebenkostenabrechnung nicht im Urkundenprozess §§ 535, 556 BGB; § 592 ZPO	Eine Nachforderung des Vermieters aus einer Nebenkostenabrechnung kann nicht im Urkundenprozess geltend gemacht werden.	LG Bonn, 08.10.2009 – 6 S 107/09, IMR 2010, 78

	Die Nebenkostenabrechnung als solches reicht zum Beweis des Nachforderungsanspruchs nicht aus, weil es sich um eine Privaturkunde (§ 416 ZPO) handelt, die somit lediglich Beweis dafür begründet, dass die in ihr enthaltenen Erklärungen von dem Aussteller abgegeben sind, nicht aber für die Richtigkeit der Behauptung, dass Nebenkosten in der abgerechneten Höhe zulasten des Mieters angefallen sind. Die „Grundurkunde" Mietvertrag konkretisiert dies nicht, denn daraus ergibt sich lediglich, dass überhaupt Nebenkosten zu tragen sind, nicht aber in welcher Höhe gerade in dem streitgegenständlichen Jahr Betriebskosten tatsächlich angefallen sind.	
Anlass zur Klage bei Bitte um Zustimmung zur Modernisierung	1. Ein Mieter ist nach Treu und Glauben verpflichtet, auf ein Schreiben des Vermieters, in dem dieser den Mieter unter Beifügung einer von diesem zu unterzeichnenden Duldungserklärung bittet, innerhalb einer bestimmten Frist schriftlich mitzuteilen, ob er den geplanten Modernisierungsmaßnahmen zustimmt, zu antworten. 2. Reagiert er nicht innerhalb der ihm gesetzten Frist, gibt er Veranlassung zu einer vom Vermieter erhobenen Duldungsklage.	KG, 16.07.2009 – 8 U 77/09, GuT 2009, 328 Ls. = IMR 2010, 44 = WuM 2009, 669
Räumung, Titelumschreibung auf Grundstückserwerber	Für die Umschreibung eines Titels (§ 727 ZPO) auf Räumung und Herausgabe auf den Grundstückserwerber reicht es aus, wenn dieser sein Eigentum durch einen beglaubigten Grundbuchauszug nachweist.	LG Köln, 13.07.2009 – 10 T 101/09, InfoM 2010, 238
Teilurteil, Zahlungsverzug § 301 ZPO	Ist eine ordentliche Kündigung unabhängig vom Zahlungsverzug wirksam ausgesprochen, darf durch Teilurteil entschieden werden.	OLG Düsseldorf, 23.06.2009 – I-24 U 18/07, GuT 2009, 213
Auf Mietminderung gerichtete Feststellungsklage	Eine auf Mietminderung gerichtete Feststellungsklage ist zulässig (im Anschluss an BGH, Urt. v. 12.6.1985 – VIII ZR 142/84 = WM 1985, 1213).	OLG Brandenburg, 10.06.2009 – 3 U 169/08, GuT 2009, 216 = IMR 2009, 345 = InfoM 2009, 384
Darlegungs- und Beweislast bei ungeklärter Schadensursache § 280 Abs. 1 Satz 2; §§ 535, 536 BGB	Der Vermieter muss bei ungeklärter Schadensursache nicht generell die Möglichkeit einer aus seinem Verantwortungsbereich stammenden Schadensursache ausräumen. Wenn im Falle der Beschädigung eingebrachter Sachen des Mieters durch einen Brand des vermieteten Gebäudes offen bleibt, ob die Schadensursache entweder aus dem Verantwortungsbereich einer der Mietvertragsparteien oder demjenigen eines Dritten stammt, ist für eine Verteilung der Darlegungs- und Beweislast nach Gefahrenbereichen kein Raum (im Anschluss an Senat ZMR 1996, 197).	OLG Celle, 18.03.2009 – 2 U 19/09, IMR 2009, 203 = ZMR 2009, 683 = NJW-RR 2010, 308

VIII. Arbeits- und Beratungshilfen

§§ 935, 940 ZPO Auflaufende Mietzinsforderungen rechtfertigen nicht den Erlass einer Sicherungs-Räumungsverfügung	1. Die behauptete Uneinbringlichkeit der Mietzinsrückstände und etwa bis zum Abschluss eines Hauptverfahrens weiter auflaufende Mietzinsforderungen rechtfertigen nicht den Erlass einer Sicherungs-Räumungsverfügung. 2. Verbotene Eigenmacht (§§ 858, 861 BGB) kann nicht gegen den Vermieter als nur mittelbaren Besitzer verübt werden. 3. Eine auf Räumung gerichtete Regelungsverfügung kommt nicht bereits dann in Betracht, wenn der Untermieter sich nach beendetem Hauptmietverhältnis weigert, das Mietobjekt an den Hauptvermieter herauszugeben und es ohne Zahlung eines Nutzungsentgelts an diesen weiter benutzt. 4. Zur Frage, ob eine Regelungsverfügung auf Räumung zulässig ist, wenn der Vermieter infolge einer besonderen (wirtschaftlichen!) Notlage auf die sofortige Herausgabe der Räume angewiesen ist.	OLG Düsseldorf, 26.02.2009 – 10 W 14/09, IMR 2009, 200 = GuT 2009, 37 = NZM 2009, 818 = InfoM 2009, 242 = MDR 2009, 1035
Räumungsklage und Widerklage: Gefahr widersprechender Urteile?	Hängt die Entscheidung über eine Räumungs- und Zahlungsklage und eine Hilfswiderklage auf Rückzahlung der wegen vorhandener Mängel zuviel gezahlten Miete von der Vorfrage ab, ob die Minderung bzw. die Einrede des nicht erfüllten Vertrages (§ 320 BGB) durch eine formularvertragliche Aufrechnungs- Minderungs- und Zurückbehaltungsrechtsausschlussklausel ausgeschlossen sind bzw. ob es der Vermieterin gemäß § 242 BGB verwehrt ist, sich dem Mieter gegenüber hierauf zu berufen, besteht i.S. des § 301 ZPO die Gefahr widersprechender Entscheidungen, wenn das Erstgericht über die Räumungs- und Zahlungsklage durch Teilurteil entschieden und zur Widerklage wegen der behaupteten Mängel Beweis erhebt.	OLG Düsseldorf, 12.02.2009 – 10 U 146/08, ZMR 2009, 363 = MietRB 2009, 168 = OLGR 2009, 360
§§ 366, 398, 543 Abs. 2, 3, § 546 BGB; §§ 286, 416, 529 Abs. 1 Nr. 1 ZPO	Ob die in einer Privaturkunde (hier: Quittung über Mietzahlung) enthaltenen Angaben zutreffen, ob insbesondere ein in der Urkunde bestätigtes Rechtsgeschäft zu Stande gekommen ist und welchen Inhalt es hat, unterliegt der freien tatrichterlichen Beweiswürdigung. Das Berufungsgericht hat zu prüfen, ob der Tatrichter sich mit dem Prozessstoff und den Beweisergebnissen umfassend und widerspruchsfrei auseinandergesetzt hat, die Würdigung also vollständig und rechtlich möglich ist und nicht gegen Denk- und Erfahrungssätze verstößt.	OLG Hamm, 21.01.2009 – 30 U 106/08
Unterbrechung des Rechtsstreits durch Insolvenz	Unabhängig von der Frage, ob der Rechtsstreit durch die Eröffnung des Insolvenzverfahrens unterbrochen worden ist, ist ein unter Verstoß gegen § 240 ZPO erlassenes Urteil durch Rechtsmittel anfechtbar und nicht nichtig. Betrifft die Insolvenz bei einfacher Streitgenossenschaft nur einen Streitgenossen, tritt Unterbrechung des Verfahrens nur in Bezug auf diesen ein.	OLG Hamburg, 17.12.2008 – 4 U 112/06

§ 533 BGB; §§ 888, 935, 940 ZPO einstweilige Verfügung	Eine vertraglich übernommene Betriebspflicht kann auch durch den Erlass einer einstweiligen Verfügung erzwungen werden. Eine Vollstreckung nach § 888 ZPO scheidet nicht von vorneherein aus. Ein Leistungsverfügung kann bei einem Hotel zulässig sein, denn Objekte dieser Art, die über einen Zeitraum geschlossen werden, verlieren schnell an Anziehungskraft und Kundenstamm. Angesichts des herrschenden starken Wettkampfes im Hotelgewerbe (hier: im Rheingebiet) können verlorene Kunden später nur schwerlich wieder zurück gewonnen werden, wenn das Hotel erst geschlossen ist und dieses nicht mehr aufgesucht werden kann.	OLG Frankfurt am Main, 10.12.2008 – 2 U 250/08, IMR 2009, 162 = InfoM 209, 171
Bestimmtheit der Verurteilung zur Gewerberaumherausgabe „von seinen persönlichen Sachen geräumt" §§ 253 Abs. 2 Nr. 2, 704 ZPO	Der Antrag des Verpächters, den Beklagten zur Herausgabe von im Einzelnen näher bezeichneten Gewerberäumen „von seinen persönlichen Sachen geräumt" zu verurteilen, ist ausreichend bestimmt für den Erlass eines entsprechenden Urteils und die Zwangsvollstreckung dieses Urteils. (Leitsatz der Redaktion) Es sind dann alle Sachen zu entfernen, die nicht zum gepachteten Inventar gehören.	OLG München, 05.12.2008 – 32 W 2694/08, NZM 2009, 705
§§ 242, 535, 781, 782 BGB	Zu der Frage, ob und unter welchen Bedingungen ein Eigentümer die Betriebskostenabrechnung eines Zwangsverwalters berichtigen kann.	KG, 04.12.2008 – 12 U 33/08
Sicherheitsleistung bei vorläufiger Vollstreckung in Pachtsachen erforderlich! § 708 Nr. 7, § 718 ZPO	1. Auf vorläufig vollstreckbare Urteile in Pachtsachen findet § 708 Nr. 7 ZPO keine Anwendung. 2. Die Zwangsvollstreckung aus vorläufig vollstreckbaren Urteilen in Pachtsachen ist nur gegen Sicherheitsleistung möglich. 3. Die entgeltliche Überlassung eines Golfplatzbetriebs ist als Pachtvertrag einzuordnen.	OLG Düsseldorf, 24.06.2008 – 24 U 74/08, IMR 2008, 323
Keine Stromsperre im Eilrechtsschutz – Auflaufen bloß geringfügiger Abschlagszahlungen § 19 StromGVV; §§ 3, 935 f. ZPO	1. Erklärt der Beschwerdeführer im einstweiligen Verfügungsverfahren einseitig die Erledigung der Hauptsache, führt dies nicht wegen Wegfalls der Eilbedürftigkeit zur Unzulässigkeit der Beschwerde, wenn das erledigende Ereignis nach Einlegung des Rechtsmittels eingetreten und der Antragsgegner am Verfahren beteiligt worden ist.	LG Potsdam, 02.05.2008 – 13 T 23/08, NZM 2009, 159

2. Der im einstweiligen Verfügungsverfahren gestellte Antrag des Grundversorgers, in den Räumen des Kunden gem. § 19 II StromGVV die Versorgung wegen Nichterfüllung einer Zahlungsverpflichtung zu unterbrechen, ist auf den Erlass einer Leistungsverfügung gerichtet, mit der die Vorwegnahme der im Klageverfahren zu verfolgenden Hauptsache verbunden ist. Der Erlass einer solchen Verfügung setzt demgemäß die Glaubhaftmachung unverhältnismäßig großer und irreparabler Nachteile voraus, die mit dem Abwarten einer Entscheidung im ordentlichen Klageverfahren für den Grundversorger verbunden wären; allein das Auflaufen geringer monatlicher Abschlagsforderungen während der Dauer eines Klageverfahrens stellt noch keinen derartigen Nachteil dar.

3. Der Wert des Antragsbegehrens einer Versorgungsunterbrechung in den Räumen des Kunden ist mit dem Betrag des Zahlungsrückstands anzusetzen, von dessen Bestand die Zulässigkeit und die Dauer der Unterbrechung gem. § 19 StromGVV abhängen. Eine Reduzierung des Werts im Hinblick auf die Vorläufigkeit einer im einstweiligen Verfügungsverfahren beantragten Entscheidung ist im Rahmen der Schätzung gem. § 3 ZPO nicht geboten, wenn der Antrag gerade daran scheitert, dass mit ihm eine unzulässige Vorwegnahme der Hauptsache verbunden wäre.

3. Checkliste: Räumungsklage

Checkliste: Räumungsklage

☐ Ist die Klage evtl. entbehrlich, weil ein Titel bereits vorliegt (z.B. notarielle Unterwerfungserklärung, früherer Räumungsvergleich)?
☐ Ist vorab ein Antrag auf Erlass einer einstweiligen Verfügung sinnvoll und geboten?
☐ Bietet sich evtl. „Splitting" mehrerer Ansprüche (Zahlung/Räumung) auf mehrere Gerichtsverfahren zur Beschleunigung an?
☐ Örtliche Zuständigkeit des Gerichtes geprüft (§ 29a ZPO)?
☐ Sachliche Zuständigkeit des Gerichtes geprüft (§ 23 Nr. 1 GVG)?
☐ Parteiverhältnisse (Kläger/Beklagter) einschließlich etwaiger Stellvertretungen geklärt?
☐ Bestehen Untermietverhältnisse? Achtung: grds. eigener Titel gegen den Untermieter erforderlich!
☐ Enthält der Klageantrag eine ausreichende Individualisierung des Objekts einschließlich aller Nebenräume und -flächen?
☐ Wurden bewegliche Gegenstände mitvermietet? Falls ja: Antrag darauf erstrecken!
☐ Ggf. hilfsweise Anträge auf Feststellung, dass der Mieter zur Räumung verpflichtet ist.

- ☐ Schlüssiger Vortrag z.B. zu
  - ☐ Vertragsabschluss,
  - ☐ bei Mietforderungen: Höhe der Miete,
  - ☐ Kündigungsvoraussetzungen (z.B. bei Zahlungsverzug auch zur Fälligkeit der Miete),
  - ☐ zur Kündigung selbst (Erklärung, Umstände, Zugang),
  - ☐ Verzug des Mieters mit der Räumung.
- ☐ Sind sämtliche anspruchsbegründenden Tatsachen unter Beweis gestellt?
- ☐ Vorsorglicher ausdrücklicher Widerspruch in der Klageschrift gegen eine Fortsetzung des Mietverhältnisses.
- ☐ Vorsorgliche ausdrückliche Wiederholung der Kündigung in der Klageschrift.

4. Tabellen wichtiger Fristen[4674]

a) Mahnverfahren

2834

Gerichtliche Maßnahme	Was ist zu tun?	Dauer der Frist und Beginn (Notfrist ist kursiv)	Vorschrift
Zurückweisung eines Mahnbescheidsantrags	Befristete Erinnerung	*Zwei Wochen* ab Zustellung (Fristbeginn spätestens fünf Monate ab Verkündung)	§ 691 Abs. 3 Satz 2 ZPO i.V.m. § 11 Abs. 2 RPflG i.V.m. § 569 Abs. 1 Satz 1 und 2 ZPO
Zurückweisung eines maschinell bearbeiteten Mahnbescheidsantrags wegen Ungeeignetheit der Form	Sofortige Beschwerde	*Zwei Wochen* ab Zustellung (Fristbeginn spätestens fünf Monate ab Verkündung)	§ 691 Abs. 3 Satz 1 i.V.m. § 569 Abs. 1 Satz 1 und Satz 2 ZPO
Erlass eines Mahnbescheides	Widerspruch	*Zwei Wochen* ab Zustellung	§ 692 Abs. 1 Nr. 3 ZPO
Aufforderung zur Anspruchsbegründung nach Widerspruch und Abgabe an das Streitgericht	Anspruchsbegründung in einer der Klageschrift entsprechenden Form	*Zwei Wochen* ab Posteingang	§ 697 Abs. 1 Satz 1 ZPO
Kein Widerspruch	Antrag auf Erlass eines Vollstreckungsbescheides	Sechs Monate ab Zustellung des Mahnbescheides	§ 701 Satz 1 ZPO

[4674] Die Darstellung ist angelehnt an die hervorragenden Übersichtstabellen in Vorwerk, Das Prozessformularbuch.

Zurückweisung des Antrags auf Erlass eines Vollstreckungsbescheides	Sofortige Beschwerde	*Zwei Wochen* ab Zustellung (Fristbeginn spätestens fünf Monate ab Verkündung)	§ 11 Abs. 1 RPflG i.V.m. §§ 567 Abs. 1, 569 Abs. 1 Satz 1 und Satz 2 ZPO
Erlass eines Vollstreckungsbescheides	Einspruch	*Zwei Wochen* ab Zustellung	§ 700 Abs. 1 i.V.m. § 339 Abs. 1 ZPO
Aufforderung zur Anspruchsbegründung nach Einspruch	Anspruchsbegründung in einer der Klageschrift entsprechenden Form	Zwei Wochen ab Posteingang	§ 700 Abs. 3 Satz 2 i.V.m. § 697 Abs. 1 ZPO

b) **PKH**

Gerichtliche Maßnahme	Was ist zu tun?	Dauer der Frist und Beginn (Notfrist ist kursiv)	Vorschrift
Bewilligung der PKH	Sofortige Beschwerde der Staatskasse	*Ein Monat* ab Bekanntgabe, spätestens drei Monate ab Verkündung	§ 127 Abs. 2 Satz 1 Abs. 3 Satz 1 und Satz 3 ZPO
Versagung der PKH	Sofortige Beschwerde	*Ein Monat* ab Zustellung	§§ 127 Abs. 1 Satz 2 und Satz 3, 569 Abs. 1 Satz 2 ZPO
PKH-Bewilligung bei gleichzeitiger Ablehnung der Rechtsanwaltsbeiordnung	Sofortige Beschwerde	*Ein Monat* ab Zustellung	§§ 127 Abs. 2 Satz 2 und Satz 3, 569 Abs. 1 Satz 2 ZPO
PKH-Bewilligung bei gleichzeitiger Anordnung von Ratenzahlung	Sofortige Beschwerde	*Ein Monat* ab Zustellung	§§ 127 Abs. 2 Satz 2 und Satz 3, 569 Abs. 2 Satz 2 ZPO
Aufhebung zuvor gewährter PKH	Sofortige Beschwerde	*Ein Monat* ab Zustellung	§§ 127 Abs. 2 Satz 2 und Satz 3, 569 Abs. 1 Satz 2 ZPO
Aufhebung der Rechtsanwaltsbeiordnung auf Rechtsanwaltsantrag	Sofortige Beschwerde der Partei	*Ein Monat* ab Zustellung	§§ 127 Abs. 2 Satz 2 und Satz 3, 569 Abs. 1 Satz 2 ZPO

2835

| Zurückweisung des Rechtsanwaltsantrags auf Aufhebung der Rechtsanwaltsbeiordnung | Sofortige Beschwerde des RA | *Zwei Wochen* ab Zustellung (Fristbeginn spätestens fünf Monate ab Verkündung) | § 78c Abs. 1, Abs. 3 Satz 2 i.V.m. § 569 Abs. 1 Satz 1 und Satz 2 ZPO |

c) **Selbstständiges Beweisverfahren**

2836

Gerichtliche Maßnahme	Was ist zu tun?	Dauer der Frist und Beginn (Notfrist ist kursiv)	Vorschrift
Stattgebender Beschluss	unanfechtbar		§ 490 Abs. 2 Satz 2 ZPO
Abweisender Beschluss	Sofortige Beschwerde	*Zwei Wochen* ab Zustellung (Fristbeginn spätestens fünf Monate ab Verkündung)	§§ 567 Abs. 1 Nr. 2, 569 Abs. 1 Satz 1 und Satz 2 ZPO
Beschluss der Kostentragungspflicht nach unterlassener Klageerhebung	Sofortige Beschwerde	*Zwei Wochen* ab Zustellung (Fristbeginn spätestens fünf Monate ab Verkündung)	§§ 494a Abs. 2 Satz 2, 569 Abs. 1 Satz 1 und Satz 2 ZPO

d) **Erkenntnisverfahren**

2837

Gerichtliche Maßnahme	Was ist zu tun?	Dauer der Frist und Beginn (Notfrist ist kursiv)	Vorschrift
Anordnung des schriftlichen Vorverfahrens	Anzeige der Verteidigungsbereitschaft	*Zwei Wochen* ab Zustellung	§ 276 Abs. 1 ZPO
Übertragung des beim LG anhängigen Verfahrens auf die Kammer bzw. den Einzelrichter	unanfechtbar		§§ 348 Abs. 4, 348a Abs. 3 ZPO
Rechtswegentscheidung	Sofortige Beschwerde	*Zwei Wochen* ab Zustellung (Fristbeginn spätestens fünf Monate ab Verkündung)	§ 17a Abs. 4 Satz 3 GVG i.V.m. §§ 567, 569 Abs. 1 Satz 1 und Satz 2 ZPO

Anberaumung eines Verhandlungstermins zwischen 01.07. und 31.08.	Verlegungsantrag	Eine Woche ab Ladungszugang	§ 227 Abs. 3 ZPO
Entscheidung über Verlegungsantrag	unanfechtbar		§ 227 Abs. 4 Satz 2 ZPO
Gerichtlicher Hinweis im Verhandlungstermin	Antrag auf Schriftsatznachlass	im Termin	§ 139 Abs. 5 ZPO
Neuer gegnerischer Vortrag kurz vor oder im Verhandlungstermin	Antrag auf Schriftsatznachlass	im Termin	§ 283 ZPO
Befangenheit des Richters	Ablehnungsgesuch	vor Einlassung in eine Verhandlung oder Antragstellung	§ 43 ZPO
Befangenheit eines Sachverständigen oder Dolmetschers	Ablehnungsgesuch	Zwei Wochen ab Zustellung/Verkündung des Ernennungsbeschlusses	§ 406 Abs. 2 ZPO
Erlass eines Beweisbeschlusses	unanfechtbar, aber Änderungsantrag möglich		§§ 355 Abs. 2, § 360 ZPO
Versäumung einer Notfrist	Wiedereinsetzungsantrag	Zwei Wochen ab Hinderungswegfall; spätestens ein Jahr nach Fristablauf	§§ 233, 234 ZPO

e) Versäumnisverfahren

Gerichtliche Maßnahme	Was ist zu tun?	Dauer der Frist und Beginn (Notfrist ist *kursiv*)	Vorschrift
Erlass eines echten Versäumnisurteils	Einspruch	*Zwei Wochen* ab Zustellung	§§ 338, 339 ZPO
Erlass eines unechten Versäumnisurteils	Berufung	*Ein Monat* ab Zustellung (Fristbeginn spätestens fünf Monate ab Verkündung)	§ 517 ZPO

| Verwerfung des Einspruchs als unzulässig | Berufung | *Ein Monat* ab Zustellung (Fristbeginn spätestens fünf Monate ab Verkündung) | § 517 ZPO |
| Erlass eines zweiten Versäumnisurteils | Berufung | *Ein Monat* ab Zustellung (Fristbeginn spätestens fünf Monate ab Verkündung) | §§ 514 Abs. 2, 517 ZPO |

f) Rechtsmittelverfahren

2839

Gerichtliche Maßnahme	Was ist zu tun?	Dauer der Frist und Beginn (Notfrist ist *kursiv*)	Vorschrift
Erstinstanzliches Endurteil mit Beschwerdewert bis 600,00 € und ohne Zulassung der Berufung; rechtliches Gehör verletzt	Gehörsrüge/Antrag auf Verfahrensfortführung	*Zwei Wochen* ab Zustellung des vollständigen Urteils (ggf. plus Sitzungsprotokoll)	§ 321a Abs. 2 Satz 2 und Satz 3 ZPO
Erstinstanzliches Endurteil, Zulassung der Berufung	Berufung	*Ein Monat* ab Zustellung (Fristbeginn spätestens fünf Monate ab Verkündung)	§§ 511 Abs. 2 Nr. 2, 517 ZPO
Erstinstanzliches Endurteil, Beschwerdewert über 600,00 €	Berufung oder Sprungrevision	*Ein Monat* ab Zustellung (Fristbeginn spätestens fünf Monate ab Verkündung)	§§ 511 Abs. 2 Nr. 1, 517 ZPO bzw. (Sprungrevision) §§ 566, 548 ZPO
Versäumung der Frist zur Einlegung der Berufung	Wiedereinsetzungsantrag und Berufungseinlegung	*Zwei Wochen* ab Hinderungswegfall, spätestens ein Jahr nach Fristablauf	§§ 233, 234 ZPO
Berufung eingelegt	Berufungsbegründung	Zwei Monate ab Zustellung (Fristbeginn spätestens fünf Monate ab Verkündung)	§ 520 Abs. 1, Abs. 2 Satz 1 ZPO
Fruchtloser Ablauf der Berufungsbegründungsfrist steht bevor	Verlängerungsantrag	vor Ablauf der Berufungsbegründungsfrist	§ 520 Abs. 2 Satz 2 ZPO

Gegner hat Berufung eingelegt	Anschlussberufung	binnen der Berufungserwiderungsfrist	§ 524 Abs. 2 Satz 2 ZPO
Verwerfung der Berufung als unzulässig	Rechtsbeschwerde	*Ein Monat* ab Zustellung	§§ 522 Abs. 1 Satz 4, 575 Abs. 1 Satz 1 ZPO
Erlass eines Vorbehaltsurteils im Wechsel-, Scheck- und Urkundenprozess	Berufung oder Antrag auf Einleitung des Nachverfahrens	*Ein Monat* ab Zustellung (Fristbeginn spätestens fünf Monate ab Verkündung); Nachverfahren: unbefristet	§ 599 Abs. 3 i.V.m. § 517 ZPO oder (Nachverfahren) § 600 ZPO

g) **Einstweiliger Rechtsschutz**

Gerichtliche Maßnahme	Was ist zu tun?	Dauer der Frist und Beginn (Notfrist ist *kursiv*)	Vorschrift
Anordnung des Arrests/der einstweiligen Verfügung durch Urteil	Berufung	*Ein Monat* ab Zustellung (Fristbeginn spätestens fünf Monate ab Verkündung)	§§ 922 Abs. 1, 511, 517 ZPO/ §§ 936, 922 Abs. 1, 511, 517 ZPO
Zurückweisung des Antrags auf Anordnung des Arrests/der einstweiligen Verfügung durch Urteil	Berufung	*Ein Monat* ab Zustellung (Fristbeginn spätestens fünf Monate ab Verkündung)	§§ 922 Abs. 1, 511, 517 ZPO/ §§ 936, 922 Abs. 1, 511, 517 ZPO
Anordnung des Arrests/der einstweiligen Verfügung u.U. durch Beschluss	Widerspruch	unbefristet	§ 924 Abs. 1 ZPO §§ 936, 924 Abs. 1 ZPO
Entscheidung der Berufungsinstanz	unanfechtbar		§ 542 Abs. 2 ZPO
Entscheidung des Beschwerdegerichts	unanfechtbar		

2840

§ 31 Zwangsvollstreckung, Zwangsversteigerung und Vollstreckungsschutz

		Rn.
I.	Räumungsvollstreckung, § 885 ZPO	2841
	1. Räumungstitel	2841
	2. Vollstreckung gegen nicht-titulierte Dritte (Untermieter etc.)	2844
	3. Ablauf der Vollstreckung	2846
	a) Überblick	2846
	b) Vollstreckungsmodelle	2850
II.	Zwangsversteigerung	2855
	1. Grundsätze	2855
	2. Auswirkungen auf Mietverhältnisse	2859
	3. Schutz des Geschäftsraummieters bzgl. Versteigerung	2864
III.	Vollstreckungsschutz	2866
	1. Schutz gem. § 721 ZPO	2866
	2. Schutz gem. § 765a ZPO	2867
	a) Überblick	2867
	b) Antrag und Frist	2870
	c) Materielle Voraussetzungen	2872
	d) Einstweilige Anordnung	2881
	e) Rechtsmittel, Kosten	2882
	3. Schutzantrag gem. § 712 Abs. 1 ZPO	2883
	4. Einstweilige Einstellung der Zwangsvollstreckung gem. § 707 ZPO	2889
	5. Anwaltshaftung bei unzureichendem Vollstreckungsschutz	2891
IV.	Vertragsgestaltung	2892
V.	Arbeits- und Beratungshilfen	2893
	1. Schnellüberblick Grundsatz-Rechtsprechung des BGH	2893
	2. Schnellüberblick aktuelle Rechtsprechung der Instanzgerichte	2894
	3. Formulierungsvorschläge	2895
	a) Formulierungsvorschlag zur notariellen Unterwerfungsklausel zur Räumungsvollstreckung	
	aa) bei feststehender Mietzeit	2895
	bb) bei unbefristetem Mietvertrag	2896
	b) Formulierungsvorschlag zum Antrag auf Verwertung von Pfand- und Räumungsgut nach § 885 Abs. 4 ZPO	2897
	4. Checkliste: Räumungsvollstreckung	2899
	5. Tabelle zu wichtigen Fristen	2900

I. Räumungsvollstreckung, § 885 ZPO

1. Räumungstitel

2841 Die Räumung hat als Teil der Zwangsvollstreckung drei Voraussetzungen: es muss ein Titel vorliegen, dieser muss mit einer Vollstreckungsklausel versehen sein und schließlich muss deren Zustellung an den Schuldner erfolgen. Eine Räumung ohne Räumungstitel (sog. „kalte Räumung"), also die eigenmächtige Inbesitznahme mit nachfolgender Räumung stellt eine **unerlaubte Selbsthilfe** nach § 229 BGB dar[4675] (ausführlich dazu und zur evtl. Schadensersatzpflicht → Rn. 2520 ff.).

Räumungstitel sind:

vollstreckbare Räumungsurteile,

notarielle Unterwerfungsurkunden, Notarvergleiche (§ 794 Abs. 1 Nr. 5 ZPO),

---

[4675] BGH, 14.07.2010 – VIII ZR 45/09, IMR 2010, 416 = NZM 2010, 701 = MDR 2010, 1106: mehrere Monate vermisst gemeldeter Mieter fordert erfolgreich Schadensersatz für entsorgte Möbel (Wohnraum).

Schiedsvereinbarungen (§ 794 Abs. 1 Nr. 4a ZPO),

Anwaltsvergleiche (§§ 794 Abs. 1 Nr. 4b, 796b, 796c ZPO),

Vergleiche vor einer Gütestelle (§ 794 Abs. 1 Nr. 1 ZPO).

Inhalt und Umfang der Räumung ergeben sich grds. aus dem Tenor eines Urteils. Bei einer Klage auf Zahlung rückständiger Miete und Räumung des Mietobjekts ist ein **Teilurteil** auf Räumung grds. unzulässig, wenn das Recht zur fristlosen Kündigung (auch) auf den Zahlungsverzug gestützt wird.[4676] Ist eine ordentliche Kündigung unabhängig vom Zahlungsverzug wirksam ausgesprochen, darf durch Teilurteil entschieden werden.[4677]

2842

Lautet ein Urteil auf Räumung eines konkret bezeichneten Mietobjekts, ist damit zugleich die Verpflichtung des Mieters festgestellt, ohne Einschränkungen sämtliche von ihm vorgenommenen **baulichen Änderungen** zu beseitigen und Einrichtungen zu entfernen.[4678] Welche Einbauten konkret betroffen sind, ergibt sich im Zweifel aus dem Tatbestand und den Entscheidungsgründen des Urteils.[4679]

Praxistipp:

Die Entscheidung des OLG Celle v. 20.07.2007 ist extrem praxisrelevant für Vermieter, weil die Beseitigung von Einbauten nicht gesondert tituliert werden muss. Der Vermieter hat also die Möglichkeit, Einbauten etc. sofort bei der Zwangsräumung beseitigen zu lassen und die Kosten gegen den Mieter geltend zu machen.

Ist Gegenstand der Zwangsvollstreckung ausschließlich die Herausgabe und Räumung einer unbeweglichen Sache, richtet sich die Zwangsvollstreckung nur nach §§ 885, 886 ZPO und nicht, auch nicht ergänzend, nach § 888 ZPO.[4680] Aus einem **Zuschlagbeschluss in der Zwangsversteigerung** ist eine auf die Herausgabe der Räume beschränkte Räumungsvollstreckung ohne Wegschaffen der beweglichen Gegenstände nicht zulässig.[4681]

2843

2. Vollstreckung gegen nicht-titulierte Dritte (Untermieter etc.)

In der Praxis kommt es häufig vor, dass der Gerichtsvollzieher das Mietobjekt aufsucht und dort nicht den Schuldner, aber andere Personen vorfindet. Im Wohnraummietrecht handelt es sich dabei oft um (neu eingezogene) Lebenspartner, Kinder oder andere Personen. Bei der Geschäftsraummiete sieht sich der Gerichtsvollzieher z.B. mit gewerblichen Untermietern oder einer neuen Gesellschaft konfrontiert, d.h. Gesellschaft A, gegen die sich der Titel richtet, hat sich in Gesellschaft B gewandelt. Hier gilt Folgendes:

2844

4676 BGH, 12.12.2007 – VIII ZR 269/06, IMR 2008, 103 = NZM 2008, 280 = MDR 2008, 331.
4677 OLG Düsseldorf, 23.06.2009 – I-24 U 18/07, GuT 2009, 213.
4678 OLG Celle, 20.07.2007 – 2 U 85/07, IMR 2007, 302.
4679 OLG Celle, 20.07.2007 – 2 U 85/07, IMR 2007, 302.
4680 BGH, 14.12.2006 – I ZB 16/06, MDR 2007, 1159.
4681 LG Bonn, 29.04.2010 – 6 T 107/10, IMR 2010, 399 = NZM 2010, 920 = BeckRS 2010, 15134 (Wohnraum).

2845 Wer Vollstreckungsschuldner i.S.d. § 885 Abs. 1 ZPO ist, beurteilt sich nach § 750 Abs. 1 ZPO, wonach die Vollstreckung nur gegen eine Person begonnen werden kann, die **im Titel und in der Vollstreckungsklausel** als Vollstreckungsschuldner „namentlich" bezeichnet ist. Es wurde jahrelang diskutiert, ob es dafür eine Rolle spielt, ob der Dritte materiell-rechtlich zur Herausgabe verpflichtet ist. Dies hat der BGH verneint; er stellt ausdrücklich darauf ab, wer in Titel und Klausel genannt wird.[4682] Gegen andere kann also nicht vollstreckt werden. Für **berechtigte Untermieter** ist ohnehin anerkannt, dass aufgrund des bestehenden **eigenen Rechts zum Besitz** ein gesonderter Räumungstitel erforderlich ist.[4683] Besteht also ein **Untermietverhältnis**, muss sich der Titel auch auf den/die Untermieter erstrecken. Eine **Umschreibung des Titels** auf den Untermieter ist grds. nicht möglich, da es sich bei Haupt- und Untermiete um verschiedene Lebenssachverhalte handelt.

3. Ablauf der Vollstreckung

a) Überblick

2846 Die Zwangsvollstreckung richtet sich nach § 885 ZPO.[4684] Der **Gerichtsvollzieher** (GV) setzt den Gläubiger in den Besitz und schafft ggf. bewegliche Sachen des Mieters weg. Die weitere Erfüllung der Räumungspflicht, z.B. Entfernung fest verbundener Einrichtungen oder Wiederherstellung des früheren Zustands, ist nicht mehr Aufgabe des Gerichtsvollziehers.

Muss der Schuldner aufgrund eines Titels ein grundbuchmäßig hinreichend bestimmtes **Grundstück herausgeben**, erfolgt die Zwangsvollstreckung in der Weise, dass der Gerichtsvollzieher das Grundstück auf Antrag des Gläubigers räumt und den Gläubiger an Ort und Stelle in den Besitz einweist. Stellt der Gerichtsvollzieher – wenn es sich etwa um eine brachliegende Fläche handelt – fest, dass eine Räumung nicht erforderlich ist, kann er den Gläubiger durch Protokollerklärung in den Besitz einweisen, auch wenn er in Ermangelung von Grenzsteinen u.Ä. die genauen Grenzen des Grundstücks an Ort und Stelle nicht bestimmen kann.[4685]

> **Praxistipp:**
> Die Räumungsvollstreckung ist für Anwälte oft ein hochsensibler Bereich, da viele Vermieter die Dauer des Verfahrens bis zur Vollstreckung und dann die entstehenden Kosten nicht nachvollziehen können. Vermieter sollten so früh wie möglich auf diese Umstände hingewiesen werden, damit der „Schock" später nicht zu groß ist. Wer nämlich bereits einen Mietverlust von 1.000,00 € hatte, ferner die Gerichts- und Anwaltskosten in ähnlicher Höhe tragen muss, ist erschrocken, wenn ihm dann auch noch die Rechnung des Gerichtsvollziehers mit den Kosten für eine Möbelspedition präsentiert wird.

2847 Die sog. **Bereitstellungskosten**, für die Gerichtsvollzieher nach § 4 Abs. 1 GvKostG Vorschuss verlangen könne, sind oft immens. Wenn der Gläubiger es verlangt, muss der Gerichtsvollzie-

---

[4682] BGH, 25.06.2004 – IXa ZB 29/04, AIM 2004, 177 = NZM 2004, 701; BGH, 18.07.2003 – IXa 116/03, AIM 2003, 201 = NJW-RR 2003, 1450.
[4683] BGH, 18.07.2003 – IXa 116/03, AIM 2003, 201 = NJW-RR 2003, 1450.
[4684] BGH, 14.12.2006 – I ZB 16/06, MDR 2007, 1159.
[4685] BGH, 04.12.2008 – I ZB 120/05, GuT 2009, 39.

her ggf. unter Vorlage der Vertragsvereinbarungen und der Geschäftsbedingungen des beauftragten Speditionsunternehmens im Einzelnen darlegen, aufgrund welcher Voraussetzungen die Kosten anfallen.[4686]

> **Praxistipp:**
> Der Anwalt sollte guten Kontakt mit Gerichtsvollziehern pflegen. Steht eine konkrete Räumung an, sollte darüber gesprochen werden, ob der Vermieter evtl. eigene Fahrzeuge und Angestellte anstelle einer Möbelspedition einsetzen darf. Der Gerichtsvollzieher ist aber nicht verpflichtet, darauf einzugehen.

Nach § 104 Abs. 1 Satz 3 GVGA soll der GV zwar darauf achten, nur die unbedingt notwendigen Kosten und Aufwendungen entstehen zu lassen. Auch bei der Räumungsvollstreckung von Wohnraum ist der GV deshalb verpflichtet, den Vollstreckungsauftrag so kostengünstig wie möglich durchzuführen und die von Dritten, deren er sich bei der Ausführung des Auftrags bedient, in Ansatz gebrachten Kosten auf ihre **Angemessenheit** zu überprüfen.[4687] Er muss aber deshalb nicht die billigste Methode wählen, was mit der Verantwortung auch für den Schuldner begründet wird.[4688] Dieses Argument überzeugt nicht, denn der GV ist bei der Vollstreckung anwesend und kann die Schuldnerrechte auch bei Räumung durch den Gläubiger wahren. Es sollte deshalb zugelassen werden, dass Vermieter Personal und Sachmittel stellen, da bei rechtskräftiger Verurteilung der Mieter die Räumungsursache gesetzt hat und schon aus Gründen der Schadensminderungspflicht verpflichtet ist, die Kosten so gering wie möglich zu halten. 2848

Die als Gläubiger den Auftrag zur Räumungsvollstreckung erteilende Person ist auch einstandspflichtig für die Kosten der Entsorgung und Vernichtung des Räumungsguts.[4689] 2849

Durch das Gesetz über die Internetversteigerung v. 30.07.2009[4690] können **Versteigerungen von Gegenständen**, die vom Gerichtsvollzieher in der Zwangsvollstreckung gepfändet wurden, einfacher im Internet versteigert werden. Nach einer Auskunft des BMJ gilt dies jedoch nicht bei Verwertung des Vermieterpfandrechts gem. § 562 BGB, wofür nach wie vor die öffentliche Präsenzversteigerung (§§ 1257, 125, 282 Abs. 3 BGB) vorgesehen ist. Das BMJ hat dazu allerdings mitgeteilt,[4691] dass der Vermieter zusätzlich zum Vermieterpfandrecht auch die Pfändung der vom Mieter eingebrachten Gegenstände durch den Gerichtsvollzieher vornehmen lassen kann (§ 808 ZPO). Dann bestehen Pfändungspfandrecht und Vermieterpfandrecht nebeneinander, und der Vermieter hat die Wahl.

Werden i.R.d. Räumungsvollstreckung **aufbewahrungspflichtige Geschäftsunterlagen** des Vollstreckungsschuldners eingelagert, so hat der Vollstreckungsgläubiger die Kosten der Einlagerung nur für die Zeit der zweimonatigen Aufbewahrungsfrist des § 885 Abs. 4 Satz 1 ZPO zu tragen; der Gerichtsvollzieher darf aufbewahrungspflichtige Unterlagen des Vollstreckungs-

---

4686 LG Frankfurt am Main, 30.07.2001 – 2-9 T 777/00, NZM 2003, 105.
4687 OLG Hamburg, 14.02.2000 – 6 W 91/99, NZM 2000, 575.
4688 Vgl. Nies, MDR 1999, 1113.
4689 LG Koblenz, 17.04.2006 – 2 T 237/06, MDR 2006, 1433.
4690 BGBl. Teil I, S. 2474, in Kraft seit 05.08.2009.
4691 Vgl. InfoM Newsticker, Ausgabe 11/09.

schuldners nach Ablauf der Aufbewahrungsfrist des § 885 Abs. 4 Satz 1 ZPO nicht verwerten oder vernichten, sofern dadurch einem gesetzlichen Verbot zuwidergehandelt werden würde.[4692]

b) Vollstreckungsmodelle

2850 Theorie und Praxis: Nach langem und zähem Räumungsverfahren erhält der Vermieter endlich die vollstreckbare Ausfertigung des Urteils und erteilt dem Gerichtsvollzieher den Räumungsauftrag. Die Stimmung ist angesichts der Dauer und der bisherigen Kosten auf dem Tiefpunkt, steigt aber jetzt wieder durch die realisierbare Räumung. Der Vermieter möchte diese nun mit eigenen Leuten und Fahrzeugen (oft aus dem eigenen Unternehmen) im Beisein des Gerichtsvollziehers (GV) zur Kostenverringerung durchführen, da er vom insolventen Mieter ohnehin nie mehr Geld sehen wird. Der damit konsultierte GV lehnt ab und will eine teure Spedition beauftragen.

2851 In der Praxis haben sich drei Varianten von möglichen Vollstreckungen herausgebildet:[4693]
- **Berliner Modell:** Einweisung nur in den Besitz der Räume nach vorheriger Ausübung des Vermieterpfandrechts bzgl. aller Sachen. „Kleiner" Kostenvorschuss erforderlich.
- **Frankfurter Modell:** Räumungsvollstreckung mit vom Gläubiger/Vermieter dem Gerichtsvollzieher gestellten Personal und Lagerraum. „Kleiner" Kostenvorschuss erforderlich.
- **Hamburger Modell:** Zunächst nur Öffnung der Räume mit einem Schlosser und einem Vertreter des Umzugsunternehmens, Prüfung der abzutransportierenden Sachen, Bestellung des Transportunternehmers erst, wenn tatsächlich etwas abzutransportieren ist (Zwei-Phasen-Modell). Voller Kostenvorschuss erforderlich.

> **Hinweis:**
> Nur das Berliner Modell ist durch den BGH „abgesegnet", die anderen Modelle werden in der Praxis von Gerichtsvollziehern vereinzelt nicht vollzogen, was dann wegen des sehr formalisierten Verfahrens, Entscheidungen der Gerichtsvollzieher anzugreifen, zu erheblichen Verzögerungen in der Vollstreckung führen kann.

2852 Durch einige bahnbrechende Entscheidungen des BGH hat der Vermieter bzw. Verpächter inzwischen die Chance, die „klassischen" oder „preußischen" Räumungen mit Kosten von mehreren Tausend Euro auf geringe Kosten zu begrenzen. Der Vermieter kann die Zwangsvollstreckung nach § 885 ZPO auf eine Herausgabe der Räume beschränken, wenn er an sämtlichen in den Räumen befindlichen Gegenständen ein Vermieterpfandrecht geltend macht („**Berliner Modell**").[4694] Auch wenn in einem solchen Fall Streit zwischen den Parteien des Vollstreckungsverfahrens nach § 885 ZPO darüber besteht, ob alle beweglichen Sachen des Schuldners von dem Vermieterpfandrecht erfasst werden, hat der Gerichtsvollzieher nicht eine Räumung

---
4692 BGH, 21.02.2008 – I ZB 53/06, IMR 2008, 286.
4693 Ausführlich Riecke, NZM 2006, 919; Schuschke, NZM 2006, 284; Schuschke, NZM 2005, 681.
4694 BGH, 14.02.2003 – IXa ZB 10/03, ZMR 2004, 734 für ein Gewerbemietobjekt; BGH, 17.11.2005 – I ZB 45/05, NZM 2006, 149 = GuT 2006, 89 = InfoM 2006, 43 = WuM 2006, 50 = GE 2006, 110 = DWW 2006, 70 = ZMR 2006, 199 = NJW 2006, 848 und BGH, 10.08.2006 – I ZB 135/05, NZM 2006, 817 = InfoM 2006, 311 (jeweils Wohnraum); AG Wedding, 12.07.2004 – 35 M 8075/04, NZM 2004, 720; ausführlich Schuschke, NZM 2006, 284 und NZM 2005, 681.

der Wohnung nach § 885 Abs. 2 bis Abs. 4 ZPO vorzunehmen. Praktisch bedeutet dies, dass die Räumungsvollstreckung auf den Schlossaustausch und die Besitzeinweisung beschränkt ist, sodass nur wenige Hundert Euro Kosten anfallen. Ca. 400,00 € sind dafür ein angemessener Vorschuss, den der Gerichtsvollzieher erheben darf.[4695] Er darf nicht prüfen, ob der Vermieter das Vermieterpfandrecht auch auf unpfändbare Sachen ausgedehnt hat, und er darf die vermeintlich unpfändbaren Sachen auch nicht wegschaffen.[4696] Das Berliner Modell ist nicht anwendbar bei einem Titel aufgrund eines Zuschlagsbeschlusses in der Zwangsversteigerung, da der Erwerber nicht wieder der Vermieter ein Vermieterpfandrecht geltend machen kann, sondern die Herausgabe aufgrund des Zuschlagbeschlusses und nicht aufgrund eines beendeten Mietverhältnisses verlangt.[4697]

Auf **Risiken des Berliner Modells** weist zu Recht Rieke hin:[4698] Finden sich bei einem Mieter, der abzutauchen droht, lediglich im wahrsten Sinne „bewegliche" Sachen (ein verwahrloster Hund oder gar Reptilien), wird der Gläubiger/Vermieter es schnell bereuen, dem Vollstreckungsorgan diese arbeitsaufwendige Wegschaffung durch Ausübung des Vermieterpfandrechts abgenommen zu haben. 2854

> **Hinweis:**
>
> Der Vermieter kann sein Vermieterpfandrecht jederzeit wieder aufgeben und gem. § 1255 BGB vorgehen und ggü. dem Mieter – ohne dass es auf dessen Annahmeerklärung ankommt – die Aufhebung des Pfandrechts erklären. Dies setzt voraus, dass er den Aufenthalt des Mieters trotz Räumung kennt. Auch stillschweigend kann diese Erklärung in der Rückgabe der Sachen an den Mieter liegen.[4699]

Praxistipp:[4700]

Immer vorausgesetzt, dass der zuständige Gerichtsvollzieher „mitspielt", kann wie folgt vorgegangen werden: Rechnet der Gläubiger nicht mit nennenswerten Ergebnissen bei der Zwangsvollstreckung, macht es Sinn, (zunächst) die Hamburger Räumung zu beantragen, den vollen Vorschuss zu zahlen und erst nach Abschluss der ersten Phase (Schloss auswechseln und Entfernen des Schuldners nebst persönlicher Habe aus den Räumen) zu entscheiden, ob dann zur Berliner Räumung übergegangen wird.

Kosten des Räumungsgläubigers für Transport, Einlagerung und/oder Entsorgung/Entrümpelung von Räumungsgut sind nicht über § 788 ZPO zu erstatten, wenn die Räumung auf die bloße Besitzeinweisung nach § 885 Abs. 1 ZPO aufgrund der Geltendmachung des Vermieterpfandrechts beschränkt wurde.[4701] Kosten, die dem Gläubiger aufgrund des geltend gemachten 2853

4695 BGH, 10.08.2006 – I ZB 135/05, NZM 2006, 817 = InfoM 2006, 311.
4696 AG Lichtenberg, 31.08.2005 – 34 M 8059/05, InfoM 2005, 273 (Wohnraum).
4697 LG Bonn, 29.04.2010 – 6 T 107/10, IMR 2010, 399 = NZM 2010, 920 = BeckRS 2010, 15134.
4698 Ausführlich Rieke, NZM 2006, 919.
4699 Riecke, NZM 2006, 919 unter IV.
4700 Vgl. auch Riecke, NZM 2006, 919.
4701 AG Hannover, 25.08.2010 – 703 M 35462/10, IMR 2011, 96.

Vermieterpfandrechts entstanden sind, muss er gegen den Schuldnern im ordentlichen Erkenntnisverfahren nach der ZPO titulieren lassen.[4702]

Der Mieter darf die Sachen seines persönlichen Bedarfs, die nicht Gegenstand der Zwangsvollstreckung sind, aus den Räumen entfernen, solange er noch nicht aus dem Besitz entsetzt ist, der Gerichtsvollzieher darf ihn daran nicht hindern.[4703]

II. Zwangsversteigerung

1. Grundsätze

2855 In der Zwangsversteigerung wird das Grundeigentum des Schuldners zur **Befriedigung titulierter Ansprüche** des Gläubigers im Wege der Zwangsvollstreckung verwertet. Erfasst wird nicht nur das Eigentum selbst, sondern auch eigentumsgleiche Rechte wie etwa Erbbaurechte. Der Eigentümer ist nicht mehr berechtigt, das Grundstück zu veräußern. Dieses wird wertmäßig bewertet und dann in der sog. Bietstunde unter staatlicher Aufsicht durch einen Rechtspfleger meistbietend „versilbert". Der Erlös wird danach unter den Gläubigern, die die Zwangsversteigerung betrieben haben, aufgeteilt. Zu Amtspflichten i.R.d. Ermittlung des Verkehrswerts gem. § 74a Abs. 5 ZVG, wenn Anhaltspunkte für Altlasten auf dem Grundstück bestehen, vgl. OLG Karlsruhe, 30.07.2010 – 12 U 245/09.

2856 Die Anordnung des Verfahrens durch das Gericht wirkt zugunsten des betreibenden Gläubigers als **Beschlagnahme**, die mit Zustellung des Anordnungsbeschlusses an den Schuldner wirksam wird. Die Zwangsversteigerung wird ins Grundbuch eingetragen, sodass ein **gutgläubiger Erwerb des Grundstücks** durch Dritte ausscheidet.

2857 Wenn im Grundbuch vorrangig eine Zwangshypothek und nachrangig eine Auflassungsvormerkung eingetragen ist, bleibt eine nach der Beschlagnahme erfolgende Eigentumsumschreibung auf den Vormerkungsberechtigten auch dann ohne Einfluss auf das Zwangsversteigerungsverfahren, wenn die Beschlagnahme erst nach Eintragung der Vormerkung erfolgt. Das Verfahren wird gegen den neuen Eigentümer fortgesetzt, ohne dass ein neuer Titel erforderlich wäre.[4704]

2858 Der in § 56 Satz 3 ZVG festgelegte Gewährleistungsausschluss für ersteigerte Objekte darf nicht durch eine Irrtumsanfechtung unterlaufen werden, sodass der Ersteher den Zuschlag nicht wegen Irrtums über eine verkehrswesentliche Eigenschaft nach § 119 Abs. 2 BGB anfechten kann, sofern das Fehlen der Eigenschaft – hier: erhebliche Flächenabweichung – einen Sachmangel begründet.[4705]

2. Auswirkungen auf Mietverhältnisse

2859 Sofern das Gericht nicht gleichzeitig die **Zwangsverwaltung angeordnet** hat, bleibt der Eigentümer **während des Verfahrens berechtigt**, das Grundstück zu verwalten. Bei bestehen-

---

4702 AG Hannover, 25.08.2010 – 703 M 35462/10, IMR 2011, 96.
4703 BGH, 10.08.2006 – I ZB 135/05, NZM 2006, 817 = InfoM 2006, 311.
4704 BGH, 25.01.2007 – V ZB 125/05, InfoM 2007, 333.
4705 BGH, 18.10.2007 – V ZB 44/07, IMR 2008, 33.

den Mietverhältnissen bleibt der Eigentümer/Vermieter also trotz angeordnetem Zwangsversteigerungsverfahren befugt, die Mieten einzuziehen. Kündigungen sind an ihn zu richten, er hat auch die Betriebskostenabrechnungen zu erstellen und Kautionen entgegenzunehmen bzw. auszuzahlen.

Der Ersteher erwirbt das **Eigentum am Gebäude** durch die rechtskräftige Zuschlagserteilung. Nach § 57 ZVG werden Mietverhältnisse gem. § 566 BGB mit dem Ersteher fortgesetzt. Der Ersteher tritt also in die Rechte und Pflichten ein, wie sie zum Zuschlagszeitpunkt bestanden, sofern der Mieter bereits vor diesem Zeitpunkt den Besitz am Mietobjekt erlangt hatte. War der Vermieter nicht Eigentümer des Grundstücks, hat die Versteigerung keine Auswirkungen auf das Mietverhältnis, d.h. der Ersteher tritt gem. § 566 BGB nicht als Erwerber in das Mietverhältnis ein. Sind Schuldner und jeweils zu je ½ Anteil eingetragene Eigentümer zwei natürliche Personen und ist das Grundstück durch eine von den Schuldner gebildete BGB-Gesellschaft vermietet worden, tritt der Ersteher mangels Identität nicht gemäß § 57 ZVG, § 566 BGB mit dem Zuschlag in den bestehenden Mietvertrag ein.[4706]

2860

Der Ersteher tritt als Erwerber an Stelle des Schuldners nur in die sich während der Dauer seines Eigentums aus dem Mietverhältnis ergebenden Rechte und Pflichten ein, sodass es keinen Unterschied macht, ob der Mietvertrag noch mit dem Schuldner oder erst während eines laufenden Zwangsverwaltungsverfahrens mit dem Zwangsverwalter abgeschlossen worden ist.[4707]

Ist die Miete für eine Lagerhallenfläche monatlich im Voraus, spätestens bis zum dritten Werktag auf das Konto des Zwangsverwalters zu zahlen, und erfolgt der **Zuschlag erst nach Fälligkeit der Miete**, geht der Mietzahlungsanspruch nicht auf den Ersteher über; § 56 Satz 2 ZVG betrifft nur den Binnenausgleich zwischen dem Schuldner und dem Ersteher, verschafft diesem aber keinen eigenen Anspruch gegen den Mieter auf Zahlung einer bereits vor dem Zuschlag fällig gewordenen Mietforderung.[4708]

Der Ersteher hat über die gesetzlichen Kündigungsrechte hinaus ein **Sonderkündigungsrecht gem. § 57a ZVG**. Danach kann unter Einhaltung der gesetzlichen Frist (nur einmalig) zum erstmöglichen Termin gekündigt werden. In der Kündigung muss der Termin, zu dem geräumt werden soll, nicht angegeben werden; es gilt der nächstmögliche Termin, auch wenn ein um drei Monate vorher liegender Termin angegeben worden ist.[4709] Die Ausübung des Kündigungsrechts kann ausnahmsweise missbräuchlich und nach § 242 BGB unzulässig sein, wenn der Inhaber des Rechts sich dieses durch ein unredliches Verhalten verschafft hat.[4710]

2861

> *Beispiel:*
> *Der Ersteher betreibt die Zwangsversteigerung ausschließlich zu dem Zweck, die Mietverträge zu kündigen und die Mieter dadurch zu schädigen.[4711] Zur Ausübung des Kündigungsrechts hat der Ersteher eine Überlegungsfrist von einer Woche. Anders als bei Wohnraum (§ 568 BGB) kann die Kündigung*

4706 OLG Düsseldorf, 23.12.2010 – 10 U 60/10.
4707 OLG Düsseldorf, 23.12.2010 – 10 U 60/10.
4708 OLG Düsseldorf, 23.12.2010 – 10 U 60/10.
4709 BGH, 25.10.1995 – XII ZR 245/94, NJW-RR 1996, 144.
4710 BGH, 17.05.1978 – VIII ZR 48/77, WuM 1978, 164 = MDR 1979, 51.
4711 BGH, 17.05.1978 – VIII ZR 48/77, WuM 1978, 164 = MDR 1979, 51.

grds. formlos ausgeübt werden. Der Ersteher benötigt zudem bei gewerblichen Mietverhältnissen keinen besonderen Kündigungsgrund.

2862 Beschränkungen der Kündigung bei sog. **Baukostenzuschüssen** bestehen nicht mehr, da der insoweit einschlägige § 57c ZVG aufgehoben wurde; es gelten die allgemeinen Vorschriften (§§ 812 ff. BGB). Leistet der Mieter von Geschäftsräumen einen „verlorenen Baukostenzuschuss" und kündigt der Vermieter den befristeten Mietvertrag vorzeitig, so hat der Mieter gegen ihn jedenfalls dann keinen Bereicherungsanspruch wegen der vorzeitigen Beendigung, wenn der Vermieter das Mietobjekt durch Zwangsversteigerung erworben hat und der „verlorene Baukostenzuschuss" nicht im Mietvertrag erwähnt ist.[4712] S. zu Investitionen des Mieters/Pächters und verlorenen Baukostenzuschüssen ausführlich → *Rn. 1637 ff.*

2863 Zu **Vorausverfügungen über die Miete** (etwa Abtretung, Verpfändung, Aufrechnung des Vermieters) und sonstigen Rechtsgeschäften über die Miete vgl. § 57b ZVG. Eine gemäß dem Mietvertrag geleistete Vorauszahlung der Miete in einem **Einmalbetrag** ist dem Erwerber des Mietobjekts ggü. wirksam, wenn die Höhe der Miete nicht nach wiederkehrenden Zeitabschnitten (etwa Monaten) bemessen ist.[4713] Wird dem Verpächter wegen der Zwangsversteigerung des Pachtgrundstücks die weitere Gebrauchsüberlassung unmöglich, kann er dem Anspruch des Pächters auf Rückzahlung der gesamten für die restliche Pachtzeit vorausbezahlten Pacht nicht entgegenhalten, dass der Pächter die Unmöglichkeit durch eigene Rechtsbehelfe im Zwangsversteigerungsverfahren hätte verhindern können.[4714]

3. Schutz des Geschäftsraummieters bzgl. Versteigerung

2864 Bei der Zwangsversteigerung des Objekts ist ein Wohnraummieter gegen das **Sonderkündigungsrecht des Erstehers** (§ 57a ZVG) einigermaßen geschützt, weil es nur zum erstmöglichen Kündigungstermin ausgeübt werden kann und nach § 573d BGB zusätzlich ein Kündigungsgrund i.S.v. § 573 BGB („berechtigtes Interesse") erforderlich ist. Letzteres gilt nicht für den Gewerberaummieter, dessen Miet- oder Pachtvertrag mit gesetzlicher Frist kündbar ist. Im Normalfall hat der Verwalter daher extreme Probleme, leere Flächen zu vermieten.

2865 Denkbar sind folgende **Schutzmöglichkeiten zugunsten des Mieters/Pächters**, falls sich ein solcher findet:

- Verzicht der Gläubiger auf einen Versteigerungsantrag: Dies wird sich nur in den seltensten Fällen und nur bei weiteren Zugeständnissen des Mieters realisieren lassen, etwa bei einer Patronatserklärung oder einem Schuldbeitritt eines für den Mieter haftenden weiteren solventen Schuldners.

- Verzicht des Zwangsverwalters – mit Zustimmung des Gerichts – auf die nach § 6 ZwVwV im Mietvertrag aufzunehmenden Beschränkungen und gleichzeitige Haftungsfreistellung des Verwalters durch die Gläubiger.

[4712] OLG Düsseldorf, 19.04.2007 – 10 U 122/06, IMR 2007, 253 = InfoM 2007, 220 und InfoM 2008, 174 = NZM 2007, 643.
[4713] BGH, 05.11.1997 – VIII ZR 55/97, BGHZ 137, 106 = WuM 1998, 104 = MdR 1998, 209.
[4714] OLG Celle, 07.08.2007 – 2 U 119/07, IMR 2007, 286 = NJOZ 2008, 145.

- Vereinbarung mit den Gläubigern über eine Freistellung von den Nachteilen, die durch eine mögliche Kündigung nach einer Zwangsversteigerung entstehen (Umzugskosten, Verluste); im Gegenzug akzeptiert der Mieter „ohne Murren" die nach § 6 Abs. 2 ZwVwV vorgesehenen Beschränkungen seiner Rechte.
- Grundbuchrechtliche Sicherung des Mieters (z.B. Nießbrauch). Wichtig: Alle im Grundbuch eingetragenen Gläubiger müssen zustimmen.

III. Vollstreckungsschutz

1. Schutz gem. § 721 ZPO

Geschützt werden nach dem Wortlaut nur Wohnraummieter. Relevant werden kann die Norm bei **beruflicher Wohnungsnutzung** bzw. **Mischmietverhältnissen**. Hier gilt: Tätigkeiten, die üblicherweise noch in Wohnungen ausgeübt werden (Autoren, berufliche Vor- und Nachbereitung der Büroarbeit bei Freiberuflern oder Lehrern u.Ä.) werden von § 721 ZPO erfasst. Bei vertragswidriger Nutzung von Geschäftsraum als Wohnung ist § 721 ZPO anwendbar.[4715] Umgekehrt – berufliche Wohnungsnutzung – scheidet die Räumungsfrist grds. aus. Bei Mischnutzung ist zu differenzieren, was überwiegt: Bei Wohnraum greift die Schutznorm, bei überwiegender gewerblicher Nutzung nicht mehr. Ausnahme: Eine getrennte Rückgabe des Wohnbereichs an den Vermieter ist problemlos möglich. Das ist dann der Fall, wenn der gewerblich genutzte und der zu Wohnzwecken genutzte Teil baulich und funktional selbstständig sind.[4716]

2866

2. Schutz gem. § 765a ZPO

a) Überblick

§ 765a ZPO greift **sowohl** bei Wohn- als auch bei Gewerberaum. Insb. bei der Geschäftsraummiete ist die Norm oft der einzige Ansatzpunkt, eine Räumung zu verschieben. Denn § 721 ZPO gilt – von obigen Ausnahmen abgesehen – nur für Räumungsfristen bei Wohnraum und kann bei einer Verurteilung zur geräumten Herausgabe von Geschäftsräumen daher nicht gewährt werden.[4717] Da bei § 765a ZPO aber strengste Voraussetzungen gelten (nachfolgend → Rn. 2868 f.), sind die Erfolgschancen dort noch geringer, da es meist nur um „finanzielle" Probleme geht.

2867

Nach § 765a ZPO kann das Gericht auf Antrag eine Zwangsvollstreckungsmaßnahme, also auch die Zwangsräumung, ganz oder teilweise aufheben, untersagen oder einstweilen einstellen, wenn die Maßnahme unter voller Würdigung des Schutzbedürfnisses des Gläubigers wegen ganz besonderer Umstände eine Härte bedeutet, die mit den guten Sitten nicht vereinbar ist. Schon der Gesetzestext zeigt: Diese Vollstreckungsschutzbestimmung soll nur **in besonderen Ausnahmefällen** greifen. Ziel des Antrags ist es in den meisten Fällen, den bereits feststehen-

2868

4715 OLG Köln, WuM 1997, 336 = NJWE-MietR 1996, 246; ähnlich LG Lübeck, ZMR 1993, 223; a.A. Sternel, Mietrecht aktuell, Rn. XIV Rn. 177.
4716 LG Hamburg, 30.12.1992 – 316 T 100/92, NJW-RR 1993, 662 = MDR 1993, 444 = WuM 1993, 203 = ZMR 1993, 419; vgl. auch LG Mannheim, ZMR 1993, 79 = NJW-RR 1993, 713.
4717 OLG München, 23.11.2000 – 3 W 2228/00, GuT 2001, 14 = NZM 2001, 710 = ZMR 2001, 616.

den Räumungstermin wenigstens hinauszuschieben. Die praktisch relevantesten Gründe für den Antrag nach § 765a ZPO sind (bei Wohnraum): Eine Ersatzwohnung steht noch nicht zur Verfügung oder der Schuldner kann wegen Krankheit nicht räumen. § 765a ZPO ist nicht nur bei der Zwangsvollstreckung aus Urteilen, sondern auch aus Vergleichen anwendbar.

2869 Bei der Prüfung muss immer im Auge behalten werden, dass die Norm ganz besondere Umstände, die eine sittenwidrige Vollstreckungshärte begründen, voraussetzt und als Ausnahmevorschrift eng auszulegen ist.[4718] Die Belange des Räumungsgläubigers sind voll zu würdigen; sein Interesse am Rückerhalt genießt grds. den Vorzug ggü. dem Erhaltungsinteresse des Schuldners. Für den Vermieter besteht die Möglichkeit, bei einem zu erwartenden Antrag des Mieters/Pächters vorab eine **Schutzschrift** als *vorbeugendes* Verteidigungsmittel einzureichen und darin seine Sicht der Dinge darstellen, um eine Verfahrensverzögerung durch eine ihm eingeräumte Anhörung zu verhindern und Argumente und Beweismittel gegen den erwarteten Vortrag des Vollstreckungsschuldners vorzubringen.[4719] Die Gewährung einer Räumungsfrist ist grds. unzumutbar, wenn die Zahlung der laufenden Miete/Nutzungsentschädigung für die Dauer der Räumungsfrist nicht gewährleistet ist.[4720]

b) Antrag und Frist

2870 Der Antrag ist schriftlich beim Vollstreckungsgericht (vgl. § 765a Abs. 1 ZPO) einzureichen oder mündlich zu Protokoll zu erklären. Zuständig ist das AG, in dessen Bezirk die Räume liegen. Es entscheidet der Rechtspfleger durch Beschluss ohne mündliche Verhandlung. Geht aus dem Räumungsschutzantrag nicht hervor, ob § 765a ZPO oder eine Räumungsfrist nach §§ 721, 794a ZPO gemeint sind und liegen die formellen Voraussetzungen für Letzteres vor, so ist der Antrag im Sinne dieser Normen auszulegen, da § 765a ZPO deutlich höhere Anforderungen stellt.[4721] Zwingende Voraussetzung ist die **schlüssige Darlegung der besonderen Härte**, wozu bspw. lediglich ein Verweis auf höhere Umzugskosten nicht ausreicht.[4722]

2871 **Wichtig:** Der Antrag gem. § 765 Abs. 1 ZPO ist spätestens zwei Wochen vor dem Räumungstermin zu stellen, es sei denn, dass die Gründe, auf denen der Antrag beruht, erst nach diesem Zeitpunkt entstanden sind oder der Schuldner ohne sein Verschulden an einer rechtzeitigen Antragstellung gehindert war, § 765a Abs. 3 ZPO.

c) Materielle Voraussetzungen

2872 Der Antrag hat nur dann Aussicht auf Erfolg, wenn der Mieter Tatsachen vortragen kann, die über den Entzug des Mietgebrauchs und damit verbundene finanzielle Nachteile hinausgehen, da dies die normalen Folgen der Rückgabe des Mietobjekts sind.[4723] Der vom BVerfG geforderte strenge Prüfungsmaßstab äußert sich darin, dass **ganz besondere Umstände** vorliegen müssen, die die Vollstreckung nach allgemeinem Rechtsempfinden untragbar machen. Es findet

---

4718 BVerfG, NJW 1979, 2607; OLG Zweibrücken, AIM 4/2002, 11; OLG Köln, NJW-RR 1995, 1163.
4719 Ausführlich Lämmer/Muckle, NZM 2008, 69.
4720 OLG Stuttgart, 07.06.2006 – 13 U 89/06, IMR 2006, 183.
4721 Hannemann/Wieck/Zahn, § 30 Rn. 73.
4722 LG Köln, 12.10.2010 – 10 T 287/10.
4723 BGH, 27.08.1998 – XII ZR 167/98, NZM 1998, 863 = NJW-RR 1998, 1603.

also immer eine Einzelfallprüfung statt, schematische Bewertungen verbieten sich. Der Anwalt muss also besondere Umstände vortragen, sonst hat der Antrag keine Aussicht auf Erfolg.

Die folgende alphabetische Auflistung zeigt Beispielsfälle, die überwiegend aus dem Wohnraumbereich stammen, aber die Sensibilität des Betrachters dafür wecken sollen, um welche Problematiken es hier geht; gleichzeitig wird dadurch deutlich, dass bei Geschäftsraummiete nur ganz selten ein Antrag ausreichend begründbar sein wird: 2873

Doppelumzug/Ersatzwohnung: Mehrmaliger Umzug bei konkret in Aussicht stehender Ersatzwohnung kann – v.a. bei Familien mit kleinen Kindern – eine unbillige Härte sein. Aber: Ein zweimaliger Umzug eines Mieters innerhalb kurzer Zeit löst den Schutzmechanismus des § 765a ZPO allein nicht aus – es müssen weitere Umstände hinzukommen.[4724] 2874

Gebrechlichkeit: Ist für sich allein normalerweise kein Grund. Kann aber durch Gutachten/Atteste bewiesen werden, dass ein Sonderfall vorliegt, kommt Vollstreckungsschutz in Betracht.[4725] Droht Eintritt eines Pflegefalls und zudem Suizidgefahr, kann der Schutz sogar dauerhaft greifen.[4726] 2875

Gesundheitsgefährdung: Die Einstellung der Zwangsvollstreckung ist hier grds. nur möglich, wenn eine **konkrete Gesundheitsgefahr** feststeht, deren Eintritt mit hinreichender Wahrscheinlichkeit anhand objektiver, feststellbarer Merkmale nachgewiesen werden muss.[4727] Praktisch heißt dies für den Anwalt, wenn er den Mieter vertritt: Ohne ausführliches Arzt-Attest besteht keine Chance. Dem Gericht muss daher durch Arztattest konkret dargelegt werden, aufgrund welcher Umstände welche konkreten körperlichen Folgen mit welchem Grad an Wahrscheinlichkeit erwartet werden. Nach dem BVerfG[4728] ist die Einwirkung der Grundrechte (Art. 2 GG) auf das Vollstreckungsschutzverfahren zu beachten. Folge: Das Vollstreckungsgericht hat z.B. dem Vorbringen des Schuldners, ihm würde bei der Zwangsräumung eine ernsthafte Gesundheitsgefährdung bis hin zum Selbstmord drohen, sorgfältig nachzugehen, ggf. auch durch Einholung amtsärztlicher Gutachten.[4729] 2876

Schwangerschaft: Zeitnah zur Geburt kann für acht bis zehn Wochen danach Räumungsschutz bewilligt werden.[4730] 2877

Suizidgefahr:[4731] S. zunächst Gesundheitsgefährdung → Rn. 2876. Die Suizid-Wahrscheinlichkeit ist darauf zu prüfen, ob und welche Abwehrmöglichkeiten bestehen.[4732] Dabei ist aber stets 2878

4724 OLG Zweibrücken, 31.08.2001 – 3 W 199/01, NZM 2002, 760 = AIM 4/2002, 11.
4725 BVerfG, 15.01.1992 – 1 BvR 1466/91, WuM 1993, 239.
4726 BVerfG, 08.09.1997 – 1 BvR 1147/97, WuM 1997, 591= NJW 1998, 295: 99-jähriger Mieter!
4727 OLG Köln, 20.09.1989 – 2 W 157/89, NJW-RR 1990, 590.
4728 BVerfG, NJW 1979, 2607.
4729 Vgl. auch BVerfG, 08.09.1997 – 1 BvR 1147/97, NJW 1998, 295.
4730 LG Stuttgart, 06.12.1990 – 16 S 378/90, WuM 1991, 347.
4731 Vgl. grds. dazu BVerfG, 25.09.2006 – 1 BvR 2266/06, IMR 2007, 134; BVerfG, 27.06.2005 – 1 BvR 224/05, NZM 2005, 657 = NJW 2005, 3414 = InfoM 2005, 271; BGH, 07.10.2010 – V ZB 82/10, NZM 2010, 915; BGH, 13.03.2008 – I ZB 59/07, IMR 2008, 257 = GuT 2008, 214: Wohnung und Arztpraxis; BGH, 04.05.2005 – I ZB 10/05, NZM 2005, 517 = WuM 2005, 407 = NJW 2005, 1859 = InfoM 2005, 270.
4732 OLG Köln, NJW-RR 1990, 590 = ZMR 1990, 143.

eine Abwägung der – in solchen Fällen ganz besonders gewichtigen – Interessen des Schuldners mit den Vollstreckungsinteressen des Gläubigers vorzunehmen.[4733] Der Vollstreckungsschuldner bzw. sein Anwalt muss also besondere Umstände vortragen, sonst hat der Antrag keine Aussicht auf Erfolg. Der Schuldner darf zunächst einen Grund – hier: Suizidgefahr – nennen, der eine solche Aussetzung rechtfertigen könnte, und darf diesen Grund später gegen einen anderen – hier: Herz-/Kreislauferkrankung – austauschen.[4734] Vor der endgültigen Entscheidung sind einstweilige Anordnungen gem. § 732 Abs. 2 ZPO über § 765a Abs. 1 Satz 2 ZPO zulässig. Auf Parteiantrag kann das Gericht eine einstweilige Anordnung bis zur Endentscheidung bei Veränderungen des Sachverhaltes aufheben oder abändern. Der Vermieter, sein Verwalter oder sein Anwalt kann das Gericht darauf hinweisen, dass bei der Abwägung zum Schutz des Schuldners auch andere Maßnahmen außer Einstellung der Zwangsvollstreckung in Betracht kommen: etwa Einweisung in eine Heilanstalt oder Ingewahrsamnahme durch die Polizei. Die Landesgesetze sehen solche Maßnahmen vor (vgl. z.B. § 35 Abs. 1 Nr. 1 PolGNW). Vollstreckungsschutz kommt auch dann in Betracht, wenn die Suizidalität nicht auf einer Erkrankung, sondern auf persönlichkeitsbedingten Ursachen wie einer freien Willensentscheidung ohne Krankheitswert beruht.[4735]

2879 **Umzugskosten**: Finanzielle Belastungen durch einen Umzug (auch bei höheren Kosten) rechtfertigen den Schutz grds. nicht.[4736]

2880 **Zahlungsunwilligkeit/Solvenz**: Wer für die Dauer des Vollstreckungsschutzes keine Nutzungsentschädigung bezahlen kann oder will, wird nicht geschützt.[4737]

d) Einstweilige Anordnung

2881 Anträge nach § 765a ZPO werden oft im letzten Moment gestellt, sodass nur noch ein einstweiliger Anordnungsantrag auf vorläufige Einstellung der Zwangsräumung bleibt. Vor der endgültigen Entscheidung sind einstweilige Anordnungen i.S.d. § 732 Abs. 2 ZPO über § 765a Abs. 1 Satz 2 ZPO zulässig. Auf Parteiantrag kann das Gericht eine einstweilige Anordnung bis zur Endentscheidung bei Veränderungen des Sachverhalts aufheben oder abändern.

e) Rechtsmittel, Kosten

2882 Zulässiges Rechtsmittel ist die sofortige Beschwerde gem. § 793 ZPO i.V.m. § 11 Abs. 1 RPflG. Es läuft eine Notfrist von zwei Wochen ab Zustellung, § 569 Abs. 1 Satz 1 ZPO. Zuständig ist das AG oder das LG, § 569 Abs. 1 Satz 1 ZPO. Nach §§ 574 ff. ZPO ist ein Rechtsmittel gegen die Beschwerdeentscheidung so gut wie nicht mehr möglich. Der Schuldner trägt nach § 788 Abs. 1 ZPO immer die Verfahrenskosten, auch bei erfolgreicher Beschwerde.

4733 BGH, 13.03.2008 – I ZB 59/07, IMR 2008, 257 = GuT 2008, 214: Wohnung und Arztpraxis.
4734 BGH, 13.03.2008 – I ZB 59/07, IMR 2008, 257 = GuT 2008, 214: Wohnung und Arztpraxis, Herzinfarktrisiko statt Suizidgefahr als Härtegrund.
4735 BVerfG, AIM 2/2001, 12.
4736 LG Köln, 12.10.2010 – 10 T 287/10.
4737 LG Hildesheim, MDR 1995, 1010; Sternel, Mietrecht aktuell, Rn. 1517a.

3. Schutzantrag gem. § 712 Abs. 1 ZPO

Grds. muss jedes Urteil von Amts wegen für vorläufig vollstreckbar erklärt werden, §§ 708, 709 ZPO. Ausnahmen: § 708 Nr. 1 bis Nr. 3 ZPO (keine Sicherheitsleistung erforderlich, § 708 Nr. 4 bis Nr. 11 ZPO: Abwendungsbefugnis des Schuldners durch eigene Sicherheitsleistung). Ansonsten kann bis zum Eintritt der Rechtskraft eine Zwangsvollstreckung nur erfolgen, wenn die Sicherheitsleistung erbracht und dies nach § 751 Abs. 2 ZPO nachgewiesen ist. Die Höhe der Sicherheitsleistung hat sich an einem etwaigen Schadensersatzanspruch des Schuldners gem. § 717 Abs. 2 ZPO zu orientieren, falls der Gläubiger letztlich zu Unrecht vollstrecken sollte. Die Art der Sicherheitsleistung kann das Gericht nach freiem Ermessen bestimmen, § 108 Abs. 1 Satz 1 ZPO; erfolgt dies nicht, ist Bürgschaftsstellung zulässig, § 108 Abs. 1 Satz 2 ZPO.

2883

Besteht kein überwiegendes Interesse des Gläubigers an der Vollstreckung, kann das Gericht auf Antrag, der nach § 714 Abs. 1 ZPO bis zum Schluss der mündlichen Verhandlung zu stellen ist,[4738] dem Schuldner eine **Vollstreckungsabwendung gegen Sicherheitsleistung** – in Ausnahmefällen auch ohne – einräumen, § 712 ZPO. Ein im Berufungsverfahren gestellter Antrag, die Zwangsvollstreckung aus dem erstinstanzlichen Urteil einstweilen einzustellen, ersetzt einen Schutzantrag nach § 712 ZPO nicht.[4739]

2884

Wichtig: Die Norm hat Ausnahmecharakter und wird restriktiv angewendet. Dem Schuldner muss ein „nicht zu ersetzender Nachteil" durch die Vollstreckung drohen, was nach § 714 Abs. 2 ZPO durch ihn glaubhaft zu machen ist. Nicht zu ersetzen ist grds. dasjenige, was nachträglich nicht wieder gutgemacht werden kann. In Betracht kommt dies, weshalb der Schutzantrag bei Geschäftsraummiete durchaus eine Rolle spielen kann, wenn die Vernichtung der wirtschaftlichen Existenz des Schuldners droht.[4740]

2885

Ein überwiegendes Interesse des Gläubigers an der Vollstreckung ist zu bejahen, wenn die Nachteile, die ihm durch den Aufschub der Vollstreckung drohen, größer sind als die Nachteile, die dem Schuldner drohen; im Zweifel gehen die Gläubigerinteressen vor.

2886

Wird gegen ein für **vorläufig vollstreckbar erklärtes Urteil** der Einspruch oder die Berufung eingelegt, so gelten gem. § 719 Abs. 1 Satz 1 ZPO die Vorschriften des § 707 ZPO entsprechend, sodass das Gericht auf Antrag anordnen kann, dass die Zwangsvollstreckung **gegen oder ohne Sicherheitsleistung einstweilen eingestellt** wird oder nur gegen Sicherheitsleistung stattfindet und dass die Vollstreckungsmaßregeln gegen Sicherheitsleistung aufzuheben sind. Die Zwangsvollstreckung aus einem Versäumnisurteil darf nach § 719 Abs. 1 Satz 2 ZPO nur gegen Sicherheitsleistung eingestellt werden, es sei denn, dass das Versäumnisurteil nicht in gesetzlicher Weise ergangen ist oder die säumige Partei glaubhaft macht, dass ihre Säumnis unverschuldet war.

2887

Wird **Revision** gegen ein für vorläufig vollstreckbar erklärtes Urteil eingelegt, so ordnet das Revisionsgericht gem. § 719 Abs. 2 Satz 1 ZPO auf Antrag an, dass die Zwangsvollstreckung einstweilen eingestellt wird, wenn die Vollstreckung dem Schuldner einen **nicht zu ersetzen-**

2888

4738 BGH, 06.06.2006 – XII ZR 80/06, GuT 2006, 201: Antragsstellung im Revisionsverfahren nicht mehr möglich.
4739 BGH, 06.06.2006 – XII ZR 80/06, GuT 2006, 201; BGH, 02.10.2002 – XII ZR 173/02, FamRZ 2003, 598.
4740 OLG Hamm, OLGZ 1987, 89; OLG Frankfurt am Main, MDR 1985, 507.

den **Nachteil** bringen würde und nicht ein überwiegendes Interesse des Gläubigers entgegensteht. Im Verfahren über die Nichtzulassungsbeschwerde gilt dies entsprechend (§ 544 Abs. 5 Satz 2 ZPO). Nach der ständigen Rechtsprechung des BGH kann sich der Schuldner allerdings nur dann darauf berufen, die Zwangsvollstreckung bringe ihm einen nicht zu ersetzenden Nachteil, wenn er in der Berufungsinstanz einen Vollstreckungsschutzantrag nach § 712 ZPO gestellt hat. Hat dies der Schuldner versäumt, kommt eine Einstellung der Zwangsvollstreckung nach § 719 Abs. 2 ZPO grds. nicht in Betracht.[4741] Eine Ausnahme gilt jedoch u.a. dann, wenn der Schuldner darauf vertrauen durfte, dass vor Rechtskraft des Urteils keine Vollstreckung erfolgen werde, weil der Gläubiger dies ausdrücklich erklärt hat.[4742]

4. Einstweilige Einstellung der Zwangsvollstreckung gem. § 707 ZPO

2889 Wird die Wiedereinsetzung in den vorigen Stand oder eine Wiederaufnahme des Verfahrens beantragt oder die Rüge nach § 321a erhoben oder wird der Rechtsstreit nach der Verkündung eines Vorbehaltsurteils fortgesetzt, kann das Gericht nach § 707 Abs. 1 Satz 1 ZPO auf Antrag anordnen, dass die Zwangsvollstreckung gegen oder ohne Sicherheitsleistung einstweilen eingestellt wird oder nur gegen Sicherheitsleistung stattfindet und dass die Vollstreckungsmaßregeln gegen Sicherheitsleistung aufzuheben sind. Die Einstellung der Zwangsvollstreckung ohne Sicherheitsleistung ist nur zulässig, wenn glaubhaft gemacht wird, dass der Schuldner zur Sicherheitsleistung nicht in der Lage ist und die Vollstreckung einen nicht zu ersetzenden Nachteil bringen würde (§ 707 Abs. 1 Satz 2 ZPO).

2890 Droht die Zwangsvollstreckung aus einem ohne Sicherheitsleistung vorläufig vollstreckbaren, **mit der Berufung angegriffenen Räumungsurteil** vor Ablauf der Berufungsbegründungsfrist, kann bei der Entscheidung über die Einstellung der Zwangsvollstreckung die Erfolgsaussicht der Berufung nicht entscheidend berücksichtigt werden, wenn noch keine abschließende Berufungsbegründung vorliegt.[4743] Bei der Beurteilung der Fähigkeit einer OHG als Beklagter, die Zwangsvollstreckung durch Sicherheitsleistung abwenden zu können, kommt es nur auf die Vermögenslage der Gesellschaft an, nicht aber auf die der Gesellschafter.[4744]

5. Anwaltshaftung bei unzureichendem Vollstreckungsschutz

2891 Ein **RA** haftet seinem Mandanten auf **Schadensersatz**, wenn er einem Mandanten, nachdem dieser in erster Instanz zur Räumung des gemieteten Geschäfts verurteilt wurde, empfiehlt, freiwillig zu räumen und das gegen das Urteil eingelegte Rechtsmittel später Erfolg hat.[4745] Der Anwalt wurde im zugrunde liegenden Fall von seinem Mandanten auf Zahlung des bereits entstandenen und auf Feststellung des künftigen Erwerbsschadens verklagt. Der BGH stellte

---

4741 BGH, 13.03.2007 – VIII ZR 2/07, WuM 2007, 209; BGH, 19.10.2005 – VIII ZR 208/05, WuM 2005, 735 = ZMR 2006, 33, unter II. 1.; BGH, 27.10.2004 – VIII ZR 215/04, GE 2004, 1523, unter II.
4742 BGH, 13.03.2007 – VIII ZR 2/07, WuM 2007, 209; BGH, 23.05.2006 – VIII ZR 28/06, NJW-RR 2007, 11 unter II. 2. m.w.N.
4743 KG, 30.04.2008 – 12 U 25/08.
4744 Zum nicht zu ersetzenden Nachteil i.S.d. § 707 ZPO wegen Gefährdung der wirtschaftlichen Existenz im Fall der Räumung des Geschäftslokals (Hotel) als einziger Einnahmequelle der Beklagten: KG, 30.04.2008 – 12 U 25/08.
4745 BGH, 10.07.2003 – IX ZR 5/00, NJW 2003, 2988.

fest, dass der Anwalt verpflichtet gewesen sei, dem vorläufig vollstreckbaren Räumungsurteil **mit geeigneten Rechtsbehelfen** entgegenzutreten und der Gegenpartei klarzumachen, dass die Zwangsvollstreckung zum Schadensersatz nach § 717 Abs. 2 ZPO verpflichte, wenn der Rechtsbehelf erfolgreich sei.

IV. Vertragsgestaltung

Für die vorbeugende Vertragsgestaltung hat insb. die Räumungsvollstreckung aufgrund **notarieller Urkunde** Bedeutung (vollstreckbarer Titel nach § 794 Abs. 1 Nr. 5 ZPO). Voraussetzung dafür ist, dass die Urkunde nach den Formvorschriften des Beurkundungsgesetzes wirksam errichtet ist und sich die Parteien, ferner Inhalt, Art und Umfang der Vollstreckung entsprechend einem Urteilstenor aus der Urkunde ergeben. Der Mietvertrag selbst wird dadurch nicht beurkundungsbedürftig, solange der Anspruchsgrund in die notarielle Urkunde aufgenommen wird.[4746] Zu klären ist außerdem, ob der Rückgabetermin bei Abschluss des Mietvertrages bereits feststeht (dann: Aufnahme des Termins in die Klausel) oder noch offen ist (dann: Aufnahme der vertraglichen Kündigungsmodalitäten in die Klausel, damit klar wird, wann und wie gekündigt werden darf). Empfohlen – auch wegen des Schriftformerfordernisses nach § 550 BGB – wird auch die Aufnahme einer Klausel in den Mietvertrag, dass der Mieter sich verpflichtet, sich in einer gesonderten Urkunde **der Zwangsvollstreckung zu unterwerfen**; kommt er dem nicht nach, könnte die Übergabe des Objekts **per Zurückbehaltungsrecht** verweigert werden.[4747] Hat ein Vertreter die Unterwerfung des Schuldners unter die sofortige Zwangsvollstreckung aus einer Urkunde erklärt, ist die Zwangsvollstreckung nur zulässig, wenn die Vollmacht des Vertreters oder – bei vollmachtlosem Handeln – die Genehmigung von dessen Erklärungen seitens des Vertretenen durch öffentliche oder öffentlich beglaubigte Urkunden dem Schuldner zugestellt worden sind oder mit dem Beginn der Vollstreckung zugestellt werden.[4748]

2892

V. Arbeits- und Beratungshilfen

1. Schnellüberblick Grundsatz-Rechtsprechung des BGH

Thema/Normen	Leitsatz	Entscheidung, Fundstelle
Vermieter darf nicht eigenmächtig Mieterwohnung räumen!	1. Die nicht durch einen gerichtlichen Titel gedeckte eigenmächtige Inbesitznahme einer Wohnung und deren eigenmächtiges Ausräumen durch einen Vermieter stellt eine unerlaubte Selbsthilfe dar, für deren Folgen der Vermieter verschuldensunabhängig nach § 231 BGB haftet (Bestätigung der Senatsurteile vom 6. Juli 1977 – VIII ZR 277/75, WM 1977, 1126, und vom 1. Oktober 2003 – VIII ZR 326/02, WuM 2003, 708).	BGH, 14.07.2010 – VIII ZR 45/09, IMR 2010, 416 = NZM 2010, 701 = MDR 2010, 1106

2893

4746 Groh, NZM 1999, 698.
4747 Groh, NZM 1999, 698.
4748 BGH, 21.09.2006 – V ZB 76/06, NZM 2006, 911.

	2. Der Vermieter, der eine Wohnung in Abwesenheit des Mieters ohne Vorliegen eines gerichtlichen Titels durch verbotene Eigenmacht in Besitz nimmt, hat sich aufgrund der ihn treffenden Obhutspflicht nicht nur zu entlasten, soweit ihm die Herausgabe nachweislich vorhandener Gegenstände unmöglich wird oder nachweislich eine Verschlechterung an herauszugebenden Gegenständen eintritt. Er muss aufgrund seiner Obhutspflicht die Interessen des an einer eigenen Interessenwahrnehmung verhinderten Mieters auch dadurch wahren, dass er bei der Inbesitznahme ein aussagekräftiges Verzeichnis der verwahrten Gegenstände aufstellt und deren Wert schätzen lässt. Kommt er dem nicht nach, hat er zu beweisen, in welchem Umfang Bestand und Wert der der Schadensberechnung zugrunde gelegten Gegenstände von den Angaben des Mieters abweichen, soweit dessen Angaben plausibel sind (Anschluss an BGHZ 3, 162). 3. Zu den Anforderungen an eine Schadensschätzung gemäß § 287 ZPO.	
Grenzen der Vollstreckungserinnerung – Herausgabevollstreckung und Vermieterpfandrecht §§ 766, 808, 883, 886 ZPO; §§ 562a, 562b BGB	1. Mit der Erinnerung nach § 766 ZPO kann der Schuldner nur Verstöße gegen das Vollstreckungsrecht geltend machen, durch die er selbst beschwert ist; daran fehlt es, wenn der Schuldner seine Beeinträchtigung ausschließlich aus der Verletzung eines Rechts eines Dritten ableitet. 2. Der Vermieter kann im Fall einer gegen den Mieter gerichteten Herausgabevollstreckung eines Dritten ein Vermieterpfandrecht an der Sache, die Gegenstand der Herausgabevollstreckung ist, nicht mit dem Rechtsbehelf der Erinnerung nach § 766 ZPO geltend machen.	BGH, 13.08.2009 – I ZB 91/08, NZM 2009, 877
Bereicherungsausgleich wegen Mieterinvestitionen bei vorzeitigem Mietende ggü. Ersteigerer §§ 550, 812 BGB; § 57a ZVG	1. Zur Person des Bereicherungsschuldners, wenn der Vermieter infolge vorzeitiger Beendigung des Mietverhältnisses früher als vorgesehen in den Genuss des durch Investitionen des Mieters erhöhten Ertragswerts gelangt. 2. Bei einem Vermieterwechsel im Wege der Zwangsversteigerung ist nicht derjenige Bereicherungsschuldner, der im Zeitpunkt der Vornahme der Investitionen Vermieter war, sondern der Ersteigerer, der die Mietsache vorzeitig zurückerhält (Fortführung von Senat, NZM 2006, 15 = NJW-RR 2006, 294). LS InfoM: Dem Mieter steht ein Bereicherungsanspruch für seine Investitionsleistung (hier: Baukostenzuschuss) zu, wenn sein langjähriger, befristeter Mietvertrag vorzeitig endet. Diesen Ausgleich schuldet auch der Ersteigerer, der dem Mieter das ersteigerte Objekt gekündigt hat (hier: wegen § 57a ZVG und wegen Schriftformverstoß).	BGH, 29.04.2009 – XII ZR 66/07, IMR 2009, 234 u. 383 = NZM 2009, 514 = InfoM 2009, 276 = MDR 2009, 920

V. Arbeits- und Beratungshilfen

		LS IMR: Bei vorzeitiger Beendigung eines Mietvertrags kann der Rechtsgrund für vom Mieter vorgenommene Investitionen wegfallen und ein Bereicherungsanspruch gegen den Vermieter bestehen. Nach einer Zwangsversteigerung haftet nicht der ursprüngliche Vermieter, sondern der Ersteher, wenn er die Mietsache vorzeitig zurückerhält und sie dadurch zu einem höheren Mietzins weitervermieten kann.	
	ZPO § 885 Abs. 1	Muss der Schuldner aufgrund eines Titels ein grundbuchmäßig hinreichend bestimmtes Grundstück herausgeben, erfolgt die Zwangsvollstreckung in der Weise, dass der Gerichtsvollzieher das Grundstück auf Antrag des Gläubigers räumt und den Gläubiger an Ort und Stelle in den Besitz einweist. Stellt der Gerichtsvollzieher – wenn es sich etwa um eine brachliegende Fläche handelt – fest, dass eine Räumung nicht erforderlich ist, kann er den Gläubiger durch Protokollerklärung in den Besitz einweisen, auch wenn er in Ermangelung von Grenzsteinen u.Ä. die genauen Grenzen des Grundstücks an Ort und Stelle nicht bestimmen kann.	BGH, 04.12.2008 – I ZB 120/05, GuT 2009, 39

2. Schnellüberblick aktuelle Rechtsprechung der Instanzgerichte

Thema/Normen	Leitsatz	Entscheidung, Fundstelle
Versteigerung und Zwangsverwaltung	1. Der Ersteher tritt als Erwerber an Stelle des Schuldners nur in die sich während der Dauer seines Eigentums aus dem Mietverhältnis ergebenden Rechte und Pflichten ein. Insoweit macht es keinen Unterschied, ob der Mietvertrag noch mit dem Schuldner oder erst während eines laufenden Zwangsverwaltungsverfahrens mit dem Zwangsverwalter abgeschlossen worden ist. 2. Ist die Miete für eine Lagerhallenfläche monatlich im Voraus, spätestens bis zum dritten Werktag auf das Konto des Zwangsverwalters zu zahlen, und erfolgt der Zuschlag erst nach Fälligkeit der Miete, geht der Mietzahlungsanspruch nicht auf den Ersteher über. 3. § 56 Satz 2 ZVG betrifft nur den Binnenausgleich zwischen dem Schuldner und dem Ersteher, verschafft diesem aber keinen eigenen Anspruch gegen den Mieter auf Zahlung einer bereits vor dem Zuschlag fällig gewordenen Mietforderung. 4. Den Mieter trifft die Darlegungs- und Beweislast für die fristgerechte Räumung und Rückgabe der Mietsache.	OLG Düsseldorf, 23.12.2010 – 10 U 60/10

2894

	5. Sind Schuldner und jeweils zu je ½ Anteil eingetragene Eigentümer zwei natürliche Personen und ist das Grundstück durch eine von den Schuldner gebildete BGB-Gesellschaft vermietet worden, tritt der Ersteher mangels Identität nicht gemäß §§ 57 ZVG, 566 BGB mit dem Zuschlag in den bestehenden Mietvertrag ein.	
Keine „Berliner Räumung" aus einem Zuschlagbeschluss § 885 ZPO; § 562b BGB	Aus einem Zuschlagbeschluss in der Zwangsversteigerung ist eine auf die Herausgabe der Wohnung beschränkte Räumungsvollstreckung ohne Wegschaffen der beweglichen Gegenstände nicht zulässig.	LG Bonn, 29.04.2010 – 6 T 107/10 (AG Siegburg), IMR 2010, 399 = NZM 2010, 920 = BeckRS 2010, 15134
„Erster zulässiger Termin" nach § 57a § 580a BGB; § 57a ZVG	1. An den Begriff des „ersten zulässigen Termins" nach § 57a ZVG sind keine überspannten Anforderungen zu stellen. Er ergibt sich nach den Umständen des Einzelfalles. 2. Gekündigt werden kann auch noch für einen später zulässigen Termin, wenn bei Beobachtung der erforderlichen Sorgfalt die Kündigung zum frühen Zeitpunkt nicht möglich war.	OLG Frankfurt am Main, 19.06.2009 – 2 U 303/08, IMR 2009, 344 = InfoM 2010, 18
Bestimmtheit der Verurteilung zur Gewerberaumherausgabe „von seinen persönlichen Sachen geräumt" §§ 253 Abs. 2 Nr. 2, 704 ZPO	Der Antrag des Verpächters, den Beklagten zur Herausgabe von im Einzelnen näher bezeichneten Gewerberäumen „von seinen persönlichen Sachen geräumt" zu verurteilen, ist ausreichend bestimmt für den Erlass eines entsprechenden Urteils und die Zwangsvollstreckung dieses Urteils. (LS der Redaktion) Es sind dann alle Sachen zu entfernen, die nicht zum gepachteten Inventar gehören.	OLG München, 05.12.2008 – 32 W 2694/08, NZM 2009, 705
Sicherheitsleistung bei vorläufiger Vollstreckung in Pachtsachen erforderlich! §§ 708 Nr. 7, 718 ZPO	1. Auf vorläufig vollstreckbare Urteile in Pachtsachen findet § 708 Nr. 7 ZPO keine Anwendung. 2. Die Zwangsvollstreckung aus vorläufig vollstreckbaren Urteilen in Pachtsachen ist nur gegen Sicherheitsleistung möglich.	OLG Düsseldorf, 24.06.2008 – 24 U 74/08, IMR 2008, 323
Einstweilige Einstellung der Vollstreckung wegen Existenzgefährdung? §§ 128, 129 Abs. 4 HGB; §§ 105 Abs. 2, 707 Abs. 1, 719 Abs. 1 ZPO	1. Droht die Zwangsvollstreckung aus einem ohne Sicherheitsleistung für vorläufig vollstreckbaren, mit der Berufung angegriffenen Räumungsurteil vor Ablauf der Berufungsbegründungsfrist, kann bei der Entscheidung über die Einstellung der Zwangsvollstreckung die Erfolgsaussicht der Berufung nicht entscheidend berücksichtigt werden, wenn noch keine abschließende Berufungsbegründung vorliegt. 2. Bei der Beurteilung der Fähigkeit einer OHG als Beklagter, die Zwangsvollstreckung durch Sicherheitsleistung abwenden zu können, kommt es nur auf die Vermögenslage der Gesellschaft an, nicht aber auf die der Gesellschafter.	KG, 30.04.2008 – 12 U 25/08

	3. Zum nicht zu ersetzenden Nachteil im Sinne des § 707 ZPO wegen Gefährdung der wirtschaftlichen Existenz im Falle der Räumung des Geschäftslokals (Hotel) als einziger Einnahmequelle der Beklagten.	

3. Formulierungsvorschläge

a) Formulierungsvorschlag zur notariellen Unterwerfungsklausel zur Räumungsvollstreckung

aa) bei feststehender Mietzeit

Formulierungsvorschlag: notarielle Unterwerfungsklausel zur Räumungsvollstreckung bei feststehender Mietzeit[4749] 2895

> Wir, die ..... vertreten durch ....., haben am ..... mit dem/der ..... einen Mietvertrag über das Gebäude (genaue Bezeichnung der Mietsache) geschlossen. Der Mietvertrag endet am 30.06.2010. Wegen unserer Verpflichtung zur Räumung und Besitzübergabe, den Mietgegenstand nach Ablauf dieser Zeit, spätestens also am 01.07.2010, an den/die ..... zurückzugeben, unterwerfen wir uns der sofortigen Zwangsvollstreckung aus dieser Urkunde.

bb) bei unbefristetem Mietvertrag

Formulierungsvorschlag: notarielle Unterwerfungsklausel zur Räumungsvollstreckung bei unbefristetem Mietvertrag[4750] 2896

> Der auf unbestimmte Zeit laufende Mietvertrag ist für den Vermieter jederzeit unter Einhaltung einer Kündigungsfrist von ..... Monaten zum Quartal kündbar. Wegen unserer Verpflichtung ..... (wie oben → *Rn. 2896*).

b) Formulierungsvorschlag zum Antrag auf Verwertung von Pfand- und Räumungsgut nach § 885 Abs. 4 ZPO

Hinweis: 2897

Wird vom Gerichtsvollzieher gepfändet, müssen die Sachen natürlich auch „versilbert" werden. Dazu kann folgender Antrag gestellt werden.

4749 Zitiert nach Groh, NZM 1999, 698.
4750 Zitiert nach Groh, NZM 19993, 698.

2898 Formulierungsvorschlag: Antrag auf Verwertung von Pfand- und Räumungsgut nach § 885 Abs. 4 ZPO

> An das
>
> Amtsgericht .....
>
> – Vollstreckungsgericht –
>
> In der Zwangsräumungssache ..... ./. .....
>
> beantrage ich namens und kraft versicherter Vollmacht des Gläubigers:
>
> Der Verkauf im Wege der Versteigerung derjenigen Sachen, die anlässlich der Zwangsräumung gegen den Schuldner am ..... in ..... eingelagert wurden, wird angeordnet. Der Versteigerungserlös ist vom Gerichtsvollzieher zu hinterlegen.
>
> **Begründung**:
>
> Der Schuldner ist mit Urteil des Amtsgerichts ..... vom ..... zur Räumung der Büroräume ..... verurteilt worden. Die Zwangsräumung wurde vom Gerichtsvollzieher am ..... vollzogen. Der gesamte Hausrat wurde dem Spediteur ..... in Verwahrung gegeben/in ..... eingelagert. Dadurch fallen tägliche/wöchentliche Einlagerungskosten von ..... € an. Bis heute sind zulasten meines Mandanten ..... € Lagerkosten angefallen.
>
> **Beweis**: .....
>
> Mit Schreiben vom ..... wurde der Schuldner aufgefordert, die eingelagerten Gegenstände bis spätestens ..... gegen Zahlung der Lagerkosten abzuholen.
>
> **Beweis**: Schreiben vom ....., Anlage
>
> Der Schuldner hat nicht reagiert. Ein weiteres Zuwarten ist dem Gläubiger nicht zuzumuten. Es ist fraglich, ob bei einer Versteigerung dieser Gegenstände so viel erlöst wird, dass die Lagerkosten und auch die Versteigerungskosten gedeckt werden.
>
> .....
>
> Rechtsanwalt

4. Checkliste: Räumungsvollstreckung

2899 Checkliste: Räumungsvollstreckung

> ☐ Antrag des Vermieters; falls Räumungsfrist gewährt wurde, muss Gerichtsvollzieher diese beachten. Er darf aber schon vorher beauftragt werden.
> ☐ Beifügung des Räumungstitels
> ☐ Titel
> ☐ Klausel
> ☐ Zustellung

- ☐ Zahlung des vom Gerichtsvollzieher angeforderten Vorschusses. Die Berechtigung zur Vorschussanforderung ergibt sich aus § 4 Abs. 1 GvKostG.

> **Praxistipp:**
> Zur Beschleunigung versuchen, den Vorschuss vorher telefonisch zu erfragen und diesen direkt beifügen/überweisen.

- ☐ Nach § 180 Nr. 2 Abs. 2 GVGA müssen zwischen dem Tag der Zustellung der Räumungsmitteilung durch den Gerichtsvollzieher und dem Tag des Vollstreckungstermins mindestens drei Wochen liegen.
- ☐ Gerichtsvollzieher hat einen Spediteur hinzuzuziehen, da die bewegliche Habe des Schuldners gem. § 885 Abs. 2 ZPO wegzuschaffen ist, falls sie dem Schuldner nicht übergeben werden kann. Die Zulassung von Arbeitskräften des Gläubigers liegt grds. im Ermessen des Gerichtsvollziehers. Er kann dies davon abhängig machen, dass sich der Gläubiger verpflichtet, etwaige Schäden am Räumungsgut zu ersetzen und den Gerichtsvollzieher insoweit von der Haftung freizustellen (AG Frankfurt am Main, NZM 2004, 359).
- ☐ Räumungstermin: Schuldner ist aus dem Besitz zu setzen, Gläubiger ist in den Besitz einzuweisen. Deshalb sollte – nicht: muss – zumindest ein Gläubigervertreter vor Ort sein.
- ☐ Der Schuldner muss bei der Räumung nicht anwesend sein. Zwangsweise Öffnung ist auch ohne gerichtliche Durchsuchungsanordnung möglich, § 758a Abs. 2 ZPO. Die Räume sind zu räumen, das Gut hat der Gerichtsvollzieher in Verwahrung zu nehmen, wenn es der Schuldner nicht entgegennimmt.
- ☐ Verwahrung von eingelagertem Räumungsgut: zwei Monate, § 885 Abs. 4 ZPO. Abfall/Müll darf sofort vernichtet werden. Auch wertlose Sachen sind zu verwahren. Gegen Zahlung der Lagerkosten kann der Schuldner seine Sachen abholen. Unpfändbare oder wertlose Sachen dürfen auch ohne Kostenzahlung herausgegeben werden.
- ☐ Nach Ablauf von zwei Monaten verkauft der Gerichtsvollzieher die Sachen. Hinterlegung des Erlöses bei der Gerichtskasse, § 885 Abs. 5 ZPO. Wertlose Sachen werden vernichtet.
- ☐ Letzter Akt: Abrechnung der entstandenen Kosten mit dem Gläubiger. Dies sind notwendige Kosten der Zwangsvollstreckung i.S.v. § 788 ZPO, die auch ohne neuen Titel vollstreckt werden können.

5. Tabelle zu wichtigen Fristen[4751]

2900

Gerichtliche Maßnahme	Was ist zu tun?	Dauer der Frist und Beginn (Notfrist ist kursiv)	Vorschrift
Einstweilige Einstellung der Zwangsvollstreckung gem. § 769 ZPO	grds. nicht anfechtbar; ausnahmsweise: Anhörungsrüge	*zwei Wochen* ab Zustellung	§ 707 Abs. 2 Satz 2 ZPO analog, § 321a Abs. 2 Satz 2 ZPO
Vollstreckungsmaßnahmen des Gerichtsvollziehers	Erinnerung	grds. unbefristet; jedoch unzulässig nach Beendigung der Vollstreckungsmaßnahme	§ 766 Abs. 1 ZPO
Entscheidung des Richters über die Erinnerung nach § 766 ZPO	Sofortige Beschwerde	*zwei Wochen* ab Zustellung (Fristbeginn spätestens fünf Monate ab Verkündung)	§§ 793, 569 Abs. 1 Satz 1 und Satz 2 ZPO
Rechtspfleger lehnt eine beantragte Vollstreckungsmaßnahme ab	Sofortige Beschwerde	*zwei Wochen* ab Zustellung (Fristbeginn spätestens fünf Monate ab Verkündung)	§ 11 RPflG i.V.m. §§ 793, 569 Abs. 1 Satz 1 und Satz 2 ZPO
Räumungsvollstreckung wird dem Schuldner angekündigt	Räumungsschutzantrag	spätestens *zwei Wochen* vor dem Räumungstermin	§ 765a Abs. 3 ZPO
Entscheidung über Räumungsschutzantrag	Sofortige Beschwerde	*zwei Wochen* ab Zustellung (Fristbeginn spätestens fünf Monate ab Verkündung)	§§ 793, 569 Abs. 1 Satz 1 und Satz 2 ZPO
Im Wege der Räumungsvollstreckung werden bewegliche Sachen des Schuldners eingelagert	Herausgabeverlangen des Schuldners	binnen *zwei Monaten* ab Einlagerung	§ 885 Abs. 4 ZPO

[4751] Die Darstellung ist angelehnt an die hervorragenden Übersichtstabellen in: Vorwerk, Das Prozessformularbuch.

§ 32 Zwangsverwaltung

		Rn.
I.	Überblick	2901
II.	Aufgaben und Befugnisse des Zwangsverwalters	2903
III.	Zahlungen des Mieters	2909
IV.	Sonderproblem: Abrechnung der Nebenkosten	2911
V.	Sonderproblem: Anlage, Abrechnung und Herausgabe der Kaution	2914
VI.	Verteilung der Erträge	2917
VII.	Aufhebung der Zwangsverwaltung	2918
VIII.	Verwaltervergütung	2919
IX.	Arbeits- und Beratungshilfen	2928
	1. Schnellüberblick Grundsatz-Rechtsprechung des BGH	2928
	2. Schnellüberblick aktuelle Rechtsprechung der Instanzgerichte	2929

I. Überblick

In schlechten wirtschaftlichen Zeiten steigt die Anzahl der Zwangsverwaltungen. Durch das Zwangsverwaltungsverfahren werden die Vollstreckungsgläubiger aus den Erträgen des Grundstücks befriedigt. Zur Befriedigung der Vollstreckungsgläubiger sollen die „wirtschaftlichen Früchte" aus dem Grundstück gezogen werden, ohne es in seiner Gesamtheit zu veräußern, also hauptsächlich durch Einzug von Miete und Nebenkosten. **Gesetzliche Grundlagen** sind das ZVG und die Zwangsverwalterverordnung (ZwVwV).[4752] Auf die Anordnung der Zwangsverwaltung finden die Vorschriften über die Anordnung der Zwangsversteigerung entsprechende Anwendung, soweit sich nicht aus den §§ 147 bis 151 ZVG ein anderes ergibt (§ 146 ZVG).

2901

Die gerichtliche Anordnung der Zwangsverwaltung, bei der es sich um eine **Vollstreckungsmaßnahme** handelt, bewirkt, dass dem Schuldner die Befugnis, die Immobilie zu nutzen, entzogen und auf den Zwangsverwalter übertragen wird. Der die Zwangsverwaltung anordnende Beschluss kann auch wirksam dem geschäftsführenden Gesellschafter einer GbR zugestellt werden.[4753]

2902

Die Anordnung der Zwangsverwaltung mit Ermächtigung des Gläubigers zur Besitzergreifung stellt einen Vollstreckungstitel dar, aufgrund dessen die **Wegnahmevollstreckung** nach § ZPO § 883 ZPO möglich ist.[4754] Der Zwangsverwalter und der Gläubiger können deshalb bspw. Herausgabe und Wegnahme eines Mietvertrags über das beschlagnahmte Grundstück im Wege der Zwangsvollstreckung sowie für den Fall, dass der Mietvertrag nicht ausfindig zu machen ist, die Abnahme der eidesstattlichen Versicherung über den wesentlichen Inhalt des Vertrags verlangen.

II. Aufgaben und Befugnisse des Zwangsverwalters

Zwangsverwalter kann nach § 1 Abs. 2 ZwVwV jede geschäftskundige Person werden, deren Qualifikation die ordnungsgemäße Durchführung der Zwangsverwaltung gewährleistet. Der Verwalter hat das Recht und die Pflicht, alle Handlungen vorzunehmen, die erforderlich sind, um das Grundstück in seinem **wirtschaftlichen Bestand** zu erhalten und ordnungsmäßig zu benutzen. Er hat die Ansprüche, auf welche sich die Beschlagnahme erstreckt, geltend zu ma-

2903

4752 BGBl. I, S. 507, 64.
4753 BGH, 07.12.2005 – V ZB 166/05, GuT 2007, 37.
4754 AG Berlin-Neukölln, 22.10.2009 – 31 M 8081/09, ZMR 2010, 201 = NZM 2010, 560.

chen und die für die Verwaltung entbehrlichen Nutzungen in Geld umzusetzen. Seine laufende Tätigkeit muss er jährlich in einem Bericht darlegen. Ferner hat er nach der Beendigung des Verfahrens Rechnung zu legen.

2904 An Miet- und Pachtverhältnisse, in denen der Mieter **vor der Beschlagnahme Besitz** an den Räumen erlangt hat, ist er gebunden, § 152 Abs. 2 ZVG. Erforderlich ist nicht nur der Mietvertragsabschluss, sondern zusätzlich Besitzverschaffung.[4755] Der Zwangsverwalter muss die mietvertraglichen Pflichten erfüllen und das Objekt erhalten, also notwendige Reparaturen und Instandsetzungsmaßnahmen durchführen. Er kann von den Mietern die Herausgabe der Mietverträge fordern, um sich Kopien zu fertigen.[4756] Mietverträge, die im Zeitpunkt der Beschlagnahme beendet sind, sind für den Zwangsverwalter nicht bindend.[4757]

> **Hinweis:**
> Die USt für Lieferungen und sonstige Leistungen durch den Zwangsverwalter zählt ebenso wie die USt aus der Vermietung und Verpachtung des beschlagnahmten Grundstücks zu den Ausgaben der Verwaltung.[4758]

2905 Da der Zwangsverwalter **an die Stelle des Vermieters tritt**, hat er dessen Rechte und Pflichten, kann also z.B. eine fällige Kaution einziehen oder schuldet Mängelbeseitigung. Er ist auch Empfänger von Kündigungen des Mieters und muss Kündigungen im eigenen Namen aussprechen. Allein dem Zwangsverwalter steht gem. § 152 ZVG das Recht zu, das **beschlagnahmte Grundstück zu verwalten** und die Ansprüche, auf die sich die Beschlagnahme erstreckt, geltend zu machen.

2906 Nach §§ 148, 21 Abs. 2 ZVG umfasst die Beschlagnahme auch die sich aus der Vermietung ergebenden Mietforderungen. Daher hat grds. der Zwangsverwalter das **alleinige Prozessführungsrecht** hinsichtlich aller der Zwangsverwaltung unterliegenden Rechte, Verpflichtungen und Ansprüche.[4759] Hat noch der bisherige Berechtigte geklagt und wird während des laufenden Prozesses die Zwangsverwaltung angeordnet, gilt Folgendes: Nicht anders als die rechtsgeschäftliche Übertragung einer Forderung oder ihre Pfändung und Überweisung nach §§ 829, 835 ZPO hat die Anordnung der Zwangsverwaltung während eines bereits laufenden Prozesses gem. § 265 Abs. 2 Satz 1 ZPO auf diesen und mithin auf die Prozessführungsbefugnis des (bisherigen) Klägers keinen Einfluss.[4760] Das Einziehungsrecht des Zwangsverwalters für Mieten stellt sich nicht anders dar als die aus § 836 ZPO folgende Einziehungsbefugnis eines Vollstreckungsgläubigers nach Pfändung und Überweisung.[4761]

Wird ein Zwangsverwaltungsverfahren nicht wegen Antragsrücknahme (§§ 161, 29 ZVG) oder der vollständigen Befriedigung des Gläubigers (§ 161 Abs. 2 ZVG) aufgehoben, sondern weil

---

4755 LG Berlin, GE 1993, 919.
4756 AG Stolzenau, 03.02.1998 – 3 C 619/97, WuM 1998, 212.
4757 BGH, 13.04.1961 – III ZR 223/59, BGHZ 35, 32, 38 = MDR 1961, 582.
4758 BMF, 08.06.1992 – IV A 3 – S 7340 – 63/92, BStBl. I 1992, S. 397.
4759 OLG Düsseldorf, 07.03.2006 – 24 U 112/05, GuT 2006, 136.
4760 OLG Düsseldorf, 07.03.2006 – 24 U 112/05, GuT 2006, 136 unter Verweis auf BGH, NJW 1986, 306.
4761 OLG Düsseldorf, 07.03.2006 – 24 U 112/05, GuT 2006, 136.

das Grundstück in der Zwangsversteigerung zugeschlagen wurde, ist der Zwangsverwalter auch ohne entsprechende Ermächtigung im Aufhebungsbeschluss befugt, wegen Nutzungen aus der Zeit vor der Zuschlagserteilung **Klage zu erheben**, sofern der die Zwangsverwaltung betreibende Gläubiger im Zeitpunkt des Wirksamwerdens des Zuschlagsbeschlusses noch nicht vollständig befriedigt ist.[4762]

Die **Führung eines Räumungsrechtsstreits** durch einen Zwangsverwalter wegen Mietrückstands eines Mieters des zwangsverwalteten Grundstücks ist pflichtwidrig, wenn das wirtschaftliche Interesse des die Zwangsverwaltung betreibenden Gläubigers nicht angemessen berücksichtigt ist.[4763] Ggf. hat der Zwangsverwalter vor Einleitung des Rechtsstreits dem Zwangsvollstreckungsgericht mitzuteilen, dass die Prozesskosten mit den vorhandenen Mitteln oder mit sicheren Einnahmen aus dem Mietverhältnis voraussichtlich nicht gedeckt werden können.[4764]

2907

Für den **Abschluss neuer Miet- oder Pachtverträge** gilt nach § 6 ZwVwV:

2908

Miet- oder Pachtverträge sowie Änderungen solcher Verträge sind vom Verwalter schriftlich abzuschließen. Der Verwalter hat zudem in den Verträgen zu vereinbaren,

- dass der Mieter oder Pächter nicht berechtigt sein soll, Ansprüche aus dem Vertrag zu erheben, wenn das Zwangsverwaltungsobjekt vor der Überlassung an den Mieter oder Pächter im Wege der Zwangsversteigerung veräußert wird;
- dass die gesetzliche Haftung des Vermieters oder Verpächters für den vom Ersteher zu ersetzenden Schaden ausgeschlossen sein soll, wenn das Grundstück nach der Überlassung an den Mieter oder Pächter im Wege der Zwangsversteigerung veräußert wird und der an die Stelle des Vermieters oder Verpächters tretende Ersteher die sich aus dem Miet- oder Pachtverhältnis ergebenden Verpflichtungen nicht erfüllt;
- dass der Vermieter oder Verpächter auch von einem sich im Fall einer Kündigung (§ 57a Satz 1 ZVG, § 111 InsO) möglicherweise ergebenden Schadensersatzanspruch freigestellt sein soll.

III.   Zahlungen des Mieters

Der Zwangsverwalter zieht alle Erträge ein, um sie dann – nach Abzug der Kosten – an die Gläubiger zu verteilen; beschlagnahmt sind auch **rückständige Forderungen** bis zur Grenze von einem Jahr ab Beschlagnahme, vgl. § 148 Abs. 1 ZVG, § 1123 BGB. Dies gilt ab dem **Zeitpunkt der Beschlagnahme**, die erfolgt, wenn entweder der Antrag auf Eintragung des Zwangsverwaltungsvermerks beim Grundbuchamt eingeht, der Zwangsverwaltungsbeschluss an den Schuldner zugestellt wird oder mit der Inbesitznahme des Objekts durch den Verwalter, § 22 ZVG; entscheidend ist, was zuerst geschieht.

2909

Der Mieter hat an den Zwangsverwalter zu zahlen, allerdings erst ab dem Zeitpunkt, ab dem ihm die Beschlagnahme **bekannt** oder ihm ein **Zahlungsverbot** nach § 22 ZVG zugestellt

---

4762   BGH, 11.08.2010 – XII ZR 181/08, NZM 2010, 676 = NJW 2010, 3033 = MDR 2010, 1149.
4763   AG Bremen, 07.03.2006 – 10 C 536/05, NZM 2006, 759.
4764   AG Bremen, 07.03.2006 – 10 C 536/05, NZM 2006, 759.

worden ist. Ab diesem Zeitpunkt ist keine schuldbefreiende Zahlung mehr an den Schuldner möglich. Bei im Voraus fälliger Miete, also im Regelfall, steht dem Verwalter die laufende Monatsmiete noch nicht zu, wenn die Beschlagnahme spätestens am 15. des Monats erfolgt. Die Miete ist an den Verwalter zu zahlen, bis dem Mieter mitgeteilt wird, dass die Zwangsverwaltung aufgehoben wurde.

2910 In der Praxis erheben Mietschuldner immer öfter ggü. der vom Zwangsverwalter geltend gemachten Mietzahlung Einwendungen wegen angeblicher Mietvorauszahlungen oder bspw. wegen (angeblich) geleisteter Baukostenzuschüsse. Nach herrschender Meinung kann der Zwangsverwalter nur dann keine Mietforderungen mehr geltend machen, wenn eine vereinbarte und tatsächlich vor dem Zeitpunkt der Beschlagnahme geleistete einmalige Zahlung gegeben ist.[4765]

Verpflichtet sich der Mieter in einem Mietaufhebungsvertrag zu **Ausgleichszahlungen**, falls der Vermieter bei einer Weitervermietung des Mietobjekts nur eine geringere als die vom Mieter geschuldete Miete erzielen kann, wird dieser Anspruch bei einer späteren Zwangsverwaltung des Grundstücks nicht von der Beschlagnahme erfasst.[4766] Tritt der Vermieter diese Forderung vor der Anordnung der Zwangsverwaltung über das Mietgrundstück an einen anderen ab, stellt dies keine Vorausverfügung über eine Mietforderung i.S.v. § 1124 Abs. 2 BGB dar.[4767]

IV. Sonderproblem: Abrechnung der Nebenkosten

2911 Der Zwangsverwalter hat die Nebenkosten auch für den Zeitraum **vor seiner Bestellung** abzurechnen, wenn die Abrechnung **fällig** ist.[4768] D.h.: Bei einem laufenden Mietverhältnis muss der Zwangsverwalter auch über diejenigen Zeiträume eine Abrechnung vorlegen, die vor der Anordnung der Zwangsverwaltung liegen.[4769] Guthaben sind danach auch dann auszuzahlen, wenn dem Verwalter Vorauszahlungen (noch) nicht zugeflossen waren. Reagiert der Zwangsverwalter nicht, steht dem Mieter ein **Zurückbehaltungsrecht** zu; die Aufrechnung ist ihm allerdings untersagt, §§ 392, 1125 BGB. Im Ergebnis kann diese Rechtsprechung zur Folge haben, dass die Zwangsverwaltung für den Mieter ein Segen ist, weil er nun plötzlich Zahlungsansprüche – anders als bei seinem überschuldeten Vermieter – doch noch durchsetzen kann. Kann die Zahlung nicht aus laufenden Erträgen erbracht werden, hat der Verwalter Vorschüsse von den Gläubigern anzufordern, § 161 Abs. 3 ZVG. Diese bezahlen also letztlich Altforderungen des Mieters, ansonsten ist die Zwangsverwaltung einzustellen.

Wird das Zwangsverwaltungsverfahren aufgehoben, ist der Schuldner, also der Vermieter, wieder zur Erstellung der Betriebskostenabrechnung verpflichtet.[4770]

4765 BGH, NZM 1998, 105 = NJW 1998, 595; BGH, NZM 2007, 562 = NJW 2007, 2919.
4766 BGH, 08.12.2010 – XII ZR 86/09.
4767 BGH, 08.12.2010 – XII ZR 86/09.
4768 BGH, 26.03.2003 – VIII ZR 333/02, NZM 2003, 473 = MDR 2003, 893.
4769 BGH, 03.05.2006 – VIII ZR 168/05, InfoM 2006, 208 = WuM 2006, 402 = GuT 2006, 267 (LS) = MDR 2006, 1371.
4770 AG Berlin-Charlottenburg, 06.02.2009 – 232 C 292/08, BeckRS 2009, 09144.

Der Mieter ist nicht gehindert, gegen die nach Anordnung der Zwangsverwaltung über das Mietgrundstück fälligen Mietforderungen mit seinem Anspruch auf Auskehrung eines Betriebskostenguthabens aus der vor Beschlagnahme beendeten Abrechnungsperiode aufzurechnen, wenn die Abrechnung nach der Beschlagnahme fällig wurde.[4771] Prozessual kann sich der Zwangsverwalter zu der vom Vermieter erstellten Betriebskostenabrechnung, auf die der Mieter seine Rückforderung stützt, nicht mit Nichtwissen erklären.[4772]

2912

Bei **Versteigerung der Immobilie** ist der Zwangsverwalter bei einer über den Zuschlag hinaus fortgesetzten Verwaltung verpflichtet, die von dem Mieter des Grundstücks für die Zeit vor dem Zuschlag vereinnahmten, aber nicht verbrauchten Nebenkostenvorauszahlungen an den Ersteher auszukehren, soweit diesem die Abrechnung der Nebenkostenvorauszahlungen obliegt.[4773]

2913

V. Sonderproblem: Anlage, Abrechnung und Herausgabe der Kaution

Der Zwangsverwalter hat die Kaution **auch dann** abzurechnen und auszuzahlen, wenn der Vermieter die vom Mieter an ihn geleistete Kaution nicht an den Zwangsverwalter abgeführt hat.[4774] Er ist zur Auszahlung aber nicht verpflichtet, wenn das Mietverhältnis bereits beendet und die Wohnung geräumt ist, bevor die Anordnung der Beschlagnahme wirksam wird.[4775] Diese Entscheidungen sind zur Wohnraummiete ergangen, es spricht nach der Begründung des BGH, der bei Zwangsverwaltung eine Vergleichbarkeit mit einem Vermieterwechsel nicht annimmt und von einem treuhandähnlichen Verhältnis zwischen Vermieter und Mieter ausgeht, nichts dagegen, dies auf die Geschäftsraummiete zu übertragen. Da den Verwalter bereits beendete Mietverhältnisse nicht binden,[4776] kann ein Mieter in diesem Fall auch **keine Rückzahlung** der Kaution von diesem verlangen.

2914

> **Praxistipp:**
>
> Für Mieter ist es aufgrund der vorgenannten Rechtsprechung wichtig, schon vor Ende des Mietverhältnisses tätig zu werden. Der Mieter hat auch im noch laufenden Mietverhältnis einen Anspruch auf **Nachweis der ordnungsgemäßen Anlage seiner Kaution** und kann diesen ggf. durch Zurückbehaltung der Miete durchsetzen. Dies ist auch ggü. dem Zwangsverwalter möglich, der die Kaution selbst nicht erhalten hat.[4777] Der Mieter hat damit eine relativ unproblematische Möglichkeit, seine möglicherweise vom ursprünglichen Vermieter veruntreute Kaution bereits im Laufe des Mietverhältnisses zu sichern.

Sofern sich aus dem Gewerbe- oder Pachtvertrag eine entsprechende Anlageverpflichtung ergibt, ist dies ohne Weiteres auch auf diesen Bereich zu übertragen. Die Auffassung des BGH

4771 OLG Rostock, 20.01.2006 – 3 U 154/05, IMR 2006, 100 = NZM 2006, 520.
4772 OLG Rostock, 20.01.2006 – 3 U 154/05, IMR 2006, 100 = NZM 2006, 520.
4773 BGH, 11.10.2007 – IX ZR 156/06, IMR 2008, 32 = NZM 2008, 100 = NJW-RR 2008, 323.
4774 BGH, 16.07.2003 – VIII ZR 11/02, WuM 2003, 630 = MDR 2003, 1409; OLG Hamburg, 14.11.2001 – 4 U 100/01, GuT 2002, 23 im Anschluss an OLG Hamburg, WuM 1990, 10.
4775 BGH, 03.05.2006 – VIII ZR 210/05, IMR 2006, 32 = NZM 2006, 680 = WuM 2006, 403 = InfoM 2006, 317 = MDR 2006, 1428.
4776 BGH, 13.04.1961 – III ZR 223/59, BGHZ 35, 32, 38 = MDR 1961, 582.
4777 BGH, 23.09.2009 – VIII ZR 336/08, IMR 2009, 442; BGH, 11.03.2009 – VIII ZR 184/08, IMR 2009, 154; LG Lüneburg, 03.12.2008 – 6 S 122/08 (jeweils Wohnraum).

zur Anlageverpflichtung kann jedoch nicht mehr gelten, wenn zum Zeitpunkt der Fälligkeit des Kautionsrückzahlungsanspruchs das Zwangsverwaltungsverfahren bereits beendet war, etwa bei einer Ersteigerung des Objekts durch den Mieter.[4778]

2915 Der Zwangsverwalter ist nicht zur **Herausgabe einer Kaution**, die er selbst nicht erhalten hat, verpflichtet, wenn das Mietverhältnis dadurch endet, dass der Mieter die Wohnung durch Zuschlag in der Zwangsversteigerung erwirbt.[4779] Die Klage des Mieters ist dann schon wegen fehlender Passivlegitimation des Zwangsverwalters unzulässig und ein Schadensersatzanspruch gegen den Zwangsverwalter persönlich kommt nicht in Betracht, da im Zeitraum der Zwangsverwaltung noch kein Kautionsrückzahlungsanspruch bestand.[4780]

2916 Der Zwangsverwalter darf von dem Schuldner (Grundstückseigentümer/Vermieter) die Überlassung einer vor der Beschlagnahme von einem Mieter des Objekts geleisteten Mietkaution verlangen.[4781] Der Beschluss über die Anordnung der Zwangsverwaltung stellt zusammen mit der Ermächtigung des Zwangsverwalters zur Besitzergreifung einen Vollstreckungstitel dar, aufgrund dessen wegen dieses Anspruches nach § 883 ZPO vollstreckt werden kann.[4782]

VI. Verteilung der Erträge

2917 Die zu verteilenden Überschüsse aus der Zwangsverwaltung orientieren sich gem. § 155 Abs. 2 ZVG wie bei der Zwangsversteigerung nach der Rangordnung aus § 10 ZVG. Vorab zu begleichen sind nach §§ 155 Abs. 1 und 156 Abs. 1 ZVG die Ausgaben der Verwaltung des Grundstücks sowie die Gerichtskosten und die laufenden Beträge der öffentlichen Lasten. Ansprüche darf der Verwalter erst nach Aufstellung des Teilungsplans und Anordnung der Zahlung aufgrund dieses Plans befriedigen, §§ 156 Abs. 2 und 157 ZVG.

VII. Aufhebung der Zwangsverwaltung

2918 Das Gericht hebt das Zwangsverwaltungsverfahren durch Beschluss (§ 161 Abs. 1 ZVG) auf, wenn eine der folgenden Voraussetzungen vorliegt:
- Befriedigung der Gläubiger (§ 161 Abs. 2 ZVG),
- Zuschlag des Grundstücks in einem gleichzeitig angeordneten Zwangsversteigerungsverfahren,
- dauerhaft dem Verfahren entgegenstehende Rechten nach § 28 ZVG (§§ 161 Abs. 4, 28 ZVG),
- Rücknahme des Antrags (§§ 161 Abs. 4, 29 ZVG),
- eine Fortsetzung des Verfahrens erfordert besondere Aufwendungen und der Gläubiger schießt den nötigen Geldbetrag nicht vor (§ 161 Abs. 3 ZVG).

4778 LG Bonn, 04.06.2009 – 6 S 51/09, NZM 2009, 817 = NJW-RR 2010, 88.
4779 BGH, 09.06.2010 – VIII ZR 189/09, IMR 2010, 372 = NZM 2010, 698.
4780 BGH, 09.06.2010 – VIII ZR 189/09, IMR 2010, 372 = NZM 2010, 698.
4781 BGH, 14.04.2005 – V ZB 6/05, InfoM 2005, 162.
4782 BGH, 14.04.2005 – V ZB 6/05, InfoM 2005, 162.

VIII. Verwaltervergütung

Die Verwalter(regel)vergütung berechnet sich gem. § 18 ZwVwV wie folgt: 2919

Bei der Zwangsverwaltung von Grundstücken, die durch Vermieten oder Verpachten genutzt werden, erhält der Verwalter als Vergütung i.d.R. 10 % des für den Zeitraum der Verwaltung **an Mieten oder Pachten eingezogenen Bruttobetrages**.[4783] Für vertraglich geschuldete, nicht eingezogene Mieten oder Pachten erhält er 20 % der Vergütung, die er erhalten hätte, wenn diese Mieten eingezogen worden wären. Soweit Mietrückstände eingezogen werden, für die der Verwalter bereits eine Vergütung erhalten hat, ist diese anzurechnen.

Zieht der Zwangsverwalter nach Erteilung des Zuschlages oder nach der Aufhebung der Zwangsverwaltung im Rahmen einer Ermächtigung gem. § 12 Abs. 2 ZwVwV noch nicht vereinnahmte Mieten oder Pacht aus der Zeit vor dem Zuschlag ein, sind diese Einnahmen der Vergütung zugrunde zu legen. Einnahmen in der „Schwebezeit", also von der Erteilung des Zuschlages bis zur Kenntnis des Zwangsverwalters von der Aufhebung der Zwangsverwaltung, können ebenfalls der Vergütung zugrunde gelegt werden.[4784] 2920

Ergibt sich im Einzelfall ein **Missverhältnis** zwischen der Tätigkeit des Verwalters und der Regelvergütung, so kann gem. § 18 Abs. 2 ZwVwV der Basisprozentsatz bis auf 5 % vermindert oder bis auf 15 % angehoben werden. Ein Missverhältnis liegt vor, wenn individuelle, tätigkeitsbezogene Besonderheiten der Geschäftsführung im Einzelfall diese als entweder besonders schwierig oder aufwendig bzw. als ungewöhnlich leicht oder geringfügig erscheinen lassen.[4785] Die Regelvergütung nach § 18 Abs. 1, Abs. 2 ZwVwV ist **offensichtlich unangemessen** i.S.v. § 19 Abs. 2 ZwVwV, wenn sie trotz Ausschöpfung des Höchstrahmens (§ 18 Abs. 2 ZwVwV) um mehr als 25 % hinter der Vergütung nach Zeitaufwand zurückbleibt.[4786] Hat der Zwangsverwalter seine Tätigkeit so konkret dargelegt, dass der nach § 19 ZwVwV vergütungsfähige Zeitaufwand in der Gesamtschau bei überschlägiger Abschätzung plausibel erscheint, kann die abgerechnete Stundenzahl festgesetzt werden; zur näheren Darlegung ist der Verwalter nur verpflichtet, wenn sein Antrag eine Plausibilitätskontrolle schon nicht ermöglicht oder aber dieser Kontrolle aufgrund von besonderen Umständen – etwa aufgrund eines die Plausibilität erschütternden Einwandes eines Beteiligten – nicht standhält.[4787] 2921

Für die **Fertigstellung von Bauvorhaben** erhält der Verwalter gem. § 18 Abs. 3 ZwVwV 6 % der von ihm verwalteten Bausumme. Planungs-, Ausführungs- und Abnahmekosten sind Bestandteil der Bausumme und finden keine Anrechnung auf die Vergütung des Verwalters. 2922

4783 Zur Vergütung für Abschlussarbeiten nach Aufhebung der Verwaltung vgl. BGH, 10.01.2008 – V ZB 31/07, NZM 2008, 223 = MDR 2008, 470.
4784 AG Dresden, 11.01.2006 – 514 L 827/01.
4785 BGH, 12.09.2002 – IX ZB 39/02, NZM 2002, 1042.
4786 BGH, 11.10.2007 – V ZB 1/07, IMR 2008, 34 = NZM 2008, 100.
4787 BGH, 11.10.2007 – V ZB 1/07, IMR 2008, 34 = NZM 2008, 100.

2923 Die **Mindestvergütung** beträgt nach § 20 Abs. 1 ZwVwV 600,00 €. Sie fällt für die gesamte Tätigkeit des Verwalters während des Zwangsverwaltungsverfahrens nur einmal an und ist nur anzusetzen, wenn sie höher ist als die Regel- und Stundensatzgebühr.[4788]

2924 Wenn dem Verwalter eine Vergütung nach § 18 ZwVwV nicht zusteht, bemisst sich gem. § 19 ZwVwV die Vergütung nach Zeitaufwand (35,00 € – 95,00 € pro Stunde für Verwalter und Mitarbeiter). Der Stundensatz ist für den jeweiligen Abrechnungszeitraum einheitlich zu bemessen. Der Zwangsverwalter kann nicht für denselben Abrechnungszeitraum eine Vergütung nach dem Regelsatz und nach Zeitaufwand verlangen, wenn nur für einen Anteil des Zeitrahmens Mieteinnahmen erzielt werden können.[4789] Der Zwangsverwalter muss deshalb frühzeitig wählen, für welche Art er sich entscheidet (keine kumulative Abrechnung). Die Kosten des von dem Zwangsverwalter beauftragten RA sind keine Ausgaben der Masse, sondern als Auslagen zu klassifizieren (§ 17 Abs. 3 ZwVwV), sodass sie nach § 21 Abs. 2 ZwVwV festgesetzt werden müssen.[4790]

> **Praxistipp:**
> Ist der Verwalter als RA zugelassen, so kann er nach § 17 Abs. 3 ZwVwV für Tätigkeiten, die ein nicht als RA zugelassener Verwalter einem RA übertragen hätte, die gesetzliche Vergütung eines RA abrechnen. Ist der Verwalter Steuerberater oder besitzt er eine andere besondere Qualifikation, gilt dies entsprechend.

2925 Die Vergütung und die dem Verwalter zu erstattenden Auslagen (§ 21 ZwVwV) werden nach § 22 ZwVwV im Anschluss an die Rechnungslegung nach § 14 Abs. 2 ZwVwV oder die Schlussrechnung nach § 14 Abs. 3 ZwVwV für den entsprechenden Zeitraum auf seinen Antrag vom Gericht festgesetzt. Vor der Festsetzung kann der Verwalter mit Einwilligung des Gerichts aus den Einnahmen einen Vorschuss auf die Vergütung und die Auslagen entnehmen.

2926 Ein in der Praxis immer wieder relevantes Problem stellt die **Verwaltung mehrerer Objekte** bzw. von Objekten dar, die **Wirtschaftseinheiten** bilden. Grds. gilt: Die Vergütung ist für jedes Objekt festzusetzen, mit dessen Verwaltung der Verwalter betraut ist.[4791] Eine Ausnahme von dem **Grundsatz der Festsetzung objektbezogener Verwalterkosten** ist nur zu machen, wenn mehrere Grundstücke oder grundstücksgleiche Rechte wie ein einziges Wirtschaftsgut vermietet oder verpachtet sind oder werden, ohne dass auf die Einzelobjekte bezogene Verträge abgeschlossen oder getrennte Miet- oder Pachtzinsanteile ausgewiesen werden.[4792] Dann führt die wirtschaftliche Zusammenfassung dazu, von einem einheitlichen Zwangsverwaltungsobjekt auszugehen, dessen Gesamtertrag für die Bemessung der Verwaltervergütung maßgeblich ist.[4793] Daran fehlt es, solange eine derartige Vermietung oder Verpachtung nicht eingeleitet ist

---

[4788] BGH, 16.04.2006 – V ZB 2/06, InfoM 2006, 207 und BGH, 01.06.2006 – V ZB 29/06, IMR 2006, 170.
[4789] BGH, NJW-RR 2009, 1168 = NZM 2009, 597; BGH, 04.06.2009 – V ZB 3/09, BeckRS 2009, 18670; BGH, 04.06.2009 – V ZB 4/09, BeckRS 2009, 18671; BGH, 04.06.2009 – V ZB 5/09, BeckRS 2009, 18672.
[4790] BGH, BGH, NZM 2008, 677 = NJW 2009, 3104.
[4791] BGH, 25.01.2007 – V ZB 150/06, NZM 2007, 261 = WuM 2007, 157 = ZInsO 2007, 379.
[4792] BGH, 25.01.2007 – V ZB 150/06, NZM 2007, 261 = WuM 2007, 157 = ZInsO 2007, 379.
[4793] BGH, 24.11.2005 – V ZB 133/05, NZM 2006, 234 = ZInsO 2006, 85.

oder erfolgt.[4794] Die **Mindestvergütung** ist bei der Zwangsverwaltung mehrerer Grundstücke oder grundstücksgleicher Rechte, die keine wirtschaftliche Einheit bilden, auch dann für jedes Grundstück oder Recht gesondert anzusetzen, wenn Mieteinnahmen erzielt wurden.[4795] Ob die Zwangsverwaltung in einem einheitlichen Verfahren oder für jedes Objekt einzeln angeordnet wird, ist für den gesonderten Ansatz der Mindestvergütung für jedes Zwangsvollstreckungsobjekt ohne Belang.[4796] Die Vergütung für die Verwaltung mehrerer nicht vermieteter Eigentumswohnungen ist nicht deshalb unterhalb des Mittelsatzes gem. § 19 Abs. 1 ZwVwV festzusetzen, weil die Wohnungen im selben Gebäude gelegen sind.[4797]

Der Zwangsverwalter kann, falls die verwaltete Masse zur Deckung seines Vergütungsanspruches und Auslagenersatzes nicht ausreicht, den betreibenden Gläubiger unabhängig davon in Anspruch nehmen, ob er zuvor entsprechende Vorschüsse verlangt hat.[4798] 2927

IX. Arbeits- und Beratungshilfen

1. Schnellüberblick Grundsatz-Rechtsprechung des BGH

2928

Thema/Normen	Leitsatz	Entscheidung, Fundstelle
Ausgleichszahlungen des Mieters §§ 21 Abs. 2, 146, 148 Abs. 1 Satz 1, 152 ZVG; §§ 1123 Abs. 1, 1124 Abs. 2 BGB	1. Verpflichtet sich der Mieter in einem Mietaufhebungsvertrag zu Ausgleichszahlungen, falls der Vermieter bei einer Weitervermietung des Mietobjekts nur eine geringere als die vom Mieter geschuldete Miete erzielen kann, wird dieser Anspruch bei einer späteren Zwangsverwaltung des Grundstücks nicht von der Beschlagnahme erfasst. 2. Tritt der Vermieter diese Forderung vor der Anordnung der Zwangsverwaltung über das Mietgrundstück an einen anderen ab, stellt dies keine Vorausverfügung über eine Mietforderung i. S. von § 1124 Abs. 2 BGB dar.	BGH, 08.12.2010 – XII ZR 86/09
Umfang der Prozessführungsbefugnis des Zwangsverwalters – Fortwirken nach Aufhebung der Zwangsverwaltung	Wird ein Zwangsverwaltungsverfahren nicht wegen Antragsrücknahme (§§ 161, 29 ZVG) oder der vollständigen Befriedigung des Gläubigers (§ 161 Abs. 2 ZVG) aufgehoben, sondern weil das Grundstück in der Zwangsversteigerung zugeschlagen wurde, ist der Zwangsverwalter auch ohne entsprechende Ermächtigung im Aufhebungsbeschluss befugt, wegen Nutzungen aus der Zeit vor der Zuschlagserteilung Klage zu erheben, sofern der die Zwangsverwaltung betreibende Gläubiger im Zeitpunkt des Wirksamwerdens des Zuschlagsbeschlusses noch nicht vollständig befriedigt ist.	BGH, 11.08.2010 – XII ZR 181/08, NZM 2010, 676 = NJW 2010, 3033 = MDR 2010, 1149

4794 BGH, 25.01.2007 – V ZB 150/06, NZM 2007, 261 = WuM 2007, 157 = ZInsO 2007, 379.
4795 BGH, 18.01.2007 – V ZB 63/06, NZM 2007, 300 = NZI 2007, 368 = MDR 2007, 684 (LS); BGH, 24.11.2005 – V ZB 133/05, NZM 2006, 234 = ZInsO 2006, 85.
4796 BGH, 18.01.2007 – V ZB 63/06, NZM 2007, 300 = NZI 2007, 368 = MDR 2007, 684 (LS).
4797 BGH, 25.01.2007 – V ZB 150/06, NZM 2007, 261 = WuM 2007, 157 = ZInsO 2007, 379.
4798 BGH, 17.06.2004 – IX ZR 218/03, NZM 2004, 718.

Anlage einer vom Mieter als Sicherheit geleisteten Geldsumme	Den Zwangsverwalter einer Mietwohnung trifft auch die Pflicht des Vermieters zur Anlage einer vom Mieter als Sicherheit geleisteten Geldsumme bei einem Kreditinstitut; dies gilt auch dann, wenn der Vermieter die Kaution nicht an den Zwangsverwalter ausgezahlt hat (im Anschluss an BGH, Urteil vom 9. März 09.03.2005, – VIII ZR 330/03, NZM 2005, 596).	BGH, 11.03.2009 – VIII ZR 184/08, IMR 2009, 154
Gegen wen richtet sich Anspruch auf Vorkaufsrecht?	Tritt der Mieter in Ausübung seines Vorkaufsrechts (§ 577 Abs. 1 BGB) in den vom Vermieter geschlossenen Kaufvertrag über ein unter Zwangsverwaltung stehendes Mietobjekt ein, so richtet sich der Eigentumsverschaffungsanspruch des Mieters aus diesem Kaufvertrag gegen den Vermieter und nicht gegen den Zwangsverwalter. Dem Mieter steht in einem solchen Fall gegenüber dem Anspruch des Zwangsverwalters auf Zahlung der Miete (§ 535 BGB, § 152 ZVG) ein Zurückbehaltungsrecht wegen des gegen den Vermieter gerichteten Anspruchs auf Verschaffung des Eigentums an der Mietwohnung nicht zu.	BGH, 17.12.2008 – VIII ZR 13/08

2. Schnellüberblick aktuelle Rechtsprechung der Instanzgerichte

2929

Thema/Normen	Leitsatz	Entscheidung, Fundstelle
„Erster zulässiger Termin" nach § 57a ZVG, § 580a BGB	1. An den Begriff des „ersten zulässigen Termins" nach § 57a ZVG sind keine überspannten Anforderungen zu stellen. Er ergibt sich nach den Umständen des Einzelfalles. 2. Gekündigt werden kann auch noch für einen später zulässigen Termin, wenn bei Beobachtung der erforderlichen Sorgfalt die Kündigung zum frühen Zeitpunkt nicht möglich war.	OLG Frankfurt am Main, 19.06.2009 – 2 U 303/08, IMR 2009, 344 = InfoM 2010, 18
Zwangsverwalter muss Anlage der Kaution nachweisen	Dem Mieter steht gegenüber dem an die Stelle des Vermieters getretenen Zwangsverwalter ein Zurückbehaltungsrecht an der laufenden Miete bis zur Höhe der geleisteten Kaution nebst Zinsen zu, bis der Zwangsverwalter die ordnungsgemäße Anlage der Mietsicherheit nachgewiesen hat. Dies gilt auch dann, wenn der Zwangsverwalter unstreitig den vom Mieter geleisteten Kautionsbetrag vom Vermieter nicht ausgehändigt bekommen hat. Denn der Zwangsverwalter tritt gemäß § 152 ZVG vollständig in sämtliche Recht und Pflichten des Vermieters ein.	LG Lüneburg, 03.12.2008 – 6 S 122/08

Beschlagnahme erstreckt sich auch auf das Untermietverhältnis! §§ 117, 286, 543 Abs. 2, 868, 987, 990, 1123 Abs. 1, 1124 BGB; §§ 21 Abs. 2, 148, 152 ZVG	Die Beschlagnahme nach Anordnung der Zwangsverwaltung erstreckt sich auch auf Forderungen aus einem Untermietverhältnis, wenn diese Forderungen wirtschaftlich betrachtet dem Vollstreckungsschuldner zustehen.	KG, 21.04.2008 – 8 U 140/07, IMR 2008, 289

§ 33 Insolvenz

				Rn.
I.	Einführung			2930
II.	Beteiligte			2937
	1.	Insolvenzschuldner (§ 11 InsO)		2937
	2.	Insolvenzgläubiger (§ 38 InsO)		2940
	3.	Massegläubiger (§§ 53, 209 InsO)		2941
	4.	Gläubigerversammlung (§ 74 InsO)		2942
	5.	Gläubigerausschuss (§§ 67 ff. InsO)		2943
	6.	Insolvenzverwalter (§§ 56 ff. InsO)		2944
		a)	Überblick	2944
		b)	„Starker", „halbstarker" und „schwacher" vorläufiger Insolvenzverwalter	2948
III.	Ablauf des Insolvenzverfahrens			2952
	1.	Eröffnungsverfahren		2952
		a)	Eröffnungsantrag (§ 13 InsO)	2953
		b)	Eröffnungsgründe (§ 16 ff. InsO)	2956
			aa) Zahlungsunfähigkeit (§ 17 InsO)	2957
			bb) Drohende Zahlungsunfähigkeit (§ 18 InsO)	2958
			cc) Überschuldung (§ 19 InsO)	2960
		c)	Sicherungsmaßnahmen (§ 21 InsO)	2961
		d)	Entscheidung des Insolvenzgerichtes	2963
			aa) Überblick	2963
			bb) Abweisung des Eröffnungsantrags (§ 26 InsO)	2964
			cc) Rechtsmittel gegen die Abweisung (§ 34 InsO)	2967
	2.	Eigentliches Insolvenzverfahren		2968
		a)	Wirkungen des Eröffnungsbeschlusses	2968
		b)	Freigabe aus dem Insolvenzbeschlag	2970
		c)	Forderungsanmeldung	2971
		d)	Berichtstermin	2974
		e)	Verwertung des Vermögens	2976
		f)	Verteilung der Insolvenzmasse	2980
		g)	Insolvenzplanverfahren	2981
		h)	Abschluss des Verfahrens	2994
	3.	Besonderheiten der Verbraucherinsolvenz/vereinfachtes Insolvenzverfahren		2996
		a)	Außergerichtlicher Einigungsversuch	2997
		b)	Schuldenbereinigungsverfahren	2998
		c)	Durchführung des vereinfachten Verfahrens	3000
	4.	Restschuldbefreiung (§§ 287 ff. InsO)		3002
IV.	Vermieterinsolvenz			3006
V.	Mieterinsolvenz			3011
	1.	Eröffnungsverfahren		3011
		a)	Kein außerordentliches Kündigungsrecht für den Vermieter	3011
		b)	Kündigungssperre für Zahlungsrückstände vor Insolvenzantrag	3012
	2.	Eröffnetes Verfahren		3014
		a)	Insolvenzforderungen und Masseverbindlichkeiten	3014
		b)	Rücktritt vom Vertrag und Sonderkündigungsrecht	3019
		c)	Anfechtung von Schuldnerhandlungen	3022
		d)	Räumungsanspruch des Vermieters in der Insolvenz	3025
VI.	Vermieterpfandrecht in der Insolvenz			3031
VII.	An die Gesellschaft vermietender Gesellschafter			3036
VIII.	Zwangsvollstreckung in der Insolvenz			3037
	1.	Vollstreckungsmaßnahmen im Eröffnungsverfahren		3037
	2.	Vollstreckungsmaßnahmen im eigentlichen Insolvenzverfahren		3039
	3.	Vollstreckungsmaßnahmen nach Beendigung des Insolvenzverfahrens		3047
IX.	Prozessuale Auswirkungen der Insolvenz			3048
X.	Streitwert			3052
XI.	Vertragsgestaltung			3053
XII.	Arbeits- und Beratungshilfen			3056
	1.	Schnellüberblick Grundsatz-Rechtsprechung des BGH		3056
	2.	Schnellüberblick aktuelle Rechtsprechung der Instanzgerichte		3057
	3.	Formulierungsvorschlag zur Umstellung des Klageantrags auf den gem. § 80 Abs. 1 InsO prozessführungsbefugten Insolvenzverwalter		3058
	4.	Tabelle zu wichtigen Fristen		3059

I. Einführung

Insolvenzen spielen im gewerblichen Mietrecht eine erhebliche Rolle. Grundkenntnisse sind daher zwingend erforderlich. Die Materie ist kompliziert und unübersichtlich. Grds. ist zwischen Vermieter- und Mieterinsolvenz zu trennen. Wichtige Besonderheiten ergeben sich bei Ausübung des Vermieterpfandrechts und in der Zwangsvollstreckung.

2930

Die seit 01.01.1999 geltende Insolvenzordnung (InsO) ersetzt die Vergleichs-, die Konkurs- und Gesamtvollstreckungsordnung. Sie gilt für alle Verfahren, die nach dem 01.01.1999 eröffnet wurden. Wichtige Regelungen für den Mietbereich befinden sich in den §§ 55 Abs. 2, 103, 108 bis 112 und 119 InsO.

2931

Das **Insolvenzverfahren** wird nur auf Antrag von Schuldnern oder Gläubigern eröffnet (§ 13 Abs. 1 InsO). Das Insolvenzgericht prüft vorab, ob ein **Eröffnungsgrund** gegeben ist und ob die Verfahrenskosten durch das Schuldnervermögen gedeckt sind. Die Phase zwischen der Beantragung des Insolvenzverfahrens und der Eröffnung ist das **vorläufige Insolvenzverfahren**, für das die InsO eigene Regelungen vorsieht. Eröffnungsgründe sind Zahlungsunfähigkeit (auch nur drohende) und bei Unternehmen Überschuldung (§§ 17 bis 19 InsO). Schon in diesem Vorstadium kann das Gericht Maßnahmen treffen, um eine den Gläubigern nachteilige Veränderung in der Vermögenslage des Schuldners zu verhindern, z.B. einen vorläufigen Insolvenzverwalter einsetzen, § 21 Abs. 2 Nr. 1 InsO.

2932

Liegen die Eröffnungsvoraussetzungen vor, erlässt das Gericht gem. § 27 InsO einen **Insolvenzeröffnungsbeschluss** mit Ernennung eines Insolvenzverwalters, ansonsten wird der Antrag mangels Masse abgewiesen. Der Eröffnungsbeschluss bewirkt die Beschlagnahme des gesamten Schuldnervermögens (= Insolvenzmasse, § 35 InsO). Im folgenden Gerichtstermin legt der Insolvenzverwalter die wirtschaftliche Lage des Schuldners dar, und es werden die angemeldeten Gläubigerforderungen nach Rang und Betrag geprüft. Nach der **Eröffnung des Insolvenzverfahrens** nimmt der Insolvenzverwalter das Vermögen gem. § 80 InsO in Besitz und Verwaltung, was z.B. die Abwicklung von laufenden Verträgen und Durchführung von Prozessen umfasst. Die Gläubiger haben i.R.d. Forderungsfeststellungsverfahrens ihre Forderungen zur Tabelle anzumelden. Wird einer Forderung im Prüfungstermin nicht widersprochen, gilt sie als festgestellt und tituliert. Nach Abschluss des **Insolvenzfeststellungsverfahrens** und der **Verwertung** kommt es zur **Verteilung des Erlöses** und zur formellen Beendigung des Verfahrens (§ 200 InsO). Jetzt können die Gläubiger etwaige nicht befriedigte Forderungen uneingeschränkt ggü. dem Schuldner geltend machen (§ 201 InsO). Das gilt aber nur, wenn der Schuldner nicht in den Genuss der RSB kommt. Dies basiert auf einem vereinfachten Insolvenzverfahren für Verbraucher und Kleingewerbetreibende nach §§ 304 ff. InsO.

2933

Die InsO gibt bei den **Ausgestaltungen der Insolvenzverfahren** folgende Möglichkeiten:

2934

- Unternehmensinsolvenzverfahren (§§ 11 ff. InsO),
- Verbraucherinsolvenzverfahren (§§ 304 ff. InsO),
- besondere Arten des Insolvenzverfahrens (§§ 315 ff. InsO),
- Nachlassinsolvenzverfahren (§§ 315 bis 331 InsO),

- Insolvenzverfahren über das Gesamtgut einer fortgesetzten Gütergemeinschaft (§ 332 InsO),
- Insolvenzverfahren über das gemeinschaftlich verwaltete Gesamtgut einer Gütergemeinschaft (§§ 333 bis 334 InsO).

2935 Der Begriff des Unternehmensinsolvenzverfahrens findet sich nicht ausdrücklich im Gesetzestext. Er dient vielmehr der Abgrenzung zu den Verbraucherinsolvenzverfahren und den besonderen Arten des Insolvenzverfahrens und umfasst voraussichtlich die breite Masse der gesamten Insolvenzverfahren.

2936 Bzgl. der Miete unterscheidet das Gesetz nach der Art des Vertragsobjekts: **Miet- und Pachtverhältnisse über unbewegliche Gegenstände** (§ 49 InsO), **Räume** und die in § 108 Abs. 1 Satz 2 InsO genannten Gegenstände überdauern in jedem Fall die Verfahrenseröffnung, während Miet- und Pachtverträge über sonstige Gegenstände gem. § 103 InsO dem Wahlrecht des Insolvenzverwalters unterliegen. Dieser kann auch Mietverhältnisse als Masseverbindlichkeiten gem. § 55 Abs. 1 Nr. 1 InsO begründen.

> **Hinweis:**
> Das Insolvenzverfahren kann massive Auswirkungen auf Prozesse und die Zwangsvollstreckungen haben, vgl. §§ 85, 86 und §§ 88, 89 InsO, §§ 15, 22, 146, 174a ZVG. Nach § 240 ZPO kommt es durch die Eröffnung des Verfahrens per Gesetz zu einer Unterbrechung eines Rechtsstreits.

II. Beteiligte

1. Insolvenzschuldner (§ 11 InsO)

2937 Folgende Schuldner sind mit ihrem Vermögen **insolvenzfähig**:
- Alle Rechtspersonen des Privatrechts (§ 11 Abs. 1 InsO). Demnach kann über das Vermögen jeder natürlichen Person und jeder juristischen Person ein Insolvenzverfahren eröffnet werden. Den juristischen Personen gleichgestellt wird kraft Gesetzes der nicht rechtsfähige Verein (§ 11 Abs. 1 Satz 2 InsO);
- Gesellschaften ohne Rechtspersönlichkeit, insb. die OHG, KG und die GbR (§ 11 Abs. 2 Nr. 1 InsO);
- der Nachlass, das Gesamtgut einer fortgesetzten Gütergemeinschaft, das Gesamtgut einer Gütergemeinschaft, das von den Ehegatten gemeinschaftlich verwaltet wird (§ 11 Abs. 2 Nr. 2 InsO);
- die aufgelöste juristische Person oder die aufgelöste Gesellschaft ohne Rechtspersönlichkeit, solange die Verteilung des Vermögens nicht vollzogen ist (§ 11 Abs. 3 InsO).

2938 **Insolvenzunfähig** sind folgende Schuldner mit ihrem Vermögen:
- der Bund und die Länder (§ 12 Abs. 1 Nr. 1 InsO);
- juristische Personen des öffentlichen Rechts, die der Aufsicht eines Landes unterliegen, sofern die Insolvenzunfähigkeit landesrechtlich angeordnet ist (§ 12 Abs. 1 Nr. 2 InsO);

- kirchliche Körperschaften des öffentlichen Rechts (Art. 140 GG i.V.m. Art. 137 Abs. 3 WV);
- die stille Gesellschaft (§§ 230 ff. HGB), gleichwohl sind die einzelnen Gesellschafter als natürliche Personen insolvenzfähig.

Den Insolvenzschuldner trifft im Insolvenzverfahren eine umfassende **Auskunfts- und Mitwirkungspflicht** ggü. dem Insolvenzgericht, dem Insolvenzverwalter und den Organen der Gläubiger (z.B. Gläubigerversammlung und Gläubigerausschuss) über seine wirtschaftlichen und rechtlichen Verhältnisse. Den Anordnungen des Gerichtes hat er sich jederzeit zur Verfügung zu stellen (sog. Residenzpflicht).

2. Insolvenzgläubiger (§ 38 InsO)

Als Insolvenzgläubiger gelten alle persönlichen Gläubiger, die einen z.Zt. der Eröffnung des Insolvenzverfahrens begründeten **Vermögensanspruch** gegen den Insolvenzschuldner haben (§ 38 InsO). Aus welchem Rechtsgrund die persönliche Verpflichtung dabei entstanden ist (Gesetz, Vertrag, einseitiges Verpflichtungsgeschäft), ist unerheblich. Neugläubiger des Insolvenzschuldners aus Neuschulden nach Beschlagnahme des Schuldnervermögens stellen keine Insolvenzgläubiger i.S.d. § 38 InsO dar, obwohl der Neuerwerb zur Insolvenzmasse gehört (§ 35 InsO).

3. Massegläubiger (§§ 53, 209 InsO)

Hierunter fallen Gläubiger des Insolvenzschuldners, deren Ansprüche im Insolvenzverfahren **vorab aus der Insolvenzmasse** zu begleichen sind. Dies sind nach Insolvenzeröffnung entstandene und zur Abwicklung des Verfahrens erforderliche Ausgaben sowie die sonstigen Masseverbindlichkeiten.

4. Gläubigerversammlung (§ 74 InsO)

Das Organ der Gläubigerversammlung ermöglicht den Gläubigern die **Mitwirkung an der Verwaltung** und bestmöglichen **Verwertung der Insolvenzmasse**. Zur Teilnahme an der Gläubigerversammlung sind alle absonderungsberechtigten Gläubiger, alle Insolvenzgläubiger, der Insolvenzverwalter und der Insolvenzschuldner berechtigt. Die Gläubigerversammlung ist das **höchste Organ** des Insolvenzverfahrens und wird durch das Insolvenzgericht einberufen. Teilnahmeberechtigt allerdings ohne Stimmrecht sind nachrangige Insolvenzgläubiger. Stimmberechtigt sind nur Gläubiger, deren angemeldete Forderungen nicht bestritten sind oder solche, die Absonderungsrechte geltend machen können. Zu den wichtigsten Aufgaben der Gläubigerversammlung zählen insb.:

- Wahl eines anderen als den bestellten Insolvenzverwalter (§ 57 InsO),
- Wahl des Gläubigerausschusses (§ 68 InsO),
- Entscheidung über den Fortgang des Verfahrens (§ 157 InsO),
- Erlaubniserteilung bei der Verwertung der Insolvenzmasse (§§ 159 ff. InsO).

5. Gläubigerausschuss (§§ 67 ff. InsO)

2943 Der Gläubigerausschuss dient der Unterstützung, aber auch der Überwachung des Insolvenzverwalters bei der Geschäftsführung (§ 69 InsO). Die Mitglieder des Gläubigerausschusses haben sich über den **Gang der Geschäfte** zu unterrichten sowie Bücher und Geschäftspapiere einzusehen. Ferner prüfen sie den Geldverkehr und den Geldbestand. Sie unterstützen somit den Insolvenzverwalter bei allen geschäftlichen Entscheidungen, wie z.B. Investitionen, Neuanschaffungen, Entlassungen, Neueinstellungen, Änderung des Produktangebots und übernehmen gleichzeitig Verantwortung für diese Maßnahmen mit. Der Gläubigerausschuss kann bereits vor der ersten Gläubigerversammlung durch das Insolvenzgericht in Form eines **vorläufigen Gläubigerausschusses** bestellt werden (§ 67 Abs. 1 InsO). I.d.R. beschließt aber die Gläubigerversammlung den Einsatz eines Gläubigerausschusses. Diesem sollen die absonderungsberechtigten Gläubiger, die Insolvenzgläubiger mit den höchsten Forderungen, die Kleingläubiger und Vertreter der Arbeitnehmer, wenn diese als Insolvenzgläubiger mit nicht unerheblichen Forderungen beteiligt sind, angehören. Bei schuldhafter Verletzung der obliegenden Verpflichtungen haften die Mitglieder des Gläubigerausschusses sowohl den absonderungsberechtigten Gläubigern als auch den Insolvenzgläubigern auf **Schadensersatz**. Für ihre Tätigkeit steht den Mitgliedern eine Entschädigung in Form einer Vergütung bei gleichzeitiger Erstattung der Auslagen zu.

6. Insolvenzverwalter (§§ 56 ff. InsO)

a) Überblick

2944 Zum Insolvenzverwalter können nur **natürliche Personen** bestellt werden. Hierzu sollen nur für den jeweiligen Einzelfall geeignete, insb. geschäftskundige und von den Gläubigern und dem Schuldner unabhängige natürliche Personen tätig werden. In der neueren Auffassung von der Person des Insolvenzverwalters geht man nicht nur vom juristisch handelnden Zerschlager aus, sondern vielmehr von einer Person, die betriebswirtschaftlich orientiert insolvente Unternehmen reorganisiert und saniert.

2945 Gem. § 56 InsO wird der Insolvenzverwalter grds. **vom Insolvenzgericht bestellt** und dann in der ersten Gläubigerversammlung von ihren Mitgliedern bestätigt. Das Insolvenzgericht hat gem. § 58 InsO die Aufsicht über den Insolvenzverwalter. Dem Gericht ggü. hat er jederzeit auf Verlangen Auskünfte zu erteilen oder einen Bericht über den Sachstand und die Geschäftsführung zu erteilen. Benachteiligt der Insolvenzverwalter einen oder auch mehrere Gläubiger des Insolvenzschuldners, besteht gem. § 60 InsO die Möglichkeit der Haftung. Danach ist der Insolvenzverwalter zum **Schadensersatz** verpflichtet, sobald er die ihm obliegenden Pflichten schuldhaft verletzt. Verletzt der Insolvenzverwalter schuldhaft insolvenzspezifische Pflichten, haftet er auf den Ersatz des negativen Interesses.[4799]

[4799] BGH, 25.01.2007 – IX ZR 216/05, IMR 2007, 135 = GuT 2007, 133 = NZM 2007, 329 = InfoM 2007, 282 = MDR 2007, 798.

Als Ausgleich für das Haftungsrisiko und die vom Gesetz vorgesehene Fortführung des Betriebes steht dem Insolvenzverwalter eine **Vergütung** für die Geschäftsführung zu. Ferner hat er einen Anspruch auf Erstattung angemessener Auslagen. 2946

Auch wenn der Insolvenzantrag zurückgewiesen wird, kann der vorläufige Insolvenzverwalter verpflichtet sein, Verbindlichkeiten aus dem Eröffnungsverfahren aus der vorläufigen Masse zu befriedigen, vgl. § 25 Abs. 2 InsO. Soweit der Insolvenzverwalter die Mietsache noch nach Anzeige der Masseunzulänglichkeit nutzt, ist der Vermieter mit seiner Mietforderung **Neumassegläubiger**.[4800] 2947

b) „Starker", „halbstarker" und „schwacher" vorläufiger Insolvenzverwalter

Wird ein **vorläufiger Insolvenzverwalter** bestellt, ist zu unterscheiden, ob es sich um einen „starken" oder um einen „schwachen" vorläufigen Verwalter handelt. Der „starke" Verwalter gem. § 22 Abs. 1 InsO ist **verwaltungs-** und **verfügungsbefugt**; er begründet gem. § 55 Abs. 2 InsO Masseverbindlichkeiten (obwohl die Forderungen vor Verfahrenseröffnung entstanden sind), die vorab zu befriedigen sind (auch nach Verfahrenseröffnung), wenn bei Dauerschuldverhältnissen die Gegenleistung für die Masse in Anspruch genommen wird, er also die Mietsache nutzt; ebenso privilegiert sind Verbindlichkeiten, die der „starke" Verwalter eingeht. In der Praxis wird i.d.R. kein „starker" Insolvenzverwalter bestellt, Masseverbindlichkeiten aus dem Eröffnungsverfahren sind die Ausnahme.[4801] 2948

Der „schwache" vorläufige Verwalter kann den Verfügungen des Schuldners lediglich **zustimmen**, vgl. § 21 Abs. 2 Nr. 2, 2. Alt. InsO, er ist **nicht prozessführungsbefugt**, darf also auch nicht verklagt werden, und mangels ausdrücklicher Ermächtigung des Gerichtes im Bestellungsbeschluss nimmt er nicht die Masse in Besitz und wird somit auch nicht Besitzer der Mieträume. Der „schwache" vorläufige Verwalter hat also lediglich **Überwachungs-** und **Verhinderungsfunktionen**. Er begründet keine Masseverbindlichkeiten gem. § 55 Abs. 2 InsO, sondern regelmäßig nur Insolvenzforderungen.[4802] 2949

Beispiele:[4803]

Die Zusage des vorläufigen „schwachen" Insolvenzverwalters, das während des Eröffnungsverfahrens erzielte Nutzungsentgelt an den Sicherungseigentümer auszukehren, begründet keine Masseverbindlichkeit.[4804]

Ein „schwacher" vorläufiger Insolvenzverwalter eines gewerblichen Zwischenvermieters ist insolvenzrechtlich nicht verpflichtet, eingehende Mieten an den Hauptvermieter weiterzuleiten; Masseschulden werden durch die Nichtzahlung der Miete nicht begründet.[4805]

4800 BGH, 04.12.2003 – IX ZR 222/02, GuT 2004, 99 = MietRB 2004, 168 = NZM 2004, 224 = MDR 2004, 594.
4801 Zur Umsetzung der Verwalterbestellung in der Praxis instruktiv und ausführlich: Eckert, NZM 2003, 41.
4802 BGH, 18.07.2002 – IX ZR 195/01, NZM 2002, 859, 864 = BGHZ 151, 353 = NJW 2002, 3326; ausführliche Besprechung bei Eckert, NZM 2003, 41.
4803 BGH, 13.07.2006 – IX ZR 57/05, MDR 2007, 241.
4804 BGH, 13.07.2006 – IX ZR 57/05, MDR 2007, 241.
4805 BGH, 24.01.2008 – IX ZR 201/06, GuT 2008, 152 = IMR 2008, 180.

2950 Das Insolvenzgericht kann – jedenfalls i.V.m. dem Erlass eines besonderen Verfügungsverbots – den vorläufigen Insolvenzverwalter ohne begleitendes allgemeines Verfügungsverbot ermächtigen, einzelne, im Voraus genau festgelegte Verpflichtungen zulasten der späteren Insolvenzmasse einzugehen.[4806] Diese Rechtsprechung des BGH kann in der Praxis zur Folge haben, dass der Vermieter nur eine (ggf. kleine) Insolvenzquote erhält.

2951 In der Praxis machen die Gerichte häufig den „schwachen" zum „halbstarken" Verwalter, indem sie ihm neben dem Zustimmungserfordernis bei Verfügungen des Schuldners weitergehende Befugnisse und Ermächtigungen einräumen, **ohne** dass er oder die spätere Masse dafür einzustehen haben.[4807]

> **Praxistipp:**
> Zur Unterscheidung, welche Art von Verwalter bestellt wurde, ist das äußere Auftreten nur bedingt geeignet; es sollte immer der **Eröffnungsbeschluss** eingesehen und geprüft werden, welche Art der Bestellung und welche Befugnisse des vorläufigen Verwalters vorliegen. Ist ihm vom Gericht ein uneingeschränktes Verfügungsrecht über die Masse übertragen worden, handelt es sich um einen „starken" Verwalter.

III. Ablauf des Insolvenzverfahrens

1. Eröffnungsverfahren

2952 Die Eröffnung des Verfahrens erfolgt durch das zuständige Insolvenzgericht. Voraussetzung hierfür ist ein **Eröffnungsantrag** (§ 13 Abs. 1 Satz 1 InsO). Sowohl die Gläubiger als auch der Schuldner selbst sind antragsberechtigt (§ 13 Abs. 1 Satz 2 InsO).

a) Eröffnungsantrag (§ 13 InsO)

2953 Der Eröffnungsantrag unterliegt keinen besonderen Formvorschriften, zumal er auch zu Protokoll der Geschäftsstelle des Insolvenzgerichts gestellt werden kann. In dem Antrag müssen jedoch **zwingend folgende Angaben** enthalten sein:
- Bezeichnung als Insolvenzantrag,
- genaue Bezeichnung des Gläubigers und die des Schuldners jeweils mit ladungsfähiger Anschrift,
- hinreichende Einzelaufzählung der zugrunde liegenden Forderungen und
- Angabe des Insolvenzgrundes.

2954 Gem. § 14 Abs. 1 InsO ist der Antrag eines Gläubigers nur zulässig, wenn er ein **rechtliches Interesse** an der Eröffnung eines Insolvenzverfahrens hat und seine Forderung und das Vorliegen eines Insolvenzgrundes glaubhaft macht. Dieses Rechtsschutzbedürfnis muss zum Zeitpunkt der Verfahrenseröffnung vorliegen. Dies ist regelmäßig der Fall, sobald ein **Insolvenzgrund** vorliegt. Stellt der Schuldner selbst einen Eröffnungsantrag, liegt ein sog. Eigenantrag vor.

[4806] BGH, 18.07.2002 – IX ZR 195/01, NZM 2002, 859, 864 = BGHZ 151, 353 = NJW 2002, 3326.
[4807] Eckert, NZM 2003, 41, 42.

III. Ablauf des Insolvenzverfahrens

Dieser ist ebenso wie der Antrag eines Gläubigers an keine Formvorschriften gebunden. Da der Schuldner selbst seine Zahlungsunfähigkeit bzw. die Überschuldung vorträgt, verzichtet man auf eine besondere Glaubhaftmachung.

Für den folgenden Personenkreis besteht eine **Antragspflicht** bei Zahlungsunfähigkeit oder Überschuldung und zwar ohne schuldhaftes Zögern: 2955

- Geschäftsführer und Liquidatoren einer GmbH (§§ 64, 71 Abs. 4 GmbHG),
- Vorstandsmitglieder und Abwickler einer AG (§§ 92 Abs. 2, 268 Abs. 2 AktG),
- Vorstandsmitglieder und Abwickler einer KG auf Aktien (§§ 278 Abs. 3, § 283 Nr. 14 AktG),
- Vorstandsmitglieder und Liquidatoren einer eingetragenen Genossenschaft (§ 99 GenG),
- Vorstand und Abwickler eines eingetragenen Vereins (§ 42 Abs. 2 BGB),
- organschaftliche Vertreter und Liquidatoren einer Personengesellschaft, bei der kein Gesellschafter eine natürliche Person ist (§ 130a Abs. 1 HGB) und
- Erben oder Nachlassverwalter (§ 1980 HGB, § 1985 BGB).

b) Eröffnungsgründe (§ 16 ff. InsO)

Im Eröffnungsverfahren prüft das Insolvenzgericht i.d.R. in Zusammenarbeit mit einem Gutachter (vorläufiger Insolvenzverwalter), ob ein Eröffnungsgrund (§ 16 InsO) vorliegt. Hinzu tritt, dass eine zur Deckung der Verfahrenskosten ausreichende Masse vorhanden sein muss. Ferner entscheidet das Insolvenzgericht über die Anordnung von Sicherungsmaßnahmen (§ 21 InsO). Als Insolvenzgründe für die Eröffnung eines Insolvenzverfahrens kommen die nachfolgend aufgezählten Tatbestände in Betracht. 2956

aa) Zahlungsunfähigkeit (§ 17 InsO)

Die Zahlungsunfähigkeit stellt meistens den Eröffnungsgrund dar. Der Schuldner ist zahlungsunfähig, wenn er nicht in der Lage ist, die fälligen Zahlungsverpflichtungen zu erfüllen; mithin seine **Zahlungen eingestellt** hat (§ 17 Abs. 2 InsO). Im Gegensatz zum früheren Konkursrecht wird auf das Merkmal der Dauer im gesetzlichen Tatbestand verzichtet. Das Verfahren soll damit frühzeitiger eröffnet werden, um Gläubiger nicht zu benachteiligen. Vereinfacht gesagt, besteht die Zahlungsunfähigkeit aus der Gegenüberstellung von Zahlungsmitteln und Geldmitteln. Folgende **Indizien** weisen auf eine Zahlungseinstellung hin: 2957

- Erklärung der Zahlungseinstellung durch den Schuldner selbst,
- Aussage des Schuldners, er bekäme keinen Bankkredit mehr,
- Einstellung des Geschäftsbetriebes,
- Nichtzahlung von Löhnen und Gehältern,
- Nichtzahlung von Sozialversicherungsbeiträgen,
- eine Vielzahl von Zwangsvollstreckungen.

Die **Zahlungsunwilligkeit** für sich alleine stellt keinen Eröffnungsgrund i.S.d. § 17 InsO dar.

bb) Drohende Zahlungsunfähigkeit (§ 18 InsO)

2958 Der Eröffnungsgrund der drohenden Zahlungsunfähigkeit war der alten Konkurs- bzw. Gesamtvollstreckungsordnung nicht bekannt. Er resultiert aus der Maßgabe, möglichst frühzeitig eine Verfahrenseröffnung anzustreben. Die drohende Zahlungsunfähigkeit kann **nur vom Schuldner selbst** im sog. Eigenantrag als Eröffnungsgrund geltend gemacht werden. Bei einer juristischen Person und den Gesellschaften ohne Rechtspersönlichkeit obliegt das Antragsrecht nur den jeweiligen Vertretungsberechtigten (§ 18 Abs. 3 InsO). Den Gläubigern steht dieser Grund nicht zur Verfügung, um den Schuldner nicht im Vorhinein unter Druck zu setzen und Bemühungen um eine außergerichtliche Sanierung in diesem Stadium nicht zu behindern.

2959 Der Schuldner droht zahlungsunfähig zu werden, wenn er voraussichtlich nicht in der Lage sein wird, die **bestehenden Zahlungsverpflichtungen** im Zeitpunkt der Fälligkeit zu erfüllen (§ 18 Abs. 2 InsO). Dies ist der Fall, wenn der Eintritt der Zahlungsunfähigkeit wahrscheinlicher ist als deren Vermeidung. Hierbei handelt es sich um eine **Zukunftsprognose** für einen bestimmten Zeitraum, in die die gesamte Entwicklung der Finanzlage des Schuldners bis zur Fälligkeit aller bestehenden Verbindlichkeiten einbezogen wird. Es erfolgt die Gegenüberstellung der vorhandenen Liquidität und der Einnahmen zu den Verbindlichkeiten, die bereits fällig sind oder bis zu dem genannten Zeitpunkt voraussichtlich fällig werden.

cc) Überschuldung (§ 19 InsO)

2960 Der Eröffnungsgrund der Überschuldung kommt **nur bei juristischen Personen** in Betracht (§ 19 Abs. 1 InsO). Überschuldung liegt vor, wenn das Vermögen des Schuldners die bestehenden Verbindlichkeiten nicht mehr deckt (§ 19 Abs. 2 InsO). Zu diesem Zweck ist eine sog. **Vermögensbilanz** zu erstellen, in der die einzelnen Aktiva und Passiva mit ihren zutreffenden Werten aufgeführt werden. Steuerliche Wertansätze sind nicht zu berücksichtigen. Bei der Verwertung des Vermögens ist jedoch die Fortführung des Unternehmens zugrunde zu legen, wenn diese nach den Umständen überwiegend wahrscheinlich ist. Zur Prüfung, ob der Eröffnungsgrund der Überschuldung vorliegt, ist damit zuerst eine **Überschuldungsprüfung nach Liquidationswerten** vorzunehmen. Resultiert daraus eine rein rechnerische Überschuldung, so ist eine Fortbestehensprognose vorzunehmen. Im günstigsten Fall fällt diese positiv aus. Dann ist die rechnerische Überschuldung um die Fortführungswerte des Betriebes zu berichten.

c) Sicherungsmaßnahmen (§ 21 InsO)

2961 Vor der Entscheidung über die Eröffnung des Insolvenzverfahrens hat das Insolvenzgericht über die Anordnung von Sicherungsmaßnahmen **von Amts wegen** zu entscheiden (§ 21 InsO). Dies gilt insb. dann, wenn eine den Gläubigern nachträgliche Veränderung der Vermögenslage des Schuldners droht. Diese Sicherungsmaßnahme ist immer dann geboten, wenn die durchzuführenden **Ermittlungen voraussichtlich längere Zeit** in Anspruch nehmen werden oder abzusehen ist, dass die Insolvenzmasse durch Verfügungen des Schuldners in ihrem Bestand gemindert werden würde. Als Sicherungsmaßnahmen i.S.d. § 21 InsO gelten die folgenden Verfügungen des Insolvenzgerichts:

- Bestellung eines vorläufigen Insolvenzverwalters (§ 21 Abs. 2 Nr. 1 InsO),
- Anordnung eines allgemeinen Verfügungsverbots (§ 21 Abs. 2 Nr. 2 InsO),
- Untersagen oder einstweiliges Einstellen von Maßnahmen der Zwangsvollstreckung gegen den Schuldner, soweit nicht unbewegliche Gegenstände betroffen sind (§ 21 Abs. 2 Nr. 3 InsO),
- Untersagung der Zwangsvollstreckung in Grundstücke auf Antrag des vorläufigen Insolvenzverwalters (§ 30a Abs. 4 ZVG i.d.F. des Art. 20 Nr. 4 EG InsO),
- zwangsweise Vorführung oder Inhaftierung des Schuldners, soweit andere Maßnahmen nicht ausreichen (§ 21 Abs. 3 InsO).

Außer bei der Anordnung der Haft braucht dem Schuldner vor dem Ausbringen der Sicherungsmaßnahmen kein rechtliches Gehör gewährt zu werden.

d) Entscheidung des Insolvenzgerichtes

aa) Überblick

Bevor es zum tatsächlichen Insolvenzverfahren kommt, muss das Insolvenzgericht **von Amts wegen** prüfen, ob die **Zulassungsvoraussetzungen des Eröffnungsantrags** vorliegen. Dies ist i.d.R. der Fall, wenn ein Antragsberechtigter den Eröffnungsantrag (Gläubiger oder Schuldner) gestellt hat, das Insolvenzgericht zuständig ist, der Schuldner insolvenzfähig ist und der Eröffnungsgrund durch den Gläubiger glaubhaft gemacht worden ist. Lässt das Insolvenzgericht den Eröffnungsantrag zu, so muss es **Ermittlungen anordnen**, die zur **Aufklärung** aller das Verfahren betreffenden Verhältnisse erforderlich sind, insb. die Befragung von Zeugen sowie das Einholen von Gutachten durch entsprechende Sachverständige. In diesem Eröffnungsverfahren hat der Schuldner eine umfassende **Auskunftspflicht** gem. § 20 InsO. Die §§ 97 bis 98 InsO, § 101 Abs. 1 Satz 1 und Satz 2 InsO und § 101 Abs. 2 InsO gelten entsprechend.

bb) Abweisung des Eröffnungsantrags (§ 26 InsO)

Sind die **prozessualen Voraussetzungen** nicht gegeben, weist das Insolvenzgericht den Eröffnungsantrag als unzulässig zurück. Die Abweisung des Antrags erfolgt als unbegründet, wenn ein **Insolvenzgrund nicht vorliegt** bzw. nicht vom Gläubiger glaubhaft gemacht werden kann. Die Abweisung erfolgt gem. § 26 Abs. 1 InsO **mangels Masse**, wenn das Vermögen des Schuldners voraussichtlich nicht ausreichen wird, um die Kosten des Verfahrens zu decken. Unter die Kosten des Verfahrens fallen die Gerichtskosten sowie die Vergütungen und Auslagen des vorläufigen Insolvenzverwalters, des Insolvenzverwalters und der Mitglieder des Gläubigerausschusses. Eine Abweisung mangels Masse unterbleibt, wenn ein ausreichender Geldbetrag, der sog. Massekostenvorschuss, vorgeschossen wird (§ 26 Abs. 1 Satz 2 InsO).

Wird der Eröffnungsantrag eines Gläubigers als unzulässig zurückgewiesen oder als unbegründet abgewiesen, weil ein Insolvenzgrund nicht vorliegt bzw. nicht glaubhaft gemacht wurde, werden die **Kosten des Verfahrens** dem Gläubiger auferlegt. Die Kosten werden dem Schuldner auferlegt, wenn die Abweisung aus Gründen, die ausschließlich in der Person des Schuldners lagen, mangels einer die Verfahrenskosten deckenden Masse erfolgte. Die vom Insolvenzgericht getroffenen **Sicherungsmaßnahmen** sind mit Abweisung des Eröffnungsantrags aufzuheben, bzw. wenn deren Zweck entfällt. Der Aufhebungsbeschluss ist öffentlich bekannt zu machen (§§ 25 Abs. 1 und 23 InsO).

2966 Weist das Insolvenzgericht den Eröffnungsantrag nicht ab, kommt es mit **Erlass eines Eröffnungsbeschlusses** (§ 27 InsO) zum Insolvenzverfahren.

cc) Rechtsmittel gegen die Abweisung (§ 34 InsO)

2967 Für den Fall, dass die Eröffnung des Insolvenzverfahrens abgewiesen wird, steht dem Antragsteller die **sofortige Beschwerde** zu (§ 6 InsO). Die sofortige Beschwerde steht auch dem Schuldner zu, wenn der Eröffnungsantrag mangels Masse abgewiesen wurde (§ 34 Abs. 1 InsO). Gem. § 4 InsO i.V.m. § 577 ZPO ist die sofortige Beschwerde innerhalb einer **Frist von zwei Wochen** ab Verkündung der abweisenden Entscheidung einzulegen. Wird die Entscheidung nicht verkündet, tritt an deren Stelle die Zustellung (§ 6 Abs. 2 Satz 1 InsO). Das Insolvenzgericht kann entgegen dem Verfahren im Zivilprozess der Beschwerde gem. § 6 Abs. 2 Satz 2 InsO abhelfen. Die Beschwerde ist dem zuständigen LG zur Entscheidung vorzulegen (§ 568 Abs. 1 ZPO), wenn ihr nicht abgeholfen wird.

2. Eigentliches Insolvenzverfahren

a) Wirkungen des Eröffnungsbeschlusses

2968 Nach Abschluss des Insolvenz-/Eröffnungsverfahrens geht mit Wirksamwerden des Eröffnungsbeschlusses das **Verwaltungs- und Verfügungsrecht** des Insolvenzschuldners über das zur Insolvenzmasse gehörende Vermögen auf den Insolvenzverwalter über, der sog. **Insolvenzbeschlag**. Damit wird gem. § 35 InsO das gesamte Vermögen beschlagnahmt, welches dem Insolvenzschuldner z.Zt. der Verfahrenseröffnung gehört und welches er während des Verfahrens erlangt (sog. Neuerwerb zur Insolvenzmasse). Die Beschlagnahme hat folgende **Konsequenzen**:

- Um eine funktionierende Gesamtvollstreckung zu gewährleisten und die frühzeitige Zerschlagung der Wirtschaftseinheit zu verhindern, tritt gem. § 89 InsO ein Verbot der Einzelzwangsvollstreckung ein.
- Insolvenzgläubiger können ihre Forderungen nur noch nach Maßgabe des § 87 InsO über die Vorschriften für das Insolvenzverfahren verfolgen.
- Rechte an Gegenständen der Insolvenzmasse können nach Eröffnung des Insolvenzverfahrens nicht wirksam erworben werden (§ 91 Abs. 1 InsO), auch wenn keine Verfügung des Schuldners und keine Zwangsvollstreckung für einen Insolvenzgläubiger vorliegt (Verhinderung der Masseverringerung).
- Sicherheiten, die im letzten Monat vor dem Antrag auf Eröffnung des Insolvenzverfahrens durch Zwangsvollstreckung an Gegenständen der Insolvenzmasse erlangt wurden, werden mit Eröffnung des Verfahrens unwirksam, sog. Rückschlagsperre (§ 88 InsO). Diese Unwirksamkeit tritt kraft Gesetzes zu Beginn des Verfahrens unabhängig vom Ausgang ein und bedarf daher keiner besonderen Anfechtung.

- Mit Eröffnung des Insolvenzverfahrens beginnt ein neues Geschäftsjahr (§ 155 Abs. 2 InsO). Der Insolvenzverwalter hat auf diesen Zeitpunkt eine Eröffnungsbilanz aufzustellen (§ 154 HGB, § 270 AktG, § 71 Abs. 1 GmbHG). Handels- und steuerrechtliche Pflichten zur Buchführung und Rechnungslegung bleiben unberührt (§ 155 Abs. 1 InsO).

Übt der Schuldner eine **selbstständige Tätigkeit** aus oder beabsichtigt er, demnächst eine solche Tätigkeit auszuüben, hat der Insolvenzverwalter ihm ggü. gem. § 35 Abs. 2 Satz 1 InsO zu erklären, ob Vermögen aus der selbstständigen Tätigkeit zur Insolvenzmasse gehört und ob Ansprüche aus dieser Tätigkeit im Insolvenzverfahren geltend gemacht werden können.

Der Insolvenzverwalter hat die Gegenstände der Insolvenzmasse und die Insolvenzgläubiger in folgenden **Verzeichnissen und Übersichten** zu erfassen: 2969

- Verzeichnis der Massegegenstände (§ 151 InsO): Verzeichnis der einzelnen Gegenstände der Insolvenzmasse (Abs. 1 Satz 1) und deren Werte (Abs. 2),
- Gläubigerverzeichnis (§ 152 InsO): Verzeichnis aller Gläubiger des Schuldners, die aus den Büchern und den Geschäftspapieren des Schuldners, durch sonstige Angaben des Schuldners, durch die Anmeldung der Forderungen oder auf andere Weise bekannt geworden sind,
- Vermögensübersicht (§ 153 InsO): Gegenüberstellung der Gegenstände der Insolvenzmasse und der Verbindlichkeiten des Insolvenzschuldners auf den Zeitpunkt der Verfahrenseröffnung.
- Die vom Insolvenzverwalter in Besitz und Verwaltung genommene Masse (Ist-Masse) ist im Laufe des Insolvenzverfahrens laufend zu der Masse zu bereinigen, die letztlich verwertet werden kann (Soll-Masse). Die Ist-Masse ist somit um Folgendes zu bereinigen:
- Gegenstände, für die ein Dritter einen Aussonderungsanspruch gem. § 47 InsO aufgrund eines dinglichen oder persönlichen Rechts geltend macht,
- höchstpersönliche Rechte des Insolvenzschuldners,
- unpfändbares Vermögen des Insolvenzschuldners.

Sicherungseigentum begründet keinen Aussonderungsanspruch, sondern vielmehr einen Absonderungsanspruch nach § 51 Nr. 1 InsO.

Der Insolvenzschuldner ist nicht gehindert, durch den Abschluss von Verträgen neue Verbindlichkeiten zu begründen, für die er mit dem insolvenzfreien Vermögen einzustehen hat. Er kann deshalb einen **neuen Mietvertrag abschließen**; unterzeichnet diesen der Insolvenzverwalter mit bzw. genehmigt ihn, haftet er grds. ebenfalls auf Mietzahlung, da ein solchen Verhalten nicht zulasten des Vermieters gehen kann.[4808]

b) Freigabe aus dem Insolvenzbeschlag

Der Insolvenzverwalter kann bzgl. einzelner Vermögensbestandteile die **Freigabe aus dem Insolvenzbeschlag** erklären. Dies führt dazu, dass die Insolvenzmasse ab dem Zeitpunkt der Freigabe nicht mehr für Verbindlichkeiten aus dem Miet- oder Pachtverhältnis oder aus dem Eigentum haftet; spiegelbildlich verliert die Insolvenzmasse den Anspruch auf Miet- und Pacht- 2970

[4808] OLG Düsseldorf, 24.06.2010 – 24 U 210/09, IMR 2011, 59.

zinsen ab dem Zeitpunkt, ab dem die Freigabe wirksam wird. Bei der **Freigabe von Räumen** haftet die Masse nicht mehr für Forderungen aus dem Mietverhältnis i.S.d. § 55 InsO, sodass damit sowohl der Anspruch aus § 535 Abs. 2 BGB als auch der Anspruch aus § 546a BGB ausgeschlossen sind.[4809] Die „Freigabe" nach § 35 Abs. 2 InsO umfasst jedenfalls diejenigen Vertragsverhältnisse und Betriebsmittel, ohne die eine selbstständige Erwerbstätigkeit nicht möglich ist, wozu auch das aus gewerblichen Gründen eingegangene und genutzte Mietverhältnis des Insolvenzschuldners gehört, denn ohne dieses wird der Schuldner seine selbstständige Tätigkeit in den seltensten Fällen fortsetzen können.[4810]

Die Freigabe ist eine einseitige, empfangsbedürftige Willenserklärung und wird wirksam mit Zugang.

Mit der Freigabe erlangt der Mieter die Verfügungsbefugnis über das Mietobjekt zurück, sodass der Vermieter nun ihn persönlich auf Herausgabe oder andere Forderungen in Anspruch nehmen kann und muss.[4811]

c) Forderungsanmeldung

2971 Die Insolvenzgläubiger haben im Insolvenzverfahren ihre Forderungen gegen den Insolvenzschuldner bis zum im Eröffnungsbeschluss genannten Termin **schriftlich** beim Insolvenzverwalter unter Angabe des Grundes und des Betrages anzumelden (§ 174 InsO). Gläubiger mit Absonderungsrechten haben diese Rechte ebenfalls beim Insolvenzverwalter anzumelden (§ 28 Abs. 2 AO); eine Eintragung in die Tabelle erfolgt jedoch nicht. Es erfolgt die Aufnahme in das Gläubigerverzeichnis (§ 152 Abs. 2 Satz 1 InsO).

2972 Wird weder im Prüfungstermin noch im schriftlichen Verfahren (§ 177 InsO) vom Insolvenzverwalter oder von einem Insolvenzgläubiger ein **Widerspruch erhoben**, so gelten die **Forderungen** als **festgestellt**. Die Forderungen gelten ebenfalls als festgestellt, sobald ein erhobener Widerspruch beseitigt wurde (§ 178 Abs. 1 Satz 1 InsO). Ein Widerspruch des Schuldners steht der Feststellung nicht entgegen (§ 178 Abs. 1 Satz 2 InsO).

2973 Mit Eintragung der festgestellten Forderung ihrem Betrag und ihrem Rang nach in die Tabelle durch das Insolvenzgericht wird die **Wirkung eines rechtskräftigen Urteils** ggü. dem Insolvenzverwalter und allen Insolvenzgläubigern erzielt (§ 178 Abs. 3 InsO). Dies bewirkt eine Berücksichtigung des Gläubigers bei einer etwaigen Verteilung (§ 189 InsO) und die Gewährung des Stimmrechts (§ 77 InsO).

d) Berichtstermin

2974 Der Insolvenzverwalter hat im Berichtstermin über die wirtschaftliche Lage des Schuldners und ihre Ursachen zu berichten (§ 156 Abs. 1 Satz 1 InsO) und darzulegen, ob Aussichten bestehen, das Unternehmen des Insolvenzschuldners im Ganzen oder in Teilen zu erhalten,

---

4809 LG Krefeld, 24.02.2010 – 2 O 346/09, GuT 2010, 246 = NZM 2010, 816.
4810 LG Krefeld, 24.02.2010 – 2 O 346/09, GuT 2010, 246 = NZM 2010, 816.
4811 BGH, 17.12.2008 – XII ZB 125/06, GuT 2009, 209 = MDR 2009, 1000 = MietPrax-AK, § 240 ZPO – Nr. 1; BGH, 27.10.2003 – II ZA 9/02, NJW-RR 2004, 136, 137; BGH, 28.09.1989 – VII ZR 115/89, NJW 1990, 1239.

welche Möglichkeiten für einen Insolvenzplan bestehen und welche Auswirkungen jeweils für die Befriedigung der Gläubiger eintreten würden (§ 156 Abs. 1 Satz 2 InsO).

Durch diese Informationen soll die Gläubigerversammlung in die Lage versetzt werden, die **Entscheidung über die Stilllegung oder vorläufige Fortführung** des Unternehmens zu treffen (§ 157 Satz 1 InsO). Im Zuge der Stärkung der Gläubigerautonomie sollen die Gläubiger in die Lage versetzt werden, im Wege freier Verhandlungen mit allen Beteiligten das bestmögliche Ergebnis zu erzielen. Dazu dient auch die Möglichkeit, den Insolvenzverwalter mit der **Ausarbeitung eines Insolvenzplans** zu beauftragen und ihm die Ziele des Plans (Sanierung, übertragende Sanierung, Liquidation, Sonstiges) vorzugeben (§ 157 Satz 2 InsO). Trifft die Gläubigerversammlung keine Entscheidung über die Fortführung des Betriebes, muss der Insolvenzverwalter die Modalitäten der Verwertung, i.d.R. im Rahmen eines Liquidationsplans, bestimmen. 2975

e) Verwertung des Vermögens

Kommt es tatsächlich aufgrund der Entscheidung der Gläubigerversammlung zu einem Liquidationsverfahren oder wird keine Entscheidung zur Fortführung des Unternehmens getroffen, ist das zur Insolvenzmasse gehörende Vermögen **unverzüglich** durch den Insolvenzverwalter nach § 159 ff. InsO zu verwerten. 2976

Entscheidet sich die Gläubigerversammlung jedoch für eine Fortführung des Unternehmens durch eine Sanierung, übertragende Sanierung oder durch ein sonstiges Planverfahren, erfolgt ein Insolvenzplanverfahren (→ *Rn. 2981 ff.*). 2977

Der Insolvenzverwalter ist im Fall einer Liquidation grds. erst nach dem Berichtstermin zu **Verwertungshandlungen** berechtigt. Um eine Verminderung der Insolvenzmasse zu verhindern, ist der Insolvenzverwalter befugt, das Unternehmen stillzulegen. Vor besonders bedeutsamen Rechtshandlungen ist die Zustimmung des Gläubigerausschusses oder der Gläubigerversammlung einzuholen (§ 160 Abs. 1 InsO). 2978

Das Verwertungsrecht an Gegenständen, die mit einem **Absonderungsrecht** eines Gläubigers versehen sind, steht entgegen dem alten Recht grds. dem Insolvenzverwalter zu (§ 165 und § 166 InsO), sodass bewegliche Sachen freihändig verwertet werden können, soweit sie im Besitz des Insolvenzverwalters sind, bzw. Forderungen, die der Schuldner zur Sicherung eines Anspruches abgetreten hat, eingezogen oder in anderer Weise verwertet werden können. Der erzielte Verwertungserlös ist nach vorherigem Abzug der Feststellungs- und Verwertungskosten unverzüglich an den entsprechenden Gläubiger auszukehren (§ 170 Abs. 1 InsO). 2979

f) Verteilung der Insolvenzmasse

Hat der Insolvenzverwalter die Bereinigung und die Verwertung der Insolvenzmasse abgeschlossen, ist die vorhandene Masse unter den Gläubigern zu verteilen. **Massegläubiger i.S.d. §§ 53 bis 55 InsO** nehmen an der Verteilung nicht teil, ihre Ansprüche werden vorab aus der Insolvenzmasse befriedigt. Die Verteilung erfolgt durch den Insolvenzverwalter zugunsten der Insolvenzgläubiger durch **quotale Zahlung** auf die einzelne Insolvenzforderung. Da eine Ver- 2980 teilung zu verschiedenen Verfahrensstadien erfolgen kann, unterscheidet man drei Verteilungsarten:

- Abschlagsverteilung: frühestens nach dem allgemeinen Prüfungstermin (§§ 29 Abs. 2 Nr. 2 und 176 InsO),
- Schlussverteilung: nach Verwertung der Insolvenzmasse (§ 196 Abs. 1 InsO),
- Nachtragsverteilung: nach dem Schlusstermin auf besonderen Antrag (§ 203 Abs. 1 InsO).

g) Insolvenzplanverfahren

2981 Der Insolvenzplan ist mit Einführung der InsO zum zentralen Bestandteil des Insolvenzrechts geworden. Durch ihn wird eine einvernehmliche **Bereinigung der Insolvenz in einem außergerichtlichen Verfahren** ermöglicht, und zwar nicht nur mit der in dem alten Recht praktizierten Zerschlagung einer wirtschaftlichen Einheit, sondern vielmehr steht die Erhaltung des ganzen oder auch nur eines Teils des Unternehmens in Form der Sanierung, der übertragenden Sanierung oder Kombinationen aus den beschriebenen Verfahrensweisen im Vordergrund.

2982 Ziel des Insolvenzplanverfahrens ist die **bestmögliche Befriedigung der Gläubiger** durch ihre verstärkte Einbindung. Das Insolvenzplanverfahren ist ein außergerichtliches Verfahren. Es ist zwar Ausfluss des eröffneten Insolvenzverfahrens, und die Rechtmäßigkeit des Verfahrens wird durch das Insolvenzgericht überwacht, dieser Gerichtsbarkeit kommt aber nur vermittelnde bzw. schlichtende Tätigkeit zu. Der eingesetzte Insolvenzverwalter hat lediglich die Aufgabe, die einzelnen verwertbaren Forderungen zu kanalisieren. **Maßgebliches Organ**, welches die Entscheidungen trifft, ist die Gläubigerversammlung. Der Insolvenzverwalter erarbeitet im Auftrag der Gläubigerversammlung einen Insolvenzplan, welcher die Grundlage für die Bereinigung der beteiligten Forderungen darstellt. Den Auftrag hierzu erteilt die Gläubigerversammlung im Berichtstermin nach § 156 InsO. Mit diesem Plan gilt es also vornehmlich unter marktwirtschaftlichen Aspekten die Ertragskraft des insolventen Unternehmens zu einem frühzeitigen Zeitpunkt wiederherzustellen, dabei aber die bestmögliche Befriedigung der Gläubiger nicht außer Acht zu lassen.

2983 Der Insolvenzplan besteht primär aus einem darstellenden Teil (§ 220 InsO) mit durchgeführten und beabsichtigten Maßnahmen und einem gestaltenden Teil (§ 221 InsO), in dem festgelegt wird, wie die Rechtsstellung der Beteiligten durch den Insolvenzplan geändert werden soll. Ferner gibt es zum Insolvenzplan gem. § 230 InsO weitere Anlagen.

2984 Nach einer Prüfung hat das Insolvenzgericht gem. § 231 InsO den **Insolvenzplan zurückzuweisen**, wenn er nicht den geltenden Vorschriften der InsO entspricht, insb.:

- die Vorschriften über das Recht zur Vorlage und den Inhalt des Plans nicht beachtet werden und der Vorlegende den Mangel nicht beheben kann oder innerhalb einer angemessenen, vom Gericht gesetzten Frist nicht behebt;
- ein vom Schuldner vorgelegter Plan offensichtlich keine Aussicht auf Annahme durch die Gläubiger oder auf Bestätigung durch das Gericht hat;
- die Ansprüche, die den Beteiligten nach dem gestaltenden Teil eines vom Schuldner vorgelegten Plans zustehen, offensichtlich nicht erfüllt werden können.

Gegen die Zurückweisung des Plans steht dem Vorlegenden die **sofortige Beschwerde** zu (§ 231 Abs. 3 InsO). 2985

Wird der Insolvenzplan nicht zurückgewiesen, ist er den folgenden Beteiligten unter Fristsetzung durch das Insolvenzgericht zur Stellungnahme vorzulegen (232 InsO): 2986
- dem Gläubigerausschuss, wenn ein solcher bestellt ist;
- dem Betriebsrat und dem Sprecherausschuss der leitenden Angestellten;
- dem Schuldner, wenn der Insolvenzverwalter den Plan vorgelegt hat;
- dem Insolvenzverwalter, wenn der Schuldner den Plan vorgelegt hat.

Das Insolvenzgericht kann gem. § 233 InsO auf Antrag des Schuldners oder des Insolvenzverwalters die **Aussetzung der Verwertung** und Verteilung der Insolvenzmasse anordnen, soweit die Durchführung eines vorgelegten Plans durch die Fortsetzung der Verwertung und Verteilung gefährdet werden würde. Diese Regelung dient dazu, die grundlegenden Absichten des erarbeiteten Insolvenzplans nicht zu untergraben. 2987

Ob der vorgelegte Insolvenzplan von den Beteiligten angenommen wird, entscheidet sich in dem vom Insolvenzgericht bestimmten **Erörterungs- und Abstimmungstermin gem. § 235 InsO**. Diese Abstimmung erfolgt nach vorangegangener ausgiebiger Erörterung des geplanten Vorgehens in verschiedenen Gruppen. Diese Gruppen werden nach dem Wert der jeweiligen Rechtsstellung im Insolvenzverfahren gebildet und münden in der Stimmberechtigung des Einzelnen. Für die **Annahme des Plans** durch die Gläubiger ist es notwendig, dass in jeder Gruppe die Mehrheit der abstimmenden Gläubiger zustimmt (**Kopfmehrheit**) und die Summe der Ansprüche der zustimmenden Gläubiger mehr als die Hälfte der Summe der Ansprüche der abstimmenden Gläubiger beträgt (**Summenmehrheit**). Die Zustimmung einer Abstimmungsgruppe kann nach § 245 InsO auch unter bestimmten Voraussetzungen durch das Insolvenzgericht ersetzt werden, obwohl die erforderliche Mehrheit nicht erreicht worden ist (sog. **Obstruktionsverbot**). Nach Annahme des Plans durch die Gläubiger und erfolgter Zustimmung durch den Schuldner bedarf der Insolvenzplan noch der Bestätigung durch das Insolvenzgericht gem. § 248 InsO. 2988

Das Insolvenzgericht hat den Beschluss, mit dem der Plan bestätigt oder seine Bestätigung versagt wird, im Abstimmungstermin oder in einem alsbald zu bestimmenden besonderen Termin zu verkünden. Gegen diesen Beschluss steht den Gläubigern und dem Schuldner **die sofortige Beschwerde** zu (§ 253 InsO). Mit Bestätigung des Plans ist den Insolvenzgläubigern, die Forderungen angemeldet haben, und den absonderungsberechtigten Gläubigern ein Abdruck des Plans oder eine Zusammenfassung seines wesentlichen Inhalts zu übersenden. 2989

Der **bestätigte Insolvenzplan** hat nach §§ 254 ff. InsO folgende Wirkungen: Tritt die Rechtskraft der Bestätigung des Insolvenzplans ein, so entfalten die im gestaltenden Teil festgelegten Vorgehensweisen ihre Wirkung für und gegen alle Beteiligten (§ 254 Satz 1 InsO). Aufgrund dieses Insolvenzplans gestundete oder erlassene (auch nur teilweise) Forderungen von Gläubigern leben wieder auf, soweit der Schuldner mit der Erfüllung des Plans ihm ggü. erheblich in Rückstand gerät, sog. **Wiederauflebensklausel** (§ 255 InsO). 2990

2991 Insolvenzgläubiger, deren Forderungen festgestellt und nicht vom Schuldner im Prüfungstermin bestritten worden sind, können aus dem rechtskräftig bestätigten Insolvenzplan i.V.m. der Eintragung in die Tabelle wie aus einem vollstreckbaren Urteil die **Zwangsvollstreckung gegen den Schuldner** betreiben (§ 257 Abs. 1 InsO), wenn der Schuldner mit der Erfüllung des Plans erheblich in Rückstand gerät. Ein weiterer Beweis für den Rückstand des Schuldners ist vom Gläubiger nicht beizubringen.

2992 Mit Rechtskraft der Bestätigung des Insolvenzplans ist das **Insolvenzverfahren** gem. § 258 InsO unter gleichzeitiger Begleichung der unstrittigen Masseansprüche **aufzuheben**. Für die strittigen Masseansprüche sind Sicherheiten vom Insolvenzverwalter zu leisten. Die Ämter des Insolvenzverwalters und des Gläubigerausschusses erlöschen. Über die Insolvenzmasse kann der Schuldner unter Beachtung der festgelegten Vorgehensweise zur Planerfüllung wieder frei verfügen.

2993 Die **Überwachung der Planerfüllung** kann im gestaltenden Teil des Insolvenzplans vorgesehen werden (§ 260 InsO). Überwacht wird die Zahlung der Ansprüche, die den Gläubigern nach dem gestaltenden Teil des Plans zustehen. Dazu bleiben die Ämter des Insolvenzverwalters und des Gläubigerausschusses bestehen, soweit dies der Überwachung dient. Die Überwachung führt der Insolvenzverwalter durch (§ 261 Abs. 1 Satz 1 InsO). Sie ist öffentlich bekannt zu machen und gem. § 268 InsO vom Insolvenzgericht in einer öffentlichen Bekanntmachung **aufzuheben**, wenn Ansprüche, deren Erfüllung überwacht wird, erfüllt sind oder die Erfüllung dieser Ansprüche gewährleistet ist oder seit der Aufhebung des Insolvenzverfahrens drei Jahre verstrichen sind und kein Antrag auf Eröffnung eines neuen Insolvenzverfahrens vorliegt.

h) Abschluss des Verfahrens

2994 Mit der **Einstellung** des Verfahrens
- mangels Masse (§ 207 InsO),
- nach Anzeige der Masseunzulänglichkeit (§ 211 InsO),
- wegen Wegfalls des Eröffnungsgrundes (§ 212 InsO) oder
- mit Zustimmung der Gläubiger (§ 213 InsO)

endet das letzte Geschäftsjahr. Soweit der Insolvenzverwalter zur handelsrechtlichen Rechnungslegung noch verpflichtet ist, hat er zum Abschluss des Verfahrens einen **Jahresabschluss** i.S.d. § 242 HGB zu erstellen. Die i.R.d. insolvenzrechtlichen Rechnungslegung zu erstellenden Übersichten und Verzeichnisse können in Anlehnung an das handelsrechtliche Rechnungslegungswerk gefertigt werden.

2995 Wird das Insolvenzverfahren **aufgehoben** (§ 200 InsO), endet das letzte Geschäftsjahr mit der Aufhebung. Wird das Unternehmen im Rahmen eines Insolvenzplans (§§ 217 ff. InsO) fortgeführt, beginnt mit der Aufhebung des Verfahrens ein neues Geschäftsjahr mit den entsprechenden handelsrechtlichen Folgen (Erstellung einer Schlussbilanz zur Beendigung des Verfahrens und Erstellung einer Eröffnungsbilanz nach Beendigung des Verfahrens).

3. Besonderheiten der Verbraucherinsolvenz/vereinfachtes Insolvenzverfahren

Mit dem Verbraucherinsolvenzverfahren soll für **natürliche Personen**, die keine oder nur eine geringfügige selbstständige, gewerbliche oder freiberufliche Tätigkeit ausüben (also u.U. auch Gewerberaummieter), eine Schuldenbereinigung in einem einfachen, flexiblen und die Gerichte wenig belastenden Verfahren erreicht werden. Das Verfahren gliedert sich in die drei **folgenden Abschnitte**.

a) Außergerichtlicher Einigungsversuch

Der Schuldner hat den Gläubigern und damit ggf. auch dem FA zum Zweck der außergerichtlichen Einigung z.B. ein Vermögensverzeichnis, eine Aufstellung seiner Verbindlichkeiten und Gläubiger und einen Plan zur Schuldenregulierung vorzulegen.

b) Schuldenbereinigungsverfahren

Scheitert der ernsthafte Versuch des Schuldners, eine außergerichtliche Einigung herbeizuführen, so kann er die **Eröffnung des vereinfachten Insolvenzverfahrens** nach den §§ 311 ff. InsO beantragen. Mit einem Antrag auf Eröffnung des vereinfachten Insolvenzverfahrens nach §§ 311 ff. InsO hat der Schuldner die in § 305 Abs. 1 InsO genannten Unterlagen und Erklärungen vorzulegen. Zum Nachweis des **Scheiterns eines außergerichtlichen Einigungsversuchs** ist eine Bescheinigung einer nach Landesrecht für die Schuldnerberatung vorgesehenen Person oder Stelle beim Insolvenzgericht vorzulegen.

Der Schuldner hat das **Vorliegen eines Insolvenzgrundes** darzutun. Da das Verfahren über das Vermögen einer natürlichen Person eröffnet werden soll, kommen als Insolvenzgründe die Zahlungsunfähigkeit und die drohende Zahlungsunfähigkeit in Betracht. Der Schuldenbereinigungsplan gilt als angenommen, wenn alle Gläubiger zugestimmt haben, kein Gläubiger Einwendungen erhoben hat oder die Zustimmung eines oder mehrerer Gläubiger nach § 309 InsO ersetzt wird.

c) Durchführung des vereinfachten Verfahrens

Grds. finden die Bestimmungen der InsO auch im vereinfachten Verfahren Anwendung. Das Insolvenzgericht bestellt einen **Treuhänder**, der die Aufgaben des Insolvenzverwalters wahrnimmt (§ 313 Abs. 1 Satz 1 InsO) und bei dem auch die Abgabenansprüche anzumelden sind. Der Treuhänder hat zwar nur eingeschränkte Befugnisse, ist jedoch für die Dauer des Insolvenzverfahrens als Vertreter des Schuldners i.S.v. §§ 34, 35 AO anzusehen (vgl. § 313 Abs. 1 InsO). Das FA hat daher Verwaltungsakte nur dem Treuhänder bekannt zu geben. Im vereinfachten **Verfahren ausdrücklich ausgeschlossen** sind die Regelungen über den Insolvenzplan und die Eigenverwaltung (§ 312 Abs. 3 InsO). Auf Antrag des Treuhänders kann das Insolvenzgericht anordnen, dass von einer Verwertung der Insolvenzmasse ganz oder teilweise abgesehen wird (§ 314 Abs. 1 Satz 1 InsO). In diesem Fall gibt das Insolvenzgericht dem Schuldner auf, binnen einer festgesetzten Frist einen dem Wert der Teilungsmasse entsprechenden Betrag an den Treuhänder zu zahlen.

3001 Wie im Anschluss an das reguläre Insolvenzverfahren besteht auch im vereinfachten Verfahren – auf Antrag des Schuldners – die Möglichkeit der **RSB** nach Maßgabe der §§ 286 ff. InsO.

4. Restschuldbefreiung (§§ 287 ff. InsO)

3002 Die Restschuldbefreiung (RSB) kann nach § 286 InsO nur von einer **natürlichen Person**, über deren Vermögen ein Insolvenzverfahren durchgeführt wurde, erlangt werden. Für **Verbraucher und Kleingewerbetreibende** gilt demnach das Verbraucherinsolvenzverfahren i.S.d. InsO. Für alle übrige Personen, mithin **Unternehmer**, richtet sich das Insolvenzverfahren nach den allgemeinen Vorschriften der InsO. Insolvenzverfahren, die mit einem Insolvenzplan (§ 217 ff. InsO) abgeschlossen wurden, sind hiervon ausgenommen, da, soweit der Insolvenzplan nichts anderes vorsieht, eine RSB von Gesetzes wegen nach § 227 Abs. 1 InsO eintritt. Die RSB kann durch drei unterschiedliche Verfahren erreicht werden:

- Bestätigung eines Insolvenzplans im Insolvenzplanverfahren;
- Annahme eines Schuldenbereinigungsplans im Verbraucherinsolvenzverfahren;
- Verfahren zur RSB.

3003 Erteilt das Insolvenzgericht die RSB, wirkt sie gegen alle Insolvenzgläubiger und damit auch ggü. denen, die ihre Forderungen nicht zur Tabelle angemeldet haben (§ 300 Abs. 1 InsO). Der Schuldner ist damit gem. § 286 InsO von den bis zum Abschluss der **Wohlverhaltensperiode** nicht erfüllten Insolvenzforderungen i.S.v. §§ 38, 39 InsO befreit. Diese Forderungen sind mithin zwar noch erfüllbar, aber nicht mehr durchsetzbar. Der Gläubiger darf den Schuldner aber während der Wohlverhaltensperiode verklagen, wenn die Forderung bereits vor Eröffnung des Insolvenzverfahrens begründet worden war.[4812]

3004 Das Verfahren beinhaltet, dass der redliche Schuldner für einen **Zeitraum von sechs Jahren** (Wohlverhaltensperiode; vormals sieben Jahre) den pfändbaren Teil seiner Bezüge sowie die Hälfte des durch Erbfall erlangten Vermögens an einen Treuhänder abtreten bzw. herausgeben muss (vgl. §§ 287 Abs. 2, 295 Abs. 1 Nr. 2 InsO). Der Gesetzgeber hatte mit der Neufassung des § 287 Abs. 2 InsO, wonach die Abtretung für die Zeit von sechs Jahren nach der Eröffnung des Insolvenzverfahrens erfolgt, eine **Verkürzung** der bisherigen langen Verfahrensdauer von vorher sieben Jahren angestrebt. Die Wohlverhaltensphase beginnt bei Insolvenzverfahren, die vor dem 01.12.2001 eröffnet wurden, mit der Aufhebung des Insolvenzverfahrens und dauert sieben Jahre, es sei denn, der Schuldner war bereits vor dem 01.01.1997 zahlungsunfähig.[4813] Die Neuregelung gilt nach der Überleitungsvorschrift des Art. 103a EGInsO **nicht für Altfälle**.

3005 Darüber hinaus hat der Schuldner sich um eine **angemessene Erwerbstätigkeit** zu bemühen, jeden Wechsel des Wohnsitzes oder der Beschäftigungsstelle anzuzeigen und Zahlungen ausschließlich an den Treuhänder zu leisten (vgl. § 295 Abs. 1 Nr. 1, Nr. 3 und Nr. 4 InsO). Der Treuhänder kehrt das Erlangte jährlich nach der im Schlussverzeichnis festgelegten Quote an die Gläubiger aus (vgl. § 292 Abs. 1 Satz 2 InsO). Endet die Wohlverhaltensperiode ohne eine vorzeitige Beendigung, so entscheidet das Insolvenzgericht nach Anhörung der Insolvenzgläubiger, des Treuhänders und des Schuldners durch Beschluss über die **Erteilung der RSB**

[4812] BGH, 28.06.2007 – IX ZR 73/06, NZM 2007, 771 = IMR 2008, 180 zu einer Mietforderung.
[4813] BGH, 11.10.2007 – IX ZB 72/06.

(§ 300 InsO). Diese Entscheidung ist öffentlich bekannt zu machen (auszugsweise im Bundesanzeiger).

> **Hinweis:**
>
> Das Verfahren verlangt Redlichkeit des Schuldners. Verschweigt der insolvente Mieter in der seinem Insolvenzantrag beizufügenden Vermögensübersicht eine geleistete Mietkaution, ist ihm die RSB zu versagen.[4814]

IV. Vermieterinsolvenz

Nach § 108 Abs. 1 Satz 1 InsO bestehen Miet- und Pachtverhältnisse mit Wirkung für die Insolvenzmasse fort. Dies gilt auch für Miet- und Pachtverhältnisse, die der Schuldner als Vermieter oder Verpächter eingegangen war und die sonstige Gegenstände betreffen, die einem Dritten, der ihre Anschaffung oder Herstellung finanziert hat, zur Sicherheit übertragen wurden, § 108 Abs. 1 Satz 2 InsO. Wird der Vermieter insolvent, gehören die vermieteten oder verpachteten Gegenstände zur **Insolvenzmasse**. Dies gilt allerdings nur, wenn die Mietsache im Zeitpunkt der Eröffnung des Insolvenzverfahrens dem Mieter bereits überlassen worden ist.[4815]

3006

Ein **Sonderkündigungsrecht des Mieters** in der Insolvenz des Vermieters gibt es nicht. Wird die Eröffnung des Insolvenzverfahrens über das Vermietervermögen mangels Masse abgelehnt, so erwächst dem Mieter auch aus diesem Umstand kein außerordentliches Kündigungsrecht.[4816] Keine der Parteien hat ein **Sonderkündigungsrecht**, sodass der Insolvenzverwalter erfüllen muss, indem er die Räume dem Mieter zur Verfügung stellt bzw. belässt. Entsprechend sind Erhaltungsaufwendungen und Mängelbeseitigungsansprüche aus der Masse zu begleichen. Der Mieter muss die **Miete an den Verwalter** zahlen. Es bleibt bei den vertraglichen Pflichten, lediglich der Vermieter wird nun durch den Insolvenzverwalter vertreten. Dieser muss also z.B. auch die **Betriebskostenabrechnung** erstellen. Rechnet der Insolvenzverwalter über die Betriebskosten für solche Abrechnungszeiträume ab, die vor Eröffnung des Insolvenzverfahrens geendet haben, darf der Mieter sein Abrechnungsguthaben gegen die Ansprüche der Insolvenzmasse auf die aktuell fälligen Mieten aufrechnen.[4817]

3007

Der Anspruch des Mieters auf Überlassung/Herstellung eines vertragsgemäßen Zustands ist unabhängig vom Entstehungszeitpunkt **eine Masseforderung i.S.d. § 55 Abs. 1 Nr. 2 InsO**. Dies bedeutet, dass der Anspruch des Mieters auf Herstellung eines zum vertragsgemäßen Gebrauch geeigneten Zustands der Mietsache unabhängig davon, ob der mangelhafte Zustand vor oder nach Eröffnung des Verfahrens entstanden ist, bei fortdauerndem Mietverhältnis eine Masseschuld begründet.[4818]

3008

4814 BGH, 12.07.2007 – IX ZB 129/04, InfoM 2007, 327.
4815 BGH, 05.07.2007 – IX ZR 185/06, GuT 2007, 358 = IMR 2007, 382.
4816 BGH, 23.01.2002 – XII ZR 5/00, NZM 2002, 524 = NJW-RR 2002, 946.
4817 BGH, 21.12.2006 – IX ZR 7/06, InfoM 2007, 193; vgl. grds. zu den Aufrechnungsmöglichkeiten des Mieters BGH, 21.12.2006 – IX ZR 7/06, NZM 2007, 162 = IMR 2007, 92.
4818 BGH, 03.04.2003 – IX ZR 163/02, NZM 2003, 472 = GuT 2003, 144.

3009 Wird das **Objekt vom Insolvenzverwalter veräußert**, eröffnet § 111 InsO dem Erwerber die Möglichkeit zur **Kündigung** unter Einhaltung der gesetzlichen Frist für den ersten möglichen Termin.[4819] D.h.: auch Zeitmietverträge mit längerer Dauer können mit der **gesetzlichen Frist** des § 580a Abs. 2 BGB gekündigt werden. Nach § 111 Satz 2 InsO ist die Sonderkündigung aber auch nur auf diesen Termin zulässig. Da die Kündigung langfristige Investitionen des Mieters zunichtemachen kann, wird teilweise eine Abwägung des Eigentumsgrundrechts des Gewerberaummieters aus Art. 14 Abs. 1 Satz 1 GG mit dem Eigentumsgrundrecht des Erwerbers gefordert.[4820] Gelangt das Objekt in die **Zwangsversteigerung**, hat der Erwerber ein **Sonderkündigungsrecht** gem. § 57a ZVG.

3010 Bei Insolvenz des Vermieters hat der Mieter, wenn die **Barkaution** gesetzeskonform auf einem Treuhandkonto angelegt ist, ein Aussonderungsrecht nach § 47 InsO. Hat der Vermieter die Kaution nicht getrennt von seinem Vermögen angelegt, scheidet ein Aussonderungsrecht des Mieters aus. Der Kautionsrückzahlungsanspruch ist dann keine Masseverbindlichkeit i.S.d. § 55 Abs. 1 Nr. 1 oder 2 InsO. Dem Mieter steht lediglich eine einfache Insolvenzforderung zu. Bei Insolvenz des Vermieters ist der Insolvenzverwalter verpflichtet, die Kaution zurückzuzahlen, wenn der Schuldner (= Vermieter) sie pflichtgemäß treuhänderisch (= von seinem Vermögen getrennt) angelegt hatte; anders ist es, wenn der Schuldner die Pflicht nicht erfüllt hatte.[4821] Entsprechendes gilt für einen Erwerber, der nach § 57 ZVG in das Mietverhältnis eintritt (kein Auszahlungsanspruch des Mieters → *ausführlich Rn. 2468 ff.*).[4822]

V. Mieterinsolvenz

1. Eröffnungsverfahren

a) Kein außerordentliches Kündigungsrecht für den Vermieter

3011 Schon wenn der Antrag auf Eröffnung des Insolvenzverfahrens über das Vermögen des Mieters gestellt wird, kommt es zu Einschränkungen für den Vermieter. Der Vermieter hat – im Gegensatz zur früheren Rechtslage nach der ehemaligen KO – **kein außerordentliches Kündigungsrecht**. Dies wird damit begründet, dass dringend benötigte Betriebsmittel zur Erhöhung der Sanierungschancen wenigstens vorläufig im Massebesitz verbleiben sollen.[4823] Sog. **Lösungsklauseln**, die darauf gerichtet sind, das Mietverhältnis mit Insolvenzantragsstellung zu beenden, sind nach § 119 InsO unwirksam, weil sie gegen die Kündigungssperre des § 112 Nr. 1 InsO verstoßen[4824] (dazu auch unten → *Rn. 3012, 3053 ff.*). Das Mietverhältnis endet aber, wenn es durch eine der Mietparteien vor Verfahrenseröffnung für einen danach liegenden Termin wirksam gekündigt wurde.

4819 Zum Erlöschen eines Vormietrechts in diesem Fall vgl. KG, 23.09.2010 – 8 W 46/10, IMR 2011, 11.
4820 Derleder, ZAP Fach 14, S. 513; Derleder, NZM 2004, 567, 577.
4821 LG Berlin, 19.06.2006 – 62 S 33/06, GE 2006, 1481 = InfoM 2007, 95.
4822 LG Braunschweig, 22.12.2009 – 6 S 60/09, IMR 2010, 333.
4823 Vgl. Begründung zu § 122 InsO des Regierungsentwurfs, BT-Drucks. 12/2443, S. 146 ff.
4824 OLG Hamm, 07.03.2001 – 30 U 192/00, NZM 2002, 343.

b) Kündigungssperre für Zahlungsrückstände vor Insolvenzantrag

Der Eröffnungsantrag bewirkt für den Vermieter eine Kündigungssperre im Hinblick auf **Miet- und Pachtrückstände, die vor Antragsstellung aufgelaufen sind**, vgl. § 112 Nr. 1, Nr. 2 InsO, sodass der Vermieter das Mietobjekt weiter zur Verfügung stellen muss, obwohl er dafür i.d.R. keine Miete mehr erhält. Zweck des § 112 InsO ist es, dem Schuldner Sachen, die er zur Fortführung, Sanierung oder Gesamtveräußerung des Unternehmens, aber auch zur ordnungsgemäßen Abwicklung des Insolvenzverfahrens benötigt, aus Anlass des Insolvenzverfahrens nicht zu entziehen; die für die Betriebsfortführung benötigten Gegenstände des Schuldners sollen zusammengehalten und das Unternehmen des Schuldners soll als wirtschaftliche Einheit erhalten bleiben.[4825] Dieser **gesetzgeberische Zweck** hat sich allerdings nicht in einer ihm entsprechenden Einschränkung niedergeschlagen, und so erfasst die Vorschrift sogar Mietverträge über Gegenstände, die für den Lebensbedarf oder zur Fortführung des Unternehmens nicht erforderlich sind.[4826] Die Kündigungssperre des § 112 InsO gilt daher unabhängig vom Vertragsgegenstand für sämtliche Miet- und Pachtverträge.[4827] Eine Kündigung ist nach § 112 InsO auch ggü. dem nicht insolventen, aber gleichfalls in Zahlungsverzug befindlichen Mitmieter unwirksam.[4828]

3012

Nach Stellung des Antrags auf Eröffnung des Insolvenzverfahrens kann der Vermieter eine fristlose Kündigung also nicht auf einen Zahlungsverzug stützen, der bereits in der Zeit vor dem Eröffnungsantrag eingetreten ist. Entsprechendes gilt für eine Kündigung wegen einer Verschlechterung der Vermögensverhältnisse des Mieters. Das hat natürlich enorme praktische Auswirkungen, da der Vermieter hierdurch sein Recht zur „normalen" Kündigung (z.B. wegen Zahlungsverzuges) verliert. Sinn der Kündigungssperre ist es, dem Verwalter zumindest zunächst die **Gütereinheit** zu erhalten.

Dem Vermieter steht aber für den Fall, dass **während der Dauer des Eröffnungsverfahrens** die Miete nicht mehr (voll) gezahlt wird, das Recht zu, nach § 543 Abs. 2 Satz 1 Nr. 3 BGB fristlos zu kündigen und ggf. auf Herausgabe zu klagen.[4829] Er verliert dann aber die Chance für die Entstehung einer Masseforderung nach der Verfahrenseröffnung.

3013

> **Hinweis:**
>
> Wichtig ist es also, bei § 112 Nr. 1 InsO bzgl. des Zeitpunktes des Zahlungsverzuges genau zu unterscheiden. Ist der Zahlungsverzug bereits vor Stellung des Eröffnungsantrags eingetreten, herrscht eine Kündigungssperre. Ist der Zahlungsverzug erst nach Stellung des Antrags eingetreten, besteht das Recht zur Kündigung.[4830] Dies bedeutet, dass die nach § 543 Abs. 2 Satz 1 Nr. 3 BGB erforderlichen Mieten alle nach dem Eröffnungsantrag auflaufen müssen.

4825 AG Köln, 11.09.2009 – 205 C 158/09, NZM 2010, 473 = NZI 2010, 306 m.w.N.
4826 AG Köln, 11.09.2009 – 205 C 158/09, NZM 2010, 473 = NZI 2010, 306.
4827 AG Köln, 11.09.2009 – 205 C 158/09, NZM 2010, 473 = NZI 2010, 306.
4828 AG Köln, 11.09.2009 – 205 C 158/09, NZM 2010, 473 = NZI 2010, 306.
4829 BGH, 18.07.2002 – IX ZR 195/01, NZM 2002, 859, 864 = BGHZ 151, 353 = NJW 2002, 3326; LG Karlsruhe, NZM 2004, 137 = NJW-RR 2003, 1167.
4830 Vgl. auch Minuth/Wolf, NZM 1999, 289, 290.

Nach § 21 InsO hat das Insolvenzgericht Maßnahmen zu treffen, die erforderlich erscheinen, um bis zur Entscheidung über den Antrag eine den Gläubigern **nachteilige Veränderung in der Vermögenslage** des Schuldners zu verhüten. Hat das Insolvenzgericht gem. § 21 Abs. 2 Satz 1 Nr. 5 InsO angeordnet, dass ein Vermieter die im Besitz des Schuldners befindliche Mietsache nicht einziehen darf und diese zur Fortführung des Unternehmens des Schuldners eingesetzt werden kann, soll dem Vermieter in den ersten drei Monaten nach der Anordnung kein Nutzungsentgelt („Zinsen") i.S.v. § 169 Satz 2 InsO zustehen.[4831] Für eine analoge Anwendung des § 55 Abs. 2 Satz 2 InsO (Verbindlichkeiten aus Dauerschuldverhältnissen) ist danach wegen des abschließenden Charakters der §§ 21 Abs. 2 Satz 1 Nr. 5, 169 Satz 2 InsO kein Raum.

2. Eröffnetes Verfahren

a) Insolvenzforderungen und Masseverbindlichkeiten

3014 Nach § 108 Abs. 1 InsO bestehen Miet- und Pachtverhältnisse des Schuldners mit Wirkung für die Insolvenzmasse fort. Es gibt keinen Anspruch auf bevorzugte Befriedigung, offene Forderungen aus der Zeit vor Eröffnung müssen als Insolvenzforderungen im Verfahren angemeldet werden. Alle Zahlungsansprüche bzgl. Miete, die nach Insolvenzeröffnung entstehen, sind **Masseverbindlichkeiten**. Bis zur Beschlagnahme fällige Mietrückstände sind einfache Insolvenzforderungen. Der Insolvenzverwalter hat **die Pflicht**, die schon entstandene Masseverbindlichkeit zu erfüllen und kann nicht gem. §§ 38, 55 Abs. 1 Nr. 2, 103 InsO zwischen **Erfüllung** und **Erfüllungsablehnung** wählen. Die Ablehnung der Vertragserfüllung wird ersetzt durch die in den §§ 109, 111, 113 InsO geregelten Kündigungs- und Rücktrittsrechte.

3015 Ansprüche des Vermieters wegen nicht ordnungsgemäßer Rückgabe der Mietsache (etwa Beseitigung von Müll, Schutt, Anlagen; Schadensersatzansprüche des Vermieters wegen selbst aufgewendeter Kosten) hat der Verwalter nur dann zu erfüllen, wenn die nachteiligen Veränderungen **nach der Eröffnung des Insolvenzverfahrens** eingetreten sind; war das Mietverhältnis bereits vor Insolvenzeröffnung beendet, haftet der Verwalter für den vertragswidrigen Zustand nur dann, wenn er ihn selbst verursacht hat.[4832]

> *Beispiel (nach BGH, Urteil v. 05.07.2001):*[4833]
>
> *Der Vermieter kündigt dem Mieter wegen erheblicher Zahlungsrückstände, dieser räumt aber nicht. Zeitlich nach der Kündigung wird über das Vermögen des Mieters das Insolvenzverfahren eröffnet. Der Vermieter verlangt vom Insolvenzverwalter Rückgabe der Mietflächen und Beseitigung von erheblichem Müll und Bauschutt. Dies ist nach der o.g. Rechtsprechung nicht möglich.*

Praxistipp:
Die Beweislast dafür, dass die nachteiligen Veränderungen erst nach Verfahrenseröffnung eingetreten sind, liegt beim Vermieter.[4834]

[4831] KG, 11.12.2008 – 23 U 115/08, NZM 2009, 157 = NZI 2009, 114 = ZInsO 2009, 35 (n.rk.).
[4832] BGH, 05.07.2001 – IX ZR 327/99, ZMR 2001, 792 = IBR 2001, 702.
[4833] BGH, 05.07.2001 – IX ZR 327/99, ZMR 2001, 792 = IBR 2001, 702.
[4834] BGH, 05.07.2001 – IX ZR 327/99, ZMR 2001, 792.

Wurde das Mietverhältnis schon vor Eröffnung des Insolvenzverfahrens aufgelöst, kommt dem Anspruch des Vermieters auf Nutzungsentschädigung für die Zeit ab Insolvenzeröffnung grds. nicht der Rang einer Masseverbindlichkeit zu, auch dann nicht, wenn der nicht besitzende Insolvenzverwalter auf das Herausgabeverlangen des Vermieters nicht eingeht.[4835]

3016

Auch für **Betriebskosten** ist für den Zeitraum vor und nach Insolvenzeröffnung zu differenzieren: Nachforderungen für abgeschlossene Zeiträume vor Eröffnung sind einfache Insolvenzforderungen, auch wenn die Abrechnung erst später erfolgt. Nach Eröffnung stellen sie vollständige Masseverbindlichkeiten dar. Ansprüche auf Auskehr von Nebenkostenguthaben stehen der Masse zu, auch wenn die Vorauszahlungen aus unpfändbarem Vermögen des Schuldners stammen.[4836] Nach Erklärung des Insolvenzverwalters gem. § 109 Abs. 1 Satz 2 InsO und Ablauf der Frist des § 109 Abs. 1 Satz 1 InsO sind fällig werdende Nebenkostenguthaben nicht mehr massezugehörig, auch wenn die aus Zahlungen vor Ablauf der Frist des § 109 Abs. 1 Satz 1 InsO stammen.[4837] Der Vermieter kann gegen einen vom Insolvenzverwalter geltend gemachten Anspruch auf Auszahlung eines Betriebskostenguthabens, das sich in der Zeit vor Verfahrenseröffnung ergeben hat, mit rückständiger Miete aus dieser Zeit auch dann aufrechnen, wenn er erst nach Verfahrenseröffnung über die Nebenkosten abrechnet.[4838]

3017

Ist über das Mietervermögen im laufenden Mietverhältnis das Insolvenzverfahren eröffnet worden, muss eine **Kaution** grds. nicht herausgegeben werden, vgl. §§ 314, 50 InsO. Der Vermieter entscheidet nach wie vor, ob und wie er die Kaution verrechnet.[4839] Ist das Mietverhältnis beendet, kann der Vermieter gegen den Anspruch des Mieters auf Kautionsrückzahlung mit Gegenforderungen aufrechnen, § 94 InsO, weil die Kaution eine Masseverbindlichkeit darstellt, aus der sich der Vermieter vorab befriedigen kann.

3018

b) Rücktritt vom Vertrag und Sonderkündigungsrecht

Der Insolvenzverwalter und der Vermieter können nach § 109 Abs. 2 Satz 1 InsO (fristlos) **vom Vertrag zurücktreten**, wenn dem Schuldner ein gemieteter oder gepachteter unbeweglicher Gegenstand oder Raum bei Verfahrenseröffnung noch **nicht überlassen** war. War die Überlassung vor Verfahrenseröffnung bereits erfolgt, kann (nur) der Insolvenzverwalter gem. § 109 Abs. 1 InsO das Miet- oder Pachtverhältnis **kündigen**. Die Kündigungsfrist beträgt drei Monate zum Monatsende, wenn nicht eine kürzere Frist maßgeblich ist. Dieses Recht besteht unabhängig von der vereinbarten Vertragsdauer. Der Vermieter oder Verpächter hat dieses **Sonderkündigungsrecht** nicht. Eine Abkürzung der Kündigungsfrist erfolgt auch dann nicht, wenn das Objekt für die Masse nicht mehr gebraucht wird.[4840] Folge der Sonderkündigung ist es, dass bis zu ihrem Ablauf noch Masseverbindlichkeiten gem. § 55 Abs. 1 Nr. 2 InsO entstehen, auch wenn der Insolvenzverwalter das Mietverhältnis nicht mehr nutzen kann.[4841] Das aus der Kün-

3019

[4835] BGH, 21.12.2006 – IX ZR 66/05, IMR 2007, 93 = MDR 2007, 915.
[4836] AG Göttingen, 18.06.2009 – 21 C 33/09.
[4837] AG Göttingen, 18.06.2009 – 21 C 33/09.
[4838] BGH, 11.11.2004 – IX ZR 237/03, NZM 2005, 342.
[4839] OLG Hamburg, 24.04.2008 – 4 U 152/07, IMR 2009, 164.
[4840] BGH, 08.05.2002 – XII ZR 323/00, NZM 2002, 657.
[4841] Derleder, ZAP Fach 14, S. 513.

digung folgende **Aussonderungsrecht** des Vermieters/Immobilieneigentümers gem. § 47 InsO bezieht sich lediglich auf eine Herausgabe entsprechend § 985 BGB, d.h. ein weitergehender mietvertraglicher Räumungsanspruch mit Ansprüchen auf Beseitigung von vor Verfahrenseröffnung verursachten Schäden, auf Wegnahme von Einrichtungen oder Beseitigung baulicher Änderungen ist lediglich eine Insolvenzforderung.[4842]

> **Praxistipp:**
> Die Kündigung bewirkt also einen Anspruch des Vermieters auf **Aussonderung der Mietsache** (vgl. § 47 InsO), sodass er den Herausgabeanspruch aus § 546 Abs. 1 BGB, der gegen den Insolvenzverwalter gerichtet ist, außerhalb des Insolvenzverfahrens geltend machen kann.[4843] Dies gilt aber nur für den Herausgabeanspruch, andere Forderungen (etwa Schadensersatz) sind als nicht bevorrechtigte Forderungen geltend zu machen und müssen ggf. als Insolvenzforderung im Verfahren angemeldet werden, wenn sie schon vor Verfahrenseröffnung entstanden sind.

3020 Kündigt der Insolvenzverwalter ein Miet- oder Pachtverhältnis oder tritt er zurück, erhält der Vermieter als einfacher Insolvenzgläubiger einen **Schadensersatzanspruch** (§§ 109 Abs. 1 Satz 3, Abs. 2 Satz 2 InsO). Ansonsten muss der Insolvenzverwalter dem Vermieter die Miete ab Eröffnung des Insolvenzverfahrens aus der Masse zahlen.

3021 Zum Bedürfnis des Mieters nach einer dinglichen Sicherung eines über eine längere Laufzeit geschlossenen Mietvertrages und der entsprechenden Investitionsentscheidungen im Fall von Sonderkündigungsrechten vgl. Stapenhorst/Voß, NZM 2003, 873 mit Gestaltungsvorschlägen.

c) Anfechtung von Schuldnerhandlungen

3022 Rechtshandlungen und Unterlassungen, die vor der Eröffnung des Insolvenzverfahrens vorgenommen worden sind und die Insolvenzgläubiger benachteiligen, kann der Insolvenzverwalter gem. § 129 InsO nach Maßgabe der §§ 130 bis 146 InsO anfechten. Erfüllt der in Zahlungsschwierigkeiten geratene Gewerbemieter weiterhin einen Teil seiner Mietzahlungsverpflichtungen, will er damit in erster Linie seine Pflichten aus dem Mietvertrag erfüllen. An einem darüber hinausgehenden Vorsatz, seine übrigen Gläubiger zu benachteiligen, fehlt es i.d.R., sodass eine Insolvenzanfechtung gem. § 133 InsO ausscheidet.[4844]

3023 Hat der Mieter in den letzten drei Monaten vor seinem Antrag auf Eröffnung des Insolvenzverfahrens noch (Teil-) Zahlungen auf die geschuldete Gewerbemiete geleistet, handelt es sich insoweit um Bargeschäfte i.S.v. § 142 InsO.[4845] Eine Anfechtung durch den Insolvenzverwalter gem. § 130 InsO scheidet deshalb auch hier aus.

[4842] BGH, 05.07.2001 – IX ZR 327/99, NZM 2001, 856 = BGHZ 148, 252 = MDR 2002, 54 = NJW 2001, 2966 unter Aufgabe der früheren Rspr., vgl. BGHZ 127, 165 = NJW 1994, 3232.
[4843] Vgl. auch OLG Celle, 20.07.2007 – 2 U 85/07, IMR 2007, 302.
[4844] OLG Stuttgart, 23.01.2006 – 5 U 144/05, ZInsO 2006, 274 – 276 = InfoM 2006, 290.
[4845] OLG Stuttgart, 23.01.2006 – 5 U 144/05, ZInsO 2006, 274 – 276 = InfoM 2006, 291.

Das der Sicherung des Mietzinsanspruches dienende Vermieterpfandrecht kann insolvenzrechtlich nicht in weiterem Umfang angefochten werden als die Mietzinszahlung selbst. Dem Vermieter steht deshalb in der Insolvenz des Mieters ein anfechtungsfreies Absonderungsrecht zu, soweit die von dem Pfandrecht erfassten Gegenstände bereits vor der Krise eingebracht wurden.[4846]

3024

d) Räumungsanspruch des Vermieters in der Insolvenz

Befindet sich der Mieter/Pächter in Insolvenz, stellt sich die Frage, ob der Räumungsanspruch des Vermieters/Verpächters sich weiter gegen ihn oder nunmehr gegen den Insolvenzverwalter richtet. War das Mietverhältnis bereits vor Verfahrenseröffnung beendet, etwa durch Kündigung oder Zeitablauf, ist der Insolvenzverwalter nicht zur Räumung und Beseitigung des vertragswidrigen Zustandes verpflichtet; Konsequenz daraus ist, dass sich der Anspruch nach wie vor gegen den Mieter oder Pächter richtet. Grds. kann ein Räumungsanspruch aber die Insolvenzmasse betreffen und sich damit gegen den Insolvenzverwalter richten, wenn der zu beseitigende Zustand vom Insolvenzverwalter selbst oder durch eine ihm zuzurechnende Handlung verursacht wurde. Voraussetzung dafür ist, dass er auch den Besitz innehält.[4847] Der Herausgabeanspruch des Vermieters ist in der Insolvenz des Mieters auch im Fall der Beendigung des Mietverhältnisses vor Insolvenzeröffnung im Wege der **Aussonderung** gegen den Insolvenzverwalter geltend zu machen, wenn der herauszugebende Gegenstand infolge der Wahrnehmung des Verwaltungsbesitzes durch den Insolvenzverwalter massebefangen ist.[4848] Dies ist der Fall, wenn

3025

- der Insolvenzverwalter den Besitz an dem Mietobjekt ausübt
oder

- er unter Anerkennung des fremden Eigentums das Recht für sich in Anspruch nimmt, das Mietobjekt für die Masse zu nutzen und darüber zu entscheiden, ob, wann und in welcher Weise er es an den Vermieter zurückgibt.[4849] Eine solche tatsächliche Inanspruchnahme kann bspw. dann zu bejahen sein, wenn sich Gegenstände des Schuldners im Mietobjekt befinden, die der Verwaltungsbefugnis des Insolvenzverwalters unterliegen.[4850]

Hintergrund ist, dass der auf Räumung und Herausgabe zielende Anspruch auf Rückgabe der Mietsache nach § 546 Abs. 1 BGB nur insoweit ein **Aussonderungsrecht nach § 47 InsO** begründet, als er sich seinem Inhalt nach mit dem Herausgabeanspruch des § 985 BGB deckt.[4851] Der mietvertragliche Rückgabeanspruch reicht weiter als der Herausgabeanspruch des Eigentümers: Nach § 985 BGB hat der Besitzer dem Eigentümer den unmittelbaren Besitz an der Sache zu verschaffen, insb. den Zugang zu ermöglichen und die Wegnahme zu dulden. Davon

3026

[4846] BGH, 14.12.2006 – IX ZR 102/03, GuT 2007, 136 = IMR 2007, 94 = NZM 2007, 212 = MDR 2007, 610 = InfoM 2007, 140.
[4847] BGH, 05.07.2001 – IX ZR 327/99, NJW 2001, 2966.
[4848] BGH, 17.12.2008 – XII ZB 125/06, GuT 2009, 209, 212 = MDR 2009, 1000; BGH, 19.06.2008 – IX ZR 84/07, NJW 2008, 2580; BGH, 21.12.2006 – IX ZR 66/05, NJW 2007, 1591, 1592.
[4849] BGH, 17.12.2008 – XII ZB 125/06, GuT 2009, 209, 212 = MDR 2009, 1000; BGH, 19.06.2008 – IX ZR 84/07, NJW 2008, 2580; LG Mannheim, 09.11.2005 – 4 S 69/05, NZM 2007, 443.
[4850] BGH, 17.12.2008 – XII ZB 125/06, GuT 2009, 209, 212 m.w.N.
[4851] BGH, 07.07.2010 – XII ZR 158/09, GuT 2010, 244; BGH, 05.07.2001 – IX ZR 327/99, NJW 2001, 2966.

ist die mietvertragliche Räumungspflicht zu unterscheiden, die grds. zum Inhalt hat, dass der Mieter bei Vertragsende den Mietgegenstand auch im vertragsgemäß geschuldeten Zustand zurückzugeben, ihn also notfalls herzustellen hat. Diese weitergehende Pflicht des Mieters beruht allein auf dem von ihm abgeschlossenen Vertrag.[4852] Die Aussonderung beschränkt sich daher ihrem Umfang nach stets auf die Verschaffung des unmittelbaren Besitzes am Grundstück- bzw. Miet- oder Pachträumen. Ein (etwaiger) weitergehender Räumungsanspruch begründet demgegenüber allenfalls eine Insolvenzforderung.[4853]

3027 Hat der Insolvenzverwalter das Miet- oder Pachtobjekt **aus dem Insolvenzbeschlag freigegeben**, so erlangt der Mieter/Pächter mit der Freigabe die Verfügungsbefugnis über das Objekt zurück mit der Konsequenz, dass der Vermieter nun ihn persönlich auf Herausgabe oder andere Forderungen in Anspruch nehmen kann und muss.[4854]

3028 Ist ein Räumungsrechtsstreit wegen der Insolvenz unterbrochen, kann der Vermieter ihn nur nach § 180 Abs. 2 InsO aufnehmen, wenn die Forderung zuvor im Insolvenzverfahren angemeldet (§§ 174 ff. InsO) und ihr widersprochen wurde.[4855]

3029 Vermietet der Insolvenzverwalter – unter Verletzung der mietvertraglichen Pflicht, vor einer Untervermietung die Zustimmung des Vermieters einzuholen – eine vom Schuldner angemietete Immobilie an einen unzuverlässigen Untervermieter und gefährdet er dadurch den (rechtzeitigen) Rückgabeanspruch des aussonderungsberechtigten Vermieters, kann dies seine **persönliche Haftung** begründen.[4856]

3030 Der Insolvenzverwalter schuldet dem Vermieter eine **Nutzungsentschädigung**, wenn er bei Mietvertragsende das Mietobjekt nicht räumt, sondern es als Lager für an Gegenständen des Schuldners interessierte Dritte benutzt.[4857]

VI. Vermieterpfandrecht in der Insolvenz

3031 Anders als in der sonstigen Praxis kann das **Vermieterpfandrecht** aus §§ 562, 578 BGB im Insolvenzverfahren bedeutsam sein, weil gem. § 50 Abs. 1 InsO ein **Anspruch auf abgesonderte Befriedigung** wegen Mietrückständen besteht. Dieses Pfandrecht kann aber gem. § 50 Abs. 2 Satz 1 InsO für eine frühere Zeit als die letzten zwölf Monate vor der Eröffnung des Verfahrens sowie wegen der Entschädigung, die infolge einer Kündigung des Insolvenzverwalters zu zahlen ist, nicht geltend gemacht werden. Das Pfandrecht des Verpächters eines landwirtschaftlichen Grundstücks unterliegt hingegen nach § 50 Abs. 2 Satz 2 InsO wegen der Pacht nicht diesen Beschränkungen.

[4852] BGH, 07.07.2010 – XII ZR 158/09, GuT 2010, 244.
[4853] BGH, 07.07.2010 – XII ZR 158/09, GuT 2010, 244; BGH, 05.07.2001 – IX ZR 327/99, NJW 2001, 2966.
[4854] BGH, 17.12.2008 – XII ZB 125/06, GuT 2009, 209 = MDR 2009, 1000 = MietPrax-AK, § 240 ZPO E Nr. 1; BGH, 27.10.2003 – II ZA 9/02, NJW-RR 2004, 136, 137; BGH, 28.09.1989 – VII ZR 115/89, NJW 1990, 1239.
[4855] BGH, 07.07.2010 – XII ZR 158/09, GuT 2010, 244.
[4856] BGH, 25.01.2007 – IX ZR 216/05, IMR 2007, 135 = GuT 2007, 133 = NZM 2007, 329 = InfoM 2007, 282 = MDR 2007, 798.
[4857] OLG Düsseldorf, 09.05.2006 – I - 24 U 180/05, GuT 2006, 250.

Der Insolvenzverwalter muss dem Vermieter auf Verlangen **Auskunft** über den Verbleib der dem Pfandrecht unterliegenden Gegenstände geben[4858] und ihn in die Lage versetzen, das Absonderungsrecht geltend zu machen. Der Auskunftsanspruch ergibt sich mindestens als Nebenrecht aus dem Absonderungsrecht gem. § 50 InsO,[4859] i.d.R. aber auch aus § 167 Abs. 1 Satz 1 InsO.   3032

> **Praxistipp:**
> Erteilt der Insolvenzverwalter nach Fristsetzung keine Auskunft, ist die Stufenklage i.d.R. die richtige Klageart.[4860]

Durch § 91 InsO ist aber klargestellt, dass Sachen, die der Mieter und Schuldner **nach Eröffnung einbringt**, nicht dem Pfandrecht unterliegen. Umgekehrt gilt, dass das Vermieterpfandrecht nicht erst durch Zahlungsverzug entsteht, sondern schon dadurch, dass der Mieter die dem Pfandrecht unterliegenden Sachen in die Miettäume einbringt. Deshalb kann der Insolvenzverwalter das Vermieterpfandrecht nicht anfechten, wenn die gepfändeten **Sachen noch vor der Krise eingebracht** wurden; der Vermieter ist dann vorrangig zu befriedigen (anfechtungsfreies Absonderungsrecht).[4861]   3033

Der Insolvenzverwalter hat das Pfandrecht immer zu beachten, sobald es geltend gemacht wird und sich auf pfändbare und nicht unter Eigentumsvorbehalt stehende Sachen bezieht.   3034

> **Praxistipp:**
> Der Vermieter bzw. der Verwalter sollte das Vermieterpfandrecht immer so schnell wie möglich geltend machen, auch bereits im vorläufigen Eröffnungsverfahren ggü. einem vorläufigen Verwalter. Hat dieser Sachen, die dem Pfandrecht unterliegen, bereits vom Grundstück entfernt, ist die Klagefrist des § 562b Abs. 2 Satz 2 BGB zu beachten. **Richtiger Beklagter** ist hier der Schuldner/Mieter.

Nach Verfahrenseröffnung machen die vorgenannten Schritte keinen Sinn mehr, weil der Insolvenzverwalter nun zur Verwertung berechtigt ist. Der Vermieter kann hier vom Verwalter den Verwertungserlös nach Abzug der Kostenbeiträge der Masse (§§ 170 f. InsO) verlangen. Ansonsten haftet der Insolvenzverwalter persönlich auf **Schadensersatz**.[4862]   3035

VII. An die Gesellschaft vermietender Gesellschafter

§ 135 Abs. 3 InsO, der bestimmt, dass der vermietende Gesellschafter die Mietsache während eines Jahres ab Insolvenzeröffnung nicht herausverlangen kann, dafür aber einen Anspruch auf Vergütung i.H.d. im letzten Jahr vor Insolvenzeröffnung tatsächlich bezahlten Vergütung   3036

4858 BGH, 04.12.2003 – IX ZR 222/02, GuT 2004, 99 = MietRB 2004, 168 = NZM 2004, 224 = MDR 2004, 594.
4859 BGH, 04.12.2003 – IX ZR 222/02, GuT 2004, 99 = MietRB 2004, 168 = NZM 2004, 224 = MDR 2004, 594.
4860 So auch im Fall BGH, 04.12.2003 – IX ZR 222/02, GuT 2004, 99 = MietRB 2004, 168 = NZM 2004, 224 = MDR 2004, 594.
4861 BGH, 14.12.2006 – IX ZR 102/03, GuT 2007, 136 = IMR 2007, 94 = NZM 2007, 212 = MDR 2007, 610 = InfoM 2007, 140.
4862 OLG Düsseldorf, NZM 1998, 237 = NJW-RR 1998, 559.

hat, gilt nicht nur für GmbH, sondern für alle (auch ausländische) Gesellschaften, über deren Vermögen in Deutschland das Insolvenzverfahren eröffnet wird. Die Vermietung oder sonstige Nutzungsüberlassung von Gegenständen bzw. Räumen durch einen Gesellschafter an eine GmbH war bis zum Inkrafttreten des **MoMiG**[4863] nach ständiger Rechtsprechung des BGH[4864] den Kapitalersatzregeln der §§ 30 ff. GmbHG unterworfen. Diese Rechtsprechung zur kapitalersetzenden Nutzungsüberlassung ist seit Inkrafttreten des MoMiG nicht mehr anwendbar.[4865] Die **Sperrfrist** von einem Jahr für den Aussonderungsanspruch greift nur, wenn eine frühere Herausgabe nach den mietvertraglichen Regelungen sonst möglich wäre, und der Vergütungsanspruch des Gesellschafters ist auch dann auf die tatsächlich bezahlte Miete beschränkt, wenn die vertraglich geschuldete Miete höher ist; spiegelbildlich führt eine etwaige Insolvenzanfechtung nicht zu einer Verringerung des Vergütungsanspruchs.[4866] Unabhängig von der tatsächlich geleisteten Zahlung besteht auch ein Nachzahlungsanspruch aus einer nach Insolvenzeröffnung erstellten Nebenkostenabrechnung in voller Höhe.[4867]

VIII. Zwangsvollstreckung in der Insolvenz

1. Vollstreckungsmaßnahmen im Eröffnungsverfahren

3037 Eine Zwangsversteigerung in das **unbewegliche Vermögen** des Schuldners ist gem. § 30d Abs. 4 ZVG auf Antrag des vorläufigen Insolvenzverwalters einstweilen einzustellen, wenn dieser glaubhaft macht, dass die einstweilige Einstellung zur Vermeidung nachteiliger Veränderungen in der Vermögenslage des Schuldners erforderlich ist. Evtl. verlustiges Schuldnervermögen führt immer zu einer nachteiligen Vermögenslage. Eine **einstweilige Einstellung** erfolgt nach § 30e Abs. 1 ZVG nur unter der Auflage, dass dem betreibenden Gläubiger ab dem Zeitpunkt laufend die geschuldeten Zinsen aus der Insolvenzmasse gezahlt werden, der drei Monate nach der ersten einstweiligen Einstellung der Zwangsvollstreckung liegt.

3038 Andere Maßnahmen der Zwangsvollstreckung (also in das **bewegliche Vermögen**) kann das Insolvenzgericht nach § 21 Abs. 2 Nr. 3 InsO untersagen oder bereits begonnene Maßnahmen einstweilen einstellen.

2. Vollstreckungsmaßnahmen im eigentlichen Insolvenzverfahren

3039 Ziel der InsO ist es, das gesamte Schuldnervermögen für eine angestrebte Sanierung möglichst vollständig zu erhalten. Ab der Verfahrenseröffnung gilt daher ein **Verbot der Einzelzwangsvollstreckung** gem. § 89 InsO. Zwangsvollstreckungsmaßnahmen der einzelnen Insolvenzgläubiger sind damit während der Dauer des Insolvenzverfahrens weder in die Insolvenzmasse noch in das sonstige Vermögen des Insolvenzschuldners zulässig. Die Insolvenzgläubiger können ihre Forderungen nur noch nach den Vorschriften über das Insolvenzverfahren verfol-

---

[4863] Gesetz zur Modernisierung des GmbH-Rechts und zur Bekämpfung von Missbräuchen v. 23.10.2008, BGBl. I, S. 2026, in Kraft seit 01.11.2008.
[4864] BGH, 28.04.2008 – II ZR 207/06, InfoM 2008, 327 = NZM 2008, 728 = NJW 2008, 2188 = MDR 2008, 927; BGH, 16.06.1997 – II ZR 154/96, NJW 1997, 3026 = ZMR 1997, 511 = BB 1997, 1601 m.w.N.
[4865] Hörndler/Hoisl, NZM 2009, 381.
[4866] Hörndler/Hoisl, NZM 2009, 381.
[4867] Hörndler/Hoisl, NZM 2009, 381.

gen (§ 87 InsO). Gegen Vollstreckungsmaßnahmen, die entgegen dem Vollstreckungsverbot ergangen sind, ist die Vollstreckungserinnerung gem. § 766 ZPO gegeben. Zuständig ist das Insolvenzgericht.

Die **Zwangsvollstreckung in das unbewegliche Vermögen** ist gem. § 30d Abs. 1 ZVG i.d.F. des Art. 20 Nr. 4 EGInsO auf Antrag des Insolvenzverwalters einstweilen einzustellen. Kann der Insolvenzverwalter glaubhaft machen, dass durch die Fortsetzung der Zwangsverwaltung eine wirtschaftlich sinnvolle Nutzung der Insolvenzmasse wesentlich erschwert wird, ist auf dessen Antrag die vollständige oder teilweise **Einstellung der Zwangsverwaltung** gem. § 153b Abs. 1 ZVG i.d.F. des Art. 20 Nr. 9 EGInsO anzuordnen. 3040

Nach § 90 Abs. 1 InsO sind **Zwangsvollstreckungen wegen Masseverbindlichkeiten**, die nicht durch eine Rechtshandlung des Insolvenzverwalters begründet worden sind, für die Dauer von sechs Monaten seit der Eröffnung des Insolvenzverfahrens unzulässig, sog. oktroyierte Masseverbindlichkeiten. Nicht als derartige Masseverbindlichkeiten gelten nach § 90 Abs. 2 InsO folgende Verbindlichkeiten: 3041

- aus einem gegenseitigen Vertrag, dessen Erfüllung der Verwalter gewählt hat;
- aus einem Dauerschuldverhältnis für die Zeit nach dem ersten Termin, zu dem der Verwalter kündigen konnte;
- aus einem Dauerschuldverhältnis, soweit der Verwalter für die Insolvenzmasse die Gegenleistung in Anspruch nimmt.

Der Insolvenzverwalter nimmt die **Gegenleistung aus einem Dauerschuldverhältnis** in Anspruch, indem er diese Leistung nutzt, obwohl er das pflichtgemäß hätte verhindern können. Die Entgegennahme einer fälligen Untermietzahlung vor Anzeige der Masseunzulänglichkeit ist keine Nutzung in dem anteilig mit abgegoltenen Zeitraum danach.[4868] 3042

Zeigt der Insolvenzverwalter im laufenden Insolvenzverfahren die **Masseunzulänglichkeit** an, ist die Vollstreckung wegen einer Masseverbindlichkeit i.S.d. § 209 Abs. 1 Nr. 2 InsO nach § 210 InsO unzulässig, sog. Vollstreckungsverbot bei Masseunzulänglichkeit. Gläubiger, die nicht zu den Gläubigern der Verfahrenskosten gehören und deren Ansprüche vor der Anzeige der Masseunzulänglichkeit begründet worden sind, dürfen in die unzulängliche Masse nicht mehr vollstrecken. Gläubiger, deren Ansprüche nach der Anzeige der Masseunzulänglichkeit begründet werden, dürfen jedoch ohne Einschränkung in die unzulängliche Masse vollstrecken. 3043

Zur **Aussonderung berechtigte Gläubiger** stellen nach § 47 Satz 1 InsO keine Insolvenzgläubiger dar und unterliegen somit auch keinen Zwangsvollstreckungsbeschränkungen. Sie können ihre Herausgabeansprüche im Wege der Zwangsvollstreckung weiterhin geltend machen. 3044

Absonderungsberechtigte Gläubiger sind dagegen gem. §§ 166 ff., 30d ff. InsO, § 153b ZVG in ihrer Zwangsvollstreckung in die Masse eingeschränkt. 3045

Zur abgesonderten Befriedigung berechtigen: 3046

- Sicherheiten an beweglichen Sachen und Rechten (§ 50 Abs. 1 InsO),

---

[4868] BGH, 03.04.2003 – IX ZR 101/02, BGHZ 154, 358 = MDR 2003, 1015 = NJW 2003, 2454.

- Fälle der Sicherungsübereignung und der Sicherungsabtretung (§ 51 InsO),
- Zurückbehaltungsrechte nach § 1000 BGB und § 369 HGB.

3. Vollstreckungsmaßnahmen nach Beendigung des Insolvenzverfahrens

3047 Werden zur Insolvenztabelle angemeldete Forderungen der Gläubiger im Prüfungstermin nicht vom Schuldner bestritten und dann in einem förmlichen Verfahren festgestellt, so wirkt diese Feststellung wie ein **vollstreckbares Urteil** gegen den Schuldner (§ 201 Abs. 2 Satz 1 InsO). Wegen dieser Forderung kommt nur noch die Zwangsvollstreckung aus der Tabelle in Betracht. Für diese Forderungen bereits vor dem Insolvenzverfahren erwirkte Vollstreckungstitel verlieren ihre Gültigkeit.

IX. Prozessuale Auswirkungen der Insolvenz

3048 Eine **rechtskräftige Entscheidung**, durch die eine Forderung festgestellt oder ein Widerspruch für begründet erklärt wird, wirkt nach § 183 Abs. 1 InsO ggü. dem Insolvenzverwalter und allen Insolvenzgläubigern. Der obsiegenden Partei obliegt es dann nach § 183 Abs. 2 InsO, beim Insolvenzgericht die **Berichtigung der Tabelle** zu beantragen.

3049 Ein Insolvenzgläubiger, dessen **Forderung nicht festgestellt** ist und für dessen Forderung ein vollstreckbarer Titel oder ein Endurteil nicht vorliegt, hat nach § 189 Abs. 1 InsO spätestens innerhalb einer **Ausschlussfrist von zwei Wochen** nach der öffentlichen Bekanntmachung dem Insolvenzverwalter nachzuweisen, dass und für welchen Betrag die Feststellungsklage erhoben oder das Verfahren in dem früher anhängigen Rechtsstreit aufgenommen ist. D.h.: Im Normalfall muss geklagt werden. Tritt die Insolvenz einer beklagten oder klagenden Prozesspartei während eines laufenden Rechtsstreits ein, wird dieser **nach § 240 ZPO unterbrochen**, bis eine „Aufnahme" nach den insolvenzrechtlichen Vorschriften erfolgt (§§ 85 f. InsO) oder das Insolvenzverfahren beendet ist. Die Unterbrechung ist aber abhängig von der Verfahrensart und greift nicht uneingeschränkt.

> *Beispiele:*
>
> *Ein selbstständiges Beweisverfahren wird nicht unterbrochen.*[4869]
>
> *Ebenso wird das Beitreibungsverfahren wegen rückständiger Beiträge nach § 16 Abs. 2 WEG durch die Eröffnung eines Insolvenzverfahrens über das Vermögen eines als Antragsteller und Gesamtgläubiger beteiligten Wohnungs-/Teileigentümers nicht nach § 240 ZPO analog unterbrochen,*[4870] *ein WEG-Beschlussanfechtungsverfahren ebenfalls nicht.*[4871]

Betrifft die Insolvenz bei einfacher Streitgenossenschaft nur einen Streitgenossen, tritt Unterbrechung des Verfahrens nur in Bezug auf diesen ein.[4872]

[4869] BGH, 11.12.2003 – VII ZB 14/03, BauR 2004, 531 = MDR 2004, 404 = NJW 2004, 1388.
[4870] OLG Frankfurt am Main, 30.08.2004 – 20 W 299/03, ZMR 2005, 145.
[4871] KG, 27.04.2005 – 24 W 26/04, NJW-RR 2005, 1385 = NZM 2005, 667.
[4872] OLG Hamburg, 17.12.2008 – 4 U 112/06.

Unabhängig von der Frage, ob der Rechtsstreit durch die Eröffnung des Insolvenzverfahrens unterbrochen worden ist, ist ein unter Verstoß gegen § 240 ZPO erlassenes Urteil durch Rechtsmittel anfechtbar und nicht nichtig.[4873]

Aktivprozesse des Insolvenzschuldners können (nicht: müssen) vom Insolvenzverwalter nach § 85 Abs. 1 InsO aufgenommen werden, er kann also als Kläger in den Prozess eintreten. Lehnt der Insolvenzverwalter die Aufnahme des Rechtsstreits ab, so können sowohl der Insolvenzschuldner als auch der Gegner den Rechtsstreit aufnehmen, § 85 Abs. 2 InsO. 3050

Passivprozesse (Schuldner wird verklagt), die z.Zt. der Eröffnung des Insolvenzverfahrens anhängig sind, können nach § 86 Abs. 1 InsO sowohl vom Insolvenzverwalter als auch vom Gegner aufgenommen werden, wenn sie die Aussonderung eines Gegenstandes aus der Insolvenzmasse, die abgesonderte Befriedigung oder eine Masseverbindlichkeit betreffen. Erkennt der Insolvenzverwalter in einem solchen Fall den Anspruch sofort an, so kann der Gegner nach § 86 Abs. 2 InsO einen Anspruch auf **Erstattung der Kosten** des Rechtsstreits nur als Insolvenzgläubiger geltend machen. 3051

> Praxistipp:
>
> Das bedeutet auch, dass bei einer Zahlungsklage der Klageantrag des Klägers gegen den insolventen Beklagten auf den nun nach § 80 Abs. 1 InsO prozessführungsbefugten Insolvenzverwalter umzustellen ist, da sich durch die (Neu-) Aufnahme der Klagegegenstand ändert.[4874] Ein Formulierungsvorschlag für einen solchen Schriftsatz findet sich unter → Rn. 3058. Ärgerlicher Nebeneffekt: Nach § 182 InsO richtet sich der Streitwert für die (neue) Feststellungsklage nach dem Betrag, der bei der Verteilung der Insolvenzmasse für die Forderung zu erwarten ist.

Im Fall einer **Freigabe durch den Insolvenzverwalter** endet die Unterbrechung des Verfahrens erst mit dessen Aufnahme durch den Schuldner oder den Prozessgegner.[4875]

X. Streitwert

Nach § 182 InsO richtet sich der Streitwert für die (neue) Feststellungsklage bei einer Unterbrechung nach § 240 ZPO nach dem Betrag, der bei der Verteilung der Insolvenzmasse für die Forderung zu erwarten ist. 3052

XI. Vertragsgestaltung

Da der Gesetzgeber v.a. durch § 112 InsO dem Vermieter ein erhebliches Risiko bzgl. der Fortsetzung des Mietverhältnisses mit einem insolventen Mieter aufgebürdet hat, stellt sich die Frage, ob vertragliche Vereinbarungen möglich sind, die das Risiko abmildern. Denkbar ist etwa eine Auflösungsklausel im Mietvertrag, nach der das Mietverhältnis mit Beantragung des 3053

4873 OLG Hamburg, 17.12.2008 – 4 U 112/06.
4874 BGH, 29.06.1994 – VIII ZR 28/94, NJW-RR 1994, 1251.
4875 BGH, 17.12.2008 – XII ZB 125/06, GuT 2009, 209 = MDR 2009, 1000 = MietPrax-AK, § 240 ZPO – Nr. 1; BGH, 27.10.2003 – II ZA 9/02, NJW-RR 2004, 136, 137; BGH, 28.09.1989 – VII ZR 115/89, NJW 1990, 1239.

Insolvenzverfahrens durch den Mieter beendet wird (sog. **Lösungsklausel**). Zwar regelt § 119 InsO ausdrücklich, dass Vereinbarungen, durch die im Voraus die Anwendung der §§ 103 bis 118 InsO ausgeschlossen oder beschränkt wird, unwirksam sind. Das muss aber nicht zwangsläufig für Lösungsklauseln gelten, da die Auflösung des Mietverhältnisses nicht unmittelbarer Regelungsgegenstand der §§ 103 ff. InsO ist. Es werden deshalb diverse Ansichten vertreten, die derartige Gestaltungen bejahen oder verwerfen.[4876]

3054 Der Gesetzgeber hat durch die InsO bereits so tief **in die Privatautonomie** eingegriffen, dass jede weitergehende Auslegung bzgl. der frei vereinbarten Beendigung eines Mietverhältnisses zu einer unangemessenen Beschränkung der Vertragsfreiheit führen könnte. Man könnte deshalb sinnvoll argumentieren, dass es möglich sein muss, den Parteien zu gestatten, Rechtsfolgen an den Eintritt der Insolvenz des Mieters zu knüpfen. Der Gesetzgeber hat aber durch § 119 InsO deutlich zum Ausdruck gebracht, dass er den Grundgedanken der InsO – die Möglichkeit der Sanierung – nicht gefährdet sehen möchte. Die automatische Beendigung des Mietverhältnisses könnte die Situation des Mieters aber noch verschärfen. Daher sind Lösungsklauseln grds. als contra legem zu bewerten. Dies entspricht im Ergebnis der bisherigen (spärlichen) Rechtsprechung.[4877]

3055 Des Weiteren werden **Schutzklauseln für den Vermieter** diskutiert, die ihm eine außerordentliche fristlose Kündigung bei Verschlechterung der Vermögenslage des Mieters und möglichst vor Stellung des Insolvenzantrags ermöglichen sollen. Rademacher[4878] hält diese **Sonderkündigungsklauseln** auch formularmäßig für zulässig. Vor dem Hintergrund der §§ 108, 112 und 119 InsO und den grds. im Gesetz abschließend gefassten Kündigungsrechten ist dies aber ebenfalls kritisch zu sehen.[4879] Die Klauseln werden i.d.R. unwirksam sein,[4880] da es letztlich auf eine Umgehung der gesetzlichen Regelungen hinausläuft.

[4876] Vgl. Minuth/Wolf, NZM 1999, 289, 291.
[4877] OLG Düsseldorf, 17.08.2006 – I - 10 U 62/06, GuT 2006, 248; OLG Hamm, 07.03.2001 – 30 U 192/00, NZM 2002, 343, wonach mietvertragliche Regelungen, die für den Fall eines Insolvenzverfahrens ein Kündigungsrecht des Vermieters aus wichtigem Grund vorsehen, gem. § 119 InsO unwirksam sind.
[4878] MDR 2000, 57, 59 mit Formulierungsvorschlag.
[4879] Vgl. dazu auch Livonius, ZInsO 1998, 111.
[4880] OLG Hamm, 07.03.2001 – 30 U 192/00, NZM 2002, 343.

XII. Arbeits- und Beratungshilfen

1. Schnellüberblick Grundsatz-Rechtsprechung des BGH

Thema/Normen	Leitsatz	Entscheidung, Fundstelle
Aussonderungsrecht des Zwangsverwalters; Insolvenzen bei den Mietvertragsparteien; Herausgabeanspruch; Rückgabeanspruch; Räumungsanspruch §§ 546, 985 BGB; § 152 ZVG; § 240 ZPO; §§ 86, 180 InsO	Der auf Räumung und Herausgabe zielende Anspruch auf Rückgabe nach § 546 Abs. 1 BGB begründet nur insoweit ein Aussonderungsrecht, als er sich seinem Inhalt nach mit dem Herausgabeanspruch des § 985 BGB deckt. Der mietvertragliche Rückgabeanspruch reicht weiter als der Herausgabeanspruch des Eigentümers. Das Aussonderungsrecht (hier:) des Zwangsverwalters ist daher dem Umfang nach auf die Verschaffung des unmittelbaren Besitzes am Grundstück beschränkt. Ein (etwaiger) weitergehender Räumungsanspruch begründet allenfalls eine (anzumeldende) Insolvenzforderung.	BGH, 07.07.2010 – XII ZR 158/09, GuT 2010, 244
Gesellschafterinsolvenz bei Zwei-Personen-GbR mit Fortsetzungsklausel („Wem gehört die Miete"?) §§ 728, 738, 812 ff. BGB; §§ 80, 110 I 1 InsO	1. Scheidet der vorletzte Gesellschafter aus einer BGB-Gesellschaft aus, für die im Gesellschaftsvertrag bestimmt ist, dass die Gesellschaft unter den verbleibenden Gesellschaftern fortgesetzt wird, führt dies – soweit nichts Abweichendes geregelt ist – zur liquidationslosen Vollbeendigung der Gesellschaft und zur Anwachsung des Gesellschaftsvermögens bei dem letzten verbliebenen Gesellschafter. 2. Der Beschluss über die Eröffnung des Insolvenzverfahrens über das Vermögen eines nicht existenten Schuldners (hier: einer voll beendeten BGB-Gesellschaft) ist nichtig und bindet die Prozessgerichte nicht.	BGH, 07.07.2008 – II ZR 37/07, NZM 2008, 739 = NJW 2008, 2992
Eigenkapitalersetzende Nutzungsüberlassung: Endet die entgeltfreie Nutzung bei Insolvenz des Vermieters?	Hat eine GmbH von einem ihrer Gesellschafter ein Grundstück angemietet, darf sie es unentgeltlich weiternutzen, wenn über ihr Vermögen das Insolvenzverfahren eröffnet wird, sog. eigenkapitalersetzende Gebrauchsüberlassung. Dieses Recht endet bei Insolvenz des vermietenden Gesellschafters.	BGH, 28.04.2008 – II ZR 207/06, InfoM 2008, 327 = NZM 2008, 728 = NJW 2008, 2188 = MDR 2008, 927
Zwischenvermietung: Keine Haftung des vorläufigen Insolvenzverwalters aus nicht weitergeleiteten Mieten! §§ 21 Abs. 2 Nr. 1, 55 Abs. 2, 60, 112 InsO	1. Ein „schwacher" vorläufiger Insolvenzverwalter eines gewerblichen Zwischenvermieters ist insolvenzrechtlich nicht verpflichtet, eingehende Mieten an den Hauptvermieter weiterzuleiten. 2. Bei Nichtzahlung der nach Insolvenzantragstellung anfallenden Miete kann dem Vermieter ein fristloses Kündigungsrecht zustehen. 3. Masseschulden werden durch die Nichtzahlung der Miete nicht begründet.	BGH, 24.01.2008 – IX ZR 201/06, GuT 2008, 152 = IMR 2008, 180 = NZM 2008, 365

3056

Privatinsolvenz des Mieters	Verschweigt der insolvente Mieter in der seinem Insolvenzantrag beizufügenden Vermögensübersicht eine geleistete Mietkaution, ist ihm die Restschuldbefreiung zu versagen.	BGH, 12.07.2007 – IX ZB 129/04, InfoM 2007, 327
Masseverbindlichkeiten	Der Inhaber einer sog. oktroyierten Masseverbindlichkeit hat während der Wohlverhaltensphase ein Rechtsschutzinteresse an einer Zahlungsklage gegen den Schuldner.	BGH, 28.06.2007 – IX ZR 73/06, NZM 2007, 771
Insolvenzverwalter	Vermietet der Insolvenzverwalter die vom Insolvenzschuldner angemieteten Gewerberäume an einen Untermieter, ohne zuvor die Zustimmung des Vermieters einzuholen, haftet er dem Vermieter persönlich, wenn der Untermieter die Räume verspätet zurückgibt.	BGH, 25.01.2007 – IX ZR 216/05, IMR 2007, 135 = GuT 2007, 133 = NZM 2007, 329 = InfoM 2007, 282 = MDR 2007, 798
Aufrechnungsmöglichkeiten	Die Aufrechnungsmöglichkeiten nach § 95 Abs. 1 InsO werden durch § 110 Abs. 3 InsO nicht beschränkt.	BGH, 21.12.2006 – IX ZR 7/06, GuT 2007, 135 = MDR 2007, 680
Nutzungsentschädigung, Masseverbindlichkeit	Ist in der Insolvenz des Mieters das Mietverhältnis vor Eröffnung des Insolvenzverfahrens aufgelöst, kommt dem Anspruch des Vermieters auf Nutzungsentschädigung für die Zeit ab Insolvenzeröffnung grundsätzlich nicht der Rang einer Masseverbindlichkeit zu. Der Anspruch auf Nutzungsentschädigung wird nicht dadurch zu einer Masseverbindlichkeit, dass der nicht besitzende Insolvenzverwalter auf das Herausgabeverlangen des Vermieters nicht eingeht.	BGH, 21.12.2006 – IX ZR 66/05, IMR 2007, 93 = MDR 2007, 915
Vorläufiger Insolvenzverwalter	Dem Sicherungseigentümer steht kein Anspruch auf Herausgabe des Entgelts zu, das im Eröffnungsverfahren durch Vermietung der sicherungsübereigneten Sache erzielt worden ist. Die Zusage des vorläufigen „schwachen" Insolvenzverwalters, das während des Eröffnungsverfahrens erzielte Nutzungsentgelt an den Sicherungseigentümer auszukehren, begründet keine Masseverbindlichkeit.	BGH, 13.07.2006 – IX ZR 57/05, MDR 2007, 241
Freigabe des Grundstücks, Masseverbindlichkeit	Wenn der Insolvenzverwalter zur Räumung eines Grundstücks rechtskräftig verurteilt worden ist, kann er durch die Freigabe des Grundstücks nicht mehr bewirken, dass diese Masseverbindlichkeit erlischt.	BGH, 02.02.2006 – IX ZR 46/05 (OLG Stuttgart), NZM 2006, 352 = IMR 2006, 30 = GuT 2006, 156 (LS)
Kündigung	Zur Berechtigung des Insolvenzverwalters, den Vertrag über die von dem Insolvenzschuldner angemieteten Praxisräume, die der Berufsausübung des Schuldners dienen, zu kündigen.	BGH, 21.09.2005 – IX ZB 128/05, GuT 2006, 323

Weiterleitung des beim Endmieter von dem Insolvenzverwalter eingezogenen Mietzinses an den Hauptmieter; Fristlose Kündigung bei Zahlungsrückstand	Zieht der (vorläufige) Insolvenzverwalter, der für das Insolvenzverfahren über das Vermögen eines Zwischenmieters bestellt worden ist, die Miete von dem Endmieter ein, so ist er verpflichtet, die vereinnahmte Miete in der geschuldeten Höhe an den Hauptvermieter weiterzuleiten (im Anschluss an BGHZ 151, 353). Erklärt er dennoch, er werde die Miete nicht weiterleiten, so ist der Hauptvermieter zur fristlosen Kündigung des Zwischenmietverhältnisses berechtigt, auch wenn ein Zahlungsrückstand im Sinne des § 543 Abs. 2 Nr. 3 BGB noch nicht entstanden ist.	BGH, 09.03.2005 – VIII ZR 394/03, GuT 2005, 182 = NZM 2005, 538
Aufrechnung von Miete gegen Guthaben aus Betriebskostenabrechnung in der Insolvenz,	Maßgebliche Rechtshandlung für die Möglichkeit der Aufrechnung von Mietzinsansprüchen gegen Ansprüche auf Auszahlung von Guthaben aus Nebenkostenvorauszahlungen ist der Abschluss des Mietvertrags. 2. Im Insolvenzverfahren über das Vermögen des Mieters kann der Vermieter gegen den vom Insolvenzverwalter geltend gemachten Anspruch auf Auszahlung eines Betriebskostenguthabens, das sich in der Zeit vor Verfahrenseröffnung ergeben hat, mit rückständiger Miete aus dieser Zeit auch dann aufrechnen, wenn er erst nach Verfahrenseröffnung über die Nebenkosten abrechnet. (Leitsatz 2 von der Redaktion)	BGH, 11.11.2004 – IX ZR 237/03, NZM 2005, 342
Anzeige der Masseunzulänglichkeit	Soweit der Insolvenzverwalter die Mietsache noch nach Anzeige der Masseunzulänglichkeit nutzt, ist der Vermieter mit seiner Mietzinsforderung Neumassegläubiger. Verlangt der Vermieter des insolventen Mieters Auskunft über die seinem Vermieterpfandrecht unterliegenden Sachen, kann der Insolvenzverwalter dazu auch dann verpflichtet sein, wenn die Sachen unter der Verantwortung seines Amtsvorgängers von dem vermieteten Grundstück entfernt wurden.	BGH, 04.12.2003 – IX ZR 222/02, GuT 2004, 99 = MietRB 2004, 168 = NZM 2004, 224 = MDR 2004, 594
Kündigung, offene Mieten, Verbindlichkeiten im Eröffnungsverfahren, vorläufiger Insolvenzverwalter	Wird die nach dem Eröffnungsantrag fällig werdende Miete oder Pacht nicht vertragsgemäß gezahlt, steht § 112 InsO nicht einer Kündigung des Vertragsverhältnisses gemäß allgemeinen Regeln entgegen. Verbindlichkeiten aus Dauerschuldverhältnissen i.S.v. § 108 InsO können unter den Voraussetzungen des § 55 Abs. 2 InsO schon für die Zeit des Eröffnungsverfahrens zu Masseverbindlichkeiten werden. Erlässt das Insolvenzgericht im Eröffnungsverfahren kein allgemeines Verfügungsverbot, so ist eine dem vorläufigen Insolvenzverwalter erteilte umfassende Ermächtigung, „für den Schuldner zu handeln", unzulässig; die Befugnis des vorläufigen Verwalters muss das Insolvenzgericht selbst einzeln festlegen. Das Insolvenzgericht kann – jedenfalls i.V.m. dem Erlass eines besonderen Verfügungsverbots – den vorläufigen Insolvenzverwalter ohne begleitendes allgemeines Verfügungsverbot ermächtigen, einzelne, im Voraus genau festgelegte Verpflichtungen zulasten der späteren Insolvenzmasse einzugehen.	BGH, 18.07.2002 – IX ZR 195/01, NZM 2002, 859

Anspruch des Mieters auf Herstellung eines zum vertragsgemäßen Gebrauch geeigneten Zustands der Mietsache als Masseschuld	Im Insolvenzverfahren über das Vermögen des Vermieters begründet der Anspruch des Mieters auf Herstellung eines zum vertragsgemäßen Gebrauch geeigneten Zustands der Mietsache unabhängig davon, ob der mangelhafte Zustand vor oder nach Eröffnung des Verfahrens entstanden ist, bei fortdauerndem Mietverhältnis eine Masseschuld.	BGH, 03.04.3002 – IX ZR 163/02, GuT 2003, 144
Sonderkündigungsrecht des Mieters, Vermietervermögen	Ein Sonderkündigungsrecht des Mieters in der Insolvenz des Vermieters gibt es nicht. Wird die Eröffnung des Insolvenzverfahrens über das Vermietervermögen mangels Masse abgelehnt, so erwächst dem Mieter allein aus diesem Umstand kein außerordentliches Kündigungsrecht.	BGH, 23.01.2002 – XII ZR 5/00, NZM 2002, 524
Haftung der Mieter-Konkursmasse, Herausgabeanspruch des Vermieters	Die Konkursmasse des Mieters haftet für einen vertragswidrigen Zustand der Mietsache, über die das Mietverhältnis vor Konkurseröffnung beendet war – insb. für Altlasten – nur, soweit der Konkursverwalter den Zustand durch ihm selbst zuzurechnende Handlungen verursacht hat. Der Herausgabeanspruch des Vermieters begründet ein Aussonderungsrecht im Konkurs nur in demselben Umfang wie derjenige nach § 985 BGB. Ein weitergehender mietvertraglicher Räumungsanspruch ist lediglich eine Insolvenzforderung (Abweichung von BGH, 05.10.1994 – XII ZR 53/93, BGHZ 127, 156, 165 ff. = MDR 1995, 687).	BGH, 05.07.2001 – IX ZR 327/99, MDR 2002, 55

2. Schnellüberblick aktuelle Rechtsprechung der Instanzgerichte

3057

Thema/Normen	Leitsatz	Entscheidung, Fundstelle
Wann sind Nebenkostenguthaben nicht mehr massezugehörig?	1. Ansprüche auf Auskehr von Nebenkostenguthaben stehen der Masse zu, auch wenn die Vorauszahlungen aus unpfändbaren Vermögen des Schuldners stammen. 2. Nach Erklärung des Insolvenzverwalters gem. § 109 Abs. 1 Satz 2 InsO und Ablauf der Frist des § 109 Abs. 1 Satz 1 InsO sind fällig werdende Nebenkostenguthaben nicht mehr massezugehörig, auch wenn die aus Zahlungen vor Ablauf der Frist des § 109 Abs. 1 Satz 1 InsO stammen. 3. Dies folgt auch aus einem Vergleich mit der Rechtslage bei Mietkautionen, die ebenfalls dem Schuldner zustehen.	AG Göttingen, 18.06.2009 – 21 C 33/09
Unterbrechung des Rechtsstreits durch Insolvenz	Unabhängig von der Frage, ob der Rechtsstreit durch die Eröffnung des Insolvenzverfahrens unterbrochen worden ist, ist ein unter Verstoß gegen § 240 ZPO erlassenes Urteil durch Rechtsmittel anfechtbar und nicht nichtig. Betrifft die Insolvenz bei einfacher Streitgenossenschaft nur einen Streitgenossen, tritt Unterbrechung des Verfahrens nur in Bezug auf diesen ein.	OLG Hamburg, 17.12.2008 – 4 U 112/06

XII. Arbeits- und Beratungshilfen

Kein Entgelt für Vermieter bei Nutzung der Mietsache für Unternehmensfortführung aufgrund Sicherungsmaßnahme im Eröffnungsverfahren	1. Hat das Insolvenzgericht gem. § 21 II 1 Nr. 5 InsO angeordnet, dass ein Vermieter die im Besitz des Schuldners befindliche Mietsache nicht einziehen darf und diese zur Fortführung des Unternehmens des Schuldners eingesetzt werden kann, steht dem Vermieter in den ersten drei Monaten nach der Anordnung kein Nutzungsentgelt („Zinsen") i.S.von § 169 S. 2 InsO zu.	KG, 11.12.2008 – 23 U 115/08, NZM 2009, 157 = NZI 2009, 114 = ZInsO 2009, 35
	2. Für eine analoge Anwendung des § 55 II 2 InsO ist wegen des abschließenden Charakters der §§ 21 II 1 Nr. 5, 169 S. 2 InsO kein Raum.	
	3. Die Bestimmungen der §§ 21 II 1 Nr. 5, 169 S. 2 InsO enthalten eine zulässige Regelung von Inhalt und Schranken des Eigentums bei der Gebrauchsüberlassung an Dritte (Art. 14 I 2 GG).	
	4. Der Anspruch des Vermieters auf Zahlung der Miete nach § 535 II BGB ist ebenso wie sein Anspruch auf Entschädigung nach § 546a I BGB eine Insolvenzforderung gem. § 87 InsO.	
Schadensersatzpflicht des Insolvenzverwalters bei Veräußerung von Sicherungsgut entgegen Angebot des Sicherungsgläubigers § 168 Abs. 2, 2. Alt InsO	1. Erhält der Insolvenzverwalter nach einem Hinweis des absonderungsberechtigten Gläubigers auf eine günstigere Verwertung eine noch bessere Verwertungsmöglichkeit, bedarf es grundsätzlich keiner erneuten Mitteilung an den Gläubiger. Das Mitwirkungsrecht des Gläubigers ist durch einen einmaligen Nachweis einer günstigeren Verwertungsmöglichkeit oder ein einmaliges Selbsteintrittsangebot in der Regel hinreichend gesichert.	OLG Karlsruhe, 09.10.2008 – 9 U 147/08
	2. Aber auch im Falle einer Verletzung der nochmaligen Hinweispflicht hat der absonderungsberechtigte Gläubiger nur einen Anspruch darauf, so gestellt zu werden, als hätte der Beklagte zu dem von ihr angegebenen Höchstgebot – sei es an die Klägerin oder an einen Dritten – veräußert.	
	3. Geht der Insolvenzverwalter auf den Gläubigervorschlag nicht ein, sondern veräußert das Sicherungsgut anderweitig, ist die Verwertung im Rahmen der Insolvenzverordnung mit der Auskehrung des Erlöses sowie des Differenzbetrages zu der aufgezeigten günstigeren Verwertungsmöglichkeit oder des Selbsteintrittsangebotes an den absonderungsberechtigten Gläubiger nach § 168 Abs. 2, 2. Alt. InsO abgeschlossen.	
	4. Die Gewinninteressen durch Weiterveräußerung sind hingegen vom Schutzzweck des § 168 InsO nicht umfasst.	

Verrechnung der Mietkaution bei Insolvenz des Mieters	Im Fall der Fortsetzung des bei Eröffnung des Insolvenzverfahrens über das Vermögen des Mieters bestehenden Mietverhältnisses nach § 108 InsO wird das Recht des Vermieters zu bestimmen, ob eine vor der Eröffnung des Insolvenzverfahrens vertragsgemäß erhaltene Mietsicherheit zur Tilgung von Schulden des Mieters aus dem Mietvertrag eingesetzt und welche Schuld des Mieter durch Verrechnung getilgt werden soll, nicht beseitigt oder eingeschränkt.	OLG Hamburg, 24.04.2008 – 4 U 152/07, IMR 2009, 164
Konkurrenz von Vorausabtretung der Miete und Insolvenzanfechtung – „Symbolische" Pacht gegen Sanierungsverpflichtung („Rückmiete") §§ 91 Abs. 1, 110, 166 Abs. 2, 170, 171 InsO	LS. IMR: Können im Voraus abgetretene Mietzinsforderungen insolvenzfest sein? § 110 InsO ist insoweit Spezialvorschrift gegenüber den Vorschriften über die Insolvenzanfechtung, als dort die Wirksamkeit einer Vorausabtretung geregelt ist. Die Bestimmungen über die Insolvenzanfechtung greifen nur insoweit ein, als sie nicht auf den in § 110 InsO geregelten Besonderheiten beruhen. Entsteht die im Voraus abgetretene, verpfändete oder gepfändete Forderung erst nach Eröffnung des Insolvenzverfahrens, so erwirbt der Gläubiger bzw. Pfandgläubiger zu Lasten der Masse nach § 91 Abs. 1 InsO kein Forderungs- und kein Absonderungsrecht mehr. LS. NZM: 1. § 110 InsO ist insoweit Spezialvorschrift gegenüber den Vorschriften über die Insolvenzanfechtung, als dort die Wirksamkeit einer Vorausabtretung geregelt ist. Die Bestimmungen über die Insolvenzanfechtung greifen nur insoweit ein, als sie nicht auf den in § 110 InsO geregelten Besonderheiten beruhen. 2. Entsteht die im Voraus abgetretene, verpfändete oder gepfändete Forderung erst nach Eröffnung des Insolvenzverfahrens, so erwirbt der Gläubiger bzw. Pfandgläubiger zu Lasten der Masse nach § 91 I InsO kein Forderungs- und kein Absonderungsrecht mehr. 3. Der Insolvenzverwalter erfüllt seine Auskunftspflicht gegenüber den Gläubigern des Insolvenzverfahrens durch Berichterstattung in der Gläubigerversammlung. Zur weiteren Berichterstattung ist er grundsätzlich nicht verpflichtet, es sei denn, die Gläubigerversammlung hat kürzere Berichtstermine festgelegt. (Leitsatz 3 von der Redaktion)	KG, 15.01.2008 – 7 U 110/07, IMR 2009, 3 = NZM 2008, 730

3. Formulierungsvorschlag zur Umstellung des Klageantrags auf den prozessführungsbefugten Insolvenzverwalter

Formulierungsvorschlag: Umstellung des Klageantrags auf den gem. § 80 Abs. 1 InsO prozessführungsbefugten Insolvenzverwalter

3058

> In dem Rechtsstreit .....
>
> nehmen wir für den Kläger den nach § 240 ZPO unterbrochenen Rechtsstreit auf.
>
> Wir beantragen zunächst,
> - das Rubrum auf Beklagtenseite wie folgt zu ändern: ..... als Insolvenzverwalter über das Vermögen des .....
>
> und bitten um entsprechende Zustellung an den Beklagten.
>
> Wir werden nunmehr folgenden Antrag stellen:
> - Die im Insolvenzverfahren über das Vermögen des ..... angemeldete Forderungen des Klägers wird i.H.v. ..... € zur Insolvenztabelle festgestellt .....

Bei einer Räumungsklage:

Formulierungsvorschlag: Umstellung des Klageantrags bei Räumungsklage

> In dem Rechtsstreit .....
>
> nehme ich in meiner Eigenschaft als Prozessbevollmächtigter der Klägerin den gem. § 240 ZPO unterbrochenen Rechtsstreit auf.
>
> Ich beantrage,
>
> das Rubrum der Beklagtenseite wie folgt zu ändern: ..... als Insolvenzverwalter über das Vermögen des .....
>
> Im Termin zur mündlichen Verhandlung werde ich beantragen:
>
> Der Beklagte wird verurteilt, die im 3. Obergeschoss mit Nr. 6 bezeichneten Räumlichkeiten in einer Größe von 137,33 m², bestehend aus 2 Zimmern ..... im Hause ..... 33602 Bielefeld geräumt an die Klägerin herauszugeben.
>
> Gleichzeitig wird gebeten, dem neuen Beklagten diesen Schriftsatz zuzustellen.
>
> Begründung:
>
> Das Amtsgericht – Insolvenzgericht – hat durch Beschluss vom 5.05.2010, Geschäfts-Nr. 43 IK 521/10, das Insolvenzverfahren über das Vermögen der ..... eröffnet und den Beklagten zum Insolvenzverwalter bestellt. Die Klägerin hatte den Schuldner bereits vor Eröffnung des Insolvenzverfahrens auf Herausgabe der von ihm bewohnten Mietwohnung gerichtlich in Anspruch genommen. Hinsichtlich der weiteren Einzelheiten des Sachverhaltes und der dazugehörigen Beweisangebote nehme ich auf die Klageschrift vom ..... in vollem Umfang Bezug.

Die Klägerin ist Eigentümerin des Gebäudes, in dem sich die von dem Schuldner genutzten Räume befinden. Der Herausgabeanspruch beinhaltet ein Aussonderungsrecht nach § 47 InsO. Die Klägerin ist damit gem. § 86 InsO berechtigt, diesen Anspruch außerhalb des Insolvenzverfahrens einzuklagen.

Unterschrift

4. Tabelle zu wichtigen Fristen[4881]

Gerichtliche Maßnahme	Was ist zu tun?	Dauer der Frist und Beginn Notfrist ist *kursiv*	Vorschrift
Anordnung von Sicherungsmaßnahmen	Sofortige Beschwerde	*zwei* Wochen ab Verkündung bzw. Zustellung	§§ 21 Abs. 1 Satz 2, 6 Abs. 2 InsO
Eröffnungsbeschluss	Sofortige Beschwerde	*zwei* Wochen ab Verkündung bzw. Zustellung	§§ 34 Abs. 2, 6 Abs. 2 InsO
Insolvenzverwalter bestreitet die zur Insolvenztabelle angemeldete Forderung	Erhebung der Feststellungsklage und Nachweis ggü. Insolvenzverwalter	spätestens *zwei* Wochen nach öffentlicher Bekanntmachung des Verteilungsverzeichnisses	§ 189 Abs. 1 InsO
Einwendungen gegen das Verteilungsverzeichnis	Antrag auf Berichtigung beim Insolvenzgericht	binnen drei Wochen nach öffentlicher Bekanntmachung des Verteilungsverzeichnisses	§ 194 Abs. 1 i.V.m. § 189 Abs. 1 InsO

[4881] Die Darstellung ist angelehnt an die hervorragenden Übersichtstabellen in Vorwerk, Das Prozessformularbuch.

§ 34 Spezielle Miet- und Pachtobjekte

		Rn.
I.	**Apotheken**	3061
	1. Gesetzliche Grundlagen	3061
	2. Grundsätzliches Verbot der Apothekenpacht	3065
	3. Voraussetzungen eines wirksamen Mietvertrages nach dem ApoG	3068
	a) Vertragspartner	3068
	b) Mietzweck	3069
	c) Mietobjekt	3070
	d) Miethöhe	3071
	4. Rechtsfolgen von Verstößen	3072
	5. Sonstiges	3073
II.	**Heilberufler (Arzt- und Zahnarztpraxen etc.)**	3074
	1. Problematik	3074
	2. Eignung der Mieträume	3075
	3. Bauliche Veränderungen/Umbauten	3077
	4. Hinweisschilder	3079
	5. Mietzweck	3081
	6. Umsatzsteuer	3083
	7. Vermieterpfandrecht	3084
	8. Untervermietung/Praxiserweiterung	3085
	9. Sondermüll	3089
	10. Betreten des Mietobjekts durch den Vermieter	3090
	11. Sonderkündigungsrecht bei Berufsunfähigkeit, längerer Arbeitsunfähigkeit etc.	3091
	12. Konkurrenzschutz	3097
	13. Auflösende Bedingungen	3098
III.	**Einkaufszentren, Shopping-Center**	3100
	1. Einführung	3100
	2. Branchenmix	3101
	3. Abschluss von Miet- oder Pachtverträgen über einzelne Flächen	3102
	a) Aufklärungs- und Informationspflichten	3102
	b) Vertragsschluss unter Abwesenden, Bindungsfrist	3103
	4. Wichtige Aspekte der Vertragsgestaltung	3104
	a) Aufbau	3104
	b) Veredelter Rohbau	3105
	c) Vertragsdauer	3106
	d) Miethöhe, Beginn der Zahlungspflicht	3107
	e) Betriebskosten	3108
	f) Instandhaltung und Instandsetzung	3109
	g) Betriebspflicht	3110
	h) Konkurrenzschutz	3114
	i) Sortiments- und Markenbindungen	3116
	5. Center-Management	3117
	6. Werbegemeinschaften	3120
	a) Begriff	3120
	b) Beitrittsverpflichtung im Mietvertrag	3121
	c) Beitragshöhe	3124
	7. Besonderheiten im Gewährleistungsrecht	3125
	a) Leerstand im Einkaufszentrum	3125
	b) Umbauarbeiten	3127
	8. Sonstiges	3128
	9. Checkliste: Vertragsverhandlungen Shopping-Center	3129
IV.	**Factory-Outlet-Center**	3130
	1. Überblick	3130
	2. Begriffsdefinition	3131
	3. Größen- und Sortimentsstruktur	3132
	4. Standorte	3135
	5. Auswirkungen von Factory-Outlet-Centern auf Stadtentwicklung und kommunale Steuerungsmöglichkeiten	3136
	6. Bauplanungsrechtliche Zulässigkeit von Factory-Outlet-Center-Vorhaben	3137
V.	**Gaststätten, Gastronomie**	3140
VI.	**Hotels, Pensionen, Beherbergungsimmobilien**	3147
	1. Überblick	3147
	2. Vertragsform	3149
	3. Besonderheiten beim Vertragsinhalt	3152

		4.	Checkliste: Vermietung bzw. Verpachtung von Hotels	3157
VII.	Kfz-Schilderpräger			3158
VIII.	Logistikimmobilien			3161
	1.	Überblick		3161
	2.	Praxistipps Besonderheiten bei der Vertragsgestaltung		3165
IX.	Messeflächen und Messestände			3170
	1.	Überblick		3170
	2.	Rechtsnatur des Vertrages		3171
	3.	Kein Abschlusszwang des Messebetreibers, Vertragsabschluss		3172
	4.	Gewährleistungsrechte des Ausstellers		3174
	5.	Kündigung und Fernbleiben des Ausstellers		3176
X.	Mobilfunkanlagen			3178
XI.	Tankstellen			3186
XII.	Triple-Net-Vertrag			3192
XIII.	Warenautomaten			3193
XIV.	Waschstraßen			3194
XV.	Werbeflächen/Außenwerbung			3195
	1.	Bauliche Aspekte		3196
	2.	Laufzeit- und Kündigungsklauseln		3197
	3.	Ansprüche Dritter		3199

3060 Nachfolgend werden alphabetisch Besonderheiten bei bestimmten Miet- und Pachtobjekten dargestellt, die in der Praxis zu Abweichungen von der üblichen Vertragsgestaltung führen können.

I. Apotheken

1. Gesetzliche Grundlagen

3061 Für die Raumüberlassung zum Betrieb von Apotheken gelten besondere gesetzliche Bestimmungen, die die Vorschriften des BGB ergänzen, z.T. aber ggü. diesen auch vorgehen. Das **Apothekengesetz** (ApoG) verbietet Maßnahmen, die die Eigenverantwortlichkeit und Selbstständigkeit des Apothekenleiters einschränken und beschränkt das Recht der Parteien, den Mietpreis frei zu regeln. Verstöße können zur **Unwirksamkeit eines Miet- oder Pachtvertrages** führen.

3062 Das ApoG postuliert ein **Leitbild des Apothekers** in seiner Apotheke (§ 7 ApoG) und schränkt die vertragliche Gestaltungsfreiheit des Apothekers im Interesse der Gewährleistung der öffentlichen Versorgung mit Arzneimitteln ein. Allein der Apotheker, der Inhaber der Betriebserlaubnis ist, darf die Apotheke persönlich in eigener Verantwortung leiten. Konsequenz ist, dass sowohl in wirtschaftlicher/unternehmerischer Hinsicht als auch in pharmazeutischer Hinsicht kein Dritter maßgeblichen Einfluss auf das Betreiben der Apotheke haben darf.[4882] Der Apotheker soll jederzeit frei in der Lage sein, seine gesetzliche Aufgabe, eigenverantwortlich an der ordnungsgemäßen **Arzneimittelversorgung der Bevölkerung** mitzuwirken, zu erfüllen.[4883]

3063 Aus diesen Gründen ist – von bestimmten Ausnahmefällen abgesehen – die **Verpachtung einer Apotheke** gem. § 9 ApoG verboten. Verboten sind auch **umsatz- und gewinnbezogene Vereinbarungen** (§ 8 Satz 2, 2. Alt. ApoG) und stille Beteiligungen am Apothekenbetrieb (§ 8 Satz 2, 1. Alt. ApoG).

4882 BGH, 24.09.1979 – II ZR 95/78, BGHZ 75, 214, 215 = NJW 1980, 638.
4883 BGH, 24.09.1979 – II ZR 95/78, BGHZ 75, 214, 215 = NJW 1980, 638.

Bei Abgabe des Antrags auf Erteilung einer Betriebserlaubnis muss der Apotheker gem. § 2 Abs. 1 Nr. 5 ApoG schriftlich versichern, dass er keine Vereinbarung getroffen hat, die gegen die §§ 8 Satz 2, 9 Abs. 1, 10, 11 ApoG verstoßen. Selbstverständlich bedingt dies eine besondere Vorsicht bei der Vertragsgestaltung und setzt den Apotheker auch dem Risiko aus, den Mietvertrag zu früh zu unterschreiben. Dem steht aber ggü., dass die Behörde verlangen kann, dass der Apotheker sämtliche Verträge vorlegt, die mit dem Betrieb der Apotheke zusammenhängen. Im Ergebnis kommt der Apotheker jedoch ohnehin nicht um die **Übergabe des Miet- oder Pachtvertrages** herum, weil er ggü. der Behörde gem. § 2 Abs. 1 Nr. 6 ApoG den Nachweis zu erbringen hat, dass die Räume für den Apothekenbetrieb geeignet sind.

3064

2. Grundsätzliches Verbot der Apothekenpacht

§ 9 ApoG bestimmt in einem Regel-Ausnahmen-Prinzip, dass die Verpachtung einer Apotheke nur in **bestimmten Ausnahmefällen** zulässig und ein auf die Verwirklichung des Pachttatbestandes zielendes Rechtsgeschäft gem. § 12 ApoG nichtig ist. Hintergrund ist auch hier das Ziel des Gesetzgebers, die wirtschaftliche Abhängigkeit des Apothekers zu unterbinden. Eine Pacht ist gem. **§ 9 ApoG** nur dann zulässig, wenn und solange der Verpächter in Besitz der Apothekenbetriebserlaubnis ist und die Apotheke aus einem in seiner Person liegenden wichtigen Grund nicht selbst betreiben kann oder aber die Erlaubnis wegen eines körperlichen Gebrechens oder wegen Schwäche seiner geistigen oder körperlichen Kräfte oder wegen einer Sucht widerrufen wird oder aus diesem Grund die Approbation als Apotheker erloschen ist. Weitere sehr enge Ausnahmen beziehen sich auf die Erben des Apothekers.

3065

Liegen diese Fälle nicht vor, muss zunächst geprüft werden, ob es sich um eine Pacht im Rechtssinn der §§ 581 ff. BGB handelt. Handelt es sich um leere Räume, ist § 9 ApoG nicht anwendbar.[4884]

3066

Die Grundvoraussetzung ist deshalb – vereinfacht dargestellt –, dass ein „Mehr" ggü. der bloßen Raumüberlassung erfolgt, also etwa die weitere **Überlassung des kompletten Mobiliars**, sodass der Apotheker sofort mit dem Betreiben seines Geschäfts beginnen kann. In der Praxis kommt es aber nur selten zu derart eindeutigen Fällen, da teilweise versucht wird, den äußeren Anschein einer Pacht zu kaschieren, etwa indem dem Apotheker günstige Bezugsquellen für Inventar gegen einen dortigen Nachlass verschafft werden und dann ein entsprechender „Bonus" in die Miete hineingerechnet wird, sodass eine **versteckte Pacht** vorliegt. Eine bloße Überschreitung der ortsüblichen Miete genügt aber nicht als alleiniges Indiz für einen Pachtvertrag.[4885] Eine Indizwirkung muss man derartigen Überschreitungen aber auf jeden Fall zusprechen. Insgesamt hat eine **Gesamtabwägung** aller Umstände zu erfolgen. Bei einer Verpflichtung, die Einrichtung zu übernehmen, liegt Pacht vor.[4886]

3067

4884 BGH, 22.10.1997 – XII ZR 142/95, NZM 1998, 192 = NJW-RR 1998, 803; NJW 1979, 2351.
4885 BGH, 22.10.1997 – XII ZR 142/95, NZM 1998, 192 = NJW-RR 1998, 803: Miete um 77,78 % überschritten; a.A. OLG Zweibrücken, OLGR 1998, 78: Miete um 64,5 % überschritten.
4886 BGH, 22.10.1997 – XII ZR 142/95, NZM 1998, 192 = NJW-RR 1998, 803.

3. Voraussetzungen eines wirksamen Mietvertrages nach dem ApoG

a) Vertragspartner

3068 Aus dem Leitbild des Apothekers gem. § 7 ApoG folgt, dass der Mieter beabsichtigen muss, für den in den Räumlichkeiten geplanten Apothekenbetrieb eine Betriebserlaubnis zu beantragen. Bei einer Einzelperson wird es hier i.d.R. keine Probleme geben. Soll jedoch eine andere Person **Mitmieter** sein, die kein Apotheker ist, widerspricht dies dem gesetzlichen Leitbild der Unabhängigkeit und Unbeeinflussbarkeit des Apothekers. Verlangt der Vermieter etwa, dass die Ehefrau des Apothekers zur Absicherung der Mietforderungen ebenfalls Mieterin wird und den Mietvertrag mitunterzeichnet, so dürfte keine Apothekenbetriebserlaubnis erteilt werden. Nur wer selber die Betriebserlaubnis beantragen will, darf Mitmieter sein. Gem. § 8 Satz 1 ApoG sind solche Zusammenschlüsse aber nur in der Rechtsform einer **GbR** oder einer **OHG** zulässig.

b) Mietzweck

3069 Regelmäßig strebt der Vermieter eine genaue Definition des Mietzweckes an, den Mieter entsprechend zu binden und zu verhindern, dass eine andere freiberufliche oder gewerbliche Tätigkeit plötzlich in den Räumen ausgeübt wird. Bei der Vermietung an Apotheker müssen sich beide Parteien darüber im Klaren sein, dass die **behördliche Erlaubnis** erst später, also nach Prüfung des Mietvertrages durch die Behörde, erteilt wird. Sollte sich herausstellen, dass eine Erlaubnisversagung nicht an der Art der Räumlichkeiten, sondern an der Person des Mieters scheitert (zweigeteilte Erlaubnisprüfung), so bliebe der Mieter trotzdem u.U. verpflichtet, die mietvertraglichen Vereinbarungen einzuhalten, da nicht jeder Verstoß gegen das ApoG zur Nichtigkeit des Mietvertrages führt.

> **Praxistipp:**
> Der Mieter sollte darauf drängen, dass ihm für den Fall der Nichterteilung der Betriebserlaubnis ein **Sonderkündigungsrecht** ausdrücklich im Vertrag eingeräumt wird. Alternativ kann der gesamte Mietvertrag unter die aufschiebende Bedingung der Erteilung der behördlichen Betriebserlaubnis gestellt werden.

c) Mietobjekt

3070 Nach § 2 Abs. 1 Nr. 6 ApoG müssen die Räume zum Betrieb einer Apotheke geeignet sein. Die Einzelheiten regelt die **Apothekenbetriebsordnung**. Nach § 4 Abs. 1 Apothekenbetriebsordnung müssen die Betriebsräume nach Art, Größe, Zahl, Lage und Einrichtung geeignet sein, einen ordnungsgemäßen Apothekenbetrieb, d.h. insb. die einwandfreie Entwicklung, Herstellung, Prüfung, Lagerung, Verpackung sowie eine ordnungsgemäße Abgabe der Arzneimittel und die Information und Beratung über Arzneimittel zu gewährleisten. Vorhanden sein müssen danach gem. § 4 Abs. 2 Apothekenbetriebsordnung mindestens folgende Räume: ein Laboratorium, ein Offizin (Bereich der Apotheke, in dem die Arzneimittel fertiggestellt und an die Verbraucher abgegeben werden), ausreichender Lagerraum und ein Nachtdienstzimmer. Die genannten Flächen müssen **mindestens 110 m^2** groß sein; Flächen von Fluren, Toiletten und anderen Räumen werden hier nicht mitberechnet, § 4 Abs. 2 Satz 5 Apothekenbetriebsordnung. § 4 Abs. 5 Apothekenbetriebsordnung bestimmt, dass die Betriebsräume von anderweitig gewerblich oder freiberuflich genutzten Räumen oder von öffentlichen Verkehrsflächen und Bahnstraßen durch Wände oder Türen abgetrennt sein müssen. Bei ständig geöffneten Türen während der Öffnungszeiten liegt diese Abtrennung nicht vor.[4887]

d) Miethöhe

Es gilt zunächst der Grundsatz: Eine am **Umsatz** oder **Gewinn** ausgerichtete Miete ist unzulässig. Nach § 8 Satz 2 ApoG sind Beteiligungen an einer Apotheke in Form einer Stillen Gesellschaft oder Vereinbarungen, bei denen die Vergütung von für den Erlaubnisinhaber gewährten Darlehen oder sonst überlassenen Vermögenswerten am Umsatz oder am Gewinn der Apotheke ausgerichtet ist, insb. auch am Umsatz oder Gewinn ausgerichtete Mietverträge, unzulässig. § 9 ApoG regelt, dass in bestimmten Ausnahmefällen Pachtverträge, bei denen der Pachtzins vom Umsatz oder Gewinn abhängig ist, zulässig sein können. Hintergrund ist auch hier der Wille des Gesetzgebers, den Apotheker von jeglichen Beeinträchtigungen freizuhalten. Daraus resultiert dann auch, dass es nicht nur um im Mietvertrag offengelegte **Umsatzvereinbarungen** geht, sondern um jegliche Vereinbarungen, die entweder im Mietvertrag „versteckt" sind oder neben dem „offiziellen" Mietvertrag getroffen werden.

3071

4. Rechtsfolgen von Verstößen

Verstöße gegen §§ 8 Satz 2, 9 Abs. 1, 10 oder 11 ApoG sind gem. § 25 ApoG Ordnungswidrigkeiten, zivilrechtlich haben Verstöße gegen die genannten Normen und gegen § 7 ApoG gem. § 12 ApoG die Nichtigkeit des betroffenen Rechtsgeschäfts zur Folge. Entsprechendes gilt für etwaige Nebenabsprachen. Nichtigkeit bedeutet hier **Gesamtnichtigkeit**, d.h. der Mietvertrag kann nicht etwa mit einer reduzierten Miete aufrechterhalten werden.[4888] Folge ist, dass entweder Bereicherungsrecht nach den §§ 812 ff. BGB oder aber die §§ 987, 990 BGB zur Rückabwicklung anzuwenden sind. Zu klären ist aber, ob der Konditionsanspruch des Apothekers möglicherweise über die §§ 814, 817 Satz 2 BGB entfällt, weil er in seiner Fachposition Kenntnis vom Fehlen der Zahlungspflicht haben musste, da ihm die Voraussetzungen des ApoG geläufig sein müssen. Wird die wirtschaftliche Bewegungsfreiheit des Apothekers nicht durch Umsatz- oder Gewinnvereinbarungen eingeschränkt, aber aus anderen Gründen, so kann sich eine **Nichtigkeit über das Leitbild** des § 7 ApoG aus § 134 BGB ergeben.[4889] Eine fehlende Apothekenbetriebserlaubnis eines Apothekenleiters ist gem. § 23 ApoG strafbewehrt.

3072

5. Sonstiges

Ein Wettbewerbsverbot, das dem Mieter von zum Betrieb einer Apotheke in einem Einkaufszentrum angemieteten Räumen auferlegt wird, verstößt gegen § 305c Abs. 1 BGB, wenn es in einem vom Vermieter gestellten 25-Seiten Formularmietvertrag auf der vorletzten Seite unter

3073

[4887] BVerwG, PZ – Pharmazeutische Zeitung 1994, 432; VGH Hessen, PZ 1992, 3609.
[4888] OLG München, 14.03.1997 – 21 U 2725/95, ZMR 1997, 297.
[4889] BGH, 24.09.1979– II ZR 95/78, BGHZ 75, 214, 217.

„Sonstiges" geregelt ist.[4890] Ein solches Wettbewerbsverbot, das ausschließlich dem Mieter den Betrieb eines Konkurrenzgeschäfts im räumlichen Umkreis von drei Kilometern um das in der Innenstadt gelegene Einkaufszentrum herum für die gesamte Vertragslaufzeit von zehn Jahren untersagt, benachteiligt den Mieter gem. § 307 Abs. 1 Satz 1, Abs. 2 BGB unangemessen.[4891]

II. Heilberufler (Arzt- und Zahnarztpraxen etc.)

1. Problematik

3074 Ärzte, Zahnärzte und andere Heilberufler (Tierärzte, Psychotherapeuten, Apotheker) gehören zu den Freiberuflern und sind i.d.R. gern gesehene Mieter, da sie sich meist sehr langfristig binden wollen und statistisch zu den gut verdienenden Berufsgruppen gehören. Die Besonderheiten der Berufe (z.B. erhebliche Investitionen in die Mieträume, z.T. Strahlenschutzbestimmungen) und der Status des Freiberuflers machen überwiegend aus Mietersicht einige **spezielle vertragliche Regelungen empfehlenswert**. Der sog. Standardmietvertrag ist daher möglichst zu vermeiden. Gesondert geregelt werden sollten die folgenden Bereiche, wobei es sich bei den Formulierungsvorschlägen durchgängig um zusätzlich zu vereinbarende Klauseln handelt.

2. Eignung der Mieträume

3075 Arzt- und Zahnarztpraxen bedingen oft einen hohen technischen Aufwand, z.B. in der Strahlenabsicherung (Röntgengeräte), Installation von Entsorgungsgeräten (Amalgamabscheider usw.), schweren Apparaturen und Starkstromanschlüssen. Dafür müssen die Räume geeignet sein, was der Vermieter zu gewährleisten hat. Wer an spezielle Berufsgruppen vermietet, muss auch Räume zur Verfügung stellen, in denen „normal" gearbeitet werden kann. Manchmal machen die Behörden aber auch spezielle Auflagen, deren Erfüllung dann natürlich der Mieter übernehmen sollte.

3076 **Formulierungsvorschlag: Vertragsrubrik „Mietobjekt" 1**

> Der Vermieter übernimmt die Gewähr dafür, dass die Mietsache bei Mietbeginn bautechnisch und ordnungsrechtlich den Erfordernissen genügt, die die berufliche Nutzung der Räume zum Betrieb einer Arzt- oder Zahnarztpraxis mit sich bringt (Stromversorgung, Tragfähigkeit der Decken etc.).
>
> Behördlich geforderte, in das Mietobjekt einzubauende Einrichtungs- und Sicherheitsmaßnahmen, die im Zusammenhang mit der ärztlichen Tätigkeit stehen, hat der Mieter auf eigene Kosten einzubauen.

3. Bauliche Veränderungen/Umbauten

3077 Die Praxen erfordern fast immer erhebliche Umbauten, v.a. bei Zahnärzten. Meistens sind auch erhebliche Eingriffe in die Bausubstanz erforderlich. Dies sollte ausführlich geregelt werden.

[4890] OLG Dresden, 03.01.2006 – 5 U 1451/05, GuT 2006, 86.
[4891] OLG Dresden, 03.01.2006 – 5 U 1451/05, GuT 2006, 86.

Empfehlenswert ist noch die Zustimmung zur Einrichtung eines Praxislabors und das Überlassen von Grundrissen.

Formulierungsvorschlag: Vertragsrubrik „Mietobjekt" 2

> Der Vermieter stimmt der Einrichtung eines Praxislabors zu.
>
> Der Vermieter stellt dem Mieter bei Abschluss des Mietvertrages einen Grundriss zur Verfügung, damit der Mieter diesen für einen Praxiseinrichter u.Ä. verwenden kann.

4. Hinweisschilder

Wegen des hohen Publikumsverkehrs kann es für Mieter sinnvoll sein, sich besondere Rechte für Hinweisschilder u.Ä. einräumen zu lassen. Um späteren Streit zu vermeiden, sollte hier auch sofort an einen etwaigen Auszug mit der Möglichkeit des Hinweises auf die neue Praxis gedacht werden.

Formulierungsvorschlag: Vertragsrubrik „Mietobjekt" 3

> Der Mieter ist berechtigt, auf seine Kosten am und im Haus Schilder mit Hinweisen auf seine Praxis anzubringen. Der Vermieter gestattet dem Mieter außerdem, nach einem etwaigen Auszug die bereits vorhandenen Schilder und etwaige Hinweisschilder auf eine neue Praxis mindestens sechs Monate nach Auszug angebracht zu lassen.

5. Mietzweck

Beim Mietzweck sollten neben der genauen Bezeichnung der Heiltätigkeit auch etwaige Nebengeschäfte erfasst werden wie Labortätigkeit, Verkauf von Heil- und Hilfsmitteln (Beispiel: Kontaktlinsenmittel beim Augenarzt).

Formulierungsvorschlag: Vertragsrubrik „Mietzweck"

> Das Mietobjekt ist zum Betrieb einer Arztpraxis vermietet. Änderungen des Nutzungszweckes bedürfen der vorherigen schriftlichen Zustimmung des Vermieters, die dieser nur aus wichtigem Grund verweigern darf. Der Mieter ist berechtigt, im Zusammenhang mit seiner Haupttätigkeit stehende Nebengeschäfte (z.B. Labortätigkeit, Verkauf von Arzneien, medizinischen Hilfsmitteln u.Ä.) im Mietobjekt zu tätigen.

6. Umsatzsteuer

Bei Ärzten und Zahnärzten fällt **keine** USt an, was im Vertrag in der Rubrik „Miete" erwähnt werden sollte.

7. Vermieterpfandrecht

In der Rubrik „Sicherheiten" kann das Vermieterpfandrecht an Praxisinventar ausgeschlossen werden.

8. Untervermietung/Praxiserweiterung

3085 Die ärztliche bzw. zahnärztliche Berufsausübung mehrerer Berufsträger findet entweder als Praxisgemeinschaft oder als Gemeinschaftspraxis statt. Es handelt sich dabei um eine GbR. Hier sollte v.a. aus Vermietersicht darauf geachtet werden, dass **alle Beteiligten Vertragspartner** werden. Oft ist erforderlich oder gewollt, die Praxis personell zu erweitern. Dies sollte geregelt werden, da der Vermieter einen neu Hinzutretenden sonst nicht akzeptieren muss.

3086 **Formulierungsvorschlag: Vertragsrubrik „Sonstiges" – Praxisgemeinschaft**

> Der Betrieb der Praxis in Form einer Praxisgemeinschaft oder Gemeinschaftspraxis ist zulässig. Soweit der Mieter einen oder mehrere Partner als Sozii in die Praxis aufnimmt, tritt auf Wunsch des Vermieters der aufgenommene Sozius für die Zukunft in den Mietvertrag mit allen Rechten und Pflichten ein.

3087 **Formulierungsvorschlag: Vertragsrubrik „Sonstiges" – Untervermietung**

> Der Mieter ist zur Untervermietung des Mietobjekts ohne Zustimmung des Vermieters berechtigt, insbesondere was die Aufnahme eines Partners betrifft. Dies gilt auch, wenn der Untermieter einen anderen Geschäftsbetrieb ausübt als der Mieter, der Vermieter dadurch jedoch in seinen Rechten nicht nachhaltig beeinträchtigt wird.

3088 **Formulierungsvorschlag: Vertragsrubrik „Sonstiges" – Praxisnachfolge**

> Die Kooperationspartner des Mieters sind berechtigt, im Einverständnis mit dem Mieter jederzeit die Praxisnachfolge als Mieter zu den bestehenden Vertragsbedingungen anzutreten. Dies bedarf jedoch der Zustimmung des Vermieters, die nur aus wichtigem Grund verweigert werden darf.

9. Sondermüll

3089 **Formulierungsvorschlag: Sondermüll**

> Abfälle sind in die von dem Vermieter bereitgestellten Entsorgungsräume bzw. -einrichtungen zu verbringen. Der Mieter ist nicht berechtigt, Sonderabfälle oder betrieblich bedingte Abfälle (leere Kartonagen, Kunststoffverpackungen) im Hausmüll zu entsorgen. Er hat diese Abfälle eigenverantwortlich zu entsorgen.

10. Betreten des Mietobjekts durch den Vermieter

3090 **Formulierungsvorschlag: Betreten des Mietobjekts durch den Vermieter**

> Wegen der ärztlichen und zahnärztlichen Verschwiegenheitspflicht verpflichtet sich der Vermieter durch Unterzeichnung dieses Vertrages, über alle Angelegenheiten und Vorgänge, die ihm im Rahmen eines Aufenthaltes in der Praxis zur Kenntnis gelangen, absolutes Stillschweigen zu bewahren und keinerlei Informationen an Außenstehende weiterzuge-

ben. Dies umfasst insbes. jegliche Informationen über Patienten und Patientendaten, Praxisorganisation, Finanzen, Projekte, Betriebsmittel u.Ä. Dem Vermieter ist bekannt, dass eine Verletzung der o.g. Verschwiegenheit eine Strafbarkeit gem. §§ 203, 204 StGB (Verletzung/Verwertung von Privatgeheimnissen) und § 202a StGB (Ausspähen von Daten) nach sich ziehen kann.

11. Sonderkündigungsrecht bei Berufsunfähigkeit, längerer Arbeitsunfähigkeit etc.

Ärzte und Zahnärzte sind Vertrauenspersonen. Ihre Leistungen sind **grds. personenbezogen** und daher überwiegend weder leicht delegierbar noch auf Dritte übertragbar. So sind Praxisveräußerungen immer ein Problem, weil der neue Inhaber nicht das Vertrauen der Patienten genießt. Entsprechendes gilt für andere Freiberufler. Wird der Arzt lange krank und/oder berufsunfähig, führt dies häufig zum Verlust erheblicher Teile des Patientenstammes, was bedrohliche Ausmaße annehmen kann. Vertreter können die Verluste oft nicht auffangen. Für diese Fälle sollte daher ein Sonderkündigungsrecht vereinbart werden, v.a. für Berufsunfähigkeit, die zur Streitvermeidung zu definieren ist. Letzteres ist ein Spezialthema.[4892] Ferner sind **berufsrechtliche Spezialfälle** zu regeln wie Entzug der Kassenzulassung, Ausscheiden von Praxismitgliedern und Nachfolgeregelungen für Praxisübernehmer.

Formulierungsvorschlag: Sonderkündigungsrecht 1

Der Mieter ist zur außerordentlichen Kündigung berechtigt, wenn er berufsunfähig wird. Berufsunfähigkeit liegt vor, wenn der Mieter durch Vorlage einer der folgenden Unterlagen Berufsunfähigkeit nachweist: Bestätigung einer privaten Berufsunfähigkeitsversicherung, dass Berufsunfähigkeit vorliegt; Rentenbescheid eines Rentenversicherungsträgers (Versorgungswerk, BfA etc.) über Eintritt von Berufs- oder Erwerbsunfähigkeit oder Erwerbsminderung; amtsärztliches Zeugnis über den Eintritt der Berufsunfähigkeit; amtlicher Bescheid über eine Minderung der Erwerbsfähigkeit (MdE) von 50 % oder mehr. Mieter und Vermieter sind sich darüber einig, dass mit „Berufsunfähigkeit" jeder entsprechende Begriff aus dem Sozial- oder Privatversicherungsrecht gemeint ist, der die Unfähigkeit bezeichnet, den Beruf weiter auszuüben. Die Kündigung wegen Berufsunfähigkeit kann nur innerhalb von neun Monaten nach dem Ausstellungsdatum der oben aufgezählten Urkunden erklärt werden und wird wirksam zum Ende des auf die Erklärung folgenden dritten Monats.

Formulierungsvorschlag: Sonderkündigungsrecht 2

Der Mieter ist zur außerordentlichen Kündigung berechtigt, wenn seine Arbeitsunfähigkeit länger als ununterbrochen sechs Monate fortdauert und er dies durch Vorlage einer ärztlichen, amtsärztlichen, sozial- oder krankenversicherungsmäßigen Bescheinigung nachweist. Diese Kündigung kann nur innerhalb von neun Monaten nach Vorlage der oben aufgezählten Schriftstücke und bei Fortdauer der Arbeitsunfähigkeit erklärt werden und wird wirksam zum Ende des auf die Erklärung folgenden dritten Monats.

[4892] Vgl. dazu ausführlich Neuhaus, ZAP Fach 10, S. 137 ff. und ders., Die Kanzlei, 2000, 208, Neuhaus/Schwane, Private Berufs- und Erwerbsunfähigkeitsversicherungen.

3094 Formulierungsvorschlag: Sonderkündigungsrecht 3

> Der Mieter ist zur außerordentlichen Kündigung berechtigt, wenn ihm die Zulassung von der kassenärztlichen oder kassenzahnärztlichen Vereinigung entzogen wird, auch wenn dies nur vorläufig erfolgt und er dies durch Vorlage einer entsprechenden Bescheinigung nachweist. Diese Kündigung kann nur innerhalb von neun Monaten nach Vorlage des Nachweises erklärt werden und wird wirksam zum Ende des auf die Erklärung folgenden dritten Monats.

3095 Formulierungsvorschlag: Sonderkündigungsrecht 4

> Bei einer Mehrheit von Ärzten oder Zahnärzten als Mieter kann ein aus der Gemeinschaftspraxis oder Praxisgemeinschaft ausscheidender (Mit-) Mieter das Mietverhältnis außerordentlich kündigen, solange wenigstens ein ursprünglicher Arzt oder Zahnarzt Mieter des Vermieters bleibt und der Ausscheidende im Innenverhältnis der Ärzte/Zahnärzte nicht mehr für Mietzahlungen haftet. Letzteres ist durch Vorlage einer Bestätigung des/der verbleibenden Mieter oder durch rechtskräftiges Gerichtsurteil nachzuweisen. Die Kündigung des Mietverhältnisses kann nur innerhalb von neun Monaten nach Vorlage dieser Nachweise erklärt werden und wird für den Ausscheidenden wirksam zum Ende des auf die Erklärung folgenden dritten Monats.

3096 Formulierungsvorschlag: Sonderkündigungsrecht 5

> Sollte für den Planungsbereich, in dem sich die Praxis befindet, eine Zulassungsbeschränkung für Vertragsärzte oder Vertragszahnärzte angeordnet sein, so kann der Vermieter den Abschluss des Mietvertrages zu den bestehenden Bedingungen mit einem vom entsprechenden Zulassungsausschuss ausgewählten Nachfolger des jetzigen Mieters nur aus wichtigem Grund verweigern.

12. Konkurrenzschutz

3097 Formulierungsvorschlag: Konkurrenzschutz

> Der Vermieter verpflichtet sich, in dem in § 1 dieses Vertrages bezeichneten Mietobjekt sowie im Umkreis von 2.000 m keine weitere branchengleiche Praxis zu betreiben, betreiben zu lassen, Räume dazu zu vermieten, zu bauen oder sich am Bau zu beteiligen. Entsprechendes gilt für die eigene geschäftliche Tätigkeit des Vermieters. Mit branchengleich sind bei Humanmedizinern alle anderen Humanmediziner, bei Tierärzten alle anderen Tierärzte (jeweils mit oder ohne Labor) jeglicher Fachrichtung, ferner jeweils Heilpraktiker, gemeint. Bei Zahnärzten sind mit branchengleich folgende Tätigkeiten gemeint: Zahnarzt, Kieferorthopäde, Parodontologe, Kiefer- und Oralchirurg. Der Mieter ist nach ergebnisloser Abmahnung zur fristlosen Kündigung berechtigt, wenn der Vermieter gegen das Konkurrenzschutzgebot verstößt. Ein Verzicht des Mieters auf Konkurrenzschutz kann nur schriftlich erfolgen und gilt jeweils nur für einen einzigen Fall.

Der Schutz vor Konkurrenz sollte möglichst genau definiert werden, dazu → *Rn. 1324 ff.*

13. Auflösende Bedingungen

Eine Regelung ist sinnvoll, da bei Medizinern die wirtschaftlich sinnvolle Aufnahme der Tätigkeit z.B. oft von der Kassenzulassung abhängt. 3098

Formulierungsvorschlag: auflösende Bedingung 3099

> Der Mietvertrag steht unter folgenden auflösenden Bedingungen:
> - der Mieter erhält keine Kassenzulassung,
> - der Mieter erhält keine ausreichende Finanzierung,
> - der Mieter ist bei Beginn des Mietverhältnisses berufsunfähig.

III. Einkaufszentren, Shopping-Center

1. Einführung

Einkaufszentren boomen unter den verschiedensten Bezeichnungen (Galeria, Promenade, Mall, Passage etc.), wobei auch der Markt für diese Großprojekte ständig in Bewegung ist. Nach wie vor aktuell sind sog. Factory Outlet-Center (für Fabrikverkäufe → *Rn. 3130 ff.*) und Urban Entertainment-Center (als Konsum-Erlebniswelten). Das Einkaufszentrum unterscheidet sich von gewachsenen Geschäftsansammlungen dadurch, dass es eine bewusst und gewollt geplante und errichtete **Ansammlung von Einzelhandels- und sonstigen Dienstleistungseinrichtungen** darstellt, die einheitlich verwaltet bzw. gemanagt und betrieben werden.[4893] 3100

Allein durch die Größe (die durchschnittliche Verkaufsfläche in Deutschland beträgt ca. 27.000 m^2) und die Ansammlung unterschiedlichster Geschäftstypen stellt das Shopping-Center einen komplizierten Fall im Bereich der Geschäftsraummiete dar. **Baurechtlich** sind Einkaufszentren, großflächige Einzelhandelsbetriebe und sonstige großflächige Handelsbetriebe nach § 11 Abs. 3 BauNVO außer in Kerngebieten nur in für sie festgesetzten Sondergebieten zulässig.

Ein häufiges Problem bei Shopping-Centern sind **enttäuschte Ertragserwartungen** von Mietern, die nach einiger Zeit feststellen, dass ihr Geschäft oder das ganze Center „nicht läuft" (ausführlich → *Rn. 2082 ff.*).

2. Branchenmix

Als „Branchenmix" wird die auf den Konsumenten zugeschnittene richtige Mischung der Geschäfte bezeichnet. Diese Zusammensetzung wird weit im Voraus durch den Betreiber des Centers festgelegt und beruht auf umfangreichen Analysen der jeweiligen Region. Der **vertragsgemäße Gebrauch eines Ladenlokals** in einem Einkaufszentrum kann dadurch erheb- 3101

[4893] Joachim, NZM 2000, 785, 786.

lich beeinträchtigt sein, dass das Einkaufszentrum verwahrlost, ein Branchenmix nicht gegeben ist und zudem Leerstände vorhanden sind.[4894]

3. Abschluss von Miet- oder Pachtverträgen über einzelne Flächen

a) Aufklärungs- und Informationspflichten

3102 Bei Einkaufszentren stellt sich häufig die Frage, ob der Vermieter (ungefragt) **über eine nicht gegebene Vollvermietung aufklären** muss. Der Umfang der Aufklärungspflicht richtet sich grds. nach der Person des Mieters, insb. nach dessen für den Vermieter erkennbarer Geschäftserfahrenheit oder Unerfahrenheit.[4895] Erforderlich ist eine konkrete Feststellung, ob und inwieweit der Vermieter schuldhaft **über allgemeine, eher unverbindliche Angaben und Anpreisungen hinaus** dem Mieter konkrete Angaben über bestimmte tatsächliche Umstände (bspw. angeblich bereits erfolgte „Vollvermietung" eines Einkaufszentrums), gemacht und hierdurch, für den Vermieter erkennbar, seinen Entschluss zur Eingehung des Mietvertrages maßgeblich beeinflusst hat.[4896] Ausführlich zu Informations- und Aufklärungspflichten des Vermieters vor oder bei Mietvertragsabschluss → *Rn. 241 ff.*

b) Vertragsschluss unter Abwesenden, Bindungsfrist

3103 Zu den grds. Problemen beim Vertragsschluss unter Abwesenden vgl. → *Rn. 271 ff.* Es empfiehlt sich, gem. § 148 BGB **eine Frist für die Annahme** des Vertragsangebotes zu setzen. Wird eine konkrete Annahmefrist bestimmt, gilt diese.[4897] Bereits in den Mietvertrag oder einen Nachtrag eingearbeitete, **formularvertragliche Bindefristen** können bedenklich sein. Eine formularmäßige Bindefrist von über einem Monat über Miträume in einem noch zu errichtenden Einkaufszentrum ist nicht unangemessen lang.[4898] Auch ein Zeitraum von sechs Wochen benachteiligt nicht unangemessen.[4899]

4. Wichtige Aspekte der Vertragsgestaltung

a) Aufbau

3104 Der Vertrag mit Mietern ist – wenn nicht fahrlässig auf Standard-Vertragstypen zurückgegriffen werden soll – umfangreich und kompliziert. Es empfiehlt sich daher, den Vertragstext in einen allgemeinen Teil mit den üblichen Regeln, einen besonderen Teil mit spezifischen Bedingungen des Shopping-Centers (Werbegemeinschaft u.Ä.) und weitergehende Vereinbarungen (z.B.

4894 OLG Frankfurt am Main, 17.06.1999 – 12 U 71/98, ZMR 1999, 700, 702.
4895 BGH, 18.06.1997 – XII ZR 192/95, BGHZ 136, 102 = WuM 1997, 617 = NJW 1997, 2813.
4896 BGH, 18.06.1997 – XII ZR 192/95, BGHZ 136, 102 = WuM 1997, 617 = NJW 1997, 2813.
4897 OLG Düsseldorf, 15.06.2009 – I-24 U 210/08, IMR 2010, 230 = GE 2009, 1556 = InfoM 2010, 72 = MDR 2009, 1385.
4898 KG, 27.03.2006 – 8 U 57/05, NZM 2007, 86 = IMR 2007, 119 = InfoM 2007, 72 f.; ebenso OLG Düsseldorf, 08.09.2000 – 22 U 39/00, LNRO 2000, 20034 zum Kauf der Einrichtung einer Zahnarztpraxis und OLG Brandenburg, 30.06.2005 – 5 U 118/03, BauR 2005, 1685 zur Angebotsbindung beim Kauf einer Eigentumswohnung; anders LG Bremen, 09.09.2003 – 1 O 565/03, NJW 2004, 1050: zehn Tage bei Gebrauchtwagenkauf sind zu lang.
4899 BGH, 06.03.1986 – III ZR 234/84, MDR 1986, 827 = NJW 1986, 1807; KG, InfoM 2007, 72.

Beauftragung des Center-Betreibers mit allgemeinen Arbeiten an der Anlage gegen Vergütung) zu splitten.

b) Veredelter Rohbau

I.d.R. erhält der Mieter einen sog. „veredelten Rohbau", den er auf seine Kosten bis zu einem bestimmten Termin fertigzustellen hat. Nach herrschender Meinung liegt damit ein Miet- und kein Pachtvertrag vor.

3105

c) Vertragsdauer

Die Laufzeit der Mietverträge wurde früher langfristig (meist 20, z.T. 30 Jahre) vereinbart, während aktuell ein Trend zu kürzeren Zeiten zu beobachten ist, um eine größere Flexibilität bei der künftigen Gestaltung des Centers zu haben.

3106

d) Miethöhe, Beginn der Zahlungspflicht

Die Miete wird i.d.R. als **fixe Basismiete mit einer Umsatzmiete** gekoppelt, die häufig erst nach zwei oder drei Geschäftsjahren hinzutritt, um den Mieter die Anlaufschwierigkeiten nicht zu sehr spüren zu lassen. Die Miete ist **branchenabhängig**, sodass an sich gleichrangige Flächen durchaus zu unterschiedlichen Preisen vermietet werden.[4900]

3107

Bei Vermietung von Räumen in einem noch zu errichtenden Einkaufszentrum kann in AGB des Vermieters wirksam vereinbart werden, dass die Mietzahlungspflicht mit der Übergabe beginnt, selbst wenn Übergabe der Gewerberäume einerseits und Eröffnung des Einkaufszentrums und Zugänglichkeit der Gewerberäume andererseits zeitlich auseinanderfallen.[4901]

e) Betriebskosten

Grds. zu den in Einkaufszentren immer wieder streitigen **Verwaltungskosten** → *Rn. 1030 ff.* Bei der Anmietung von Gewerberäumen in einem Einkaufszentrum liegt z.B. die Notwendigkeit von Verwaltung i.S.v. Leitung, Organisation und Koordination derart auf der Hand, dass der Begriff der in die umzulegenden Betriebskosten einbezogenen „Verwaltungskosten" dem Bestimmtheitserfordernis ausreichend Rechnung trägt.[4902]

3108

Zu der Frage, ob die Kosten einer **Terrorversicherung** für ein Einkaufszentrum i.R.d. Wirtschaftlichkeitsgebotes auf den Mieter umlegbar sind vgl. → *Rn. 1013 ff.*

f) Instandhaltung und Instandsetzung

S. zu den Pflichten hinsichtlich der konkreten vermieteten Landeflächen zunächst ausführlich → *Rn. 1568 ff., 1572.* Der BGH hat die formularmäßige Auferlegung der Instandhaltung und Instandsetzung **gemeinschaftlich genutzter Flächen und Anlagen** auf den Mieter in einem

3109

[4900] Joachim, NZM 2000, 785, 797.
[4901] LG Osnabrück, 03.11.2006 – 12 O 556/06, IMR 2007, 14.
[4902] OLG Hamburg, 06.02.2002 – 4 U 32/00, NZM 2002, 388.

Einkaufzentrum **ohne Beschränkung der Höhe nach** als Verstoß gegen §§ 307 Abs. 1, Abs. 2 BGB gewertet.[4903] Die für unwirksam erklärte Klausel begann wie folgt:

> „Nebenkosten. 1. Sämtliche Nebenkosten des Einkaufszentrums, insbesondere die Kosten des Betriebes, der Instandhaltung und der Gemeinschaftsanlagen einschließlich der Verkehrsflächen, werden unbeschadet notwendiger Sonderregelungen von allen Mietern anteilig nach laut Mietvertrag in Anspruch genommener Bruttomietflächen im Verhältnis zur gewerblichen Bruttomietfläche insgesamt getragen ... ."

Der BGH sieht diese Umlage zwar grds. als zulässig an, verlangt aber eine **Kappungsgrenze** für die vom Mieter zu tragenden Kosten, weil die Klausel ihm die Erhaltungslast für das gesamte Einkaufszentrum auferlege. Dies weiche erheblich vom gesetzlichen Leitbild des Mietvertrages ab, weil der Mieter generell auch Kosten tragen müsse, die nichts mit seinem Mietgebrauch zu tun haben.

g) Betriebspflicht

3110 Um eine durchgängige Attraktivität des Centers zu gewährleisten, wird meistens eine Betriebspflicht des Mieters vereinbart (ausführlich → *Rn. 1275 ff.*), was auch zu empfehlen ist. Eine solche Vereinbarung ist auch formularmäßig möglich.[4904] Handelt es sich bei dem Geschäft um ein „**Zugpferd**" des Centers, also einen der Hauptläden, kommt eine Betriebspflicht sogar ohne ausdrückliche Vereinbarung in Betracht.[4905] Die Schließung eines von zwei vorher stets geöffneten Eingängen eines Ladens in einem Einkaufszentrum verstößt nicht gegen die vertraglich vereinbarte Betriebspflicht des Mieters.[4906]

Die Formularklausel (Einkaufszentrum)

> „Das Geschäftslokal ist im Rahmen der gesetzlichen Bestimmungen über die Ladenschlusszeiten an allen Verkaufstagen mindestens so lange offen zu halten, wie die überwiegende Anzahl aller Mieter ihre Geschäfte offen hält. Der Mieter hat das Recht, die gesetzlichen Ladenöffnungszeiten voll auszuschöpfen. Aus einer bloßen Duldung abweichender Öffnungszeiten durch den Vermieter kann der Mieter keine Rechte herleiten. Zeitweise Schließungen (z.B. aus Anlass von Mittagspausen, Ruhetagen, Betriebsferien, Inventuren u.a.) sind nicht zulässig."

ist wegen **Verstoßes gegen das Transparenzgebot** unwirksam.[4907] Eine Verpflichtung der Mieter zur Öffnung ihrer Geschäfte kann aus dieser Klausel nicht hergeleitet werden.[4908]

3111 Kann der Vermieter von Gewerbeflächen in einem Einkaufszentrum auf der Grundlage eines mietvertraglichen Vorbehalts ggü. der überwiegenden Mehrzahl der Ladenmieter einseitig eine **Ausweitung der Betriebspflicht bestimmen** (hier: Öffnung an Samstagen), ist eine in nur wenigen Mietverträgen solchen Vorbehalt befindliche Klausel, wonach es für den Umfang der Betriebspflicht darauf ankommt, wie lange „die überwiegende Mehrzahl aller Mieter ihre

---

4903 BGH, 06.04.2005 – XII ZR 158/01, NZM 2005, 863 = MDR 2006, 17 = NJW-RR 2006, 84.
4904 Joachim, NZM 2000, 785, 798.
4905 LG Hannover, ZMR 1993, 280 zu einem Lebensmittel-Supermarkt.
4906 OLG Dresden, 24.07.2007 – 5 U 489/07, GuT 2007, 296 = IMR 2007, 390 = NZM 2008, 131.
4907 BGH, 07.05.2008 – XII ZR 5/06, GuT 2008, 339 = GE 2008, 1049.
4908 BGH, 07.05.2008 – XII ZR 5/06, GuT 2008, 339 = GE 2008, 1049.

Geschäfte offen hält", intransparent i.S.v. § 307 Abs. 1 Satz 2 BGB. Der BGH begründet dies damit, dass die Klausel den – unzutreffenden – Eindruck erweckt, die konkreten Öffnungszeiten bestimmten sich nach dem Mehrheitsverhalten der Mieter statt tatsächlich nach der einseitigen Festlegung des Vermieters.[4909] Die streitgegenständliche und für unwirksam erklärte Klausel in einem 15-Jahres-Mietvertrag mit einem Einzelhandelsmarkt in einem Einkaufszentrum mit Schwerpunkt Textilien, Bekleidung und Randsortiment lautete:

> „Der Mieter wird das Geschäftslokal im Rahmen der gesetzlichen Bestimmungen über die Ladenschlusszeiten an allen Verkaufstagen mindestens so lange offen halten, wie die überwiegende Anzahl aller Mieter ihre Geschäfte offen hält. Der Mieter hat das Recht, die gesetzlichen Ladenöffnungszeiten voll auszuschöpfen. Aus seiner bloßen Duldung abweichender Öffnungszeiten durch den Vermieter kann der Mieter keine Rechte herleiten. Zeitweise Schließungen (z.B. aus Anlass von Mittagspausen, Ruhetagen, Betriebsferien, Inventuren u.a.) sind nicht zulässig."

Nach Abschluss des Mietvertrages änderte sich das Ladenschlussgesetz, indem Öffnungszeiten erweitert wurden, worauf die größten Mieter des Einkaufszentrums – bis auf die Mieterin mit dem Vertrag mit vorgenannten Klausel – von dem Betreiber/Vermieter eine einheitliche Öffnung aller Ladenlokale an Samstagen bis 20.00 Uhr verlangten. In den Verträgen mit den übrigen Mietern (sog. Kleinmieter) war hingegen folgende Klausel enthalten:

> „Der Mieter wird das Geschäftslokal im Rahmen der gesetzlichen Bestimmungen über die Ladenschlusszeiten an allen Verkaufstagen so lange offen halten, wie die überwiegende Anzahl aller Mieter ihr Geschäft offen hält. Dem Vermieter bleibt die abschließende Festlegung der Ladenöffnungszeiten vorbehalten. Aus einer bloßen Duldung abweichender Öffnungszeiten durch den Vermieter kann der Mieter keine Rechte herleiten. Zeitweise Schließungen (z.B. aus Anlass von Mittagspausen, Ruhetagen, Betriebsferien, Inventuren u.a.) sind nicht zulässig."

Daraufhin legte der Vermieter die Öffnungszeiten an Samstagen bis 20.00 Uhr fest und verlangte von der Mieterin das Ladenlokal auch samstags bis 20.00 Uhr zu öffnen. Mit der obigen Begründung wurde die Betriebspflichtklausel für unwirksam erklärt, sodass es an der vertraglichen Grundlage für einen Anspruch fehlte.

Die im formularmäßig gestalteten Mietvertrag enthaltene Klausel, der Mieter habe Handlungen zu unterlassen, die die Interessen anderer Mieter des Centers verletzen und sich für das Center abträglich auswirken können, erfasst die Schließung eines Ladenzugangs auch dann nicht, wenn als Folge davon Kunden eine Etage des Einkaufszentrums in geringerem Umfang als vorher aufsuchen.[4910]

3112

Die **Erhöhung eines Leerstandes von 20 % auf 40 %** in einem Einkaufszentrum ohne die grds. – auch konkludent – mögliche verlagerte Risikoverteilung auf den Vermieter führt nicht zu einem Wegfall der Geschäftsgrundlage (ausführlich → Rn. 1287 f.) für eine vereinbarte Betriebspflicht.[4911] Eine Pflichtmitgliedschaft in einer Werbegemeinschaft, die Verpflichtung zur Mitteilung der erzielten Umsätze, die Zustimmungspflichtigkeit von Ausverkäufen oder die Erwähnung eines „Center-Managers" in der Nebenkostenregelung reichen für eine solche

3113

[4909] BGH, 16.05.2007 – XII ZR 13/05, NZM 2007, 516 = IMR 2007, 250 = InfoM 2007, 174 = MDR 2007, 1124.
[4910] OLG Dresden, 24.07.2007 – 5 U 489/07, GuT 2007, 296 = IMR 2007, 390 = NZM 2008, 131.
[4911] BGH, 03.03.2010 – XII ZR 131/08, GuT 2010, 97 = IMR 2010, 227, 228 = NZM 2010, 361 = InfoM 2010, 219.

Verlagerung nicht aus.⁴⁹¹² Auch die **Kumulation von Betriebs- und Offenhaltungspflicht**, Sortimentsbindung sowie Ausschluss von Konkurrenz- und Sortimentsschutz lässt *nicht ohne Weiteres* den Rückschluss auf den Vermieterwillen zu, den Mieter von dem Risiko einer wirtschaftlich gewinnbringenden Nutzung des Ladengeschäfts zu entlasten.⁴⁹¹³ Letztlich hat der BGH diese Frage aber offengelassen. Nach der bisherigen OLG-Rechtsprechung besteht zu Recht keine unangemessene Benachteiligung i.S.v. § 307 BGB bei einer AGB-Kumulierungsklausel, wenn dem Mieter von Verkaufsräumen in einem Einkaufszentrum eine Betriebspflicht auferlegt, zugleich aber **die Gewährung von Konkurrenz- und Sortimentsschutz durch den Vermieter ausgeschlossen** wird.⁴⁹¹⁴ Ungelöst ist die Frage, ob durch AGB die Betriebspflicht mit einer Sortimentsbindung kombiniert und zusätzlich mit einem Ausschluss von Konkurrenz- und Sortimentsschutz wirksam verbunden werden kann.⁴⁹¹⁵ Ausführlich dazu → *Rn. 1324 ff.*

h) Konkurrenzschutz

3114   Da gerade der Branchenmix die Attraktivität des Centers ausmacht, empfiehlt es sich, im Mietvertrag jeglichen Konkurrenzschutz auszuschließen. Ist dies nicht geschehen, hat der gegen Konkurrenz ankämpfende Mieter im Streitfall besondere Einschränkungen hinzunehmen, da ihm der für Einkaufszentren verstärkt geltende Grundsatz „**Konkurrenz belebt das Geschäft**" von Anfang an bewusst war (auch → *Rn. 1363 ff.*). Wird auch nur eine geringfügige Regelung zum Konkurrenzschutz getroffen, auch nur konkludent durch Bezugnahme auf andere Mieter und deren Geschäft, liegt darin eine Einschränkung des vertragsimmanenten Konkurrenzschutzes, sodass dessen voller Schutz nicht mehr greift.⁴⁹¹⁶

3115   Im Einzelfall kommt es bei Einkaufszentren insb. auf die Problematik an, ob Sortimentsüberschneidungen bei den Hauptartikeln/-leistungen vorliegen.

Beispiel:

*Der Mieter eines Drogeriemarktes in einem Einkaufszentrum will an einen Teppichhändler untervermieten. Der Vermieter hat gleichzeitig an einen Baumarkt vermietet, der Teppichboden verkauft und untersagt die Untervermietung wegen eines Anspruchs des Baumarkts auf Konkurrenzschutz. Es besteht aber kein Anspruch des Baumarktes, weil der Handel mit Orientteppichen nicht mit dem Verkauf von normalen Teppichböden vergleichbar ist (zu großer Sortimentsunterschied).*⁴⁹¹⁷

Ausführlich zum Konkurrenzschutz in Einkaufszentren → *Rn. 1363 ff.*

4912   BGH, 03.03.2010 – XII ZR 131/08, GuT 2010, 97 = IMR 2010, 227, 228 = NZM 2010, 361 = InfoM 2010, 219.
4913   BGH, 03.03.2010 – XII ZR 131/08, GuT 2010, 97 = IMR 2010, 227, 228 = NZM 2010, 361 = InfoM 2010, 219.
4914   OLG Naumburg, 15.07.2008 – 9 U 18/08, IMR 2008, 339 = NZM 2008, 772; OLG Rostock, 08.03.2004 – 3 U 118/03, NZM 2004, 460, 461; KG, 17.07.2003 – 22 U 149/03, KGR 2003, 315; OLG Hamburg, 03.04.2002 – 4 U 236/01, GuT 2003, 57 = ZMR 2003, 254.
4915   **Dagegen:** OLG Schleswig, 02.08.1999 – 4 W 24, 88, NZM 2000, 1007 f. (ausführlich dazu: Stobbe/Tachezy, NZM 2002, 557); Sternel, Mietrecht aktuell, Rn. II Rn. 135, VII 254. **Dafür:** Vorauflage, Rn. 426; Wolf/Eckert/Ball, Rn. 695, Bub/Treier, II Rn. 511; Huebner/Griebsach/Furerst, in: Lindner-Figura/Oprée/Stellmann, Kap. 14, Rn. 168. Ausdrücklich offengelassen von BGH, 03.03.2010 – XII ZR 131/08, GuT 2010, 97, = IMR 2010, 227, 228, 279 = NZM 2010, 361 = InfoM 2010, 219, da schon keine wirksame Sortimentsbindung vorlag.
4916   KG, 18.05.2007 – 12 U 99/07, GE 2007, 1629 = NZM 2008, 248 = IMR 2008, 198 = MDR 2008, 18.
4917   OLG Nürnberg, 03.11.2006 – 5 U 754/06, IMR 2007, 73 = NZM 2007, 567 = MDR 2007, 395.

i) Sortiments- und Markenbindungen

Im Einzelhandelsbereich erfolgt die Bezeichnung des Mietzwecks i.d.R. nicht nur branchenbezogen, sondern oft auch in Form von **Sortiments- und Markenbindungen**. Solche Regelungen stellen eine Erweiterung bzw. Konkretisierung des Mietzwecks dar, die grds. auch durch AGB wirksam sind und den Mieter nicht unangemessen benachteiligen. Ausführlich → *Rn. 1412 ff.* 3116

5. Center-Management

Unter „Center-Manager" ist das gemeinsame Management der Anlage zu verstehen, das dafür zu sorgen hat, dass die Außendarstellung einheitlich bleibt und möglichst viele Kunden angezogen und gebunden werden. Hinzu kommen **verwaltende Aufgaben** wie Behörden- und Investorenkontakte. Der Center-Manager übernimmt daher meistens gegen **Vergütung** die Geschäftsführung, die in einem meist mit der Werbegemeinschaft geschlossenen Geschäftsbesorgungsvertrag gem. §§ 675, 662 ff., 611 ff. BGB geregelt wird. 3117

Übernimmt der Vermieter als Center-Manager neben der verwaltungstechnischen Organisation zugleich die umfassende unternehmerische Verantwortung für die Vermarktungsstrategie („Gesamtmanagement" mit Risikoübernahme), so setzt er sich der Gefahr aus, dass das Risiko des wirtschaftlichen Erfolgs der einzelnen Mieter ganz oder z.T. auf ihn übergeht, wenn das Shopping-Center nicht läuft.[4918] Eine Pflichtmitgliedschaft in einer Werbegemeinschaft, die Verpflichtung zur Mitteilung der erzielten Umsätze, die Zustimmungspflichtigkeit von Ausverkäufen oder die Erwähnung eines „Center-Managers" in der Nebenkostenregelung reichen jedoch für eine solche **Verlagerung des wirtschaftlichen Risikos**, dass das Geschäft des Mieters nicht läuft, nicht aus.[4919] Der Mieter erwirbt aber durch die Umlage der Kosten einen (durchsetzbaren) Anspruch gegen den Vermieter auf Verwendung der gezahlten Nebenkosten für die vorgesehene Gestaltung des Umfeldes innerhalb und außerhalb des Einkaufszentrums, jedoch ohne dass es zu einer Risikoverlagerung kommt.[4920] 3118

> **Praxistipp:**
>
> Verwalter von Einkaufszentren sollten darauf achten, dass im Mietvertrag ausdrücklich klargestellt wird, dass das unternehmerische Risiko beim Mieter bleibt. Geschieht dies trotz Einbindung in ein strenges Gesamtkonzept durch AGB, kann dies aber gem. § 307 BGB unwirksam sein. Sicherer ist eine individuelle Vereinbarung.

Der Betreiber eines Einkaufszentrums kann die Kosten des Center-Managements in seinen Allgemeinen Geschäftsbedingungen auf die Ladenmieter umlegen; allerdings muss er aufschlüsseln, welche einzelnen Leistungen von dieser Kostenposition erfasst sind.[4921] Ansonsten sind sie dann weder als Teil der Verwaltungs- oder Hauswartkosten noch aufgrund einer generellen 3119

[4918] Vgl. BGH, 19.07.2000 – XII ZR 176/98, NZM 2000, 1005, 1007.
[4919] BGH, 03.03.2010 – XII ZR 131/08, GuT 2010, 97 = IMR 2010, 227, 228 = NZM 2010, 361 = InfoM 2010, 219.
[4920] BGH, 16.02.2000 – XII ZR 279/97, NJW 2000, 1714 = NZM 2000, 492 = WuM 2000, 1012 = MDR 2000, 821= IBR 2000, 396 = ZfIR 2000, 351 unter II 3b cc.
[4921] OLG Rostock, 13.12.2004 – 3 U 56/04, NZM 2005, 507 = GuT 2005, 158.

Umlagevereinbarung (hier: Umlage „sämtlicher ... Nebenkosten ... des Gesamtobjekts, insbesondere ...") umlegbar.[4922]

6. Werbegemeinschaften

a) Begriff

3120 Die Mieter des Centers werden meistens bereits im Mietvertrag oder durch einen entsprechenden Annex verpflichtet, der sog. Werbegemeinschaft beizutreten. Sinn und Zweck ist einheitliche Werbung nach außen und ein **einheitliches Erscheinungsbild**. Die Gemeinschaft gründet sich regelmäßig durch Gesellschaftsvertrag in der Rechtsform der GbR (manchmal auch als Verein) und finanziert sich durch einen Werbebeitrag der Mieter, meist als Prozentsatz vom Jahresumsatz mit pauschaler Mindesthöhe.[4923]

> **Praxistipp:**
> Der Gesellschaftsvertrag sollte dem Mietvertrag unbedingt beigefügt werden, da ansonsten das Risiko besteht, dass sich der Mieter später auf eine überraschende Klausel beruft, weil er den Umfang der (mietvertraglichen) Beitrittsverpflichtung nicht kannte. Der Gesellschaftsvertrag selbst unterliegt nach § 310 Abs. 1 BGB nicht der Inhaltskontrolle.

b) Beitrittsverpflichtung im Mietvertrag

3121 Da der mietvertragliche Beitritt zur Werbegemeinschaft einer Zwangsmitgliedschaft gleichkommt, wird dies – wenn formularvertraglich vereinbart – z.T. unter Hinweis auf eine **überraschende Klausel** nach § 305c BGB für unzulässig gehalten.[4924] Die formularmäßige Verpflichtung des Mieters in einem Einkaufszentrum, einer Werbegemeinschaft in Form einer GbR beizutreten, verstößt wegen des damit verbundenen Haftungsrisikos des Mieters gegen § 307 Abs. 1 Satz 1 BGB.[4925]

3122 Grds. wirksam ist aber eine formularvertraglich vorgesehene Beitragspflicht aller gewerblichen Mieter unabhängig vom Beitritt zur Werbegemeinschaft.[4926] Dies gilt auch dann, wenn die Beitragshöhe im Mietvertrag nicht bestimmt ist, sondern von der Gemeinschaft bestimmt werden soll.[4927] Diese Überlegungen sind richtig, wenn der Mieter vor Vertragsabschluss alle Umstände kannte bzw. Gelegenheit zur Kenntnisnahme hatte. Entsprechendes gilt für eine formularmä-

---

4922 OLG Hamm, 26.04.2005 – 7 U 48/04, ZMR 2005, 617 = OLGR 2005, 391 = InfoM 2005, 300.
4923 Zum Inhalt und zur Gestaltung eines entsprechenden Gesellschaftsvertrages vgl. Lindner-Figura, NZM 1999, 738 mit Klauselvorschlägen.
4924 OLG Hamburg, 21.01.2004 – 4 U 100/03, GuT 2004, 162; OLG Düsseldorf, ZMR 1993, 460 = MDR 1993, 1078; LG Erfurt, 20.05.1998 – 4 O 825/98, NZM 1999, 763.
4925 BGH, 12.07.2006 – XII ZR 39/04, NZM 2006, 775 = GuT 2006, 22 = IMR 2006, 112 = MDR 2007, 77.
4926 OLG Hamburg, 21.01.2004 – 4 U 100/03, GuT 2004; OLG Düsseldorf, 24.06.1993 – 10 U 233/92, ZMR 1993, 469.
4927 OLG Hamburg, 21.01.2004 – 4 U 100/03, GuT 2004; differenzierend LG Berlin, 05.05.2000 – 64 S 509/99, NZM 2001, 338, wonach die Beiträge bestimmbar sein müssen, was der Fall sei, wenn sich die Beiträge prozentual nach der jeweiligen Nettokaltmiete bemessen.

ßig vereinbarte Vertragsstrafe, die sich an der Höhe der üblichen Werbegemeinschaftsbeiträge orientiert.[4928]

Formulierungsvorschlag: Beitrittsverpflichtung 3123

> Dem Mieter steht es frei, der Werbegemeinschaft beizutreten. Tritt er dieser aber nicht bei, ist er verpflichtet, an den Vermieter oder – falls der Mieter dies wünscht – direkt an die Werbegemeinschaft bzw. deren Bevollmächtigten zusätzlich zur Miete einen zweckgebundenen Werbekostenbeitrag zu zahlen. Die Höhe entspricht dem Betrag, den der Mieter als Mitglied der Werbegemeinschaft an diese zu zahlen hätte; Entsprechendes gilt für die Fälligkeit des Betrages. Wird an den Vermieter gezahlt, führt dieser den Betrag an die Werbegemeinschaft ab und weist dies dem Mieter auf Verlangen nach.

c) Beitragshöhe

In einem Formularmietvertrag muss die Höhe der Beiträge, die der Mieter in einem Einkaufszentrum an eine Werbegemeinschaft zu leisten hat, wegen der nach § 307 Abs. 1 Satz 2 BGB erforderlichen Transparenz bestimmbar sein; mindestens muss eine Höchstgrenze festgesetzt sein, damit der Mieter die auf ihn zukommenden Kosten kalkulieren kann.[4929] 3124

7. Besonderheiten im Gewährleistungsrecht

a) Leerstand im Einkaufszentrum

Der Leerstand von Ladenlokalen in einem Einkaufszentrum beeinträchtigt nach ganz herrschender Meinung die Gebrauchstauglichkeit eines vermieteten Lokals nicht unmittelbar und kann daher **keinen Sachmangel** begründen.[4930] Es handelt sich lediglich um mittelbare (negative) Einflüsse, die nicht der vermieteten Sache anhaften, sondern von außen mittelbar auf die Mietsache einwirken und daher keinen Fehler der Mietsache darstellen. Das wirtschaftliche Risiko bei der Anmietung eines Ladenlokals in einem noch zu errichtenden Einkaufszentrum liegt allein beim Mieter.[4931] Entsprechendes gilt für die Anmietung im bereits bestehenden Center. 3125

Auch ein Anspruch des Mieters aus einem **Wegfall oder einer Störung der Geschäftsgrundlage** besteht grds. nicht. Die im Gewerberaummietrecht angelegte Risikoverteilung ändert sich nicht dadurch, dass das vermietete Geschäft in einem Einkaufszentrum liegt und nicht nur der Mieter, sondern auch der Vermieter erwartet, die notwendige geschäftsbelebende Funktion des Einkaufszentrums werde verwirklicht werden können. Die dem Mieter als Unternehmer abzuverlangende **Einschätzung der Erfolgsaussichten seines Geschäftes** in der gewählten 3126

4928 Lindner-Figura, NZM 1999, 738 m.w.N.
4929 BGH, 12.07.2006 – XII ZR 39/04, NZM 2006, 775 = GuT 2006, 22 = IMR 2006, 112 = MDR 2007, 77.
4930 BGH, 21.09.2005 – XII ZR 66/03, GuT 2006, 19 = NZM 2006, 54 = MDR 2006, 506 = NJW 2006, 899: Spielbank, in: Einkaufscenter; BGH, 16.02.2000 – XII ZR 279/97, NJW 2000, 1714 = NZM 2000, 492 = WuM 2000, 1012 = MDR 2000, 821 = IBR 2000, 396 = ZfIR 2000, 351; OLG Düsseldorf, 04.05.2010 – 24 U 195/09, GuT 2010, 203 = IMR 2010, 331 = InfoM 2010, 220: Kaffeestube mit Backwaren; OLG Saarbrücken, 22.12.2004 – 8 W 286/04, GuT 2005, 169; OLG Naumburg, 13.12.1996 – 6 U 126/96, NZM 1998, 373 = WuM 1997, 675; OLG Düsseldorf, 13.12.1990 – 10 U 84/90, ZAP EN-Nr. 177/91 = MDR 1991, 446.
4931 BGH, 03.03.2010 – XII ZR 131/08, GuT 2010, 97 = IMR 2010, 227, 228 = NZM 2010, 361 = InfoM 2010, 219.

Lage umfasst bei einem erst geplanten Einkaufszentrum neben der Chance, in einem später florierenden Zentrum erhöhte Gewinne zu erzielen, auch das Risiko eines Scheiterns des Gesamtprojekts mit entsprechenden negativen Folgen für das Einzelgeschäft.[4932]

Ausführlich zur gesamten Problematik → *Rn. 1085 ff, 2084 ff., 2092 ff.*

Die Vereinbarung im Mietvertrag, **das „Gesamtinteresse" des Einkaufszentrums zu wahren**, begründet keine Fürsorgepflicht des Vermieters, ein verkaufsförderndes Umfeld herzustellen oder aufrechtzuerhalten, denn solche Vorgaben stehen im Interesse aller Mieter und sind geradezu unabdingbare Voraussetzung, die Attraktivität eines Einkaufszentrums zu sichern.[4933]

b) Umbauarbeiten

3127 Selbst wenn ein Center seinen Charakter als Einkaufs- und Vergnügungszentrum (teilweise) verliert, etwa durch Leerstand infolge von Umbauarbeiten oder auch anderweitig verursachter schlechter Besucherfrequenz, liegt darin kein Mangel, sondern nur eine (gewährleistungsrechtlich nicht erhebliche) Beeinträchtigung des Mietgebrauchs.[4934] Keine Gewährleistungsrechte bestehen, wenn der Vermieter Umbauarbeiten in einem Einkaufszentrum durchführt, die zu einer Änderung des Kundenverhaltens führen.[4935]

8. Sonstiges

3128 Der Vermieter kann im Wege des einstweiligen Rechtsschutzes verlangen, dass ein mietvertraglich nicht erlaubter **Räumungsverkauf** unterbleibt.[4936]

Der Anspruch eines Mieters in einem Einkaufszentrum auf Unterlassung von **störenden Werbemaßnahmen** auf den Gemeinschaftsflächen (hier: Modenschau) kann sich aus dem Mietverhältnis und aus einer Verletzung des Rechts am eingerichteten und ausgeübten Gewerbebetrieb gem. §§ 1004 Abs. 1, 823 Abs. 1 BGB ergeben.[4937] Im Interesse einer funktionierenden Mietergemeinschaft muss der einzelne Mieter aber auch nicht ganz unerhebliche Beeinträchtigungen durch Werbeveranstaltungen hinnehmen.

4932 BGH, 21.09.2005 – XII ZR 66/03, GuT 2006, 19 = NZM 2006, 54 = MDR 2006, 506 = NJW 2006, 899: Spielbank, in: Einkaufscenter; LG Braunschweig, 06.11.2009 – 8 O 856/09, IMR 2010, 332: Wegfall des Ankermieters.
4933 OLG Düsseldorf, 04.05.2010 – 24 U 195/09, GuT 2010, 203 = IMR 2010, 331 = InfoM 2010, 220: Kaffeestube mit Backwaren.
4934 BGH, 21.09.2005 – XII ZR 66/03, GuT 2006, 19 = NZM 2006, 54 = MDR 2006, 506 = NJW 2006, 899; LG Duisburg, 16.03.2010 – 6 O 121/09, IMR 2010, 284: Leerstand einer gemieteten Tiefgarage durch darüber befindliches und leer stehendes Einkaufszentrum.
4935 OLG Dresden, 24.10.2000 – 23 U 1160/00, NZM 2001, 336.
4936 LG Wuppertal, 07.12.1995 – 17 O 430/95, ZMR 1996, 439.
4937 LG Karlsruhe, 11.10.2005 – 8 O 166/05, InfoM 2005, 254.

9. Checkliste: Vertragsverhandlungen Shopping-Center

Checkliste: Vertragsverhandlungen Shopping-Center

> **Hinweis:**
>
> Bei den Verhandlungen über die Vermietung von Flächen in Shoppingcentern und Einkaufsgalerien müssen mindestens die folgenden Basis-Gesichtspunkte beachtet werden, da diese bei solchen Immobilien von herausragender Bedeutung sind.
>
> ☐ **Werbegemeinschaft**: Grds. muss jeder Mieter Mitglied der Werbegemeinschaft werden.
>
> ☐ **Betriebspflicht**: Jeder Mieter muss verpflichtet werden, gemäß den allgemeinen Öffnungszeiten und eventuellen weiteren Vorgaben seinen Betrieb dauerhaft zu betreiben.
>
> ☐ **Allgemeine Nebenkosten**: Jeder Mieter hat die Allgemeinen Nebenkosten für Nebenflächen etc. grds. mitzutragen.
>
> ☐ **Konkurrenzschutz**: Grds. keine Vereinbarung allgemeiner Konkurrenzschutzklauseln. Vielmehr stattdessen Ausschluss jeglichen Konkurrenzschutzes.
>
> ☐ **Hausordnung/„Spielregeln"**: Einbindung aller Mieter in die entsprechenden „Spielregeln".
>
> ☐ **Klärung der Konditionen**: Vereinbarungen von Umsatzmiete, Indexierung, Staffelmiete, Ausbauzustand, Laufzeiten.
>
> ☐ **Mietzweck**: Vertragliche Beschreibung/Definition der konkreten Tätigkeit des Mieters.

IV. Factory-Outlet-Center[4938]

1. Überblick

Die Palette möglicher Einzelhandelseinrichtungen hat in den letzten Jahren eine enorme Entwicklung und zunehmende Spezialisierung erfahren, neben Shopping-Center, Einkaufspassage und Mall, großflächigen Fach- und Baumärkten sind aktuell sog. Factory-Outlet-Center (FOC) als besondere Form des Einzelhandels auf dem Vormarsch, nachdem sie bereits in der USA zum festen Bestandteil der dortigen Einzelhandelsstruktur geworden sind.

2. Begriffsdefinition

Im Fabrik- oder Lagerverkauf, wie er auch in Deutschland bekannt ist, verkauft der jeweilige Hersteller seine Waren am Ort ihrer Fabrikation selbst. Das FOC ist etwas anderes: Das Factory-Outlet-Center (FOC) ist eine Form des Direktverkaufs, bei der sich mehrere Firmen in einem gemeinsamen Verkaufszentrum zusammenschließen. Dabei wird der Groß- und Zwischenhandel ausgeschlossen. Beim FOC sind es die **Hersteller selbst**, nicht die Händler, die in konzentrierter Form in direkten Kontakt mit den Endverbrauchern treten. Allerdings – so der Grundgedanke bei diesen großflächigen Herstellerdirektverkaufszentren – nur zu dem Zweck, um v.a. Warenüberhänge, Vorjahres- und Ausschussware dem Kundenkreis billiger als über die

---

[4938] Vgl. für weitergehende Informationen zu diesem Thema LEXSoft Immobilienpraxis, Baulexikon.

üblichen Vertriebswege anzubieten. Insoweit sind diese FOC kein Ersatz für den traditionellen Einzelhandel und unterscheiden sich – je nach individuellem Betreiberkonzept – im Hinblick auf das angebotene Sortiment i.d.R. deutlich von einem herkömmlichen Shopping-Center: Es werden typischerweise **überwiegend Markenartikel** exklusiver Designer (daher oft auch der Begriff DOC = Designer-Outlet-Center) als Waren zweiter Wahl, Auslaufmodelle oder Restposten verkauft, also Waren, die im regulären Facheinzelhandel nicht abgesetzt werden können.

3. Größen- und Sortimentsstruktur

3132 Ein durchschnittliches FOC mit etwa 10.000 m² und mehr Verkaufsfläche hat ca. 2,5 – 3,5 Mio. Besucher pro Jahr. Die wichtigste Produktkategorie ist **Bekleidung**. Etwa 10 % – 20 % entfallen auf Schuhe und Lederwaren, stark untergeordnet sind Sortimente wie Glas, Porzellan, Keramik, Haushaltswaren, Heimtextilien, Spielwaren usw. I.d.R. finden sich in einem FOC keine Lebensmittel, aus dem kurzfristigen Bedarfsbereich gibt es nur Parfüm oder ähnliche Drogeriewaren.

3133 Bei den Waren handelt es sich um:
- Produkte des Vorjahres bzw. der vorigen Saison,
- Zweite-Wahl-Produkte mit kleinen Fehlern,
- Produkte, die exklusiv für den Fabrikverkauf hergestellt werden,
- Restposten oder Auslaufmodelle,
- Artikel aus Überschussproduktionen,
- Testkollektionen.

3134 Die Sortimentsstruktur in einem FOC ist i.d.R. weder breit noch tief. Dies hat zur Konsequenz, dass Zielkäufe oft nicht möglich sind. D.h., der Kunde weiß zwar, welcher Hersteller in einem FOC vertreten ist, weiß aber nicht, ob er das von ihm gewünschte Produkt in der von ihm gewünschten Farbe oder Größe auch bekommt. Was in einem FOC nicht angeboten wird, sind die aktuellen Kollektionen.

4. Standorte

3135 Die Betreiber suchen vorzugsweise kleinere und mittlere Städte im weiteren **Umfeld von Ballungsräumen**. Von diesen Standorten aus sollen die Potenziale aus größeren Distanzen erschlossen werden. Damit sollen auch direkte Auseinandersetzungen mit dem Facheinzelhandel in den größeren Städten vermieden werden, denn dies ist nicht im Interesse der Hersteller. Von großer Bedeutung ist weiterhin eine gute **verkehrsgünstige Lage**. Die Besucher einer solchen Anlage fahren vorwiegend mit dem Pkw an. Dies bedingt selbstverständlich die Notwendigkeit eines ausreichenden Pkw-Stellplatzangebots. Ein weiterer wichtiger Punkt ist der richtige **Einzugsradius**. Der potenzielle Kundenkreis soll aus einem Radius von etwa 100 km bzw. von bis zu 90 Autominuten kommen und in einer Distanz von ca. 60 Autominuten sollen mindestens etwa 3 Mio. Einwohner leben.[4939]

[4939] Quelle: GMA-Marktbeobachtungsunternehmen.

5. Auswirkungen von Factory-Outlet-Centern auf Stadtentwicklung und kommunale Steuerungsmöglichkeiten

Da der Sortimentsschwerpunkt von FOC bei Bekleidung und Schuhen liegt und damit direkt die innerstädtischen Leitsortimente berührt, die eine hohe Bedeutung für die Attraktivität und den Branchenmix zentraler Einkaufslagen besitzt, gibt es mit der Ansiedlung eines FOC grds. **Risiken für die Einzelhandelsentwicklung** einer Stadt, denen aber mit folgenden, beispielhaft aufgeführten Handlungsstrategien begegnet werden kann: 3136

- eine geeignete Standortwahl, verkehrstechnisch gut erreichbar und mit entsprechendem Stellplatzangebot,
- eine angepasste Dimensionierung,
- es dürfen nur Fabrikverkaufswaren angeboten werden, keine breiten und tiefen Sortimente,
- es sollten attraktive Wegebeziehungen zur Innenstadt bestehen oder geschaffen werden können,
- die Innenstadt sollte eine gewisse Eigenattraktivität besitzen, z.B. Sehenswürdigkeiten, Einkaufsmöglichkeiten,
- zur Vermeidung möglicher Umnutzungen sollte ein enges planungsrechtliches Korsett geschnürt werden,
- nach Möglichkeit sollte ein gemeinsames Standort- oder Regionalmarketing in Zusammenhang mit dem FOC durchgeführt werden.

6. Bauplanungsrechtliche Zulässigkeit von Factory-Outlet-Center-Vorhaben

Nach welchen Regeln sich die Erteilung der erforderlichen Baugenehmigung richtet, hängt davon ab, ob der vorgesehene Standort im **Geltungsbereich eines geeigneten Bebauungsplans** liegt, der großflächigen Einzelhandel zulässt. Existiert kein geeigneter Bebauungsplan, kommt es darauf an, ob der Standort in einem zusammenhängenden, bebauten Ortsteil liegt (Innenbereich) und das FOC sich in den baulichen Rahmen der näheren Umgebung einfügt (§ 34 Abs. 1 BauGB). Dies setzt regelmäßig voraus, dass in der Nachbarschaft bereits wenigstens ein großflächiger Einzelhandelsbetrieb besteht und dieser die bauliche Nutzung der Umgebung prägt. Anderenfalls ist ein Bebauungsplan mit Kern- oder Sondergebietsausweisung oder alternativ ein maßgeschneiderter, vorhabenbezogener Bebauungsplan gem. § 12 BauGB aufzustellen (dieser ist nicht an die Plangebietstypen der BauNVO gebunden). 3137

In solchen Fällen ist i.d.R. ein **Raumordnungsverfahren** vorgeschaltet. Anhand von Unterlagen des Vorhabenträgers (Verkehrsgutachten, Marktuntersuchung usw.) prüft die zuständige Raumordnungsbehörde, ob das FOC mit den überörtlichen Planvorgaben der jeweils einschlägigen Raumordnungspläne, also den Zielen der Raumordnung und Landesplanung, in Einklang steht. 3138

Gehen die städtebaulichen Auswirkungen von Hersteller-Direktverkaufscentern (Outlet-Centern), insb. wegen der Größe dieser Betriebe, der Zentrenrelevanz ihres Kernsortiments und der Reichweite ihres Einzugsbereiches, über die Auswirkungen der üblichen Formen des großflächigen Einzelhandels hinaus, kann es gerechtfertigt sein, sie einer im Vergleich zum sonstigen 3139 großflächigen Einzelhandel strengeren Sonderregelung zu unterwerfen und planerisch nur in Oberzentren an städtebaulich integrierten Standorten zuzulassen.[4940]

V. Gaststätten, Gastronomie

3140 Gaststätten werden üblicherweise nicht gemietet, sondern gepachtet. Die Besonderheiten dieser Verträge liegen v.a. in den **mit der Pacht verknüpften Getränkebezugsverpflichtungen**, da die Räume i.d.R. Brauereien gehören, die darin ihre Produkte vertreiben wollen. Meist wird ein Rahmenvertrag geschlossen, der die beiden Hauptverträge (Pacht/Getränkebezug) beinhaltet. Die Pacht wird dabei häufig an den Getränkebezug gekoppelt, d.h. sinken die Getränkeumsätze, so steigt die Pacht (was natürlich für den Pächter fatal sein kann, aber motivieren soll). Auf weitere Einzelheiten kann wegen der besonderen Konstellationen dieser Verträge nicht eingegangen werden, weshalb folgende Literatur empfohlen wird: Gruber, Gaststättenpacht und Getränkebezugsverpflichtung, NZM 1999, 1073. Die Klausel in einem Gaststättenpachtvertrag, nach der bei jeder Zuwiderhandlung gegen eine Getränkebezugsverpflichtung eine Vertragsstrafe i.H.v. 2.500,00 € verwirkt sei, ist unwirksam.[4941] Bei der Übernahme von Getränkebezugspflichten im Zusammenhang mit dem Erwerb einer Gaststätte kommt eine Vertragsübernahme besonders häufig vor[4942] (→ *zur Vertragsübernahme Rn. 392 ff, 2614 ff*.).

Ein weiteres Praxisproblem liegt häufig in der Qualifizierung der Rechtsnatur des Pachtverhältnisses, wenn ein Gaststättenpächter auf Basis eines einheitlichen Vertrages auch eine **Wohnung im gleichen Haus** bewohnt („Wirtewohnung").[4943] Ausführlich zu Mischmietverhältnissen etc. → *Rn. 9 ff.*

Im Wohnungseigentumsrecht besteht bei **Teileigentum**, das in der Teilungserklärung nur als „Laden" o.ä. bezeichnet wurde, oft Auslegungsstreit darüber, ob dies auch eine Gastronomienutzung umfasst (*Rn. 40 ff.*). Entsprechendes gilt zwischen Mieter und Vermieter/Verpächter, wenn aufgrund ungenauer Formulierungen im Vertrag gestritten wird, welche Art der Nutzung noch zum **vertragsgemäßen Gebrauch** gehört (→ *Rn. 9 ff.*).

> *Beispiel:*
> *Der mietvertragliche Nutzungszweck „Grillstube (Gaststätte)" umfasst zwar den Betrieb einer „Pizzeria", nicht aber einen „Pizza-Taxi-Betrieb", wenn nach dem Mietvertrag eine Ausweitung nur erfolgen darf, wenn schwerwiegende Gründe (hier: Lärmbelästigung der Anwohner durch An- und Abfahrten) nicht entgegenstehen.*[4944]

3141 Hat der Verpächter/Vermieter zur **USt** optiert, fällt grds. auf alle Leistungen USt an. Bei einer Gaststätte mit Pächterwohnung gilt die Option nur für die Gaststätte.[4945]

[4940] BVerwG, 08.03.2006 – 4 BN 56.05, IBR 2006, 702.
[4941] OLG Düsseldorf, 08.06.2007 – I – 24 U 207/06, MDR 2008, 137.
[4942] Vgl. BGH, 21.10.1992 – VIII ZR 99/91, MDR 1993, 736 = NJW-RR 1993, 562.
[4943] Vgl. bspw. zur Differenzierung dort: OLG Düsseldorf, 02.03.2006 – I-10 U 120/05, GuT 2006, 154 (LS) = IMR 2006, 79.
[4944] OLG Düsseldorf, 29.05.2006 – I-24 U 179/05, GuT 2007, 18.
[4945] BFH, 28.02.1996, NJWE-MietR 1996, 211.

Für die **Erhöhung der Pacht oder Miete** gelten die allgemeinen Grundsätze (→ *Rn. 1135 ff.*). Vereinbaren die Parteien eines Pachtvertrages über eine Gaststätte die Möglichkeit einer „angemessenen" Pachterhöhung bei Änderung des Lebenshaltungskostenindexes für einen Vier-Personen-Arbeitnehmerhaushalt um 10 %, sind bei der Bestimmung der Angemessenheit einer Pachterhöhung neben der Veränderung der Lebenshaltungskosten auch die spezifischen Besonderheiten des gastronomischen Gewerbes zu berücksichtigen.[4946] Die mit einer Indexklausel in einem Pachtvertrag verbundene Bestimmung: „*Einigen sich die Parteien über die Höhe des neuen Pachtzinses nicht, so wird dieser gemäß § 317 Abs. 1 BGB von einem vereidigten Sachverständigen für das Hotel- und Gaststättengewerbe bestimmt.*" bedeutet, dass die steigenden Lebenshaltungskosten und damit einhergehend steigende Betriebskosten ebenso in die Bewertung einfließen sollen, wie spezifische Besonderheiten des gastronomischen Gewerbes.[4947] Bei der Prüfung einer Pachtzinsanpassung aufgrund der Indexklausel müssen werterhöhende Investitionen des Pächters außer Acht bleiben, wenn sie bei der Festlegung des anfänglichen Pachtzinses und der Dauer des Pachtverhältnisses berücksichtigt worden sind.[4948]

3142

Die Bestimmung der zulässigen Pachthöhe, etwa bei Streit über eine **Sittenwidrigkeit**, erfolgt nicht nach der sog. **EOP-Methode** (ertragswertorientierte Pachtwertberechnung), da sie im Widerspruch zur gesetzlichen Risikoverteilung bei Miet- und Pachtverträgen steht.[4949] Der BGH[4950] spricht der EOP-Methode die Eignung zur Bewertung einer Gaststättenpacht i.R.d. § 138 Abs. 1 und Abs. 2 BGB ab. Auch die von der EOP-Methode abgeleitete sog. „indirekte Vergleichswertmethode" ist nicht geeignet, die zum Vergleich heranzuziehende marktübliche Pacht zu bestimmen.[4951] Die zulässige Höhe der Pacht muss daher im „normalen" Sachverständigenverfahren ermittelt werden,[4952] ausführlich → *Rn. 824 ff.*

3143

Eine Schnittstelle zwischen öffentlichem und privatem Recht stellen **personenbezogene Genehmigungen dar**, bspw. die sog. Schankerlaubnis für Gastwirte nach dem GaststättenG bzgl. der immer wieder problematischen Zuverlässigkeit von Gastwirten. Solche persönlichen Umstände begründen grds. keinen Sachmangel i.S.d. §§ 536 ff. BGB.[4953] Ein Sachmangel liegt jedoch vor, wenn die Beschränkung mit der **Beschaffenheit der Mietsache** zusammenhängt **und nicht in persönlichen oder betrieblichen Umständen des Mieters** ihre Ursache hat.[4954] Rechtsfolge ist, dass dem Mieter bzw. Pächter der Gaststätte insoweit die Einrede des nicht erfüllten Vertrags (§ 320 BGB), ein Gewährleistungsrecht gem. §§ 536 ff. BGB (Minderung etc.) oder sogar ein Kündigungsrecht wegen Entzug/Nichtgewährung des vertragsgemäßen Gebrauchs zusteht. Handelt es sich um schwerwiegende Beeinträchtigungen, etwa eine vollstän-

3144

[4946] OLG Düsseldorf, 19.06.2007 – 24 U 210/06, IMR 2007, 326.
[4947] OLG Düsseldorf, 19.06.2007 – I-24 U 210/06, GuT 2008, 272.
[4948] OLG Düsseldorf, 19.06.2007 – I-24 U 210/06, GuT 2008, 272.
[4949] Vgl. OLG München, 21.11.1997 – 14 U 140/97, NZM 1999, 224.
[4950] Urt. v. 28.04.1999 – XII ZR 150/97, BGHZ 141, 257 = NZM 1999, 664 = NJW 1999, 3187 = WuM 1999, 527 = MDR 1999, 1432.
[4951] BGH, 13.06.2001 – VII ZR 49/99, NZM 2002, 55 = GuT 2002, 9 = MDR 2001, 1105.
[4952] BGH, 10.07.2002 – VII ZR 314/00, NZM 2002, 822; BGH, 13.06.2001 – XII ZR 49/99, NZM 2002, 55 = GuT 2002, 9 = MDR 2001, 1105; OLG Brandenburg, 13.01.2010 – 3 U 12/09, BeckRS 2010, 03474; Wolf/Eckert/Ball, Rn. 166.
[4953] BGH, 24.10.2007 – XII ZR 24/06, GuT 2007, 434 = IMR 2008, 81 = InfoM 2008, 67.
[4954] Blank, in: Blank/Börstinghaus, § 536 Rn. 16.

dige Nutzungsuntersagung, ist auch eine außerordentliche Kündigung nach § 543 Abs. 1 BGB durch den Mieter zulässig.

Beispiele:
- Ist ein Imbisslokal mit Nebenräumen u.a. „zum Betrieb einer Pizza- und Pastaauslieferung" vermietet und untersagt die Behörde den Lieferservice, da mit diesem eine über das Wohngebiet hinausgehende überregionale Versorgung verbunden sei, so ist der Mieter zur außerordentlichen Kündigung des Mietvertrags berechtigt.[4955]
- Als „brasilianisches Restaurant mit Live-Musik ab 21.00 Uhr" vermietete Gaststätte erhält wegen unzureichendem Schallschutz keine Konzession.[4956]

Ausführlich dazu → Rn. 2459 ff.

3145 Die Mietsache kann durch **neue gesetzliche oder behördliche (rechtmäßige) Maßnahmen** auch nachträglich mangelhaft werden. Aktuellstes Beispiel sind die verschiedenen Nichtrauchergesetze der Bundesländer (→ Rn. 2471 ff.). Umstände, die zum allgemeinen Risiko eines jeden Gewerbetreibenden gehören, bewirken jedoch keinen Mangel.[4957] Daher kann bspw. der Mieter einer Gaststätte die Miete nicht mindern, wenn die Polizeistunde generell gekürzt[4958] oder die Musiklautstärke auf 1990 dB durch die Ordnungsbehörde begrenzt wird.[4959]

3146 Haben die Parteien eine **Betriebspflicht** (→ Rn. 1275 ff.). des Pächters einer Gaststätte vereinbart, muss der Pächter sich im Fall seiner Verhinderung eines Dritten bedienen, auch wenn er den Gaststättenbetrieb aus gesundheitlichen Gründen nicht aufrechterhalten kann; die Betriebspflicht entfällt auch dann nicht, wenn die Fortführung des Betriebes zur Folge hat, dass nur Verluste erwirtschaftet werden, sodass es vorteilhafter wäre, das Objekt zu schließen.[4960]

Bei einer Gaststättenpacht soll der Pächter mit der Pacht des Gaststättenbetriebes stillschweigend die Verkehrssicherungspflicht mit übernehmen[4961] (→ zu Verkehrsicherungspflichten Rn. 684 ff.).

VI. Hotels, Pensionen, Beherbergungsimmobilien

1. Überblick

3147 Die Hotelbranche in Deutschland verzeichnet insgesamt Zuwächse. Die Anzahl der Übernachtungen hat im Jahr 2006 351 Mio. erreicht ggü. 344 Mio. im Jahr 2005; im ersten Halbjahr 2007 konnte eine Steigerung des Tourismus insgesamt von 4 % ggü. 2006 (insb. bei ausländischen Gästen) verzeichnet werden. Insgesamt gab es 2006 rund 208 Mio. Übernachtungen in der Hotellerie. Kurz: Die Branche boomt zwar nicht, befindet sich aber im Aufwind, sodass auch in neue Objekte investiert wird.

4955 LG Hamburg, 06.04.2004 – 311 O 207/03, GuT 2005, 166.
4956 KG, 18.12.2008 – 12 U 110/07, InfoM 2010, 20 = KGR Berlin 2009, 601.
4957 Blank, in: Blank/Börstinghaus, § 536 Rn. 16.
4958 BGH, 05.10.1981 –VIII ZR 259/80, NJW 1982, 696.
4959 OLG Koblenz, 21.03.2002, NZM 2002, 918 = NJW-RR 2002, 1522.
4960 OLG Düsseldorf, 18.12.2003 – I-10 U 69/03, GuT 2004, 53.
4961 BGH, 02.10.1986 – VI ZR 125/83, MDR 1985, 311.

VI. Hotels, Pensionen, Beherbergungsimmobilien

Als Hotel bezeichnet man üblicherweise eine **gewerbliche Unterkunftsimmobilie** ab ca. 15 – 20 Gästezimmern. Differenziert wird nach Leistungsumfang (ein bis fünf Sterne), Standort (City-, Stadt-, Land- und Flughafenhotel) sowie der angesprochenen Zielgruppe (Ferien-, Kur-, Wellness-, Tagungs-, Durchreisehotel). Eine genaue Klassifizierung ist nur in wenigen Ausnahmefällen möglich, immer üblicher werden Mischformen, wie z.B. Motels oder Sporthotels. 3148

2. Vertragsform

Der Hotelbetreibervertrag wird üblicherweise in der Form der **Miete** (§§ 535 ff. BGB) oder der **Pacht** (§§ 581 ff. BGB) abgeschlossen, manchmal auch als Leasing- oder Franchisevertrag oder in einer Mischform dieser Typen. Die Hotelpacht wird in zahlreichen Vertragsformen betrieben, etwa der Festpacht, der Umsatzpacht, Staffelpacht und Mischpacht. Die üblichen **Pachtsätze** für Kettenhotels und Großhotels schwanken zwischen ca. 18 % – 30 % vom Gesamtumsatz des jeweiligen Hotels. Teilweise wird das Betriebsrisiko auf den Eigentümer des Hotels verlagert, indem individuelle Regelungen durch pachtfreie Zeiten und sog. „Cap-Regelungen" und „Hardship-Klauseln" getroffen werden. 3149

Bei **vollständiger Einrichtung** des Hotels, die den Betrieb sofort ermöglicht, liegt grds. ein Pachtvortrag vor bzw. der Schwerpunkt des Vertrages wird im Pachtrecht liegen. Daran ändert sich auch dann nichts, wenn die Ausstattung in Abstimmung mit dem Betreiber im Voraus festgelegt wird. Der Betreiber sollte sich in solchen Fällen der Vorab-Planung ein umfangreiches Mitspracherecht vertraglich zusichern lassen, sinnvoll ist grds. auch – sofern vorhanden – die Vereinbarung eines Mindeststandards in einer möglichst genauen Ausstattungsbeschreibung. 3150

Für die Rechtsbeziehung zwischen Vermieter/Verpächter und Mieter/Pächter gelten grds. sämtliche üblichen Regelungen des Miet- oder Pachtrechts.

Der **Vertrag zwischen dem Hotelbetreiber und dem Gast** ist ein atypischer, gemischter Vertrag. In der Literatur wird bei einem Hotel- oder Beherbergungsvertrag angenommen, dass zwar mietvertragliche Elemente vorliegen, die besonderen Schutzvorschriften des Wohnraummietrechts aber nicht anwendbar sind.[4962] 3151

3. Besonderheiten beim Vertragsinhalt

Die üblichen **Laufzeiten** haben sich ggü. früheren Vereinbarungen durchschnittlich auf 10 – 20 Jahre verkürzt, manchmal auch noch weniger. Verlängerungsoptionen sind üblich und sollten aus Sicht des Mieters/Pächters immer vereinbart werden. 3152

§ 550 BGB (gesetzliche Schriftform) ist unbedingt zu beachten, da ansonsten der Vertrag vorzeitig kündbar ist. In der Praxis ist die **Schriftform** manchmal problematisch, weil die Verträge bei der Pacht i.d.R. umfangreiche Ausstattungs- und Inventarlisten enthalten. Der BGH hat hier für die Praxis Erleichterungen geschaffen, indem trotz **Fehlen einer angekündigten Inventarliste** eine Verletzung der Schriftform verneint wurde.[4963] Der BGH hat diesbezüglich darauf 3153

[4962] Häublein, in: MüKO-BGB, vor § 535 Rn. 24.
[4963] BGH, 29.09.1999 – XII ZR 313/98, NZM 2000, 36 = NJW 2000, 354 = MDR 2000, 79 = ZMR 2000, 76.

abgestellt, dass zumindest Einigkeit der Parteien darüber bestand, dass sämtliche am Tag des Vertragsschlusses vorhandene Inventargegenstände mit verpachtet werden sollten.

> **Praxistipp:**
> Aus der Entscheidung des BGH darf aber keinesfalls geschlossen werden, dass für Hotelpachtverträge grds. geringere Anforderungen an die Schriftform gelten. Den Parteien kann deshalb nur empfohlen werden, auch hier äußerste Sorgfalt walten zu lassen.

3154 Die **Höhe der Hotelpacht** wird meistens als eine Festpacht (Grundpacht) zusammen mit einer erfolgsabhängigen Zusatzpacht vom Umsatz oder Gewinn vereinbart.

> **Praxistipp:**
> Wie bei jeder umsatz- bzw. gewinnabhängigen Vergütung ist hier besondere Sorgfalt darauf zu verwenden, die Berechnungsbasis so genau wie möglich zu definieren. Bei der Ermittlung des Gewinns hat es sich in der Praxis durchgesetzt, auf den sog. Gross-Operating-Profit (GOP) abzustellen, der wiederum nach dem „Uniform System of Accounts for the Lodging-Industry" aus den USA abstellt.

3155 Bei den **Sicherheiten** wird üblicherweise eine Bürgschaft i.H.v. ein bis zwei Jahrespachten gestellt. Da hier besonders oft auf Pächterseite konzerneigene Unternehmen tätig werden, wird auch mit Patronatserklärungen (→ *Rn. 1783 ff.*) gearbeitet.

3156 Wechselt der Hotelbetreiber, kann ein **arbeitsrechtlicher Betriebsübergang** (§ 613a BGB) vorliegen. Der Pächter kann formularvertraglich nicht verpflichtet werden, bei Beendigung des Pachtvertrages auf eigene Kosten alle betrieblichen Arbeitsverhältnisse zu beenden bzw. bei einem dennoch erfolgenden Übergang der Arbeitsverhältnisse den Nachfolgepächter von allen Kosten freizustellen.[4964]

4. Checkliste: Vermietung bzw. Verpachtung von Hotels

3157 **Checkliste: Vermietung bzw. Verpachtung von Hotels**

> **Hinweis:**
> Es handelt sich um die Mindestanforderungen, die zu beachten sind. In der Praxis können detailliertere Prüfungen erforderlich sein.
>
> Folgende Punkte sollten immer berücksichtigt werden (alphabetisch):
> - ☐ Beschränkte persönliche Dienstbarkeit zugunsten des Pächters im Grundbuch, um das Pachtrecht auch während eines Zwangsversteigerungs- und Insolvenzverfahrens ausüben zu können;
> - ☐ Betriebspflicht;

[4964] BGH, 23.03.2006 – III ZR 102/05, InfoM 2007, 68.

- ☐ Betriebsübergang: Übergang arbeitsrechtlicher Verpflichtungen gem. § 613a BGB bei Mieter-/Pächterwechsel (Praxistipp: arbeitsrechtlich klären lassen);
- ☐ Instandhaltung/Instandsetzung: Besonders wichtig, weil der Hotelbetrieb zu einer intensiven Abnutzung des Gebäudes und des Mobiliars führt;
- ☐ Inventar/Inventarliste;
- ☐ Konkurrenzschutz;
- ☐ Pachthöhe/Pachtzahlung: Basispacht, Gross-Operating-Profit (GOP), Mindestpacht, Pre-opening-Zuschuss (reduzierte Pacht/Miete für die Voreröffnungsphase wegen des Aufwands des Pächters), Soft-opening-Zuschuss (Nachlässe für bestimmte „weiche" Anlaufphasen des Hotels), Umsatzpacht;
- ☐ Rückbaupflichten;
- ☐ Sicherheiten: Bankbürgschaften, Patronatserklärungen;
- ☐ Umbaupflichten.

VII. Kfz-Schilderpräger

Besonderheiten bestehen bei der Vermietung von Räumen an Kfz-Schilderpräger in der **Nähe von Kfz-Zulassungsstellen**, wenn Vermieter eine Gemeinde ist. Wettbewerber fühlen sich dann naturgemäß benachteiligt, wenn der „wertvolle" Standort im Rathaus oder direkt im Haus der Kfz-Zulassungsstelle an einen Konkurrenten vermietet wird. U.U. kann ein **kartellrechtlicher Unterlassungsanspruch** des Wettbewerbers gegen die Gemeinde nach § 33 Abs. 1 i.V.m. §§ 19, 20 Abs. 1 GWB (Behinderungs- und Diskriminierungsverbot) bestehen, weil die Gemeinde insoweit eine marktbeherrschende Stellung innehat.[4965] Die Vorschriften gelten nach § 130 Abs. 1 Satz 1 GWB auch für die privatrechtliche Tätigkeit der öffentlichen Hand. Die Gemeinde ist dann **Unternehmer i.S.d. GWB**.[4966] „Markt" ist hier in sachlicher und räumlicher Hinsicht das Angebot von Gewerbeflächen, die sich für einen Schilderpräger, der den bei Besuchern der im Gemeindehaus untergebrachten Zulassungsstelle anfallenden Bedarf an Kfz-Schildern decken möchte, zur Anmietung eignen.[4967] Hierzu zählen neben auf demselben Grundstück wie die Zulassungsstelle gelegenen Flächen auch solche in deren – durch einen Radius von etwa 100 m bestimmten – unmittelbarer Nähe.[4968] Eine Behinderung i.S.v. § 20 Abs. 1 GWB erfasst jedes Marktverhalten, das objektiv nachteilige Auswirkungen hat. Erforderlich ist aber auch eine Unbilligkeit der Vermietung (**Ungleichbehandlung ohne** sachlich gerechtfertigten Grund). Ansprüche scheitern üblicherweise an der dabei erforderlichen Abwägung der Interessen der Beteiligten unter Berücksichtigung der auf die Freiheit des Wettbewerbs gerichteten Zielsetzung des GWB. Dabei ist auch das Interesse der kommunalen Gebietskörperschaft an einer Gewinn bringenden Nutzung ihrer Gebäude schützenswert.[4969] Ferner dürfen bei der Vergabe soziale Belange berücksichtigt werden, wenn diese den sich an der Ausschreibung be-

3158

[4965] BGH, 07.11.2006 – KZR 2/06, GuT 2007, 167 = NZM 2007, 486 = NJW 2007, 2184.
[4966] OLG Jena, 29.04.1998 – 2 U 1852/97; OLG München, 07.11.1996 – U 5870/95, NJW-RR 1997, 296; OLG Dresden, 18.04.1996 – 7 U 2422/95, NJW-RR 1997, 299.
[4967] VGH Baden-Württemberg, 06.03.2006 – 1 S 2490/05, DÖV 2006, 831.
[4968] OLG Stuttgart, 12.12.1995 – 2 W (Kart) 62/95, NJW-RR 1996, 1003.
[4969] VGH Baden-Württemberg, 06.03.2006 – 1 S 2490/05, DÖV 2006, 831.

teiligenden Unternehmen rechtzeitig zur Kenntnis gegeben werden, damit sie die Möglichkeit haben, die Bedingungen für eine bevorzugte Berücksichtigung zu erfüllen.[4970] Eine Vermietung ohne Ausschreibung ausschließlich an Schilderprägerbetriebe, die als Werkstätten für behinderte Menschen anerkannt sind, stellt aber eine erhebliche Einschränkung des Wettbewerbs dar.[4971]

3159 I.d.R. kann die Vermietung nicht verhindert, aber inhaltlich eingeschränkt werden. Ein Mietvertrag über Gewerbeflächen in unmittelbarer Nähe einer Kfz-Zulassungsstelle darf wegen § 20 Abs. 1 GWB an einen Kfz-Schilderpräger nur für **max. fünf Jahre** vermietet werden, wenn der Vermieter die alleinige Verfügungsgewalt über diejenigen Gewerbeflächen hat, die für Schilderpräger geeignet sind, den Bedarf von Besuchern der Kfz-Zulassungsstelle an Kfz-Schildern zu decken.[4972] Auch die Einräumung einer über die fünf Jahre hinausgehenden einseitigen Verlängerungsoption verstößt gegen das Verbot unbilliger Behinderung gem. § 20 Abs. 1 GWB und hat die Nichtigkeit der Klausel zur Folge.[4973]

3160 Vereinbart die Vermieterin solcher Flächen eine Mietzeit von mehr als fünf Jahren und sichert sie **Konkurrenzschutz im Umkreis von 2.000 m** zu, hat eine mit ihr konzernrechtlich verbundene Vermieterin einer Fläche mit der vereinbarten Nutzung „Tankstelle mit Verkaufs-Shop und Waschanlage" keinen Verfügungsgrund i.S.d. § 940 ZPO gegen ihren Mieter, wenn dieser dort auch Kfz-Kennzeichen herstellt und vertreibt und die Vermieterin eine Unterlassungs-Verfügung beantragt, weil sie die Mithaftung im Innenverhältnis des Konzerns für Schadensersatzansprüche wegen der Konkurrenzschutzklausel befürchtet.[4974]

VIII. Logistikimmobilien

1. Überblick

3161 Die Branche für Logistikimmobilien boomt seit etwa Mitte der 90er Jahre und mit ihr auch die Nachfrage nach geeigneten Flächen. Nachgefragt werden insb. **Objekte mit mehr als 5.000 m² Fläche**, die v.a. an eine gute Infrastruktur angebunden sein müssen. Immer mehr europäische Unternehmen lagern ihr operatives Geschäft mit dem Transport von Waren und Gütern an Dienstleister aus der Logistikbranche aus.

Beispiel Airbus:
Bei der Montage des neuen Super-Jumbos A380 betreibt der Flugzeughersteller erstmals kein eigenes Lager mehr, sondern hat die gesamte Versorgung mit ca. 50.000 Einzelteilen an einen Logistik-Dienstleister ausgelagert.

3162 Es ist auch zu erwarten, dass Deutschland durch die EU-Ost-Erweiterung und die am 21.12.2007 geöffneten Grenzen zu Polen etc. zum logistischen „Basislager" für Unternehmen wird, die in den Nachbarländern Waren ausliefern werden.

4970 BGH, 07.11.2006 – KZR 2/06, GuT 2007, 167 = NZM 2007, 486 = NJW 2007, 2184.
4971 BGH, 13.11.2007 – KZR 22/06, NZM 2008, 208.
4972 BGH, 08.04.2003 – KZR 39/99, GuT 2003, 193 = NZM 2003, 597 = NJW 2003, 2684; OLG Köln, 08.06.2007 – 1 W 15/07, IMR 2007, 391.
4973 OLG Saarbrücken, 03.05.2007 – 8 U 253/06-64, IMR 2007, 213 = NZM 2008, 43.
4974 OLG Köln, 08.06.2007 – 1 W 15/07, IMR 2007, 391.

Folgende **Kriterien sind für den Betrieb von Logistikimmobilien** wichtig: 3163

Eine Lage in einem Ballungszentrum mit Autobahnanbindung und idealerweise in der Nähe eines Flughafens.

- Vollzeitige Nutzungsmöglichkeit, d.h. 24 Std. am Tag. Praktisch scheiden damit Immobilien in Gewerbemischgebieten mit Wohnbebauung aus.
- Die Hallen müssen i.d.R. mindestens 6 m hoch sein und zwei bis drei Tore auf je 1.000 m² Fläche haben.
- Der Büroanteil darf nicht mehr als 10 – 15 % der Fläche ausmachen.
- Idealerweise ausreichende Umgestaltungsmöglichkeiten des Objekts.

Die **Lebensdauer** von Logistikimmobilien dürfte durchschnittlich bei nicht mehr als 30 Jahren liegen. Die Mietpreise bewegen sich für Top-Objekte i.d.R. zwischen 4,00 € – 7,00 € pro Quadratmeter. 3164

> **Praxistipp:**
> Bei der Finanzierung von Logistikimmobilien besteht häufig ein Praxiskonflikt zwischen Investoren und Mietern, weil die finanzierenden Banken mindestens Mietverträge mit einer Laufzeit von zehn Jahren wollen, während die Mieter auf eine kürzere Mietzeit drängen. In der Logistikbranche werden Aufträge an die Logistikunternehmen aber meist nur mit einer Laufzeit von zwei bis fünf Jahren vergeben. Die Mieter/Pächter pochen deshalb auf höhere Flexibilität, sodass die Vermieter sich darüber im Klaren sein müssen, dass sie Laufzeiten wie bei anderen Großflächen am Markt häufig nicht durchsetzen können.

2. Praxistipps Besonderheiten bei der Vertragsgestaltung

Bei der Vermietung/Verpachtung sind v.a. folgende Punkte zu berücksichtigen: 3165

Es erfolgt häufig eine **sehr intensive Nutzung**, d.h. es ist besonders zu beachten, wer Instandhaltungs- und Instandsetzungsmaßnahmen zu tragen hat und in welchem Umfang diese erfolgen. Werden hier unwirksame Klauseln vereinbart, kann dies für den Vermieter extrem teuer werden.

Ein- und Umbauten: Die Mieter müssen sich die Hallen oft „herrichten", z.B. durch speziell zugeschnittene Brandschutzvorrichtungen, Absauganlagen, Spezialbetonboden etc. (insb. bei der Lagerung oder dem Transport von Gefahrstoffen), besondere Zugangskontrollen, Schließanlagen etc. 3166

Es sollte ausdrücklich geregelt werden, was dem Mieter erlaubt ist und was nicht und v.a. auch, wie nach Ende der Mietzeit mit den Ein- und Umbauten zu verfahren ist (Rückbauregelungen). Wichtig: Wird nach Ablauf der Mietzeit ein separater Anschlussmietvertrag geschlossen, ist unbedingt darauf zu achten, dass auch dieser eine entsprechende Vereinbarung enthält.

Enthält der Miet- oder Pachtvertrag keine ausdrückliche **Rückbauverpflichtung**, so ist nach folgenden Grundsätzen zu differenzieren: Handelt es sich um Ein- oder Umbauten, die der Ver- 3167 mieter auf keinen Fall objektiv zur Weitervermietung nutzen kann, so ist der Mieter auch ohne besondere vertragliche Regelung immer zum Rückbau verpflichtet.

Beispiel:

Der Mieter einer Halle lässt speziell auf seine Bedürfnisse zugeschnittene Brandschutzvorrichtungen und Absauganlagen bzgl. Lagerung, Transport von Gefahrstoffen einbauen. Diese Anlagen blockieren einen nicht unbeträchtlichen Teil der Flächen und sorgen auch für einen erschwerten Zugang. Der Mieter muss die Anlagen auf jeden Fall beseitigen, weil der Vermieter das Objekt in diesem Zustand nur an ganz spezielle andere Unternehmen weitervermieten könnte.

3168 Etwas anderes würde gelten, wenn der Mieter eine technisch bessere Schließanlage zur Absicherung des Objekts hätte einbauen lassen, weil die ursprüngliche Anlage nicht mehr dem Stand der Technik entsprach. In einem solchen Fall könnte der Vermieter nur dann Rückbau verlangen, wenn dies ausdrücklich vertraglich vereinbart wurde.

Praxistipp:

Üblich sind folgende Klauseln für Rückbauverpflichtungen mit den jeweiligen Bedeutungen:

„Der Mieter ist nach Beendigung des Mietverhältnisses zur Wiederherstellung des ursprünglichen Zustands verpflichtet." Dies bedeutet, dass der Mieter eine Rückbauverpflichtung hat.

„Zustand wie bei Mietbeginn." Diese Klausel reicht grds. aus um zu vereinbaren, dass die Räume so, wie sie im Zeitpunkt der Übergabe beschaffen waren, zurückzugeben sind. Wurde eine solche Klausel aber z.B. in einem Anschlussmietvertrag im Anschluss an einen früheren Mietvertrag, der eine/enthielt, vereinbart, so ergibt die Auslegung nach §§ 133, 157 BGB, dass keine Rückbaupflicht des Mieters besteht, weil auf den Zeitpunkt des Anschlussmietvertrages abzustellen ist (und zu diesem Zeitpunkt die Einbauten bereits vorhanden waren).

3169 Neben der reinen Anmietung wird bei begehrten Logistikimmobilien auch immer mehr ein umfassendes **Facility-Management** nachgefragt, da ein reibungsloser Ablauf – sozusagen von der Nebenkostenabrechnung bis zum Schneeräumdienst – für die Logistikunternehmen extrem wichtig ist.

IX. Messeflächen und Messestände

1. Überblick

3170 Die Vermietung von Messestandplätzen nimmt eine immer größere Bedeutung ein. **Parteien des Vertrages** sind der Messebetreiber oder die von ihm eingeschaltete Gesellschaft und der Aussteller. Die Parteien können die Überlassung einer konkreten Fläche, also eines **bestimmten Standorts**, oder irgendeines Standorts in der Messehalle vereinbaren. I.d.R. hat der Aussteller ein großes Interesse an bestimmten, aus seiner Sicht lukrativeren Standorten. Vermietet werden kann dabei entweder nur die **Grundfläche**, auf der der Mieter dann seinen eigenen Stand errichtet, oder ein kompletter (fertiger) **Messestand**.

2. Rechtsnatur des Vertrages

Wird nur die reine Fläche vermietet, handelt es sich um Raummiete i.S.d. § 29a ZPO; liegt der Schwerpunkt hingegen in der Anmietung des Messestandes, liegt keine Raummiete vor. I.d.R. handelt es sich dann um einen gemischten Vertrag mit Werk-, Lieferungs- und Mietelementen. Je weniger Bedeutung in einem solchen Mischvertrag die **Dauer der Gebrauchsgewährung** hat, desto weniger liegt der Schwerpunkt im Mietvertragsrecht. I.d.R. wird aber genau dort der Schwerpunkt liegen, sodass im Zweifel davon auszugehen ist, dass es sich um einen Miet- oder Pachtvertrag handelt, bei dem wiederum der Schwerpunkt der Gebrauchsgewährung in der Überlassung der Grundfläche liegt. Dies deshalb, weil ohne Grundfläche kein Messestand genutzt werden kann.

3171

3. Kein Abschlusszwang des Messebetreibers, Vertragsabschluss

Eine Verpflichtung des Messebetreibers, Messeflächen/Messestände zur Verfügung zu stellen, besteht grds. nicht. Ein sog. **Abschlusszwang** kann sich nur ganz ausnahmsweise aus § 826 BGB ergeben, wenn ein Vermieter eine Monopolstellung hat und eine Vermietung ohne sachlichen Grund ablehnt, obwohl der Interessent auf die Mietsache angewiesen ist und sie auf keine andere Art und Weise erhalten kann. Liegen bei Messen sachliche Gründe vor, die eine Weigerung rechtfertigen (z.B. notwendige Auswahl der Interessenten wegen nicht ausreichender Platzverhältnisse), fehlt es bereits an diesen Voraussetzungen.[4975] In einem solchen Fall bedarf es noch nicht einmal der Angabe der Ablehnungsgründe.[4976] Ein formularmäßiges Hinausschieben der Annahme eines Angebots eines potenziellen Messeausstellers auf Teilnahme an einer Messe bis zu Messebeginn seitens des Messeveranstalters benachteiligt den Aussteller entgegen den Geboten von Treu und Glauben unangemessen (§ 307 BGB i.V.m. dem Rechtsgedanken aus § 308 Nr. 1 BGB) mit der Folge, dass für die Rechtzeitigkeit der Annahme § 147 Abs. 2 BGB gilt (hier: Kenntnis des antragenden Ausstellers kraft AGB des Messeveranstalters von einem „zentralen" Benachrichtigungstermin, zu dem die „Zulassungserklärungen" zur Messe abgegeben werden sollten).[4977]

3172

Die Miete wird üblicherweise tageweise vereinbart, Einmalzahlungen sind zulässig.

Bleibt ein anmietender Aussteller der Messe fern, so schuldet er grds. dennoch den Mietzins. Dies gilt selbst dann, wenn der Veranstalter den **frei gewordenen Platz** an andere Aussteller vergibt, die sonst auf anderen noch freien Standflächen teilgenommen hätten.[4978] Denn es gehört zu den Hauptpflichten des Messebetreibers, die Messe attraktiv zu gestalten und dafür zu sorgen, dass an interessanten Standorten keine Lücken entstehen. Hierzu muss, wenn ein Mieter

3173

[4975] LG Köln, 10.02.1949 – 23 O 130/48, NJW 1949, 715.
[4976] LG Köln, 10.02.1949 – 23 O 130/48, NJW 1949, 715.
[4977] BGH, 19.12.2007 – XII ZR 13/06, GuT 2008, 119 = NZM 2008, 206 = IMR 2008, 118= MDR 2008, 442.
[4978] OLG Köln, 07.06.1990 – 1 U 56/89, NJW-RR 1990, 1232.

mitteilt, nicht teilnehmen zu wollen, dem Veranstalter die Möglichkeit gegeben werden, ohne Verlust seiner Rechte den freigewordenen Platz in nachträgliche Belegungen einzubeziehen.[4979]

4. Gewährleistungsrechte des Ausstellers

3174 Erweist sich ein Messestand als ungeeignet für die spezifischen Zwecke des Ausstellers, so handelt es sich grds. um Gründe, die in seine Sphäre fallen, sodass er nach der allgemeinen Gefahrtragungsregel des § 537 BGB zur Zahlung der Vergütung verpflichtet bleibt. Anders ist dies, wenn dem Messebetreiber/Veranstalter bestimmte Zwecke (etwa die Veranstaltung eines Events, um Messebesucher anzulocken) bekannt war und er dem Aussteller trotz Erkennens der objektiven Erfordernisse Flächen zugewiesen hat, die diesen Zweck unmöglich machen.

3175 Ist der Messestand **objektiv mangelhaft**, d.h. weicht der Ist- vom vertraglichen Soll-Zustand ab, hat der Aussteller die Rechte der §§ 536 ff. BGB und ggf. einen aus § 280 BGB folgenden Schadensersatzanspruch.

> *Beispiele:*
> *Fehlender Stromanschluss; keine Standsicherheit („wackelig"), nicht aber: weiter Weg zu den allgemeinen Toiletten.*

Ein Mangel ist grds. auch die nicht abgesprochene Zuweisung eines schlechteren Platzes, wenn ein konkreter Standort vereinbart war (s. dazu auch nachfolgend).

5. Kündigung und Fernbleiben des Ausstellers

3176 Weist der Messebetreiber dem Aussteller einen **anderen Platz als vereinbart** zu, hat dieser nach Abmahnung das Recht, den Vertrag gem. § 543 Abs. 2 Nr. 1 BGB wegen Nichtgewährung des Gebrauchs fristlos zu kündigen. Die Fristsetzung kann entfallen, wenn die anderweitige Zuweisung so kurz vor Eröffnung der Messe erfolgt, dass die Mietsache für den Aussteller infolge der Nichtgewährung des Gebrauchs uninteressant wird (§ 543 Abs. 3 Satz 3 BGB). Die Fristsetzung ist auch dann entbehrlich, wenn der Vermieter die Beeinträchtigungen nicht mehr beseitigen kann, weil der Messeplatz bereits von einem anderen Aussteller besetzt worden ist.

3177 AGB-Klauseln des Messeveranstalters/Betreibers, durch die dieser sich vorbehält, den Mietern **nach seiner Wahl andere Standplätze als den zugesagten** zuzuweisen, sind gem. § 307 BGB unwirksam. Das allgemeine Verbot des Änderungsvorbehalts aus § 308 Nr. 4 BGB gilt über § 307 BGB auch für den kaufmännischen Verkehr. Abänderungsvorbehalte sind deshalb nur dann zulässig, wenn die Voraussetzungen einer einseitigen Änderung im Einzelnen hinreichend konkretisiert sind und keine Abweichungen möglich werden, die zulasten des Kunden nicht unerheblich nachteilige Veränderungen gestatten.[4980] Der Mieter, der sich grundlos weigert, den Mietvertrag zu erfüllen, verstößt gegen Treu und Glauben, wenn er sich ggü. dem Mietzinsanspruch des Vermieters, der den Messestand wegen dieser vertragswidrigen Weigerung des Mieters weitervermietet hat, auf § 537 Abs. 2 BGB beruft.[4981]

[4979] OLG Köln, 07.06.1990 – 1 U 56/89, NJW-RR 1990, 1232.
[4980] OLG Köln, 07.06.1990 – 1 U 56/89, NJW-RR 1990, 1232.
[4981] BGH, 19.12.2007 – XII ZR 13/06, NZM 2008, 206 = IMR 2008, 118 = MDR 2008, 442.

Liegt der Schwerpunkt des Messevertrages – wie regelmäßig – in der zeitlich begrenzten Überlassung der Flächen bzw. des Standes, gilt für die **Kündigungsfrist** Folgendes: Es handelt sich nicht um Geschäftsräume i.S.d. § 580 Abs. 2 BGB, weil diese Räume lediglich einen Unterfall der Räume in § 580a Abs. 1 BGB darstellen und der Schutzzweck des Abs. 2 (längere Kündigungsfrist zur Sicherstellung der geschäftlichen Tätigkeit) ersichtlich nicht bei Messeständen passt. Messestände und die dazugehörigen Flächen sind deshalb **Teile von Räumen gem. § 580a Abs. 1 BGB** bzw. – wenn es schwerpunktmäßig (auch) um die Errichtung und Überlassung des reinen Messestandes geht – bewegliche Sachen i.S.d. § 580a Abs. 3 BGB. Da die Miete üblicherweise tageweise gezahlt wird, sind in diesen Fällen die Kündigungsfristen identisch gem. § 580a Abs. 1 Nr. 1 und Abs. 3 Nr. 1 BGB, nämlich an jedem Tag zum Ablauf des folgenden Tages.

> **Hinweis:**
>
> Üblicherweise sind Verträge über Messeflächen bzw. Messestände aber als Zeitmietverträge formuliert, sodass die ordentliche Kündigung für die Dauer der Messe ausgeschlossen wird.

X. Mobilfunkanlagen

Mobilfunkanlagen mit ihren z.T. meterhohen Sendemasten auf Häuserdächern gehören zum Alltagsbild. Zur Errichtung solcher Sendemasten ist grds. immer eine Baugenehmigung erforderlich. Zum einen, weil es sich wegen der Größe etc. häufig um **genehmigungspflichtige bauliche Anlagen** handelt, zum anderen aber auch, weil oft eine Nutzungsänderung vorliegt (→ *Rn. 96 ff.*).

3178

Beispiele:

Die Errichtung einer Mobilfunkantenne auf einem bereits gewerblich genutzten Gebäude (Sparkassengebäude) stellt eine genehmigungspflichtige Nutzungsänderung dar.[4982] Die neue Nutzung unterscheidet sich derart von der bisherigen Nutzung, dass eine bauordnungs- und bauplanungsrechtliche Prüfung anzustellen ist.

Soll auf einem Wohngebäude eine Basisstation für Mobilfunk errichtet werden, ist dies eine genehmigungspflichtige Nutzungsänderung.[4983]

Seit dem 07.08.2003 sind Mobilstationen mit einer Mastenhöhe bis 10 m in Nordrhein-Westfalen genehmigungsfrei, s. § 65 Abs. 1 Nr. 18 und § 9a BauO NW. In reinen oder allgemeinen Wohngebieten muss weiterhin eine Ausnahme oder Befreiung von der Baugenehmigungspflicht beantragt werden, § 74a BauO NW. Wer an oder auf einem Baudenkmal eine Mobilfunkanlage errichten will, braucht immer eine Erlaubnis, da die Anlage das Baudenkmal verändert (s. z.B. § 9 Abs. 1a DenkmalschutzG NRW). Sendeanlagen eines Mobilfunkbetreibers, die nicht nur dem Nutzungszweck des Baugebietes dienen, in dem sie errichtet werden sollen, sind gewerbliche Nutzungen; in einem allgemeinen Wohngebiet sind sie nicht allgemein zulässig.[4984]

3179

[4982] VGH Hessen, 19.12.2000 – 4 TG 3639/00, IBR 2001, 455.
[4983] VGH Baden-Württemberg, 26.10.1998 – 8 S 1848/98, DöV 2000, 82 = BauR 2000, 712.
[4984] OVG Nordrhein-Westfalen, 09.01.2004 – 7 B 2482/03, BauR 2004, 792 = NVwZ-RR 2004, 481.

3180 Handelt es sich um ein Wohnhaus, ändert sich die Nutzung dadurch, dass der Vermieter einen Teil davon zur gewerblichen Nutzung vermietet und dazu mit dem Mobilfunkbetreiber auch einen gewerblichen Mietvertrag schließt. Erteilt die Baubehörde keine Genehmigung (etwa, weil es sich um ein reines Wohngebiet handelt) und wurde die Anlage bereits installiert, kann der Vermieter dem Mobilfunkbetreiber auf Schadensersatz haften. **Haftungsausschlüsse im Vertrag** werden i.d.R. nicht greifen, da der Vermieter eine ordnungsgemäße Übergabe immer schuldet und das Risiko der Genehmigungseinholung nur für solche Genehmigungen übertragen werden kann, die sich auf den Mieter und nicht auf das Mietobjekt selbst beziehen.

> **Hinweis:**
> Vermieter sollten darauf achten, dass Verträge mit Mobilfunkbetreibern unter der aufschiebenden Bedingung der Erteilung einer Baugenehmigung geschlossen werden.

3181 In einer Mehrhaus-Wohnungseigentumsanlage müssen grds. alle Eigentümer der Errichtung einer Mobilfunkanlage auf dem Dach zustimmen.[4985] Dies gilt auch bei **Teileigentum** im Haus. Eine in der Teilungserklärung enthaltene Berechtigung der Miteigentümer einer Mehrhausanlage, Entscheidungen über das Gemeinschaftseigentum ohne Mitwirkung der anderen Gebäudeeigentümer zu treffen, umfasst nicht die Genehmigung einer Mobilfunkanlage auf dem Dach.[4986]

3182 Ein weiteres Problem ist die immer wieder diskutierte Frage der **Gesundheitsgefahr** durch die von den Sendemasten ausgehenden elektromagnetischen Felder.[4987] Dazu wurde für Wohnraum entschieden, dass der Mieter einer Wohnung, die im Strahlungsbereich einer vom Vermieter betriebenen Mobilfunksendanlage liegt, keine Betriebseinstellung verlangen kann, wenn die **Grenzwerte für elektromagnetische Felder** gem. 26. BImSchV eingehalten sind.[4988] Entsprechendes gilt für gewerbliche Miet- und Pachtverhältnisse. Dazu das BVerfG:[4989]

> „Die geltenden Grenzwerte für elektromagnetische Felder können nur dann beanstandet werden, wenn erkennbar ist, dass sie die menschliche Gesundheit völlig unzureichend schützen. Liegen noch keine verlässlichen wissenschaftlichen Erkenntnisse über komplexe Gefährdungslagen – wie hier die schädlichen Wirkungen hochfrequenter elektromagnetischer Felder – vor, verlangt die staatliche Schutzpflicht auch von den Gerichten nicht, ungesicherten wissenschaftlichen Erkenntnissen mithilfe des Prozessrechts durch Beweisaufnahmen zur Durchsetzung zu verhelfen oder die Vorsorgeentscheidung des Verordnungsgebers unter Kontrolle zu halten und die Schutzeignung der Grenzwerte jeweils nach dem aktuellen Stand der Forschung zu beurteilen. Es ist vielmehr Sache des Verordnungsgebers, den Erkenntnisfortschritt der Wissenschaft mit geeigneten Mitteln nach allen Seiten zu beobachten und zu bewerten, um gegebenenfalls weiter gehende Schutzmaßnahmen treffen zu können. Eine Verletzung der Nachbesserungspflicht durch den Verordnungsgeber kann gerichtlich erst festgestellt werden,

---

4985 OLG München, 13.12.2006 – 34 Wx 109/06, MDR 2007, 711.
4986 OLG München, 13.12.2006 – 34 Wx 109/06, MDR 2007, 711.
4987 Die Regulierungsbehörde für Telekommunikation und Post hat eine Broschüre zum Thema „Funk und Umwelt" veröffentlicht, die unter der Homepage der Reg TP unter www.regtp.de in der Rubrik Aktuelles/Presse/Reg TP Facts abgerufen werden kann.
4988 BGH, 15.03.2006 – VIII ZR 74/05, InfoM 2006, 169; vgl. auch mit entsprechender Argumentation OLG Karlsruhe, 25.09.2002 – 6 U 23/02, NZM 2003, 216 = NJW 2003, 759.
4989 BVerfG, 24.01.2007 – 1 BvR 382/05.

wenn evident ist, dass eine ursprünglich rechtmäßige Regelung zum Schutz der Gesundheit aufgrund neuer Erkenntnisse oder einer veränderten Situation verfassungsrechtlich untragbar geworden ist."

Damit bleibt es dabei, dass nach aktueller Rechtslage grds. keine Ansprüche von Mietern/Pächtern wegen Mängeln durch elektromagnetische Felder geltend gemacht werden können. 3183

Die **Kündigung eines Mietvertrages** über eine Grundstücksfläche für den Betrieb einer Mobilfunk-Basisstation mit Antennenmast kann nur wegen tatsächlich bestehender Gesundheitsgefahren als wichtiger Grund gerechtfertigt sein.[4990] Gesundheitsgefährdungen der Bevölkerung können, wenn es für derartige Gefahren keine zureichenden tatsächlichen Anhaltspunkte gibt, nicht als wichtiger Kündigungsgrund angesehen werden. Beeinträchtigungen von Mitarbeitern des gewerblichen Mieters durch Elektrosmog auf dem Dach des Gebäudes installierter Mobilfunkanlagen muss der Mieter substanziiert darlegen.[4991] 3184

Entsprechendes gilt für eine **Anfechtung** nach § 119 Abs. 2 i.V.m. Abs. 1 BGB (Irrtum über Eigenschaften der Sache, die im Verkehr als wesentlich angesehen werden). Eine tatsächlich bestehende und von der Mobilfunksendeanlage ausgehende Gesundheitsgefahr kann nicht als verkehrswesentliche Eigenschaft i.S.v. § 119 Abs. 2 BGB angenommen werden, denn nach dem derzeitigen Stand von Wissenschaft und Technik sind Gesundheitsgefahren bei Einhaltung der Werte nach der 26. BImSchV nicht belegbar.[4992] Ein Gebäudeeigentümer kann aber die Zustimmung zum Abschluss eines Mietvertrages über die Errichtung einer Mobilfunkanlage auf dem Dach des Gebäudes mit der Begründung verweigern, die Mobilfunkantenne führe zu einer Verringerung des Verkehrswertes.[4993] 3185

XI. Tankstellen

Das Hauptproblem bei der Pacht von Tankstellen stellt die immer wieder auftretende **Bodenverunreinigung** dar. Oft wird diese Kontamination dann erst Jahre nach Ende des Pachtvertrages vom Grundstückseigentümer/Verpächter festgestellt. Im Hinblick auf die regelmäßig erheblichen Kosten einer Altlastsanierung ist bereits die dem Grundstücksverkäufer bekannte bloße Möglichkeit der Bodenverunreinigung eines (insb.: Bau-) Grundstücks mit Schadstoffen als „Baugrundrisiko" auch ungefragt offenbarungspflichtig.[4994] 3186

Da es um Umweltschutz geht, greift öffentlich-rechtlich das BBodSchG, nachdem die zuständige Behörde Untersuchungs- und Beseitigungsmaßnahmen anordnen kann. Nach § 24 Abs. 2 BBodSchG gilt eine 3-jährige Verjährungsfrist. 3187

Der **Augleichsanspruch des Grundstückseigentümers** bzgl. Kosten, für die er als Störer behördlich in Anspruch genommen wurde, gem. § 24 Abs. 2 BBodSchG gegen den Tankstel- 3188

[4990] LG Karlsruhe, 01.07.2005 – 2 O 112/05, GuG 2006, 124 = MMR 2005, 860: Die exemplarische Entscheidung gibt anschaulich und gut strukturiert den derzeitigen Stand der Ansprüche und Technik wieder.
[4991] KG, 24.05.2007 – 8 U 193/06, GuT 2007, 354 = NZM 2007, 803 = IMR 207, 348 = NJOZ 2007, 4878.
[4992] LG Karlsruhe, 01.07.2005 – 2 O 112/05, GuG 2006, 124 = MMR 2005, 860; vgl. zur fehlenden Gesundheitsgefahr auch OVG Sachsen, 09.11.2004 – 1 BS 377/04, NVwZ 2005, 352.
[4993] OLG Karlsruhe, 12.07.2006 – 1 U 20/06, IMR 2006, 90.
[4994] OLG Zweibrücken, 25.05.1998 – 7 U 138/97, LNR 1998, 18854.

lenbetreiber – also den Pächter oder Mieter – setzt lediglich eine Pflichtenstellung nach § 4 BBodSchG voraus, eine behördliche Heranziehung ist dagegen nicht Voraussetzung.[4995]

Der für eine **Bodenkontamination** Schadensersatzpflichtige kann eine Ersetzungsbefugnis auf Ersatz des Wertverlusts geltend machen (hier wegen Verpachtung aus §§ 596 Abs. 1, 280 Abs. 1, 251, 249 BGB), wenn der Aufwand für die Sanierung im Vergleich zum Grundstückswert unverhältnismäßig und unzumutbar ist. Der dabei zu ermittelnde Wert des Grundstücks richtet sich bei Beschädigung einer Teilfläche eines ungeteilten Grundstücks nach dem Wert des gesamten Grundstücks und nicht lediglich nach der kontaminierten Teilfläche.[4996] Bei Schäden durch Bodenkontamination ist das Maß der hervorgerufenen Gefahren für die Umwelt und das daraus folgende Risiko einer Inanspruchnahme für den Grundstückseigentümer zu berücksichtigen; diesem ist es nicht zuzumuten, sich mit einem weit hinter den Sanierungskosten liegenden Wertersatz zu begnügen, wenn er aufgrund der hervorgerufenen Gefahren mit einer Inanspruchnahme bis zur Höhe der tatsächlichen Sanierungskosten rechnen muss; bei vorsätzlichem Handeln können dem Schädiger auch unverhältnismäßige Aufwendungen zuzumuten sein.[4997]

3189 Wichtig ist die Frage der **Abgrenzung des Bodenschutzrechts und des Miet- bzw. Pachtrechts**, die bisher durch den BGH noch nicht vorgenommen wurde. Grds. stehen der Ausgleichsanspruch nach § 24 BBodSchG und miet- bzw. pachtvertragliche Ansprüche separat nebeneinander. Daraus folgt, dass bei einem Mietvertrag, der keine Regelung über die Haftung für den Zustand der Mietsache enthält, nicht davon auszugehen ist, dass § 24 Abs. 2 Satz 2 BBodSchG konkludent ausgeschlossen werden soll.[4998] Ferner sind die mietvertraglichen Ersatzansprüche des Vermieters und die Ansprüche gem. § 24 Abs. 2 BBodSchG inhaltlich völlig unterschiedlich, sodass die kurze Verjährungsfrist des § 548 BGB auf den Ausgleichsanspruch nicht angewendet werden kann.[4999]

3190 Gestattet der Eigentümer einem Dritten die Benutzung eines Grundstücks zum Betrieb einer Tankstelle durch Abschluss eines Miet- oder Pachtvertrages mit einem Mineralölhandelsunternehmen, verjähren Ansprüche des Eigentümers gegen das Mineralölhandelsunternehmen aus § 1004 BGB wegen Veränderungen des Grundstücks ebenfalls in der kurzen Frist des § 548 BGB.[5000]

3191 Wird von einem Mineralölunternehmen die Kündigung eines Tankstellenvertrages innerhalb der vertraglich vorgesehenen Frist angedroht, um eine Änderung der vertraglichen Zusammenarbeit zu erreichen, so bestehen weder vertragliche noch gesetzliche (§§ 138, 826 BGB, § 26 GWB a.F.) Schadensersatzansprüche, wenn die Kündigung nach dem Vertrag keiner Begründung bedarf und die Kündigungsfrist nicht unangemessen kurz ist.[5001] Außerdem fehlt es an der Kausalität zwischen behaupteter Pflichtverletzung (durch das Androhen der Vertrags-

---

[4995] OLG Bremen, 23.03.2007 – 5 U 44/06, IMR 2008, 35.
[4996] BGH, 27.11.2009 – LwZR 11/09, NZM 2010, 442.
[4997] BGH, 27.11.2009 – LwZR 11/09, NZM 2010, 442.
[4998] OLG Bremen, 23.03.2007 – 5 U 44/06, IMR 2008, 35.
[4999] OLG Bremen, 23.03.2007 – 5 U 44/06, IMR 2008, 35.
[5000] BGH, 21.03.1997 – V ZR 217/95, BGHZ 135, 152 = WuM 1997, 372 = MDR 1997, 724 = NJW 1997, 1983.
[5001] OLG Hamburg, 20.02.2003 – 3 U 26/99, GuT 2003, 182.

kündigung) und Schadenseintritt, wenn der Tankstellenpächter die Vertragswaren dann ohne Weiteres jahrelang zum vorgesehenen, (angeblich) überhöhten Einkaufspreis bezieht, um die Differenz nach einverständlicher Vertragsbeendigung später als Schaden zurückzufordern.[5002]

XII. Triple-Net-Vertrag

Sog. „Triple-Net-Verträge" – gemeint ist wörtlich dreifache Netto-Miete – findet man überwiegend bei Immobilien, die Teil eines Immobilienfonds sind. Bei diesem Vertrag, der typischerweise im Zusammenhang mit einem Pachtvertrag im Rahmen eines Immobilienfonds für Immobilien außerhalb von Deutschland abgeschlossen wird, verpflichtet sich der Pächter einer Immobilie, alle im Zusammenhang mit dem Objekt stehenden Belastungen zu übernehmen. Der Mieter/Pächter trägt also alle Betriebs-, Instandhaltungs- und Instandsetzungskosten einschließlich „**Dach und Fach**". Bei der Fondsvermarktung stellt dies einen Vorteil dar, weil die Immobilie faktisch keine gewinnreduzierenden Kosten hat. Der Hinweis auf das Bestehen von Triple-Net-Verträgen i.R.d. Fondsvermarktung soll hervorheben, dass die Rendite zusätzlich dadurch erhöht werden kann, dass die gewinnmindernden Kosten der verpachteten Immobilien nicht zulasten des Anlegers gehen, sondern den jeweiligen Pächtern auferlegt werden. Die vollständige **Überbürdung durch AGB** ist nach derzeitiger Rechtslage kritisch. Individualvertraglich bestehen keine Bedenken, wobei insb. die Dach-und-Fach-Klauseln ausgehandelt sein müssten.

3192

Versicherungsrechtlich haftet der Vermieter, der sich ansonsten das Verhalten des Mieters zurechnen lassen muss, da dieser sein sog. Repräsentant ist, bei einer wirksamen Triple-Net-Vereinbarung ausnahmsweise nicht für dessen schuldhaftes Handeln, da die Sache durch die Überbürdung sämtlicher Verantwortlichkeiten in der alleinigen Obhut des Mieters steht.

XIII. Warenautomaten

Werden Geschäftsräume vermietet, gelten die Außenwände des Gebäudes grds. als mitvermietet. Der Mieter darf dann unter Beachtung der örtlichen Verkehrssitte auch Werbung, z.B. Reklameschilder, Aushängekästen, Lichtreklame etc. ohne besondere Erlaubnis des Vermieters anbringen. Grds. gilt dies auch für **Warenautomaten**, soweit die Installation keine Substanzverletzung oder ästhetische Beeinträchtigung des Gebäudes verursacht. Was aber den **optischen Eindruck des Gebäudes verändert**, zählt zu den **baulichen Veränderungen**, die der Zustimmung aller betroffenen Eigentümer[5003] bzw. des Vermieters bedürfen. Es ist weiterhin darauf zu achten, dass bei der Bedienung eines Warenautomaten und den dabei entstehenden Geräuschen keine erhebliche Belästigung für Mieter oder Nachbarn entsteht. Nach Beendigung des Mietverhältnisses hat der Mieter dafür zu sorgen, dass der Automat entfernt und der ursprüngliche Zustand hergestellt wird.

3193

[5002] OLG Hamburg, 20.02.2003 – 3 U 26/99, GuT 2003, 182.
[5003] KG, 11.01.1995 – 24 W 7039/94, NJW-RR 1995, 587 = WuM 1995, 226.

XIV. Waschstraßen

3194 Für die Vermietung/Verpachtung von Waschstraßen, etwa auf Außenflächen von Einkaufszentren, gelten dieselben Grundsätze wie für Tankstellen, da auch hier Boden- und Gewässerverunreinigungen möglich sind.

Muster für die Vermietung einer Waschstraße → *Rn. 3370.*

XV. Werbeflächen/Außenwerbung

3195 S. zur Nutzung von Werbeflächen/Außenwerbung i.R.d. vertragsgemäßen Gebrauchs auch → *Rn. 594 ff.*

1. Bauliche Aspekte

3196 Die Werbung muss dem Charakter des Hauses angepasst sein. Es ist darauf zu achten, dass die Werbung in Art und Aufmachung keine Verunstaltung des Hauses darstellt. In diesem Fall ist der Vermieter nicht zur Duldung der Werbung verpflichtet. Schilder und Installationen an der Außenfassade dürfen auch oberhalb der Fenster- und Türoberkanten der Räume des Mieters bis zur Unterkante der Fenster des darüber liegenden Stockwerks angebracht werden.

> **Praxistipp:**
> Von der Frage der mietrechtlichen Zulässigkeit ist zu unterscheiden, ob für die Installation der Außenwerbung evtl. eine Baugenehmigung (→ *Rn. 112 ff.*) erforderlich ist. Für eine Leuchtreklame, die der Mieter zum Hinweis auf seine Geschäftsräume an der Fassade anbringt, darf die Gemeinde keine Sondernutzungsgebühr verlangen.

Auch im Fall einer entgeltlichen Überlassung eines Grundstücksteils für die Aufstellung einer Reklamewand gelten die Regeln des Mietrechts.

2. Laufzeit- und Kündigungsklauseln

3197 Die Klauseln in einem Werbeflächenmietvertrag, wonach die Laufzeit auf zehn Jahre festgelegt ist, benachteiligt den Mieter grds. nicht unangemessen.[5004] Auch Verträge mit einer **Laufzeit von bis zu 30 Jahren** – etwa ein Formularmietvertrag auf Überlassung eines Grundstücksstreifen zum Zweck der Aufstellung einer Werbetafel – können durch einen Formularvertrag wirksam geschlossen werden.[5005] Unangemessen ist in solchen Fällen nur eine langfristig bindende Klausel, mit der der Verwender missbräuchlich eigene Interessen auf Kosten des Vertragspartners durchzusetzen sucht, ohne auf die schützenswerte Belange des Partners abzustellen. Dass möglicherweise Verkehrsteilnehmer durch Werbetafeln abgelenkt werden, führt nicht zu einer Unangemessenheit, weil es gerade Inhalt eines solchen Mietvertrages ist, dass die Aufmerksamkeit der Verkehrsteilnehmer vornehmlich auf die aufgestellte Werbefläche gelenkt werden soll und darf.[5006] Ein Werbeflächenmietvertrag unter Kaufleuten mit einer Dauer von drei Jah-

---

[5004] LG Frankfurt am Main, 17.02.2000 – 2/27 O 76/99, NZM 2001, 728 = NJW-RR 2001, 1350.
[5005] OLG Hamm, 15.11.1991 – 30 U 165/91, NJW-RR 1992, 270.
[5006] OLG Hamm, 15.11.1991 – 30 U 165/91, NJW-RR 1992, 270.

ren ist schon deshalb nicht nach §§ 307, 309 Nr. 9 BGB unwirksam, weil § 309 Nr. 9 BGB auf den kaufmännischen Geschäftsverkehr nicht übertragen werden darf.[5007]

Auch eine **Verlängerungsklausel** in einem befristeten Werkvertrag über die Anfertigung eines individuellen Werbeschilds und dessen Anbringung und Vermietung auf einer bestimmten Werbefläche, dass sich die Laufzeit um drei weitere Jahre verlängere, wenn der Vertrag nicht rechtzeitig gekündigt werde, ist wirksam.[5008]

3198

Eine AGB-Klausel „*Der Mieter kann diesen Vertrag nur kündigen, wenn ihm eine Nutzung nicht mehr möglich ist*", ist nach § 307 BGB unwirksam, weil die Auslegung ergibt, dass damit jedes Kündigungsrecht ausgeschlossen wird und dies auch zum Ausschluss des gesetzlichen Sonderkündigungsrechts bei Mietverhältnissen über 30 Jahre gem. § 544 BGB führt.[5009] Diese Kündigungsmöglichkeit gehört zum gesetzlichen Leitbild eines Mietverhältnisses.[5010]

3. Ansprüche Dritter

Beeinträchtigt eine vom Vermieter angebrachte Reklameeinrichtung den Mietgebrauch, hat der Mieter einen **Anspruch auf Unterlassung**. So ist z.B. die Anbringung einer Leuchtreklame vor den Fenstern einer Wohnung grds. unzulässig. Dementsprechend hat auch der Eigentümer eines Nachbargrundstücks gem. § 1004 BGB einen Abwehranspruch, wenn er die Beeinträchtigung nicht gem. § 906 BGB zu dulden braucht.

3199

5007 AG Esslingen, 30.11.1990 – 4 C 1375/90, NJW-RR 1991, 885 zu §§ 9, 11 Nr. 12 AGBG a.F.
5008 LG Berlin, 18.04.1997 – 64 S 553/96, NZM 1998, 374.
5009 LG Kassel, 29.07.1993 – 4 O 802/93, NJW-RR 1995, 269.
5010 LG Kassel, 29.07.1993 – 4 O 802/93, NJW-RR 1995, 269.

§ 35 Immobilienverwalter und Geschäftsraummiete

		Rn.
I.	Verwalter als Gebäudemanager	3200
II.	Verwaltervertrag	3205
	1. Überblick	3205
	2. Mindestinhalt und Grundleistungen	3210
	3. Zusatzleistungen	3212
	4. Verwaltervollmacht	3213
	5. Kündigung	3214
III.	Verwalter als Makler	3215
IV.	Rechtsberatung durch den Verwalter	3216
V.	Prozessführungsbefugnis des Immobilienverwalters	3219
VI.	Pflichten und Haftung des Immobilienverwalters	3224
	1. Überblick	3224
	2. Einzelfälle	3229
	a) Haftung ggü. dem Eigentümer/Vermieter	3229
	b) Verwalter als Auftraggeber in eigenem Namen und Kostenschuldner	3237
	3. Haftungsbegrenzungen im Verwaltervertrag	3239
	4. Vermögensschadenshaftpflichtversicherung	3241
VII.	Arbeits- und Beratungshilfen	3244
	1. Schnellüberblick Grundsatz-Rechtsprechung des BGH	3245
	2. Schnellüberblick aktuelle Rechtsprechung der Instanzgerichte	3246
	3. Formulierungsvorschlag zur Verwaltervollmacht	3247
	4. Checkliste: Übergabe von Unterlagen bei Verwaltungsbeginn	3248
	5. Checkliste: Technische Gebäudeinspektion	3249

I. Verwalter als Gebäudemanager

3200 Die Verwaltung gewerblicher Immobilien unterscheidet sich deutlich von der WEG- oder Wohnungsverwaltung. Auftraggeber des Verwalters sind üblicherweise Unternehmen (z.B. Fondsgesellschaften) oder unternehmerisch tätig werdende Privatpersonen. Dem ggü. der WEG- und Wohnraumverwaltung geringeren Grad an Emotionalität in der täglichen Arbeit stehen höhere Anforderungen in Bezug auf Wirtschaftlichkeit und rechtliche Aspekte ggü., weil viele verwaltete Objekte einem klaren wirtschaftlichen Lebenszyklus unterliegen.

3201 Dieser **Lebenszyklus einer Immobilie** beginnt mit der Planung und endet mit dem Rückbau bzw. der Entsorgung der Gebäudereste und Altlasten. Die Zusammenfassung und Zuordnung der dabei entstehenden Kosten führt zu den sog. Lebenszykluskosten. Die Bewirtschaftung von Immobilien unter Berücksichtigung von Lebenszykluskosten wird häufig mit dem Begriff „Lifecycle Management" umschrieben.

3202 In diesem **Lifecycle Management** wird der Verwalter zu einem wichtigen Teil des **Gebäudemanagements**, also der Gesamtheit der Leistungen der kaufmännischen, rechtlichen, technischen und infrastrukturellen Verwaltung zur Nutzung von Gebäuden und Liegenschaften. Dieses Gebäudemanagement wiederum ist Bestandteil der heute üblicherweise als **Facility Management** bezeichneten Gesamtheit aller Leistungen zur optimalen Nutzung der betrieblichen Infrastruktur von Immobilien auf der Grundlage einer ganzheitlichen Strategie.

3203 Die „DIN 32736: Gebäudemanagement – Begriffe und Leistungen" definiert Gebäudemanagement als die Gesamtheit aller Leistungen, die zum Betreiben und Bewirtschaften von Gebäuden einschließlich der baulichen und technischen Anlagen auf der Grundlage ganzheitlicher Strategien notwendig sind. Daneben steht die in weiten Bereichen umfangreichere Norm „VDMA 24196 Gebäudemanagement – Begriffe und Leistungen".

> **Hinweis:**
> Es handelt sich dabei nicht um gesetzliche Normen, sondern um privatwirtschaftliche Regelwerke, die lediglich der Orientierung und vereinfachten Handhabung dienen.

Die Verwaltung gewerblicher Immobilien mit dem komplexen Teilbereich der gewerblichen Miete und Pacht erfordert ein klar strukturiertes, systematisches Gebäudemanagement. Notwendige Schritte dazu sind:[5011]   3204

- Zusammenstellung bzw. Erfassung von Bestandsdaten zur Bewirtschaftung = ausreichende Dokumentationsunterlagen;
- Definition von Teilleistungen („Produkten") des Gebäudemanagements;
- Aufbau einer klar strukturierten betrieblichen Organisation;
- Sicherstellung der interdisziplinären Kommunikation;
- ggf. Einführung von CAFM (Computer Aided Facility Management: ein Managementsystem auf EDV-Basis, mit dem Geschäftsprozesse des Gebäudemanagements dargestellt und gemäß der festgelegten Workflowgestaltung angestoßen werden können);
- klassisch kaufmännisches Gebäudemanagement:
  - Beschaffungswesen,
  - Kostenplanung und Kontrolle (Investmentmaßnahmen, Instandhaltung, Service),
  - Objektbuchhaltung,
  - Rechts- und Vertragsmanagement (das systematische Gestalten, Überwachen und Ändern von Verträgen);
- technisches Gebäudemanagement:
  - Betreiben: Inbetriebnehmen, Instandhalten, Ändern,
  - Dokumentieren,
  - Energiemanagement,
  - Informationsmanagement,
  - Modernisieren,
  - Sanieren,
  - Umbauen,
  - Verfolgen der technischen Gewährleistung,
  - Abreißen;
- infrastrukturelles Gebäudemanagement = Dienstleistungen, die im Umfeld der gebäudespezifischen Nutzungen anfallen:
  - Catering/Verpflegungsdienste,
  - DV-Dienstleistungen,
  - Gärtnerdienste,
  - Hausmeisterdienste,

[5011] Vgl. LEXSoft Professional, Immobilienpraxis, Gebäudehandbuch und Handbuch Gebäudemanagement.

- Kurier- und Botendienste, Hauspost,
- Transportdienste,
- Parkraumbetreiberdienste,
- Gebäudereinigung/Pflegedienste,
- Sicherheitsdienste,
- Umzugsdienste,
- Waren- und Logistikdienste,
- Winterdienste,
- zentrale Telekommunikationsdienste,
- Entsorgungsdienste,
- Versorgungsdienste,
- Kopier- und Druckereidienste.

II. Verwaltervertrag

1. Überblick

3205 Der Verwaltervertrag regelt die Beziehungen zwischen dem Immobilieneigentümer bzw. Vermieter/Verpächter und dem Immobilienverwalter (Hausverwalter/Mietverwalter). Die gegenseitigen Rechte und Pflichten und die Verwaltervergütung richten sich nach diesem Vertrag, der einen **Geschäftsbesorgungsvertrag** gem. § 675 BGB darstellt, dessen werkvertragliche Elemente hinter dem dienstvertraglichen Charakter des Gesamtvertrags zurücktreten.[5012]

3206 Wie jeder andere Vertrag kommt auch der Verwaltervertrag durch **Angebot und Annahme** zustande. Er ist nicht an eine bestimmte Form gebunden und kann also auch mündlich abgeschlossen werden, was jedoch bereits aus Beweisgründen nicht zu empfehlen ist. Bei Wohnungseigentums-/Teileigentumsgemeinschaften begründet der **Bestellungsbeschluss** der Wohnungseigentümer noch keinen eigenständigen Vertrag mit dem Verwalter, sondern stellt ein Angebot zum Abschluss eines Verwaltervertrages dar, dem der Verwalter ausdrücklich oder konkludent zustimmen kann.

3207 Der Verwalter vertritt den Eigentümer im Außenverhältnis ggü. Dritten grds. als **Stellvertreter** gem. §§ 164 ff. BGB. Willenserklärungen, die der Verwalter abgibt (etwa Kündigungen, Mieterhöhungen), gibt er für den Eigentümer/Vermieter und in dessen Namen ab.

3208 Die Leistung des Verwalters kann z.B. wie folgt **vergütet** werden:
- pauschale Vereinbarung (... € pro Einheit/Jahr bzw. Monat),
- mietabhängige Vergütung (... % aus der Brutto-/Netto-Soll-oder-Ist-Miete),
- Leistungsbezogene Vergütung nach einem genau festgelegten Leistungskatalog, also ein Grundhonorar zuzüglich Vergütung für bestimmte Zusatzleistungen.

[5012] OLG Hamburg, 15.10.2010 – 14 U 141/10; OLG Saarbrücken, 24.10.2007 – 5 W 219/07, IMR 2008, 192.

Für den Verwalter ist es besonders wichtig, sich nach Abschluss des Verwaltervertrages sämtliche für die Verwaltungspraxis relevanten **Unterlagen übergeben zu lassen**. (Checkliste → *Rn. 3248*). 3209

> **Praxistipp für Immobilienverwalter:**
> Die Relevanz der Unterlagen wird von unerfahrenen Verwaltern oft unterschätzt. Es gilt die Regel: Wer am Anfang nicht die Zeit investiert, sich einzuarbeiten, riskiert Fehler, die sich „wie ein Wurm fortpflanzen". Kein Eigentümer/Vermieter wird nach einiger Zeit noch Verständnis dafür haben, wenn der Verwalter ihm mitteilt, der aktuelle Fehler sei entstanden, weil Unterlagen fehlen. Daher gilt: Bei Beginn der Verwaltung alles anfordern, alles lesen, alles Wesentliche archivieren!

> **Hinweis:**
> Muster Verwaltervertrag Teil 3 → *Rn. 3373*.

2. Mindestinhalt und Grundleistungen

Enthält der Verwaltervertrag keine **ausdrückliche Definition der Leistungen** des Verwalters, stellt dies für beide Parteien ein erhebliches Risiko dar, da im Streitfall ggf. gerichtlich bestimmt werden müsste, welchen Inhalt der Vertrag hat. Dies muss durch Auslegung gem. den §§ 133, 157 BGB geschehen, wozu dann auch die allgemeine Verkehrssitte und die Ortsüblichkeit als Auslegungskriterien herangezogen werden können. Fehlt also die Bestimmung der Leistung, besteht für den Verwalter das Risiko, dass der Eigentümer/Vermieter Leistungen, die der Verwalter gesondert vergütet haben möchte, als von der Grundvergütung erfasst zurückweist. Der Vertrag sollte deshalb im beiderseitigen Interesse regeln, ob und in welchem Umfang welche Leistungen von der Verwaltervergütung erfasst sind. Die nachfolgend aufgezählten Leistungen sollten zum **Mindestinhalt** des Verwaltervertrages gehören. 3210

Checkliste: Grundleistungen 3211

- ☐ Höhe der Verwaltervergütung (ggf. für Grund- und Zusatzleistungen);
- ☐ Sonderhonorare (z.B. für jede Mahnung);
- ☐ Vergütung von Fotokopien;
- ☐ Abschluss und Kündigung von Mietverhältnissen;
- ☐ Abnahme und Übergabe der Mietflächen, Durchführung entsprechender Termine vor Ort;
- ☐ Inkasso der Mieten, Überwachung der Mieteingänge, außergerichtliches Mahnwesen;
- ☐ Erstellung der Betriebskostenabrechnung. Ergänzend: Erstellung der Abrechnung bis zu einem bestimmten Termin (z.B. 31.03. des Folgejahres);
- ☐ Verwaltung und Überwachung der Kautionszahlung bzw. von Bürgschaften oder anderen Sicherheiten;

- ☐ Abwicklung von Anfragen etc. Dritter, z.B. Telefon- und Schriftverkehr mit Behörden zur laufenden Verwaltung der Immobilie;
- ☐ Auszahlung von Mietguthaben/-überschüssen an den Eigentümer/Vermieter;
- ☐ Überwachung und Einstellung/Entlassung von Hilfskräften (Hausmeister etc.);
- ☐ Abschluss und Kündigung von immobilienbezogenen Versicherungen (hier sollte immer vereinbart werden, dass dies in Abstimmung mit dem Eigentümer zu erfolgen hat, da eine „Falschversicherung" erhebliche Konsequenzen z.B. bei Zerstörung des Gebäudes haben kann – hohes Haftungsrisiko!);
- ☐ Abwicklung von Schadensfällen mit Versicherungsunternehmen und Dritten;
- ☐ Überwachung des baulichen Zustands der Immobilie;
- ☐ Überwachung der laufenden Instandhaltung und Instandsetzung. Beauftragung etc. von Instandhaltungs- bzw. Instandsetzungsmaßnahmen, die nicht dem Mieter/Pächter obliegen: Berechtigung des Verwalters, bis zu einem Auftragswert von ... € den Auftrag in Vertretung des Eigentümers/Vermieters ohne gesonderte Zustimmung zu erteilen. Ergänzend: Einholung von mindestens drei Kostenvoranschlägen ab einem voraussichtlichen Auftragswert i.H.v. ... €;
- ☐ Bildung einer Instandhaltungsrücklage aus den Mieteingängen;
- ☐ Einhaltung der Hausordnung;
- ☐ Überwachung der ordnungsgemäßen Bewirtschaftung inklusive Anschaffung von Geräten (Gartengeräte u.Ä.);
- ☐ Überwachung der Energielieferung inklusive Anschaffung von erforderlichem Verbrauchsmaterial (z.B. Öl) auf Kosten des Eigentümers/Vermieters;
- ☐ Beauftragung von Hilfskräften (Reinigungsunternehmen, Heizkostenabrechnungsunternehmen, Handwerker, Architekten, Sachverständige, RA etc.) auf Rechnung des Eigentümers;
- ☐ Überwachung und Einhaltung der Verkehrssicherungspflichten;
- ☐ Überwachung und Einhaltung der Hausreinigung sowie sonstiger Punkte aus der Hausordnung;
- ☐ Aufstellung einer Hausordnung;
- ☐ Abschluss und Kündigung aller zur Bewirtschaftung der Immobilie erforderlichen Verträge (Wartungsverträge etc.); Einholung von mindestens drei vergleichbaren Kostenvoranschlägen/Angeboten bei Überschreitung eines Jahresbruttowertes von ... €;
- ☐ ordnungsgemäße Buchführung über Einnahmen und Ausgaben;
- ☐ Bezahlung der Ausgaben für die Immobilie aus den Mieteinnahmen ohne Vorschusspflicht für den Eigentümer.

3. Zusatzleistungen

3212 Neben diesen sog. **Grundleistungen** werden in der Praxis häufig gesondert zu vergütende Zusatzleistungen vereinbart. Auch hier gilt: Sind diese nicht vertraglich festgelegt, wird der Verwalter i.d.R. Probleme haben, eine gesonderte Vergütung durchzusetzen. Sind die nachfolgenden Punkte nicht getrennt im Vertrag aufgeführt, muss man davon ausgehen, dass sie in der „normalen Vergütung" enthalten sind. Denkbar sind z.B. folgende (frei verhandelbare) Zusatzleistungen:

Checkliste: Zusatzleistungen

- ☐ Koordinierung, Durchführung, Überwachung von Umbaumaßnahmen;
- ☐ Koordinierung, Durchführung, Überwachung von umfangreichen Instandhaltungs-, Instandsetzungs- oder Modernisierungsmaßnahmen ab einer Brutto-Auftragssumme von ... €;
- ☐ Erstellung von Betriebskostenabrechnungen außerhalb des üblichen Turnus;
- ☐ Verfolgung von Gewährleistungsansprüchen;
- ☐ Ermittlung des Verkehrswertes;
- ☐ Erfüllung behördlicher Auflagen, Verhandlungen mit Behörden über derartige Auflagen;
- ☐ Vorbereitung und Abwicklung gerichtlicher Mahn- und Klageverfahren;
- ☐ Bearbeitung von nachbarrechtlichen Ansprüchen, z.B. Baugenehmigungsverfahren von Nachbarn;
- ☐ Beschaffung von Unterlagen, die bei Übernahme der Verwaltung nicht vorhanden sind;
- ☐ Überwachung und Durchführung von Mieterhöhungen;
- ☐ Überwachung von Betriebspflichten der Mieter;
- ☐ Verhandlungen mit Finanzämtern, z.B. bei Optierung zur USt.

4. Verwaltervollmacht

Unabhängig vom Verwaltervertrag benötigt der Verwalter vom Eigentümer/Vermieter eine Verwaltervollmacht, die sich zwar mittelbar aus dem Verwaltervertrag ergibt, aus Gründen der Praktikabilität aber dennoch gesondert erteilt werden sollte. Die Vollmacht kann gem. § 167 BGB **grds. formfrei** erklärt werden. Zu beachten ist aber, dass bei einseitigen Willenserklärungen (Kündigung, Mieterhöhung etc.) gem. § 174 BGB die Erklärungen des Bevollmächtigten zurückgewiesen werden können, wenn keine (Original-) Vollmachtsurkunde vorgelegt wird.

3213

Praxistipp:
Der Verwalter kann sich vorsorglich vom Eigentümer mehrere entsprechende Vollmachten unterzeichnen lassen, damit er diese im Bedarfsfall sofort zur Hand hat, etwa bei erforderlichen fristlosen Kündigungen.

5. Kündigung

Da es sich bei einem Hausverwaltervertrag um einen Geschäftsbesorgungsvertrag mit Dienstvertragscharakter handelt, sind über § 675 BGB die §§ 611 ff. BGB mit den dortigen Kündi-

3214

gungsregelungen einschlägig.⁵⁰¹³ Eine feste Laufzeit kann vereinbart werden. Die Veräußerung des zu verwaltenden Objekts stellt keinen wichtigen Grund für eine außerordentliche Kündigung dar.⁵⁰¹⁴

III. Verwalter als Makler

3215 Nach § 2 Abs. 2 Satz 1 Nr. 2 WoVermG darf sich ein Wohnungsvermittler bei bestimmten, in der Vorschrift festgelegten Verflechtungen kein Entgelt dafür versprechen lassen, dass ein Mietvertrag über Wohnräume abgeschlossen wird, wenn eine der folgenden Beziehungen besteht.

> **Beispiel:**
>
> *Der Makler darf nicht Eigentümer, Verwalter (des Sondereigentums) oder Vermieter sein.*

Wie aber die Bezeichnung des Wohnungsvermittlungsgesetzes und der Wortlaut dessen § 2 bereits begrifflich feststellen, gelten diese Beschränkungen nur für Wohnraum.⁵⁰¹⁵ Daraus ergibt sich im Umkehrschluss, dass dem Verwalter, der als Makler tätig wird (und umgekehrt), die Vereinbarung einer Vergütung für die Vermittlung von Geschäftsräumen und anderen gewerblichen Flächen nicht verboten ist.

IV. Rechtsberatung durch den Verwalter

3216 Die Befugnis des Verwalters zur rechtlichen Beratung richtet sich nach dem **Rechtsdienstleistungsgesetz (RDG)**.⁵⁰¹⁶

Was eine Rechtsdienstleistung ist, definiert § 1 RDG. Grds. geht es dabei um eine Tätigkeit in fremden Angelegenheiten, die eine rechtliche Prüfung des Einzelfalls erfordert. Außergerichtliche Rechtsdienstleistungen sind danach gem. § 5 Abs. 1 RDG immer dann zulässig, wenn sie als **Nebenleistung zum Berufs- oder Tätigkeitsbild** oder zur vollständigen Erfüllung der mit der Haupttätigkeit verbundenen Pflichten gehören. Ausdrücklich als Beispiel erwähnt § 5 Abs. 2 Nr. 2 RDG Rechtdienstleistungen, die im Zusammenhang mit der **Haus- und Wohnungsverwaltung** erbracht werden. Diese Tätigkeiten sind damit generell erlaubt.

3217 Bereits nach altem Recht konnte der Wohnungsverwalter eine gem. Art. 1 § 3 Nr. 3 RBerG grds. erlaubnisfreie Rechtsberatung ausüben.⁵⁰¹⁷ An dieser seitdem unbestrittenen Rechtslage will der Gesetzgeber mit der Neuregelung in der Sache nichts ändern.⁵⁰¹⁸ Allerdings bezog sich die zitierte BGH-Entscheidung nur auf die **gerichtliche Durchsetzung von Ansprüchen** einer Wohnungseigentümergemeinschaft durch den Verwalter selbst. Eine Entscheidung des BGH zur Zulässigkeit oder Unzulässigkeit der gerichtlichen Durchsetzung von Ansprüchen von Auftraggebern bei einer Mietobjektverwaltung existiert jedoch bisher nicht. Lediglich das OLG Frankfurt am Main hatte festgestellt, dass es zu einer umfassenden Hausverwaltung gehörte,

---

5013 OLG Hamburg, 15.10.2010 – 14 U 141/10.
5014 OLG Hamburg, 15.10.2010 – 14 U 141/10.
5015 OLG Jena, 18.02.2002 – 9 U 659/01, OLG-NL 2002, 78.
5016 BGBl. I 2007, S. 2840.
5017 Vgl. BGH, 06.05.1992 – V ZB 9/92, NJW 1993, 1924.
5018 BT-Drucks. 16/3655 v. 30.11.2006, S. 56.

dass der Hausverwalter Mieterhöhungen selbst durchsetzen könne.[5019] Damit bleibt die Frage, ob der Mietverwalter Forderungen selbst gerichtlich durchsetzen darf, nach wie vor gesetzlich und höchstrichterlich ungeklärt, weil sich das RDG nur auf außerdienstliche Rechtsberatung bezieht.

Dort, wo Rechtsdienstleistungen nicht (mehr) nur Nebenleistung sind, dürfen diese nach § 5 Abs. 3 RDG dennoch „aus einer Hand" angeboten werden, wenn sie in **Zusammenarbeit** mit oder unter Hinzuziehung einer Person erbracht werden, der die selbstständige entgeltliche Erbringung dieser Rechtsdienstleistungen erlaubt ist, sofern diese Person den rechtsdienstleistenden Teil der Tätigkeit eigenverantwortlich erbringt. D.h.: Es muss ein Anwalt hinzugezogen werden. Damit wird also wird klargestellt, dass Anwälte in diesem Rahmen stets selbstständig und eigenverantwortlich arbeiten müssen, sodass Unternehmensjuristen auch in Zukunft keine Rechtsdienstleistungen erbringen dürfen.

3218

Beispiel:

Ein größeres Immobilienverwaltungsunternehmen darf umfassende Rechtsdienstleistungen für seine Kunden nicht durch einen angestellten Syndikusanwalt erbringen lassen.

Auch soweit es nicht mehr um Nebenleistungen geht, ändert das RDG also an der bisherigen Rechtslage nichts. Es bleibt dabei, dass „Hauptrechtsdienstleistungen" nicht durch Verwalter selbst erbracht werden dürfen. Verstöße werden nach § 20 RDG als Ordnungswidrigkeit mit Geldbußen bis zu 20.000,00 € geahndet.

V. Prozessführungsbefugnis des Immobilienverwalters

Durch das **Rechtsdienstleistungsgesetz** (RDG) wurde im Jahr 2008 auch § 79 ZPO (gerichtliche Vertretung der Parteien außerhalb des Anwaltsprozesses) geändert. Vor 2008 konnte sich eine Partei im Parteiprozess i.R.d. § 157 ZPO durch jede Person als Bevollmächtigten vertreten lassen, sofern diese prozessfähig war. Durch die Neuregelung wurde der vertretungsberechtigte Personenkreis eingeschränkt. Der Haus- bzw. Sondereigentumsverwalter zählt grds. nicht hierzu.[5020] Hausverwalterverträge und die dazu gehörenden Hausverwaltervollmachten ermächtigen jedoch oft dazu, Mieten und Nebenkosten **im eigenen Namen für Rechnung der Vermieter** geltend zu machen. Diese Regelung enthält materiellrechtlich eine sog. Einziehungsermächtigung, die den Verwalter berechtigt, Mieten und Nebenkosten im eigenen Namen einzuziehen. Dies ist als rechtliche Nebendienstleistung nach § 5 RDG zulässig, solange es außergerichtlich erfolgt.

3219

Auch bei einer solchen Einziehungsermächtigung ist aber die **gerichtliche Geltendmachung** der Forderung im eigenen Namen für Rechnung Dritter aus prozessualer Sicht nur unter den engen Voraussetzungen einer gewillkürten Prozessstandschaft zulässig.[5021] Die **Prozessführungsbefugnis** des Hausverwalters zur Einziehung von Mieten aufgrund einer Ermächtigung des Vermieters (gewillkürte Prozessstandschaft) erfordert ein eigenes rechtsschutzwürdiges

3220

5019 OLG Frankfurt am Main, 29.09.1992 – 6 W 102/92, NJW-RR 1993, 335.
5020 Dickersbach, NZM 2009, 726.
5021 AG Köln, 25.06.2008 – 220 C 55/08, WuM 2008, 676 = InfoM 2008, 496.

Interesse des Verwalters.[5022] Dieses liegt nur dann vor, wenn die Entscheidung des Prozesses die eigene Rechtslage des Verwalters beeinflusst. Das ist nicht schon deshalb der Fall, weil der Vermieter den Verwalter bevollmächtigt hat, ihn ggü. den Mietern zu vertreten oder er dem Verwalter zu ordnungsgemäßer Verwaltung und Rechenschaft verpflichtet ist.[5023] Ein **eigenes rechtliches Interesse** ergibt sich auch nicht schon daraus, dass der Verwalter dem Vermieter Rechenschaft über die Verwaltung schuldet. Auch Vereinbarungen in der Hausverwaltervollmacht wie „*Der Verwalter vertritt den Eigentümer gegenüber den Mietern*" reichen nicht aus.

3221 Z.T. wird ein solches **rechtliches Eigeninteresse** angenommen, wenn der Hausverwalter die eigentliche Eigentümerstellung einnimmt und der Vermieter weitgehend im Hintergrund bleibt.[5024] Ausnahmsweise kann aber ein wirtschaftliches Interesse für die Zulässigkeit einer Prozessstandschaft genügen, was insb. der Fall ist, wenn die prozessführende Partei wirtschaftlich vom Ausgang des Rechtsstreits profitiert, etwa in Hinblick auf eine zugesagte Provision.[5025] Wird eine **Sondervergütung** aber durch das normale Verwalterhonorar mit erfasst, fehlt das Interesse.[5026]

3222 Neben der gewillkürten Prozessstandschaft darf der Vermieter auch die geltend zu machenden **Ansprüche an den Hausverwalter abtreten**, damit dieser als Forderungsinhaber klagen kann. Handelt es sich bei der Abtretung um einen Vollerwerb der Forderung, z.B. im Wege des Forderungskaufs, ist die Prozessführungsbefugnis des Hausverwalters unproblematisch; wird die Forderung aber im Wege des sog. Forderungsinkassos nur zum Zweck der Einziehung an den Hausverwalter abgetreten, verbleibt das wirtschaftliche Risiko der Realisierung der Forderung beim Vermieter, sodass der Verwalter solche Forderungen gem. § 79 Abs. 2 Nr. 4 ZPO im Mahnverfahren einziehen, nicht aber das das streitige Verfahren durchführen darf.[5027] Beim Forderungsinkasso handelt es sich um Inkassodienstleistungen gem. § 2 Abs. 2 RDG, die eine Registrierung nach § 10 Abs. 1 RDG bei der zuständigen Behörde erfordern.

3223 Klagt ein Hausverwalter als Bevollmächtigter des Vermieters oder leitet ein Mahn-/Vollstreckungsverfahren ein, ohne gem. § 10 Abs. 1 RDG registriert zu sein, ist er gem. § 79 Abs. 3 ZPO **durch Beschluss zurückzuweisen**. Ein Rechtsmittel dagegen ist gesetzlich nicht vorgesehen. Vor der Zurückweisung vorgenommene Prozesshandlungen des Hausverwalters oder diesem ggü. bereits erfolgte Zustellungen und Mitteilungen bleiben aber wirksam.[5028] Erhebt der Hausverwalter im Wege der gewillkürten Prozessstandschaft Klage im eigenen Namen, obwohl die notwendigen Voraussetzungen nicht vorliegen, wird die Klage mangels notwendiger Prozessführungsbefugnis als unzulässig abgewiesen.[5029]

5022 KG, 10.07.2006 – 12 U 217/05, IMR 2006, 173 = NZM 2007, 85; Dickersbach, NZM 2009, 726.
5023 KG, 10.07.2006 – 12 U 217/05, IMR 2006, 173 = NZM 2007, 85.
5024 Nachweise zu dieser Meinung bei Dickersbach, NZM 2009, 726.
5025 Dickersbach, NZM 2009, 726 m.w.N.
5026 LG Kassel, 06.12.1990 – 1 S 432/90, NJW-RR 1991, 529 = ZMR 1992, 548.
5027 Dickersbach, NZM 2009, 726 m.w.N.
5028 Dickersbach, NZM 2009, 726 m.w.N.
5029 Dickersbach, NZM 2009, 726 m.w.N.

> **Praxistipp für Immobilienverwalter:**
>
> Die vorigen Ausführungen betreffen lediglich die zivilprozessuale Seite. Streng davon zu trennen ist die Frage, ob der Hausverwalter öffentlich-rechtlich gegen das RDG verstößt und nach § 20 RDG eine Ordnungswidrigkeit begeht, die zu einem Bußgeld bis zu 5.000,00 € führen kann. Dies kommt bei Klagen des Verwalters im eigenen Namen grds. in Betracht. Erhält er aber eine eigene, vom sonstigen Honorar gesonderte (und nicht als Scheingeschäft einzustufende) Vergütung für die Klage, so handelt es sich nicht mehr zwingend um eine „fremde" Rechtsangelegenheit i.S.d. § 2 Abs. 1 RDG, sodass die Prozessführungsbefugnis bejaht und ein Verstoß gegen das RDG verneint werden muss.

VI. Pflichten und Haftung des Immobilienverwalters

1. Überblick

Wer die Besorgung der Verwaltung eines vermieteten Anwesens übernimmt, verpflichtet sich schon nach dem Gesetz, die Vermögensinteressen des Auftraggebers in Bezug auf das Anwesen sorgfältig, sachkundig und loyal wahrzunehmen.[5030] Dazu zählt – soweit nicht die Geschäftsbesorgung gegenständlich ausdrücklich beschränkt ist –, dem Geschäftsbesorger erkennbare Vermögensnachteile oder Schäden des Auftraggebers – sei es durch eigene Initiative, sei es durch Ratschläge und Auskünfte (§§ 675, 666 BGB) ggü. dem Auftraggeber – abzuwenden.[5031] Die Haftung des Immobilienverwalters stellt daher das Spiegelbild zu seinen vertraglichen Pflichten dar.

3224

Der Verwalter hat seine Pflichten aus dem Geschäftsbesorgungsvertrag mit dem Eigentümer/ Vermieter mit der Sorgfalt eines ordentlichen Kaufmanns zu erfüllen (§ 276 BGB). Er haftet seinem Auftraggeber nach **§ 280 BGB** aus Vertrag auf Schadensersatz, wenn er schuldhaft eine vertragliche Haupt- oder Nebenpflicht verletzt.[5032] Diese Pflichten können, müssen aber nicht zwingend schriftlich im Verwaltervertrag fixiert sein. Eine **Pflichtverletzung** liegt v.a. vor, wenn der Hausverwalter mit seiner Leistungspflicht in Verzug gerät (§§ 280 Abs. 2, 286 BGB) oder er sie nach erfolgloser Fristsetzung nicht oder nicht wie geschuldet erbringt (§ 281 Abs. 1 BGB). Für Verschulden von Hilfskräften haftet der Verwalter nach § 278 BGB eigenverantwortlich. Der Umfang der Schadensersatzpflicht ergibt sich aus den §§ 249 ff. BGB.

3225

Daneben kommen **deliktische Ansprüche** aus unerlaubter Handlung gem. § 823 BGB wegen der Verletzung fremden Eigentums oder v.a. bei der Missachtung von Verkehrssicherungspflichten in Betracht. Hier kann sich der Hausverwalter bei der Einschaltung von Hilfspersonen aber durch den Nachweis exkulpieren, dass er bei der Auswahl und Überwachung der Hilfspersonen die erforderliche Sorgfalt angewendet hat, § 831 BGB.

3226

Denkbar ist zudem eine Haftung als **vollmachtloser Vertreter** nach §§ 164, 179 BGB, wenn der Verwalter seine Vollmachten überschreitet. Daneben steht eine persönliche Inanspruchnahme des Verwalters durch Dritte, etwa wenn er nicht erkennbar als Vertreter auftritt. Der Verwal-

3227

5030 OLG Saarbrücken, 08.02.2006 – 5 U 178/05, NJW-RR 2006, 1602 = InfoM 2007, 85 = IMR 2007, 179.
5031 OLG Saarbrücken, 08.02.2006 – 5 U 178/05, NJW-RR 2006, 1602 = InfoM 2007, 85 = IMR 2007, 179.
5032 OLG Saarbrücken, 24.10.2007 – 5 W 219/07, IMR 2008, 192.

ter des Mietgrundstücks ohne Auftrag (noch nicht erteilt oder entzogen) kann Geschäftsführer ohne Auftrag sein (§ 677); er ist dann grds. nicht verpflichtet, ggü. dem Mieter ein Mieterhöhungsverlangen auszusprechen.[5033]

3228 Folgende Bereiche der Mietverwaltung sind besonders „**haftungssensibel**":
- Formfehler beim Mietvertragsabschluss;
- fehlerhafte Berechnung von Mieten oder Betriebskosten;
- Verjährenlassen von Mietforderungen;
- Kündigung des Mietverhältnisses: zu spät, Formfehler;
- Nichtausübung des Vermieterpfandrechts bei Mieterauszug;
- Nebenkostenabrechnungen;
- Mieterhöhung;
- Durchführung von Instandsetzungsmaßnahmen;
- Ankündigung und Durchführung von Modernisierungsmaßnahmen;
- Umgang mit Mängeln: verspätete Mängelrügen;
- Abwicklung des Mietverhältnisses;
- Abschlags- oder Schlusszahlungen an Handwerker trotz erkennbarer Mängel an Werksleistungen.

2. Einzelfälle

a) Haftung ggü. dem Eigentümer/Vermieter

3229 Soweit zu den Aufgaben eines Verwalters auch die Anwerbung neuer Mietinteressenten sowie der **Abschluss neuer Mietverträge** gehören, haftet dieser dem Eigentümer nach den allgemeinen Regeln für die ordnungsgemäße Erfüllung dieser Aufgaben, also für jede Form der Fahrlässigkeit.[5034] Haftungsmaßstab ist hierbei nach dem einschlägigen Verkehrskreis die Sorgfalt eines erfahrenen und fachkundigen Kaufmanns der Grundstücks- und Wohnungswirtschaft.[5035] Ein Verwalter ist verpflichtet, sich vor Abschluss eines Mietvertrages etwaige **Einkommensnachweise** von dem Interessenten vorlegen zu lassen.[5036] Hat der Verwalter zwar einen „Risiko-Mieter" gewählt, zahlt dieser aber über längere Zeit und kommt es dann zum Zahlungsrückstand, kann dem Verwalter insoweit kein pflichtwidriges Verhalten vorgeworfen werden.[5037]

3230 Der Mietverwalter hat beim **Abschluss neuer Mietverträge** alles zu unterlassen, was auch nur zu einer Gefährdung bestehender Mietverhältnisse führen kann.[5038] Führt eine Pflichtverletzung

---

5033 BGH, 06.03.2008 – III ZR 219/07, GuT 2008, 141 = NZM 2008, 319 = NJW-RR 2008, 759 = MDR 2008, 555.
5034 OLG Saarbrücken, 12.02.2004 – 8 U 102/03, LNR 2004, 12419.
5035 OLG Saarbrücken, 12.02.2004 – 8 U 102/03, LNR 2004, 12419.
5036 OLG Saarbrücken, 12.02.2004 – 8 U 102/03, LNR 2004, 12419.
5037 OLG Saarbrücken, 24.10.2007 – 5 W 219/07, IMR 2008, 192.
5038 OLG Koblenz, 11.05.2006 – 5 U 1805/05, NZM 2006, 629 = InfoM 2006, 190.

in diesem Bereich zur Kündigung durch einen Altmieter, kommt es für die Haftung des Verwalters nicht darauf an, ob die Kündigung berechtigt ist.[5039]

Beispiel:

Der Verwalter vermietet in einer Ladenpassage an einen neuen Mieter, ohne den Konkurrenzschutz eines Altmieters zu beachten. Der Altmieter kündigt wegen der neuen Konkurrenzsituation.

Ob ein Mietverwalter seine Pflichten auch subjektiv grob fahrlässig verletzt hat, hängt von einer wertenden Gesamtschau seines Verhaltens ab. 3231

Hat ein Verwalter **geringere Mieteinnahmen** erzielt, als möglich gewesen wären, kann der Vermieter grds. die Differenz von ihm verlangen. Er muss allerdings beweisen, welche Mieteinnahmen während der Zeit der Verwaltung möglich gewesen wären und wie hoch sein tatsächlicher Schaden ist. 3232

Schließt der Hausverwalter einen Mietvertrag mit einer nach der Rechtsprechung des BGH **unwirksamen Schönheitsreparaturklausel** ab, so haftet er dem Vermieter auf Schadensersatz.[5040] Im konkreten Fall ging es darum, dass der Hausverwalter trotz bereits ergangener BGH-Rechtsprechung im Mietvertrag noch einen sog. starren Fristenplan vereinbarte, den der Mieter dann erfolgreich angriff, sodass keine Schönheitsreparaturen mehr ausgeführt werden mussten. Die dafür anfallenden Kosten holte sich der Vermieter dann nach § 280 BGB beim Verwalter. 3233

Praxistipp:

Der Fall zeigt, dass die Gerichte beim Verwalter die Kenntnis der höchstrichterlichen Rechtsprechung voraussetzen. Hier sollte sich regelmäßig fortgebildet werden.

Kündigt ein Mietverwalter dem Mieter bei **Zahlungsverzug** nicht rechtzeitig – also i.d.R. bei zwei offenen Monatsmieten – haftet er grds. für den eintretenden Schaden durch die sich verzögernde Räumung. Voraussetzung ist, dass der Vermieter generell zur Kündigung ermächtigt hat. Wendet der Verwalter im Prozess ein, die Räume hätten ohnehin nicht früher weitervermietet werden können, muss er wegen seiner berufsbezogenen Marktkenntnis im Einzelnen darlegen, weshalb und aus welchen Gründen sowie für welche Zeiträume die Räume nicht hätten vermietet werden können.[5041] 3234

Der Verwalter ist verpflichtet, den Eigentümer auf **mögliche Mietzinserhöhungen** aufmerksam zu machen.[5042] Setzt der Verwalter rechtlich zulässige Mieterhöhungen nicht ggü. den Mietern durch, so steht dem Eigentümer gegen den Verwalter ein Schadensersatzanspruch gem. §§ 280 Abs. 1, Abs. 3, 283 BGB zu.[5043] Ein professionell tätiger Mietverwalter, der Mietver- 3235

[5039] OLG Koblenz, 11.05.2006 – 5 U 1805/05, NZM 2006, 629 = InfoM 2006, 190.
[5040] KG, 13.10.2006 – 3 U 3/06, IMR 2008, 9 = GE 2007, 511.
[5041] OLG Köln, 28.02.2002 – 8 U 81/01, LNR 2002, 21024 = DStR 2003, 347.
[5042] OLG Frankfurt am Main, 09.03.2010 – 14 U 52/09; OLG Saarbrücken, 08.02.2006 – 5 U 178/05, NJW-RR 2006, 1602 = InfoM 2007, 85 = IMR 2007, 179.
[5043] OLG Frankfurt am Main, 09.03.2010 – 14 U 52/09, OLG Saarbrücken, 08.02.2006 – 5 U 178/05, NJW-RR 2006, 1602 = InfoM 2007, 85 = IMR 2007, 179.

träge verwaltet, kennt sowohl den aktuell geschuldeten als auch den rechtlich zulässigen und marktgerechten Mietzins. Er weiß folglich, ob seinem Auftraggeber Vorteile entgehen, die er bei einer wirtschaftlich sinnvollen Verwaltung von Mietverträgen unschwer erzielen könnte. Auf die Wahrnehmung solcher Vorteile muss er folglich – auch ohne ausdrückliche vertragliche Regelung – hinwirken.[5044] Im Streitfall muss der Verwalter darlegen und beweisen, dass der Vermieter einem solchen Hinweis nicht gefolgt wäre.[5045]

3236 Der Verwalter muss auf **bauliche Mängel** aufmerksam machen.[5046] Eine laufende Überwachung des Mietobjekts – etwa im Hinblick auf vom Mieter verursachte Mängel – schuldet er aber nur in den Grenzen, in denen auch ein Eigentümer die Überwachung des vermieteten Objekts wahrnehmen kann.[5047] Darf also etwa der Vermieter nicht öfter als zwei Mal im Jahr die Räume des Mieters „inspizieren", so gilt dies auch für den Mietverwalter.

Es gehört zu den Pflichten eines Immobilienverwalters, den Eigentümer eines förderungsfähigen Bauvorhabens auf die **Möglichkeit der Inanspruchnahme von bestehenden Investitionszulagen** hinzuweisen.[5048] Der neu bestellte Geschäftsführer einer Immobilienverwaltungsgesellschaft ist aber nicht dazu verpflichtet, die vor seiner Amtszeit abgeschlossene Finanzierung eines Bauvorhabens erneut zu überprüfen.[5049]

b)   Verwalter als Auftraggeber in eigenem Namen und Kostenschuldner

3237 Bei der Vergabe von Bauleistungen durch einen Hausverwalter kann, soweit sich nichts anderes aus den Umständen ergibt, grds. angenommen werden, dass der Auftrag für den Eigentümer erteilt wird.[5050] Beauftragt also ein von der Eigentümergemeinschaft hierzu ermächtigter Hausverwalter in dieser Funktion einen **Handwerker mit der Durchführung umfangreicher Arbeiten** an dem Anwesen, haftet er im Normalfall nicht für die Bezahlung der Rechnung.[5051] Der Umfang der vergebenen Arbeiten ist nicht entscheidend für die Frage, ob der Hausverwalter im eigenen oder in fremdem Namen gehandelt hat. Tritt der Verwalter bei der Auftragserteilung erkennbar (z.B. durch verwendeten Briefkopf) als solcher auf, müssen besondere Umstände hinzutreten, die auf eine persönliche Haftung des Verwalters schließen lassen.[5052] Diese Regelungen lassen sich ohne Weiteres auch auf den Mietverwalter übertragen.

3238 Die vorgenannte Rechtsprechung des BGH, dass die Vergabe von Bauleistungen grds. für den Eigentümer erteilt wird, kann auf den **Abschluss von Gebäudeversicherungen** nicht ohne Weiteres übertragen werden.[5053] Aus einem Vertrag über eine Gebäudeversicherung ist daher der Grundbesitzverwalter selbst als Versicherungsnehmer zur Prämienzahlung verpflichtet,

---

5044 OLG Saarbrücken, 08.02.2006 – 5 U 178/05, NJW-RR 2006, 1602 = InfoM 2007, 85 = IMR 2007, 179.
5045 OLG Saarbrücken, 08.02.2006 – 5 U 178/05, NJW-RR 2006, 1602 = InfoM 2007, 85 = IMR 2007, 179.
5046 BGH, 20.11.1997 – III ZR 310/95, WuM 1998, 33 = NJW 1998, 680.
5047 OLG Saarbrücken, 24.10.2007 – 5 W 219/07, IMR 2008, 192.
5048 OLG Frankfurt am Main, 09.03.2010 – 14 U 52/09.
5049 OLG Frankfurt am Main, 09.03.2010 – 14 U 52/09.
5050 BGH, 08.01.2004 – VII ZR 12/03, Gut 2004, 94 = NZM 2004, 559 = MDR 2004, 743.
5051 BGH, 08.01.2004 – VII ZR 12/03, Gut 2004, 94 = NZM 2004, 559 = MDR 2004, 743.
5052 BGH, 08.01.2004 – VII ZR 12/03, Gut 2004, 94 = NZM 2004, 559 = MDR 2004, 743.
5053 BGH, 29.04.2009 – IV ZR 201/06, NZM 2009, 757 = r+s 2009, 376 = VersR 2009, 980.

wenn er für den Vertragsabschluss einem Versicherungsmakler Abschlussvollmacht erteilt hat, der Versicherungsschein sowie dessen Nachträge, die dem Versicherungsmakler zugegangen sind, den Grundbesitzverwalter als Versicherungsnehmer ausweisen, der Versicherungsmakler in einem Schreiben an den Versicherer den Grundbesitzverwalter als Versicherungsnehmer bezeichnet hat, die Beitragsrechnungen auf den Grundbesitzverwalter ausgestellt wurden und bei Eintritt eines Versicherungsfalls die Entschädigungsleistung an den Grundbesitzverwalter bzw. den Versicherungsmakler erbracht wurde.[5054] Ein Gebäudeversicherer kann bei dem von einem Hausverwalter im eigenen Namen gestellten Versicherungsantrag nicht annehmen, dieser sei im Namen eines darin namentlich nicht erwähnten Eigentümers gestellt.[5055]

3. Haftungsbegrenzungen im Verwaltervertrag

Klauseln, die von vornherein auch Ansprüche bei **Verletzung des Körpers, des Lebens und der Gesundheit** ausschließen, die auf **einfacher Fahrlässigkeit** basieren, sind unwirksam. Nach dem Grundgedanken der §§ 276, 278 BGB ist ein Haftungsausschluss für leichte Fahrlässigkeit über §§ 307, § 309 Nr. 7a BGB unwirksam, soweit er auch Verhaltenspflichten betrifft, aus denen sich typischerweise Gefahren für Leib und Leben ergeben, da es gerade ein unverzichtbares Anliegen der Rechtsordnung ist, diese Rechtsgüter durch den Bestand von Schadensersatzverpflichtungen zu schützen.[5056] § 309 Nr. 7a BGB greift als Auslegungsmaßstab über die Generalklausel des § 307 BGB auch bei Geschäftsraummiete[5057] und ist entsprechend auch auf Haftungsbeschränkungsklauseln in Verwalterverträgen anzuwenden. Eine Haftungsfreizeichnung für leichte Fahrlässigkeit bei Verletzung wesentlicher Pflichten gefährdet den Vertragszweck gem. § 307 Abs. 2 Nr. 2 BGB.

3239

Die Verjährung kann gem. § 202 BGB bei Haftung wegen Vorsatzes nicht im Voraus durch Rechtsgeschäft erleichtert werden. Diese erst durch das Schuldrechtsmodernisierungsgesetz im Jahr 2002 eingeführte Wertung des Gesetzes kann wegen ihrer Leitbildfunktion auch bei der Inhaltskontrolle von sog. Altklauseln aus vor 2002 abgeschlossenen Verwalterverträgen herangezogen werden.[5058] Die Verjährung von Schadensersatzansprüchen gegen den Verwalter einer Wohnungseigentumsanlage kann zwar auch durch AGB verkürzt werden.[5059] Eine Klausel in AGB, in der solche Ansprüche auch bei vorsätzlichem Handeln des Verwalters unabhängig von der Kenntnis der Geschädigten nach drei Jahren verjähren, benachteiligt den Vertragspartner des Verwalters jedoch unangemessen und ist deshalb unwirksam.[5060] Diese unwirksame Klausel lautete:

3240

„§ 4. (2) Gegenseitige Ansprüche aus diesem Vertrag verjähren nach drei Jahren von dem Zeitpunkt an, in dem sie entstanden sind, spätestens jedoch drei Jahre nach Beendigung des Vertrages."

5054 OLG Düsseldorf, 20.06.2006 – 4 U 191/05, NZM 2007, 504.
5055 BGH, 29.04.2009 – IV ZR 201/06, NZM 2009, 757 = r+s 2009, 376 = VersR 2009, 980.
5056 LG Frankfurt an der Oder, 22.07.2003 – 12 O 58/03, ZMR 2003, 741 (Wohnraum).
5057 Schmitz/Reischauer, NZM 2002, 1019, 1020 m.w.N.
5058 OLG München, 08.11.2006 – 34 Wx 45/06, NZM 2007, 93.
5059 OLG München, 08.11.2006 – 34 Wx 45/06.
5060 OLG München, 08.11.2006 – 34 Wx 45/06.

4. Vermögensschadenshaftpflichtversicherung

3241 Will der Verwalter sich gegen die aus seiner Berufstätigkeit ergebenden Ansprüche aus Vermögensschäden versichern, muss er eine Vermögensschadenshaftpflichtversicherung (VSH) abschließen.

> **Hinweis:**
> Die Betriebshaftpflichtversicherung deckt grds. nur Sach- und Personenschäden. Vermögensschäden sind nicht mitversichert.

3242 Der Versicherungsschutz einer VSH umfasst Schadensersatzansprüche von Dritten, die wegen einer Pflichtverletzung des Hausverwalters oder einer Person, für die er selbst haftet (Angestellte etc.), einen Vermögensschaden geltend machen. Versichert sind die Prüfung der Haftpflichtfrage durch den Versicherer, der Ersatz begründeter Ansprüche bis zur Höhe der vereinbarten Versicherungssumme sowie die Abwehr unberechtigter Ansprüche (Übernahme von Anwalts- und Gerichtskosten). Die VSH beinhaltet zum letztgenannten Punkt damit eine Art von Rechtsschutzversicherung.

3243 Die Jahresprämie richtet sich nach der Anzahl der verwalteten Einheiten und nach der Höhe der Deckungssumme. Diese sollte ausreichend bemessen sein. Werden zusätzlich Bauvorhaben/-maßnahmen betreut, ist dies ausdrücklich mit dem Versicherer abzustimmen.

VII. Arbeits- und Beratungshilfen

3244
> **Hinweis:**
> Muster Verwaltervertrag Teil 3 → *Rn. 3373.*

1. Schnellüberblick Grundsatz-Rechtsprechung des BGH

3245

Thema/Normen	Leitsatz	Entscheidung, Fundstelle
Grundbesitzverwalter als Versicherungsnehmer einer Gebäudeversicherung § 164 BGB	1. Ein Gebäudeversicherer kann bei dem von einem Hausverwalter im eigenen Namen gestellten Versicherungsantrag nicht annehmen, dieser sei im Namen eines darin namentlich nicht erwähnten Eigentümers gestellt. 2. Wird der Hausverwalter, der einen Antrag auf Abschluss einer Gebäudeversicherung gestellt hat, bei Antragstellung und bei der Entgegennahme des Versicherungsscheins durch sach- und rechtkundige Makler vertreten, darf der Gebäudeversicherer annehmen, dass der Antragsteller den Versicherungsvertrag im eigenen Namen abschließen will.	BGH, 29.04.2009 – IV ZR 201/06, NZM 2009, 757 = r+s 2009, 376 = VersR 2009, 980

	3. Die Rechtsprechung des BGH (NJW-RR 2004, 1017 = NZM 2004, 559), dass bei der Vergabe von Bauleistungen durch einen Hausverwalter, soweit sich nichts anderes aus den Umständen ergibt, angenommen werden kann, dass der Auftrag für den Eigentümer erteilt wird, kann auf den Abschluss von Gebäudeversicherungen nicht ohne Weiteres übertragen werden. (Leitsätze der Redaktion)	
Kein Schaden ggü. dem Regresspflichtigen bei Uneinbringlichkeit der Forderung	Verletzt ein Verwalter aus dem Verwaltervertrag mit dem Vermieter seine Pflichten, so ist er diesem nicht zum Schadensersatz verpflichtet, wenn es beim Vermieter an einem Schaden infolge der Insolvenz der Mieter fehlt und insoweit seine Forderung gegen seine Mieter uneinbringlich ist. Die theoretische Möglichkeit, dass die Mieter irgendwann vielleicht doch wieder zu Vermögen gelangen, ist keine Rechtfertigung für einen ersatzweisen aktuellen Geldfluss, den der Vermieter ohne die Pflichtverletzung noch nicht aktuell gehabt hätte.	LG Hamburg, 06.02.2009 – 317 S 106/07, IMR 2009, 165 = InfoM 2010, 141
§ 677 BGB Verwalter des Mietgrundstücks ohne Auftrag; Mieterhöhung als Auftragspflicht; Erbengemeinschaft; Miterbe; Eigentum des Volkes; Neue Bundesländer	Der Geschäftsführer ohne Auftrag, der ein Mietgrundstück verwaltet, ist grundsätzlich nicht verpflichtet, gegenüber dem Mieter ein Mieterhöhungsverlangen auszusprechen.	BGH, 06.03.2008 – III ZR 219/07, GuT 2008, 141 = NZM 2008, 319 = NJW-RR 2008, 759 = MDR 2008, 555.

2. Schnellüberblick aktuelle Rechtsprechung der Instanzgerichte

Thema/Normen	Leitsatz	Entscheidung, Fundstelle
Immobilienverwaltung – Haftung des Geschäftsführers, versäumte Investitionszulage	1. Es gehört zu den Pflichten eines Immobilienverwalters, den Eigentümer eines förderungsfähigen Bauvorhabens auf die Möglichkeit der Inanspruchnahme von bestehenden Investitionszulagen hinzuweisen. 2. Der neu bestellte Geschäftsführer einer Immobilienverwaltungsgesellschaft ist nicht dazu verpflichtet, die vor seiner Amtszeit abgeschlossene Finanzierung eines Bauvorhabens erneut zu überprüfen. 3. Unterlässt der Hausverwalter eine von ihm vorzunehmende Mieterhöhung, tritt wegen der nicht nachholbaren Mieterhöhung für die Vergangenheit Unmöglichkeit der Leistung ein, so dass gegebenenfalls Schadensersatz nach § 280, 283 BGB wegen Nichterfüllung verlangt werden kann.	OLG Frankfurt am Main, 09.03.2010 – 14 U 52/09

Kein Schaden ggü. dem Regresspflichtigen bei Uneinbringlichkeit der Forderung	Verletzt ein Verwalter aus dem Verwaltervertrag mit dem Vermieter seine Pflichten, so ist er diesem nicht zum Schadensersatz verpflichtet, wenn es beim Vermieter an einem Schaden infolge der Insolvenz der Mieter fehlt und insoweit seine Forderung gegen seine Mieter uneinbringlich ist. Die theoretische Möglichkeit, dass die Mieter irgendwann vielleicht doch wieder zu Vermögen gelangen, ist keine Rechtfertigung für einen ersatzweisen aktuellen Geldfluss, den der Vermieter ohne die Pflichtverletzung noch nicht aktuell gehabt hätte.	LG Hamburg, 06.02.2009 – 317 S 106/07, IMR 2009, 165 = InfoM 2010, 141
Hausverwalter: Darf der Verwalter im eigenen Namen klagen?	Der Hausverwalter ist nicht befugt, Mietforderungen des Vermieters im Wege der gewillkürten Prozessstandschaft im eigenen Namen einzuklagen.	AG Köln, 25.06.2008 – 220 C 55/08, WuM 2008, 676 = InfoM 2008, 496

3. Formulierungsvorschlag zur Verwaltervollmacht

3247 **Formulierungsvorschlag: Verwaltervollmacht**

Verwaltervollmacht

Der/die Eigentümer/Vermieter .....

hat/haben

den Verwalter .....

mit der Verwaltung der Liegenschaft ..... beauftragt.

Der Eigentümer bevollmächtigt hiermit den Verwalter, ihn in allen die vorbezeichnete Liegenschaft betreffenden Angelegenheiten gegenüber Mietern, Dritten, Behörden und Gerichten zu vertreten.

Der Verwalter ist von den Beschränkungen des § 181 BGB befreit.

Der Verwalter kann insbes. folgende Maßnahmen vornehmen:

☐ Abschluss und ordentliche bzw. außerordentliche Kündigung von Mietverträgen, Nutzungsverträgen, Versicherungsverträgen, Wartungsverträgen, Arbeitsverträgen, Dienstverträgen, Werkverträgen und sonstigen Verträgen, die im Zusammenhang mit der Verwaltung der Liegenschaft erforderlich werden;

☐ Geltendmachung von Mieten, Betriebskosten, Mehrwertsteuer;

☐ Vertretung des Eigentümers in Rechtsstreitigkeiten gegenüber Mietern und Dritten;

☐ Geltendmachung von Schadensersatzansprüchen jeder Art für den Eigentümer, Vertretung des Eigentümers in Vergleichs- oder Insolvenzverfahren von Mietern;

☐ Geltendmachung des Vermieterpfandrechts;

☐ Abgabe und Entgegennahme von Willenserklärungen für den Eigentümer, soweit diese im Zusammenhang mit der Liegenschaft stehen;

☐ Erteilung von Untervollmachten an Dritte;

☐ Beauftragung von Rechtsanwälten bzgl. Rechtsangelegenheiten die Liegenschaft betreffend; Erteilung entsprechender Prozessvollmachten.

Diese Vollmacht erlischt durch Widerruf oder durch Beendigung des Verwaltervertrages. Sie erlischt nicht durch den Tod des Eigentümers.

.....

Ort, Datum

.....

Eigentümer/Vermieter

4.   Checkliste: Übergabe von Unterlagen

Checkliste: Übergabe von Unterlagen bei Verwaltungsbeginn

Notwendige Unterlagen zur Verwaltung der Liegenschaft:

☐ Allgemeine Unterlagen der Liegenschaft:

☐ Grundbuchauszüge,

☐ Katasterunterlagen (Flurkarten etc.),

☐ Flächenberechnungen und Berechnung des umbauten Raums,

☐ Klärung, welche Flächenberechnungsmethode zugrunde gelegt wurde (gif, DIN etc.): wichtig, um auf etwaige eigene Flächenberechnungen der Mieter/Pächter reagieren zu können,

☐ Bankverbindungen, Ansprechpartner bei der Bank,

☐ Kontoauszüge oder Kopien davon, falls die Konten bestehen bleiben.

☐ Unterlagen für die kaufmännische Verwaltung:

　　☐ Name und Kontaktdaten der Ansprechpartner beim Vermieter/Eigentümer inkl. Mobilnummern und E-Mail,

　　☐ Aufstellung der Mieteinheiten; bei mehreren Objekten: nach Objekt,

　　☐ Liste der Mieter/Pächter; bei mehreren Objekten: nach Objekt, möglichst mit allen Daten (Anschrift, Telefon, Mail etc.),

　　☐ Miet- und Pachtverträge inkl. aller Nachträge und Zusatzverträge (z.B. Stellplätze),

　　☐ Übergabe- und Abnahmeprotokolle zu den jeweiligen Miet- und Pachtverträgen,

　　☐ Schriftverkehr zu den jeweiligen Miet- und Pachtverträgen,

　　☐ Bürgschaftsurkunden, Sparbücher, Nachweise über Barkautionen und andere Sicherheiten (mindestens Kopien davon),

　　☐ Sonstiger für die Verwaltung relevanter Schriftverkehr (z.B. mit Versorgungsträgern),

　　☐ Ggf. Nachweis über Optierung zur USt. In welchem Umfang?

- ☐ Liste über aktuelle Leerstände,
- ☐ Saldenliste,
- ☐ Liste aktueller Mietrückstände,
- ☐ Liste aktueller Rechtsstreitigkeiten/Klageverfahren inkl. Ansprechpartner (RA),
- ☐ mehrere Original-Verwaltervollmachten, die z.B. für Kündigungen benötigt werden.

☐ Unterlagen für die technische Verwaltung einschließlich durchlaufener Posten wie Betriebskosten:
- ☐ Wartungs- und Serviceverträge für sämtliche technischen Anlagen inkl. Ansprechpartner,
- ☐ Betriebskostenabrechnung der letzten drei Jahre,
- ☐ alle Rechnungen für die laufenden Betriebskostenabrechnungen,
- ☐ öffentlich-rechtliche Bescheide (Grundsteuer, Abwasser, Müllabfuhr, Straßenreinigung, Schornsteinfeger etc.),
- ☐ Unterlagen der Heizkosten; Betreuungsvertrag mit dem Wärmemessunternehmen,
- ☐ Versicherungsscheine und Versicherungsbedingungen aller Versicherungen der Liegenschaft (ggf. Kopien),
- ☐ Hausmeister- und sonstige Arbeitnehmerverträge inkl. Namen, Anschriften und Mobilnummern,
- ☐ Verträge und Vereinbarungen mit Ver- und Entsorgungsbetrieben,
- ☐ alle weiteren betriebskostenrelevanten Rechnungen, Verträge und Vereinbarungen,
- ☐ Liste bevorzugter Handwerks- und Serviceunternehmen inkl. Ansprechpartner und etwaiger bisheriger Handhabungen bzgl. Sondervergütungen (Rabatte etc.),
- ☐ Liste der aktuellen Reparaturaufträge,
- ☐ Liste aller laufenden Vorgänge, die noch nicht abgeschlossen bzw. abgerechnet sind.

5. Checkliste: Gebäudeinspektion[5061]

Die folgenden Gebäudeteile sollten einmal pro Jahr zu einem festen Termin kontrolliert werden.

Checkliste: Technische Gebäudeinspektion

- ☐ Flachdach: Sichtkontrolle der Abdichtung in der Fläche (sofern möglich) und an den Anschlusspunkten/Rändern; Reinigung von Ein- und Überläufen; Entfernung von Bewuchs und verkrustetem Schmutz.
- ☐ Steildach: Regenrinnen, Laubfanggitter, Ab- und Überläufe säubern. Dabei eine Sichtkontrolle der Regenrinne und der angrenzenden Bauteile auf Undichtigkeiten, Lauf-

---

[5061] Quelle: LEXSoft Professional, Immobilienpraxis, Gebäudehandbuch, „Inspektionsrundgang einmal im Jahr".

spuren Rost/Korrosion, Beschädigungen etc. durchführen. Bei nicht ausgebauten Dachstühlen Sichtkontrolle der offenliegenden Konstruktionselemente (z.B. Sparren, Unterspannbahn etc.) auf Feuchteschäden und Schädlingsbefall.

☐ Kaminkopf: Sichtkontrolle des Kaminkopfes auf Schäden, Verfärbungen oder Ausblühungen an Putz, Mauerwerk oder Verkleidung. Der Anschluss zwischen Kamin und Dachhaut sollte ebenfalls kontrolliert werden. Diese Kontrolle kann die vom Bezirksschornsteinfeger durchgeführt werden, der ohnehin einmal im Jahr die Heizungsanlage überprüft.

☐ Freisitz: Sichtkontrolle von Balkon- und Loggiaplatten (Unter- und Stirnseiten) auf Durchfeuchtungsschäden oder Ablösung des Anstrichs; Sichtkontrolle von Plattenbelägen im Mörtelbett auf Risseschäden und Ablösung, Kontrolle der Dehnfugen; Sichtkontrolle der Geländer auf Rost-/Korrosionserscheinungen; Sichtkontrolle der Abdichtung in der Fläche (sofern möglich) und an den Anschlusspunkten/Rändern; Reinigung von Ein- und Überläufen.

☐ Außenwand: Hinterlüftete Fassaden: Kontrolle von Zu- und Abluftöffnungen, bei Bedarf freilegen und reinigen. Schuppenförmige Verkleidung: Sichtkontrolle von offenliegenden Befestigungsmitteln auf Rosterscheinungen, Laufspuren usw. Fachwerk: Sichtkontrolle der Fugen zwischen Ausfachung und Holzständerwerk, Sichtkontrolle der Anstriche sowohl der Ausfachung als auch des Holzständerwerks.

☐ Fenster/Außentüren: Sichtkontrolle des Anstrichs. Sichtkontrolle der Außenanschlüsse, besonders der dauerelastischen Dichtungen. Sitz und Zustand der Dichtungsprofile prüfen, ggf. mit Talkum pflegen; versprödete, beschädigte Dichtungen nur vom Fachmann ersetzen lassen! Sichtkontrolle der Glasversiegelung/-dichtung auf Ablösung oder Beschädigung, Reparatur oder Erneuerung nur durch den Fachmann! Reinigung der Entwässerungsöffnungen in Falzen und Regenschienen. Beschläge mit harzfreiem Fett (Nähmaschinenöl, Vaseline) nachfetten, (Nachjustieren ggf. nur durch den Fachmann, wenn Spezialwerkzeug erforderlich).

☐ Rollläden: Sichtkontrolle der Anschlussfugen, dauerelastische Verfugungen prüfen. Holzrollläden: Anstrich überprüfen. Gurte auf Verschleiß überprüfen.

☐ Sanitäreinrichtungen: Dauerelastisch verfugte/versiegelte Anschlüsse auf Beschädigungen und mangelhafte Flankenhaftung überprüfen; ggf. Ansätze von Schimmelpilzbildung entfernen. Perlatoren reinigen und entkalken oder durch neue ersetzen. Flexible Leitungen (z.B. Waschmaschine, Geschirrspülmaschine) auf Dichtigkeit kontrollieren, ggf. vom Fachmann hochwertigen Druckschlauch einbauen lassen. Dichtungen von Wasserhähnen kontrollieren und ggf. erneuern. Bodeneinläufe reinigen.

☐ Installationen: Lüftungsanlage: Filter wechseln (evtl. auch 2-mal pro Jahr). Wasseraufbereitungsanlagen überprüfen, ggf. Filter wechseln (s. Betriebsanleitung). Kontrollschächte und Bodeneinläufe ggf. reinigen. Wasserleitungen auf Rost und Absperrventile auf Gängigkeit/Dichtheit prüfen. Außenantennen auf gute Befestigung überprüfen.

☐ Heizungsanlage: Heizkessel/-therme vom Fachmann warten lassen (Brennereinstellung, Kesselreinigung etc.). Inspektion durch den Bezirksschornsteinfeger. Druck- und Wasserstand des Heizungssystems überprüfen, mehrmals jährlich. Regelmechanismus

der Fußbodenheizung mehrmals jährlich kontrollieren. Brennstofftanks auf Dichtigkeit überprüfen.
- ☐ Außenanlagen: Anstriche von Metall und Holzteilen inspizieren, ggf. auffrischen oder erneuern.
- ☐ Haustechnische Anlagen: Aufzug, Blitzschutz, Brandschutzeinrichtungen, z.B. Feuerlöscher, Sprinkleranlage ggf. durch Fachleute inspizieren lassen.

§ 36 Immobilienmakler und Geschäftsraummiete

			Rn.
I.	Berufsbild des Maklers		3251
	1.	Makler im klassischen Sinn	3251
	2.	Anforderungen des Markts	3252
	3.	Funktionen des Maklers	3253
II.	Erlaubnispflicht		3254
III.	Maklervertrag		3262
	1.	Überblick	3262
	2.	Abschluss des Maklervertrages	3268
	3.	Form des Maklervertrages	3275
	4.	Einfacher Maklervertrag	3276
	5.	Einfacher Makleralleinauftrag	3278
		a) Wesentlicher Vertragsinhalt	3278
		b) Kündigung	3286
		c) Konsequenzen bei Vertragsverletzung	3287
	6.	Qualifizierter Makleralleinauftrag	3289
	7.	Nachweismakler, Provisionsanspruch	3295
	8.	Vermittlungsmakler, Provisionsanspruch	3301
	9.	Reservierungsentgelt	3303
	10.	Nebenpflichten des Maklers	3304
IV.	Arbeits- und Beratungshilfen		3308
	1.	Schnellüberblick Grundsatz-Rechtsprechung des BGH	3308
	2.	Schnellüberblick aktuelle Rechtsprechung der Instanzgerichte	3309

I. Berufsbild des Maklers

1. Makler im klassischen Sinn

Makler im Allgemeinen sind zunächst einmal Gewerbetreibende, die Verträge vermitteln. Immobilienmakler im Speziellen vermitteln Verträge über den Verkauf oder die Vermietung von Immobilien. Ihre Einnahmen erzielen sie aus Provisionen für den Nachweis oder die Vermittlung von Vertragsabschlüssen, sofern die sonstigen Provisionsvoraussetzungen der §§ 652 ff. BGB vorliegen, nämlich 3251

- ein Provisionsversprechen des Auftraggebers,
- ein Ursachenzusammenhang zwischen Nachweis bzw. Vermittlung und Zustandekommen des Vertrages,
- das Neutralitätsprinzip im Fall einer vereinbarten Doppelprovision.[5062]

2. Anforderungen des Markts

Während die klassischen Tätigkeiten des Maklers tatsächlich der Nachweis oder die Vermittlung sind, stellt der Markt heute, will man Erfolg haben, erheblich mehr Anforderungen an den Immobilienmakler: 3252

Der Immobilienmakler wird heute in allen Fragen der Immobilienwirtschaft als Fachmann zurate gezogen. Von ihm wird Kompetenz in allen Fachfragen erwartet, in wirtschaftlicher, rechtlicher und sogar steuerlicher Hinsicht. Er kennt den Marktwert aller Immobilien und die örtliche Mietsituation.

[5062] Für weitergehende Informationen zu diesem Thema s. LEXSoft, Immobilienpraxis, Maklerhandbuch.

3. Funktionen des Maklers

3253 Die Tätigkeit des Immobilienmaklers ist eine Dienstleistung, die im Wesentlichen aus folgenden Funktionen besteht:

- **Vermittlung** bedeutet, eine oder mehrere Verhandlungen mit dem Ziel eines Vertragsabschlusses zu führen. Hierbei ist zwischen der Vermittlung für eine Partei (Auftraggeber) und der Vermittlung für beide Parteien (bei Doppeltätigkeit) zu unterscheiden. Im ersten Fall hat der Makler einen Auftraggeber, in dessen Auftrag er das Objekt anbietet und in dessen Sinne er Verhandlungen führt. Somit ist er nicht mehr neutral. Im Fall der vereinbarten Doppeltätigkeit ist der Makler zur strikten Neutralität verpflichtet. In diesem Fall erhält er die sog. Doppelprovision.
- **Information**: In § 652 BGB wird die Informationsfunktion des Maklers auf den Nachweis einer Gelegenheit zum Vertragsabschluss beschränkt. Die Makler- und Bauträgerverordnung legt dem Makler weitere Pflichten auf. So besteht eine weitere Informationspflicht dem Interessenten ggü., die sich auf die Objektmerkmale, Vertragsbedingungen, den Namen des Verkäufers bzw. Vermieters und die Bedingungen der Maklertätigkeit bezieht. Seine Informationspflicht erfüllt der Makler i.d.R. durch das Exposé. In diesem führt er übersichtlich alle Objektdaten und Angebotsbedingungen einschließlich seines Provisionsverlangens auf. Aus der Informationspflicht des Maklers ergibt sich eine Aufklärungspflicht. Der Makler muss über alle entscheidungsrelevanten Umstände aufklären.
- **Beratung**: Häufig ergeben sich Fragen zu Wirtschaftlichkeit, Finanzierung, Werthaltigkeit oder Entwicklung einer Immobilie. Hier ist der Makler als Berater gefragt. Zu beachten sind allerdings die Grenzen der Beratung in Steuer- oder Rechtsfragen, soweit sie die Grenzen der Beratung im Zusammenhang mit einem Vertragsabschluss überschreiten. Wirbt ein Immobilienmakler, der für seine Kundschaft ein Wohnungsmietobjekt sucht, in einer Anzeige mit der Formulierung „Mietvertrag kostenfrei", entnehmen die angesprochenen Verkehrskreise dieser Werbung lediglich, dass der Makler potenziellen Vermietern anbietet, ihnen ein Mietvertragsformular kostenlos zu überlassen und erforderlichenfalls beim Ausfüllen des Formulars behilflich zu sein; darin liegt kein Verstoß gegen das RDG.[5063]

II. Erlaubnispflicht

3254 Die folgenden Maklertätigkeiten/Berufstätigkeiten gehören gem. § 34c GewO zu den erlaubnispflichtigen Gewerben:

- Grundstücks- und Immobilienmakler,
- Darlehensvermittler,
- Anlagemakler,
- Bauträger,
- Baubetreuer.

3255 Die **gewerblichen Immobilienmakler** benötigen für die Ausübung ihrer Tätigkeit die **Erlaubnis der Ordnungsbehörde** (Gewerbeaufsichtsamt). Verstöße werden gem. § 144 Abs. 1 Nr. 1h

---

[5063] OLG Karlsruhe, 13.10.2010 – 6 U 64/10.

GewO als Ordnungswidrigkeiten mit Geldbußen geahndet. Gelegentliche, nicht gewerbsmäßig ausgeübte private Vermittlung bedarf der Erlaubnis jedoch nicht. Zu beachten ist, dass auch eine freie Mitarbeit als selbstständig gilt und nach den Kriterien einer Erlaubnispflicht zu beurteilen ist. Vor Beginn der Geschäftstätigkeit ist daher der zuständigen Ordnungsbehörde eine Anzeige zu machen (§ 14 GewO) und die Erlaubnis zur Berufsausübung zu beantragen.

Die Erlaubnispflicht gilt nur für denjenigen, der **gewerbsmäßig** makeln will. Darunter ist die erlaubte, selbstständige und nach außen in Erscheinung tretende Tätigkeit zu verstehen, die in der Absicht erfolgt, planmäßig und für eine gewisse Dauer tätig zu sein und Gewinn zu erzielen. 3256

Weiterhin benötigt der Immobilienmakler auch dann eine Gewerbeerlaubnis, wenn er zwar die Kreditvermittlung unentgeltlich, aber im Rahmen und zur Belebung seines Immobiliengeschäfts durchführt. Nicht zu den Darlehensverträgen i.S.d. § 34c GewO gehören Bausparverträge. Für deren Vermittlung ist daher keine Erlaubnis erforderlich. 3257

Für die Zulassung zu diesen Berufsgruppen ist nach § 34c GewO **kein Fachkundenachweis** erforderlich. Somit ist die Erlaubnis jedem zu erteilen, der die sonstigen persönlichen Voraussetzungen erfüllt, also die erforderliche **Zuverlässigkeit** und **geordnete Vermögensverhältnisse** nachweisen kann. 3258

Zur Beurteilung der Erlaubnispflicht der **Tätigkeit eines Haus- oder Wohnungsverwalters** ist danach zu unterscheiden, ob der Haus- oder Wohnungsverwalter Wohnungen vermittelt, die zu seinem Bestand gehören: Gehören die vermittelten Wohnungen zu dem Bestand des Verwalters, so benötigt der Haus- oder Wohnungsverwalter keine Erlaubnis. Die Suche nach neuen Mietern gehört zu dem Berufsbild des Hausverwalters. Gehören die vermittelten Wohnungen nicht zu dem Bestand des Haus- oder Wohnungsverwalters, beurteilt sich die Erlaubnispflicht nach den allgemeinen Kriterien. 3259

Etwas anderes gilt für den **Verwalter gem. §§ 26 ff. WEG**. Die Vermittlung der verwalteten Wohnungen gehört nicht zu seinem Berufsbild, eine derartige Tätigkeit unterliegt daher bei Erfüllung der sonstigen Voraussetzungen grds. der Erlaubnispflicht. Denn die dem Verwalter nach § 20 ff. WEG zukommende Verwaltung des gemeinschaftlichen Eigentums erstreckt sich allein auf das Grundstück sowie auf die Teile, Anlagen und Einrichtungen des Gebäudes, die nicht im Sondereigentum oder im Eigentum eines Dritten stehen. Die Verwaltung der im Sondereigentum stehenden Wohnungen, insb. deren Vermietung, liegt entsprechend der gesetzlichen Aufgabenzuweisung bei dem jeweiligen Wohnungseigentümer.[5064] 3260

Antragsteller und späterer Konzessionsträger ist der selbstständig Gewerbetreibende, mithin bei einer Einzelfirma der Inhaber, bei einer GbR alle Gesellschafter, bei juristischen Personen (GmbH, GmbH & Co. KG etc.) die Gesellschaft selbst, jeweils vertreten durch die gesetzlichen Vertreter, also z.B. der Geschäftsführer einer GmbH. Insoweit ist die Erlaubnis auch nicht übertragbar oder vererbbar. 3261

[5064] BGH, 13.03.2003 – III ZR 299/02, GuT 2003, 94 = NZM 2003, 358 = NJW 2003, 1393.

III. Maklervertrag

1. Überblick

3262 Der Maklervertrag ist eine eigene Vertragsart und in den **§§ 652 bis 654 BGB** geregelt. Eine gesetzliche Beschreibung der Tätigkeit und des Berufs des Maklers gibt es nicht. Das sich aus dem BGB ergebende Leitbild des Maklers ist das des Gelegenheitsmaklers. Die Regelungen des Maklerrechts im BGB enthalten lediglich die Voraussetzungen für das Entstehen des Anspruches auf Provision sowie die Gründe für den möglichen Verlust derselben.

3263 Es wird zwischen folgenden **Formen von Maklerverträgen** unterschieden:
- einfacher Maklervertrag;
- Makleralleinauftrag mit den Unterformen: normaler und qualifizierter Makleralleinauftrag. Beim qualifizierten Makleralleinauftrag werden vertraglich auch Eigenaktivitäten des Auftraggebers unterbunden.

3264 Grds. können in dem Maklervertrag folgende **Tätigkeiten vereinbart** werden:
- Nachweis,
- Vermittlung,
- Nachweis und Vermittlung,
- Nachweis und/oder Vermittlung.

3265 Der Makler wird entweder als Nachweismakler oder als Vermittlungsmakler tätig, wobei in der Praxis häufig auch eine Kombination beider Maklertätigkeiten anzutreffen ist. Nur diese klassischen Maklertätigkeiten begründen einen Anspruch auf die Provision; andere Tätigkeiten, wie z.B. Beratungen, lassen ihn nicht entstehen.

3266 Nach dem Willen des Gesetzgebers steht der Makler zwischen den Parteien (Eigentümer – Vermieter – Verpächter einerseits und Käufer – Mieter – Pächter andererseits) und vermittelt als neutraler Dritter zwischen den Interessen der Parteien. Dieses Drei-Personen-Verhältnis ist nicht gegeben, wenn dem Makler keine unabhängige Willensbildung möglich ist. Das ist dann der Fall, wenn eine **rechtliche, persönliche oder wirtschaftliche Verflechtung** i.S.e. Abhängigkeit eine unabhängige Willensbildung verhindert. Ein Vertragsabschluss kann dann nicht vermittelt werden, es sei denn, der Makler hat den Kunden zweifelsfrei und unmissverständlich auf den Verflechtungstatbestand hingewiesen.

3267 Die Tätigkeit des Maklers ist **erfolgsbezogen**. Eine Provision erhält der Makler, wenn er eine Vertragsgelegenheit nachweist oder einen Vertrag vermittelt hat. Vergütungsvereinbarungen in Maklerverträgen müssen klar und für den Vertragspartner durchschaubar sein.[5065] Untypisch für das Bild des Maklers ist die **Vereinbarung eines erfolgsunabhängigen Provisionsversprechens**, eine solche Regelung in AGB ist deshalb unzulässig.[5066]

5065 OLG Frankfurt am Main, 29.11.2006 – 19 U 120/06, IMR 2007, 91 = NJOZ 2007, 2473.
5066 BGH, 20.03.1985 – IVa ZR 223/83, NJW 1985, 2477.

> **Praxistipp:**
>
> Bei dem Abschluss des Maklervertrages ist darauf zu achten, dass bestimmte Inhalte nur im Rahmen einer Individualvereinbarung zwischen den Vertragsparteien vereinbart werden können und in AGB bzw. einem Formularvertrag unwirksam sind.
>
> Bei der Beschreibung der Maklertätigkeit ist darauf zu achten, dass sowohl eine Nachweis- als auch eine Vermittlungstätigkeit eine Provisionszahlungspflicht auslöst.
>
> Die Provisionsvoraussetzungen sowie die Höhe und Fälligkeit der Provision sind detailliert zu vereinbaren.

2. Abschluss des Maklervertrages

Der Maklervertrag wird i.d.R. durch ausdrückliche Erklärung beider Vertragsparteien geschlossen, nämlich aufgrund eines Angebots auf Abschluss des Maklervertrages und dessen Annahme. Nach dem **gesetzlichen Leitbild** kann der Makler die **Provision** immer nur dann verlangen, wenn der Hauptvertrag zustande kommt. Einen Anspruch auf Ersatz seiner Aufwendungen hat er nicht. Dies muss ausdrücklich vereinbart sein, auch wenn der Hauptvertrag nicht zustande kommt (§ 652 Abs. 2 BGB). Umstritten ist, ob der Aufwendungsersatz individuell ausgehandelt sein muss, oder ob der Makler Ersatz seiner Aufwendungen durch seine AGB festschreiben kann. 3268

Ein **stillschweigender Maklervertrag** wird hingegen geschlossen, wenn der Kunde sich an den Makler mit der Bitte um den Nachweis geeigneter Objekte wendet. Dazu muss der Interessent das eindeutige Provisionsverlangen des Maklers kennen und dann seine Dienste in Anspruch nehmen.[5067] Der Maklervertrag kommt nur dann zustande, wenn der Makler von vornherein klarstellt, dass die Maklerprovision vom Erwerber eines Grundstücks zu zahlen ist. Die Nennung von Objekten mit dem Hinweis „Kaufpreis + Provision" reicht dazu nicht aus.[5068] Entsprechendes gilt für den Mietmakler. Allein das Aufsuchen des Maklers in seinen Geschäftsräumen, um sich nach Immobilienangeboten zu erkundigen, genügt ebenfalls nicht.[5069] 3269

Bei dem **Inserat eines Maklers im Internet** handelt es sich regelmäßig nicht um ein bindendes Angebot, sondern um eine „invitatio ad offerendum".[5070] Ein Maklervertrag kommt nicht dadurch zustande, wenn sich nach einem Inserat des Maklers im Internet der Kunde bei dem vom Verkäufer beauftragten Makler nach der Adresse des zu vermakelnden Grundstücks erkundigt und er diese mitgeteilt bekommt, ohne zunächst auf die Provisionspflichtigkeit hingewiesen zu werden.[5071] 3270

Wendet sich ein Kunde an einen gewerbsmäßigen Makler i.S.e. **Suchauftrags**, dann macht er damit ein Angebot auf Abschluss eines Nachweismaklervertrags, für dessen Annahme es genügt, dass der Makler seine Tätigkeit aufnimmt. Der Kunde, der in einem solchen Fall behaup- 3271

[5067] BGH, 16.11.2006 – III ZR 57/06, NZM 2007, 169 = InfoM 2007, 37 = MDR 2007, 512.
[5068] OLG Hamm, 09.02.1998 – 18 U 120/97, NJW-RR 1999, 127.
[5069] OLG Karlsruhe, 10.11.2009 – 15 U 15/09, IMR 2010, 66/67.
[5070] OLG Brandenburg, 13.11.2008 – 12 U 90/08, NZM 2010, 171.
[5071] OLG Brandenburg, 13.11.2008 – 12 U 90/08, NZM 2010, 171.

tet, er habe von Anfang an erklärt, dass die Provision der zukünftige Vermieter zahlen solle, trägt für diese Behauptung die Beweislast.[5072]

3272 Eine Klausel im Exposé, wonach der Käufer bei Abschluss des Kaufvertrages eine Vergütung i.H.v. 6 % des Kaufpreises zu zahlen hat, reicht als ausdrückliches Provisionsverlangen aus. Bei dieser Sachlage kommt es nicht darauf an, ob die Makler-AGB, die ein bestimmtes Verhalten des Kaufinteressenten (z.B. Kontaktaufnahme) als Annahme des Maklerangebots qualifizieren, gegen AGB-Recht verstoßen.

3273 In der **Übergabe eines Exposés** kann zwar ein schlüssiges Angebot des Maklers zum Abschluss eines Maklervertrages liegen. In der Fortsetzung des laufenden Gesprächs durch den Kaufinteressenten liegt aber noch nicht die schlüssige Annahme, weil der Makler nicht davon ausgehen kann, dass der Kaufinteressent sogleich nach der Übergabe die in dem Exposé aufgeführte Courtageforderung zur Kenntnis genommen hat.[5073]

3274 Ein Vertragsangebot braucht von dem Makler nicht angenommen zu werden. Jedenfalls wird nach einem derartigen Angebot eine solche Erklärung nach der Verkehrssitte nicht von einer Maklerfirma erwartet, die gewerbsmäßig Geschäftsräume vermittelt, insb. nicht, wenn sie in der Folgezeit der Beklagten immer wieder Nachweise übersendet.[5074]

3. Form des Maklervertrages

3275 Ein einfacher Maklervertrag kann auch mündlich bzw. stillschweigend geschlossen werden. Makleralleinaufträge sind hingegen nur wirksam, wenn sie schriftlich geschlossen wurden. Eine Pflicht zur notariellen Beurkundung besteht – abgesehen von den folgenden Ausnahmen – grds. nicht.[5075] Der Maklervertrag selbst ist in folgenden Fällen **notariell zu beurkunden**:

- In dem Maklervertrag verpflichtet sich der Auftraggeber unwiderruflich, ein Grundstück zu festgelegten Bedingungen an jeden von dem Makler zugeführten Interessenten zu verkaufen.[5076]
- Der Auftraggeber wird durch den Maklervertrag verpflichtet, auch wenn es nicht zum Abschluss eines Hauptvertrages kommt, dem Makler die Provision (erfolgsunabhängige Provision) oder eine Vertragsstrafe zu zahlen, die die Grenze von ca. 15 % der ursprünglich vereinbarten Provision übersteigt. Hintergrund ist, dass durch derartige Vertragsklauseln Druck auf den Auftraggeber ausgeübt wird und die notarielle Beurkundung sowie die damit verbundene Belehrung durch den Notar vor einem übereilten Vertragsschluss schützen soll.
- Es liegt eine unabhängig vom Maklervertrag getroffene und beurkundungsbedürftige Vereinbarung vor. Beispiel: Die unabhängig von einer echten Maklerleistung (Nachweis oder Vermittlung) gegebene Provisionszusage ist nur dann ein notariell zu beurkundendes Schenkungsversprechen, „wenn es an jeder Gegenleistung fehlt". Insb. liegt keine Schen-

---

5072 BGH, 24.09.2009 – III ZR 96/09, GuT 2009, 311 = InfoM 2010, 139: Übergabe eines „Suchprofils".
5073 OLG Schleswig, 21.07.2006 – 14 U 55/06, IMR 2007, 163 = NZM 2007, 496.
5074 OLG Koblenz, 05.11.2009 – 5 U 339/09, IMR 2010, 69.
5075 BGH, 13.03.1985 – IVa ZR 152/83, LNR 1985, 14753.
5076 BGH, 01.07.1970 – IV ZR 1178/68, MDR 1970, 995 = NJW 1970, 1915.

kung vor, wenn der Verkaufswillige den Makler für bereits getätigte Verkaufsbemühungen entschädigen will.[5077]

4. Einfacher Maklervertrag

Der einfache Maklervertrag i.S.d. gesetzlichen Grundnorm des § 652 BGB zeichnet sich dadurch aus, dass sich der Auftraggeber dem Makler ggü. unter der Voraussetzung des Zustandekommens eines Hauptvertrages verpflichtet, diesem für den **Nachweis** der Gelegenheit zum Abschluss oder der **Vermittlung** des Hauptvertrages eine Vergütung (Provision) zu bezahlen. Im Gegensatz zu dem in der Maklerpraxis sehr oft verwendeten Makleralleinauftrag begründet der einfache Vertrag für den Makler **keine Verpflichtung zum Tätigwerden**. 3276

Andererseits wird der Auftraggeber in seiner Entschließungsfreiheit ebenfalls nicht beschränkt, d.h. er ist nicht verpflichtet, einen vom Makler vermittelten Hauptvertrag abzuschließen; er ist auch nicht gehindert, sich selbst um den Abschluss des Hauptvertrages zu bemühen[5078] und darf auch weitere Makler beauftragen. Vom Makler unterbreitete Angebote kann er ohne Angabe von Gründen ablehnen, seien sie auch noch so günstig.[5079]

Nach der gesetzlichen Grundnorm des § 652 BGB gilt der Maklervertrag als auf unbestimmte Zeit geschlossen. Sofern durch Individualvereinbarung nicht etwas anderes bestimmt ist (vgl. z.B. Makleralleinauftrag), ist also keine besondere Laufzeit vereinbart. Das Ende der Vertragsbeziehung kann vom Auftraggeber durch Widerruf und vom Makler durch Kündigung jederzeit herbeigeführt werden. 3277

5. Einfacher Makleralleinauftrag

a) Wesentlicher Vertragsinhalt

Der einfache oder normale Makleralleinauftrag ist eine **besondere Ausgestaltung des Maklervertrages**. Eine Spezialisierung des normalen Makleralleinauftrags ist der qualifizierte Makleralleinauftrag. In Abgrenzung zu dem einfachen Maklervertrag ist der Makleralleinauftrag durch **zwei Verpflichtungen** gekennzeichnet: 3278

Es besteht für den Makler eine intensive Tätigkeitspflicht.

Es ist dem Auftraggeber untersagt, während der Laufzeit des Alleinauftrags, einen anderen Makler zu beauftragen.

Der Alleinauftrag knüpft an den Erfolg als Grundlage für eine Vergütung an. Nur hinsichtlich der Tätigkeitspflicht besteht eine gewisse Vergleichbarkeit zum Dienstvertrag gem. § 611 BGB. 3279

Auch im Fall eines einfachen Makleralleinauftrags steht es dem Auftraggeber grds. frei, keinen Hauptvertrag abzuschließen. Genauso wenig ist er an die vom Makler mit dem Interessenten ausgehandelten Hauptvertragskonditionen gebunden. 3280

[5077] BGH, 12.10.2006 – III ZR 331/04, NZM 2006, 939 = InfoM 2007, 35.
[5078] BGH, 17.11.1960 – VII ZR 236/59, NJW 1961, 307.
[5079] BGH, 22.02.1967 – VIII ZR 215/64, NJW 1967, 1225.

3281 Der Makler hat die Pflicht, alles zu tun, was in seinen Kräften steht, um einen **Vertragsabschluss zu erzielen**, der zum Vorteil seines Auftraggebers ist.[5080] Eine formularvertragliche Vereinbarung in einem Alleinauftrag, die besagt, dass der Makler nicht verpflichtet ist, tätig zu werden, ist nach einer Entscheidung des BGH unwirksam.[5081]

3282 Für die Laufzeit des Alleinauftrags ist der Auftraggeber verpflichtet, **keinen weiteren Makler** zu beauftragen. Falls der Auftraggeber während der Laufzeit des Alleinauftrags mit einem weiteren Makler einen Maklervertrag abschließt, ist dieser zweite Vertrag keineswegs unwirksam.

3283 Im Gegensatz zum einfachen Maklervertrag muss der normale Makleralleinauftrag schriftlich abgefasst werden. Eine Pflicht zur notariellen Beurkundung besteht nur in den folgenden Fällen:

3284 Der Maklerallaeinauftrag kann für einen bei Vertragsschluss festgelegten Zeitraum oder für eine unbestimmte Zeit vereinbart werden. Grds. besteht keine Pflicht, die **Laufzeit** auf eine bestimmte Dauer zu begrenzen. Nach der Rechtsprechung führt dies jedoch zu einer unzulässigen Einengung des Auftraggebers mit der Folge, dass der Vertrag auf eine automatische Laufzeit angepasst wird.[5082] Formularmäßig vereinbarte Verlängerungsklauseln wie die Folgende sind unzulässig:

„Die Laufzeit des Alleinauftrags beginnt am 15.03.1996 und endet am 15.06.96. Kündigt der Auftraggeber diesen Vertrag nicht einen Monat vor Ende der Laufzeit, verlängert er sich um drei Monate."

3285 Eine stillschweigende Verlängerung durch AGB trotz des genau bestimmten Ablaufzeitpunktes ist nach § 305c Abs. 1 BGB als überraschende Klausel unwirksam.

b) Kündigung

3286 Mit der Vereinbarung einer bestimmten Vertragslaufzeit ist die **ordentliche Kündigung** des Vertrages während der Laufzeit grds. ausgeschlossen. Etwas anderes gilt nur, wenn ein Kündigungsrecht ausdrücklich in den Vertrag aufgenommen wurde. Gem. § 626 BGB können die Parteien bei Vorliegen eines wichtigen Grundes außerordentlich (d.h. fristlos) kündigen. Die Frist von zwei Wochen beginnt mit dem Zeitpunkt, in dem der Kündigungsberechtigte von den für die Kündigung maßgebenden Tatsachen Kenntnis erlangt. Ein **Kündigungsgrund** ist z.B. Untätigkeit des Maklers. Denn gerade die Tätigkeitspflicht ist ein wesentliches Merkmal des Alleinauftrags. Durch Untätigkeit oder Vernachlässigung seiner Bemühungen gefährdet der Makler die Interessen seines Auftraggebers. Ein wichtiger Grund für den Makler, fristlos zu kündigen, kann dann vorliegen, wenn der Auftraggeber vertragswidrigerweise einen weiteren Makler einschaltet.

c) Konsequenzen bei Vertragsverletzung

3287 Entgeht dem Auftraggeber infolge der Untätigkeit des Maklers eine vorteilhafte Vermietungsmöglichkeit und muss er später seine Immobilie für einen geringeren Mietzins vermieten, so

---

5080 BGH, NJW 1973, 1383.
5081 BGH, 08.05.1973 – IV ZR 158/71, BGHZ 60, 377 = NJW 1973, 1194.
5082 BGH, 23.01.1974 – VIII ZR 219/72, WM 1974, 260.

hat er ggü. dem Makler einen **Schadensersatzanspruch**. Beauftragt der Auftraggeber trotz des Alleinauftrags weitere Makler, so macht er sich wiederum ggü. dem Makler schadensersatzpflichtig.[5083] Der Schadensersatz des Maklers setzt sich aus dem Ersatz der getätigten Auslagen und einer angemessenen Entschädigung für den nutzlosen Arbeitsaufwand oder aus dem Ersatz des entgangenen Gewinns (Provisionsersatz) gem. § 252 BGB zusammen:

Um den Provisionsersatz tatsächlich zu erlangen, muss der Makler nachweisen, dass er tatsächlich in der Laufzeit seines Alleinauftrags einen Interessenten gefunden hätte. Darüber hinaus muss der Makler auch noch beweisen, dass der Interessent den beabsichtigten Hauptvertrag (hier: Mietvertrag) wirklich abgeschlossen hätte.[5084]

3288

6. Qualifizierter Makleralleinauftrag

Der qualifizierte oder erweiterte Makleralleinauftrag ist eine der beiden Formen des Makleralleinauftrags. Für den Auftraggeber wird hier die **Möglichkeit eines Eigengeschäfts** (Direktgeschäfts) ausgeschlossen.

3289

Qualifizierte Makleralleinaufträge können nur in der Form eines Individualvertrages und nicht durch AGB vereinbart werden.[5085]

3290

Grds. ist es das Charakteristikum eines qualifizierten Makleralleinauftrags, dass dem Auftraggeber Eigengeschäfte untersagt werden. Dennoch können die Vertragsparteien vereinbaren, dass bestimmte Eigengeschäfte des Auftraggebers zulässig sein sollen. Zum Schutz des Maklers wird diese Vereinbarung dann oftmals mit einer **Hinzuziehungsklausel** verbunden, nach der der Auftraggeber verpflichtet ist, bei den Verhandlungen mit eigenen Interessenten den Makler hinzuzuziehen. Dadurch wird dem Makler Gelegenheit gegeben, im Rahmen dieser Verhandlung seine Vermittlungstätigkeit auszuüben und einen Anspruch auf die Provision zu erwerben. Auch die Hinzuziehungsklausel kann nur individualvertraglich wirksam vereinbart werden.[5086]

3291

Beispiel für eine Hinzuziehungsklausel:

„Der Auftraggeber verpflichtet sich, stets den Makler hinzuzuziehen, wenn Verhandlungen über den abzuschließenden Vertrag geführt werden. Der Makler erhält vom Auftraggeber die volle, für den Erfolgsfall vorgesehene Provision, falls der Auftraggeber diese Hinzuziehungspflicht verletzt und der Vertrag abgeschlossen wird."

> **Praxistipp für Makler:**
>
> Es empfiehlt sich, über das Ergebnis der Aushandlung ein Protokoll anzufertigen und dieses auch vom Auftraggeber gegenzeichnen zu lassen. Alternativ kann auch ein Zeuge zur Verhandlung eingeladen werden.

[5083] BGH, 08.05.1973 – IV ZR 158/71, BGHZ 60, 377 = NJW 1973, 1194.
[5084] BGH, 08.05.1973 – IV ZR 158/71, BGHZ 60, 377 = NJW 1973, 1194.
[5085] BGH, 08.05.1973 – IV ZR 158/71, BGHZ 60, 377 = NJW 1973, 1194.
[5086] BGH, 08.05.1973 – IV ZR 158/71, BGHZ 60, 377 = NJW 1973, 1194; BGH, 02.11.1983 – IVa ZR 86/82, BGHZ 88, 368 = MDR 1984, 208 = NJW 1984, 360; OLG Hamm, 29.05.2000 – 18 U 236/99, NZM 2000, 1073 = NJW-RR 2001, 567 = VersR 2001, 1422.

3292 Eine **Verweisungsklausel** verpflichtet den Auftraggeber, eigene Interessenten an den Makler zu verweisen. Der Auftraggeber ist jedoch nicht verpflichtet, dafür Sorge zu tragen, dass die Verweisung des Interessenten an den Makler auch tatsächlich dazu führt, dass sich der Interessent beim Makler meldet.

> *Beispiel für eine Verweisungsklausel:*
>
> *„Der Auftraggeber verpflichtet sich, alle Interessenten, die unmittelbar mit ihm oder über dritte Personen Kontakt aufnehmen, an den Makler zu verweisen und ihn darüber zu informieren. Der Makler erhält vom Auftraggeber die volle, für den Erfolgsfall vorgesehene Provision, falls der Auftraggeber diese Verweisungspflicht verletzt und der Vertrag abgeschlossen wird."*

3293 Bei **Zuwiderhandlungen** hat der Makler einen Unterlassungsanspruch gegen den Auftraggeber. Handelt der Auftraggeber dennoch gegen dieses Verbot, macht er sich ggü. dem Makler schadensersatzpflichtig. Voraussetzung eines Schadensersatzanspruches des Maklers ist allerdings, dass er einen eingetretenen Schaden nachweisen kann, der durch das vertragswidrige Verhalten des Auftraggebers verursacht wurde. Der Makler muss beweisen, dass er einen Interessenten in angemessener Zeit zu den angebotenen Konditionen hätte finden können.

3294 Von entscheidender Bedeutung ist deshalb die **Vereinbarung einer Sanktion** für den Fall vertragswidrigen Verhaltens seitens des Auftraggebers (im Klauselbeispiel die volle Provisionszahlung). Ohne eine derartige Vertragsstrafe könnte die Verletzung der Klausel nur schwer geahndet werden. Denn der Makler müsste beweisen, dass er durch die Verletzung der Klausel einen Schaden erlitten hat. Diese Beweisführung entfällt bei der Vereinbarung eines pauschalen Schadensersatzes. Hier muss der Makler nur beweisen, dass die Klausel verletzt wurde.

7. Nachweismakler, Provisionsanspruch

3295 Nach dem gesetzlichen Leitbild des Maklers besteht die Maklertätigkeit gem. § 652 BGB aus dem **Nachweis einer Vertragsabschlussgelegenheit** oder der **Vermittlung von Verträgen**. Im Rahmen einer Vereinbarung können die Parteien jedoch dem Vertrag auch eine andere Leistung des Maklers zugrunde legen.

3296 Unter **Nachweis** versteht man die Bekanntgabe einer dem Auftraggeber bisher nicht bekannten Vertragsabschlussgelegenheit. Der nach § 652 BGB für das Entstehen eines Provisionsanspruchs erforderliche „Nachweis der Gelegenheit zum Abschluss eines Vertrags" (des sogenannten Hauptvertrags) ist erbracht, wenn aufgrund der Mitteilung des Maklers an seinen Kunden und Auftraggeber dieser in die Lage versetzt wird, in **konkrete Verhandlungen** mit dem potenziellen Vertragspartner über den von ihm angestrebten Hauptvertrag einzutreten.[5087] Dabei müssen die Auskünfte so gehalten sein, dass sie es dem Kunden ermöglichen, ohne weitere eigene Nachforschungen mit der möglichen Vertragsgegenseite Verhandlungen aufzunehmen. Der Nachweis muss Angaben zum Objekt, Namen und Adresse der potenziellen Vertragsgegenseite umfassen.[5088] Der Kunde muss aufgrund der Angaben des Maklers in der Lage sein, konkret in Verhandlungen mit dem Eigentümer/Vermieter des Objekts zu treten. Werden dem Kunden vom Makler Objektlisten an die Hand gegeben, die auf das jeweils angegebene

---

[5087] BGH, 15.04.2010 – III ZR 153/09.
[5088] BGH, 15.04.2010 – III ZR 153/09.

individuelle Profil zugeschnitten sind und ins Einzelne gehende, individuelle Informationen, so die Person des Vermieters, seine Telefonnummer und neben der konkreten und detaillierten Beschreibung der Räumlichkeiten auch überwiegend die Adresse des jeweiligen Mietobjekts enthalten, ist von einer Nachweistätigkeit auszugehen.[5089]

Die Namhaftmachung des Vermieters ist entbehrlich, wenn es dem Maklerkunden aus seiner Sicht vorerst nicht auf dessen Person ankam, weil er sich zunächst einmal über die Geeignetheit des Objekts schlüssig werden wollte, wenn also durch den (unvollständigen) Nachweis das Interesse des Maklerkunden – zunächst – voll befriedigt wurde und der Kunde den Hauptvertrag später abschließt, ohne dem Makler – obwohl dies im Einzelfall geboten gewesen wäre – die Gelegenheit zu geben, die zunächst unvollständige Maklerleistung vollständig zu erbringen.[5090]

Der bloße **Hinweis auf ein Vertragsobjekt** genügt allein nicht.[5091] Dies wäre nur eine sog. Ermittlungsmöglichkeit, die grds. keinen Anspruch auf die Provision begründet. Es ist auch kein Nachweis, sondern nur die Verschaffung einer Ermittlungsmöglichkeit, wenn etwa einem Verkaufsinteressenten eine Namensliste von ca. 500 Personen übersandt wird, die der Auftraggeber anschreiben muss, um zu ermitteln, ob sich unter diesen Personen jemand befindet, der sich konkret für das Objekt interessiert.[5092]

Davon zu unterscheiden ist der Fall, dass der Makler dem Auftraggeber zwar die Objektdaten, aber (noch) nicht die **Person des Vertragsgegners** mitteilt (weil dies im Zeitpunkt der Verhandlungen noch nicht wichtig ist). Ermittelt der Auftraggeber dann die Person des Vertragsgegners selbst und schließt mit diesem bewusst ohne weitere Einschaltung des Maklers den Vertrag, so hat der Makler grds. Anspruch auf die Provision – vorausgesetzt, er weist dem Kunden ein arglistiges Verhalten nach und stellt klar, dass er jederzeit Namen und Adresse des Vertragsgebers hätte bekannt geben können.[5093] 3297

Eine weitere Voraussetzung für den Provisionsanspruch ist, dass die Vertragsabschlussmöglichkeit im Zeitpunkt der Nachweistätigkeit des Maklers bestehen muss. 3298

Beispiel:
Widerruft der Eigentümer/Vermieter zunächst seine Verkaufs-/Vermietungsabsicht und bietet aufgrund eines neuen Entschlusses das Objekt zu einem späteren Zeitpunkt wieder an (und wird es dann von dem ursprünglichen Maklerkunden erworben bzw. gemietet), so ist die Nachweistätigkeit für den Provisionsanspruch grds. nicht mehr kausal.

Eine ggf. bestehende Vorkenntnis des Kunden über das Objekt bzw. dessen Verkauf-/Vermietungsgelegenheit hat keinen Einfluss auf die Nachweistätigkeit des Maklers, jedoch kann sie bei Vorliegen der Voraussetzungen die zur Entstehung des Provisionsanspruches erforderliche Kausalität entfallen lassen. 3299

5089 BGH, 15.04.2010 – III ZR 153/09.
5090 OLG Düsseldorf, 05.09.2008 – 7 U 185/07, NZM 2009, 824 = IMR 2010, 70 = MDR 2009, 252 = NJW-RR 2009, 487.
5091 BGH, 15.06.1988 – IV a ZR 107/87.
5092 BGH, 15.04.2010 – III ZR 153/09.
5093 BGH, 06.07.2006 – III ZR 379/04, NZM 2006, 667 = MDR 2007, 203 = NJW 2006, 3062.

3300 Die Maklertätigkeit muss nicht die alleinige Ursache für den Hauptvertragsabschluss darstellen. Bei **Nachweisen mehrerer Makler** zählt nur der zuerst zur Kenntnis genommene.

> **Praxistipp für Makler:**
>
> Der Makler sollte seinen Auftraggeber stets befragen, ob bereits andere Makler eingeschaltet sind oder waren. Ist das der Fall, muss der Makler damit rechnen, dass er Interessenten das gleiche Objekt nachweist wie ein anderer Makler. Dann ist der Streit schon oft vorprogrammiert. Gerät auch noch der Interessent zwischen die Fronten, haben beide Makler sicher auf Dauer einen Kunden verloren.

8. Vermittlungsmakler, Provisionsanspruch

3301 Unter Vermittlung versteht man das bewusste, finale Herbeiführen der Abschlussbereitschaft des Vertragspartners des künftigen Hauptvertrages. Die Vermittlungstätigkeit beinhaltet eine **qualifiziertere Tätigkeit** als die Nachweistätigkeit. Eine Maklercourtage für Vermittlungstätigkeit setzt eine für den Erwerb wesentliche Maklerleistung voraus.[5094] Zunächst muss der Makler mit der Vertragsgegenseite in Verbindung treten. Sodann hat er die Verhandlung zwischen Vertragspartner und Auftraggeber aufzunehmen und die Abschlussbereitschaft des potenziellen Vertragspartners zu fördern.

Aufgabe des Vermittlungsmaklers ist es auch, im Bedarfsfall auf einen Kompromiss zwischen den Vertragsparteien hinzuarbeiten, wenn schon die Abschlussbereitschaft vorhanden ist. Der Makler hat sich für die angestrebten Vertragskonditionen seines Auftraggebers einzusetzen.

3302 Die Vermittlungstätigkeit erfordert ein **Verhandeln mit beiden Vertragspartnern**. Die Anforderungen sind nicht erfüllt, wenn der Makler den Kunden lediglich berät, informiert oder ihm die Besichtigung des Objekts ermöglicht. Die Vermittlungstätigkeit (mit der Folge des Entstehens des Provisionsanspruches) kann – anders als bei der Nachweistätigkeit – auch noch ausgeübt werden, wenn dem Auftraggeber das Objekt zuvor bekannt war, eine Vorkenntnis ist insofern unschädlich.

Ein Provisionsanspruch gem. § 652 Abs. 1 BGB steht dem Makler nur zu, wenn der ursprünglich ins Auge gefasste Vertrag im Wesentlichen tatsächlich so zustande kommt.[5095] Während übliche Reduzierungen des Kaufpreises infolge Vertragsverhandlungen unschädlich sind, ist die inhaltliche Kongruenz zu verneinen, wenn der tatsächliche Vertragsschluss hinsichtlich des Kaufpreises in ungewöhnlichem Umfang hinter dem nach dem Maklervertrag herbeizuführenden Vertrag zurückbleibt.[5096] Ein Provisionsanspruch entsteht auch dann nicht, wenn dieser eine tatsächlich bestehende Möglichkeit zum Erwerb eines Objekts nachweist, diese Möglichkeit sich aber zerschlägt, weil der Eigentümer die Verkaufsabsicht aufgegeben hat, sie dann aber später unter veränderten Umständen erneut fasst und wenn nun der Kunde ohne Hinweis des

---

5094 OLG Schleswig, 21.07.2006 – 14 U 55/06, IMR 2007, 163 = NZM 2007, 496.
5095 OLG München, 04.02.2010 – 24 U 471/09.
5096 OLG München, 04.02.2010 – 24 U 471/09.

Maklers diese neu entstandene Gelegenheit nutzt.[5097] Dies alles gilt entsprechend für Miet- und Pachtverträge.

9. Reservierungsentgelt

Eine in AGB enthaltene Klausel, wonach der am Erwerb einer Immobilie interessierte Kunde ein „Tätigkeitsentgelt" für die Reservierung (Absehen von weiterem Anbieten) des Kaufobjekts an den mit dem Verkaufsinteressenten verflochtenen Verwender zu zahlen hat, das auch bei Nichtzustandekommen des Kaufvertrags dem Verwender verbleiben soll, ist nach § 307 BGB wegen unangemessener Benachteiligung des Kunden unwirksam.[5098]

3303

10. Nebenpflichten des Maklers

Da der einfache Maklervertrag trotz seiner gelockerten Ausgestaltung dennoch rechtlich relevante Vertragsbeziehungen begründet, besteht zwischen Auftraggeber und Makler ein besonderes Vertrauensverhältnis; hierdurch erwachsen für beide Parteien zu beachtende Nebenpflichten gem. § 241 Abs. 2 BGB, deren Verletzung zur Haftung führen und Schadensersatzansprüche auslösen kann. Diese Pflichten gelten auch für die anderen Vertragsformen.

3304

Beispiele:

Aufklärungs- und Informationspflicht: Der Makler hat seinem Auftraggeber alles mitzuteilen, was er über das Objekt weiß und was für den Auftraggeber hinsichtlich des Hauptvertrages von Bedeutung ist, denn es gilt, ihn vor Schaden zu bewahren. Jedoch muss es für den Makler erkennbar sein, dass der jeweilige Sachverhalt für den Auftraggeber bedeutungsvoll ist. Dafür hat der Auftraggeber aber selbst zu sorgen.[5099] Immer muss der Auftraggeber über Mängel des Vertragsobjekts informiert werden.[5100]

Erkundigungs- und Prüfungspflicht: Diese besteht für den Makler nur dann, wenn er hierzu ausdrücklich verpflichtet wird.[5101] Es gehört nicht zu seinen Aufgaben, die Angaben seines Auftraggebers auf ihren Wahrheitsgehalt hin zu überprüfen.[5102] Der Makler schuldet seinem Auftraggeber grds. keine Ermittlungen, insb. darf er im Allgemeinen auf die Richtigkeit der Angaben des Verkäufers vertrauen.[5103] Informationen des Veräußerers darf er daher grds. ungeprüft weitergeben. Beschränkt sich der Makler auf die bloße Weitergabe von Angaben des Verkäufers, so haftet er bei deren Unrichtigkeit nur dann, wenn ihm entweder die Unrichtigkeit der Angaben positiv bekannt ist oder ihn ausnahmsweise eine Erkundigungs- oder Nachprüfungspflicht trifft.[5104] Der Makler sollte trotzdem in Exposés darauf hinweisen, dass sich die Angaben auf Auskünfte des Auftraggebers beziehen. Eine solche Klausel ist zulässig.[5105]

Treuepflicht: Der Makler verstößt gegen die Nebenpflicht der Treuepflicht, wenn er nicht alle günstigen Abschlussgelegenheiten für seinen Auftraggeber nutzt und Objekte stattdessen an seinen Geschäftspartner vermittelt.

5097 OLG Hamburg, 17.11.2009 – 13 U 140/09, IMR 2010, 65.
5098 BGH, 23.09.2010 – III ZR 21/10, IMR 2010, 536.
5099 BGH, 08.07.1981 – IVa ZR 244/80, NJW 1981, 2685.
5100 BGH, 22.09.2005 – III ZR 295/04, NZM 2005, 955 = WuM 2005, 732 = ZMR 2006, 133 = NJW 2005, 3778.
5101 BGH, 16.09.1981 – IVa ZR 85/80, WM 1982, 13.
5102 OLG Hamm, 06.07.1995 – 18 U 72/95, MDR 1996, 42 = NJW-RR 1996, 1081 = VersR 1996, 1235.
5103 BGH, 18.01.2007 – III ZR 146/06, IMR 2007, 132 = GuT 2007, 94 = NZM 2007, 335.
5104 OLG Hamm, 24.04.2006 – 18 U 10/05, IMR 2007, 65.
5105 BGH, 16.09.1981 – IVa ZR 85/80, NJW 1982, 1147.

Warnpflicht: Ein Makler hat grds. keine allgemeinen Prüfungs- und Nachforschungspflichten über die Bonität des Käufers. Drängen sich jedoch Zweifel an der Finanzierbarkeit eines Grundstückskaufs auf, so ist der Makler verpflichtet, seinen Auftraggeber davor zu warnen, den notariellen Kaufvertrag vor der endgültigen Finanzierungszusage abzuschließen.[5106] Der Grundstücksmakler verliert seinen Provisionsanspruch, wenn er einen Hinweis auf die soziale Problematik des Wohngebietes unterlässt.[5107]

3305 Ein in der Praxis immer öfter auftauchendes Problem für Immobilienmakler ist die Tendenz, sie wegen Zahlungsschwierigkeiten des Käufers haftbar machen zu wollen. Dazu haben sich folgende Grundsätze herausgebildet:

3306 Über ihm bekannte gravierende finanzielle Schwierigkeiten des nachgewiesenen Grundstückskäufers hat der Verkäufermakler seinen Kunden vor Vertragsschluss ungefragt aufzuklären.[5108] Entsprechendes gilt beim Mietgeschäft.

3307 Auf die Frage, ob sich der Makler verpflichtet hat, die **Zahlungsfähigkeit des Kaufvertragsinteressenten** zu prüfen, kommt es nicht an, wenn der beauftragende Verkäufer selbst dieses Risiko erkennt und den Kaufvertrag mit Klauseln versehen lässt, die das Risiko einer Zahlungsunfähigkeit vertraglich absichern sollen. Dies schließt eine Kausalität zwischen einer etwaigen Pflichtverletzung des Maklers und dem daraufhin beim Verkäufer eingetretenen Schaden aus.[5109] Übergibt der Makler dem Mieter die Schlüssel zu den Räumen, sodass dieser teuer herausgeklagt werden muss, wird eine haftungsbegründende Pflichtverletzung des Maklers nur dann vorliegen, wenn die Übergabe nicht nur eine Serviceleistung war, sondern zu seinem Pflichtenkreis gehörte oder er die Zahlungsprobleme des Mieters kannte.[5110]

IV. Arbeits- und Beratungshilfen

1. Schnellüberblick Grundsatz-Rechtsprechung des BGH

3308

Thema/Normen	Leitsatz	Entscheidung, Fundstelle
Immobilienmakler-AGB: „Tätigkeitsentgelt" für Reservierung?	Zur Wirksamkeit der in Allgemeinen Geschäftsbedingungen enthaltenen Klausel, wonach der am Erwerb einer Immobilie interessierte Kunde ein „Tätigkeitsentgelt" für die Reservierung (Absehen von weiterem Anbieten) des Kaufobjekts an den mit dem Verkaufsinteressenten verflochtenen Verwender zu zahlen hat, das auch bei Nichtzustandekommen des Kaufvertrags dem Verwender verbleiben soll.	BGH, 23.09.2010 – III ZR 21/10, IMR 2010, 536

5106 OLG Köln, 08.03.2005 – 24 U 114/04.
5107 LG Heidelberg, 14.02.2006 – 2 S 46/05, IMR 2007, 164.
5108 OLG Dresden, 22.03.2007 – 8 U 1994/06, NJOZ 2007, 2145; OLG Dresden, 14.02.2007 – 8 U 1994/06, IMR 2007, 268.
5109 LG Bremen, 20.06.2007 – 7 O 23/07, IMR 2007, 269.
5110 Vgl. OLG Hamburg, 07.09.2007 – 9 U 98/07, IMR 2008, 67.

Bereitstellung von Mietangeboten als Nachweistätigkeit	1. Der nach § 652 BGB für das Entstehen eines Provisionsanspruchs erforderliche „Nachweis der Gelegenheit zum Abschluss eines Vertrags" (des sogenannten Hauptvertrags) ist erbracht, wenn aufgrund der Mitteilung des Maklers an seinen Kunden und Auftraggeber dieser in die Lage versetzt wird, in konkrete Verhandlungen mit dem potentiellen Vertragspartner über den von ihm angestrebten Hauptvertrag einzutreten. 2. Unverzichtbare, aber auch ausreichende Voraussetzung für einen Nachweis ist dabei, dass der Makler dem Kunden einen möglichen Vertragspartner, der zum Vertragsschluss bereit ist, grundsätzlich mit vollständigem Namen und Anschrift, zur Kenntnis bringt und damit auf eine konkrete Vertragsgelegenheit hinweist. 3. Demgegenüber handelt es sich um keinen Nachweis, sondern nur um die Verschaffung einer Ermittlungsmöglichkeit, wenn etwa einem Verkaufsinteressenten eine Namensliste von ca. 500 Personen übersandt wird, die der Auftraggeber anschreiben muss, um zu ermitteln, ob sich unter diesen Personen jemand befindet, der sich konkret für das Objekt interessiert. 4. Werden dem Kunden vom Makler Objektlisten an die Hand gegeben, die auf das jeweils angegebene individuelle Profil zugeschnitten sind und ins Einzelne gehende, individuelle Informationen, so die Person des Vermieters, seine Telefonnummer und neben der konkreten und detaillierten Beschreibung der Räumlichkeiten auch überwiegend die Adresse des jeweiligen Mietobjekts enthalten, ist von einer Nachweistätigkeit auszugehen.	BGH, 15.04.2010 – III ZR 153/09
Zustandekommen eines Maklervertrags – „Suchauftrag" § 652 BGB	Wendet sich ein Kunde an einen gewerbsmäßigen Makler im Sinne eines Suchauftrags, dann macht er damit ein Angebot auf Abschluss eines Nachweismaklervertrags, für dessen Annahme es genügt, dass der Makler seine Tätigkeit aufnimmt. Der Kunde, der in einem solchen Fall behauptet, er habe von Anfang an erklärt, dass die Provision der zukünftige Vermieter zahlen solle, trägt für diese Behauptung die Beweislast. (LS der Redaktion)	BGH, 24.09.2009 – III ZR 96/09, GuT 2009, 311 = InfoM 2010, 139: Übergabe eines „Suchprofils"

Tauglicher Nachweis „generell" interessierten Käufers bei Objektähnlichkeit § 652 Abs. 1 Satz 1 BGB	Der von dem Verkäufer eines Immobilienobjekts beauftragte Makler hat den für das Entstehen seines Provisionsanspruchs erforderlichen tauglichen Nachweis der Gelegenheit zum Abschluss eines Vertrags erbracht, wenn er seinem Kunden und Auftraggeber einen Kaufinteressenten benennt und damit in die Lage versetzt, in konkrete Verhandlungen mit dem potenziellen Vertragspartner über den von ihm angestrebten Hauptvertrag einzutreten (st. Senatsrechtsprechung); dabei reicht es bei dieser Konstellation grundsätzlich aus, wenn der mögliche Käufer generell am Erwerb einer Immobilie interessiert ist, die dem angebotenen Objekt ähnlich ist.	BGH, 04.06.2009 – III ZR 82/08, NZM 2009, 627 = InfoM 2010, 30
Immobilienmakler – Wann liegt sog. echte Verflechtung vor?	Eine sogenannte echte Verflechtung zwischen einem Makler und einer Partei des Hauptvertrages liegt nur vor, wenn sie den wirklichen gesellschaftsrechtlichen und wirtschaftlichen Verhältnissen entspricht. War daher im Zeitpunkt des Hauptvertragsschlusses die Person, die (u.a.) als Komplementärin (auch) die Maklerfirma maßgeblich gesteuert und beeinflusst hatte, bereits aus der Makler-Kommanditgesellschaft ausgeschieden, ist ein Verflechtungstatbestand auch dann nicht (mehr) gegeben, wenn das Ausscheiden dieser Person aus der Gesellschaft noch nicht im Handelsregister eingetragen worden war.	BGH, 19.02.2009 – III ZR 91/08, IMR 2009, 179
Wirksame Klausel über selbstständiges Provisionsversprechen §§ 306a, 307 I, II, 310, 328 BGB	Die in einem zwischen Unternehmern geschlossenen Grundstückskaufvertrag enthaltene Klausel, in der sich der Käufer verpflichtet, die seitens des Verkäufers einem – mit diesem gesellschaftsrechtlich verflochtenen – Dritten auf Grund eines selbstständigen Provisionsversprechens geschuldete Vergütung zu zahlen, ist wirksam, wenn die Verflechtung dem Käufer bekannt ist.	BGH, 20.11.2008 – III ZR 60/08, NZM 2009, 325 = NJW 2009, 1199
Gewerblicher Grundstücksverkauf bei enger Verzahnung von Makler- und Bauträgertätigkeit § 15 Abs. 2 EStG	Die Errichtung und Veräußerung eines Einkaufsmarkts kann einem Maklerbetrieb zugeordnet werden, wenn der Erwerb des Grundstücks und die Errichtung des Einkaufsmarkts nicht zuletzt mit Hilfe der Kenntnisse aus der Maklertätigkeit abgewickelt werden und wenn die Errichtung und Veräußerung von Objekten in den folgenden Jahren im Rahmen einer Bauträger-GmbH fortgesetzt werden.	BFH, 07.05.2008 – X R 49/04, IMR 2008, 332

2. Schnellüberblick aktuelle Rechtsprechung der Instanzgerichte

3309

Thema/Normen	Leitsatz	Entscheidung, Fundstelle
Immobilienmakler – Keine Maklercourtage bei sehr stark ermäßigtem Kaufpreis	Ein Provisionsanspruch gem. § 652 Abs. 1 BGB steht dem Makler nur zu, wenn der ursprünglich ins Auge gefasste Vertrag im Wesentlichen tatsächlich so zu Stande kommt. Während übliche Reduzierungen des Kaufpreises infolge Vertragsverhandlungen unschädlich sind, ist die inhaltliche Kongruenz zu verneinen, wenn der tatsächliche Vertragsschluss hinsichtlich des Kaufpreises in ungewöhnlichem Umfang hinter dem nach dem Maklervertrag herbeizuführenden Vertrag zurückbleibt.	OLG München, 04.02.2010 – 24 U 471/09
Keine Maklerprovision bei Aufgabe der Verkaufsabsicht	Ein Provisionsanspruch des Maklers entsteht dann nicht, wenn dieser eine tatsächlich bestehende Möglichkeit zum Erwerb eines Objekts nachweist, diese Möglichkeit sich aber zerschlägt, weil der Eigentümer die Verkaufsabsicht aufgegeben hat, sie dann aber später unter veränderten Umständen erneut fasst und wenn nun der Kunde ohne Hinweis des Maklers diese neu entstandene Gelegenheit nutzt.	OLG Hamburg, 17.11.2009 – 13 U 140/09, IMR 2010, 65
Courtage aufgrund „Maklerklausel" im notariellen Kaufvertrag?	1. Ein vom Kaufinteressent ausgehendes Angebot auf Abschluss eines Maklervertrags liegt nicht darin, dass dieser das Geschäftslokal des Maklers aufsucht und sich dort nach Immobilienangeboten erkundigt. Wer sich an einen Makler wendet, der mit Angeboten werbend im geschäftlichen Verkehr auftritt, erklärt damit noch nicht schlüssig seine Bereitschaft zur Zahlung einer Maklerprovision für den Fall, dass ein Vertrag über ein angebotenes Objekt zu Stande kommt. 2. Soweit Gegenteiliges nicht bekannt ist, darf der Kaufinteressent davon ausgehen, dass der Makler die angebotenen Objekte von dem Verkäufer an die Hand bekommen hat und deshalb mit der angetragenen Weitergabe von Informationen eine Leistung für den Anbieter erbringen will. 3. Ohne Weiteres braucht der Kaufinteressent in einem solchen Fall nicht damit zu rechnen, dass der Makler auch von ihm eine Provision erwartet. 4. Eine in einem notariellen Kaufvertrag enthaltene „Maklerklausel" begründet keinen von einer vorherigen Vereinbarung unabhängigen Käuferprovisionsanspruch des Maklers, wenn die Klausel ausdrücklich auf eine „vereinbarte" Provision Bezug nimmt.	OLG Karlsruhe, 10.11.2009 – 15 U 15/09, IMR 2010, 66/67
Maklervertrag: Probleme mündlicher Abreden	Provisionsvereinbarungen sind nur ausnahmsweise beurkundungsbedürftig und grundsätzlich auch formlos wirksam. Die Sicherung seiner Provisionsansprüche obliegt dem Makler. Unklarheiten gehen zu seinen Lasten.	OLG Koblenz, 05.11.2009 – 5 U 339/09, IMR 2010, 69

Sittenwidrigkeit der Vereinbarung einer überhöhten Provision	Einem Immobilienmakler kommt bei Vermittlung eines Grundstücks grundsätzlich eine Povision in Höhe von 3 – 5 % des Kaufpreises zugute. Übersteigt die Provision diese Höhe, ist die Provisionsvereinbarung wegen Sittenwidrigkeit nichtig, es sei denn, der Immobilienmakler kann besondere Gründe dafür darlegen, dass ein auffälliges Missverhältnis nicht gegeben ist.	OLG Brandenburg, 14.10.2009 – 4 U 11/09, IMR 2010, 250
Abschluss eines Maklervertrages in schlüssiger Weise?	Ein Kaufinteressent, der in Kenntnis eines eindeutigen Provisionsverlangens weiterhin die Dienste eines Maklers in Anspruch nimmt, gibt damit grundsätzlich in schlüssiger Weise zu erkennen, dass er in den Abschluss des Maklervertrages einwilligt.	OLG Brandenburg, 30.07.2009 – 5 U 58/08, IMR 2010, 112
§§ 654, 812 Abs. 1 Satz 1, 1. Alt. BGB	Haftung eines Maklers für im Exposé aufgenommene Informationen des Verkäufers und Verwirkung des Maklerlohns gemäß § 654 BGB analog.	OLG Oldenburg, 15.05.2009 – 6 U 6/09, IMR 2010, 68
Immobilienmakler – „iMakler" statt klassischer Makler	1. Ein Maklervertrag kann formularmäßig auch eine erfolgsunabhängige und objektwertunabhängige Provision unter anderem für die Objektbewertung und Objektpräsentation auf einer Internetplattform vorsehen. 2. Auch ein Makler, der nicht erfolgsabhängig bezahlt wird, sondern für eine pauschale Vergütung tätig wird (hier: unter der Bezeichnung „iMakler"), darf seine Dienstleistung als Maklerleistung bezeichnen.	LG Frankfurt, 04.03.2009 – 2-6 O 554/08, IMR 2009, 180
Keine Maklertätigkeit bei Eintritt in Vertragsverhandlungen	Ein Makler, der einem Anlageinteressenten die Gelegenheit zum Eintritt in Vertragsverhandlungen über ein inhaltlich völlig offenes Investment in Bezug auf ein Grundstück, das der Anlageinteressent später erwirbt, nachweist, erbringt keine Nachweistätigkeit im Sinne von § 652 Abs. 1 BGB.	OLG Frankfurt am Main, 16.01.2009 – 19 W 87/08, NZM 2009, 444
Immobilienmakler – Stillschweigender Vertragsschluss durch Internetanzeige?	1. Bei dem Inserat eines Maklers im Internet handelt es sich regelmäßig nicht um ein bindendes Angebot, sondern um eine „invitatio ad offerendum". 2. Ein Maklervertrag kommt nicht dadurch zu Stande, wenn sich nach einem Inserat des Maklers im Internet der Kunde bei dem vom Verkäufer beauftragten Makler nach der Adresse des zu vermakelnden Grundstücks erkundigt und er diese mitgeteilt bekommt, ohne zunächst auf die Provisionspflichtigkeit hingewiesen zu werden.	OLG Brandenburg, 13.11.2008 – 12 U 90/08, NZM 2010, 171

Kausalität eines Maklernachweises ohne Angabe des Vermieters § 652 BGB	Für die Entstehung des Maklerlohnanspruchs ist es grundsätzlich erforderlich, dass dem Maklerkunden nicht nur das Objekt, sondern auch Name und Anschrift des Vermieters mitgeteilt werden. Diese Namhaftmachung ist jedoch entbehrlich, wenn der Kunde sich zunächst nur über die Geeignetheit der Objekte schlüssig werden will und mit dem unvollständigen Nachweis einer Liste möglicherweise geeigneter Objekte zufrieden ist. Gibt der Kunde vor Anmietung eines dieser Objekte dem Makler keine Gelegenheit, den Nachweis zu vervollständigen, sondern erfährt die Anschrift des Vermieters durch einen anderen Makler, so entsteht gleichwohl ein Provisionsanspruch des den ersten Nachweis erbringenden Maklers. (LS der Redaktion) Ls. IMR: Die Namhaftmachung des Vermieters ist entbehrlich, wenn es dem Maklerkunden aus seiner Sicht vorerst nicht auf dessen Person ankam, weil er sich zunächst einmal über die Geeignetheit des Objekts schlüssig werden wollte, wenn also durch den (unvollständigen) Nachweis das Interesse des Maklerkunden – zunächst – voll befriedigt wurde und der Kunde den Hauptvertrag später abschließt, ohne dem Makler – obwohl dies im Einzelfall geboten gewesen wäre – die Gelegenheit zu geben, die zunächst unvollständige Maklerleistung vollständig zu erbringen.	OLG Düsseldorf, 05.09.2008 – 7 U 185/07, NZM 2009, 824 = IMR 2010, 70 = MDR 2009, 252 = NJW-RR 2009, 487
Keine Maklerprovision nach fehlgegangenem Erwerb in der Zwangsvollstreckung § 652 Abs. 1 BGB	1. Für den Provisionsanspruch des Maklers genügt grundsätzlich der Abschluss des schuldrechtlichen Hauptvertrags. 2. Anderes gilt, wenn der Maklervertrag einer Auslegung dahin zugänglich ist, dass der Provisionsanspruch entfällt, wenn der wirtschaftliche Zweck des Hauptvertrags wegfällt. 3. Der Erwerb eines Grundstücks in der Zwangsversteigerung begründet keine Provisionspflicht für das vom Makler benannte Grundstück, es sei denn, der Erwerb in der Zwangsversteigerung wird durch Individualvereinbarung dem Abschluss eines Grundstückskaufvertrags gleichgestellt.	OLG Frankfurt am Main, 20.08.2008 – 19 U 34/08, NZM 2009, 445 = NJW-RR 2009, 281

§ 37 Rechtsanwalt und Geschäftsraummiete

		Rn.
I.	Bearbeitung eines Vertragsmandats – Grundlagen	3310
II.	Honorar des Rechtsanwalts – Überblick	3313
III.	Streitwertbestimmung	3316
IV.	Spezialfragen zum Anwaltshonorar bei der Geschäftsraummiete	3326
	1. Zahlungs- und Feststellungsantrag in einer Klage	3326
	2. Erstattungsansprüche gegenüber dem Gegner	3327
	3. Entwurf eines Miet- oder Pachtvertrages	3337
	4. Vertretung von Gesellschaften bürgerlichen Rechts (GbR)	3342
V.	Fachanwalt für Miet- und WEG-Recht	3343
	1. Wie wird man Fachanwalt?	3343
	2. Praxistipps für das Fachanwalts-Verfahren	3347
VI.	Spezielle Pflichten und Haftung des Anwalts im Mietrecht	3348
	1. Grundsätze	3348
	2. Beispielsfälle	3351

I. Bearbeitung eines Vertragsmandats – Grundlagen

3310 Ein Vertragsmandat beginnt bereits lange vor der Arbeit am Vertragstext. Bereits beim ersten Telefonat mit dem Mandanten sollte geklärt werden, was der Mandant will (Grundzüge), wann er es will und welche Informationen der Anwalt braucht. Wichtig ist auch, dass nur eine **aktive Zusammenarbeit mit dem Mandanten** Erfolg bringen kann. Der Mandant kann i.d.R. den Vertrag als Endergebnis inhaltlich nicht beurteilen (sonst bräuchte er den Anwalt nicht), sodass der Anwalt permanent gefragt ist, das Gewünschte und das Machbare zu ermitteln. Und das Wichtigste: Der Mandant will wissen, wie es geht und nicht, wie es nicht geht.

3311 Anwälte sind hier gehalten, mit dem Mandanten konstruktiv die Vertragsgrundlagen zu erarbeiten und Lösungen zu suchen. Natürlich ist es dafür zwingend erforderlich, dass die Risiken und Grenzen abgesteckt werden. Unternehmer-Mandanten erwarten aber i.d.R., dass der Anwalt dies sozusagen vorfiltert und ihnen dann pragmatisch darlegt, welche Gestaltungen im Hinblick darauf möglich sind.

3312 Vom Aufbau her lassen sich zwei gebräuchliche Arten von Mietverträgen unterscheiden: Variante 1 enthält in den jeweiligen Paragrafen alle zu der jeweiligen Thematik passenden Ausführungen; Variante 2 gliedert den Vertragstext in Teil 1 „Besondere Bestimmungen", der konkrete Regelungen zu Kernthemen des Vertrages enthält (Objekt, Dauer, Miethöhe etc.), und Teil 2 „Allgemeine Bestimmungen", wo in längeren Ausführungen allgemeine Themen festgeschrieben werden (etwa Art der Nebenkosten, Untermiete). Beide Varianten haben Vor- und Nachteile und sind letztlich Geschmackssache. Ist alles, was z.B. zu den Nebenkosten gehört, auch in einem einzigen Paragrafen geregelt, wissen beide Parteien, woran sie sind, wenn sie diesen durcharbeiten; bei Variante 2 muss man sich hingegen oft die Vorschriften aus dem Vertrag zusammensuchen, was die Sache komplizierter macht. Hingegen ist diese Vertragsgestaltung für Profis oft zeitsparender, da in den „Allgemeinen Bestimmungen" oft diejenigen branchenüblichen Regelungen enthalten sind, die ohnehin nicht zur Disposition stehen, sodass man sich auf das Aushandeln der besonderen Bestimmungen konzentrieren kann.

II. Honorar des Rechtsanwalts – Überblick

Zu trennen sind bei den Honorarfragen von Anwälten die gesetzlichen Gebühren **nach dem RVG** (vor dem 01.07.2004: BRAGO) und Gebührenansprüche aus **gesonderten Vergütungsvereinbarungen**. Das RVG selbst enthält keine Sonderregelungen für Mietsachen. Nach § 2 Abs. 1 RVG berechnen sich die Gebühren nach dem Gegenstandswert, nach § 2 Abs. 2 RVG bestimmt sich dann die konkrete Höhe der Gebühren nach dem Vergütungsverzeichnis (VV) zum RVG. § 23 Abs. 1 RVG verweist für die Berechnung des Gegenstandswertes auf § 41 GKG, die Spezialregelung für Mietsachen, die den § 16 GKG a.F. abgelöst hat. 3313

Welche Gebühren der Anwalt konkret abrechnen darf, richtet sich grds. nach dem Auftrag und der Art der Tätigkeit. Die wichtigsten Bestimmungen sind hier Nr. 2400 VV RVG (außergerichtliche Vertretung; Geschäftsgebühr von 0,5 – 2,5) und Nr. 3100 VV RVG (gerichtliche Tätigkeit; Verfahrensgebühr von 1,3). 3314

Vergütungsvereinbarungen sind immer dann sinnvoll, wenn das RVG den Arbeitsaufwand nicht angemessen honoriert oder eine Abschätzung nicht möglich ist; sie bieten sich aber ggü. Geschäftsleuten oft auch an, weil diese mit einer klaren Vereinbarung mehr anfangen können als mit dem diffusen RVG, das schon für Juristen schwer zu durchschauen ist. Im Mietbereich sind Honorarabsprachen v.a. bei der Fertigung von Vertragsentwürfen oder komplexeren Angelegenheiten (Shopping-Center etc.) zu empfehlen. Abweichungen vom RVG sind möglich, wenn sie individuell mit dem Mandanten vereinbart werden. Will man sie im Streitfall auch durchsetzen, muss – wenn eine höhere als die gesetzliche Vergütung vereinbart wird – die Vereinbarung **schriftlich** und getrennt von einer Vollmacht erfolgen, § 4 Abs. 1 RVG. 3315

III. Streitwertbestimmung

§ 23 Abs. 1 RVG verweist für die Bestimmung des Gegenstandswertes auf das GKG. Gem. § 48 Abs. 1 Satz 2 Halbs. 1 GKG richtet sich der Gebührenstreitwert in erster Linie nach den für die Zuständigkeit des Prozessgerichtes oder die Zulässigkeit eines Rechtsmittels geltenden Vorschriften. Dies ist in den §§ 3 bis 9 ZPO geregelt. Nach § 48 Abs. 1 Satz 1 Halbs. 2 GKG gilt dies aber nur „soweit nichts anderes bestimmt ist". Vorrangig sind also Sonderregelungen. Eine solche trifft § 41 GKG für alle Mietsachen. Bei einem Streit über das Bestehen oder die Dauer eines Mietverhältnisses richtet sich der Gebührenstreitwert nach § 41 Abs. 1 GKG, nicht nach § 8 ZPO. Die Wertberechnung nach § 8 ZPO ist nur für den Zuständigkeits- und Rechtsmittelwert (Beschwer) maßgeblich.[5111] 3316

Zudem können über § 23 Abs. 3 RVG noch bestimmte Vorschriften der KostO für die Streitwertbestimmung maßgeblich sein. 3317

Die „Ketten" zur Bestimmung des Streitwertes lauten also wie folgt: 3318

- § 23 Abs. 1 RVG – § 48 Abs. 1 Satz 2 Halbs. 2 GKG – § 41 GKG für die dort geregelten Tatbestände.
- § 23 Abs. 1 RVG – KostO für dort geregelte Sondertatbestände.

[5111] BGH, 22.02.2006 – XII ZR 134/03, GuT 2006, 156 = NZM 2006, 378 = Info M 2006, 210 = MDR 2006, 980 – 981 = NJW-RR 2006, 1004.

- § 23 Abs. 1 RVG – § 48 Abs. 1 Satz 2 Halbs. 2 GKG – §§ 3 bis 9 ZPO für in § 41 GKG nicht geregelte Tatbestände.

3319 § 41 GKG ist eine Sondervorschrift für den Gebührenstreitwert bei Miet-, Pacht- und ähnlichen Nutzungsverhältnissen. In § 41 Abs. 1 bis Abs. 4 GKG geht es im Wesentlichen um Streitigkeiten, die das Bestehen oder die Beendigung von Mietverhältnissen betreffen, während Abs. 5 den Streitwert für Mieterhöhungen von Wohnraum regelt.

> **Hinweis:**
>
> Der für die sachliche Zuständigkeit des Gerichtes maßgebliche Streitwert ermittelt sich nicht nach dem GKG, sondern ausschließlich nach der ZPO. Überwiegend greift § 8 ZPO, sodass es auf die Miete für die gesamte streitige Zeit, höchstens aber den 25-fachen Jahresbetrag, ankommt.

3320 **Ist das Bestehen oder die Dauer eines Miet-, Pacht- oder ähnlichen Nutzungsverhältnisses** streitig, ist nach § 41 Abs. 1 Satz 1 GKG der Betrag des auf die streitige Zeit entfallenden Entgelts und, wenn das einjährige Entgelt geringer ist, ist dieser Betrag für die Wertberechnung maßgebend. Das Entgelt nach § 41 Abs. 1 Satz 1 GKG umfasst nach Satz 2 der Vorschrift neben dem Nettogrundentgelt Nebenkosten dann, wenn diese als Pauschale vereinbart sind und nicht gesondert abgerechnet werden.

3321 Geht es um die **Räumung eines Miet- oder Pachtobjekts**, ist nach § 41 Abs. 2 Satz 1 GKG ohne Rücksicht darauf, ob über das Bestehen des Nutzungsverhältnisses Streit besteht, das für die Dauer eines Jahres zu zahlende Entgelt maßgebend, wenn sich nicht nach Abs. 1 ein geringerer Streitwert ergibt. Wird die Räumung oder Herausgabe auch aus einem anderen Rechtsgrund verlangt, ist der Wert der Nutzung eines Jahres maßgebend, § 41 Abs. 2 Satz 2 GKG.

> **Hinweis:**
>
> § 41 Abs. 1, Abs. 2 GKG betreffen nur Räumungsklagen wegen Beendigung des Mietverhältnisses, also z.B. wegen Kündigung oder Zeitablauf bei Befristung. Geht es nicht um die Beendigung, gilt § 41 GKG nicht.

3322 Der Begriff „Miete" i.S.d. vor dem 01.07.2004 geltenden Fassung des § 41 GKG war strittig. Die Frage kreiste hauptsächlich darum, ob die **Nettomiete** (= Miete ohne Heiz- und Nebenkosten),[5112] die volle **Bruttomiete**[5113] oder die **Bruttomiete (nur) mit Abzug verbrauchsabhängiger Kosten** anzusetzen war.[5114] Der berühmte Federstrich des Gesetzgebers hat diesen Streit zur Makulatur werden lassen. Nach § 41 Abs. 1 Satz 2 GKG werden Nebenkosten nur dann mitgerechnet, wenn diese als Pauschale vereinbart sind und nicht gesondert

---

[5112] Vgl. z.B. LG Rostock, 23.08.2002 – 2 T 147/02, NZM 2002, 857; AG Hamburg-Bergedorf, 09.10.2001 – 409 C 243/01, NZM 2002, 858.

[5113] Vgl. z.B. OLG Hamburg, 12.01.2004 – 4 W 106/03, MietRB 2004, 170; OLG Düsseldorf, 31.01.2002 – 24 W 68/01, NZM 2003, 24; LG Paderborn, 22.07.2002 – 3 T 104/02, MDR 2003, 56.

[5114] Vgl. LG Neuruppin, 13.10.11998 – 4 T 129/98, NZM 1999, 304; LG Saarbrücken, 05.01.1991 – 5 T 711/92, MDR 1994, 316.

abgerechnet werden.[5115] Trotz des missverständlichen Begriffs „Nettogrundentgelt" in § 41 Abs. 1 Satz 2 GKG, der sich nur auf die Grundmiete und Nebenkosten bezieht, ist **etwaige USt hinzuzurechnen**.[5116]

Nach § 41 Abs. 2 GKG gilt die Nettomiete für ein Jahr, wenn nicht der auf die streitige Zeit entfallende Betrag (Abs. 1) geringer ist. Berechnungsgrundlage ist die tatsächlich geforderte Miete. § 41 Abs. 1 GKG kann dann in folgenden Fällen relevant werden: 3323
- wenn die Dauer des Mietverhältnisses (nur noch) weniger als ein Jahr beträgt, z.B. bei Befristungen,
- wenn der Mieter die Berechtigung zur Kündigung nur für einen Zeitraum bestreitet, der unter einem Jahr liegt,
- wenn der Beklagte sofort ausdrücklich die Räumung zu einem bestimmten Termin, der vor Ablauf eines Jahres liegt, anerkennt.

Bei einer **Staffelmiete** mit unterschiedlich hohen Mieten in verschiedenen Zeiträumen ist der maßgebliche Jahresbetrag aus dem höchsten Entgelt zu errechnen.[5117] 3324

Die Streitgegenstände einer auf Feststellung der Mietvertragsbeendigung gerichteten Klage und der auf Mietzahlung gerichteten Widerklage sind i.S.d. § 45 Abs. 1 Satz 3 GKG identisch, sodass für die Wertberechnung nur der – höhere – Streitwert der Klage maßgeblich ist.[5118] 3325

IV. Spezialfragen zum Anwaltshonorar bei der Geschäftsraummiete

1. Zahlungs- und Feststellungsantrag in einer Klage

Werden in einer Klage durch **Leistungsantrag ein Mietzinszahlungsanspruch** und durch **Feststellungsantrag das Bestehen oder Nichtbestehen des Mietverhältnisses** – etwa nach Kündigung des Mieters – geltend gemacht, so sind die beiden Ansprüche einzeln zu bewerten und sodann zu addieren, wenn und soweit der Zeitraum, für den Zahlung verlangt wird, und der Zeitraum, für den das Bestehen oder Nichtbestehen des Mietverhältnisses festgestellt werden soll, sich nicht decken.[5119] Wenn und soweit sich die Zeiträume überschneiden, ist allein auf den höheren Anspruch abzustellen, da es sich im Umfang der zeitlichen Kongruenz wirtschaftlich um denselben Gegenstand handelt.[5120] Dies gilt auch dann, wenn Zahlungs- und Feststellungsbegehren nicht im Verhältnis von Klage und Widerklage stehen.[5121] 3326

5115 Vgl. auch KG, 25.10.2004 – 8 W 75/04, GuT 2004, 237.
5116 KG, 15.01.2007 – 12 W 5/07, NZM 2007, 518; KG, 29.03.2005 – 8 W 20/05, GuT 2005, 179; OLG Düsseldorf, 29.06.2004 – 10 W 61/04, NZM 2005, 240; KG, 17.06.1999 – 8 W 4592/99, NZM 2000, 659 = NJW-RR 2000, 966.
5117 BGH, 30.10.2007 – VIII ZR 163/07.
5118 BGH, 02.11.2005 – XII ZR 137/05, NZM 2006, 138, 139; BGH, 25.07.2007 – XII ZR 37/07; OLG Düsseldorf, 20.09.2007 – 10 U 46/07, GuT 2007, 363 = IMR 2008, 46.
5119 BGH, 22.02.2006 – XII ZR 134/03, NZM 2006, 378 = GuT 2006, 156 (LS) = InfoM 2006, 210.
5120 BGH, 22.02.2006 – XII ZR 134/03, NZM 2006, 378 = GuT 2006, 156 (LS) = InfoM 2006, 210. BGH, 02.11.2005 – XII ZR 137/05, NZM 2006, 138 = ZMR 2006, 190 = MDR 2006, 657.
5121 BGH, 17.03.2004 – XII ZR 162/00, GuT 2004, 133 (LS) = NZM 2004, 423 = ZMR 2004, 494 unter 2. a).

2. Erstattungsansprüche gegenüber dem Gegner

3327 Für die **gerichtliche Tätigkeit** gilt Folgendes: Liegt ein gerichtlicher Kostenfestsetzungsbeschluss vor, ist zumindest formell geklärt, ob der Mandant das Geld vom Gegner wiederbekommt. Bei einem **sofortigen Anerkenntnis** des Beklagten können die Kosten beim Kläger hängen bleiben. Hat nämlich der beklagte Mieter nicht durch sein Verhalten zur Erhebung der Klage Veranlassung gegeben, so fallen dem Kläger die **Prozesskosten** zur Last, wenn der Beklagte den Anspruch sofort anerkennt, § 93 ZPO. Unterlässt der Mieter auf Anfrage des Vermieters nach wirksamer Kündigung eine Erklärung über seine Räumungsabsichten und entsteht für den Vermieter somit Anlass zu einer Räumungsklage, so hat der Mieter jedenfalls bei einem gewerblichen Mietverhältnis auch bei einem sofortigen Anerkenntnis gem. § 93 ZPO die Kosten des Rechtsstreits zu tragen.[5122]

> **Hinweis:**
> Die schriftliche Anfrage, ob der Mieter nach der Kündigung nun ausziehen werde oder nicht, kann zu einer Kostentragungspflicht des Mieters auch bei sofortigem Anerkenntnis im Räumungsklageverfahren führen.

3328 Problematischer sind die **außergerichtlichen Kosten**, z.B. für Mahnungen, Abmahnungen, Kündigungen. Es gibt keinen automatischen Kostenerstattungsanspruch, auch nicht bei unberechtigter Inanspruchnahme.

Beispiel:
Die Inanspruchnahme wegen einer Geldforderung begründet nicht ohne Weiteres einen materiell-rechtlichen Kostenerstattungsanspruch des in Anspruch Genommenen hinsichtlich der für die außergerichtliche Abwehr des Anspruches aufgewendeten Anwaltskosten.[5123]

3329 Der Mandant kann nur dann Kostenerstattung verlangen, wenn er einen entsprechenden materiell-rechtlichen Anspruch gegen den Gegner besitzt.[5124] Dieser kann auf verschiedenen Anspruchsgrundlagen beruhen:

- Verzug,
- Schadensersatz wegen Pflichtverletzung,
- unerlaubte Handlung,
- GoA.

Neben dem Bestehen einer dieser Anspruchsgrundlagen des Mandanten ggü. dem Gegner verlangt die Rechtsprechung, dass die Inanspruchnahme eines Anwalts **erforderlich** war.[5125] Das trifft in einfach gelagerten Fällen nur dann zu, wenn der Geschädigte **geschäftlich ungewandt**

[5122] OLG Stuttgart, 07.05.1999 – 5 W 16/99, NZM 2000, 95 = WuM 1999, 414 = ZMR 1999, 553 = MDR 1999, 1189.
[5123] BGH, 12.12.2006 – VI ZR 224/05, IBR 2007, 168 = MDR 2007, 654.
[5124] AG Baden-Baden, 01.02.2006 – 7 C 497/05, NJOZ 2006, 2114.
[5125] OLG Karlsruhe, 22.12.1989 – 14 U 168/88, NJW-RR 1990, 929; LG Gießen, 13.10.2009 – 1 S 71/09, IMR 2010, 175 = NZM 2010, 361 = ZMR 2010, 184 = WuM 2009, 666 = InfoM 2010, 268.

ist oder die **Schadensregulierung verzögert** wird.[5126] Die Formulierungen zeigen bereits, dass entsprechende Entscheidungen aus dem Verkehrsunfallrecht stammen. Man kann aber festhalten, dass in allen Fällen, die nicht mehr „einfach gelagert" sind, die Hinzuziehung eines Anwalts erforderlich ist. Ein einfacher Fall scheidet aus, wenn juristischen Kenntnisse notwendig sind oder der Gegner „juristische Drohungen" oder sonstigen Repressalien ausspricht oder ankündigt. Angesichts der extrem umfangreichen Judikatur im Mietrecht und den vielen formalen Fußangeln ist die Konsultation eines Anwalts im Regelfall erforderlich.

Kann ein Vermieter eine Kündigung wegen Zahlungsverzugs durch **fachkundiges Personal** selbst aussprechen, sollen die Beauftragung eines Anwalts und die damit verbundenen Kosten nicht erforderlich sein.[5127] Einem gewerblichen Großvermieter soll es daher zuzumuten sein, eine Formularkündigung wegen Zahlungsverzugs nebst Räumungsverlangen, die bereits zuvor in gleich gelagerten Fällen erklärt wurde, selbst auszusprechen.[5128] Bei „einfachst" gelagerten Fällen einer außerordentlichen Kündigung sollen bei einem gewerblichen Vermieter die Kosten für die Beauftragung eines Anwalts zur Abfassung des Kündigungsschreibens nicht erstattungsfähig sein[5129] und zwar auch dann nicht, wenn der Großvermieter nicht über eine eigene Rechtsabteilung verfügt.[5130] Dies ist abzulehnen, da ein Unternehmer selbst entscheiden können muss, für was er sein Personal einsetzt; hat der Mieter Anlass zu einer Kündigung gegeben, liegt immer eine Situation vor, die die Beauftragung eines Anwalts erforderlich macht. Folgt man dieser Meinung nicht, liegt Erforderlichkeit jedenfalls bei privaten, aber auch bei gewerblichen Vermietern vor, die weder über rechtkundiges Personal noch eigene besondere Rechtskunde verfügen.[5131]

3330

> **Praxistipp:**
>
> Führt der Anwalt den Verzug erst durch Anwaltsschreiben herbei, besteht kein Kostenerstattungsanspruch. Geprüft werden sollten hier immer § 286 Abs. 2 BGB (Verzug durch Fixtermin) und § 286 Abs. 3 BGB (Verzug bei Geldschulden 30 Tage nach Rechnungszugang), durch die vielleicht schon Verzug eingetreten ist.

Dementsprechend differenziert auch die **Rechtsprechung**. Ein materiell-rechtlicher Schadensersatzanspruch auf Ersatz der vom Vermieter für einen Räumungsrechtsstreit aufgewandten Gerichts- und Anwaltskosten besteht nur dann, wenn sich der Mieter bei Klageerhebung mit der Räumung selbst in Verzug befand, nicht aber schon dann, wenn er lediglich mit der Mietzahlung in Verzug geraten war.[5132]

5126 BGH, 08.11.1994 – VI ZR 3/94, BGHZ 127, 350.
5127 LG Gießen, 13.10.2009 – 1 S 71/09, IMR 2010, 175 = NZM 2010, 361 = ZMR 2010, 184 = WuM 2009, 666 = InfoM 2010, 268.
5128 LG Gießen, 13.10.2009 – 1 S 71/09, IMR 2010, 175 = NZM 2010, 361 = ZMR 2010, 184 = WuM 2009, 666 = InfoM 2010, 268.
5129 BGH, 06.10.2010 – VIII ZR 271/09, IMR 2011, 7 = NZM 2011, 34; LG Dortmund, 21.04.2010 – 17 S 178/09, BeckRS 2010, 17785.
5130 BGH, 06.10.2010 – VIII ZR 271/09, IMR 2011, 7 = NZM 2011, 34.
5131 Ähnlich LG Heidelberg, 29.02.2008 – 5 S 79/07.
5132 LG Köln, 04.11.1998 – 20 O 343/98, MDR 2000, 730.

3331 Ausnahmsweise kann aber auch ein Erstattungsanspruch wegen „**Anspruchsberühmung**" bzw. einer „**Mondforderung**" bestehen, denn das zwischen Mietparteien bestehende Schuldverhältnis umfasst grds. auch die nachvertragliche Nebenpflicht, den Vertragspartner nicht entgegen Treu und Glauben mit einer **unbegründeten Forderung** zu überziehen (**Rücksichtnahmegebot**). Der Vermieter haftet auf Schadensersatz gem. § 280 BGB durch Übernahme der Kosten des Mieteranwalts, wenn er schuldhaft eine (Neben-) Pflicht aus dem Mietverhältnis verletzt. Eine Vertragspartei verletzt das Rücksichtnahmegebot, wenn sie von der anderen Partei etwas verlangt, was nach dem Vertrag nicht geschuldet ist und muss dann die Anwaltskosten des Vertragspartners übernehmen.[5133] Den damit zwangsläufig verbundenen Rechtsverfolgungsschaden des vermeintlichen Schuldners hat dann der sich berühmende Gläubiger gem. §§ 280, 278, 249 BGB zu ersetzen, soweit er nicht nach § 91 ZPO erstattungsfähig ist.[5134]

3332 Hilfreich für diese Argumentation sind folgende Auszüge aus den Entscheidungsgründen des LG Stendal:[5135]

> „Im Streitfall waren die Parteien durch einen Mietvertrag schuldrechtlich verbunden. Dieser entfaltet auch nach Vertragsende grundsätzlich die nachvertragliche Treuepflicht der Parteien, den jeweiligen Gegner nicht mit offensichtlich unbegründeten Forderungen oder Klage zu überziehen. Dies folgt bereits aus dem in der Rechtsprechung anerkannten Grundsatz, dass für jede Partei eines Schuldverhältnisses die aus § 242 BGB abgeleitete Pflicht besteht, sich so zu verhalten, dass Leben, Körper, Eigentum und Vermögen der anderen Vertragspartei möglichst nicht verletzt werden (vgl. BGH vom 10.03.1983 – III ZR 169/81, MDR 1983, 1000 = NJW 1983, 2813; BGH v. 13.01.2004 – XI ZR 479/02, MDR 2004, 458). Diese wechselseitige materiell-rechtliche Beziehung umfasst nach Auffassung der Kammer grundsätzlich auch die Verpflichtung, den Vertragspartner nicht entgegen Treu und Glauben mit einer unbegründeten Forderung zu überziehen (a.A. Stenbuck, MDR 2006, 427, 429, der eine über das Erhaltungs- und Integritätsinteresse hinausgehende Rücksicht nicht verlangen will). Zur Erfüllung dieser vertraglichen Nebenpflicht ist der vermeintlich Gläubiger zumindest verpflichtet, sich hinsichtlich der berühmten Forderung rechtskundig beraten zu lassen, eher er seinen Vertragspartner mit einer unbegründeten Forderung vorgerichtlich oder gerichtlich überzieht. Versäumt er dies, liegt bereits in diesem Versäumnis eine schuldhafte Nebenpflichtverletzung des Vertrages. Versäumt er dieses nicht und zieht er – wie hier – rechtskundigen Rat ein, dann bedient er sich des rechtskundigen Beraters bei der Erfüllung seiner vertraglichen Nebenpflicht. Hierfür haftet er jedoch nach § 278 dergestalt, dass ihm ein Verschulden seines rechtlichen Beraters zugerechnet wird. In beiden Fallkonstellationen ist also ein Verschulden zu bejahen, wenn die geltend gemachte Forderung offenkundig von Rechtswegen nicht besteht, sodass er den Vermögensschaden, der dem Gegner durch das unbegründete Sichberühmen oder Geltendmachen der Forderung dadurch entsteht, dass er sich seinerseits rechtlicher Beratung und Hilfe bedient, ersetzen muss."

[5133] BGH, 16.01.2009 – V ZR 133/08, InfoM 2009, 502: Streit um Fälligkeit des Kaufpreises bei einem Bauträgervertrag; BGH, 23.01.2008 – VIII ZR 246/06: Mängelbeseitigungsverlangen eines Käufers; LG Stendal, 12.10.2006 – 22 S 86/06, MDR 2007, 389: Hilfe eines RA darf auch zu einem frühen Zeitpunkt in Anspruch genommen werden.
[5134] LG Stendal, 12.10.2006 – 22 S 86/06, MDR 2007, 389.
[5135] LG Stendal, 12.10.2006 – 22 S 86/06, MDR 2007, 389.

Eine **Pflichtverletzung** kann nach der Rechtsprechung in Folgendem liegen: 3333
- Geltendmachung eines nicht bestehenden Kündigungsrechts.[5136]
- Der Vermieter von Gewerberäumen beansprucht eine Mieterhöhung, obwohl der Mietvertrag eine solche nicht vorsieht.[5137]
- Verwendung unwirksamer AGB.[5138]
- Geltendmachung eines unberechtigten Räumungsanspruchs.[5139]
- Unberechtigte Forderung nach Schönheitsreparaturen.[5140]

Die mit Anwaltsschreiben ohne **Vorlage der (Original-) Vollmachtsurkunde** ausgesprochene Vermieterkündigung soll den Tatbestand der Verletzung des Mietvertrags erfüllen und den Vermieter zum Ersatz der Kosten des zu seiner Abwehr vom Mieter eingeschalteten RA verpflichten.[5141] Dies ist abzulehnen, da die fehlende Originalvollmacht die Kündigung selbst nicht unwirksam, sondern lediglich zurückweisbar gem. § 174 BGB macht, sodass im Ergebnis keine für einen Schadensersatzanspruch erforderliche schuldhafte Pflichtwidrigkeit vorliegt.[5142] 3334

Keine Vertragsverletzung liegt in der fahrlässigen Erhebung einer unbegründeten Klage.[5143]

Erforderlich ist ein **Verschulden**, d.h. der Anspruchserhebende muss zumindest fahrlässig handeln, § 280 Abs. 1 Satz 2 BGB. Das Verschulden scheidet aus, wenn der Anspruchssteller den Anspruch als plausibel ansehen durfte.[5144] Macht eine Vertragspartei als letztlich ungerechtfertigte Ansprüche geltend, die sie zunächst für plausibel halten durfte, so hat der Vertragspartner keinen Anspruch auf Erstattung der Rechtsanwaltskosten, die ihm für die Zurückweisung der Forderung entstanden sind. 3335

Zur **Beweislast**: Die Pflichtwidrigkeit muss der Gläubiger darlegen und beweisen, also derjenige, der den Schadensersatz geltend macht. Hingegen muss die Plausibilität vom Schuldner bewiesen werden, also demjenigen, der den Anspruch pflichtwidrig geltend gemacht hat. Das Handeln eines Anwalts wird dem Schuldner dabei zugerechnet (§ 278 BGB, Erfüllungsgehilfe).[5145] 3336

3. Entwurf eines Miet- oder Pachtvertrages

Soll der Anwalt einen Miet- oder Pachtvertrag für den Mandanten entwerfen, so kann dieser Gegenstand der anwaltlichen Tätigkeit kein Gegenstand eines gerichtlichen Verfahrens sein. 3337

5136 BGH, 18.05.2005 – VIII 368/03, InfoM 2005, 233.
5137 AG Spandau, 22.10.2009 – 9 C 216/09, InfoM 2009, 475: Unwirksame einseitige „Mieterhöhungserklärung" bei einer Arztpraxis.
5138 BGH, 08.10.1987 – VII ZR 358/86, NJW 1988, 197.
5139 BGH, 28.11.2001 – XII ZR 197/99.
5140 KG, 18.05.2009 – 8 U 190/08, InfoM 2009, 474; LG Berlin, 21.04.2010 – 67 S 460/09, IMR 2011, 12: beharrliches Renovierungsverlangen des Vermieters der Wohnung.
5141 AG Berlin-Tiergarten, 14.01.2010 – 7 C 41/09, IMR 2011, 13.
5142 Ebenso Fodor, IMR 2011, 13.
5143 BGH, 23.01.2008 – VIII ZR 246/06.
5144 BGH, 16.01.2009 – V ZR 133/08, InfoM 2009, 502 = IBR 2009, 206: Streit um Fälligkeit des Kaufpreises bei einem Bauträgervertrag.
5145 LG Stendal, 12.10.2006 – 22 S 86/06, MDR 2007, 389.

Folge: § 23 Abs. 1 Satz 3 RVG (= § 8 Abs. 1 Satz 2 BRAGO a.F.) und folglich die Wertvorschriften für Gerichtskosten nach §§ 12 ff. GKG, §§ 3 ff. ZPO sind **nicht anwendbar**. Es gilt vielmehr § 23 Abs. 3 Satz 1 RVG, wonach für den Gegenstandswert in anderen Angelegenheiten die Vorschriften der KostO maßgeblich sind, wenn sich aus dem RVG nichts anderes ergibt.

3338 Die **KostO** enthält folgende wichtige Vorschriften für den hier relevanten Miet- und Immobilienbereich:

- § 18 Abs. 2 KostO: Grundsätze für den Geschäftswert,
- § 19 KostO: Bewertung von Sachen und von Grundbesitz,
- § 20 KostO: Wert bei Kauf; Vorkaufs- und Wiederkaufsrecht,
- § 21 KostO: Erbbaurecht; Wohnungseigentum,
- § 22 KostO: Grunddienstbarkeit,
- § 23 KostO: Pfandrecht und sonstige Sicherungen; Rangänderung,
- § 24 KostO: Wiederkehrende Leistungen und Nutzungen,
- § 25 KostO: Miet- und Pachtvertrag; Dienstvertrag,
- § 39 Abs. 2 KostO: Austauschverträge.

3339 § 25 KostO ist maßgebliche Norm für den Entwurf eines Miet- oder Pachtvertrages und lautet wie folgt:

§ 25 KostO
Miet- und Pachtrechte, Dienstverträge

(1) Der Wert eines Miet- oder Pachtrechts bemisst sich nach dem Wert aller Leistungen des Mieters oder Pächters während der ganzen Vertragszeit. Bei Miet- oder Pachtrechten von unbestimmter Vertragsdauer ist der Wert dreier Jahre maßgebend; ist jedoch die Auflösung des Vertrags erst nach einem längeren Zeitraum zulässig, so ist dieser maßgebend. In keinem Fall darf der Wert den 25-fachen Betrag der einjährigen Leistung übersteigen.

(2) Der Wert eines Dienstvertrags bemisst sich nach dem Wert aller Bezüge des zur Dienstleistung Verpflichteten während der ganzen Vertragszeit, höchstens jedoch nach dem 3-fachen Jahresbetrag der Bezüge.

> **Hinweis:**
> Danach kommt es also darauf an, ob das Mietverhältnis unbefristet oder befristet eingegangen werden soll. Es gilt nicht § 41 GKG, nach dem max. eine Jahresmiete gelten würde!

3340 **Variante 1: Befristeter Mietvertrag**

Beispiel:

RA A wird von Mandant B beauftragt, einen Mietvertrag zu entwerfen. Der Mandant will Räume zum Betrieb eines Ladens für 15 Jahre vermieten, monatliche Miete 5.000,00 €, Kaution 15.000,00 €.

Gebührenberechnung für Variante 1: Bei Miet- oder Pachtverträgen mit bestimmter Vertragsdauer bemisst sich der Wert gem. § 25 Abs. 1 Satz 1, Satz 3 KostO nach dem Gesamtbetrag der Leistungen des

Mieters oder Pächters während der gesamten Vertragszeit, begrenzt auf den 25-fachen Jahresbetrag. Der Gegenstandswert errechnet sich also wie folgt:

5.000,00 € × 12 Monate × 15 Jahre =	900.000,00 €
zzgl. Kaution =	<u>15.000,00 €</u>
Summe Gegenstandswert =	915.000,00 €

Aus diesem Wert ist nun eine Geschäftsgebühr nach Nr. 2400 VV RVG zzgl. USt zu berechnen.

Variante 2: Unbefristeter Mietvertrag 3341

Beispiel:

Wie oben, aber der Mietvertrag soll unbefristet sein.

Gebührenberechnung für Variante 2: Bei Miet- oder Pachtverträgen von unbestimmter Vertragsdauer bemisst sich der Wert der anwaltlichen Tätigkeit nach dem Wert von drei Jahren (§ 25 Abs. 1 Satz 2 KostO). Nach § 25 Abs. 1 Satz 1 KostO sind dafür die Werte aller Leistungen des Mieters während der gesamten Vertragszeit maßgebend. Der Gegenstandswert ist danach wie folgt zu berechnen:

5.000,00 € × 12 Monate × 3 Jahre =	180.000,00 €
zzgl. Kaution =	<u>15.000,00 €</u>
Summe Gegenstandswert =	195.000,00 €

Aus diesem Wert ist nun eine Geschäftsgebühr nach Nr. 2400 VV RVG zzgl. USt zu berechnen.

4. Vertretung von Gesellschaften bürgerlichen Rechts (GbR)

Nach der neuen Rechtsprechung des BGH ist eine GbR rechts- und parteifähig, sofern es sich auch um eine Außengesellschaft handelt.[5146] Gebührenrechtlich ist Folgendes zu unterscheiden: 3342

- **GbR als Partei**: Wird der Auftrag durch die GbR erteilt (vertreten durch einen Gesellschafter etc.), hat der Anwalt nur einen Auftraggeber, sodass es nicht zu einer Gebührenerhöhung wegen mehrerer Auftraggeber kommt. Anders ist es, wenn die Gesellschafter dem Anwalt in eigenem Namen den Auftrag erteilen. Dies ist möglich, obwohl im Außenauftritt bei der Klage nur die GbR auftritt, was dann zur Folge hat, dass eine Erstattung der Gebührenerhöhung nicht vom Gegner gefordert werden kann.[5147]
- **Gesellschafter als Partei**: Im Aktivprozess kann die Gebührenerhöhung nicht vom Gegner verlangt werden, weil die GbR klagen könnte; anders ist es, wenn die Gesellschafter gemeinsam verklagt werden.[5148]

V. Fachanwalt für Miet- und WEG-Recht

1. Wie wird man Fachanwalt?

Der „Fachanwalt" ist ein geschützter Titel. Ein den auf den ersten Blick vergleichbar erscheinenden Zusatz „Spezialist für Mietrecht" führender RA hat nachzuweisen, dass er über ent- 3343

5146 BGH, 29.01.2001 – II ZR 331/00, vgl. NZM 2001, 299 = NJW 2001, 1056 = MDR 2001, 459.
5147 Hansens, AIM 2003, 9, 10.
5148 Hansens, AIM 2003, 9, 10 m.w.N.

sprechende theoretische Kenntnisse verfügt und auf dem benannten Gebiet in erheblichem Umfang tätig gewesen ist.[5149] Die Erlangung des Fachanwaltstitels richtet sich nach der **Fachanwaltsordnung** (FAO), die durch die Satzungsversammlung der Bundesrechtsanwaltskammer beschlossen und modifiziert wird. Zuständig sind die lokalen Rechtsanwaltskammern. Eine der Grundvoraussetzungen ist, dass der Antragsteller **mindestens drei Jahre als Anwalt zugelassen** ist. Er muss sodann – zunächst vereinfacht dargestellt – theoretische und praktische Kenntnisse auf dem jeweiligen Fachgebiet nachweisen. Besondere **theoretische Kenntnisse und besondere praktische Erfahrungen** liegen vor, wenn diese auf dem Fachgebiet erheblich das Maß dessen übersteigen, das üblicherweise durch die berufliche Ausbildung und praktische Erfahrung im Beruf vermittelt wird (§ 2 Abs. 2 FAO).

3344 Die Grundvoraussetzungen für die **praktischen Kenntnisse** für den Fachanwalt für Miet- und WEG-Recht sind in § 5j FAO geregelt. Danach muss der Anwalt 120 Fälle, davon mindestens 60 gerichtliche Verfahren bearbeitet haben. Mindestens 60 Fälle müssen sich auf die in § 14 Nr. 1 bis Nr. 3 FAO bestimmten Bereiche (Wohnraummiete, gewerbliche Miete, Pacht, Wohnungseigentumsrecht) beziehen. Für jeden dieser Bereiche sind mindestens fünf Fälle nachzuweisen. Maßgeblicher Zeitraum für die bearbeiteten Fälle sind die letzten drei Jahre vor der Antragsstellung (Zugang des Antrags bei der Rechtsanwaltskammer). Es können auch weiter zurückliegende Fälle in die erforderliche Fallliste aufgenommen werden, wenn der Schwerpunkt der Bearbeitung innerhalb der letzten drei Jahre erfolgte.

3345 Daneben muss der Anwalt auch **besondere theoretische Kenntnisse** nachweisen, damit ihm der Titel verliehen werden kann. Der Erwerb besonderer theoretischer Kenntnisse setzt nach § 4 FAO i.d.R. voraus, dass der Anwalt an einem auf die Fachanwaltsbezeichnung vorbereitenden anwaltsspezifischen Lehrgang teilgenommen hat, der alle relevanten Bereiche des Fachgebietes umfasst. Die Gesamtdauer des Lehrgangs muss, Leistungskontrollen nicht eingerechnet, mindestens 120 Zeitstunden betragen. Der Bereich des gewerblichen Mietrechts nimmt dabei meistens ca. 8 – 16 Std. in Anspruch. Der Anwalt muss sich dann gem. § 4a FAO mindestens **drei schriftlichen Leistungskontrollen** (Aufsichtsarbeiten) aus verschiedenen Bereichen des Lehrgangs erfolgreich unterzogen haben. Diese Klausuren dauern i.d.R. jeweils fünf Stunden.

3346 In Zweifelsfällen muss sich der Anwalt noch einem sog. Fachgespräch, also einer zusätzlichen mündlichen Prüfung unterziehen.

2. Praxistipps für das Fachanwalts-Verfahren

3347 **Wichtig**: Die Fachanwaltsordnung wird erfahrungsgemäß in unregelmäßigen Abständen geändert. § 5j FAO ist bspw. vor einiger Zeit so gefasst worden, dass sich von den erforderlichen 120 Fällen 60 Fälle auf die in § 14c Nr. 1 bis Nr. 3 FAO bestimmten Bereiche beziehen müssen. Vorher war dies durch ein Versehen als Nr. 1 **und** Nr. 3 in der FAO enthalten. Dies bedeutet: Während früher nur Fälle aus dem Recht der Wohnraummietverhältnisse und Wohnungseigentumsrecht vorgelegt werden mussten, müssen dies jetzt auch Fälle aus dem Gewerberaummietrecht und Pachtrecht sein.

5149 OLG Stuttgart, 24.01.2008 – 2 U 91/07, NZM 2008, 303.

V. Fachanwalt für Miet- und WEG-Recht

- Des Weiteren ist in § 5j FAO das **Fallquorum** festgelegt worden: Jeder der genannten drei Bereiche muss mindestens fünf Fälle in der Fallliste aufweisen.

- **Verfahrensweise der Kammern**: Nach wie vor ist diese in vielen Teilbereichen unterschiedlich (s.u.). Es gibt Kammern, die das ganze Antragsverfahren eher restriktiv und langwierig handhaben, andere wenige restriktiv und schneller. Öfter als im 3-Monats-Rhythmus tagen die zuständigen Fachausschüsse meistens nicht.

- **Termin für die Antragseinreichung**: Der Antragsteller sollte darauf achten, wann der nächste Ausschusstermin ist. Er sollte die Ausschussmitglieder anrufen, dies erfragen, damit er nicht möglicherweise seinen Antrag kurz davor bei der Kammer stellt, sodass dann wieder mehrere Monate ins Land ziehen, bis ein neuer Sitzungstermin ist. Die Ausschüsse tagen meist drei bis vier Mal im Jahr.

- In „**psychologischer Hinsicht**" sollte der Antrag wie folgt gestaltet werden: Abheften der Unterlagen in einem Leitzordner mit Trennblättern. Vorne das eigentliche Anschreiben, dann die Fallliste, dann die Klausuren (im Original!), sodann Arbeitsproben (kein „Muss"). Urkunde über den Nachweis der erfolgreichen Teilnahme am FA-Kurs.

- Dem Antrag sollte direkt der Verrechnungsscheck für die Kammerkosten beigefügt werden, da dies zu einer Beschleunigung des gesamten Verfahrens führt.

- Die Klausuren, die im Original zu überreichen sind, sollten unbedingt vor Übergabe an die Kammer kopiert werden, damit man Kopien hat, falls irgendetwas verloren geht. Es ist zu kontrollieren, ob die Klausuren auch tatsächlich eine Bewertung „unten drunter" enthalten und unterschrieben sind.

- Da der Antrag aus vielen Original-Unterlagen besteht (Teilnahmeurkunde, Klausuren etc.) sollte unbedingt für einen ordnungsgemäßen **Zugangsnachweis** bei der Kammer gesorgt werden (Versendung per Einschreiben-Rückschein oder im Idealfall sogar persönliche Abgabe gegen vorbereitete Quittung).

- **Fallliste**: Wohl alle Kammern präsentieren im Internet Muster-Falllisten. Der Antragsteller sollte sich diese genau anschauen und seine Fallliste so gestalten, wie dies seine Kammer wünscht. Die Fälle sollten unbedingt durchnummeriert werden. Es sollten zweckmäßigerweise unbedingt mehr als 120 Fälle angegeben werden, damit bei evtl. Zweifelsfragen immer noch 120 Fälle verbleiben.

- Bewertung von Mahnverfahren: Bei der Kammer Berlin werden diese z.B. überhaupt nicht als Fall zugelassen; in Hamm zählt dies z.B. als 0,5 Fall. Zwangsvollstreckungsfälle werden ebenfalls oft unterschiedlich bewertet – im Zweifelsfall bei der Kammer erkundigen.

- Erste Instanz und Berufungsinstanz: Nach wie vor erfolgt auch diesbezüglich eine unterschiedliche Handhabung bei den Kammern mit unterschiedlichen Argumentationen dahin, dass es sich um einen Lebenssachverhalt oder zwei Fälle handeln soll. Der Antragsteller sollte dies ebenfalls bei seinen Ausschussmitgliedern erfragen.

- Telefonberatung über Hotlines: ist grds. zumindest als Erstberatung zu sehen.

- Erstberatung: Z.T. wird dies je nach dem, was der Antragsteller dazu ausführt, als 0,5 – 1 Fall bewertet (wohl unterschiedliche Handhabung bei den Kammern).

- Tipp: Bereits lange vor Antragstellung im PC die Fallliste anlegen und die Tabelle erstellen. Nicht: Darauf hoffen, dass irgendwann mal Zeit ist und dies am Stück gemacht werden kann, diese Zeit kommt nie. Nach und nach dann bereits die neuen Fälle aus der Kanzlei im Mietrecht sofort in die Liste eintragen, umso weniger ist Recherche/Aktendurchsicht später erforderlich.
- **3-Jahres-Zeitraum**: Die 120 Fälle müssen sich im 3-Jahres-Zeitraum abspielen. Maßgeblicher Zeitpunkt ist rückwirkend der Eingang des Antrags bei der Kammer. Die Fälle müssen aber nicht in den drei Jahren begonnen haben, es reicht aus, wenn sie auch früher begonnen haben, aber der Schwerpunkt der Bearbeitung innerhalb der drei Jahre liegt. Der Antragsteller sollte in derartigen Frühfällen unbedingt relativ ausführliche Erläuterungen in seiner Liste zu dem „zeitlichen Schwerpunkt" des Falls machen. Maßgeblicher Termin für den Abschluss des Falles ist bei Gerichtsverfahren das Verkündungsdatum der abschließenden Entscheidung und nicht etwa das Ende etwaiger Kostenfestsetzungs- oder Zwangsvollstreckung oder gar die Ablage der Akte.
- Weitere Rechtsgebiete i.S.d. § 14c FAO (z.B. Maklerrecht, Nachbarrecht): Selbstverständlich können und sollten diese in der Fallliste aufgelistet werden. Es ist lediglich darauf zu achten, dass sich mindestens 60 Fälle auf die in 14c Nr. 1 bis Nr. 3 FAO bestimmten Bereiche beziehen.
- Dem Antragschreiben oder als zusätzliches Formular muss die **ausdrückliche Versicherung** beigefügt werden, dass die Fälle selbst bearbeitet wurden.
- Die Ausschussmitglieder des Fachausschusses, die die Anträge prüfen, erhalten für ihre Tätigkeit lediglich eine geringe Aufwandsentschädigung, sodass verständlicherweise wenig Interesse besteht, besonders viel Zeit zu investieren. Es handelt sich de facto um eine ehrenamtliche Tätigkeit. Die Antragsteller sollten deshalb versuchen, dem Ausschussmitglied die Arbeit so einfach wie möglich zu machen. Die Termine der Sitzungen sind eher großzügig, bei der Rechtsanwaltskammer Hamm ca. 2 1/2 – drei Monate. Wer also nicht rechtzeitig vor einem Ausschusstermin seinen Antrag so einreicht, dass der Sachbearbeiter die Unterlagen auch noch vor dem Termin ausreichend prüfen kann, rutscht sozusagen ca. drei Monate weiter.

VI. Spezielle Pflichten und Haftung des Anwalts im Mietrecht

1. Grundsätze

3348 In den letzten Jahren häufen sich Anwaltsregresse und Leitsätze von Gerichtsurteilen beginnen immer öfter mit der Formulierung „Ein Anwalt muss wissen ..." oder „Ein Anwalt hat die Pflicht ...". Dem Anwalt obliegt i.R.d. mit dem Mandanten bestehenden Geschäftsbesorgungsvertrages grds. die Pflicht, vermeidbare Nachteile für seinen Auftraggeber zu verhindern (**„sicherster Weg"**).[5150] Er hat den Mandanten in seiner Rechtssache grds. umfassend und möglichst erschöpfend rechtlich zu beraten. Insb. sind Zweifel und Bedenken, zu denen die Sach- oder Rechtslage Anlass gibt, sowie mögliche mit der Einleitung eines Rechtsstreits verbundene

---

[5150] BGH, 16.09.2010 – IX ZR 203/08, AnwBl. 2011, 69; BGH, 17.06.1993 – IX ZR 206/92, WuM 1993, 535 = VersR 1993, 1525 = MDR 1993, 1126 = NJW 1993, 2797; BGH, 17.12.1987 – IX ZR 41/86, NJW 1988, 1079, 1081; BGH, 19.12.1991 – IX ZR 41/91, NJW 1992, 820.

Risiken darzulegen.[5151] Erscheint eine beabsichtigte Klage wenig aussichtsreich, so muss der rechtliche Berater hierauf sowie auf die damit verbundenen **Gefahren hinweisen.**[5152]

Kommt er dem nicht nach, haftet er gem. § 280 BGB wegen einer **Pflichtverletzung auf Schadensersatz**, sofern ein Schaden beim Mandanten, ein Verschulden und eine Kausalität zwischen Pflichtverletzung und Schaden vorliegt.

3349

Haftungsträchtige Bereiche im gewerblichen Mietrecht sind insb.:
- die kurze Verjährung des § 548 BGB für Schadensersatzansprüche;
- immer bei Verjährung: die sog. „Demnächst-Zustellung" nach § 167 ZPO;
- bei Mitwirkung an Vertragsabschlüssen und Nachträgen: Nichtbeachtung der Schriftform gem. § 550 BGB;
- falsch berechnete Kündigungsfrist (etwa weil bei Stellplatzmiete die Frist des § 580a Abs. 2 BGB für Geschäftsräume angewendet wird);
- Kündigungsfrist und nachweisbare Zustellung von Kündigungen.

3350

2. Beispielsfälle

- Verhandeln Mietvertragsparteien über einen **Baukostenzuschuss des Mieters**, so entsteht bei anwaltlich verschuldetem Einigungsmangel der Schadensersatzanspruch des Vermieters gegen seinen RA erst, wenn sich das Risiko des vertragslosen Zustands verwirklicht.[5153]

3351

- Der Anwalt muss Ansprüche vor **Verjährung** sichern.[5154] Hat es ein Anwalt unter Außerachtlassung des den Umständen nach sichersten Wegs unterlassen, Ansprüche seines Mandanten in verjährungsunterbrechender Weise geltend zu machen, und ist es deshalb zweifelhaft geworden, ob die Ansprüche verjährt sind, so wird der Schaden des Mandanten, der sich außerstande sieht, der vom Gegner erhobenen Verjährungseinrede wirksam entgegenzutreten, auch dann vom Schutzbereich der verletzten Pflicht erfasst, wenn die Verjährungseinrede zu Unrecht erhoben ist.[5155]

- Ein RA hat die Pflicht, potenzielle Beweismittel auf ihre Brauchbarkeit innerhalb eines möglichen Klageverfahrens sorgfältig zu prüfen. Das gilt auch mit Blick auf die **Verwertbarkeit eines Sachverständigengutachtens** im folgenden Prozess.[5156] Der RA muss prüfen, ob der Sachverständige die Beweisfrage zutreffend erfasst und ergiebig beantwortet hat, ob er hierbei von zutreffenden und verlässlichen Anknüpfungstatsachen ausgegangen ist, diese methodengerecht untersucht und seine Untersuchungsergebnisse plausibel und

---

5151 BGH, 29.04.2003 – IX ZR 54/02, AnwBl. 2003, 657 = BauR 2003, 1216 = VersR 2004, 736 = MDR 2003, 928 = NJW-RR 2003, 1212.
5152 BGH, 29.04.2003 – IX ZR 54/02, AnwBl. 2003, 657 = BauR 2003, 1216 = VersR 2004, 736 = MDR 2003, 928 = NJW-RR 2003, 1212; BGH, 20.10.1994 – IX ZR 116/93, WM 1995, 398, 399; BGH, 27.11.1997 – IX ZR 141/96, NJW 1998, 900, 901.
5153 BGH, 27.11.2003 – IX ZR 76/00, GuT 2004, 58 = NZM 2004, 190 = NJW 2004, 1523, 1524.
5154 BGH, 17.06.1993 – IX ZR 206/92, WuM 1993, 535 = VersR 1993, 1525 = MDR 1993, 1126 = NJW 1993, 2797.
5155 BGH, 17.06.1993 – IX ZR 206/92, WuM 1993, 535 = VersR 1993, 1525 = MDR 1993, 1126 = NJW 1993, 2797.
5156 OLG Brandenburg, 01.08.2005 – 3 U 8/05, NZM 2006, 743.

- widerspruchsfrei dargestellt hat; erkennbaren Bedenken gegen hinreichende Sach- und Fachkunde oder wegen fehlender forensischer Erfahrung hat er Rechnung zu tragen.[5157]
- Ein RA verhält sich mit der Geltendmachung **offensichtlich aussichtsloser Rechtspositionen** in einem Prozess auch im Hinblick auf einen anzustrebenden Vergleich pflichtwidrig, denn die Geltendmachung offensichtlich aussichtsloser Rechtspositionen ist generell geeignet, die Verhandlungsbereitschaft des Gegenübers spürbar zu verschlechtern und die eigene Verhandlungsposition nachhaltig zu schwächen.[5158]
- Zur haftungsausfüllenden Kausalität, wenn ein RA bei Verhandlungen zur **Änderung eines langfristigen Mietvertrages über Apothekenbetriebsräume** die rechtlichen Grenzen missachtet, die sich aus dem apothekenrechtlichen Verbot der Umsatzmiete und dem unabdingbaren Kündigungsrecht der Mietvertragsparteien bei einseitiger Verlängerung der Mietdauer durch Ausübung entsprechender Optionen über die Zeitgrenze von 30 Jahren hinaus ergeben.[5159]
- Ein Anwalt muss wissen, dass für Berufungen gegen Urteile der AG in Streitigkeiten für und gegen eine Partei, die im Ausland ihren Gerichtsstand hat, das OLG zuständig ist, nicht das LG.[5160] Hinweis: § 1999 Abs. 1 Nr. 1 GVG wurde aufgehoben.

5157 OLG Brandenburg, 01.08.2005 – 3 U 8/05, NZM 2006, 743.
5158 OLG Brandenburg, 01.08.2005 – 3 U 8/05, NZM 2006, 743.
5159 BGH, 27.11.2003 – IX ZR 76/00, GuT 2004, 58 = NZM 2004, 190 = NJW 2004, 1523, 1524.
5160 OLG Hamm, 12.09.2005 – 30 U 134/05, NZM 2006, 78.

§ 38 Praxistipps zur vertraglichen Sicherung von Mietforderungen, Mandatsbearbeitung und Vertragsgestaltung, Durchsetzung von Mietforderungen

		Rn.
I.	Vertragliche Sicherung von Mietforderungen	3352
II.	Checkliste: Vor Abschluss des Mietvertrages	3354
III.	Checkliste: Mietvertrag/Vertragsgestaltung	3355
IV.	Checklisten Vertragsgestaltung	3356
	1. Vorfragen	3357
	2. Mietobjekt	3358
	3. Miete	3359
	4. Vertragsdurchführung/-abwicklung	3360
	5. Absicherung des Vermieters	3361
	6. Sonstiges	3362
V.	Durchsetzung von Mietforderungen	3363

I. Vertragliche Sicherung von Mietforderungen

Mietausfälle steigen gerade in wirtschaftlich schlechten Zeiten radikal an und stellen für jeden Vermieter ein Problem dar. In der Praxis zeigen sich immer wieder Fälle, in denen sich mehr oder weniger kriminelle Mieter Vorteile erschleichen. Es werden z.B. bewusst Räume angemietet, um Scheinfirmen zu installieren oder Unternehmen in die Insolvenz zu fahren. Diese Fälle sind selten, aber es gibt sie. Die Mieter „arbeiten" mit Blick in die Zukunft z.T. mit falschen Angaben. Vermieter sind daher gut beraten, **Identitäten zu überprüfen** und sei es nur durch Vorlage von Personalausweisen, deren Angaben mit den Niederschriften im Vertrag zu vergleichen sind. Im Nachhinein besteht sonst oft schon wegen Zustellungsproblemen keine vernünftige Möglichkeit mehr, schnell Maßnahmen einzuleiten. Im Kapitel „Kündigung/Beendigung des Mietverhältnisses" finden sich auch Erläuterungen zur Anfechtung von Mietverträgen bei arglistiger Täuschung. 3352

Die lange Verfahrensdauer bei Rechtsstreitigkeiten, erhebliche Räumungskosten und nicht realisierbare Titel können so manchem Vermieter finanziell das Genick brechen, insb. wenn es sich um finanzierte Objekte handelt, bei denen die Miete zur Schuldentilgung vorgesehen ist. Umso wichtiger ist es für Vermieter, Risiken **von vornherein zu erkennen** oder zumindest **zu minimieren**. Nachfolgend einige Praxistipps in Form von Checklisten, die auch für Berater von Vermietern wertvoll sein können. Natürlich ist nicht alles davon immer praktikabel und durchsetzbar; es ist aber die Aufgabe eines jeden Einzelnen, dies zu prüfen und ggf. angemessen zu reagieren. 3353

II. Checkliste: Vor Abschluss des Mietvertrages

Checkliste: Vor Abschluss des Mietvertrages 3354

☐ Mieteridentität klären: bei Unternehmen Handelsregisterauszug einholen; bei Privatleuten/Einzelkaufleuten Vorlage des Personalausweises.
☐ Bankbestätigung über Liquidität/Kreditwürdigkeit (welcher Rahmen) vorlegen lassen.

- ☐ Bankauskunft einholen; diese ist bei gewerblichen Mietern auch ohne Zustimmung möglich, solange der Mieter nicht widerspricht. Es kann beim eigenen Kreditinstitut angefragt werden.
- ☐ Formular über Mieterselbstauskunft ausfüllen lassen: Umsatz/Gewinn der letzten zwei Jahre; Auflistung aller Gesellschafter mit Namen und Adresse; Vormieter; Zwangsvollstreckungsmaßnahmen in den letzten zwei Jahren?
- ☐ Vormieter anrufen und Details über Mieter erfragen.
- ☐ Mieter Eigenauskunft der Schufa[5161] einholen lassen.
- ☐ Bei natürlichen Personen: Schuldnerverzeichnis beim AG einsehen. Wichtig: aktuelle Zahlungsschwierigkeiten sind dort i.d.R. noch nicht erfasst.
- ☐ Bei Unternehmen: beim AG erfragen, ob Insolvenzantrag gestellt wurde.
- ☐ Informationen bei Wirtschaftsauskunfteien einholen. Dies kann auch über Inkassounternehmen erfolgen, die meist direkt mit Auskunfteien zusammenarbeiten.

III. Checkliste: Mietvertrag/Vertragsgestaltung

3355 Checkliste: Abschluss des Mietvertrages/Vertragsgestaltung

- ☐ Kaution vereinbaren. Barkaution (auch höher als drei Monatsmieten: § 551 BGB gilt nur für Wohnraum!) ist die sicherste Variante, aber häufig am Markt schlecht durchsetzbar. Ansonsten Bürgschaft. Achtung: keine befristete Bürgschaft für die Dauer des Mietverhältnisses, da ansonsten Forderungen nach Mietende davon nicht gesichert werden.
- ☐ Bei kostenintensiven Umbauten zusätzliche Sicherheit für Rückbaukosten vereinbaren.
- ☐ Betriebspflicht vereinbaren.
- ☐ Einzugsermächtigung erteilen lassen.
- ☐ Bei juristischen Personen: Geschäftsführer/Gesellschafter als persönlich haftenden Mieter mit aufnehmen.
- ☐ Mietvertrag kann mit Unterwerfungsklausel für Räumungsvollstreckung versehen werden.[5162] Notarielle Beurkundung ist erforderlich.

5161 Der Vermieter hat keinen Anspruch auf eine solche Auskunft direkt von der Schufa. Die Schufa hält Formulare für die Eigenauskunft bereit. Adresse: Bundes-Schufa, Kronprinzenstr. 28, 65185 Wiesbaden. Internet: *www.schufa.de*.

5162 LG Wuppertal, 10.03.2000 – 6 T 91/00, ZMR 2000, 836.

IV. Checklisten Vertragsgestaltung

> **Hinweis:** 3356
>
> Die folgenden Checklisten versuchen, die wichtigsten Oberpunkte aufzulisten, die bei der Vertragsgestaltung unbedingt geprüft werden sollten. Auf Feinheiten wurde bewusst verzichtet (vgl. dazu z.T. die Detail-Checklisten in den einzelnen Kapiteln).

1. Vorfragen

Checkliste: Vorfragen 3357

- ☐ Was wollen die Parteien/der Auftraggeber?
- ☐ Ist das Objekt frei verfügbar (d.h. existiert es, ist es freigezogen; ansonsten z.B. Besonderheiten bei Vermietung vom Reißbrett beachten oder Aufhebungsvertrag erforderlich)?
- ☐ Abgrenzung Wohn-/Geschäftsraummiete, Mischmietverhältnis,
- ☐ korrekte Bezeichnung aller Vertragspartner, Personenmehrheiten im Vertrag; Kenntlichmachung von Vertretungsverhältnissen (Vollmacht beifügen),
- ☐ Wie soll der Vertrag aufgebaut sein?
    - ☐ durchgehender Text/Anlagen,
    - ☐ besondere Vertragsbestimmungen/Allgemeine Vertragbestimmungen/Anlagen.

2. Mietobjekt

Checkliste: Mietobjekt 3358

- ☐ Mietzweck/Verwendungszweck?
- ☐ Mietfläche: Größe definiert, was gehört dazu etc.?
- ☐ Zustandsbeschreibung der Immobilie?
- ☐ Wer holt etwaige behördliche Genehmigungen ein?
- ☐ Werbemaßnahmen: Was ist erlaubt?

3. Miete

Checkliste: Miete 3359

- ☐ Miethöhe: Nettomiete, Umsatzmiete (dann Einsichtnahmerecht in Bücher etc. regeln),
- ☐ Nebenkosten, Nebenkostenvorauszahlungen,
- ☐ Fälligkeit der Miete und etwaiger Nebenkostenvorauszahlungen; Vorleistungspflicht,
- ☐ Umlage der Nebenkosten, Begriffsdefinition, Abrechnungszeitpunkt,
- ☐ Mieterhöhung/Wertsicherung: Spannungsklausel, Gleitklausel, Leistungsvorbehalt, Staffelmiete,

- ☐ USt auf Miete und Nebenleistungen?
- ☐ Einzugsermächtigung des Vermieters oder Verpflichtung des Mieters, Dauerauftrag einzurichten.

4. Vertragsdurchführung/-abwicklung

Checkliste: Vertragsdurchführung/-abwicklung

- ☐ Mietdauer (Laufzeit: befristet/unbefristet; Beginn/Ende); Übergabe des Mietobjekts (Übergabeprotokoll etc.),
- ☐ Verlängerungsoption u.Ä.,
- ☐ Betriebskosten definiert? Bezugnahme auf BKV?
- ☐ Betriebspflicht des Mieters?
- ☐ Instandsetzung, Instandhaltung,
- ☐ Schönheitsreparaturen,
- ☐ Haftung von Mieter und Vermieter; Verkehrssicherungspflichten, Haftungsbegrenzung und -ausschluss des Vermieters,
- ☐ Pflicht des Mieters, Mängel unverzüglich anzuzeigen, sonst Haftungsausschluss,
- ☐ Zulässigkeit der Untervermietung und Weitergabe der Mietfläche an Dritte; Vorausabtretung von Mieteransprüchen an Vermieter,
- ☐ zulässige Umbaumaßnahmen; Rückbauverpflichtung des Mieters oder kostenlose Übernahme durch Vermieter,
- ☐ Duldungspflicht des Mieters für Modernisierung und bauliche Änderungen,
- ☐ ggf. ausdrückliche Festlegung von Kündigungsgründen,
- ☐ Konkurrenzschutz,
- ☐ Vertragsstrafen,
- ☐ Versicherungen: Wer soll abschließen?
- ☐ Betretungsrecht des Vermieters nach Ankündigung,
- ☐ Hausordnung.

5. Absicherung des Vermieters

Checkliste: Absicherung des Vermieters

- ☐ Sicherheitsleistung (Kaution, Bürgschaft etc., ggf. Verzinsung), Vermieterpfandrecht,
- ☐ Aufrechnung, Zurückbehaltungsrecht: nur mit unbestrittenen oder rechtskräftig festgestellten Forderungen?
- ☐ Vom Gesetz abweichende Verzugszinsregelung?

6. Sonstiges

Checkliste: Sonstiges 3362

- ☐ Evtl. Optionsrecht des Mieters, das Objekt bei Verkauf zu erwerben,
- ☐ Erfüllungsort und Gerichtsstand,
- ☐ Salvatorische Klausel,
- ☐ Schiedsvereinbarung,
- ☐ Form des Mietvertrages beachten, Schriftform; korrekte Beifügung von Anlagen beachten.

V. Durchsetzung von Mietforderungen

Wie soll vorgegangen werden, wenn die Miete ausbleibt? Zunächst ist darauf hinzuweisen, dass „Selbstjustiz", wie sie von manchem Vermieter schnell ins Auge gefasst wird, generell unzulässig ist (ausführlich → *Rn. 2521 ff., 1841 ff.*). Die folgende aufgeführte Checkliste enthält sinnvolle Maßnahmen, um Mietforderungen möglichst schnell und effizient beizutreiben. Nicht jedes Vorgehen davon kann im Einzelfall praktikabel sein, es ist immer konkret abzuwägen, was **im Einzelfall** Sinn macht. 3363

Checkliste: Mögliche Maßnahmen bei ausbleibenden Mietzahlungen 3364

- ☐ Nicht auf mündliche Zusagen des Mieters verlassen. In neun von zehn Fällen tut sich leider nichts (mehr).
- ☐ Sicherheitshalber Mieteridentität klären: bei Unternehmen Handelsregisterauszug einholen. Sinn: Werden gerichtliche Schritte eingeleitet, müssen im Rubrum die richtigen Beteiligten aufgeführt werden, sonst drohen Verzögerungen durch Zustellungsprobleme.
- ☐ Liquidität prüfen: Will der Mieter nicht (mehr) zahlen oder kann er nicht (mehr)?
  - ☐ Bankauskunft einholen; diese ist bei gewerblichen Mietern auch ohne Zustimmung möglich, solange der Mieter nicht widerspricht. Es kann beim eigenen Kreditinstitut angefragt werden.
  - ☐ Bei natürlichen Personen: Schuldnerverzeichnis beim AG einsehen. Wichtig: Aktuelle Zahlungsschwierigkeiten sind dort i.d.R. noch nicht erfasst.
  - ☐ Bei Unternehmen: beim AG erfragen, ob Insolvenzantrag gestellt wurde.
  - ☐ Informationen bei Wirtschaftsauskunfteien einholen. Dies kann auch über Inkassounternehmen erfolgen, die meist direkt mit Auskunfteien zusammenarbeiten.
- ☐ Haften neben dem Mieter noch andere?
  - ☐ Persönliche Haftung von Gesellschaftern durch ausdrückliche Vereinbarung?

- ☐ Durchgriffshaftung auf Gesellschafter bei juristischer Person (bei Schädigung des Gesellschaftsvermögens[5163] oder sittenwidrige vorsätzliche Schädigung gem. § 826 BGB)?
- ☐ Nachhaftung von Gesellschaftern: § 160 Abs. 1 und Abs. 3 HGB; § 736 Abs. 2 BGB?
- ☐ „Neuhaftung" eines eintretenden Gesellschafters für Altverbindlichkeiten[5164] (wichtig: Bestandsschutz für Gesellschaftereintritt vor Bekanntwerden dieser Entscheidung!)?
- ☐ Haftet ein Vormieter, dem fristlos gekündigt wurde, unter dem Gesichtspunkt des Kündigungsfolgeschadens? Wer eine Kündigung provoziert und eigentlich wegen fester Vertragslaufzeit noch Mieter wäre, trägt das Insolvenzrisiko beim Nachmieter. Bei Konzernen: Patronatserklärung?
- ☐ Können Sicherheiten/Bürgschaften in Anspruch genommen werden? Prüfen, ob eine Kaution verwertet werden kann oder eine andere Sicherheit zur Verfügung steht. Wird das Mietverhältnis fortgesetzt, besteht ein Wiederauffüllungsanspruch nach § 240 BGB.
- ☐ Ausübung des Vermieterpfandrechts? Aber: in der Praxis ein stumpfes Schwert! Ferner nach neuer Rechtsprechung gefährlich bzgl. Anspruches auf Nutzungsentschädigung gem. § 546a BGB.
- ☐ Welche Vermögenswerte hat der Mieter, in die ggf. vollstreckt werden kann? Forderungen an Dritte, die ggf. gepfändet werden können?
- ☐ Lässt sich der Mieter auf Abtretung von Forderungen ein?
- ☐ Abgabe eines notariellen Schuldanerkenntnisses oder eines Teilzahlungsvergleichs, im Idealfall als Anwaltsvergleich (§§ 796a ff. ZPO) oder mit Vollstreckungsunterwerfungsklausel notariell beurkundet, da sofort vollstreckbar.
- ☐ Kündigungsmöglichkeit prüfen: fristlose (§ 543 Abs. 2 Nr. 3 BGB) oder fristgemäße Kündigung, sofern noch keine fristlose Kündigung möglich ist. Hilfsweise ggf. wegen unpünktlicher Zahlungen kündigen. Bei klarer Zahlungsunfähigkeit ist jeder Monat, der verstreicht, ein verschenkter Monat.
- ☐ Bei Zeitmietverträgen: Bei Vorliegen der Voraussetzungen fristlos kündigen und – wenn der Mieter bspw. Sanierung zusichert und Zeit benötigt – den Abschluss eines Kurzzeitmietvertrages (etwa mit drei Monaten Laufzeit) anbieten, damit vor Anmeldung einer etwaigen Insolvenz gekündigt wurde und der Vertrag dann ausläuft; ggf. erneute Verlängerung nach Ablauf der Befristung.
- ☐ Nach Kündigung: nicht zu lange mit Räumungsklage warten. Erfahrungsgemäß führt dies nur zu einem weiteren Anwachsen der Mietschulden und unnötigen Verzögerungen.
- ☐ Gerichtliche Schritte prüfen. In Betracht kommen:

[5163] Vgl. BGH, 24.06.2002 – XII ZR 300/00, NJW 2002, 3024.
[5164] BGH, 07.04.2003 – II ZR 56/02, MDR 2003, 756.

- Mahnverfahren (auf genaue Bezeichnung der Forderung achten, sonst womöglich keine Verjährungshemmung),
- Klage im Urkundsprozess: sinnvoll für offene Mietforderungen (schnelleres Verfahren, beschränkte Beweismittel, keine Widerklage, Vollstreckbarkeit ohne Sicherheitsleistung),
- Räumungsklage, verbunden mit Zahlungsklage auf offene Miete und/oder künftig fällig werdender Nutzungsentschädigung. Letzteres ist zulässig.[5165]

5165 BGH, 20.11.2002 – VIII ZB 66/02, NZM 2003, 231 = AIM 2003, 56 = ZMR 2003, 333 = MDR 2003, 452.

Teil 2: Vertrags- und Prozessformulare

> **Hinweis:**
> Die folgenden Muster sind nur exemplarische Beispiele und erfordern Anpassung und inhaltliche Überprüfung im konkreten Einzelfall.

I. Mietverträge

1. Mietvorvertrag

Mietvorvertrag

zwischen ..... (*Name, Anschrift*), nachfolgend als künftiger Vermieter bezeichnet

und

..... (*Name, Anschrift*), nachfolgend als künftiger Mieter bezeichnet

wird folgender Vorvertrag geschlossen:

1. Der künftige Vermieter verpflichtet sich, das Ladenlokal ..... (*genaue Anschrift*) nebst drei Stellplätzen an den künftigen Mieter zum Betrieb eines Lebensmittelgeschäfts zu vermieten. Der künftige Vermieter wird daher die Räume nicht an einen anderen Interessenten vermieten.
2. Das Mietverhältnis wird eine Dauer von fünf Jahren mit einer Verlängerungsoption für den künftigen Mieter von weiteren fünf Jahren haben.
3. Das Mietobjekt wird am ...../spätestens am ..... übergeben.
4. Die monatliche Miete wird ..... € zuzüglich Mehrwertsteuer betragen zuzüglich eines Vorauszahlungsbetrages für jährlich abzurechnende Betriebskosten i.H.v. monatlich ..... € zuzüglich Mehrwertsteuer.
5. Der künftige Mietvertrag wird auf Basis eines vom künftigen Vermieter vorzulegenden Vertragsentwurfs einvernehmlich schriftlich geschlossen werden. Enthalten sein werden in jedem Fall folgende Vereinbarungen über mieterseitige Pflichten (Aufzählung in Stichpunkten):

- Kaution
- Betriebspflicht
- .....
- .....

.....
Ort, Datum

.....
Ort, Datum

.....
künftiger Vermieter

.....
künftiger Mieter

2. Mietvertrag für ein Einzelhandelsgeschäft/Ladenlokal/Büroräume

3366

> **Hinweis:**
>
> Das vorgestellte Muster bezieht sich grds. auf ein Einzelhandelsgeschäft bzw. Ladenlokal, was aber nur in wenigen Klauseln wörtlich angesprochen wird. Grds. ist es auch auf andere Räumlichkeiten anwendbar; die Klauseln sollten aber dann geprüft werden, ob sie wirklich noch passen.
>
> Das Muster enthält grds. keine – wie viele andere Muster – Alternativen (z.B. die Auswahlmöglichkeit einer Staffel- und einer Indexmiete oder Verlängerungsvarianten bei der Mietzeit) oder nur auf bestimmte Fälle passende Spezialvereinbarungen. Es ist daher kein Muster „für alle Fälle". Solche mit Alternativen gespickten Verträge führen in der Praxis immer wieder zu Fehlern durch falsches Ankreuzen oder fehlendes Ausfüllen. Alternativen zu wichtigen Klauseln finden sich in den jeweiligen Kapiteln.
>
> Der Vertrag sollte von der ersten bis zur letzten Seite (einschließlich aller Anlagen) fest verbunden und trotz der Auflockerungsrechtsprechung zur Schriftform (→ *Rn. 367 f.*) komplett (einschließlich Anlagen) durchnummeriert werden. Empfehlenswert ist nach wie vor auch eine Paraphierung aller Seiten, auch der Anlagen, durch die Vertragspartner.

3367 Geschäftsraummietvertrag

Geschäftsraummietvertrag

zwischen

(genaue Bezeichnung, Vor- und Zuname, Firma, derzeitige Anschrift)

.....

– nachfolgend „Vermieter" genannt –

vertreten durch .....

und

(genaue Bezeichnung, Vor- und Zuname, Firma, derzeitige Anschrift)

.....

vertreten durch .....

– nachfolgend „Mieter" genannt –

wird folgender Mietvertrag über Geschäftsräume geschlossen:

§ 1

Mietobjekt

1. Beschreibung

a) Der Vermieter vermietet an den Mieter die in Anlage 1 eingezeichneten Flächen im ..... Geschoss links/rechts/Mitte des Hauses ..... straße in ...... Das Objekt beinhaltet folgende Räume: ......

b) Vermietet werden ferner folgende Nebenflächen: ......

c) Mit vermietet sind folgende weiteren Flächen außerhalb des Gebäudes (Garage/Stellplätze u.Ä.): .....

d) Die Gesamtfläche der Räume und Nebenflächen im Gebäude beträgt ca. ..... m²;. Die Miethöhe orientiert sich nicht exakt an der tatsächlichen Fläche, diese stellt vielmehr nur einen Anhaltspunkt dar. Verlangt eine Partei ein Aufmaß und können sich die Parteien nicht einigen, wer dies erstellen soll, hat es ein vom Präsidenten der zuständigen IHK zu benennender Sachverständiger auf Kosten des Verlangenden zu erstellen. Flächenänderungen von +/- 3 % haben keinen Einfluss auf die Höhe der Miete. Höhere oder niedrige Abweichungen bewirken eine Anpassung der Netto- bzw. Grundmiete mit Wirkung ab dem auf die Feststellung der tatsächlichen Mietfläche folgenden Monat. Nebenkostenvorauszahlungen sind von der Anpassung ausgenommen.

e) Sämtliche vorgenannten Räume und Flächen sind in den diesem Vertrag als Anlage 1 beigefügten Plänen/Zeichnungen wie folgt beschrieben farblich markiert; ferner sind Gemeinschaftsflächen farblich markiert:
Mieträume und Nebenflächen innen: rot umrandet,
Nebenflächen außen (Stellplätze etc.): blau umrandet,
Gemeinschaftsflächen: grün umrandet.

f) Die Größe der Flächen ist auf folgender Grundlage ermittelt worden: ...... Dies wird auch für künftige Aufmasse und andere Berechnung als Maßstab vereinbart.

2. Zustand des Mietobjekts, Aus- und Umbauten

a) Der Mieter übernimmt das Mietobjekt wie besichtigt und wie es steht und liegt; er erhält das Mietobjekt in folgendem Ausbauzustand:

- .....

- .....

Dem Mieter obliegt der Ausbau des Objekts zum vertraglichen Nutzungszweck. Dies umfasst im Wesentlichen folgende Maßnahmen:

- ..... (*Beispiel: Innenausbau*)

- .....

- .....

- .....

b) Die Räume verfügen über

☐ eine Klimaanlage

☐ keine Klimaanlage

Für den Fall, dass keine Klimaanlage vorhanden ist, wird der Mieter darauf hingewiesen, dass bei hohen Außentemperaturen möglicherweise die Temperaturen nach der Arbeitsstättenverordnung nicht durchgängig und/oder in allen Räumen gewährleistet sind. Dem Mieter steht es frei, sich nach vorheriger Ankündigung und bei baulichen Maßnahmen, die die Gebäudesubstanz betreffen, in Abstimmung mit dem Vermieter eine Klimaanlage auf eigene Kosten einzubauen. Die Kosten des Betriebs trägt der Mieter. Ansprüche des Mieters wegen etwaiger überhöhter Raumtemperaturen werden ausgeschlossen.

c) Dem Mieter sind bauliche Maßnahmen, die die Statik des Gebäudes, Gemeinschaftsanlagen, Haussysteme (Wasser, Strom, Klima etc.) und die Gestaltung der Außenflächen (Zugänge, Außenfront etc.) betreffen, nur nach vorheriger Absprache und mit vorheriger Zustimmung des Vermieters gestattet. Wenn die Maßnahmen auch diese Bereiche betreffen, tritt der Mieter Gewährleistungsansprüche gegen die beteiligten Handwerker an den Vermieter ab.

d) Behördliche Genehmigungen im Zusammenhang mit den baulichen Veränderungen holt der Mieter ein. Er trägt auch dadurch anfallende Kosten, ferner Prämienerhöhungen durch etwaige Änderungen der Versicherungen. Dies alles gilt nicht, wenn es sich um Genehmigungen handelt, zu deren Einholung der Vermieter auch ohne die baulichen Veränderungen des Mieters bauseits bereits verpflichtet ist.

e) Nach Beendigung des Mietvertrages ist der Mieter zur Wiederherstellung des ursprünglichen Zustandes auf seine Kosten und Rechnung verpflichtet.

3. Werbemaßnahmen

Namens- und Hinweisschilder darf der Mieter an den dafür zur Verfügung gestellten Flächen in der vorgesehenen Größe anbringen. Andere Werbemaßnahmen außerhalb der Räumlichkeiten des Mieters sind mit dem Vermieter abzustimmen und ohne dessen Zustimmung nicht erlaubt. Etwa erforderliche behördliche Genehmigungen hat der Mieter selbst und auf eigene Kosten zu besorgen.

4. Vertragszweck, Betriebspflicht, Konkurrenzschutz

a) Das Mietobjekt wird ausschließlich zum Betrieb eines Einzelhandelsgeschäfts für ..... vermietet. Änderungen des Nutzungszwecks bedürfen der vorherigen schriftlichen Zustimmung des Vermieters, die nur aus wichtigem Grund verweigert werden darf. Als wichtiger Grund gilt auch das Bestehen einer Konkurrenzsituation durch einen anderen Mieter bezüglich des zu ändernden Nutzungszwecks.

b) Der Mieter verpflichtet sich, während des gesamten Jahres mit Ausnahme üblicher Schließungsintervalle wie Betriebsferien/Inventur werktags von ..... bis ..... Uhr und samstags von ..... bis ..... Uhr seinen Geschäftsbetrieb aufrecht zu erhalten. Schaufenster und Auslagen sind ordnungsgemäß zu dekorieren und von ..... bis ..... Uhr einschließlich Wochenenden und Feiertagen zu beleuchten.

c) Der Vermieter ist nach ergebnisloser Abmahnung zur fristlosen Kündigung berechtigt, wenn der Mieter die Räume zu anderen als im Mietvertrag vereinbarten Zwecken benutzt. Dies gilt insbesondere bei der Nutzung zu Wohnzwecken. Entsprechendes gilt für eine nicht mit dem Vermieter abgestimmte Verletzung der Betriebspflicht.

d) Konkurrenzschutz wird dem Mieter nicht gewährt.

§ 2

Mietdauer

1. Das Mietverhältnis wird auf fünf Jahre geschlossen, es beginnt am ..... und endet am ...... Der Mieter ist aber berechtigt, die Verlängerung des Mietverhältnisses um fünf Jahre über den o.g. Endtermin hinaus zu verlangen. Dies ist dem Vermieter spätestens sechs Monate vor dem o.g. Endtermin schriftlich mitzuteilen. Für die Rechtzeitigkeit kommt es auf den Eingang beim Vermieter an. Die mehrfache Ausübung ist möglich, die Ausübungsfrist von sechs Monaten gilt dafür ebenfalls.
2. Eine stillschweigende Verlängerung des Mietverhältnisses gem. § 545 BGB ist ausgeschlossen.

§ 3

Höhe und Zahlung der Miete einschließlich Betriebskostenvorauszahlungen und Mieterhöhung

1. Miete ohne Betriebskosten (Nettokaltmiete)

Es wird eine monatliche Nettokaltmiete vereinbart. Zuzüglich sind Betriebs- und Heizkosten sowie Umsatzsteuer (Mehrwertsteuer) zu zahlen, Letztere in der jeweils gesetzlichen Höhe.

Die Nettokaltmiete beträgt monatlich:

für die Miträume gem. §§ 1, 1a:	..... €
für die Miträume gem. §§ 1, 1b:	..... €
für die Miträume gem. §§ 1, 1c:	..... €
<u>Endsumme Nettokaltmiete:</u>	..... €

2. Betriebskosten

a) Betriebskosten des Mietobjekts trägt der Mieter, bei mehreren Mietparteien anteilig. Betriebskosten sind sämtliche Betriebskosten der Betriebskostenverordnung in der jeweils gültigen Fassung. Dieser Text ist in der Anlage ..... zum Mietvertrag abgedruckt. Beiden Vertragspartnern ist bewusst, dass die Betriebskostenverordnung weitläufig zu verstehen ist. Es wird vereinbart, dass folgende Kosten ebenfalls Betriebskosten sind, wobei unter dem verwendeten Begriff „Kosten" periodisch wiederkehrende Kosten wie z.B. für Wartungen, öffentlich-rechtlich erforderliche Prüfungen und Betriebsmittel zu verstehen sind:

- Kosten der Klimaanlagen,
- Kosten der Aufzugsanlagen,
- Kosten für sonstige Haustechnik,
- Kosten des Wachdienstes und der Gebäudeüberwachung,
- Kosten der Fassadenreinigung,
- Kosten für Brandschutzanlagen und Feuerlöscheinrichtungen,
- Kosten für die Pflege der grundstückseigenen Zufahrten und Garagenplätze,
- .....
- .....
- .....

Zu den Betriebskosten gehören auch die Kosten der Hausverwaltung. Diese werden i.H.v. 3 % der Nettomiete pauschaliert an den Vermieter gezahlt; dieser Betrag wird in der Abrechnung vom Vermieter zugeschlagen, so dass eine Vorauszahlung der 3 %-Pauschale nicht erfolgt.

b) Die Betriebskosten werden nach m² umgelegt. Dafür wird eine vom Mieter angemietete Fläche von insgesamt ..... m² zugrunde gelegt, was ..... % der Mietfläche des gesamten Gebäudes entspricht. Es wird vereinbart, dass diese Zahlen für die Abrechnung der Betriebskosten maßgeblich sind.

c) Die Kosten der Heiz- und Warmwasserversorgung trägt der Mieter. Sie werden vom Vermieter nach der Verordnung über die verbrauchsabhängige Abrechnung der Heiz- und Warmwasserkosten (HeizkostenVO) abgerechnet.

d) Kann direkt mit Versorgungsträgern oder Leistungserbringern abgerechnet werden, so verpflichtet sich der Mieter zur direkten Abrechnung.

e) Der Mieter zahlt monatlich zusammen mit der Miete eine Vorauszahlung auf die Betriebskosten zuzüglich jeweils geltender Umsatzsteuer (Mehrwertsteuer). Die Vereinbarungen zur Fälligkeit und Zahlungsart der Miete gelten auch für die Betriebskostenvorauszahlungen.

Die Vorauszahlung für die Betriebskosten beträgt
- für die Heiz- und Warmwasserkosten: ..... €
- für alle sonstigen Betriebskosten: ..... €

Zwischensumme: ..... €

Umsatzsteuer (Mehrwertsteuer):   ..... €

Endsumme Heiz- und Betriebskostenvorauszahlung: ..... €

f) Die vom Vermieter zu erstellenden Abrechnungen erfassen einen Zeitraum von jeweils einem Jahr. Dem Vermieter obliegt die Wahl zwischen einem Zeitjahr (= Zeitraum von einem Jahr ab Beginn des Mietverhältnisses) oder dem Kalenderjahr. Beginnt das Mietverhältnis nicht mit dem 1.1. eines Jahres und will der Vermieter nach dem Kalenderjahr abrechnen, darf er den Zeitraum bis zum 1.1. zusammen mit der Abrechnung des Folgejahres abrechnen. Zieht der Mieter aus, ist der Vermieter nicht verpflichtet, eine Zwischenabrechnung zu erstellen, sondern kann in dem vorgenannten Turnus abrechnen.

Die Parteien sind sich darüber einig, dass in keinem Fall ein Nachforderungsausschluss oder eine Verwirkung greift, wenn der Vermieter später als ein Jahr nach Ende des Abrechnungszeitraums abrechnet, es sei denn, der Vermieter hat dem Mieter durch ausdrückliche Erklärung zu verstehen gegeben, dass er keine Nachforderungen mehr beansprucht.

g) Der Mieter kann innerhalb von vier Wochen nach Zugang der Abrechnung Einsicht in die Abrechnungsunterlagen am Sitz des Vermieters oder Übersendung von Kopien gegen einen pauschalierten Betrag von 0,75 € pro Kopie verlangen. Widerspricht der Mieter der Abrechnung nicht innerhalb von weiteren vier Wochen schriftlich, gilt diese als anerkannt, sofern der Vermieter in der Abrechnung auf diese Frist und die Rechtsfolge ausdrücklich hingewiesen hat. Verlangt der Mieter keine Belegeinsicht innerhalb von vier Wochen ab Zugang der Abrechnung, werden Nachzahlungen des Mieters bzw. Erstattungen des Vermieters nach diesen vier Wochen fällig.

h) Die Vertragspartner sind sich darüber einig, dass nach Vertragsschluss neue Betriebskosten, Steuern und Gebühren auf den Vermieter zukommen können, deren Umlage auf den Mieter vereinbart worden wäre, wenn sie bereits bei Vertragsschluss bekannt gewesen wären. Der Vermieter ist deshalb berechtigt, solche neuen Betriebskosten des Mietobjekts auf den Mieter umzulegen. Um das wirtschaftliche Risiko für den Mieter aber zu begrenzen, sind die neuen Kosten der Höhe nach auf 12 % der vertraglich vereinbarten Betriebskosten begrenzt

> **Hinweis:**
>
> Der Mieter hat an neuen Betriebskosten jährlich höchstens einen Betrag von 12 % aus der Summe der von ihm nach dem Mietvertrag zu tragenden Betriebskosten zu bezahlen. Beispiel: Summe der „alten" Betriebskosten: 8.000,00 €/Jahr x 12 % = 960,00 € Höchstzahlungsbetrag für neue Betriebskosten.

i) Vermieter und Mieter sind berechtigt, schriftlich eine Erhöhung bzw. Herabsetzung der Vorauszahlungen auf die Heiz- und Nebenkosten zu verlangen, wenn sich diese Kosten insgesamt um mindestens 10 % erhöht oder vermindert haben. Berechnungsgrundlage dafür ist der Vergleich der angefallenen Kosten aus der jeweils letzten und der aktuellen Abrechnung für das Mietobjekt. Der Vermieter bestimmt dann die neue Höhe der Vorauszahlungen unter Berücksichtigung der letzten Abrechnung und der zu erwartenden Kosten nach billigem Ermessen. Der neue Betrag ist ab dem Kalendermonat fällig, der auf den Zugang des Erhöhungs- bzw. Herabsetzungsverlangens beim jeweiligen Vertragspartner folgt. Werden Nebenkosten neu eingeführt, kann der Vermieter auch deren Vorauszahlungen entsprechend den vorgenannten Regeln erhöhen. Umgekehrt gilt dies entsprechend, wenn Nebenkosten ersatzlos wegfallen.

3. Zahlung der Miete und Betriebskostenvorauszahlung

a) Die Gesamtmiete beträgt monatlich:

Nettokaltmiete ..... €

Betriebskostenvorauszahlung: ..... €

Umsatzsteuer (Mehrwertsteuer):	..... €
Endsumme:	..... €

b) Der vorgenannte Betrag ist ab Übergabe des Mietobjekts jeweils bis zum dritten Werktag eines jeden Monats kostenfrei im Voraus auf folgendes Konto zu zahlen:

Empfänger:	.....
Kreditinstitut:	.....
BLZ:	.....
Konto-Nr.:	.....

Für die Rechtzeitigkeit der Zahlung kommt es auf die Gutschrift des Betrages an. Der Mieter muss mit Banklaufzeiten von zwei bis drei Tagen rechnen.

c) Der Mieter wird darauf hingewiesen, dass er sich bei nicht fristgerechter Zahlung nach den gesetzlichen Vorschriften automatisch in Verzug befindet, ohne dass es einer gesonderten Mahnung bedarf. Im Falle des Verzugs ist der Vermieter berechtigt, den gesetzlichen Verzugszins zu verlangen.

d) Liegt Verzug vor, werden sämtliche Zahlungen des Mieters zunächst auf etwaige Kosten (z.B. Anwaltskosten), dann auf die Zinsen, dann auf die Betriebskosten, dann auf die Grundmiete angerechnet und zwar jeweils auf die älteste Schuld.

4. Mieterhöhung wegen Erhöhung der Lebenshaltungskosten

a) Erhöht oder vermindert sich der vom Statistischen Bundesamt jeweils festgestellte Verbraucherpreisindex für Deutschland, Basis 2005 = 100 Punkte, gegenüber dem bei Abschluss des Mietvertrages bestehenden Verbraucherpreisindex um mindestens 10 %, so erhöht oder vermindert sich die Kaltmiete im entsprechenden (prozentual umgerechneten) Verhältnis, ohne dass es einer Mietänderungserklärung des Vermieters bedarf. Die Änderung wird in dem Monat wirksam, der auf den Monat folgt, in dem die Punktzahl erreicht wird und zwar auch dann, wenn dies dem Vertragspartner erst später mitgeteilt wird; die Erhöhung oder Verminderung wird zu diesem Zeitpunkt fällig, sodass sie auch bei nachträglicher Mitteilung oder Kenntnis auf diesen Zeitpunkt zu zahlen bzw. zu erstatten ist.

Die Regelung ist wiederholt anwendbar, wenn die oben beschriebenen Voraussetzungen auf der Basis der jeweils vorausgegangenen Mietänderung entsprechend vorliegen.

b) Der Vermieter hat eine Erhöhung, der Mieter eine Verminderung mitzuteilen und dabei eine Berechnung vorzulegen, wobei eine nicht rechtzeitige Mitteilung keinen Verzicht bedeutet.

c) Die Parteien sind sich darüber einig, dass die Wertsicherungsklausel als Leistungsvorbehalt im Sinne einer Anpassungsklausel umgedeutet wird, falls sie den Voraussetzungen des Preisklauselgesetzes nicht genügen sollte.

d) Sollten die Indizes vom Statistischen Bundesamt nicht fortgeführt werden, so wird der an die Stelle des entfallenden Indexes tretende Index oder – falls kein ersetzender Index besteht – ein vergleichbarer Index des Statistischen Amtes der Europäischen Union zugrunde gelegt.

§ 4

Sicherheiten

1. Zur Sicherung aller Ansprüche des Vermieters gegen den Mieter aus diesem Mietverhältnis zahlt der Mieter dem Vermieter bis zum ....., spätestens bis zwei Wochen vor Übergabe des Mietobjekts (falls der Zeitpunkt schon überschritten ist: bei Übergabe), eine Barkaution i.H.v. drei Monatsmieten (Nettomiete zuzüglich etwaige Betriebskosten, gleich ob Vorauszahlung oder Pauschale) zuzüglich jeweils geltende gesetzliche Mehrwertsteuer. Wird keine andere Kautionsart ausdrücklich vereinbart, ist die Kaution in voller Höhe durch Überweisung an den Vermieter oder in bar zu zahlen. Der Vermieter verpflichtet sich, die Kaution bis spätestens zwei Wochen nach Übergabe der Mietsache getrennt von seinem Vermögen zu einem banküblichen Zinssatz bei einem deutschen Kreditinstitut anzulegen und als Kaution kennzeichnen zu lassen.

2. Leistet der Mieter die Kaution nicht bis zum vereinbarten Zeitpunkt, hat er keinen Anspruch auf Übergabe des Mietobjekts und muss trotzdem die Miete und Nebenkosten ab dem vereinbarten Zeitpunkt zahlen. Dem Vermieter steht es frei, den Mietvertrag fristlos zu kündigen, wenn die Kaution nicht geleistet wird.

3. Der Mieter verzichtet für den Fall einer etwaigen Verjährung des Anspruchs des Vermieters auf Stellung der Kaution auf die Erhebung der Einrede der Verjährung bis 3 Monate nach Rückgabe des Mietobjekts. Der Vermieter nimmt diesen Verzicht hiermit an.

4. Erhöhen sich die Miete oder Betriebskostenvorauszahlungen um mehr als 10 %, kann der Vermieter eine Anpassung der Kautionshöhe entsprechend der prozentualen Steigerung verlangen, allerdings erstmals nach drei Jahren. Entsprechendes gilt für ein Recht des Mieters bei sinkender Miete.

5. Der Vermieter ist berechtigt, die Kaution für offene Forderungen, die er während oder nach Ende des Mietverhältnisses gegen den Mieter hat, zu verwenden. Der Mieter ist verpflichtet, verbrauchte Beträge der Kaution bis zur vereinbarten Höhe nachzuzahlen.

6. Vorbehaltlich vollständig ausgeglichener Ansprüche des Vermieters wird die Kaution spätestens sechs Monate nach Ende des Mietverhältnisses zurückgezahlt. Dies gilt ausnahmsweise nicht, wenn die turnusmäßige Betriebskostenabrechnung noch nicht erstellt ist. Der Vermieter ist nicht verpflichtet, eine Zwischenabrechnung zu erstellen, sondern kann nach seinem üblichen Turnus abrechnen.

7. Hat der Mieter untervermietet oder die Mietsache Dritten überlassen, tritt er seine Ansprüche gegen den Untermieter oder Dritten an den Vermieter ab, der die Abtretung annimmt. Dies dient zur Absicherung sämtlicher Ansprüche des Vermieters gegen den Mieter.

8. Der Mieter erklärt, dass folgende bei Einzug in die Miträume eingebrachten oder einzubringenden Gegenstände sein Eigentum sind:

.....
.....

§ 5

Erhaltung des Mietobjekts (Schönheitsreparaturen, Instandhaltungen, Instandsetzungen)

1. Schönheitsreparaturen

a) Die Schönheitsreparaturen übernimmt der Mieter. Sie umfassen insbesondere das Streichen von Wänden und Decken, Heizkörpern, Verkleidungen, Fenstern, Einbauschränken, Innen- und Außentüren. Schönheitsreparaturen sind mindestens alle 5 Jahre durchzuführen, sofern der Grad der Abnutzung dies erfordert.

b) Die Räume haben folgenden Bodenbelag, der vom Vermieter neu verlegt worden ist (Material/Typ, Kosten pro m²):

.....

Der Mieter übernimmt ausdrücklich neben den Schönheitsreparaturen auch Reinigung und Pflege des Bodenbelags, sofern der Grad der Abnutzung dies erfordert, was bei Parkettfußboden auch das Abschleifen und Versiegeln umfasst. Erfordert der Grad der Abnutzung eine Erneuerung, so übernimmt der Mieter auch diese in gleicher Art, Güte und Farbe.

2. Instandhaltung und Instandsetzung

a) Der Mieter führt auf seine Kosten alle durch seinen Mietgebrauch veranlassten Instandhaltungen, Instandsetzungen oder Erneuerungen im oder am Mietobjekt einschließlich Einrichtungen und Gegenständen durch. Zur Instandhaltung gehören vorbeugende Maßnahmen, die das Objekt im vertragsgemäßen Zustand halten, damit es nicht zu Schäden oder zu Zerfall am oder im Gebäude kommt (z.B. Wartungen, Beseitigung von Verschleiß). Zur Instandsetzung gehören Reparaturarbeiten, wenn das Objekt oder Ausstattungsteile schadhaft geworden sind. Auf ein Verschulden des Mieters kommt es dafür nicht an.

b) Soweit sich die Instandhaltungen, Instandsetzungen oder Erneuerungen auf Gemeinschaftsflächen/-bereiche beziehen, die auch von anderen Mietern benutzt werden bzw. anderen Mietern zugute kommen, trägt der Mieter die jeweiligen Kosten anteilig im Verhältnis zu den anderen Mietern. Berechnungsmaßstab für die anteilige Verteilung ist das Verhältnis der Mietflächen. Auf ein Verschulden des Mieters kommt es dafür ebenfalls nicht an.

c) Die Kosten dürfen eine Gesamtbelastung des Mieters von mehr als drei Nettomonatsmieten pro Kalenderjahr nicht übersteigen. Darüber hinausgehende Kosten trägt der Vermieter. Mehrwertsteuer bleibt außer Betracht, d.h. für die Berechnung der Grenzen zählen nur Nettobeträge, sofern die Mietvertragspartner vorsteuerabzugsberechtigt sind.

d) Arbeiten an Einrichtungen und Gegenständen, insbesondere technische Anlagen, die das gesamte Gebäude betreffen (Klimaschächte, Wasser- und Heizungsleitungen) dürfen nur nach Abstimmung mit dem Vermieter durchgeführt werden.

§ 6
Gewährleistung und Haftung

1. Der Vermieter haftet für bei Vertragsabschluss bereits vorhandene Mängel nur bei Vorsatz oder grober Fahrlässigkeit oder wenn er dem Mieter Mängelfreiheit bei Vertragsabschluss zugesagt oder vorgespiegelt hat.

2. Treten Mängel auf, die die Gebrauchstauglichkeit des Mietobjekts wesentlich herabsetzen und die der Mieter nicht selbst beseitigen muss, so hat der Mieter zunächst nur einen Anspruch darauf, dass der Mangel innerhalb einer angemessenen Frist ab Anzeige des Mangels behoben wird. Ist die Mängelbeseitigung erfolglos, unzumutbar oder unmöglich, so hat der Mieter nur die gesetzlichen Ansprüche auf Mietminderung und außerordentliche Kündigung. Minderungsansprüche sind aber ausgeschlossen, wenn der Mangel auf einer Ursache außerhalb der Vermietersphäre beruht.

3. Im Übrigen ist die Haftung des Vermieters einschließlich des Verhaltens seiner Vertreter und Erfüllungsgehilfen wegen Verletzung sonstiger Pflichten, unerlaubter Handlungen und gem. §§ 280, 281 BGB auf grobe Fahrlässigkeit und Vorsatz beschränkt. Der Vermieter haftet also nur dann, wenn er den Schaden vorsätzlich oder grob fahrlässig herbeigeführt hat. Der Vermieter haftet daher nicht für Schäden, die dem Mieter an den ihm gehörenden Waren, Einrichtungsgegenständen, Daten u.Ä. entstehen, gleichgültig welcher Art, Herkunft, Dauer und welchen Umfangs die Einwirkungen sind, es sei denn, dass der Vermieter den Schaden vorsätzlich oder grob fahrlässig herbeigeführt hat. Dies gilt auch für Schäden, die durch Feuchtigkeitseinwirkung entstehen.
Bei leichter Fahrlässigkeit haftet der Vermieter nur dann, wenn wesentliche oder typische Vertragspflichten (sog. Kardinalpflichten) verletzt werden. Kardinalpflichten sind Pflichten, die die vertragsgemäße Durchführung erst ermöglichen.

4. Der Ersatz mittelbarer Schäden wie z.B. entgangener Gewinn wird ausgeschlossen. Bezüglich elektronischer Daten und technischer Anlagen wird dem Mieter empfohlen, Vorkehrungen gegen Spannungsabfall oder -veränderungen zu treffen und entsprechende Elektronik-Versicherungen (Kosten der Datenerneuerung etc.) abzuschließen.

5. Die vorgenannten Haftungsausschlüsse/-beschränkungen gelten nicht bei der Verletzung des Körpers, Lebens, der Gesundheit, Freiheit oder sexuellen Selbstbestimmung, die auf einer vorsätzlichen oder fahrlässigen Pflichtverletzung des Vermieters oder einer entsprechenden Pflichtverletzung eines gesetzlichen Vertreters oder Erfüllungsgehilfen beruhen.

6. Die vorgenannten Haftungsausschlüsse/-beschränkungen gelten ebenfalls nicht bei Schäden, für die eine Versicherung des Vermieters besteht.

7. Haben andere Ursachen an der Entstehung eines Schadens mitgewirkt, für den der Vermieter einzustehen hat, so haftet der Vermieter nur in dem Umfang, wie sein Verschulden im Verhältnis zu den anderen Ursachen steht.

8. Wird das Mietobjekt, dazugehörende Einrichtungen und Anlagen durch den Mieter, zu seinem Betrieb gehörende Personen oder Dritte, die sich mit Wissen, Duldung und auf Veranlassung des Mieters im oder am Mietobjekt aufhalten, beschädigt, ist der Mieter ersatzpflichtig.

9. Der Mieter übernimmt die Verkehrssicherungspflicht in seinen Räumlichkeiten und den damit im Zusammenhang stehenden Flächen. Dies gilt auch für die Beseitigung von Schnee- und Eisglätte im Zugangsbereich, sofern dieser nur seine Räumlichkeiten betrifft. Der Mieter stellt den Vermieter von Ansprüchen aus der Verletzung der Verkehrssicherungspflicht frei, außer den Vermieter trifft ein Verschulden oder Mitverschulden (z.B. nicht beseitigte Baumängel). Sofern der Zugangsbereich mehrere Mieter betrifft, erklärt sich der Mieter mit der Beauftragung eines Hausmeisters oder eines Fremdunternehmens für die Beseitigung von Schnee und Eis bereit und übernimmt entsprechend umgelegte Kosten als Betriebskosten.

§ 7

Ausübung von Aufrechnung, Zurückbehaltungs- und Minderungsrechten

1. Der Mieter kann gegenüber den Forderungen des Vermieters aus diesem Vertrag mit einer Gegenforderung nur aufrechnen oder ein Minderungs- oder Zurückbehaltungsrecht ausüben, wenn seine Forderung unbestritten, rechtskräftig festgestellt oder entscheidungsreif ist.

2. Aufrechnung, Minderung und Ausübung eines Zurückbehaltungsrechts sind nur zulässig, wenn der Mieter seine Absicht dem Vermieter mindestens einen Monat vor Fälligkeit der Miete, gegen welche aufgerechnet, gemindert oder zurückbehalten werden soll, schriftlich angezeigt hat.

§ 8

Abschluss von Versicherungen

1. Der Vermieter schließt für das Mietobjekt die nachfolgend angekreuzten Versicherungen ab und ist in diesem Fall berechtigt, die Versicherungsprämien auf die Mieter umzulegen (nur wirksam, wenn angekreuzt):

☐ Feuerversicherung, Sturmversicherung, Leitungswasserschädenversicherung

☐ Gebäudehaftpflichtversicherung

☐ Glasversicherung

☐ Umwelthaftpflichtversicherung

☐ Betriebsanlagenversicherung

☐ Sonstiges: .....

2.
a) Sofern nicht in Absatz 1 abweichend vereinbart, ist der Mieter zum Abschluss folgender Versicherungen mit ausreichenden Deckungssummen auf seine Kosten verpflichtet:

- ☐ Feuerversicherung, Sturmversicherung, Leitungswasserschädenversicherung (sofern möglich mit Vereinbarung der Risiken Abwässer und Sprinklerwasseraustritt, sofern vorhanden),
- ☐ Gebäudehaftpflichtversicherung,
- ☐ Umwelthaftpflichtversicherung,
- ☐ Betriebsanlagenversicherung,
- ☐ Betriebshaftpflichtversicherung,
- ☐ Betriebsunterbrechungsversicherung,
- ☐ Glasversicherung,
- ☐ Versicherung gegen Beschädigung und Verlust von eingebrachten Gegenständen inklusive Einbauten,
- ☐ Sonstiges: _____.

b) Der Abschluss der Versicherungen hat unverzüglich nach Vertragsschluss zu erfolgen und ist dem Vermieter nachzuweisen.

c) Der Mieter hat dem Vermieter unverzüglich jede Änderung seines Geschäftsbetriebes und etwaige technische oder sonstige Änderungen mitzuteilen, die zu einer Gefahrerhöhung führen können. Für entsprechende Einbeziehung in von ihm abzuschließende Versicherungen hat der Mieter zu sorgen.

§ 9

Untervermietung

1. Untervermietung ist gestattet, wenn der Vermieter vorher eingewilligt hat. Der Vermieter muss nicht einwilligen, wenn schwerwiegende Gründe in der Person des Untermieters gegen eine Nutzung sprechen (auch mangelnde Solvenz), wenn die Art der beabsichtigten Nutzung dem bisherigen Vertragszweck oder der sonstigen Nutzung des Gebäudes entgegensteht oder wenn ähnliche Gründe vorliegen, die das Untermietverhältnis für den Vermieter unzumutbar machen. Der Vermieter ist berechtigt, die Einwilligung von Bedingungen abhängig zu machen, sofern es sich dabei um sachliche Aspekte handelt.

2. Ist die Netto-/Kaltuntermiete höher als die vom Mieter gezahlte Netto- bzw. Kaltmiete, kann der Vermieter vom Mieter verlangen, dass dieser ihm bis zu 100 % des übersteigenden Betrags als zusätzliche Miete zahlt.

3. Liegen Gründe vor, die den Fortbestand des Untermietverhältnisses für den Vermieter unzumutbar machen, kann er seine Einwilligung zur Untervermietung widerrufen.

4. Liegt eine Einwilligung des Vermieters nicht vor oder nutzt der Untermieter das Objekt vertragswidrig, kann der Vermieter vom Mieter verlangen, dass dieser dem Untermieter das Untermietverhältnis kündigt. Kommt der Mieter dem nicht unverzüglich nach Aufforderung durch den Vermieter nach, kann dieser das Mietverhältnis mit dem Mieter fristlos kündigen. Für diesen Fall wird dem Vermieter hiermit vom Mieter ausdrücklich Vollmacht erteilt, das Untermietverhältnis für den Mieter zu kündigen.

5. Für den Fall einer genehmigten als auch einer ungenehmigten Untervermietung tritt der Mieter bereits jetzt alle Ansprüche gegen den Untermieter einschließlich Pfandrechten an den Vermieter ab, der die Antretung hiermit annimmt.

§ 10

Betreten des Mietobjekts

Der Vermieter oder die von ihm Beauftragten dürfen die Mietsache in angemessenen Abständen und nach rechtzeitiger Ankündigung während der üblichen Betriebszeiten betreten, um den Zustand zu überprüfen. Dies gilt auch für den Fall, dass der Vermieter das Anwesen verkaufen will; es dürfen dann auch Kaufinteressenten das Mietobjekt betreten. In Fällen dringender Gefahr kann der Vermieter die Mietsache auch ohne Vorankündigung sowie bei Abwesenheit des Mieters betreten.

§ 11

Beendigung des Mietverhältnisses

1. Schriftform der Kündigung

Eine Kündigung des Mietverhältnisses, gleich von welcher Partei, hat schriftlich zu erfolgen.

2. Kündigung durch den Vermieter

Der Vermieter ist in bestimmten Fällen berechtigt, dem Mieter fristlos zu kündigen. Die dafür maßgeblichen wesentlichen Gesetze werden nachfolgend wiedergegeben, ohne dass die Aufzählung abschließend ist:

a) Vertragswidriger Gebrauch: Der Vermieter kann ohne Einhaltung einer Kündigungsfrist das Mietverhältnis kündigen, wenn der Mieter oder derjenige, welchem der Mieter den Gebrauch der gemieteten Sache überlassen hat, ungeachtet der Abmahnung des Vermieters einen vertragswidrigen Gebrauch der Sache fortsetzt, der die Rechte des Vermieters in erheblichem Maße verletzt, insbesondere einem Dritten den ihm unbefugt überlassenen Gebrauch belässt, oder die Sache durch Vernachlässigung der dem Mieter obliegenden Sorgfalt erheblich gefährdet.

b) Zahlungsverzug: Der Vermieter kann das Mietverhältnis ohne Einhaltung einer Kündigungsfrist kündigen, wenn der Mieter

   1. für zwei aufeinander folgende Termine mit der Entrichtung der Miete oder eines nicht unerheblichen Teils der Miete im Verzug ist, oder

   2. in einem Zeitraum, der sich über mehr als zwei Termine erstreckt, mit der Entrichtung der Miete in Höhe eines Betrages in Verzug gekommen ist, der die Miete für zwei Monate erreicht.

c) Unzumutbares Mietverhältnis: Ein Mietverhältnis über Räume kann ohne Einhaltung einer Kündigungsfrist gekündigt werden, wenn ein Vertragsteil schuldhaft in solchem Maße seine Verpflichtungen verletzt, insbesondere den Hausfrieden so nachhaltig stört, dass dem anderen Teil die Fortsetzung des Mietverhältnisses nicht zugemutet werden kann.

3. Rückgabe des Mietobjekts

Der Mieter ist verpflichtet, bei Beendigung der Mietzeit den Mietgegenstand vollständig geräumt und gereinigt an den Vermieter an einem mit angemessener Frist angekündigten Termin, spätestens aber am letzten Tag der Mietzeit zurück zu geben. Überlassenes Zubehör und überlassene Einrichtungen sind funktionstüchtig und gereinigt zurückzugeben. Vom Mieter eingebaute Einrichtungen/Zubehör und sonstige Einbauten sind zu entfernen. Das gilt auch für Verkabelungen und Kabelkanäle. Der Mieter wird den Vermieter rechtzeitig vor Mietende befragen, ob dieser Einrichtungen etc. übernehmen will, wozu er aber nicht verpflichtet ist.

§ 12

Sonstiges

1. Der Mieter verpflichtet sich, alle erforderlichen behördlichen Erlaubnisse, Konzessionen, Genehmigungen u.Ä. Verwaltungsakte selbst und auf eigene Kosten einzuholen, sofern diese mit seiner Person oder seinem Betrieb zusammenhängen. Die Beschaffung dieser Genehmigungen/Erlaubnisse zählen nicht zu den vertraglichen Leistungspflichten des Vermieters. Werden die Erlaubnisse etc. aus personen- oder betriebsbezogenen Gründen versagt, kann der Mieter daraus keine Rechte gegenüber dem Vermieter herleiten. Insbesondere besteht kein Recht zur Mietminderung oder außerordentlichen Kündigung. Eine Haftung oder Gewährleistung des Vermieters ist insoweit ausgeschlossen, es sei denn, die Versagung der nutzungsspezifischen Genehmigungen oder Erlaubnisse beruht auf dem baulichen Zustand des Mietobjekts.

2. Der Wechsel des Firmeninhabers, das Ausscheiden oder Hinzutreten von Gesellschaftern oder die Änderung der Rechtsform des Unternehmens ist ohne vorherige Zustimmung des Vermieters untersagt, wenn Rechte des Vermieters beeinträchtigt werden. Das ist immer der Fall, wenn ein persönlich haftender Schuldner wegfallen würde. Die Überlassung an Dritte, die bisher nicht Vertragspartner waren, gilt als unberechtigte Gebrauchsüberlassung. Erteilt der Vermieter seine Zustimmung nicht, berechtigt dies den Mieter nicht zur Kündigung, sofern es sich nicht um eine willkürliche Versagung handelt.

3. Dieser Vertrag enthält alle zwischen den Parteien vereinbarten Regelungen des Mietverhältnisses. Es bestehen keine mündlichen Nebenabreden. Nachträgliche Ergänzungen und Änderungen dieses Vertrags müssen schriftlich erfolgen. Das gilt auch für eine Aufhebung oder einen Verzicht auf das vorgenannte Schriftformerfordernis.

4. Sollte eine Bestimmung dieses Vertrages ganz oder zum Teil nichtig, ungültig, anfechtbar oder aus einem sonstigen Grunde nicht wirksam sein, wird die Gültigkeit der übrigen Bestimmungen nicht berührt. Falls sich die vorgenannte Unwirksamkeit nicht aus einem Verstoß gegen die Regelungen über die Einbeziehung Allgemeiner Geschäftsbedingungen in den Vertrag gem. §§ 305 ff. BGB ergibt, verpflichten sich die Vertrags-

partner, statt der unwirksamen Bestimmung eine solche zu vereinbaren, die dem mit der ursprünglichen Vereinbarungen verfolgten Zweck möglichst nahe kommt.

5. Den Mietparteien sind die besonderen gesetzlichen Schriftformerfordernisse des §§ 578, 581, 550, 126 BGB bekannt. Sie verpflichten sich hiermit gegenseitig auf jederzeitiges Verlangen einer Partei alle Handlungen vorzunehmen und Erklärungen abzugeben, die erforderlich sind, um der gesetzlichen Schriftformerfordernis Genüge zu leisten und den Mietvertrag nicht unter Berufung auf die Nichteinhaltung des gesetzlichen Schriftform vorzeitig zu kündigen. Dies gilt nicht nur für den Abschluss des Ursprungsvertrages/Hauptvertrages, sondern auch für Nachtrags-, Änderungs- und Ergänzungsverträge.

....

Ort, Datum Ort, Datum

....

(Vermieter) (Mieter)

Anlage zum Mietvertrag vom: ......
Zwischen: ......

Verordnung über die Aufstellung von Betriebskosten (Betriebskostenverordnung – BetrKV, BGBl. I, S. 2346)

> **Hinweis:**
> Ausdrückliche Bezugnahme auf diese Anlage reicht nach der Rechtsprechung aus, um die darin enthaltenen Betriebskosten zu vereinbaren. Vorsorglich sollte der Text aber in den Vertrag integriert werden.

§ 1

Betriebskosten

(1) Betriebskosten sind die Kosten, die dem Eigentümer oder Erbbauberechtigten durch das Eigentum oder Erbbaurecht am Grundstück oder durch den bestimmungsmäßigen Gebrauch des Gebäudes, der Nebengebäude, Anlagen, Einrichtungen und des Grundstücks laufend entstehen. Sach- und Arbeitsleistungen des Eigentümers oder Erbbauberechtigten dürfen mit dem Betrag angesetzt werden, der für eine gleichwertige Leistung eines Dritten, insbesondere eines Unternehmers, angesetzt werden könnte; die Umsatzsteuer des Dritten darf nicht angesetzt werden.

(2) Zu den Betriebskosten gehören nicht:

1. die Kosten der zur Verwaltung des Gebäudes erforderlichen Arbeitskräfte und Einrichtungen, die Kosten der Aufsicht, der Wert der vom Vermieter persönlich geleisteten Verwaltungsarbeit, die Kosten für die gesetzlichen oder freiwilligen Prüfungen des Jahresabschlusses und die Kosten für die Geschäftsführung (Verwaltungskosten),

2. die Kosten, die während der Nutzungsdauer zur Erhaltung des bestimmungsmäßigen Gebrauchs aufgewendet werden müssen, um die durch Abnutzung, Alterung und Witterungseinwirkung entstehenden baulichen oder sonstigen Mängel ordnungsgemäß zu beseitigen (Instandhaltungs- und Instandsetzungskosten).

§ 2

Aufstellung der Betriebskosten

Betriebskosten im Sinne von § 1 sind:

1. die laufenden öffentlichen Lasten des Grundstücks,
hierzu gehört namentlich die Grundsteuer;

2. die Kosten der Wasserversorgung,
hierzu gehören die Kosten des Wasserverbrauchs, die Grundgebühren, die Kosten der Anmietung oder anderer Arten der Gebrauchsüberlassung von Wasserzählern sowie die Kosten ihrer Verwendung einschließlich der Kosten der Eichung sowie der Kosten der Berechnung und Aufteilung, die Kosten der Wartung von Wassermengenreglern, die Kosten des Betriebs einer hauseigenen Wasserversorgungsanlage und einer Wasseraufbereitungsanlage einschließlich der Aufbereitungsstoffe;

3. die Kosten der Entwässerung,
hierzu gehören die Gebühren für die Haus- und Grundstücksentwässerung, die Kosten des Betriebs einer entsprechenden nicht öffentlichen Anlage und die Kosten des Betriebs einer Entwässerungspumpe;

4. die Kosten

    a) des Betriebs der zentralen Heizungsanlage einschließlich der Abgasanlage,
    hierzu gehören die Kosten der verbrauchten Brennstoffe und ihrer Lieferung, die Kosten des Betriebsstroms, die Kosten der Bedienung, Überwachung und Pflege der Anlage, der regelmäßigen Prüfung ihrer Betriebsbereitschaft und Betriebssicherheit einschließlich der Einstellung durch eine Fachkraft, der Reinigung der Anlage und des Betriebsraums, die Kosten der Messungen nach dem Bundes-Immissionsschutzgesetz, die Kosten der Anmietung oder anderer Arten der Gebrauchsüberlassung einer Ausstattung zur Verbrauchserfassung sowie die Kosten der Verwendung einer Ausstattung zur Verbrauchserfassung einschließlich der Kosten der Eichung sowie der Kosten der Berechnung und Aufteilung;
    oder

    b) des Betriebs der zentralen Brennstoffversorgungsanlage,
    hierzu gehören die Kosten der verbrauchten Brennstoffe und ihrer Lieferung, die Kosten des Betriebsstroms und die Kosten der Überwachung sowie die Kosten der Reinigung der Anlage und des Betriebsraums;
    oder

    c) der eigenständig gewerblichen Lieferung von Wärme, auch aus Anlagen im Sinne des Buchstabens a,
    hierzu gehören das Entgelt für die Wärmelieferung und die Kosten des Betriebs der

zugehörigen Hausanlagen entsprechend Buchstabe a;
oder

d) der Reinigung und Wartung von Etagenheizungen und Gaseinzelfeuerstätten,
hierzu gehören die Kosten der Beseitigung von Wasserablagerungen und Verbrennungsrückständen in der Anlage, die Kosten der regelmäßigen Prüfung der Betriebsbereitschaft und Betriebssicherheit und der damit zusammenhängenden Einstellung durch eine Fachkraft sowie die Kosten der Messungen nach dem Bundes-Immissionsschutzgesetz;

5. die Kosten

   a) des Betriebs der zentralen Warmwasserversorgungsanlage,
   hierzu gehören die Kosten der Wasserversorgung entsprechend Nummer 2, soweit sie nicht dort bereits berücksichtigt sind, und die Kosten der Wassererwärmung entsprechend Nummer 4 Buchstabe a;
   oder

   b) der eigenständig gewerblichen Lieferung von Warmwasser, auch aus Anlagen im Sinne des Buchstabens a,
   hierzu gehören das Entgelt für die Lieferung des Warmwassers und die Kosten des Betriebs der zugehörigen Hausanlagen entsprechend Nummer 4 Buchstabe a,
   oder

   c) der Reinigung und Wartung von Warmwassergeräten,
   hierzu gehören die Kosten der Beseitigung von Wasserablagerungen und Verbrennungsrückständen im Innern der Geräte sowie die Kosten der regelmäßigen Prüfung der Betriebsbereitschaft und Betriebssicherheit und der damit zusammenhängenden Einstellung durch eine Fachkraft;

6. die Kosten verbundener Heizungs- und Warmwasserversorgungsanlagen

   a) bei zentralen Heizungsanlagen entsprechend Nummer 4 Buchstabe a und entsprechend Nummer 2, soweit sie nicht dort bereits berücksichtigt sind,
   oder

   b) bei der eigenständig gewerblichen Lieferung von Wärme entsprechend Nummer 4 Buchstabe c und entsprechend Nummer 2, soweit sie nicht dort bereits berücksichtigt sind,
   oder

   c) bei verbundenen Etagenheizungen und Warmwasserversorgungsanlagen entsprechend Nummer 4 Buchstabe d und entsprechend Nummer 2, soweit sie nicht dort bereits berücksichtigt sind;

7. die Kosten des Betriebs des Personen- oder Lastenaufzugs,
   hierzu gehören die Kosten des Betriebsstroms, die Kosten der Beaufsichtigung, der Bedienung, Überwachung und Pflege der Anlage, der regelmäßigen Prüfung ihrer Betriebsbereitschaft und Betriebssicherheit einschließlich der Einstellung durch eine Fachkraft sowie die Kosten der Reinigung der Anlage;

8. die Kosten der Straßenreinigung und Müllbeseitigung,
   zu den Kosten der Straßenreinigung gehören die für die öffentliche Straßenreinigung

zu entrichtenden Gebühren und die Kosten entsprechender nicht öffentlicher Maßnahmen; zu den Kosten der Müllbeseitigung gehören namentlich die für die Müllabfuhr zu entrichtenden Gebühren, die Kosten entsprechender nicht öffentlicher Maßnahmen, die Kosten des Betriebs von Müllkompressoren, Müllschluckern, Müllabsauganlagen sowie des Betriebs von Müllmengenerfassungsanlagen einschließlich der Kosten der Berechnung und Aufteilung;

9. die Kosten der Gebäudereinigung und Ungezieferbekämpfung,
zu den Kosten der Gebäudereinigung gehören die Kosten für die Säuberung der von den Bewohnern gemeinsam genutzten Gebäudeteile, wie Zugänge, Flure, Treppen, Keller, Bodenräume, Waschküchen, Fahrkorb des Aufzugs;

10. die Kosten der Gartenpflege,
hierzu gehören die Kosten der Pflege gärtnerisch angelegter Flächen einschließlich der Erneuerung von Pflanzen und Gehölzen, der Pflege von Spielplätzen einschließlich der Erneuerung von Sand und der Pflege von Plätzen, Zugängen und Zufahrten, die dem nicht öffentlichen Verkehr dienen;

11. die Kosten der Beleuchtung,
hierzu gehören die Kosten des Stroms für die Außenbeleuchtung und die Beleuchtung der von den Bewohnern gemeinsam genutzten Gebäudeteile, wie Zugänge, Flure, Treppen, Keller, Bodenräume, Waschküchen;

12. die Kosten der Schornsteinreinigung,
hierzu gehören die Kehrgebühren nach der maßgebenden Gebührenordnung, soweit sie nicht bereits als Kosten nach Nummer 4 Buchstabe a berücksichtigt sind;

13. die Kosten der Sach- und Haftpflichtversicherung,
hierzu gehören namentlich die Kosten der Versicherung des Gebäudes gegen Feuer-, Sturm-, Wasser- sowie sonstige Elementarschäden, der Glasversicherung, der Haftpflichtversicherung für das Gebäude, den Öltank und den Aufzug;

14. die Kosten für den Hauswart,
hierzu gehören die Vergütung, die Sozialbeiträge und alle geldwerten Leistungen, die der Eigentümer oder Erbbauberechtigte dem Hauswart für seine Arbeit gewährt, soweit diese nicht die Instandhaltung, Instandsetzung, Erneuerung, Schönheitsreparaturen oder die Hausverwaltung betrifft; soweit Arbeiten vom Hauswart ausgeführt werden, dürfen Kosten für Arbeitsleistungen nach den Nummern 2 bis 10 und 16 nicht angesetzt werden;

15. die Kosten
   a) des Betriebs der Gemeinschafts-Antennenanlage,
   hierzu gehören die Kosten des Betriebsstroms und die Kosten der regelmäßigen Prüfung ihrer Betriebsbereitschaft einschließlich der Einstellung durch eine Fachkraft oder das Nutzungsentgelt für eine nicht zu dem Gebäude gehörende Antennenanlage sowie die Gebühren, die nach dem Urheberrechtsgesetz für die Kabelweitersendung entstehen;
   oder

b) des Betriebs der mit einem Breitbandkabelnetz verbundenen privaten Verteilanlage,
hierzu gehören die Kosten entsprechend Buchstabe a, ferner die laufenden monatlichen Grundgebühren für Breitbandkabelanschlüsse;

16. die Kosten des Betriebs der Einrichtungen für die Wäschepflege,
hierzu gehören die Kosten des Betriebsstroms, die Kosten der Überwachung, Pflege und Reinigung der Einrichtungen, der regelmäßigen Prüfung ihrer Betriebsbereitschaft und Betriebssicherheit sowie die Kosten der Wasserversorgung entsprechend Nummer 2, soweit sie nicht dort bereits berücksichtigt sind;

17. sonstige Betriebskosten,
hierzu gehören Betriebskosten im Sinne des § 1, die von den Nummern 1 bis 16 nicht erfasst sind.

3. Mietvertrag für eine Arzt-/Zahnarztpraxis

3368

Hinweis:

Das vorgestellte Muster bezieht sich auf eine Arzt- bzw. Zahnarztpraxis. Ärzte, Zahnärzte und andere Heilberufler (Tierärzte, Psychotherapeuten, Apotheker) gehören zu den Freiberuflern und sind i.d.R. gern gesehene Mieter, da sie sich meist sehr langfristig binden wollen und statistisch zu den gut verdienenden Berufsgruppen gehören.

Das Muster enthält grds. keine – wie viele andere Muster – Alternativen (z.B. die Auswahlmöglichkeit einer Staffel- und einer Indexmiete oder Verlängerungsvarianten bei der Mietzeit) oder nur auf bestimmte Fälle passende Spezialvereinbarungen. Es ist daher kein Muster „für alle Fälle". Solche mit Alternativen gespickten Verträge führen in der Praxis immer wieder zu Fehlern durch falsches Ankreuzen oder fehlendes Ausfüllen. Das Muster enthält daher auch keine Exoten-Klauseln, die in der Praxis eher selten angewendet werden oder nur auf wenige Fälle passen. Alternativen zu wichtigen Klauseln finden sich in den jeweiligen Kapiteln in Teil 1.

Im Muster sind einige mieterfreundliche Klauseln enthalten (Konkurrenzschutz, Sonderkündigungsrechte bei Berufsunfähigkeit, Verschwiegenheitsverpflichtung des Vermieters etc.), die auch bei anderen Fachberufen in abgewandelter Form eingesetzt werden können.

Die Besonderheiten der Heilberufe (z.B. erhebliche Investitionen in die Miträume, z.T. Strahlenschutzbestimmungen) und der Status des Freiberuflers machen überwiegend aus Mietersicht einige spezielle vertragliche Regelungen empfehlenswert. Der sog. Standardmietvertrag ist daher möglichst zu vermeiden. Berät der Anwalt Ärzte oder Zahnärzte, sollte darauf hingewiesen werden, da es üblicherweise am Problembewusstsein fehlt. Grds. ist das Muster auch auf Räumlichkeiten anwendbar, die von anderen Freiberuflern angemietet werden; die Klauseln sollten aber dann geprüft werden, ob sie wirklich noch passen, da einige medizinbezogen sind.

Der Vertrag sollte von der ersten bis zur letzten Seite (einschließlich aller Anlagen) fest verbunden und trotz der Auflockerungsrechtsprechung zur Schriftform komplett (einschließlich Anlagen) durchnumeriert werden. Empfehlenswert ist nach wie vor auch eine Paraphierung aller Seiten, auch der Anlagen, durch die Vertragspartner.

Mietvertrag für Räume zum Betrieb einer Arzt-/Zahnarztpraxis

Mietvertrag für Räume zum Betrieb einer Arzt-/Zahnarztpraxis

zwischen

(genaue Bezeichnung, Vor- und Zuname, Firma, derzeitige Anschrift)

.....

– nachfolgend „Vermieter" genannt –

vertreten durch .....

und

(genaue Bezeichnung, Vor- und Zuname, derzeitige Anschrift)

.....

vertreten durch .....

– nachfolgend „Mieter" genannt –

wird folgender Mietvertrag über Geschäftsräume zum Betrieb einer Arzt- bzw. Zahnarztpraxis geschlossen:

§ 1

Mietobjekt

1. Beschreibung

a) Der Vermieter vermietet an den Mieter die in Anlage 1 eingezeichneten Flächen im ..... Geschoss links/rechts/Mitte des Hauses ..... straße in ...... Das Objekt beinhaltet folgende Räume: ......

b) Vermietet werden ferner folgende Nebenflächen:
......

c) Mit vermietet sind folgende weitere Flächen außerhalb des Gebäudes (Garage/Stellplätze u.Ä.): ......

d) Die Gesamtfläche der Räume und Nebenflächen im Gebäude beträgt ca. ..... m². Die Miethöhe orientiert sich nicht exakt an der tatsächlichen Fläche, diese stellt vielmehr nur einen Anhaltspunkt dar. Verlangt eine Partei ein Aufmaß und können sich die Parteien nicht einigen, wer dies erstellen soll, hat es ein vom Präsidenten der zuständigen IHK zu benennender Sachverständiger auf Kosten des Verlangenden zu erstellen. Flächenänderungen von +/- 3 % haben keinen Einfluss auf die Höhe der Miete. Höhere oder niedrige Abweichungen bewirken eine Anpassung der Netto- bzw. Grundmiete mit Wirkung ab dem auf die Feststellung der tatsächlichen Mietfläche folgenden Monat. Nebenkostenvorauszahlungen sind von der Anpassung ausgenommen.

e) Sämtliche vorgenannten Räume und Flächen sind in den diesem Vertrag als Anlage 1 beigefügten Plänen/Zeichnungen wie folgt beschrieben farblich markiert; ferner sind Gemeinschaftsflächen farblich markiert:
Miträume und Nebenflächen innen: rot umrandet,
Nebenflächen außen (Stellplätze etc.): blau umrandet,
Gemeinschaftsflächen: grün umrandet.

f) Die Größe der Flächen ist auf folgender Grundlage ermittelt worden: ...... Dies wird auch für künftige Aufmaße und andere Berechnung als Maßstab vereinbart.

2. Zustand des Mietobjekts, Aus- und Umbauten

a) Der Mieter übernimmt das Mietobjekt wie besichtigt und wie es steht und liegt; er erhält das Mietobjekt in folgendem Ausbauzustand:

- .....
- .....

Der Vermieter stimmt baulichen Veränderungen zu, sofern kein Eingriff in die Bausubstanz erfolgt. Entsprechendes gilt für die Einrichtung eines Praxislabors. Dem Mieter obliegt der Ausbau des Objekts zum vertraglichen Nutzungszweck. Dies umfasst im Wesentlichen folgende Maßnahmen:

- ..... (*Beispiel: Innenausbau*)
- .....
- .....
- .....

b) Die Räume verfügen über

☐ eine Klimaanlage

☐ keine Klimaanlage
Für den Fall, dass keine Klimaanlage vorhanden ist, wird der Mieter darauf hingewiesen, dass bei hohen Außentemperaturen möglicherweise die Temperaturen nach der Arbeitsstättenverordnung nicht durchgängig und/oder in allen Räumen gewährleistet sind. Dem Mieter steht es frei, sich nach vorheriger Ankündigung und bei baulichen Maßnahmen, die die Gebäudesubstanz betreffen, in Abstimmung mit dem Vermieter eine Klimaanlage auf eigene Kosten einzubauen. Die Kosten des Betriebs trägt der Mieter. Ansprüche des Mieters wegen etwaiger überhöhter Raumtemperaturen werden ausgeschlossen.

c) Der Vermieter übernimmt die Gewähr dafür, dass die Mietsache bei Mietbeginn bautechnisch und ordnungsrechtlich den Erfordernissen genügt, die die gewerbliche Nutzung der Räume zum Betrieb einer Arzt- oder Zahnarztpraxis mit sich bringt (Stromversorgung, Tragfähigkeit der Decken etc.).

d) Behördlich geforderte, in das Mietobjekt einzubauende Einrichtungs- und Sicherheitsmaßnahmen, die im Zusammenhang mit der ärztlichen Tätigkeit stehen, hat der Mieter auf eigene Kosten einzubauen. Der Nachweis von Stellplätzen und deren etwaige Ablösung ist Sache des Mieters.

e) Dem Mieter sind bauliche Maßnahmen, die die Statik des Gebäudes, Gemeinschaftsanlagen, Haussysteme (Wasser, Strom, Klima etc.) und die Gestaltung der Außenflächen (Zugänge, Außenfront etc.) betreffen, nur nach vorheriger Absprache und mit vorheriger Zustimmung des Vermieters gestattet. Wenn die Maßnahmen auch diese Bereiche betreffen, tritt der Mieter Gewährleistungsansprüche gegen die beteiligten Handwerker an den Vermieter ab.

f) Behördliche Genehmigung im Zusammenhang mit den baulichen Veränderungen holt der Mieter ein. Er trägt auch dadurch anfallende Kosten, ferner Prämienerhöhungen durch etwaige Änderungen der Versicherungen. Dies alles gilt nicht, wenn es sich um Genehmigungen handelt, zu deren Einholung der Vermieter auch ohne die baulichen Veränderungen des Mieters bauseits bereits verpflichtet ist.

g) Der Vermieter stellt dem Mieter bei Abschluss des Mietvertrages einen Grundriss zur Verfügung, damit der Mieter diesen für einen Praxiseinrichter u.Ä. verwenden kann.

h) Nach Beendigung des Mietvertrages ist der Mieter zur Wiederherstellung des ursprünglichen Zustandes verpflichtet.

3. Werbemaßnahmen

Der Mieter ist berechtigt, auf seine Kosten am und im Haus Schilder mit Hinweisen auf seine Praxis bis zur Höhe der Oberkante Decke der gemieteten Räume anzubringen. Andere Werbemaßnahmen außerhalb der Räumlichkeiten des Mieters sind mit dem Vermieter abzustimmen und ohne dessen Zustimmung nicht erlaubt. Etwa erforderliche behördliche Genehmigungen hat der Mieter selbst und auf eigene Kosten zu besorgen. Der Vermieter gestattet dem Mieter außerdem, nach einem etwaigen Auszug die bereits vorhandenen Schilder und etwaige Hinweisschilder auf eine neue Praxis mindestens sechs Monate nach Auszug angebracht zu lassen.

4. Vertragszweck

a) Das Mietobjekt ist ausschließlich zum Betrieb einer Arztpraxis/Zahnarztpraxis* vermietet. Der Mieter ist berechtigt, im Zusammenhang mit seiner Haupttätigkeit stehende Nebengeschäfte (z.B. Labortätigkeit, Verkauf von Arzneien, medizinischen Hilfsmitteln u.Ä.) im Mietobjekt zu tätigen. Änderungen des Nutzungszweckes bedürfen der vorherigen schriftlichen Zustimmung des Vermieters, die dieser nur aus wichtigem Grunde verweigern darf. Als wichtiger Grund gilt auch das Bestehen einer Konkurrenzsituation durch einen anderen Mieter bezüglich des zu ändernden Nutzungszwecks.

* Nichtzutreffendes bitte streichen

b) Der Vermieter ist nach ergebnisloser Abmahnung zur fristlosen Kündigung berechtigt, wenn der Mieter die Räume zu anderen als im Mietvertrag vereinbarten Zwecken benutzt. Dies gilt insbesondere bei der Nutzung zu Wohnzwecken.

§ 2
Mietdauer

1. Das Mietverhältnis wird auf fünf Jahre geschlossen, es beginnt am ..... und endet am ...... Der Mieter ist aber berechtigt, die Verlängerung des Mietverhältnisses um fünf Jahre über den o.g. Endtermin hinaus zu verlangen. Dies ist dem Vermieter spätestens sechs Monate vor dem o.g. Endtermin schriftlich mitzuteilen. Für die Rechtzeitigkeit kommt es auf den Eingang beim Vermieter an. Die mehrfache Ausübung ist möglich, die Ausübungsfrist von sechs Monaten gilt dafür ebenfalls.
2. Eine stillschweigende Verlängerung des Mietverhältnisses gem. § 545 BGB ist ausgeschlossen.

§ 3
Höhe und Zahlung der Miete einschließlich Betriebskostenvorauszahlungen und Mieterhöhung

1. Miete ohne Betriebskosten (Nettokaltmiete)

Es wird eine monatliche Nettokaltmiete vereinbart. Zuzüglich sind Betriebs- und Heizkosten zu zahlen. Umsatzsteuer (Mehrwertsteuer) wird nicht erhoben, solange der Mieter nicht umsatzsteuerpflichtig ist. Wird der Mieter umsatzsteuerpflichtig, hat er dies dem Vermieter unverzüglich mitzuteilen.

> **Hinweis:**
>
> Bezüglich der Umsatzsteuer muss geprüft werden, ob der Vermieter zur Umsatzsteuer optiert hat, also auf die Steuerbefreiung verzichtet hat und deshalb Umsatzsteuer abführen muss. Sollte dies der Fall sein, muss z.B. Umsatzsteuer zuzüglich zur Miete vereinbart oder die Miethöhe entsprechend nach oben gesetzt werden.

Die Nettokaltmiete beträgt monatlich:

für die Miteträume gem. §§ 1, 1a:	..... €
für die Miteträume gem. §§ 1, 1b:	..... €
für die Miteträume gem. §§ 1, 1c:	..... €
Endsumme Nettokaltmiete:	..... €

2. Betriebskosten

a) Betriebskosten des Mietobjekts trägt der Mieter, bei mehreren Mietparteien anteilig. Betriebskosten sind sämtliche Betriebskosten der Betriebskostenverordnung in der jeweils gültigen Fassung. Dieser Text ist in der Anlage ..... zum Mietvertrag abgedruckt. Beiden Vertragspartnern ist bewusst, dass die Betriebskostenverordnung weitläufig zu verstehen ist. Es wird vereinbart, dass folgende Kosten ebenfalls Betriebskosten sind, wobei unter dem verwendeten Begriff „Kosten" periodisch wiederkehrende Kosten wie

z.B. für Wartungen, öffentlich-rechtlich erforderliche Prüfungen und Betriebsmittel zu verstehen sind:
- Kosten der Klimaanlagen,
- Kosten der Aufzugsanlagen,
- Kosten für sonstige Haustechnik,
- Kosten des Wachdienstes und der Gebäudeüberwachung,
- Kosten der Fassadenreinigung,
- Kosten für Brandschutzanlagen und Feuerlöscheinrichtungen,
- Kosten für die Pflege der grundstückseigenen Zufahrten und Garagenplätze,
- Kosten für Sondermüllentsorgungen und entsprechende Einrichtungen im Zusammenhang mit der medizinischen Tätigkeit,
- ......
- ......
- ......

Zu den Betriebskosten gehören auch die Kosten der Hausverwaltung. Diese werden i.H.v. 3 % der Nettomiete pauschaliert an den Vermieter gezahlt; dieser Betrag wird in der Abrechnung vom Vermieter zugeschlagen, so dass eine Vorauszahlung der 3 %-Pauschale nicht erfolgt.

b) Die Betriebskosten werden nach m²; umgelegt. Dafür wird eine vom Mieter angemietete Fläche von insgesamt ..... m²; zugrunde gelegt, was ..... % der Mietfläche des gesamten Gebäudes entspricht. Es wird vereinbart, dass diese Zahlen für die Abrechnung der Betriebskosten maßgeblich sind.

c) Die Kosten der Heiz- und Warmwasserversorgung trägt der Mieter. Sie werden vom Vermieter nach der Verordnung über die verbrauchsabhängige Abrechnung der Heiz- und Warmwasserkosten (HeizkostenVO) abgerechnet.

d) Kann direkt mit Versorgungsträgern oder Leistungserbringern abgerechnet werden, so verpflichtet sich der Mieter zur direkten Abrechnung.

e) Der Mieter zahlt monatlich zusammen mit der Miete eine Vorauszahlung auf die Betriebskosten. Umsatzsteuer (Mehrwertsteuer) wird nicht erhoben, solange der Mieter nicht umsatzsteuerpflichtig ist.

> **Hinweis:**
>
> Bezüglich der Umsatzsteuer muss geprüft werden, ob der Vermieter zur Umsatzsteuer optiert hat, also auf die Steuerbefreiung verzichtet hat und deshalb Umsatzsteuer abführen muss. Sollte dies der Fall sein, muss z.B. Umsatzsteuer zuzüglich zur Miete vereinbart oder die Miethöhe entsprechend nach oben gesetzt werden.

Die Vereinbarungen zur Fälligkeit und Zahlungsart der Miete geltend auch für die Betriebskostenvorauszahlungen.

Die Vorauszahlung beträgt

- für die Heiz- und Warmwasserkosten: ..... €
- für alle sonstigen Betriebskosten: ..... €

Zwischensumme: ..... €

<u>Endsumme Heiz- und Betriebskosten</u>: ..... €

f) Die vom Vermieter zu erstellenden Abrechnungen erfassen einen Zeitraum von jeweils einem Jahr. Dem Vermieter obliegt die Wahl zwischen einem Zeitjahr (= Zeitraum von einem Jahr ab Beginn des Mietverhältnisses) oder dem Kalenderjahr. Beginnt das Mietverhältnis nicht mit dem 1.1. eines Jahres und will der Vermieter nach dem Kalenderjahr abrechnen, darf er den Zeitraum bis zum 1.1. zusammen mit der Abrechnung des Folgejahres abrechnen. Zieht der Mieter aus, ist der Vermieter nicht verpflichtet, eine Zwischenabrechnung zu erstellen, sondern kann in dem vorgenannten Turnus abrechnen. Die Parteien sind sich darüber einig, dass in keinem Fall ein Nachforderungsausschluss oder eine Verwirkung greift, wenn der Vermieter später als ein Jahr nach Ende des Abrechnungszeitraums abrechnet, es sei denn, der Vermieter hat dem Mieter durch ausdrückliche Erklärung zu verstehen gegeben, dass er keine Nachforderungen mehr beansprucht.

g) Der Mieter kann innerhalb von vier Wochen nach Zugang der Abrechnung Einsicht in die Abrechnungsunterlagen am Sitz des Vermieters oder Übersendung von Kopien gegen einen pauschalierten Betrag von 0,75 € pro Kopie verlangen. Widerspricht der Mieter der Abrechnung nicht innerhalb von weiteren vier Wochen schriftlich, gilt diese als anerkannt, sofern der Vermieter in der Abrechnung auf diese Frist und die Rechtsfolge ausdrücklich hingewiesen hat. Verlangt der Mieter keine Belegeinsicht innerhalb von vier Wochen ab Zugang der Abrechnung, werden Nachzahlungen des Mieters bzw. Erstattungen des Vermieters nach diesen vier Wochen fällig.

h) Die Vertragspartner sind sich darüber einig, dass nach Vertragsschluss neue Betriebskosten, Steuern und Gebühren auf den Vermieter zukommen können, deren Umlage auf den Mieter vereinbart worden wäre, wenn sie bereits bei Vertragsschluss bekannt gewesen wären. Der Vermieter ist deshalb berechtigt, solche neuen Betriebskosten des Mietobjekts auf den Mieter umzulegen. Um das wirtschaftliche Risiko für den Mieter aber zu begrenzen, sind die neuen Kosten der Höhe nach auf 12 % der vertraglich vereinbarten Betriebskosten begrenzt.

> **Hinweis:**
> Der Mieter hat an neuen Betriebskosten jährlich höchstens einen Betrag von 12 % aus der Summe der von ihm nach dem Mietvertrag zu tragenden Betriebskosten zu bezahlen. Beispiel: Summe der „alten" Betriebskosten: 8.000 €/Jahr x 12 % = 960 € Höchstzahlungsbetrag für neue Betriebskosten.

i) Vermieter und Mieter sind berechtigt, schriftlich eine Erhöhung bzw. Herabsetzung der Vorauszahlungen auf die Heiz- und Betriebskosten zu verlangen, wenn sich diese Kosten insgesamt um mindestens 10 % erhöht oder vermindert haben. Berechnungsgrundlage dafür ist der Vergleich der angefallenen Kosten aus der jeweils letzten und der aktuellen Abrechnung für das Mietobjekt. Der Vermieter bestimmt dann die neue

Höhe der Vorauszahlungen unter Berücksichtigung der letzten Abrechnung und der zu erwartenden Kosten nach billigem Ermessen. Der neue Betrag ist ab dem Kalendermonat fällig, der auf den Zugang des Erhöhungs- bzw. Herabsetzungsverlangens beim jeweiligen Vertragspartner folgt. Werden Nebenkosten neu eingeführt, kann der Vermieter auch deren Vorauszahlungen entsprechend den vorgenannten Regeln erhöhen. Umgekehrt gilt dies entsprechend, wenn Nebenkosten ersatzlos wegfallen.

3. Zahlung der Miete und Betriebskostenvorauszahlung

a) Die Gesamtmiete beträgt monatlich:

Nettokaltmiete: ..... €

Betriebskostenvorauszahlung: ..... €

Endsumme: ..... €

b) Die o.g. Miete und die Betriebskostenvorauszahlung sind ab Übergabe des Mietobjekts jeweils bis zum dritten Werktag eines jeden Monats kostenfrei im Voraus auf folgendes Konto zu zahlen:

Empfänger: .....

Kreditinstitut: .....

BLZ: .....

Konto-Nr.: .....

Für die Rechtzeitigkeit der Zahlung kommt es auf die Gutschrift des Betrages an. Der Mieter muss mit Banklaufzeiten von zwei bis drei Tagen rechnen.

c) Der Mieter wird darauf hingewiesen, dass er sich bei nicht fristgerechter Zahlung nach den gesetzlichen Vorschriften automatisch in Verzug befindet, ohne dass es einer gesonderten Mahnung bedarf. Im Falle des Verzugs ist der Vermieter berechtigt, Verzugszinsen in gesetzlicher Höhe zu verlangen.

d) Liegt Verzug vor, werden sämtliche Zahlungen des Mieters zunächst auf etwaige Kosten (z.B. Anwaltskosten), dann auf die Zinsen, dann auf die Betriebskosten, dann auf die Grundmiete angerechnet und zwar jeweils auf die älteste Schuld.

4. Mieterhöhung wegen Erhöhung der Lebenshaltungskosten

a) Erhöht oder vermindert sich der vom Statistischen Bundesamt jeweils festgestellte Verbraucherpreisindex für Deutschland, Basis 2005 = 100 Punkte, gegenüber dem bei Abschluss des Mietvertrages bestehenden Verbraucherpreisindex um mindestens 10 %, so erhöht oder vermindert sich die Kaltmiete im entsprechenden (prozentual umgerechneten) Verhältnis, ohne dass es einer Mietänderungserklärung des Vermieters bedarf. Die Änderung wird in dem Monat wirksam, der auf den Monat folgt, in dem die Punktzahl erreicht wird und zwar auch dann, wenn dies dem Vertragspartner erst später mitgeteilt wird; die Erhöhung oder Verminderung wird zu diesem Zeitpunkt fällig, sodass sie auch bei nachträglicher Mitteilung oder Kenntnis auf diesen Zeitpunkt zu zahlen bzw. zu erstatten ist.

Die Regelung ist wiederholt anwendbar, wenn die oben beschriebenen Voraussetzungen auf der Basis der jeweils vorausgegangenen Mietänderung entsprechend vorliegen.

b) Der Vermieter hat eine Erhöhung, der Mieter eine Verminderung mitzuteilen und dabei eine Berechnung vorzulegen, wobei eine nicht rechtzeitige Mitteilung keinen Verzicht bedeutet.

c) Die Parteien sind sich darüber einig, dass die Wertsicherungsklausel als Leistungsvorbehalt im Sinne einer Anpassungsklausel umgedeutet wird, falls sie den Voraussetzungen des Preisklauselgesetzes nicht genügen sollte.

d) Sollten die Indizes vom Statistischen Bundesamt nicht fortgeführt werden, so wird der an die Stelle des entfallenden Indexes tretende Index oder – falls kein ersetzender Index besteht – ein vergleichbarer Index des Statistischen Amtes der Europäischen Union zugrunde gelegt.

5. Mieterhöhung wegen Modernisierungsmaßnahmen

Für Kosten, die dem Vermieter für Modernisierungsmaßnahmen am Mietobjekt, am Gebäude oder am Grundstück entstehen, kann der Vermieter nach Durchführung der Maßnahmen schriftlich eine Erhöhung der jährlichen Miete um 11 % der auf das Mietobjekt entfallenden Kosten verlangen. Der Vermieter hat dem Mieter mindestens zwei Monate vor dem Beginn der Maßnahme deren Art, Umfang, Beginn und voraussichtliche Dauer und die zu erwartende Erhöhung der Miete schriftlich mitzuteilen. Die erhöhte Miete ist ab dem Monat zu zahlen, der auf den Zugang der schriftlichen Mieterhöhungserklärung des Vermieters folgt.

§ 4

Sicherheiten

1. Zur Sicherung aller Ansprüche des Vermieters gegen den Mieter aus diesem Mietverhältnis zahlt der Mieter dem Vermieter bis zum ....., spätestens bis zwei Wochen vor Übergabe des Mietobjekts (falls der Zeitpunkt schon überschritten ist: bei Übergabe), eine Barkaution i.H.v. drei Monatsmieten (Nettomiete zuzüglich etwaige Betriebskosten, gleich ob Vorauszahlung oder Pauschale) – zuzüglich jeweils geltende gesetzliche Mehrwertsteuer, sofern der Vermieter optiert hat und der Mieter umsatzsteuerpflichtig ist. Wird keine andere Kautionsart ausdrücklich vereinbart, ist die Kaution in voller Höhe durch Überweisung an den Vermieter oder in bar zu zahlen. Der Vermieter verpflichtet sich, die Kaution bis spätestens zwei Wochen nach Übergabe der Mietsache getrennt von seinem Vermögen zu einem banküblichen Zinssatz bei einem deutschen Kreditinstitut anzulegen und als Kaution kennzeichnen zu lassen.

2. Leistet der Mieter die Kaution nicht bis zum vereinbarten Zeitpunkt, hat er keinen Anspruch auf Übergabe des Mietobjekts und muss trotzdem die Miete und Nebenkosten ab dem vereinbarten Zeitpunkt zahlen. Dem Vermieter steht es frei, den Mietvertrag fristlos zu kündigen, wenn die Kaution nicht geleistet wird.

3. Der Mieter verzichtet für den Fall einer etwaigen Verjährung des Anspruchs des Vermieters auf Stellung der Kaution auf die Erhebung der Einrede der Verjährung bis 3

Monate nach Rückgabe des Mietobjekts. Der Vermieter nimmt diesen Verzicht hiermit an.

4. Erhöhen sich die Miete oder Betriebskostenvorauszahlungen um mehr als 10 %, kann der Vermieter eine Anpassung der Kautionshöhe entsprechend der prozentualen Steigerung verlangen, allerdings erstmals nach drei Jahren. Entsprechendes gilt für ein Recht des Mieters bei sinkender Miete.

5. Der Vermieter ist berechtigt, die Kaution für offene Forderungen, die er während oder nach Ende des Mietverhältnisses gegen den Mieter hat, zu verwenden. Der Mieter ist verpflichtet, verbrauchte Beträge der Kaution bis zur vereinbarten Höhe nachzuzahlen.

6. Vorbehaltlich vollständig ausgeglichener Ansprüche des Vermieters wird die Kaution spätestens sechs Monate nach Ende des Mietverhältnisses zurück gezahlt. Dies gilt ausnahmsweise nicht, wenn die turnusmäßige Betriebskostenabrechnung noch nicht erstellt ist. Der Vermieter ist nicht verpflichtet, eine Zwischenabrechnung zu erstellen, sondern kann nach seinem üblichen Turnus abrechnen.

7. Hat der Mieter untervermietet oder die Mietsache Dritten überlassen, tritt er seine Ansprüche gegen den Untermieter oder Dritten an den Vermieter ab, der die Abtretung annimmt. Dies dient zur Absicherung sämtlicher Ansprüche des Vermieters gegen den Mieter.

8. Der Mieter erklärt, dass folgende bei Einzug in die Mieträume eingebrachten oder einzubringenden Gegenstände sein Eigentum sind:

.....

.....

§ 5

Erhaltung des Mietobjekts (Schönheitsreparaturen, Instandhaltungen, Instandsetzungen)

1. Schönheitsreparaturen

a) Die Schönheitsreparaturen übernimmt der Mieter. Sie umfassen insbesondere das Streichen von Wänden und Decken, Heizkörpern, Verkleidungen, Fenstern, Einbauschränken, Innen- und Außentüren. Schönheitsreparaturen sind mindestens alle 5 Jahre durchzuführen, sofern der Grad der Abnutzung dies erfordert.

b) Die Räume haben folgenden Bodenbelag, der vom Vermieter neu verlegt worden ist (Material/Typ, Kosten pro m²):

.....

Der Mieter übernimmt ausdrücklich neben den Schönheitsreparaturen auch Reinigung und Pflege des Bodenbelags, sofern der Grad der Abnutzung dies erfordert, was bei Parkettfußboden auch das Abschleifen und Versiegeln umfasst. Erfordert der Grad der Abnutzung eine Erneuerung, so übernimmt der Mieter auch diese in gleicher Art, Güte und Farbe.

2. Instandhaltung und Instandsetzung

a) Der Mieter führt auf seinen Kosten alle durch seinen Mietgebrauch veranlassten Instandhaltungen, Instandsetzungen oder Erneuerungen im oder am Mietobjekt einschließlich Einrichtungen und Gegenständen durch. Zur Instandhaltung gehören vorbeugende Maßnahmen, die das Objekt im vertragsgemäßen Zustand halten, damit es nicht zu Schäden oder zu Zerfall am oder im Gebäude kommt (z.B. Wartungen, Beseitigung von Verschleiß). Zur Instandsetzung gehören Reparaturarbeiten, wenn das Objekt oder Ausstattungsteile schadhaft geworden sind. Auf ein Verschulden des Mieters kommt es dafür nicht an.

b) Soweit sich die Instandhaltungen, Instandsetzungen oder Erneuerungen auf Gemeinschaftsflächen/-bereiche beziehen, die auch von anderen Mietern benutzt werden bzw. anderen Mietern zugute kommen, trägt der Mieter die jeweiligen Kosten anteilig im Verhältnis zu den anderen Mietern. Berechnungsmaßstab für die anteilige Verteilung ist das Verhältnis der Mietflächen. Auf ein Verschulden des Mieters kommt es dafür ebenfalls nicht an.

c) Die Kosten dürfen eine Gesamtbelastung des Mieters von mehr als drei Nettomonatsmieten pro Kalenderjahr nicht übersteigen. Darüber hinausgehende Kosten trägt der Vermieter. Mehrwertsteuer bleibt außer Betracht, d.h. für die Berechnung der Grenzen zählen nur Nettobeträge, sofern die Mietvertragspartner vorsteuerabzugsberechtigt sind.

d) Arbeiten an Einrichtungen und Gegenständen, insbesondere technische Anlagen, die das gesamte Gebäude betreffen (Klimaschächte, Wasser- und Heizungsleitungen) dürfen nur nach Abstimmung mit dem Vermieter durchgeführt werden.

§ 6

Gewährleistung und Haftung

1. Der Vermieter haftet für bei Vertragsabschluss bereits vorhandene Mängel nur bei Vorsatz oder grober Fahrlässigkeit oder wenn er dem Mieter Mängelfreiheit bei Vertragsabschluss zugesagt oder vorgespiegelt hat.

2. Treten Mängel auf, die die Gebrauchstauglichkeit des Mietobjekts wesentlich herabsetzen und die der Mieter nicht selbst beseitigen muss, so hat der Mieter zunächst nur einen Anspruch darauf, dass der Mangel innerhalb einer angemessenen Frist ab Anzeige des Mangels behoben wird. Ist die Mängelbeseitigung erfolglos, unzumutbar oder unmöglich, so hat der Mieter nur die gesetzlichen Ansprüche auf Mietminderung und außerordentliche Kündigung. Minderungsansprüche sind aber ausgeschlossen, wenn der Mangel auf einer Ursache außerhalb der Vermietersphäre beruht.

3. Im Übrigen ist die Haftung des Vermieters einschließlich des Verhaltens seiner Vertreter und Erfüllungsgehilfen wegen Verletzung sonstiger Pflichten, unerlaubter Handlungen und gem. §§ 280, 281 BGB auf grobe Fahrlässigkeit und Vorsatz beschränkt. Der Vermieter haftet also nur dann, wenn er den Schaden vorsätzlich oder grob fahrlässig herbeigeführt hat. Der Vermieter haftet daher nicht für Schäden, die dem Mieter an den ihm gehörenden Waren, Einrichtungsgegenständen, Daten u.Ä. entstehen, gleichgültig

welcher Art, Herkunft, Dauer und welchen Umfangs die Einwirkungen sind, es sei denn, dass der Vermieter den Schaden vorsätzlich oder grob fahrlässig herbeigeführt hat. Dies gilt auch für Schäden, die durch Feuchtigkeitseinwirkung entstehen.
Bei leichter Fahrlässigkeit haftet der Vermieter nur dann, wenn wesentliche oder typische Vertragspflichten (sog. Kardinalpflichten) verletzt werden. Kardinalpflichten sind Pflichten, die die vertragsgemäße Durchführung erst ermöglichen.

4. Der Ersatz mittelbarer Schäden wie z.B. entgangener Gewinn wird ausgeschlossen. Bezüglich elektronischer Daten und technischer Anlagen wird dem Mieter empfohlen, Vorkehrungen gegen Spannungsabfall oder -veränderungen zu treffen und entsprechende Elektronik-Versicherungen (Kosten der Datenerneuerung etc.) abzuschließen.

5. Die vorgenannten Haftungsausschlüsse/-beschränkungen gelten nicht bei der Verletzung des Körpers, Lebens, der Gesundheit, Freiheit oder sexuellen Selbstbestimmung, die auf einer vorsätzlichen oder fahrlässigen Pflichtverletzung des Vermieters oder einer entsprechenden Pflichtverletzung eines gesetzlichen Vertreters oder Erfüllungsgehilfen beruhen.

6. Die vorgenannten Haftungsausschlüsse/-beschränkungen gelten ebenfalls nicht bei Schäden, für die eine Versicherung des Vermieters besteht.

7. Haben andere Ursachen an der Entstehung eines Schadens mitgewirkt, für den der Vermieter einzustehen hat, so haftet der Vermieter nur in dem Umfang, wie sein Verschulden im Verhältnis zu den anderen Ursachen steht.

8. Wird das Mietobjekt, dazugehörende Einrichtungen und Anlagen durch den Mieter, zu seinem Betrieb gehörenden Personen oder Dritte, die sich mit Wissen, Duldung und auf Veranlassung des Mieters im oder am Mietobjekt aufhalten, beschädigt, ist der Mieter ersatzpflichtig.

9. Der Mieter übernimmt die Verkehrssicherungspflicht in seinen Räumlichkeiten und den damit im Zusammenhang stehenden Flächen. Dies gilt auch für die Beseitigung von Schnee- und Eisglätte im Zugangsbereich, sofern dieser nur seine Räumlichkeiten betrifft. Der Mieter stellt den Vermieter von Ansprüchen aus der Verletzung der Verkehrssicherungspflicht frei, außer den Vermieter trifft ein Verschulden oder Mitverschulden (z.B. nicht beseitigte Baumängel). Sofern der Zugangsbereich mehrere Mieter betrifft, erklärt sich der Mieter mit der Beauftragung eines Hausmeister oder eines Fremdunternehmens für die Beseitigung von Schnee und Eis bereit und übernimmt entsprechen umgelegte Kosten als Betriebskosten.

§ 7

Ausübung von Aufrechnung, Zurückbehaltungs- und Minderungsrechten

1. Der Mieter kann gegenüber den Forderungen des Vermieters aus diesem Vertrag mit einer Gegenforderung nur aufrechnen oder ein Minderungs- oder Zurückbehaltungsrecht ausüben, wenn seine Forderung unbestritten, rechtskräftig festgestellt oder entscheidungsreif ist.

2. Aufrechnung, Minderung und Ausübung eines Zurückbehaltungsrechts sind nur zulässig, wenn der Mieter seine Absicht dem Vermieter mindestens einen Monat vor Fällig-

keit der Miete, gegen welche aufgerechnet, gemindert oder zurückbehalten werden soll, schriftlich angezeigt hat.

3. Eine Minderung der Miete ist nur bei einer wesentlichen Minderung der Gebrauchstauglichkeit zulässig und ausgeschlossen, wenn der zur Minderung berechtigende Mangel auf einem Umstand außerhalb der Vermietersphäre beruht (z.B. Straßenbauarbeiten).

§ 8
Abschluss von Versicherungen

1. Der Vermieter schließt für das Mietobjekt die nachfolgend angekreuzten Versicherungen ab und ist in diesem Fall berechtigt, die Versicherungsprämien auf die Mieter umzulegen (nur wirksam, wenn angekreuzt):
Feuerversicherung, Sturmversicherung, Leitungswasserschädenversicherung
Gebäudehaftpflichtversicherung
Glasversicherung
Umwelthaftpflichtversicherung
Betriebsanlagenversicherung
Sonstiges: .....

2. Sofern nicht in Absatz 1 abweichend vereinbart, ist der Mieter zum Abschluss folgender Versicherungen mit ausreichenden Deckungssummen auf seine Kosten verpflichtet:

   – Feuerversicherung, Sturmversicherung, Leitungswasserschädenversicherung (sofern möglich mit Vereinbarung der Risiken Abwässer und Sprinklerwasseraustritt, sofern vorhanden),

   – Gebäudehaftpflichtversicherung,

   – Umwelthaftpflichtversicherung,

   – Betriebsanlagenversicherung,

   – Betriebshaftpflichtversicherung,

   – Betriebsunterbrechungsversicherung,

   – Glasversicherung,

   – Versicherung gegen Beschädigung und Verlust von eingebrachten Gegenständen inklusive Einbauten,

   – Sonstiges: ......

   b) Der Abschluss der Versicherungen hat unverzüglich nach Vertragsschluss zu erfolgen und ist dem Vermieter nachzuweisen.

   c) Der Mieter hat dem Vermieter unverzüglich jede Änderung seines Geschäftsbetriebes und etwaige technische oder sonstige Änderungen mitzuteilen, die zu einer Gefahrerhöhung führen können. Für entsprechende Einbeziehung in von ihm abzuschließende Versicherungen hat der Mieter zu sorgen.

§ 9

Untervermietung u.Ä.

1. Untervermietung ist gestattet, wenn der Vermieter vorher eingewilligt hat. Der Vermieter muss nicht einwilligen, wenn schwerwiegende Gründe in der Person des Untermieters gegen eine Nutzung sprechen (auch mangelnde Solvenz), wenn die Art der beabsichtigten Nutzung dem bisherigen Vertragszweck oder der sonstigen Nutzung des Gebäudes entgegensteht oder wenn ähnliche Gründe vorliegen, die das Untermietverhältnis für den Vermieter unzumutbar machen. Der Vermieter ist berechtigt, die Einwilligung von Bedingungen abhängig zu machen, sofern es sich dabei um sachliche Aspekte handelt.

2. Ist die Netto-/Kaltuntermiete höher als die vom Mieter gezahlte Netto- bzw. Kaltmiete, kann der Vermieter vom Mieter verlangen, dass dieser ihm bis zu 100 % des übersteigenden Betrags als zusätzliche Miete zahlt.

3. Liegen Gründe vor, die den Fortbestand des Untermietverhältnisses für den Vermieter unzumutbar machen, kann er seine Einwilligung zur Untervermietung widerrufen.

4. Liegt eine Einwilligung des Vermieters nicht vor oder nutzt der Untermieter das Objekt vertragswidrig, kann der Vermieter vom Mieter verlangen, dass dieser dem Untermieter das Untermietverhältnis kündigt. Kommt der Mieter dem nicht unverzüglich nach Aufforderung durch den Vermieter nach, kann dieser das Mietverhältnis mit dem Mieter fristlos kündigen. Für diesen Fall wird dem Vermieter hiermit vom Mieter ausdrücklich Vollmacht erteilt, das Untermietverhältnis für den Mieter zu kündigen.

5. Für den Fall einer genehmigten als auch einer ungenehmigten Untervermietung tritt der Mieter bereits jetzt alle Ansprüche gegen den Untermieter einschließlich Pfandrechten an den Vermieter ab, der die Antretung hiermit annimmt.

6. Der Betrieb der Praxis in Form einer Praxisgemeinschaft oder Gemeinschaftspraxis ist ohne Einwilligung des Vermieters zulässig. Soweit der Mieter einen oder mehrere Partner als Sozii in die Praxis aufnimmt, tritt auf Wunsch des Vermieters der aufgenommene Sozius für die Zukunft in den Mietvertrag mit allen Rechten und Pflichten ein.

7. Die Kooperationspartner des Mieters sind berechtigt, im Einverständnis mit dem Mieter jederzeit die Praxisnachfolge als Mieter zu den bestehenden Vertragsbedingungen anzutreten. Dies bedarf jedoch der Zustimmung des Vermieters, die nur aus wichtigem Grund verweigert werden darf.

§ 10

Betreten des Mietobjekts

Der Vermieter oder die von ihm Beauftragten dürfen die Mietsache in angemessenen Abständen und nach rechtzeitiger Ankündigung während der üblichen Betriebszeiten betreten, um den Zustand zu überprüfen. Dies gilt auch für den Fall, dass der Vermieter das Anwesen verkaufen will; es dürfen dann auch Kaufinteressenten das Mietobjekt betreten. In Fällen dringender Gefahr kann der Vermieter die Mietsache auch ohne Vorankündigung sowie bei Abwesenheit des Mieters betreten.

§ 11

Beendigung des Mietverhältnisses

1. Schriftform der Kündigung

Eine Kündigung des Mietverhältnisses, gleich von welcher Partei, hat schriftlich zu erfolgen.

2. Kündigung durch den Vermieter

Der Vermieter ist in bestimmten Fällen berechtigt, dem Mieter zu kündigen. Die dafür maßgeblichen wesentlichen Gesetze werden nachfolgend wiedergegeben, ohne dass die Aufzählung abschließend ist:

a) Vertragswidriger Gebrauch: Der Vermieter kann ohne Einhaltung einer Kündigungsfrist das Mietverhältnis kündigen, wenn der Mieter oder derjenige, welchem der Mieter den Gebrauch der gemieteten Sache überlassen hat, ungeachtet der Abmahnung des Vermieters einen vertragswidrigen Gebrauch der Sache fortsetzt, der die Rechte des Vermieters in erheblichem Maße verletzt, insbesondere einem Dritten den ihm unbefugt überlassenen Gebrauch beläßt, oder die Sache durch Vernachlässigung der dem Mieter obliegenden Sorgfalt erheblich gefährdet.

b) Zahlungsverzug: Der Vermieter kann das Mietverhältnis ohne Einhaltung einer Kündigungsfrist kündigen, wenn der Mieter

   1 für zwei aufeinanderfolgende Termine mit der Entrichtung der Miete oder eines nicht unerheblichen Teils der Miete im Verzug ist, oder

   2 in einem Zeitraum, der sich über mehr als zwei Termine erstreckt, mit der Entrichtung der Miete in Höhe eines Betrages in Verzug gekommen ist, der die Miete für zwei Monate erreicht.

c) Unzumutbares Mietverhältnis: Ein Mietverhältnis über Räume kann ohne Einhaltung einer Kündigungsfrist gekündigt werden, wenn ein Vertragsteil schuldhaft in solchem Maße seine Verpflichtungen verletzt, insbesondere den Hausfrieden so nachhaltig stört, dass dem anderen Teil die Fortsetzung des Mietverhältnisses nicht zugemutet werden kann.

3. Kündigung durch den Mieter

a) Der Mieter ist zur außerordentlichen Kündigung berechtigt, wenn er berufsunfähig wird. Berufsunfähigkeit liegt vor, wenn der Mieter durch Vorlage einer der folgenden Unterlagen Berufsunfähigkeit oder einen vergleichbaren Zustand nachweist: Bestätigung einer privaten Berufsunfähigkeitsversicherung, dass Berufsunfähigkeit vorliegt; Rentenbescheid eines Rentenversicherungsträgers (Versorgungswerk, BfA etc.) über Eintritt von Berufs- oder Erwerbsunfähigkeit oder Erwerbsminderung; amtsärztliches Zeugnis über den Eintritt der Berufsunfähigkeit; amtlicher Bescheid über eine Minderung der Erwerbsfähigkeit (MdE) von 50 % oder mehr. Mieter und Vermieter sind sich darüber einig, dass mit „Berufsunfähigkeit" zudem jeder entsprechende Begriff aus dem Sozial- oder Privatversicherungsrecht gemeint ist, der die Unfähigkeit bezeichnet, den Beruf weiter auszuüben. Die Kündigung wegen Berufsunfähigkeit kann nur innerhalb von neun Monaten nach dem Ausstellungsdatum der oben aufgezählten Urkunden erklärt werden und wird wirksam zum Ende des auf die Erklärung folgenden dritten Monats.

b) Der Mieter ist zur außerordentlichen Kündigung berechtigt, wenn eine Arbeitsunfähigkeit länger als ununterbrochen sechs Monate fortdauert und er dies durch Vorlage einer ärztlichen, amtsärztlichen, sozial- oder krankenversicherungsmäßigen Bescheinigung nachweist. Diese Kündigung kann nur innerhalb von neun Monaten nach Vorlage der oben aufgezählten Schriftstücke und bei Fortdauer der Arbeitsunfähigkeit erklärt werden und wird wirksam zum Ende des auf die Erklärung folgenden dritten Monats.

c) Der Mieter ist zur außerordentlichen Kündigung berechtigt, wenn ihm die Zulassung von der kassenärztlichen oder kassenzahnärztlichen Vereinigung entzogen wird, auch wenn dies nur vorläufig erfolgt und er dies durch Vorlage einer entsprechenden Bescheinigung nachweist. Diese Kündigung kann nur innerhalb von neun Monaten nach Vorlage des Nachweises erklärt werden und wird wirksam zum Ende des auf die Erklärung folgenden dritten Monats.

d) Bei einer Mehrheit von Ärzten oder Zahnärzten als Mieter kann ein aus der Gemeinschaftspraxis oder Praxisgemeinschaft ausscheidender (Mit-)Mieter das Mietverhältnis außerordentlich kündigen, solange wenigstens ein ursprünglicher Arzt oder Zahnarzt Mieter des Vermieters bleibt und der Ausscheidende im Innenverhältnis der Ärzte/Zahnärzte nicht mehr für Mietzahlungen haftet. Letzteres ist durch Vorlage einer Bestätigung des/der verbleibenden Mieter oder rechtskräftiges Gerichtsurteil nachzuweisen. Die Kündigung des Mietverhältnisses kann nur innerhalb von neun Monaten nach Vorlage dieser Nachweise erklärt werden und wird für den Ausscheidenden wirksam zum Ende des auf die Erklärung folgenden dritten Monats.

e) Sollte für den Planungsbereich, in dem sich die Praxis befindet, eine Zulassungsbeschränkung für Vertragsärzte oder Vertragszahnärzte angeordnet sein, so kann der Vermieter den Abschluss des Mietvertrages zu den bestehenden Bedingungen mit dem vom entsprechenden Zulassungsausschuss ausgewähltem Nachfolger nur aus wichtigem Grund verweigern.

4. Rückgabe des Mietobjekts

Der Mieter ist verpflichtet, bei Beendigung der Mietzeit den Mietgegenstand vollständig geräumt und gereinigt an den Vermieter an einem mit angemessener Frist angekündigten Termin, spätestens aber am letzten Tag der Mietzeit zurückzugeben. Überlassenes Zubehör und überlassene Einrichtungen sind funktionstüchtig und gereinigt zurückzugeben. Vom Mieter eingebaute Einrichtungen/Zubehör und sonstige Einbauten sind zu entfernen. Das gilt auch für Verkabelungen und Kabelkanäle, Abscheidungsvorrichtungen, besondere Sicherheitseinrichtungen etc. Der Mieter wird den Vermieter rechtzeitig vor Mietende befragen, ob dieser Einrichtungen etc. übernehmen will, wozu er aber nicht verpflichtet ist.

§ 12

Konkurrenzschutz

Der Vermieter verpflichtet sich, in dem in § 1 dieses Vertrages bezeichneten Mietobjekt sowie im Umkreis von 2.000 Metern keine weitere branchengleiche Praxis zu betreiben, betreiben zu lassen, Räume dazu zu vermieten, zu bauen oder sich am Bau zu beteiligen. Entsprechendes gilt für die eigene geschäftliche Tätigkeit des Vermieters. Mit branchengleich sind bei Humanmedizinern alle anderen Humanmediziner (gleich welcher Fachrichtung, mit und ohne Labor), bei Tierärzten alle anderen Tierärzte (mit oder ohne Labor) jeglicher Fachrichtung, ferner jeweils Heilpraktiker, gemeint. Bei Zahnärzten sind mit branchengleich folgende Tätigkeiten gemeint: Zahnarzt, Kieferorthopäde, Parodontologe, Kiefer- und Oralchirurg. Der Mieter ist nach ergebnisloser Abmahnung zur fristlosen Kündigung berechtigt, wenn der Vermieter gegen das Konkurrenzschutzgebot verstößt. Ein Verzicht des Mieters auf Konkurrenzschutz kann nur schriftlich erfolgen und gilt jeweils nur für einen einzigen Fall.

§ 13

Verschwiegenheitsverpflichtung

Wegen der ärztlichen und zahnärztlichen Verschwiegenheitspflicht verpflichtet sich der Vermieter durch Unterzeichnung dieses Vertrages, über alle Angelegenheiten und Vorgänge, die ihm im Rahmen eines Aufenthalts in der Praxis zur Kenntnis gelangen, absolutes Stillschweigen zu bewahren und keinerlei Informationen an Außenstehende weiterzugeben. Dies umfasst insbesondere jegliche Informationen über Patienten und Patientendaten, Praxisorganisation, Finanzen, Projekte, Betriebsmittel u.Ä. Dem Vermieter ist bekannt, dass eine Verletzung der o.g. Verschwiegenheit eine Strafbarkeit gem. §§ 203/204 StGB (Verletzung/Verwertung von Privatgeheimnissen) und § 202a StGB (Ausspähen von Daten) nach sich ziehen kann.

§ 14

Sonstiges

1. Der Mieter verpflichtet sich, alle erforderlichen behördlichen Erlaubnisse, Konzessionen, Genehmigungen u.Ä. Verwaltungsakte selbst und auf eigene Kosten einzuholen, sofern diese mit seiner Person oder seinem Betrieb zusammenhängen. Die Beschaffung dieser Genehmigungen/Erlaubnisse zählen nicht zu den vertraglichen Leistungspflichten des Vermieters. Werden die Erlaubnisse etc. aus personen- oder betriebsbezogenen Gründen versagt, kann der Mieter daraus keine Rechte gegenüber dem Vermieter herleiten. Insbesondere besteht kein Recht zur Mietminderung oder außerordentlichen Kündigung. Eine Haftung oder Gewährleistung des Vermieters ist insoweit ausgeschlossen, es sei denn, die Versagung der nutzungsspezifischen Genehmigungen oder Erlaubnisse beruht auf dem baulichen Zustand des Mietobjekts.

2. Abfälle sind in die von dem Vermieter bereitgestellten Entsorgungsräume bzw. -einrichtungen zu verbringen. Der Mieter ist nicht berechtigt, Sonderabfälle oder betrieb-

lich bedingte Abfälle (leere Kartonagen, Kunststoffverpackungen) im Hausmüll zu entsorgen. Er hat diese Abfälle eigenverantwortlich zu entsorgen. Der Mieter verpflichtet sich, sämtliche berufsbezogenen Sonderabfälle (z.B. Blut, kontaminiertes Material) entsprechend den behördlichen Vorschriften zu entsorgen; eine Verletzung dieser Pflicht nach Abmahnung der den Vermieter berechtigt diesen zur Kündigung.

3. Der Wechsel des Inhabers, das Ausscheiden oder Hinzutreten von Gesellschaftern oder die Änderung der Rechtsform des Unternehmens ist ohne vorherige Zustimmung des Vermieters untersagt, wenn Rechte des Vermieters beeinträchtigt werden. Das ist immer der Fall, wenn ein persönlich haftender Schuldner wegfallen würde. Die Überlassung an Dritte, die bisher nicht Vertragspartner waren, gilt als unberechtigte Gebrauchsüberlassung. Erteilt der Vermieter seine Zustimmung nicht, berechtigt dies den Mieter nicht zur Kündigung, sofern es sich nicht um eine willkürliche Versagung handelt.

4. Dieser Vertrag enthält alle zwischen den Parteien vereinbarten Regelungen des Mietverhältnisses. Es bestehen keine mündlichen Nebenabreden. Nachträgliche Ergänzungen und Änderungen dieses Vertrags müssen schriftlich erfolgen. Das gilt auch für eine Aufhebung oder einen Verzicht auf das vorgenannte Schriftformerfordernis.

5. Sollte eine Bestimmung dieses Vertrags ganz oder zum Teil nichtig, ungültig, anfechtbar oder aus einem sonstigen Grunde nicht wirksam sein, wird die Gültigkeit der übrigen Bestimmungen nicht berührt. Falls sich die vorgenannte Unwirksamkeit nicht aus einem Verstoß gegen die Regelungen über die Einbeziehung Allgemeiner Geschäftsbedingungen in den Vertrag gem. §§ 305 ff. BGB ergibt, verpflichten sich die Vertragspartner, statt der unwirksamen Bestimmung eine solche zu vereinbaren, die dem mit der ursprünglichen Vereinbarungen verfolgten Zweck möglichst nahe kommt.

6. Den Mietparteien sind die besonderen gesetzlichen Schriftformerfordernisse des §§ 578, 581, 550, 126 BGB bekannt. Sie verpflichten sich hiermit gegenseitig auf jederzeitiges Verlangen einer Partei alle Handlungen vorzunehmen und Erklärungen abzugeben, die erforderlich sind, um der gesetzlichen Schriftformerfordernis Genüge zu leisten und den Mietvertrag nicht unter Berufung auf die Nichteinhaltung des gesetzlichen Schriftform vorzeitig zu kündigen. Dies gilt nicht nur für den Abschluss des Ursprungsvertrages/Hauptvertrages, sondern auch für Nachtrags-, Änderungs- und Ergänzungsverträge.

§ 15

Auflösende Bedingungen

Der Mietvertrag steht unter folgenden auflösenden Bedingungen:
- Der Mieter erhält keine Kassenzulassung.
- Der Mieter erhält keine ausreichende Finanzierung.
- Der Mieter ist bei Beginn des Mietverhältnisses berufsunfähig.

....

Ort, Datum   Ort, Datum

....

(Vermieter) (Mieter)

Anlage zum Mietvertrag vom: .....

Zwischen: .....

Text der Betriebskostenverordnung

(→ Rn. 3367 Muster Geschäftsraummietvertrag)

4. Mietvertrag über eine Waschstraße

3370 Mietvertrag – Waschstraße

Mietvertrag über eine Waschstraße

zwischen

(genaue Bezeichnung, Vor- und Zuname, Firma, derzeitige Anschrift)

.....

– nachfolgend „Vermieter" genannt –

vertreten durch .....

und

(genaue Bezeichnung, Vor- und Zuname, derzeitige Anschrift)

.....

vertreten durch .....

– nachfolgend „Mieter" genannt –

wird folgender Mietvertrag über eine gewerbliche Waschstraße geschlossen:

§ 1

Mietobjekt und Mietzweck

1. Das Mietobjekt ist eine Waschstraße in ..... (PLZ, Ort, Straße).
2. Mietfläche: Brutto-Grundfläche mit ca. ..... m^2 wie in dem als Anlage 1 dieses Vertrages beigefügten Lageplan laut Legende farblich gekennzeichnet. Das dem Mieter eingeräumte Geh,- Fahr- und Leitungsrecht auf weiteren Flächen des Objektes ist ebenfalls im Lageplan (Anlage 1) farblich dargestellt.
3. Mietzweck ist der Betrieb einer Autowaschstraße mit den üblichen Dienstleistungen im Rahmen der Autopflege.
4. Der Mieter übernimmt das Mietobjekt wie besichtigt und wie es steht und liegt.

§ 2
Mietzeit und Kündigung

1. Mietbeginn: .....

2. Mietdauer: .....

Das Mietverhältnis ist auf vor genannte Mietdauer fest geschlossen und endet danach zu dem sich aus durch die Dauer ergebenden Zeitpunkt, wenn der Vertrag von einer der Vertragsparteien mit einer Frist von ..... Monaten vor Ablauf durch eingeschriebenen Brief gekündigt wird. Maßgeblich ist der Zugang der Kündigung. Kündigt keine der Vertragsparteien, so verlängert sich das Mietverhältnis zu denselben Bedingungen auf unbestimmte Zeit und ist mit einer Frist von ..... Monaten zum Quartalsende kündbar.

3. Der Vermieter ist berechtigt, das Mietverhältnis vor Ablauf der vereinbarten Laufzeit fristlos mittels eingeschriebenem Brief zu kündigen, wenn

a) der Mieter trotz schriftlicher Zahlungsaufforderung mittels eingeschriebenem Brief mit Forderungen des Vermieters, die dem Betrag einer Monatsmiete entsprechen, länger als acht Wochen in Rückstand ist; dabei ist unerheblich, ob es sich bei den Forderungen um Mietzins-, Betriebskosten- oder sonstige, sich aus dem Vertragsverhältnis ergebende Forderungen des Vermieters handelt;

b) der Mieter trotz schriftlicher Mahnung wesentliche Vertragsverletzungen nicht binnen einer vom Vermieter gesetzten angemessenen Frist abstellt (z.B. vertragswidriger Gebrauch, erhebliche Belästigungen oder Beeinträchtigungen des Vermieters oder anderer gewerblicher Mieter);

c) der Mieter seinen Betrieb während der Vertragslaufzeit dauernd oder länger als vier Wochen ruhen lässt bzw., es sei denn, der Mieter weist nach, dass ihn kein Verschulden trifft, oder er seinen Geschäftsbetrieb am Standort einstellt, ausgenommen sind Reparatur-, Renovierungs- und Instandhaltungsarbeiten. Der Mieter bemüht sich, schnellstmöglich wieder zu eröffnen;

e) der Mieter und seine Angestellten durch ihr Verhalten ihren Pflichten gegenüber Kunden des Vermieters/oder des Mieters in grober Weise nicht nachkommen bzw. Verhaltenspflichten gegenüber Kunden des Vermieters und/oder des Mieters in grober Weise missachten. Eine vorherige Abmahnung des Mieters durch den Vermieter ist zwingend durch eingeschriebenem Brief erforderlich.

3. Der Mieter hat das Recht, den Vertrag ohne Einhaltung einer Frist mittels eingeschriebenem Brief zu kündigen, wenn die für die Errichtung und/oder den Betrieb der Autowaschanlage erforderlichen behördlichen Genehmigungen aus nicht vom Mieter zu vertretenden Gründen nicht erteilt, widerrufen oder in erheblichem Maße unzumutbar eingeschränkt werden, sofern der Mieter dies nicht selbst verursacht hat. Schadenersatz- und/oder sonstige Ansprüche stehen dem Mieter gegenüber dem Vermieter nicht zu, es sei denn, der Vermieter hat vorsätzlich oder grob fahrlässig gehandelt.

4. Der Mieter haftet bei einer von ihm zu vertretenden vorzeitigen Beendigung des Mietverhältnisses, insbesondere bei einer berechtigten außerordentlichen Kündigung durch den Vermieter, jedoch nicht über den Zeitpunkt hinaus, zu dem das Mietverhältnis fristgemäß beendet worden wäre, für den Ausfall der Miete und der Nebenkosten bis zu diesem Tag, an dem der Vermieter zum Mietgegenstand einen neuen rechtsgültigen Mietvertrag mit einem neuen Mieter abgeschlossen hat. Ist die Miete im neuen Mietverhältnis geringer, haftet der (Alt-)Mieter für die Differenz bis zum Zeitpunkt der fristgemäßen Beendigung des früheren Mietverhältnisses. Der Vermieter wird den Zeitraum bis zum Abschluss eines neuen Mietvertrages – soweit möglich – auf das absolute Mindestmaß beschränken.

5. Eine stillschweigende Verlängerung nach Ablauf der Mietzeit (§ 545 BGB) wird ausgeschlossen.

§ 3

Miete

1. Die Parteien vereinbaren eine Umsatzmiete und eine Mindestmiete pro Monat. Bei der Umsatzmiete errechnet sich der Mietzins zum 31.12. eines jeden Kalenderjahres gemäß den nachstehenden Regelungen, mindestens ist jedoch die nachfolgend genannte Mindestmiete inklusive etwaiger Mietanpassungen (siehe unten) zu zahlen.

2. Höhe der Miete

a) Umsatzmiete: Je Autowäsche ..... €.

b) Mindestmiete ..... €/Monat monatlich (falls keine Umsatzmiete vereinbart wurde, ist hier das Wort „Mindest" zu streichen, sodass eine Festmiete vereinbart wird).

3. Berechnung: Die Umsatzmiete errechnet sich aus der Anzahl der in der Autowaschstraße gewaschenen Fahrzeuge eines Jahres, unter Anrechnung der Mindestjahresmiete. Für die Ermittlung der Anzahl der gewaschenen Fahrzeuge ist vom Mieter in der Autowaschstraße ein nicht rückstellbares Zählwerk einzubauen und zu verwenden. Der Anfangsstand dieses Zählwerkes ist zwischen Vermieter und Mieter gemeinsam zu protokollieren.

Der Mieter ist verpflichtet, bis zum 28.02. eines Kalenderjahres eine Aufstellung der gewaschenen Fahrzeuge vorzulegen. Der Vermieter ist berechtigt, diese Aufstellung im Einzelfall bei berechtigtem Interesse an Hand eines Testates eines Steuerberaters zu prüfen.

Der Vermieter wird auf dieser Grundlage die Mietzahlungshöhe eines Jahres abrechnen und dem Mieter – wenn die Unterlagen bis 28.02. vorlagen – bis 31.03. des jeweiligen Kalenderjahres die Abrechnung einschließlich Nachforderung vorlegen. Die aus dieser Abrechnung noch vom Mieter zu zahlende Miethöhe ist zur sofortigen Zahlung fällig.

Die Mindestmiete ist keine Flächenmiete.

4. Die Verpflichtung zur Mietzahlung beginnt mit Mietbeginn.

5. Die Mindestmiete einschließlich etwaiger Anpassungen ist monatlich im Voraus, spätestens am 3. Werktag eines jeden Monats fällig und an den Vermieter auf ein von ihm zu benennendes Konto zu entrichten.

6. Die Mindestmiete erhöht oder vermindert sich jeweils jährlich zum 01. Januar eines Jahres im gleichen prozentualen Verhältnis wie sich der Jahresdurchschnitt des vom Statistischen Bundesamt in Wiesbaden ermittelten Verbraucherpreisindex für Deutschland (jeweils aktuellstes Basisjahr, derzeit Basisjahr 2005) gegenüber dem Stand zum Zeitpunkt des Beginns der Mietzahlungspflicht oder nach eingetretener Mietänderung gegenüber der Ausgangsbasis erhöht hat.

7. Die vorgenannte Mietanpassung und die Anpassung etwaiger vorgenannter Pauschalen erfolgen automatisch.

8. Alle vorgenannten €-Beträge sind Nettobeträge und verstehen sich zuzüglich der jeweiligen gesetzlichen Mehrwertsteuer.

§ 4

Betriebskosten

1. Der Mieter trägt die folgenden Betriebskosten.

a) Verbrauchsabhängige Betriebskosten: Vorauszahlung oder Pauschalzahlung wie nachfolgend angekreuzt auf Energiekosten (Strom, Wasser, Gas, Heizung) für den Energieverbrauch auf der Mietfläche, sofern vom Mieter nicht Direktbezug vorgenommen wird.

Pauschal ☐		Vorauszahlung ☐		Direktbezug vom EVU	☐
Strom	€/Monat	Strom	€/Monat	Strom	☐
Wasser	€/Monat	Wasser	€/Monat	Wasser	☐
Gas	€/Monat	Gas	€/Monat	Gas	☐
Heizung	€/Monat	Heizung	€/Monat	Heizung	☐

b) Verbrauchsunabhängige Betriebskosten:

Für die verbrauchsunabhängigen Betriebskosten gemäß der Betriebskostenverordnung (BetrKV) in der jeweils gültigen Fassung zahlt der Mieter eine monatliche Pauschale von ..... € für eine Mietfläche bis zu 150 m². Ist die Mietfläche größer, erhöht sich die vorgenannte Pauschale auf ..... €.

Die Kosten für die Regenwasserbeseitigung, die auf die Mietfläche entfallende Straßenreinigung sowie Grau- und Grünflächenpflege sind in der Pauschale enthalten. Nicht enthalten ist der auf die Mietfläche entfallende Winterdienst, den der Mieter auf eigene Kosten durchzuführen hat. Gleiches gilt für die Grundsteuer bei eigenen Aufbauten des Mieters, die dieser selbst zu entrichten hat sowie die Kosten der Müllentsorgung. Sollten Müllgebühren dem Vermieter in Rechnung gestellt werden, wird dieser die Kosten an den Mieter weiterbelasten; der Mieter ist zur Zahlung verpflichtet.

2. Die monatlichen Vorauszahlungen und Pauschalen für die Betriebskosten sind monatlich im Voraus, spätestens am 3. Werktag eines jeden Monats fällig und an den Vermieter auf ein von ihm zu benennendes Konto zu entrichten.

3. Die vorgenannte(n) Pauschale(n) erhöht/erhöhen sich um 3 % pro Kalenderjahr ausgehend von den jeweiligen Vorjahresbeträgen, erstmals ab dem 01. Januar des auf den Mietbeginn folgenden Kalenderjahres.

4. Im Falle von Direktbezug von EVU hat der Mieter unaufgefordert innerhalb eines Monats ab Mietbeginn den EVU-Vertrag in Kopie vorzulegen.

5. Der Vermieter ist generell damit einverstanden, dass Ver- und Entsorgungsanlagen des Gesamtgrundstückes, wenn die vorhandene Leistungsfähigkeit dies ermöglicht, für die baulichen Anlagen des Mieters gemäß Mietzweck genutzt werden können. Die Einrichtung von entsprechenden Messanlagen/Zählern für die genaue Verbrauchsbestimmung durch den Mieter sind auf Kosten des Mieters einzurichten.

6. Alle vorgenannten €-Beträge sind Nettobeträge und verstehen sich zuzüglich der jeweiligen gesetzlichen Mehrwertsteuer.

§ 5

Übergabe des Mietobjekts

1. Das Mietobjekt wird vom Vermieter dem Mieter vor Ort mit einen gemeinsamen Protokoll mit Darstellung des gegenwärtigen Zustandes, der vorhandenen Baulichkeiten und der erschließungsseitigen Besonderheiten der Mietfläche übergeben. Im Protokoll werden alle erforderlichen gesonderten Bedingungen, die bei der Rückgabe des Mietgegenstandes nach Beendigung des Vertrages für beide Vertragsparteien bedeutsam sind, aufgenommen. Dieses Protokoll ist die Grundlage für die Rückgabe der Mietfläche nach Beendigung des Mietvertrages.

Übernimmt der Mieter den Mietgegenstand, ohne dass ein Protokoll erstellt wurde, dann gilt der Mietgegenstand als mängelfrei und vertragsgemäß übergeben.

Mit dem Protokoll der Übergabe des Mietgegenstandes vom Vermieter an den Mieter und der Rückgabe durch den Mieter sind die Gutachten zum Nachweis der Bodenbelastung als Bestandteil dieses Protokolls aufzunehmen (siehe auch § 6).

§ 6

Zustand des Mietobjektes

1. Vor Beginn des Mietverhältnisses werden die Vertragsparteien gemeinsam ein Bodengutachten über die Qualität und gegebenenfalls Belastung/Kontaminierung des Mietgrundstücks in Auftrag geben (auf Grundlage gemeinsam abgestimmter Untersuchungsziele). Die Kosten für diese Untersuchung und das Gutachten tragen die Parteien jeweils hälftig. Das insoweit erstellte Bodengutachten (Anfangsgutachten) wird Bestandteil des Mietvertrages als dessen Anlage 2.

Ist bei bestehenden Verträgen kein Anfangsgutachten vorhanden, wird der Mieter mit Inkrafttreten dieses Vertrages ein Gutachten in Auftrag geben und eine Abschrift davon dem Vermieter zur Verfügung zu stellen.

2. Bei Beendigung des Mietverhältnisses ist dann der Mieter verpflichtet, auf seine Kosten ein neues Bodengutachten zu den gleichen Inhalten wie das Anfangsgutachten sowie ggf. Untersuchungen aufgrund zwischenzeitlich ergangener neuer gesetzlicher Vorschriften erstellen zu lassen. Der Mieter überlässt dem Vermieter eine Durchschrift des Gutachtens. Die Kosten des Gutachtens tragen Vermieter und Mieter zu je 50 %. Der Vermieter hat die Möglichkeit, ein Ergänzungsgutachten in Auftrag zu geben, durch den das Untersuchungsprogramm ggfls. ergänzt wird. Die Kosten für das Ergänzungsgutachten trägt der Vermieter.

3. Sollte sich anhand des neuen Gutachtens herausstellen, dass Verunreinigungen vorliegen, die über die bei Vertragende gesetzlich zulässigen Werte hinausgehen, so ist der Mieter verpflichtet, die Beseitigung der Verunreinigung auf seine Kosten durchzuführen und zwar in der Höhe in der er sie im Verhältnis zum Anfangsgutachten verursacht hat und vom Gutachter im Gutachten dokumentiert wird. Dies gilt auch für Verunreinigungen, die durch vertragsgemäßen Gebrauch verursacht wurden.

§ 7

Mietsicherheit

1. Der Mieter erbringt bei Abschluss dieses Mietvertrages bis spätestens zwei Wochen vor Übergabe des Mietobjekts an den Vermieter eine Mietsicherheit in Höhe von ..... € (eine Monatsmiete) in Form einer unwiderruflichen, unbefristeten und auf erstes Anfordern zu zahlende Bürgschaft einer Bank oder Sparkasse unter Verzicht auf die Einrede der Anfechtbarkeit, Aufrechenbarkeit und Vorausklage gemäß §§ 770, 771 BGB.

2. Leistet der Mieter die Mietsicherheit nicht bis zum vereinbarten Zeitpunkt, hat er keinen Anspruch auf Übergabe des Mietobjekts und muss trotzdem die Miete und Nebenkosten ab dem vereinbarten Zeitpunkt zahlen. Dem Vermieter steht es frei, den Mietvertrag fristlos zu kündigen, wenn die Sicherheit nicht erbracht wird.

§ 8

Behördliche Genehmigungen u.ä.

1. Der Mieter ist berechtigt und verpflichtet, das Mietobjekt im Rahmen der behördlichen Genehmigungen entsprechend dem Mietzweck zu nutzen.

2. Der Mieter hat – sofern nur eine vom Mieter zu bebauende Fläche vermietet wird – alle gesetzlichen, behördlichen und technischen Vorschriften, die seinen Betrieb betreffen, auf eigene Kosten zu erfüllen und den Vermieter insoweit von Auflagen, die gegen ihn ergehen sollten, freizuhalten.

Die Beschaffung der erforderlichen Genehmigungen für die Errichtung der Bauten, Anlagen und Einrichtungen für den Nutzungszweck und deren Betrieb sowie deren späterer Änderungen und Ergänzungen obliegt dem Mieter. Etwaige Kosten im Zusammenhang mit den Genehmigungen trägt der Mieter.

Der Vermieter verpflichtet sich, alle für die Einholung der erforderlichen Genehmigungen notwendigen Erklärungen und Mitwirkungshandlungen zu bewirken bzw. zu erbringen.

3. Wird eine bestehende Waschstraße vermietet, verpflichtet sich der Mieter, alle erforderlichen behördlichen Erlaubnisse, Konzessionen, Genehmigungen und ähnliche Verwaltungsakte selbst und auf eigene Kosten einzuholen, sofern diese mit seiner Person oder seinem Betrieb zusammenhängen. Dies gilt ebenfalls für behördliche Erlaubnisse etc., die sich zwar auf das Mietobjekt beziehen (Baugenehmigung, Nutzungsänderungsgenehmigung u.ä.), die aber durch ein Handeln oder Unterlassen des Mieters erforderlich werden. Werden diesbezügliche Erlaubnisse etc. versagt, kann der Mieter daraus keine Rechte gegenüber dem Vermieter herleiten. Insbesondere besteht kein Recht zur Mietminderung.

4. Die vorgenannten Verpflichtungen gelten auch für die Entsorgung der beim Betrieb der Waschanlage anfallenden Substanzen (z.B. Schlamm). Zur Entsorgung siehe nachfolgend § 9.

§ 9

Entsorgung

1. Die Entsorgung beim Betrieb anfallender Substanzen (z.B. Schlamm) obliegt dem Mieter. Sofern notwendig, wird der Mieter daher einen Ölabscheider auf seine Kosten fachgerecht installieren lassen und die Reinigung, Erneuerung, Wartung und Instandsetzung des Abscheiders auf eigene Kosten vornehmen. Auf Wunsch des Vermieters wird der Mieter die ordnungsgemäße Entsorgung schriftlich nachweisen.

2. Der Mieter entsorgt alle in seinem Bereich anfallenden Abfall und Reststoffe selbst und auf eigene Kosten und unter Einhaltung aller gesetzlichen und behördlichen Vorschriften.

3. Der Mieter stellt den Vermieter von allen insoweit anfallenden Ansprüchen Dritter frei. Sollten Müllgebühren standortbezogen dem Vermieter in Rechnung gestellt werden, wird dieser die Kosten an den Mieter weiterbelasten.

§ 10

Betriebspflicht

Der Mieter ist verpflichtet, den Mietgegenstand während der gesamten Mietzeit gemäß dem Mietzweck ständig zu nutzen. Er wird seine Dienstleistung dauerhaft und nachhaltig im guten Niveau und in branchenüblicher Form anbieten.

Sofern die Waschstraße an einen Betrieb des Vermieters angegliedert ist, ist die Öffnung der Autowaschstraße analog den Öffnungszeiten zu gestalten. Ändern sich letztere, besteht die Pflicht erst nach Mitteilung der Änderung durch den Vermieter. Bei Öffnung der Autowaschstraße außerhalb der Öffnungszeiten des Vermieter-Betriebes hat der Mieter den Vermieter vorab schriftlich zu informieren. Bei Öffnungszeiten über 20:00 Uhr wird im Einzelfall eine einvernehmliche Regelung zwischen den Parteien herbeigeführt.

§ 11

Bauliche Maßnahmen, bauliche Veränderungen, Unterbrechungen

1. Das Mietobjekt wird dem Mieter baureif und frei von sämtlichen Baulichkeiten, Einrichtungen und Anlagen für die Durchführung seiner behördlich genehmigten Baumaßnahmen zur Verfügung gestellt, sofern der Mieter nicht bereits bestehende Anlagen übernimmt bzw. diese vom Vormieter erwirbt.

2. Der Mieter sichert zu, dass bei Durchführung seiner Baumaßnahmen keine wesentliche Behinderung der Flächen außerhalb des Mietgegenstandes bzw. außerhalb der vom Vermieter zeitweise für die Bauausführung eingeräumte Bauzone eintritt. Für eingetretene Schäden haftet der Mieter und stellt den Vermieter frei.

3. Der Mieter darf nach vorheriger schriftlicher Zustimmung des Vermieters bauliche Veränderungen nach Mietbeginn vornehmen sowie Gegenstände in die Mietsache einbauen. Behördliche Genehmigungen im Zusammenhang mit diesen baulichen Veränderungen holt der Mieter ein; § 7 gilt entsprechend. Er trägt auch dadurch anfallende Kosten, ferner Prämienerhöhungen durch etwaige Änderungen der Versicherungen.

4. Sofern die Waschstraße an einen Betrieb des Vermieters angegliedert ist: Dem Mieter ist bekannt, dass die zum Betrieb des Vermieters gehörenden PKW-Stellplätze ausschließlich den Kunden nach den vom Vermieter festgelegten Benutzungsregelungen zur Verfügung stehen. Dem Mieter steht kein Anspruch auf Zuweisung bestimmter PKW-Stellplätze zu.

§ 12

Instandhaltung/Instandsetzung, Gewährleistung, Verkehrssicherungspflicht

1. Der Mieter führt auf seine Kosten alle durch seinen Mietgebrauch veranlassten Instandhaltungen, Instandsetzungen oder Erneuerungen im oder am Mietobjekt einschließlich Einrichtungen und Gegenständen durch. Auf ein Verschulden des Mieters kommt es dafür nicht an. Reparaturen an Dach und Fach sind bei den angemieteten Waschstraßenbaulichkeiten grundsätzlich vom Vermieter zu tragen.

2. Treten Mängel auf, die die Gebrauchstauglichkeit des Mietobjekts wesentlich herabsetzen und die der Mieter nicht selbst beseitigen muss, so hat der Mieter zunächst nur einen Anspruch darauf, dass der Mangel innerhalb einer angemessenen Frist ab Anzeige des Mangels behoben wird. Ist die Mängelbeseitigung erfolglos, unzumutbar oder unmöglich, so hat der Mieter nur die gesetzlichen Ansprüche auf Mietminderung und außerordentliche Kündigung. Minderungsansprüche sind aber ausgeschlossen, wenn der Mangel auf einer Ursache außerhalb der Vermietersphäre beruht.

3. Im Übrigen ist die Haftung des Vermieters einschließlich des Verhaltens seiner Vertreter und Erfüllungsgehilfen wegen Verletzung sonstiger Pflichten, unerlaubter Handlungen und gem. §§ 280, 281 BGB auf grobe Fahrlässigkeit und Vorsatz beschränkt. Der Ersatz mittelbarer Schäden wie z.B. entgangener Gewinn wird ausgeschlossen. Die vorgenannten Haftungsausschlüsse/-beschränkungen gelten nicht bei der Verletzung des Körpers, Lebens, der Gesundheit, Freiheit oder sexuellen Selbstbestimmung, die auf einer vorsätzlichen oder

fahrlässigen Pflichtverletzung des Vermieters oder einer entsprechenden Pflichtverletzung eines gesetzlichen Vertreters oder Erfüllungsgehilfen beruhen.

4. Der Mieter übernimmt die Verkehrssicherungspflicht im Mietobjekt und den damit im Zusammenhang stehenden Flächen. Der Mieter stellt den Vermieter von Ansprüchen aus der Verletzung der Verkehrssicherungspflicht frei, außer den Vermieter trifft ein Verschulden oder Mitverschulden.

§ 13

Aufstellung und Gestaltung von Werbeanlagen

1. Der Mieter ist nach vorheriger schriftlicher Zustimmung des Vermieters, die nur aus wichtigem Grund verweigert werden darf, berechtigt, am Waschstraßengebäude und an anderen ihm geeignet erscheinenden Stellen des Mietgegenstandes Werbeanlagen und Preiskennzeichnungen in dem vom Mieter üblichen Farben und Formen auf seine Kosten anzubringen. Ausgenommen sind bestehende Anlagen, welche bereits vom Vermieter genehmigt wurden. Diese haben Bestandsrecht.

2. Werbeanlagen und Preiskennzeichnungen außerhalb des Mietgegenstandes dürfen ebenfalls nur nach vorheriger schriftlicher Zustimmung des Vermieters angebracht werden. Bei Ablehnungen durch den Vermieter werden diese begründet. Auch für diese Werbeanlagen trägt der Mieter die Kosten. Die Beschaffung aller etwa erforderlichen behördlichen Genehmigungen erfolgt durch und auf Kosten des Mieters.

§ 14

Rückgabe des Mietobjekts

Bei Beendigung des Mietverhältnisses wird der Mieter die von ihm angemieteten baulichen Anlage – ohne waschstraßentechnische Einrichtungen und Werbeelemente – besenrein an den Vermieter übergeben.

Sofern der Mieter eine bauliche Anlage auf dem Mietgrundstück selbst errichtet hat, wird er alle von ihm errichteten baulichen Anlagen, einschließlich aller Werbeelemente, der technischen Anlagen und Einrichtungen der Autowaschstraße vom Mietgegenstand entfernen und den ursprünglichen Zustand wieder herstellen.

Über die Rückgabe des Mietgegenstandes bei Vertragsende wird zwischen den Vertragsparteien ein gemeinsames Protokoll angefertigt.

Für Ersatzansprüche des Vermieters wegen etwaiger Kontaminierungen bzw. Bodenverunreinigungen gilt die gesetzliche BGB-Regelverjährung.

§ 15

Untervermietung, Übertragung des Vertrages

1. Der Mieter ist nach vorheriger schriftlicher Zustimmung des Vermieters, der diese nur aus wichtigem Grund versagen darf, zur Untervermietung/Unterverpachtung berechtigt.

Ein wichtiger Grund liegt insbesondere dann vor, wenn der Hauptvermieter/Grundstückseigentümer einer weiteren Untervermietung/Unterverpachtung widerspricht oder wenn in der Person des vorgesehenen Untermieters/Unterpächters ein wichtiger Grund vorliegt (mangelnde Betreiberqualität oder ähnliches).

2. Der Vermieter ist berechtigt, alle Rechte und Pflichten aus diesem Vertrag ganz oder teilweise auf einen Dritten, insbesondere auch den Grundstückseigentümer und Hauptvermieter zu übertragen.

§ 16

Versicherungen

1. Der Mieter versichert auf eigene Kosten von ihm eingebrachte und/oder genutzte Sachen wie Gebäudeeinbauten – auch wenn diese wesentlicher Bestandteil des Gebäudes werden – Betriebseinrichtungen und Waren gegen jedes Risiko, insbesondere gegen Einbruch, Diebstahl, Feuer, Wasser, Leitungswasser- und Sturmschäden, Glasschäden.

2. Der Mieter schließt weiterhin eine angemessene Betriebshaftpflichtversicherung und Gewässer-/Umwelthaftpflichtversicherung (Mindestdeckung: 500.000,00 €)/Bodenkaskoversicherung („Umweltversicherung") für eigene Anlagen ab. Die Versicherung des Mieters muss auch Mietsachschäden, Wasser- und Abwässerschäden sowie das Risiko des bestimmungswidrigen Sprinklerwasseraustritts sowie Schäden/Ansprüche nach dem Umweltschadensgesetz (vom 10.02.2007, BGBl. 2007 I, S. 666) umfassen.

3. Der Versicherungsumfang hat sich an dem für den Betrieb des Mieters und dem in seiner Branche angemessenen und üblichen Deckungsumfang zu orientieren.

4. Die Versicherungen sind während der gesamten Mietzeit aufrechtzuerhalten. Ihr Abschluss und die Aufrechterhaltung, d. h. der Nachweis der Prämienzahlung, sind dem Vermieter auf Verlangen hin nachzuweisen, z. B. durch Übersendung der Kopie der Prämienzahlung. Kündigungen/Beendigungen sind dem Vermieter unverzüglich mitzuteilen.

§ 17

Vorübergehende Zweckbestimmung

Die vom Mieter oder einem Dritten auf dem Mietgegenstand errichteten Gebäude, Anlagen und Einrichtungen sind nur zum vorübergehenden Zweck mit dem Grundstück verbunden und werden gemäß § 95 BGB nicht wesentlicher Bestandteil desselben.

§ 18

Sonstige Vereinbarungen

1. Der Mieter kann gegenüber den Forderungen des Vermieters aus diesem Vertrag mit einer Gegenforderung nur aufrechnen oder ein Minderungs- oder Zurückbehaltungsrecht ausüben, wenn seine Forderung unbestritten, rechtskräftig festgestellt oder entscheidungsreif ist. Aufrechnung, Minderung und Ausübung eines Zurückbehaltungsrechts sind nur zulässig, wenn der Mieter seine Absicht dem Vermieter mindestens einen Monat vor Fäl-

ligkeit der Miete, gegen welche aufgerechnet, gemindert oder zurückbehalten werden soll, schriftlich angezeigt hat.

2. Im Fall einer zu errichtenden Waschstraße: Der Mieter stellt möglichst vor Vertragsbeginn, jedenfalls aber vor Beginn der Errichtung auf eigene Kosten bei der örtlichen Behörde – sofern notwendig – einen Antrag auf Baunutzungsänderung und stellt die behördliche Genehmigung nach Erhalt dem Vermieter in zweifacher Ausfertigung zur Verfügung.

3. Die im Rahmen der Dienstleistung des Mieters üblichen Reinigungs- und Pflegemittel darf der Mieter auf dem Mietgegenstand seinen Kunden anbieten. Ein Sortimentsschutz dafür ist ausgeschlossen.

4. Der Mieter bestätigt, dass rechtsgeschäftliche Erklärungen des Vermieters, die sich auf das Mietverhältnis beziehen, nur an die aktuelle Geschäftsadresse des Mieters abzugeben sind.

5. Nebenabreden, Ergänzungen/Änderungen und Aufhebungen des Vertrages sind nur wirksam, wenn sie in schriftlicher Form und mit rechtsgültiger Zeichnung der Vertragsparteien vereinbart werden. Dies gilt auch für einseitige Willenserklärungen (Kündigung etc.) und Vereinbarungen über den Verzicht auf die Schriftform. Mündliche Nebenabreden bestehen nicht.

6. Sollten eine oder mehrere Bestimmungen dieses Vertrages unwirksam sein oder werden, anfechtbar oder undurchführbar sein, wird davon die Gültigkeit der übrigen Bestimmungen nicht berührt. Die Parteien verpflichten sich, an einer solchen wirksamen Regelung mitzuwirken, die dem wirtschaftlichen Zweck dieses Vertrages am nächsten kommt. Das Gleiche gilt, wenn bei der Durchführung dieses Vertrages eine ergänzungsbedürftige Lücke erkannt wird.

7. Den Vertragsbeteiligten sind die besonderen gesetzlichen Schriftformerfordernisse der §§ 578, 550, 126 BGB bekannt. Sie verpflichten sich hiermit gegenseitig, auf jederzeitiges Verlangen einer Vertragspartei alle Handlungen vorzunehmen und Erklärungen abzugeben, die erforderlich sind, um dem gesetzlichen Schriftformerfordernis Genüge zu tun und insbesondere, den Mietvertrag nicht unter Berufung auf die Nichteinhaltung der gesetzlichen Schriftform vorzeitig zu kündigen. Diese Vereinbarung gilt nicht nur für den Abschluss dieses Vertrages, sondern insbesondere auch für sämtliche, etwa erforderlich werdende Nachtrags- Änderungs- und/oder Ergänzungsverträge. Die Verpflichtung gilt nicht für einen etwaigen Rechtsnachfolger des Vermieters nach Veräußerung des Mietobjekts.

Anlagen:
Anlage 1: Mietflächenplan
Anlage 2: Gutachten

.....
Ort, Datum

.....
(Vermieter)

.....
Ort, Datum

.....
(Mieter)

5. Mietvertrag über eine Werbefläche[1]

Mietvertrag – Werbefläche

Mietvertrag über eine Werbefläche

zwischen

(genaue Bezeichnung, Vor- und Zuname, Firma, derzeitige Anschrift)

.....

– nachfolgend „Vermieter" genannt –

vertreten durch .....

und

(genaue Bezeichnung, Vor- und Zuname, derzeitige Anschrift)

.....

vertreten durch .....

– nachfolgend „Mieter" genannt –

wird folgender Mietvertrag über eine Werbefläche geschlossen:

§ 1
Mietgegenstand

Der Vermieter vermietet dem Mieter einen ca. (.....) qm großen Teil der Außenfläche des Gebäudes (.....) in der (.....) – Straße (.....) zur Anbringung von Werbung. In der als Anlage 1 beigefügten Skizze des Anwesens (wesentlicher Bestandteil dieses Vertrags) ist die vermietete Fläche farblich markiert.

§ 2
Nutzung des Mietgegenstands

Der Mieter ist berechtigt, die in § 1 genannte Fläche werblich durch Aufbringung eines Farbanstrichs oder durch Anbringen einer Werbetafel zu nutzen. Der Mieter hat dem Vermieter bis spätestens (.....) mitzuteilen, in welcher Art und Weise die Fläche werblich genutzt werden soll.

Zur Änderung der Art und Weise der Nutzung ist der Mieter berechtigt. Er hat den Vermieter rechtzeitig über der beabsichtigten Nutzungsänderung zu informieren.

Der Mieter hat eine für seine beabsichtigte Nutzungsart eventuell erforderliche behördliche Genehmigung auf eigene Kosten zu beschaffen. Der Vermieter wird den Mieter hierbei

---

[1] Der Text entstammt LEXsoft Professional – Immobilienpraxis, Arbeitshilfen, Miete-Musterverträge, Stichwort „Mietvertrag – Werbefläche".

jedoch unterstützen und alles von seiner Seite Erforderliche zur Erlangung dieser Genehmigung unternehmen. Wird die erforderliche behördliche Genehmigung versagt, kann der Mieter innerhalb von zwei Wochen nach endgültiger Versagung der Genehmigung von diesem Vertrag zurücktreten.

§ 3

Mietzeit

Die Mietzeit beträgt zunächst (.....) Jahre, sie beginnt am (.....) und endet am (.....). Nach Ablauf der Mietzeit verlängert sich das Mietverhältnis um jeweils (.....) Jahre, wenn es nicht von einer der Vertragsparteien spätestens sechs Monate vor Ablauf der Mietzeit gekündigt wird. Die Kündigung bedarf der Schriftform.

§ 4

Miete und Fälligkeit

Die Miete beträgt jährlich (.....) € zuzüglich der gesetzlichen Mehrwertsteuer, derzeit 19 Prozent, folglich (.....) €, insgesamt also (.....) €. Ändert sich die Höhe der gesetzlichen Mehrwertsteuer, erklären sich die Parteien bereits jetzt mit einer entsprechenden Vertragsänderung einverstanden.

Zur Zahlung fällig ist die Miete jährlich im Voraus, spätestens am dritten Werktag des jeweiligen Jahres.

Die Miete ist entweder an den Vermieter auf das Bankkonto Nr.: (.....) bei der (.....)-Bank, BLZ (.....) zu zahlen.

[Oder]

Der Mieter erteilt dem Vermieter eine Einzugsermächtigung für sein Konto Nr.: (.....) bei der (.....)-Bank, BLZ (.....) und erklärt sich damit einverstanden, dass die monatlichen Miet- und Nebenkostenzahlungen bei Fälligkeit im Lastschriftverfahren von seinem Konto eingezogen werden.

§ 5

Unterhaltung des Mietgegenstandes

Der Mieter übernimmt die Anbringung und laufende Unterhaltung der Werbungfläche, er trägt alle hierdurch entstehenden Kosten.

Der Mieter ist für ordnungsgemäße Anbringung und Unterhaltung der Werbung verantwortlich, er übernimmt insoweit die Verkehrssicherungspflicht. Wird der Vermieter von Dritten wegen Verletzung der Verkehrssicherungspflicht insoweit in Anspruch genommen, stellt der Mieter den Vermieter von solchen Ansprüchen frei.

§ 6
Betretungsrecht

Der Mieter bzw. seine Beauftragten dürfen das Gebäude (.....) jederzeit betreten, soweit dies zur Wahrnehmung seiner Rechte aus diesem Vertrag erforderlich ist. Hierzu erhält der Mieter die erforderlichen Schlüssel, nämlich einen Hausschlüssel, sowie einen (.....)-Schlüssel.

§ 7
Untervermietung

Der Mieter ist berechtigt, die Mietsache ganz oder teilweise unterzuvermieten. Aus wichtigem Grund kann die Genehmigung zur Untervermietung widerrufen werden. Auch in der Person des Dritten kann ein solcher wichtiger Grund vorliegen.

Das einem die Nutzung des Mietgegenstands vom Mieter überlassen Dritten bei der Nutzung zur Last fallende Verschulden hat der Mieter zu vertreten.

§ 8
Rückgabe der Mietsache

Der Mieter hat den Mietgegenstand nach Beendigung des Mietverhältnisses wieder in den ursprünglichen, d.h. bei Vertragsabschluss bestehenden, Zustand zu versetzen. Vom Mieter oder dessen Erfüllungsgehilfen vorsätzlich oder fahrlässig verursachte Beschädigungen sind zu beseitigen.

Setzt der Mieter die Nutzung des Mietgegenstands nach Ablauf der Mietzeit fort, so gilt das Mietverhältnis nicht als verlängert, § 545 BGB findet keine Anwendung.

§ 9
Schriftform

Es bestehen keine anderen als die in diesem Vertrag getroffenen Vereinbarungen. Mündliche Nebenabreden sind nicht getroffen. Änderungen oder Ergänzungen dieses Vertrags bedürfen der Schriftform. Dies gilt auch für diese Schriftformklausel.

§ 10
Gesetzliche Bestimmungen

Sofern in diesem Vertrag einzelne Punkte nicht geregelt sind, gelten die gesetzlichen Bestimmungen. Das Selbe gilt für den Fall, dass eine oder mehrere der getroffenen Regelungen rechtsunwirksam sein sollten. Von der Ungültigkeit einer oder mehrerer Regelungen dieses Vertrages wird die Gültigkeit der übrigen Regelungen nicht berührt.

.....

[Ort, Datum]

.....

[Vermieter]

.....

[Mieter]

Anlage 1: Skizze des Anwesen

6. **Mietaufhebungvertrag**

> **Hinweis:**
> Ausgangslage ist der Wunsch des Vermieters nach vorzeitiger Rückgabe der Räume. Der Vorschlag ist in Kurzform gehalten und sollte ggf. um die der Checkliste zum Aufhebungsvertrag (→ *Teil 1 Rn. 2519*) ergänzt werden.

Mietaufhebungvertrag

Zwischen .....

(Rubrum)

wird folgender

Mietaufhebungsvertrag

geschlossen:

Die Vertragsschließenden sind sich einig, dass der zwischen ihnen am ..... (Datum) ..... geschlossene Geschäftsraummietvertrag über die im Anwesen ..... (Anschrift) ..... gelegenen Geschäftsräume (und ggf. weitere Räumlichkeiten und Flächen) zum ..... (Datum) ..... endet.

Sofern der Mieter das Mietobjekt spätestens bis zum vereinbarten Zeitpunkt räumt und an den Vermieter herausgibt, verpflichtet sich dieser, dem Mieter einen Einmalbetrag von ..... € zu zahlen. Ferner übernimmt der Vermieter eine Beteiligung an den Umzugskosten von pauschal ..... € und verzichtet auf die Durchführung von Schönheitsreparaturen.

Falls der Mieter das Mietobjekt nicht zum vereinbarten Zeitpunkt räumt, ist damit keine Fortsetzung des Mietverhältnisses gem. § 545 BGB (stillschweigende Verlängerung) verbunden.

Mündliche Nebenabreden bestehen nicht. Änderungen und Ergänzungen des Vertrages bedürfen der Schriftform.

Ort, Datum, Unterschriften

II. Mietverwalter-Vertrag

Hausverwaltungsvertrag Mietobjekte

zwischen

[.....]

- nachstehend Auftraggeber oder Eigentümer genannt -

und

[.....]

- nachstehend Verwalter oder Bevollmächtigter genannt -

wird hiermit zu dem im folgenden bezeichneten Haus- und Grundbesitz dieser Hausverwaltungsvertrag geschlossen.

§ 1

Bezeichnung des Besitzes

Anschrift des Besitzes: [.....]

eingetragen im Grundbuch von: [.....]

Amtsgericht in: [.....]

Heft: [.....], Band:[.....], Blatt: [.....], Flurstück- Nr.: [.....].

§ 2

Vertragsdauer

1. Der Vertrag wird für die Zeit vom [.....] bis zum [.....] geschlossen. Er kann von jedem Vertragsteil mit einer Frist von drei Monaten zum Ablauf der Vertragszeit schriftlich gekündigt werden. Wird eine Kündigung nicht vor Ablauf der Vertragszeit erklärt, so läuft der Vertrag auf unbestimmte Zeit weiter mit der Maßgabe, dass jeder Vertragsteil mit einer Frist von drei Monaten auf das Jahresende kündigen kann.

Verkauft der Auftraggeber während der Laufzeit dieses Vertrags den in diesem Vertrag bezeichneten Haus- und Grundbesitz, so erlischt der Verwaltungsvertrag zum Ende des Jahres, wenn nicht der/die neue/n Eigentümer in den Verwaltungsvertrag eintritt/eintreten.

[Alternativ: Veräußert der Auftraggeber das Objekt während der Laufzeit dieses Vertrages, ist er berechtigt, den Vertrag ohne Einhaltung einer Kündigungsfrist auf den Ablauf des Monats zu kündigen, in dem der Kaufvertrag mit dem Erwerber abgeschlossen wird.]

2. Für Abschlussarbeiten nach Ende dieses Vertrages, die durch den Vertrag nicht erfasst sind, die noch vom Verwalter realisiert werden sollen, gilt eine zusätzliche Vergütung als vereinbart.

§ 3

Vertretung

Der Verwalter ist berechtigt, die nach diesem Vertrag vorzunehmenden Tätigkeiten durch Erfüllungshilfen/innen erledigen zu lassen. Im Falle des Urlaubs oder der Krankheit des Verwalters hat dieser für geeignete Vertretung zu sorgen.

§ 4

Aufgaben des Verwalters

1. Der Verwalter ist verpflichtet, bei der Verwaltung die Sorgfalt eines ordentlichen Verwalters anzuwenden. Er hat die Interessen des Eigentümers in jeder Hinsicht zu vertreten und dafür einzustehen, dass das Grundstück in seinem wirtschaftlichen Bestand erhalten und ordnungsgemäß genutzt werden kann.

2. Der Umfang der Verwaltertätigkeit richtet sich nach diesem Vertrag.

3. Der Verwalter ist zur Vornahme der folgenden Handlungen berechtigt, verpflichtet und bevollmächtigt:

- Abschluss und Kündigung von Mietverhältnissen, einschließlich der Abnahme und Übergabe der Wohnungen, entsprechend den vom Eigentümer vorgegebenen Bedingungen.
- Mietinkasso, Überwachung des Mieteingangs, außergerichtliches Mahnwesen.
- Führung der Mietkaution.
- Erstellung, Abrechnung aller Ein- und Ausgabenvorgänge.
- Erstellung einer aktuellen Zahlungsrückstandsliste
- Erstellung einer Gewinn- und Verlustrechnung
- Abwicklung des gesamten Zahlungsverkehrs
- Betriebskostenabrechnung entsprechend der Regeln des BGB bzw. Betriebskostenverordnung.
- Überprüfung vereinbarter Mietgleitklauseln.
- Überprüfung des Mietpreisniveaus.
- Vorschläge zur Anpassung von Mieterhöhungen.
- Durchführung der Anpassung des Mietzinses
- Pünktliche Bezahlung aller das Anwesen betreffenden Bewirtschaftungskosten und Annuitäten nach vorheriger Prüfung.
- Abführung von Mietüberschüssen an den Eigentümer laut Vorgabe des Eigentümers.
- Telefon- und Schriftverkehr mit Behörden, soweit er die laufende Verwaltung des Anwesens betrifft.
- Abschluss und Kündigung von objektbezogenen Sach- und Haftpflichtversicherungen für das Anwesen im Einvernehmen mit dem Eigentümer.

- Abwicklung von Schadensfällen mit den Versicherungsgesellschaften und Dritten.
- Für die Einhaltung der Hausordnung zu sorgen und dazu ggf. Hilfskräfte einzusetzen.
- Laufende Überwachung des baulichen Zustands und Beratung bzw. Information des Eigentümers über notwendige Maßnahmen und zu erwartende Probleme.
- Für die laufende Instandhaltung und Instandsetzung zu sorgen und in dringenden Fällen Aufträge bis [.....] € je Auftrag ohne vorherige Information des Eigentümers auszulösen, wenn die Umstände dies erforderlich machen; alle anderen Instandsetzungen sind mit dem Eigentümer abzustimmen.
- Eine angemessene Instandhaltungsrücklage aus den monatlichen Mieterträgen zu bilden.
- Die Dienste von Hilfskräften (Hausmeister, Reinigungskräfte, Architekten, Sachverständige, Rechtsanwälte, Heizkostenabrechnungsfirmen, Handwerker u.a.) in erforderlichem Umfange, auf Rechnung des Eigentümers, in Anspruch zu nehmen.
- Für die ordnungsgemäße Bewirtschaftung erforderliche Gebrauchsgegenstände (z. B. Geräte für Hausmeister, Gartengeräte etc.) sowie Versorgungsgüter (wie z. B. Heizmaterial) auf Kosten des Eigentümers zu beschaffen.
- Die in Beauftragung und Kontrolle von Winterdienst und Hausreinigung durchzuführen.
- Alle sonst im Rahmen der Verwaltungsaufgaben erforderlichen Verträge (z. B. Abschluss von Wartungsverträgen und Vergabe von Wartungsarbeiten) abzuschließen und zu kündigen. Bei Verträgen mit einem Jahresbruttowert über [.....] € sind nach Möglichkeit drei vergleichbare Angebote einzuholen.

4. Soweit der Verwalter durch die Erfüllung seiner Verwaltungsaufgaben Verbindlichkeiten der Eigentümers begründet, sind diese vom Eigentümer zu übernehmen.

§ 5

Aktengemeinschaft

1. Der Verwalter ist berechtigt, das Grundbuch einzusehen und die Grundakten und Grundbuchblattabschriften gegebenenfalls anzufordern.

2. Es gehört nicht zu den Aufgaben des Verwalters, Angelegenheiten in Sachen des Grundbuches, Grundpfandrechten, Neufeststellung von Einheitswerten und Personensteuern für den Empfänger zu erledigen.

§ 6

Buchführung, Abrechnung und Berichterstattung

1. Alle für das Objekt ..... eingehenden Gelder hat der Immobilienverwalter auf folgendes Sonderkonto des Auftraggebers einzuzahlen:

Bankinstitut .....

Bankleitzahl .....

Kontonummer .....

2. Über Einnahmen und Ausgaben hat der Verwalter eine ordnungsgemäße Buchführung durchzuführen. Das Wirtschaftsjahr ist dabei gleich dem Kalenderjahr. Bücher, Akten, das Verwalterkonto und eine Kasse, sofern eine solche zu führen ist, sind getrennt von anderen zu führen. Der Eigentümer, d. h. jeder einzelne der Unterzeichner ist berechtigt, Einsicht in die Akten und Unterlagen des Verwalters zu diesem Verwaltungsobjekt zu nehmen.

3. Die Abrechnung ist jährlich so rechtzeitig zu erteilen, dass der Eigentümer gesetzlichen Verpflichtungen, insbesondere der Abgabe seiner Steuererklärungen, rechtzeitig nachkommen kann. Für das jeweils vergangene Jahr, sind die Unterlagen bis zum [.....] zu übergeben.

4. Der Verwalter hat die Ausgaben für das Objekt aus den Mieteinnahmen zu bestreiten. Er ist jedoch nicht verpflichtet für den Eigentümer in Vorschuss zu treten. Sofern die Einnahmen zur fristgemäßen Deckung der Ausgaben nicht ausreichen, ist der Eigentümer verpflichtet, die erforderlichen Mittel zur Verfügung zu stellen, wobei ihn der Verwalter dazu rechtzeitig aufzufordern hat. Stellt der Eigentümer die erforderlichen Mittel nicht oder nicht rechtzeitig zur Verfügung, ist der Verwalter von seinen Pflichten zur fristgemäßen Begleichung der Ausgaben bzw. zur Instandhaltung/Instandsetzung und Sicherung weiterer Verwalteraufgaben im entsprechenden Umfang entbunden. Der Verwalter kann über die Prioritäten der zu erledigenden Aufgaben bzw. zu begleichenden Ausgaben entscheiden.

§ 7

Vergütung des Verwalters

1. Der Verwalter erhält für seine Tätigkeit eine pauschale Verwaltergebühr.

Diese beträgt zurzeit

je Wohneinheit [.....] €/Monat zzgl. Mwst.

je Gewerbeeinheit [.....] €/Monat zzgl. Mwst.

Die Verwaltungsvergütung wird zum [.....] des laufenden Monats fällig. Tätigkeiten des Verwalters vor dem Vertragsbeginn nach § 1 Abs.1 dieses Vertrages, die der ordnungsgemäßen Übernahme der Verwaltung dienen, unterliegen keiner gesonderten Vergütung.

2. Für Telefon, Porto, Fahrtkosten und andere Barauslagen erhält der Immobilienverwalter einen monatlichen Betrag in Höhe von ..... € ohne Einzelnachweis. Darüber hinausgehende Aufwendungen werden auf Nachweis erstattet.

3. Daneben ist der Verwalter berechtigt, seine Auslagen der Bank oder Sparkasse, für Kontoführungs- und Buchungsgebühren vom Eigentümer ersetzt zu bekommen.

4. Der Verwalter kann die ihm zustehend Vergütung und Kostenerstattungen gegen Nachweis selbst aus den Mieteinnahmen entnehmen bzw. vom Verwaltungskonto abbuchen.

§ 8

Besondere Verwalterleistungen

1. Für die folgenden besonderen Leistungen hat der Verwalter Anspruch auf zusätzliche Vergütung zuzüglich der Umsatzsteuer in der jeweiligen Höhe:

- Durchführung von Instandhaltungs-, Instandsetzungs- und/oder Modernisierungsmaßnahmen, die einen Fachmann erfordern oder deren Auftragssumme [.....] € (brutto) übersteigt. Die Berechnung der Gebühren erfolgt nach den Baunebenkostenansätzen für Verwaltungsleistungen der II. Berechnungsverordnung.
- Planung, Durchführung, Überwachung und Finanzierung von Umbauten, Ausbauten etc.; hierbei gelten die einschlägigen Gebührenordnungen, z. B. HOAI, in entsprechender Anwendung.
- Erfüllung weiterer, Sonderaufgaben:
  - gesonderte Jahresabrechnung entsprechend Anforderung,
- Verkehrswertermittlung des Verwaltungsobjektes, Erarbeitung von Projekten für den Um- und Ausbau,
- Abnahme des Eigentums vom Bauträger,
- Verfolgung von Gewährleistungsansprüchen,
- Verhandlungen mit Behörden und Erfüllung behördlicher Auflagen, Ausführung besonderer behördlicher Aufgaben,
- Bearbeitung von Baugenehmigungsverfahren von Grundstücksnachbarn,
- Erstellung oder Wiederherstellung fehlender Verwaltungsunterlagen (einschl. Abrechnungen), die zur Durchführung einer ordnungsgemäßen Verwaltung und Buchhaltung erforderlich und bei Übernahme der Verwaltung nicht vorhanden sind,
- Vorbereitung und Durchführung gerichtlicher Mahn- und Klageverfahren,
- Wirtschaftlichkeitsberechnung,

Für solche Sonderleistungen gilt als vereinbart, dass der Verwalter nach Aufwand und Kosten sowie Zeit abrechnen und Erstattung der Vergütung verlangen kann.

2. Der Verwalter ist berechtigt im erforderlichen Umfang Hilfskräfte (z. B. Sachverständige, Rechtsanwälte) auf Kosten des Eigentümers hinzuzuziehen.

§ 9

Beendigung des Verwaltervertrages

1. Der Vertrag kann vorzeitig aus wichtigem Grund gekündigt werden. Als wichtiger Grund gilt ein erheblicher und wesentlicher Verstoß gegen die in diesem Vertrag genannten Pflichten.

2. Endet der Verwaltervertrag zum Ablauf eines Geschäftsjahres, ist der Verwalter zur Erstellung einer Jahresabrechnung innerhalb von [.....] Wochen nach Vertragsbeendigung verpflichtet. Endet der Verwaltervertrag während des Geschäftsjahres, hat der Verwalter die

Jahresabrechnung bis zu diesem Zeitpunkt für das ablaufende Geschäftsjahr zu erstellen und die Rechnungslegung zum Ablauf der Vertragszeit vorzunehmen.

3. Mit Beendigung des Vertragsverhältnisses hat der Verwalter die Verwaltungsunterlagen an seinen Nachfolger oder an den Ermächtigten zu übergeben. Die Abrechnungsunterlagen sind nach Erstellung der Jahresabrechnung auszuhändigen. Im Fall der Verweigerung der Entlastung kann der Verwalter auf Kosten des Eigentümers Kopien aller Abrechnungsunterlagen für sich anfertigen.

§ 10

Haftung – Verjährung

1. Der Verwalter hat eine angemessene Vermögensschadenhaftpflichtversicherung abzuschließen und zu unterhalten. Der Verwalter haftet nur für ein Verschulden, dass vorsätzlich oder grob fahrlässig ist, der Höhe nach bis zur Versicherungssumme von [.....] €.

2. Gegenseitige Ansprüche aus diesem Vertrag verjähren nach drei Jahren von dem Zeitpunkt an, in dem sie entstanden sind, spätestens jedoch drei Jahre nach Beendigung des Vertrages.

§ 11

Gesetzliche Bestimmungen

Sind zu einzelnen Punkten in diesem Vertrag keine Regelungen getroffen worden, gelten die gesetzlichen Vorschriften. Das Gleiche gilt für den Fall, dass eine oder mehrere der getroffenen Bestimmungen rechtsunwirksam sein sollten. Von der Ungültigkeit einer oder mehrerer Bestimmungen dieses Vertrags wird die Gültigkeit der übrigen Bestimmungen nicht berührt.

§ 12

Nebenabreden, Vertragsänderungen

Änderungen dieses Vertrags sowie Nebenabreden bedürfen zu ihrer Wirksamkeit in jedem Fall der Schriftform. Das gilt auch für eine Änderung der Schriftformklausel. Mündliche Vereinbarungen haben nur Gültigkeit, wenn sie von beiden Parteien schriftlich bestätigt werden.

§ 13

Sonstige Bestimmungen

1. Gerichtsstand und Erfüllungsort ist der Ort, an dem die Verwaltung geführt wird (vgl. § 31 ZPO).

2. Der Verwalter ist von den Beschränkungen des § 181 BGB befreit.

3. Der Verwalter ist nicht berechtigt, Provisionen oder andere Zuwendungen von Mietern, Handwerkern, Lieferanten oder anderen Dritten in Bezug auf das Objekt zu fordern, sich

gewähren zu lassen oder anzunehmen. Ein Verstoß hiergegen berechtigt den Eigentümer zur fristlosen Kündigung des Verwaltervertrages.

4. Von diesem Vertrag wurden 2 Exemplare gefertigt, von denen die Unterzeichner je ein Exemplar erhalten.

5. Zum Nachweis seiner Vertretungsbefugnis kann der Verwalter jederzeit eine Vollmachtsurkunde von dem Eigentümer verlangen.

6. Der Verwalter kann Untervollmachten erteilen.

[Ort, Datum]

.....

Eigentümer

.....

Verwalter

III. Musterschreiben

1. Mieterhöhungsverlangen des Vermieters nach Wertsicherungsklausel wegen Indexveränderung

Mieterhöhungsverlangen des Vermieters nach Wertsicherungsklausel wegen Indexveränderung 3374

> **Hinweis:**
> Die Jahreszahlen/Monate sind dem aktuellen Stand anzupassen.

Vermieter: .....

Objekt: ....., 44532 Lünen

Mieternummer: .....

Hier: Mietanpassung gem. § 2 Ziff. (4) des Gewerbemietvertrages vom .....

Sehr geehrte Damen und Herren,

Ihre Vermieterin, die Firma ..... wird von uns vertreten. Die Verwaltungsvollmacht fügen wir bei.

Nach § 2 Ziff. (4) Ihres Mietvertrages vom ..... wurde vereinbart, dass sich die Miete entsprechend der Entwicklung des vereinbarten Preisindexes ändert. Der vereinbarte Indexwert hat sich ab Februar 2003 gegenüber dem zuletzt festgelegten Mietpreis um den vereinbarten Prozentsatz geändert.

Der in Ihrem Mietvertrag vereinbarte Preisindex wird durch das Statistische Bundesamt nicht mehr fortgeführt. Für die Berechnung der Mietanpassung ist nunmehr der Verbraucherpreisindex für Deutschland (VPI) Basis 2000 = 100 zugrunde zu legen, der die bisher geltenden Preisindizes ersetzt. Aufgrund dieser Umstellung durch das Statistische Bundesamt sind die Indexreihen zusammenzuführen. Verkettungsmonat (also der Monat, in welchem von dem weggefallenen Index auf den VPI übergegangen wird) ist dabei der Dezember 1999.

Grund hierfür ist, dass seit Veröffentlichung der neuen Indizes auf Basis 2000 – 100 (26.02.2003) alle bisherigen Indizes, die sich auf den Zeitraum Januar 2000 bis Dezember 2002 beziehen, rückwirkend entfallen sind. Da es für die Indizes der speziellen Haushaltstypen keine neu berechneten Werte gibt, fallen diese Indizes für den Zeitraum ab Januar 2000 endgültig weg. Für den Zeitraum ab Januar 2000 wird daher der VPI verwendet.

Relevanter Zeitpunkt für die Indexbeobachtung ist nach Ihrem Mietvertrag der Monat Januar 1996. Der Schwellenwert von 104,1 wurde erstmals im Monat Februar 2003 mit einem Indexwert von 104,5 überschritten.

Informationen dazu finden Sie auch beim Statistischen Bundesamt unter www.destatis.de. Hier besteht auch die Möglichkeit, unter Eingabe der konkreten Vertragsdaten den Schwellenwert zu berechnen. Die konkrete Berechnung des Schwellenwertes für Ihren Vertrag fügen wir als Anlage bei.

Nach § 2 Ziff. (4) Ihres Mietvertrages tritt eine Anpassung des Mietzinses ein, wenn sich der Indexstand um mehr als 10 % gegenüber dem Indexstand am 01.01. nach Ablauf von 4 Jahren nach Eröffnung des Ladenlokals nach oben oder unten verändert. Die prozentuale Veränderung seit Vertragsbeginn bis zum Monat des erstmaligen Überschreitens des Schwellenwertes beträgt umbasiert 10,5 %. Die Grundmiete erhöht sich somit erstmalig zum 01.02.2003 in diesem Verhältnis. Die detaillierte Berechnung der daraus resultierenden Mietanpassung ergibt sich wie folgt:

Grundmiete alt	Indexveränderung	Erhöhung	Grundmiete neu
(netto)	(10,5 % der Grundmiete)	(10,5 % der Grundmiete)	(netto)
8.500,00 €	892,50 €	892,50 €	9.392,50 €

Vertraglich vereinbart ist, dass die Erhöhung ab dem Monat gilt, der auf den Zugang des Erhöhungsverlangens folgt. Die Grundmiete infolge der Indexerhöhung beträgt damit ab ..... 9.392,50 € (netto) zzgl. der Vorauszahlungen auf die Betriebs- und Heizkosten nebst der gesetzlichen Umsatzsteuer.

Wir bitten Sie, die neue Miethöhe ab der Mietzahlung ..... zu beachten. Sofern Sie einen Dauerauftrag eingerichtet haben, bitte wie Sie höflich, diesen entsprechend anzupassen. Soweit uns eine Einzugsermächtigung vorliegt, werden wir die künftig fälligen Beträge zu den vereinbarten Terminen abbuchen.

Eine neue Dauermietrechnung nebst einer Rechnung über die erhöhten Mieten für zurückliegende Zeiträume erhalten Sie demnächst mit separater Post.

Mit freundlichen Grüßen

2. Abmahnung durch den Vermieter-Anwalt wegen vertragswidrigen Verhaltens des Mieters

Abmahnung durch den Vermieter-Anwalt wegen vertragswidrigen Verhaltens des Mieters

(*Mieter-Anschrift*)

Mietverhältnis ..... straße, ...

Mietvertrag vom .....

Hier: Abmahnung

Sehr geehrte Damen und Herren,

ich vertrete Ihren Vermieter ..... Eine Vollmacht füge ich im Original bei.

Als Mieter der o.g. Geschäftsräume haben Sie sich in letzter Zeit vertragswidrig verhalten. Im Einzelnen handelt es sich um folgende Verstöße:

.....

.....

(genaue Beschreibung des vertragswidrigen Verhaltens)

Namens und mit Vollmacht meines Mandanten fordere ich Sie hiermit auf, das vertragswidrige Verhalten unverzüglich zu unterlassen und Ihren mietvertraglichen Verpflichtungen nachzukommen.

Sollten Sie dennoch die oben beschriebenen Verhaltensweisen fortsetzen, sehe ich mich gezwungen, meinem Mandanten die Erhebung einer Unterlassungsklage bzw. die Kündigung des Mietverhältnisses zu empfehlen. Ich weise darauf hin, dass auch eine fristlose Kündigung in Betracht kommen kann.

Namens meines Mandanten darf ich ausdrücklich betonen, dass nach wie vor Interesse an einem einvernehmlichen Mietverhältnis besteht. Sie werden aber sicherlich Verständnis dafür haben, dass als Basis dafür die gegenseitigen mietvertraglichen Verpflichtungen eingehalten werden müssen.

Mit freundlichen Grüßen

3. Mängelanzeige, Beseitigungsaufforderung, Ankündigung der Geltendmachung von Gewährleistungsrechten bei nicht fristgerechter Mängelbeseitigung des Mieters

3376 Mängelanzeige etc. bei nicht fristgerechter Mängelbeseitigung des Mieters

Sehr geehrte/r .....,

in den von uns gemieteten Räumen ..... (*Adresse*) zeigen sich seit ..... (*Datum*) folgender Mangel/folgende Mängel: [*Hier muss eine möglichst genaue Beschreibung der Mängel erfolgen.*]

Wir fordern Sie höflich auf, die angezeigten Mängel unverzüglich/bis spätestens zum ..... (*Datum*) sach- und fachgerecht zu beseitigen und bitten um telefonische Terminabstimmung.

Bitte haben Sie Verständnis, dass wir – falls der Mangel nicht bis zum ..... (*Datum*) behoben sein sollte – Gewährleistungsrechte geltend machen werden, insbesondere Mietminderung, Beseitigung des Mangels auf Ihre Kosten und Verrechnung des Betrags mit künftiger Miete oder Vorschussanforderung, Geltendmachung von Schadensersatz.

Wir werden dann mit Wirkung ab ..... (*Datum*) die Bruttomiete um ..... % mindern. Die Miete beläuft sich dann auf ..... € monatlich/kalendertäglich.

Die erteilte Einzugsermächtigung widerrufen wir hiermit und werden eine neue Einzugsermächtigung erteilen, wenn die Beanstandungen behoben sind. (*Alternativ: Den erteilten Dauerauftrag haben wir ausgesetzt und erteilen ihn neu, wenn die Beanstandungen behoben sind.*)

Ferner machen wir bis zur Beseitigung des Mangels ein Zurückbehaltungsrecht i.H.v. ..... € (*maximal 3-5fachen*) geltend. Dieses beläuft sich auf voraussichtlich ..... €. Ein Zurückbehalt bis zum 3-fachen Betrag dieser Kosten ist nach der Rechtsprechung in jedem Fall zulässig.

Künftige Mietzahlungen erfolgen bis zur vollständigen Beseitigung des Mangels ausschließlich unter Vorbehalt der Rückforderung bzw. Aufrechnung gegen künftige Mietforderungen etc.

Mit freundlichen Grüßen

Datum/Unterschrift

Hinweis:

Die jeweiligen Teile des Schreibens (Mängelanzeige, Hinweis auf Gewährleistungsrechte etc. können selbstverständlich auch einzeln und zeitlich hintereinander in der mehreren Schreiben angewendet werden, um nicht sofort „aus allen Rohren zu schießen".

4. Aufforderung durch den Mieter an den Vermieter zur Vorschussleistung wegen Mängeln

Aufforderung durch den Mieter an den Vermieter zur Vorschussleistung wegen Mängeln   3377

> Sehr geehrte/r ......,
>
> mit Schreiben vom ...... (*Datum*) hatten wir folgende Mängel angezeigt:...... (*Beschreibung*).
>
> Unserer Fristsetzung, die Mängel bis spätestens zum ...... (*Datum*) sach- und fachgerecht zu beseitigen, sind Sie leider nicht nachgekommen.
>
> Wir werde/n die Mängel nunmehr auf Ihre Kosten gemäß § 536a BGB selbst beheben. Die Kosten betragen laut beiliegendem Kostenvoranschlag der Firma ...... voraussichtlich ...... €. Sie sind verpflichtet, einen entsprechenden Vorschuss i.H.d. voraussichtlich anfallenden Kosten zu leisten.
>
> Wir fordern Sie auf, den Betrag bis zum ...... (*Datum*) auf folgendes Konto ...... zu überweisen. Nach Ablauf der Frist fallen Verzugszinsen in gesetzlicher Höhe an. Rechtliche Schritte bei fruchtlosem Fristablauf behalten wir uns vor.
>
> Mit freundlichen Grüßen
>
> Datum/Unterschrift

IV. Musterklagen des Vermieters/Verpächters

1. Klage auf Mietzahlung im Urkundsverfahren

Klage im Urkundsverfahren   3378

> **Klage im Urkundsverfahren**
>
> des Vermieters ......
>
> – Klägers –
>
> Prozessbevollmächtigte: ......
>
> gegen
>
> die Mieter ......
>
> – Beklagten –
>
> wegen Mietzahlung
>
> Streitwert: ...... €
>
> Gerichtskostenvorschuss i.H.v. ...... € liegt per Gerichtskostenmarken an.
>
> Namens und kraft anliegender Vollmacht des Klägers erheben wir Klage im Urkundsverfahren gegen die Beklagten mit folgenden Anträgen:

1. Die Beklagten werden als Gesamtschuldner verurteilt, an den Kläger ..... € nebst Verzugszinsen i.H.v. jeweils acht Prozentpunkten über dem Basiszinssatz aus jeweils ..... € seit dem ..... und ..... *(konkreter Verzugseintritt)* zu zahlen.
2. Die Beklagten tragen die Kosten des Rechtsstreits.
3. Für den Fall der Fristversäumnis oder des ganz oder teilweisen Anerkenntnisses ergeht Versäumnisurteil bzw. Anerkenntnisurteil ohne mündliche Verhandlung.

Begründung

Der Kläger hat den Beklagten mit Mietvertrag vom ..... Räume zum Betrieb eines Architektenbüros im Hause ..... vermietet.

Beweis: Beglaubigte Kopie des Mietvertrags (Anlage 1)

Das Original des Mietvertrags wird im Termin zur mündlichen Verhandlung vorgelegt.

Die vereinbarte Miete beträgt danach ..... € inklusive der Nebenkostenvorauszahlungen und Umsatzsteuer und ist nach der vertraglichen Abrede jeweils bis zum Dritten eines Monats eingehend auf dem Konto des Klägers zu zahlen.

Beweis: wie vor

In den Monaten ..... und ..... haben die Beklagten keinerlei Zahlungen erbracht. Offen ist somit der mit der Klage geltend gemachte Mietrückstand von ..... €. Die Beklagten haben keinerlei Einwendungen gegen ihre grundsätzliche Zahlungsverpflichtung vorgebracht.

Der Anspruch kann deshalb nach h.M. auch im Urkundsverfahren geltend gemacht werden (BGH, Urt. v. 10.3.1999 – XII ZR 321/97, NZM 1999, 401 = ZMR 1999, 380 = NJW 1999, 1408).

Sollte das Gericht den Vortrag nicht für ausreichend erachten, wird höflich um rechtzeitigen richterlichen Hinweis gebeten.

.....

Kai-Jochen Neuhaus

Rechtsanwalt

Fachanwalt für Versicherungsrecht

Fachanwalt für Miet- u. WEG-Recht

2. Stufenklage auf Zahlung offener Umsatzmiete

Stufenklage auf Zahlung offener Umsatzmiete

Klage

des Vermieters .....

– Klägers –

Prozessbevollmächtigte: .....

gegen

den Mieter .....

– Beklagter –

wegen Auskunft und Mietzahlung

Vorläufiger Streitwert: ..... €

Gerichtskostenvorschuss i.H.v. ..... € liegt per Gerichtskostenmarken an.

Namens und kraft anliegender Vollmacht des Klägers erheben wir Klage und werden folgende Anträge stellen:

1. Der Beklagte wird verurteilt,
   a) an den Kläger 2.784,00 € nebst Zinsen i.H.v. acht Prozentpunkten über dem Basiszinssatz seit dem ..... zu zahlen;
   b) Auskunft über die Umsätze (Bruttoeinnahmen einschließlich Steuern) seines Ladengeschäfts in der .....straße, ...stadt für den Zeitraum vom 1.1.2011 bis 31.3.2011 zu erteilen und die Richtigkeit dieser Auskunft notfalls an Eides statt zu versichern;
   c) den sich aus der Auskunft ergebenden Betrag von monatlich 3,5 % des monatlichen Umsatzes (Bruttoeinnahmen einschließlich Steuern) an den Kläger zu zahlen nebst Zinsen i.H.v. acht Prozentpunkten über dem Basiszinssatz ab Rechtshängigkeit.
2. Der Beklagte trägt die Kosten des Rechtsstreits.
3. Für den Fall der Fristversäumnis oder des ganz oder teilweisen Anerkenntnisses ergeht Versäumnisurteil bzw. Anerkenntnisurteil ohne mündliche Verhandlung.

Begründung

Der Beklagte ist Mieter eines Ladenlokals im Hause ....., ...stadt, in dem er ein Lebensmittelgeschäft betreibt. Der Kläger ist Vermieter. Die Parteien haben am ..... einen Mietvertrag über die Räumlichkeiten abgeschlossen. Im Mietvertrag war Zahlung einer Umsatzmiete mit festem Grundbetrag vereinbart, die sich wie folgt ermittelt:

Monatliche Fixmiete (unabhängig vom Umsatz):	2.000,00 €
Monatliche Betriebskostenvorauszahlung:	400,00 €
Zuzüglich Mehrwertsteuer (derzeit 19 %)	

Monatlicher Sockelbetrag: 2.784,00 €

Monatliche Umsatzbeteiligung von 3,5 % des monatlichen Umsatzes, die quartalsweise durch Vorauszahlungen fällig wird, indem der Betrag aus jeweils vom Beklagten vorzulegenden Umsatzsteuervoranmeldungen vorgelegt wird und dann nach Jahresende mit dem Umsatzsteuerbescheid verglichen und ggf. korrigiert wird.

Beweis: Mietvertrag vom ....., in Kopie anbei
Vorlage des Original-Mietvertrags im Termin

Der Beklagte hat laut Vertrag die Umsatzsteuervoranmeldung jeweils bis spätestens zum 15. jedes Folgemonats vorzulegen. Der monatliche Grundbetrag von 2.784,00 € brutto ist nach dem Vertrag monatlich bis spätestens dritten Werktag an den Vermieter zu zahlen.

Beweis: wie vor

Der Beklagte hätte also der Umsatz-Nachweispflicht für Januar 2011 zum 15.2.2011, für Februar 2011 zum 15.3.2011 und für März 2011 zum 15.4.2011 nachkommen müssen. Der Beklagte ist trotz Mahnung des Klägers vom ..... seiner Pflicht zur Vorlage der monatlichen Umsätze aber nicht nachgekommen.

Beweis: Schreiben des Klägers vom ....., in Kopie anbei
Vorlage des Originals im Termin

Ferner hat er für den Monat April 2011 den Mietgrundbetrag von 2.784,00 € nicht bezahlt. Auch diesen hat der Kläger erfolglos angemahnt.

Beweis: Schreiben des Klägers vom ....., in Kopie anbei
Vorlage des Originals im Termin

Der Kläger hat keine genaue Kenntnis von den exakten Umsätzen des Beklagten, sodass ihm ein Auskunftsanspruch aus Mietvertrag und § 242 BGB zusteht. Dieser wird mit der Stufenklage zusammen mit dem Leistungsanspruch geltend gemacht. Der dem Antrag zu 1c zugrunde liegende Anspruch kann erst nach vollständig erteilter Auskunft und ggf. eidesstattlicher Versicherung der Richtigkeit und Vollständigkeit durch den Beklagten beziffert werden.

Der monatliche Durchschnittsumsatz des Beklagten hat im Jahr 2010 12.500,00 € betragen.

Beweis: Vorlage entsprechender Umsatzsteuervoranmeldebescheide des Beklagten im Termin

Der Streitwert ist auf dieser Basis wie folgt ermittelt worden:

Antrag 1a):	2.784,00 €
Antrag 1b):	1.312,50 € (12.500,00 € x 3,5 % x 3 Monate)
Antrag 1c):	1.312,50 € (12.500,00 € x 3,5 % x 3 Monate)
Summe:	5.409,00 €

3. Klage auf Zahlung der vereinbarten Kaution

Der Zinssatz ergibt sich aus § 288 Abs. 2 BGB. Beide Parteien sind unternehmerisch tätig.

Sollte der Vortrag nicht für ausreichend erachtet werden, wird höflich um ausdrücklichen richterlichen Hinweis gebeten.

Beglaubigte und einfache Abschrift anbei.

.....

Kai-Jochen Neuhaus

Rechtsanwalt

Fachanwalt für Versicherungsrecht

Fachanwalt für Miet- u. WEG-Recht

3. Klage auf Zahlung der vereinbarten Kaution

Klage auf Zahlung der vereinbarten Kaution 3380

Klage

des Vermieters .....

– Klägers –

Prozessbevollmächtigte: .....

gegen

den Mieter .....

– Beklagter –

wegen Forderung (Mietkaution)

Streitwert: ..... €

Gerichtskostenvorschuss i.H.v. ..... € liegt per Gerichtskostenmarken an.

Namens und kraft anliegender Vollmacht des Klägers erheben wir Klage und werden folgende Anträge stellen:

1. Der Beklagte wird verurteilt, an den Kläger ..... € nebst Zinsen i.H.v. acht Prozentpunkten über dem Basiszinssatz seit dem ..... zu zahlen.
2. Der Beklagte trägt die Kosten des Rechtsstreits.
3. Für den Fall der Fristversäumnis oder des ganz oder teilweisen Anerkenntnisses ergeht Versäumnisurteil bzw. Anerkenntnisurteil ohne mündliche Verhandlung.

Begründung

Der Beklagte ist Mieter von Büroräumen im Hause ....., ...stadt, der Kläger ist Vermieter. Die Parteien haben am ..... einen Mietvertrag über die Räumlichkeiten mit einer Monatsmiete von ..... € zuzüglich Mehrwertsteuer und Betriebskostenvorauszahlung, insgesamt

..... € abgeschlossen. Im Mietvertrag war Zahlung einer Barkaution i.H. der Klageforderung bei Übergabe der Räume vereinbart.

Beweis: Mietvertrag vom ....., in Kopie anbei

Vorlage des Original-Mietvertrags im Termin

Der Beklagte hat die Räume am ..... bezogen.

Beweis: Zeugnis des .....

Die Kaution ist aber bis heute nicht bezahlt, sodass sich der Beklagte seit dem ..... in Verzug befindet. Der Beklagte hat dem Kläger mit Schreiben vom ..... mitgeteilt, dass er die Kaution bis zur Beseitigung angeblicher Mängel in den Büroräumen zurückbehalten werde.

Beweis: Schreiben vom ....., in Kopie anbei

Vorlage des Originals im Termin

Der Kläger bestreitet vorsorglich, dass Mängel bestehen. Darauf kommt es aber auch nicht an, weil wegen Mängeln der Mietsache kein Zurückbehaltungsrecht an einer Kaution besteht. Ein solches Zurückbehaltungsrecht würde dem Sicherungszweck der Kaution widersprechen, durch die Forderungen des Vermieters gegen den Mieter gesichert werden sollen.

.....

Kai-Jochen Neuhaus

Rechtsanwalt

Fachanwalt für Versicherungsrecht

Fachanwalt für Miet- u. WEG-Recht

4. Klage auf Räumung von Geschäftsraum und Zahlung von Nutzungsentschädigung

Klage auf Räumung von Geschäftsräumen

Klage auf Räumung von Geschäftsräumen

des Vermieters .....

– Klägers –

Prozessbevollmächtigte: .....

gegen

den Mieter .....

– Beklagter –

wegen Räumung von Geschäftsräumen

Streitwert: ..... € (12 x ..... €)

4. Klage auf Räumung von Geschäftsraum und Zahlung von Nutzungsentschädigung

Gerichtskostenvorschuss i.H.v. ..... € liegt per Gerichtskostenmarken an.

Namens und kraft anliegender Vollmacht des Klägers erheben wir Klage und werden beantragen,

1. den Beklagten kostenpflichtig zu verurteilen,

    a) das Ladenlokal in der .....straße, ...geschoss, in ....., bestehend aus ..... Verkaufsfläche, ... weiteren Zimmern, ... Küche, ... Diele, ... Bad mit Toilette und folgenden weiteren Räumen und Flächen: ....., zu räumen und an den Kläger herauszugeben;

    b) für den Zeitraum ab ..... (Wirksamwerden der Kündigung) bis zur endgültigen Räumung als Nutzungsentgelt die für diesen Zeitraum gültige Miete von monatlich ..... € zuzüglich einer monatlichen Heiz- und Betriebskostenvorauszahlung von insgesamt ..... €, insgesamt also ..... €, an den Kläger zu zahlen.

2. Festzustellen, dass das Mietverhältnis durch die fristlose Kündigung vom ....., hilfsweise durch die fristlose Kündigung in diesem Schriftsatz zum ..... beendet ist.

3. Für den Fall der Fristversäumnis oder des ganz oder teilweisen Anerkenntnisses Versäumnisurteil bzw. Anerkenntnisurteil ohne mündliche Verhandlung zu erlassen.

Begründung

Der Beklagte ist seit dem ..... Mieter des im Klageantrag zu 1a) bezeichneten Ladenlokals des Klägers und betreibt dort ein Einzelhandelsgeschäft für Kindermoden. Im Mietvertrag sind als monatlich zum dritten Werktag eines jeden Monats im Voraus fällig werdende Zahlungen vereinbart:

    ..... € Kaltmiete

    ..... € Vorauszahlung auf Heizkosten

    ..... € Vorauszahlung auf alle übrigen Betriebskosten

jeweils zuzüglich ..... % Mehrwertsteuer

Beweis im Bestreitensfall: Vorlage des Mietvertrages im Termin

Der Beklagte hat die Mieten für den Monat ..... sowie für den Monat ..... nicht bezahlt.

Beweis im Bestreitensfall: .....

Mit Schreiben des Unterzeichners vom ..... ist der Beklagte unter Androhung einer möglichen Kündigung zur Zahlung der Mieten mit Frist zum ..... aufgefordert worden. Außerdem wurde der Beklagte in dem Schreiben wegen wiederholter unpünktlicher Zahlung der Mieten mit Hinweis auf eine Kündigung abgemahnt.

Beweis: Schreiben vom ....., in Kopie anbei

Eine Reaktion oder Zahlung des Beklagten erfolgte nicht.

Mit Schreiben des Unterzeichners vom ..... wurde die fristlose Kündigung ausgesprochen und eine Räumungsfrist bis zum ..... bewilligt. Der Fortsetzung des Mietverhältnisses wurde ausdrücklich widersprochen.

Beweis: Schreiben vom ....., in Kopie anbei

Die Kündigung ist dem Beklagten wie folgt zugegangen: .....

Beweis: .....

Der Beklagte hat das Ladenlokal bis heute nicht geräumt und auch keinerlei Zahlung geleistet.

Beweis: .....

Der Beklagte hat zudem seine Mietzahlungen, die laut Mietvertrag bis zum dritten Werktag eines jeden Monats im Voraus erfolgen mussten, mehrfach unpünktlich gezahlt. Dabei handelt es sich um folgende Monate mit folgenden Zahlungseingängen beim Kläger:

Monat:	Zahlungseingang:
.....	.....
.....	.....
.....	.....
.....	.....
.....	.....

Beweis: Vorlage entsprechender Kontoauszüge des Klägers im Termin

Der Beklagte ist wegen diesen unpünktlichen Zahlungen mit Schreiben vom ..... und ..... unter Hinweis auf eine mögliche Kündigung im Wiederholungsfall abgemahnt worden.

Beweis im Bestreitensfall: Vorlage der Schreiben im Termin

Wegen sämtlicher vorgenannten Tatsachen wird gegenüber dem Beklagten hiermit vorsorglich nochmals ausdrücklich die fristlose Kündigung des Mietverhältnisses, hilfsweise die ordentliche Kündigung zum nächst möglichen Termin ausgesprochen.

Die Kündigung wird somit gestützt auf Zahlungsverzug und auf ein unzumutbares Mietverhältnis wegen mangelnder Zahlungsmoral.

Der Fortsetzung des Mietverhältnisses wird auf diesem Wege nochmals ausdrücklich widersprochen.

Der Antrag auf Nutzungsentschädigung stützt sich auf § 546a BGB und ist trotz der künftigen Leistung zulässig (BGH, Beschl. v. 20.11.2002 – VIII ZB 66/02, NZM 2003, 231 = AIM 2003, 56 = ZMR 2003, 333 = MDR 2003, 452; OLG Dresden, NZM 1999, 173). Der Vermieter hat von vornherein, d.h. auch ohne rechtsgestaltende Willenserklärung, einen Anspruch auf Zahlung einer Nutzungsentschädigung mindestens i.H. der vereinbarten Miete oder, wenn die ortsübliche Miete höher ist, i.H. der ortsüblichen Miete (BGH, Urt. v. 14.7.1999 – XII ZR 215/97, NZM 1999, 802 = NJW 1999, 2808 = MDR 1999, 1255 =

ZMR 1999, 749 = WuM 1999, 689 = DWW 1999, 324). Hier wird der Anspruch auf die vereinbarte Miete gestützt.

Nach § 259 ZPO kann Klage auf künftige Leistungen erhoben werden, wenn den Umständen nach die Besorgnis gerechtfertigt ist, dass der Schuldner sich der derzeitigen Leistung entziehen werde. Diese Voraussetzungen sind vorliegend erfüllt. Der Beklagte hat durch die anhaltende Nichtzahlung fälliger Mietzahlungsansprüche die Besorgnis der Zahlungsunfähigkeit oder -willigkeit begründet. Dadurch, dass der Beklagte die Mietsache trotz Räumungsaufforderung weiter nutzt und bisher überhaupt keine Zahlungen mehr erbracht wurden, besteht die Besorgnis, dass bei Fälligkeit künftiger Nutzungsentgeltansprüche nicht freiwillig geleistet wird.

Die Nebenkosten sind der Nutzungsentschädigung hinzuzurechnen. Dies entspricht auch Sinn und Zweck der Nutzungsentschädigung, durch die der Vermieter abgesichert und dem Mieter ein Anreiz genommen werden soll.

Der Antrag zu 2. rechtfertigt sich daraus, dass die Art der Vertragsbeendigung hier Vorfrage für weitere Ansprüche – z.B. Schadensersatzansprüche wegen nicht ordnungsgemäßer Beseitigung der Beschädigung der Räume oder nicht ordnungsgemäßer Räumung – sein kann. Es ist ein allgemeiner Erfahrungssatz, dass bei Einstellung der Mietzahlungen üblicherweise auch keine Leistungen an den Räumen selbst mehr erbracht werden. Das Feststellungsinteresse entfällt auch nicht deshalb, weil sich eventuell nach Klageerhebung die Möglichkeit ergibt, zur Leistungsklage überzugehen.

Falls der Vortrag nicht für ausreichend erachtet wird, wird das Gericht höflich um richterlichen Hinweis gebeten.

Beglaubigte und einfache Abschrift anbei.

Kai-Jochen Neuhaus

Rechtsanwalt

Fachanwalt für Versicherungsrecht

Fachanwalt für Miet- u. WEG-Recht

5. Klage auf Erfüllung einer vereinbarten Betriebspflicht, auf Schadensersatz und Feststellung des Ersatzes künftiger Schäden aus der Verletzung der Betriebspflicht

3382 Klage auf Erfüllung einer vereinbarten Betriebspflicht, auf Schadensersatz und Feststellung des Ersatzes künftiger Schäden aus der Verletzung der Betriebspflicht

Klage

des Vermieters .....

– Klägers –

Prozessbevollmächtigte: .....

gegen

den Mieter .....

– Beklagter –

wegen einer unvertretbaren Handlung (Erfüllung einer Betriebspflicht), Schadensersatzes und Feststellung

Streitwert: ..... €

Gerichtskostenvorschuss i.H.v. ..... € liegt per Gerichtskostenmarken an.

Namens und kraft anliegender Vollmacht des Klägers erhebe ich Klage und werde folgende Anträge stellen:

1. Der Beklagte wird verurteilt,
    a) sein Herrenbekleidungsgeschäft im Mietobjekt „Reinoldi-Passage" in der .....straße Nr. ..... in ..... von montags bis freitags in der Zeit von 9.00 bis 18.00 Uhr und samstags von 9.00 bis 16.00 Uhr geöffnet zu halten und zu betreiben;
    b) die Schaufenster und den Eingangsbereich seines Herrenbekleidungsgeschäfts im Mietobjekt „Reinoldi-Passage" in der .....straße Nr. ..... in ..... von montags bis freitags in der Zeit von 8.00 bis 9.00 Uhr und 18.00 bis 20.00 Uhr sowie samstags von 8.00 bis 9.00 Uhr und 16.00 bis 18.00 Uhr zu beleuchten.
2. Der Beklagte wird weiter verurteilt, an den Kläger ..... € nebst Zinsen i.H.v. acht Prozentpunkten über dem Basiszinssatz jährlich hieraus seit dem ..... zu zahlen.
3. Es wird festgestellt, dass der Beklagte verpflichtet ist, dem Kläger sämtliche weiteren Schäden zu ersetzen, die sich aus der Nichterfüllung seiner Betriebspflicht ergeben.
4. Für den Fall der Fristversäumnis oder des ganz oder teilweisen Anerkenntnisses ergeht Versäumnisurteil bzw. Anerkenntnisurteil ohne mündliche Verhandlung.

Begründung

Der Kläger betreibt eine Ladenpassage mit insgesamt acht von ihm vermieteten Geschäften. Er macht gegen den Beklagten Ansprüche auf Erfüllung einer vertraglichen Betriebspflicht und auf Ersatz des ihm aus der Nichterfüllung dieser Pflicht entstandenen bzw. des noch entstehenden Schadens geltend.

Der Parteien haben am ..... einen Mietvertrag über die Räumlichkeiten ..... abgeschlossen. Vertraglich vereinbarter Mietzweck war der Betrieb eines Herrenbekleidungsgeschäfts.

Zum Antrag zu 1.:

§ ..... des Mietvertrages enthält die ausdrückliche Vereinbarung, dass der Beklagte verpflichtet ist, das Mietobjekt zu den Zeiten gemäß Klageantrag Ziffer 1a) unter Bezugnahme auf das Ladenschlussgesetz geöffnet zu halten und tatsächlich zu betreiben. Ausgenommen sind übliche Schließungszeiten wie Inventur, Betriebsferien etc. Ferner sind vertraglich ausdrücklich die im Klageantrag Ziffer 1b) genannten Beleuchtungszeiten der Schaufenster und des Eingangsbereichs vereinbart.

Beweis: Mietvertrag vom ....., in Kopie anbei, Anlage K1

Zu den Beleuchtungszeiten ist anzumerken, dass die Passage morgens um 8.00 Uhr bereits vor Öffnung der Geschäfte für das Publikum geöffnet wird. Dementsprechend bleibt die Passage abends bis 20.00 Uhr und samstags bis 18.00 Uhr geöffnet. Zu diesen Zeiten ist die Passage begehbar und natürlich auch beleuchtet.

Beweis: Augenschein zu den genannten Zeiten

Der Beklagte ist seinen Pflichten nicht nachgekommen. Das Geschäft war nicht wie vertraglich vereinbart geöffnet, zum Teil war es sogar ganztägig geschlossen. Im Einzelnen lagen in den letzten sechs Wochen folgende, dem Kläger bekannt gewordene Schließungszeiten vor: ..... (Datum, von ..... bis ..... Uhr).

Beweis: Zeugnis des .....

Schaufenster und Eingangsbereich wurden an folgenden Tagen nicht beleuchtet: ..... (Datum, von ..... bis ..... Uhr).

Beweis: wie vor

Der Kläger hatte den Beklagten mündlich mehrfach aufgefordert, die Betriebspflicht einzuhalten, da Verstöße sich negativ auf das Image der Passage auswirken könnten. Da diese Aufforderungen nicht fruchteten, mahnte der Kläger ihn mit Schreiben vom ..... ab und wies auf eine Klage oder Kündigung hin.

Beweis: Zeugnis des .....Schreiben vom ....., in Kopie anbei, Anlage K2

Wie die aufgelisteten Zeiten zeigen, änderte der Beklagte sein Verhalten trotzdem nicht. Mit Schreiben des Unterzeichners vom ..... wurde der Beklagte – erfolglos – unter Fristsetzung zum ..... erneut abgemahnt und auf die drohende Klage hingewiesen.

Beweis: Schreiben vom ....., in Kopie anbei, Anlage K3

Zum Antrag zu 2.:

Das hier streitgegenständliche Mietobjekt liegt in einer Ladenpassage mit acht Läden, die im Eigentum des Klägers stehen. Die Passage befinden sich an exponierter Stelle in der Fußgängerzone von ..... In unmittelbarer Nähe liegen die für den Publikumsverkehr anziehungsträchtigen Gebäude ..... Auch die Passage des Klägers ist sehr gut besucht. Der gesamte Bereich rund um die Passage einschließlich dieser hat ein sehr gutes Image bei der Bevölkerung, was sich auch in überdurchschnittlichen Mietpreisen pro Quadratmeter niederschlägt. Die Attraktivität dieses Ortsteils wird wesentlich durch die Menge an Geschäften und Dienstleistern sowie einen als gut zu bezeichnenden Branchenmix bestimmt.

Beweis: Zeugnis .....

Sachverständigengutachten

Die Verletzung der Betriebspflicht des Beklagten wirkt sich geschäftsschädigend auf die Ladenpassage des Klägers aus. Dem Kläger sind durch andere Mieter bereits Umsatzrückgänge angezeigt worden.

Beweis: Zeugnis .....

Einer der Mieter hat bereits Geltendmachung von Mietminderungsansprüche angekündigt.

Beweis: Schreiben vom ....., in Kopie anbei, Anlage K4

Der Kläger muss davon ausgehen, dass diese Umsatzrückgänge auf das Verhalten des Beklagten zurückzuführen sind.

Der Kläger hat auch bereits einen konkreten Schaden erlitten. Das Ladenlokal neben dem vom Beklagten angemieteten Geschäft war bis zum ..... an einen Mieter vermietet, der darin Kindermoden vertrieb. Der Kläger suchte einen neuen Mieter ab dem ..... Ein Interessent, der ebenfalls Kindermoden und Kinderbedarf (Wiegen, Kinderwagen etc.) anbieten wollte, „sprang ab", weil er bemerkt hatte, dass der Beklagte sein Geschäft nicht regelmäßig geöffnet hatte und sich andere Mieter darüber beim Interessenten beschwert hatten. Der Interessent hätte das Ladenlokal ansonsten nahtlos, also ohne Leerstand für den Kläger, zu einem Preis von monatlich ..... € (Kaltmiete) ab dem ..... gemietet. Die Anmietung unterblieb ausschließlich, weil der Interessent Umsatzeinbußen und einen Imageverlust der Passage befürchtete.

Beweis: Schreiben vom ....., in Kopie anbei, Anlage K5

Zeugnis .....

Der Kläger konnte dann das Geschäft neben dem des Beklagten erst zum ....., also nach zwei Monaten Leerstand, neu vermieten.

Beweis: Mietvertrag vom ....., in Kopie anbei, Anlage K6

Zeugnis .....

Der Kläger hat also durch das Verhalten des Beklagten einen Mietverlust von zwei Monatskaltmieten, mithin ..... €, zu beklagen, den er vom Beklagten als Schadensersatz fordern kann. Der Beklagte wurde mit Anwaltsschreiben vom ..... aufgefordert, diesen Betrag bis zum ..... zu zahlen, ansonsten drohe Klage.

Beweis: Schreiben vom ....., in Kopie anbei, Anlage K7

Zahlung erfolgte nicht, so dass sich der Beklagte seit dem ..... in Verzug befindet. Die geltend gemachten Verzugszinsen beruhen auf § 288 Abs. 2 BGB. Beide Parteien sind unternehmerisch tätig.

Beweis: Vorlage einer Bankbescheinigung im Bestreitensfalle

Zeugnis des Sachbearbeiters ..... der .....-Bank

Zum Antrag zu 3.:

Wie bereits oben ausgeführt, haben andere Mieter sich bereits über das Verhalten des Beklagten beschwert, ein Mieter hat sogar die Geltendmachung von Mietminderungsansprüchen angekündigt. Zudem wurde ausgeführt und unter Beweis gestellt, dass der Kläger bereits einen finanziellen Schaden erlitten hat. Der Kläger hat deshalb ein rechtlich geschütztes Interesse i.S.v. § 256 ZPO, feststellen zu lassen, dass der Beklagte auch noch verpflichtet ist, mögliche künftig entstehende Schäden wegen Nichterfüllung seiner Betriebspflicht zu ersetzen, deren Bezifferung aber derzeit noch nicht möglich ist. Die geschilderten Tatsachen belegen aber, dass solche Schäden drohen.

Beglaubigte und einfache Abschrift anbei.

.....

Kai-Jochen Neuhaus

Rechtsanwalt

Fachanwalt für Versicherungsrecht

Fachanwalt für Miet- u. WEG-Recht

6. Klage auf Unterlassung vertragswidrigen Gebrauchs, Zahlung und Feststellung von Schadensersatz

Klage auf Unterlassung vertragswidrigen Gebrauchs, Zahlung und Feststellung von Schadensersatz

Klage

des Vermieters .....

– Klägers –

Prozessbevollmächtigte: .....

gegen

die Mieter

1. .....

2. .....

– Beklagte –

wegen Unterlassung des vertragswidrigen Gebrauchs von Miträumen (Geschäftsraum), Zahlung und Feststellung von Schadensersatz

Streitwert: 38.850,00 €

Gerichtskostenvorschuss i.H.v. ..... € liegt per Gerichtskostenmarken an.

Namens und kraft anliegender Vollmacht des Klägers erheben wir Klage und werden folgende Anträge stellen:

1. Die Beklagten werden bei Vermeidung der gerichtlichen Festsetzung eines Ordnungsgeldes, ersatz- oder wahlweise Ordnungshaft, gesamtschuldnerisch verurteilt, den Gebrauch der von ihnen gemieteten Büroräume im 1. OG des Gebäudes ..... (*Straße/Ort*) zum Betrieb einer Bauträgergesellschaft zu unterlassen.
2. Die Beklagten werden gesamtschuldnerisch verurteilt, an den Kläger 1.050,00 € nebst Zinsen i.H.v. acht Prozentpunkten über dem Basiszinssatz seit dem ..... zu zahlen.
3. Es wird festgestellt, dass der Kläger berechtigt ist, von den Beklagten als Gesamtschuldner Ersatz für Schäden zu verlangen, die der Kläger dadurch erleidet, dass die Beklagten den Betrieb der Y-Bauträger-GmbH in den Büroräumen im 1. Obergeschoss des Gebäudes ..... nicht unterlassen.
4. Die Beklagten tragen die Kosten des Rechtsstreits.
5. Für den Fall der Fristversäumnis oder des ganz oder teilweisen Anerkenntnisses ergeht Versäumnisurteil bzw. Anerkenntnisurteil ohne mündliche Verhandlung.

Begründung

Der Kläger ist Vermieter der im Klageantrag zu 1. genannten Büroräume, die von den beiden Beklagten mit Mietvertrag vom ..... zum Betrieb eines Architektenbüros angemietet worden sind. Der Vertragszweck „Betrieb eines Architektenbüros" ist im Mietvertrag ausdrücklich festgelegt. Die Beklagten sind im Vertrag zudem jeweils mit dem Zusatz „Architekt" bezeichnet und haben auch entsprechend unterschrieben. Der zusätzlich gesetzte Stempel bezeichnet sie als „Architektengemeinschaft".

Beweis: Mietvertrag vom ....., in Kopie anbei

Vorlage des Original-Mietvertrags im Termin

Das von den Beklagten zu einer Miete von monatlich 3.300,00 € gemietete Büro befindet sich in einem Gebäude mit sechs Einheiten. Neben den Beklagten befinden sich dort folgende Mieter im Gebäude:

1 Ladengeschäft für Büroartikel, Parterre

1 Rechtsanwaltskanzlei, 1. OG

1 Immobilien- und Hausverwaltung, 2. OG

1 Zahnlabor, 2. OG

1 Bauträgergesellschaft, 3. OG

Die Bauträgergesellschaft Firma X-GmbH hatte die Räume mit Mietvertrag vom ..... angemietet und ist also etwa fünf Jahre vor den Beklagten in das Gebäude eingezogen. Sie zahlt heute eine Miete von 3.500,00 € brutto.

Beweis: Mietvertrag mit der Firma ..... vom ....., in Kopie anbei

Vorlage des Original-Mietvertrags im Termin

Der Geschäftsbetrieb der Firma X-GmbH bestand auch offensichtlich bei Bezug des Büros durch die Beklagten im Jahr .....

Beweis: Zeugnis des .....

Der Kläger hat nun erfahren, dass die Beklagten neben ihrer Tätigkeit als Architekten eine Bauträgergesellschaft unter der Firma Y-GmbH gegründet haben und in den gemieteten Büroräumen betreiben. Die Beklagten haben den Betrieb der Bauträger-GmbH offensichtlich bereits aufgenommen, wie ein im Treppenhaus und in der Außen-Werbeanlage angebrachtes Werbeschild sowie diverse Zeitungsanzeigen deutlich machen.

Beweis: Vorlage von Fotos der Schilder im Termin

Kopien der Zeitungsanzeigen anbei

Vorlage der Originale im Termin

Zeugnis des .....

Zur Außen-Werbeanlage ist Folgendes zu sagen:

Vor dem Haus befindet sich in einem kleinen Vorgarten eine separat aufgestellte Werbetafel von ca. 2 m Höhe, die abends auch beleuchtet ist. Jeder der Mieter hat dort eine in etwa gleich große Werbefläche zur Verfügung. Das Schild liegt in Sichtnähe gegenüber dem zentral gelegenen .....Platz, an dem sich die Stadtverwaltung, zahlreiche Geschäfte und mehrere Ärzte befinden. Da sich unmittelbar neben dem Haus ein großer Parkplatz befindet, gehen bereits deshalb täglich hunderte von Menschen an dem Schild vorbei. Hinzu kommen zahlreiche Fußgänger, die den Bereich ohnehin passieren.

Beweis: Augenschein

Die Beklagten haben nun ihr bisheriges Werbeschild ausgetauscht und den Hinweis auf ihre Tätigkeit als Architekten verkleinert. Hinzugekommen ist ein Schild mit der Aufschrift:

„Y-Bauträger-GmbH: Maßgeschneiderte Eigenheime und mehr."

Dieses Werbeschild befindet sich zwangsläufig in unmittelbarer Nähe zu demjenigen der X-GmbH.

Beweis: Fotos in Kopie anbei

Vorlage der Originale im Termin

Augenschein

Die X-GmbH hat den Kläger mit Schreiben vom ..... aufgefordert, den Betrieb der Y-GmbH im Haus zu unterbinden und sich dafür auf vertragsimmanenten Konkurrenzschutz berufen.

Beweis: Schreiben der X-GmbH vom ....., in Kopie anbei

Vorlage des Originals im Termin

Mit Einwurf-Einschreiben vom ..... hat der Kläger die Beklagten ausdrücklich wegen der vertragswidrigen Nutzung abgemahnt und sie aufgefordert, den Betrieb der Y-GmbH im Haus bis zum ..... einzustellen.

Beweis: Schreiben vom ....., in Kopie anbei

Vorlage des Originals im Termin

Die Beklagte teilten darauf dem Kläger nur telefonisch mit, als Architekten seien sie berechtigt, auch eine separate Bauträger-GmbH zu gründen. Daher umfasse der Mietvertrag auch den Betrieb der GmbH in den Geschäftsräumen.

Der Betrieb der Bauträger-GmbH ist bis heute ununterbrochen fortgesetzt worden.

Beweis: Zeugnis der Mitmieter

Die X-GmbH und die von den Beklagten betriebene Y-GmbH bieten im Wesentlichen identische Leistungen an: Beide sind Bauträger, die im Rahmen von Bauträgerverträgen baureife Grundstücke verkaufen und für die Käufer bebauen. Der Schwerpunkt liegt bei beiden Gesellschaften bei Einfamilien-Reihenhäusern.

Beweis: Vorlage entsprechender Exposés im Termin

Zeugnis des .....

Die Beklagten betreiben durch den Geschäftsbetrieb der Y-GmbH eine vertragswidrige Nutzung der Räume, die sie nur zum Betrieb eines Architekturbüros angemietet haben. Ein Einverständnis des Klägers zur Nutzungserweiterung liegt nicht vor. Die Änderung bzw. Erweiterung der Nutzung ist dem Kläger schon wegen des Konkurrenzmieters im Haus nicht zumutbar. Unabhängig davon muss sich der Kläger aber auch sonst eine derartige Nutzungserweiterung nicht bieten lassen. Da der Kläger auch wirksam abgemahnt hat, steht ihm daher der mit dem Antrag zu 1. geltend gemachte Unterlassungsanspruch zu.

Die Mieterin X-GmbH hatte mit Anwaltsschreiben vom ..... eine weitere Frist zum ..... gesetzt und danach Mietminderung von zunächst 10 % monatlich, also 350,00 €, angekündigt.

Beweis: Schreiben der X-GmbH vom ....., in Kopie anbei

Vorlage des Originals im Termin

Ab dem Monat ..... hat die X-GmbH diesen Betrag von der Miete abgezogen, so dass nun – bei Klageerhebung – für drei Monate die Miete gemindert wurde.

Beweis: Zeugnis des .....

Dem Kläger ist also durch das Verhalten der Beklagten bisher ein Schaden von 1.050,00 €
(3 x 350,00 €) entstanden, der mit dem Antrag zu 2. geltend gemacht wird. Mit Anwaltsschreiben vom ..... und Fristsetzung zum ..... wurden die Beklagten zur Zahlung des Betrages aufgefordert. Es wurde nichts gezahlt.

Beweis: Vorlage des Schreibens vom ..... im Termin

Die Beklagten befinden sich also seit dem ..... in Verzug.

Die geltend gemachten Verzugszinsen basieren auf § 288 Abs. 2 BGB. Beide Parteien sind unternehmerisch tätig.

Auf den beim Kläger bereits eingetretenen Schaden stützt sich auch der Antrag zu 3., da derzeit nicht absehbar ist, ob der Kläger durch das Verhalten der Beklagten noch weitere Schäden erleiden wird. Möglicherweise wird die X-GmbH die Miete noch weiter und auch in höherem Maße mindern. Möglicherweise erleidet die X-GmbH aber auch konkrete nachweisbare Schäden, indem z.B. die Umsätze zurückgehen, und macht dies gegenüber dem Kläger geltend. Es ist auch nicht auszuschließen, dass sich die X-GmbH angesichts des Überangebots an Büroräumen einen neuen Standort sucht und den Mietvertrag mit dem Kläger kündigt. Der Kläger hat daher ein berechtigtes Interesse an der Feststellung der Schadensersatzpflicht der Beklagten.

Bezüglich etwaiger von der X-GmbH künftig zu mindernder Miete wird der Kläger ggf. die Klage bezüglich des Antrags zu 2. erweitern, da abzusehen ist, dass hier monatlich ein weiterer Schaden beim Kläger eintreten wird, den dieser mit einem Leistungsantrag geltend machen kann.

Der Streitwert ermittelt sich wie folgt:

Für den Antrag zu 1. ist der voraussichtlich entstehende Schaden maßgeblich, der nach § 3 ZPO zu schätzen ist. Da hier eine Kündigung der X-GmbH nicht auszuschließen und eine sofortige Neuvermietung angesichts der heutigen Vermietungslage zweifelhaft ist, wird von einem geschätzten Wert von sechs Monaten Mietverlust bei der X-GmbH ausgegangen, mithin 21.000,00 €.

Für den Antrag zu 2. ist die geltend gemachte Zahlung maßgeblich.

Die Begründung zum Wert des Antrags zu 3. entspricht derjenigen zum Antrag zu 1. abzüglich 20 % für Feststellung, mithin 16.800,00 €.

Insgesamt ergibt sich daher ein Streitwert von 38.850,00 €.

Beglaubigte und einfache Abschrift anbei.

.....

Kai-Jochen Neuhaus

Rechtsanwalt

Fachanwalt für Versicherungsrecht

Fachanwalt für Miet- u. WEG-Recht

V. Musterklagen des Mieters/Pächters

1. Klage auf Schadensersatz wegen Nichtgewährung des Gebrauchs

Klage auf Schadensersatz wegen Nichtgewährung des Gebrauchs

Klage

des Mieters .....

– Klägers –

Prozessbevollmächtigte: .....

gegen

den Vermieter .....

– Beklagter –

wegen Schadensersatzes

Streitwert: ..... €

Gerichtskostenvorschuss i.H.v. ..... € liegt per Gerichtskostenmarken an.

Namens und kraft anliegender Vollmacht des Klägers erheben wir Klage und werden folgende Anträge stellen:

1. Der Beklagte wird verurteilt, an den Kläger ..... € nebst Zinsen i.H.v. acht Prozentpunkten über dem Basiszinssatz zu zahlen.
2. Der Beklagte trägt die Kosten des Rechtsstreits.
3. Für den Fall der Fristversäumnis oder des ganz oder teilweisen Anerkenntnisses ergeht Versäumnisurteil bzw. Anerkenntnisurteil ohne mündliche Verhandlung.

Begründung

Der Kläger als Mieter von Geschäftsräumen macht mit der Klage Ansprüche gegen den Vermieter auf Zahlung von Schadensersatz wegen Nichterfüllung aufgrund vom Beklagten verschuldeten Verzuges geltend.

Die Parteien haben am ..... einen Mietvertrag über die Räumlichkeiten ..... abgeschlossen. Vertraglich vereinbarte feste Mietzeit waren fünf Jahre. Vertraglich vereinbarter Mietzweck war der Betrieb einer Heilpraktiker-Praxis.

Beweis: Mietvertrag vom ....., in Kopie, Anlage K1

Vorlage des Original-Mietvertrags im Termin

§ ..... des Mietvertrages enthält die ausdrückliche Vereinbarung, dass der Beklagte das Mietobjekt aus- und umbaut, damit der Kläger es als Heilpraktiker-Praxis nutzen kann.

Beweis: wie vor

Dazu ist erklärend anzumerken, dass die Mieträume, die sich in der Fußgängerzone befinden, vor Anmietung durch den Kläger als Ladenlokal für Damenbekleidung genutzt wurden. Dementsprechend war die Aufteilung der Räume für eine Heilpraktiker-Praxis unvorteilhaft – nur ein großer Hauptraum, zwei kleine Nebenräume – und es existierte eine große Schaufensterfläche. Der Beklagte hatte sich im Vertrag verpflichtet, diese Schaufenster zu beseitigen und gegen kleinere Fenster auszutauschen und die ca. 130 m^2 große Grundfläche durch Einziehen von Rigipswänden in mehrere etwa gleich große (Behandlungs-)Räume umzugestalten. Außerdem waren noch diverse Sanitärarbeiten durchzuführen.

Beweis: wie vor

Die Übergabe der fertig gestellten Räume war laut Mietvertrag zum ..... vereinbart.

Beweis: wie vor

Der Kläger fragte acht Wochen vor diesem Termin an, wann mit der Fertigstellung zu rechnen sei, da die Parteien mündlich vereinbart hatten, dass er – der Kläger – eventuell auch früher die Räume beziehen könnte. Er erhielt die Antwort, dass mit den Arbeiten noch nicht begonnen sei, da Handwerker „abgesprungen" seien. Der Kläger fragte mit Schreiben vom ..... – also sechs Wochen vor Ablauf des Termins – nochmals an und erhielt überhaupt keine Antwort mehr.

Beweis: Schreiben vom ....., Anlage K2

Der Kläger hat den Beklagten dann mit erneutem Schreiben vom ..... und vom ..... unter Fristsetzung und mit Hinweis auf eine mögliche Kündigung aufgefordert, sich unmissverständlich zu erklären, ob der vereinbarte Übergabetermin eingehalten werden kann.

Beweis: Schreiben vom ....., Anlage K3

Der Beklagte ließ durch seine Prozessbevollmächtigten nur antworten, die Räume würden fristgemäß fertig gestellt. Diese Auskunft war indes falsch, wie der Zeitablauf zeigte. Das Mietobjekt war zum vertraglich vereinbarten Zeitpunkt noch nicht einmal ansatzweise bezugsfertig.

Beweis: Zeugnis des Herrn.....

Vorlage von Fotos mit Datumsangabe auf den Bildern im Termin

Der Kläger ließ durch den Unterzeichner mit Schreiben vom ..... eine Nachfrist mit Ablehnungsandrohung zur Fertigstellung und Übergabe bis zum ..... setzen.

Beweis: Schreiben vom ....., Anlage K4

Die Räume wurden auch innerhalb dieser Frist nicht fertig gestellt.

Beweis: Zeugnis des Herrn .....

Vorlage von Fotos mit Datumsangabe auf den Bildern im Termin

Der Kläger sah sich daher gezwungen, den Mietvertrag mit dem Beklagten fristlos zu kündigen und Schadensersatz aus Verzugsgesichtspunkten zu verlangen. Das Schreiben wurde per Einwurf-Einschreiben übersandt und ist dem Beklagten zugegangen.

Beweis: Schreiben vom ..... nebst Post-Beleg, Anlage K5

Der Kläger hatte bereits erhebliche Investitionen getätigt, z.B. Kauf von medizinischen Geräten, Praxis-Einrichtung, Vorplanung einer Anzeigenwerbung etc. Mit Mietvertrag vom ..... konnte er ein geeignetes Ersatzobjekt anmieten, dessen Miete sogar geringfügig geringer war, so dass insofern kein Schaden eintritt. Der Kläger konnte seinen Praxis-Betrieb daher erst sechs Wochen nach dem mit dem Kläger vereinbarten Termin aufnehmen.

Beweis: Mietvertrag über das Ersatzobjekt vom ....., Anlage K6

Zeugnis des Herrn ..... (neuer Vermieter des Klägers)

Der Beklagte hat dem Kläger daher folgenden Verzugsschaden zu ersetzen:

1. Der Kläger hat mehrere Suchanzeigen in Tageszeitungen und Anzeigenblättern geschaltet, für die Kosten von insgesamt ..... € angefallen sind.

Beweis: Rechnungen nebst Anzeigentexten, Anlage K7

Diese Kosten wären nicht angefallen, hätte der Beklagte die Räume rechtzeitig übergeben.

2. Der Kläger hatte aufgrund der Grundrisszeichnungen des Beklagten eine kleine Einbau-Küche bestellt, die für die neuen Räume umgeplant und mit einer anderen Ausstattung (andere Schränke) versehen werden musste. Dafür sind Mehrkosten i.H.v. ..... € angefallen.

Beweis: Schreiben des Küchenstudios ..... vom ....., Anlage K8

3. Der Beklagte befand sich aufgrund der Schreiben des Klägers bereits vor Einschaltung des Unterzeichners in Verzug. Dem Kläger sind für die Nachfristsetzung mit Ablehnungsandrohung und die fristlose Kündigung Anwaltskosten i.H.v. ..... € entstanden, die der Beklagte zu tragen hat.

Beweis: Honorarrechnung vom ....., Anlage K9

Die Summe der vorgenannten Beträge ergibt den Klagebetrag. Mit Anwaltsschreiben vom ..... und Fristsetzung zum ..... wurde der Beklagte zur Zahlung des Betrages aufgefordert. Es wurde nichts gezahlt.

Beweis: Vorlage des Schreibens vom ..... im Termin

Der Beklagte befindet sich also seit dem ..... in Verzug.

Die geltend gemachten Verzugszinsen basieren auf § 288 Abs. 2 BGB. Beide Parteien sind unternehmerisch tätig.

Beglaubigte und einfache Abschrift anbei.

.....

Kai-Jochen Neuhaus

Rechtsanwalt

Fachanwalt für Versicherungsrecht

Fachanwalt für Miet- u. WEG-Recht

2. Klage auf Erteilung einer Betriebskostenabrechnung

Klage auf Erteilung einer Betriebskostenabrechnung

Amtsgericht .....

KLAGE

der Mieter .....

– Kläger –

Prozessbevollmächtigte: .....

gegen

die Vermieterin .....

– Beklagter –

wegen: Abrechnung von Nebenkosten für Geschäftsraum

Streitwert: 500,00 € (Ermittlung am Ende der Klageschrift).

Namens und in Vollmacht der Kläger erhebe ich

Klage.

Im Termin zur mündlichen Verhandlung werde ich beantragen:

1. Die Beklagte wird verurteilt, hinsichtlich der von den Klägern gemieteten Geschäftsräumem Haus ....., 44225 Dortmund über die Heiz- und Nebenkosten in dem Zeitraum vom 1.1.2008 bis 31.12.2008 unter Berücksichtigung der von den Klägern geleisteten Vorauszahlungen abzurechnen.
2. Es wird festgestellt, dass die Beklagte verpflichtet ist, ein etwaiges Guthaben aus der zu erstellenden Heiz- und Nebenkostenabrechnung für den Zeitraum vom 1.1.2008 bis 31.12.2008 mit Zinsen in Höhe von 8 Prozentpunkten über dem jeweiligen Basiszinssatz ab dem ..... [Verzugszeitpunkt; alternativ: Rechtshängigkeit] zu verzinsen.
3. Die Beklagte wird verurteilt, an die Kläger Zinsen in Höhe von 8 Prozentpunkten über dem jeweiligen Basiszinssatz auf die verauslagten Gerichtskosten von ..... € ab Rechtshängigkeit bis zum Tag der Antragstellung im Kostenfestsetzungsverfahren zu zahlen.
4. Die Beklagte wird verurteilt, die Kläger von der Zahlung außergerichtlicher Anwaltskosten in Höhe von ..... € freizustellen.
5. Die Beklagte trägt die Kosten des Rechtsstreits.

Es wird angeregt,

ein schriftliches Vorverfahren einzuleiten.

Für den Fall, dass innerhalb einer vom Gericht gesetzten Frist keine Verteidigungsabsicht angezeigt wird bzw. auf die Klagebegründung nicht fristgerecht erwidert wird, beantrage ich

den Erlass eines Versäumnisurteils nach Maßgabe des § 331 Abs. 3 ZPO ohne vorherige mündliche Verhandlung.

Für den Fall des Anerkenntnisses beantrage ich

den Erlass eines Anerkenntnisurteils nach Maßgabe des § 307 ZPO ohne vorherige mündliche Verhandlung.

Begründung:

Mit der vorliegenden Klage verlangen die Kläger von der Beklagten die Abrechnung von Nebenkosten für das Jahr 2008 aus einem zwischen den Parteien bestehen Mietverhältnis über Geschäftsraum.

1. Vertragliche Beziehungen und außergerichtliche Abläufe

Die Kläger sind Mieter, die Beklagte ist (als Rechtsnachfolgerin) Vermieterin der im Klageantrag zu 1 genannten Räumlichkeiten. Das Mietverhältnis besteht noch. Die Beklagten betreiben in den Miеträumen ein Optikergeschäft.

Maßgeblich sind die Vereinbarungen im Mietvertrag vom 13.2.1998.

Nach § 3 dieses Mietvertrages beläuft sich die monatliche Grundmiete auf 710,00 **DM** und die Vorauszahlungen auf die Nebenkosten entsprechend § 2 BetrKV auf 160,00 **DM** pro Monat und auf Heizkosten auf 90,00 **DM** pro Monat, insgesamt also 960,00 **DM**.

Beweis: Mietvertrag, Anlage K 1

Die vorgenannten 960,00 DM entsprechen 490,84 €, die 363,02 € Miete und 127,82 € Nebenkostenvorauszahlung enthalten. Außerdem zahlen die Kläger 30,00 € pro Monat für eine Garage. Freiwillig wurden die Nebenkostenvorauszahlungen von den Klägern – auch schon für das Jahr 2008 – um 89,16 € pro Monat erhöht, so dass insgesamt monatlich 216,98 € (127,82 € + 89,16 €) Nebenkostenvorauszahlung in 2008 geleistet wurden (Gesamtsumme Miete + Nebenkostenvorauszahlung + Garage = 610,00 €).

Beweis im Bestreitensfall: Vorlage von Kontoauszügen im Termin oder nach gerichtlicher Anforderung

Trotz Mahnung – zuerst durch die Kläger mit Schreiben vom 26.1.2010 mit Fristsetzung zum 23.2.2010, dann mit weiterem Schreiben vom 5.3.2010 mit Frist 19.3.2010 und schließlich durch den Unterzeichner mit Schreiben vom 31.3.2010 mit Frist zum 14.4.2010 – hat die Beklagte für das Jahr 2008 eine Abrechnung über die Nebenkosten nicht vorgelegt.

Beweis im Bestreitensfall: Vorlage der Schreiben im Termin oder nach gerichtlicher Anforderung

Hinderungsgründe hat die Beklagte nicht angegeben.

Aus der Abrechnung für das Jahr 2007 hatten die Kläger ein Nebenkostenguthaben von 470,31 €.

Demgemäß war Klage auf Abrechnung geboten.

2. Verzinsung

Die geltend gemachten Zinsen auf ein Guthaben aus der noch zu erstellenden Abrechnung ergeben sich aus Verzug nach §§ 286, 288 BGB. Die Kläger haben ein Interesse an der Feststellung dieser Verzinsung, damit ein weiterer (Rechts-)Streit vermieden werden kann.

Den Klägern stehen auch die geltend gemachten Zinsen auf den Gerichtskostenvorschuss nach § 288 Abs. 1 Satz 1 BGB zu (OLG Bremen, Urt. v. 25.6.2010 – 3 U 60/09; OLG Frankfurt, Urt. v. 31.8.2006 – 6 U 174/05; Herget im Zöller, ZPO, 28. Aufl., § 104 Rn. 6 m.w.N.).

3. Außergerichtliche Rechtsanwaltskosten

Die Kläger hatten den Unterzeichner außergerichtlich beauftragt, nachdem ihre Mahnschreiben vom 26.1.2010 und vom 5.3.2010 unbeantwortet blieben. Mit dem Klageantrag zu 2. werden die außergerichtlich entstandenen Anwaltskosten bezüglich des Anwaltsschreibens vom 31.3.2010 geltend gemacht, die sich wie folgt beziffern:

..... [Berechnung der Anwaltsgebühren]

4. Streitwert

Der Streitwert für eine Klage auf Abrechnung der Betriebskosten richtet sich nach der Höhe des Guthabens, das der Mieter nach einer Abrechnung erwartet (AG Witten, Urt. v. 14.2.2002 – 2 C 427/01, NZM 2003, 851; Langenberg in Schmidt-Futterer, Mietrecht, 9. Aufl., § 556 Rn. 547).

Der Streitwert wird hier anhand des Guthaben aus 2007 auf 500,00 € geschätzt.

Kai-Jochen Neuhaus

Rechtsanwalt

Fachanwalt für Versicherungsrecht

Fachanwalt für Miet- u. WEG-Recht

3. Widerspruch gegen einstweilige Verfügung

Widerspruch gegen einstweilige Verfügung

Landgericht .....

In dem einstweiligen Verfügungsverfahren

.....GmbH ./. ..... GbR

Az. .....

zeigen wir – Vollmacht anwaltlich versichernd – die Vertretung der Antragsgegnerin an und erheben namens und kraft versicherter Vollmacht der Antragsgegnerin

Widerspruch

gegen die durch Beschluss des Landgerichts ..... vom ..... erlassene einstweilige Verfügung.

Wir bitten um Anberaumung eines Termins zur mündlichen Verhandlung, in dem wir beantragen werden, zu erkennen:

1. Die einstweilige Verfügung vom ..... wird aufgehoben.
2. Der Antrag der Antragstellerin auf Erlass der einstweiligen Verfügung wird zurückgewiesen.
3. Die Antragstellerin hat die Kosten des einstweiligen Verfügungsverfahrens zu tragen.
4. Die Zwangsvollstreckung wird ohne – hilfsweise: gegen – Sicherheitsleistung einstweilen eingestellt.

Begründung:

Der Beschluss des Landgerichts ist zu Unrecht ergangen. Es besteht kein Verfügungsanspruch. Dazu führen wir folgendes aus:

Ansprüche gegen die Antragsgegnerin als Vermieterin auf Unterlassung von Arbeiten, insbesondere Abrissarbeiten, Umbauarbeiten und Ausbauarbeiten, im Objekt ..... scheitern bereits deshalb, weil die Antragsgegnerin solche Arbeiten weder selbst ausführt, noch ausführen lässt. Es mag sein, was der Antragsgegnerin nicht im Detail bekannt ist, dass die Firma ..... solche Arbeiten dort tätigt oder ausführen lässt. Für diese Arbeiten ist die Antragsgegnerin jedoch weder Auftraggeberin, noch hat sie eine unmittelbare Einwirkungsmöglichkeit auf die Durchführung der Arbeiten. Sie hat keinerlei Direktionsrecht gegenüber den vor Ort Tätigen. Damit scheidet der titulierte Verbots- bzw. Unterlassungsanspruch bereits inhaltlich gegenüber der Antragsgegnerin aus.

Glaubhaftmachung: Eidesstattliche Versicherung der Antragsgegner vom ....., Anlage 1

[Weiter ausführen]

Die einstweilige Verfügung hätte aus diesen Gründen gegenüber der Antragsgegnerin nicht erlassen werden dürfen.

Der Antrag nach § 707 ZPO wird gestellt, da gemäß § 924 Abs. 3 S. 1 ZPO die Vollziehung durch die Erhebung des Widerspruches nicht gehemmt wird. Der Antrag ist zulässig gemäß § 924 Abs. 3 S. 2 ZPO.

Kai-Jochen Neuhaus

Rechtsanwalt

Fachanwalt für Versicherungsrecht

Fachanwalt für Miet- u. WEG-Recht

4. Schutzschrift bei drohendem Erlass einer einstweiligen Verfügung

> **Hinweis:**
>
> Die hier wiedergegebene Schutzschrift betrifft den Fall, dass der gewerbliche Mieter den möglichen Erlass einer einstweiligen Verfügung verhindern will, mit der der Vermieter ihn zwingen will, massive Umbaumaßnahmen am Bürogebäude zu dulden.

Schutzschrift für den Fall eines Antrages auf Erlass einer einstweiligen Verfügung

Schutzschrift für den Fall eines Antrages auf Erlass einer einstweiligen Verfügung

der ..... Grundstücksgesellschaft KG, ..., vertreten durch .....

– Mutmaßliche Antragsstellerin –

Verfahrensbevollmächtigte: .....

gegen

die Herren ....., handelnd unter der Firma .....

– Mutmaßliche Antragsgegner –

Verfahrensbevollmächtigte: Rechtsanwälte Kloth · Neuhaus, Rheinlanddamm 187, 44139 Dortmund

Wegen: Baumaßnahmen an einem gewerblich vermieteten Bürogebäude.

Wir bestellen uns zu Verfahrensbevollmächtigten der Herren ....., handelnd unter der Firma ..... (im Folgenden: Antragsgegner). Ordnungsgemäße Bevollmächtigung wird anwaltlich versichert. Es ist zu erwarten, dass die ..... Grundstücksgesellschaft KG (im Folgenden: Antragsstellerin) wegen des nachstehend wiedergegebenen Sachverhaltes einen Antrag auf Erlass einer einstweiligen Verfügung stellt.

Es wird beantragt,

> einen (eventuellen) Antrag auf Erlass einer einstweiligen Verfügung zurückzuweisen; hilfsweise über einen solchen Antrag auf Erlass einer einstweiligen Verfügung nur nach vorheriger mündlicher Verhandlung zu entscheiden;

für den Fall der Zurückweisung des Verfügungsantrages oder seiner Zurücknahme der Antragsstellerin des etwaigen Verfahrens auf Erlass einer einstweiligen Verfügung die Kosten des Verfügungsverfahrens einschließlich der durch die Hinterlegung der Schutzschrift entstandenen Kosten aufzuerlegen.

Wir beantragen weiter,

diese Schutzschrift der Antragsstellerin nur dann zugänglich zu machen, wenn diese einen Antrag auf Erlass einer einstweiligen Verfügung stellen sollte.

Begründung:

1.

Die Antragsgegner haben von der Antragsstellerin mit gewerblichem Mietvertrag vom ..... (Vertragsnummer .....) Mietflächen in der Größe von ca. .....qm im Haus ..... angemietet. Die Räumlichkeiten liegen im ..... Obergeschoss des Hauses.

Glaubhaftmachung: Gewerbemietvertrag vom ....., Anlage 1

Eidesstattliche Versicherung der Antragsgegner vom ....., Anlage 2

Die Antragsgegner betreiben in den angemieteten Räumlichkeiten ein Architekturbüro. In den Räumlichkeiten sind 2 Architekten, 8 Angestellte (technische Zeichner etc.) und eine Buchhalterin tätig. Die tägliche Arbeitszeit beginnt zwischen 08:00 Uhr und 09:00 Uhr und endet üblicherweise zwischen 19:00 Uhr und 20:00 Uhr, häufig aber auch später. Die Antragsgegner sind oft auch am Wochenende in den Räumlichkeiten tätig.

Glaubhaftmachung: Eidesstattliche Versicherung der Antragsgegner vom ....., Anlage 2

Eidesstattliche Versicherung des Mitarbeiters Herrn .....vom ....., Anlage 3

Die Tätigkeit der Antragsgegner besteht überwiegend aus der Bearbeitung von Aufträgen im planenden Bereich. Sie sind weniger in der Bauüberwachung tätig, sondern planen und gestalten Gebäude und erstellen die dazu notwendigen Zeichnungen, Pläne und Unterlagen. Gespräche mit den Bauherren werden regelmäßig in den Büroräumen geführt. In der praktischen Tätigkeit liegt damit ein Schwerpunkt in der Durcharbeitung umfangreicher Unterlagen, einer entsprechenden Recherche bzgl. der Genehmigungsfähigkeit, die zu großen Teilen auch online über Datenbanken etc. vorgenommen wird, der Abfassung von Diktaten, Kontrolle erstellter Unterlagen etc. Recherchen erfolgen zu großen Teilen online oder mit Software am PC, die Erstellung der Pläne erfolgt grundsätzlich mit entsprechender Software am PC. Dies ist ausschließlich gewährleistet, wenn die Antragsgegner mit der entsprechenden Elektronik und Software, die dort installiert ist, arbeiten können.

Da die vorgenannten Tätigkeiten und Abläufe zumindest in großen Teilen typisch für Architekturbüros sind, unterstellen wir dies als gerichtsbekannt und gehen davon aus, dass keine weitere Glaubhaftmachung erforderlich ist. Sollte das Gericht dies anders sehen, erbitten wir höflich einen richterlichen Hinweis.

Jedes der von den Antragsgegnern angemieteten Zimmer wird entweder von einem Architekten bzw. Ingenieur oder einem Sekretariat benutzt. Die Räumlichkeiten sind voll belegt, es bestehen keine Ausweichmöglichkeiten. Die Leitungen für die EDV und das Telefon laufen in Leisten am Fenster entlang.

Glaubhaftmachung: wie vor

2.

Mit Schreiben vom ....., bei den Antragsgegnern am ..... eingegangen, wurden diese durch die Verfahrensbevollmächtigten der Antragstellerin über geplante umfangreiche Bauarbeiten an dem Objekt ..... informiert. Angekündigt wurde eine Grundsanierung wegen erheblichen Mängeln an der Bausubstanz sowie an den technischen Einrichtungen. Im Einzelnen handelte es sich um die Neugestaltung des Eingangsbereiches, die Treppenhaussanierung, die Betonsanierung der Parkdeckwandflächen und Deckenaufkantungen, die Erneuerung der Dachdeckung, die Fassadensanierung sowie eine Aufzugsmodernisierung.

Bei der Betonsanierung der Parkdeckwandflächen und Dachaufkantungen wurde ausdrücklich darauf hingewiesen, dass für die lärmintensiven Arbeiten ein Zeitfenster bis 09:00 Uhr und ab 18:00 Uhr vorgesehen sei. Für die Arbeiten an der Fassade und der Fensterkonstruktion wurden ein Arbeitsbeginn um 06:00 Uhr morgens und eine Lärmbelästigung bis ca. 13:00 Uhr angekündigt. Danach würden – so das Schreiben – jeweils die nicht lärmintensiven Arbeiten ausgeführt. Die Aufzugsmodernisierung sollte zur Vermeidung von Belästigungen montags bis donnerstags zwischen 16:00 Uhr und 24:00 Uhr, freitags zwischen 07:00 Uhr und 15:45 Uhr und 18:00 Uhr bis 02:00 Uhr sowie am Wochenende zwischen 07:00 Uhr und 23:00 Uhr erfolgen.

Glaubhaftmachung: Schreiben der ..... vom ....., in Kopie anbei als Anlage 4

Hingewiesen wurde darauf, dass allein für die Fensterarbeiten, die zu den Fassadenarbeiten gehören, eine Zeit von ca. 4 Monaten vorgesehen sei. Vorschläge, wie eine Beeinträchtigung des Kanzleibetriebs der Antragsgegner vermieden werden könnte, wurden nicht gemacht. Es wurden auch keine Ausweichflächen, in denen die Antragsgegner hätten arbeiten können, angeboten.

Glaubhaftmachung: Wie vor

Mit Schreiben vom ..... verweigerten die Antragsgegner ausdrücklich ihre Zustimmung zu den Arbeiten.

Glaubhaftmachung: Schreiben der Antragsgegner vom ....., in Kopie anbei als Anlage 5

Mit Schreiben vom ..... teilten die Verfahrensbevollmächtigten der Antragstellerin mit, dass man „die Möglichkeit einer temporären Umsetzung geprüft" habe, „jedoch zu dem Ergebnis gekommen" sei, „dass der damit verbundene Aufwand in keinem Verhältnis zu dem Ausmaß und der Dauer der baubedingten Belästigungen" stehe. Das heißt: Die Antragsstellerin lehnte es ab, Alternativflächen, in denen hätte weitergearbeitet werden können, zur Verfügung zu stellen. Es wurden auch sonst keine Vorschläge gemacht, die den Antragsgegnern weitergeholfen hätten.

Glaubhaftmachung: Schreiben der Kanzlei ..... vom ....., in Kopie anbei als Anlage 6

In dem vorgenannten Schreiben wurde erwähnt, dass sich die von der Antragsstellerin beauftragten Architekten mit den Antragsgegnern in Verbindung setzen sollten, um die genaue Vorgehensweise abzustimmen.

Glaubhaftmachung: Wie vor

Zu einer solchen Abstimmung ist es jedoch nicht gekommen, weil sich niemand in der angekündigten Form gemeldet hat. Erst am ..... meldete sich ein Architekt Herr Michael Rademeier und übergab einen Bauzeitenplan, aus dem sich entnehmen ließ, dass die Arbeiten an den Fensterssträngen am ....., also wenige Tage danach, beginnen sollten. Er teilte zudem mit, dass ab ..... die Arbeiten im Bereich des Parkdecks und der Auffahrt zum Parkdeck beginnen sollten, ferner ab Mitte Juli die Sanierung der Fahrstuhlschächte. Allein die Sanierung der Fenster sollte pro vertikalem Fensterstrang mindestens 7 Arbeitstage, also effektiv 10 Tage pro Fensterstrang dauern. Jedes der im Mietbereich der Antragsgegner gelegenen Zimmer hat mindestens 2 Fensterstränge.

Glaubhaftmachung: Eidesstattliche Versicherung der Antragsgegner vom ....., Anlage 2
Eidesstattliche Versicherung des Mitarbeiters Herrn .....vom ....., Anlage 3

3.
Etwa um den ..... herum wurde mit den Bauarbeiten begonnen. Innerhalb der ersten Woche nach Beginn der Arbeiten lagen folgende Beeinträchtigungen vor, die bis heute anhalten:

Das Parkdeck bzw. die Zufahrt dorthin wird gesandstrahlt.

Vor der Tür sind Baucontainer aufgestellt worden.

Sämtliche Fenster müssen trotz der zum Teil hohen Außentemperaturen wegen der Lärm- und Staubbeeinträchtigungen geschlossen gehalten werden.

Es kommt zu erheblichen Lärmbeeinträchtigungen, weil offensichtlich mit schweren Vorschlaghämmern gegen die Stahleinfassung des Fahrstuhls gehauen wird. Dies führt auch zu Vibrationen im Haus.

In allen Räumen zur Straße ..... hin befindet sich mittlerweile trotz geschlossener Fenster eine Staubschicht auf allen Schreibtischen, Akten und Einrichtungsgegenständen. Es ist zu befürchten, dass dieser Staub auch in die EDV-Anlage unserer Mandanten eindringt.

Vor der Fassade steht ein mit Folie verkleidetes Baugerüst. Irgendwo wird auch dort gesandstrahlt. Der Staub scheint hinter die Folie an der Fassade herunterzurieseln und dann in das Büro einzudringen.

Seit dem ..... morgens sind Arbeiten mit Stemmhämmern im Gange. Das ganze Haus vibriert.

Unter einem Fenster zum Parkdeck hin steht ein Generator. Er ist so aufgestellt, dass die Diesel-Abgase unmittelbar unterhalb des Fensters aus einem dicken Auspuff austreten. Es stinkt in den Büroräumen nach Abgasen, was sicherlich gesundheitsgefährdend ist.

Glaubhaftmachung: wie vor

Die Antragsstellerin reagierte bisher lediglich mit Faxschreiben vom ....., in dem sie das Ausmaß der geschilderten Beeinträchtigungen ausdrücklich bestritt, eine – nicht angemessene – Mietminderung anbot und darauf hinwies, dass der Mietvertrag auch aufgehoben werden könne. Ferner wurde darauf hingewiesen, dass ggf. die Duldungspflicht der Antragsgegner gerichtlich festgestellt werden müsste, sofern keine kurzfristige Einigung möglich sei.

Glaubhaftmachung: Schreiben vom ....., in Kopie anbei als Anlage 7

Über weite Strecken – das heißt in der überwiegenden Zeit zwischen 08:00 Uhr und 18:00 Uhr – war und ist ein normales bzw. sinnvolles Arbeiten wegen Lärm und Erschütterungen im Haus nicht möglich. Zeitweise konnte man zu normalen Bürozeiten (08:00 Uhr bis 18:00 Uhr) weder telefonieren noch Besprechungen durchführen, diktieren oder Diktate verarbeiten. Ausweichräume bestehen wie gesagt nicht. Solche Räume sind auch durch die Antragsstellerin nach wie vor nicht angeboten worden.

Glaubhaftmachung: Eidesstattliche Versicherung der Antragsgegner vom ....., Anlage 2

Eidesstattliche Versicherung des Mitarbeiters Herrn .....vom ....., Anlage 3

Am ....., also vor zwei Tagen, haben die Antragsgegner sowohl dem Architekten der Antragsstellerin als auch deren Bauarbeitern den Zutritt zum Büro verwehrt, als diese Staubschutzwände aufstellen wollten, um dann mit dem Herausbrechen von Fenstern oder Fensterteilen zu beginnen. Mit Fax vom ..... ließ die Antragsstellerin eine Frist für den Zugang von 48 Stunden setzen und kündigte gerichtliche Schritte an, um die angebliche „Duldungspflicht" der Antragsgegner feststellen zu lassen.

Glaubhaftmachung: Schreiben vom ....., in Kopie anbei als Anlage 8

4.

Die Antragsstellerin hat – wie gesagt – mit Schreiben vom ..... gerichtliche Schritte ankündigen lassen. Dadurch, dass die Staubwände nicht in den Räumen aufgestellt werden können, ist damit zu rechnen, dass die Sanierungsarbeiten an der Fassade bzw. den Fenstern entweder unterbrochen werden müssen oder zumindest einzuschränken sind. Aus diesem

Grund müssen die Antragsgegner deshalb damit rechnen, dass die Antragsstellerin versuchen wird, gegen sie eine einstweilige Verfügung zu erwirken. Ein solcher Antrag ist jedoch unbegründet und zurückzuweisen.

5.

Ein etwaiger Antrag auf Erlass einer einstweiligen Verfügung wäre bereits deshalb zurückzuweisen, weil die Antragsstellerin mit diesem die Hauptsache vorwegnehmen würde. Die Antragsgegner gehen davon aus, dass die Antragsstellerin beantragen wird, die Bauarbeiten nicht zu beeinträchtigen bzw. ihr Zugang zu den Büroräumen zu gewähren, um dort Baumaßnahmen bzw. vorbereitende Maßnahmen auszuführen.

Die Antragsgegner bestreiten aber, dass die Antragsstellerin zur Durchführung derartiger Baumaßnahmen überhaupt berechtigt ist und sich zu diesem Zweck Zugang verschaffen darf. Aus diesem Grund würde die Hauptsache (Durchführung der jeweiligen Baumaßnahmen) durch den Erlass der einstweiligen Verfügung in vollem Umfang vorweggenommen. Diese Vorwegnahme könnte im Nachhinein nicht mehr „beseitigt" werden, weil nach Zutrittsverschaffung zu den Kanzleiräumen und Durchführung der entsprechenden Baumaßnahmen ein nicht mehr zu beseitigender status quo geschaffen würde.

Eine Berechtigung der Antragsstellerin, sich Zugang zu den Räumen zu verschaffen und die angestrebten Arbeiten ausführen zu lassen, besteht aus folgenden Gründen nicht:

Wir weisen zunächst darauf hin, dass – wie oben vorgetragen – die Antragsgegner den Arbeiten von vornherein nicht zugestimmt haben.

Die Antragsstellerin war verpflichtet, den Antragsgegnern von vornherein, zumindest aber rechtzeitig vor Beginn der Baumaßnahmen, eine Möglichkeit anzubieten und zu verschaffen, in adäquaten Alternativräumen ohne Beeinträchtigung durch Bauarbeiten weiter tätig zu werden. Dies folgt zumindest aus einer Nebenpflicht der abgeschlossenen Mietverträge gem. § 242 BGB. Denn der Antragsstellerin war und ist bekannt, dass es sich um ein eingeführtes und gut beschäftigtes Architekturbüro mit einer nicht unerheblichen Personenzahl handelt, das nicht „mal eben so" in andere Räume umziehen kann.

Unabhängig davon, ob die Antragsstellerin eine Ankündigungsfrist einhalten musste und diese eingehalten hat, hätte die Antragsstellerin zudem die Antragsgegner weitaus früher als mit Schreiben vom ..... über die angekündigten massiven Baumaßnahmen, die faktisch einen Umbau des gesamten Gebäudes bedeuten, informieren müssen.

Der Antragsstellerin als gewerbliche Vermieterin war und ist bekannt, dass ein eingerichteter und ausgeübter Gewerbebetrieb nicht von heute auf morgen und auch nicht innerhalb weniger Wochen verlegt werden kann. Sie hat mit dem Schreiben vom ..... den Antragsgegnern auch keine Alternative außerhalb der erbetenen Zustimmung eröffnet. Es wurde lediglich die Zustimmung erbeten, aber nicht etwa bereits – was angesichts der massiven Baumaßnahmen normal und üblich gewesen wäre – eine Aufhebung des Mietvertrages angeboten. Die Antragsgegner konnten und durften sich deshalb nicht darauf verlassen, dass der Mietvertrag, der noch einige Jahre läuft, kurzfristig beendet würde mit der Konsequenz, dass es für sie sinnvoller gewesen wäre, sich bereits zu diesem Zeitpunkt um neue Räumlichkeiten zu kümmern.

Ferner meint die Antragsstellerin – siehe Schreiben vom ..... –, dass es sich bei den Baumaßnahmen (lediglich) um Instandsetzungsmaßnahmen handele, die vor „mehr als drei Monaten" angekündigt worden seien. Beide Auffassungen sind falsch.

So hat die Antragsstellerin im Schreiben vom ..... zu dem sicherlich umfangreichsten Baubereich der Fassadensanierung Folgendes mitteilen lassen: „Die einfachen Lippendichtungen und der einfach gefalzte Fensterrahmen entsprechen nicht den heutigen Anforderungen an Schlagregendichtigkeit und Schallschutz. ..... Eine Instandsetzung der Fenster scheidet aufgrund der konstruktiven Mängel aus. Es ist daher erforderlich, die Fassadenelemente durch neue, thermisch getrennte Aluminium-Holz-Elemente mit Dreh-Kipp-Funktion zu ersetzen."

Diese Maßnahmen sind als Modernisierung anzusehen, da ausdrücklich davon gesprochen wird, dass die Standards „den heutigen Anforderungen" nicht mehr entsprechen. Dies ist die klassische Variante einer Modernisierung.

Des Weiteren hat die Antragsstellerin in dem vorgenannten Schreiben unter Ziffer 5 auf S. 5 selber die Formulierung „Aufzugsmodernisierung" verwendet. Es heißt dort: „Aus diesem Grunde ist eine umfassende Aufzugsmodernisierung erforderlich". Zudem heißt es unter Ziffer 1 auf S. 2 des Schreibens, dass „die vorhandene Eingangssituation aus gestalterischen und sicherheitsrelevanten Kriterien erneuert werden" muss. Derartige Kriterien sind ebenfalls Modernisierungsmaßnahmen zuzurechnen. Dies wird auch dadurch bestärkt, dass es bei den beschriebenen Teilmaßnahmen zu dieser Neugestaltung des Eingangsbereichs unter anderem heißt: „Die Wandflächen einschließlich Zugangsseite zu den Aufzugsanlagen werden mit einer hinterleuchteten Wandverkleidung mit Fotomotiv gestaltet". Dies sind eindeutig dekorative bzw. verschönernde Maßnahmen, die allenfalls Modernisierungsmaßnahmen zugerechnet werden können.

Für Modernisierungsmaßnahmen ist nach § 554 Abs. 3 BGB aber eine Ankündigungsfrist von drei Monaten einzuhalten. Diese Ankündigungsfrist ist jedenfalls hier nicht eingehalten worden, weil das Schreiben vom ..... erst am ..... zuging und die Arbeiten vor Ablauf von ab dort zu berechnenden drei Monaten begonnen wurden.

Glaubhaftmachung: Eidesstattliche Versicherung der Antragsgegner vom ....., Anlage 2

Eidesstattliche Versicherung des Mitarbeiters Herrn ..... vom ....., Anlage 3

Im Übrigen trifft den Vermieter nach § 242 BGB bei umfassenden Sanierungen nicht nur eine grundsätzliche Ankündigungspflicht, sondern auch eine Ankündigungspflicht für massiv beeinträchtigende Teilmaßnahmen. Relevant ist hier die Errichtung der Staubschutzwände innerhalb der Büroräume. Diese Errichtung hat der von der Antragsstellerin beauftragte Architekt erst am ....., also faktisch wenige Stunden vor der geplanten Errichtung, angekündigt. Dies war unzumutbar.

Wir verweisen ferner darauf, dass bei baulichen Maßnahmen, die sowohl Elemente einer Instandsetzung als auch einer Modernisierung enthalten, nach der überwiegenden Ansicht in der Literatur sich die Duldungspflicht des Mieters allein nach § 554 Abs. 2 BGB richtet, sodass sie insgesamt den höheren Anforderungen der Ankündigung einer Modernisierungsmaßnahme unterworfen wird (Bieber, in: Münchner Kommentar – BGB, § 554 Rn. 9; Emmerich/Sonnenschein, Miete, § 554 Rn. 3; Both, in: Herrlein/Kandelhard-, Mietrecht, 3. Auflage 2010, § 554 Rn. 16).

Die fehlende Duldungspflicht der Antragsgegner ergibt sich im Übrigen – unabhängig davon, ob man sich nun über Instandhaltungs- und Modernisierungsmaßnahmen als Begrifflichkeit streitet – aus den Umständen. Zwar ist ein Mieter, wenn er zur Duldung der Baumaßnahme verpflichtet ist, auch zur Duldung verpflichtet, wenn es die Baumaßnahme erfordert, in den Räumen des Mieters die Möbel und Einrichtungen zeitweilig zusammenzustellen oder aber ganz auszuräumen und vorübergehend anderweitig unterzustellen. Der Mieter ist aber – und dies ist hier entscheidend – nicht verpflichtet, selbst Hand anzulegen. Er muss die Maßnahme nur dulden, nicht aber bei ihrer Ausführung mitwirken. Dies bedeutet in klaren Worten: Der Mieter hat entgegen einer weit verbreiteten landläufigen Falschannahme keine Mitwirkungspflicht bei der Instandhaltungsmaßnahme (Börstinghaus-Both, MietPrax, Fach 4, Rn. 59 unter Verweis auf LG Berlin, GE 1996, 1115; LG Berlin, WuM 1996, 143 = NJW-RR 1996, 1163). Wir verweisen in diesem Zusammenhang auch auf AG Wuppertal, Urt. v. 10.06.1987 – 93 C 211/87, WuM 1988, 15, wonach der Vermieter grundsätzlich verpflichtet ist, die anlässlich von Mängelbeseitigungsarbeiten erforderlichen Nebenarbeiten, wie Leerräumen und Einräumen der Möbel, auf seine Kosten durchführen zu lassen. Nichts anderes hat für die hier anstehenden Arbeiten zu gelten.

Die Antragsstellerin hat jedoch noch nicht einmal ansatzweise in der Vorkorrespondenz oder in den Gesprächen darauf hingewiesen, dass sie bereit ist, derartige Arbeitsschritte zu übernehmen.

Aus alledem ergibt sich, dass eine Duldungspflicht der Antragsgegner hier nicht besteht. Dem etwaigen Antrag auf Erlass einer einstweiligen Verfügung muss deshalb der Erfolg verwehrt sein.

Zusätzlicher weiterer Sachvortrag, ggf. auch mit weiteren Beweisantritten zur Glaubhaftmachung in der mündlichen Verhandlung, bleibt vorbehalten.

Eine beglaubigte und eine einfache Abschrift zum Zwecke der Aushändigung an die Antragsstellerin werden für den Fall beigefügt, dass tatsächlich ein Verfügungsantrag gestellt werden sollte.

Wir übersenden die Schutzschrift vorab per Telefax und fügen bei diesem Fax lediglich die Anlagen 2 und 3 (Eidesstattliche Versicherung) bei. Dem folgenden Postschreiben sind dann alle erwähnten Anlagen beigefügt.

Kai-Jochen Neuhaus

Rechtsanwalt

Fachanwalt für Versicherungsrecht

Fachanwalt für Miet- u. WEG-Recht

Stichwortverzeichnis

Die Zahlen verweisen auf die Randnummern.

A

ABC der Konkurrenzschutzklauseln 1481 ff.
– Arzt 1482 f.
– Bäckerei 1486
– Imbissstand 1487
– Klauseln mit Wahlmöglichkeit 1490
– Konkurrenzbranchen 1488
– konkurrierende Konkurrenzschutzklauseln 1489
– Metzgerei 1487
Abfallgebühren 146
– Haftung des Grundstückseigentümers 146
Abgrenzung, Geschäftsraum- und Wohnraummiete 92
– Mietarten 3 ff.
– Miete 5 ff.
Abnahmeprotokoll 2549 ff.
Abtretung, Formulierungsvorschlag 2663
Abtretungsverbot 894 ff.
– Vertragsgestaltung 905
AGB 172 ff.
– Auslegung 179 f.
– Beweislast 217 f.
– Erhaltungsklauseln 221 f.
– Ersetzungsklauseln 223
– Generalklausel 203 ff.
– Individualvereinbarung 187 ff.
– Inhaltskontrolle 181 ff.
– mehrdeutige Klauseln 200 ff.
– Prüfungsmaßstäbe 183 ff.
– Rechtsprechungsübersicht 225
– salvatorische Klauseln 219 ff.
– Streitwert 216
– Summierungseffekt 212
– Transparenzgebot 206 ff.
– überraschende Klausel 181, 200 ff.
– unangemessene Benachteiligung 204
– Unternehmer 183 ff.
– Verbot der geltungserhaltenden Reduktion 209 ff.
– Verbraucher 186 f.
– Verjährung 255
– Vertragsgestaltung 219 ff.
– Vertrauensschutz 214 ff.
– Verwender 175 ff.
AGB-Klauseln, Formulierungsvorschlag 1615
AGG, Ansprüche 252 ff.
– Vermietung von Wohnraum 253
Allgefahren-Versicherung 1024 f., 1938 ff.
– Beweislast 1941
– Radioaktivität 1939
– Terrorismus 1939
– Umfang 1939
Anbahnung des Mietverhältnisses 227 ff.
Änderungen des Mietvertrags, nachträgliche 377 ff.
Anfechtung 2484 ff.
– Arglist des Mieters 2497
– arglistige Täuschung 2490 ff.
– Aufklärungspflichten 2492 f.
– Irrtum 2498
– Rechtsprechungsübersicht 2517
– Rückabwicklung 2500
– rückwirkende Nichtigkeit 2488 ff.
– Saldo-Theorie 2500
Anfechtungsfrist 2499
Ankaufsrecht, Beurkundung 481
Anlagen, wechselseitige Bezugnahme 372 ff.
Anmietung durch Unternehmen 23
Anpassungsklausel 1212 ff.
– Checkliste 1273
– Formulierungsvorschlag 1267
Anspruch des Vermieters auf Besichtigung, Durchsetzung 710
Antrag auf Erlass einer einstweiligen Verfügung bei ausbleibender Zahlung, Formulierungsvorschlag 903

1513

Anwaltshonorar, Entwurf eines
  Miet- oder Pachtvertrags 3337 ff.
– Erstattungsansprüche gegenüber
  dem Gegner 3327 ff.
– Vertretung von Gesellschaften bürgerlichen Rechts 3342
– Zahlungs- und Feststellungsantrag
  in einer Klage 3326
Apotheken 3061 ff.
– Apothekengesetz 3068 ff.
– Mietvertrag s. Apothekenmietvertrag
– Verbot der Apothekenpacht 3065 ff.
– Voraussetzungen wirksamer Mietvertrag 3068 ff.
Apothekenmietvertrag 3068
– Apothekenbetriebsordnung 3070
– Miethöhe 3071
– Mietobjekt 3070
– Mietzweck 3069
– Vertragspartner 3068
– Wettbewerbsverbot 3073
Arztpraxis, Mietvertrag s. Praxismietvertrag
Aufhebungsvertrag 2502 ff.
– bedingt 2508
– Darlegungs- und Beweislast 2511
– Form 2509
– schlüssiges Verhalten 2505
– Schweigen 2507
Aufklärungspflichten 241 ff.
Auflockerungsrechtsprechung 367 ff.
Aufrechnungsbeschränkung, Vertragsgestaltung 911 ff.
Aufrechnungsklauseln 2250 f., 888 ff.
– Fortgeltung 891
– Haftungsrisiko 892
Aufrechnungsverbot, unwirksame
  AGB-Klauseln 915
– Vertragsgestaltung 911 ff.
– wirksame AGB-Klauseln 914
Aufwendungen, Ausgleichsanspruch 2608
Außen-GbR, Aktivprozess 566 f.
Außenwände 600 f.
Außenwerbung s.a. Werbeflächen 594 ff., 600 f.

– Klauseln 714
Auszug ohne Kündigung 2598 ff.
Automatische Wertsicherung, Prozentregelung, Formulierungsvorschlag 1264
– Punkteregelung, Formulierungsvorschlag 1265
– – jährliche Anpassung, Formulierungsvorschlag 1266
Automatische Wertsicherungsklausel, Checkliste 1272

B
Barkaution 1809
– Formulierungsvorschlag 1820
– Streitwert 1809
Bauaufsichtsbehörde 130 ff.
Baugenehmigung 112 f.
– Rechtsverhältnis Nachbar zur
  Behörde 115 ff.
– Rechtsverhältnis zum Nachbar 114
Bauliche Maßnahmen des Vermieters, Duldungspflicht 1618
**Bauliche Veränderungen durch den
  Mieter** 1616 ff.
– Anspruch auf Zustimmung 1624
– Ansprüche aus GOA 1628
– Ansprüche aus ungerechtfertigter
  Bereicherung 1628
– Bereicherung des Vermieters 1640 ff.
– – Anspruchshöhe 1645 f.
– Beseitigungsansprüche, Verjährung 1647
– Entschädigungsansprüche des Mieters 1637
– Ersatz von Aufwendungen 1628
– Formulierungsvorschlag 1656 ff.
– Kündigung 1625
– Rückbauanspruch, Verwirkung 1649
– Rückbaupflicht s. Rückbaupflicht
– Schadensersatz 1625
– Schadensersatzansprüche, Verjährung 1648
– Streitwert 1651
– Unterlassungsanspruch 1625
– vertragliche Vereinbarung, Checkliste 1659
– Wegnahmerecht des Mieters 1636
– Zustimmung des Vermieters 1619 ff.

– Zustimmung des Vermieters durch Schweigen	1622	– Haftpflichtversicherung	1013
Baunutzungsverordnung	102	– Hausmeister	998 ff.
Bauordnungsrecht	101 ff.	– Hauswart	998 ff.
Bauplanungsrecht	102	– Heizkosten	935 f.
Bauvorhaben, Discounter	110	– Inventarversicherung	1021
– Mobilfunkanlagen	111	– Mietausfallversicherung	1022
Beendigung durch Verwaltungsakt	140 f.	– Mischklauseln	1035
Beendigungsgründe	2481 ff.	– Objektbetreuung	1034 ff.
– Anfechtung	2484 ff.	– Rechtsschutzversicherung	1022
– Aufhebungsvertrag *s. Aufhebungsvertrag*		– Reparaturversicherung	1022
– Tod des Mieters *s. Tod des Mieters*		– sonstige Betriebskosten	1004 ff.
– Verwaltungsakt	2483	– Sperrmüll	1008 f.
– Zeitablauf	2481 ff.	– Terrorversicherung	1014
Befristete Verträge	724 ff.	– Umlage auf den Mieter	950 ff.
Beherbergungsimmobilien *s. Hotels*		– Umlageschlüssel *s.a. Umlageschlüssel*	1039 ff.
Behördliche Genehmigung, Formulierungsvorschlag	2478	– Umlagevereinbarungen	1011 f.
– Klauseln	2474 ff.	– Versicherungen	1013 f.
Belegeinsicht	1089 ff.	– Versicherungsprämien	1010
Berliner Modell	2851 ff.	– Verwaltungskosten	1030 ff.
Beschwer	2823 ff.	– Vorwegabzug	1073 ff.
Beseitigungsanspruch, Gerichtsverfahren	1393	– Wartungskosten	1038
Beseitigungspflicht des Mieters *s.a. Rückbaupflicht*	1629 ff.	– Wirtschaftlichkeitsgebot	985 ff.
Besitzverschaffung, Verhinderung	281	**Betriebskostenabrechnung**	1060 ff.
Betriebs- oder Geschäftsversicherungen	1937	– Anpassungen der Vorauszahlungen	1086 ff.
Betriebskosten	929 ff.	– Ausschlussfrist für Nachforderungen	1095 ff.
– Abzug von Nichtbetriebskosten	1124	– Belegeinsicht	1089 ff.
– Abrechnung	1045 ff.	– formelle Rechtmäßigkeit	1060 ff.
– Abrechnungsfrist	1047 f.	– Leerstand	1085
– Abrechnungsreife	1046	– materielle Rechtmäßigkeit	1060 ff.
– Abrechnungsverzug	1052	– Mietminderung des Mieters	1079 ff.
– – beendetes Mietverhältnis	1057 ff.	– Nachberechnungsvorbehalt	1100 ff.
– – laufendes Mietverhältnis	1053 ff.	– Nachschieben von Gründen	1100 ff.
– Allgefahren-Versicherung	1021	– Rechtsfolgen	1070 f.
– Betriebsunterbrechungsversicherung	1022	– Regelabrechnungsfrist	1105
– Elementarschadensversicherung	1021	– Streitwert	1122 f.
– Fahrstuhlkosten	993 ff.	– verbrauchsabhängige Kosten	1084
– Gebäudeversicherung	1013	– Verfristung	1095 ff.
– gemischte Kosten	1067 f.	– Verjährung	1104 ff.
– Grundsteuer	996 f.	– Verwirkung	1107 f.
		Betriebskostennachforderung, Urkundenverfahren	1114 f.
		Betriebskostennachzahlung, Klage	1110

Betriebskostenpauschale	939	**BGB-Gesellschaft**, Haftung	521 ff.
– Bruttoinklusivmietvertrag	966 f.	**Bindungsklauseln**	2241 ff., 2254
– Vereinbarungen	965	**Blue-pencil-Test**	210, 1519
– wirksame Erhöhung, Checkliste	1133	**Bruttoinklusivmietvertrag**	966 f.
Betriebskostenumlage, Formulierungsvorschlag	1128	**Bruttokaltmiete**	946
		Bruttomiete	942
– neue Betriebskosten, Formulierungsvorschlag	1129	**Bruttowarmmiete**	945
		Bürgschaft auf erstes Anfordern	1769 f.
– neueingeführte Betriebskosten	977 ff.	– formularmäßige Vereinbarung	1770 ff.
– unwirksame Umlegung	1007	– Formulierungsvorschlag	1821
– Vereinbarung	968 ff.	**Bürgschaft**	1759 ff.
– – Änderung durch schlüssiges Verhalten	968 ff.	– Bürgschaftserklärung	1764 ff.
		– Checkliste	1827
– wirksame Umlegung	1006	– Einreden	1773
Betriebskostenverordnung	930 f., 1134	– Formulierungsvorschlag Inanspruchnahme	1823
Betriebskostenvorauszahlung	938		
– Abtretung	964	– Herausgabe	1774
– Aufrechnung	964	– Klage auf Stellung	1806
– Pfändung	964	– Kündigung	1777 ff.
– Vereinbarung	959 ff.	– selbstschuldnerische	1773
Betriebspflicht	1275 ff.	– Sicherungsumfang	1761 ff.
– Ansprüche	1299 ff.	– Sittenwidrigkeit	1772
– Aufnahme	1289 ff.	– Übersicherung	1772
– Einkaufszentren	3110 ff.	– Veräußerung	2637 ff.
– einstweiliges Verfügungsverfahren	1310 ff.	– Verjährung	1798 ff.
– Erfordernis der Vereinbarung	1279 ff.	– Vertragsgestaltung	1816 ff.
– formularmäßige Vereinbarung	1280	**Bürgschaftsstreitwert**	1810
– Formulierungsvorschlag	1321 ff.	**Bürgschaftsurkunde**	1774 f.
– Gaststätten	3146		
– generelles Schließungsverbot	1292, 1317	**C**	
		C.i.c.	247 ff.
– Gerichtsverfahren	1308 ff.	**Change of Control-Klausel**	575
– Insolvenz	1301 ff.		
– Intransparenz	1293 ff.	**D**	
– Konkurrenzschutz	1279 ff.	**Dach- und Fachklausel**	1591 ff.
– Offenhaltungspflicht	1290	– Formulierungsvorschlag	1614
– stillschweigend vereinbarte	1281 f.	– Wirksamkeit als AGB	1599 ff.
– Streitwert	1315	– Wirksamkeit als Individualvereinbarung	1602 ff.
– Vereinbarung als AGB	1285 ff.		
– Vertragsstrafe	1318, 1323	**Darlegungs- und Beweislast**	2807 ff.
– Vertragsstraferegelung	1313 f.	**Demnächst-Zustellung**, Bearbeitungs- oder Erledigungsfrist	2737 f.
– Wegfall der Geschäftsgrundlage	1319		
– Wegfall durch Kündigung	1301 f.	**Direktionsrecht**	1660
Bevollmächtigungsklauseln	574 f., 2271	**Discounter**	110
Beweis des ersten Anscheins	2304 ff.	– Rechtsprechungsübersicht	168

Doppelvermietung	278	**Einstweiliger Rechtsschutz**	2810 ff.
– Antrag auf Erlass einer einstweiligen Verfügung	290	– Fristen	2840
		– Räumungsverfügung	2816
– einstweilige Verfügung, Formulierungsvorschlag	282	**Einzugsverfahren**	877 ff.
		Endrenovierungsklausel, Unwirksamkeit, Ersatz von Anwaltskosten	1529
– Gerichtsverfahren	279		
Double-Net-Miete	806	– – Erstattungsanspruch aus ungerechtfertigter Bereicherung	1528 ff.
Druckzuschlag	2033 ff.		
Duldung	137 f.	**Energieausweis**	2161 ff., 2164 ff.
Durchgriffshaftung	548	**Energieeffizienz**	2156 ff., 2164 ff.
– unternehmensbezogene Geschäfte	549 f.	– EnEV	2156 ff.
		– gemischt genutzte Gebäude	2159 f.
E		– Gewährleistungsansprüche	2167
Einheitliche Urkunde	367 ff.	– mangelhafte	2156 ff.
– Anlage	367 ff.	– Nichtwohngebäude	2157 f.
Einheitlicher Vertrag	11 ff.	**Energieversorgungssperre**	2522 ff., 2527 ff.
Einkaufszentren	3100 ff.	**Enteignungsverfahren**	142
– Aufklärung und Informationspflichten	3102	**Entgelt**	29 ff.
– Beginn der Zahlungspflicht	3107	**Entgelt durch Dienstleistung**	33 f.
– Betriebskosten	3108	**Entgelt durch Übernahme von Erhaltungskosten**	30
– Betriebspflicht	3110		
– – Klausel	3110 ff.	**Entgelt durch Zahlung von Betriebskosten**	31
– Bindungsfrist	3103		
– Branchenmix	3101	**Entsorgung von Gegenständen**	2524 ff.
– Gewährleistungsrecht	3125 ff.	**EOP-Methode**	3143 ff.
– Instandhaltung	3109	**Erhaltungsklauseln**	222
– Instandsetzung	3109	**Erkenntnisverfahren**, Fristen	2837
– Konkurrenzschutz	3114 ff.	**Eröffnungsverfahren**	2952 ff.
– Management	3117 ff.	– Abweisung des Eröffnungsantrags	2964 ff.
– Mangel, Leerstand	3125 ff.	– Entscheidung des Insolvenzgerichts	2963 ff.
– – Umbauarbeiten	3127	– Eröffnungsantrag	2953 f.
– Massenbindung	3116	– Eröffnungsgründe	2956 ff.
– Miethöhe	3107	– – drohende Zahlungsunfähigkeit	2958
– Sortimentsbindungen	3116	– – Überschuldung	2960
– veredelter Rohbau	3105	– – Zahlungsunfähigkeit	2957
– Vertragsaufbau	3104	– Rechtsmittel gegen die Abweisung	2967
– Vertragsdauer	3106	– Sicherungsmaßnahmen	2961 f.
– Vertragsschutz unter Ablehnenden	3103	**Ersetzungsklauseln**	223
– Vertragsverhandlung, Checkliste	3129	**Extended Coverage-Versicherung**	1942 f.
– Werbegemeinschaft	3120 ff.		
– – Beitragshöhe	3124	**F**	
– – Beitrittsverpflichtung	3121 ff.	**Fachanwalt für Miet- und WEG-Recht**	3343 ff.
Einschreiben mit Rückschein	2296 ff.		
Einstweilige Verfügung	2810 ff.	**Factory-Outlet-Center**	3130 ff.

- bauplanungsrechtliche Zulässigkeit 3137 ff.
- Einzelhandelsentwicklung 3136
- Größen- und Sortimentsstruktur 3132 ff.
- Standorte 3135
Fahrstuhlkosten 993 ff.
Faxversand 2307 f.
Festmiete 792 ff.
Feststellungsklage 2766 ff.
- Fortbestehen des Mietverhältnisses 2769
- negative 2768 f.
- Streitwert 2828
Feuerversicherung 1916 ff.
- Blitzschlag 1923 ff.
- Brand 1919 ff.
- Explosionen 1924
- Schäden 1925
Firmenschilder 602
Fläche, Flächeneffizienz, Checkliste 634
Flächenabweichungen 2135 ff.
- 10 %-Grenze 2137 ff.
- Ausschlussklauseln 2143 ff.
- Erkennbarkeit 2148 ff.
- größere Fläche 2154 ff.
- Kenntnis 2148 ff.
- Mietminderungen 2141
- Rechtsfolgen 2140 ff.
- Rückforderungsansprüche, Verjährung 2135
- Schwellengrenze des BGH 2137 ff.
- Toleranzklauseln 2143
- Vertragsanpassung 2154 ff.
- Wesentlichkeitsgrenze 2137 ff.
Flächenberechnungsmethode 645 ff.
- Bestimmung der Berechnungsmethode 661 ff.
- DIN 277 655
- ortsübliche Berechnungsmethode 666
- Richtlinien der gif 649 ff.
- Unterschiede 657
- vertragliche Vereinbarung 658 ff.
Flächenmiete 804
- Formulierungsvorschlag 924
Flächenvereinbarung, Formulierungsvorschlag 719 ff.

Form des Mietvertrags, vertragliche Vereinbarung 471 ff.
Formmangel, Anspruch auf Heilung 439 ff.
- fehlende Schutzwürdigkeit 435 ff.
- Heilungsklauseln 439 ff.
- Nachholung der Schriftform 439 ff.
- Rechtsmissbrauch 428 ff.
- Treuepflichtverletzung 429 ff.
- treuwidrige Berufung 428 ff.
Fristen, einstweiliger Rechtsschutz 2840
- Erkenntnisverfahren 2837
- Mahnverfahren 2834
- PKH 2835
- Rechtsmittelverfahren 2839
- selbstständiges Beweisverfahren 2836
- Übersichtstabelle 2834 ff.
- Versäumnisverfahren 2838
Fristlose Kündigung 2336
- Abhilfefrist 2338
- Abhilfeverlangen 2344 ff., 2368
- Abmahnung 2338, 2344 ff.
- – Entbehrlichkeit 2350 ff.
- angemessene wirtschaftliche Verwertung 2364 ff.
- Ausschluss 2375 ff.
- Ausspruchsfrist 2342 ff.
- Beispielstabelle 2360
- diffamierende Äußerungen des Vermieters 2359
- eigenmächtige Änderung des Mietzwecks 2362
- Entzug des vertragsmäßigen Gebrauchs 2367 ff.
- erhebliche Flächenabweichung 2371
- Feststellungsklage 2430
- Generalklausel 2354 ff.
- Gerichtsverfahren 2429 f.
- Gesundheitsgefährdung *s. Gesundheitsgefährdung*
- Nichtgewährung des vertragsgemäßen Gebrauchs 2367 ff.
- Schadensminderungspflicht 2418 f.
- Sorgfaltsvernachlässigung 2376 ff.
- Störung des Hausfriedens 2410 ff.

– Streitwert	2431 ff.	– Beispiele	2408
– Umdeutung	2337	– Verschulden	2404
– unbefugte Gebrauchsüberlassung	2376 ff.	**Gewährleistung**, Ausschluss	2044 ff.
– Unzumutbarkeit der Vertragsfortsetzung	2363, 2369 ff.	– Ausschluss durch vorbehaltlose Zahlung	2054 ff.
– Verjährung	2428	– Rechtsprechungsüberblick	2248
– Verschulden bei Vertragsschluss	2417	– Risikoverlagerung *s.a. Risikoverlagerung*	2087 ff.
– Versorgungssperre	2348	– teilweise Zerstörung	2062 ff.
– vertragswidriger Gebrauch	2361 ff.	– Unmöglichkeit	2065 f.
– Verwirkung	2327 ff.	– Untergang der Mietsache	2063 ff.
– Zahlungsverzug des Mieters	2384 ff.	– Zurückbehaltungsrecht	2033 ff.
– Zahlungsverzug, ausbleibende Betriebskostenzahlungen	2389 ff.	**Gewährleistungsrechte**	2004 ff.
– – Ausschlusstatbestand	2401 f.	– technische Mindeststandards	2169 ff.
– – Einmalzahlungen	2384 ff.	**Gewerbliches Mietrecht**, Nutzungsänderungen	96 ff.
G		– öffentliches Baurecht	96 ff.
Gastronomie *s. Gaststätten*		– öffentliches Recht	96 ff.
Gaststätten	3140 ff.	**Gewinnbeteiligungsklausel**	1232 ff.
– Betriebspflicht	3146	**Glasversicherung**	1954
– EOP-Methode	3143 ff.	**Gläubigerausschuss**	2943
– Erhöhung der Pacht	3142 ff.	**Gläubigerversammlung**	2942
– Pachthöhe	3143 ff.	**Gleichschritt-Rechtsprechung**	182
– personenbezogene Genehmigung	3144 f.	**Gleitklauseln**	1154 ff.
Gaststättenkonzession	2476	**Gutachter- und Schiedsklauseln**	1223
GbR, Prozessführungsbefugnis	567	**Güteverfahren**	2818
– Vollstreckung in Privatvermögen	570		
Gebrauchserhaltung	585	**H**	
Gebrauchserhaltungspflicht	580 ff.	**Haftung**, Anwalt	3348 ff.
Gebrauchsüberlassung	583 f.	**Haftungsfreizeichnungsklausel**	2252
Gebrauchsüberlassungspflicht	580 ff.	**Haftungsvereinbarungen**	698 ff.
Gebrauchsüberlassungsvertrag	26	**Haus- und Grundbesitzer-Haftpflichtversicherungen**	1945 ff.
Gebührenanrechnung	2441 ff.	– Abhandenkommen von Sachen	1949 ff.
Gebündelte Versicherungen	1937	– Umfang	1946 ff.
Gegenseitigkeitsverhältnis	919	– verlorener Schlüssel	1950
Geltungserhaltende Reduktion	209 ff.	**Hausmeisterkosten**	998 ff.
Gemeinschaftsflächen	595	**Haus-Wächter**	24 ff.
Genehmigungsfähigkeit	129, 2465 ff.	– – Entgelt	29 ff.
Gerichtliche Zuständigkeit *s. Zuständigkeit*		– Vertragszweck	35
Gerichtsverfahren, Sachverständige	2821	– – Vertrag, atypischer Vertrag	36 ff.
Geschäftsänderungen	603 ff.	**Hauswartkosten**	998 ff.
Geschäftserweiterungen	603 ff.	**Heilberufler** *s.a. Praxismietvertrag*	3074 ff.
Gesundheitsgefährdung	2403 ff.	**Heilungsklausel**	445 ff.
– Abhilfefrist	2409		

– Formulierungsvorschlag 494
– Grundstückserwerber 459 ff.
– treuwidrige Kündigung 463 ff.
Heizkosten 935 ff.
Hemmung durch Klageerhebung 2722 ff.
Hemmung durch Mahnverfahren 2775 ff.
– automatisiertes Mahnverfahren 2730
Hemmung durch selbstständiges Beweisverfahren 2732
Hemmung durch Verhandeln 2717 ff.
Hinweispflicht des Gerichts 2817
Honorar 3313 ff.
Hotel 3147 ff.
– Hotelbetreibervertrag 3149 ff.
– Hotelpacht 3154 ff.
– Laufzeiten 3152 ff.
– Vermietung bzw. Verpachtung, Checkliste 3157
Hotelbetreibervertrag s. *Hotel*
House-Sitting 24 ff.

I

Immobilienmakler und Geschäftsraummiete 3251 ff.
– Aufklärungs- und Informationspflicht 3304
– Erkundigungs- und Prüfungspflicht 3304
– Erlaubnispflicht 3254 ff.
– Makleralleinauftrag s. *Makleralleinauftrag*
– Maklervertrag s. *Maklervertrag*
– Nachlassmakler s. *Nachlassmakler*
– Nebenpflichten 3304
– Prüf- und Zahlungsfähigkeit 3307
– Rechtsprechungsübersicht 3308
– Reservierungsentgelt 3303
– Treuepflicht 3304
– Vermittlungsmakler s. *Vermittlungsmakler*
– Warnpflicht 3304
Immobilienversicherung s. *Versicherung*
Immobilienverwalter 3200 ff.
– als Makler 3215
– Gebäudemanagement 3204
– Haftung 3224 ff.
– – gegenüber dem Eigentümer 3229 ff.
– – gegenüber dem Vermieter 3229 ff.
– – Kostenschuldner 3237 ff.
– – Verwalter als Auftraggeber in eigenem Namen 3237 ff.
– Lifecycle Management 3202
– Prozessführungsbefugnis 3219 ff.
– Prozessstandschaft 3222
– Rechtsberatung 3216 ff.
– Rechtsdienstleistungsgesetz 3216 ff.
– Rechtsprechungsübersicht 3245
– technische Gebäudeinspektion, Checkliste 3250
– Übergabe von Unterlagen, Checkliste 3248
– Vermögensschadenshaftpflichtversicherung 3241 f.
– Verwaltervertrag s. *Verwaltervertrag*
– Verwaltervollmacht, Formulierungsvorschlag 3247
Indexfreie Zeit, Vertragsgestaltung 1253 f.
Index-Klausel 1145 ff.
– bedingt zulässige 1154 ff.
– Bestimmtheitsgebot 1158
– eine unangemessene Benachteiligung 1160 ff.
– nachfristige Bindung 1155 ff.
Individualvereinbarung 187 ff.
– Aushandeln 195
– Beispiel 194
Informationspflichten 241 ff.
Inklusivmiete 944
Insolvenz 2930 ff.
– absonderungsberechtigter Gläubiger 3045
– Dauerschuldverhältnis 3042 ff.
– Lösungsklausel 3053
– Masseunzulänglichkeit 3043 ff.
– prozessuale Auswirkung 3048 ff.
– Schutzklausel 3055
– vermietender Gesellschafter 3036
– Vermieterpfandrecht 3031 ff.
– zur Aussonderung berechtigter Gläubiger 3044
– Zwangsvollstreckung 3037 ff.
Insolvenzgläubiger 2940
Insolvenzmasse, Verteilung 2980

Insolvenzplan, Eröffnung von
  Abstimmungstermin 2988
– Überwachung der Planerfüllung 2993
– Wiederauflebensklausel 2990
Insolvenzplan, Zurückweisung 2984 f.
Insolvenzplanverfahren 2981 ff.
Insolvenzschuldner 2937 f.
Insolvenzverfahren 2934 ff.
– Abschluss 2994 f.
– Aktivprozesse 3050
– Ausschlussfrist 3049
– beendigtes, Vollstreckungsmaßnahmen 3047
– Berichtstermin 2974 ff.
– Eröffnungsbeschluss 2968 ff.
– Eröffnungsverfahren *s.a. Eröffnungsverfahren* 2952 ff.
– Forderungsanmeldungen 2971 ff.
– Freigabe aus dem Insolvenzbeschlag 2970
– Fristen 3059
– Insolvenzplanverfahren *s. Insolvenzplanverfahren*
– Passivprozesse 3051
– Rechtsprechungsübersicht 3056
– Streitwert 3052
– Verbot der Einzelzwangsvollstreckung 3039 ff.
– Verteilung der Insolvenzmasse 2980
– Verwertung des Vermögens 2976 ff.
– Vollstreckungsmaßnahmen 3039 ff.
– Zwangsvollstreckung wegen Masseverbindlichkeiten 3041 ff.
Insolvenzverwalter 2944 ff.
– vorläufiger 2948 ff.
Instandhaltung 1559 ff.
– Abwälzung 1566 ff.
– – AGB-Kontrolle 1566 ff.
– Beseitigung von Anfangsmängeln 1580 ff.
– Erstattungsanspruch aus ungerechtfertigter Bereitstellung 1588
– Höchstbelastungsgrenzen 1571 f.
– Kappungsgrenze 1571 f.
– Kleinreparatur 1576 ff.
– Kompensationsausschluss 1587

– Rechtsfolgen unwirksamer AGB-Klauseln 1585 ff.
– Verbot der geltungserhaltenden Reduktion 1586
– Wartungsarbeiten 1584
Instandhaltungsmaßnahmen 1540
– Gerichtsverfahren 1608
– keine Mitwirkungspflicht des Mieters 1605
– Streitwert 1609
– Verjährung 1606 ff.
– verminderte Grundmiete 1611, 1602 ff.
– Vertragsgestaltung 1610 ff.
Instandsetzung *s. Instandhaltung*
Investitionsmiete 2653 ff.
Invitatiomodell 1885

K
Kalte Räumung 2520 ff.
Kaltmiete 940
Kaltmiete und Fälligkeit, Formulierungsvorschlag 922
Kappungsgrenze 1575 ff.
Kauf bricht nicht Miete 2627 ff.
– Rechtsprechungsübersicht 2665
Kaution 1724 ff.
– Anlageverpflichtung 1736 ff.
– Art der Anlage 1738 ff.
– Aufrechnungsverbot 1755
– Auskunftsanspruch 1743
– Barkaution *s. Barkaution*
– Betriebskostenabrechnung 1752 f.
– Checkliste 1826
– deklaratorisches Schuldanerkenntnis 1754
– Eintritt gegen Kautionsvereinbarung 1756
– Fälligkeit 1729
– Folgen der Nichtzahlung 1729 ff.
– Insolvenz des Vermieters 1744
– Klage auf Rückzahlung 1805 f.
– offenes Treuhandkonto 1738
– Pfändung 1758
– Rückzahlungsanspruch 1751 ff.
– Veräußerung 2645 ff.
– Verjährung 1797 f.
– Vermögensbetreuungspflicht 1736 ff.

– Verpfändung des Sparbuchs	1740
– Vertragsgestaltung	1811 ff.
– Verwertung	1745 ff.
– Verzinsungspflicht	1741 f.
– Wiederauffüllung	1749 f.
– Zurückbehaltungsrecht	1730, 1743
– Zwangsverwaltung	1757
Kautionskonto	1738
Kfz-Schilderpräger	3158 ff.
KG, Gesellschafterwechsel	535 ff.
– Nachhaftung	535
Klage auf künftige Räumung	2793 ff.
Konkurrenzschutz	1324 ff.
– ABC-Übersicht	1434 ff.
– Ansprüche des Vermieters	1389
– Arztpraxen	3097
– Aufklärungspflicht des Vermieters	1332
– Auslegung	1346 ff.
– Ausschluss des vertragsimmanenten	1416 f.
– Ausschluss von Ansprüchen	1390 ff.
– Ausschluss, Betriebspflicht- und Sortimentsbindung	1418 ff.
– Checkliste	1432 ff.
– Direktanspruch des Erstmieters	1388
– Einkaufszentren	1363 ff., 3114 ff.
– einstweiliger Rechtsschutz	1397 ff.
– Folgen der Verletzung	1372 ff.
– Formulierungsvorschläge	1422 ff.
– fristlose Kündigung	1380
– Gerichtsverfahren	1393 ff.
– Gewährleistung	1373 ff.
– Haupt- und Nebenartikel	1349 ff.
– Hauptartikel	1355
– Hauptsortiment	1350
– Käufer des Mietobjekts	1341
– Klageanträge	1401 ff.
– Konkurrenzempfindlichkeit	1335 f.
– Mietminderung	1381 f.
– Mietzurückbehalt	1379
– Mietzweck	1326 f.
– Nebenartikel	1356
– Nichtgewährung des vertragsgemäßen Gebrauchs	1377 ff.
– Pflichten des Vermieters	1344 f.
– räumliche Entfernung	1366 ff.
– Sachmangel	1376
– Schadensersatzanspruch	1384
– Schuldner	1339 f.
– Schutzrichtung	1333 ff.
– Streitwert	1406 ff.
– Tätigkeitserweiterung des Mieters	1371
– Umsatzeinbußen	1375
– Untermiete	1343
– Vergleichbarkeit der Tätigkeiten	1349 ff.
– vertragliche Vereinbarung	1329 ff.
– vertraglicher	1361 ff.
– vertragsgemäßer Gebrauch	1326 ff.
– Vertragsgestaltung	1408 ff.
– vertragsimmanenter	1324, 1349 ff.
– WEG-Anlagen	1342
Konkurrenzschutzklausel, ausdrückliche, Apotheke	1464
– – Arzt	1465
– – Bäckerei	1467
– – Baumarkt	1468
– – Bistro	1469
– – Drogerie	1464, 1470
– – Einkaufszentrum	1471
– – Fliesenhandel	1472
– – freie Berufe	1473
– – Gaststätte	1474
– – Hauptartikel	1475
– – Imbiss	1476
– – konkurrierende	1477
– – Metzgerei	1478
– – Nebenartikel	1475
– – Vereinbarung einer Klausel mit Wahlmöglichkeit	1479
– – Vereinbarung von Konkurrenzschutz im Vertrag	1480
– – Zahnarzt	1465
– keine ausdrückliche, Arzt	1435
– – Bäckerei	1436
– – Damenoberbekleidung	1437
– – Einkaufsstraße	1438
– – Einkaufszentrum	1439
– – freie Berufe	1440
– – Fußgängerzone	1441

– – Gaststätte 1442
– – Hauptartikel 1443
– – Hauptsortimente 1443
– – Imbiss 1444
– – Industriebetrieb 1445
– – Internist 1446
– – Lagerräume 1447
– – Mietminderung 1448
– – Modegeschäft 1449
– – Nachbargrundstück 1450
– – Nebenartikel 1451
– – Pizzeria 1452
– – Restaurant 1453
– – Schnäppchenmarkt 1454
– – Sondereigentum 1455
– – Sonnenstudio 1456
– – Spedition 1457
– – Spielhalle 1458
– – Strumpfboutique 1459
– – Supermarkt 1460
– – Tanzlokal 1461
– – Teilflächen 1462
– – Untermiete 1463
Kosten einer Anmietung, Checkliste 289
Kostenelementeklausel 1235
Kündigung 2259 ff.
– Abmahnung *s.a. Abmahnung* 2287 ff.
– Anrechnung der Gebühren 2441 ff.
– Anwaltsgebühr 2438 ff.
– Bevollmächtigungsklausel 2271, 574 f.
– Feststellungsklage, Streitwert 2432 ff.
– Form 2279
– fristlose *s. fristlose Kündigung*
– Kündigungserklärung *s.a. Kündigungserklärung* 2262 ff.
– Kündigungserklärung, Umdeutung 2264
– mehrere Vertragspartner 2270 ff.
– ordentliche *s. ordentliche Kündigung*
– Räumungsklage 2265
– Rechtsprechungsüberblick 2456
– Schriftformklauseln 2280 f.
– Teilkündigung 2283 ff.
Kündigungserklärung, Empfänger 2269 ff.
– Zugang *s.a. Zugang* 2287 ff.

L
Lärm 2133 ff.
Lastschriftverfahren 877
Laufzeitklauseln 726
Leerstand 2082 ff.
Leistungsklage 2765
Leistungsvorbehaltsklausel 1212
– Auslegungsbedürftigkeit 1219 ff.
– Bezugsfaktor 1213
– Checkliste 1273
– Formulierungsvorschlag 1267
Leitungswasserversicherung 1927 ff.
– leer stehende Gebäude 1932
– Obliegenheitsverletzung 1932
– Umfang 1928 ff.
Letter of intend 227 ff.
Limited 540 ff.
Logistikimmobilien 3161 ff.
– Ein- und Umbauten 3166 ff.
Lösungsklausel 3053 ff.

M
Mahnverfahren, Fristen 2834
Makleralleinauftrag 3278 ff.
– Hinzuziehungsklausel 3291
– Kündigung 3286
– qualifizierter 3289 ff.
– Vertragsverletzung 3287 f.
– Verweisungsklausel 3292 f.
Maklervertrag 3262 ff.
– einfacher 3276
– Form 3275
– Inserat im Internet 3270
– stillschweigender 3269
– Übergabe eines Exposés 3273
Mangel 2019 ff.
– Bindungsklauseln 2241 ff.
– Darlegungs- und Beweislast 2200 ff.
– enttäuschte Gewinnerwartung 2082 ff.
– Fehlen der Genehmigung 2466 ff.
– Feststellungsklage, Streitwert 2211
– Flächenabweichungen *s. Flächenabweichungen*

Stichwortverzeichnis

- flüchtige Mängel, Substantiierungslast 2207 ff.
- Genehmigungsfähigkeit 2465 ff.
- Geräuschsimmissionen *s. Lärm*
- Haftungsfreizeichnungsklausel 2225 ff., 2234, 2252
- Kenntnis 2045 ff.
- Klage auf Mängelbeseitigung 2195
- Klagemöglichkeiten des Mieters 2195 ff.
- Lärm *s. Lärm*
- Leerstand 2082 ff.
- mangelhafte Energieeffizienz *s. Energieeffizienz*
- Modernisierungsmaßnahme des Vermieters 2173
- nachträgliche Gesetzesänderungen 2471 ff.
- Objektbezogenheit 2462 ff.
- öffentlich-rechtliche Beschränkungen 2459 ff.
- – Mitverschulden 2470
- Protokolle 2208
- Rechtsfolgen 2016 f.
- Rechtsprechungsübersicht 2031
- Regress des Vermieters 2182 ff.
- Schadensersatz des Mieters 2175 ff.
- – Mitverschulden 2180 f.
- Schadensersatz, Klauseln 2227 ff.
- Schadensersatz, vertraglicher Ausschluss 2225 ff.
- Shoppingcenter, Rechtsprechungsübersicht 2101
- Stufen 2200 ff.
- Temperaturprobleme *s.a. Temperaturprobleme* 2102 ff.
- Umwelt- und Umfeldmängel *s. Umweltmangel*
- Unerheblichkeit 2044 f.
- Verantwortungsbereiche 2200 ff.
- Verneint, Rechtsprechungsübersicht 2032
- verschuldensunabhängige Garantiehaftung 2226
- wirtschaftliches Risiko 2082 ff.

Mangelbeseitigung, Streitwert 2210
Mangelbeseitigungsanspruch 2016, 2057 ff.

- Verjährung 2187 ff.

Mängelprotokoll 2258
Marktmietklauseln 1227 ff.
Massegläubiger 2941
Messeflächen 3170 ff.

- Abschlusszwang 3172 f.
- Fernbleiben des Ausstellers 3176 ff.
- Gewährleistungsrechte des Ausstellers 3174 f.
- Kündigung des Ausstellers 3176 ff.

Messestände *s. Messeflächen*
Mietarten 1 ff., 792 ff.

- Abgrenzung 3 ff.

Mietaufhebungsvertrag, Anwaltsgebühren 2515

- Checkliste 2519
- Streitwert 2515

Mietausfallschaden 2585 ff.

- Ausgabe von Nutzungen 2593
- Fälligkeit 2591 ff.
- Gerichtsverfahren 2619 f.

Mietausfallversicherung 1955 ff.

- Deckungsgrenze 1958
- Musterbedingungen 1959
- Zahlungsverweigerung 1958
- Zeitrahmen 1957

Mietbürgschaft *s. Bürgschaft*
Miete 866 ff.

- Abbuchungsverpflichtung 876 ff.
- Abtretung von Mietforderungen 894 ff.
- Aufrechnung 888 ff.
- Einziehungsermächtigung 877 ff.
- Fälligkeitszeitpunkt 862 ff.
- Klage auf Zahlung, Schlüssigkeit 898
- – Streitwert 904
- Tilgungsbestimmungen 875
- Tilgungsreihenfolge 875
- Urkundenverfahren 901 ff.
- Verjährung 897
- Verzug 871 ff.
- Verzugszinsen 881 ff.

Mieter, Änderungen der Rechtsform 555 ff.

- Umwandlung durch Verschmelzung 559

– Umwandlung nach Umwandlungsgesetz 557 ff.
Mieterhöhung 1135 ff.
– Altklauseln, veraltete Indizes 1192 ff.
– Änderungskündigung 1141 f.
– Berechnung 1186 ff.
– Eintritt 1197 ff.
– Klage 1247
– Klausel mit Indexpunkten 1187 ff.
– Klausel mit Prozent 1191
– konkludent 1138 f.
– nachträgliche Vereinbarung 1137 ff.
– Rückwirkung 1197 ff.
– Schriftformerfordernis 1241 ff.
– Schriftformklausel 1241 ff.
– Staffelmiete s. *Staffelmiete*
– Streitwert 1249 f.
– Verjährung 1244 ff.
– Verkettungsfaktor 1187 ff.
– Wertsicherungsklausel s. *Wertsicherungsklausel*
Mieterhöhung wegen anderer zweckmäßiger Maßnahmen, Formulierungsvorschlag 1269
Mieterhöhung wegen Modernisierungsmaßnahmen 1237 ff.
– Duldungspflicht des Mieters 1240
– Formulierungsvorschlag 1268
– Sonderkündigungsrecht 1238
Mieterhöhungsmöglichkeiten, Checkliste 1270 ff.
Mieterhöhungsvereinbarung nach dem PaPkG 1180
Mieterhöhungsvereinbarung nach der Preisklauselverordnung 1180 ff.
Mieterinsolvenz 3011 ff.
– eröffnetes Verfahren 3014 ff.
– – Anfechtung von Schuldnerhandlungen 3023 ff.
– – Insolvenzforderung 3014 ff.
– – Masseverbindlichkeiten 3014 ff.
– – Räumungsanspruch des Vermieters 3025 ff.
– – Rücktritt vom Vertrag 3019 ff.

– – Sonderkündigungsrecht 3019 ff.
– Eröffnungsverfahren 3011 ff.
– – kein außerordentliches Kündigungsrecht 3011
– – Kündigungssperre 3012 ff.
Mietfläche 594 ff., 631 ff.
– Beschaffenheitsvereinbarung 635 ff.
– Flächenberechnung 644
– Flächenberechnungsmethode s. *Flächenberechnungsmethode*
– konkludente Vereinbarung 640 ff.
– vertragliche Vereinbarung 635 ff.
Mietforderung, Durchsetzung 3352 ff.
– vertragliche Sicherung 3352 f.
Mietgarantie 807
Miethöhe 790 ff.
– Grenzen 808 ff.
– Sittenwidrigkeit s.a. *Sittenwidrigkeit* 821 ff.
– Umsatzsteuer s. *Umsatzsteuer*
Mietminderung 2038 ff.
– Feststellung der Minderungsberechtigung 1394
– Feststellungsklage 2193
– Klage auf zukünftige Leistung 2193
– Kombination Aufrechnungs- oder Zurückbehaltungsverbot 2193
– Kombinationsklage 2193
– Mietminderungsausschluss 2212 ff.
– Minderungsklausel 2212, 2223 ff.
– Minderungsquote 2040 ff.
– Streitwert 2209
– Vertragsgestaltung 2212
– Zahlungsklage 2193
Mietminderungsanspruch, Verjährung 2187 ff.
Mietobjekt 580 ff.
– Beschädigung durch den Mieter 704 ff.
Mietpreisüberhöhung nach § 4 WiStG 809 ff.
– Lebenswichtigkeit von Gegenständen 811
– Rechtsfolgen 817 ff.
– überragende Marktstellung 813
– unangemessen hohes Entgelt 814 ff.
– Wettbewerbsbeschränkung 813

Mietsicherheit	1722 ff.
– Patronatserklärung	1783 ff.
– Rechtsprechungsüberblick	1818
– Schuldbeitritt *s. Schuldbeitritt*	
– Streitwert	1807 ff.
– Verjährung	1797 ff.
– Vertragsstrafen	1790 ff.
Mietverhältnis über mehr als 30 Jahre	2426 f.
Mietvertrag, Abschluss	265 ff.
– Abschluss unter Abwesenden	271 ff.
– Anlagen	370 ff.
– Beendigungsgründe *s. Beendigungsgründe*	
– Einigung über alle wesentliche Punkte	266 ff.
– Einkaufszentren *s. Einkaufszentren*	
– Exposé	269
– Form	291 ff.
– Gaststätten *s. Gaststätten*	
– Hotels *s. Hotels*	
– nachträgliche Änderungen	377 ff.
– schlüssiges Verhalten	270
– Shoppingcenter *s. Einkaufszentren*	
– Stellvertretung	276
– Streitwert	285
– Verhinderung des Abschlusses, Gerichtsverfahren	280
– Vertragsangebot	266 ff.
– Vertragsannahme	266 ff.
– Zeitablauf	2481 ff.
– Zeittyp, Checkliste	786
– Zeitungsinserat	269
Mietwucher	820
Mietzahlung *s. Miete*	
Mietzeit	724 ff.
– mehr als 30 Jahre	731 ff.
– Option	733 ff.
– Streitwert	775
– Vertragsverlängerung	733 ff.
Mietzeitverlängerung, Optionsrecht *s.a. Optionsrecht*	752 ff.
Mietzweck	586 ff.
– Änderung, Anspruch auf Zustimmung	606 f.
– – Ansprüche des Vermieters	627
– – genehmigungspflichtige Nutzungsänderung	626
– Anspruch auf Duldung	618 ff.
– berufliche Tätigkeit in einer Mietwohnung	613 ff.
– Einkaufszentrum	611 f.
– Einzelhandel	611 f.
– Formulierungsvorschlag	718
– Geschäftsänderung	603 ff.
– Prostitution	622 ff.
– stillschweigende Vereinbarung	589
– unzulässige Änderungen	608
– Vermietererlaubnis, Rechtsprechungsübersicht	621
– Wohnen in Geschäftsräumen	629
– zulässige Änderungen	609
– Zulässigkeit der Berufsausübung	617
– Zweckentfremdungsverordnung	628
Minderung, Haftungsrisiko für Anwälte und Verwalter	2077 ff.
– Kündigungsrisiko	2076
Minderungsklausel, Haftungsrisiko	892
Mischmietverhältnis	9 ff.
– Checkliste	93
– Formulierungsvorschlag	95
– Kündigung	17 f.
– sachliche Zuständigkeit	84
– steuerliche Folgen	89
– Vertragsgestaltung	89
Mitwirkungsklausel	445 ff.
– Grundstückserwerber	459 ff.
– treuwidrige Kündigung	463 ff.
– Vertragsgestaltung	439 ff.
Mobilfunkanlagen	111, 3178 ff.
– Gesundheitsgefahr	3182 ff.
– Grenzwerte	3182 ff.
– Rechtsprechungsübersicht	169
Modernisierungsmaßnahmen	1237 ff.

N

Nachbarschützende Normen	115 ff.
Nachhaftung	529 ff.
Nachlassmakler	3295 ff.
– Provisionsanspruch	3295 ff.

Nachmieter	2609 ff.	– unzulässige	126
Nachmietergestellung, Formulierungsvorschlag	2626	– Zulässigkeit	123 ff., 127
		Nutzungsänderungsgenehmigung	120 f.
Nachmieterklausel	2610 ff.	**Nutzungsbefugnis**	599 f.
Nachträge, Änderungen der Miete	397 ff.	**Nutzungsentschädigung**	2556 ff.
– Änderungen der Vertragslaufzeit	390	– Streitwert	2621
– Änderungen der Vertragsparteien	391 ff.	– Urkundenverfahren	2618
– Änderungen der Zahlungsmodalitäten	397 ff.	**Nutzungsverbot**	131
		– Adressat	132 ff.
– Anlagen	379	– Formulierungsvorschlag	139
– Auflockerungsrechtsprechung	386 f.	– Mieter als Nutzer	131
– Betriebskosten	407	– Störerauswahl	132
– Bezugnahme auf den Hauptvertrag	386	– Vermieter	134
– Erhöhungsklauseln im Mietvertrag	403 ff.	**O**	
– Leistungsvorbehaltsklausel	405	**Obhutspflicht des Mieters**	704 ff.
– neue Mietflächen	388 ff.	– Beweislast	708
– Optionsausübung	408 ff.	– Hilfspersonen	706
– Schriftformerfordernis	383	– Schließanlage	705
– Unterzeichnung	385	**Objektbezogenheit**	2462 ff.
– Vertragsverlängerung	408 ff.	**Öffentlich-rechtliche Beschränkungen** *s.a. Mangel*	2459 ff.
– Wirksamkeit	382 ff.		
Nachträgliche Änderungen *s.a. Nachträge*	377 ff.	– Rechtsprechungsüberblick	2479
		OHG, Gesellschafterwechsel	535 ff.
Namensschilder	602	– Nachhaftung	535 ff.
Nebenkostenpauschale *s. Betriebskostenpauschale*		**Opfergrenze**	630, 2057 ff., 2073 f.
		Optionsausübung	408 ff.
Nebenkostenvorauszahlungen, Änderung, Formulierungsvorschlag	1130	**Optionsklausel**	740 ff.
		Optionsrecht	752 ff.
– Ausschluss der Aufrechnung, Formulierungsvorschlag	1131	– Ausübung	755 ff.
		– bei der Vertragsfortsetzung	763 ff.
– stillschweigende Vereinbarung	973 f.	– Erklärungen	759 ff.
Negativattest	1182	– Formulierungsvorschlag	785
Nettomiete	941	– Frist	756 ff.
Neubeginn durch Anerkenntnis	2733	– Schriftformerfordernis	759 ff.
Neuverhandlungsklausel	1236	– Streitwert	775
Neuwertversicherung	1913	– Verzicht	765
Nichtrauchergesetze	2471 ff.	**Ordentliche Kündigung**	2321 ff.
Nichtraucherschutz	2473	– Änderungskündigung	2321
Notarielle Beurkundung	480 ff.	– Betriebsbedarf	2323 ff.
– Ankaufsrecht	481	– Eigenbedarfskündigung von Gesellschaftern	2322
Nutzungsänderung	107 ff., 118 ff., 125		
– Bebauungsplan	123 ff.	– Fristberechnung	2334 f.
– Bestandsschutz	128	– Kündigungsfrist	2331 ff.
– durch neuen Bebauungsplan	128		

– Umwidmung 2323 ff.
Ordnungsverfügungen 130 ff.

P
Partei, Außen-GbR 515
– BGB-Gesellschaft 512 ff.
– – Gesellschafterwechsel 525 ff.
– – Haftung 521 ff.
– – Nachhaftung 527 ff.
– Bruchteilsgemeinschaft 508
– Eheleute 511
– Einzelkaufmann 504 ff.
– Einzelperson 504 ff.
– Erbengemeinschaft 545 ff.
– Gesamtschuldner 509
– juristische Person 537 ff.
– KG 531 ff.
– KG, Gesellschafterwechsel 535 f.
– Limited Company 540 ff.
– OHG 531 ff.
– – Gesellschafterwechsel 535 ff.
– Personenmehrheit 508 ff.
– Realteilung 510
– Rubrumsberichtigung 565
– Tod des Mieters 507
– Tod eines Gesellschafters 519
– Vereine 547
– Wohnungseigentümergemeinschaft 545 ff.
Parteien des Mietvertrags s.a. *Partei* 499 ff.
Patronatserklärung 1783 ff.
– harte 1784 ff.
– weiche 1787 ff.
Pensionen s. *Hotels*
Pfand- und Räumungscode, Verwertung, Formulierungsvorschlag 2897
PKH, Fristen 2835
– Gewerbebetrieb 2820
Policenmodell 1886
Praxismietvertrag 3074 ff.
– auflösende Bedingungen 3098 ff.
– bauliche Veränderungen 3077 f.
– Betreten des Mietobjekts durch den Vermieter 3090
– Hinweisschilder 3079 f.

– Konkurrenzschutz 3097
– Mieträume 3075 ff.
– Mietzweck 3081 f.
– Sonderkündigungsrecht bei Berufsunfähigkeit 3091 ff.
– Sonderkündigungsrechte 3091 ff.
– Sondermüll 3089
– Umsatzsteuer 3083
– Untervermietung 3085 ff.
– Vermieterpfandrecht 3084
Preisgleitklausel s. *Wertsicherungsklausel*
Preisklauselgesetz, AGB-Wertsicherungsklauseln 1178
– Anwendbarkeit 1148
– bedingt zulässige Index-Klauseln 1154
– Gleitklauseln 1154
– Rechtsverstoß 1166 ff.
– Rückforderungsansprüche 1169 ff.
– Umdeutung unwirksamer Klauseln 1177
– Unwirksamkeit nach AGB-Recht 1174
– Verstoß, Gesamtnichtigkeit 1175 f.
– wirksame Klauselvereinbarung 1150 ff.
Preisklauseln 208 ff.
Prostitution in Eigentumswohnungen 69 ff.
Prostitution in Mietwohnungen 622 ff.
Prozessvergleich 2822
Punktation 268
Punkte-Klausel 1147

R
Rahmenmietvertrag 237
Räum- und Streupflicht 694 ff.
Räumung, Aufbewahrungspflicht 2606 f.
– Entsorgung von Sachen durch den Vermieter 2603 ff.
– künftige 2793 ff.
– unvollständige 2566 ff., 2603 ff.
Räumungsfrist 2571, 2583 f.
Räumungsklage 2265, 2786 ff.
– Checkliste 2786, 2833
– Gegenansprüche des Mieters 2800
– Gerichtsverfahren 2617 f.
– Klageantrag 2789 f.
– Recht zum Besitz 2800

– selbstständiges Beweisverfahren 2806
– Sicherheitsleistung 2799
– sofortiges Anerkenntnis 2802
– Splitting Räumungs- und Zahlungsanspruch 2787 f.
– Streitwert 2433, 2824 ff.
– Teilurteil 2803
– Tenor 2789
– Titelumschreibung 2805
– verbotene Eigenmacht des Vermieters 2804
– Zurückbehaltungsrecht 2800
Räumungspflicht 2543
Räumungsvollstreckung 2841 ff.
– Ablauf 2864 ff.
– Bereitstellungskosten 2847
– Berliner Modell 2851
– Checkliste 2899
– Frankfurter Modell 2851
– Hamburger Modell 2851
– Räumungstitel 2841 ff.
– Untermieter 2844 f.
– Vertragsgestaltung 2892
Rechtsformänderung, Formulierungsvorschlag 578
Rechtsmangel 2026 ff.
Rechtsmittelverfahren, Fristen 2839
Rechtsmittelwert 2823 ff.
Rechtsnatur 14 ff.
Rechtsschutzversicherungen 1960 f.
Rechtzeitigkeitsklausel, Vertragsgestaltung 906
Regressverzichtsabkommen 1977
Reklamefläche *s.a. Werbefläche* 600 f.
Renovierungskostenzuschlag 1524
Renovierungspflicht, Abgeltungsklauseln 1511 ff.
– Endrenovierung 1506 ff.
– Formularklauseln 1501 ff.
– – Individualvereinbarung 1509
– Fristenpläne 1501 f.
– Klauselkontrolle, Rückwirkung 1503
– Verträge mit Fristenregelung 1501
– Verträge ohne Fristenregelung 1500
Repräsentantenstellung 1907 ff.

Restschuldbefreiung, Wohlverhaltensperiode 3003 f.
Risikoverlagerung 2087 ff.
– ausdrückliche 2092 ff.
– konkludente 2092 ff.
– Verschulden bei Vertragsschluss 2099 ff.
– Wegfall der Geschäftsgrundlage 2096 ff.
– zugesicherte Eigenschaft 2088 ff.
Rückbauklausel, Vertragsgestaltung 1652 ff.
Rückbaupflicht des Mieters 1629 ff.
– ausdrückliche Vereinbarungen 1634
– Entfall 1633 ff.
– spätere Rückbauverpflichtung 1633
– Umfang 1631 ff.
– Vermieterverzicht 1634
Rückbehaltungsrecht, Kündigungsrisiko 2076
Rückgabe an falsche Person 2576 ff.
Rückgabe der Mietsache, Rechtsprechungsübersicht 2624
Rückgabe des Miet- oder Pachtobjekts 2541 ff.
– Aufrechnung 2584
– Begehungstermin 2708
– Nutzungsentschädigung 2556 ff., 2580 ff.
– Schlüssel 2567, 2576 ff.
– Schönheitsreparaturen 2569 f.
– Übergabe des Schlüssels 2707
– Übergabeprotokoll 2549 ff.
– unvollständige Räumung 2566 ff.
– Vermieterpfandrecht 2573 ff.
– verspätete 2555 ff.
– Vorenthaltung 2561 ff.
Rückgabeanspruch, Gerichtsverfahren 2618 f.
Rückgabetermin 2544 ff.
– Erfüllungsort 2545
Rückgabeverpflichteter 2546 ff.
Rückständige Mietforderungen, Geltendmachung im Urkundenverfahren 1248

S

Sachmangel *s.a. Mangel* 2021 ff.

1529

– Unwirtschaftlichkeit	2024	– Unwirksamkeit, Wegfall der Geschäftsgrundlage	1526
Salvatorische Klauseln	219 ff.		
Sanierungsgebiet, Genehmigung von Mietverträgen	145, 277	**Schriftformerfordernis gem. § 550 BGB**	291 ff.
Schäden, Haftung des Mieters	2236 ff.	– Alleinvertretungsbefugnis	320
– – Beschränkung	2236 ff.	– Anlagen	370 ff.
Schadensbeseitigungspflicht des Mieters	2600 ff.	– Beurkundung des wesentlichen Vertragsinhalts	330 ff.
Schaffung von Ersatzwohnraum, Checkliste	162	– Checkliste	304
		– Darlegungs- und Beweislast	484 ff.
Schiedsklausel	1223 ff.	– einheitliche Urkunde	367 ff.
Schmerzensgeld	2178 ff.	– Gerichtsverfahren	483 ff.
Schönheitsreparaturen	1491 ff.	– Gesamtvertretung durch alle Gesellschafter	316
– II. Berechnungsverordnung	1498		
– Abgeltungsklausel	1511 ff.	– Gesamtvertretungsbefugnis	322 f.
– Begriff	1492 ff.	– keine Verletzung	417
– bereicherungsrechtlicher Erstattungsanspruch	1543	– konkludente Vereinbarung der Größe	344 ff.
		– Lesbarkeit der Unterschrift	326
– Durchführung	1513 ff.	– Nachträge	377 ff.
– endgültige Erfüllungsverweigerung	1535	– Paraphierung der Anlagen	376
– Ersatzvornahme	1534	– Rechtsfolgen eines Formmangels	299 ff.
– fachmännische	1513 ff.	– Schutz des Erwerbers	296
– Fälligkeit	1533	– Streitwert	488
– Geschäftsführung ohne Auftrag	1538	– Unterschrift, Faxübermittlung	327
– Mietausfallschaden	1538	– – förmliche Anforderungen	326 ff.
– Nacherfüllungsfrist	1536	– Urkundenunterzeichnung	306 ff.
– Renovierungspflicht s. Renovierungspflicht		– Verlängerung nach Vertragsende	328
– Rettungsklausel	1552	– Vertragsgestaltung	490 ff.
– unterlassene Arbeiten, Ansprüche des Vermieters	1530 ff.	– Vertretung, AG	312
		– – Eheleute	313
– unzureichende Renovierung	1538	– – Erbengemeinschaft	314
– Verjährung	1541 f.	– – GbR	315 ff.
– vertragliche Vereinbarungen	1496 ff.	– – GmbH	320 ff.
– Vertragsgestaltung	1547 ff.	– – KG	324
– vom Vermieter durchzuführen	1539 ff.	– – OHG	325
Schönheitsreparaturklausel, blue-pencil-Test	1519	– Vertretungsfälle	310 f.
		– Voraussetzungen	303 ff.
– Formulierungsvorschläge	1556 ff.	– wechselseitige Bezugnahme	372 ff.
– starre Fristen	1518 ff.	**Schriftformklausel**	471 ff.
– unwirksame, geltungserhaltende Reduktion	1518 ff.	– doppelte	477 ff.
		– qualifizierte	477 ff.
– Unwirksamkeit, Ansprüche der Parteien	1523 ff.	**Schriftformmangel**, Annahme mit Änderungen	362 ff.

– Falschbezeichnung bei den Unterzeichnungsdaten	361
– Heilung	419 ff.
– konkludente Annahme	358 f.
– modifizierende Annahme	362 ff.
– Nachholung der Schriftform	419 ff.
– verspätete Annahme	357 f.
Schriftformverletzung, Verlust der Vertragsurkunde	423 ff.
Schrottimmobilien	79
Schuldbeitritt	1779 ff.
Schuldenbereinigungsverfahren	2998 f.
Schutzklausel für den Vermieter, Formulierungsvorschlag	927
Selbsthilfe	2520 ff.
– Klauseln	2538
– Rechtsprechungsüberblick	2539
Selbstständiges Beweisverfahren, Fristen	2836
– Streitwert	2830
Sendemasten s. *Mobilfunkanlagen*	
Shoppingcenter s. *Einkaufzentren*	
Sicherheitsleistung, Vollstreckungsabfindung	2883 ff.
Sittenwidrigkeit	821 ff.
– auffälliges Missverhältnis	824 ff.
– Darlegungs- und Beweislast	832
– EOP-Methode	825 f.
– Markttransparenz	828
– Rechtsfolgen	830
– subjektive Erkennbarkeit	828
– verwerfliche Gesinnung	827 ff.
– Vollkaufleute	829
Sofortige Vollziehbarkeit	136
Sonderkündigungsrecht	1669, 2420 ff.
– Mietverhältnis über mehr als 30 Jahre	2426 ff.
– Tod des Mieters	2420 ff.
– Untermiete	1663 f., 2420
– Vertragsgestaltung	2447 ff.
Sonderkündigungsrechtklauseln	2449 ff.
Sonstige Betriebskosten, Auffangposition	1004 ff.
Sortimentsschutz	1297 f.
Spannungsklausel	1230 ff.
– Checkliste	1274
Sparguthaben, Formulierungsvorschlag Verpfändung	1822
Sperrmüll	1008 f.
Spielhallen, Rechtsprechungsübersicht	170
Staffelmiete	1135 ff., 1203 ff.
– absinkende Marktmiete	1209 ff.
– Anspruch auf Vertragsanpassung	900
– Anspruch aus der Vertragsanpassung	900
– Kombination mit Wertsicherungsklausel	1206 ff.
– Opfergrenze	1211
– Vereinbarung einer Erhöhungsquote, Formulierungsvorschlag	1263
– Vereinbarung eines Erhöhungsbetrages, Formulierungsvorschlag	1262
– Vor- und Nachteil Übersichtstabelle	1204
Stellvertretung	276
Stillschweigende Vertragsverlängerung	766 ff.
Störung des Hausfriedens	2410 ff.
Streitwert	2823 ff.
– WEG-Sachen	82 f.
Streitwertbestimmung	3316 ff.
Streu- und Schneereinigungspflicht	693 f.
Streupflicht	694 ff.
Sturmversicherung	1932 ff.
– Beweislast	1936
– Hagel	1934 f.
– Umfang	1934 f.

T

Tankstellen	3186 ff.
– Bodenkontamination	3188 ff.
Technische Standards	2169 ff.
– Anpassung	2169 ff.
Teileigentum, Betreuung Dritter	65 ff.
– Bezeichnung als Laden	63 f.
– gesamtschuldnerische Haftung	79 ff.
– gewerblich genutzte Räume	44 ff.
– gewerbliche Tätigkeit	65 f.
– Nutzung als Gaststätte	63 f.
– Nutzungsänderungen	50 ff.

– Prostitution	69 ff.
– soziale Daseinsfürsorge	67 f.
– Verstoß gegen vereinbarte Nutzung	62
– Zweckbestimmung	52 ff.
Teilgewerbliche Nutzung	9 ff.
Teilinklusivmiete	947
Temperaturprobleme	2102 ff.
– Ausschluss der Haftung	2110
– Darlegungs- und Beweislast	2113 ff.
– Kenntnis	2111 ff.
– Minderungsquoten	2115 f.
– objektbezogene Meinung	2105
– personenbezogene Meinung	2106
– Rechtsprechungsübersicht	2120
– vermittelnde Ansicht	2107
– zu kalte Räume	2112
Terrorversicherung	1014 f., 1944
Tilgungsklausel, Vertragsgestaltung	907 f.
Tod des Mieters	507, 2422 ff., 2512
Tod eines Gesellschafters	519 f.
Transparenzgebot	206 ff.
Triple-Net-Miete	806
Triple-Net-Vertrag	3192 f.

U

Übergabeprotokoll	354, 2549 ff.
Überraschende Klauseln	200 ff.
Umdeutungsklausel, Vertragsgestaltung	1256 ff.
Umlagemaßstab s. Umlageschlüssel	
Umlageschlüssel, schlüssiges Verhalten	1042 f.
Umlagevereinbarung	952
– Bezugnahme auf BetrKV	958
– Übersichtstabelle	953
– Umdeutung	957
– Verweis auf Anlage 3 zu § 27 Abs. 1 II. BV	955
Umsatzbeteiligungsklausel	1232 ff.
Umsatzmiete	794 ff.
– Betriebspflicht	803
– Checkliste	928
– Definition des Umsatzbegriffs	801
– Formulierungsvorschlag	923
– mieterhöhende Indexklausel	803
– Risiken	796 ff.
– Stufenklage	802
– Umsatzermittlung	798 ff.
– vertragliche Vereinbarung	795
Umsatzsteuer	833 ff.
– Anspruch auf Optionsausübung	859
– Anspruch auf Rechnungsstellung	861 f.
– Anspruch auf Zahlung	860
– Ausübung der Option	844 f.
– Dauerrechnung	862 f.
– formularvertragliche Vereinbarung	854
– Formulierungsvorschlag	926
– Grundstücke	833
– Optionsrecht	836 f.
– Risiken für den Vermieter	850 ff.
– Schadensersatz gem. § 249 BGB	864 f.
– steuerpflichtige Umsätze	840
– umsatzsteuerpflichtige Leistungen	846 ff.
– Vertragsgestaltung	853 ff.
– Verzicht auf Steuerbefreiung	834 f.
– Vorsteuer	835
Umweltfehler	2020
Umweltmangel	2121 ff.
– Bauarbeiten	2121 ff.
– Einkaufszentren	2125
– Ladenpassagen	2125
– Minderungsquote	2129
– Rechtsprechungsübersicht	2132
Umweltschaden-Versicherung	1951 f.
– Bioversidität	1951
– UschadG	1951
Unbefristete Verträge	724
Unechte Befristung	744 ff.
– Formulierungsvorschlag	779
Unentgeltliche Überlassung	24 ff.
Untergang der Mietsache	2062 ff.
Untergang, Vertreten müssen	2069 ff.
Untermiete	1660 ff.
– AGB-Problematik	1707 ff.
– Anspruch auf Erlaubnis	1665 ff.
– Arztpraxen	3085 ff.
– Auskunftspflicht des Mieters	1676 f.

- Beschränkung des Sonderkündigungsrechts 1709 ff.
- Duldung 1665 f.
- Erlaubnis des Vermieters 1662 ff.
- Erlaubnis, Widerruf 1668
- Erlaubnisverweigerung 1673 ff.
- Formulierungsvorschlag, ausgeschlossene Untervermietung 1719
- – erlaubte Untervermietung 1718
- – Nachtrag Unterpacht 1721
- – Untermietvertrag 1720
- Gerichtsverfahren 1701 ff.
- Haftung 1691 ff.
- Herausgabeanspruch 1702 f.
- Herausgabeverlangen 1696
- Klage auf Zustimmung 1704
- Klage Mieter gegen Untermieter 1705
- Kündigung 1691 ff.
- Nutzungsentschädigung 1697
- Rechtsverhältnis Hauptvermieter – Untermieter 1698 ff.
- Rechtsverhältnis Mieter – Untermieter 1687 ff.
- Schadensersatz 1683
- Sonderkündigungsrecht s. Sonderkündigungsrecht
- Störungen 1691 ff.
- Streitwert 1706
- – Besitzeinräumungsklage 1706
- Überlegungsfrist 1681
- Unterlassungsklage 1701
- Vertragsabschluss 1688 ff.
- Vertragsgestaltung 1688 ff.
- Vorausabtretung der Untermiete 1715
- Wechsel von Mietern 1714 f.
- wilde 1667

Untermietfalle 1682
Untermietklauseln 1709 ff.
Untermietzuschlag 1684 ff.
Unterwerfungsklausel, Formulierungsvorschlag 2895 f.
Urkundenprozess 901 ff., 2773 ff.
- Betriebskostennachforderung 2782
- Beweiskraft der Urkunde 2780
- offene Kaution 2783
rückständige Mietforderungen 1248
- Urkundenvorlage 2778 ff.

V

Veräußerung des Mietobjekts s. Veräußerung
Veräußerung 2627 ff.
- Bürgenhaftung 2637 ff.
- Identität 2629
- Investitionen 2653 ff.
- Kaution 2645 ff.
- Kündigung 2655 ff.
- Mietzahlung 2642
- Naturalrestitution 2657
- Nebenkostenabrechnung 2643 ff.
- Übergang Rechte und Pflichten 2633 ff.
- Übergang von Schadensersatzansprüchen 2651
- Übergang von Sicherheitsleistungen 2645
- Verjährung 2658
- Vermieterwechsel 2655 ff.
- Versicherungsverträge 1189 ff.

Verbindungsklausel für Nachträge, Formulierungsvorschlag 493
Verbotene Eigenmacht 2524
- Gerichtsverfahren 2533 ff.
- Streitwert 2537
Verbraucherinsolvenzverfahren 2996 ff.
- außergerichtlicher Einigungsversuch 2997
- Restschuldbefreiung s.a. Restschuldbefreiung 3002 ff.
- Schuldenbereinigungsverfahren 2998
- vereinfachtes Verfahren 3000 f.
Verbundene Wohngebäudeversicherungen 1910 ff.
Vereinbarte Schriftform, Formulierungsvorschlag 492
Vergleich, Streitwert 2829
Vergütungsvereinbarung 3315 ff.
Verjährung 2670 ff.
- 10 Jahre 2695 f.
- Aufrechnung 2682 ff.
- Begehungstermin 2708

1533

- Checkliste 2750
- Demnächst-Zustellung 2735 ff.
- Einrede der Verjährung 2678 ff.
- Formulierungsvorschlag zur Vereinbarung 2743
- Fristbeginn 2704 ff.
- Hemmung *s.a. Hemmung* 2711 ff., 2716
- Leistungsrückforderung 2685
- Mieteransprüche 2676 ff., 2709 ff.
- nach § 548 2697 ff.
- Neubeginn *s. Neubeginn* 2711 ff.
- Rechtsprechungsüberblick 2748
- regelmäßige 2687 ff.
- Übergabe der Schlüssel 2707
- Vereinbarungen 2739 ff.
- Vermieteransprüche 2674 ff.
- Verschlechterung der Mietsache 2697 ff.
- – Vermieteransprüche 2699 ff.
- Zurechnung Kenntnis Dritter 2694
- Zurückbehaltungsrecht 2682 ff.

Verjährungsbeginn, Checkliste 2751

Verjährungsfrist, Demnächst-Zustellung 2735 ff.

Verjährungshemmung, Checkliste 2752

Verkehrssicherungspflicht 684 ff.
- Abwälzung auf Mieter 698 ff.
- Delegierung 686
- Haftungsvereinbarung 698 ff.
- Streu- und Schneereinigungspflicht 693 ff.
- Wohnungseigentumsanlage 690 f.

Verlängerungsklausel 733 ff.
- Checkliste 789
- Formulierungsvorschlag 784
- Überraschungseffekt 735 f.

Verlorener Baukostenzuschuss 1637 ff., 2608

Vermieterinsolvenz 3006 ff.
- Aussonderungsrecht 3010
- Sonderkündigungsrecht des Mieters 3007

Vermieterpfandrecht 1829 ff.
- Auskunfts- und Hinderungsansprüche 1853
- Auskunftsanspruch 1840
- Ausschlussfrist 1838
- Beweislast 1845, 1858

- Entstehung 1834 ff.
- Formulierungsvorschlag Ausübung 1863
- Geltendmachung 1844 ff.
- Herausgabeklage 1854
- Insolvenz *s.a. Insolvenz* 1848
- Nutzungsentschädigung 1846
- Rechtsprechungsübersicht 1861
- Selbsthilferecht 1841 f.
- Streitwert 1859
- Stufenklage 1856 f.
- Umfang 1829 ff.
- Untergang 1837 ff.
- Verjährung 1852
- Verjährungshemmung 1845
- Versteigerung 1849 f.
- Vertragsgestaltung 1860
- Verwertung 1849
- Zurückschaffung 1857 f.
- Zwangsvollstreckung 1847

Vermieterwechsel 563 ff.

Vermietung vom Reißbrett 342, 632, 669 ff.
- Beginn der Zahlungspflicht 680 ff.
- Bestimmbarkeit der Fertigstellung 672
- Bestimmbarkeit des Mietobjekts 677 ff.
- Checkliste 723
- Flächenabweichungen 679
- Indexklauseln zu Mieterhöhung 676
- Übergabetermin 672 ff.

Vermietung vor Bezugsfertigkeit 669 ff.

Vermittlungsmakler, Provisionsanspruch 3301 ff.

Vermögensbetreuungspflicht 1736 ff.

Versäumnisverfahren, Fristen 2838

Verschulden bei Vertragsverhandlungen 247 ff.

Versicherungen 1864 ff.
- Abwälzung 1995 ff.
- Allgefahren-Versicherungen *s. Allgefahren-Versicherungen*
- Anzeige der Veräußerung 1986
- Ausgleich Sach- und Haftpflichtversicherer 1971 ff.
- Ausschluss der Haftung des Versicherers 1974 f.

– Betriebskosten s. *Betriebskosten*
– Checkliste Veräußerung der Immobilie und Versicherungsschutz ... 2003
– Erdbeben ... 1024
– Extended Coverage-Versicherung s. *Extended Coverage-Versicherung*
– Feuerversicherung s. *Feuerversicherung*
– formularmäßige Überbürdung ... 1995
– Formulierungsvorschlag, Mietvertragsklausel ... 2002
– gebündelte ... 1937
– gemischte ... 1026 f.
– Gerichtsverfahren ... 1993
– Glasversicherung ... 1954
– Haus- und Grundbesitzer-Haftpflichtversicherung s. *Haus- und Grundbesitzerhaftpflichtversicherung*
– Leitungswasserversicherung s. *Leitungswasserversicherung*
– Mietausfallversicherung s. *Mietausfallversicherung*
– Rechtsprechungsüberblick ... 2000
– Rechtsschutzversicherungen s. *Rechtsschutzversicherung*
– Regressansprüche ... 1962 ff.
– Regresshaftung des Mieters ... 1964
– Regressverzicht ... 1970
– Regressverzichtsabkommen ... 1977
– Streitwert ... 1994
– Sturmversicherung s. *Sturmversicherung*
– Terrorversicherungen s. *Terrorversicherung*
– Überschwemmung ... 1943
– Umweltschaden-Versicherung s. *Umweltschaden-Versicherung*
– Veräußerung der Immobilie ... 1981 ff.
– – Kündigung ... 1987 ff.
– – Prämienzahlung ... 1990 f.
– Verjährung ... 1992
– Versicherungsnehmer ... 1866 ff.
– Versicherungsprämien als Betriebskosten ... 1010 ff.
– Vertragsgestaltung ... 1995
– – Haftung des Mieters ... 1998 f.
– Zwangsversteigerung ... 1985

Versicherungsvermittler, Haftung ... 1905 ff.
Versicherungsvertrag, Abschluss ... 1885 ff.
Versorgungssperre ... 2348, 2527 ff.
– Teileigentum ... 2531 ff.
Vertrag unter Abwesenden, Annahmefrist ... 271 ff., 286
– Schriftform ... 271
– Vertragsgestaltung ... 286
Vertragsangebot ... 266 ff.
– Annahme mit Abänderungen ... 274 f.
Vertragsgemäßer Gebrauch ... 586 ff.
Vertragsmandat ... 3310 ff.
Vertragsschwerpunkt ... 15
Vertragsstrafe ... 1790 ff.
– AGB-Klauseln ... 1792 ff.
– Checkliste ... 1828
Vertragsübernahme ... 392 f., 2614 ff.
– konkludente ... 2615
Vertragsverhandlungen, Abbruch ... 247
– Falschangaben ... 248 ff.
Vertragsverlängerung nach § 545 BGB, Checkliste ... 788
– stillschweigende ... 766 ff.
Vertragszweck ... 14 f.
Vertretungsverhältnisse, Übersichtstabelle ... 579
Verwalter, Erlaubnispflicht ... 3259
Verwaltervertrag ... 3205 ff.
– Grundleistungen ... 3210 ff.
– Grundleistungen, Checkliste ... 3211
– Haftungsbegrenzungen ... 3239 ff.
– Kündigung ... 3214
– Mindestinhalt ... 3210
– Vergütung ... 3208 f.
– Verwaltervollmacht ... 3213
– Zusatzleistung ... 3212
Verwaltungsakt mit sog. Doppelwirkung ... 115 ff.
Verwirkung ... 2670 ff., 2744 ff.
– Rechtsprechungsüberblick ... 2748
Verzug ... 2384 ff.
– ausbleibende Betriebskostenzahlungen ... 2389 ff.
Verzugszinsen ... 881 ff.

1535

– Beginn der Verzinsung	886
– vertraglich vereinbarte Verzinsung	448
VGB	1910 ff.
Vollstreckungsschutz	2866 ff.
– Anwaltshaftung	2891
– Fristen	2900
– Rechtsprechungsüberblick	2893
Vollstreckungsschutzklage	2867 ff.
– einstweilige Anordnung	2881
– Frist	2870 f.
– Prüfungsmaßstab	2872 ff.
– Rechtsmittel	2882
Vormietrecht, Klage	261
Vormietvertrag	238 ff.
Vorschussanspruch	2016
Vorvertrag	230 ff.
– Gerichtsverfahren	256 ff.
– Klage	256 ff.
– Restfolgen	236 f.
– Schriftformerfordernis des § 550 BGB	235
Vorzeitige Vertragsbeendigung	2585 ff.
– Ansprüche des kündigenden Mieters	2594 ff.
– Schadensersatz	2585 ff.
VVG, Ausschlussfrist	1878
– Bedarfsermittlung	1879 ff.
– Beratungsgrundlage	1881 ff.
– Beratungspflicht	1870, 1879 ff.
– Berufsunfähigkeitsversicherung	1877
– Dokumentationspflicht	1870
– Gefahrerhöhung	1894 f.
– generelles Widerrufsrecht	1872
– Gerichtsstand	1878
– Haftung des Versicherers	1900 ff.
– Haftung des Versicherungsvermittlers	1905 ff.
– Haftung für Falschberatung	1900 ff.
– Informationspflicht	1871
– Lebensversicherung	1877
– Obliegenheitsverletzung	1874
– Pflichtversicherung	1877
– Prämie	1875
– Prämienzahlung	1888 ff.
– Quotenregelung	1874
– Repräsentant	1907 f.
– Unfallversicherung	1877
– Verjährung	1878
– Versicherungszweige	1877
– Vertragserklärung	1885 ff.
– vorläufige Deckung	1876
– vorvertragliche Anzeigepflicht	1873
– Zahlungsverzug	1892 ff.

W

Warenautomat	3193
Warmmiete	942
Waschstraßen	3194
Wegnahmerecht des Mieters, Formulierungsvorschlag	1658
WEG-Sachen, Streitwert	82 f.
WEG-Verfahren, Gerichtsverfahren	85 ff.
– Parteifähigkeit	86
– Prozessfähigkeit	87
– sachliche Zuständigkeit	88
Werbeflächen	594 ff., 602, 3195 ff.
– Ansprüche Dritter	3199
– Kündigungsklauseln	3197 f.
– Laufzeitklauseln	3197 ff.
– Verlängerungsklausel	3198
Wertsicherungsklausel	1143 ff.
– Altverträge	1180 ff.
– Schriftformverstoß	1179
– Vertragsgestaltung	1252
Wesentlicher Vertragsbestandteil	330 ff.
– Bestimmbarkeit	343
– Betriebskosten	346
– Bezahlung	346
– Fläche	337 ff.
– Größe	337 ff.
– Lage	337 ff.
– Mietdauer	347
– Miethöhe	346 ff.
– Mietobjekt	337 ff.
– Optionsvereinbarung	347 ff.
– Übergabezeitpunkt	347 ff.
– Übersichtstabelle	366
– Vermietung vom Reißbrett	342
– Vertragspartei	336

Wettbüros, Rechtsprechungsübersicht 170
Wiederaufbauklausel 2254 ff.
Wiederauflebensklausel 2990
Wiederherstellungsanspruch 2057 ff.
Wiederherstellungsklausel 2254
Wilder Müll 1008 f.
Wirtschaftlichkeitsgebot 985 ff.
– Darlegungs- und Beweislast 988
– Versicherungskosten 987
Wohnen in Geschäftsräumen 629
Wohnungseigentum 40 ff.

Z
Zahlungsklage 2765
Zahlungsverzug des Mieters 2393 ff.
– fristlose Kündigung 2384 ff.
Zahlungsverzug, Abmahnung 2399 ff.
Zahnarztpraxis, Mietvertrag *s. Praxismietvertrag*
Zeitmietvertrag 725
– Ausstiegsmöglichkeit, Checkliste 787
– Formulierungsvorschlag 783
Zerstörung der Mietsache,
   Gebrauchserhaltungspflicht 630
– Gebrauchsüberlassung 630
Zugang, Beweis des ersten Anscheins 2304 ff.
– Einschreiben mit Rückschein 2296
– Inhaftierung 2291
– Nachweis 2293 ff.
– öffentliche Zustellung 2317 f.
– Übermittlungsrisiko 2294
– unterschiedliche Zugangsmöglichkeiten 2292
– Zustellung an Geschäftsführer privat 2316
– Zustellung durch den Gerichtsvollzieher 2295
– Zustellungsauslagen 2319 f.
Zugangsfiktion 2296 ff., 2309 ff.
Zugesicherte Eigenschaft 2029 ff.
– Fehlen 2016 f.
– Prospekt 2088 ff.
Zumutbarkeitsgrenze *s. Opfergrenze*

Zurückbehaltungsklausel, Haftungsrisiko 892 f.
Zurückbehaltungsrecht, Haftungsrisiko für Anwälte und Verwalter 2077 ff.
Zurückbehaltungsrechtverbotsklausel 918
Zuständigkeit, funktionelle 2763 ff.
– – Handelsgeschäft 2764
– örtliche 2755 ff.
– örtliche, Raum 2757
– sachliche 2759 ff.
– sachliche Mietmischverhältnisse 2760
Zuständigkeitswert 2823 ff.
Zustellung durch den Gerichtsvollzieher 2295
Zustellung *s. Zugang*
Zustellungsvereitelung 2309 ff.
Zwangsräumung, Vollstreckungsschutz 2867 ff.
Zwangsversteigerung 2855 ff.
– Baukostenzuschüsse 2862
– Mietzahlungsanspruch 2860
– Schutz des Geschäftsraumvermieters 2864 f.
– Sonderkündigungsrecht 2861
– Übergang der Mietverhältnisse 2859 f.
– Vorausverfügungen über die Miete 2863
Zwangsverwalter 2903 ff.
– Abschluss neuer Mietverträge 2908
– Befugnisse 2903 ff.
– Kaution 2914 ff.
– Nebenkostenabrechnung 2911
– Prozessführungsrecht 2906
– Räumungsrechtsstreit 2907
– Vergütung 2919 ff.
– Versteigerung 2913
Zwangsverwaltung 2901 ff.
– Aufhebung 2918
– Rechtsprechungsüberblick 2928
– Verteilung der Erträge 2917
– Zahlungen des Mieters 2909
Zwangsvollstreckung 2841 ff.
– einstweilige Einstellung 2889 f.
– Insolvenz 3037 ff.
Zweckentfremdung 152 ff.

– Mischnutzung	156
– Rechtsprechungsübersicht	171
– Schaffung von Ersatzwohnraum	161 f.
– Umwidmung	152
Zweckentfremdungserlaubnis	157 ff.
Zweckentfremdungsgenehmigung	97, 152 ff.
Zweckentfremdungsverbot	147 ff.
– Checkliste	155
– Verstoß	163 ff.
Zwischenvermietung, gewerbliche	19 ff.